LOBT IHN ALL
IHR LEUCHTENDEN
STERNE.
LOBT IHN ALLE
HIMMEL UND
IHR WASSER
ÜBER DEM HIMMEL!
LOBEN SOLLEN SIE
DEN NAMEN DES
HERRN, DENN ER
GEBOT UND SIE WAREN
ERSCHAFFEN.

DIE BIBEL

Die Bibel

bebildert von

Rosina Wachtmeister

Vollständige Ausgabe
des Alten und Neuen Testamentes
nach den Grundtexten übersetzt und
herausgegeben von

Prof. Dr. Vinzenz Hamp
Prof. Dr. Meinrad Stenzel
Prof. Dr. Josef Kürzinger

Pattloch

Von Prof. Dr. Vinzenz Hamp und Prof. Dr. Meinrad Stenzel wurde das Alte Testament übersetzt;
nach dem Tode von Prof. Dr. Meinrad Stenzel hat Prof. Dr. Vinzenz Hamp
im Jahre 1962 die gesamte Übersetzung des Alten Testaments neu überarbeitet.
Das Neue Testament übersetzte Prof. Dr. Josef Kürzinger.
Imprimatur: Würzburg, den 19. November 1962, Wittig, Generalvikar.

Gedruckt auf chlorfrei gebleichtem Papier.

Sonderausgabe

Einbandgestaltung: Rosina Wachtmeister
Bebilderung: Rosina Wachtmeister
Reprotechnik Bildteil: Folitho, Haarlem
Satz: Uhl + Massopust, Aalen
Kartenteil: Sieglinde Morawetz, Augsburg
Druck Text: Schnitzer Druck, Korb
Druck Bild: aprinta Druck, Wemding
Bindearbeiten: Conzella Verlagsbuchbinderei, Pfarrkirchen
Produktionsleitung: Karl Jansen, Weltbild Verlag, Augsburg
Printed in Germany
ISBN 3-629-01084-9

INHALTSVERZEICHNIS

INHALTSVERZEICHNIS

VORWORT

Der Ausdruck »Testament« ist aus dem Erbrecht bekannt und geläufig. Auch Gottes Worte, die als Richtlinien und Verheißungen in schriftlichen Urkunden niedergelegt wurden, gelten uns als Testament. Freilich ist die genauere Ausdrucksweise hier »Bund«. Maßgebend für diesen Sprachgebrauch sind Paulusstellen wie Gal 3,15ff., wo Gottes Botschaft an Abraham mit dem rechtskräftigen Testament eines Erblassers verglichen wird. Wenn Paulus dem Evangelium dient, so erfüllt er das, was wir bei Jer 31,31ff. lesen. Hier ist von einem Neuen Bund (Testament) die Rede. Gott schließt ihn dadurch, daß er seine Gebote auf die Tafel des menschlichen Herzens schreibt (2 Kor 3,3). In demselben Zusammenhang redet Paulus vom Lesen des »Alten Bundes«. Dieser ist mit vielen Unzulänglichkeiten behaftet. Man hat mithin nicht erst später das Alte und das Neue Testament unterschieden; diese Unterscheidung ist bereits in beiden Teilen der Bibel begründet.

Im Alten Testament wurde dasjenige vorbereitet, was sich im Neuen Testament bis zur größten Vollkommenheit entfaltete. Und doch bilden beide Testamente in der göttlichen Heilsgeschichte eine höhere Einheit, die man als »Heilige Schrift« oder »Bibel« zu bezeichnen pflegt. Gott selbst redet zu uns Menschen in diesem heiligen und verehrungswürdigen Buch. Sein Wort nahm die Gestalt eines Knechtes an. Die Willenskundgebungen Gottes traten in die Unzulänglichkeiten der menschlichen Geschichte hinein und schufen überall neue Wege des Glaubens und des Handelns. Dann kam der Abschluß. Die Fülle der Zeiten erschien in Jesus Christus, dessen Kreuzestod den Wendepunkt darstellt. Was wir heute als »Altes Testament« bezeichnen, war für Jesus und die Apostel die »Schrift« schlechthin. Damals stellte man noch keine wissenschaftlichen Untersuchungen an, wann, wo und wie ihre einzelnen Teile entstanden. Die Schrift lag bereits als ein fertiges Ganzes vor, aus dem alle Lebensweisheit stammte. Hatte man doch von Kindheit an von den Zeugnissen Gottes gehört (2 Tim 3,15). Man wußte, daß die Gesetzgeber des Alten Bundes dem Volke ihre Weisungen und Gebote gegeben hatten, die Propheten den Machthabern ihrer Zeit wortgewaltig entgegentraten, die Weisheitslehrer ihre Schüler nicht nur Anstand und gute Sitte lehrten, sondern auch für ihre religiösen Anliegen begeisterten, daß Geschichts- und Geschichtenschreiber Gottes Allmacht bei allem menschlichen Geschehen in das rechte Licht rückten. Im Tempel und in den Synagogen kündeten Psalmensänger Gottes Lob und verherrlichten ihn. Diese wertvollen Überlieferungen hütete zur Zeit Christi das Judentum, dem das Alte Testament ein ehrwürdiger Gotteszeuge der Vergangenheit war.

Manche Menschen unserer Zeit sehen freilich das Alte Testament noch unter einem anderen Gesichtspunkt. Man findet hier für die Geschichte des Altertums eine einzigartige Fundgrube. Wie sich die Menschheit politisch und kulturell entwickelte, wie von einem kleinen Fleck morgenländischen Bodens Licht über die Erde drang, all das erfahren wir in dem »abenteuerlichsten« aller Bücher. Gott redet zwar aus allen Seiten der Schrift, mit ihm aber machen sich Menschen der verschiedensten Zeitepochen vernehmbar, teils mit eigenem Namen, teils unter einem Decknamen, teils namenlos. Mannigfach ist ihre Botschaft; ihre Gedankenwelt mutet uns heute vielfach fremd an. Diese Autoren sind nicht Schatten oder willenlose Werkzeuge, sondern Menschen von Fleisch und Blut und dazu Kinder ihres Zeitalters.

Für uns aber ist das Alte Testament noch mehr. Es ist jenes Buch, das die Botschaft vom gekreuzigten und auferstandenen Herrn vorbereitet hat.

Mit der Ankunft des Gottmenschen Jesus Christus wurde der Alte Bund durch eine vollkommene, neue Heilsordnung abgelöst; die Fülle von »Gnade und Wahrheit« (Joh 1,14) brach auf, und Jesus selbst nannte dies den »Neuen Bund«, das »Neue Testament« (Luk 22,20). Ist so dieses Wort zunächst eine Bezeichnung für das Gnadengeschenk der Erlösung in Jesus Christus, so erhielt es bald seine besondere Bedeutung als Name für jene Sammlung von 27 Schriften, in denen Geschichte und Sinn dieser Offenbarung von den ersten Zeugen und Jüngern niedergelegt wurde. Wir rechnen dazu die vier Evangelien, die Apostelgeschichte, die vierzehn Briefe des Apostels Paulus, die sieben sogenannten Katholischen Briefe und die Offenbarung des Johannes.

VORWORT

Dieses Neue Testament wurde als kostbares Gut unseres Glaubens von allen Generationen der Kirche heiliggehalten und mit Eifer und Sorgfalt gehütet. Ist es doch Gottes Wort, von menschlichen Verfassern unter besonderer Einwirkung des »Geistes der Wahrheit« geschrieben und so als »inspiriertes« Buch über jedem anderen Schrifttum stehend. Aus ihm haben die Kirchenväter, die großen Gottesgelehrten, die Heiligen, alle Christen, ob gelehrt oder ungelehrt, ihr Glaubenswissen geschöpft, ihren Hunger nach Wahrheit und Gerechtigkeit gestillt, ihr tiefstes Sehnen und Suchen erfüllt.

Hieronymus, der große Heilige und erste Übersetzer der gesamten Heiligen Schrift, sagte: »Die Heilige Schrift nicht kennen, heißt Christus nicht kennen.«

Die Herausgeber

DAS II. VATIKANISCHE KONZIL

»ÜBER DIE GÖTTLICHE OFFENBARUNG«

DIE WEITERGABE DER GÖTTLICHEN OFFENBARUNG

Die Apostel und ihre Nachfolger, die Verkünder des Evangeliums

Was Gott zum Heil aller Völker offenbart hatte, das sollte durch seine gütige Anordnung für alle Zeiten unverändert erhalten bleiben und allen Geschlechtern weitergegeben werden. Darum hat Christus der Herr, in dem Gottes gesamte Offenbarung sich vollendet (vgl. 2 Kor 1, 30; 3, 16–4, 6), die Apostel beauftragt, das Evangelium, das schon vorher durch die Propheten verheißen war und das er selbst erfüllt und mit eigenem Mund verkündet hat, als die Quelle jeglicher Heilswahrheit und aller Sittenordnung zu predigen und ihnen so die göttlichen Gaben mitzuteilen. Das ist getreulich ausgeführt worden, sowohl von den Aposteln, wenn sie durch Predigt, Beispiel und Lehre alles das weitergegeben haben, was sie entweder aus Christi Mund, im Umgang mit ihm und durch seine Werke empfangen oder unter dem Einfluß des Heiligen Geistes gelernt hatten, wie auch insbesondere von den Aposteln und Apostelschülern, die die Heilsbotschaft unter der Eingebung desselben Heiligen Geistes schriftlich niedergelegt haben.
Damit aber das Evangelium in der Kirche für immer unversehrt und lebendig bewahrt werde, haben die Apostel Bischöfe als ihre Nachfolger zurückgelassen und ihnen »ihr eigenes Lehramt übertragen«. Diese heilige Überlieferung also und die Heilige Schrift beider Testamente sind gleichsam der Spiegel, in welchem die auf Erden pilgernde Kirche Gott anschaut, von dem sie alles empfängt, bis sie hinausgeführt wird, Ihn von Angesicht zu Angesicht zu sehen, so, wie Er ist (vgl. 1 Joh 3, 2)…

Beider Verhältnis zur ganzen Kirche und zum Lehramt

Die heilige Überlieferung und die Heilige Schrift bilden den einen der Kirche überlassenen Schatz des Wortes Gottes. An ihn hingegeben, verharrt das ganze heilige Volk, mit seinen Hirten vereint, ständig in der Lehre der Apostel und in der Gemeinschaft mit ihnen, im Brotbrechen und im Gebet (vgl. Apg 8, 42 griech.), so daß im Festhalten am überlieferten Glauben, in seiner Verwirklichung und seinem Bekenntnis ein einzigartiger Einklang herrscht zwischen Vorstehern und Gläubigen.
Die Aufgabe aber, das Wort Gottes, sei es geschrieben oder überliefert, verbindlich zu erklären, ist nur dem lebendigen Lehramt der Kirche anvertraut, dessen Vollmacht im Namen Jesu Christi ausgeübt wird. Dabei steht das Lehramt nicht über dem Wort Gottes, sondern dient ihm, indem es nichts anderes lehrt als was überliefert ist, indem es diesen Schatz in göttlichem Auftrag und unter dem Beistand des Heiligen Geistes ehrfürchtig vernimmt, heilig bewahrt und getreu auslegt und indem es alles das aus diesem einen Schatz des Glaubens schöpft, was es als von Gott offenbart zu glauben vorlegt. Es zeigt sich also, daß die heilige Überlieferung, die Heilige Schrift und das Lehramt verknüpft und vereinigt sind, daß keines ohne die anderen besteht und daß alle zugleich, jedes auf seine Art, unter dem Einfluß des einen Heiligen Geistes wirksam dem Heil der Seelen dienen.

DIE GÖTTLICHE INSPIRATION DER HEILIGEN SCHRIFT UND IHRE AUSLEGUNG

Tatsache der Inspiration und Wahrheit der Heiligen Schrift

Die göttliche Offenbarung, die in der Heiligen Schrift geschrieben steht und vorliegt, ist unter dem Anhauch des Heiligen Geistes aufgezeichnet worden. Denn aufgrund apostolischen Glaubens gelten unserer heiligen Mutter, der Kirche, die Bücher des Alten wie des Neuen Testamentes in ihrer Ganzheit mit allen ihren Teilen als heilig und kanonisch, weil sie, unter der Einwirkung des Heiligen Geistes geschrieben (vgl. Joh 20, 31; 2 Tim 3, 16; 1 Petr 1, 19-21; 3, 15–16), Gott zum Urheber haben und als solche der Kirche anvertraut sind.

Zur Abfassung der heiligen Bücher hat Gott Menschen erwählt, die er, indem sie ihre eigenen Fähigkeiten und Kräfte anwandten, dazu gebrauchte, alles das und nur das als echte Verfasser schriftlich weiterzugeben, was er – in ihnen und durch sie wirksam – geschrieben haben wollte. Da also alles, was die inspirierten Verfasser oder Hagiographen aussagen, als vom Heiligen Geist ausgesagt zu gelten hat, ist von den Büchern der Schrift zu bekennen, daß sie sicher, getreu und ohne Irrtum die Wahrheit lehren, die Gott um unseres Heiles willen in Heiligen Schriften niedergelegt haben wollte. Daher »ist jede Schrift, von Gott eingegeben, auch nützlich zur Belehrung, zur Beweisführung, zur Zurechtweisung, zur Erziehung in der Gerechtigkeit, damit der Gott gehörige Mensch bereit sei, wohlgerüstet zu jedem guten Werk« (2 Tim 3, 16–17 griech.).

Art und Weise, die Heilige Schrift auszulegen

Da aber Gott in der Heiligen Schrift durch Menschen nach Menschenart gesprochen hat, muß der Schrifterklärer, um zu erfassen, was Gott uns mitteilen wollte, sorgfältig nachforschen, was die heiligen Schriftsteller wirklich haben sagen wollen und was Gott mit ihren Worten kundzutun für gut befunden hat.
Um aber die Absicht der Hagiographen zu ermitteln, muß man neben anderem auch die »literarischen Gattungen« beachten. Denn die Wahrheit wird in Texten von unterschiedlich geschichtlicher Art oder in prophetischen oder dichterischen Texten oder in anderen Redegattungen auf jede andere Weise dargelegt und ausgedrückt. Weiterhin hat der Erklärer nach dem Sinn zu forschen, den der Hagiograph aufgrund einer ganz bestimmten Lage, seiner Zeit und Kultur entsprechend, mit Hilfe der damals üblichen literarischen Arten hat ausdrücken wollen und wirklich zum Ausdruck gebracht hat. Will man nämlich richtig verstehen, was der heilige Verfasser hat aussagen wollen, so muß man auf jene angestammten Weisen des Empfindens, Sprechens und Erzählens achten, die zur Zeit des Verfassers herrschten und die damals im menschlichen Zusammenleben allgemein üblich waren.
Da aber die Heilige Schrift in demselben Geist, in dem sie geschrieben ist, auch zu lesen und auszulegen ist, erfordert die rechte Ermittlung des Sinnes der heiligen Texte, daß man mit nicht geringerer Sorgfalt auf den Inhalt und die Einheit der ganzen Schrift achtet, unter steter Berücksichtigung der lebendigen Überlieferung der Gesamtkirche und der Analogie des Glaubens. Aufgabe des Schrifterklärers aber ist es, nach diesen Regeln auf eine tiefere Erfassung und Auslegung des Sinnes der Heiligen Schrift hinzuarbeiten, damit so, gleichsam aufgrund wissenschaftlicher Vorarbeit, das Urteil der Kirche reift. Denn all das, was die Art der Schrifterklärung betrifft, untersteht letztlich dem Urteil der Kirche, deren gottgegebener Auftrag und Dienst es ist, das Wort Gottes zu bewahren und auszulegen.

Die Herablassung Gottes

In der Heiligen Schrift also offenbart sich, unbeschadet der Wahrheit und Heiligkeit Gottes, eine wunderbare Herablassung der ewigen Weisheit. »Wir sollten die unsagbare Güte Gottes und die weitgehende Vorsorge und Fürsorge kennenlernen, mit der er sich in seiner Redeweise unserer Natur angepaßt hat.« Denn die Worte Gottes sind, in menschlicher Sprache ausgedrückt, in allem menschlicher Rede ähnlich geworden, wie einst das Wort des ewigen Vaters durch die Annahme menschlich-schwachen Fleisches in allem den Menschen ähnlich geworden ist.

DAS ALTE TESTAMENT

Übersetzt und herausgegeben von

Prof. Dr. Vinzenz Hamp
Prof. Dr. Meinrad Stenzel

ERSTES BUCH MOSES

Das erste Buch Moses, das Buch Genesis, ist der erste Teil einer größeren Einheit, die man allgemein als »fünf Bücher Moses« (Pentateuch) bezeichnet. Das Buch erzählt uns die Geschichte der »Ursprünge«, besser gesagt, der Heilsgeschichte Gottes, angefangen von der Erschaffung der Welt und des Menschen bis zum Tod des Ägyptischen Joseph. Es sind Erzählungen aus dem Leben der vorgeschichtlichen Menschheit, die in die Geschichte der Ahnen Israels münden. Danach teilt es sich in zwei recht ungleiche Teile: Die Urgeschichte (1–11), welche die Menschheit als große Gottesfamilie zum Gegenstand hat, und die Patriarchengeschichte (12–50). In der Abrahamsgeschichte (12,1–25,18) ist es der vielfach bewährte und erprobte Glaube, der Gott zum Handeln veranlaßt. In den Jakobserzählungen (25,19–35,29) geht es um den Vater der zwölf Stämme, der in all seinen menschlichen Schwächen geschildert wird. Er entspricht nicht dem jüdischen Ideal, dem christlichen schon gar nicht. Hier soll die Tatsache zum Ausdruck kommen, daß die göttlichen Verheißungen und Gnaden völlig unverdient sind. Die Josephsüberlieferung (37–50) ist das Hohelied von der göttlichen Vorsehung, die alle menschlichen Berechnungen durchkreuzt, um ihr Ziel zu erreichen: die Auserwählung jenes Volkes, in dem der Weltenheiland geboren werden soll.
Die in der Genesis erhaltenen Berichte haben einen großen zeitlichen Abstand von den Begebenheiten selbst. Sie mögen vor ihrer schriftlichen Festlegung durch mündliche Überlieferung, Singen und Sagen weitergegeben worden sein. So erklären sich manche Unausgeglichenheiten und scheinbare Widersprüche: die Überlieferungsströme fließen aus verschiedenen Quellen; Hauptquelle und erster Gewährsmann ist Moses.

Im Anfang schuf Gott den Himmel und die
Erde. 2 Die Erde war wüst und leer, Finsternis lag
über der Urflut, und der Geist Gottes schwebte
über den Wassern. 3 Da sprach Gott: »Es werde
Licht!« Und es ward Licht. 4 Gott sah, daß das Licht
gut war. Da trennte Gott Licht von Finsternis.
5 Gott nannte das Licht Tag, die Finsternis aber
Nacht. Es ward Abend, und es ward Morgen: ein
Tag. 6 Dann sprach Gott: »Es entstehe ein festes Ge-
wölbe inmitten der Wasser, und es bilde eine Schei-
dewand zwischen den Wassern!« 7 Gott bildete das
feste Gewölbe und schied zwischen den Wassern
oberhalb und unterhalb des Gewölbes, und es ge-
schah so. 8 Gott nannte das feste Gewölbe Himmel.
Es ward Abend, und es ward Morgen: zweiter Tag

Wasser und Land

9 Sodann sprach Gott: »Es werde das Wasser unter-
halb des Himmels an einen Ort gesammelt, und das
Trockene werde sichtbar!« Und es geschah so.
10 Gott nannte das Trockene Erde, und das zusam-
mengeflossene Wasser nannte er Meer. Und Gott
sah, daß es gut war. 11 Da sprach Gott: »Die Erde
lasse Grünes hervorsprießen, samentragende Pflan-
zen sowie Fruchtbäume, die Früchte bringen nach
ihrer Art, in denen Samen ist auf Erden!« Und es ge-
schah so. 12 Die Erde brachte Grünes hervor, sa-
mentragende Pflanzen nach ihrer Art und Bäume,
die Früchte bringen, in denen ihr Same ist nach ihrer
Art. Und Gott sah, daß es gut war. 13 Es ward
Abend, und es ward Morgen: dritter Tag.

Himmelsleuchten

14 Dann sprach Gott: »Es sollen Leuchten werden
am Gewölbe des Himmels, um zu scheiden zwi-
schen der Nacht und dem Tag, und sie sollen als
Zeichen dienen sowohl für die Festzeiten als auch
für die Tage und Jahre! 15 Sie sollen Lichtspender an
dem Gewölbe des Himmels sein, um zu leuchten
über der Erde!« Und es geschah so. 16 So machte
denn Gott die beiden großen Leuchten: die größere,
daß sie den Tag beherrsche, die kleinere zur Be-
herrschung der Nacht und dazu die Sterne. 17 Gott
setzte sie als Leuchten über die Erde an das Ge-
wölbe des Himmels, 18 zu beherrschen Tag und
Nacht und zu trennen zwischen Licht und Finster-
nis. Und Gott sah, daß es gut war. 19 Es ward
Abend, und es ward Morgen: vierter Tag.

Tiere

20 Dann sprach Gott: »Es sollen wimmeln die Ge-
wässer von Lebewesen und Vögel am Himmelsge-
wölbe fliegen über der Erde!« 21 Gott schuf die
großen Seeungetüme und alle sich regenden leben-
digen Wesen, von denen nach ihren Arten das Was-

ser wimmelt, und alle geflügelten Vögel nach ihren
Arten. Und Gott sah, daß es gut war. 22 Gott segnete
sie und sprach: »Seid fruchtbar, mehrt euch und er-
füllt das Wasser in den Meeren! Die Vögel aber mö-
gen sich vermehren auf Erden!« 23 Es ward Abend,
und es ward Morgen: fünfter Tag. 24 Da sprach Gott:
»Die Erde bringe lebende Wesen nach ihrer Art
hervor: Vieh, Kriech- und Feldtiere nach ihren Ar-
ten!« Und es geschah so. 25 Gott bildete die Feldtiere,
das Vieh und alle Kriechtiere des Erdbodens jeweils
nach ihren Arten. Und Gott sah, daß es gut war.

Menschen

26 Dann sprach Gott: »Laßt uns Menschen machen
nach unserem Abbild, uns ähnlich; sie sollen herr-
schen über des Meeres Fische, über die Vögel des
Himmels, über das Vieh, über alle Landtiere und
über alle Kriechtiere am Boden!« 27 So schuf Gott
den Menschen nach seinem Abbild, nach Gottes
Bild schuf er ihn, als Mann und Frau erschuf er sie. 28
Gott segnete sie und sprach zu ihnen: »Seid frucht-
bar und mehrt euch, füllt die Erde und macht sie un-
tertan und herrscht über des Meeres Fische, die
Vögel des Himmels und über alles Getier, das sich
auf Erden regt!« 29 Gott sprach weiter: »Seht, ich
gebe euch alles Grünkraut, das auf der ganzen Erde
Samen trägt, und alle Bäume mit samenhaltigen
Früchten; dies diene euch als Nahrung! 30 Allem Ge-
tier des Feldes und allen Vögeln des Himmels und
allen am Boden kriechenden Tieren, in denen Le-
benshauch atmet, gebe ich hingegen alles Grünkraut
zur Nahrung.« Und es geschah so. 31 Gott sah alles,
was er gemacht hatte, und fürwahr, es war sehr gut.
Es ward Abend, und es ward Morgen: sechster Tag.

1,1–2,4a: Diese Verse bezeichnet man als den ersten Schöpfungsbericht. Er will keine naturwissenschaftlichen Erkenntnisse im modernen Sinne vermitteln, sondern der Menschheit religiöse Wahrheiten künden. Gottes Tun wird dem Siebentageschema angepaßt, mit dem Sabbat als Abschluß. Der Schriftsteller will sagen: Gott ist ein Einziger, ist der Ursprung aller geschaffenen Dinge. Der Mensch ist sein Ebenbild, zur Herrschaft über die unvernünftige Kreatur berufen (Ps 8,6ff). Der siebte Tag ist Gott und den Menschen heilig. Das in diesem Schöpfungsbericht vorausgesetzte Weltbild ist allen alten Völkern gemeinsam, aber bezüglich der religiösen Erkenntnisse steht der biblische Schöpfungsbericht turmhoch über den Sagen und Mythen der heidnischen Völker.

Sabbatruhe: Und Gott ruhte am siebten Tag von all seinem Werke

2 1 So wurden vollendet der Himmel und
die Erde und all ihr Heer. 2 Gott vollendete am
siebten Tag sein Werk, das er vollbracht
hatte, und ruhte am siebten Tag von all seinem
Werke, das er vollbracht hatte. 3 Und Gott segnete
den siebten Tag und heiligte ihn. Denn an ihm hat
er von all seinem Werk geruht, das Gott wirkend
schuf. 4a Dies ist der Werdegang des Himmels und
der Erde, da sie geschaffen wurden. –

Eden

4b Als Gott, der Herr, die Erde machte und den Him-
mel, 5 da gab es noch keinen Steppenstrauch auf Er-
den, und Grünkraut sproßte noch nicht auf dem
Felde; denn Gott, der Herr, hatte noch nicht regnen
lassen auf die Erde, und kein Mensch war da, den
Boden zu bebauen. 6 Nur Feuchtigkeit stieg von der
Erde auf und wässerte die gesamte Fläche des Erd-
bodens. 7 Da bildete Gott, der Herr, den Menschen
aus dem Staub der Ackerscholle und blies in seine
Nase den Odem des Lebens; so ward der Mensch
zu einem lebendigen Wesen.
8 Darauf pflanzte Gott, der Herr, einen Garten in
Eden, gegen Osten, und versetzte dorthin den Men-
schen, den er gebildet hatte. 9 Und Gott, der Herr,
ließ aus dem Erdboden allerlei Bäume aufsprießen,
lieblich zum Anschauen und gut zur Nahrung, den
Lebensbaum aber mitten im Garten und auch den
Baum der Erkenntnis von Gut und Böse. 10 Ein Strom
entsprang in Eden zur Bewässerung des Gartens.
Von da an teilte er sich in vier Arme. 11 Der eine
heißt Pischon; er umfließt ganz Chawila, das Gold-
land. 12 Das Gold jenes Landes ist kostbar; auch Bal-
samharz und Karneolsteine sind dort vorhanden.
13 Der zweite Strom heißt Gichon; er umfließt ganz
Kusch. 14 Der dritte Strom, der Tigris, fließt östlich
von Assur, und der vierte trägt den Namen Euphrat.

Bestimmung

15 Gott, der Herr, nahm den Menschen und setzte
ihn in den Garten Eden, damit er ihn bebaue und er-
halte. 16 Gott, der Herr, gebot dem Menschen: »Von
allen Bäumen des Gartens darfst du essen, 17 nur
vom Baum der Erkenntnis von Gut und Böse darfst
du nicht essen; denn am Tage, da du davon ißt,
mußt du sterben.«

Mensch und Tiere

18 Gott, der Herr, sprach: »Es ist nicht gut, daß der
Mensch allein sei; ich will ihm eine Hilfe machen
als sein Gegenstück.« 19 So bildete Gott, der Herr,
aus der Erde allerlei Tiere des Feldes und alle Vögel
des Himmels und brachte sie zum Menschen, um
zu sehen, wie er sie benennen würde; und ganz wie
der Mensch jedes Lebewesen benannte, so lautet
sein Name. 20 Der Mensch gab allem Vieh, allen
Vögeln des Himmels und allem Feldgetier Namen;
aber für den Menschen fand sich keine Hilfe als sein
Gegenstück.

Die Frau

21 Da ließ Gott, der Herr, einen Tiefschlaf auf den
Menschen (= Adam) fallen, so daß er einschlief,

nahm ihm eine seiner Rippen und verschloß
deren Stelle mit Fleisch. 22 Gott, der Herr, baute die
Rippe, die er dem Menschen entnommen hatte, zu
einer Frau aus und führte sie ihm zu. 23 Da sprach
der Mensch: »Das ist nun endlich Bein von meinem
Gebein und Fleisch von meinem Fleisch. Diese soll
man Männin heißen; denn vom Manne ist sie ge-
nommen.« 24 Darum wird ein Mann seinen Vater
und seine Mutter verlassen und seiner Frau anhan-
gen, und beide werden zu einem Fleisch. 25 Beide
aber, der Mann und seine Frau, waren nackt; doch
sie schämten sich nicht voreinander.

2,4b–2,25: Es handelt sich hier um einen kurzen, zweiten Schöpfungsbericht, der uns Gott in menschlich-übermenschlicher Gestalt als Bildner darstellt, wobei seine Aufmerksamkeit ganz auf den Menschen gerichtet ist. Dessen Wesen, seine geschlechtliche Verschiedenheit und seine Bestimmung werden uns hier geschildert. Adam ist Personenname und zugleich die hebräische Bezeichnung für Mensch. Die genauere Lage jenes Gartens, von der Überlieferung nach einem persischen Worte »Paradies« genannt, ist unbestimmt, da uns nur zwei der erwähnten Flüsse (Vers 11–14) bekannt sind. Die Erzählung soll das dritte Kapitel vorbereiten.

Versuchung und Fall

3
1 Die Schlange aber war listiger als alle
anderen Tiere des Feldes, die Gott, der Herr,
gebildet hatte. Sie sprach zur Frau: »Hat Gott
wirklich gesagt: ›Ihr dürft von keinem Baum des
Gartens essen‹?« 2 Da sprach die Frau zur Schlange:
»Von den Früchten der Gartenbäume dürfen wir es-
sen. 3 Nur von den Früchten des Baumes in der
Mitte des Gartens hat Gott gesagt: ›Eßt nicht da-
von, ja rührt sie nicht an, sonst müßt ihr sterben!‹«
4 Die Schlange sprach zur Frau: »O nein, auf keinen
Fall werdet ihr sterben! 5 Vielmehr weiß Gott, daß
euch, sobald ihr davon eßt, die Augen aufgehen,
und ihr wie Gott sein werdet, indem ihr Gutes und
Böses erkennt.« 6 Da sah die Frau, daß der Baum gut
sei zum Essen und eine Lust zum Anschauen und
begehrenswert, um weise zu werden. Sie nahm von
seiner Frucht, aß und gab auch ihrem Manne neben
ihr, und auch er aß. 7 Da gingen beider Augen auf,
und sie erkannten, daß sie nackt waren. Sie hefte-
ten Feigenlaub zusammen und machten sich Schür-
zen daraus.

Entdeckung

8 Da vernahmen sie das Geräusch Gottes, des
Herrn, der im Garten beim Windhauch des Tages
einherging. Und es versteckten sich der Mann und
seine Frau vor dem Angesicht Gottes, des Herrn,
mitten unter den Bäumen des Gartens. 9 Gott, der
Herr, aber rief dem Menschen zu und sprach zu
ihm: »Wo bist du?« 10 Er antwortete: »Dein Ge-
räusch hörte ich im Garten; ich hatte Scheu; denn
nackt bin ich ja; daher versteckte ich mich.« 11 Er
sprach: »Wer tat dir kund, daß du nackt bist? Hast
du etwa von jenem Baume gegessen, von dem zu
essen ich dir verboten habe?« 12 Der Mensch ent-
gegnete: »Die Frau, die du mir als Gefährtin ge-
geben, hat mir vom Baume gereicht, und ich aß.«
13 Da sprach Gott, der Herr, zur Frau: »Was hast du
getan?« Die Frau erwiderte: »Die Schlange hat mich
betört, und ich aß.«

Strafen

14 Da sprach Gott, der Herr, zur Schlange: »Weil du
dies getan hast, sei verflucht aus allem Vieh und
allem Getier des Feldes! Auf deinem Bauche sollst
du kriechen und Staub fressen dein Leben lang!
15 Feindschaft will ich stiften zwischen dir und der
Frau, zwischen deinem Samen und ihrem Samen; er
wird dir den Kopf zertreten, und du wirst nach
seiner Ferse schnappen.«
16 Zur Frau sprach er: »Zahlreich will ich deine Be-
schwerden machen und deine Schwangerschaften:
unter Schmerzen sollst du Kinder gebären. Und
doch steht dein Begehren nach deinem Manne, er
aber soll herrschen über dich.« 17 Zum Manne
sprach er: »Du hast auf die Stimme deiner Frau
gehört und vom Baume gegessen, von dem zu essen
ich dir streng verboten habe; darum soll der Acker-
boden verflucht sein um deinetwillen; mühsam
sollst du dich von ihm nähren alle Tage deines Le-
bens! 18 Dornen und Gestrüpp soll er dir sprießen,
und Kraut des Feldes sollst du essen! 19 Im Schweiße
deines Angesichtes sollst du dein Brot verzehren, bis
du zum Ackerboden wiederkehrst, von dem du ge-
nommen bist. Denn Staub bist du, und zum Staube
sollst du heimkehren!« 20 Adam nannte seine Frau
Eva, denn sie ward zur Mutter aller Lebendigen.

Vertreibung

21 Gott, der Herr, machte Adam und seiner Frau Fell-
röcke und bekleidete sie. 22 Dann sprach er: »Ja, der
Mensch ist jetzt wie einer von uns geworden, da er
Gutes und Böses erkennt. Nun geht es darum, daß
er nicht noch seine Hand ausstrecke, sich am
Baume des Lebens vergreife, davon esse und ewig
lebe.« 23 So wies Gott, der Herr, ihn aus dem Garten
Eden fort, daß er den Ackerboden bearbeite, von
dem er genommen war. 24 Er vertrieb den Men-
schen, ließ ihn östlich vom Garten Eden wohnen
und stellte die Kerubim und die flammende
Schwertklinge auf, den Weg zum Baum des Lebens
zu behüten.

3,1–24: Es ist die Erzählung des ersten Sündenfalles. Sie ist die biblische Unterlage der kirchlichen Lehren von der Erbsünde und Erlösung (Röm 5,12–21). Der in dieser Ursünde sich offenbarende Menschenstolz wird durch Übertreten eines Gottesgebotes unter dem Bilde der verbotenen Frucht dargestellt. 15: Man nennt diesen

Versuch auch »Erstevangelium«, weil hier dem Fluche die Ankündigung des Heiles folgt. Unter dem »Samen« versteht man die Nachkommenschaft; die hl. Väter sahen in ihm Christus als Haupt der Menschheit, in der Frau Maria. Die Schlange ist ein gottfeindliches Wesen (Weish 2,24; Joh 8,44; Offb 12,9; 20,2).

Hirt und Bauer

4 1 Der Mensch erkannte seine Frau Eva; sie
empfing und gebar den Kain. Sie sprach: »Ich
habe einen Sohn erworben mit Hilfe des
Herrn.« 2 Weiter gebar sie seinen Bruder Abel. Abel
war Kleinviehhirt, Kain ein Ackerbauer.

Opfer

3 Nach geraumer Zeit begab es sich, daß Kain von
den Früchten des Bodens dem Herrn ein Opfer dar-
brachte. 4 Aber auch Abel opferte von den Erstlin-
gen seiner Herde und ihrem Fett. Der Herr blickte
auf Abel und seine Opfergabe, 5 aber auf Kain und
sein Opfer sah er nicht. Da ward Kain sehr zornig,
und sein Angesicht verfinsterte sich.

Brudermord

6 Da sprach der Herr zu Kain: »Warum bist du zor-
nig, und warum ist dein Angesicht finster? 7 Ist es
nicht so: Wenn du gut bist, so kannst du es frei er-
heben, bist du aber nicht gut, so lauert die Sünde
vor der Türe. Nach dir steht ihr Begehren; du aber
sollst herrschen über sie!« 8 Kain sprach zu seinem
Bruder Abel: »Komm, wir wollen aufs Feld gehen!«
Als sie auf dem Felde waren, stürzte sich Kain auf
seinen Bruder Abel und erschlug ihn.
9 Der Herr sprach zu Kain: »Wo ist dein Bruder
Abel?« Er antwortete: »Ich weiß es nicht. Bin ich
denn meines Bruders Hüter?« 10 Er aber sprach:
»Was hast du getan? Die Stimme des Blutes deines
Bruders schreit zu mir vom Erdboden empor. 11 Und
nun sollst du verflucht sein vom Erdboden her, der
seinen Rachen aufgerissen hat, deines Bruders Blut
aus deiner Hand aufzunehmen! 12 Wenn du den
Ackerboden bebaust, wird er dir fortan seine Frucht
nicht mehr bringen; ziel- und heimatlos sollst du
sein auf Erden!«
13 Kain erwiderte dem Herrn: »Meine Schuld ist zu
groß, als daß ich sie tragen könnte. 14 Siehe, du ver-
jagst mich heute vom Ackerboden weg; vor deinem
Antlitz muß ich mich verbergen. Ziel- und heimat-
los werde ich sein auf Erden; jeder, der mich findet,
wird mich erschlagen.« 15 Da sprach zu ihm der
Herr: »Nein! Jeder, der Kain erschlägt, an dem wird
es siebenfach gerächt.« Der Herr machte dem Kain
ein Zeichen, damit ihn niemand erschlage, wer
immer ihn finde. 16 Kain ging vom Angesichte des
Herrn hinweg und wohnte im Lande Nod östlich
von Eden.

Kains Nachkommen

17 Kain aber erkannte seine Frau; sie empfing und
gebar Henoch; der wurde Erbauer einer Stadt; er
nannte ihren Namen nach dem Namen seines Soh-
nes Henoch. 18 Dem Henoch wurde Irad geboren,
Irad zeugte Mechujael, Mechujael den Metuschael
und Metuschael den Lamech. 19 Lamech aber nahm
zwei Frauen, eine hieß Ada, die andere Zilla. 20 Ada
gebar den Jabal; er war der Stammvater der Zeltbe-
wohner und Hirten. 21 Sein Bruder hieß Jubal, der
Ahnherr aller Zither- und Flötenspieler. 22 Aber auch
Zilla gebar, nämlich den Tubalkain, einen Schmied,
der Erz und Eisen bearbeitete; die Schwester Tubal-
kains war Naama.

Lamech an seine Frauen

23 Lamech sprach zu seinen Frauen Ada und Zilla:
»Hört meine Rede, ihr Frauen Lamechs, vernehmt
meinen Spruch! Ei, einen Mann erschlug ich für
meine Wunde, einen Knaben für meine Strieme.
24 Denn siebenfach wird Kain gerächt, Lamech da-
gegen siebenundsiebzigmal.«

Set

25 Adam erkannte seine Frau wiederum; sie gebar
einen Sohn und nannte ihn Set: »Denn Gott hat mir
einen anderen Nachkommen gegeben für Abel,
weil Kain ihn erschlug.« 26 Auch dem Set wurde ein
Sohn geboren; er nannte ihn Enosch. Damals be-
gann man, des Herrn Namen anzurufen.

4,1: Für den ehelichen Verkehr gebraucht der Hebräer das Wort »erkennen«. 1–5: Es sind bereits die üblichen Berufe der Orientalen vorausgesetzt. Warum Gott Kains Opfer verschmähte, wird nicht gesagt; vermutlich wegen seiner rohen Sitten (1 Joh 3,12). 1–17: Möglicherweise war Kain nach älteren Quellenberichten nicht der Sohn des ersten Menschenpaares, sondern lediglich der Stammvater der Kainiten. Nach dem vorliegenden Text muß seine Frau eine seiner Schwestern gewesen sein. Geschwisterehen waren in alter Zeit nicht unbekannt. 15: Diese Stelle ist aus dem gebräuchlichen Recht der Blutrache zu erklären, zu der alle Sippenangehörigen verpflichtet sind. Dagegen sollen nach altem Recht Bruder und Elternmörder nicht getötet, sondern aus allen Stämmen verjagt werden.

Von Adam bis Noe

5 1 Dies ist das Buch des Stammbaumes Adams.
Am Tage, da Gott Adam schuf, formte er ihn
nach Gottes Ebenbild. 2 Als Mann und Frau
schuf er sie; er segnete sie und nannte sie Mensch
am Tage, da sie erschaffen wurden. 3 Als Adam nun
130 Jahre alt war, zeugte er einen Sohn, ihm gleich
und nach seinem Bilde, und nannte ihn Set. 4 Nach
der Geburt des Set lebte Adam noch 800 Jahre, und
er zeugte Söhne und Töchter. 5 Insgesamt lebte
Adam 930 Jahre; dann starb er. 6 Im Alter von 105
Jahren zeugte Set den Enosch. 7 Nach der Geburt
des Enosch lebte Set noch 807 Jahre und zeugte
Söhne und Töchter. 8 Insgesamt lebte Set 912 Jahre;

dann starb er. 9 Im Alter von 90 Jahren zeugte
Enosch den Kenan. 10 Nach der Geburt des Kenan
lebte Enosch noch 815 Jahre und zeugte Söhne und
Töchter. 11 Insgesamt lebte Enosch 905 Jahre; dann
starb er. 12 Im Alter von 70 Jahren zeugte Kenan den
Mahalalel. 13 Nach der Geburt des Mahalalel lebte
Kenan noch 840 Jahre und zeugte Söhne und Töch-
ter. 14 Insgesamt lebte Kenan 910 Jahre; dann starb
er. 15 Im Alter von 65 Jahren zeugte Mahalalel den
Jared. 16 Nach der Geburt des Jared lebte Mahalalel
noch 830 Jahre und zeugte Söhne und Töchter.
17 Insgesamt lebte Mahalalel 895 Jahre; dann starb
er.
18 Im Alter von 162 Jahren zeugte Jared den Henoch.
19 Nach der Geburt des Henoch lebte Jared noch 800
Jahre und zeugte Söhne und Töchter. 20 Insgesamt
lebte Jared 962 Jahre; dann starb er. 21 Im Alter von
65 Jahren zeugte Henoch den Metuschelach. 22 He-
noch wandelte mit Gott. Er lebte nach Metusche-
lachs Geburt noch 300 Jahre und zeugte Söhne und
Töchter. 23 Insgesamt lebte Henoch 365 Jahre. 24 He-
noch wandelte mit Gott, und dann war er nicht
mehr; denn Gott hatte ihn entrückt. 25 Im Alter von
187 Jahren zeugte Metuschelach den Lamech.
26 Nach der Geburt des Lamech lebte Metuschelach
noch 782 Jahre und zeugte Söhne und Töchter.
27 Insgesamt lebte Metuschelach 969 Jahre; dann
starb er.
28 Im Alter von 182 Jahren zeugte Lamech einen
Sohn. 29 Er nannte ihn Noe, indem er sprach: »Die-
ser wird uns trösten bei der mühevollen Arbeit un-
serer Hände am Ackerboden, den der Herr verflucht
hat.« 30 Nach der Geburt des Noe lebte Lamech
noch 595 Jahre und zeugte Söhne und Töchter.
31 Insgesamt lebte Lamech 777 Jahre; dann starb er.
32 Als Noe im Alter von 500 Jahren stand, zeugte er
den Sem, den Cham und den Japhet.

5,1–32: Es werden hier zehn vorsintflutliche Patriarchen aufgezählt. Der Verfasser will keine vollständige Genealogie geben, sondern nur die allgemeine Wahrheit veranschaulichen, daß vor der Sintflut langes Leben der Lohn für gottgefälligen Wandel war. Zur Patriarchenzeit erreichten die Menschen ebenfalls ein verhältnismäßig hohes Lebensalter. Man hat aber in diesem Abschnitt mit ungewollten Textverderbnissen zu rechnen, die auf Abschreiber zurückzuführen sind; denn im Hebräischen wurden die Zahlen durch Buchstaben ausgedrückt. In der samaritanischen und griechischen Übersetzung des AT lauten die Zahlen tatsächlich anders. Auffällig ist das verhältnismäßig niedrige Lebensalter des Henoch (365 Jahre entsprechen den Tagen eines Jahres) und sein plötzliches Verschwinden (Sir 44,16; Hebr 11,5).

Sittenverderbnis

6
1 Es begab sich, daß die Menschen auf Erden
sich zu vermehren begannen und ihnen auch
Töchter geboren wurden. 2 Da sahen die
Gottessöhne, daß die Töchter der Menschen schön
waren, und sie nahmen sich zu Frauen, welche sie
nur mochten. 3 Nun sprach der Herr: »Mein Geist
soll nicht für die Dauer im Menschen beengt sein,
da auch er Fleisch ist; seine Tage sollen nur noch
120 Jahre sein.« 4 Zu jenen Zeiten waren Riesen auf
Erden, auch nachher noch, als die Gottessöhne mit
den Töchtern der Menschen verkehrten und diese
ihnen gebaren; das sind die starken Männer der Ur-
zeit, Leute mit Namen.

Strafankündigung

5 Der Herr sah, wie groß die menschliche Bosheit
auf Erden war, und daß jegliches Gebilde ihrer Her-
zensgedanken allzeit nur böse war. 6 Es reute ihn,
den Menschen gemacht zu haben auf Erden, und er
bekam Kummer in seinem Herzen. 7 Der Herr
sprach: »Ich will den Menschen, den ich geschaffen,
vom Erdboden vertilgen, vom Menschen bis zum
Vieh und zum Kriechtier und zu den Himmelsvö-
geln. Denn es reut mich, sie gemacht zu haben.«
8 Nur Noe fand Gnade in des Herrn Augen.

Geschichte Noes und Bau der Arche

9 Dies ist die Geschichte Noes: Noe war ein gerech-
ter und vollkommener Mann unter seinen Zeitge-
nossen und wandelte mit Gott. 10 Und Noe zeugte
drei Söhne, den Sem, den Cham und den Japhet.
11 Aber die Erde war verderbt vor den Augen
Gottes, und sie füllte sich mit Gewalttat 12 Gott
schaute sich die Erde an, und siehe, sie war ver-
derbt; denn alle Menschen auf Erden gingen ver-
derbliche Wege. 13 Da sprach Gott zu Noe: »Das
Ende aller Lebewesen habe ich beschlossen, denn
voll Gewalttat ist die Erde wegen der Menschen.
Wohlan, ich will sie vertilgen mitsamt der Erde.
14 Mache dir eine Arche aus Nadelholz mit Schilf-
rohr dazwischen und verdichte sie von innen und
außen mit Pech! 15 So sollst du sie herstellen: drei-
hundert Ellen lang, fünfzig Ellen breit und dreißig
Ellen hoch. 16 Ein Giebeldach sollst du an der Arche
anbringen und sie dadurch um eine Elle höher
machen; die Tür der Arche sollst du an ihrer Seite
anbringen; ein unteres, ein mittleres und ein oberes
Stockwerk sollst du bauen. 17 Ich lasse nämlich eine
Wasserflut über die Erde kommen, damit sie unter
dem Himmel alle Wesen, in denen Lebensodem ist,
vertilge; alles auf Erden soll umkommen.
18 Meinen Bund aber will ich mit dir schließen; gehe
also in die Arche hinein, du und deine Söhne, deine
Frau und die Frauen deiner Söhne mit dir! 19 Von al-
len lebendigen Wesen aber nimm je zwei mit in die
Arche hinein, um sie mit dir am Leben zu erhalten,
ein Männchen und ein Weibchen! 20 Von den Vo-

gelarten, von den Vieharten, von allem am Boden
kriechenden Getier nach seiner Art sollen je zwei
zu dir kommen, damit ihr Leben erhalten bleibe.
21 Auch von allem Eßbaren nimm etwas; sammle es
bei dir an, damit es dir und ihnen zur Nahrung
diene.« 22 Und Noe tat alles so, wie es Gott ihm ge-
boten hatte.

6,1–4: Kurzer, schwer verständlicher Bericht, der sich offenbar auf Tatsachen stützt, die sich in geschichtlichem Dunkel verlieren. Erklärer, die von der Übersetzung »Gottessöhne« ausgehen, denken hier teils an Engel, teils an Nachkommen Sets. Für erstere Annahme spricht derselbe Ausdruck in Ps 29,1; 89,7; Job 1,6; 2,1; 38,7; Dan 3,25 (92). Die alte Erzählung ist hier stark gekürzt und gereinigt, um den Gipfel der Sittenverderbnis eindrucksvoll zu schildern. 6,5–9,29: Die Erzählung über die Sintflut besteht aus zwei Berichten, die ineinandergearbeitet sind. Beide Berichte weichen in Einzelheiten ab. Ähnlichkeiten mit babylonischen Flutsagen beweisen nicht, daß der biblische Bericht Sage ist, sondern daß er aus einer der damaligen Menschheit gemeinsamen Quelle stammt, also einer Erinnerung an wirkliche Geschehnisse seinen Ursprung verdankt. Das Gericht Gottes über die Welt durch die Sintflut ist vorbildlich für andere Strafen (Luk 17,26f; Matth 24,38f). Ein Gegenbild der Sintflut ist das Wasser der hl. Taufe (1 Petr 3,20f).

Einzug in die Arche

7 1 Da Sprach der Herr zu Noe: »Gehe hinein in
die Arche mit deiner ganzen Familie; denn
dich habe ich gerecht angetroffen vor mei-
nem Angesichte unter diesem Geschlecht. 2 Von al-
len reinen Tieren nimm dir je sieben Stück, je ein
Männchen und ein Weibchen, von den unreinen
Tieren je zwei, ein Männchen und ein Weibchen.
3 Auch von den Vögeln des Himmels je sieben
Männchen und Weibchen, damit Nachwuchs am
Leben erhalten bleibe auf der ganzen Erde. 4 Denn
noch sieben Tage, dann will ich regnen lassen auf
die Erde vierzig Tage und vierzig Nächte lang und
will jegliches Wesen, das ich geschaffen habe, vom
Erdboden vertilgen.« 5 Und Noe tat alles, was ihm
der Herr befohlen hatte. 6 Noe war sechshundert
Jahre alt, als die Flut auf die Erde kam. 7 Da gingen
Noe und seine Söhne, seine Frau und die Frauen
seiner Söhne vor den Wassern der Flut in die Arche.
8 Von den reinen und unreinen Tieren, von den Vö-
geln und von allem am Boden kriechenden Getier
9 kamen je zwei zu Noe in die Arche, ein Männchen
und ein Weibchen, wie Gott ihm geboten hatte.
10 Nach Ablauf von sieben Tagen kamen nun die
Wasser der Flut über die Erde. 11 Es war im sechs-
hundertsten Lebensjahr Noes, im zweiten Monat,
am siebzehnten Tage des Monats. An diesem Tage
brachen alle Quellen der großen Urflut auf, und die
Fenster des Himmels öffneten sich. 12 Und es ergoß
sich ein Regen auf die Erde vierzig Tage und vierzig
Nächte lang. 13 An eben diesem Tage gingen Noe,
Sem, Cham und Japhet, die Söhne Noes, seine Frau
und die drei Frauen seiner Söhne mit ihm hinein in
die Arche; 14 außer ihnen alle Arten von Wild, von
Vieh, von dem am Boden kriechenden Getier und
sämtliche Arten von Vögeln, alles Geflügelte. 15 Sie
kamen zu Noe in die Arche, je zwei von allen We-
sen, in denen Lebenshauch war. 16 Die da kamen,
waren je ein Männchen und Weibchen von allen
Tieren, wie Gott ihm befohlen hatte. Der Herr
schloß hinter ihm zu.

Sintflut

17 Die Flut ergoß sich über die Erde vierzig Tage
lang; die Wasser wuchsen an, sie hoben die Arche,
und diese stieg von der Erde empor. 18 Die Wasser
schwollen an und mehrten sich gewaltig auf der
Erde; die Arche aber fuhr auf den Wassern dahin.
19 Und die Wasser nahmen immer mehr zu; alle
hohen Berge unter dem ganzen Himmel wurden
bedeckt. 20 Fünfzehn Ellen darüber stiegen die Was-
ser; so wurden die Berge bedeckt. 21 Alles Leben,
das auf Erden sich bewegte, Vögel, Vieh, Wild und
alles Kleingetier, das auf der Erde wimmelte, und
alle Menschen gingen unter. 22 Alles, was Lebens-
odem in sich hatte, wenn es auf dem Trockenen
lebte, mußte sterben. 23 So ward denn alles vertilgt,
was auf dem Erdboden war, Menschen sowohl als
auch Vieh, Kriechtiere und die Vögel des Himmels;
sie wurden von der Erde vertilgt. Noe allein und die
mit ihm in der Arche waren, blieben übrig. 24 Und
die Wasser stiegen auf Erden an, hundertfünfzig
Tage lang.

Ende der Flut

8 1 Gott gedachte des Noe, allen Wildes und
aller Tiere, die mit ihm in der Arche waren,
und er ließ einen Wind über die Erde hin we-
hen, so daß die Wasser sanken. 2 Die Quellen der
Urflut versiegten, und die Fenster des Himmels
wurden geschlossen, dem Regen ward vom Him-
mel her Einhalt geboten. 3 Das Wasser sank auf der
Erde mehr und mehr, und so nahm das Wasser ab
nach einhundertfünfzig Tagen. 4 Im siebten Monat,
am siebzehnten Tage des Monats, ruhte die Arche
auf dem Gebirge von Ararat. 5 Die Fluten gingen bis
zum zehnten Monat immer mehr zurück. Am er-
sten des zehnten Monats wurden die Gipfel der
Berge sichtbar. 6 Nach vierzig Tagen tat Noe das
Fenster der von ihm gebauten Arche auf. 7 Er ließ
einen Raben ausfliegen; der flog hin und zurück, bis
das Wasser von der Erde vertrocknet war. 8 Da ließ
er eine Taube hinaus, um zu sehen, ob der Wasser-
spiegel auf der Erdoberfläche gesunken sei. 9 Die
Taube fand aber keine Stätte für ihren Fuß und

kehrte zu ihm in die Arche zurück; denn noch war
Wasser auf der ganzen Erde. Noe streckte seine
Hand aus, ergriff sie und nahm sie in die Arche
zurück. 10 Dann wartete er weitere sieben Tage und
sandte wiederum die Taube aus der Arche. 11 Die
Taube flog gegen Abend zu ihm zurück, aber siehe,
sie trug ein frisches Ölblatt in ihrem Schnabel. Noe
wußte nun, daß das Wasser auf Erden gefallen war.
12 Nach weiteren sieben Wartetagen schickte Noe
die Taube wieder aus; sie kehrte nicht mehr zu ihm
zurück. 13 Im 601. Lebensjahr des Noe, am ersten
Tag des ersten Monats, war das Wasser auf dem
Erdboden vertrocknet. Noe entfernte das Dach von
der Arche; er schaute aus, und schon war die Erd-
oberfläche trocken. 14 Am siebenundzwanzigsten
Tage des zweiten Monats war die Erde trocken.

Räumung der Arche

15 Da sprach Gott zu Noe: 16 »Geh aus der Arche, du
und deine Frau, deine Söhne und die Frauen deiner
Söhne mit dir! 17 Alles Getier, das bei dir ist von al-
len Lebewesen, Vögel, Vieh und alle auf Erden krie-
chenden Tiere, laß mit dir hinaus; sie sollen sich
tummeln auf Erden, fruchtbar sein und sich ver-
mehren auf dem Erdboden!« 18 Da ging Noe hinaus
und seine Söhne, seine Frau und die Frauen seiner
Söhne mit ihm. 19 Alles Getier, alle Kriechtiere, alle
Vögel, alles, was sich auf Erden regt, verließ, je nach
seinen Sippen, die Arche.

Opferaltar

20 Noe baute einen Altar für den Herrn, und von al-
len reinen Tieren und reinen Vögeln nahm er und
brachte auf dem Altar Brandopfer dar. 21 Der Herr
roch den lieblichen Wohlgeruch und sprach bei sich
selbst: »Ich will fortan nicht noch einmal die Erde
verfluchen um des Menschen willen; denn der
Trieb des menschlichen Herzens ist zum Bösen ge-
neigt von Jugend an. Fürderhin will ich alles Leben-
dige nicht mehr schlagen, wie ich es getan habe.
22 Solange die Erde steht, sollen Saat und Ernte,
Frost und Hitze, Sommer und Winter, Tag und
Nacht nicht mehr aufhören.«

Gottes Gebot an Noe

9 1 Gott segnete den Noe und seine Söhne und
sprach zu ihnen: »Seid fruchtbar, mehrt euch
und erfüllt die Erde. 2 Furcht vor euch und
Schrecken sei bei allen Erdentieren, bei allen Him-
melsvögeln, bei allem, was auf dem Erdboden
kriecht, und bei allen Fischen des Meeres; in eure
Hand sind sie gegeben. 3 Alles, was sich regt und le-
bendig ist, diene euch zur Nahrung; wie das Grün-
kraut gebe ich euch alles. 4 Jedoch lebendiges
Fleisch, mit seinem Blut noch verbunden, sollt ihr
nicht essen. 5 Aber euer Blut werde ich fordern, und
zwar für jeden einzelnen aus euch; von jeglichem
Tier will ich es fordern und vom Menschen, von je-
dermanns Bruder werde ich das Leben des Men-
schen fordern. 6 Wer Menschenblut vergießt, des-
sen Blut soll durch Menschen vergossen werden!
Denn nach seinem Bilde hat Gott den Menschen ge-
macht. 7 Ihr aber seid fruchtbar und mehrt euch,
wimmelt auf der Erde und mehrt euch auf ihr!«

Friedensbund

8 Gott sprach zu Noe und seinen Söhnen: 9 »Wohlan
denn, ich errichte meinen Bund mit euch und euren
Nachkommen 10 und mit allen lebenden Wesen bei
euch, mit Vögeln, Vieh und jeglichem Wild des Fel-
des, mit all denen, die die Arche verlassen haben.
11 Meinen Bund errichte ich mit euch: Es soll nie-
mals wieder alles Leben von den Wassern der Flut
ausgerottet werden, ja, es soll keine Flut mehr kom-
men, die Erde zu verderben!« 12 Weiter sprach Gott:
»Dies ist das Zeichen des Bundes, den ich zwischen
mir und euch stifte und zwischen jeglichem Lebe-
wesen bei euch für immerwährende Geschlechter:
13 Meinen Bogen setze ich in die Wolken; er soll ein
Bundeszeichen zwischen mir und der Erde sein.
14 Wenn ich nun Gewölk über der Erde balle, und
wenn der Bogen in den Wolken erscheint, 15 so will
ich meines Bundes gedenken, der zwischen mir und
euch und allen lebenden Wesen besteht, und nie-
mals mehr soll das Wasser zur Flut werden, um jeg-
liches Leben zu verderben. 16 Wenn der Bogen in
den Wolken steht, dann werde ich ihn ansehen, um
des immerwährenden Bundes zu gedenken, der
zwischen Gott und allen Lebewesen jeglicher Art
auf Erden besteht.« 17 Gott sprach zu Noe: »Dies ist
das Zeichen des Bundes, den ich zwischen mir und
allen Lebewesen auf Erden stifte.«

Fluch und Segen

18 Die Söhne Noes, die aus der Arche kamen, waren
Sem, Cham und Japhet [Cham ist der Vater Ka-
naans]. 19 Diese drei sind Noes Söhne, und von
ihnen stammt das ganze Menschengeschlecht ab.
20 Noe aber begann als Landwirt und pflanzte einen
Weinberg. 21 Er trank von dem Weine, ward be-
rauscht und lag entblößt in seinem Zelte. 22 Cham,
der Vater Kanaans, sah die Blöße seines Vaters, und
er teilte es seinen beiden Brüdern draußen mit.
23 Sem und Japhet aber nahmen einen Überwurf,
legten ihn auf ihre Schultern, gingen rückwärts hin-
ein und bedeckten die Blöße ihres Vaters. Ihr Ge-
sicht war rückwärts gerichtet, so daß sie die Blöße
ihres Vaters nicht sahen. 24 Als Noe aus seinem

Rausch erwachte, erfuhr er, was sein jüngerer Sohn ihm angetan hatte. 25 Er sprach: »Verflucht sei Kanaan; ein Knecht der Knechte sei er seinen Brüdern!« 26 Ferner sprach er: »Gepriesen sei der Herr, der Gott Sems, und Kanaan sei sein Knecht! 27 Weiten Raum schaffe Gott dem Japhet; er wohne in den Zelten Sems, und Kanaan sei sein Knecht!« 28 Nach der Sintflut lebte Noe noch 350 Jahre. 29 Insgesamt lebte Noe 950 Jahre; dann starb er.

Stammbaum der Noesöhne

10 1 Dies ist der Stammbaum der Söhne Noes, des Sem, Cham und Japhet. Ihnen wurden nach der Flut Söhne geboren. 2 Die Söhne Japhets: Gomer, Magog, Madaj, Jawan, Tubal, Meschech und Tiras. 3 Die Söhne Gomers Aschkenas, Riphat und Togarma. 4 Die Söhne Jawans: Elisa und Tarsis, die Kittim und Dodanim. 5 Von diesen zweigten sich die Inselvölker ab in ihren Ländern – jedes nach seiner Sprache – nach ihren Geschlechtern in ihren Völkerschaften. 6 Die Söhne Chams: Kusch, Mizrajim, Put und Kanaan. 7 Die Söhne Kuschs: Seba, Chawila, Sabta, Rama und Sabteka. Die Söhne von Rama sind Saba und Dedan. 8 Kusch zeugte den Nimrod; dieser war der erste Gewaltherrscher auf Erden. 9 Er war ein gewaltiger Jäger vor dem Herrn; daher sagt man: »Wie Nimrod ein gewaltiger Jäger vor dem Herrn.« 10 Der Anfang seiner Königsherrschaft war Babel, Erech, Akkad und Kalne im Lande Sinear. 11 Von diesem Lande zog er nach Assur aus und erbaute Ninive, Rechobot-Ir und Kelach, 12 auch Resen zwischen Ninive und Kelach. Dies ist die große Stadt. 13 Von Mizrajim stammen die Ludier, die Anamer, die Lehaber und die Naphtucher, 14 die Patruser, die Kasluchер und die Kaphtorer, von denen die Philister hervorgingen. 15 Von Kanaan stammt Sidon, sein Erstgeborener, und Heth, 16 ferner die Jebusiter, die Amoriter, die Girgaschiter, 17 die Hiwwiter, die Arkiter und die Siniter, 18 die Arwaditer, Zemariter und Chamatiter. Später zerstreuten sich die Sippen der Kanaaniter. 19 Das Grenzgebiet der Kanaaniter erstreckte sich von Sidon durch Gerar hin nach Gaza und gegen Sodom, Gomorra, Adma und Zeboim bis hin nach Lascha. 20 Dies sind Chams Söhne nach ihren Sippen, ihren Sprachen, in ihren Ländern und in ihren Völkerschaften. 21 Auch dem Sem wurden Nachkommen geboren, dem Stammvater aller Heber Söhne, dem ältesten Bruder des Japhet. 22 Die Söhne Sems: Elam, Assur, Arpachschad, Lud und Aram. 23 Und die Söhne Arams: Uz, Chul, Geter und Masch. 24 Arpachschad zeugte den Schelach, Schelach den Heber. 25 Dem Heber wurden zwei Söhne geboren, der eine hieß Peleg (Trennung) – denn in seinen Tagen trennte sich die Erdbevölkerung –; sein Bruder hieß Joktan. 26 Joktan zeugte Almodad, Scheleph, Chazarmawet, Jerach, 27 Hadoram, Usal, Dikla, 28 Obal, Abimael, Saba, 29 Ophir, Chawila und Jobab. Diese alle sind Söhne Joktans. 30 Ihre Wohnsitze liegen von Mescha bis nach Sephara am Ostgebirge. 31 Dies sind Sems Söhne nach ihren Sippen, ihren Sprachen, in ihren Ländern nach ihren Völkerschaften. 32 Dies sind die Sippen der Söhne Noes nach ihren Stammbäumen in ihren Völkerschaften, und von ihnen haben sich die Völker nach der Flut verzweigt.

Turmbau von Babel

11 1 Alle Welt hatte nur eine Sprache und dieselben Laute. 2 Als man vom Osten her aufbrach, fand man im Lande Sinear eine Ebene und wohnte daselbst. 3 Sie sprachen zueinander: »Wohlan, laßt uns Ziegel streichen und sie hart brennen!« Und es diente ihnen der Ziegel als Stein, und das Erdpech diente ihnen als Mörtel. 4 Dann riefen sie: »Auf! Laßt uns eine Stadt und einen Turm bauen, dessen Spitze bis in den Himmel reicht! Wir wollen uns einen Namen machen, damit wir nicht in alle Welt zerstreut werden!« 5 Der Herr aber fuhr herab, um sich die Stadt und den Turm, den sich die Menschen erbaut hatten, anzuschauen. 6 Der Herr sprach: »Siehe, sie sind ein Volk, und nur eine Sprache haben sie alle; das ist aber erst der Anfang ihres Tuns. Nichts von dem, was sie vorhaben, wird ihnen unmöglich sein. 7 Wohlan, laßt uns hinabsteigen! Wir wollen dort ihre Sprache verwirren, daß keiner mehr die Rede des andern versteht!« 8 Und der Herr zerstreute sie von da aus über die ganze Erde hin; sie hörten mit dem Städtebau auf. 9 Darum heißt die Stadt »Babel«; denn dort hat der Herr die Sprache der ganzen Welt verwirrt, und von da aus hat er sie über die ganze Erde hin zerstreut.

Sems Stammbaum

10 Dies ist der Stammbaum Sems: Sem war 100 Jahre alt, da zeugte er den Arpachschad; es war zwei Jahre nach der Flut. 11 Sem lebte nach der Geburt des Arpachschad noch 500 Jahre und zeugte Söhne und Töchter. 12 Im Alter von 35 Jahren zeugte Arpachschad den Schelach. 13 Nach der Geburt des Schelach lebte Arpachschad noch 403 Jahre und zeugte Söhne und Töchter. 14 Im Alter von 30 Jahren zeugte Schelach den Heber. 15 Nach der Geburt des Heber lebte Schelach noch 403 Jahre und zeugte Söhne und Töchter. 16 Im Alter von 34 Jahren zeugte

Heber den Peleg. 17 Nach der Geburt des Peleg lebte
Heber noch 430 Jahre und zeugte Söhne und Töch-
ter. 18 Im Alter von 30 Jahren zeugte Peleg den
Rëu. 19 Nach der Geburt des Rëu lebte Peleg noch
209 Jahre und zeugte Söhne und Töchter. 20 Im
Alter von 32 Jahren zeugte Rëu den Serug. 21 Nach
der Geburt des Serug lebte Rëu noch 207 Jahre und
zeugte Söhne und Töchter. 22 Im Alter von 30 Jah-
ren zeugte Serug den Nachor. 23 Nach der Ge-
burt des Nachor lebte Serug noch 200 Jahre und
zeugte Söhne und Töchter. 24 Im Alter von 29 Jah-
ren zeugte Nachor den Terach. 25 Nach der Geburt
des Terach lebte Nachor noch 119 Jahre und zeugte
Söhne und Töchter. 26 Im Alter von 70 Jahren zeugte
Terach den Abram, danach den Nachor und den
Haran.

Herkunft Abrahams

27 Dies ist der Stammbaum Terachs: Terach zeugte
den Abram, den Nachor und den Haran; Haran aber
zeugte den Lot. 28 Haran starb noch zu Lebzeiten
seines Vaters Terach in seinem Heimatlande, im Ur
der Kaldäer. 29 Abram und Nachor heirateten; Ab-
rams Frau hieß Saraj, Nachors Frau hieß Milka, die
Tochter Harans; dieser war der Vater der Milka und
der Jiska. 30 Saraj aber war unfruchtbar; sie hatte
kein Kind. 31 Terach nahm seinen Sohn Abram,
seinen Enkel Lot, den Sohn Harans, und seine
Schwiegertochter Saraj, die Frau seines Sohnes Ab-
ram. Sie wanderten aus Ur der Kaldäer aus, um in
das Land Kanaan zu ziehen. Sie kamen aber nur bis
Charan. Daselbst siedelten sie sich an. 32 Terach
lebte 205 Jahre, dann starb er in Charan.

Abrams Auserwählung

12 1 Der Herr sprach zu Abram: »Zieh hin-
weg aus deiner Heimat, aus deiner Ver-
wandtschaft und aus deinem Vaterhause
in ein Land, das ich dir zeigen werde! 2 Ich will dich
zu einem großen Volke machen und dich segnen
und deinen Ruhm erhöhen; sei du ein Segen! 3 Seg-
nen will ich, die dich segnen, und wer dich
verflucht, dem will auch ich fluchen. In dir sollen
alle Geschlechter der Erde gesegnet sein!«

Auszug

4 Abram brach auf, wie der Herr ihm geboten hatte,
und Lot zog mit ihm. Abram stand damals im Alter
von 75 Jahren, als er von Charan auszog. 5 Abram
nahm seine Frau Saraj und seinen Neffen Lot, ferner
allen Herdenbesitz, den sie erworben hatten, und
alte Leute, die sie in Charan gewonnen hatten. Sie
brachen auf, um ins Land Kanaan zu ziehen; und sie
kamen ins Land Kanaan. 6 Abram durchzog das
Land bis zum Ort Sichem zur Orakeleiche. Damals
waren die Kanaaniter im Lande. 7 Der Herr erschien
dem Abram und sprach: »Deinen Nachkommen
will ich dieses Land geben.« Jener baute dort einen
Altar für den Herrn, der ihm erschienen war. 8 Von
da rückte er weiter dem Gebirge zu, östlich von Be-
tel. Hier schlug er sein Zelt auf, Betel im Westen, Aj
im Osten. Sodann baute er dem Herrn einen Altar
und rief den Namen des Herrn an. 9 Abram zog
immer weiter und weiter dem Südland zu.

In Ägypten

10 Eine Hungersnot brach aber damals im Lande aus;
daher zog Abram nach Ägypten, um dort seinen
Aufenthalt zu nehmen; denn der Hunger lastete
schwer auf dem Lande. 11 Es begab sich, kurz bevor
er Ägypten betrat, daß Abram zu seiner Frau Saraj
sprach: »Ich weiß, daß du eine schön aussehende
Frau bist. 12 Wenn dich die Ägypter nun sehen und
dabei denken: ›Sie ist seine Frau‹, dann werden sie
mich töten und dich am Leben lassen. 13 Gib doch
an, daß du meine Schwester seist, damit es mir gut
gehe um deinetwillen und ich am Leben bleibe dei-
netwegen!« 14 Als Abram nun nach Ägypten kam,
sahen die Ägypter, wie überaus schön die Frau war.
15 Die Würdenträger Pharaos erblickten sie. Prei-
send empfahlen sie diese für den Pharao. So ward
die Frau in den Palast des Pharao gebracht. 16 Dem
Abram aber erwies er Gutes um ihretwillen; er be-
kam Kleinvieh und Großvieh, Esel, Knechte,
Mägde, Eselinnen und Kamele. 17 Der Herr aber
schlug den Pharao mit schweren Plagen und auch
seinen ganzen Hof wegen Sarajs, der Frau des Ab-
ram. 18 Der Pharao ließ nun Abram rufen und
sprach: »Was hast du mir da angetan? Warum hast
du mir nicht mitgeteilt, daß sie deine Frau ist?
19 Warum hast du gesagt, sie sei deine Schwester?
So nahm ich sie mir zur Frau. Nun, hier hast du
deine Frau; nimm sie und geh!« 20 Und der Pharao
entbot für ihn Leute; diese entließen ihn, seine Frau
und all seine Habe.

12,1–25,18: Die heilsgeschichtliche Bedeutung Abrahams erhellt aus folgenden Bibeltexten der späteren Zeit: Ps 47,10; Is 51,2f; 54,1–3; 63,16; Sir 44,19–23; 2 Makk 1,2; Matth 1,1.2.17; 3,9; 8,11; Luk 1,54f.72.73; 13,16; 19,9; 16,24–31; Röm 4; Gal 3; Hebr 6,13–15; 11,8–19. Die patriarchalische Verheißung erfüllt sich letztlich in dem einen Nachkommen Abrahams, dem Messias, durch den allen Völkern das Heil zuteil wird.

12,10–20: Hier wird eine Begebenheit erzählt, die sich 20,1–18, 26,1–12 wiederholt. Um sie und die wenig rühmliche Rolle, die die Erzväter dabei spielten, zu verstehen, muß man den orientalischen Despotismus und die schutzlose Stellung von Fremden ins Auge fassen. Saraj war ja tatsächlich Abrahams Halbschwester (20,12).

Trennung von Lot

13 1 Abram kehrte zurück aus Ägypten nach
dem Südland, er und seine Frau mit all
seiner Habe und auch Lot mit ihm. 2 Ab-
ram war sehr reich an Vieh, an Silber und Gold. 3 Er
zog Strecke um Strecke vom Südland nach Betel,
und zwar dorthin, wo zu Anfang sein Zelt war,
zwischen Betel und Aj 4 an den Ort des Altares, den
er zuerst dort errichtet hatte; dort rief Abram den
Namen des Herrn an. 5 Aber auch Lot, der mit Ab-
ram gezogen war, hatte Kleinvieh, Rinder und
Zelte. 6 Das Land reichte nicht aus, sie beieinander
wohnen zu lassen; denn ihr Besitz war zu groß, als
daß sie hätten beisammen wohnen können. 7 Ein
Streit war zwischen den Hirten Abrams und denen
Lots ausgebrochen; auch wohnten damals noch die
Kanaaniter und Perissiter im Lande. 8 Da sprach Ab-
ram zu Lot: »Es soll doch kein Streit sein zwischen
mir und dir, zwischen meinen und deinen Hirten;
denn wir sind ja Brüder! 9 Liegt nicht das ganze
Land vor dir? Trenne dich doch von mir; gehst du
nach links, so gehe ich rechts; wenn du nach rechts
gehst, so gehe ich links.« 10 Da erhob Lot seine
Augen. Er sah, daß das ganze Jordangelände voll-
ständig bewässert war [es war, bevor der Herr
Sodom und Gomorra zerstörte] wie der Garten des
Herrn, wie das Land Ägypten, bis hin nach Zoar.
11 Da wählte sich Lot das ganze Jordangelände. Er
brach auf nach Osten, und so trennten sie sich von-
einander. 12 Abram wohnte nunmehr im Land Ka-
naan, Lot dagegen in den Städten des Geländes. Er
schlug seine Zelte auf bis nach Sodom hin. 13 Die
Leute von Sodom aber waren böse und schwere
Sünder vor dem Herrn.

Verheißung

14 Der Herr sprach zu Abram, nachdem sich Lot von
ihm getrennt hatte: »Erhebe deine Augen und schau
vom Orte aus, auf dem du stehst, nach Norden, Sü-
den, Osten und Westen! 15 Denn das ganze Land,
das du siehst, will ich für alle Zeit dir und deinen
Nachkommen schenken. 16 Deine Nachkommen
will ich so zahlreich machen wie den Staub der
Erde. Kann jemand den Staub der Erde zählen, so
wird sich auch deine Nachkommenschaft zählen
lassen. 17 Wohlan! Durchziehe das Land in seiner
Länge und Breite; denn dir will ich es schenken!«
18 Abram kam, schlug sein Zelt auf und wohnte bei
der Eiche von Mamre bei Hebron; er baute daselbst
einen Altar für den Herrn.

13,14–18: Hier stoßen wir wieder auf die Verheißung, die Gott dem Abraham bei seinem Auszug (1 Mos 12,2) gab, und die er später immer wieder erneuerte.

Krieg mit den Ostkönigen

14 1 Es begab sich in den Tagen Amraphels,
des Königs von Sinear, Ariochs, des Kö-
nigs von Ellasar, Kedorlaomers, des Kö-
nigs von Elam, und Tidals, des Königs der Völker.
2 Sie kämpften wider Bera, den König von Sodom,
Birscha, den König von Gomorra, Schinab, den Kö-
nig von Adma, Schemeber, den König von Zeboim,
und den König von Bela, d. h. Zoar. 3 Vereint zogen
diese alle nach dem Siddimtale, d. h. dem Salzmeer.
4 Zwölf Jahre waren sie dem König Kedorlaomer
dienstbar gewesen, aber im dreizehnten fielen sie
ab. 5 Im vierzehnten Jahre kamen Kedorlaomer und
die Könige, die mit ihm verbunden waren. Sie
schlugen die Rephaiter bei Aschtarot-Karnajim, die
Susiter bei Ham, die Emiter bei der Ebene von Kir-
jatajim 6 und die Horiter bei ihr im Gebirge Seïr bis
hin nach El-Paran, das an der Wüste liegt. 7 Sie kehr-
ten dann um und kamen nach En-Mischpat, d.h.
Kades. Dann schlugen sie das ganze Land der Ama-
lekiter und auch das der Amoriter, die bei Chaze-
zon-Tamar wohnten. 8 Da zogen der König von So-
dom, der König von Gomorra, der König von
Adma, der König von Zeboim und der König von
Bela, d.h. Zoar, aus. Man ordnete die Schlacht ge-
gen sie, 9 und zwar gegen Kedorlaomer, den König
von Elam, und Tidal, den König der Völker, und
Amraphel, den König von Sinear, und Arioch, den
König von Ellasar – vier Könige gegen fünf. 10 Im
Tale Siddim waren viele Erdpechgruben. Die Kö-
nige von Sodom und Gomorra mußten fliehen und
fielen da hinein. Die Übriggebliebenen entkamen
ins Gebirge. 11 Jene aber nahmen alle Habe von So-
dom und Gomorra und alle ihre Nahrungsmittel
weg und zogen ab. 12 Auch Lot und seine Habe
raubten sie und machten sich auf und davon. Jener
war nämlich in Sodom seßhaft.

Abrams Hilfe

13 Ein Flüchtling aber kam und meldete es dem
Hebräer Abram; dieser wohnte bei der Rieseneiche
des Amoriters Mamre, der ein Bruder des Eschkol
und des Aner war; auch diese waren mit Abram
verbündet. 14 Abram hörte, daß sein Neffe gefan-
gen sei. Er zählte seine hausgeborenen Gefolgs-
männer ab (dreihundertachtzehn Mann) und nahm
die Verfolgung auf bis Dan. 15 Dann teilte er des
Nachts seine Truppen und stellte sie gegen die
Feinde, er und seine Leute; er verfolgte und schlug
sie bis Choba, das links von Damaskus liegt. 16 Die
ganze Habe brachte er zurück: seinen Neffen Lot
und sein Besitztum, auch die Frauen und seine
Leute.

Melchisedech

17 Da kam ihm der König von Sodom entgegen, als
er zurückkehrte vom Sieg über Kedorlaomer und
die Könige, und zog mit ihm in das Königstal.
18 Und Melchisedech, der König von Salem, brachte
Brot und Wein heraus; er war nämlich ein Priester
des Allerhöchsten Gottes. 19 Dieser segnete ihn und
sprach: »Gesegnet sei Abram vom Allerhöchsten
Gott, der Himmel und Erde erschaffen hat! 20 Ge-
priesen sei der Allerhöchste Gott, der deine Feinde
in deine Hand ausgeliefert hat!« Da gab jener ihm
den Zehnten von allem. 21 Der König von Sodom
aber sagte zu Abram: »Gib mir nur die Leute, die
Habe aber nimm dir!« 22 Abram erwiderte dem Kö-
nig von Sodom: »Ich erhebe meine Hände zum
Herrn, dem Allerhöchsten Gotte, dem Schöpfer
Himmels und der Erde. 23 Weder einen Faden noch
einen Schuhriemen, nichts von deinem Eigentume
werde ich nehmen. Du wirst nicht sagen können:
›Ich habe Abram reich gemacht.‹ 24 Abgesehen nur
von dem, was die Kriegsknechte verzehrt haben,
und dem Anteil der Männer, die mit mir gezogen
sind, Aner, Eschkol und Mamre. Sie mögen sich
ihren Anteil nehmen!«

14,17–20: Salem ist das spätere Jerusalem, der Königssitz der Dynastie Davids. Es handelt sich hier um ein Siegesmahl mit Brot und Wein, ein Vorbild des hl. Meßopfers. Der Kanaanäer Melchisedech verehrte den »Allerhöchsten Gott«. David und seine Nachfolger werden in Ps 110,4 als Nachfolger des Melchisedech bezeichnet und sind Vorbilder des neutestamentlichen Messias. Vgl. auch Hebr 6,20; 7,1–4.

Verheißung und Glaube

15 1 Nach diesen Begebenheiten erging des
Herrn Wort in einem Gesicht an Abram:
»Fürchte dich nicht, Abram; ich verleihe
dir deinen überreichen Lohn.« 2 Abram antwortete:
»Herr, Herr, was wirst du mir geben, da ich doch
kinderlos einhergehe und Elieser der Verwalter mei-
nes Hauses ist?« 3 Abram fuhr fort: »Nachkommen-
schaft hast du mir ja keine gegeben; siehe, mein
Leibeigener wird mich beerben.« 4 Da erging jedoch
des Herrn Wort an ihn: »Nicht dieser wird dein Erbe
sein, sondern ein leiblicher Sohn von dir wird dich
beerben.« 5 Er führte ihn hinaus ins Freie und
sprach: »Schau doch auf zum Himmel und zähle die
Sterne, wenn du sie zählen kannst!« Und er versi-
cherte ihm: »So wird deine Nachkommenschaft
sein.« 6 Er aber glaubte dem Herrn, und dieser rech-
nete es ihm als Gerechtigkeit an.

Bundesschließung

7 Dann sprach er zu ihm: »Ich bin der Herr, der dich
aus Ur der Kaldäer geführt hat, um dir dieses Land
zum Erbteil zu geben.« 8 Dieser aber antwortete:
»Herr, Herr, woran soll ich erkennen, daß ich es er-
ben werde?« 9 Er sprach zu ihm: »Hole mir ein drei-
jähriges Kalb, eine dreijährige Ziege, einen drei-
jährigen Widder, eine Turtel- und eine Jungtaube!«
10 Alle diese Tiere holte er. Er teilte sie in der Mitte
und legte die Hälften einander gegenüber; nur die
Vögel teilte er nicht. 11 Da stießen Raubvögel auf die
Tierleichen herab. Abram scheuchte sie fort. 12 Die
Sonne war eben am Untergehen, da fiel ein Tief-
schlaf auf Abram. Auch Angst und große Dunkel-
heit lasteten auf ihm. 13 Gott sprach zu Abram: »Du
sollst es mit Bestimmtheit wissen: Deine Nach-
kommen werden Fremdlinge in einem Lande sein,
das ihnen nicht gehören wird. Sie werden den Men-
schen dort dienstbar sein, und man wird sie vier-
hundert Jahre lang unterdrücken. 14 Aber das Volk,
dem sie dienen, will ich richten. Danach werden sie
mit reicher Habe davonziehen. 15 Doch du wirst zu
deinen Vätern in Frieden eingehen; begraben wirst
du in hohem Greisenalter. 16 Aber im vierten Ge-
schlecht werden sie hierher zurückkehren, denn bis
dahin ist die Schuld der Amoriter noch nicht voll.«
17 Die Sonne war untergegangen; stockfinster war
es geworden. Da zeigten sich ein rauchender
Backofen und eine Feuerflamme, die zwischen je-
nen Fleischstücken hindurchfuhr. 18 An jenem Tage
schloß der Herr mit Abram einen Bund: »Deinen
Nachkommen werde ich dieses Land geben, vom
Strom Ägyptens bis zum großen Euphratstrome,
19 nämlich die Keniter, die Kenissiter, die Kadmoni-
ter, 20 die Hethiter, die Perissiter, die Rephaiter, 21 die
Amoriter, die Kanaaniter, die Girgaschiter und die
Jebusiter!«

15,6: Der Glaube ist hier das Vertrauen auf ein Versprechen Gottes, dessen Erfüllung schlechthin unmöglich erscheint. Dieser Vers wird in Röm 4,3; Gal 3,6; Jak 2,23 zitiert. Dort allerdings bezieht er sich auf den Glauben, der sich in guten Werken betätigt.

Hagars Stolz

16 1 Saraj aber, Abrams Frau, hatte ihm keine
Kinder geboren. Sie hatte jedoch eine
ägyptische Magd; die hieß Hagar. 2 Saraj
sprach zu Abram: »Sieh nur, der Herr hat mir Kin-
dersegen verwehrt; gehe also zu meiner Magd, viel-
leicht lebe ich durch sie in einem Kinde weiter.« Ab-
ram folgte dem Wunsche der Saraj. 3 Saraj, die Frau
Abrams, holte die Ägypterin Hagar, ihre Magd, –
zehn Jahre, nachdem Abram im Lande Kanaan an-
sässig geworden war – und gab sie dem Abram,
ihrem Manne, zur Frau. 4 Er ging zu Hagar. Sie
empfing, und als sie das merkte, verlor ihre Herrin
die Achtung in ihren Augen. 5 Da sprach Saraj zu

Abram: »Das Unrecht, das ich leide, komme auf
dich! Ich gab dir meine Magd an deine Brust. Als sie
aber merkte, daß sie empfangen hatte, verlor ich die
Achtung in ihren Augen; der Herr richte zwischen
mir und dir!« 6 Abram antwortete der Saraj: »Siehe,
deine Magd ist in deiner Hand, tu mit ihr, was dich
gut dünkt!« Da nun Saraj sie hart behandelte,
entfloh sie ihr.

Geburt Ismaels

7 Der Engel des Herrn fand sie am Wasserquell in
der Wüste, an jener Quelle, die auf dem Wege nach
Schur liegt. 8 Er sprach: »Hagar, Magd der Saraj, wo-
her kommst du und wohin gehst du?« Sie antwor-
tete: »Vor meiner Herrin Saraj bin ich auf der
Flucht.« 9 Da sagte der Engel des Herrn zu ihr:
»Kehre zu deiner Herrin zurück und sei ihr gefügig!«
10 Und der Engel des Herrn fuhr fort: »Überaus zahl-
reich will ich deine Nachkommenschaft machen, so
daß sie vor Menge nicht gezählt werden kann.«
11 Ferner sprach der Engel des Herrn zu ihr: »Siehe,
du hast empfangen und wirst einen Sohn gebären.
Ismael sollst du ihn heißen; denn ›der Herr hat dein
Elend gehört‹. 12 Ein Wildeselmensch wird er wer-
den; seine Hand wird gegen jedermann und jeder-
manns Hand gegen ihn sein. Allen seinen Brüdern
entgegengesetzt wird er wohnen.« 13 Sie rief den
Namen des Herrn an, der mit ihr geredet hatte: »Du
bist der Gott des Schauens!« Denn sie sprach:
»Habe ich hier nicht den gesehen, der mich sah?«
14 Darum nennt man den Brunnen »Brunnen des Le-
bendigen, der mich sieht!« Er liegt zwischen Kades
und Bared. 15 Hagar gebar dem Abram einen Sohn,
und Abram nannte den Sohn, den Hagar ihm gebo-
ren hatte, Ismael. 16 Abram war sechsundachtzig
Jahre alt, als Hagar ihm den Ismael gebar.

16,1–14: Saras Handlungsweise darf nicht mit heutigen Maßstäben beurteilt werden. Ihre Stellung als Frau war unhaltbar, wenn sie nicht in der Lage war, ihrem Gemahl Kinder zu schenken. War dies physisch unmöglich, dann gebar die Magd stellvertretend für sie. Die Kinder der Magd gehörten ihr. Dies war in etwa nach babylonischen Gesetzen geregelt. Ähnlich ist auch das Verhalten Jakobs zu seinen Frauen zu beurteilen.

Abraham

17 1 Abram war neunundneunzig Jahre
alt, da erschien ihm der Herr und sprach
zu ihm: »Ich bin der Allmächtige Gott;
wandle vor mir und sei untadelig! 2 Ich will einen
Bund zwischen mir und dir stiften und will dich
überaus zahlreich machen.« 3 Da fiel Abram auf sein
Angesicht nieder, und Gott redete mit ihm und
sprach: 4 »Siehe, das ist mein Bund mit dir: Du wirst
zum Vater einer Völkermenge werden. 5 Fortan soll
dein Name nicht mehr Abram heißen, sondern
Abraham, denn zum ›Vater einer Völkermenge‹ will
ich dich bestellen. 6 Und sehr fruchtbar will ich dich
machen; zu Völkern will ich dich werden lassen,
und Könige werden aus dir hervorgehen. 7 Errichten
will ich meinen Bund zwischen mir und dir und dei-
ner Nachkommenschaft in ihren Geschlechtern. Ein
immerwährender Bund soll es sein, für dich und
deine Nachkommen will ich Gott sein. 8 Geben will
ich dir und deiner Nachkommenschaft das Land, in
dem du jetzt als Fremder weilst, das ganze Land Ka-
naan, zum dauernden Besitz. Ich will ihr Gott sein.«

Beschneidung

9 Danach sprach Gott zu Abraham: »Du aber sollst
meinen Bund halten, du und deine Nachkommen-
schaft in ihren Geschlechtern. 10 Dies ist mein Bund,
den ihr halten sollt; er besteht zwischen mir und
euch und deiner Nachkommenschaft: Beschnitten
soll bei euch alles Männliche werden. 11 Ihr sollt
euch am Fleisch eurer Vorhaut beschneiden lassen.
Dies soll ein Bundeszeichen zwischen mir und euch
sein. 12 Im Alter von acht Tagen soll bei euch in
euren Geschlechtern alles Männliche beschnitten
werden, der Hausgeborene und der für Geld von
einem Fremden Gekaufte, der nicht von dir ab-
stammt. 13 Beschnitten werden muß dein Hausge-
borener und der für Geld Erworbene. Mein Bund an
eurem Fleische soll ein ewiger Bund sein! 14 Ein un-
beschnittener Mann, der nicht am Fleische seiner
Vorhaut beschnitten ist, soll aus seinem Volke aus-
gerottet werden; denn meinen Bund hat er gebro-
chen.«

Verheißung eines Sohnes

15 Gott sprach zu Abraham: »Du sollst den Namen
deiner Frau nicht mehr Saraj nennen, sondern Sara
(Fürstin) soll ihr Name sein! 16 Ich will sie segnen
und werde dir einen Sohn von ihr schenken. Ich will
sie segnen, sie soll zu Völkern werden, Könige über
Nationen sollen aus ihr hervorgehen.« 17 Abraham
fiel auf sein Angesicht nieder und lachte. Er dachte
nämlich in seinem Herzen: Soll etwa einem Hun-
dertjährigen noch ein Kind geboren werden? Oder
soll die neunzigjährige Sara noch gebären? 18 Abra-
ham sprach zu Gott: »Möge doch nur Ismael vor dir
am Leben bleiben!« 19 Gott antwortete: »Nein,
deine Frau Sara soll dir einen Sohn gebären, und du
sollst seinen Namen Isaak nennen. Aufrichten will
ich meinen Bund mit ihm als einen ewigen Bund für
seine Nachkommenschaft nach ihm. 20 Was Ismael
betrifft, so habe ich dich erhört. Ja, ich segne ihn,
lasse ihn fruchtbar und überaus zahlreich werden;
zwölf Fürsten wird er zeugen, und ich werde ihn zu

einem großen Volke machen. 21 Meinen Bund aber
richte ich mit Isaak auf, den dir Sara im kommen-
den Jahr um diese Zeit gebären wird.« 22 Als er seine
Rede mit ihm vollendet hatte, stieg Gott auf und
verschwand vor Abraham.

Beschneidung Ismaels

23 Da holte sich Abraham seinen Sohn Ismael, all
seine Hausgeborenen und alle für Geld Erworbe-
nen, d. h. alle männlichen Personen in seinem
Hause, heran. Er beschnitt das Fleisch ihrer Vorhaut
an demselben Tage, so wie Gott ihm befohlen
hatte. 24 Abraham war neunundneunzig Jahre alt,
als er das Fleisch seiner Vorhaut beschnitt. 25 Sein
Sohn Ismael war dreizehn Jahre alt, als das Fleisch
seiner Vorhaut beschnitten wurde. 26 An dem glei-
chen Tage wurden Abraham und sein Sohn Ismael
beschnitten. 27 Alle männlichen Personen seines
Hauses, die Hausgeborenen und die von Fremden
für Geld Erworbenen, wurden mit ihm beschnitten.

Fremder Besuch

18 1 Der Herr erschien ihm bei der Riesen-
eiche von Mamre; er saß gerade an dem
Zelteingang zur heißen Tageszeit. 2 Als er
seine Blicke erhob, siehe, da standen drei Männer
vor ihm. Sobald er sie erblickte, lief er ihnen vom
Zelteingang entgegen und beugte sich tief zur Erde
nieder. 3 Er sprach: »Meine Herren, habe ich Gunst
vor euch gefunden, so eilt doch nicht an eurem
Knecht vorüber! 4 Es werde ein wenig Wasser ge-
holt; wascht eure Füße und ruht unter den Bäumen
aus! 5 Ich hole einen Bissen Brot; labt euch dann und
wandert nachher weiter; denn darum seid ihr ja bei
eurem Knechte vorbeigekommen!« Sie sprachen:
»Tue, wie du gesagt hast!« 6 Da eilte Abraham in das
Zelt zu Sara und sprach: »Eile doch! Nimm drei
Maß Mehl, und zwar Weizengrieß, knete es und
backe Kuchen!« 7 Abraham lief zur Rinderherde,
suchte sich ein zartes und schönes Jungrind und gab
es dem Knechte; der beeilte sich, es zu bereiten. 8 Er
holte Sahne und Milch und das hergerichtete Jung-
rind und setzte es ihnen vor. Er selbst wartete ihnen
auf unter den Bäumen, während sie aßen. 9 Dann
fragten sie ihn: »Wo ist deine Frau Sara?« Er ant-
wortete: »Hier im Zelt.« 10 Der Herr sprach: »Gewiß
werde ich dich übers Jahr wiederum besuchen;
dann hat deine Frau Sara einen Sohn.« Sara aber
horchte im Zelteingang hinter ihm. 11 Abraham und
Sara waren alt, vorgerückt an Tagen; Sara ging es
nicht mehr nach der Frauen Regel. 12 Sara lachte in
sich hinein und dachte: »Ich bin doch verblüht; da
soll mir noch Liebeswonne werden? Und auch
mein Gatte ist schon ein Greis.« 13 Der Herr sprach
zu Abraham: »Warum hat Sara denn gelacht und
gedacht: ›Soll ich wahrhaftig noch gebären, da ich
doch alt bin?‹ 14 Ist für den Herrn etwas unmöglich?
Übers Jahr zur festgesetzten Zeit kehre ich zu dir
zurück; dann hat Sara einen Sohn.« 15 Sara ver-
suchte zu heucheln und sprach: »Ich habe nicht ge-
lacht.« Denn sie fürchtete sich. Er aber sprach:
»Doch, du hast gelacht.« 16 Von dort erhoben sich
die Männer und blickten nach Sodom hinüber. Ab-
raham ging mit ihnen, sie zu geleiten.

Gottes Gedanken

17 Der Herr aber erwog: »Soll ich vor Abraham ver-
bergen, was ich tun will? 18 Abraham soll doch zu
einem großen und starken Volke werden; gesegnet
werden sollen durch ihn alle Völker der Erde. 19 Ihn
habe ich ja auserkoren, daß er seinen Söhnen und
seiner Nachkommenschaft gebiete, sie sollen den
Weg des Herrn beobachten durch Übung von Recht
und Gerechtigkeit, damit der Herr über Abraham
das bringen kann, was er ihm verheißen hat.«

Fürbitte Abrahams

20 Dann sprach der Herr: »Das Klagegeschrei wider
Sodom und Gomorra ist groß, ihre Sünde ist über-
aus schwer. 21 Ich will hinab und sehen, ob das
Klagegeschrei, das zu mir gedrungen ist, ihren
Taten entspricht oder nicht. Ich muß mich darum
kümmern.« 22 Die Männer wandten sich von dort
und gingen Sodom zu. Abraham stand immer noch
vor dem Herrn. 23 Da trat Abraham näher und
fragte: »Willst du wirklich Fromme und Frevler da-
hinraffen? 24 Vielleicht sind fünfzig Fromme in der
Stadt; willst du sie wirklich vertilgen? Willst du
dem Orte nicht lieber verzeihen um der fünfzig
Frommen willen, die in der Stadt sind? 25 Fern sei es
von dir, so zu handeln, Fromme zusammen mit
Frevlern zu töten! Dann müßte ja der Fromme
gleich dem Frevler sein; das sei ferne von dir! Muß
nicht der ganzen Welt Richter das tun, was recht
ist?« 26 Da antwortete der Herr: »Wenn ich in So-
dom fünfzig Fromme innerhalb der Stadt finde, so
will ich dem ganzen Orte um ihretwillen verge-
ben.« 27 Abraham entgegnete und sprach: »Siehe,
ich habe gewagt, zu meinem Herrn zu reden, wie-
wohl ich nur Staub und Asche bin. 28 Vielleicht feh-
len an den fünfzig Frommen nur fünf. Willst du um
dieser fünf willen die ganze Stadt vernichten?« Er
aber sagte: »Nein, sofern ich dort fünfundvierzig
finde.« 29 Er fuhr fort, mit ihm zu reden, und sprach:
»Vielleicht finden sich dort nur vierzig.« Er erwi-
derte: »Ich will es nicht tun um dieser vierzig wil-
len.« 30 Darauf jener: »Zürne doch nicht, mein Herr,

wenn ich weiterrede! Vielleicht finden sich dort nur
dreißig.« Er sprach: »Ich will es nicht tun, wenn ich
dort dreißig finde.« 31 Da sagte er: »Siehe doch, ich
habe gewagt, zu meinem Herrn zu reden. Vielleicht
finden sich dort nur zwanzig.« Er antwortete: »Ich
will nicht vernichten um der zwanzig willen!«
32 Darauf jener: Zürne doch nicht, mein Herr, nur
noch dieses Mal will ich reden! Vielleicht finden
sich dort nur zehn.« Er sagte: »Ich will nicht ver-
nichten um der zehn willen.« 33 Als er das Gespräch
mit Abraham beendet hatte, ging der Herr hinweg.
Abraham jedoch kehrte an seinen Ort zurück.

Sodomitische Sünde

19 1 Die beiden Engel kamen abends nach
Sodom. Lot saß gerade am Stadttor von
Sodom. Als er sie sah, stand er vor ihnen
auf und verneigte sich tief zur Erde. 2 Er sprach:
»O meine Herren, kehrt doch ein ins Haus eures
Knechtes! Übernachtet und wascht euch die Füße!
Am frühen Morgen könnt ihr dann aufstehen und
eures Weges ziehen!« Sie aber antworteten: »Nein,
wir wollen im Freien übernachten!« 3 Er nötigte sie
inständig; deshalb kehrten sie bei ihm ein. Sie ka-
men in sein Haus, und er bereitete ihnen ein Mahl.
Er buk ungesäuertes Brot, und man aß. 4 Noch
waren sie nicht schlafen gegangen, da umringten
die Männer der Stadt, Sodoms Leute, das Haus.
Jung und alt waren dabei, das Volk insgesamt vom
äußersten Ende her. 5 Sie riefen Lot zu und sprachen
zu ihm: »Wo sind denn die Männer, die heute nacht
zu dir gekommen sind? Führe sie heraus zu uns, wir
wollen sie erkennen!« 6 Lot ging zu ihnen hinaus vor
die Tür, er schloß sie aber hinter sich zu. 7 Er sagte:
»Meine Brüder, handelt doch nicht so verwerflich!
8 Seht, ich habe zwei Töchter, die noch keinen
Mann kennen; ich will sie zu euch herausbringen.
Tut mit ihnen, wie es euch gut dünkt; nur diesen
Männern tut nichts; denn sie sind doch nun einmal
unter den Schatten meines Daches getreten.« 9 Sie
aber sprachen: »Hinweg da!« Sie meinten: »Da ist
ein einzelner als Fremdling hierher gekommen und
wirft sich jetzt zum Richter auf! Dir wollen wir
noch schlimmer zusetzen als jenen!« Sie drangen
ungestüm auf Lot ein und waren nahe daran, die
Tür aufzubrechen. 10 Die Männer aber streckten
ihre Hand aus, um Lot zu sich ins Haus zu ziehen.
Die Tür verschlossen sie. 11 Dann schlugen sie die
Leute vor dem Tor des Hauses mit Blindheit, klein
und groß, so daß sie sich vergebens bemühten, das
Tor zu finden.
12 Die Männer sprachen zu Lot: »Hast du noch
jemand hier, einen Schwiegersohn, deine Söhne
und Töchter oder sonst noch einen aus der Stadt?
Bringe sie fort von diesem Orte! 13 Denn wir wollen
diesen Ort vernichten; groß ist nämlich das Klage-
geschrei, das vor den Herrn über ihn gekommen ist.
Der Herr hat uns gesandt, ihn zu vernichten.« 14 Lot
ging hinaus und redete zu seinen Schwiegersöhnen,
die seine Töchter heiraten sollten: »Auf! Verlaßt
diesen Ort! Denn vernichten wird der Herr diese
Stadt.« Er aber kam seinen Schwiegersöhnen vor
wie einer, der zu scherzen beliebte.

Schwefel und Feuer

15 Als aber die Morgenröte aufstieg, drängten die
Engel den Lot und sprachen: »Auf! Nimm deine
Frau und deine beiden Töchter, die da sind, damit
du nicht durch die Schuld der Stadt dahingerafft
wirst!« 16 Er zauderte noch; da ergriffen die Männer
ihn, seine Frau und seine beiden Töchter bei den
Händen, weil der Herr mit ihm Mitleid hatte. Sie
führten ihn hinaus und ließen ihn außerhalb der
Stadt rasten. 17 Während sie jene hinausbrachten,
sprach der eine: »Rette dein Leben, blicke nicht hin-
ter dich, bleibe nicht stehen im ganzen Umkreis,
sondern rette dich ins Gebirge, damit du nicht da-
hingerafft wirst!« 18 Lot antwortete ihnen: »Nicht
doch, Herr! 19 Dein Knecht fand ja Gnade vor dei-
nen Augen. Große Gunst hast du mir erwiesen,
mein Leben zu erhalten; ich jedoch kann mich nicht
ins Gebirge retten; sonst könnte mich das Unheil
einholen, und ich müßte sterben. 20 Diese Stadt da
ist doch nahe, um dahin zu entweichen; sie ist nur
klein; dahin will ich mich retten! Ist sie nicht klein
genug, daß ich am Leben bleiben kann?« 21 Er ant-
wortete ihm: »Auch darin gebe ich dir nach. Ich will
die Stadt, von der du gesprochen hast, nicht zer-
stören. 22 Eilends rette dich dorthin! Denn ich kann
nichts tun, bis du dort ankommst.« Daher nannte
man die Stadt Zoar (Kleinheit). 23 Die Sonne war
eben über der Erde aufgegangen, und Lot war in
Zoar angekommen. 24 Da ließ der Herr auf Sodom
und Gomorra Schwefel und Feuer vom Himmel
herab regnen 25 und vernichtete von Grund auf jene
Städte, die ganze Umgebung, alle Einwohner der
Städte und was auf dem Erdboden wuchs. 26 Lots
Frau sah hinter sich und erstarrte zur Salzsäule.

Nach der Zerstörung

27 Abraham begab sich in der Morgenfrühe zu dem
Orte, wo er vor dem Herrn gestanden hatte. 28 Er
blickte nach Sodom und Gomorra aus und schaute
das ganze Gefilde jenes Landes, und siehe, Rauch
stieg aus dem Erdboden wie der Rauch eines
Schmelzofens. 29 Als Gott die Städte des Gefildes

zerstörte, erinnerte er sich an Abraham. Er ließ Lot
aus der Zerstörung entkommen, während er die
Städte vernichtete, in denen Lot gewohnt hatte.

Lots Töchter

30 Lot aber ging von Zoar hinauf und ließ sich mit
seinen beiden Töchtern im Gebirge nieder. Denn er
hatte Angst, in Zoar zu wohnen. So nahmen er und
seine beiden Töchter Wohnung in der Höhle. 31 Da
sprach die Ältere zu der Jüngeren: »Unser Vater ist
alt, ein Mann ist nicht da, der mit uns verkehren
könnte, wie es in aller Welt Brauch ist. 32 Komm,
wir wollen unseren Vater mit Wein berauschen und
uns dann zu ihm legen, damit wir von ihm Nach-
kommen erhalten!« 33 Sie machten also in jener
Nacht ihren Vater mit Wein trunken. Daraufhin
legte sich die Ältere zu ihm; er aber spürte nichts,
weder wie sie sich hinlegte, noch wie sie aufstand.
34 Am anderen Tage sprach die Ältere zu der Jünge-
ren: »Gestern habe ich mich zu meinem Vater ge-
legt. Wir wollen ihn auch für heute nacht betrunken
machen! Dann geh du hinein und lege dich zu ihm,
dann werden wir Nachkommen erhalten!« 35 Sie
machten darauf auch in jener Nacht ihren Vater mit
Wein trunken. Die Jüngere erhob sich und legte sich
zu ihm; er aber spürte nicht, wie sie sich hinlegte
und wie sie aufstand. 36 So empfingen die beiden
Töchter Lots von ihrem Vater. 37 Die Ältere gebar
einen Sohn, den sie Moab nannte. Er ist der Stamm-
vater der Moabiter bis heute. 38 Auch die Jüngere
gebar einen Sohn, den sie Ben-Ammi nannte. Er ist
der Stammvater der Ammoniter bis heute.

19,1–11: Der hl. Schriftsteller stellt das Vorhaben der Sodomiten als etwas Verabscheuungswürdiges dar. Wenn Lot seine Töchter preisgeben will, so deshalb, weil der Schutz des Gastes die höchste und erhabenste Pflicht eines orientalischen Mannes ist. Er wählte von zwei Übeln das kleinere.

Sara in Gerar

20 1 Abraham brach in das Südland auf.
Er wohnte zwischen Kades und Schur
und weilte in Gerar als Fremdling. 2 Ab-
raham sagte von seiner Frau Sara aus, daß sie seine
Schwester sei. Abimelech, der König von Gerar,
ließ Sie also holen. 3 Doch kam Gott zu Abimelech
in einem nächtlichen Traume und sprach zu ihm:
»Wehe, du mußt sterben wegen der Frau, die du dir
geholt hast; denn sie gehört einem Ehemann.«
4 Abimelech war ihr noch nicht nahegetreten und
antwortete: »O Herr, willst du etwa ein gerechtes
Volk töten? 5 Ist sie nach seinen Angaben nicht
seine Schwester? Sie sagte auch selbst: ›Mein Bru-
der ist er‹. Mit arglosem Herzen und mit reinen
Händen habe ich dies getan.« 6 Gott erwiderte ihm
im Traume: »Auch ich weiß, daß du dies mit arglo-
sem Herzen getan hast. Ich habe dich auch selbst
davor bewahrt, gegen mich zu sündigen. Darum
ließ ich es nicht zu, daß du jene berührtest. 7 Nun-
mehr aber gib die Frau dem Manne zurück, denn er
ist ein Prophet. Er wird für dich Fürbitte einlegen,
dann bleibst du am Leben. Gibst du sie aber nicht
zurück, so wisse, daß du bestimmt sterben mußt,
du selbst und alle die Deinen.« 8 Abimelech stand
am frühen Morgen auf, rief all seine Diener herbei
und berichtete ihnen alle Vorgänge. Die Männer ge-
rieten in große Furcht. 9 Dann ließ Abimelech den
Abraham rufen und sprach zu ihm: »Was hast du
uns angetan? Womit habe ich mich gegen dich ver-
fehlt, daß du eine so große Sünde auf mich und
mein Reich gebracht hast? Was nicht vorkommen
dürfte, hast du mir angetan.« 10 Und Abimelech
fragte Abraham: »Was hast du denn beabsichtigt,
daß du so gehandelt hast?« 11 Abraham entgegnete:
»Ich habe nur gedacht: ›Es herrscht keine Gottes-
furcht an diesem Orte, und darum wird man mich
meiner Frau wegen umbringen!‹ 12 Sie ist ja auch
wirklich meine Schwester, die Tochter meines Va-
ters, nur nicht meiner Mutter. So ist sie denn meine
Frau geworden. 13 Als aber Gott mich aus meinem
Vaterhaus in die Ferne wandern ließ, sagte ich zu
ihr: ›Diese Gefälligkeit mußt du mir tun: Wo-
hin immer wir kommen, sage von mir: Er ist
mein Bruder!‹« 14 Abimelech ließ Kleinvieh und
Großvieh, Knechte und Mägde holen und gab sie
dem Abraham. Auch seine Frau Sara erstattete er
zurück. 15 Und Abimelech sprach: »Schau, mein
ganzes Land steht dir zur Verfügung! Laß dich nach
Belieben irgendwo nieder!« 16 Zu Sara sagte er:
»Hier schenke ich deinem Bruder tausend Silber-
stücke. Sie sollen für dich eine Ehrengabe sein vor
deiner ganzen Umgebung, damit du in allem ge-
rechtfertigt dastehst.« 17 Daraufhin legte Abraham
für Abimelech bei Gott Fürsprache ein. Er heilte ihn
und auch seine Frau und seine Mägde, so daß sie
wieder gebären konnten. 18 Denn der Herr hatte jeg-
lichen Mutterschoß in Abimelechs Hause ver-
schlossen wegen Sara, der Frau des Abraham.

Geburt Isaaks

21 1 Der Herr nahm sich der Sara an, wie er
verheißen hatte; er tat an ihr, wie er ge-
sprochen. 2 Sara empfing und schenkte
dem Abraham in seinem Greisenalter einen Sohn
zur festgesetzten Zeit, von der Gott gesprochen
hatte. 3 Abraham nannte den Sohn, den Sara ihm
geboren, Isaak. 4 Er beschnitt seinen Sohn Isaak, als

dieser acht Tage alt war, gemäß dem Befehle Gottes. 5 Im Alter von hundert Jahren wurde dem Abraham sein Sohn Isaak geboren. 6 Da sprach Sara: »Ein Lachen hat mir Gott geschaffen; jeder, der davon vernimmt, wird meinetwegen lachen.« 7 Sie fuhr fort: »Wer hätte je dem Abraham vorausgesagt, daß Sara noch Kinder stillen wird? Dennoch habe ich ihm in seinem Greisenalter einen Sohn geboren.« 8 Das Kind wuchs heran und wurde entwöhnt. Abraham veranstaltete am Tage von Isaaks Entwöhnung ein großes Festmahl.

Der Sohn Hagars

9 Da sah Sara den Sohn, den die Ägypterin Hagar dem Abraham geboren hatte, wie er spielte. 10 Sie sprach zu Abraham: »Vertreibe diese Magd und ihren Sohn; denn der Sohn dieser Magd darf nicht zusammen mit meinem Sohn Isaak erben!« 11 Das mißfiel Abraham sehr um seines Sohnes willen. 12 Gott sprach zu Abraham: »Mache dir des Knaben und deiner Magd wegen keine Sorgen! Gehorche der Sara in allem, was sie zu dir sagt; denn nach Isaak wird deine Nachkommenschaft ihren Namen erhalten. 13 Aber auch den Sohn der Magd will ich zu einem großen Volke machen; denn auch er ist ja dein Sproß.« 14 Früh am Morgen stand Abraham auf, nahm Brot und einen Schlauch mit Wasser. Er gab alles der Hagar, indem er es auf ihre Schulter legte, dazu das Kind, und er schickte sie weg. Sie ging und irrte in der Steppe von Beerseba umher. 15 Als das Wasser im Schlauche aufgebraucht war, warf sie das Kind unter einen der Steppensträucher. 16 Sie ging hin und setzte sich abseits, einen Bogenschuß weit. Denn sie sagte sich: »Ich kann des Kindes sterben nicht mit ansehen.« Sie saß ihm gegenüber, erhob ihre Stimme und weinte. 17 Aber Gott hörte das Schreien des Knaben. Der Engel Gottes rief Hagar vom Himmel aus zu und sprach zu ihr: »Was ist dir, Hagar? Fürchte dich nicht; denn Gott hat die Stimme des Knaben dort, wo er liegt, gehört. 18 Auf! Nimm den Knaben, halte deine Hand schützend über ihn; denn ich will ihn zu einem großen Volke machen!« 19 Gott öffnete ihr die Augen, und sie sah einen Wasserbrunnen. Sie ging hin, füllte den Schlauch mit Wasser und ließ das Kind trinken. 20 Gott war mit dem Knaben. Er wuchs heran und ward ein Wüstenbewohner, ein Bogenschütze. 21 Er siedelte in der Steppe Paran. Seine Mutter nahm ihm eine Frau aus dem Lande Ägypten.

Vertrag mit Abimelech in Beerseba

22 Um diese Zeit hatten Abimelech und sein Heerführer Pichol mit Abraham folgende Unterredung: »Gott ist mit dir in allem, was du tust. 23 Nun schwöre mir hier bei Gott, daß du mich, meinen Sproß und meinen Nachkommen nicht betrügen wirst! So freundlich, wie ich an dir gehandelt habe, sollst du auch an mir tun und dem Lande, in dem du als Schutzbürger weilst.« 24 Abraham antwortete: »Ich will schwören!« 25 Abraham machte jedoch dem Abimelech Vorhaltungen des Wasserbrunnens wegen, den Abimelechs Knechte an sich gerissen hatten. 26 Abimelech antwortete: »Ich weiß nicht, wer das getan hat. Du hast mir ja nichts davon mitgeteilt. Ich selbst höre erst heute davon.« 27 Da holte Abraham Kleinvieh und Rinder und schenkte sie dem Abimelech. Beide schlossen miteinander einen Bund. 28 Abraham sonderte sieben Lämmer aus dem Kleinvieh von den übrigen ab. 29 Abimelech aber fragte Abraham: »Was haben denn diese sieben Lämmer zu bedeuten, die du da abgesondert hast?« 30 Er antwortete: »Sieben Lämmer mußt du von meiner Hand zum Zeugnisse dafür nehmen, daß ich diesen Brunnen gegraben habe.« 31 Darum nennt man diesen Ort »Beerseba« (Eidbrunnen); dort haben nämlich beide einen Eid geleistet. 32 Sie schlossen einen Bund in Beerseba. Danach machten sich Abimelech und sein Heerführer Pichol auf und kehrten ins Philisterland zurück. 33 Abraham aber pflanzte eine Tamariske in Beerseba und rief dort den Namen des Herrn, des ewig lebenden Gottes, an. 34 Abraham weilte im Lande der Philister längere Zeit.

21,9–21: Das verschiedene Schicksal beider Abrahamssöhne wird von Paulus als Allegorie der beiden Testamente aufgefaßt (Gal 4,22–31). Ismael hatte als Sohn Abrahams auch Erbrechte (16,2). Ja, vielleicht wäre er sogar der bevorzugte Erbe gewesen. Sara wollte derartigen Ansprüchen entgegentreten. Es ging ihr also nicht um ein herzloses Vertreiben und Vernichten der Magd und ihres Kindes, sondern um ein Entlassen aus dem Dienstverhältnis. Die Freiheit ermöglicht ihnen eine Rückkehr in ihre Heimat.Der Weg dahin führt durch ein Steppengebiet. Die mitgenommenen Nahrungsmittel hätten normalerweise für den Weg reichen müssen. Daß Hagar sich in der Wüste verirrte, konnte niemand voraussehen und war von keinem Ehepartner gewollt.

Glaubensprobe

22 1 Nach diesen Ereignissen stellt Gott den Abraham auf die Probe. Er rief ihn: »Abraham!« Dieser antwortete: »Hier bin ich!« 2 Und Gott sprach: »Nimm deinen einzigen Sohn, den du lieb hast, den Isaak, begib dich in das Land Moria und bringe ihn dort auf einem der Berge, den ich dir noch zeigen werde, zum Brandopfer dar!« 3 Abraham stand am frühen Morgen auf, sattelte seinen Esel und nahm seine beiden Diener und seinen Sohn Isaak mit sich. Er spaltete Holz zum Brandopfer. Dann machte er sich auf und ging

an den Ort, den Gott genannt hatte. 4 Am dritten
Tage erhob Abraham seine Augen und sah von
ferne den Ort. 5 Abraham sprach zu seinen Dienern:
»Bleibt ihr hier bei dem Esel! Ich aber und der Knabe
wollen dorthin gehen. Wir wollen uns zur Anbe-
tung niederwerfen und dann zu euch zurückkeh-
ren.« 6 Da nahm Abraham das Holz zum Brandop-
fer und legte es seinem Sohn Isaak auf. Er selbst trug
das Feuer und das Messer in seiner Hand. So gingen
die beiden miteinander.

Opferbereitschaft

7 Isaak sprach zu seinem Vater Abraham: »Mein
Vater!« Der antwortete: »Hier bin ich, mein Sohn!«
Jener sagte: »Hier ist das Feuer und das Holz; wo
aber ist das Schaf zum Brandopfer?« 8 Abraham
antwortete: »Gott selbst wird schon für das Schaf
zum Brandopfer sorgen, mein Sohn!« So gingen die
beiden miteinander. 9 Sie kamen an den Ort, den
Gott ihnen genannt hatte. Abraham baute daselbst
den Altar, er richtete das Holz zurecht, band seinen
Sohn Isaak fest und legte ihn auf den Altar, oben auf
die Holzstücke. 10 Dann streckte Abraham seine
Hand aus und nahm das Messer, um seinen Sohn zu
schlachten. 11 Da rief ihm der Engel des Herrn vom
Himmel her zu und sprach: »Abraham! Abraham!«
Der antwortete: »Hier bin ich!« 12 Jener sprach:
»Strecke deine Hand nicht nach dem Knaben aus!
Tue ihm nichts an; denn jetzt erkenne ich, daß
du ein gottesfürchtiger Mann bist und selbst dei-
nen einzigen Sohn mir nicht vorenthalten hast.«
13 Abraham aber hob seine Augen empor, schaute
hin und erblickte einen Widder, der sich mit sei-
nen Hörnern im Gestrüpp verfangen hatte. Abra-
ham ging hin, nahm den Widder und brachte ihn
statt seines Sohnes zum Brandopfer dar. 14 Er
nannte den Namen jenes Ortes »Der Herr sieht«.
Heute noch sagt man: »Auf dem Berge wird der
Herr gesehen.«

Segensverheißung

15 Der Engel des Herrn rief dem Abraham vom Him-
mel her zum zweitenmal zu: 16 »Ich schwöre bei
mir selbst, so ist des Herrn Ausspruch, weil du dies
getan hast und deinen einzigen Sohn mir nicht vor-
enthalten hast, 17 will ich dich segnen mit reichem
Segen und will deine Nachkommen überaus zahl-
reich machen wie die Himmelssterne und wie den
Sand am Ufer des Meeres, und deine Nachkommen
sollen das Tor ihrer Feinde in Besitz nehmen! 18 Und
durch deine Nachkommenschaft sollen gesegnet
werden alle Völker der Erde, weil du meinem Ruf
gehorchtest.« 19 Dann kehrte Abraham zu seinen
Dienern zurück. Sie brachen auf und gingen ge-
meinsam nach Beerseba, und Abraham schlug in
Beerseba seinen Wohnsitz auf.

Nachors Stammbaum

20 Nach diesen Begebenheiten ward dem Abraham
gemeldet: »Höre, auch Milka hat deinem Bruder
Nachor Kinder geboren, 21 den Uz, seinen Erstgebo-
renen, den Bus, seinen Bruder, und den Kemuel, den
Stammvater der Aramäer, 22 den Kesed, den Chaso,
den Pildasch, den Jidlaph und den Betuel.« 23 Betuel
zeugte die Rebekka. Das sind die acht, die Milka
dem Nachor, dem Bruder Abrahams, geboren hat.
24 Seine Nebenfrau, mit Namen Rëuma, hat eben-
falls geboren, nämlich den Tebach, den Gacham,
den Tachasch und die Maacha.

22,1–19: Die höchste Gabe, die nach früheren Religionsanschauungen der Mensch Gott zu bieten hatte, war das Opfer der Erstgeburt. Im Lande Kanaan und den umliegenden Ländern war dieser entsetzliche Brauch stark verbreitet (Mich 6,7). Auch Israel hielt sich nicht frei davon. Die Erzählung soll uns lehren: Der wahre Gott will nicht, daß ihm zu Ehren Menschen geschlachtet werden. Er verlangt aber die höchste Opferbereitschaft des Menschen und die völlige Hingabe an seinen Willen in Gesinnung und Tat (1 Sam 15,22; Ps 51,18f). Nach den hl. Vätern ist das Opfer Isaaks ein Vorbild des Kreuzesopfers Christi.

Saras Tod

23

1 Die Lebenszeit der Sara betrug hun-
dertsiebenundzwanzig Jahre. 2 Sara
starb in Kirjat-Arba, d. i. Hebron, im
Lande Kanaan. Abraham traf ein, um Sara zu bekla-
gen und zu beweinen. 3 Dann erhob sich Abraham
vom Anblick seiner Toten und redete mit den
Hethitern, wie folgt: 4 »Ein Fremdling und Siedler
bin ich unter euch. Gebt mir hier ein Grab zu mei-
nem Eigentum! Ich muß meine Tote begraben und
von ihr scheiden.« 5 Die Hethiter antworteten dem
Abraham: 6 »Höre auf uns, Herr! Ein Gottesfürst
bist du in unserer Mitte. Im kostbarsten unserer
Gräber begrabe deine Tote! Niemand von uns wird
dir sein Grab vorenthalten, damit du deine Tote be-
graben kannst.«

Kauf der Grabstätte

7 Abraham erhob sich und neigte sich vor den Bür-
gern des Landes, den Hethitern, 8 und verhandelte
mit ihnen: »Wenn es auch in eurem Sinne ist, daß
ich meine Tote begrabe und von ihr scheide, so hört
mich: Vermittelt für mich bei Ephron, dem Sohne
des Zochar! 9 Er soll mir die Höhle Machpela über-
lassen, die ihm gehört und am Ende seines Grund-
stücks liegt. Zum vollen Geldpreis soll er sie mir in
eurer Gegenwart als eigene Grabstätte abtreten.«
10 Ephron saß inmitten der Hethiter. Er antwortete
dem Abraham in Gegenwart aller Hethiter, die zu
ihrem Stadttor gekommen waren: 11 »Nicht doch, o

Herr! Höre mich an: Das Grundstück schenke ich
dir, und die Höhle darauf gebe ich dir; vor den
Augen aller Söhne des Volkes mache ich sie dir zum
Geschenk. Begrabe deine Tote!« 12 Da verneigte sich
Abraham vor den Einwohnern des Landes. 13 Er ver-
handelte mit Ephron in Anwesenheit der Landesbe-
wohner: »Mögest du doch, bitte, mich anhören! Ich
zahle den Preis für das Grundstück, nimm ihn von
mir! Dann erst will ich meine Tote dort begraben.«
14 Ephron entgegnete dem Abraham: 15 »Nicht doch,
mein Herr, höre mich an! Ein Stück Land, das vier-
hundert Silberstücke wert ist, was bedeutet das dir
und mir? Begrabe deine Tote!« 16 Abraham hörte
auf Ephron und wog den in Gegenwart der Hethi-
ter vereinbarten Betrag ab. Es waren vierhundert
Silberstücke, wie sie beim Händler gangbar sind.

Saras Begräbnis

17 So kam denn das Grundstück Ephrons in Mach-
pela bei Mamre, das Feld selbst, die darauf befindli-
che Höhle und alle Bäume auf dem Grundstück
ringsum in seinem ganzen Gebiet, 18 in den Besitz
Abrahams vor den Augen der Hethiter, die zum
Tore ihrer Stadt gekommen waren. 19 Hierauf be-
grub Abraham seine Frau Sara in der Höhle im
Machpelagefilde bei Mamre (d. h. Hebron) im
Lande Kanaan. 20 So kam das Grundstück und die
darauf befindliche Höhle als eigene Grabstätte von
den Hethitern an Abraham.

Des Brautwerbers Eid

24
1 Abraham war alt und hochbetagt.
Der Herr hatte ihn in allem gesegnet.
2 Er sprach zu dem ältesten Haus-
knecht, der all sein Eigentum verwaltete: »Lege
deine Hand unter meine Hüfte. 3 Ich will dir einen
Eid bei dem Herrn, dem Gott des Himmels und der
Erde, abnehmen: Du sollst für meinen Sohn keine
Frau unter den Töchtern der Kanaaniter suchen, in
deren Mitte ich wohne! 4 Vielmehr sollst du in mein
Heimatland und zu meiner Verwandtschaft ziehen
und dort für meinen Sohn Isaak eine Frau suchen!«
5 Der Knecht entgegnete ihm: »Vielleicht wird die
Frau mir in dieses Land nicht folgen wollen. Soll ich
dann deinen Sohn in das Land zurückbringen, von
dem du hergekommen bist?« 6 Abraham darauf:
»Hüte dich ja, meinen Sohn dorthin zurückzubrin-
gen! 7 Der Herr, der Himmelsgott, der mich aus mei-
nem Vaterhaus und aus meiner Verwandschaft ge-
holt hat, der hat zu mir gesprochen und mir
geschworen: ›Deinen Nachkommen will ich dieses
Land geben!‹ Er wird seinen Engel vor dir hersen-
den, und du wirst eine Frau für meinen Sohn dort-
her holen. 8 Will aber die Frau dir nicht folgen, so
bist du dieses Eides ledig; nur meinen Sohn bringe
dorthin nicht mehr zurück!« 9 Da legte der Knecht
seine Hand unter seines Herrn Abraham Hüfte und
leistete ihm in dieser Angelegenheit einen Eid.
10 Dann nahm der Knecht zehn von den Kamelen
seines Herrn. Er machte sich auf den Weg und nahm
alle möglichen Kostbarkeiten seines Herrn mit. Er
brach auf und reiste in das Aramäerland am Eu-
phrat, in die Stadt Nachors. 11 Er ließ dort die Ka-
mele sich lagern. Es war außerhalb der Stadt am
Brunnen zur Abendzeit, da die Frauen und Mäd-
chen herauskamen, um Wasser zu schöpfen. 12 Er
betete: »Herr, Gott meines Herrn Abraham! Füge es
doch heute günstig für mich und erweise Huld mei-
nem Herrn Abraham! 13 Siehe, hier stehe ich am
Wasserbrunnen. Die Töchter der Stadtleute kom-
men, Wasser zu holen. 14 Das Mädchen aber, zu
dem ich spreche: ›Neige deinen Krug, denn ich will
trinken‹, und das mir dann sagt: ›Trinke, und auch
deine Kamele will ich tränken‹, – das hast du für
deinen Knecht Isaak bestimmt. Hieran will ich er-
kennen, daß du meinem Herrn Huld erwiesen
hast.« 15 Noch bevor er zu Ende gebetet hatte, kam
Rebekka. Sie war die Tochter Betuels, des Sohnes
der Milka; diese war die Frau Nachors, des Bruders
Abrahams. Sie trug auf ihrer Schulter einen Krug.
16 Das Mädchen aber sah sehr schön aus; als Jung-
frau hatte sie noch kein Mann erkannt. Sie stieg zur
Quelle hinab, füllte ihren Krug und kam herauf.
17 Der Knecht lief ihr entgegen und sprach: »Laß
mich doch ein wenig Wasser aus deinem Kruge
trinken!« 18 Sie entgegnete: »Ja, trinke, mein Herr!«
Eilends ließ sie den Krug auf ihre Hand herab und
gab ihm zu trinken. 19 Als sie seinen Durst gestillt
hatte, sagte sie: »Auch für deine Kamele will ich
schöpfen, bis sie genug getrunken haben.« 20 Eilends
leerte sie ihren Krug in die Tränkrinne. Sie lief
nochmals zum Brunnen, um zu schöpfen. Für alle
seine Kamele schöpfte sie. 21 Der Mann aber
schaute ihr schweigend zu. Er wollte erfahren, ob
der Herr seine Reise gelingen ließ oder nicht.

Rebekkas Einladung

22 Als die Kamele zu trinken aufgehört hatten, nahm
der Mann einen goldenen Nasenring, einen halben
Sekel schwer, und zwei Spangen für ihre Arme,
zehn Goldsekel schwer. 23 Dann fragte er: »Wessen
Tochter bist du? Sage mir doch, ob im Hause deines
Vaters für uns Platz zum Übernachten ist!« 24 Sie
antwortete ihm: »Ich bin die Tochter Betuels, des
Sohnes der Milka, den sie dem Nachor geboren
hat.« 25 Sie fuhr fort: »Stroh und Futter ist bei uns

reichlich, auch Platz zum Übernachten ist da.«
26 Der Mann verbeugte sich und betete den Herrn
an. 27 Er sprach: »Gepriesen sei der Herr, der Gott
meines Gebieters Abraham, daß er es an seiner
Gnade und Huld meinem Herrn gegenüber nicht
fehlen ließ. Hat er mich doch auf geradem Wege in
das Haus der Verwandten meines Herrn geführt.«

Gastfreundschaft

28 Das Mädchen lief fort und erzählte davon im
Hause seiner Mutter. 29 Rebekka hatte einen Bruder
mit Namen Laban; der lief zu dem Manne hinaus an
die Quelle. 30 Er hatte nämlich den Nasenring und
die Armspangen seiner Schwester gesehen. Die
Worte seiner Schwester hatte er gehört: »So hat der
Mann zu mir geredet.« Er kam also zu dem Manne;
aber siehe, der stand immer noch bei den Kamelen
an der Quelle. 31 Jener sprach: »Komm, du Gesegne-
ter des Herrn! Warum stehst du draußen? Ich habe
schon das Haus aufgeräumt, und Platz für die Ka-
mele ist vorhanden.« 32 Der Mann begab sich in das
Haus, und man schirrte die Kamele ab und brachte
Stroh und Futter für sie, auch Wasser zum Waschen
der Füße für ihn und seine Begleiter. 33 Dann wurde
ihm zu essen vorgesetzt. Er aber sprach: »Ich esse
nicht, ehe ich meine Angelegenheit vorgebracht
habe.« Da sagten sie: »Erzähle!«

Brautwerbung

34 Er begann: »Ich bin ein Knecht Abrahams. 35 Der
Herr hat meinen Gebieter mit reichlichem Segen
bedacht und ihn wohlhabend gemacht. Er gab ihm
Kleinvieh und Großvieh, Silber und Gold, Knechte
und Mägde, Kamele und Esel. 36 Seine Frau Sara
gebar noch in ihrem hohen Alter meinem Herrn
einen Sohn. Ihm übergab er all sein Eigentum. 37 Er
hat mich einen Eid schwören lassen: ›Du sollst für
meinen Sohn keine Frau aus den Töchtern der
Kanaaniter nehmen, in deren Land ich wohne!
38 Vielmehr ziehe in mein Vaterhaus und zu meiner
Sippe und hole dort eine Frau für meinen Sohn!‹
39 Ich sagte zu meinem Herrn: ›Vielleicht wird die
Frau mir nicht folgen.‹ 40 Er aber antwortete mir:
›Der Herr, vor dessen Angesicht ich wandle, wird
seinen Engel mit dir senden; er wird deinen Weg
glücken lassen. Du wirst für meinen Sohn eine Frau
gewinnen aus meiner Sippe und aus meinem Vater-
haus. 41 Nur dann aber bist du von meinem Eide be-
freit, wenn du zu meiner Sippe kommst und man
dir die Frau nicht gibt. Dann also bist du von mei-
nem Eide frei.‹ 42 Ich kam heute zur Quelle und be-
tete: ›O Herr, du Gott meines Herrn Abraham, lasse
doch die Reise gelingen, auf der ich mich befinde!
43 Ich stehe an der Wasserquelle; nun soll gelten:
Das Mädchen, das zum Wasserschöpfen kommt
und zu dem ich sage: ›Gib mir ein wenig Wasser aus
deinem Kruge zu trinken‹, 44 und das mir dann ant-
wortet: ›Trinke, und auch deinen Kamelen will ich
Wasser schöpfen‹, dieses ist die Gattin, die der Herr
dem Sohn meines Herrn bestimmt hat.‹ 45 Ich hatte
meine Gedanken noch nicht zu Ende gedacht, da
kam schon Rebekka mit einem Krug auf ihrer
Schulter. Sie stieg zur Quelle hinab und schöpfte.
Ich sprach zu ihr: ›Gib mir zu trinken!‹ 46 Eilends
ließ sie ihren Krug herab und sagte: ›Trinke, und
auch deine Kamele will ich tränken!‹ Ich trank, und
sie tränkte auch die Kamele. 47 Danach fragte ich
sie: ›Wessen Tochter bist du?‹ Sie antwortete: ›Ich
bin Betuels Tochter, des Sohnes Nachors, den ihm
die Milka geboren hat.‹ Da legte ich ihr den Ring an
die Nase und die Spangen an die Arme. 48 Dann ver-
neigte ich mich, warf mich vor dem Herrn nieder
und pries ihn, den Gott meines Herrn Abraham, der
mich auf den rechten Weg geführt hat, die Tochter
des Bruders meines Herrn für seinen Sohn zu ge-
winnen. 49 Wollt ihr jetzt meinem Herrn Liebe und
Treue erweisen, so sagt es mir; wenn nicht, dann
sagt es mir auch! Ich will dann nach rechts oder
nach links weiterziehen!«

Zustimmung

50 Laban und Betuel antworteten und sprachen:
»Vom Herrn ist diese Angelegenheit ausgegangen.
Wir können weder in gutem noch in bösem Sinne
etwas dazu sagen. 51 Rebekka steht vor dir. Nimm
sie und ziehe hin! Sie sei die Frau des Sohnes deines
Herrn, wie der Herr gesagt hat!« 52 Der Knecht Ab-
rahams hörte ihre Worte. Da warf er sich vor dem
Herrn zur Erde nieder. 53 Dann holte er silberne und
goldene Geräte und Kleider hervor. Er schenkte sie
der Rebekka. Ihrem Bruder und ihrer Mutter gab er
ebenfalls kostbare Sachen. 54 Er und seine Begleit-
männer aßen und tranken und legten sich schlafen.
Früh am Morgen standen sie auf, und er sagte:
»Laßt mich wieder zurück zu meinem Herrn!«

Abschied

55 Da erwiderten ihre Mutter und ihr Bruder: »Das
Mädchen möge noch einige Tage, etwa zehn, hier-
bleiben, dann mag es abreisen!« 56 Er aber sagte
ihnen: »Haltet mich doch nicht auf! Der Herr hat
meine Reise gelingen lassen. Laßt mich fort, ich will
zu meinem Herrn zurück!« 57 Sie antworteten: »Wir
wollen das Mädchen rufen und es selbst fragen!«
58 Sie riefen also Rebekka und fragten sie: »Willst du
mit diesem Manne ziehen?« Sie antwortete: »Ja!«
59 Da gaben sie ihrer Schwester Rebekka, ihrer
Amme und dem Knechte Abrahams mit seinen

Leuten das Geleit. 60 Sie beglückwünschten Re-
bekka mit den Worten: »O unsere Schwester,
werde du zu Tausenden, ja Unzähligen, deine
Nachkommen sollen das Tor ihrer Widersacher in
Besitz nehmen!« 61 Rebekka brach mit ihren Mäg-
den auf. Sie ritten auf Kamelen und folgten dem
Manne. Der Knecht nahm Rebekka entgegen und
reiste ab.

Heimkehr und Heirat

62 Isaak aber kam vom »Brunnen des Lebendigen,
der mich schaut« (Lachaj-Roï). Er war nämlich im
Südland ansässig. 63 Isaak war sinnend um die
Abendzeit aufs Feld hinausgegangen. Er hob seine
Augen und erblickte die ankommenden Kamele.
64 Auch Rebekka erhob ihre Augen und sah den
Isaak. Sie ließ sich vom Kamel herab. 65 Sie fragte
den Knecht: »Wer ist jener Mann dort, der uns auf
dem Felde entgegenkommt?« Der Knecht antwor-
tete: »Das ist mein Herr.« Da griff sie zum Schleier
und verhüllte sich. 66 Der Knecht erzählte dem Isaak
alles, was er ausgerichtet hatte. 67 Isaak brachte sie
ins Zelt seiner Mutter Sara. Er nahm dann die Re-
bekka, und sie wurde seine Frau. Er gewann sie lieb
und tröstete sich über das Ableben seiner Mutter.

24,15: Die Verwandten Abrahams sind in 11,27–29 aufgezählt. Eine Verschwägerung mit den stammesfremden sittenlosen Kanaanitern wäre untragbar gewesen. Aber auch eine Rückkehr Isaaks zu seinen Verwandten kam nicht in Betracht, weil dadurch die Landverheißung an Abraham hinfällig geworden wäre.

Söhne der Ketura

25 1 Abraham nahm sich noch eine an-
dere Frau namens Ketura. 2 Sie gebar
ihm den Simran, den Jokschan, den Me-
dan, den Midian, den Jischbak und den Schuach.
3 Jokschan zeugte den Saba und den Dedan, und
Dedans Söhne waren die Aschuriter, die Letuschiter
und die Lëummiter. 4 Die Söhne Midians waren
Epha, Epher, Henoch, Abida und Eldaa. Alle diese
sind Keturasöhne. 5 Abraham gab seinen ganzen
Besitz dem Isaak. 6 Den Söhnen der Nebenfrauen
gab Abraham Abfindungsgeschenke. Er schickte sie
noch zu seinen Lebzeiten von seinem Sohne Isaak
fort ostwärts ins Ostland.

Abrahams Tod und Begräbnis

7 Dies ist die Zahl der Jahre, die Abraham gelebt hat:
Hundertfünfundsiebzig Jahre. 8 Abraham ver-
schied. Er starb in schönem Alter, betagt und
lebenssatt, und ward zu seinem Stamme versam-
melt. 9 Seine Söhne Isaak und Ismael begruben ihn
in der Höhle von Machpela auf dem Grundstück
des Hethiters Ephron, des Sohnes Zochars, Mamre
gegenüber, 10 auf dem Felde, das Abraham sich von
den Hethitern erworben hatte; dort wurden Abra-
ham und seine Frau Sara begraben. 11 Nach dem
Tode Abrahams segnete Gott den Isaak, seinen
Sohn. Dieser wohnte bei dem »Brunnen des Leben-
digen, der mich schaut«.

Ismaels Stammbaum, geordnet nach Personennamen und Geschlechtern

12 Dies ist der Stammbaum des Ismael, des Sohnes
Abrahams: Ihn hat die Ägypterin Hagar, Saras
Magd, dem Abraham geboren. 13 Dies sind die
Namen der Söhne Ismaels nach ihren Personenna-
men und ihren Geschlechtern: Der Erstgeborene Is-
maels war Nebajot. Dann kamen Kedar, Adbeel,
Mibsam, 14 Mischma, Duma, Massa, 15 Hadad,
Tema, Jetur, Naphisch und Kedma. 16 Das sind die
Söhne Ismaels, dies ihre Namen in ihren Gehöften
und in ihren Zeltlagern, zwölf Fürsten ihrer Sippen.
17 Die Lebensjahre Ismaels betrugen hundertsieben-
unddreißig Jahre; dann verschied er und starb und
wurde zu seiner Sippe versammelt. 18 Er hatte seine
Wohnsitze von Chawila bis Schur, das gegenüber
von Ägypten auf dem Wege nach Assur liegt. Allen
seinen Brüdern entgegengesetzt hatte er sich nie-
dergelassen.

Isaaks Familiengeschichte

19 Dies ist die Familiengeschichte Isaaks, des Sohnes
Abrahams: Abraham zeugte den Isaak. 20 Im Alter
von vierzig Jahren nahm dieser sich die Rebekka, die
Tochter des Aramäers Betuel aus Paddan-Aram, die
Schwester des Aramäers Laban, zur Frau. 21 Isaak
hatte für seine Frau zum Herrn gebetet; denn sie war
unfruchtbar. Der Herr ließ sich von ihm erbitten,
und seine Frau Rebekka wurde guter Hoffnung.
22 Die Kinder stießen einander im Mutterleibe; da
sprach sie: »Wenn dem so ist, wozu lebe ich dann
noch?« Sie ging hin, den Herrn zu befragen. 23 Der
Herr antwortete ihr: »Zwei Völker sind in deinem
Schoße, zwei Nationen werden sich aus deinem
Leibe lösen; die eine Nation wird stärker sein als die
andere, die ältere wird der jüngeren dienstbar sein.«

Geburt von Zwillingen

24 Die Tage kamen heran, da sie gebären sollte; es
waren Zwillinge in ihrem Schoße. 25 Der erste, der
hervorkam, war rötlich, ganz mit Haaren bedeckt
wie ein Mantel. Man nannte ihn Esau. 26 Danach
kam sein Bruder; dessen Hand hielt die Ferse Esaus
fest; man nannte ihn Jakob. Isaak war sechzig Jahre
alt, als diese geboren wurden.

Verkauf der Erstgeburt

27 Die Knaben wuchsen heran. Esau war der Jagd
kundig, ein Mann des freien Feldes; Jakob dagegen
ein zurückgezogener Mann, der bei den Zelten

UND GOTT SPRACH:
ES
WERDE
LICHT

UND GOTT SEGNETE SIE
UND SPRACH ZU IHNEN: SEID FRUCHTBAR UND MEHRET EUCH.
UND GOTT SAH AN ALLES, WAS ER GEMACHT HATTE, UND SIEHE DA, ES WAR SEHR GUT.

DA WARD
AUS ABEND UND MORGEN DER
SECHSTE TAG

UND ALSO VOLLENDETE
GOTT
AM SIEBENTEN TAG
SEINE WERKE,
DIE ER MACHTE,
UND RUHETE
AM
SIEBENTEN
TAG.

blieb. 28 Isaak liebte den Esau, denn Wildbret
schmeckte ihm gut; Rebekka dagegen liebte den
Jakob. 29 Jakob kochte einst ein Gericht, als Esau
von der Steppe heimkam und ganz erschöpft war.
30 Esau sagte zu Jakob: »Laß mich doch rasch von
dem Roten, von diesem Roten da, essen; denn ich
bin erschöpft!« Darum nannte man ihn auch Edom
(= rot). 31 Jakob entgegnete: »Verkaufe mir zuvor
deine Erstgeburt!« 32 Da antwortete Esau: »Siehe,
ich bin dem Tode nahe! Was soll mir da die Erstge-
burt?« 33 Jakob erwiderte: »Schwöre es mir zuerst!«
Da schwur er ihm und verkaufte seine Erstgeburt an
Jakob. 34 Jakob gab dem Esau Brot und gekochte
Linsen. Der aß und trank, stand auf und ging davon.
So gering achtete Esau die Erstgeburt.

Völkersegen

26 1 Es war Hungersnot im Lande – nicht
jene frühere Hungersnot, die in Abra-
hams Tagen herrschte. Da begab sich
Isaak zum Philisterkönig Abimelech nach Gerar.
2 Der Herr erschien ihm und sprach: »Ziehe nicht
nach Ägypten hinab; bleibe in dem Lande wohnen,
das ich dir nennen werde! 3 Weile als Fremdling in
diesem Lande, so will ich mit dir sein und dich seg-
nen; denn dir und deinen Nachkommen will ich all
diese Länder geben. Ich will den Eid, den ich dei-
nem Vater Abraham geschworen habe, halten.
4 Deinen Samen will ich so zahlreich machen wie
die Sterne des Himmels; deinen Nachkommen will
ich all diese Länder geben, und in deiner Nachkom-
menschaft sollen sich alle Völker der Erde gesegnet
fühlen! 5 Dies zum Lohne dafür, daß Abraham mei-
nem Rufe gehorcht und meine Anordnung, meine
Befehle, meine Satzungen und meine Weisungen
beobachtet hat.« 6 So blieb Isaak in Gerar wohnen.

Rebekka und die Männer von Gerar

7 Die ortsansässigen Männer erkundigten sich nach
seiner Frau. Er gab die Auskunft: »Meine Schwester
ist sie!« Denn er fürchtete sich zu bekennen: »Sie ist
meine Frau!« Sonst – so dachte er – könnten mich
die Ortsbewohner der Rebekka wegen umbringen;
denn sie sah schön aus. 8 Als er dort schon längere
Zeit geweilt hatte, schaute einmal der Philisterkö-
nig Abimelech durch das Fenster und sah hinaus, als
Isaak seine Frau Rebekka liebkoste. 9 Abimelech
ließ darauf den Isaak rufen und fragte ihn: »Sie ist ja
doch deine Frau! Wie konntest du denn behaupten:
›Sie ist meine Schwester‹?« Isaak entgegnete: »Ich
dachte, sonst müßte ich vielleicht ihretwegen ster-
ben.« 10 Abimelech sprach: »Was hast du uns ange-
tan? Wie leicht konnte sich einer von meinen Leu-
ten zu deiner Frau hinlegen? Dann hättest du eine
Schuld über uns gebracht.« 11 Dann gab Abimelech
dem ganzen Volk die Weisung: »Wer diesen Mann
oder seine Frau anrührt, soll des Todes sterben!«

Isaaks Reichtum

12 Isaak hatte in jenem Lande ausgesät. In diesem
Jahre erntete er hundertfältig. Der Herr hatte ihn ge-
segnet. 13 So wurde der Mann wohlhabend und
immer wohlhabender, bis er über die Maßen wohl-
habend war. 14 Er besaß Herden von Klein- und
Großvieh und viele Sklaven, so daß die Philister auf
ihn eifersüchtig wurden.

Brunnenstreitigkeiten zwischen den Hirten von Gerar und denen Isaaks

15 Deshalb schütteten die Philister alle Brunnen, die
seines Vaters Knechte in den Tagen seines Vaters
Abraham gegraben hatten, wieder zu und füllten
sie mit Erde an. 16 Da sprach Abimelech zu Isaak:
»Ziehe fort von uns, denn du bist uns zu mächtig
geworden!« 17 Isaak zog also von dort weg, schlug
sein Lager im Tale von Gerar auf und wohnte da-
selbst. 18 Er ließ die Wasserbrunnen wieder aufgra-
ben, die man in den Lebenstagen seines Vaters Ab-
raham gegraben hatte; die Philister hatten sie nach
Abrahams Tod wieder zugeschüttet. Dieselben
Namen gab er ihnen, mit denen sie einst sein Vater
Abraham bezeichnet hatte. 19 Isaaks Knechte gru-
ben in dem Tale dort und fanden einen Brunnen mit
Quellwasser. 20 Da stritten die Hirten von Gerar mit
den Hirten Isaaks: »Uns gehört das Wasser!« Er
nannte also den Namen des Brunnens »Streit«; denn
sie hatten sich mit ihm gestritten. 21 Sie gruben
einen neuen Brunnen, und man geriet auch seinet-
wegen in Streit. Er nannte ihn »Fehde«. 22 Dann zog
er von dort weg und grub wieder einen Brunnen.
Seinetwegen gerieten sie nicht in Streit. Er nannte
seinen Namen »Weitraum« und sprach: »Jetzt hat
uns der Herr einen weiten Raum geschaffen; wir
können uns im Lande ausbreiten.«

Erscheinung in Beerseba

23 Von dort zog er hinauf nach Beerseba. 24 In jener
Nacht erschien ihm der Herr und sprach: »Ich bin
der Gott deines Vaters Abraham. Fürchte dich
nicht! Denn ich bin mit dir. Ich will dich segnen und
will deinen Samen zahlreich machen um meines
Knechtes Abraham willen.« 25 Er baute dort einen
Altar und rief des Herren Namen an. Hier spannte
er sein Zelt aus. Die Knechte des Isaak gruben da-
selbst einen Brunnen.

Friedensbund mit Abimelech

26 Abimelech kam zu ihm von Gerar her, mit ihm
Achussat, sein Vertrauter, und Pichol, sein Heerfüh-

rer. 27 Isaak fragte sie: »Warum seid ihr denn zu mir gekommen? Ihr habt mich doch gehaßt und mich von euch vertrieben.« 28 Sie antworteten: »Wir haben deutlich gesehen, daß der Herr mit dir ist. Wir dachten also, es solle ein Eidesvertrag zwischen uns und dir zustande kommen. Wir wollen einen solchen Vertrag mit dir schließen. 29 Du darfst uns nichts Böses antun, wie wir ja auch dich nicht angetastet und dir nur Gutes erwiesen haben. Wir haben dich auch in Frieden ziehen lassen; du bist doch nun einmal vom Herrn gesegnet.« 30 Da veranstaltete er ihnen ein Gastmahl. Man aß und trank. 31 Am anderen Morgen standen sie früh auf und leisteten sich gegenseitig den Eidschwur. Isaak gab ihnen das Geleite, sie gingen von ihm in Frieden. 32 An demselben Tage kamen Isaaks Knechte und berichteten ihm über den Brunnen, den sie gegraben hatten. Sie sprachen zu ihm: »Wir haben Wasser gefunden.« 33 Er nannte ihn »Schwur«; darum heißt die Stadt Beerseba (Schwurbrunnen) bis auf den heutigen Tag.

Esaus Heirat

34 Als Esau vierzig Jahre alt war, nahm er sich die Jehudit, die Tochter des Hethiters Beeri, und die Basmat, die Tochter des Hethiters Elon, zu Frauen. 35 Sie waren ein schweres Herzeleid für Isaak und Rebekka.

Isaaks Wünsche

27 1 Isaak war alt geworden, und seine Augen waren erloschen, so daß sie nicht mehr sehen konnten. Da rief er seinen älteren Sohn Esau und sprach zu ihm: »Mein Sohn!« Der antwortete: »Hier bin ich!« 2 Isaak erwiderte: »Siehe doch, ich bin alt geworden; ich weiß nicht, wann ich sterben werde. 3 Nimm also dein Jagdgerät, deinen Köcher und deinen Bogen! Geh hinaus in die Steppe und erjage mir ein Wildbret. 4 Dann bereite mir einen Leckerbissen, wie ich ihn gern habe, und bringe ihn mir! Ich will essen und dich dann segnen, bevor ich sterbe.«

Rebekkas Betrug

5 Rebekka aber hatte zugehört, während Isaak sprach. Esau zog hinaus in die Steppe, um ein Wild zu erjagen und es heimzubringen. 6 Da sagte Rebekka zu ihrem Sohne Jakob: »Höre, ich vernahm, wie dein Vater zu deinem Bruder Esau sagte: 7 ›Bringe mir ein Wildbret und mache mir einen Leckerbissen! Ich will essen und dich vor dem Herrn segnen, bevor ich sterbe.‹ 8 Nun höre, mein Sohn, auf den Rat, den ich dir gebe: 9 Gehe hin zum Kleinvieh und suche mir dort zwei schöne Ziegenböckchen aus! Ich will sie zu einem Leckerbissen zubereiten für deinen Vater, wie er es gern hat. 10 Bringe ihn dann deinem Vater! Er wird essen, um dich noch vor seinem Tod zu segnen.« 11 Jakob antwortete seiner Mutter Rebekka: »Mein Bruder Esau ist aber behaart, und ich bin glatt. 12 Vielleicht wird mein Vater mich betasten, und dann werde ich für ihn sein wie einer, der sich lustig machen will. Dann bringe ich Fluch auf mich, aber keinen Segen.« 13 Seine Mutter sagte ihm darauf: »Dein Fluch soll auf mich fallen, mein Sohn; höre nur auf mich, geh hin und bringe mir (das Gewünschte)!« 14 Er ging hin, holte es und brachte es seiner Mutter. Sie bereitete daraus einen Leckerbissen, wie ihn sein Vater liebte. 15 Rebekka nahm die kostbaren Kleider ihres älteren Sohnes Esau, die sie bei sich im Hause hatte, und bekleidete damit ihren jüngeren Sohn Jakob. 16 Mit den Fellen der Ziegenböcke bedeckte sie seine Hände und seinen glatten Nacken. 17 Daraufhin gab sie die Leckerbissen samt dem Brot, das sie bereitet hatte, ihrem Sohn Jakob in die Hand.

Die List

18 Dieser ging zu seinem Vater hinein und sprach: »Mein Vater!« Der antwortete: »Hier bin ich! Wer bist du, mein Sohn?« 19 Jakob entgegnete seinem Vater: »Ich bin Esau, dein Erstgeborener! Was du mir gesagt hast, habe ich getan. Setze dich nun aufrecht hin und iß von meinem Wildbret, damit du mich dann segnen kannst!« 20 Isaak sprach zu seinem Sohne: »Wie rasch hast du doch etwas gefunden, mein Sohn!« Dieser antwortete: »Der Herr, dein Gott, hat es mir glücklich begegnen lassen.« 21 Isaak fuhr fort: »Komm doch einmal näher heran! Ich will dich betasten, ob du mein Sohn Esau bist oder nicht.« 22 Jakob kam nahe an seinen Vater Isaak heran. Dieser betastete ihn und sprach: »Die Stimme ist Jakobs Stimme, die Hände aber sind Esaus Hände.« 23 Er erkannte ihn also nicht, denn seine Hände waren behaart wie seines Bruders Esau Hände. Und er segnete ihn. 24 Er sprach: »Bist du mein Sohn Esau?« Jener antwortete: »Ja!« 25 Da sagte er: »Setze mir vor! Ich will von dem Wildbret meines Sohnes essen, um dich zu segnen.« Er setzte ihm vor, und jener aß. Dann brachte er ihm auch Wein, und jener trank. 26 Sein Vater Isaak sprach zu ihm: »Komm näher zu mir heran und küsse mich, mein Sohn!« 27 Dieser trat hinzu und küßte ihn; da roch er den Duft seiner Kleider. Er segnete ihn alsdann und sprach: »Fürwahr, meines Sohnes Geruch ist wie des Feldes Geruch, das der Herr gesegnet hat! 28 Gott gebe dir vom Tau des Himmels und von

der Erde Fett und Überfluß an Korn und Most!
29 Völker sollen dir dienen, und Nationen sollen sich
vor dir niederwerfen! Sei Gebieter über deine Brü-
der; die Söhne deiner Mutter sollen vor dir sich beu-
gen! Wer dich verflucht, der sei verflucht; wer dich
segnet, sei gesegnet!«

Entdeckung

30 Eben hatte Isaak den Segensspruch über Jakob
vollendet; kaum war dieser von seinem Vater Isaak
weggegangen, da kam sein Bruder Esau von der
Jagd zurück. 31 Er hatte ebenfalls Leckerbissen zu-
bereitet, brachte sie seinem Vater und sprach:
»Mein Vater möge sich aufrichten und essen vom
Wildbret seines Sohnes, damit du mich segnen
kannst!« 32 Sein Vater Isaak fragte ihn: »Wer bist
du?« Er antwortete: »Ich bin Esau, dein erstgebore-
ner Sohn.« 33 Da erfaßte Isaak ein gewaltiger, maß-
loser Schrecken, und er rief aus: »Wer war denn je-
ner, der Wildbret erjagte und mir brachte? Ich aß
von allem, bevor du kamst. Dann habe ich ihn ge-
segnet; nun wird er auch gesegnet bleiben.« 34 Esau
hörte die Worte seines Vaters. Sogleich erhob er ein
gellendes und überaus bitteres Wehgeschrei und
bat seinen Vater: »Segne auch mich, mein Vater!«
35 Er aber antwortete: »Dein Bruder kam hinterlisti-
gerweise und hat dir deinen Segen weggeholt.«
36 Esau sprach: »Ist sein Name nicht Jakob? Schon
zweimal hat er mich überlistet! Meine Erstgeburt
hat er entwendet, und jetzt hat er noch meinen
Segen geraubt!« Er fragte: »Hast du für mich kei-
nen Segen übrigbehalten?« 37 Isaak antwortete
und sprach zu Esau: »Fürwahr, zum Gebieter über
dich habe ich ihn gemacht; alle seine Brüder habe
ich zu seinen Knechten bestellt, mit Korn und
Most habe ich ihn reichlich bedacht. Was kann
ich da nun noch für dich tun, mein Sohn?« 38 Esau
entgegnete seinem Vater: »Hast du denn nur einen
Segen, mein Vater? So segne doch auch mich!« Und
Esau erhob seine Stimme und weinte. 39 Sein Vater
Isaak erwiderte und sprach zu ihm: »Fürwahr, fern
von der Erde Fettgefilden seien deine Wohnsitze
und fern vom Tau des Himmels droben! 40 Von
deinem Schwerte sollst du leben, und deinem Bru-
der sollst du dienen! Wenn du dich aber auflehnst,
dann wirst du sein Joch abschütteln von deinem
Nacken.«

Fluchtpläne Jakobs

41 Esau aber war wegen seines Vaters Segen dem Ja-
kob feindlich gesinnt, und Esau dachte bei sich
selbst: »Die Trauertage um meinen Vater werden
kommen; dann werde ich meinen Bruder Jakob tot-
schlagen.« 42 Der Rebekka wurden die Pläne ihres
ältesten Sohnes Esau zugetragen. Sie sandte hin,
ließ ihren jüngeren Sohn Jakob rufen und sprach zu
ihm: »Höre, dein Bruder Esau will sich an dir
rächen, er will dich ermorden. 43 Nun aber höre,
mein Sohn, auf meine Stimme, mache dich auf und
fliehe zu meinem Bruder Laban nach Charan!
44 Bleibe bei ihm einige Zeit, bis sich deines Bruders
Zorn gelegt hat! 45 Sobald der Groll deines Bruders
von dir abläßt und er vergißt, was du ihm angetan
hast, will ich senden und dich von dort holen las-
sen! Warum soll ich an einem Tag euch beide ver-
lieren?«

Mischehen des Esau

46 Rebekka sprach zu Isaak: »Mein Leben ist mir
verleidet der hethitischen Weiber wegen; wenn
auch Jakob sich ein solches Weib von den Hethitern
aussucht, eine von den Töchtern des Landes, was
soll ich dann noch leben?«

27,1–0: Rebekkas und Jakobs Verhalten ist in keiner Weise zu recht-
fertigen. Lüge und Betrug ist es in jedem Fall. Gott erreicht aber das
Ziel seiner Pläne auch durch menschliche Fehler und Schwächen. In
seiner Gnadenwahl ist er frei und souverän (Mal 1,2f; Röm 9,13).
Spätere Gottesmänner haben Jakobs Handlungsweise mißbilligt
(Os 12,4; Jer 9,3).

Jakobs Sendung

28

1 Isaak ließ den Jakob rufen und seg-
nete ihn. Er gab ihm die Weisung und
sprach zu ihm: »Suche dir keine Frau
unter den Töchtern Kanaans! 2 Mache dich auf die
Reise nach Paddan-Aram in das Haus Betuels, der
der Vater deiner Mutter ist! Nimm dir von dort eine
Frau von den Töchtern Labans, des Bruders deiner
Mutter! 3 Der Allmächtige Gott wird dich segnen,
er wird dich fruchtbar und zahlreich machen. Du
wirst zu einer Völkergemeinde werden. 4 Er wird
dir und deinen Nachkommen Abrahams Segen mit-
teilen. So wirst du das Land besitzen, in dem du als
Fremdling weilst und das Gott dem Abraham ge-
schenkt hat.« 5 Isaak sandte Jakob fort, und dieser
reiste nach Paddan-Aram zu Laban, dem Sohn
des Aramäers Betuel und Bruder Rebekkas, die ja
Jakobs und Esaus Mutter war.

Esau heiratet aus Abrahams Stamm

6 Esau merkte, daß Isaak Jakob gesegnet und nach
Paddan-Aram gesandt hatte, damit er sich von dort
mit seinem Segen eine Frau hole. Er hatte ihm ge-
boten: »Du sollst dir keine Frau suchen aus den
Töchtern Kanaans!« 7 Und Jakob hörte auf seinen
Vater und seine Mutter und reiste nach Paddan-
Aram ab. 8 Da merkte Esau, daß seinem Vater die
Töchter Kanaans mißfielen. 9 Und Esau ging zu
Ismael und nahm sich die Machalat, des Abra-

hamssohnes Ismael Tochter, die Schwester Neba-
jots, zur Frau neben seinen anderen Frauen.

Traum von der Himmelsleiter

10 Jakob aber ging fort von Beerseba und reiste nach
Charan. 11 Da erreichte er einen Ort, wo er über-
nachtete; denn die Sonne war gerade untergegan-
gen. Er nahm einen von den Steinen des Geländes
und legte ihn sich zu Häupten; dann schlief er an je-
nem Platze. 12 Und er träumte: Eine Leiter stand auf
der Erde, ihre Spitze berührte den Himmel. Gottes
Engel stiegen auf und nieder. 13 Oben stand der Herr
und sprach: »Ich bin der Herr, der Gott deines Va-
ters Abraham und der Gott Isaaks; das Land, auf
dem du schläfst, will ich dir und deinen Nachkom-
men schenken. 14 Deine Nachkommen werden
zahlreich sein wie der Staub der Erde. Du wirst dich
ausbreiten nach Westen, Osten, Norden und Süden.
In dir sollen gesegnet sein alle Geschlechter der
Erde, und in deinen Nachkommen! 15 Siehe, ich bin
mit dir; ich werde dich behüten überall, wohin du
gehst. Ich werde dich heimkehren lassen in dieses
Land; ich will dich nicht verlassen, bis ich getan
habe, was ich dir gesagt.« 16 Jakob erwachte aus sei-
nem Schlafe und sprach: »Fürwahr, der Herr ist an
diesem Ort, und ich wußte es nicht!« 17 Er ängstigte
sich und sprach: »Wie schauerlich ist doch dieser
Ort! Hier ist nichts anderes als Gottes Haus; und
hier ist des Himmels Pforte.« 18 Jakob stand am
frühen Morgen auf, nahm den Stein zu seinen
Häupten und setzte ihn zu einem Denksteine; dann
goß er Öl auf seine Spitze. 19 Er nannte jenes Ortes
Namen »Betel« (Haus Gottes); hingegen hieß die
Stadt in früherer Zeit Lus.

Jakobs Gelübde

20 Jakob tat folgendes Gelübde: »Wenn Gott mit mir
ist, mich auf diesem meinem Wege behütet, mir
Brot zur Speise und Kleidung zum Anziehen gibt
21 und mich in Frieden in mein Vaterhaus heimkeh-
ren läßt, dann will ich den Herrn mir zum Schutz-
gott erwählen, 22 und dieser Stein, den ich zu einem
Gedenkstein gesetzt habe, soll zum Gotteshause
werden. Alles, was du mir schenken wirst, will ich
dir zu Ehren gern verzehnten!«

Hirten am Brunnen – Begegnung mit Rachel

29 1 Jakob machte sich auf die Weiterreise
und ging in das Land der Söhne des
Ostens. 2 Da sah er einen Brunnen auf
dem Felde, um den drei Kleinviehherden lagerten;
an diesem Brunnen tränkte man die Herden. Ein
großer Stein aber bedeckte die Öffnung des Brun-
nens. 3 Dorthin wurden alle Herden zusammenge-
trieben. Man wälzte den Stein von der Öffnung des
Brunnens und tränkte das Kleinvieh. Dann brachte
man den Stein wieder auf die Öffnung des Brun-
nens an seinen Platz zurück. 4 Jakob sprach zu den
Hirten: »Meine Brüder, woher seid ihr?« Sie ant-
worteten: »Von Charan.« 5 Er fragte sie weiter:
»Kennt ihr Laban, den Sohn Nachors?« Sie antwor-
teten: »Ja!« 6 Er entgegnete ihnen: »Geht es ihm
wohl?« Sie sagten: »Ja, seine Tochter Rachel kommt
gerade mit dem Kleinvieh.« 7 Darauf sprach er: »Es
ist früh am Tage und noch nicht Zeit, das Vieh zu-
sammenzutreiben. Tränkt das Kleinvieh und laßt es
noch weiden!« 8 Sie sprachen: »Wir können es nicht,
bis alle Herden beisammen sind. Dann erst wälzt
man den Stein von der Öffnung des Brunnens weg,
und wir tränken das Kleinvieh.«
9 Noch redete er mit ihnen, da kam Rachel mit der
Herde ihres Vaters; denn sie war eine Hirtin. 10 Als
Jakob die Rachel, die Tochter seines Onkels Laban,
und das Herdenvieh seines Onkels Laban sah, da
kam er näher, wälzte den Stein von der Öffnung des
Brunnens und tränkte das Vieh seines Onkels
Laban. 11 Da küßte Jakob die Rachel und weinte
laut. 12 Dann teilte er der Rachel mit, daß er ein Ver-
wandter ihres Vaters sei, und zwar Rebekkas Sohn.
Nun lief sie weg und erzählte es ihrem Vater. 13 La-
ban vernahm die Kunde von Jakob, seinem Neffen.
Er lief ihm entgegen, küßte ihn und brachte ihn in
sein Haus. Dann erzählte er Laban alle diese Bege-
benheiten. 14 Laban sprach zu ihm: »Fürwahr, mein
Bein und mein Fleisch bist du!« Dieser blieb bei ihm
etwa einen Monat.

Dienst um Rachel

15 Laban sprach zu Jakob: »Willst du mir umsonst
dienen, weil du mein Verwandter bist? Sage mir
doch, welchen Lohn willst du haben?« 16 Laban
aber hatte zwei Töchter, die ältere hieß Lea, die jün-
gere Rachel. 17 Leas Augen waren matt; Rachel da-
gegen war schön von Gestalt und eine hübsche Er-
scheinung. 18 Jakob liebte die Rachel und sprach:
»Ich will dir um deine jüngere Tochter Rachel sie-
ben Jahre dienen.« 19 Laban antwortete: »Besser ist
es, sie dir zu geben als einem fremden Manne;
bleibe also bei mir!« 20 So diente denn Jakob um Ra-
chel sieben Jahre; sie kamen ihm bei der Liebe, die
er für sie empfand, wie wenige Tage vor.

Labans Betrug mit Lea

21 Danach sprach Jakob zu Laban: »Nun gib mir
meine Frau; denn meine Tage sind um, und ich will
sie heiraten!« 22 Laban versammelte alle Leute des
Ortes und hielt ein Festmahl. 23 Am Abend nahm er
seine Tochter Lea und führte sie ihm zu. Dieser

hatte Umgang mit ihr. 24 Laban wies die ihm ge-
hörende Sklavin Silpa seiner Tochter Lea als Leib-
magd zu. 25 Am Morgen aber, siehe, da war es Lea!
Er sagte zu Laban: »Was hast du mir da angetan?
Habe ich bei dir nicht um Rachel gedient? Warum
hast du mich betrogen?« 26 Laban erwiderte: »Hier
an unserem Orte ist es nicht Brauch, die jüngere
Tochter vor der älteren zu verheiraten. 27 Feiere die
Brautwoche mit dieser zu Ende! Dann wird dir
auch Rachel zuteil, und zwar für den Dienst, den du
mir noch weitere sieben Jahre leisten mußt.«

Heirat der Rachel

28 Jakob tat so und führte die Brautwoche mit dieser
zu Ende. Dann gab jener ihm auch seine Tochter
Rachel zur Frau. 29 Laban wies seiner Tochter Ra-
chel seine Sklavin Bilha als Leibmagd zu. 30 Jakob
verkehrte auch mit Rachel; er hatte ja auch die Ra-
chel lieber als die Lea. Er diente Laban noch weitere
sieben Jahre.

Ruben, Simeon, Levi, Juda

31 Der Herr sah, daß Lea weniger geliebt wurde.
Deshalb öffnete er ihren Mutterschoß, während
Rachel unfruchtbar blieb. 32 Lea empfing und gebar
einen Sohn. Sie nannte ihn »Ruben« (seht den
Sohn), indem sie sprach: »Gesehen hat der Herr auf
mein Elend; denn jetzt wird mein Mann mich lie-
ben.« 33 Sie empfing nochmals und gebar einen
Sohn und sprach: »Erhört hat der Herr; denn eine
Zurückgesetzte war ich. Darum gab er mir auch
diesen.« Sie nannte ihn »Simeon« (Erhörung). 34 Sie
empfing wiederum und gebar einen Sohn und
sprach: »Jetzt wird mein Mann endlich an mir hän-
gen, denn schon drei Söhne habe ich ihm geboren.«
Darum nannte sie ihn »Levi« (Anhänger). 35 Dann
empfing sie abermals und gebar einen Sohn und
sagte: »Dieses Mal will ich den Herrn lobpreisen.«
Darum nannte sie ihn »Juda« (Lobpreis). Weiterhin
bekam sie kein Kind mehr.

29,15–30: Man kann die Schwierigkeiten Jakobs mit dem hinterlistigen Laban als Sühne für seinen Betrug an Esau auffassen. 21–35: Die Ehe Jakobs mit zwei Schwestern wäre nach dem späteren Gesetz eine Unmöglichkeit (3 Mos 18,18). In älterer Zeit bestand noch kein Verbot. Die beiden Mägde gebaren stellvertretend für ihre Herrinnen wie früher Hagar für Sara. Nur bei einer zahlreichen Söhneschar konnte Jakob Macht, Reichtum und Ansehen erlangen und Träger der dem Abraham gegebenen Verheißungen werden. Jakob und seine Frau beherrscht der Wunsch, in den Kindern fortzuleben.

Bilha als Stellvertreterin Rachels

30 1 Rachel sah, daß sie dem Jakob kei-
ne Kinder gebar. Sie wurde deshalb auf
ihre Schwester eifersüchtig und sagte zu
Jakob: »Schaffe mir Kinder, oder ich muß sterben!«
2 Jakob wurde auf Rachel zornig und sprach: »Stehe
ich denn an Gottes Stelle, der dir die Leibesfrucht
versagt hat?« 3 Sie antwortete darauf: »Hier hast du
meine Leibmagd Bilha! Gehe zu ihr! Sie soll auf
meinen Knien gebären, damit auch ich durch sie zu
Kindern komme!« 4 Sie gab ihm ihre Leibmagd
Bilha, und Jakob hatte Umgang mit ihr. 5 Bilha
empfing und gebar dem Jakob einen Sohn. 6 Da
sprach Rachel: »Recht hat mir Gott verschafft. Er
hat auch meine Stimme erhört und mir einen Sohn
geschenkt.« Darum nannte sie ihn »Dan« (Richter).
7 Jene empfing wiederum, und Rachels Magd Bilha
gebar dem Jakob einen zweiten Sohn. 8 Da sprach
Rachel: »Gewaltige Gotteskämpfe habe ich mit
meiner Schwester ausgefochten; ich siegte sogar.«
Darum nannte sie seinen Namen »Naphtali« (Ge-
waltkämpfer).

Silpa als Stellvertreterin Leas

9 Lea sah, daß sie nicht mehr gebären konnte. Da
nahm sie ihre Magd Silpa und gab sie Jakob zum
Weibe. 10 Die Leamagd Silpa gebar dem Jakob einen
Sohn. 11 Da sprach Lea: »O welch ein Glück!« Sie
nannte seinen Namen »Gad« (Glück). 12 Hierauf
gebar die Leamagd Silpa dem Jakob einen zweiten
Sohn. 13 Lea sprach: »O ich Glückselige! Denn die
Töchter werden mich glückselig preisen.« Deshalb
nannte sie ihn »Aser« (glückselig).
14 Zur Zeit der Weizenernte ging Ruben aus und
fand Liebeszauberfrüchte auf dem Felde. Er brachte
sie seiner Mutter Lea. Da sprach Rachel zu Lea:
»Gib mir doch von den Früchten deines Sohnes!«
15 Diese entgegnete ihr: »Ist es dir noch nicht genug,
meinen Mann genommen zu haben? Jetzt willst du
noch die Liebesäpfel meines Sohnes nehmen!« Ra-
chel sagte: »Gut, er soll heute nacht bei dir liegen für
die Liebeszauberfrüchte deines Sohnes!« 16 Jakob
kam abends vom Felde. Lea ging ihm entgegen und
sprach: »Zu mir mußt du kommen; denn gar rei-
chen Lohn habe ich für dich bezahlt mit den Liebes-
äpfeln meines Sohnes.« Und er legte sich in jener
Nacht mit ihr zusammen. 17 Gott erhörte Lea; sie
empfing und gebar dem Jakob einen fünften Sohn.
18 Da sagte Lea: »Gott hat mir den Lohn gegeben
dafür, daß ich meine Magd meinem Manne dar-
bot.« Sie nannte ihn darum »Issachar« (Lohnemp-
fänger). 19 Lea empfing wiederum und gebar dem
Jakob den sechsten Sohn. 20 Sie sprach: »Gott hat
mich mit einem schönen Geschenk bedacht; nun-
mehr wird mein Mann mich als Frau anerken-
nen; denn sechs Söhne habe ich ihm geboren.«
Sie nannte ihn »Sebulun« (Brautgeschenk). 21 Spä-
ter gebar sie noch eine Tochter und nannte sie
Dina.

Josephs Geburt

22 Gott gedachte der Rachel, erhörte sie und öffnete ihren Mutterschoß. 23 Sie empfing und gebar einen Sohn und sprach: »Gott hat die Schmach von mir genommen.« 24 Sie nannte ihn »Joseph« und sprach: »Der Herr gebe mir noch einen anderen Sohn!«

Jakobs Heimweh – Vereinbarung in Lohnfragen

25 Als aber Rachel den Joseph geboren hatte, sprach Jakob zu Laban: »Laß mich fort! Ich will an meinen Ort und in mein Heimatland ziehen! 26 Gib mir meine Frauen und meine Kinder, um derentwillen ich für dich gearbeitet habe; ich will heimziehen, denn du weißt ja, welche Dienste ich dir geleistet habe.« 27 Es sprach zu ihm Laban: »Möchte ich doch Gnade finden in deinen Augen! Ich bin reich geworden, und der Herr hat mich um deinetwillen gesegnet.« 28 Er fuhr fort: »Setze den Lohn, den ich zu geben habe, fest, ich will ihn dir geben!« 29 Er entgegnete ihm: »Was ich für dich geleistet habe, und was aus deinem Viehbestand durch mich geworden ist, weißt du; 30 denn nur wenig hattest du vor meiner Ankunft. Es hat sich zu einer Fülle ausgebreitet. Denn der Herr hat dich gesegnet durch jeden meiner Schritte. Wann endlich werde ich etwas für meine Familie tun können?« 31 Er fragte: »Was soll ich dir geben?« Jakob entgegnete: »Nichts sollst du mir geben; nur sollst du mir das Folgende gewähren, dann will ich wiederum dein Vieh weiden und hüten! 32 Ich will heute durch all dein Kleinvieh hindurchgehen und daraus jedes gesprenkelte und gefleckte Tier entfernen. Und jedes brünstige Tier unter den Jungschafen, ferner, was gefleckt und gesprenkelt ist unter den Ziegen, das soll mein Lohn sein! 33 Und das soll dann morgen der Beweis für meine Redlichkeit sein, wenn mein Lohn dir zu Gesicht kommt: Alles, was von den Ziegen nicht gesprenkelt und gefleckt und unter den Jungschafen nicht brünstig ist, das soll als von mir gestohlen gelten.« 34 Laban antwortete: »Ja, so wie du gesagt hast, soll es sein!«

Labans List und Jakobs Gegenlist

35 Noch am selben Tage sonderte Laban die gestreiften und gefleckten Böcke und alle gesprenkelten und gefleckten Ziegen ab, alles, woran etwas Weißes war, und alles, was brünstig war unter den Jungschafen, und übergab sie seinen Söhnen. 36 Dann entfernte er sich drei Tagereisen weit von Jakob. Dieser weidete die übrigen Herdenstücke Labans. 37 Jakob nahm nun frische Stäbe von Storaxstauden, Mandelbäumen und Platanen. Er schälte an ihnen weiße Streifen heraus, indem er das Weiße an den Ruten bloßlegte. 38 Dann stellte er die abgeschälten Stäbe in die Rinnen der Wassertröge, wohin die Tiere zur Tränke kamen, gerade vor die Tiere hin. Sie pflegten sich zu begatten, wenn sie zur Tränke kamen. 39 Begatteten sich nun die Tiere vor den Stäben, dann warfen sie gestreifte, gesprenkelte oder gefleckte Junge. 40 Die Jungschafe aber sonderte Jakob ab und stellte an die Spitze des Kleinviehs einen gestreiften Widder und alle brünstigen Schafe vom Kleinvieh Labans. So machte er für sich besondere Herden und gab sie nicht dem Kleinvieh des Laban bei. 41 Sooft die kräftigen Tiere sich begatteten, stellte Jakob die Zweige vor den Augen der Tiere in die Tränkrinnen, daß sie sich bei den Stäben begatteten. 42 Waren aber die Tiere schwächlich, legte er die Stäbe nicht hinein. So erhielt Laban die schwächlichen, Jakob dagegen die starken Tiere. 43 Dadurch wurde der Mann gewaltig reich. Er besaß eine Menge Kleinvieh, Mägde, Knechte, Kamele und Esel.

Fluchtabsichten

31 1 Jakob vernahm das Gerede der Söhne Labans: »Jakob hat alles, was unserem Vater gehörte, an sich gebracht; nur mit dem Eigentum unseres Vaters gelang es ihm, all diesen Reichtum zu erwerben.« 2 Auch sah Jakob an den Mienen Labans, daß er ihm nicht mehr so wohlgesinnt war wie ehedem. 3 Der Herr sprach zu Jakob: »Kehre heim in das Land deiner Väter und deiner Verwandtschaft; ich will mit dir sein!«

Rechtfertigung vor Rachel und Lea

4 Jakob ließ Rachel und Lea auf das Feld zu seiner Herde rufen. 5 Er äußerte sich ihnen gegenüber: »Ich sehe an den Mienen eures Vaters, daß er gegen mich nicht mehr so ist wie ehedem. Und doch war der Gott meines Vaters mit mir. 6 Ihr selbst wißt es, daß ich eurem Vater mit ganzer Kraft gedient habe. 7 Aber euer Vater hat mich betrogen und hat meinen Lohn zehnmal geändert; doch Gott ließ es nicht zu, daß er mir schadete. 8 Wenn er sagte: ›Die gesprenkelten Tiere sollen dein Lohn sein‹, so warf die ganze Herde gesprenkelte Junge; wenn er aber bestimmte: ›Die gestreiften sollen dein Lohn sein‹, so warf die ganze Herde gestreifte. 9 So hat Gott den Viehbestand eurem Vater entzogen und ihn mir gegeben. 10 Es war zur Brunstzeit des Kleinviehs, da erhob ich meine Augen und sah im Traume, wie die Böcke, welche die Schafe besprangen, gestreift, gesprenkelt und gescheckt waren. 11 Der Engel Gottes rief mir im Traume zu: ›Jakob!‹ Und ich antwortete: ›Hier bin ich!‹ 12 Und er fuhr fort: ›Erhebe deine Augen und schau! Alle Böcke, welche die Schafe be-

springen, sind gestreift, gesprenkelt oder gescheckt!
Denn ich habe alles gesehen, was Laban dir angetan
hat. 13 Ich bin der Gott von Betel, woselbst du einen
Denkstein gesalbt und mir ein Gelübde getan hast.
Auf! Zieh fort aus diesem Lande und kehre in das
Land deiner Herkunft zurück!‹«

Zustimmung der Töchter Labans

14 Rachel und Lea antworteten und sprachen zu
ihm: »Haben wir noch einen Anteil und ein Erbe in
unserem Vaterhause? 15 Gelten wir ihm nicht als
Ausländerinnen? Denn er hat uns ja verkauft und
dazu unser Geld aufgebraucht. 16 Fürwahr, aller
Reichtum, den Gott unserem Vater entzogen hat,
gehört uns und unseren Kindern. Und nun tue alles,
was Gott dir befohlen hat!«

Flucht

17 Jakob brach auf; er setzte seine Kinder und Frauen
auf die Kamele. 18 Er führte hinweg allen Viehbe-
stand und alle Habe, die er erworben hatte, die Her-
den, die er besaß und in Paddan-Aram gewonnen
hatte. Er wollte zu seinem Vater Isaak in das Land
Kanaan ziehen. 19 Laban aber ging zur Schafschur.
Währenddessen stahl Rachel die Hausgötter ihres
Vaters. 20 Jakob überlistete den Aramäer Laban, in-
dem er ihm von seiner Flucht nichts mitteilte. 21 Er
ergriff mit allem, was ihm gehörte, die Flucht,
machte sich auf den Weg, überschritt den Euphrat
und wandte sich in die Richtung nach dem Gebirge
Gilead. 22 Am dritten Tag wurde dem Laban gemel-
det, daß Jakob entflohen sei. 23 Er bot seine Sippen-
genossen auf und verfolgte ihn sieben Tagereisen
weit. Beim Gebirge Gilead holte er ihn ein. 24 Da er-
schien Gott dem Aramäer Laban des Nachts im
Traume und sprach zu ihm: »Hüte dich, Jakob
irgendwelche Vorwürfe zu machen!«

Labans Vorwürfe

25 Als Laban den Jakob eingeholt hatte, lagerte die-
ser mit seinem Zelte auf dem Berge. Auch Laban
mit seinen Sippengenossen schlug sein Zelt auf dem
Gebirge Gilead auf. 26 Laban sagte zu Jakob: »Was
hast du getan? Hinters Licht führtest du mich.
Meine Töchter hast du wie Kriegsgefangene ver-
schleppt. 27 Warum bist du so heimlich ausgerückt?
Warum hast du mich bestohlen? Warum teiltest du
mir nichts mit, damit ich dir mit Wonnejauchzen,
Liedern, Pauken und Harfen das Abschiedsgeleit
hätte geben können? 28 Keine Möglichkeit gabst du
mir, meine Kinder und Töchter zum Abschied zu
küssen. Töricht hast du gehandelt! 29 Es stünde
durchaus in meiner Macht, dir etwas Böses zu tun;
aber der Gott eures Vaters sagte gestern nacht zu
mir: ›Hüte dich, Jakob irgendwelche Vorwürfe zu
machen!‹ 30 Nun gut; gegangen bist du, weil du
Heimweh nach deinem Vaterhause hattest. Warum
hast du mir aber meine Götter gestohlen?« 31 Jakob
erwiderte und sprach zu Laban: »Ich fürchtete
mich,weil ich dachte, du könntest mir deine Töch-
ter wieder entreißen! 32 Der soll jedoch nicht am
Leben bleiben, bei dem du deine Götter findest; im
Beisein unserer Sippengenossen sieh durch, was ich
bei mir habe, und nimm das Deine!« Jakob ahnte
nicht, daß Rachel den Diebstahl begangen hatte.

Auf der Suche nach den Hausgöttern

33 Dann ging Laban in das Zelt Jakobs, in das der Lea
und in das der beiden Mägde hinein, ohne etwas zu
finden. Aus dem Zelte der Lea kam er in das Zelt der
Rachel. 34 Rachel aber hatte die Hausgötter genom-
men und sie in die Satteltasche des Kamels gelegt.
Sie hatte sich auf diese gesetzt. Laban durchsuchte
das ganze Zelt, ohne etwas zu finden. 35 Zu ihrem
Vater sagte sie: »Zürne doch nicht, mein Herr! Ich
kann nicht aufstehen vor dir. Denn es geht mir so,
wie es Frauen zu gehen pflegt.« So suchte und
suchte er, fand jedoch die Götterbilder nicht.

Gegenvorwürfe Jakobs

36 Da ergrimmte Jakob und setzte sich mit Laban
auseinander. Er hub an und sprach: »Was ist denn
meine Schuld, was meine Verfehlung, daß du so
hitzig hinter mir her bist? 37 Du hast alle meine
Sachen durchwühlt. Was hast du von den Dingen,
die dir gehören, gefunden? Lege es doch hierher im
Beisein meiner und deiner Verwandten! Mögen sie
Schiedsrichter zwischen uns sein! 38 Es sind bereits
zwanzig Jahre, daß ich bei dir bin; nie hatten Mut-
terschafe und Ziegen einen Fehlwurf getan, und die
Widder deiner Herde habe ich nicht verzehrt. 39 Ein
zerrissenes Stück habe ich dir nie gebracht, sondern
ich ersetzte es dir; von meiner Hand hast du es ge-
fordert, gleich ob es am Tage oder des Nachts ge-
raubt wurde. 40 So war es mit mir: Am Tage ver-
zehrte mich die Hitze und in der Nacht die Kälte,
meine Augen floh der Schlaf. 41 Zwanzig Jahre lang
habe ich in deinem Hause Dienst geleistet, vierzehn
Jahre um deine beiden Töchter und sechs Jahre um
dein Vieh; du aber hast zehnmal meinen Lohn
geändert. 42 Wenn nicht meines Vaters Gott, der
Gott Abrahams und der Schrecken Isaaks, mit mir
gewesen wäre, so hättest du mich jetzt mit leeren
Händen fortgeschickt; doch dieser hat mein Elend
und die Mühsal meiner Hände geschaut und hat ge-
stern nacht die Entscheidung gefällt.« 43 Laban ant-
wortete und sprach zu Jakob: »Die Töchter sind
meine Töchter, die Söhne sind meine Söhne, das
Vieh ist mein Vieh, und alles, was du da siehst,

gehört mir. Aber meinen Töchtern, was soll ich ihnen oder ihren Kindern, die sie geboren haben, heute tun? 44 Wohlan! Ich und du, wir wollen einen Vertrag schließen, und dieser mag Zeuge zwischen mir und dir sein!« 45 Da nahm Jakob einen Steinblock und richtete ihn als Denkstein auf.

Zeugen des Vertrags

46 Jakob sprach zu seinen Sippengenossen: »Sammelt Feldsteine!« Sie taten es, errichteten einen Steinhügel und hielten auf ihm ein Mahl. 47 Laban nannte ihn »Jegar sahaduta«, und Jakob nannte ihn »Gal ed« (Zeugenhügel). 48 Jetzt sprach Laban: »Dieser Hügel soll Zeuge sein zwischen mir und dir am heutigen Tage!« Daher nannte er ihn Zeugenhügel 49 und ebenso auch »Mizpa« (Warte), indem er sprach: »Der Herr soll Wache halten zwischen mir und dir, wenn wir uns nicht mehr sehen! 50 Wenn du meine Töchter schlecht behandelst und zu ihnen noch andere Frauen nimmst, dann ist zwar kein Mensch bei uns, aber Gott ist Zeuge zwischen mir und dir.« 51 Weiter sprach Laban zu Jakob: »Siehe, dieser Steinhügel und dieser Denkstein, den ich zwischen mir und dir aufgerichtet habe, – 52 ein Zeuge sei dieser Steinhügel, und Zeuge sei dieser Denkstein, daß ich diesen Steinhügel gegen dich nicht überschreiten werde und daß auch du ihn und diesen Denkstein gegen mich nicht überschreiten wirst in böser Absicht. 53 Der Gott Abrahams und der Gott Nachors seien Richter zwischen uns [Gottheiten ihrer Väter]!« Da leistete Jakob einen Eid bei dem Schrecken seines Vaters Isaak. 54 Jakob brachte auf dem Berge ein Opfer dar und lud seine Sippengenossen zur Mahlzeit ein. Sie hielten das Mahl und übernachteten auf dem Berge.

31,7–12: Nach dieser Darstellung hat Gott selbst den Viehbestand Jakobs wie durch ein Wunder vermehrt. Anders ist die List Jakobs in 30,37–42 beschrieben. Dahinter steckt die volkstümliche Meinung, daß der Anblick mehrfarbiger, gestreifter Stäbe während der Begattung die Färbung der werdenden Jungtiere beeinflussen könne. 19–25: Die Schafschur mit ihren Arbeiten und Festlichkeiten war für eine heimliche Flucht sehr günstig. 30–35: Die Hausgötter (Teraphim), die Rachel als Andenken und in einer vom Heidentum noch nicht ganz gereinigten Gesinnung heimlich mitnahm, waren kleine Statuetten. Im israelitischen Gotteskult waren sie verpönt, spielten aber im Volk nicht selten eine abergläubische Rolle (1 Sam 19,13.16; 2 Kön 23,24; Ez 21,26; Zach 10,2). Daß Rachel in ihrem Unwohlsein auf ihnen sitzt, mußte von den Lesern als Verspottung verstanden werden.

Gottes Heerlager

32 1 Am frühen Morgen stand Laban auf, küßte seine Enkelkinder und Töchter und sprach Segenswünsche. Dann kehrte Laban in seine Heimat zurück. 2 Jakob aber ging seines Weges weiter, und es begegneten ihm Gottesboten. 3 Als Jakob sie erblickte, rief er aus: »Ein Heerlager Gottes ist das!« Er nannte diesen Ort »Machanajim« (Doppellager).

Die Boten an Esau

4 Jakob sandte Boten vor sich her zu seinem Bruder Esau in das Land Seïr, das Gefilde Edoms, 5 und trug ihnen dieses auf: »So sollt ihr zu meinem Herrn Esau sprechen: ›So spricht dein Knecht Jakob: Bei Laban habe ich als Fremdling geweilt und mich dort bis jetzt aufgehalten. 6 Rinder, Esel, Kleinvieh, Knechte und Mägde habe ich mir erworben. Ich sende meinem Herrn diese Botschaft, um Gnade in deinen Augen zu finden.‹« 7 Die Boten kehrten zu Jakob mit der Meldung zurück: »Wir sind zu deinem Bruder Esau gegangen; er kommt dir entgegen, und vierhundert Mann führt er mit sich.« 8 Da fürchtete sich Jakob gar sehr, hatte Angst und teilte seine Leute, sein Kleinvieh, sein Großvieh und die Kamele in zwei Lager. 9 Er überlegte nämlich: Wenn Esau über das eine Lager herfällt und es schlägt, dann rettet sich das andere.

Jakobs Gebet

10 Jakob betete: »Du Gott meines Vaters Abraham und Gott meines Vaters Isaak, Herr, der du zu mir gesagt hast: ›Kehre heim in dein Land und zu deiner Verwandtschaft, ich will dir Gutes erweisen‹, 11 zu gering bin ich für all die Hulderweisungen und die Treue, die du deinem Knechte gezeigt hast. Nur mit meinem Stab habe ich den Jordan überschritten, und jetzt bin ich Besitzer von zwei Wanderlagern geworden. 12 Errette mich doch aus der Hand meines Bruders, aus der Hand Esaus; denn ich fürchte, daß er daherkommt, mich zu erschlagen, die Mutter mitsamt den Kindern. 13 Du hast ja selber gesagt: ›Ich will dir nur Gutes erweisen, und deine Nachkommenschaft will ich vermehren wie Sand am Meere, den man wegen seiner Menge nicht zählen kann.‹«

Geschenke

14 Jakob blieb in jener Nacht dort. Er nahm von allem, was in seinem Besitz war, Geschenke für seinen Bruder Esau: 15 Zweihundert Ziegen mit zwanzig Böcken, zweihundert Mutterschafe mit zwanzig Widdern, 16 dreißig säugende Kamelstuten mit ihren Jungen, vierzig Kühe mit zehn Stieren, zwanzig Eselinnen und zehn Eselhengste. 17 Er übergab sie seinen Knechten, Herde für Herde gesondert. Dann sprach er zu ihnen: »Zieht vor mir her und haltet breite Abstände zwischen den einzelnen Herden!« 18 Er gebot dem ersten: »Falls dir mein Bruder Esau begegnet und dich fragt: ›Zu wem gehörst du, und wohin gehst du, und wem gehören diese Tiere da?‹, 19 dann sollst du sagen: ›Deinem Knechte Ja-

kob. Ein Geschenk soll es sein für meinen Herrn
Esau; siehe, er selbst kommt hinter uns.‹« 20 Das-
selbe gebot er auch dem zweiten und dem dritten
und all denen, die hinter den Herden hergingen: »In
diesem Sinne sollt ihr zu Esau reden, wenn ihr ihn
trefft: 21 ›Dein Knecht Jakob kommt hinter uns her.‹«
Er dachte nämlich: »Ich will sein Antlitz durch das
Geschenk, das vor mir hergeht, versöhnen. Danach
will ich ihn zu Gesicht bekommen; vielleicht wird er
mir gewogen sein!« 22 Das Geschenk zog vor ihm
her, er selbst blieb in jener Nacht im Lager.

Nächtlicher Ringkampf

23 Noch in jener Nacht erhob er sich, nahm seine
beiden Frauen, seine beiden Mägde und seine elf
Kinder und durchschritt die Furt des Jabbok. 24 Er
nahm sie und setzte sie über den Fluß, desgleichen
schaffte er all sein Eigentum hinüber. 25 Jakob blieb
für sich allein zurück. Da führte ein Mann einen
Ringkampf mit ihm bis zum Beginn der Morgen-
röte. 26 Als dieser merkte, daß er ihn nicht besiegen
konnte, schlug er auf die Gelenkpfanne an seiner
Hüfte. Da wurde das Hüftgelenk Jakobs ausgerenkt,
während er mit ihm rang. 27 Jener sprach: »Laß mich
los; denn die Morgenröte steigt auf!« Dieser ant-
wortete: »Ich lasse dich nicht, es sei denn, du seg-
nest mich!« 28 Darauf der andere: »Wie heißt du?« Er
antwortete: »Jakob!« 29 Jener fuhr fort: »Nicht Jakob,
sondern Israel soll fürderhin dein Name sein; denn
mit Gott und mit Menschen hast du gestritten und
dabei den Sieg erfochten.« 30 Nun fragte Jakob: »Tu
mir auch deinen Namen kund!« Jener erwiderte:
»Warum fragst du mich nach meinem Namen?« Er
segnete ihn daselbst. 31 Jakob nannte dieses Ortes
Namen »Penuel« (Gottes Angesicht); »denn ich
habe Gott von Angesicht zu Angesicht gesehen,
und mein Leben ist doch erhalten geblieben.« 32 Die
Sonne ging eben auf, als er durch Penuel hindurch-
schritt; er hinkte an seiner Hüfte. 33 Darum essen die
Kinder Israels bis zum heutigen Tag die Sehne nicht,
die über dem Hüftgelenk liegt, weil er Jakobs Hüft-
gelenk an der Sehne geschlagen hat.

32,31–33: Die Erzählung von dem Ringkampf, an dessen Ende Jakob erst erkannte, daß sein Gegner Gott selbst war, sollte zunächst (Vers 29) den Beinamen »Israel« erklären. Eine andere Überlieferung verlegt die Umbenennung nach Betel: 1 Mos 35,9.10. Sodann wurde darin eine Erklärung für den Namen der Stadt Penuel (auch Peniël) gesehen.

Die Aussöhnung

33 1 Jakob blickte auf, und siehe, Esau kam
mit vierhundert Mann heran. Er verteilte
die Kinder auf Lea und Rachel und die
beiden Mägde. 2 Die Mägde mit ihren Kindern
stellte er an die Spitze, dahinter Lea mit ihren Kin-
dern und zuletzt Rachel mit Joseph. 3 Er selbst
schritt ihnen voran, verneigte sich siebenmal zur
Erde und kam so näher an seinen Bruder heran.
4 Esau lief ihm entgegen, umarmte ihn, fiel ihm um
den Hals und küßte ihn. Sie weinten. 5 Er erhob
seine Augen, erblickte die Frauen mit ihren Kindern
und fragte: »Wer sind diese dort in deiner Beglei-
tung?« Er antwortete: »Es sind die Kinder, die
Gottes Güte deinem Knecht geschenkt hat.« 6 Da
traten die Mägde samt ihren Kindern näher heran
und verneigten sich. 7 Lea kam ebenfalls mit ihren
Kindern, und sie verneigte sich; zum Schluß kam
auch Joseph mit Rachel, und sie verneigten sich. 8 Er
fragte: »Was hat denn dieser ganze Lagerzug, auf
den ich gestoßen bin, zu bedeuten?« Jener antwor-
tete: »Ich tat's, um Gnade vor meinem Herrn zu
finden.« 9 Esau sagte: »Ich habe ja viel Besitz, lieber
Bruder; behalte doch, was dein ist!« 10 Jakob ant-
wortete: »Nicht doch; wenn ich Gnade vor dir ge-
funden habe, so nimm doch mein Geschenk von
mir an; denn ich habe dein Angesicht geschaut, wie
man Gottes Angesicht schaut; und du bist gnädig
zu mir gewesen. 11 Nimm doch also mein Begrüs-
sungsgeschenk an, das dir überbracht wurde. Gott
hat sich mir gnädig erwiesen. Ich hab vollauf ge-
nug.« So drängte er ihn, bis er es annahm. 12 Darauf
sagte er: »Wir wollen aufbrechen und weiterwan-
dern; ich will dir zur Seite herziehen!« 13 Doch
jener erwiderte ihm: »Mein Herr weiß, daß die Kin-
der noch empfindlich sind. Auch säugendes Klein-
vieh und säugende Rinder sind noch bei mir. Treibt
man sie zu rasch an, auch nur eine Tagereise weit,
dann würde alles Vieh sterben. 14 Mein Herr möge
doch vor seinem Knechte herziehen! Ich will mich
gemächlich weiterbewegen nach dem Schritt mei-
nes vor mir trabenden Viehes und nach dem Schritt
der Kinder, bis ich zu meinem Herrn nach Seïr
komme.« 15 Esau sprach: »Ich will dir wenigstens
einige von meinen Leuten zugesellen!« Er antwor-
tete: »Wozu das? Möge ich doch Zustimmung
finden bei meinem Herrn!«
16 An jenem Tage kehrte Esau von seinem Wege um
in Richtung auf Seïr. 17 Jakob brach auf nach Sukkot
und baute dort für sich ein Haus; und für sein Vieh
errichtete er Hütten, darum nennt man jenen Ort
»Sukkot« (Hütten). 18 Jakob kam nach Salim, der
Stadt des Sichem, die im Lande Kanaan liegt, als er
aus Paddan-Aram zurückkehrte. Er schlug bei der
Stadt ein Lager auf. 19 Er erwarb das Grundstück,
auf dem er sein Zelt ausgespannt hatte, für hundert
Kesita von den Söhnen Chamors, des Vaters Si-

chems. [20] Dort erbaute er einen Altar und nannte
ihn »El ist der Gott Israels«.

Schande über Dina

34 [1] Dina, die Tochter Leas, welche diese
dem Jakob geboren hatte, ging hinaus,
um nach den Töchtern des Landes
Ausschau zu halten. [2] Sichem, der Sohn des Chiw-
witers Chamor, des Landesfürsten, erblickte sie,
nahm sie, legte sich zu ihr und vergewaltigte sie.
[3] Sein Herz aber hing an Dina, der Jakobstochter.
Er liebte das Mädchen und redete ihm zu Herzen.
[4] Sichem sprach zu seinem Vater Chamor: »Wirb für
mich um dieses Mädchen als Frau!« [5] Jakob hörte
davon, daß er seine Tochter Dina entehrt habe.
Seine Söhne waren gerade bei dem Vieh auf dem
Felde. Darum schwieg Jakob dazu, bis sie zurück-
kamen. [6] Chamor, der Vater Sichems, kam, um mit
Jakob zu reden. [7] Als Jakobs Söhne vom Felde heim-
kehrten, hörten sie es. Sie fühlten sich gekränkt und
gerieten in gewaltigen Zorn; denn er hatte began-
gen, was in Israel als Schandtat gilt, indem er der
Tochter Jakobs beiwohnte. Solches durfte nicht
geschehen. [8] Chamor redete mit ihnen folgender-
maßen: »Mein Sohn Sichem hängt an eurer Toch-
ter; gebt sie ihm also zur Frau! [9] Verschwägert euch
mit uns; eure Töchter gebt uns, und unsere Töchter
nehmt euch! [10] Wohnt bei uns! Das Land steht zu
eurer Verfügung; bleibt, treibt Handel in ihm, und
setzt euch darin fest!« [11] Sichem sprach zu ihrem
Vater und ihren Brüdern: »Möge ich Gnade vor
euch finden! Was immer ihr von mir verlangt, will
ich geben! [12] Fordert nur ein recht hohes Heiratsgeld
und Geschenke; ich will geben, was ihr von mir ver-
langt; gebt mir nur das Mädchen zur Frau!«

Beschneidung der Sichemiten

[13] Jakobs Söhne gaben dem Sichem und seinem
Vater Chamor eine hinterhältige Antwort, und
zwar deshalb, weil er ihre Schwester Dina ent-
ehrt hatte. [14] Sie sprachen zu ihnen: »Unmöglich
können wir uns darauf einlassen, unsere Schwester
einem unbeschnittenen Manne zu geben; denn eine
Schande wäre das für uns! [15] Nur unter der einen Be-
dingung willfahren wir euch, daß ihr so werdet wie
wir, und daß alles Männliche bei euch beschnitten
wird. [16] Dann werden wir unsere Töchter euch ge-
ben und eure Töchter uns nehmen. Wir werden bei
euch wohnen und zu einem Volke verschmelzen.
[17] Wenn ihr aber uns bezüglich der Beschneidung
nicht zustimmt, so nehmen wir unsere Tochter
wieder und ziehen weg.« [18] Ihre Worte gefielen
Chamor und Sichem, seinem Sohne. [19] Der junge
Mann zögerte nicht, dies auszuführen; denn ihm
gefiel Jakobs Tochter, und er war der Angesehenste
von allen in seines Vaters Haus. [20] Chamor und
Sichem, sein Sohn, kamen zum Stadttor und rede-
ten zu den Männern ihrer Stadt: [21] »Jene Leute sind
uns gegenüber friedlich; sie mögen im Lande woh-
nen und darin Handel treiben; das Land ist ja nach
beiden Seiten hin ausgedehnt genug für sie; wir
wollen ihre Töchter zu Frauen nehmen und ihnen
unsere Töchter geben! [22] Jedoch nur unter der Be-
dingung sind diese Männer mit unserem Vorschlag
einverstanden, bei uns zu wohnen und sich mit uns
zu einem Volke zu verschmelzen, daß sich alles
Männliche bei uns beschneiden läßt, wie sie auch
selbst beschnitten sind. [23] Werden nicht ihre Her-
den, ihr Besitz und all ihr Vieh uns gehören? Will-
fahren wir ihnen nur; dann lassen sie sich bei uns
nieder.« [24] Alle, die zu ihrem Stadttore gekom-
men waren, hörten auf Chamor und seinen Sohn
Sichem. So ließen sich alle Männer beschneiden,
alle, die zum Stadttor kamen.

Simeons und Levis Freveltat

[25] Am dritten Tage aber, als sie wundkrank waren,
kamen die beiden Jakobssöhne Simeon und Levi,
die Brüder der Dina, jeder mit seinem Schwerte. Sie
überfielen die ahnungslose Stadt und ermordeten
alles Männliche. [26] Den Chamor und seinen Sohn
Sichem erschlugen sie mit der Schärfe des Schwer-
tes. Sie holten Dina aus Sichems Hause und gingen
davon. [27] Die Söhne Jakobs fielen über die Erschla-
genen her und plünderten die Stadt, weil man ihre
Schwester entehrt hatte. [28] Ihr Kleinvieh, ihr Groß-
vieh, ihre Esel und alles, was in der Stadt und auf
dem Felde war, nahmen sie mit. [29] All ihre Habe,
alle ihre Kinder und ihre Frauen führten sie als Beu-
testücke fort. Sie plünderten alles, was in den Häu-
sern war. [30] Jakob sprach zu Simeon und Levi: »Ihr
bringt mich ins Unglück, da ihr mich bei den Ka-
naanitern und Perissitern, den Landeseinwohnern,
verhaßt gemacht habt. Wir sind ja nur klein an Zahl;
sie werden sich gegen mich zusammenrotten und
mich erschlagen, und ich werde samt meinem
Hause vernichtet.« [31] Sie antworteten darauf:
»Durfte er denn unsere Schwester wie eine Dirne
behandeln?«

34,25–31: Die Tat wird 49,5 ausdrücklich verworfen. Ein Racheakt dieser Art ist auch für alttestamentliche Verhältnisse ungewöhnlich. Von dem dunklen Hintergrund hebt sich jedoch die Hochschätzung jungfräulicher Keuschheit ab. Vergewaltigung einer Jungfrau galt schon im alten Israel als »Schandtat« (Vers 7). Ein anderes Beispiel: 2 Sam 13.

Rückkehr nach Betel

35 1 Gott sprach zu Jakob: »Auf! Ziehe
nach Betel hinauf, bleibe dort und er-
richte daselbst einen Altar dem Gott, der
dir erschien, als du vor deinem Bruder Esau flohst!«
2 Jakob sagte zu seiner Familie und all seinen Be-
gleitern: »Entfernt die fremden Götterbilder aus eu-
rer Mitte; reinigt euch und wechselt eure Kleider!
3 Wir wollen uns aufmachen und nach Betel ziehen!
Ich will dort Gott, der mich am Tage meiner Be-
drängnis erhört hat, einen Altar errichten. Er war
mit mir auf dem Wege, den ich gewandert bin.«
4 Sie übergaben dem Jakob alle fremden Götterbil-
der, die sie bei sich hatten, und auch die Ringe in
ihren Ohren. Jakob verscharrte sie unter der Eiche,
die bei Sichem stand. 5 Dann brachen sie auf. Ein
Gottesschrecken aber kam über die Städte ringsum.
Ihre Bewohner verfolgten die Söhne Jakobs nicht.
6 Jakob kam nach Lus im Lande Kanaan, das ist Be-
tel, er und alle Leute, die zu ihm gehörten. 7 Dort
baute er einen Altar. Er nannte die Stätte »Gott von
Betel«; denn dort hatte Gott sich ihm geoffenbart,
als er vor seinem Bruder floh. 8 Dort starb Debora,
die Amme der Rebekka. Sie wurde unterhalb von
Betel unter der Eiche begraben. Er nannte deshalb
ihren Namen »Klageeiche«.

Gotteserscheinung

9 Gott erschien dem Jakob wiederum, als er von
Paddan-Aram kam, und er segnete ihn. 10 Gott
sprach zu ihm: »Dein Name ist Jakob. Doch soll
fürderhin dein Name nicht mehr Jakob genannt
werden, sondern Israel soll dein Name sein!« Und er
nannte seinen Namen Israel. 11 Gott sprach zu ihm:
»Ich bin der Allmächtige! Sei fruchtbar und zahl-
reich! Ein Volk, ja eine Schar von Völkern, soll aus
dir hervorgehen, und Könige sollen von dir abstam-
men! 12 Das Land, das ich dem Abraham und Isaak
geschenkt habe, will ich dir geben, und zwar deinen
Nachkommen werde ich das Land schenken.«
13 Dann fuhr Gott von ihm weg, empor von der
Stätte, an der er mit ihm geredet hatte. 14 Jakob rich-
tete an jenem Ort, da er mit ihm gesprochen, eine
Säule auf, ein Denkmal aus Stein. Er brachte darauf
ein Trankopfer dar und goß Öl darüber. 15 Jakob
nannte die Stätte, an der Gott mit ihm gesprochen
hatte, »Betel«.

Geburt Benjamins. Rachels Tod

16 Sie brachen von Betel auf, und es war noch ein
Stück weit bis Ephrat, da gebar Rachel. Sie hatte
eine schwere Geburt. 17 In ihren Geburtsnöten
sprach die Hebamme zu ihr: »Sei unverzagt, auch
diesmal hast du einen Sohn!« 18 Als dann ihr
Lebensodem entfloh – sie starb nämlich –, nannte
sie seinen Namen »Benoni« (Sohn meines Unheils).
Sein Vater aber nannte ihn »Benjamin« (Sohn des
Glückes). 19 Rachel starb und wurde auf dem Wege
nach Ephrat, d. h. Bethlehem, begraben. 20 Jakob er-
richtete einen Gedenkstein auf ihrem Grabe. Das
ist der Gedenkstein auf dem Rachelgrabe bis auf
den heutigen Tag.

Rubens Verbrechen

21 Israel brach auf und schlug sein Zelt jenseits von
Migdal-Eder auf. 22 Während Israel in diesem Lande
wohnte, kam Ruben und legte sich zu Bilha, der Ne-
benfrau seines Vaters. Israel hörte davon... 23 Der
Söhne Jakobs aber waren es zwölf. Die Söhne der
Lea: Ruben, der Erstgeborene Jakobs, Simeon, Levi,
Juda, Issachar und Sebulun. 24 Die Söhne Rachels:
Joseph und Benjamin. 25 Die Söhne Bilhas, der
Magd Rachels: Dan und Naphtali. 26 Die Söhne Sil-
pas, der Magd Leas: Gad und Aser. Das sind die Ja-
kobssöhne, die diesem in Paddan-Aram geboren
wurden.

Isaaks Tod und Begräbnis

27 Jakob kam zu seinem Vater Isaak nach Mamre,
nach Kirjat-Arba, d. h. Hebron, wo Abraham und
Isaak als Fremdlinge geweilt hatten. 28 Die Lebens-
zeit Isaaks betrug einhundertachtzig Jahre. 29 Dann
verschied Isaak. Er starb und wurde zu seiner Stam-
messippe versammelt, alt und satt an Lebenstagen.
Seine Söhne Esau und Jakob begruben ihn.

Esaus Nachkommen und sein Wegzug in das Land Seïr

36 1 Dies ist der Stammbaum des Esau,
d.h. Edoms: 2 Esau nahm sich seine
Frauen aus den Töchten Kanaans, näm-
lich Ada, die Tochter des Hethiters Elon, und Oho-
libama, die Tochter Anas, des Sohnes des Hiwwi-
ters Zibon, 3 dazu Basmat, Ismaels Tochter,
Nebajots Schwester. 4 Ada gebar dem Esau den Eli-
phas, Basmat den Rëuël. 5 Oholibama gebar den
Jëusch, den Jalam und den Korach. Dies sind Esaus
Söhne, die ihm im Lande Kanaan geboren wurden.
6 Esau nahm seine Frauen, seine Söhne und Töchter,
alle Leute seines Hauses, seinen Besitz, all sein Vieh
und seine ganze Habe, die er im Lande Kanaan er-
worben hatte, und zog in das Land Seïr, von seinem
Bruder Jakob fort. 7 Denn ihr Besitz war zu groß, als
daß sie zusammen wohnen konnten. Nicht ver-
mochte das Land, worin sie als Fremdlinge weilten,
sie zu ertragen, infolge ihres großen Besitztums.
8 So wurde Esau auf dem Gebirge Seïr seßhaft. Esau
heißt Edom.
9 Dies ist Esaus Stammbaum, des Vaters Edoms auf

dem Gebirge Seïr: 10 Dies sind die Namen der Söhne
Esaus: Eliphas, der Sohn der Ada, die Esaus Frau
war; Rëuël, der Sohn der Basmat, der Frau Esaus.
11 Eliphas' Söhne waren: Teman, Omar, Zepho, Ga-
tam und Kenas. 12 Timna aber war eine Nebenfrau
des Eliphas, des Sohnes Esaus. Sie gebar dem Eli-
phas den Amalek. Dies sind die Söhne der Ada, der
Frau des Esau. 13 Dies sind des Rëuël Söhne: Nachat,
Serach, Schamma und Missa; dies waren die Söhne
der Basmat, der Frau Esaus. 14 Und dies sind die
Söhne der Oholibama, der Tochter Anas, des Soh-
nes Zibons, die Esaus Frau war: sie gebar dem Esau
den Jëusch, den Jalam und den Korach.

Häuptlinge

15 Dies sind die Häuptlinge der Söhne Esaus: Die
Söhne des Eliphas, des Erstgeborenen Esaus: Der
Häuptling Teman, der Häuptling Omar, der Häupt-
ling Zepho, der Häuptling Kenas, 16 der Häuptling
Korach, der Häuptling Gatam, der Häuptling Ama-
lek. Das sind die Häuptlinge des Eliphas im Lande
Edom; es sind der Ada Söhne. 17 Dies sind die Söhne
des Rëuël, des Sohnes Esaus: Der Häuptling Nachat,
der Häuptling Serach, der Häuptling Schamma, der
Häuptling Missa. Das sind die Häuptlinge des Rëuël
im Lande Edom; es sind die Söhne der Basmat, der
Frau Esaus. 18 Dies sind die Söhne der Oholibama,
der Frau Esaus: Der Häuptling Jëusch, der Häuptling
Jalam, der Häuptling Korach. Dies sind die Häupt-
linge der Oholibama, Anas Tochter, die Esaus Frau
war. 19 Das waren Esaus Söhne und deren Häupt-
linge. Das ist Edom.

Horiter

20 Dies sind des Horiters Seïr Söhne, die Ureinwoh-
ner des Landes: Lotan, Schobal, Zibon, Ana, 21 Di-
schon, Ezer und Dischan. Dies sind die Häuptlinge
der Horiter, Seïrs Söhne im Lande Edom. 22 Die
Söhne Lotans waren Chori und Hemam; die
Schwester Lotans aber war Timna. 23 Dies sind die
Söhne Schobals: Alwan, Manachat, Ebal, Schepho
und Onam. 24 Dies sind die Söhne Zibons: Aja und
Ana. Das ist jener Ana, der das Wasser in der Steppe
fand, als er die Esel seines Vaters Zibon weidete.
25 Dies sind die Kinder des Ana: Dischon sowie
Oholibama, die Tochter Anas. 26 Dies sind die
Söhne des Dischon: Chemdan, Eschban, Jitran und
Keran. 27 Das sind die Söhne Ezers: Bilhan, Saawan
und Jaakan. 28 Dies sind die Söhne Dischans: Uz
und Aran.

Häuptlinge der Horiter

29 Das sind die Häuptlinge der Horiter: Der Häupt-
ling Lotan, der Häuptling Schobal, der Häuptling Zi-
bon, der Häuptling Ana, 30 der Häuptling Dischon,
der Häuptling Ezer und der Häuptling Dischan.
Dies sind die Häuptlinge der Horiter nach ihren Sip-
pen im Lande Seïr.

Edoms Könige

31 Dies sind die Könige, die im Lande Edom regiert
haben, bevor ein König der Israeliten regierte: 32 Es
war ein König Bela in Edom, des Beor Sohn, und
seine Stadt hieß Dinhaba. 33 Bela starb; da wurde
für ihn Jobab König, der Sohn des Serach, aus
Bozra. 34 Jobab starb; da wurde für ihn Chuscham
aus dem Lande der Temaniter König. 35 Chuscham
starb; da wurde für ihn Hadad, des Bedad Sohn, Kö-
nig, der Midian auf dem Gefilde von Moab schlug.
Seine Stadt hieß Awit. 36 Hadad starb; da wurde für
ihn Samla von Masreka König. 37 Samla starb; da
wurde für ihn Schaul aus Rechobot am Euphrat Kö-
nig. 38 Schaul starb; da wurde für ihn Baal-Chanan,
des Achbor Sohn, König. 39 Baal-Chanan, des Ach-
bor Sohn, starb; da wurde für ihn Hadad König.
Seine Stadt hieß Pa'u, und seine Frau war Meheta-
bel, des Matred Tochter, des Sohnes des Mesahab.

Häuptlinge Esaus

40 Dies sind die Namen der Häuptlinge Esaus
nach ihren Sippen, nach ihren Orten und ihren
Namen: der Häuptling Timna, der Häuptling Alwa,
der Häuptling Jetet, 41 der Häuptling Oholibama,
der Häuptling Ela, der Häuptling Pinon, 42 der
Häuptling Kenas, der Häuptling Teman, der Häupt-
ling Mibzar, 43 der Häuptling Magdiel, der Häupt-
ling Iram. Das sind Edoms Häuptlinge nach ihren
Wohnsitzen im Lande ihres Besitzes. Das ist Esau,
der Vater der Edomiter.

Joseph und seine Brüder

37 1 Jakob wohnte in dem Lande, wo sein
Vater als Schutzbürger geweilt hatte,
im Lande Kanaan. 2 Dies aus der Stam-
mesgeschichte Jakobs: Joseph, siebzehn Jahre alt,
weidete mit seinen Brüdern das Kleinvieh – er
war noch sehr jung, – und zwar mit den Söhnen der
Bilha und den Söhnen der Silpa, der Frauen seines
Vaters. Alle üblen Gerüchte über sie brachte er vor
ihren Vater. 3 Israel aber liebte den Joseph mehr als
seine anderen Söhne; denn er war ihm ein Sohn des
Greisenalters. Er ließ ihm ein Ärmelkleid anferti-
gen. 4 Die Brüder aber sahen, daß ihr Vater ihn lie-
ber hatte als alle seine Brüder. Sie haßten ihn und
konnten mit ihm kein gutes Wort mehr reden.

Der Träumer

5 Joseph hatte einmal einen Traum; er erzählte ihn
seinen Brüdern, und sie haßten ihn daraufhin noch
mehr. 6 Er sprach zu ihnen: »Hört, was ich geträumt

habe: 7 Wir banden Garben mitten auf dem Felde;
da richtete sich meine Garbe auf, und sie stand;
eure Garben aber stellten sich ringsum und verneig-
ten sich tief vor meiner Garbe.« 8 Seine Brüder er-
widerten ihm: »Willst du wohl König über uns wer-
den? Willst du über uns Herrschermacht ausüben?«
Sie haßten ihn noch mehr wegen seines Traumes
und seiner Reden. 9 Er hatte noch einen anderen
Traum, den er seinen Brüdern erzählte: »Hört, ich
hatte noch einen anderen Traum: Die Sonne, der
Mond und elf Sterne haben sich tief vor mir ver-
neigt.« 10 Da er dies seinem Vater und seinen Brü-
dern erzählte, schalt ihn sein Vater und sagte zu
ihm: »Was hat das zu bedeuten, was du träumtest?
Sollen etwa ich, deine Mutter und deine Brüder her-
ankommen und uns vor dir auf den Boden werfen?«
11 Seine Brüder wurden auf ihn eifersüchtig; es
merkte sich aber sein Vater die Sache.

Verkauf Josephs

12 Da zogen seine Brüder fort, um das Vieh ihres Va-
ters bei Sichem zu weiden. 13 Da sagte Israel zu Jo-
seph: »Weiden deine Brüder nicht zu Sichem das
Vieh? Mache dich auf, ich will dich zu ihnen
schicken!« Er erwiderte ihm: »Ich bin bereit!« 4 Er
sprach zu ihm: »Gehe doch, schau einmal, wie es
mit deinen Brüdern und mit den Schafen steht, und
bringe mir darüber Nachricht!« Er sandte ihn aus
dem Tal von Hebron weg, und jener kam nach Si-
chem. 15 Als er auf dem Gefilde umherirrte, traf ihn
ein Mann. Der Mann fragte ihn: »Was suchst du?«
16 Er antwortete: »Ich suche meine Brüder; sage mir
doch, wo sie jetzt gerade ihr Vieh hüten!« 17 Der
Mann sprach: »Sie sind von hier weggezogen; denn
ich hörte sie reden: ›Wir wollen nach Dotan zie-
hen!‹« Joseph folgte seinen Brüdern und fand sie in
Dotan. 18 Sie sahen ihn von ferne, doch bevor er sich
ihnen näherte, berieten sie einen hinterlistigen An-
schlag, ihn umzubringen. 19 Sie sprachen zueinan-
der: »Seht, da kommt dieser Träumer! 20 Jetzt aber
los! Wir wollen ihn umbringen, in eine der Zister-
nen werfen und dann sagen: ›Ein wildes Tier hat ihn
gefressen.‹ Dann wollen wir sehen, was aus seinen
Träumereien wird!«
21 Das hörte Ruben. Er wollte ihn aus ihrer Hand
retten und sprach: »Wir wollen ihn nicht ums Leben
bringen!« 22 Ruben sprach zu ihnen: »Vergießt kein
Blut, werft ihn in diese Zisterne hier in der Steppe,
legt aber nicht Hand an ihn!« Er wollte ihn aus ihrer
Hand retten, um ihn seinem Vater zurückzubrin-
gen. 23 Als Joseph nun bei seinen Brüdern ankam,
zogen sie ihm den Rock aus, den Ärmelrock, den er
anhatte. 24 Dann nahmen sie ihn und warfen ihn in
die Zisterne; diese aber war leer, sie enthielt kein
Wasser. 25 Sie setzten sich nieder, um zu essen. Als
sie nun ihre Augen erhoben, siehe, da kam eine Is-
maeliterkarawane aus Gilead. Ihre Kamele trugen
Tragakant, Mastix und Ladanum; sie war auf der
Reise nach Ägypten. 26 Da sprach Juda zu seinen
Brüdern: »Welchen Gewinn haben wir, wenn wir
unseren Bruder totschlagen und die Bluttat an ihm
verheimlichen? 27 Kommt, verkaufen wir ihn den
Ismaelitern; unsere Hand komme aber nicht über
ihn; denn er ist unser Bruder und unser Fleisch!«
Seine Brüder hörten auf ihn. 28 Als nun midianiti-
sche Kaufleute vorbeikamen, zogen sie Joseph her-
aus und holten ihn aus der Zisterne hervor. Sie ver-
kauften Joseph den Ismaelitern um zwanzig
Silberstücke. Diese brachten den Joseph nach
Ägypten. 29 Ruben kehrte zur Zisterne zurück;
Joseph aber war nicht mehr darin. Da zerriß er
seine Kleider, 30 kam wieder zu seinen Brüdern und
sprach: »Der Knabe ist nicht mehr da, und ich, wo-
hin soll ich gehen?«

Der trauernde Vater

31 Sie nahmen Josephs Gewand, schlachteten einen
Ziegenbock und tauchten es ins Blut. 32 Sie sandten
den Ärmelrock und ließen ihn ihrem Vater bringen
und ihm sagen: »Dies da haben wir gefunden, schau
her, ob es deines Sohnes Gewand ist oder nicht!«
33 Der schaute genau hin und rief aus: »Meines Soh-
nes Gewand! Ein wildes Tier hat ihn gefressen; zer-
rissen, zerrissen ist Joseph!« 34 Jakob zerriß sein Ge-
wand, gürtete einen Trauerschurz um die Hüften
und hielt lange Zeit Trauer um seinen Sohn. 35 Alle
seine Söhne und Töchter versuchten, ihn zu trö-
sten. Er aber wollte sich nicht trösten lassen und
sprach: »In Trauer will ich zu meinem Sohn hinab-
steigen ins Totenland!« So beweinte ihn sein Vater.
36 Die Midianiter aber verkauften Joseph nach
Ägypten an Potiphar, einen Hofbeamten des Pha-
rao, den Obersten der Leibwache.

37,1–50,26: Die Josephserzählung, die im Kapitel 38 unterbrochen wird, ist ein Meisterwerk der Erzählungskunst. In Anlage und Durchführung ist sie mit einer kleinen Novelle vergleichbar. Wie meisterhaft ist nicht die Versuchungsgeschichte (39) geschildert! Alles, was Joseph sagt und tut, entspringt dem, was die späteren Weisheitslehrer Gottesfurcht nannten. Welch eine zarte Kindesliebe zeigt sich nicht in Josephs Verhalten zu seinem Vater! Manches freilich muß aus ägyptischem Denken heraus erklärt werden, so etwa die Träume oder der Wahrsagebecher (44,5). Traumdeutung war an sich einzig Sache Gottes, nur selten wird in der Bibel ein besonders weiser Mann mit dieser Gabe ausgerüstet. Auch die Zinsknechtschaft, die Joseph über das Land brachte, ist für jene Zeit nichts Ungewöhnliches. Höhepunkt der Erzählung ist Jakobs Segen über die zwölf Stämme (49). Auch hier wird Joseph ein besonders reichhaltiger Segen zuteil. Messianischen Gehalt hat aber nur der Segen über Juda, der seine Erfüllung im Hause David findet, der Ahnherr und Vorbild des neutestamentlichen Messias war. Diesem gebührt die Weltherrschaft. Das liegt am Erstgeburtsrecht, das auf Juda überging, nachdem Ruben, Simeon und Levi es verwirkt hatten.

Schwagerehe

38 1 Um jene Zeit geschah es, daß Juda die Gemeinschaft seiner Brüder verließ und sein Zelt neben einem Manne aus Adullam, namens Chira, aufschlug. 2 Dort sah Juda die Tochter eines Kanaaniters, namens Schua; er nahm sie zur Frau und ging zu ihr ein. 3 Sie empfing, und gebar einen Sohn und nannte ihn Er. 4 Wiederum empfing sie, gebar einen Sohn und nannte ihn Onan. 5 Sodann gebar sie noch einen weiteren Sohn und nannte ihn Schela. Sie befand sich in Kesib, als sie ihn gebar. 6 Juda nahm eine Frau für seinen Erstgeborenen Er. Diese hieß Tamar. 7 Er, der Erstgeborene des Juda, mißfiel dem Herrn, und er ließ ihn daher sterben. 8 Juda sprach zu Onan: »Gehe zur Frau deines Bruders, vollziehe mit ihr die Schwagerehe und erwecke deinem Bruder Nachkommenschaft!« 9 Onan wußte, daß die Nachkommenschaft nicht ihm gehören werde. Sooft er also zur Witwe seines Bruders ging, ließ er den Samen zur Erde fallen, um nicht seinem Bruder Nachkommenschaft zu schenken. 10 Sein Tun mißfiel dem Herrn, und er ließ auch ihn sterben. 11 Dann sprach Juda zu seiner Schwiegertochter Tamar: »Bleibe als Witwe im Hause deines Vaters, bis mein Sohn Schela herangewachsen ist.« Er wollte nämlich verhindern, daß auch dieser sterbe wie seine Brüder. Tamar ging fort und blieb im Hause ihres Vaters wohnen.

Tamars Sünde

12 Längere Zeit verstrich, da starb die Tochter Schuas, Judas Frau. Als er sich darüber getröstet hatte, ging er zur Schafschur nach Timna hinauf, er und sein Freund Chira aus Adullam. 13 Tamar wurde berichtet, ihr Schwiegervater wollte nach Timna hinauf zur Schafschur; 14 da legte sie ihre Witwenkleidung ab, bedeckte sich mit einem Schleier und verhüllte sich. Dann setzte sie sich an den Eingang von Enajim auf dem Weg nach Timna. Sie hatte nämlich gesehen, daß Schela erwachsen war, und doch hatte man sie ihm nicht zur Frau gegeben. 15 Juda sah sie und hielt sie für eine Dirne; denn sie hatte ihr Angesicht verhüllt. 16 Er bog vom Weg ab und sagte: »Gestatte, daß ich zu dir komme!« Denn er wußte nicht, daß sie seine Schwiegertochter war. Sie sprach: »Was gedenkst du mir zu geben, wenn du zu mir kommen darfst?« 17 Er antwortete: »Ein Ziegenböcklein werde ich dir von der Herde schicken.« Sie sprach: »Du mußt mir aber ein Pfand geben, bis du es schickst.« 18 Er erwiderte: »Was soll ich dir als Pfand geben?« Sie sagte: »Deinen Siegelring, deine Schnur und deinen Stab, den du in deiner Hand hast.« Er gab es ihr, wohnte ihr bei, und sie empfing von ihm. 19 Sie erhob sich und ging weiter. Dann legte sie ihren Schleier ab und zog wieder ihre Witwentracht an.

Pfandeinlösung

20 Juda aber sandte das Ziegenböcklein durch seinen Freund Adullam, um von der Frau das Pfand einzulösen; der aber fand sie nicht. 21 Er fragte die ortsansässigen Leute: »Wo ist die Dirne, die in Enajim am Wege saß?« Man antwortete ihm: »Hier ist überhaupt keine Dirne gewesen.« 22 Er kehrte zu Juda zurück und erteilte die Auskunft: »Ich habe sie nicht gefunden; auch die Ortsbewohner meinten, es sei hier überhaupt keine Dirne gewesen.« 23 Juda sagte darauf: »Mag sie es für sich behalten! Sonst geben wir uns der Verachtung preis. Ich habe ja dies Böcklein geschickt; du aber hast sie nicht gefunden.«

Auf den Scheiterhaufen

24 Nach Ablauf von drei Monaten erhielt Juda die Nachricht, daß seine Schwiegertochter Tamar Unzucht getrieben habe; sie sei hierdurch schwanger geworden. Juda sprach: »Führt sie hinaus, daß sie verbrannt werde!« 25 Als sie hinausgeführt wurde, sandte sie zu ihrem Schwiegervater und ließ ihm sagen: »Von dem Manne, dem diese Sachen gehören, bin ich schwanger.« Sie sagte weiter: »Schau sie dir genau an! Wem gehören der Siegelring, die Schnur und der Stab hier?« 26 Juda schaute genau hin und sprach: »Sie ist gegen mich im Recht; denn ich habe sie nicht meinem Sohne Schela gegeben.« Fortan verkehrte er mit ihr nicht mehr. 27 Als sie nun gebären sollte, da waren Zwillinge in ihrem Mutterleib. 28 Beim Gebären streckte einer die Hand heraus. Die Hebamme faßte zu und band einen Purpurfaden um seine Hand. Sie sagte dabei: »Dieser ist zuerst herausgekommen.« 29 Der zog aber seine Hand zurück, und nun kam sein Bruder hervor. Da sprach sie: »Ei, du hast dir einen Durchbruch errungen!« Man nannte ihn daher »Perez« (Durchbruch). 30 Danach kam sein Bruder mit dem Purpurfaden an seiner Hand. Den nannte man »Serach« (Rotglanz).

38,1–26: Tamars Tat verdient unsere Mißbilligung, muß aber als Verzweiflungstat gewertet werden. Sie setzt die sogenannte Schwagerehe voraus, wonach im Sterbefalle der nächste Verwandte des Mannes zur Ehe mit der Witwe verpflichtet war. Die Witwe hatte ein Recht, die Ehe zu erzwingen. Mit der eigenen Schwiegertochter ist zwar nach 3 Mos 18,15 ehelicher Umgang untersagt, aber eine frühere Zeit dachte darüber anders.

Im Hause Potiphars

39 1 Joseph ward nach Ägypten gebracht.
Der Hofbeamte des Pharao, Potiphar,
der Oberste der Leibwache, ein Ägypter,
kaufte ihn von den Ismaelitern, welche ihn dorthin
gebracht hatten. 2 Der Herr aber war mit Joseph, so
daß er in allem Erfolg hatte. Er blieb im Hause sei-
nes ägyptischen Herrn. 3 Sein Dienstherr aber sah,
daß der Herr mit Joseph war und alles, was dieser
tat, ihm gelingen ließ. 4 Joseph fand Gnade in seinen
Augen, und er erkor ihn zu seinem Leibdiener; ja, er
machte ihn zu seinem Hausverwalter und übergab
ihm alles, was er hatte. 5 Von der Zeit an, als er ihn
über sein Haus und all seinen Besitz gesetzt hatte,
segnete der Herr das Haus des Ägypters um Josephs
willen. Der Segen des Herrn war über allem, was er
hatte, im Haus und auf dem Felde. 6 Er gab alles in
die Hand Josephs, kümmerte sich neben ihm um
nichts als um die Speise, die er aß. Joseph aber war
schön von Gestalt und Aussehen.

Verführungskünste

7 Kurz darauf warf die Frau seines Herrn ihre Augen
auf Joseph und sprach: »Lege dich zu mir hin!« 8 Er
aber weigerte sich und sagte zur Frau seines Herrn:
»Siehe, mein Herr kümmert sich neben mir um
nichts, was in seinem Hause ist, und sein ganzes Be-
sitztum hat er mir übergeben. 9 Er selbst ist in die-
sem Hause nicht größer als ich. Nichts hat er mir
vorenthalten als dich, weil du seine Frau bist. Wie
sollte ich dieses große Unrecht tun und wider Gott
sündigen?« 10 Und obwohl sie tagtäglich auf Joseph
einredete, hörte er nicht auf sie und legte sich nicht
zu ihr, um mit ihr Umgang zu pflegen. 11 Eines
Tages nun kam Joseph in das Haus zur Arbeit. Nie-
mand von den Hausangestellten war im Gebäude.
12 Da faßte sie ihn an seinem Kleide und sprach:
»Lege dich zu mir!« Er aber ließ sein Kleid unter
ihrer Hand und floh ins Freie.

Racheakt

13 Als sie nun sah, daß er sein Kleid in ihrer Hand ge-
lassen hatte und hinausgeflohen war, 14 da rief sie
die Hausangestellten und sprach zu ihnen: »Seht, da
hat er uns einen Hebräer gebracht, daß er seinen
Mutwillen mit uns treibe! Er kam nämlich zu mir,
um bei mir zu liegen, ich aber habe mit lauter
Stimme geschrieen. 15 Als er nun hörte, daß ich
meine Stimme erhob und schrie, da ließ er sein
Kleid bei mir und floh hinaus ins Freie.« 16 Sie ließ
sein Kleid neben sich liegen, bis sein Herr nach
Hause kam. 17 Da erzählte sie ihm die gleiche Ge-
schichte und sprach: »Kam doch dieser hebräische
Sklave, den du uns gebracht hast, um seinen Mut-
willen mit mir zu treiben! 18 Als ich aber meine
Stimme erhob und schrie, da ließ er sein Kleid
neben mir und floh ins Freie.«

Im Gefängnis

19 Als sein Herr nun die Worte seiner Frau gehört
hatte: »Ganz so wie ich erzählte, hat an mir dein
Sklave getan«, da ward er sehr zornig. 20 Josephs
Herr nahm ihn und ließ ihn ins Gefängnis an den
Ort werfen, wo die Gefangenen des Königs einge-
sperrt waren. Dort saß er im Gefängnis. 21 Der Herr
aber war mit Joseph. Er machte ihn beliebt und ließ
ihn Gnade finden beim Obersten des Gefängnisses.
22 Dieser gab alle Gefangenen, die im Kerker waren,
in die Hand Josephs. Alles, was man dort tat, ge-
schah durch ihn. 23 Der Gefängnisvorsteher küm-
merte sich um nichts, was durch Joseph geschah.
Denn der Herr war mit ihm, und alles, was er tat,
ließ er wohlgeraten.

Mundschenk und Bäcker

40 1 Einige Zeit darauf vergingen sich der
Mundschenk des Ägypterkönigs und
der Bäcker wider ihren Herrn, den
König von Ägypten. 2 Der Pharao wurde über beide
Hofbeamten zornig, über den Obersten der Mund-
schenken und den Obersten der Bäcker. 3 Er legte sie
in Gewahrsam, in das Haus des Obersten der Leib-
wache, ins Gefängnis, dorthin, wo Joseph in Haft
saß. 4 Der Oberste der Leibwache gab ihnen den Jo-
seph bei; er leistete Dienst für sie, und so waren sie
eine Zeitlang im Gefängnis.

Träume

5 Nun hatten beide Männer in derselben Nacht
einen unterschiedlichen Traum, jeder entsprechend
der Bedeutung seines Traumes, der Mundschenk
und der Bäcker des Ägypterkönigs, die im Gefäng-
nis in Haft saßen. 6 Joseph kam am anderen Morgen
zu ihnen hinein und sah, daß sie niedergeschlagen
waren. 7 Er fragte die Hofbeamten des Pharao, die
mit ihm im Hause seines Herrn in Haft lagen:
»Warum seht ihr denn heute so mißmutig aus?«
8 Sie antworteten ihm: »Wir haben einen Traum ge-
habt, und niemand ist da, der ihn deuten kann.« Er
sagte zu ihnen: »Ist nicht das Deuten von Träumen
Gottes Sache? Doch erzählt mir einmal!«

Weinstock mit drei Ranken

Da erzählte der Oberste der Mundschenken seinen
Traum und sprach zu ihm: »In meinem Traume sah
ich einen Weinstock vor mir. 10 An dem Weinstock
waren drei Ranken. Er begann zu treiben, seine
Blüte sproß empor, seine Trauben bekamen reife
Beeren. 11 Ich hielt den Becher des Pharao in meiner

Hand, nahm die Beeren und preßte sie aus in den Becher des Pharao. Sodann gab ich dem Pharao den Becher in die Hand.« 12 Joseph antwortete ihm: »Dies die Deutung: Die drei Ranken sind drei Tage. 13 Noch drei Tage, dann wird der Pharao dein Haupt erheben und dich wiederum in dein Amt einsetzen. Du wirst nach der früheren Ordnung dem Pharao den Becher reichen wie zur Zeit, als du sein Mundschenk warst. 14 Wenn es dir aber wieder gut geht, so erinnere dich bitte meiner! Tu mir doch die Liebe an, erinnere den Pharao an mich und befreie mich aus diesem Hause! 15 Denn schmählich bin ich aus dem Lande der Hebräer gestohlen worden. Und auch hier habe ich nichts getan, weswegen man mich hätte ins Gefängnis werfen müssen.«

Drei Körbe mit Weißbrot

16 Der Oberbäcker sah, daß er Gutes gedeutet hatte. Er sprach zu Joseph: »Auch ich hatte einen Traum: Ich hatte drei Körbe mit Weißbrot auf meinem Haupte. 17 In dem obersten Korb war allerlei Backwerk für den Pharao. Aber die Vögel fraßen es aus dem Korb auf meinem Haupte.« 18 Joseph antwortete und sprach: »Dies ist die Deutung: Die drei Körbe bedeuten drei Tage. 19 Nur noch drei Tage, dann wird der Pharao dein Haupt erheben. Er wird dich an einen Baum aufhängen lassen, und die Vögel werden von dir das Fleisch abfressen.«

Erhebung der Häupter

20 Am dritten Tage aber (es war der Geburtstag des Pharao) veranstaltete dieser all seinen Dienern ein Mahl. Er erhob das Haupt des Obermundschenken und das Haupt des Oberbäckers inmitten seiner Diener. 21 Den Obermundschenk setzte er wieder in sein Amt ein, so daß er dem Pharao den Becher reichen durfte. 22 Den Oberbäcker aber ließ er aufhängen, so wie es ihnen Joseph gedeutet hatte. 23 Doch der Obermundschenk dachte nicht mehr an Joseph; er vergaß ihn.

Kühe und Ähren

41 1 Es war zwei Jahre später. Da hatte der Pharao einen Traum: Er stand am Nil. 2 Aus dem Flusse stiegen sieben schön aussehende und fettfleischige Kühe und weideten im Riedgras. 3 Nach ihnen stiegen aber aus dem Nil sieben schlecht aussehende und magere Kühe. Sie traten neben die Kühe, die schon am Nilufer standen. 4 Dann fraßen die schlecht aussehenden und mageren die sieben schön aussehenden und fetten Tiere. Hierauf erwachte der Pharao. 5 Er schlief wieder ein, und es träumte ihm ein zweites Mal: Siehe, sieben Ähren wuchsen empor auf einem Halm, dick und schön. 6 Da sprossen nach ihnen sieben magere und vom Ostwind ausgetrocknete Ähren empor. 7 Es verschlangen die mageren die sieben fetten und vollen Ähren. Der Pharao erwachte, und siehe, es war nur ein Traum. 8 Am Morgen aber ward sein Geist ruhelos hin und her getrieben. Er schickte hin und ließ alle Wahrsagepriester und Weisen Ägyptens zusammenrufen. Dann erzählte er ihnen seine Träume, keiner aber war da, der sie dem Pharao deuten konnte.

9 Da sagte der Obermundschenk dem Pharao: »Ich muß heute meine Verfehlung in Erinnerung bringen. 10 Als der Pharao auf seine Diener erzürnt war und sie in Gewahrsam bringen ließ in das Haus des Obersten der Leibwache, nämlich mich und den Oberbäcker, 11 da hatten wir in ein und derselben Nacht einen Traum, ich und er, ein jeder einen Traum von besonderer Bedeutung. 12 Dort war bei uns ein hebräischer Jüngling, ein Sklave des Obersten der Leibwache. Wir erzählten ihm unsere Träume, und er deutete sie uns; einem jeden gab er die seinem Traum entsprechende Deutung. 13 Und so, wie er uns gedeutet hat, ist es geschehen. Mich hat man wieder in meine Stellung eingesetzt, den Oberbäcker hat man aufgehängt.«

Des Pharao Traumbericht

14 Der Pharao ließ Joseph rufen, und man holte ihn schleunigst aus dem Gefängnis. Joseph schor sich, wechselte seine Kleider und kam zum Pharao. 15 Der Pharao sprach zu Joseph: »Ich hatte einen Traum; keiner ist da, der ihn mir zu deuten vermag; doch ich erfuhr von dir, daß du einen Traum nur zu hören brauchst, um ihn deuten zu können.« 16 Joseph erwiderte dem Pharao: »Ich keineswegs! Gott selbst wird dem Pharao zum Heile eine Antwort geben.« 17 Da sagte der Pharao zu Joseph: »In meinem Traume war es mir, als stünde ich am Ufer des Nils. 18 Es stiegen aus dem Nil sieben fettfleischige und gut aussehende Kühe und weideten im Riedgras. 19 Und siehe da, es kamen sieben andere Kühe heraus nach ihnen, unansehnlich, sehr häßlich aussehend und mager; ich habe noch nie im ganzen Ägypterland so häßliche gesehen wie diese. 20 Da fraßen die mageren und häßlichen Kühe die sieben ersten, fetten Kühe auf. 21 Diese verschwanden in ihrem Inneren; man merkte es jedoch nicht, daß sie in ihren Bauch gelangt waren. Denn ihr Aussehen blieb so häßlich, wie es war. Ich wachte auf. 22 Weiter schaute ich im Traum: Sieben Ähren wuchsen auf einem Halm, voll und schön. 23 Und nach ihnen sprossen sieben unfruchtbare, dünne und vom Ostwind vertrocknete Ähren auf. 24 Darauf verschlan-

gen die dünnen Ähren die sieben schönen Ähren.
Dies erzählte ich den Wahrsagepriestern, niemand
konnte mir aber Bescheid geben.«

Fette und magere Jahre

25 Joseph sprach zum Pharao: »Des Pharao Traum
ist ein und derselbe. Was Gott tun will, hat er dem
Pharao angezeigt. 26 Die sieben schönen Kühe, das
sind sieben Jahre, die sieben schönen Ähren sind
ebenfalls sieben Jahre. Es ist ein und derselbe
Traum. 27 Die sieben mageren und häßlichen Kühe,
die hinter ihnen heraufstiegen, sind sieben Jahre;
die sieben leeren und vom Ostwind vertrockneten
Ähren werden sieben Hungerjahre sein. 28 Folgen-
des ist der Inhalt, wovon ich zum Pharao sagte:
›Gott hat dem Pharao angezeigt, was er tun will‹:
29 Siehe, es kommen sieben Jahre, da wird im
ganzen Ägypterland großer Überfluß sein. 30 Da-
nach werden sieben Hungerjahre kommen; da wird
all die Fülle im Ägypterland vergessen sein, und der
Hunger wird das Land aufreiben. 31 Man wird
nichts mehr wissen von der Fülle im Lande ange-
sichts des Hungers, der hernach kommt; denn er
wird überaus drückend sein. 32 Daß sich aber der
Traum des Pharao in zweifacher Form wiederholt
hat, bedeutet: Fest beschlossen ist die Sache bei
Gott. Gott wird es eilends verwirklichen.

Josephs Ratschläge

33 Nun sehe sich der Pharao nach einem verständi-
gen und weisen Manne um und setze ihn über das
Land Ägypten! 34 Der Pharao möge auch Aufseher
über das Land einsetzen und vom Ägypterland den
fünften Teil in den sieben Jahren der Fülle erheben
lassen! 35 Diese sollen den gesamten Speisevorrat
der sieben kommenden guten Jahre sammeln und
das Getreide zur Verfügung des Pharao als Vorrat in
den Städten aufspeichern und gut aufbewahren.
36 Dieser Vorrat wird dann dem Lande für die sieben
Hungerjahre, die über das Ägypterland kommen,
als Rücklage dienen. So wird das Land durch Hun-
gersnot nicht umkommen.«

Joseph, Ägyptens Herr

37 Die Rede gefiel dem Pharao und allen seinen Die-
nern. 38 Der Pharao sprach zu seinen Dienern: »Fin-
den wir wohl einen Mann, in dem Gottes Geist so
wäre wie in diesem?« 39 Zu Joseph gewandt, sagte
er: »Nachdem dich Gott dies alles wissen ließ, gibt
es niemand, der so verständig und weise wäre wie
du! 40 Du sollst über meinem Hause stehen, deinem
Munde soll mein ganzes Volk gehorchen, nur um
den Thron will ich größer als du sein!« 41 Der Pha-
rao fuhr zu Joseph fort: »Siehe, ich setze dich über
ganz Ägypten.« 42 Dann zog der Pharao seinen Sie-
gelring vom Finger und steckte ihn an Josephs Fin-
ger. Er ließ ihm linnene Gewänder anziehen und
legte die goldene Kette um seinen Hals. 43 Auf sei-
nem zweiten Wagen ließ er ihn fahren. Vor ihm her
rief man: »Achtung!« So setzte er ihn über ganz
Ägypten. 44 Der Pharao wandte sich an Joseph:
»Pharao bin ich! Doch ohne dich soll niemand in
ganz Ägypten seinen Arm oder seinen Fuß regen!«
45 Sodann gab der Pharao Joseph einen anderen
Namen: »Zaphenat-Paneach« (Der Gott spricht,
und er lebt). Er gab ihm die Asenat, die Tochter des
Potiphera, des Priesters von On, zur Frau. So stieg
Joseph empor über das ganze Land Ägypten.

Kornaufspeicherung

46 Joseph war aber dreißig Jahre alt, als er vor den
Pharao, den König von Ägypten, trat. Joseph ging
von ihm fort und durchzog das ganze Ägypterland.
47 Das Land aber trug in den sieben Jahren Überfluß
in Menge. 48 Joseph ließ allen Speisevorrat der sie-
ben Jahre, den es im Lande Ägypten gab, sammeln
und legte den Vorrat in den Städten nieder, und
zwar in jeder Stadt den Vorrat von den Feldern rings
um sie her. 49 So speicherte denn Joseph das Ge-
treide auf in überaus großer Menge wie den Mee-
ressand, so daß er schließlich aufhörte, zu messen;
denn es gab kein Maß dafür.
50 Dem Joseph wurden zwei Söhne geboren, bevor
die Hungersnot kam. Asenat, die Tochter Poti-
pheras, des Priesters von On, hatte sie ihm ge-
schenkt. 51 Joseph nannte den Erstgeborenen Ma-
nasse; denn »Gott hat mich all mein Elend und mein
Vaterhaus vergessen lassen«. 52 Den Namen des
Zweiten nannte er Ephraim ; denn »Gott hat mich
in meines Unglücks Land fruchtbar werden lassen.«
53 Die sieben Jahre des Überflusses, die im Lande ge-
herrscht hatten, gingen zu Ende.
54 Und es nahten gemäß der Verheißung des Joseph
die sieben Jahre des Hungers. Die Hungersnot aber
wütete in allen Ländern; nur im ganzen Lande
Ägypten gab es Brot. 55 Sobald nun das Volk im
Ägypterland zu hungern anfing und alles zum Pha-
rao um Brot schrie, sagte dieser zu allen Ägyptern:
»Geht zu Joseph, und was er euch sagt, das tut!«
56 Der Hunger dehnte sich über die ganze Erde aus.
Joseph öffnete alle Speicher und verkaufte den
Ägyptern Getreide. Die Hungersnot wurde immer
stärker im Lande Ägypten. 57 Alle Welt kam nach
Ägypten, um bei Joseph Getreide zu kaufen; denn
stark war der Hunger auf der ganzen Erde.

41,27–45: Auch außerbiblische Berichte wissen gelegentlich von Hungerjahren in Ägypten, wenn aus irgendwelchen Ursachen die Nilüberschwemmung ausblieb. Der ungewöhnliche Aufstieg Josephs war ein Wunder der Vorsehung.

Zug nach Ägypten

42 1 Jakob erfuhr, daß es in Ägypten Ge-
treide gäbe. Er sprach zu seinen Söhnen:
»Warum zögert ihr?« 2 Dann sagte er:
»Seht, ich habe gehört, daß es in Ägypten noch
Korn gibt. Zieht dorthin und kauft uns von dorther
Getreide, damit wir am Leben bleiben und nicht
sterben!« 3 Die Brüder Josephs zogen (es waren
ihrer zehn) fort, um von Ägypten Getreide zu kau-
fen. 4 Josephs Bruder Benjamin aber schickte Jakob
nicht mit seinen Brüdern; denn er dachte, es könnte
ihm etwa ein Unfall zustoßen. 5 Die Söhne Israels
kamen also mitten unter allen anderen zum Getrei-
dekauf; denn der Hunger wütete im Lande Kanaan.

Ein gestrenger Herr

6 Joseph war der Gebieter über das Land. Er ver-
kaufte allen Bewohnern des Landes Getreide. Die
Brüder Josephs kamen und warfen sich mit dem
Angesicht vor ihm zur Erde nieder. 7 Joseph er-
blickte seine Brüder, und er erkannte sie. Er stellte
sich aber fremd gegen sie und redete gar streng mit
ihnen. Er sprach zu ihnen: »Woher seid ihr gekom-
men?« Sie antworteten: »Vom Lande Kanaan, um
Nahrung zu kaufen.« 8 Joseph erkannte seine Brü-
der, sie aber erkannten ihn nicht. 9 Da erinnerte sich
Joseph an die Träume, die er von ihnen gehabt
hatte. Er sprach zu ihnen: »Kundschafter seid ihr!
Die Blöße des Landes auszuspähen seid ihr gekom-
men!« 10 Sie antworteten ihm: »Nicht doch, mein
Herr! Deine Knechte kamen, um Nahrung zu kau-
fen. 11 Alle miteinander sind wir Söhne eines einzi-
gen Mannes; ehrliche Leute sind wir, deine Knechte
sind keine Kundschafter.« 12 Er sagte zu ihnen:
»Nein, ihr seid gekommen, die Blöße des Landes
auszuspähen.« 13 Sie antworteten: »Wir, deine
Knechte, waren unser zwölf Brüder, Söhne eines
einzigen Mannes in Kanaan. Der Jüngste ist jetzt bei
unserem Vater, und der eine ist nicht mehr da.«
14 Joseph erwiderte ihnen: »So ist es, wie ich euch
gesagt habe, Kundschafter seid ihr! 15 Darin sollt ihr
geprüft werden: Beim Leben des Pharao! Ihr dürft
nicht von hier fort, wenn nicht euer jüngster Bruder
hierher kommt. 16 Schickt daher einen von euch, der
soll euren Bruder holen; euch aber lasse ich fesseln.
Es sollen eure Worte geprüft werden, ob es sich mit
euch so verhält oder nicht! Beim Leben des Pharao!
Ihr seid doch Kundschafter!« 17 Er ließ sie drei Tage
in Gewahrsam bringen.

18 Am dritten Tage sprach Joseph zu ihnen: »Tut die-
ses, und ihr bleibt am Leben! Denn ich bin gottes-
fürchtig! 19 Wenn ihr wirklich ehrliche Leute seid,
so soll einer von euch Brüdern in eurem Kerker als
Gefangener dableiben; ihr anderen aber geht und
schafft das Korn heim, um den Hunger in euren Fa-
milien zu stillen! 20 Euren jüngsten Bruder aber
bringt her zu mir, damit sich eure Worte als wahr
erweisen und ihr nicht sterben müßt!« Da stimm-
ten sie zu. 21 Dann sagten sie unter sich: »Wehe,
schuldig sind wir an unserem Bruder geworden!
Wir haben seine Herzensangst miterlebt, als er
unser Erbarmen anflehte; wir aber achteten nicht
darauf. Darum ist jetzt diese Drangsal über uns ge-
kommen.« 22 Ruben erklärte ihnen: »Habe ich es
nicht zu euch gesagt: ›Versündigt euch nicht an die-
sem Knaben!‹? Ihr aber wolltet nicht hören. Nun
wird sein Blut gefordert!« 23 Sie aber merkten nicht,
daß Joseph sie verstand. Denn es war ein Dolmet-
scher zwischen ihnen. 24 Er wandte sich von ihnen
ab und weinte. Dann kam er wieder hinzu und re-
dete mit ihnen. Er ließ von ihnen den Simeon fest-
nehmen und vor ihren Augen fesseln. 25 Dann gab
Joseph den Befehl, die Behälter sollten mit Getreide
gefüllt, das Geld eines jeden sollte in seinen Sack
zurückgelegt und Reisevorrat ihnen mitgegeben
werden. Das tat man ihnen. 26 Sie aber luden ihr
Korn auf ihre Esel und zogen von dannen. 27 Einer
von ihnen öffnete seinen Sack, um seinem Esel in
der Herberge Futter zu geben. Er erblickte sein Geld
– es lag oben in seinem Kornsack. 28 Er rief seinen
Brüdern zu: »Zurückgetan ist mein Geld; hier in
meinem Kornsack ist es!« Ihr Herz begann zu be-
ben, und zitternd sprachen sie zueinander: »Was
hat Gott uns da angetan?«

Bericht an Jakob

29 Sie kamen zu ihrem Vater Jakob in das Land Ka-
naan und berichteten ihm alles, was sich mit ihnen
zugetragen hatte. Sie sprachen: 30 »Jener Mann, der
Gebieter des Landes, hat mit uns gar hart geredet.
Er hat uns für Kundschafter gehalten. 31 Wir haben
ihm zwar gesagt: ›Ehrliche Leute sind wir, wir sind
keine Spione. 32 Zwölf Brüder waren wir, Söhne
unseres Vaters. Einer ist nicht mehr, und der Jüngste
ist jetzt bei unserem Vater im Lande Kanaan.‹ 33 Je-
ner Mann aber, der Gebieter des Landes, sprach zu
uns: ›Daran will ich erkennen, daß ihr ehrliche
Leute seid: einen von euch Brüdern laßt bei mir
zurück; dann nehmt das Getreide für den Hunger
eurer Familien und zieht davon! 34 Aber bringt eu-
ren jüngsten Bruder zu mir! Daran will ich erken-
nen, daß ihr keine Spione seid, sondern ehrliche
Leute. Euren Bruder gebe ich euch zurück, und
dann könnt ihr im Lande Handel treiben.‹« 35 Sie
leerten ihre Säcke, und ein jeder fand seinen Geld-
beutel in seinem Sack. Sie sahen ihre Geldbeutel, sie

selbst und auch ihr Vater, und sie fürchteten sich. 36 Ihr Vater Jakob wandte sich an sie: »Ihr macht mich kinderlos; Joseph ist nicht mehr, Simeon ist nicht mehr, den Benjamin nehmt ihr auch fort; all dieses ist über mich gekommen.« 37 Ruben antwortete seinem Vater: »Meine beiden Söhne magst du töten, wenn ich ihn dir nicht zurückbringe! Vertraue ihn doch nur meiner Hand an; ich bringe ihn dir bestimmt wieder!« 38 Er aber sagte: »Mein Sohn wird nicht mit euch hinabziehen; sein Bruder ist tot, und er allein ist noch übrig. Stieße ihm aber auf dem Wege, den ihr zieht, ein Unfall zu, dann würdet ihr mein graues Haar mit Kummer in das Totenland hinunterbringen.«

42,38: Die Söhne der Rachel waren Jakobs besondere Lieblinge.

Zweite Reise nach Ägypten mit Benjamin

43

1 Der Hunger lastete schwer auf dem Lande. 2 Als sie nun das aus Ägypten mitgebrachte Getreide ganz aufgezehrt hatten, sprach ihr Vater zu ihnen: »Geht noch einmal und kauft uns etwas Nahrungsvorrat!« 3 Juda antwortete ihm: »Der Mann hat uns nachdrücklichst eingeschärft: ›Ihr dürft nicht mehr vor mein Antlitz treten, es sei denn, euer Bruder ist bei euch.‹ 4 Wenn du also unseren Bruder mit uns schickst, dann wollen wir hinabziehen und dir Nahrung besorgen. 5 Wenn du ihn aber nicht mitschickst, dann ziehen wir auch nicht hinab; denn jener Mann hat zu uns gesagt: ›Ihr dürft mein Angesicht nicht sehen, es sei denn, daß euer Bruder bei euch ist.‹« 6 Israel entgegnete darauf: »Warum habt ihr mir dieses Leid zugefügt und dem Manne überhaupt gesagt, daß ihr noch einen Bruder habt?« 7 Sie antworteten: »Neugierig hat der Mann nach uns und der Verwandtschaft gefragt: ›Lebt euer Vater noch? Habt ihr noch einen Bruder?‹ Da haben wir ihm der Wahrheit gemäß Auskunft gegeben. Konnten wir denn ahnen, daß er sagen würde: ›Bringt mir euren Bruder her‹?«

Bürgschaft für Benjamin

8 Juda bat seinen Vater Israel: »Schicke doch den Knaben mit mir; dann wollen wir aufbrechen und hinziehen. Wir werden als dann am Leben bleiben und nicht sterben, weder wir selbst noch du und unsere Kinder. 9 Ich verbürge mich für ihn. Von meiner Hand magst du ihn zurückfordern. Wenn ich ihn dir nicht zurückbringe und vor dein Angesicht stelle, dann will ich immerdar vor dir in Schuld sein. 10 Hätten wir nicht so lange gezaudert, so wären wir schon zum zweitenmal zurück.« 11 Ihr Vater Israel sprach zu ihnen: »Wenn es so steht, dann tut folgendes: Nehmt von den besten Erzeugnissen des Landes in eure Säcke und bringt sie dem Manne als ein Geschenk: etwas Balsam, etwas Honig, Tragakant und Ladanum, Pistazien und Mandeln! 12 Nehmt auch Geld entsprechend dem Kaufpreis mit; das Geld, das man oben in eure Säcke gelegt hat, bringt wieder zurück! Vielleicht war es ein Irrtum. 13 Dann nehmt euren Bruder, brecht auf und tretet wieder hin vor den Mann! 14 Der Allmächtige Gott schenke euch Barmherzigkeit vor dem Manne! Er übergebe euch euren anderen Bruder und auch Benjamin. Ich aber bin kinderlos, kinderlos!«

Ankunft in Josephs Haus

15 Die Männer nahmen das Huldigungsgeschenk und den doppelten Geldbetrag in ihre Hand, dazu den Benjamin. Dann brachen sie auf, zogen nach Ägypten hinab und traten vor Joseph hin. 16 Joseph sah bei ihnen den Benjamin. Er sagte zu seinem Hausverwalter: »Führe die Leute ins Haus, laß schlachten und zurüsten! Denn die Männer sollen am Mittag mit mir speisen.« 17 Der Mann tat, wie ihm Joseph befohlen hatte, und führte die Leute in Josephs Haus. 18 Da gerieten die Männer in Angst, weil sie in Josephs Haus geschafft wurden, und sprachen: »Es geschieht des Geldes wegen, das vordem in unsere Säcke gekommen ist, daß man uns dorthin bringt. Man wird sich auf uns stürzen, wird über uns herfallen und uns zu Sklaven machen mitsamt unseren Eseln.« 19 Sie traten also an den Hausverwalter Josephs heran und verhandelten mit ihm am Hauseingang. 20 Sie sprachen: »Bitte, Herr! Schon früher einmal sind wir hergekommen, um Nahrungsvorrat zu kaufen. 21 Wir kamen zur Herberge, öffneten unsere Kornsäcke, und siehe da, eines jeden Geldbetrag lag oben in seinem Sack, unser Geld nach seinem vollen Gewicht. Wir brachten es wieder zurück. 22 Wir haben auch noch anderes Geld bei uns, Getreide zu besorgen. Wir wissen nicht, wer unser Geld wieder in unsere Säcke hineingelegt hat.« 23 Er antwortete: »Es ist schon gut. Seid nicht bange, euer Gott und der Gott eures Vaters hat einen Schatz in eure Säcke hineingetan. Das Geld kam richtig an mich.« Dann brachte er ihnen den Simeon heraus. 24 Die Männer führte er in Josephs Haus, reichte ihnen Wasser zum Füßewaschen und gab ihren Eseln Futter.

Unter Brüdern

25 Sie aber richteten bis zu Josephs Ankunft um die Tagesmitte das Huldigungsgeschenk her; denn sie hatten erfahren, daß sie dort essen sollten. 26 Joseph kam in das Haus, sie brachten ihm das Geschenk,

das sie bei sich hatten, und verneigten sich vor ihm
bis zum Boden. 27 Er aber erkundigte sich nach
ihrem Befinden und fragte: »Geht es eurem greisen
Vater, von dem ihr erzählt habt, gut? Ist er noch am
Leben?« 28 Sie antworteten: »Es geht deinem
Knechte, unserem Vater, gut; er ist noch am Leben.«
Dabei verneigten sie sich und warfen sich nieder.
29 Als er aufblickte und seinen Bruder Benjamin, den
Sohn seiner Mutter sah, sprach er: »Ist dies euer
jüngster Bruder, von dem ihr mir erzählt habt?« Er
sprach: »Gott erweise seine Huld an dir, mein
Sohn!« 30 Dann aber eilte Joseph davon, denn sein
Inneres ward seines Bruders wegen aufgewühlt.
Die Tränen kamen ihm; er ging in die Kammer und
weinte dort. 31 Dann wusch er sein Antlitz, kam
wieder heraus und beherrschte sich. Dann sprach
er: »Tragt das Essen auf!« 32 Man trug auf; und zwar
ihm besonders und ihnen besonders und den Ägyp-
tern, die mit ihm aßen, wieder besonders. Die
Ägypter dürfen nämlich nicht mit den Hebräern
speisen; denn das gilt den Ägyptern als Greuel.
33 Sie nahmen nun vor ihm Platz: der Erstgeborene
nach seiner Erstgeburt und der Jüngste nach seiner
Jugend. Darob schauten die Männer einander ver-
wundert an. 34 Da ließ er ihnen Gerichte von dem,
was vor ihm stand, bringen. Der Anteil Benjamins
war fünfmal so groß wie die Anteile aller übrigen.
Sie tranken mit ihm und wurden guter Dinge.

Der Becherdieb

44 1 Er gebot seinem Hausverwalter: »Fülle
die Kornsäcke der Männer mit Nah-
rungsmitteln, soviel sie fassen können!
Lege das Geld eines jeden oben in seinen Sack!
2 Und meinen Becher, den Becher aus Silber, sollst
du oben in den Sack des Jüngsten legen und dazu
das Geld für sein Getreide!« Er tat nach Josephs An-
ordnungen. 3 Beim Aufleuchten der Morgenröte
wurden die Männer verabschiedet und zogen mit
ihren Eseln los. 4 Sie waren noch nicht allzu weit
aus der Stadt hinaus, da gebot Joseph seinem Haus-
verwalter: »Auf, jage den Männern nach, hole sie
ein und sprich zu ihnen: ›Warum habt ihr Gutes mit
Bösem vergolten? Warum habt ihr mir den Silber-
becher gestohlen? 5 Ist das nicht der, aus dem mein
Herr trinkt und mit dem er wahrsagt? Da habt ihr
etwas Schlimmes angerichtet!‹« 6 Er holte sie ein
und redete mit ihnen in diesem Sinne. 7 Sie ant-
worteten ihm: »Warum spricht unser Herr solche
Worte? Fern liegt es deinen Knechten, solches zu
tun. 8 Siehe, das Geld, das wir oben in unse-
ren Säcken fanden, haben wir dir aus dem Lande
Kanaan zurückgebracht. Wie sollten wir also aus
dem Hause deines Herrn Silber und Gold stehlen?
9 Bei welchem von deinen Knechten er sich be-
findet, der soll sterben, und auch wir anderen wol-
len unserem Herrn Sklaven sein!« 10 Er antwortete:
»Gut denn, es sei, wie ihr gesagt! Bei wem er ge-
funden wird, der sei mein Sklave, ihr andern aber
seid straffrei!« 11 Eilends ließ ein jeder seinen Sack
auf die Erde herunter und öffnete ihn. 12 Er durch-
stöberte alles, beim Ältesten fing er an, und beim
Jüngsten hörte er auf. Der Becher fand sich im Sacke
Benjamins. 13 Sie zerrissen nunmehr ihre Gewän-
der; ein jeder belud seinen Esel, und sie kehrten in
die Stadt zurück. 14 Juda und seine Brüder kamen in
das Haus Josephs, als er noch dort war; sie warfen
sich vor ihm zu Boden nieder. 15 Joseph herrschte
sie an: »Was ist das für eine Untat, die ihr begingt?
Wußtet ihr denn nicht, daß ein Mann wie ich wahr-
sagen kann?« 16 Juda sprach: »Was sollen wir unse-
rem Herrn sagen, was sollen wir sprechen, womit
uns rechtfertigen? Gott hat die Schuld deiner
Knechte zu finden gewußt; siehe, als Sklaven sind
wir Eigentum unseres Herrn, sowohl wir alle als
auch der, bei dem der Becher sich fand.« 17 Er ant-
wortete: »Fern sei es von mir, so zu handeln! Derje-
nige, bei dem der Becher sich fand, soll mein Sklave
sein! Ihr aber zieht unbehelligt zu eurem Vater!«

Juda als Bürge

18 Da trat Juda näher zu ihm und sprach: »Bitte,
mein Herr, dein Knecht darf ein Wort vor den Oh-
ren meines Herrn sprechen; dein Zorn entbrenne
nicht wider deinen Knecht, denn du bist dem Pha-
rao gleich! 19 Mein Herr fragte seine Knechte: ›Habt
ihr noch einen Vater oder einen Bruder?‹ 20 Wir
sprachen zu unserem Herrn: ›Wir haben noch einen
alten Vater und einen kleinen, ihm im Greisenalter
geborenen Bruder. Da sein anderer Bruder tot ist,
blieb er von seiner Mutter allein übrig, und sein
Vater liebt ihn besonders.‹ 21 Du aber sagtest zu dei-
nen Knechten: ›Bringt ihn her zu mir! Ich möchte
ihn zu Gesicht bekommen!‹ 22 Wir sprachen darauf
zu unserem Herrn: ›Der Knabe kann seinen Vater
nicht verlassen; täte er es, dann würde dieser ster-
ben.‹ 23 Du aber sagtest zu deinen Knechten:
›Kommt euer jüngster Bruder nicht mit euch, dann
dürft ihr nicht mehr vor mein Angesicht treten!‹
24 Als wir nun zu deinem Knecht, unserem Vater,
hinaufkamen, erzählten wir ihm die Worte unseres
Herrn. 25 Und wieder sprach unser Vater: ›Macht
euch von neuem auf und kauft uns etwas Nah-
rungsvorrat!‹ 26 Wir antworteten: ›Wir können nicht
hinabziehen. Nur wenn unser jüngster Bruder bei

uns ist, ziehen wir hinab; denn wir können vor das Angesicht dieses Mannes nicht hintreten, ohne daß unser jüngster Bruder bei uns ist.‹ 27 Darauf entgegnete unser Vater, dein Knecht: ›Ihr wißt es, daß mir meine Frau zwei Söhne geboren hat. 28 Der eine ging von mir; ich mußte mir sagen: Gewiß ist er zerrissen worden! Gesehen habe ich ihn bis heute nicht mehr. 29 Nehmt ihr mir nun auch noch diesen fort, und stieße ihm ein Unfall zu, dann würdet ihr mein graues Haar mit Leid in das Totenland hinunterbringen.‹ 30 Wenn ich jetzt also zu deinem Knechte, meinem Vater, käme, und der Knabe, an dem sein Herz so sehr hängt, wäre nicht bei uns, 31 und er sähe, daß der Knabe nicht dabei ist, so wäre das sein Tod. Deine Knechte hätten dann das graue Haar deines Knechtes, unseres Vaters, mit Kummer in das Totenland gebracht. 32 Denn dein Knecht hat sich ja für den Knaben vor seinem Vater verbürgt, indem er sagte: ›Wenn ich ihn dir nicht wiederbringe, dann will ich dauernd schuldig sein vor meinem Vater!‹ 33 Deswegen möge dein Knecht anstatt des Knaben dableiben und als Sklave meinem Herrn gehören. Der Knabe aber soll wieder hinaufziehen mit seinen Brüdern! 34 Wie könnte ich denn heimkehren zu meinem Vater, ohne daß der Knabe bei mir ist? Ich könnte das Leid nicht anschauen, das meinen Vater dann träfe.«

Das Wiedererkennen

45 1 Da konnte sich Joseph vor allen, die um ihn herumstanden, nicht länger beherrschen. Er rief: »Laßt alle von mir wegtreten!« Niemand war dabei, als Joseph sich seinen Brüdern zu erkennen gab. 2 Er erhob weinend seine Stimme. Die Ägypter hörten es; es hörte davon der Palast des Pharao. 3 Joseph sprach zu seinen Brüdern: »Ich bin Joseph! Lebt mein Vater noch?« Seine Brüder aber konnten ihm keine Antwort geben; denn sie waren verwirrt. 4 Joseph sagte zu seinen Brüdern: »Kommt näher zu mir heran!« Sie kamen näher. Er sprach: »Ich bin euer Bruder Joseph, den ihr nach Ägypten verkauft habt. 5 Nun aber grämt euch nicht und regt euch nicht auf, daß ihr mich hierher verkauft habt; denn um Leben zu retten, hat Gott mich vor euch hergesandt. 6 Zwei Jahre wütet schon die Hungersnot im Lande, und noch fünf Jahre wird es weder Pflügen noch Ernten geben. 7 Da hat Gott mich vor euch hergesandt, um euch ein Fortbestehen im Lande zu sichern und euer Leben zu erhalten für ein großes Rettungswerk. 8 Nicht ihr habt mich also hierher gesandt, sondern Gott. Er selbst hat mich zum Vater für den Pharao gemacht, zum Herrn über sein ganzes Haus und zum Gebieter über ganz Ägypten. 9 Eilt! Zieht hinauf zu meinem Vater und sagt ihm: So spricht dein Sohn Joseph: ›Gott hat mich zum Herrn über ganz Ägypten gesetzt; komm zu mir und zögere nicht! 10 Wohnen sollst du im Lande Gosen, mir nahe sollst du sein, du selbst, deine Söhne, deine Enkel, dein Klein- und Großvieh und alles, was dir gehört! 11 Ich will dich dort versorgen; denn noch fünf Jahre lang wird die Hungersnot wüten; du, dein Haus und alles, was du hast, sollen nicht verarmen!‹ 12 Eure Augen und die meines Bruders Benjamin sehen es ja selbst, daß ich es bin, dessen Mund zu euch redet. 13 Erzählt meinem Vater von meiner hohen Würde in Ägypten und von allem, was ihr gesehen habt! Beeilt euch und bringt meinen Vater hierher!« 14 Dann fiel er seinem Bruder Benjamin um den Hals und weinte, und auch Benjamin weinte an seinem Halse. 15 Er küßte alle seine Brüder und schloß sie weinend in seine Arme. Danach erst konnten seine Brüder mit ihm reden.

16 Im Palast des Pharao vernahm man die Kunde: »Die Brüder Josephs sind angekommen!« Der Pharao und seine Diener sahen das gern. 17 Der Pharao sprach zu Joseph: »Befiehl deinen Brüdern: ›Tut folgendes: Beladet eure Esel und zieht dann ins Land Kanaan! 18 Holt euren Vater und eure Familien und kommt zu mir! Ich will euch das Beste des Ägypterlandes geben. Ihr sollt das Fett des Landes verzehren!‹ 19 Du aber hast den Auftrag: Tut folgendes: Nehmt euch aus Ägypten Wagen für eure Kleinkinder und eure Frauen, bringt euren Vater und kommt! 20 Laßt eure Augen nicht betrübt sein wegen eures Hausrats; denn die Güter des ganzen Ägypterlandes gehören euch!«

Joseph gibt den Söhnen Israels Reisevorrat und Geschenke

21 Die Söhne Israels taten so. Joseph stellte ihnen auf Befehl des Pharao Wagen zur Verfügung und gab ihnen Reisevorrat. 22 Allen gab er Feierkleider, dem Benjamin aber schenkte er dreihundert Silberstücke und fünf Feierkleider. 23 Seinem Vater sandte er folgendes: Zehn Esel, beladen mit den besten Erzeugnissen Ägyptens, und zehn Eselstuten, beladen mit Getreide, Nahrung und Zehrung für seines Vaters Reise. 24 Er entließ seine Brüder, und sie zogen fort; er aber sagte noch zu ihnen: »Habt keine Angst auf der Reise!«

Ankunft im Lande Kanaan, Jakobs Unglaube und Sehnsucht

25 So zogen sie aus Ägypten hinauf und kamen ins Land Kanaan zu ihrem Vater Jakob. 26 Sie berichte-

ten ihm: »Joseph lebt noch! Er ist Gebieter über
ganz Ägypten.« Sein Herz aber blieb kalt; denn er
glaubte ihnen nicht. 27 Sie erzählten ihm nun alles,
was Joseph zu ihnen gesprochen hatte. Als er die
Wagen sah, die Joseph geschickt hatte, um ihn ab-
zuholen, da lebte der Geist ihres Vaters Jakob wie-
der auf. 28 Israel rief aus: »Es ist genug! Mein Sohn
Joseph lebt! Ich will hingehen und ihn schauen, be-
vor ich sterbe!«

Aufbruch

46 1 So brach Israel auf mit allem, was ihm
gehörte. Er kam nach Beerseba und
brachte dem Gott seines Vaters Isaak
Opfer dar. 2 Gott sprach zu Israel in Nachtgesichten:
»Jakob! Jakob!« Er erwiderte: »Hier bin ich!« 3 Dann
fuhr er fort: »Ich bin Gott, der Gott deines Vaters.
Hab keine Furcht, nach Ägypten zu ziehen, denn zu
einem großen Volke werde ich dich dort machen.
4 Ich werde mit dir hinabziehen nach Ägypten, und
ich werde dich auch wieder herausführen; Joseph
wird dir die Augen zudrücken.« 5 Jakob brach von
Beerseba auf, und die Söhne Israels hoben ihren
Vater Jakob, ihre Kleinkinder und ihre Frauen auf
die Wagen, die der Pharao geschickt hatte, um ihn
zu holen.

Stammbaum Israels

6 Sie nahmen ihre Herden und ihre Habe, die sie im
Lande Kanaan erworben hatten, mit sich. So kamen
sie in Ägypten an, Jakob und seine gesamte Nach-
kommenschaft mit ihm. 7 Seine Söhne und seine
Enkel, seine Töchter und seine Enkelinnen, ja seinen
ganzen Stamm brachte er mit sich nach Ägypten.
8 Dies sind die Namen der Söhne Israels, die nach
Ägypten gekommen waren, Jakob und seine Söhne.
Der Erstgeborene Jakobs war Ruben. 9 Rubens
Söhne: Henoch, Pallu, Chezron und Karmi. 10 Si-
meons Söhne: Jemuel, Jamin, Ohad, Jachin, Zochar
und Schaul, der Kanaaniterin Sohn. 11 Levis Söhne:
Gerschon, Kehat und Merari. 12 Judas Söhne: Er,
Onan, Schela, Perez und Serach. Er und Onan star-
ben noch im Lande Kanaan. Des Perez Söhne waren
Chezron und Chamul. 13 Issachars Söhne: Tola,
Puwwa, Jaschub und Schimron. 14 Sebuluns Söhne:
Sered, Elon und Jachleel. 15 Das sind Leas Söhne, die
sie dem Jakob in Paddan-Aram geboren hatte, und
dazu seine Tochter Dina, insgesamt dreiunddreißig
Söhne und Töchter. 16 Gads Söhne: Ziphjon, Chaggi,
Schuni, Ezbon, Eri, Arodi und Areli. 17 Asers Söhne:
Jimna, Jischwa, Jischwi, Beria und ihre Schwester
Serach. Und Berias Söhne: Cheber und Malkiël.
18 Dies sind die Söhne der Silpa, die Laban seiner
Tochter Lea gegeben hatte. Diese hat sie dem Jakob
geboren: sechzehn Personen. 19 Die Söhne der Ra-
chel, der Frau Jakobs: Joseph und Benjamin. 20 Dem
Joseph wurden im Ägypterland Söhne geboren, die
ihm Asenat, die Tochter des Priesters Potiphera von
On, gebar, nämlich Manasse und Ephraim. 21 Benja-
mins Söhne: Bela, Becher, Aschbel, Gera, Naaman,
Echi, Rosch, Muppim, Chuppim und Ard. 22 Dies
sind Rachels Söhne, die sie dem Jakob gebar, insge-
samt vierzehn Personen. 23 Dans Sohn hieß Chu-
schim. 24 Naphtalis Söhne: Jachzeel, Guni, Jezer und
Schillem. 25 Dies sind die Söhne der Bilha, die Laban
seiner Tochter Rachel gegeben hatte. Diese gebar sie
dem Jakob, insgesamt sieben Personen. 26 Die Zahl
aller Personen, die mit Jakob nach Ägypten zogen
und aus seinen Lenden hervorgegangen waren, be-
trug insgesamt sechsundsechzig Personen, außer
den Frauen der Söhne Jakobs. 27 Josephs Söhne, die
ihm in Ägypten geboren wurden, waren insgesamt
zwei. Alle Personen der Familie Jakobs, die nach
Ägypten gekommen waren, betrugen siebzig.

Das Wiedersehen

28 Den Juda aber sandte er vor sich her zu Joseph,
damit dieser im voraus nach Gosen Weisung gebe.
So kamen sie im Lande Gosen an. 29 Joseph ließ
seinen Wagen anspannen und reiste seinem Vater
Israel nach Gosen entgegen. Als er ihn sah, fiel er
ihm um den Hals und weinte an seinem Halse. 30 Is-
rael sprach zu Joseph: »Jetzt will ich gerne sterben,
nachdem ich dein Angesicht gesehen habe; denn du
bist noch am Leben.«

Viehzüchter

31 Joseph sprach zu seinen Brüdern und zu seines
Vaters Familie: »Ich will hingehen, um dem Pharao
Mitteilung zu machen und ihm zu sagen: ›Meine
Brüder und meines Vaters Familie, die im Lande
Kanaan lebten, sind zu mir gekommen. 32 Die Män-
ner sind Kleinviehhirten, sie treiben Viehzucht. Sie
haben ihr Kleinvieh, ihre Rinder und ihren gesam-
ten Besitz mitgebracht.‹ 33 Der Pharao wird euch
nun rufen lassen und euch fragen: ›Was ist euer Be-
ruf?‹ 34 Dann müßt ihr antworten: ›Deine Knechte
waren Viehzüchter von Jugend auf bis jetzt, sowohl
wir selbst als auch unsere Väter‹, damit ihr im
Lande Gosen euch ansiedeln könnt. Denn ein
Greuel sind den Ägyptern alle Schafhirten.«

Die Brüder Josephs vor dem Pharao

47 1 Joseph kam dann, machte dem Pharao
Mitteilung und sprach: »Mein Vater,
meine Brüder, ihr Kleinvieh und ihr
Großvieh, mit allem, was ihnen gehört, sind aus

dem Lande Kanaan angekommen. Sie sind jetzt im
Lande Gosen.« 2 Aus der Zahl seiner Brüder nahm er
fünf und stellte sie dem Pharao vor. 3 Der Pharao
sprach zu den Brüdern: »Was ist euer Beruf?« Sie
antworteten dem Pharao: »Kleinviehhirten sind
deine Knechte, wir wie auch unsere Väter.« 4 Sie
fuhren fort: »Um als Schutzbürger im Lande zu wei-
len, sind wir gekommen, denn es gab für das Klein-
vieh deiner Knechte keine Weide mehr, weil Hun-
ger auf dem Lande Kanaan lastet. Jetzt möchten
deine Knechte sich im Gebiet von Gosen niederlas-
sen.« 5 Der Pharao sprach zu Joseph: »Dein Vater
und deine Brüder sind zu dir gekommen. 6 Ägypten
steht dir zur Verfügung. Im besten Landesteil siedle
deinen Vater und deine Brüder an; sie mögen sich
ansiedeln im Gefilde von Gosen! Und wenn du
weißt, daß unter ihnen besonders tüchtige Männer
sind, dann setze sie zu Aufsehern über meinen Her-
denbesitz!«

Jakob wird dem Pharao vorgestellt

7 Dann führte Joseph seinen Vater Jakob hinein und
stellte ihn dem Pharao vor. Jakob entbot dem
Pharao seinen Segensgruß. 8 Der Pharao fragte
Jakob: »Wie hoch ist die Zahl deiner Lebensjahre?«
9 Jakob antwortete dem Pharao: »Die Zahl der Jahre
meiner Pilgerschaft ist hundertdreißig; gering an
Zahl und hart waren meine Lebensjahre; sie er-
reichten nicht die Zeit der Lebensjahre meiner
Väter in den Tagen ihrer Pilgerschaft.« 10 Jakob ent-
bot dem Pharao den Segensgruß und ging dann
wieder von ihm hinaus.

Im Gebiet von Ramses

11 Joseph siedelte seinen Vater und seine Brüder an
und gab ihnen Grundbesitz im Ägypterland, im be-
sten Teil des Landes, nämlich in der Gegend von
Ramses, wie es der Pharao geboten hatte. 12 Joseph
versorgte nun seinen Vater, seine Brüder und die ge-
samte Familie seines Vaters mit Nahrung nach der
Zahl ihrer Kinder.

Ägypten unter Zinsknechtschaft

13 Es fehlte an Brot im ganzen Lande; denn der Hun-
ger lastete schwer. Es verschmachteten Ägypten
und Kanaan vor Hunger. 14 Joseph brachte alles im
Lande Ägypten und im Lande Kanaan befindliche
Geld zusammen für das Getreide, das man sich
kaufte, und Joseph lieferte das Geld ins Haus des
Pharao ab. 15 So war das Geld im Lande Ägypten
und im Lande Kanaan ausgegangen. Alle Ägypter
kamen zu Joseph und sagten: »Gib uns Brot! Denn
warum sollen wir vor deinen Augen sterben? Das
Geld ist nämlich zu Ende!« 16 Joseph entgegnete:
»Gebt eure Herden, und ich will euch dafür Brot ge-
ben, wenn das Geld zu Ende ist!« 17 Sie brachten
ihre Herden zu Joseph; er gab ihnen Nahrung als
Tausch für die Pferde und ihre Bestände an Klein-
vieh, an Großvieh und an Eseln. Er brachte sie mit
Brot um den Preis ihres ganzen Viehs durch jenes
Hungerjahr gut hindurch. 18 Jenes Jahr ging zu Ende.
Sie kamen aber im nächsten Jahr wieder und sagten
ihm: »Wir können es unserem Herrn nicht mehr
verbergen, daß unser Geld zu Ende ist und daß
unsere Viehbestände bei unserem Herrn sind; wir
können unserem Herrn nichts mehr anbieten als
uns selbst und unsere Grundstücke. 19 Warum sol-
len wir vor deinen Augen zugrunde gehen, wir
selbst und unser Grundbesitz? Kaufe uns unsere
Grundstücke um Brot ab, dann wollen wir und
unser Land dem Pharao dienstbar sein! Gib uns
Saatgut, und wir werden leben und nicht sterben.
Unser Land wird dann nicht veröden.« 20 Joseph er-
warb nun alles Land in Ägypten für den Pharao;
denn von den Ägyptern verkaufte jedermann sein
Grundstück, weil der Hunger stark auf sie drückte;
das Land wurde des Pharao Eigentum. 21 Und das
Volk machte er ihm leibeigen von einem Ende
Ägyptens bis zum anderen. 22 Nur das Land der
Priester kaufte er nicht; denn die Priester hatten
vom Pharao ein festes Einkommen, und sie lebten
von ihrem Einkommen, das der Pharao ihnen gab;
darum verkauften sie ihr Land nicht. 23 Joseph
sprach zu dem Volke: »Seht, ich habe jetzt euch und
euer Land für den Pharao erworben; da habt ihr
Saatgut, bestellt damit den Acker! 24 Aber den fünf-
ten Teil von den Erträgnissen müßt ihr dem Pharao
abliefern; vier Teile sollen euch zum Besäen des
Ackers dienen und zu eurer, eurer Familien und eu-
rer Kinder Ernährung!« 25 Sie antworteten: »Du hast
uns am Leben erhalten; wenn wir Huld in unseres
Herrn Augen finden, dann wollen wir gern dem
Pharao dienstbar sein!« 26 So machte es denn Joseph
zu einer Gesetzesvorschrift für den ägyptischen
Grundbesitz bis zum heutigen Tage, daß dem
Pharao der fünfte Teil gehöre, nur das Priesterland
wurde nicht Eigentum des Pharao.

Der Wunsch Jakobs

27 So wurde Israel in Ägypten seßhaft, im Lande
Gosen; sie setzten sich darin fest, wurden fruchtbar
und mehrten sich sehr. 28 Jakob lebte im Ägypter-
land siebzehn Jahre. Die Tage Jakobs, seine
Lebensjahre, betrugen hundertsiebenundvierzig
Jahre. 29 Die Zeit nahte heran, da Israel sterben
sollte. Er rief seinen Sohn Joseph und sprach zu
ihm: »Habe ich Gnade vor dir gefunden, so lege
deine Hand unter meine Hüfte zum Eid, daß du lie-

bevoll und treu an mir handeln wirst: Begrabe mich nicht in Ägypten! 30 Wenn ich nun zu meinen Vätern entschlafe, so bringe mich fort von Ägypten und begrabe mich in ihrem Grabe!« Er sagte darauf: »Deinem Wunsche gemäß werde ich handeln!« 31 Jener sprach: »So schwöre mir!« Er schwur ihm. Da neigte sich Israel nach dem Kopfende seines Lagers hin.

Adoption der Josephssöhne

48 1 Nach diesen Begebenheiten meldete man dem Joseph: »Höre, dein Vater ist krank.« Da nahm Joseph seine beiden Söhne Manasse und Ephraim mit sich. 2 Dem Jakob berichtete man: »Dein Sohn Joseph ist zu dir gekommen.« Da nahm Israel seine Kräfte zusammen und setzte sich in seinem Bette aufrecht. 3 Jakob sprach zu Joseph: »Der Allmächtige Gott ist mir in Lus im Lande Kanaan erschienen und hat mich gesegnet. 4 Er sprach zu mir: ›Ich will dich fruchtbar und zahlreich sein lassen und dich zu einer Schar von Völkern machen. Dies Land will ich deiner Nachkommenschaft zum immerwährenden Besitz geben!‹ 5 Und nun sollen deine beiden Söhne, die dir im Ägypterland geboren sind, bevor ich zu dir nach Ägypten kam, mir gehören. Ephraim und Manasse sollen mir soviel gelten wie Ruben und Simeon! 6 Nur die Kinder, die du nach ihnen gezeugt hast, sollen dir gehören; nach dem Namen ihrer Brüder sollen sie in ihrem Erbteil heißen! 7 Denn als ich aus Paddan kam, starb mir Rachel unterwegs im Lande Kanaan, als es noch eine Strecke weit bis Ephrat war. Ich begrub sie dort am Weg nach Ephrat, das ist Bethlehem.«

Ephraim und Manasse

8 Israel sah die Söhne Josephs und fragte: »Wer sind diese?« 9 Joseph antwortete seinem Vater: »Meine Söhne sind es, die Gott mir hier geschenkt hat.« Da sprach er: »Bringe sie her zu mir, ich will sie segnen!« 10 Die Augen Israels waren vom Alter schwach geworden; er konnte nicht mehr gut sehen. Man führte sie zu ihm hin, er küßte und umarmte sie. 11 Israel sprach zu Joseph: »Ich hätte nicht vermutet, dich jemals wiederzusehen, und nun hat Gott mich sogar noch deine Nachkommen schauen lassen.« 12 Joseph nahm sie von seinem Schoße weg, und sie verneigten sich mit dem Angesicht zur Erde. 13 Joseph nahm beide Söhne – den Ephraim zu seiner Rechten, aber zur Linken Israels, den Manasse zu seiner Linken, aber zur Rechten Israels – und führte sie ihm zu. 14 Israel streckte seine Rechte aus und legte sie auf das Haupt Ephraims, obwohl er der Jüngere war, und seine Linke auf das Haupt Manasses, indem er seine Arme kreuzte; Manasse war jedoch der Erstgeborene. 15 Er segnete den Joseph und sprach: »Gott, vor dem meine Väter Abraham und Isaak gewandelt sind, Gott, der mein Hirte war mein Leben lang bis auf diesen Tag, 16 der Engel, der mich von allem Übel erlöst hat, er segne diese Knaben. Mein Name und der meiner Väter Abraham und Isaak soll in ihnen weiterleben. Sie sollen sich vermehren zu großer Menge inmitten des Landes!« 17 Joseph aber sah, daß sein Vater seine Rechte auf das Haupt Ephraims gelegt hatte; das mißfiel ihm, und er ergriff die Hand seines Vaters, um sie vom Haupte Ephraims auf das Haupt Manasses zu legen. 18 Joseph sprach zu seinem Vater: »Nicht so, mein Vater, dieser ist der Erstgeborene; lege deine Rechte auf sein Haupt!« 19 Doch sein Vater weigerte sich und sprach: »Ich weiß es, mein Sohn, ich weiß es. Auch dieser wird zu einem Volke werden, auch dieser wird groß sein! Aber sein jüngerer Bruder wird ihn an Größe übertreffen, und seine Nachkommenschaft soll zu einer Fülle von Völkern werden.« 20 An jenem Tage segnete er sie und sprach: »Mit dir soll Israel seine Segenswünsche sprechen: ›Gott möge dich machen wie Ephraim und Manasse!‹« So setzte er den Ephraim vor Manasse. 21 Israel sagte weiter zu Joseph: »Siehe, ich muß sterben. Gott wird mit euch sein und wird euch in das Land eurer Väter heimführen. 22 Ich schenke dir gegenüber deinen Brüdern ein geschlossenes Gebiet, das ich den Amoritern mit meinem Schwerte und meinem Bogen abgenommen habe.«

Der Segen Jakobs

49 1 Jakob rief seine Söhne und sprach: »Versammelt euch, ich will euch kundtun, was euch in der kommenden Zeit begegnen wird! 2 Kommt alle und hört, ihr Jakobssöhne; hört euren Vater Israel!

Ruben, der Erstgeborene

3 Ruben, mein Erstgeborener, meine Kraft und der Erstling meiner Lenden! Erster an Hoheit, erster an Stärke! 4 Du walltest über wie Wasser; du sollst der Erste nicht sein; denn du hast deines Vaters Lager bestiegen; damals schändetest du mein Bett, das du bestiegst.

Simeon und Levi, Männer der Gewalt

5 Simeon und Levi, ein Brüderpaar, Werkzeuge der Gewalt sind ihre Schwerter. 6 In ihren geheimen Rat trete mein Herz nicht ein, an ihrer Versammlung nehme nicht teil mein Gemüt; denn in ihrem Zorn

haben sie Männer getötet und in ihrem Mutwillen Stiere gelähmt. 7 Fluch über ihren Zorn, der so heftig, und ihren Grimm, der so wütend ist! Ich will sie zerteilen in Jakob und sie zerstreuen in Israel!

Juda und sein Herrscherstab

8 Du, Juda! Preisen werden dich deine Brüder! Deine Hand ruht auf deiner Feinde Genick. Es neigen sich vor dir deines Vaters Söhne. 9 Ein junger Löwe ist Juda. Vom Raub, mein Sohn, bist du emporgestiegen. Nun hat er sich gelagert und hingekauert wie ein Löwe, wie eine Löwin. Wer wird ihn aufscheuchen? 10 Nicht weicht der Herrscherstab von Juda noch der Fürstenstab von seinen Füßen, bis der kommt, dem er gebührt und dem der Völker Gehorsam gehört. 11 An den Weinstock bindet er seinen Esel und an die Rebe seiner Eselin Junges. Er wäscht im Wein sein Kleid und im Traubenblut sein Gewand. 12 Seine Augen sind dunkler als Wein, seine Zähne weißer als Milch.

Sebulun am Meeresgestade

13 Sebulun wohnt an des Meeres Küste, zum Gestade der Schiffe hin. Seine Rückseite lehnt sich an Sidon.

Issachar, ein knochiger Esel

14 Issachar ist ein knochiger Esel; er lagert am Kochherd. 15 Er sah, seine Ruhe ist schön und lieblich sein Land. Da beugte er seine Schulter zur Traglast; er wurde zum Fronknecht.

Dan, eine Schlange am Weg

16 Dan schafft Recht seinem Volke wie nur einer der Stämme Israels. 17 Dan sei eine Schlange am Weg, eine Natter am Pfade, die das Roß in die Fessel beißt, so daß sein Reiter nach rückwärts fällt. 18 Auf dein Heil harre ich, o Herr!

Gad in Bedrängnis

19 Gad, Kriegsgedränge bedrängt ihn; er aber bedrängt den Nachtrab.

Asers Leckerbissen

20 Aser, Fettes ist seine Speise, königliche Leckerbissen liefert er.

Naphtali, die Hinde

21 Naphtali ist eine freigelassene Hinde.
Er trägt schöne Reden vor.

Joseph, der Geweihte seiner Brüder

22 Ein Jungrind ist Joseph, ein Jungrind an der Quelle, ein Kalb, das auf dem Mauerwall schreitet. 23 Es reizten ihn aber und schossen, es befehdeten ihn Pfeilschützen. 24 Doch sein Bogen blieb fest, Arme und Hände waren gelenk durch die Hände des starken Jakobs, von dort her, wo der Hirte ist, der Felsenhort Israels, 25 vom Gott deines Vaters, der dir helfe, vom Allmächtigen, der dich segne mit Segnungen des Himmels dort oben, mit Segnungen der Urflut, die drunten lagert, mit Segnungen von Brust und Schoß. 26 Die Segnungen deines Vaters wirken sich machtvoll aus auf die Segnungen der uralten Berge und auf den köstlichen Ertrag der ewigen Hügel. Sie mögen kommen auf Josephs Haupt, auf den Scheitel des Geweihten unter seinen Brüdern!

Benjamin, der reißende Wolf

27 Benjamin ist ein reißender Wolf; früh am Morgen frißt er Raub, am Abend verteilt er Beute.«

Zu den Vätern

28 Dies sind die zwölf Stämme Israels, und dies sind die Worte, die ihr Stammvater zu ihnen gesprochen hat. Er segnete sie, einen jeden mit einem besonderen Segen. 29 Und er gebot ihnen und sprach: »Ich werde zu meiner Sippe versammelt; begrabt mich bei meinen Vätern in der Höhle, die auf dem Grundstück des Hethiters Ephron liegt, 30 in der Höhle auf dem Felde Machpela gegenüber Mamre im Lande Kanaan, auf dem Felde, das Abraham von dem Hethiter Ephron als eigene Grabstätte gekauft hat. 31 Dort haben sie Abraham und seine Frau Sara begraben, dort bestatteten sie Isaak und seine Frau Rebekka, und dort habe ich Lea beerdigt. 32 Erworben ward das Feld mit der darauf befindlichen Höhle von den Hethitern.« 33 Jakob hatte seine letzten Aufträge an seine Söhne beendet; dann zog er seine Beine auf die Lagerstatt zurück. Er verschied und ward zu seiner Sippe versammelt.

49,1–28: Der letzte Segen des Vaters galt als wirksame Kraft, vgl. den Segen Isaaks Kap. 27. In der vorliegenden dichterischen Form ist er nicht mehr unverändert, sondern erweitert. Er setzt bereits die Wohnsitze der Stämme in Kanaan voraus. Eigenartig sind die uns schwer verständlichen Vergleiche mit Tieren. Der »Löwe« Juda ist schon im Besitz des Herrscherstabs, was auf nachdavidische Zeit schließen läßt. Die wichtigen Verse 10–12 enthalten messianische Hoffnungen, die eine Heilszeit ankündigen.

Totenklage

50

1 Da warf sich Joseph über seinen Vater, er beweinte ihn und küßte ihn. 2 Er gab alsdann seinen Dienern, den Ärzten, Befehl, seinen Vater einzubalsamieren. Die Ärzte balsamierten Israel ein. 3 Darob verflossen vierzig Tage; denn so lange dauert das Einbalsamieren. Die Ägypter beweinten ihn siebzig Tage. 4 Die Tage der Trauer um ihn gingen vorüber; da redete Joseph zu den Hofbeamten des Pharao: »Habe ich Gnade vor euch gefunden, so teilt dem Pharao folgendes mit: 5 Mein Vater hat mich einen Eid schwören lassen: ›Wenn ich nunmehr sterbe, so begrabe mich in eigener Gruft, die ich mir im Lande Kanaan gebaut habe!‹ Hinziehen will ich, meinen

Vater zu begraben, und dann kehre ich zurück.«
6 Der Pharao sprach darauf: »Ziehe hin, begrabe dei-
nen Vater, wie er dich schwören ließ!« 7 Da zog Jo-
seph hinauf, seinen Vater zu begraben. Ihm schlos-
sen sich alle Diener des Pharao, die Ältesten seines
Palastes und alle Ältesten Ägyptens an, 8 auch das
gesamte Haus Josephs, seine Brüder und das Haus
seines Vaters. Nur ihre kleinen Kinder, ihr Kleinvieh
und ihr Großvieh ließen sie im Lande Gosen
zurück. 9 Sogar Wagen mit Mannschaften zogen
mit ihm; es war ein gewaltiger Zug. 10 Sie kamen
zur Stechdorntenne jenseits des Jordans. Dort hiel-
ten sie eine große und überaus würdige Totenklage.
Sieben Tage lang ließ er um seinen Vater die Trau-
erfeier halten. 11 Die Kanaaniter als Landesbewoh-
ner sahen die Trauerfeier bei der Stechdorntenne
und sprachen: »Das ist eine große Trauerfeier der
Ägypter!« Darum nennt man den Ort »Ägyptens
Trauer«; er liegt jenseits des Jordans. 12 Seine Söhne
taten an ihm so, wie er ihnen befohlen hatte. 13 Sie
brachten ihn ins Land Kanaan, und man begrub ihn
in der Höhle auf dem Machpelagefilde, das Abra-
ham als eigene Grabstätte vom Hethiter Ephron ge-
kauft hatte, Mamre gegenüber.

14 Joseph kehrte dann nach Ägypten zurück, er und
seine Brüder und alle, die zum Begräbnis seines
Vater hinaufgezogen waren, nachdem er seinen
Vater bestattet hatte.

15 Josephs Brüder sahen, daß ihr Vater tot war, und
sie dachten: »Wie, wenn Joseph sich nun feindselig
gegen uns stellt und uns all das Böse, das wir ihm
angetan haben, reichlich vergilt?« 16 So ließen sie Jo-
seph wissen: »Dein Vater hat vor seinem Tode fol-
gendes angeordnet: 17 So sollt ihr zu Joseph spre-
chen: ›Vergib deinen Brüdern ihre Schuld und
Sünde, daß sie dir Böses angetan haben!‹ Verzeih
jetzt den Dienern des Gottes, den dein Vater ver-
ehrte, ihre Missetat!« Joseph weinte, als sie dies zu
ihm sprachen. 18 Seine Brüder gingen dann selbst zu
ihm hin, fielen vor ihm nieder und beteuerten:
»Hier sind wir! Deine Knechte wollen wir sein!«
19 Joseph sprach zu ihnen: »Habt keine Furcht! Bin
ich denn an Gottes Stelle? 20 Ihr gedachtet, mir Bö-
ses zu tun, Gott hat es aber zum Guten gelenkt, um
das zu tun, was heute geschieht, nämlich viel Volk
am Leben zu erhalten. 21 Nun aber, fürchtet euch
nicht! Ich will euch und eure Kinder versorgen!« So
tröstete er sie und redete mit ihnen freundlich.

Josephs Ende

22 Joseph blieb in Ägypten, er und die Familie seines
Vaters. Er wurde hundertundzehn Jahre alt. 23 Jo-
seph sah Ephraims Nachkommen bis ins dritte Ge-
schlecht. Auch die Söhne Machirs, des Sohnes
Manasses, wurden noch von Joseph als die Seinen
anerkannt. 24 Joseph sprach zu seinen Brüdern: »Ich
muß sterben, aber Gott wird euch gnädig heimsu-
chen und euch aus diesem Lande hinaufführen in
das Land, das er Abraham, Isaak und Jakob zuge-
schworen hat.« 25 Joseph ließ Israels Söhne einen
Eid schwören und sprach: »Wenn Gott euch gnädig
heimsucht, sollt ihr meine Gebeine von hier mit
hinaufführen!« 26 Dann starb Joseph, hundertund-
zehn Jahre alt. Man balsamierte ihn ein und legte
ihn in Ägypten in einen Sarg.

50,1–13: Wie es in Ägypten seit alters üblich war, wurde der Leichnam Jakobs einbalsamiert. Entsprechend der hohen Stellung Josephs nahmen auch die Ägypter an dem Trauerzug nach Kanaan teil. 14–21: Die Brüder Josephs fürchteten, daß nach Jakobs Tod der ihnen rangmäßig überlegene Bruder doch noch auf Rache sinnen könnte. Vers 20 beschreibt in kurzen Worten das Walten der Vorsehung.

ZWEITES BUCH MOSES

Das zweite Buch Moses trägt die Bezeichnung Exodus. Exodus heißt Auszug. Dieses Buch ist eine Fortsetzung der Vätergeschichte, die mit dem Tode Josephs geendet hat. Der Inhalt ist im ersten Teil eine Schilderung des Auszugs der Israeliten aus Ägypten (1–19). Der zweite Teil gibt uns Berichte über die Bundesschließung und Gesetzgebung auf dem Berge Sinai.
Die geschichtlichen Ereignisse des Buches Exodus sind nicht liebliche Idylle aus dem Zelt- und Hirtenleben einzelner Menschen, sondern Begebenheiten, die ein ganzes Volk angehen; dieses Volk wuchs in vierhundert Jahren in Ägypten heran. Ein strenger, aber gerechter Gott leitete es. Die erzählten Ereignisse haben sich etwa im Laufe eines Jahres abgespielt. Wir wissen allerdings bis heute nicht, welches Jahr unserer Zeitrechnung hierfür in Betracht kommt. Man schwankt zwischen 140–1200 v. Chr. Kein Pharaonenname wird uns genannt; wir wissen weder, wer die Israeliten bedrückte, noch wer sie ziehen ließ. Auch welche Stationen der Wüstenzug berührte, bleibt unbekannt; zwar wird uns eine Reihe von Ortschaften genannt, doch ihre Lage geriet in Vergessenheit. Das alles aber ist nebensächlicher Natur. Der Auszug aus Ägypten, die Wunder, der Durchzug durch das Rote Meer, die Gesetzgebung auf dem Berge Sinai sind grundlegende Ereignisse in der Geschichte Israels. Sie waren Gegenstand großer liturgischer Feiern, besonders am Osterfest. Auch für viele Einrichtungen der christlichen Kirche finden wir Vorbilder in diesem Buche.

Das sind die Namen der Söhne Israels, die
nach Ägypten gekommen waren; mit
Jakob waren sie gekommen, und zwar
ein jeder mit seiner Hausgemeinschaft: 2 Ruben,
Simeon, Levi und Juda, 3 Issachar, Sebulun und Ben-
jamin, 4 Dan und Naphtali, Gad und Aser. 5 Die Ge-
samtzahl all derer, die aus Jakobs Lenden abstam-
men, betrug siebzig Personen; Joseph befand sich
bereits in Ägypten. 6 Es starben Joseph und seine
Brüder und jenes ganze Geschlecht. 7 Israels Söhne
aber waren fruchtbar und zahlreich; sie vermehrten
sich, wurden überaus stark und bevölkerten das
Land.

Frondienste

8 Ein neuer König, der von Joseph nichts mehr
wußte, trat über Ägypten die Herrschaft an. 9 Er
sprach zu seinem Volke: »Fürwahr, das Volk der
Söhne Israels ist bereits größer und stärker als wir.
10 Wohlan, wir müssen uns klug ihm gegenüber ver-
halten, damit es nicht noch zahlreicher wird und
im Kriegsfalle sich unseren Feinden anschließt, ge-
gen uns kämpft und sich des Landes bemächtigt.«
11 Man setzte also Fronvögte über die Israeliten ein,
die sie mit ihren Frondiensten bedrücken sollten;
sie mußten Proviantstädte für den Pharao bauen,
nämlich Pitom und Ramses. 12 Je mehr man sie aber
unterdrückte, desto größer wurde ihre Zahl; und
um so mehr breiteten sie sich aus; man bekam vor
den Kindern Israels ein Grauen. 13 Die Ägypter aber
quälten die Israeliten mit Zwangsarbeit; 14 sie ver-
bitterten ihnen das Leben bei harter Fron mit
Lehm-, Ziegel- und allerlei Feldarbeit und mit allen
Diensten, die sie durch jene im Frondienst verrich-
ten ließen.

Ein Mordbefehl des Pharao

15 Der Ägypterkönig gebot den Hebammen der he-
bräischen Mütter – eine von ihnen hieß Schiphra
und die andere Pua – folgendes: 16 »Wenn ihr den
Hebräerinnen beisteht, so schaut auf das Ge-
schlecht! Ist es ein Sohn, so tötet ihn; ist es ein
Mädchen, so bleibe es am Leben!« 17 Doch die Heb-
ammen waren gottesfürchtig; sie handelten nicht
nach dem Befehl des Ägypterkönigs, sondern
ließen die Knaben am Leben. 18 Da ließ der Ägyp-
terkönig die Hebammen rufen und fragte sie:
»Warum tut ihr das und laßt die Knaben am
Leben?« 19 Die Hebammen gaben dem Pharao zur
Antwort: »Die hebräischen Frauen sind nicht wie
die ägyptischen; sie bringen zum Leben, bevor noch
die Hebamme zu ihnen kommt, und haben schon
geboren.« 20 Gott ließ es den Hebammen gut erge-
hen. Das Volk vermehrte sich weiter und wurde
überaus stark. 21 Weil aber die Hebammen gottes-
fürchtig waren, verschaffte ihnen Gott Kinderse-
gen. 22 Also gab der Pharao seinem ganzen Volke
den Befehl: »Werft jeden Knaben, der den Hebräern

geboren wird, in den Nil, alle Töchter aber laßt am
Leben!«

1,1–7: Das große Thema »Auszug aus Ägypten« beginnt mit einer Aufzählung der zwölf Stammväter und knüpft so an 1 Mos 46,8–27 an. Die gesamte Zeit des Aufenthalts in Ägypten und des Heranwachsens zu einem mit ungewöhnlicher Fruchtbarkeit gesegneten Volk wird leider nur in ganz wenigen Worten zusammengefaßt.

Geburt des Moses

2 1 Ein Mann aus dem Hause Levi ging hin
und nahm sich eine Tochter Levis zur Frau.
2 Diese empfing und gebar einen Sohn; sie
sah, daß er schön war, und verbarg ihn deshalb drei
Monate lang. 3 Länger konnte sie ihn aber nicht ver-
bergen. Sie nahm deshalb ein Kästchen aus Binsen
und überzog es mit Asphalt und Pech. Dann legte
sie das Kind hinein und setzte es im Schilf am Ufer
des Nils aus. 4 Seine Schwester stellte sich von ferne
auf, um in Erfahrung zu bringen, was mit ihm ge-
schehen würde.

Moses Errettung

5 Da kam die Tochter des Pharao herab, um im Nil
zu baden. Ihre Dienerinnen gingen am Ufer des Nils
auf und ab. Sie sah das Kästchen im Schilf und ließ
es durch ihre Leibmagd holen. 6 Sie öffnete es, sah
das Kind, und siehe da, ein weinendes Knäblein! Da
ward sie von Mitleid gerührt und sprach: »Dies ist
eines von den Kindern der Hebräer.« 7 Seine Schwe-
ster aber sprach zur Tochter des Pharao: »Soll ich
hingehen und dir eine Amme von den Hebräerin-
nen kommen lassen, die dir das Kind stillen kann?«
8 Die Tochter des Pharao sprach zu ihr: »Ja, gehe!«
Das Mädchen ging nun und rief die Mutter des Kin-
des. 9 Die Tochter des Pharao sprach zu ihr: »Bring
dieses Kind weg und stille es mir: ich will es dir loh-
nen!« Die Frau nahm das Kind und stillte es. 10 Der
Knabe wurde groß, und sie brachte ihn zur Tochter
des Pharao. Diese nahm ihn an Sohnes Statt an und
nannte ihn »Moses«. Sie sprach dabei: »Ich habe ihn
ja aus dem Wasser gezogen.«

Bei seinen Brüdern

11 Es begab sich nun in jenen Tagen, da Moses groß
geworden war, daß er zu seinen Brüdern ging und
ihnen bei ihren Fronarbeiten zuschaute. Da sah
er, wie ein Ägypter einen hebräischen Mann,
einen seiner Brüder, erschlagen wollte. 12 Daraufhin
schaute er sich nach allen Seiten um, und als er sah,
daß niemand zugegen war, erschlug er den Ägypter
und verscharrte ihn im Sand. 13 Am anderen Tage
ging er wiederum hinaus und sah, wie zwei He-
bräer miteinander stritten. Er sprach zu dem, der im
Unrecht war: »Warum schlägst du deinen Volksge-
nossen?« 14 Dieser entgegnete: »Wer hat dich zum
Vorsteher und Schiedsrichter über uns bestellt?
Willst du mich etwa auch totschlagen, wie du den
Ägypter totgeschlagen hast?« Moses bekam Angst
und dachte: »Also ist die Sache doch ruchbar ge-
worden.«

Flucht und Heirat in Midian

15 Der Pharao hörte von diesem Vorfall. Er suchte
Moses umzubringen. Daher floh Moses vor dem
Pharao und ließ sich im Lande Midian nieder. Er ra-
stete an einem Brunnen. 16 Der Priester von Midian
hatte sieben Töchter. Diese kamen, wollten Wasser
schöpfen und die Tröge füllen, um das Kleinvieh
ihres Vaters zu tränken. 17 Aber die Hirten eilten
herbei und vertrieben sie. Da kam Moses, leistete
ihnen Hilfe und tränkte ihre Schafe. 18 Sie gingen zu
ihrem Vater Rëuel. Der fragte: »Warum kommt ihr
heute so vorzeitig?« 19 Sie gaben zur Antwort: »Ein
Ägypter hat uns gegen die Hirten geholfen. Er hat
uns sogar Wasser geschöpft und die Schafe ge-
tränkt.« 20 Er sprach zu seinen Töchtern: »Wo ist er?
Warum habt ihr den Mann stehenlassen? Ruft ihn
doch, daß er zum Essen komme!« 21 Moses willigte
ein, bei dem Mann zu bleiben. Dieser gab dem Mo-
ses seine Tochter Zippora zur Frau. 22 Sie gebar
einen Sohn, und er nannte ihn »Gerschom«. Er
sprach dabei: »Als Gast weile ich in fremdem
Lande.«

Gott gedenkt seines Bundes

23 Es begab sich aber in jener langen Zeitspanne, daß
der König von Ägypten starb. Doch die Kinder Isra-
els seufzten weiter unter dem Frondienst und
schrieen. Ihr Hilferuf stieg von ihrer Fronarbeit zu
Gott empor. 24 Gott hörte ihr Stöhnen. Da gedachte
Gott seines Bundes mit Abraham, Isaak und Jakob.
25 Gott schaute auf die Kinder Israels und tat sich
ihnen kund.

2,10: Der Name ist hier nach hebräischem Gehör gedeutet. In Wirklichkeit ist der Name ägyptisch und bedeutet: geboren, Kind. 18: Name wohl späterer Zusatz. Nach anderer Überlieferung Chobab, Sohn des Rëuel (4 Mos 10,29; vgl. Richt 4,11). Ganz anders lautet der Name (»Jetro«) in 2 Mos 3,1; 4,18; 18,1ff. Vielleicht liegt ein Doppelname vor.

Der brennende Dornbusch

3 1 Moses weidete das Kleinvieh seines Schwie-
gervaters Jetro, des Priesters von Midian. Er
trieb die Herde bis hinter die Wüste und kam
zum Gottesberg Horeb. 2 Der Engel des Herrn er-
schien ihm in einer Feuerflamme, mitten aus einem
Dornbusch heraus. Er schaute, und siehe da, der
Dornbusch brannte zwar im Feuer, wurde aber da-
bei nicht verzehrt. 3 Moses sprach: »Ich will näher
hingehen und diese gewaltige Erscheinung anse-

hen, wie es kommt, daß der Dornbusch nicht ver-
brennt!« 4 Der Herr sah, wie jener herankam, um
nachzusehen. Da rief Gott mitten aus dem Dorn-
busch und sprach: »Moses! Moses!« Da antwortete
er: »Hier bin ich!« 5 Und er sprach: »Tritt nicht näher
heran! Ziehe deine Schuhe von deinen Füßen; denn
der Ort, auf dem du stehst, ist heiliger Boden!« 6 Er
fuhr fort: »Ich bin der Gott deines Vaters, der Gott
Abrahams, der Gott Isaaks und der Gott Jakobs!«
Moses verhüllte sein Antlitz, denn er fürchtete sich,
Gott anzublicken.

Auftrag

7 Der Herr sprach: »Ich sah gar wohl das Elend mei-
nes Volkes in Ägypten, und ihr Schreien angesichts
ihrer Treiber hörte ich; ja, ich kenne ihre Schmer-
zen! 8 Ich stieg deshalb herab, um sie aus der Hand
der Ägypter zu befreien und hinaufzuführen aus
diesem Land in ein schönes und weiträumiges
Land, das von Milch und Honig fließt, in das Gefilde
der Kanaaniter, der Hethiter, der Amoriter, der Pe-
rissiter, der Hiwwiter und der Jebusiter. 9 Und nun
höre: Das Wehgeschrei der Kinder Israels ist zu mir
gedrungen, und gesehen habe ich die Drangsal, mit
der die Ägypter sie bedrängen. 10 Jetzt also gehe hin!
Ich will dich zum Pharao senden! Führe mein Volk,
die Kinder Israels, aus Ägypten heraus!« 11 Moses
erwiderte Gott: »Wer bin ich denn, daß ich zum
Pharao hingehen und die Kinder Israels aus Ägyp-
ten herausführen soll?« 12 Jener erwiderte: »Ich will
mit dir sein! Dies soll dir zum Zeichen sein, daß ich
es bin, der dich gesandt hat: Wenn du das Volk her-
ausführst aus Ägypten, so werdet ihr auf diesem
Berge Gott verehren.«

Jahwe

13 Moses sprach zu Gott: »Wenn ich nun zu den
Kindern Israels komme und zu ihnen spreche: ›Der
Gott eurer Väter hat mich zu euch gesandt‹ und sie
mich dann fragen werden: ›Wie heißt er?‹, was soll
ich ihnen dann antworten?« 14 Gott entgegnete dem
Moses: »Ich bin, der ich bin!« Er fuhr fort: »So sollst
du zu den Israeliten sprechen: Der ›Ich bin‹ hat
mich zu euch gesandt.« 15 Und weiter sagte Gott zu
Moses: »So sollst du zu den Kindern Israels spre-
chen: ›Der Herr (Jahwe), der Gott eurer Väter, der
Gott Abrahams, der Gott Isaaks und der Gott Ja-
kobs hat mich zu euch gesandt.‹ Dies soll mein
Name für immer sein und dies mein Rufname von
Geschlecht zu Geschlecht! 16 Geh und versammle
die Ältesten Israels und sprich zu ihnen: ›Der Herr,
der Gott eurer Väter, ist mir erschienen, der Gott
Abrahams, Isaaks und Jakobs, und hat gesprochen:
Genau beobachtet habe ich euch und alles, was
euch in Ägypten angetan wird. 17 Darum habe ich
mich entschlossen, euch aus dem Elend in Ägypten
herauszuführen in das Land der Kanaaniter, der
Hethiter, der Amoriter, Perissiter, Hiwwiter und Je-
busiter, in ein Land, das von Milch und Honig
fließt.‹
18 Wenn sie nun auf deine Stimme hören, dann
sollst du mit den Ältesten Israels zum König von
Ägypten gehen. Ihr sollt zu ihm folgendes sagen:
›Der Herr, der Gott der Hebräer, ist uns begegnet,
und nun wollen wir drei Tagereisen weit in die
Wüste ziehen und dem Herrn, unserem Gott, ein
Opferfest halten.‹ 19 Ich weiß aber, daß der König
von Ägypten euch nicht ziehen läßt, es sei denn,
daß er mit starker Hand gezwungen wird. 20 Ich
strecke dann meine Hand aus und schlage Ägypten
mit all meinen Wundertaten, die ich in ihrer Mitte
wirken werde; dann wird er euch entlassen. 21 Ich
werde diesem Volke Gunst bei den Ägyptern ver-
schaffen. Wenn ihr davonzieht, so werdet ihr es
nicht mit leeren Händen tun. 22 Jede Frau wird von
ihrer Nachbarin und ihrer Hausgenossin silberne
und goldene Gefäße und Kleider fordern. Diese
sollt ihr euren Söhnen und euren Töchtern anlegen,
und so werdet ihr die Ägypter berauben.«

3,13–15: Erklärung des überaus heiligen Namens Jahwe (nicht Jehova), der zwar schon früher angerufen worden ist (1 Mos 4,26). Jetzt aber wurde er der »Name« schlechthin gegenüber allen falschen Göttern der anderen Völker. Zu übersetzen ist diese Gottesbezeichnung mit »Er ist«. Sie ist so heilig, daß der Jude sie nicht einmal aussprechen darf (2 Mos 20,7).

Wunderkräfte

4 1 Moses erwiderte und sprach: »Wenn sie mir
aber nicht glauben und nicht auf meine
Stimme hören, sondern sagen: ›Der Herr ist dir
nicht erschienen‹?« 2 Da antwortete ihm der Herr:
»Was ist das in deiner Hand?« Er erwiderte: »Ein
Stab.« 3 Und Gott sprach: »Wirf ihn zu Boden!« Er
warf ihn zu Boden, und der Stab ward zur Schlange,
so daß Moses vor ihr floh. 4 Weiter sprach der Herr
zu Moses: »Strecke deine Hand aus und fasse sie
am Schwanz !« Er streckte seine Hand aus und er-
griff sie; da wurde sie in seiner Hand wieder zum
Stabe. 5 »(Das tue), damit sie glauben, daß der Herr
dir erschienen ist, der Gott ihrer Väter, der Gott
Abrahams, der Gott Isaaks und der Gott Jakobs.«
6 Der Herr setzte seine Rede an ihn fort: »Stecke
deine Hand in den Bausch deines Gewandes!« Er
steckte seine Hand in den Bausch seines Gewandes
und zog sie wieder heraus. Sie war vom Aussatz
weiß geworden wie Schnee. 7 Dann sagte er:
»Stecke deine Hand noch einmal in den Bausch dei-

nes Gewandes! « Er steckte sie hinein, zog sie wie-
der heraus, und sie war wie sein übriges Fleisch.
8 »Wenn sie dir nicht glauben und nicht auf das
Zeugnis des ersten Zeichens hin gehorchen, so wer-
den sie auf das Zeugnis des zweiten Zeichens hin
glauben. 9 Wenn sie aber auch diesen beiden Zei-
chen nicht glauben und auf deine Stimme nicht
hören, dann hole Wasser vom Nil und gieße es auf
dem trockenen Boden aus! Das Wasser, das du aus
dem Nil holst, wird auf dem trockenen Boden zu
Blut werden.«
10 Moses sprach zum Herrn: »Bitte, Herr, ich bin
kein redegewandter Mann, weder gestern noch
vorher, seitdem du zu deinem Knecht redest; viel-
mehr bin ich schwerfällig mit dem Mund und der
Zunge.« 11 Der Herr erwiderte ihm: »Wer hat dem
Menschen den Mund gegeben, oder wer macht ihn
stumm oder taub, klar sehend oder blind? Bin nicht
ich es, der Herr? 12 Gehe also hin, ich werde mit dei-
nem Munde sein und werde dich lehren, was du re-
den sollst.« 13 Doch er sprach: »Bitte, Herr, sende,
wen du willst!« 14 Da entbrannte der Zorn des Herrn
über Moses, und er sprach: »Ist nicht dein Bruder
Aaron noch da, der Levit? Ich weiß, daß er reden
kann, und siehe da, er macht sich schon auf, dir ent-
gegenzugehen. Er wird dich erblicken und sich von
Herzen freuen. 5 Du sollst zu ihm sprechen und die
Worte in seinen Mund legen! Ich will aber mit dei-
nem und mit seinem Munde sein und will euch leh-
ren, was ihr tun sollt. 16 Er soll dann an deiner Stelle
zum Volke sprechen: Er soll dein Mund sein, und du
sollst für ihn an Gottes Stelle stehen! 17 So nimm
denn diesen Stab in deine Hand, mit dem du die
Zeichen wirken wirst!«

Rückkehr nach Ägypten

18 Danach machte sich Moses auf und kehrte zu sei-
nem Schwiegervater Jetro zurück. Er sprach zu ihm:
»Ich will mich aufmachen und zu meinen Brüdern
nach Ägypten zurückkehren, um zu sehen, ob sie
noch am Leben sind.« Jetro sagte zu Moses: »Geh
hin in Frieden!« 19 Der Herr sprach zu Moses in Mi-
dian: »Auf! Kehre zurück nach Ägypten; denn alle
Männer, die dir nach dem Leben trachteten, sind
tot! « 20 Moses nahm seine Frau und seinen Sohn. Er
setzte sie auf den Esel und kehrte nach Ägypten
zurück. Er hielt den Gottesstab in seiner Hand.
21 Der Herr sprach zu Moses: »Da du dich auf-
machst, nach Ägypten zurückzukehren, so sieh zu,
daß du alle Wundertaten, die ich deiner Hand an-
vertraute, vor dem Angesicht des Pharao ausführst!
Ich aber werde sein Herz verhärten, und er wird das
Volk nicht ziehen lassen. 22 Sage zum Pharao: ›So
spricht der Herr: Mein erstgeborener Sohn ist Israel.
23 Ich sage dir: Laß meinen Sohn ziehen, daß er
mich verehre; weigerst du dich aber, ihn ziehen zu
lassen, so töte ich deinen erstgeborenen Sohn.‹«

»Blutbräutigam«

24 Auf dem Wege bei der Raststätte stieß der Herr
auf ihn und suchte ihn zu töten. 25 Da nahm Zip-
pora einen kantigen Stein, schnitt damit die Vor-
haut ihres Sohnes ab, berührte damit seine Beine
und sprach: »Ein Blutbräutigam bist du mir.« 26 Da
ließ er von ihm ab. Damals sagte man »Blutbräuti-
gam« bezüglich der Beschneidungen.

Moses und Aaron vor dem Volke

27 Es sprach der Herr zu Aaron: »Gehe dem Moses
in die Wüste entgegen!« Er machte sich auf, stieß
auf ihn am Gottesberge und küßte ihn. 28 Moses
teilte dem Aaron alle Worte des Herrn mit, die er
bei seiner Sendung gesprochen, und alle Wunder-
zeichen, die er ihm aufgetragen hatte. 29 Moses und
Aaron gingen also hin und riefen alle Ältesten der
Israeliten zusammen. 30 Aaron verkündete alle
Worte, die der Herr zu Moses gesprochen hatte;
dieser vollbrachte die Wunderzeichen vor den
Augen des Volkes. 31 Und das Volk glaubte. Als sie
hörten, daß der Herr sich der Kinder Israels ange-
nommen und daß er ihr Elend angeschaut habe, da
verneigten sie sich und warfen sich voll Ehrfurcht
nieder.

4,1–23: Moses fürchtet, daß weder sein eigenes Volk noch der Pharao an seine Sendung glauben werden, und wehrt sich gegen den Auftrag (vgl. Jer 1,6), den der Gott Isaaks und Jakobs ihm geben will. Daher rüstet ihn Gott mit Wunderkräften aus. Schließlich wird ihm vom Herrn Aaron als guter Redner beigegeben. 24–26: Die Deutung des kurzen Einschubes ist sehr umstritten. Wer wird mit dem Tode bedroht, Moses oder wohl eher der erstgeborene Sohn Gerschom? Nach letzterer Ansicht liegt ein nachgeholter Bericht vor, wie die Mutter durch das Blutzeichen der Beschneidung ihr Kind rettet. Moses selbst ist dann an dem Vorfall nicht beteiligt.

Moses und Aaron vor dem Pharao

5 1 Danach gingen Moses und Aaron hin und
sprachen zum Pharao: »So spricht der Herr,
der Gott Israels: Laß mein Volk frei, damit sie
mir zu Ehren in der Wüste ein Fest feiern!« 2 Der
Pharao erwiderte: »Wer ist denn der Herr, daß ich
auf seine Stimme hören und Israel entlassen sollte?
Ich kenne den Herrn nicht und werde auch Israel
nicht entlassen.« 3 Sie sprachen: »Der Gott der He-
bräer ist uns begegnet. Wir wollen drei Tagereisen
weit in die Wüste ziehen und dort dem Herrn, un-
serem Gott, Opfer darbringen. Sonst trifft er uns
mit der Pest oder mit dem Schwerte.« 4 Der König
von Ägypten erwiderte ihnen: »Warum wollt ihr
beide, Moses und Aaron, das Volk von seinen Ar-

beiten abhalten? Fort mit euch an eure Frondien-
ste!« 5 Der Pharao fuhr fort: »Seht, sie sind jetzt
schon ohnehin zahlreicher als die Bürger des Lan-
des! Da wollt ihr sie noch ruhen lassen von ihrer
Fronarbeit?«
6 Der Pharao befahl an jenem Tage den über das
Volk gesetzten Antreibern und dessen Aufsehern:
7 »Ihr sollt das Bindestroh zur Ziegelherstellung dem
Volke nicht mehr zur Verfügung stellen wie bisher!
Sie sollen selbst gehen und sich das Stroh sammeln!
8 Dieselbe Anzahl von Ziegeln, die sie bisher verfer-
tigten, sollt ihr ihnen auferlegen und nichts davon
nachlassen! Sie sind faul; nur deshalb schreien sie
dauernd: Wir wollen fort und unserem Gott ein Op-
ferfest feiern! 9 Den Leuten muß die Arbeit er-
schwert werden, damit sie mit ihr beschäftigt sind
und nicht auf trügerische Worte hören!« 10 Die über
das Volk gesetzten Antreiber und Aufseher gingen
hinaus und sprachen zum Volke: »So befiehlt der
Pharao: Ich liefere euch kein Stroh mehr. 11 Geht ihr
selbst und holt euch Stroh, wo immer ihr es findet;
aber es wird euch von eurer Arbeit nichts nachge-
lassen.« 12 Da zerstreute sich das Volk über das
ganze Ägypterland hin, um Halme für das Binde-
stroh zu sammeln. 13 Die Antreiber drängten und
sagten: »Ihr müßt tagtäglich eure pflichtmäßige
Arbeit leisten wie bisher, als das Stroh da war.«
14 Die Aufseher der Israeliten aber, die von den An-
treibern des Pharao über sie gesetzt waren, wurden
geschlagen mit der Begründung: »Warum habt ihr
nicht euer Maß in der Ablieferung von Ziegeln wie
ehedem so auch gestern und heute erfüllt?«

Der Aufseher Klage

15 Da kamen die Aufseher der Israeliten und klagten
laut beim Pharao: »Warum handelst du so an deinen
Knechten? 16 Stroh wird deinen Knechten nicht
mehr geliefert; Ziegel aber, so heißt es, müßt ihr ab-
liefern. Jetzt werden deine Knechte noch geschla-
gen! Du versündigst dich an deinem Volke!« 17 Er er-
widerte: »Faul seid ihr, faul; darum sagt ihr dauernd:
Wir wollen hingehen und dem Herrn ein Opferfest
halten! 18 Jetzt aber geht und schafft! Stroh wird
euch nicht geliefert; aber das Soll an Ziegeln müßt
ihr abliefern!« 19 Da sahen sich die Aufseher der
Israeliten in einer mißlichen Lage, da man forderte:
»Ihr dürft die täglich abzuliefernde Menge an Zie-
geln nicht herabsetzen!«

Vorwürfe gegen Moses und Aaron

20 Sie stießen beim Weggehen vom Pharao auf
Moses und Aaron, die auf sie warteten. 21 Sie sag-
ten zu ihnen: »Auf euch möge der Herr strafend
herabsehen, und er möge richten! Denn ihr habt
uns beim Pharao und seinen Knechten in einen
üblen Ruf gebracht, indem ihr ihnen ein Schwert in
die Hand gegeben habt, uns zu töten.« 22 Da wandte
sich Moses an den Herrn und sprach: »Herr, warum
handelst du so übel an diesem Volke? Wozu hast du
mich gesandt? 23 Seit ich beim Pharao war, um in
deinem Namen zu reden, mißhandelt er dieses
Volk, und du hast dein Volk wahrhaftig nicht geret-
tet!«

Mit ausgestrecktem Arm

6 1 Der Herr erwiderte Moses: »Jetzt wirst du
sehen, was ich dem Pharao antun werde! Er
wird sie, von einer starken Hand gezwungen,
entlassen; ja, er wird sie, von einer starken Hand ge-
zwungen, aus seinem Land vertreiben.«
2 Gott redete zu Moses und sprach zu ihm: »Ich bin
der Herr! 3 Ich bin unter dem Namen ›Allmächtiger
Gott‹ (El Schaddaj) dem Abraham, dem Isaak und
dem Jakob erschienen. Aber meinen Namen
›Jahwe‹ habe ich ihnen nicht kundgetan. 4 Ich
schloß mit ihnen einen Bund, ihnen das Land
Kanaan zu geben, das Land ihrer Wanderschaft, in
dem sie als Fremdlinge weilten. 5 Auch hörte ich das
Stöhnen der Kinder Israels, die von den Ägyptern
zu Sklaven gemacht wurden. Ich gedenke meines
Bundes. 6 Darum sage den Kindern Israels: Ich bin
der Herr! Ich führe euch aus den Frondiensten
Ägyptens hinaus; ich befreie euch aus ihrer Knecht-
schaft, und ich erlöse euch mit ausgestrecktem Arm
und in gewaltigen Strafgerichten. 7 Ich nehme euch
als mein Volk an und will euer Gott sein; ihr sollt
erkennen, daß ich es bin, der Herr, euer Gott, der
euch aus den Frondiensten Ägyptens hinausführt!
8 Ich bringe euch in das Land, das dem Abraham,
Isaak und Jakob zu verleihen ich unter Eidschwur
versprochen habe. Euch will ich es geben als Erbbe-
sitz, ich, der Herr!«

Moses wieder vor dem Pharao

9 Moses sprach in diesem Sinne zu den Kindern Is-
raels; aus Mutlosigkeit und wegen des harten Dien-
stes wollten sie aber auf Moses nicht hören. 10 Der
Herr sprach zu Moses: 11 »Geh hin, sage dem Pha-
rao, dem Ägypterkönig, er solle die Kinder Israels
aus seinem Lande freigeben!« 12 Und Moses sprach
vor dem Herrn: »Siehe, nicht einmal die Kinder Is-
raels haben auf mich gehört; wie sollte wohl der
Pharao auf mich hören? Ich bin ja schwerfällig im
Reden.« 13 Der Herr redete zu Moses und Aaron und
entbot sie zu den Kindern Israels und zum Pharao,
dem König von Ägypten; sie sollten die Kinder Isra-
els aus dem Ägypterland hinausführen.

Familiengeschichte des Moses und Aaron

14 Dies sind die Häupter ihrer Familien: Die Söhne
Rubens, des Erstgeborenen Israels, waren Henoch
und Pallu, Chezron und Karmi; dies sind die Ge-
schlechter Rubens. 15 Die Söhne Simeons waren: Je-
muel, Jamin, Ohad, Jachin, Zochar und Schaul, der
Sohn der Kanaaniterin; das sind die Geschlechter
Simeons. 16 Dies sind die Namen der Söhne Levis
nach ihren Geschlechtern: Gerschon, Kehat und
Merari. Levis Lebensjahre waren hundertsieben-
unddreißig Jahre. 17 Die Söhne Gerschons waren
Libni und Schimi nach ihren Geschlechtern. 18 Die
Söhne Kehats waren Amram, Jizhar, Hebron und
Ussiel. Die Lebensjahre Kehats betrugen hundert-
dreiunddreißig Jahre. 19 Die Söhne Meraris waren
Machli und Muschi. Das sind Levis Geschlech-
ter nach ihrem Stammbaum. 20 Amram nahm sich
seine Tante Jochebed zur Frau. Sie gebar ihm den
Aaron und den Moses. Amrams Lebensjahre betru-
gen hundertsiebenunddreißig Jahre. 21 Die Söhne
Jizhars waren Korach, Nepheg und Sichri. 22 Die
Söhne Ussiels waren Mischael, Elzaphan und Sitri.
23 Aaron nahm sich Elischeba, die Tochter des Am-
minadab und Schwester des Nachschon, zur Frau.
Sie gebar ihm Nadab, Abihu, Eleasar und Itamar.
24 Die Söhne Korachs waren: Assir, Elkana und
Abiasaph. Das sind die Geschlechter der Korachi-
ten. 25 Eleasar, Aarons Sohn, nahm sich eine von
den Töchtern Putiels zur Frau. Sie gebar ihm den
Pinchas. Das sind die Familienhäupter der Leviten
nach ihren Geschlechtern. 26 Dies sind Aaron und
Moses, denen der Herr aufgetragen: »Führt die Kin-
der Israels aus dem Ägypterland, nach ihren Heer-
scharen geordnet!« 27 Dies sind diejenigen, die mit
dem Pharao, dem König von Ägypten, redeten, um
die Kinder Israels aus dem Ägypterland hinauszu-
führen, nämlich Moses und Aaron.

Nochmalige Sendung

28 Es geschah, als der Herr zu Moses im Lande
Ägypten redete, 29 da sagte der Herr zu Moses: »Ich
bin der Herr! Sprich zum Pharao, dem Ägypterkö-
nig, all das, was ich zu dir spreche!« 30 Da antwor-
tete Moses vor dem Herrn: »Fürwahr, ich bin
schwerfällig im Reden! Wie sollte da der Pharao auf
mich hören?«

6,14–15: Rest einer Stammtafel sämtlicher zwölf Stämme.

Aaron als Prophet

7 1 Der Herr sprach zu Moses: »Siehe, ich habe
dich zum Gott für den Pharao bestellt, dein
Bruder Aaron soll dein Prophet sein! 2 Du
sollst alles, was ich dir auftrage, (zu ihm) sagen;
dein Bruder Aaron aber soll zum Pharao sprechen,
damit er die Kinder Israels aus seinem Lande frei-
gibt! 3 Ich aber werde das Herz des Pharao verhär-
ten und werde meine Zeichen und Wunder im
Ägypterland zahlreich machen. 4 Der Pharao wird
nicht auf euch hören. Ich lege darum meine Hand
auf Ägypten und führe meine Heerscharen, mein
Volk, die Kinder Israels, aus dem Ägypterland her-
aus unter gewaltigen Strafgerichten. 5 Die Ägypter
werden erkennen, daß ich der Herr bin, wenn ich
meine Hand gegen Ägypten ausstrecke und die Kin-
der Israels aus ihrer Mitte fortführe.« 6 Moses und
Aaron taten, wie der Herr ihnen aufgetragen hatte,
und führten es so aus. 7 Moses war achtzig Jahre alt
und Aaron dreiundachtzig, als sie zum Pharao re-
deten.

Stabwunder

8 Der Herr sprach zu Moses und Aaron: 9 »Wenn
nun der Pharao zu euch sagt: ›Wirkt doch zu eurer
Beglaubigung ein Wunder!‹, dann sprich zu Aaron:
›Nimm deinen Stab und wirf ihn vor den Pharao
hin!‹, und so wird er zu einer Schlange werden.«
10 Da gingen Moses und Aaron zum Pharao und
taten, wie der Herr befohlen hatte. Aaron warf
seinen Stab vor den Pharao und seine Diener hin,
und er ward zur Schlange. 11 Da ließ der Pharao die
Weisen und Zauberkünstler rufen. Vermöge ihrer
Geheimkünste vollbrachten die Wahrsagepriester
Ägyptens dasselbe. 12 Jeder von ihnen warf seinen
Stab hin, und es wurden Schlangen daraus. Doch
Aarons Stab verschlang ihre Stäbe. 13 Aber das Herz
des Pharao blieb hart; er hörte nicht auf sie, wie der
Herr vorausgesagt hatte.

Blut

14 Der Herr sprach zu Moses: »Verstockt ist des Pha-
rao Herz; er weigert sich, das Volk zu entlassen.
15 Geh morgen in der Frühe zum Pharao, wenn er
gerade hinausgeht zum Wasser! Tritt ihm entgegen
am Nilufer und nimm dabei den Stab, der in eine
Schlange verwandelt ward, in deine Hand! 16 Sprich
zu ihm: Der Herr, der Gott der Hebräer, hat mich zu
dir gesandt und befiehlt: Gib mein Volk frei! Sie sol-
len mir in der Wüste dienen! Du jedoch hast bis da-
hin nicht hören wollen. 17 Darum spricht der Herr:
Daran sollst du erkennen, daß ich der Herr bin:
Siehe, ich schlage mit dem Stabe in meiner Hand
auf das Wasser im Nil, und es verwandelt sich in
Blut. 18 Die Fische im Nil werden sterben, der Nil
wird stinken, und die Ägypter werden nicht mehr
imstande sein, Wasser aus dem Nil zu trinken.«
19 Der Herr sprach zu Moses: »Sage zu Aaron:
Nimm deinen Stab und strecke deine Hand über die

Gewässer der Ägypter, über ihre Ströme und
Kanäle, über ihre Teiche und alle ihre Wasserstellen
aus, daß sie zu Blut werden! Blut soll sein im
ganzen Ägypterlande, sogar in den Bäumen und
Steinen!« 20 Moses und Aaron taten, wie der Herr
befohlen hatte. Er erhob den Stab und schlug das
Wasser im Nil vor den Augen des Pharao und seiner
Diener. Da verwandelte sich alles Wasser im Nil zu
Blut. 21 Die Fische im Nil starben, der Nil stank und
die Ägypter vermochten kein Wasser mehr aus dem
Nil zu trinken. Das Blut war im ganzen Ägypter-
land. 22 Die Wahrsagepriester in Ägypten aber taten
durch ihre Geheimkünste dasselbe. Darum blieb
das Herz des Pharao hart, und er hörte nicht auf sie,
wie der Herr vorausgesagt hatte. 23 Der Pharao
wandte sich ab, ging in seinen Palast und nahm sich
auch dies nicht zu Herzen. 24 Alle Ägypter gruben
rings um den Nil nach Trinkwasser, weil sie das Nil-
wasser nicht zu trinken vermochten. 25 Es vergingen
sieben Tage, nachdem der Herr den Nil geschlagen
hatte.

Frösche

26 Der Herr sprach zu Moses: »Geh zum Pharao und
sage ihm: So spricht der Herr: Entlasse mein Volk,
sie sollen mir dienen! 27 Wenn du aber die Freilas-
sung verweigerst, dann schlage ich dein ganzes Ge-
biet mit Fröschen. 28 Wimmeln soll der Nil von Frö-
schen; sie sollen heraufsteigen und bis in deinen
Palast kommen, ja, bis in dein Schlafgemach und bis
auf deine Lagerstatt, in die Häuser deiner Diener
und zu deinem Volk, auch in deine Backöfen und
Backtröge. 29 Sogar an dir, deinem Volk und an allen
deinen Dienern sollen die Frösche hinaufkriechen.«

7,10–11,10: Die hier erzählten Ereignisse sind selbstverständlich Wunder, die Gott mit starker Hand gewirkt hat. Aber er hat sich dazu natürlicher Mittel bedient. Ein Beweis dafür ist, daß all diese Plagen in ähnlicher Form auch sonst in Ägypten aufgetreten sind (Frösche, Stechmücken, Hundsfliegen, Heuschrecken). Wir denken uns Gottes Wirken fast nur in Verbindung mit geschöpflichen und daher zweitrangigen Ursachen, für den Orientalen wirkt Gott alles unmittelbar.

8

1 Der Herr sprach zu Moses: »Sage zu Aaron:
Strecke deine Hand mit deinem Stabe aus
über die Flüsse, Kanäle und Teiche und be-
wirke, daß die Frösche auf das Land Ägypten her-
aufkommen!« 2 Aaron streckte seine Hand über die
Wasser von Ägypten aus; da kamen die Frösche
herauf und bedeckten das Ägypterland. 3 Doch die
Wahrsagepriester taten durch ihre Geheimkünste
dasselbe. Sie ließen ebenfalls die Frösche über das
Ägypterland kommen. 4 Dann ließ der Pharao Mo-
ses und Aaron rufen und bat: »Verwendet euch für
mich bei dem Herrn, daß er die Froschplage von mir
und meinem Volke abwende; dann will ich das Volk
entlassen, daß es dem Herrn Opfer darbringe!«
5 Moses antwortete dem Pharao: »Verfüge über
mich! Wann soll ich mich für dich, deine Diener
und dein Volk verwenden, auf daß die Frösche von
dir und deinen Häusern beseitigt werden und nur
noch im Nil bleiben?« 6 Er sagte: »Für morgen!« Je-
ner antwortete: »Nach deinem Wunsch soll es ge-
schehen, damit du erkennst, daß niemand dem
Herrn, unserm Gott, gleich ist! 7 Die Frösche wer-
den also von dir, von deinen Häusern, von deinen
Dienern und von deinem Volke weichen; nur im Nil
werden sie bleiben.« 8 Moses und Aaron entfernten
sich vom Pharao. Moses rief inständig zum Herrn
wegen der Froschplage, die er dem Pharao auferlegt
hatte. 9 Der Herr tat, wie Moses gebeten: Die Frö-
sche verendeten in den Häusern, auf den Höfen und
Feldern. 10 Man schüttete sie scheffelweise auf Hau-
fen, so daß das Land davon stank. 11 Als Pharao sah,
daß die Erleichterung eingetreten war, verstockte er
sein Herz und hörte nicht mehr auf sie – ganz wie
der Herr vorausgesagt hatte.

Stechmücken

12 Der Herr sprach zu Moses: »Sage zu Aaron:
Strecke deinen Stab aus und schlage den Staub der
Erde, so wird er im ganzen Ägypterland zu Stech-
mücken werden!« 13 Sie taten so: Aaron streckte
seine Hand mit dem Stab aus und schlug den Staub
der Erde, und es kamen Stechmücken über Men-
schen und Vieh. Aller Erdenstaub wurde im ganzen
Äypterland zu Stechmücken. 14 Die Wahrsageprie-
ster versuchten durch ihre Geheimkünste, ebenso
Stechmücken hervorzubringen; sie vermochten es
aber nicht; und so kamen die Stechmücken über
Menschen und Vieh. 15 Da erklärten die Wahrsage-
priester dem Pharao: »Gottes Finger ist dies!« Doch
des Pharao Herz blieb hart; er hörte nicht auf sie,
wie der Herr vorausgesagt hatte.

Hundsfliegen

16 Der Herr sprach zu Moses: »Mache dich in der
Frühe des Morgens auf und tritt zum Pharao hin,
wenn er zum Wasser hinausgeht, und sprich zu
ihm: So spricht der Herr: Gib mein Volk frei, daß es
mir diene! 17 Wenn du aber mein Volk nicht fortläßt,
dann lasse ich gegen dich, deine Diener, dein Volk
und deine Häuser Hundsfliegen los! Die ägypti-
schen Häuser und sogar der Boden, auf dem sie ste-
hen, sollen voll von Hundsfliegen sein. 18 Besonders
behandeln will ich an jenem Tage nur das Land Go-
sen, in dem mein Volk sich aufhält, so daß dort
keine Hundsfliegen sind, damit du erkennst, daß
ich inmitten des Landes der Herr bin. 19 Ich will

scheiden zwischen meinem Volk und deinem Volk! Morgen soll dieses Zeichen geschehen!« 20 Und so tat der Herr. Es kamen Hundsfliegen in großer Menge in den Palast des Pharao, in die Häuser seiner Diener und in das ganze Ägypterland. Schweren Schaden hatte das Land zu leiden unter den Hundsfliegen. 21 Der Pharao ließ Moses und Aaron kommen und sprach: »Geht hin und opfert eurem Gott hier im Land!« 22 Moses entgegnete: »Es ist nicht statthaft, dies zu tun; denn den Ägyptern ist ein Greuel, was wir dem Herrn, unserem Gott, zum Opfer darbringen. Wollten wir also zum Greuel der Ägypter vor ihren Augen opfern, würden sie uns da nicht steinigen? 23 Drei Tagereisen weit wollen wir in die Wüste hinausziehen und dort dem Herrn, unserem Gott, ein Opferfest halten, wie er es von uns verlangt hat!« 24 Der Pharao erwiderte: »Ich will euch freigeben, daß ihr dem Herrn, eurem Gott, in der Wüste opfern könnt; nur entfernt euch nicht allzuweit! Legt Fürsprache für mich ein!« 25 Moses sprach: »Siehe, ich gehe fort von dir und lege bei dem Herrn Fürsprache ein. Verschwinden werden dann schon morgen die Hundsfliegen vom Pharao, seinen Dienern und seinem Volke. Nur möge der Pharao nicht wieder wortbrüchig handeln, daß er das Volk doch nicht entläßt, um dem Herrn Opfer darzubringen!« 26 Moses ging nun vom Pharao hinweg und legte beim Herrn Fürsprache ein. 27 Der Herr tat, wie Moses gesagt hatte; die Hundsfliegen wichen vom Pharao, seinen Dienern und seinem Volke. Nicht eine einzige blieb übrig. 28 Doch der Pharao verstockte auch diesmal sein Herz; er gab das Volk nicht frei.

Die Viehpest vernichtet alles Vieh der Ägypter

9 1 Der Herr sprach zu Moses: »Geh zum Pharao und sage ihm: So spricht der Herr, der Gott der Hebräer: Gib mein Volk frei, daß sie mir dienen! 2 Wenn du dich aber weigerst, sie freizulassen, und du sie weiterhin festhältst, 3 dann kommt des Herrn Hand in Gestalt einer schlimmen Viehpest über deinen Viehbestand, über die Pferde, die Esel, die Kamele, das Großvieh und das Kleinvieh. 4 Doch wird der Herr den Viehbestand der Israeliten anders behandeln als den Viehbestand der Ägypter, so daß von allen Tieren der Israeliten nicht eines verendet. 5 Der Herr hat einen Zeitpunkt bestimmt, indem er sprach: ›Morgen wird der Herr dieses Werk im Lande vollbringen!‹« 6 Am kommenden Tag vollführte der Herr dieses Werk; es verendete aller Viehbestand der Ägypter; doch von dem Vieh der Israeliten ging kein einziges ein. 7 Der Pharao schickte hin, und siehe, da war von dem Viehbestand Israels auch nicht ein einziges Stück umgekommen; aber das Herz des Pharao blieb verstockt; er entließ das Volk nicht.

Geschwüre

8 Der Herr sprach zu Moses und Aaron: »Füllt eure beiden hohlen Hände voll Ofenruß! Moses soll davon vor den Augen des Pharao zum Himmel streuen. 9 Er wird sich als feiner Staub über das ganze Ägypterland verbreiten, und er wird auf Menschen und Vieh Geschwüre zur Entzündung bringen, die zu Blasen aufbrechen, im ganzen Ägypterland.« 10 Sie nahmen also Ofenruß, traten vor den Pharao hin, und Moses streute den Ruß zum Himmel. Und es entstanden Geschwüre an Menschen und Vieh, die zu Blasen aufbrachen. 11 Die Wahrsagepriester konnten vor Moses wegen der Geschwüre nicht erscheinen; denn die Geschwüre fanden sich bei den Wahrsagepriestern wie bei allen Ägyptern. 12 Doch der Herr verhärtete das Herz des Pharao: Er hörte nicht auf sie, ganz wie der Herr es Moses vorausgesagt hatte.

Hagel

13 Der Herr sprach zu Moses: »Mach dich am frühen Morgen auf, tritt vor den Pharao hin und sprich zu ihm: So spricht der Herr, der Gott der Hebräer: Gib mein Volk frei, daß sie mir dienen! 14 Denn diesmal werde ich all meine Plagen auf dich, deine Diener und dein Volk senden, damit du erkennst, daß niemand auf der ganzen Erde mir gleicht. 15 Denn schon jetzt hätte ich meine Hand ausstrecken und dich und dein Volk mit der Pest schlagen können! Dann wärest du vom Erdboden vertilgt worden. 16 Aber eben gerade darum habe ich dich weiterleben lassen, um dir meine Macht zu zeigen, damit mein Name auf der ganzen Erde gepriesen werde. 17 Wenn du dich aber noch weiter gegen mein Volk hochfahrend verhältst und es nicht ziehen läßt, 18 siehe, dann lasse ich morgen um diese Zeit einen überaus schweren Hagel niedergehen; seinesgleichen ist noch nicht dagewesen in Ägypten vom Tag seines Bestehens bis zur Gegenwart. 19 Nun sende also hin, bringe dein Vieh und alles, was dir auf dem Felde gehört, in Sicherheit; denn jeglicher Mensch und alles Vieh, das auf dem Felde sich findet und nicht unter Dach gebracht ist, geht zugrunde, wenn der Hagel über sie kommt.« 20 Wer von den Dienern des Pharao das Wort des Herrn fürchtete, der brachte seine Knechte und seinen Viehbestand nach Hause. 21 Wer sich aber das Wort des Herrn nicht zu Herzen nahm, der ließ seine Knechte und sein Vieh auf dem Felde. 22 Da sprach der Herr zu Moses:

»Strecke deine Hand gegen den Himmel aus, dann
wird Hagel im ganzen Ägypterland niederfallen auf
Menschen, auf Vieh und auf alles Gewächs des Fel-
des im Lande Ägypten.« 23 Moses streckte seinen
Stab gegen den Himmel aus; da ließ der Herr don-
nern und hageln, Blitze ließ er zur Erde fahren und
Hagel auf das Ägypterland fallen. 24 Das Hagelwet-
ter und die hin- und herzuckenden Blitze inmitten
des Hagels waren überaus heftig, desgleichen noch
niemals gewesen war im ganzen Land Ägypten seit
der Zeit, da ein Volk dort wohnte. 25 Der Hagel er-
schlug im ganzen Ägypterland alles, was auf dem
Felde war, vom Menschen bis zum Vieh; auch alles
Gewächs des Feldes erschlug der Hagel, und alle
Feldbäume zerschmetterte er. 26 Nur im Lande Go-
sen, wo die Israeliten wohnten, fiel kein Hagel.
27 Der Pharao schickte hin, ließ Moses und Aaron
rufen und sprach zu ihnen: »Diesmal habe ich ge-
sündigt. Der Herr ist im Recht, ich und mein Volk
sind im Unrecht. 28 Legt beim Herrn Fürsprache ein!
Zuviel ist es schon der Donnerstimme Gottes, zu-
viel des Hagels; ich will euch ziehen lassen, ihr
braucht nicht mehr länger zu bleiben.« 29 Moses
entgegnete ihm: »Sobald ich die Stadt verlasse, will
ich meine Hände zum Herrn ausbreiten; dann
hören die Donnerschläge auf, der Hagel wird nicht
mehr fallen, damit du erkennst, daß dem Herrn die
Erde gehört. 30 Doch von dir und von deinen Die-
nern weiß ich, daß ihr euch noch immer nicht vor
Gott, dem Herrn, fürchtet.«
31 Der Flachs und die Gerste wurden zusammenge-
schlagen; denn die Gerste zeigte schon Ähren, und
der Flachs war schon in Blüte. 32 Der Weizen und
der Spelt wurden aber nicht vernichtet; denn sie rei-
fen später. 33 Moses ging nun vom Angesicht des
Pharao aus der Stadt hinaus. Er erhob seine Hände
zum Herrn; da hörten die Donnerschläge und der
Hagel auf, und kein Regen ergoß sich mehr auf die
Erde. 34 Als der Pharao sah, daß der Regen, der Ha-
gel und die Donnerschläge vorbei waren, verblieb
er in seiner sündhaften Gesinnung und verstockte
sein Herz, er und seine Diener. 35 Des Pharao Herz
blieb also verhärtet. Er gab die Kinder Israels nicht
frei, wie der Herr durch Moses vorausgesagt hatte.

Heuschreckenschwärme

10
1 Der Herr sprach zu Moses: »Geh hin
zum Pharao! Denn ich selbst habe sein
Herz und das Herz seiner Diener ver-
stockt, um diese meine Wunderzeichen in ihrer
Mitte zu tun, 2 auf daß du es deinen Söhnen und
deinen Enkeln erzählen kannst, was ich den Ägyp-
tern angetan und welche Wunderzeichen ich unter
ihnen gewirkt habe, damit ihr erkennt, daß ich der
Herr bin.« 3 Moses und Aaron gingen also zum Pha-
rao und sagten zu ihm: »So spricht der Herr, der
Gott der Hebräer: Wie lange weigerst du dich noch,
Demut vor mir zu zeigen? Laß mein Volk frei, daß
es mir diene! 4 Wenn du dich aber weigerst, mein
Volk freizugeben, wohlan, dann lasse ich morgen
Heuschreckenschwärme in dein Gebiet fallen. 5 Sie
werden die Oberfläche des Landes bedecken, so
daß man das Land selbst nicht mehr sehen kann. Sie
werden den Rest, der verschont ist, der vom Hagel-
wetter euch noch übrigblieb, verzehren und alle
Bäume kahlfressen, die auf euren Feldern wachsen.
6 Deine Häuser, die Häuser deiner Diener und die
Häuser aller Ägypter werden angefüllt sein. Der-
gleichen haben deine Väter und deine Ahnen, seit
sie auf Erden sind, bis heute noch nicht erlebt.«
Dann wandte er sich um und ging vom Pharao hin-
weg. 7 Da sprachen des Pharao Diener zu ihm: »Wie
lange noch soll dieser Mensch uns zum Verderben
sein? Laß doch die Männer ziehen, daß sie dem
Herrn, ihrem Gott, dienen! Merkst du denn nicht,
daß Ägypten zugrundegeht?« 8 Man holte den Mo-
ses und den Aaron zum Pharao, und dieser sagte:
»Geht und dient dem Herrn, eurem Gott! – Wer soll
denn alles fortgehen?« 9 Moses gab zur Antwort:
»Mit unsern Jungen und Alten wollen wir gehen;
mit unsern Söhnen und Töchtern, mit unsern Scha-
fen und Rindern wollen wir ziehen. Denn wir wol-
len dem Herrn ein Fest feiern!« 10 Er sprach zu
ihnen: »So gewiß möge der Herr mit euch sein, wie
ich euch mit euren Kindern ziehen lasse! Sicher
führt ihr Böses im Schilde! 11 Nicht so! Ihr Männer
mögt hingehen und dem Herrn dienen; denn dies
habt ihr ja verlangt!« Man jagte sie also vom Pharao
weg. 12 Der Herr sprach zu Moses: »Strecke deine
Hand über das Ägypterland aus! Dann werden
Heuschrecken über das Land Ägypten herfallen und
alles Gewächs des Landes fressen, alles, was das
Hagelwetter übriggelassen hat.« 13 Da streckte Mo-
ses seinen Stab über das Ägypterland aus. Der Herr
ließ im Land einen Ostwind wehen den ganzen Tag
und die ganze Nacht. Am Morgen hatte der Ost-
wind die Heuschreckenschwärme gebracht. 14 Die
Heuschreckenschwärme fielen über ganz Ägypten
her; sie ließen sich in allen Gebieten in großer
Menge nieder. Solche Heuschreckenschwärme
hatte es in früherer Zeit nicht gegeben und wird es
auch künftig nicht geben. 15 Sie bedeckten des
ganzen Landes Oberfläche, und das Land färbte sich
dunkel; sie fraßen alles Gewächs des Feldes und alle

Baumfrüchte, welche der Hagel noch übriggelassen hatte. Im ganzen Lande Ägypten blieb nichts Grünes an den Bäumen und Feldgewächsen übrig. [16] Eilends ließ der Pharao Moses und Aaron rufen und sprach: »Ich habe gesündigt vor dem Herrn, eurem Gott, und vor euch. [17] Vergebt mir, bitte, meine Schuld nur noch dieses eine Mal! Legt Fürsprache für mich ein bei dem Herrn, eurem Gott! Er möge wenigstens noch dieses Verderben von mir fortnehmen!« [18] Da ging Moses vom Pharao weg und legte Fürsprache beim Herrn ein. [19] Der Herr änderte den Wind zu einem sehr heftigen Westwind; der riß die Heuschreckenschwärme mit und warf sie ins Schilfmeer; es blieb nicht eine einzige Heuschrecke auf ägyptischem Gebiet zurück. [20] Der Herr verhärtete aber das Herz des Pharao; er ließ die Kinder Israels nicht ziehen.

Finsternis

[21] Der Herr sprach zu Moses: »Strecke deine Hand zum Himmel empor, und es wird eine solche Finsternis über das Land Ägypten kommen, daß man die Finsternis greifen kann.« [22] Moses streckte seine Hand zum Himmel empor, und es herrschte drei Tage tiefste Finsternis im ganzen Ägypterland. [23] Kein Mensch konnte den anderen sehen, niemand konnte sich drei Tage lang von seinem Platz rühren; in den Wohnstätten aller Israeliten aber war Licht. [24] Da ließ der Pharao den Moses rufen und sagte: »Geht und dient dem Herrn! Nur euer Kleinvieh und Großvieh soll bleiben; auch eure Kinder mögen mit euch ziehen!« [25] Moses erwiderte: »Du selbst mußt uns sogar Schlachtopfer und Brandopfer mitgeben, damit wir sie dem Herrn, unserem Gott, darbringen können. [26] Aber auch unser Vieh soll mit uns ziehen, es soll keine Klaue zurückbleiben; denn davon wollen wir ja nehmen, um dem Herrn, unserm Gott, zu dienen. Wir wissen ja noch nicht, womit wir dem Herrn dienen können, bevor wir dorthin gekommen sind.« [27] Der Herr verstockte aber das Herz des Pharao; er wollte sie nicht freigeben. [28] Der Pharao sprach zu ihm: »Hinweg von mir! Hüte dich, mir noch einmal vor das Angesicht zu treten! Denn sobald du mir noch einmal vor das Angesicht trittst, mußt du sterben.« [29] Moses entgegnete: »So, wie du gesagt hast, wird es sein: Ich werde nicht noch einmal vor dein Angesicht treten.«

Tod der Erstgeburt

11 [1] Da sprach der Herr zu Moses: »Nur noch eine Plage will ich über den Pharao und Ägypten kommen lassen. Danach wird er euch von hier freilassen, ja, wenn er euch entläßt, wird er euch sogar von hier fortjagen. [2] Präge dem Volke nachdrücklich ein: Es soll jeder Mann von seinem Nachbarn und jede Frau von ihrer Nachbarin Silber- und Goldgeräte verlangen!« [3] Der Herr verschaffte dem Volke Gunst in den Augen der Ägypter. Auch der Mann Moses genoß großes Ansehen im Lande Ägypten, bei den Dienern des Pharao und beim Volke. [4] Moses sprach: »So spricht der Herr: Um Mitternacht ziehe ich mitten durch Ägypten. [5] Sterben werden alle Erstgeborenen im Ägypterland, vom Erstgeborenen des Pharao, der auf seinem Thron sitzt, bis zum Erstgeborenen der Magd hinter der Handmühle, ebenso aller Erstlingswurf des Viehs. [6] Es wird ein großes Wehgeschrei im ganzen Ägypterland anheben, wie es noch nie gewesen ist und nie sein wird. [7] Aber gegen die Kinder Israels wird nicht einmal ein Hund seine Zunge spitzen, weder gegen einen Menschen noch gegen das Vieh, damit ihr erkennt, daß der Herr einen Unterschied macht zwischen Ägypten und Israel. [8] Dann werden alle deine Diener zu mir herabkommen, sich vor mir niederwerfen und sprechen: Zieh fort, du und das ganze Volk hinter dir her, und danach werde ich fortziehen!« Hierauf ging er vom Pharao fort in glühendem Zorn. [9] Der Herr sprach zu Moses: »Der Pharao hört nicht auf euch, damit meine Wunder im Land Ägypten um so zahlreicher werden.« [10] Moses und Aaron hatten alle diese Taten vor dem Pharao vollbracht. Aber der Herr verhärtete das Herz des Pharao, so daß er die Kinder Israels nicht aus seinem Land wegziehen ließ.

Paschamahl

12 [1] Der Herr gebot Moses und Aaron im Lande Ägypten: [2] »Dieser Monat soll euch der Beginn der Monate sein, der erste sei er für euch unter den Monaten des Jahres! [3] Redet zur ganzen Gemeinde Israels: Am Zehnten dieses Monats nehme jeder ein Lamm für seine Familie, ein Lamm für jede Hausgemeinschaft. [4] Wenn aber eine Familie für ein Lamm zu klein ist, so nehme er es zusammen mit seinem Nachbarn, der seinem Haus am nächsten wohnt, nach der Zahl der Personen. Zerlegt die Anteile an dem Lamm nach dem, was jeder essen kann! [5] Ihr müßt ein fehlerloses, männliches, einjähriges Lamm nehmen, ihr könnt es nehmen von den Schafen oder von den Ziegen. [6] Ihr sollt es nun bewahren bis zum Vierzehnten dieses Monats; dann soll es die ganze Gemeinde Israels bei der Abenddämmerung schlach-

ten! 7 Von dem Blut sollen sie nehmen und damit
die beiden Türpfosten und die Oberschwelle an den
Häusern bestreichen, in denen man es essen wird.
8 Das Fleisch aber, am Feuer gebraten, sollen sie in
dieser Nacht essen, dazu ungesäuertes Brot; mit bit-
teren Kräutern sollen sie es essen. 9 Ihr dürft davon
nichts roh essen oder in Wasser gekocht, sondern
nur am Feuer gebraten; Kopf, Schenkel und innere
Teile sollen zusammenhängend bleiben. 10 Ihr sollt
davon nichts übriglassen bis zum Morgen; was aber
davon noch übrigbleibt bis zum Morgen, das sollt
ihr verbrennen. 11 So sollt ihr es essen: Eure Hüften
gegürtet, eure Schuhe an euren Füßen, euren Stab in
euren Händen; ihr sollt es essen in Hast; es ist ein
Pascha (Vorübergehen) für den Herrn. 12 Ich will in
dieser Nacht durch Ägypten schreiten, werde alle
Erstgeborenen schlagen vom Menschen bis zum
Vieh, und über alle Götter Ägyptens will ich Ge-
richt halten, ich, der Herr! 13 Das Blut an den Häu-
sern, in denen ihr weilt, soll euch zu einem Schutz-
zeichen sein; wenn ich das Blut sehe, dann schreite
ich an euch vorüber. So wird euch kein Vertilgungs-
streich treffen, wenn ich das Ägypterland schlage.
14 Dieser Tag soll euch zur Erinnerung sein; ihr sollt
ihn als ein Fest für den Herrn feiern. Für kommende
Geschlechter sollt ihr ihn als eine immerwährende
Einrichtung begehen.

Die Tage der ungesäuerten Brote

15 Sieben Tage lang sollt ihr ungesäuerte Brote es-
sen. Gleich am ersten Tag sollt ihr den Sauerteig aus
euren Häusern entfernen; denn jeder, der Gesäuer-
tes vom ersten bis zum siebten Tag ißt, soll aus Is-
rael ausgerottet werden. 16 Am ersten Tag soll eine
heilige Versammlung stattfinden, und am siebten
soll ebenfalls eine heilige Versammlung für euch
sein; es darf dabei keinerlei Arbeit verrichtet wer-
den; nur was ein jeder zu essen nötig hat, das allein
soll bei euch hergerichtet werden. 17 Beobachtet das
Fest der ungesäuerten Brote! Denn an diesem Tage
habe ich eure Scharen aus Ägypten herausgeführt.
Beobachtet diesen Tag von Geschlecht zu Ge-
schlecht als eine ewige Satzung! 18 Vom Abend des
vierzehnten Tages des ersten Monats sollt ihr unge-
säuertes Brot essen bis zum Abend des einund-
zwanzigsten Tages dieses Monats. 19 Sieben Tage
lang darf sich kein Sauerteig in euren Häusern
befinden; jeder, der dann Gesäuertes ißt, soll aus der
Gemeinschaft Israels ausgerottet werden, ganz
gleich, ob es ein Fremdling oder ein im Land Gebo-
rener ist! 20 Ihr dürft also nichts Gesäuertes essen; in
all euren Wohnstätten sollt ihr nur ungesäuertes
Brot essen!«

21 Moses berief nun alle Ältesten Israels und sprach
zu ihnen: »Geht hin und sucht euch das Kleinvieh
für eure Familien aus und schlachtet das Pascha!
22 Nehmt dann einen Sprengwedel aus Ysop, taucht
ihn in das Blut, das sich in der Schale befindet, und
streicht von dem Blut in der Schale an die Ober-
schwelle und die beiden Türpfosten! Niemand darf
dann bis zum Morgen aus der Türe seines Hauses
treten. 23 Der Herr wird umhergehen, Ägypten zu
schlagen; sieht er dann das Blut an der Ober-
schwelle und an den beiden Türpfosten, dann wird
er diese Türe übergehen und wird es dem Würger
nicht gestatten, in eure Häuser einzutreten, um
euch zu schlagen. 24 Beobachtet diese Anordnung
als ein immerwährendes Gesetz für euch und eure
Kinder! 25 Wenn ihr in das Land kommt, das der
Herr euch geben wird, wie er es verheißen hat,
dann beobachtet diesen religiösen Brauch! 26 Und
wenn euch dann eure Kinder fragen: ›Welchen reli-
giösen Brauch pflegt ihr da?‹, 27 alsdann sollt ihr ant-
worten: Es ist das Paschaopfer für den Herrn, der in
Ägypten an den Häusern der Israeliten vorüberging,
als er die Ägypter schlug und so unsere Häuser ret-
tete.« Das Volk verneigte sich tief und warf sich in
Ehrfurcht nieder. 28 Die Kinder Israels gingen hin
und führten es aus; wie der Herr dem Moses und
Aaron geboten hatte, so taten sie.

Der Herr schlägt die Erstgeburt in Ägypten

29 Um Mitternacht begab es sich, daß der Herr alle
Erstgeburt im Ägypterland vom Erstgeborenen des
Pharao, der auf seinem Thron saß, bis zum Erstge-
borenen des Gefangenen im Kerker und alle Erstge-
burt des Viehs schlug. 30 Da erhob sich der Pharao in
jener Nacht und mit ihm alle seine Diener und alle
Ägypter. Ein großes Wehgeschrei entstand in Ägyp-
ten; denn es gab kein Haus, in dem nicht eine Lei-
che lag. 31 Noch in der Nacht ließ er den Moses und
den Aaron rufen und sprach: »Auf, zieht fort aus
meinem Volke, sowohl ihr selbst als auch die Kin-
der Israels. Geht und dient dem Herrn, wie ihr es
gewünscht habt! 32 Auch euer Klein- und Großvieh
nehmt mit, wie ihr es verlangt habt; nur geht und
bittet auch für mich um Segen!« 33 Auch die Ägyp-
ter drängten das Volk, um es schleunigst aus dem
Lande zu entfernen; denn sie sagten sich: »Sonst
sind wir alle des Todes!« 34 Da nahmen die Leute
ihren Brotteig, ehe er noch durchsäuert war, indem
sie ihre Backschüsseln, in Mäntel eingewickelt, auf
den Schultern trugen. 35 Auch handelten die Israeli-
ten nach der Weisung des Moses und erbaten sich
von den Ägyptern silberne und goldene Geräte und
Kleider. 36 Der Herr verschaffte dem Volk Gunst bei

den Ägyptern, so daß sie ihnen willfährig waren. Und so beraubten sie die Ägypter.

Aufbruch der Israeliten nach Sukkot

37 Die Kinder Israels brachen von Ramses auf in Richtung Sukkot, ungefähr 600000 Mann zu Fuß, Frauen und Kinder nicht gerechnet. 38 Auch viel Mischvolk zog mit ihnen, dazu Kleinvieh und Großvieh, eine riesengroße Herde. 39 Sie buken mit dem Teig, den sie aus Ägypten mitgenommen hatten, ungesäuerte Brotfladen; denn er war noch ungesäuert. Sie waren ja von Ägypten weggetrieben worden, und so konnten sie nicht länger säumen und auch keine Reisekost herrichten. 40 Die Zeit des Aufenthaltes der Israeliten in Ägypten betrug vierhundertdreißig Jahre. 41 Am Ende der vierhundertdreißig Jahre, an eben diesem Tage, zogen alle Heerscharen des Herrn aus dem Ägypterland aus. 42 Eine Nacht des Wachens war das für den Herrn, als er sie aus dem Ägypterland hinausführte. Diese Nacht ist daher eine Wache – Nacht für den Herrn für alle Israeliten von Geschlecht zu Geschlecht.

Fremde beim Paschamahl

43 Der Herr sprach zu Moses und Aaron: »Dies ist das Gesetz für das Pascha: Kein Fremder darf davon essen. 44 Doch jeder Sklave, der um Geld gekauft ist, darf, sobald du ihn beschnitten hast, davon essen. 45 Beisassen und Tagelöhner dürfen nicht davon essen. 46 In ein und demselben Haus muß es gegessen werden; du darfst von dem Fleisch nichts aus dem Haus nach draußen tragen. Keinen Knochen dürft ihr daran zerbrechen. 47 Die ganze Gemeinde Israel soll so verfahren. 48 Wenn aber ein Fremdling bei dir weilt und er Pascha für den Herrn halten will, so soll zunächst jeder, der männlich ist, beschnitten werden; dann darf er sich nahen, um es zu halten, und er soll wie ein Einheimischer gelten. Aber kein Unbeschnittener darf davon essen. 49 Ein und dasselbe soll für den Einheimischen wie für den Fremdling, der bei euch weilt, gelten!« 50 Alle Söhne Israels taten so; wie der Herr dem Moses und Aaron geboten hatte, so führten sie es aus. 51 An eben diesem Tage führte der Herr die Kinder Israels, geordnet nach ihren Scharen, aus dem Ägypterland heraus.

12,37–19,25: Diese Abschnitte schildern den Wüstenzug der Israeliten, der hier zunächst am Sinai endet. In 4 Mos 33,3–49 findet sich nochmals ein Verzeichnis auch der weiteren Haltestellen, deren letzte in den Gefilden Moabs liegt. Jenes Verzeichnis will ausdrücklich von Moses niedergeschrieben sein. Gleich zu Anfang hören wir eine ungewöhnlich hohe Zahl (600 000 kriegstüchtige Männer). Für sie und ihren Anhang ist die Wüste Sinai zu klein. Man versucht, diese Zahl unter Hinweis auf den Zahlenwert des hebräischen Wortes für »Kinder Israels« zu deuten. Man bekommt dann 603 000 (vgl. dazu 4 Mos 1,46, wo 603 550 steht; vgl. auch Jos 4,13). Höhepunkt des Wüstenzuges ist das Meerwunder, die Vernichtung der ägyptischen Streitmacht. Wo der Durchzug am »Schilfmeer« oder »Roten Meer« stattfand, ist umstritten. 15,12–17 sind Verse, die erst im Hl. Land zu dem eigentlichen Meerlied hinzugedichtet sind. Offb 15,2.3 sieht man das gläserne Meer und vernimmt das Moseslied. Der Wüstenzug behält seine typische Bedeutung auch in christlicher Zeit (Joh 3,14; Apg 7,36ff; 1 Kor 10,1–13; Hebr 3,7–19; 11,29).

Weihe der Erstgeburt

13 1 Der Herr sprach zu Moses: 2 »Weihe mir alle Erstgeburt! Alles, was bei den Kindern Israels den Mutterschoß durchbricht, beim Menschen und beim Vieh, gehört mir.«

Die ungesäuerten Brote

3 Moses verkündete dem Volke: »Gedenkt dieses Tages, an dem ihr aus Ägypten, dem Sklavenhaus, ausgezogen seid; denn mit starker Hand hat euch der Herr von dort herausgeführt; deshalb soll Gesäuertes nicht gegessen werden! 4 Heute seid ihr ausgezogen, im Monat Abib. 5 Wenn dich dann der Herr in das Land der Kanaaniter, Hethiter, Amoriter, Hiwwiter und Jebusiter gebracht hat, das dir zu geben er deinen Vätern durch Eidschwur versichert hat, ein Land, das von Milch und Honig fließt, dann sollst du in diesem Monat folgendes Brauchtum üben: 6 Sieben Tage lang sollst du ungesäuerte Brote essen, und am siebten Tag soll eine Festfeier für den Herrn stattfinden! 7 Nur ungesäuertes Brot darf diese sieben Tage lang genossen werden, Gesäuertes darf bei dir nicht zu sehen sein, auch kein Sauerteig soll bei dir in deinem ganzen Gebiet sichtbar sein. 8 Du sollst es deinem Sohne einschärfen an jenem Tage: Dies geschieht um dessentwillen, was der Herr an mir getan hat, als ich aus Ägypten wegzog. 9 Es soll dir zu einem Zeichen an deiner Hand sein und zu einem Erinnerungsmal zwischen deinen Augen, damit das Gesetz des Herrn in deinem Munde sei; denn mit starker Hand hat dich der Herr aus Ägypten herausgeführt. 10 Du sollst diese Satzung beobachten zu ihrer festgesetzten Zeit von Jahr zu Jahr!

11 Wenn dich der Herr also in das Land der Kanaaniter führt, das er dir und deinen Vätern durch Eidschwur versprochen hat, und es dir gibt, 12 dann sollst du alles, was den Mutterschoß durchbricht, dem Herrn schenken; auch jeder Erstlingswurf des Viehs, der dir zuteil wird, gehört, soweit er männlich ist, dem Herrn. 13 Jeden Erstlingswurf des Esels sollst du aber gegen ein Schaf auslösen; willst du ihn aber nicht auslösen, dann mußt du ihm das Genick brechen. Jede menschliche Erstgeburt unter deinen Söhnen sollst du auslösen! 14 Wenn dich künftig dein Sohn fragt: ›Was hat dies zu bedeuten?‹, dann sollst du ihm sagen: Mit starker Hand hat uns der Herr aus Ägypten herausge-

führt, aus dem Sklavenhaus. 15 Denn als der Pharao
hartnäckig uns nicht freigeben wollte, da hat der
Herr alle Erstgeburt im Ägypterland getötet, vom
Erstgeborenen bei den Menschen bis zum Erstlings-
wurf des Viehs ; darum opfere ich dem Herrn alles,
was den Mutterschoß durchbricht, soweit es männ-
lich ist; jeden Erstgeborenen unter meinen Söhnen
löse ich aber aus. 16 Es soll zu einem Zeichen auf
deiner Hand sein und zu Merkmalen auf deiner
Stirn, weil der Herr mit starker Hand uns aus Ägyp-
ten geführt hat.«

Josephs Gebeine

17 Als der Pharao das Volk ziehen ließ, da führte
Gott sie nicht den Weg zum Philisterland, obwohl
dies der nächste gewesen wäre; denn Gott sagte
sich, das Volk bekommt am Ende Reue, wenn es
sich in Kämpfe verwickelt sieht, und will wieder
nach Ägypten zurück. 18 Darum ließ Gott das Volk
auf den Weg zur Wüste am Schilfmeer abbiegen.
Die Israeliten zogen kampfgerüstet aus dem Ägyp-
terland. 19 Moses nahm die Gebeine Josephs mit.
Dieser hatte ja die Kinder Israels feierlich schwören
lassen: Sucht Gott euch einstens gnädig heim, dann
nehmt meine Gebeine von hier mit euch!

Wolken- und Feuersäule

20 Sie brachen von Sukkot auf und lagerten in Etam
am Rande der Wüste. 21 Der Herr zog am Tage vor
ihnen in einer Wolkensäule her, um ihnen den Weg
zu zeigen, bei Nacht aber in einer Feuersäule, um
ihnen Licht zu spenden, so daß sie bei Tag und
Nacht wandern konnten. 22 Nicht wich die Wol-
kensäule bei Tag und nicht die Feuersäule bei Nacht
von der Spitze des ziehenden Volkes.

Vor Baal-Zephon

14 1 Der Herr sprach zu Moses folgendes:
2 »Sage den Kindern Israels, sie sollen um-
kehren und sich vor Pi-Hachirot zwi-
schen Migdol und dem Meer vor Baal-Zephon la-
gern. Ihm gegenüber sollt ihr am Meer das Lager
aufschlagen! 3 Der Pharao wird dann von den Israe-
liten annehmen: Sie haben sich in dem Lande ver-
irrt, die Wüste hat sie ringsum eingeschlossen. 4 Ich
will das Herz des Pharao verhärten, und er wird sie
verfolgen. Ich erweise meine Macht am Pharao und
seinem ganzen Heere. Die Ägypter werden erken-
nen, daß ich der Herr bin!« Und sie taten so.

Aufnahme der Verfolgung

5 Dem König von Ägypten ward berichtet, daß das
Volk entflohen sei. Da änderte sich die Stimmung
des Pharao und seiner Diener dem Volke gegenüber.
Sie sprachen: »Was haben wir da getan, daß wir Is-
rael entlassen haben aus unserem Dienst!« 6 Er ließ
seine Streitwagen anspannen und nahm seine
Kriegsleute mit sich. 7 Er führte sechshundert auser-
lesene Streitwagen und alle anderen Streitwagen
Ägyptens mit und auf jedem drei Mann Besatzung.
8 Der Herr verhärtete das Herz des Pharao, des
Königs von Ägypten, so daß er den Kindern
Israels nachsetzte, obwohl doch die Israeliten unter
dem Schutz einer erhobenen Hand auszogen. 9 Die
Ägypter verfolgten und erreichten sie mit allen Ge-
spannen und Wagen des Pharao, mit deren Mann-
schaften und dem gesamten Heer, als jene sich am
Meer lagerten; es war bei Pi-Hachirot gegenüber
von Baal-Zephon.

Die Macht des Herrn

10 Der Pharao kam näher und näher; die Kinder Is-
raels erhoben ihre Augen und erblickten die Ägyp-
ter, die hinter ihnen her waren. Da erschraken die
Kinder Israels gar sehr und schrieen zum Herrn.
11 Sie sprachen zu Moses: »Es gab offenbar in Ägyp-
ten keine Gräber. Darum hast du uns weggeholt,
damit wir in der Wüste sterben. Was hast du uns da
angetan, daß du uns aus Ägypten herausgeführt
hast! 12 Haben wir es dir nicht schon in Ägypten ge-
sagt: ›Laß uns in Ruhe! Wir wollen den Ägyptern
dienen; denn besser ist es für uns, den Ägyptern zu
dienen, als in der Wüste zu sterben‹!« 13 Moses ent-
gegnete dem Volk »Fürchtet euch nicht! Haltet
stand und seht die Hilfe des Herrn, die er euch
heute gewähren wird! Denn wie ihr die Ägypter
heute seht, so werdet ihr sie niemals mehr wieder-
sehen! 14 Der Herr wird für euch kämpfen, ihr aber
könnt schweigend zuschauen.«

Durchgang auf trockenem Boden

15 Der Herr sprach zu Moses: »Warum schreist du
zu mir? Sage den Israeliten, sie sollen aufbrechen!
16 Du aber sollst deinen Stab erheben, deine Hand
über das Meer ausstrecken und es spalten, damit
die Israeliten inmitten des Meeres auf trockenem
Boden hindurchgehen können! 17 Ich aber will das
Herz der Ägypter verhärten; sie werden hinter
ihnen herrücken; sodann will ich aber am Pharao
und an seinem ganzen Heer, seinen Wagen und
deren Besatzung meine Macht beweisen. 18 Die
Ägypter werden erkennen, daß ich der Herr bin,
wenn ich am Pharao, seinen Streitwagen und deren
Besatzung meine Macht beweise.« 19 Da wechselte
der Gottesengel, der vor dem Wanderzug Israels
einherging, seinen Platz und zog hinterher; auch die
Wolkensäule brach von der Spitze auf und stellte
sich hinter sie. 20 Sie zog zwischen dem Heer der
Ägypter und zwischen dem Heer der Israeliten, und

sie verdunkelte auf der einen Seite und erhellte auf
der anderen Seite die Nacht; niemand konnte wäh-
rend der ganzen Nacht an den anderen herankom-
men. 21 Moses streckte seine Hand aus über das
Meer. Der Herr aber ließ mit einem starken Ost-
wind die ganze Nacht hindurch das Meer zurück-
treten und legte so das Meer trocken. Da spalteten
sich die Wasser. 22 Die Kinder Israels schritten aber
inmitten des Meeres auf trockenem Boden hin-
durch, während ihnen die Wasser eine Mauer zu
ihrer Rechten und zu ihrer Linken bildeten.

Die Verfolgung

23 Die Ägypter rückten ihnen nach, und alle Rosse
des Pharao, seine Wagengespanne und deren
Mannschaft zogen hinter ihnen her, mitten in das
Meer hinein. 24 In der Zeit der Morgenwache
schaute aber der Herr von der Feuer- und Wol-
kensäule auf das Lager der Ägypter, und er brachte
das ägyptische Heer in Verwirrung. 25 Er hemmte
die Räder ihrer Kriegswagen und ließ sie nur mit
Schwierigkeiten vorankommen. Die Ägypter rie-
fen: »Fliehen wir doch vor Israel! Denn der Herr
kämpft für sie gegen die Ägypter!«

Die Vernichtung der Ägypter

26 Der Herr sprach zu Moses: »Strecke deine Hand
aus über das Meer, daß die Wasser auf die Ägypter
zurückfluten, auf ihre Streitwagen und deren
Mannschaften!« 27 Da streckte Moses seine Hand
über das Meer aus, und das Wasser flutete um das
Morgengrauen an seinen alten Platz zurück, wäh-
rend die Ägypter ihm gerade entgegenflohen. So
stürzte der Herr die Ägypter mitten ins Meer hin-
ein. 28 Die Wasser fluteten zurück und bedeckten
die Streitwagen samt den Mannschaften der ge-
samten Heeresmacht des Pharao, die hinter ihnen
ins Meer gezogen waren. Kein einziger von ihnen
blieb mehr übrig. 29 Die Kinder Israels aber waren
auf trockenem Boden inmitten des Meeres gegan-
gen, weil die Wasser ihnen eine Mauer zur Rechten
und zur Linken gebildet hatten. 30 Der Herr rettete
an jenem Tag Israel aus der Hand der Ägypter. Die
Israeliten aber sahen, wie die Ägypter tot am Ufer
des Meeres lagen. 31 Als Israel sah, mit welch ge-
waltiger Hand der Herr unter den Ägyptern wirkte,
fürchtete das Volk den Herrn; sie vertrauten auf den
Herrn und auf Moses, seinen Knecht.

Das Meerlied des Moses

15 1 Damals sangen Moses und die Kinder
Israels dieses Lied zu Ehren des Herrn. Sie
sangen: »Singen will ich dem Herrn, denn
hocherhaben ist er! Roß und Wagen warf er ins
Meer! 2 Meine Kraft und meine Stärke ist der Herr,
er ward mir zum Heil. Er ist mein Gott, preisen will
ich ihn, meines Vaters Gott, ihn will ich rühmen!
3 Der Herr ist ein Kriegsheld; ›Jahwe‹ ist sein Name.
4 Die Wagen des Pharao und seine Streitmacht warf
er ins Meer; die besten seiner Kämpfer versanken
im Schilfmeer. 5 Fluten bedeckten sie; sie fuhren zur
Tiefe wie Steine.

Untergang der Ägypter

6 Deine Rechte, o Herr, mächtig an Kraft, deine
Rechte, o Herr, zerschmettert den Feind. 7 In deiner
Hoheit Fülle stürzest du deine Gegner; deine Zorn-
glut entsendest du; die verzehrt sie wie Stoppeln.
8 Vor deiner Nase Schnauben türmten sich die Was-
ser, standen die Wogen da wie ein Wall, erstarrten
die Fluten mitten im Meer. 9 Der Feind sprach:
›Nachjagen! Fassen! Beute verteilen! Meine Gier la-
ben! Schwert ziehen! Meine Faust soll sie vertil-
gen!‹ 10 Da bliesest du mit deinem Odem, und
schon deckte sie das Meer; wie Blei versanken sie in
den gewaltigen Wassern. 11 Wer gleicht dir unter
den Göttern, Herr? Wer gleicht dir strahlend in Hei-
ligkeit? Furchtbar an Ruhmestaten, Wunder voll-
bringend!

Der Herr, König in Kanaan

12 Deine Rechte strecktest du aus, die Erde ver-
schlang sie! 13 Führer warst du in deiner Huld dem
Volk, das du erlöst! Du hast es geleitet in deiner
Kraft zu deiner heiligen Wohnstatt. 14 Die Völker
hörten davon und zitterten, Beben kam über Phili-
stäas Bewohner! 15 Damals erschraken die Fürsten
von Edom, Zittern ergriff die Gewaltigen Moabs,
alle Bewohner Kanaans wankten. 16 Furcht und Ent-
setzen befiel sie, ob der Macht deines Armes er-
starrten sie wie Stein, bis dein Volk, Herr, hin-
durchzog, bis hindurchzog das Volk, das du
erworben. 17 Du führtest und pflanztest sie auf den
Berg, der dein eigen, an den Ort deiner Wohnstatt,
die du, Herr, gegründet, zum Heiligtum, o Herr, das
deine Hände geschaffen. 18 Der Herr ist König für
immer und ewig!«

Mirjamlied

19 Als die Gespanne des Pharao mit seinen Wagen
und deren Mannschaften ins Meer gelangt waren,
ließ der Herr dessen Wasser zurückfluten. Die Kin-
der Israels aber zogen auf trockenem Boden mitten
durch das Meer. 20 Da nahm die Prophetin Mirjam,
Aarons Schwester, die Pauke in die Hand, und alle
Frauen zogen mit Paukenschlägen und Reigentän-
zen hinter ihr her. 21 Mirjam stimmte den Leitvers
an: »Singt dem Herrn, denn hocherhaben ist er; Roß
und Wagen warf er ins Meer!«

22 Danach ließ Moses die Israeliten vom Schilfmeer
aufbrechen; sie zogen hinaus zur Wüste Schur. Drei
Tage lang wanderten sie in der Wüste, und sie fan-
den kein Wasser. 23 Sie kamen nach Mara, aber sie
konnten das Wasser von Mara nicht trinken, weil es
bitter war. Darum heißt der Ort »Mara« (Bitterkeit).
24 Das Volk aber murrte gegen Moses und sprach:
»Was sollen wir denn trinken?« 25 Er rief laut zum
Herrn, und der Herr zeigte ihm ein Holz. Er warf es
ins Wasser, und das Wasser wurde süß. Dort gab er
ihm Satzung und Recht, und dort stellte er es auf die
Probe. 26 Er sprach: »Wenn du nur fleißig hörst auf
die Stimme des Herrn, deines Gottes, und das, was
recht ist in seinen Augen, tust, auf seine Gebote
achtgibst und alle seine Satzungen hältst, will ich
dir keine der Krankheiten auferlegen, die ich Ägyp-
ten auferlegt habe; denn ich bin der Herr, dein
Arzt!« 27 Sie kamen nun nach Elim; dort waren
zwölf Wasserquellen und siebzig Palmen. Sie schlu-
gen dort am Wasser ein Lager auf.

15,1–18: Das »Schilfmeerlied« ist an sich ein selbständiger Hymnus aus der Zeit, als das Volk bereits in Kanaan ansässig war. Sehr alt und ursprünglich ist der zusammenfassende Dankruf in Vers 1 und 21.

Brot vom Himmel

16 1 Sie brachen von Elim auf, und es kam die
ganze Gemeinde der Kinder Israels zur
Wüste Sin, die zwischen Elim und Sinai
liegt; es war am fünfzehnten Tag des zweiten Mo-
nats seit ihrem Auszug aus Ägypten. 2 Die ganze
Gemeinde der Israeliten murrte wider Moses und
Aaron in der Wüste. 3 Die Kinder Israels sprachen
zu ihnen: »O daß wir doch durch die Hand des
Herrn in Ägypten gestorben wären, da wir an den
Fleischtöpfen saßen und Brot genug zu essen hat-
ten! Ihr habt uns aber in diese Wüste geführt, um
diese ganze Schar den Hungertod sterben zu las-
sen!« 4 Der Herr sprach zu Moses: »Seht, ich will
euch Brot vom Himmel regnen lassen! Das Volk soll
dann hingehen und sich den Tagesbedarf einsam-
meln; ich will es darauf prüfen, ob es nach meinem
Gesetze wandelt oder nicht. 5 Wenn sie nun am
sechsten Tage zubereiten, was sie heimbringen, so
wird es das Doppelte von dem sein, was sie sonst
tagtäglich sammeln.«

Fleisch und Brot zur Nahrung

6 Moses und Aaron sprachen zu allen Israeliten:
»Am heutigen Abend werdet ihr erfahren, daß der
Herr es war, der euch aus Ägypten geführt hat.
7 Und morgen früh werdet ihr die Herrlichkeit des
Herrn schauen, da er eure murrenden Reden wider
den Herrn gehört hat. Doch was sind wir, daß ihr
gegen uns murrt?« 8 Moses sprach weiter: »Der Herr
wird euch nämlich am Abend Fleisch zu essen ge-
ben und Brot am Morgen zur Sättigung, da der Herr
eure murrenden Reden wider ihn gehört hat. Doch
was sind wir? Nicht gegen uns waren eure murren-
den Reden, sondern gegen den Herrn.« 9 Moses
sprach zu Aaron: »Sage der ganzen Gemeinde der
Israeliten: ›Nähert euch dem Herrn, denn er hat euer
Murren gehört!‹« 10 Während nun Aaron zur ganzen
Gemeinde der Kinder Israels noch redete, wandten
sie sich in Richtung nach der Wüste. Da erschien die
Herrlichkeit des Herrn in der Wolke.

Wachteln und Manna

11 Der Herr sprach zu Moses: 12 »Ich habe das Mur-
ren der Kinder Israels gehört; sage ihnen folgendes:
›Heute gegen Abend werdet ihr Fleisch essen und
morgen in der Frühe euch an Brot sättigen; daran
sollt ihr erkennen, daß ich der Herr bin, euer Gott!‹«
13 Und es geschah am Abend, da kam ein Wachtel-
schwarm angeflogen und bedeckte das Lager. Am
Morgen aber war rings um das Lager ein Taubelag.
14 Als aber der Taubelag aufstieg, da lag auf der
Oberfläche der Wüste etwas Feines, Knisterndes,
fein wie Reif am Boden. 15 Die Kinder Israels sahen
es und sprachen zueinander: »Man hu? (Was ist
das?)« Sie wußten nämlich nicht, was es war. Da
sprach Moses zu ihnen: »Das ist das Brot, das der
Herr euch zur Nahrung gibt. 16 Folgendes nun ge-
bietet der Herr: Jeder sammle davon, soviel er zur
Nahrung braucht: einen Gomer auf den einzelnen
Kopf. Jeder von euch hole nach der Anzahl der Per-
sonen, die zu seiner Zeltgemeinschaft gehören!«
17 Die Israeliten taten so und sammelten, viel oder
auch wenig. 18 Sie maßen es mit dem Gomer. Da
hatte der, welcher viel gesammelt hatte, keinen
Überschuß, und wer wenig gesammelt hatte, kei-
nen Mangel. Jeder hatte, soviel er zur Nahrung
brauchte. 19 Moses sagte darauf zu ihnen: »Nie-
mand lasse davon bis zum nächsten Morgen übrig!«
20 Einige hörten aber nicht auf Moses und ließen
doch bis zum nächsten Morgen etwas übrig; das
wurde dann faul, wurmig und stinkend. Moses aber
war über sie böse. 21 Sie sammelten es Morgen für
Morgen, jeder, soviel er zur Nahrung brauchte.
Wenn aber die Sonne heiß schien, dann zerschmolz
es.

22 Am sechsten Tage aber hatten sie die doppelte
Nahrungsmenge gesammelt, nämlich zwei Gomer
für den einzelnen. Da kamen alle Fürsten der Ge-
meinde und meldeten es Moses. 23 Er sagte zu
ihnen: »Was der Herr hiermit verordnet hat, ist die-
ses: Ein Ruhetag, heiliger Sabbat für den Herrn, ist

morgen; was ihr backen wollt, das backt, und was
ihr kochen wollt, das kocht! Aber alles, was übrig
bleibt, legt hin und bewahrt es auf für morgen!«
24 Sie legten es bis zum Morgen zurück, wie Moses
befohlen hatte; es wurde nicht stinkend, und es
zeigten sich auch keine Würmer darin. 25 Moses
sprach: »Eßt dies heute, denn Sabbat ist heute für
den Herrn; nichts werdet ihr heute auf dem Felde
finden. 26 Sechs Tage sollt ihr es sammeln, am sieb-
ten Tag ist Sabbat, an diesem gibt es keines.« 27 Aber
am siebten Tag gingen doch einige vom Volk hin-
aus, um zu sammeln. Sie fanden aber wirklich
nichts. 28 Da sprach der Herr zu Moses: »Wie lange
noch weigert ihr euch, meine Gebote und Satzun-
gen zu halten? 29 Seht doch, daß der Herr euch den
Sabbat gegeben hat; darum gibt er euch am sech-
sten Tag Brot für zwei Tage! Bleibe also ein jeder da-
heim, niemand verlasse am siebten Tag seine
Wohnstätte!« 30 So feierte das Volk denn am siebten
Tag den Sabbat.

Vorschriften über das Manna

31 Die Israeliten gaben der Speise den Namen
»Manna«. Es war weiß wie Koriandersamen und
schmeckte wie Honigkuchen. 32 Moses sprach:
»Dies verordnete der Herr: Füllt davon einen Go-
mer, um es aufzubewahren für eure kommenden
Geschlechter; sie sollen die Nahrung sehen, mit
welcher ich euch in der Wüste gespeist habe, als ich
euch aus dem Lande Ägypten herausführte!« 33 Mo-
ses sprach zu Aaron: »Nimm einen Behälter, fülle
einen Gomer Manna hinein und stelle ihn vor den
Herrn, um ihn für eure künftigen Geschlechter auf-
zubewahren!« 34 Wie der Herr Moses befohlen
hatte, so stellte Aaron ihn (später) vor die Geset-
zestafeln hin zum Aufbewahren. 35 Die Kinder Isra-
els aßen das Manna 40 Jahre, bis sie wieder in be-
wohntes Land kamen. Manna aßen sie so lange, bis
sie die Grenze des Landes Kanaan erreichten. 36 Ein
Gomer ist der zehnte Teil eines Epha.

Haderwasser

17 1 Auf Geheiß des Herrn zog die ganze
Gemeinde der Israeliten aus der Wüste
Sin in Tagemärschen weiter; sie schlugen
in Rephidim ein Lager auf; das Volk hatte aber kein
Wasser zu trinken. 2 Da haderte das Volk mit Mo-
ses; sie sprachen: »Gebt uns Wasser zu trinken!«
Moses entgegnete ihnen: »Wozu hadert ihr mit
mir? Warum versucht ihr den Herrn?« 3 Dort dür-
stete das Volk nach Wasser; es murrte wider Moses
und sprach: »Warum hast du uns denn aus Ägypten
herausgeführt, um uns, unsere Kinder und unseren
Viehbestand vor Durst sterben zu lassen?« 4 Moses
schrie zum Herrn: »Was soll ich mit diesem Volk
tun? Nur ein wenig noch, dann werden sie Steine
auf mich werfen.« 5 Der Herr entgegnete dem Mo-
ses: »Geh dem Volk voraus und nimm mit dir einige
von den Ältesten Israels! Nimm auch deinen Stab,
mit dem du auf den Nil schlugst, in deine Hand und
gehe hin! 6 Siehe, ich werde dort vor dir auf dem
Felsen am Horeb stehen! Wenn du auf den Felsen
schlägst, wird aus ihm Wasser hervorquellen, und
das Volk kann trinken.« So tat Moses vor den Augen
der Ältesten Israels. 7 Er nannte den Ort »Massa und
Meriba«, weil die Israeliten dort gehadert und den
Herrn versucht hatten, indem sie sprachen: »Ist der
Herr wirklich in unserer Mitte oder nicht?«

Kampf gegen Amalek

8 Da rückten die Amalekiter heran und kämpften
bei Rephidim gegen die Israeliten. 9 Moses wandte
sich an Josua: »Suche uns Männer aus, ziehe aus
und kämpfe morgen gegen die Amalekiter! Ich will
mich aber auf den Gipfel der Anhöhe stellen, den
Gottesstab in meiner Hand.« 10 Josua tat, wie Moses
ihm geboten hatte. Er zog in den Kampf gegen
Amalek. Moses, Aaron und Chur stiegen aber auf
den Gipfel der Anhöhe. 11 Solange Moses nun seine
Hände erhob, obsiegte Israel; sobald er aber seine
Hände sinken ließ, waren die Amalekiter überle-
gen. 12 Doch Moses' Hände ermatteten; deshalb
nahm man einen Stein und schob ihn unter ihn. Er
setzte sich darauf, Aaron und Chur aber stützten
seine Hände, einer von dieser Seite, der andere von
jener; so blieben denn seine Hände unbeweglich,
bis die Sonne unterging. 13 So besiegte Josua Ama-
lek und sein Kriegsvolk mit der Schärfe des Schwer-
tes. 14 Der Herr sagte zu Moses: »Schreibe dies zum
Gedächtnis in eine Buchrolle und präge es dem Jo-
sua fest ein! Denn ich will vertilgen, ja vertilgen will
ich unter dem Himmel das Andenken an Amalek.«
15 Moses aber baute einen Altar und nannte ihn
»Der Herr ist mein Banner«. 16 Er sprach: »Auf, die
Hand an das Banner des Herrn! Streit hat der Herr
mit Amalek von Geschlecht zu Geschlecht!«

Jetro und Moses

18 1 Jetro, der midianitische Priester und
Schwiegervater des Moses, hatte davon
erfahren, was Gott alles an Moses und
Israel, seinem Volke, getan hatte, daß nämlich der
Herr Israel aus Ägypten herausgeführt hatte. 2 Da
nahm Jetro, der Schwiegervater des Moses, die
Zippora, die Frau des Moses, welche dieser zurück-
geschickt hatte, 3 und ihre beiden Söhne. Von ihnen

hieß der eine »Gerschom«, weil er gesagt hatte: »Ein
Gast bin ich in fremdem Lande.« 4 Der andere hieß
»Elieser«; denn »der Gott meines Vaters ist mir zur
›Hilfe‹ geworden und bewahrte mich vor dem
Schwerte des Pharao.« 5 Der Schwiegervater des
Moses also, Jetro, kam mit dessen Söhnen und des-
sen Frau zu Moses in die Wüste, wo er gerade am
Gottesberg lagerte. 6 Er ließ dem Moses melden:
»Siehe, dein Schwiegervater Jetro ist zu dir gekom-
men, ferner deine Frau und ihre beiden Söhne!«
7 Moses ging seinem Schwiegervater entgegen, ver-
neigte sich ehrfurchtsvoll und küßte ihn. Sie erkun-
digten sich gegenseitig nach ihrem Wohlbefinden
und traten in das Zelt. 8 Moses erzählte seinem
Schwiegervater alles, was der Herr um Israels wil-
len am Pharao und an den Ägyptern getan hatte,
von allen Beschwerden, die ihnen auf dem Wege
zugestoßen waren, und wie der Herr sie gerettet
hatte. 9 Da freute sich Jetro über alles Gute, das der
Herr den Israeliten getan hatte, da er sie aus der
Hand der Ägypter errettet hatte. 10 Und Jetro
sprach: »Gepriesen sei der Herr, der euch aus der
Gewalt der Ägypter und aus der Hand des Pharao
gerettet hat! 11 Jetzt erkenne ich, daß der Herr
größer ist als alle anderen Götter; denn deshalb,
weil die Ägypter gegen sein Volk so vermessen han-
delten, hat er es aus ihrer Hand errettet.« 12 Jetro, der
Schwiegervater des Moses, brachte Gott Brand-
und Schlachtopfer dar. Aaron und alle Ältesten Isra-
els kamen hinzu, um mit dem Schwiegervater des
Moses vor Gott ein Opfermahl zu halten.

Jetros Ratschläge

13 Am anderen Morgen nahm Moses Platz um im
Volke richterliche Tätigkeit auszuüben. Das Volk
stand vor Moses vom Morgen bis zum Abend.
14 Der Schwiegervater des Moses sah, was er alles
für das Volk zu tun hatte, und äußerte sich: »Wozu
bemühst du dich so sehr mit dem Volk? Warum
sitzt du denn ganz allein zu Gericht, und das ganze
Volk muß vor dir stehen vom Morgen bis zum
Abend?« 15 Moses entgegnete seinem Schwiegerva-
ter: »Das Volk kommt zu mir, um Gott zu befragen.
16 Wenn sie eine Streitsache haben, kommen sie zu
mir; ich mache den Schiedsrichter zwischen den
einzelnen Parteien und lasse sie die Weisungen
Gottes und seine Gesetze wissen.« 17 Der Schwie-
gervater des Moses sagte darauf zu ihm: »Es ist
nicht gut so, wie du es machst. 18 Du reibst dich ja
vollständig auf, dich selbst und das Volk, das bei dir
ist; denn die Aufgabe überschreitet deine Kräfte, du
kannst sie allein nicht bewältigen. 19 Höre jetzt auf
mich! Ich will dir einen Rat geben: Gott möge mit
dir sein! Vertritt du das Volk Gott gegenüber und
bringe du die Anliegen vor Gott! 20 Schärfe ihnen
die Weisungen und Gesetze ein und laß sie den
Weg wissen, den sie zu gehen haben, und die
Werke, die sie tun sollen! 21 Du aber suche dir aus
allen Leuten tüchtige, gottesfürchtige und zuverläs-
sige Männer aus, die der Bestechung nicht zugäng-
lich sind! Setze sie über jene als Vorsteher über je
eintausend, über je einhundert, über je fünfzig und
über je zehn! 22 Sie sollen unter dem Volke immer-
dar als Richter wirken. Nur alle wichtigen Sachen
sollen sie vor dich bringen, alles Geringfügige aber
sollen sie selbst entscheiden! Entlaste also dich sel-
ber und laß jene mit dir die Verantwortung tragen!
23 Wenn du es so machst und auch Gott es dir so
befiehlt, dann kannst du bestehen, und auch dieses
ganze Volk wird befriedigt heimgehen.«

Einsetzung von Richtern

24 Moses gehorchte den Ratschlägen seines Schwie-
gervaters und tat alles, was er ihm vorgeschlagen
hatte. 25 Er suchte tüchtige Männer aus ganz Israel
aus und machte sie zu Häuptern über das Volk, als
Vorsteher über eintausend, über einhundert, über
fünfzig und über zehn. 26 Sie sollten im Volke rich-
terliche Tätigkeit zu jeder Zeit ausüben; nur die
schwer zu lösenden Fälle sollten sie vor Moses
bringen, alle leichteren aber selbst entscheiden.
27 Moses gab seinem Schwiegervater das Abschieds-
geleit, und dieser begab sich wieder in sein Land.

Ankunft am Sinai

19 1 Im dritten Monat seit dem Auszug der
Kinder Israels aus Ägypten, an eben die-
sem Tage, gelangten sie in die Wüste Si-
nai. 2 Sie waren von Rephidim aufgebrochen, ka-
men in die Wüste Sinai und schlugen in der Wüste
ein Lager auf. Es lagerte dort Israel gegenüber dem
Berge. 3 Moses aber stieg hinauf zu Gott, und der
Herr rief ihm vom Berge aus zu: »So sollst du zum
Hause Jakob sprechen und dies den Söhnen Israels
verkünden: 4 Ihr habt selbst gesehen, was ich den
Ägyptern getan habe und wie ich euch auf
Adlersflügeln getragen und euch an mich gebracht
habe. 5 Wenn ihr nun getreu auf meine Stimme hört
und meinen Bund haltet, so werdet ihr unter allen
Völkern mein besonderes Eigentum sein; denn
mein ist die ganze Erde! 6 Ihr sollt mir ein König-
reich von Priestern und ein heiliges Volk sein! Dies
sind die Worte, die du zu den Kindern Israels spre-
chen sollst.« 7 Moses ging darauf hin, berief die
Ältesten des Volkes und legte ihnen alle diese Worte
vor, die der Herr ihm aufgetragen hatte. 8 Das Volk

gab einmütig zur Antwort: »Alles, was der Herr ge-
sagt hat, wollen wir tun!« Moses aber überbrachte
dem Herrn des Volkes Antwort. 9 Der Herr sprach
weiter zu Moses: »Siehe, ich komme zu dir in dich-
tem Gewölk, damit das Volk es hört, wenn ich mit
dir rede, und damit sie auch an dich immer glau-
ben!« Moses aber meldete des Volkes Worte dem
Herrn. 10 Der Herr sprach zu Moses: »Geh hin zum
Volk, und sie sollen sich heute und morgen heilig
halten und ihre Kleider waschen! 11 Sie sollen für
den dritten Tag bereit sein; denn am dritten Tag
wird der Herr vor den Augen des ganzen Volkes auf
den Berg Sinai herabkommen. 12 Du sollst dem
Volke ringsherum eine Grenze ziehen und ihm
sagen: ›Hütet euch davor, auf den Berg zu steigen,
ja nur sein Fußende zu berühren! Jeder, der den Berg
berührt, muß sterben!‹ 13 Keine Hand darf ihn
berühren, sonst würde er gesteinigt oder (mit Pfei-
len) erschossen werden! Ob Tier oder Mensch, er
würde nicht am Leben bleiben! Erst wenn das Wid-
derhorn geblasen wird, sollen sie auf den Berg hin-
aufsteigen.« 14 Moses stieg vom Berge zum Volke
hinab. Er befahl dem Volk, sich zu heiligen; auch
wuschen sie ihre Kleider. 15 Er sprach zu ihnen:
»Seid bereit für den dritten Tag, nähert euch keiner
Frau!«

Die Erscheinung Gottes

16 Am dritten Tag, als es Morgen geworden war,
brachen Donner los, und Blitze zuckten, schweres
Gewölk hing über dem Berg, und überaus stark
schmetternder Posaunenschall war zu hören. Das
ganze Volk im Lager bebte. 17 Moses führte das Volk
Gott entgegen aus dem Lager heraus. Sie stellten
sich am Fuß des Berges auf. 18 Der Berg Sinai war
ganz mit Rauch bedeckt, weil der Herr im Feuer auf
ihn herabgekommen war. Der Rauch stieg wie der
Rauch eines Schmelzofens auf. Der ganze Berg
zitterte gewaltig. 19 Der Posaunenschall ward stär-
ker und stärker. Moses redete, und Gott antwortete
ihm unter Donnerschall. 20 Der Herr war auf den
Sinaiberg, und zwar auf die Spitze, herabgekom-
men. Er rief den Moses auf die Spitze des Berges,
und Moses stieg hinauf. 21 Da sprach der Herr zu
Moses: »Steige hinab und befiehl nachdrücklich
dem Volke, daß es zu dem Herrn nicht durchbre-
che, um ihn zu sehen; denn viele von ihnen müßten
sonst umkommen. 22 Auch die Priester, die sich dem
Herrn zu nahen pflegen, sollen sich heilig halten,
damit der Herr gegen sie nicht losbricht!« 23 Da ent-
gegnete Moses dem Herrn: »Das Volk kann gar
nicht zum Berge Sinai hinaufsteigen; denn du selbst
hast es uns eingeschärft: Ziehe eine Grenze um den
Berg und erkläre ihn für heilig!« 24 Der Herr sagte
nun zu ihm: »Geh, steige hinab und komme mit
Aaron wieder herauf! Die Priester aber und das
Volk sollen nicht durchbrechen, um zum Herrn hin-
aufzukommen; er würde sonst gegen sie loszie-
hen.« 25 Da stieg Moses zum Volke hinab und teilte
es ihm mit.

Die Zehn Gebote

20 1 Nun sprach Gott alle die folgenden
Worte: 2 (I.) »Ich bin der Herr, dein Gott,
der dich aus dem Lande Ägypten, dem
Hause der Knechtschaft, geführt hat. 3 Du sollst
keine anderen Götter neben mir haben! 4 Du sollst
dir kein Schnitzbild machen, noch irgendein Abbild
von dem, was droben im Himmel oder auf der Erde
unten oder im Wasser unter der Erde ist! 5 Du sollst
dich vor ihnen nicht niederwerfen und sollst sie
nicht verehren; denn ich, der Herr, dein Gott, bin
ein eifersüchtiger Gott, der die Schuld der Väter an
den Kindern, am dritten und vierten Geschlecht,
nachprüft bei denen, die mich hassen. 6 Ich erweise
aber meine Gnade bis ins tausendste Geschlecht
denen, die mich lieben und meine Gebote halten.
7 (II.) Du sollst den Namen des Herrn, deines
Gottes, nicht unnütz aussprechen; denn der Herr
läßt denjenigen nicht ungestraft, der seinen Namen
unnütz ausspricht! 8 (III.) Gedenke des Sabbattages,
um ihn heilig zu halten. 9 Sechs Tage lang sollst du
arbeiten und all deine Geschäfte verrichten. 10 Doch
der siebte Tag ist ein Ruhetag für den Herrn, deinen
Gott. Du sollst an ihm keinerlei Arbeit tun, weder
du selbst noch dein Sohn, noch deine Tochter, noch
dein Knecht, noch deine Magd, noch dein Vieh,
noch dein Fremdling, der sich in deinen Toren
befindet. 11 Denn in sechs Tagen hat der Herr den
Himmel, die Erde, das Meer und alles, was in ihnen
ist, erschaffen; doch am siebten Tage ruhte er.
Darum segnete der Herr den Sabbat und erklärte
ihn für heilig. 12 (IV.) Ehre deinen Vater und deine
Mutter, damit du lange lebst in dem Lande, das der
Herr, dein Gott, dir gibt! 13 (V.) Du sollst nicht töten!
14 (VI.) Du sollst nicht ehebrechen! 15 (VII.) Du sollst
nicht stehlen! 16 (VIII.) Du sollst gegen deinen Näch-
sten kein falsches Zeugnis abgeben! 17 (IX.) Du
sollst nicht das Haus deines Nächsten begehren!
(X.) Du sollst nicht begehren die Frau deines Näch-
sten und auch nicht seinen Knecht, seine Magd,
sein Rind, seinen Esel und nichts von dem, was dei-
nem Nächsten gehört!«

Furcht des Volkes

18 Das ganze Volk nahm die Donnerschläge, die

Blitze, den Posaunenschall und den rauchenden
Berg wahr; da fürchteten sich die Leute, zitterten
und blieben von fern stehen. 19 Sie sprachen zu Mo-
ses: »Rede du mit uns, wir wollen darauf hören!
Aber Gott soll mit uns nicht reden, sonst müßten
wir sterben!« 20 Da antwortete Moses dem Volke:
»Fürchtet euch nicht! Denn um euch zu prüfen, ist
Gott gekommen; damit die Furcht vor ihm bei euch
herrsche, auf daß ihr nicht sündigt!« 21 Das Volk
blieb von ferne stehen, Moses aber näherte sich der
dunklen Wolke, in der Gott war.
22 Nun sprach der Herr zu Moses: »Sage zu den Isra-
eliten: Ihr habt es miterlebt, wie ich vom Himmel
her mit euch gesprochen habe. 23 Ihr sollt euch
neben mir keine silbernen und keine goldenen Göt-
zen anfertigen! 24 Du sollst mir einen Altar aus Erde
bauen und sollst auf ihm deine Brandopfer, deine
Friedopfer, dein Kleinvieh und dein Großvieh dar-
bringen! An jedem Ort, wo ich meines Namens ge-
denken lasse, werde ich zu dir kommen und dich
segnen. 25 Wenn du mir aber einen Altar aus Steinen
baust, so dürfen es nicht behauene Steine sein;
wenn du ihn nämlich mit dem Meißel bearbeitest,
dann hast du ihn entweiht. 26 Steige auch nicht auf
Stufen zu meinem Altar hinauf, damit deine Blöße
sich über ihm nicht enthülle!«

20,8–11: Diese Verse können nur entfernt zur Begründung der christlichen Sonntagsfeier herangezogen werden, weil das Christentum bewußt den Tag nach dem Sabbat als Auferstehung Christi und Tag der Geistsendung dem jüdischen Gebot entgegengestellt hat (1 Kor 16,2; Apg 20,7; Offb 1,10). Für Israel ist die Weltschöpfung das grundlegende Ereignis, für das Christentum Erlösung und Neuschöpfung.

Der hebräische Sklave

21 1 »Dies sind die Rechtsbestimmungen,
die du ihnen auferlegen sollst: 2 Wenn du
einen hebräischen Sklaven erwirbst, so
soll er sechs Jahre Dienst leisten, im siebten
aber soll er ohne Entschädigung in die Freiheit ent-
lassen werden. 3 Ist er allein gekommen, so soll er
auch allein fortgehen; war er aber bereits verheira-
tet, so soll seine Frau mit ihm gehen. 4 Hat ihm aber
erst sein Herr eine Frau gegeben, und hat sie ihm
Söhne oder Töchter geboren, so sollen die Frau und
ihre Kinder ihrem Herrn gehören; nur er selbst soll
in die Freiheit gehen. 5 Wenn aber der Sklave aus-
drücklich sagt: ›Ich habe meinen Herrn, meine Frau
und meine Kinder lieb, ich will nicht in die Freiheit
gehen‹, 6 so bringe ihn sein Herr vor die Gottheit
und führe ihn an die Tür oder den Türpfosten, und
sein Herr durchbohre ihm mit einer Pfrieme sein
Ohr! Er sei dann sein Sklave für immer! 7 Verkauft
ein Mann seine Tochter als Sklavin, soll sie nicht
wie die Sklaven entlassen werden. 8 Wenn sie nun
aber ihrem Herrn, der sie für sich bestimmt hatte,
mißfällt, so lasse er sie loskaufen; sie aber an
fremde Leute zu verkaufen, steht ihm nicht zu, da
er treulos an ihr gehandelt hat. 9 Hatte er sie aber für
seinen Sohn bestimmt, so handle er mit ihr nach der
Rechtssatzung für Töchter. 10 Nimmt er sich noch
eine andere dazu, so darf er sie weder bezüglich der
Fleischnahrung noch der Kleidung, noch im eheli-
chen Leben zurücksetzen. 11 Wenn er ihr aber diese
drei Dinge nicht leistet, so soll sie ohne Entschädi-
gung, unentgeltlich weggehen dürfen.

Schutz des Menschenlebens

12 Wer einen Menschen schlägt, so daß er stirbt, soll
getötet werden. 13 Hat er es aber nicht vorsätzlich
getan, sondern Gott hat es seiner Hand widerfahren
lassen, so bestimme ich dir eine Stätte, wohin er
fliehen kann. 14 Hat aber jemand seinen Nächsten
freventlich, mit bewußter Absicht, getötet, so sollst
du ihn von meinem Altar wegholen, auf daß er
sterbe! 15 Wer seinen Vater oder seine Mutter
schlägt, der soll des Todes sterben. 16 Wer einen
Menschen raubt und ihn verkauft und dabei ent-
deckt wird, soll des Todes sterben. 17 Wer seinem
Vater oder seiner Mutter flucht, ist des Todes.

Schlägerei und Körperverletzung

18 Wenn Männer sich streiten und einer den andern
mit einem Stein oder mit einer Hacke schlägt, so
daß dieser zwar nicht stirbt, aber bettlägerig wird,
19 dann bleibt der Schläger straffrei, muß jenem aber
Entgelt für seine Arbeitsunfähigkeit geben und für
seine Heilung sorgen, wenn dieser so aufkommt,
daß er draußen mit dem Stock gehen kann. 20 Wenn
jemand seinen Sklaven oder seine Sklavin mit dem
Stock so schlägt, daß die Person unter seiner Hand
stirbt, so muß das streng bestraft werden. 21 Wenn
sie aber noch ein oder zwei Tage lebt, dann soll je-
ner nicht bestraft werden; denn es betrifft ja sein
Vermögen. 22 Wenn Männer miteinander raufen
und sie stoßen dabei eine schwangere Frau, und es
tritt eine Fehlgeburt ein, aber kein weiterer Unfall,
so soll der Täter eine Geldbuße zahlen, die ihm der
Eheherr der Frau auferlegt. Er soll sie ihm geben
unter Vermittlung von Schiedsrichtern.
23 Wenn ein Schaden entsteht, dann mußt du geben
Leben um Leben, 24 Auge um Auge, Zahn um Zahn,
Hand um Hand, Fuß um Fuß, 25 Brandmal um
Brandmal, Wunde um Wunde, Strieme um Strieme!
26 Wenn aber jemand seinem Sklaven oder seiner
Sklavin ins Auge schlägt und es zerstört, so soll er
die Person als Ersatz für das Auge freilassen.

[27] Wenn er seinem Sklaven oder seiner Sklavin einen Zahn ausschlägt, soll er die Person als Ersatz für den Zahn freigeben.

Schädigung durch das Vieh

[28] Wenn ein Rind einen Mann oder eine Frau so stößt, daß sie sterben, dann soll das Rind gesteinigt werden! Man darf sein Fleisch nicht essen; der Herr des Rindes aber ist straffrei. [29] Wenn das Rind schon längere Zeit hindurch stößig war und sein Besitzer verwarnt wurde, es aber trotzdem nicht bewachte, so soll das Rind, falls es einen Mann oder eine Frau tötet, gesteinigt werden, und auch der Besitzer sei des Todes. [30] Wird ihm aber ein Sühnegeld auferlegt, dann soll er als Loskaufsgeld für sein Leben so viel zahlen, als ihm auferlegt wird. [31] Stößt es einen Sohn oder eine Tochter, dann soll nach demselben Rechtsgrundsatz an ihm gehandelt werden. [32] Wenn das Rind aber einen Sklaven oder eine Sklavin stößt, dann hat der Besitzer an ihren Herrn dreißig Silberstücke zu bezahlen, das Rind aber werde gesteinigt.

Vieh als Eigentum

[33] Wenn jemand eine Zisterne offen läßt, oder wenn er eine Zisterne gräbt und nicht zudeckt, und es fällt ein Rind oder ein Esel hinein, [34] dann soll der Besitzer der Zisterne Ersatz leisten; er soll dem Tierbesitzer den Geldwert zahlen, das verendete Tier aber ist sein Eigentum. [35] Wenn eines Mannes Rind das Rind seines Nächsten stößt, so daß es verendet, so soll man das lebende Rind verkaufen und den Erlös aufteilen, und das verendete Tier soll man ebenfalls teilen. [36] Wenn es aber bekannt ist, daß das Rind schon länger stößig war, und sein Besitzer hat es nicht bewacht, dann muß er voll und ganz ersetzen, Rind für Rind; aber das verendete Tier ist sein Eigentum. [37] Wenn jemand ein Rind oder ein Schaf stiehlt und es schlachtet oder verkauft, so muß er fünf Rinder für ein Rind ersetzen und vier Stück Kleinvieh für ein Schaf.

Viehdiebstahl und Brandschaden

22 [1] Wenn ein Dieb bei einem Einbruch ertappt und totgeschlagen wird, dann entsteht für den Täter keine Blutschuld. [2] Ist aber die Sonne schon über ihm aufgegangen, dann entsteht für ihn Blutschuld. Ein Dieb muß vollen Ersatz leisten. Wenn er nichts hat, so soll er zur Entschädigung für das Gestohlene verkauft werden. [3] Wenn aber das Gestohlene, das Rind, der Esel oder das Schaf, sich noch lebend bei ihm befinden, so soll er das Doppelte ersetzen. [4] Wenn jemand ein Feld oder einen Weinberg in Brand setzt und den Brand sich so ausdehnen läßt, daß es auf fremdem Feld brennt, so muß er von den besten Erträgnissen seines Feldes und seines Weinberges Ersatz leisten. [5] Wenn ein Feuer ausbricht und Dornhecken erfaßt und dadurch ein Garbenhaufen oder auf dem Halm stehendes Getreide oder das Feld erfaßt wird, dann muß der Brandstifter vollen Ersatz leisten.

Aufbewahrte Sachen

[6] Wenn jemand einem andern Geld oder Wertgegenstände zur Aufbewahrung übergibt, und diese werden aus dem betreffenden Haus gestohlen, so muß der Dieb, wenn er gefunden wird, den doppelten Wert zurückerstatten. [7] Wird der Dieb aber nicht ausfindig gemacht, dann soll der Hausbesitzer vor Gott hintreten, ob er sich nicht an dem Eigentum eines anderen etwa vergriffen habe. [8] Bei jedem Fall von Veruntreuung, handle es sich um ein Rind, einen Esel, ein Schaf, ein Kleidungsstück, kurz, um irgend etwas Vermißtes, wovon der Geschädigte sagt: ›Dies ist es‹, soll die Angelegenheit der beiden vor Gott gebracht werden. Wen Gott für schuldig erklärt, der muß dem anderen den doppelten Wert erstatten.

Tiere in Obhut

[9] Wenn jemand einen Esel, ein Rind, ein Schaf oder sonst irgendein Stück Vieh einem anderen zur Obhut übergibt, dieses stirbt oder bricht sich etwas oder wird weggetrieben, ohne daß es jemand gesehen hat, [10] dann soll ein Eid vor dem Herrn zwischen beiden die Entscheidung treffen, ob nicht der eine an der Habe des anderen sich vergriffen hat. Sein Besitzer soll es nehmen, und jener braucht keinen Ersatz zu leisten. [11] Wenn es ihm aber offen gestohlen wurde, dann muß er es seinem Eigentümer ersetzen. [12] Ist es aber zerrissen worden, dann bringe er es als Beweis! Das Zerrissene braucht er nicht zu ersetzen. [13] Wenn jemand von seinem Nächsten ein Tier leiht, es bricht sich etwas oder verendet, so muß er, wenn sein Eigentümer nicht da war, es voll ersetzen. [14] Wenn aber der Eigentümer dabei war, dann braucht er es nicht zu erstatten. Ist er ein Tagelöhner, so geht es zu Lasten seines Lohnes.

Wer eine Jungfrau verführt, muß sie zur Frau nehmen

[15] Wenn jemand eine noch nicht verlobte Jungfrau verführt und ihr beiwohnt, dann muß er sie um den vollen Heiratspreis zur Frau nehmen. [16] Weigert sich aber ihr Vater, sie ihm zu geben, dann muß er den vollen Brautpreis für Jungfrauen zahlen.

Zauberei, Unzucht mit Tieren und Götzenopfer

[17] Eine Zauberin darfst du nicht am Leben lassen. [18] Jeder, der einem Tier beiwohnt, sei des Todes. [19] Wer anderen Göttern opfert außer dem Herrn allein, der sei im Bann!

Fremdlinge und Witwen
20 Einen Fremdling sollst du nicht unterdrücken und
ihn nicht bedrängen. Denn Fremdlinge seid ihr
selbst gewesen im Lande Ägypten. 21 Eine Witwe
oder eine Waise sollt ihr nicht unterdrücken.
22 Wenn du sie aber irgendwie unterdrückst, und sie
schreit zu mir, fürwahr, ich werde auf ihr Schreien
hören. 23 Mein Zorn entbrennt dann; ich werde
euch mit dem Schwerte töten, und eure Frauen
werden Witwen und eure Kinder Waisen.
Zins- und Pfandrecht
24 Wenn du meinem Volke, einem Armen neben dir,
Geld leihst, so sollst du ihm gegenüber nicht wie
ein Wucherer handeln. Ihr dürft ihm keinen Zins
auferlegen. 25 Wenn du deines Nächsten Mantel
zum Pfande nimmst, dann sollst du ihm diesen
bis zum Sonnenuntergang wieder zurückgeben.
26 Denn es ist ja seine einzige Decke. Es ist seine
Umhüllung für seinen Leib. Worin soll er sonst
schlafen? Wenn er aber zu mir schreit, so will ich
ihn erhören; denn barmherzig bin ich. 27 Gott sollst
du nicht lästern; einen Fürsten in deinem Volke
sollst du nicht verfluchen! 28 Du sollst in der Abgabe
deines Getreides und Öles nicht säumig sein! Den
Erstgeborenen deiner Söhne sollst du mir geben.
29 Ebenso sollst du es halten mit deinem Kalb und
deinem Lamm; es soll aber sieben Tage bei seiner
Mutter bleiben, erst am achten Tage sollst du es mir
schenken. 30 Heilige sollt ihr mir sein! Fleisch von
einem auf dem Felde zerrissenen Tier sollt ihr nicht
essen, sondern es den Hunden hinwerfen!

20,22–23,19: Älteste Gesetzessammlung, das »Bundesbuch« (24,7).

Zeugenaussage im Rechtsstreit

23

1 Du sollst kein falsches Gerücht verbrei-
ten! Du sollst einem, der im Unrecht ist,
nicht hilfreich zur Hand gehen, indem
du als falscher Zeuge auftrittst. 2 Du sollst dich nicht
der Mehrheit anschließen zum Bösen, und du sollst
deine Aussagen bei einem Rechtsverfahren nicht so
machen, daß du der Mehrheit willfährig bist und das
Recht beugst. 3 Weder den Armen noch den Vorneh-
men sollst du in seinem Rechtsstreit bevorzugen!
Haustier des Widersachers
4 Wenn du das Rind deines Feindes oder seinen Esel,
die sich verlaufen haben, antriffst, so führe ihm diese
zurück! 5 Wenn du siehst, daß der Esel deines Wi-
dersachers unter seiner Last zusammenbricht, dann
sollst du aufhören, ihm aus dem Weg zu gehen; du
sollst gemeinsam mit deinem Gegner Hilfe leisten!
Unbestechlichkeit des Richters
Du sollst das Recht des Armen in seinem Rechts-
verfahren nicht beugen! 7 Von einem betrügeri-
schen Verfahren halte dich fern! Einen Unschuldi-
gen und einen, der im Recht ist, ermorde nicht!
Denn einen Schuldigen werde ich nicht als gerecht
ansehen. 8 Bestechungsgeschenke sollst du nicht an-
nehmen; denn diese machen Klarsehende blind und
verdrehen die Sache derer, die im Recht sind. 9 Auch
einen Fremdling darfst du nicht bedrücken; denn ihr
wißt ja selbst, wie es einem Fremdling zumute ist,
weil ihr Fremdlinge im Ägypterland gewesen seid.
Siebter Tag, ein Tag der Ruhe; siebtes Jahr,
ein Jahr der Brache
10 Sechs Jahre lang sollst du deinen Boden besäen
und seinen Ertrag ernten; 11 aber im siebten Jahre
sollst du ihn brach und unbestellt liegen lassen. Die
Armen deines Volkes sollen sich davon nähren, und
was übrig bleibt, soll das Wild des Feldes fressen;
ebenso sollst du mit deinem Weinberg und mit dei-
nen Ölbäumen verfahren. 12 Sechs Tage lang sollst
du deine Arbeiten verrichten, am siebten Tage aber
sollst du feiern, damit auch dein Rind und dein Esel
ruhen und der Sohn deiner Magd und der Fremdar-
beiter zum Atemholen kommen.
Fremde Götter
13 Alles, was ich zu euch gesprochen habe, sollt ihr
genau beobachten, die Namen fremder Götter sollt
ihr nicht anrufen; sie sollen aus deinem Munde
nicht gehört werden.
Ostern, Pfingsten, Laubhütten
14 Dreimal im Jahr sollst du mir Feste feiern. 15 Das
Fest der ungesäuerten Brote sollst du halten; sieben
Tage lang sollst du ungesäuerte Brote essen, wie ich
dir befohlen habe, und zwar zur vorgeschriebenen
Zeit im Monat Abib; denn in ihm bist du aus Ägyp-
ten ausgezogen. Erscheint nicht vor meinem Ange-
sicht mit leeren Händen! 16 Ferner das Fest der
Ernte, der Erstlingsfrüchte deiner Aussaat auf dem
Felde. Dann das Fest der Lese, das am Ende des Jah-
res stattfindet, wenn du deinen Ernteertrag vom
Felde einsammelst. 17 Dreimal im Jahre sollen alle
deine männlichen Personen vor dem Gebieter und
Herrn erscheinen! 18 Du sollst das Blut meines
Schlachtopfers nicht mit Gesäuertem gemeinsam
darbringen, und Fett von meinem Feste darf nicht
bis zum andern Morgen liegen bleiben. 19 Das Wert-
vollste von den Erstlingen deines Bodens sollst du in
das Haus des Herrn, deines Gottes, bringen! Du
sollst ein Böcklein nicht in der Milch seiner Mutter
kochen. 20 Siehe, ich sende einen Engel vor dir her,
daß er dich auf dem Wege behüte und dich bringe
an den Ort, den ich bestimmt habe. 21 Nimm dich
vor ihm in acht und höre auf seine Einflüsterung;

widerstrebe ihm nicht; denn er würde ein Vergehen
von euch nicht ertragen, weil mein Name in ihm ist.
22 Wenn du aber genau auf seine Einflüsterung hörst
und alle meine Worte befolgst, so will ich deine
Feinde befehden und deine Bedränger in Drangsal
bringen. 23 Denn mein Engel wird vor dir herziehen,
und er wird dich bringen zu den Amoritern, Hethi-
tern, Perissitern, Kanaanitern, Hiwwitern und Jebu-
sitern; ich will sie vertilgen. 24 Du sollst ihre Götter
nicht anbeten und ihnen keine Verehrung zollen!
Du sollst ihre Machwerke nicht nachahmen; viel-
mehr sollst du sie gründlich niederreißen und ihre
Weihesteine gänzlich zerbrechen! 25 Wenn ihr aber
dem Herrn, eurem Gott, dient, so segnet er dein
Brot und dein Wasser. Ich werde Krankheit von dir
fernhalten. 26 Keine Frau in deinem Lande wird fehl-
gebären oder kinderlos sein. Die Zahl deiner Tage
will ich vollenden. 27 Meinen Schrecken will ich vor
dir hersenden und jedes Volk, zu dem du kommst,
zum Verzagen bringen. Auch werde ich veranlas-
sen, daß alle deine Feinde vor dir die Flucht ergrei-
fen. 28 Ich sende Entmutigung vor dir her; sie wird
die Hiwwiter, die Kanaaniter und die Hethiter vor
dir verjagen. 29 Ich will sie aber nicht in einem ein-
zigen Jahr vor dir verjagen, sonst könnte das Land
zur Einöde werden, und das wilde Getier des Feldes
würde dir gegenüber zu zahlreich. 30 Nur ganz all-
mählich will ich sie vertreiben vor deinem Ange-
sicht, bis du so fruchtbar geworden bist, daß du das
Land besetzen kannst. 31 Dein Gebiet will ich rei-
chen lassen vom Schilfmeer bis zum Philistermeer
und von der Wüste bis zum Euphrat; denn ich will
die Bewohner des Landes in eure Gewalt geben,
und du sollst sie vor deinem Angesicht verjagen.
32 Du sollst mit ihnen und ihren Gottheiten keinen
Bund schließen. 33 Sie sollen nicht in deinem Lande
wohnen bleiben, sonst verleiten sie dich dazu, wi-
der mich zu sündigen, indem du ihren Göttern
dienst; das würde dir zu einem Fallstrick.«

Verlesen des Bundesbuches

24 1 Er sprach sodann zu Moses: »Steigt
hinauf zum Herrn, du und Aaron,
Nadab und Abihu und siebzig von den
Ältesten Israels, und werft euch in gebührendem
Abstand anbetend nieder! 2 Moses aber soll allein
zum Herrn herantreten, die anderen dürfen nicht
herantreten, und das Volk soll nicht mit ihm hin-
aufsteigen!« 3 Moses kam und erzählte dem Volk
alle Worte des Herrn und alle Satzungen. Alles Volk
antwortete wie mit einer Stimme und sprach:
»Alles, was der Herr gesagt hat, wollen wir tun!«
4 Moses schrieb alle Worte des Herrn auf. Am
frühen Morgen des anderen Tages baute er einen
Altar am Fuß des Berges und zwölf Gedenksteine
für die zwölf Stämme Israels. 5 Dann beauftragte er
die Jungmannschaft der Israeliten, Brandopfer dar-
zubringen und Stiere als Friedopfer für den Herrn
zu schlachten. 6 Dann nahm Moses die Hälfte des
Blutes und goß es in Schalen; die andere Hälfte des
Blutes sprengte er auf den Altar. 7 Er nahm das Buch
des Bundes und las es dem Volke vor. Es sagte:
»Alles, was der Herr gesprochen, wollen wir gern
befolgen!« 8 Hierauf nahm Moses das Blut, be-
sprengte damit das Volk und sprach: »Seht das Blut
des Bundes, den der Herr mit euch auf Grund dieser
Satzungen geschlossen hat!«

Erscheinen Gottes

9 Dann stiegen Moses und Aaron, Nadab, Abihu
und siebzig von den Ältesten Israels hinauf. 10 Sie
schauten den Gott Israels. Unter seinen Füßen war
es wie Saphirplatten und wie der Himmel selber in
seiner strahlenden Reinheit. 11 Er aber streckte seine
Hand nicht aus gegen die Edlen der Israeliten; sie
durften Gott schauen und konnten danach unbe-
helligt essen und trinken.

Steintafeln

12 Da sprach der Herr zu Moses: »Steig zu mir auf
den Berg herauf und verweile daselbst! Ich werde
dir steinerne Tafeln geben mit den Gesetzen und
Geboten, die ich zu ihrer Unterweisung niederge-
schrieben habe.« 13 Da machte sich Moses mit sei-
nem Diener Josua auf, um auf den Gottesberg hin-
aufzusteigen. 14 Zu den Ältesten sagte er: »Bleibt
uns an dieser Stelle, bis wir zu euch zurückkehren.
Aaron und Chur sind bei euch. Wer eine Streitsache
zu schlichten hat, gehe zu ihnen!« 15 Moses stieg
den Berg hinauf; sodann verhüllte die Wolke den
Berg. 16 Die Herrlichkeit des Herrn ließ sich auf den
Berg Sinai nieder, und die Wolke bedeckte ihn sechs
Tage lang. Am siebten Tage rief er den Moses mit-
ten aus dem Gewölk. 17 Die Herrlichkeit des Herrn
aber erschien den Israeliten wie ein loderndes Feuer
auf dem Bergesgipfel. 18 Moses ging in die Wolke
hinein, stieg den Berg hinauf und verblieb vierzig
Tage und vierzig Nächte auf dem Berge.

Gold, Silber, Kupfer

25 1 Der Herr sprach zu Moses folgen-
dermaßen: 2 »Sage den Israeliten, sie
sollen für mich eine Abgabe erheben.
Von jedem, der von Herzen gern gibt, sollt ihr diese
Abgabe für mich erheben. 3 Die Abgabe, die ihr von
ihnen erheben sollt, sei folgende: Gold, Silber und

Kupfer, 4 violette Purpurwolle, roter Purpur und kar-
mesinfarbener Stoff, Byssus und Ziegenhaare, 5 rot-
gefärbte Widderfelle, Tachaschhäute und Akazien-
holz, 6 Öl für den Leuchter, Balsame für das Salböl
und für wohlriechendes Räucherwerk, 7 Karneol-
steine und Besatzsteine für das Ephod und das
Brustschild. 8 Sie sollen mir ein Heiligtum errichten,
und ich will in ihrer Mitte wohnen. 9 So wie ich dir
das Muster der Wohnstätte und das Muster all ihrer
Geräte zeige, so sollt ihr es machen.

Bundeslade

10 Verfertigt eine Lade aus Akazienholz, zweiein-
halb Ellen lang, eineinhalb Ellen breit und einein-
halb Ellen hoch! 11 Überziehe sie mit reinem Gold
von innen und von außen und befestige eine Leiste
aus Gold ringsherum! 12 Gieße für sie vier goldene
Ringe und bringe sie an den vier Ecken an, und zwar
zwei Ringe an ihrer einen Seitenwand und zwei an
der anderen! 13 Verfertige Stangen aus Akazienholz
und überziehe sie mit Gold! 14 Stecke die Stangen
durch die Ringe an den Seitenwänden der Lade, daß
man sie mit ihnen tragen kann! 15 Die Stangen sol-
len in den Ringen der Lade bleiben; man soll sie aus
ihnen nicht herausziehen! 16 In die Lade sollst du
das Gesetz legen, das ich dir geben werde! 17 Ver-
fertige sodann eine Deckplatte aus reinem Gold,
zweieinhalb Ellen sei ihre Länge und eineinhalb El-
len ihre Breite! 18 Stelle zwei Goldkerubim her; als
getriebene Arbeit sollst du sie an den beiden Enden
der Deckplatte anfertigen! 19 Und zwar sollst du den
einen Kerub an dem einen Ende und den anderen
am anderen Ende anbringen. Von der Deckplatte
her mache die Kerubim über ihren beiden Enden!
20 Die Kerubim sollen ihre Flügel nach oben hin aus-
breiten, indem sie mit ihren Flügeln die Deckplatte
überdachen; ihre Antlitze seien gegeneinander ge-
kehrt; zur Deckplatte hin sollen die Gesichter der
Kerubim gerichtet sein.

Offenbarungsstätte

21 Setze die Deckplatte auf die Lade und lege in die
Lade das Gesetz, das ich dir geben werde! 22 Dort-
selbst will ich mich dir offenbaren von der Deck-
platte aus, die auf der Lade des Zeugnisses ist, von
der Stelle zwischen den beiden Kerubim. Alles will
ich dir sagen, was ich dir für die Israeliten auftragen
werde.

Schaubrottisch

23 Fertige auch einen Tisch aus Akazienholz, zwei
Ellen lang, eine Elle breit und eineinhalb Ellen hoch!
24 Überziehe ihn mit reinem Gold und umschließe
ihn mit einer goldenen Einfassung! 25 Befestige
daran auch eine Leiste von einer Handbreit und ver-
fertige eine goldene Einfassung um diese Leiste!
26 Dann gieße dafür vier goldene Ringe und bringe
die Ringe an den vier Seiten an, wo seine vier Füße
sind! 27 Die Ringe sollen dicht unter der Leiste sein
als Ösen für die Stangen zum Tragen des Tisches!
28 Mache die Stangen aus Akazienholz und über-
ziehe sie mit Gold; mit ihnen soll der Tisch getra-
gen werden. 29 Forme dazu die passenden Schüsseln
und Schalen, Kannen und Krüge, mit denen Trank-
opfer gespendet werden; aus reinem Gold sollst du
sie verfertigen! 30 Auf dem Tisch sollst du ständig
Schaubrote vor mir auflegen!

Siebenarmiger Leuchter

31 Mache auch einen Leuchter aus reinem Gold; in
getriebener Arbeit soll der Leuchter hergestellt wer-
den, sein Fußgestell und sein Schaft. Seine Kelche,
seine Knäufe und seine Blüten sollen von ihm aus-
gehen. 32 Sechs Röhren sollen von seinen Seiten aus-
gehen, drei Leuchterröhren von der einen Seite aus
und drei Leuchterröhren von der anderen Seite aus.
33 Drei mandelförmige Kelche mit Knaufen und Blü-
ten seien an der ersten Röhre, drei mandelförmige
Kelche mit Knäufen und Blüten an der zweiten, und
so an allen sechs Röhren, die vom Leuchter ausge-
hen. 34 Am Leuchter selbst seien vier mandelför-
mige Kelche, seine Knäufe und seine Blüten, 35 und
zwar ein Knauf unter zwei Röhren, und wieder ein
Knauf unter den beiden nächsten Röhren, und noch
ein Knauf unter den beiden letzten Röhren, ent-
sprechend den sechs Röhren, die vom Leuchter aus-
gehen. 36 Ihre Knäufe und ihre Röhren sollen ein
Ganzes mit ihm sein. Das Ganze sei eine getriebene
Arbeit aus einem Stück reinen Goldes. 37 Dann fer-
tige seine Lampen an; sieben sollen es sein! Setze
seine Lampen obenauf, damit sie den Raum vor
ihm beleuchten! 38 Dazu die zugehörigen Docht-
scheren und Feuerschalen aus feinstem Gold. 39 Aus
einem Talent reinen Goldes stelle ihn und alle diese
Geräte her! 40 Sieh zu, daß du sie genau nach dem
Urbild verfertigst, das dir auf dem Berg gezeigt wor-
den ist!

25,7: Ephod ist hier das Brust und Rücken bedeckende priesterliche Amtskleid; Schulterstücke halten es.

Zeltdecken aus Byssus

26 1 Die Wohnstätte sollst du aus zehn
Zeltdecken herstellen; aus gezwirntem
Byssus, violetter Purpurwolle, aus ro-
tem Purpur, karmesinfarbigem Stoff mit Kerubim;
wie sie ein Stoffwirker macht, sollst du sie fertigen.
2 Die Länge jeder einzelnen Decke soll achtund-
zwanzig Ellen betragen und vier Ellen die Breite;

alle Zelttücher sollen ein und dasselbe Maß haben. 3 Fünf der Zeltbahnen sollen zusammengefügt sein, eine an der andern; die anderen fünf ebenso. 4 Mache Schleifen aus violetter Purpurwolle an der Außenkante der einen Zeltbahn, die das Ende des zusammengesetzten Stückes bildet, und ebenso an der Außenkante der letzten Zeltbahn des zweiten zusammengesetzten Teiles. 5 Fünfzig Schleifen bringe an der einen Zeltbahn an, ebenso fünfzig Schleifen am Ende der Zeltdecke, die zum zweiten zusammengesetzten Stück gehört; die Schleifen sollen einander gegenüberstehen. 6 Forme dann fünfzig Haken aus Gold und verbinde die Zeltdecken mit den Haken, eine mit der andern; so soll es eine einzige Wohnstätte werden. 7 Fertige sodann Zeltdecken aus Ziegenhaar für ein Zelt über der Wohnstätte; in einer Anzahl von elf Stück sollst du sie herstellen. 8 Die Länge jeder einzelnen Zeltdecke soll dreißig Ellen sein, und vier Ellen sei ihre Breite; alle elf Zeltdecken sollen ein und dasselbe Maß haben. 9 Füge fünf zu einem Stück zusammen, ebenso die anderen sechs Zeltdecken zu einem Stück; lege dabei die Hälfte der sechsten Zeltbahn, die für die Vorderseite des Zeltes da ist, doppelt. 10 Am Saume der letzten Zeltdecke des einen zusammengesetzten Stückes mache fünfzig Schleifen und ebenso am Zeltdeckensaum des zweiten zusammengesetzten Stückes. 11 Sodann fertige fünfzig Haken aus Kupfer, hänge die Haken in die Schleifen ein und verbinde so die Zeltbahnen, daß es ein einziges Zelt werde. 12 Den bei den Zeltbahnen überhängenden Teil, der überschüssig ist, lasse zur Hälfte an der Rückseite der Wohnstätte herabhängen. 13 Eine Elle soll hüben und drüben auf den beiden Längsseiten der Wohnstätte herabhängen von dem, was an den Zeltdecken zu lang ist. Es soll die Wohnstätte bedecken. 14 Endlich stelle für das Zelt eine rot gegerbte Decke aus Widderfellen her und oben darauf eine Decke aus Tachaschleder.

Bretter

15 Danach fertige Bretter für die Wohnstätte; sie sollen aus Akazienholz sein und zum Aufstellen dienen. 16 Zehn Ellen sei die Länge eines Brettes und eineinhalb Ellen seine Breite. 17 Jedes Brett soll durch zwei Zapfen gegenseitig in Verbindung gebracht werden; so mache es mit allen Brettern der Wohnstätte. 18 Für die Wohnstätte sollst du an Brettern zwanzig für die Südseite herstellen. 19 Stelle auch vierzig silberne Sockel her als Unterlage für die zwanzig Bretter, zwei Sockel als Unterlage eines Brettes für seine beiden Zapfen. 20 Ebenso für die andere Längsseite der Wohnstätte, die Nordseite, zwanzig Bretter, 21 dazu noch vierzig silberne Fußsockel, zwei Sockel als Unterlage für ein Brett. 22 Für die Rückseite der Wohnstätte, die nach Westen hin liegt, verfertige sechs Bretter. 23 Und zwei Bretter stelle als Eckstücke für die Rückseite der Wohnstätte her. 24 Sie seien unten und oben doppelt aufgebaut und sollen sich bei dem einen Ring treffen; sie mögen die beiden Ecken ausmachen. 25 Es seien also acht Bretter, und ihre silbernen Fußgestelle sollen sechzehn betragen, nämlich je zwei Fußgestelle als Unterlage für ein Brett.

Riegel

26 Stelle auch Riegel her aus Akazienholz, fünf für die Bretter auf der einen Seite der Wohnstätte, 27 ebenso auch fünf Riegel für die Bretter der zweiten Längsseite und fünf Riegel für die Bretter der nach Westen gerichteten Rückseite. 28 Der mittlere Riegel stehe in der Mitte der Bretter; er laufe von einem Ende zum anderen. 29 Überziehe die Bretter mit Gold, und auch ihre Ringe stelle aus Gold her, um die Riegel zu halten; ebenso überziehe die Riegel mit Gold. 30 So richte also die Wohnstätte auf, entsprechend ihrem Entwurf, der dir auf dem Berge gezeigt worden ist.

Vorhang zwischen Heiligem und Allerheiligstem

31 Verfertige einen Vorhang aus violetter Purpurwolle und rotem Purpur, karmesinfarbigem Stoff und gezwirntem Byssus; als Werk eines Stoffwirkers sollst du ihn mit Kerubimfiguren herstellen. 32 Hänge ihn an vier Säulen aus vergoldetem Akazienholz – auch ihre Nägel sollen aus Gold sein –, die auf vier silbernen Sockeln stehen sollen. 33 Bringe den Vorhang unterhalb der Haken an, und stelle dortselbst in den Raum hinter den Vorhang die Lade des Zeugnisses; der Vorhang soll euch als Scheidewand zwischen dem Heiligen und dem Allerheiligsten dienen. 34 Setze die Deckplatte auf die Lade des Zeugnisses im Allerheiligsten. 35 Stelle den Tisch außerhalb des Vorhangs auf, den Leuchter gegenüber dem Tisch auf der Südseite der Wohnstätte; den Tisch aber rücke gegen die Nordseite!

Vorhang für den Zelteingang

36 Für das Eingangstor des Zeltes stelle einen Vorhang aus violetter Purpurwolle, rotem Purpur, karmesinfarbigem Stoff und gezwirntem Byssus her in Buntwirkerarbeit! 37 Für den Vorhang stelle fünf Säulen aus Akazienholz auf und überziehe sie mit Gold – auch ihre Nägel seien aus Gold – und gieße für sie fünf kupferne Sockel.

26,14: Was Tachaschleder (auch 25,5; 35,7 und öfters) bedeutet, ist uns heute nicht mehr sicher bekannt. Vielfach nimmt man an, es handle sich um die Lederhäute von einer Delphinart.

Altar

27 1 Mache sodann den Altar aus Aka-
zienholz, fünf Ellen lang und fünf Ellen
breit – der Altar soll quadratisch sein –
und drei Ellen hoch. 2 Errichte seine Hörner auf
seinen vier Ecken – seine Hörner sollen mit ihm ein
Stück bilden – und überziehe ihn mit Kupfer. 3 Stelle
dazu auch die Töpfe her, um die Fettasche von ihm
wegzunehmen, die passenden Reinigungsschaufeln
und Sprengschalen, Fleischgabeln und Feuer-
becken; alle zugehörigen Geräte sollst du aus Kup-
fer verfertigen. 4 Mache für ihn ein Gitterwerk, ein
kupfernes Netzgitter, und bringe an seinen vier En-
den vier kupferne Ringe an. 5 Unter der Einfassung
des Altars bringe es unterhalb an; es soll das Netz-
gitter bis zur halben Höhe des Altars reichen.
6 Richte für den Altar auch Stangen aus Akazien-
holz zu und bedecke sie mit Kupfer. 7 Die Stangen
sollen in die Ringe hineingesteckt werden; sie sollen
sich auf beiden Seiten des Altars befinden, wenn
man ihn trägt. 8 Er sei hohl; stelle ihn aus Platten
her; wie man dir auf dem Berg gezeigt hat, so sollen
sie ihn zur Ausführung bringen.

Vorhof

9 Dann stelle den Vorhof der Wohnstätte her: Für
die Südseite Vorhofsbehänge aus gezwirntem Bys-
sus, hundert Ellen lang für die eine Seite. 10 Dazu
zwanzig Säulen und zwanzig zugehörige kupferne
Fußgestelle, die Nägel der Säulen und ihre Quer-
stangen aus Silber. 11 Ebenso stelle für die nördliche
Längsseite Behänge her, die hundert Ellen lang sind,
dazu zwanzig Säulen und zwanzig kupferne Fuß-
gestelle für sie, die Nägel der Säulen und ihre Quer-
stangen aber aus Silber, 12 für die nach Westen ge-
richtete Breitseite aber Behänge von fünfzig Ellen,
dazu zehn entsprechende Säulen und zehn Fuß-
sockel für sie. 13 Die Breite des Vorhofes sei auch für
die nach Osten gehende Seite fünfzig Ellen, 14 und
zwar fünfzehn Ellen Behänge für das eine Seiten-
stück, dazu drei Säulen und drei Fußsockel für sie,
15 ebenso für das zweite Seitenstück fünfzehn Ellen
Behänge, dazu drei Säulen und drei Fußsockel für
sie. 16 Für die Eingangstür des Vorhofes einen Vor-
hang von zwanzig Ellen aus violetter Purpurwolle,
rotem Purpur, karmesinfarbigem Stoff und ge-
zwirntem Byssus in Buntwirkerarbeit, dazu vier
Säulen und vier Sockel für sie. 17 Alle Säulen des
Vorhofes ringsumher sollen silberne Querstangen
haben. Ihre Nägel seien aus Silber und ihre Sockel
aus Kupfer. 18 Des Vorhofes Länge betrage hundert
Ellen, die Breite fünfzig und die Höhe fünf Ellen; die
Vorhänge seien aus gezwirntem Byssus und die da-
zugehörigen Fußgestelle aus Kupfer. 19 Alle Geräte
der Wohnung, die zu irgendeiner Verrichtung ge-
braucht werden, und alle ihre Zeltpflöcke und alle
Zeltpflöcke des Vorhofes sollen aus Kupfer sein.

Ewiges Licht

20 Befiehl den Israeliten, daß sie dir reines Öl aus ge-
stoßenen Oliven für die Ampel bringen, damit man
eine immerbrennende Lampe aufsetzen kann. 21 Im
Begegnungszelt außerhalb des Vorhanges, der sich
vor der Gesetzeslade befindet, soll sie Aaron mit
seinen Söhnen herrichten; vom Abend bis zum
Morgen soll sie brennen vor dem Herrn. Eine im-
merwährende Satzung von Geschlecht zu Ge-
schlecht soll dies für die Israeliten sein!

27,20–21: Der Text lautet fast gleich wie 3 Mos 24,2f. Auf dem Leuchter brannten mehrere Lampen: 2 Mos 25,37; 3 Mos 24,4; 4 Mos 8,2. Sie sind Vorbilder unseres »ewigen Lichtes«. 28,1–29,35: Anm. zu 3 Mos 8,1–10,20.

Bestimmung zum Priestertum

28 1 Laß deinen Bruder Aaron und seine
Söhne aus der Reihe der Israeliten zu dir
kommen; als Priester soll er mir dienen,
also Aaron, Nadab und Abihu, Eleasar und Itamar,
die Söhne Aarons. 2 Dann lasse deinem Bruder hei-
lige Gewänder nähen, die ihm zur Auszeichnung
und Zierde dienen. 3 Rede auch mit allen Kunstver-
ständigen, die ich mit dem Geiste der Weisheit er-
füllt habe: sie sollen die Gewänder für Aaron anfer-
tigen, damit man ihn weihe und er mir als Priester
diene. 4 Dies sind die Gewänder, die man anfertigen
soll: Brustschild, Ephod, Obergewand, bunter
Leibrock, Kopfbund und Gürtel. Heilige Gewänder
soll man also für deinen Bruder Aaron – und für
seine Söhne – anfertigen, damit er mir als Priester
diene. 5 Man soll dazu Gold, violette Purpurwolle,
roten Purpur, karmesinroten Stoff und Byssus ver-
werten.

Ephod

6 Das Ephod soll man aus Gold, violetter Purpur-
wolle, rotem Purpur, karmesinfarbigem Stoff, in ge-
zwirntem Byssus als Kunstwirkerarbeit herstellen.
7 Es soll zwei verbundene Schulterstücke haben; an
seinen beiden Enden soll es verbunden sein. 8 Die
Binde, die sich an ihm zum Anlegen befindet, soll
von gleicher Machart und aus einem Stück mit ihm
sein, aus Gold, aus violetter Purpurwolle, aus rotem
Purpur, karmesinfarbenem Stoff und gezwirn-
tem Byssus. 9 Nimm dann zwei Karneolsteine und
schneide darauf die Namen der Söhne Israels ein.
10 Sechs Namen auf den ersten Stein und die ande-
ren sechs Namen auf den zweiten Stein nach der
Reihenfolge ihrer Geburt. 11 So wie der Steinschnei-

der Gravierungen auf Siegeln herstellt, so sollst du
beide Steine mit den Namenszeichen der Söhne Is-
raels versehen, umrahmt von Goldfassungen.
12 Setze die beiden Steine auf die Schulterstücke des
Ephod als Steine der Erinnerung an die Söhne Isra-
els. Aaron soll ihre Namen auf seinen beiden Schul-
terstücken vor dem Herrn zum Gedächtnis tragen.
13 Stelle also die Einfassungen von Gold her, 14 dazu
zwei Kettchen aus reinem Golde; drehe sie in der
Art einer Schnur und befestige die schnurartigen
Kettchen an den Einfassungen.

Brustschild

15 Du sollst ein Brustschild des Schiedsrichterspru-
ches herstellen; als Kunstwirkerarbeit in der Art des
Ephod stelle es her; fertige es aus Gold, aus violet-
ter Purpurwolle, rotem Purpur, karmesinfarbenem
Stoff und gezwirntem Byssus! 16 Es soll quadratisch
sein, doppelt gelegt, eine Spanne lang und eine
Spanne breit. 17 Schmücke es mit einem Besatz von
Edelsteinen, insgesamt vier Reihen! Die erste
Reihe: Rubin, Chrysolith und Smaragd. 18 Die
zweite Reihe: Türkis, Lasurstein und Jaspis. 19 Die
dritte Reihe: Hyazinth, Achat und Amethyst. 20 Die
vierte Reihe: Tarsis, Karneol und Nephrit; goldge-
faßt seien sie in ihren Reihen. 21 Die Steine sollen
die Namen der Söhne Israels tragen, zwölf entspre-
chend ihren Namen. Siegelstecherarbeiten mit den
entsprechenden Namen sollen es sein nach den
zwölf Stämmen. 22 Für das Brustschild stelle ge-
drehte Kettchen her nach Art von Schnüren aus rei-
nem Gold. 23 Dann verfertige für das Brustschild
zwei goldene Ringe und befestige beide an den
zwei Enden des Brustschildes. 24 Sodann bringe die
beiden goldenen Schnüre an den zwei Ringen der
Enden des Brustschildes an. 25 Die beiden anderen
Enden der Schnüre befestige an den Einfassungen;
hänge es an die Schulterstücke des Ephod auf des-
sen vordere Seite! 26 Stelle noch zwei goldene Ringe
her und bringe sie auf den beiden anderen Enden
des Brustschildes an, auf seinem inneren Rande, der
dem Ephod zugekehrt ist. 27 Stelle zwei weitere gol-
dene Ringe her und bringe sie auf den beiden Schul-
terstücken des Ephod unten an, an seiner vorderen
Seite nahe der Stelle, wo es zusammengefügt ist,
oberhalb der Binde des Ephod. 28 Man soll das
Brustschild durch seine Ringe an den Ephodringen
anbringen durch Schnüre aus violettem Purpur, da-
mit es über der Binde des Ephod bleibt und das
Brustschild sich nicht von seiner Stelle auf dem
Ephod verrückt. 29 Aaron soll die Namen der Söhne
Israels auf dem Brustschild des Schiedsrichterspru-
ches auf seinem Herzen tragen, wenn er das Heilig-
tum betritt, zum immerwährenden Gedenken vor
dem Herrn. 30 In das Brustschild des Schiedsrichter-
spruches lege die Losorakel der Urim und Tummim;
sie sollen auf dem Herzen Aarons ruhen, wenn er
vor den Herrn tritt; er trage den Schiedsrichter-
spruch der Söhne Israels auf seinem Herzen ständig
vor dem Herrn.

Obergewand

31 Mache das Obergewand des Ephod ganz aus vio-
letter Purpurwolle. 32 In seiner Mitte soll sich eine
Öffnung für den Kopf befinden; ein ringsum be-
setzter Rand sei an seiner Öffnung; eine Webearbeit
wie bei der Öffnung eines Panzerhemdes soll es er-
halten, damit es nicht zerreißt. 33 An seinem Saum
sollst du Granatäpfel aus violetter Purpurwolle, ro-
tem Purpur und karmesinfarbenem Stoff anbringen,
und zwar ringsum an seinem Saum, und dazwi-
schen goldene Glöckchen ringsum. 34 Es sollen sich
immer ein goldenes Glöckchen und ein Granatapfel
an dem Saum des Obergewandes ringsum abwech-
seln. 35 Aaron soll es beim heiligen Dienst tragen,
sein Ton soll zu hören sein, wenn er in das Heilig-
tum vor den Herrn tritt und wenn er da wieder hin-
ausgeht; sonst müßte er sterben.

Stirnblatt

36 Dann verfertige ein Stirnblatt aus reinem Gold
und graviere darauf in Siegelstecherarbeit ein: ›Hei-
lig dem Herrn!‹ 37 Befestige es an einer Schnur von
violetter Purpurwolle, um es am Turban anzubrin-
gen, auf der Vorderseite des Turbans soll es sich
befinden. 38 Es soll auf Aarons Stirn sein; und so
nehme Aaron die Verfehlungen an den Weihega-
ben, die die Söhne Israels darbringen bei ihren hei-
ligen Abgaben, auf sich! Ständig soll es auf Aarons
Stirn sein, damit sie Wohlgefallen vor dem Herrn
finden!

Priestertracht

39 Webe den Leibrock aus Byssus; verfertige den
Turban aus Byssus, und den Gürtel wirke in Bunt-
wirkerarbeit! 40 Auch für Aarons Söhne verfertige
Leibröcke, mache ihnen Gürtel und hohe Kopf-
tracht zur Auszeichnung und Zierde! 41 Dann be-
kleide mit ihnen deinen Bruder Aaron und seine
Söhne zugleich mit ihm; salbe sie, führe sie in ihr
Amt ein und heilige sie, damit sie mir als Priester
dienen! 42 Mache ihnen linnene Beinhüllen, um ihre
Scham zu bedecken; von den Hüften bis zu den
Schenkeln sollen sie reichen! 43 Sie sollen von Aaron
und seinen Söhnen getragen werden, wenn sie ins
Offenbarungszelt eintreten oder sich dem Altar
nähern, um ihren Dienst am Heiligtum zu verrich-
ten; sie sollen keinerlei Schuld auf sich laden, damit

sie nicht sterben müssen. Eine immerwährende Sat-
zung sei dies für ihn und seine Nachkommen!

28,6ff: Ephod ist Amtskleid; 25,7.

Priesterweihe

29 1 Dies ist die Vorschrift, die du bei ihnen
anwenden sollst, wenn du sie mir zum
priesterlichen Dienst weihst: Nimm
einen Jungstier und zwei fehlerlose Widder 2 und
ungesäuerte Brote, ungesäuerte, mit Öl angerührte
Ringbrote und ungesäuerte, mit Öl bestrichene Fla-
den; aus Weizenmehl sollst du sie herstellen. 3 Lege
sie in einen Korb und bringe sie im Korb herbei,
dazu den Jungstier und die beiden Widder. 4 Dann
laß Aaron und seine Söhne an den Eingang des Of-
fenbarungszeltes treten und wasche sie mit Wasser!
5 Nimm die Gewänder und bekleide Aaron mit dem
Leibrock, dem Obergewand des Ephod, dem Ephod
selbst und dem Brustschild; du sollst ihm mit einer
Binde das Ephod festmachen. 6 Setze ihm den Tur-
ban auf sein Haupt und befestige das heilige Stirn-
blatt am Turban. 7 Nimm das Salböl, gieße es auf
sein Haupt und salbe ihn. 8 Alsdann laß seine Söhne
herantreten und bekleide sie mit Leibröcken. 9 Um-
gürte sie mit dem Gürtel – Aaron und seine Söhne –
und binde ihnen die Kopftracht um. So soll ihnen
als ewig gültige Satzung das Priesteramt zufallen,
und so sollst du Aaron und seine Söhne mit dem
Priesteramt belehnen!

Sündopfer anläßlich der Priesterweihe

10 Laß den Jungstier vor das Offenbarungszelt brin-
gen. Aaron und seine Söhne sollen ihre Hände auf
den Kopf des Stieres legen! 11 Dann schlachte den
Stier vor dem Herrn am Eingang des Offenbarungs-
zeltes! 12 Nimm von dem Stierblut und streiche da-
von mit deinem Finger an die Hörner des Altares.
Alles übrige Blut aber gieße an den Fuß des Altares!
13 Nimm dann das ganze Fett, das die Eingeweide
bedeckt, sowie den Leberlappen und die beiden
Nieren, auch das Fett daran, und laß es auf dem
Altar in Rauch aufgehen! 14 Das Fleisch des Jung-
stieres aber, sein Fell und seinen Mageninhalt sollst
du im Feuer außerhalb des Lagers verbrennen; han-
delt es sich doch um ein Sündopfer.

Widder als Brandopfer

15 Hole dann den einen Widder; Aaron und seine
Söhne sollen ihre Hände auf den Kopf des Widders
legen. 16 Schlachte darauf den Widder, nimm sein
Blut und sprenge es ringsum an den Altar! 17 Den
Widder selbst zerlege in seine Teile, wasche seine
Eingeweide und Unterschenkel und lege sie zu den
anderen Teilen und zu seinem Kopf! 18 Alsdann laß
den ganzen Widder auf dem Altar in Rauch aufge-
hen; es ist ja ein Ganzopfer für den Herrn, ein lieb-
licher Wohlgeruch, ein Feueropfer für den Herrn.

Einsetzungsopfer

19 Hole dann den zweiten Widder; Aaron und seine
Söhne sollen ihre Hände auch auf den Kopf dieses
Widders legen. 20 Schlachte den Widder, nimm von
seinem Blut und streiche davon an das rechte Ohr-
läppchen Aarons und seiner Söhne, an den Daumen
ihrer rechten Hand und an die große Zehe ihres
rechten Fußes; das andere Blut sprenge ringsum an
den Altar! 21 Nimm auch von dem Blut auf dem
Altar und von dem Salböl und besprenge damit Aa-
ron und seine Gewänder und auch seine Söhne und
deren Gewänder. Er und seine Gewänder sollen
geweiht sein und mit ihm auch seine Söhne und
deren Gewänder. 22 Dann nimm von dem Widder
das Fett, und zwar den Fettschwanz und das Fett,
das die Eingeweide bedeckt, den Leberlappen, die
beiden Nieren und das Fett daran und die rechte
Keule – denn es handelt sich um einen Weihewid-
der –, 23 dazu ein rundes Brot, ein mit Öl zubereite-
tes Ringbrot und einen Fladen aus dem Korb der un-
gesäuerten Brote, der vor dem Herrn steht! 24 Dies
alles lege Aaron und seinen Söhnen auf die Hände
und laß sie es hin und her schwingen als Weihegabe
vor dem Herrn! 25 Sodann nimm ihnen alles wieder
aus den Händen und laß es auf dem Altar als Ganz-
opfer in Rauch aufgehen zu einem lieblichen Wohl-
geruch vor dem Herrn; ein Feueropfer ist es für den
Herrn. 26 Nimm dann die Brust des Einweihungs-
widders für Aaron und schwinge sie hin und her als
Weihegabe vor dem Herrn; sie fällt dir als Anteil zu.
27 Erkläre die Weihebrust und die Hebekeule vom
Einweihungswidder Aarons und seiner Söhne,
wenn sie geschwungen und gehoben worden sind,
als heilig! 28 Denn es soll Aaron und seinen Söhnen
ein immerwährender Anteil sein von seiten der Is-
raeliten; es ist ja ein Hebeopfer, und als Hebeopfer
von seiten der Israeliten soll es von ihren Fried-
opfern ihr Hebeopfer sein für den Herrn.

Nachfolge im Priestertum

29 Die heiligen Gewänder Aarons sollen auf seine
nach ihm kommenden Söhne übergehen; man soll
sie darin salben und ins Priesteramt einsetzen.
30 Sieben Tage lang soll derjenige von seinen Söhnen
sie tragen, der an seiner Stelle Priester wird, wenn
er das Offenbarungszelt betritt, um im Heiligtum
Dienst zu tun.

Opfermahl – Brandopferaltar

31 Nimm alsdann den Einweihungswidder und ko-
che sein Fleisch an heiliger Stätte! 32 Aaron und

seine Söhne sollen das Widderfleisch und das Brot im Korb am Eingang des Offenbarungszeltes essen. 33 Sie sollen also das essen, womit für sie die Sühne vollzogen wurde, um sie ins Priesteramt einzusetzen und sie zu heiligen; kein Außenstehender darf davon essen, denn es ist heilig. 34 Wenn aber von dem Fleisch des Einsetzungsopfers und von dem Brot etwas bis zum Morgen übrig bleibt, dann sollst du das Übriggebliebene im Feuer verbrennen; man darf es nicht mehr genießen; denn es ist heilig. 35 Also tue mit Aaron und seinen Söhnen, genau, wie ich es dir geboten habe; sieben Tage lang sollst du ihre Amtseinsetzung durchführen.

36 Richte auch tagtäglich einen Sündopferstier her für die Sühne, entsündige den Altar, indem du darauf den Sühneritus vollziehst, und salbe ihn, um ihn zu weihen! 37 Sieben Tage lang sollst du auf dem Altar die Sühnehandlung vollziehen und ihn weihen. Der Altar wird zu etwas Hochheiligem werden. Jeder, der den Altar berührt, ist dem Heiligtum geweiht.

Tagtägliches Morgen- und Abendopfer

38 Auf dem Altar sollst du folgendes darbringen: Tagtäglich und immerwährend zwei einjährige Lämmer. 39 Das eine Lamm sollst du am Morgen darbringen, das andere gegen Abend. 40 Dazu ein Zehntel Epha Mehl, gemengt mit einem Viertel Hin Öl von zerstoßenen Oliven, und als Trankopfer ein Viertel Hin Wein für das eine Lamm. 41 Das zweite Lamm richte gegen Abend zu! Das gleiche Speise- und Trankopfer sollst du ihm dann beigeben, wie am Morgen, zu einem lieblichen Wohlgeruch als Feueropfer für den Herrn.

42 Als ein beständiges Brandopfer sei es in all euren Geschlechtern am Eingang des Offenbarungszeltes vor dem Herrn, wo ich mich euch offenbare, um mit dir zu reden. 43 Dort will ich mich den Israeliten offenbaren, und das Zelt wird durch meine Herrlichkeit geheiligt werden. 44 Ja, ich heilige das Offenbarungszelt und den Altar; auch Aaron und seine Söhne will ich heiligen zu meinem Priesterdienst. 45 Ich will inmitten der Israeliten wohnen und will ihnen Gott sein. 46 Sie sollen erkennen, daß ich der Herr, ihr Gott, bin, der sie aus dem Lande Ägypten herausgeführt hat, um in ihrer Mitte zu wohnen, ich, der Herr, ihr Gott!

Räucheraltar

30 1 Verfertige auch einen Altar zum Abbrennen des Räucherwerkes; aus Akazienholz sollst du ihn bauen. 2 Er soll eine Elle lang, eine Elle breit, also quadratisch, und zwei Ellen hoch sein; seine Hörner sollen mit ihm aus einem Stück sein. 3 Überziehe ihn mit reinem Gold, seine Deckplatte, seine Wände ringsum und seine Hörner, und schmücke ihn ringsum mit einer goldenen Randleiste! 4 Verfertige auch für ihn zwei goldene Ringe, die du unterhalb seiner Randleiste auf seinen beiden Seitenwänden, den Flanken, anbringen sollst; sie sollen als Ösen für Stangen dienen, auf daß man ihn damit tragen kann. 5 Die Stangen stelle aus Akazienholz her und überziehe sie mit Gold! 6 Aufstellen sollst du ihn vor dem Vorhang, der vor der Lade des Zeugnisses, vor der Deckplatte hängt, die auf dem Zeugnis ruht; dort will ich mich dir offenbaren. 7 Aaron soll darauf wohlriechendes Räucherwerk verbrennen, Morgen für Morgen, wenn er die Lampen in Ordnung bringt. 8 Wenn Aaron die Lampen gegen Abend wieder aufsetzt, soll er es ebenfalls verbrennen; es sei dies ein immerwährendes Weihrauchopfer für den Herrn in all euren Geschlechtern. 9 Ihr dürft darauf kein unerlaubtes Räucherwerk opfern, auch kein Brandopfer und kein Speiseopfer. Auch ein Trankopfer dürft ihr darauf nicht darbringen. 10 An seinen Hörnern soll Aaron im Jahre einmal die Sühne vornehmen. Mit dem Blut des Sündopfers, das zur Sühne dient, soll er einmal im Jahr darauf die Sühne vollziehen in all euren Geschlechtern. Etwas Hochheiliges ist der Altar dem Herrn!«

Musterung

11 Der Herr sprach zu Moses: 12 »Wenn du die Kopfzahl der Israeliten bei ihrer Musterung feststellst, dann soll jeder ein Lösegeld für sein Leben anläßlich der Musterung an den Herrn entrichten, damit nicht eine Plage sie bei ihrer Musterung treffe.

Abgaben

13 Dies soll ein jeder, der zur Musterung kommt, entrichten: Ein halbes Silberstück nach heiligem Gewicht, 20 Gera das Silberstück, ein halbes Silberstück also als Weihegabe an den Herrn. 14 Jeder, der zur Musterung kommt, von zwanzig Jahren an und darüber, soll die Weihegabe des Herrn entrichten. 15 Der Reiche soll nicht mehr, der Arme nicht weniger geben als ein halbes Silberstück, wenn ihr die Weihegabe des Herrn entrichtet als Lösegeld für euer Leben. 16 Erhebe das Lösegeld von den Israeliten und verwende es für den Dienst am Offenbarungszelt; es sei den Israeliten eine Erinnerung an den Herrn als Lösegeld für euer Leben!«

Ein kupfernes Waschbecken zum Waschen der Hände und Füße

17 Der Herr sprach zu Moses: 18 »Verfertige ein kupfernes Becken und dazu ein kupfernes Gestell zu

den Waschungen, stelle es zwischen dem Offenbarungszelt und dem Altar auf und fülle es mit Wasser! 19 Aaron und seine Söhne sollen darin ihre Hände und Füße waschen. 20 Wenn sie ins Offenbarungszelt eintreten, sollen sie sich mit Wasser waschen, sonst müßten sie sterben; oder wenn sie sich dem Altar nähern, um als heiligen Dienst ein Feueropfer für den Herrn darzubringen, 21 sollen sie ihre Hände und Füße waschen, sonst müßten sie sterben. Das sei ihnen eine immerwährende Satzung, die für ihn und seine Nachkommen in all ihren Geschlechtern gilt!«

Heiliges Salböl für die Geräte des Heiligtums und die Priester des Herrn

22 Der Herr befahl Moses weiterhin: 23 »Nimm dir Duftkräuter edelster Sorte, erstarrte Tropfenmyrrhe – fünfhundert Sekel –, wohlriechenden Zimt – davon die Hälfte, also zweihundertfünfzig Sekel –, Würzrohr – ebenfalls zweihunderfünfzig Sekel –, 24 Zimtblüte – fünfhundert Sekel nach heiligem Gewicht – und ein Hin Olivenöl. 25 Hieraus stelle ein heiliges Salböl her, eine würzige Mischung, wie sie der Salbenmischer macht; heiliges Salböl soll es sein. 26 Damit sollst du das Offenbarungszelt salben und die Lade des Zeugnisses, 27 den Tisch und all seine Geräte, den Leuchter mit seinen Geräten und den Räucheraltar, 28 den Brandopferaltar mit all seinen Geräten und das Becken mit seinem Gestell. 29 Weihe sie so, daß sie etwas Hochheiliges sind; jeder, der sie berührt, wird selbst geweiht. 30 Auch den Aaron und seine Söhne salbe, und weihe sie mir zum Priesterdienst! 31 Den Israeliten aber sage dies: Als heiliges Salböl gilt dies mir in all euren Geschlechtern. 32 Auf einen Menschenleib werde es nicht gegossen; in der gleichen Zusammensetzung dürft ihr es nicht nachmachen; denn heilig ist es und soll euch als heilig gelten. 33 Jeder, der die gleiche Mischung herstellt und einem Unbefugten davon gibt, der soll aus seiner Sippe ausgetilgt werden!«

Räucherwerk: Als heilig gelte es dir für den Herrn

34 Es sprach der Herr weiter zu Moses: »Nimm dir wohlriechende Spezereien, nämlich Staktetropfen, Räucherklaue und Galbanum, [Spezereien] und reinen Weihrauch, alles zu gleichen Teilen, 35 und bereite hieraus ein Räucherwerk in würziger Mischung, nach Art des Salbenmischers mit Salz gemengt, rein und heilig. 36 Zerstoße etwas davon zu feinem Pulver und lege davon vor dem Gesetz im Offenbarungszelt nieder, wo ich mich dir offenbaren werde; etwas Hochheiliges soll es für euch sein! 37 Das Räucherwerk, das du herstellen sollst, dürft ihr nicht in der gleichen Mischung für euch herstellen; als heilig gelte es dir für den Herrn. 38 Jeder, der es nachahmt, um seinen Wohlgeruch einzuatmen, der soll aus seiner Sippe ausgetilgt werden!

30,1–10: Die Ausführung des Räucheraltars steht 37,25–29. Sein Vorhandensein im salomonischen Tempel bezeugen 1 Kön 6,20; 7,48, im nachexilischen Tempel 1 Makk 1,21; Luk 1,11.

Künstlerberufung

31

1 Der Herr sprach zu Moses: 2 »Siehe, ich habe den Bezalel, den Sohn des Uri, Enkel des Chur aus dem Stamme Juda, mit Namen berufen 3 und ihn mit göttlichem Geist erfüllt in Weisheit, in Einsicht und Kenntnis für allerlei Kunstwerk. 4 Er soll Pläne entwerfen und diese in Gold, Silber und Kupfer ausführen. 5 Auch mit der Fertigkeit habe ich ihn begabt, Steine für die Fassungen zu bearbeiten und Holz zu schnitzen, um jegliches Werk auszuführen. 6 Auch habe ich ihm den Oholiab, den Sohn des Achisamach aus dem Stamme Dan, beigegeben und habe das Herz aller Kunstverständigen mit Weisheit erfüllt. Sie vermögen alles, was ich dir aufgetragen habe, auszuführen: 7 Das Offenbarungszelt, die Lade für das Gesetz, die Deckplatte darüber und alle übrigen Geräte des Zeltes, 8 d. h. den Tisch mit seinen Geräten, den Leuchter aus reinem Gold mit all seinen Geräten und den Rauchopferaltar, 9 den Brandopferaltar mit all seinen Geräten und das Becken mit seinem Gestell, 10 die gewirkten Gewänder, nämlich die heiligen Gewänder für den Priester Aaron und die Gewänder für seine Söhne zum Priesterdienst, 11 und schließlich das Salböl und das wohlriechende Räucherwerk für das Heiligtum. Wie ich es aufgetragen, sollen sie es ausführen.«

Sabbat als Bundeszeichen

12 Der Herr sprach zu Moses: 13 »Sage den Israeliten: Besonders beobachtet meine Sabbate; denn sie sind ein Zeichen zwischen mir und euch in all euren Geschlechtern. Daran soll man erkennen, daß ich, der Herr, es bin, der euch heiligt! 14 Beobachtet also den Sabbat; denn heilig soll er euch sein! Wer ihn entheiligt, muß des Todes sterben. Ja, jeder, der an ihm eine Arbeit verrichtet, dessen Person soll aus der Mitte ihrer Sippengenossen ausgetilgt werden. 15 Sechs Tage lang soll die Arbeit dauern, am siebten Tage aber soll ein dem Herrn heiliger, feierlicher Tag der Ruhe sein. Jeder, der am Sabbat eine Arbeit verrichtet, soll des Todes sterben. 16 Israels Söhne sollen den Sabbat halten und den Tag des Sabbats in ihren Geschlechtern als ewig gültigen Bund be-

trachten! 17 Zwischen mir und zwischen Israels Söhnen sei er ein immerwährendes Zeichen! Denn in sechs Tagen hat der Herr Himmel und Erde erschaffen, am siebten Tage aber ruhte er und atmete auf.«

Tafeln aus Stein

18 Als der Herr seine Reden mit Moses auf dem Berge Sinai vollendet hatte, überreichte er ihm zwei Gesetzestafeln, steinerne Tafeln, die vom Finger Gottes beschrieben waren.

31,1–6: Ähnliche Einführung wie in 35,30–35.

Das Goldene Kalb

32 1 Das Volk sah, daß Moses seine Rückkehr vom Berge hinausschob. Da sammelte sich das Volk um Aaron und sprach zu ihm: »Wohlan, mach uns Götter, die vor uns herziehen! Denn was aus Moses geworden ist, dem Mann, der uns aus dem Lande Ägypten herausgeführt hat, wissen wir nicht.« 2 Da antwortete ihnen Aaron: »Nehmt die goldenen Ringe von den Ohren eurer Frauen, Söhne und Töchter ab und bringt sie her zu mir!« 3 So nahmen denn alle Leute die goldenen Ringe, die sie an den Ohren trugen, von sich ab und brachten sie zu Aaron. 4 Er nahm sie aus ihren Händen, sammelte (das Gold) in einen Beutel und goß dann daraus ein Kalb als Gußbild. Sie riefen: »Das ist dein Gott, Israel, der dich aus Ägypten geführt hat.« 5 Aaron vernahm es und baute vor dem Kalb einen Altar. Er ließ laut ausrufen: »Morgen soll ein Fest sein für den Herrn!« 6 In der Frühe des nächsten Morgens opferten sie Brandopfer und brachten Friedopfer dar. Dann setzten sich die Leute zum Essen und Trinken nieder und erhoben sich, um dem Vergnügen nachzugehen.

Der Zorn des Herrn

7 Der Herr sprach zu Moses: »Geh, steig hinab; denn verbrecherisch handeln deine Leute, die du aus dem Land der Ägypter herausgeführt hast. 8 Gar schnell sind sie von dem Weg abgewichen, den ich ihnen gewiesen habe. Sie haben sich ein Kalb gegossen, sich vor ihm niedergeworfen, ihm geopfert und gerufen: ›Das ist dein Gott, Israel, der dich aus Ägypten geführt hat.‹« 9 Sodann sprach der Herr zu Moses: »Ich sehe, daß diese Leute ein halsstarriges Volk sind. 10 Darum laß mich, daß mein Zorn wider sie entbrenne und sie verzehre! Dich aber will ich zu einem großen Volk machen!« 11 Doch Moses versuchte, den Herrn, seinen Gott, zu versöhnen, und sprach: »Warum, Herr, soll dein Zorn wider dein Volk entbrennen, das du aus Ägypten mit großer Kraft und starkem Arm geführt hast? 12 Warum sollen denn die Ägypter sagen dürfen: ›Zum Verderben hat er sie herausgeführt, um sie im Gebirge umzubringen und sie vom Erdboden zu vertilgen‹? Laß ab von deiner Zornesglut und lasse dich des Unheils gereuen, das du deinem Volke angedroht hast! 13 Gedenke deiner Knechte Abraham, Isaak und Israel, denen du doch bei dir selbst eidlich versprochen hast: ›Ich will eure Nachkommen vermehren wie die Sterne des Himmels und will dies ganze Land nach meiner Verheißung euren Nachkommen geben; sie sollen es für immer besitzen!‹« 14 Da ließ sich der Herr des Unheils gereuen, mit dem er sein Volk bedroht hatte. 15 Moses wandte sich um und stieg vom Berge, die beiden Gesetzestafeln in seiner Hand; die Tafeln waren auf beiden Seiten beschrieben, vorn und hinten beschriftet. 16 Sie waren ein Werk Gottes; die Schrift war eine Gottesschrift, auf die Tafeln eingegraben.

Zerstörung der Tafeln und des Kalbes

17 Josua hörte des Volkes Lärmen und Jauchzen und sagte zu Moses: »Kriegslärm ist im Lager!« 18 Da sprach er: »Das ist nicht Lärm, wie man ihn beim Sieg anhebt, es ist nicht Geschrei der Niederlage, lautes Singen vernehme ich!« 19 Er näherte sich nunmehr dem Lager und sah das Kalb und die Reigentänze; da entbrannte der Zorn des Moses, und er schleuderte die Tafeln aus seiner Hand und zertrümmerte sie am Fuße des Berges. 20 Dann nahm er das Kalb, das sie verfertigt hatten, ließ es im Feuer verbrennen, zermalmte es zu feinem Staube, den er ins Wasser schütten ließ, und gab den Israeliten davon zu trinken.

Aarons Rechtfertigung

21 Zu Aaron aber sprach Moses: »Was haben dir die Leute da getan, daß du eine so große Sündenschuld über das Volk gebracht hast?« 22 Aaron entgegnete: »Möge doch meines Herrn Zorn nicht entbrennen! Du weißt ja, wie zügellos dieses Volk ist. 23 Sie baten mich: ›Mache uns doch einen Gott, der vor uns herzieht; denn wir wissen nicht, was Moses – dem Mann, der uns aus dem Ägypterland geführt hat – zugestoßen ist!‹ 24 Ich antwortete ihnen: ›Wer Gold hat, der nehme es ab!‹ Da gaben sie es mir. Ich aber warf es ins Feuer, und da kam dieses Kalb heraus.«

Rache der Leviten

25 Moses bemerkte, daß das Volk zügellos war. Araon hatte es nämlich ausarten lassen zur Schadenfreude ihrer Feinde. 26 Da stellte sich Moses an das Tor des Lagers und rief: »Wer für den Herrn ist, trete her zu mir!« Da scharten sich alle Leviten um ihn. 27 Er sprach zu ihnen: »So spricht der Herr, der Gott Israels: Es gürte ein jeder sein Schwert um die

Hüfte! Zieht hin und her im Lager von Tor zu Tor! Es töte ein jeder selbst den Bruder, Freund und Nächsten!« 28 Die Leviten handelten nach des Moses Befehl. So fielen an jenem Tag vom Volk gegen dreitausend Mann. 29 Moses sagte darauf: »Verpflichtet euch heute ganz für den Herrn; denn jeder war gegen seinen Sohn und Bruder, damit euch heute Segen zuteil werde!«

Moses' Fürsprache für das Volk

30 Am anderen Morgen sprach Moses zum Volk: »Ihr habt eine große Sündenschuld auf euch geladen. Nunmehr will ich zum Herrn hinaufsteigen, vielleicht kann ich für eure Sündenschuld Versöhnung erwirken.« 31 Moses kehrte also zum Herrn zurück und sprach: »O weh, dies Volk hat eine große Sünde begangen; sie haben sich einen Gott aus Gold verfertigt. 32 Und nun vergib ihnen doch ihre Sündenschuld; wenn nicht, so streiche mich aus deinem Buch, das du geschrieben hast!« 33 Der Herr entgegnete dem Moses: »Nur wer sich persönlich wider mich versündigt hat, den streiche ich aus meinem Buch! 34 Nun gehe! Führe das Volk, wohin ich dir geboten habe! Siehe, mein Engel wird vor dir hergehen; wenn aber der Tag meiner Heimsuchung gekommen ist, dann will ich an ihnen ihre Sündenschuld ahnden!« 35 Und der Herr schlug das Volk für das Kalb, das sie gemacht hatten, und das Aaron angefertigt hatte.

32,1–35: Wahrscheinlich sollte unter dem Bild des Stieres, dem Zeichen der Stärke und Fruchtbarkeit, nicht irgendein fremder Gott verehrt werden, sondern der Gott Israels selbst. Aber das grenzte zu nahe an heidnische Vorstellungen. Das erste Gebot hat daher jede Abbildung Gottes untersagt. Dadurch kam die rein geistige und jenseitige Gottesvorstellung einzigartig zum Ausdruck. Im religiös und politisch abtrünnigen Nordreich hat man seit der Reichstrennung ebenfalls Gott in der Form von zwei goldenen Stierkälbern dargestellt (1 Kön 12,28ff; vgl. Os 10,3–8).

Des Volkes Reue

33 1 Der Herr sprach zu Moses: »Auf, ziehe fort von hier, du und das Volk, das du aus dem Ägypterland geführt hast, in das Land, das ich dem Abraham, Isaak und Jakob eidlich zugesichert habe mit den Worten: Deiner Nachkommenschaft will ich es geben! 2 Ich will einen Engel vor dir hersenden und die Kanaaniter, Amoriter, Hethiter, Perissiter, Hiwwiter und Jebusiter vertreiben. 3 Ich will dich in ein Land bringen, das von Milch und Honig fließt. Ich selbst kann nicht in deiner Mitte hinaufziehen, denn du bist ein halsstarriges Volk; sonst müßte ich dich unterwegs vertilgen.« 4 Als das Volk diese schlimme Botschaft hörte, da hüllte es sich in Trauer, und niemand wollte mehr seinen Schmuck anlegen. 5 Da sprach der Herr zu Moses: »Sage den Israeliten: Ihr seid ein halsstarriges Volk! Zöge ich auch nur einen Augenblick mit dir, so würde ich dich vertilgen. Jetzt aber lege deinen Schmuck von dir ab, alsdann werde ich sehen, was ich mit dir tun werde!« 6 Da entledigten sich die Israeliten vom Berge Horeb an ihres Schmuckes.

Offenbarungszelt außerhalb des Lagers

7 Moses nahm das Zelt und schlug es außerhalb des Lagers in einiger Entfernung von ihm auf; er nannte es »Zelt der Offenbarung (Begegnung)«. Jeder, der den Herrn befragen wollte, ging zum Offenbarungszelte, das sich außerhalb des Lagers befand. 8 Ging Moses zum Zelt hinaus, erhob sich das ganze Volk. Jeder stellte sich an seinen Zelteingang und schaute dem Moses nach, bis er ins Zelt eingetreten war. 9 Sobald aber Moses das Zelt betrat, ließ sich die Wolkensäule herab und stand am Zelteingang, und Gott sprach mit Moses. 10 Das Volk sah die Wolkensäule am Zelteingang stehen. Da erhoben sich alle Leute und warfen sich an ihrem Zelteingang voll Ehrfurcht nieder. 11 Der Herr redete mit Moses von Angesicht zu Angesicht, wie jemand mit seinem Freund redet. Er kehrte dann ins Lager zurück. Sein Diener Josua aber, der Sohn des Nun, der noch ein Jüngling war, wich nicht vom Zelt.

12 Moses sprach zum Herrn: »Siehe, du befiehlst mir: ›Führe dieses Volk hinauf!‹ Doch hast du mir nicht mitgeteilt, wen du mit mir senden willst. Dabei hast du mir doch selbst gesagt: ›Ich kenne dich mit Namen‹ und: ›Du hast Gnade in meinen Augen gefunden.‹ 13 Nun denn, wenn ich in deinen Augen Gnade gefunden habe, so lasse mich doch deine Wege wissen, damit ich dich kenne, und um wirklich in deinen Augen Gnade zu finden! Berücksichtige auch, daß dieses Volk dein Volk ist!« 14 Er antwortete: »Wenn ich persönlich mit dir ziehe, werde ich dich dann zufriedenstellen?« 15 Moses versicherte ihm: »Wenn du nicht persönlich mitziehst, dann laß uns lieber überhaupt nicht von hier hinaufziehen! 16 Woran soll man denn erkennen, daß ich Gnade in deinen Augen gefunden habe, ich und dein Volk? Nicht daran, daß du mit uns ziehst, wodurch wir, ich und dein Volk, vor allen andern Völkern auf Erden ausgezeichnet werden?« 17 Der Herr erwiderte dem Moses: »Auch das, wonach du eben begehrt hast, will ich tun; denn du hast Gnade in meinen Augen gefunden, und ich kenne dich mit Namen!«

Das Anschauen Gottes

18 Darauf bat er: »Zeige mir doch deine Herrlichkeit!« 19 Der Herr entgegnete: »Ich will all meinen

Reichtum an dir vorüberziehen lassen und den
Namen des Herrn vor dir ausrufen: Ich bin gütig,
wem ich gütig bin, und erbarme mich dessen, wes-
sen ich mich erbarme.« 20 Dann fuhr er fort: »Doch
mein Angesicht kannst du nicht schauen; denn kein
Mensch kann mich schauen und dabei am Leben
bleiben!« 21 Der Herr sprach aber: »Siehe, hier in
meiner Nähe ist ein Platz, da stelle dich auf den
Felsen! 22 Wenn meine Herrlichkeit vorüberzieht,
stelle ich dich in die Felsenhöhle und bedecke dich
mit meiner Hand, bis ich vorüber bin. 23 Nehme ich
dann meine Hand weg, so kannst du meine Rück-
seite schauen. Doch mein Angesicht darf man nicht
schauen.«

Zwei neue Tafeln

34 1 Der Herr sprach zu Moses: »Haue dir
zwei Steintafeln zurecht, wie die ersten
waren; auf diese Tafeln schreibe ich die
Worte, die auf den ersten Tafeln standen, die du zer-
trümmert hast. 2 Halte dich für morgen früh bereit!
Steige am Morgen auf den Berg Sinai und tritt dort
vor mich hin auf der Spitze des Berges! 3 Niemand
darf mit dir hinaufsteigen und auf dem ganzen
Berge sich zeigen; auch Kleinvieh und Großvieh
darf gegen diesen Berg hin nicht weiden!«. 4 Da hieb
er sich zwei Steintafeln nach der Art der ersten zu-
recht. Er machte sich am andern Morgen in der
Frühe auf und bestieg den Sinai nach des Herrn Be-
fehl. Die beiden Steintafeln nahm er mit. 5 Da kam
der Herr in der Wolke herab. Moses stellte sich dort
bei ihm auf und rief den Namen des Herrn an.

Vorübergang des Herrn

6 Da zog der Herr an ihm vorüber und rief: »Der
Herr, der Herr, ein barmherziger und gütiger Gott,
langmütig, reich an Huld und Treue! 7 Huld be-
wahrt er den Tausenden! Schuld, Frevel und Sünde
vergibt er; er läßt sie aber nicht ungestraft, indem er
die Schuld der Väter an den Kindern und Kindes-
kindern bis ins dritte und vierte Geschlecht nach-
prüft!« 8 Eilends beugte sich Moses zur Erde, betete
voll Ehrfurcht an 9 und sprach: »Wenn ich wirklich
in deinen Augen Gnade gefunden habe, o Herr, so
möge doch der Herr in unserer Mitte ziehen! Ein
halsstarriges Volk sind sie zwar, doch vergib uns
unsere Schuld und Sünde und nimm uns als dein Ei-
gentum an!«

Bundeserneuerung

10 Er entgegnete: »Siehe, ich schließe einen Bund!
Vor deinem ganzen Volk will ich Wunder vollbrin-
gen, wie sie auf der ganzen Erde und unter allen
Völkern nicht geschehen sind. Dann soll das ganze
Volk, in dessen Mitte du lebst, das Wirken des
Herrn sehen; denn erschütternd ist, was ich an dir
tun werde. 11 Beachte genau, was ich dir heute ge-
biete: Siehe, ich vertreibe vor dir die Amoriter, Ka-
naaniter, Hethiter, Perissiter, Hiwwiter und Jebu-
siter! 12 Hüte dich davor, einen Bund mit den
Landesbewohnern einzugehen, in deren Gebiet du
kommst, sonst könnten sie dir in deiner Mitte zum
Fallstrick werden! 13 Ihr sollt ihre Altäre nieder-
reißen, ihre Weihesteine zertrümmern und ihre
Kultpfähle umhauen!
14 (I.) Denn du sollst keinen fremden Gott anbeten!
Der Herr heißt nämlich ›Eifersüchtiger‹ und ist ein
eifernder Gott. 15 Darum darfst du mit den Landes-
bewohnern keinen Bund schließen. Sie treiben ja
hinter ihren Göttern her Unzucht und opfern ihnen
und laden auch dich dazu ein, daß du von ihrem
Opfermahl genießt. 16 Aus ihren Töchtern darfst du
für deine Söhne keine Frauen nehmen; denn diese
buhlen hinter ihren Göttern her und bringen auch
deine Söhne dazu, hinter ihren Göttern her Un-
zucht zu treiben. 17 (II.) Du sollst dir keinen Gott aus
Gußmetall machen! 18 (III.) Das Fest der ungesäuer-
ten Brote sollst du halten! Sieben Tage lang sollst du
ungesäuerte Brote essen, wie ich dir befohlen habe,
zur Zeit des Monats Abib; denn im Monat Abib bist
du aus Ägypten ausgezogen. 19 (IV.) Alle Erstgeburt
gehört mir; von deinem ganzen Viehbestand die
männliche Erstgeburt vom Rind und Schaf. 20 Den
Erstlingswurf vom Esel sollst du gegen ein Schaf
auslösen; wenn du ihn aber nicht auslösen willst, so
mußt du ihm das Genick brechen! Die Erstgeburt
deiner Söhne sollst du auslösen; niemand soll vor
mir mit leeren Händen erscheinen! 21 (V.) Sechs
Tage sollst du arbeiten, aber am siebten Tage sollst
du ruhen! Selbst in der Zeit des Pflügens und Ern-
tens sollst du ruhen! 22 Auch das Wochenfest sollst
du feiern zur Zeit der Erstlinge der Weizenernte und
das Fest der Lese an der Jahreswende! 23 (VI.) Drei-
mal im Jahre soll alles Männliche unter dir vor Gott
dem Herrn, Israels Gott, erscheinen! 24 Denn ich
will Völker vor dir vertreiben und deine Grenzen er-
weitern, und niemand soll dein Land begehren,
während du hinaufziehst, um dreimal im Jahr vor
dem Herrn, deinem Gott, zu erscheinen. 25 (VII.) Du
sollst mein Opferblut nicht zusammen mit gesäuer-
tem Brot darbringen! (VIII.) Das Opfer des Osterfe-
stes soll bis zum andern Morgen nicht mehr da sein!
26 (IX.) Das Beste von den Erstlingen deines Ackers
sollst du zum Hause des Herrn, deines Gottes, brin-
gen! (X.) Du sollst ein Böcklein nicht in der Milch
seiner Mutter kochen!«

Neue Gesetzestafeln

27 Der Herr sprach zu Moses: »Schreibe dir diese Worte auf! Denn auf Grund dieser Worte schließe ich mit dir und Israel einen Bund.« 28 Vierzig Tage und vierzig Nächte war er dort beim Herrn; er aß kein Brot und trank kein Wasser. Er schrieb auf die Tafeln die Bundesworte, die zehn Gebote.

Strahlen

29 Moses stieg vom Berge Sinai herab, und die beiden Gesetzestafeln waren beim Abstieg vom Berge in seiner Hand. Moses aber wußte nicht, daß seine Gesichtshaut durch die Unterredung mit Gott strahlend geworden war. 30 Aaron und die Israeliten sahen, wie seine Gesichtshaut strahlend geworden war. Sie fürchteten sich daher, ihm zu nahen. 31 Moses aber rief ihnen zu; da kamen Aaron und alle Fürsten der Gemeinde zurück, und Moses redete mit ihnen. 32 Danach kamen auch alle übrigen Israeliten näher heran; er richtete an sie alle Befehle aus, die der Herr ihm auf dem Berge Sinai gegeben hatte. 33 Moses führte das Gespräch mit ihnen zu Ende. Darauf legte er eine Hülle über sein Gesicht. 34 Wenn Moses zur Unterredung vor den Herrn trat, nahm er die Hülle bis zu seinem Fortgehen wieder ab. Er ging dann hinaus und redete zu den Israeliten, was ihm aufgetragen worden war. 35 Sobald nun die Israeliten sahen, daß die Gesichtshaut des Moses strahlte, legte Moses wiederum die Hülle vor sein Antlitz, bis er von neuem zur Unterredung vor den Herrn trat.

Der siebte Tag, der Sabbat, soll Ruhetag sein, dem Herrn geweiht

35

1 Moses versammelte die ganze Gemeinde der Israeliten und sprach zu ihnen: »Dies hat der Herr euch zu tun geboten: 2 Sechs Tage soll gearbeitet werden, am siebten Tage aber soll ein heiliger Ruhetag sein, der dem Herrn geweiht ist; jeder, der an ihm arbeitet, muß sterben. 3 Ihr sollt am Sabbat in keiner eurer Wohnstätten Feuer anzünden.«

4 Moses sprach zur ganzen Gemeinde der Israeliten: »Der Herr hat folgendes geboten: 5 Erhebt von denen, die bei euch sind, eine Abgabe für den Herrn; jeder, der von Herzen gern gibt, soll als Abgabe für den Herrn bringen: Gold, Silber, Kupfer, 6 violette Purpurwolle, roten Purpur, karmesinfarbenen Stoff, Byssus und Ziegenhaare, 7 rotgefärbte Widderfelle, Tachaschhäute und Akazienholz, Öl für den Leuchter, Balsame für das Salböl und für das wohlriechende Räucherwerk, 9 Karneolsteine und Besatzsteine für das Ephod und das Brustschild.

Künstlerarbeiten

10 Alle Kunstverständigen unter euch sollen kommen und alles verfertigen, wie der Herr es aufgetragen hat: 11 die Wohnstätte, ihr Zelt und ihre Decke, ihre Haken, ihre Bretter und ihre Verriegelung, ihre Säulen und ihre Fußsockel, 12 die Lade mit ihren Stangen, den Sühnedeckel und den verhüllenden Vorhang, 13 den Tisch mit seinen Stangen und all seinen Geräten sowie die Schaubrote, 14 das Gestell des Leuchters, seine Geräte und seine Lampen und das Öl des Leuchters, 15 den Räucheraltar mit seinen Stangen, das Salböl, das wohlriechende Räucherwerk, die Türdecke am Eingang der Wohnstätte, 16 den Brandopferaltar und das dazugehörige Gitter aus Kupfer, seine Stangen und all seine Geräte, das Becken und sein Gestell, 17 die Umhänge des Vorhofes, seine Säulen, seine Fußsockel und den Vorhang über dem Eingang des Vorhofes, 18 die Zeltblöcke der Wohnstätte und des Vorhofes und die dazugehörigen Stricke, 19 die gewirkten Gewänder zum Dienst im Heiligtum, d. h. die heiligen Gewänder für den Priester Aaron und die Gewänder für seine Söhne zum priesterlichen Dienst.«

Ablieferung

20 Da ging die ganze Gemeinde der Israeliten von Moses weg. 21 Sie kamen wieder; jeder, den sein Herz dazu antrieb, und jeder, dessen Geist willig war, brachte die Abgabe für den Herrn zur Herstellung des Offenbarungszeltes, für den gesamten heiligen Dienst und für die heiligen Gewänder. 22 Männer kamen und Frauen; alle, die ihr Herz dazu antrieb, brachten Spangen, Ohrringe, Fingerringe und Halsschmuck, alles aus Gold; und so tat jeder, der eine Weihegabe aus Gold dem Herrn bringen wollte. 23 Jeder, der violette Purpurwolle, roten Purpur, karmesinfarbenen Stoff, Byssus und Ziegenhaar, rotgefärbte Widderfelle oder Tachaschhäute besaß, brachte sie herbei. 24 Jeder, der eine Silberoder Kupfergabe leisten wollte, steuerte zur Spende für den Herrn bei; wer Akazienholz hatte zu irgendeiner Verarbeitung für den heiligen Dienst, schleppte es ebenfalls herzu. 25 Alle Frauen, die in Handarbeit geschickt waren, spannen selbst und brachten das Gesponnene: Violette Purpurwolle, roten Purpur, karmesinfarbenen Stoff und Byssus. 26 Alle Frauen, die sich vermöge ihrer Begabung angespornt fühlten, spannen eigenhändig die Ziegenhaare. 27 Die Fürsten brachten die Karneolsteine und die Besatzsteine für das Ephod und das Brustschild, 28 die Balsame und das Öl für den Leuchter, für das Salböl und das wohlriechende Räucherwerk. 29 Alle Männer und Frauen, die ihr Herz dazu

antrieb, etwas zu dem Werk beizutragen, dessen
Anfertigung der Herr durch Moses verordnet hatte,
brachten als Nachkommen Israels eine freiwillige
Gabe für den Herrn.

Künstlerberufung zur Ausführung des Heiligtums

30 Moses sprach zu den Israeliten: »Seht, der Herr
hat den Bezalel, den Sohn des Uri, Enkel des Chur
aus dem Stamme Juda, mit Namen berufen 31 und
hat ihn mit göttlichem Geist erfüllt in Weisheit, in
Einsicht und Erkenntnis für jegliches Werk. 32 Er soll
Pläne entwerfen und diese in Gold, Silber und Kup-
fer ausführen. 33 Auch mit der Fertigkeit hat er ihn
begabt, Steine für Fassungen zu bearbeiten und
Holz zu schnitzen, um jegliches geplante Werk aus-
zuführen. 34 Auch verlieh er ihm die Fähigkeit,
andere zu unterweisen, ihm und Oholiab, dem
Sohn des Achisamach, aus dem Stamme Dan. 35 Er
erfüllte sie mit Kunstsinn zur Ausführung aller Ar-
beiten des Kunsthandwerkers, des Kunstwebers,
des Buntwirkers in violetter Purpurwolle, rotem
Purpur, in karmesinfarbenem Stoff und in Byssus
sowie des Webers, lauter Männer, die jegliches
Werk ausführen und Pläne entwerfen können.

36

1 So sollen nun Bezalel, Oholiab und
alle Kunstverständigen, denen der Herr
Verständnis und Einsicht verliehen hat,
so daß sie sich auf die Ausführung jeglicher Arbeit
für den Dienst am Heiligtum verstehen, das Werk
gemäß allem, was der Herr aufgetragen hat, aus-
führen.«

Die Israeliten spenden mehr als notwendig für das Werk des Herrn

2 Da berief Moses den Bezalel, Oholiab und alle
kunstverständigen Männer, denen der Herr Einsicht
verliehen hatte, alle, die ihr Herz antrieb, an die
Ausführung des Werkes zu gehen. 3 Sie empfingen
von Moses die ganze Beisteuer, welche die Israeli-
ten für die Arbeiten zum Dienste am Heiligtum auf-
gebracht hatten. Diese brachten ihm an jedem Mor-
gen noch weitere freiwillige Gaben. 4 Da kamen die
Kunstverständigen, welche alle Arbeiten für das
Heiligtum ausführten, ein jeder von seiner Arbeit,
an der er gerade stand, 5 und sprachen zu Moses:
»Das Volk bringt mehr, als für den Dienst am Werke
notwendig ist, dessen Ausführung der Herr befoh-
len hat.« 6 Da ließ Moses durch das Lager hindurch
ausrufen: »Weder Mann noch Frau soll weiterhin
noch eine Abgabe für das Heiligtum beisteuern!«
Den Beiträgen des Volkes wurde so Einhalt gebo-
ten. 7 Es war ja schon genug Material da, um alle Ar-
beiten, die sie zu machen hatten, auszuführen; man
ließ noch davon übrig.

Zeltdecken aus Byssus

8 Alle Kunstverständigen unter den Werkleuten
stellten die Wohnstätte aus zehn Zeltdecken von
gezwirntem Byssus, violetter Purpurwolle, rotem
Purpur und karmesinfarbenem Stoff her; mit Keru-
bimfiguren als Arbeit eines Stoffwirkers machte
man sie. 9 Die Länge der einzelnen Decke betrug
achtundzwanzig Ellen und die Breite vier Ellen; alle
Zelttücher hatten ein und dasselbe Maß. 10 Fünf von
den Zeltbahnen fügte er miteinander zusammen,
eine an die andere, und ebenso die übrigen fünf.
11 Dann brachte er aus violetter Purpurwolle an der
Außenkante der einen Zeltbahn, die das Ende des
zusammengesetzten Stückes bildete, Schleifen an
und ebenso an der Außenkante der letzten Zelt-
decke des zweiten zusammengesetzten Teiles.
12 Fünfzig Schleifen brachte er an der einen Zelt-
decke an, ebenso fünfzig Schleifen am Ende der
Zeltdecke, die zum zweiten zusammengesetzten
Stück gehörte; die Schleifen standen einander ge-
genüber. 13 Dann formte er fünfzig Haken aus Gold
und verband die Zeltdecken mit den Haken, eine
mit der andern. So wurde es eine einzige Wohn-
stätte. 14 Sodann fertigte er Zeltdecken aus Ziegen-
haar für ein Zeltdach über der Wohnstätte; in einer
Anzahl von elf Stücken stellte er sie her. 15 Die
Länge der einzelnen Zeltdecke betrug dreißig Ellen,
vier Ellen ihre Breite; alle elf Zeltdecken hatten ein
und dasselbe Maß. 16 Er fügte fünf Zeltdecken zu
einem Stück zusammen und die anderen sechs
ebenso. 17 Am Saume der letzten Zeltdecke des
einen zusammengesetzten Stückes machte er fünf-
zig Schleifen und ebenso an dem Zeltdeckensaum
des zweiten zusammengesetzten Stückes. 18 Dann
fertigte er fünfzig Haken aus Kupfer, um damit das
Zelt zu verbinden, daß es ein einziges Ganzes
wurde. 19 Dann stellte er für das Zelt eine rotge-
färbte Decke aus Widderfellen her und oben darauf
eine Decke aus Tachaschleder.

Bretter

20 Sodann verfertigte er Bretter aus Akazienholz
zum Aufstellen für die Wohnstätte. 21 Zehn Ellen
betrug die Länge eines Brettes und eineinhalb Ellen
seine Breite. 22 Jedes Brett wurde durch zwei Zapfen
gegenseitig in Verbindung gebracht; so machte er es
mit allen Brettern der Wohnstätte. 23 An Brettern
fertigte er für die Wohnstätte an: zwanzig für die
Südseite. 24 Als Unterlage für die zwanzig Bretter
stellte er vierzig silberne Sockel her, zwei Sockel als
Unterlage eines Brettes für seine beiden Zapfen.

25 Für die andere Längsseite der Wohnstätte, die
Nordseite, nahm er zwanzig Bretter, 26 dazu noch
vierzig silberne Fußsockel, je zwei als Unterlage für
ein Brett. 27 Für die Rückseite der Wohnstätte, die
nach Westen hin liegt, verfertigte er sechs Bretter.
28 Zwei Bretter stellte er als Eckstücke für die Rück-
seite der Wohnstätte her. 29 Sie waren unten und
oben doppelt aufgebaut und trafen sich bei dem
einen Ring; so machte er es bei beiden für die zwei
Ecken. 30 Es waren also acht Bretter, und ihrer sil-
bernen Fußgestelle waren es sechzehn, nämlich je
zwei Fußgestelle als Unterlage für ein Brett. 31 Er
stellte auch Riegel aus Akazienholz her, fünf für
die Bretter auf der einen Seite der Wohnstätte,
32 ebenso auch fünf Riegel für die Bretter der zwei-
ten Längsseite der Wohnstätte und fünf Riegel für
die Bretter der nach Westen gerichteten Rückseite
der Wohnstätte. 33 Den mittleren Riegel stellte er in
die Mitte der Bretter, so daß er von einem Ende zum
anderen verlief. 34 Die Bretter überzog er mit Gold,
und auch ihre Ringe stellte er aus Gold her als Hal-
ter für die Riegel; ebenso überzog er die Riegel mit
Gold.

Vorhänge des Zeltes

35 Dann fertigte er einen Vorhang aus violetter Pur-
purwolle, rotem Purpur, karmesinfarbenem Stoff
und gezwirntem Byssus an; als Kunstwirkerarbeit
stellte er ihn mit Kerubimfiguren her. 36 Er machte
für ihn vier Säulen aus Akazienholz und überzog sie
mit Gold – auch ihre Nägel waren aus Gold – und
goß für sie vier Fußsockel aus Silber. 37 Für den
Zelteingang fertigte er einen Vorhang aus violet-
ter Purpurwolle, rotem Purpur, karmesinfarbenem
Stoff und gezwirntem Byssus in Buntwirkerarbeit,
38 nebst den dazugehörigen fünf Säulen und ihren
Nägeln. Ihre Köpfe und die Verbindungsstangen
überzog er mit Gold; ihre fünf Fußsockel aber
waren aus Kupfer.

36,8–38: Hier die genaue Ausführung des in Kapitel 26 Vorgeschriebenen.

Die Bundeslade aus Akazienholz, mit Gold überzogen innen und außen

37
1 Ferner verfertigte Bezalel die Lade
aus Akazienholz; zweieinhalb Ellen war
sie lang, eineinhalb Ellen breit und ein-
einhalb Ellen hoch. 2 Er überzog sie mit reinem
Golde von innen und außen her und befestigte rings
um sie eine goldene Leiste. 3 Dann goß er für sie vier
goldene Ringe und brachte sie an den vier Ecken an,
zwei Ringe an ihrer einen Seitenwand und zwei
Ringe an ihrer anderen Seitenwand. 4 Auch verfer-
tigte er Stangen aus Akazienholz und überzog sie
mit Gold. 5 Er steckte die Stangen durch die Ringe
an den Seitenwänden der Lade, so daß man die
Lade tragen konnte. 6 Dann verfertigte er eine Deck-
platte aus reinem Gold, zweieinhalb Ellen lang und
eineinhalb Ellen breit. 7 Darauf machte er zwei
Goldkerubim; als getriebene Arbeit stellte er sie an
den beiden Enden der Deckplatte her, 8 und zwar
den einen Kerub am einen und den andern Kerub
am andern Ende der Deckplatte. Von der Deck-
platte her machte er an ihren zwei Enden die Keru-
bim. 9 Sie breiteten ihre Flügel nach oben hin aus,
indem sie mit ihren Flügeln die Deckplatte über-
dachten; ihre Antlitze waren einander zugekehrt;
zur Deckplatte hin waren die Kerubim gerichtet.

Schaubrottisch

10 Und er verfertigte ferner den Tisch aus Akazien-
holz; zwei Ellen lang, eine Elle breit und eineinhalb
Ellen hoch. 11 Er überzog ihn mit reinem Gold und
brachte ringsum eine goldene Einfassung an. 12 Er
machte auch eine Leiste von einer Handbreit daran
und verfertigte eine goldene Einfassung um diese
Leiste herum. 13 Dann goß er für ihn vier goldene
Ringe und brachte sie an den vier Ecken an, wo
seine vier Füße waren. 14 Die Ringe waren dicht
unter der Leiste als Ösen für die Stangen zum Tra-
gen des Tisches. 15 Die Stangen machte er aus Aka-
zienholz und überzog sie mit Gold, so daß man den
Tisch tragen konnte. 16 Darauf verfertigte er auch
die Geräte, die auf dem Tisch stehen sollten, seine
Schüsseln und Schalen, Kannen und Krüge zur
Spendung der Trankopfer; alles aus reinem Gold.

Ein siebenarmiger Leuchter aus reinem Gold für den Herrn

17 Dann machte er den Leuchter aus reinem Gold in
getriebener Arbeit, seinen Fuß und seinen Schaft.
Seine Kelche, seine Knäufe und seine Blüten waren
ein mit ihm verbundenes Stück. 18 Sechs Röhren
gingen von seinen Seiten aus; drei Leuchtröhren
von der einen Seite, drei Leuchtröhren von der an-
deren Seite. 19 Drei mandelförmige Kelche, ein
Knauf und eine Blüte waren an der ersten Röhre,
drei mandelförmige Kelche, ein Knauf und eine
Blüte an der zweiten und so an allen sechs Röhren,
die vom Leuchter ausgingen. 20 Am Leuchter selbst
waren vier mandelförmige Kelche, seine Knäufe
und seine Blüten, 21 und zwar je ein Knauf unter je-
dem sich abzweigenden Röhrenpaare, entspre-
chend den sechs Röhren, die von ihm ausgingen.
22 Ihre Knäufe und ihre Röhren waren ein Stück mit
ihm, das Ganze, eine getriebene Arbeit, bestand aus
einem Stück reinen Goldes. 23 Dann fertigte er die

sieben Lampen an, die dazu gehörenden Docht-
scheren und Feuerschalen aus feinstem Gold. 24 Ein
Talent gediegenen Goldes verwendete er auf ihn
und alle zu ihm gehörenden Geräte.

Räucheraltar

25 Dann stellte er den Räucheraltar aus Akazienholz
her, eine Elle lang, eine Elle breit, also quadratisch,
und zwei Ellen hoch; seine Hörner waren aus
einem Stück mit ihm. 26 Er überzog ihn mit gedie-
genem Gold, seine Deckplatte und seine Wände
ringsum und seine Hörner, und brachte an ihm
ringsum eine goldene Leiste an. 27 Unterhalb seiner
Leiste befestigte er zwei goldene Ringe an seinen
beiden Seiten zur Aufnahme der Stangen, um ihn
damit tragen zu können. 28 Die Stangen aber fertigte
er aus Akazienholz und überzog sie mit Gold. 29 Er
bereitete auch das heilige Salböl und das reine
wohlriechende Räucherwerk nach Art eines Sal-
benmischers.

Brandopferaltar

38 1 Danach errichtete er den Brandopfer-
altar aus Akazienholz, fünf Ellen lang
und fünf Ellen breit, quadratisch, und
drei Ellen hoch. 2 Seine Hörner aber brachte er an
seinen vier Ecken an; sie bildeten mit ihm ein Stück.
Dann überzog er den Altar mit Kupfer. 3 Ebenso ver-
fertigte er alle zum Altar gehörenden Geräte, die
Töpfe, die Reinigungsschaufeln, Sprengschalen,
Fleischgabeln und Feuerbecken; alle zu ihm ge-
hörenden Geräte stellte er aus Kupfer her. 4 Er
machte auch für den Altar ein Gitterwerk, ein kup-
fernes Netzgitter, unterhalb seiner Einfassung bis
zu seiner halben Höhe hinauf. 5 Sodann goß er vier
Ringe an die vier Enden des kupfernen Gitterwerks
zur Aufnahme der Stangen. 6 Die Stangen aber fer-
tigte er aus Akazienholz und überzog sie mit Kup-
fer. 7 Er steckte die Stangen in die Ringe an den Sei-
ten des Altars, damit man ihn mit ihrer Hilfe tragen
konnte. Er stellte ihn aus Platten her, so daß er hohl
war.

Waschbecken

8 Dann fertigte er das kupferne Becken und sein
kupfernes Gestell aus den Spiegeln der dienenden
Frauen, die am Eingang des Offenbarungszeltes
Dienst taten.

Vorhof

9 Danach grenzte er den Vorhof ab; für die nach Sü-
den gewendete Seite verfertigte er Vorhofsbehänge
aus gezwirntem Byssus, hundert Ellen, 10 ferner
zwanzig Säulen für sie samt ihren zwanzig kupfer-
nen Fußsockeln, die Nägel der Säulen und ihre
Querstangen aus Silber, 11 ebenso auf der Nordseite
Behänge, hundert Ellen lang, dazu zwanzig Säulen
und zwanzig kupferne Fußsockel für sie, die Nägel
der Säulen und ihre Querstangen aus Silber. 12 Für
die nach Westen gerichtete Seite stellte er Behänge
von fünfzig Ellen her, dazu die entsprechenden
zehn Säulen samt ihren zehn Fußsockeln, die Nägel
der Säulen und ihre Querstangen wieder aus Silber.
13 Auch für die nach Osten gehende Vorderseite
fünfzig Ellen, 14 und zwar Behänge von fünfzehn El-
len für das eine Seitenstück, dazu drei Säulen samt
ihren drei Fußsockeln. 15 Diesen entsprechend
stellte er auf der anderen Seite des Vorhofeinganges
für das zweite Seitenstück fünfzehn Ellen Behänge
her, dazu drei Säulen samt ihren drei Fußsockeln.
16 Alle Vorhofsbehänge ringsum waren aus ge-
zwirntem Byssus verfertigt. 17 Die Fußsockel für die
Säulen waren aus Kupfer, die Nägel der Säulen aber
und ihre Querstangen aus Silber; auch der Überzug
ihrer Köpfe war aus Silber; alle Säulen des Vorhofes
hatten Querstangen aus Silber. 18 Der Vorhang für
den Eingang des Vorhofes war eine Buntwirkerar-
beit aus violetter Purpurwolle, rotem Purpur, kar-
mesinfarbenem Stoff und gezwirntem Byssus,
zwanzig Ellen lang und fünf Ellen hoch, d.h. breit,
entsprechend den anderen Behängen des Vorhofes.
19 Dazu kamen ihre vier Säulen samt ihren vier kup-
fernen Fußsockeln, ihre Nägel aus Silber, auch der
Überzug ihrer Köpfe und ihre Querstangen aus Sil-
ber. 20 Alle Zeltpflöcke für die Wohnstätte und den
Vorhof ringsum waren aus Kupfer.

Metalle: Gold, Silber und Kupfer als Weihegabe für das Offenbarungszelt

21 Dies ist die Berechnung der Abgaben, die für die
Wohnstätte, die Stätte des Gesetzes, durch Moses
ausgeführt wurde, unter Dienstleistung der Leviten
und geleitet von Itamar, dem Sohn des Priesters Aa-
ron. 22 Bezalel aber, der Sohn des Uri und Enkel des
Chur vom Stamme Juda, führte alles aus, was der
Herr dem Moses aufgetragen hatte. 23 Mit ihm
Oholiab, der Sohn des Achisamach, vom Stamme
Dan als Kunsthandwerker, Weber und Buntwirker
in violetter Purpurwolle, rotem Purpur, karmesin-
farbenem Stoff und Byssus. 24 Alles Gold, das für die
Arbeiten zur vollständigen Herstellung des Heilig-
tums verwendet wurde, das als Weihegabe gespen-
dete Gold, wog 29 Talente und 730 Silbersekel nach
heiligem Gewichtsmaß. 25 Das bei der Musterungs-
abgabe von der Gemeinde gespendete Silber betrug
100 Talente und 1775 Sekel nach heiligem Gewicht,
26 ein halber Silbersekel für jeden Kopf, also die
Hälfte eines Sekels nach heiligem Gewicht für je-

den, der sich der Musterung unterziehen mußte,
nämlich von 20 Jahren und darüber, von insgesamt
603 550 Mann. 27 Die hundert Talente Silber wur-
den verwendet zum Gießen der Fußsockel des Hei-
ligtums und der Vorhangfußsockel, 100 Talente zu
100 Fußsockeln, zu jedem Fußsockel also ein Ta-
lent. 28 Aus den 1775 Silberstücken fertigte er Nägel
für die Säulen, überzog ihre Köpfe und verband sie
mit Querstangen. 29 Das als Weihegabe gespendete
Kupfer betrug 70 Talente und 2400 Silbersekel.
30 Daraus verfertigte man die Fußsockel zur Tür des
Offenbarungszeltes, den kupfernen Altar samt sei-
nem kupfernen Gitterwerk und alle Altargeräte,
31 dazu die Fußsockel des Vorhofs ringsum und die
Fußsockel des Vorhofeinganges, dazu alle Pflöcke
der Wohnstätte und alle Vorhofpflöcke ringsum.

38,1–31: Schließt sich mit einigen Änderungen an den Auftrag in Kapitel 27 an.

Priesterliche Gewänder

39 1 Aus violetter Purpurwolle, rotem Purpur
und karmesinfarbenem Stoff fertigte man
gewirkte Gewänder zum Dienst im Hei-
ligtum an. Die heiligen Gewänder Aarons machten
sie so, wie es der Herr dem Moses befohlen hatte.

Ephod

2 Das Ephod stellte man aus Gold her, aus violetter
Purpurwolle und rotem Purpur, karmesinfarbenem
Stoff und gezwirntem Byssus. 3 Sie hämmerten die
Goldplatten breit und zerschnitten sie in Fäden, um
sie zwischen die violette Purpurwolle, den roten
Purpur, den karmesinfarbenen Stoff und den Byssus
in der Art eines Kunstwirkers einzuarbeiten. 4 Sie
machten für das Ephod verbundene Schulterstücke;
an seinen beiden Enden wurde es zusammengefügt.
5 Das Band aber, das sich zum Anlegen daran be-
fand, war mit ihm ein Stück, so wie dieses gearbei-
tet aus Gold, violetter Purpurwolle, rotem Purpur,
karmesinfarbenem Stoff und gezwirntem Byssus,
wie es der Herr dem Moses aufgetragen hatte.
6 Und sie bearbeiteten die Karneolsteine, in einem
Flechtwerk von Gold gefaßt und in Siegelstecherar-
beit graviert mit den Namen der Söhne Israels.
7 Man setzte sie auf die Schulterstücke des Ephod
als Steine der Erinnerung an die Israeliten, wie der
Herr dem Moses befohlen hatte.

Brustschild

8 Und man fertigte das Brustschild in Kunstwirker-
arbeit wie das Ephod, aus Gold, violetter Purpur-
wolle, rotem Purpur, karmesinfarbenem Stoff und
gezwirntem Byssus. 9 Es war quadratisch; man
machte das Brustschild doppelt gelegt, je eine
Spanne lang und breit, doppelt gefaltet. 10 Man be-
setzte es mit vier Reihen von Edelsteinen. Erste
Reihe: Rubin, Chrysolith und Smaragd. 11 Zweite
Reihe: Türkis, Lasurstein und Jaspis. 12 Dritte Reihe:
Hyazinth, Achat und Amethyst. 13 Vierte Reihe:
Tarsis, Karneol und Nephrit; in Gold gefaßt waren
sie in ihren Reihen. 14 Die Steine trugen die Namen
der Söhne Israels; zwölf waren es, entsprechend
ihren Namen, Siegelstecherarbeiten, ein jeder mit
einem Namen nach den zwölf Stämmen. 15 Man
stellte für das Brustschild gedrehte Kettchen her
nach Art von Schnüren aus reinem Gold. 16 Dann
verfertigte man für das Brustschild zwei goldene
Einfassungen und zwei goldene Ringe und befe-
stigte die beiden Ringe an den beiden Enden des
Brustschildes. 17 Die beiden goldenen Schnüre
machten sie an den zwei Ringen an den Enden des
Brustschildes fest. 18 Die zwei anderen Enden der
beiden Schnüre befestigten sie an den beiden
geflochtenen Einfassungen und brachten diese auf
den Schulterstücken des Ephod an dessen Vorder-
seite an. 19 Dann stellten sie noch zwei goldene
Ringe her und brachten sie an den beiden (anderen)
Enden des Brustschildes an, und zwar auf seinem
inneren, dem Ephod zugewandten Rand. 20 Dann
fertigten sie zwei weitere goldene Ringe an und be-
festigten sie auf den beiden Schulterstücken des
Ephod unten an seiner vorderen Seite, nahe der
Stelle, wo es zusammengefügt ist, aber oberhalb
der Binde des Ephod. 21 Man band das Brustschild
durch seine Ringe an die Ephodringe mittels
Schnüren aus violettem Purpur fest, damit es über
der Binde des Ephod blieb und das Brustschild sich
nicht von seiner Stelle auf dem Ephod verschob,
wie der Herr dem Moses befohlen hatte.

Obergewand

22 Dann machte man das Obergewand des Ephod
als Webearbeit ganz aus violetter Purpurwolle.
23 Die Öffnung des Obergewandes war in der Mitte
ganz wie die Öffnung eines Panzerhemdes; ein
ringsum besetzter Rand war an seiner Öffnung, da-
mit es nicht zerriß. 24 Am Saum des Obergewandes
brachte man Granatäpfel, aus violetter Purpur-
wolle, rotem Purpur und karmesinfarbenem Stoff
gezwirnt, an. 25 Auch verfertigten sie Glöckchen aus
reinem Gold und befestigten diese zwischen den
Granatäpfeln, und zwar an dem Saum des Oberge-
wandes, ringsum zwischen den Granatäpfeln:
26 Immer ein Glöckchen und ein Granatapfel rings-
um am Saum des Obergewandes abwechselnd, für
den heiligen Dienst, wie der Herr dem Moses be-
fohlen hatte.

Priesterkleidung

27 Man verfertigte danach die Leibröcke aus Byssus in Webearbeit für Aaron und seine Söhne, 28 ferner den Turban aus Byssus, die gewundenen Kopfbedeckungen aus Byssus und die linnenen Beinkleider aus gezwirntem Byssus, 29 endlich den Gürtel aus gezwirntem Byssus, violetter Purpurwolle und rotem Purpur und karmesinfarbenem Stoff in Buntwirkerarbeit, wie der Herr dem Moses befohlen hatte. 30 Dann verfertigte man das Stirnblatt, das heilige Diadem, aus gediegenem Gold, und sie schrieben darauf in Siegelstecherschrift: »Heilig dem Herrn!« 31 Sie befestigten daran eine Schnur von violetter Purpurwolle, um sie oben am Turban anzubringen, wie der Herr dem Moses befohlen hatte.

32 So wurde denn sämtliche Arbeit für die Wohnung des Offenbarungszeltes vollendet; die Israeliten taten so, wie es der Herr dem Moses befohlen hatte.

33 Sie brachten die Wohnstätte zu Moses: Das Zelt mit all seinen Geräten, seinen Haken, Brettern, Riegeln, Säulen und seinen Fußsockeln, 34 die Decke aus rotgegerbten Widderfellen, die Decke aus Tachaschhäuten und den verhüllenden Vorhang, 35 die Gesetzeslade mit ihren Stangen und der Deckplatte, 36 den Tisch mit all seinen Geräten und den Schaubroten, 37 den Leuchter aus reinem Gold mit seinen Lampen – die Lampen der Reihe nach aufgesetzt – und all seinen Geräten sowie das Öl für den Leuchter, 38 den goldenen Altar, das Salböl, das wohlriechende Räucherwerk und den Vorhang für den Zelteingang, 39 den kupfernen Altar und das zu ihm gehörige kupferne Gitterwerk mit seinen Stangen und all seinen Geräten, das Becken mit seinem Gestell, 40 die Behänge des Vorhofes, seine Säulen und Fußsockel und den Behang für das Vorhoftor, seine Stricke und Pflöcke sowie alle Geräte zum Dienst an der Wohnstätte des Offenbarungszeltes, 41 endlich die gewirkten Kleider zum Dienst am Heiligtum, die heiligen Gewänder für den Priester Aaron sowie die Kleider für seine Söhne zum priesterlichen Dienst. 42 Ganz nach den Befehlen des Herrn an Moses hatten die Israeliten die gesamte Arbeit gemacht. 43 Moses besichtigte das ganze Werk. Sie hatten es gemacht, wie der Herr es befohlen hatte. Und Moses segnete sie.

39,2ff: Ephod wie 28,6ff.

Aufrichtung

40 1 Der Herr sprach zu Moses: 2 »Im ersten Monat, und zwar am ersten Tag des Monats, sollst du die Wohnstätte des Offenbarungszeltes aufrichten. 3 Stelle die Gesetzeslade hinein und hänge den Vorhang vor die Lade! 4 Dann schaffe den Tisch hinein und lege sein Zubehör zurecht; dann bringe den Leuchter und setze seine Lampen auf! 5 Stelle den goldenen Räucheraltar vor die Gesetzeslade und hänge den Behang vor den Eingang zur Wohnstätte! 6 Den Brandopferaltar errichte vor dem Eingang der Wohnstätte des Offenbarungszeltes! 7 Das Becken aber stelle zwischen das Offenbarungszelt und den Altar und schütte Wasser hinein! 8 Dann richte den Vorhof ringsum auf und bringe den Behang an den Vorhofseingang!

Salbung des Offenbarungszeltes mit allem, was in ihm ist

9 Dann nimm das Salböl und salbe die Wohnstätte und alles, was in ihr ist; weihe sie mit all ihren Geräten; heilig soll sie sein! 10 Salbe auch den Brandopferaltar mit all seinen Geräten und weihe den Altar, damit er zu etwas Hochheiligem werde! 11 Salbe dann das Becken mit seinem Gestell und weihe es!

Priesterweihe

12 Alsdann laß Aaron und seine Söhne zum Eingang des Offenbarungszeltes treten und wasche sie mit Wasser! 13 Bekleide Aaron mit den heiligen Gewändern, salbe und weihe ihn so, daß er mir als Priester diene! 14 Auch seine Söhne lasse herantreten, bekleide sie mit Leibröcken 15 und salbe sie, wie du ihren Vater gesalbt hast, damit sie mir als Priester dienen. Ihre Salbung soll ihnen das Recht verleihen, immerwährend Priesterdienst zu tun von Geschlecht zu Geschlecht!« 16 Moses führte dies aus; ganz wie der Herr es ihm aufgetragen, machte er es.

17 Im ersten Monat, im zweiten Jahre, am Ersten des Monats war die Wohnstätte errichtet.

Inneneinrichtung

18 Moses richtete die Wohnstätte auf, stellte ihre Fußsockel hin, setzte ihre Bretter darauf, brachte ihre Riegel an und richtete ihre Säulen auf. 19 Dann breitete er das Zelt über die Wohnstätte und legte die Überdecke des Zeltes oben darauf, wie der Herr dem Moses aufgetragen. 20 Dann nahm er die Gesetzestafeln und legte sie in die Lade; er steckte die Stangen an die Lade und legte die Deckplatte oben auf die Lade. 21 Die Lade brachte er in die Wohnstätte hinein, hängte den verhüllenden Vorhang auf und verhüllte so die Gesetzeslade, wie der Herr dem Moses befohlen hatte. 22 Dann stellte er den Tisch in das Offenbarungszelt auf die nach Norden gerichtete Seite der Wohnstätte außerhalb des Vorhangs. 23 Darauf legte er eine Brotschicht vor dem Herrn zurecht, wie der Herr dem Moses befohlen. 24 Er stellte den Leuchter in das Offenbarungszelt,

dem Tisch gegenüber auf die nach Süden gewen-
dete Seite der Wohnstätte, 25 und brachte die Lam-
pen vor den Herrn, wie der Herr dem Moses aufge-
tragen. 26 Dann stellte er den goldenen Altar ins
Offenbarungszelt vor den Vorhang. 27 Er ließ auf
ihm wohlriechendes Räucherwerk verbrennen, wie
der Herr dem Moses befohlen. 28 Danach hängte er
den Vorhang vor dem Eingang zur Wohnstätte auf.
29 Den Brandopferaltar stellte er vor den Eingang der
Wohnstätte des Offenbarungszeltes hin. Er brachte
auf ihm das Brand- und Speiseopfer dar, wie der
Herr es dem Moses befohlen. 30 Das Becken stellte
er zwischen das Offenbarungszelt und den Altar
und goß Wasser zum Waschen hinein. 31 Darin wu-
schen sich Moses, Aaron und seine Söhne ihre
Hände und Füße. 32 Wenn sie ins Offenbarungszelt
hineingingen oder zum Altar traten, wuschen sie
sich, wie der Herr es Moses angeordnet. 33 Schließ-
lich richtete er den Vorhof rings um die Wohnstätte
und den Altar auf. Er ließ den Vorhang des Vor-
hoftores aufhängen. So vollendete Moses das Werk.

Besitzergreifung

34 Die Wolke bedeckte das Offenbarungszelt, und
die Herrlichkeit des Herrn erfüllte die Wohnstätte.
35 Moses war nicht imstande, in das Offenbarungs-
zelt hineinzugehen; denn es lagerte darauf die
Wolke, und des Herrn Herrlichkeit erfüllte die
Wohnstätte.

Feuer in der Wolke

36 Wenn sich nun die Wolke von der Wohnstätte er-
hob, dann brachen die Israeliten bei all ihren Weg-
strecken auf. 37 Erhob sich aber die Wolke nicht, so
brachen sie auch nicht auf bis zu dem Zeitpunkt, da
sie wiederum aufstieg. 38 Denn die Wolke des Herrn
war über der Wohnstätte am Tage; des Nachts aber
war Feuer darin vor den Augen des gesamten Hau-
ses Israel während ihrer ganzen Wanderung.

DRITTES BUCH MOSES

Gegenstand des dritten Buches Moses, des Buches Leviticus, ist, wie der Name sagt, der heilige Priesterdienst, der den Nachkommen des Jakobssohnes Levi anvertraut war. Das Buch enthält viele religiöse Gesetze, die aber auch ins bürgerliche Leben eingreifen. Kapitel 1–7 sind Opfergesetze, 8–10 haben das Priestertum zum Gegenstand; in den Kapiteln 11–15 folgen Reinheitsgesetze, 16 beschreibt die rituelle Begehung des Versöhnungstages, den man als Karfreitag des Alten Bundes bezeichnen kann. 17–26 führen den Namen Heiligkeitsgesetz, während 27 das Ablösen von Gelübden und Zehnten regelt.
Im wesentlichen gehen die grundlegenden Vorschriften auf Moses zurück; jedoch setzen viele Gesetze mosaische Zustände voraus. Man nimmt allgemein an, daß die mosaischen Gesetze entsprechend den sozialen und religiösen Verhältnissen späterer Zeiten allmählich vermehrt wurden. Das Buch hat wohl erst um 450 v. Chr. seine jetzige Gestalt erhalten.

Der Herr berief den Moses und redete
zu ihm vom Offenbarungszelte aus:
2 »Sprich zu den Israeliten und sage zu
ihnen: Will jemand unter euch dem Herrn eine
Opfergabe von seinem Vieh darbringen, so sollt ihr
sie nehmen! 3 Bringt er seine Opfergabe als Brand-
opfer von Rindern dar, so soll es ein männliches
Tier ohne Fehler sein; er bringe es zum Eingang des
Offenbarungszeltes; es soll ihn vor dem Herrn
wohlgefällig machen. 4 Danach lege er seine Hand
auf den Kopf des Brandopfers; das wird ihm Wohl-
gefallen und Sühne schaffen. 5 Hierauf soll er das
junge Rind vor dem Herrn schlachten; die Söhne
Aarons aber, die Priester, sollen das Blut darbringen
und es ringsum an den Altar sprengen, der am Ein-
gang des Offenbarungszeltes steht. 6 Dann soll er
das Brandopfer abhäuten und in seine Teile zer-
legen. 7 Die Söhne Aarons aber, die Priester, sollen
Feuer auf den Altar bringen und Holzscheite darauf
schichten. 8 Danach sollen die Söhne Aarons die
Stücke mit dem Kopf und dem Nierenfett auf der
Holzschicht über dem Feuer auf dem Altar zurecht-
legen. 9 Eingeweide und Unterschenkel des Rindes
wasche er mit Wasser; der Priester aber lasse das
Ganze auf dem Altar in Rauch aufgehen, damit es
ein Brandopfer sei, ein Feueropfer lieblichen Wohl-
geruchs für den Herrn.

Kleinviehopfer

10 Soll aber die Opfergabe, die jemand als Brandopfer
darbringen will, ein Stück Kleinvieh sein, von Jung-
widdern oder Ziegen, so bringe er ein männliches
Tier ohne Fehler dar. 11 Er schlachte es auf der Nord-
seite des Altars vor dem Herrn; die Söhne Aarons
aber, die Priester, sprengen sein Blut an den Altar
ringsum. 12 Sodann soll er es in seine Teile zerlegen,
der Priester soll sie mit Kopf und Nierenfett auf den
Holzscheiten zurechtlegen über dem Feuer auf dem
Altar. 13 Die Eingeweide aber und die Unterschenkel
möge er mit Wasser waschen; der Priester soll alles
zusammen darbringen und es auf dem Altar in
Rauch aufgehen lassen; ein Brandopfer sei es, ein
Feueropfer lieblichen Wohlgeruchs für den Herrn.

Geflügelbrandopfer

14 Bringt jemand dem Herrn ein Opfer als Geflügel-
opfer dar, so soll er dazu Turteltauben oder junge
Tauben als Gabe nehmen. 15 Der Priester aber soll das
Tier zum Altar bringen, ihm den Kopf abknicken und
es auf dem Altar in Rauch aufgehen lassen. Sein Blut
aber soll an der Wand des Altares ausgedrückt wer-
den. 16 Dann soll er den Kropf mit seinem Gewölle
entfernen und ihn östlich vom Altar auf den Aschen-
platz werfen. 17 Die Flügel soll er ihm einreißen, sie
aber nicht ganz abtrennen; der Priester lasse sie auf
dem Altar in Rauch aufgehen auf den Holzscheiten
über dem Feuer; ein Brandopfer ist es, ein Feueropfer
lieblichen Wohlgeruchs für den Herrn.

1,1–7,38: Wie im ganzen Alten Orient verstand man auch in Israel unter Opfer eine Handlung, bei der man der Gottheit eine Gabe darbrachte. Die Heiden vertraten dabei öfters die Auffassung, daß die Götter ihrer zum Lebensunterhalt bedürften. Stellen wie 1 Mos 8,21; 3 Mos 3,16; 6,8 u. a. sind aber nicht in diesem groben Sinne zu verstehen. Das lehren jene Propheten- und Psalmstellen, die dieser Meinung offensichtlich entgegentreten. Nach alttestamentlicher Anschauung gefällt ein Opfer Gott nur dann, wenn der Beweggrund des Opfernden lobenswert ist (1 Mos 4,3–7). Die Kainsgeschichte kennt bereits zwei grundverschiedene Opferarten: das unblutige Speiseopfer (Mehl, Öl, Wein, Früchte von Äckern, Bäumen und Boden) und jenes Opfer, bei dem das Fleisch von reinen Haus- und Herdentieren eine Rolle spielte. Das Opfertier wurde dabei entweder ganz, ohne Fell (3 Mos 7,8) oder nur zum Teil geopfert. Im letzteren Falle wurden das Fett der Eingeweide, die Nieren und das Blut als Sitz der Lebensgefühle, der »Seele«, dargebracht (3 Mos 17,11). Andere Teile erhielt der Priester, und der Rest wurde als Opfermahlzeit verzehrt. Dieses Teilopfer kennen wir auch unter der Bezeichnung Dank-, Fried-, Heils-, Lob-, Gelübde- und Freiwilligkeitsopfer, obwohl auch im unblutigen Opfer Absichten dieser Art zum Ausdruck kommen konnten. Das Sühneopfer verdient als Sünd- und Schuldopfer besondere Erwähnung. Beide werden zur Tilgung unfreiwilliger Verstöße gegen die Gottheit verlangt, beim Schuldopfer geht es aber in der Hauptsache um nicht erfüllte Geld- und Sachforderungen. Für das Sündopfer sind folgende Texte zu vergleichen: 2 Mos 29,10–14; 3 Mos 5,14–26; 12,8 mit Luk 2,24; 3 Mos 14,10–20; 16,1–28; 4 Mos 6,8–21; 8,5–19; 15,22–29; 19,1–10. Ohne Zweifel hat Jesus seinen eigenen Tod als Opfer (Sühneopfer) aufgefaßt, wobei ihm Stellen wie Is 53,4–10 vorschwebten. Für Paulus ist Christus das Paschalamm, das am Kreuze geschlachtet ward, um die Menschheit aus der Sündenknechtschaft zu erlösen, und für den Verfasser des Hebr hat er die Geheiligten durch sein einziges Opfer für immer vollkommen gemacht (10,14).

Mehlopfer

2 1 Will jemand dem Herrn ein Speiseopfer dar-
bringen, dann soll seine Opfergabe in Mehl
bestehen; er gieße Öl darauf und füge Weih-
rauch dazu. 2 Sodann bringe er es den Söhnen
Aarons, den Priestern; er nehme davon eine gute
Handvoll dieses Mehles und des Öles, samt dem
dazugehörenden Weihrauch; der Priester lasse den
duftenden Teil auf dem Altar in Rauch aufgehen als
ein Feueropfer lieblichen Wohlgeruchs für den
Herrn. 3 Der Rest vom Speiseopfer aber gehört
Aaron und seinen Söhnen als Hochheiliges vom
Feueropfer des Herrn.

Ofengebäck

4 Willst du als Speiseopfergabe Ofengebäck darbrin-
gen, so seien es ungesäuerte Ringbrote aus Mehl,
angerührt mit Öl, oder ungesäuerte Fladen, bestri-
chen mit Öl. 5 Besteht deine Opfergabe aus einem
Speiseopfer von der Röstplatte, dann sei es aus un-
gesäuertem, mit Öl angerührtem Mehl zubereitet.
6 Brich es in einzelne Brocken und übergieße es mit
Öl, dann ist es ein Speiseopfer. 7 Soll deine Opfer-
gabe in einem Speiseopfer aus der Pfanne bestehen,
so soll es aus Mehl mit Öl zubereitet sein. 8 Bringe
das Speiseopfer, das hieraus zubereitet ist, vor den
Herrn; dem Priester soll man es übergeben, der es
dann auf den Altar bringt. 9 Der Priester hebe vom
Speiseopfer den duftenden Teil ab und lasse ihn auf
dem Altar in Rauch aufgehen als Feueropfer liebli-
chen Wohlgeruchs für den Herrn. 10 Der Rest vom
Speiseopfer gehört Aaron und seinen Söhnen als
Hochheiliges von den Feueropfern des Herrn.

Einzelbestimmungen über Sauerteig, Salz und Erstlingsfrüchte

11 Kein Speiseopfer, das ihr dem Herrn darbringt,
darf aus Gesäuertem sein; nichts vom Sauerteig und
keinerlei Honig dürft ihr als Feueropfer für den
Herrn darbringen. 12 Nur als Erstlingsgabe bringt sie
dem Herrn dar; aber auf den Altar dürfen sie nicht
zu lieblichem Wohlgeruch kommen. 13 Jedes deiner
Speiseopfer mußt du salzen; du darfst das Salz des
Bundes mit deinem Gott bei deinem Speiseopfer
nicht fehlen lassen; allen deinen Speiseopfern mußt
du Salz hinzufügen. 14 Bringst du dem Herrn ein
Speiseopfer von Erstlingsfrüchten dar, so nimm am
Feuer geröstete Ähren, und zwar zerriebene Körner
von der Frühfrucht, als dein Erstlingsfruchtopfer.
15 Tue aber Öl darauf und gib Weihrauch dazu – es
ist ein Speiseopfer! 16 Der Priester soll dann den duf-
tenden Teil von den geopferten Körnern und dem
Öl samt dem ganzen dazugehörigen Weihrauch als
Feueropfer für den Herrn in Rauch aufgehen lassen.

Rinder als Friedopfer

3 1 Ist aber eine Opfergabe ein Friedopfer und
will man sie von den Rindern darbringen,
dann muß es ein fehlerloses männliches oder
weibliches Tier sein, das man dem Herrn opfert. 2 Er
lege seine Hand auf den Kopf seines Opfers und
schlachte es vor dem Eingang des Offenbarungszel-
tes; die Söhne Aarons, die Priester, sollen das Blut
ringsum an den Altar sprengen. 3 Dann soll er von
dem Friedopfer dem Herrn als Feueropfer darbrin-
gen das Fett, das die Eingeweide bedeckt, samt
allem Fett, das an den Eingeweiden ist, 4 dazu die
beiden Nieren und das Fett an ihnen bis zu den Len-
den und den Lappen der Leber; oberhalb der Nie-
ren trenne er ihn ab. 5 Die Söhne Aarons aber sollen
es auf dem Altar über dem Brandopfer, das auf dem
Holz über dem Altar liegt, in Rauch aufgehen lassen
als Feueropfer lieblichen Wohlgeruchs für den
Herrn.

Schafe als Friedopfer

6 Wenn aber jemand eine Gabe zu einem Fried-
opfer für den Herrn bestimmt hat und sie dem
Kleinvieh entnimmt, so soll es ein fehlerloses
männliches oder weibliches Tier sein. 7 Wenn er ein
Lamm als Opfergabe darbringt, bringe er es vor den
Herrn, 8 lege seine Hand auf den Kopf seines Op-
fers und schlachte es vor dem Offenbarungszelt.
Die Söhne Aarons sollen sein Blut ringsum an den
Altar sprengen. 9 Dann bringe er von dem Friedopfer
dem Herrn als Feueropfer dessen Fett dar: den
ganzen Fettschwanz – am Schwanzbein trenne er
ihn ab –, das Fett, das die Eingeweide bedeckt, samt
allem Fett, das an den Eingeweiden ist, 10 dazu die
beiden Nieren samt dem Fett an ihnen bis zu den
Lenden und den Lappen der Leber; oberhalb der

Nieren trenne er ihn ab. 11 Der Priester lasse es auf
dem Altar in Rauch aufgehen als Feueropfer-
speise für den Herrn.

Ziegen als Friedopfer

12 Ist aber seine Gabe eine Ziege, dann bringe er das
Tier vor den Herrn, 13 lege die Hand auf seinen Kopf
und schlachte es vor dem Offenbarungszelt; die
Söhne Aarons aber sollen sein Blut ringsum an den
Altar sprengen. 14 Dann bringe er davon seine
Opfergabe als Feueropfer für den Herrn: das Fett,
das die Eingeweide bedeckt, das gesamte Fett an
den Eingeweiden selbst, 15 ferner die beiden Nieren
und das Fett daran bis zu den Lenden sowie den
Lappen der Leber; oberhalb der Nieren trenne er ihn
ab. 16 Der Priester lasse diese Teile auf dem Altar in
Rauch aufgehen als eine Feueropferspeise liebli-
chen Wohlgeruchs für den Herrn. Alles Fett gehört
dem Herrn! 17 Das ist eine von Geschlecht zu Ge-
schlecht geltende Satzung, die ihr beobachten sollt
an all euren Wohnstätten; Fett oder Blut dürft ihr
unter keinen Umständen genießen!«

Sündopfer des Hohenpriesters

4 1 Der Herr sprach zu Moses: 2 »Sprich zu den
Söhnen Israels: Wenn sich jemand versehent-
lich gegen irgendein Gebot des Herrn versün-
digt in Dingen, die nicht getan werden dürfen,
und doch eines von ihnen tut, dann gilt: 3 Wenn der
gesalbte Priester sündigt und Schuld auf das Volk
kommt, dann soll er für seine Sünde, die er getan
hat, einen fehlerlosen jungen Stier als Sündopfer
darbringen. 4 Er führe den Stier am Eingang des
Offenbarungszeltes vor den Herrn, lege seine Hand
auf seinen Kopf und schlachte den Stier vor dem
Herrn. 5 Darauf nehme der gesalbte Priester vom
Stierblut und bringe es in das Offenbarungszelt
hinein. 6 Der Priester soll seinen Finger in das Blut
tauchen und siebenmal von dem Blut vor dem
Herrn gegen den Vorhang des Heiligtums hinspren-
gen. 7 Danach soll der Priester einen Teil des Blutes
an die Hörner des für das wohlriechende Räucher-
werk des Herrn bestimmten Altars streichen, der
sich im Offenbarungszelt befindet; alles übrige
Stierblut soll er an den Sockel des Brandopferaltares
am Eingang des Offenbarungszeltes hingießen. 8 Er
hebe das gesamte Fett des Sündopferstiers von ihm
ab – das Fett, das die Eingeweide bedeckt, und alles
Fett an den Eingeweiden, 9 die beiden Nieren und
das Fett an ihnen bis zu den Lenden sowie den Lap-
pen der Leber; an den Nieren trenne er ihn ab, 10 wie
es vom Friedopferrind losgelöst wird; der Priester
soll es auf dem Brandopferaltar in Rauch aufgehen
lassen. 11 Die Haut des Stieres aber, sein gesamtes
Fleisch nebst seinem Kopf und seinen Schenkeln,
seinen Eingeweiden und seinem Mageninhalt,
12 kurz, den ganzen Stier bringe er aus dem Lager
hinaus an eine reine Stätte, an den Ort, wo man die
Asche hinschüttet, und verbrenne ihn auf Holz-
scheiten. Auf dem Aschenplatz soll er verbrannt
werden!

Sündopfer der Gemeinde

13 Wenn sich die ganze Gemeinde Israels versehent-
lich vergeht, ohne sich dessen bewußt zu sein, und
wenn sie eines der Gebote des Herrn übertreten hat
in Dingen, die nicht getan werden dürfen, und so
schuldig wird, 14 dann soll das Volk nach Erkenntnis
der Sünde, deren es sich schuldig gemacht hat,
einen Jungstier als Sündopfer darbringen und ihn
vor das Offenbarungszelt führen. 15 Die Ältesten
der Gemeinde sollen vor dem Herrn ihre Hände auf
den Kopf des Stieres legen; dann schlachte man das
Tier vor dem Herrn. 16 Darauf soll der gesalbte Prie-
ster von dem Blut des Stieres in das Offenbarungs-
zelt hineinbringen. 17 Er tauche seinen Finger in das
Blut und sprenge siebenmal von dem Blut vor dem
Herrn gegen den Vorhang. 18 Auch möge er von
dem Blut an die Hörner des Altars streichen, der vor
dem Herrn im Offenbarungszelt steht; alles übrige
Blut soll er an den Sockel des Brandopferaltares am
Eingang des Offenbarungszeltes gießen. 19 Er hebe
von ihm sein gesamtes Fett ab und lasse es auf dem
Altar in Rauch aufgehen. 20 Mit dem Stier soll er ge-
nau so verfahren, wie er mit dem eigenen Sündop-
ferstier verfährt. Der Priester soll ihnen Sühne
schaffen, und es wird ihnen vergeben. 21 Den Stier
aber schaffe man zum Lager hinaus und verbrenne
ihn, wie man den ersten Stier verbrannt hat. Darin
besteht das Gemeindesündopfer.

Sündopfer des Fürsten

22 Wenn sich ein Fürst vergeht und eines der Gebote
des Herrn, seines Gottes, versehentlich übertritt in
Dingen, die nicht getan werden dürfen, und somit
schuldig wird, 23 und das Vergehen, dessen er sich
schuldig gemacht hat, ihm (später) bewußt wird,
dann soll er einen fehlerlosen Ziegenbock als Gabe
darbringen. 24 Er lege seine Hand auf den Kopf des
Bockes und schlachte ihn da, wo man das Brandop-
fer vor dem Herrn schlachtet, denn ein Sündopfer
ist es. 25 Der Priester nehme etwas von dem Sünd-
opferblut mit seinem Finger und streiche es an die
Hörner des Brandopferaltars; sein übriges Blut
gieße er an den Sockel dieses Altares. 26 Sein ganzes
Fett lasse er auf dem Altar in Rauch aufgehen wie
das Fett des Friedopfers. So soll der Priester für ihn

Sühne schaffen wegen seines Vergehens, und Ver-
zeihung wird ihm zuteil.

Sündopfer des gewöhnlichen Mannes

27 Wenn einer aus dem Volk des Landes sich ver-
sehentlich vergeht und durch ein Zuwiderhandeln
gegen eines der Gebote des Herrn in Dingen, die
nicht getan werden dürfen, schuldig wird 28 und er
sich der begangenen Sünde bewußt wird, dann soll
er als Gabe eine fehlerlose weibliche Ziege darbrin-
gen für seine Sünde. 29 Er lege seine Hand auf den
Kopf des Sündopfers und schlachte es am Ort, wo
man das Brandopfer schlachtet. 30 Der Priester
nehme etwas vom Blut mit dem Finger und streiche
es an die Hörner des Brandopferaltares; das übrige
Blut gieße er an den Sockel des Altares. 31 Dann ent-
ferne er das ganze Fett, wie das Fett vom Friedopfer
entfernt wird; der Priester lasse es in Rauch aufge-
hen zu lieblichem Wohlgeruch für den Herrn. So
schafft ihm der Priester Sühne, und es wird ihm
Vergebung zuteil. 32 Will jemand ein Lamm als Gabe
für ein Sündopfer darbringen, so opfere er ein feh-
lerloses weibliches Tier. 33 Er lege seine Hand auf
den Kopf des Sündopfers und schlachte es als Sünd-
opfer da, wo man das Brandopfer schlachtet. 34 Der
Priester aber nehme etwas von dem Blut des Sünd-
opfers mit dem Finger und streiche es an die Hörner
des Brandopferaltares; all sein übriges Blut schütte
er an den Sockel des Altares. 35 Dann entferne er
sein ganzes Fett, wie das Fett des Lammes beim
Friedopfer entfernt wird; der Priester lasse es auf
dem Altar über den Feueropfern des Herrn in Rauch
aufgehen. So schafft er ihm Sühne für die began-
gene Sünde, und es wird ihm Verzeihung zuteil.

Vier besondere Vergehen

5 1 Wenn jemand sündigt dadurch, daß er eine
laute Verfluchung hört und Zeuge sein
könnte, da er Augenzeuge war oder es sonst
in Erfahrung gebracht hat, macht aber keine An-
zeige, so daß er schuldig wird –, 2 oder jemand
berührt etwas Unreines, sei es das Aas eines un-
reinen wilden Tieres oder das eines unreinen
Haustieres oder eines unreinen Kriechtieres, und es
entgeht ihm zunächst, so daß er unrein und schul-
dig wird –, 3 oder jemand kommt mit der Unrein-
heit eines Menschen in Berührung, mit irgendeiner
Unreinheit, durch die man unrein werden kann,
ohne es zu wissen, wird es dann aber inne, so daß
er in Schuld gerät –, 4 oder jemand schwört in un-
bedachter Rede, etwas Böses oder Gutes zu tun,
wie man eben unbesonnen schwören kann, ohne
daran zu denken, bemerkt es aber danach, so daß er
sich mit derartigem schuldig macht –, 5 wenn also
jemand durch etwas Derartiges in Schuld gerät, soll
er bekennen, wessen er sich schuldig gemacht,
6 und er bringe als Buße für die begangene Verfeh-
lung dem Herrn ein weibliches Tier vom Kleinvieh,
ein Lamm oder eine Ziege, als Sündopfer dar; der
Priester soll ihm Sühne verschaffen wegen seines
Vergehens.

Taubensündopfer

7 Wenn aber jemand den Preis für ein Schaf nicht
aufbringt, so bringe er dem Herrn als Buße für seine
Verfehlung zwei Turteltauben oder zwei junge Tau-
ben dar, die eine als Sündopfer, die andere als
Brandopfer. 8 Er soll sie zum Priester tragen; dieser
bringe die zum Sündopfer bestimmte Taube zuerst
dar und knicke ihr dicht vor dem Genick den Kopf
ab, ohne ihn abzutrennen. 9 Dann sprenge er von
dem Blut des Sündopfers an die Wand des Altares;
der Rest des Blutes aber werde an den Sockel des
Altares ausgepreßt, denn es ist ein Sündopfer. 10 Die
andere Taube aber verwende er vorschriftsmäßig
als Brandopfer. So soll der Priester für ihn Sühne
schaffen wegen des Vergehens, dessen er sich
schuldig gemacht hat, und es wird ihm Verzeihung
zuteil.

Mehlsündopfer

11 Wenn er aber zwei Turteltauben oder zwei junge
Tauben nicht aufbringt, so bringe er als Opfergabe
für sein Vergehen ein Zehntel Epha Mehl als Sünd-
opfer dar; er gieße kein Öl darauf und tue keinen
Weihrauch dazu – denn es ist ein Sündopfer. 12 Er
bringe es zum Priester; dieser hebe eine reichliche
Handvoll davon ab als dessen duftenden Teil und
lasse es auf dem Altar über den Feueropfern des
Herrn in Rauch aufgehen – denn es ist ein Sünd-
opfer. 13 So schafft der Priester für ihn Sühne wegen
des Vergehens, dessen er sich bei irgendeinem An-
laß schuldig gemacht hat, und es wird ihm Verzei-
hung zuteil. Der Rest soll wie beim Speiseopfer
dem Priester gehören.«

Schuldopfer

14 Der Herr redete zu Moses: 15 »Wenn jemand
etwas veruntreut und sich versehentlich an den
Abgaben für den Herrn versündigt, dann bringe
er dem Herrn als Buße einen fehlerlosen Widder
von seinem Kleinvieh, der nach deiner Schätzung
zwei Silbersekel heiligen Gewichtes wert ist, als
Schuldopfer dar. 16 Was er dem Heiligtum entzogen
hat, soll er zurückerstatten, noch ein Fünftel davon
hinzulegen und es dem Priester geben. Der Priester
schaffe Sühne für ihn mit dem Widder des Schuld-
opfers, und es wird ihm Verzeihung zuteil.

Versehentliche Gesetzesübertretung

17 Vergeht sich jemand, übertritt er unbewußt eines
der Gebote des Herrn in Dingen, die nicht getan
werden dürfen, und gerät er so in Schuld und lädt
Sünde auf sich, 18 dann bringe er als Schuldopfer
einen fehlerlosen Widder vom Kleinvieh nach dei-
ner Schätzung zum Priester. Dieser soll ihm Sühne
schaffen wegen des Verstoßes, den er unbewußt
begangen hat; es wird ihm Verzeihung zuteil. 19 Ein
Schuldopfer ist es, hat er sich doch gegen den Herrn
verfehlt.«

Sünden gegenüber dem Nächsten

20 Der Herr sprach zu Moses: 21 »Wenn jemand sich
vergeht und sich einer Veruntreuung gegen den
Herrn schuldig macht, indem er gegenüber seinen
Nächsten etwas Anvertrautes, Hinterlegtes oder
Geraubtes ableugnet oder seinen Nächsten erpreßt
22 oder bestreitet, daß er etwas Verlorenes gefun-
den, oder einen Meineid geschworen hat wegen ir-
gendeiner Handlung, deretwegen sich ein Mann
vergehen kann –, 23 wer so gesündigt hat und schul-
dig ist, gebe das Geraubte zurück, das er an sich ge-
nommen, das Erpreßte, das er erzwungen, das Ver-
wahrte, das man ihm anvertraut, das Verlorene, das
er gefunden, 24 oder alles, worum er den Meineid
geschworen hat. Er muß es nach seinem vollen
Wert ersetzen und noch ein Fünftel dazulegen; er
soll es am Tage seines Schuldopfers dem Eigen-
tümer erstatten. 25 Als seine Buße für den Herrn
bringe er zum Priester einen fehlerlosen Widder
vom Kleinvieh nach deiner Schätzung als Schuld-
opfer. 26 Der Priester soll für ihn Sühne schaffen
vor dem Herrn, und es wird ihm jeweils die betref-
fende Untat vergeben, durch die er sich verschuldet
hat.«

Tägliches Brandopfer

6 1 Der Herr sprach zu Moses: 2 »Weise Aaron
und seine Söhne an: Dies ist das Gesetz des
Brandopfers: das Brandopfer bleibt auf der
Brandstätte, dem Altar, die ganze Nacht bis zum
Morgen; das Altarfeuer soll damit brennend erhal-
ten werden. 3 Der Priester ziehe sein linnenes Ge-
wand an und bedecke sich mit den linnenen Bein-
kleidern, nehme die Asche weg, in die die Flamme
das Brandopfer auf dem Altar verwandelt hat, und
schütte sie neben den Altar. 4 Dann ziehe er seine
Kleider aus, lege andere Kleider an und bringe die
Asche zum Lager hinaus an einen reinen Ort. 5 Das
Feuer auf dem Altar soll damit brennend erhalten
werden – es darf nicht erlöschen. Der Priester setze
auf ihm an jedem Morgen Holzscheite in Brand,
schichte darüber das Brandopfer und lasse darauf
die Fettstücke der Friedopfer in Rauch aufgehen.
6 Immerwährend brenne auf dem Altar Feuer und
erlösche nie.

Priesteranteil am Speiseopfer

7 Dies aber ist die Weisung für das Speiseopfer:
Aarons Söhne sollen es vor den Herrn an den Altar
bringen. 8 Dann soll einer eine Handvoll davon ab-
heben, und zwar Mehl und Öl des Speiseopfers,
dazu den gesamten Weihrauch, der auf dem Speise-
opfer liegt, und soll es auf dem Altar in Rauch
aufgehen lassen als lieblichen Wohlgeruch, als duf-
tenden Teil für den Herrn. 9 Das davon Übriggeblie-
bene sollen Aaron und seine Söhne essen; ungesäu-
ert werde es verzehrt an heiliger Stätte, im Vorhof
des Offenbarungszeltes. 10 Es darf nicht mit Sauer-
teig gebacken werden. Als ihren Anteil bestimme
ich es von meinen Feueropfern; etwas Hochheiliges
ist es wie das Sünd- und Schuldopfer. 11 Alle männ-
lichen Nachkommen Aarons dürfen davon essen.
Das ist für alle eure Geschlechter ein immer-
währender Rechtsanspruch auf die Feueropfer des
Herrn; jeder, der diese berührt, verfällt dem Heilig-
tum.«

Speiseopfer bei der Priesterweihe

12 Der Herr sprach zu Moses: 13 »Dies ist die Opfer-
gabe Aarons und seiner Söhne, die sie am Tag ihrer
Salbung darzubringen haben: ein Zehntel Epha
Mehl als immerwährendes Speiseopfer, die eine
Hälfte davon am Morgen, die andere am Abend.
14 Auf der Röstplatte soll es mit Öl zubereitet wer-
den; eingerührt und dann zerbröckelt sollst du es als
Speiseopfer darbringen zum lieblichen Wohlgeruch
für den Herrn. 15 Der Priester, der aus seinen Söhnen
an seiner Stelle gesalbt wird, richte es her; dies ist
ein immerwährender Anspruch für den Herrn: als
Ganzopfer werde es verbrannt! 16 Alle priesterli-
chen Speiseopfer sollen Ganzopfer sein; sie sollen
nicht gegessen werden.«

Sündopfer

17 Der Herr sprach zu Moses: 18 »Sprich zu Aaron
und seinen Söhnen: Dies ist das Gesetz des Sünd-
opfers. Da, wo das Brandopfer geschlachtet wird,
soll auch das Sündopfer vor dem Herrn geschlach-
tet werden; etwas Hochheiliges ist es. 9 Der Prie-
ster, der es darbringt, soll es verzehren; an heiliger
Stätte, im Vorhof des Offenbarungszeltes, muß es
gegessen werden. 20 Jeder, der sein Fleisch berührt,
verfällt dem Heiligtum. Und wenn von dessen Blut
etwas an das Kleid spritzt, so mußt du das Be-
spritzte an heiliger Stätte waschen. 21 Ein irdenes
Gefäß, worin es gekocht wurde, muß zerbrochen

werden; wurde es aber in einem kupfernen Gefäß
gekocht, so muß dieses gescheuert und mit Wasser
ausgespült werden. 22 Jede männliche Person der
Priesterschaft darf es essen; etwas Hochheiliges ist
es. 23 Alle Sündopfer aber, von denen Teile des Blu-
tes ins Offenbarungszelt gebracht wurden, um im
Heiligtum die Sühnehandlung zu vollziehen, dür-
fen nicht gegessen werden, sondern sind im Feuer
zu verbrennen.

Schuldopfer

7 1 Dies ist das Gesetz des Schuldopfers; etwas
Hochheiliges ist es. 2 Da, wo man das Brand-
opfer schlachtet, soll man auch das Schuld-
opfer schlachten; sein Blut sprenge man an den
Altar ringsum. 3 Sein gesamtes Fett aber bringe man
dar, nämlich den Fettschwanz und das Fett, das die
Eingeweide bedeckt, 4 die beiden Nieren samt dem
Fett an ihnen bis zu den Lenden sowie den Leber-
lappen; oberhalb der Nieren trenne man ihn ab.
5 Der Priester lasse es auf dem Altar in Rauch aufge-
hen als ein Feueropfer für den Herrn; es ist ein
Schuldopfer. 6 Jede männliche Person der Priester-
schaft darf es essen; an heiliger Stätte werde es ge-
gessen; etwas Hochheiliges ist es.

Priesteranteil

7 Was vom Sündopfer gilt, gilt auch vom Schuldop-
fer; es ist ein und dasselbe Gesetz, das für beide gilt:
dem Priester, der damit die Sühnehandlung voll-
zieht, soll es gehören. 8 Dem Priester, der das Brand-
opfer für jemand darbringt, soll die Haut dieses
Brandopfers, das er dargebracht hat, gehören.
9 Ebenso sollen alle im Ofen gebackenen Speiseop-
fer und alle, die auf der Pfanne oder der Röstplatte
gebacken werden, dem Priester gehören, der sie
darbringt. 10 Jedes Speiseopfer aber, das mit Öl an-
gerührt oder trocken ist, soll allen Söhnen Aarons
gehören, dem einen wie dem anderen.

Friedopfer

11 Für das Friedopfer, das man dem Herrn darbringt,
gilt folgende Weisung: 12 Bringt es einer zum Danke
dar, so bringe er zum Dankopfer hinzu noch unge-
säuerte, mit Öl eingerührte Ringbrote, ungesäuerte,
mit Öl bestrichene Fladen und mit Öl gemengtes
Mehl für eingerührte Kuchen. 13 Neben gesäuerten
Ringbroten bringe er seine Gabe als Dankfriedopfer
dar. 14 Davon opfere er je ein Stück von jeder Gabe
dem Herrn als Hebe; dem Priester, der das Blut des
Friedopfers ausgesprengt hat, soll es gehören. 15 Das
Fleisch des Dankfriedopfers aber muß an demsel-
ben Tage gegessen werden, an dem es dargebracht
wird; man lasse nichts davon bis zum Morgen
übrig. 16 Ist aber seine Opfergabe gelobt oder frei-
willig, so soll sie am Tage ihrer Darbringung leges-
sen werden; was davon übrigbleibt, darf noch am
folgenden Tage gegessen werden. 17 Doch was vom
Opferfleisch am dritten Tag noch übrigbleibt,
werde im Feuer verbrannt. 18 Wenn aber vom Fried-
opferfleisch noch am dritten Tage etwas gegessen
werden sollte, wird der Darbringende kein Wohlge-
fallen erlangen; es würde ihm dies nicht angerech-
net werden. Als verdorbenes Fleisch soll es gelten;
wer davon ißt, lädt Schuld auf sich. 19 Auch Fleisch,
das mit irgend etwas Unreinem in Berührung ge-
kommen ist, darf nicht gegessen, sondern muß im
Feuer verbrannt werden. Jeder, der rein ist, darf
Fleisch essen. 20 Wer aber Fleisch von den Friedop-
fern des Herrn im Zustand der Unreinheit ißt, soll
aus seinen Volksgenossen ausgetilgt werden. 21 Wer
aber mit etwas Unreinem, sei es mit der Unreinheit
eines Menschen oder einem unreinen Vieh oder mit
irgendeinem unreinen Kriechtier, in Berührung
kommt und so vom Friedopferfleisch genießt, das
dem Herrn gehört, werde aus seinen Volksgenossen
ausgetilgt.«

Fett- und Blutgenuß

22 Der Herr redete zu Moses: 23 »Sprich zu den Söh-
nen Israels: Keinerlei Fett von Rindern, Schafen und
Ziegen dürft ihr essen! 24 Das Fett von verendeten
und zerrissenen Tieren darf zu jedem Zweck Ver-
wendung finden, nur essen dürft ihr es nicht.
25 Jeder, der das Fett von Tieren ißt, von denen man
dem Herrn ein Feueropfer darbringen kann, ist hin-
wegzutilgen aus seinen Volksgenossen. 26 In all eu-
ren Wohnstätten dürft ihr keinerlei Blut genießen,
weder von Vögeln noch von Vierfüßlern. 27 Wer nur
immer etwas Blut genießt, der soll aus seinen Volks-
genossen ausgetilgt werden.«

Priesteranteile bei den Friedopfern

28 Der Herr redete zu Moses: 29 »Sprich zu den
Söhnen Israels: Wer dem Herrn sein Friedopfer
darbringt, der bringe seine Gabe für den Herrn von
seinem Friedopfer herbei. 30 Eigenhändig bringe er
die Stücke, die dem Herrn als Feueropfer gehören,
das Fett nebst der Brust; die Brust, damit sie als
Weihegabe vor dem Herrn hin- und hergeschwun-
gen werde. 31 Der Priester soll das Fett auf dem Altar
in Rauch aufgehen lassen, die Brust aber gehöre
Aaron und seinen Söhnen. 32 Auch die rechte Keule
sollt ihr dem Priester als Hebe von euren Fried-
opfern geben. 33 Wer von den Söhnen Aarons das
Blut und das Fett der Friedopfer darbringt, erhalte
die rechte Keule als Anteil. 34 Denn die Weihebrust
und die Hebekeule nehme ich von den Söhnen Is-

raels, von ihren Friedopfern, und gebe sie dem Priester Aaron und seinen Söhnen als immerwährende Auflage, die von den Israeliten zu entrichten ist.« 35 Dies ist der Anteil Aarons und seiner Söhne an den Feueropfern des Herrn am Tag, da er sie hinzutreten ließ, um dem Herrn Priesterdienste zu tun. 36 Ihn hat der Herr für sie am Tag ihrer Salbung als eine Gabe seitens der Israeliten anbefohlen, als immerwährende Auflage von Geschlecht zu Geschlecht.

Schlußwort

37 Dies ist das Gesetz für das Brand-, Speise-, Sünd-, Schuld-, Einweihungs- und Friedopfer, 38 das der Herr dem Moses auf dem Berge Sinai aufgetragen hat, als er den Israeliten befahl, dem Herrn ihre Opfer darzubringen in der Wüste am Sinai.

Aarons und seiner Söhne Weihe

8 1 Der Herr redete zu Moses: 2 »Nimm Aaron mit seinen Söhnen sowie die Gewänder, das Salböl, den Sündopferstier, die beiden Widder und den Korb mit dem Ungesäuerten! 3 Versammle die ganze Gemeinde vor dem Eingang des Offenbarungszeltes!« 4 Moses tat, wie ihm der Herr befohlen hatte, und die Gemeinde versammelte sich vor dem Eingang des Offenbarungszeltes. 5 Da sprach Moses zur Gemeinde: »Das ist es, was der Herr zu tun befohlen hat!«

Heilige Zeremonien

6 Moses ließ Aaron mit seinen Söhnen herantreten und wusch sie mit Wasser. 7 Dann legte er ihm den Leibrock an, umgürtete ihn mit dem Gürtel, bekleidete ihn mit dem Obergewand, legte ihm das Ephod an, gürtete ihn mit dem Band des Ephod und machte es damit ihm eng anliegend. 8 Er befestigte das Brustschild darauf und legte die Urim und Tummim in das Brustschild. 9 Auf das Haupt setzte er ihm den Turban und befestigte am Turban auf der Vorderseite das goldene Stirnblatt, das heilige Diadem, wie der Herr dem Moses befohlen hatte. 10 Dann nahm Moses das Salböl, salbte die Wohnstätte und alles, was sich in ihr befand, und weihte sie so. 11 Er sprengte davon siebenmal auf den Altar und salbte den Altar samt allen seinen Geräten sowie das Becken mit seinem Gestell und weihte sie so. 12 Dann goß er einen Teil des Salböls auf Aarons Haupt und salbte ihn zur Weihe. 13 Dann ließ Moses die Söhne Aarons herantreten, bekleidete Sie mit Leibröcken, umgürtete sie mit einem Gürtel und band ihnen gewundene Kopftrachten um, wie der Herr dem Moses befohlen hatte.

Weihesündopfer

14 Darauf brachte er den Sündopferstier herbei; Aaron und seine Söhne legten ihre Hände auf den Kopf des Tieres. 15 Moses schlachtete ihn, nahm das Blut und strich es mit dem Finger ringsum an die Hörner des Altares und entsündigte ihn so. Das übrige Blut goß er an den Sockel des Altares. So weihte er ihn, indem er Sühnehandlungen an ihm vollzog. 16 Er nahm das ganze Fett, das die Eingeweide bedeckte, den Leberlappen und die beiden Nieren nebst deren Fett und ließ es auf dem Altar in Rauch aufgehen. 17 Den Stier aber samt seiner Haut, seinem Fleisch und seinem Mageninhalt verbrannte er außerhalb des Lagers im Feuer, wie der Herr dem Moses befohlen hatte.

Weihebrandopfer

18 Dann ließ er den Brandopferwidder heranbringen. Aaron und seine Söhne legten ihre Hände auf den Kopf des Widders.
19 Moses schlachtete ihn und sprengte das Blut an den Altar ringsum. 20 Den Widder aber zerlegte er in seine Teile. Moses ließ den Kopf, die Einzelstücke und das Fett in Rauch aufgehen. 21 Die Eingeweide aber und die Unterschenkel wusch er mit Wasser; dann ließ er den ganzen Widder auf dem Altar in Rauch aufgehen als Brandopfer lieblichen Wohlgeruchs, als ein Feueropfer für den Herrn, wie der Herr dem Moses befohlen hatte.

Einweihungsopfer

22 Darauf ließ er den zweiten Widder, der als Weihewidder diente, heranbringen; Aaron und seine Söhne legten ihre Hände auf den Kopf des Widders. 23 Moses schlachtete ihn, nahm von seinem Blut und strich es an Aarons rechtes Ohrläppchen, an den Daumen seiner rechten Hand und an die große Zehe seines rechten Fußes. 24 Dann ließ er die Söhne Aarons herantreten. Moses strich von dem Blut an ihr rechtes Ohrläppchen, an den Daumen ihrer rechten Hand und an die große Zehe ihres rechten Fußes; das übrige Blut aber sprengte er ringsum an den Altar. 25 Daraufhin nahm er das Fett, den Fettschwanz und alles Fett, das an den Eingeweiden ist, den Leberlappen und die beiden Nieren samt ihrem Fett und die rechte Keule. 26 Dem Korb mit dem Ungesäuerten, der vor dem Herrn stand, entnahm er ein ungesäuertes Ringbrot, ein mit Öl angerührtes Ringbrot und einen Fladen und legte sie zu den Fettstücken und der rechten Keule. 27 Sodann gab er das alles dem Aaron und seinen Söhnen in die Hände und ließ es als Weiheopfer vor dem Herrn hin- und herschwingen. 28 Danach nahm Moses es wieder aus ihren Händen und ließ es auf dem

Altar über dem Brandopfer in Rauch aufgehen; ein
Einweihungsopfer war es zu lieblichem Wohlge-
ruch als Feueropfer für den Herrn. 29 Dann nahm
Moses die Brust und ließ sie als Weiheopfer hin und
herschwingen vor dem Herrn; sie fiel Moses von
dem Einweihungswidder als Anteil zu, wie der
Herr dem Moses befohlen hatte.

Salböl und Blut

30 Moses nahm von dem Salböl und Blut auf dem
Altar und sprengte es auf Aaron und seine Gewän-
der, auf seine Söhne und ihre Gewänder; so weihte
er Aaron und seine Gewänder, zugleich seine Söhne
und deren Gewänder.

Opfermahl

31 Moses sprach zu Aaron und seinen Söhnen:
»Kocht das Fleisch am Eingang des Offenbarungs-
zeltes, verzehrt es dort und ebenso das Brot, das
sich in dem Korb des Einweihungsopfers befindet;
denn mir wurde befohlen: Aaron und seine Söhne
sollen es essen. 32 Was vom Fleisch und vom Brot
übrigbleibt, sollt ihr verbrennen.

Weihewoche

33 Sieben Tage lang dürft ihr euch vom Eingang des
Offenbarungszeltes nicht entfernen, bis zum Tage,
da eure Weihezeit vorbei ist; denn sieben Tage
lang soll man euch ins Priesteramt einsetzen. 34 So
wie es heute geschah, befiehlt der Herr auch wei-
terhin zu tun, um euch Sühne zu erwirken. 35 Vor
dem Eingang des Offenbarungszeltes müßt ihr Tag
und Nacht bleiben und die Anordnungen des Herrn
beobachten, sonst müßtet ihr sterben; denn so
ward mir befohlen!« 36 Aaron und seine Söhne be-
folgten all das, was der Herr durch Moses befohlen
hatte.

8,1–10,20: Das Priestertum war in der Zeit vor Moses noch nicht berufsmäßig organisiert. Jeder brachte Opfer dar, insbesondere taten dies die Häupter von Familien und Sippen (Abraham, Isaak, Jakob, Moses). Das Priestertum der Gesetzgebung wurde unmittelbar von Gott berufen. Aaron wurde durch an ihm vollzogene sinnbildliche Handlungen erster Hoherpriester und Ahnherr des levitischen Priestertums. Er und seine Amtsnachfolger trugen über dem gewöhnlichen Priestergewand ein Oberkleid aus violetter Purpurwolle, das von goldenen Glöckchen und Granatäpfeln umsäumt war. Ein darüberliegendes Amtskleid, das Ephod, hielt ein Gürtel zusammen. Ein Brustschild mit Edelsteinbesatz trug die Namen der zwölf Stämme. Auf der Stirn leuchtete ein Diadem mit der Aufschrift: Heilig dem Herrn (2 Mos 28,1-43; 3 Mos 8,7–9; Sir 45,8–12). Die Priester mußten im AT blutige und unblutige Opfer darbringen (3 Mos 1–7), den Räucheraltar und den siebenarmigen Leuchter, den Schaubrottisch und überhaupt das ganze Heiligtum versorgen. Sie unterwiesen das Volk im Gesetz, beteiligten sich am Gerichtswesen, vollzogen die vorgeschriebenen Reinigungen u. ä. Das Hohepriestertum des AT hat in Christus seine Vollendung und Erfüllung gefunden. Hebr gibt uns bei der Schilderung des Hohenpriestertums Jesu öfters Hinweise auf Aaron, Melchisedech und die alttestamentliche Gottesdienstordnung (Hebr 4,14–16; 5,1–10; 7,1–28; 8,1–10,18).

Feierliche Gottesdienste

9 1 Am achten Tage berief Moses Aaron und
seine Söhne und die Ältesten Israels. 2 Er sprach
zu Aaron: »Hole dir ein junges Kalb zum Sünd-
opfer und einen Widder zum Brandopfer, beide feh-
lerlos, und bringe sie vor dem Herrn dar! 3 Zu den
Israeliten aber rede so: Nehmt einen Ziegenbock
zum Sündopfer sowie ein Kalb und ein Lamm zum
Brandopfer, beide einjährig und fehlerlos. 4 Ferner
nehmt ein Rind und einen Widder zum Friedopfer,
um sie vor dem Herrn zu schlachten, dazu ein mit Öl
angerührtes Speiseopfer; denn heute erscheint vor
euch der Herr.« 5 Da holten sie, was Moses verlangte,
vor das Offenbarungszelt; auch kam die ganze Ge-
meinde herbei und nahm vor dem Herrn Aufstel-
lung. 6 Nun sprach Moses: »Das ist es, was der Herr
euch zu tun befohlen hat, damit euch die Herrlich-
keit des Herrn erscheine!« 7 Zu Aaron aber sagte Mo-
ses: »Tritt an den Altar, richte dein Sündopfer und
dein Brandopfer zu und schaffe Sühne für dich und
das Volk! Danach besorge die Opfergabe des Volkes
und entsühne es, wie der Herr befohlen hat!«

Priesterliches Sündopfer

8 Nun trat Aaron an den Altar und schlachtete das
Kalb als Sündopfer für sich selbst. 9 Seine Söhne
aber reichten ihm das Blut. Er tauchte seinen Finger
in das Blut und strich davon an die Hörner des
Altars, das übrige Blut goß er an den Sockel des
Altares. 10 Das Fett, die Nieren und den Leberlappen
vom Sündopfer ließ er auf dem Altar in Rauch auf-
gehen, wie der Herr dem Moses befohlen hatte.
11 Das Fleisch aber und die Haut verbrannte er
außerhalb des Lagers im Feuer. 12 Dann schlachtete
er das Brandopfer, die Söhne Aarons überreichten
ihm das Blut, und er sprengte es ringsum an den
Altar. 13 Das Brandopfer reichten sie ihm, in Stücke
zerlegt, samt dem Kopf, und er ließ es auf dem Altar
in Rauch aufgehen. 14 Danach wusch er die Einge-
weide und Unterschenkel und ließ sie auf dem Altar
über dem Brandopfer in Rauch aufgehen.

Sündopfer für das Volk

15 Nunmehr brachte er die Opfergaben für das Volk
dar: Er nahm den Bock, der als Sündopfer für das
Volk bestimmt war, schlachtete ihn und brachte ihn
als Sündopfer wie zuvor dar. 16 Dann brachte er das
Brandopfer dar und verfuhr dabei nach Vorschrift.
17 Hierauf brachte er das Speiseopfer dar; er nahm
eine Handvoll davon und ließ es auf dem Altar in
Rauch aufgehen – außer dem Morgenbrandopfer.
18 Er schlachtete das Rind und den Widder als Fried-
opfer für das Volk; die Söhne Aarons reichten ihm
das Blut, und er sprengte es ringsum an den Altar.

19 Die Fettstücke aber von dem Rind und dem Widder, den Fettschwanz, das Fettnetz der Eingeweide, die Nieren und den Leberlappen 20 legten sie auf die Bruststücke, und er ließ die Fettstücke auf dem Altar in Rauch aufgehen. 21 Die Bruststücke aber und die rechte Keule ließ Aaron zur Weihe vor dem Herrn hin- und herschwingen, wie der Herr dem Moses befohlen hatte.

Erscheinung des Herrn

22 Aaron erhob seine Hände zum Volke hin und segnete es; nachdem er das Sündopfer, das Brand- und das Friedopfer vollbracht hatte, stieg er hinab. 23 Moses und Aaron gingen in das Offenbarungszelt hinein, traten wieder heraus und segneten das Volk. Da erschien die Herrlichkeit des Herrn dem ganzen Volk. 24 Feuer ging vom Herrn aus und verzehrte das Brandopfer und die Fettstücke auf dem Altar. Als das Volk dies sah, jubelte es, und alle fielen auf ihr Angesicht nieder.

Tod zweier Aaronssöhne

10 1 Die Aaronssöhne Nadab und Abihu aber nahmen ihre Feuerbecken, taten Feuer hinein, legten Räucherwerk darauf und brachten so vor dem Herrn ein ungehöriges Feueropfer dar, das er ihnen nicht geboten hatte. 2 Da ging Feuer vom Herrn aus und verzehrte sie; so starben sie vor dem Herrn. 3 Moses sprach zu Aaron: »Hier erfüllt sich das, was der Herr angekündigt hat: An denen, die mir nahestehen, erweise ich mich als heilig, und vor allem Volke verherrliche ich mich.« Aaron aber schwieg. 4 Da rief Moses den Mischael und Elzaphan, Ussiels Söhne, der ein Oheim von Aaron war. Er sprach zu ihnen: »Tretet herzu und tragt eure Verwandten vom Heiligtum weg außerhalb des Lagers!« 5 Da traten sie herzu und trugen sie in ihren Leibröcken hinaus vor das Lager, wie Moses gesagt hatte.

Teilnahme an Trauerbräuchen

6 Moses sprach zu Aaron und seinen Söhnen Eleasar und Itamar: »Laßt euer Haupthaar nicht frei herunterhängen und eure Kleider zerreißt nicht; sonst müßt ihr sterben. Der Herr würde dann der ganzen Gemeinde zürnen. Eure Brüder aber, das ganze Haus Israel, mögen den Brand beweinen, den der Herr entfacht hat. 7 Auch vom Eingang des Offenbarungszeltes dürft ihr nicht weggehen, damit ihr nicht sterbt, denn das Salböl des Herrn ist auf euch!« Sie aber taten nach Moses' Geheiß.

Weingenuß

8 Der Herr sprach zu Aaron: 9 »Wein und Rauschtrank dürft ihr, du und deine Söhne, nicht trinken, wenn ihr in das Offenbarungszelt geht, sonst müßt ihr sterben; dies gelte als Gesetz für ewig in all euren Geschlechtern. 10 Ihr müßt unterscheiden zwischen dem Heiligen und dem Alltäglichen, dem Unreinen und dem Reinen, 11 damit ihr die Söhne Israels unterweisen könnt in allen Satzungen, die der Herr ihnen durch Moses verkündet hat!«

Priestergebühren

12 Moses sprach zu Aaron, zu Eleasar und Itamar, die ihm von seinen Söhnen noch übriggeblieben waren: »Holt das Speiseopfer, das von den Feueropfern des Herrn noch übrig ist, und eßt es ungesäuert neben dem Altar; denn etwas Hochheiliges ist es. 13 Darum eßt es an heiliger Stätte; denn es ist dein Pflichtanteil und der deiner Söhne von den Feueropfern des Herrn; so wurde mir geboten. 14 Die Weihebrust aber und die Hebekeule sollst du mit deinen Söhnen und Töchtern an reiner Stätte essen; denn sie sind gespendet als Pflichtanteil von den Friedopfern der Israeliten an dich und deine Söhne. 15 Die Hebekeule und die Weihebrust soll man mit den zu Feueropfern bestimmten Fettstücken bringen, um sie als heilige Weihegabe vor dem Herrn hin- und herzuschwingen; dann fallen sie dir und deinen Kindern als immerwährender Anteil zu, wie der Herr befohlen.«

Sündopfer als Opfermahl oder Brandopfer?

16 Als Moses sich eifrig nach dem Sündopferbock erkundigte, siehe, da war dieser schon verbrannt worden. Er zürnte deshalb Eleasar und Itamar, den Aaronssöhnen, die ihm noch geblieben waren, und fragte: 17 »Warum habt ihr denn das Sündopfer nicht an heiliger Stätte gegessen? Es ist doch etwas Hochheiliges. Dieses hat er euch gegeben, um die Schuld der Gemeinde zu entfernen und Sühne zu erwirken vor dem Herrn. 18 Ist doch sein Blut nicht ins Heiligtum hineingebracht worden; darum mußtet ihr es essen an heiliger Stätte, wie ich befohlen habe.« 19 Aaron antwortete Moses: »Bedenke, sie haben heute ihre Sünd- und ihre Brandopfer vor dem Herrn dargebracht, und doch mußte mir derartiges begegnen! Wenn ich nun heute Sündopferfleisch gegessen hätte, hätte das wohl dem Herrn gefallen?« 20 Moses hörte das und war zufrieden.

Vierfüßler

11 1 Der Herr sprach zu Moses und Aaron und redete also zu ihnen: 2 »Verkündet den Israeliten: Dies sind die Tiere, die ihr von allen Vierfüßlern auf dem Lande essen dürft: 3 Alles, was unter den Vierfüßlern gespaltene Klauen hat, und zwar völlig durchgespaltene Klau-

en, und wiederkäut, das dürft ihr essen. 4 Von den
Tieren aber, die wiederkäuen und gespaltene Klau-
en haben, dürft ihr das Kamel nicht essen; es ist
zwar ein Wiederkäuer, hat jedoch keine (völlig) ge-
spaltenen Klauen; unrein ist es daher für euch.
5 Außerdem den Klippdachs, der zwar ein Wieder-
käuer ist, aber keine (völlig) gespaltenen Klauen
hat; unrein ist er also für euch. 6 Den Hasen, denn er
ist zwar ein Wiederkäuer, hat aber keine (völlig) ge-
spaltenen Klauen; unrein ist er daher für euch. 7 Das
Schwein, denn es hat zwar gespaltene, ja sogar völ-
lig durchgespaltene Klauen, ist aber kein Wieder-
käuer, unrein ist es also für euch. 8 Von ihrem
Fleisch dürft ihr nicht essen und ihr Aas nicht
berühren; unrein sind sie für euch.

Wassertiere

9 Von allem, was im Wasser lebt, dürft ihr dieses es-
sen: alles, was im Wasser Flossen und Schuppen hat,
in den Meeren und in den Bächen, das dürft ihr es-
sen. 10 Doch alles von allem Gewimmel und allen Le-
bewesen des Wassers, was in Meeren und Flüssen
keine Flossen und Schuppen hat, gelte euch als
Greuel! 11 Ein Greuel seien sie für euch! Von ihrem
Fleisch dürft ihr nicht essen, und ihr Aas müßt ihr
verabscheuen! 12 Alles, was im Wasser lebt und keine
Flossen und Schuppen hat, sei für euch ein Greuel!

Vögel

13 Folgende Vogelarten sollt ihr verabscheuen; man
darf sie nicht essen, sie sind ein Greuel: den Adler,
Lämmergeier, Schwarzgeier, 14 den roten Milan und
die Weihe nach ihren Arten, 15 alle Rabenarten, 16 den
Strauß, die Eule, die Möwe, den Falken nach seinen
Arten, 17 das Käuzchen, die Fischeule und die Ohr-
eule, 18 die Weiße Eule, die Dohle und den Aasgeier,
19 den Storch und den Reiher nach seinen verschie-
denen Arten, den Wiedehopf und die Fledermaus.

Geflügelte Insekten

20 Alle geflügelten Kleintiere, die auf allen vieren ge-
hen, sollen euch ein Greuel sein! 21 Nur diejenigen
von allen geflügelten, vierfüßigen Kleintieren dürft
ihr essen, die oberhalb der Füße Schenkel haben,
um damit auf der Erde zu hüpfen. 22 Von diesen
dürft ihr folgende essen: die verschiedenen Arten
der Wanderheuschrecke, der Solam-, Hargol- und
Hagab-Heuschrecke. 23 Aber alle übrigen geflügel-
ten Kleintiere, die vier Füße haben, seien euch ein
Greuel!

Aas unreiner Groß- und Kleintiere

24 An folgenden Tieren macht ihr euch unrein –
jeder, der ihr Aas berührt, wird bis zum Abend un-
rein. 25 Wer etwas von ihrem Aas fortträgt, muß
seine Kleider waschen und wird unrein bis zum
Abend –: 26 an jedem Tier, das gespaltene, aber nicht
völlig durchgespaltene Klauen hat und nicht wie-
derkäut. Als unrein sollen sie euch gelten; jeder, der
ihr Aas berührt, wird unrein. 27 Auch alles, was auf
Tatzen geht unter allen vierfüßigen Lebewesen, soll
euch als unrein gelten; jeder, der ihr Aas berührt,
wird bis zum Abend unrein. 28 Wer ihr Aas fortträgt,
soll seine Kleider waschen und ist bis zum Abend
unrein; als unrein sollen sie euch gelten. 29 Von dem
kleinen Getier, das sich auf Erden regt, soll dies
euch als unrein gelten: das Wiesel, die Springmaus,
die verschiedenen Eidechsenarten, 30 der Gecko, die
Koach- und Letaa-Eidechse, der Salamander und
das Chamäleon. 31 Diese sollen euch als unrein gel-
ten unter allem Kleingetier; jeder, der sie berührt,
wenn sie tot sind, ist unrein bis zum Abend. 32 Und
alles, worauf eines von ihnen, wenn es tot ist, fällt,
wird unrein; jedes Holzgefäß, jedes Gewand, Leder
oder Tuch, alle Geräte, die dem Gebrauch dienen;
sie sollen ins Wasser getaucht werden, bleiben un-
rein bis zum Abend und werden dann wieder rein.
33 Ist es aber ein irdenes Gefäß, in das eins von jenen
Tieren hineinfällt, so wird alles, was darin ist, un-
rein, und ihr müßt das Gefäß zerbrechen. 34 In je-
dem solchen Gefäß wird jede mit Wasser zuberei-
tete Speise, die man essen möchte, unrein, und
jedes Getränk, das man trinken möchte, wird un-
rein. 35 Und alles, worauf ein solches Aas fällt, wird
unrein; ein Backofen und ein Kochherd muß zer-
schlagen werden; unrein sind sie, und als unrein sol-
len sie euch gelten! 36 Nur Quellen und Zisternen,
also Wasseransammlungen, bleiben rein; wer aber
ein Aas darin berührt, wird unrein. 37 Wenn aber
eine ihrer Leichen auf irgendeine Sämerei fällt, die
ausgesät wird, so bleibt diese rein. 38 Wenn aber
Wasser auf den Samen gebracht wurde, und es fällt
dann irgendein Aas darauf, so ist er für euch unrein.

Aas reiner Tiere

39 Wenn eines von den Tieren, die euch als Nahrung
dienen, stirbt, so wird derjenige, der sein Aas
berührt, bis zum Abend unrein. 40 Wer aber von sei-
nem Aas genießt, wasche seine Kleider, und er
bleibt unrein bis zum Abend; wer ein solches Aas
fortträgt, muß seine Kleider waschen und bleibt un-
rein bis zum Abend.

Unreine Kleintiere

41 Alles Kleingetier, das auf der Erde sich regt, ist ein
Greuel; es darf nicht gegessen werden. 42 Alles, was
auf dem Bauch kriecht, und alles, was auf vieren
geht, bis zu allen Mehrfüßlern unter dem Kleinge-
tier, das auf der Erde sich regt, dürft ihr nicht essen;
denn sie sind ein Greuel. 43 Macht euch nicht selbst

zum Greuel durch irgendeines von diesem Kleingetier, das sich regt, und verunreinigt euch nicht durch sie, so daß ihr dadurch unrein werdet.
44 Denn ich bin der Herr, euer Gott; zeigt euch als heilig und seid heilig, weil ich heilig bin! Verunreinigt euch nicht selbst an all dem Kleingetier, das auf Erden wimmelt. 45 Denn ich bin der Herr, der euch aus dem Lande Ägypten hinweggeführt hat, um euer Gott zu sein; darum sollt ihr heilig sein; denn ich bin heilig!

Zammenfassung

46 Dies ist das Gesetz über die Vierfüßler, die Vögel und alle Lebewesen, von denen es im Wasser wimmelt, und all jene, die sich auf Erden regen, 47 damit man zwischen dem Unreinen und dem Reinen unterscheide und zwischen den eßbaren Tieren und denen, die nicht gegessen werden dürfen.«

11,1–15,33: Unrein ist im AT dasjenige, was gottesdienstlichen Verrichtungen fernzubleiben hat. Als unrein sah man z. B. auch heidnische Länder und das Götzenopferfleisch an. In der Praxis kommen jene Vierfüßler als Nahrung nicht in Betracht, die nicht zugleich Wiederkäuer sind und ganz durchgespaltene Hufe haben: Kamel, Klippdachs, Hase, Schwein; 2 Mos 34,20 wird auch der Esel erwähnt. Von den Wassertieren sind jene unrein, die keine Flossen und Schuppen haben, von den Vögeln u.a. fleischfressende Raubvögel, alle Kriechtiere und Insekten, die Heuschrecken ausgenommen (Matth 3,4). Auch Personen konnten levitisch unrein werden (Berührung von Leichen, Zustände des Sexuallebens, Aussatz, wozu 12,1–8 und Luk 2,24 zu vergleichen sind). Alle die vielen Gesetze und Bestimmungen hatten in der vorchristlichen Zeit einen tiefen und religiösen Sinn. Denn die levitische Unreinheit ist ein Vorbild der sittlichen. Jede Unreinheit wirkte zugleich ansteckend, mußte daher sobald wie möglich beseitigt werden. Hierzu z. B. 3 Mos 14,1–16,28. Wenn Christus Matth 15,1–20 dasjenige als unrein erklärt, was aus dem menschlichen Herzen hervorgeht, so bringt er damit die Vielfalt der Gesetze und Vorschriften auf die denkbar einfachste, moralisch begründete Formel. Apg 15,20.29 wird jenen Christen, die aus dem Heidentum herkamen, nur noch der Genuß von Götzenopferfleisch, von Blut und von Ersticktem verboten. Den Judenchristen, die offenbar durch ihr altgewohntes Beobachten der Speise- und Reinigungsvorschriften ihren Brüdern mißfielen, sollte kein Ärgernis gegeben werden.

Reinheitsgesetz für Wöchnerinnen

12 1 Der Herr sprach zu Moses: 2 »Rede zu den Israeliten, wie folgt: Wenn eine Frau empfängt und einen Knaben gebiert, so ist sie sieben Tage unrein, genau wie in der Zeit ihrer Unreinheit infolge ihres Monatsflusses. 3 Am achten Tage aber ist des Knaben Vorhaut zu beschneiden. 4 Dreiunddreißig Tage lang muß sie im Reinigungsblut zu Hause bleiben; sie darf nichts Heiliges berühren und nicht ins Heiligtum kommen, bis die Zeit ihrer Reinigung zu Ende ist. 5 Gebiert sie aber ein Mädchen, dann bleibt sie zwei Wochen unrein wie bei ihrer monatlichen Unreinheit und muß sechsundsechzig Tage in ihrem Reinigungsblut bleiben.

Reinigung

6 Wenn aber die Zeit ihrer Reinigung vorüber ist – mag es sich um einen Sohn oder eine Tochter handeln –, soll sie ein einjähriges Lamm zum Brandopfer und eine junge Taube oder Turteltaube zum Sündopfer an den Eingang des Offenbarungszeltes zum Priester bringen. 7 Dieser bringe es vor dem Herrn dar und schaffe ihr Sühne, und so wird sie von ihrem Blutfluß rein. Das ist das Gesetz für die Wöchnerin, sei es bei einem Knaben oder bei einem Mädchen. 8 Wenn sie aber zur Beschaffung eines Lammes zu arm ist, so nehme sie zwei Turteltauben oder zwei junge Tauben, die eine zum Brandopfer, die andere zum Sündopfer; der Priester schaffe Sühne für sie, so wird sie rein.«

Verdächtiger Hautausschlag

13 1 Dann sprach der Herr zu Moses und Aaron: 2 »Wenn sich bei jemand auf der Haut ein Ausschlag oder ein Grind oder ein heller Fleck zeigt und sich eine aussätzige Stelle bildet, so soll er zum Priester Aaron oder zu einem von seinen Söhnen, den Priestern, gebracht werden. 3 Besichtigt nun der Priester die betroffene Stelle auf der Haut, und das Haar darauf ist weiß geworden, und die Stelle erscheint tiefer liegend als die Haut, so ist es ein Aussatzherd; sobald der Priester das sieht, muß er ihn für unrein erklären. 4 Ist jedoch auf seiner Haut ein weißer Fleck, der nicht tiefer liegend erscheint als die Haut, und ist das Haar nicht weiß geworden, dann sondere der Priester den davon Betroffenen sieben Tage lang ab. 5 Sieht er ihn dann am siebten Tage und findet, daß die betroffene Stelle in ihrem Aussehen dieselbe geblieben ist und sich nicht auf der Haut ausgebreitet hat, so sondere er ihn abermals sieben Tage ab. 6 Besichtigt der Priester ihn am siebten Tage wiederum und findet, daß das Mal blasser geworden ist und sich auf der Haut nicht ausgebreitet hat, so erkläre ihn der Priester für rein; es war nur ein Ausschlag; er soll seine Kleider waschen und ist dann rein. 7 Wenn aber der Ausschlag auf der Haut sich immer weiter ausbreitet, nachdem er sich dem Priester zu seiner Reinigung vorgestellt hat, und er sich dem Priester wiederum zeigt, 8 und der Priester findet bei der Besichtigung, daß der Ausschlag sich auf der Haut ausgebreitet hat, dann soll der Priester ihn für unrein erklären: es ist ein Aussatz.

Wer veralteten Aussatz hat, den erkläre der Priester für unrein

9 Wenn sich eine aussätzige Stelle an jemand zeigt, so werde er zum Priester gebracht. 10 Besieht ihn der

Priester und bemerkt, daß sich ein weißer Ausschlag
auf der Haut befindet und das Haar darauf weiß ge-
worden ist und wildes Fleisch darin wuchert, 11 so ist
es schon veralteter Aussatz; der Priester erkläre ihn
für unrein, sondere ihn aber nicht ab, denn er ist be-
reits unrein. 12 Wenn aber der Aussatz auf der Haut
so ausbricht, daß er die ganze Haut des Befallenen
von seinem Kopf bis zu den Füßen bedeckt, wohin
immer des Priesters Augen schauen, 13 und der Prie-
ster bei der Besichtigung findet, daß der Aussatz den
ganzen Leib bedeckt, so erkläre er den Befallenen für
rein: er ist vollständig weiß geworden, also ist er
rein. 14 Sobald sich aber wildes Fleisch an ihm zeigt,
ist er unrein. 15 Sobald der Priester wildes Fleisch er-
blickt, erkläre er ihn für unrein; denn wildes Fleisch
ist unrein, es ist Aussatz. 16 Wenn jedoch das wilde
Fleisch wieder zurückgeht, und er wird weiß, so soll
er zum Priester gehen. 17 Wenn dann der Priester ihn
sieht und findet, daß die befallene Stelle weiß ge-
worden ist, so erkläre der Priester den Betroffenen
für rein: er ist rein.

Aussatzverdächtiges Geschwür

18 Wenn sich bei jemand an der Haut ein Geschwür
bildet und wieder heilt, 19 dann aber an der Stelle
des Geschwüres ein weißer Ausschlag entsteht
oder ein weißlichroter Fleck, so zeige er sich dem
Priester. 20 Wenn dann der Priester bei der Besichti-
gung findet, daß der Fleck niedriger erscheint als die
Haut und das Haar darauf weiß geworden ist, so er-
kläre ihn der Priester für unrein; es ist ein Befall von
Aussatz, der in dem Geschwür ausgebrochen ist.
21 Wenn aber der Priester die Stelle untersucht und
findet, daß kein weißes Haar darauf ist und sie nicht
tiefer liegt als die Haut und blasser wird, sondere
der Priester ihn sieben Tage lang ab. 21 Wenn dann
der Fleck sich auf der Haut weiter ausbreitet, erkläre
er ihn für unrein; es ist Aussatz. 23 Blieb aber der
Fleck auf derselben Stelle und hat sich nicht ausge-
breitet, so ist es die Narbe des Geschwürs: der Prie-
ster erkläre ihn für rein.

Aussatz an Brandwunden

24 Oder wenn sich bei jemand an der Haut eine
Brandwunde befindet, und es erscheint das in der
Brandwunde wachsende Fleisch als weißlichroter
oder weißer Fleck 25 und der Priester findet bei des-
sen Besichtigung, daß das Haar auf dem Fleck weiß
geworden ist und er tiefer liegend erscheint als die
Haut, dann ist es der Aussatz, der in der Brand-
wunde ausgebrochen ist. Der Priester erkläre ihn
für unrein; es ist wirklich der Fall eines Aussatzes.
26 Wenn aber der Priester entdeckt, daß auf dem
Fleck kein weißes Haar ist, er nicht tiefer liegt als
die Haut und daß er blasser wird, so sondere er ihn
sieben Tage ab. 27 Besichtigt ihn dann der Priester
am siebten Tage, dann muß er ihn, falls der Fleck
sich noch weiter auf der Haut ausbreitet, für unrein
erklären, es ist der Fall eines Aussatzes. 28 Blieb aber
der Fleck an derselben Stelle und hat er sich auf der
Haut nicht ausgebreitet und ist blasser geworden,
dann ist es der Ausschlag der Brandwunde; der Prie-
ster mag ihn für rein erklären, denn es ist die Brand-
wundennarbe.

Aussatz an Kopf und Bart

29 Befindet sich bei einem Mann oder einer Frau am
Kopf oder am Bart eine wunde Stelle, 30 besieht der
Priester sie und findet, daß sie tiefer liegend er-
scheint als die Haut, und daß darauf rötliches und
dünnes Haar ist, so erkläre der Priester den Betroffe-
nen für unrein; es ist Krätze, der Aussatz des Kopfes
oder Bartes. 31 Wenn der Priester dagegen bei Be-
sichtigung der krätzigen Stelle findet, daß sie zwar
nicht tiefer liegend erscheint als die Haut, daß aber
kein schwarzes Haar darauf ist, so soll er die Person
mit der Krätze sieben Tage lang absondern. 32 Sieht
nun der Priester die befallene Stelle am siebten Tage
und findet, daß die Krätze sich nicht ausgebreitet
hat, daß keine rötlichen Haare darauf gewachsen
sind und daß die Krätze nicht tiefer liegend er-
scheint als die Haut, 33 dann soll der Betreffende sich
scheren – nur die krätzige Stelle darf er nicht sche-
ren –, und der Priester soll ihn sieben weitere Tage
absondern. 34 Besichtigt der Priester die Krätze am
siebten Tage und findet, daß diese sich auf der Haut
nicht ausgebreitet hat und nicht tiefer liegend er-
scheint als die Haut, dann erkläre der Priester die
Person für rein; sie wasche ihre Kleider und ist dann
rein. 35 Breitet sich aber die Krätze auf der Haut nach
seiner Reinerklärung weiter aus, 36 und findet der
Priester bei der Besichtigung, daß die Krätze sich auf
der Haut weiter ausgebreitet hat, so suche der Prie-
ster nicht weiter nach rötlichen Haaren – denn er ist
unrein. 37 Wenn aber die Krätze in ihrem Aussehen
gleichgeblieben und schwarzes Haar darauf ge-
wachsen ist, dann ist die Krätze geheilt. Er ist rein,
und der Priester soll ihn für rein erklären!

Gutartiger Ausschlag

38 Zeigen sich bei einem Mann oder bei einer Frau
auf der Haut helle, weiße Flecken 30 und der Priester
findet beim Besehen ihrer Haut nur verblaßte
weiße Flecken, dann ist es ein gutartiger Hautaus-
schlag – er sei rein.

Aussatz bei Kahlköpfen

40 Wird bei jemand das Haupt kahl, so ist er ein
Kahlkopf, ein solcher bleibt rein. 41 Wird sein Kopf

nur von vorne her kahl, so ist er ein Vorderkahlkopf; ein solcher bleibt rein. 41 Wenn sich aber an der Hinter- oder Vorderglatze eine weißrötliche Stelle zeigt, dann ist es Aussatz, der auf seiner hinteren oder vorderen Glatze ausbricht. 43 Besichtigt ihn der Priester und findet er einen weißrötlichen Grind auf seiner Hinter- oder Vorderglatze, der so aussieht wie Aussatz auf der Körperhaut, 44 dann ist er aussätzig und unrein; für unrein soll ihn der Priester erklären; denn auf seinem Kopf ist Aussatz. 45 Der Aussätzige, auf den der Befund zutrifft, soll seine Kleider zerreißen, sein Haupthaar ungepflegt wachsen lassen, sich den Bart verhüllen und rufen: Unrein! Unrein! 46 Solange der Befund auf ihn zutrifft, ist er unrein; er bleibt unrein und soll darum abgesondert wohnen; außerhalb des Lagers sei sein Aufenthalt.

Aussatz an Stoff und Leder

47 Wenn weiterhin sich an einem Kleid eine aussätzige Stelle zeigt, sei es an einem wollenen oder linnenen 48 oder an einem gewebten oder gewirkten Stück von Linnen oder Wolle oder an Leder oder irgendeiner Lederware, 49 und wenn der Befall am Kleid, Leder, Gewebe, Gewirke oder an irgendeinem ledernen Gegenstand grün oder rötlich ist, so liegt Aussatz vor, und man muß es dem Priester zeigen. 50 Hat der Priester die betroffene Stelle besichtigt, so schließe er den betroffenen Gegenstand sieben Tage lang ein. 51 Besichtigt er dann am siebten Tage die befallene Stelle wiederum und findet, daß das Übel auf dem Kleid, dem Gewebe, dem Gewirke oder dem Leder – wozu auch immer Leder verarbeitet werden mag – sich ausgebreitet hat, dann ist es ein Anfall von bösartigem Aussatz; unrein ist es. 52 Man soll das Kleid oder das aus Wolle oder Linnen Gewebte oder Gewirkte oder jeden ledernen Gegenstand, an dem der Befall haftet, verbrennen; es ist ein bösartiger Aussatz; verbrannt muß es werden. 53 Findet aber der Priester bei der Besichtigung, daß sich der Befall auf dem Kleid, Gewebe, Gewirke oder Ledergegenstand nicht ausgebreitet hat, 54 so gebiete der Priester, daß man das, woran der Befall haftet, wasche; er schließe es dann wiederum sieben Tage ein. 55 Besichtigt es der Priester nach Waschung der betroffenen Stelle und findet, daß das Aussehen der Stelle sich nicht veränderte, wenn auch der Befall sich nicht ausgebreitet hat, so ist es unrein; du sollst es verbrennen; es ist ein Einfraß, sei es nun an der Hinter- oder Vorderseite. 56 Findet aber der Priester bei Untersuchung der befallenen Stelle nach ihrer Waschung, daß sie abgeblaßt ist, so schneide man sie aus dem Kleid, Leder, Gewebe oder Gewirke heraus. 57 Zeigt sich aber wiederum etwas an dem Kleid, Gewebe, Gewirke oder an irgendeinem ledernen Gegenstand, dann ist es ein frisch ausbrechender Aussatz; den Gegenstand mit der befallenen Stelle mußt du verbrennen. 58 Das Kleid aber oder das Gewebe, das Gewirke oder jeder lederne Gegenstand, von dem das Übel nach dem Waschen verschwunden ist, werde nochmals gewaschen und sei dann rein. 59 Dies ist das Gesetz über den Aussatzbefall an einem wollenen oder linnenen Kleid, Gewebe, Gewirke oder an irgendeinem ledernen Gegenstand, gemäß dem sie für rein oder für unrein zu erklären sind.«

Reinigungszeremonien

14 1 Dann sprach der Herr zu Moses: 2 »Dies ist das Gesetz für den Aussätzigen am Tage seiner Reinigung: zum Priester soll er gebracht werden! 3 Der Priester aber gehe zum Lager hinaus; findet er, daß der Aussatzbefall an dem Aussätzigen geheilt ist, 4 so ordne er an, daß man für den zu Reinigenden zwei lebende reine Vögel herbeibringe, Zedernholz, Karmesinfäden und Ysop. 5 Dann soll der Priester die Anweisung geben, daß man den einen Vogel über einem irdenen Gefäß, das mit Quellwasser gefüllt ist, schlachte. 6 Den andern noch lebenden Vogel sowie das Zedernholz, die Karmesinfäden und den Ysop nehme er und tauche sie samt dem lebenden Vogel in das Blut des über dem Quellwasser geschlachteten Vogels. 7 Dann soll er den vom Aussatz zu Reinigenden siebenmal besprengen und ihn so reinigen; den lebenden Vogel aber lasse er ins freie Feld fliegen. 8 Der zu Reinigende wasche seine Kleider, schere sein gesamtes Haar und bade sich in Wasser; dann wird er rein sein. Danach kehre er ins Lager zurück, muß aber noch sieben Tage außerhalb seines Zeltes bleiben. 9 Am siebten Tage sodann soll er nochmals sein gesamtes Haar scheren, Kopf, Bart und Augenbrauen, sein gesamtes Haar also soll er scheren, seine Kleider waschen und seinen Leib in Wasser baden, so wird er rein sein.

Reinigungsopfer

10 Am achten Tage aber nehme er zwei fehlerlose Lämmer und ein einjähriges, fehlerloses weibliches Lamm und als Speiseopfer drei Zehntel Epha Mehl, das mit Öl angerührt ist, und ein Log Öl. 11 Der Priester aber, der die Reinigung vollzieht, soll den zu reinigenden Mann und diese Dinge vor den Herrn hinstellen an den Eingang des Offenbarungszeltes. 12 Dann nehme der Priester das eine Lamm und

bringe es zusammen mit dem Log Öl als Schuldopfer dar; er schwinge sie weihend vor dem Herrn hin und her. 13 Jetzt schlachte man das Lamm da, wo man das Sünd- und Brandopfer schlachtet, an heiliger Stätte; denn wie das Sündopfer, so gehört auch das Schuldopfer dem Priester, etwas Hochheiliges ist es. 14 Dann nehme der Priester von dem Blut des Schuldopfers und bestreiche damit das rechte Ohrläppchen des zu Reinigenden, den Daumen seiner rechten Hand und die große Zehe seines rechten Fußes. 15 Daraufhin nehme der Priester von dem Log Öl und gieße es in seine eigene linke Hand. 16 Er tauche seinen rechten Zeigefinger in das Öl in seiner linken Hand und sprenge davon mit seinem Zeigefinger siebenmal vor dem Herrn. 17 Von dem übrigen Öl in seiner Hand streiche der Priester dem zu Reinigenden an das rechte Ohrläppchen, an den Daumen seiner rechten Hand und an die große Zehe seines rechten Fußes, auf das Blut des Schuldopfers. 18 Das Öl, das in der hohlen Hand des Priesters noch übrig ist, gebe er auf das Haupt des zu Reinigenden; so verschaffe er ihm Sühne vor dem Herrn. 19 Dann richte der Priester das Sündopfer her; er entsühne den zu Reinigenden von seiner Unreinheit und schlachte danach das Brandopfer. 20 Der Priester soll das Brand und Speiseopfer auf dem Altar darbringen; so schafft er Sühne für ihn, und jener wird rein.

Ersatzopfer der Armen

21 Ist jemand arm und reicht sein Vermögen nicht hin, dann nehme er ein Lamm als Schuldopfer zur Weihegabe, damit man ihm Sühne verschaffe, und ein Zehntel Epha Mehl, angerührt in Öl, als Speiseopfer und ein Log Öl, 22 ferner zwei Turteltauben oder zwei junge Tauben, was er eben aufbringt; die eine dient zum Sündopfer, die andere zum Brandopfer. 23 Am achten Tag nach seiner Reinigung bringe er sie zum Priester an den Eingang des Offenbarungszeltes vor den Herrn. 24 Der Priester nehme das Schuldopferlamm und das Log Öl und schwinge beides als Weihegabe vor dem Herrn hin und her. 25 Man schlachte das Schuldopferlamm, und der Priester nehme von dem Blut des Schuldopfers und streiche davon an das rechte Ohrläppchen des zu Reinigenden, an den Daumen seiner rechten Hand und an die große Zehe seines rechten Fußes. 26 Dann gieße er von dem Öl in seine eigene linke Hand. 27 Er sprenge mit seinem rechten Zeigefinger von dem Öl in seiner linken Hand siebenmal vor dem Herrn. 28 Dann streiche der Priester von dem Öl in seiner Hand an das rechte Ohrläppchen des zu Reinigenden, an den Daumen seiner rechten Hand und an die große Zehe seines rechten Fußes, an die Stelle des Schuldopferblutes. 29 Was vom Öl in der hohlen Hand des Priesters noch übrig ist, gebe er auf das Haupt des zu Reinigenden, um ihm vor dem Herrn Sühne zu verschaffen. 30 Nun richte er die eine von den Turteltauben oder von den jungen Tauben, wozu sein Vermögen reichte, her, 31 die eine als Sündopfer, die andere als Brandopfer nebst dem Speiseopfer; so verschaffe der Priester dem zu Reinigenden Sühne vor dem Herrn. 32 Dies ist das Gesetz für den vom Aussatz Befallenen, dessen Vermögen zu seiner Reinigung nicht ausreicht. «

Aussatz an Häusern

33 Dann sprach der Herr zu Moses und Aaron: 34 »Wenn ihr nun in das Land Kanaan kommt, das ich euch zu eigen geben will, und ich lasse an einem Haus in eurem eigenen Lande einen Befall von Aussatz zu, 35 so muß der Eigentümer des Hauses hingehen und dem Priester melden: ›Wie von Aussatz befallen erscheint mir das Haus.‹ 36 Dann ordne der Priester an, daß man das Haus räume, bevor er kommt, den Fall zu besichtigen. Auf diese Weise braucht nicht alles im Hause für unrein erklärt zu werden; danach komme der Priester, das Haus zu besichtigen. 37 Wenn er nun den Befall besichtigt und dabei findet, der Befall an den Wänden des Hauses zeige sich in Gestalt grünlicher oder rötlicher Grübchen, die tiefer zu liegen scheinen als die Wandfläche, 38 dann gehe der Priester aus dem Haus heraus an dessen Eingang und schließe es für sieben Tage ab. 39 Am siebten Tage komme der Priester wieder, und wenn er bei der Besichtigung findet, daß der Befall an den Wänden des Hauses sich ausgebreitet hat, 40 so ordne er an, daß man die betreffenden Steine herausreiße und sie vor der Stadt an einen unreinen Ort werfe. 41 Das Haus aber soll man ringsum im Innern abkratzen und den abgekratzten Schmutz draußen vor der Stadt an einen unreinen Ort schütten. 42 Dann nehme man andere Steine und setze sie an Stelle der ausgebrochenen, ebenso anderen Lehm und streiche damit das Haus. 43 Wenn nun der Aussatz von neuem auftritt, nachdem man die Steine ausgebrochen, das Haus abgekratzt und neu gestrichen hat, 44 gehe der Priester hinein, besichtige es, und wenn sich der Aussatz im Hause ausgebreitet hat, dann ist es ein bösartiger Aussatz; es ist unrein. 45 Man soll das Haus abbrechen, seine Steine, seine Balken und den ganzen Lehmbewurf des Hauses, und alles an einen unreinen Ort außerhalb der Siedlung bringen. 46 Wer das Haus während der ganzen Zeit, für die er es ver-

schlossen hatte, betritt, ist unrein bis zum Abend.
47 Wer in dem Hause schläft, wasche seine Kleider;
wer darin ißt, wasche ebenfalls seine Kleider.
48 Wenn aber der Priester kommt und bei der Be-
sichtigung findet, daß der Aussatz sich im Hause
nicht weiter ausgebreitet hat, nachdem das Haus
von neuem gestrichen wurde, so erkläre er das
Haus für rein; denn der Aussatz ist geheilt.

Entsühnungszeremonien

49 Zur Entsühnung des Hauses soll er zwei Vögel,
Zedernholz, Karmesinfäden und Ysop nehmen.
50 Er schlachte den einen Vogel über einem irdenen
Gefäß mit Quellwasser. 51 Dann nehme er das Ze-
dernholz, den Ysop, die Karmesinfäden und den
lebenden Vogel und tauche alles in das Blut des ge-
schlachteten Vogels und in das Quellwasser und be-
sprenge das Haus damit siebenmal. 52 So soll er das
Haus mit dem Vogelblut, dem fließenden Wasser,
dem lebenden Vogel, dem Zedernholz, dem Ysop
und den Karmesinfäden entsündigen. 53 Den leben-
den Vogel aber lasse er zur Stadt hinaus aufs freie
Feld fliegen. So schaffe er Sühne für das Haus, und
es ist rein.

Zusammenfassung

54 Dies ist das Gesetz über jeglichen Befall von Aus-
satz, über die Krätze, 55 über den Aussatz an Klei-
dern und Häusern, 56 über Ausschlag, Grind und
weiße Flecken, 57 um zu belehren, wann etwas un-
rein oder rein ist. Das ist das Gesetz über den Aus-
satz.«

Männliche Unreinheit

15 1 Der Herr sprach zu Moses und Aaron:
2 »Redet zu den Söhnen Israels und sagt zu
ihnen: Wenn jemand einen Ausfluß aus
seinem Gliede hat, so ist er unrein. 3 Für seine Un-
reinheit wegen des Ausflusses gilt folgendes: Mag
der Ausfluß aus seinem Gliede fließen, oder sein
Glied den Fluß verstopfen, es liegt Unreinheit bei
ihm vor. 4 Jedes Lager, auf dem der an Ausfluß
Kranke liegt, wird unrein, und jedes Gerät, auf dem
er sitzt, wird unrein. 5 Wer sein Lager berührt, wa-
sche seine Kleider und bade im Wasser; er bleibt un-
rein bis zum Abend. 6 Wer sich auf ein Gerät setzt,
auf dem ein an Ausfluß Leidender saß, wasche
seine Kleider und bade sich; er bleibt unrein bis
zum Abend. 7 Auch wer den Leib eines Schleim-
flüssigen berührt, wasche seine Kleider und bade im
Wasser; er bleibt unrein bis zum Abend. 8 Wenn ein
Schleimflüssiger ausspuckt und einen Reinen trifft,
so wasche jener seine Kleider und bade im Wasser;
er bleibt unrein bis zum Abend. 9 Jeder Sattelsitz,
den ein Schleimflüssiger benutzt, ist unrein. 10 Wer
etwas von dem berührt, was sich unter ihm be-
findet, wird unrein bis zum Abend. Wer etwas da-
von fortträgt, muß seine Kleider waschen und sich
baden; er bleibt unrein bis zum Abend. 11 Jeder, den
der Schleimflüssige berührt, ohne zuvor seine
Hände im Wasser abgespült zu haben, wasche
seine Kleider und bade sich; er bleibt unrein bis
zum Abend. 12 Irdene Gefäße, die der Schleimflüs-
sige berührt, müssen zerbrochen, alle hölzernen
Gefäße im Wasser abgespült werden. 13 Wird aber
ein Schleimflüssiger von seinem Ausfluß rein, so
soll er nach seiner Reinigung sieben Tage zählen;
dann wasche er seine Kleider und bade sich in
fließendem Wasser, so wird er rein. 14 Am achten
Tage nehme er zwei Turteltauben oder zwei junge
Tauben, trete vor den Herrn an den Eingang des
Offenbarungszeltes und übergebe sie dem Priester.
15 Dieser aber rüste sie zu, eine als Sündopfer und
die andere als Brandopfer; so verschaffe ihm der
Priester vor dem Herrn Sühne wegen des Ausflus-
ses.

Samenerguß

16 Hat ein Mann einen Samenerguß, so bade er
seinen ganzen Leib; er ist unrein bis zum Abend.
17 Jedes Kleidungsstück und alles Leder, auf das der
Samenerguß kommt, ist mit Wasser zu waschen, es
bleibt unrein bis zum Abend. 18 Liegt ein Mann bei
einer Frau und erfolgt Samenerguß, so müssen sie
sich in Wasser baden; sie sind unrein bis zum
Abend.

Monatlicher Blutfluß

19 Wird eine Frau blutflüssig und handelt es sich da-
bei um den regelmäßigen Blutfluß, so bleibt sie sie-
ben Tage lang in ihrer Unreinheit; jeder, der sie an-
rührt, wird unrein bis zum Abend. 20 Alles, worauf
sie während ihrer Unreinheit liegt, wird unrein;
alles, worauf sie sitzt, wird ebenfalls unrein.
21 Jeder, der ihr Lager berührt, muß seine Kleider
waschen und sich in Wasser baden; er bleibt unrein
bis zum Abend. 22 Auch jeder, der ein Gerät berührt,
auf dem sie saß, muß seine Kleider waschen und
sich baden; er bleibt unrein bis zum Abend. 23 Be-
rührt jemand etwas, das sich auf dem Lager oder
dem Gerät befindet, worauf sie saß, so ist er unrein
bis zum Abend. 24 Wenn ein Mann ihr beiwohnt,
und es kommt ihre Unreinheit auch an ihn, dann
wird er sieben Tage unrein, und auch jedes Lager,
auf dem er liegt, wird unrein. 25 Wenn eine Frau
lange Zeit hindurch Blutfluß hat außer der Zeit
ihrer monatlichen Unreinheit, oder wenn sie über
ihre regelmäßige Unreinheit hinaus blutflüssig ist,

so ist sie während der ganzen Zeit ihrer Unreinheit
genauso wie in den Tagen ihres gewöhnlichen
Blutflusses unrein. 26 Jedes Lager, auf dem sie wäh-
rend der Zeit ihres Flusses ruht, hat ihr zu gelten
wie das Lager während ihrer Regel. Jedes Gerät, auf
dem sie saß, hat als unrein zu gelten wie bei ihrer
gewöhnlichen Unreinheit. 27 Wer diese Dinge
berührt, wird unrein; er muß seine Kleider waschen
und sich baden und bleibt unrein bis zum Abend.
28 Ist sie von ihrem Flusse rein geworden, dann soll
sie noch sieben Tage abzählen; danach gilt sie als
rein. 29 Am achten Tage aber nehme sie zwei Tur-
teltauben oder zwei junge Tauben und bringe sie
zum Priester an den Eingang des Offenbarungszel-
tes. 30 Der Priester richte die eine als Sündopfer her,
die andere als Brandopfer; so schaffe er Sühne für
sie vor dem Herrn wegen ihres unreinen Flusses.

Schlußwarnung

31 So verwarnt die Israeliten wegen ihrer Unreinig-
keit, damit sie ob ihrer Unreinheit nicht sterben,
weil sie meine Wohnung, die sich in ihrer Mitte
befindet, verunreinigen! 32 Das ist das Gesetz über
den, der an Ausfluß leidet, und den, der Samener-
guß hat, so daß er unrein wird, 33 und über die-
jenige, die ihre gewöhnliche Unreinheit hat, und
über jeden, der an einem Ausfluß leidet, sei es
Mann oder Frau, sowie über den Mann, der einer
unreinen Frau beiwohnt.«

15,16–18: Auch bei anderen alten Völkern machte nicht nur Krank-
heit, sondern auch natürliche Befleckung unrein.

Rüstung zum Versöhnungstag

16 1 Der Herr redete zu Moses nach dem
Tode der beiden Söhne Aarons, die vor
den Herrn getreten waren und sterben
mußten, 2 und es sprach der Herr zu Moses: »Sage
deinem Bruder Aaron, daß er nicht jederzeit hin-
eingehen darf in das Heiligtum hinter den Vorhang,
vor die Deckplatte auf der Lade, sonst müßte er
sterben. Denn in der Wolke über der Deckplatte er-
scheine ich! 3 Nur unter folgender Bedingung darf
Aaron das Heiligtum betreten: mit einem Jungstier
als Sündopfer und mit einem Widder als Brandop-
fer. 4 Einen heiligen Leibrock von Linnen muß er an-
haben, linnene Beinkleider müssen seine Blöße be-
decken, mit einem linnenen Gürtel muß er sich
umgürten und einen Turban von Linnen umbinden;
heilige Kleider sind es. Er soll sich baden und sie
dann anlegen. 5 Von der Gemeinde der Israeliten
aber nehme er zwei Ziegenböcke zum Sündopfer
und einen Widder zum Brandopfer. 6 Dann soll
Aaron den Stier für sein Sündopfer heranbringen
und für sich und sein Haus Sühne schaffen. 7 Dann
nehme er die beiden Böcke und stelle sie vor den
Herrn an den Eingang des Offenbarungszeltes. 8 Aa-
ron soll über die beiden Böcke Lose werfen; ein Los
für den Herrn und eines für Asasel. 9 Alsdann bringe
Aaron den Bock, auf den das Los für den Herrn ge-
fallen ist, herbei und richte ihn als Sündopfer her.
10 Der Bock aber, auf den das Los für Asasel gefallen
ist, soll lebendig vor den Herrn gestellt werden, da-
mit man an ihm die Sühne vollziehe und ihn zu
Asasel in die Wüste schicke.

Sühne für Aaron und die Priesterschaft

11 Aaron bringe den Stier für sein eigenes Sündopfer
herbei und schaffe Sühne für sich und sein Haus; er
schlachte den Stier für sein eigenes Sündopfer.
12 Dann nehme er eine Pfanne glühender Kohlen
vom Altar, der vor dem Herrn steht, und seine bei-
den Hände voll von feingestoßenem Räucherwerk
und bringe es in den Raum hinter dem Vorhang.
13 Dann gebe er das Räucherwerk auf das Feuer vor
dem Herrn, damit die Wolke des Räucherwerkes
die Deckplatte über der Gesetzeslade verhülle;
denn sonst müßte er sterben. 14 Er nehme dann von
dem Blut des Stieres und sprenge mit seinem Finger
von oben auf die Deckplatte; vor die Deckplatte hin
aber sprenge er mit seinem Finger von dem Blut sie-
benmal.

Sühne für das Volk

15 Dann schlachte er den Sündopferbock für das
Volk, bringe sein Blut in den Raum hinter dem Vor-
hang und verfahre damit, wie er es mit dem Stier-
blut getan hat; er sprenge es auf und vor die Deck-
platte. 16 So schaffe er dem Heiligtum Sühne wegen
der Unreinigkeiten der Söhne Israels und all ihrer
Übertretungen, mit denen sie sich versündigt
haben; ebenso tue er mit dem Offenbarungszelt,
das unter ihnen inmitten ihrer Unreinheiten sich
befindet. 17 Kein Mensch aber darf im Offen-
barungszelt sein, wenn er es betritt, um im Heilig-
tum Sühne zu schaffen, bis er es wieder verläßt; so
soll er für sich und sein Haus und für die ganze Ge-
meinde Israel Sühne schaffen. 18 Dann gehe er zum
Altar, der vor dem Herrn steht, und entsühne ihn; er
nehme von dem Stierblut und von dem Blut des
Bockes und streiche davon ringsum an die Hörner
des Altares. 19 Er sprenge mit seinem Finger sieben-
mal von dem Blut auf ihn; so reinige er ihn und
weihe ihn wegen der Verunreinigungen der Söhne
Israels.

Sündenbock

20 Hat er die Entsühnung des Heiligtums, des Offen-
barungszeltes und des Altares vollendet, so bringe

er den lebenden Bock herbei. 21 Aaron lege seine beiden Hände auf den Kopf des lebenden Bockes und bekenne über ihm alle Verschuldungen der Israeliten und alle Übertretungen, die sie irgendwie begangen haben; er soll sie auf den Kopf des Bockes legen und diesen durch einen bereitstehenden Mann in die Wüste hinaustreiben. 22 Der Bock soll alle ihre Verschuldungen mit sich hinwegtragen in eine abgelegene Gegend; erst in der Wüste soll man den Bock laufen lassen.

Rüstung des Brandopfers

23 Aaron gehe in das Offenbarungszelt und ziehe die Linnenkleider aus, die er angelegt hatte, als er in das Heiligtum hineinging; dort lege er sie nieder. 24 Dann bade er seinen Leib an heiliger Stätte und ziehe seine Gewänder (wieder) an; darauf komme er heraus und richte sein und des Volkes Brandopfer her, um für sich und das Volk Sühne zu schaffen. 25 Das Fett des Sündopfers lasse er auf dem Altar in Rauch aufgehen. 26 Der Mann aber, der den Bock zu Asasel gebracht hat, wasche seine Kleider und bade seinen Leib; danach darf er ins Lager kommen. 27 Den Sündopferstier und den Sündopferbock, deren Blut zur Entsühnung ins Heiligtum gebracht worden ist, schaffe man hinaus vor das Lager; ihre Felle, ihr Fleisch und ihren Mageninhalt verbrenne man. 28 Wer sie verbrannt hat, wasche seine Kleider und bade seinen Leib; danach darf er ins Lager kommen.

Karfreitag des Alten Bundes

29 Dies soll euch als Satzung für immerwährende Zeiten gelten: Im siebten Monat, am zehnten Tage des Monats, sollt ihr fasten und keinerlei Geschäfte verrichten, weder der Einheimische noch der Fremdling, der sich bei euch aufhält. 30 Denn an diesem Tag schafft man für euch Sühne, um euch zu reinigen: von all euren Sünden werdet ihr rein vor dem Herrn. 31 Ein Tag völliger Ruhe solle es sein, und ihr sollt fasten; das ist eine immerwährende Satzung. 32 Die Sühnebräuche soll aber der Priester vollziehen, den man salben und in sein Amt einsetzen wird, damit er an Stelle seines Vaters Priesterdienst tue; er lege die linnenen Gewänder an, die heiligen Kleider. 33 Er soll das Allerheiligste entsühnen, auch dem Offenbarungszelt und dem Altar soll er Sühne schaffen, die Priester und die ganze Volksgemeinde soll er entsühnen. 34 Dies aber soll euch als eine immerwährende Satzung gelten, daß einmal im Jahr den Israeliten für all ihre Sünden Sühne verschafft wird.« Er tat, wie der Herr dem Moses befohlen hatte.

16,8ff: Asasel scheint man sich als Wüstendämon vorgestellt zu haben, welchem man den symbolisch mit den Sünden des Volkes beladenen »Sündenbock« übergab.

Einheit der Kultstätte

17 1 Der Herr redete zu Moses: 2 »Sprich zu Aaron, seinen Söhnen und zu allen Israeliten und befiehl ihnen: Dies gebietet der Herr: 3 Wer vom Haus Israel ein Rind, ein Lamm oder eine Ziege schlachtet, sei es im Lager oder außerhalb, 4 und sie nicht an den Eingang des Offenbarungszeltes bringt, um sie dem Herrn vor seiner Wohnstätte als Opfergabe darzubringen, dem soll das als Blutschuld angerechnet werden; er hat Blut vergossen, und er soll ausgerottet werden aus seinem Volk. 5 Darum sollen die Israeliten ihre Schlachtopfer, die sie auf freiem Felde zu vollziehen pflegten, herbringen und sie für den Herrn an den Eingang des Offenbarungszeltes zum Priester schaffen, um sie als Friedopfer für den Herrn zu schlachten! 6 Der Priester sprenge das Blut an den Altar des Herrn vor dem Eingang des Offenbarungszeltes und lasse das Fett in Rauch aufgehen zu lieblichem Wohlgeruch für den Herrn. 7 Sie sollen ihre Schlachtopfer nicht mehr den Bocksgeistern darbringen, denen sie ehebrecherisch nachlaufen. Dies soll ihnen als eine immerwährende Satzung gelten von Geschlecht zu Geschlecht! 8 Du sollst zu ihnen sagen: Jeder vom Hause Israel und von den Fremden unter ihnen, der ein Brand- oder ein Schlachtopfer darbringt 9 und es nicht an den Eingang des Offenbarungszeltes bringt, um es dem Herrn herzurichten, soll aus seinem Volk ausgerottet werden.

Verbot des Blutgenusses

10 Gegen jeden vom Hause Israel und von den Fremden in seiner Mitte, der irgendwie Blut genießt, richte ich mein Antlitz und vertilge ihn aus seinem Volk. 11 Denn das Leben des Leibes ist im Blut; ich habe es euch verliehen für den Altar, daß man euch damit Sühne verschaffe; das Blut nämlich erwirkt durch die Seele, die in ihm lebt, Sühne. 12 So habe ich den Israeliten geboten: Niemand von euch darf Blut genießen, auch nicht der Fremde in eurer Mitte. 13 Wer immer von den Israeliten und den Fremden, die bei ihnen wohnen, ein Stück Wild erjagt oder Geflügel, das man essen darf, lasse dessen Blut auslaufen und bedecke es mit Erde! 14 Denn das Leben alles Fleisches ist sein Blut. Darum gebiete ich den Israeliten: Von keinem Lebewesen dürft ihr das Blut genießen, weil das Leben (die Seele) alles Fleisches in seinem Blute liegt; jeder, der es genießt, soll ausgerottet werden.

Verendete und zerrissene Tiere

15 Jeder, der ein verendetes oder zerrissenes Tier genießt, sei es ein Eingeborener oder ein Fremder, wa-

sche seine Kleider und bade sich im Wasser; er bleibt unrein bis zum Abend; dann ist er wieder rein. 16 Wenn er sie nicht wäscht und sich nicht badet, lädt er Schuld auf sich.«

Forderungen Gottes

18 1 Der Herr sprach zu Moses: 2 »Rede zu den Israeliten und befiehl ihnen: Ich, der Herr, bin euer Gott! 3 Was man in Ägypten tut, wo ihr gewohnt habt, dürft ihr nicht tun. Was man im Lande Kanaan tut, wohin ich euch führe, dürft ihr auch nicht tun; nach ihren Bräuchen dürft ihr nicht wandeln! 4 Meine Gebote sollt ihr befolgen und meine Gesetze beobachten, um in ihnen zu wandeln: Ich der Herr, bin euer Gott! 5 Beobachtet also meine Gesetze und Gebote; wer nach ihnen handelt, wird durch sie leben: Ich bin der Herr!

Ehe unter Verwandten

6 Niemand darf irgendeinem Blutsverwandten sich nahen, um Verkehr zu pflegen. Ich bin der Herr! 7 Mit deinen Eltern darfst du nicht geschlechtlich verkehren; es handelt sich um deine Mutter, du darfst mit ihr nicht Verkehr haben. 8 Mit der Frau deines Vaters darfst du keinen Geschlechtsverkehr unterhalten; sie ist deines Vaters Fleisch. 9 Auch mit deiner Schwester, der Tochter deines Vaters oder der Tochter deiner Mutter, mag sie nun im Hause oder außerhalb geboren sein, darfst du nicht verkehren. 10 Mit der Tochter deines Sohnes oder mit der Tochter deiner Tochter darfst du nicht Verkehr pflegen; denn sie sind dein eigenes Fleisch. 11 Mit der Tochter der Frau deines Vaters, die dein Vater gezeugt hat – es ist deine Schwester –, darfst du nicht verkehren. 12 Mit der Schwester deines Vaters sollst du nicht Umgang pflegen; denn es ist deines Vaters nächste Blutsverwandte. 13 Auch darfst du nicht mit der Schwester deiner Mutter Umgang pflegen; denn sie ist deiner Mutter nächste Blutsverwandte. 14 Die Ehe des Bruders deines Vaters darfst du nicht schänden, seiner Frau dich nicht nahen; sie ist ja deine Tante. 15 Mit deiner Schwiegertochter darfst du nicht Verkehr haben; sie ist die Frau deines Sohnes. 16 Mit der Frau deines Bruders darfst du nicht Verkehr pflegen; es ist deines Bruders Fleisch. 17 Du darfst nicht mit einer Frau und auch mit deren Tochter Umgang pflegen, die Tochter ihres Sohnes und die Tochter ihrer Tochter darfst du nicht nehmen, um mit ihnen zu verkehren; da sie nächste Blutsverwandte sind, wäre das Blutschande. 18 Du darfst nicht eine Frau zu ihrer Schwester als Nebenfrau hinzunehmen, um mit ihr zu verkehren, noch zu Lebzeiten der anderen.

Keuschheitsvorschriften

19 Einer Frau darfst du in der Zeit ihrer Unreinheit nicht nahen, um mit ihr zu verkehren. 20 Mit der Frau deines Nächsten darfst du keinen Beischlaf vollziehen; du würdest dich sonst durch sie verunreinigen. 21 Keines von deinen Kindern gib hin, um es für Molech durchs Feuer gehen zu lassen, damit du nicht den Namen deines Gottes entheiligst; ich bin der Herr! 22 Du darfst einem Mann nicht beiwohnen, wie man einer Frau beiwohnt, das wäre ein Greuel. 23 Einem Tiere darfst du nicht beiwohnen, um dich an ihm zu verunreinigen. Eine Frau darf sich nicht vor ein Tier hinstellen, um sich begatten zu lassen; denn das wäre eine schwere Schandtat. 24 Durch all dies macht euch nicht unrein; denn dadurch haben sich die Heidenvölker verunreinigt, die ich vor euch vertreibe. 25 Das Land wurde unrein, und ich suchte seine Schuld an ihm heim, so daß das Land seine Bewohner ausspie. 26 Beobachtet also meine Gesetze und Gebote, verübt nicht eine von diesen Greueltaten, und zwar weder der Einheimische noch der Fremdling in eurer Mitte! 27 Denn all diese Greueltaten haben die Landesbewohner verübt, die vor euch da waren, wodurch das Land unrein wurde. 28 Das Land soll nicht auch euch ausspeien, da ihr es unrein macht, so wie es das Volk ausgespieen hat, das vor euch da war. 29 Denn jeder, der eine von diesen Greueltaten verübt, Personen, die solches verüben, sollen ausgerottet werden aus der Mitte ihres Volkes. 30 So beobachtet denn meine Anordnung, damit ihr keinen der greulichen Bräuche übt, die vor euch getan wurden; verunreinigt euch nicht durch sie: Ich, der Herr, bin euer Gott!«

18,21: Dem Götzen Molech zu Ehren verbrannte man Kinder; vgl. 3 Mos 20,2–5; 5 Mos 18,10.

Heiligkeitsgebot

19 1 Der Herr sprach zu Moses: 2 »Rede zur ganzen Gemeinde der Israeliten und befiehl ihnen: Heilig müßt ihr sein, weil ich, der Herr, euer Gott, heilig bin! 3 Habt Ehrfurcht, ein jeder vor seiner Mutter und vor seinem Vater! Meine Ruhetage sollt ihr beobachten: Ich bin der Herr, euer Gott! 4 Wendet euch nicht den Götzen zu, und macht euch keine gegossenen Götter: denn ich bin der Herr, euer Gott!

Kultische Heiligkeit

5 Wenn ihr dem Herrn ein Friedopfer darbringt, sollt ihr es so opfern, daß ihr Wohlgefallen erlangt. 6 Am Tag, an dem ihr es opfert, und am Tag darauf muß es gegessen werden; was bis zum dritten Tage

übrigbleibt, werde im Feuer verbrannt. 7 Wenn es
am dritten Tage doch noch gegessen wird, ist es ver-
dorbenes Fleisch und nicht wohlgefällig. 8 Wer es
genießt, lädt Verschuldung auf sich; denn er hat das
dem Herrn Geheiligte entweiht. Eine solche Person
werde aus ihrem Volke ausgerottet!

Fürsorge für die Armen

9 Wenn ihr euer Land aberntet, so erntet das Feld
nicht bis zum äußersten Ende ab und haltet keine
Nachlese nach der Ernte! 10 Auch in deinem Wein-
berg halte keine Nachlese und lies nicht abgefal-
lene Beeren in deinem Weinberg auf; überlasse sie
dem Armen und Fremden: Ich, der Herr, bin euer
Gott!

Diebstahl, Lüge, Betrug

11 Ihr sollt nicht stehlen und nicht lügen und nicht
einander betrügen! 12 Ihr sollt bei meinem Namen
nicht falsch schwören; du entweihst sonst den
Namen deines Gottes: Ich bin der Herr! 13 Du sollst
deinen Nächsten nicht bedrücken und berauben;
der Lohn des Tagelöhners soll bei dir nicht bis zum
Morgen bleiben! 14 Du sollst einen Tauben nicht
schmähen und einem Blinden kein Hindernis in den
Weg legen; fürchte dich vor deinem Gott: Ich bin
der Herr!

Haß gegen den Bruder

15 Verübt kein Unrecht im Gericht; begünstige nicht
den Niederen, und ergreife nicht Partei für den Vor-
nehmen, sondern richte deinen Nächsten in Ge-
rechtigkeit. 16 Gehe nicht als Verleumder unter dei-
nen Volksgenossen umher und trachte nicht nach
dem Blut deines Nächsten: Ich bin der Herr!
17 Hasse nicht deinen Bruder in deinem Herzen und
stelle deinen Nächsten freimütig zur Rede, damit
du seinetwegen keine Schuld auf dich lädst! 18 Sei
nicht rachsüchtig, und trage den Söhnen deines
Volkes nichts nach, sondern liebe deinen Nächsten
wie dich selbst: Ich bin der Herr!

Mischungen

19 Beobachtet meine Satzungen! Laß nicht zweierlei
Arten von deinem Vieh sich begatten; säe dein Feld
nicht mit zweierlei Samen an, und ein Kleid, das aus
zweierlei Fäden gewebt ist, soll nicht auf deinen
Leib kommen!

Verkehr mit der Sklavin

20 Wenn ein Mann mit einer Frau verkehrt, die als
Sklavin einem anderen gehört, ohne daß sie losge-
kauft oder freigelassen war, so soll eine Bestrafung
stattfinden; jedoch sollen beide nicht getötet wer-
den; denn sie war ja keine Freigelassene. 21 Er soll als
Buße dem Herrn an den Eingang des Offenbarungs-
zeltes einen Widder zum Schuldopfer bringen.
22 Der Priester soll für ihn mit dem Schuldopfer-
widder vor dem Herrn Sühne schaffen wegen der
begangenen Sünde; so wird ihm dann für die be-
gangene Sünde Verzeihung zuteil.

Erstlinge der Fruchtbäume

23 Wenn ihr in das Land kommt und pflanzt allerlei
Fruchtbäume, so sollt ihr deren Vorhaut, d. h. ihre
Früchte, stehen lassen; drei Jahre sind sie für euch
mit Vorhaut versehen und dürfen nicht gegessen
werden. 24 Im vierten Jahre sollen alle ihre Früchte
eine heilige Dankesgabe für den Herrn sein. 25 Erst
im fünften Jahre dürft ihr die Früchte essen, um
euch ihren Ertrag fortan zu sichern: Ich bin der Herr,
euer Gott!

Heidnische Trauer- und Kultgebräuche

26 Ihr sollt nichts samt dem Blute essen! Ihr sollt
weder Wahrsagerei noch Zauberei treiben! 27 Ihr
dürft nicht den Rand eures Kopfes kreisförmig ab-
scheren; du sollst den Rand deines Bartes nicht stut-
zen! 28 Ihr dürft euch nicht wegen eines Toten Ein-
schnitte an eurem Leibe machen und dürft euch
keine Zeichen einritzen: Ich bin der Herr! 29 Du
sollst deine Tochter nicht entweihen, indem du sie
zur Dirne machst, damit nicht das Land unzüchtig
und voll Schandtat werde. 30 Meine Ruhetage sollt
ihr beobachten und Ehrfurcht vor meinem Heilig-
tum haben: Ich bin der Herr! 31 Wendet euch nicht
an die Totengeister und an die Wahrsagegeister! Be-
fragt sie nicht, sonst werdet ihr durch sie unrein. Ich
bin der Herr, euer Gott!

Pietätspflichten

32 Vor einem grauen Haupt sollst du aufstehen
und die Person eines Greises ehren! Du sollst dich
vor deinem Gotte fürchten: Ich bin der Herr! 33 Hält
sich ein Fremdling bei dir in eurem Lande auf, so
dürft ihr ihn nicht bedrücken. 34 Wie ein Einheimi-
scher von euch selbst soll euch der Fremdling gel-
ten, der bei euch weilt; du sollst ihn lieben wie
dich selbst; denn ihr seid ja auch Fremdlinge gewe-
sen im Ägypterland: Ich bin der Herr, euer Gott!
35 Ihr sollt nicht Unrecht üben beim Urteil mit dem
Längenmaß, Gewicht und Hohlmaß! 36 Richtige
Waage, richtige Gewichte, richtiges Epha und rich-
tiges Hin sollt ihr führen: Ich bin der Herr, euer
Gott, der euch aus dem Ägypterland geführt hat!
37 So beobachtet denn alle meine Gesetze und alle
meine Gebote, und handelt nach ihnen: Ich bin der
Herr!«

19,18: Das AT verstand unter »Nächsten« den Volksgenossen. Anders Jesus: Matth 5,43; Luk 10,27ff. Aber auch Stammesfremde sind in das Liebesgebot eingeschlossen, wie Vers 34 zeigt; vgl. 2 Mos 22,20; 5 Mos 10,19.

Molechdienst

20 1 Der Herr sprach zu Moses: 2 »Zu den Israeliten sollst du sagen: Jeder von den Israeliten und den Fremden, die sich in Israel aufhalten, der eines von seinen Kindern dem Molech hinschenkt, soll des Todes sterben; die Bürger des Landes sollen ihn steinigen. 3 Ich selbst will mein Antlitz gegen einen solchen Mann richten und ihn aus der Mitte seines Volkes austilgen, weil er eines seiner Kinder dem Molech hingegeben und so mein Heiligtum verunreinigt und meinen heiligen Namen entweiht hat. 4 Und wenn etwa das Volk des Landes vor einem solchen, der eines von seinen Kindern dem Molech geopfert hat, die Augen verschließt, so daß man ihn nicht tötet, 5 dann richte ich mein Antlitz wider diesen Mann und sein Geschlecht und tilge ihn samt allen, die mit ihm buhlerisch dem Molech nachlaufen, aus der Mitte ihres Volkes.

Toten- und Wahrsagegeister

6 Wendet sich aber jemand an Toten- und Wahrsagergeister, um ihnen buhlerisch nachzulaufen, will ich wider einen solchen mein Antlitz wenden und ihn aus seinem Volke ausrotten! 7 Heiligt euch also und seid heilig; denn ich bin der Herr, euer Gott! 8 Beobachtet meine Satzungen und erfüllt sie! Ich bin der Herr, der euch heiligt.

Ehe, Familie, Keuschheit

9 Ja, ein jeder, der seinen Vater und seine Mutter schmäht, soll des Todes sterben: er schmähte Vater und Mutter, hat also Blutschuld auf sich geladen. 10 Wenn ein Mann mit der Frau seines Nächsten Ehebruch treibt, dann sollen der Ehebrecher und die Ehebrecherin des Todes sterben. 11 Wer der Frau seines Vaters beiwohnt, hat die Blöße seines Vaters enthüllt; beide sollen des Todes sterben; Blutschuld belastet sie. 12 Wohnt jemand seiner Schwiegertochter bei, sollen beide des Todes sterben; eine Schandtat haben sie begangen; Blutschuld belastet sie. 13 Wohnt ein Mann seinesgleichen wie einem Weibe bei, so haben beide Abscheuliches getan; sie sollen des Todes sterben; Blutschuld belastet sie. 14 Nimmt sich jemand eine Frau und dazu deren Mutter, dann ist das eine Schandtat; im Feuer soll man ihn und die beiden Frauen verbrennen, damit nicht weiter Schandtat bei euch sei! 15 Verkehrt jemand mit einem Stück Vieh, so soll er des Todes sterben, und auch das Tier sollt ihr töten. 16 Naht sich ein Weib einem Stück Vieh, sich begatten zu lassen, so sollst du das Weib mit dem Tier töten; sie sind des Todes; Blutschuld belastet sie. 17 Nimmt sich ein Mann seine Schwester, die Tochter seines Vaters oder seiner Mutter, und verkehren sie miteinander, so ist das eine Schmach; sie sollen vor den Augen ihrer Volksgenossen weggetilgt werden; denn er hat mit seiner Schwester Verkehr gehabt; er muß seine Schuld tragen. 18 Schläft ein Mann bei einer Frau zur Zeit ihrer Unreinheit und pflegt Verkehr mit ihr, deckt also ihren Blutfluß auf, und sie entblößt die Quelle ihres Blutes, so sollen beide aus der Mitte ihres Volkes ausgerottet werden. 19 Die Schwester deiner Mutter und deines Vaters darfst du nicht schänden; denn ein solcher hat seine Blutsverwandte entblößt; beide müssen ihre Schuld tragen. 20 Wohnt einer seiner Tante bei, so hat er seines Oheims Blöße aufgedeckt; ihre Sündenschuld müssen sie tragen; kinderlos soller sie sterben. 21 Nimmt jemand die Frau seines Bruders, so ist das etwas Abscheuliches; er hat seines Bruders Blöße enthüllt; sie sollen kinderlos bleiben.

22 Beobachtet daher alle meine Gesetze und Gebote und erfüllt sie, damit euch das Land nicht ausspeie, in das ich euch führe, auf daß ihr darin wohnt! 23 Wandelt nicht in den Satzungen der Heidenvölker, die ich vor euch vertreibe, weil sie dies alles getan haben, so daß ich mich an ihnen ekelte. 24 Darum sagte ich euch: Nehmt ihr Land in Besitz! Ich selbst verleihe es euch zum Besitz, ein Land, das von Milch und Honig fließt: Ich bin der Herr, euer Gott, der euch von den Völkern abgesondert hat! 25 Unterscheidet zwischen den reinen und den unreinen Vierfüßlern, den unreinen und den reinen Vögeln; macht euch nicht selbst zum Abscheu durch die Vierfüßler und die Vögel und durch alles, was auf der Erde kriecht; ich habe das für euch abgesondert und als unrein erklärt. 26 Seid mir also heilig; denn ich, der Herr, bin heilig; ich habe euch auserwählt aus den Völkern, damit ihr mir gehört!

Wahrsagerei

27 Ist in einem Mann oder Weib ein Toten- oder Wahrsagegeist, so sollen sie des Todes sterben. Steinigen soll man sie, Blutschuld belastet sie.«

Trauerbräuche und Priester

21 1 Der Herr sprach zu Moses: »Rede zu den Priestern, den Söhnen Aarons, und sage zu ihnen: An einer Leiche seiner Volksgenossen darf der Priester sich nicht unrein machen, 2 sondern nur an seinen nächsten Blutsverwandten, an seiner Mutter, seinem Vater, seinem Sohne, seiner Tochter, seinem Bruder, 3 auch an seiner Schwester, die ihm als Jungfrau nahesteht, die noch keinem Mann gehört, darf er sich unrein machen. 4 Er darf sich aber nicht verunreinigen an

einer Verheirateten unter seinen Volksgenossen und
sich dadurch entweihen. 5 Sie dürfen sich auf ihrem
Haupt keine Glatze scheren und dürfen den Rand
ihres Bartes nicht stutzen und an ihrem Leib keine
Einschnitte machen. 6 Heilig seien sie ihrem Gott,
und den Namen ihres Gottes dürfen sie nicht ent-
weihen; denn sie bringen die Feueropfer des Herrn,
ihres Gottes Speise, dar; darum sollen sie heilig
sein! 7 Eine Buhlerin oder eine Entehrte dürfen sie
nicht zur Frau nehmen; auch eine von ihrem Mann
Verstoßene dürfen sie nicht heiraten; denn der Prie-
ster ist seinem Gott heilig! 8 Auch du sollst ihn hei-
lighalten, denn er bringt die Speise deines Gottes
dar. Heilig sei er dir; denn heilig bin ich, der Herr,
der euch heiligt! 9 Entweiht sich eine Priestertochter
durch Unzucht, so entweiht sie damit ihren Vater,
sie werde im Feuer verbrannt.

Trauerverbot des Hohenpriesters

10 Der Priester aber, der höher steht als seine Brüder,
über dessen Haupt das Salböl ausgegossen ward,
und den man durch Anlegen der (heiligen) Gewän-
der ins Priesteramt eingesetzt hat, darf sein Haupt-
haar nicht ungepflegt herabhängen lassen und seine
Kleider nicht zerreißen. 11 Er darf überhaupt zu kei-
ner Leiche hintreten; selbst an seinem Vater und an
seiner Mutter darf er sich nicht unrein machen.
12 Das Heiligtum darf er nicht verlassen, sonst
würde er das Heiligtum seines Gottes entweihen;
denn die Weihe des Salböls seines Gottes ruht auf
ihm: Ich bin der Herr!

Ehe des Hohenpriesters

13 Er muß sich als Frau eine Jungfrau nehmen; 14 eine
Witwe, eine Verstoßene, eine Entehrte oder eine
Buhlerin darf er nicht heiraten; vielmehr soll er sich
eine Jungfrau aus seinen Volksgenossen zur Frau
nehmen. 15 Er darf seine Nachkommenschaft unter
seinen Volksgenossen nicht entweihen; denn ich
bin der Herr, der ihn heiligt.«

Weihehindernisse

16 Es sprach der Herr zu Moses: 17 »Sprich also zu
Aaron: Hat jemand von deinen Nachkommen in
künftigen Geschlechtern ein leibliches Gebrechen,
so trete er nicht hinzu, um die Speise seines Gottes
darzubringen; 18 denn wenn jemand ein körper-
liches Gebrechen hat, darf er sich nicht nahen, es
handle sich um einen Blinden oder Lahmen, einen
mit gespaltener oder mißgebildeter Nase, 19 mit
einem gebrochenen Bein oder gebrochenen Arm,
20 um einen, der buckelig oder zu mager ist oder der
weiße Flecken im Auge, Krätze, Flechten oder be-
schädigte Hoden hat. 21 Keiner mit einem Leibesge-
brechen von den Nachkommen des Priesters Aaron
trete herzu um die Feueropfer seines Herrn darzu-
bringen; mit einem Gebrechen darf er sich nicht na-
hen, die Speise seines Gottes darzubringen. 22 Von
der Speise seines Gottes, von den heiligen und von
den hochheiligen Gaben, darf er jedoch essen.
23 Nur zum Vorhang darf er nicht herankommen
oder sich dem Altar nahen, weil er ein Leibesgebre-
chen hat; er soll meine Heiligtümer nicht entwei-
hen; denn ich bin der Herr, der sie heiligt!« 24 So re-
dete Moses zu Aaron, zu seinen Söhnen und zu
allen Israeliten.

21,1–9: Der Priester als für Gott ausgesondert darf kultisch nicht unrein werden, denn er ist gottgeweiht. 17–21: Auch Opferpriester müssen frei von körperlichen Gebrechen sein. 22: Die Ausgeschlossenen dürfen von den Opferanteilen der Priester ihr Leben fristen. »Speise Gottes« ist altertümlicher Ausdruck für die Opfer, obwohl im AT nie angenommen wird, daß Gott davon ißt.

Das Heilige den Heiligen

22 1 Der Herr sprach zu Moses: 2 »Gebiete
Aaron und seinen Söhnen, sie sollen
sich zurückhaltend zeigen gegenüber
den heiligen Gaben der Israeliten, die diese mir
weihen, und meinen heiligen Namen nicht entwei-
hen: Ich bin der Herr! 3 Sage zu ihnen: Naht sich
einer von euren Nachkommen in euren künfti-
gen Geschlechtern den heiligen Gaben, die Israels
Söhne dem Herrn weihen, im Stande der Unrein-
heit, so soll eine solche Person weggetilgt werden
vor meinem Angesicht: Ich bin der Herr! 4 Ist
jemand von Aarons Nachkommen aussätzig oder
hat er Ausfluß, so darf er von den heiligen Gaben
nicht essen, bis er wieder rein ist; wer irgendeinen
durch eine Leiche Verunreinigten berührte, wer
einen Samenerguß hatte, 5 wer irgendein Kriechtier
berührte, das unrein macht, oder einen Menschen,
durch den er unrein wurde wegen irgendeiner an
ihm haftenden Unreinheit, 6 wer immer also sol-
ches berührt hat, ist unrein bis zum Abend; er darf
von den heiligen Gaben nicht essen, außer er hat
seinen Leib gebadet. 7 Nach Sonnenuntergang ist er
rein; er darf dann von den heiligen Gaben essen;
denn das ist seine Speise. Verendetes und Zerrisse-
nes darf er nicht essen, weil er sich dadurch unrein
macht: Ich bin der Herr! 9 Sie mögen also meine
Vorschriften beobachten und nicht deswegen eine
Sünde auf sich laden und dadurch sterben, weil sie
meine Gebote entweihen: Ich, der Herr, bin es, der
sie heiligt!

Befugt oder unbefugt?

10 Kein Unbefugter darf Heiliges essen. Der Beisasse
oder Tagelöhner des Priesters darf nicht Heiliges es-
sen. 11 Erwirbt aber der Priester einen Sklaven für

Gold, so darf dieser davon essen; ebenso darf der
hausgeborene Sklave von seiner Speise essen.
12 Eine Priestertochter, die eines Nichtpriesters Frau
ist, darf von der Hebe der heiligen Gaben nicht es-
sen. 13 Eine Priestertochter aber, die verwitwet, ver-
stoßen oder kinderlos in ihr Vaterhaus zurückkehrt,
darf wie in ihrer Jugend von ihres Vaters Speise es-
sen; irgendein Außenstehender darf aber nicht da-
von essen. 14 Ißt jemand aus Versehen Heiliges, soll
er ein Fünftel des Betrages dazutun und es dem Prie-
ster geben samt dem Geheiligten. 15 Die Priester sol-
len also die heiligen Gaben der Israeliten, die diese
für den Herrn abheben, nicht entweihen, 16 und sie
sollen jene beim Verzehren ihrer heiligen Gaben
nicht mit strafbarer Schuld beladen: denn ich, der
Herr, bin es, der sie heiligt.«

Fehlerlose Opfer

17 Der Herr sprach zu Moses: 18 »Rede zu Aaron und
zu seinen Söhnen und zu allen Israeliten und befiehl
ihnen: Bringt jemand vom Haus Israel oder von den
Fremdlingen in Israel seine Opfergabe dar – gelobte
oder freiwillige Gaben, die man dem Herrn als
Brandopfer darbringt –, 19 so seien es, wenn ihr
Wohlgefallen finden wollt, fehlerlose männliche
Tiere von Rindern, Lämmern oder Ziegen. 20 Alles,
was einen Makel an sich hat, bringt nicht dar; denn
es würde euch nicht wohlgefällig machen! 21 Bringt
jemand dem Herrn ein Friedopfer von Rindern oder
Schafen dar, um ein besonderes Gelübde zu erfül-
len, oder als freiwillige Gabe, so muß es ein fehler-
loses Tier sein, damit es euch wohlgefällig mache;
keinen Makel darf es an sich haben. 22 Blinde Tiere,
solche mit Knochenbruch, Wunden, Geschwüren,
Krätze oder Flechten dürft ihr dem Herrn nicht dar-
bringen und derartiges nicht dem Herrn als Feu-
eropfer auf dem Altar anbieten. 23 Ein Rind aber
oder ein Schaf mit mißgebildeter Nase und ver-
kürztem Schwanz darfst du als freiwillige Gabe
darbieten, doch für ein Gelübdeopfer wäre es nicht
wohlgefällig. 24 Auch ein Tier, dem die Hoden zer-
quetscht, zerschlagen, abgerissen oder ausgeschnit-
ten sind, dürft ihr dem Herrn nicht darbringen.
Weder im eigenen Land dürft ihr das tun, 25 noch
sollt ihr von einem Ausländer solche Tiere erwer-
ben, um sie als Speise eures Gottes darzubringen;
denn ein Gebrechen haftet an ihnen; ein Makel ist
an ihnen; sie machen euch nicht wohlgefällig.«

Opfer von Jungtieren

26 Der Herr sprach zu Moses: 27 »Wird ein Kalb, ein
Widder oder ein Zicklein geworfen, so bleibe es sie-
ben Tage lang unter seiner Mutter; erst vom
achten Tage ab und darüber ist es als Feueropfer
dem Herrn wohlgefällig. 28 Ein Rind oder Schaf dürft
ihr nicht am gleichen Tage zusammen mit seinem
Jungen schlachten. 29 Wenn ihr dem Herrn ein Dank-
opfer darbringen wollt, dann opfert so, daß es euch
wohlgefällig macht! 30 An demselben Tage werde es
gegessen; laßt nichts davon übrig bis zum Morgen:
Ich bin der Herr! 31 Beobachtet also meine Gebote
und erfüllt sie: Ich bin der Herr! 32 Entweiht nicht
meinen heiligen Namen! Ich erweise mich inmitten
der Israeliten als heilig: Ich, der Herr, bin es, der euch
heiligt, 33 der euch fortgeführt hat aus dem Lande
Ägypten, um euer Gott zu sein: Ich, der Herr!«

Sabbat

23
1 Der Herr sprach zu Moses: 2 »Sprich
zu den Israeliten und befiehl ihnen: Die
Festzeiten des Herrn, die ihr ausrufen
sollt als heilige Versammlungstage, sind diese
meine Festtage: 3 Sechs Tage soll man arbeiten, aber
am siebten Tag ist strenger Sabbat mit heiliger Ver-
sammlung; da dürft ihr keinerlei Arbeit verrichten;
es sei ein Ruhetag für den Herrn in all euren Wohn-
stätten.

Pascha und Fest der ungesäuerten Brote

4 Dies sind des Herrn Festzeiten mit heiliger Ver-
sammlung, die ihr ausrufen sollt zu ihrer bestimm-
ten Zeit: 5 Im ersten Monat, am vierzehnten Tag des
Monats, gegen Abend ist Pascha für den Herrn.
6 Am fünfzehnten Tag dieses Monats ist das Fest der
ungesäuerten Brote für den Herrn. Da dürft ihr sie-
ben Tage lang nur ungesäuerte Brote essen. 7 Am er-
sten Tag ist heilige Versammlung für euch; da dürft
ihr keinerlei Arbeit verrichten. 8 Sieben Tage lang
bringt dem Herrn ein Feueropfer dar; am siebten
Tag aber finde eine heilige Versammlung statt. Auch
da dürft ihr keinerlei Arbeit verrichten.«

Erstlingsgarbe der Ernte

9 Der Herr sprach weiter zu Moses: 10 »Rede zu den
Israeliten und befiehl ihnen: Wenn ihr in das Land
kommt, das ich euch geben werde, und Ernte darin
haltet, so bringt die Erstlingsgarbe eurer Ernte zum
Priester! 11 Dieser soll die Garbe vor dem Herrn hin-
und herschwingen, um euch wohlgefällig zu
machen ; am Tag nach dem Sabbat soll sie der Prie-
ster schwingen! 12 An dem Tag, an dem ihr die
Garbe schwingen laßt, sollt ihr ein fehlerloses ein-
jähriges Lamm als Brandopfer für den Herrn her-
richten, 13 dazu als Speiseopfer zwei Zehntel Epha
Mehl, angerührt mit Öl, als Feueropfer lieblichen
Wohlgeruches für den Herrn, und als Trankopfer
ein Viertel Hin Wein. 14 Brot aber, geröstete oder
zerriebene Körner, dürft ihr so lange nicht essen, bis

ihr die Opfergabe eurem Gott dargebracht habt; das ist eine immerwährende Satzung für all eure Geschlechter in all euren Wohnsitzen.

Pfingsten

15 Dann zählt vom Tag nach dem Sabbat, da ihr die Erstlingsgarbe als Weihegabe dargebracht habt, sieben volle Wochen 16 bis zum Tag nach dem siebten Sabbat, zählt also fünfzig Tage: dann bringt dem Herrn ein Speiseopfer vom neuen Getreide dar! 17 Bringt aus euren Wohnstätten Weihebrot mit – zwei Brote sollen es sein – aus zwei Zehnteln Epha Mehl, mit Sauerteig gebacken, als Erstlinge vor den Herrn! 18 Zu den Broten sollt ihr sieben fehlerlose einjährige Lämmer, einen Jungstier und zwei Widder darbringen; sie seien ein Brandopfer für den Herrn, samt dem zugehörigen Speiseopfer und den entsprechenden Trankopfern als Feueropfer lieblichen Wohlgeruches für den Herrn. 19 Richtet dann einen Ziegenbock als Sündopfer her und zwei einjährige Lämmer als Friedopfer! 20 Der Priester schwinge sie mit den Erstlingsbroten als Weihegabe vor dem Herrn samt den zwei Lämmern; sie sollen dem Herrn geheiligt sein zugunsten des Priesters. 21 Für diesen Tag beruft das Volk ein; eine heilige Versammlung sei es für euch! Keinerlei Arbeit dürft ihr verrichten; eine immerwährende Satzung ist dies in all euren Wohnstätten für all eure Geschlechter.

Nachlese für die Armen

22 Wenn man aber in eurem Land die Ernte einbringt, so tue es nicht so, daß du dein Feld bis zum äußersten Rand aberntest; halte auch keine Nachlese nach deiner Ernte; dem Armen und dem Fremden sollst du beides überlassen: Ich bin der Herr, euer Gott!«

Neumond im siebten Monat

23 Der Herr redete zu Moses: 24 »Sprich zu den Israeliten: Im siebten Monat, am ersten Monatstag, sei für euch ein besonders feierlicher Ruhetag, mahnendes Hörnerblasen und heilige Versammlung. 25 Da dürft ihr keinerlei Arbeit verrichten und müßt dem Herrn ein Feueropfer darbringen.«

Versöhnungstag

26 Der Herr redete zu Moses: 27 »Der zehnte Tag desselben siebten Monats ist jedoch der Versöhnungstag; da ist heilige Versammlung für euch; ihr sollt fasten und dem Herrn ein Feueropfer darbringen. 28 An diesem Tag sollt ihr keinerlei Arbeit verrichten; denn der Versöhnungstag soll euch vor dem Herrn, eurem Gott, Sühne schaffen. 29 Wer immer an eben diesem Tag nicht fastet, soll aus seinem Volk ausgetilgt werden. 30 Jeden, der an diesem Tag irgendeine Arbeit verrichtet, werde ich mitten aus seinem Volk hinwegraffen. 31 Keine Arbeit dürft ihr verrichten! Das ist eine immerwährende Satzung für all eure Geschlechter in all euren Wohnstätten. 32 Ein Sabbat, ein heiliger Ruhetag, soll es für euch sein, und ihr sollt fasten! Am Neunten des Monats – von diesem Abend bis zum folgenden Abend – sollt ihr euren Ruhetag beobachten.«

Laubhüttenfest

33 Dann sprach der Herr zu Moses: 34 »Sprich zu den Israeliten: Am fünfzehnten Tag desselben siebten Monats ist das Hüttenfest sieben Tage hindurch für den Herrn. 35 Am ersten Tag ist heilige Versammlung. Da dürft ihr keinerlei Arbeit verrichten. 36 Sieben Tage lang bringt dem Herrn ein Feueropfer dar; am achten Tag ist heilige Versammlung für euch; ihr sollt dem Herrn ein Feueropfer darbringen, ein Feiertag sei es, und keinerlei Arbeit dürft ihr verrichten. 37 Das sind die Festzeiten des Herrn, an denen ihr heilige Versammlungen ausrufen sollt, um dem Herrn Feueropfer, Brand- und Speiseopfer, Schlacht- und Trankopfer, je nach dem betreffenden Tag, darzubringen, 38 abgesehen von den Sabbaten des Herrn, von euren Abgaben, all euren Gelübden und all euren freiwilligen Spenden, die ihr dem Herrn darbietet. 39 Jedoch am fünfzehnten Tage des siebten Monats, wenn ihr des Landes Ertrag einbringt, sollt ihr das Fest des Herrn sieben Tage lang feiern; der erste Tag ist heiliger Ruhetag und der achte ebenso. 40 Holt euch am ersten Tag prächtige Baumfrüchte, Palmzweige, Äste von dichtbelaubten Bäumen und Bachweiden, und seid vor dem Herrn, eurem Gott, sieben Tage lang fröhlich! 41 Ihr sollt es jedes Jahr als ein Fest des Herrn sieben Tage lang feiern; es ist dies eine immerwährende Satzung für eure Geschlechter; im siebten Monat feiert es! 42 In Hütten sollt ihr sieben Tage lang wohnen. Alle in Israel Einheimischen sollen in Hütten wohnen, 43 damit auch eure künftigen Geschlechter erfahren, daß ich die Israeliten in Hütten wohnen ließ, da ich sie aus dem Ägypterland hinwegführte: Ich bin der Herr, euer Gott!« 44 Moses gab die Festzeiten des Herrn den Israeliten bekannt.

23,1–3: Zur Sabbatfrage vgl. Matth 12,1–13; Mark 2,27; Luk 13,10–17; 14,1–6; Joh 5,1–15. Schon im Dekalog (2 Mos 20,10f) ist das Sabbatgebot verankert; ebenso 2 Mos 16,29f; 3 Mos 19,3.30; 26,2; 4 Mos 15,32–36.

Öl für den Leuchter, der ständig brenne vor dem Herrn

24 1 Der Herr sprach zu Moses: 2 »Befiehl den Israeliten: Sie sollen dir reines Öl aus zerstoßenen Oliven für den Leuchter bringen, damit man eine beständig bren-

nende Lampe aufstecken kann. 3 Außerhalb des
Vorhangs vor dem Gesetz im Offenbarungszelt ma-
che sie Aaron zurecht, damit sie beständig vom
Abend bis zum Morgen vor dem Herrn brenne; das
ist eine immerwährende Satzung für all eure Ge-
schlechter. 4 Auf dem Leuchter aus purem Golde
soll er die Lampen anbringen, damit sie beständig
vor dem Herrn brennen.

Schaubrote

5 Nimm ferner Mehl und backe daraus zwölf Ring-
brote! Auf jedes kommen zwei Zehntel Epha.
6 Lege Sie dann in zwei Schichten, je sechs in einer
Schicht, auf den Tisch aus reinem Gold vor dem
Herrn auf! 7 Zu jeder Schicht aber sollst du reinen
Weihrauch geben. Er soll als Duftteil für das Brot
dienen, ein Feueropfer für den Herrn. 8 An jedem
Sabbat richte Aaron es her vor dem Herrn als regel-
mäßige Gabe von den Israeliten, als immer-
währende Bundesverpflichtung! 9 Es gehöre Aaron
und seinen Söhnen; sie sollen es an heiliger Stätte
essen; denn es ist eine hochheilige Gabe, die ihm
von den Feueropfern des Herrn zusteht als dauern-
des Recht.«

Gotteslästerung

10 Einst begab sich der Sohn einer israelitischen
Mutter und eines ägyptischen Vaters unter die Isra-
eliten. Im Lager brach nun ein Streit aus zwischen
dem Sohn der Israelitin und einem israelitischen
Mann. 11 Da lästerte der Sohn der Israelitin den
Namen des Herrn und fluchte; man brachte ihn zu
Moses; der Name seiner Mutter war Schelomit,
Tochter des Dibri vom Stamme Dan. 12 Man legte
ihn in Gewahrsam, bis ihnen Moses auf Befehl des
Herrn Auskunft erteilte. 13 Der Herr sprach zu Mo-
ses: 14 »Laß den Lästerer hinaus vor das Lager
führen; alle, die es gehört haben, sollen ihre Hände
auf sein Haupt legen, und die ganze Gemeinde soll
ihn steinigen!

Auge um Auge, Zahn um Zahn

15 Zu den Söhnen Israels aber sprich: Jeder, der sei-
nem Gotte flucht, lädt Sündenschuld auf sich.
16 Wer den Namen des Herrn lästert, soll des Todes
sterben; die ganze Gemeinde steinige ihn! Sei es ein
Fremder oder ein Einheimischer, für seine Lästerung
des Namens soll er sterben! 17 Erschlägt jemand
einen Menschen, soll er des Todes sterben! 18 Wenn
er ein Stück Vieh erschlägt, muß er es ersetzen,
Stück um Stück. 19 Bringt jemand seinem Nächsten
eine körperliche Verletzung bei, soll ihm getan
werden, wie er getan hat: 20 Bruch um Bruch, Auge
um Auge, Zahn um Zahn! Denselben Körperscha-
den, den er einem Menschen zugefügt hat, soll man
ihm zufügen. 21 Wer ein Stück Vieh erschlägt, muß
es ersetzen; wer einen Menschen erschlägt, muß
sterben. 22 Einerlei Recht soll für euch gelten, für
den Fremden wie für den Einheimischen! Ich bin
der Herr, euer Gott!«
23 Als Moses zu den Israeliten geredet hatte, führten
sie den Lästerer vor das Lager hinaus und steinigten
ihn. Die Israeliten taten, wie der Herr dem Moses
befohlen hatte.

24,5: Diese »Ringbrote« werden in 2 Mos 25,30 und 1 Sam 21,7 »Schaubrote« genannt. Sie mußten beständig aufgelegt werden wohl als Zeichen des Dankes für das tägliche Brot.

Sabbatjahr

25 1 Der Herr sprach zu Moses auf dem
Berge Sinai: 2 »Sprich zu den Söhnen
Israels und befiehl ihnen: Wenn ihr in
das Land kommt, das ich euch verleihe, dann soll
das Land eine Ruhezeit für den Herrn halten.
3 Sechs Jahre lang sollst du dein Feld besäen und
sechs Jahre deinen Weinberg beschneiden und
ihren Ertrag einheimsen. 4 Doch im siebten Jahr soll
heilige Ruhezeit sein für das Land, ein Sabbat für
den Herrn; da darfst du dein Feld nicht besäen und
deinen Weinberg nicht beschneiden. 5 Den Nach-
wuchs deiner vorigen Ernte darfst du nicht einbrin-
gen, und die Trauben deiner unbeschnittenen
Weinstöcke nicht lesen; es sei ein Jahr heiliger Ruhe
für das Land. 6 Was beim Feiern des Landes von
selbst wächst, soll euch zur Nahrung dienen, dir,
deinem Sklaven, deiner Sklavin, deinem Lohnarbei-
ter, deinem Beisassen, die alle bei dir weilen. 7 Auch
deinem Vieh und dem Wild in deinem Lande diene
das, was es trägt, zur Nahrung.

Jubeljahr

8 Zähle dir sieben Sabbatjahre, also siebenmal sie-
ben Jahre, so ergeben sich, als Zeit der sieben Sab-
batjahre, neunundvierzig Jahre. 9 Dann sollst du im
siebten Monat am zehnten Monatstag die Lärmpo-
saune ertönen lassen; am Versöhnungstag sollt ihr
in eurem ganzen Land eine Posaune ertönen lassen.
10 Ihr sollt das fünfzigste Jahr weihen und sollt Frei-
lassung im Land für all seine Bewohner verkünden!
Es soll euch das Jubeljahr sein! Ein jeder soll sein Be-
sitztum wieder erhalten und ein jeder zu seiner
Sippe zurückkehren! 11 Ein Jubeljahr soll das fünf-
zigste Jahr für euch sein! Da dürft ihr nicht säen,
den Nachwuchs nicht ernten und die unbeschnitte-
nen Weinstöcke nicht ablesen! 12 Denn ein Jubeljahr
ist es, als heilig soll es euch gelten! Nur vom Felde
weg dürft ihr seinen Ertrag essen. 13 In einem sol-
chen Jubeljahr soll ein jeder von euch wieder zu sei-

nem Besitz kommen. 14 Verkaufst du deinem Näch-
sten etwas oder erwirbst du etwas aus dessen
Hand, dann übervorteile nicht einer den anderen.
15 Nach der Zahl der Jahre seit einem Jubeljahr sollst
du deinem Nächsten etwas abkaufen, und er soll dir
nach der Zahl der Ertragsjahre etwas verkaufen.
16 Sind es noch viele Jahre, sollst du seinen Preis er-
höhen; sind es weniger Jahre, sollst du seinen Preis
niedriger stellen; denn er verkauft dir nur eine An-
zahl von Jahreserträgen. 17 Niemand darf seinen
Nächsten übervorteilen; fürchte dich vor deinem
Gott; denn ich bin der Herr, euer Gott!
18 So erfüllt denn meine Satzungen, beobachtet
meine Gebote und haltet sie; dann dürft ihr das
Land in Sicherheit bewohnen. 19 Das Land wird
seine Frucht tragen; ihr könnt euch satt essen und
dürft dort in Sicherheit wohnen. 20 Wenn ihr aber
fragt: Was sollen wir denn im siebten Jahr essen?
Wir säen ja nicht, und wir ernten nicht unseren Er-
trag, so sage ich: 21 Ich werde meinen Segen im
sechsten Jahr ausbieten, so daß es den Ertrag für
drei Jahre abwirft. 22 Sät ihr dann im achten Jahre,
werdet ihr noch von dem alten Ertrag zu essen
haben; bis ins neunte Jahr, bis dessen Ernte kommt,
werdet ihr noch vom alten essen können.

Wiedereinlösung des Ackers

23 Das Land darf nicht endgültig verkauft werden;
denn es gehört mir! Ihr seid nur Fremdlinge und
Beisassen bei mir. 24 Im ganzen Lande sollt ihr also
eine Wiedereinlösung des Landes möglich machen!
25 Wenn dein Bruder verarmt ist und von seinem Be-
sitz etwas verkauft hat, dann soll sein nächster Ver-
wandter als sein Einlöser auftreten und den Verkauf
seines Bruders wieder einlösen. 26 Hat aber jemand
keinen Einlöser, jedoch die nötigen Mittel zur Ein-
lösung, 27 so bringe er die Jahre seit seinem Verkauf
in Anrechnung; was darüber hinausgeht, zahle er
an den zurück, dem er (das Feld) verkauft hat; so
kommt er wieder zu seinem Eigentum. 28 Wenn
aber die Mittel nicht reichen, die ihm zur Wiederer-
langung notwendig sind, dann bleibt das verkaufte
Feld bis zum Jubeljahr in des Käufers Hand; im Ju-
beljahr aber wird es frei, und er kommt wieder zu
seinem Besitztum.

Hausbesitz

29 Verkauft jemand ein Wohnhaus in einer ummau-
erten Stadt, so gilt das Einlösungsrecht nur bis zum
Ende eines Jahres seit dem Verkauf; nur zeitweilig
gilt also die Einlösung. 30 Läuft aber das volle Jahr ab,
ohne daß er eingelöst hat, dann fällt das Haus in
einer ummauerten Stadt als dauerndes Eigentum für
alle Geschlechter an den Käufer; es wird im Jubeljahr
nicht frei. 31 Häuser in den Ortschaften, die keine
Mauer ringsum haben, seien zum Feldbesitz gerech-
net. Für sie gilt die Einlösung, und sie werden im Ju-
beljahr frei. 32 Was die Levitenstädte betrifft, nämlich
die Häuser in den Städten, die ihnen gehören, so be-
steht hier ein immerwährendes Einlösungsrecht.
33 Verzichtet aber einer von den Leviten auf die Ein-
lösung, so wird ein (von ihm) verkauftes Haus, falls
es in der Stadt liegt, zu der er gehört, im Jubeljahr
frei. Denn die Häuser der Levitenstädte sind Erbbe-
sitz inmitten der Söhne Israels. 34 Das zu ihren Städ-
ten gehörige Weideland darf nicht verkauft werden,
denn es ist ihr Erbbesitz für immer.

Zins und Wucher

35 Verarmt dein Bruder, und gerät seine Existenz
neben dir ins Wanken, dann sollst du ihn unterstüt-
zen wie einen Fremdling und Beisassen, so daß er
neben dir leben kann. 36 Du darfst von ihm nicht
Zins und Zuschlag nehmen, sondern sollst dich
fürchten vor deinem Gott, so daß dein Bruder
neben dir leben kann. 37 Du darfst ihm also dein
Geld nicht um Zins ausleihen und Lebensmittel
nicht um einen Zuschlag. 38 Ich bin der Herr, euer
Gott, der euch aus dem Ägypterland herausgeführt
hat, um euch das Land Kanaan zu geben und euer
Gott zu sein!

Volksgenossen als Leibeigene

39 Verarmt dein Bruder neben dir und verkauft er
sich dir, dann sollst du ihn nicht Sklavendienste tun
lassen. 40 Wie ein Tagelöhner, wie ein Beisasse sei er
bei dir; bis zum Jubeljahr diene er dir! 41 Dann soll
er mit seinen Kindern frei von dir fortgehen und zu
seiner Sippe zurückkehren; auch gelange er wieder
in den Grundbesitz seiner Väter! 42 Denn meine
Knechte sind die, die ich aus dem Ägypterland fort-
geführt habe; sie dürfen nicht in die Sklaverei ver-
kauft werden. 43 Herrsche nicht über ihn mit Härte
und fürchte dich vor deinem Gott! 44 Sind euch
Knechte und Mägde nötig, so kauft von den Hei-
denvölkern rings um euch Sklaven und Sklavinnen!
45 Auch von den Kindern der Beisassen, die unter
euch weilen, mögt ihr kaufen, ferner von deren
Nachkommen bei euch, die sie in eurem Land ge-
zeugt haben; sie dürfen euer Besitz werden. 46 Ihr
könnt sie auch auf eure Kinder vererben, daß diese
sie zum immerwährenden Eigentum haben. Sie
dürft ihr Sklavendienste tun lassen; aber über eure
israelitischen Brüder sollt ihr untereinander nicht
mit Härte herrschen.

Auslösung israelitischer Sklaven bei Fremden

47 Kommt ein Fremder oder Beisasse bei dir zu Ver-
mögen, während dein Bruder neben ihm verarmt

und sich dem Fremden oder Beisassen neben dir oder einem Abkömmling einer fremden Sippschaft verkauft, 48 so soll es für ihn nach dem Verkauf eine Auslösung geben; einer seiner Brüder möge ihn loskaufen! 49 Auch sein Oheim oder seines Oheims Sohn oder sonst einer von seinen nächsten Verwandten aus seiner Sippe möge ihn auslösen; auch er selbst darf es tun, wenn er wieder Mittel dazu hat. 50 Er soll mit dem, der ihn gekauft hat, die Zeit von dem Jahr ab, da er sich ihm verkaufte, bis zum Jubeljahr berechnen, und der Verkaufspreis soll auf die Zahl der Jahre verteilt werden; sie gelte ihm wie die Dienstzeit eines Lohnarbeiters! 51 Sind es noch viele Jahre, so soll er einen entsprechenden Betrag der Kaufsumme als Lösegeld erstatten. 52 Sind es aber nur noch wenige Jahre, die bis zum Jubeljahr verbleiben, so berechne er sie entsprechend; gemäß seinen Jahren erstatte er sein Lösegeld wieder. 53 Wie ein Tagelöhner soll er Jahr um Jahr bei ihm arbeiten! Jener darf nicht unter deinen Augen mit Härte herrschen über ihn. 54 Wenn er aber auf diese Art nicht ausgelöst wird, so werde er im Jubeljahr frei samt seinen Kindern! 55 Denn mir gehören die Israeliten als Knechte. Meine Knechte sind sie, die ich aus Ägypten geführt habe! Ich bin der Herr, euer Gott!«

25,8–17: »Jobel« (Widderhorn) ist ältere Bezeichnung für die Lärmposaune. Volkstümliche Übersetzung von Jobeljahr ist »Jubeljahr«. Ob und wie dieses in der Tat durchgeführt wurde, ist unsicher.

Götzenbilder

26

1 »Ihr sollt euch keine Götzen anfertigen, Schnitzbilder und Steinmale nicht errichten, Steine mit Bildwerk in eurem Land nicht aufstellen, um davor niederzufallen; denn ich, der Herr, bin euer Gott! 2 Meine Sabbate sollt ihr beobachten und vor meinem Heiligtum Ehrfurcht haben. Ich bin der Herr!

Brot in Fülle

3 Wenn ihr in meinen Satzungen wandelt und meine Gebote beobachtet und sie erfüllt, 4 gebe ich euch Regenfälle zur rechten Zeit; der Boden wird seinen Ertrag geben, und die Feldbäume geben ihre Frucht. 5 Das Dreschen soll sich dann bei euch hinziehen bis zur Weinlese, und die Weinlese soll dauern bis zur Aussaat; ihr habt euer Brot in Fülle zu essen und sollt sicher in eurem Lande wohnen!

Friede

6 Ich verleihe dem Land Frieden. Ihr könnt euch niederlegen, ohne daß euch jemand aufschreckt; die wilden Tiere vertilge ich aus dem Land; kein Schwert soll in eurem Land umgehen! 7 Ihr werdet eure Feinde in die Flucht schlagen; sie werden vor euch durch das Schwert fallen! 8 Fünf von euch werden hundert, hundert von euch werden zehntausend in die Flucht schlagen; eure Feinde fallen vor euch durch das Schwert!

Sicherheit

9 Ich wende mich euch zu, lasse euch fruchtbar und zahlreich werden und errichte meinen Bund mit euch! 10 Ihr werdet altes, abgelagertes Getreide zu essen haben und müßt das alte hinausschaffen wegen der Fülle an neuem. 11 Ich schlage meine Wohnstätte in eurer Mitte auf, und meine Seele empfindet vor euch keinen Abscheu! 12 Mitten unter euch will ich wandeln, will euch Gott sein, und ihr sollt mein Volk sein! 13 Ich bin der Herr, euer Gott, der euch aus dem Land Ägypten herausgeführt hat, so daß ihr nicht länger ihre Sklaven sein mußtet. Ich zerbrach die Stäbe eures Joches und ließ euch in aufrechter Haltung einhergehen.

Krankheit und Krieg

14 Hört ihr aber nicht auf mich und erfüllt nicht alle diese Gebote, 15 mißachtet ihr meine Satzungen, und verabscheut euer Herz meine Vorschriften, so daß ihr nicht nach meinen Geboten handelt, sondern meinen Bund brecht, 16 dann handle auch ich an euch entsprechend und lasse schreckliche Heimsuchungen über euch kommen: Schwindsucht und Fieber, welche die Augen zum Erlöschen und das Leben zum Schwinden bringen. Vergebens sät ihr den Samen aus; eure Feinde werden eure Ernte verzehren. 17 Ich kehre mein Antlitz wider euch; ihr werdet geschlagen von euren Feinden, eure Hasser werden euch unterjochen; ihr flieht, ohne daß euch jemand verfolgt.

Unfruchtbarkeit des Ackers

18 Seid ihr mir auch dann noch ungehorsam, so will ich euch noch zusätzlich siebenfach für eure Sünden züchtigen! 19 Ich zerbreche eure Stärke, auf die ihr so stolz seid, und mache den Himmel über euch wie Eisen und euren Boden wie Erz. 20 Vergebens wird eure Kraft verbraucht, denn euer Land wird seinen Ertrag nicht mehr geben, und die Bäume auf dem Felde werden keine Früchte tragen.

Wilde Tiere

21 Leistet ihr mir auch dann noch Widerstand und wollt mir nicht gehorchen, so schlage ich euch weiter siebenmal für eure Sünden. 22 Ich sende euch wilde Tiere, die eure Kinder rauben, euer Vieh zerreißen und eure Zahl vermindern, so daß eure Straßen veröden.

Pest, Hunger und Krieg

23 Laßt ihr euch hierdurch nicht von mir warnen und widerstrebt ihr mir weiter, 24 dann widerstrebe

auch ich euch und schlage euch für eure Sünden sie-
benfach. 25 Ich bringe über euch das Schwert, das
Rache nehmen soll für den Bundesbruch; zieht ihr
euch dann in eure Städte zurück, schicke ich die
Pest in eure Mitte und gebe euch in die Hand eurer
Feinde. 26 Wenn ich euch die Stütze des Brotes zer-
breche, dann werden zehn Frauen euer Brot in
einem einzigen Ofen backen und euch das Brot ab-
gewogen zuteilen; ihr werdet es essen, ohne satt zu
werden.

Verwüstung und Verbannung

27 Wenn ihr mir daraufhin immer noch nicht ge-
horcht und mir weiter zuwiderhandelt, 28 dann
handle auch ich in meinem Grimm gegen euch und
züchtige euch meinerseits siebenfach für eure Sün-
den. 29 Ihr werdet das Fleisch eurer Söhne essen und
das Fleisch eurer Töchter verzehren. 30 Ich zerstöre
eure Opferhöhen und zermalme eure Sonnensäulen
und werde eure Leichen auf die Leichen eurer Göt-
zen werfen, und meine Seele wird vor euch Ekel
empfinden. 31 Eure Städte will ich in Trümmer ver-
wandeln, eure Heiligtümer verwüsten und euren
lieblichen Opferduft nicht mehr riechen. 32 Ich
selbst verwüste das Land, so daß sich darüber sogar
eure Feinde entsetzen, die es in Besitz nehmen.
33 Euch aber will ich unter die Heidenvölker zer-
streuen und hinter euch her das Schwert zücken;
euer Land soll zur Wüste werden und eure Städte
zu Trümmerhaufen. 34 Dann wird das Land seine
Sabbatjahre ersetzt bekommen die ganze Zeit hin-
durch, die es wüst liegt und ihr im Land eurer
Feinde seid; wahrlich, dann hält das Land seine Sab-
batruhe und trägt seine Ruhezeiten ab. 35 In all den
Tagen, da es verwüstet liegt, feiert es die Ruhezeit,
die es nicht gefeiert hat an euren Sabbaten, als ihr
noch darin wohntet.
36 Denen, die von euch noch übrigbleiben, erfülle
ich das Herz mit Angst in den Ländern ihrer Feinde,
es jagt sie schon das Rascheln eines verwehten Blat-
tes; sie fliehen, wie man vor dem Schwerte flieht,
und stürzen hin, ohne daß jemand sie verfolgt.
37 Und sie straucheln einer über den anderen wie
auf der Flucht vor dem Schwert, ohne daß einer sie
verfolgt; vor dem Angesicht eurer Feinde wird es
kein Standhalten geben. 38 Ihr geht unter den Völ-
kern zugrunde; das Land eurer Feinde wird euch
verschlingen. 39 Die unter euch noch übrigbleiben,
sollen wegen ihrer Sündenschuld in den Ländern
eurer Feinde dahinschwinden; auch um der Ver-
schuldungen eurer Väter willen werden sie dahin-
siechen wie diese!

Neuer Gnadenbund

40 Einst werden sie aber ihre Schuld und die Schuld
ihrer Väter bekennen, die sie ob ihrer Treulosigkeit
auf sich luden, und weil sie mir widerstrebten.
41 Deshalb widerstrebte auch ich ihnen und brachte
sie ins Land ihrer Feinde. Wenn sich dann ihr unbe-
schnittenes Herz beugt, und wenn sie ihre Sünden-
schuld büßen, 42 so gedenke ich meines Bundes mit
Jakob, mit Isaak und mit Abraham und gedenke des
Landes. 43 Aber das Land muß von ihnen verlassen
werden und seine Sabbatjahre ersetzen, solange es
verödet daliegt; sie müssen ihre Sündenschuld
büßen, weil sie meine Satzungen verwarfen und
vor meinen Geboten Abscheu empfanden. 44 Aber
auch dann, wenn sie im Land ihrer Feinde sind, ver-
werfe ich sie nicht, um sie zu vertilgen und meinen
Bund mit ihnen zu brechen; denn ich bin der Herr,
ihr Gott! 45 Ich will, ihnen zum Heil, des Bundes mit
den Vorfahren gedenken, die ich aus dem Lande
Ägypten unter den Augen der Heidenvölker fortge-
führt habe, um ihr Gott zu sein, ich, der Herr!«
46 Dies sind die Gesetze, die Gebote und Weisun-
gen, die der Herr zwischen sich und den Israeliten
auf dem Berge Sinai durch die Vermittlung des Mo-
ses aufgestellt hat.

26,1: Hier finden wir das erste der Zehn Gebote formuliert.

Schätzungswerte

27 1 Der Herr sprach zu Moses: 2 »Sprich
zu den Israeliten und befiehl ihnen:
Wenn jemand dem Herrn als Gelübde
Personen nach dem Schätzungswert weiht, 3 so soll
der Schätzungswert für einen Mann von zwanzig
bis sechzig Jahren fünfzig Silbersekel nach heiligem
Gewicht betragen. 4 Wenn es sich aber um eine
weibliche Person handelt, so soll der Schätzungs-
wert dreizig Silbersekel betragen. 5 Handelt es sich
um Leute von fünf bis zwanzig Jahren, so soll der
Schätzungswert für eine männliche Person zwan-
zig Silbersekel, für eine weibliche zehn Silbersekel
betragen. 6 Ist es aber ein Kind von einem Monat bis
zu fünf Jahren, dann betrage der Schätzungswert
für einen Knaben fünf und für ein Mädchen drei Sil-
bersekel. 7 Handelt es sich um Leute von sechzig
Jahren und darüber, dann soll der Schätzungswert
für einen Mann fünfzehn Silbersekel und für eine
Frau zehn Silbersekel betragen. 8 Ist aber jemand zu
arm, um den Schätzungswert zu entrichten, so
stelle er den zu Weihenden dem Priester vor, und
dieser schätze ihn ab. Er soll ihn nach Maßgabe des-
sen abschätzen, was der Gelobende an Geldmitteln
aufbringen kann.

Schätzungswerte für Vieh
9 Ist es ein Stück Vieh, von dem man dem Herrn op-
fern darf, so hat alles, was einer davon dem Herrn
schenkt, als geweiht zu gelten. 10 Er soll das Tier
nicht umwechseln und nicht austauschen – ein
gutes für ein geringeres oder ein geringeres für ein
besseres. Wenn er dennoch ein Stück Vieh gegen
ein anderes austauscht, dann ist dieses und sein Er-
satzstück dem Heiligtum verfallen. 11 Handelt es
sich um ein unreines Tier, das man dem Herrn nicht
als Opfer darbringen darf, so stelle er das Tier dem
Priester vor. 12 Der Priester soll es dann nach einem
Durchschnittswert abschätzen; was der Priester ab-
schätzt, soll gelten. 13 Wenn er es nun einlösen will,
dann muß er zum Schätzungswerte noch ein Fünf-
tel hinzufügen.

Einschätzung eines heiligen Hauses
14 Weiht jemand sein Haus als heilige Gabe dem
Herrn, dann soll der Priester es nach einem Durch-
schnittswert abschätzen; wie der Priester es ab-
schätzt, so komme es zu stehen. 15 Wenn einer sein
Haus geweiht hat und es einlösen will, so lege er
noch ein Fünftel des Betrages zum Schätzungswert
zu, dann gehört es ihm.

Schätzungswerte von Äckern
16 Weiht jemand von seinem erblichen Grundbesitz
dem Herrn, so richte sich der Schätzungswert nach
Maßgabe seiner Aussaat; die Saat eines Chomers
Gerste gelte fünfzig Silbersekel. 17 Weiht er vom Ju-
beljahr ab sein Feld, dann stehe sein Schätzungs-
wert in voller Höhe. 18 Hat er aber sein Feld erst
nach dem Jubeljahr geweiht, dann errechne ihm der
Priester den Preis nach Maßgabe der noch bis zum
nächsten Jubeljahr übrigen Jahre; von dem Schät-
zungswert ist dann ein Abzug zu machen.
19 Will aber der, der das Feld geweiht hat, dieses ein-
lösen, so muß er ein Fünftel zum Geldbetrag des
Schätzungswertes hinzufügen, dann verbleibt es
ihm. 20 Löst er aber den Acker nicht ein und verkauft
ihn an einen anderen Mann, so kann er überhaupt
nicht mehr eingelöst werden. 21 Dann fällt der
Acker, wenn er im Jubeljahr frei wird, als geweihtes
Gut an den Herrn wie ein Acker, der dem Bann ver-
fallen ist; sein Besitz fällt dem Priester zu.

Einlösung von gekauften Äckern
22 Weiht er aber dem Herrn ein Grundstück, das er
gekauft hat und das nicht von seinem Erbbesitz
stammt, 23 so berechne ihm der Priester den Betrag
des Schätzungswertes bis zum Jubeljahr; er aber er-
lege den Schätzungswert am gleichen Tag als Wei-
hegabe für den Herrn. 24 Im Jubeljahr falle das
Grundstück an den zurück, von dem er es gekauft
hat und dem es als Erbbesitz gehört. 25 Jegliche
Schätzung geschehe nach heiligem Gewicht; ein
Silbersekel sind zwanzig Gera.

Erstgeburt
26 Die Erstgeburt des Viehs kann jedoch nicht ge-
weiht werden, da sie schon als Erstgeburt dem
Herrn gehört; ob Rind oder Schaf, dem Herrn
gehören sie. 27 Handelt es sich aber um ein unreines
Haustier, dann löse er es gegen den Schätzungswert
ein und füge noch ein Fünftel davon hinzu; wird es
aber nicht eingelöst, so soll es zum Schätzungswert
verkauft werden.

Banngut
28 Jedoch darf kein Banngut, das jemand dem Herrn
durch einen Bannfluch geweiht hat von allem, was
ihm gehört, von Menschen, Vieh und ererbtem
Feld, verkauft oder eingelöst werden; alles Banngut
ist etwas für den Herrn Hochheiliges. 29 Kein
Mensch, der mit dem Bann belegt wurde, darf los-
gekauft werden; er muß des Todes sterben.

Der Zehnte und seine Geldablösung
30 Aller Zehnte des Landes vom Saatertrag des Bo-
dens und von den Baumfrüchten gehört dem Herrn;
er ist dem Herrn heilig. 31 Will aber jemand einen
Teil seines Zehnten einlösen, so muß er noch ein
Fünftel des Betrages hinzulegen. 32 Jeglicher Zehnte
von Rindern und vom Kleinvieh, von allem, was
unter dem Hirtenstab durchgeht, je das zehnte
Stück soll dem Herrn geweiht sein. 33 Man untersu-
che nicht, ob es gut oder geringwertig ist; man darf
es auch nicht austauschen. Tauscht es jemand aber
doch aus, so ist es zusammen mit seinem Ersatz-
stück dem Heiligtum verfallen; man kann es nicht
einlösen.« 34 Dies sind die Weisungen, die der Herr
dem Moses für die Söhne Israels auf dem Berg Sinai
aufgetragen hat.

27,13: Der Zuschlag von einem Fünftel zum Schätzungswert gilt als Buße für die nachträgliche Rücknahme des Geweihten. Er wird auch Vers 15 und 19 sowie 5,16.24; 22,14 verlangt und durch die Priester erhoben. 14–24: Die Bestimmungen über Stiftung von Häusern und Grundstücken sind besonders schwierig, weil sie verschiedene Umstände berücksichtigen müssen: bei Häusern eine Einlösung in Geld, bei Grundstücken außerdem die Zeitspanne bis zum nächsten Jubeljahr (vgl. 25,8–17). Der Einheitswert des Feldes richtet sich nicht einfach nach der Größe, sondern nach der Menge der Aussaat, d. h. nach seiner Ertragsfähigkeit (Vers 16). Die Verse 20 und 21 rechnen mit der Möglichkeit, daß jemand einen als Weihegabe gespendeten Acker in unerlaubter Weise weiterverkauft. Zur Strafe dafür soll das Einlösungsrecht überhaupt aufgehoben sein und ebenso die Rückerstattung im Jubeljahr. Dagegen handeln die Verse 22–24 von dem Fall, das jemand ein zuvor gekauftes Feld opfert. Dabei ist Ersatz in Geldwert ins Auge gefaßt, da auch der ursprüngliche Besitzer es einlösen konnte und spätestens im Jubeljahr zurückerhielt.

VIERTES BUCH MOSES

Das vierte Buch Moses trägt die Bezeichnung Numeri. Numeri heißt »Zahlen«. Das Buch beginnt mit Zählungen und Musterungen der wehrfähigen Männer Israels, setzt diese bis Kapitel 4 einschließlich fort, ebenso in Kapitel 25 und 26. Auch das Verzeichnis der Lagerpläne in Kapitel 33 mag die Benennung »Numeri« rechtfertigen.
Doch das Buch Numeri enthält nicht nur trockene Zahlenangaben; es schildert von 10,11ff an den 38 Jahre dauernden Wüstenzug der Israeliten vom Sinai bis in die Steppen Moabs. Zu den geschichtlichen Ereignissen, die es erzählt, gehören z. B. die Aussendung der Kundschafter, verschiedene Volksaufstände, Prüfungen, die Moses und Aaron bestehen, die eherne Schlange und der Sieg über Sichon und Og. In den Steppen Moabs (Kapitel 22–36) fesseln den Leser besonders die Bileamgeschichte, die Berufung Josuas und die Verteilung der eroberten Ostgebiete an die Stämme Gad, Ruben und den Halbstamm Manasse. Diese fortlaufende Geschichtsdarstellung wird nun ständig durch Einhaltung von Gesetzesmaterial unterbrochen, so etwa Kapitel 5–10; 15; 18; 19; 28–30; 36. Alle diese Gesetze scheinen bereits auf früheren Gesetzgebungen aufzubauen und wollen hier nur ergänzen. Oft genug setzen sie eine bereits in Kanaan seßhafte Bevölkerung voraus, ein Beweis dafür, daß das altmosaische Gesetz immer wieder den veränderten Zeitläufen angepaßt worden ist. Überhaupt scheint der letzte inspirierte Bearbeiter der alten Überlieferungen seinen Standort westlich des Jordans zu haben in jenem Lande, das Moses nur kurz vor seinem Tode schauen durfte.

Der Herr redete zu Moses in der Wüste am Sinai im Offenbarungszelt am ersten Tage des zweiten Monats im zweiten Jahr nach dem Auszug aus dem Lande Ägypten folgendes:
2 »Nehmt die Gesamtzahl der ganzen Gemeinde der Israeliten auf, und zwar nach ihren Sippen und Familien mit Zählung der einzelnen Namen; alles, was männlich ist, nach seiner Kopfzahl! 3 Von zwanzig Jahren und darüber sollt ihr alle Kriegstüchtigen in Israel scharenweise mustern, du und Aaron! 4 Ein Mann aus jedem Stamm soll euch beistehen, das Oberhaupt für seine Familien!

Stammeshäuptlinge

5 Dies sind die Namen der Männer, die euch beistehen sollen: von Ruben Elizur, der Sohn des Schedëur,
6 von Simeon Schelumiel, der Sohn des Zurischaddaj; 7 von Juda Nachschon, der Sohn des Amminadab, 8 von Issachar Netanel, der Sohn des Zuar,
9 von Sebulun Eliab, der Sohn des Chelon, 10 von den Josephstämmen: von Ephraim Elischama, der Sohn des Ammihud, von Manasse Gamliel, der Sohn des Pedazur, 11 von Benjamin Abidan, der Sohn des Gidoni, 12 von Dan Achieser, der Sohn des Ammischaddaj, 13 von Aser Pagiel, der Sohn des Ochran, 14 von Gad Eljasaph, der Sohn des Rëuël,
15 und von Naphtali Achira, der Sohn des Enan.
16 Dies sind die aus der Gemeinde Berufenen, die Fürsten ihrer väterlichen Stämme, die Häuptlinge der Tausendschaften Israels.«

Musterung

17 Moses und Aaron holten diese Männer, die namentlich verzeichnet wurden. 18 Sie sammelten die ganze Gemeinde am Ersten des zweiten Monats; alle ließen sie sich namentlich nach ihren Sippen familienweise von 20 Jahren aufwärts nach ihrer Kopfzahl in die Geburtsregister eintragen. 19 Wie der Herr es dem Moses geboten hatte, so musterte er sie in der Wüste am Sinai.

Resultat

20 Die Abkömmlinge Rubens, des Erstgeborenen Israels, d. h. alle kriegstüchtigen Männer über 20 Jahre nach Sippen und Familien, namentlich Kopf für Kopf gezählt, 21 diese Gemusterten vom Stamme Ruben beliefen sich auf 46 500. 22 Die Abkömmlinge der Simeoniten, d. h. alle kriegstüchtigen Männer über 20 Jahre nach Sippen und Familien, namentlich Kopf für Kopf gezählt, 23 diese Gemusterten vom Stamme Simeon beliefen sich auf 59 300. 24 Die Abkömmlinge der Gaditen, d. h. alle kriegstüchtigen Männer über 20 Jahre nach Sippen und Familien, namentlich Kopf für Kopf gezählt, 25 diese Gemusterten vom Stamme Gad beliefen sich auf 45 650. 26 Die Abkömmlinge der Judäer, d. h. alle kriegstüchtigen Männer über 20

Jahre nach Sippen und Familien, namentlich gezählt, 27 diese Gemusterten vom Stamme Juda beliefen sich auf 54 400. 28 Die Abkömmlinge der Issachariten, d. h. alle kriegstüchtigen Männer über 20 Jahre nach Sippen und Familien, namentlich gezählt, 29 diese Gemusterten vom Stamme Issachar beliefen sich auf 54 400. 30 Die Abkömmlinge der Sebuluniten, d. h. alle kriegstüchtigen Männer über 20 Jahre nach Sippen und Familien, namentlich gezählt, 31 diese Gemusterten vom Stamme Sebulun beliefen sich auf 57 400. 32 Die Abkömmlinge der Ephraimiten, d. h. alle kriegstüchtigen Männer über 20 Jahre nach Sippen und Familien, namentlich gezählt, 33 diese Gemusterten vom Stamme Ephraim beliefen sich auf 40 500. 34 Die Abkömmlinge der Manassiten, d. h. alle kriegstüchtigen Männer über 20 Jahre nach Sippen und Familien, namentlich gezählt, 35 diese Gemusterten vom Stamme Manasse beliefen sich auf 32 200. 36 Die Abkömmlinge der Benjaminiten, d. h. alle kriegstüchtigen Männer über 20 Jahre nach Sippen und Familien, namentlich gezählt, 37 diese Gemusterten vom Stamme Benjamin beliefen sich auf 35 400. 38 Die Abkömmlinge der Daniten, d. h. alle kriegstüchtigen Männer über 20 Jahre nach Sippen und Familien, namentlich gezählt, 39 diese Gemusterten vom Stamme Dan beliefen sich auf 62 700. 40 Die Abkömmlinge der Aseriten, d. h. alle kriegstüchtigen Männer über 20 Jahre nach Sippen und Familien, namentlich gezählt, 41 diese Gemusterten vom Stamme Aser beliefen sich auf 41 500. 42 Die Abkömmlinge der Naphtaliten, d. h. alle kriegstüchtigen Männer über 20 Jahre nach Sippen und Familien, namentlich gezählt, 43 diese Gemusterten vom Stamme Naphtali beliefen sich auf 53 400. 44 Das sind die Gemusterten, die Moses, Aaron und Israels Fürsten feststellten; es waren zwölf Männer, je einer für seine Familie. 45 Insgesamt belief sich die Zahl aller gemusterten kriegsfähigen Israeliten, von 20 Jahren und darüber, nach ihren Familien geordnet, 46 alle diese Gemusterten beliefen sich auf 603 550.

47 Die Leviten nach ihrem väterlichen Stamme wurden nicht mit ihnen gemustert. 48 Der Herr sprach zu Moses: 49 »Nur den Stamm Levi sollst du nicht mustern und seine Kopfzahl nicht zusammen mit den anderen Israeliten aufnehmen! 50 Stelle die Leviten bei der Wohnstätte des Gesetzes, all ihren Geräten und allem, was zu ihr gehört, auf; sie sollen die Wohnstätte und all ihre Geräte tragen, bei ihr dienen und sich rings um sie lagern! 51 Wechselt die Wohnstätte ihren Standort, mögen die Leviten sie abbrechen; verweilt sie an einem Ort, so sollen die Leviten sie wieder aufrichten; ein Nichtlevit aber, der herantritt, muß sterben. 52 Die Israeliten aber sollen sich nach ihren Heerscharen, ein jeder bei seinem Lager und seinem Panier, lagern. 53 Doch die Leviten mögen rings um die Wohnstätte des Gesetzes Aufstellung nehmen, damit kein Zorngericht die Gemeinde der Israeliten treffe. Die Leviten sollen also den Dienst an der Wohnstätte des Gesetzes versehen.« 54 Die Israeliten taten ganz so, wie der Herr dem Moses befohlen hatte.

Lager- und Marschordnung

2 1 Der Herr sprach zu Moses und Aaron: 2 »Jeder von den Israeliten soll sich bei seinem Panier, dem Feldzeichen seines väterlichen Stammes, lagern, ringsum gegenüber dem Offenbarungszelt. 3 Nach vorn gegen Osten soll das Panier des Lagers Juda mit seinen Heerscharen aufgestellt werden, der Anführer der Judasöhne Nachschon, der Sohn des Amminadab, 4 sein Heer und seine Gemusterten: 74 600 Mann. 5 Neben ihm sollen lagern der Stamm Issachar, der Anführer der Issachariten Netanel, der Sohn des Zuar, 6 sein Heer und seine Gemusterten: 54 400 Mann. 7 Außerdem der Stamm Sebulun, der Anführer der Sebuluniten Eliab, der Sohn Chelons, 8 sein Heer und seine Gemusterten: 57 400 Mann. 9 Insgesamt sind die Gemusterten im Heerlager Juda 186 400 Mann nach ihren Scharen. Sie müssen zuerst aufbrechen! 10 Das Panier des Lagers Ruben lagere gegen Süden mit seinen Scharen; ebenso der Anführer der Rubeniten Elizur, der Sohn des Schedëur, 11 sein Heer und seine Gemusterten: 46 500 Mann. 12 Neben ihm nehme der Stamm Simeon Platz, der Anführer der Simeoniten Schelumiel, der Sohn des Zurischaddaj, 13 sein Heer und seine Gemusterten: 59 300 Mann, 14 dazu der Stamm Gad und der Anführer der Gaditen Eljasaph, der Sohn des Rëuël, 15 sein Heer und seine Gemusterten: 45 650 Mann. 16 Insgesamt sind die Gemusterten im Heerlager Ruben nach ihren Scharen 151 450 Mann; sie haben an zweiter Stelle aufzubrechen! 17 Das Offenbarungszelt aber, das Lager der Leviten, soll mitten unter den Lagern aufbrechen! Wie sie lagern, so haben sie aufzubrechen, ein jeder auf seinem Platze, nach ihren Panieren. 18 Das Panier des Lagers Ephraim lagere gegen Westen mit seinen Scharen, dem Anführer der Ephraimiten Elischama, dem Sohn des Ammihud, 19 seinem Heer und seinen Gemusterten: 40 500 Mann. 20 Neben ihm lagere der Stamm Manasse, der Anführer der Manassiten Gamliel, der Sohn des Pedazur, 21 sein Heer und seine Gemusterten: 32 200

Mann. 22 Dazu der Stamm Benjamin, der Anführer der Benjaminiten Abidan, der Sohn des Gidoni, 23 sein Heer mit seinen Gemusterten: 35 400 Mann. 24 Insgesamt sind die Gemusterten im Heerlager Ephraim nach ihren Scharen 108 100 Mann; sie haben an dritter Stelle aufzubrechen! 25 Das Panier des Lagers Dan lagere gegen Norden mit seinen Scharen; dazu der Anführer der Daniten Achieser, der Sohn des Ammischaddaj, 26 sein Heer und seine Gemusterten: 62 700 Mann. 27 Neben ihm lagere der Stamm Aser, der Anführer der Aseriten Pagiel, der Sohn des Ochran, 28 sein Heer und seine Gemusterten: 41 500 Mann, 29 dazu der Stamm Naphtali, der Anführer der Naphtaliten Achira, der Sohn des Enan, 30 sein Heer und seine Gemusterten: 53 400 Mann. 31 Insgesamt sind die Gemusterten im Heerlager Dan 157 600; sie haben an letzter Stelle mit ihren Panieren aufzubrechen.

32 Dies sind die Gemusterten der Israeliten nach ihren Familien; insgesamt sind die Gemusterten der Heerlager 603 550.« 33 Die Leviten unterlagen der Musterung nicht zusammen mit den übrigen Israeliten, wie der Herr es dem Moses aufgetragen. 34 Die Israeliten taten so, wie der Herr dem Moses befohlen hatte; sie lagerten bei ihren Panieren oder brachen auf, ein jeder nach seiner Sippe und Familie.

Aarons Geschlecht

3 1 Dies ist der Stammbaum des Aaron und Moses. Es war zur Zeit, da der Herr auf dem Berge Sinai mit Moses redete. 2 Dies sind die Namen der Söhne Aarons: Nadab, der Erstgeborene, Abihu, Eleasar und Itamar. 3 Es sind das die Namen der Söhne Aarons, der gesalbten Priester, die man ins Amt eingesetzt hatte, Priesterdienste zu leisten. 4 Es starben aber vor dem Herrn Nadab und Abihu, als sie ein ungehöriges Feueropfer vor dem Herrn in der Wüste Sinai darbrachten; sie hatten keine Söhne. So verrichteten Eleasar und Itamar unter den Augen ihres Vaters Aaron das Priesteramt.

Leviten zur Dienstleistung

5 Der Herr sprach zu Moses: 6 »Laß den Stamm Levi herzutreten und stelle ihn vor den Priester Aaron, damit sie ihm dienen! 7 Sie sollen besorgen, was für ihn und die ganze Gemeinde vor dem Offenbarungszelt zu besorgen ist; den Dienst an der Wohnstätte mögen sie versehen. 8 Sie sollen alle Geräte des Offenbarungszeltes besorgen und was es für die Israeliten zu tun gibt, um so den Dienst an der Wohnstätte zu versehen! 9 Übergib die Leviten dem Aaron und seinen Söhnen; sie seien ihm geschenkt von den Israeliten! 10 Aaron aber und seine Söhne sollst du bestellen, daß sie ihres Priesteramtes walten; jeder Unbefugte, der herantritt, soll getötet werden.«

Leviten als Stellvertreter der Erstgeburt, die Gott gehört

11 Der Herr sprach zu Moses: 12 »Siehe, ich selbst habe die Leviten aus den Israeliten herausgenommen statt aller israelitischen Erstgeburt, die den Mutterschoß durchbricht, damit sie mir gehören. 13 Denn mir gehört alle Erstgeburt; am Tage, da ich alle Erstgeburt im Ägypterland schlug, habe ich mir alle Erstgeburt an Menschen und Vieh in Israel geweiht; mir gehören sie: Ich bin der Herr!«

Musterung der Leviten

14 Der Herr sprach zu Moses in der Wüste Sinai: 15 »Mustere die Leviten nach ihren Familien und Sippen, alles Männliche von einem Monat und darüber sollst du aufzeichnen!« 16 Da unterzog sie Moses auf des Herrn Befehl der Musterung.

Levis Nachkommen

17 Levis Söhne sind ihren Namen nach folgende: Gerschon, Kehat und Merari. 18 Dies sind die Namen der Söhne Gerschons nach ihren Sippen: Libni und Schimi; 19 die Söhne Kehats nach ihren Sippen: Amram, Jizhar, Hebron und Ussiel; 20 die Söhne Meraris nach ihren Sippen: Machli und Muschi. Das sind die Sippen der Leviten nach ihren Familien.

Die Gerschoniten

21 Von Gerschon stammt die Sippe der Libniten und die Sippe der Schimiten; das sind die Sippen der Gerschoniten. 22 Die Gesamtzahl ihrer Gemusterten – alles Männliche von einem Monat und darüber – war siebentausendfünfhundert. 23 Die Sippen der Gerschoniten lagerten hinter der Wohnstätte nach Westen zu. 24 Familienfürst der Gerschoniten war Eljasaph, der Sohn Laels. 25 Zu den Obliegenheiten der Gerschoniten gehörte am Offenbarungszelt die Besorgung der Wohnstätte, des Zeltes, seiner Überdecke, des Vorhanges vor der Tür des Offenbarungszeltes, 26 der Vorhofsumhänge, des Vorhanges am Eingang des Vorhofes, der die Wohnstätte und den Altar rings umgibt, und der zugehörigen Seile mit jeglicher Dienstleistung.

Kehatiten

27 Von Kehat stammt die Sippe der Amramiten, der Jizhariten, der Hebroniten und Ussieliten; das sind die Sippen der Kehatiten. 28 Die Zahl alles Männlichen von einem Monat an und darüber belief sich auf achttausenddreihundert Leute, die Obliegen-

heiten am Heiligtum zu verrichten hatten. 29 Die
Sippen der Kehatiten lagerten an der Seite der
Wohnstätte nach Süden zu. 30 Familienfürst bei den
Sippen der Kehatiten war Elizaphan, der Sohn des
Ussiel. 31 Ihrer Amtspflicht unterstanden: die Lade,
der Tisch, der Leuchter, die Altäre nebst den Gerä-
ten des Heiligtumes zum Versehen des heiligen
Dienstes, der Vorhang und alle Betätigung an ihm.
32 Der Vorsteher der Levitenfürsten war Eleasar, der
Sohn des Priesters Aaron. Er hatte die Oberaufsicht
über die, welche den Dienst am Heiligtum zu ver-
richten hatten.

Merariten

33 Von Merari stammt die Sippe der Machliten und
der Muschiten; das sind die Sippen der Merariten.
34 Ihre Gemusterten betrugen nach der Anzahl alles
Männlichen von einem Monat an und darüber
sechstausendzweihundert Mann. 35 Familienfürst
über Meraris Sippen war Zuriel, der Sohn Abicha-
jils, sie lagerten an der Längsseite der Wohnstätte
gegen Norden. 36 Den Nachkommen Meraris oblag
die Besorgung der Bretter der Wohnstätte, ihrer Rie-
gel, Säulen und Fußsockel nebst allen ihren Geräten
und jeglicher Dienstverrichtung daran, 37 ferner der
Säulen des Vorhofs ringsum und ihrer Fußsockel,
Zeltpflöcke und -stricke. 38 Vor der Wohnstätte aber
nach vorn zu vor dem Offenbarungszelt gegen
Osten lagerten Moses und Aaron mit seinen Söh-
nen. Sie hatten den Dienst am Heiligtum zu verse-
hen, was immer für die Söhne Israels zu besorgen
war. Der Unbefugte aber, der sich näherte, sollte
sterben. 39 Sämtliche männlichen Leviten, die Mo-
ses und Aaron auf des Herrn Befehl hin gemustert
hatten, betrugen in ihren Geschlechtern von einem
Monat an und darüber zweiundzwanzigtausend
Personen.

Erstgeburt

40 Dann sprach der Herr zu Moses: »Mustere alle
männliche Erstgeburt der Israeliten von einem
Monat an und darüber und nimm die Anzahl ihrer
Namen auf! 41 Die Leviten sollst du für mich aus-
sondern, für den Herrn, an Stelle aller Erstgeburt der
Israeliten, und das Vieh der Leviten an Stelle des
Erstwurfes unter dem Vieh der Israeliten!« 42 Da
musterte Moses nach des Herrn Befehl alle Erstge-
burt der Israeliten. 43 Alle männliche Erstgeburt von
einem Monat an und darüber betrug nach der An-
zahl ihrer Namen 22 273.

Geldablösung für die Erstgeburt

44 Der Herr sprach weiter zu Moses: 45 »Nimm die
Leviten als Ersatz aller Erstgeburt unter den Israeli-
ten und das Vieh der Leviten als Ersatz für deren
Vieh; die Leviten sollen mir, dem Herrn, gehören!
46 Als Lösegeld aber für die zweihundertdreiund-
siebzig israelitischen Erstgeborenen, die bei den Le-
viten überzählig sind, 47 sollst du fünf Silberstücke
erheben für jeden Kopf; nach heiligem Gewicht er-
hebe sie, das Silberstück zu zwanzig Gera gerech-
net! 48 Das Geld gib Aaron und seinen Söhnen als
Lösegeld für die Überzähligen!« 49 Da erhob Moses
das Lösegeld von denen, welche die Anzahl der
durch die Leviten Ausgelösten übertrafen. 50 Von
den Erstgeborenen der Israeliten erhob er so den Be-
trag von 1365 Silberstücken heiligen Gewichtes.
51 Moses übergab das Lösegeld für die Ausgelösten
Aaron und seinen Söhnen gemäß dem Geheiß, das
der Herr dem Moses gegeben hatte.

3,11–13: Vgl. Vers 41–45, ferner 2 Mos 13,13; 34,20.

Pflichten der Kehatiten

4
1 Der Herr sprach zu Moses und Aaron:
2 »Nehmt unter den Söhnen Levis die Ge-
samtzahl der Kehatiten zwischen dreißig und
fünfzig Jahren nach ihren Geschlechtern und Fami-
lien auf, 3 soweit sie verpflichtet sind, eine Tätigkeit
im Offenbarungszelt zu verrichten! 4 Das Allerhei-
ligste ist der Aufgabenbereich der Kehatiten im
Offenbarungszelt. 5 Beim Aufbruch des Lagers ge-
hen Aaron und seine Söhne hinein, lassen den
verdeckenden Vorhang herab und umhüllen damit
die Gesetzeslade. 6 Dann legen sie eine Decke aus
Tachaschfell darüber, breiten ein ganz aus violettem
Purpur bestehendes Tuch darauf und stecken die
zugehörigen Stangen ein. 7 Auch über den Schau-
brottisch breiten sie ein Tuch von violettem Purpur.
Sie stellen darauf die Schüsseln, Schalen und Becher
sowie die Kannen zum Trankopfer; auch das dau-
ernd aufgelegte Brot soll auf ihm liegen. 8 Darüber
sollen sie ein karmesinfarbenes Tuch ausbreiten, es
mit einer Decke aus Tachaschfell überdecken und
die zugehörigen Stangen hineinstecken. 9 Alsdann
nehmen sie ein Tuch aus violettem Purpur und um-
hüllen das Gestell des Leuchters, seine Lampen,
seine Dochtscheren, Feuerbecken und alle seine Öl-
gefäße, womit man ihn bedient. 10 Dann stecken sie
ihn mit all seinen Geräten in eine Hülle von Tach-
aschfell und legen ihn auf das Traggestell. 11 Auf den
goldenen Altar breiten sie ein Tuch von violettem
Purpur, bedecken ihn mit einer Hülle aus Tachasch-
fell und stecken die zugehörigen Stangen hinein.
12 Sie nehmen alle für den Dienst am Heiligtum er-
forderlichen Geräte, umhüllen sie mit einem Tuch
aus violetter Purpurwolle, überdecken sie mit einer
Decke aus Tachaschfell und legen sie auf das Trag-

gestell. 13 Sodann säubern sie den Altar von der Fettasche und breiten darüber ein Tuch von Wolle, die mit rotem Purpur gefärbt ist. 14 Sie legen alle Geräte, mit denen man den Dienst versieht, darauf, die Feuerbecken, Fleischgabeln, Reinigungsschaufeln und Sprengschalen, also alle Altargeräte, decken eine Hülle aus Tachaschfell darüber und stecken die zugehörigen Stangen hinein. 15 Sind Aaron und seine Söhne mit der Einhüllung des Heiligtums und der heiligen Gegenstände fertig und setzt sich das Lager in Bewegung, kommen die Kehatiten zu Trägerdiensten. Sie dürfen indes das Heilige nicht berühren, sonst müßten sie sterben.

Eleasars Dienst: Aufsicht über die ganze Wohnstätte des Herrn

16 Eleasar aber, dem Sohne des Priesters Aaron, ist die Obsorge für das Leuchteröl, das wohlriechende Räucherwerk, das immerwährende Speiseopfer und das Salböl anvertraut, die Aufsicht über die ganze Wohnstätte und alles, was an Heiligem und den zugehörigen Geräten darin ist.«

Aaroniten geben Weisung

17 Dann sprach der Herr zu Moses und Aaron: 18 »Laßt den Stamm der Kehatitengeschlechter nicht aus der Mitte der Leviten ausgerottet werden! 19 Dies trefft als Vorsorge für sie, damit sie leben und nicht sterben, wenn sie sich dem Allerheiligsten nahen; Aaron und seine Söhne sollen hineingehen und sie Mann für Mann anweisen, was sie zu tun und zu tragen haben, 20 damit sie nicht etwa hineingehen und das Heiligste auch nur einen Augenblick sehen, sonst müßten sie sterben.«

Pflichten der Gerschoniten

21 Der Herr sprach zu Moses: 22 »Nimm auch die Gesamtzahl der Gerschoniten nach ihren Familien und nach ihren Sippen auf! 23 Die Dreißig- bis Fünfzigjährigen sollst du mustern, alle, die sich einer Dienstverpflichtung im Offenbarungszelt zu unterziehen haben. 24 Dies aber ist der Aufgabenbereich der Gerschonitengeschlechter: 25 Sie haben die Zeltdecken der Wohnstätte und das Offenbarungszelt, seine Decke und die Überdecke aus Tachaschfell, sowie den Vorhang vor der Tür des Offenbarungszeltes zu tragen, 26 ferner die Umhänge des Vorhofes und den Vorhang am Eingangstor des Vorhofes, der die Wohnstätte und den Altar rings umgibt, samt seinen Stricken und allen Geräten, die dabei zu bedienen sind; alles, was es dabei zu tun gibt, sollen sie verrichten. 27 Auf Anweisung Aarons und seiner Söhne soll jegliche Dienstleistung der Gerschoniten in ihrem Träger- und Arbeitsdienst erfolgen. Beauftragt sie also mit ihren gesamten Trägerpflichten! 28 Das ist es, was die Gerschoniten im Offenbarungszelt zu verrichten haben; ihr Dienst stehe unter der Leitung Itamars, des Sohnes des Priesters Aaron.

Pflichten der Merariten

29 Mustere auch die Merariten nach ihren Sippen und nach ihren Familien! 30 Und zwar sollst du alle Dreißig- bis Fünfzigjährigen mustern, die zu einer Dienstleistung am Offenbarungszelt verpflichtet sind. 31 Entsprechend ihren Diensten am Offenbarungszelt umfaßt ihr Trägerdienst: die Bretter der Wohnstätte, die zugehörigen Riegel, Säulen und Fußgestelle, 32 die Säulen des Vorhofes ringsum mit ihren zugehörigen Fußgestellen, Pflöcken und Seilen, mit allen ihren Geräten und allem, was es zu besorgen gibt; dabei sollt ihr ihnen die Geräte, die sie zu tragen haben, einzeln zuweisen. 32 Das ist es, was die Sippen der Merariten entsprechend ihrer Dienstleistung am Offenbarungszelt zu verrichten haben, und zwar unter der Leitung Itamars, des Sohnes des Priesters Aaron.«

Endergebnis der Levitenmusterung

34 Moses, Aaron und die Fürsten der Gemeinde musterten die Kehatiten nach ihren Geschlechtern und Familien, 35 alle die Leute zwischen dreißig und fünfzig Jahren, die zu einer Dienstleistung am Offenbarungszelt verpflichtet waren. 36 Es belief sich die Anzahl der Gemusterten nach ihren Sippen auf 2750. 37 Es sind dies die aus den Kehatiten Gemusterten, alle, die am Offenbarungszelt zu dienen verpflichtet waren und die Moses und Aaron nach der Weisung des Herrn an Moses gemustert hatten. 38 Die aus den Sippen und Familien gemusterten Gerschoniten 39 von dreißig bis zu fünfzig Jahren, die zur Dienstleistung am Offenbarungszelt verpflichtet waren, 40 beliefen sich in den von ihnen nach Sippen und Familien Gemusterten auf 2630. 41 Dies sind die Gemusterten aus den Gerschonitensippen, die am Offenbarungszelte Dienst taten und die Moses und Aaron nach der Weisung des Herrn gemustert hatten. 42 Die aus den Meraritensippen nach Geschlecht und Familie Gemusterten 43 von dreißig bis zu fünfzig Jahren, die zum Dienste am Offenbarungszelt verpflichtet waren, 44 beliefen sich in der Gesamtzahl der nach ihren Sippen Gemusterten auf 3200. 45 Das sind die Gemusterten aus den Meraritensippen, welche Moses und Aaron nach der Weisung des Herrn an Moses gemustert hatten. 46 Sämtliche aber, die Moses, Aaron und Israels Fürsten nach ihren Sippen und Familien unter den Leviten gemustert hatten, 47 von dreißig Jahren bis zu fünfzig Jahren, die sich am Offenbarungszelt

der Aufgabe einer Verrichtung oder eines Trägerdienstes zu unterziehen hatten, 48 beliefen sich auf 8580. 49 Nach der Weisung des Herrn an Moses vertraute man ihnen Mann für Mann das an, was sie zu besorgen und zu tragen hatten, und so waren sie gemustert worden, wie der Herr dem Moses befohlen hatte.

Absonderung der Unreinen

5 1 Der Herr sprach zu Moses: 2 »Befiehl den Israeliten, alle aus dem Lager hinauszuweisen, die an Aussatz oder Ausfluß leiden, auch jeden, der sich an einer Leiche verunreinigt. 3 Ob Mann oder Weib, weist sie hinaus außerhalb des Lagers, damit sie nicht ihr Lager verunreinigen; denn ich wohne in ihrer Mitte!« 4 Die Israeliten taten so und schafften sie außerhalb des Lagers. Wie der Herr dem Moses befohlen, so taten die Israeliten.

Schadenersatz

5 Der Herr gebot Moses: 6 »Sprich zu den Israeliten: Begeht ein Mann oder Weib irgendeine menschliche Sünde, indem sie etwas veruntreuen dem Herrn gegenüber und dadurch in Schuld geraten, 7 so sollen sie ihre begangene Sünde bekennen; man soll das Veruntreute in seinem Vollwert zurückerstatten und ein Fünftel zusetzen und dem geben, dem man es schuldet. 8 Hat der Mann aber keinen Anverwandten, dem man die geschuldete Summe zurückerstatten kann, so fällt die Buße, die zu entrichten ist, dem Herrn zu und gehört dem Priester, mit Ausnahme des Sühnewidders, mit dem man für ihn Sühne schafft.

Hebe

9 Ebenso gehört dem Priester jegliche Hebe von allen heiligen Gaben, die Israels Söhne zu ihm bringen. 10 Ihm selbst gehört, was er selber weiht; was jemand aber dem Priester gibt, gehöre diesem.«

Ehebruch und Eifersucht

11 Der Herr gebot Moses: 12 »Sprich zu den Israeliten und sage ihnen: Wenn die Frau eines Mannes sich vergeht und pflichtwidrig gegen ihn handelt 13 dadurch, daß ein anderer Mann mit ihr Umgang hat, dies bleibt aber vor den Augen ihres Mannes verborgen und unentdeckt, und obwohl sie sich unrein gemacht hat, ist kein Zeuge da, der sie ertappte, 14 jener wird aber eifersüchtig auf seine Frau – sie hat sich ja tatsächlich verunreinigt –, oder es kommt über einen der Geist der Eifersucht, und er wird eifersüchtig auf seine Frau, die sich aber tatsächlich nicht verunreinigt hat, 15 dann bringe der Mann seine Frau vor den Priester und auch die um ihretwillen notwendige Opfergabe: ein Zehntel Epha Gerstenmehl; doch darf er darauf nicht Öl gießen und Weihrauch streuen; denn es ist ja ein Eifersuchtsopfer, ein Offenbarungsopfer, das Verschuldung offenbar machen soll. 16 Der Priester lasse sie herankommen und stelle sie vor den Herrn. 17 Dann gieße er heiliges Wasser in ein irdenes Gefäß, nehme von dem Staub am Boden der Wohnstätte und streue ihn in das Wasser. 18 Der Priester stelle die Frau vor den Herrn, löse ihr die Haupthaare auf und gebe ihr das Offenbarungsopfer in die Hände – ein Eifersuchtsopfer ist es –; das bittere, fluchbringende Wasser aber bleibe in der Hand des Priesters. 19 Der Priester beschwöre sie und spreche zu der Frau: Wenn niemand dir beigewohnt hat und du dich nicht durch Untreue gegen deinen Mann vergangen hast in Unreinheit, so schade dir dieses bittere Fluchwasser nicht! 20 Hast du dich aber in Untreue gegen deinen Mann verfehlt, und bist du dadurch unrein, daß ein anderer dir beigewohnt hat, der nicht dein Mann ist, 21 dann – so beschwöre der Priester die Frau mit feierlichem Fluche und spreche zu ihr –, dann mache dich der Herr zur Schwur- und Fluchbeladenen inmitten deiner Volksgenossen! Der Herr lasse deine Hüften einfallen und deinen Bauch anschwellen! 22 Dieses fluchbringende Wasser dringe in deine Eingeweide, daß dein Bauch anschwelle und deine Hüften einfallen! Die Frau aber spreche: Amen! Amen! 23 Der Priester schreibe diese Fluchworte auf ein Blatt und wische sie in das Bitterkeitswasser hinein. 24 Dann reiche er der Frau das bittere Fluchwasser zum Tranke dar, damit das Fluchwasser in sie eindringe zur Bitternis. 25 Der Priester nehme der Frau das Eifersuchtsopfer aus der Hand, schwinge das Speiseopfer vor dem Herrn hin und her und bringe es zum Altar. 26 Er nehme eine Handvoll davon als zugehörigen Duftteil und lasse es auf dem Altar in Rauch aufgehen; danach gebe er der Frau das Wasser zu trinken. 27 Der Priester hat ihr das Wasser zum Tranke dargereicht; dann wird, wenn sie untreu war und pflichtwidrig wider ihren Mann gehandelt hat, das Fluchwasser zur Bitterkeit in sie eindringen: ihr Bauch schwillt an, ihre Hüften fallen ein, und die Frau wird zur Fluchbeladenen inmitten ihrer Volksgenossen werden. 28 Hat sich aber die Frau nicht verunreinigt und ist sie unschuldig, so bleibt sie unversehrt und kann gesegneten Leibes werden. 29 Dies ist das Eifersuchtsgesetz für den Fall, daß eine Frau ihrem Mann gegenüber treulos handelt und sich verunreinigt, 30 oder wenn über einen Mann ein Eifersuchtsgeist kommt und er eifersüch-

tig wird auf seine Frau: Er stelle die Frau vor den Herrn, und der Priester verfahre mit ihr ganz nach diesem Gesetze! 31 Der Mann ist von Schuld frei; jene Frau aber hat ihre Verschuldung zu tragen.«

Nasiräatsgelübde

6 1 Der Herr redete zu Moses: 2 »Rede zu den Israeliten und sprich zu ihnen: Wenn jemand, Mann oder Frau, das besondere Gelübde des Nasiräates ablegt, sich dem Herrn zu weihen, 3 dann muß er sich des Weines und Rauschtrankes enthalten; Essig von Wein oder Rauschtrank darf er ebenfalls nicht trinken, auch keinerlei Traubensaft; frische oder getrocknete Trauben darf er nicht essen. 4 Während seiner ganzen Weihezeit darf er nichts von dem genießen, was vom Weinstock kommt; weder unreife Trauben noch Weinbeerschalen darf er genießen. 5 In der Zeit seines Weihegelübdes darf ein Schermesser nicht über sein Haupt kommen. Bis die Tage zu Ende sind, für die er sich dem Herrn geweiht hat, gilt er als dem Herrn heilig; er lasse also sein Haupthaar frei wachsen. 6 In allen Tagen seiner Weihe für den Herrn darf er an keine Leiche herantreten. 7 Stirbt sein Vater, seine Mutter, sein Bruder oder seine Schwester, so verunreinige er sich an ihnen nicht; denn seines Gottes Weihe ist auf seinem Haupt.

Plötzliche Unterbrechung der Weihezeit

8 Während seiner ganzen Weihezeit ist er dem Herrn geheiligt. 9 Stirbt aber jemand ganz plötzlich neben ihm, und verunreinigt er sein geweihtes Haupt, so schere er sein Haupt an dem Tage, an dem er rein wird, am siebten Tag. 10 Am achten Tag aber bringe er zwei Turteltauben oder zwei junge Tauben zum Priester an den Eingang des Offenbarungszeltes. 11 Der Priester richte die eine zum Sündopfer, die andere zum Brandopfer her und schaffe ihm Sühne dafür, daß er sich an der Leiche versündigt hat; dann erkläre er sein Haupt noch am gleichen Tage für geweiht. 12 Er weihe sich dem Herrn noch einmal für die volle Zeit seines Gelübdes und bringe ein einjähriges Lamm als Schuldopfer dar; denn die verflossenen Tage entfallen, da er sein Weihehaupt verunreinigt hat.

Nach Ablauf der Weihezeit

13 Dies ist das Gesetz für den Nasiräer. Am Tage, da die von ihm gelobte Weihezeit zu Ende ist, führe man ihn vor die Tür des Offenbarungszeltes. 14 Er bringe seine Opfergabe dem Herrn dar: ein einjähriges fehlerloses männliches Lamm zum Brandopfer, ein einjähriges, fehlerloses weibliches Lamm zum Sündopfer und einen fehlerlosen Widder zum Friedopfer, 15 ferner einen Korb mit ungesäuerten Ringbroten aus Mehl, angemacht mit Öl, ungesäuerte, mit Öl bestrichene Fladen und das zugehörige Speiseopfer und die Trankopfer. 16 Der Priester bringe alles vor dem Herrn dar; er veranstalte das Sündopfer und Brandopfer für ihn. 17 Den Widder aber richte er als ein Friedopfer für den Herrn her samt dem Korbe der ungesäuerten Brote, dem Speise- und Trankopfer. 18 Dann schere der Gottgeweihte am Eingang des Offenbarungszeltes sein geweihtes Haupt, nehme sein geweihtes Haupthaar und lege es auf das Feuer unter dem Friedopfer. 19 Der Priester nehme das gekochte Schulterblatt des Widders, ein ungesäuertes Ringbrot aus dem Korb und einen ungesäuerten Fladen und gebe es dem Gottgeweihten in die Hände, nachdem er sein geweihtes Haar geschoren hat. 20 Als Weihegabe schwinge es der Priester vor dem Herrn hin und her; es ist dies eine heilige Gabe für den Priester außer der Weihebrust und der Hebekeule. Danach darf der Gottgeweihte wieder Wein trinken. 21 Dies ist das Gesetz für den Nasiräer, der das Gelübde ablegt, was er dem Herrn seiner Weihe gemäß darbringen muß außer dem, was er seinem Vermögen nach sonst noch zu leisten vermag. Gemäß dem Wortlaut des Gelübdes, das er abgelegt, muß er handeln, nach dem für seine Weihe geltenden Gesetz.«

Aarons Priestersegen

22 Der Herr sprach zu Moses: 23 »Sprich zu Aaron und seinen Söhnen: So sollt ihr die Israeliten segnen, indem ihr zu ihnen sprecht: 24 ›Der Herr segne dich und behüte dich! 25 Der Herr lasse sein Antlitz leuchten über dir und sei dir gnädig! 26 Der Herr wende dir sein Angesicht zu und verschaffe dir Heil!‹ 27 So sollen sie also meinen Namen auf die Israeliten legen, und ich will sie segnen!«

6,1–8: Vgl. Richt 13,5.7; 1 Sam 1,11; Luk 1,15; Apg 18,18.

Geschenke und Opfergaben der Stammesfürsten

7 1 Als nun Moses die Wohnstätte fertig aufgerichtet, sie gesalbt und geweiht hatte samt all ihren Geräten und dem Altar mit allen zugehörigen Geräten, 2 brachten die Fürsten Israels, die Häupter ihrer Familien – das sind die Stammesfürsten, die Vorsteher der Gemusterten –, Opfer dar. 3 Sie brachten als ihre Gabe vor den Herrn sechs überdeckte Wagen und zwölf Rinder, je einen Wagen von zwei Fürsten und ein Rind von einem jeden. Sie stellten diese vor der Wohnstätte auf. 4 Da sprach der Herr zu Moses: 5 »Nimm sie von ihnen an, damit sie im heiligen Dienste am Offenba-

rungszelt verwendet werden! Übergib sie den
Leviten, entsprechend der Dienstleistung eines je-
den!« 6 Moses nahm die Wagen und die Rinder und
übergab sie den Leviten. 7 Zwei Wagen und vier
Rinder übergab er den Gerschoniten, entsprechend
ihrem Dienst. 8 Vier Wagen und acht Rinder über-
gab er den Merariten, entsprechend ihrer Aufgabe
unter der Leitung Itamars, des Sohnes des Priesters
Aaron. 9 Den Kehatiten gab er nichts, denn ihnen
oblag der Dienst am Heiligsten; sie hatten es auf der
Schulter zu tragen.
10 Die Fürsten brachten die Spende zur Altarweihe
am Tage seiner Salbung; sie stellten ihre Opfergabe
vor den Altar. 11 Da sprach der Herr zu Moses: »Tag
für Tag soll jeweils einer der Fürsten seine Opfer-
gabe zur Altarweihe bringen.«
12 Der am ersten Tag seine Opfergabe brachte, war
Nachschon, der Sohn des Amminadab aus dem
Stamme Juda. 13 Seine Opfergabe war eine Silber-
schüssel, hundertdreißig Sekel schwer, ein Silber-
becken, siebzig Sekel schwer nach heiligem Ge-
wicht, beide gefüllt mit Mehl, das mit Öl angemacht
war, für ein Speiseopfer, 14 eine Schale, zehn Gold-
sekel schwer, gefüllt mit Räucherwerk, 15 ein junger
Stier, ein Widder, ein einjähriges Lamm zum Brand-
opfer, 16 ein Ziegenbock zum Sündopfer, 17 zum
Friedopfer zwei Rinder, fünf Widder, fünf Böcke
und fünf einjährige Lämmer. Dies war die Opfer-
gabe Nachschons, des Sohnes Amminadabs.
18 Am zweiten Tage brachte Netanel, der Sohn
Zuars, der Fürst von Issachar, seine Gabe. 19 Seine
Opfergabe war eine Silberschüssel, hundertdreißig
Sekel schwer, ein Silberbecken, siebzig Sekel
schwer nach heiligem Gewicht, beide gefüllt mit
Mehl, das mit Öl angemacht war, für ein Speise-
opfer, 20 eine Schale, zehn Goldsekel schwer, gefüllt
mit Räucherwerk, 21 ein junger Stier, ein Widder, ein
einjähriges Lamm zum Brandopfer, 22 ein Ziegen-
bock zum Sündopfer, 23 zum Friedopfer zwei Rin-
der, fünf Widder, fünf Böcke und fünf einjährige
Lämmer. Dies war die Gabe Netanels, des Sohnes
Zuars.
24 Am dritten Tage brachte der Fürst der Söhne
Sebuluns, Eliab, der Sohn Chelons, seine Opfer-
gabe. 25 Sie war eine Silberschüssel, hundertdrei-
ßig Sekel schwer, ein Silberbecken, siebzig Sekel
schwer nach heiligem Gewicht, beide gefüllt mit
Mehl, das mit Öl angemacht war, für ein Speiseop-
fer, 26 eine Schale, zehn Goldsekel schwer, gefüllt
mit Räucherwerk, 27 ein junger Stier, ein Widder, ein
einjähriges Lamm zum Brandopfer, 28 ein Ziegen-
bock zum Sündopfer, 29 zum Friedopfer zwei Rin-
der, fünf Widder, fünf Böcke und fünf einjährige
Lämmer. Dies war die Gabe Eliebs, des Sohnes
Chelons.
30 Am vierten Tage opferte der Fürst der Söhne Ru-
bens, Elizur, der Sohn Schedëurs. 31 Seine Opfer-
gabe war eine Silberschüssel, hundertdreißig Sekel
schwer, ein Silberbecken, siebzig Sekel schwer
nach heiligem Gewicht, beide gefüllt mit Mehl, das
mit Öl angemacht war, für ein Speiseopfer, 32 eine
Schale, zehn Goldsekel schwer, gefüllt mit Räu-
cherwerk, 33 ein junger Stier, ein Widder, ein ein-
jähriges Lamm zum Brandopfer, 34 ein Ziegenbock
zum Sündopfer, 35 zum Friedopfer zwei Rinder, fünf
Widder, fünf Böcke und fünf einjährige Lämmer.
Dies war die Gabe Elizurs, des Sohnes Schedëurs.
36 Am fünften Tage opferte der Fürst der Söhne
Simeons, Schelumiel, der Sohn Zurischaddajs.
37 Seine Opfergabe war eine Silberschüssel, hun-
dertdreißig Sekel schwer, ein Silberbecken, siebzig
Sekel schwer nach heiligem Gewicht, beide gefüllt
mit Mehl, das mit Öl angemacht war, für ein
Speiseopfer, 38 eine Schale, zehn Goldsekel schwer,
gefüllt mit Räucherwerk, 39 ein junger Stier, ein
Widder, ein einjähriges Lamm zum Brandopfer,
40 ein Ziegenbock zum Sündopfer, 41 zum Fried-
opfer zwei Rinder, fünf Widder, fünf Böcke und
fünf einjährige Lämmer. Dies war die Gabe Schelu-
miels, des Sohnes Zurischaddajs.
42 Am sechsten Tage opferte der Fürst der Söhne
Gads, Eljasaph, der Sohn Rëuëls. 43 Seine Opfer-
gabe war eine Silberschüssel, hundertdreißig Sekel
schwer, ein Silberbecken, siebzig Sekel schwer
nach heiligem Gewicht, beide gefüllt mit Mehl, das
mit Öl angemacht war, für ein Speiseopfer, 44 eine
Schale, zehn Goldsekel schwer, gefüllt mit Räu-
cherwerk, 45 ein junger Stier, ein Widder, ein ein-
jähriges Lamm zum Brandopfer, 46 ein Ziegenbock
zum Sündopfer, 47 zum Friedopfer zwei Rinder, fünf
Widder, fünf Böcke und fünf einjährige Lämmer.
Dies war die Opfergabe Eljasaphs, des Sohnes
Rëuëls.
48 Am siebten Tage opferte der Fürst der Söhne
Ephraims, Elischama, der Sohn Ammihuds. 49 Seine
Opfergabe war eine Silberschüssel, hundertdreißig
Sekel schwer, ein Silberbecken, siebzig Sekel
schwer nach heiligem Gewicht, beide gefüllt mit
Mehl, das mit Öl angemacht war, für ein Speise-
opfer, 50 eine Schale, zehn Goldsekel schwer, gefüllt
mit Räucherwerk, 51 ein junger Stier, ein Widder, ein
einjähriges Lamm zum Brandopfer, 52 ein Ziegen-
bock zum Sündopfer, 53 zum Friedopfer zwei Rin-
der, fünf Widder, fünf Böcke und fünf einjährige

Lämmer. Dies war die Gabe Elischamas, des Sohnes
Ammihuds.
54 Am achten Tage opferte der Fürst der Söhne
Manasses, Gamliel, der Sohn Pedazurs. 55 Seine
Opfergabe war eine Silberschüssel, hundertdreißig
Sekel schwer, ein Silberbecken, siebzig Sekel
schwer nach heiligem Gewicht, beide gefüllt mit
Mehl, das mit Öl angemacht war, für ein Speiseop-
fer, 56 eine Schale, zehn Goldsekel schwer, gefüllt
mit Räucherwerk, 57 ein junger Stier, ein Widder, ein
einjähriges Lamm zum Brandopfer, 58 ein Ziegen-
bock zum Sündopfer, 59 zum Friedopfer zwei Rin-
der, fünf Widder, fünf Böcke und fünf einjährige
Lämmer. Dies war die Opfergabe Gamliels, des
Sohnes Pedazurs.
60 Am neunten Tage opferte der Fürst der Söhne Ben-
jamins, Abidan, der Sohn Gidonis. 61 Seine Opfer-
gabe war eine Silberschüssel, hundertdreißig Sekel
schwer, ein Silberbecken, siebzig Sekel schwer nach
heiligem Gewicht, beide gefüllt mit Mehl, das mit
Öl angemacht war, für ein Speiseopfer, 62 eine
Schale, zehn Goldsekel schwer, gefüllt mit Räucher-
werk, 63 ein junger Stier, ein Widder, ein einjähriges
Lamm zum Brandopfer, 64 ein Ziegenbock zum
Sündopfer, 65 zum Friedopfer zwei Rinder, fünf Wid-
der, fünf Böcke und fünf einjährige Lämmer. Dies
war die Gabe Abidans, des Sohnes Gidonis.
66 Am zehnten Tage opferte der Fürst der Söhne
Dans, Achieser, der Sohn Ammischaddajs. 67 Seine
Opfergabe war eine Silberschüssel, hundertdreißig
Sekel schwer, ein Silberbecken, siebzig Sekel
schwer nach heiligem Gewicht, beide gefüllt mit
Mehl, das mit Öl angemacht war, für ein Speise-
opfer, 68 eine Schale, zehn Goldsekel schwer, gefüllt
mit Räucherwerk, 69 ein junger Stier, ein Widder, ein
einjähriges Lamm zum Brandopfer, 70 ein Ziegen-
bock zum Sündopfer, 71 zum Friedopfer zwei Rin-
der, fünf Widder, fünf Böcke und fünf einjährige
Lämmer. Dies war die Gabe Achiesers, des Sohnes
Ammischaddajs.
72 Am elften Tage opferte der Fürst der Söhne Asers,
Pagiel, der Sohn Ochrans. 73 Seine Opfergabe war
eine Silberschüssel, hundertdreißig Sekel schwer,
ein Silberbecken, siebzig Sekel schwer nach heili-
gem Gewicht, beide gefüllt mit Mehl, das mit Öl
angemacht war, für ein Speiseopfer, 74 eine Schale,
zehn Goldsekel schwer, gefüllt mit Räucherwerk,
75 ein junger Stier, ein Widder, ein einjähriges Lamm
zum Brandopfer, 76 ein Ziegenbock zum Sündopfer,
77 zum Friedopfer zwei Rinder, fünf Widder, fünf
Böcke und fünf einjährige Lämmer. Dies war die
Gabe Pagiels, des Sohnes Ochrans. 78 Am zwölften
Tage opferte der Fürst der Söhne Naphtalis, Achira,
der Sohn Enans. 79 Seine Opfergabe war eine Silber-
schüssel, hundertdreißig Sekel schwer, ein Silber-
becken, siebzig Sekel schwer, nach heiligem Ge-
wicht, beide gefüllt mit Mehl, das mit Öl angemacht
war, für ein Speiseopfer, 80 eine Schale, zehn Gold-
sekel schwer, gefüllt mit Räucherwerk, 81 ein junger
Stier, ein Widder, ein einjähriges Lamm zum Brand-
opfer, 82 ein Ziegenbock zum Sündopfer, 83 zum
Friedopfer zwei Rinder, fünf Widder, fünf Böcke
und fünf einjährige Lämmer. Dies war die Gabe
Achiras, des Sohnes Enans.
84 Dies sind die Gaben, die die israelitischen Fürsten
zur Altarweihe an dem Tage brachten, da er gesalbt
wurde: zwölf Silberschüsseln, zwölf Silberbecken
und zwölf Goldschalen; 85 jede Schüssel wog hun-
dertdreißig Silbersekel und jedes Becken siebzig
Sekel. Das Gesamtgewicht der Silbergefäße betrug
2400 Sekel heiligen Gewichtes; 86 an goldenen
Schalen waren es zwölf, gefüllt mit Räucherwerk,
jede Schale zehn Sekel schwer nach heiligem Ge-
wicht. Das gesamte Gold der Schalen wog hun-
dertzwanzig Sekel. 87 Die Gesamtzahl an Vieh zum
Brandopfer betrug zwölf Jungstiere, zwölf Widder,
zwölf einjährige Lämmer, das hierzu gehörige Spei-
seopfer und zwölf Ziegenböcke zum Sündopfer.
88 Die Gesamtzahl an Vieh zum Friedopfer betrug
vierundzwanzig Jungstiere, sechzig Widder, sech-
zig Böcke, sechzig einjährige Lämmer. Das war die
Spende zur Altarweihe nach dessen Salbung.

Rede Gottes

89 Wenn Moses in das Offenbarungszelt hineinging,
um mit Gott zu reden, hörte er, wie eine Stimme zu
ihm sprach. Es war von der Deckplatte her, die auf
der Gesetzeslade lag, und zwar zwischen den bei-
den Kerubim. So redete er zu ihm.

Lampen des Leuchters

8 1 Der Herr sprach zu Moses: 2 »Sprich zu
Aaron und befiehl ihm: Wenn du die Lampen
aufsetzt, so sollen die sieben Lampen ihr Licht
nach der Vorderseite des Leuchters ausstrahlen.«
3 Aaron tat so. Er setzte die Lampen auf der Vorder-
seite des Leuchters auf, wie der Herr dem Moses
befohlen hatte. 4 Der Leuchter war eine getriebene
Arbeit aus Gold, auch in seinem Schaft und in
seinen Blüten. Er entsprach dem Bilde, das der Herr
dem Moses gezeigt hatte; ganz so hat dieser den
Leuchter angefertigt.

Levitenweihe

5 Der Herr sprach zu Moses: 6 »Nimm die Leviten
aus der Mitte der Israeliten heraus und reinige sie!

7 Bei ihrer Reinigung sollst du so verfahren: Be-
sprenge sie mit Entsündigungswasser; sie sollen ein
Schermesser über ihren ganzen Körper gehen las-
sen, ihre Kleider waschen und sich so reinigen.
8 Dann sollen sie einen Jungstier nehmen und als zu-
gehöriges Speiseopfer mit Öl angemachtes Mehl
und einen zweiten Jungstier als Sündopfer. 9 Dann
laß die Leviten vor das Offenbarungszelt treten und
versammle die ganze israelitische Gemeinde. 10 Laß
die Leviten vor den Herrn hintreten; die Söhne Isra-
els sollen ihnen die Hände auflegen. 11 Aaron aber
soll die Leviten als Weiheopfer der Söhne Israels
dem Herrn darbringen, damit sie so für den Dienst
des Herrn bestellt werden. 12 Die Leviten aber sollen
ihre Hände auf den Kopf der Stiere legen; den einen
von ihnen richte als Sündopfer, den anderen als
Brandopfer für den Herrn her, um den Leviten
Sühne zu verschaffen. 13 Du sollst die Leviten vor
Aaron und seine Söhne bringen und sie als Weihe-
opfer dem Herrn darstellen. 14 Sondere die Leviten
mitten aus den Israeliten aus, damit sie mir gehören!
15 Danach sollen sie hineingehen, um im Offenba-
rungszelt Dienste zu leisten; reinigen sollst du sie
und als Weiheopfer dem Herrn darbringen. 16 Denn
sie sind ganz mein Eigentum, aus der Mitte der
Israeliten, an Stelle aller Erstgeborenen unter den
Israeliten habe ich sie genommen. 17 Denn mein
sind alle Erstgeborenen unter den Israeliten bei
Mensch und Vieh; am Tage, da ich alle Erstgeburt
im Ägypterland schlug, habe ich sie mir geweiht.
18 Ich nehme die Leviten statt jeglicher Erstgeburt
unter den Israeliten 19 und gebe sie Aaron und
seinen Söhnen aus der Mitte der Israeliten zu eigen,
damit sie den Dienst für die Israeliten am Offenba-
rungszelt versehen und ihnen so Sühne verschaffen,
daß sie nicht etwa eine Plage treffe, wenn sie sich
selbst dem Heiligtum nähern.« 20 Moses, Aaron und
die ganze Gemeinde der Israeliten verfuhren so mit
den Leviten; ganz wie der Herr dem Moses bezüg-
lich der Leviten befohlen hatte, verfuhren die Israe-
liten mit ihnen. 21 Die Leviten ließen sich entsündi-
gen und wuschen ihre Kleider; Aaron aber brachte
sie als Weiheopfer vor dem Herrn dar und schaffte
ihnen Sühne, um sie zu reinigen. 22 Danach gingen
die Leviten hinein, um ihren Dienst im Offen-
barungszelt unter der Aufsicht Aarons und seiner
Söhne zu verrichten. Wie der Herr dem Moses be-
züglich der Leviten befohlen hatte, so tat man an
ihnen.

Von 25 Jahren an

23 Der Herr redete zu Moses: 24 »Dies gilt für die Le-
viten: Von fünfundzwanzig Jahren an und darüber
komme jeder zum Dienst zur Besorgung des Offen-
barungszeltes. 25 Von fünfzig Jahren an ist er von
der Pflicht des Dienstes ledig und soll ihn nicht
mehr versehen. 26 Er helfe seinen Brüdern im Offen-
barungszelt, um Obliegenheiten wahrzunehmen;
aber eigentliche Dienste leiste er nicht mehr! Also
verfahre mit den Leviten, was ihre Amtsgeschäfte
betrifft!«

8,1–4: Auf die Besorgung des »ewigen Lichtes« wird sehr geachtet. Ähnliche Vorschriften finden sich schon in 2 Mos 25,37 und 3 Mos 24,1–4. Vers 4 ist eine Beschreibung des Leuchters nach den Angaben in 2 Mos 25,31–36.40; 37,17–22.

Nachfeier des Pascha

9 1 Der Herr sprach zu Moses in der Wüste
Sinai im zweiten Jahre nach ihrem Auszug
aus Ägypten im ersten Monat: 2 »Die Israeli-
ten sollen das Pascha zur festgesetzten Zeit halten!
3 Am vierzehnten Tage dieses Monats gegen Abend
sollt ihr es feiern zu der dafür festgesetzten Zeit;
nach allen dafür angeordneten Gesetzen und Gebo-
ten sollt ihr es feiern!« 4 Moses befahl den Israeliten,
das Pascha zu halten. 5 Sie feierten also das Pascha
im ersten Monat am 14. Tag des Monats gegen
Abend in der Wüste Sinai; gemäß sämtlichen Be-
fehlen des Herrn an Moses hielten es die Israeliten.

Pascha im Zustand der Unreinheit

6 Es gab aber Männer, die an einer Menschenleiche
unrein geworden waren; sie konnten an jenem Tag
das Pascha nicht halten. Sie traten also vor Moses
und Aaron noch am gleichen Tage. 7 Sie sprachen zu
ihm: »Wir sind an einer Menschenleiche unrein ge-
worden; warum soll es uns nicht erlaubt sein, die
Opfergabe des Herrn zur festgesetzten Zeit inmit-
ten der Israeliten darzubringen?« 8 Moses antwor-
tete ihnen: »Wartet, ich will hören, was der Herr eu-
retwegen befiehlt.« 9 Der Herr sprach zu Moses:
10 »Sprich zu den Israeliten: Ist jemand von euch
oder euren Nachkommen an einer Leiche unrein,
oder befindet er sich auf einer weiten Reise, so halte
er doch das Pascha für den Herrn. 11 Im zweiten
Monat, am 14. Tage gegen Abend sollen sie es be-
gehen; zu ungesäuertem Brot und bitteren Kräutern
sollen sie es essen. 12 Sie dürfen davon nichts
übriglassen bis zum Morgen und keinen Knochen
an ihm zerbrechen; nach allen für das Pascha gel-
tenden Satzungen sollen sie es halten. 13 Wer aber
rein ist und sich nicht auf einer Reise befindet und
es dennoch unterläßt, Pascha zu halten, soll aus
seinen Volksgenossen ausgerottet werden; denn er
hat die Opfergabe für den Herrn zu der für ihn be-
stimmten Zeit nicht dargebracht; ein solcher Mann
soll seine Sünde büßen!

Pascha des Fremden

14 Wenn sich bei euch ein Fremdling aufhält und Pascha feiern will zu Ehren des Herrn, so soll er es nach der Ordnung und der geltenden Satzung des Pascha tun; einerlei Satzung gelte für euch, für den Fremdling wie für den Einheimischen!«

Wolkensäule

15 An dem Tage aber, da man die Wohnstätte aufrichtete, bedeckte die Wolke die Wohnstätte des Offenbarungszeltes; abends war sie über der Wohnstätte wie ein feuriges Gebilde bis zum Morgen. 16 So geschah es immer: die Wolke bedeckte sie am Tage, und des Nachts verhüllte sie ein feuriges Gebilde. 17 Sooft aber die Wolke sich vom Zelte hinweg erhob, brachen die Israeliten auf, und an dem Orte, wo die Wolke sich niederließ, rasteten sie. 18 Nach Weisung des Herrn brachen also die Israeliten auf, und nach Weisung des Herrn lagerten sie. Solange die Wolke auf der Wohnstätte ruhte, verharrten sie im Lager. 19 Auch wenn die Wolke lange Zeit hindurch über der Wohnstätte blieb, beachteten die Israeliten die Weisung des Herrn und brachen nicht auf. 20 Es kam auch vor, daß die Wolke nur wenige Tage auf der Wohnstätte blieb; dann lagerten die Israeliten auf des Herrn Weisung, und auf des Herrn Befehl brachen sie auf. 21 Blieb einmal die Wolke nur vom Abend bis zum Morgen, und erhob sie sich dann am Morgen, so brachen sie wieder auf. Blieb sie einen Tag und eine Nacht, und erhob sie sich dann wieder, so brachen sie jetzt erst auf. 22 Oder sie blieb zwei Tage oder einen Monat oder längere Zeit hindurch; wenn so die Wolke länger über der Wohnstätte verweilte, dann hielten sich die Israeliten im Lager und brachen nicht auf. Erhob sie sich aber, so zogen sie wieder weiter. 23 Auf des Herrn Weisung lagerten sie sich, und auf des Herrn Weisung brachen sie auf. Sie beobachteten genau die Anweisung des Herrn nach der Vorschrift des Herrn an Moses.

Silberne Trompeten

10 1 Der Herr sprach zu Mosess 2 »Verfertige dir zwei silberne Trompeten in getriebener Arbeit; sie sollen dir dazu dienen, die Gemeinde einzuberufen und zum Aufbruch des Lagers das Zeichen zu geben. 3 Bläst man mit ihnen, dann soll sich um dich die ganze Gemeinde scharen am Eingang des Offenbarungszeltes. 4 Bläst man nur mit einer, dann sollen sich die Fürsten, die Häupter der Tausendschaften Israels, bei dir versammeln. 5 Wenn ihr aber schmetternd blast, dann haben die nach Osten liegenden Lager aufzubrechen. 6 Wenn ihr zum zweiten Male schmetternd blast, so haben die nach Süden liegenden Lager aufzubrechen. Schmetternd blasen soll man also bei ihrem Aufbruch. 7 Beim Versammeln der Gemeinde sollt ihr nur einfach, nicht aber schmetternd blasen. 8 Und zwar sollen die Priester, die Söhne Aarons, in die Trompeten stoßen; sie sollen euch zu einem immerwährenden Gebrauch von Geschlecht zu Geschlecht dienen. 9 Wenn ihr aber in eurem Land in den Krieg zieht gegen einen Feind, der euch bedrängt, so blast schmetternd in die Trompeten! Dann werdet ihr in Erinnerung kommen vor dem Herrn, eurem Gott, und werdet vor euren Feinden Rettung finden. 10 Auch an euren Freudentagen, Festen und Neumonden sollt ihr die Trompeten blasen zu euren Brand- und Friedopfern; sie sollen euch vor dem Herrn in Erinnerung bringen: Ich bin der Herr, euer Gott!«

Auf der Wanderung

11 Im zweiten Jahr, im zweiten Monat, am zwanzigsten Tage, erhob sich die Wolke von der Wohnstätte des Gesetzes· 12 Da brachen die Israeliten in Tagemärschen von der Wüste Sinai auf, und die Wolke ließ sich nieder in der Steppe Paran.

Lagerabteilungen und ihre Führer

13 Sie brachen so zum ersten Male auf nach dem Geheiß des Herrn an Moses. 14 Zunächst zog das Panier des Lagers der Judäer los, eine Heerschar nach der anderen; Anführer des zu ihm gehörigen Heeres war Nachschon, der Sohn des Amminadab. 15 Das Heer des Stammes der Issachariten befehligte Netanel, der Sohn des Zuar, 16 das Heer der Sebuluniten Eliab, der Sohn Chelons. 17 War die Wohnstätte abgebrochen, so brachen die Gerschoniten und die Merariten auf als Träger der Wohnstätte. 18 Dann setzte sich das Panier des Lagers Ruben in Marsch, eine Heerschar nach der anderen. Anführer über sein Heer war Elizur, der Sohn Schedëurs. 19 Das Heer des Stammes der Simeoniten befehligte Schelumiel, der Sohn des Zurischaddaj, 20 das Heer des Stammes der Gaditen Eljasaph, der Sohn des Rëuël. 21 Nun zogen die Kehatiten ab, die das Heiligtum tragen mußten. Bis zu ihrer Ankunft hatte man die Wohnstätte bereits errichtet. 22 Dann brach das Panier des Lagers der Ephraimiten auf, eine Heerschar nach der anderen. Das Heer befehligte Elischama, der Sohn des Ammihud. 23 Das Heer des Stammes der Manassiten führte Gamliel, der Sohn des Pedazur, 24 das Heer des Stammes der Benjaminiten Abidan, der Sohn des Gidoni. 25 Dann brach das Panier des Lagers der Daniten auf, das den Abschluß bildete, eine Heerschar nach der anderen. Über sein Heer war Achieser, der

Sohn des Ammischaddaj, gesetzt. 26 Das Heer des
Stammes der Aseriten führte Pagiel, der Sohn
Ochrans, 27 das Heer der Naphtaliten Achira, der
Sohn Enans. 28 Dies war die Ordnung, in der die
Israeliten nach ihren Heerscharen aufbrachen.

Der Schwiegervater des Moses

29 Moses sprach zu seinem Schwiegervater Chobab,
dem Sohn des Midianiters Rëuël: »Aufbrechen wol-
len wir nach der Stätte, von der der Herr gesagt hat:
›Ich will sie euch geben.‹ Ziehe doch mit uns, wir
wollen es dir lohnen; denn der Herr hat Israel Gutes
verheißen!« 30 Doch er erwiderte ihm: »Ich will
nicht mitziehen, sondern in mein Vaterland und zu
meiner Verwandtschaft heimkehren.« 31 Moses ent-
gegnete darauf: »Laß uns doch nicht im Stich. Du
kennst Lagerstätten für uns in der Wüste, und
darum kannst du uns als Anführer dienen. 32 Wenn
du mit uns ziehst, dann werden wir dir Anteil ge-
ben an den Gütern, die der Herr uns schenken will.«
33 So brachen sie denn vom Berge des Herrn auf und
zogen drei Tagereisen weiter, und die Bundeslade
des Herrn zog vor ihnen her, drei Tagereisen lang,
um ihnen einen Lagerplatz zu erkunden. 34 Des
Herrn Wolke schwebte über ihnen bei Tage, wenn
sie vom Lager aufbrachen. 35 Wenn sich die Lade in
Bewegung setzte, rief Moses: »Erhebe dich, Herr,
auf daß deine Feinde zerstieben und fliehen vor dir
deine Gegner!« 36 Beim Haltmachen sprach er: »Laß
dich nieder, Herr, bei den Scharen der Tausend-
schaften Israels!«

Feuersbrunst

11 1 Das Volk aber erging sich in Klagen vor
den Ohren des Herrn, daß es ihm schlecht
gehe. Der Herr hörte es, und sein Zorn
entbrannte. Da brach unter ihnen Feuer aus, vom
Herrn gesandt, und fraß an den Randteilen des La-
gers. 2 Da schrie das Volk zu Moses, und Moses
legte Fürbitte beim Herrn ein, worauf das Feuer er-
losch. 3 Er nannte jenen Ort »Tabera«, weil Feuer
vom Herrn unter ihnen »gelodert« hatte.

Ägyptische Fleischtöpfe

4 Das zugelaufene Gesindel, das unter ihnen war,
bekam Gelüste. Da fingen auch die Israeliten wieder
zu klagen an und sprachen: »Wer wird uns Fleisch
zu essen geben? 5 Wir denken an die Fische, die wir
in Ägypten umsonst zu essen bekamen, an die Gur-
ken, die Melonen, den Lauch, die Zwiebeln und den
Knoblauch. 6 Jetzt aber verschmachten wir, nichts
ist mehr da; nur das Manna bekommen wir noch zu
sehen.« 7 Das Manna aber war wie Koriandersamen
und sah aus wie Balsamharz. 8 Die Leute streiften
umher, sammelten es und zermahlten es in der
Handmühle oder zerstießen es im Mörser; sie koch-
ten es im Topf und machten Fladen daraus. Sein Ge-
schmack war wie Ölkuchen. 9 Fiel nachts Tau auf
das Lager, so fiel auch das Manna darauf herab.
10 Moses hörte das Volk, nach Sippen geteilt, kla-
gen, und zwar jeden Mann am Eingang seines Zel-
tes. Da entbrannte der Zorn des Herrn gewaltig,
und auch Moses mißfiel es sehr. 11 Moses sprach
zum Herrn: »Warum handelst du an deinem Knecht
so übel? Warum fand ich keine Gnade in deinen
Augen, da du die Sorgenlast für dieses ganze Volk
auf mich gelegt hast? 12 Habe ich etwa das ganze
Volk da im Schoße getragen? Habe ich es etwa ge-
boren, daß du mir zumutest, ich soll es an meiner
Brust tragen wie der Pfleger den Säugling, in das
Land, das du eidlich seinen Vätern versprochen
hast? 13 Woher soll ich Fleisch nehmen, um es die-
sem ganzen Volke auszuteilen? Denn sie jammern
mir vor und sagen: ›Gib uns Fleisch zu essen!‹ 14 Ich
kann nicht mehr allein für dieses ganze Volk die
Last tragen! Sie drückt mich zu sehr. 15 Willst du
noch weiter so an mir handeln, so töte mich lieber
sofort, wenn ich vor deinen Augen Gnade finde!
Dann schaue ich mein Unheil nicht länger.«

Siebzig Älteste

16 Da sprach der Herr zu Moses: »Rufe mir siebzig
Männer von den Ältesten Israels zusammen, von
denen du weißt, daß sie Älteste des Volkes und
seine Aufseher sind! Bringe sie mit dir zum Offen-
barungszelt; dort sollen sie sich neben dir aufstel-
len. 17 Ich komme herab und rede dort mit dir und
werde von dem Geiste, der auf dir ruht, nehmen
und etwas auf sie legen. Sie werden dann mit dir an
der Last des Volkes tragen, und du brauchst sie
nicht mehr allein zu tragen. 18 Dem Volke aber sage:
Heiligt euch für morgen! Ihr werdet Fleisch zu es-
sen bekommen; denn vor den Ohren des Herrn
habt ihr gejammert: ›Wer gibt uns Fleisch zu essen?
Wie gut ging es uns doch in Ägypten!‹ Jetzt wird der
Herr euch Fleisch zu essen geben. 19 Nicht nur einen
Tag oder zwei, fünf, zehn oder zwanzig Tage,
20 sondern einen ganzen Monat lang, bis ihr es nicht
mehr riechen könnt und ihr die Brechruhr be-
kommt. Denn ihr habt den Herrn mißachtet in eu-
rer Mitte und habt vor ihm gejammert: ›Warum
sind wir denn aus Ägypten herausgezogen?‹«
21 Moses erwiderte: »600 000 Mann zu Fuß zählt
das Volk, unter dem ich lebe. Da sagst du: ›Fleisch
will ich ihnen geben, daß sie einen ganzen Monat
lang zu essen haben!‹ 22 Kann man ihnen Schafe und
Rinder schlachten, daß es für sie reicht? Oder kann

man alle Fische des Meeres für sie fangen, daß es
ihnen genügt?« 23 Der Herr antwortete Moses: »Ist
des Herrn Hand etwa zu schwach? Nun wirst du
sehen, ob mein Wort eintrifft oder nicht.«

Herabkunft des Geistes

24 Moses ging hinaus und redete zum Volk alle
Worte des Herrn. Er rief siebzig Männer von den
Ältesten zusammen und stellte sie rings um das Zelt
auf. 25 Der Herr fuhr in der Wolke herab und redete
zu Moses. Dann nahm er etwas von dem Geiste, der
auf ihm ruhte, weg und ließ es über die siebzig
Ältesten kommen. Als der Geist sich nun auf sie nie-
derließ, gerieten sie in prophetische Verzückung,
wurden jedoch nicht hinweggerafft. 26 Zwei von den
Männern blieben im Lager zurück. Der eine hieß
Eldad und der andere Medad. Auch auf sie ließ sich
der Geist nieder; sie gehörten zu den Aufgeschrie-
benen, waren aber nicht zum Zelt hinausgegangen.
Sie gerieten daher im Lager in prophetische Ver-
zückung. 27 Da lief ein Diener und meldete dem Mo-
ses: »Eldad und Medad sind im Lager in Verzückung
geraten.« 28 Josua aber, der Sohn des Nun, der von
Jugend an Moses' Diener war, antwortete und
sprach: »Mein Herr Moses, wehre es ihnen doch!«
29 Moses erwiderte ihm: »Ereiferst du dich für mich?
Möchte doch das ganze Volk des Herrn propheti-
sche Begeisterung haben, möchte der Herr doch al-
len seinen Geist senden!« 30 Moses begab sich dann
in das Lager zurück mit den Ältesten Israels.

Wachteln vom Meere

31 Nun erhob sich ein vom Herrn gesandter Wind,
führte vom Meere Wachteln herbei und ließ sie
über dem Lager niederfallen in einem Umkreis von
einer Tagereise. Sie bedeckten den Boden etwa
zwei Ellen hoch. 32 Da machte sich das Volk den
ganzen Tag, die ganze Nacht und den ganzen fol-
genden Tag daran und sammelte die Wachteln. Wer
nur wenig sammelte, der kam auf zehn Haufen. Die
Leute legten sie rings um das Lager aus. 33 Noch war
das Fleisch zwischen ihren Zähnen, bevor sie es
aufgezehrt hatten, da entbrannte des Herrn Zorn
gegen das Volk. Der Herr schlug das Volk mit einer
sehr schweren Heimsuchung. 34 Daher heißt jener
Ort »Lustgräber«, weil man dort die Leute begrub,
die Gelüste hatten. 35 Von dort zog das Volk weiter
nach Chazerot und verblieb daselbst.

11,31–34: Ein anderes – oder dasselbe? – Wunder wird in 2 Mos 16,13 erwähnt. Das Wachtelwunder ist nicht unbedingt als eigentlich theologisches Wunder aufzufassen, da Wachtelzüge im Frühjahr und Spätsommer regelmäßig diese Gegend überfliegen. Die ermüdeten Tiere lassen sich nieder und können leicht gefangen werden. Doch werden sie in so großer Menge erschienen sein, daß man es als Wunder ansah.

Die Kuschitin

12 1 Mirjam und Aaron redeten wider
Moses wegen der kuschitischen Frau, die
er sich genommen hatte, daß er eine
Kuschitin geheiratet habe. 2 Sie sagten: »Hat der
Herr denn bloß mit Moses geredet? Hat er nicht
auch mit uns gesprochen?« Der Herr aber hörte
dies. 3 Der Mann Moses war indes demütig in
hohem Maße, mehr als alle Menschen auf Erden.
4 Der Herr sprach sofort zu Moses, Aaron und Mir-
jam: »Geht ihr drei zum Offenbarungszelt!« Die
drei gingen hinaus. 5 Da stieg der Herr in der Wol-
kensäule herab, trat unter den Zelteingang und rief
Aaron und Mirjam. Die beiden traten vor. 6 Dann
sprach er: »Hört meine Worte! Ist bei euch ein Pro-
phet des Herrn, so tue ich mich ihm kund in Visi-
onen und rede mit ihm in Träumen. 7 Nicht so bei
meinem Knecht Moses! Ihm ist mein ganzes Haus
anvertraut. 8 Von Mund zu Mund rede ich mit ihm
und von Person zu Person, nicht in rätselhaften
Worten; die Gestalt des Herrn schaut er. Warum
habt ihr euch nicht gescheut, wider meinen Knecht
Moses zu reden?«

Mirjams Aussatz

9 Des Herrn Zorn entbrannte wider sie. Er ging hin-
weg. 10 Die Wolke wich vom Zelte. Da war Mirjam
plötzlich vom Aussatz weiß wie Schnee. Aaron
wandte sich zu Mirjam und sah, daß sie aussätzig
war.

Fürbitte

11 Aaron sprach zu Moses: »Bitte, o Herr, laß uns
doch nicht dafür büßen, daß wir so töricht gehan-
delt und gesündigt haben! 12 Laß sie doch nicht wer-
den wie ein Kind, das schon beim Verlassen des
Mutterleibes nicht mehr lebt, und dessen Fleisch
schon halb verwest ist!« 13 Da rief Moses zum
Herrn und sprach: »Laß sie doch, o Gott, wieder ge-
sund werden!« 14 Der Herr sprach zu Moses: »Hätte
ihr Vater ihr ins Antlitz gespieen, müßte sie sich da
nicht sieben Tage lang schämen? So werde sie sie-
ben Tage lang aus dem Lager ausgesperrt, dann aber
wieder aufgenommen.« 15 Mirjam wurde sieben
Tage aus dem Lager ausgesperrt. Das Volk zog nicht
weiter, bis Mirjam wieder aufgenommen war.
16 Dann brach es von Chazerot auf und lagerte in
der Wüste Paran.

Zwölf Kundschafter

13 1 Der Herr sprach zu Moses: 2 »Entsende
Männer! Sie sollen das Land Kanaan aus-
kundschaften, das ich den Israeliten ge-
ben will. Je einen, einen Fürsten, sollt ihr vom

Stamme seiner Väter senden.« 3 Da entsandte sie
Moses nach des Herrn Geheiß von der Wüste Paran
aus, alles Männer, die Häupter der Israeliten waren.
4 Dies ihre Namen: vom Stamme Ruben Scham-
mua, der Sohn des Sakkur, 5 vom Stamme Simeon
Schaphat, der Sohn des Chori, 6 vom Stamme Juda
Kaleb, der Sohn des Jephunne, 7 vom Stamme Is-
sachar Jigal, der Sohn des Joseph, 8 vom Stamme
Ephraim Hosea, der Sohn des Nun, 9 vom Stamme
Benjamin Palti, der Sohn des Raphu, 10 vom Stamme
Sebulun Gaddiel, der Sohn des Sodi, 11 vom
Stamme Manasse aus Josephs Zweig Gaddi, der
Sohn des Susi, 12 vom Stamme Dan Ammiel, der
Sohn des Gemalli, 13 vom Stamme Aser Setur, der
Sohn des Michael, 14 vom Stamme Naphtali Nachbi,
der Sohn des Wophsi, 15 vom Stamme Gad Geuel,
der Sohn des Machi. 16 Dies sind die Namen der
Männer, die Moses aussandte, das Land zu erkun-
den. Hosea, den Sohn Nuns, nannte Moses Josua.

Aufträge

17 Moses sandte sie aus, das Land Kanaan auszu-
kundschaften. Er sprach zu ihnen. »Zieht von hier
durch das Südland und steigt hinauf ins Gebirge!
18 Achtet darauf, wie das Land beschaffen ist und
das Volk, das es bewohnt; ob es stark oder
schwach, wenig oder zahlreich ist, 19 ob das Land,
das sie bewohnen, fruchtbar oder schlecht ist; wie
die Städte sind, ob die Bevölkerung in Lagern oder
Festungen wohnt, 20 ferner, ob der Boden fett oder
mager, mit Bäumen bepflanzt ist oder nicht. Zeigt
euch mutig, bringt auch von den Früchten des Lan-
des mit!« Es war gerade die Zeit der ersten Wein-
trauben.

Traubental

21 Sie zogen also hinauf und kundschafteten das
Land aus von der Wüste Zin bis Rechob bei Lebo-
Hamat. 22 Sie zogen durch das Südland und kamen
bis Hebron; dort saßen Achiman, Scheschaj und
Talmaj, die Sprößlinge Enaks. Hebron aber war sie-
ben Jahre vor Zoan in Ägypten erbaut worden.
23 Bis zum Tal Eschkol kamen sie und schnitten dort
eine Rebe mit einer Weintraube ab. Sie trugen sie zu
zweien an einer Stange, dazu einige Granatäpfel
und Feigen. 24 Man nennt jenen Ort »Traubental«
wegen der Traube, welche die Israeliten dort abge-
schnitten haben.

Bericht

25 Vierzig Tage später kehrten sie von der Erkun-
dung des Landes zurück. 26 Sie kamen zu Moses,
Aaron und der ganzen Gemeinde der Israeliten in
die Wüste Paran nach Kades. Dort berichteten sie
ihnen und der ganzen Gemeinde und zeigten ihnen
des Landes Früchte. 27 Sie erzählten: »In das Land,
wohin du uns gesandt hast, sind wir gekommen.
Wirklich, es fließt von Milch und Honig über; dies
sind seine Früchte! 28 Freilich ist das Volk, das im
Lande wohnt, stark, die Städte befestigt und über-
aus groß; auch sahen wir dort Nachkommen der
Enakiter. 29 Die Amalekiter bewohnen des Landes
Südteil, die Hethiter, Jebusiter und Amoriter woh-
nen auf dem Gebirge, die Kanaaniter am Meer und
am Jordanufer.« 30 Kaleb aber beschwichtigte das
Volk Moses gegenüber und rief: »Hinauf! Wir wol-
len es in Besitz nehmen; denn wir schaffen es recht
gut!« 31 Die Männer aber, die mit ihm hinaufgezo-
gen waren, riefen: »Nein, wir sind nicht imstande,
gegen dieses Volk zu ziehen; denn es ist stärker als
wir.« 32 Sie berichteten den Israeliten übertriebene
Dinge über das Land, das sie ausgekundschaftet
hatten, indem sie behaupteten: »Das Land, das wir
durchzogen, um es zu erkunden, frißt seine Be-
wohner. Alle Leute, die wir gesehen haben, sind
hoch gewachsen. 33 Wir haben dort auch Riesen ge-
sehen – die Enakiter stammen von den Riesen ab –
und kamen uns selbst wie Heuschrecken vor; ihnen
mußten wir ebenso vorkommen.«

Empörung

14
1 Da erhob sich die ganze Gemeinde.
Sie schrieen, und das Volk weinte die
ganze Nacht hindurch. 2 Die Israeliten
murrten insgesamt wider Moses und Aaron. Die
ganze Gemeinde sprach zu ihnen: »Wären wir
doch in Ägypten gestorben oder in dieser Wüste!
O wären wir tot! 3 Warum will der Herr uns in die-
ses Land bringen? Damit wir etwa durch das
Schwert fallen? Unsere Frauen und Kinder sollen
Feindesbeute werden! Wäre es nicht besser für uns,
nach Ägypten zurückzukehren?« 4 Sie sprachen zu-
einander: »Wir wollen darauf bestehen und nach
Ägypten umkehren!« 5 Moses und Aaron fielen vor
der ganzen versammelten Gemeinde der Israeliten
auf ihr Antlitz.

Josuas und Kalebs Beschwichtigungsversuche

6 Josua, der Sohn Nuns, und Kaleb, der Sohn Je-
phunnes, die bei den Kundschaftern des Landes
waren, zerrissen ihre Kleider. 7 Sie sprachen zur
ganzen Gemeinde der Israeliten: »Das Land, das wir
durchzogen, um es auszukundschaften, ist ein über-
aus fruchtbares Land. 8 Wenn der Herr uns zugetan
ist, so bringt er uns in dieses Gebiet und verleiht uns
dieses Land, das von Milch und Honig überfließt.
9 Nur zeigt euch nicht störrisch wider den Herrn!
Fürchtet nicht die Bewohner des Landes; wir wer-

den sie verschlingen. Ihr Schutz ist von ihnen ge-
wichen; mit uns aber ist der Herr! Fürchtet euch
nicht vor ihnen!« 10 Die ganze Gemeinde aber ver-
langte ihre Steinigung.

Langmut des Herrn

Da erschien die Majestät des Herrn allen Israeliten
am Offenbarungszelt. 11 Der Herr sprach zu Moses:
»Wie lange noch sollen diese Leute mich verhöh-
nen? Wie lange noch werden sie ungläubig sein
trotz der Zeichen, die ich in ihrer Mitte getan habe?
12 Ich will sie mit der Pest schlagen, ich will sie hin-
wegtilgen und dich zu einem Volk machen, das
größer und stärker ist als dieses.«
13 Moses erwiderte dem Herrn: »Die Ägypter haben
vernommen, daß du dieses Volk in deiner Macht
aus ihrer Mitte hinweggeführt hast. 14 Sie teilten es
den Bewohnern dieses Landes mit. Man vernahm,
daß du, Herr, inmitten dieses Volkes bist, der sich
ihnen Auge in Auge geoffenbart hat, du, der Herr!
Deine Wolke steht über ihnen; am Tage ziehst du in
der Wolkensäule und nachts in der Feuersäule vor
ihnen einher. 15 Tötest du dieses Volk wie einen
Mann, dann werden die Völker, die von dir Kunde
vernahmen, sagen: 16 Nur weil er außerstande war,
dies Volk in das Land zu bringen, das er ihnen eid-
lich versprach, hat er es in der Wüste getötet!
17 Möchte sich doch nunmehr die Kraft des Herrn
groß erzeigen, wie du verheißen hast: 18 Der Herr
ist langmütig und reich an Huld, er vergibt Schuld
und Frevel, aber er läßt nicht ganz ungestraft; er
prüft die Schuld der Väter an den Kindern nach bis
ins dritte und vierte Geschlecht. 19 Vergib also die
Schuld dieses Volkes nach der Größe deiner Huld
und so, wie du diesem Volke von Ägypten an bis
jetzt vergeben hast!«
20 Der Herr sprach: »Ich vergebe, wie du es erbeten
hast! 21 Aber so wahr ich lebe, und so wahr des
Herrn Majestät die ganze Erde erfüllt, 22 all die Män-
ner, die meine Herrlichkeit geschaut und die Wun-
der gesehen haben, die ich in Ägypten und in der
Wüste gewirkt habe, und mich dennoch zehnmal
versucht und auf meine Stimme nicht gehört haben,
23 sollen nie das Land, das ich ihren Vätern eidlich
zugesagt habe, schauen; auch alle, die mich
schmähten, werden es nicht schauen. 24 Nur mei-
nen Knecht Kaleb will ich, weil ihn ein anderer
Geist beseelte und er mir voll gehorsam war, in das
Land bringen, das er schon betrat; seine Nachkom-
men sollen es erben. 25 Aber in der Niederung bleibt
der Amalekiter und Kanaaniter wohnen. Kehrt
morgen um und zieht in die Wüste in der Richtung
nach dem Schilfmeer!«

Wüstentod und Verheißung

26 Der Herr sprach zu Moses und Aaron: 27 »Wie
lange noch soll es mit dieser bösartigen Gemeinde
dauern, daß sie wider mich murren? Das Murren
der Israeliten wider mich habe ich gehört. 28 Sage zu
ihnen: So wahr ich lebe, spricht der Herr, genauso,
wie ihr es vor meinen Ohren ausgesprochen habt,
will ich an euch handeln. 29 In dieser Wüste werden
eure Leiber fallen, und zwar alle von euch, die ge-
mustert wurden, die ganze Zahl von zwanzig Jah-
ren an und darüber, da ihr wider mich gemurrt
habt! 30 Von euch soll keiner in das Land kommen,
das ich euch mit erhobener Hand als Wohnsitz ver-
sprochen habe, außer Kaleb, der Sohn Jephunnes,
und Josua, der Sohn Nuns. 31 Eure Kleinkinder hin-
gegen, von denen ihr gesagt habt, daß sie Feindes-
beute werden, bringe ich hinein, und sie werden
das Land erben, das ihr verschmäht habt. 32 Eure ei-
genen Leiber sollen in dieser Wüste fallen. 33 Eure
Söhne aber werden vierzig Jahre lang in der Wüste
als Hirten leben und so euren Abfall büßen, bis eure
Leiber in der Wüste verfallen sind. 34 Gemäß der
Zahl der vierzig Tage, die ihr gebraucht habt, um
das Land auszukundschaften – jeden Tag für ein
Jahr gerechnet – sollt ihr vierzig Jahre lang für eure
Verschuldungen Buße tun! Ihr sollt meine Gegner-
schaft kennenlernen! 35 Ich, der Herr, habe gespro-
chen: Fürwahr, so will ich handeln mit dieser
ganzen bösartigen Gemeinde, die sich wider mich
zusammengerottet hat; in dieser Wüste sollen sie
alle umkommen und sterben!«

Tod der Kundschafter

36 Die Männer aber, die Moses zum Auskundschaf-
ten des Landes gesandt hatte, und die nach ihrer
Rückkehr die ganze Gemeinde wider ihn zum
Murren reizten, indem sie falsche Gerüchte über
das Land in Umlauf brachten, 37 diese Männer, die
üble Dinge über das Land in Umlauf brachten, star-
ben vor dem Herrn eines schlagartigen Todes.
38 Nur Josua, der Sohn Nuns, und Kaleb, der Sohn
Jephunnes, blieben von den Männern, die zur Er-
kundung des Landes ausgezogen waren, am Leben.

Niederlage von Chorma

39 Moses teilte den Israeliten diese Worte mit.
Darob wurde das Volk sehr traurig. 40 In der Frühe
des anderen Morgens machten sie Anstalten, auf
die Gebirgshöhe hinaufzuziehen. Sie sagten: »Wir
sind bereit, zu jenem Ort hinaufzuziehen, von dem
der Herr redete, denn wir haben uns vergangen!«
41 Moses entgegnete: »Warum wollt ihr dem Befehl
des Herrn zuwiderhandeln? Es wird nicht gelingen!
42 Zieht nicht hinauf! Denn der Herr ist nicht in

eurer Mitte! Sonst werdet ihr im Angesicht eurer
Feinde eine Niederlage erleiden! 43 Denn die Amale-
kiter und Kanaaniter stehen euch dort gegenüber;
durchs Schwert werdet ihr fallen! Ihr habt euch ja
vom Herrn abgewendet, deshalb wird der Herr
nicht mit euch sein!« 44 Sie aber versteiften sich
hartnäckig, auf die Gebirgshöhe zu ziehen. Doch
die Bundeslade des Herrn und Moses wichen nicht
vom Lager. 45 Die Amalekiter und Kanaaniter, die
auf dem Gebirge wohnten, stiegen herab, schlugen
sie und versprengten sie bis Chorma.

14,19: Die in der Wüste oft erprobte Langmut Gottes: 2 Mos 14,11–15; 16,3f; 17,2–7; 32,7–14; 4 Mos 11,1f; 12,1–15. 20–24: Diese schwere Drohung wird auch 4 Mos 32,11f und 5 Mos 1,35f zitiert; die Verse 26 – 35 sagen dasselbe nach einer anderen, erweiterten Überlieferung. 31: Vgl. Vers 3. 36: 1 Kor 10,5.10.

Zugaben zu den Brand- und Friedopfern

15 1 Der Herr sprach zu Moses: 2 »Rede zu
den Israeliten und gebiete ihnen: Wenn ihr
in das Land eurer Wohnsitze kommt, das
ich euch geben will, 3 und ihr dem Herrn ein Feu-
eropfer darbringt, ein Brand- oder Schlachtopfer, um
ein Gelübde einzulösen oder als freiwillige Gabe
oder gelegentlich eurer Feste, um so dem Herrn
einen lieblichen Wohlgeruch von Rindern oder
Schafen zu bereiten, 4 dann opfere, wer dem Herrn
seine Opfergabe darbringt, zugleich als Speiseopfer
ein Zehntel Epha Mehl, das mit einem Viertel Hin
Öl angemacht ist. 5 An Wein zum Trankopfer be-
reite bei jedem Lamm zu Brand- und Schlachtopfern
ein Viertel Hin. 6 Zu einem Widder aber füge als
Speiseopfer zwei Zehntel Epha Mehl hinzu, das mit
einem Drittel Hin Öl vermengt ist, 7 als Trankopfer
ein Drittel Hin Wein, so wird es ein lieblicher Wohl-
geruch für den Herrn. 8 Bringst du dagegen ein Kalb
als Brand- oder Schlachtopfer dar, um ein Gelübde
einzulösen oder als Friedopfer für den Herrn, 9 dann
opfere zum Kalb als Speiseopfer drei Zehntel Epha
Mehl, das mit einem halben Hin Öl angemacht ist.
10 Bringe zum Trankopfer ein halbes Hin Wein dar;
das sei ein Feueropfer lieblichen Wohlgeruchs für
den Herrn. 11 So werde verfahren bei jedem Rind,
bei jedem Widder, jedem Schaf- oder Ziegenlamm.
12 Gemäß der Anzahl die ihr herrichtet, habt ihr bei
jedem Stück so zu verfahren. 13 Jeder Einheimische
tue dies, wenn er ein Feueropfer lieblichen Wohlge-
ruchs dem Herrn darbringt. 14 Wenn ein Fremder bei
euch weilt oder einer, der für immer in eurer Mitte
wohnt und ein Feueropfer lieblichen Wohlgeruchs
dem Herrn darbringen will, muß er ebenso tun wie
ihr. 15 Ein und dieselbe Satzung gilt für euch wie für
den Fremden, der sich bei euch aufhält; eine immer-
währende für eure Geschlechterfolge geltende Sat-
zung sei es: Vor dem Herrn gilt für den Fremden das-
selbe wie für euch. 16 Das gleiche Gesetz und das
gleiche Recht gelte für euch und für den Fremden,
der sich bei euch aufhält.«

Hebe vom Brotteig

17 Es sprach der Herr zu Moses: 18 »Rede zu den
Israeliten und befiehl ihnen: Wenn ihr in das Land
kommt, in das ich euch führen will, 19 und ihr vom
Brot des Landes eßt, sollt ihr dem Herrn ein Hebe-
opfer abgeben! 20 Als Erstling eures Brotteiges sollt
ihr ein Ringbrot als Hebe darbringen; wie die Hebe
von der Tenne sollt ihr sie abliefern. 21 Vom Erstling
eures Brotteiges gebt dem Herrn eine Hebe ab von
Geschlecht zu Geschlecht!

Sündopfer der Gesamtheit

22 Wenn ihr euch unabsichtlich vergeht und irgend-
eines dieser Gebote nicht befolgt, die der Herr dem
Moses angeordnet hat, 23 irgend etwas von dem,
was der Herr euch durch Moses befehlen ließ von
dem Tage an, da der Herr es geboten hat, und für-
derhin von Geschlecht zu Geschlecht, 24 so soll,
wenn das Versehen aus Unachtsamkeit der Ge-
meinde begangen worden ist, die ganze Gemeinde
einen Jungstier als Brandopfer darbringen zum lieb-
lichen Wohlgeruch für den Herrn, nebst dem zu-
gehörigen Speise- und Trankopfer nach Gebühr,
ferner einen Ziegenbock als Sündopfer. 25 Der Prie-
ster schaffe für die ganze Gemeinde der Israeliten
Sühne; dann wird ihnen vergeben, denn es war ein
Versehen; sie müssen ihre Gabe als Feueropfer für
den Herrn darbringen, dazu ihr Sündopfer vor dem
Herrn für ihr Versehen. 26 Es wird der ganzen Ge-
meinde der Israeliten und dem Fremdling, der unter
ihnen weilt, vergeben; denn das Versehen fiel dem
ganzen Volk zur Last.

Sündopfer der Einzelperson

27 Verfehlt sich dagegen ein einzelner unabsichtlich,
so hat er eine einjährige Ziege als Sündopfer darzu-
bringen. 28 Der Priester soll für ihn, der sich durch
sein Vergehen unabsichtlich versündigt hat, Sühne
schaffen, indem er die Sühnehandlung für ihn voll-
zieht; dann wird ihm vergeben. 29 Für den Einhei-
mischen unter den Israeliten wie für den Fremden
in ihrer Mitte gilt in diesem Fall des unabsichtlichen
Vergehens ein und dieselbe Bestimmung.
30 Sündigt aber jemand, ein Einheimischer oder ein
Fremder, mit erhobener Hand, so schmäht er den
Herrn; ausgerottet werde er aus seinem Volk. 31 Er
hat ja das Wort des Herrn mißachtet und sein Ge-
bot gebrochen! Ausgerottet werde ein solcher uner-
bittlich; seine Schuld lastet auf ihm.«

Sabbatschänder

32 Als die Israeliten in der Steppe weilten, stießen
sie auf einen Mann, der am Sabbat Holz sammelte.
33 Da brachten ihn die Leute, die ihn beim Holzle-
sen ertappt hatten, zu Moses, Aaron und der
ganzen Gemeinde. 34 Man legte ihn in Gewahrsam;
denn es war unentschieden, was mit ihm gesche-
hen sollte. 35 Der Herr sprach zu Moses: »Der Mann
soll des Todes sterben. Die ganze Gemeinde soll ihn
außerhalb des Lagers steinigen!« 36 Die ganze Ge-
meinde führte ihn außerhalb des Lagers. Man stei-
nigte ihn zu Tode, wie der Herr dem Moses befoh-
len hatte.

Zipfelquasten

37 Der Herr sprach zu Moses: 38 »Rede zu den Isra-
eliten und befiehl ihnen: Sie sollen sich Quasten an
die Zipfel ihrer Kleider nähen, sie und ihre Nach-
kommen, und an jeder Zipfelquaste eine Schnur
von violettem Purpur anbringen. 39 Das soll für euch
ein Zeichen sein: Wenn ihr sie seht, sollt ihr aller
Gebote des Herrn gedenken, nach ihnen handeln
und nicht abschweifen nach den Gelüsten eurer
Herzen und Augen, durch die ihr euch verführen
laßt. 40 So sollt ihr all meiner Gebote eingedenk
sein, sie tun, und heilig sein vor eurem Gott! 41 Ich
bin der Herr, euer Gott, der euch aus dem Lande
Ägypten hinweggeführt hat, um euer Gott zu sein:
Ich bin der Herr, euer Gott!«

15,32–36: Vgl. 2 Mos 31,15; 35,2. 37–41: Pharisäisches Tragen der Quasten Matth 23,5.

Empörung

16 1 Es empörten sich Korach, der Sohn
des Jizhar, der Enkel des Kehat, der Uren-
kel Levis, und Vatan und Abiram, die
Söhne Eliabs; dieser war ein Sohn Pallus, des Soh-
nes Rubens. 2 Sie empörten sich mit zweihundert
israelitischen Männern, Fürsten der Gemeinde, Ver-
tretern des Volkes, Männern von höchstem Anse-
hen, gegen Moses. 3 Wider Moses und Aaron schar-
ten sie sich zusammen und sprachen zu ihnen:
»Nun ist es genug! Die ganze Gemeinde, alle insge-
samt sind heilig, und der Herr ist in ihrer Mitte.
Warum erhebt ihr euch über die Gemeinde des
Herrn?« 4 Moses hörte dies und fiel auf sein Antlitz
nieder. 5 Er antwortete Korach und seinem ganzen
Gefolge: »Morgen wird der Herr kundtun, wer zu
ihm gehört, und wer der Heilige ist, den er zu sich
herantreten läßt. Wen er dann erwählt, der darf ihm
nahen. 6 Tut folgendes: Nehmt eure Räucherpfan-
nen, Korach und seine ganze Gefolgschaft! 7 Tut
Feuer hinein und legt morgen vor dem Herrn Räu-
cherwerk darauf! Wen der Herr dann erwählt, der
wird als heilig gelten. Jetzt aber laßt es genug sein,
ihr Söhne Levis!«

Beschwichtigungsversuch

8 Moses sprach zu Korach: »Hört, ihr Söhne Levis!
9 Ist es euch zu wenig, daß euch der Gott Israels
aus der Gemeinde der Israeliten ausgesondert hat,
um euch sich nahen zu lassen, damit ihr Dienst an
der Wohnstätte des Herrn verrichtet und vor der
Gemeinde steht, um für sie Dienst zu tun? 10 Er
ließ doch dich und alle deine Brüder, die Söhne
Levis, sich nahen. Ihr aber verlangt gar nach dem
Priestertum. 11 Gegen den Herrn habt ihr euch also
zusammengerottet, du und dein ganzes Gefolge;
denn was ist Aaron, daß ihr wider ihn murrt?«
12 Moses sandte Leute, Datan und Abiram, die
Söhne Eliabs, zu rufen. Sie ließen sagen: »Wir kom-
men nicht! 13 Ist es noch zu wenig, daß du uns aus
einem Land, das von Milch und Honig fließt, her-
ausgeführt hast, um uns in der Wüste sterben zu
lassen? Nun willst du dich gar noch zum Herrn über
uns aufwerfen! 14 Fürwahr, du hast uns nicht in ein
Land gebracht, das von Milch und Honig fließt, und
hast uns keinen Besitz an Feldern und Weinbergen
gegeben! Willst du dieser Leute Augen blind
machen? Wir kommen nicht!« 15 Moses wurde sehr
zornig und sprach zum Herrn: »Wende dich ihrem
Opfer nicht zu! Keinen Esel habe ich ihnen fort-
genommen. Niemand von ihnen habe ich ein Leid
getan!«

16 Da sprach Moses zu Korach: »Du samt deinem
ganzen Gefolge, erscheine morgen vor dem Herrn;
du, sie und Aaron! 17 Nehmt eure Räucherpfannen,
tut Räucherwerk darauf, und dann bringe ein jeder
seine Pfanne vor den Herrn – zweihundertfünfzig
Räucherpfannen also –, auch du und Aaron, ein
jeder seine Pfanne!« 18 Da nahm ein jeder seine Räu-
cherpfanne, tat Feuer hinein und legte Räucherwerk
darauf. Sie stellten sich am Eingang des Offenba-
rungszeltes auf; ebenso Moses und Aaron. 19 Ko-
rach aber versammelte die ganze Gemeinde vor der
Türe des Offenbarungszeltes gegen sie. Da erschien
der gesamten Versammlung die Herrlichkeit des
Herrn. 20 Der Herr sprach zu Moses und Aaron:
21 »Sondert euch ab von dieser Gemeinde! Ich will
sie urplötzlich vernichten!« 22 Sie warfen sich auf ihr
Antlitz und flehten: »O Gott, du Gott des Lebens-
hauches in allem Fleisch! Wenn einer sündigt, willst
du dann über die ganze Gemeinde zürnen?« 23 Da
sprach der Herr zu Moses: 24 »Weise die Gemeinde
an: Zieht euch zurück aus dem Umkreis der Woh-
nung Korachs, Datans und Abirams!«

Herrlichkeit des Herrn

25 Moses machte sich auf und begab sich zu Datan
und Abiram. Die Ältesten Israels folgten ihm.
26 Dann sprach er zur Gemeinde: »Tretet weg von
den Zelten dieser schuldbeladenen Männer! Rührt
nichts von dem an, was ihnen gehört, sonst werdet
ihr hinweggerafft ob aller ihrer Sünden!« 27 Man zog
sich aus dem Umkreis der Wohnung Korachs,
Datans und Abirams zurück. Datan und Abiram
standen draußen am Eingang ihrer Zelte mit ihren
Frauen, Söhnen und kleinen Kindern. 28 Moses
sprach: »Daran sollt ihr erkennen, daß der Herr
mich gesandt hat, all diese Taten zu vollbringen,
und daß sie nicht von mir selbst ausgehen: 29 Ster-
ben diese, wie alle Menschen sterben, und wider-
fährt ihnen nur das, was allen Menschen zu wider-
fahren pflegt, so hat der Herr mich nicht gesandt.
30 Schafft der Herr aber etwas noch nie Gewesenes,
und reißt die Erde ihren Schlund auf und verschlingt
sie samt allem, was ihnen gehört, und fahren sie le-
bendig ins Totenreich hinab, dann erkennt ihr, daß
diese Männer den Herrn geschmäht haben!« 31 Als
er diese Worte gesprochen hatte, spaltete sich der
Boden unter ihnen. 32 Die Erde riß ihren Schlund auf
und verschlang sie mit ihren Familien und all den
Leuten, die zu Korach gehörten, und der gesamten
Habe. 33 Sie fuhren mit allem, was ihnen gehörte, le-
bendig ins Totenreich hinab; die Erde schloß sich
über ihnen wieder. So verschwanden sie mitten aus
der Gemeinde. 34 Ganz Israel, das ringsherum
stand, floh bei ihrem Aufschrei; denn sie sagten
sich: »Daß nur die Erde nicht auch uns verschlingt!«
35 Ein Feuer ging aus vom Herrn und fraß die zwei-
hundertfünfzig Mann, die das Räucherwerk dar-
brachten.

Verwertung der Räucherpfannen

17 1 Dann redete der Herr zu Moses:
2 »Sage Eleasar, dem Sohne des Priesters
Aaron, er möge die Räucherpfannen von
der Brandstätte aufheben – das Feuer aber verstreue
weit hinweg! –; denn sie sind dem Heiligtum ver-
fallen. 3 Aus den Räucherpfannen dieser Männer,
die ihr Leben durch Freveltaten verwirkt haben,
mache man gehämmerte Blechplatten als Überzug
für den Altar. Denn sie haben die Pfannen vor den
Herrn hingebracht, und so sind sie dem Heiligtum
verfallen. Sie sollen den Israeliten als Mahnzeichen
dienen.« 4 Da nahm der Priester Eleasar die kupfer-
nen Räucherpfannen, welche die vom Feuer Ver-
zehrten herangebracht hatten; man hämmerte sie
breit als einen Überzug für den Altar. 5 Ein Warn-
zeichen sollte es für die Israeliten sein, daß keiner,
der nicht vom Stamme Aarons ist, unberufen her-
antrete, um Räucherwerk vor dem Herrn anzuzün-
den, damit es ihm nicht ergehe wie Korach und
seiner Gefolgschaft. Ihm geschah, wie der Herr
durch Moses verkündet hatte.

Murren der Gemeinde – Sühne für das Volk

6 Die ganze Gemeinde der Israeliten murrte am an-
dern Morgen wider Moses und Aaron und sprach:
»Ihr habt das Volk des Herrn ermordet!« 7 Da sich
nun die Gemeinde wider Moses und Aaron zusam-
menrottete, wandten sich diese zum Offenbarungs-
zelt. Und siehe, die Wolke bedeckte es, und die
Herrlichkeit des Herrn erschien. 8 Moses und Aaron
eilten hin vor das Offenbarungszelt. 9 Der Herr re-
dete zu Moses: 10 »Fort von dieser Gemeinde! Ich
will sie jäh vertilgen!« Da fielen sie auf ihr Antlitz
nieder. 11 Moses aber sprach zu Aaron: »Nimm die
Räucherpfanne und gib Feuer vom Altar hinein,
lege Räucherwerk auf, trage es eiligst zur Gemeinde
hin und schaffe ihr Sühne; denn vom Herrn ist be-
reits der Zorn ausgegangen, die Plage hat angefan-
gen!« 12 Da nahm sie Aaron, wie Moses geboten
hatte, lief mitten unter die versammelte Menge,
und siehe, die Plage unter dem Volke hatte schon
begonnen. Er räucherte und schaffte dem Volk
Sühne. 13 Er stellte sich zwischen die Toten und die
Lebendigen; so wurde der Plage Einhalt getan.
14 Die Anzahl der Toten belief sich bei der Heimsu-
chung auf vierzehntausendsiebenhundert, abgese-
hen von denen, die Korachs wegen umgekommen
waren. 15 Dann kehrte Aaron zu Moses zurück an
die Türe des Offenbarungszeltes, als die Plage zum
Stillstand gebracht war.

Aarons grünender Stab

16 Der Herr sprach zu Moses: 17 »Rede mit den Israe-
liten und nimm von ihnen je einen Stab für jeden
Stamm, und zwar von ihren Fürsten nach ihren
Stämmen, also zwölf Stäbe! Schreibe den Namen
eines jeden auf seinen Stab! 18 Den Namen Aarons
schreibe auf den Stab Levis; denn je ein Stab ist für
das Stammeshaupt. 19 Lege sie dann nieder im Of-
fenbarungszelt vor der Gesetzeslade, wo ich mich
euch offenbare. 20 Und der Stab dessen, den ich mir
erwähle, soll ausschlagen! So will ich das Murren
der Israeliten, das sie gegen euch erheben, vor mir
zum Schweigen bringen.« 21 Also redete Moses zu
den Israeliten. Darauf gaben ihm alle Fürsten je
einen Stab für jeden Fürsten nach ihren Stämmen,
also zwölf Stäbe; der Stab Aarons war auch darun-
ter. 22 Moses legte die Stäbe vor dem Herrn im Of-
fenbarungszelt nieder. 23 Am folgenden Morgen be-

trat er das Offenbarungszelt. Da grünte der Stab
Aarons, der zum Stamme Levi gehörte. Er hatte
ausgeschlagen, Blüten getrieben und Mandeln zur
Reife gebracht. 24 Moses brachte alle Stäbe vom
Herrn weg heraus zu allen Israeliten; man schaute
sie an, und ein jeder nahm seinen Stab. 25 Der Herr
sprach zu Moses: »Lege den Stab Aarons wieder vor
die Gesetzeslade! Er soll aufbewahrt bleiben als ein
Mahnzeichen für Widerspenstige. Bringe so ihr
Murren vor mir zum Schweigen, damit sie nicht
sterben müssen!« 26 Moses tat, wie der Herr ihm be-
fohlen hatte. 27 Die Israeliten aber sprachen zu Mo-
ses: »Wahrlich, wir kommen um! Verloren sind wir,
alle sind wir verloren! 28 Wer der Wohnstätte des
Herrn sich nur nähert, muß sterben! Sollen wir
denn vollständig zugrunde gehen?«

17,25: Hebr 9,4.

18 1 Da sprach der Herr zu Aaron: »Du,
deine Söhne und deine Familie mit dir, ihr
alle sollt die Verantwortung für das Hei-
ligtum und für jedes Vergehen in eurem Priesteramt
auf euch nehmen! 2 Aber auch deine Brüder, der
Stamm Levi, dein väterlicher Stamm, sollen mit dir
herantreten. Sie sollen sich dir anschließen und dich
bedienen. Du aber mit deinen Söhnen tue Dienst
vor dem Zelt des Gesetzes! 3 Jene sollen die zu dei-
nem Dienst und zur Dienstleistung im Zelte erfor-
derlichen Obliegenheiten verrichten; nur dürfen sie
sich nicht den heiligen Geräten und dem Altar
nähern, sonst müßten sie und ihr sterben. 4 Sie sol-
len sich dir anschließen und die gesamten Oblie-
genheiten am Offenbarungszelt verrichten; ein Un-
befugter darf zu euch nicht herantreten! 5 Doch die
Dienstobliegenheiten am Heiligtum und am Altar
dürft nur ihr verrichten, damit nicht noch einmal
ein Zorngericht über die Israeliten komme! 6 Seht,
ich habe eure Brüder, die Leviten, aus der Mitte der
Israeliten herausgenommen als ein Geschenk für
euch; sie sind dem Herrn als Eigentum übertragen,
den heiligen Dienst am Offenbarungszelt zu ver-
richten. 7 Du aber samt deinen Söhnen sollst deines
Priesteramtes walten in allem, was den Altar angeht
und den Dienst hinter dem Vorhang. Das Priester-
tum übergebe ich euch als Amtsgeschenk; der Un-
befugte, der hinzutritt, muß sterben.«

Priester- und Leviteneinkünfte

8 Der Herr sprach zu Aaron: »Siehe, ich gebe dir,
was von meinen Hebeopfern aufzubewahren ist;
von allen heiligen Gaben der Israeliten gebe ich es
dir als Anteil und deinen Söhnen als eine immer-
währende Gebühr. 9 Dies soll dir von den hoch-
heiligen Gaben, die nicht verbrannt werden, als Ge-
bühr zufallen: All ihre Abgaben bei allen Speise-
opfern, Sündopfern und Schuldopfern, die sie mir
darbringen. Als Hochheiliges mögen sie dir und dei-
nen Söhnen zufallen! 10 An hochheiliger Stätte sollst
du sie verzehren; alle Männer dürfen davon essen;
als etwas Heiliges haben sie dir zu gelten.
11 Auch folgendes gehört dir: die Abgabe ihrer
Opfergeschenke bei allen Weiheopfern der Israeli-
ten. Ich übergebe sie dir, deinen Söhnen und deinen
Töchtern als eine immerwährende Gebühr; jeder
Reine in deiner Familie darf davon essen: 12 Alles
Beste vom Öl, Most und Getreide, die Erstlingsga-
ben für den Herrn überlasse ich dir. 13 Die Erstlinge
von allem, was im Lande wächst und was dem
Herrn dargebracht wird, sollen dir gehören. Jeder,
der rein ist in deiner Familie, darf davon essen.
14 Alles Banngut in Israel sei dein Eigentum. 15 Jegli-
che Erstgeburt von allen Lebewesen, die man dem
Herrn darbringt, vom Menschen und vom Vieh,
gehöre dir; nur mußt du die menschliche Erstgeburt
auf jeden Fall auslösen lassen und auch die Erstge-
burt unreiner Tiere. 16 Was ihre Auslösung angeht,
so sollst du sie im Alter von einem Monat nach dem
Schätzungswert für einen Betrag von fünf Sekel
heiligen Gewichtes, den Sekel zu zwanzig Gera,
auslösen lassen. 17 Aber die Erstlingswürfe von Rin-
dern, Schafen oder Ziegen darfst du nicht auslösen
lassen; heilig sind sie; ihr Blut sollst du an den Altar
sprengen und ihr Fett in Rauch aufgehen lassen, ein
Feueropfer zum lieblichen Wohlgeruch für den
Herrn. 18 Ihr Fleisch aber gehöre dir; wie die Weihe-
brust und die rechte Keule soll es dir gehören. 19 Alle
Hebeopfer von hochheiligen Gaben, welche die
Israeliten als Hebeopfer dem Herrn darbringen,
gebe ich dir samt deinen Söhnen und Töchtern als
eine immerwährende Gebühr. Es sei dies ein für
immer geltender Salzbund vor dem Herrn für dich
und deine Nachkommen mit dir!« 20 Der Herr
sprach zu Aaron: »In ihrem Lande sollst du über-
haupt keinen Erbbesitz haben, und einen Anteil in
ihrer Mitte kannst du nicht bekommen: Ich bin dein
Anteil und dein Erbteil inmitten der Israeliten!

Zehntabgaben für die Leviten

21 Den Söhnen Levis schenke ich hiermit sämtliche
Zehntabgaben in Israel als Erbbesitz für ihren
Dienst, den sie verrichten, den Dienst am Offen-
barungszelt. 22 Die Israeliten aber sollen sich für-
derhin nicht mehr dem Offenbarungszelt nähern,
damit sie keine Sünde auf sich laden und sterben.
23 Der Levit allein hat am Offenbarungszelt den
Dienst zu verrichten; er hat die Verantwortung auf

sich zu nehmen als eine immerwährende Verpflichtung von Geschlecht zu Geschlecht; aber Erbbesitz unter den Israeliten soll er nicht haben. 24 Denn ich weise den Leviten den Zehnten der Israeliten, den sie dem Herrn als Hebeopfer darbringen, zum Erbbesitz an; darum habe ich ihnen befohlen, daß sie inmitten der Israeliten keinen Erbbesitz erhalten.«

Zehntabgaben für den Priester

25 Der Herr sprach zu Moses: 26 »Rede zu den Leviten und befiehl ihnen: Wenn ihr von den Israeliten den Zehnten empfangt, den ich euch von ihnen als euren Erbbesitz zugewiesen habe, so sollt ihr von ihm das Hebeopfer für den Herrn abheben, nämlich einen Zehnten vom Zehnten. 27 Und euer Hebeopfer wird euch angerechnet wie (den anderen) das Getreide von der Tenne und der Überfluß von der Kelter; 28 so sollt auch ihr das Hebeopfer für den Herrn von all euren Zehnteinnahmen, die ihr von den Israeliten in Empfang nehmt, abheben; davon sollt ihr die Hebe des Herrn an Aaron, den Priester, übergeben. 29 Von allen euch zufallenden Gaben sollt ihr das gesamte Hebeopfer für den Herrn abheben, von allem, was euch als Bestes gilt, die gebührende heilige Abgabe! 30 Sprich zu ihnen: Wenn ihr das Beste davon abgebt, so wird es den Leviten angerechnet wie (den anderen) der Ertrag von Tenne und Kelter. 31 Ihr und eure Familie könnt den Zehnten an jedem Orte verzehren, ist er doch euer Lohn für euren Dienst am Offenbarungszelt. 32 Seinetwegen ladet ihr keine Schuld auf euch, entweiht nicht die heiligen Abgaben der Israeliten und werdet nicht sterben, wenn ihr das Erlesenste davon abgebt.«

Asche einer rotfarbigen Kuh und ihre Verwendung

19 1 Der Herr redete zu Moses und Aaron: 2 »Dies ist die Gesetzesbestimmung, die der Herr erläßt: Sage den Israeliten, sie möchten eine rotfarbige fehlerlose Kuh zu dir bringen, an der keinerlei Makel ist und auf die noch kein Joch gelegt ward. 3 Übergebt sie dem Priester Eleasar. Man führe sie hinaus vor das Lager und schlachte sie vor seinen Augen. 4 Der Priester Eleasar nehme mit seinem Finger etwas von ihrem Blute und sprenge siebenmal nach der Vorderseite des Offenbarungszeltes hin. 5 Man verbrenne dann die Kuh vor seinen Augen, ihr Fell, Fleisch und Blut samt dem Mageninhalt. 6 Der Priester aber nehme Zedernholz, Ysop und Karmesinfarbe und werfe es hinein in das Feuer, in dem die Kuh brennt. 7 Danach wasche er seine Kleider und bade seinen Leib im Wasser und komme zum Lager; er bleibt aber unrein bis zum Abend. 8 Auch wer sie verbrannt hat, wasche seine Kleider und bade in Wasser, er bleibt ebenso unrein bis zum Abend. 9 Dann sammle ein Reiner die Asche der Kuh und lege sie draußen vor dem Lager an einem reinen Ort nieder, damit sie für die Gemeinde der Israeliten für das Reinigungswasser aufbewahrt werde; sie ist ja ein Sündopfer. 10 Wer aber die Asche der Kuh gesammelt hat, wasche seine Kleider; er bleibt unrein bis zum Abend.

Folgende Vorschrift gelte für die Israeliten und die Fremden, die sich unter ihnen aufhalten, als immerwährende Satzung: 11 Wer einen Toten, den Leichnam irgendeines Menschen, berührt, wird sieben Tage unrein. 12 Mit dem Reinigungswasser nun soll sich ein solcher am dritten und siebten Tage entsündigen; dann wird er rein; läßt er sich aber am dritten und siebten Tage nicht entsündigen, so bleibt er unrein. 13 Wer immer einen Verstorbenen, den Leichnam eines Toten, berührt und sich nicht entsündigen läßt, befleckt die Wohnstätte des Herrn; er soll ausgerottet werden aus Israel; Reinigungswasser ward auf ihn nicht gesprengt, also bleibt er unrein; seine Befleckung haftet weiterhin an ihm.

Verunreinigung durch Leichen

14 Es gilt folgendes Gesetz: Stirbt jemand in einem Zelt, so wird jeder, der das Zelt betritt, und jeder, der sich gerade darin befindet, sieben Tage lang unrein. 15 Auch jedes offene Gefäß, das keinen an einer Schnur befestigten Verschluß hat, wird unrein. 16 Ebenso wird jeder, der auf freiem Felde mit einem Schwertdurchbohrten, einem Verstorbenen, einem Menschengerippe oder mit einem Grab in Berührung kommt, für sieben Tage unrein. 17 Man nehme für einen so Verunreinigten etwas Asche vom verbrannten Sündopfer und gieße darüber in ein Gefäß frisches Quellwasser. 18 Ein Reiner nehme dann Ysop, tauche ihn in das Wasser, besprenge das Zelt, alle Geräte und alle Personen, die sich dort gerade aufhielten, ferner auch den, der Gebeine, einen Erschlagenen, Gestorbenen oder ein Grab berührt hat. 19 Der Reine soll den Befleckten am dritten und am siebten Tag besprengen; so entsündigt er ihn am siebten Tag; jener muß jedoch seine Kleider waschen und baden, dann ist er am Abend rein. 20 Wird aber jemand unrein, und läßt er sich nicht entsündigen, soll er aus der Gemeinde ausgerottet werden; denn er hat das Heiligtum des Herrn befleckt; kein Reinigungswasser ward auf ihn gesprengt; also ist er unrein. 21 Dieses sei ihnen eine immerwährende Satzung. Auch wer das Reinigungswasser gesprengt hat, wasche

seine Kleider; wer mit dem Reinigungswasser in Be-
rührung kommt, bleibt unrein bis zum Abend.«
22 Alles, was der Unreine berührt, wird unrein; wer
ihn aber berührt, ist unrein bis zum Abend.«

19,1–13: Hebr 9,13. Rot ist Farbe des Blutes.

Tod Mirjams

20 1 Im ersten Monat gelangte die ganze
Gemeinde der Israeliten in die Wüste
Zin. Das Volk ließ sich in Kades nieder.
Mirjam starb dort und wurde daselbst bestattet.

Wasser aus dem Felsen

2 Die Gemeinde hatte kein Wasser und rottete sich
deshalb wider Moses und Aaron zusammen. 3 Das
Volk haderte mit Moses und schrie: »Ach, wären
wir doch damals mit umgekommen, als unsere Brü-
der vor dem Herrn umkamen! 4 Warum habt ihr die
Gemeinde des Herrn in diese Wüste geführt, damit
wir hier sterben zusammen mit unserem Vieh?
5 Und warum habt ihr uns aus Ägypten fortge-
führt, um uns an diesen bösen Ort zu bringen? Hier
gibt es keine Saat, keinen Feigenbaum, keinen
Weinstock, keinen Granatapfel und nicht einmal
Trinkwasser.« 6 Moses und Aaron gingen von der
Gemeinde weg vor den Eingang des Offenba-
rungszeltes. Sie warfen sich auf ihr Antlitz nieder,
und es erschien ihnen die Herrlichkeit des Herrn.
7 Der Herr sprach zu Moses: 8 »Nimm den Stab, ver-
sammle die Gemeinde, du und dein Bruder Aaron,
und redet vor ihren Augen zum Felsen; dieser wird
daraufhin sein Wasser hervorsprudeln lassen. Laß
für sie Wasser aus dem Felsen fließen und tränke
damit die Gemeinde zusammen mit ihrem Vieh!«
9 Da holte Moses den Stab vor dem Herrn, wie er
ihm befohlen hatte. 10 Moses und Aaron versam-
melten die Gemeinde vor dem Felsen. Moses
sprach zu ihnen: »Hört, ihr Widerspenstigen, kön-
nen wir wohl aus diesem Felsen Wasser für euch
fließen lassen?« 11 Moses erhob seine Hand und
schlug mit dem Stab zweimal gegen den Felsen. Es
kam viel Wasser heraus. Die Gemeinde samt ihrem
Vieh konnte trinken. 12 Der Herr sprach zu Moses
und Aaron: »Weil ihr kein Vertrauen in mich gesetzt
und mich vor den Augen der Israeliten nicht als den
Heiligen geehrt habt, werdet ihr diese Gemeinde
nicht in das Land, das ich für sie bestimmt habe,
hineinführen.« 13 Dies ist das Haderwasser (Me-
riba), wo die Israeliten mit dem Herrn haderten und
er sich ihnen als heilig erwies.

Durchzugsverbot durch Edom

14 Moses sandte von Kades aus Boten an den König
von Edom: »So sagt dir dein Bruder Israel: Du
kennst all die Mühsal, die uns getroffen hat.
15 Unsere Väter sind nach Ägypten gezogen, und
wir wohnten in Ägypten lange Zeit. Die Ägypter
aber haben an uns und unseren Vätern schlecht
gehandelt. 16 Wir schrieen zum Herrn, er hörte
unseren Ruf und sandte einen Engel, der uns aus
Ägypten wegführte. Da sind wir nun in Kades,
einer Grenzstadt deines Gebietes. 17 Wir möchten
gerne durch dein Land ziehen; wir werden kein Feld
und keinen Weinberg betreten, kein Wasser aus den
Brunnen trinken, nur die Königstraße entlangzie-
hen und weder nach rechts noch nach links ab-
biegen, bis wir dein Gebiet durchzogen haben!«
18 Edom aber antwortete: »Du darfst bei mir nicht
durchziehen, sonst rücke ich gegen dich mit dem
Schwerte aus!« 19 Die Israeliten erwiderten ihm:
»Nur auf der gebahnten Straße wollen wir ziehen;
trinken wir aber Wasser samt unserem Vieh, so be-
zahlen wir dafür den vollen Preis. Von nichts weiter
kann die Rede sein, als daß wir zu Fuß hindurch-
ziehen wollen.« 20 Man erwiderte: »Ihr dürft nicht
durchziehen!« Edom zog ihnen entgegen mit zahl-
reichem Kriegsvolk und starker Macht. 21 Edom
weigerte sich, Israel durch sein Gebiet ziehen zu
lassen; da bog Israel seitwärts von ihnen ab.

Aarons Tod

22 Sie brachen von Kades auf, und die Israeliten, die
ganze Gemeinde, kamen zum Berge Hor. 23 Der Herr
sprach zu Moses und Aaron am Berge Hor, an der
Landesgrenze Edoms: 24 »Aaron soll jetzt zu seinen
Volksgenossen versammelt werden. Er kommt ja
nicht in das Land, das ich den Israeliten gebe; denn
ihr habt euch am Haderwasser gegen meinen Befehl
aufgelehnt. 25 Nimm Aaron und seinen Sohn Eleasar
und führe sie hinauf auf den Berg Hor. 26 Entkleide
dort Aaron seiner Gewänder und bekleide damit
seinen Sohn Eleasar! Aaron wird dort hinweggerafft
werden und sterben!« 27 Moses tat, wie der Herr be-
fohlen hatte. Sie stiegen auf den Berg Hor vor den
Augen der ganzen Gemeinde. 28 Moses entkleidete
Aaron seiner Gewänder und bekleidete damit des-
sen Sohn Eleasar. Aaron starb dort auf dem Gipfel
des Berges. Moses und Eleasar aber stiegen vom
Berg herab. 29 Die ganze Gemeinde nahm wahr, daß
Aaron verschieden war, und das ganze Haus Israel
beweinte Aaron dreißig Tage lang.

Bann über die Kanaaniter

21 1 Der Kanaaniterkönig von Arad, der
im Südlande wohnte, hörte, daß Israel
auf dem Weg von Atarim heranzog. Er
ließ sich mit Israel in einen Kampf ein und nahm

einige von ihnen gefangen. 2 Da legte Israel dem
Herrn ein Gelübde folgenden Inhalts ab: »Wenn du
dieses Volk in meine Gewalt gibst, so vollstrecke
ich an ihren Städten den Bann.« 3 Der Herr erhörte
das Rufen Israels, übergab die Kanaaniter, und man
vollstreckte an ihnen und ihren Städten den Bann.
Die Ortschaft nannte man deshalb Chorma (Bann).

Aufblick zur ehernen Schlange

4 Vom Berg Hor zog man in der Richtung nach dem
Schilfmeer weiter, um das Land Edom zu umgehen.
Unterwegs aber wurde das Volk ungeduldig. 5 Die
Leute haderten wider Gott und Moses: »Warum
habt ihr uns aus Ägypten weggeführt? Damit wir
etwa in der Wüste sterben? Kein Brot gibt es, kein
Wasser gibt es, und uns ekelt diese dürftige Speise
an!« 6 Da sandte der Herr unter das Volk giftbren-
nende Schlangen. Sie bissen das Volk, und viele aus
Israel starben. 7 Nun kamen die Leute zu Moses und
klagten: »Wir haben gesündigt; denn wir haben ge-
redet wider den Herrn und dich; lege beim Herrn
Fürbitte ein, er möge die Schlangen von uns vertrei-
ben!« Moses trat also fürbittend für das Volk ein.
8 Darauf sagte der Herr zu Moses: »Fertige dir eine
Schlange und befestige sie an einer Stange! Jeder,
der gebissen ist, soll dann zu ihr aufblicken, und er
wird am Leben bleiben.« 9 Moses verfertigte also
eine eherne Schlange und hängte sie an eine Stange.
Und wirklich, wenn eine Schlange jemanden biß,
und er blickte zur ehernen Schlange auf, so blieb er
am Leben.

Ins Ostjordanland

10 Die Israeliten zogen weiter und lagerten bei
Obot. 11 Dann brachen sie von Obot auf und lager-
ten bei Ijje-Haabarim in der Wüste, die östlich an
Moab grenzt. 12 Von dort zogen sie weiter und la-
gerten im Bachtal Sared. 13 Von dort brachen sie auf
und lagerten jenseits des Arnon an der Stelle der
Wüste, wo er aus dem Gebiet der Amoriter heraus-
tritt. Denn der Arnon bildet die Grenze Moabs
zwischen den Moabitern und Amoritern. 14 Daher
heißt es im Buch der Kriege des Herrn: »Waheb in
Supha und die Bachtäler, 15 den Arnon und den Ab-
hang der Bachtäler, der sich hinstreckt bis Ar und an
Moabs Grenze sich lehnt.« 16 Von dort (zogen sie)
nach Beer. Das ist der Brunnen, von dem der Herr
zu Moses sagte: »Versammle das Volk, ich will
ihnen Wasser geben!« 17 Damals sang Israel dieses
Loblied: »Spring auf, Brunnen! Spring auf! 18 Du
Brunnen, von Fürsten gegraben, gebohrt von den
Edlen des Volkes mit dem Zepter, mit ihren Stä-
ben!« – Aus der Wüste ging es nach Mattana, 19 von
Mattana nach Nachaliel und von Nachaliel nach
Bamot. 20 Von Bamot zogen sie nach dem Tal im
Gefilde Moabs zum Gipfel des Pisga, der auf das
Ödland herabschaut.

Amoriterkönig Sichon

21 Israel aber sandte Boten an Sichon, den König der
Amoriter, mit der Bitte: 22 »Ich möchte dein Land
durchziehen; wir wollen nicht abbiegen auf ein
Feld oder auf einen Weinberg, kein Wasser aus den
Brunnen trinken, sondern auf der Königstraße da-
hinziehen, bis wir dein Gebiet durchzogen haben.«
23 Sichon aber gestattete Israel den Durchzug durch
sein Land nicht. Er zog all seine Mannschaften zu-
sammen und zog Israel in der Wüste entgegen. Er
kam nach Jahza und ließ sich mit Israel in einen
Kampf ein. 24 Doch die Israeliten schlugen ihn mit
des Schwertes Schärfe und eroberten sein Land
vom Arnon bis zum Jabbok, bis zu den Ammoni-
tern hin; denn Jaser war Grenzstadt der Ammoni-
ter. 25 Israel nahm alle Städte dieses Landes ein und
setzte sich in sämtlichen Städten der Amoriter fest,
in Hesbon und in allen dazugehörernden Tochter-
städten. 26 Hesbon war die Stadt des Amoriter-
königs Sichon; er hatte nämlich mit dem früheren
Moabiterkönig in Krieg gelegen und ihm sein
ganzes Land bis zum Arnon abgenommen. 27 Da-
rum spotteten die Dichter: »Kommt nach Hesbon!
Gebaut und befestigt werde Sichons Stadt! 28 Denn
Feuer ging aus von Hesbon, eine Flamme von
Sichons Burg; sie fraß Ar in Moab, die Götzen der
heiligen Höhen am Arnon. 29 Moab, wehe dir! Ver-
lorenes Volk des Kamosch! Seine Söhne ließ er flie-
hen, seine Töchter in Gefangenschaft geraten beim
Amoriterkönig Sichon. 30 Ihr Neuland ist vernichtet
von Hesbon bis Dibon, von Naschim bis Nophach
in Richtung Medeba.« 31 Israel setzte sich im Amo-
riterland fest. 32 Da ließ Moses Jaser auskundschaf-
ten. Sie nahmen es samt seinen Tochterstädten ein
und vertrieben die Amoriter, die dort wohnten.

Og von Basan

33 Hierauf wandten sie sich und zogen nach Basan
zu. Der König Og von Basan rückte mit seinem
ganzen Volk entgegen bis Edreï um mit ihnen zu
kämpfen. 34 Der Herr sprach zu Moses: »Fürchte
dich nicht vor ihm! Ich übergebe ihn samt all seinen
Leuten und seinem Gebiet in deine Gewalt. Ver-
fahre mit ihm, wie du mit dem Amoriterkönig
Sichon, der in Hesbon saß, verfahren bist!« 35 So
schlugen sie ihn, seine Söhne und alle seine Leute,
daß ihm keiner übrigblieb, der entkommen konnte,
und besetzten sein Land.

21,8–9: In späteren Zeiten verehrten die Israeliten die eherne Schlange abgöttisch durch Rauchopfer. Der König Ezechias bereitete diesem Brauch ein jähes Ende (2 Kön 18,4). Joh 3,14 ist die eherne Schlange Vorbild des am Kreuz erhöhten Christus. 21,21–35: Der Sieg über die Könige Sichon und Og östlich des Jordans wird auch Richt 11,19–22 und 5 Mos 2,24 – 3,13 erwähnt.

In den Steppen Moabs

22

1 Die Israeliten zogen weiter und lagerten in den Steppen Moabs jenseits des Jordans gegenüber von Jericho.

Balak an Bileam

2 Balak, der Sohn des Zippor, sah alles, was Israel den Amoritern angetan hatte. 3 Da geriet Moab in große Furcht vor diesem Volk, denn es war überaus zahlreich, und es graute den Moabitern vor den Israeliten. 4 Moab sprach zu den Ältesten der Midianiter: »Jetzt wird dieser Haufen alles rings um uns herum abfressen, wie das Rindvieh das Grüne des Feldes abgrast.« Balak, der Sohn Zippors, war in jener Zeit König in Moab. 5 Er sandte Boten an Bileam, den Sohn des Beor, nach Petor, das am Euphratstrom liegt, in das Land der Amawiter, um ihn herbeizurufen mit den Worten: »Ein Volk ist aus Ägypten weggezogen, hat die Oberfläche des Landes geradezu überschwemmt und sich nun mir gegenüber niedergelassen. 6 Komm, bitte, und verfluche mir dieses Volk; denn es ist mächtiger als ich. Vielleicht kann ich es dann nach einer Niederlage aus dem Lande vertreiben; denn ich weiß: wen du segnest, der bleibt gesegnet, und wem du fluchst, der bleibt verflucht.« 7 Die Ältesten der Moabiter und Midianiter versahen sich mit Wahrsagerlohn, machten sich auf den Weg, kamen zu Bileam und richteten ihm die Botschaft Balaks aus. 8 Er antwortete ihnen: »Übernachtet heute hier, und ich will euch mitteilen, was der Herr zu mir reden wird.« Da blieben die Häuptlinge Moabs bei Bileam.

9 Gott aber erschien Bileam und fragte: »Wer sind diese Männer bei dir?« 10 Bileam gab Gott zur Antwort: »Balak, Zippors Sohn, der Moabiterkönig, ließ mir durch eine Gesandtschaft sagen: 11 Siehe, das Volk, das aus Ägypten auszog, hat die Oberfläche dieses Landes überschwemmt! Komme und verfluche es mir; vielleicht kann ich dann mit ihm kämpfen und es vertreiben.« 10 Gott sprach zu Bileam: »Du sollst nicht mit ihnen gehen; du darfst das Volk nicht verfluchen, denn ich habe es gesegnet.« 13 Bileam stand am Morgen auf und gab den Häuptlingen Balaks die Weisung: »Kehrt allein in euer Land zurück; denn der Herr weigert sich, mich mit euch gehen zu lassen.« 14 Moabs Häuptlinge brachen auf, kamen zu Balak und teilten ihm mit: »Bileam weigerte sich, mit uns zu gehen.«

Die zweite Botschaft des Balak

15 Da sandte Balak nochmals Häuptlinge, noch zahlreicher und noch angesehener als jene. 16 Sie kamen zu Bileam und sprachen zu ihm: »So spricht Balak, der Sohn des Zippor: Laß dich doch nicht abhalten, zu mir zu kommen! 17 Mit Belohnung will ich dich überhäufen und alles tun, was du mir sagst; komm und verfluche mir dieses Volk!« 18 Bileam aber erwiderte den Leuten Balaks: »Gäbe mir Balak Silber und Gold in Fülle, soviel sein Palast nur fassen kann, so könnte ich doch nicht die Weisung des Herrn, meines Gottes, übertreten, weder im kleinen noch im großen. 19 Und nun bleibt auch ihr in dieser Nacht hier! Ich will in Erfahrung bringen, was der Herr mir weiterhin sagt.« 20 Gott erschien dem Bileam des Nachts und sprach zu ihm: »Wenn diese Männer dich zu rufen gekommen sind, dann auf, gehe mit ihnen; aber nur das, was ich dir gebiete, sollst du tun!« 21 Bileam machte sich am andern Morgen auf, sattelte seine Eselin und ging mit den Häuptlingen Moabs.

Der Engel des Herrn

22 Da entbrannte der Zorn des Herrn, weil er hinzog, und der Engel des Herrn stellte sich ihm in den Weg, um ihm Widerstand zu leisten. Er aber ritt auf seiner Eselin in Begleitung von zwei Burschen. 23 Die Eselin sah den Engel des Herrn am Wege, der mit gezücktem Schwerte in der Hand dastand. Sie bog von dem Weg ab und ging in das Feld. Bileam aber schlug die Eselin, um sie wieder auf den rechten Weg zu bringen. 24 Da stellte sich der Engel des Herrn in einem Hohlweg zwischen den Weinbergen auf, wo Mauern waren auf beiden Seiten. 25 Die Eselin erblickte den Engel des Herrn; sie drückte sich die Mauer entlang und drückte dabei Bileams Fuß an die Mauer. Da schlug er sie abermals. 26 Wiederum ging der Engel des Herrn vorwärts und blieb an einer engen Stelle stehen, wo kein Weg war, um nach rechts oder links abzubiegen. 27 Die Eselin erblickte den Engel des Herrn, und mit Bileam auf dem Rücken kauerte sie sich nieder. Bileam brach in Zorn aus und schlug sie mit dem Stock. 28 Da öffnete der Herr den Mund der Eselin, und sie sagte zu Bileam: »Was habe ich dir getan? Denn schon dreimal hast du mich geschlagen!« 29 Bileam erwiderte der Eselin: »Weil du deinen Mutwillen mit mir getrieben hast! Wenn ich ein Schwert in meiner Hand hätte, brächte ich dich jetzt um.« 30 Die Eselin antwortete Bileam: »Bin ich denn nicht deine Eselin, auf der du geritten bist von jeher bis auf den heutigen Tag? Habe ich mich denn jemals so gegen dich benommen?« Er erwiderte: »Nein.«

31 Nun öffnete der Herr die Augen des Bileam. Da
sah er den Engel des Herrn am Weg stehen, das ge-
zückte Schwert in seiner Hand. Er verneigte sich
und warf sich auf sein Antlitz. 32 Der Engel des
Herrn fragte ihn: »Warum hast du denn deine Ese-
lin schon dreimal geschlagen? Siehe, ich selbst bin
ausgezogen, um dir zu widerstehen; denn diese
Reise wird gegen meinen Willen unternommen.
33 Die Eselin sah mich und wich schon dreimal vor
mir aus. Wäre sie nicht vor mir ausgewichen, dann
hätte ich dich jetzt getötet, sie selbst aber am Leben
gelassen.« 34 Da erwiderte Bileam dem Engel des
Herrn: »Ich habe gefehlt! Ich bemerkte es nicht, das
du dich mir auf dem Weg entgegenstelltest. Nun
aber, wenn die Sache dir mißfällig ist, kehre ich
wieder um.« 35 Doch der Engel des Herrn sprach zu
Bileam: »Geh mit den Männern! Rede aber nur das,
was ich dir sagen werde!« Da ging Bileam mit den
Häuptlingen Balaks.

Bileams Ankunft

36 Balak hörte, daß Bileam komme. Er ging ihm bis
Ar in Moab entgegen – es liegt an der Arnongrenze,
hart an der äußersten Gemarkung. 37 Und Balak
sprach zu Bileam: »Habe ich dich nicht in dringlich-
ster Weise rufen lassen? Warum bist du nicht zu
mir gekommen? Bin ich denn wahrhaftig nicht im
Stande, dich reich zu machen?« 38 Bileam erwiderte
Balak: »Nun wohl, ich bin jetzt zu dir gekommen;
aber werde ich wirklich irgend etwas künden kön-
nen? Was Gott mir in den Mund legt, das allein
werde ich reden.« 39 Bileam zog mit Balak, und sie
kamen nach Kirjat-Chuzot. 40 Balak opferte dort
Rinder und Kleinvieh und schickte davon an Bileam
und die Häuptlinge, die bei ihm waren.
41 Am anderen Morgen nahm Balak Bileam mit und
führte ihn nach Bamot-Baal hinauf. Von dort aus
überblickte er das äußerste Ende des israelitischen
Volkszuges.

22,23–30: Ohne Zweifel versteht der biblische Erzähler, wie auch 2 Petr 2,16, die menschliche Stimme des Esels wörtlich. Andererseits ist es merkwürdig, daß Bileam über die außergewöhnliche Erscheinung nicht das geringste Erstaunen zeigt.

23

1 Bileam sprach zu Balak: »Erbaue mir
hier sieben Altäre und richte mir da-
selbst sieben Jungstiere und sieben
Widder her!« 2 Balak tat, wie Bileam verlangt hatte,
und beide brachten je einen Stier und einen Widder
auf den Altären dar. 3 Bileam sagte zu Balak: »Bleibe
stehen bei deinem Brandopfer, ich aber will hinge-
hen, vielleicht begegnet mir der Herr. Was er mich
schauen läßt, will ich dir offenbaren.« Dann ging er
einen einsamen Höhenweg. 4 Gott begegnete dem
Bileam. Dieser sprach zu ihm: »Sieben Altäre habe
ich herrichten lassen und brachte auf jedem einen
Stier und einen Widder dar.« 5 Der Herr legte dem
Bileam ein Wort in den Mund und sprach: »Kehre
um zu Balak und rede dementsprechend!« 6 Er
kehrte hierauf zu ihm zurück und fand ihn bei sei-
nem Brandopfer stehend mit allen Moabiterhäupt-
lingen.

Erster Segensspruch

7 Da begann er seinen Spruch und redete: »Von
Aram ließ Balak mich holen, Moabs König von des
Ostens Gebirgsland. Komm doch, verfluche mir Ja-
kob! Komm doch, verwünsche Israel! 8 Wie könnte
ich fluchen, wem Gott nicht flucht, wie verwün-
schen, wen der Herr nicht verwünscht? 9 Vom Fel-
sengipfel erblicke ich es, von den Hügeln werde ich
es gewahr: Ein Volk, das ganz für sich wohnt, das
sich nicht rechnet unter die Völker. 10 Jakobs Staub-
körner, wer kann sie zählen und wer die Sandkörner
Israels? Möchte ich sterben den Tod des Gerechten,
möchte mein Ende wie ihres sein!« 11 Balak sprach
zu Bileam: »Was hast du mir angetan? Um meine
Feinde zu verfluchen, habe ich nach dir geschickt,
du aber hast sie in Fülle gesegnet.« 12 Jener aber gab
zur Antwort: »Muß ich mich nicht an das halten,
was der Herr mir in den Mund legt, und es verkün-
den?« 13 Da sprach Balak zu ihm: »Komm doch mit
mir an eine andere Stelle, von wo du das Volk wirk-
lich sehen kannst; du erblickst ja nur den äußersten
Teil, aber nicht seine Vollzahl. Dann verfluche es
mir von dort aus!« 14 Dann nahm er ihn mit nach
dem Späherfeld auf den Gipfel des Pisga, erbaute
dort sieben Altäre und brachte auf jedem einen Stier
und einen Widder dar. 15 Jener aber sagte zu Balak:
»Bleibe hier bei deinem Brandopfer stehen; ich aber
will dort auf eine Gottesbegegnung warten.« 16 Da
begegnete der Herr dem Bileam, legte ihm ein Wort
in den Mund und sprach: »Kehre zurück zu Balak
und rede dementsprechend!« 17 Er begab sich zu
ihm; dieser aber stand immer noch beim Brandop-
fer mit den Moabiterhäuptlingen zusammen. Balak
fragte ihn: »Was hat der Herr gesprochen?«

Zweiter Segensspruch

18 Da begann er seinen Spruch und sagte: »Wohlan,
Balak, vernimm es, merke auf mich, Sohn Zippors!
19 Nicht Mensch ist Gott, daß er lügt, nicht Men-
schensohn, daß er bereut. Verheißt er denn und tut
es nicht, spricht er etwas und führt es nicht aus?
20 Siehe, zu segnen habe ich den Auftrag; ich segne
und nehme es nicht zurück. 21 In Jakob erblickt man
nichts von Leid, schaut keine Mühsal in Israel! Der

Herr ist mit ihm, sein Gott, Königsjubel ertönt bei ihm! 22 Gott führte sie aus Ägypten; wie des Wildochsen Hörner ist er für sie. 23 Ja, es gibt keinen Zauberspruch gegen Jakob, keine Wahrsagekunst gegen Israel. Zur rechten Zeit wird von Jakob verkündet und von Israel, was Gott getan hat. 24 Welch ein Volk! Wie eine Löwin springt es auf, wie ein Löwe reckt es sich empor. Nicht legt es sich nieder, ehe es Beute verzehrt, das Blut der Erschlagenen getrunken hat.« 25 Balak sprach nun zu Bileam: »Wenn du es schon nicht verfluchen kannst, so solltest du es doch wenigstens nicht segnen!« 26 Bileam aber erwiderte dem Balak: »Habe ich dir nicht gesagt: alles, was der Herr redet, werde ich tun?« 27 Balak sprach zu Bileam: »Komm doch, ich bringe dich an einen anderen Ort! Vielleicht gefällt es Gott, daß du es mir von dort aus verfluchst.« 28 Balak nahm den Bileam mit auf den Gipfel des Peor, der auf das Ödland hinabschaut. 29 Bileam sprach zu Balak: »Erbaue mir hier sieben Altäre und richte mir daselbst sieben Jungstiere und sieben Widder her!« 30 Balak tat, wie Bileam verlangte. Er brachte auf jedem Altar einen Stier und einen Widder dar.

Dritter Segensspruch

24 1 Bileam sah ein, daß es dem Herrn gut schien, Israel zu segnen. Daher ging er nicht wie die vorigen Male auf Bannsprüche aus, sondern richtete sein Antlitz gegen die Wüste. 2 Bileam erhob seine Augen und sah Israel nach seinen Stämmen gelagert. Der Gottesgeist kam über ihn. 3 Da begann er seinen Spruch und verkündete: »So spricht Bileam, der Sohn des Beor, so spricht der Mann, dessen Auge geschlossen ist! 4 Spruch dessen, der Gottesworte hört, der Gesichte des Allmächtigen schaut, niedergefallen, entschleierten Auges: 5 Wie schön sind, Jakob, deine Zelte und deine Wohnstätten, Israel! 6 Wie Bachtäler weithin gedehnt, wie Gärten entlang einem Strom, wie Eichen vom Herrn gepflanzt, wie Zedern an den Gewässern. 7 Es läßt Wasser rinnen aus seinen Eimern, seine Saat ist reichlich bewässert. Sein König ist mächtiger als Agag, seine Herrschaft reckt sich empor! 8 Gott, der es aus Ägypten führte, ist ihm wie des Wildochsen Hörner. Es frißt die Völker, die es bedrängen, zermalmt ihre Knochen, zerschlägt seine Bedrücker. 9 Dann kauert es nieder, liegt da wie ein Löwe, wie eine Löwin; wer mag es stören? Wer dich segnet, der sei gesegnet, verflucht ist, wer dich verflucht!«

10 Balak wurde zornig über Bileam, schlug seine Hände zusammen und sprach zu ihm: »Meine Feinde zu verfluchen, habe ich dich gerufen. Du aber hast sie in Fülle gesegnet, nun bereits dreimal. 11 Nun fliehe in deine Heimat! Ich hatte vor, dich reichlich zu belohnen, doch der Herr hat dich um die Ehrengeschenke gebracht.« 12 Bileam entgegnete dem Balak: »Sagte ich nicht schon zu deinen Boten, die du mir gesandt hast: 13 Gäbe mir Balak Silber und Gold in Fülle, soviel sein Palast nur fassen kann, so würde ich doch dem Befehl des Herrn nicht zuwiderhandeln und von mir aus etwas tun zum Guten oder zum Schlimmen; nur was der Herr sagt, das werde ich verkünden. 14 Nun gut, ich gehe jetzt zu meinem Volke. Doch komm, ich will dir noch eröffnen, was dieses Volk hier deinem Volk in ferner Zukunft antun wird!«

Vierter Segensspruch

15 Er begann seinen Spruch und sagte: »So spricht Bileam, der Sohn des Beor, so spricht der Mann, dessen Auge geschlossen ist. 16 Spruch dessen, der Gottesworte hört, des Allerhöchsten Gedanken kennt, der Gesichte des Allmächtigen schaut, niedergefallen, entschleierten Auges: 17 Ich sehe ihn, doch nicht schon jetzt, ich gewahre ihn, doch nicht nahe! Aufgeht aus Jakob ein Stern, ein Zepter erhebt sich aus Israel, zerschmettert Moab die Schläfen, den Scheitel der Söhne Sets insgesamt. 18 Und Edom wird fremdes Gebiet, Seïr wird anderer Besitz, aber Israel gewinnt an Macht. 19 Jakob herrscht über seine Feinde, vernichtet die Entronnenen von Seïr!« 20 Er erblickte die Amalekiter, begann seinen Spruch und sagte: »Der Völker Erstling ist Amalek, doch sein Ende ist ein Ende für und für.« 21 Er schaute dann auf die Keniter, begann seinen Spruch und sagte: »Fest ist dein Sitz, Kain, dein Nest ist auf Fels gebaut! 22 Dennoch ist es dem Untergang geweiht; wie lange noch, und Assur führt dich hinweg.« 23 Er hob nochmals mit seinem Spruch an und sagte: »Wehe, wer bleibt am Leben, wenn Gott dies verhängt? 24 Schiffe kommen von den Kittäern her, sie demütigen Assur und erniedrigen Heber; doch auch dies geht schließlich unter für und für.« 25 Bileam machte sich auf den Weg und kehrte in seine Heimat zurück. Auch Balak ging seines Weges.

24,17: Obwohl Nichtisraelit, wird Bileam in den Dienst der echten Propheten genommen und hat somit als Vertreter des frühesten Sehertums zu gelten. Höhepunkt seiner sämtlichen Sprüche ist Vers 17. Verwandt ist die Verheißung an Juda in 1 Mos 49,10. Wie schwer auch die dunklen Worte zu erklären sind, so haben sie doch die Führerstellung Israels in einer messianischen Heilszeit im Auge.
18–24: Die verschiedenen Nachbarvölker Israels werden unterworfen werden, eine Erwartung, die David und andere Könige mehr oder weniger erfüllten. Im weiteren Sinn heißt das, daß alle gottfeindlichen Reiche untergehen werden, wie auch nach Dan 2,44; 7,17f.26.

Unzucht mit den Moabiterinnen

25 1 Israel lagerte in Schittim. Das Volk
begann, mit den Töchtern Moabs Un-
zucht zu treiben. 2 Diese riefen das Volk
zu den Opfermahlzeiten ihrer Götzen. Das Volk aß
und warf sich vor deren Götzen nieder. 3 Israel
hängte sich an Baal-Peor. Da entbrannte der Zorn
des Herrn wider Israel. 4 Der Herr sprach zu Moses:
»Nimm alle Volksverführer, und laß sie zu Ehren
des Herrn angesichts der Sonne an Pfählen aufhän-
gen, damit der heiße Zorn des Herrn von Israel ab-
lasse!« 5 Moses gebot den Richtern Israels: »Es töte
ein jeder die seiner Leute, die dem Baal-Peor anhin-
gen!«

Pinchas, der Retter

6 Da kam ein Israelit und brachte eine Midianiterin
zu seinen Volksgenossen, und zwar im Angesicht
des Moses und der ganzen Gemeinde der Israeliten,
während diese an der Tür des Offenbarungszeltes
wehklagten. 7 Pinchas, der Sohn des Eleasar, der
Enkel des Priesters Aaron, wurde dessen gewahr. Er
stand auf, verließ die Gemeinde und griff nach
einem Speer. 8 Er ging dem israelitischen Mann in
das Frauengemach nach und durchbohrte beide,
den Israeliten und die Frau, in der Magengegend.
Daraufhin ward der Plage unter den Israeliten Ein-
halt geboten. 9 Die Zahl derer, die bei der Plage um-
gekommen waren, belief sich auf 24 000.

Pinchas' Belohnung

10 Der Herr redete zu Moses: 11 »Pinchas, Eleasars
Sohn, des Priesters Aaron Enkel, hat bewirkt, daß
mein Grimm von den Israeliten abließ. Er ist näm-
lich an meiner Statt unter ihnen als Eiferer auf-
getreten; deshalb habe ich die Israeliten in meiner
Eifersucht nicht völlig aufgerieben. 12 Darum ver-
künde: Siehe, ich verleihe ihm meinen Heilsbund.
13 Ihm und seinen Nachkommen sei für immer-
währende Zeit das Priesteramt vertraglich zuge-
sichert dafür, daß er für seinen Gott geeifert und
den Israeliten Sühne verschafft hat.« 14 Der getötete
Israelit, der mit der Midianiterin zusammen er-
schlagen wurde, hieß Simri, der Sohn des Salu, des
Fürsten einer Familie der Simeoniten. 15 Die getö-
tete midianitische Frau hieß Kosbi, die Tochter des
Zur. Dieser war Stammeshaupt eines Geschlechtes
bei den Midianitern.

Rache

16 Der Herr sprach zu Moses: 17 »Bekämpft die Mi-
dianiter und schlagt sie; 18 denn auch sie haben euch
durch die Arglist, die sie an euch übten, bekämpft.
Es geschah dies im Falle des Peor und im Falle der
Kosbi, der Tochter des Midianiterfürsten, ihrer
Volksgenossin, die getötet wurde zur Zeit der Plage
wegen des Peor.«

Volkszählung

26 1 Nach dieser Heimsuchung sprach der
Herr zu Moses und Eleasar, dem Sohn
des Priesters Aaron: 2 »Nehmt die Ge-
samtzahl der Israelitengemeinde auf, von zwanzig
Jahren an, nach ihren Familien geordnet, alle, die
heerespflichtig sind in Israel!« 3 Moses und der Prie-
ster Eleasar zählten in den Steppen von Moab, am
Jordan gegenüber Jericho, 4 alle von zwanzig Jahren
an und darüber, wie der Herr es dem Moses aufge-
tragen hatte. Die Israeliten aber, die aus dem Lande
Ägypten ausgezogen waren, sind folgende:

Ruben

5 Ruben: der Erstgeborene Israels. Die Söhne Ru-
bens: von Henoch das Geschlecht der Henochiten,
von Pallu das Geschlecht der Palluiten, 6 von Chez-
ron das Geschlecht der Chezroniten, von Karmi das
Geschlecht der Karmiten. 7 Dies sind die Geschlech-
ter der Rubeniten. Es belief sich die Zahl der Gemu-
sterten auf 43 730. 8 Die Söhne Pallus: Eliab. 9 Die
Söhne Eliabs: Nemuel, Datan und Abiram. Datan
und Abiram waren diejenigen, die als berufene Ge-
meindevertreter unter dem Anhang Korachs sich
gegen Moses und Aaron auflehnten und damit ge-
gen den Herrn haderten. 10 Die Erde riß ihr Maul auf
und verschlang sie und Korach. Ihr Anhang aber
kam dadurch um, daß Feuer die 250 Mann ver-
zehrte, so daß sie zu einem Warnungszeichen wur-
den. 11 Korachs Söhne aber kamen nicht um.

Simeon

12 Die Söhne Simeons nach ihren Geschlechtern:
von Nemuel das Geschlecht der Nemueliten, von
Jamin das Geschlecht der Jaminiten, von Jachin das
Geschlecht der Jachiniten, 13 von Serach das der Sar-
chiten, von Schaul das Geschlecht der Schauliten.
14 Dies sind die Geschlechter der Simeoniten:
22 200.

Gad

5 Die Söhne Gads nach ihren Geschlechtern: von
Zephon das Geschlecht der Zephoniten, von
Chaggi das der Chaggiten, von Schuni das der Schu-
niten, 16 von Osni das Geschlecht der Osniten, von
Eri das der Eriten, 17 von Arod das Geschlecht der
Aroditen, von Ariel das Geschlecht der Arieliten.
18 Dies sind die Geschlechter der Söhne Gads mit
ihren Gemusterten: 40 500.

Juda

19 Judas Söhne waren Er und Onan. Sie starben be-
reits im Lande Kanaan. 20 Die Geschlechter der

Söhne Judas waren noch diese: von Schela das Ge-
schlecht der Schelaniten, von Perez das Geschlecht
der Parziten, von Serach das Geschlecht der Sarchi-
ten. 21 Des Perez Söhne waren: von Chezron das
Geschlecht der Chezroniten, von Chamul das der
Chamuliten. 22 Dies sind die Geschlechter Judas
nach den Gemusterten: 76 500.

Issachar

23 Die Söhne Issachars nach ihren Geschlechtern:
von Tola das Geschlecht der Tolaiten, von Puwwa
das Geschlecht der Puniten, 24 von Jaschub das
Geschlecht der Jaschubiten, von Schimron das der
Schimroniten. 25 Dies sind die Geschlechter Issach-
ars nach ihren Gemusterten: 64 300.

Sebulun

Die Söhne Sebuluns nach ihren Geschlechtern: von
Sered das Geschlecht der Sarditen, von Elon das der
Eloniten, von Jachleel das der Jachleeliten. 27 Dies
sind die Geschlechter der Sebuluniten nach ihren
Gemusterten: 60 500.

Manasse

28 Die Söhne Josephs nach ihren Geschlechtern:
Manasse und Ephraim. 29 Die Söhne Manasses:
von Machir das Geschlecht der Machiriten, Machir
zeugte Gilead; von Gilead das Geschlecht der Gi-
leaditen. 30 Dies sind die Söhne Gileads: von Jeser
das Geschlecht der Jesriten, von Chelek das Ge-
schlecht der Chelkiten, 31 von Asriel das Geschlecht
der Asrieliten, von Sichem das Geschlecht der
Sichemiten, 32 von Schemida das der Schemidaiten,
von Chepher das der Chephriten. 33 Zelophchad
aber, der Sohn Chephers, hatte keine Söhne, son-
dern nur Töchter; die Töchter Zelophchads hießen:
Machla, Noa, Chogla, Milka und Tirza. 34 Dies sind
die Geschlechter Manasses nach ihren Gemuster-
ten: 52 700.

Ephraim

35 Dies sind die Söhne Ephraims nach ihren Ge-
schlechtern: von Schutelach das Geschlecht der
Schutelachiten, von Becher das Geschlecht der
Bachriten, von Tachan das Geschlecht der Tachani-
ten. 36 Dies sind die Söhne Schutelachs: von Eran
das Geschlecht der Eraniten. 37 Dies sind die Ge-
schlechter der Söhne Ephraims nach ihren Gemu-
sterten: 32 500. Dies also die Geschlechter der
Söhne Josephs.

Benjamin

38 Die Söhne Benjamins nach ihren Geschlechtern:
von Bela das Geschlecht der Belaiten, von Aschbel
das der Aschbeliten, von Achiram das der Achira-
miten, 39 von Schupham das Geschlecht der Schu-
phamiten, von Chupham das der Chuphamiten.
40 Die Söhne Belas waren Ard und Naaman: von
Ard das Geschlecht der Arditen, von Naaman das
Geschlecht der Naamaniten. 41 Dies sind die Söhne
Benjamins nach ihren Geschlechtern und ihren Ge-
musterten: 45 600.

Dan

42 Dies sind die Söhne Dans nach ihren Geschlech-
tern: von Schucham das Geschlecht der Schucha-
miten. Dies sind die Geschlechter Dans 43 nach
ihren Gemusterten: 64 400.

Aser

44 Die Söhne Asers nach ihren Geschlechtern: von
Jimna das Geschlecht der Jimniten, von Jischwi das
der Jischwiten, von Beria das der Beriiten. 45 Von
den Söhnen Berias: von Cheber das Geschlecht der
Chebriten, von Malkiel das der Malkieliten. 46 Die
Tochter Asers hieß Serach. 47 Dies sind die Ge-
schlechter der Söhne Asers nach ihren Gemuster-
ten: 53 400.

Naphtali

48 Die Söhne Naphtalis nach ihren Geschlechtern:
von Jachzeel das Geschlecht der Jachzeeliten, von
Guni das Geschlecht der Guniten, 49 von Jezer das
Geschlecht der Jizriten, von Schillem das Geschlecht
der Schillemiten. 50 Dies sind die Geschlechter
Naphtalis nach ihren Sippen und ihren Gemuster-
ten: 45 400. 51 Dies sind die von den Israeliten Ge-
musterten: 601 730.

Verteilung des Landes

52 Der Herr sprach zu Moses: 53 »An diese werde das
Land als Erbbesitz nach dem Verhältnis der Na-
menszahl verteilt. 54 Wer zahlreich ist, dem soll ein
größerer Erbbesitz, wer gering ist an Zahl, dem
soll ein kleinerer Besitz gegeben werden; jeder soll
nach der Zahl seiner Gemusterten seinen Erbbesitz
erhalten. 55 Doch soll man das Land durch das Los
verteilen; entsprechend den Bezeichnungen ihrer
väterlichen Sippen sollen sie die Erbschaft antreten.
56 Nach dem Lose werde der Erbbesitz zwischen
den Kleinen und Großen verteilt.«

Levitengeschlechter

57 Dies sind die Gemusterten der Leviten nach ihren
Geschlechtern: von Gerschon das Geschlecht der
Gerschoniten, von Kehat das Geschlecht der Keha-
titen, von Merari das Geschlecht der Merariten.
58 Dies sind die Geschlechter der Leviten: das der
Libniten, das der Hebroniten, das der Machliten,
das der Muschiten, das der Korchiten. Kehat zeugte
Amram. 59 Amrams Frau hieß Jochebed, eine Toch-
ter Levis, die Levi in Ägypten geboren wurde. Sie
gebar dem Amram Aaron und Moses und deren
Schwester Mirjam. 60 Aaron wurden Nadab und

Abihu, Eleasar und Itamar geboren. 61 Nadab und
Abihu starben, als sie dem Herrn ein ungehöriges
Feueropfer darbringen wollten. 62 Ihre Gemuster-
ten: 23 000, alles Männliche von einem Monat an
und darüber. Sie wurden nicht unter den übrigen
Israeliten gemustert, denn ihnen ward kein Erbbe-
sitz unter den Israeliten zuteil.
63 Dies sind die von Moses und dem Priester Eleasar
Gemusterten. Sie hatten die Israeliten in den Step-
pen Moabs, beim Jordan gegenüber Jericho, gemu-
stert. 64 Unter diesen war keiner mehr von jenen, die
Moses und der Priester Aaron gemustert hatten, als
sie die Israeliten in der Wüste Sinai zählten. 65 Der
Herr hatte ihnen angekündigt, daß sie in der Wüste
sterben müßten. So war keiner von ihnen übrigge-
blieben, als Kaleb, der Sohn Jephunnes, und Josua,
der Sohn Nuns.

26,5ff: Die bei den verschiedenen Volkszählungen überlieferten Zahlen sind problematisch.

Erbtöchter

27 1 Da kamen die Töchter Zelophchads,
des Sohnes Chephers, des Sohnes Gi-
leads, des Sohnes Machirs, des Sohnes
Manasses, die also zu den Geschlechtern Manasses,
des Sohnes Josephs, gehörten. Diese Töchter hießen
Machla, Noa, Chogla, Milka und Tirza. 2 Sie traten
vor Moses und den Priester Eleasar und vor die Für-
sten und die ganze Gemeinde an den Eingang des
Offenbarungszeltes und sprachen: 3 »Unser Vater ist
in der Wüste gestorben. Er war aber nicht unter
denen, die sich als Anhänger Korachs gegen den
Herrn zusammentaten; er starb um seiner eigenen
Sünde willen. Er hatte aber keine Söhne. 4 Warum
soll nun unseres Vaters Name aus seinem Geschlecht
verschwinden, da er keinen Sohn hat? Darum gib
uns Besitzanteil unter den Brüdern unseres Vaters!«
5 Da brachte Moses ihre Rechtssache vor den Herrn.
6 Der Herr entschied Moses gegenüber also: 7 »Die
Töchter Zelophchads sind im Recht. Gib ihnen also
Erbbesitz unter den Brüdern ihres Vaters! Übertrage
den Erbbesitz ihres Vaters auf sie! 8 Den Israeliten
aber gib diese Weisung: Wenn einer stirbt und hin-
terläßt keinen Sohn, so übertragt seinen Erbbesitz
auf seine Tochter! 9 Hat er auch keine Tochter, so
gebt seinen Erbbesitz seinen Brüdern! 10 Hat er auch
keine Brüder, so gebt ihn den Brüdern seines Vaters!
11 Hat auch sein Vater keine Brüder, so übergebt
seinen Erbbesitz seinem nächsten Blutsverwandten
aus seinem Geschlechte; der soll ihn in Besitz neh-
men! Dies soll bei den Israeliten als Rechtssatzung
gelten, wie der Herr dem Moses befohlen hat.«
12 Der Herr sprach zu Moses: »Steige auf das Aba-
rimgebirge und überschaue das Land, das ich den Is-
raeliten geben will! 13 Hast du es geschaut, so wirst
du zu deinen Stammesgenossen versammelt wer-
den, gleich wie dein Bruder Aaron. 14 Denn ihr habt
in der Wüste Zin, als die Gemeinde haderte, Wider-
willen gezeigt, mich als den Heiligen zu ehren vor
ihren Augen durch die Wasserspende.« Dies sind
die Haderwasser bei Kades in der Wüste Zin.

Josua, der Führer

15 Moses sprach zum Herrn: 16 »Der Herr, Gott aller
Lebensgeister in jeglichem Fleisch, wolle doch
einen Mann über die Gemeinde bestellen! 17 Der
ziehe an ihrer Spitze aus, kehre an ihrer Spitze
zurück, sei ihr Anführer und Heimführer; die Ge-
meinde des Herrn soll nicht sein wie eine Schaf-
herde, die keinen Hirten hat!« 18 Da sagte der Herr
zu Moses: »Nimm dir Josua, den Sohn Nuns, einen
geistbegabten Mann, und lege deine Hände auf ihn!
19 Stelle ihn vor den Priester Eleasar und die ganze
Gemeinde und betraue ihn vor ihren Augen mit
dem Oberbefehl! 20 Übertrage etwas von deiner
Würde auf ihn, damit die ganze Gemeinde der Isra-
eliten ihm gehorsam sei! 21 Nun soll er vom Priester
Eleasar Bescheid holen; dieser möge für ihn die Ent-
scheidung der Urimlose vor dem Herrn einholen!
Auf seine Weisung hin sollen sie ausziehen, und auf
seine Weisung sollen sie heimkehren, er mit allen
Israeliten und der ganzen Gemeinde!« 22 Moses tat,
was der Herr ihm geboten hatte. Er nahm Josua und
stellte ihn vor den Priester Eleasar und vor die ganze
Gemeinde. 23 Dann legte er seine Hände auf ihn und
betraute ihn mit dem Oberbefehl, wie der Herr
durch Moses befohlen hatte.

Opfertabelle

28 1 Der Herr sprach zu Moses: 2 »Gib den
Israeliten folgende Anweisung: Ihr sollt
darauf bedacht sein, mir meine Opfer-
gaben, meine Feueropferspeisen zum lieblichen
Wohlgeruch zur passenden Zeit darzubringen!

Tägliches Opfer

3 Verkünde ihnen: Dies ist das Feueropfer, das ihr
dem Herrn darbringen sollt: Zwei fehlerlose, ein-
jährige Lämmer als tägliches, immerwährendes
Brandopfer. 4 Das eine Lamm sollst du am Morgen
zurichten, das zweite richte gegen Abend zu!
5 Dazu ein Zehntel Epha Mehl als Speiseopfer, an-
gemacht mit einem Viertel Hin Öl aus zerstoßenen
Oliven. 6 Das ist das regelmäßige Brandopfer, das
am Berge Sinai zum lieblichen Wohlgeruch als ein
Feueropfer für den Herrn hergerichtet wurde. 7 Als

zugehöriges Trankopfer diene ein Viertel Hin Wein
für jedes Lamm; im Heiligtum sollst du das Trank-
opfer von Würzwein dem Herrn spenden. 8 Das
zweite Lamm sollst du gegen Abend herrichten mit
demselben Speise- und Trankopfer wie am Morgen
als ein Feueropfer lieblichen Wohlgeruches für den
Herrn.

Sabbatbrandopfer

9 Am Sabbattage sollt ihr zwei einjährige, fehlerlose
Lämmer und zwei Zehntel Epha Mehl als Speise-
opfer darbringen. Es soll mit Öl angemacht sein,
und das zugehörige Trankopfer komme dazu. 10 Es
ist dies das an einem jeden Sabbat neben dem im-
merwährenden Brandopfer und dem zugehörigen
Trankopfer darzubringende Sabbatbrandopfer.

Neumondbrandopfer

11 Jeweils am ersten Tage eurer Monate bringt dem
Herrn als Brandopfer dar: zwei junge Stiere, einen
Widder und sieben fehlerlose, einjährige Lämmer,
12 dazu auf jeden Jungstier drei Zehntel Epha Mehl,
mit Öl angemacht, als Speiseopfer, und auf den
einen Widder zwei Zehntel mit Öl gemengtes Mehl
als Speiseopfer, 13 auf jedes Lamm je ein Zehntel
Epha Mehl, mit Öl angemacht, als Speiseopfer. Als
Brandopfer lieblichen Wohlgeruchs, als ein Feuer-
opfer für den Herrn, gelte dies! 14 Die zugehörigen
Trankopfer sollen bestehen aus einem halben Hin
Wein für jeden Jungstier, einem Drittel Hin für den
einen Widder und einem Viertel Hin für jedes
Lamm. Dies ist das Neumondbrandopfer, das
Monat für Monat im Jahr darzubringen ist. 15 Zu
dem immerwährenden Brandopfer und dem zuge-
hörigen Trankopfer soll ein Ziegenbock als Sünd-
opfer für den Herrn hergerichtet werden.

An den Tagen der ungesäuerten Brote

16 Am vierzehnten Tage des ersten Monats ist
Pascha für den Herrn. 17 Am Fünfzehnten dieses
Monats ist ein Festtag; sieben Tage lang dürfen nur
ungesäuerte Brote gegessen werden. 18 Am ersten
Tag ist am Heiligtum Versammlung, da dürft ihr
keinerlei Arbeit verrichten! 19 Als Feueropfer, als
Brandopfer für den Herrn, sollt ihr darbringen: zwei
Jungstiere, einen Widder und sieben einjährige
Lämmer; nur fehlerlose Tiere dürfen es sein. 20 Das
zugehörige Speiseopfer bestehe aus Mehl, das mit
Öl angemacht ist; drei Zehntel Epha sollt ihr für je-
den Jungstier, zwei Zehntel für den Widder auf-
wenden, 21 je ein Zehntel aber sollst du für jedes von
den sieben Lämmern herrichten, 22 ferner einen
Bock als Sündopfer, um euch Sühne zu verschaffen.
23 Dies sollt ihr außer dem Morgenbrandopfer, das
zum immerwährenden Brandopfer gehört, darbrin-
gen. 24 Die gleichen Opfer bringt sieben Tage lang
als Feueropferspeise zu lieblichem Wohlgeruch
für den Herrn dar; sie kommen zu dem täglichen
Brandopfer und zu dem zugehörigen Trankopfer
noch dazu. 25 Am siebten Tage aber soll für euch am
Heiligtum wiederum Versammlung sein; da dürft
ihr keinerlei Arbeit verrichten!

Am Wochenfest

26 Auch am Tag der Erstlingsopfer, wenn ihr dem
Herrn ein Speiseopfer vom neuen Korn darbringt,
an eurem Wochenfeste, sei für euch Versammlung
am Heiligtum; keinerlei Arbeit sollt ihr tun. 27 Bringt
zum Brandopfer als lieblichen Wohlgeruch für den
Herrn dar: zwei Jungstiere, einen Widder und sie-
ben einjährige Lämmer, 28 ferner das entsprechende
Speiseopfer aus Mehl, das mit Öl angemacht ist,
nämlich drei Zehntel auf jeden Jungstier, zwei
Zehntel auf den einen Widder 29 und ein Zehntel
auf jedes von den sieben Lämmern, 30 endlich
einen Ziegenbock, um euch Sühne zu verschaffen.
31 Außer dem täglichen Brandopfer und dem zu-
gehörigen Speiseopfer – nur fehlerlose Tiere dürfen
es sein – und den entsprechenden Trankopfern sollt
ihr sie herrichten!

Am siebten Neumond

29 1 Am ersten Tage des siebten Monats
soll für euch eine Heiligtumsversamm-
lung sein; da dürft ihr keinerlei Arbeit
verrichten; als ein Tag des Trompetenblasens soll er
euch gelten. 2 Ihr sollt als Brandopfer lieblichen
Wohlgeruchs für den Herrn herrichten: einen Jung-
stier, einen Widder, sieben einjährige, fehlerlose
Lämmer, 3 dazu das entsprechende Speiseopfer aus
Mehl, das mit Öl angemacht ist, drei Zehntel Epha
auf den Jungstier, zwei Zehntel auf den Widder, 4 je
ein Zehntel auf jedes der sieben Lämmer, 5 ferner
einen Ziegenbock als Sündopfer, um euch Sühne zu
verschaffen. 6 Das kommt zu dem Neumondbrand-
opfer mit seinem Speiseopfer und zu dem immer-
währenden Brandopfer mit dem entsprechenden
Speiseopfer und den zugehörigen Trankopfern, wie
sie vorgeschrieben sind, noch dazu, als ein lieb-
licher Wohlgeruch des Feueropfers für den Herrn.

Am Versöhnungstag

7 Auch am zehnten Tage dieses siebten Monats sollt
ihr eine Heiligtumsversammlung abhalten, sollt fa-
sten und keinerlei Arbeit verrichten! 8 Als Brand-
opfer sollt ihr dem Herrn zum lieblichen Wohlge-
ruch darbringen: einen Jungstier, einen Widder,
sieben fehlerlose, einjährige Lämmer, 9 ferner das
entsprechende Speiseopfer aus Mehl, das mit Öl an-

gemacht ist, drei Zehntel auf den Jungstier, zwei
Zehntel auf den Widder, 10 je ein Zehntel auf jedes
der sieben Lämmer, 11 dazu einen Ziegenbock als
Sündopfer. Das kommt noch zu dem Sühne-
sündopfer und dem immerwährenden Brandopfer
nebst dem entsprechenden Speiseopfer und seinen
Trankopfern dazu.

Das Laubhüttenfest: Sieben Tage lang feiert ein Fest für den Herrn

12 Am fünfzehnten Tage des siebten Monats sei für
euch eine Heiligtumsversammlung; keinerlei Arbeit
dürft ihr verrichten, vielmehr sollt ihr sieben Tage
lang ein Fest für den Herrn feiern. 13 Als Brandopfer
und Feueropfer lieblichen Wohlgeruchs für den
Herrn sollt ihr darbringen: dreizehn Jungstiere,
zwei Widder, vierzehn einjährige, fehlerlose Läm-
mer, 14 dazu das Speiseopfer aus Mehl, das mit Öl
angemacht ist, drei Zehntel Epha für jeden von den
dreizehn Jungstieren, zwei Zehntel für jeden von
den beiden Widdern, 15 ein Zehntel für jedes von
den vierzehn Lämmern, 16 ferner einen Ziegenbock
als Sündopfer außer dem immerwährenden Brand-
opfer nebst dem zugehörigen Speise und Trank-
opfer. 17 Und am zweiten Tage: zwölf Jungstiere,
zwei Widder und vierzehn fehlerlose, einjährige
Lämmer, 18 dazu das Speiseopfer mit seinen Trank-
opfern für die Jungstiere, Widder und Lämmer ent-
sprechend ihrer Zahl, wie die Vorschrift verlangt,
19 ferner einen Ziegenbock als Sündopfer, abgese-
hen von dem immerwährenden Brandopfer nebst
seinem Speiseopfer und den zugehörigen Trank-
opfern. 20 Am dritten Tage sind zu opfern: elf Jung-
stiere, zwei Widder und vierzehn fehlerlose, ein-
jährige Lämmer, 21 dazu das Speiseopfer mit seinen
Trankopfern für die Jungstiere, Widder und Läm-
mer entsprechend ihrer Zahl, wie die Vorschrift ver-
langt, 22 außerdem ein Bock als Sündopfer, abgese-
hen von dem immerwährenden Brandopfer nebst
seinem Speise- und Trankopfer. 23 Und am vierten
Tage: zehn Jungstiere, zwei Widder und vierzehn
fehlerlose, einjährige Lämmer, 24 dazu das Speise-
opfer mit seinen Trankopfern für die Jungstiere,
Widder und Lämmer entsprechend ihrer Zahl, wie
die Vorschrift verlangt, 25 außerdem ein Ziegenbock
als Sündopfer, abgesehen von dem immerwähren-
den Brandopfer nebst seinem Speise- und Trank-
opfer. 26 Und am fünften Tage: neun Jungstiere,
zwei Widder und vierzehn fehlerlose, einjährige
Lämmer, 27 dazu das Speiseopfer mit seinen Trank-
opfern für die Jungstiere, Widder und Lämmer ent-
sprechend ihrer Zahl, wie die Vorschrift verlangt,
28 außerdem ein Bock als Sündopfer, abgesehen von
dem immerwährenden Brandopfer nebst seinem
Speise- und Trankopfer. 29 Und am sechsten Tage
opfert: acht Jungstiere, zwei Widder und vierzehn
fehlerlose, einjährige Lämmer, 30 dazu das Speise-
opfer mit seinen Trankopfern für die Jungstiere,
Widder und Lämmer entsprechend ihrer Zahl, wie
die Vorschrift verlangt, 31 ferner einen Bock als
Sündopfer, abgesehen von dem immerwährenden
Brandopfer nebst seinem Speiseopfer und den zu-
gehörigen Trankopfern. 32 Und am siebten Tage: sie-
ben Jungstiere, zwei Widder und vierzehn fehler-
lose, einjährige Lämmer, 33 dazu das Speiseopfer mit
seinen Trankopfern für die Jungstiere, Widder und
Lämmer entsprechend ihrer Zahl, wie die Vorschrift
verlangt, 34 ferner einen Bock als Sündopfer, abgese-
hen von dem immerwährenden Brandopfer nebst
seinem Speise- und Trankopfer. 35 Am achten Tage
soll Feiertag für euch sein; da sollt ihr keinerlei
Arbeit verrichten! 36 Bringt als Brandopfer, als Feuer-
opfer lieblichen Wohlgeruchs für den Herrn dar:
einen Jungstier, einen Widder und sieben fehlerlose,
einjährige Lämmer, 37 dazu das Speiseopfer und die
zugehörigen Trankopfer für den Jungstier, den Wid-
der und die Lämmer entsprechend ihrer Zahl, wie
die Vorschrift verlangt, 38 ferner einen Bock als
Sündopfer, abgesehen von dem immerwährenden
Brandopfer nebst seinem Speise- und Trankopfer.
39 Dies sollt ihr für den Herrn an euren Festen her-
richten außer euren Gelübdeopfern und freiwilligen
Gaben an Brand-, Speise-, Trank- und Friedopfern!«

30 1 Moses gab den Israeliten die Weisun-
gen, ganz wie ihm der Herr befohlen
hatte.

Gelübde eines Mannes

2 Moses sprach zu den Stammeshäuptern der Isrea-
liten: »Dies ordnet der Herr an: 3 Legt ein Mann dem
Herrn ein Gelübde ab, oder schwört er einen Eid,
sich selbst ein Enthaltungsgelübde aufzuerlegen, so
soll er sein Wort nicht brechen; er soll so handeln,
wie es sein Mund ausgesprochen.

Gelübde eines Mädchens

4 Gelobt eine weibliche Person dem Herrn etwas,
oder legt sie sich selbst ein Enthaltungsgelübde auf,
solange sie noch ledig im Hause ihres Vaters lebt,
5 so sind alle ihre Gelübde gültig, und jede Enthal-
tung, zu der sie sich durch Gelübde verpflichtet, hat
Gültigkeit, doch muß ihr Vater von dem Gelübde
und ihrer Enthaltung, zu der sie sich verpflichtete,
erfahren und dazu schweigen. 6 Wehrt ihr aber ihr
Vater an dem Tage, da er davon hört, so haben all
ihre Gelübde und Enthaltungsgelübde, die sie sich

selbst auferlegte, keine Gültigkeit; der Herr aber wird ihr verzeihen, weil ihr Vater ihr gewehrt hat.

Voreheliche Gelübde in der Ehe: Ihr Mann muß davon erfahren

7 Verheiratet sie sich nun aber, während noch ihre Gelübde auf ihr lasten oder sonst ein unbedacht ausgesprochenes Wort, durch das sie sich ein Enthaltungsgelübde auferlegt hat, 8 so haben ihre Gelübde und ihre Enthaltungen, die sie sich selber auferlegt hat, Gültigkeit, doch muß ihr Mann davon erfahren und am Tage, da er es erfährt, schweigen. 9 Wehrt ihr aber ihr Mann am Tage, da er davon erfährt, so macht er das Gelübde, das auf ihr lastet, und das unbedacht ausgesprochene Wort, durch das sie sich selbst gebunden hat, ungültig, und der Herr wird ihr verzeihen.

Witwengelübde

10 Das Gelübde einer Witwe oder einer geschiedenen Frau, überhaupt alles, wozu sie sich selbst verpflichtet hat, bleibt verbindlich für sie.

Gelübde einer Ehefrau

11 Tut sie aber im Hause ihres Mannes ein Gelübde, oder legt sie sich selbst eidlich auf, eine Enthaltung zu üben, 12 so haben all ihre Gelübde Gültigkeit, und jegliche Enthaltung, zu der sie sich verpflichtete, besteht. Doch muß ihr Mann davon erfahren und dazu schweigen und ihr nicht wehren. 13 Macht aber ihr Mann an dem Tage, da er davon hört, sie ungültig, so besteht nichts von dem, was ihre Lippen ausgesprochen haben, seien es nun Gelübde oder die Pflicht zu einer Enthaltung. Ihr Mann hat sie ungültig gemacht, und der Herr wird ihr verzeihen. 14 Jedes Gelübde und jede eidliche Verpflichtung zu einem Fasten kann von ihrem Manne als bestehend oder nicht bestehend erklärt werden. 15 Schweigt ihr Mann dazu von einem Tag zum andern, so macht er damit ihre Gelübde und ihre Verpflichtungen, die ihr obliegen, rechtskräftig, weil er am Tage, da er es erfuhr, dazu geschwiegen hat. 16 Hebt er sie aber erst lange Zeit, nachdem er davon erfahren, auf, so lädt er eine daraus sich ergebende Verschuldung auf sich.«

17 Dies sind die Rechtssatzungen, die der Herr dem Moses befohlen, für das Verhältnis zwischen Mann und Frau, zwischen einem Vater und seiner noch ledigen, im Vaterhaus weilenden Tochter.

Rachezug gegen Midian

31 1 Der Herr sprach zu Moses: 2 »Nimm Rache für die Israeliten an den Midianitern; dann sollst du zu deinen Volksgenossen versammelt werden!« 3 Moses sprach darauf zum Volke: »Rüstet euch Männer aus eurer Mitte zum Kriegszug aus; sie sollen gegen die Midianiter ziehen, um des Herrn Rache an den Midianitern zu vollstrecken! 4 Je tausend Mann von allen Stämmen Israels sollt ihr zu dem Kriegszug entsenden!« 5 Es wurden aus Israels Tausendschaften je tausend von jedem Stamme ausgehoben, also 12 000 Kampfgerüstete. 6 Moses schickte sie, je tausend von jedem Stamm, zum Kriegszug aus, mit ihnen Pinchas, den Sohn des Priesters Eleasar; der führte die heiligen Geräte und die Lärmtrompeten mit sich. 7 Da zogen sie gegen Midian zu Felde, wie der Herr dem Moses befohlen hatte, und töteten alles, was männlich war. 8 Auch die Könige der Midianiter hieben sie nieder, außer denen, die sie sonst erschlagen hatten, nämlich Ewi, Rekem, Zur, Chul und Reba, fünf Könige Midians; auch Bileam, den Sohn des Beor, hieben sie mit dem Schwerte nieder. 9 Sodann führten die Israeliten die Frauen Midians und ihre Kinder in die Gefangenschaft; all ihr Vieh und all ihre Herden und ihr gesamtes Hab und Gut erbeuteten sie. 10 All ihre Städte an ihren Wohnsitzen und all ihre Zeltlager steckten sie in Brand. 11 Dann nahmen sie die Gesamtbeute und alles, was sie an Mensch und Vieh an sich genommen hatten, 12 und brachten die Gefangenen, die Beute und den Raub zu Moses, zum Priester Eleasar und zur ganzen Gemeinde der Israeliten ins Lager, in die Steppen Moabs, die am Jordan gegenüber Jericho lagen.

13 Es gingen Moses und der Priester Eleasar und sämtliche Gemeindefürsten ihnen vor das Lager hinaus entgegen. 14 Moses aber war zornig über die Heerführer, die Führer der Tausendschaften und die Hauptleute der Hundertschaften, die vom Kriegszug heimkehrten. 15 Er sprach zu ihnen: »Wie? Ihr habt alle Frauen am Leben gelassen? 16 Gerade sie sind es ja, die die Israeliten auf Bileams Rat zum Abfall vom Herrn um Peors willen verführt haben, so daß die Heimsuchung über die Gemeinde des Herrn kam. 17 So tötet nun von den Kindern alle Knaben und von den Frauen jene, die schon mit einem Manne verkehrt haben! 18 Aber alle Mädchen, die noch mit keinem Manne verkehrt haben, laßt für euch am Leben! 19 Ihr aber bleibt sieben Tage lang außerhalb des Lagers! Ihr alle, die ihr jemand getötet oder einen Erschlagenen berührt habt, müßt euch am dritten und am siebten Tage mit euren Gefangenen entsündigen. 20 Auch alle Kleidungsstücke, alles Ledergerät und was aus Ziegenhaar hergestellt ist und alle Holzgeräte müßt ihr gleichfalls entsündigen.

Metallgegenstände
21 Der Priester Eleasar sagte zu den Kriegsleuten,
die zum Kampf gezogen waren: »Dies ist die Ge-
setzesbestimmung, die der Herr dem Moses befoh-
len hat: 22 Gold und Silber, Kupfer, Eisen, Zinn und
Blei, 23 überhaupt alles, was Feuer verträgt, müßt
ihr durch das Feuer hindurchziehen, dann ist es
rein; trotzdem muß es noch mit Reinigungswasser
entsündigt werden; alles aber, was kein Feuer ver-
trägt, müßt ihr durch das Wasser hindurchziehen.
24 Am siebten Tage aber wascht eure Kleider, dann
seid ihr rein; danach dürft ihr wieder ins Lager kom-
men.«

Beuteverteilung
25 Der Herr sprach zu Moses: 26 »Nimm die Ge-
samtzahl auf von dem, was erbeutet und gefangen
wurde an Menschen und Vieh, du und der Priester
Eleasar und die Familienhäupter der Gemeinde!
27 Teile die Beute in zwei Hälften zwischen den
Kriegsteilnehmern, die zu Felde gezogen sind, und
zwischen der ganzen übrigen Gemeinde! 28 Erhebe
aber eine Abgabe für den Herrn von den Kriegsleu-
ten, die ins Feld gezogen sind, und zwar je ein Stück
von fünf Hunderten der Menschen, Rinder, Esel
oder Schafe! 29 Von ihrer Hälfte sollt ihr sie nehmen,
und du sollst sie dem Priester Eleasar als Hebe für
den Herrn übergeben. 30 Aus der den Israeliten zu-
fallenden Hälfte aber greife immer ein Stück aus
fünfzig heraus von den Menschen, Rindern, Eseln
und Schafen, von allem Vieh, und übergib sie den
Leviten, denen der Dienst an der Wohnstätte des
Herrn obliegt!«
31 Moses und der Priester Eleasar taten, wie der Herr
dem Moses befohlen hatte. 32 Die Beutestücke,
nämlich was von der Beute des Kriegsvolkes noch
übrig war, belief sich auf 675 000 Stück Schafe
33 und 72 000 Stück Rinder 34 und 61 000 Esel; 35 was
die Menschen betrifft, so betrug die Zahl der Mäd-
chen, die noch mit keinem Mann verkehrt hatten,
insgesamt 32 000. 36 Es belief sich der halbe Anteil,
der den ins Feld Gezogenen zufiel, auf 337 500
Stück Schafe 37 und die Abgabe davon für den Herrn
auf 675, 38 ferner auf 36 000 Stück Rinder und die
Abgabe davon für den Herrn auf 72, 39 ferner auf
30 500 Esel und die davon für den Herrn bestimmte
Abgabe auf 61, 40 endlich auf 16 000 Menschen und
die Abgabe davon für den Herrn auf 32. 41 Moses
übergab die Abgabe, die als Hebe für den Herrn be-
stimmt war, an den Priester Eleasar, wie der Herr
ihm befohlen hatte. 42 Von jener Hälfte, die den
Israeliten zugefallen war und die Moses vom Anteil
der Krieger abgesondert hatte, 43 belief sich die der
Gemeinde zufallende Teilzahl auf 337 500 Stück
Schafe, 44 36 000 Stück Rinder, 45 30 500 Esel 46 und
16 000 Menschen. 47 Er griff jeweils aus fünfzig
eines heraus von Menschen und Vieh. Er übergab
sie den Leviten, denen der Dienst an der Wohn-
stätte des Herrn oblag, wie der Herr dem Moses be-
fohlen hatte.

Weihegaben der Anführer
48 Es traten aber zu Moses die Anführer der Tau-
sendschaften des Heeres, die Obersten über Tau-
send und die Hauptleute über Hundert. 49 Sie
sprachen zu Moses: »Deine Knechte haben die
Kriegsleute abgezählt, die unter unserer Führung
standen; kein Mann unter uns fehlt. 50 Darum brin-
gen wir als Opfergabe für den Herrn, was jeder an
goldenen Geräten erbeutet hat: Schrittkettchen,
Armbänder, Fingerringe, Ohrringe und Halsketten,
um Sühne zu schaffen für unser Leben vor dem
Herrn.« 51 Da nahmen Moses und der Priester Elea-
sar das Gold in Empfang, lauter kunstvoll gearbei-
tete Gegenstände. 52 Es belief sich das ganze Gold,
das sie als Hebe für den Herrn abgaben, auf 16 750
Sekel; es war von den Anführern der Tausendschaf-
ten und von den Hauptleuten der Hundertschaften.
53 Die gemeinen Soldaten aber hatten auch noch
Beute für sich selbst gemacht. 54 Moses und der
Priester Eleasar nahmen das Gold von den Anfüh-
rern der Tausendschaften und Hundertschaften. Sie
brachten es ins Offenbarungszelt, damit es dort den
Israeliten als Erinnerungszeichen vor dem Herrn
diene.

31,27: Teilung der Beute mit Nicht-Kriegsteilnehmern auch Jos 22,8; und 1 Sam 30,24f. 32–47: Obwohl die Midianiter großen Viehbesitz hatten, sind die Zahlen doch unwahrscheinlich hoch. Die Beute wird gern überschätzt, und später scheint man ein gewisses Spiel mit den Zahlen (Gematrie) angewandt zu haben.

Gads und Rubens Sonderwünsche

32

1 Groß und überaus stark war der Vieh-
bestand der Rubeniten und der Gaditen.
Sie besichtigten das Land Jaser und das
Gebiet von Gilead und fanden, daß die Gegend sich
für Viehzucht gut eignete. 2 Da gingen die Gaditen
und die Rubeniten hin und sprachen zu Moses, dem
Priester Eleasar und zu den Fürsten der Gemeinde.
3 »Atarot, Dibon, Jaser, Nimra, Hesbon, Elale,
Sebam, Nebo und Beon, 4 das Land, das der Herr vor
der Gemeinde Israel geschlagen hat, ist ein Land für
Viehzucht, und deine Knechte haben Herden.«
5 Und sie fuhren fort: »Haben wir Gnade bei dir ge-
funden, so werde dieses Land deinen Knechten
zum Eigentum übergeben. Laß uns also nicht den
Jordan durchschreiten!«

Moses warnt

6 Moses antwortete den Gaditen und Rubeniten:
»Sollen etwa eure Brüder in den Kampf ziehen, und
ihr wollt hier ruhig sitzen? 7 Warum wollt ihr denn
die Israeliten entmutigen, in das Land hin-
überzuziehen, das der Herr ihnen gegeben hat? 8 So
haben eure Väter auch gehandelt, als ich sie von
Kades-Barnea aussandte, das Land zu besichtigen.
9 Sie zogen dann bis zum Tale Eschkol und besich-
tigten das Land. Dann entmutigten sie aber die
Israeliten, so daß diese nicht mehr in das Land ge-
hen wollten, das der Herr ihnen verliehen hatte.
10 An jenem Tag aber entbrannte der Zorn des
Herrn, und er tat den Schwur: 11 Nie werden die
Männer von zwanzig Jahren an und darüber, die
von Ägypten weggezogen sind, das Land zu sehen
bekommen, das ich Abraham, Isaak und Jakob eid-
lich versprochen habe; denn sie haben mir nicht ge-
horcht. 12 Ausgenommen sind Kaleb, der Kenissiter,
der Sohn Jephunnes, und Josua, der Sohn Nuns.
Denn diese haben dem Herrn völlig gehorcht. 13 Da
entbrannte der Zorn des Herrn gegen Israel. Er ließ
sie vierzig Jahre lang in der Wüste herumirren, bis
das ganze Geschlecht, das sich in den Augen des
Herrn versündigt hatte, aufgerieben war. 14 Und
nun seid ihr an die Stelle eurer Väter getreten, eine
Brut von Sündern, um die Zornesglut des Herrn ge-
gen Israel noch stärker zum Entfachen zu bringen.
15 Wenn ihr euch nun von ihm abwendet, so läßt er
es gewiß noch länger in der Wüste, und ihr verur-
sacht diesem ganzen Volk den Untergang.«

Neue Verabredung

16 Sie traten zu ihm heran und sprachen: »Wir wol-
len hier Kleinviehhürden für unseren Viehbestand
errichten und Städte für unsere Familien. 17 Wir
selbst aber wollen uns rüsten und zu Kampfgrup-
pen geordnet an der Spitze der Israeliten ziehen, bis
wir auch sie an ihre Wohnsitze gebracht haben. Nur
sollen Weib und Kind in den befestigten Städten
bleiben wegen der Bewohner jenes Landes. 18 Wir
kehren nicht zurück zu unseren Häusern, bis sämt-
liche Israeliten zu ihrem Erbbesitz gekommen sind.
19 Denn wir werden ja bei ihnen jenseits des Jordans
und darüber hinaus keinen Erbbesitz erhalten; denn
uns ist als Erbbesitz das Land östlich jenseits des
Jordans zugefallen.«
20 Moses sprach zu ihnen: »Wenn ihr das tun wollt,
wenn ihr euch vor dem Herrn zum Kampfe rüstet
21 und ein jeder in voller Rüstung vor dem Herrn den
Jordan überschreitet, bis er seine Feinde vor sich her
vertrieben hat, 22 und wenn ihr erst dann heimkeh-
ren wollt, wenn das Land vor dem Herrn unterwor-
fen ist, dann seid ihr von eurer Pflicht gegenüber
dem Herrn und Israel befreit. Dieses Land soll euch
vor dem Herrn als Besitz zuteil werden. 23 Handelt
ihr aber nicht so, dann seid ihr sündhaft vor dem
Herrn. Wißt, daß dann eure Sünde auf euch zurück-
fallen wird. 24 Baut euch nun also Städte für Weib
und Kind sowie Hürden für euer Kleinvieh! Tut
aber das, was euer Mund gesprochen hat!« 25 Die
Gaditen und Rubeniten erwiderten dem Moses:
»Deine Knechte werden tun, wie du, unser Herr, be-
fiehlst! 26 Unsere Kinder, unsere Frauen, unser Her-
denbestand und unser Viehbesitz sollen dort in den
Städten Gileads bleiben. 27 Deine Knechte aber wol-
len in voller Kriegsrüstung vor dem Herrn zum
Kampfe ziehen, wie du, unser Herr, befiehlst!«
28 Moses gab nun dem Priester Eleasar und Josua,
dem Sohne Nuns, und den Stammeshäuptern der Is-
raeliten Weisung. 29 Er sprach: »Ziehen die Gaditen
und die Rubeniten mit euch in voller Kriegsausrü-
stung über den Jordan in den Kampf vor dem Herrn,
und liegt das Land unterworfen vor euch, so gebt
ihnen das Gebiet von Gilead zum Besitz! 30 Ziehen
aber die Krieger mit euch nicht hinüber, dann sollen
sie mit euch zusammen im Lande Kanaan ansäsig
werden.« 31 Die Gaditen und Rubeniten erwiderten
darauf: »Wie der Herr deinen Knechten befohlen
hat, so wollen wir tun! 32 Wir wollen kampfgerüstet
vor dem Herrn ins Land Kanaan hinüberziehen, da-
mit uns unser Erbbesitz jenseits des Jordans erhalten
bleibe!« 33 Da verlieh ihnen Moses – den Gaditen,
Rubeniten und der Hälfte des Stammes Manasse,
des Sohnes Josephs – das Königreich des Amoriter-
königs Sichon und das Königreich des Basankönigs
Og, das Land samt seinen Städten mit Umgebung,
die Städte ringsum im Land.
34 Die Gaditen bauten: Dibon, Atarot, Aroer,
35 Atrot-Schophan, Jaser, Jogbeha, 36 Bet-Nimra und
Bet-Haran, feste Städte und Kleinviehhürden. 37 Die
Rubeniten bauten Hesbon, Elale, Kirjatajim, 38 Ne-
bo, Baal-Meon – mit veränderten Namen – und
Sibma. Sie benannten die Städte, die sie gebaut
hatten, mit (ihren alten) Namen.

Halbstamm Manasse

39 Die Nachkommen Machirs, des Sohnes Manas-
ses, zogen nach Gilead, eroberten es und vertrieben
die darin ansässigen Amoriter. 40 So verlieh Moses
Gilead dem Manassestamm Machir, und dieser ließ
sich darin nieder. 41 Jaïr, der Sohn des Manasse, zog
ebenfalls aus, eroberte ihre Zeltdörfer und be-
nannte sie »Zeltdörfer Jaïrs«. 42 Auch Nobach zog
aus, eroberte Kenat mit den zugehörigen Ortschaf-
ten. Er benannte es nach seinem Namen Nobach.

Lagerstätten von Ägypten bis zum Sinai

33 1 Dies sind die Haltestationen der Isra-
eliten, nachdem sie aus dem Ägypter-
land mit ihren Heerscharen unter Mo-
ses, und Aarons Führung ausgezogen waren. 2 Mo-
ses schrieb auf des Herrn Anweisung hin die
Ausgangsorte nach ihren Wanderzügen auf. Dies
sind ihre Wanderzüge nach ihren Ausgangsorten:
3 Am fünfzehnten Tage des ersten Monats brachen
sie von Ramses auf. Am Tage nach dem Pascha zo-
gen die Israeliten unter dem Schutze einer erhobe-
nen Hand vor den Augen aller Ägypter fort. 4 Die
Ägypter aber begruben diejenigen, die der Herr bei
ihnen erschlagen hatte, nämlich alle Erstgeburt;
auch unter ihren Göttern hatte der Herr Strafge-
richte vollzogen. 5 Die Israeliten brachen von Ram-
ses auf und lagerten in Sukkot. 6 Von Sukkot bra-
chen sie auf und lagerten in Etam am Rande der
Wüste. 7 Sie brachen von Etam auf. Man wandte
sich nach Pi-Hachirot gegenüber von Baal-Zephon.
Sie lagerten vor Migdol. 8 Dann brachen sie von
Pi-Hachirot auf. Sie zogen mitten durch das Meer in
die Wüste und wanderten drei Tagereisen weit in
der Wüste von Etam und lagerten in Mara. 9 Sie bra-
chen von Mara auf und gelangten nach Elim; in Elim
aber gab es zwölf Wasserquellen und siebzig Palm-
bäume; sie lagerten dort. 10 Von Elim brachen sie auf
und lagerten am Schilfmeer. 11 Sie brachen vom
Schilfmeer auf und lagerten in der Wüste Sin. 12 Aus
der Wüste Sin brachen sie auf und lagerten in Do-
phka. 13 Sie brachen von Dophka auf und lagerten in
Alusch. 14 Von Alusch brachen sie auf und lagerten
in Rephidim; dort hatte das Volk kein Trinkwasser.
15 Sie brachen von Rephidim auf und lagerten in der
Wüste Sinai.

Von Sinai bis Kades

16 Von der Wüste Sinai brachen sie auf und lagerten
bei den »Lustgräbern«. 17 Sie brachen von den »Lust-
gräbern« auf und lagerten in Chazerot. 18 Von Cha-
zerot brachen sie auf und lagerten in Ritma. 19 Sie
brachen von Ritma auf und lagerten in Rimmon-
Perez. 20 Von Rimmon-Perez brachen sie auf und
lagerten in Libna. 21 Sie brachen von Libna auf und
lagerten in Rissa. 22 Von Rissa brachen sie auf und
lagerten in Kehelata. 23 Sie brachen von Kehelata auf
und lagerten am Berge Schepher. 24 Vom Berge
Schepher brachen sie auf und lagerten in Charada.
25 Sie brachen von Charada auf und lagerten in
Makhelot. 26 Von Makhelot brachen sie auf und la-
gerten in Tachat. 27 Sie brachen von Tachat auf und
lagerten in Terach. 28 Von Terach brachen sie auf
und lagerten in Mitka. 29 Sie brachen von Mitka auf
und lagerten in Chaschmona. 30 Von Chaschmona
brachen sie auf und lagerten in Moserot. 31 Sie bra-
chen von Moserot auf und lagerten in Bene-Jaakan.
32 Von Bene-Jaakan brachen sie auf und lagerten in
Chor-Hagidgad. 33 Sie brachen von Chor-Hagidgad
auf und lagerten in Jotbata. 34 Von Jotbata brachen
sie auf und lagerten in Abrona. 35 Sie brachen von
Abrona auf und lagerten in Ezjon-Geber. 36 Von
Ezjon-Geber brachen sie auf und lagerten in der
Wüste Zin, das ist Kades.

Am Berge Hor

37 Sie brachen von Kades auf und lagerten am Berge
Hor an der Grenze des Landes Edom. 38 Der Priester
Aaron aber stieg nach dem Geheiß des Herrn auf
den Berg Hor und starb dort vierzig Jahre nach dem
Wegzug der Israeliten aus Ägypten, am Ersten des
fünften Monats. 39 Hundertdreiundzwanzig Jahre
war Aaron alt, als er auf dem Berge Hor starb. 40 Da
hörte der Kanaaniter, der König von Arad, der im
Südteil des Landes Kanaan wohnte, daß die Israeli-
ten anrückten.

Vom Berge Hor zu den Steppen Moab

41 Vom Berge Hor brachen sie auf und lagerten in
Zalmona. 42 Sie brachen auf von Zalmona und
lagerten in Punon. 43 Von Punon brachen sie auf und
lagerten in Obot. 44 Sie brachen auf von Obot und
lagerten in Ijje-Haabarim in Moabs Gebiet. 45 Von
Ijjim brachen sie auf und lagerten in Dibon-Gad.
46 Sie brachen auf von Dibon-Gad und lagerten in
Almon-Diblatajim. 47 Von Almon-Diblatajim bra-
chen sie auf und lagerten im Gebirge Abarim ge-
genüber dem Nebo. 48 Sie brachen vom Gebirge
Abarim auf und lagerten in den Steppen Moabs am
Jordan bei Jericho. 49 Sie lagerten am Jordan in
Moabs Steppen von Bet-Jeschimot bis Abel Schit-
tim.

Die Verteilung

50 Der Herr sprach zu Moses in den Steppen Moabs
am Jordan bei Jericho: 51 »Rede mit den Israeliten
und sprich zu ihnen: Seid ihr über den Jordan hin-
über ins Land Kanaan hineingezogen, 52 so vertreibt
alle Landesbewohner vor euch her und vernichtet
all ihre Bildsteine; auch all ihre Gußbilder sollt ihr
zerstören und ihre Höhen verwüsten. 53 Ihr sollt das
Land in Besitz nehmen und darin wohnen: denn
euch habe ich das Land gegeben, daß ihr es besitzt.
54 Durch das Los verteilt euch das Land entspre-
chend euren Geschlechtern; dem größeren sollt ihr
seinen Erbbesitz groß machen, dem kleineren klein;
worauf das Los für einen fällt, das soll er bekom-
men; entsprechend euren väterlichen Stämmen
sollt ihr euch den Erbbesitz verteilen! 55 Wenn ihr

aber die Landesbewohner vor eurem Angesicht
nicht vertreibt, so wird der von euch übriggelassene
Rest zu Dornen in euren Augen und zu Stacheln in
euren Flanken. Sie werden euch im Lande, das ihr
bewohnt, bedrängen. 56 Dann werde ich an euch
das tun, was ich ihnen anzutun gedachte.«

33,3–48: Als runde Zahl werden 40 Lagerstationen angegeben, was den 40 Jahren des Wüstenzuges entspricht. 38f: Der Tod Aarons auch 20,23–29. 40: Ausführlicher 21,1–3. 54: Vgl. 26,52–56.

Grenzen des verheißenen Landes

34 1 Der Herr sprach zu Moses: 2 »Befiehl
den Israeliten und sprich zu ihnen:
Wenn ihr in das Land Kanaan kommt, so
sei dies das Gebiet, das euch als Erbbesitz zufällt:
das Land Kanaan entsprechend seinen Grenzen.
3 Eure Südseite gehe von der Wüste Zin an Edom
entlang, so daß eure Südgrenze im Osten vom Süd-
ende des Salzmeeres ausgeht. 4 Dann ziehe sich
eure Grenze südlich von der Skorpionensteige
herum bis Zin hinüber, ihre Ausläufer seien südlich
von Kades-Barnea. Dann laufe sie aus nach Chazar-
Addar und hinüber nach Azmon. 5 Von Azmon
wende sich die Grenze dem Bach Ägyptens zu und
nehme ihr Ende am Meer. 6 Die Westgrenze sei für
euch das Große Meer. Das soll eure Westgrenze
sein! 7 Eure Nordgrenze soll folgende sein: Zieht
euch eine Linie vom Großen Meer bis zum Berge
Hor! 8 Vom Berge Hor zieht eine Linie bis Lebo-
Hamat; das Ende der Grenze aber sei Zedad! 9 Die
Grenze laufe dann weiter nach Siphron und endige
in Chazar-Enan. Das soll eure Nordgrenze sein!
10 Als Ostgrenze sollt ihr die Linie von Chazar-Enan
nach Schepham ziehen. 11 Von Schepham ziehe
sich die Grenze abwärts nach Ribla, östlich von
Ajin; dann ziehe sie weiter abwärts und treffe den
Bergrücken östlich vom See Kinneret. 12 Die Grenze
ziehe dann den Jordan hinab, ihre Enden seien am
Salzmeer. Dies seien eure Landesgrenzen ringsum!«
13 Moses gab den Israeliten folgende Anweisung:
»Dies ist das Land, das ihr euch durch das Los zu-
teilen sollt; der Herr hat es den neuneinhalb Stäm-
men zu geben befohlen. 14 Denn der Stamm Ruben
mit seinen Familien, der Stamm Gad mit seinen
Familien und der Halbstamm Manasse haben ihren
Erbbesitz schon erhalten. 15 Die zweieinhalb
Stämme haben ihren Erbanteil jenseits des Jordans,
Jericho gegenüber nach Osten, schon bekommen.«

Beauftragte

16 Der Herr sprach zu Moses: 17 »Dies sind die
Namen der Männer, die auch das Land zuteilen sol-
len: der Priester Eleasar und Josua, der Sohn Nuns.
18 Zieht noch aus jedem Stamm einen Stammes-
fürsten hinzu, das Land zu verteilen! 19 Dies sind die
Namen der Männer: vom Stamme Juda Kaleb, der
Sohn Jephunnes, 20 vom Stamme Simeon Schemuel,
der Sohn Ammihuds, 21 vom Stamme Benjamin Eli-
dad, der Sohn Kislons, 22 als Fürst vom Stamme der
Daniten Bukki, der Sohn Joglis, 23 von den Söhnen
Josephs als Fürst des Stammes der Manassiten
Channiel, der Sohn Ephods, 24 als Fürst des Stam-
mes der Ephraimiten Kemuel, der Sohn Schiph-
tans, 25 als Fürst der Sebuluniten Elizaphan, der
Sohn Parnachs, 26 als Fürst der Issachariten Paltiel,
der Sohn Assans, 27 als Fürst der Aseriten Achihud,
der Sohn Schelomis, 28 als Fürst der Naphtaliten
Pedahel, der Sohn Ammihuds.« 29 Das sind die
Männer, denen der Herr die Weisung gab, den Isra-
eliten im Lande Kanaan ihr Erbe zu verteilen.

34,3–6: Das Salzmeer ist das Tote Meer, das Große Meer das Mittelländische. 19–28: Reihenfolge der Stämme von Süden nach Norden, vgl. Jos 13–21.

Levitenstädte

35 1 Der Herr sprach zu Moses in den
Steppen Moabs am Jordan bei Jericho:
2 »Befiehl den Israeliten, von ihrem Erb-
besitz den Leviten Städte zur Wohnung zu geben,
auch das zu den Städten ringsum gehörende Weide-
land! 3 Die Städte sollen ihnen als Wohnsitz dienen,
die zugehörigen Weidetriften sind für ihr Vieh, ihre
Herden und alle ihre Tiere. 4 Die zu den Städten
gehörigen Weidetriften, die ihr den Leviten geben
sollt, mögen sich von der Stadtmauer nach außen
hin tausend Ellen weit im Umkreis erstrecken.
5 Meßt außerhalb der Stadt auf der Ostseite zwei-
tausend Ellen ab, auf der Süd-, West- und Nordseite
desgleichen; die Stadt selbst liege also in der Mitte.
Dies soll ihnen als Weideland bei den Städten zu-
fallen. 6 Die Städte aber, die ihr den Leviten zu ge-
ben habt, seien sechs Asylstädte, damit der Tot-
schläger dorthin entfliehen kann; außerdem sollt ihr
noch 42 Städte hergeben. 7 Die Gesamtzahl der
Städte, die ihr den Leviten zuteilen sollt, betrage 48,
und zwar die Städte selbst und das zugehörige Wei-
deland. 8 Die Zahl der Städte aber, die ihr vom
Besitz der Israeliten abgeben müßt, sollt ihr bei
größeren Stämmen höher, bei kleineren niederer
ansetzen; jeder soll entsprechend seinem Besitz,
den er bekommt, von seinen Städten den Leviten
abgeben.«

Asylstädte

Der Herr redete zu Moses: 10 »Sprich zu den Israeli-
ten und sage ihnen: Wenn ihr über den Jordan in das

BABEL

Land Kanaan hineinkommt, 11 so sucht euch Städte aus, die Zufluchtsstädte für euch seien; wer einen Totschlag begangen, d.h. ohne Absicht einen Menschen getötet hat, soll dorthin fliehen können! 12 Die Städte sollen euch als Zuflucht vor dem Bluträcher dienen, damit der Totschläger nicht getötet wird, ehe er vor der Gemeinde zur Aburteilung gestanden hat. 13 Was die abzugebenden Städte betrifft, so sollt ihr sechs Asylstädte haben! 14 Drei Städte sollt ihr jenseits des Jordans hergeben, drei Städte im Lande Kanaan; sie sollen als Asylstädte dienen! 15 Den Israeliten, den Fremdlingen und Beisassen unter ihnen sollen diese sechs Städte zur Zuflucht dienen, damit jeder dorthin fliehen kann, der unvorsätzlich einen Menschen getötet hat.

Blutrache: Der Mörder soll mit dem Tode bestraft werden

16 Hat jemand einen mit einem eisernen Gegenstand so geschlagen, daß er starb, dann ist er ein Mörder. Der Mörder muß des Todes sterben. 17 Hat er ihn mit einem Schleuderstein, durch den der Tod herbeigeführt werden kann, so getroffen, daß er starb, dann ist er ein Mörder. Der Mörder muß des Todes sterben. 18 Hat er ihn mit einem hölzernen Gerät in seiner Hand, das den Tod verursachen kann, so getroffen, daß er starb, dann ist er ein Mörder. Der Mörder muß des Todes sterben. 19 Der Bluträcher aber soll den Mörder töten. Trifft er ihn an, so mag er ihn töten. 20 Hat jemand einem anderen aus Haß einen Stoß versetzt oder nach ihm absichtlich geworfen, so daß er starb, 21 oder hat er ihm aus feindseliger Gesinnung einen Faustschlag versetzt, so daß er starb, so soll derjenige, der ihn geschlagen hat, mit dem Tode bestraft werden. Er ist ein Mörder. Der Bluträcher soll den Mörder töten, sobald er ihn antrifft.

Der Totschläger

22 Hat er ihm aber unversehens, ohne Feindschaft, einen Stoß versetzt oder auf ihn unabsichtlich irgendeinen Gegenstand geworfen, 23 oder hat er einen Stein, durch den der Tod herbeigeführt werden kann, ohne es zu sehen, auf ihn fallen lassen, so daß er starb – er war ihm aber durchaus nicht feindselig gesinnt und wollte ihm nichts Böses zufügen –, 24 dann soll die Gemeinde zwischen dem Totschläger und dem Bluträcher auf Grund dieser Rechtssatzungen eine richterliche Entscheidung herbeiführen! 25 Die Gemeinde schütze den Totschläger vor des Bluträchers Gewalt und bringe ihn zurück in seine Asylstadt, wohin er geflohen war. Darin bleibt er bis zum Tode des Hohenpriesters, den man mit dem heiligen Öle gesalbt hat. 26 Verläßt aber der Totschläger den Bereich seiner Asylstadt, wohin er geflohen war, 27 und trifft ihn der Bluträcher außerhalb des Bereiches seiner Asylstadt an, so lädt der Bluträcher keine Blutschuld auf sich, wenn er den Totschläger tötet. 28 Jener muß in seiner Asylstadt bis zum Tode des Hohenpriesters bleiben. Nach dessen Tode aber darf der Totschläger dahin zurückkehren, wo sein Erbbesitz ist. 29 Dies soll euch als Rechtssatzung gelten von Geschlecht zu Geschlecht in all euren Wohnstätten!

Zeugen

30 Erschlägt jemand einen Menschen, so darf man den Mörder nur auf Grund von Zeugenaussagen hinrichten. Doch soll auf die Aussage eines einzigen Zeugen hin niemand die Todesstrafe erleiden. 31 Ihr sollt für das Leben eines Mörders, der des Todes schuldig ist, kein Lösegeld annehmen; er muß des Todes sterben. 32 Auch dürft ihr, wenn einer in seine Asylstadt geflohen ist, kein Lösegeld zu dem Zwecke annehmen, daß er noch vor dem Tode des Hohenpriesters wieder heimkehren und in seinem Lande wohnen kann. 33 Entweiht nicht das Land, in dem ihr wohnt! Denn Blut entweiht das Land, und dem Lande wird keine Sühne verschafft für das Blut, das in ihm vergossen ward, es sei denn durch das Blut dessen, der es vergossen hat. 34 Befleckt also nicht das Land, in dem ihr wohnt und in dessen Mitte auch ich wohne! Denn ich, der Herr, wohne inmitten der Söhne Israels!«

35,30: Mehrere Zeugen werden auch 5 Mos 17,6 und 19,15 gefordert.

Die Töchter Zelophchads

36 1 Da kamen die Häupter der Sippe der Söhne Gileads, des Sohnes Machirs, des Sohnes Manasses, aus den Geschlechtern der Söhne Josephs. Sie redeten mit Moses und den Fürsten, den Stammeshäuptern der Israeliten. 2 Sie sprachen: »Der Herr hat unserm Herrn befohlen, den Israeliten durch das Los das Land zum Erbbesitz zu geben. Ebenso erhielt unser Herr von Gott den Auftrag, das Erbe unseres Bruders Zelophchad seinen Töchtern zu geben. 3 Wenn diese nun einen aus den anderen israelitischen Stämmen heiraten, dann wird ihr Erbbesitz dem Erbteil unserer Väter entzogen, und zu dem Erbteil des Stammes, in den sie heiraten, kommt etwas dazu; unser Losanteil jedoch wird geschmälert. 4 Kommt dann das Jubeljahr für die Israeliten heran, dann wird ihr Erbbesitz zu dem Erbbesitz des Stammes hinzugefügt, in den sie einheiraten; der Losanteil unseres väterlichen Stammes wird um ihren Erbbesitz geschmälert.« 5 Da

gab Moses im Auftrag des Herrn den Israeliten fol-
gende Anordnung: »Der Stamm der Nachkommen
Josephs hat recht. 6 Dies ordnet nun der Herr wegen
der Töchter Zelophchads an: Heiraten mögen sie,
wen sie wollen, jedoch nur einen Mann, der zu
einer Sippe ihres väterlichen Stammes gehört. 7 Es
soll nicht israelitischer Erbbesitz von einem Stamm
zum andern hinüberwechseln, jeder unter den Isra-
eliten soll am Erbbesitz seines väterlichen Stammes
festhalten! 8 Jedes Mädchen aber, das in einem der
israelitischen Stämme zum Erbbesitz kommt, hei-
rate nur einen Mann aus einer Sippe ihres väterli-
chen Stammes, damit die Israeliten ihren väterli-
chen Erbbesitz durchweg behaupten. 9 Erbbesitz
gehe nicht von einem Stamme auf den andern über;
vielmehr sollen die israelitischen Stämme jeweils
an ihrem Erbbesitz festhalten!« 10 Nach dem Befehl
des Herrn an Moses taten die Töchter Zeloph-
chads. 11 Machla, Tirza, Chogla, Milka und Noa, die
Töchter Zelophchads, heirateten die Söhne ihrer
Oheime. 12 Sie heirateten also in die Sippen der
Söhne Manasses, des Sohnes Josephs, hinein. Ihr
Erbbesitz blieb bei dem Stamme, zu dem ihre
väterliche Sippe gehörte.

Schluß

3 Dies sind die Gebote und Gesetze, die der Herr
durch Moses den Israeliten in Moabs Steppen am
Jordan gegenüber Jericho gegeben hat.

FÜNFTES BUCH MOSES

Das fünfte Buch Moses, das Buch Deuteronomium (zweites Gesetz), ist seinem Namen nach eine Wiederholung der Gesetze und Weisungen, die Moses kurz vor seinem Tode in den Gefilden Moabs dem Volke eingeschärft hat. Kapitel 1–11 enthalten einleitende Predigten, während 12–26 gepredigte Gesetzestexte sind. Kapitel 27–30 beschäftigen sich mit Fluch und Segen für Nichterfüllung bzw. Erfüllung des Gesetzes. Kapitel 31–34 sprechen über den Tod des Moses und bringen seine beiden Schwanengesänge, das Moseslied (Kapitel 32) und den Mosessegen (Kapitel 33) über die zwölf Stämme.

Recht umstritten ist die Zeit der Entstehung dieses Buches. Ohne Zweifel befinden sich hier Elemente echter Mosesüberlieferung, die dann später durch prophetische und priesterliche Tätigkeit immer wieder ergänzt und neu gestaltet wurden. Urkunden darüber legte man im Heiligtum nieder, zunächst in Silo und später in Jerusalem. So wurde bei Reparaturarbeiten im Tempel im Jahre 621 v. Chr. zur Zeit des Königs Josia ein »Buch des Gesetzes« gefunden und zur Grundlage einer einschneidenden religiösen Erneuerung gemacht (2 Kön 22,8).

Dieses Buch könnte wohl in unserem Deuteronomium enthalten sein. Die einzelnen Teile des Deuteronomium sind in einer langen Überlieferung gewachsen. Bundeserneuerungen spielten bei den großen Wallfahrtsfesten eine bedeutsame Rolle. Da war es stets das Gegebene, Moses, den Gesetzgeber, auch als Gesetzesprediger auftreten, Forderungen stellen und zur Treue gegen den wahren Gott ermuntern zu lassen.

Dies sind die Worte, die Moses jenseits des Jordans in der Wüste, in der Steppe gegenüber von Suph, zwischen Paran, Tophel, Laban, Chazerot und Di-Sahab, an ganz Israel gerichtet hat. 2 Elf Tagereisen lang war der Weg vom Horeb nach dem Gebirge Seïr bis nach Kades-Barnea. 3 Am ersten Tage des elften Monats im vierzigsten Jahre verkündete Moses den Israeliten alles, was ihm der Herr für sie befohlen hatte. 4 Er hatte bereits den Amoriterkönig Sichon, der in Hesbon wohnte, und den Og, den König von Basan, der in Aschtarot residierte, bei Edrei geschlagen. 5 Jenseits des Jordans im Moabiterland begann Moses diese Unterweisung näherhin zu erklären:

Befehl Gottes zum Aufbruch

6 »Am Horeb hat der Herr, unser Gott, zu uns gesagt: Ihr habt nun lange genug an diesem Berg geweilt! 7 Brecht auf und zieht nach dem Gebirge der Amoriter und zu allen ihren Nachbarvölkern in der Steppe, auf dem Gebirge, in der Niederung, im Südland und an der Meeresküste, zieht in das Land der Kanaaniter und zum Libanon bis zum großen Euphratstrom! 8 Ich gebe euch dieses Land. Zieht hin und nehmt es in Besitz, das Land, das der Herr euren Vätern Abraham, Isaak und Jakob und ihren Nachkommen eidlich versprochen hat als Geschenk!

Weisung an Vorsteher und Richter

9 In jener Zeit sprach ich zu euch: Ich kann nicht allein die Last für euch tragen. 10 Der Herr, euer Gott, hat euch vermehrt; ihr seid heute so zahlreich wie die Sterne des Himmels. 11 Der Herr, der Gott eurer Väter, möge euch noch tausendmal so viel hinzufügen! Er möge euch segnen, wie er euch verheißen hat: 12 Wie aber soll ich allein eure Bürde, eure Last und eure Streitfälle auf mich nehmen können? 13 Nehmt euch weise, einsichtsvolle und erfahrene Männer aus euren Stämmen, die ich als eure Häupter einsetzen will! 14 Ihr gabt mir zur Antwort: Gut ist der Vorschlag, den du ausführen willst. 15 Da nahm ich eure Stammeshäupter, weise und erfahrene Männer, und setzte sie als Häuptlinge über euch, als Oberste über Tausend-, Hundert-, Fünfzig-, Zehnschaften und als Aufseher in euren Stämmen. 16 Euren Richtern gab ich damals folgende Anordnung: Hört aufmerksam die Händel zwischen euren Stammesbrüdern und urteilt gerecht im Rechtsstreit mit einem Bruder oder mit einem Fremden! 17 Ihr dürft im Gericht nicht parteiisch verfahren; den Geringen und den Mächtigen sollt ihr anhören. Ihr sollt vor niemand Furcht haben, denn Gottessache ist das Gericht. Ist aber eine Sache zu schwierig für euch, so bringt sie vor mich, dann will ich sie anhören! 18 Schon in jener

Zeit gab ich euch alle diese Weisungen, nach denen
ihr handeln sollt.

Aufbruch und Empörung

19 Wir brachen vom Horeb auf und durchstreiften
jene große und schaurige Wüste, die ihr geschaut
habt, in der Richtung auf das Amoritergebirge;
so hat es uns der Herr, unser Gott, geboten. Wir ka-
men bis nach Kades-Barnea. 20 Ich sprach zu euch:
Ihr seid bis in die Nähe des Gebirges der Amoriter
gelangt, das der Herr, unser Gott, uns verleihen will.
21 Wohlan, der Herr, dein Gott, hat das Land dir jetzt
übergeben! Ziehe hinauf, es in Besitz zu nehmen,
wie der Herr, der Gott deiner Väter, dir geboten hat!
Sei ohne Furcht und Zagen! 22 Da kamt ihr alle zu
mir und sagtet: Wir wollen doch Männer vor uns
herschicken! Sie sollen uns das Land auskundschaf-
ten und uns einen Bescheid zurückbringen über den
Weg, auf dem wir hinaufziehen sollen, und über die
Städte, die uns begegnen. 23 Der Vorschlag war mir
recht. Ich nahm aus euch zwölf Männer, aus jedem
Stamm einen. 24 Sie zogen hinauf nach dem Berg-
land, kamen bis zum Tal Eschkol und spähten es
aus. 25 Sie brachten auch von den Früchten des Lan-
des mit und ließen sie uns zukommen. Sie gaben
uns folgende Auskunft: Schön ist das Land, das der
Herr, unser Gott, uns verleihen will.

26 Doch ihr sträubtet euch hinaufzuziehen, wurdet
widerspenstig gegen den Befehl des Herrn, eures
Gottes. 27 Ihr murrtet in euren Zelten und spracht:
Aus Haß hat der Herr uns aus dem Ägypterland hin-
weggeführt, um uns den Amoritern zu unserer Ver-
nichtung auszuliefern 28 Wohin denn sollen wir zie-
hen? Unsere Brüder haben unser Herz mutlos
gemacht, indem sie sprachen: Ein Volk ist da von
größerer Gestalt und höher gewachsen als wir; die
Städte sind groß und himmelhoch befestigt, auch
Enakiter sahen wir dort. 29 Ich aber erwiderte euch:
Nur kein Entsetzen und keine Angst vor ihnen!
30 Der Herr, euer Gott, der euch selbst voranzieht,
wird für euch streiten, ganz so, wie seine Hilfelei-
stung auch in Ägypten sichtbar war. 31 Auch in der
Wüste, die du schautest, hat dich der Herr, dein
Gott, auf dem ganzen Weg, den ihr zurückgelegt
habt bis zu eurer Ankunft allhier, so getragen, wie
jemand sein Kind trägt. 32 Dennoch hattet ihr kein
Vertrauen auf den Herrn, euren Gott, 33 der euch auf
dem Wege voranzog, um euch einen Lagerplatz aus-
zusuchen: im Feuer bei der Nacht, damit ihr auf dem
Wanderwege sehen konntet, in der Wolke bei Tage.

Strafe des Herrn

34 Der Herr hörte eure Reden, zürnte und tat den
Schwur: 35 Keiner unter diesen Männern von die-
sem bösen Geschlecht soll das schöne Land
schauen, das ich euren Vätern eidlich versprochen
habe, 36 außer Kaleb, der Sohn des Jephunne. Er soll
es schauen, ihm und seinen Söhnen verleihe ich das
Land, das er betreten hat, weil er dem Herrn völlig
gehorchte. 37 Auch auf mich war der Herr zornig
um euretwillen und sprach: Auch du sollst dorthin
nicht gelangen. 38 Josua aber, der Sohn des Nun, der
dir ständig dient, soll dorthin kommen; ihm stärke
den Mut, denn er wird Israel zu seinem Erbteil ver-
helfen. 39 Eure Kleinen aber, von denen ihr sagtet,
sie würden zur Beute werden, und eure Söhne, die
heute noch nicht zwischen Gut und Bös zu unter-
scheiden vermögen, werden dorthin gelangen;
ihnen will ich es verleihen; sie sollen es in Besitz
nehmen! 40 Ihr aber macht kehrt und brecht auf zur
Steppe in der Richtung auf das Schilfmeer!

41 Da gabt ihr mir zur Antwort: Wir haben uns ge-
gen den Herrn, unsern Gott, versündigt; wir wollen
nun doch hinaufziehen und kämpfen, wie uns der
Herr, unser Gott, befohlen hat. Und ihr gürtetet
euch insgesamt mit euren Kriegswaffen und zogt
leichtsinnig hinauf gegen das Bergland. 42 Da sprach
der Herr zu mir: Sage ihnen: Zieht nicht hinauf und
laßt euch nicht in einen Kampf ein, denn ich bin
nicht in eurer Mitte; sicher werdet ihr eine Nieder-
lage von euren Feinden erleiden. 43 Dies sagte ich
euch, ihr aber gehorchtet nicht, wart widerspenstig
gegen des Herrn Geheiß und zogt kühn gegen das
Bergland.

Niederlage

44 Da rückten die Amoriter, die auf jenem Berglande
wohnten, aus, euch entgegen. Sie verfolgten euch
wie Bienenschwärme und zersprengten euch von
Seïr bis Chorma. 45 Nach der Rückkehr weintet ihr
vor dem Herrn; der Herr aber beachtete euer Jam-
mergeschrei nicht und hörte nicht auf euch. 46 Dann
verging eine lange Zeit, die ihr in Kades verbracht
habt.

1,46: Die wasserreiche Umgebung von Kades war ein günstiger Lagerplatz.

Edom

2 1 Dann machten wir kehrt und brachen auf
nach der Steppe in Richtung zum Schilfmeer,
wie der Herr mir geboten hatte. Wir umgin-
gen das Seïrgebirge lange Zeit hindurch. 2 Da sprach
der Herr zu mir: 3 ›Lange genug seid ihr nun um
dieses Gebirge im Bogen herumgezogen; wendet
euch in Richtung Norden! 4 Befiehl dem Volke: Ihr
durchzieht jetzt das Gebiet eurer Brüder, der Söhne
Esaus, die in Seïr wohnen. Sie fürchten sich vor

euch, und ihr müßt euch zusammennehmen. [5] Laßt euch in keinen Streit mit ihnen ein; von ihrem Lande werde ich euch keinen Fußbreit abgeben; denn das Seïrgebirge habe ich Esau zum Erbbesitz verliehen. [6] Nahrung kauft ihnen für Geld ab, dann habt ihr zu essen: Wasser zum Durstlöschen sollt ihr ebenso von ihnen für Geld kaufen! [7] Denn der Herr, dein Gott, hat dich ja in all deinem Tun reichlich gesegnet; er kümmerte sich um dich bei deinem Marsch durch diese große Wüste. Vierzig Jahre schon ist der Herr, dein Gott, mit dir; nicht brauchtest du irgendeinen Mangel zu leiden.‹ [8] Dann zogen wir weiter durch das Gebiet unserer Brüder, der Söhne Esaus, die auf Seïr wohnen, auf dem Wege durch die Steppe von Elat und Ezjon-Geber, wir wandten uns und zogen weiter in Richtung auf die moabitische Steppe.

Moab

[9] Der Herr gebot mir: ›Bedränge Moab nicht, laß dich mit ihm in keinen Kampf ein; denn von seinem Lande will ich dir keinen Erbbesitz geben; vielmehr Lots Söhnen habe ich Ar als Erbanteil verliehen! [[10] Vordem wohnten die Emiter darin, ein Volk, stark, zahlreich und hohen Wuchses wie die Enakiter. [11] Auch sie gelten als Rephaiter, ebenso wie die Enakiter; nur die Moabiter nennen sie Emiter. [12] In Seïr wohnten in der Vorzeit die Choriter; die Söhne Esaus traten ihr Erbe an, vernichteten sie und siedelten sich an ihrer Stelle an, geradeso wie Israel mit jenem Lande verfuhr, das der Herr ihnen als Erbanteil verliehen hat.] [13] Macht euch nun auf und zieht über den Bach Sered!‹ So zogen wir denn über den Seredbach. [14] Achtunddreißig Jahre waren wir unterwegs von Kades-Barnea bis zum Überschreiten des Baches Sered, bis das ganze Geschlecht der kriegstüchtigen Männer aus dem Lager weggestorben war, wie der Herr ihnen geschworen hatte. [15] Auch des Herrn Hand war gegen sie, um sie bis auf den letzten Mann aus dem Lager auszurotten.

Ammon

[16] Als nun alle kriegstüchtigen Männer des Volkes durch den Tod dahingerafft waren, [17] sprach der Herr zu mir: [18] ›Du durchziehst nunmehr Moabs Gebiet, das Gelände um Ar. [19] Du näherst dich dann den Ammonitern. Bedränge sie nicht, laß dich in keinen Streit mit ihnen ein! Ich gebe dir vom Land der Ammoniter keinen Erbbesitz. Den Söhnen Lots habe ich es nämlich als Erbanteil verliehen.‹ [[20] Dieses gilt gleichfalls als Rephaiterland. Vormals wohnten Rephaiter darin, die bei den Ammonitern Samsummiter hießen. [21] Es war ein Volk, stark, zahlreich, hohen Wuchses wie die Enakiter. Der Herr hatte sie vertilgt, so daß jene ihr Land besetzten und sich an ihrer Stelle ansiedelten. [22] So tat er es auch zugunsten der Nachkommen Esaus, die in Seïr wohnen, indem er die Choriter vertilgte. Jene besetzten ihr Land und siedelten sich an ihrer Stelle an bis auf den heutigen Tag. [23] Auch die Awwiter, die in Gehöften bis Gaza hin wohnten, wurden von den Kaphtoritern vertilgt, die aus Kaphtor ausgewandert waren und sich an ihrer Stelle angesiedelt hatten.]

Sichon

[24] ›Brecht nunmehr auf und zieht über den Bach Arnon. Siehe, ich übergebe deiner Gewalt den Amoriter Sichon, den König von Hesbon; mit seinem Land beginne die Eroberung, und streite wider ihn! [25] Vom heutigen Tage an beginne ich, Furcht und Entsetzen vor dir auf die Völker unter dem ganzen Himmel zu legen. Wenn sie nur von dir hören, so zittern und beben sie schon vor dir.‹ [26] Da sandte ich von der Steppe Kedemot zu Sichon, dem König von Hesbon, Boten in friedlicher Absicht: [27] ›Ich will dein Land durchqueren, auf geradem Wege nur will ich ziehen und weder zur Rechten noch zur Linken abbiegen. [28] Nahrungsmittel sollst du mir um Geld verkaufen, daß ich zu essen, Wasser sollst du mir um Geld abgeben, damit ich zu trinken habe; nur durchziehen möchte ich! [29] Die Söhne Esaus in Seïr und die Moabiter in Ar haben es mir auch gestattet; ich werde dann über den Jordan ziehen, in das Land, das der Herr, unser Gott, uns verleihen wird.‹ [30] Doch der König von Hesbon, Sichon, weigerte sich, uns durchzulassen. Denn der Herr, dein Gott, hatte seinen Geist verhärtet und sein Herz verstockt, um ihn in deine Gewalt zu geben, wie es heute der Fall ist. [31] Da sprach der Herr zu mir: ›Siehe, ich habe den Anfang gemacht, indem ich dir den Amoriterkönig Sichon und sein Land preisgebe; mach du nun den Anfang mit der Eroberung seines Landes!‹ [32] Sichon mit seinem gesamten Kriegsvolk rückte aus, um sich mit uns zu treffen und eine Schlacht bei Jahaz zu liefern. [33] Der Herr, unser Gott, gab ihn uns preis, und wir schlugen ihn samt seinen Söhnen und seinem ganzen Kriegsvolk. [34] Wir nahmen in jener Zeit all seine Städte ein und vollstreckten überall an Männern, Frauen und Kindern den Bann. Niemand ließen wir übrig zum Entweichen. [35] Nur das Vieh sowie das Beutegut aus den eroberten Städten nahmen wir an uns. [36] Von Aroer am Ufer des Arnonbaches und der Stadt im Tal bis nach Gilead gab es keine feste Stätte, die uns zu hoch gewesen wäre. Alles übergab uns der Herr, unser Gott. [37] Nur dem Land der Ammoniter hieltest

du dich fern, von allem, was seitlich des Jabbokflus-
ses liegt, samt den Städten im Gebirge, wie der
Herr, unser Gott, angeordnet hatte.

Og

3 1 Wir zogen dann in der Richtung nach Basan
weiter. Da rückte Og, der König von Basan,
uns entgegen mit seinem gesamten Kriegsvolk
zur Schlacht bei Edreï. 2 Der Herr aber sprach zu
mir: ›Fürchte dich nicht vor ihm; denn in deine Ge-
walt übergebe ich ihn, sein ganzes Kriegsvolk und
sein Gebiet. Tue mit ihm, wie du mit dem Amori-
terkönig Sichon getan hast, der in Hesbon wohnte!‹
3 So gab der Herr, unser Gott, auch Og, den König
von Basan, in unsere Gewalt, samt seinem ganzen
Kriegsvolk. Wir schlugen ihn so, daß keiner übrig-
blieb. 4 Zu jener Zeit nahmen wir all ihre Städte ein;
es gab keine feste Stätte, die wir ihnen nicht abge-
nommen hätten: sechzig Städte, den ganzen Bezirk
von Argob, das Königreich Ogs in Basan. 5 All diese
Städte waren mit hohen Mauern, Toren und Rie-
geln befestigt; dazu kamen offene Landstädte in ho-
her Zahl. 6 Wir vollstreckten an ihnen den Bann wie
an Sichon, dem König von Hesbon, und bannten
dabei in jeder Stadt die Männer, Frauen und Kinder.
7 Jedoch sämtliches Vieh und Beutegut aus den
Städten nahmen wir an uns.

Ostjordanland an Ruben, Gad, Manasse

8 So nahmen wir damals den beiden Amoriterköni-
gen das Land jenseits des Jordans vom Arnonbach
bis zum Hermongebirge 9 [die Sidonier nennen den
Hermon Sirjon, die Amoriter dagegen Senir], 10 alle
Städte in der Ebene, ganz Gilead, ganz Basan bis
Salcha und Edreï, die Städte des Königreiches Ogs
in Basan. 11 Denn Og, der König von Basan, war der
letzte Nachkomme der Rephaiter; sein eisernes Bett
ist noch in der Ammoniterstadt Rabba zu sehen; es
mißt neun Ellen in der Länge und vier Ellen in der
Breite nach gewöhnlichem Maß. 12 Dieses Land
haben wir in jener Zeit eingenommen. Von Aroer
an, das am Arnonfluß liegt, übergab ich es mit der
Hälfte des Gebirges Gilead und den zugehörigen
Städten den Rubeniten und den Gaditen. 13 Den
übrigen Teil von Gilead und ganz Basan, das König-
reich Ogs, überließ ich dem halben Stamm Ma-
nasse; das ganze Gebiet von Argob, ganz Basan,
heißt Land der Rephaiter. 14 Jaïr, der Manassesohn,
hatte den ganzen Bezirk Argob bis zum Gebiete der
Geschuriter und der Maachatiter erobert und diese
Orte (Basan) nach seinem Namen ›Zeltdörfer Jaïrs‹
genannt. So heißen sie bis heute. 15 Dem Machir
aber gab ich Gilead. 16 Den Rubeniten und Gaditen
übergab ich das Land von Gilead an bis zum Arnon-
fluß – den Mittellauf des Flusses mit seinem Ge-
biet – und bis zum Jabbokfluß, der Grenze der Am-
moniter, 17 ferner die Steppe mit dem Jordan als
Grenze vom See Kinneret an bis zum Meer der
Steppe, dem Salzmeer am Fuß der Abhänge des
Pisga im Osten.
18 Ich gebot ihnen damals folgendes: Der Herr, euer
Gott, hat euch dieses Land zum Besitz gegeben; nur
müssen all eure kriegstüchtigen Leute gerüstet den
Israeliten, euren Brüdern, im Kampf voranziehen.
19 Lediglich eure Frauen und Kinder und eure Her-
den – ich weiß, daß ihr deren viele habt – sollen sich
in euren Städten, die ich euch verliehen habe, an-
siedeln, 20 bis der Herr euren Brüdern ebenso wie
euch Ruhe verliehen hat und auch sie das Land in
Besitz genommen haben, das der Herr, euer Gott,
ihnen jenseits des Jordans geben will. Dann mögt
ihr heimkehren, ein jeder in sein Besitztum, das ich
euch übergeben habe. 21 Dem Josua gab ich damals
folgende Anordnung: Deine eigenen Augen haben
alles mitangesehen, was der Herr, euer Gott, diesen
beiden Königen angetan hat; also wird der Herr mit
allen Königreichen verfahren, wohin immer du
ziehst. 22 Du brauchst sie nicht zu fürchten; denn
der Herr, euer Gott, ist es, der mit euch kämpft.
23 Ich flehte damals zum Herrn und bat: 24 O Herr,
Herr! Du hast nunmehr deinem Knechte gezeigt,
wie groß du bist und wie stark deine Hand ist! Wo
ist denn im Himmel und auf Erden ein solcher Gott,
der ähnliche Werke und Heldentaten verrichten
könnte wie du! 25 Auch ich möchte hinüber, möchte
das schöne Land schauen, das jenseits des Jordans
ist, diese herrlichen Berge und den Libanon! 26 Doch
der Herr zürnte mir um euretwillen und erhörte
mich nicht, vielmehr sprach der Herr zu mir: Ge-
nug! Rede zu mir nichts weiter in dieser Sache!
27 Steige hinauf auf den Gipfel des Pisga und erhebe
deine Augen nach Westen, Norden, Süden und
Osten, damit du es mit deinen eigenen Augen an-
siehst! Denn den Jordan überschreitest du nicht.
28 Josua aber gib Anordnung, ermutige und stärke
ihn; denn er soll an dieses Volkes Spitze hinüber-
ziehen; er soll ihnen zum Besitz des von dir ge-
schauten Landes verhelfen. 29 Wir aber blieben im
Tal gegenüber von Bet-Peor.

*Gesetzestreue: Als Unterpfand, daß Gottes
Verheißung sich erfülle*

4 1 Nun aber, Israel, höre auf die Satzungen
und Vorschriften, die ich euch lehre! Ihr sollt
danach handeln, damit ihr am Leben bleibt

und zum Besitz des Landes kommt, das der Herr,
der Gott eurer Väter, euch verleiht. 2 Ihr sollt zu den
Geboten, die ich euch gebe, weder etwas zusetzen
noch etwas davon kürzen. Ihr sollt die Gebote des
Herrn, eures Gottes, die ich euch gebe, halten. 3 Mit
eigenen Augen habt ihr gesehen, was der Herr
wegen des Baal-Peor getan hat. Alle Männer, die
dem Baal-Peor nachliefen, hat der Herr, dein Gott,
aus deiner Mitte hinweggetilgt. 4 Ihr aber, die ihr am
Herrn, eurem Gott, festhieltet, seid allesamt heute
noch am Leben. 5 Seht, ich lehre euch Satzungen
und Vorschriften, wie sie der Herr, mein Gott, be-
fohlen hat, damit ihr danach handelt in dem Land,
in das ihr hinüberzieht, um es zu besitzen. 6 Beach-
tet und befolgt sie; denn das wird euch in den
Augen der andern Völker als Weisheit und Einsicht
ausgelegt werden. Wenn sie von all diesen Satzun-
gen hören, werden sie sprechen: Fürwahr, ein wei-
ses und einsichtiges Volk ist diese große Nation.
7 Denn wo wäre noch irgendein großes Volk, des-
sen Götter ihm so nahe sind, wie der Herr, unser
Gott, uns nahe ist, sooft wir zu ihm rufen? 8 Und
wo gäbe es noch ein großes Volk, das so gerechte
Satzungen und Vorschriften besäße wie dieses
ganze Gesetz, das ich euch heute vorlege?

Götterfiguren

9 Nur hüte dich davor und bewahre deine Seele gar
wohl, daß du nicht die Tatsachen, die du mit deinen
eigenen Augen geschaut hast, vergißt, und daß sie
dein Leben lang nicht aus deinem Herzen ver-
schwinden! Mache sie deinen Kindern und Kindes-
kindern bekannt! 10 Erzähle vom Tag, da du vor
dem Herrn, deinem Gott, am Horeb standest, als
der Herr mir befahl: ›Schare mir das Volk zusam-
men! Ich will ihnen meine Worte zu Gehör bringen,
die sie lernen sollen, damit sie mich fürchten, so-
lange sie auf Erden leben. Auch ihre Kinder sollen
sie darüber belehren.‹ 11 Da tratet ihr hinzu und
stelltet euch unten am Berge auf. Der Berg aber
stand im lodernden Feuer bis in den Himmel hinein;
sonst war Finsternis, Gewölk und Dunkelheit.
12 Der Herr redete zu euch mitten aus dem Feuer
heraus; der Worte Schall vernahmt ihr, nur eine
Stimme; eine Gestalt saht ihr jedoch nicht. 13 Er ver-
kündete euch seinen Bund, den er euch zu halten
gebot, die zehn Worte, und schrieb sie auf zwei
steinerne Tafeln. 14 Mir aber befahl der Herr damals,
euch Satzungen und Vorschriften zu lehren, damit
ihr sie erfüllt in dem Lande, in das ihr hinüber-
ziehen werdet zur Besitzergreifung.
15 So nehmt euch gar wohl in acht um eures Lebens
willen! Ihr saht doch am Tage, da der Herr am
Horeb aus dem Feuer zu euch sprach, keinerlei Ge-
stalt. 16 Ihr sollt euch daher nicht frevelhafterweise
ein Schnitzwerk in Gestalt irgendeines Götzenbil-
des verfertigen, sei es die Figur eines Mannes oder
Weibes, 17 die Figur irgendeines Tieres auf der Erde
oder die Figur irgendeines geflügelten Vogels, der
am Himmel fliegt, 18 die Figur irgendeines Kriech-
tieres, das sich am Boden schlängelt, oder die Figur
irgendeines Fischwesens, das im Wasser unter der
Erde lebt. 19 Wenn du deine Blicke zum Himmel
richtest und die Sonne, den Mond und die Sterne,
das ganze Himmelsheer, betrachtest, sollst du dich
nicht verführen lassen, dich vor ihnen niederzu-
werfen und sie zu verehren! Der Herr, dein Gott,
hat sie allen Völkern unter dem ganzen Himmels-
zelt zugeteilt. 20 Euch aber hat der Herr genommen
und aus dem eisernen Schmelzofen Ägypten her-
ausgeführt, daß ihr sein Eigentumsvolk würdet, wie
ihr es heute seid. 21 Über mich aber ward der Herr
um euretwillen zornig. Er schwur, daß ich den Jor-
dan nimmer überschreiten und das herrliche Land
nicht betreten sollte, das der Herr, dein Gott, dir
zum Eigentum übergibt.
22 Ich sterbe in diesem Land, ohne den Jordan zu
überschreiten; ihr aber zieht hinüber, um dieses
herrliche Land zu besitzen. 23 Seid auf der Hut, daß
ihr nicht des Bundes, den der Herr, euer Gott, mit
euch geschlossen hat, vergeßt und euch ein
Schnitzwerk irgendeiner Gestalt verfertigt, was dir
der Herr, dein Gott, verboten hat. 24 Denn der Herr,
dein Gott, ist ein verzehrendes Feuer, ein eifersüch-
tiger Gott!

Strafandrohung

25 Wenn ihr dann Kinder und Kindeskinder bekom-
men habt und im Land eingewöhnt seid, dann aber
frevelhafterweise ein Schnitzwerk irgendeiner Ge-
stalt anfertigt und übel handelt in den Augen eures
Gottes, so daß ihr ihn reizt, 26 so rufe ich gegen euch
heute Himmel und Erde als Zeugen an, daß ihr gar
bald aus dem Lande vertilgt werdet, in das ihr über
den Jordan zieht, um es zu besitzen. Ihr werdet dort
nicht lange bleiben, sondern gänzlich ausgerottet
werden. 27 Der Herr wird euch unter die Völker zer-
streuen; nur eine geringe Zahl von euch wird als
Rest übrigbleiben unter den Nationen, denen euch
der Herr preisgeben wird.
28 Dort werdet ihr Götter verehren, die von Men-
schenhänden gemacht sind, hölzerne, steinerne, die
nicht sehen, hören, essen und riechen können.
29 Dann aber werdet ihr den Herrn, euren Gott,
suchen. Finden wirst du ihn, wenn du nach ihm mit
ganzem Herzen und mit ganzer Seele verlangst.

30 Treffen dich dann in deiner Drangsal all diese Ge-
schehnisse, dann kehrst du am Ende der Tage heim
zum Herrn, deinem Gott, und hörst auf seine
Stimme! 31 Denn ein barmherziger Gott ist der Herr,
dein Gott; er wird dich nicht aufgeben und verder-
ben; nicht vergißt er des Bundes mit deinen Vätern,
den er ihnen mit einem Eid bekräftigt hat.

Einzigkeit Gottes

32 Befrage doch einmal die früheren Zeiten von dem
Tage an, da Gott auf Erden den Menschen erschuf,
und von einem Himmelsende zum andern, ob sich
je etwas so Großes ereignet hat oder dergleichen
gehört ward: 33 ob je ein Volk die Stimme Gottes
hörte, die aus dem Feuer heraus redete, wie du sie
vernommen hast, und dabei am Leben blieb; 34 oder
ob je ein Gott versuchte, zu kommen und sich aus
der Mitte eines andern Volkes mit Machtproben,
Zeichen und Wundern, Krieg, starker Hand, mit
ausgestrecktem Arm und mit furchtbaren Großta-
ten ein Volk abzusondern, wie das alles an euch der
Herr, euer Gott, in Ägypten getan hat, und zwar vor
deinen eigenen Augen. 35 Du hast dies alles erlebt,
damit du erkennst, daß der Herr selbst der einzige
Gott ist und sonst keiner außer ihm. 36 Vom Him-
mel ließ er dich seine Stimme hören um dich zu-
rechtzuweisen, und auf Erden ließ er sein großes
Feuer erscheinen; seine Worte hast du aus dem
Feuer heraus vernommen und bist doch am Leben
geblieben. 37 Denn er liebte deine Väter und er-
wählte ihre Nachkommen. Er führte dich persön-
lich in seiner großen Stärke aus Ägypten hinweg,
38 um Völker, die größer und stärker sind als du, vor
dir zu vertreiben und dich in ihr Land zu bringen,
um es dir zum Erbteil zu geben, wie das heute der
Fall ist.
39 So erkenne denn heute und beherzige, daß nur
der Herr Gott ist im Himmel droben und unten auf
Erden, sonst aber niemand. 40 Halte auch seine Sat-
zungen und seine Gebote, die ich dir heute gebe,
damit es dir und deinen Kindern wohlergehe und
du lange lebest in dem Land, das der Herr, dein
Gott, dir geben wird für alle Zeit.«

Drei Asylstädte

41 Damals sonderte Moses drei Städte jenseits des
Jordans gegen Osten zu aus. 42 Dorthin sollte der
Totschläger fliehen, der seinen Nächsten, unab-
sichtlich und ohne daß er ihm von jeher feind war,
getötet hatte; durch die Flucht in eine dieser Städte
konnte er sein Leben retten. 43 Bezer in der Steppe
auf der Hochebene gehörte den Rubeniten, Ramot
in Gilead den Gaditen und Golan in Basan den
Manassiten.

Einführung zur Gesetzeswiederholung

44 Das ist das Gesetz, das Moses den Israeliten vor-
legte. 45 Dies die Anordnungen, Satzungen und Vor-
schriften, die Moses den Israeliten bei ihrem Aus-
zug aus Ägypten verkündete. 46 Es war jenseits des
Jordans im Tal gegenüber Bet-Peor im Land des
Amoriterkönigs Sichon, der zu Hesbon wohnte,
den Moses und die Kinder Israels bei ihrem Wegzug
von Ägypten besiegten. 47 Sie eroberten sein Land
und das Land des Basankönigs Og, also der beiden
Amoriterkönige, welche jenseits des Jordans gegen
Osten zu herrschten. 48 Das Gebiet reichte von
Aroer, am Ufer des Arnonbaches, bis zum Berge
Sirjon, das ist der Hermon; 49 dazu kam das ganze
Steppengelände auf der Ostseite des Jordans bis
zum Steppenmeer am Fuß der Abhänge des Pisga.

4,44–9: Die zweite Rede des Moses (5,1 – 11,32) wird feierlich eingeleitet wie die erste in 1,1–5. Der Ort des Gesetzesvortrags ist genau angegeben, wobei »jenseits des Jordans« zeigt, daß der Berichterstatter bereits im Westjordanland wohnt.

Moses ruft ganz Israel zusammen

5 1 Moses berief ganz Israel und sprach zu
ihnen: »Höre, Israel, die Satzungen und Ge-
bote, die ich heute vor deinen Ohren ver-
künde! Lernt sie und achtet darauf, sie zu befolgen!
2 Der Herr, unser Gott, hat mit uns am Horeb einen
Bund geschlossen. 3 Nicht mit unseren Vätern
schloß er diesen Bund; nein, mit uns, den Lebenden,
die wir heute insgesamt hier sind. 4 Der Herr redete
mit euch auf dem Berg von Angesicht zu Angesicht
aus dem Feuer heraus. 5 Ich stand damals zwischen
dem Herrn und euch, um euch das Wort des Herrn
zu verkünden; denn ihr fürchtetet euch vor dem
Feuer und stiegt nicht auf den Berg hinauf.

Moses wiederholt die Bundesweisung der Zehn Gebote

Er sprach: 6 ›Ich bin der Herr, dein Gott, der dich aus
dem Ägypterland hinweggeführt hat, aus dem
Haus der Knechtschaft: 7 (I.) Du sollst keine frem-
den Götter neben mir haben! 8 Du sollst dir kein
Schnitzbild verfertigen von irgendeiner Gestalt, die
es gibt im Himmel droben und auf der Erde unten
oder im Wasser unter der Erde! 9 Du sollst dich vor
ihnen nicht niederwerfen und sollst ihnen nicht die-
nen! Denn ich, der Herr, dein Gott, bin ein eifer-
süchtiger Gott, der die Schuld der Väter an den Kin-
dern, Enkeln und Urenkeln nachprüft bei denen, die
mich hassen, 10 der aber Huld erweist bis ins tau-
sendste Geschlecht denen, die mich lieben und
meine Gebote halten. 11 (II.) Du sollst den Namen
des Herrn, deines Gottes, nicht unnütz ausspre-

chen; denn nicht läßt der Herr den ungestraft, der seinen Namen unnütz ausspricht! 12 (III.) Halte den Tag des Sabbats! Heilig sollst du ihn halten, so wie es der Herr, dein Gott, befohlen hat! 13 Sechs Tage lang sollst du arbeiten und alle deine Geschäfte verrichten; 14 aber der siebte Tag ist ein Sabbat zu Ehren des Herrn, deines Gottes; du sollst keinerlei Geschäfte an ihm verrichten, weder du selbst noch dein Sohn, noch deine Tochter, noch dein Knecht, noch deine Magd, noch dein Ochs oder Esel, noch sonst eines von deinen Tieren, auch der Fremde nicht, der in deinen Toren sich aufhält, damit auch dein Knecht und deine Magd ruhen wie du. 15 Denke daran, daß auch du Knecht im Ägypterland gewesen bist und dich der Herr, dein Gott, mit starker Hand und ausgestrecktem Arm hinweggeführt hat! Darum hat der Herr, dein Gott, dir befohlen, den Sabbat zu heiligen. 16 (IV.) Ehre deinen Vater und deine Mutter, wie der Herr, dein Gott, dir befohlen hat, damit du lange lebest und es dir wohlergehe in dem Lande, das der Herr, dein Gott, dir gibt! 17 (V.) Du sollst nicht töten! 18 (VI.) Du sollst nicht ehebrechen! 19 (VII.) Du sollst nicht stehlen! 20 (VIII.) Du sollst gegen deinen Nächsten nicht aussagen als falscher Zeuge! 21 (IX.) Du sollst nicht Begierde haben nach der Frau deines Nächsten! (X.) Du sollst nicht begehren deines Nächsten Haus, Acker, Knecht, Magd, Ochs, Esel und alles, was deinem Nächsten gehört!‹ 22 Diese Worte sprach der Herr zu all euren Versammelten auf dem Berg aus dem Feuer, dem Gewölk und dem Wetterdunkel heraus mit gewaltiger Stimme. Er setzte nichts weiter hinzu, schrieb sie auf zwei steinerne Tafeln und übergab sie mir.

23 Als ihr nun die Stimme aus dem Dunkel heraus vernahmt, während der Berg in loderndem Feuer stand, da tratet ihr an mich heran, all eure Stammeshäupter und Ältesten. 24 Ihr spracht: Der Herr, unser Gott, hat uns seine Majestät und Größe schauen lassen, wir haben seine Stimme aus dem Feuer heraus vernommen; heute wissen wir, daß Gott mit dem Menschen reden kann, ohne daß dieser stirbt. 25 Und nun, warum sollen wir doch sterben? Denn dieses gewaltige Feuer wird uns verzehren; wenn wir noch weiterhin die Stimme des Herrn, unseres Gottes, anhören, werden wir sterben müssen. 26 Denn wo wäre irgendein sterblicher Mensch, der wie wir die Stimme des lebendigen Gottes aus dem Feuer hätte reden hören und dabei am Leben geblieben wäre? 27 Tritt du heran und höre alles, was der Herr, unser Gott, reden wird! Du berichte uns dann alles, was der Herr, unser Gott, zu dir redet; wir werden es hören und danach handeln. 28 Der Herr hörte den Wortlaut eurer Rede, womit ihr euch an mich wandtet, und sprach zu mir: Ich habe die Rede vernommen, die dieses Volk an dich gerichtet hat; recht haben sie in allem, was sie sagen. 29 Möchten sie nur immer so gesinnt sein, daß sie mich fürchten und alle meine Gebote halten, damit es ihnen und ihren Nachkommen wohlergehe für und für! 30 Geh, sprich zu ihnen: Kehrt zurück zu euren Zelten! 31 Du aber tritt wieder hierher zu mir! Ich will dir alle Gebote, Satzungen und Vorschriften mitteilen, die du sie lehren sollst. Sie sollen danach handeln in dem Land, das ich ihnen zum Eigentum verleihen will.

32 Achtet nun darauf, daß ihr tut, wie der Herr, euer Gott, euch geboten hat; weder zur Rechten noch zur Linken sollt ihr davon abweichen! 33 Ganz genau auf dem Weg, den der Herr, euer Gott, euch geboten hat, sollt ihr gehen, damit ihr lebt, glücklich seid und lange wohnt in dem Land, das ihr besitzen werdet!

5,6–21: Der Wortlaut stimmt mit der Formulierung des Zweitafelgesetzes in 2 Mos 20,2–17 in allen wesentlichen Punkten überein. Abweichungen finden sich nur in den näheren Begründungen einzelner Gebote. Nach 2 Mos 20,11 beruft sich der Gesetzgeber auf die Sabbatruhe Gottes, in 5 Mos dagegen auf die Befreiung aus der ägyptischen Knechtschaft. Welche Begründung ist wichtiger? Wir müssen annehmen, daß Moses in der ersten Fassung die Gebote ohne nähere Begründung gegeben hat, daß sich dann aber zwei Überlieferungskreise bildeten, von denen der eine die Weltschöpfung Gottes für die grundlegende Heilstat hielt, der andere die ägyptische Befreiungstat. Bezüglich der Gebote IX und X besteht eine Abweichung darin, daß in 5 Mos die Begierde nach der Frau dem Verlangen nach dem sonstigen Eigentum des Nächsten voransteht. Der Deuteronomist fühlt also, daß zwischen geschlechtlicher Begierde und Habsucht doch ein großer Unterschied besteht, und daß eine Frau nicht einfach in dem Sinne Eigentum des Mannes sein kann wie sein sonstiges Besitztum.

Gottesliebe

6 1 Dies ist die Auflage an Satzungen und Vorschriften, die ich euch gemäß der Anordnung des Herrn, eures Gottes lehren soll; ihr sollt nach ihnen handeln in dem Land, in das ihr zieht, um es in Besitz zu nehmen! 2 Du sollst den Herrn, deinen Gott, fürchten und alle seine Satzungen und Gebote, die ich dir heute anbefehle, halten – du, dein Sohn und deine Enkel – alle Tage deines Lebens. So sollen deine Tage vermehrt werden. 3 Höre, Israel, und achte darauf, sie zu befolgen, damit es dir wohlergehe und ihr überaus zahlreich werdet; denn der Herr, der Gott deiner Väter, hat dir ein Land, das von Milch und Honig fließt, verheißen.

4 Höre, Israel: Der Herr ist unser Gott, der Herr allein! 5 Du sollst den Herrn, deinen Gott, aus

ganzem Herzen, aus ganzer Seele und mit all deiner
Kraft lieben. 6 Diese Worte, die ich dir heute be-
fehle, seien in deinem Herzen! 7 Auch sollst du sie
deinen Kindern einschärfen und von ihnen reden,
wenn du in deinem Haus sitzt und wenn du auf
dem Wege gehst, wenn du dich niederlegst und
wenn du aufstehst. 8 Du sollst sie als Denkzeichen
an deine Hand binden und als Mahnmal zwischen
deinen Augen tragen. 9 Und du sollst sie auf die Pfo-
sten deines Hauses und auf deine Tore schreiben.
10 Wenn dich nun der Herr, dein Gott, in das Land
bringen wird, das er deinen Vätern Abraham, Isaak
und Jakob eidlich versprochen hat, um es dir zu ver-
leihen, in das Land mit großen und herrlichen Städ-
ten, die du nicht gebaut, 11 mit Häusern, die ohne
dein Zutun mit allerlei Gütern gefüllt sind, mit aus-
gehauenen Zisternen, die du nicht angelegt, mit
Weinbergen und Olivengärten, die du nicht ge-
pflanzt hast, und wenn du davon ißt und satt wirst,
12 so hüte dich wohl, des Herrn zu vergessen, der
dich aus dem Ägypterland, dem Haus der Knecht-
schaft, herausgeführt hat! 13 Den Herrn, deinen
Gott, sollst du fürchten und ihm dienen und bei sei-
nem Namen schwören! 14 Nicht aber dürft ihr an-
deren Göttern nachlaufen von den Göttern der Völ-
ker, die rings um euch leben. 15 Denn der Herr, dein
Gott, ist ein eifersüchtiger Gott in deiner Mitte;
sonst würde der Zorn des Herrn, deines Gottes,
über dir entbrennen und dich vom Erdboden aus-
rotten.
16 Ihr sollt den Herrn, euren Gott, nicht versuchen,
wie ihr ihn versucht habt in Massa! 17 Ihr sollt viel-
mehr die Gebote des Herrn, eures Gottes, halten,
seine Weisungen und Satzungen, die er dir anbe-
fohlen. 18 Du sollst tun, was in den Augen des Herrn
redlich und gut ist, damit es dir wohlergehe und du
das herrliche Land, das der Herr deinen Vätern eid-
lich versprochen hat, in Besitz nehmen kannst, 19 in-
dem du alle deine Feinde vor dir verjagst, wie der
Herr versprochen hat.
20 Wenn dich nun künftighin dein Sohn also fragt:
Was haben die Weisungen, Gebote und Vorschrif-
ten zu bedeuten, die der Herr, unser Gott, euch be-
fohlen hat?, 21 dann sollst du ihm antworten: Wir
waren Pharaos Knechte in Ägypten; aber der Herr
hat uns mit starker Hand aus Ägypten hinwegge-
führt. 22 Der Herr tat vor unsern Augen gar große
und schreckliche Zeichen und Wunder an Ägypten,
am Pharao und an seinem ganzen Hause. 23 Uns
aber führte er von dort hinweg, um uns heranzu-
bringen und uns das Land zu geben, das er unsern
Vätern zugeschworen hat. 24 Der Herr befahl uns,
alle diese Satzungen zu befolgen, auf daß wir den
Herrn, unsern Gott, fürchten zu unserem dauern-
den Glück, und damit er uns am Leben erhalte, so
wie es heute der Fall ist. 25 Richtige Lebensführung
wird uns zuteil, wenn wir darauf achten, diesen
ganzen Auftrag vor dem Herrn, unserm Gott, genau
zu befolgen, wie er befohlen hat.

6,4–5: Das Hauptgebot. Vgl. Mark 12,28ff. 4–9: Vers 8 und 9 sind nur bildlich zu verstehen. Nach jüdischer Sitte aber werden Pergamentstreifen mit 5 Mos 6,4–9; 11,13–21; 2 Mos 13,1–10.11–16 in Gebetsriemen eingefügt, die an Arm und Stirn getragen werden. Kleine Rollen mit den 5 Mos-Texten werden in eine Vertiefung am rechten Türpfosten der Wohnung eingelegt. 5 Mos 6,4–9; 11,13–21 und 4 Mos 15,37–41 bilden Teile des jüdischen Abendgebetes.

Verbot einer Verbindung mit den besiegten Völkern

7 1 Der Herr, dein Gott, wird dich in das Land
bringen, das du betrittst als dein Eigentum; er
wird die Hethiter, Girgaschiter, Amoriter,
Kanaaniter, Perissiter, Hiwwiter und Jebusiter,
sieben Völker, die größer und mächtiger sind als du,
vor dir vertreiben. 2 Wenn so der Herr, dein Gott, sie
dir übergibt und du sie besiegst, dann sollst du an
ihnen den Bann vollstrecken; du sollst mit ihnen
keinen Bund schließen und keine Gnade an ihnen
üben! 3 Auch darfst du dich nicht mit ihnen ver-
schwägern; du sollst deine Tochter nicht einem
ihrer Söhne geben und deren Tochter für deinen
Sohn nicht zur Frau nehmen! 4 Denn das könnte
deinen Sohn zum Abfall bringen: sie würden dann
fremden Göttern dienen, und der Zorn des Herrn
würde über euch entbrennen, so daß er euch ei-
lends ausrotten würde. 5 Vielmehr sollt ihr mit
ihnen also verfahren: ihre Altäre abbrechen, ihre
Weihesteine zertrümmern, ihre heiligen Pfähle um-
hauen und ihre Götzenbilder verbrennen! 6 Denn
ein dem Herrn, deinem Gott, geweihtes Volk bist
du; dich hat der Herr, dein Gott, erwählt, damit du
von allen Völkern auf dem Erdboden zu seinem Ei-
gentum werdest. 7 Nicht weil ihr gegenüber ande-
ren Völkern größer seid, hing der Herr an euch und
hat euch erwählt – seid ihr doch das kleinste von al-
len Völkern –, 8 nein, aus Liebe zu euch und weil er
den Eid halten mußte, den er euren Vätern zuge-
schworen hat, führte euch der Herr mit starker
Hand hinweg und erlöste dich aus dem Sklaven-
haus, aus der Gewalt des Pharao, des Ägypter-
königs. 9 Du solltest erkennen, daß der Herr, dein
Gott, der wirkliche Gott ist, der zuverlässige Gott,
der den Bund und die Huld denen bewahrt bis ins
tausendste Glied, die ihn lieben und seine Gebote
halten, 10 der aber seinem Widersacher unmittelbar

vergilt und ihn vernichtet. Nicht zaudert er lang mit
dem, der ihn haßt, sondern unmittelbar vergilt er
ihm. 11 Darum halte den Befehl, die Satzungen und
Vorschriften, die ich dir heute anordne!

Des Herrn Segen

12 Wenn ihr diesen Vorschriften gehorcht und sie
beachtet und nach ihnen handelt, dann wird zum
Lohn der Herr, dein Gott, dir den Bund und die
Huld bewahren, wie er deinen Vätern eidlich ver-
sprochen hat. 13 Er wird dich lieben und segnen und
dich vermehren; deine Leibesfrucht und deine Feld-
frucht, dein Getreide, deinen Most und dein Öl, den
Wurf deiner Rinder und die Muttertiere deines
Kleinviehs wird er segnen auf dem Boden, den er
deinen Vätern eidlich versprochen hat, um ihn dir
zu geben. 14 Gesegnet wirst du sein mehr als alle
Völker; kein Mann und keine Frau wird unfruchtbar
sein bei dir, und ebensowenig dein Vieh. 15 Der Herr
wird jegliche Krankheit von dir fernhalten, und
keine von den schlimmen ägyptischen Seuchen, die
du ja kennst, wird er dir auferlegen; er wird sie aber
unter all denen verbreiten, die dich hassen. 16 Alle
Völker, die dir der Herr, dein Gott, preisgibt, sollst
du vertilgen und nicht mitleidig auf sie schauen;
ihren Göttern sollst du nicht dienen, denn das be-
deutet für dich einen Fallstrick.

Der große und furchtbare Gott

17 Sagst du aber in deinem Herzen: Diese Völker
sind größer als ich; wie soll ich sie vertreiben kön-
nen?, 18 so sollst du dich doch vor ihnen nicht fürch-
ten! Denke daran, was der Herr, dein Gott, dem
Pharao und ganz Ägypten getan hat: 19 an die
großen Machtproben, welche deine Augen ge-
schaut haben, die Zeichen, die Wundertaten, die
starke Hand und den ausgestreckten Arm, womit
der Herr, dein Gott, dich hinweggeführt hat!
Ebenso wird der Herr, dein Gott, an all den Völkern
handeln, vor denen du dich ängstigst. 20 Und auch
Entmutigung wird der Herr, dein Gott, gegen sie
entsenden, bis die Übriggebliebenen vernichtet sind
und auch die, welche sich vor dir versteckt haben.
21 Entsetze dich nicht vor ihnen; denn der Herr, dein
Gott, ist in deiner Mitte, ein großer und furchtbarer
Gott! 22 Aber der Herr, dein Gott, wird diese Völker
nur allmählich von deinem Angesicht vertreiben;
du kannst sie nicht allzu rasch vertilgen, sonst
nimmt das Wildtier des Feldes gegen dich über-
hand. 23 Der Herr, dein Gott, wird sie dir preisgeben
und in große Verwirrung setzen bis zu ihrer Ver-
nichtung. 24 Er wird ihre Könige in deine Gewalt ge-
ben; du sollst ihre Namen unter dem Himmel aus-
tilgen, und niemand wird vor dir standhalten, bis du
sie vernichtet hast. 25 Ihre Götzenbilder sollt ihr ver-
brennen; nicht einmal das Silber und Gold an ihnen
darfst du begehren und an dich nehmen, sonst ge-
rätst du dadurch in eine Falle; denn ein Greuel für
den Herrn, deinen Gott, ist das. 26 Einen Greuel
sollst du nicht in dein Haus bringen. Du könntest
sonst gleich ihm dem Bann verfallen; Abscheu und
Grauen sollst du davor empfinden: denn es ist
Banngut.

Des Herrn Wohltaten, nicht eigene Kraft und Stärke

8 1 Den gesamten Auftrag, den ich dir heute vor-
schreibe, haltet, damit ihr am Leben bleibt,
euch vermehrt und in das Land, das der Herr
euren Vätern eidlich versprochen hat, hineinkommt
und es innehabt!
2 Denke daran, wie dich der Herr, dein Gott, den
ganzen Weg vierzig Jahre lang in der Wüste geleitet
hat! In Drangsal hat er dich geraten lassen, auf die
Probe gestellt, um zu erfahren, wie du im Herzen
denkst, ob du seine Befehle ausführen willst oder
nicht. 3 Not und Hunger hat er dir gesandt und dich
wiederum mit Manna gespeist, das dir und deinen
Vätern unbekannt war. Er wollte dir damit andeu-
ten, daß der Mensch nicht allein vom Brot lebt, son-
dern daß er von allem lebt, was aus dem Munde des
Herrn kommt. 4 Deine Kleider, die du trugst, zer-
schlissen nicht, und deine Füße schwollen dir in den
vierzig Jahren nicht an. 5 Beherzige, daß der Herr,
dein Gott, dich züchtigen will, wie jemand seinen
Sohn züchtigt. 6 Bewahre die Befehle des Herrn,
deines Gottes, indem du auf seinen Wegen wan-
delst und ihn fürchtest!
7 Denn der Herr, dein Gott, bringt dich in ein herr-
liches und weiträumiges Land, voll von Wasser-
bächen, Quellen und Grundwassern, die in den
Tälern und Bergen entspringen, 8 in ein Land mit
Weizen und Gerste, mit Weinstöcken, Feigen- und
Granatbäumen, in ein Land mit Olivenbäumen und
Honig, 9 in ein Land, in dem du dich nicht in Armut
ernähren mußt, sondern in dem dir nichts abgeht,
in ein Land, dessen Steine Eisen enthalten und aus
dessen Gebirge du Erz hauen kannst. 10 Du sollst es-
sen und satt werden, dann aber den Herrn, deinen
Gott, preisen für das herrliche Land, das er dir ge-
geben hat. 11 Hüte dich davor, des Herrn, deines
Gottes, zu vergessen und seine Gebote, Vorschrif-
ten und Satzungen nicht zu halten, die ich dir heute
gebe!
12 Wenn du ißt, satt wirst, schöne Häuser baust und
sie bewohnst, 13 wenn dein Großvieh und dein
Kleinvieh sich mehrt, Silber und Gold sich bei dir

anhäuft, wenn deine gesamte Habe sich vergrößert,
14 dann soll dein Herz nicht übermütig werden und
des Herrn, deines Gottes, vergessen, der dich aus
dem Ägypterland, aus dem Hause der Knecht-
schaft, hinweggeführt hat!
15 Er hat dich geleitet durch die große und schaurige
Steppe, voll von brennendgiftigen Schlangen und
Skorpionen, durch dürre, wasserlose Gegenden. Für
dich ließ er Wasser aus hartem Kieselstein hervor-
quellen. 16 Er speiste dich in der Wüste mit Manna,
das deine Väter nicht kannten. Er ließ dich mit Ab-
sicht in Drangsal und Prüfung geraten, damit er dir
in künftiger Zeit um so mehr Gutes erweisen kann.
17 Sage nicht etwa in deinen Gedanken: ›Meine
Kraft und die Stärke meiner Faust haben mir diesen
Erfolg verschafft‹, 18 sondern gedenke des Herrn,
deines Gottes: Er ist es, der dir Kraft verleiht, Reich-
tümer zu erwerben, um seinen Bund, den er deinen
Vätern geschworen hat, in Wirksamkeit treten zu
lassen, wie es heute geschieht. 19 Vergißt du aber
den Herrn, deinen Gott, läufst du anderen Göttern
nach, dienst ihnen und wirfst dich vor ihnen nieder,
so bezeuge ich euch heute feierlich, daß ihr völlig
zugrunde gehen werdet. 20 Wie die Völker, die der
Herr vor euch vertilgt, so werdet ihr vernichtet wer-
den deshalb, weil ihr nicht hörtet auf die Stimme
des Herrn, eures Gottes.

Israels Verdienst ausgeschlossen

9 1 Höre, Israel! Du überschreitest jetzt den Jor-
dan, um hinzugehen und Völker zu bezwin-
gen, die größer und stärker sind als du, Städte,
die groß sind und himmelhoch befestigt, 2 ein
großes und hochgewachsenes Volk, die Enakiter, die
du selber kennst und von denen du sagen hörtest:
Wer vermag den Söhnen Enaks zu widerstehen?
3 So wisse heute, daß es der Herr, dein Gott, ist, der
dir als ein verzehrendes Feuer voranzieht. Vertilgen
wird er sie und sie vor dir demütigen. Du wirst sie
vertreiben und rasch vernichten, wie der Herr dir
versprochen hat. 4 Wenn nun der Herr, dein Gott, sie
vor deinem Angesicht vertreibt, dann darfst du nicht
etwa denken: ›Meiner Rechtschaffenheit wegen hat
der Herr mich herausgeführt, um dieses Land in Be-
sitz zu nehmen.‹ Nein, der Verderbtheit dieser Völ-
ker wegen vertreibt sie der Herr vor deinem Ange-
sicht. 5 Nicht wegen deiner Rechtschaffenheit und
deiner Herzenslauterkeit kommst du in den Besitz
ihres Landes, sondern der Herr, dein Gott, vertreibt
diese Völker um ihrer Verderbtheit willen vor dir.
Außerdem läßt er das Wort wirksam werden, das er
deinen Vätern Abraham, Isaak und Jakob zuge-
schworen hat. 6 Sei dir dessen bewußt, daß der Herr,
dein Gott, dir nicht um deiner Rechtschaffenheit
willen dieses herrliche Land zum Besitz verleiht;
denn du bist ein halsstarriges Volk.

Kälberdienst

7 Denke daran und vergiß es nicht, wie du den
Herrn, deinen Gott, in der Wüste erzürntest! Von
dem Tage an, als du aus Ägypten herauszogst, bis
zu eurer Ankunft an diesem Ort seid ihr wider-
spenstig gegen den Herrn gewesen. 8 Am Horeb er-
zürntet ihr den Herrn, und des Herrn Zorn ent-
brannte so wider euch, daß er euch vernichten
wollte. 9 Ich stieg hinauf auf den Berg, die steiner-
nen Tafeln des Bundes, den der Herr mit euch
schloß, in Empfang zu nehmen. Vierzig Tage und
vierzig Nächte verweilte ich auf dem Berg, aß kein
Brot und trank kein Wasser. 10 Da übergab mir der
Herr die zwei steinernen Tafeln, mit Gottes Finger
beschrieben; darauf standen alle Worte, die der
Herr euch auf dem Berg aus dem Feuer heraus am
Versammlungstag verkündet hatte. 11 Nach den
vierzig Tagen und vierzig Nächten gab mir der Herr
die zwei steinernen Tafeln des Bundes. 12 Da sprach
der Herr zu mir: ›Auf, steige eilends von hier hinab;
denn dein Volk, das du aus Ägypten weggeführt,
hat Schlimmes getan. Sie sind schnell abgewichen
von dem Weg, den ich ihnen geboten habe; ein
Gußbild haben sie sich angefertigt.‹ 13 Der Herr
sprach zu mir: ›Ich sehe, daß dieses Volk da ein
halsstarriges Volk ist. 14 Laß mich! Ich will sie ver-
tilgen und ihren Namen ausrotten unter dem Him-
mel; dich aber will ich zu einem größeren und stär-
keren Volk machen, als sie es sind.‹ 15 Ich wandte
mich, stieg vom feuerlodernden Berg herab und
hielt die zwei Bundestafeln in meinen beiden Hän-
den. 16 Da sah ich: Ihr hattet euch an dem Herrn,
eurem Gott, versündigt und euch ein gegossenes
Kalb gemacht. Schnell wart ihr von dem Weg abge-
wichen, den der Herr euch gewiesen hat. 17 Da
faßte ich beide Tafeln, schleuderte sie aus meinen
Händen und zerschmetterte sie vor euren Augen.
18 Ich fiel nieder vor dem Herrn wie das erste Mal,
vierzig Tage und vierzig Nächte, aß kein Brot und
trank kein Wasser eurer Sünde wegen, die ihr be-
gangen, weil ihr tatet, was dem Herrn mißfiel, und
ihn zum Zorn gereizt habt. 19 Mir graute vor dem
Zornesgrimm, den der Herr gegen euch hegte, da er
euch ausrotten wollte. Doch der Herr erhörte mich
auch diesmal noch. 20 Er entbrannte auch gar sehr
wider Aaron, so daß er ihn vertilgen wollte; aber ich
legte damals Fürsprache auch für Aaron ein. 21 Das
Werk eurer Sünde aber, das ihr verfertigt hattet, das

Kalb, nahm ich, verbrannte es im Feuer, zerstieß
und zermalmte es vollständig, bis es zu feinem
Staub ward. Diesen streute ich in den Bach, der
vom Berge herniederfließt.
22 Ferner habt ihr den Herrn zu Tabera, zu Massa
und bei den Lustgräbern zum Zorn gereizt. 23 Auch
als der Herr euch von Kades-Barnea aussandte und
sprach: ›Zieht hinauf, erobert das Land, das ich
euch gebe‹, da habt ihr gemurrt wider den Auftrag
des Herrn, eures Gottes; ihr habt nicht an ihn ge-
glaubt und seiner Stimme nicht gehorcht. 24 Denn
widerspenstig seid ihr gegen den Herrn, seitdem ich
euch kenne. 25 Und ich warf mich nieder vor dem
Herrn vierzig Tage und vierzig Nächte lang; denn
der Herr drohte an, er werde euch vertilgen.
26 Ich aber betete zum Herrn und sprach: Herr, Herr,
vertilge dein Volk und dein Erbteil nicht, das du
durch deine Großtat erlöst und mit starker Hand aus
Ägypten geführt hast! 27 Gedenke deiner Knechte
Abraham, Isaak und Jakob; beachte nicht die Hals-
starrigkeit dieses Volkes da, seine frevlerische Ge-
sinnung und seine Sünde! 28 Sonst könnte das Land
sagen, aus dem du uns herausgeführt hast: ›Nur weil
der Herr sie nicht in das Land bringen konnte, das er
ihnen verheißen hatte, und weil er sie haßte, des-
halb hat er sie weggeführt, um sie in der Wüste zu
töten.‹ 29 Denn sie sind doch dein Volk und dein Erb-
teil, das du mit deiner großen Macht und mit dei-
nem ausgestreckten Arm weggeführt hast.

Zwei neue Tafeln

10 1 In jener Zeit befahl mir der Herr: ›Haue
dir zwei steinerne Tafeln wie die ersten;
komme zu mir auf den Berg und verfer-
tige dir eine Lade aus Holz! 2 Ich will auf die Tafeln
die Worte schreiben, die auf den ersten Tafeln, die
du zerschmettert hast, niedergeschrieben waren.
Lege sie dann in die Lade!‹ 3 Ich verfertigte also eine
Lade aus Akazienholz und hieb zwei steinerne Ta-
feln wie die ersten. Dann ging ich auf den Berg hin-
auf, beide Tafeln in meiner Hand. 4 Da schrieb er auf
die Tafeln die gleiche Schrift wie die erste, nämlich
die zehn Worte, die der Herr zu euch redete auf
dem Berge aus dem Feuer heraus am Versamm-
lungstag. Der Herr gab sie mir. 5 Da wandte ich
mich um, stieg vom Berge hinab und legte die Ta-
feln in die Lade, die ich verfertigt hatte; daselbst
sollten sie bleiben, wie der Herr mir geboten.

Weitere Marschrichtung

6 Die Israeliten brachen von Beerot-Bene-Jaakan in
Richtung nach Mosera auf. Dort starb Aaron und
wurde begraben, und des Priesteramtes waltete an
seiner Statt Eleasar, sein Sohn. 7 Von dort brachen
sie auf nach Gudgoda, und von Gudgoda nach Jot-
bata, einer Gegend mit Wasserbächen.

Levi und die Bundeslade

8 Damals sonderte der Herr den Stamm Levi aus, die
Bundeslade des Herrn zu tragen, vor dem Herrn zu
stehen, ihm zu dienen und in seinem Namen zu
segnen, was er bis heute besorgt. 9 Darum erhielt
Levi keinen Anteil und kein Erbe neben seinen Brü-
dern. Der Herr selbst ist sein Erbteil, wie der Herr,
dein Gott, ihm gesagt hatte. 10 Ich aber blieb wie das
erste Mal vierzig Tage und vierzig Nächte auf dem
Berge. Der Herr erhörte mich auch dieses Mal. Der
Herr wollte dich nicht ausrotten. 11 Dann sprach der
Herr zu mir: ›Auf, ziehe weiter an der Spitze des
Volkes! Sie sollen das Land, dessen Verleihung ich
ihren Vätern eidlich versprochen habe, erreichen
und in Besitz nehmen!‹

Herzenshingabe an den Herrn

12 Und nun, Israel was fordert denn der Herr von
dir? Daß du ihn fürchtest, auf allen seinen Wegen
wandelst, ihn liebst und dem Herrn, deinem Gott,
aus ganzem Herzen und ganzer Seele dienst! 13 So
mußt du die Gebote und Satzungen des Herrn be-
obachten, die ich dir heute befehle, zu deinem ei-
genen Besten.
14 Denn dem Herrn, deinem Gott, gehören zwar der
Himmel und die Himmel der Himmel, die Erde und
alles auf ihr; 15 doch nur zu deinen Vätern neigte er
sich in Liebe und erwählte euch als ihre Nachkom-
men aus allen Völkern, wie es heute der Fall ist.
16 Beschneidet also die Vorhaut eures Herzens und
versteift euren Nacken nicht weiterhin! 17 Denn der
Herr, euer Gott, ist der Gott der Götter und der Herr
der Herren, die große, starke und furchterregende
Gottheit, die unparteiisch ist und keinerlei Beste-
chung annimmt. 18 Er ist es, der Recht schafft den
Waisen und Witwen, der auch die Fremdlinge liebt
und ihnen Brot und Kleidung gibt. 19 Ihr sollt also
auch den Fremdling lieben; denn Fremdlinge seid
ihr im Ägypterland gewesen!
20 Den Herrn, deinen Gott, sollst du fürchten, ihm
dienen, ihm anhangen und in seinem Namen
schwören! 21 Er ist dein Ruhm, dein Gott, der an dir
jene großen und furchterregenden Taten voll-
brachte, die du mit deinen eigenen Augen gesehen
hast. 22 Als eine Schar von siebzig Personen zogen
deine Väter nach Ägypten hinab, und jetzt hat der
Herr, dein Gott, dich zahlreich gemacht wie die
Sterne am Himmel.

10,16: Die Beschneidung als moralisches Symbol auch Jer 4,4; 6,10;
9,25.

Treue und Gehorsam gegenüber den Satzungen des Herrn

11 1 Darum sollst du den Herrn, deinen Gott, lieben und seinen Dienst, seine Satzungen, seine Vorschriften und Befehle immerdar beobachten! 2 Seid euch heute dessen bewußt: Nicht zu euren Kindern spreche ich, die nichts erfahren und gesehen haben von der Züchtigung des Herrn, eures Gottes, seiner Größe, seinem starken Arme, seiner ausgestreckten Hand, 3 von seinen Wunderzeichen und Taten, die er in Ägypten vollbrachte am Pharao, dem König von Ägypten, und seinem ganzen Land, 4 und was er dem ägyptischen Heer, seinen Rossen und Wagen antat: Er ließ die Wasser des Schilfmeeres über sie dahinfluten, als sie euch nachjagten, und der Herr vertilgte sie so bis auf diesen Tag; 5 was er euch dann in der Wüste getan bis zu eurer Ankunft hier; 6 was er Datan und Abiram, den Söhnen des Eliab, des Sohnes Rubens, widerfahren ließ: Die Erde riß ihren Schlund auf und verschlang sie, ihre Häuser und ihre Zelte, samt allem, was zu ihnen gehörte, in der Mitte von ganz Israel. 7 Mit eigenen Augen habt ihr das gewaltige Tun des Herrn gesehen, das er vollbrachte. 8 Beachtet alle Gebote, die ich euch heute befehle, damit ihr stark werdet, hinkommt und das Land in Besitz nehmt, in das ihr nun zur Eroberung hinüberzieht! 9 So werdet ihr recht lange auf der Scholle bleiben, von welcher der Herr euren Vätern eidlich versprochen hat, sie ihnen und ihren Nachkommen zu verleihen, ein Land, das von Milch und Honig fließt.

Das Land der Verheißung

10 Denn das Land, in das du hineinziehst, um es zu besitzen, ist nicht wie das Land Ägypten, aus dem ihr ausgezogen seid, das du nach der Aussaat mit Tretmühlen wie einen Gemüsegarten bewässern mußtest. 11 Dieses Land, zu dessen Eroberung ihr hinüberzieht, ist ein Land mit Bergen und Tälern, das Wasser trinkt vom Regen des Himmels, 12 ein Land, das der Herr, dein Gott, ständig umsorgt; des Herrn, deines Gottes, Augen ruhen auf ihm vom Anfang des Jahres bis zu seinem Ende. 13 ›Wenn ihr meinen Geboten, die ich euch heute befehle, gehorcht, nämlich den Herrn, euren Gott, liebt, ihm dient aus eurem ganzen Herzen und aus eurer ganzen Seele, 14 so verleihe ich eurem Land den Regen rechtzeitig, Frühregen und Spätregen, damit du dein Getreide, deinen Most und dein Öl ernten kannst. 15 Auch will ich auf deinem Feld Gras für dein Vieh wachsen lassen, und du wirst dich satt essen.‹

16 Seid aber davor auf der Hut, daß euer Herz sich nicht betören läßt abzufallen, anderen Göttern zu dienen und sich vor ihnen niederzuwerfen! 17 Dann würde des Herrn Zorn gegen euch entbrennen und den Himmel verschließen, so daß kein Regen fiele, der Boden seinen Ertrag nicht mehr gäbe und ihr gar schnell aus dem herrlichen Lande, das der Herr euch geben wird, verschwinden würdet.

18 So beherzigt diese meine Worte und nehmt sie euch zu Gemüte! Bindet sie euch als ein Denkzeichen an eure Hand und tragt sie als Mahnmal auf der Stirne! 19 Belehrt darüber auch eure Kinder: du sollst davon sprechen, wenn du zu Hause weilst und auf dem Wege wandelst, wenn du dich niederlegst und wenn du aufstehst! 20 Schreibe sie auf die Pfosten deines Hauses und an deine Tore, 21 damit eure Tage und die Tage eurer Kinder in dem Land, das der Herr euren Vätern mit einem Eidschwur zugesagt hat, so lange dauern, wie der Himmel über der Erde steht. 22 Wenn ihr nun alle diese Gebote, die ich euch zu halten gebiete, genau erfüllt, den Herrn, euren Gott, liebt, auf all seinen Wegen wandelt und ihm in Treue anhängt, 23 dann wird der Herr diese Völker insgesamt vor eurem Angesicht vertreiben; ihr werdet dann größere und stärkere Völker, als ihr seid, beerben! 24 Jede Stelle, die eure Fußsohle betritt, gehört euch; von der Wüste bis zum Libanon, vom Euphratstrom bis zum westlichen Meer hin soll euer Gebiet sich erstrecken. 25 Niemand soll euch widerstehen können; Furcht und Schrecken vor euch wird der Herr auf das ganze Land legen, das ihr betretet, wie er es euch verheißen hat.

Segen und Fluch

26 Seht, ich lege euch heute Segen und Fluch vor: 27 den Segen, wenn ihr gegen den Herrn, euren Gott, gehorsam seid, 28 den Fluch aber, wenn ihr den Befehlen des Herrn, eures Gottes, nicht Folge leistet, sondern abweicht von dem Weg, den ich euch heute vorschreibe, und anderen Göttern nachlauft, die ihr nicht kennt. 29 Führt dich nun der Herr, dein Gott, in das Land, zu dessen Eroberung du hinüberziehst, dann sollst du den Segen auf den Berg Garizim, den Fluch aber auf den Berg Ebal legen! 30 Diese liegen bekanntlich jenseits des Jordans, hinter der Straße nach Westen, die durch das Gebiet der in der Steppe wohnenden Kanaaniter führt, die Gilgal gegenüber bei den Orakeleichen wohnen.

31 Wenn ihr den Jordan überschreitet, um das Land in Besitz zu nehmen, das der Herr, euer Gott, euch verleihen wird, und wenn ihr es erobert habt und darin seßhaft seid, 32 dann sollt ihr alle

Satzungen und Vorschriften, die ich euch heute
vorlege, halten!

11,14: Frühregen im Oktober-November zur Herbstbestellung,
Spätregen im April zum Reifen der Früchte. Vers 13–15 ist direkte
Rede Gottes wie 29,4f.

Einheit der Kultstätte

12 1 Dies sind die Satzungen und Vorschrif-
ten, die ihr in dem Land, das der Herr, der
Gott eurer Väter, euch verliehen hat, ge-
nau befolgen sollt, solange ihr in diesem Lande lebt:
2 Ihr sollt all die Stätten gründlich zerstören, an
denen die Völker, in deren Erbe ihr getreten seid,
ihren Göttern gedient haben, auf den hohen Ber-
gen, auf den Hügeln und unter jedem grünen Baum.
3 Reißt ihre Altäre nieder, zertrümmert ihre Weihe-
steine, verbrennt ihre heiligen Pfähle, haut ihre Göt-
zenbilder um und vertilgt ihre Namen von jener
Stätte!
4 Solches dürft ihr nicht tun zu Ehren des Herrn, eu-
res Gottes! 5 Vielmehr sollt ihr die Stätte, die der
Herr, euer Gott, aus all euren Stämmen erwählen
wird, um seinem Namen dort eine Wohnstatt zu
bereiten, besuchen und dorthin kommen! 6 Eure
Brand- und Schlachtopfer, eure Zehnten, Hebeop-
fer, Gelübde, eure freiwilligen Gaben und den Erst-
lingswurf eures Groß- und Kleinviehs bringt dort-
hin! 7 Daselbst sollt ihr vor dem Herrn, eurem Gott,
das Opfermahl halten, sollt mit euren Familien
fröhlich sein über das, was eure Hände sich erwor-
ben, womit dich der Herr, dein Gott, gesegnet hat.
8 Ihr dürft es nicht so machen, wie wir es hier bis
heute, ein jeder nach seinem Belieben, zu tun
pflegen. 9 Bis dahin seid ihr ja noch nicht zur Ruhe
und zu dem Erbe gelangt, das der Herr, euer Gott,
euch verleihen will. 10 Ihr werdet den Jordan über-
schreiten und in dem Land, das der Herr, euer Gott,
euch als Erbe zuteilen wird, wohnen; er wird euch
vor allen euren Feinden ringsum Ruhe gewähren,
und ihr werdet in Sicherheit wohnen. 11 Dann sollt
ihr aber an die Stätte, die der Herr, euer Gott, sich
zur Wohnstatt seines Namens auserwählen wird,
all das bringen, was ich euch heute vorschreibe:
eure Brand- und Schlachtopfer, eure Zehnten und
Hebeopfer und alle eure auserlesenen Gelübdeop-
fer, die ihr dem Herrn angelobt. 12 Ihr sollt dann vor
dem Herrn, eurem Gott, fröhlich sein, ihr samt eu-
ren Söhnen und Töchtern, Knechten und Mägden,
und auch der Levit, der in euren Ortschaften wohnt.
Er hat ja weder Landanteil noch Erbbesitz neben
euch.
13 Hüte dich aber, deine Brandopfer an jeder beliebi-
gen Stätte darzubringen, die du selbst aussuchst!
14 Nur an der Stätte, die der Herr in einem deiner
Stämme erwählen wird, darfst du deine Brandopfer
darbringen und all das tun, was ich dir gebiete.

Allgemeine Schlachterlaubnis

15 Indessen darfst du ganz nach Wunsch schlachten
und Fleisch essen entsprechend dem Segensmaß,
das der Herr, dein Gott, dir verleihen wird, in all
deinen Ortschaften. Der Unreine wie auch er Reine
dürfen davon essen wie von einer Gazelle oder vom
Hirsch. 16 Nur das Blut sollt ihr nicht genießen; auf
die Erde sollt ihr es ausgießen wie Wasser! 17 Du
darfst aber in deinen Ortschaften nicht die Zehnt-
abgabe deines Getreides, Mostes und Öles, nicht
den Erstlingswurf deiner Rinder und deines Klein-
viehs, keine gelobten Gelübdeopfer noch deine frei-
willigen Gaben und Hebeopfer verzehren. 18 Nur
vor dem Herrn, deinem Gott, sollst du es verzehren
an der Stätte, die der Herr, dein Gott, erwählen
wird, und zwar du samt deinen Söhnen und Töch-
tern, deinen Knechten und Mägden und den Levi-
ten in deinen Ortschaften; und du sollst fröhlich
sein vor dem Herrn, deinem Gott, über alles, was
deine Hand sich erworben hat. 19 Nimm dich in
acht, den Leviten im Stich zu lassen, solange du in
deinem Lande lebst! 20 Erweitert der Herr, dein
Gott, dein Gebiet, wie er dir verheißen hat, und du
denkst: ich will Fleisch essen, denn es gelüstet dich
danach, Fleisch zu essen, so darfst du es tun ganz
nach Wunsch. 21 Wenn dann die Stätte, die der Herr,
dein Gott, zur Wohnstatt seines Namens sich er-
wählt, für dich zu weit entfernt ist, so darfst du von
deinen Rindern und von deinem Kleinvieh, das der
Herr dir geschenkt hat, schlachten, gemäß meiner
Anweisung, und es innerhalb deiner Ortschaften
verzehren ganz nach Wunsch. 22 Aber nur so, wie
man Gazellen- und Hirschfleisch ißt, sollst du es
verzehren! Der Unreine und der Reine können in
gleicher Weise davon essen. 23 Halte aber streng
daran fest, kein Blut zu genießen; denn im Blut ist
das Leben, und das Leben sollst du nicht mit dem
Fleisch verzehren! 24 Du darfst es nicht genießen;
auf die Erde sollst du es ausgießen wie Wasser!
25 Du darfst es nicht verzehren, damit es dir und dei-
nen Kindern wohlergehe, weil du das tust, was dem
Herrn wohlgefällig ist. 26 Aber die heiligen Abga-
ben, die dir obliegen, und deine Gelübdeopfer sollst
du aufladen und damit zur Stätte kommen, die der
Herr erwählen wird. 27 Dein Brandopfer sollst du so
darbringen: das Fleisch und das Blut gehört auf den
Altar des Herrn, deines Gottes. Das Blut deiner
Schlachtopfer werde am Altar des Herrn, deines

Gottes, ausgegossen; das Fleisch jedoch darfst du genießen. 28 Beobachte, höre und tue alle diese Gebote, die ich dir heute vorschreibe, auf daß es dir und deinen Kindern in aller Zukunft wohlergehe, weil du das tust, was gut und recht ist in den Augen des Herrn, deines Gottes!

Nachahmung heidnischen Gottesdienstes

29 Der Herr, dein Gott, wird die Völker vor dir ausrotten, in deren Gebiet du hineinkommst, um es zu besitzen. Hast du es im Besitz und wohnst du in ihrem Lande, 30 dann hüte dich aber, dich von ihrem Beispiel verführen zu lassen, nachdem sie doch vor dir vertilgt wurden! Suche nicht nach ihren Göttern, indem du fragst: ›Wie haben jene Völker ihre Götter verehrt, damit ich auch so tue?‹ 31 Solches darfst du nicht tun zu Ehren des Herrn, deines Gottes! Denn alles, was dem Herrn ein Greuel ist und was er haßt, haben sie zu Ehren ihrer Götter getan; selbst ihre Söhne und Töchter verbrannten sie ihren Göttern zu Ehren.

12,14: Lange Zeit opferte das Volk an verschiedenen Stätten im Lande Kanaan, später wurde Jerusalem die einzige rechtmäßige Opferstätte.

Falsche Propheten und Traumseher

13 1 Alles, was ich euch heute befehle, sollt ihr genau befolgen, nichts hinzutun und nichts davon wegnehmen! 2 Steht etwa in deiner Mitte ein Prophet oder ein Traumseher auf und bietet dir ein Wahrzeichen oder ein Wunder an, 3 und es geschieht tatsächlich das Zeichen oder Wunder, auf Grund dessen er dich aufforderte: Laßt uns anderen Göttern nachlaufen, die ihr nicht kennt, und sie verehren, 4 dann darfst du auf die Worte jenes Propheten oder Träumers nicht hören. Denn der Herr, euer Gott, stellt euch nur auf die Probe, um zu erfahren, ob ihr den Herrn, euren Gott, aus eurem ganzen Herzen und aus eurer ganzen Seele liebt. 5 Dem Herrn, eurem Gott, sollt ihr nachfolgen, ihn fürchten, seine Gebote beobachten, auf seine Stimme hören, ihm dienen und ihm in Treue anhangen! 6 Jener Prophet oder Träumer aber soll sterben; denn er hat Aufruhr verkündet wider den Herrn, deinen Gott, der dich aus dem Ägypterland hinausgeführt und aus dem Hause der Knechtschaft erlöst hat. Er brachte dich ab von dem Wege, auf dem der Herr, dein Gott, dir zu wandeln gebot; so sollst du das Böse vertilgen aus deiner Mitte.

Verführung durch Verwandtschaft

7 Wenn dein Bruder, der Sohn deiner Mutter, oder dein Sohn oder deine Tochter oder die Frau an deiner Brust oder dein Freund, den du so lieb hast wie dein Ich, dich heimlich verführen wollen und sprechen: Laßt uns doch hingehen und andern Göttern dienen, die weder du noch deine Väter kannten, 8 von den Göttern der Völker, mögen sie rings um euch in der Nähe wohnen oder weit entfernt von dir von einem Ende der Erde bis zum andern, 9 so darfst du ihnen nicht willfahren und gehorchen, nicht mit mitleidigen Augen auf sie blicken, sie schonen und ihre Schuld verheimlichen. 10 Dem Tod sollst du sie überliefern! Deine Hand soll sich zuerst gegen sie erheben, um sie zu töten, und danach die Hand des gesamten Volkes. 11 Mit Steinen sollst du sie zu Tode steinigen; denn sie haben versucht, dich abzubringen vom Herrn, der dich aus Ägypten, dem Haus der Knechtschaft, hinweggeführt hat. 12 Ganz Israel soll es hören und sich fürchten, damit nie wieder so Böses in deiner Mitte getan werde!

Verführte Stadt

13 Du hörst etwa von irgendeiner deiner Städte, die der Herr, dein Gott, dir als Wohnsitz verleihen wird, sagen: 14 Nichtsnutzige Männer gingen aus deiner Mitte hervor und haben die Bewohner ihrer Stadt abspenstig gemacht mit den Worten: Wir wollen hingehen und andere Götter verehren, die ihr nicht kennt; 15 dann untersuche gründlich und frage genau nach; wenn sich die Sache wirklich so verhält und derart Abscheuliches in deiner Mitte geschehen ist, 16 so schlage die Bewohner jener Stadt mit der Schärfe des Schwertes; weihe sie und alles, was darin ist, sogar das Vieh, dem Banne durch die Schärfe des Schwertes! 17 Alle Beute sollst du auf ihren Marktplatz zusammentragen, dann die Stadt und die gesamte Beute als ein Ganzopfer für den Herrn, deinen Gott, verbrennen. Sie sei auf die Dauer ein Ruinenhügel und werde fürderhin nie mehr aufgebaut. 18 Nichts von dem Banngut darf an deiner Hand haften bleiben, damit der Herr sich von seiner Zornesglut abwende, dir Gnade schenke und aus Erbarmen dich vermehre, wie er deinen Vätern eidlich versprochen hat. 19 Nur mußt du der Stimme des Herrn, deines Gottes, willfahren und alle seine Gebote beachten, die ich dir heute gebe, indem du tust, was recht ist in den Augen des Herrn, deines Gottes.

13,1–19: Es sind hier nicht wirkliche Gesetze, sondern gedachte Beispiele, die vor Verführung jeglicher Art warnen wollen. Solche Beispiele sind in ihrem Wortlaut immer strenger und unerbittlicher als nüchterne Gesetzestexte. Die wirkliche Geschichte des Bundesvolkes zeigt uns, daß die Verehrer des wahren Gottes um ihrer Überzeugung willen verfolgt und getötet worden sind; sie waren ja oft nur eine kleine Gruppe gegenüber der götzendienerischen Masse, hinter der auch zum Teil die Staatsgewalt stand. Manche anderen Stellen des AT müssen von diesem Gesichtspunkt her verstanden und bewertet werden.

Heidnische Trauerbräuche

14 1 Ihr seid Kinder des Herrn, eures Gottes.
Ihr dürft euch daher eure Haut nicht ein-
ritzen und euch über der Stirn keine
Glatze scheren wegen eines Toten. 2 Denn ein dem
Herrn, deinem Gott, geweihtes Volk bist du: Dich
hat der Herr erwählt, daß du unter allen Völkern auf
dem Erdboden sein besonderes Eigentumsvolk
seiest.

Vierfüßler

3 Du darfst nichts von dem essen, was ein Greuel
ist. 4 Dies sind die Vierfüßler, die ihr essen dürft:
Rind, Schaf und Ziege, 5 Hirsch, Gazelle, Rehbock,
Wildziege, Dischon, Wildschaf, Antilope; 6 alle
Vierfüßler, die gespaltene Klauen haben, und zwar
ganz durchgespaltene Klauen, und die zugleich
wiederkäuen, dürft ihr essen. 7 Nur folgende von
den Wiederkäuern und denen, die durchgespaltene
Klauen haben, dürft ihr nicht essen: das Kamel, den
Hasen und den Klippdachs; denn sie sind zwar
Wiederkäuer, haben aber keine (völlig) durchge-
spaltenen Klauen; als unrein haben sie euch zu gel-
ten; 8 ferner das Schwein, denn es hat zwar gespal-
tene Klauen, ist aber kein Wiederkäuer; als unrein
hat es euch zu gelten; das Fleisch all dieser Tiere
dürft ihr nicht essen und ihr Aas nicht berühren.

Fische und Vögel

9 Folgendes dürft ihr essen von dem, was im Wasser
lebt: Alles, was Flossen und Schuppen hat, könnt
ihr essen! 10 Was aber keine Flossen und Schuppen
trägt, dürft ihr nicht essen. Als unrein hat es euch zu
gelten. 11 Alle reinen Vögel dürft ihr essen. 12 Fol-
gende von den Vögeln dürft ihr nicht essen: Adler,
Lämmergeier, Schwarzgeier, 13 den Roten Milan,
die Weihe nach ihren verschiedenen Arten, 14 alle
Rabenarten, 15 den Strauß, die Eule, die Möwe, den
Falken nach seinen Arten, 16 das Käuzchen, die Ohr-
eule und die Weiße Eule, 17 die Dohle, den Aasgeier
und die Fischeule, 18 den Storch, den Reiher nach
seinen Arten, den Wiedehopf und die Fledermaus.
19 Auch alle geflügelten Kleintiere sollen euch als
unrein gelten; sie dürfen nicht gegessen werden.
20 Nur alle reinen Flügeltiere dürft ihr essen.
21 Kein Aas dürft ihr essen! Dem Fremden, der in
deinen Toren ist, magst du es abgeben, daß er es
esse. Oder auch einem Ausländer darfst du es ver-
kaufen. Du bist ja ein Volk, das dem Herrn, deinem
Gott, geweiht ist. Du darfst ein Böcklein nicht in
der Milch seiner Mutter kochen.

Zehntgesetze

22 Den gesamten Ertrag deiner Aussaat von allem,
was dir auf dem Felde wächst, sollst du alljährlich
gewissenhaft verzehnten. 23 Du sollst vor dem
Herrn, deinem Gott, an der Stätte, die er sich zur
Wohnstatt seines Namens gemacht hat, den Zehn-
ten von deinem Getreide, deinem Most und Öl so-
wie die Erstwürfe deines Groß- und Kleinviehs ver-
zehren, auf daß du es lernst, den Herrn, deinen Gott,
immerdar zu fürchten. 24 Ist aber der Weg zu weit
für dich, kannst du es nicht hintragen, weil die
Stätte, die der Herr, dein Gott, zur Wohnstätte sei-
nes Namens erwählen wird, zu fern ist, und der
Herr, dein Gott, läßt dir Segen zukommen, 25 dann
mußt du es für Geld verkaufen. Nimm das Geld im
Beutel mit dir, begib dich nach der Stätte, die sich
der Herr, dein Gott, erwählen wird, 26 dann kaufe für
das Geld alles, was dein Herz begehrt, Rinder und
Schafe, Wein und Rauschtrank und alles, wonach du
verlangst! Halte daselbst ein Mahl vor dem Herrn,
deinem Gott, und sei fröhlich mit deiner Familie!
27 Aber auch den Leviten, der in deinen Ortschaften
wohnt, darfst du nicht im Stich lassen; denn er hat
keinen Anteil und kein Erbe bei dir. 28 Am Ende des
dritten Jahres sollst du den Gesamtzehnten von dei-
nem Ertrag in diesem Jahr herausnehmen und in
deinem Wohnort niederlegen. 29 Dann komme der
Levit – er hat ja keinen Anteil und keinen Erbbesitz
bei dir –, ferner der Fremdling, die Waise und die
Witwe in deinen Ortschaften; sie sollen sich satt es-
sen, und der Herr, dein Gott, wird dich in allem Tun
deiner Hände segnen.

Erlaßjahr

15 1 Am Ende jedes siebten Jahres sollst du
einen Erlaß gewahren! 2 Folgendes ist die
Regelung des Erlasses: Jeder Gläubiger
soll sein Darlehen, das er seinem Nächsten gewährt
hat, erlassen. Er soll seinen Nächsten und seinen
Bruder nicht drängen; denn ausgerufen ward ein Er-
laß zu Ehren des Herrn. 3 Einen Ausländer magst du
drängen, doch von dem, was du von einem Stam-
mesbruder zu fordern hast, sollst du die Hand ab-
lassen. 4 Allerdings wird es unter dir keine Armen
geben, da der Herr, dein Gott, dich reichlich segnen
wird in dem Land, das dir der Herr, dein Gott, als
Anteil und Erbbesitz geben wird. 5 Nur mußt du
völlig gehorsam sein der Stimme des Herrn, deines
Gottes, und auf die Befolgung dieser Befehle, die
ich dir heute erteile, achten. 6 Dann wird der Herr,
dein Gott, dich segnen, wie er dir verheißen hat. Du
wirst vielen Völkern ausleihen können, selber aber
nichts zu entleihen brauchen. Du wirst über viele
Völker herrschen, über dich aber soll keines die
Herrschaft ausüben.

Armenfürsorge

7 Findet sich bei dir ein armer Stammesbruder in einer deiner Ortschaften in dem Lande, das der Herr, dein Gott, dir verleihen wird, so sollst du nicht hartherzig sein und deine Hand vor deinem armen Stammesbruder nicht verschließen; 8 vielmehr sollst du deine Hand für ihn weit auftun und ihm gerne leihen, was er in der Not, die er leidet, braucht. 9 Nimm dich in acht, daß nicht etwa der nichtsnutzige Gedanke in deinem Herzen aufsteige: es steht nahe bevor das siebte Jahr, das Jahr des Erlasses, so daß du eine abweisende Miene machst gegen deinen armen Bruder und ihm nichts gibst; denn wenn er dann deinetwegen zum Herrn schreit, so lastet auf dir eine Sünde. 10 Reichlich geben sollst du ihm, und wenn du gibst, dann soll dein Herz nicht verdrießlich sein. Denn um einer solchen Tat willen wird der Herr, dein Gott, dich segnen bei allem Tun und bei allem, was deine Hand ergreift. 11 Denn niemals wird es an Armen in deinem Land fehlen. Ich gebiete dir also: Tu deine Hand weit auf für deinen dürftigen und armen Bruder in deinem Lande!

Bestimmungen über hebräische Schuldsklaven

12 Verkauft sich dir ein Bruder, ein Hebräer oder eine Hebräerin, so soll er dir sechs Jahre lang als Sklave dienen, im siebten Jahre aber sollst du ihn freilassen aus deinem Dienst! 13 Entläßt du ihn aus deinem Dienst, so schicke ihn nicht leer fort! 14 Statte ihn gut aus mit Gaben aus deinem Kleinvieh, von deiner Tenne und deiner Kelter; womit dich der Herr, dein Gott, gesegnet hat, davon sollst du ihm geben! 15 Denke daran, daß auch du Sklave warst im Ägypterland, und daß der Herr, dein Gott, dich erlöst hat; darum gebiete ich dir heute solches. 16 Sagt er aber zu dir: Ich will von dir nicht fortgehen, denn er hat dich und deine Familie lieb, weil er es gut bei dir hat, 17 so nimm einen Pfriemen und bohre ihn durch sein Ohr in die Tür, dann sei er dein Sklave für immer; auch mit deiner Magd sollst du ebenso verfahren. 18 Es sei dir aber nicht lästig, ihn frei aus deinem Dienst zu entlassen. Denn er hat sechs Jahre hindurch die entsprechende Summe des Lohnes eines Tagelöhners für dich abgeleistet. Dafür hat dich der Herr, dein Gott, in all deinen Unternehmungen gesegnet.

Erstlingswurf der Tiere

19 Jeglichen Erstling, der bei deinem Großvieh und Kleinvieh geworfen wird, sollst du, wenn er männlich ist, dem Herrn, deinem Gott, weihen! Mit den Erstlingen deiner Rinder darfst du nicht arbeiten und die Erstlinge deines Kleinviehs nicht scheren. 20 Vor dem Herrn, deinem Gott, sollst du ihn mit deiner Familie Jahr um Jahr verzehren an dem Ort, den der Herr auserwählen wird. 21 Hat er einen Makel, sei es, daß er blind oder lahm oder sonst mit einem bösen Fehler behaftet ist, so opfere ihn dem Herrn, deinem Gott, nicht! 22 An deinem Wohnort sollst du ihn verzehren, der Unreine zusammen mit dem Reinen, gleichwie man Gazelle und Hirsch ißt. 23 Doch sein Blut darfst du nicht genießen; schütte es auf die Erde wie Wasser!

Pascha

16 1 Achte auf den Monat Abib und feiere Pascha zu Ehren des Herrn, deines Gottes! Denn im Monat Abib hat dich der Herr, dein Gott, zur Nachtzeit aus Ägypten weggeführt. 2 Schlachte Pascha für den Herrn, deinen Gott, Kleinvieh und Großvieh, an der Stätte, die der Herr sich zur Wohnstatt seines Namens erwählt. 3 Gesäuertes darfst du dazu nicht essen. Sieben Tage lang sollst du dazu ungesäuerte Brote, Bedrängnisbrot, essen – denn in Hast zogst du aus Ägypten –, damit du an deinen Wegzug aus Ägypten denkst, solange du lebst. 4 In deinem ganzen Wohngebiet sei sieben Tage lang kein Sauerteig zu sehen; von dem Fleisch des Lammes aber, das du am Abend des ersten Tages schlachtest, darf bis zum andern Morgen nichts übrigbleiben. 5 Du darfst das Pascha nicht schlachten in einer deiner Ortschaften, die der Herr, dein Gott dir gibt. 6 Vielmehr an der Stätte, die der Herr, dein Gott, sich zur Wohnstatt seines Namens erwählt, sollst du das Pascha schlachten, und zwar am Abend bei Sonnenuntergang zur Zeit deines Wegzugs aus Ägypten. 7 Du sollst es kochen und verspeisen an der Stätte, die der Herr, dein Gott, erwählen wird. Am andern Morgen darfst du dich aufmachen und heim zu deinen Zelten gehen. 8 Sechs Tage lang sollst du ungesäuerte Brote essen. Am siebten Tage ist Feiertag zu Ehren des Herrn, deines Gottes; da sollst du keinerlei Arbeit verrichten.

Pfingsten

9 Sieben Wochen sollst du dir abzählen! Vom Zeitpunkt, da die Sichel das Getreide zu mähen beginnt, sollst du die Zählung der sieben Wochen beginnen. 10 Dann halte dem Herrn, deinem Gott, das Wochenfest mit den freiwilligen Gaben aus deiner Hand, die du gibst entsprechend dem Segen des Herrn, deines Gottes! 11 Du sollst vor dem Herrn, deinem Gott, fröhlich sein mit deinen Söhnen, Töchtern, Knechten, Mägden und den Leviten, die sich in deinen Ortschaften aufhalten, den Fremdlin-

gen, den Waisen, den Witwen, die unter dir woh-
nen, und zwar an der Stätte, die der Herr, dein Gott,
sich zur Wohnstatt seines Namens erwählt.
12 Denke daran, daß du ein Sklave in Ägypten ge-
wesen bist, und beachte diese Satzungen und
handle danach!

Laubhüttenfest

13 Das Laubhüttenfest sollst du sieben Tage lang fei-
ern, wenn du den Ertrag von deiner Tenne und dei-
ner Kelter einerntest. 14 Fröhlich sollst du an deinem
Fest sein mit deinen Söhnen, Töchtern, Knechten,
Mägden, den Leviten, Fremdlingen, Waisen und
Witwen, die sich in deinen Ortschaften aufhalten.
15 Sieben Tage lang sollst du zu Ehren des Herrn,
deines Gottes, feiern an dem Ort, den der Herr sich
erwählt; denn der Herr, dein Gott, wird dich segnen
in all deinem Feldertrag und bei jeglichem Unter-
nehmen deiner Hände; sei also voller Freude!

Wallfahrtsfeste

16 Dreimal im Jahre sollen alle deine Männer vor
dem Herrn, deinem Gott, erscheinen an der Stätte,
die er erwählt: am Fest der ungesäuerten Brote, an
Pfingsten und an Laubhütten; niemand aber soll mit
leeren Händen vor dem Herrn erscheinen. 17 Jeder
soll mit dem kommen, was er zu schenken vermag
nach Maßgabe des Segens, den der Herr, dein Gott,
dir verliehen hat.

Richterliche Beamte

18 Richter und Amtsleute bestelle dir in all deinen
Ortschaften, die der Herr, dein Gott, dir für deine
Stämme gibt; sie sollen über das Volk gerecht rich-
ten. 19 Das Recht darfst du nicht beugen, die Person
nicht ansehen und kein Bestechungsgeschenk an-
nehmen; denn das Geschenk macht die Augen der
Weisen blind und verdreht die Sache derer, die im
Recht sind. 20 Ausschließlich der Gerechtigkeit
sollst du nachjagen, auf daß du lebest und das Land
besitzest, das der Herr, dein Gott, dir gibt.

Kultisches

21 Du sollst dir keinen Kultpfahl irgendeines Holzes
pflanzen neben dem Altar des Herrn, deines Gottes,
den du dir erbaust. 22 Errichte dir auch keine
Steinsäule; denn solche haßt der Herr, dein Gott!

17

1 Du darfst dem Herrn, deinem Gott,
kein Rind oder Schaf opfern, das einen
Makel, irgendeinen Fehler hat; denn das
ist dem Herrn, deinem Gott, ein Greuel.

Todesstrafe

2 Findet sich etwa in einer Ortschaft, die dir der
Herr, dein Gott, schenkt, ein Mann oder eine Frau,
die das tun, was dem Herrn, deinem Gott, mißfällt,
und seinen Bund übertreten, 3 die hingehen, um an-
dern Göttern zu dienen, sich vor ihnen, der Sonne,
dem Mond oder dem ganzen Himmelsheer nieder-
werfen und tun, was ich nicht erlaube, 4 und dies
ward dir angezeigt, du hast sie verhört und genau
ausgeforscht, und es hat sich ergeben, daß es sich in
der Tat so verhält, daß solch ein Greuel in Israel ge-
schehen ist, 5 dann führe diesen Mann oder diese
Frau, die solchen Frevel getan, zu deinen Toren und
lasse sie zu Tode steinigen! 6 Auf die Aussage von
zwei oder drei Zeugen soll der Todeswürdige den
Tod erleiden, aber nicht auf die Aussage eines ein-
zigen Zeugen! 7 Die Zeugen sollen zuerst ihre Hand
gegen ihn erheben, um ihn zu töten, danach aber
das ganze Volk. So sollst du das Böse aus deiner
Mitte austilgen.

Oberster Gerichtshof

8 Ist dir in irgendeiner Rechtssache der Entscheid zu
schwer, zwischen zwei Bluttaten, zwei Rechts-
streitigkeiten, Verletzungen, kommen überhaupt
irgendwelche Streitfälle in deinen Wohnorten vor,
dann mache dich auf und ziehe nach der Stätte, die
der Herr, dein Gott, sich erwählt! 9 Gehe zu den
Priestern aus Levis Stamm und zum Richter, der in
jener Zeit seines Amtes waltet! Sie sollen den Fall
untersuchen und dir den richterlichen Entscheid
verkünden. 10 Verfahre nach dem Bescheid, den sie
dir verkünden an jenem Orte, den der Herr, dein
Gott, sich erwählt, und beobachte genau ihre An-
weisung! 11 Nach der Anweisung, die sie dir geben,
nach dem Entscheide, den sie dir fällen, tue, ohne
nach rechts oder nach links von dem dir verkünde-
ten Wortlaut abzuweichen! 12 Wer aber vermessen
handelt und auf den im Dienste des Herrn, deines
Gottes, waltenden Priester oder Richter nicht hört,
soll sterben; so sollst du das Böse aus Israel austil-
gen. 13 Das ganze Volk aber soll es hören, sich fürch-
ten und fürderhin nicht mehr vermessen handeln.

Königsgesetz

14 Kommst du in das Land, das der Herr, dein Gott,
dir gibt, hast du es erobert und besiedelt und
denkst: Auch ich will einen König über mich setzen
wie alle Völker rings um mich herum, 15 dann be-
stelle über dich nur den als König, den der Herr, dein
Gott, auserwählt! Nur aus deinen Stammesbrüdern
darfst du jemand über dich als König setzen; einen
Ausländer, der nicht dein Stammesbruder ist, darfst
du nicht über dich setzen. 16 Er darf sich aber nicht
viele Rosse halten, die Leute nicht mehr nach Ägyp-
ten zurücksenden, um sich viele Rosse zu verschaf-
fen. Denn der Herr hat euch verheißen: Ihr sollt
fürderhin nicht mehr auf diesem Weg zurückkeh-

ren. 17 Auch soll er sich nicht viele Frauen nehmen,
daß sein Herz nicht abtrünnig werde; auch Silber
und Gold häufe er nicht in zu großer Menge an!
18 Wenn er seinen königlichen Thron bestiegen hat,
verfertige er sich eine Abschrift dieses Gesetzes
nach dem Buche, das sich bei den levitischen Prie-
stern befindet! 19 Dieses Gesetz sei bei ihm, er lese
darin alle Tage seines Lebens, auf daß er lerne, den
Herrn, seinen Gott, zu fürchten und alle Worte die-
ses Gesetzes und die Satzungen zu halten und zu
befolgen. 20 Sein Herz erhebe sich nicht stolz über
seine Stammesbrüder; er weiche nicht von der Vor-
schrift nach rechts oder links ab, damit er lange an
der Herrschaft bleibe, er und seine Söhne, in Israels
Mitte.

Priesterrecht

18 1 Den levitischen Priestern, d. h. dem
ganzen Stamm Levi, werde kein Anteil
und Erbbesitz zuteil mit dem übrigen
Israel; von den Feueropfern des Herrn und von sei-
nem Erbteil sollen sie sich ernähren. 2 Ein Erbbesitz
werde ihm nicht zuteil inmitten seiner Stammes-
brüder, da der Herr selbst sein Erbbesitz ist, wie er
es ihm verheißen. 3 Dies ist das Recht der Priester
gegenüber dem Volk, gegenüber jenen, die Rinder-
oder Schafopfer darbringen: man gebe den Priestern
das Schulterblatt, die beiden Kinnbacken und den
Fettmagen. 4 Gib ihm auch die Erstlingsfrucht dei-
nes Getreides, Mostes und Öles sowie die Erstlinge
der Schur deines Kleinviehs! 5 Denn ihn erwählte
der Herr, dein Gott, aus allen Stämmen, daß er alle-
zeit im Namen des Herrn bereitstehe zum Dienste,
er und seine Söhne. 6 Kommt nun ein Levit von
irgendeiner deiner Wohnstätten aus ganz Israel,
woselbst er sich wie ein Fremdling aufhält – und er
darf ganz nach seines Herzens Belieben an die
Stätte kommen, die der Herr sich erwählt –, 7 dann
darf er im Namen des Herrn, seines Gottes, Dienst
tun wie alle seine levitischen Stammesbrüder, die
dort im Dienste des Herrn stehen. 8 Den gleichen
Anteil soll er genießen, abgesehen vom verkauften
Gut seiner Väter.

Kinderopfer und heidnische Zauberei

9 Kommst du in das Land, das dir der Herr, dein
Gott, verleiht, so sollst du die Greuel dieser Völker
nicht nachahmen! 10 Niemand finde sich bei dir, der
seinen Sohn oder seine Tochter durchs Feuer gehen
läßt, niemand, der Wahrsagekünste, Zeichendeute-
rei, Geheimkünste und Zauberei betreibt, 11 nie-
mand, der Bannungen vornimmt, einen Totengeist
oder Wahrsagegeist befragt oder Auskunft bei den
Toten sucht. 12 Denn ein Greuel für den Herrn ist
jeder, der solches tut; um dieser Greuel willen ver-
treibt sie der Herr, dein Gott, vor dir. 13 Untadelig
sollst du dem Herrn, deinem Gott, anhangen.

Wahre Propheten

14 Denn diese Völker, die du vertreibst, hören auf
Zeichendeuter und Wahrsager, dir aber erlaubt der
Herr, dein Gott, solches nicht. 15 Einen Propheten
gleich mir wird der Herr, dein Gott, aus deiner
Mitte heraus, aus deinen Stammesbrüdern erstehen
lassen; auf ihn sollt ihr hören. 16 In diesem Sinne
hast du es am Horeb vom Herrn, deinem Gott, am
Versammlungstag gefordert, als du sprachst: ›Nicht
mehr will ich die Stimme des Herrn, meines Gottes,
vernehmen und dieses gewaltige Feuer nicht mehr
sehen, damit ich nicht sterbe!‹ 17 Da sprach der Herr
zu mir: Recht haben sie mit ihrem Verlangen.
18 Einen Propheten gleich dir will ich ihnen aus der
Mitte ihrer Stammesbrüder erstehen lassen, meine
Worte will ich in seinen Mund legen, und er soll
ihnen alles sagen, was ich ihm auftrage.
19 Und wer nicht auf meine Worte hört, die er in
meinem Namen spricht, den will ich selber zur Ver-
antwortung ziehen. 20 Jedoch der Prophet, der in
meinem Namen ein vermessenes Wort verkündet,
das ich ihm nicht aufgetragen habe, oder der im
Namen eines fremden Gottes spricht, muß sterben.
21 Denkst du aber in deinem Herzen: ›Wie sollen
wir das Prophetenwort erkennen, das nicht vom
Herrn stammt?‹, 22 so wisse: was der Prophet im
Namen des Herrn ankündigt, ohne daß das Wort
sich erfüllt und eintrifft, das ist ein Wort, das der
Herr nicht gesprochen hat. Vermessentlich hat er es
gesprochen, du brauchst nicht davor zu bangen.

Asylstädte

19 1 Wenn der Herr, dein Gott, die Völker
ausrottet, deren Land der Herr, dein Gott,
dir verleiht, und wenn du sie vertrieben
und ihre Städte und Häuser besiedelt hast, 2 dann
suche dir in deinem Land, das der Herr, dein Gott,
dir zum Besitze verleiht, drei Städte aus! 3 Du sollst
den Weg dorthin abschätzen und das Gebiet deines
Landes, das der Herr, dein Gott, dir als Anteil gibt,
in drei Bezirke teilen. Dahin soll jeder Totschläger
fliehen. 4 Folgendes gilt für den Totschläger, der
dorthin flüchtet, um am Leben zu bleiben: Erschlägt
einer seinen Nächsten unabsichtlich, ohne daß er
ihm von früher her feind war, 5 z. B. wenn einer mit
seinem Freunde in den Wald geht, um Holz zu fäl-
len, und seine Hand holt mit der Axt beim Holzfäl-
len aus, das Eisen fliegt vom Stiel und trifft den

Nächsten tödlich, dann soll er flüchten in eine jener Städte und am Leben bleiben. 6 Der Bluträcher soll nicht in seiner Leidenschaft dem Totschläger nachsetzen und ihn, weil der Weg zu weit ist, einholen und totschlagen, ohne daß jener des Todes schuldig wäre, da er ja dem anderen nicht von ehedem feindlich gesinnt war. 7 Also gebe ich dir die Anordnung: Du sollst dir drei Städte aussuchen! 8 Erweitert aber der Herr, dein Gott, dein Gebiet, wie er deinen Vätern eidlich versprochen hat, und gibt er dir das ganze Land, dessen Verleihung er deinen Vätern zugesagt hat, 9 sofern du auf alle diese Gebote achtest, die ich dir heute vorschreibe, und den Herrn, deinen Gott, liebst und auf seinen Wegen wandelst immerdar, so sollst du noch drei Städte zu jenen drei hinzufügen. 10 Es soll nämlich in deinem Land, das der Herr, dein Gott, dir als Erbteil gibt, kein unschuldiges Blut vergossen werden und dich mit Blutschuld belasten. 11 Wenn aber einer seinen Nächsten haßt, ihm auflauert, ihn überfällt und totschlägt, und er flüchtet dann in eine dieser Städte, 12 dann sollen die Ältesten seiner Heimatstadt hinschicken, ihn von dort holen lassen und ihn dem Bluträcher ausliefern, daß er sterbe. 13 Du sollst seinetwegen nicht betrübt sein, sondern das unschuldig vergossene Blut aus Israel hinwegtilgen; dann wird es dir wohlergehen.

Grenzverrückung

14 Verschiebe nicht die von deinen Vorfahren gezogene Grenze deines Nachbarn auf deinem Besitz, den du in dem Lande, das der Herr, dein Gott, dir zum Eigentum übergibt, bekommen wirst.

Zeugenschaft

5 Ein einziger Zeuge soll gegen niemand aufkommen, wenn es sich um ein Verbrechen, ein Vergehen oder irgendeine Verfehlung handelt; nur auf die Aussage von zwei oder drei Zeugen soll eine Sache gelten. 16 Tritt aber wider jemand ein böswilliger Zeuge auf, um ihn wegen Abfalls anzuklagen, 17 dann sollen die beiden Männer, die in den Streit verwickelt sind, vor den Herrn treten, vor die Priester und Richter, die gerade im Amt sind. 18 Die Richter mögen sorgfältig untersuchen, und wenn es sich herausstellt, daß der Zeuge lügenhaft ist, weil er Lügen gegen seinen Bruder vorgebracht hat, 19 dann sollt ihr ihm antun, was er seinem Bruder anzutun gedachte; du sollst Böses aus deiner Mitte ausrotten! 20 Die übrigen aber sollen es vernehmen, sich fürchten und eine solche Übeltat fürderhin nicht mehr in deiner Mitte vollbringen. 21 Keinerlei Mitleid sollst du dabei kennen; Leben um Leben, Auge um Auge, Zahn um Zahn, Hand um Hand, Fuß um Fuß!

Befreiung vom Kriegsdienst

20 1 Ziehst du wider deine Feinde in den Krieg, und erblickst du Rosse und Wagen sowie ein Kriegsvolk, das dir zahlenmäßig überlegen ist, so fürchte dich nicht! Der Herr, dein Gott, der dich aus dem Lande Ägypten herausgeführt hat, ist mit dir. 2 Stehst du dann vor der Schlacht, dann trete der Priester vor und spreche zum Kriegsvolk. 3 Er sage ihnen: Höre, Israel! Ihr rückt heute in die Schlacht wider eure Feinde. Euer Herz sei unverzagt, fürchtet euch nicht, erbebt nicht und erschaudert nicht vor ihnen! 4 Denn der Herr, euer Gott, ist es, der mit euch in den Kampf wider eure Feinde zieht, um euch den Sieg zu verleihen. 5 Als dann sollen die Vorsteher vor dem Kriegsvolk verkünden: Hat jemand ein neues Haus gebaut, es aber noch nicht eingeweiht, dann trete er weg und kehre heim, damit er im Kampf nicht umkomme und ein anderer es einweihe. 6 Wer aber einen Weinberg gepflanzt und seine Erstlingsfrucht noch nicht geerntet hat, trete weg und kehre heim, damit er nicht in der Schlacht umkomme und ein anderer die Erstlingsfrucht einbringe. 7 Wer sich eine Frau anverlobt, sie aber noch nicht heimgeführt hat, trete weg und kehre heim, damit er nicht im Kampf umkomme und ein anderer sie heimführe. 8 Die Vorsteher sollen weiterhin vor dem Kriegsvolk verkünden und sagen: Wer furchtsam und mutlos ist, trete weg und kehre heim; er soll das Herz seiner Stammesbrüder nicht gleichfalls entmutigen. 9 Wenn dann die Vorsteher ihre Ansprache an das Kriegsvolk vollendet haben, sollen sie die Heerführer an des Volkes Spitze stellen.

Art der Kriegführung

10 Rückst du gegen eine Stadt heran, um sie zu bekämpfen, sollst du sie erst zu friedlicher Übergabe aufrufen. 11 Wenn sie auf das friedliche Angebot eingeht und dir die Tore öffnet, soll die ganze Bevölkerung, die sich darin befindet, dir fronpflichtig und dienstbar sein. 12 Will sie aber mit dir kein friedliches Abkommen treffen, sondern Krieg führen, sollst du sie belagern. 13 Gibt sie dann der Herr, dein Gott, in deine Hand, erschlage alle Männer mit dem blanken Schwert. 14 Die Frauen und Kinder jedoch, das Vieh und alles, was sich in der Stadt befindet, sollst du für dich als Beutegut nehmen und die Beute, die der Herr, dein Gott, dir gab, genießen. 15 So sollst du mit den Städten verfahren, die sehr weit von dir entfernt liegen, die nicht zu den Städten der hiesigen Völker gehören.

16 Jedoch von den Städten dieser Völker, die der Herr, dein Gott, dir zum Eigentum übergibt, sollst

du überhaupt kein Wesen am Leben lassen. 17 Mit dem Bann sollst du sie ausrotten, die Hethiter, Amoriter, Kanaaniter, Perissiter, Hiwwiter und Jebusiter, wie der Herr, dein Gott, dir geboten hat. 18 Sie sollen euch nicht lehren, dergleichen Greueltaten zu tun, die sie ihren Göttern zu Ehren verübt haben, damit ihr nicht auch sündigt wider den Herrn, euren Gott.

Belagerung

19 Mußt du im Krieg eine Stadt längere Zeit belagern, um sie zu erobern, so vernichte nicht die zu ihr gehörenden Bäume, indem du die Axt an sie legst! Von ihnen sollst du ja essen; darum haue sie nicht um! Sind etwa Feldbäume Menschen, die auch von dir belagert werden? 20 Nur solche Bäume, von denen du weißt, daß sie keine eßbaren Früchte tragen, darfst du vernichten, fällen und damit Belagerungswerke gegen die Stadt bauen, die mit dir im Kampf liegt, bis sie sich ergibt.

20,1–20: Ebenfalls Gesetzespredigt. Der Brauch, ein feindliches Volk nach seiner Besiegung als Gesamtheit den Göttern als Ganzopfer darzubringen, war im Altertum weit verbreitet. Die erwähnten Völker sind zu gleicher Zeit Feinde des wahren Gottes, dessen Verehrer in ihrer Existenz zu schützen waren. Die Gesetzespredigt will zudem vor den drohenden Gefahren abschrecken.

Sühne eines von unbekannter Hand verübten Mordes

21 1 Findet sich etwa in dem Land, das der Herr, dein Gott, dir zum Besitztum übergibt, ein auf dem Feld Erschlagener, ohne daß man weiß, wer der Mörder war, 2 so sollen deine Ältesten und Richter hingehen und die Entfernung bis zu den Städten abmessen, die rings um den Erschlagenen liegen. 3 Hat man dann die Stadt, die dem Erschlagenen am nächsten liegt, herausgefunden, so sollen die Ältesten dieser Stadt sich eine junge Kuh besorgen, mit der noch nicht gearbeitet wurde, die noch nicht in einem Joch gezogen hat. 4 Dann sollen die Ältesten jener Stadt die junge Kuh zu einem nie versiegenden Bach hinführen, wo der Boden noch nicht bearbeitet und besät wurde. Dort sollen sie der jungen Kuh am Bach das Genick brechen. 5 Danach mögen die Priester, die Söhne Levis, sich nahen; denn sie hat der Herr dein Gott, erwählt, ihm zu dienen und im Namen des Herrn zu segnen; auf ihren Ausspruch hin wird über jeden Streitfall und jede Gewalttat entschieden. 6 Alle Ältesten jener Stadt aber, die in nächster Nähe des Erschlagenen wohnen, sollen über der jungen Kuh, der am Bach das Genick gebrochen ward, ihre Hände waschen. 7 Sie sollen laut bezeugen: ›Unsere Hände haben dieses Blut nicht vergossen, unsere Augen haben es nicht gesehen! 8 Schaffe Sühne, o Herr, deinem Volke Israel, das du erlöst hast, lege deinem Volke Israel nicht die Schuld für unschuldig vergossenes Blut auf!‹ Dann werden sie von Blutschuld frei. 9 Du aber tilgst so aus deiner Mitte das unschuldig vergossene Blut. Es wird dir wohlergehen, wenn du tust, was in des Herrn Augen recht ist.

Eine Frau als Kriegsgefangene

10 Wenn du in den Krieg ziehst gegen deinen Feind, und der Herr gibt ihn in deine Gewalt, so daß du Gefangene machst, 11 und du erblickst nun unter den Gefangenen eine schöne Frau, wirst von Liebe zu ihr ergriffen und willst sie zum Weibe nehmen, 12 so führe sie hinein in dein Haus, daß sie ihr Haupt schere, sich die Fingernägel schneide 13 und ihre Gefangenentracht ablege. Sie bleibe in deinem Hause und betrauere ihren Vater und ihre Mutter einen Monat lang. Alsdann kannst du zu ihr eingehen und sie heiraten, daß sie deine Frau sei. 14 Findest du aber an ihr kein Wohlgefallen mehr, so sollst du sie freilassen; keinesfalls darfst du sie um Geld verkaufen. Benimm dich nicht grob gegen sie, da du sie ja geschwächt hast.

Kein Mißrauen der Erstgeburt

15 Hat ein Mann zwei Frauen, die eine wird geliebt, die andere zurückgesetzt, beide aber, die geliebte wie die zurückgesetzte, haben ihm Söhne geboren, der Erstgeborene aber stammt von der zurückgesetzten, 16 so darf er, wenn er seinen Söhnen seinen Besitz als Erbe übergibt, den Sohn der geliebten Frau nicht auf Kosten des Sohnes der ungeliebten als Erstgeborenen behandeln. 17 Er hat vielmehr den wirklich Erstgeborenen, den Sohn der zurückgesetzten Frau, anzuerkennen und ihm zwei Anteile von seinem Eigentum zu geben. Denn er ist der Erstling seiner Kraft, ihm gebührt das Erstgeburtsrecht.

Ungeratener Sohn

18 Hat jemand einen störrischen und widerspenstigen Sohn, der seines Vaters oder seiner Mutter Mahnungen nicht befolgen will und ihnen auch nach der Züchtigung nicht gehorcht, 19 dann sollen ihn seine Eltern ergreifen und ihn vor die Stadtältesten zum Gerichtstor seines Ortes bringen. 20 Sie sollen zu den Ältesten seiner Stadt sagen: Unser Sohn ist störrisch und widerspenstig, auf unsere Mahnungen will er nicht hören, er ist leichtfertig und dem Trunk ergeben. 21 Dann sollen alle Männer seiner Heimatstadt ihn zu Tode steinigen. So sollst du das Böse aus deiner Mitte wegschaffen. Ganz Israel soll es vernehmen und sich fürchten. 22 Wird

jemand für ein todeswürdiges Verbrechen hinge-
richtet, und man hängt ihn an einem Pfahle auf,
23 dann soll sein Leichnam nicht über Nacht an dem
Pfahl hängenbleiben, sondern man begrabe ihn
noch am gleichen Tage; denn von Gott verflucht ist
ein Aufgehängter; du aber sollst dein Land, das der
Herr, dein Gott, dir zum Erbanteil verleihen wird,
nicht verunreinigen.

21,23: Gal 3,13: Die Schmach des Kreuzes.

Verlorenes Gut

22 1 Siehst du, daß das Rind oder Schaf dei-
nes Bruders sich verlaufen hat, so ent-
ziehe ihnen nicht deine Hilfe, bringe sie
vielmehr deinem Stammesbruder zurück! 2 Ist dein
Stammesbruder nicht in deiner Nähe, oder ist er dir
unbekannt, so nimm es zu dir ins Haus! Es bleibe
bei dir, bis dein Bruder es sucht! Dann erstatte es
ihm zurück! 3 Ebenso verfahre mit seinem Esel, des-
gleichen mit seinem Gewandstück oder mit irgend-
einem Gegenstand, der ihm abhanden gekommen
ist. Hast du ihn gefunden, so darfst du nicht achtlos
dich entfernen. 4 Siehst du den Esel oder Ochsen
deines Stammesbruders zusammengebrochen am
Wege liegen, so versage ihnen deine Hilfe nicht,
sondern hilf ihm, sie wieder aufzurichten!

Einzelbestimmungen

5 Männergewand soll eine Frau nicht tragen, und ein
Mann soll keine Frauenkleider anziehen; denn ein
Greuel vor dem Herrn, deinem Gott, ist jeder, der
solches tut. 6 Begegnet dir zufällig auf dem Wege,
auf irgendeinem Baum oder am Boden ein Vogel-
nest mit Jungen oder mit Eiern, und sitzt die Vogel-
mutter auf den Jungen oder Eiern, dann darfst du
die Mutter mitsamt den Jungen nicht ausnehmen.
7 Laß erst die Mutter fortfliegen, dann nimm die
Jungen aus, damit es dir wohlergehe und du lange
lebst! 8 Baust du ein neues Haus, so bringe an dei-
nem Dach eine Brüstung an! Du würdest Blutschuld
auf dein Haus laden, wenn jemand hinunterfiele.
9 Du sollst in deinem Weinberg nicht zweierlei
Dinge säen, sonst verfällt das Ganze, was du ansäst
und was der Weinberg trägt, dem Heiligtum. 10 Du
sollst nicht mit Rind und Esel zusammen pflügen.
11 Du sollst kein Gewebe anziehen, das aus Wolle
und Leinen zusammengewirkt ist. 12 Du sollst die
Quasten an den vier Zipfeln deines Oberkleides,
womit du dich umhüllst, anbringen!

Falscher Verdacht

13 Wenn ein Mann sich eine Frau nimmt, mit ihr
verkehrt und dann ihr abgeneigt wird 14 und ihr
nun Dinge zur Last legt, die Gerede verursachen,
und sie so in einen üblen Ruf bringt, indem er be-
hauptet: ›Ich habe diese Frau heimgeführt, bei der
Beiwohnung vermißte ich aber die Merkmale der
Jungfräulichkeit an ihr‹, 15 dann sollen die Eltern der
jungen Frau die Beweise der Jungfrauschaft vor die
Stadtältesten zum Gerichtstor bringen. 16 Der Vater
der jungen Frau sage zu den Ältesten: ›Meine Toch-
ter gab ich diesem Mann zur Frau, er aber ward
ihrer überdrüssig. 17 Nun legt er ihr Dinge zur Last,
die Gerede verursachen, und behauptet: Ich ver-
mißte an deiner Tochter die Merkmale der Jung-
fräulichkeit. Hier aber sind die Beweise der Jung-
fräulichkeit meiner Tochter!‹ Dann sollen sie das
Tuch vor den Stadtältesten ausbreiten. 18 Nun sollen
die Ältesten jener Stadt den Mann ergreifen und ihn
züchtigen. 19 Auch sollen sie ihm eine Geldstrafe
von hundert Silberstücken auferlegen, die dem
Vater der jungen Frau auszuhändigen sind; denn er
hat eine israelitische Jungfrau in üblen Ruf ge-
bracht; er muß sie jetzt als Frau behalten, niemals
hat er mehr das Recht, sich scheiden zu lassen.
20 Beruht aber die Nachrede auf Wahrheit, können
die Jungfräulichkeitsmerkmale nicht nachgewiesen
werden, 21 so führe man die junge Frau vor die Türe
ihres Vaterhauses, und die Männer ihrer Heimat-
stadt sollen sie zu Tode steinigen; denn sie beging
eine arge Sünde in Israel, weil sie in ihrem Vater-
haus Unzucht trieb. So vertilge das Böse aus deiner
Mitte!

Ehebrecher

22 Wird ein Mann dabei angetroffen, wie er einer
verheirateten Frau beiwohnt, so müssen beide ster-
ben, der Mann, der der Frau beiwohnte, und auch
die Frau. So sollst du das Böse aus Israel ausrotten!

Vergehen mit einer Verlobten:
Als Strafe steinigt sie!

23 Trifft jemand mit einer Jungfrau, die einem
Manne verlobt ist, in der Stadt zusammen und
wohnt ihr bei, 24 so führt beide zum Tor jener Stadt
und steinigt sie zu Tode: das Mädchen, weil es in
der Stadt nicht um Hilfe geschrieen hat, und den
Mann, weil er die Verlobte seines Nächsten miß-
braucht hat. So vertilge das Böse aus deiner Mitte!
25 Trifft aber der Mann die verlobte Jungfrau auf
freiem Feld, vergewaltigt sie und wohnt ihr bei,
dann muß der Mann, der ihr beigewohnt hat, allein
sterben. 26 Dem Mädchen aber tut nichts, es hat ja
kein todeswürdiges Verbrechen begangen; denn der
Fall ist genauso, wie wenn einer seinen Nächsten
überfällt und totschlägt. 27 Da er sie auf freiem Feld
antraf, hat die Verlobte vielleicht um Hilfe gerufen,
ohne daß ihr jemand beistand.

Vergewaltigung einer Ledigen

28 Trifft ein Mann eine nicht verlobte Jungfrau, und
wird er dabei ertappt, wie er sie ergreift und ihr bei-
wohnt, 29 so zahle der Mann, der ihr beigewohnt
hat, dem Vater des Mädchens fünfzig Silberstücke.
Er muß sie sich ferner zur Frau nehmen, weil er sie
mißbraucht hat. Er darf sie nicht entlassen, solang
er lebt.

22,5: Verbot heidnischer Kultbräuche, bei denen zu Ehren der Liebesgöttin Kleider gewechselt wurden. Damit verbanden sich von selbst unsittliche Ausschweifungen. 13–23,1: Ehe- und Keuschheitsgesetze, die an das NT erinnern. Mann und Frau stehen hier unter derselben Zucht. Das Recht des schutzlosen Mädchens und dessen Pflicht, die Ehe unberührt einzugehen, werden stark betont. Daß die angedrohte Strafe recht hart ist, erklärt sich aus der Denkweise der alten Zeit und dem Eifer des deuteronomistischen Volkserziehers.

Verbot der Blutschande

23 1 Niemand darf sich die Frau seines
Vaters zur Ehe nehmen und die Bett-
decke seines Vaters aufdecken.

Die Gemeinde des Herrn

2 Zur Gemeinde des Herrn darf keiner kommen, der
verstümmelte Hoden oder Geschlechtsteile hat.
3 Kein entarteter Mischling darf der Gemeinde des
Herrn angehören; sogar noch im zehnten Ge-
schlecht darf er zur Gemeinde des Herrn nicht
gehören. 4 Auch kein Ammoniter und kein Moabi-
ter komme zur Gemeinde des Herrn; auch nicht im
zehnten Geschlecht, überhaupt nie dürfen sie in die
Gemeinde des Herrn eintreten, 5 weil sie euch un-
terwegs, als ihr aus Ägypten fortzogt, nicht mit Brot
und Wasser zu Hilfe kamen, und weil Moab wider
dich den Bileam, den Sohn des Beor, aus Petor im
Aramäerland gedungen hat, um dich zu verfluchen.
6 Doch der Herr, dein Gott, war dem Bileam nicht
zu Willen; es verwandelte der Herr, dein Gott, für
dich den Fluch in Segen; denn der Herr, dein Gott,
hat dich lieb. 7 Niemals sollst du auf ihr Glück und
Wohlergehen bedacht sein alle deine Lebenstage.
8 Den Edomiter verabscheue nicht; denn er ist dein
Bruder! Auch den Ägypter sollst du nicht verab-
scheuen; denn ein Fremdling warst du in seinem
Lande! 9 Kinder, die von ihnen geboren werden,
dürfen vom dritten Glied an in die Gemeinde des
Herrn aufgenommen werden.

Verunreinigung des Kriegslagers

10 Ziehst du im Heerlager wider deine Feinde aus, so
hüte dich vor allem, was ungehörig ist! 11 Ist also
unter dir ein Mann, der unrein ist infolge einer
nächtlichen Begebenheit, so gehe er hinaus vor das
Lager und komme nicht ins Lager zurück! 12 Gegen
Abend wasche er sich, und bei Sonnenuntergang
kehre er wieder zum Lager zurück! 13 Auch sollst du
außerhalb des Lagers einen abseits gelegenen Ort
haben, zu dem du hinausgehst. 14 Ferner mußt du
unter deinen Geräten einen Pflock haben. Wenn du
also hinausgehen und austreten mußt, dann grabe
ein Loch und decke deinen Unrat wieder zu!
15 Denn der Herr, dein Gott, geht in deinem Heer-
lager umher, um dir zu helfen und deine Feinde zu
unterwerfen. Darum sei dein Heerlager heilig; er
schaue bei dir nichts Widerliches, damit er sich
nicht von dir zurückziehe!

Entlaufene Sklaven

16 Du sollst einen Sklaven seinem Herrn nicht wieder
ausliefern, wenn er sich von seinem Herrn weg zu dir
flüchtet. 17 Er wohne bei dir in deiner Mitte an dem
Ort, den er sich in einer deiner Ortschaften nach Be-
lieben aussucht; du darfst ihn nicht belästigen.

Weihedirnen

18 Es darf unter den Töchtern Israels keine geweihte
Dirne geben und unter den israelitischen Söhnen kei-
nen geweihten Buhler. 19 Dirnenlohn oder Hundegeld
darfst du nicht in das Haus des Herrn, deines Gottes
um irgendeines Gelübdes willen bringen; denn beide
sind für den Herrn, deinen Gott, ein Greuel.

Zinsverbot

20 Von deinem Stammesbruder darfst du keinen
Zins annehmen, weder Zins für Geld noch Zins für
Speisen, überhaupt keinen Zins für etwas, was man
verzinsen kann. 21 Von dem Ausländer darfst du
Zinsen nehmen, aber von deinem Stammesgenos-
sen nicht. So wird der Herr, dein Gott, dich in allen
Unternehmungen segnen in dem Land, dahin du
ziehst, um es zu besitzen.

Gelübde

22 Gelobst du dem Herrn, deinem Gott, etwas,
so erfülle es ohne Säumen, sonst wird der Herr, dein
Gott, es von dir fordern, und es liegt Schuld auf dir.
23 Wenn du aber auf das Geloben ganz verzichtest,
bist du schuldlos. 24 Was deine Lippen ausgespro-
chen, mußt du halten und erfüllen, so wie du das
Ausgesprochene als freiwillige Gabe dem Herrn,
deinem Gott, gelobt hast.

Der Hungrige im Weinberg

25 Gehst du durch den Weinberg deines Nächsten,
so darfst du Trauben nach Wunsch essen, bis du satt
bist; aber in dein Gefäß darfst du keine tun. 26 Gehst
du durch das Kornfeld deines Nächsten, so darfst du
mit deiner Hand Ähren abreißen; aber eine Sichel
darfst du im Getreide deines Nächsten nicht
schwingen.

23,2: Wendet sich gegen die Selbstverstümmelung, die in manchen heidnischen Kulten gebräuchlich ist. 20–21: Erlaubt nicht den Wu-

cher an Fremden, sondern ist in erster Linie als Liebesgebot dem
verarmten Volksgenossen gegenüber zu verstehen. Das Zinsverbot
der mittelalterlichen Kirche gründet sich auf diese Stelle.

Ehescheidung und Wiederheirat

24 1 Wenn jemand eine Frau zur Ehe
nimmt, sie ihm aber später nicht mehr
gefällt, weil er an ihr etwas Widerliches
entdeckt, so soll er ihr einen Scheidebrief schreiben,
diesen ihr aushändigen und sie aus seinem Hause
entlassen. 2 Verläßt sie dann sein Haus, geht hin und
wird die Frau eines anderen Mannes, 3 und auch
dieser andere Mann bekommt Abneigung gegen sie
und schreibt ihr einen Scheidebrief, händigt ihn ihr
aus und entläßt sie aus seinem Hause – oder dieser
andere Mann, der sie zur Frau genommen hatte,
stirbt –, 4 dann darf sie der erste Mann, der sie ent-
lassen hat, nicht wiederum zur Frau nehmen; sie ist
ja für ihn jetzt unrein geworden. Denn ein Greuel
wäre solches vor dem Herrn. Du aber sollst keine
Sündenschuld über das Land bringen, das der Herr,
dein Gott, dir zum Erbteil übergibt.

Kriegsdienstbefreiung des Neuvermählten

5 Ist jemand neuvermählt, dann braucht er nicht ins
Feld zu ziehen; auch soll ihm keinerlei Leistung auf-
erlegt werden; er soll für seine Familie ein Jahr lang
freigestellt sein. Er soll sich an seiner Frau, die er ge-
nommen hat, erfreuen.

Pfändung

6 Man soll nicht die Mühle oder den oberen Mühl-
stein als Pfand nehmen; denn das hieße ein Men-
schenleben zum Pfand nehmen.

Menschenverkauf

7 Wird jemand dabei angetroffen, daß er einen von
seinen Stammesbrüdern, den Israeliten, raubt, ihn
mißhandelt oder verkauft, dann soll ein solcher
Dieb sterben. Vertilge so das Böse aus deiner Mitte!

Aussatz

8 Beim Aussatzbefall gib darauf acht, daß du genau
nach den Anweisungen handelst, welche die Prie-
ster aus Levis Stamm euch geben; wie ich ihnen an-
ordnete, ganz so sollt ihr tun. 9 Denk daran, was der
Herr, dein Gott, unterwegs der Mirjam widerfahren
ließ bei eurem Wegzug von Ägypten!

Der Mantel der Armen

10 Gewährst du deinem Nächsten irgendein Darle-
hen, so darfst du sein Haus nicht betreten, um ein
Pfand dafür zu erheben. 11 Bleibe draußen stehen!
Der Mann, dem du das Darlehen gibst, bringe dann
das Pfand zu dir hinaus. 12 Ist es ein armer Mann,
dann sollst du mit seinem Pfand dich nicht schlafen
legen. 13 Du sollst ihm vielmehr das Pfand bei Son-
nenuntergang wieder zurückbringen. Er soll sich in
seinem Mantel schlafen legen; dann wird er über
dich einen Segenswunsch aussprechen, und dir
wird das vor dem Herrn, deinem Gott, als Gerech-
tigkeit angerechnet.

Tagelöhner – Kollektivschuld?

14 Bedrücke nicht einen Tagelöhner, der arm und be-
dürftig ist, mag er zu deinen Brüdern oder zu den
Fremden gehören, die in deinem Lande in deiner
Ortschaft weilen. 15 Am gleichen Tag sollst du ihm
seinen Lohn geben, und die Sonne soll darüber
nicht untergehen; denn er ist arm und verlangt
sehnsüchtig danach. Sonst würde er wider dich
zum Herrn rufen, und Sündenschuld würde auf dir
liegen.
16 Väter sollen nicht um ihrer Kinder willen und Kin-
der nicht um ihrer Väter willen mit dem Tode be-
straft werden. Jeder soll nur für seine eigene Schuld
den Tod erleiden.

Recht des Fremden, der Witwen und Waisen

17 Das Recht eines Fremdlings oder einer Waise
darfst du nicht beugen und darfst das Kleidungs-
stück einer Witwe nicht als Pfand nehmen. 18 Sei
eingedenk, daß du in Ägypten ein Knecht warst,
und daß der Herr, dein Gott, dich von dort erlöst
hat. Eben darum gebiete ich dir, dieses Gebot zu er-
füllen.

Nachlese in Feld und Weinberg

19 Hältst du auf dem Feld deine Ernte, und vergißt
du dort eine Garbe, so kehre nicht wieder um, sie
zu holen! Dem Fremdling, der Waise und der
Witwe soll sie gehören, damit der Herr, dein Gott,
dich segne bei allen Unternehmungen deiner
Hände. 20 Wenn du deinen Ölbaum aberntest, sollst
du nicht hinterher an seinen Zweigen Nachlese hal-
ten; dem Fremdling, der Waise und der Witwe soll
sie gehören. 21 Auch wenn du in deinem Weinberg
Lese hältst, sollst du nicht hinterher Nachlese hal-
ten. Dem Fremdling, der Waise und der Witwe soll
sie zufallen. 22 Denke daran, daß du ein Knecht im
Ägypterland warst; darum gebiete ich dir, dieses
Gebot zu erfüllen.

Prügelstrafe

25 1 Treten zwei Männer mit einer gegen-
seitigen Klage vor Gericht und das Ur-
teil lautet auf Freispruch des Unschuldi-
gen und Verurteilung des Schuldigen, 2 so soll der
Richter, falls der Schuldige Prügelstrafe verdient
hat, diesen hinstrecken und ihm eine seinem Ver-
brechen entsprechende Anzahl von Schlägen ver-
setzen lassen. 3 Vierzig Schläge darf er ihm geben

lassen, aber nicht mehr. Dein Bruder würde sonst
dadurch, daß man ihm noch viele weitere Hiebe
versetzt, zu sehr vor deinen Augen entehrt werden.

Dreschender Ochse

4 Du sollst einem Ochsen beim Dreschen keinen
Maulkorb aufsetzen.

Schwagerehe

5 Wohnen Brüder beisammen und stirbt einer von
ihnen, ohne einen Sohn zu haben, dann soll sich die
Frau des Verstorbenen nicht nach auswärts an einen
fremden Mann verheiraten. Ihr Schwager gehe zu
ihr ein, nehme sie zur Frau und leiste an ihr die
Schwagerpflicht. 6 Der Erstgeborene, den sie ge-
biert, soll auf den Namen des verstorbenen Bruders
gehen, damit dessen Name aus Israel nicht ver-
schwinde. 7 Hat der Mann aber keine Lust, seine
Schwägerin zu heiraten, so gehe seine Schwägerin
an das Tor zu den Ältesten und sage: ›Mein Schwa-
ger weigert sich, den Namen seines Bruders in Israel
zu erhalten; er will mir die Schwagerpflicht nicht
leisten.‹ 8 Die Ältesten seiner Heimatstadt sollen ihn
dann vorladen und ihm zureden. Besteht er darauf
und sagt: ›Ich will sie nicht zur Frau nehmen‹,
9 dann soll seine Schwägerin in Gegenwart der
Ältesten vor ihn hintreten; sie soll ihm die Sandale
vom Fuße abziehen, ihm ins Angesicht spucken
und öffentlich verkünden: ›So ergeht es dem Mann,
der das Haus seines Bruders nicht aufbaut. 10 Sein
Name in Israel soll lauten: Haus eines Barfüßers.‹

Schamlosigkeit

11 Wenn bei einer Rauferei zweier Stammesbrüder
die Frau des einen herzukommt, um ihrem Manne
zu helfen wider den andern, der ihn schlägt, und
wenn sie ihre Hand ausstreckt und jenen an seinen
Schamteilen ergreift, 12 dann hau ihr die Hand ab
ohne jegliche Nachsicht!

Doppelt Maß und Gewicht

13 Du sollst nicht zweierlei Gewichtssteine, einen
schwereren und einen leichteren, in deinem Beutel
haben. 14 Du sollst in deinem Hause nicht zweierlei
Hohlmaße haben, ein größeres Epha und ein kleine-
res. 15 Volles und genaues Gewicht, volles und rich-
tiges Epha sollst du messen, damit du lange lebst auf
der Scholle, die der Herr, dein Gott, dir verleiht.
16 Denn ein Greuel vor dem Herrn, deinem Gott, ist
jeder, der solches tut, jeder, der unredlich handelt.

Ausrottung der Amalekiter

17 Denke daran, was dir unterwegs bei deinem
Wegzug aus Ägypten Amalek angetan hat: 18 Trat er
dir doch ohne Gottesfurcht auf dem Weg entgegen
und überfiel alle ermatteten Nachzügler, als du
müde und erschöpft warst! 19 Wenn der Herr, dein
Gott, dir Ruhe verschafft hat vor all deinen Feinden
ringsum in dem Lande, das der Herr, dein Gott, dir
als Erbbesitz verleiht, so vernichte das Andenken
Amaleks unter dem Himmel; vergiß es nicht!

25,5–10: Die Schwagerehe (auch Leviratsehe, vom hebräischen levir = Schwager) war im Orient verbreitet.

Erstlingsfrüchte

26

1 Wenn du in das Land kommst, das
der Herr, dein Gott, dir als Erbteil ver-
leiht, es eingenommen und besiedelt
hast, 2 dann nimm von den Erstlingen aller Früchte
des Erdbodens, die du in dem Lande, das der Herr,
dein Gott, dir verleiht, einbringst! Lege sie in einen
Korb und begib dich nach der Stätte, die der Herr,
dein Gott, zur Wohnstätte seines Namens erwählen
wird! 3 Dann gehe hin zu dem Priester, der in jener
Zeit im Amte ist, und sprich zu ihm: ›Ich bestätige
es heute dem Herrn, meinem Gott, daß ich in das
Land gelangt bin, das der Herr uns zu geben unse-
ren Vätern eidlich zugesagt hat.‹ 4 Der Priester
nehme den Korb aus deiner Hand und stelle ihn vor
den Altar des Herrn, deines Gottes. 5 Dann erkläre
feierlich vor dem Herrn, deinem Gott: ›Ein umher-
irrender Aramäer war mein Vater; er zog nach
Ägypten und hielt sich dort als Fremdling mit we-
nig Leuten auf; aber er ward dort zu einem großen,
starken und zahlreichen Volk. 6 Doch die Ägypter
mißhandelten uns; sie quälten uns und legten uns
harten Frondienst auf. 7 Wir schrieen zum Herrn,
dem Gott unserer Väter. Der Herr erhörte unser
Rufen und sah unsere Qual, unsere Mühsal und Be-
drängnis. 8 Und der Herr führte uns aus Ägypten
mit starker Hand und ausgestrecktem Arm heraus,
mit großen, furchterregenden Taten, mit Zeichen
und Wundern. 9 Er brachte uns an diese Stätte und
gab uns dieses Land, ein Land, das von Milch und
Honig überfließt. 10 Nun bringe ich hier die Erst-
lingsfrüchte des Bodens, den du, o Herr, mir verlie-
hen hast.‹ – So sollst du sie vor den Herrn, deinen
Gott, hinstellen und dich niederwerfen vor ihm,
deinem Gott, 11 und dich an allen Gütern, die der
Herr, dein Gott, dir und deinem Hause gegeben hat,
erfreuen, und zwar du selbst, die Leviten und die
Fremdlinge, die in deiner Mitte weilen.

Zehntjahr

12 Hast du im dritten Jahre, dem Zehntjahre, den
ganzen Zehnten von deinen Erträgnissen abgeson-
dert und ihn den Leviten, Fremdlingen, Waisen und
Witwen gegeben, damit sie an deinem Wohnort sich
daran satt essen, 13 dann sollst du vor dem Herrn,
deinem Gott, feierlich beteuern: ›Ich habe alles Ge-

weihte aus meinem Haus gebracht und habe es den
Leviten, Fremdlingen, Waisen und Witwen gegeben,
ganz nach deiner Anordnung, die du uns gegeben
hast. Von deinen Geboten habe ich keines übertre-
ten und vergessen. 14 Ich habe davon nichts ver-
zehrt, als ich in Trauer war, ich habe nichts davon
fortgeschafft, als ich unrein war, und ich habe nichts
davon einem Toten gespendet. Dem Gebot des
Herrn, meines Gottes, habe ich gehorcht und habe
genau alles getan, was du mir befohlen. 15 Blicke her-
nieder von deiner heiligen Wohnstätte, dem Him-
mel, und segne dein Volk Israel und das Land, das du
uns verliehen hast gemäß deinem Eid an unsere Vä-
ter, ein Land, das von Milch und Honig überfließt!‹

Verpflichtungsformel

16 Heute gebietet dir der Herr, dein Gott, jene Sat-
zungen und Vorschriften zu halten; du sollst sie be-
obachten und befolgen aus ganzem Herzen und aus
ganzer Seele! 17 Vom Herrn hast du dir heute sagen
lassen, daß er dein Gott sein will und daß du auf
seinen Wegen wandeln, seine Satzungen, Gebote
und Vorschriften befolgen und seiner Stimme ge-
horchen sollst. 18 Der Herr aber hat dich heute be-
kennen lassen, daß du sein Eigentumsvolk sein
willst, so wie er es dir verheißen hat, daß du alle
seine Gebote befolgen willst, 19 daß er es ist, der
dich über alle Völker, die er schuf, erhöht an Lob,
Ruhm und Ehre, und daß du ein heiliges Volk für
den Herrn, deinen Gott, sein willst, gemäß seinem
Worte!«

Gedenkstein und Altar

27 1 Moses aber und die Ältesten Israels ga-
ben dem Volke folgenden Befehl: »Be-
folgt alle Gebote, die ich euch heute
gebe! 2 Wenn ihr über den Jordan in das Land hin-
übergekommen seid, das dir der Herr, dein Gott, ge-
ben wird, dann richte dir große Steine auf und be-
streiche sie mit Kalk! 3 Schreibe auf sie anläßlich
deines Einzuges alle Worte dieses Gesetzes, damit
du hineinkommst in das Land, das der Herr, dein
Gott, dir verleiht, ein Land, das von Milch und Ho-
nig überfließt, wie der Herr, der Gott deiner Väter,
dir verheißen. 4 Habt ihr den Jordan überschritten,
so errichtet diese Steine, um derentwillen ich euch
heute Befehl erteile, auf dem Berge Garizim, und du
sollst sie mit Kalk übertünchen! 5 Ferner sollst du
dort dem Herrn, deinem Gott, einen Altar bauen,
einen Altar aus Steinen, die du mit keinem Eisen-
werkzeug bearbeitet hast. 6 Aus unbehauenen Stei-
nen sollst du den Altar des Herrn, deines Gottes, er-
richten und darauf dem Herrn, deinem Gott,
Brandopfer darbringen. 7 Ebenso sollst du dort
Friedopfer schlachten und ein fröhliches Opfermahl
vor dem Herrn, deinem Gott, halten. 8 Schreibe auf
die Steine alle Worte dieses Gesetzes deutlich und
genau!«

Fluch und Segen

9 Moses und die levitischen Priester sprachen zu
ganz Israel: »Schweige und höre, Israel! Heute bist
du das Volk des Herrn, deines Gottes, geworden.
10 Höre denn auf die Stimme des Herrn, deines
Gottes; halte seine Gebote und Satzungen, die ich
dir heute gebiete!«
11 An jenem Tag gab Moses dem Volk folgende An-
weisung: 12 »Wenn ihr den Jordan überschritten
habt, sollen sich die einen zur Segnung des Volkes
auf dem Berge Garizim aufstellen: Simeon, Levi,
Juda, Issachar, Joseph und Benjamin; 13 die andern
aber sollen sich zum Aussprechen des Fluches auf
dem Berg Ebal aufstellen: Ruben, Gad, Aser, Sebu-
lun, Dan und Naphtali. 4 Die Leviten sollen feierlich
zu Gesamtisrael mit erhobener Stimme sprechen:
15 ›Verflucht ist, wer ein Schnitzbild oder Guß-
bild – ein Greuel für den Herrn –, ein Machwerk von
Künstlerhand, verfertigt und insgeheim aufstellt!‹
Das ganze Volk soll antworten: ›So sei es!‹ 16 ›Ver-
flucht ist, wer seinen Vater oder seine Mutter ver-
wünscht!‹ Das ganze Volk soll sprechen: ›So sei es!‹
17 ›Verflucht ist, wer die Grenze seines Nachbarn ver-
schiebt!‹ Das ganze Volk soll sprechen: ›So sei es!‹
18 ›Verflucht ist, wer einen Blinden auf dem Weg in
die Irre führt!‹ Das ganze Volk soll sprechen: ›So sei
es!‹ 19 ›Verflucht ist, wer das Recht des Fremdlings,
der Waise und der Witwe beugt!‹ Das ganze Volk
soll sprechen: ›So sei es!‹ 20 ›Verflucht ist, wer der
Frau seines Vaters beiwohnt, denn er hat die Decke
seines Vaters aufgedeckt!‹ Das ganze Volk soll spre-
chen: ›So sei es!‹ 21 ›Verflucht ist, wer irgendeinem
Tier beiwohnt!‹ Das ganze Volk soll sprechen: ›So
sei es!‹ 22 ›Verflucht ist, wer seiner Schwester, sei es
die Tochter seines Vaters oder seiner Mutter, bei-
wohnt!‹ Das ganze Volk soll sprechen: ›So sei es!‹
23 ›Verflucht ist, wer seiner Schwiegermutter bei-
wohnt!‹ Das ganze Volk soll sprechen: ›So sei es!‹
24 ›Verflucht ist, wer seinen Nächsten heimlich tot-
schlägt!‹ Das ganze Volk soll sprechen: ›So sei es!‹
25 ›Verflucht ist, wer für Bestechungsgeld unschuldi-
ges Blut vergießt!‹ Das ganze Volk soll sprechen: ›So
sei es!‹ 26 ›Verflucht ist, wer den Worten dieses Ge-
setzes nicht durch ihre Erfüllung Geltung verschafft!‹
Das ganze Volk soll sprechen: ›So sei es!‹

27,4: Wir folgen mit »Garizim« der samaritanischen Ausgabe des Pentateuchs, obwohl im hebräischen Text »Ebal« steht. 27,12f scheint doch den Samaritanern recht zu geben. Die aus dem NT bekannten Samaritaner haben noch heute auf dem Garizim ihre Kultstätte, wo sie Gott genau nach den Bestimmungen des Gesetzes verehren (Joh 4,20ff). Sie halten sich für die einzig rechtmäßigen Mosesjünger; außer dessen Schriften erkennen sie kein biblisches Buch an. Nach Auffassung des Judentums und des Urchristentums war nur Jerusalem der heilige Ort des Herrn, so daß für uns die Frage, ob »Ebal« oder »Garizim«, keine Bedeutung hat; vgl. auch Jos 8,30f.

Verheißung des Segens

28 1 Gehorchst du getreulich der Stimme des Herrn, deines Gottes, und beobachtest du all seine Gebote, die ich dir heute gebe, so wird der Herr, dein Gott, dich erhöhen über alle Erdenvölker. 2 Über dich werden alle diese Segenswünsche kommen und dich erreichen, wenn du auf die Stimme des Herrn, deines Gottes, hörst. 3 Gesegnet bist du innerhalb der Stadt, gesegnet auf dem Felde draußen. 4 Gesegnet ist deine Leibesfrucht und Feldfrucht, die Frucht deines Viehs, der Wurf deiner Rinder und der Zuwachs deiner Schafe. 5 Gesegnet ist dein Erntekorb und dein Backtrog. 6 Gesegnet bist du, wenn du einziehst, und gesegnet, wenn du ausziehst. 7 Der Herr wird deine Feinde, die sich wider dich erheben, niederstrecken vor deinem Angesicht; auf einem Wege ziehen sie gegen dich zu Feld, auf sieben Wegen aber weichen sie vor dir. 8 Der Herr wird über dich den Segen entbieten in deine Vorratskammern und bei allem Tun deiner Hände. Er wird dich segnen in dem Lande, das dir der Herr, dein Gott, verleiht. 9 Der Herr wird dich zu seinem heiligen Volke erheben, wie er dir geschworen hat, wenn du nur seine Gebote hältst und auf seinen Wegen wandelst. 10 Alle Erdenvölker werden es sehen, daß du nach dem Namen des Herrn benannt bist, und werden sich vor dir fürchten. 11 Dann wird dir der Herr Überfluß an Gütern schenken, an Frucht deines Leibes, an Nachwuchs deines Viehs und an Ertrag deines Bodens in dem Lande, das der Herr dir zu schenken deinen Vätern geschworen hat. 12 Der Herr wird dir seine herrliche Schatzkammer, den Himmel, auftun, deinem Lande den Regen geben zur rechten Zeit und alles Tun deiner Hände segnen; du wirst vielen Völkern ausleihen können, selbst aber nichts zu entleihen brauchen. 13 Der Herr wird dich zum Haupt werden lassen und nicht zum Schwanz; du wirst immer nach aufwärts streben, aber nicht abwärts gehen, wenn du nur hörst auf die Gebote des Herrn, deines Gottes, die ich dir heute zu halten und zu befolgen vorschreibe, 14 und wenn du nicht nach rechts noch nach links abweichst von all den Worten, die ich euch heute gebiete, um fremden Göttern nachzulaufen und sie zu verehren.

Fluchandrohung

15 Gehorchst du aber nicht der Stimme des Herrn, deines Gottes, beobachtest nicht all seine Gebote und Satzungen, die ich dir heute anbefehle, so kommen über dich und erreichen dich all diese Flüche: 16 Verflucht bist du in der Stadt drinnen und auf dem Felde draußen. 17 Verflucht ist dein Erntekorb und dein Backtrog. 18 Verflucht ist deine Leibesfrucht und deine Feldfrucht, der Wurf deiner Rinder und der Zuwachs deiner Schafe. 19 Verflucht bist du, wenn du einziehst, und verflucht, wenn du ausziehst. 20 Der Herr wird gegen dich entsenden den Fluch, die Bestürzung und Bedrohung, bei allem Tun deiner Hände, bis daß du vernichtet und schleunigst vertilgt bist wegen deiner Übeltaten, da du mich verlassen hast. 21 Der Herr wird die Pest an dir haften lassen, bis er dich aus dem Lande vollends vertilgt hat, in das du ziehst, um es zu besitzen. 22 Der Herr wird dich mit Schwindsucht, Fieber, Entzündung, Fieberhitze, Dürre, Trockenheit, Getreiderost schlagen; sie werden dich bis zu deinem Untergang verfolgen. 23 Der Himmel über deinem Haupte wird wie Erz, der Boden unter dir wie Eisen sein. 24 Der Herr wird den Regen über deinem Lande in Staub und Asche verwandeln; die fallen vom Himmel auf dich herab, bis du vernichtet bist. 25 Der Herr wird dich von deinen Feinden schlagen lassen. Auf einem Wege ziehst du wider sie aus, auf sieben Wegen wirst du vor ihnen fliehen, und alle Reiche der Erde werden über dich erschrecken. 26 Dein Leichnam wird allen Vögeln des Himmels und Tieren des Feldes zum Fraß dienen; niemand wird sie verscheuchen. 27 Der Herr wird dich schlagen mit ägyptischem Geschwür, mit Pestbeulen, Ausschlag und Krätze, die du nicht heilen kannst. 28 Der Herr wird dich schlagen mit Wahnsinn, Blindheit und Verwirrung des Geistes. 29 Du wirst am hellen Mittag umhertasten wie der Blinde in der Dunkelheit und wirst nicht vorankommen auf deinen Wegen. Immerfort wirst du bedrückt und beraubt sein, ohne daß einer dir hilft. 30 Du verlobst dir eine Frau, ein anderer wird mit ihr umgehen, du baust dir ein Haus, wirst aber nicht darin wohnen, du pflanzt einen Weinberg, doch wirst du seine Erstlingsernte nicht genießen. 31 Dein Rind wird vor deinen Augen geschlachtet; du aber darfst davon nichts essen; dein Esel wird vor deinem Angesichte weggeraubt und kommt nie mehr zu dir zurück; dein Kleinvieh wird deiner Feinde Beute; es kommt dir niemand zu Hilfe. 32 Deine Söhne und Töchter

fallen einem anderen Volke anheim; deine Augen
müssen es ansehen und schmachten nach ihnen im-
merdar, du aber vermagst nichts dagegen. 33 Deines
Bodens Frucht und deinen sauren Erwerb wird ein
dir unbekanntes Volk verzehren; nur unterdrückt
und mißhandelt bist du allezeit. 34 Wahnsinnig
wirst du werden von dem, was deine eigenen
Augen anschauen müssen. 35 Der Herr schlägt dich
an Knien und Schenkeln mit bösartigen, unheilba-
ren Geschwüren von der Fußsohle bis zum Scheitel.
36 Der Herr wird dich und deinen König, den du
über dich setzen wirst, zu einem dir und deinen
Vätern unbekannten Volk wegführen; dort wirst du
fremden Göttern dienen, die aus Holz und Stein
sind. 37 So wirst du zum Entsetzen, Spott und Hohn
unter all den Völkern werden, unter die der Herr
dich wegführen wird. 38 Viel Samen streust du aufs
Feld, nur wenig erntest du; denn die Wanderheu-
schrecken fressen alles ab. 39 Weinberge legst du an
und bearbeitest du, keinen Wein aber wirst du ko-
sten und einernten; denn der Wurm frißt ihn weg.
40 Olivenbäume hast du allüberall in deinen Gren-
zen, doch mit Öl kannst du dich nicht salben; denn
deine Oliven fallen ab. 41 Söhne und Töchter wirst
du zeugen; sie gehören dir aber nicht; denn in Ge-
fangenschaft müssen sie ziehen. 42 All deine Bäume
und deine Ackerfrucht wird die Heuschrecke er-
beuten. 43 Der Fremdling in deinem Gebiet wird dir
gegenüber allmählich hochkommen, du aber gehst
immer mehr abwärts. 44 Er wird dir leihen können,
du aber wirst nicht ausleihen können; denn er wird
das Haupt, du aber der Schwanz. 45 So werden über
dich all diese Flüche kommen, werden hinter dir her
sein und dich treffen bis zu deiner Vernichtung;
denn du gehorchtest nicht der Stimme des Herrn,
deines Gottes, und hast seine Gebote und Satzun-
gen, die er dir befahl, nicht gehalten. 46 Sie werden
dir und deinen Nachkommen als Zeichen und Wun-
der immerdar anhaften.

47 Dafür, daß du dem Herrn, deinem Gott, nicht ge-
dient hast in Freude und Frohsinn über den Über-
fluß an allem, 48 sollst du deinen Feinden, die der
Herr wider dich senden wird, dienen in Hunger und
Durst, in Nacktheit und Entbehrung an allem; ein
eisernes Joch wird er auf deinen Nacken legen, bis
er dich vernichtet hat. 49 Der Herr wird von ferne,
von den Grenzen der Erde, ein Volk wider dich sen-
den, das wie ein Adler auf Beute stößt, ein Volk,
dessen Sprache du nicht verstehst, 50 ein unbarm-
herziges Volk, das keinerlei Rücksicht kennt gegen
den Greis und des Kindes sich nicht erbarmt. 51 Es
wird die Frucht deines Viehs und deines Ackerbo-
dens verzehren, bis es dich vernichtet hat, und es
wird dir nichts übriglassen von Korn, Most und Öl,
vom Wurf deiner Rinder und vom Nachwuchs dei-
nes Kleinviehs, bis es dich vertilgt hat. 52 Es wird
dich einschließen in all deinen Ortschaften in dei-
nem ganzen Lande, bis deine hohen und festen
Mauern fallen, auf die du dein Vertrauen setzt. Und
nachdem es dich eingeschlossen hat in all deinen
Orten in deinem ganzen Lande, das dir der Herr,
dein Gott, verleiht, 53 wirst du dann verzehren
deine Leibesfrucht, das Fleisch deiner Söhne und
Töchter, die der Herr, dein Gott, dir geschenkt hat,
in der Drangsal und Angst, in die dein Feind dich
versetzt. 54 Auch der weichlichste und verwöhnte-
ste Mann bei dir wird es seinem Bruder, der Frau an
seiner Brust und seinen noch übrigen Kindern nicht
gönnen, 55 einem von ihnen von dem Fleisch seiner
Kinder zu geben, das er verzehrt, weil ihm nichts
mehr übriggeblieben ist in der Drangsal und Angst,
in die dein Feind dich in deinen Wohnorten ver-
setzt. 56 Auch die weichlichste und verwöhnteste
Frau bei dir, die vor lauter Verwöhntheit und Ver-
weichlichung sonst nicht einmal versuchte, die
Fußsohle auf den Boden zu stellen, wird dem Mann
an ihrem Busen, ihrem Sohn und ihrer Tochter
nichts gönnen 57 von der Nachgeburt, die aus ihrem
Schoße hervorgeht, und von den Kindern, die sie
zur Welt bringt; denn sie verzehrt sie heimlich bei
dem Mangel an allem in der Drangsal und Angst,
die dein Feind in deinen Wohnorten über dich
bringt.

58 Beachtest du nicht alle Worte dieses Gesetzes, die
in diesem Buch geschrieben stehen, und fürchtest
du nicht den Herrn, deinen Gott, diesen glorreichen
und schauervollen Namen, 59 so verhängt der Herr
über dich und deine Nachkommen ungewöhnliche
Plagen, gewaltig und andauernd, bösartige und blei-
bende Krankheiten. 60 Er bringt wider dich alle Seu-
chen Ägyptens, vor denen dir graut, und sie werden
dir anhaften. 61 Ferner wird der Herr alle möglichen
Krankheiten und Plagen, von denen in diesem Ge-
setzbuch nichts geschrieben steht, über dich kom-
men lassen, bis du vernichtet bist. 62 Nur wenige
Leute werden dann noch unter euch übrigbleiben,
und ihr wart doch zahlreich wie die Sterne des
Himmels; denn du hast der Stimme des Herrn, dei-
nes Gottes, nicht gehorcht! 63 Wie der Herr einst
seine Freude daran hatte, euch glücklich zu machen
und zu vermehren, so wird dann der Herr seine
Freude daran haben, euch zu verderben und zu ver-
tilgen, und herausgerissen werdet ihr aus dem
Lande, in das du ziehst, um es zu besitzen. 64 Der

Herr wird dich unter alle Völker von einem Ende der Erde bis zum andern zerstreuen; du wirst dort fremden Göttern aus Holz und Stein dienen, die dir und deinen Vätern unbekannt waren. 65 Unter jenen Völkern wirst du nicht zur Ruhe kommen, keine bleibende Stätte wird es geben für deinen Fuß, vielmehr wird der Herr, dein Gott, dir daselbst ein zitterndes Herz geben, verschmachtende Augen und eine verzagte Seele. 66 Dein Leben schwebt in ständiger Ungewißheit, zittern wirst du bei Nacht und Tag und hast nicht mehr Vertrauen zu deinem Leben. 67 Am Morgen denkst du: ›O wäre es doch Abend!‹, und am Abend sagst du: ›O wäre es doch Morgen!‹ wegen der Angst, die dein Herz erfüllt, und wegen des Anblickes, den deine Augen ertragen müssen. 68 Der Herr wird dich wiederum zu Schiff nach Ägypten bringen, nach jenem Ziele, das du nach meiner Verheißung nie mehr sehen solltest. Dort werdet ihr euren Feinden als Sklaven und Sklavinnen feilgeboten werden, niemand aber will euch kaufen.« 69 Dies sind die Worte des Bundes, den Moses im Auftrage des Herrn mit den Israeliten im Lande Moab schloß, außer dem Bunde, den er mit ihnen am Horeb einging.

Des Volkes Undank gegenüber den Wunderzeichen des Herrn

29 1 Moses berief alle Israeliten und sprach zu ihnen: »Ihr saht alles, was der Herr vor euren Augen im Lande Ägypten dem Pharao, all seinen Knechten und dem gesamten Lande getan hat, 2 die schweren Heimsuchungen, die deine Augen sahen, jene gewaltigen Wunderzeichen. 3 Und doch verlieh der Herr euch bis heute kein Herz voller Einsicht, keine Augen zum Sehen und keine Ohren zum Hören. 4 ›Vierzig Jahre lang ließ ich euch in der Wüste umherwandern. Die Kleider an eurem Leibe zerfielen nicht, und euer Schuhwerk verschliß nicht an euren Füßen. 5 Brot bekamt ihr nicht zu essen, Wein und Rauschtrank nicht zu trinken; ihr solltet erkennen, daß ich der Herr, euer Gott, bin.‹ 6 Als ihr dann an diese Stätte herankamt, da zogen Sichon, der König von Hesbon, und Og, der König von Basan, uns entgegen zum Kampf; aber wir besiegten sie. 7 Wir nahmen ihr Land ein und gaben es als Erbteil an die Stämme Ruben und Gad und den halben Stamm Manasse. 8 Beachtet also wohl die Worte dieses Bundes und befolgt sie, damit ihr in all euren Unternehmungen Erfolg habt!

Bund auch mit der kommenden Generation

9 Ihr steht heute alle vor dem Herrn, eurem Gott, eure Stammeshäupter, eure Ältesten und Vorsteher, alle Männer in Israel, 10 eure Kinder, Frauen, die Fremdlinge in deinem Lager, vom Holzhauer bis zum Wasserschöpfer. 11 Du sollst in den Bund des Herrn, deines Gottes, und in die Eidgemeinschaft, die der Herr, dein Gott, heute mit dir schließt, eintreten! 12 Heute will er dich zu seinem Volke erhöhen, will dein Gott sein, wie er dir verheißen und deinen Vätern Abraham, Isaak und Jakob geschworen hat. 13 Aber nicht nur mit euch allein schließe ich diesen Bund und diese Eidgemeinschaft, 14 sondern sowohl mit denen, die jetzt mit uns hier vor dem Herrn, unserem Gott, stehen, als auch mit denen, die heute noch nicht mit uns hier sind.

15 Ihr selbst wißt es ja, wie wir im Ägypterland wohnten und mitten durch die Völker hindurchzogen, deren Land ihr durchquert habt. 16 Ihr saht ihre Scheusale und Götzenbilder aus Holz und Stein, Silber und Gold, die sie haben. 17 Möchte doch unter euch kein Mann oder Weib, keine Sippe und kein Stamm sein, dessen Herz sich nunmehr wegwendet vom Herrn, unserem Gott, um hinzugehen und den Göttern jener Völker zu dienen! Möchte doch unter euch keine Wurzel sein, die Gift und Wermut als Frucht bringt! 18 Vernimmt nun ein solcher die Worte dieses Eides, verspricht sich aber in seinem Herzen Segen, indem er sagt: ›Heil wird mir zuteil, auch wenn ich weiter in meiner Herzensverstocktheit wandle, weil man das bewässerte Land zugleich mit dem verdorrten dahinrafft‹, 19 so ist der Herr nicht bereit, ihm zu verzeihen, vielmehr wird dann der Zorn des Herrn und sein Eifer wider einen solchen Mann entbrennen; es wird auf ihn sich niederlassen der ganze Fluch, von dem in diesem Buch geschrieben steht, und austilgen wird der Herr seinen Namen unter dem Himmel. 20 Der Herr wird ihn zum Unheil aussondern aus allen Stämmen Israels, entsprechend all den Flüchen des Bundes, der in diesem Gesetzbuch niedergeschrieben ist.

21 Und das spätere Geschlecht, eure Söhne, die nach euch aufstehen werden, die Ausländer, die aus fernem Lande kommen, sie werden fragen, wenn sie die Plagen dieses Landes sehen und die Krankheiten, die der Herr darin entstehen ließ – 22 mit Schwefel und Salz ist ihr ganzes Land ausgebrannt, nicht wird es besät, nicht sprießt es, kein grünes Hälmchen geht auf, ganz so wie nach der Verwüstung von Sodom und Gomorra, Adma und Zeboim, die der Herr in seiner Zornesglut zerstört hat –, 23 ja, alle Völker werden dann fragen: ›Warum hat denn der Herr diesem Land solches angetan? Weshalb diese gewaltige Zornesglut?‹ 24 Man wird zur Antwort geben: ›Weil sie den Bund des Herrn,

des Gottes ihrer Väter, den er mit ihnen bei ihrem
Wegzug aus Ägypten geschlossen hat, verlassen
haben. 25 Sie gingen hin, dienten fremden Göttern
und beteten sie an, Götter, die ihnen unbekannt
waren und die er ihnen nicht bestimmt hatte.
26 Darum entbrannte des Herrn Zorn wider dieses
Land und brachte er darüber den gesamten Fluch,
der in diesem Buch aufgezeichnet ist. 27 Der Herr riß
sie im Zorn und Grimm und in heftigem Unmut
von ihrer Scholle weg und schleuderte sie in ein
fremdes Land, wie man heute sieht.‹ 28 Das noch
Verborgene steht beim Herrn, unserm Gott, das
Enthüllte aber gilt uns und unsern Kindern immer-
dar, damit wir alle Worte dieses Gesetzes erfüllen.

Sammlung der Diaspora

30 1 Wenn einst an dir sich alle diese Worte,
der Segen und der Fluch, die ich dir vor-
gestellt, erfüllen, und wenn du es dir
unter allen Völkern, unter die dich der Herr, dein
Gott, verstoßen hat, zu Herzen nimmst, 2 wenn du
dich bekehrst zum Herrn, deinem Gott, und auf
seine Stimme hörst in allem, was ich dir heute ge-
biete, du selbst samt deinen Kindern, von ganzem
Herzen und mit ganzer Seele, 3 dann wird der Herr,
dein Gott, dein Schicksal wenden, wird sich deiner
erbarmen und dich wiederum sammeln aus allen
Völkern, unter die dich der Herr, dein Gott, zer-
streut hat. 4 Sollten sich deine Versprengten am
Ende des Himmels befinden, so wird der Herr, dein
Gott, dich von dort sammeln und dich von dort ho-
len. 5 Der Herr, dein Gott, wird dich in das Land, das
deine Väter besessen, zurückbringen; du wirst es in
Besitz nehmen; es wird dir gut gehen, und er wird
dich zahlreicher werden lassen als deine Väter. 6 Der
Herr, dein Gott, wird dir und deinen Nachkommen
das Herz beschneiden, daß du den Herrn, deinen
Gott, liebst aus deinem ganzen Herzen und deiner
ganzen Seele um deines Lebens willen. 7 Der Herr,
dein Gott, wird all diese Flüche auf deine Feinde
und Gegner, die dich verfolgt haben, bringen. 8 Du
aber hörst wiederum auf die Stimme des Herrn und
befolgst alle seine Gebote, die ich dir heute gebe.
9 Der Herr, dein Gott, wird dir zum Heile bei allem
Tun deiner Hände Überfluß an Gütern schenken, an
Frucht deines Leibes an Nachwuchs deines Viehs
und an Ertrag deines Bodens; denn wiederum wird
er an dir seine Freude haben zu deinem Besten wie
er über deine Väter Freude empfand. 10 Nur mußt du
der Stimme des Herrn, deines Gottes, gehorchen
und seine Gebote und Satzungen halten, die im
Buch dieses Gesetzes geschrieben stehen, und
mußt dich zum Herrn, deinem Gott, bekehren aus
ganzem Herzen und mit ganzer Seele. 11 Denn die-
ses Gesetz, das ich dir heute gebiete, ist nicht un-
faßbar und unerreichbar für dich. 12 Nicht im Him-
mel ist es, daß man sagen könnte: ›Wer steigt für
uns zum Himmel empor, holt es und verkündet es
uns, damit wir es befolgen?‹ 13 Auch nicht jenseits
des Meeres ist es, daß man sagen könnte: ›Wer fährt
für uns über das Meer, holt es und verkündet es uns,
damit wir es befolgen?‹ 14 Nein, ganz nahe bei dir ist
das Wort, in deinem Munde und deinem Herzen,
daß du danach handeln kannst!
15 Siehe, ich lege dir heute Leben und Heil, Tod und
Unheil vor! 16 Wenn du hörst auf das Gesetz des
Herrn, deines Gottes, das ich dir heute gebiete,
nämlich den Herrn, deinen Gott, zu lieben, zu wan-
deln auf seinen Wegen, seine Gebote, Satzungen
und Vorschriften zu halten, dann wirst du am Leben
bleiben und dich mehren, und der Herr, dein Gott,
wird dich segnen in dem Lande, in das du zur Be-
sitznahme einziehst. 17 Wird dein Herz aber abtrün-
nig, gehorchst du nicht und läßt du dich verleiten,
fremde Götter anzubeten und ihnen zu dienen, 18 so
kündige ich euch heute an: Ihr werdet sicher zu-
grundegehen; nicht lange werdet ihr in dem Land
leben, in das du über den Jordan ziehst, es in Besitz
zu nehmen. 19 Ich rufe heute wider euch Himmel
und Erde zu Zeugen an: Vorgelegt habe ich dir
Leben und Tod, Segen und Fluch! So wähle denn
das Leben, damit du samt deinen Nachkommen am
Leben bleibst! 20 Ihr sollt den Herrn, euren Gott, lie-
ben, seiner Stimme gehorchen und ihm in Treue an-
hangen! Denn das ist dein Leben und die lange
Dauer deiner Tage, damit du bleibst in dem Lande,
das der Herr deinen Vätern Abraham, Isaak und Ja-
kob zu geben geschworen hat.«

Josua

31 1 Moses ging hin und hielt folgende Rede
an ganz Israel. 2 Er sprach zu ihnen: »Ich
bin jetzt hundertzwanzig Jahre alt und
vermag nicht mehr aus- und einzugehen. Auch hat
der Herr zu mir gesagt: ›Du darfst den Jordan nicht
überschreiten!‹ 3 Der Herr, dein Gott, ist es, der vor
dir hinzieht; er wird diese Völker vor dir vertilgen,
und du trittst in ihren Besitz ein. Josua soll dir voran
hinüberziehen, wie der Herr verheißen. 4 Der Herr
wird mit ihnen verfahren, wie er verfuhr mit den
Amoriterkönigen Sichon und Og samt ihrem Land,
die er vernichtet hat. 5 Sobald der Herr sie euch
preisgibt, sollt ihr an ihnen handeln genau nach
dem Befehl, den ich euch erteilt habe. 6 Seid fest

und stark! Fürchtet euch nicht und erschreckt nicht
vor ihnen; denn der Herr, dein Gott, ist es, der mit
dir zieht; er wird dich nicht aufgeben und verlas-
sen!« 7 Moses berief den Josua und sprach zu ihm
vor Gesamtisrael: ›Sei fest und stark! Denn du wirst
mitsamt diesem Volk in das Land gelangen, das der
Herr zu verleihen ihren Vätern eidlich versprochen
hat. Du sollst es auch unter sie verteilen. 8 Der Herr
selbst wird vor dir herziehen; er wird mit dir sein,
dich nicht aufgeben und verlassen. Sei furchtlos und
unverzagt!«

Gesetz laut vorlesen!

9 Moses schrieb dieses Gesetz nieder und übergab
es den Priestern aus Levis Stamm, welche die Bun-
deslade des Herrn zu tragen hatten, und allen
Ältesten Israels. 10 Moses gab ihnen folgende An-
weisung: »Alle sieben Jahre am Laubhüttenfest des
Erlaßjahres, 11 wenn ganz Israel kommt, um vor
dem Herrn, deinem Gott, an der von ihm erwählten
Stätte zu erscheinen, dann sollst du dieses Gesetz
vor Gesamtisrael laut vorlesen! 12 Versammle das
Volk, Männer, Frauen, Kinder und Fremdlinge, die
in deinen Ortschaften leben, damit sie es hören und
lernen, den Herrn, ihren Gott, zu fürchten und alle
Worte dieses Gesetzes gewissenhaft zu beobach-
ten. 13 Auch ihre Söhne, die es noch nicht kennen,
sollen es hören und den Herrn, ihren Gott, fürchten
lernen, solange sie in dem Lande leben, in das ihr
zur Besitznahme über den Jordan zieht.«

Warnung vor der Untreue

14 Der Herr sprach zu Moses: »Siehe, die Zeit deines
Todes ist nahe; rufe den Josua und tretet in das Of-
fenbarungszelt, damit ich ihn beauftrage!« Moses
und Josua gingen hin und betraten das Offenba-
rungszelt. 15 Da erschien der Herr im Zelte in der
Wolkensäule, und die Wolkensäule stand am Zelt-
eingang. 16 Der Herr sprach zu Moses: »Siehe, du
entschläfst jetzt zu deinen Vätern; danach wird die-
ses Volk sich erheben und mit den fremden Göttern
in dem Lande, in das es mitten hineinzieht, sich ab-
geben. Es wird mich verlassen und meinen Bund,
den ich mit ihm geschlossen, brechen. 17 An jenem
Tag wird mein Zorn gegen sie entbrennen; ich
werde sie im Stich lassen und mein Antlitz vor
ihnen verbergen, und sie werden der Vertilgung
preisgegeben. Zahlreiche Übel und Drangsale tref-
fen sie. Dann werden sie sprechen: ›Haben uns
diese Übel nicht deshalb getroffen, weil unser Gott
nicht mehr in unserer Mitte ist?‹ 18 Ich aber ver-
berge dann mein Antlitz vollends vor ihnen wegen
all des Bösen, das sie getan haben, weil sie sich an-
dern Göttern zuwandten.
19 Und nun schreibe dir dieses Lied auf, lehre es die
Israeliten und lege es in ihren Mund, damit dieses
Lied mir als Zeuge wider die Israeliten diene!
20 Denn ich bringe Israel in das Land, das ich seinen
Vätern eidlich versprochen habe, ein Land, das von
Milch und Honig überfließt. Satt wird es sich essen,
fett wird es werden, andern Göttern wird es sich zu-
wenden und ihnen dienen, mich aber wird es ver-
schmähen und den Bund mit mir brechen. 21 Treffen
es dann zahlreiche Übel und Drangsale, dann wird
dieses Lied, das unvergessen im Munde seiner
Nachkommen bleiben wird, ihm gegenüber als
Ankläger Zeugnis dafür ablegen, daß ich seine Ge-
danken, mit denen es heute schon spielt, gar wohl
kenne, noch bevor ich es in das Land gebracht habe,
das ich ihm eidlich versprochen habe.« 22 Moses
schrieb damals dieses Lied auf und lehrte es die Isra-
eliten. 23 Und Gott beauftragte Josua, den Sohn des
Nun, und sprach: »Sei fest und stark; denn du sollst
die Israeliten in das Land bringen, das ich ihnen eid-
lich zugesichert habe. Ich werde mit dir sein!« 24 Als
Moses die Worte dieses Gesetzes vollständig in ein
Buch geschrieben hatte, 25 gab er den Leviten, die
des Herrn Bundeslade trugen, folgenden Auftrag:
26 »Nehmt dieses Gesetzbuch und legt es neben die
Bundeslade des Herrn, eures Gottes, nieder, damit es
dort wider dich (das Volk) als Zeuge diene! 27 Denn
ich kenne deine Widerspenstigkeit und deinen star-
ren Nacken gar wohl; sogar jetzt, da ich noch als
Lebender unter euch weile, wart ihr widerspenstig
gegen den Herrn; wie wird es erst nach meinem
Tode sein! 28 Versammelt zu mir alle Ältesten eurer
Stämme und eure Vorsteher; ich will diese Worte in
ihre Ohren verkünden; den Himmel und die Erde
will ich wider sie als Zeugen anrufen! 29 Denn ich
weiß, nach meinem Tode werdet ihr ganz frevelhaft
handeln und von dem Wege, den ich euch gewiesen
habe, abweichen. Dann wird euch aber in fernen
Tagen das Unheil treffen, wenn ihr nämlich das tut,
was in den Augen des Herrn übel ist, und ihn durch
das Werk eurer Hände zum Zorn reizt.« 30 Moses
verkündete dann laut der ganzen Versammlung Isra-
els die Worte dieses Liedes bis zum Ende:

Auftakt

32 1 »Hört, Himmel, ich will reden, es ver-
nehme die Erde meines Mundes Aus-
spruch! 2 Es träufle meine Lehre wie Re-
gen, wie Tau riesle meine Rede, wie Regenschauer
aufs grüne Gras, wie Tautropfen auf die Kräuter!
3 Den Namen des Herrn rufe ich an, erweist die Ehre
unserem Gott!

Einzelbilder aus der Geschichte
4 Der Fels (= Gott): untadelig ist sein Tun; denn alle
seine Wege sind recht! Ein treuer Gott und ohne
Falsch, gerecht und redlich ist er! 5 Arg handelten
seine Söhne gegen ihn, ein verdrehtes, verkehrtes
Geschlecht! 6 Vergiltst du dem Herrn in dieser
Weise, du törichtes, unweises Volk? Ist er nicht
dein Vater, der dich erschaffen, Sein und Bestand dir
verliehen? 7 Denk an die Tage der Vorzeit, achte auf
die Jahre der früheren Geschlechter! Frage deinen
Vater, er soll's dir kundtun, die Alten bei dir, sie sol-
len es dir sagen: 8 Als der Allerhöchste die Völker
belehnte, als er schied voneinander die Menschen,
da setzte er fest die Grenzen der Stämme entspre-
chend der Zahl der Gottessöhne. 9 Des Herrn Anteil
wurde sein Volk, Jakob wurde ihm zugemessen als
Erbe. 10 Er fand es im Lande der Steppe, in der Öde
völliger Wüste; er umhegte und umsorgte es, hat es
gehütet wie seinen Augapfel. 11 Einem Adler gleich,
der sein Nest bewacht und über seinen Jungen da-
hinschwebt, so breitete er seine Flügel aus, nahm es
auf und trug es auf seinen Schwingen. 12 Der Herr
leitete es ganz allein; kein fremder Gott stand ihm
zur Seite. 13 Er ließ es ziehen auf des Landes Höhen,
mit dem Ertrag des Feldes speiste er es. Er ließ es
Honig saugen aus Felsen und Öl aus Kieselgestein,
14 Butter von Kühen und Milch von Kleinvieh, dazu
das Fett von Lämmern und Widdern, Stiere aus
Basan und Böcke, dazu den edelsten Weizen. Trau-
benblut trankst du, schäumenden Wein.

Vergehen und Strafgericht des Herrn über Israel
15 So genoß denn Jakob und wurde satt, Jeschurun
ward fett und schlug aus. – Du wurdest fett und
dick und feist. – Er verstieß den Gott, der ihn er-
schaffen hat, verwarf den Fels seines Heiles. 16 Sie
erregten durch fremde Götter sein Eifern, erzürnten
ihn sehr durch Greueltaten. 17 Den Dämonen opfer-
ten sie, ungöttlichen Wesen, Göttern, die sie nie ge-
kannt, neuen, die jüngst erst gekommen, von denen
ihre Väter nichts wußten. 18 Den Felsen, der dich er-
zeugte, verkanntest du, vergaßest den Gott, der
dich geboren.

19 Dies sah der Herr und verwarf sie aus Zorn über
seine Söhne und Töchter. 20 ›Ich verhülle‹, so sprach
er, ›mein Antlitz vor ihnen, will schauen, welch
Ende es mit ihnen nimmt. Denn ein grund-
verderbtes Geschlecht sind sie, Kinder, von aller
Treue verlassen. 21 Mit Nichtgöttern haben sie mich
gereizt, mich erzürnt mit ihren törichten Götzen.
So will ich sie reizen durch ein Nichtvolk, sie erzür-
nen durch eine dumme Nation. 22 Denn Feuer ent-
fachte sich in meinem Zorn und brennt bis zu den
Tiefen der Unterwelt, verzehrt die Erde und ihren
Ertrag, die Bergesgründe entzündet es. 23 Ich häufe
wider sie die Plagen auf, verbrauche meine Pfeile
gegen sie. 24 Hungertod, verzehrendes Fieber, töd-
liche Pest und den Zahn wilder Tiere hetze ich auf
sie, samt dem Gifte staubkriechender Schlangen.
25 Draußen rafft das Schwert und drinnen die Furcht
den Jüngling samt der Jungfrau, den Säugling samt
dem Greis hinweg.

26 Ich hätte gesagt: Ich will sie vernichten, tilge bei
den Menschen ihr Andenken aus, 27 müßte ich nicht
fürchten den Schimpf des Feindes. Ihre Gegner
könnten es mißverstehen und sagen: ›Unsere Hand
war stark genug, nicht hat der Herr dies getan!‹
28 Denn sie sind ein Volk, des Rates bar, und keine
Einsicht gibt es bei ihnen! 29 Wenn sie klug wären,
dann begriffen sie es, sie würden ihr künftiges Ende
bedenken. 30 Wie könnte einer Tausend verfolgen
und zwei Zehntausend vertreiben, hätte nicht ihr
Fels sie verkauft, hätte der Herr sie nicht preisgege-
ben? 31 Denn nicht wie unser Fels ist ihr Fels; diesen
Entscheid liefern uns unsre Feinde. 32 Von Sodoms
Ranken stammt ihr Weinstock und von den Wein-
bergterrassen Gomorras: ihre Trauben sind giftige
Trauben, die bittere Beeren tragen. 33 Ja, Schlangen-
geifer ist ihr Wein und grausames Natterngift. –
34 Liegt dieses nicht bei mir aufbewahrt, versiegelt
in meinen Kammern, 35 zum Tage der Rache und
der Vergeltung, zum Zeitpunkt, da ihr Fuß wankt?
Nahe ist ihres Unheils Tag, es eilt heran ihr kom-
mendes Schicksal.

36 Denn richten wird der Herr sein Volk und sich er-
barmen seiner Knechte, sobald er sieht, daß alle
Kraft zerrann, verschwunden sind Sklaven und
Freie. 37 Er fragt: ›Wo bleiben nun ihre Götter, wo ist
der Fels, zu dem sie geflüchtet, 38 die das Fett ihrer
Opfer verzehrten, die den Wein ihrer Trankopfer
schlürften? Aufstehen sollen sie und euch helfen,
über euch allen ein Schirm sein!

39 Jetzt sollt ihr es sehen: Ich, nur ich bin da; es gibt
keinen Gott neben mir! Ich bin es, der tötet, ich ma-
che lebendig; ich schlage Wunden, und ich bin der
Arzt! [Niemand kann retten aus meiner Hand]
40 Zum Himmel erhebe ich meine Hand, ich
schwöre: So wahr ich in Ewigkeit lebe, 41 geschärft
habe ich mein blitzendes Schwert, es greift meine
Hand zum Gericht! Ich übe Rache an meinen Geg-
nern, und meinen Hassern vergelte ich. 42 Meine
Pfeile, berauscht sind sie von Blut, mein Schwert
soll fressen vom Fleisch, von der Erschlagenen und
Gefangenen Blut, vom fliegenden Haupthaar des
Feindes!‹

Ausklang

43 Bringt zum Jauchzen, ihr Heidenvölker, sein Volk,
weil er das Blut seiner Knechte rächt, an seinen
Gegnern die Rache vollzieht und Sühne schafft dem
Land seines Volkes!«

Verschärfte Mahnung

44 Moses kam also und trug alle Worte dieses Liedes
dem Volk laut vor, er und Josua, der Sohn Nuns.
45 Als nun Moses alle diese Worte an Gesamtisrael
vollendet hatte, 46 sprach er zu ihnen: »Beherzigt die
Worte, mit denen ich euch heute eindringlich
warne; befehlt sie auch euren Kindern an, daß sie
alle Worte dieses Gesetzes gewissenhaft befolgen!
47 Denn es ist kein Wort für euch, das ins Leere läuft,
sondern es ist euer Leben; denn durch dies Wort
werdet ihr lange leben in dem Lande, zu dessen Be-
sitzergreifung ihr nun über den Jordan zieht.«

Auf dem Berg Nebo

48 Am gleichen Tage sprach der Herr zu Moses:
49 »Steige auf das Gebirge Abarim hier, auf den Berg
Nebo im Lande Moab, gegenüber von Jericho!
Schau das Land Kanaan, das ich den Israeliten als
Eigentum verleihen will! 50 Sterben sollst du auf
dem Berge, auf den du steigst, und dich zu deinen
Stammesgenossen scharen, wie dein Bruder Aaron
auf dem Berge Hor gestorben ist und zu seinen
Stammesgenossen versammelt wurde! 51 Denn ihr
habt euch mitten unter den Israeliten bei dem
Haderwasser von Kades in der Wüste Zin gegen
mich vergangen, weil ihr mich inmitten der Israeli-
ten nicht als den Heiligen geehrt habt. 52 Nur aus der
Nähe darfst du das Land schauen, aber hinein-
kommen darfst du nicht in das Land, das ich den
Israeliten verleihen will.«

32,15: Jeschurun (nur noch 33,5.26; Is 44,2) steht dichterisch für Israel und bedeutet wohl »der Rechtschaffene«. 32,47: Ähnlich 30,15–20.

Mosessegen

33

1 Dies sind die Segensworte, mit denen
Moses, der Mann Gottes,die Israeliten
vor seinem Tode segnete. 2 Er sprach:
»Vom Sinai kam der Herr, erstrahlte seinem Volke
von Seïr, leuchtete vom Gebirge Paran, kam vom
Haderwasser bei Kades, zu seiner Rechten feurige
Fackeln. 3 Fürwahr, er liebt sein Volk, all seine Hei-
ligen in seiner Hand. Sie gingen seiner Fußspur
nach, er trug sie auf seinen Fittichen fort. 4 Ein
Gesetz hat uns Moses verordnet als Erbe der
Jakobsgemeinde. 5 Es erhob sich ein König in
Jeschurun, als des Volkes Häupter sich scharten, in
Eintracht Israels Stämme.
6 Leben soll RUBEN, er sterbe nicht, ergänze die
Zahl seiner Mannen! 7 Dies ist der Segen über
JUDA. Er sprach: Erhöre, o Herr, Judas Flehen,
bringe ihn wieder zu seinem Volke, mit deiner
Hand streite für ihn! Hilf ihm wider seine Bedrän-
ger! 8 Über LEVI sprach er: Deine Tummim und
Urim gehören dem Mann deiner Huld, den du bei
Massa versuchtest, für den du am Haderwasser ge-
stritten, 9 der von seinem Vater und seiner Mutter
sprach: ›Ich sah sie nie!‹, seine Brüder nicht kannte,
von seinen Söhnen nichts wußte. Denn sie achteten
auf dein Gebot, und deinen Bund bewahrten sie.
10 Sie lehrten Jakob deine Rechte und Israel dein
Gesetz. Sie legen Räucherwerk vor dir auf und
Ganzopfer auf deinen Altar. 11 Seine, o Herr, seine
Kraft, hab Wohlgefallen im Tun seiner Hände,
zerschmettere die Lenden seiner Gegner, seiner
Hasser, daß sie sich nicht mehr erheben! 12 Über
BENJAMIN: Des Herrn Liebling wohnt in Sicher-
heit, der Allerhöchste beschirmt ihn immerdar,
zwischen seinen Berghängen wohnt er. 13 Über
JOSEPH: Vom Herrn gesegnet ist sein Gebiet, von
des Himmels Spenden hoch oben, von der Urflut,
die tief unten liegt, 14 von Spenden, welche die
Sonne hervorbringt, von Spenden, welche die
Monde liefern, 15 von Spenden der uralten Berge,
von Spenden der ewigen Hügel, 16 von der Gabe der
Erde und ihrer Fülle und vom Wohlgefallen dessen,
der wohnt im Dornbusch! Mögen sie kommen auf
Josephs Haupt, auf den Scheitel dessen, der unter
seinen Brüdern geweiht ist! 17 Wie ein Erstlings-
stier voll Hoheit ist er, seine Hörner sind wie die
eines Wildstiers. Damit stößt er die Völker nieder,
die Enden der Erde insgesamt. Das sind die Zehn-
tausende Ephraims, das sind Manasses Tausende.
18 Über SEBULUN: Freue dich, Sebulun, deiner Aus-
fahrt und du, ISSACHAR, deiner Zelte! 19 Völker
laden sie ein auf den Berg, sie bringen dort rechte
Opfer dar; denn sie saugen der Meere Überfluß ein,
die verborgenen Schätze des Strandes. 20 Über
GAD: Gepriesen sei, der Gad weiten Raum schafft!
Wie ein Löwe, so lagert er, führt Arm und Scheitel
als Beute heim. 21 Es war sein Teil ihm beschieden,
als er sicherte sich den Erstlingsanteil; denn dort die
Häupter des Volkes scharten. Des Herrn Gerichte
vollstreckte er, seine Rechtssprüche gemeinsam
mit Israel. 22 Über DAN: Dan ist ein junger Löwe,
der hervorspringt aus Basan. 23 Über NAPHTALI:
Naphtali ist gesättigt mit Huld, erfüllt von dem
Segen des Herrn, Meer und Südland nimmt er in Be-
sitz. 24 Über ASER: Gepriesen unter den Söhnen sei
Aser! Er sei seiner Brüder Liebling; in Öl tauche er

seinen Fuß! 25 Deine Riegel seien von Eisen und Erz;
solange du lebst, währe deine Kraft! –
26 Es gibt keinen Gott wie den Gott Jeschuruns, der
einherfährt am Himmel in seiner Stärke, einher-
fährt in seiner Erhabenheit auf den Wolken. 27 Ein
Hort ist der uralte Gott und das Ausstrecken der
ewigen Arme. Vertrieben hat er vor dir den Feind
und hat geboten: Vertilge! 28 Israel wohnt in Sicher-
heit, für sich gesondert der Quell Jakobs, in einem
Lande voll Korn und Most; sein Himmel träufelt
den Tau herab. 29 Heil, Israel, dir! Wer ist wie du?
Ein Volk, an Siegen reich durch den Herrn! Er ist der
Schild, der dich schirmt, das Schwert, das dich er-
höht. Ergeben müssen sich dir deine Feinde, über
ihre Höhen schreitest du hin.«

33,9: Spielt auf 2 Mos 32,26–28 an und ist von Jesus gedanken-
mäßig in Matth 10,37 u. a. wiedergegeben.

Tod des Moses

34 1 Moses stieg aus den Steppen Moabs
auf den Berg Nebo, auf den Gipfel des
Pisga, der gegenüber von Jericho liegt.
Der Herr ließ ihn das ganze Land Gilead bis nach
Dan hin schauen, 2 ferner ganz Naphtali und das
Gebiet von Ephraim und Manasse sowie das ganze
Gebiet Judas bis zum westlichen Meere, 3 das
Südland und den Kreis um den Jordan, die Ebene
der Palmenstadt Jericho bis hin nach Zoar. 4 Der
Herr sprach zu ihm: »Dies ist das Land, das ich
dem Abraham, Isaak und Jakob eidlich zugesichert
habe, indem ich sprach: Deinen Nachkommen
will ich es verleihen. Ich habe es dich mit eigenen
Augen sehen lassen; hinüberziehen aber darfst
du nicht!« 5 So starb dort Moses, der Knecht des
Herrn, im Lande Moab, gemäß dem Wort des
Herrn. 6 Man begrub ihn im Tal, im Lande Moab,
gegenüber von Bet-Peor; aber niemand kennt sein
Grab bis heute. 7 Moses war hundertzwanzig Jahre
alt, als er starb; sein Auge war nicht erloschen und
seine Frische nicht geschwunden. 8 Die Israeliten
beweinten den Moses in Moabs Steppen dreißig
Tage hindurch; dann waren die Tage des Weinens
und Trauerns um Moses vollendet. 9 Josua aber,
der Sohn des Nun, war voll vom Geist der Weis-
heit; denn Moses hatte ihm seine Hände aufgelegt.
Die Israeliten gehorchten ihm und taten, wie der
Herr dem Moses geboten hatte. 10 Fortan ist kein
Prophet mehr in Israel aufgestanden wie Moses,
mit dem der Herr von Angesicht zu Angesicht
verkehrt hatte, 11 bei all den Zeichen und Wundern,
die er als Gesandter des Herrn im Ägypterland am
Pharao, all seinen Knechten und an seinem gan-
zen Lande wirkte, 12 und bei all den Erweisen ge-
waltiger Macht und all den furchtbaren und großen
Taten, die Moses vor den Augen ganz Israels voll-
brachte.

DAS BUCH JOSUA

Das Buch Josua erzählt uns die Eroberung des Heiligen Landes und seine Verteilung an die zwölf Stämme. Die Kapitel 1–12 berichten von den Kämpfen, die mit der Landnahme verbunden waren, 13–19 die geographische Abgrenzung der im Westjordanland verbliebenen Stämme. Es folgen Verzeichnisse der sog. Asylstädte (20), der Levitenstädte (21) und Berichte über jene Stämme, die im Ostjordanland blieben (22). In den Kapiteln 23 und 24 folgen die letzten Mahnreden Josuas und eine kurze Bemerkung über sein Ende.
Kapitel 24, 25f weiß, daß Josua selbst einen Bericht über den Landtag in Sichem für das Gesetzbuch Gottes verfaßt hat. Er kann hier in diesem Buch durchaus vorliegen. Schon daraus aber geht hervor, daß andere Teile dieses Buches nicht von Josua stammen. Das Buch führt diesen Namen also nicht wegen seines Verfassers, sondern weil Josua, der Held aus Ephraim, im Mittelpunkt aller Schilderungen steht. Die erzählten Ereignisse spielen sich in der Zeit zwischen Moses und den Richtern ab, in einer Zeit, die allerdings nicht genau festzulegen ist. Aus diesem Zeitraum stammen die vorliegenden schriftlichen Berichte, die ein späterer Bearbeiter zu einem lehrhaften Geschichtswerk ausgestaltet hat. So manches Ereignis mag sich auch schon lange vor Josua abgespielt haben, da von Wanderungen der Chabiri auch sonst im 2. Jahrtausend v. Chr. geredet wird.
Nicht auf die Berichterstattung einzelner Ereignisse kommt es deshalb an, sondern auf das religiöse Gedankengut, das geistiges Eigentum der heranwachsenden Generationen werden sollte. Josua selbst drückt den Grundgedanken des nach ihm benannten Buches in Kapitel 24,15 unübertroffen schön aus. Dies zu betonen ist wichtig; denn an manchen Einzelheiten, z. B. den Grausamkeiten in der Kriegführung jener Zeit, dem Bannrecht und anderem, nehmen wir mit Recht Anstoß.

Nach dem Tode Moses', des Knechtes des
Herrn, sprach der Herr zu Josua, dem
Sohne Nuns, der der Diener des Moses ge-
wesen war: 2 »Mein Knecht Moses ist gestorben;
wohlan, ziehe hier über den Jordan als Führer die-
ses ganzen Volkes in das Land, das ich ihnen, den
Israeliten, verleihen will! 3 Jegliche Stätte, die eure
Fußsohle betritt, gebe ich euch, wie ich dem Moses
verheißen habe. 4 Von der Wüste da und dem Liba-
non bis an den großen Strom, den Euphratstrom,
das ganze Land der Hethiter, bis zum großen Meer
gegen Westen, soll euer Gebiet reichen. 5 Niemand
soll vor dir standhalten können, solange du lebst.
Ich will mit dir sein, wie ich mit Moses gewesen
bin; ich lasse nicht von dir ab und verlasse dich
nicht! 6 Sei mutig und stark! Sollst du doch dieses
Volk in den Besitz des Landes bringen, dessen Ver-
leihung ich ihren Vätern eidlich zugesichert habe.
7 Nur sei ganz mutig und stark, um die Weisung,
die mein Knecht Moses dir befohlen hat, zu beach-
ten und zu erfüllen! Weiche hiervon nicht ab,
weder nach rechts noch nach links, damit du über-
all, wohin du gehst, Erfolg hast! 8 Nie fehle dieses
Gesetzbuch bei deinen Reden! Lies Tag und Nacht
aufmerksam darin, damit du darauf achtest, so zu
handeln, wie in ihm geschrieben steht! Dann ge-
lingen dir deine Unternehmungen, und du wirst
erfolgreich sein. 9 Habe ich dir doch selbst geboten:
Sei mutig und stark! Habe keine Furcht und keine
Angst! Denn der Herr, dein Gott, ist mit dir überall,
wohin du gehst!«
10 Nun gebot Josua den Vorstehern des Volkes:
11 »Geht durch das Lager und gebt dem Volk die
Weisung: Richtet den Mundvorrat her! Noch drei
Tage, und Ihr werdet hier über den Jordan ziehen,
um das Erbe des Landes anzutreten, das der Herr,
euer Gott, euch zum Besitz verleiht.«

Verhalten der Ostjordanländer: Ihr müßt euren Brüdern Hilfe leisten

12 Zu den Rubeniten, den Gaditen und dem halben
Stamm Manasse sprach Josua: 13 »Denkt an den Be-
fehl, den Moses, der Knecht des Herrn, euch gab:
Der Herr, euer Gott, gibt euch Ruhe und schenkt
euch dieses Land hier. 14 Eure Frauen und Kinder
und euer Vieh mögen in dem Land bleiben, das Mo-
ses euch jenseits des Jordans gegeben hat! Doch
ihr Kriegsleute müßt gerüstet mit euren Brüdern
ziehen und ihnen helfen, 15 bis der Herr euren

Brüdern gleich euch Ruhe verschafft hat und auch sie das Land besetzt haben, das der Herr, euer Gott, ihnen gibt. Alsdann kehrt zurück und besetzt das Land, das euch gehört, das Moses, der Knecht des Herrn, euch jenseits des Jordans gegen Osten verliehen hat!« 16 Sie antworteten Josua: »Alles, was du uns befiehlst, wollen wir tun; wir wollen gehen, wohin immer du uns sendest! 17 Wie wir auf Moses hörten, so wollen wir auf dich hören; nur sei der Herr, dein Gott, mit dir, wie er mit Moses war. 18 Jeder, der sich deinem Befehl widersetzt und deine Worte nicht befolgt, soll sterben! Sei nur mutig und stark!«

Spione in Jericho

2 1 Josua, der Sohn Nuns, entsandte von Schittim zwei Männer in aller Stille als Spione und gab ihnen folgenden Auftrag: »Geht und beschaut euch das Land samt Jericho!« Sie gingen fort und kamen in das Haus einer Dirne, die Rahab hieß. Dort legten sie sich nieder. 2 Da ward dem König von Jericho gemeldet: »Es sind für diese Nacht Männer von den Israeliten gekommen, um das Land auszukundschaften.« 3 Der König von Jericho sandte hierauf zu Rahab mit dem Auftrag: »Gib die Männer, die zu dir in dein Haus gekommen sind, heraus! Sie kamen nur, um das ganze Land auszukundschaften.« 4 Die Frau aber versteckte die beiden Männer und sagte: »Ja, es kamen Männer zu mir, ich weiß aber nicht woher! 5 Als das Tor in der Abenddämmerung geschlossen werden sollte, sind die Männer weggegangen; wohin sie gegangen sind, weiß ich nicht. Macht euch eiligst hinter ihnen her, dann holt ihr sie sicher noch ein!« 6 Sie hatte aber die Männer auf das Dach gebracht und unter den Flachsbündeln versteckt, die sie auf dem Dach aufgeschichtet hatte. 7 Den Männern also setzte man in Richtung des Jordans bis zu den Furten nach, und das Tor verschloß man, sobald ihre Verfolger draußen waren.

8 Bevor jene sich nun schlafen legten, kam Rahab zu ihnen aufs Dach 9 und sprach zu den Männern: »Ich weiß, daß der Herr euch das Land gibt; Angst vor euch hat uns befallen; alle Bewohner des Landes verzagen vor euch. 10 Wir hörten davon, wie der Herr das Wasser des Schilfmeeres vor euch bei eurem Wegzug aus Ägypten vertrocknen ließ, und wie ihr mit den beiden Amoriterkönigen Sichon und Og jenseits des Jordans verfuhrt: Den Bann vollstrecktet ihr an ihnen. 11 Wir vernahmen es, da verzagte unser Herz, und in keinem hielt der Mut euch gegenüber stand; denn der Herr, euer Gott, ist Gott droben im Himmel und unten auf der Erde. 12 Da ich euch nun eine Gefälligkeit erwiesen habe, leistet mir einen Eid beim Herrn: Handelt an der Familie meines Vaters ebenso gut und gebt mir dafür ein sicheres Zeichen! 13 Laßt meinen Vater, meine Mutter, meine Brüder und Schwestern und all die Ihrigen am Leben; rettet uns vor dem Tode!« 14 Die Männer antworteten ihr: »Unser Leben steht für das eurige als Pfand! Nur verrate du unsere Sache nicht! Sobald der Herr uns das Land gibt, handeln wir an dir in Verbundenheit und Treue.«

15 Sie ließ jene dann an einem Strick durch das Fenster hinab; ihr Haus lag nämlich an der Wand der Stadtmauer, so daß sie in der Stadtmauer wohnte. 16 Sie sagte zu ihnen noch: »Geht ins Gebirge, damit die Häscher nicht auf euch treffen! Verbergt euch dort drei Tage lang, bis die Häscher zurück sind; danach zieht eures Weges weiter!« 17 Die Männer entgegneten ihr: »Wir werden uns dieses Eides, den du uns abgenommen hast, entledigen. 18 Du mußt, wenn wir in das Land kommen, diese Schnur aus Purpurfäden an das Fenster binden, durch das du uns hinabließest. Deinen Vater, deine Mutter, deine Brüder sowie die gesamte Familie deines Vaters mußt du zu dir in dein Haus holen. 19 Ein jeder, der aus der Tür deines Hauses auf die Straße geht, haftet selbst für sein Leben, wir tragen keine Schuld; wer aber bei dir im Hause bleibt, für dessen Leben haften wir, falls ihm etwas geschieht. 20 Verrätst du aber unsere Sache, so sind wir des Eides ledig, den du uns abgenommen hast.« 21 Sie erwiderte: »Wie ihr sagt, so geschehe es!« Damit entließ sie jene auf die Flucht und band die Purpurschnur an das Fenster. 22 Die Männer machten sich aus dem Staube, kamen ins Gebirge und blieben dort drei Tage, bis die Häscher zurück waren. Diese hatten auf dem ganzen Weg nach ihnen gesucht, ohne sie zu finden. 23 Die zwei Männer machten sich nun auf den Rückweg, stiegen vom Gebirge herab, setzten über und kamen zu Josua, dem Sohne Nuns. Ihm berichteten sie alles, was ihnen begegnet war. 24 Sie sprachen zu Josua: »Der Herr hat das gesamte Land in unsere Gewalt gegeben, und alle Landesbewohner verzagen vor uns.«

2,1–24: Rahab war offensichtlich eine Herbergswirtin. Schenken dieser Art sind ja von jeher Aufenthaltsorte von Spionen, Abenteurern und anderen dunklen Elementen. Im NT wird Rahab gerühmt; dort steht nicht ihr anrüchiges Gewerbe im Mittelpunkt der Aussage, sondern ihr Glaube und ihre guten Werke (Hebr 11,31; Jak 2,25). Auch im Stammbaum Christi Matth 1,5 finden wir ihren Namen. All dies setzt freilich die Bekehrung von ihrem sündhaften Lebenswandel voraus. • 15: Vgl. 1 Sam 19,12; Apg 9,25.

Der Jordan trocknet

3 1 In der Frühe des nächsten Morgens machte
sich Josua mit allen Israeliten auf den Weg.
Man brach von Schittim auf, kam bis an den
Jordan und übernachtete dort, bevor man hinüber-
zog. 2 Nach drei Tagen gingen die Vorsteher durch
das Lager. 3 Sie gaben den Leuten den Befehl:
»Wenn ihr die von den levitischen Priestern getra-
gene Bundeslade des Herrn, eures Gottes, erblickt,
dann brecht auch ihr von eurem Standort auf und
folgt ihr! 4 Bewahrt einen Abstand zwischen euch
und ihr von etwa 2000 Ellen und kommt ihr nicht
zu nahe! So sollt ihr den Weg erkennen, den ihr ein-
zuschlagen habt; denn ihr seid in früheren Zeiten
hier noch nicht gewesen.« 5 Josua sprach zu den
Leuten: »Heiligt euch! Denn morgen wird der Herr
in eurer Mitte Wunder tun.« 6 Zu den Priestern aber
sprach er: »Erhebt die Bundeslade und schreitet den
Leuten voran!« Da hoben sie die Bundeslade auf
und zogen vor dem Volke her. 7 Der Herr sagte zu
Josua: »Heute beginne ich, dich in den Augen von
ganz Israel auszuzeichnen; sie sollen erkennen, daß
ich auch mit dir sein werde, wie ich mit Moses war.
8 Du aber befiehl den Priestern, die des Herrn Bun-
deslade tragen: Sobald ihr an den Rand des Jordan-
wassers kommt, bleibt am Jordan stehen!« 9 Josua
sprach zu den Israeliten: »Kommt näher herzu und
hört die Worte des Herrn, eures Gottes! 10 Daran
sollt ihr erkennen, daß ein lebendiger Gott in eurer
Mitte ist, der vor euch her die Kanaaniter, Hethiter,
Hiwwiter, Perissiter, Girgaschiter, Amoriter und
Jebusiter ganz gewiß vertreiben wird: 11 Seht, die
Lade des Herrn der ganzen Erde wird vor euch her
durch den Jordan ziehen. 12 So wählt euch denn
zwölf Männer aus den Stämmen Israels, und zwar
aus jedem Stamm einen Mann! 13 Sobald die Fuß-
sohlen der Priester, der Träger der Lade Gottes,
des Herrn der ganzen Erde, auf das Jordanwasser
treten, wird das Jordanwasser gespalten; das Was-
ser, das von oben herabfließt, wird dastehen wie
ein Damm.«
14 Da nun die Leute aus ihren Zelten aufbrachen,
um den Jordan zu überschreiten, befanden sich die
Priester als Träger der Bundeslade an der Spitze des
Volkes. 15 Als die Träger der Lade an den Jordan ka-
men und die Priester, die die Lade trugen, ihre Füße
am Rand in das Wasser tauchten – der Jordan pflegt
die ganze Erntezeit hindurch über seine Ufer zu
treten –, 16 da blieb das Wasser stehen. Was von
oben her zufloß, staute sich wie ein einziger Damm
in weiter Entfernung von der Ortschaft Adam, die
seitlich von Zaretan liegt; das zum Steppensee
(Salzmeer) fließende Wasser verschwand vollstän-
dig. So konnte das Volk Jericho gegenüber hin-
durchziehen. 17 Die Priester aber als die Träger der
Bundeslade des Herrn standen fest auf trockenem
Boden mitten im Jordan, während ganz Israel auf
dem Trockenen hinüberzog, bis das ganze Volk den
Zug durch den Jordan vollendet hatte.

Zwölf Gedenksteine in Gilgal

4 1 Als das ganze Volk den Durchzug durch den
Jordan vollendet hatte, sprach der Herr zu Jo-
sua: 2 »Wählt euch aus dem Volk zwölf Män-
ner, aus jedem Stamm einen Mann! 3 Befehlt ihnen:
Nehmt euch von hier mitten aus dem Jordan, da,
wo der Priester Füße feststanden, zwölf Steine,
schafft sie hinüber und legt sie an dem Platz nieder,
an dem ihr diese Nacht zubringen werdet!« 4 Josua
berief die zwölf Männer, die er aus den Israeliten
bestellt hatte, einen aus jedem Stamm, 5 und sprach
zu ihnen: »Schreitet vor der Lade des Herrn, eures
Gottes, mitten in den Jordan hinein und hebt euch
jeder einen Stein auf seine Schulter gemäß der An-
zahl der Stämme Israels! 6 Dies soll ein Merkzei-
chen unter euch sein! Fragen euch dann später eure
Kinder: ›Was bedeuten für euch diese Steine?‹, 7 so
antwortet ihnen: ›Die Jordanwasser wurden ge-
spalten vor der Bundeslade des Herrn, da sie durch
den Jordan zog, und das Wasser des Jordans ver-
schwand. Diese Steine sollen für die Israeliten ein
immerwährendes Erinnerungszeichen sein.‹« 8 Die
Israeliten taten so, wie Josua befohlen hatte; sie
nahmen die zwölf Steine mitten aus dem Jordan,
wie der Herr dem Josua aufgetragen hatte, gemäß
der Anzahl der Stämme Israels, schafften sie mit
sich hinüber zur Raststätte und legten sie dort nie-
der. 9 Zwölf Steine errichtete Josua mitten im Jordan
an der Stelle, wo die Füße der Priester, der Träger
der Bundeslade, gestanden hatten. Sie befinden sich
dort bis zum heutigen Tage. 10 Die Priester, welche
die Lade trugen, standen mitten im Jordan, bis alles
fertig war, was der Herr dem Josua befohlen hatte,
dem Volk aufzutragen, ganz wie Moses den Josua
angewiesen hatte. Die Leute aber zogen in Eile
hinüber.
11 Als das ganze Volk den Durchzug vollendet hatte,
zog auch die Lade des Herrn hinüber, sowie die
Priester, vor dem Angesicht des Volkes. 12 Die Ru-
beniten, Gaditen und der halbe Stamm Manasse
marschierten gerüstet vor den übrigen Israeliten,
wie ihnen Moses befohlen hatte. 13 Etwa 40 000
kampfgerüstete Männer waren vor dem Herrn zum
Kampf in die Steppen von Jericho hinübergezogen.

14 An jenem Tage zeichnete der Herr den Josua in den Augen von ganz Israel aus. Sie hatten Ehrfurcht vor ihm sein Leben lang, so wie sie Moses gefürchtet hatten. 15 Da sprach der Herr zu Josua: 16 »Gebiete den Priestern, den Trägern der Gesetzeslade sie sollen aus dem Jordan heraufsteigen!« 17 Josua gebot also den Priestern: »Steigt aus dem Jordan herauf!« 18 Als nun die Priester, die Träger der Bundeslade des Herrn, aus dem Jordan heraufstiegen und die Fußsohlen der Priester sich losgelöst hatten, um auf dem Trockenen zu stehen, kehrte das Jordanwasser wieder an seinen Ort zurück und trat dann wie früher wieder über alle seine Ufer. 19 Das Volk aber war am zehnten Tage des ersten Monats aus dem Jordan heraufgestiegen und lagerte in Gilgal an der östlichen Flurgrenze von Jericho. 20 Jene zwölf Steine aber, die man aus dem Jordan mitgenommen hatte, stellte Josua in Gilgal auf. 21 Er sprach zu den Israeliten: »Fragen eure Kinder später einmal ihre Väter: ›Was bedeuten diese Steine?‹, 22 so sollt ihr euren Kindern kundtun: ›Auf trockenem Boden durchzog Israel hier den Jordan!‹ 23 Denn der Herr, euer Gott, ließ das Jordanwasser vor euch austrocknen, bis ihr durchgezogen wart, wie der Herr, euer Gott, es mit dem Schilfmeer machte, das er vor uns her bis nach unserem Durchzug austrocknen ließ. 24 Alle Völker der Erde sollen daraus erkennen, daß die Hand des Herrn stark ist, (und) ihr sollt allzeit den Herrn, euren Gott, fürchten.«

5

1 Als aber alle Könige der Amoriter jenseits des Jordans im Westen und alle Könige der Kanaaniter am Meer vernahmen, wie der Herr das Jordanwasser vor den Israeliten austrocknen ließ, bis sie hindurchgezogen waren, da verzagte ihr Herz, und der Mut wich von ihnen angesichts der Israeliten.

Beschneidung in Gilgal

2 Zu jener Zeit gebot der Herr dem Josua: »Mache dir Steinmesser und beschneide erneut die Israeliten zum zweitenmal!« 3 Da machte sich Josua Steinmesser und beschnitt die Israeliten am Hügel Aralot (Vorhäute). 4 Dies ist die Veranlassung, weshalb Josua die Beschneidung vornahm: Das ganze Volk, das aus Ägypten weggezogen war, die Männer, alle Krieger, waren unterwegs in der Wüste gestorben. 5 Sie alle waren beschnitten; alle aber, die nach dem Fortzug aus Ägypten unterwegs in der Wüste geboren wurden, hatte man nicht beschnitten. 6 Vierzig Jahre lang durchwanderten die Israeliten die Wüste, bis alle aus Ägypten ausgezogenen Kriegsleute aufgerieben waren, da sie der Stimme des Herrn nicht folgten. Ihnen hatte der Herr geschworen, er werde sie das Land nicht schauen lassen, dessen Verleihung er ihren Vätern eidlich versichert hatte, ein Land, das von Milch und Honig überfließt. 7 Ihre Söhne aber ließ er an ihre Stelle treten; diese beschnitt nun Josua. Denn sie waren noch unbeschnitten, weil man sie unterwegs nicht beschnitten hatte. 8 Als die Beschneidung des ganzen Volkes durchgeführt war, blieben sie an ihren Plätzen im Lager bis zu ihrer Genesung. 9 Und der Herr sprach zu Josua: »Heute habe ich die Schmach Ägyptens von euch abgewälzt!« Man nannte jenen Ort Gilgal bis auf den heutigen Tag.

Pascha: Ungesäuerte Brote vom Ertrag des Landes

10 Die Israeliten lagerten in Gilgal. Am vierzehnten Tage des Monats feierten sie abends das Pascha in den Steppen von Jericho. 11 Sie aßen an dem Tage nach dem Pascha ungesäuerte Brote von dem Ertrag des Landes und Röstgetreide, genau an jenem Tag. 12 Am folgenden Tage aber hörte das Manna auf, da sie sich vom Landesertrag ernährten. So bekamen also die Israeliten kein Manna mehr, sondern lebten nun von dem, was das Land Kanaan in jenem Jahre hervorbrachte.

Engelerscheinung

13 Josua befand sich im Gebiet von Jericho. Er schaute auf, und siehe, da stand ein Mann vor ihm mit einem gezückten Schwert in der Hand. Josua ging auf ihn zu und fragte ihn: »Gehörst du zu uns oder zu unseren Feinden?« 14 Er gab zur Antwort: »Nein, ich bin der Anführer des Kriegsheeres des Herrn und eben gekommen!« Da warf sich Josua auf sein Antlitz zur Erde nieder, huldigte und sagte zu ihm: »Was befiehlt der Herr seinem Knechte?« 15 Der Anführer des Kriegsheeres des Herrn entgegnete Josua: »Ziehe deine Schuhe von deinen Füßen, denn die Stätte, auf der du stehst, ist heilig!« Josua tat so.

5,2–9: Die Beschneidung (auch 1 Mos 17,9–14; 2 Mos 4,24–26) hatte in Israel religiöse Bedeutung als Bundeszeichen. Ihrer Herkunft nach war sie wohl ursprünglich ein Pubertätsritus und wurde mit altertümlichen Steinmessern ausgeführt.

Jerichos Mauern stürzen

6

1 Jericho war nach außen und innen fest versperrt wegen der Israeliten. Niemand kam heraus oder hinein. 2 Da sprach der Herr zu Josua: »Siehe, ich gebe Jericho in deine Gewalt, seinen König und seine Kriegsmannen. 3 Zieht nun, sämtliche streitbaren Männer, um die Stadt herum und kreist sie einmal ein! So sollt ihr sechs Tage lang tun! 4 Sieben Priester sollen sieben Widderhornpo-

saunen vor der Lade hertragen. Am siebten Tage
aber zieht siebenmal um die Stadt, vom Posaunen-
schall der Priester begleitet! 5 Wird dann das Wid-
derhorn geblasen, so erhebe, wenn ihr den Posau-
nenschall hört, das ganze Volk ein mächtiges
Kriegsgeschrei. Es wird die Stadtmauer in sich zu-
sammenstürzen, und das Volk steige ein, jeder da,
wo er sich gerade befindet!« 6 Josua, der Sohn des
Nun, berief die Priester und sprach zu ihnen: »Hebt
die Bundeslade auf, und sieben Priester sollen sie-
ben Widderhornposaunen vor der Lade des Herrn
hertragen!« 7 Zum Volke gewandt, sprach er: »Zieht
hin und geht um die Stadt herum, und die Waffen-
träger sollen vor der Lade des Herrn herziehen!«
8 Es geschah nach der Anweisung Josuas an das
Volk. Die sieben Priester, welche die sieben Wid-
derhornposaunen vor dem Herrn trugen, zogen da-
hin und stießen in die Posaunen. Die Bundeslade
des Herrn folgte ihnen. 9 Die Waffenträger aber
schritten vor den Priestern, die in die Posaunen
stießen; die Nachhut ging hinter der Lade einher,
fortwährend in die Posaunen stoßend. 10 Dem
Kriegsvolk aber gebot Josua: »Erhebt kein Kriegsge-
schrei, laßt eure Stimme nicht hören, kein Laut
komme aus eurem Munde, bis ich euch sage:
›Schreit!‹ Dann erhebt das Kriegsgeschrei!« 11 So
ließ man die Lade des Herrn einmal rings um die
Stadt herumgehen, begab sich darauf ins Lager und
brachte die Nacht dort zu. 12 Früh am Morgen
machte sich Josua auf, und die Priester trugen die
Lade des Herrn. 13 Die sieben Priester, welche die
sieben Widderhornposaunen vor des Herrn Lade
trugen und einherschritten, stießen in die Posau-
nen; die Waffenträger gingen vor ihnen, und die
Nachhut folgte der Lade des Herrn, fortwährend in
die Posaunen stoßend. 14 So umkreiste man die
Stadt am zweiten Tage einmal und kehrte darauf
ins Lager zurück. In ähnlicher Weise geschah es
sechs Tage lang. 15 Am siebten Tage aber machte
man sich beim Anbruch der Morgenröte auf und
zog in derselben Weise siebenmal um die Stadt
herum. 16 Beim siebten Male jedoch stießen die
Priester in die Posaunen, und Josua rief dem Volke
zu: »Schreit laut, denn der Herr hat die Stadt in eure
Gewalt gegeben! 17 Die Stadt aber verfalle dem
Bann; alles, was darin ist, gehöre dem Herrn! Nur
die Dirne Rahab und alle ihre Familienangehörigen
sollen am Leben bleiben; denn sie hat die Boten ver-
steckt, die wir aussandten. 18 Hütet euch aber vor
dem Banngut, daß euch nicht die Lust anwandle,
etwas davon zu nehmen und dadurch das Lager Is-
raels in den Bann zu stürzen und es unberührbar zu
machen! 19 Alles Silber und Gold und alle Geräte
aus Erz und Eisen seien dem Herrn geweiht; in die
Schatzkammer des Herrn sollen sie kommen!«
20 Da schrieen die Leute, und man stieß in die Po-
saunen. Als das Volk den Posaunenschall vernahm,
erhob es ein lautes Kriegsgeschrei, und die Mauer
stürzte in sich zusammen. Die Leute stiegen in die
Stadt ein, und zwar da, wo jeder gerade stand. So
nahmen sie die Stadt ein. 21 Sie vollstreckten an
allem, was zur Stadt gehörte, den Bann, an Mann
und Frau, an Kind und Greis, an Ochsen, Schafen
und Eseln, mit des Schwertes Schärfe.

Rettung der Rahab

22 Den beiden Männern aber, die das Land ausge-
kundschaftet hatten, befahl Josua: »Geht in das
Haus der Dirne und schafft die Frau nebst all den
Ihrigen dort heraus, wie ihr es ihr eidlich verspro-
chen habt!« 23 Da begaben sich die jungen Männer,
die Kundschafter, hin, brachten Rahab, ihren Vater,
ihre Mutter, ihre Brüder und alle Ihrigen heraus;
auch all ihre Anverwandten führten sie heraus und
brachten sie außerhalb des israelitischen Lagers
unter. 24 Die Stadt aber und alles, was sich darin be-
fand, steckten sie in Brand; nur das Silber und Gold
und die Geräte von Erz und Eisen brachte man in
den Schatz des Hauses des Herrn. 25 Die Dirne Ra-
hab aber, ihre Familie und alle Ihrigen ließ Josua am
Leben. Sie blieb unter den Israeliten wohnen bis auf
den heutigen Tag, weil sie die Boten versteckt hatte,
die Josua aussandte, Jericho zu erkunden. 26 In jener
Zeit sprach Josua eine Verwünschung: »Verflucht
sei der vor dem Herrn, der sich anschickt, die Stadt
(Jericho) wieder zu erbauen! Um den Preis seines
erstgeborenen Sohnes lege er ihr Fundament, um
den Preis seines jüngsten Sohnes errichte er ihre
Tore!« 27 Der Herr aber war mit Josua, und sein Ruf
verbreitete sich im ganzen Lande.

6,1–27: Über Jericho Richt 3,13; 2 Sam 10,5; 1 Kön 16,34; 2 Kön 2,4; Matth 20,30; Luk 19,1. Jericho war die älteste Stadt Palästinas. Durch zahlreiche Ausgrabungen seit 1907 und 1952 erkannte man die Bedeutung dieses Ortes in der vorisraelitischen Zeit immer besser. Im Laufe der Zeit fanden hier mehrfache Besiedlungen und Zerstörungen statt. Letzteren folgte regelmäßig ein Wiederaufbau und eine Neubesiedlung. Auch zur Zeit der Landnahme hat wohl ein solcher Mauersturz stattgefunden. Genaues kann man nicht sagen, weil es nicht feststeht, in welchem Jahrhundert der Auszug aus Ägypten und die damit zusammenhängende Landnahme stattgefunden haben.

Erster Angriff auf Aj

7 1 Die Israeliten aber vergriffen sich an dem
Banngut. Achan nämlich, der Sohn Karmis,
des Sohnes Sabdis, des Sohnes Serachs vom
Stamme Juda, nahm sich etwas vom Gebannten.

Da entbrannte der Zorn des Herrn gegen die Israeliten. 2 Josua schickte Männer von Jericho aus nach Aj, das bei Bet-Awen östlich von Betel liegt. Er gab ihnen den Befehl: »Geht hinauf und erkundet die Gegend!« Die Männer zogen hinauf und kundschafteten Aj aus. 3 Sie kehrten zu Josua zurück und meldeten ihm: »Das gesamte Kriegsvolk braucht nicht hinaufzuziehen, 2000–3000 Mann genügen, um Aj niederzuzwingen. Bemühe nicht das ganze Volk dorthin; denn jene sind nur wenige!« 4 So zogen vom Volke etwa 3000 Mann hinauf; aber sie mußten vor den Leuten von Aj fliehen. 5 Die Besatzung von Aj erschlug von ihnen etwa sechsunddreißig Mann. Man verfolgte sie vom Tor bis zu den Steinbrüchen und schlug sie am Bergabhang. Da verging dem Volk der Mut; er zerrann wie Wasser.
6 Josua aber zerriß seine Kleider. Er warf sich vor der Lade des Herrn bis zum Abend auf sein Angesicht nieder mitsamt den Ältesten Israels. Sie streuten Staub auf ihr Haupt. 7 Da sprach Josua: »Ach, Herr, Herr! Warum ließest du dieses Volk den Jordan überschreiten, um uns der Gewalt der Amoriter auszuliefern, daß sie uns vertilgen? Hätten wir uns doch entschlossen und wären jenseits des Jordans geblieben! 8 Herr, was soll ich sagen, nachdem Israel seinen Feinden den Rücken gekehrt hat? 9 Die Kanaaniter und alle übrigen Landesbewohner werden davon erfahren, werden uns umzingeln und unseren Namen vom Erdboden vertilgen! Was tust du denn für deinen großen Namen?« 10 Der Herr aber sprach zu Josua: »Stehe auf! Wozu liegst du auf deinem Antlitz? 11 Israel hat sich versündigt! Sie übertraten meinen Bund, den ich ihnen zur Pflicht machte; sie nahmen von dem gebannten Gut; sie verübten also Diebstahl und Hehlerei und taten es zu ihren eigenen Geräten. 12 Daher können die Israeliten nicht mehr ihren Feinden Widerstand leisten und zeigen ihnen den Rücken; denn sie sind selbst dem Bann verfallen. Ich werde künftig nicht mehr mit euch sein, wenn ihr nicht das Banngut in eurer Mitte vernichtet. 13 Auf! Weihe das Volk und befiehl: Heiligt euch für morgen; denn so spricht der Herr, der Gott Israels: Banngut ist in deiner Mitte, Israel! Du kannst deinen Feinden keinen Widerstand mehr leisten, bis das Banngut aus deiner Mitte entfernt ist. 14 Tretet morgen in der Frühe, nach Stämmen geordnet, heran! Der Stamm aber, den der Herr durch das Los erfaßt, trete nach Geschlechtern geordnet an; und das Geschlecht, das der Herr erfaßt, trete nach Familien an; die Familie aber, die der Herr erfaßt, soll einzeln herantreten! 15 Wer aber im Besitz des Banngutes angetroffen wird, werde verbrannt samt allem, was ihm gehört, weil er den Bund des Herrn übertrat und eine Schandtat in Israel verübte.«
16 In der Frühe des andern Morgen ließ Josua Israel nach seinen Stämmen geordnet antreten. Da wurde der Stamm Juda durchs Los getroffen. 17 Er ließ dann die Geschlechter Judas antreten und traf das Geschlecht der Serachiten. Danach ließ er das Geschlecht der Serachiten nach Familien geordnet antreten, und es wurde Sabdi getroffen. 18 Daraufhin ließ er dessen Familie Mann für Mann vortreten. Es wurde Achan, der Sohn Karmis, des Sohnes Sabdis, des Sohnes Serachs vom Stamme Juda getroffen. 19 Da sprach Josua zu Achan: »Mein Sohn, gib doch dem Herrn, dem Gott Israels, die Ehre und bekenne es ihm! Sage mir, was du getan hast; verheimliche mir nichts!« 20 Achan erwiderte Josua: »Fürwahr, ich versündigte mich wider den Herrn, den Gott Israels! Folgendes habe ich getan: 21 Ich sah unter der Beute einen schönen Mantel aus Sinear, zweihundert Silberstücke und einen Goldbarren im Gewichte von fünfzig Sekel. Mich gelüstete danach, und ich eignete sie mir an. Sie sind in meinem Zelt im Erdboden vergraben, das Silber zuunterst.« 22 Josua sandte Boten, die zum Zelt liefen, und siehe, die Sachen waren vergraben in seinem Zelt, das Silber zu unterst.
23 Man holte sie aus dem Zelt heraus, brachte sie zu Josua und allen Israeliten und legte sie vor den Herrn hin. 24 Da nahm Josua Achan, den Sohn Serachs, sowie das Silber, den Mantel und den Goldbarren, seine Söhne und Töchter, Rinder, Esel und Schafe, sein Zelt und alles, was ihm gehörte, und unter Teilnahme von ganz Israel führte man sie ins Tal Achor. 25 Josua sprach: »Wieviel du uns geschadet hast, soviel schädigt dich heute der Herr.« Ganz Israel steinigte ihn. [Man verbrannte sie und steinigte sie.] 26 Sie errichteten über ihm einen großen Steinhaufen, der heute noch zu sehen ist. Der Herr ließ daraufhin von seiner Zornesglut ab. Daher heißt jene Stätte »Schadental« (Achor) bis zum heutigen Tag.

Eroberung von Aj

8 1 Der Herr sprach zu Josua: »Fürchte dich nicht und verzage nicht! Mache dich mit allem Kriegsvolk auf und ziehe hinauf gegen Aj; siehe, ich gebe in deine Gewalt den König von Aj, sein Volk, seine Stadt und sein Gebiet. 2 Verfahre mit Aj und seinem König, wie du mit Jericho und seinem König verfahren bist. Nur seine Beute und sein Vieh dürft ihr für euch nehmen! Lege einen

Hinterhalt gegen die Stadt auf ihrer Rückseite!«
3 Josua machte sich mit allen Kriegsmannen auf, ge-
gen Aj zu ziehen, wählte dreitausend tapfere Män-
ner aus und entsandte sie nachts. 4 Er gab ihnen den
Befehl: »Schaut, daß ihr euch gegen die Stadt von
der Rückseite her in den Hinterhalt legt! Entfernt
euch von der Stadt nicht allzuweit! Denn ihr alle
müßt in Bereitschaft sein. 5 Ich aber und das ganze
übrige Volk, das bei mir bleibt, rücken gegen die
Stadt an. Wenn sie dann wie das erste Mal gegen
uns ausrücken, fliehen wir vor ihnen. 6 Sie werden
hinter uns einen Ausfall machen, bis wir sie von der
Stadt abgeschnitten haben. Denn sie werden den-
ken: man flieht vor uns wie das erste Mal. Wir flie-
hen ja auch tatsächlich vor ihnen. 7 Ihr aber brecht
dann aus dem Hinterhalt hervor und erobert die
Stadt! Der Herr, euer Gott, gibt sie in eure Gewalt.
8 Habt ihr die Stadt eingenommen, so steckt sie in
Brand! Handelt nach der Weisung des Herrn! Ich
befehle es euch!«
9 Josua entsandte sie also. Sie legten sich in den Hin-
terhalt und bezogen Stellung zwischen Betel und
Aj, westlich von Aj. Josua aber verbrachte jene
Nacht inmitten des Volkes. 10 In der Frühe des näch-
sten Morgens musterte Josua das Kriegsvolk. Er zog
mit den Ältesten Israels an der Spitze des Kriegs-
volkes wider Aj. 11 Alle seine verfügbaren Kriegs-
mannen zogen mit und näherten sich der Stadt. Sie
lagerten nördlich von Aj – zwischen ihm und Aj
war das Tal. 12 Da nahm er etwa fünftausend Mann
und legte sie in den Hinterhalt zwischen Betel und
Aj, westlich von der Stadt. 13 Das Volk stellte also
das ganze Lager nördlich von der Stadt auf und
seine Nachhut westlich der Stadt. Josua aber ver-
brachte jene Nacht inmitten des Volkes.
14 Sobald der König von Aj dies sah, beeilte er sich
und zog in aller Frühe wider Israel zum Kampf
mit all seinen Leuten an den Abhang des Berges,
angesichts der Steppe. Er wußte ja nicht, daß ihm
an der anderen Seite der Stadt ein Hinterhalt ge-
legt war. 15 Josua aber ließ sich mit Gesamtisrael
schlagen. Sie wichen zurück in Richtung auf die
Wüste. 16 Man rief alle Leute in der Stadt auf, ihre
Verfolgung aufzunehmen. Sie verfolgten Josua
und wurden so von der Stadt abgezogen. 17 Nie-
mand blieb in Aj [und Betel] zurück, der nicht hin-
ter Israel hergewesen wäre. Man verließ die Stadt,
die offen lag, und verfolgte Israel. 18 Da sprach der
Herr zu Josua: »Schwinge die Lanze, die du in
deiner Hand hast, wider Aj, denn ich gebe es in
deine Gewalt!« Da schwang Josua die Lanze, die
er in seiner Hand hielt, wider die Stadt. 19 Die Leute
im Hinterhalt aber machten sich eilends von ihrer
Stätte auf und stürmten, als er seine Hand aus-
streckte, heran. Sie kamen in die Stadt, eroberten
sie und steckten sie eiligst in Brand. 20 Die Leute von
Aj drehten sich um und bemerkten, wie der Rauch
der Stadt zum Himmel stieg. Es gab für sie keine
Möglichkeit mehr, nach der einen oder anderen
Richtung zu fliehen. Auch das Kriegsvolk, das ge-
gen die Wüste hin geflohen war, drehte sich gegen
den Verfolger um. 21 Josua aber und ganz Israel
bemerkten, daß der Hinterhalt die Stadt erobert
hatte, da Rauch von der Stadt aufgestiegen war. Sie
machten kehrt und schlugen die Leute von Aj.
22 Diese waren ja von der Stadt her ihnen entgegen-
gezogen und nun von beiden Seiten in die Mitte
zwischen Israel geraten. Man schlug sie, bis nie-
mand übrigblieb, der entfliehen oder entrinnen
konnte. 23 Den König von Aj ergriff man lebend und
führte ihn vor Josua.

Vernichtung von Aj

24 Israel aber hatte alle Einwohner von Aj auf dem
freien Felde, am Bergabhang, wohin immer man sie
verfolgt hatte, niedergemacht; alle fielen restlos der
Schärfe des Schwertes zum Opfer. Da wandte sich
ganz Israel wider Aj und schlug es mit des Schwer-
tes Schärfe. 25 An jenem Tag betrug die Anzahl der
Gefallenen insgesamt an Männern und Frauen
zwölftausend; alles Leute von Aj. 26 Josua zog seine
Hand, die die Lanze schwang, nicht zurück, bis er
an allen Bewohnern von Aj den Bann vollzogen
hatte. 27 Nur das Vieh und die Beute jener Stadt nah-
men die Israeliten an sich nach dem Befehl des
Herrn, den er Josua gegeben hatte. 28 Dann brannte
Josua Aj nieder und machte es zu einem ewigen
Schutthaufen, zu einer wüsten Trümmerstätte bis
auf den heutigen Tag. 29 Den König von Aj hängte er
an einem Galgen auf bis zur Abendzeit. Als die
Sonne unterging, ließ Josua seine Leiche vom Gal-
gen abnehmen. Man warf sie vor den Eingang des
Stadttores und errichtete darüber einen großen
Steinhaufen, der noch heute besteht.

Altarbau und Gesetzesverlesung

30 Damals baute Josua einen Altar für den Herrn,
den Gott Israels, auf dem Berge Ebal, 31 wie Moses,
der Knecht des Herrn, den Israeliten geboten, wie es
im Gesetzbuch des Moses geschrieben steht: einen
Altar aus unbehauenen Steinen, die noch kein
Eisenwerkzeug bearbeitet hat. Darauf brachte man
dem Herrn Brandopfer dar und schlachtete Fried-
opfer. 32 Dann schrieb er dort auf Steine eine Ab-
schrift des Gesetzes des Moses, das er vor den Israe-
liten niedergeschrieben hatte. 33 Ganz Israel, seine

Ältesten, Aufseher und Richter standen zu beiden
Seiten der Lade vor den levitischen Priestern, den
Trägern der Bundeslade des Herrn. Es waren
Schutzbürger wie Vollbürger; die eine Hälfte von
ihnen wandte sich dem Berge Garizim, die andere
dem Berge Ebal zu, wie Moses, der Knecht des
Herrn, einstmals angeordnet hatte, das Volk Israel
zu segnen. 34 Darauf las er alle Worte des Gesetzes
vor, Segen und Fluch, genau wie es im Gesetzbuch
geschrieben steht. 35 Von all dem, was Moses ange-
ordnet hatte, gab es nichts, was Josua vor der Ge-
samtgemeinde Israel, vor den Frauen, Kindern und
den Fremdstämmigen, die mit ihnen zogen, nicht
verlesen hätte.

List der Gibeoniten

9 1 Als alle Könige, die jenseits des Jordans auf
dem Gebirge, in der Niederung und überall
am Gestade des Großen Meeres bis zum
Libanon hin wohnten, die Hethiter, Amoriter,
Kanaaniter, Perissiter, Hiwwiter und Jebusiter, dies
vernahmen, 2 schlossen sie sich zusammen, um ein-
mütig wider Josua und Israel zu kämpfen.
3 Auch die Bewohner von Gibeon hörten, was
Josua Jericho und Aj angetan hatte. 4 Sie handelten
ebenfalls hinterlistig, machten sich auf den Weg,
versahen sich mit Eßwaren und nahmen alte Säcke
mit für ihre Esel sowie alte, zerrissene und um-
wickelte Weinschläuche. 5 Alte geflickte Schuhe
trugen sie an den Füßen, alte Kleider hatten sie an-
gezogen, und all ihr Brot für die Reise war trocken
und ganz zerbröckelt. 6 Sie kamen zu Josua in das
Lager nach Gilgal und sprachen zu ihm und den
Israeliten: »Aus fernem Land kommen wir; schließt
nun ein Bündnis mit uns!« 7 Die Israeliten erwider-
ten den Hiwwitern: »Vielleicht wohnt ihr mitten
unter uns. Wie könnten wir da ein Bündnis mit euch
schließen?« 8 Sie aber sprachen zu Josua: »Deine
Knechte sind wir!« Josua fragte sie: »Wer seid ihr
denn, und woher kommt ihr?« 9 Sie erwiderten
ihm: »Aus einem gar fernen Land kommen deine
Knechte, bewogen vom berühmten Namen des
Herrn, deines Gottes. Denn wir haben Kunde von
ihm und von allem erhalten, was er in Ägypten ge-
wirkt hat, 10 auch von all dem, was er den beiden
Amoriterkönigen jenseits des Jordans widerfahren
ließ, dem König Sichon von Hesbon und dem König
Og von Basan in Aschtarot. 11 Unsere Ältesten und
alle unsere Landesbewohner sprachen zu uns:
›Nehmt euch Reisevorrat für den Weg, geht ihnen
entgegen und sprecht zu ihnen: Eure Knechte sind
wir; schließt nunmehr mit uns ein Bündnis.‹ 12 Hier
unser Brot, noch warm war es, als wir es zu Hause
für die Reise einsteckten am Tage unseres Auszuges
zu euch; doch nun seht, es ist trocken und völlig
zerbröckelt. 13 Und hier die Weinschläuche, die neu
waren, als wir sie anfüllten, und nun seht, sie sind
zerrissen; hier unsere Kleider und unsere Schuhe,
sie sind ganz abgenutzt infolge des weiten Weges.«
14 Da nahmen die Leute etwas von deren Reisevor-
rat; doch den Bescheid des Herrn holten sie nicht
ein. 15 Josua traf mit ihnen ein friedliches Abkom-
men und schloß mit ihnen einen Vertrag, sie am
Leben zu lassen. Die Fürsten der Gemeinde leiste-
ten ihnen einen Eid.
16 Drei Tage, nachdem sie mit ihnen den Vertrag ge-
schlossen hatten, hörte man, daß sie ganz aus der
Nähe waren und mitten unter ihnen wohnten.
17 Die Israeliten brachen auf und gelangten am
dritten Tage zu ihren Städten. Ihre Ortschaften
waren Gibeon, Kephira, Beerot und Kirjat-Jearim.
18 Die Israeliten erschlugen sie aber nicht, weil die
Fürsten der Gemeinde ihnen bei dem Herrn, dem
Gott Israels, einen Eid geleistet hatten. Die ganze
Gemeinde murrte aber wider die Fürsten. 19 Da
sprachen alle Fürsten zu der ganzen Gemeinde:
»Wir haben ihnen bei dem Herrn, dem Gott Israels,
geschworen, und jetzt dürfen wir ihnen nichts
antun. 20 So wollen wir an ihnen handeln: sie am
Leben lassen, damit nicht etwa das Zorngericht
über uns kommt wegen des Schwures, den wir
ihnen geleistet haben.« 21 Dann teilten ihnen die
Fürsten mit, daß sie am Leben bleiben sollten; doch
müßten sie Holzhauer und Wasserschöpfer werden
für die ganze Gemeinde entsprechend der Entschei-
dung der Fürsten.

Holzhauer und Wasserschöpfer

22 Josua ließ sie rufen und sprach zu ihnen: »Warum
habt ihr uns betrogen und behauptet: Wir woh-
nen sehr weit von euch entfernt? Dabei wohnt
ihr ja mitten unter uns. 23 So seid nun verflucht, und
für immer sollt ihr Sklaven, Holzhauer und Was-
serschöpfer für das Haus meines Gottes sein!«
24 Sie gaben Josua zur Antwort: »Es wurde deinen
Knechten genau erzählt, was der Herr, dein Gott,
seinem Knechte Moses befahl, nämlich euch das
ganze Land zu geben und alle Bewohner des Lan-
des vor euch her zu vertilgen. Da hatten wir um
unser Leben euretwegen große Angst und han-
delten so. 25 Nun sind wir hier in deiner Gewalt!
Tu an uns, wie es dich gut und recht dünkt!« 26 Da
verfuhr er mit ihnen folgendermaßen: Er rettete
sie aus der Gewalt der Israeliten, daß diese sie nicht
töteten. 27 Josua aber machte sie an jenem Tag

zu Holzhauern und Wasserschöpfern für die Gemeinde und für den Altar des Herrn. Dies gilt bis zum heutigen Tag für die Stätte, die er erwählen wollte.

Schlacht bei Gibeon: Der Herr gibt die Amoriterkönige in die Hand Josuas

10 1 Der König Adonizedek von Jerusalem hörte, daß Josua Aj erobert und an ihm den Bann vollstreckt hatte, daß er, wie er mit Jericho und seinem König verfuhr, so auch an Aj und seinem König gehandelt hatte, und daß die Bewohner von Gibeon, friedlich mit Israel verbunden, in ihrer Mitte lebten. 2 Da fürchteten sie sich sehr; denn Gibeon war eine große Stadt gleich einer von den Königsstädten; es war größer als Aj, und seine Männer waren tapfer. 3 Der König Adonizedek von Jerusalem schickte an Hoham, den König von Hebron, und an Piram, den König von Jarmut, an Japhia, den König von Lachis, und an Debir, den König von Eglon, und forderte sie auf: 4 »Zieht zu mir herauf und kommt mir zu Hilfe! Wir wollen Gibeon schlagen, weil es sich mit Josua und den Israeliten friedlich geeinigt hat!« 5 Die fünf Amoriterkönige schlossen sich zusammen und zogen herbei: die Könige von Jerusalem, von Hebron, von Jarmut, von Lachis und von Eglon mit all ihren Heerlagern nahmen Stellung vor Gibeon und eröffneten den Kampf.

6 Da sandten die Männer von Gibeon zu Josua ins Lager nach Gilgal mit der Bitte: »Ziehe deine Hand von deinen Knechten nicht zurück! Komm schleunigst zu uns, rette uns und hilf uns! Denn alle Könige der Amoriter, die auf dem Gebirge wohnen, haben sich wider uns zusammengetan.« 7 Josua zog von Gilgal aus mit seinem ganzen Kriegsvolk, lauter tapferen Helden. 8 Da sprach der Herr zu Josua: »Fürchte dich vor ihnen nicht, denn ich gebe sie in deine Gewalt! Niemand von ihnen wird vor dir standhalten.« 9 Josua stieß unversehens auf sie. Die ganze Nacht hindurch war er von Gilgal aus marschiert. 10 Da brachte der Herr sie vor Israel in Verwirrung; die Israeliten brachten ihnen bei Gibeon eine schwere Niederlage bei und verfolgten sie in Richtung zur Steige von Bet-Choron und schlugen sie bis Aseka und Makkeda. 11 Sie waren auf der Flucht vor Israel beim Abhang von Bet-Choron. Da ließ der Herr große Steine vom Himmel her auf sie fallen, bis nach Aseka, so daß sie umkamen. Die durch Hagelsteine endeten, waren zahlreicher als jene, welche die Israeliten mit dem Schwert erschlugen.

Das Sonnenwunder

12 Damals sprach Josua zum Herrn, als der Herr die Amoriter den Israeliten preisgab, und er sagte in Gegenwart der Israeliten: »Sonne, zu Gibeon halt an, und Mond, im Tal von Ajjalon!« 13 Da hielt die Sonne an, und der Mond stand still, bis er sich gerächt hatte am Volke seiner Feinde. Steht das nicht so geschrieben im »Buche des Rechtschaffenen«? So stand die Sonne mitten am Himmel still und eilte nicht unterzugehen, etwa einen vollen Tag lang. 14 Einen Tag wie diesen gab es weder vorher noch nachher, daß der Herr einer Menschenstimme gehorcht hätte; denn der Herr kämpfte für Israel. 15 Dann kehrte Josua und mit ihm ganz Israel in das Lager nach Gilgal zurück.

Schicksal der fünf Könige

16 Jene fünf Könige aber flohen und versteckten sich in der Höhle bei Makkeda. 17 Dem Josua wurde gemeldet: »Die fünf Könige hat man gefunden, sie haben sich in der Höhle bei Makkeda versteckt.« 18 Josua sprach: »Wälzt große Steine vor den Eingang der Höhle und beauftragt einige Leute damit, sie zu bewachen! 19 Ihr selbst aber bleibt nicht stehen, verfolgt eure Feinde, faßt sie von hinten, laßt sie nicht in ihre Städte gelangen; denn der Herr, euer Gott, gibt sie in eure Gewalt!« 20 Josua und die Israeliten hatten die gewaltige, große Niederlage bis zu deren völliger Vernichtung vollendet. Einige von ihnen waren allerdings entronnen und in feste Städte gelangt. 21 Alle Leute kehrten ins Lager zu Josua nach Makkeda unversehrt zurück; niemand hatte die Söhne Israels auch nur irgendwie behelligt. 22 Dann sprach Josua: »Öffnet den Höhleneingang und führt mir jene fünf Könige aus der Höhle heraus!« 23 Man tat so und führte die Könige aus der Höhle heraus: die Könige von Jerusalem, Hebron, Jarmut, Lachis und Eglon. 24 Als man sie zu Josua gebracht hatte, berief er alle Israeliten und sprach zu den Führern der Kriegsmannen, die mit ihm gezogen waren: »Tretet heran und setzt euren Fuß auf den Nacken der Könige!« Sie kamen heran und setzten ihren Fuß auf deren Nacken. 25 Dann sprach Josua zu ihnen: »Seid furchtlos und ohne Bangen! Seid mutvoll und stark! Denn so wird der Herr mit all euren Feinden verfahren, die ihr zu bekämpfen habt.« 26 Darauf ließ Josua sie erschlagen und töten und an fünf Galgen aufhängen. Sie blieben daran bis zum Abend hängen. 27 Gegen Sonnenuntergang ließ Josua sie von den Galgen abnehmen und in die Höhle werfen, worin sie sich versteckt hatten. Man wälzte große Steine an den Höhleneingang, die bis heute noch da sind.

Unterjochte Städte

28 An jenem Tage nahm Josua Makkeda ein; er
schlug es und seinen König mit des Schwertes
Schärfe und vollstreckte den Bann an ihnen und al-
len dort befindlichen Lebewesen; keinen ließ er ent-
weichen; er verfuhr mit dem König von Makkeda
so, wie er mit dem König von Jericho verfahren war.
29 Dann zogen Josua und Gesamtisrael von Mak-
keda nach Libna und bekämpften Libna. 30 Der Herr
gab auch dieses mit seinem König in die Hand Isra-
els. Josua schlug es samt allen seinen Bewohnern
mit der Schärfe des Schwertes. Niemand ließ er ent-
kommen; er verfuhr mit seinem König so, wie er
mit dem König von Jericho verfahren war. 31 Dann
zog Josua und Gesamtisrael mit ihm von Libna
nach Lachis, belagerte und bekämpfte es. 32 Da gab
der Herr Lachis in die Gewalt Israels. Josua nahm es
am zweiten Tage ein, schlug es samt allem, was
darin lebte, mit der Schärfe des Schwertes, genau
wie er mit Libna verfahren war. 33 Damals zog
Horam, der König von Geser, Lachis zu Hilfe; aber
Josua schlug ihn und sein Kriegsvolk, bis keiner
mehr übrigblieb, der hätte entkommen können.
34 Josua und ganz Israel zogen weiter von Lachis
nach Eglon. Sie belagerten es und griffen es an. 35 An
jenem Tag eroberten sie Eglon und schlugen es mit
der Schärfe des Schwertes. An allem Lebendigen
vollstreckten sie damals den Bann, genauso wie
man mit Lachis verfahren war. 36 Josua und ganz
Israel zogen von Eglon weiter nach Hebron und
bekämpften es. 37 Man nahm es ein und schlug
Hebron mit des Schwertes Schärfe samt seinem
König, allen zugehörigen Städten und allen Lebe-
wesen darin. Niemand ließ er entrinnen, ganz wie
er an Eglon getan hatte. Josua vollstreckte an der
Stadt und allen Lebewesen in ihr den Bann. 38 Dann
wandte sich Josua und mit ihm ganz Israel zurück
nach Debir und bestürmte es. 39 Er nahm es ein samt
seinem König und allen zugehörigen Städten. Man
schlug es mit des Schwertes Schärfe und voll-
streckte den Bann an allem Lebendigen darin. Nie-
mand ließ er entkommen; wie er an Hebron getan
hatte, verfuhr er an Debir und seinem König, oder
wie er an Libna und seinem König getan hatte.
40 Josua schlug das ganze Land: die Gebirgsgegend,
das Südland, die Niederung und die Abhänge samt
all ihren Königen. Niemand ließ er entkommen;
alles, was Odem hatte, bannte er, wie der Herr, der
Gott Israels, befohlen hatte. 41 Josua schlug sie von
Kades-Barnea bis Gaza, dazu das ganze Land
Goschen bis nach Gibeon. 42 Mit einem Schlage be-
siegte Josua alle jene Könige und ihr Land; denn der
Herr, der Gott Israels, stritt für Israel. 43 Dann kehrte
Josua und ganz Israel mit ihm zum Lager nach Gil-
gal zurück.

10,12–15: Zur Beurteilung des Sonnenwunders sei darauf hingewiesen, daß der Bericht darüber in einem Liederbuch enthalten war. Dichterisch soll die Tatsache zum Ausdruck kommen, daß Josua seine Feinde auf wunderbare Art besiegt hat. Das Fallen von Hagel läßt an ein heftiges Gewitter denken, währenddessen die Sonne stillzustehen schien, um danach wieder neu aufzustrahlen.

Kämpfe im Norden: Josua geht aus allen Schlachten siegreich hervor

11
1 Als der König Jabin von Chazor davon
erfuhr, schickte er Boten an den König
Jobab von Madon, an den König von
Schimron und an den König von Achschaph, 2 so-
wie an die Könige im Norden auf dem Gebirge, in
der Steppe gegenüber von Kinneret, in der Niede-
rung und auf dem Höhenzug von Dor im Westen,
3 an die Kanaanäer im Osten und Westen, an die
Amoriter, Hethiter, Perissiter, Jebusiter auf dem Ge-
birge und an die Hiwwiter am Fuße des Hermon im
Lande Mizpa. 4 Sie rückten aus mit ihren sämtlichen
Heeren, ein großes Kriegsvolk, wie der Sand am
Meer so zahlreich, dazu Rosse und Wagen in ge-
waltiger Menge. 5 All diese Könige taten sich zu-
sammen und rückten heran. Sie lagerten gemein-
sam am Wasser von Merom, um sich mit Israel in
einen Kampf einzulassen.
6 Da sprach der Herr zu Josua: »Fürchte dich nicht
vor ihnen; denn morgen um diese Zeit lege ich sie
alle erschlagen vor Israel hin. Ihre Rosse sollst du
lähmen und ihre Streitwagen verbrennen!« 7 So zo-
gen Josua und sein ganzes Kriegsvolk unverzüglich
gegen sie und überfielen sie an den Wassern von
Merom. 8 Der Herr gab sie in die Gewalt der Israe-
liten. Man schlug sie und verfolgte sie bis Groß-
Sidon und Misrephot im Westen und bis zur Tal-
ebene von Mizpa im Osten; man schlug sie völlig,
bis keiner mehr übrigblieb, der entrinnen konnte.
9 Josua verfuhr mit ihnen, wie der Herr ihm gesagt
hatte. Ihre Rosse lähmte er, und ihre Streitwagen
steckte er in Brand.
10 Josua machte damals eine Schwenkung und er-
oberte Chazor; er ließ dessen König mit dem
Schwert töten. Chazor war nämlich einstmals die
Hauptstadt all jener Königreiche. 11 Man erschlug
alle Lebewesen, die darin waren, mit des Schwertes
Schärfe und vollstreckte an ihnen den Bann. Nichts,
was Odem hatte, blieb übrig. Chazor steckte er in
Brand. 12 All die Städte jener Könige und all die
Könige selbst nahm Josua in seine Gewalt und
schlug sie mit des Schwertes Schärfe. Er vollstreckte

an ihnen den Bann, wie Moses, der Knecht des Herrn, befohlen hatte. 13 Jedoch alle die Städte, die noch auf ihren Hügeln stehen, verbrannte Israel nicht, außer Chazor, das Josua einäschern ließ. 14 Alle Beute aus diesen Städten und das Vieh nahmen die Israeliten. Jedoch alle Leute schlugen sie mit des Schwertes Schärfe bis zu ihrer völligen Vernichtung; nichts von dem, was Odem hatte, ließen sie übrig. 15 Wie der Herr seinem Knechte Moses aufgetragen hatte, so befahl es Moses dem Josua, und so brachte es Josua zur Ausführung. Nichts unterließ er von allem, was der Herr dem Moses befohlen hatte.

Des Landes Besetzung

16 So nahm Josua dieses ganze Land: das Gebirge, das ganze Südland, das ganze Land Goschen, die Niederung und die Jordansenke, sowie das Bergland von Israel und die dazugehörige Niederung, 17 vom kahlen Gebirge an, das gegen Seïr ansteigt und sich bis nach Baal-Gad in der Talebene des Libanon am Fuße des Hermon hinzieht. All ihre Könige nahm er gefangen, schlug sie nieder und tötete sie. 18 Lange Zeit hatte Josua mit all diesen Königen zu kämpfen. 19 Keine Stadt gab es, die sich mit den Israeliten friedlich geeinigt hätte, abgesehen von den Hiwwitern, die Gibeon bewohnten. Alles mußte man im Kampf einnehmen. 20 Denn so war es vom Herrn verhängt, daß er ihr Herz verstockte, so daß sie mit Israel den Kampf aufnahmen: man sollte den Bann an ihnen vollstrecken, keine Schonung sollte ihnen zuteil werden, man sollte sie vernichten, wie der Herr dem Moses befohlen hatte.

Enakiter

21 Josua kam in jener Zeit heran und rottete die Enakiter aus im Gebirge, in Hebron, Debir und Anab, im ganzen Gebirge Juda und Israel. An ihnen und an ihren Städten vollstreckte Josua den Bann. 22 Es blieben keine Enakiter im Lande der Israeliten übrig; nur in Gaza, Gat und Asdod blieben sie. 23 Josua nahm das ganze Land, genau wie der Herr dem Moses gesagt hatte, und gab es als Erbbesitz an Israel, entsprechend seiner Stammeseinteilung. Das Land bekam nun Ruhe vom Krieg.

11,11–23: Der Bann, ein altes, grausames Kriegs- und Strafrecht, wurde mit unterschiedlicher Strenge durchgeführt.

Eroberte Gebiete im Ost- und Westjordanland

12

1 Dies sind die Könige des Landes, welche die Israeliten schlugen und deren Land sie in Besitz nahmen: jenseits des Jordans im Osten, vom Arnontal bis zum Hermongebirge und die ganze östliche Jordansenke: 2 Sichon, der König der Amoriter, der in Hesbon wohnte; er herrschte von Aroer am Ufer des Arnonflusses von der Mitte des Tales an über halb Gilead bis an den Jabbokfluß, die Grenze der Ammoniter, 3 ferner über die Jordansenke bis zum See Kinneret auf der Ostseite und bis zum Meer der Jordansenke, dem Salzmeer, im Osten gegen Bet-Jeschimot und südlich am Fuß der Abhänge des Pisga. 4 Weiterhin das Gebiet Ogs, des Basankönigs, vom Überrest der Rephaiter, der in Aschtarot und Edreï wohnte. 5 Er beherrschte das Hermongebirge, Salcha und ganz Basan bis zur Grenze der Geschuriter und Maachatiter, dazu halb Gilead bis hin zur Grenze gegen Sichon, den König von Hesbon. 6 Moses, der Knecht des Herrn, und die Israeliten hatten sie geschlagen, und Moses, der Knecht des Herrn, gab das Land als Besitz den Rubeniten, Gaditen und dem halben Stamm Manasse. 7 Dies sind die Könige des Landes, die Josua und die Israeliten schlugen, jenseits des Jordans auf der Westseite von Baal-Gad in der Libanonebene bis zum kahlen Berg, der gegen Seïr ansteigt. Josua gab das Gebiet den Stämmen Israels entsprechend ihren Anteilen zum Besitz, 8 und zwar auf dem Gebirge, in der Niederung, in der Jordansenke, an den Abhängen, in der Wüste (Juda) und im Südland das Land der Hethiter, Amoriter, Kanaaniter, Perissiter, Hiwwiter und Jebusiter.

Besiegte Könige des Landes

9 Ein König von Jericho, ein König von Aj seitwärts von Betel, 10 ein König von Jerusalem, ein König von Hebron, 11 ein König von Jarmut, ein König von Lachis, 12 ein König von Eglon, ein König von Geser, 13 ein König von Debir, ein König von Geder, 14 ein König von Chorma, ein König von Arad, 15 ein König von Libna, ein König von Adullam, 16 ein König von Makkeda, ein König von Betel, 17 ein König von Tappuach, ein König von Chepher, 18 ein König von Aphek, ein König des Saron-Gebietes, 19 ein König von Madon, ein König von Chazor, 20 ein König von Schimron [Meron], ein König von Achschaph, 21 ein König von Taanach, ein König von Megiddo, 22 ein König von Kedesch, ein König von Jokneam am Karmel, 23 ein König von Dor bei der Anhöhe von Dor, ein König der Volksstämme in Galiläa, 24 ein König von Tirza; das sind insgesamt einunddreißig Könige.

12,9–24: Die Amarnabriefe, die – um 1400 v. Chr. – die Korrespondenz kanaanäischer Kleinfürsten mit den ägyptischen Pharaonen enthalten, geben uns ein ähnliches Bild der politischen Zerrissenheit des Westjordanlandes. Sie ergänzen in mancher Hinsicht das, was uns später im Buche Josua erzählt wird. Merkwürdig ist nur, daß das Buch Josua von einer ägyptischen Oberherrschaft über Kanaan nichts weiß. Aber die Darstellung ist auch in anderen Stücken lückenhaft.

Verlosung des Westjordanlandes zum
Erbbesitz für Israel

13 1 Josua war alt und hochbetagt. Der Herr
sprach zu ihm: »Du bist alt geworden und
vorgerückt in deinen Tagen; viel Land aber
ist noch zur Besitznahme übrig. 2 Dies ist das Land,
das noch übriggeblieben ist: alle Gebiete der Phili-
ster und der Geschuriter, 3 von dem Grenzfluß öst-
lich von Ägypten bis zum Gebiet von Ekron nach
Norden – man rechnet es zu den Kanaanitern –, die
fünf Philisterfürsten: von Gaza, Asdod, Askalon,
Gat und Ekron, sowie die Awwiter im Süden, 4 das
ganze Land der Kanaaniter von Meara an, das den
Sidoniern gehört, bis Aphek, bis zur Grenze der
Amoriter, 5 und das Land der Gibliter und der ganze
Libanon östlich, von Baal-Gad am Fuße des Her-
mongebirges bis nach Lebo-Hamat. 6 Alle Gebirgs-
bewohner vom Libanon an bis Misrephot im We-
sten, alle Sidonier, will ich selbst vor den Israeliten
vertreiben! Du brauchst es nur an Israel zum Erbbe-
sitz zu verlosen, wie ich dir befohlen habe. 7 So ver-
teile nun dieses Land als Erbbesitz an die neun
Stämme und den halben Manassestamm!«
8 Mit diesem haben die Rubeniten und Gaditen ihr
Erbe bereits empfangen. Moses gab es ihnen jen-
seits des Jordans im Osten, – wie denn Moses, der
Knecht des Herrn, ihnen folgendes gegeben hat:
9 Von Aroer an am Ufer des Arnonflusses die Stadt
inmitten des Tales, dazu die ganze Fläche von Me-
deba bis Dibon, 10 sowie alle Städte des Amoriter-
königs Sichon, der zu Hesbon herrschte, bis zur
Grenze der Ammoniter; 11 ferner Gilead und das
Gebiet der Geschuriter und der Maachatiter, sowie
das ganze Hermongebirge mit ganz Basan bis Sal-
cha, 12 das gesamte Königreich Ogs in Basan, der zu
Aschtarot und Edreï regierte. Dieser war als Über-
rest von den Rephaitern übrig. Moses besiegte und
vertrieb sie. 13 Aber die Israeliten vertrieben nicht
die Geschuriter und die Maachatiter. Geschur und
Maachat siedeln deshalb unter den Israeliten bis
heute. 14 Nur dem Stamm der Leviten gab er keinen
Erbbesitz. Die Feueropfer des Herrn, des Gottes Is-
raels, sind sein Erbbesitz, wie er ihm verheißen hat.

Östlich vom Jordan

15 Moses hatte bereits dem Stamm der Rubeniten
nach ihren Geschlechtern folgenden Landbesitz
verliehen: 16 Ihr Anteil ward das Gebiet von Aroer
am Ufer des Arnonflusses an, die Stadt inmitten des
Tales und die ganze Fläche bis Medeba, 17 Hesbon
und die zugehörigen Städte der Hochfläche, Dibon,
Bamot-Baal und Bet-Baal-Meon, 18 Jahza, Kedemot,
Mephaat, 19 Kirjatajim, Sibma, Zeret-Schachar auf
dem Berg des Tales, 20 Bet-Peor, die Abhänge des
Pisga und Bet-Jeschimot, 21 alle Städte der Hoch-
fläche, und zwar das ganze Königreich des Amo-
riterkönigs Sichon, der zu Hesbon herrschte. Moses
hatte ihn geschlagen samt den Midianiterfürsten
Ewi, Rekem, Zur, Chur und Reba, den im Lande
seßhaften Häuptlingen Sichons. 22 Auch den Wahr-
sager Bileam, den Sohn des Beor, hatten die Israe-
liten mit dem Schwerte getötet, nachdem sie die
anderen erschlagen hatten. 23 Die Grenze der Rube-
niten aber war der Jordan; dies ist der Erbbesitz der
Rubeniten nach ihren Geschlechtern, die Städte mit
ihren zugehörigen Gehöften.
24 Dem Stamme Gad, den Gaditen, hatte Moses
nach ihren Geschlechtern folgenden Landbesitz
verliehen: 25 Es wurde ihnen zuteil das Gebiet Jaser,
alle Städte Gileads und die Hälfte des Landes der
Ammoniter bis Aroer gegenüber von Rabba, 26 von
Hesbon bis Ramat-Mizpa und Betonim, und von
Machanajim bis zum Gebiet von Lodebar, 27 und in
der Senke Bet-Haram, Bet-Nimra, Sukkot und Za-
phon, der Rest des Königreiches Sichons, des Kö-
nigs von Hesbon, der Jordan und das Gebiet bis
zum Ende des Sees Kinneret auf der Ostseite des
Jordans. 28 Dies ist der Erbbesitz der Gaditen, nach
ihren Geschlechtern, die Städte und die zugehöri-
gen Gehöfte.
29 Moses hatte dem halben Stamm Manasse nach
seinen Geschlechtern folgenden Besitz verliehen:
30 Ihr Gebiet erstreckte sich von Machanajim an
über ganz Basan, das ganze Königreich Ogs, des
Basankönigs, und sämtliche Zeltdörfer Jairs in
Basan, sechzig Städte. 31 Die Hälfte von Gilead, so-
wie Aschtarot und Edreï, die Königsstädte Ogs in
Basan, fielen den Söhnen Machirs, des Manasse-
sohnes, und zwar der Hälfte der Machiriten nach
ihren Geschlechtern, zu. 32 Dies sind die Gebiete,
die Moses in den Steppen Moabs, jenseits des
Jordans, östlich von Jericho, als Erbbesitz zugeteilt
hatte. 33 Dem Stamme der Leviten aber verlieh
Moses keinen Erbbesitz: Der Herr, der Gott Israels,
ist ihr Erbbesitz, wie er ihnen verheißen hat.

Allgemeine Verteilungsgrundsätze

14 1 Dies sind die Gebiete, welche die Israeli-
ten im Lande Kanaan zum Erbbesitz er-
hielten. Der Priester Eleasar und Josua, der
Sohn Nuns, und die Stammeshäuptlinge der Söhne
Israels verteilten sie 2 durch Verlosung zum Erbbe-
sitz, wie der Herr es durch Moses angeordnet hatte,
und zwar den neuneinhalb Stämmen. 3 Moses hatte
bereits den Erbbesitz den zweieinhalb Stämmen

jenseits des Jordans zugeteilt. Den Leviten aber gab
er keinen Erbbesitz in ihrer Mitte. 4 Denn die Jo-
sephssöhne bildeten zwei Stämme, Manasse und
Ephraim. Den Leviten aber gab man keinen Land-
teil, sondern nur Städte zum Wohnen mit den dazu-
gehörigen Weideplätzen für ihren Herdenbesitz.
5 Wie es der Herr dem Moses befohlen, so führten es
die Israeliten aus und verteilten das Land.

Kaleb

6 Damals traten die Judäer in Gilgal an Josua heran,
und der Kenissiter Kaleb, der Sohn des Jephunne,
sprach zu ihm: »Du weißt, was der Herr dem Got-
tesmann Moses über mich und dich in Kades-Bar-
nea gesagt hat. 7 Vierzig Jahre war ich alt, als mich
Moses, der Knecht des Herrn, von Kades-Barnea
aussandte, um das Land zu erkunden; ich brachte
ihm Nachricht ganz so, wie ich es für richtig hielt.
8 Meine Brüder aber, die mit mir zogen, entmutig-
ten das Volk, ich jedoch war dem Herrn, meinem
Gott, völlig gehorsam. 9 An jenem Tag tat Moses
folgenden Schwur: ›Wahrlich, das Land, das dein
Fuß betreten hat, soll dir und deinen Nachkommen
für immerwährende Zeit als Erbbesitz zufallen,
weil du dem Herrn, deinem Gott, völlig gehorsam
warst.‹ 10 Nun aber hat mich der Herr, wie du siehst,
seiner Verheißung gemäß am Leben erhalten, fünf-
undvierzig Jahre seit der Zeit, da er dieses Wort zu
Moses gesprochen hat. Inzwischen wanderte Israel
in der Wüste, und so bin ich denn jetzt fünfund-
achtzig Jahre alt. 11 Noch heute bin ich so rüstig wie
zur Zeit, da mich Moses aussandte; wie damals ist
meine Stärke, auch jetzt noch zum Kampf bereit,
zum Ausziehen und zum Heimkehren. 12 So ver-
leihe mir denn dieses Gebirgsland, von dem der
Herr an jenem Tage gesprochen hat! Du selbst hast
es ja damals gehört, daß Enakiter dort sind und
große befestigte Städte. Vielleicht ist der Herr mir
zur Seite, daß ich sie vertreiben kann, wie der Herr
verheißen hat.« 13 Da segnete ihn Josua und gab
Hebron Kaleb, dem Sohne Jephunnes, als Erbbesitz.
14 Darum gehört Hebron dem Kenissiter Kaleb, dem
Sohne Jephunnes, bis heute als Erbbesitz, weil er
dem Herrn, dem Gott Israels, völlig gehorsam war.
15 Hebron aber hieß vordem »Stadt des Arba«. Das
war der größte Mann unter den Enakitern. Das
Land hatte Ruhe vom Krieg.

Umschreibung der Grenzen Judas im Süden des Landes

15 1 Der Stamm der Judäer erhielt nach
seinen einzelnen Geschlechtern seinen
Losanteil gegen die Grenze von Edom
nach der Wüste Zin zu, im äußersten Süden. 2 Ihre
Südgrenze läuft vom Ende des Salzmeeres von der
nach Süden sich erstreckenden Meereszunge 3 bis
südlich zur Skorpionensteige, setzt sich fort nach
Zin und zieht sich südlich von Kades-Barnea auf-
wärts hinüber nach Chezron, weiter nach Addar
und wendet sich dann nach Karka. 4 Sie geht weiter
nach Azmon und setzt sich fort bis zum Bach Ägyp-
tens. Schließlich verläuft die Grenze bis ans Meer.
Das ist ihre Südgrenze. 5 Die Ostgrenze ist das Salz-
meer bis zur Jordanmündung. Die Grenze nach
Norden zu läuft von der Nordspitze des Meeres,
von der Mündung des Jordans 6 nach Bet-Chogla
hinauf und hinüber bis nördlich von Bet-Araba.
Weiter zieht sie sich hin zum Steine Bohans, des
Sohnes Rubens. 7 Weiter geht die Grenze nach De-
bir vom Tale Achor aus und wendet sich nordwärts
bis zum Bezirk gegenüber der Steige von Adum-
mim südwärts vom Bachtal. Die Grenze zieht wei-
ter zum Wasser des »Sonnenquells«, ihre Ausläufer
sind an der Quelle Rogel. 8 Es zieht sich die Grenze
dann aufwärts ins Tal der Söhne Hinnoms südlich
vom jebusitischen Bergrücken, das ist Jerusalem.
Weiter steigt die Grenze zum Gipfel des Berges em-
por, westlich vom Tal der Söhne Hinnoms am nörd-
lichen Rande der Ebene Rephaim. 9 Vom Gipfel des
Berges biegt die Grenze ab zur Menephtach-Quelle
und läuft weiter zu den Städten des Gebirges
Ephron; dann biegt sie um nach Baala, d.h. Kirjat-
Jearim. 10 Von Baala wendet sich die Grenze west-
lich nach dem Gebirge Seïr und verläuft hinüber
zum Rücken des Berges Jearim (»Wäldergebirge«)
an der Nordseite, das ist Kesalon. Sie zieht sich
dann hinab nach Bet-Schemesch (»Sonnenhaus«)
und hinüber nach Timna. 11 Weiter verläuft die
Grenze nordwärts zum Bergrücken von Ekron,
dann biegt sie ab nach Schichron, geht vorbei am
Berg von Baala und weiter nach Jabneel; schließlich
endet die Grenze am Meer. 12 Die Westgrenze aber
bildet das Große Meer mit Küstengebiet. Dies ist
das Gebiet der Judäer im Umkreis nach ihren Ein-
zelgeschlechtern.

Josua gibt Kaleb Hebron inmitten der Judäer

13 Kaleb aber, dem Sohn Jephunnes, gab Josua einen
Anteil inmitten der Judäer nach dem Befehl des
Herrn an Josua, nämlich die Stadt des Arba, des
Vaters des Enak, d.h. Hebron. 14 Kaleb vertrieb von
dort die drei Söhne Enaks: Scheschaj, Achiman und
Talmaj, die Enakssprößlinge. 15 Von da zog er wider
die Bewohner von Debir; Debir aber hieß früher
Kirjat-Sepher (»Bücherstadt«). 16 Kaleb tat den Aus-
spruch: »Wer die ›Bücherstadt‹ bezwingt und sie
einnimmt, dem gebe ich Achsa, meine Tochter, zur

Frau.« 17 Otniel, der Sohn des Kenas, des Bruders
Kalebs, nahm sie ein. So gab er ihm denn Achsa,
seine Tochter, zur Frau. 18 Als sie ihm nun zugeführt
wurde, stachelte sie ihn auf, von ihrem Vater ein
Feld zu verlangen. Auch ließ sie sich vom Esel her-
abgleiten, so daß Kaleb sie fragte: »Was ist mit dir?«
19 Da antwortete sie: »Gib mir ein Segensgeschenk;
denn du hast mich nach dem dürren Südland verge-
ben! Gib mir doch Wasserstellen!« Da gab er ihr die
obere und die untere Wasserstelle.

Ortsnamen

20 Dies ist der Erbbesitz des Stammes der Judäer
nach ihren Geschlechtern: 21 (I) Die Städte am
Randgebiet des Stammes der Judäer, an der Grenze
nach Edom, im Südland waren: Kabzeel, Eder,
Jagur, 22 Kina, Dimona, Arara, 23 Kedesch, Chazor,
Jitnan, 24 Siph, Telem, Bealot, 25 Chazor-Chadatta,
Kerijot-Chezron, d.h. Chazor, 26 Amam, Schema,
Molada, 27 Chazar-Gadda, Cheschmon, Bet-Pelet,
28 Chazar-Schual, Beerseba und seine Tochter-
städte, 29 Baala, Ijjim, Ezem, 30 Eltolad, Kesil,
Chorma, 31 Ziklag, Madmanna, Sansanna, 32 Le-
baot, Schirchon und En-Rimmon, insgesamt neun-
undzwanzig Städte und die zugehörigen Gehöfte.
33 (II) In der Niederung: Eschtaol, Zora, Aschna,
34 Sanoach, En-Gannim, Tappuach, Enam, 35 Jarmut,
Adullam, Socho, Aseka, 36 Schaarajim, Aditajim,
Gedera und Gederotajim, vierzehn Städte und die
zugehörigen Gehöfte. 37 (III) Zenan, Chadascha,
Migdal-Gad, 38 Dilan, Mizpe, Jokteel, 39 Lachis,
Bozkat, Eglon, 40 Kabbon, Lachmas, Kitlisch, 41 Ge-
derot, Bet-Dagon, Naama und Makkeda, sechzehn
Städte und die zugehörigen Gehöfte. 42 (IV) Libna,
Eter, Aschan, 43 Jiphtach, Aschna, Nezib, 44 Keïla,
Achsib und Marescha, neun Städte und die zu-
gehörigen Gehöfte. 45 (V) Ekron mit den zugehöri-
gen Tochterstädten und Gehöften; 46 von Ekron in
Richtung des Meeres alles, was auf der Seite von
Asdod liegt, und die zugehörigen Gehöfte. 47 Asdod
mit den zugehörigen Tochterstädten und Gehöften,
Gaza mit den zugehörigen Tochterstädten und
Gehöften bis zum Bache Ägyptens und dem
Großen Meer mit dem Küstengebiet. 48 (VI) Auf
dem Gebirge: Schamir, Jattir, Socho, 49 Danna,
Kirjat-Sanna [Debir], 50 Anab, Eschtemoa, Anim,
51 Goschen, Cholon und Gilo, elf Städte und die
zugehörigen Gehöfte. 52 (VII) Arab, Duma, Eschan,
53 Janum, Bet-Tappuach, Apheka, 54 Chumta, Kirjat-
Arba, das ist Hebron, und Zior, neun Städte und die
zugehörigen Gehöfte. 55 Maon, Karmel, Siph, Jutta,
56 (VIII) Jezreel, Jokdeam, Sanoach, 57 Kajin, Gibea
und Timna, zehn Städte und die zugehörigen
Gehöfte. 58 (IX) Chalchul, Bet-Zur, Gedor, 59 Maa-
rat, Bet-Anot und Eltekon, sechs Städte und die zu-
gehörigen Gehöfte. (X) Tekoa, Ephrata, d. i. Bethle-
hem, Peor, Etam, Kulon, Tatam, Sores, Kerem,
Gallim, Beter und Manocho, elf Städte und die zu-
gehörigen Gehöfte. 60 (XI) Kirjat-Baal [Kirjat-Jearim]
und Rabba, zwei Städte und die zugehörigen
Gehöfte. 61 (XII) In der Steppe: Bet-Araba, Middin,
Sechacha, 62 Nibschan, Ir-Melach und Engedi, sechs
Städte und die zugehörigen Gehöfte. 63 Doch die Je-
busiter, die Bewohner Jerusalems, konnten die
Söhne Judas nicht vertreiben. Die Jebusiter blieben
also mit den Judäern in Jerusalem wohnen bis
heute.

Das Stammgebiet Ephraims

16 1 Für die Nachkommen Josephs ergab sich
als Losanteil das Gebiet vom Jordan bei
Jericho und bis zu den Wassern von Je-
richo im Osten, sowie die Steppe; dann läuft (die
Grenze) von Jericho hinauf ins Gebirge nach Betel.
2 Sie geht von Betel nach Lus und wendet sich zum
Gebiet der Architer nach Atarot. 3 Dann senkt sie
sich westwärts hinab nach dem Gebiet der Japhle-
titer bis zum Gebiet des unteren Bet-Choron und
bis Geser. Ihren Abschluß bildet das Meer.
4 Erbbesitz erhielten die Söhne Josephs: Manasse
und Ephraim. 5 Das Gebiet der Ephraimiten nach
ihren Geschlechtern war folgendes: Die Grenze
ihres östlichen Erbbesitzes war Atarot-Addar bis
zum oberen Bet-Choron; 6 die Grenze läuft hinaus
zum Meer. Michmetat ist im Norden. Die Grenze
wendet sich östlich nach Taanat-Silo und geht wei-
ter daran vorbei nach Janoach. 7 Von Janoach steigt
sie hinab nach Atarot und Naarat, berührt Jericho
und läuft am Jordan aus. 8 Von Tappuach läuft die
Grenze westwärts zum Bach Kana und endet am
Meer. Dies ist der Erbbesitz der Ephraimiten nach
ihren Geschlechtern. 9 Dazu die Ephraimitenstädte,
abgesondert liegend mitten im Erbbesitz der Ma-
nassiten, alle Städte und die zugehörigen Gehöfte.
10 Aber die Kanaaniter, die in Geser wohnten, konn-
ten sie nicht vertreiben; sie blieben also bis heute
in Ephraims Mitte wohnen, wurden aber Fron-
knechte.

Das Stammgebiet Manasses

17 1 Auch der Stamm Manasse bekam
seinen Losanteil; denn er war der Erstge-
borene Josephs. Dem Kriegsmann Ma-
chir, dem Erstgeborenen Manasses, dem Vater Gi-
leads, wurden Gilead und Basan zuteil. 2 Auch die

übrigen Söhne Manasses erhielten nach ihren Ge-
schlechtern Anteile: die Söhne Abiësers, die Söhne
Cheleks, die Söhne Asriëls, die Söhne Sichems, die
Söhne Chephers und die Söhne Schemidas. Dies
sind die männlichen Nachkommen Manasses, des
Sohnes Josephs, nach ihren Geschlechtern. 3 Aber
Zelophchad, der Sohn Chephers, des Sohnes Gi-
leads, des Sohnes Machirs, des Sohnes Manasses,
hatte keine Söhne, sondern nur Töchter. Dies sind
die Namen seiner Töchter: Machla, Noa, Chogla,
Milka und Tirza. 4 Diese kamen zu dem Priester
Eleasar, zu Josua, dem Sohn Nuns, und zu den Für-
sten mit der Erklärung: »Der Herr hat dem Moses
geboten, uns Erbbesitz inmitten unserer Brüder zu
geben.« Da verlieh er ihnen auf Geheiß des Herrn
Erbanteil unter den Brüdern ihres Vaters. 5 Auf
Manasse fielen also zehn Anteile außer dem Lande
Gilead und Basan, die jenseits des Jordans liegen;
6 denn die Töchter Manasses erhielten Erbanteil im
Kreis seiner Söhne. Das Land Gilead aber ward den
übrigen Söhnen Manasses zuteil. 7 Die Grenze
Manasses läuft von Aser nach Michmetat gegen-
über von Sichem, weiter nach rechts zu den Be-
wohnern von En-Tappuach. 8 Manasse erhielt das
Gebiet von Tappuach, Tappuach selbst aber an der
Grenze Manasses erhielten die Ephraimiten. 9 Dann
führt die Grenze hinab zum Bachtal Kana; südwärts
des Tales liegen Städte, die Ephraim gehören, mit-
ten unter den Städten Manasses; aber die Grenze
Manasses läuft nördlich des Tales und findet ihr
Ende am Meer. 10 Der Süden fiel Ephraim zu, der
Norden Manasse; das Meer bildet die Grenze. Mit
Aser berühren sie sich nördlich und mit Issachar
östlich. 11 Manasse erhielt noch in Issachar und
Aser: Bet-Schean und seine Tochterstädte, Jibleam
und seine Tochterstädte, die Bewohner von Dor mit
seinen Tochterstädten, die Bewohner von Taanach
und seine Tochterstädte, die Bewohner von Me-
giddo und seine Tochterstädte, drei Höhen. 12 Doch
die Söhne Manasses waren außerstande, diese
Städte in Besitz zu nehmen; daher entschlossen
sich die Kanaaniter, in diesem Land weiter zu woh-
nen. 13 Als die Israeliten allmählich stärker wurden,
machten sie die Kanaaniter fronpflichtig; doch ganz
verdrängt haben sie diese nicht. 14 Da redeten die
Nachkommen Josephs mit Josua und sprachen:
»Warum hast du mir als Erbbesitz nur ein einziges
Los und nur einen Anteil verliehen? Bin ich doch
ein überaus zahlreiches Volk, da der Herr mich ge-
segnet hat!« 15 Josua entgegnete ihnen: »Bist du ein
so zahlreiches Volk, so ziehe doch ins Waldgebiet
hinauf und rode dir dort Gelände im Lande der
Perissiter und Rephaiter, wenn dir das Gebirge
Ephraim zu eng ist!« 16 Da sprachen die Nachkom-
men Josephs: »Das Gebirge reicht für uns nicht aus.
Die Kanaaniter aber, die in der Talebene wohnen,
verfügen alle über eiserne Wagen, sowohl die von
Betschean und seinen Tochterstädten als auch die
von der Jezreelebene.« 17 Josua entgegnete dem
Hause Joseph, Ephraim und Manasse: »Du bist ein
zahlreiches Volk und verfügst über große Kraft!
Nicht nur ein einziges Los wird dir zuteil. 18 Denn
ein Bergland sollst du erhalten; das ist ja Wald, und
den kannst du roden! Das dabei gewonnene Gebiet
wird dir dann zuteil werden; denn du mußt die Ka-
naaniter vertreiben, obwohl sie eiserne Streitwagen
haben und stark sind.«

Verteilung an die übrigen Stämme des Volkes Israel

18 1 Die ganze Gemeinde der Israeliten ver-
sammelte sich in Silo; daselbst richteten
sie das Offenbarungszelt auf. Das ganze
Land war ihnen unterworfen. 2 Unter den Söhnen
Israels aber waren noch sieben Stämme übrig, die
ihren Erbbesitz nicht verteilt hatten. 3 Josua sprach
zu diesen Israeliten: »Wie lange noch seid ihr so
saumselig und geht nicht hin, das Land in Besitz zu
nehmen, das der Herr, der Gott eurer Väter, euch
verliehen hat? 4 Sondert euch drei Männer von je-
dem Stamme ab; ich will sie aussenden, sie sollen
sich aufmachen, im Lande umherwandern und es
schriftlich bezüglich ihres Erbbesitzes aufnehmen
und dann zu mir kommen! 5 Teilt es unter euch
in sieben Teile! Juda bleibt in seinem Gebiet im Sü-
den, und Josephs Haus bleibt in seinem Gebiet im
Norden. 6 Ihr aber nehmt das Land schriftlich auf,
teilt es in sieben Teile und laßt mich dann das Er-
gebnis wissen! Ich will euch hier vor dem Herrn,
unserem Gott, das Los werfen. 7 Denn die Leviten
bekommen keinen Anteil unter euch; das Priester-
tum des Herrn ist ja ihr Erbbesitz. Gad aber und Ru-
ben und der halbe Manassestamm haben jenseits
vom Jordan östlich ihren Erbbesitz bereits erhalten,
den ihnen Moses, der Knecht des Herrn, verliehen
hat.«
8 Die Männer machten sich auf und zogen davon,
Josua gab ihnen beim Ausziehen die Weisung, das
Land schriftlich aufzunehmen, und sprach: »Geht
hin, wandert im Lande umher, nehmt es schrift-
lich auf und kehrt wieder zu mir zurück, so will
ich euch dann hier vor dem Angesicht des Herrn
in Silo das Los werfen.« 9 Die Männer gingen
hin, durchzogen das Land und nahmen es nach
der Reihenfolge der Städte in sieben Teilen schrift-

lich in eine Buchrolle auf. Dann kamen sie zu Josua
ins Lager nach Silo. 10 Josua warf ihnen das Los in
Silo vor dem Herrn und teilte das Land daselbst den
Söhnen Israels nach ihren Abteilungen aus.

Der Stamm Benjamin

11 Da kam das Los heraus für den Stamm der Ben-
jaminiten mit seinen verschiedenen Geschlechtern.
Das Gebiet, das ihnen durch das Los zufiel, lag
zwischen den Söhnen Judas und Josephs. 12 Die
Grenze aber geht auf der Nordseite vom Jordan aus,
danach geht sie aufwärts zu dem Bergrücken nörd-
lich von Jericho und auf das Gebirge nach Westen
zu. Ihre Ausläufer gehen auf die Steppe von Bet-
Awen. 13 Von da geht die Grenze herüber nach Lus,
auf die Südseite des Bergrückens von Lus [Betel], sie
zieht sich weiter nach Atarot-Addar auf den Berg
südlich vom unteren Bet-Choron. 14 Die Grenze
biegt dann um, wendet sich auf ihrer Westseite
nach Süden von dem Berg aus, der südlich von
Bet-Choron liegt, und läuft aus nach Kirjat-Baal, der
judäischen Stadt Kirjat-Jearim. Das ist die West-
seite. 15 Die Südgrenze aber geht aus von der
Stadtgrenze von Kirjat-Jearim, zieht westwärts
und verläuft bis zur Menephtach-Quelle. 16 Weiter
zieht sich die Grenze hinab an das Ende des
Berges gegenüber dem Tal der Söhne Hinnoms auf
der Nordseite der Ebene Rephaim. Sodann zieht
sie sich hinab ins Tal Hinnom, südlich vom Berg-
rücken der Jebusiter, und weiter zur Rogelquelle.
17 Sie biegt um nach Norden und verläuft zur Son-
nenquelle, weiter bis zu den Bezirken gegenüber
der Steige von Adummim; dann zieht sie sich zum
Steine Bohans, des Sohnes Rubens. 18 Sie zieht
nördlich am Bergrücken von Bet-Araba vorbei und
senkt sich hinunter in die Araba. 19 Die Grenze geht
ferner am Bergrücken von Bet-Chogla nördlich vor-
bei und endet an der Nordspitze des Salzmeeres am
südlichen Ende des Jordans. Das ist die Südgrenze.
20 Der Jordan bildet die Grenze auf der Ostseite.
Das ist der Erbbesitz der Benjaminiten mit seinen
Grenzen ringsum nach ihren Geschlechtern. 21 Die
Städte des Stammes der Benjaminiten nach ihren
Geschlechtern sind: Jericho, Bet-Chogla, Emek-
Keziz, 22 Bet-Araba, Zemarajim, Betel, 23 Awwim,
Para, Ophra 24 Kephar-Ammonaj, Ophni, Geba,
zwölf Städte und die zugehörigen Gehöfte. 25 Gi-
beon, Rama, Beerot, 26 Mizpe, Kephira, Moza,
27 Rekem, Jirpeel, Tarala, 28 Zela-Eleph, die Jebusi-
terstadt [Jerusalem], Gibeat, Kirjat-Jearim: vierzehn
Städte und ihre zugehörigen Gehöfte. Dies ist der
Erbbesitz der Benjaminiten nach ihren Geschlech-
tern.

Der Stamm der Simeoniten

19 1 Das zweite Los entschied für Simeon,
für den Stamm der Simeoniten nach ihren
Geschlechtern. Ihr Erbbesitz lag mitten
im Erbbesitz der Judäer. 2 Als Erbbesitz erhielten sie
Beerseba, Molada, 3 Chazar-Schual, Bala, Ezem,
4 Eltolad, Betul, Chorma, 5 Ziklag, Bet-Markabot,
Chazar-Susa, 6 Bet-Lebaot, Scharuchen: dreizehn
Städte und ihre zugehörigen Gehöfte; 7 Ajin, Rim-
mon, Eter, Aschan: vier Städte und ihre zugehöri-
gen Gehöfte, 8 dazu alle Gehöfte in der Umgebung
dieser Städte bis hin nach Baalat-Beer, dem südli-
chen Rama. Dies ist der Erbbesitz des Stammes der
Simeoniten nach ihren Geschlechtern. 9 Einen Teil
vom Gebiet der Judäer bildete der Erbbesitz der
Simeoniten; denn der Anteil der Judäer war für
diese zu groß; so erhielten die Simeoniten Erbteile
inmitten ihres Erbbesitzes.

Der Stamm Sebulun

10 Das dritte Los fiel für die Sebuluniten nach ihren
Geschlechtern. Das Gebiet ihres Erbbesitzes er-
streckte sich bis Schadud. 11 Und nach Westen zu
zieht sich ihre Grenze nach Marala, berührt Dab-
beschet und stößt an den Bach gegenüber Jokneam.
12 Dagegen wendet sie sich von Schadud nach
Osten gegen Sonnenaufgang zu nach dem Gebiete
von Kislot-Tabor, setzt sich fort nach Daberat und
geht aufwärts nach Japhia. 13 Von da zieht sie sich
nach Osten gegen Sonnenaufgang hinüber nach
Gat-Chepher, nach Et-Kazin, setzt sich fort nach
Rimmon und biegt um nach Nea. 14 Dann wendet
sich die Grenze nördlich nach Channaton und en-
digt im Tal von Jiphtach-El. 15 Dazu gehören: Kattat,
Nahalal, Schimron, Jidala, Bethlehem, zwölf Städte
und ihre zugehörigen Gehöfte. 16 Dies ist der Erb-
besitz der Sebuluniten nach ihren Geschlechtern:
jene Städte und ihre zugehörigen Gehöfte.

Der Stamm Issachar

17 Für Issachar kam das vierte Los heraus, für die Is-
ühachariten nach ihren Geschlechtern. 18 Ihr Gebiet
geht bis Jezreel und umfaßt Kesulot, Sunem, 19 Cha-
pharajim, Schion, Anacharat, 20 Rabbit, Kischjon,
Ebez, 21 Remet, En-Gannim, En-Chadda, Bet-Paz-
zez. 22 Die Grenze berührt Tabor, Schachazima und
Bet-Schemesch; die Ausläufer der Grenze gehen
zum Jordan: Sechzehn Städte und ihre zugehörigen
Gehöfte. 23 Dies ist der Erbbesitz des Stammes der
Issachariten nach ihren Geschlechtern: die Städte
und ihre zugehörigen Gehöfte.

Der Stamm Aser nach seinen verschiedenen Geschlechtern

24 Das fünfte Los fiel für den Stamm der Aseriten
nach ihren Geschlechtern. 25 Ihr Gebiet umfaßt

Chelkat, Chali, Beten, Achschaph, 26 Alammelech,
Amead, Mischal; es berührt im Westen den Karmel
und den Libnatfluß. 27 Umgekehrt geht die Grenze
im Osten nach Bet-Dagon, berührt Sebulun und das
Tal Jiphtach-El im Norden, weiter Bet-Emek und
Neïel und verläuft links nach Kabul, 28 Ebron, Re-
chob, Chammon, Kana bis Groß-Sidon. 29 Die
Grenze wendet sich Rama zu und bis zur festen
Stadt Tyrus. Sie wendet sich weiter nach Chosa
und mündet aus zum Meer. 30 Machaleb, Achsib,
Akko, Aphek und Rechob (liegen dazwischen):
zweiundzwanzig Städte und ihre zugehörigen
Gehöfte. 31 Dies ist der Erbbesitz des Stammes der
Aseriten nach ihren Geschlechtern: jene Städte und
ihre zugehörigen Gehöfte.

Der Stamm Naphtali

32 Für die Naphtaliten kam das sechste Los heraus,
für sie nach ihren Geschlechtern. 33 Ihre Grenze
geht von Cheleph, von der Eiche bei Zaanannim
über Adami-Nekeb und Jabneel nach Lakkum. Sie
mündet am Jordan. 34 Die Grenze wendet sich
westwärts nach Asnot-Tabor, setzt sich von da fort
nach Chukok. Sie berührt im Süden Sebulun, im
Westen Aser und nach Osten zu den Jordan. 35 Feste
Städte: Ziddim, Zer, Chammat, Rakkat, Kinneret,
36 Adama, Rama, Chazor, 37 Kedesch, Edreï, En-
Chazor, 38 Jireon, Migdal-El, Chorem, Bet-Anat und
Bet-Schemesch: neunzehn Städte und ihre zuge-
hörigen Gehöfte. 39 Dies ist der Erbbesitz des Stam-
mes der Naphtaliten nach ihren Geschlechtern: die
Städte und ihre zugehörigen Gehöfte.

Der Stamm Dan

40 Das siebte Los fiel für den Stamm der Daniten
nach ihren Geschlechtern. 41 Das Gebiet ihres Erb-
besitzes ist Zora, Eschtaol, Ir-Schemesch, 42 Schaa-
labbin, Ajjalon, Jitla, 43 Elon, Timna, Ekron, 44 El-
teke, Gibbeton, Baalat, 45 Jehud, Bene-Barak,
Gat-Rimmon, 46 Me-Jarkon, Rakkon samt dem Ge-
biet gegenüber von Japho. 47 Doch den Daniten
wurde ihr Gebiet zu eng. Sie zogen also hin und
kämpften gegen Leschem, nahmen es ein und
schlugen es mit des Schwertes Schärfe. Sie besetz-
ten es und siedelten sich daselbst an. Sie nannten
nun Leschem Dan, nach dem Namen ihres Ahn-
herrn Dan. 48 Dies ist der Erbbesitz des Stammes
der Daniten nach ihren Geschlechtern: jene Städte
und ihre zugehörigen Gehöfte.

Josuas Erbbesitz

49 Sie hatten die Verteilung des Landes nach seinen
Gebieten beendet. Da verliehen die Israeliten auch
Josua, dem Sohne Nuns, Erbbesitz in ihrer Mitte.
50 Dem Geheiß des Herrn entsprechend gaben sie
ihm die Stadt, die er sich erbeten hatte, Timnat-
Serach auf dem Gebirge Ephraim. Er baute die Stadt
auf und ließ sich dort nieder. 51 Dies sind die Erban-
teile, die Eleasar, der Priester, Josua, der Sohn Nuns,
und die Stammeshäuptlinge der israelitischen
Stämme durch das Los in Silo vor dem Herrn am
Eingang des Offenbarungszeltes zuteilten. So been-
deten sie die Verteilung des Landes.

Zufluchtsstädte: Wer versehentlich einen Menschen tötet, fliehe dorthin!

20 1 Der Herr sprach zu Josua: 2 »Sage den
Israeliten: Bestimmt euch die Zu-
fluchtsstädte, von denen ich zu euch
durch Moses gesprochen habe! 3 Es flüchte sich
dorthin der Totschläger, der versehentlich, ohne
Vorbedacht, einen Menschen getötet hat. Diese
Städte sollen euch als Zuflucht vor dem Bluträcher
dienen. 4 Er fliehe also zu einer dieser Städte, trete
an den Eingang des Stadttores und trage sein Anlie-
gen den Ältesten der betreffenden Stadt vor. Sie sol-
len ihn bei sich in der Stadt aufnehmen und ihm
Unterkunft gewähren, damit er bei ihnen bleiben
kann. 5 Setzt ihm der Bluträcher nach, dann dürfen
sie den Totschläger seiner Gewalt nicht ausliefern;
hat er doch seinen Nächsten unbedacht getötet,
ohne daß er von früher her ihm feindlich gesinnt
war. 6 Er bleibe in dieser Stadt, bis er vor dem Ge-
meinderichter gestanden hat, bis zum Tode des
Hohenpriesters, der in jener Zeit im Amt ist. Dann
darf der Totschläger wieder in seine Stadt und sein
Haus, in die Stadt, aus der er geflohen war, zurück.«
7 Da sonderten sie Kedesch aus in Galiläa im Ge-
birge Naphtali, Sichem im Gebirge Ephraim und
Kirjat-Arba [Hebron] im Gebirge Juda. 8 Jenseits des
Jordans, östlich Jerichos, bestimmte man Bezer in
der Steppe, in der Ebene, vom Stamme Ruben,
Ramot in Gilead vom Stamme Gad und Golan in
Basan vom Stamme Manasse. 9 Dies waren die
Städte, die für alle Israeliten und für alle Fremdlinge
unter ihnen bestimmt waren. Dorthin konnte jeder
flüchten, der einen Menschen versehentlich er-
schlagen hatte, damit er nicht durch die Hand des
Bluträchers stürbe, bevor er vor der Gemeinde
stand.

Levitenstädte

21 1 Da traten die Familienhäupter der Levi-
ten zu dem Priester Eleasar, zu Josua,
dem Sohne Nuns, und zu den Familien-
häuptern der israelitischen Stämme heran 2 und
sprachen zu ihnen in Silo im Lande Kanaan: »Der

Herr hat durch Moses befohlen, uns Städte zum
Wohnen und die zugehörigen Weidetriften für
unser Vieh zu geben.« 3 Darauf übergaben die Israe-
liten von ihrem Erbbesitz den Leviten auf das Ge-
heiß des Herrn die folgenden Städte mit den zu-
gehörigen Weideplätzen. 4 Es fiel das Los für die
Geschlechter der Kehatiten; unter den Leviten
fielen den Nachkommen des Priesters Aaron vom
Stamme Juda und vom Stamme der Simeoniten und
vom Stamme Benjamin durch das Los dreizehn
Städte zu. 5 Die übrigen Nachkommen Kehats er-
hielten entsprechend ihren Geschlechtern vom
Stamme Ephraim und vom Stamme Dan und vom
halben Stamme Manasse durch das Los zehn
Städte. 6 Die Nachkommen Gerschons erhielten
entsprechend ihren Geschlechtern vom Stamme
Issachar, vom Stamme Aser, vom Stamme Naphtali
und vom halben Stamme Manasse in Basan durch
das Los dreizehn Städte. 7 Die Nachkommen Mera-
ris erhielten, entsprechend ihren Geschlechtern,
vom Stamme Ruben, vom Stamme Gad und vom
Stamme Sebulun zwölf Städte. 8 Die Israeliten über-
gaben den Leviten jene Städte und die zugehörigen
Weidetriften gemäß dem Los, wie der Herr durch
Moses verordnet hatte. 9 Vom Stamme der Judäer
und vom Stamme der Simeoniten trat man folgende
mit Namen genannte Städte ab. 10 Sie wurden den
Nachkommen Aarons aus den Geschlechtern der
Kehatiten, den Leviten, zuteil; denn auf sie fiel zu-
erst das Los. 11 Man gab ihnen die Stadt des Arba,
des Vaters Enaks, das ist Hebron, auf dem Gebirge
Juda mit den zugehörigen Weidetriften ringsherum.
12 Die zur Stadt gehörigen Ländereien und die zu-
gehörigen Gehöfte aber gaben sie Kaleb, dem
Sohne Jephunnes, als ihm zufallendes Eigentum.
13 Den Nachkommen des Priesters Aaron aber gab
man die Zufluchtsstadt für Totschläger, Hebron mit
den zugehörigen Weidetriften, ferner Libna, 14 Jattir,
Eschtemoa, 15 Cholon, Debir, 16 Aschan, Jutta, Bet-
Schemesch, jeweils mit den zugehörigen Weidetrif-
ten: neun Städte von den genannten beiden Stäm-
men. 17 Vom Stammesgebiet Benjamin erhielten sie
Gibeon mit den zugehörigen Weidetriften, Geba,
18 Anatot und Almon mit den jeweils dazugehöri-
gen Weidetriften: vier Städte. 19 Die Anzahl der
Städte, welche die Nachkommen des Priesters
Aaron erhielten, waren dreizehn samt den zu-
gehörigen Weidetriften.
20 Die Geschlechter der levitischen Kehatiten, die
von Kehats Nachkommen noch übrig waren, er-
hielten vom Stammesgebiet Ephraim die Städte
ihres Losanteils. 21 Man trat ihnen Sichem ab, die
Zufluchtsstadt für Totschläger, und die zugehörigen
Weidetriften auf dem Gebirge Ephraim Geser mit
den zugehörigen Weidetriften, 22 Kibzaim und Bet-
Choron mit den zugehörigen Weidetriften: vier
Städte. 23 Dazu vom Stamme Dan Elteke und die
zugehörigen Weidetriften, Gibbeton, 24 Ajjalon,
Gat-Rimmon und die zugehörigen Weidetriften:
vier Städte. 25 Vom Gebiet des halben Stammes
Manasse Taanach und Jibleam mit den zu ihnen
gehörigen Weidetriften: zwei Städte; 26 insgesamt
zehn Städte mit den zugehörigen Weideplätzen
für die Geschlechter der sonstigen Nachkommen
Kehats.
27 Ferner erhielten aus den Geschlechtern der Levi-
ten die Nachkommen Gerschons vom halben
Stamm Manasse die Zufluchtsstadt für Totschläger
Golan in Basan und Bet-Aschtarot samt den zu-
gehörigen Weidetriften: zwei Städte, 28 und vom
Stamme Issachar Kischjon samt den zugehörigen
Weidetriften, Daberat samt den zugehörigen
Weidetriften, 29 Jarmut und En-Gannim samt den
zugehörigen Weidetriften: vier Städte, 30 und vom
Stamme Aser Mischal samt den zugehörigen
Weidetriften, Abdon, 31 Chelkat und Rechob samt
den zugehörigen Weidetriften: vier Städte, 32 vom
Stamme Naphtali die Zufluchtsstadt für Totschlä-
ger Kedesch in Galiläa samt den zugehörigen Wei-
detriften, Chammot-Dor und Kartan samt den zu-
gehörigen Weidetriften: drei Städte. 33 Insgesamt
erhielten also die Gerschoniten nach ihren Ge-
schlechtern dreizehn Städte mit den zugehörigen
Weidetriften.
34 Die Geschlechter der Nachkommen Meraris aber,
der übrigen Leviten, erhielten vom Stamme Sebu-
lun Jokneam samt den zugehörigen Weidetriften,
Karta, 35 Dimna und Nahalal mit den zugehörigen
Weidetriften: vier Städte, 36 vom Stamme Ruben die
Zufluchtsstadt für Totschläger Bezer mit den zu-
gehörigen Weideplätzen, Jahza mit den zugehöri-
gen Weideplätzen, 37 Kedemot und Mephaat mit
den zugehörigen Weideplätzen: vier Städte, 38 vom
Stamme Gad die Zufluchtsstadt für Totschläger
Ramot in Gilead mit den zugehörigen Weideplät-
zen, Machanajim mit den zugehörigen Weideplät-
zen, 39 Hesbon und Jaser mit den zugehörigen Wei-
deplätzen: insgesamt vier Städte. 40 Es erhielten die
Geschlechter der Nachkommen Meraris, die noch
übrig waren von den Geschlechtern der Levitern,
als ihren Losanteil im ganzen zwölf Städte. 41 Levi-
tenstädte gab es also inmitten des Erbbesitzes der
Israeliten insgesamt achtundvierzig samt den zuge-
hörigen Weidetriften. 42 Es bestanden jene Städte je-

weils aus einer Ortschaft mit dem zugehörigen Weideland ringsherum. Dies gilt von allen jenen Städten.
43 Der Herr verlieh Israel das ganze Land, dessen Verleihung er ihren Vätern eidlich verheißen hatte. Sie nahmen es in Besitz und siedelten sich darin an.
44 Der Herr verschaffte ihnen ringsherum Ruhe, genau wie er ihren Vätern eidlich verheißen hatte. Von all ihren Feinden konnte ihnen gegenüber niemand widerstehen. Der Herr gab alle ihre Feinde in ihre Gewalt. 45 Keine von den gesamten guten Verheißungen, die der Herr dem Hause Israel gegeben hatte, ward hinfällig. Alles erfüllte sich.

Entlassung der Ostjordanstämme: Beobachtet die Gebote des Herrn!

22 1 Damals rief Josua die Rubeniten,die Gaditen und den halben Stamm Manasse. 2 Er sprach zu ihnen: »Ihr habt alles beobachtet, was euch Moses, der Knecht des Herrn, befohlen hat; auch mir habt ihr gehorcht in allem, was ich euch befohlen habe. 3 Ihr habt eure Stammesbrüder diese lange Zeit hindurch bis heute nie im Stich gelassen. Den Befehl des Herrn, eures Gottes, habt ihr getreu beobachtet. 4 Nun aber hat der Herr, euer Gott, euren Volksgenossen Ruhe verschafft, wie er ihnen verheißen. So wendet euch nun und kehrt wieder in eure Zelte zurück, in das Land eures Erbbesitzes, den euch Moses, der Knecht des Herrn, jenseits des Jordans verliehen hat! 5 Nur achtet gewissenhaft darauf, dem Befehl und der Anweisung, die euch Moses, der Knecht des Herrn, befohlen hat, zu folgen: Liebt den Herrn, euren Gott, und wandelt auf seinen Wegen, beobachtet seine Gebote, seid anhänglich an ihn und dient ihm aus eurem ganzen Herzen und mit eurer ganzen Seele!« 6 Josua segnete und entließ sie, und sie kehrten zu ihren Zelten zurück. 7 Der einen Hälfte des Stammes Manasse hatte Moses in Basan Landbesitz gegeben, der anderen Hälfte gab ihn Josua bei ihren Stammesbrüdern jenseits des Jordans im Westen. Josua entließ auch sie zu ihren Zelten mit Segenswünschen. 8 Er sprach zu ihnen: »Mit reichen Schätzen kehrt zu euren Zelten zurück, mit sehr großem Viehbestand, mit Silber, Gold, Erz, Eisen und Kleidern in großer Menge. Teilt, was ihr von euren Feinden erbeutet habt, mit euren Stammesbrüdern!«

Altar nicht Opferstätte, sondern Zeuge

9 Die Rubeniten, Gaditen und der halbe Stamm Manasse kehrten also um und gingen von den Israeliten weg aus Silo im Lande Kanaan, um ins Land Gilead zu ziehen, in ihr Erbland, das sie nach der Verheißung des Herrn an Moses besitzen sollten.
10 Sie kamen zu den Bezirken am Jordan, noch zum Lande Kanaan gehörig, und die Rubeniten, Gaditen und der halbe Stamm Manasse erbauten dort am Jordan einen Altar, recht stattlich anzusehen. 11 Da hörten die Israeliten folgende Kunde: »Seht, die Rubeniten, Gaditen und der halbe Stamm Manasse haben sich einen Altar gegenüber dem Lande Kanaan in den Bezirken des Jordans, jenseits des Gebietes der Israeliten, errichtet.« 12 Die Israeliten hörten das, und es versammelte sich die ganze israelitische Gemeinde in Silo, um gegen sie in den Krieg zu ziehen. 13 Die Israeliten sandten nun den Sohn des Priesters Eleasar, Pinchas, zu den Rubeniten, Gaditen und dem halben Stamm Manasse in das Land Gilead, 14 dazu zehn Fürsten von sämtlichen Stämmen Israels, je einen von jedem Stamme; jeder von ihnen war Oberhaupt der Familien in den Tausendschaften Israels. 15 Sie kamen zu den Rubeniten, Gaditen und dem halben Stamm Manasse in das Land Gilead und redeten mit ihnen: 16 »So läßt die ganze Gemeinde des Herrn sagen: Was soll diese Untreue, die ihr gegen den Gott Israels begangen habt, da ihr euch heute vom Herrn abwendet, indem ihr euch einen Altar errichtet habt für euren heutigen Abfall vom Herrn? 17 Haben wir noch nicht genug an der Schuld von Peor, von der wir bis heute noch nicht rein sind? Daraufhin kam ja auch die Heimsuchung über die Gemeinde des Herrn! 18 Ihr wendet euch also heute vom Herrn ab. Fallt ihr aber heute vom Herrn ab, dann zürnt er morgen der ganzen Gemeinde Israel. 19 Fürwahr, wenn das Land, das euer Eigentum ist, unrein sein sollte, so kommt doch herüber in das Land, das des Herrn Eigentum ist, wo seine Wohnstätte steht! Siedelt euch doch bei uns an, aber gegen den Herrn empört euch nicht und verstrickt uns nicht auch noch in die Empörung, indem ihr euch einen Altar baut, der neben dem Altar des Herrn, unseres Gottes, bestehen soll. 20 Vergriff sich nicht auch Achan, der Sohn des Serach, treulos an dem Banngut, und kam da nicht der Zorn über die ganze Gemeinde Israel, obwohl es doch nur ein einzelner Mann war? Mußte er nicht um seines Frevels willen sterben?«
21 Da antworteten die Rubeniten, Gaditen und der halbe Stamm Manasse, indem sie zu den Häuptern der Tausendschaften sprachen: 22 »Der erhabene Gott, der Herr, fürwahr der erhabene Gott, der Herr, er allein weiß es, und Israel möge es wissen: Wenn dies in Empörung und in Untreue gegen den

Herrn geschehen ist, so möge er uns am heutigen
Tag nicht helfen! 23 Wenn wir uns einen Altar er-
richteten, um uns vom Herrn abzuwenden und um
auf ihm Brand- und Speiseopfer darzubringen oder
um Friedopfer auf ihm zu vollziehen, so ahnde es
der Herr selbst. 24 Vielmehr aus Sorge, aus folgen-
dem Grund haben wir es getan: In Zukunft könnten
eure Nachkommen unsern Nachkommen gegen-
über bemerken: ›Was geht euch der Herr, der Gott
Israels, an? 25 Hat doch der Herr zwischen uns und
euch Rubeniten und Gaditen den Jordan zur Grenze
bestimmt! Ihr habt keinen Anteil am Herrn!‹ So
könnten eure Nachkommen unsere Kinder von der
Verehrung des Herrn abspenstig machen. 26 Da
haben wir uns denn gedacht: Wir wollen uns doch
einen Zeugen schaffen, indem wir den Altar errich-
ten; nicht für Brand- und nicht für Schlachtopfer ist
er bestimmt, 27 sondern Zeuge sei er zwischen uns
und euch und zwischen unsern Nachkommen, daß
wir dem Dienste des Herrn obliegen wollen mit un-
sern Brand-, Schlacht- und Friedopfern. Nicht sollen
eure Söhne künftig zu unsern Söhnen sagen: ›Kei-
nen Anteil habt ihr am Herrn.‹ 28 Wir dachten:
Wenn sie zu uns oder unsern Nachkommen künftig
so sprechen, dann antworten wir: ›Seht das Abbild
des Herrenaltares, den unsere Väter gebaut haben,
nicht zu Brand- und Schlachtopfern, sondern als
Zeuge zwischen uns und euch!‹ 29 Ferne sei es von
uns, daß wir uns gegen den Herrn empören und uns
heute vom Herrn abwenden wollen, indem wir uns
einen Altar für Brand-, Speise- und Schlachtopfer
errichten außer dem Altar des Herrn, unseres
Gottes, der sich vor seiner Wohnung befindet.«
30 Der Priester Pinchas und die Fürsten der Ge-
meinde, die Häupter der Tausendschaften Israels,
die sich in seiner Begleitung befanden, vernahmen
die Worte der Rubeniten, der Gaditen und der
Manassiten, und sie waren damit einverstanden.
31 Der Priester Pinchas, der Sohn Eleasars, sprach zu
den Rubeniten, Gaditen und Manassiten: »Heute
erfahren wir, daß der Herr in unserer Mitte ist, weil
ihr keine Untreue dem Herrn gegenüber verübtet.
So bewahrtet ihr die Israeliten vor der Hand des
Herrn.« 32 Der Priester Pinchas, der Sohn des Elea-
sar, und die Fürsten kehrten von den Rubeniten und
Gaditen aus dem Lande Gilead in das Land Kanaan
zu den Israeliten zurück und hinterbrachten ihnen
die Kunde. 33 Der Bescheid gefiel den Israeliten
wohl. Die Israeliten priesen Gott und gaben den
Plan auf, gegen sie in den Krieg zu ziehen, um das
Land der Rubeniten und Gaditen zu verwüsten.
34 Die Rubeniten und Gaditen nannten den Altar
»Zeugnis«; denn (so sagten sie) er ist ein Zeugnis
zwischen uns, daß der Herr Gott ist.

22,15–31: Die Befürchtung, daß der Jordan als Grenze den Zwölfstämmeverband politisch und besonders religiös aufspalten könnte, wird zerstreut. • 26–29: Würden auf dem Altar die üblichen Opfer dargebracht, so wäre praktisch eine Spaltung vorhanden. Nun aber soll der Altar nur Symbol der Zugehörigkeit zu der einen israelitischen Kultgemeinschaft sein.

Josuas letzte Ermahnungen

23 1 Lange Zeit verfloß; der Herr hatte den
Israeliten vor all ihren Feinden ringsum
Ruhe verschafft, und Josua war alt und
hochbetagt. 2 Da berief Josua ganz Israel, seine
Ältesten, Oberhäupter, Richter und Aufseher und
sprach zu ihnen: »Ich bin nun alt und hochbetagt.
3 Ihr selbst habt all das gesehen, was der Herr, euer
Gott, all jenen Völkern um euretwillen widerfahren
ließ; denn der Herr, euer Gott, hat selbst für euch
gekämpft. 4 Seht, ich habe euch als Erbbesitz für
eure Stämme diese Völker zugeteilt, die noch übrig
sind von allen Völkern, welche ich vertilgte vom Jor-
dan bis zum Großen Meer im Westen. 5 Der Herr,
euer Gott, selbst wird sie vor euch verjagen und sie
vor euch austreiben, damit ihr deren Land in Besitz
nehmt, wie euch der Herr, euer Gott, verheißen hat.
6 Strengt euch also tüchtig an, alles zu halten und zu
tun, was im Gesetzbuch des Moses geschrieben
steht, ohne davon rechts oder links abzuweichen!
7 Ihr sollt euch nicht etwa unter jene noch übrigge-
bliebenen Völker mischen, der Namen ihrer Götter
nicht gedenken, bei ihnen nicht schwören, sie
weder verehren noch euch vor ihnen niederwerfen.
8 Vielmehr dem Herrn, eurem Gott, sollt ihr anhan-
gen, wie ihr es bis zum heutigen Tag getan habt.
9 Der Herr hat vor euch große und starke Völker
vertrieben, und vor euch hielt bis heute niemand
stand. 10 Einer von euch kann tausend verfolgen;
denn der Herr, euer Gott, ist es, der für euch strei-
tet, wie er euch verheißen hat. 11 So achtet doch um
eures Lebens willen streng darauf, den Herrn, euren
Gott, zu lieben! 12 Denn wendet ihr euch ab und
haltet ihr es mit dem Rest jener Völker, die bei euch
übriggeblieben sind, verschwägert ihr euch mit
ihnen und vermischt ihr euch mit ihnen und sie mit
euch, 13 so wißt es wohl, daß der Herr, euer Gott,
diese Völker nicht mehr vor eurem Antlitz vertrei-
ben wird! Sie werden euch vielmehr zur Schlinge
und zum Fallstrick, zu Geißeln in euren Seiten und
zu Stacheln in euren Augen, bis ihr verschwindet
aus diesem guten Land, das euch der Herr, euer
Gott, gegeben hat.
14 Seht, ich selbst gehe jetzt den Weg alles Irdischen!

Seid euch von ganzem Herzen und von ganzer
Seele dessen bewußt, daß keine einzige von all den
guten Verheißungen hinfällig ward, die der Herr,
euer Gott, euch gab. Alle sind für euch in Erfüllung
gegangen, keine einzige davon ist ausgefallen.
15 Wie aber an euch jegliche gute Verheißung, die
der Herr, euer Gott, euch gab, in Erfüllung gegangen
ist, so wird der Herr an euch auch jegliche üble Dro-
hung zur Erfüllung bringen, bis er euch ausgerottet
hat aus diesem guten Land, das der Herr, euer Gott,
euch verlieh. 16 Übertretet ihr den Bund des Herrn,
eures Gottes, den er euch befohlen hat, geht ihr hin
und verehrt andere Götter und werft euch vor
ihnen nieder, dann entbrennt des Herrn Zorn gegen
euch. Ihr werdet rasch aus diesem guten Land ver-
schwinden, das er euch gab.«

23,1–24,28: Wir deuten die Abschiedsworte Josuas am besten, wenn wir in ihnen eine Predigt sehen. Wir finden manche Anklänge an das gepredigte Gesetz im letzten Buch des Moses (so 8–13). Während in den Abschiedsworten Josuas gesagt wurde, wie man Gott verehren soll, bringt Kap. 24 zum Ausdruck, wem von allen Göttern man dienen soll. Höhepunkt der Rede ist 24,15. Die große Versammlung in Sichem ruft Erinnerungen an die Erzväter wach, von denen Joseph hier begraben liegt. Denn die Stadt befindet sich im Gebiet von Ephraim, und ein Ephraimit war auch Josua. Hier erfolgt also die feierliche Absage an alle Götter, die nicht »Herr« sind. Noch in ntl. Zeiten ist Sichems Rolle nicht ausgespielt (Joh 4).

Bundesbekräftigung zu Sichem

24 1 Josua versammelte alle Stämme Isra-
els in Sichem. Er berief die Ältesten
Israels, seine Oberhäupter, Richter und
Aufseher, und sie traten vor Gott hin. 2 Josua sprach
zu dem ganzen Volke: »So spricht der Herr, der Gott
Israels: ›Jenseits des Stromes haben dereinst eure
Urahnen gewohnt, Terach, der Vater Abrahams und
Nachors; sie haben andern Göttern gedient. 3 Da
nahm ich euren Ahnherrn Abraham aus dem Lande
jenseits des Stromes und führte ihn durch das ganze
Land Kanaan. Ich machte seine Nachkommen-
schaft zahlreich und schenkte ihm den Isaak. 4 Dem
Isaak aber schenkte ich Jakob und Esau. Dem Esau
gab ich das Gebirge Seïr zum Besitze. Jakob aber
und seine Söhne zogen hinab nach Ägypten. 5 So-
dann sandte ich Moses und Aaron und schlug
Ägypten mit Wundertaten, die ich in seiner Mitte
wirkte. Danach führte ich euch hinweg. 6 Ich führte
eure Väter aus Ägypten hinweg, und ihr gelangtet
an das Meer. Die Ägypter aber setzten euren Vätern
nach mit Streitwagen und deren Mannschaften am
Schilfmeer. 7 Da riefen sie zum Herrn um Hilfe, und
er ließ zwischen euch und den Ägyptern Finsternis
aufkommen. Er schickte über sie die Meeresflut, die
sie bedeckte. Mit eigenen Augen habt ihr gesehen,
was ich an Ägypten tat. Ihr verweiltet dann lange
Zeit hindurch in der Wüste. 8 Ich brachte euch dann
in das Land der Amoriter, jenseits des Jordans. Sie
kämpften mit euch, und ich gab sie in eure Gewalt.
Ihr konntet ihr Land besetzen, und ich vertilgte sie
vor euch. 9 Sodann trat Balak auf, der Sohn des Zip-
por, der König von Moab, und stritt wider Israel. Er
ließ den Bileam, den Sohn des Beor, rufen, damit er
euch verfluche. 10 Ich aber war Bileam nicht will-
fährig. Er mußte euch segnen, und ich rettete euch
aus seiner Hand. 11 Ihr überschrittet den Jordan und
kamt nach Jericho. Die Männer von Jericho stritten
wider euch, die Amoriter, die Perissiter, Kanaaniter,
Hethiter, Girgaschiter, Hiwwiter und Jebusiter. Ich
aber gab sie in eure Gewalt. 12 Ich sandte vor euch
her die Furcht. Diese verdrängte sie vor euch, die
zwei Könige der Amoriter, nicht durch dein
Schwert und nicht durch deinen Bogen. 13 Ich ver-
lieh euch ein Land, um das du dich nicht bemüht
hast, Städte, die ihr nicht gebaut habt, aber doch be-
wohnen dürft. Weinberge und Olivengärten, die ihr
nicht gepflanzt, dienen euch zur Nahrung.‹
14 So fürchtet nun den Herrn, dient ihm mit unge-
teilter Hingabe und Treue, entfernt die Götter,
denen eure Väter jenseits des Stromes und in Ägyp-
ten dienten, und dienet dem Herrn! 15 Gefällt es
euch aber nicht, dem Herrn zu dienen, so wählt
euch heute aus, wem ihr dienen wollt: den Göttern,
denen eure Ahnen jenseits des Stromes gedient
haben, oder den Göttern der Amoriter, in deren
Land ihr wohnt! Ich aber und meine Familie, wir
wollen dem Herrn dienen.«

Das Volk Israel bekennt sich zum Herrn und seinem Bund

16 Da antwortete das Volk und sprach: »Fern sei es
von uns, den Herrn zu verlassen, um anderen Göt-
tern zu dienen! 17 Denn der Herr, unser Gott, war es,
der uns und unsere Väter aus dem Ägypterland her-
aufführte, aus dem Hause der Sklaverei, der vor un-
seren Blicken jene großen Wunderzeichen tat und
uns auf allen unseren Wegen und unter allen Völ-
kern, durch die wir mitten hindurchgezogen sind,
behütete. 18 Der Herr vertrieb vor uns alle Völker
und die Amoriter, die Landesbewohner. Auch wir
wollen dem Herrn dienen; denn er ist unser Gott.«
19 Da sprach Josua zum Volke: »Ihr könnt dem
Herrn nicht dienen, denn er ist ein heiliger Gott; ein
eifersüchtiger Gott ist er; er wird euch eure Über-
tretungen und Sünden nicht verzeihen! 20 Verlaßt
ihr den Herrn und dient ihr fremdländischen Göt-
tern, dann wendet er sich ab und wird euch Übles
antun und euch aufreiben, nachdem er euch Wohl-

taten gespendet hat.« 21 Das Volk entgegnete Josua:
»Nicht doch, dem Herrn wollen wir dienen!« 22 Da
sprach Josua zum Volke: »Zeugen seid ihr wider
euch selbst, daß ihr euch den Herrn gewählt habt,
um ihm zu dienen.« Sie sprachen: »Ja, wir sind Zeu-
gen!« 23 »So entfernt nun die fremdländischen Göt-
ter, die mitten unter euch sind, und neigt euer Herz
dem Herrn, dem Gott Israels, zu!« 24 Das Volk be-
kräftigte Josua: »Dem Herrn, unserm Gott, wollen
wir dienen und seiner Stimme gehorchen!«

Der Stein als Zeuge

25 Da schloß Josua für das Volk an jenem Tag einen
Bund. Er gab ihm Satzung und Recht zu Sichem.
26 Josua schrieb jene Worte in das Gesetzbuch
Gottes; er nahm einen großen Stein und errichtete
ihn daselbst unter der Eiche beim Heiligtum des
Herrn. 27 Und Josua sprach zum ganzen Volke:
»Hier, dieser Stein sei Zeuge gegen uns; denn er
hörte alle Worte des Herrn, die er zu uns geredet
hat. Er sei auch Zeuge gegen euch, damit ihr euren
Gott nicht verleugnet.« 28 Danach entließ Josua das
Volk, einen jeden in sein Besitztum.

Josuas Tod

29 Nach diesen Begebenheiten starb Josua, der Sohn
Nuns, der Knecht des Herrn; er war hundertzehn
Jahre alt. 30 Man begrub ihn im Berelch seines
Erbbesitzes zu Timnat-Serach auf dem Gebirge
Ephraim nördlich vom Berge Gaasch. 31 Israel
diente dem Herrn die ganze Lebenszeit des Josua
und die ganze Lebenszeit der Ältesten, die Josua
noch lange überlebten und die alle die Werke kann-
ten, die der Herr für Israel getan hatte.

Bestattung der Gebeine Josephs

32 Die Gebeine Josephs aber, welche die Israeliten
aus Ägypten mitgeführt hatten, begrub man in
Sichem auf dem Feldgrundstück, das Jakob von den
Söhnen Chamors, des Vaters Sichems, um hundert
Kesita erworben hatte. Es war den Nachkommen
Josephs als Erbbesitz zugefallen.

Eleasars Tod

33 Auch Eleasar, der Sohn Aarons, starb. Man be-
grub ihn in Gibea, (der Stadt) seines Sohnes Pin-
chas, die ihm auf dem Gebirge Ephraim verliehen
worden war.

DAS BUCH DER RICHTER

Als Richter bezeichnet man jene Männer zwischen Josua und dem Aufkommen des Königtums, die in höchster Not und Gefahr die einbrechenden Volks- und Stammesfeinde vertrieben und ihrem Volk oder Stamm die Freiheit wiedergewannen. Sie sind also in erster Linie »Retter«. Sie erfreuten sich besonderer Berufung und außerordentlicher Gnadengaben Gottes. Ihre Sendung erstreckte sich aber nicht auf ganz Israel, sondern nur auf einzelne Teile. Denn Israel bildete in jener Zeit noch keine geschlossene Einheit. Jeder Stamm hatte weitgehende Selbständigkeit.

Das Richterbuch, das bereits vorhandene Einzelgeschichten zusammenfaßt, beginnt mit einer Einleitung, die man eine kurze Wiederholung des Josuabuches nennen kann (1,1– 2,10). Ausgehend von dem Grundsatz »Geschichte ist göttliches Gericht«, erzählen uns die folgenden Kapitel Kämpfe der Israeliten mit einheimischen und benachbarten heidnischen Völkern (2,11–16,31). Trüb sind die politischen, sozialen und religiösen Zustände. Oft genug sind wir erschüttert, wenn wir von sittlichen Verirrungen und Grausamkeiten in der Kriegführung hören.

Es geht im wesentlichen um sechs große und die gleiche Anzahl kleiner Richter. Sie werden in der Stunde der Not, welche die Folge des Abfalls ist, vom Herrn als Retter vor den Feinden gesandt. Abimelech, der Sohn Gideons, paßt allerdings in diesen Rahmen nicht hinein (Kap. 9). Ebenso erzählen uns die Kapitel 17–21 nicht von Richtern, sondern nur von dem Zeitalter, in dem die Richter lebten und wirkten, und zeichnen die religiös-sittlichen Zustände jener Epoche. Alle Erzählungen des Richterbuches sind offenbar in der Königszeit auf der Grundlage älteren Materials von einem Sammler zusammengestellt worden, der die Geschehnisse teils billigt, teils geißelt, in jedem Falle aber eine erzieherische Wirkung im Sinne der prophetischen Verkündigung ausüben will.

Nach dem Tode Josuas befragten die Israeliten den Herrn: »Wer von uns soll zuerst gegen die Kanaaniter ziehen, um mit
ihnen zu streiten?« 2 Der Herr sprach: »Juda ziehe
hinab; ich gebe das Land in seine Gewalt!« 3 Juda
aber sprach zu seinem Bruder Simeon: »Ziehe mit
mir in meinen Losanteil, damit wir gegen die Kanaaniter kämpfen; dann will auch ich mit dir in deinen Losanteil ziehen.« Da ging Simeon mit ihm.
4 Juda zog aus, und der Herr gab die Kanaaniter und
die Perissiter in ihre Gewalt. Sie schlugen jene bei
Besek, zehntausend Mann. 5 Bei Besek trafen sie
auf Adonibesek, stritten wider ihn und schlugen
die Kanaaniter und Perissiter. 6 Adonibesek aber
floh. Man jagte ihm nach, ergriff ihn und hieb ihm
die Daumen und die großen Zehen ab. 7 Da sprach
Adonibesek: »Siebzig Könige, deren Daumen und
große Zehen abgehauen waren, lasen unter meinem
Tische Brocken auf; wie ich getan habe, also vergilt
mir Gott!« Man brachte ihn nach Jerusalem; daselbst starb er. 8 Die Judäer aber kämpften wider
Jerusalem, nahmen es ein, schlugen es mit des
Schwertes Schärfe und steckten die Stadt in Brand.
9 Danach zogen die Judäer weiter zum Kampf gegen die Kanaaniter im Gebirge, im Südland und in
der Niederung.
10 Juda zog auch gegen die Kanaaniter in Hebron
[Hebron hieß früher Kirjat-Arba] und schlug den
Scheschai, Achiman und Talmaj. 11 Von da zog er
gegen die Bewohner von Debir [Debir hieß vordem
Kirjat-Sepher = Bücherstadt] . 12 Da tat Kaleb den
Ausspruch: »Dem, der Kirjat-Sepher bezwingt und
einnimmt, gebe ich meine Tochter Achsa zur Frau.«
13 Otniel, der Sohn des Kenas, des jüngeren Bruders
Kalebs, nahm es ein; so erhielt er denn Achsa, die
Tochter des Kaleb, zur Frau. 14 Als sie ihm nun zugeführt wurde, stachelte sie ihn auf, von ihrem
Vater Feld zu verlangen. Auch ließ sie sich vom Esel
herabgleiten, so daß Kaleb sie fragte: »Was ist mit
dir?« 15 Da sprach sie zu ihm: »Gib mir ein Segensgeschenk; denn du hast mich ins trockene Südland
vergeben! Gib mir doch Wasserstellen!« Da gab ihr
Kaleb die obere und untere Wasserstelle.
16 Die Söhne des Keniters Chobab, des Schwiegervaters des Moses, zogen mit den Judäern aus
der Palmenstadt hinauf in die Wüste von Arad

[im Südland] ; sie gingen hin und siedelten bei
den Amalekitern. 17 Juda zog mit seinem Bruder
Simeon weiter; sie schlugen die Kanaaniter in
Zephat und vollstreckten an ihm den Bann. Darum
nannte man die Stadt Chorma. 18 Aber Gaza und
sein Gebiet, Askalon, Ekron und sein Gebiet nahm
Juda nicht ein. 19 Der Herr war mit Juda; er konnte
zwar das Gebirge besetzen, aber die Bewohner
der Ebene konnte er nicht vertreiben; denn ihnen
standen eiserne Streitwagen zur Verfügung. 20 Dem
Kaleb gab man Hebron, wie Moses angeordnet
hatte; von dort vertrieb er die drei Söhne Enaks.
21 Doch die Jebusiter in Jerusalem konnten von
den Nachkommen Benjamins nicht vertrieben
werden, und die Jebusiter blieben bei den Benja-
miniten in Jerusalem wohnen bis zum heutigen
Tag.
22 Nun zogen auch die vom Stamme Joseph gegen
Betel, und der Herr war mit ihnen. 23 Das Haus Jo-
seph ließ Betel auskundschaften [die Stadt hieß
früher Lus]. 24 Da sahen die Späher, wie ein Mann
aus der Stadt herauskam. Sie sprachen zu ihm:
»Zeige uns doch, wie man in die Stadt hineinkom-
men kann; wir werden dir dafür eine Gefälligkeit
erweisen!« 25 Da zeigte er ihnen den Zugang zur
Stadt. Sie schlugen die Stadt mit der Schärfe des
Schwertes; den Mann jedoch und seine ganze Sippe
ließen sie gehen. 26 Der Mann ging in das Hethiter-
land, gründete eine Stadt und nannte sie Lus; dies
ist ihr Name bis heute.

Nichteroberte Land

27 Manasse konnte aber Bet-Schean, Taanach, die
Einwohner von Dor, Jibleam und Megiddo samt al-
len ihren Tochterstädten nicht in Besitz nehmen.
Die Kanaaniter waren entschlossen, in diesem Ge-
biet wohnen zu bleiben. 28 Als Israel aber allmählich
stärker wurde, machte es die Kanaaniter fronpflich-
tig; völlig vertrieben hat man sie nicht. 29 Auch
Ephraim vertrieb die Kanaaniter in Geser nicht; so
blieben die Kanaaniter in seiner Mitte wohnen, in
Geser. 30 Sebulun vertrieb die Bewohner von Kitron
und die Bewohner von Nahalol nicht. Die Kanaani-
ter blieben in seiner Mitte, wurden indes fronpflich-
tig. 31 Aser vertrieb die Bewohner von Akko, Sidon,
Machaleb, Achsib, Aphek und Rechob ebenfalls
nicht. 32 Es wohnten die Aseriten inmitten der Ka-
naaniter, der eigentlichen Landesbewohner; denn
man konnte sie nicht vertreiben. 33 Die vom
Stamme Naphtali vertrieben die Bewohner von
Bet-Schemesch und Bet-Anat nicht. Sie blieben mit-
ten unter den Kanaanitern, den eigentlichen Lan-
desbewohnern; doch die Leute von Bet-Schemesch
und Bet-Anat wurden ihnen fronpflichtig. 34 Die
Amoriter drängten die vom Stamme Dan auf das
Gebirge und ließen sie nicht in die Ebene hinabstei-
gen. 35 Die Amoriter entschlossen sich, in Har-Che-
res, in Ajjalon und in Schaalbim zu bleiben. Aber
das Haus Joseph zwang sie, fronpflichtig zu wer-
den. 36 Das Gebiet der Edomiter erstreckte sich von
der Skorpionensteige bis nach Sela und darüber hin-
aus.

1,6–7: Um den König der Kampffähigkeit zu berauben. Solche Verstümmelungen hoher Kriegsgefangener sind im Altertum weit verbreitet, hier klar als Strafe Gottes gekennzeichnet. • 10–15: Derselbe Bericht steht fast gleichlautend in Jos 15,14–19. • 21: Ebenso Jos 15,63, dort aber »Söhne Judas« (statt »Benjaminiten«. Jerusalem lag an der Grenze der beiden Stämme (Jos 18,16.28) und konnte erst von David eingenommen werden (2 Sam 5,6–9).

Am Ort der Weinenden

2 1 Der Engel des Herrn zog aus Gilgal hinauf
nach Bochim und sprach: »Ich führte euch
aus Ägypten heraus und brachte euch in das
Land, das ich euren Vätern eidlich versprochen
habe. Ich hatte gesagt: Ich werde meinen Bund mit
euch in Ewigkeit nicht aufheben. 2 Ihr aber dürft mit
den Bewohnern dieses Landes keine Verträge
schließen! Ihr müßt ihre Altäre abbrechen! Ihr habt
jedoch meiner Stimme nicht gehorcht! Warum habt
ihr das getan? 3 Jetzt aber sage ich euch: Ich werde
sie nicht vor euch vertreiben, sie werden eure Quäl-
geister, und ihre Götter werden euch zum Fallstrick
sein.« Während der Engel des Herrn diese Worte zu
allen Israeliten redete, erhoben die Leute ihre
Stimme und weinten. 5 Daher nannte man jenen
Ort Bochim (Weinende). Sie opferten dort dem
Herrn.
6 Josua hatte das Volk verabschiedet. Die Israeliten
begaben sich einzeln zu ihrem Erbbesitz, um das
Land zu besetzen. 7 Das Volk diente dem Herrn
während der ganzen Lebensdauer Josuas und der
Ältesten, die Josua noch lange überlebten und alle
Großtaten des Herrn geschaut hatten, die er an
Israel gewirkt. 8 Josua, der Sohn Nuns und Knecht
des Herrn, starb im Alter von hundertzehn Jahren.
9 Man begrub ihn im Bereich seines Erbbesitzes zu
Timnat-Serach auf dem Gebirge Ephraim, nördlich
vom Berge Gaasch. 10 Aber auch dieses ganze Ge-
schlecht wurde zu seinen Vätern versammelt, und
es erstand ein anderes Geschlecht nach ihnen, das
weder den Herrn kannte noch das Werk, das er an
Israel gewirkt hatte.

Sünde und Strafe

11 Die Israeliten taten Dinge, die dem Herrn miß-
fielen. Sie verehrten die Baale. 12 Sie verließen den

Herrn, den Gott ihrer Väter, der sie aus dem Ägyp-
terland weggeführt, liefen anderen Göttern nach,
Göttern der Völker ihrer Umgebung, warfen sich
vor ihnen nieder und reizten damit den Herrn. 13 Sie
verließen den Herrn und verehrten den Baal und die
Astarten.
14 Da entbrannte der Zorn des Herrn wider Israel; er
gab sie in die Gewalt von Räubern, die sie ausraub-
ten, und verkaufte sie in die Hand ihrer Feinde
ringsum. Sie konnten vor ihren Feinden nicht mehr
standhalten. 15 Wohin immer sie zogen, war die
Hand des Herrn wider sie zum Unheil, wie der Herr
es gesagt und ihnen eidlich angedroht hatte. Er
brachte sie in große Drangsal.
16 Dann ließ der Herr Richter auftreten; diese rette-
ten sie aus der Hand der Ausplünderer. 17 Aber auch
ihren Richtern folgten sie nicht, sondern gaben sich
anderen Göttern preis und warfen sich vor ihnen
nieder. Schnell sind sie von dem Wege abgewichen,
den ihre Väter gegangen waren, welche die Wei-
sungen des Herrn befolgt hatten. Sie aber handelten
nicht so. 18 Wenn der Herr ihnen Richter erstehen
ließ, dann half er dem Richter und errettete jene aus
der Gewalt ihrer Feinde, solange der Richter lebte.
Denn der Herr hatte Mitleid, wenn sie über ihre Be-
drücker und Bedränger stöhnten. 19 Starb aber der
Richter, so handelten sie von neuem noch schlim-
mer als ihre Väter, liefen hinter fremden Göttern
her, dienten ihnen und warfen sich vor ihnen nie-
der. Sie ließen nicht ab von ihren Taten und ihrem
verstockten Lebenswandel.
20 So entbrannte des Herrn Zorn wider Israel, und er
sprach: »Weil dieses Volk meinen Bund übertrat,
den ich ihren Vätern befohlen habe, und meiner
Stimme nicht gehorchte, 21 will auch ich vor ihnen
keines mehr von den Völkern vertreiben, die Josua
bei seinem Tode übriggelassen hat, 22 um durch sie
Israel auf die Probe zu stellen, ob es den Weg des
Herrn beobachten und auf ihm wandeln will, wie
es ihre Väter taten, oder nicht.« 23 Der Herr beließ
also jene Völker, ohne sie rasch zu vertreiben, und
er gab sie nicht in die Hand Josuas.

2,1: Bochim gehört wohl zur Kultstätte Betel.

3 1 Dies sind die Völker, die der Herr zurückließ,
um durch sie alle Israeliten, welche die ge-
samten Kämpfe um Kanaan nicht kannten, zu
prüfen – 2 nur um gerade jenen Geschlechtern der
Israeliten, die von den früheren Kämpfen nichts
mehr wußten, Kenntnis und Übung der Krieg-
führung beizubringen: 3 Die fünf Philisterfürsten,
alle Kanaaniter, die Sidonier und die Hiwwiter am
Libanongebirge vom Berge Baal-Hermon bis nach
Lebo-Hamat. 4 Sie erfüllten die Aufgabe, daß durch
sie die Israeliten auf die Probe gestellt wurden, da-
mit es sich zeigte, ob diese den Weisungen des
Herrn gehorchen würden, die er ihren Vätern durch
Moses gegeben hatte. 5 Die Israeliten wohnten also
inmitten der Kanaaniter, Hethiter, Amoriter, Peris-
siter, Hiwwiter und Jebusiter. 6 Sie nahmen sich
deren Töchter zu Frauen, gaben ihre Töchter an
deren Söhne und verehrten ihre Götter.

Otniel

7 Die Israeliten taten, was dem Herrn mißfiel, sie
vergaßen den Herrn, ihren Gott, und dienten den
Baalen und Ascheren. 8 Da entbrannte des Herrn
Zorn wider Israel. Er überlieferte sie der Gewalt des
Kuschan-Rischatajim, des Königs von Aram in
Mesopotamien. Die Söhne Israels dienten dem
Kuschan-Rischatajim acht Jahre lang. 9 Die Israeli-
ten aber schrieen zum Herrn, und der Herr ließ den
Kindern Israels einen Retter erstehen, der sie be-
freite: Otniel, den Sohn des Kenas, des jüngeren
Bruders des Kaleb. 10 Der Geist des Herrn kam über
ihn, und er ward Richter über Israel. Er zog zum
Kriege aus, und der Herr überlieferte den Kuschan-
Rischatajim, den König von Aram, seiner Gewalt;
so gewann er die Oberhand über Kuschan-Rischa-
tajim. 11 Das Land hatte vierzig Jahre lang Ruhe.
Dann starb Otniel, der Sohn des Kenas.

Ehud

12 Die Israeliten taten aufs neue, was dem Herrn
mißfiel. Der Herr ließ deshalb den König Eglon von
Moab stark werden über Israel, weil sie taten, was
dem Herrn mißfiel. 13 Im Bunde mit den Ammoni-
tern und Amalekitern zog er heran, schlug Israel
und besetzte die Palmenstadt (Jericho). 14 Die Israe-
liten wurden dem König Eglon von Moab achtzehn
Jahre lang untertan. 15 Da schrieen die Israeliten
zum Herrn. Der Herr ließ ihnen einen Retter erste-
hen, den Benjaminiten Ehud, Geras Sohn, einen
Linkshänder. Durch ihn sandten die Israeliten Tri-
but an den König Eglon von Moab. 16 Nun machte
sich Ehud einen zweischneidigen Dolch, eine
Spanne lang, und gürtete ihn unter sein Gewand an
die rechte Hüfte.
17 So brachte er dem König Eglon von Moab den
Tribut. Eglon aber war sehr fettleibig. 18 Als Ehud
die Abgabe überreicht hatte, entließ er die Leute,
die den Tribut getragen hatten. 19 Er selbst kehrte
aber bei den Schnitzbildern von Gilgal um und
sprach: »Ich habe eine geheime Botschaft an dich, o
König.« Dieser sagte: »Geheim!«, und alle, die um
ihn standen, gingen fort. 20 Ehud trat zu ihm heran,

während Eglon im kühlen Obergemach saß, das
ihm allein gehörte. Ehud sprach: »Einen Gottes-
spruch habe ich für dich!«

Ehud erdolcht Eglon und entkommt

Da erhob er sich von seinem Sitz. 21 Ehud streckte
seine linke Hand aus, ergriff den Dolch von seiner
rechten Hüfte und stieß ihm diesen in den Leib.
22 Nach der Klinge drang auch der Griff ein, und das
Fett umschloß die Klinge, denn Ehud hatte den
Dolch nicht aus dem Leib herausgezogen. 23 Ehud
aber gelangte durch ein Schlupfloch hinaus, nach-
dem er die Türen des Obergemaches hinter sich
verschlossen und verriegelt hatte. 24 Nach seinem
Weggang kamen die Diener und bemerkten, daß
die Türen zum Obergemach verriegelt waren. Sie
meinten: »Er verrichtet gewiß in der kühlen Kam-
mer seine Notdurft.« 25 So warteten sie lange, lange
Zeit. Niemand aber öffnete ihnen die Türen zum
Obergemach. Sie holten sich also den Schlüssel und
schlossen auf; da lag ihr Herr tot am Boden. 26 Ehud
aber war entkommen, während sie zögerten. Er
ging an den Schnitzbildern vorbei und entkam nach
Seïra. 27 Sobald er heimkam, stieß er auf dem Ge-
birge Ephraim in die Posaune. Die Israeliten sollten
mit ihm vom Gebirge herabziehen, er selbst an
ihrer Spitze. 28 Er befahl ihnen: »Mir nach! Denn der
Herr gibt eure Feinde, die Moabiter, in eure Ge-
walt!« Da stiegen sie ihm nach zu Tal, besetzten vor
Moab die Jordanfurten und ließen niemand hin-
über. 29 Sie erschlugen von den Moabitern damals
ungefähr zehntausend Mann, lauter starke und
streitbare Männer; niemand entkam. 30 Moab
mußte sich zu jener Zeit unter Israels Faust beugen,
und das Land hatte achtzig Jahre lang Ruhe.

Samgar

31 Ihm folgte Samgar, der Sohn Anats. Er erschlug
von den Philistern sechshundert Mann mit einem
Ochsenstecken. Auch er war ein Retter Israels.

3,6: Religiöse und nationale Mischehen führten von jeher zu Glaubensabfällen und anderen beklagenswerten Erscheinungen. • 7: Die Baale sind männliche, die Ascheren (oder Astarten) weibliche Fruchtbarkeitsgottheiten; 2,11–13.

Debora und Barak

4 1 Die Israeliten aber taten wiederum, was
dem Herrn mißfiel. Es war nach Ehuds Tode.
2 Da verkaufte sie der Herr in die Gewalt
Jabins, des Königs von Kanaan, der in Chazor herr-
schte. Sein Feldherr hieß Sisera; er wohnte in Cha-
roschet der Fremdvölker. 3 Die Israeliten schrieen
zum Herrn; denn jener verfügte über neunhundert
eiserne Streitwagen und bedrängte die Israeliten
zwanzig Jahre lang hart. 4 Debora, eine prophetisch
begabte Frau, die Frau des Lappidot, richtete zu
jener Zeit Israel. 5 Sie hielt ihre Sitzungen unter
der Deborapalme zwischen Rama und Betel auf
dem Gebirge Ephraim. Die Israeliten zogen zu ihr
hinauf, um ihre Entscheidung einzuholen.
6 Sie schickte hin und ließ Barak, den Sohn Abino-
ams, aus Kedesch in Naphtali holen. Sie sprach zu
ihm: »Fürwahr, der Herr, der Gott Israels, befiehlt:
Auf, zieh zum Berge Tabor und nimm mit dir zehn-
tausend Mann von den Naphtaliten und Sebuluni-
ten! 7 Dann will ich zu dir an den Kischonbach den
Sisera, den Feldherrn Jabins, und seine Streitmacht
heranlocken und ihn in deine Gewalt geben!« 8 Ba-
rak sprach zu ihr: »Gehst du mit mir, dann will ich
gehen, gehst du aber nicht mit, so gehe ich nicht!«
9 Sie erwiderte: »Gewiß will ich mit dir gehen, je-
doch wird der Ruhm bei dem Unternehmen, das du
vorhast, nicht dir zufallen, sondern in eines Weibes
Gewalt wird der Herr den Sisera verkaufen!« De-
bora erhob sich und ging mit Barak nach Kedesch.
10 Barak bot Sebulun und Naphtali nach Kedesch
auf. Ihm leisteten zehntausend Mann Gefolgschaft.
Auch Debora zog mit ihm. 11 Der Keniter Cheber
hatte sich von Kajin, einem der Söhne Chobabs, des
Schwiegervaters des Moses, getrennt und sein Zelt
zur Eiche bei Zaanajim in der Nähe von Kedesch
verlegt.

Schlacht am Tabor

12 Man meldete dem Sisera, daß Barak, der Sohn
Abinoams, auf den Berg Tabor hinaufgezogen sei.
13 Da entbot Sisera all seine Streitwagen – neun-
hundert Streitwagen aus Eisen – und alles Kriegs-
volk, das bei ihm war, von Charoschet der Fremd-
völker bis an den Kischonbach. 14 Nun sprach
Debora zu Barak: »Auf! Denn heute ist der Tag, an
dem der Herr Sisera in deine Gewalt gibt! Fürwahr,
der Herr zieht vor dir her!« Da zog Barak vom Berge
Tabor hinunter, zehntausend Mann in seiner Ge-
folgschaft. 15 Der Herr aber brachte Sisera, sein
ganzes Wagenaufgebot und sein ganzes Heerlager
vor Barak in Verwirrung. Sisera stieg vom Streitwa-
gen herunter und entwich zu Fuß. 16 Barak aber
setzte hinter den Wagen und dem Heerlager her bis
nach Charoschet der Fremdvölker. Das ganze Heer
Siseras fiel unter des Schwertes Schärfe; niemand
blieb übrig.
17 Sisera kam fliehend zu Fuß zum Zelte der Jaël, der
Frau des Keniters Cheber; denn zwischen Jabin,
dem König von Chazor, und der Familie des Keni-
ters Cheber herrschte Frieden. 18 Jaël kam heraus,
ging Sisera entgegen und sprach zu ihm: »Kehr doch

ein, Herr, kehr doch ein bei mir! Sei ohne Furcht!« Er kehrte zu ihr ein ins Zelt, und sie deckte ihn mit einem Tuch zu. 19 Da sprach er zu ihr: »Gib mir doch etwas Wasser zu trinken, denn mich dürstet!« Sie öffnete den Milchschlauch, gab ihm zu trinken und deckte ihn zu. 20 Weiter sagte er zu ihr: »Bleibe am Eingang des Zeltes stehen! Wenn jemand kommt und dich fragt: »Ist hier jemand?‹, dann antworte: ›Nein!‹« 21 Da nahm Jaël, die Frau Chebers, einen Zeltpflock, ergriff einen Hammer, trat leise an ihn heran und durchschlug mit dem Pflock seine Schläfe bis in die Erde. Er war vor Erschöpfung eingeschlummert. So starb er denn. 22 Plötzlich erschien Barak, der Sisera verfolgte. Jaël ging heraus, ihm entgegen, und sprach zu ihm: »Komm, ich zeige dir den Mann, den du suchst!« Jener trat zu ihr ein, und siehe, Sisera lag tot hingestreckt, den Zeltpflock noch in seiner Schläfe. 23 So demütigte Gott an jenem Tage den König Jabin von Kanaan vor den Israeliten. 24 Die Faust der Israeliten lastete immer schwerer auf dem König Jabin von Kanaan, bis sie ihn völlig vernichtet hatten.

4,4–5: Prophetinnen des AT sind auch Mirjam, die Schwester des Moses, und Hulda, von der 2 Kön 22,14 erzählt wird. Debora mag eine ähnliche Rolle gespielt haben wie die Jungfrau von Orléans. Den ihr gebührenden Ruhm ernten aber Barak (1 Sam 12,11; Hebr 11,32) und Jaël (5,24ff), die Frau Chebers. Der Sieg Israels wird in einem der ältesten Siegeslieder, dem Deboralied (vgl. Richt 5,2–31), besungen. • 21f: Trotz grober Verletzung des Gastrechtes gilt das grausame Vorgehen Jaëls als Heldentat zur Beendigung des Kriegszuges. Tapferer war die Leistung Judits (Judit 13,1–10). Beide Male aber fehlt noch die Höhe der christlichen Ethik.

Aufklang zum Siegeshymnus

5 1 Debora und Barak, der Sohn Abinoams, stimmten damals folgendes Lied an: 2 »Wenn man in Israel das Kopfhaar wallen läßt, wenn sich das Volk freiwillig stellt, dann preist den Herrn! 3 Ihr Könige, hört, merkt auf, ihr Fürsten: Ich gehöre dem Herrn! Ich will singen, spielen will ich dem Herrn, Israels Gott!

Der Siegergott in uralter Zeit

4 O Herr, du zogst aus von Seïr, von Edoms Gefilde schrittst du her; die Erde erbebte, es gossen die Himmel, die Wolken gossen das Wasser! 5 Die Berge wankten vor dem Herrn vom Sinai, vor dem Herrn, dem Gott Israels.

Schwere Not der Gegenwart

6 In den Tagen Samgars, des Anatsohnes, in den Tagen Jaëls verschwanden die Karawanen; die sonst auf offenen Wegen gingen, suchten verschlungene Pfade. 7 Es verschwand das freie Volk, es verschwand in Israel, bis du aufstandest, Debora, dich erhobst als Mutter in Israel. 8 Man wählte sich neue Götter, die ihnen früher unbekannt waren; doch Schild und Lanze blinkten nicht bei den 40 000 in Israel!

Siegesjubel

9 Mein Herz den Gebietenden Israels! Ihr Freiwilligen aus dem Volke, rühmt den Herrn! 10 Die ihr reitet auf hellgrauen Eselinnen, die ihr auf Teppichen sitzt, die ihr wandert des Weges, eilt herbei 11 beim Klang der Trompetenbläser am Brunnen! Dort preist man die Heilstat des Herrn, seine Heilstat am freien Volk in Israel. Dann steige das Volk des Herrn zu den Toren hinab! 12 Auf! Auf denn, Debora! Auf! Auf! Singe dein Lied, erhebe dich, Barak, führe deine Gefangenen weg, Abinoams Sohn!

Der Festzug

13 Dann ziehen die Kampfentronnenen glanzvoll hinab, das Kriegsvolk des Herrn ziehe hinab als Helden, 14 Fürsten von Ephraim der Ebene zu, Benjamin hinter dir drein bei deinen Leuten! Von Machir steigen Gebieter hinab und von Sebulun Beamte mit Schreiberstäben; 15 die Fürsten von Issachar mit Debora, dann Issachar (selbst); desgleichen ist Barak schon talwärts entsandt mit seinem Fußvolk.

Fehlende Stämme

In Rubens Reihe gab es schwere Bedenken. 16 Was hockst du da am warmen Herd, Pfeifentöne der Hirten zu hören? 17 Gilead jenseits des Jordans blieb ruhig, und Dan weilt fern bei den Schiffen. Aser sitzt fest am Strande des Meeres, wohnt ruhig bei seinen Landeplätzen. 18 Sebulun schätzt sein Leben gering, ist zum Tode bereit, auch Naphtali auf den Höhen des Geländes.

Die Schlacht

19 Könige kamen und stritten. Damals kämpften Kanaans Könige zu Taanach an den Wassern Megiddos. Beute an Silber machten sie nicht. 20 Vom Himmel her kämpften die Sterne, von ihren Bahnen aus stritten sie mit Sisera. 21 Der Kischonbach schwemmte sie fort, der Kischonbach trat ihnen entgegen. Spanne, meine Seele, die Kraft! 22 Da stampften die Hufe der Rosse, da dröhnte der Hengste Stieben und Traben.

Fluch und Segen

23 Verflucht Meros, spricht des Herrn Engel, verflucht seine Bewohner! Denn sie kamen nicht dem Herrn zu Hilfe, zu Hilfe dem Herrn unter den Helden. 24 Unter den Frauen sei Jaël gepriesen, die Frau des Keniters Cheber, unter den Frauen im Zelte gepriesen! 25 Um Wasser bat er, Milch spendete sie, in prachtvoller Schale reichte sie Rahm. 26 Ihre Hand greift nach dem Zeltpflock, ihre Rechte nach dem

Hammer; sie zerhämmert Sisera, zerschlägt sein
Haupt, zerschmettert, durchbohrt seine Schläfe.
27 Zu ihren Füßen gekrümmt, gefallen, liegt er da, zu
ihren Füßen, gekrümmt, gefallen; da, wo er hin-
sank, liegt er erschlagen.

Szene in Siseras Palast

28 Durchs Fenster schaut sie und blickt hinab,
Siseras Mutter durchs Gitter: ›Warum zögert sein
Wagen zu kommen, warum säumen seiner Streit-
wagen Räder?‹ 29 Die klügste ihrer Fürstinnen ant-
wortet ihr, und sie wiederholt sich selbst deren
Worte: 30 ›Sicherlich finden und teilen sie Beute; ein,
zwei Weiber für jeden Mann! Beute an Tüchern für
Sisera, Beute an Tüchern! Ein Bunttuch, zwei Bunt-
tücher für meinen Hals als Beute.‹
31 Wer immer dir feind ist, möge vergehen, o Herr!
Doch die dich liebhaben, seien wie Sonnenaufgang
in seiner Kraft.« – Das Land aber hatte vierzig Jahre
lang Ruhe.

5,1–31: Dieses Lied, vielleicht ein Ausschnitt aus einem größeren Epos, wird vielfach für den Ältesten schriftlich niedergelegten Teil des AT gehalten. Mindestens scheint es noch unter dem Eindruck der stattgefundenen Schlacht verfaßt worden zu sein. Die Erinnerung wurde in kultischen Feiern mit Festzug wachgehalten. Diese dramatisch so lebendigen Szenen voll Kraft und Schönheit vermögen auch den zu fesseln, dem Kriegsschilderungen unsympatisch sind. Die dichterische Gestaltung des Stoffes bringt es mit sich, daß einige Widersprüche zur Schilderung in Kap. 4 auftreten. • 20f: Die Sterne sind in dichterischer Vorstellung ein Heer, das Gott zur Verfügung steht. Wahrscheinlich ist ein Gewitter gemeint, das den Kischon über die Ufer treten ließ, so daß die Feinde weggeschwemmt wurden.

Die Midianiter fallen ein

6 1 Die Israeliten aber taten, was dem Herrn
mißfiel; der Herr lieferte sie daher sieben
Jahre lang der Bedrückung durch die Midiani-
ter aus. 2 Midian wurde stark über Israel. Seinetwe-
gen richteten die Israeliten sich die Klüfte in den
Bergen, die Höhen und die befestigten Stellen her.
3 Immer, wenn Israel gesät hatte, zogen die Midia-
niter, die Amalekiter und die Söhne des Ostens ge-
gen sie heran. 4 Sie bezogen gegen sie ein Lager und
vernichteten des Landes Ernte bis nach Gaza hin.
Sie ließen für den Lebensunterhalt Israels nichts
übrig, weder Schafe noch Rinder noch Esel. 5 Sie
selbst zogen mit ihren Herden und Zelten herauf;
sie kamen in ungeheurer Menge wie Heuschrek-
kenschwärme; sie und ihre Kamele waren nicht zu
zählen. Sie besetzten das Land, um es zu verheeren.
6 Israel wurde durch Midian sehr geschädigt. Da
schrieen die Israeliten zum Herrn.

Die Israeliten rufen zum Herrn

7 Da nun die Israeliten zum Herrn um Hilfe gegen
Midian riefen, 8 sandte der Herr einen Propheten zu
den Israeliten, der zu ihnen sprach: »So spricht der
Herr, der Gott Israels: Ich habe euch aus Ägypten
fortgeführt und euch aus dem Sklavenhaus wegge-
bracht. 9 Ich errettete euch aus der Gewalt Ägyp-
tens und der Faust eurer Bedrücker. Ich vertrieb sie
vor euch und gab euch ihr Land. 10 Ich kündete
euch: Ich bin der Herr, euer Gott! Fürchtet nicht die
Götter der Amoriter, in deren Land ihr wohnt!
Doch ihr hörtet nicht auf meine Stimme!«

Gideon und der Bote des Herrn

11 Der Engel des Herrn kam und setzte sich unter die
Eiche bei Ophra, die dem Abiësriten Joasch ge-
hörte. Sein Sohn Gideon war gerade dabei, Weizen
in der Kelter auszuklopfen, um ihn vor Midian zu
verbergen. 12 Diesem erschien der Engel des Herrn
und rief ihm zu: »Der Herr mit dir, du starker Held!«
13 Doch Gideon entgegnete ihm: »Mit Verlaub,
mein Herr! Ist der Herr wirklich mit uns, wozu hat
uns all dies getroffen? Wo sind denn alle seine
Wundertaten, von denen uns unsere Väter erzähl-
ten, indem sie sprachen: ›Hat uns nicht der Herr aus
Ägypten herausgeführt?‹ Nun, jetzt hat uns der
Herr verstoßen und der Faust Midians überantwor-
tet!« 14 Da wandte sich der Herr ihm zu und sprach:
»Ziehe hin in dieser deiner Kraft und errette Israel
aus der Faust Midians! Wohlan, ich sende dich!«
15 Darauf sprach er zu ihm: »Mit Verlaub, Herr! Wo-
mit soll ich denn Israel retten? Siehe, mein Ge-
schlecht ist das geringste in Manasse, und ich selbst
bin der Unbedeutendste in meiner Familie!« 16 Dar-
auf entgegnete ihm der Herr: »Wenn ich mit dir bin,
so wirst du Midian schlagen wie einen einzigen
Mann!«
17 Er sprach zu ihm: »Habe ich in deinen Augen
Gnade gefunden, so gib mir ein Zeichen, daß du es
bist, der mit mir redet! 18 Weiche doch von hier
nicht fort, bis ich zu dir komme, dir meine Opfer-
gabe herausbringe und vorsetze!« Er entgegnete:
»Gut, ich bleibe, bis du zurückkommst.« 19 Gideon
ging hinein und bereitete ein Ziegenböcklein und
ungesäuerte Brote aus einem Epha Mehl; das
Fleisch tat er in einen Korb, die Brühe goß er in
einen Topf. Das brachte er zu ihm heraus unter die
Eiche und setzte es ihm vor. 20 Da sprach der Engel
Gottes zu ihm: »Nimm das Fleisch und die unge-
säuerten Brote, lege sie auf diesen Felsen, die Brühe
aber gieße darüber!« Gideon tat so. 21 Der Engel des
Herrn streckte die Spitze des Stabes in seiner Hand
aus und berührte damit das Fleisch und die unge-
säuerten Brote. Da brach Feuer aus dem Felsen her-
vor und verzehrte das Fleisch und die ungesäuerten
Brote. Der Engel des Herrn aber war aus seinen

Augen verschwunden. 22 Da erkannte Gideon, daß
es der Engel des Herrn war. Gideon rief aus: »O
wehe, Herr, Herr, ich habe den Engel des Herrn von
Angesicht zu Angesicht gesehen!« 23 Der Herr ent-
gegnete ihm: »Heil dir! Fürchte dich nicht, du wirst
nicht sterben!« 24 Dann baute Gideon daselbst einen
Altar für den Herrn und nannte ihn »Der Herr ist
Heil«. Bis heute steht er noch im abiësritischen
Ophra.

Jerubbaal

25 In jener Nacht sprach der Herr zu ihm: »Nimm
den fetten Jungstier deines Vaters, reiße den Baals-
altar deines Vaters nieder und haue den daneben-
stehenden Götzenpfahl um! 26 Dann errichte einen
Altar für den Herrn, deinen Gott, ganz oben an die-
ser Stätte in geordneter Steinschicht, nimm den fet-
ten Stier und bring ihn mit dem Holz des Götzen-
pfahles, den du umhaust, als Brandopfer dar!« 27 Da
nahm Gideon von seinen Dienern zehn Leute und
führte das aus, was ihm der Herr gesagt hatte. Weil
er sich aber vor seiner Familie und vor den Stadt-
leuten fürchtete, es am Tage zu tun, tat er es in der
Nacht. 28 In der Frühe des anderen Morgens er-
schienen Leute aus der Stadt und sahen, daß der
Baalsaltar niedergerissen, der Götzenpfahl daneben
gefällt und der fette Jungstier auf dem neuerbauten
Altar geopfert war. 29 Da sprachen die Leute zuein-
ander: »Wer hat dies getan?« Sie suchten und
forschten und stellten fest: »Gideon, der Sohn des
Joasch, war der Täter.« 30 Die Leute aus der Stadt
verlangten von Joasch: »Gib deinen Sohn heraus, er
muß sterben, denn er hat den Baalsaltar niederge-
rissen und den heiligen Götzenpfahl daneben ge-
fällt!« 31 Joasch antwortete allen, die um ihn herum-
standen: »Wollt ihr für Baal streiten? Wollt ihr ihn
retten? Wer für ihn streitet, sterbe bis zum andern
Morgen! Ist Baal ein Gott, so streite er für sich
selbst, da einer seinen Altar niedergerissen hat!«
32 So nannte man ihn an jenem Tage Jerubbaal mit
der Begründung: »Baal streite gegen ihn; denn er hat
seinen Altar niedergerissen!«

Tau und Trockenheit

33 Alle Midianiter, Amalekiter und Ostleute schar-
ten sich zusammen, zogen herüber und lagerten in
der Ebene Jezreel. 34 Da ergriff der Geist des Herrn
Gideon, er stieß in die Posaune, und Abiëser ward
zur Heeresfolge aufgerufen. 35 Er entsandte Boten
nach ganz Manasse, und auch dieses ließ sich zur
Heeresfolge aufbieten. Dann schickte er Boten
durch Aser, Sebulun und Naphtali, und sie zogen
ihnen entgegen.
36 Da sprach Gideon zu Gott: »Willst du wirklich
Israel durch meine Hand befreien, wie du gesagt
hast, 37 siehe, so lege ich frischgeschorene Wolle auf
die Tenne. Wenn sich auf der Wolle allein Tau
befindet, während sonst auf dem Boden alles
trocken bleibt, dann weiß ich, daß du Israel durch
meine Hand befreien wirst, wie du gesagt hast.«
38 So geschah es. In der Frühe des andern Morgens
drückte er die Wolle aus und preßte Tau heraus,
eine ganze Schale voll Wasser. 39 Gideon aber
sprach zu Gott: »Es entbrenne dein Zorn nicht ge-
gen mich, wenn ich nur noch dieses eine Mal rede:
Ich will es noch einmal mit dieser Wolle versuchen:
die Wolle allein bleibe trocken, und sonst befinde
sich überall Tau!« 40 In jener Nacht ließ es Gott so
geschehen: Es war die Wolle allein trocken, auf dem
übrigen Boden aber lag Tau.

6,1–8,35: Gideons Leben ist Heldengeschichte. Doch nicht zu diesem Zwecke erzählt sie uns der hl. Schriftsteller. Gott beruft aus Gnade und Barmherzigkeit einen Mann, welcher der geringste seines Stammes ist, aus dem Götzendienst des Baalskultes und macht ihn zu einem Werkzeug seiner Vorsehung. Im Anfang, kurz nach seiner Berufung, ist Gideons Glaube noch von den Zeichen abhängig (6,17.36f; 7,15). Es kommt dann zu dem herrlichen Sieg über Midian (Is 9,3; 10,26). Gideon steht auf der höchsten Stufe seines Wirkens. Doch immer mehr verstrickt er sich in Sündenschuld (8,24ff). Gott erträgt aber sowohl ihn als auch seinen unwürdigen Nachkommen (Kap. 9). • 6,25ff: Obwohl Gideon wußte, daß ihm der Tod drohte, führte er den Befehl des Herrn aus und zertrümmerte den Baalsaltar. • 36–40: Gideon erbittet sich vom Herrn ein Zeichen an der Wolle, wodurch gestärkt er den Kampf wagt.

Dreihundert Mann werden vom Herrn ausgesondert

7 1 In der Frühe des andern Morgens bezogen
Jerubbaal [Gideon] und alle Leute mit ihm
Lager an der Charodquelle. Das Heerlager
Midians aber befand sich in der Ebene nördlich vom
Hügel More. 2 Da sprach der Herr zu Gideon: »Zu
zahlreich ist das Kriegsvolk bei dir, als daß ich Mi-
dian in seine Gewalt geben könnte. Sonst rühmt
sich Israel wider mich und spricht: ›Meine eigene
Hand hat mich gerettet.‹ 3 Verkünde also jetzt dem
Kriegsvolk: Wer furchtsam und verzagt ist, kehre
um!« Gideon sichtete sie also, da kehrten von den
Kriegsleuten 22 000 Mann um, nur noch zehntau-
send blieben zurück. 4 Dann sprach der Herr zu
Gideon: »Noch ist das Kriegsvolk zu zahlreich;
führe sie also ans Wasser hinunter, dort will ich sie
dir sichten. Die ich dir nenne, mögen mit dir gehen,
von welchen ich aber sage, sie sollen nicht mit dir
gehen, diese sollen nicht mit dir ziehen!« 5 Er führte
die Leute zum Wasser hinab. Der Herr sprach zu
Gideon: »Wer mit der Zunge Wasser leckt, so wie
der Hund es tut, den stelle besonders, und ebenso
jeden, der seine Knie beugt, um zu trinken.« 6 Es be-
lief sich die Zahl derer, die mit der Zunge leckten,

auf dreihundert Mann, alle übrigen Kriegsleute aber beugten ihre Knie, um Wasser aus der Hand zu trinken und es in den Mund zu führen. 7 Da sprach der Herr zu Gideon: »Mit den dreihundert Mann, die das Wasser leckten, will ich euch erretten und die Midianiter in deine Gewalt geben, alles übrige Kriegsvolk aber soll nach Hause zurückkehren.« 8 Da nahmen sie die Verpflegung der Leute und ihre Posaunen in ihre Hände. Er entließ alle Israeliten, jeden in sein Zelt; nur die dreihundert Mann behielt er. Das Heerlager der Midianiter aber befand sich unter ihm in der Ebene.

Das rollende Gerstenbrot

9 In jener Nacht sprach der Herr zu ihm: »Auf! Steige hinab ins Lager, ich gebe es in deine Gewalt. 10 Fürchtest du dich aber, allein hinabzugehen, so geh doch mit deinem Burschen Pura hinunter in das Lager! 11 Lausche, was man dort spricht, dann wirst du Mut gewinnen und wirst ins Lager selbst einbrechen!« Er ging also mit seinem Burschen Pura bis in die unmittelbare Nähe der Lagerwachen. 12 Midian, Amalek und alle Ostleute hatten sich in der Ebene gelagert, so massenhaft wie Heuschreckenschwärme, und ihre Kamele waren nicht zu zählen; sie waren so zahlreich wie der Sand am Ufer des Meeres. 13 Gideon kam hin, da erzählte gerade einer seinem Kameraden einen Traum und sagte: »Da habe ich doch einen Traum gehabt: Es war eine Gerstenbrotscheibe, die rollte ins midianitische Lager. Sie kam bis zum Häuptlingszelte, stieß daran, so daß es umfiel, und drehte es nach oben um. Das Zelt war gefallen.« 14 Sein Kamerad antwortete und sprach: »Nichts anderes ist dies als das Schwert Gideons, des Sohnes des Joasch, des Israeliten. Gott gibt in seine Hand Midian und das ganze Heerlager!«

Triumph Gideons

15 Als Gideon das Gespräch vom Traum und seine Deutung gehört hatte, warf er sich anbetend nieder; dann kehrte er ins israelitische Lager zurück und befahl: »Auf, der Herr gibt das midianitische Lager in eure Gewalt!« 16 Er teilte die dreihundert Mann in drei Gruppen und gab allen Posaunen in die Hand und leere Krüge; in den Krügen aber waren Fackeln. 17 Dann sagte er ihnen: »Schaut auf mich und macht alles nach! Aufgepaßt! Ich dringe bis in die nächste Nähe des Lagers vor, und wie ich es dann mache, so tut auch ihr! 18 Stoße ich in die Posaune samt allen, die bei mir sind, dann stoßt auch ihr rings um das ganze Lager in die Posaunen und ruft: ›Für den Herrn und Gideon!‹« 19 Gideon und die hundert Mann mit ihm drangen bis in die nächste Nähe des Lagers vor zu Beginn der mittleren Nachtwache; soeben hatte man die Wachen aufgestellt. Da stießen sie in die Posaunen und zerschmetterten die Krüge in ihrer Hand. 20 Dann stießen die drei Gruppen in die Hörner und brachen die Krüge entzwei. Sie faßten mit ihrer linken Hand die Fackeln, mit der Rechten die Posaunen zum Blasen und riefen: »Schwert für den Herrn und Gideon!« 21 Jeder blieb da, wo er gerade war, um das Lager herum stehen; im Lager selbst lief alles hin und her, lärmte und floh. 22 Als man in die dreihundert Posaunen stieß, da richtete der Herr das Schwert des einen gegen den andern im ganzen Lager; nun rückte das Lager aus bis nach Bet-Schitta nach Zereda zu, bis zum Ufergelände von Abel-Mechola bei Tabbat. 23 Israels Männer von Naphtali, Aser und von ganz Manasse wurden aufgeboten. Sie stürmten hinter Midian her. 24 Gideon sandte Boten in alle Teile des Gebirges Ephraim und forderte auf: »Zieht gegen Midian hinab und schneidet ihnen das Wasser ab bis Bet-Bara und auch den Jordan!« Da wurden alle Ephraimiten aufgeboten und schnitten das Wasser bis Bet-Bara und auch den Jordan ab. 25 Auch nahmen sie die beiden Midianiterfürsten Oreb und Seeb gefangen; Oreb tötete man am Rabenfelsen und Seeb an der Wolfskelter. Man verfolgte Midian weiter. Die Köpfe Orebs und Seebs brachte man zu Gideon über den Jordan hinüber.

7,3–8: Um Gottes Hilfe deutlicher in Erscheinung treten zu lassen, soll der Sieg nur mit einer kleinen, aber tapferen Schar zustande kommen. Daß mehr als zwei Drittel furchtsam sind, macht keinen guten Eindruck. Die eigenartige Trinkprobe endlich scheidet die Klugen und Flinken von den Unpraktischen.

Eifersucht Ephraims

8 1 Da meldeten sich die Ephraimiten bei ihm: »Was hast du uns da angetan, uns nicht rufen zu lassen, als du zum Kampf gegen Midian schrittst?« Sie haderten heftig mit ihm. 2 Er entgegnete ihnen: »Was habe ich denn schon geleistet im Vergleich mit euch? Ist nicht die Nachlese Ephraims besser als die Weinernte Abiesers? 3 In eure Gewalt hat doch Gott die Midianiterfürsten Oreb und Seeb gegeben! Was habe ich zu leisten vermocht im Vergleich mit euch?« Da ließ ihr Zorn ihm gegenüber nach, als er dies erklärte.

Im Ostjordanlande

4 Gideon gelangte an den Jordan. Er überschritt ihn mit den dreihundert Mann, die er hatte; sie waren erschöpft, setzten aber die Verfolgung fort. 5 Er forderte daher die Leute von Sukkot auf: »Gebt doch den Leuten in meiner Gefolgschaft Brot, denn sie sind erschöpft, und ich bin ja auf der Verfolgung der

Midianiterkönige Sebach und Zalmunna.« 6 Da
fragten ihn die Fürsten von Sukkot: »Sind denn
Sebach und Zalmunna bereits in deiner Gewalt,
daß wir deinem Heere Brot liefern sollen?« 7 Gi-
deon entgegnete: »Gut, wenn der Herr Sebach und
Zalmunna in meine Gewalt gibt, dann will ich eure
Leiber dreschen mit Steppendornen und Stachelru-
ten!« 8 Von da zog er weiter hinauf nach Penuel und
stellte an die dortigen Einwohner dieselbe Forde-
rung. Doch die Leute von Penuel gaben die gleiche
Antwort wie die Männer von Sukkot. 9 Da sprach er
auch zu den Männern von Penuel: »Wenn ich wohl-
behalten wiederkehre, dann reiße ich diese Burg
nieder!«

10 Sebach und Zalmunna befanden sich samt ihrem
Heerlager in Karkor. Es waren etwa 15 000 Mann.
Sie waren übriggeblieben vom ganzen Heerlager
der Ostleute, die in Stärke von 120 000 Mann
Schwertbewaffneter eingefallen waren. 11 Gideon
zog in der Richtung nach der Karawanenstraße öst-
lich von Nobach und Jogbeha und schlug das Heer-
lager, während sich das Heerlager selbst in
Sicherheit dünkte. 12 Sebach und Zalmunna flohen,
er jagte hinter ihnen drein, nahm die beiden Midia-
niterkönige Sebach und Zalmunna gefangen und
scheuchte das Heerlager auseinander. 13 Gideon, der
Sohn des Joasch, kehrte von seinem Kriegszuge an
der Steige von Cheres um. 14 Da griff er einen jun-
gen Burschen von den Einwohnern Sukkots auf und
fragte ihn aus. Er mußte ihm die Fürsten von Suk-
kot und die Ältesten aufschreiben; es waren sieben-
undsiebzig Personen. 15 Er kam zu den Bürgern von
Sukkot und rief: »Da sind nun Sebach und Zal-
munna, um derentwillen ihr mich verhöhnt habt
mit den Worten: Sind denn Sebach und Zalmunna
schon in deiner Gewalt, daß wir deinen erschöpften
Leuten Brot liefern sollen?« 16 Da nahm er die
Ältesten von Sukkot und dazu Steppendornen und
Stachelruten und zerdrosch damit die Männer von
Sukkot. 17 Die Burg von Penuel aber riß er nieder
und ließ die Einwohner der Stadt töten.

18 Zu Sebach und Zalmunna sprach er: »Wie waren
denn die Männer, die ihr am Tabor erschlagen
habt?« Sie erwiderten: »Wie du schauten sie aus,
jeder von ihnen war schön wie ein Königssohn.«
19 Da antwortete er: »Es waren meine Brüder, die
Söhne meiner Mutter! So wahr der Herr lebt, hättet
ihr sie am Leben gelassen, würde ich euch auch
nicht erschlagen.« 20 Dann sagte er zu seinem Erst-
geborenen Jeter: »Auf, haue sie nieder!« Der Knabe
aber zückte sein Schwert nicht, denn er fürchtete
sich, da er noch ein Knabe war. 21 Da sprachen Se-
bach und Zalmunna: »Auf, falle du selbst über uns
her, denn deine Kraft ist Manneskraft!« Gideon er-
hob sich, hieb Sebach und Zalmunna nieder und
nahm die kleinen Monde von den Hälsen ihrer Ka-
mele ab.

Erbliche Herrscherwürde

22 Hierauf baten die Israeliten Gideon: »Werde Herr-
scher über uns, du, dein Sohn und dein Enkel! Du
hast uns ja aus der Gewalt der Midianiter gerettet.«
23 Da sprach Gideon zu ihnen: »Ich will nicht über
euch herrschen, und auch mein Sohn soll über euch
nicht herrschen. Der Herr sei euer Herrscher!«

Mißbrauch eines Orakelgegenstandes

24 Weiter sprach Gideon zu ihnen: »Etwas möchte
ich doch von euch erbitten: Gebt mir ein jeder den
Ring seines Beutegutes!« Denn jene trugen goldene
Ringe, da sie Ismaeliter waren. 25 Sie erwiderten:
»Gern wollen wir ihn hergeben!« Sie breiteten
einen Umwurf aus, und jeder warf den aus seinem
Beutegut stammenden Ring darauf. 26 Das Gewicht
der erbetenen goldenen Ringe betrug eintausend-
siebenhundert Goldsekel, abgesehen von den
Möndchen, Ohrgehängen und Purpurgewändern
der midianitischen Könige und außer den Ketten
am Hals ihrer Kamele. 27 Gideon ließ daraus einen
Ephod anfertigen und in seiner Heimatstadt Ophra
aufstellen. Ganz Israel lief diesem dort abgöttisch
nach. Er ward für Gideon und seine Hausgemein-
schaft zum Fallstrick.

28 Die Midianiter aber wurden von den Israeliten
gedemütigt. Sie erhoben ihr Haupt nicht mehr. Das
Land hatte unter Gideon vierzig Jahre lang Ruhe.

Gideons Frauen und Söhne

29 Jerubbaal, der Sohn des Joasch, kehrte dann heim
und wohnte in seinem Hause. 30 Gideon besaß sieb-
zig leibliche Söhne; denn er hatte viele Frauen.
31 Auch seine Nebenfrau, die er in Sichem hatte, ge-
bar ihm einen Sohn, den er Abimelech nannte.
32 Gideon, der Sohn des Joasch, starb in hohem
Alter. Er wurde im Grabe seines Vaters Joasch im
abiësritischen Ophra beerdigt.

Nach seinem Tode

33 Als aber Gideon tot war, liefen die Israeliten wie-
der abgöttisch hinter den Baalen her und wählten
sich den Bundesbaal zum Gott. 34 Sie gedachten
nicht mehr des Herrn, ihres Gottes, der sie aus der
Gewalt all ihrer Feinde im Umkreis befreit hatte.
35 Auch zeigten sie sich nicht dankbar gegen das
Haus Jerubbaal-Gideon trotz all des Guten, das er
Israel getan hatte.

8,27: Ephod, später priesterliches Amtskleid (2 Mos 28,6ff), ist hier noch ein kultischer Orakel-Gegenstand.

König Abimelech

9 1 Abimelech, der Sohn Jerubbaals, begab sich nach Sichem zu den Brüdern seiner Mutter und sprach zu ihnen und zur ganzen Sippe seiner Mutter: 2 »Fragt doch einmal deutlich alle Bürger in Sichem: ›Was ist denn für euch besser: wenn siebzig Männer, d.h. alle Söhne Jerubbaals, über euch herrschen oder nur ein einziger Mann?‹ Dabei bedenkt, daß ich von eurem Bein und Fleisch abstamme!« 3 Da erklärten die Brüder seiner Mutter den Bürgern von Sichem all das. Ihr Sinn neigte sich zu Abimelech aus der Erwägung heraus: Er ist ja unser Stammesbruder! 4 Daraufhin schenkten sie ihm siebzig Silberstücke aus dem Tempelschatz des Bundesbaal; damit mietete sich Abimelech halt- und zuchtlose Männer, und diese folgten ihm. 5 Er drang in sein Vaterhaus in Ophra ein und ermordete seine Brüder, die Söhne Jerubbaals, siebzig Mann, auf einem Stein. Nur Jotam, der jüngste Sohn Jerubbaals, blieb übrig, denn er hatte sich versteckt. 6 Dann traten alle Bürger von Sichem und alle Insassen der Burg zusammen und riefen Abimelech bei der Eiche, die bei Sichem steht, zum König aus.

Die Bäume und ihr König

7 Man hinterbrachte dies dem Jotam. Dieser ging hin, stellte sich auf einen Vorsprung des Berges Garizim und rief mit hocherhobener Stimme: »Hört auf mich, ihr Einwohner Sichems, damit Gott auf euch höre! 8 Einst gingen die Bäume hin, sich einen König zu salben. Zum Ölbaum sprachen sie: ›Werde König über uns!‹ 9 Der Ölbaum antwortete ihnen darauf: ›Soll ich mein Fett aufgeben, mit dem man Götter und Menschen ehrt, und hingehen, über die Bäume zu herrschen?‹ 10 Da sprachen die Bäume zum Feigenbaum: ›Auf, sei du unser König!‹ 11 Der Feigenbaum entgegnete ihnen: ›Soll ich meine Süßigkeit und meine köstlichen Früchte lassen und hingehen, um über die Bäume zu herrschen?‹ 12 Da sprachen die Bäume zum Weinstock: ›Auf, sei du unser König!‹ 13 Der Weinstock sagte zu ihnen: ›Soll meinen Most ich lassen, der Götter und Menschen erfreut, und hingehen, zu herrschen über die Bäume?‹ 14 Da sprachen die Bäume zum Stechdorn: ›Auf, sei du unser König!‹ 15 Darauf erwiderte der Stechdorn den Bäumen: ›Fürwahr, wenn ihr mich salben wollt, damit ich König über euch sei, so kommt, sucht Zuflucht in meinem Schatten! Falls nicht, so bricht Feuer aus dem Stechdorn hervor und verzehrt die Zedern des Libanon!‹

Anwendung der Fabel

16 Und nun, habt ihr wirklich treu und redlich gehandelt, als ihr Abimelech zum König machtet, und habt ihr richtig gehandelt an Jerubbaal und seinem Hause und die Wohltaten seiner Hand ihm vergolten? 17 Mein Vater hat ja für euch gestritten und sein Leben eingesetzt und euch aus der Hand Midians befreit; 18 ihr dagegen seid heute aufsässig geworden gegen meines Vaters Familie, habt seine Söhne, siebzig Mann, auf einem Stein ermordet und Abimelech, den Sohn seiner Sklavin, zum König über die Einwohner von Sichem gemacht, weil er euer Stammesbruder ist! 19 Habt ihr also heute wirklich treu und redlich an Jerubbaal und seinem Hause gehandelt, dann freut euch an Abimelech, und auch er mag seine Freude an euch erleben! 20 Falls aber nicht, dann breche Feuer aus Abimelech hervor und verzehre die Leute von Sichem und die Insassen der Burg, wie auch Feuer von den Bewohnern Sichems und den Insassen der Burg ausgehen und den Abimelech verzehren möge!« 21 Jotam entwich daraufhin und kam auf seiner Flucht nach Beerseba. Er ließ sich dort nieder aus Furcht vor seinem Bruder Abimelech. 22 Abimelech führte die Herrschaft über Israel drei Jahre lang.

Zwietracht

23 Gott aber sandte einen bösen Geist zwischen Abimelech und die Einwohner von Sichem. Diese fielen von Abimelech ab. 24 So sollte die Freveltat an den siebzig Söhnen Jerubbaals sich rächen und ihr Blut über ihren Bruder Abimelech kommen, der sie ermordete, sowie über die Einwohner von Sichem, die ihm bei der Ermordung seiner Brüder hilfreich zur Hand waren. 25 Die Bürger von Sichem stifteten also Leute an, die sich auf den Berggipfeln in den Hinterhalt gegen ihn legten und jeden, der des Wegs an ihnen vorbeikam, ausplünderten. Dies ward dem Abimelech berichtet.

Gaal empört sich und will Abimelech aus dem Weg räumen

26 Gaal, der Sohn Obeds, kam mit seinen Brüdern an. Sie zogen in Sichem ein, und die Leute von Sichem gewannen Vertrauen zu ihm. 27 Sie gingen aufs Feld, hielten die Weinlese, kelterten und veranstalteten ein Freudenfest; dabei gingen sie in den Tempel ihres Gottes, aßen und tranken und verfluchten Abimelech. 28 Da sprach Gaal, der Sohn Obeds: »Wer ist Abimelech, und wer ist Sichem, daß wir ihm dienen sollen? Haben nicht der Sohn Jerubbaals und Sebul, sein Beauftragter, den Männern Chamors, des Ahnherrn der Sichemiten, gedient? Warum sollten wir ihm dienen? 29 Möchte doch dies Volk in meiner Gewalt sein, ich wollte schon Abimelech aus dem Wege räumen und zu ihm sprechen: Groß genug ist ja dein Heer, rücke

doch damit aus!« 30 Als aber der Stadtoberst Sebul von den Reden Gaals, des Sohnes Obeds, hörte, geriet er in Zorn. 31 Er sandte heimlich Boten zu Abimelech nach Aruma und meldete: »Gaal, der Sohn des Obed, ist mit seinen Brüdern nach Sichem gekommen, und sie hetzen nun die Stadt wider dich auf. 32 Mache dich also sofort in der Nacht auf samt dem Kriegsvolk, das du bei dir hast, und lege dich auf freiem Feld in den Hinterhalt! 33 In der Morgenfrühe aber bei Sonnenaufgang ziehe los gegen die Stadt! Er rückt dann bestimmt mit den Leuten, die er hat, gegen dich aus; du aber verfahre mit ihm, wie sich die Möglichkeit ergibt!«

Gaals Niederlage

34 Da machte sich Abimelech mit dem gesamten Kriegsvolk, das er bei sich hatte, nachts auf den Weg. Sie legten sich in vier Gruppen in einen Hinterhalt. 35 Gaal, der Sohn Obeds, kam heraus und stand am Eingang des Stadttores. Da erhoben sich Abimelech und seine Leute aus dem Hinterhalt. 36 Als Gaal die Leute erblickte, sprach er zu Sebul: »Siehe, Leute strömen von den Berggipfeln herab!« Doch Sebul erwiderte ihm: »Den Schatten der Berge hältst du offenbar für Männer.« 37 Gaal aber setzte sein Reden fort und sprach: »Siehe doch, Krieger steigen vom Nabel des Landes herunter, und eine Gruppe kommt gar von der Wahrsager-Eiche her.« 38 Sebul sagte nun zu ihm: »Wo ist denn jetzt dein großes Maul, womit du immer sprachst: ›Wer ist Abimelech, daß wir ihm untertan sein sollen?‹ Ist das nicht das Kriegsvolk, das du so sehr verachtet hast? Jetzt rücke aus und streite mit ihnen.« 39 Gaal rückte an der Spitze der Bürger von Sichem aus und stritt mit Abimelech. 40 Abimelech jagte ihn aber so, daß er vor ihm fliehen mußte, und viele Erschlagene lagen bis zum Toreingang hin. 41 Dann kehrte Abimelech nach Aruma zurück. Sebul aber vertrieb Gaal und seine Brüder. Ihres Bleibens war nicht mehr in Sichem.

Zerstörung Sichems

42 Am nächsten Morgen begaben sich die Leute aufs Feld hinaus. Das hinterbrachte man Abimelech. 43 Da nahm er sein Kriegsvolk, teilte es in drei Gruppen und legte sich auf dem Felde in den Hinterhalt. Er nahm wahr, daß die Leute aus der Stadt herauskamen, brach gegen sie auf und schlug sie. 44 Abimelech und die Gruppe, die sich bei ihm befand, brachen durch und bezogen Stellung am Eingang des Stadttores. Die beiden anderen Gruppen überfielen alle, die auf dem Felde waren, und schlugen sie. 45 Abimelech kämpfte gegen die Stadt diesen ganzen Tag. Er eroberte sie und tötete das Volk, das darin war. Die Stadt riß er nieder und streute Salz darauf. 46 Sämtliche Bewohner der Burg von Sichem erfuhren davon und begaben sich in die unteren Gewölbe des Tempels des Bundesgottes. 47 Man hinterbrachte Abimelech, daß alle Bewohner der Burg von Sichem dort beisammen seien. 48 Abimelech stieg mit seinem ganzen Kriegsvolk, das bei ihm war, auf den Berg Zalmon. Hier ergriff Abimelech seine Axt und hieb Buschwerk ab. Das nahm er auf und legte es auf seine Schulter. Zu seinen Leuten aber sprach er: »Was ihr mich tun seht, das macht mir eiligst nach!« 49 Da hieben alle Leute Buschwerk ab, zogen hinter Abimelech her und schichteten es auf die unteren Gewölbe. Dann setzten sie die Gewölbe über ihnen in Brand. Alle Leute der Burg von Sichem mußten sterben, etwa tausend Männer und Frauen.

Der Tod durch Frauenhand

50 Abimelech zog gegen Tebez, belagerte und eroberte es. 51 Ein fester Turm befand sich inmitten der Stadt; dorthin flüchteten alle Männer und Frauen und alle Bürger der Stadt. Sie versperrten hinter sich den Eingang und stiegen auf das Dach des Turmes. 52 Abimelech aber rückte an den Turm heran und bestürmte ihn. Dann näherte er sich dem Eingangstor des Turmes, um Feuer daran zu legen. 53 Da schleuderte eine Frau den oberen Teil einer steinernen Handmühle dem Abimelech aufs Haupt und zerschmetterte ihm den Schädel. 54 Er rief eilends den Burschen, der ihm die Waffen trug, und befahl ihm: »Zücke dein Schwert und gib mir den Todesstoß; man soll von mir nicht sagen: Ein Weib hat ihn getötet.« Da durchbohrte ihn sein Bursche, und er starb.

Erfüllung des Fluches

55 Die Israeliten sahen aber, daß Abimelech tot war, und es begab sich ein jeder an seinen Ort. 56 So vergalt Gott die Untaten des Abimelech, die er seinem Vater angetan hatte, indem er seine siebzig Brüder tötete. 57 Auch alle Bosheit der Sichemiten ließ Gott auf ihr Haupt zurückfallen. So erfüllte sich an ihnen der Fluch Jotams, des Sohnes Jerubbaals.

9,56f: Die ausgleichende Gerechtigkeit war der religiöse Grund, weshalb über Abimelech berichtet wurde.

Tola

10 1 Nach Abimelech trat Tola, der Sohn Puas, der Enkel Dodos aus Issachar, auf, um Israel zu retten. Er wohnte in Schamir auf dem Gebirge Ephraim. 2 Er richtete Israel dreiundzwanzig Jahre lang. Dann starb er und wurde in Schamir begraben.

Jaïr

3 Als sein Nachfolger trat Jaïr aus Gilead auf. Er richtete Israel zweiundzwanzig Jahre. 4 Er hatte dreißig Söhne, die auf dreißig Eselsfüllen ritten. Sie besaßen dreißig feste Siedlungen. Diese heißen »Zeltdörfer Jaïrs« bis auf den heutigen Tag und liegen im Lande Gilead. 5 Dann starb Jaïr und wurde in Kamon begraben.

Philister- und Ammoniternot

6 Die Israeliten taten aufs neue, was dem Herrn mißfiel. Sie dienten den Baalen und den Astarten, den Göttern Arams, Sidons, Moabs, Ammons und den Göttern der Philister. Den Herrn verließen sie und verehrten ihn nicht. 7 Da entbrannte der Zorn des Herrn wider Israel. Er gab sie in die Gewalt der Philister und Ammoniter. 8 Diese bedrückten und quälten die Israeliten achtzehn Jahre lang, und zwar alle Israeliten jenseits des Jordans im Amoriterlande in Gilead. 9 Die Ammoniter setzten auch über den Jordan, um wider Juda, Benjamin und das Haus Ephraim zu kämpfen. Israel kam in große Not.

10 Da schrieen die Israeliten zum Herrn: »Gesündigt haben wir wider dich, da wir den Herrn, unsern Gott, verließen und den Baalen dienten.« 11 Der Herr erwiderte den Israeliten: »Fürwahr, die Ägypter, die Amoriter, Ammoniter, Philister, 12 Sidonier, Amalekiter und Midianiter bedrängten euch; sooft ihr aber zu mir rieft, rettete ich euch aus ihrer Gewalt. 13 Ihr aber habt mich verlassen und andere Götter verehrt. Darum will ich euch nicht mehr retten. 14 Geht und schreit zu den Göttern, die ihr euch erwählt habt! Diese mögen euch retten zur Zeit eurer Bedrängnis!«

15 Die Israeliten erwiderten darauf dem Herrn: »Wir haben gesündigt! Handle an uns ganz so, wie es dir gut scheint, nur rette uns heute!« 16 Sie entfernten also die fremdländischen Götzen aus ihrer Mitte und dienten wieder dem Herrn. Da ward er gerührt vom Jammer Israels.

Jephte, der Richter aus Gilead

17 Die Söhne Ammons wurden aufgeboten und lagerten in Gilead; die Israeliten aber scharten sich zusammen und schlugen ihr Lager in Mizpa auf. 18 Da sagten die Leute, die Fürsten von Gilead, zueinander: »Wer ist der Mann, der den Kampf gegen die Ammoniter eröffnet? Er werde das Oberhaupt aller Bewohner Gileads!«

10,17–12,7: Jephte trägt von Haus aus den Makel einer unrechtmäßigen Geburt an sich. Von seinen Stammesangehörigen wird er deshalb verstoßen. Seine einzige Zuflucht ist Gott, der ihn zu besonderen Aufgaben im Dienste an seinem Volk beruft. Gott duldet nicht nur solche Menschen, sondern er gibt ihnen oft hervorragende Stellungen. Kühn redet er zu seinen Volksgenossen. Im Bewußtsein seiner Sendung tritt er vor die Ammoniter hin. Zu dem unbesonnenen und übereilten Gelübde vgl. Spr 20,25; Sir 18,23; Pred 5,4.

11

1 Der Gileadit Jephte war ein tapferer Held, aber der Sohn einer Buhlerin. Gilead war Jephtes Vater. 2 Auch seine Ehefrau gebar dem Gilead Söhne. Die Söhne der Frau wuchsen heran und vertrieben den Jephte. Sie sprachen zu ihm: »Du darfst in unserer Familie nicht miterben; denn du bist der Sohn eines anderen Weibes.« 3 So floh denn Jephte vor seinen Brüdern und siedelte sich im Lande Tob an. Es scharten sich nun um Jephte haltlose Leute und zogen mit ihm auf Abenteuer aus. 4 Einige Zeit verging, da begannen die Ammoniter mit Israel Krieg zu führen. 5 Als aber die Ammoniter den Kampf mit Israel eröffneten, machten sich die Ältesten Gileads auf den Weg, um Jephte aus dem Lande Tob zu holen. 6 Sie sprachen zu Jephte: »Komm, werde unser Anführer, dann wollen wir gegen die Ammoniter kämpfen!« 7 Jephte entgegnete den Ältesten Gileads: »Habt ihr mich denn nicht gehaßt und mich aus meiner Familie vertrieben? Warum kommt ihr jetzt zu mir, da ihr in Not seid?« 8 Darauf erwiderten die Ältesten Gileads dem Jephte: »Eben darum haben wir uns jetzt wieder an dich gewandt; komm mit uns, kämpfe gegen die Ammoniter und werde Oberhaupt von uns, nämlich von allen Bewohnern Gileads!« 9 Jephte antwortete den Ältesten Gileads: »Ihr wollt mich also zurückholen, damit ich den Kampf gegen die Ammoniter eröffne. Wenn der Herr sie nun mir preisgibt, werde ich dann wirklich euer Oberhaupt?« 10 Da beteuerten die Ältesten Gileads dem Jephte: »Der Herr ist Ohrenzeuge zwischen uns; wir schwören, daß wir nach deinem Verlangen tun!« 11 Jephte ging mit den Ältesten Gileads. Das Volk bestellte ihn als Haupt und Führer über sich. Jephte trug all seine Anliegen dem Herrn in Mizpa vor.

Jephtes Botschaft an den Ammoniterkönig

12 Jephte sandte Boten an den König der Ammoniter und ließ fragen: »Was ist zwischen mir und dir, daß du mir nahekommst, um in meinem Lande Krieg zu führen?« 13 Der König der Ammoniter erwiderte den Boten Jephtes: »Israel hat mein Land weggestohlen, als es aus Ägypten herkam, vom Arnon bis zum Jabbok und bis zum Jordan. Gib es mir also jetzt friedlich heraus!« 14 Dann schickte Jephte wiederum Gesandte an den König der Ammoniter. 15 Er ließ ihm sagen: »So spricht Jephte: Israel hat das Land der Moabiter und Ammoniter nicht wegge-

stohlen. 16 Nein, als Israel aus Ägypten fortzog, kam es durch die Wüste an das Schilfmeer und von da nach Kades. 17 Israel schickte Gesandte an den König von Edom mit der Bitte: ›Ich möchte durch dein Land hindurchziehen!‹ Der König von Edom hörte nicht darauf. Auch an den König von Moab wandte man sich, doch der wollte auch nicht. So blieb Israel in Kades. 18 Es wanderte dann durch die Wüste, umzog das Land Edom und das Land Moab und gelangte in das Gebiet östlich vom Lande Moab. Sie lagerten jenseits des Arnon, in das Gebiet von Moab kamen sie nicht. Denn der Arnon bildet die Grenze von Moab. 19 Nun schickte Israel Gesandte an den Amoriterkönig Sichon, den König von Hesbon. Israel bat ihn: ›Laß mich doch durch dein Land zu meinem Reiseziel!‹ 20 Doch Sichon verweigerte Israel den Durchzug durch sein Land. Er zog all seine Truppen zusammen; sie lagerten bei Jahza, und er begann den Kampf gegen Israel. 21 Aber der Herr, der Gott Israels, gab den Sichon und all sein Kriegsvolk in die Gewalt Israels, und es schlug sie. Dann besetzte Israel das ganze Land der Amoriter, der Einwohner jenes Landes. 22 Sie nahmen das ganze Gebiet der Amoriter in Besitz vom Arnon bis zum Jabbok und von der Wüste bis zum Jordan. 23 Jetzt, nachdem also der Herr, der Gott Israels, die Amoriter vor seinem Volke Israel vertrieben hat, willst du ihren Besitz antreten. 24 Ist es nicht so: Wen dein Gott Kamosch vertreibt, dessen Besitz trittst du an, wen aber der Herr, unser Gott, vor unserem Angesicht vertreibt, dessen Besitz nehmen wir. 25 Und nun, bist du etwa besser als Balak, der Sohn Zippors, der König von Moab? Hat er den Israeliten gegenüber sein Recht verfochten, oder hat er mit ihnen Krieg geführt? 26 Als Israel in Hesbon und seinen Tochterstädten, in Aroer und seinen Tochterstädten und sonst in allen Städten am Arnonufer dreihundert Jahre lang wohnte, warum habt ihr sie damals nicht an euch gerissen? 27 Ich habe dir kein Unrecht getan, du aber handelst übel an mir, weil du Krieg gegen mich führst! Der Herr als Richter entscheide heute zwischen den Israeliten und den Ammonitern!« 28 Doch der Ammoniterkönig wollte die Botschaft, die Jephte an ihn sandte, nicht hören. 29 Da kam der Geist des Herrn über Jephte. Dieser zog durch Gilead und Manasse und dann nach Mizpa in Gilead, und von Mizpa in Gilead rückte er vor gegen die Ammoniter.

Jephtes Gelübde und Sieg

30 Nun tat Jephte dem Herrn gegenüber ein Gelübde und sprach: »Wenn du die Ammoniter in meine Hand auslieferst, 31 so gehöre, wer immer aus der Türe meines Hauses kommt, wenn ich wohlbehalten von den Ammonitern heimkehre, dem Herrn! Ich bringe ihn als Brandopfer dar.« 32 Jephte zog also gegen die Ammoniter, um mit ihnen zu kämpfen. Der Herr überlieferte sie seiner Hand. 33 Er warf sie von Aroer bis nach Minnit – es waren zwanzig Städte – und bis nach Abel-Keramim in heftigem Schlage nieder. Die Ammoniter mußten sich vor den Israeliten demütigen.

Jephtes Tochter

34 Jephte kehrte zu seinem Haus in Mizpa zurück; siehe, da kam ihm seine Tochter mit Paukenschlägen und Reigentänzen entgegen. Sie war sein einziges Kind, außer ihr hatte er weder Sohn noch Tochter. 35 Kaum hatte er sie erblickt, da zerriß er seine Kleider und sprach: »Wehe, meine Tochter! Du beugst mich völlig nieder! Daß du es bist, die mich ins Unglück bringt! Habe ich doch meinen Mund vor dem Herrn aufgetan und kann nicht mehr zurück!« 36 Sie entgegnete ihm: »Mein Vater, hast du deinen Mund dem Herrn gegenüber geöffnet, so handle mit mir, wie es aus deinem Munde kam, nachdem der Herr dir Rache an deinen Feinden, den Ammonitern, gewährt hat!« 37 Dann sprach sie zu ihrem Vater: »Dies eine gewähre man mir noch: Laß noch zwei Monate von mir ab; ich will hingehen und über die Berge streifen. Beweinen will ich meine Jungfrauschaft mit meinen Gefährtinnen!« 38 Er antwortete: »Gehe hin!« Für zwei Monate ließ er sie fort. Sie zog also mit ihren Gefährtinnen hin und beweinte auf den Bergen ihre Jungfrauschaft. 39 Zwei Monate später kehrte sie zu ihrem Vater heim; er vollzog an ihr das Gelübde, das er getan. Sie hatte noch keinen Mann berührt. Von daher stammt der Brauch in Israel: 40 Alljährlich ziehen Israels Töchter hin, die Tochter Jephtes aus Gilead zu besingen, in jedem Jahr vier Tage lang.

Die Ephraimiten sind neidisch

12 1 Die Ephraimiten wurden aufgeboten. Sie zogen nach Zaphon und sprachen zu Jephte: »Warum bist du gegen die Ammoniter zu Felde gezogen und hast uns nicht gerufen, daß wir mitgehen sollen? Wir werden dir über deinem Kopf dein Haus anstecken.« 2 Jephte erwiderte ihnen: »Streit hatten ich und mein Volk wider die Ammoniter; diese bedrängten mich heftig. Da rief ich euch herbei, aber ihr halft mir nicht aus ihrer Gewalt. 3 Ich sah, daß niemand mir zu Hilfe kam, und darum wagte ich mein Leben und zog gegen die Ammoniter, und der Herr lieferte sie meiner Ge-

walt aus. Warum rückt ihr denn heute gegen mich
aus, um mit mir Krieg anzufangen?« 4 Jephte bot
alle Gileaditer auf, griff die Ephraimiten an, und die
Männer von Gilead schlugen die Ephraimiten; denn
diese hatten gesagt: »Flüchtlinge aus Ephraim seid
ihr; Gilead liegt ja in der Mitte von Ephraim und in
der Mitte von Manasse.« 5 Gilead besetzte nun die
Jordanfurten nach Ephraim zu. Wenn nun Flücht-
linge aus Ephraim sagten: »Wir möchten überset-
zen«, dann fragten die Männer von Gilead dagegen:
»Bist du ein Ephraimit?« 6 Antwortete er dann:
»Nein«, dann geboten sie ihm: »Sprich doch einmal
›Schibbolet‹!« Sagte er aber: »Sibbolet« – er konnte
es ja nicht richtig aussprechen –, dann ergriffen sie
ihn und machten ihn nieder an den Jordanfurten. So
fielen damals von Ephraim 42 000 Mann. 7 Jephte
richtete Israel sechs Jahre. Dann starb Jephte aus
Gilead und ward in seiner Heimatstadt in Gilead
begraben.

Ibzan

8 Nach ihm richtete Ibzan aus Bethlehem Israel. 9 Er
hatte dreißig Söhne; dreißig Töchter vergab er nach
auswärts zur Ehe, und dreißig Töchter führte er
seinen Söhnen von auswärts zu. Er war sieben Jahre
Richter über Israel. 10 Ibzan starb und ward in
Bethlehem begraben.

Elon

11 Nach ihm war Elon aus Sebulun Richter über
Israel. Er richtete Israel zehn Jahre. 12 Elon aus
Sebulun starb und ward zu Ajjalon im Lande
Sebulun begraben.

Abdon

13 Nach ihm war Abdon, der Sohn Hillels aus
Piraton, Richter über Israel. 14 Er hatte vierzig Söhne
und dreißig Enkel, die auf siebzig Eselsfüllen ritten.
Er war acht Jahre Richter über Israel. 15 Der Pirato-
nit Abdon, der Sohn Hillels, starb und wurde in
Piraton im Lande Ephraim auf dem Amalekiterberg
begraben.

Simsons Eltern

13 1 Wiederum taten die Israeliten, was dem
Herrn mißfiel. Der Herr überlieferte sie
vierzig Jahre lang der Gewalt der Philister.
2 Damals lebte ein Mann aus Zora vom Geschlecht
der Daniten, mit Namen Manoach. Seine Frau war
unfruchtbar und hatte noch kein Kind geboren. 3 Da
erschien ihr der Engel des Herrn und sprach: »Siehe
doch, du warst unfruchtbar und hast nicht geboren.
Aber du wirst schwanger und gebierst einen Sohn.
4 Nimm dich also in acht! Trinke keinen Wein und
keinen Rauschtrank und iß keine unreine Speise!
5 Denn siehe, du wirst schwanger werden und
einen Sohn gebären. Auf sein Haupt darf kein
Schermesser gelangen; denn gottgeweiht soll der
Knabe sein vom Mutterleib an. Er wird den Anfang
machen, Israel zu befreien aus der Philister Ge-
walt.« 6 Die Frau ging hin und erzählte ihrem Mann:
»Ein Mann Gottes kam zu mir; er war wie ein Engel
Gottes anzuschauen, Schauder erregend; aber ich
fragte ihn nicht, woher er stamme, und seinen
Namen nannte er mir auch nicht. 7 Er sagte zu mir:
›Siehe, du wirst schwanger werden und einen Sohn
gebären! Trinke von nun an weder Wein noch
Rauschtrank und iß nicht irgend etwas Unreines!
Denn ein Gottgeweihter sei der Knabe vom Mut-
terschoß bis zum Tage seines Todes.‹«
8 Manoach betete zum Herrn und sprach: »Ach,
Herr, der Gottesmann, den du sandtest, komme
noch einmal zu uns und belehre uns, was wir mit
dem Knaben, der geboren werden soll, tun müs-
sen!« 9 Gott erhörte die Bitte Manoachs; der Engel
Gottes kam noch einmal zur Frau, die sich gerade
auf dem Felde befand; ihr Mann Manoach war
nicht bei ihr. 10 Da lief die Frau eilends hin und er-
zählte es ihrem Mann; sie sprach zu ihm: »Jener
Mann, der schon einmal zu mir kam, erschien mir
wieder.« 11 So machte sich Manoach auf und folgte
seiner Frau. Er kam und fragte den Fremden: »Bist
du der Mann, der mit meiner Frau sprach?« Er ant-
wortete: »Ja.« 12 Darauf sagte Manoach: »Wenn dein
Wort eintrifft, wie soll dann des Knaben Lebens-
weise sein? Was ist mit ihm zu tun?« 13 Der Engel
des Herrn erwiderte Manoach: »Die Frau muß sich
vor allem, was ich ihr angegeben habe, hüten.
14 Was vom Weinstock kommt, darf sie nicht essen,
Wein und Rauschtrank nicht trinken, Unreines in
keiner Form genießen. Sie beachte alles, was ich
ihr geboten habe!« 15 Manoach sagte zum Engel
des Herrn: »Wir möchten dich gern aufhalten und
dir ein Ziegenböcklein zubereiten.« 16 Doch der
Engel des Herrn erwiderte Manoach: »Hältst du
mich zurück, so werde ich von deiner Mahlzeit
doch nichts essen. Willst du aber ein Opfer be-
reiten, so bringe es dem Herrn dar!« Manoach
wußte nicht, daß es der Engel des Herrn war.
17 Deshalb sprach Manoach zum Engel des Herrn:
»Wie ist dein Name? Wir möchten dich ehren,
wenn dein Wort eintrifft.« 18 Der Engel des Herrn
erwiderte ihm: »Warum fragst du mich denn nach
meinem Namen? Unerforschlich ist er.« 19 Nun
nahm Manoach das Ziegenböcklein und das Speise-
opfer und brachte es auf dem Felsen dem Herrn,
der Wunder tut, als Speiseopfer dar. Manoach und

seine Frau sahen dabei zu. 20 Als die Flamme vom
Altar zum Himmel loderte, fuhr der Engel des Herrn
in der Altarflamme empor. Manoach und seine Frau
nahmen es wahr und fielen auf ihr Angesicht nie-
der.
21 Später erschien der Engel des Herrn dem Ma-
noach und seiner Frau nicht mehr. Da erkannte
Manoach erst, daß es der Engel des Herrn gewesen
war. 22 Darum sagte Manoach zu seiner Frau: »Ganz
gewiß werden wir sterben, denn wir haben Gott
gesehen!« 23 Seine Frau aber erwiderte ihm: »Wenn
es dem Herrn gefiele, uns zu töten, so hätte er aus
unserer Hand das Brand- und Speiseopfer nicht an-
genommen, uns all das nicht sehen und derartige
Dinge auch nicht hören lassen.« 24 Die Frau gebar
einen Sohn. Sie nannte ihn Simson. Der Knabe
wuchs heran, und der Herr segnete ihn. 25 Der Geist
des Herrn begann in ihm zu wirken im Lager Dans
zwischen Zora und Eschtaol.

13,1–16,31: Die Geschichte des Simson (auch Samson = Sönnchen) unterscheidet sich wesentlich von der anderer Richter. Ihr Held zieht nicht an der Spitze von Heeren zum Kampf gegen die Feinde Gottes aus. Er wird zum Widersacher der Philister mehr aus persönlichen Gründen und schadet ihnen ohne Kriegsvolk durch List und Tücke. Das Geheimnis seiner Körperstärke ist jenes Gelübde, das wir auch aus der Samuel- und Täufergeschichte kennen (1 Sam 1,11; Luk 1,15). 4 Mos 6,1–21 sagt Näheres darüber. Wesentlich ist die Unterlassung des Haarscherens. Das mütterliche Gelübde, das nach den unvollkommenen Ansichten jener Zeit das Kind verpflichtete, hat im Falle Samuels und Johannes des Täufers den Nachkommen mit ungewöhnlichen Geistesgaben ausgestattet; bei Simson wirkte Gottes Geist durch ungewöhnliche Körperstärke. Simson mag anfänglich eine Gestalt gewesen sein, die durch ihre übermütigen Streiche mehr belustigte als erbaute. Solche haben wir ja auch in den Traditionen anderer Völker, nicht zuletzt bei uns. Doch der hl. Schriftsteller will uns durch sein Erzählen dahin belehren, daß auch körperliche Stärke und geistige Verschlagenheit von Gott kommen und in seinem Dienste stehen müssen. Wenn er sie mißbraucht, dann wird der stärkste Mann ihr Opfer und verfällt dem Tod und dem Untergang. Hebr 11,32 nennt auch Simson neben Gideon, Barak und Jephte unter den Glaubenshelden.

Auf Brautschau

14 1 Simson begab sich hinab nach Timna.
Dort sah er eine von den Töchtern der
Philister. 2 Er ging wieder hinauf und er-
zählte seinem Vater und seiner Mutter: »Ich habe in
Timna eine von den Töchtern der Philister gesehen.
Werbt sie für mich als Frau!« 3 Sein Vater und seine
Mutter erwiderten ihm: »Gibt es denn unter den
Töchtern deiner Stammesbrüder und in meinem
ganzen Volk keine Frau, daß du hingehst, um dir ein
Weib von den unbeschnittenen Philistern zu ho-
len?« Simson erwiderte seinem Vater: »Um diese
wirb für mich, denn sie gefällt mir!« 4 Seine Eltern
aber wußten nicht, daß es eine Fügung des Herrn
war. Er suchte nämlich nach einer Gelegenheit zum
Streit mit den Philistern. Denn damals herrschten
die Philister über Israel.

Löwenkampf und Hochzeit

5 Simson ging nun mit seinem Vater und seiner Mut-
ter hinab nach Timna. Als sie an die Weingärten
von Timna kamen, sprang ihnen ein junger Löwe
brüllend entgegen. 6 Da überkam Simson der Geist
des Herrn; er zerriß den Löwen, wie man ein Böck-
lein zerreißt; dabei hatte er keinen einzigen Gegen-
stand in seiner Hand. Seinen Eltern aber berichtete
er nichts von dem, was er vollbracht hatte. 7 Er be-
gab sich dann hinab, sprach mit der Frau, und sie
gefiel Simson.
8 Nach einiger Zeit kehrte er wieder zurück, um sie
zu heiraten; dabei machte er einen kleinen Umweg,
um nach dem toten Löwen zu schauen, und siehe,
im Aas des Löwen befanden sich ein Bienen-
schwarm und Honig. 9 Er nahm ihn in seine Hand
und aß davon, während er weiterging. Darauf be-
gab er sich zu seinen Eltern, gab ihnen davon, und
sie aßen gleichfalls. Er berichtete ihnen aber nicht,
daß er den Honig dem Aas des Löwen entnommen
hatte. 10 Sein Vater begab sich nun zu der Frau. Sim-
son aber veranstaltete dort ein festliches Gelage,
wie es die jungen Männer zu machen pflegen. 11 Als
man ihn zu Gesicht bekam, bestellte man dreißig
Brautgefährten, die ihm Gesellschaft leisteten.
12 Simson sprach zu ihnen: »Ein Rätsel will ich euch
aufgeben: Wenn ihr mir innerhalb von sieben
Tagen, solange die Hochzeitsfeierlichkeiten dauern,
die Lösung sagt, gebe ich euch dreißig Leinenklei-
der und dreißig Festgewänder. 3 Könnt ihr mir aber
die Lösung nicht angeben, so müßt ihr mir dreißig
Leinenkleider und dreißig Festgewänder geben.«
Sie antworteten ihm: »Gib uns dein Rätsel auf, wir
möchten es hören!« 14 So sprach er zu ihnen: »Vom
Fresser strömt Futter, vom Starken quillt Süßigkeit
hervor.« Sie konnten aber die Lösung des Rätsels
drei Tage lang nicht angeben. 15 Am vierten Tag
sprachen sie zu Simsons Frau: »Überrede doch dei-
nen Mann, daß er uns des Rätsels Lösung sage,
sonst verbrennen wir dich samt deinem Vaterhaus!
Habt ihr uns deshalb hierher eingeladen, um uns
arm zu machen?« 16 Da weinte die Frau des Simson
an seinem Halse und sprach: »Du magst mich nicht
und liebst mich nicht! Du hast den Söhnen meines
Volkes das Rätsel aufgegeben und mir davon nichts
verraten!« Er entgegnete ihr: »Sogar meinen Eltern
habe ich nichts davon mitgeteilt, und dir sollte ich
es nun sagen?« 17 So weinte sie an seinem Halse den
Rest der sieben Tage hindurch, solange das festliche
Gelage dauerte. Am siebten Tage endlich teilte er es

ihr mit, weil sie ihn so hart belästigte. Sie aber ver-
riet das Rätsel ihren Landsleuten. 18 Da sagten die
Männer der Stadt am siebten Tage zu ihm, bevor er
in die Kammer ging: »Was ist süßer als Honig, was
stärker als der Löwe?« Er aber antwortete ihnen:
»Hättet ihr nicht mit meinem Kalb gepflügt, meine
Rätsel hättet ihr nicht gelöst.«
19 Da kam der Geist des Herrn über ihn. Er schritt
hinab nach Askalon und erschlug von den dortigen
Einwohnern dreißig Mann. Er nahm ihre Gewänder
ab und gab die Festkleider denen, die das Rätsel
gelöst hatten. Er war von Zorn entbrannt und begab
sich hinauf in seines Vaters Haus. 20 Die Frau des
Simson bekam einer von den Brautgefährten, die
bei ihm gewesen waren.

Simsons Rache

15

1 Nach einiger Zeit, in den Tagen der Wei-
zenernte, kam Simson mit einem Ziegen-
böcklein, um seine Frau zu besuchen. Er
sprach: »Ich will zu meiner Frau in die Kammer ge-
hen!« Doch ihr Vater verbot ihm den Eintritt. 2 Der
Vater sprach: »Ich war der Meinung, du seist ihr völ-
lig abgeneigt geworden. Deshalb gab ich sie einem
deiner Brautgefährten. Aber ist nicht ihre jüngste
Schwester schöner als sie? Diese kannst du an ihrer
Stelle haben.« 3 Simson erklärte ihm darauf: »Dies-
mal bin ich schuldlos gegenüber den Philistern,
wenn ich ihnen auch Böses zufüge.« 4 Und Simson
ging hin und fing dreihundert Schakale. Dann nahm
er Fackeln, kehrte einen Schwanz zum andern
und befestigte jeweils eine Fackel zwischen zwei
Schwänzen in der Mitte. 5 Nun zündete er die
Fackeln an und ließ jene auf das noch stehende
Korn der Philister los. Er verbrannte Garben und
Halme, Weinberge und Ölbäume. 6 Die Philister
fragten: »Wer hat dies getan?« Man erwiderte:
»Simson, der Schwiegersohn des Timniters! Weil er
ihm seine Frau genommen und seinem Gefährten
gegeben hat.« Da zogen die Philister heran und ver-
brannten die Frau samt ihrem Vaterhaus. 7 Simson
sprach zu ihnen: »Tut ihr schon solches, so werde
ich an euch Rache nehmen und dann erst nachge-
ben!« 8 Er schlug wahllos auf sie ein mit gewaltigen
Hieben, ging dann hinab und nahm in der Felskluft
von Etam Wohnung.

Neue Abenteuer

9 Philister zogen hinauf, bezogen in Juda Lager und
streiften umher bis Lechi. 10 Die Bewohner von Juda
fragten sie: »Warum zogt ihr gegen uns herauf?« Sie
erwiderten: »Um Simson zu fesseln, sind wir her-
aufgezogen. Wir wollen an ihm tun, wie er an uns
getan hat.« 11 Da zogen dreitausend Mann von Juda
hinab zur Felskluft von Etam. Sie sprachen zu Sim-
son: »Weißt du denn nicht, daß die Philister unsere
Herren sind? Was hast du uns da angetan?« Er ent-
gegnete ihnen: »Wie sie an mir taten, so tat ich an
ihnen.« 12 Sie aber sprachen zu ihm: »Um dich zu
fesseln, sind wir gekommen und dich den Philistern
auszuliefern.« Darauf erwiderte ihnen Simson:
»Schwört mir nur, daß ihr selbst mich nicht um-
bringen werdet.« 13 Sie beteuerten ihm: »Nein, nur
festbinden und ihrer Gewalt ausliefern wollen wir
dich. Töten werden wir dich gewiß nicht.« Sie ban-
den ihn also mit zwei neuen Stricken und brachten
ihn aus der Felskluft herauf. 14 Er kam bis nach
Lechi. Die Philister erhoben ihm gegenüber ein
Freudengeschrei. Da kam der Geist des Herrn über
ihn; die Stricke an seinen Armen wurden wie
Flachsfäden, die vom Feuer versengt sind, und seine
Fesseln schmolzen von seinen Händen. 15 Er fand
einen frischen Eselskinnbacken, streckte seine
Hand aus, ergriff ihn und erschlug damit eintausend
Mann. 16 Da sprach Simson: »Mit einem Eselskinn-
backen schlug ich sie blutig, mit einem Eselskinn-
backen erschlug ich eintausend Mann.« 17 Als er
ausgeredet hatte, warf er den Kinnbacken fort;
daher nannte man den Ort Ramat-Lechi (»Kinn-
backenhöhe«). 18 Es dürstete ihn gar sehr. Daher rief
er zum Herrn und sprach: »Du hast in deines
Knechtes Hand diesen großen Sieg gelegt; jetzt aber
sterbe ich vor Durst und falle in die Hände der Un-
beschnittenen.« 19 Da spaltete Gott die Erdmulde in
Lechi, so daß Wasser herausfloß. Er trank, und sein
Lebensgeist erholte sich, und er lebte wieder auf.
Darum nannte man die Quelle »Ruferquelle«. Sie ist
noch heute in Lechi zu sehen. 20 Simson übte die
richterliche Tätigkeit in Israel zur Philisterzeit
zwanzig Jahre lang aus.

Stadttore von Gaza

16

1 Einmal begab sich Simson nach Gaza
hinab. Er sah daselbst eine Dirne und ging
zu ihr. 2 Die Leute von Gaza erfuhren:
Simson ist hierhergekommen! Sie streiften umher
und lauerten auf ihn die ganze Nacht im Stadttore.
Sie verhielten sich die ganze Nacht über still, indem
sie sprachen: »Nur noch bis zum Tagesanbruch,
dann wollen wir ihn töten.« 3 Simson aber schlief
bis Mitternacht. Dann stand er um Mitternacht auf,
ergriff die Flügel des Stadttores samt den beiden
Pfosten und hob sie zusammen mit dem Riegel aus.
Er nahm sie auf seine Schultern und trug sie auf den
Gipfel des Berges, der vor Hebron liegt.

Simson und Dalila

4 Danach verliebte er sich in eine Frau im Tale Sorek. Sie hieß Dalila. 5 Die Fürsten der Philister kamen zu ihr herauf und redeten ihr zu: »Betöre ihn doch und bringe in Erfahrung, worin seine große Kraft besteht, damit wir ihn bezwingen und fesseln können, um ihn zu überwältigen! Wir geben dir dafür ein jeder eintausendeinhundert Silberstücke.« 6 Da sprach Dalila zu Simson: »Sage mir doch, worin deine große Kraft besteht und womit man dich fesseln und überwältigen könnte!« 7 Simson erwiderte ihr darauf: »Wenn man mich mit sieben frischen, noch nassen Sehnen bindet, so werde ich schwach und bin wie jeder andere Mensch.« 8 Da brachten ihr die Philisterfürsten sieben frische, noch nasse Sehnen, und sie band ihn damit. 9 Ein Beobachter war bei ihr in der Kammer. Nun sprach sie zu ihm: »Philister wider dich, Simson!« Er aber zerriß die Sehnen, wie eine Schnur aus Flachs zerreißt, wenn sie Feuer verspürt. Worin seine Kraft lag, wurde nicht offenbar. 10 Da sprach Dalila zu Simson: »Siehe, du hast mich getäuscht und mir Lügen vorgeredet. Nun sage mir doch, womit man dich binden kann!« 11 Er antwortete ihr: »Wenn sie mich mit neuen Stricken fesseln, womit bisher noch keine Arbeit verrichtet worden ist, dann werde ich schwach und wie jeder andere Mensch.« 12 Da nahm Dalila neue Stricke, fesselte ihn damit und sprach zu ihm: »Philister wider dich, Simson!«, während ein Beobachter in der Kammer war. Er aber riß sie von seinen Armen wie einen Faden. 13 Darauf sagte Dalila zu Simson: »Bis jetzt hast du mich getäuscht und mir Lügen erzählt. Sage mir nun, womit man dich binden kann!« Er sprach zu ihr: »Wenn du die sieben Locken meines Hauptes in ein Gewebe einwirkst und mit dem Pflock festmachst, dann bin ich schwach und wie jeder andere Mensch.« 14 Sie schläferte ihn also ein, verwob die sieben Locken seines Hauptes mit dem Gewebe und machte sie mit dem Pflock fest. Dann sprach sie zu ihm: »Philister wider dich, Simson!« Er erwachte vom Schlaf und riß den Webepflock samt dem Gewebe heraus. 15 Sie sprach zu ihm: »Wie kannst du sagen: Ich liebe dich, während dein Herz nicht bei mir ist? Jetzt hast du mich schon dreimal getäuscht und mir nicht erzählt, worin deine große Kraft liegt.« 16 Als sie ihn nun mit ihren Reden die ganze Zeit bedrängte und ihm zusetzte, da wurde es ihm sterbensleid. 17 Er schüttete vor ihr sein ganzes Herz aus und sprach zu ihr: »Kein Schermesser ist über mein Haupt gekommen, denn ich bin ein Gottgeweihter vom Mutterschoße an. Werde ich geschoren, so verläßt mich meine Kraft. Ich werde schwach und bin wie jeder andere Mensch.« 18 Dalila merkte, daß er ihr sein ganzes Herzensgeheimnis mitgeteilt hatte. Sie sandte also hin und ließ die Philisterfürsten rufen mit den Worten: »Diesmal kommt selbst herauf; denn er hat mir sein ganzes Herzensgeheimnis verraten.« Da kamen die Philisterfürsten zu ihr und brachten die Silberstücke gleich mit. 19 Nun ließ sie ihn auf ihren Knien einschlafen, rief einen Mann und ließ die sieben Locken seines Hauptes abscheren. Damit begann sie, ihn zu schwächen, und seine Kraft wich von ihm. 20 Dann sprach sie: »Philister wider dich, Simson!« Er erwachte aus seinem Schlafe und dachte: »Ich werde wie immer davonkommen, ich brauche mich ja nur freizuschütteln.« Er wußte nicht, daß der Herr von ihm gewichen war. 21 Da ergriffen ihn die Philister, stachen ihm die Augen aus und brachten ihn nach Gaza. Sie fesselten ihn mit zwei ehernen Ketten, und er mußte im Gefängnis die Mühlsteine drehen. 22 Sein Haupthaar aber begann wieder zu wachsen, nachdem er geschoren war.

Simsons Tod

23 Die Fürsten der Philister kamen zusammen, um ihrem Gotte Dagon ein großes Opfer darzubringen und fröhlich zu sein. Dabei sprachen sie: »Unser Gott gab den Simson, unseren Feind, in unsere Gewalt!« 24 Als die Leute ihn sahen, rühmten sie ihren Gott und sprachen: »Unser Gott gab in unsere Gewalt unseren Feind, der unser Land verwüstet, der viele von uns umgebracht hat!« 25 Als sie nun in guter Stimmung waren, kamen sie auf den Gedanken: »Ruft doch den Simson herbei, er soll uns belustigen!« Da rief man den Simson aus dem Gefängnis herbei; er mußte ihnen als Spaßmacher dienen, und man stellte ihn zwischen die Säulen. 26 Simson sprach zu dem Knaben, der ihn an seiner Hand hielt: »Laß mich doch, daß ich die Säulen betasten kann, auf denen das Haus ruht, um mich daran zu lehnen!« 27 Der Palast war von Männern und Frauen angefüllt. Dort waren alle Fürsten der Philister beisammen. Auch auf dem Dach waren etwa dreitausend Menschen, Männer und Frauen, die sich den Spaß mit Simson anschauten. 28 Da rief Simson den Herrn an und sprach: »O Gebieter und Herr, gedenke meiner und gib mir nur noch dieses eine Mal Kraft, o Gott! Ich möchte doch an den Philistern Rache nehmen wenigstens für das eine meiner beiden Augen!« 29 Dann packte Simson die beiden Säulen, auf denen das Haus in der Mitte ruhte, und stemmte sich gegen sie, gegen die eine mit seiner Rechten, gegen die andere mit seiner Linken.

30 Simson sprach: »Ich will sterben mit den Phili-
stern!« Er streckte sich mit voller Kraft; da stürzte
der Palast auf die Fürsten und alle Leute, die darin
waren. Es waren der Toten, die er bei seinem Ster-
ben umbrachte, mehr als derer, die er in seinem
Leben getötet hatte.

Begräbnis

31 Nun kamen seine Brüder und all seine Familien-
angehörigen herab, holten ihn, brachten ihn hinauf
und begruben ihn zwischen Zora und Eschtaol im
Grabe seines Vaters Manoach. Er war über Israel
zwanzig Jahre lang Richter gewesen.

Michas Götzenbild

17 1 Es war ein Mann vom Gebirge Ephraim,
dessen Name war Micha. 2 Der sprach zu
seiner Mutter: »Hier sind die eintausend-
einhundert Silberstücke, die man dir genommen
hat und um derentwillen du einen Fluch ausge-
stoßen und auch vor meinen eigenen Ohren ge-
sprochen hast. Siehe, das Geld ist bei mir. Ich selber
hatte es weggenommen.« Da entgegnete seine
Mutter: »Gesegnet sei mein Sohn von dem Herrn!«
3 Er erstattete also seiner Mutter die eintausendein-
hundert Silberstücke zurück. Diese sprach: »Ich
habe doch das Geld dem Herrn geweiht; aus mei-
ner Hand stammt es, für meinen Sohn ist es be-
stimmt, ein aus Metall gegossenes Gottesbild dar-
aus zu machen. Nun gebe ich es dir wieder.« 4 Er
aber gab das Geld seiner Mutter zurück. Sie nahm
zweihundert Silberstücke und gab sie dem Gold-
schmied. Der verfertigte ein aus Metall gegossenes
Gottesbild daraus und stellte es in das Haus des
Micha. 5 Der Mann Micha hatte somit ein Gottes-
haus. Er ließ dazu Orakelschurz (Ephod) und Haus-
götzen (Teraphim) machen und stattete einen
seiner Söhne mit der Vollmacht aus, und dieser
diente ihm nun als Priester. 6 In jenen Tagen gab es
keinen König in Israel; jeder tat das, was ihm be-
liebte.

Der fremde Levit

7 Ein junger Mann war aus Bethlehem in Juda, aus
dem Geschlechte Juda; dieser war Levit und lebte
daselbst als Fremdling. 8 Dieser Mann begab sich
aus der Stadt Bethlehem in Juda, um sich als Fremd-
ling niederzulassen, wo er einen Platz fände. So
kam er denn auf seinem Wege zum Gebirge
Ephraim zum Hause des Micha. 9 Micha redete ihn
an: »Woher kommst du?« Er antwortete ihm: »Ein
Levit bin ich von Bethlehem in Juda. Ich bin auf
dem Wege, mich irgendwo als Fremdling niederzu-
lassen.« 10 Micha lud ihn ein: »Bleibe doch bei mir
und sei mir Vater und Priester! Ich gebe dir zehn
Silberstücke im Jahr, Bekleidung und deinen
Lebensunterhalt.« 11 Der Levit war bereit, bei dem
Mann zu bleiben, und der Jüngling galt ihm wie
einer von seinen Söhnen. 12 Micha verlieh dem
Leviten die Vollmacht, und der Jüngling wurde sein
Priester und blieb im Haus des Micha. 13 Micha
dachte sich: »Nun weiß ich gewiß, daß der Herr
mir Gutes erweisen wird, weil ich den Leviten als
Priester habe.«

17,1–18,31: Ein unerfreuliches Ereignis aus der Geschichte des Stammes Dan (1 Mos 49,16ff; 5 Mos 33,22). Das hier in Rede stehende Gottesbild ist nach prophetischer Auffassung recht anrüchig; der Levit hat sich alle Priesterrechte angemaßt (vgl. 8,27), in Wirklichkeit ist er ein Betrüger. Die Eroberung der Stadt Lajisch und die Ausrottung der dortigen ruhigen und friedlichen Leute ist ein großer Frevel; das Heiligtum in dem sogenannten Dan hat kein Recht auf Anerkennung; denn die Daniten sind Diebe, Räuber und Mörder, die nichts anderes kennen als ihre starke Faust. Woher stammt diese Intoleranz? Ist nicht Dan ebenso ein Sohn Jakobs wie die anderen? Haben nicht andere Stämme bei ihren Eroberungszügen ähnliche Grausamkeiten begangen? Man hatte in prophetischer Zeit einen besonderen Grund, gegen Dan zu eifern; denn hier war eines der von Jerobeam, dem ersten König des Nordreiches, eingerichteten Heiligtümer, in welchem der Herr unter dem Bilde eines Stieres verehrt worden ist (Am 8,14). In 1 Kön 12,28ff wird über die Einrichtung solcher Kultstätten erzählt. Alle diese Verbrechen wurden durch die Wegführung nach Assur gesühnt (18,30). Es geht hier um eine der Verschleppungen, die von 733 ab einander folgten. Der hl. Schriftsteller will ein den Anhängern Jerobeams liebgewordenes Heiligtum verspotten.

Die Daniten bei Micha

18 1 In jenen Tagen gab es in Israel keinen
König. Damals suchte sich der Stamm
Dan einen Landbesitz, um sich ansiedeln
zu können; bis zu jenem Tag war ihm nämlich in-
mitten der Stämme Israels kein Erbbesitz zuteil ge-
worden. 2 Die Daniten sandten von ihrer Sippe fünf
tüchtige Männer aus ihrer Mitte von Zora und
Eschtaol aus, um das Land zu erforschen und genau
zu erkunden. Sie sagten ihnen: »Geht hin und
erforscht das Land!« Sie kamen zum Gebirge
Ephraim, zum Haus des Micha, und übernachteten
daselbst. 3 Als sie beim Haus des Micha standen,
erkannten sie den jungen Leviten an der Stimme.
Sie kehrten dort ein und fragten ihn: »Wer hat
dich hierher gebracht? Was tust du hier, und was
ist hier mit dir?« 4 Er antwortete ihnen: »So und so
hat Micha an mir getan. Er hat mich in seinen
Lohndienst genommen, und so wurde ich sein Prie-
ster.« 5 Sie sprachen zu ihm: »Befrage doch Gott!
Wir wollen erfahren, ob unsere Reise, auf der wir
uns gerade befinden, gut vonstatten gehen wird.«
6 Der Priester erwiderte ihnen: »Geht in Frieden!
Die Reise, die ihr macht, steht im Schutze des
Herrn.«

Lajisch und die Daniten
7 Die fünf Männer gingen weiter und gelangten
nach Lajisch. Sie sahen, daß das dortige Volk in
Sicherheit wohnte, wie etwa die Sidonier, in Ruhe
und Frieden. Es mangelte an nichts im Lande; man
war sehr reich. Sie waren aber weit entfernt von
den Sidoniern und hatten zu Aram keine Beziehun-
gen. 8 Als sie zu ihren Stammesbrüdern nach Zora
und Eschtaol zurückkamen, fragten ihre Brüder sie:
»Was ist zu melden?« 9 Sie antworteten: »Auf, zie-
hen wir gegen sie zu Felde! Denn wir sahen, daß
das Land sehr schön ist! Was zögert ihr noch? Seid
nicht faul! Auf, kommt und nehmt das Land in Be-
sitz! 10 Kommt ihr dorthin, so trefft ihr auf ein sorg-
loses Volk; das Land erstreckt sich weit und breit.
Fürwahr, Gott gibt euch eine Gegend in die Hand,
wo es an nichts im Lande mangelt!«

Gottesraub
11 So brachen also dort von der Danitensippe, von
Zora und Eschtaol, sechshundert zum Kampf aus-
gerüstete Männer auf. 12 Sie bezogen auf ihrem
Wege Lager bei Kirjat-Jearim in Juda; deshalb nennt
man noch heute jenen Ort »Lager Dans«; er liegt
hinter Kirjat-Jearim. 13 Von dort zogen sie weiter auf
das Gebirge Ephraim und kamen zum Haus des
Micha. 14 Die fünf Männer, die gereist waren, das
Land zu erkunden, sprachen zu ihren Stammesbrü-
dern: »Wißt ihr auch, daß sich in diesen Häusern
ein Orakelschurz, Hausgötzen, sowie ein Schnitz-
und Gußbild befinden? Überlegt euch wohl, was
ihr tun wollt!« 15 Sie bogen dahin ab und kamen
zum Hause des jungen Leviten, zum Hause des
Micha, und fragten ihn nach seinem Befinden.
16 Die sechshundert kampfgerüsteten Daniten stan-
den am Toreingang. 17 Die fünf Männer aber, die
ausgezogen waren, das Land zu erkunden, gingen
hinauf, drangen ein und nahmen das Schnitzbild,
den Orakelschurz, die Hausgötzen und das Guß-
bild. Der Priester stand am Eingang des Tores samt
den sechshundert Mann, die voll ausgerüstet
waren. 18 Als nun jene in das Haus des Micha ein-
drangen, um das Schnitzbild, den Orakelschurz, die
Hausgötzen und das Gußbild zu holen, sprach zu
ihnen der Priester: »Was macht ihr da?« 19 Sie erwi-
derten ihm: »Still! Lege deine Hand auf deinen
Mund! Geh mit uns und sei uns Vater und Priester!
Ist es etwa besser für dich, Priester für das Haus
eines einzigen Mannes als Priester für einen Stamm
oder eine Sippe in Israel zu sein?« 20 Das leuchtete
dem Priester ein; er nahm den Orakelschurz, die
Hausgötzen, das Schnitz- und Gußbild und ging
mitten unter die Leute. 21 Dann wandten sie sich
und zogen weiter. Die Kinder, das Vieh und die
wertvolle Habe stellten sie an die Spitze.
22 Sie waren vom Hause des Micha schon entfernt.
Da wurden die Männer in den Häusern der Nach-
barschaft Michas aufgeboten, die Daniten einzuho-
len. 23 Sie riefen hinter den Daniten her. Diese dreh-
ten sich um und sagten zu Micha: »Was ist dir, daß
du deine Mannschaft aufgeboten hast?« 24 Er erwi-
derte: »Meinen Gott, den ich verfertigte, habt ihr
gestohlen und meinen Priester dazu. Ihr zieht damit
fort. Was habe ich jetzt noch? Und da sagt ihr mir
noch: Was ist dir denn?« 25 Die Daniten erwiderten
ihm: »Laß uns deine Stimme nicht mehr hören;
denn sonst könnten wütende Leute über euch her-
fallen, und du würdest dein Leben und das Leben
deiner Familie verwirken!« 26 Die Daniten zogen
ihres Weges weiter. Micha sah, daß sie stärker
waren als er. Er drehte sich um und ging wieder
nach Hause.

Eroberung von Lajisch
27 Jene stahlen das, was Micha angefertigt hatte,
und den Priester dazu, der bei ihm war. Sie zogen
gegen Lajisch, gegen die ruhigen und sorglosen
Leute. Sie schlugen sie mit der Schärfe des Schwer-
tes und zündeten die Stadt an. 28 Ein Retter fand
sich nicht; denn die Entfernung von Sidon war zu
groß und man hatte zu Aram keine Beziehungen.
Sie lag ja im Tal von Bet-Rechob. Dann bauten sie
die Stadt wieder auf und siedelten sich darin an.
29 Sie nannten die Stadt Dan nach dem Namen ihres
Ahnherrn Dan, der von Israel abstammte. Früher
jedoch hieß die Stadt Lajisch.

Gottesbild des Micha
30 Nun richteten die Daniten für sich das Gottesbild
wieder auf. Jonatan, der Sohn des Gerschom, des
Manassesohnes, und seine Nachkommen verrichte-
ten priesterliche Dienste für den Stamm der Dani-
ten bis zum Tage, da das Land der Verbannung
anheimfiel. 31 Das Gottesbild aber, das Micha ange-
fertigt hatte, blieb bei ihnen die ganze Zeit hin-
durch aufgestellt, solange des Gotteshaus in Silo be-
stand.

Der Levit auf der Reise

19 1 Es geschah in jenen Tagen, da es keinen
König in Israel gab, daß ein Levit als
Fremdling in der äußersten Ecke des Ge-
birges Ephraim lebte. Dieser hatte sich eine Neben-
frau aus Bethlehem in Juda genommen. 2 Seine
Nebenfrau entzweite sich mit ihm, ging hinweg in
ihr Vaterhaus nach Bethlehem in Juda und wohnte
daselbst schon vier Monate. 3 Ihr Mann machte sich

auf, zog ihr nach, um sie in Güte zu überreden und sie zurückzuholen. Seinen Knecht und ein Eselsgespann hatte er bei sich. Sie brachte ihn in ihr Vaterhaus. Als der Vater der jungen Frau ihn sah, kam er ihm freudig entgegen. 4 Sein Schwiegervater, der Vater der jungen Frau, hielt ihn fest, so daß er drei Tage bei ihm blieb. Sie aßen und tranken und übernachteten dort. 5 Am vierten Tage standen sie in aller Frühe auf, und er bereitete seine Abreise vor. Der Vater der jungen Frau sprach zu seinem Schwiegersohn: »Stärke dich mit einem Bissen Brot; dann erst reist ab!« 6 Sie setzten sich wieder und aßen und tranken zusammen. Dann sagte der Vater der jungen Frau zu dem Mann: »Bring es doch über dich, bleibe noch einmal zur Nacht und sei fröhlich!« 7 Doch der Mann wollte abreisen; aber sein Schwiegervater drängte ihn, wieder daselbst zu übernachten. 8 Als er nun am Morgen des fünften Tages abreisen wollte, sprach der Vater der jungen Frau: »Labe doch erst dein Herz!« Und sie ließen sich noch Zeit, bis der Tag sich neigte, und beide speisten gemeinsam. 9 Dann schickte sich aber der Mann an, abzureisen zusammen mit seiner Nebenfrau und seinem Knecht. Sein Schwiegervater, der Vater der jungen Frau, sagte zu ihm: »Der Tag neigt sich schon dem Abend zu; übernachte doch, seht die Dämmerung, bleibe hier zur Nacht und sei guter Dinge! Morgen früh brecht auf und zieht eures Weges, damit du wieder zu deinem Zelt gelangst!« 10 Der Mann wollte aber nicht mehr über Nacht bleiben. Er machte sich auf, zog davon und kam bis in die Gegend von Jebus [Jerusalem]. Er hatte ein gesatteltes Eselsgespann, seine Nebenfrau und seinen Knecht bei sich.

Nach Gibea zu

11 Als sie in der Nähe von Jebus waren, sank der Tag dahin. Der Knecht sprach zu seinem Herrn: »Komm, wir wollen in der Jebusiterstadt einkehren und dort übernachten!« 12 Doch sein Herr erwiderte ihm: »In einer fremden Stadt, die nicht den Söhnen Israels eigen ist, kehren wir nicht ein; wir gehen weiter bis nach Gibea.« 13 Weiter sprach er zu seinem Knecht: »Wir wollen uns einem dieser Orte nähern und zur Nacht in Gibea oder Rama bleiben.« 14 Sie schritten weiter, und die Sonne ging unter, als sie ganz dicht bei Gibea in Benjamin waren. 15 Sie bogen dort ab, um hinzukommen und in Gibea zu übernachten. Als er angekommen war, machte er auf dem Stadtplatz halt. Aber es fand sich niemand, der sie die Nacht über beherbergen wollte. 16 Da kam ein alter Mann am Abend von seiner Feldarbeit heim. Der Mann stammte vom Gebirge Ephraim und lebte als Schutzbürger in Gibea. Die Ortsbewohner waren Benjaminiten. 17 Er erhob seine Augen und sah den Wanderer auf dem Stadtplatz. Der alte Mann sprach: »Wohin gehst du, und woher kommst du?« 18 Dieser entgegnete ihm: »Von Bethlehem in Juda reisen wir bis zur äußersten Ecke des Gebirges Ephraim. Von daher stamme ich. Ich begab mich nach Bethlehem in Juda und bin jetzt wieder auf dem Wege nach Hause. Niemand aber nimmt mich in sein Heim auf. 19 Stroh und Futter für unsere Esel haben wir; auch Brot und Wein für mich, für deine Magd und für den Knecht, der deinen Diener begleitet. Es fehlt an nichts.« 20 Der alte Mann sprach: »Sei willkommen! Alles, was dir noch fehlt, übernehme ich. Doch auf der Gasse darfst du nicht übernachten!« 21 Er brachte ihn in sein Haus und gab den Eseln Futter. Sie wuschen ihre Füße, aßen und tranken.

Schandtat von Gibea

22 Während sie sich so gütlich taten, umringten die Männer aus der Stadt, ruchlose Leute, das Haus, pochten an die Türe und sprachen zu dem alten Mann, dem Hausbesitzer: »Gib uns den Mann, der in dein Haus eingekehrt ist, wir wollen ihm beiwohnen!« 23 Da trat der Mann als Hausherr vor sie und sprach zu ihnen: »Nicht so, meine Brüder! Handelt doch nicht so abscheulich, nachdem dieser Mann in meinem Haus abgestiegen ist; begeht nicht diese verruchte Tat! 24 Meine Tochter, die noch Jungfrau ist, und seine Nebenfrau will ich euch herausschaffen. Ihnen mögt ihr Gewalt antun und mit ihnen machen, was euch beliebt. An diesem Mann aber begeht nicht eine solche ruchlose Tat!« 25 Die Männer wollten jedoch nicht auf ihn hören. Der Mann ergriff also seine Nebenfrau und brachte sie ihnen ins Freie heraus. Man mißbrauchte sie, und sie trieben ihren Mutwillen an ihr die ganze Nacht bis zum Morgen. Erst als die Morgenröte heraufstieg, ließ man sie fort. 26 Als die Frau beim Morgengrauen zurückgekehrt war, brach sie am Eingang des Hauses jenes Mannes, bei dem ihr Eheherr wohnte, zusammen und lag dort, bis es hell war. 27 Ihr Herr erhob sich am Morgen, öffnete die Haustüre und trat hinaus, seinen Weg fortzusetzen. Da lag das Weib, seine Nebenfrau, am Hauseingang mit ihren Händen auf der Schwelle. 28 Er sprach zu ihr: »Steh auf, wir wollen gehen!« Aber es antwortete niemand. Da lud er sie auf den Esel, und so machte der Mann sich auf und begab sich an seinen Wohnort. 29 Als er nach Hause kam, nahm er das Messer, ergriff seine Nebenfrau und zerstückelte sie

gliedweise in zwölf Teile und schickte sie in das
ganze Gebiet von Israel. 30 Jeder, der das sah,
sprach: »Solches ist nie geschehen noch gesehen
worden seit dem Tage, da die Israeliten aus dem
Ägypterland fortzogen, bis heute. Das bedenkt
wohl, faßt eine Entschließung und redet!«

19,1–21,25: Das Eigenleben der Stämme hat leicht zu groben Verstößen gegen Gottes Anordnungen und Gebote geführt. Auch alle gute Sitte wird über den Haufen geworfen, die einfachsten Gesetze der Menschlichkeit bleiben unbeachtet. Hier unterliegt der Stamm Benjamin scharfem Tadel. Was uns in 19,22–30 erzählt wird, ist einfach scheußlich zu nennen. Der Vorgang erinnert stark an 1 Mos 19. Die Frau erliegt den Vergewaltigungen der schlimmen Horde. Os 9,9 und 10,9 zeigen, daß die Erinnerung an diese Freveltat nie erloschen ist. Das geschehene Verbrechen wird von Gesamtisrael verurteilt. Der schuldige Stamm wird bestraft. In diesem Augenblick hört das Rachegefühl auf, man empfindet Bedauern über den möglichen Untergang eines Bruderstammes.

Kriegsrat in Mizpa

20 1 Alle Söhne Israels zogen aus, und die
Gemeinde versammelte sich wie ein
Mann zum Herrn nach Mizpa, von Dan
bis Beerseba und auch vom Lande Gilead. 2 Die
Häupter des ganzen Volkes, alle Stämme Israels
versammelten sich in der Gemeinde des Gottes-
volkes, 400 000 Mann zu Fuß, mit dem Schwert be-
waffnet. 3 Die Söhne Benjamins hörten, daß die
Söhne Israels nach Mizpa gezogen waren. Die
Söhne Israels sprachen: »Sagt an, wie hat sich die-
ser Frevel zugetragen?« 4 Da entgegnete der Mann,
der Levit, der Ehemann der ermordeten Frau: »Nach
Gibea in Benjamin kam ich mit meiner Nebenfrau,
um zu übernachten. 5 Da erhoben sich die Bürger
von Gibea wider mich und belagerten um meinet-
willen des Nachts das Haus. Sie gedachten, mich zu
ermorden, meine Nebenfrau aber schändeten sie
so, daß sie starb. 6 Daraufhin nahm ich meine
Nebenfrau, zerstückelte sie und sandte sie in das
ganze Gebiet des Erbbesitzes Israel; denn sie voll-
brachten eine Schandtat und Ruchlosigkeit in Israel.
7 Israeliten, ihr seid nun alle da; besprecht euch hier
und haltet Rat!« 8 Alles Volk erhob sich wie ein
Mann und sprach: »Niemand von uns soll in sein
Zelt zurückkehren, niemand in sein Haus sich be-
geben! 9 Das ist es, was wir Gibea jetzt antun wer-
den: Wir lassen das Los sprechen! 10 Wir nehmen
zehn Mann von hundert aus allen Stämmen Israels
und hundert von tausend und tausend von zehn-
tausend, um Wegzehrung zu holen für die Leute,
die gekommen sind, um gegen Gibea in Benjamin
so vorzugehen, wie es der Schandtat entspricht, die
es in Israel verübt hat.« 11 Da scharten sich alle Leute
von Israel gegen die Stadt zusammen, verbunden
wie ein Mann.

Kriegsrüstungen

12 Die Stämme Israels schickten Männer im ganzen
Stamm Benjamin umher mit der Botschaft: »Was ist
das für eine ruchlose Tat, die bei euch geschehen
ist? 13 Gebt jetzt die nichtswürdigen Männer her-
aus, die in Gibea sind! Wir werden sie töten und das
Böse in Israel ausrotten!« Doch die Benjaminiten
wollten nicht auf die Forderungen ihrer israeliti-
schen Stammesbrüder hören. 14 Sie scharten sich
vielmehr aus ihren Ortschaften in Gibea zusam-
men, um gegen die Israeliten zu Felde zu ziehen.
15 An Benjaminiten wurden damals aus den Ort-
schaften 26 000 Mann als Schwertkämpfer gemu-
stert, abgesehen von den Bewohnern Gibeas; bei
ihnen wurden 700 ausgewählte Leute gemustert.
16 Unter all diesen befanden sich 700 auserlesene
Männer, die Linkshänder waren. Jeder von ihnen
traf mit der Steinschleuder haarscharf, ohne zu feh-
len. 17 An Israeliten wurden außer Benjamin 400 000
schwertbewaffnete, kampfgeübte Männer gemu-
stert. 18 Sie machten sich auf und zogen nach
Betel, um Gott zu befragen. Die Israeliten fragten:
»Wer von uns soll zuerst zum Kampf gegen die Ben-
jaminiten ausrücken?« Der Herr antwortete: »Juda
zuerst!«

Mißerfolge der Israeliten

19 Die Israeliten machten sich am Morgen auf und
lagerten sich gegen Gibea. 20 Israel rückte zum
Kampfe mit Benjamin aus. Die Israeliten stellten
sich in eine Schlachtreihe vor Gibea auf. 21 Die Ben-
jaminiten rückten von Gibea vor und hieben von
Israel an jenem Tage 22 000 Mann nieder. 22 Doch
die Leute von Israel ermannten sich und stellten
sich wiederum zum Kampf am gleichen Ort, wo sie
sich am ersten Tage gestellt hatten. 23 Die Israeliten
zogen hinauf nach Betel und weinten vor dem
Herrn bis zum Abend. Dabei befragten sie den
Herrn: »Soll ich mich wiederum in einen Kampf
einlassen gegen die Söhne Benjamins, meines Bru-
ders?« Der Herr antwortete: »Zieht gegen ihn!«
24 Die Israeliten zogen also auch am zweiten Tage
gegen die Söhne Benjamins. 25 Da rückte ihnen Ben-
jamin von Gibea aus auch am zweiten Tag entge-
gen, und sie hieben von den Israeliten weitere
18 000 schwertbewaffnete Männer nieder.
26 Nun zogen alle Israeliten und alles Volk hinauf
und begaben sich nach Betel, weinten, verweilten
dort vor dem Herrn, fasteten an jenem Tag bis zum
Abend und brachten Brand- und Friedopfer vor dem
Herrn dar. 27 Wieder befragten die Israeliten den
Herrn [dort war nämlich die Bundeslade Gottes in
jenen Tagen, 28 und Pinchas, der Sohn Eleasars, des

Sohnes Aarons, versah damals den Dienst vor ihr]:
»Soll ich noch einmal zum Kampf gegen Benjamin,
meinen Bruder, ausziehen, oder soll ich es lassen?«
Der Herr antwortete: »Rückt aus! Denn morgen
gebe ich ihn in deine Gewalt.« 29 Israel legte nun
rings um Gibea Leute in den Hinterhalt.

Israels Kriegsglück

30 Die Israeliten rückten am dritten Tag gegen die
Benjaminiten vor und stellten sich vor Gibea wie
die beiden früheren Male. 31 Die Benjaminiten rück-
ten den Leuten entgegen, wurden von der Stadt ab-
geschnitten und begannen Leute zu erschlagen, wie
die beiden anderen Male, an den Straßen, von
denen die eine nach Betel, die andere nach Gibea
führt; es war auf freiem Feld, und es waren etwa
dreißig israelitische Männer. 32 Da dachten die
Benjaminiten: »Sie werden von uns geschlagen
wie das vorige Mal.« Die Israeliten aber überlegten
sich: »Wir wollen vor ihnen fliehen und sie von der
Stadt nach den Straßen hinweglocken!« 33 Alle
Israeliten machten sich von ihrem Standort auf und
stellten sich bei Baal-Tamar in eine Kampfreihe auf,
während die im Hinterhalt lauernden Israeliten aus
ihrer Stellung westlich von Gibea hervorbrachen.
34 So rückten gegen Gibea 10 000 erwählte Männer
aus ganz Israel vor. Hart war der Kampf, doch jene
ahnten nicht, daß das Unheil über sie hereinbrach.
35 Der Herr schlug Benjamin durch Israel. Die Israe-
liten hieben an jenem Tag von Benjamin 25 100
schwertbewaffnete Männer nieder. 36 Die Benjami-
niten sahen nun ein, daß sie geschlagen waren. Die
Israeliten aber ließen den Benjaminiten einen freien
Abstand; sie vertrauten auf die Leute, die sie gegen
Gibea in den Hinterhalt gelegt hatten. 37 Die Män-
ner im Hinterhalt zogen eiligst gegen Gibea los, und
der Hinterhalt drang vor und schlug die ganze Stadt
mit der Schärfe des Schwertes. 38 Zwischen den
Israeliten und denen im Hinterhalt war verabredet
worden, daß man eine Rauchsäule aus der Stadt
aufsteigen lassen sollte. 39 Die Israeliten machten
nun im Kampf eine Kehrtwendung, und Benjamin
begann, einige israelitische Männer zu erschlagen,
etwa dreißig Mann. Denn sie dachten: »Sicherlich
werden sie von uns ebenso geschlagen wie im
früheren Kampf.« 40 Plötzlich begann das Signal von
der Stadt, die Rauchsäule, aufzusteigen. Als Benja-
min sich umwandte, da stieg das Ganzopfer der
Stadt zum Himmel empor! 41 Die Leute von Israel
machten wieder kehrt, und die Benjaminiten gerie-
ten in Bestürzung; denn sie merkten, daß das Un-
heil über sie gekommen war. 42 Sie wandten sich
auf der Flucht vor den Israeliten nach der Wüste zu.
Der Kampf aber heftete sich an ihre Fersen, und die
aus der Stadt kamen, vernichteten sie, indem sie die
Benjaminiten in die Mitte nahmen. 43 Sie umringten
die Benjaminiten, verfolgten sie unermüdlich und
zertraten sie bis vor Gibea im Osten. 44 Dabei fielen
von Benjamin 18 000 Mann, alles tüchtige Krieger.
45 Sie wandten sich auf der Flucht nach der Wüste
zum Felsen Rimmon hin. Doch hielt man noch
Nachlese bei ihnen auf den Straßen: gegen 5000
Mann. Man heftete sich an ihre Fersen bis Gidom
und erschlug von ihnen noch 2000 Mann. 46 Die Ge-
samtzahl der Gefallenen in Benjamin betrug an je-
nem Tage 25 000 schwertbewaffnete, kriegstüch-
tige Männer. 47 Sechshundert Mann wandten sich
auf der Flucht nach der Wüste zum Felsen Rimmon
hin und blieben vier Monate dort. 48 Die Leute von
Israel aber kehrten um gegen die Benjaminiten und
schlugen sie mit der Schärfe des Schwertes, Männer
und Vieh und alles, was sich dort befand. Auch alle
Ortschaften, auf die man stieß, steckten sie in
Brand.

20,29–46: Über die Niederlage Benjamins wurden zweierlei Überlieferungen aufgenommen, 29–36a und 36b–41.

Frauenmangel

21 1 Die Israeliten hatten in Mizpa ge-
schworen: »Niemand von uns wird
einem Benjaminiten seine Tochter zur
Frau geben.« 2 Nun kam das Volk nach Betel. Sie
weilten dort bis zum Abend vor Gott, erhoben ihre
Stimme und weinten laut und lange. 3 Sie beteten:
»Warum, Herr, Gott Israels, ist es in Israel gesche-
hen, daß heute ein ganzer Stamm aus Israel fehlt?«
4 Am andern Morgen in aller Frühe erbauten sich die
Leute dort einen Altar und brachten Brand- und
Friedopfer dar. 5 Dabei fragten die Israeliten: »Ist
etwa einer von allen Stämmen Israels nicht in die
Versammlung zum Herrn gekommen?« Man war
nämlich einen heiligen Eid eingegangen gegen den,
der nicht zum Herrn nach Mizpa hinaufziehen
würde, und hatte gesagt: »Der muß des Todes ster-
ben.« 6 Die Israeliten packte das Mitleid mit ihrem
Bruder Benjamin. Sie sagten: »Abgeschnitten ist
heute ein ganzer Stamm aus Israel. 7 Wie können
wir den Übriggebliebenen zu Frauen verhelfen?
Wir haben doch beim Herrn geschworen, ihnen
keine von unseren Töchtern zur Frau zu geben.«
8 Sie taten also die Frage: »Ist etwa unter den Stäm-
men Israels einer, der nicht zum Herrn nach Mizpa
hinaufgezogen ist?« Und siehe da, von Jabesch in
Gilead war niemand ins Lager zur Versammlung
gekommen. 9 Die Leute wurden gemustert, und tat-

sächlich war niemand von den Bewohnern aus Jabesch in Gilead da.

Auf der Suche nach Frauen

10 Da entsandte die Gemeinde nach dort zwölftausend erprobte Krieger und gab ihnen den Befehl: »Geht hin und schlagt die Bewohner von Jabesch in Gilead mit der Schärfe des Schwertes, auch Frauen und Kinder! 11 Dabei sollt ihr folgendermaßen vorgehen: An jedem Mann und an jeder Frau, die bereits ein Mann berührt hat, sollt ihr den Bann vollstrecken!« 12 Sie fanden unter den Bewohnern von Jabesch in Gilead vierhundert jungfräuliche Mädchen, die noch kein Mann berührt hatte. Man brachte sie ins Lager nach Silo im Lande Kanaan. 13 Die ganze Gemeinde sandte nun hin und machte davon den Benjaminiten, die am Felsen Rimmon waren, Mitteilung und entbot ihnen Friedensgrüße. 14 So kehrten die Benjaminiten damals zurück. Man gab ihnen die Mädchen, die man von den Frauen aus Jabesch in Gilead am Leben gelassen hatte. Doch sie reichten für sie nicht aus.

Frauenraub in Silo

15 Das Volk erbarmte sich Benjamins, weil der Herr durch die Stämme Israels einen Riß gemacht hatte. 16 Die Ältesten der Gemeinde sagten also: »Wie verhelfen wir den Übriggebliebenen zu Frauen, nachdem in Benjamin die Frauen ausgerottet sind?« 17 Sie sprachen: »Benjamin hat noch den Besitz der Entronnenen, und es soll kein Stamm aus Israel verschwinden! 18 Wir selbst aber können ihnen von unseren Töchtern keine Frauen geben.« Denn die Israeliten hatten geschworen: »Verflucht sei, wer an Benjamin eine Frau gibt!« 19 Sie sagten nun: »Wir halten doch alljährlich das Fest des Herrn in Silo« [nördlich von Betel, östlich von der Straße, die von Betel nach Sichem führt, südlich von Lebona]. 20 Sie forderten die Benjaminiten auf: »Geht hin und legt euch in den Weinbergen auf die Lauer! 21 Seht ihr dann, wie die Töchter von Silo herauskommen, um ihre Reigen zu tanzen, dann brecht aus den Weinbergen hervor, und jeder von euch raube sich seine Frau aus den Töchtern Silos und entfliehe in das Land Benjamin. 22 Sollten etwa ihre Väter oder ihre Brüder kommen, um sich bei uns zu beklagen, dann werden wir ihnen sagen: ›Habt doch Mitleid mit ihnen; denn keiner von ihnen hat seine Frau im Krieg genommen. Ihr habt sie ihnen auch nicht selbst gegeben; denn in diesem Fall wärt ihr mit Schuld behaftet.‹« 23 Die Benjaminiten taten so und nahmen sich Frauen entsprechend ihrer Anzahl aus den Reigentänzerinnen, die sie raubten. Dann machten sie sich auf den Weg zurück zu ihrem Erbbesitz. Sie bauten die Städte wieder auf und siedelten sich dort an. 24 Auch die Israeliten gingen dort in jener Zeit auseinander, jeder zu seinem Stamm und zu seiner Sippe. Jeder zog von dort weg zu seinem Erbbesitz. 25 In jenen Tagen gab es keinen König in Israel; jeder tat, was ihm gefiel.

21,10–25: Die wohl wieder aus einem Doppelbericht zusammengesetzte Erzählung, wie die Benjaminiten wieder zu Frauen kamen, soll zum letztenmal zeigen, wie gewalttätig in der vorköniglichen Zeit einzelne Gruppen, Städte und Stämme handelten und behandelt wurden. Andererseits war aber doch ein Zusammengehörigkeitsgefühl aller Stämme als Bundesvolk vorhanden.

DAS BUCH RUT

Die Kapitel 17–21 des Richterbuches erzählen uns Ereignisse aus der Richterzeit, haben aber mit den Richtern selbst nichts zu tun. In unseren christlichen Bibeln folgt nunmehr das Büchlein Rut, dessen Begebenheiten sich noch in der Richterepoche abspielten. In meisterhafter Weise schildert hier der unbekannte Verfasser, wie die Moabiterin Rut sich durch ihre herrlichen, echt fraulichen Eigenschaften und ihre Opfergesinnung die Neigung des Boas erwirbt, der sie dann heiratet. Der Ort dieser Ereignisse ist die Davidsstadt Bethlehem. Hier wußte man um Davids Herkunft gut Bescheid. Manchen sonst treuen Anhänger des Hauses David mag diese fremde Person Rut im Stammbaum des Königs gestört haben. Der Verfasser des Rutbüchleins ist aber nicht so engherzig: Auch das so gehaßte Moabitervolk findet seine Ruhestatt unter den Fittichen des Gottes, den Israel verehrt. Die wahre Religion ist weltweit und nicht auf eine bestimmte Nation beschränkt.

Es geschah in den Tagen der Richterherrschaft,
daß im Land eine Hungersnot ausbrach. Ein
Mann wanderte von Bethlehem in Juda aus,
um in den Gefilden Moabs als Schutzbürger zu
weilen samt seiner Frau und seinen beiden Söhnen.
2 Der Name des Mannes war Elimelech, der Name
seiner Frau Noëmi und die Namen seiner beiden
Söhne Machlon und Kiljon [Ephratiten aus Bethle-
hem im Lande Juda]. Sie kamen in die Gefilde
Moabs und blieben daselbst. 3 Doch Elimelech, der
Mann Noëmis, starb, und sie blieb mit ihren beiden
Söhnen zurück. 4 Diese heirateten moabitische
Frauen. Der Name der einen war Orpa, die andere
hieß Rut. Sie wohnten daselbst ungefähr zehn
Jahre. 5 Es starben dann auch Machlon und Kiljon.
Die Frau aber hinterblieb ohne ihre beiden Söhne
und ihren Mann. 6 Da machte sie sich mit ihren
Schwiegertöchtern auf, um aus dem Lande Moab
heimzukehren; sie hörte nämlich im Gefilde
Moabs, daß der Herr sein Volk gnadenvoll heimge-
sucht und ihm wieder Nahrung gegeben habe. 7 Sie
wanderte also von der Stätte fort, wo sie ihren
Aufenthalt genommen hatte, samt ihren beiden
Schwiegertöchtern. Sie machten sich auf den Weg,
um heimzukehren in das Land Juda.

Orpa kehrt um, Rut nicht

8 Da sprach Noëmi zu ihren beiden Schwiegertöch-
tern: »Geht nun und kehrt zurück in das Haus eurer
Mütter! Möge der Herr euch jene Liebe erweisen, die
ihr den Toten und mir erwiesen habt! 9 Der Herr ver-
leihe euch, daß ihr eine Ruhestatt findet, eine jede im
Haus ihres Mannes!« Als dann küßte sie die Frauen;
diese erhoben ihre Stimme und weinten. 10 Sie sag-
ten zu ihr: »Fürwahr, wir wollen doch mit dir heim-
kehren zu deinem Volk!« 11 Doch Noëmi erwiderte:
»Kehrt doch um, meine Töchter! Warum wollt ihr
mit mir gehen? Habe ich etwa noch Söhne in mei-
nem Mutterleibe, die eure Männer werden könnten?
12 Kehrt heim, meine Töchter, und geht; denn ich bin
zu alt, um noch einem Mann zu gehören. Und wenn
ich auch dächte: Ich habe noch Hoffnung und würde
noch in dieser Nacht mit einem Mann verkehren und
auch Kinder gebären, 13 solltet ihr dann etwa warten,
bis sie erwachsen sind? Solltet ihr etwa ehelos blei-
ben und keinem Mann angehören? Nicht doch,
meine Töchter, es tut mir weh um euch; denn gegen
mich hat sich die Hand des Herrn gewandt.« 14 Da
erhoben sie ihre Stimme und weinten von neuem.
Orpa gab ihrer Schwiegermutter den Abschiedskuß;
Rut dagegen blieb bei ihr.
15 Noëmi sprach: »Siehe, deine Schwägerin kehrt
zurück zu ihrem Volk und zu ihrem Gott. So kehre
auch du zurück wie deine Schwägerin!« 16 Doch Rut
entgegnete: »Dränge mich nicht, dich zu verlassen,
um heimzukehren, fort von dir! Denn wo du hin-
gehst, da gehe auch ich hin, und wo du weilst, da
weile auch ich; dein Volk ist mein Volk, und dein
Gott ist mein Gott. 17 Wo du stirbst, da sterbe auch
ich, und da will ich begraben sein. Ich schwöre –
und der Herr möge mich strafen: Nur der Tod wird
mich von dir trennen!« 18 Da sie nun sah, daß jene
fest entschlossen war, mit ihr zu gehen, hörte sie
auf, ihr noch weiter zuzureden.

In Bethlehem

19 Beide gingen nun weiter, bis sie nach Bethlehem
kamen. Bei ihrer Ankunft geriet die ganze Stadt in

Aufruhr. Die Frauen fragten: »Ist das nicht Noëmi?« 20 Sie aber entgegnete ihnen: »Nennt mich nicht Noëmi (Liebliche), nennt mich Mara (Bittere); denn Bitteres hat mir in hohem Maße der Allmächtige auferlegt. 21 Reich begütert bin ich fortgewandert, und mit leeren Händen hat mich der Herr zurückgebracht. Warum nennt ihr mich Noëmi? Hat doch der Herr mich gedemütigt und der Allmächtige mir großes Leid zugefügt!« 22 So kehrte Noëmi heim mit Rut, ihrer moabitischen Schwiegertochter, die mit ihr aus den Gefilden Moabs eintraf. Ihre Ankunft in Bethlehem erfolgte zu Beginn der Gerstenernte.

1,3–4: Das AT verbietet später Ehen dieser Art streng (5 Mos 23,4–6; Neh 13,1ff). Aber der unbestimmt lange Aufenthalt in Moab läßt die Heirat in einem anderen Lichte erscheinen. • 5–6: Der Orientale hat ein tiefes Mitgefühl für Witwen, deren Söhne tot sind (Luk 7,12). Noëmi strebt nach der alten Heimat, weil sie hier durch die Verwandtschaft ihre wirtschaftliche Lage zu verbessern hofft. Denn ihre beiden Söhne sind offenbar kinderlos gestorben und haben auch wenig Besitztum hinterlassen (Vers 21).

Ährenlese

2 1 Noëmi aber hatte einen Verwandten ihres Mannes. Dieser war sehr vermögend und stammte aus dem Geschlechte Elimelechs. Sein Name war Boas. 2 Die Moabiterin Rut sprach zu Noëmi: »Ich gehe hinaus aufs Feld und will Ähren sammeln bei jemand, der es mir freundlich erlaubt.« Sie erwiderte: »Ja, geh, meine Tochter!« 3 Da ging sie hin, und angekommen, begann sie auf dem Felde hinter den Schnittern her zu sammeln; eine glückliche Fügung hatte sie gerade auf das Feld des Boas gebracht, der aus dem Geschlecht Elimelechs war. 4 Boas aber kam soeben von Bethlehem her und sprach zu den Schnittern: »Der Herr sei mit euch!« Diese erwiderten ihm: »Der Herr segne dich!« 5 Da sprach Boas zu seinem Knecht, der die Schnitter zu beaufsichtigen hatte: »Zu wem gehört denn dieses Mädchen da?« 6 Der den Schnittern vorstehende Knecht antwortete: »Es ist ein Moabitermädchen, das mit Noëmi aus dem Gefilde Moabs heimgekehrt ist. 7 Sie hat gesagt: ›Ich darf doch wohl auflesen und bei den Garben sammeln hinter den Schnittern her?‹ So kam sie und hielt standhaft aus vom Morgen an bis jetzt; eben will sie ein wenig nach Hause gehen.«

8 Boas sprach zu Rut: »Hörtest du es wohl, meine Tochter? Gehe nicht fort, um auf einem andern Feld zu sammeln! Entferne dich nicht von hier, sondern halte dich an meine Mägde! 9 Behalte das Feld, auf dem man erntet, im Auge und folge hinter ihnen her! Ich habe auch den Knechten geboten, dich nicht anzutasten. Hast du Durst, so geh zu den Gefäßen und trinke von dem, was die Knechte schöpften!« 10 Da fiel sie nieder auf ihr Angesicht, beugte sich zur Erde und sprach zu ihm: »Warum fand ich in deinen Augen Gunst, daß du so gnädig auf mich schaust, obwohl ich eine Ausländerin bin?« 11 Boas antwortete ihr: »Alles ist mir berichtet worden, was du nach dem Tode deines Mannes an deiner Schwiegermutter tatest, daß du deinen Vater, deine Mutter und dein Heimatland verlassen hast, um zu einem Volke auszuwandern, welches du bis dahin noch nicht kanntest. 12 Der Herr möge dir dein Tun vergelten, und die volle Belohnung werde dir vom Herrn, dem Gott Israels, zuteil dafür, daß du gekommen bist, um unter seinen Flügeln Schutz zu suchen!« 13 Sie entgegnete: »Ich finde also Gunst in deinen Augen, Herr! Denn du hast mich getröstet und deiner Magd ins Herz geredet, und ich bin doch nicht einmal wie eine deiner Mägde!« 14 Um die Essenszeit sprach Boas zu ihr: »Komm her und iß von dem Brot und tauche deinen Bissen in den herben Wein!« So ließ sie sich nieder an der Seite der Schnitter, und er setzte ihr Röstkorn vor. Sie aß, wurde satt und ließ noch übrig. 15 Als sie nun wieder aufstand, um weiterzusammeln, gebot Boas seinen Knechten: »Auch zwischen den Garben darf sie lesen, und ihr sollt sie nicht tadeln! 16 Auch aus den Bündeln zieht für sie einiges heraus und laßt es liegen; sie mag es dann sammeln, ohne daß ihr sie scheltet.« 17 Darauf sammelte sie auf dem Feld bis zum Abend. Als sie dann den gesammelten Vorrat ausklopfte, war es etwa ein Epha Gerste. 18 Sie hob es auf und kam damit in die Stadt.

Ihre Schwiegermutter sah den gesammelten Vorrat. Dann packte sie aus und gab ihr den übriggebliebenen Rest des Essens. 19 Da sprach ihre Schwiegermutter zu ihr: »Wo hast du denn heute gesammelt, wo gearbeitet? Gesegnet sei derjenige, der dich so gut behandelte!« Sie teilte ihrer Schwiegermutter mit, bei wem sie gearbeitet hatte, und sprach: »Der Name des Mannes, bei dem ich heute arbeitete, ist Boas.« 20 Noëmi sagte zu ihrer Schwiegertochter: »Gesegnet sei er vom Herrn, der seine Huld weder den Lebenden noch den Toten versagt hat!« Dann erzählte ihr Noëmi: »Der Mann ist mit uns verwandt, zu unseren Lösern gehört er.« 21 Die Moabiterin Rut antwortete: »Auch sagte er zu mir: ›Halte dich an mein Gesinde, bis sie meine Ernte beendet haben!‹« 22 Noëmi entgegnete ihrer Schwiegertochter Rut: »Gut, meine Tochter, daß du mit seinen Mägden hinausgehst und man dich nicht überraschen kann auf einem fremden Feld!« 23 Sie hielt sich beim Sammeln an die Mägde des Boas, bis die

Gersten- und Weizenernte beendet war. Dann
kehrte sie zu ihrer Schwiegermutter zurück.

Der entscheidende Schritt

3 1 Ihre Schwiegermutter Noëmi sprach zu ihr:
»Meine Tochter, soll ich dir nicht ein ruhiges
Heim suchen, wo es dir gut geht? 2 Und nun:
Ist nicht Boas unser Verwandter, mit dessen Mäg-
den du beisammen warst? Nun worfelt er in dieser
Nacht auf der Gerstentenne! 3 Wasche und salbe
dich und lege deine schönsten Gewänder an; dann
gehe hinab zur Tenne! Gib dich aber dem Mann
nicht zu erkennen, bis er mit dem Essen und Trin-
ken fertig ist! 4 Wenn er sich dann aber hinlegt, so
merke dir den Ort, wo er schläft; komm herzu,
decke den Platz zu seinen Füßen auf und lege dich
dort hin; dann wird er dir sagen, was du tun sollst.«
5 Sie entgegnete ihr: »Alles, was du sagst, werde ich
tun!«

Eheversprechen

6 Dann ging sie zur Tenne hinunter und tat ganz so,
wie ihre Schwiegermutter ihr aufgetragen hatte.
7 Als Boas gegessen und getrunken hatte und guter
Dinge war, kam er, um sich am Rand des Getreide-
haufens niederzulegen. Sie näherte sich heimlich,
deckte den Platz zu seinen Füßen auf und legte sich
hin. 8 Um Mitternacht fuhr der Mann erschreckt auf,
beugte sich vor, und siehe, eine Frau lag am Platz zu
seinen Füßen. 9 Er sprach: »Wer bist du?« Sie ent-
gegnete: »Ich bin Rut, deine Magd! Spanne den
Saum deines Gewandes über deine Magd aus; denn
Löser bist du!«
10 Er entgegnete: »Gesegnet seist du vom Herrn,
meine Tochter! In noch schönerem Lichte zeigst du
jetzt deine Liebe als früher, indem du nicht den jun-
gen Männern, ob arm oder reich, nachläufst. 11 Und
nun, meine Tochter, fürchte dich nicht! Alles, was
du sagst, will ich dir tun; denn alle Leute innerhalb
des Stadttores wissen, daß du eine wackere Frau
bist! 12 Nun, es ist ja nur zu wahr, daß ich lösepflich-
tig bin; allein es ist noch ein näherer Verwandter als
ich da, der ebenfalls lösepflichtig ist. 13 Bleibe in die-
ser Nacht hier liegen; wenn er dich dann am Mor-
gen lösen will, gut, so mag er es tun! Hat er aber
keine Lust, dich zu lösen, dann werde ich, so wahr
der Herr lebt, dich lösen; schlafe ruhig bis zum Mor-
gen!« 14 So schlief sie an seinem Fußende bis zum
Morgen; doch stand sie bereits auf, noch bevor
einer den anderen sehen konnte. Er hatte nämlich
gesagt: »Es braucht nicht bekannt zu werden, daß
die Frau auf die Tenne gekommen ist!« 15 Dann
sprach er: »Gib dein Umschlagtuch her und halte es
auf!« Sie tat es, und er maß sechs Maß Gerste hin-
ein und lud sie ihr auf. So kam sie zur Stadt.

Bei der Schwiegermutter

16 Sie kam nun zu ihrer Schwiegermutter. Diese
fragte sie: »Wie steht es mit dir, meine Tochter?« Da
erzählte sie ihr alles, was der Mann an ihr Gutes ge-
tan hatte. 17 Sie sagte: »Diese sechs Maß Gerste hat
er mir geschenkt; ›denn‹, so meinte er, ›du sollst
nicht mit leeren Händen zu deiner Schwiegermut-
ter kommen!‹« 18 Sie sprach darauf: »Warte ab,
meine Tochter, bis du erfährst, wie die Sache ver-
läuft. Jedenfalls wird der Mann nicht eher ruhen, bis
er heute noch die Angelegenheit erledigt hat.«

3,1–18: Der Rat der Noëmi und die Handlungsweise der Rut werden oft mißdeutet. Rut selbst bietet keinerlei Angriffsfläche, da sie zum Gehorsam verpflichtet war. Wie kann aber Noëmi gerechtfertigt werden? Sie hatte nach damaliger Rechtsauffassung die Pflicht, ihrem Mann und Sohn mit Hilfe des Lösers Nachkommen zu verschaffen. Noëmi baute ihren Plan darauf, daß der Besitzer die Nächte zur Worfelzeit bei seinem Korn zu verbringen pflegt, um Diebstähle zu verhindern. Man könnte nun fragen, ob der Weg zur Erreichung ihres Zieles richtig war. Wäre es nicht ehrenhafter gewesen, durch eine persönliche Aussprache Boas an seine Lösepflicht zu erinnern? Dazu aber hatte die Ausländerin zu große innere Hemmungen. Wir haben uns unter Boas einen älteren und gereifteren Mann vorzustellen, von dem man wohl erwarten konnte, daß er Rut nicht in Schande bringen würde. Der anscheinend so gefährliche Weg, bei dem sich Rut gleich im Brautstaat vorstellt, führte doch sicherer ans Ziel. Diese Szene ist außerordentlich spannend geschrieben, es fehlt ihr aber alles Sinnliche und Schwüle. Der Platz der Rut ist zu den Füßen des Boas, nicht an seiner Seite. Der Herr selbst führt die heikle Lage einem glücklichen Ende entgegen.

Ruts Lösung

4 1 Boas war zum Stadttor hinaufgegangen und
hatte dort Platz genommen. Da ging jener
lösepflichtige Mann vorüber, von dem Boas
gesprochen hatte. Er rief: »Komm her und setze dich
hier nieder, Vetter N. N.!« Da kam er her und setzte
sich. 2 Dann ließ Boas zehn Männer von den
Ältesten der Stadt zu sich holen. Er sprach: »Setzt
euch hierher!« Und sie setzten sich. 3 Hierauf sprach
er zu dem Löser: »Noëmi, die aus dem Lande Moab
heimgekehrt ist, verkauft den Grundbesitz, der un-
serem Sippenbruder Elimelech gehört hat. 4 Mir aber
kam der Gedanke, ich müsse dir folgenden Hinweis
geben: Kaufe ihn doch in Gegenwart der hier sit-
zenden und der Ältesten meines Volkes! Wenn du
deine Lösepflicht erfüllen willst, so tue es! Wenn du
aber nicht lösen willst, so sage es mir, damit ich es
weiß; denn außer dir ist niemand da zum Lösen,
und ich komme erst nach dir an die Reihe!« Jener
antwortete: »Ja, ich will Löser sein!« 5 Boas fuhr fort:
»Sobald du das Feld von Noëmi erwirbst, besitzt du
damit auch die Moabiterin Rut, die Frau des Ver-
storbenen; so mußt du den Namen des Toten wie-

der aufstehen lassen auf seinem Erbteil.« 6 Der lösepflichtige Mann entgegnete darauf: »Dann kann ich für mich die Lösepflicht nicht ausführen, denn ich schädige damit mein eigenes Erbteil. Löse also du für dich, was ich lösen sollte; denn ich bin zur Lösung nicht imstande!« 7 Es bestand vormals in Israel folgender Brauch bei der Einlösung und beim Tauschgeschäft, um jegliche Angelegenheit zu bekräftigen: Man übergab dem Partner seinen Schuh, den man ausgezogen hatte. Das galt als Bezeugung in Israel. 8 Da sprach nun der Löser zu Boas: »Vollziehe den Kauf!«, und er zog seinen Schuh aus. 9 Boas aber sprach zu den Ältesten und zu allem Volk: »Ihr seid heute dafür Zeugen, daß ich den Gesamtbesitz Elimelechs und den Gesamtbesitz Kiljons und Machlons aus der Hand der Noëmi erworben habe. 10 Dazu habe ich mir die Moabiterin Rut, die Frau des Machlon, als Frau erworben, um den Namen des Toten auf seinem Erbteil aufleben zu lassen! Der Name des Toten soll aus seiner Verwandtschaft und aus dem Tor seines Heimatortes nicht ausgetilgt werden; dessen seid ihr heute Zeugen.« 11 Da rief das ganze Volk im Tor samt den Ältesten: »Zeugen sind wir! Der Herr mache die Frau, die in dein Haus zieht, wie Rachel und wie Lea, die beide das Haus Israel aufgebaut haben. Übe Gewalt aus in Ephrata, und dein Name soll in Bethlehem berühmt werden! 12 Es sei dein Haus wie das Haus des Perez, den Tamar dem Juda gebar, durch die Nachkommenschaft, die der Herr dir von dieser jungen Frau geben möge!«

Rut im Stammbaum Davids

13 So nahm denn Boas Rut, und sie ward seine Frau. Er wohnte ihr bei, und der Herr verlieh ihr Fruchtbarkeit, und sie gebar einen Sohn. 14 Die Frauen sprachen nun zu Noëmi: »Gepriesen sei der Herr, der dir heute einen Löser geschenkt hat; sein Name werde berühmt in Israel. 15 Er wird dir zum Trost deiner Seele und zur Stütze deines Alters werden; denn deine Schwiegertochter, die dir Liebe erwies, hat ihn geboren. Sie ist dir mehr wert als sieben Söhne.« 16 Da nahm Noëmi das Kind, legte es an ihren Busen und wurde seine Wärterin. 17 Die Nachbarinnen gaben ihm einen Namen, indem sie sprachen: »Geboren ist Noëmi ein Sohn!« Sie nannten seinen Namen Obed. Dieser ward der Vater des Isai, der Davids Vater war.

Stammbaum des Perez

18 Dies ist der Stammbaum des Perez: Perez zeugte den Chezron. 19 Chezron zeugte den Ram, Ram zeugte den Amminadab. 20 Amminadab zeugte den Nachschon, und Nachschon zeugte den Salmon. 21 Salmon zeugte den Boas, Boas zeugte den Obed, 22 und Obed zeugte den Isai, Isai aber zeugte den David.

4,13–17: Das liebliche Idyll um Rut weitet sich zu einem Blick auf ganz Juda und sein Königshaus. Dieses hat eine Ahnmutter, die aus Moab zugewandert ist. Wie Gott mit ihr war, so wird er auch mit seinem Volk und Königshaus sein. • 18–21: (1 Chron 2,5–15) Der Stammbaum Davids kehrt noch einmal wieder in Matth 1, wird dort aber bis auf Jesus weitergeführt (Matth 1,5–16). Es ist bezeichnend, daß Matth 1,5 der Moabiterin Rut einen Ehrenplatz neben anderen Frauen anweist (Tamar 1 Mos 38, Rahab Jos 2; Jak 2,25, das Weib des Hethiters Uria 2 Sam 11).

ERSTES BUCH SAMUEL

Leben und Wirken des bedeutendsten Richters bilden den Inhalt des ersten Samuelbuches, dessen unmittelbare Fortsetzung 2 Sam ist. Und doch ist es nicht unberechtigt, Samuel von den übrigen Richtern zu trennen, weil er zugleich der erste Prophet, ja der Vater des Prophetentums in Israel war. Die Kirche pflegt in Anlehnung an eine alte Überlieferung die beiden Samuelbücher auch 1 und 2 Könige zu nennen; denn sie enthalten in der Hauptsache Israels Geschichte vom Stifter des Königtums bis zu den letzten Lebensjahren Davids.

1 Sam 1,1–7,16 handelt ausschließlich von Heli, seinen Söhnen und ihrem heranwachsenden Gegenspieler Samuel. 8,1–15,35 enthält die Geschichte Sauls, der nach Anfangserfolgen versagt. In den Kapiteln 16–30 lesen wir vom jugendlichen David, seinen wechselvollen Schicksalen und seinem Kampf um die Macht. Saul und Jonatan finden ihr Ende in den Philisterkämpfen. 2 Sam 1,1–20,26 erzählen von den Regierungstaten Davids. Sein nachhaltigster Erfolg ist die Eroberung Jerusalems. Er eint die zwölf Stämme und ist auf dem besten Wege, eine Großmacht zu gründen. Davids eheliches Leben ist nicht vorbildlich und nicht glücklich. Seine Sünden büßt er aber schwer und aufrichtig. Absaloms Aufstand endet mit einer Niederlage für die Aufständischen. 21,1–24,25 sind einzelne Nachträge.

Die Begebenheiten ereigneten sich etwa zwischen 1100–1000 v. Chr. Es war eine Zeit, in der weder Ägypten noch Assur Kanaan beunruhigten. Die vorisraelitische Bevölkerung Kanaans stellte eine ernste Gefahr für den reinen Gottesglauben der Israeliten dar; denn sie war weder ausgerottet noch verdrängt. Philister, Ammoniter, Moabiter und Edomiter befehdeten als äußere Feinde die Israeliten. Spätere Zeiten knüpften an David die Erwartung des Messias (Is 11,1–6). David wird sein Vorbild. Man übersah, daß Davids Leben viele Mängel aufwies und daß es auch zu seiner Zeit viele Unzufriedene gab. Man dachte nur noch an die endgültigen Erfolge, den Segen Gottes, der seine Waffentaten begleitete. Um so dankbarer sind wir, daß uns hier der prophetisch inspirierte Verfasser so unparteiisch Licht- und Schattenseiten im Leben seiner Helden darstellt.

Ein Mann namens Elkana lebte unter den Leu-
ten von Ramatajim, ein Zuphit vom Gebirge
Ephraim. Er war ein Sohn Jerochams, des
Sohnes Elihus, der ein Sohn Tochus, des Sohnes des
Zuph, war, ein Ephratit. 2 Er hatte zwei Frauen; die
eine hieß Anna, die andere Peninna. Peninna hatte
Kinder, Anna dagegen nicht. 3 Dieser Mann zog all-
jährlich aus seiner Ortschaft hinauf, um dem Herrn
der Heerscharen in Silo zu huldigen und zu opfern.
Dort waren die beiden Helisöhne Chophni und
Pinchas Priester des Herrn. 4 Wenn Elkana opferte,
gab er seiner Frau Peninna und all ihren Söhnen und
Töchtern Speiseanteile. 5 Der Anna gab er nur
einen, aber einen ganz persönlichen Anteil; denn er
liebte Anna; doch der Herr hatte ihren Mutter-
schoß verschlossen. 6 Ihre Widersacherin kränkte
sie bitterlich, um sie zu demütigen, weil der Herr
ihr den Mutterschoß verschlossen hatte. 7 So ge-
schah es alljährlich: Sooft sie zum Haus des Herrn
ging, wurde sie von jener gekränkt. Anna weinte
und wollte nicht mehr essen. 8 Elkana, ihr Mann,
sprach zu ihr: »Anna, warum weinst du? Weshalb
willst du nicht essen? Warum ist dein Herz so trau-
rig? Bin ich dir nicht viel mehr wert als zehn
Söhne?«
9 Anna aber stand auf, nachdem man das Opfer-
fleisch gegessen und auch getrunken hatte, und trat
hin vor den Herrn. Der Priester Heli saß auf einem
Stuhl an den Pfosten des Tempels des Herrn. 10 Mit
Kummer im Herzen betete sie zum Herrn und
weinte bitterlich. 11 Sie tat ein Gelübde und sprach:
»Herr der Heerscharen, wenn du das Elend deiner
Magd ansiehst, meiner gedenkst, deine Magd nicht
vergißt und deiner Magd einen Sohn schenkst, so
will ich ihn dem Herrn weihen sein Leben lang.
Kein Schermesser soll über sein Haupt kommen!«
12 Lange Zeit betete sie vor dem Herrn. Heli aber be-
obachtete ihren Mund. 13 Anna nämlich redete in
ihrem Herzen; nur ihre Lippen bewegten sich; ihre
Stimme aber hörte man nicht. Heli meinte deshalb,

sie wäre betrunken. 14 Er sprach zu ihr: »Wie lange
willst du dich denn noch wie eine Betrunkene be-
nehmen? Schaffe deinen Weinrausch von dir!«
15 Anna entgegnete und sprach: »Nicht doch, Herr,
ich bin eine hartgeprüfte Frau. Wein und starkes
Getränk habe ich nicht getrunken. Ich schüttete
mein Herz aus vor dem Herrn. 16 Halte deine Magd
doch nicht für ein liederliches Weib; denn aus der
Schwere meines Kummers und meiner Verbitte-
rung habe ich geredet.« 17 Heli antwortete: »Gehe
hin in Frieden! Der Gott Israels gewähre dir deine
Bitte, die du an ihn gestellt hast!« 18 Sie sprach:
»Möge doch deine Magd Gunst in deinen Augen
finden!« Da ging die Frau ihres Weges dahin, aß,
und ihr Antlitz war nicht mehr so traurig.

Erfüllung

19 In der Frühe des andern Morgens huldigten sie vor
dem Herrn; dann kehrten sie zurück und kamen in
ihr Haus nach Rama. Elkana hatte Verkehr mit
Anna, seiner Frau, und der Herr war ihrer eingedenk.
20 Im Verlauf der Zeit war Anna gesegneten Leibes
und gebar einen Sohn. Sie nannte ihn Samuel; »denn
(sprach sie) vom Herrn habe ich ihn erbeten.«

Entwöhnung und Weihe

21 Da ging Elkana mit seiner ganzen Familie
wiederum hinauf, um dem Herrn das jährliche
Schlachtopfer darzubringen und sein Gelübde zu
erfüllen. 22 Jedoch ging dieses Mal Anna nicht mit,
sondern erklärte ihrem Mann: »Erst wenn der
Knabe entwöhnt ist, will ich ihn hinaufbringen. Er
soll vor dem Antlitz des Herrn erscheinen und für
immer dort bleiben!« 23 Elkana entgegnete ihr: »Tue,
was du für gut hältst! Bleibe, bis du ihn entwöhnt
hast! Wenn doch nur der Herr sein Wort wahr
macht!« So blieb die Frau daheim und nährte ihren
Sohn bis zu seiner Entwöhnung. 24 Sobald sie ihn
aber entwöhnt hatte, führte sie ihn mit sich hinauf.
Sie nahm dazu einen dreijährigen Stier, ein Epha
Mehl und einen Schlauch Wein mit. Sie brachte den
Knaben in das Haus des Herrn nach Silo, obwohl er
noch sehr jung war. 25 Man schlachtete den Stier
und brachte den Knaben zu Heli. 26 Sie sprach:
»Herr! Mit Verlaub! So wahr du lebst, ich bin die
Frau, die hier in deiner Nähe stand, um zum Herrn
zu beten. 27 Um diesen Knaben habe ich gebetet.
Der Herr gewährte mein Verlangen, mit dem ich
mich an ihn gewandt hatte. 28 Darum will auch ich
ihn vom Herrn abverlangen lassen; solange er lebt,
sei er ›ein vom Herrn Abverlangter‹!« Und sie hul-
digten dort dem Herrn.

1,11: Ein Gelübde, das 4 Mos 6 näher erläutert wird. Über Samuel und seine Bedeutung für die Heilsgeschichte Sir 46,13–20. Erwähnt wird er auch Hebr 11,32. Nach heutiger katholischer Anschauung sind derartige Gelübde null und nichtig. In jenen Zeiten herrschten noch andere Begriffe über Elternrechte und ihre Ausdehnung. Das lange Haar kennzeichnet den Gottgeweihten Richt 13,5.

Magnificat

2 1 Anna betete und sprach: »Mein Herz froh-
lockt im Herrn, erhöht ist meine Macht durch
den Herrn! Wider meine Feinde tut sich mein
Mund auf; ich erfreue mich deiner Hilfe! 2 Keiner ist
heilig wie der Herr; denn keiner ist außer dir, keiner
ein Fels wie unser Gott. 3 Sprecht nicht so viel ver-
messene Worte und freche Reden mit eurem
Mund! Denn ein wissender Gott ist der Herr; von
ihm werden die Taten geprüft. 4 Der Helden Bogen
zerbrechen, Strauchelnde sind gegürtet mit Kraft.
5 Satte vermieten sich um Brot, Hungernde werden
gesättigt. Die Unfruchtbare gebiert siebenfach, die
Kinderreiche aber welkt hin. 6 Der Herr tötet und
macht lebendig, läßt fahren zur Totenwelt und
führt zurück. 7 Der Herr läßt verarmen und macht
reich, er erniedrigt und erhöht. 8 Er hebt den
Schwachen auf aus dem Staub, aus dem Schmutz
erhebt er den Armen, um ihn mit Fürsten sitzen zu
lassen. Er verleiht ihnen einen herrlichen Thron.
Dem Herrn gehören die Säulen der Erde; auf sie hat
er den Erdkreis gestellt. 9 Die Füße seiner Frommen
behütet er, Frevler verschwinden im Dunkel. Der
Mann ist nicht stark durch eigene Kraft. 10 Wer
wider den Herrn streitet, zerbricht. Der Höchste
läßt donnern im Himmel, die Grenzen der Erde
richtet der Herr. Seinem König gibt er Kraft, erhöht
seines Gesalbten Macht.«

Samuel und Helis Söhne

11 Elkana ging heim nach Rama. Der Knabe aber
diente dem Herrn unter der Aufsicht Helis, des Prie-
sters. 12 Die Söhne Helis waren ruchlose Menschen.
Sie sorgten sich nicht um den Herrn 13 und um die
Amtspflicht der Priester gegenüber dem Volk.
Brachte jemand ein Schlachtopfer dar, dann kam
der Knecht des Priesters, während das Fleisch
kochte, mit einer dreizinkigen Fleischgabel. 14 Er
stach in das Becken oder in den Kochtopf, in den
Kessel oder den Tiegel. Was dann die Fleischgabel
herausbrachte, nahm der Priester für sich. So mach-
ten sie es bei allen Israeliten, die dorthin nach Silo
kamen. 15 Auch bevor man noch das Fett ver-
brannte, kam der Knecht des Priesters und stellte an
den Opfernden die Forderung: »Gib Fleisch her zum
Braten für den Priester! Er nimmt von dir nicht ge-
kochtes Fleisch, sondern frisches.« 16 Sprach darauf
der Mann zu ihm: »Man soll doch zuerst das Fett

verbrennen, und dann nimm, wonach dein Herz
gelüstet«, bekam er zu hören: »Auf der Stelle her da-
mit, sonst nehme ich es mit Gewalt!« 17 So war die
Sünde der jungen Leute sehr schwer vor dem Herrn;
denn die Männer behandelten das Opfer des Herrn
mit Verachtung.
18 Samuel aber versah den Dienst vor dem Herrn,
ein Kind noch, mit einem linnenen Priesterschurz
umgürtet. 19 Seine Mutter machte ihm dazu ein
kleines Obergewand und brachte es ihm von Jahr
zu Jahr, wenn sie mit ihrem Mann hinaufkam, um
das Jahresopfer darzubringen. 20 Heli segnete dann
Elkana und seine Frau und sprach: »Der Herr gebe
dir Nachkommenschaft von dieser Frau für die For-
derung, die der Herr abverlangt hat!« Dann kehrten
sie in ihren Heimatort zurück. 21 Der Herr suchte
Anna gnädig heim. Sie empfing und gebar drei
Söhne und zwei Töchter. Der Knabe Samuel aber
wuchs heran bei dem Herrn.

Helis Tadel

22 Heli war sehr alt geworden. Er hörte von allem,
was seine Söhne an ganz Israel taten, daß sie sogar
bei den Frauen schliefen, die am Eingang des Offen-
barungszeltes Dienste taten. 23 Er sprach also zu
ihnen: »Warum begeht ihr derartige Dinge, so daß
ich über eure bösen Taten vom ganzen Volke Reden
anhören muß? 24 Nein, meine Söhne! Nicht erfreu-
lich ist das Gerücht, das ich vom Volk des Herrn
verbreiten höre. 25 Sündigt ein Mensch wider einen
Menschen, dann wird Gott für ihn Richter sein.
Sündigt aber ein Mensch gegen den Herrn, wer
wird sich dann als Richter für ihn verwenden?«
Doch sie hörten nicht auf die Stimme ihres Vaters;
denn es gefiel dem Herrn, sie umkommen zu lassen.
26 Der junge Samuel wuchs immer mehr heran und
wurde beliebt bei Gott und den Menschen.

Der Untergang des Hauses Heli

27 Da kam ein Gottesmann zu Heli und verkündete
ihm: »So spricht der Herr: Habe ich mich nicht dem
Hause deines Vaters geoffenbart, als sie in Ägypten
dem Hause des Pharao gehörten? 28 Aus allen Stäm-
men Israels erwählte ich ihn mir zum Priester, daß
er meinen Altar besteige, Räucherwerk anzünde
und das Priesterkleid in meinem Dienst trage. Ich
habe auch dem Hause deines Vaters alle Feueropfer
der Israeliten zugewiesen. 29 Warum verachtet ihr
mein Opfer und meine Gabe, die ich in meiner
Wohnstatt befohlen habe? Warum achtest du deine
Söhne mehr als mich, so daß ihr euch mästet von
den besten Teilen aller Gaben meines Volkes Israel?
30 Darum spricht der Herr, der Gott Israels: Verkün-
det habe ich zwar: Dein Haus und das Haus deines
Vaters sollen ewig vor mir einhergehen. Doch jetzt
spricht der Herr: Ferne sei das von mir! Ich ehre
jene, die mich ehren; die mich aber verachten, ern-
ten Schande. 31 Siehe, es werden Tage kommen, da
werde ich deinen Arm und den Arm deiner Sippe
abhauen, so daß es in deinem Hause keinen alten
Mann mehr geben wird. 32 Dann wirst du neidisch
blicken auf all das Gute, das ich Israel erweise.
Einen Greis wird es in deinem Hause niemals mehr
geben. 33 Ich will zwar nicht einen jeden von mei-
nem Altare weg ausrotten, um so deine Augen er-
matten und deine Seele verschmachten zu lassen;
doch die gesamte Menge deines Hauses soll im
Mannesalter sterben. 34 Dies soll dir das Zeichen
sein, das sich an deinen beiden Söhnen Chophni
und Pinchas erfüllen wird: An einem einzigen Tage
werden beide sterben.
35 Ich aber bestelle mir einen treugesinnten Priester,
der nach meinem Herzen und nach meinem Sinne
handelt. Ihm werde ich ein Haus von dauerndem
Bestand bauen, und er wird vor meinem Gesalbten
allezeit wandeln. 36 Wer dann von deinem Haus
noch vorhanden ist, wird kommen und sich vor
ihm um eine Geldmünze oder um einen Laib Brot
niederwerfen und zu ihm sagen: Geselle mich doch
einer der Priesterschaften zu, damit ich einen Bissen
Brot zu essen habe.«

Nächtliche Berufung

3 1 Der junge Samuel diente dem Herrn unter
der Aufsicht Helis. Des Herrn Wort war etwas
seltenes in jenen Tagen. Gesichte waren nicht
verbreitet. 2 Eines Tages schlief Heli an seinem Platz.
Seine Augen begannen schwach zu werden und
hatten nicht mehr die volle Sehkraft. 3 Der Leuchter
Gottes war noch nicht erloschen, und Samuel
schlief im Tempel des Herrn, wo die Lade Gottes
war. 4 Da rief der Herr den Samuel, und dieser ant-
wortete: »Hier bin ich!« 5 Er lief zu Heli und sprach:
»Hier bin ich, du hast mich ja gerufen!« Jener sprach:
»Ich habe nicht gerufen, schlafe weiter!« Er ging und
schlief weiter. 6 Da rief der Herr Samuel abermals.
Samuel stand auf, ging zu Heli und sprach: »Hier bin
ich, du hast mich ja gerufen!« Doch jener entgeg-
nete: »Ich habe nicht gerufen, mein Sohn! Lege dich
wieder schlafen!« 7 Samuel kannte den Herrn noch
nicht. Ein Wort von ihm war ihm noch nicht ent-
hüllt worden. 8 Da rief der Herr den Samuel zum
drittenmal. Er stand auf und ging zu Heli und
sprach: »Hier bin ich, du hast mich ja gerufen!« Da
ahnte Heli, daß der Herr den Knaben rief. 9 Heli
sprach zu Samuel: »Gehe und schlafe weiter! Und

wenn er dich ruft, antworte: Rede, Herr, dein
Knecht hört!« Samuel ging hin und legte sich schla-
fen an seinem Platz. 10 Da kam der Herr, trat hin und
rief wie die vorigen Male: »Samuel, Samuel!« Sa-
muel antwortete: »Rede, denn dein Knecht hört!«
11 Da sprach der Herr zu Samuel: »Siehe, ich tue
etwas in Israel, daß jedem, der davon hört, beide
Ohren gellen werden. 2 An jenem Tage werde ich an
Heli alles in Erfüllung gehen lassen, was ich seinem
Hause angedroht habe, vom Anfang bis zum Ende.
13 Ich habe ihm angekündigt, daß ich sein Haus für
immer richten werde um der Verschuldung willen,
weil er wußte, daß seine Söhne sich mit Fluch be-
lasteten, und ihnen nicht Einhalt gebot. 14 Daher
habe ich dem Haus Heli geschworen: Die Schuld
des Hauses Heli soll durch Opfergaben niemals ihre
Sühne finden!« 15 Samuel blieb bis zum Morgen lie-
gen; dann öffnete er die Tore des Hauses des Herrn.
Er fürchtete sich, Heli das Gesicht mitzuteilen. 16 Da
rief ihn Heli und sprach: »Samuel, mein Sohn!« Die-
ser antwortete: »Hier bin ich!« 17 Er fragte: »Was
sprach er zu dir? Verheimliche mir nichts! Das tue
dir Gott an, und das füge er noch hinzu, wenn du
mir eines der Worte, die er zu dir sprach, verheim-
lichst!« 18 Da teilte ihm Samuel alle Worte mit und
verschwieg ihm nichts. Jener sprach: »Der Herr ist
er! Er mag tun, was ihm gefällt!«

Samuel, der Prophet

19 Samuel wuchs heran; der Herr war mit ihm und
ließ von all seinen Worten keines zur Erde fallen.
20 Ganz Israel von Dan bis Beerseba wußte, daß
Samuel vom Herrn als Prophet bestellt war. 21 Der
Herr erschien auch später noch in Silo; denn er of-
fenbarte sich Samuel zu Silo durch sein Wort.

3,17: »Das tue dir Gott an, und das füge er noch hinzu« ist eine Verwünschungsformel, die bedeutet: Gott möge vielfach strafen, wenn etwas nicht genau erfüllt wird. • 20: Der äußerste Norden und die unterste Südgrenze des Hl. Landes. – Silo und das hl. Zelt waren an sich der Zentralpunkt. In jenen Zeiten aber, da jeder Stamm ein Sonderleben führte, mußte Gott sein Volk durch berufene Männer wie Samuel leiten.

Niederlage des Israeliten, Raub der Lade

4
1 Das Wort Samuels richtete sich an ganz Is-
rael. Israel aber zog gegen die Philister in den
Krieg und schlug bei Eben-Haeser ein Lager
auf; die Philister lagerten bei Aphek. 2 Sie stellten
sich Israel gegenüber in Schlachtordnung auf, der
Kampf tobte heftig, und Israel wurde von den Phili-
stern geschlagen. Fast viertausend Mann fielen in
der Schlacht auf freiem Feld.
3 Als das Volk ins Lager kam, fragten die Ältesten
der Israeliten: »Warum hat der Herr uns heute durch
die Philister geschlagen? Wir wollen aus Silo die
Bundeslade des Herrn herbeischaffen! Er komme in
unsere Mitte und befreie uns aus der Gewalt unse-
rer Feinde!« 4 Das Kriegsvolk sandte nach Silo, und
man brachte von dort die Bundeslade des Herrn der
Heerscharen, der auf den Keruben thront. Die bei-
den Helisöhne Chophni und Pinchas geleiteten die
Bundeslade Gottes. 5 Als nun die Bundeslade des
Herrn ins Lager kam, erhob ganz Israel ein gewalti-
ges Jubelgeschrei, so daß die Erde dröhnte. 6 Die
Philister vernahmen die Freudenrufe und fragten:
»Was soll dieses laute Geschrei im hebräischen
Lager?« Da erfuhren sie, daß die Lade des Herrn
ins Lager gekommen sei. 7 Die Philister bekamen
Angst, denn sie dachten: Gott ist in das Lager ge-
kommen. Sie riefen aus: »Wehe uns! Solches ist
zuvor noch nie geschehen. 8 Wehe uns! Wer wird
uns aus der Faust dieses starken Gottes erretten?
Das ist ja der Gott, der die Ägypter mit vielen Schlä-
gen in der Wüste heimgesucht hat! 9 Seid stark und
mannhaft, Philister, damit ihr nicht den Hebräern
dienen müßt, wie sie euch dienten. Seid mannhaft
und kämpft!« 10 Die Philister eröffneten den Kampf,
und Israel wurde geschlagen, und jeder floh zu sei-
nem Heimatzelt. Die Niederlage war sehr schwer.
Von Israel fielen dreißigtausend Mann Fußvolk.
11 Auch die Lade Gottes wurde geraubt, und die bei-
den Helisöhne Chophni und Pinchas kamen ums
Leben.

Helis Tod

12 Ein Mann aus Benjamin flüchtete aus der Schlacht
und kam noch am gleichen Tag nach Silo. Seine
Kleider waren zerrissen, und Staub bedeckte sein
Haupt. 13 Als er ankam, saß Heli gerade auf dem
Stuhl und spähte nach der Straße zu; denn sein
Herz beunruhigte sich um die Lade Gottes. Als nun
der Mann eintraf, um der Stadt die Niederlage zu
berichten, schrie die ganze Stadt auf. 14 Heli hörte es
und fragte: »Was ist das für ein tosender Lärm?«
Der Mann kam eiligst herbei und machte Heli Mit-
teilung. 15 Heli war achtundneunzig Jahre alt; seine
Augen waren erstarrt, und er konnte nicht mehr
sehen. 16 Der Mann berichtete Heli: »Ich komme
aus der Schlacht. Ich bin heute aus dem Kampf
geflohen.« Jener fragte: »Wie steht es damit, mein
Sohn?« 17 Der Bote antwortete: »Israel ist vor den
Philistern geflohen, das Volk hat eine schwere Nie-
derlage erlitten; auch deine beiden Söhne Chophni
und Pinchas sind tot, die Lade Gottes ist geraubt.«
18 Als er die Lade Gottes erwähnte, fiel Heli rück-
lings vom Stuhl neben das Tor, brach sich das Ge-
nick und starb; denn er war alt und schwerfällig ge-

worden. Vierzig Jahre lang hatte er das Richteramt
in Israel verwaltet.
19 Seine Schwiegertochter, die Frau des Pinchas, war
schwanger, der Entbindung nahe. Da sie die Nach-
richt vom Raub der Gotteslade und vom Tod ihres
Schwiegervaters und ihres Mannes vernahm,
krümmte sie sich und gebar; denn die Wehen waren
über sie gekommen. 20 Der Sterbenden riefen die
Frauen, die sie umstanden, zu: »Tröste dich, du hast
einen Sohn geboren!« Sie gab keine Antwort und
achtete nicht darauf. 21 Sie nannte den Knaben Ika-
bod, indem sie sprach: »Die Ehre ist weggegangen
von Israel«, wegen des Verlustes der Lade Gottes
und wegen ihres Schwiegervaters und ihres Man-
nes. 22 Sie rief aus: »Fort ist die Ehre von Israel; denn
die Lade Gottes ist geraubt.«

4,1ff: Die Philister waren nichtsemitische Seefahrer, die sich zur gleichen Zeit an der Küste des Mittelländischen Meeres ansiedelten, als die Israeliten aus Ägypten kamen. Bis heute hat sich ihr Name in »Palästina« erhalten (peleschet). • 4: Die hl. Lade, auf deren Deckel Kerubsgestalten angebracht waren, galt als Thronsitz des an sich allgegenwärtigen, unsichtbaren Gottes. Bundeslade heißt sie, weil in ihr die Gesetzestafeln aufbewahrt wurden (1 Kön 8,9.21). »Herr der Heerscharen« meint zunächst Israels Kriegsheer, dann alle himmlischen und irdischen Mächte. • 12: Zum Zeichen der Trauer! Seelische Vorgänge pflegt der Orientale gern äußerlich zu kennzeichnen. Sitzen in der Asche, Umgürten mit einem Sack (Trauergewand), Nahrungsbeschränkung, Vernachlässigung der Körperpflege sind andere Trauerriten.

Die Lade bei den Philistern

5 1 Die Philister nahmen die Lade Gottes, brach-
ten sie von Eben-Haeser nach Asdod. 2 Sie
trugen sie in den Tempel des Dagon und stell-
ten sie neben Dagon. 3 Als die Leute von Asdod am
andern Morgen aufstanden, lag Dagon vor der Lade
des Herrn auf seinem Angesicht am Boden. Man
nahm ihn und stellte ihn wieder an seinen Platz.
4 Am folgenden Morgen fanden sie nach dem Auf-
stehen Dagon wieder am Boden liegend vor der Lade
des Herrn. Sein Haupt und seine beiden Hände lagen
abgetrennt auf der Schwelle; nur der Rumpf Dagons
war übriggeblieben. 5 Daher betreten die Priester
Dagons und alle, die in den Dagontempel kommen,
die Schwelle Dagons in Asdod bis heute nicht.
6 Schwer lastete die Hand des Herrn auf den Bewoh-
nern von Asdod. Er richtete unter ihnen Verheerun-
gen an und schlug sie mit Geschwüren in Asdod und
dessen Gebiet. 7 Als die Bewohner von Asdod ihre
Lage erkannten, sagten sie sich: »Die Lade des
Gottes Israels darf nicht bei uns bleiben; denn seine
Hand drückt uns und unsern Gott Dagon schwer!«
8 Sie sandten hin, versammelten alle Philisterfürsten
bei sich und fragten: »Was tun wir mit der Lade des
Gottes Israels?« Diese erklärten: »Nach Gat werden
sie gebracht!« Da überführte man die Lade des
Gottes Israels. 9 Nachdem man sie dorthin überge-
führt hatte, entstand durch die Hand des Herrn eine
überaus große Bestürzung in der Stadt. Er schlug die
Stadtbewohner, groß und klein, so daß Geschwüre
an ihnen aufbrachen. 10 Da sandten sie die Lade
Gottes nach Ekron. Die Einwohner Ekrons aber
schrien: »Man hat die Lade des Gottes Israels zu mir
gebracht, um mich und mein Volk zu töten!« 11 Sie
sandten hin und versammelten alle Fürsten der Phi-
lister und verlangten: »Sendet die Lade des Gottes
Israels zurück, wo sie hingehört! Sie soll mich und
mein Volk nicht töten!« Denn tödliche Bestürzung
herrschte in der ganzen Stadt. Die Hand Gottes
lastete schwer auf ihr. 12 Die Menschen, die nicht
starben, wurden mit Geschwüren geschlagen. Das
Geschrei der Stadt stieg zum Himmel empor.

5,1ff: Gaza, Askalon, Asdod, Ekron und Gat waren die fünf Philisterstädte; über jede von ihnen regierte ein Fürst. Daher die fünf Beulen in 6,4.

Rückkehr der Lade

6 1 Die Lade des Herrn blieb sieben Monate im
Gebiet der Philister. 2 Dann riefen die Philister
ihre Priester und Wahrsager und fragten:
»Was tun wir mit der Lade des Herrn? Laßt uns wis-
sen, wie wir sie zurücksenden können, wo sie hin-
gehört!« 3 Diese antworteten: »Gebt ihr die Lade
des Gottes Israels zurück, dann dürft ihr sie nicht
leer zurücksenden, sondern müßt eine Sühne lei-
sten. Alsdann werdet ihr Heilung finden, und es
wird euch kund, warum seine Hand nicht von euch
weicht.« 4 Da fragten sie: »Welche Sühne sollen wir
ihm denn leisten?« Sie entgegneten: »Entsprechend
der Zahl der Philisterfürsten fünf goldene Beulen
und fünf goldene Mäuse; denn dieselbe Heimsu-
chung traf euch alle und auch eure Fürsten. 5 Fertigt
also Bilder eurer Beulen an und Bilder der Mäuse,
die das Land verheeren, und gebt dem Gott Israels
die Ehre! Vielleicht wird er dann seine Hand leich-
ter werden lassen über euch, euren Göttern und eu-
rem Lande. 6 Warum verhärtet ihr denn euer Herz,
wie die Ägypter und der Pharao ihr Herz verhärte-
ten? Mußte man sie nicht fortziehen lassen, als er
ihnen arg mitspielte? 7 Nun wohlan, richtet einen
neuen Wagen her und nehmt zwei säugende Kühe,
auf denen noch kein Joch geruht hat; spannt die
Kühe an den Wagen und treibt ihre Kälber von
ihnen weg nach Hause! 8 Dann nehmt die Lade des
Herrn und stellt sie auf den Wagen! Die goldenen
Gegenstände, die ihr ihm als Sühne erstatten wollt,
legt in eine Satteltasche daneben und laßt sie dann

davonziehen! 9 Seht dabei auf folgendes: Wenn die
Lade nach Bet-Schemesch hinauf ihre Wegrichtung
nach Hause nimmt, dann hat Israels Gott über uns
dieses große Unheil gebracht; wenn nicht, so wis-
sen wir, daß nicht seine Hand uns schlug, sondern
daß uns nur ein Zufall getroffen hat.«
10 Die Männer taten so. Sie nahmen zwei säugende
Kühe und spannten sie an den Wagen. Die Kälber
hielten sie daheim zurück. 11 Dann stellten sie die
Lade des Herrn auf den Wagen, dazu die Sattel-
tasche mit den goldenen Mäusen und mit den Ab-
bildern ihrer Geschwüre. 12 Die Kühe liefen in ge-
rader Richtung nach Bet-Schemesch, genau die
gleiche Richtung hielten sie ein und brüllten unauf-
hörlich. Sie wichen weder nach rechts noch nach
links. Die Fürsten der Philister folgten hinter ihnen
her bis zum Gebiet von Bet-Schemesch. 13 Die
Leute von Bet-Schemesch hielten gerade Weizen-
ernte im Tal. Sie schauten auf, und als sie die Lade
erblickten, gingen sie ihr freudig entgegen. 14 Der
Wagen kam auf das Feld Josuas von Bet-Schemesch
und blieb dort stehen. Hier lag ein großer Stein.
Man spaltete das Holz des Wagens und brachte die
Kühe als Brandopfer dem Herrn dar. 15 Die Leviten
hoben die Lade des Herrn herunter und die Sattel-
tasche neben ihr, in der die goldenen Gegenstände
waren. Man stellte sie auf den großen Stein. Die Be-
wohner von Bet-Schemesch brachten an jenem
Tage dem Herrn Brandopfer und Schlachtopfer dar.
16 Die fünf Fürsten der Philister sahen zu und kehr-
ten noch am gleichen Tage nach Ekron zurück.
17 Folgende sind die goldenen Geschwüre, welche
die Philister als Sühne dem Herrn erstatteten: Eines
für Asdod, eines für Gaza, eines für Askalon, eines
für Gat und eines für Ekron, 18 und dazu die golde-
nen Mäuse, entsprechend der Gesamtzahl der
Philisterstädte unter den fünf Fürsten, sowohl der
festen Städte als auch der Dörfer des offenen Lan-
des. Der große Stein, auf den man die Lade des
Herrn gestellt hatte, liegt noch bis heute auf dem
Felde Josuas von Bet-Schemesch. 19 Der Herr aber
schlug die Einwohner von Bet-Schemesch, weil sie
die Lade des Herrn angeschaut hatten. Er schlug
vom Volke siebzig Mann. Nun wurde das Volk sehr
betrübt, weil der Herr einen schweren Schlag wider
die Leute geführt hatte. 20 Da sagten die Einwohner
von Bet-Schemesch: »Wer vermag vor dem Ange-
sicht des Herrn, dieses heiligen Gottes, standzuhal-
ten? Zu wem soll er von uns aus ziehen?«

Die Lade Gottes in Kirjat-Jearim

21 Sie sandten Boten zu den Bewohnern von Kirjat-
Jearim und ließen sagen: »Die Philister haben die
Lade des Herrn zurückerstattet. Kommt herab und
holt sie zu euch hinauf!«

7 1 Da kamen die Männer von Kirjat-Jearim und
holten die Lade des Herrn. Man brachte sie in
das Haus Abinadabs auf dem Hügel und
weihte seinen Sohn Eleasar, daß er Hüter über die
Lade des Herrn sei.

Samuel als Richter

2 Seitdem die Lade in Kirjat-Jearim ihren Standort
fand, war eine lange Zeit verstrichen; es waren
zwanzig Jahre, und das ganze Haus Israel küm-
merte sich wieder um den Herrn. 3 Da sprach Sa-
muel zur Gesamtheit des Hauses Israel: »Wenn ihr
aus ganzem Herzen euch zum Herrn bekehren
wollt, so entfernt die fremden Götter und Göttin-
nen aus eurer Mitte; richtet euer Herz auf den Herrn
und dient ihm allein! Dann befreit er euch aus der
Gewalt der Philister.« 4 Da entfernten die Israeliten
die Baale und die Astarten und dienten dem Herrn
allein. 5 Und Samuel gebot: »Versammelt ganz Israel
nach Mizpa, ich will für euch beim Herrn Für-
bitte einlegen!« 6 Man versammelte sich in Mizpa,
schöpfte Wasser und goß es vor dem Herrn aus, fa-
stete an jenem Tage und bekannte dort: »Wir haben
vor dem Herrn gefehlt!« Samuel aber trat unter den
Kindern Israels in Mizpa als Richter auf.

Samuel als Feldherr

7 Als die Philister erfuhren, daß die Israeliten in
Mizpa versammelt waren, zogen die Philister-
fürsten gegen Israel. Die Israeliten hörten davon
und fürchteten sich vor den Philistern. 8 Sie forder-
ten Samuel auf: »Rufe ohne Unterlaß zum Herrn,
unserem Gott, daß er uns aus der Gewalt der Phili-
ster errette!« 9 Samuel nahm ein Milchlamm und
brachte es dem Herrn ganz zum Brandopfer dar. Er
rief zum Herrn für Israel, und der Herr erhörte ihn.
10 Während Samuel das Brandopfer darbrachte, ka-
men die Philister näher heran, um wider Israel zu
kämpfen. Da ließ der Herr an jenem Tag gegen die
Philister gewaltig donnern, und er verwirrte sie, so
daß sie vor Israel eine Niederlage erlitten. 11 Die
israelitischen Männer rückten von Mizpa aus, jag-
ten den Philistern nach und schlugen sie bis unter-
halb von Bet-Kar. 12 Samuel ergriff einen Stein,
stellte ihn zwischen Mizpa und Schen auf und
nannte ihn »Stein der Hilfe«, indem er ausrief: »Bis
hierher hat der Herr uns geholfen!«
13 So wurden die Philister gedemütigt und kamen
nicht mehr in das Gebiet Israels. Die Hand des
Herrn war gegen die Philister, solange Samuel lebte.
14 Die Städte, welche die Philister Israel weggenom-

men hatten, kamen wieder an Israel zurück, von Ekron bis Gat; Israel befreite auch ihr Gebiet aus der Botmäßigkeit der Philister. Desgleichen war friedliches Einvernehmen zwischen Israel und den Amoritern. 15 Samuel aber richtete Israel sein Leben lang. 16 Jahr um Jahr zog er umher nach Betel, Gilgal und Mizpa. Er richtete Israel an all diesen Orten. 17 Regelmäßig kehrte er nach Rama zurück, wo sein Haus war. Er richtete dort Israel und baute daselbst dem Herrn einen Altar.

Verlangen nach einem König

8 1 Als Samuel alt geworden war, setzte er seine Söhne zu Richtern über Israel ein. 2 Sein erstgeborener Sohn hieß Joël, sein zweiter Abia. Sie übten die Richtertätigkeit in Beerseba aus. 3 Aber seine Söhne wandelten nicht auf seinem Wege, zeigten sich gewinnsüchtig, nahmen Bestechungsgeschenke an und beugten das Recht. 4 Also taten sich alle Ältesten in Israel zusammen und begaben sich nach Rama zu Samuel. 5 Sie erklärten ihm: »Siehe, du bist alt, und deine Söhne wandeln nicht auf deinen Wegen. Setze doch einen König über uns ein, der uns regieren soll, wie es bei allen Völkern Brauch ist!« 6 Die Sache mißfiel dem Samuel, da sie gesagt hatten: »Gib uns einen König, der uns regieren soll!« Und Samuel betete zum Herrn. 7 Da sprach der Herr zu ihm: »Höre auf die Stimme des Volkes in allem, was sie von dir verlangen; denn nicht dich haben sie verworfen, sondern mich verwarfen sie: Ich soll nicht mehr König über sie sein. 8 Ganz so, wie sie seit dem Tage, da ich sie aus Ägypten fortführte, an mir gehandelt haben, wie sie mich verließen und anderen Göttern dienten, so handeln sie auch gegen dich. 9 Nun höre auf ihr Verlangen! Jedoch bezeuge es ihnen eindringlich und verkünde ihnen den Rechtsanspruch des Königs, der über sie herrschen wird!«

Des Königs Rechtsansprüche

10 Samuel teilte alle Worte des Herrn dem Volke mit, das von ihm einen König verlangte. 11 Er sagte: »Dies ist der Rechtsanspruch des Königs, der über euch herrschen wird: Er wird eure Söhne nehmen und sie an seinen Wagen und seine Pferde stellen, und sie werden vor seinem Wagen einherlaufen. 12 Er wird für sich Vögte über tausend und Vögte über fünfzig einsetzen, um sein Ackerfeld pflügen, seine Ernte einheimsen, seine Kriegswaffen und Wagengeräte anfertigen zu lassen. 13 Eure Töchter wird er zur Salbenbereitung, zum Kochen und zum Backen heranziehen. 14 Eure schönsten Felder, Weinberge und Ölbäume wird er nehmen und sie seinen Dienern geben. 15 Von euren Saaten und Weinbergen wird er den Zehnten erheben und seinen Hofbeamten und Angestellten auszahlen. 16 Eure Knechte und Mägde, eure tüchtigsten Jungmänner sowie eure Esel wird er nehmen und in seinen Dienst stellen. 17 Euer Kleinvieh wird er verzehnten, und ihr selbst werdet seine Knechte sein. 18 Aufschreien werdet ihr dann wegen eures Königs, den ihr euch erwählt habt; doch der Herr wird euch zu jener Zeit nicht erhören.«

19 Das Volk lehnte es ab, auf Samuel zu hören, und erklärte: »Nein! Ein König soll über uns herrschen! 20 Wir wollen sein wie alle Völker. Unser König soll uns Recht sprechen, er soll vor uns ausrücken und unsere Kriege führen.« 21 Samuel hörte alle Worte des Volkes an und trug sie dem Herrn vor. 22 Da sprach der Herr zu Samuel: »Höre auf sie und gib ihnen einen König! « Samuel sagte zu den Männern Israels: »Geht heim, ein jeder in seine Stadt!«

Auf der Eselinnensuche

9 1 Da war ein Mann aus Benjamin namens Kisch, der Sohn Abiels, des Sohnes Zerors, des Sohnes Bechorats, des Sohnes Aphiachs, ein Benjaminit, ein Mann mit Vermögen. 2 Dieser hatte einen Sohn namens Saul, auserlesen und schön. Unter den Israeliten gab es keinen stattlicheren als ihn. Von der Schulter an überragte er das ganze Volk.

3 Einst hatten sich die Eselinnen des Kisch, des Vaters Sauls, verlaufen. Da befahl Kisch seinem Sohne Saul: »Nimm dir einen der Knechte, mache dich auf den Weg und suche die Eselinnen!« 4 Er zog über das Gebirge Ephraim, durchquerte das Gebiet von Schalischa, ohne etwas zu finden. Sie kamen in die Gegend Schaalim, doch ohne Erfolg. Sie gingen dann in die Landschaft von Jemini und fanden wieder nichts. 5 Als sie aber in die Gegend von Zuph kamen, sagte Saul zu seinem Knechte, der bei ihm war: »Komm! Kehren wir um! Mein Vater gibt am Ende die Eselinnen verloren und sorgt sich um uns.« 6 Jener antwortete ihm: »Es wohnt doch in dieser Stadt ein Gottesmann, der hochgeschätzt wird. Alles, was er sagt, trifft ein. Gehen wir also hin, vielleicht gibt er uns Auskunft über unsere Wegrichtung, die wir zu gehen haben.« 7 Da entgegnete Saul seinem Knecht: »Wenn wir hingehen, was sollen wir dann dem Manne schenken? Das Brot in unserem Beutel ist ausgegangen, und eine Gabe, die wir dem Gottesmann geben könnten, haben wir nicht. Was haben wir bei uns?« 8 Der Knecht ent-

gegnete Saul: »Ich habe gerade noch den vierten
Teil eines Silberstückes. Den werde ich dem Got-
tesmann geben, und er wird uns unsere Wegrich-
tung anzeigen.« 9 [Vormals sagte man in Israel,
wenn man hinging, Gott zu befragen: »Auf, gehen
wir zum Seher!« Denn früher nannte man denjeni-
gen einen Seher, der heute Prophet heißt.] 10 Saul
sprach zu seinem Knecht: »Gut ist dein Vorschlag.
Komm, gehen wir hin!« Und sie begaben sich zur
Stadt, wo der Gottesmann wohnte.
11 Als sie aber zur Stadt hinaufgingen, trafen sie
Mädchen, die hinausgingen, Wasser zu schöpfen.
Man fragte sie: »Wohnt hier der Seher?« 12 Diese
antworteten ihnen: »Ja, er wohnt in deiner Rich-
tung. Eile jetzt, denn er kam heute in die Stadt, weil
das Volk heute auf der Höhe ein Opferfest feiert!
13 Wenn ihr in die Stadt kommt, werdet ihr ihn noch
treffen, bevor er auf die Höhe zur Opfermahlzeit
hinaufgeht. Das Volk beginnt erst dann zu essen,
wenn er da ist. Er segnet ja das Opfer. Erst dann es-
sen die geladenen Gäste. Jetzt aber geht hinauf,
denn nunmehr werdet ihr ihn antreffen!« 14 Sie gin-
gen in die Stadt hinauf. Als sie durch das Stadttor
schritten, kam Samuel heraus, ihnen entgegen, um
die Höhe zu ersteigen.

Bei Samuel

15 Der Herr aber hatte am Tage, bevor Saul ankam,
dem Samuel das Ohr geöffnet und gesagt: 16 »Mor-
gen um diese Zeit sende ich zu dir einen Mann aus
dem Lande Benjamin; salbe ihn zum Fürsten über
mein Volk Israel! Er soll mein Volk aus der Gewalt
der Philister befreien, denn ich habe auf mein Volk
herabgesehen, und sein Rufen gelangte zu mir.«
17 Als Samuel Saul erblickte, gab ihm der Herr ein:
»Dies ist der Mann, von dem ich dir sagte: Er soll
über mein Volk herrschen!« 18 Saul näherte sich
Samuel im Tor und sprach: »Sage mir doch: wo ist
hier das Haus des Sehers?« 19 Samuel erwiderte
Saul: »Der Seher bin ich! Gehe vor mir her die Höhe
hinauf; ihr sollt heute mit mir speisen, und morgen
in der Frühe werde ich dich fortsenden. Alles, was
du auf deinem Herzen hast, werde ich dir kundtun.
20 Um die Eselinnen nämlich, die dir heute vor drei
Tagen abhanden gekommen sind, mache dir keine
Sorge; denn sie sind gefunden. Wem aber gehört
alles Kostbare in Israel, etwa nicht dir und der
Familie deines Vaters?« 21 Saul entgegnete: »Bin ich
nicht aus Benjamin, einem der kleinsten Stämme in
Israel? Und ist nicht mein Geschlecht das geringste
unter allen Geschlechtern des Stammes Benjamin?
Warum redest du solches zu mir?« 22 Samuel nahm
Saul und seinen Knecht, führte sie in die Halle und
gab ihnen einen Platz an der Spitze der geladenen
Gäste; es waren ungefähr dreißig Mann. 23 Dann
befahl Samuel dem Koch: »Reiche das Stück, das
ich dir gab, von dem ich vorher zu dir sagte: Behalte
es bei dir!« 24 Da trug der Koch die Keule und den
Fettschwanz auf und setzte sie Saul vor. Er sprach:
»Hier der Rest! Lege ihn dir vor und iß; denn für
diese Zeit wurde er aufbewahrt für dich, als ich das
Volk einlud!« So aß Samuel mit Saul an jenem Tage
zusammen. 25 Sie kamen dann von der Höhe hinab
zur Stadt, und man bereitete dem Saul ein Lager auf
dem Dach.

Samuel salbt Saul

26 Er legte sich schlafen. Als aber die Morgenröte
heraufzog, rief Samuel zu Saul nach dem Dach hin-
auf: »Stehe auf, ich will dir das Geleit geben!« Saul
erhob sich, und beide, er und Samuel, gingen hin-
aus. 27 Als sie zum Ende der Stadt gelangt waren,
sprach Samuel zu Saul: »Befiehl dem Knecht, daß er
uns vorausgehe« – dieser ging voraus –, »du aber
bleibe jetzt stehen; denn ich habe dir ein Gottes-
wort zu verkünden!«

9,12: Auf den Höhen brachten die Kanaanäer ihre Opfer dar; die Israeliten weihten diese Stätten dem Herrn. In späterer Zeit wurde ein solcher Gottesdienst heftig bekämpft, da sich in die Höhenkulte heidnische Bräuche einschlichen. Der Tempel in Jerusalem sollte alle anderen Opferstätten verdrängen; aber erst König Josia hat sie mit aller Kraft beseitigt (2 Kg 23,8).

10 1 Da nahm Samuel den Ölkrug, goß ihn
über Sauls Haupt, küßte ihn und sprach:
»Hiermit hat der Herr dich zum Fürsten
über sein Eigentum gesalbt! 2 Gehst du heute von
mir fort, so triffst du beim Grab Rachels an der
Grenze Benjamins zu Zelzach zwei Männer. Diese
werden dir sagen: ›Gefunden haben sich die Ese-
linnen, die zu suchen du fortgingst. Nun hat dein
Vater die Angelegenheit mit den Eselinnen verges-
sen und macht sich um euch Sorge. Er fragt: Was
soll ich für meinen Sohn tun?‹ 3 Ziehst du dann
von dort weiter und kommst zur Eiche Tabor, so
werden dich drei Männer antreffen, die zu Gott
nach Betel hinaufgehen. Einer trägt drei Böcklein,
der zweite drei Laibe Brot und der dritte einen
Schlauch Wein. 4 Sie werden dich begrüßen und
dir zwei Brote geben, die du von ihnen auch an-
nehmen sollst. 5 Danach kommst du nach dem
Gibea Gottes, wo der Beamte der Philister wohnt.
Kommst du dort in die Stadt, dann wirst du eine
Gruppe Propheten antreffen, die von der Höhe her-
absteigen. Ihnen werden Harfen, Pauken, Flöten
und Zithern voranziehen. Sie selbst werden als
Propheten in Verzückung sein.

Saul unter den Propheten

6 Der Geist des Herrn wird auf dich herabkommen,
und du wirst mit ihnen als Prophet verzückt und
in einen anderen Menschen verwandelt werden.
7 Treffen nun diese Zeichen bei dir ein, so tue das,
was sich dir aufdrängt, denn Gott ist mit dir! Steige
mir voran hinab nach Gilgal; ich werde dann zu dir
hinabkommen, um Brandopfer darzubringen und
Friedopfer zu schlachten! Warte sieben Tage lang,
bis ich bei dir eintreffe und dir das verkünde, was
du zu tun hast!« 9 Sobald er seinen Rücken gewandt
hatte, um von Samuel fortzugehen, verwandelte
Gott sein Herz. Alle jene Zeichen trafen noch am
gleichen Tage ein. 10 Als sie von dort nach Gibea
kamen, begegnete ihm eine Prophetengruppe. Der
Geist Gottes kam über ihn, und er ward in deren
Mitte zum Propheten. 11 Alle Leute aber, die ihn von
früher her kannten, sahen das Schauspiel, wie er in
prophetische Verzückung geriet. Sie fragten einan-
der: »Was ist denn dem Sohne des Kisch gesche-
hen? Ist Saul auch unter den Propheten?« 12 Ein
Mann von dort erwiderte: »Kommt es denn auf
ihren Vater an?« So entstand das Sprichwort: »Ist
auch Saul unter den Propheten?«
13 Als die Verzückung vorbei war, kam er nach Gi-
bea. 14 Sauls Oheim aber sprach zu ihm und seinem
Knechte: »Wohin seid ihr gegangen?« Er antwor-
tete: »Die Eselinnen zu suchen! Da merkten wir,
daß sie nicht zu finden waren, und so gingen wir zu
Samuel.« 15 Der Oheim entgegnete: »Erzähle mir
doch, was Samuel zu euch gesagt hat!« 16 Saul ant-
wortete seinem Oheim: »Er teilte uns mit, daß die
Eselinnen gefunden seien.« Aber von der Angele-
genheit des Königtums, über die Samuel zu ihm ge-
sprochen hatte, verriet er nichts.

Königswahl

17 Samuel berief das Volk zum Herrn nach Mizpa.
18 Er sprach zu den Israeliten: »Also kündet der Herr,
der Gott Israels: Ich habe Israel aus Ägypten fort-
geführt und euch aus der Gewalt der Ägypter und
aller Königreiche, die euch bedrängten, befreit.
19 Ihr aber habt heute euren Gott verworfen, der
euch ein Helfer in all euren Schwierigkeiten und
Nöten war! Ihr erklärtet: ›Nein, setze einen König
über uns!‹ Jetzt tretet also vor den Herrn, geordnet
nach euren Stämmen und Tausendschaften!« 20 Sa-
muel ließ nun alle Stämme Israels antreten. Der
Stamm Benjamin wurde vom Los getroffen. 21 Er
ließ den Stamm Benjamin nach seinen Geschlech-
tern antreten. Das Los traf das Geschlecht Matri.
Danach wurde Saul ausgelost, der Sohn des Kisch.
Man suchte ihn, er war aber nicht zu finden. 22 Da
fragten sie nochmals den Herrn: »Ist der Mann hier-
her gekommen?« Der Herr antwortete: »Er hat sich
beim Gepäck versteckt.« 23 Man lief hin und holte
ihn von dort. Er stand inmitten des Volkes und
überragte alles Volk von der Schulter an. 24 Da
sprach Samuel zum ganzen Volk: »Seht, wen der
Herr erwählt hat! Niemand gleicht ihm im ganzen
Volk!« Da jubelten alle Leute und riefen: »Es lebe
der König!«
25 Samuel trug dem Volke das Königsrecht vor,
schrieb es in eine Buchrolle und legte sie vor dem
Herrn nieder. Dann entließ Samuel alles Volk, jeden
in sein Haus. 26 Auch Saul begab sich in seine Hei-
mat nach Gibea. Mit ihm zog eine Heerschar, deren
Herz Gott gerührt hatte. 27 Nichtswürdige Leute
aber erklärten: »Was wird dieser uns helfen?« Sie
verachteten ihn und brachten ihm kein Geschenk.
Er aber verhielt sich dazu schweigend.

10,11: Als Gottesmann sieht das AT denjenigen an, dem Gott unvermittelt Mitteilungen über seine Entschlüsse macht. Die Schrift nennt einen solchen Menschen Seher oder Künder (Prophet). Beim Seher geschieht das Wahrnehmen göttlicher Offenbarungen (auch durch Traum oder Hören von Stimmen) mehr um seiner selbst willen, beim Künder dagegen zum Zweck der Predigt. 4 Mos 11,24–29; 12,6–8; 5 Mos 34,10; 1 Kor 14,2ff.

Ammonitersieg

11 1 Der Ammoniter Nachasch zog heran und
lagerte vor Jabesch in Gilead. Alle Be-
wohner von Jabesch erklärten Nachasch:
»Schließe einen Vertrag mit uns, wir wollen dir die-
nen!« 2 Der Ammoniter Nachasch erwiderte ihnen:
»Insofern will ich mit euch einen Vertrag schließen,
als ich jedem von euch das rechte Auge aussteche
und damit Schmach über ganz Israel bringe.« 3 Da
sprachen die Ältesten von Jabesch zu ihm: »Gib uns
eine Frist von sieben Tagen, wir wollen Boten sen-
den in das gesamte Gebiet Israels. Ist dann niemand
da, der uns hilft, dann gehen wir zu dir!« 4 Die
Boten kamen nach dem Gibea Sauls und sagten dies
vor den Ohren des Volkes. Da schrieen alle Leute
laut auf und weinten. 5 Nun kam gerade Saul hinter
den Rindern her vom Felde heim. Er fragte: »Was
haben die Leute, daß sie weinen?« Man erzählte
ihm, was die Männer von Jabesch gesagt hatten.
6 Da ward der Geist Gottes in Saul wirksam, als er
jene Worte hörte, und sein Zorn entbrannte heftig.
7 Er nahm ein Rindergespann, hieb es in Stücke und
ließ diese durch Boten in alle Teile Israels bringen
und ausrufen: »Wer nicht hinter Saul und Samuel
her auszieht, dessen Rindern soll dasselbe gesche-
hen!« Da fiel der Schrecken des Herrn auf das Volk,
so daß sie einmütig auszogen.

8 Er musterte sie zu Besek; es waren der Israeliten
300 000 Mann und der Judäer 30 000 Mann. 9 Man
sagte den angekommenen Boten: »So sprecht zu
den Männern von Jabesch in Gilead: Morgen wird
euch Hilfe, sobald die Sonne heiß brennt!« Die
Boten gingen hin und meldeten es den Männern
von Jabesch, die sich darüber sehr freuten. 10 Die
Männer von Jabesch erklärten: »Morgen wollen wir
zu euch hinausziehen! Ihr könnt dann an uns tun,
was immer euch beliebt.« 11 Am folgenden Tage
teilte Saul das Kriegsvolk in drei Gruppen. Sie
kamen in das Lager um die Zeit der Morgenwache
und schlugen Ammon, bis der Tag sehr heiß wurde.
Der Überrest zerstreute sich derart, daß von ihnen
nicht zwei beieinander blieben. 12 Da sprach das
Volk zu Samuel: »Wer hat gefragt: ›Soll etwa Saul
König über uns sein?‹ Liefert die Männer aus; wir
werden sie umbringen!« 13 Doch Saul entgegnete:
»Am heutigen Tage soll niemand sterben, denn
heute hat der Herr Israel Heil verliehen!«

Krönungsfest in Gilgal

14 Samuel sprach zum Volk: »Auf! Laßt uns nach Gil-
gal gehen und dort das Königtum erneuern!« 15 Das
ganze Volk zog nach Gilgal. Man setzte dort Saul
vor dem Herrn in Gilgal als König ein. Sie schlachte-
ten dort Friedopfer vor dem Herrn. Saul und alle
israelitischen Mannen waren überaus fröhlich.

Samuel legt seine Ämter nieder

12 1 Samuel sprach zu ganz Israel: »Seht, ich
habe eurem Verlangen stattgegeben in
allem, was ihr mir gesagt habt! Ich habe
einen König über euch eingesetzt. 2 Nun seht, ihr
habt einen König, der vor euch herzieht! Ich bin alt
und ergraut, und schon sind meine Söhne unter
euch. Von meiner Jugend an bis heute bin ich vor
euch hergegangen. 3 Da bin ich! Antwortet mir in
Gegenwart des Herrn und seines Gesalbten, ob ich
jemandes Ochsen oder Esel geraubt, ob ich jeman-
den unterdrückt oder ungerecht behandelt, ob ich
von jemandem ein Bestechungsgeschenk angenom-
men und meine Augen dabei verhüllt habe! Ich will
es euch zurückerstatten.« 4 Sie antworteten: »Du
hast uns nicht unterdrückt und nicht unrecht be-
handelt und von niemandem etwas angenommen.«
5 Da sprach er zu ihnen: »Der Herr sei mein Zeuge
unter euch, und Zeuge sei heute auch sein Gesalb-
ter, daß ihr nichts in meiner Hand gefunden habt!«
Sie erwiderten: »Ja, Zeugen sind sie!«

Samuels Rede an das Volk Israel

6 Danach fuhr Samuel, zum Volk gewandt, fort:
»Der Herr war es, der Moses und Aaron geschaffen
und eure Väter aus dem Ägypterland fortgeführt
hat. 7 Tretet nunmehr her, ich will mit euch vor dem
Herrn ins Gericht gehen wegen aller Wohltaten des
Herrn, die er euch und euren Vätern erwies! 8 Da
Jakob nach Ägypten gekommen war und eure Vä-
ter zum Herrn riefen, sandte der Herr Moses und
Aaron. Diese führten eure Väter aus Ägypten fort
und siedelten sie hier an. 9 Sie aber vergaßen den
Herrn, ihren Gott. Er verkaufte sie an Sisera, den
Feldherrn von Chazor, an die Philister und den
König von Moab. Diese führten Krieg wider sie.
10 Da riefen sie zum Herrn und gestanden: ›Wir
haben uns verfehlt, weil wir den Herrn verlassen
und den Baalen und Astarten dienten. Doch nun
rette uns aus der Gewalt unserer Feinde! Wir wol-
len dir dienen!‹ 11 Da sandte der Herr Jerubbaal,
Barak, Jephte und Samuel und befreite euch aus
der Gewalt eurer Feinde ringsumher, damit ihr in
Sicherheit wohnen konntet. 12 Ihr merktet aber, daß
der Ammoniterkönig Nachasch gegen euch heran-
zog, und sagtet daher zu mir: ›Nein, ein König soll
über uns regieren‹, obwohl doch der Herr, euer
Gott, euer König ist! 13 Nun seht, ihr habt den
König, den ihr erwählt und den ihr verlangt habt!
Seht, der Herr selbst hat einen König über euch ein-
gesetzt. 14 Fürchtet ihr nun den Herrn, dient ihr ihm,
hört ihr auf seine Stimme und widersetzt ihr euch
nicht dem Gebot des Herrn, dann folgt ihr und euer
König, der über euch herrschen wird, dem Herrn,
eurem Gott, nach. 15 Hört ihr aber nicht auf den
Herrn und widersetzt ihr euch seinem Gebot, dann
wird des Herrn Hand gegen euch sein, wie sie ge-
gen eure Väter war.

16 Auch jetzt tretet heran und schaut dies große
Werk, das der Herr vor euren Augen tut! 17 Ist nicht
gerade heute Weizenernte? Ich will den Herrn an-
rufen, und er wird donnern und regnen lassen. So
erkennt ihr und seht es ein, daß ihr ein großes Un-
recht vor den Augen des Herrn tatet, da ihr einen
König haben wolltet.«

18 Und es rief Samuel den Herrn an, und der Herr
ließ an jenem Tag donnern und regnen. Das ganze
Volk aber geriet in große Furcht vor dem Herrn und
vor Samuel. 19 Das gesamte Volk flehte zu Samuel:
»Lege doch Fürsprache für deine Knechte bei dem
Herrn, deinem Gott, ein, damit wir nicht sterben;
denn wir haben zu all unsern Verfehlungen das Un-
recht hinzugefügt, einen König für uns zu verlan-
gen.«

20 Samuel redete weiter zum Volke: »Seid guten
Mutes! Ihr habt zwar all dies Üble getan, doch
weicht nicht vom Herrn ab, sondern dient ihm mit

eurem ganzen Herzen! 21 Lauft nicht hinter den nichtigen Götzen her, die weder nützen noch helfen können, da sie ja nichtig sind. 22 Aber der Herr verstößt sein Volk nicht um seines großen Namens willen; denn dem Herrn hat es gefallen, euch zu seinem Volk zu machen.

23 Auch mir liegt es fern, gegen den Herrn zu sündigen und aufzuhören, für euch Fürsprache einzulegen. Ich will euch den rechten und guten Weg lehren. 24 Nur fürchtet den Herrn und dient ihm aufrichtig aus eurem ganzen Herzen! Seht, was er Großes an euch getan hat! 25 Wenn ihr aber frevlerisch handelt, so werdet ihr samt eurem König dahingerafft!«

Kampf gegen die Philister

13 1 Ein Jahr war es, seitdem Saul König geworden war; er regierte das zweite Jahr über Israel (¿). 2 Da erwählte sich Saul 3000 Israeliten. 2000 davon waren mit Saul zu Michmas und auf dem Gebirge von Betel und 1000 mit Jonatan zu Gibea in Benjamin. Den Rest des Kriegsvolkes hatte er entlassen, einen jeden in sein Zelt. 3 Da erschlug Jonatan den Beamten der Philister, der in Gibea wohnte. Die Philister hörten davon. Saul ließ im ganzen Lande in die Posaune stoßen und verkünden: »Die Hebräer sollen es hören!« 4 Ganz Israel vernahm davon, daß Saul den Beamten der Philister erschlagen, und daß Israel bei den Philistern sich verhaßt gemacht habe. Das Kriegsvolk wurde zu Saul nach Gilgal aufgeboten. 5 Die Philister scharten sich zum Kampfe gegen Israel mit 3000 Streitwagen, 6000 Mann Besatzung und einem Fußvolk, das so zahlreich war wie der Sand am Ufer des Meeres. Sie rückten heran und bezogen Lager bei Michmas östlich von Bet-Awen. 6 Die Israeliten erkannten, daß sie bedrängt und die Leute in Not seien. Deshalb versteckten sie sich in Höhlen, in Löchern, in Felsspalten, und Gewölben und Zisternen. 7 Große Scharen gingen über den Jordan nach Gad und Gilead. Saul aber war noch in Gilgal und das ganze Kriegsvolk mit ihm.

Voreiliges Opfer – Samuels Prophezeihung

8 Da wartete er sieben Tage bis zu dem Zeitpunkt, den Samuel bestimmt hatte. Samuel aber kam nicht nach Gilgal, und das Kriegsvolk zerstreute sich. 9 Da befahl Saul: »Bringt mir das Brand- und die Friedopfer!« Und er vollzog das Brandopfer. 10 Eben hatte er es dargebracht, da kam Samuel an. Saul ging ihm entgegen und begrüßte ihn. 11 Samuel fragte: »Was hast du getan¿« Saul antwortete: »Ich sah, daß das Volk mich verließ. Du kamst nicht zur vereinbarten Zeit, und die Philister rotteten sich in Michmas zusammen. 12 Da dachte ich: Jetzt werden die Philister wider mich nach Gilgal ziehen; den Herrn habe ich aber noch nicht gnädig gestimmt. So faßte ich mir ein Herz und opferte.« 13 Samuel entgegnete Saul: »Töricht war deine Handlungsweise; du hast den dir vom Herrn, deinem Gott, erteilten Befehl nicht befolgt; denn jetzt wollte der Herr dein Königtum über Israel für immer bestätigen. 14 Nun aber kann dein Königtum nicht bestehen! Der Herr hat sich einen Mann ausgesucht, der seinem Herzen genehm ist. Ihn hat der Herr zum Fürsten über sein Volk bestellt. Denn du hast nicht befolgt, was der Herr dir befahl.«

Kriegshandlungen der Philister; Brandschatzung

15 Samuel machte sich auf den Weg und zog von Gilgal weg. Der Rest der Leute zog hinter Saul her dem Kriegsvolk entgegen und kam von Gilgal nach Gibea in Benjamin. Saul musterte die Leute, die sich bei ihm befanden; es waren gegen sechshundert Mann. 16 Saul, sein Sohn Jonatan und das Kriegsvolk saßen zu Geba in Benjamin, während die Philister zu Michmas Lager bezogen hatten. 17 Da zog eine brandschatzende Truppe aus dem Lager der Philister in drei Abteilungen aus. Die eine wandte sich Ophra zu in das Gebiet von Schual, 18 die andere nach Bet-Choron und die dritte in das Gebiet, das über dem Tal Zeboim gegen die Steppe hin ansteigt. 19 Im ganzen Lande Israel fand sich (damals) kein Schmied; denn die Philister sagten sich, die Hebräer könnten sich sonst Schwerter oder Lanzen machen. 20 Jeder aus Israel mußte also zu den Philistern hinab, um seine Pflugschar, seinen Karst, seine Axt oder seine Sichel schärfen zu lassen. 21 Das Schärfen der Sicheln, der Karste, des Dreizacks und der Äxte, sowie das Einsetzen des Ochsenstachels kostete einen Pim. 22 Im Kriegsfalle fand sich also kein Schwert und keine Lanze bei den Kriegern vor, die um Saul und Jonatan waren. Nur Saul und Jonatan besaßen solche. 23 Ein Posten der Philister begab sich auf den Engpaß von Michmas.

13,1: Zahlenangaben sehr fraglich, da Text lückenhaft. – Dem Ansturm der Philister konnte nun, da ein König die Einheit des Volkes herstellte, wirksam begegnet werden.

Jonatans Heldentum

14 1 Eines Tages sprach Jonatan, der Sohn Sauls, zu seinem Waffenträger: »Komm, wir gehen hinüber zum Philisterposten, der drüben auf der anderen Seite steht!« Doch seinem Vater teilte er nichts mit. 2 Saul saß an der

Grenze von Geba unter dem Granatapfelbaum, der bei Migron steht. Das Kriegsvolk, das bei ihm war, zählte etwa 600 Mann. 3 Achia, der Sohn Achitubs, des Bruders Ikabods, des Sohnes des Pinchas, des Helisohnes, der Priester in Silo war, trug das priesterliche Ephod. Das Volk wußte nicht, daß Jonatan fort war. 4 Zwischen den Übergängen, durch die Jonatan zum Wachtposten der Philister hinüber wollte, waren zwei Felszacken, der eine diesseits, der andere jenseits, der eine hieß Bozez, der andere Senne. 5 Der eine Grat schaute von Norden nach Michmas hinüber, der andere von der Südseite nach Geba.

6 Jonatan sprach zu seinem Waffenträger: »Komm, wir gehen zum Posten der Unbeschnittenen hinüber! Vielleicht hilft uns der Herr. Denn es ist für ihn nicht schwer, durch viele oder wenige Leute zu helfen.« 7 Sein Waffenträger entgegnete ihm: »Tue alles, was dein Herz dir sagt, mach den Abstecher! Siehe, ich stehe zu dir nach deiner Absicht!« 8 Jonatan sprach: »Auf, wir gehen zu den Leuten hinüber und zeigen uns ihnen! 9 Wenn sie uns zurufen: ›Haltet ein, bis daß wir zu euch kommen‹, dann bleiben wir auf unserer Stelle stehen und steigen nicht zu ihnen hinauf. 10 Rufen sie aber: ›Kommt zu uns‹, dann wollen wir zu ihnen hinaufsteigen, denn der Herr hat sie in unsere Hand gegeben. Das sei uns ein Zeichen.«

11 Beide zeigten sich also den Philisterposten. Die Philister sprachen: »Seht doch, Hebräer sind aus den Löchern gekommen, in denen sie sich verborgen hatten!« 12 Die Männer des Wachtpostens riefen Jonatan und seinem Waffenträger zu und sprachen: »Kommt zu uns herauf, wir wollen euch etwas lehren!« Da sagte Jonatan zu seinem Waffenträger: »Mir nach! Denn der Herr hat sie in die Hand Israels gegeben.« 13 Jonatan kletterte auf Händen und auf Füßen hinauf und sein Waffenträger ihm nach. Jene fielen vor Jonatan, und der Waffenträger tötete sie hinter ihm. 14 Es waren derer, die Jonatan und sein Waffenträger mit dem ersten Schlage trafen, gegen zwanzig Mann auf einem halb so großen Feld, wie es ein Ochsengespann zu pflügen vermag. 15 Schrecken entstand im Feldlager und unter dem gesamten Kriegsvolk. Auch der Posten und die brandschatzende Truppe schraken zusammen. Dazu erbebte die Erde und verursachte einen Gottesschrecken.

Niederlage der Philister

16 Die Späher Sauls zu Geba in Benjamin bemerkten, daß das Getümmel hin- und herwogte. 17 Da befahl Saul dem Kriegsvolk, das bei ihm war: »Zählt nach und seht, wer von uns fortgegangen ist!« Man zählte und vermißte Jonatan und seinen Waffenträger. 18 Saul gebot dem Achia: »Bringe die Lade Gottes herbei!« Sie war nämlich an jenem Tage bei den Israeliten. 19 Während Saul mit dem Priester redete, ward das Getümmel im Lager der Philister immer stärker. Saul sprach zum Priester: »Laß davon ab!« 20 Saul und alles Kriegsvolk, das bei ihm war, schrien laut und mischten sich in den Kampf. Da war das Schwert des einen gegen den anderen gerichtet, ein überaus großer Wirrwarr. 21 Auch die Hebräer, die seit langem zu den Philistern hielten und mit ihnen ins Lager gekommen waren, schwenkten ab, um sich den Israeliten unter Saul und Jonatan anzuschließen. 22 Alle Israeliten, die sich auf dem Gebirge Ephraim versteckt hatten, hörten, daß die Philister auf der Flucht waren. Sie hefteten sich ebenfalls kämpfend an ihre Fersen. 23 So half der Herr an jenem Tage Israel.

Der Kampf aber dehnte sich über Bet-Awen hin aus. 24 Als aber die Israeliten an jenem Tage in Bedrängnis kamen, sprach Saul einen Eidfluch über das Volk aus: »Verflucht der Mann, der vor Anbruch des Abends etwas genießt, bevor ich an meinen Feinden Rache genommen habe!« Da nahm niemand von dem Volke Nahrung zu sich. 25 Nun war die ganze Gegend reich an Honigwaben, so daß es auf dem freien Feld Honig gab. 26 Als das Volk zu den Waben kam, aus denen der Honig floß, führte doch keiner die Hand zum Munde, weil das Volk den eidlichen Fluch fürchtete. 27 Jonatan wußte nichts davon, daß sein Vater die Verwünschung über das Volk ausgesprochen hatte. Er streckte die Spitze des Stockes, den er in seiner Hand hielt, aus, stieß sie in eine Honigwabe und führte seine Hand zum Munde. Da bekamen seine Augen frischen Glanz. 28 Einer der Kriegsleute redete ihn an und sprach: »Dein Vater hat eine Verwünschung über das Volk ausgesprochen: Verflucht sei der Mann, der heute etwas genießt. Das Volk aber ist erschöpft.« 29 Jonatan sprach: » Ins Unglück stürzt mein Vater das Land. Seht doch, wie meine Augen so strahlend frisch geworden sind, weil ich dieses bißchen Honig gegessen habe! 30 Wie wäre es erst, wenn heute alle Leute von der feindlichen Beute, die sie gemacht haben, gegessen hätten? Jetzt aber ist ja der Hieb, den die Philister bekommen haben, nicht besonders stark.«

Verfehlungen des Volkes

31 Man schlug an jenem Tage die Philister von Michmas bis Ajjalon. Das Volk war sehr erschöpft. 32 Da machte es sich über die Beute her, nahm Kleinvieh,

Großvieh und Kälber, schlachtete sie am Boden und
aß über dem Blut. 33 Man berichtete Saul: »Die
Leute sündigen gegen den Herrn, indem sie über
dem Blut essen.« Er sprach: »Frevel tut ihr! Wälzt
mir sofort einen großen Stein her!« 34 Da fuhr Saul
fort: »Zerstreut euch unter das Kriegsvolk und sagt
ihm: ›Jeder soll sein Rind und sein Schaf zu mir brin-
gen und es hier schlachten und essen! Sündigt nicht
gegen den Herrn, indem ihr über dem Blut eßt!‹« Da
brachten alle Leute aus dem Volke ihre Rinder, die
sie besaßen, noch in der Nacht herbei und schlach-
teten sie daselbst. 35 Saul erbaute einen Altar für den
Herrn. Es war der erste Altar, den er erbaute.

Jonatan gesteht seine Schuld

36 Saul sprach: »Wir wollen die Philister noch zur
Nachtzeit weiter verfolgen! Wir wollen sie ausplün-
dern bis zum Morgengrauen und keinen unter
ihnen übrig lassen!« Man antwortete: »Tue, was dir
richtig scheint! « Doch der Priester gab zur Antwort:
»Wir wollen in dieser Sache Gott befragen!« 37 Saul
fragte bei Gott an: »Soll ich hinabziehen hinter den
Philistern her? Wirst du sie in die Gewalt Israels
geben?« Doch er gab ihm damals keine Antwort.
38 Saul befahl: »Kommt herbei, alle Obersten des
Volkes, erkennt und seht, wodurch diese Sünde
heute zustandekam! 39 So wahr der Herr lebt, der
Israel errettet hat! Sollte es selbst an meinem Sohn
Jonatan liegen, so muß er des Todes sterben!« Nie-
mand aus dem Kriegsvolk wagte es, ihm zu ant-
worten. 40 Da sprach er zu ganz Israel: »Ihr sollt auf
der einen Seite stehen, ich und mein Sohn Jonatan
auf der anderen!« Das Volk erwiderte Saul: »Tu,
was dir gefällt!« 41 Daraufhin betete Saul zum
Herrn: »Gott Israels, gib rechten Entscheid!« Jona-
tan und Saul wurden durch das Los getroffen, wäh-
rend das Volk frei ausging. 42 Da verlangte Saul:
»Werft das Los zwischen mir und meinem Sohne
Jonatan!« Das Los traf Jonatan.
43 Da sprach Saul zu Jonatan: »Gestehe mir, was du
getan hast!« Jonatan bekannte ihm und sprach: »Ich
habe mit der Spitze des Stabes, den ich in der Hand
hatte, ein wenig Honig gegessen. Ich bin zu sterben
bereit.« 44 Saul sprach: »Ich habe geschworen, und
Gott möge mich strafen – Jonatan, du bist des To-
des!« 45 Das Volk aber rief Saul zu: »Wie? Jonatan
soll sterben, der diese große Rettungstat in Israel
vollbrachte? So wahr der Herr lebt, nicht ein einzi-
ges Haar von seinem Haupt darf zu Boden fallen,
denn mit Gott hat er es heute vollbracht.« Das Volk
errettete so Jonatan vom Tode.
46 Saul aber nahm von der Verfolgung der Philister
Abstand. Die Philister kehrten in ihr Heimatland
zurück. 47 Saul, der das Königtum über Israel er-
halten hatte, kämpfte ringsum gegen alle seine
Feinde, gegen Moab, gegen die Ammoniter, gegen
Edom, gegen die Könige von Zoba und gegen die
Philister. Wohin er sich auch wandte, errang er
Siege. 48 Er zeigte Tapferkeit, schlug Amalek und
befreite Israel aus der Gewalt seiner Plünderer.

Persönliche Verhältnisse Sauls

49 Die Söhne Sauls waren Jonatan, Jischjo und Mal-
kischua. Seine älteste Tochter hieß Merab, seine
jüngere Michal. 50 Die Frau des Saul hieß Achi-
noam; sie war die Tochter des Achimaaz. Sein Feld-
herr hieß Abner, der Sohn Ners, des Oheims Sauls.
51 Kisch nämlich, der Vater Sauls, und Ner, der Vater
Abners, waren Söhne Abiels. 52 Der Krieg gegen die
Philister tobte heftig, solange Saul lebte. Sah Saul
irgendeinen tapferen und kriegskundigen Mann, so
nahm er ihn in seinen Dienst.

14,32–35: Das Töten von Tieren ist dem Menschen erlaubt, doch nur so, daß Gottes Rechte auf das Leben betont werden. Damit ist jedes Töten ein Opfer (Schächten). Jedes Opfer verlangt aber den Altar. Nach 2 Mos 20,24 konnten Opfer an vielen Orten dargebracht werden. Dagegen schreibt 3 Mos 17,3–9 vor, daß alle opferfähigen Tiere vor dem Eingang des Offenbarungszeltes geschlachtet werden sollen.Wiederum anders 5 Mos 12,15: gewöhnliche Schlachtung sei an allen Orten gestattet. Immer aber ist Blutgenuß streng verboten (3 Mos 19,26; 5 Mos 12,16.23ff). Das Blut muß als Opfer über einem Stein vergossen werden (6,14). Das Blut wurde von den alten Semiten als Sitz des Lebens und der Seele angesehen. Da nur Gott über das Leben verfügt, war der Genuß von Blut streng verboten. Blut wurde zu verschiedenen Zwecken verwendet: Zur Besprengung des Altares, zur Besiegelung eines Bundes, zur Sühne.

Agag, der König der Amalekiter

15 1 Samuel sprach zu Saul: »Mich hat der
Herr gesandt, dich zum König über sein
Volk Israel zu salben. Nun höre die klaren
Worte des Herrn: 2 Ich habe genau beobachtet, was
Amalek an Israel getan hat, daß es sich ihm bei sei-
nem Fortzug von Ägypten in den Weg stellte.
3 Gehe nun hin und schlage Amalek, vollstrecke an
allem, was ihm gehört, den Bann und verschone
nichts; töte Männer und Frauen, Kinder und Säug-
linge, Rinder und Schafe, Kamele und Esel!«
4 Da benachrichtigte Saul das Volk und musterte es
in Telam: 200 000 Mann zu Fuß und davon 10 000
Mann aus Juda. 5 Dann rückte Saul gegen die Stadt
der Amalekiter aus und legte einen Hinterhalt im
Tal. 6 Den Kenitern ließ Saul sagen: »Geht, sondert
euch ab und tretet aus den Reihen der Amalekiter
hinaus, denn sonst raffe ich euch mit ihnen hinweg!
Ihr habt euch ja freundlich gegen alle Israeliten ver-
halten, als sie aus Ägypten heraufzogen.« Da son-
derten sich die Keniter von den Amalekitern ab.
7 Saul aber schlug Amalek von Chawila bis Schur,

das Ägypten gegenüber liegt. 8 Agag, den König der
Amalekiter, ergriff er lebend. Am ganzen Volk voll-
zog er den Bann mit der Schärfe des Schwertes.
9 Doch verschonten Saul und sein Kriegsvolk Agag
und die besten Stücke Kleinvieh und Großvieh, die
Masttiere und die Lämmer und alles, was wertvoll
war. Sie wollten daran den Bann nicht vollziehen;
nur was wertlos und unbrauchbar war, belegten sie
mit dem Bann.

Sauls Ungehorsam

10 Da erging das Wort des Herrn an Samuel: 11 »Es
reut mich, daß ich Saul zum König gemacht habe;
denn er hat sich von mir abgewandt und meine Be-
fehle nicht ausgeführt!« Samuel wurde sehr erregt
und flehte zum Herrn die ganze Nacht. 12 Am ande-
ren Morgen machte er sich auf, um Saul zu treffen.
Es wurde Samuel gemeldet: »Saul ist zum Karmel
gegangen und hat sich ein Denkmal errichtet. Dann
bog er ab und ist weiter nach Gilgal hinabgezogen.«
13 Als Samuel zu Saul kam, begrüßte ihn Saul: »Ge-
segnet sollst du sein vom Herrn! Ich habe den Be-
fehl des Herrn vollführt.« 14 Samuel entgegnete:
»Was soll denn dieses Blöken von Schafen, das an
mein Ohr dringt, und das Brüllen von Rindern, das
ich hören muß?« 15 Saul entgegnete: »Von den Ama-
lekitern hat man sie gebracht. Das Kriegsvolk hat
die wertvollsten Schafe und Rinder geschont, um
sie dem Herrn, deinem Gott, zu opfern. Das übrige
haben wir dem Bann übergeben!« 16 Samuel aber
fiel Saul in die Rede: »Nun mache Schluß! Ver-
künden will ich dir, was der Herr in der Nacht zu
mir sprach!« Jener antwortete ihm: »Rede!« 17 Sa-
muel sagte: »Bist du nicht, obwohl du dich selbst für
gering hieltest, das Oberhaupt der Stämme Israels?
Denn der Herr hat dich zum König über Israel ge-
salbt. 18 Nun hat dich der Herr auf den Kriegspfad
geschickt und gesagt: ›Gehe hin und vollziehe den
Bann an den frevlerischen Amalekitern. Kämpfe ge-
gen sie, bis du ihnen ein Ende bereitet hast!‹
19 Warum folgtest du nicht der Stimme des Herrn?
Warum hast du nach der Beute gegriffen und Übles
in den Augen des Herrn getan?« 20 Saul erwiderte
Samuel: »Ich habe doch auf die Stimme des Herrn
gehört und zog des Weges, den der Herr mich
sandte. Ich brachte den Amalekiterkönig Agag her-
bei und bannte Amalek. 21 Nur das Kriegsvolk hat
aus der Beute Schafe und Rinder, das Beste vom
Banngut, herausgegriffen, um es dem Herrn, dei-
nem Gott, in Gilgal zu opfern.«
22 Samuel sprach: »Hat denn der Herr an Brand- und
Schlachtopfern das gleiche Wohlgefallen wie am
Gehorsam gegen den Befehl des Herrn? Wertvoller
als Opfer ist Gehorsam, Folgsamkeit besser als
Widderfett! 23 Widerspenstigkeit ist Sünde wie Zau-
berei, Eigensinn ist Sünde wie schuldbarer Götzen-
dienst. Weil du des Herrn Wort verworfen hast, ver-
wirft er dich als König.« 24 Saul gestand Samuel: »Ich
versündigte mich, weil ich des Herrn Ausspruch
und deine Worte übertreten habe. Ich fürchtete die
Kriegsleute und hörte auf ihre Wünsche. 25 Und
nun, verzeihe meine Sünde und kehre um mit mir,
ich will den Herrn anbeten!«
26 Samuel entgegnete dem Saul: »Ich werde mit dir
nicht umkehren. Weil du das Wort des Herrn ver-
worfen hast, wird auch der Herr dich verwerfen:
Du kannst nicht mehr König über Israel sein!«
27 Samuel wandte sich, um fortzugehen; da ergriff
jener den Zipfel seines Obergewandes. Dieses zer-
riß. 28 Samuel sprach zu ihm: »Der Herr hat heute
das Königtum über Israel von dir gerissen. Er hat es
einem anderen gegeben der besser ist als du. 29 Er,
Israels Ruhm, lügt nicht und bereut nicht; denn er
ist nicht ein Mensch, daß er bereuen müßte.« 30 Je-
ner aber sprach: »Ich habe gesündigt, doch erweise
mir wenigstens vor den Ältesten meines Volkes und
vor Israel die Ehre! Kehre um mit mir, daß ich den
Herrn, deinen Cott, anbete!« 31 Da kehrte Samuel
um und folgte Saul, und Saul betete den Herrn an.

Agags Tod

32 Samuel gab den Befehl: »Bringt den Amale-
kiterkönig Agag zu mir!« Agag ging in froher Stim-
mung auf ihn zu und dachte sich: »Sicherlich ist ab-
gebogen des Todes Bitterkeit!« 33 Samuel aber
sprach: »Wie dein Schwert Frauen kinderlos
machte, so soll auch unter den Frauen deine Mutter
kinderlos werden!« Dann hieb Samuel Agag in
Stücke vor dem Angesicht des Herrn in Gilgal.
34 Samuel ging nach Rama. Saul aber zog hinauf in
sein Haus nach dem Gibea Sauls. 35 In Zukunft sah
Samuel Saul nicht mehr bis zu seinem Tode, denn
er trauerte um Saul. Den Herrn aber reute es, daß er
Saul zum König über Israel gemacht hatte.

15,22–23: Ein Wort, das in prophetischen Kreisen seinen Ursprung hat (Os 6,6; Is 1,11; Ps 15,19; Matth 9,13; 12,7). Gehorsam den sittlichen Geboten gegenüber ist wertvoller als jede noch so gut gemeinte Opfergabe. Das lehren die Propheten und lehrt Jesus.

Der Sohn Isais wird zum König gesalbt

16 1 Der Herr sprach zu Samuel: »Wie lange
trauerst du um Saul, den ich als König
über Israel verworfen habe? Fülle dein
Horn mit Öl und mache dich auf den Weg! Ich
sende dich zu Isai nach Bethlehem; denn unter
seinen Söhnen habe ich mir einen zum König aus-

erwählt.« 2 Samuel entgegnete darauf: »Wie kann
ich hingehen? Saul wird davon hören und mich
töten!« Der Herr antwortete: »Nimm ein Kuhkalb
mit und sage: ›Ich bin gekommen, dem Herrn ein
Opfer darzubringen.‹ 3 Lade dann Isai zur Teil-
nahme am Opfer ein! Ich werde dich wissen lassen,
was du tun sollst. Salbe mir denjenigen, den ich dir
bezeichnen werde!« 4 Samuel tat nach der Weisung
des Herrn. Er kam nach Bethlehem. Die Ältesten
der Stadt traten ihm erschrocken entgegen und frag-
ten: »Bedeutet dein Kommen uns Heil?« 5 Er ant-
wortete: »Ja, es bedeutet Heil! Ich bin gekommen,
dem Herrn ein Opfer darzubringen; heiligt euch
und kommt mit mir zum Opfer!« Alsdann heiligte
er den Isai und seine Söhne und lud sie zum Opfer-
mahl ein.
6 Als sie nun kamen, sah er den Eliab und dachte:
»Wahrscheinlich steht vor dem Herrn sein Gesalb-
ter.« 7 Doch der Herr sprach zu Samuel: »Schaue
nicht auf sein Aussehen und seine hohe Gestalt;
denn ich erkor ihn nicht, weil ich nicht auf das sehe,
worauf der Mensch sieht. Der Mensch schaut ja auf
den Augenschein, der Herr aber schaut auf das
Herz.« 8 Isai rief den Abinadab und führte ihn
Samuel vor. Doch er sprach: »Auch diesen hat der
Herr nicht erwählt.« 9 Dann führte Isai Schamma
vor. Doch jener erklärte: »Auch diesen hat der Herr
nicht erkoren.« 10 So führte Isai sieben von seinen
Söhnen Samuel vor. Doch Samuel sprach zu Isai:
»Diese alle hat der Herr nicht erwählt.« 11 Dann
fragte Samuel den Isai: »Sind das alle Kinder?« Er
antwortete: »Nur der Jüngste fehlt noch, er weidet
gerade das Kleinvieh.« Da befahl Samuel dem Isai:
»Schicke und hole ihn; wir werden uns erst dann
zum Mahle setzen, wenn er da ist.« 12 Er sandte hin
und ließ ihn holen.
David aber war rötlichbraun, hatte schöne Augen
und eine gute Gestalt. Der Herr sprach: »Auf! Salbe
ihn, denn er ist es!« 13 Da nahm Samuel das Ölhorn
und salbte ihn unter seinen Brüdern. Der Geist des
Herrn aber ward in David wirksam von jenem Tage
an und weiterhin. Samuel machte sich auf den Weg
zurück nach Rama.

David als Spielmann Sauls

14 Der Geist des Herrn war von Saul gewichen, und
es beunruhigte ihn ein böser Geist, den der Herr ge-
schickt hatte. 15 Die Knechte Sauls sprachen zu ihm:
»Siehe, es erschreckt dich ein böser Geist Gottes.
16 Unser Herr braucht nur zu reden; deine Knechte
stehen dir zu Diensten. Sie werden jemanden
suchen, der sich auf das Zitherspiel versteht. Sooft
dann der böse Geist Gottes über dich kommt, spiele
er mit seiner Hand; dann wird dir wohl zumute.«
17 Saul befahl seinen Knechten: »Seht euch um nach
jemandem für mich, der sich gut auf das Spiel ver-
steht, und bringt ihn her zu mir!« 18 Da antwortete
von den jungen Männern einer und sprach: »Ich
kenne einen Sohn Isais aus Bethlehem, der gut zu
spielen vermag. Er ist auch sonst ein Held, kriegs-
tüchtig, redegewandt, von schöner Gestalt, und der
Herr ist mit ihm.«
19 Saul sandte Boten zu Isai und ließ ihm sagen:
»Schicke zu mir deinen Sohn David, der bei der
Schafherde weilt!« 20 Isai nahm einen mit Brot be-
ladenen Esel, einen Schlauch Wein und ein Zie-
genböcklein und schickte sie durch seinen Sohn
David zu Saul. 21 Als David zu Saul kam und vor
seinem Angesichte stand, faßte dieser so große
Zuneigung zu ihm, daß er sein Waffenträger
wurde. 22 Auch sandte Saul zu Isai und ließ sagen:
»David soll ständig bei mir bleiben, denn er hat
Huld in meinen Augen gefunden.« 23 Sooft nun der
Geist Gottes über Saul kam, nahm David die Zither
und spielte. Saul wurde es leichter zumute, sein
Zustand besserte sich, und der böse Geist wich von
ihm.

Der Riese Goljat

17 1 Die Philister sammelten ihre Heerlager
zum Kampf. Sie scharten sich bei Socho
in Juda zusammen und lagerten in Ephes-
Dammim zwischen Socho und Aseka. 2 Auch Saul
und die Israeliten scharten sich zusammen, lagerten
im Eichengrund und ordneten ihre Schlachtreihen
zum Kampf gegen die Philister. 3 Diese standen am
Berge auf der einen Seite und die Israeliten am
Berge auf der anderen Seite, während die Talsohle
dazwischen lag. 4 Da trat der Vorkämpfer aus dem
Lager der Philister hervor, namens Goljat aus Gat.
Er war sechs Ellen und eine Handspanne groß,
5 hatte einen ehernen Helm auf seinem Kopf und
war mit einem Schuppenpanzer bekleidet. Dessen
Gewicht betrug 5000 Sekel Erz. 6 An den Beinen
hatte er eherne Schienen, und auf den Schultern
trug er einen ehernen Wurfspeer. 7 Der Schaft seiner
Lanze war wie ein Weberbaum, und die Lanzen-
spitze wog sechshundert Sekel Eisen. Sein Schild-
träger ging vor ihm her. 8 Er stellte sich hin und rief
den Reihen Israels zu: »Warum zieht ihr denn aus
und rüstet euch zum Streite? Bin ich nicht der Phi-
lister? Seid ihr nicht Sauls Knechte? Erwählt euch
einen Mann, der soll zu mir herabkommen! 9 Ist er
imstande, mit mir den Kampf zu bestehen, und er-
schlägt er mich, dann wollen wir eure Knechte sein;

bin aber ich ihm überlegen und erschlage ihn, dann
sollt ihr unsere Knechte sein und uns dienen!« 10 Der
Philister rief: »Ich habe heute die Schlachtreihen Is-
raels verhöhnt. Nun trete ein Mann hervor! Wir
wollen miteinander kämpfen!« 11 Saul und ganz
Israel hörten die Hohnworte des Philisters. Sie er-
schraken und fürchteten sich sehr.

Davids Ankunft im Heerlager der Israeliten

12 David war der Sohn eines bereits erwähnten
Ephratiters aus Bethlehem in Juda, namens Isai.
Dieser hatte acht Söhne und war in den Tagen Sauls
schon zu alt, um unter die Kriegsleute zu treten.
13 Die drei ältesten Söhne Isais waren hinter Saul
her in den Kampf gerückt. Von den drei Söhnen,
die zum Kampf gezogen waren, hieß der Erstge-
borene Eliab, der zweite Abinadab und der dritte
Schamma. 14 David war der jüngste. Während die
drei ältesten bei Saul Kriegsdienste leisteten, 15 ging
David von Saul öfters weg, um die Herde seines
Vaters in Bethlehem zu hüten. 16 Der Philister kam
jeden Morgen und Abend und trat vor, vierzig Tage
lang. 17 Da sprach Isai zu seinem Sohn David:
»Nimm doch für deine Brüder ein Epha von diesem
gerösteten Korn und diese zehn Brote und bring sie
eiligst ins Lager zu deinen Brüdern! 18 Diese zehn
Käse bring dem Hauptmann! Erkundige dich nach
dem Befinden deiner Brüder und bring von ihnen
ein Dankeszeichen mit! 19 Sie stehen zusammen
mit Saul und allen Männern Israels im Eichen-
grunde und kämpfen gegen die Philister.«
20 Am andern Morgen überließ David die Schaf-
herde einem Hüter, lud auf und ging weg, wie ihm
Isai befohlen hatte. Er kam zur Wagenburg. Das
Heer rückte eben zur Schlacht aus und erhob das
Kampfgeschrei. 21 Israeliten und Philister waren in
Schlachtreihen einander gegenüber angetreten.
22 David entledigte sich der Gepäckstücke, übergab
sie der Gepäckwache und lief zur Schlachtreihe. Er
kam hin und fragte seine Brüder, wie es ihnen gehe.
23 Während er noch mit ihnen sprach, siehe, da trat
der Vorkämpfer Goljat hervor, der Philister aus Gat.
Er trat aus den Reihen der Philister und sprach in der
bekannten Weise, so daß David es hören konnte.
24 Als die Israeliten den Mann sahen, wichen sie alle
vor ihm zurück und fürchteten sich sehr. 25 Da spra-
chen die israelitischen Männer: »Habt ihr diesen
Mann gesehen, der da heraufkommt? Um Israel zu
verhöhnen, schreitet er einher. Wer ihn erschlägt,
den wird der König mit großen Reichtümern verse-
hen. Er wird ihm seine Tochter geben und seine
Familie in Israel abgabenfrei machen.« 26 Da fragte
David die Männer, die bei ihm waren: »Was soll
dem Manne geschehen, der diesen Philister er-
schlägt und Israel von dieser Schande befreit? Wer
ist denn dieser unbeschnittene Philister, daß er die
Schlachtreihen des lebendigen Gottes zu verhöh-
nen wagt?« 27 Das Kriegsvolk antwortete ihm in
derselben Weise: »So und so wird mit dem Mann
geschehen, der ihn erschlägt!«
28 Sein ältester Bruder Eliab hörte davon, wie er mit
den Männern sprach. Eliab geriet deswegen über
David in Unwillen und herrschte ihn an: »Warum
bist du eigentlich hierhergekommen? Und wem
hast du die paar Schafe in der Steppe überlassen?
Ich kenne deine Dreistigkeit und deinen bösartigen
Sinn. Nur um den Krieg zu sehen, bist du herabge-
kommen.« 29 Darauf erwiderte David: »Was habe
ich denn jetzt getan? Es war ja nur eine Frage.«
30 Darauf wandte er sich von ihm weg an einen an-
dern und fragte das gleiche. Da antworteten ihm die
Kriegsleute wie zum erstenmal. 31 Die Worte Da-
vids wurden gehört und Saul gemeldet. Der ließ ihn
kommen.

Zweikampf

32 Da sprach David zu Saul: »Niemand soll seinet-
wegen mutlos werden! Dein Knecht wird hingehen
und mit diesem Philister kämpfen.« 33 Doch Saul er-
widerte David: »Du kannst nicht einfach diesem
Philister gegenübertreten und mit ihm kämpfen;
denn du bist ein Knabe, er aber ist ein Kriegsmann
von Jugend auf.« 34 David aber sprach zu Saul:
»Dein Knecht hütete seinem Vater die Schafe. Kam
nun ein Löwe oder ein Bär und trug ein Schaf aus
der Herde fort, 35 dann lief ich hinter ihm drein, er-
schlug ihn und riß das Tier aus seinem Rachen.
Wenn er sich aber gegen mich stellte, ergriff ich ihn
bei seiner Mähne, erschlug und tötete ihn. 36 Ja,
Löwen und Bären hat dein Knecht erschlagen, und
diesem unbeschnittenen Philister wird es ergehen
wie einem von diesen; denn er hat die Schlachtrei-
hen des lebendigen Gottes verhöhnt.«
37 David fuhr fort: »Der Herr, der mich aus den Tat-
zen der Löwen und Bären befreit hat, wird mich
auch aus der Hand dieses Philisters befreien.« Da
sagte Saul zu David: »Geh hin, der Herr wird mit dir
sein.« 38 Saul bekleidete David mit seinem Waffen-
rock. Er setzte ihm einen ehernen Helm aufs Haupt
und zog ihm einen Panzer an. 39 David umgürtete
sich mit dessen Schwert über seinem Waffenrock;
doch er konnte nicht gehen; denn er hatte es darin
noch nie versucht. Daher sprach David zu Saul: »Ich
vermag darin nicht zu gehen; denn ich habe es noch
nie versucht.« Und er legte die Rüstung wieder von
sich ab.

40 Er nahm seinen Stab in die Hand, suchte sich fünf
glatte Steine aus dem Bachtal, legte sie in die Hir-
tentasche, die er bei sich führte, nahm eine Schleu-
der zur Hand und ging dem Philister entgegen.
41 Dieser kam näher und näher an David heran,
während der Schildträger vor ihm einherschritt.
42 Der Philister blickte auf und sah sich den David
an. Er verachtete ihn, denn er war ein Knabe, röt-
lichbraun und von schönem Aussehen. 43 Der Phili-
ster rief David zu: »Bin ich denn ein Hund, daß du
mit Stöcken bewaffnet zu mir kommst?« Der Phili-
ster verfluchte David bei seinen Göttern. 44 Dann
sprach er zu David: »Komm her zu mir, ich will dein
Fleisch den Vögeln des Himmels und den Tieren des
Feldes geben!« 45 David entgegnete: »Du kommst
zu mir mit Schwert, Lanze und Wurfspeer. Ich aber
komme zu dir im Namen des Herrn der Heerscha-
ren, des Gottes der Schlachtreihen Israels, die du ge-
schmäht hast! 46 Heute wird dich der Herr meiner
Gewalt überantworten. Ich werde dich erschlagen
und deinen Kopf von deinem Rumpfe abtrennen.
Ausliefern werde ich die Leichname des Philister-
heeres heute noch den Vögeln des Himmels und
den wilden Tieren der Erde. Alle Welt soll erken-
nen, daß Israel einen Gott hat! 47 Diese ganze Ver-
sammlung soll einsehen, daß der Herr nicht durch
Schwert und Lanze Hilfe bringt. Denn der Herr
führt den Kampf; er wird euch in unsere Gewalt ge-
ben!«
48 Der Philister machte sich auf, schritt voran und
näherte sich David. Da lief David rasch auf die
Schlachtreihe zu, dem Philister entgegen. 49 David
griff mit seiner Hand in die Tasche, holte einen
Stein heraus, schleuderte und traf den Philister auf
die Stirn. Der Stein drang in die Stirn ein, und jener
fiel mit dem Gesicht zur Erde hin. 50 So überwand
David den Philister mit Schleuder und Stein; er traf
den Philister und brachte ihn um, ohne das ein
Schwert in Davids Hand war. 51 David lief hin,
stellte sich vor den Philister, ergriff dessen Schwert,
zückte es aus der Scheide und tötete ihn, indem er
ihm den Kopf abhieb. Die Philister sahen, daß ihr
stärkster Held tot war, und flohen.

Verfolgung

52 Die Männer Israels und Judas brachen auf, erho-
ben ein Kriegsgeschrei und verfolgten die Philister
bis Gat und zu den Toren Ekrons. Erschlagene Phi-
lister aber lagen auf dem Wege nach Schaarajim bis
Gat und Ekron. 53 Die Israeliten kehrten von der hit-
zigen Verfolgung der Philister um und plünderten
deren Heerlager.
54 David aber nahm des Philisters Haupt und
brachte es nach Jerusalem. Seine Waffen legte er im
Zelte des Herrn nieder. 55 Als Saul David gegen den
Philister ausrücken sah, fragte er seinen Feldherrn
Abner: »Wessen Sohn ist der Knabe, Abner?« Abner
entgegnete: »So wahr du lebst, König, ich weiß es
nicht!« 56 Der König sprach: »Frage doch nach, wes-
sen Sohn der Jüngling ist!« 57 Da nun aber David von
der Erschlagung des Philisters heimkehrte, nahm
ihn Abner und brachte ihn vor Saul. Das Haupt des
Philisters war in seiner Hand. 58 Da sprach Saul zu
ihm: »Wessen Sohn bist du, Knabe?« David er-
widerte: »Der Sohn deines Knechtes Isai aus Bethle-
hem.«

17,31–39: David verhandelt mit Saul. Aber nach Vers 55–58 ist er diesem noch unbekannt. Es sind zweierlei Überlieferungen zusammengestellt.

David und Jonatan

18
1 Es geschah, als David seine Unterredung
mit Saul beendet hatte, daß sich die Seele
Jonatans mit der Seele Davids verband
und Jonatan ihn liebgewann wie sich selbst. 2 Saul
nahm ihn zu jener Zeit auf und ließ ihn nicht mehr
in sein Vaterhaus zurückkehren. 3 Jonatan aber
schloß mit David einen Freundschaftsbund, da er
ihn liebte wie sich selbst. 4 Jonatan legte sein Ober-
gewand ab, das er trug, und schenkte es David,
dazu sein Waffenkleid, sein Schwert, seinen Bogen
und seinen Gürtel. 5 Zog David ins Feld, so hatte er
Glück bei allem, wohin Saul ihn sandte, so daß Saul
ihn zum Vorgesetzten über seine Kriegsleute
machte. Das gefiel allem Volk und auch den Knech-
ten Sauls.
6 Als David von der Erschlagung des Philisters heim-
kehrte, zogen beim Einzug die Frauen aus allen
Städten Israels singend und Reigen tanzend dem
König Saul entgegen. Sie schlugen Pauken, jubelten
und spielten auf Triangeln. 7 Die Frauen sangen in
Wechselchören zum Reigentanz und riefen: »Saul
hat seine Tausend erschlagen, David aber seine
Zehntausend!« 8 Saul ergrimmte gar sehr; denn
diese Worte mißfielen ihm. Er sprach: »Zehntau-
send hat man dem David gegeben, mir aber nur
Tausend; ihm fehlt nur noch das Königtum.« 9 Von
diesem Tag an betrachtete er David dauernd mit
Argwohn. 10 Am andern Tag kam ein böser Geist
Gottes über Saul, und er gebärdete sich in seinem
Hause wie ein Rasender; David aber spielte die
Harfe, wie er es täglich zu tun pflegte. Saul hatte
eine Lanze in seiner Hand, 11 schleuderte sie gegen
David und dachte: »Ich will David an die Wand
spießen!« David aber entwich ihm zweimal.

12 Saul fürchtete sich vor David; denn der Herr war
mit ihm, von Saul aber war er gewichen. 13 Daher
entfernte Saul David aus seiner Nähe und machte
ihn zum Obersten einer Tausendschaft. Er zog an
der Spitze seiner Krieger aus. 14 David hatte Erfolg
bei all seinen Unternehmungen, und der Herr war
mit ihm. 15 Saul sah, daß er so großen Erfolg hatte,
und empfand ein Grauen vor ihm. 16 Ganz Israel
und Juda liebten David, denn er zog an ihrer Spitze
aus und ein.

Merab, die Tochter Sauls

17 Da sprach Saul zu David: »Horch ich will dir
meine älteste Tochter Merab zur Frau geben. Sei ein
tapferer Mann und führe des Herrn Kriege!« Saul
dachte: »Nicht meine Hand soll sich an ihm ver-
greifen, sondern die Philister sollen Hand an ihn le-
gen!« 18 David entgegnete Saul: »Wer bin ich, und
was ist mein Geschlecht, die Sippe meines Vaters,
in Israel, daß ich des Königs Schwiegersohn werden
soll?« 19 Als aber die Zeit kam, in der Merab, die
Tochter Sauls, David gegeben werden sollte, gab
man sie Adriël aus Mechola zur Frau.

Schwiegersohn des Königs

20 Michal, die Tochter Sauls, liebte David. Man
hinterbrachte es Saul, dem das recht gut paßte.
21 Saul dachte nämlich: »Ich will sie ihm geben;
sie soll ihm zum Fallstrick werden, und der Phili-
ster Hand mag sich an ihm vergreifen!« Zu David
sprach Saul ein zweites Mal: »Jetzt kannst du mein
Schwiegersohn werden!« 22 Seinen Dienern befahl
Saul: »Redet doch mit David in allem Vertrauen:
Siehe, der König findet Gefallen an dir. Auch bei all
seinen Leuten bist du beliebt. Werde doch ein
Schwiegersohn des Königs!« 23 Als dies die Diener
Sauls David in die Ohren flüsterten, sprach dieser:
»Ist es denn in euren Augen eine so geringfügige
Sache, Schwiegersohn des Königs zu werden?
Ich bin doch nur ein armer und unbedeutender
Mann.« 24 Die Diener meldeten Saul, daß David in
diesem Sinne gesprochen habe. 25 Saul befahl: »Sagt
doch dem David: Der König verlangt keine andere
Brautgabe als hundert Vorhäute von Philistern. Er
will an den Feinden des Königs Rache nehmen.«
Saul rechnete aber damit, den David durch die
Hand der Philister zur Strecke zu bringen. 26 Seine
Diener meldeten diese Bedingung dem David.
David war damit einverstanden, Schwiegersohn
des Königs zu werden. Die Frist war noch nicht ab-
gelaufen, 27 da machte sich David auf den Weg, ging
mit seinen Leuten hin und erschlug zweihundert
Philister, brachte ihre Vorhäute und zählte sie dem
König vor, um des Königs Schwiegersohn zu wer-
den. Nun gab ihm Saul seine Tochter Michal zur
Frau.
28 Saul aber sah und erkannte, daß der Herr mit
David war und Sauls Tochter Michal ihn lieb-
gewonnen hatte. 29 Da fürchtete er sich noch mehr
vor David. Er haßte David sein Leben lang. 30 Sooft
die Philisterfürsten ausrückten, hatte David mehr
Erfolge als alle Untergebenen Sauls. Sein Name
stand in hohen Ehren.

Vorlaufige Aussöhnung

19 1 Saul machte vor seinem Sohn Jonatan
und allen seinen Hofleuten kein Hehl
daraus, daß er David töten wolle. Doch
Jonatan, Sauls Sohn, hatte große Zuneigung zu
David. 2 Daher hinterbrachte er David die Kunde:
»Mein Vater Saul strebt danach, dich zu töten.
Nimm dich also morgen früh in acht! Halte dich
wohl verborgen und bleibe im Versteck! 3 Ich will
hinausgehen und auf dem Felde, wo du dich auf-
hältst, neben meinen Vater treten. Dann will ich mit
meinem Vater über dich reden. Erfahre ich dann
irgend etwas, so teile ich es dir mit.«
4 Jonatan redete vor seinem Vater Saul über David
Gutes und sprach zu ihm: »Möge sich doch der
König nicht verfehlen wider seinen Knecht David;
er hat sich doch auch nicht gegen dich verfehlt.
Und was er tat, war dir sehr nützlich. 5 Er hat sein
Leben gewagt, den Philister erschlagen, und der
Herr vollbrachte durch ihn an ganz Israel große
Heilstaten. Du hast es gesehen und dich gefreut.
Warum willst du dich an schuldlosem Blut ver-
fehlen und David ohne Grund töten?« 6 Saul hörte
auf die Mahnungen Jonatans und tat einen Schwur:
»So wahr der Herr lebt, er soll nicht sterben!«
7 Jonatan rief David, teilte ihm alle diese Worte mit
und führte David zu Saul. Er befand sich also in
seiner Umgebung wie ehedem. 8 Der Krieg aber
dauerte weiter. So zog denn David ins Feld,
kämpfte gegen die Philister und brachte ihnen eine
große Niederlage bei, so daß sie vor ihm fliehen
mußten.

Michal rettet David

9 Doch ein schlimmer Geist des Herrn kam über
Saul. Er saß in seinem Haus, die Lanze in seiner
Hand, während David auf den Saiten spielte. 10 Saul
versuchte, David mit der Lanze an die Wand zu
spießen. Doch dieser wich vor Saul aus, so daß er
die Lanze nur in die Wand stieß. David entfloh und
rettete sich. 11 In derselben Nacht schickte Saul
Boten zum Hause Davids, die ihn bewachen und
am andern Morgen töten sollten. Doch seine Frau

Michal teilte es David mit und sprach: »Wenn du
dein Leben nicht heute nacht in Sicherheit bringst,
bist du morgen tot.« 12 Michal ließ David durch
das Fenster hinab. Der machte sich davon, floh und
entkam. 13 Michal nahm den Hausgötzen, legte ihn
auf die Lagerstatt, breitete ein Geflecht aus Zie-
genhaaren an sein Kopfende und deckte ihn mit
einem Tuch zu. 14 Saul sandte Boten, David zu
holen. Michal aber erklärte: »Er ist krank!« 15 Saul
sandte die Boten wiederum, um nach David sehen
zu lassen. Er gab ihnen den Auftrag: »Bringt ihn
mitsamt dem Bett zu mir herauf, damit ich ihn
töte!« 16 Die Boten kamen, und siehe, der Haus-
götze lag auf dem Bett und das Geflecht aus Zie-
genhaaren war an seinem Kopfende. 17 Saul machte
der Michal Vorwürfe: »Warum hast du mich hinter-
gangen und meinen Feind fortgelassen, daß er ent-
rinnen konnte?« Michal entgegnete dem Saul: »Er
drohte mir: ›Laß mich fort, oder ich schlage dich
tot!‹«

David bei den Propheten in Rama

18 David aber entfloh und brachte sich in Sicherheit.
Er kam zu Samuel nach Rama und berichtete ihm
alles, was Saul ihm angetan hatte. Dann ging er mit
Samuel, und sie wohnten in der Prophetenklause.
19 Man brachte Saul die Nachricht: »David ist in der
Prophetenklause zu Rama.« 20 Saul sandte Boten,
David zu holen. Diese sahen, wie die Propheten-
schar in Verzückung geriet, Samuel an ihrer Spitze.
Da kam auch über die Boten Sauls der Geist Gottes,
und sie gerieten ebenfalls in prophetische Ver-
zückung. 21 Als man dies Saul meldete, sandte er
weitere Boten. Diese aber gerieten ebenfalls in Ver-
zückung. Dann sandte Saul zum dritten mal Boten;
aber auch diese wurden verzückt. 22 So ging er denn
selbst nach Rama, kam zur großen Zisterne bei
Seku und fragte: »Wo sind Samuel und David?«
Man antwortete: »In der Prophetenklause zu
Rama!« 23 So ging er von dort zur Prophetenklause
nach Rama; da kam auch über ihn der Geist Gottes.
Während er hinging, geriet er in Verzückung, bis er
in die Prophetenklause zu Rama kam. 24 Da zog
auch er seine Kleider aus und geriet auch selbst vor
Samuel in Verzückung, so daß er den ganzen Tag
und die folgende Nacht nackt am Boden lag. Daher
pflegt man zu sagen: »Ist auch Saul unter den Pro-
pheten?«

19,9–24: Der aus Neid und Verfolgungswahn geborene Haß war dem Schriftsteller nur durch einen bösen Geist erklärlich. Dieser geht, mehr Eigenschaft als Person, vom strafenden Gott selbst aus. David flieht zu Samuel, bei dem er sich in Sicherheit glaubte.

Befestigtes Freundschaftsband

20 1 David floh aus der Prophetenklause zu
Rama. Er gelangte zu Jonatan und
sprach: »Was habe ich denn getan? Was
ist meine Schuld und was mein Vergehen, daß dein
Vater mir nach dem Leben trachtet?« 2 Er antwor-
tete: »Ferne sei das, du wirst nicht sterben! Siehe,
mein Vater unternimmt nichts, weder Wichtiges
noch Unbedeutendes, ohne es mir persönlich mit-
zuteilen. Warum sollte mein Vater gerade diese An-
gelegenheit vor mir geheimhalten? Dem ist be-
stimmt nicht so!« 3 David entgegnete: »Dein Vater
weiß gar wohl, daß ich in deinen Augen Gnade ge-
funden habe, und er denkt: Jonatan soll es nicht
wissen, damit er sich nicht grämt! Jedoch, so wahr
der Herr lebt und so wahr du lebst, zwischen mir
und dem Tod ist nur ein einziger Schritt.« 4 Jonatan
sprach zu David: »Was meinst du, daß ich tun soll?«
5 David antwortete dem Jonatan: »Morgen ist ge-
rade Neumond; da müßte ich unbedingt mit dem
König zusammen speisen. Laß mich fort, ich will
mich auf dem Feld bis zum dritten Abend verbor-
gen halten! 6 Erkundigt sich dein Vater nach mir, so
sage ihm: David hat sich von mir die Erlaubnis er-
beten, rasch in seine Heimat Bethlehem zu gehen,
weil dort das Jahresopfer für seine ganze Sippe
stattfindet. 7 Sagt er dann: ›Schon recht‹, dann ist
Sicherheit für deinen Knecht. Wird er aber zornig,
so wisse, daß das Schlimmste von ihm zu erwarten
ist. 8 Übe also Freundestreue an deinem Knecht! Du
bist ja mit deinem Knecht in einen Gottesbund ein-
getreten. Ruht eine Schuld auf mir, so töte du selbst
mich! Weshalb müßtest du mich erst deinem Vater
ausliefern?« 9 Jonatan entgegnete: »Das sei fern!
Sollte ich sicher erfahren, daß mein Vater endgültig
beschlossen hat, Unheil über dich zu bringen, dann
teile ich es dir bestimmt mit.« 10 David sprach zu
Jonatan: »Wer wird es mir melden, ob dir dein Vater
eine hartherzige Antwort gegeben hat?« 11 Jonatan
erwiderte David: »Komm, wir wollen aufs Feld hin-
ausgehen!« Da begaben sich beide hinaus aufs Feld.
12 Jonatan sprach zu David: »Der Herr, der Gott
Israels, ist Zeuge! Wenn ich morgen oder übermor-
gen um diese Zeit meinen Vater ausfrage, und es
steht gut für David, so schicke ich zu dir und werde
es dir vertraulich mitteilen. 13 Ich schwöre – und der
Herr möge mich, Jonatan, bestrafen! –: Findet mein
Vater es für richtig, Unheil über dich zu verhängen,
so offenbare ich es dir bestimmt und schicke dich
weg. Gehe dann hin in Frieden, und der Herr möge
mit dir sein, wie er mit meinem Vater war! 14 Wenn
ich noch am Leben bin, so erweise mir doch die

Huld des Herrn, so daß ich nicht sterben muß! 15 Entziehe auch meinem Hause niemals deine Huld, auch dann nicht, wenn der Herr die Feinde Davids Mann für Mann vom Erdboden vernichtet!« 16 So schloß Jonatan einen Bund mit dem Hause David, der Herr aber zog die Feinde Davids zur Rechenschaft. 17 Am Schluß ließ Jonatan den David noch schwören bei seiner Liebe zu ihm, denn er liebte ihn wie sich selbst. 18 Jonatan sprach zu ihm: »Morgen ist Neumond. Dein Fehlen wird bemerkt werden, wenn dein Platz unbesetzt bleibt. 19 Am dritten Tag wirst du noch mehr gesucht werden. Du aber komme an den gleichen Ort, an dem du dich am Tage des Mordanschlags verborgen hieltest! Setze dich dann neben jenen Stein! 20 Drei Pfeile werde ich seitlich von ihm abschießen, als übte ich mich, ein Ziel zu treffen. 21 Schicke ich nun den Burschen: ›Gehe hin und suche die Pfeile!‹ und rufe ich dem Burschen zu: ›Siehe, die Pfeile liegen von dir aus herwärts, bringe sie!‹, dann kannst du kommen, du bist in Sicherheit, und es liegt nichts vor, so wahr der Herr lebt! 22 Sage ich aber zu dem jungen Mann: ›Die Pfeile liegen von dir aus weiter‹, dann gehe fort, denn der Herr schickt dich weg! 23 Für das, was wir beide aber miteinander verabredet haben, trete der Herr als Zeuge zwischen mich und dich in Ewigkeit!«

Leerer Platz

24 David verbarg sich auf dem Felde. Das Neumondfest kam heran, und der König setzte sich zum feierlichen Mahl zu Tisch. 25 Er hatte seinen Platz in der gewohnten Weise an der Wand eingenommen. Jonatan saß vorne und Abner an der Seite Sauls; der Platz Davids aber war leer. 26 Saul sagte an diesem Tag kein Wort, er dachte nämlich: »Es wird ihm etwas zugestoßen sein, so daß er unrein ist, da er sich noch nicht rein machte.« 27 Jedoch auch am Tage nach dem Neumond, dem folgenden Tag, fand man Davids Platz leer. Saul fragte seinen Sohn Jonatan: »Warum kam der Sohn Isais weder gestern noch heute zum Mahle?« 28 Jonatan entgegnete Saul: »David hat von mir die Erlaubnis erbeten, nach Bethlehem zu gehen! 29 Er sagte: ›Laß mich ziehen; denn unsere Sippe hat eine Opferfeier in der Stadt! Mein Bruder selbst hat mich dazu eingeladen. Wenn ich deine Gunst gefunden habe, so möchte ich fort, damit ich meine Brüder wiedersehen kann!‹ Darum ist er nicht zum Tisch des Königs gekommen.« 30 Saul entbrannte in Zorn über Jonatan. Er herrschte ihn an: »Du Sohn einer treulosen Sünderin! Wußte ich doch, daß du mit dem Sohne Isais zu deiner Schande und zur Schande deiner Mutter, die dich gebar, unter einer Decke steckst. 31 Denn solange der Sohn Isais auf Erden lebt, wirst du und dein Königtum keinen Bestand haben! Sende sofort hin und laß ihn zu mir bringen; denn er ist ein Kind des Todes!« 32 Jonatan aber erwiderte seinem Vater Saul und sprach zu ihm: »Warum soll er denn sterben? Was hat er getan?« 33 Da warf Saul die Lanze auf ihn, um ihn zu durchbohren. Da merkte Jonatan, daß sein Vater endgültig entschlossen war, David zu töten. 34 Zornerfüllt stand Jonatan vom Tisch auf und aß nichts mehr an diesem zweiten Neumondstag; denn David tat ihm leid, weil sein Vater ihn beschimpft hatte.

Abschied

35 Am anderen Morgen ging Jonatan auf das Feld, wie er mit David vereinbart hatte. Ein junger Diener war bei ihm. 36 Er sprach zu seinem Burschen: »Laufe hin und suche die Pfeile, die ich abschieße!« Der Bursche lief los, und er schoß den Pfeil über ihn hinaus. 37 Der Bursche war in die Nähe des von Jonatan abgeschossenen Pfeiles gekommen, und Jonatan rief hinter ihm her: »Liegt der Pfeil nicht von dir aus weiter nach draußen?« 38 Und Jonatan rief dem Burschen nach: »Rasch, beeile dich! Bleibe nicht stehen!« Der Bursche Jonatans hob den Pfeil auf und brachte ihn seinem Herrn. 39 Der Knabe ahnte nichts; nur Jonatan und David wußten Bescheid. 40 Jonatan gab nun seine Geräte dem Burschen, der bei ihm war, befahl ihm zu gehen und sie in die Stadt zu bringen. 41 Als der Knabe weg war, erhob sich David neben dem Stein, warf sich auf sein Angesicht nieder und verbeugte sich dreimal. Beide küßten einander und beweinten sich gegenseitig gar heftig bis zur Erschöpfung. 42 Zum Schluß sprach Jonatan zu David: »Gehe hin in Frieden! Für das, was wir beide im Namen des Herrn geschworen haben, trete der Herr als Zeuge zwischen mich und dich zwischen meine Nachkommen und deine Nachkommen in Ewigkeit!«

20,30–34: Die blinde Wut Sauls verursacht Familienzwist: Jonatan ist ein treuer Freund Davids, Michal hält zu ihrem Gatten (19,11–17).

Heilige Schaubrote

21

1 David machte sich nun auf den Weg und ging fort, Jonatan aber kehrte in die Stadt zurück. 2 David kam nach Nob zum Priester Achimelech. Achimelech ging ihm voller Zittern entgegen und fragte ihn: »Warum kommst du so allein und hast niemanden bei dir?« 3 David entgegnete dem Priester Achimelech: »Der König hat mir einen Auftrag gegeben und mir gesagt: ›Niemand

soll etwas davon erfahren, wozu ich dich sende und was ich dir befehle!‹ Daher habe ich meine Leute an den und den Ort bestellt. 4 Was hast du gerade zu deiner Verfügung? Vielleicht fünf Brote? Gib sie mir, oder was sich sonst vorfindet!« 5 Der Priester entgegnete David: »Gewöhnliches Brot habe ich nicht zur Hand, nur heiliges! Wenn sich die Gefolgschaft nur des Weibes enthalten hat!« 6 Da entgegnete David dem Priester: »Fürwahr, Frauen sind uns schon seit längerer Zeit versagt. Als ich ins Feld zog, waren die Leiber der Leute rein, wenn auch das Unternehmen ein ganz gewöhnliches war. Wieviel mehr werden sie heute reinen Leibes sein!« 7 Darauf gab der Priester ihm geweihtes Brot; denn es waren dort nur Schaubrote vorhanden, die man vor dem Angesicht des Herrn wegnimmt, um neues Brot am Tag der Fortnahme aufzulegen.

Doëg, der Edomiter

8 Damals aber hatte sich einer von den Knechten Sauls dort vor dem Herrn eingeschlossen; er hieß Doëg und war Edomiter, der Aufseher unter den Hirten Sauls. 9 David fragte den Achimelech: »Hast du nicht eine Lanze oder ein Schwert zur Hand? Denn mein Schwert und meine Waffen habe ich nicht mitgebracht, weil die Maßnahme des Königs zur Eile drängte.« 10 Der Priester antwortete: »Das Schwert des Philisters Goljat, den du im Eichengrund erschlugst, ist hier in ein Tuch gehüllt und steht hinter dem Ephod. Willst du es haben, dann nimm es; denn ein anderes ist hier nicht!« David entgegnete: »Keines ist diesem gleich; gib es her!«

David in Gat

11 David machte sich auf und floh an jenem Tage vor Saul. Er kam zu Achisch, dem König von Gat. 12 Da sprachen die Mannen des Achisch zu ihm: »Ist das nicht David, der König des Landes? Sang man ihm nicht beim Reigentanz: Saul hat seine Tausend erschlagen, David aber seine Zehntausend?« 13 David beherzigte diese Worte und hatte große Furcht vor Achisch, dem König von Gat. 14 Er verstellte sich vor ihnen und gebärdete sich unter ihren Händen wie ein Rasender. Er stieß an die Torflügel und ließ Speichel in seinen Bart rinnen. 15 Achisch aber sagte zu seinen Leuten: »Ihr seht doch, daß der Mann von Sinnen ist. Warum bringt ihr ihn denn zu mir? 16 Fehlt es mir denn an Verrückten, daß ihr mir auch noch diesen gebracht habt, damit er mich durch seine Verrücktheit belästige? Soll der denn in mein Haus kommen?«

21,2–10: Nob liegt in der Nähe Jerusalems. Hier befand sich nach der Zerstörung Silos das hl. Zelt, freilich ohne die Bundeslade. Achimelech war ein Urenkel Helis. Der Vorgang ist aus der Anschauung zu erklären, daß der vor Gott hintretende Mensch in jeder Beziehung frei von Schuld und Fehl sein muß. Zu den hl. Broten, die an jedem Sabbat erneuert wurden, vgl. 3 Mos 24,5–9. Kapitel 21,3 enthält eine Notlüge, die dann Ursache des grausigen Priestermordes geworden ist (22,11–19). Kann David gerechtfertigt werden? Notlügen galten in alter Zeit als erlaubt. Saul war es, der ihn in solche Drangsal trieb. Vgl. Matth 12,1ff; Mark 2,23ff; Luk 6,1ff.

In der Höhle Adullam

22 1 David ging von hier fort und entkam in die Höhle Adullam. Seine Brüder und seine ganze Verwandtschaft hörten davon und zogen zu ihm dort hinab.

2 Es scharten sich aber um ihn alle Leute, die in bedrängter Lage waren, die Schulden hatten oder mit ihrem Los unzufrieden waren. Er wurde ihr Anführer. So waren bei ihm gegen vierhundert Mann.

Davids Eltern in Moab

3 Von dort ging David nach Mizpa in Moab und wandte sich an den König von Moab: »Könnten mein Vater und meine Mutter zu euch ziehen, bis ich weiß, was Gott mit mir vorhat?« 4 Und er brachte sie zum König von Moab. Sie blieben bei ihm, solange David sich in der Bergfestung aufhalten mußte. 5 Der Prophet Gad sprach aber zu David: »Bleibe nicht in der Bergfestung, sondern ziehe weg und komm in das Land Juda!« David ging hin und kam nach Jaar-Cheret.

Gegen die Priester von Nob

6 Saul vernahm, daß David und seine Leute entdeckt seien. Er saß gerade zu Gibea unter der Tamariske auf der Höhe, hielt in der Hand eine Lanze, und alle seine Untergebenen standen um ihn. 7 Da sprach Saul zu seinen Leuten, die ihn umstanden: »Hört doch, ihr Söhne Benjamins! Wird wohl der Sohn Isais euch allen Felder und Weinberge schenken? Wird er euch alle zu Obersten über Tausendschaften oder Hundertschaften machen? 8 Ihr habt euch alle gegen mich verschworen! Niemand enthüllte es mir, als mein Sohn mit dem Sohne Isais einen Freundschaftsbund schloß. Niemand von euch hat mit mir gefühlt und mir Mitteilung gemacht, als mein Sohn meinen Knecht gegen mich aufstachelte, mir nachzustellen, wie es heute geschieht!« 9 Der Edomiter Doëg, der unter den Leuten Sauls stand, ergriff das Wort und sprach: »Ich sah, wie der Sohn Isais nach Nob kam zu Achimelech, dem Sohne Achitubs. 10 Dieser befragte den Herrn für ihn, gab ihm Lebensmittel und sogar das Schwert des Philisters Goljat.« 11 Der König ließ den Priester Achimelech, den Sohn Achitubs, und dessen ganze Familie, die Priester von Nob, rufen. Sie kamen vollzählig zum König. 12 Saul begann: »Höre, Sohn des Achitub!« Dieser antwortete: »Hier bin ich, Herr!« 13 Saul fragte ihn: »Warum habt ihr, du und der Sohn Isais,

euch gegen mich verschworen? Du gabst ihm Nah-
rung und ein Schwert, hast Gott für ihn befragt, so
daß er sich gegen mich erheben und mir nachstellen
kann, wie es heute geschieht.« 14 Achimelech ent-
gegnete dem König: »Wer unter all deinen Knechten
ist so zuverlässig wie David? Er ist der Schwieger-
sohn des Königs, Oberster deiner Leibwache, geehrt
in deinem Palaste. 15 Habe ich denn heute erst ange-
fangen, Gott zu befragen? Das sei ferne von mir!
Der König erhebe doch nicht gegen seinen Untertan
und meine ganze Verwandtschaft eine derartige Be-
schuldigung! Dein Knecht wußte in dieser ganzen
Angelegenheit nichts, weder etwas Bedeutendes
noch etwas Geringfügiges.« 16 Doch der König be-
stand darauf: »Achimelech, du mußt sterben, du und
deine ganze Verwandtschaft.« 17 Da sprach der
König zu den Läufern, die vor ihm standen: »Greift
an und tötet die Priester des Herrn; denn sie boten
David hilfreiche Hand! Sie wußten es, das er auf der
Flucht war, und teilten es mir nicht mit!« Doch die
Knechte des Königs wollten nicht Hand anlegen und
die Priester des Herrn niederstoßen. 18 Der König be-
fahl daher dem Doëg: »Greif du an und stoße die
Priester nieder!« Und der Edomiter Doëg griff an
und stieß die Priester nieder. Er tötete an jenem Tage
fünfundachtzig Mann, die das Ephod trugen.
19 Auch die Priesterstadt Nob schlug er mit der
Schärfe des Schwertes, Männer und Frauen, Kinder
und Säuglinge, Rinder, Esel und Schafe.

Flucht Ebjatars

20 Nur ein Sohn Achimelechs, des Sohnes Achitubs,
namens Ebjatar, konnte sich retten und zu David
fliehen. 21 Ebjatar meldete David, daß Saul die Prie-
ster des Herrn ermordet habe. 22 David sprach zu
Ebjatar: »Schon an jenem Tage ahnte ich, weil der
Edomiter Doëg dort war, daß er es Saul verraten
würde. Ich habe die Schuld am Untergang deiner
ganzen Verwandtschaft. 23 Bleibe bei mir und
fürchte dich nicht! Denn der mir nach dem Leben
trachtet, trachtet auch dir nach dem Leben. Bei mir
bist du in guter Hut.«

Keïlas Befreiung

23 1 Man brachte David die Nachricht, daß
die Philister Keïla belagerten und die
Tennen plünderten. 2 David fragte nun
beim Herrn an: »Soll ich hinziehen und die Philister
schlagen?« Der Herr antwortete David: »Ziehe hin,
schlage die Philister und rette Keïla!« 3 Davids Leute
aber sprachen zu ihm: »Hier in Juda fürchten wir
uns schon! Wieviel mehr, wenn wir gegen Keïla,
wider das Heer der Philister, ziehen!« 4 David fragte
nochmals beim Herrn an, und der Herr antwortete
ihm: »Auf, ziehe hinab nach Keïla; denn ich gebe
die Philister in deine Gewalt.« 5 David zog nun samt
seinen Mannen nach Keïla. Er kämpfte gegen die
Philister, entführte ihren Herdenbestand und schlug
sie mit gewaltigem Schlag. So rettete er die Bewoh-
ner von Keïla.

Davids Flucht aus Keïla

6 Als Ebjatar, der Sohn des Achimelech, zu David
nach Keïla entfloh, kam auch das Ephod dorthin.
7 Saul wurde nunmehr gemeldet, daß David nach
Keïla gekommen sei. Da dachte Saul: »Verkauft hat
ihn Gott in meine Gewalt, denn er hat sich einge-
schlossen dadurch, daß er in eine Stadt mit Toren
und Riegeln gekommen ist.« 8 Saul bot das ganze
Kriegsvolk zum Kampf auf, um nach Keïla hinzu-
ziehen und David mit seinen Leuten zu belagern.
9 David aber merkte, daß ihm von Saul Unheil
drohte. Er befahl dem Priester Ebjatar: »Bringe das
Ephod her!« 10 Dann sprach David: »Herr, Gott Isra-
els, dein Diener hat gehört, daß Saul nach Keïla zu
kommen strebt, die Stadt um meinetwillen zu ver-
nichten. 11 Werden mich die Einwohner von Keïla
ihm ausliefern? Wird Saul, wie dein Diener gehört
hat, herabkommen? Herr, Gott Israels, gib doch
deinem Diener Bescheid!« Der Herr sprach: »Er
wird herabkommen.« 12 David fragte weiter: »Wer-
den die Einwohner von Keïla mich und meine Leute
dem Saul überliefern?« Der Herr antwortete: »Ja, sie
tun es.« 13 David brach daher mit seinen Leuten auf;
es waren gegen sechshundert Mann. Sie verließen
Keïla und trieben sich ziellos herum. Saul ward ge-
meldet, daß David aus Keïla entkommen sei; des-
halb verzichtete er auf den weiteren Kriegszug.

In der Wüste Siph

14 David hielt sich nun in der Wüste in Bergfestun-
gen auf. Er blieb im Bergland der Wüste Siph. Saul
suchte ihn die ganze Zeit; doch Gott gab ihn nicht
in seine Gewalt. 15 David sah, daß Saul ausgezogen
war, um ihm nach dem Leben zu trachten; deshalb
hielt er sich in der Wüste Siph in Chorescha auf.
16 Jonatan, der Sohn Sauls, machte sich auf und kam
zu David nach Chorescha. Er stärkte dessen Kraft in
Gott, 17 und er sprach zu ihm: »Fürchte dich nicht,
denn die Hand meines Vaters Saul wird dich nicht
finden. Du wirst König über Israel werden, und ich
werde dann nach dir der Zweithöchste sein. Auch
mein Vater Saul weiß dies.« 18 Beide schlossen einen
Bund vor dem Herrn, und David blieb in Chorescha,
während Jonatan in seine Heimat zurückkehrte.
19 Einige Siphiter aber kamen zu Saul nach Gibea
und sagten: »David hält sich tatsächlich bei uns auf

den Bergfestungen in Chorescha versteckt, auf dem
Hügel Chakila, der südlich von Jeschimon liegt.
20 Wenn dein Herz begehrt, o König, herabzukom-
men, so komme! Unsere Sache ist es dann, ihn dei-
ner Gewalt zu überliefern!« 21 Saul antwortete: »Ge-
segnet seid ihr vor dem Herrn, weil ihr so gütig mit
mir fühlt! 22 Geht nun hin, haltet euch weiter bereit
und merkt euch genau den Ort, den sein stets flüch-
tiger Fuß berührt; denn man sagte mir, daß er sehr
schlau sei. 23 Schaut euch um und forscht nach allen
Verstecken, in denen er sich verkriecht! Dann kehrt
zu mir zurück an einen festgelegten Ort, und ich
will mit euch ziehen! Ist er dann noch im Lande, so
werde ich ihn unter den Tausendschaften Israels
schon aufspüren.«
24 Sie brachen auf und gingen Saul voraus nach Siph.
David aber und seine Mannen waren damals in der
Wüste Maon in der Steppe südlich von Jeschimon.
25 David wurde gemeldet, daß Saul sich mit seinen
Leuten auf die Suche nach ihm begebe. Er zog zum
Felsen hinab, der in der Wüste Maon liegt. Saul er-
fuhr davon und folgte David in die Wüste von
Maon. 26 Saul mit seinen Leuten ging auf der einen
Seite des Berges, David und seine Männer auf der
anderen Seite. David beeilte sich, Saul zu entkom-
men; Saul aber und seine Leute gingen bereits
daran, David und seine Männer zu umzingeln, um
sie zu fangen. 27 Doch da kam ein Bote zu Saul und
meldete: »Komm schnell! Die Philister sind ins
Land eingefallen!« 28 Saul verzichtete nun auf die
Verfolgung Davids und zog gegen die Philister. Da-
her nennt man jene Stelle »Fels der Scheidung«.

Davids Großmut

24 1 Von dort begab sich David hinauf und
setzte sich in den Bergfestungen von
Engedi fest. 2 Saul kehrte vom Philister-
feldzug, zurück, und man meldete ihm, daß David
in der Wüste von Engedi sei. 3 Da holte er sich drei-
tausend auserlesene Kriegsleute aus ganz Israel und
zog gegen die Steinbockfelsen, um David und seine
Leute zu suchen. 4 Er kam zu den Schafhürden am
Wege. Dort war eine Höhle, in die Saul eintrat, um
seine Notdurft zu verrichten. David aber und seine
Mannen saßen im Hintergrund der Höhle. 5 Da
sprachen Davids Männer zu ihm: »Das ist der Tag,
an dem der Herr zu dir spricht: Siehe, ich gebe dei-
nen Feind in deine Gewalt! Tue mit ihm nach dei-
nem Belieben!« David erhob sich und schnitt Saul
heimlich den Zipfel seines Obergewandes ab. 6 Da-
nach aber pochte David das Herz, weil er den Zipfel
vom Obergewand Sauls abgeschnitten hatte. 7 Zu
seinen Leuten aber sprach er: »Der Herr bewahre
mich davor, daß ich meinem Gebieter, dem Gesalb-
ten des Herrn, etwas Derartiges antue und Hand an
ihn lege; denn er ist der Gesalbte des Herrn.« 8 David
aber wies seine Leute mit erregten Worten zurecht
und gestattete ihnen nicht, sich gegen Saul zu erhe-
ben.
Saul machte sich aus der Höhle fort und ging seines
Weges. 9 Auch David erhob sich danach, trat aus der
Höhle und rief Saul nach: »Mein Herr und König!«
Saul blickte zurück, und David warf sich auf sein
Antlitz nieder und brachte eine Huldigung dar.
10 Dann sprach David zu Saul: »Warum hörst du auf
das Gerede von Leuten, die da sagen: »David sinnt
auf dein Verderben«? 11 Siehe, am heutigen Tage
haben deine eigenen Augen geschaut, daß der Herr
dich in der Höhle in meine Gewalt gegeben hat und
mir nahelegte, dich zu töten. Doch ich schonte dich
und sagte mir: Ich will nicht Hand anlegen an mei-
nen Gebieter; denn er ist der Gesalbte des Herrn.
12 Schau doch einmal, mein Vater, sieh den Zipfel
deines Obergewandes in meiner Hand! Ich habe
den Zipfel deines Mantels abgeschnitten, getötet
habe ich dich aber nicht. Daraus kannst du
schließen, daß mir Bosheit und Auflehnung ferne
sind und daß ich gegen dich nicht gesündigt habe;
du aber jagst mir nach meinem Leben und willst es
mir nehmen. 13 Der Herr sei zwischen mir und dir
Richter! Der Herr sei mein Rächer an dir; aber
meine Hand soll nicht über dich kommen! 14 So sagt
denn auch das alte Sprichwort: ›Von Frevlern geht
Frevel aus, doch meine Hand soll nicht über dich
kommen!‹ 15 Gegen wen zieht der König von Israel
zu Felde? Wen verfolgst du? Einen toten Hund oder
einen einzelnen Floh? 16 Der Herr soll Richter sein!
Er soll zwischen dir und mir entscheiden! Er soll
hinsehen, meinen Streit führen und mir vor deiner
Hand zum Recht verhelfen!«

Sauls Reue

17 Als David seine Worte an Saul beendet hatte,
fragte dieser: »Ist das deine Stimme, mein Sohn Da-
vid?« Und Saul fing laut an zu weinen. 18 Er sagte zu
David: »Du bist doch edler als ich! Denn du erwie-
sest mir Gutes, während ich dir Böses zufügte.
19 Heute hast du kundgetan, was du mir an Gutem
erwiesen hast. Der Herr hat mich ja in deine Gewalt
gegeben, doch du hast mich nicht getötet. 20 Trifft
jemand seinen Feind an, gibt er ihm dann wohl
friedliches Geleite? So möge dir der Herr mit
Gutem vergelten, was du heute an mir tatest!
21 Nun, ich weiß genau, daß du einmal König wirst,
und daß in deiner Hand die Königswürde über

Israel beständig sein wird! 22 So schwöre mir jetzt
beim Herrn, daß du meine Nachkommen nicht aus-
rotten und meinen Namen aus meiner Familie nicht
austilgen wirst!« 23 David leistete Saul diesen Eid,
und Saul kehrte in sein Haus zurück, während
David und seine Männer zur Bergfestung hinauf-
stiegen.

Samuels Tod

25 1 Damals starb Samuel, und Gesamtis-
rael versammelte sich. Man hielt ihm
die Totenklage und begrub ihn in sei-
nem Haus zu Rama. David machte sich auf und zog
zur Wüste Paran hinab.

Der rohe Nabal

2 Da lebte ein Mann zu Maon, der in Karmel ein
Anwesen besaß und sehr reich war. Er hatte 3000
Schafe und 1000 Ziegen und hielt gerade Schaf-
schur in Karmel. 3 Der Mann hieß Nabal und seine
Frau Abigaïl. Die Frau war klug und von schöner
Gestalt, ihr Mann aber roh und bösartig. Er war ein
Kalebiter. 4 David hörte in der Wüste davon, daß
Nabal Schafschur hielt. 5 Da sandte er zehn Bur-
schen und gab ihnen den Auftrag: »Zieht hinauf
nach Karmel, geht zu Nabal und gebt ihm in mei-
nem Namen den Friedensgruß! 6 Sprecht zu mei-
nem Bruder: Heil dir! Heil deinem Hause, Heil dei-
nem ganzen Besitz! 7 Ich habe davon gehört, daß du
Schafschur hältst. Deine Hirten waren bei uns. Wir
haben sie nicht schlecht behandelt, nichts hat ihnen
gefehlt, solange sie in Karmel waren. 8 Frage nur
deine Leute, und sie werden es dir bestätigen! Mö-
gen dir nun die Burschen willkommen sein; denn zu
einem Festtag sind wir gekommen. Gib also deinen
Knechten und deinem Sohne David, was dir gerade
zur Verfügung steht!« 9 Davids Leute kamen hin
und teilten Nabal in Davids Namen all das mit und
warteten ab. 10 Doch Nabal antwortete den Knech-
ten Davids: »Wer ist denn David? Wer ist der Sohn
Isais? Es gibt heute viele Knechte, die sich von ihren
Herren getrennt haben. 11 Sollte ich etwa mein Brot,
mein Wasser und mein Schlachtfleisch, das ich für
meine Schafscherer hergerichtet habe, nehmen und
es Leuten geben, von denen ich nicht weiß, woher
sie sind?« 12 Die Leute Davids wandten sich wieder
auf ihren Weg und kehrten zurück. Sie kamen und
berichteten ihm alles, wie es sich zugetragen hatte.

Die kluge Abigaïl

13 Da befahl David seinen Leuten: »Ein jeder gürte
sein Schwert um!« Jeder gürtete sich mit seinem
Schwert. David selbst tat desgleichen. Hinter ihm
zogen nunmehr gegen vierhundert Mann hinauf,
während zweihundert Mann beim Gepäck blieben.
14 Doch Abigaïl, die Frau Nabals, erfuhr durch einen
der Knechte: »David hat von der Wüste aus Boten
gesandt, unseren Herrn zu begrüßen. Doch er
schrie sie nur an. 15 Die Leute aber sind sehr gut
gegen uns gewesen. Wir wurden von ihnen nicht
schlecht behandelt und brauchten uns um nichts zu
kümmern, solange wir mit ihnen zogen, als wir auf
dem Felde waren. 16 Sie bildeten gleichsam eine
Mauer um uns bei Tag und bei Nacht, solange wir
bei ihnen das Kleinvieh hüteten. 17 Nun aber merke
auf und sieh zu, was du tun kannst! Denn ein Un-
heil über unseren Herrn und sein ganzes Haus
scheint beschlossen zu sein. Nabal ist ja ein viel zu
bösartiger Mensch, als daß man mit ihm reden
könnte.« 18 Da nahm Abigaïl in aller Eile zweihun-
dert Brote, zwei Schläuche Wein, fünf hergerichtete
Schafe, fünf Maß geröstetes Korn, hundert Kuchen
aus getrockneten Trauben und zweihundert Fei-
genkuchen und bepackte damit Esel. 19 Sie befahl
ihren Leuten: »Geht mir voran, ich werde euch
schon nachkommen!« Ihrem Manne Nabal sagte sie
nichts. 20 Sie ritt, von einem Berge verdeckt, auf
dem Esel hinab. Da kamen ihr David und seine
Leute entgegen, und sie trafen zusammen. 21 David
dachte gerade: »Habe ich doch das Eigentum dieses
Mannes in der Wüste ganz umsonst beschützt, so
daß nie etwas von seiner Habe vermißt wurde. Er
aber hat mir Gutes mit Bösem vergolten. 22 Ich
schwöre – und Gott möge mich strafen! –, daß ich
von seinem ganzen Besitztum bis zum Morgen kei-
nen einzigen Mann übriglasse.«
23 Sobald Abigaïl David sah, stieg sie eilends vom
Esel herunter, warf sich vor David auf ihr Antlitz
nieder und verneigte sich tief. 24 Sie fiel ihm zu
Füßen und bat: »Auf mir, o Herr, lastet die Schuld!
Deine Magd möchte vor dir reden! Höre auf die
Worte deiner Sklavin! 25 Mein Herr möge doch
nicht diesen bösartigen Mann, den Nabal, beach-
ten; denn er ist das, was sein Name besagt: ›Ein
Tor!‹ So heißt er, und Torheit ist sein Wesen. Ich
aber, deine Magd, habe die Leute, die mein Herr ge-
sandt hat, überhaupt nicht gesehen. 26 Und nun,
mein Gebieter, so wahr der Herr lebt und so wahr
du selbst lebst: Der Herr hat es verhindert, daß du
Blutschuld auf dich ludest und mit eigener Faust dir
halfest. Es sollen deine Feinde und diejenigen, die
dir Böses antun wollen, werden wie Nabal! 27 Jetzt
soll das Segensgeschenk, das dir deine Magd ge-
bracht hat, deinen Leuten übergeben werden, die
dir auf deinen Wegen folgen! 28 Verzeihe deiner
Sklavin ihr Vergehen! Denn der Herr wird meinem

Gebieter sicher ein Haus bauen, das beständig ist;
du führst ja die Kriege des Herrn, und so wird kein
Unheil bei dir sich einfinden dein Leben lang.
29 Sollte aber ein Mensch sich erheben, dich zu ver-
folgen und dir nach dem Leben zu trachten, dann
soll dein Leben eingebunden sein im Bündel des
Lebens beim Herrn, deinem Gott; das Leben deiner
Feinde aber soll er hinwegschleudern mit der
Schleuderpfanne! 30 Gewährt dann der Herr mei-
nem Gebieter all das Gute, wie er es dir verheißen
hat, und bestellt er dich zum Fürsten über Israel,
31 dann sei es dir nicht zu einem Anstoß und Ge-
wissensvorwurf, daß du unnötig Blut vergossen
und dir mit eigener Faust geholfen hättest! Wenn
dann der Herr meinem Gebieter Glück verleiht, so
gedenke auch deiner Sklavin!«
32 David antwortete Abigaïl: »Gepriesen sei der
Herr, der Gott Israels, der dich mir heute entgegen-
gesandt hat! 33 Gepriesen sei dein feines Empfinden,
und gepriesen seist du selbst, die mich heute davor
bewahrt hat, in Blutschuld zu geraten und mir mit
eigener Faust zu helfen! 34 Doch so wahr der Herr,
der Gott Israels, lebt, der mich daran gehindert hat,
dir Böses zu tun: Wärst du mir nicht entgegengeeilt,
dann wäre dem Nabal bis zum Morgengrauen kei-
ner seiner Männer übriggeblieben!« 35 David nahm
das, was sie ihm gebracht hatte, aus ihrer Hand an
und sprach zu ihr: »Kehre in Frieden in dein Haus
zurück! Siehe, ich habe auf deine Stimme gehört
und auf dich Rücksicht genommen!«

Abigaïl, die Frau Davids

36 Abigaïl war zu Nabal heimgekehrt. Dieser hielt
gerade in seinem Haus ein Festgelage wie das Ge-
lage eines Königs. Sein Herz war frohgestimmt, und
er war schon schwer betrunken. Sie sagte ihm des-
halb nicht das geringste bis zum andern Morgen.
37 Am Morgen aber, als der Weinrausch bei Nabal
verflogen war, teilte ihm seine Frau alle jene Bege-
benheiten mit. Da versagte sein Herz in der Brust,
und er ward wie ein Stein. 38 Nach ungefähr zehn
Tagen schlug der Herr den Nabal, und er starb.
39 David hörte davon, daß Nabal tot sei, und rief
aus: »Gepriesen sei der Herr, der die von Nabal mir
zugefügte Schmach selber bestraft und so seinen
Knecht vor einer Übeltat bewahrt hat! Die Bosheit
Nabals hat der Herr auf sein Haupt zurückfallen las-
sen.« Danach schickte David hin und ließ Abigaïl
sagen, daß er sie zur Frau nehmen wolle. 40 Die
Diener Davids kamen zu Abigaïl nach Karmel und
sprachen zu ihr: »David hat uns zu dir gesandt, weil
er dich zur Frau nehmen will.« 41 Sie erhob sich,
neigte ihr Antlitz zur Erde und sprach: »Deine
Magd will dir als Sklavin dienen und den Knechten
meines Herrn die Füße waschen!« 42 Dann machte
sich Abigaïl eilends auf und bestieg den Esel. Fünf
ihrer Mägde folgten ihr. So zog sie mit den Abge-
sandten Davids und wurde seine Frau.

Andere Frauen Davids

43 Ferner hatte sich David die Achinoam aus Jezreel
geholt, und sie wurden beide seine Frauen. 44 Saul
aber gab seine Tochter Michal, die Frau des David,
an Palti, den Sohn des Lajisch, aus Gallim.

Der schlafende Saul

26 1 Die Siphiter kamen zu Saul nach Gi-
bea und meldeten: »David hält sich tat-
sächlich auf dem Hügel Chakila gegen-
über Jeschimon versteckt.« 2 Saul brach auf und zog
in die Wüste Siph mit 3000 auserlesenen Männern
aus Israel. Er wollte David in der Wüste Siph
suchen. 3 Saul lagerte auf dem Hügel Chakila gegen-
über Jeschimon am Wege, und David hielt sich in
der Wüste auf. Dieser sah, daß Saul ihm in die
Wüste nachgefolgt war. 4 David schickte also Kund-
schafter aus und erfuhr, daß Saul an einen verabre-
deten Ort gekommen sei. 5 Da machte er sich auf
und kam an die Stelle, wo Saul lagerte. David ließ
seine Blicke über den Platz schweifen, wo Saul mit
seinem Feldherrn Abner, dem Sohne Ners, lag. Saul
war im inneren Lagerring, und das Kriegsvolk hatte
sich rings um ihn gelagert. 6 Da sprach David zum
Hethiter Achimelech und zu Abischaj, dem Sohn
der Zeruja, dem Bruder Joabs: »Wer will mit mir zu
Saul in das Lager hinabsteigen?« Abischaj antwor-
tete: »Ich will mit dir gehen!«
7 David aber und Abischaj kamen nachts hinab
zum Kriegsvolk. Saul lag schlummernd im Lager-
ring, und seine Lanze steckte am Kopfende im
Boden. Abner und die Kriegsleute lagen rings um
ihn. 8 Da sagte Abischaj zu David: »Heute hat Gott
deinen Feind in deine Gewalt gegeben. Jetzt spieße
ich ihn mit einem einzigen Lanzenstich an den
Boden, so daß ich ihm keinen zweiten mehr zu
versetzen brauche.« 9 Doch David erwiderte
Abischaj: »Tue ihm nichts an! Wer bleibt unbestraft,
wenn er an den Gesalbten des Herrn Hand angelegt
hat?« 10 Weiter sprach David: »So wahr der Herr
lebt: Es schlage ihn der Herr selbst, oder sein
Sterbetag komme, oder er ziehe in den Krieg und
werde dahingerafft! 11 Der Herr aber bewahre mich
davor, an den Gesalbten des Herrn Hand anzu-
legen! Nimm die Lanze an seinem Kopfende und
den Krug mit Wasser, und dann laß uns gehen!«
12 David nahm die Lanze und den Wasserkrug vom

Kopfende Sauls weg, und sie entfernten sich. Nie-
mand sah es, niemand beachtete es, und niemand
wachte auf. Alle waren eingeschlummert; denn ein
vom Herrn kommender tiefer Schlaf war auf sie ge-
fallen.
13 David ging auf die andere Talseite, stellte sich von
ferne auf den Berggipfel, und ein weiter Abstand lag
zwischen ihnen. 14 Da rief David zu den Kriegern
und zu Abner, dem Sohne Ners, hinüber: »Antwor-
test du nicht, Abner?« Abner entgegnete: »Wer bist
du, der du nach dem König rufst?« 15 David sagte
darauf zu Abner: »Bist du nicht ein Mann, und wer
ist dir gleich in Israel? Warum hast du auf deinen
Herrn, den König, nicht aufgepaßt? Denn einer
aus den Leuten kam hinein, um deinen Herrn, den
König, niederzumachen. 16 Schlimm hast du gehan-
delt! So wahr der Herr lebt, Kinder des Todes seid
ihr, weil ihr auf euren Gebieter, den Gesalbten des
Herrn, nicht achtgegeben habt! Jetzt sieh doch nach,
wo die Lanze des Königs ist und sein Wasserkrug,
der zu seinen Häupten stand!« 17 Da erkannte
Saul Davids Stimme und fragte: »Ist das deine
Stimme, mein Sohn David?« David entgegnete: »Ja,
mein Herr und König!« 18 Dann fuhr er fort: »Warum
verfolgt mein Herr seinen Knecht? Was habe ich
denn getan? Welche Untat beschwert meine Hand?
19 Es höre jetzt mein Herr und König auf die Worte
seines Knechtes! Wenn der Herr dich gegen mich
aufstachelt, so bekomme er lieblichen Opferduft!
Wenn aber Menschen solches tun, dann seien sie
verflucht vor dem Herrn; denn sie vertreiben mich
heute, um mich vom Erbe des Herrn wegzureißen
mit den Worten: ›Gehe fort und diene anderen Göt-
tern!‹ 20 Möchte doch mein Blut nicht fern vom Ant-
litz des Herrn zu Boden fließen; denn der König von
Israel zog aus, um einen einzigen Floh zu suchen,
wie man das Rebhuhn jagt auf den Bergen!«
21 Saul antwortete: »Ich habe gesündigt! Kehre
heim, mein Sohn David! Ich werde dir kein Leid
mehr antun, da mein Leben heute in deinen Augen
so wertvoll war. Ja, ich war töricht und habe einen
schweren Fehltritt getan!« 22 David erwiderte: »Hier
ist die Lanze des Königs! Einer von den jungen Leu-
ten soll herkommen und sie holen! 23 Der Herr ver-
gilt einem jeden nach seinem gerechten und treuen
Handeln. Der Herr hat dich heute in meine Hand
gegeben; ich aber wollte meine Hand nicht wider
den Gesalbten des Herrn ausstrecken. 24 Siehe, wie
dein Leben heute in meinen Augen wertvoll war, so
möge mein Leben auch in den Augen des Herrn
teuer sein, daß er mich aus aller Drangsal errette!«
25 Da sprach Saul zu David: »Gesegnet seist du,
mein Sohn David! Du wirst tatkräftig wirken und
machtvoll Erfolg haben.« David ging seines Weges,
und Saul kehrte an seinen Ort zurück.

David bei den Philistern

27 1 David dachte in seinem Herzen: »Nun
werde ich eines Tages doch durch Sauls
Hand dahingerafft. Ich kann nichts Bes-
seres tun als mich im Land der Philister in Sicherheit
bringen. Saul wird dann von mir ablassen und mich
in ganz Israel nicht mehr suchen, und ich werde
seiner Hand entronnen sein.« 2 So machte er sich
denn auf und ging mit sechshundert Mann, die bei
ihm waren, zu Achisch, dem Sohne Maochs, dem
König von Gat. 3 David wohnte mit seinen Leuten
bei Achisch zu Gat, ein jeder mit seiner Familie,
David aber mit seinen beiden Frauen Achinoam aus
Jezreel und Abigaïl, der Witwe Nabals, aus Karmel.
4 Als Saul gemeldet wurde, daß David nach Gat
entflohen sei, suchte er ihn nicht mehr. 5 David bat
nun den Achisch: »Habe ich Gnade in deinen Augen
gefunden, so gebe man mir einen Platz in einer der
Siedlungen auf dem Lande, damit ich dort wohnen
kann! Wozu soll dein Knecht in der königlichen
Stadt bei dir bleiben?« 6 Achisch gab ihm damals Zi-
klag. Daher ist Ziklag Eigentum der Könige von
Juda bis auf den heutigen Tag. 7 Die Anzahl der
Tage, die David im Philisterland verbrachte, betrug
ein Jahr und vier Monate.
8 David zog mit seinen Leuten hinauf, und sie plün-
derten die Geschuriter, die Girsiter und Amalekiter.
Diese waren nämlich von alters her die Landesin-
sassen in Richtung Schur und bis zum Lande Ägyp-
ten. 9 David schlug das Land und ließ weder Mann
noch Frau am Leben. Er nahm Kleinvieh und Groß-
vieh, Esel, Kamele und Kleider weg und kehrte zu
Achisch zurück. 10 Wenn Achisch ihn fragte: »Wo
habt ihr heute geplündert?«, So entgegnete David:
»Im Südland von Juda«, oder »Im Südland bei den
Jerachmeelitern«, oder »Im Südland bei den Keni-
tern«. 11 Weder Mann noch Frau ließ David am
Leben, um sie etwa nach Gat zu bringen; denn er
dachte: »Diese könnten gegen uns aussagen und be-
richten: ›So hat David sich aufgeführt, und so pflegt
er sich zu verhalten, seitdem er im Philisterland
wohnt‹.« 12 Achisch faßte Vertrauen zu David, weil
er sich sagte: »Er hat sich bei seinem Volk, bei Israel,
unmöglich gemacht; so wird er für immer mein
Knecht bleiben!«

27,8–11: Hunger und Beutegier verführten David in jener Zwischenzeit zu wilden Raubzügen. Er überfiel die südlichen Feinde Israels, gab aber vor, südjudäische Sippen auszuplündern.

Die Totenbeschwörerin von Endor

28 [1] In jenen Tagen zogen die Philister ihre Heere zusammen, um gegen Israel zum Kampf zu ziehen. Da sprach Achisch zu David: »Du wirst wissen, daß du und deine Leute in meinem Heere auszuziehen haben.« [2] David antwortete Achisch: »Gut, auch du wirst wissen, was dein Knecht leisten kann.« Achisch sprach zu David: »Dafür mache ich dich zu meinem Leibwächter für immer.« [3] Samuel war tot. Gesamtisrael hatte ihm die Totenklage gehalten und ihn zu Rama, seiner Stadt, begraben. Saul aber hatte die Totenbeschwörer und Wahrsager aus dem Lande verbannt. [4] Nun sammelten sich die Philister, marschierten und lagerten bei Sunem. Auch Saul bot Gesamtisrael auf, und sie lagerten auf Gilboa. [5] Saul ließ seine Augen über das Philisterlager schweifen, geriet in Furcht, und sein Herz verzagte sehr. [6] Da befragte Saul den Herrn; doch der Herr antwortete ihm nicht, weder durch Träume, noch durch die heiligen Lose, noch durch Propheten. [7] Daher befahl Saul seinen Knechten: »Sucht mir eine Frau, eine Totenbeschwörerin! Zu ihr will ich gehen und sie befragen.« Seine Knechte sagten ihm: »In Endor wohnt eine Frau, die Tote beschwören kann.« [8] Saul machte sich unkenntlich, verkleidete sich und ging mit zwei Begleitern hin. Sie kamen nachts zu der Frau, und er sprach: »Wahrsage mir doch durch einen Totengeist, und führe mir den herauf, den ich dir bezeichnen werde!« [9] Doch die Frau antwortete ihm: »Du weißt es ja, was Saul getan hat: daß er die Totenbeschwörer und die Wahrsager aus dem Lande verbannt hat. Warum stellst du mir eine Falle, um mich zu töten?« [10] Da leistete ihr Saul beim Herrn einen Eid: »So wahr der Herr lebt, es soll dich in dieser Angelegenheit keine Schuld treffen!« [11] Da sprach die Frau: »Wen soll ich dir heraufrufen?« Er antwortete: »Hole mir Samuel herauf!« [12] Als die Frau den Samuel erblickte, schrie sie laut auf und sprach zu Saul: »Warum hast du mich betrogen? Du selbst bist Saul!« [13] Der König entgegnete ihr: »Fürchte dich nicht, was siehst du denn?« Die Frau sprach zu Saul: »Ein gottähnliches Wesen sehe ich aus der Erde aufsteigen.« [14] Er fragte sie: »Wie schaut es aus?« Sie sagte: »Ein alter Mann steigt empor, der in einen Mantel gehüllt ist.« Nun erkannte Saul, daß es Samuel war. Er warf sich mit dem Antlitz zur Erde und huldigte.

[15] Samuel sprach zu Saul: »Warum hast du mich aus meiner Ruhe gestört und mich heraufkommen lassen?« Saul antwortete: »In großer Not bin ich. Die Philister kämpfen gegen mich. Gott wich von mir; er gibt mir keine Antwort mehr, weder durch die Propheten, noch durch Träume. Daher habe ich dich gerufen, um von dir belehrt zu werden, was ich tun soll.« [16] Samuel entgegnete: »Warum fragst du mich, da der Herr doch von dir gewichen und dein Widersacher geworden ist? [17] Der Herr tat an dir, wie er durch mich verheißen hat. Er hat das Königtum aus deiner Hand gerissen und es deinem Volksgenossen, dem David, gegeben. [18] Weil du auf die Stimme des Herrn nicht gehört und seinen brennenden Zorn an Amalek nicht vollstreckt hast, darum hat dir der Herr heute dieses angetan. [19] Der Herr wird auch ganz Israel und dich zugleich in die Hand der Philister geben. Morgen wirst du mit deinen Söhnen bei mir sein. Auch das Heerlager Israels wird der Herr der Gewalt der Philister überantworten.«

[20] Sogleich stürzte Saul seiner ganzen Länge nach zu Boden und geriet in große Angst wegen der Worte Samuels. Es war auch keine Kraft mehr in ihm; denn er hatte den ganzen Tag und die ganze Nacht keine Nahrung zu sich genommen. [21] Als die Frau zu Saul kam und bemerkte, daß er ganz gebrochen war, sprach sie zu ihm: »Schau, deine Magd hat auf dich gehört. Ich habe mein Leben aufs Spiel gesetzt und deine Anordnung befolgt, die du mir gabst. [22] Jetzt höre auch du auf deine Magd! Ich setze dir ein wenig Brot vor; nimm es zu dir, dann kommst du wieder zu Kräften und kannst deines Weges weitergehen!« [23] Er aber weigerte sich und erklärte, er wolle nicht essen. Seine Knechte aber und die Frau nötigten ihn, so daß er ihnen nachgab. Er stand vom Boden auf und setzte sich auf das Ruhelager. [24] Die Frau hatte ein Mastkalb im Hause. Sie schlachtete es in aller Eile, nahm Mehl, knetete es und buk daraus ungesäuerte Kuchen. [25] Das setzte sie Saul und seinen Knechten vor. Diese aßen, standen dann auf und zogen noch in jener Nacht weiter.

28,3–25: Über verbotene Totenbeschwörung vgl. 3 Mos 19,31; 20,27; 5 Mos 18,11. Das, was Saul wollte, war verboten. Er hatte also ein schlechtes Gewissen. Die Begebenheit mit der Hexe von Endor kann man nicht für die Erlaubtheit des modernen Spiritismus auswerten; denn die Medien sind entweder Betrüger oder Personen, die zu Bewußtseinsspaltungen neigen. Von der Samuelserscheinung sieht Saul nichts. Wir erfahren auch nicht, welche Mittel die Frau anwandte, um Samuel herbeizuholen; er ist plötzlich da. In außergewöhnlichen Fällen kann Gott Außergewöhnliches zulassen. Aus Vers 21 geht hervor, daß die Sibylle während der Erscheinung nicht neben Saul war.

Argwohn der Philister gegen Davids Teilnahme am Kampf

29 [1] Die Philister zogen ihre gesamten Heere in Aphek zusammen, während die Israeliten bei der Quelle in Jezreel lagerten. [2] Die Philisterhäuptlinge zogen auf mit

ihren Hundert- und Tausendschaften, und am Schluß marschierten David und seine Männer zusammen mit Achisch. 3 Da fragten die Philisterfürsten: »Was wollen diese Hebräer hier?« Achisch erwiderte ihnen: »Das ist doch David, der Knecht des Saul, des Königs von Israel, der nun seit Jahr und Tag bei mir ist. Ich habe vom Tage seines Übertrittes zu mir bis heute an ihm nichts auszusetzen gefunden.« 4 Doch die Philisterfürsten gerieten über ihn in Zorn und forderten von ihm: »Schicke doch den Mann fort! Mag er an den Ort zurückkehren, den du ihm angewiesen hast; aber in den Kampf soll er an unserer Seite nicht ziehen! Er könnte uns ja ein Widersacher im Kriege werden. Womit könnte er sich bei seinem Herrn in größere Gunst setzen als mit den Köpfen unserer Männer? 5 Ist das nicht derselbe David, dem zu Ehren man abwechselnd beim Reigentanze gesungen hat: Saul erschlug seine Tausend, David aber seine Zehntausend?« 6 Achisch rief nun David und sprach zu ihm: »So wahr der Herr lebt, ich halte dich für redlich, und es wäre mir recht, wenn du mit mir im Lager aus- und einziehen würdest. Denn ich habe an dir, seitdem du zu mir kamst, bis heute nichts Schlimmes gefunden. Jedoch den Fürsten paßt deine Person nicht. 7 Kehre also um und ziehe hin in Frieden, und du sollst nichts tun, was den Augen der Philisterfürsten mißfällt!« 8 Doch David entgegnete dem Achisch: »Was habe ich denn schon getan? Was hast du vom Tage meiner Ankunft bei dir bis heute an deinem Knecht gefunden, daß ich nicht an den Kämpfen wider die Feinde meines Herrn, des Königs, teilnehmen dürfte?« 9 Achisch antwortete darauf: »Ich weiß, daß du in meinen Augen so wert bist wie ein Bote Gottes. Nur die Philisterfürsten haben verlangt: Er darf mit uns nicht in den Krieg ziehen. 10 Morgen in der Frühe mach dich auf mit den Knechten deines Herrn, die mit dir gekommen sind! Geht hin an den Ort, den ich euch angewiesen habe! Und denke nichts Schlimmes; denn du bist mir lieb! So macht euch also früh am Morgen, wenn es hell wird, auf und geht!« 11 David machte sich also in der Frühe mit seinen Leuten auf den Weg, um in das Philisterland zurückzukehren. Die Philister aber zogen nach Jezreel hinauf.

Sieg Davids über die feindlichen Amalekiter

30 1 David kam mit seinen Leuten am dritten Tage nach Ziklag. Da waren aber die Amalekiter plündernd in das Südland und in Ziklag eingefallen und hatten die Stadt in Brand gesteckt. 2 Sie hatten die Frauen und alles, was dort war, klein und groß, gefangengenommen und, ohne jemand zu töten, fortgeführt und waren ihres Weges gezogen. 3 David kam mit seinen Leuten in die Stadt. Sie war niedergebrannt, und Frauen, Söhne und Töchter waren weggeschleppt. 4 David und alle Leute, die bei ihm waren, erhoben ihre Stimme und weinten, bis sie zum Weinen keine Kraft mehr hatten. 5 Auch die beiden Frauen Davids, Achinoam aus Jezreel und Abigaïl, die Witwe Nabals aus Karmel, waren in Gefangenschaft geraten. 6 David kam in eine sehr unangenehme Lage. Die Leute gedachten nämlich, ihn zu steinigen; denn alle waren verbittert um ihrer Söhne und Töchter willen. Doch David fand Stärkung im Herrn, seinem Gott. 7 Er befahl dem Priester Ebjatar, dem Sohn Achimelechs: »Bringe mir das Ephod!« Da brachte Ebjatar das Ephod zu David. 8 David befragte den Herrn: »Soll ich diese Räuberbande verfolgen? Werde ich sie einholen?« Er gab ihm die Antwort: »Verfolge! Denn du wirst einholen und befreien!« 9 Da brach David auf mit sechshundert Mann, die er bei sich hatte. Sie kamen in das Tal Besor. Die Nachzügler blieben dort stehen. 10 David aber nahm die Verfolgung mit vierhundert Mann auf. Zweihundert Mann, die zu erschöpft waren, das Besortal zu durchschreiten, machten halt. 11 Da fanden sie einen Ägypter auf dem freien Feld. Sie brachten ihn zu David, und man gab ihm Brot zu essen und Wasser zu trinken. 12 Auch schenkte man ihm eine Scheibe Preßfeigen und zwei Kuchen aus getrockneten Trauben. Er aß und erholte sich wieder; denn er hatte drei Tage und drei Nächte lang kein Brot gegessen und kein Wasser getrunken. 13 David wandte sich an ihn: »Wem gehörst du, und woher stammst du?« Er gab zur Antwort: »Ich bin ein ägyptischer Bursche, Sklave eines Amalekiters. Mein Herr ließ mich im Stich, weil ich heute vor drei Tagen krank wurde. 14 Wir plünderten im kretischen Südland, in dem zu Juda gehörenden Teil und im Südland von Kaleb. Ziklag steckten wir in Brand.« 15 David erkundigte sich bei ihm: »Willst du mich zu dieser Räuberschar führen?« Er entgegnete: »Schwöre mir bei Gott, daß du mich weder töten noch meinem Herrn ausliefern wirst; dann will ich dich zu dieser Horde führen!« 16 Er geleitete ihn hinunter, und siehe, jene hatten sich über das ganze Land zerstreut. Sie aßen, tranken und feierten ein Siegesfest wegen der reichen Beute, die sie im Lande der Philister und in Juda gemacht hatten. 17 Doch David schlug sie von der Morgendämmerung an bis zum Abend des folgenden Tages. Niemand von ihnen entkam, außer vier-

hundert jungen Männern, die auf den Kamelen entfliehen konnten.
18 David rettete alles, was die Amalekiter geraubt hatten; auch seine beiden Frauen konnte er befreien. 19 Nicht das Geringste fehlte, weder Kleines noch Großes, weder Söhne noch Töchter, weder Beute noch irgend etwas, was sie ihnen abgenommen hatten. Alles brachte David zurück. 20 David nahm auch alles Kleinvieh und Großvieh, das man dann vor jenem Besitztum hertrieb. Dabei rief man aus: »Das ist Davids Beute!«

Gleiche Beuteteile für alle Kämpfer Israels

21 David kam zu den zweihundert Männern, die zu erschöpft gewesen waren, ihm zu folgen, und die man im Besortale gelassen hatte. Sie zogen David und seinen Kriegsleuten entgegen, und als David mit dem Kriegsvolk herankam, grüßte er sie freundlich. 22 Aber alle Bösartigen und Übelgesinnten unter den Männern, die mit David gezogen waren meinten: »Weil sie mit uns nicht auszogen, geben wir ihnen auch von der Beute, die wir wiedergewannen, nichts ab, außer jedem Mann seine Frau und seine Kinder. Diese mögen sie mitnehmen und gehen!« 23 David entgegnete: »So sollt ihr es nicht machen, meine Brüder, mit dem, was der Herr uns verliehen hat! Er hat uns behütet und die Räuberschar, die uns überfallen hatte, in unsere Gewalt gegeben. 24 Wer würde bei dieser Forderung auf euch hören? Nein, der Anteil dessen, der in den Kampf zog, soll gleich sein dem Anteil dessen, der beim Gepäck blieb! Gleiche Anteile sollen alle erhalten!« 25 So blieb es von diesem Tage an auch weiterhin. Er machte das zu einer Ordnung und Rechtssatzung für Israel bis heute.

Beuteanteile für die Ältesten in Juda, durch David übersandt

26 Als David nach Ziklag kam, schickte er einen Teil der Beute an die Ältesten Judas, seine nächsten Nachbarn. Er ließ sagen: »Da habt ihr ein Geschenk von der Beute der Feinde des Herrn.« 27 Er sandte davon an die (Ältesten) von Betul, von Ramot im Südland, von Jattir, 28 von Arar, von Siphmot, von Eschtemoa, 29 von Karmel, an die jerachmeelitischen und kenitischen Städte, 30 an die von Chorma, von Bor-Aschan, von Atach, 31 von Hebron und an alle Orte, wo David mit seinen Leuten umhergewandert war.

Sauls Tod

31 1 Die Philister kämpften inzwischen gegen Israel, und die Israeliten mußten vor den Philistern fliehen. Erschlagene lagen auf dem Gebirge Gilboa. 2 Die Philister verfolgten Saul und seine Söhne hartnäckig und erschlugen Jonatan, Abinadab und Malkischua, die Söhne Sauls. 3 Auch um Saul herum entbrannte der Kampf mit aller Heftigkeit. Die Bogenschützen erreichten ihn, und er wurde von ihnen schwer verwundet. 4 Saul sprach zu seinem Waffenträger: »Zücke dein Schwert und durchbohre mich, damit nicht jene Unbeschnittenen kommen, mich erstechen und mit mir ihren Spott treiben!« Aber sein Waffenträger wollte nicht, da er sich zu sehr fürchtete. Da nahm Saul selbst sein Schwert und stürzte sich hinein. 5 Als der Waffenträger sah, daß Saul tot war, stürzte auch er sich in sein Schwert und starb mit ihm zusammen. 6 So fanden Saul, seine drei Söhne, sein Waffenträger und alle seine Männer an jenem Tage gemeinsam den Tod. 7 Die Israeliten jenseits der Ebene und jenseits des Jordans erfuhren, daß die israelitischen Truppen geflohen waren und Saul samt seinen Söhnen den Tod gefunden hatte. Sie verließen daher ihre Städte und flüchteten, und die Philister kamen und wohnten darin.

Leichenschändung

8 Am folgenden Tage erschienen die Philister, um die Erschlagenen auszuplündern, und sie fanden Saul und seine drei Söhne, die auf dem Gebirge Gilboa gefallen waren. 9 Sie hieben ihm den Kopf ab, zogen ihm seine Rüstung aus und sandten im Philisterlande ringsum Boten, die in ihren Götzentempeln und dem Volk die Freudennachricht verkünden sollten. 10 Seine Rüstung legten sie im Tempel der Göttin Astarte nieder, seinen Leichnam aber hängten sie an der Mauer von Bet-Schean auf. 11 Die Bewohner von Jabesch in Gilead erfuhren, was die Philister Saul angetan hatten. 12 Alle kampfesfähigen Männer machten sich nun auf den Weg und gingen die ganze Nacht hindurch. Sie nahmen die Leichen Sauls und seiner Söhne von der Mauer Bet-Scheans herab, brachten sie nach Jabesch und verbrannten sie dort. 13 Dann nahmen sie ihre Gebeine, beerdigten sie unter der Tamariske zu Jabesch und fasteten sieben Tage lang.

31,1–7: Im Nahkampf ist Saul nicht zu bezwingen. Doch den Bogenschützen bot der Mann mit den königlichen Abzeichen (Spange und Stirnreif) ein treffliches Ziel. Er blutete offenbar aus mehreren Wunden. Durch Selbstmord will er der grausamen Mißhandlung, die seiner wartet, entgehen. Seine Eifersucht und sein Verfolgungswahn müssen krankhaft gewesen sein. Können wir von einem Mann, dessen religiöse Gedankenwelt so verwirrt war, etwas anderes erwarten? • 8–13: Mit dem lebenden Saul konnten seine Feinde kein frevelndes Spiel mehr treiben. Um so schlimmer aber war das, was sie dem Leichnam Sauls antaten. Ohne Beerdigung findet der Mensch im Jenseits keine Ruhe (2 Sam 21,10–14). Dem verhaßten Feind soll sie auf keinen Fall zuteil werden. Wie zum Hohn wird Sauls Rüstung der Fruchtbarkeitsgöttin als Weihegeschenk dargebracht, sein Schädel muß dem Dagon huldigen (1 Chron 10,10). Verbrennung der Überreste war sonst nicht üblich, war aber in diesem Falle wegen der starken Verstümmelung und Verwesung am Platz. Es kam zu keiner völligen Einäscherung, so daß die Gebeine bestattet werden konnten.

ZWEITES BUCH SAMUEL

Nach Sauls Tode kehrte David von seinem Sieg über die Amalekiter heim und hielt sich zwei Tage in Ziklag auf. 2 Am dritten Tage kam ein Mann aus dem Lager Sauls mit zerrissenen Kleidern und das Haupt mit Staub bedeckt. Er kam zu David, warf sich nieder und huldigte. 3 David fragte ihn: »Woher kommst du?« Er antwortete ihm: »Aus Israels Lager bin ich entkommen.« 4 Da sprach David zu ihm: »Wie ging es da zu? Berichte mir doch!« Er erwiderte: »Die Leute sind aus der Schlacht geflohen, viele von den Kriegsmannen sind gefallen und tot. Auch Saul und sein Sohn Jonatan fanden den Tod.« 5 David fragte den jungen Burschen, der ihm die Nachricht brachte: »Wie kannst du wissen, daß Saul und sein Sohn Jonatan tot sind?« 6 Der junge Mann, der ihm berichtete, antwortete: »Zufällig befand ich mich auf dem Gebirge Gilboa. Da traf ich Saul, der sich auf seine Lanze stützte. Kriegswagen und deren Besatzung hatten ihn eingeholt. 7 Er wandte sich um, sah mich und rief mich herbei. Ich entgegnete ihm: ›Hier bin ich!‹ 8 Er sprach zu mir: ›Wer bist du?‹ Ich antwortete ihm: ›Ein Amalekiter bin ich!‹ 9 Dann befahl er mir: ›Tritt her zu mir und töte mich! Denn die Todesschwäche hat mich ergriffen, aber das Leben ist noch ganz in mir.‹ 10 Ich trat hinzu und tötete ihn; denn ich wußte, daß er nach seinem Fall nicht mehr hätte leben können. Ich nahm das Diadem auf seinem Haupt und die Spange an seinem Arm und bringe sie hierher zu meinem Herrn.«

11 Da faßte David seine Kleider und zerriß sie. Alle Männer um ihn taten ebenso. 12 Sie klagten, weinten und fasteten bis zum Abend um Saul und seinen Sohn Jonatan, um das Volk des Herrn und das Haus Israel, weil sie durchs Schwert gefallen waren. 13 David fragte den jungen Burschen, der ihm Bericht erstattete: »Woher bist du?« Er antwortete: »Ich bin der Sohn eines amalekitischen Schutzbürgers!« 14 David fuhr ihn an: »Wie? Hast du dich nicht gefürchtet, deine Hand auszustrecken und den Gesalbten des Herrn zu vernichten?« 15 Dann rief David einen von seinen Kriegern und befahl ihm: »Heran! Stoß ihn nieder!« Dieser erschlug ihn, so daß er tot umfiel. 16 David aber sprach zu ihm: »Dein Blut komme über dein Haupt; denn dein eigener Mund hat wider dich gezeugt, indem du sagtest: Ich habe den Gesalbten des Herrn getötet.«

Die Totenklage

17 David verfaßte folgendes Klagelied auf Saul und dessen Sohn Jonatan. 18 [Man soll es die Söhne Judas als »Bogenlied« lehren. Es steht ja aufgezeichnet im Buche des Rechtschaffenen.] 19 »Die Zierde, o Israel, auf deinen Höhen liegt sie erschlagen! Wie sind doch die Helden gefallen! 20 Kündet es nicht in Gat, meldet es nicht in den Straßen von Askalon! Der Philister Töchter sollen sich nicht freuen, nicht sollen jubeln die Töchter der Unbeschnittenen! 21 Ihr Berge von Gilboa, weder Tau noch Regen gebe es auf euch, kein Feld mit Erstlingsgarben! Denn dort ward entweiht der Heldenschild, der Schild Sauls, nicht mehr mit Öl gesalbt. 22 Ohne Erschlagener Blut, ohne der Helden Mark kehrte Jonatans Bogen nie heim; Sauls Schwert kam niemals erfolglos zurück! 23 Saul und Jonatan, einander so lieb und hold, in ihrem Leben und in ihrem Sterben blieben sie ungeschieden! Hurtiger als Adler waren sie, stärker als Löwen! 24 Israels Töchter, weint um Saul, der euch in Purpur und Zier gehüllt, der Goldschmuck auf euer Gewand geheftet! 25 Wie sind doch die Helden gefallen im Streit! Jonatan liegt auf deinen Höhen erschlagen! 26 Wie weh ist mir um dich, mein Bruder Jonatan! Du warst mir so lieb! Köstlicher war deine Liebe mir als die Minne der Frauen! 27 Wie sind doch die Helden gefallen, umgekommen die streitbaren Krieger!«

1,1–16: Der Bericht des Boten gibt den tatsächlichen Vorgang nicht wieder; er enthält auch in sich selbst Widersprüche. Der Mörder eines gesalbten Königs verdient kein Mitleid. Jene Zeit wußte genau zwischen Amt und Person zu unterscheiden. Das Amt ist heilig und unverletzlich, auch wenn sein Träger noch so unwürdig ist. • 17–27: In dieser Liedersammlung stand auch das Josualied über das Sonnenwunder (Jos 10,13). Ein anderes Liederbuch 4 Mos 21,14.

David König in Hebron

2 1 Darauf befragte David den Herrn: »Soll ich in eine der Städte Judas hinaufziehen?« Der Herr gab ihm zur Antwort: »Ziehe hinauf!« Darauf David: »Wohin soll ich ziehen?« Der Herr entschied: »Nach Hebron!« 2 So zog David denn dorthin, mit ihm seine beiden Frauen, Achinoam von Jezreel und Abigaïl, die Witwe Nabals aus Kar-

mel. 3 Auch die Männer, die David bei sich hatte, ließ er samt ihren Familien hinaufziehen. Sie siedelten sich in den Ortschaften um Hebron an.
4 Die Männer von Juda kamen und salbten David zum König über das Haus Juda. Man brachte ihm die Nachricht, die Männer von Jabesch in Gilead hatten den Saul begraben. 5 Da sandte David Boten zu den Männern von Jabesch in Gilead und ließ ihnen sagen: »Seid gesegnet vom Herrn, da ihr eine solche Liebestat an eurem Gebieter Saul getan und ihn begraben habt! 6 Nun erweise der Herr euch Liebe und Treue! Ich will euch gleichfalls dafür belohnen, daß ihr diese Tat vollbracht habt. 7 Jetzt aber seid stark und tapfer; denn tot ist euer Gebieter Saul! Mich aber hat das Haus Juda zu seinem König gesalbt.«

Eschbaal als Gegenkönig

8 Abner indes, der Sohn Ners und Feldherr Sauls, holte Eschbaal, den Sohn Sauls, und führte ihn nach Machanajim. 9 Er machte ihn zum König über Gilead, Aser, Jezreel, Ephraim, Benjamin, also über ganz Israel. 10 Vierzig Jahre alt war Eschbaal, Sauls Sohn, als er König über Israel wurde; zwei Jahre lang regierte er. Nur das Haus Juda bekannte sich zu David. 11 Die Zeit, in welcher David in Hebron über das Haus Juda als König herrschte, umfaßte sieben Jahre und sechs Monate.

Aufstand: Krieg zwischen König und Gegenkönig

12 Abner, der Sohn Ners, rückte mit den Leuten Eschbaals, des Sohnes Sauls, von Machanajim nach Gibeon vor. 13 Joab, der Sohn Zerujas, rückte mit Davids Leuten aus. Man stieß am Teich von Gibeon aufeinander. Die einen blieben diesseits, die anderen jenseits des Teiches. 14 Abner rief Joab zu: »Mögen doch die Jungkrieger herantreten und vor uns ein Kampfspiel aufführen!« Joab antwortete: »Sie sollen antreten!« 15 Sie traten an, und man zählte zwölf von Benjamin auf der Seite Eschbaals, des Sohnes Sauls, und zwölf von den Leuten Davids ab.
16 Jeder packte seinen Gegenspieler am Kopf und stieß ihm das Schwert in die Flanke, so daß sie gleichzeitig fielen. Man nannte jenen Ort »Flankenacker«. Er liegt bei Gibeon. 17 Der Kampf war an jenem Tage überaus heftig; Abner und die Israeliten erlitten von den Leuten Davids eine Niederlage.
18 Auch die drei Söhne der Zeruja, nämlich Joab, Abischaj und Asahel, waren dabei. Asahel war ein Schnelläufer gleich einer Gazelle auf dem Gefilde.
19 Er verfolgte den Abner, ohne nach rechts oder nach links von ihm abzubiegen. 20 Abner wandte sich um und fragte: »Bist du es, Asahel?« Er antwortete: »Ja.« 21 Abner rief ihm zu: »Biege doch nach rechts oder nach links ab, packe dir einen von den Jungkriegern und nimm dir seine Ausrüstung!« Doch Asahel wollte nicht von ihm ablassen. 22 Erneut rief Abner ihm zu: »Laß ab von mir; denn wozu sollte ich dich niederschlagen? Wie könnte ich dann noch zu deinem Bruder Joab aufblicken?«
23 Jener weigerte sich aber, nachzugeben, weshalb ihm Abner das Ende der Lanze in den Unterleib stieß. Die Lanze drang rückwärts wieder heraus. Er fiel nieder und starb auf der Stelle. Alle, die nun an den Ort kamen, wo Asahel tot niedergefallen war, hielten an. 24 Joab und Abischaj jagten Abner nach. Als die Sonne untergegangen war, kamen sie nach Gibea-Amma [vor Giach am Weg zur Wüste von Gibeon]. 25 Die Benjaminiten scharten sich um Abner und stellten sich als geschlossene Gruppe auf dem Gipfel ein und desselben Hügels auf. 26 Abner rief dem Joab zu: »Soll denn das Schwert ohne Aufhören fressen? Weißt du nicht, daß das bittere Ende nachkommt? Wann endlich gedenkst du, den Leuten Einhalt zu gebieten, daß sie ihre Brüder nicht mehr verfolgen?« 27 Joab entgegnete: »So wahr Gott lebt, hättest du nicht gesprochen, dann hätten die Leute erst am Morgen auf die Verfolgung ihrer Brüder verzichtet.« 28 Joab stieß in die Posaune, alle Leute standen still und verfolgten die Israeliten nicht weiter. Den Kampf stellte man ein. 29 Abner schritt mit seinen Leuten die ganze Nacht durch die Steppe. Sie überschritten den Jordan, durchzogen ganz Bitron und gelangten nach Machanajim.
30 Joab verfolgte Abner nicht mehr. Er sammelte alle Truppen; es fehlten von den Söldnern Davids nur neunzehn Mann und Asahel. 31 Davids Leute hatten von Benjamin, den Truppen Abners, dreihundertsechzig Mann erschlagen. 32 Sie trugen den Asahel fort und begruben ihn im Grabe seines Vaters in Bethlehem. Joab marschierte dann mit seinen Männern die ganze Nacht hindurch. In Hebron brach ihnen der Tag an.

2,1–11: Die Zweiteilung war jetzt eine vorläufige, wurde aber nach Salomos Tod zum Dauerzustand.Eschbaal wird im Grundtext und in der Vulgata Ischboschet, d. h. »Mann der Schande«, genannt, weil sein Name an den heidnischen Gott Baal erinnert (4,4; 9,6). • 10f: Die Zahlenangaben zeigen, daß David nach dem Tode Eschbaals noch nicht sofort allgemein anerkannt wurde.

3

1 Ein langer Streit war zwischen dem Hause Saul und dem Hause David angebrochen. David gewann immer mehr an Stärke, das Haus Saul dagegen nahm immer mehr ab.

Söhne Davids

2 In Hebron wurden David Söhne geboren. Sein Erstgeborener war Amnon von der Achinoam aus

Jezreel, 3 sein zweiter Kileab von der Abigaïl, der Witwe Nabals aus Karmel, der dritte Absalom, der Sohn Maachas, der Tochter Talmajs, des Königs von Geschur, 4 der vierte Adonia, der Sohn Chaggits, der fünfte Schephatja, Sohn der Abital, 5 der sechste Jitream von der Egla, der Frau Davids. All diese wurden David in Hebron geboren.

Einbruch in den Harem

6 In der Zeit des Krieges zwischen dem Hause Saul und dem Hause David war Abner der stärkste Mann im Hause Saul. 7 Saul hatte nun eine Nebenfrau gehabt, die Rizpa hieß und eine Tochter Ajjas war. Diese hat Abner sich geholt. Eschbaal aber machte dem Abner den Vorwurf: »Warum bist du zur Nebenfrau meines Vaters herangetreten?« 8 Abner war über Eschbaals Worte sehr ergrimmt und rief: »Bin ich denn ein Hundskopf aus Juda? Liebe erweise ich heute dem Hause deines Vaters Saul, seinen Brüdern und Freunden. Ich ließ dich nicht in die Hände Davids fallen. Und da willst du mich heute wegen des Fehltritts mit dem Weibe zur Rechenschaft ziehen? 9 Ich schwöre – und Gott möge Abner strafen! –, daß ich für David das tun werde, was der Herr ihm zugeschworen hat. 10 Ich werde das Königtum vom Hause Sauls wegbringen und Davids Thron über Israel und Juda von Dan bis Beerseba errichten.« 11 Eschbaal war außerstande, dem Abner noch ein Wort zu erwidern, denn er fürchtete ihn.

Abner als Verräter

12 Abner schickte Boten an seiner Statt zu David und ließ sagen: »Wem gehört das Land?« Und dann »Schließe einen Vertrag mit mir! Siehe, meine Hand wird mit dir sein, um dir ganz Israel zuzuführen!« 13 David entgegnete: »Gut, ich will mit dir einen Vertrag schließen! Nur das eine verlange ich von dir: Du darfst mir nur dann unter die Augen treten, wenn du mir Michal, die Tochter Sauls, mitbringst, sobald du herkommst und vor mir erscheinst!« 14 David sandte nun Boten an Eschbaal, den Sohn Sauls, und verlangte: »Gib mir meine Frau Michal wieder, die ich mir um den Preis von hundert Philistervorhäuten gefreit habe!« 15 Eschbaal sandte hin und ließ sie von ihrem Manne Paltiel, dem Sohn des Lajisch, holen. 16 Ihr Mann folgte ihr unter ständigem Weinen bis Bachurim. Dort befahl ihm Abner: »Fort! Kehre um!« Da kehrte er zurück.

17 Abner hatte auch mit den Ältesten Israels verhandelt und gesprochen: »Schon lange habt ihr David als König über euch begehrt. 18 Nun handelt! Denn der Herr hat David verheißen durch die Hand meines Knechtes David befreie ich mein Volk Israel aus der Gewalt der Philister und all seiner Feinde!« 19 Abner redete auch mit Benjamin. Dann ging er hin, um auch David in Hebron über alles zu berichten, was Israel und das ganze Haus Benjamin für gut ansahen. 20 Abner kam also mit zwanzig Mann zu David nach Hebron, und David gab Abner und seinen Leuten zu Ehren ein Gastmahl. 21 Abner äußerte sich David gegenüber: »Ich will aufbrechen, hinziehen und Gesamtisrael um meinen Herrn, den König, scharen. Man wird einen Bund mit dir schließen, und du wirst als König herrschen, wie immer es dein Herz begehrt!« Dann gab David dem Abner das Geleite, und er ging in Frieden weg.

Abners Ermordung

22 Da kamen Davids Leute mit Joab von einem Raubzuge heim. Sie brachten reiche Beute mit sich. Abner war nicht mehr bei David in Hebron; denn er hatte ihn ja in Frieden ziehen lassen. 23 Joab mit seiner ganzen Schar kam, und man erzählte ihm: »Abner, der Sohn Ners, kam zum König, und dieser hat ihn in Frieden ziehen lassen.« 24 Joab ging zum König und warf ihm vor: »Was hast du getan? Abner kam zu dir! Warum ließest du ihn weggehen und entkommen? 25 Du kennst doch Abner, den Sohn Ners. Er kam nur, um dich zu betrügen, um dein Gehen und Kommen in Erfahrung zu bringen und alles zu erforschen, was du vorhast.« 26 Als Joab von David weggegangen war, sandte er Boten hinter Abner her. Diese brachten ihn von Bor-Hassira zurück, ohne daß David etwas wußte. 27 Abner kam so wieder nach Hebron, und Joab führte ihn in die Mitte des Tores. Er tat so, als wollte er heimlich mit ihm reden, versetzte ihm dort aber einen Stich in den Unterleib. So mußte er sterben, um das Blut Asahels, des Bruders Joabs, zu sühnen.

Totenklage Davids über Abner; Begräbnis

28 David erfuhr hinterher davon und rief aus: »Ich und mein Königtum sind für immer am Blute Abners, des Sohnes Ners, schuldlos. 29 Es komme auf das Haupt Joabs und auf seine ganze Familie! Nie soll es im Haus Joabs an solchen fehlen, die an Ausfluß und an Aussatz leiden, die Krücken festhalten, durch das Schwert fallen oder Hunger leiden!« 30 Joab und sein Bruder Abischaj haben Abner ermordet, weil er ihren Bruder Asahel bei Gibeon im Kampf getötet hat. 31 David befahl dem Joab und allem Volk, das bei ihm war: »Zerreißt eure Kleider, umgürtet euch mit Trauergewändern und haltet vor Abner die Totenklage!« Der König David ging hinter der Bahre her. 32 Man begrub den Abner zu Hebron, und der König weinte mit lauter Stimme an Abners Grab. Das ganze Volk weinte ebenfalls.

33 David stimmte dann auf Abner ein Klagelied an und rief: »Mußte denn Abner wie ein Tor sterben! 34 Deine Hände waren nicht gebunden, deine Füße nicht in Ketten gelegt! Wie man vor Verbrechern fällt, so fielst du!« Darauf weinte das Volk noch mehr um ihn.

35 Dann kam die ganze Volksmenge, um David noch im Laufe des Tages zum Essen zu bewegen. David aber schwur: »Möge Gott mich bestrafen, wenn ich vor Sonnenuntergang Brot oder sonst irgend etwas zu mir nehme!« 36 Alles Volk vernahm das, und es gefiel ihnen gut, wie überhaupt alles, was der König tat, dem ganzen Volke wohlgefiel. 37 Alle Kriegsleute und Gesamtisrael erkannten an jenem Tage, daß es nicht vom König ausgegangen war, Abner, den Sohn Ners, zu ermorden. 38 Der König sprach zu seinen Knechten: »Bedenkt ihr es wohl, daß ein Fürst und ein ganz Großer in Israel heute gefallen ist? 39 Ich aber bin heute gar schwach, obgleich gesalbter König. Doch diese Männer, die Söhne der Zeruja, sind härter als ich. Der Herr vergelte dem Übeltäter enfsprechend seiner Untat!«

3,2–5 Die Nachkommenschaft Davids soll hier seine Macht und immer mehr wachsende Bedeutung anzeigen. Sein Verhalten widerspricht dem späteren sog. Königsgesetz (5 Mos 17,17). • 27: Beim Fehlen ordentlicher Gerichtsbarkeit waren die nächsten Angehörigen des Ermordeten dazu verpflichtet, die Blutrache zu vollziehen. Dieses Recht durfte freilich nicht in Willkür ausarten und war streng geregelt (4 Mos 35,12ff; 5 Mos 19,4ff; 24,16). • 33f: Ein kurzes, aber erschütterndes Leichenlied. Noch ergreifender war das Klagelied auf Saul und Jonatan 1,19–27.

Eschbaals Ermordung: Sein Haupt wurde zu David gebracht

4 1 Der Sohn Sauls erfuhr davon, daß Abner in Hebron ermordet worden war. Da wurden seine Hände schwach, und Gesamtisrael geriet in Bestürzung. 2 Nun hatte der Sohn Sauls zwei Männer als Truppenführer; der eine hieß Baana, der andere Rechab. Sie waren die Söhne Rimmons aus Beerot, Angehörige des Stammes Benjamin. Denn auch Beerot rechnete man zu Benjamin. 3 Die (kanaanäischen) Bewohner von Beerot waren nach Gittajim geflohen und halten sich dort als Schutzbürger bis zum heutigen Tag auf. 4 Jonatan, der Sohn Sauls, hatte einen Nachkommen, der an beiden Füßen lahm war. Als er nämlich fünf Jahre alt war, traf die Kunde von Sauls und Jonatans Tod aus Jezreel ein. Da nahm ihn seine Amme und floh. In der Eile der Flucht fiel er hin und wurde hinkend. Sein Name war Meribbaal. 5 Die Söhne Rimmons aus Beerot, nämlich Rechab und Baana, gingen hin und kamen um die heißeste Tageszeit in das Haus Eschbaals. Dieser hatte sich zur Mittagsruhe hingelegt. 6 Die Torwächterin des Hauses war beim Weizenreinigen ermüdet und eingeschlafen. Rechab und sein Bruder Baana schlichen sich durch. 7 Sie drangen in das Haus ein, und während Eschbaal auf seinem Bett im Schlafzimmer ruhte, erschlugen sie ihn und trennten ihm den Kopf ab. Sie nahmen seinen Kopf und gingen während der ganzen Nacht den Weg durch die Steppe. 8 Eschbaals Haupt brachten sie zu David nach Hebron. Sie sprachen zum König: »Hier ist das Haupt Eschbaals, des Sohnes Sauls, deines Feindes, der nach deinem Leben trachtete. Der Herr hat aber heute meinem Gebieter, dem König, Rache an Saul und seinen Nachkommen gewährt.«

Rache für den Mord

9 David gab Rechab und dessen Bruder Baana, den Söhnen Rimmons aus Beerot, folgende Antwort: »So wahr der Herr lebt, der mein Leben aus aller Not gerettet hat: 10 Ich ließ jenen Mann, der mir die Nachricht von dem Tode Sauls brachte und der eine Frohbotschaft zu vermitteln glaubte, ergreifen und ihn in Ziklag hinrichten, wiewohl ich ihm eine Freudenbotschaft hätte belohnen sollen. 11 Wie erst, wenn frevelhafte Menschen einen rechtschaffenen Mann in seinem Hause auf seiner Lagerstatt ermorden! Muß ich da nicht sein Blut von euren Händen fordern und euch von der Erde ausrotten?« 12 Dann befahl David den Knechten, sie niederzumachen. Sie schlugen ihnen Hände und Füße ab und hängten sie am Teich zu Hebron auf. Den Kopf des Eschbaal aber setzte man im Grabe Abners zu Hebron bei.

4,1–11: Diese Szene erinnert an 1,1–16. An unserer Stelle verurteilt David die Ruchlosigkeit und Bosheit eines Meuchelmordes.

König in Gesamtisrael

5 1 Nun kamen alle Stämme Israels zu David nach Hebron und erklärten: »Wir sind doch dein Fleisch und Bein! 2 Schon längst, als Saul noch über uns herrschte, warst du es, der Israel in den Krieg führte und wieder zurückbrachte. Und auch der Herr hat zu dir gesprochen: Du sollst mein Volk Israel weiden und Fürst über Israel sein.« 3 Alle Ältesten Israels kamen zum König nach Hebron; der König David schloß mit ihnen zu Hebron einen Bund im Angesicht des Herrn. Darauf salbte man David zum König über Israel. 4 David war dreißig Jahre alt, als er zu herrschen anfing, vierzig Jahre regierte er. 5 In Hebron regierte er über Juda sieben Jahre und sechs Monate und in Jerusalem dreiunddreißig Jahre über Gesamtisrael und Juda.

Jerusalem, die Hauptstadt des Reiches

6 Der König zog mit seinen Kriegern gegen Jerusalem und die Jebusiter, welche die Gegend bewohnten. Sie sagten zu David: »Du kommst nicht hinein, sondern die Blinden und Lahmen werden dich daran hindern, die da sagen: David kommt hier nicht hinein!« 7 Doch David eroberte die Burg Sion, das ist die Davidsstadt. 8 David hatte damals gesagt: »Jeder, der die Jebusiter totschlägt, den Wassertunnel erreicht und die Blinden und Lahmen wegschafft, die David haßt, soll Hauptmann werden!« Darum heißt es: »Blinde und Lahme kommen nicht in den Tempel hinein.« 9 David ließ sich in der Burg nieder und nannte sie Davidsstadt. Er baute die Stadt ringsum vom Millo an nach innen zu.

10 David wurde mächtiger und nahm an Bedeutung zu; denn der Herr, der Gott der Heerscharen, war mit ihm. 11 Hiram, der König von Tyrus, schickte Boten an David mit Zedernholz, Zimmerleuten und Steinmetzen. Diese bauten David einen Palast. 12 David erkannte, daß der Herr ihn zum König über Israel bestimmt und sein Königtum um seines Volkes Israel willen erhöht hatte.

Davids Söhne und Töchter

13 David nahm sich noch Nebenfrauen, sowie Frauen von Jerusalem, nachdem er aus Hebron gekommen war. So wurden ihm noch weitere Söhne und Töchter geboren. 14 Dies sind die Namen derer, die ihm in Jerusalem geboren wurden: Schammua, Schobab, Natan, Salomo, 15 Jibchar, Elischua, Nepheg, Japhia, 16 Elischama, Beeljada und Eliphelet.

Siege über die Philister

17 Die Philister vernahmen, daß man den David zum König über Israel gesalbt hatte. Da zogen alle Philister heran, um David zu fassen. David hörte davon und begab sich in die Bergfestung hinab. 18 Die Philister kamen und breiteten sich in der Rephaimebene aus. 19 Da befragte David den Herrn: »Soll ich gegen die Philister ziehen? Wirst du sie in meine Hand geben?« Der Herr gab David zur Antwort: »Ziehe hinauf; denn ich werde die Philister in deine Hand geben!« 20 David kam nach Baal-Perazim und schlug sie dort. Er rief aus: »Durchbrochen hat der Herr vor mir meine Feinde, wie Wasser durchbricht!« Daher nannte man jenen Ort Baal-Perazim (»Herr der Durchbrüche«).

21 Dort ließen sie auch ihre Götzenbilder zurück. David aber und seine Leute trugen sie weg. 22 Die Philister zogen erneut ins Feld und breiteten sich in der Rephaimebene aus. 23 Da befragte David den Herrn, und dieser antwortete: »Ziehe nicht gegen sie, sondern umgehe sie von hinten und nähere dich ihnen von den Bakasträuchern her! 24 Hörst du dann ein Rauschen von Schritten in den Wipfeln der Bakasträucher, dann beeile dich; denn dann zieht der Herr vor dir her, um das Heer der Philister zu schlagen!« 25 David tat, wie ihm der Herr befohlen hatte. Er schlug die Philister von Gibeon bis in die Gegend von Geser.

5,2: Vgl. 1 Sam 18,5.12–16; zur Verheißung vgl. 1 Sam 15,28; 16; 2 Sam 3,10.18. • 6–12: Jerusalem, jene Stadt, die bis heute für drei große Religionen die Hl. Stadt ist, liegt an der Stammesgrenze von Benjamin und Juda. Strategische Vorzüge mögen David bestimmt haben, diese Jebusiterstadt zur Residenz zu wählen. Was aber vor allem für die Wahl dieser Hauptstadt sprach, ist der Umstand, daß Jerusalem, die Stätte des alten Salem, die Stadt des Priesterkönigs Melchisedech war (1 Mos 14,18–20; Ps 110,4; Hebr 7). Die Burg Sion lag auf der Südspitze des östlichen Hügels. Von hier aus war eine Verteidigung leicht. Sinnbildlich ist diese alte Jebusiterburg eine uneinnehmbare Festung der Heiligkeit, von der aus der Herr die Seinen beschützt und verteidigt (Offb 21,9–22,5). • 17: Die im Westen angrenzenden Philister waren immer noch die gefährlichsten Gegner. Nur ein Kriegsheld wie David wurde mit ihnen fertig, freilich nicht ohne besonderen Auftrag Gottes. Die Bergfestung hieß Adullam (1 Sam 22,1; 2 Sam 23,13). • 24: Das einzige Beispiel für ein »Baumorakel«. Das Rauschen der Wipfel gilt als Schreiten des unsichtbaren Gottes.

Schicksale der Bundeslade

6 1 Nochmals versammelte David alle Auserlesenen in Israel, 30 000 an der Zahl. 2 Dann machte er sich auf den Weg und zog mit dem ganzen Volke nach Baala in Juda, um von dort die Lade Gottes zu holen, die nach dem Namen des Herrn der Heerscharen benannt ist, der auf den Kerubim thront. 3 Man stellte die Lade Gottes auf einen neuen Wagen und holte sie weg aus dem Haus Abinadabs, das auf dem Hügel stand. Ussa und Achjo, die Söhne Abinadabs, lenkten den Wagen, 4 beladen mit der Lade Gottes, wobei Achjo der Lade vorausging. 5 David und das ganze Haus Israel tanzten vor dem Herrn unter dem Spiel von Klappern aus Zypressenholz, von Zithern, Harfen, Pauken, Schellen und Zimbeln. 6 Als sie aber zur Tenne Kidons kamen, griff Ussa nach der Lade Gottes und faßte sie an; denn die Rinder waren durchgegangen. 7 Da entbrannte der Zorn des Herrn gegen Ussa. Gott schlug ihn dort wegen der Unehrerbietigkeit. Er starb daselbst bei der Lade Gottes. 8 David wurde tief erschüttert darüber, daß der Herr Ussa so weggerissen hat. Man nennt daher heute noch diesen Ort Perez-Ussa (»Wegriß Ussas«).

9 Damals geriet David in Furcht vor dem Herrn und dachte: »Wie soll da die Lade des Herrn zu mir kommen?« 10 David verzichtete also darauf, die Lade des Herrn zu sich in die Davidsstadt zu schaffen, und er brachte sie in das Haus des Obed-Edom aus Gat. 11 So weilte die Lade des Herrn drei Monate

lang im Haus des Obed-Edom. Der Herr aber seg-
nete Obed-Edom und sein ganzes Haus.

Der Tanz vor der Lade

12 Dem König David ward berichtet: »Der Herr hat
das Haus des Obed-Edom und all sein Eigentum um
der Lade Gottes willen gesegnet!« David zog also
hin und holte frohen Herzens die Lade Gottes aus
dem Hause des Obed-Edom in die Davidsstadt hin-
auf. 13 Als aber die Träger der Lade des Herrn die er-
sten sechs Schritte getan hatten, opferte er ein Rind
und einen Büffel. 14 David drehte sich im Tanz mit
aller Kraft vor dem Herrn, mit einem Schulterkleid
aus Linnen umgürtet. 15 So brachten David und das
ganze Haus Israel die Lade des Herrn unter Jubel
und Posaunenklang hinauf.
16 Während die Lade in die Davidsstadt einzog,
blickte Michal, die Tochter Sauls, durch das Fenster.
Sie sah, wie der König David vor dem Herrn hüpfte
und sich im Tanz drehte, und hegte Verachtung für
ihn in ihrem Herzen. 17 Man brachte die Lade des
Herrn hinein und stellte sie an den für sie bestimm-
ten Platz in der Mitte des Zeltes, das David dafür
errichtet hatte. David brachte Brand- und Fried-
opfer vor dem Herrn dar. 18 Als er die Brand- und
Friedopfer vollzogen hatte, segnete er das Volk im
Namen des Herrn der Heerscharen. 19 Er verteilte
dem ganzen Volk, der ganzen Menge Israels, Män-
nern und Frauen, jedem ein Ringbrot, einen Dattel-
kuchen und einen Rosinenkuchen. Dann gingen alle
weg, ein jeder in sein Haus.

Michals Vorwürfe

20 David kehrte heim, um seinem Haus den Segens-
gruß zu entbieten. Da trat ihm Michal, die Tochter
Sauls, entgegen. Sie sprach: »Wie würdevoll hat
sich doch heute der König von Israel aufgeführt, da
er sich heute vor den Dienstmägden seiner Unterta-
nen entblößte, wie sich sonst höchstens einer vom
Gesindel bloßstellt!« 21 David gab jedoch Michal
zur Antwort: »Vor dem Herrn, der mich vor deinem
Vater und seinem ganzen Hause bevorzugt und
mich zum Fürsten über das Volk des Herrn, über
Israel, bestellt hat, will ich tanzend spielen! 22 Ja,
noch mehr als diesmal will ich mich erniedrigen
und vor mir selbst ganz gering werden! Vor den
Dienstmägden aber, von denen du sprichst, werde
ich Ansehen genießen.« 23 Michal aber, die Tochter
Sauls, blieb kinderlos bis zu ihrem Tode.

6,1–23: Der politische Mittelpunkt eines Landes war im Altertum auch der religiöse. Über Jerusalem gelang es zwei rivalisierende Hohepriester zu versöhnen. Ebjatar, der Sohn Achimelechs, war nach der Ermordung seines Vaters zu David geflüchtet (1 Sam 22,11–23). Saul stellte Zadok zum Hohenpriester auf, den David übernehmen mußte. Die Aussöhnung gelang dadurch, daß sich Ebjatar freiwillig unterordnete. Zadoks Geschlecht behielt die Würde bis 175 v. Chr.
• 2: Baala ist der alte Name für Kirjat-Jearim; vgl. Jos 15,9; 1 Sam 7,1.
• 6f: Die hl. Lade durfte nicht berührt werden (4 Mos 4,15). Daß sogar ein gutgemeintes Vorgehen so hart bestraft wurde, ist uns heute kaum begreiflich, nicht aber der alttestamentlichen Denkweise, die in solchen Fällen nur den äußeren Tatbestand berücksichtigte. Vielleicht lag in Wirklichkeit nur ein Unglücksfall vor.

Verheißung an David durch Natan

7 1 Nun wohnte der König in seinem Haus, und
der Herr hatte ihm Ruhe gegeben vor all seinen
Gegnern ringsum. 2 Da sprach der König zum
Propheten Natan: »Siehe, ich wohne in einem
Zedernhaus; die Lade Gottes aber weilt unter einer
Zeltdecke.« 3 Natan entgegnete dem König: »Gehe
hin und tue alles, was dir am Herzen liegt; denn der
Herr ist mit dir!« 4 Doch noch in jener Nacht erging
das Wort des Herrn an Natan: 5 »Auf, sprich zu mei-
nem Knecht David: So spricht der Herr: Du willst
mir also ein Haus bauen, damit ich darin wohne?
6 Ich habe ja doch seit dem Tage, da ich die Israeliten
aus Ägypten herausführte, bis heute in keinem
Hause gewohnt, sondern bin in einem Wohnzelt
umhergewandert. 7 Redete ich denn in all der Zeit
meines Herumwanderns unter allen Israeliten je ein
Wort zu einem der Richter Israels, die ich als Hirten
über mein Volk Israel bestellte: Warum baut ihr mir
kein Haus aus Zedernholz?
8 Nun sprich zu meinem Knecht David: So spricht
der Herr der Heerscharen: Ich habe dich von der
Weide hinter dem Kleinvieh weggeholt, damit du
Fürst über mein Volk Israel werdest. 9 Überall, wo
du gingst, war ich mit dir; all deine Feinde habe ich
vor deinem Antlitz vertilgt. Ich will dir einen be-
deutenden Namen machen wie den Namen der
Großen auf Erden. 10 Ich will meinem Volke Israel
einen Platz zuweisen und es einpflanzen, daß es an
seiner Stätte wohnen kann! Es soll nicht mehr zit-
tern, und frevelhafte Menschen dürfen es nicht
mehr bedrücken wie früher, 11 in der Zeit nämlich,
da ich Richter über mein Volk Israel bestellt habe.
Ruhe will ich dir vor deinen Feinden schenken.
Der Herr verkündet dir, daß er, der Herr, dir ein
Haus bauen wird. 12 Sind deine Tage erfüllt, und
legst du dich zu deinen Vätern schlafen, dann
werde ich deinen unmittelbaren Nachkommen, der
aus deinem Leibe hervorgeht, aufstellen und sein
Königtum bestätigen. 13 Er wird meinem Namen ein
Haus bauen, und ich werde seinen Königsthron für
immer befestigen. 14 Vater will ich ihm sein, und er
soll mir Sohn sein! Deshalb werde ich ihn, wenn er
sich verfehlt, nach Menschenart mit Ruten und
Schlägen züchtigen. 15 Doch meine Huld werde ich

ihm nicht entziehen, wie ich sie Saul entzogen habe, den ich vor dir entfernte. 16 Dein Haus und dein Königtum sollen immer vor mir bestehen; dein Thron soll für ewige Zeiten befestigt sein!« 17 Ganz nach diesen Worten und entsprechend diesem Gesicht redete Natan zu David.

Davids Gebet

18 Der König David ging hinein, ließ sich vor dem Herrn nieder und betete: »Wer bin ich, o Herr und Gott? Und was ist meine Familie, daß du mich bis hierher geführt hast? 19 Und selbst dies war noch zu wenig in deinen Augen, o Herr und Gott! Du hast dem Hause deines Knechtes auch für ferne Zukunft Verheißungen gegeben, und das geht über menschliche Forschung hinaus, o Herr und Gott! 20 Was soll David jetzt noch weiter zu dir sagen? Du kennst ja deinen Knecht, o Herr und Gott! 21 Deines Wortes wegen und nach deinem Herzen vollbrachtest du diese ganze Großtat, um deinen Knecht zu belohnen. 22 Daher bist du groß, o Herr und Gott! Denn keiner ist wie du, und es gibt keinen Gott außer dir, nach allem, was wir mit unsern Ohren gehört haben. 23 Und wo gibt es noch ein einziges Volk auf Erden wie dein Volk Israel, für das ein Gott hingegangen wäre, es sich zum Volk zu erkaufen und ihm einen Namen zu verschaffen, große und wunderbare Taten an ihm zu vollbringen? Vor deinem Volk, das du dir aus Ägypten erkauft hast, vertriebst du Völker und Götter. 24 Du hast dir dein Volk Israel für immer zum Volke bestimmt. Du, o Herr, bist ihnen zum Gott geworden.

25 Bestätige nun, Herr und Gott, das Wort, das du über deinen Knecht und sein Haus geredet hast, für immer! Tue, wie du gesagt hast! 26 Dann wird dein Name groß sein für immer, und man wird sprechen: ›Der Herr der Heerscharen ist Gott über Israel!‹ Und das Haus deines Knechtes David wird vor deinem Antlitz gefestigt sein! 27 Denn du, Herr der Heerscharen, Israels Gott, hast ins Ohr deines Knechtes verheißen: ›Ich werde dir ein Haus bauen.‹ Daher fand dein Knecht auch den Mut, an dich dieses Gebet zu richten. 28 Und nun, o Herr und Gebieter, du bist Gott, und deine Worte sind Wahrheit. Du hast deinem Knecht diese vortreffliche Verheißung gegeben. 29 So lasse dich nun dazu bestimmen, das Haus deines Knechtes zu segnen, auf daß es immer vor deinem Angesichte bleibe! Denn du, o Herr, hast gesprochen, und durch deinen Segensspruch bleibt das Haus deines Knechtes für immer gesegnet.«

7,8–17: Diese Verheißung des Herrn an David bezieht sich im wörtlichen Sinn auf die Fortdauer seines Königsgeschlechtes für ewige Zeiten, muß aber auch in Anlehnung an 1 Mos 49,10 und Is 11,1 auf den Messias und seine ewige Herrschaft bezogen werden.

Davids Kämpfe gegen die umliegenden Völker

8 1 Danach schlug David die Philister und unterwarf sie. Er entriß Gat und seine Tochterstädte der Hand der Philister. 2 Er schlug die Moabiter und maß sie mit der Schnur ab, wobei sie sich auf den Boden legen mußten. Je zwei Schnüre maß er über jene, die er tötete, und eine Schnur länger für jene, die er am Leben erhalten wollte. So wurden die Moabiter Davids Knechte und tributpflichtig. 3 Ferner überwältigte David Hadadeser, den Sohn des Rechob, den König von Zoba. Dieser war ausgezogen, um seine Macht am Euphrat wieder herzustellen. 4 David nahm von ihm 1700 Wagenkämpfer und 20 000 Mann Fußvolk gefangen. Alle Wagenpferde ließ David lähmen; nur hundert Wagengespanne ließ er davon übrig. 5 Die Aramäer von Damaskus kamen dem König Hadadeser von Zoba zu Hilfe. David schlug von ihnen 22 000 Mann. 6 Er setzte im aramäischen Damaskus Vögte ein. Die Aramäer wurden Davids Knechte und tributpflichtig. Der Herr half David bei allen Kriegszügen. 7 David nahm auch die goldenen Rundschilde, die Hadadesers Leute hatten, und schaffte sie nach Jerusalem. 8 Aus Tebach und Berotaj, den Städten Hadadesers, erbeutete der König David Erz in großer Menge. 9 Als Toï, der König von Hamat, vernahm, daß David die gesamte Streitmacht Hadadesers geschlagen hatte, 10 sandte er seinen Sohn Hadoram zum König David, um ihn zu begrüßen und ihm Glück zu wünschen, daß er gegen Hadadeser gestritten und ihn geschlagen habe. – Toï stand nämlich mit Hadadeser auf Kriegsfuß. – Er brachte silberne, goldene und eherne Gefäße mit. 11 Auch sie weihte der König David dem Herrn samt dem Silber und dem Gold, das er von allen unterworfenen Völkern geweiht hatte, 12 nämlich von Edom, Moab, den Ammonitern, Philistern, Amalek und von der Beute Hadadesers, des Sohnes Rechobs, des Königs von Zoba. 13 So machte sich David einen Namen. Als er zurückkehrte, schlug er die Edomiter im Salztal, 18 000 Mann. 14 Er legte nach Edom eine Besatzung. So wurden alle Edomiter Davids Knechte. Der Herr half David bei allen seinen Unternehmungen.

Ämter

15 David herrschte über ganz Israel und übte Recht und Gerechtigkeit an seinem gesamten Volke. 16 Joab, der Sohn der Zeruja, befehligte das Heer, Josaphat, der Sohn Achiluds, war Kanzler. 17 Zadok,

der Sohn Achitubs, und Ebjatar, der Sohn des
Achimelech, waren Priester. Schuscha war Staats-
schreiber. 18 Benaja, der Sohn Jehojadas, hatte den
Oberbefehl über die Kreter und Peleter (Leib-
wache). Die Söhne Davids aber waren Priester.

8,2–4: Im Alten Orient war das Los der Kriegsgefangenen recht hart (Is 13,15; Os 10,14; Am 1,3.13). Israels Könige galten sonst als milde (1 Kön 20,31; auch 5 Mos 20,10).

Davids Wohltaten an Meribbaal,
einem Nachkommen Sauls

9 1 David stellte die Frage: Ist noch jemand da,
der vom Hause Saul übrigblieb? Ich will an
ihm liebevoll handeln um Jonatans willen.«
2 Nun war vom Hause Saul noch ein Knecht namens
Ziba da. Diesen rief man zu David, und der König
fragte ihn: »Bist du Ziba?« Er entgegnete: »Ja, dein
Knecht bin ich.« 3 Der König fragte weiter: »Ist vom
Hause Saul noch jemand da? Ich will ihm Gottes
Barmherzigkeit erweisen!« Ziba erwiderte dem Kö-
nig: »Es ist noch ein Sohn Jonatans da, der an beiden
Beinen gelähmt ist.« 4 Da fragte ihn der König: »Wo
ist er?« Ziba erwiderte: »Er befindet sich im Hause
Machirs, des Sohnes Ammiels, in Lodebar.« 5 Der
König David sandte hin und ließ ihn aus dem Hause
des Machir, des Sohnes Ammiels, aus Lodebar
holen. 6 Meribbaal, der Sohn Jonatans, des Sohnes
Sauls, kam zu David. Er fiel auf sein Antlitz nieder
und brachte seine Huldigung dar. David aber
sprach: »Meribbaal!« Der aber entgegnete: »Dein
Knecht ist hier.« 7 David sprach zu ihm: »Fürchte
dich nicht! Ich will Barmherzigkeit an dir üben um
deines Vaters Jonatan willen. Ich will dir den
ganzen Grundbesitz deines Großvaters Saul wie-
dererstatten. Du sollst ständig an meinem Tische
speisen!«
8 Jener verneigte sich vor ihm und sprach: »Was ist
denn dein Knecht, daß du dein Antlitz einem toten
Hund zuwendest, wie ich es bin?« 9 Da rief der
König Ziba, den Diener Sauls, und sprach zu ihm:
»Alles, was Saul und seiner ganzen Familie gehört
hat, will ich dem Sohn deines Herrn schenken.
10 Du mit deinen Söhnen und Knechten sollst ihm
den Boden bearbeiten und das Getreide ernten, da-
mit die Familie deines Herrn Brot zu essen habe.
Meribbaal aber, der Sohn deines Herrn, wird sich
beständig an meinem Tisch nähren.« Ziba hatte
fünfzehn Söhne und zwanzig Knechte. 11 Ziba ent-
gegnete dem König: »Ganz, wie mein Herr, der
König, seinem Knecht anordnet, will ich tun.« Me-
ribbaal speiste an Davids Tisch wie einer von des
Königs Söhnen. 12 Meribbaal hatte einen kleinen
Sohn mit Namen Micha. Alle Insassen des Hauses
Ziba waren zugleich Knechte Meribbaals. 13 Merib-
baal wohnte in Jerusalem, weil er ständig an des
Königs Tisch speisen durfte. Er war gelähmt an bei-
den Füßen.

9,7: David wollte das Andenken Jonatans ehren und zugleich den letzten Sauliden überwachen.

Trauerboten entehrt

10 1 Danach begab es sich, daß Nachasch,
der Ammoniterkönig, starb und sein
Sohn Chanun an seiner Stelle König
wurde. 2 David überlegte: »Ich will mich freundlich
gegen Chanun, den Sohn des Nachasch, betragen,
wie sein Vater gegen mich freundlich war.« Daher
sandte David hin und ließ ihm durch seine Diener
zum Verlust seines Vaters sein Beileid aussprechen.
Die Diener Davids kamen also in das Ammoniter-
land. 3 Da sprachen die Ammoniterfürsten zu ihrem
Herrn Chanun: »Wenn David Trostboten zu dir ge-
sandt hat, bedeutet das etwa, daß er deinem Vater
vor dir Ehre erweisen will? Sandte er nicht deswe-
gen seine Diener zu dir, die Stadt zu erforschen,
auszukundschaften und sie von Grund auf zu zer-
stören?« 4 Da ließ Chanun die Diener Davids er-
greifen, ihnen den Bart zur Hälfte abscheren und
ihre Kleider zur Hälfte bis zum Gesäß abschneiden.
Dann ließ er sie gehen. 5 Man meldete dies dem Da-
vid. Er sandte ihnen entgegen; denn die Männer
fühlten sich sehr beschämt. Er befahl: »Bleibt in
Jericho, bis euer Bart wieder gewachsen ist, dann
erst kehrt heim!«

Angriff auf die Ammoniter und Aramäer

6 Die Ammoniter merkten, daß sie bei David sich
verhaßt gemacht hatten. Sie sandten also hin und
warben die Aramäer von Bet-Rechob und die
Aramäer von Zoba mit 20 000 Mann Fußvolk, fer-
ner den König von Maacha mit 1000 Mann und die
Einwohner von Tob mit 12 000 Mann an. 7 David
hörte davon und sandte Joab mit dem ganzen Heer
von Kriegshelden. 8 Die Ammoniter rückten vor
und ordneten ihre Schlachtreihen am Eingang der
Stadt. Die Aramäer von Zoba und Rechob sowie
die Männer von Tob und Maacha standen abgeson-
dert auf freiem Feld. 9 Joab erkannte, daß ihm von
vorn und vom Rücken die Kriegsfront drohte. Er
traf also eine Auswahl aus allen Kerntruppen Israels
und richtete gegen Aram die Schlachtreihen aus.
10 Die übrigen Kriegsleute übergab er seinem Bruder
Abischaj, und dieser trat den Ammonitern entge-
gen. 11 Joab sprach: »Sind die Aramäer stärker als
ich, so komme du mir zu Hilfe! Sind aber die

Ammoniter stärker als du, so eile ich herbei und
komme dir zu Hilfe. 12 Sei tapfer! Wir müssen stark
sein für unser Volk und für die Städte unseres
Gottes. Der Herr aber tue, was ihm wohlgefällt!«
13 Joab und seine Leute gingen zum Angriff gegen
die Aramäer über, und diese flohen vor ihm. 14 Die
Ammoniter merkten, daß Aram floh. Sie ergriffen
also vor Abischaj die Flucht und zogen sich in die
Stadt zurück. Dann ließ Joab von den Ammonitern
ab und kam nach Jerusalem.

Letztes Aufgebot

15 Die Aramäer sahen, daß ihnen von Israel eine
Niederlage beigebracht war. Trotzdem sammelten
sie sich wiederum. 16 Hadadeser sandte hin und
führte die Aramäer jenseits des Euphratstromes
zum Kampf heran. Sie kamen nach Helam; Scho-
bak, der Feldherr des Hadadeser, befehligte sie.
17 Dies wurde David gemeldet. Daher bot er ganz
Israel auf, überschritt den Jordan und kam nach
Helam. Die Aramäer traten David gegenüber und
kämpften mit ihm. 18 Doch sie mußten vor Israel
fliehen. David vernichtete von Aram siebenhundert
Wagengespanne und 40 000 Mann; auch ihren Feld-
herrn Schobak verwundete er so schwer, daß er an
Ort und Stelle starb. 9 Alle Könige, die Hadadeser
untertan waren, merkten, daß sie von Israel besiegt
waren. Sie schlossen mit Israel Frieden und unter-
warfen sich ihm. Die Aramäer aber fürchteten sich,
den Ammonitern weiterhin zu helfen.

Belagerung von Rabba

11 1 Um die Jahreswende, zur Zeit, da die
Könige in den Krieg zu ziehen pflegen,
sandte David den Joab mit seinen Leuten
und ganz Israel aus. Man verheerte das Land der
Ammoniter und belagerte Rabba. David selbst blieb
in Jerusalem.

Die Frau des Uria

2 Eines Abends stand David von seinem Lager auf
und lustwandelte auf dem Dach des Königspala-
stes. Da sah er vom Dach aus eine badende Frau
von überaus schöner Gestalt. 3 David sandte hin
und erkundigte sich nach der Frau. Man meldete
ihm: »Das ist Batseba, die Tochter Eliams, die Frau
des Hethiters Uria.« 4 David schickte Boten hin und
ließ sie holen. Sie kam zu ihm, und er wohnte ihr
bei. Sie reinigte sich dann von ihrer Unreinheit und
kehrte in ihr Haus zurück. 5 Die Frau hatte empfan-
gen und ließ David melden: »Ich bin schwanger.«
6 David sandte zu Joab: »Schicke mir den Hethiter
Uria!« Und Joab entsandte den Uria zu David. 7 Uria
kam, und David fragte ihn nach dem Wohlbefinden
Joabs, dem Ergehen der Kriegsleute und dem Stand
des Krieges. 8 David befahl Uria: »Gehe hinab in
dein Haus und wasche dir die Füße!« Uria verließ
das Haus des Königs; ein Geschenk des Königs
folgte hinterdrein. 9 Doch Uria schlief am Torein-
gang zum Königshause mit allen Untergebenen sei-
nes Herrn und ging nicht in sein Haus hinab. 10 Man
meldete David: »Uria ist nicht in sein Haus gegan-
gen.« Da fragte David den Uria: »Kommst du denn
nicht von einem Feldzug? Warum gehst du nicht in
dein Haus?« 11 Uria gab David zur Antwort: »Die
Lade so wie Israel und Juda wohnen in Zelten; mein
Gebieter Joab lagert mit den Soldaten meines Herrn
auf freiem Felde. Ich aber soll in mein Haus gehen,
essen, trinken und bei meiner Frau schlafen? So
wahr du lebst, und so wahr deine Seele lebt, nie-
mals werde ich das tun!« 12 David entgegnete Uria:
»Bleibe auch heute noch hier! Morgen entsende ich
dich wieder.« Uria blieb also an jenem Tag in Jeru-
salem und auch am nächstfolgenden. 13 David lud
ihn ein, mit ihm zu essen und zu trinken, und er
machte ihn berauscht. Doch er ging am Abend wie-
der hinaus und schlief auf seinem Lager bei den Un-
tergebenen seines Herrn. In sein Haus ging er nicht.

Brief an Joab

14 Am nächsten Morgen schrieb David einen Brief
an Joab und ließ ihn durch Uria überbringen. 15 Im
Brief stand zu lesen: »Stellt den Uria an die heftigste
Stelle des Kampfes ganz vorne hin! Zieht euch dann
von ihm zurück, denn er soll getroffen werden und
sterben!« 16 Während nun Joab die Stadt belagerte,
stellte er Uria dahin, wo er starke Gegner wußte.
17 Die Männer der Stadt machten einen Ausfall, um
mit Joab zu kämpfen. Manch einer vom Kriegsvolk
Davids fand den Tod. Auch der Hethiter Uria kam
dabei ums Leben. 18 Joab sandte hin, um David die
Geschehnisse des Kampfes zu melden. 19 Er gab
dem Boten den Auftrag: »Wenn du dem König alle
Kampfereignisse geschildert hast, 20 und wenn dann
sein Zorn auflodert und er dich fragt: ›Warum seid
ihr denn so nahe an die Stadt herangerückt, um zu
kämpfen? Habt ihr nicht gewußt, daß man von der
Mauer herabschießt? 21 Wer hat denn Abimelech,
den Sohn Jerubbaals erschlagen? Hat nicht ein
Weib den oberen Teil der steinernen Handmühle
von der Mauer auf ihn herabgeworfen, so daß er in
Tebez starb? Warum seid ihr denn so nahe an die
Mauer herangetreten?‹, dann sage nur: ›Auch dein
Knecht, der Hethiter Uria, ist tot.‹«
22 Der Bote zog ab, kam zu David und meldete ihm
alles, was Joab aufgetragen hatte. 23 Es sprach der
Bote zu David: »Die Feinde waren stärker als wir.

Sie drangen gegen uns auf das freie Feld vor, wir
mußten sie bis zum Stadttor zurückdrängen.
24 Doch die Bogenschützen schossen von der Mauer
herab auf deine Knechte. Von den Knechten des Kö-
nigs fanden einige den Tod. Auch dein Knecht, der
Hethiter Uria, kam um.« 25 David entgegnete dem
Boten: »Sage zu Joab: ›Gräme dich nicht um diese
Angelegenheit; denn das Kriegsschwert frißt bald
hier, bald dort. Führe tapfer deinen Krieg gegen die
Stadt und zerstöre sie!‹ Stärke also seinen Mut!«

Nach dem Verbrechen: Batseba wird Davids Frau

26 Als Urias Frau vernahm, daß ihr Mann tot sei,
hielt sie um ihren Eheherrn die Totenklage. 27 Nach-
dem die Trauerzeit vorübergegangen war, sandte
David hin und ließ sie in sein Haus bringen. Sie
wurde seine Frau und gebar ihm einen Sohn. Doch
dem Herrn mißfiel, was David getan hatte.

11,1–12,14: Wir lernen David als großen Sünder, aber auch als großen Büßer kennen. Gott straft das Böse, läßt aber doch seine Verheißungen an sündhaften Menschen bestehen. Als Mutter Salomos steht Urias Frau sogar im Stammbaum Christi (Matth 1,6).

Natan als Gleichniserzähler

12
1 Der Herr entsandte Natan zu David.
Dieser ging hin und verkündete ihm:
»Zwei Männer waren in einer Stadt, der
eine reich, der andere arm. 2 Der Reiche hatte
Schafe und Rinder in großer Menge. 3 Der Arme
hatte nichts als ein einziges Lamm, das er gekauft
und aufgezogen hatte. Bei ihm und seinen Kindern
wuchs es heran. Es aß von seinen Bissen, trank aus
seinem Becher und schlief auf seinem Schoße. Es
war ihm wie eine Tochter. 4 Da bekam eines Tages
der Reiche Besuch. Es tat ihm leid, von seinen eige-
nen Schafen oder Rindern eines zu nehmen und es
dem Wanderer, der zu ihm gekommen war, zu be-
reiten. So nahm er das Lamm des armen Mannes
und richtete es für seinen Gast zu.«

Strafrede

5 David geriet in heftigen Zorn über jenen Mann
und sagte zu Natan: »So wahr der Herr lebt! Der
Mann, der das getan hat, ist ein Kind des Todes!
6 Das Lamm soll er vierfach erstatten zur Vergeltung
dafür, daß er dieses getan und kein Mitleid emp-
funden hat.« 7 Da sprach Natan zu David: »Du bist
der Mann! So spricht der Herr, der Gott Israels: Ich
habe dich zum König über Israel gesalbt, und ich
habe dich aus der Hand Sauls gerettet. 8 Ich gab dir
das Haus deines Herrn und die Frauen deines Herrn
in deinen Schoß. Ich gab dir das Haus Israel und
Juda. Ist das noch zu wenig, so könnte ich noch
mehr hinzufügen. 9 Warum hast du das Wort des
Herrn mißachtet und das getan, was böse ist in
seinen Augen? Den Hethiter Uria hast du mit dem
Schwerte getötet und sein Weib zu deiner Frau ge-
macht. Ihn hast du ermordet durch das Schwert der
Ammoniter. 10 Nun aber wird das Schwert von dei-
nem Hause nimmer weichen, weil du mich
mißachtet und dich am Weib des Hethiters Uria
vergriffen hast, damit sie deine Frau würde. 11 So
spricht der Herr: Aus deinem eigenen Hause lasse
ich Unheil über dich erstehen! Wegnehmen werde
ich deine Frauen vor deinen Augen und sie einem
anderen geben, der mit deinen Frauen bei hellem
Sonnenschein schlafen wird. 12 Heimlich hast du
das getan; ich aber werde diese Drohung vor ganz
Israel und im Angesicht der Sonne verwirklichen.«

Reue

13 Da sprach David zu Natan: »Ich habe gegen den
Herrn gesündigt.« Natan entgegnete: »Gut, der Herr
vergibt dir deine Sünde. Du wirst nicht sterben.
14 Weil du aber den Herrn durch diesen Frevel offen
verhöhnt hast, muß der Sohn, der dir geboren wird,
des Todes sterben.«

Davids Ringen mit Gott

15 Natan ging in sein Haus. Der Herr aber schlug das
Kind, das Urias Frau dem David geboren hatte, daß
es auf den Tod erkrankte. 16 David suchte Gott um
des Knaben willen auf; er fastete, schloß sich ein
und lag die Nacht über am Boden. 17 Die Würden-
träger seines Hofes versuchten, ihn vom Erdboden
aufzurichten. Er aber weigerte sich und nahm keine
Speise mehr mit ihnen zu sich.
18 Am siebten Tag starb das Kind. Die Bediensteten
Davids fürchteten sich, ihm mitzuteilen, daß es tot
sei. Sie dachten nämlich: »Solange das Kind lebte,
haben wir ihm zugeredet, aber er beachtete uns
nicht. Wie können wir ihm sagen: Das Kind ist tot?
Er könnte ein Unheil anrichten!« 19 David aber
merkte, daß seine Bediensteten flüsterten. Er er-
kannte, daß das Kind gestorben war. Daher fragte
er seine Umgebung: »Ist das Kind tot?« Sie antwor-
teten: »Ja, tot.« 20 David erhob sich nun von der
Erde, wusch und salbte sich. Er wechselte seine
Kleider und ging in das Haus des Herrn, um anzu-
beten. Dann ging er heim, ließ sich Speise auftragen
und begann zu essen. 21 Da fragten ihn seine Die-
ner: »Was bedeutet dieses Verhalten, das du an den
Tag legst? Um des lebenden Kindes willen hast du
gefastet und geweint; da das Kind aber tot ist, stehst
du auf und ißt!« 22 Er entgegnete: »Solange das Kind
noch lebte, habe ich gefastet und geweint, weil ich
mir dachte: Vielleicht wird sich der Herr doch noch
meiner erbarmen und das Kind am Leben erhalten.

23 Nun aber ist es tot. Wozu soll ich noch fasten? Kann ich es wieder zurückholen? Nein, ich werde zu ihm gehen. Das Kind aber kehrt zu mir nicht wieder zurück.«

Salomos Geburt

24 David beruhigte seine Frau Batseba, ging zu ihr und verkehrte mit ihr. Sie gebar einen Sohn, den er Salomo nannte. Der Herr liebte ihn, 25 und er sandte als Boten den Propheten Natan, der ihm den Namen Jedidjah (»Geliebter des Herrn«) gab, im Hinblick auf den Herrn.

Eroberung von Rabba

26 Joab kämpfte gegen Rabba, die Hauptstadt der Ammoniter. Er hatte bereits die Königsstadt eingenommen. 27 Da sandte er Boten zu David und ließ berichten: »Ich habe gegen Rabba gekämpft und auch die Wasserstadt erobert. 28 Biete nun den Rest des Kriegsvolkes auf; belagere die Stadt und nimm sie ein, damit nicht ich die Stadt erobere und mein Name über ihr ausgerufen wird!« 29 David bot das ganze Kriegsvolk auf, zog gegen Rabba und eroberte es im Kampf. 30 Er nahm dem Milkom die Krone vom Haupt. Sie war von Gold, ein Talent schwer; an ihr prangte ein wertvoller Edelstein, der später auf Davids Haupt kam. Überaus reiche Beute brachte er aus der Stadt weg. 31 Ihre Bevölkerung führte er fort und stellte sie an die Steinsägen, Eisengeräte, eisernen Äxte und ließ sie in Ziegeleien arbeiten. So verfuhr er mit allen Städten der Ammoniter. Danach kehrte David mit dem gesamten Kriegsvolk nach Jerusalem zurück.

12,1–14: Durch das geschickt gewählte Gleichnis verurteilt David sich selbst. David bereut, und Gott verzeiht zwar des Königs Schuld, doch das Vergehen fordert Strafe. • 25: Der Ehrenname wurde in der Öffentlichkeit nicht gebraucht.

Eine frevelhafte Tat

13 1 Hierauf ereignete sich folgendes: Absalom, der Sohn Davids, hatte eine schöne Schwester namens Tamar. Amnon, der Sohn Davids, verliebte sich in sie. 2 Amnon quälte sich wegen seiner Schwester Tamar so, daß er krank wurde. Sie war Jungfrau, und es erschien ihm unmöglich, ihr etwas anzutun. 3 Amnon hatte einen Freund namens Jonadab, einen Sohn des Schima, des Bruders Davids. Jonadab war ein recht verschlagener Mann. 4 Er fragte ihn: »Warum bist du, Sohn meines Königs, an jedem Morgen so elend? Willst du es mir nicht erzählen?« Amnon antwortete ihm: »Ich liebe Tamar, die Schwester meines Bruders Absalom.« 5 Da sprach Jonadab zu ihm: »Lege dich in dein Bett und stelle dich krank! Kommt dann dein Vater, dich zu besuchen, so sprich zu ihm: Laß meine Schwester Tamar kommen und mir Krankenkost verabreichen! Sie bereite aber das Essen vor meinen Augen zu, daß ich es sehen kann und von ihr das Essen erhalte.« 6 Amnon legte sich nieder und stellte sich krank. Als der König kam, um ihn zu besuchen, bat ihn Amnon: »Möge doch meine Schwester Tamar kommen und vor meinen Augen einige Herzkuchen backen, daß ich sie aus ihrer Hand als Krankenkost essen kann!« 7 David sandte heim zu Tamar und ließ ihr sagen: »Komm doch in das Haus deines Bruders Amnon und richte ihm das Essen zu!« 8 Tamar begab sich in das Haus ihres Bruders Amnon, der im Bett lag. Sie nahm den Mehlteig, knetete ihn, formte vor seinen Augen Herzkuchen und buk sie. 9 Sie nahm die Pfanne und trug ihm auf. Aber er weigerte sich zu essen und befahl: »Alle sollen von mir fortgehen!« Da gingen alle hinaus. 10 Amnon sprach zu Tamar: »Bringe die Krankenkost in das Innengemach! Ich will sie aus deiner Hand einnehmen!« Tamar nahm die zubereiteten Herzkuchen und brachte sie ihrem Bruder Amnon in das innere Gemach. 11 Sie verabreichte ihm das Essen. Er aber ergriff sie und sprach zu ihr: »Komm, lege dich zu mir, meine Schwester!« 12 Sie aber entgegnete ihm: »Nicht doch, mein Bruder! Vergewaltige mich nicht; denn solches darf man in Israel nicht tun ! Verübe doch nicht diese Torheit! 13 Wo sollte ich mit meiner Schande hin? Du aber wärest wie einer der Toren in Israel. Rede jetzt mit dem König! Er wird mich dir nicht abschlagen.« 14 Er aber wollte nicht auf sie hören, griff nach ihr, schändete sie und wohnte ihr bei. 15 Amnon faßte danach einen furchtbaren Haß gegen sie, der größer war als die Liebe, die er zu ihr hatte. Er befahl ihr: »Stehe auf und verschwinde!« 16 Doch sie warf ihm vor: »Nein, mein Bruder! Denn größer wäre dieses Unrecht als das andere, das du mir angetan hast, wenn du mich einfach fortschicken wolltest!« Er aber wollte nicht auf sie hören. 17 Er rief nach seinem Burschen, der ihn bediente, und sprach: »Schafft diese fort von mir, hinaus, und bindet die Türe hinter ihr zu!« 18 Sie trug ein langes Ärmelkleid; denn in solche Gewänder kleideten sich seit jeher Königstöchter, die noch Jungfrauen waren. Sein Diener brachte sie hinaus und band die Türe hinter ihr zu. 19 Tamar streute Asche auf ihr Haupt, zerriß das Ärmelkleid, das sie trug, legte ihre Hände auf den Kopf und ging unter Wehklagen fort.

Absaloms Haß

20 Da fragte sie ihr Bruder Absalom: »War dein Bruder Amnon bei dir? Nun denn, meine Schwester,

schweige still! Er ist ja dein Bruder. Gräme dich nicht um das, was geschehen ist« Tamar blieb zurückgezogen im Hause ihres Bruders Absalom. 21 Der König David vernahm von all diesen Dingen und wurde sehr zornig. 22 Absalom sprach mit Amnon kein Wort mehr, weder im bösen noch im guten Sinn; denn er haßte Amnon, weil er seine Schwester Tamar entehrt hatte.

Absaloms Rache

23 Zwei Jahre später hielt Absalom in Baal-Chazor bei Ephraim Schafschur. Absalom lud alle königlichen Prinzen dazu ein. 24 Er begab sich zum König und sprach: »Siehe, dein Knecht hält Schafschur. Möge doch der König mit seinen Dienern deinen Knecht begleiten!« 25 Der König erwiderte Absalom: »Nein, mein Sohn! Wir können doch nicht alle kommen; wir fallen dir sonst zur Last.« Auch als er ihn dringend bat, wollte er nicht mitgehen, sondern verabschiedete sich von ihm. 26 Absalom sprach darauf: »Darf nicht wenigstens mein Bruder Amnon mitkommen?« Der König erwiderte: »Wozu soll er denn mit dir gehen?« 27 Absalom jedoch bestand darauf; da ließ jener Amnon und alle königlichen Prinzen mit ihm ziehen. 28 Absalom erteilte seinen Knechten den Befehl: »Paßt auf! Wenn Amnon durch den Wein lustig wird und ich euch sage: ›Schlagt Amnon nieder!‹, dann tötet ihn! Habt keine Furcht! Ich bin es ja, der euch den Befehl gegeben hat. Seid mutig und tapfer!« 29 Die Knechte Absaloms taten an Amnon, wie Absalom angeordnet hatte.

Alle königlichen Prinzen sprangen auf, setzten sich auf ihre Maultiere und flohen. 30 Sie waren noch unterwegs, da drang das Gerücht schon zu David: »Absalom hat alle königlichen Prinzen erschlagen, nicht einer von ihnen blieb übrig.« 31 Der König erhob sich, zerriß seine Kleider und warf sich zu Boden nieder. Auch alle seine Diener standen um ihn mit zerrissenen Kleidern. 32 Doch Jonadab, der Sohn Schimas, des Bruders Davids, ergriff das Wort und sprach: »Mein Herr soll nicht meinen, man habe alle jungen Prinzen ermordet! Amnon allein wird tot sein; denn in Absaloms Absicht hat das gelegen seit dem Tage, da jener seine Schwester Tamar vergewaltigt hatte. 33 Mein Herr und König möge sich also das Herz nicht schwer machen mit dem Gedanken, es seien alle königlichen Prinzen ermordet worden; nur Amnon allein wird tot sein!«

Absaloms Flucht

34 Absalom aber ergriff die Flucht. Der Diener, der ausspähte, erhob seine Augen und sah eine Reihe von Leuten auf dem Wege von Choronajim am Bergabhang einherkommen. 35 Jonadab sprach zum König: »Siehe, die königlichen Prinzen kommen! Wie dein Knecht gesagt hat, so ist es!« 36 Kaum hatte er zu Ende geredet, als die königlichen Prinzen eintrafen. Sie weinten mit lauter Stimme, und auch der König und seine ganze Umgebung brachen in ein heftiges Weinen aus. 37 Absalom aber floh und ging zu Talmaj, dem Sohn Ammichurs, des Königs von Geschur. Der König trauerte um seinen Sohn die ganze Zeit. 38 Absalom also war geflohen und nach Geschur gegangen; er blieb dort drei Jahre. 39 Des Königs Gesinnung ließ aber allmählich davon ab, gegen Absalom zu hadern, da er sich mit dem Tod des Amnon abfand.

13,13: Geschwister- und Halbgeschwisterehen sind nach 3 Mos 18,6ff; 20,17; 5 Mos 27,22 an sich streng verboten, doch die damalige Zeit dachte noch anders; sie sah darin nichts Anstößiges. Tamar weist die Gewalttat zurück, denkt aber kaum an Blutschande. Abraham war ja auch mit einer Halbschwester verheiratet. • 30f: 12,18 erlebten wir den Tod des jüngsten Sohnes, hier die Ermordung des ältesten als Strafe für des Königs Sünden.

Die Frau aus Tekoa

14 1 Joab, der Sohn Zerujas, erkannte, daß des Königs Herz sich Absalom wieder zuwandte. 2 Joab sandte nach Tekoa und ließ von dort eine kluge Frau kommen. Er sprach zu ihr: »Täusche Trauer vor, ziehe Trauerkleider an, salbe dich nicht mit Öl und benimm dich wie eine Frau, die sich schon seit langem um einen Toten grämt! 3 Dann gehe zum König und sprich mit ihm so und so!« Joab legte ihr, was sie reden sollte, in den Mund. 4 Die Frau aus Tekoa kam zum König, warf sich auf ihr Antlitz nieder, huldigte ihm und sprach: »Hilf mir, o König!« 5 Der König fragte sie: »Was ist dir?« Sie antwortete: »O weh, ich bin eine Witwe, mein Mann starb. 6 Deine Magd hatte zwei Söhne. Beide gerieten auf dem Feld in Streit. Niemand war da, der sie getrennt hätte, so daß der eine den anderen niederschlug und tötete. 7 Da trat die ganze Sippe gegen deine Magd auf und verlangte: ›Gib den Brudermörder heraus, wir wollen ihn töten für das Leben seines Bruders, den er ermordet hat, und auch den Erben ausrotten!‹ So wollen sie den Funken, der mir noch übrig ist, auslöschen, so daß meinem Mann weder Name noch Nachkomme auf dem Erdboden bleibt.« 8 Der König erwiderte: »Gehe heim! Ich werde in deinem Sinne Befehle erteilen.« 9 Die Frau aus Tekoa antwortete dem König: »Auf mir, mein Herr und König, wird aber die Schuld lasten bleiben und auch auf meiner Familie, während der König und sein Thron keine Verantwortung haben.« 10 Der König entschied: »Redet

jemand wider dich, so bringe ihn her zu mir! Er wird dich dann nicht mehr belästigen.« 11 Sie sprach: »Möge der König doch den Herrn, deinen Gott, eidlich anrufen, daß der Bluträcher nicht noch mehr Unheil anrichten und daß man meinen Sohn nicht ausrotten darf!« Er antwortete: »So wahr der Herr lebt, auf keinen Fall soll auch nur ein Haar deines Sohnes zu Boden fallen!«

Verständnis des Gleichnisses

12 Die Frau fuhr fort: »Dürfte deine Magd zu meinem Gebieter, dem König, ein Wort reden?« Er erwiderte: »Sprich!« 13 Die Frau begann zu reden: »Warum sinnst du denn ganz so Ähnliches gegen das Volk Gottes? Dadurch, daß der König ein solches Urteil ausspricht, erklärt er sich selbst schuldig, wenn er seinen Verstoßenen nicht zurückholt. 14 Wir müssen alle sterben. Dem Wasser gleichen wir, das zur Erde gegossen wird und nicht gesammelt werden kann. Gott aber rafft kein Leben hinweg, sondern es ist sein Wunsch, daß ein Verstoßener nicht von ihm verstoßen bleibe. 15 Jedoch, daß ich gekommen bin, um mit meinem Herrn und König über jenes Anliegen zu reden, liegt darin begründet, daß die Leute mich ängstigten. Deine Magd sagte sich: Ich will mit dem König reden. Vielleicht handelt der König nach der Bitte seiner Magd. 16 Denn der König wird mir Gehör schenken und seine Magd aus der Hand des Mannes befreien, der danach trachtet, mich und meinen Sohn zugleich aus dem Erbe Gottes auszurotten. 17 Deine Magd dachte sich: Das Wort meines Herrn und Königs wird mir zur Beruhigung dienen; denn mein Herr und König ist wie der Engel Gottes, der Gutes und Böses zu beurteilen weiß. Der Herr, dein Gott, sei mit dir!«
18 Nun begann der König und sprach: »Verheimliche mir nichts, um was ich dich frage!« Die Frau erwiderte: »Mein Herr und König rede!« 19 Der König fragte: Hat bei all dem Joab seine Hand im Spiel?« Die Frau antwortete und sprach: »So wahr du lebst, mein Herr und König, es ist unmöglich, bei all dem, was mein Herr und König fragt, nach rechts oder links auszuweichen! Ja, dein Knecht Joab war es, der mir den Auftrag gegeben, und er hat deiner Magd alle jene Worte in den Mund gelegt. 20 Um der Sache ein anderes Gesicht zu geben, hat dein Knecht Joab dies getan. Doch mein Herr ist weise wie der Engel Gottes. Er weiß alles, was im Lande geschieht.«

Absaloms Rückkehr

21 Da sprach der König zu Joab: »Höre, ich will diese Bitte erfüllen. Gehe hin und hole den jungen Absalom heim!« 22 Joab warf sich auf sein Angesicht zur Erde nieder, huldigte und wünschte dem König Segen. Joab rief aus: »Heute erkennt dein Knecht, daß ich Huld bei dir, meinem Herrn und König, gefunden habe; denn der König hat den Wunsch seines Knechtes erfüllt.« 23 Joab machte sich nun auf den Weg nach Geschur und brachte Absalom nach Jerusalem zurück. 24 Der König befahl: »Mag er sich in sein Haus begeben, mein Antlitz wird er nicht sehen!« Da begab sich Absalom in sein Haus, aber des Königs Antlitz durfte er nicht schauen.

Absaloms Schönheit

25 Einen Mann, der so schön, so rühmenswert war wie Absalom, gab es in ganz Israel nicht wieder. Vom Scheitel bis zur Sohle war kein Fehl an ihm. 26 Ließ er sein Haupthaar scheren – er mußte es in bestimmten Zeitabständen scheren lassen, weil es ihm sonst zu beschwerlich wurde –, dann wog es zweihundert Sekel nach königlichem Gewicht. 27 Dem Absalom wurden drei Söhne und eine Tochter namens Tamar geboren. Diese wurde eine Frau von schönem Aussehen.

Völlige Aussöhnung mit Absalom

28 Absalom blieb zwei Jahre in Jerusalem, ohne das Antlitz des Königs zu sehen. 29 Daher schickte Absalom nach Joab, um ihn zum König zu senden. Doch dieser wollte nicht zu ihm kommen. Er schickte zum zweitenmal hin; doch er wollte nicht kommen. 30 Daher sprach er zu seinen Knechten: »Seht, Joab besitzt ein Ackergelände neben dem meinigen und hat es mit Gerste bestellt. Geht hin und steckt es in Brand!« Absaloms Knechte zündeten das Feld an. 31 Da machte sich Joab auf den Weg zu Absalom, ging in sein Haus und warf ihm vor: »Warum haben deine Knechte meinen Acker verbrannt?« 32 Absalom entgegnete ihm: »Nun, ich habe zu dir gesandt und ließ sagen: ›Komm her, ich will dich zum König senden mit der Frage: Warum bin ich eigentlich aus Geschur zurückgekommen? Es wäre für mich ja besser, wenn ich noch dort wäre.‹ Jetzt will ich vor dem König erscheinen! Lastet eine Schuld auf mir, so mag er mich töten.« 33 Joab ging zum König und trug es ihm vor. Er ließ Absalom rufen. Dieser kam zum König und huldigte ihm, das Antlitz vor dem König zur Erde geneigt. Der König küßte Absalom.

14,1ff: Drei Jahre nach seiner Flucht erwirkt Joab durch die kluge Frau von Tekoa die Rückkehr Absalom

Absaloms Betörungsversuch

15 1 Danach ereignete sich folgendes: Absalom verschaffte sich Wagen und Pferde und fünfzig Leute, die vor ihm herlaufen sollten. 2 Des Morgens in der Frühe stellte sich Ab-

salom an den Torweg. Hatte jemand einen Streit,
und wandte er sich an den König zur Entscheidung,
so sprach Absalom ihn an und fragte: »Aus welcher
Stadt bist du?« Der entgegnete: »Dein Knecht
kommt aus dem und dem Stamm Israels.« 3 Darauf
sagte Absalom zu ihm: »Siehe, deine Angelegenheit
ist gut und in Ordnung. Doch beim König gibt es
niemand, der auf dich hört.« 4 Absalom sprach:
»Würde man doch mich zum Richter im Lande be-
stellen! Jedermann sollte zu mir kommen dürfen,
der Streit hat und eine Entscheidung braucht. Ich
würde ihm zum Recht verhelfen!« 5 Trat dann
jemand an ihn heran, um ihm zu huldigen, so
streckte er seine Hand aus, umarmte und küßte ihn.
6 Nach dieser Art und Weise machte es Absalom mit
allen Israeliten, die um eines Rechtsentscheides wil-
len zum König gehen wollten. So stahl sich Absa-
lom die Herzen der Israeliten.

Verschwörung

7 Nach Ablauf von vier Jahren sprach Absalom zum
König: »Ich will hingehen und in Hebron mein
Gelübde erfüllen, das ich dem Herrn gelobt habe!
8 Dein Knecht tat nämlich, als er zu Geschur in
Aram sich aufhielt, das Gelübde: Führt der Herr
mich nach Jerusalem heim, dann will ich ihm eine
Opferfeier halten.« 9 Der König entgegnete: »Ziehe
hin in Frieden!« Da machte er sich auf den Weg
nach Hebron. 10 Absalom hatte Kundschafter in alle
Stämme Israels gesandt und den Auftrag gege-
ben: »Wenn ihr Posaunengeschmetter hört, so ruft:
König ist Absalom in Hebron!« 11 Mit Absalom zo-
gen zweihundert Mann aus Jerusalem, die geladen
waren und arglos mitgingen, ohne irgend etwas zu
wissen. 12 Absalom ließ auch den Achitophel aus
Gilo, den Ratgeber Davids, aus seiner Stadt Gilo
kommen, während er die Schlachtopfer darbrachte.
Die Verschwörung wuchs, und immer mehr Leute
scharten sich um Absalom.

Davids Flucht

13 Da kam jemand zu David und meldete: »Die Her-
zen der Israeliten haben sich Absalom zugewandt!«
14 David befahl allen seinen Knechten, die bei ihm
in Jerusalem waren: »Auf, laßt uns fliehen; denn es
gibt für uns keine Rettung mehr vor Absalom!
Brecht eilends auf, denn sonst erreicht er uns
schnell, bringt Unheil über uns und schlägt die Stadt
mit des Schwertes Schärfe!« 15 Die Leute des Königs
entgegneten ihm: »Ganz, wie der Herr und König es
haben will, wir sind deine ergebenen Knechte!«
16 Der König zog also fort und sein ganzer Hofstaat
mit ihm. Zehn Nebenfrauen ließ er zurück, das
Haus zu bewachen. 17 So zog der König fort und das
ganze Kriegsvolk hinter ihm nach. Sie machten halt
beim letzten Haus. 18 Alle seine Knechte wie auch
alle Kreter und Peleter zogen an ihm vorüber. Auch
alle Gatiter, sechshundert Mann, die aus Gat zu ihm
gekommen waren, schritten am König vorbei.

In der Richtung zur Wüste

19 Der König sprach zu Ittaj aus Gat: »Warum gehst
auch du mit uns? Kehre um und bleibe beim König;
denn ein Fremdling bist du und lebst in Verbannung
fern von deinem Heimatort. 20 Gestern erst kamst
du, und heute soll ich dich schon mit uns umher-
irren lassen? Ich selbst werde bald da und bald dort
umherziehen müssen. Kehre also um und führe
deine Stammesbrüder mit dir zurück! Der Herr er-
weise dir Huld und Treue!« 21 Ittaj entgegnete dem
König: »So wahr der Herr lebt, und so wahr mein
Gebieter und König lebt: auf jeden Fall will dein
Knecht da sein, wo du, mein Gebieter und König,
bist, sei es, daß es zum Tode oder zum Leben
führe!« 22 Da sprach David zu Ittaj: »So komm und
ziehe vorüber!« Da zog Ittaj aus Gat vorüber mit all
seinen Männern und seinem ganzen Troß, den er
bei sich hatte. 23 Die ganze Bevölkerung brach in
lautes Weinen aus, als alle Kriegsleute vorüberzo-
gen, der König über das Kidrontal ging und die
ganze Mannschaft in der Richtung zur Wüste wei-
terzog.

Rückführung der Lade Gottes

24 Und siehe, auch Zadok war mit allen Leviten zu-
gegen. Sie trugen die Bundeslade Gottes. Man
stellte die Lade auf den Boden, und Ebjatar brachte
Opfer dar, bis das gesamte Kriegsvolk vollzählig aus
der Stadt gezogen war. 25 Der König sprach zu
Zadok: »Bring die Gotteslade zur Stadt zurück!
Finde ich Huld in den Augen des Herrn, so wird er
mich heimführen und sie samt ihrer Ruhestätte
mich wieder sehen lassen. 26 Spricht er aber: ›Ich
habe an dir kein Wohlgefallen‹, wohlan, dann tue er
mit mir, was ihn gut dünkt!« 27 Der König fuhr, zum
Priester Zadok gewandt, fort: »Sieh du dich vor!
Kehre in Frieden in die Stadt zurück! Ebenso dein
Sohn Achimaaz und Ebjatars Sohn Jonatan, eure
beiden Söhne, die bei euch sind! 28 Seht, ich werde
an den Übergangsstellen der Wüste warten, bis
von euch eine Nachricht kommt, die mich in Kennt-
nis setzt.« 29 Zadok und Ebjatar führten also die
Lade Gottes nach Jerusalem zurück und blieben
daselbst.

Zum Ölberg

David ging den Anstieg zum Ölberg hinauf. Er
weinte immerfort. Sein Haupt war verhüllt. Barfuß
mußte er dahinschreiten. Auch alle Kriegsleute bei

ihm hatten ihr Haupt verdeckt und zogen weinend langsam aufwärts. 31 Man brachte David die Meldung, daß auch Achitophel unter den Verschwörern bei Absalom sei. Da rief David aus: »Herr, laß doch den Rat Achitophels zur Torheit werden!«

Davids Auftrag an Chuschaj

32 David war auf dem Berggipfel angekommen, wo man Gott anzubeten pflegte; da trat ihm der Arkiter Chuschaj entgegen. Zerrissen war sein Gewand und sein Haupt mit Staub bedeckt. 33 David sprach zu ihm: »Ziehst du mit mir, dann bist du für mich nur eine Last. 34 Kehrst du aber wieder zur Stadt zurück und sprichst zu Absalom: ›Dein Knecht will ich sein, o König; früher war ich Knecht deines Vaters, jetzt aber bin ich dein Knecht‹, dann kannst du mir den Rat Achitophels vereiteln. 35 Daselbst sind ja bei dir auch die Priester Zadok und Ebjatar. Alles, was du aus dem Königshaus erfährst, sollst du ihnen mitteilen. 36 Sie haben dort auch ihre beiden Söhne bei sich, Zadok den Achimaaz, und Ebjatar den Jonatan. Mit ihrer Hilfe sollt ihr mir alles mitteilen, was ihr erfahrt!« 37 So kam Davids Freund Chuschaj in die Stadt, während Absalom gerade in Jerusalem einzog.

15,1–6: Der König war der oberste Richter. Die Umtriebe Absaloms waren teils berechtigt, teils unberechtigt, mindestens war David recht unausgeglichen in seiner Haltung (12,1–23). • 13–37: Die Flucht Davids und seiner Getreuen wird ausführlich geschildert. Im Unglück, von Gott als Strafe verhängt, hat er sich ebenso groß gezeigt wie in seinen Herrschertaten. Die Lade Gottes will er aus Jerusalem nicht entfernen lassen, um sie und ihre Priesterschaft nicht zu gefährden. Vielleicht führt Gottes Huld ihn wieder zurück. Am selben Ölberg betet auch Jesus: »Dein Wille geschehe« (Matth 26,42).

Geschenke und Lebensmittel

16 1 David hatte den Gipfel ein weniges überschritten, als ihm Ziba, der Knecht Meribbaals, entgegenkam mit einem Paar gesattelter Esel. Sie trugen zweihundert Brote, hundert Kuchen aus getrockneten Trauben, hundert Sommerfeigen und einen Schlauch Wein. 2 Der König fragte Ziba: »Was willst du damit?« Ziba antwortete: »Die Esel sind für die Königsfamilie zum Reiten, die Brote und das Obst zum Essen für die Knechte, und der Wein ist zum Trinken für die Erschöpften in der Wüste.« 3 Der König fragte weiter: »Wo ist der Sohn deines Herrn?« Da erwiderte ihm Ziba: »Er blieb in Jerusalem; denn er sagte: Heute wird mir das Haus Israel das Königtum meines Vaters wieder geben.« 4 Da erklärte der König dem Ziba: »Das ganze Besitztum Meribbaals gehöre dir!« Ziba entgegnete: »Ich werfe mich nieder! Möge ich auch fernerhin in deinen Augen Huld finden, mein Herr und König!«

Geduldige Ergebung in Gottes Willen

5 Der König David war bis nach Bachurim gelangt. Da kam von dort ein Mann heraus, einer aus der Verwandtschaft des Hauses Saul. Sein Name war Schimi, der Sohn Geras. Unaufhörlich fluchte er. 6 Er warf mit Steinen auf David und alle Knechte des Königs David, obwohl das ganze Kriegsvolk und alle Kämpfer rechts und links von ihm gingen. 7 Und Schimi schrie und fluchte folgendermaßen: »Fort, fort, du Blutmensch, du Verruchter! 8 Der Herr hat alle Blutströme des Hauses Saul über dich gebracht, der du an seiner Stelle König wurdest. Der Herr hat das Königtum deinem Sohn Absalom überantwortet. Du bist jetzt in deinem Elend, weil du ein Blutmensch bist.« 9 Abischaj, der Sohn der Zeruja, sprach zum König: »Warum flucht dieser tote Hund meinem Herrn und König? Ich gehe hin und schlage ihm den Kopf ab.« 10 Doch der König entgegnete: »Was geht das euch an, ihr Söhne der Zeruja? Wenn er flucht, und wenn der Herr ihm befohlen hat: ›Verfluche David!‹, wer darf dann sagen: ›Warum handelst du so?‹« 11 Dann fuhr David, zu Abischaj und allen seinen Dienern gewandt, fort: »Seht, mein Sohn, der aus meinem Leib hervorging, trachtet mir nach dem Leben, um wieviel mehr wird dies jetzt ein Benjaminit tun? Laßt ihn! Er mag fluchen, wenn der Herr es ihm aufgetragen hat! 12 Vielleicht schaut der Herr mein Leid an und beschert mir der Herr Wohltaten anstatt des Fluches, der mich am heutigen Tage trifft.« 13 David und seine Männer zogen des Weges weiter. Schimi ging an der Seite des Berges neben ihm her, fluchte fortwährend, warf mit Steinen, immer neben ihm her, und schleuderte Staub. 14 Erschöpft kamen der König und alles Kriegsvolk, das bei ihm war, an. Daselbst erholte er sich wieder.

Absalom in Jerusalem

15 Absalom aber war mit allen israelitischen Kriegsleuten nach Jerusalem gekommen. Auch Achitophel war dabei. 16 Als aber der Arkiter Chuschaj, Davids Freund, bei Absalom eintraf, rief Chuschaj dem Absalom zu: »Es lebe der König! Es lebe der König!« 17 Absalom sprach zu Chuschaj: »Ist das deine Treue zu deinem Freunde? Warum bist du nicht mit deinem Freunde mitgezogen?« 18 Chuschaj sprach zu Absalom: »Nicht doch: ich gehöre zu dem, welchen der Herr und diese Leute und ganz Israel erwählt haben, und bei dem will ich bleiben. 19 Und dann: Wem diene ich denn? Doch wohl seinem eigenen Sohne! Wie ich in den Diensten deines Vaters stand, so stehe ich jetzt in deinem Dienste.«

Achitophels Rat

20 Dann sprach Absalom zu Achitophel: »Gebt mir
euren Rat! Was sollen wir tun?« 21 Achitophel erwi-
derte Absalom: »Gehe zu den Nebenfrauen deines
Vaters, die er zurückgelassen hat, das Haus zu be-
wachen! Hört dann ganz Israel, daß du dich bei dei-
nem Vater verhaßt gemacht hast, dann werden die
Fäuste all derer, die zu dir halten, stark werden!«
22 Man spannte deshalb für Absalom das Zelt auf
dem Dache aus. Absalom ging ein zu den Neben-
frauen seines Vaters; ganz Israel sah es. 23 In jenen
Tagen galt ein Rat, den Achitophel gab, so viel, als
ob man Gottes Offenbarung erfragt hätte. So viel
bedeuteten alle Ratschläge Achitophels sowohl bei
David als auch bei Absalom.

Vorschlag Achitophels

17 1 Achitophel machte Absalom folgenden
Vorschlag: »Ich werde 12 000 Mann aus-
wählen und noch in der Nacht die Verfol-
gung Davids aufnehmen. 2 Ich will ihn überfallen
und, während er noch müde und ermattet ist, ihn
überraschen. Da wird das ganze Volk bei ihm die
Flucht ergreifen, und ich kann den König allein er-
schlagen. 3 Alle Kriegsleute führe ich dir zu, wie
man die Braut zu ihrem Gatten führt. Da du ja nur
einem einzigen Mann nach dem Leben trachtest,
soll es dem ganzen übrigen Volk wohlergehen.«
4 Der Rat sagte Absalom und allen Ältesten Israels
zu. 5 Doch Absalom befahl: »Rufe noch den Arkiter
Chuschaj. Hören wir, was auch er zu sagen hat!«

Chuschajs List

6 Chuschaj kam zu Absalom. Da erzählte Absalom,
was Achitophel geraten hatte, und stellte die Frage:
»Sollen wir seinen Vorschlag ausführen? Wenn du
anderer Auffassung bist, so rede!« 7 Chuschaj ent-
gegnete Absalom: »Der Rat Achitophels ist diesmal
schlecht!« 8 Und Chuschaj fuhr fort: »Du kennst dei-
nen Vater und seine Mannen. Helden sind sie und
haben zähen Mut wie eine Bärin auf dem Felde, der
die Jungen geraubt sind. Dein Vater ist ein Kriegs-
mann. Er hält mit den Leuten keine Nachtruhe.
9 Jetzt hält er sich vielleicht gerade in einer der Gru-
ben oder an irgendeinem anderen Ort versteckt.
Wenn dann gleich zu Beginn einige vom Kriegsvolk
fallen und jemand davon hört, dann heißt es: ›Die
Anhänger Absaloms haben eine Niederlage erlit-
ten!‹ 10 Dann wird selbst der Tapferste, dessen Mut
dem eines Löwen gleicht, völlig verzagen. Ganz
Israel weiß ja, daß dein Vater ein Held ist und daß
seine Leute tapfer sind. 11 Darum erteile ich den Rat:
Ganz Israel von Dan bis Beerseba schare sich um
dich so zahlreich wie der Sand am Ufer des Meeres.
Du sollst in ihrer Mitte ausziehen! 12 Treffen wir ihn
an, wo immer er sich befinden mag, so fallen wir
über ihn her, wie der Tau auf den Boden fällt. Von
ihm und von allen Männern um ihn soll kein einzi-
ger übrigbleiben! 13 Sucht er aber in einer Stadt
Zuflucht, dann sollen alle Israeliten an jene Stadt
Seile anlegen. Wir schleifen sie bis ins Tal hinab, bis
dort auch nicht ein Steinchen mehr zu finden ist.«
14 Absalom und alle Israeliten riefen: »Der Rat des
Arkiters Chuschaj ist besser als der Rat Achito-
phels!« Der Herr hatte es so angeordnet, daß der
bessere Rat Achitophels durchkreuzt wurde; denn
der Herr wollte über Absalom Unheil bringen.

Jonatans und Achimaaz' Nachricht

15 Chuschaj teilte den Priestern Zadok und Ebjatar
mit: »So und so hat Achitophel dem Absalom und
den Ältesten Israels geraten. So und so aber habe
ich geraten. 16 Nun sendet eiligst und meldet David.
›Übernachte nicht an den Übergängen zur Wüste.
Setze vielmehr sofort über, sonst wird der König
und sein ganzes Gefolge vertilgt werden!‹« 17 Jona-
tan und Achimaaz befanden sich an der Rogel-
quelle. Eine Magd pflegte hinzugehen und ihnen
die Nachricht zu überbringen. Ihnen oblag es, dann
weiterzuziehen und den König David in Kenntnis
zu setzen. Sie durften sich natürlich nicht zeigen
und zur Stadt kommen. 18 Ein Bursche aber bekam
sie zu Gesicht und meldete es Absalom. Beide lie-
fen eiligst davon und kamen in das Haus eines Man-
nes zu Bachurim. Dieser hatte in seinem Hof einen
Brunnen; dort stiegen sie hinein. 19 Die Frau nahm
eine Decke, breitete sie über den Brunnen und
streute Sand darüber, so daß man dort nichts ver-
muten konnte. 20 Absaloms Knechte kamen in das
Haus der Frau und fragten sie: »Wo sind Achimaaz
und Jonatan?« Die Frau antwortete ihnen: »Sie sind
von hier aus zum Wasser weitergezogen.« Jene
suchten, fanden aber niemand und wandten sich
wieder nach Jerusalem zurück. 21 Als sie abgezogen
waren, stiegen jene aus dem Brunnen, gingen fort
und brachten dem König David die Nachricht. Sie
sagten zu David: »Auf, geht eilends über das Was-
ser; denn so und so hat gegen euch Achitophel Rat
erteilt.« 22 David und alle seine Leute erhoben sich
und überschritten den Jordan; bis zum Morgen-
grauen gab es keinen mehr, der den Jordan noch
nicht überschritten hätte. 23 Achitophel merkte, daß
sein Rat nicht ausgeführt wurde. Er sattelte einen
Esel, zog fort und ging heim in seine Stadt. Dort ver-
fügte er über sein Haus und erhängte sich. So starb
er und ward in seines Vaters Grab bestattet.

Vor dem Entscheidungskampf

24 David war nach Machanajim gekommen, als Absalom und alle Israeliten mit ihm den Jordan überschritten. 25 An Stelle Joabs hatte Absalom den Amasa über das Heer gesetzt. Amasa war der Sohn eines ismaelitischen Mannes mit Namen Jitra. Dieser hatte mit Abigaïl, der Tochter des Isai, der Schwester der Zeruja, der Mutter Joabs, Verkehr. 26 Israel und Absalom lagerten im Lande Gilead. 27 Als David nach Machanajim kam, brachten Schobi, der Sohn des Nachasch aus Rabba in Ammon, Machir, der Sohn des Ammiel aus Lodebar, und der Gileadit Bar-Sillaj aus Rogelim 28 Betten, Decken, Schalen, irdene Gefäße, Weizen, Gerste, Mehl, Röstkorn, Bohnen, Linsen, 29 Honig, Dickmilch, Schafe und Kuhkäse für David und seine Leute zur Nahrung; denn sie dachten: »Die Leute sind in der Wüste hungrig, matt und durstig geworden.«

Bitte für Absalom

18 1 David musterte seine Kriegsleute. Er setzte über sie Führer von Tausendschaften und Oberste über Hundertschaften. 2 Dann teilte David das Volk in drei Teile; ein Drittel unter dem Befehl Joabs, ein Drittel unter Abischaj, dem Sohn der Zeruja und Bruder Joabs, und ein Drittel unter Ittaj aus Gat. Der König sprach zum Kriegsvolk: »Auch ich werde mit euch in den Kampf ausrücken.« 3 Das Volk entgegnete: »Du darfst nicht ausziehen; denn wenn wir fliehen, wird man kein Leid um uns tragen. Fällt die Hälfte von uns, so wird man ebenfalls kein Leid um uns tragen; du jedoch bist wie 10 000 von uns. Gegenwärtig ist es besser, wenn du uns von der Stadt aus zu Hilfe kommst.« 4 Der König entgegnete ihnen: »Ich werde tun, was euch gutdünkt.« Der König trat an das Tor, während das gesamte Kriegsvolk in Hundert- und Tausendschaften ausrückte. 5 An Joab, Abischaj und Ittaj erließ der König den Befehl: »Verschont mir den jungen Absalom!« Das ganze Kriegsvolk hörte es, als der König Absaloms wegen den Obersten Befehle erteilte.

Absaloms Tod und Begräbnis

6 Das Kriegsvolk rückte gegen Israel zu Felde. Im Walde Ephraim entbrannte die Schlacht. 7 Dort wurden Israels Leute von Davids Kriegsknechten geschlagen. Groß war ihre Niederlage an jenem Tag. Die Verluste betrugen 20 000 Mann. 8 Der Kampf breitete sich dort über das ganze Waldgelände hin aus; der Wald vertilgte an jenem Tag mehr Leute als das Schwert fraß.

9 Der Zufall wollte es, daß Absalom den Kriegsknechten Davids unter die Augen kam. Er ritt auf einem Maultier. Das Maultier kam unter das Astwerk einer großen Eiche. Absaloms Kopf blieb an der Eiche hängen, er schwebte zwischen Himmel und Erde, da das Maultier unter ihm weggelaufen war. 10 Ein Mann merkte es und meldete dem Joab: »Höre, ich habe Absalom an der Eiche hängen sehen!« 11 Joab sprach zu dem Mann, der ihm die Nachricht übermittelte: »Wenn du ihn sahst, warum hast du ihn dort nicht zu Boden geschlagen? Ich hätte dir gern zehn Silberlinge und einen Gürtel geschenkt.« 12 Der Mann erwiderte Joab: »Und wenn man tausend Silberlinge aufzählen wollte so würde ich meinen Arm nicht gegen den Königssohn ausstrecken; denn vor unsern Ohren hat der König dir, Abischaj und Ittaj befohlen: Achtet mir auf den jungen Absalom! 13 Oder hätte ich mir selbst etwas vorlügen sollen? Dem König bleibt ja doch nichts geheim, und auch du würdest dann abseits stehen.« 14 Joab entgegnete: »Ich will mich mit dir nicht aufhalten!« Er nahm drei Speere in seine Hand und stieß sie Absalom ins Herz, der noch lebend an der Eiche hing. 15 Zehn Krieger, Joabs Waffenträger, kamen herzu und schlugen Absalom vollends tot.

16 Dann ließ Joab die Posaune ertönen, und das Kriegsvolk verfolgte die Israeliten nicht mehr weiter; denn Joab zog das Kriegsvolk zurück. 17 Sie nahmen Absalom, warfen ihn im Wald in eine tiefe Grube und schichteten über ihm einen großen Steinhaufen. Alle Israeliten flohen in ihre Zelte.

18 Absalom hatte sich schon zu Lebzeiten das Denkmal, das im Königstal steht, errichten lassen; denn er dachte sich: »Ich habe keinen Sohn, um meinen Namen in Andenken zu erhalten.« Er nannte das Denkmal nach seinem Namen. So heißt es noch heute »Säule Absaloms«.

19 Achimaaz, der Sohn Zadoks, sprach: »Hineilen will ich und dem König die Freudenbotschaft bringen, daß der Herr ihm wider seine Feinde zum Recht verholfen hat!« 20 Doch Joab entgegnete ihm: »Du bist heute nicht der geeignete Mann, die gute Nachricht zu übermitteln. An einem andern Tag magst du Bote sein. Heute darfst du die Botschaft nicht bringen, und zwar deshalb, weil der Sohn des Königs tot ist.« 21 Joab befahl dem Kuschiten: »Gehe hin, melde dem König, was du gesehen!« Der Kuschit verbeugte sich vor Joab und lief weg. 22 Wiederum meldete sich Achimaaz, der Sohn des Zadok, bei Joab: »Ganz gleich, auch ich werde hinter dem Kuschiten forteilen.« Doch Joab erwiderte: »Wozu willst du denn hinlaufen, mein Sohn? Du

bringst ja keine Freudenbotschaft!« 23 Doch er gab zur Antwort: »Es ist gleich, ich eile hin« Da sagte Joab zu ihm: »Eile hin!« Achimaaz nahm laufend den Weg durch die Jordangegend und überholte den Kuschiten. 24 David saß zwischen den beiden Toren. Der Späher war auf das Dach des Tores, auf die Mauer gestiegen. Er erhob seine Augen und sah, wie ein Mann allein angelaufen kam 25 Der Wächter rief und machte dem König davon Meldung. Der König sprach: »Wenn es ein einzelner Mann ist, dann hat er eine gute Nachricht auf seinen Lippen.« Dieser kam näher und näher. 26 Da sah der Wächter einen zweiten Mann heraneilen. Er rief zum Tor gewandt: »Noch ein einzelner Mann läuft heran.« Der König antwortete: »Auch dieser hat sicherlich etwas Gutes zu melden.« 27 Der Wächter meinte: »Soviel ich sehe, gleicht der erste in seinem Ausschreiten dem Achimaaz, dem Sohn Zadoks.« Der König entgegnete: »Es ist ein guter Mann; er kommt gewiß mit einer frohen Nachricht.« 28 Achimaaz rief dem König zu: »Heil!« Er huldigte ihm, das Angesicht zur Erde gewandt. Dann sprach er: »Gepriesen sei der Herr, dein Gott! Er hat die Männer, die ihre Hände gegen meinen Gebieter und König erhoben haben, ausgeliefert.«

29 Der König fragte: »Geht es dem Jüngling Absalom gut?« Achimaaz erwiderte: »Ich sah ein wildes Durcheinander, als Joab, der Knecht des Königs, deinen Knecht fortsandte. Ich habe aber nicht erfahren, was eigentlich los war.« 30 Der König befahl: »Wende dich und stelle dich dorthin!« Er ging abseits und stellte sich hin. 31 Da kam auch der Kuschit und meldete: »Verkündet wird meinem Gebieter und König, daß der Herr dir heute Recht verschafft hat vor all denen, die sich wider dich empörten.« 32 Der König fragte den Kuschiten: »Geht es dem jungen Absalom gut?« Der Kuschit antwortete: »Wie dem Burschen, so möge es den Feinden meines Gebieters und Königs und allen ergehen, die sich zum Unheil wider dich empören!«

Trauer um Absalom

19

1 Der König zuckte zusammen, stieg in das Obergemach des Tores hinauf und weinte. Im Gehen rief er: »Mein Sohn Absalom, mein Sohn, mein Sohn Absalom! O wäre ich doch für dich gestorben, Absalom, mein Sohn, mein Sohn!« 2 Dem Joab wurde hinterbracht, daß der König um Absalom weine und trauere. 3 So wurde der Sieg an jenem Tage zur Trauer für das gesamte Heer; denn die Leute hörten an diesem Tage, daß der König um seinen Sohn sich schmerzlich grämte. 4 Nur ganz heimlich schlichen die Krieger an jenem Tage in die Stadt hinein, wie Leute sich verstohlen heranschleichen müssen, die mit Schande bedeckt im Kampfe flohen. 5 Der König verhüllte sein Angesicht und klagte mit lauter Stimme: »Mein Sohn Absalom, Absalom, mein Sohn, mein Sohn!«

Joabs Tadel

6 Da ging Joab zum König ins Haus und hielt ihm vor: »Du beleidigst heute deine Knechte, die dir, deinen Söhnen und Töchtern, deinen Frauen und Nebenfrauen heute das Leben gerettet haben. 7 Du liebst jene, die dich hassen, und haßt jene, die dich lieben! Heute hast du bekundet, daß vor dir die Heeresfürsten und Untertanen nichts gelten. Ja, heute weiß ich, daß es dir ganz recht wäre, wenn Absalom am Leben und wir alle tot wären. 8 Erhebe dich jetzt, gehe hinaus und rede mit deinen Untertanen freundlich! Denn bei dem Herrn schwöre ich: Gehst du nicht hinaus, dann wird kein Mann mehr diese Nacht bei dir bleiben. Das wäre aber für dich ein größeres Unheil als alles Elend, das über dich seit deinen Kindestagen bis heute hereingebrochen ist.«

9 Da stand der König auf und setzte sich in das Tor. Man gab es dem ganzen Heeresvolk bekannt: »Seht, der König sitzt im Tor!« Alle Leute erschienen vor dem König. Israel aber war in seine Zelte geflohen. 10 Das ganze Volk begann in allen Stämmen Israels zu murren: »Der König hat uns aus der Faust unserer Feinde befreit. Er hat uns auch aus der Faust der Philister errettet. Doch ist er aus dem Land vor Absalom geflohen. 11 Absalom aber, den wir gesalbt und über uns gesetzt haben, ist im Streit gefallen. Warum zaudert ihr denn noch, den König zurückzuführen in sein Haus?« 12 Diese Rede von ganz Israel gelangte auch zum König.

Da sandte der König David zu den Priestern Zadok und Ebjatar und ließ sagen: »Sprecht doch mit den Ältesten Judas und fragt: ›Warum wollt ihr die letzten sein, die den König zurückführen in sein Haus? 13 Meine Brüder seid ihr, mein Gebein und mein Fleisch. Warum wollt ihr also die letzten sein, die den König zurückführen?‹ 14 Und zu Amasa sollt ihr sprechen: ›Bist du nicht von meinem Gebein und Fleisch? Ich schwöre – und Gott möge mich strafen! –: Du sollst Heerführer werden bei mir für immer an Joabs Stelle!‹« 15 Er machte sich so das Herz aller Männer Judas geneigt wie einen Mann. Sie ließen dem König sagen: »Kehre du selbst mit allen deinen Leuten zurück!« 16 Der König machte sich auf den Heimweg. Als er den Jordan erreichte,

waren die Judäer ihm bis Gilgal entgegengezogen,
um den König über den Jorden zu geleiten.

Schimis Begnadigung

17 Auch Schimi, der Sohn Geras vom Stamm Benja-
min aus Bachurim, war im Eilschritt mit den
Judäern herabgekommen, dem König David entge-
gen. 18 Bei ihm waren tausend Mann aus Benjamin
sowie Ziba, der Verwalter des Hauses Saul mit
seinen fünfzehn Söhnen und zwanzig Knechten.
Sie waren noch vor dem König an den Jordan ge-
langt. 19 Sie hatten die Furt durchschritten, um die
Familie des Königs überzusetzen und ihm nach
Wunsch dienstbar zu sein. Schimi, der Sohn Geras,
warf sich vor dem König nieder, als dieser eben den
Jordan überqueren wollte. 20 Er flehte den König an:
»Möge mein Herr mir keine Schuld anrechnen und
nicht mehr des Unrechtes gedenken, das dein
Knecht an dem Tage tat, da mein Herr und König
aus Jerusalem fortzog. Der König nehme es sich
nicht zu Herzen! 21 Denn dein Knecht weiß, daß er
einen Fehltritt getan hat. Siehe, ich kam heute als
erster vom ganzen Hause Joseph, um meinem
Herrn und König entgegenzuziehen.« 22 Doch
Abischaj, der Sohn der Zeruja, entgegnete: »Soll
Schimi dafür nicht sterben, daß er den Gesalbten
des Herrn verflucht hat?« 23 David sprach: »Was
geht das euch an, ihr Söhne der Zeruja, daß ihr
heute als meine Widersacher auftretet? Heute soll
jemand in Israel sterben? Soll ich mir denn nicht be-
wußt sein, daß ich heute wieder König über Israel
bin?« 24 Zu Schimi sprach der König: »Du sollst
nicht sterben!« Und der König schwur es ihm.

Davids Mißtrauen

25 Meribbaal, der Nachkomme Sauls, war ebenfalls
dem König entgegengezogen. Er hatte seine Füße
und seinen Bart nicht mehr gepflegt, auch seine
Kleider nicht mehr gewaschen von der Zeit an, da
der König fortging, bis zu dem Tage, da er wohlbe-
halten nach Jerusalem heimkehrte. 26 Als er nun
dem König entgegenkam, fragte ihn der König:
»Warum bist du nicht mit mir weggezogen, Merib-
baal?« 27 Er entgegnete: »Mein Herr und König,
mein Diener hat mich hintergangen. Dein Knecht
sagte nämlich: ›Ich will meine Eselin satteln lassen
und auf ihr reiten, um mit dem König ziehen zu
können!‹ Dein Knecht ist ja lahm. 28 Dazu hat er
mich, deinen Knecht, bei meinem Herrn und König
verleumdet; doch mein Herr und König ist gleich
dem Engel Gottes. Tue also, was du für richtig
hältst! 29 Denn das ganze Haus meines Vaters durfte
von meinem Herrn und König nur den Tod er-
warten. Du aber hast deinen Knecht unter deine
Tischgenossen aufgenommen. Welch weitere
Wohltat dürfte ich da beanspruchen, um noch wei-
ter den König anzurufen?« 30 Da entgegnete ihm der
König: »Spar alle weiteren Worte! Ich verfüge: Du
und Ziba sollen den Landbesitz teilen.« 31 Meribbaal
erwiderte darauf: »Mag er ihn ruhig auch ganz be-
kommen, nachdem mein Herr und König unver-
sehrt in sein Haus zurückgekommen ist!«

Barsillajs Wunsch

32 Auch der Gileadit Barsillaj war von Rogelim her-
abgekommen und geleitete den König über den Jor-
dan, um sich dann von ihm am Jordan zu verab-
schieden. 33 Barsillaj war sehr alt, ein Mann von
achtzig Jahren. Er hatte den König während seines
Aufenthaltes in Machanajim versorgt; denn er be-
saß ein großes Vermögen. 34 Der König forderte
Barsillaj auf: »Geh doch mit mir! Ich will dich bei
mir in Jerusalem versorgen.« 35 Barsillaj aber ant-
wortete dem König: »Wieviel Jahre dauert denn
noch mein Leben, daß ich mit dem König nach Jeru-
salem hinaufziehen sollte? 36 Ich bin jetzt achtzig
Jahre alt. Weiß ich denn überhaupt noch Gutes und
Schlechtes auseinanderzuhalten? Kann dein Knecht
noch richtig schmecken, was er ißt oder trinkt?
Höre ich noch die Stimme von Sängern und Sänge-
rinnen? Wozu soll dein Knecht denn noch meinem
Herrn und König zur Last fallen? 37 Nur ein kleines
Stück wollte dein Knecht den König über den Jor-
dan geleiten. Warum will mir der König so reichlich
vergelten? 38 Dein Knecht möchte nun zurückkeh-
ren, damit ich in meiner Heimatstadt sterben kann,
beim Grabe meines Vaters und meiner Mutter; aber
dein Knecht Kimham mag mit meinem Herrn und
König ziehen! Tue an ihm das, was dir gefällt!«
39 Darauf sagte der König: »Gut, Kimham soll mit
mir ziehen! Ich werde ihm das tun, was dir gefällt.
Was immer du von mir begehrst, werde ich für dich
tun.«

40 Das gesamte Kriegsvolk war über den Jordan ge-
setzt, auch der König war hinübergezogen. Da
küßte er den Barsillaj und gab ihm den Segensgruß.
Dieser kehrte wieder in seine Heimat zurück. 41 Der
König aber zog weiter nach Gilgal, und Kimham
zog mit ihm. Das ganze Volk Juda gab dem König
das Geleite und auch die Hälfte des Volkes Israel.

Streit der Israeliten und Judäer um den König

42 Auf einmal kamen alle Männer Israels zum König
und fragten ihn: »Warum haben unsere Brüder, die
Männer von Juda, dich weggestohlen und den
König und seine ganze Familie über den Jordan ge-
leitet, und alle Männer Davids mit ihm?« 43 Alle
Männer von Juda antworteten den Israeliten: »Der

König ist mit uns verwandt. Warum seid ihr deshalb
so zornig? Haben wir etwa den König aufgefressen,
oder ist er von uns entführt worden?« 44 Da ant-
worteten die Israeliten den Judäern: »Wir haben
zehn Anteile beim König und sind auch euch gegen-
über die Erstgeborenen. Warum behandelt ihr uns
so verächtlich? Wir gerade hatten doch zuerst den
Wunsch, unsern König zurückzuführen.« Aber die
Antwort der Judäer klang noch härter als die Rede
der Israeliten.

19,32–41: Barsillaj hatte David auf seiner Flucht vor Absalom mutig unterstützt.

Schebas Aufstand: Die Israeliten fallen von David ab

20 1 Zufällig war dort ein ruchloser Mann
mit Namen Scheba. Er war der Sohn
Bichris vom Stamme Benjamin. Er stieß
in die Posaune und rief: »Kein Anteil ist uns an
David, kein Erbe am Sohne des Isai! Ein jeder gehe
zu seinem Zelt, o Israel!« 2 Da fielen die Israeliten
insgesamt von David ab und verbanden sich mit
Scheba, dem Sohn Bichris. Die Judäer aber blieben
bei ihrem König vom Jordan bis Jerusalem. 3 David
kehrte in sein Haus nach Jerusalem zurück. Er nahm
die zehn Nebenfrauen, die er zur Bewachung seines
Hauses dagelassen hatte, und legte sie in Gewahr-
sam. Er ließ sie verpflegen, ging aber nicht mehr zu
ihnen ein. Sie blieben abgeschlossen bis zu ihrem
Tod – Witwen zu Lebzeiten des Mannes.
4 Der König befahl Amasa: »Biete mir innerhalb von
drei Tagen die Judäer auf und stelle dich auch selbst
hier ein!« 5 Amasa machte sich daran, die Judäer
aufzubieten. Er versäumte aber die Frist, die ihm ge-
setzt war. 6 David sagte zu Abischaj: »Jetzt wird uns
Scheba, der Sohn Bichris, noch gefährlicher als Ab-
salom. Nimm du die Leute deines Herrn und ver-
folge ihn, damit er nicht befestigte Städte finde und
uns entrinne!« 7 Mit Abischaj zogen Joab, die Kreter
und Peleter sowie alle Kriegshelden. Sie verließen
Jerusalem, um Scheba, dem Sohn Bichris, nachzu-
jagen.

Meuchelmord

8 Als sie bei dem großen Stein in Gibeon waren, er-
schien Amasa vor ihnen. Joab war mit seinem Ge-
wand bekleidet und hatte einen Gürtel darüber. Ein
Schwert hing über den Hüften in der Scheide und
war so befestigt, daß es leicht herausfiel, sobald die
Scheide hervorglitt. 9 Joab sprach zu Amasa: »Geht
es dir gut, mein Bruder?« Joab faßte mit der rechten
Hand Amasas Bart, um ihn zu küssen. 10 Amasa
hatte auf das Schwert in Joabs Hand nicht geachtet,
und dieser stieß es ihm in den Unterleib, so daß
seine Eingeweide auf die Erde quollen. Ohne daß
ein zweiter Stoß nötig war, starb Amasa. Joab
setzte dann mit seinem Bruder Abischaj dem
Scheba, dem Sohne Bichris, nach. 11 Einer von Joabs
Leuten aber blieb bei Amasa stehen und rief: »Die
Joabs- und Davidsanhänger hinter Joab!« 12 Amasa
lag blutüberströmt mitten auf dem Weg. Als der
Mann sah, wie alle Kriegsleute stehen blieben,
schaffte er Amasa vom Wege weg auf das Feld. Er
warf ein Kleidungsstück über ihn, weil jeder, der an
ihm vorbeikam, ihn sah und stehen blieb. 13 Als er
ihn von der Straße weggeschleift hatte, folgten alle
Männer Joab, um Scheba, dem Sohne Bichris, nach-
zusetzen.

Schebas Tod

14 Dieser durchzog alle Stämme Israels bis nach
Abel-Bet-Maacha; und alle Bichriter versammelten
sich und zogen ihm nach. 15 Da rückten die Leute
Joabs vor und belagerten ihn zu Abel-Bet-Maacha.
Sie schütteten einen Wall gegen die Stadt auf, der an
die Vormauer reichte. Alle Kriegsleute um Joab
stürmten an, um die Mauer zu Fall zu bringen. 16 Da
rief eine kluge Frau aus der Stadt heraus: »Hört,
hört! Sprecht zu Joab, er möge hierherkommen; ich
will mit ihm reden!« 17 Er trat zur Frau heran, und
sie fragte ihn: »Bist du Joab?« Er antwortete: »Ja.«
Sie sprach zu ihm: »Höre auf die Worte deiner
Magd!« Er entgegnete: »Ja, ich höre.« 18 Sie redete
ihm zu: »Früher eimal pflegte man zu sagen: Man
befrage sich in Abel, und so führt man gut zu Ende!
19 Ich bin die friedlichste, treueste Stadt in Israel. Du
suchst eine Stadt und Mutter in Israel zu töten.
Warum vernichtest du das Erbteil des Herrn?«
20 Joab entgegnete: »Fern, ja fern sei es von mir, daß
ich verschlingen und verderben will! 21 So verhält es
sich nicht! Nur ein Mann vom Gebirge Ephraim,
sein Name ist Scheba, der Sohn Bichris, erhob seine
Hand wider den König David. Ihn allein müßt ihr
uns ausliefern, und ich ziehe dann von der Stadt
ab!« Die Frau sprach zu Joab: »Gut, sein Haupt soll
dir über die Mauer zugeworfen werden!« 22 Die
Frau, weise, wie sie war, wandte sich an alles Volk.
Man schlug Scheba, dem Sohne Bichris, den Kopf
ab und warf ihn dem Joab zu. Der schmetterte nun
in die Posaune, und man zerstreute sich von der
Stadt weg, ein jeder in sein Zelt. Joab kam wieder
nach Jerusalem zum König.

Hofbeamte

23 Joab war Feldherr des gesamten israelitischen
Heeres. Benaja, der Sohn Jehojadas, war über die
Kreter und Peleter gesetzt. 24 Adoram war Aufseher

der Fronarbeiter, Josaphat, der Sohn Achiluds, Kanzler. 25 Schuscha war Staatsschreiber, Zadok und Ebjatar waren Priester. 26 Auch Ira aus Jaïr war Priester bei David.

20,14–22: Der kluge Rat der Frau rettet die Stadt vor der Zerstörung.

Sauls Blutschuld

21 1 In den Tagen Davids herrschte drei Jahre lang eine Hungersnot. David suchte das Antlitz des Herrn, und der Herr antwortete ihm: »Auf Saul und seinem Haus lastet die Blutschuld, weil er die Gibeoniten getötet hat.« 2 Der König ließ die Gibeoniten kommen und redete mit ihnen. Sie waren keine Israeliten und gehörten zum Rest der Amoriter. Die Israeliten hatten ihnen einen Eid geleistet; jedoch Saul suchte in seinem Eifer für die Söhne Israels und Judas, sie zu schlagen.
3 David fragte die Gibeoniten: »Was soll ich euch tun? Womit kann ich Sühne leisten, damit ihr das Erbe des Herrn segnet?« 4 Die Gibeoniten erklärten ihm: »Nicht nach Silber und nach Gold, das Saul und seinem Haus gehört, trachten wir. Ebenso steht es uns nicht zu, jemand aus Israel zu töten.« Da fuhr er fort: »Was wollt ihr denn? Ich will es euch tun!« 5 Sie gaben dem König zur Antwort: »Der Mann, der uns aufgerieben hat und den Plan verfolgte, uns so zu vernichten, daß wir in keinem Gebiet Israels mehr bestehen könnten –, 6 von dessen Nachkommen gebe man uns sieben Männer! Wir wollen sie vor dem Herrn hinrichten in Gibeon auf dem Berg des Herrn!« Der König sprach: »Ich will sie euch geben.« 7 Der König verschonte aber Meribbaal, den Sohn Jonatans und Enkel Sauls, weil er beim Herrn einen Eid geleistet hatte, der zwischen ihnen, das heißt zwischen David und Jonatan, dem Sohn Sauls, bestand. 8 So nahm der König die beiden Söhne, die Rizpa, die Tochter Ajjas, dem Saul geboren hatte, nämlich Armoni und Meribbaal, sowie die fünf Söhne, welche Merab, die Tochter Sauls, dem Adriel, dem Sohn Barsillajs aus Mechola, geboren hatte. 9 Er lieferte sie den Gibeoniten aus. Diese haben sie auf dem Berg vor dem Herrn hingerichtet, so daß alle sieben zusammen umkamen. In den ersten Tagen der Ernte fanden sie den Tod, zu Beginn der Gerstenernte. 10 Rizpa, die Tochter Ajjas, nahm ihr Trauergewand und breitete es für sich als Lager auf den Felsen hin vom Beginn der Ernte an, bis sich vom Himmel Wasser über die Leichen ergoß. Sie ließ bei Tage die Vögel des Himmels nicht an sie heran und die wilden Tiere des Feldes nicht bei der Nacht.
11 Als David berichtet wurde, was Rizpa, die Tochter Ajjas und Nebenfrau Sauls, vollbracht hatte, 12 ging er hin und ließ sich die Gebeine Sauls und die Gebeine seines Sohnes Jonatan von den Stadtbürgern von Jabesch in Gilead herausgeben. Diese hatten sie vom offenen Platz zu Bet-Schean, wo sie die Philister am Tage ihres Sieges über Saul auf Gilboa aufgehängt hatten, heimlich weggeholt. 13 Er ließ die Gebeine Sauls und die Gebeine seines Sohnes Jonatan von dort heraufbringen. Dann sammelte man die Gebeine der Hingerichteten. 14 Man begrub sie gemeinsam mit den Gebeinen Sauls und seines Sohnes Jonatan zu Zela im Lande Benjamin im Grabe seines Vaters Kisch. Man tat alles, wie es der König befohlen hatte. So wurde Gott danach mit dem Lande wieder ausgesöhnt.

Heldentaten gegen die Philister

15 Wieder erhob sich ein Krieg der Philister gegen Israel. David zog mit seinen Leuten hinab, um gegen die Philister zu kämpfen. Als David ermattet war, 16 ließen sie sich in Gob nieder. Ein Riesenmensch, ein Nachkomme der Rephaïter, dessen Lanze dreihundert Sekel Erz wog und der mit einem neuen Schwert umgürtet war, gedachte David zu erschlagen. 17 Abischaj aber, der Sohn der Zeruja, kam ihm zu Hilfe und schlug den Philister tot. Damals schwuren die Männer um David und sprachen zu ihm: »Du sollst nicht mehr mit uns in den Kampf ausziehen, denn sonst erlischt die Leuchte Israels!« 18 Es kam danach wiederum zu einem Streit mit den Philistern bei Gob. Damals erschlug Sibbechaj aus Chuscha den Saph, der zu den Rephaïternachkommen gehörte. 19 Noch einmal kam es bei Gob zu einem Kampf mit den Philistern. Da schlug Elchanan, der Sohn Jaïrs aus Bethlehem, den Goljat aus Gat, dessen Lanzenschaft wie ein Weberbaum war. 20 Dann kam es wieder bei Gat zu einem Kampf. Da trat ein Mann von großer Gestalt auf. Er hatte sechs Finger an jeder Hand und sechs Zehen an jedem Fuß, zusammen also vierundzwanzig. Auch dieser stammte von den Rephaïtern. 21 Er verhöhnte Israel. Da erschlug ihn Jonatan, der Sohn des Schima, des Bruders Davids. 22 Diese vier stammten von den Rephaïtern in Gat. Sie fielen durch die Hand Davids und seiner Krieger.

21,1–14: Das Unrecht Sauls an Gibeon bestand wohl nicht in einer einmaligen Bluttat, sondern in der planmäßigen Ausrottung der Landesbewohner (im Gegensatz zu Jos 9,15). Die Gibeoniten sind mit dem Angebot Davids nicht zufrieden, sie verlangen Rache. Nun gestattet zwar das Gesetz das Rächen einer Blutschuld (1 Mos 9,6; 4 Mos 35,33), aber nur am einzelnen Mörder selbst. Die Ausrottung eines Stammes kann nur durch die Überlebenden eines anderen Stammes wettgemacht werden. Durch ein ehrenhaftes Begräbnis wollte David die Anhänger Sauls gewinnen.

Ein Dankgebet

22 1 David richtete an den Herrn die Worte des folgenden Liedes, nachdem der Herr ihn aus der Hand all seiner Feinde und aus der Hand Sauls gerettet hatte. 2 Er sprach: »Herr, meine Felsenburg, mein Retter bist du! 3 Mein Gott, mein Fels, auf den ich baue; mein Schild und meines Heiles Stärke, meine Festung und meine Zuflucht, mein Helfer, der aus Gewalttat mich rettet. 4 Lobpreisend rufe ich zum Herrn, so werde ich von meinen Feinden frei. 5 Todesbrandungen kreisten um mich, Unheilsbäche schreckten mich auf; 6 des Totenreiches Bande umgarnten mich, des Todes Schlingen begegneten mir. 7 In meiner Angst rief ich zum Herrn, schrie ich zu meinem Gott. Er hörte in seinem Palast meine Stimme, mein Schreien drang zu seinem Ohr. 8 Die Erde wankte und schwankte, des Himmels Grundfesten bebten; sie wankten, weil er erzürnt war. 9 Aus seiner Nase quoll Rauch, verzehrendes Feuer aus seinem Mund, Kohlenglut flammte vor ihm her. 10 Den Himmel neigte er und fuhr herab, zu seinen Füßen Wolkendunkel. 11 Auf dem Kerub reitend, flog er einher und erschien auf den Flügeln des Sturmes. 12 Er formte sich ringsum die Finsternis zum Zelt, das Wassersieb und dichte Wolken. 13 Aus dem Glanz vor ihm brachen hervor Hagel und feurige Kohlen. 14 Vom Himmel ließ der Herr den Donner dröhnen, der Höchste schickte seine Stimme aus. 15 Er sandte Pfeile und zerstreute sie, schleuderte Blitze und brachte sie in Verwirrung. 16 Des Meeres Tiefen wurden sichtbar, der Erde Grund ward aufgedeckt vor dem Scheltruf des Herrn, vor dem schnaubenden Odem seiner Nase. 17 Er streckte aus der Höhe seine Hand und griff nach mir, riß mich aus den Wassermassen heraus, 18 befreite mich von meinem trotzigen Feind, von meinen Gegnern, die stärker als ich. 19 Sie überfielen mich an meinem Unglückstag, doch ward mir der Herr zur Stütze. 20 Er führte mich hinaus ins Weite, entriß mich, denn er war mir gewogen.

21 Der Herr vergalt mir mein gerechtes Tun, belohnte mir meiner Hände Reinheit. 22 Denn ich hielt mich an die Wege des Herrn und frevelte nicht gegen meinen Gott. 23 All seine Gebote standen vor mir, und seine Satzungen wies ich nicht ab. 24 Von Tadel frei war ich vor ihm und hütete mich vor dem Frevel. 25 So lohnte mir der Herr mein gerechtes Tun, die Reinheit meiner Hände vor seinen Augen. 26 Gegen den Guten zeigst du dich gütig, edel gegen den edlen Mann. 27 Dem Reinen gegenüber zeigst du dich rein, doch gegen den Falschen verkehrt. 28 Dem armen Volke bist du ein Helfer, die stolzen Augen beugst du nach unten. 29 Denn du bist meine Leuchte, Herr; mein Gott erhellt mir die Finsternis. 30 Ja, mit dir stürme ich vor gegen Horden, auf Mauern springe ich mit meinem Gott. 31 Gott –, makellos ist sein Weg, die Rede des Herrn ist geläutert; ein Schild ist er allen, die auf ihn bauen. 32 Denn wer ist Gott, wenn nicht der Herr? Und wer ein Fels außer unserem Gott? 33 Gott, der mich mit Stärke gürtete, mich unversehrt auf meinem Wege führte, 34 der meine Füße flink wie die der Hirsche machte und mich auf meine Höhen stellte, 35 der meine Hände unterwies zum Kampf, daß meine Arme den ehernen Bogen spannten, 36 du liehst mir deiner Hilfe Schild, und deine Botschaft machte mich stark. 37 Für meine Schritte schufst du freien Raum, und meine Fußgelenke wankten nicht. 38 Ich setzte meinen Feinden nach, vernichtete sie; ich ließ nicht ab, bevor sie aufgerieben. 39 Ich rieb sie auf, zerschlug sie, sie erhoben sich nicht mehr, sie sanken unter meinen Füßen dahin. 40 Du gürtetest mich mit Stärke für den Kampf, du beugtest meine Feinde unter mich. 41 Du schlugst mir meine Feinde in die Flucht, und meine Gegner konnte ich vernichten. 42 Sie schrieen um Hilfe – kein Retter war da! – zum Herrn, doch er hörte sie nicht. 43 Ich zerrieb sie wie Erdenstaub, zertrat sie wie Gassenkot. 44 Du hast mich gerettet vor zahllosem Kriegsvolk und machtest mich zum Völkerhaupt. Völker, die ich nicht kannte, dienten mir. 45 Die Söhne der Fremde schmeichelten mir; wie sie mich hörten, gehorchten sie mir. 46 Die Söhne der Fremde duckten sich nieder, kamen hervor aus ihren Burgen.

47 Es lebt der Herr, gepriesen sei mein Fels, erhaben ist mein Gott, mein rettender Fels! 48 Gott, der mir Rache schuf und Völker vor mir unterwarf, 49 der mich meinen Feinden entführte; über meine Gegner erhöhtest du mich, vor dem Mann der Gewalttat rettetest du mich. 50 Darum will ich dir danken, Herr, unter den Völkern und deinem Namen lobsingen! 51 Er verlieh seinem König große Siege, erwies seinem Gesalbten Huld, David und seinen Nachkommen auf ewig!«

22,1–51: Es ist eine schöne Probe des dichterischen Geistes des Königs David, ein Dank- und ein Siegeslied zugleich. In 2 Sam 1,19–27 lernten wir ebenfalls ein Lied von ihm kennen. In Ps 18 kehrt das Gebet fast wörtlich wieder.

Davids letztes Lied

23 1 Das sind Davids letzte Worte: »Es spricht David, Isais Sohn, es spricht der Mann, gar hoch gestellt, der Gesalbte des Gottes Jakobs, der beliebte Sangesdichter in Israel. 2 Der Geist des Herrn spricht durch mich, auf meiner Zunge ist sein Wort. 3 Gesprochen hat Israels Gott, der Fels Israels hat mir verkündet: ›Wer gerecht über Menschen herrscht, ein Herrscher voll von Gottesfurcht 4 gleicht dem Frühlicht bei Sonnenaufgang am wolkenfreien Morgen; und er gleicht dem frischen Grün, das nach dem Regen aufglänzt aus der Erde.‹ 5 So steht gar fest mein Haus zu Gott! Er hat mir einen ewigen Bund gesetzt, in allem wohlgeordnet und gesichert. All mein Glück und all mein Wünschen, fürwahr, er ließ es gut gedeihen! 6 Verruchte sind wie windverwehte Dornen insgesamt! Man nimmt sie nicht zur Hand. 7 Anrühren kann man sie nur dann, wenn man mit Eisen und mit Lanzenschaft gewappnet ist. In Feuersflammen werden sie verbrannt.«

Helden Davids

8 Dies sind die Namen der Helden Davids: Jischbaal, der Hachmoniter, das Haupt der drei Helden. Er schwang seine Lanze über achthundert, die auf einmal erschlagen wurden. 9 Nach ihm gehört zu den drei Helden Eleasar, der Sohn Dodos, der Achochiter. Er befand sich bei David in Pas-Dammim. Die Philister scharten sich dort zum Kampf; aber die Israeliten zogen sich zur Höhe zurück. 10 Er jedoch leistete Widerstand und schlug die Philister, bis seine Hand müde ward und am Schwerte erstarrte. Der Herr verlieh damals einen gewaltigen Sieg. Das Kriegsvolk folgte ihm erneut, aber nur noch, um zu plündern. 11 Nach ihm kommt Schamma, der Sohn Ages, aus Harar. Die Philister rotteten sich in Lechi zusammen. Dort befand sich ein Stück Feld voll Linsen. Das Kriegsvolk aber floh vor den Philistern. 12 Er selbst stellte sich mitten in das Feld, behauptete es und schlug die Philister. Der Herr verlieh einen gewaltigen Sieg. 13 Die drei von den dreißig Obersten kamen zu David hinab zur Felswand, in die Bergfestung Adullam. Die Philister lagerten in der Rephaïterebene. 14 David war damals in der Bergfestung, und ein Wachtposten der Philister befand sich in Bethlehem. 15 Da hatte David ein Verlangen und sprach: »Hätte ich doch Wasser aus der Zisterne am Tore von Bethlehem!« 16 Die drei Helden brachen in das Lager der Philister ein, schöpften aus der Zisterne am Tor von Bethlehem Wasser und brachten es zu David. Er aber wollte nicht trinken, sondern goß es als Opfer vor dem Herrn aus. 17 Er sprach dabei: »Der Herr bewahre mich davor, dies zu tun! Soll ich etwa das Blut der Männer trinken, die unter Lebensgefahr hingegangen sind?« Er wollte davon nicht trinken. Dies sind die Taten der drei Helden.

18 Abischaj, der Bruder Joabs und Sohn der Zeruja, war erster unter den Dreißig. Schwang er seine Lanze, so fielen dreihundert zu Boden; er war berühmt bei den Dreißig. 19 Unter den Dreißig war er hochgeschätzt und wurde ihr Führer; aber zu den genannten Drei gehörte er nicht. 20 Benaja, der Sohn Jehojadas aus Kabzeel, ein tapferer Mann mit zahlreichen Taten, schlug die beiden Kriegshelden Moabs. Er stieg auch hinab und erschlug einen Löwen in der Zisterne am Tage, da Schnee gefallen war. 21 Er erschlug auch einen Ägypter, einen riesengroßen Mann. Der Ägypter hatte eine Lanze in der Hand. Jener aber ging mit einem Stecken zu ihm hinab, riß ihm die Lanze aus der Hand und tötete ihn mit seiner eigenen Lanze. 22 Solches tat Benaja, der Sohn Jehojadas. Er war berühmt bei den dreißig Helden. 23 Unter den Dreißig war er hochgeschätzt; aber zu den Drei gehörte er nicht. David setzte ihn über seine Leibwache.

24 Asahel, der Bruder Joabs, gehörte auch zu den Dreißig. Dazu noch Elchanan, der Sohn Dodos aus Bethlehem, 25 Schamma aus Charod, Elika aus Charod, 26 Chelez, der Paltiter, Ira, der Sohn des Ikkesch aus Tekoa, 27 Abiëser aus Anatot, Sibbechaj aus Chuscha, 28 Zalmon, der Achochiter, Mahraj aus Netopha, 29 Cheled, der Sohn Baanas aus Netopha, Ittaj, der Sohn des Ribaj aus Gibea in Benjamin, 30 Benaja aus Piraton, Hiddaj aus Nachale-Gaasch, 31 Abi-Albon aus Araba, Asmawet aus Bachurim, 32 Eljachba aus Schaalbim, Jaschen aus Gimso, 33 Jonatan, der Sohn Schammas aus Harar, Achiam, der Sohn Scharars aus Harar, 34 Eliphelet, der Sohn Achasbajs aus Maacha, Eliam, der Sohn Achitophels aus Gilo, 35 Chezro aus Karmel, Paaraj, der Arbiter, 36 Jigal, der Sohn Natans aus Zoba, Bani, der Gaditer, 37 Zelek, der Ammoniter, Nachraj aus Beerot, der Waffenträger Joabs, des Sohnes der Zeruja, 38 Ira aus Jattir, Gareb aus Jattir, 39 Uria, der Hethiter. Sie alle zählten dazu. Insgesamt sind es siebenunddreißig.

23,1–7: Gewissermaßen als Davids Testament steht hier ein Idealkönig in Gerechtigkeit und Gottesfurcht. Der Bund mit Gott ist sein höchstes Glück. Die Leidensschule hat David immer geläutert. Aber das volle Ideal ist der »Sohn Davids«, Christus.

Volkszählung

24 1 Aufs neue entbrannte der Zorn des Herrn wider Israel. Er reizte David gegen es auf und sprach: »Gehe hin, zähle die Israeliten und Judäer!« 2 Der König befahl Joab und den Feldherrn seines Heeres: »Geht alle Stämme Israels durch von Dan bis Beerseba und zählt das Volk! Ich will die Zahl des Volkes wissen.« 3 Joab entgegnete dem König: »Möge der Herr, dein Gott, dem Volk, so wie es ist, das Hundertfache hinzufügen, und mögen die Augen meines Herrn und Königs es sehen! Doch warum verlangt mein Herr und König derartige Dinge?« 4 Doch der Befehl des Königs nötigte Joab und die Heerführer. Joab ging also mit den Heerführern vom König weg, um das Volk Israel zu zählen. 5 Sie überschritten den Jordan und begannen mit Aroer und mit der Stadt, die im Tal liegt, in der Richtung nach Gad und Jaser; 6 sie erreichten dann Gilead und das Land der Hethiter in Richtung Kadesch und gelangten nach Dan, Ijjon und in das Gebiet um Sidon herum. 7 Sie gingen zur Festung Tyrus und in alle Städte der Hiwwiter und Kanaaniter. Sie kamen dann in das Südland von Juda, nach Beerseba.

8 So durchstreiften sie das ganze Land und kamen nach neun Monaten und zwanzig Tagen nach Jerusalem zurück. 9 Joab berichtete das Ergebnis der Volkszählung dem König. Israel hatte 800 000 Krieger, die das Schwert trugen, und Juda 500 000. 10 Danach aber schlug dem David das Gewissen, weil er das Volk gezählt hatte, und er betete zum Herrn: »Ich habe schwer gesündigt, daß ich solches tat. Nun, Herr, entferne die Schuld deines Knechtes; denn überaus töricht habe ich gehandelt!«

Pest über Israel

11 Als David am Morgen aufstand, war das Wort des Herrn an den Propheten Gad, den Seher Davids, ergangen: 12 »Gehe hin und sage zu David: So spricht der Herr: Drei Dinge lege ich dir vor. Wähle dir eines davon, daß ich es dir antue!« 13 Gad kam zu David und richtete die Botschaft an ihn aus. Er sprach zu ihm: »Soll drei Jahre hindurch Hungersnot in deinem Land wüten, oder willst du drei Monate lang vor deinen Feinden fliehen, während sie dich verfolgen, oder soll drei Tage lang die Pest in deinem Lande wüten? Überlege nun und sieh zu, welche Antwort ich dem bringen soll, der mich sendet!« 14 David entgegnete Gad: »Ich bin in großer Bedrängnis. Doch lieber wollen wir in die Hand des Herrn fallen, weil seine Barmherzigkeit groß ist; aber in die Hand von Menschen möchte ich nicht fallen!«

15 So ließ der Herr eine Pest in Israel vom Morgen bis zur Zeit des Abendessens wüten. Es starben aus dem Volk von Dan bis Beerseba 70 000 Mann. 16 Der Herr hatte einen Engel nach Jerusalem entsandt, um es zu verderben. Es ließ sich aber der Herr des Unheils gereuen, und er befahl dem Engel, der die Verheerung anrichtete: »Es ist genug. Ziehe deine Hand zurück!« Der Engel des Herrn befand sich gerade bei der Tenne des Jebusiters Orna. 17 David aber rief zum Herrn, als er den Engel erblickte, der das Volk schlug: »Siehe, ich habe gesündigt! Ich, der Hirte, habe Unrecht begangen! Diese aber, die Herde, was haben sie verbrochen? Deine Hand laste auf mir und meiner Familie.«

Aussöhnung mit Gott

18 An jenem Tage kam Gad zu David und sprach zu ihm: »Gehe hinauf und errichte dem Herrn einen Altar auf der Tenne des Jebusiters Orna!« 19 David ging nach Gads Weisung hinauf, wie der Herr befohlen hatte. 20 Orna blickte hin und sah den König mit seinen Knechten auf sich zukommen. Er trat heraus und verneigte sich vor dem König mit dem Antlitz zur Erde. 21 Orna fragte: »Warum kommt mein Herr und König zu seinem Knechte?« David gab zur Antwort: »Um deine Tenne zu erwerben. Ich will dem Herrn einen Altar bauen, damit die Plage im Volk zum Stillstand gebracht werde.« 22 Orna sprach zu David: »Mein Herr und König nehme und opfere, was ihn gutdünkt! Siehe, hier sind die Rinder für das Brandopfer, und hier die Dreschbretter und das Rindergeschirr als Opferholz! 23 Das alles, mein König, schenkt Orna dem König!« Weiterhin sprach Orna zum König: »Der Herr, dein Gott, sei dir gut!« 24 Da erwiderte aber der König dem Orna: »Nicht so! Um einen festgesetzten Preis will ich sie von dir erwerben. Ich kann dem Herrn, meinem Gott, nicht geschenkte Brandopfer darbringen.«

David erwarb die Tenne und die Rinder um fünfzig Sekel Silber. 25 Und David erbaute dort einen Altar für den Herrn und brachte Brand- und Friedopfer dar. Der Herr söhnte sich wieder mit dem Land aus, und der Plage in Israel ward Einhalt geboten.

24,1–10: Das AT berichtet mehrmals von einer Volkszählung, vgl. 4 Mos 1,17–44; 26,1–62. Die hiererwähnte Volkszählung hat David offensichtlich gegen das Volksbewußtsein durchgeführt, das darin eine Verletzung der Theokratie sah. • 11–17: So wurde auch dieser Verstoß vom Herrn schwer geahndet. Der Prophet Gad wird zum König gesandt und stellt ihm drei Strafen zur Wahl. David wählt die kürzeste, um sein Volk zu schonen, vielleicht aber auch, weil er, wie Vers 14 andeutet, auf Gottes Barmherzigkeit vertraut. Ein Engel führt das Gericht des Herrn aus, doch Gott gebietet ihm Einhalt, als er gerade bei der Tenne des Jebusiters Orna ist. • 18–25: Auf Geheiß Gads geht David zur Tenne des Orna, baut dort einen Altar und versöhnt den Herrn durch ein Brand- und Friedopfer.

ERSTES BUCH DER KÖNIGE

Inhaltlich führen die beiden Königsbücher, die früher ein einziges Werk bildeten, die Herrschaft der Könige Israels und Judas vor. Das erste von ihnen erzählte Ereignis ist der Tod Davids (972 v. Chr.), das letzte die Begnadigung des nach Babylon verschleppten Königs Jojachin durch einen Nachfolger des Königs Nebukadnezar.

Von der Entstehung des Königtums bis zu den letzten Tagen Davids berichteten aber bereits die sogenannten Samuelbücher. Diese werden daher in der griechischen und lateinischen Bibel als 1 und 2 Könige bezeichnet, wonach dann unsere zwei Bücher 3 und 4 Könige heißen. Da jedoch unsere Übersetzung von dem hebräischen Grundtext der Königsbücher ausgeht, zitieren wir folgerichtig nach der hebräischen Benennung 1 und 2 Samuel sowie 1 und 2 Könige (= nach der Vulgata 3 und 4 Könige).

Einen breiten Raum nimmt die Erzählung über König Salomo ein (1 Kön 1–11). Durch seine Weisheit, Prachtentfaltung und den Tempelbau machte er seinen Namen für alle Zeiten berühmt. Auch Dinge, die ihm keine Ehre machen, werden offen berichtet. Nach seinem Tod zerfiel das Reich Davids in zwei Teile; eines ist unter dem Namen Nordreich, Israel, Ephraim oder Samaria, das andere unter dem Namen Südreich oder Juda bekannt. Wechselvoll ist ihre Geschichte. Sie findet mit 2 Kön 17 ein gewisses Ende, weil danach mit dem Untergang des Nordreiches ein neuer Abschnitt der hl. Geschichte beginnt. In Kapitel 18–24 stehen ausschließlich Ereignisse des Südreiches, während in Kapitel 25 Jerusalems Untergang beschrieben wird.

Ausführlich werden uns die Propheten Elias und Elisäus geschildert (1 Kön 17–2 Kön 13); die Könige zur Zeit dieser Propheten stehen lebendig vor den Augen des Lesers. Sonst sind aber die Königsgeschichten gleichförmig aufgebaut: Der König wird mit Namen genannt, dann folgt die Angabe, in welchem Jahr des gleichzeitig im Bruderreich Israel bzw. Juda herrschenden Königs er den Thron bestieg, und wie lange er regierte. Kurz wird seine Stellung zur Religion und zum Gesetz gekennzeichnet. Bei den Königen des Südreiches wird noch das Alter beim Regierungsantritt, der Name der Mutter und ein wichtiges Ereignis ihres Lebens angegeben. Zum Schluß wird auf ein Geschichtswerk verwiesen, und Tod, Begräbnis und Nachfolger des Königs finden Erwähnung.

Diese Art von Geschichtsschreibung kann niemals den befriedigen, der eine lückenlose Geschichtsdarstellung sucht. Politisch bedeutende Könige sind nur kurz, wichtige Ereignisse aus der Geschichte anderer Völker meist gar nicht erwähnt. Der Verfasser erzählt uns nur das, was für Gottesdienst und Religion im prophetischen Sinne wichtig ist. Geschichte ist für ihn nicht das Ineinanderwirken menschlicher Ursachen, sondern das Wirken Gottes in der Welt, das mit der sittlichen Lebensführung des Menschen in ursächlichem Zusammenhang steht (Heilsgeschichte).

Der König David wurde alt und hochbetagt.
Obwohl man ihn in Decken hüllte, wurde
er nicht mehr warm. 2 Da sagten seine
Knechte zu ihm: »Man suche für den Herrn und
König ein jungfräuliches Mädchen. Dieses soll ihm
zu Diensten sein und pflegen. Es soll an deiner
Brust schlafen; dann wird es unserem Herrn und
König warm werden!« 3 Man suchte in allen Gebie-
ten Israels nach einem schönen Mädchen und fand
Abischag aus Sunem und brachte sie vor den König.
4 Das Mädchen war überaus schön. Es pflegte den
König und diente ihm; aber der König wohnte ihm
nicht bei.

Adonias Königstraum

5 Adonia aber, der Sohn der Chaggit, wurde über-
heblich und dachte: »Ich werde König sein!« Er
schaffte sich Wagen und Pferde an und fünfzig
Männer, die vor ihm herliefen. 6 Sein Vater aber hat
ihn die ganze Zeit nie zurechtgewiesen und etwa
gesagt: »Warum tust du so?« Auch war er eine statt-
liche Erscheinung und nach Absalom der Älteste.
7 Mit Joab, dem Sohne der Zeruja, und dem Priester
Ebjatar führte er Verhandlungen; diese standen
Adonia helfend bei. 8 Der Priester Zadok aber und
Benaja, der Sohn Jehojadas, der Prophet Natan,
Schimi und Reï und die Helden um David ergriffen

nicht Adonias Partei. 9 Adonia schlachtete nun
Schafe, Rinder und Mastkälber am Gleitenden Stein
bei der Quelle Rogel. Er lud alle seine Brüder, die
königlichen Prinzen und alle Männer von Juda, die
im Dienst des Königs standen, ein. 10 Doch den Pro-
pheten Natan, Benaja, die Helden und seinen Bru-
der Salomo hatte er nicht eingeladen.

Batseba, die künftige Königsmutter

11 Da sprach Natan zu Batseba, der Mutter Salomos:
»Hast du nicht gehört, daß Adonia, der Sohn der
Chaggit, König ist, ohne daß David, unser Herr,
etwas davon weiß? 12 Nun komm! Ich mache dir
einen Vorschlag, wie du dein Leben und das deines
Sohnes Salomo retten kannst. 13 Geh sogleich zum
König David und sprich zu ihm: ›Hast du nicht,
mein Herr und König, deiner Magd eidlich zuge-
sichert: Nach mir wird dein Sohn Salomo als König
herrschen, und er wird auf meinem Thron sitzen!?
Warum wurde nun Adonia König?‹ 14 Während du
daselbst noch mit dem König redest, komme ich
und werde deine Worte bekräftigen.«
15 Batseba ging in das Gemach des Königs. Der
König aber war sehr alt, und Abischag aus Sunem
bediente ihn. 16 Batseba verneigte sich vor dem
König und huldigte ihm. Der König fragte: »Was
willst du?« 17 Sie sprach zu ihm: »Mein Herr, du hast
selbst beim Herrn, deinem Gott, deiner Magd eid-
lich versprochen: Dein Sohn Salomo wird nach mir
König sein, und er wird auf meinem Thron sitzen.
18 Nun aber ist Adonia König, ohne daß du, mein
Herr und König, etwas davon weißt. 19 Er hat Rin-
der, Mastvieh und Schafe mengenweise geschlach-
tet und alle königlichen Prinzen eingeladen, außer-
dem noch den Priester Ebjatar und den Feldherrn
Joab. Doch deinen Knecht Salomo hat er nicht ru-
fen lassen. 20 Nun sind auf dich, mein Herr und
König, die Augen aller Israeliten gerichtet. Ver-
künde ihnen doch, wer auf dem Thron meines
Herrn und Königs in Zukunft regieren soll! 21 Im an-
deren Fall werden, wenn mein Herr und König zu
seinen Vätern entschlafen ist, ich und mein Sohn
Salomo als Versager gelten.«
22 Als sie noch mit dem König redete, kam der Pro-
phet Natan. 23 Man meldete dem König: »Der Pro-
phet Natan ist da.« Dieser trat vor den König und
verneigte sich, sein Antlitz tief zur Erde gewandt.
24 Natan sprach: »Mein Herr und König, du hast
wohl selbst verfügt: ›Mein Sohn Adonia soll nach
mir als König herrschen und auf meinem Thron sit-
zen!‹ 25 Denn er stieg heute hinab, schlachtete men-
genweise Rinder, Mastvieh und Schafe und lud alle
königlichen Prinzen, die Heerführer und den Prie-
ster Ebjatar ein. Da essen und trinken sie nun
vor ihm und rufen: Es lebe der König Adonia!
26 Mich aber, deinen Knecht, den Priester Zadok,
den Benaja, den Sohn Jehojadas, und deinen Knecht
Salomo hat er nicht geladen. 27 Ist diese Verfügung
von meinem Herrn und König erlassen worden,
ohne daß du deine Diener davon in Kenntnis ge-
setzt hast, wer auf dem Thron meines Herrn und
Königs zukünftig sitzen soll?«
28 Da entgegnete der König David und ordnete an:
»Ruft mir Batseba!‹ Sie kam herein und trat vor den
König. 29 Da schwur der König und sprach: »So
wahr der Herr lebt, der mich aus aller Drangsal ge-
rettet hat: 30 Wie ich dir beim Herrn, dem Gott Isra-
els, geschworen habe, daß dein Sohn Salomo mir
als König nachfolgen und auf meinem Thron sitzen
wird, so will ich dies heute noch in die Tat umset-
zen!« 31 Batseba neigte darauf ihr Antlitz zur Erde,
huldigte dem König und sprach: »Mein Herr und
König David soll ewig leben!« 32 Darauf befahl der
König David: »Ruft mir den Priester Zadok, den
Propheten Natan und Benaja, den Sohn Jehojadas!«
Diese erschienen vor dem König. 33 Der König gab
ihnen den Auftrag: »Nehmt mit euch die Leibwache
eures Herrn; laßt meinen Sohn Salomo auf meinem
Maultier reiten und bringt ihn zum Gichon hinab!
34 Daselbst salbe ihn der Priester Zadok und der Pro-
phet Natan zum König über Israel! Dann stoßt in
die Posaune und ruft: Es lebe der König Salomo!
35 In seinem Gefolge zieht dann herauf; er soll kom-
men, auf meinem Thron sitzen und statt meiner als
König herrschen; denn ihn habe ich zum Fürsten
über Israel und Juda bestellt!«
36 Benaja, der Sohn Jehojadas, antwortete dem
König: »So sei es! So bestimmt es der Herr, der Gott
meines Herrn und Königs! 37 Wie der Herr mit mei-
nem Gebieter und König war, so stehe er auch dem
Salomo zur Seite! Er mache seinen Thron noch er-
habener als den Thron meines Herrn und Königs
David!«

Königssalbung und Thronbesteigung Salomos

38 Der Priester Zadok, der Prophet Natan und Be-
naja, der Sohn Jehojadas, zogen mit den Kretern
und Peletern hinab. Sie ließen Salomo das Maultier
des Königs David besteigen und führten ihn zum
Gichon. 39 Der Priester Zadok nahm das Ölhorn aus
dem Zelt und salbte Salomo. Hierauf ließ man in
die Posaune stoßen, und alle Leute riefen: »Es lebe
der König Salomo!« 40 Alles Volk zog nun in seinem
Gefolge hinauf. Sie bliesen Flöten und hatten eine
gewaltige Freude, so daß die Erde bebte von ihrem
Lärm.

41 Adonia und alle seine Gäste hörten davon. Sie
hatten gerade das Mahl beendet. Als Joab das Ge-
schmetter der Posaune vernahm, rief er aus: »Was
bedeutet der Lärm der außer sich geratenen Stadt?«
42 Während er noch redete, kam Jonatan, der Sohn
des Priesters Ebjatar. Adonia rief: »Komm her, du
bist ein tüchtiger Mann und bringst gute Botschaft!«
43 Jonatan aber antwortete dem Adonia: »Nein!
Unser Herr, der König David, hat Salomo als König
eingesetzt. 44 Der König sandte mit ihm den Priester
Zadok, den Propheten Natan, Benaja, den Sohn Je-
hojadas, dazu die Kreter und Peleter. Diese haben
ihn auf das Maultier des Königs gesetzt. 45 Am
Gichon salbten ihn der Priester Zadok und der Pro-
phet Natan zum König. Von dort zogen sie voller
Freude hinauf, so daß die Stadt außer sich geriet.
Daher der Lärm, den ihr vernahmt. 46 Salomo sitzt
bereits auf dem königlichen Thron. 47 Und dann ka-
men auch die Diener des Königs, um unsern Herrn,
den König David, zu beglückwünschen und zu ru-
fen: ›Dein Gott lasse den Namen Salomos noch
herrlicher werden als deinen Namen! Seinen Thron
mache er noch erhabener als deinen Thron!‹ Der
König selbst hat dabei auf der Lagerstätte seine Hul-
digung entboten. 48 Auch sprach der König folgen-
des: ›Gepriesen sei der Herr, der Gott Israels, der
mir heute auf meinem Thron einen Nachfolger ge-
geben hat, den ich noch mit eigenen Augen schauen
durfte!‹«

Adonia in banger Erwartung

49 Da erschraken und erhoben sich alle geladenen
Gäste, die bei Adonia waren. Ein jeder ging seines
Weges fort. 50 Adonia bekam vor Salomo Furcht. Er
machte sich auf, ging hin und erfaßte (als Zuflucht)
die Hörner des Altares. 51 Dem Salomo meldete
man: »Adonia hat aus Furcht vor dem König Sa-
lomo nach den Hörnern des Altares gegriffen und
spricht: ›Der König Salomo soll mir heute
schwören, daß er seinen Knecht nicht mit dem
Schwert töten wird!‹« 52 Salomo gab zur Antwort:
»Verhält er sich redlich, soll keines von seinen Haa-
ren zu Boden fallen. Wird er aber dabei ertappt, daß
er etwas Böses tut, muß er sterben.« 53 Der König
Salomo ließ ihn daraufhin vom Altar wegholen. Er
kam und huldigte dem König Salomo, und dieser
befahl ihm: »Geh in dein Haus!«

1,1–4: David war 70 Jahre alt. Der Ratschlag stellt in der antiken Heilkunde nichts Ungewöhnliches dar. 1,33–40: Wir erfahren hier die Form einer Königseinsetzung, wissen aber nicht, ob sie bei den späteren Königen in ähnlicher Weise vor sich ging. Der Gichon, heute Marienquelle, entspringt am Fuß des Sion im Kidrontal. Die Kreter und Peleter bilden die aus Fremdstämmigen zusammengesetzte Leibwache Davids: 2 Sam 8,18.

Davids Vermächtnis

2
1 Die Zeit kam immer näher, da David ster-
ben mußte; da gebot er seinem Sohn Salomo:
2 »Ich gehe den Weg alles Irdischen; du aber
sei stark und zeige dich mannhaft! 3 Erfülle die
Pflichten, die der Herr, dein Gott, dir auferlegt hat;
wandle auf seinen Wegen, halte seine Satzungen,
Befehle, Gebote und Verordnungen, wie sie im Ge-
setz des Moses geschrieben stehen! Dann wirst du
Erfolg haben bei allem, was du unternimmst und
wohin du dich wendest. 4 Der Herr wird dann sein
Wort wahr machen, das er zu mir sprach: Wenn
deine Söhne auf ihren Weg achten und getreu mit
ihrem ganzen Herzen und mit ganzer Seele vor mir
wandeln, dann wird es dir nie an Nachkommen auf
dem Throne Israels fehlen.
5 Du weißt auch selber, was Joab, der Sohn der
Zeruja, mir angetan hat, was er den beiden Heer-
führern Israels, Abner, dem Sohne Ners, und
Amasa, dem Sohne Jeters, getan hat: Er ermordete
sie, verübte blutige Kriegstat im Frieden und
befleckte mit unschuldigem Blute den Gürtel an
seinen Hüften und die Schuhe an seinen Füßen.
6 Handle nach deiner Weisheit und schicke sein
graues Haupt nicht unversehrt in das Totenreich!
7 Den Söhnen des Barsillaj aus Gilead aber sollst du
Huld erweisen! Sie sollen zu deinen Tischgenossen
gehören; denn sie waren meine Anhänger, als ich
vor deinem Bruder Absalom fliehen mußte. 8 Bei dir
ist auch Schimi, der Sohn Geras, vom Stamme Ben-
jamin aus Bachurim. Er hat arge Fluchworte gegen
mich ausgestoßen, da ich nach Machanajim ging.
Aber er ist mir am Jordan entgegengekommen, und
ich habe ihm beim Herrn geschworen, ihn nicht mit
dem Schwert hinrichten zu lassen. 9 Du aber lasse
ihn nunmehr nicht unbestraft; denn du bist ein klu-
ger Mann und weißt, was du mit ihm zu tun hast.
Sende sein graues Haupt mit Blut hinab in das
Totenreich!«

Davids Tod

10 David entschlief zu seinen Vätern und wurde in
der Davidsstadt begraben. 11 Vierzig Jahre hatte
David über Israel als König geherrscht. In Hebron
regierte er sieben Jahre und in Jerusalem dreiund-
dreißig. 12 Salomo saß nun auf dem Thron seines
Vaters David, und sein Königtum wurde immer be-
ständiger.

Adonias Machenschaften

13 Adonia, der Sohn der Chaggit, kam zu Batseba,
der Mutter Salomos. Sie fragte: »Bedeutet dein
Kommen etwas Gutes?« Er antwortete: »Ja.«
14 Dann begann er: »Einen Wunsch habe ich an

dich.« Sie entgegnete: »Rede!« 15 Er fuhr fort: »Du weißt, daß mir das Königtum gebührte und auf mich ganz Israel seine Blicke richtete; ich hätte König werden sollen. Die Königswürde aber ging von mir in den Besitz meines Bruders über; denn ihm war sie vom Herrn bestimmt. 16 Jetzt aber erbitte ich von dir nur dies eine; weise mich nicht ab!« Sie antwortete: »Rede!« 17 Er bat: »Sprich doch mit dem König Salomo, denn dir wird er es nicht verweigern, daß er mir Abischag aus Sunem zur Frau gebe!« 18 Batseba erwiderte: »Gut! Ich will deinetwegen mit dem König reden.« 19 Batseba ging dann zum König Salomo, um mit ihm Adonias wegen zu sprechen. Da erhob sich der König, ging ihr entgegen und verneigte sich vor ihr. Dann setzte er sich auf seinen Thron und ließ auch für die Königsmutter einen Thron hinstellen. Sie setzte sich zu seiner Rechten. 20 Sie begann: »Nur eine kleine Bitte möchte ich dir vortragen. Verweigere sie mir nicht!« Der König gab ihr zur Antwort: »Fordere nur, Mutter; denn dich werde ich nicht abweisen!« 21 Sie bat: »Möge doch Abischag aus Sunem deinem Bruder Adonia zur Frau gegeben werden!« 22 Der König Salomo aber erwiderte seiner Mutter: »Warum bittest du um Abischag aus Sunem für Adonia? Erbitte dir doch noch die Königswürde für ihn; ist er doch mein älterer Bruder, und der Priester Ebjatar und Joab, der Sohn der Zeruja, stehen auf seiner Seite!« 23 Der König Salomo schwur nun beim Herrn einen Eid: »Mag Gott mich strafen, wenn diese Bitte Adonia nicht sein Leben kostet! 24 So wahr der Herr lebt, der mich bestätigte und auf den Thron meines Vaters David steigen ließ, der mir, wie er verhieß, ein Haus gebaut hat: heute noch ist Adonia ein Kind des Todes!« 25 Der König Salomo schickte Benaja, den Sohn des Jehojada, der Adonia den Todesstoß versetzte.

Verbannung des Ebjatar

26 Dem Priester Ebjatar befahl der König: »Gehe nach Anatot auf dein Grundstück, denn du bist ein Mann des Todes! Doch ich will dich heute nicht töten, weil du die Lade des Herrn und Gottes vor meinem Vater David getragen und weil du alle Leiden meines Vaters miterduldet hast.« 27 So entsetzte Salomo den Ebjatar des Priesteramtes vor dem Herrn, um das Wort des Herrn zu erfüllen, das er über das Haus Heli in Silo gesprochen hatte.

Joabs Ende

28 Die Kunde hiervon drang zu Joab. Joab war dem Adonia geneigt gewesen, doch für Absalom hatte er keine Partei ergriffen. So floh Joab in das Zelt des Herrn und ergriff die Hörner des Altares. 29 Man meldete dem König Salomo, daß Joab in das Zelt des Herrn geflohen sei und dort neben dem Altar stehe. Da sandte Salomo den Benaja, den Sohn Jehojadas, und trug ihm auf: »Geh und stoß ihn nieder!« 30 Benaja kam zum Zelt des Herrn und sprach zu ihm: »So befiehlt der König: Komm heraus!« Doch dieser antwortete: »Nein! Hier will ich sterben!« Benaja benachrichtigte den König darüber: »So sprach Joab, und so hat er geantwortet.« 31 Der König befahl ihm: »Tu, wie er gesagt hat! Stoß ihn nieder und begrabe ihn! Damit entfernst du von mir und meiner Familie das von Joab unschuldig vergossene Blut. 32 Der Herr lasse sein Blut auf sein Haupt kommen! Er stieß ja zwei Männer nieder, die gerechter und besser waren als er, und tötete sie mit dem Schwert: Abner, den Sohn Ners, den Heerführer von Israel, und Amasa, den Sohn Jeters, den Heerführer von Juda. Mein Vater aber wußte nichts davon. 33 Ihr Blut komme auf das Haupt Joabs und seines Stammes für immer! David aber und seinem Stamm, seinem Haus und seinem Thron sei ewiges Heil vom Herrn beschieden!« 34 Da schritt Benaja, der Sohn Jehojadas, hinauf und schlug Joab tot. Er ward in seinem Haus in der Steppe begraben. 35 Der König setzte Benaja, den Sohn Jehojadas, an seiner Stelle über das Heer, dem Priester Zadok aber verlieh er die Stelle Ebjatars.

Schimis Ungehorsam gegenüber dem Herrn

36 Der König sandte hin und ließ den Schimi rufen. Er befahl ihm: »Baue dir ein Haus in Jerusalem und wohne daselbst! Verlasse es aber nicht! 37 Sobald du hinausgehst und den Kidronbach überschreitest, wisse, daß du sterben mußt! Dein Blut komme dann über dein Haupt!« 38 Schimi antwortete dem König: »Es ist gut so! Wie mein Herr, der König, bestimmt hat, wird dein Knecht handeln.« Schimi wohnte lange Zeit hindurch in Jerusalem.

39 Drei Jahre später entflohen zwei Sklaven Schimis zum König Achisch von Gat, dem Sohn Maachas. Man meldete dem Schimi: »Deine Knechte sind in Gat!« 40 Schimi machte sich auf, sattelte seinen Esel und begab sich nach Gat zu Achisch, um seine Knechte zu suchen. Er kam hin und führte seine Knechte wieder aus Gat zurück. 41 Salomo wurde hinterbracht, daß Schimi aus Jerusalem nach Gat fortgegangen und dann wieder zurückgekehrt sei. 42 Der König sandte hin, ließ den Schimi rufen und sprach zu ihm: »Ließ ich dich nicht schwören beim Herrn? Habe ich dir nicht versichert: ›Sobald du weggehst, wisse, daß du sterben mußt!‹? Du aber gabst mir zur Antwort: ›Es ist gut so. Ich habe es gehört.‹ 43 Warum hast du den beim Herrn geleiste-

ten Eid und das Gebot, das ich dir auferlegte, nicht
gehalten?« 44 Sodann sprach der König zu Schimi:
»Du kennst alle Bosheit, die du meinem Vater
David getan hast! Doch der Herr bringt deine Bos-
heit über dein Haupt. 45 Der König Salomo aber sei
gesegnet, und der Thron Davids stehe fest vor dem
Herrn bis in Ewigkeit!« 46 Danach erteilte der König
dem Benaja, dem Sohn Jehojadas, Befehl. Der ging
hin und schlug Schimi tot. Das Königtum aber fe-
stigte sich in Salomos Hand.

2,5ff: Hier zeigt sich eine völlig vorchristliche Denkart, die »gerecht« und »gerächt« gleichsetzt. • 26f: Vgl. 1 Sam 2,30–36. Zadoks Stammbaum geht auf Eleasar, den älteren Sohn Aarons, zurück. Anatot liegt vier Kilometer nordöstlich von Jerusalem; vielleicht stammt Jeremias von Ebjatar ab. • 31: Von dem weitverbreiteten Brauch, im Heiligtum und am Altar Asylrecht zu besitzen, sind vorsätzliche Mörder ausgenommen, 2 Mos 21,14.

Politische Heirat

3 1 Salomo verschwägerte sich mit dem Pharao,
dem König von Ägypten. Er nahm dessen
Tochter zur Frau und brachte sie in die
Davidsstadt, bis er seinen Palast, das Haus des
Herrn und die Mauern rings um Jerusalem vollendet
hatte.

Auf der Höhe von Gibeon

2 Das Volk indes opferte damals auf den Höhen;
denn bis zu jener Zeit war dem Namen des Herrn
noch kein Haus erbaut. 3 Salomo aber liebte den
Herrn und wandelte nach den Grundsätzen seines
Vaters David. Er opferte und räucherte jedoch auch
noch auf den Höhen. 4 Der König ging einst nach
Gibeon, um daselbst zu opfern; denn dies war die
bedeutendste Höhe. Tausend Brandopfer hatte
Salomo auf jenem Altar dargebracht. 5 Da erschien
der Herr in Gibeon dem Salomo im Traum bei
Nacht, und Gott sprach: »Wünsche, was ich dir ge-
ben soll!« 6 Salomo entgegnete: »Große Huld hast
du deinem Knecht, meinem Vater David, widerfah-
ren lassen; denn er wandelte vor dir in Treue, Ge-
rechtigkeit und mit aufrichtigem Herzen. Du er-
wiesest ihm diese große Huld und schenktest ihm
einen Sohn, der jetzt auf seinem Thron sitzt. 7 Und
nun, Herr, mein Gott, du hast deinen Knecht an
Stelle meines Vaters David zum König eingesetzt;
doch ich bin noch zu jung und weiß nicht, wo aus
und wo ein. 8 Dein Knecht steht inmitten eines
Volkes, das du erwählt hast, eines starken Volkes,
dessen Menge weder berechenbar noch zählbar ist.
9 Schenke also deinem Knecht ein urteilsfähiges
Herz, damit er dein Volk regieren und zwischen
Gut und Böse unterscheiden kann! Denn wer kann
sonst dieses dein so mächtiges Volk leiten?« 10 Dem
Herrn gefiel es, daß Salomo diesen Wunsch ge-
äußert hatte. 11 Gott entgegnete ihm: »Du hast dir
das erbeten und verlangtest nicht für dich ein langes
Leben oder Reichtum oder den Tod deiner Feinde.
Du hast vielmehr um Weisheit für die Pflege der
Rechtsprechung nachgesucht. 12 Daher werde ich
deinem Wunsche gemäß handeln. Ich gebe dir ein
weises und verständiges Herz, so daß vor dir keiner
war wie du und auch nach dir niemand auftreten
wird, der dir gleicht. 13 Doch auch das, worum du
nicht gebeten hast, gebe ich dir: Reichtum und
Ehre. Unter den Königen wird all deine Tage nie-
mand sein wie du. 14 Wandelst du auf meinen
Wegen und hältst meine Satzungen und Gebote,
wie dein Vater David es getan hat, so verlängere ich
auch dein Leben.« 15 Da erwachte Salomo, und der
Traum war beendet. Er ging nach Jerusalem, trat vor
die Bundeslade des Herrn, brachte Brandopfer dar,
veranstaltete Friedopfer und ließ all seinen Knech-
ten ein festliches Gelage geben.

Salomonisches Urteil

16 Damals kamen zwei Dirnen zum König und tra-
ten vor ihn. 17 Die eine sagte aus: »Mit Verlaub,
mein Herr, ich und diese Frau wohnen im gleichen
Haus. Ich gebar bei ihr im Haus. 18 Drei Tage, nach-
dem ich geboren hatte, gebar auch diese Frau. Wir
waren beisammen; kein Fremder befand sich bei
uns im Haus außer uns beiden. 19 Da starb der Sohn
dieser Frau in der Nacht; denn sie hatte sich auf ihn
gelegt. 20 Mitten in der Nacht stand sie auf, nahm
mein Kind von meiner Seite fort, während deine
Magd schlief, und legte es an ihren Busen. Ihr totes
Kind aber legte sie zu mir. 21 Morgens stand ich auf,
um mein Kind zu stillen, und sah, daß es tot war.
Als ich es aber am Morgen genauer anschaute, er-
kannte ich, daß es nicht mein Kind war, das ich ge-
boren hatte.« 22 Die andere Frau aber warf ein:
»Nicht so, mein Kind lebt, und dein Kind ist tot!«
Darauf die erste: »Nein, dein Kind ist tot, und mei-
nes lebt!« So stritten sie vor dem König.
23 Der König sprach: »Diese sagt: Mein Kind lebt,
und dein Kind ist tot. Jene behauptet: Nein, dein
Kind ist tot, und mein Kind lebt.« 24 Da befahl der
König: »Bringt mir ein Schwert!« Man brachte das
Schwert vor den König. 25 Und der König entschied:
»Teilt das lebendige Kind in zwei Stücke und gebt
die eine Hälfte der einen, die andere Hälfte der an-
deren!« 26 Doch da bat die Mutter des lebendigen
Kindes den König, weil sich das Mitleid mit ihrem
Kind in ihr regte: »Mit Verlaub, mein Herr, gebt ihr
doch das lebendige Kind und tötet es nicht!«Jene
aber bestand darauf: »Es gehöre weder dir noch

mir! Teilt es auseinander!« 27 Da fällte der König die Entscheidung: »Gebt der anderen das lebendige Kind und tötet es nicht! Sie ist seine Mutter.« 28 Ganz Israel vernahm das Urteil, das der König gefällt hatte. Man bekam Ehrfurcht vor dem König; denn man sah, daß Gottes Weisheit in ihm wohnte, um Rechtsentscheide zu treffen.

3,1: Ägypten übte in früheren Zeiten die Oberhoheit über Syrien und Palästina aus. Wir wissen nicht, wann dieses Hoheitsrecht aufgehoben worden ist. Die Heirat ist eine Vernunftheirat. Salomo zeigt, daß er auch politisch mit Ägypten verbunden ist. • 4: Hier befanden sich das hl. Zelt und der Brandopferaltar aus der mosaischen Zeit. Vor der Erbauung des Tempels war Gibeon rechtmäßiger Kultort.

Verwaltung des Reiches

4 1 Der König Salomo war Herrscher über Gesamtisrael. 2 Dies waren seine obersten Würdenträger: Asarja, der Nachkomme Zadoks, war Priester. 3 Elichoreph und Achia, die Söhne Schuschas, waren Staatsschreiber, Josaphat, der Sohn Achiluds, Kanzler. 4 Benaja, der Sohn Jehojadas, befehligte das Heer. 5 Asarja, der Sohn Natans, war über die Statthalter gesetzt, Sabud, der Sohn Natans, war Freund des Königs. 6 Achisar war Verwalter des Palastes, Adoniram, der Sohn Abdas, war Fronaufseher. 7 Salomo hatte zwölf Statthalter in Gesamtisrael, die den König und seinen Hof zu versorgen hatten. Je einen Monat im Jahr oblag es dem einzelnen, ihn zu versorgen. 8 Dies sind ihre Namen: der Sohn Churs auf dem Gebirge Ephraim, 9 der Sohn Dekers in Makaz, Schaalbim, Bet-Schemesch, Elon und Bet-Chanan, 10 der Sohn Cheseds in Arubbot. Ihm unterstand Socho und die gesamte Gegend von Chepher; 11 dem Sohne Abinadabs unterstand der ganze Bergrücken von Dor. Er hatte Taphat, die Tochter Salomos, zur Frau. 12 Baana, der Sohn Achiluds, verwaltete Taanach, Megiddo, ganz Bet-Schean, das neben Zaretan unterhalb Jezreel liegt, dann von Bet-Schean bis Abel-Mechola und über Jokmeam hinaus. 13 Der Sohn Gebers war zu Ramot in Gilead. Ihm unterstanden die Dörfer Jaïrs, des Sohnes Manasses, in Gilead und der Landstrich Argob in Basan, sechzig große Städte mit Mauern und ehernen Riegeln; 14 Achinadab, der Sohn Iddos, verwaltete Machanajim, 15 Achimaaz Naphtali; auch er hatte eine Tochter Salomos zur Frau, nämlich Basmat. 16 Baana, der Sohn Chuschajs, war in Aser und Bealot, 17 Josaphat, der Sohn Paruachs, in Issachar, 18 Schimi, der Sohn Elas, in Benjamin. 19 Geber, der Sohn Uris, verwaltete das Land Gilead, das ist das Land Sichons, des Königs der Amoriter, und Ogs, des Königs von Basan. Ein Statthalter verwaltete das Stammland. 20 Juda und Israel waren so zahlreich wie der Sand am Meer. Sie aßen und tranken und waren frohgemut.

Salomos Herrschaft

5 1 Salomo herrschte über alle Reiche vom Euphratstrom bis zum Philisterland und zur Grenze Ägyptens. Sie brachten Tributgeschenke und waren Salomo untertan, solange er lebte. 2 Salomo brauchte täglich zum Unterhalt dreißig Kor Weizengrieß und sechzig Kor Feinmehl, 3 zehn Mastrinder, zwanzig Weiderinder, hundert Stück Kleinvieh, nicht gerechnet die Hirsche, Gazellen, Rehe und das gemästete Geflügel. 4 Denn er herrschte über alles Gebiet jenseits des Euphratstromes von Tiphsach bis Gaza, über alle Könige jenseits des Euphratstromes. Er hatte Frieden auf allen Seiten ringsum. 5 Juda und Israel wohnten in Sicherheit von Dan bis Beerseba, ein jeder unter seinem Weinstock und Feigenbaum, solange Salomo lebte. 6 Salomo hatte 4000 Pferdeställe für seine Wagen und 12 000 Mann Wagenbesatzung. 7 Jene Statthalter versorgten den König Salomo und alle, die zum Tisch des Königs Salomo Zutritt hatten, ein jeder in seinem Monat. Sie ließen es an nichts fehlen. 8 Die Gerste und das Stroh für die Pferde und Zugtiere brachten sie an den vorgesehenen Ort, jeder der Reihe nach.

Salomos Weisheit

9 Und Gott gab Salomo Weisheit und Einsicht in höchstem Grade, dazu Weitblick des Verstandes, dem Sand am Ufer des Meeres vergleichbar. 10 Die Weisheit Salomos war größer als die Weisheit aller Söhne des Ostens und alle Weisheit Ägyptens. 11 Er war weiser als alle übrigen Menschen, als etwa der Esrachit Etan, als Heman, Kalkol und Darda, die Söhne Machols. 12 Sein Name war bekannt bei allen Völkern im Umkreis. Er verfaßte 3000 Sprüche, und die Zahl seiner Lieder betrug 1005. 13 Er wußte zu reden über die Bäume, von der Zeder auf dem Libanon bis zum Ysop, der an der Mauer emporwächst; er redete über die vierfüßigen Tiere, die Vögel, die Kriechtiere und über die Fische. 14 Von allen Völkern kamen Leute, um die Weisheit Salomos zu hören, und eine Anzahl von allen Königen der Erde, die von seiner Weisheit Kunde erhalten hatten.

Verhandlungen mit Hiram

15 Hiram, der König von Tyrus, sandte seine Diener zu Salomo. Denn er hatte vernommen, daß man ihn anstelle seines Vaters zum König gesalbt hatte. Hiram hatte nämlich mit David immer Freundschaft gehalten. 16 Salomo sandte hin zu Hiram mit

der Botschaft 17 »Du weißt selbst, daß mein Vater
David dem Namen seines Herrn und Gottes kein
Haus bauen konnte wegen der Kriege, in die ihn
seine Feinde verwickelten, bis der Herr sie unter
seine Fußsohlen legte. 18 Jetzt aber hat mir der Herr,
mein Gott, ringsum Ruhe verliehen. Es ist kein Widersacher da, und auch keine schlimme Heimsuchung stört. 19 So bin ich denn willens, dem Namen
des Herrn, meines Gottes, ein Haus zu bauen, wie
der Herr meinem Vater David verheißen hat: ›Dein
Sohn, den ich an deiner Statt auf deinen Thron setzen werde, baue meinem Namen das Haus!‹ 20 Erteile nun den Befehl, daß mir Zedern vom Libanon
gefällt werden! Meine Knechte sollen mit deinen
Knechten arbeiten. Den Lohn für deine Knechte
will ich dir so geben, wie du bestimmen wirst; denn
du weißt es ja selber, daß wir niemanden haben,
der Holz so fällen kann wie die Sidonier.«
21 Als Hiram von Salomos Plänen vernahm, freute er
sich sehr. Er rief aus: »Gepriesen sei heute der Herr,
der dem David einen so weisen Sohn über dies
große Volk verliehen hat!« 22 Hiram ließ dem
Salomo sagen: »Deine Botschaft habe ich vernommen und werde alle deine Wünsche an Zedern- und
Zypressenholz erfüllen. 23 Meine Knechte werden
es vom Libanon an das Meer schaffen, und ich lasse
es über das Meer an den Ort flößen, den du mir angeben wirst. Dort lasse ich es zerlegen, und du
kannst es holen. Du aber erfülle meinen Wunsch
und liefere für meinen Hof Lebensmittel!« 24 So lieferte also Hiram dem Salomo Zedern- und Zypressenholz, soviel er haben wollte. 25 Salomo aber gab
dem Hiram 20 000 Kor Weizen zum Unterhalt für
seinen Hof und zwanzig Kor Öl aus zerstoßenen
Oliven ab. Alljährlich lieferte Salomo dem Hiram
diese Menge. 26 Der Herr aber verlieh dem Salomo
Weisheit, wie er ihm verheißen hatte. Zwischen
Hiram und Salomo herrschte gutes Einvernehmen,
und sie schlossen miteinander ein Bündnis.

Arbeiten auf dem Libanon und in den Steinbrüchen

27 Der König Salomo ließ aus ganz Israel einen Frondienst aufstellen; zur Fron gehörten 30 000 Mann.
28 Er sandte davon auf den Libanon 10 000 Mann abwechselnd jeden Monat; einen Monat waren sie
also auf dem Libanon und zwei Monate zu Hause.
Adoniram war Fronaufseher. 29 Dazu hatte Salomo
70 000 Lastträger und 80 000 Steinhauer im Gebirge. 30 Nicht eingerechnet sind dabei die 3600
Werkführer der Statthalter Salomos, welche die
Arbeit zu beaufsichtigen hatten. Sie führten die
Leute bei der Arbeit an. 31 Der König befahl, große
und wertvolle Steine zu brechen, um das Fundament des Hauses mit Quadern auszustatten. 32 Die
Bauleute Salomos und Hirams und die Leute aus
Gebal bearbeiteten Holz und Steine und richteten
sie für den Tempelbau her.

5,5: »Von Dan bis Beerseba« ist eine Formel für das ganze von Norden bis Süden reichende Staatsgebiet. • 9–14: Salomo ist bis heute Sinnbild und Hauptvertreter der Weisheit. Viele im AT stehende Weisheitssprüche gehen wenigstens indirekt auf ihn zurück. Solche Weisheitssprüche lesen wir in Spr und Sir und in manchen Psalmen. Atl. Weisheitsbücher sind ferner Job, Pred und Weish.

Tempelbau

6 1 Im 480. Jahr nach dem Auszug der Israeliten
aus Ägypten, im vierten Jahre der Herrschaft
Salomos über Israel, im Monat Siw – das ist
der zweite Monat – begann Salomo, den Tempel für
den Herrn zu bauen. 2 Der Tempel, den der König
Salomo für den Herrn errichtete, war sechzig Ellen
lang, zwanzig Ellen breit und dreißig Ellen hoch.
3 Die Vorhalle vor dem Hauptraum des Tempels
hatte zwanzig Ellen Länge an der Stirnseite des
Hauses und zehn Ellen Breite quer zur Längsrichtung des Hauses. 4 Am Haus brachte man in Steinrahmen gefaßte Fenster an. 5 An die Wände des
Hauses wurden rings um den Hauptraum und um
den hinteren Raum ein Anbau gelegt und Seitenräume eingesetzt. 6 Im Untergeschoß war der Anbau fünf Ellen, im mittleren sechs und im dritten
sieben Ellen breit; denn er gab dem Haus außen
herum Abstufungen, um nicht in die Wände des
Hauses eingreifen zu müssen. 7 Bei der Errichtung
des Hauses wurde mit Steinen gearbeitet, die schon
beim Bruch fertig behauen waren. Man hörte also
beim Bau des Hauses keine Hämmer, Meißel und
was es sonst an eisernen Werkzeugen gibt. 8 Die
Tür zu den Seitenräumen im Untergeschoß war an
des Hauses Südseite. Über Treppen stieg man zum
mittleren und vom mittleren zum dritten Geschoß.
9 Als er das Haus fertiggebaut hatte, bedeckte er das
Haus, nämlich die Balken und Vertäfelungen, mit
Zedern. 10 Er baute den Anbau um das ganze Haus,
jedes Stockwerk fünf Ellen hoch. Er verband ihn mit
dem Haus durch Zedernbalken.
11 Und das Wort des Herrn erging an Salomo: 12 »Mit
dem Haus, das du baust, verhält es sich so: Wandle
in meinen Satzungen, befolge meine Vorschriften,
beachte meine Befehle und wandle nach ihnen!
Dann werde ich mein Wort an dir in Erfüllung gehen lassen, das ich zu deinem Vater David gesprochen habe: 13 Ich werde inmitten der Israeliten
wohnen und mein Volk Israel nicht im Stich lassen!« 14 So baute Salomo den Tempel und vollendete ihn. 15 Die Wände des Hauses umkleidete er in-

wendig mit Brettern aus Zedernholz. Vom Fußbo-
den des Hauses bis zu den Balken der Decke täfelte
er es inwendig mit Holz; den Fußboden des Hauses
belegte er mit Dielen aus Zypressenholz. 16 Und er
trennte von der Rückseite des Tempels her zwanzig
Ellen durch Zederndielen ab, vom Fußboden bis
zum Gebälk, und schuf so im Innern den Hinter-
raum, das Allerheiligste. 17 Vierzig Ellen lang war
der Hauptraum vor dem Hinterraum. 18 Zedernver-
kleidung war im Innern des Hauses angebracht, ein-
geschnitzte Blumen und Blütengehänge. Alles war
Zedernholz, kein Stein war sichtbar. 19 Drinnen im
Innersten des Hauses errichtete er den Hinterraum,
um hier die Bundeslade des Herrn aufzustellen.
20 Der Hinterraum war zwanzig Ellen lang, zwanzig
Ellen breit und zwanzig Ellen hoch. Er überzog ihn
mit lauterem Gold. Auch machte er einen Altar,
21 nämlich vor dem Hinterraum, und überzog ihn
mit Gold. 22 Das ganze Haus überzog er vollständig
mit Gold. 23 Im Hinterraum ließ er zwei Kerubim
aus Ölbaumholz anfertigen, zehn Ellen hoch.
24 Fünf Ellen lang war der eine Kerubflügel und fünf
Ellen sein zweiter Flügel. Zehn Ellen betrug die Ent-
fernung von einem Flügelende bis zum andern.
25 Zehn Ellen maß auch der andere Kerub. Beide
hatten das gleiche Maß und die gleiche Gestalt.
26 Die Höhe des einen Kerub war zehn Ellen, ebenso
die Höhe des zweiten. 27 Er stellte die Kerubim in
die Mitte des innersten Raumes. Sie breiteten ihre
Flügel so aus, daß der Flügel des einen Kerub die
eine Wand, der Flügel des zweiten Kerub die andere
Wand berührte und die beiden inneren Flügel in der
Mitte des Raumes zusammenstießen. 28 Auch die
Kerubim hatte er mit Gold überzogen. 29 An allen
Wänden des Hauses ließ er ringsum Schnitzwerke
von Kerubim, Palmen und Blumengehängen im in-
neren und im äußeren Raum anbringen. 30 Auch den
Fußboden des Tempels überzog er mit Gold im in-
neren und im äußeren Raum. 31 Den Eingang zum
Hinterraum schmückte er mit Türflügeln aus Öl-
baumholz; Giebelbalken und Türpfosten bildeten
ein Fünfeck. 32 An den beiden Türflügeln aus Öl-
baumholz ließ er Schnitzwerke von Kerubim, Pal-
men und Blütengehängen anbringen und vergolden.
Die Kerubim und Palmen überzog er mit Gold-
blech. 33 Ebenso verfertigte er für den Eingang zum
Hauptraum Pfosten von Ölbaumholz, und zwar im
Viereck, 34 ferner zwei Türflügel aus Zypressen-
holz. Die beiden Blätter des einen Türflügels konnte
man drehen und ebenso die beiden Blätter des an-
deren Türflügels. 35 Er ließ darauf Kerubim, Palmen
und Blumengehänge einschnitzen und dünnge-
schlagenes Gold auf das Schnitzwerk legen. 36 Er
umbaute den inneren Vorhof mit je drei Schichten
behauener Quadern und einer Lage von Zedern-
balken.
37 Im vierten Jahr, im Monat Siw, wurde zum Haus
des Herrn das Fundament gelegt. 38 Im elften Jahr,
im Monat Bul – das ist der achte Monat – war das
Haus mit allen seinen Teilen und mit allem, was da-
zugehörte, vollendet. Sieben Jahre hatte man an
ihm gebaut.

6,1–38: Der salomonische Tempel ist der sichtbare Ausdruck des Glaubens an den einen wahren Gott, den Israel verehren sollte. Alle Höhenheiligtümer und sonstigen Kultstätten, die bisher noch geduldet waren, verloren durch ihn ihr Ansehen, obgleich sie in der Volksreligion unausrottbar waren. Josia (2 Kön 23,8) reformierte hier gründlich, so daß nun der Tempel die einzige Opferstätte wurde (5 Mos)

Palast

7 1 Salomo baute an seinem eigenen Haus drei-
zehn Jahre, bis er es vollendet hatte. 2 Er baute
das Libanonwaldhaus hundert Ellen lang,
fünfzig Ellen breit und dreißig Ellen hoch mit drei
Reihen von Säulen aus Zedernholz und behauenen
Zedernbalken darauf. 3 Es war getäfelt mit Zedern-
holz oberhalb der Gemächer, die über den fünfund-
vierzig Säulen, je fünfzehn in einer Reihe lagen.
4 Fenster gab es in drei Reihen, und zwar dreimal
eines gegenüber dem andern. 5 Alle Türen und
Pfosten waren viereckig; je drei Öffnungen lagen
einander gegenüber. 6 Er baute die Vorhalle aus Säu-
len, fünfzig Ellen lang und dreißig Ellen breit, und
an ihrer Vorderseite eine Halle mit Säulen und
einem Vordach. 7 Ferner schuf er die Thronhalle als
Raum für Gerichtssitzungen. Sie war vom Boden
bis zur Decke mit Zederngetäfel verkleidet. 8 Dazu
kam sein eigenes Wohnhaus im anderen Vorhof
einwärts der Halle, das in der gleichen Art gebaut
war. Ein Haus nach Art jener Halle errichtete er
auch für die Tochter des Pharao, die sich Salomo
zur Frau genommen hatte. 9 Alle diese Bauten
waren aus kostbaren Steinen, die nach dem Maß-
stab von Quadern innen und außen mit der Stein-
säge geschnitten waren, von den Fundamenten bis
zum Dach, von außen her bis zum großen Vorhof.
10 Die Fundamente waren ebenfalls wertvolle große
Steine. Es waren Steinblöcke von zehn und solche
von acht Ellen. 11 Darüber lagen kostbare, nach
Quadermaß behauene Steine und Zedernholz.
12 Der große Vorhof hatte eine Mauer mit je drei
Reihen Quadern und einer Lage Zedernbalken, des-
gleichen auch der innere Vorhof um das Haus des
Herrn und der Hof um die Palasthalle.

Innenausstattung des Tempels
13 Der König Salomo ließ den Hiram aus Tyrus
kommen. 14 Dieser war der Sohn einer Witwe aus
dem Stamm Naphtali. Sein Vater war ein Erz-
schmied aus Tyrus, begabt mit Weisheit, Verstand
und Geschick, Arbeiten in Erz auszuführen. Dieser
kam zum König Salomo und führte alle sei-
ne Aufträge aus. 15 Er goß die beiden ehernen Säu-
len, achtzehn Ellen betrug die Höhe einer jeden
Säule, und ein Faden von zwölf Ellen konnte sie
umspannen. Ihre Dicke betrug vier Finger; innen
war sie hohl. Ebenso goß er die zweite Säule.
16 Dazu verfertigte er zwei Kapitelle aus Gußerz,
um sie oben auf die Säulen zu setzen. Jedes Kapitell
hatte die Höhe von fünf Ellen. 17 Ferner brachte er
Ziergeflecht an den Kapitellen oben auf den Säulen
an, für jedes der beiden Kapitelle ein Geflecht.
18 Dann verfertigte er die Granatäpfel in zwei Rei-
hen ringsum auf dem einen Geflecht, um die Kapi-
telle auf den Säulen oben zuzudecken. Genauso tat
er beim zweiten Kapitell. 19 Die Kapitelle oben auf
den Säulen waren lilienförmig und vier Ellen groß.
20 Und wieder andere Knäufe befanden sich oben an
den Säulen zum Geflecht hin; Granatäpfel waren
zweihundert in den Reihen rings um das zweite Ka-
pitell. 21 Er errichtete die Säulen in der Vorhalle des
Tempels; die Säule, die er zur Rechten aufgestellt
hatte, nannte er Jachin, die Säule, die er links aufge-
stellt hatte, Boas. 22 Oben liefen die Säulen lilien-
förmig aus. So wurde die Verfertigung der Säulen
vollendet.
23 Sodann machte er das aus Erz gegossene »Meer«.
Es maß von einem Rand bis zum andern zehn Ellen,
war vollkommen rund und fünf Ellen hoch. Eine
Schnur von dreißig Ellen konnte es rings umspan-
nen. 24 Unter seinem Rand waren Blumengewinde
angebracht, je zehn auf einer Elle. In zwei Reihen
hatte man die Blumengewinde mit ihm aus einem
Guß gegossen. 25 Es stand auf zwölf Rindern, von
denen drei nach Norden, drei nach Westen, drei
nach Süden und drei nach Osten gewandt waren.
Das »Meer« ruhte auf ihnen, da ihre Hinterseite je-
weils nach innen gekehrt war. 26 Des »Meeres«
Dicke betrug eine Handbreite. Sein Rand war gear-
beitet nach Art eines Bechers, der einer Lilienblüte
ähnelt. Es faßte 2000 Bat. 27 Er verfertigte auch zehn
eherne Gestelle, jedes vier Ellen lang, vier Ellen breit
und drei Ellen hoch. 28 Folgendermaßen waren die
Gestelle ausgeführt: Sie hatten Verbindungsleisten
zwischen den Randleisten. 29 An den Verbindungs-
leisten zwischen den Randleisten befanden sich
Löwen, Rinder und Kerubim, und an den Randlei-
sten ebenso. Oberhalb und unterhalb der Löwen
und Rinder waren herabhängende Kränze. 30 Vier
eherne Räder hatte ein jedes Gestell und ebenso
eherne Radachsen. Diese vier Ecken trugen Ansätze
unterhalb des Beckens, eines gegenüber dem an-
dern. 31 Das Becken öffnete sich nach innen an der
oberen Seite, und das äußerlich sichtbare war eine
Elle hoch und ganz rund, eineinhalb Ellen im
Durchmesser. Auch an seinem Rand befand sich
Schnitzwerk. Die Verbindungsleisten waren vier-
eckig und nicht rund. 32 Die vier Räder befanden
sich unter den Verbindungsleisten. Die Stützen der
Räder waren am Gestell befestigt. Jedes Rad war
anderthalb Ellen hoch. 33 Die Räder waren gearbei-
tet wie Wagenräder. Ihre Halter, Felgen, Speichen
und Naben waren alle aus Erz gegossen. 34 Vier An-
sätze befanden sich an den vier Ecken eines jeden
Gestells und bildeten mit ihm zusammen ein Stück.
35 Der Aufsatz des Gestells war eine halbe Elle hoch
und ringsum abgerundet. Seine Halter und Leisten
waren ebenfalls mit ihm ein Stück. 36 Auf die Sei-
tenflächen ließ er Kerubim, Löwen und Palmen ein-
gravieren, soweit Platz war, und Gewinde ringsum.
37 So fertigte er die zehn Gestelle an. Alle waren aus
dem gleichen Guß, hatten ein Maß und dieselbe
Gestalt. 38 Er goß auch zehn eherne Becken, von
denen ein jedes vierzig Bat faßte und vier Ellen lang
war. Auf jedem der zehn Gestelle befand sich ein
Becher. 39 Fünf Gestelle setzte er an die Südseite des
Hauses und fünf an dessen Nordseite. Das »Meer«
stellte er auf die rechte Seite des Hauses nach Süd-
osten zu.
40 Endlich verfertigte Hiram Töpfe, Schaufeln und
Sprengschalen. So vollendete Hiram das gesamte
Werk, das er im Auftrag des Königs Salomo für das
Haus des Herrn zu leisten hatte: 41 Zwei Säulen mit
zwei Schalenkapitellen oben auf den Säulen, die
zwei Ziergeflechte, um die beiden Schalenkapitelle
auf den Säulen zu bedecken. 42 Vierhundert Granat-
äpfel für die beiden Ziergeflechte, die in zwei Rei-
hen an je einem Ziergeflecht hingen, um die beiden
Schalenkapitelle auf den Säulen zuzudecken, 43 die
zehn Gestelle, die zehn Becken auf den Gestellen,
44 das eine »Meer«, die zwölf Rinder unter dem
»Meer«, 45 die Töpfe, Schaufeln und Sprengschalen.
Alle diese Geräte, die Hiram dem König Salomo für
das Haus des Herrn verfertigte, bestanden aus blan-
kem Erz.
46 Im Jordangau ließ sie der König gießen, bei der
Furt von Adama zwischen Sukkot und Zaretan.
47 Salomo gab allen Geräten ihren Platz. Wegen der
allzu großen Menge konnte das Gewicht des Erzes

nicht festgestellt werden. 48 Salomo hatte alle Geräte, die ins Haus des Herrn kamen, anfertigen lassen: den goldenen Altar, den goldenen Tisch, auf dem die Schaubrote lagen, 49 die fünf Leuchter zur Rechten und die fünf zur Linken vor dem Hinterraum, bestehend aus lauterem Gold mit den goldenen Blüten, Lampen und Dochtscheren, 50 ferner die Becken, Messer, Sprengschalen, Schüsseln und Feuerbecken aus lauterem Gold. Die Stirnseiten an den Türen des inneren Raumes zum Allerheiligsten und an den Türen des Tempelhauses waren von Gold. 51 So ward das Werk, das der König Salomo für das Haus des Herrn befohlen hatte, vollendet. Nun brachte Salomo die Weihegeschenke seines Vaters David hinein. Silber und Gold und die Gefäße legte er in die Schatzkammern des Hauses des Herrn.

Die Bundeslade im Tempel

8 1 Damals versammelte Salomo die Ältesten Israels, alle Häupter der Stämme und die Fürsten der israelitischen Geschlechter, bei sich in Jerusalem, um die Bundeslade des Herrn aus der Davidsstadt, das ist Sion, herauszuholen. 2 Da kamen beim König Salomo alle Männer Israels im Monat Etanim, d. h. im siebten Monat, am Feste zusammen. 3 Als alle Ältesten Israels da waren, erhoben die Priester die Lade. 4 Sie brachten die Lade des Herrn, das Offenbarungszelt und alle heiligen Geräte, die im Zelte waren, hinauf. Die Priester und Leviten trugen sie hinauf.

5 Der König Salomo und mit ihm die ganze Gemeinde Israels versammelten sich vor der Lade. Sie schlachteten Schafe und Rinder, unzählbar an Menge. 6 Die Priester stellten die Bundeslade des Herrn an ihren Platz in den Hinterraum des Hauses, ins Allerheiligste, unter die Flügel der Kerubim. 7 Denn die Kerubim breiteten die Flügel über den Platz der Lade. Die Kerubim bedeckten die Lade und ihre Stangen von oben her. 8 Die Stangen waren so lang, daß man ihre Spitzen im Heiligtum vor dem Hinterraum wahrnehmen konnte. Jedoch von draußen waren sie nicht zu sehen. Sie befinden sich dort bis zum heutigen Tag. 9 In der Lade lagen nur die beiden steinernen Tafeln, die Moses am Horeb hineingelegt hatte, die Tafeln des Bundes, den der Herr mit den Söhnen Israels bei ihrem Auszug aus Ägypten geschlossen hatte. 10 Während die Priester aus dem Heiligtum traten, erfüllte die Wolke das Haus des Herrn. 11 Der Wolke wegen konnten die Priester nicht Dienst tun; denn die Herrlichkeit des Herrn erfüllte das Haus des Herrn. 12 Damals sprach Salomo: »Im Dunkel wolle er wohnen, sagte der Herr. 13 So baute ich einen Herrscherpalast für dich als Stätte, an der du weilst auf ewig.«

Salomos Ansprache

14 Dann wandte sich der König um und segnete die ganze Gemeinde Israels, während die ganze Gemeinde stand. 15 Er sprach: »Gepriesen sei der Herr, der Gott Israels, dessen Mund meinem Vater David Verheißungen gab und dessen Hand sie erfüllte! Er hatte gesagt: 16 ›Seit der Zeit, da ich mein Volk Israel aus Ägypten fortgeführt, habe ich mir aus keinem der israelitischen Stämme eine Stadt auserwählt für den Bau eines Hauses, damit mein Name dort wohne. Doch Jerusalem habe ich erwählt, daß mein Name hier sei, und David erwählte ich zum Herrscher über mein Volk Israel.‹ 17 Mein Vater David hegte in seinem Herzen den Gedanken, dem Namen des Herrn, des Gottes Israels, ein Haus zu bauen. 18 Doch der Herr sprach zu ihm: ›Wenn du dich in deinem Herzen mit dem Gedanken beschäftigst, meinem Namen ein Haus zu bauen, so ist das ein guter Entschluß. 19 Nur sollst du selbst das Haus nicht bauen, sondern der Sohn, der von dir leiblich abstammt, soll meinem Namen das Haus bauen!‹ 20 Der Herr hat nun sein Verheißungswort Wirklichkeit werden lassen. Ich trat an die Stelle meines Vaters David und bestieg den Thron Israels, wie der Herr verheißen. Ich habe das Haus dem Namen des Herrn, des Gottes Israels, gebaut. 21 Ich bestimmte dort einen Platz für die Lade, in welcher der Bund des Herrn ruht, den er mit unsern Vätern schloß, als er sie fortführte aus Ägypten.«

Weihegebet

22 Dann trat Salomo vor der ganzen Gemeinde Israel an den Altar des Herrn und breitete seine Hände zum Himmel aus. 23 Er flehte: »Herr, du Gott Israels, es ist kein Gott im Himmel und auf Erden wie du. Du bewahrst den Bund und die Huld deinen Knechten, die aus ganzem Herzen vor dir wandeln. 24 Du hast deinem Knecht David, meinem Vater, dein Versprechen gehalten. Dein Mund hat es verkündet, deine Hand heute erfüllt. 25 Und nun, o Herr, Gott Israels, halte deinem Knecht David, meinem Vater, auch die weitere Verheißung, die du ihm gabst: ›Es wird dir nie an einem Nachkommen in meinem Dienste fehlen, der auf dem Thron Israels sitzt, wenn nur deine Söhne auf ihren Weg achtgeben und vor mir wandeln, wie du vor mir gewandelt bist.‹ 26 Möge doch nun, Gott Israels, dein Wort, das du deinem Knecht David, meinem Vater, gegeben hast, wahr werden! 27 Wohnt denn Gott

wahrhaftig auf Erden? Fürwahr, der Himmel und
die Himmel der Himmel fassen dich nicht, wieviel
weniger dieses Haus, das ich erbaut habe! 28 Neige
dich nun dem Gebet deines Knechtes und seinem
Flehen zu, Herr, mein Gott, und höre das inständige
Rufen und das Gebet, das dein Knecht heute an
dich richtet! 29 Mögen doch deine Augen über die-
sem Haus bei Tag und Nacht offen sein, über der
Stätte, von der du gesagt hast: ›Mein Name wird
dort wohnen.‹ Höre also auf das Gebet, das dein
Knecht zu dieser Stätte hin verrichtet!
30 Achte auf das Rufen deines Knechtes und deines
Volkes Israel, wenn sie zu dieser Stätte hin beten!
Höre du in deiner Wohnung im Himmel, höre und
verzeihe! 31 Verfehlt sich jemand gegen seinen
Nächsten, und legt ihm dieser einen Eid auf, den er
schwören soll, kommt er dann und schwört ihn vor
deinem Altar in diesem Haus, 32 so höre du es im
Himmel und nimm dich an! Sprich Recht deinen
Dienern, verurteile den Schuldigen, indem du sein
Handeln auf sein Haupt fallen läßt! Den Schuldlo-
sen dagegen sprich frei, indem du ihm nach seiner
Gerechtigkeit vergiltst! 33 Wenn dein Volk Israel
vom Feind geschlagen wird, weil es sich gegen dich
versündigt hat, bekehrt sich dann aber wieder zu
dir, lobpreist deinen Namen, betet und fleht zu dir
in diesem Haus, 34 dann erhöre du es im Himmel;
vergib die Sünde deines Volkes Israel und bringe es
in das Land zurück, das du seinen Vätern verliehen
hast! 35 Wenn der Himmel verschlossen bleibt und
kein Regen fällt, da sie sündigten gegen dich, und
wenn sie dann zu diesem Orte hin beten, deinen
Namen lobpreisen und sich von ihren Sünden be-
kehren, weil du sie demütigst, 36 so höre du vom
Himmel her und verzeihe die Sünden deiner
Knechte, deines Volkes Israel; denn du lehrst sie den
rechten Weg, den sie zu gehen haben. Schenke Re-
gen deinem Land, das du deinem Volk zum Erbbe-
sitz verliehen hast! 37 Hungersnot herrscht im Land,
es wütet die Pest, Getreidebrand und Rost, Heu-
schrecken und Ungeziefer treten auf, sein Feind be-
drängt es im eigenen Wohngebiet, irgendeine Plage
oder Krankheit trifft ein: 38 Jegliches Gebet und je-
des Flehen irgendeines Menschen, deines ganzen
Volkes Israel, wie jeder sein Herzeleid kennt und
seine Hände ausbreitet zu diesem Hause hin,
39 höre du es im Himmel, in deiner Wohnstätte, ver-
zeihe und handle! Einem jeden vergilt ganz nach
seinem Wandel! Du kennst allein die Herzen aller
Menschenkinder. 40 Dann werden sie Ehrfurcht vor
dir haben, solange sie auf dem Boden leben, den du
unsern Vätern gegeben hast.

Gebetsanliegen der Fremden

41 Auch den Ausländer, der nicht aus deinem Volke
Israel stammt, sondern aus fernem Land deines Na-
mens wegen kommt, 42 [denn man hört von deinem
gewaltigen Namen, deiner starken Hand und dei-
nem ausgestreckten Arm], wenn er also kommt und
betet zu diesem Hause hin, 43 dann höre du es im
Himmel, deinem Wohnsitz, und gewähre alles,
worum der Fremde zu dir ruft! Alle Völker der Erde
werden alsdann deinen Namen anerkennen, dich
fürchten wie dein Volk Israel und erfahren, daß die-
ses Haus, das ich gebaut habe, deinen Namen trägt.
44 Wenn dein Volk gegen seine Feinde in den Krieg
zieht auf dem Weg, den du es sendest, und es betet
zum Herrn in Richtung auf die Stadt, die du erwählt
hast, und zum Haus, das ich deinem Namen zu Eh-
ren gebaut habe, 45 dann höre im Himmel sein Ge-
bet und sein Flehen, und verhilf ihm zum Recht!

Im Land der Gefangenschaft

46 Wenn sie sündigen gegen dich – es gibt ja keinen
Menschen, der ohne Sünde ist –, und du zürnst
ihnen, gibst sie ihren Bedrängern preis, und ihre
Feinde führen sie gefangen fort in ein fernes oder
auch in ein nahes Land, 47 und wenn sie dann im
Land ihrer Gefangenschaft in sich gehen und im
Feindesland wieder um dein Erbarmen flehen und
eingestehen: ›Wir haben Sünde, Unrecht und Frevel
getan‹, 48 und wenn sie mit ihrem ganzen Herzen
und ihrer ganzen Seele im Land ihrer Bedränger, die
sie gefangen fortführten, sich zu dir wenden und zu
dir flehen in der Richtung nach ihrem Land, das du
ihren Vätern schenktest, nach der Stadt, die du er-
wähltest, und nach dem Hause, das ich deinem
Namen erbaute, 49 dann erhöre du im Himmel, dei-
nem Wohnsitz, ihr Beten und Flehen und verhilf
ihnen zu ihrem Recht! 50 Verzeihe deinem Volk die
Schuld, wodurch sie gegen dich fehlten, und alle
ihre Frevel, womit sie sich gegen dich auflehnten!
Laß sie Barmherzigkeit finden bei ihren Bezwin-
gern, daß sie sich ihrer erbarmen! 51 Denn dein Volk
sind sie ja und dein Erbteil, das du aus Ägypten,
dem Eisenschmelzofen, fortgeführt hast. 52 Mögen
deine Augen offenstehen dem Flehen deines Knech-
tes und dem Rufen deines Volkes Israel! Höre auf
sie, sooft sie zu dir rufen! 53 Du hast sie ja als dein
Erbteil aus allen Erdenvölkern ausgeschieden, wie
du durch deinen Knecht Moses verheißen hast, als
du unsere Väter aus Ägypten fortführtest, o Herr,
unser Gott!«

Segen über die Gemeinde

54 Salomo hatte dieses sein flehentliches Gebet an
den Herrn vollendet. Da erhob er sich vor dem Altar

des Herrn, wo er auf den Knien lag, seine Hände zum Himmel ausgebreitet. 55 Dann trat er hin, segnete die ganze Gemeinde Israels mit lauter Stimme und sprach: 56 »Gepriesen sei der Herr, der seinem Volke Israel Ruhe geschenkt hat, wie er versprochen. Kein einziges von all den guten Verheißungsworten, die er durch seinen Knecht Moses gegeben hat, ist ausgeblieben. 57 Der Herr, unser Gott, stehe uns bei, wie er unseren Vätern geholfen hat! Er verlasse und verstoße uns nicht! 58 Er lenke unsere Herzen zu sich hin, damit wir auf allen seinen Wegen wandeln und seine Befehle, Gebote und Vorschriften halten, wie er unsern Vätern befohlen hat! 59 Möchten doch diese meine Worte, mit denen ich vor dem Herrn um seine Gnade gefleht habe, dem Herrn, unserm Gott, bei Tag und Nacht nahe sein! Er möge seinem Knecht und seinem Volk Israel Recht verschaffen, wie es Tag für Tag nottut! 60 So sollen alle Erdenvölker erkennen, daß der Herr Gott ist und sonst niemand! 61 Möchten doch eure Herzen gänzlich dem Herrn, unserm Gott, gehören, auf daß ihr nach seinen Geboten wandelt und stets seine Befehle beachtet wie am heutigen Tag!«

Brand- und Friedopfer

62 Daraufhin brachte der König und ganz Israel mit ihm vor dem Herrn Opfer dar. 63 Als Friedopfer, das er zu Ehren des Herrn schlachtete, opferte Salomo 22 000 Rinder und 120 000 Schafe. So vollzogen der König und alle Kinder Israels am Hause des Herrn die Weihe. 64 Damals weihte der König auch den mittleren Teil des Vorhofes vor dem Haus des Herrn ein. Denn dort brachte er die Brandopfer, Speiseopfer und die Fettstücke der Friedopfer dar. Der eherne Altar, der vor dem Herrn stand, war nämlich zu klein und konnte die Brand- und Speiseopfer und das Fett der Friedopfer nicht fassen.

Abschluß des Laubhüttenfestes

65 So feierte damals Salomo mit Gesamtisrael das »Fest«, eine große Volksversammlung von Lebo-Hamat bis zum Bach Ägyptens vor dem Herrn, unserem Gott, sieben Tage lang [und noch sieben Tage, d. h. vierzehn Tage]. 66 Am achten Tag ließ er das Volk ziehen. Sie nahmen Abschied vom König und gingen in ihre Zelte fort, freudig und frohgemut über all das Gute, das der Herr seinem Knecht David und seinem Volk Israel erwiesen hatte.

8,17–21: Vgl. 2 Sam 7,13. Daß David den Tempel noch nicht bauen durfte, wird in 1 Chron 22,8f damit begründet, daß er zu viele blutige Kriege geführt hat, während Salomo ein »Friedenskönig« ist. In letzter Vollendung geschah es durch den Davidssohn Jesus, daß »das Wort« unter uns Wohnung nahm (Joh 1,14). 8,41: Die Weitherzigkeit gegen Ausländer (noch Jer 41,5) wurde später aufgehoben: Ez 44,9; Apg 21,28.

Erneute Gotteserscheinung

9 1 Als Salomo den Bau des Herrentempels und des Königspalastes vollendet und alle seine Baupläne nach Wunsch verwirklicht hatte, 2 da erschien ihm der Herr zum zweitenmal, wie er ihm zu Gibeon erschienen war. 3 Der Herr sprach zu ihm: »Ich habe dein Gebet und dein Flehen, das du zu mir emporgeschickt hast, vernommen. Geweiht habe ich dieses Haus, das du erbaut hast. Hier will ich für immer meinen Namen wohnen lassen. Meine Augen und mein Herz werden ständig hier verweilen. 4 Wandelst du nun vor mir wie dein Vater David mit vollster Hingabe und Aufrichtigkeit, tust du alles, was ich dir geboten habe, befolgst du meine Satzungen und Gebote, 5 dann befestige ich den Thron deines Königtums über Israel für immer, wie ich es deinem Vater David verheißen habe, indem ich sprach: ›Nie soll es dir an einem männlichen Nachkommen auf dem Thron Israels fehlen!‹
6 Wendet ihr und eure Söhne euch aber von mir ab, beachtet ihr nicht meine Befehle und Satzungen, die ich euch zur Pflicht machte, geht ihr vielmehr hin, fremden Göttern zu dienen und sie anzubeten, 7 dann rotte ich Israel vom Boden aus, den ich ihm gegeben habe, verwerfe das Haus, das ich meinem Namen geweiht habe, und Israel wird bei allen Völkern Gegenstand des Hohnes und Spottes sein. 8 Dieses Haus aber wird zu einem Trümmerhaufen. Jeder, der an ihm vorübergeht, wird entsetzt sein und höhnisch pfeifen. Fragt man dann, warum der Herr so mit diesem Land und mit diesem Haus verfahren ist, 9 wird man zur Antwort geben: ›Weil sie den Herrn, ihren Gott, der ihre Väter aus Ägypten herausgeführt, verlassen, an andere Götter sich angeklammert, sie angebetet und ihnen gedient haben, deshalb hat der Herr all dieses Ungemach über sie kommen lassen.‹«

Gebietsabtretung an Hiram

10 Zwanzig Jahre waren vergangen. In dieser Zeit hatte Salomo die beiden Gebäude, den Tempel des Herrn und den Palast des Königs, errichtet. 11 Hiram, der König von Tyrus, hatte Salomo mit Zedern- und Zypressenholz und auch mit Gold, soviel er wünschte, versorgt. Damals trat der König Salomo dem Hiram zwanzig Städte in der Landschaft Galiläa ab. 12 Hiram kam aus Tyrus, um die Städte zu besichtigen, die Salomo ihm geschenkt hatte. Sie gefielen ihm aber nicht. 13 Und er sprach: »Was sind schon diese Städte, die du mir abgetreten hast, mein Bruder?« Man nennt sie »Land Kabul« bis heute. 14 Hiram hatte dem König hundertzwanzig Talente Gold gesandt.

Frondienste

15 Und so verhielt es sich mit dem Frondienst, den
der König Salomo für den Bau des Hauses des Herrn,
seines Palastes, des Millo, der Mauer Jerusalems,
Chazors, Megiddos und Gesers ausgehoben hatte:
16 Der Pharao, der König von Ägypten, war nämlich
in den Krieg gezogen, hatte Geser eingenommen, es
verbrannt, die Kanaaniter, die in der Stadt wohnten,
getötet und die Stadt selbst als Brautgeschenk seiner
Tochter, der Frau Salomos, übergeben. 17 Salomo
baute also Geser wieder auf, dazu das untere Bet-
Choron, 18 Baalat und Tamar in der Steppe im Lande
(Juda), 19 ferner alle Vorratsstädte, die Salomo besaß,
die Städte für die Wagen und deren Bemannung und
alles, was Salomo sonst noch in Jerusalem, auf dem
Libanon und in seinem ganzen Herrschaftsgebiet zu
bauen wünschte. 20 Alle Leute, die noch übriggeblie-
ben waren von den Amoritern, den Hethitern, den
Perissitern, Hiwwitern und Jebusitern, die nicht israe-
litisch waren, 21 ihre Nachkommen, die im Lande
noch da waren und von den Israeliten nicht ausge-
rottet waren, hob Salomo zur Fron aus bis heute.
22 Von den Israeliten machte aber Salomo niemanden
zum Sklaven, sondern sie waren seine Kriegsleute
und seine Beamten, seine Vornehmen und Schild-
träger und die Obersten über seine Kriegswagen und
deren Besatzung. 23 Dies waren die fünfhundertfünf-
zig obersten Werkführer, welche die Arbeiten Salo-
mos zu leiten hatten. Sie führten die Aufsicht über
das Volk, das die Arbeit verrichtete. 24 Als nun die
Tochter Pharaos aus der Davidsstadt in ihr Haus hin-
aufgezogen war, das Salomo für sie bauen ließ,
machte er sich an die Erbauung des Millo.

Opfer

25 Salomo brachte dreimal im Jahr Brand- und Fried-
opfer auf dem Altar dar, den er dem Herrn erbaut
hatte; dazu verbrannte er die Feueropfer vor dem
Herrn. Das Haus selbst hatte er vollendet.

Schiffe nach Ophir

26 Sogar Schiffe baute der König Salomo zu Ezjon-
Geber, das bei Elat am Ufer des Schilfmeeres in
Edom liegt. 27 Hiram sandte seine Leute, kundige
Seefahrer, auf Schiffen mit den Leuten Salomos aus.
28 Sie fuhren nach Ophir und holten von dort vier-
hundertzwanzig Talente Gold, die sie Salomo
brachten.

Die Königin von Saba

10 1 Die Königin von Saba hörte gerücht-
weise von Salomo und kam, ihn durch
Rätsel auf die Probe zu stellen. 2 Sie zog
nach Jerusalem mit reichem Gefolge, mit Kamelen,
die Spezereien und viel Gold und Edelsteine trugen.
Sie trat zu Salomo hin und sprach mit ihm über
alles, was sie sich ausgedacht hatte. 3 Auf alle ihre
Fragen gab ihr Salomo Antwort. Dem König war
nichts verborgen, über das er ihr nicht hätte Aus-
kunft geben können. 4 Die Königin von Saba be-
merkte die große Weisheit Salomos und sah auch
den Palast, den er gebaut hatte, 5 die Speisen auf sei-
nem Tisch, die Sitzordnung seiner Hofbeamten, das
Aufwarten seiner Bediensteten und ihre Kleidung,
seine Mundschenke, und endlich seinen Aufzug,
wie er zum Haus des Herrn hinaufging. Da blieb ihr
vor Staunen der Atem aus, 6 und sie sprach zum
König: »Was ich in meinem Land über deine Ver-
hältnisse und deine Weisheit vernommen habe,
entspricht der Wirklichkeit. 7 Nur wollte ich den
Gerüchten nicht glauben, bis ich selber kam und es
mit eigenen Augen sehen konnte. Da fand ich, daß
ich nicht die Hälfte von dem, was ich hier sah, er-
fahren hatte. Deine Weisheit und dein Reichtum
übertreffen die Kunde, die ich vernommen habe.
8 Glückselig deine Leute, glückselig diese deine
Knechte, die allezeit vor deinem Angesicht stehen
und deine Weisheit hören! 9 Der Herr, dein Gott, sei
gepriesen, der an dir Gefallen fand und dich auf den
Thron Israels setzte! Weil der Herr für immer Israel
liebt, deshalb hat er dich zum König bestellt, auf
daß du Recht und Gerechtigkeit übst.«
10 Dann gab sie dem König hundertzwanzig Talente
Gold, Spezereien in großer Menge und Edelsteine.
Niemals mehr kamen soviel Spezereien ins Land,
wie die Königin von Saba sie damals dem König
Salomo schenkte. 11 Auch Hirams Schiffe, die Gold
aus Ophir holten, brachten von dort kostbare Bau-
hölzer in Menge und Edelsteine herbei. 12 Der König
ließ aus den kostbaren Bauhölzern Pfeiler für das
Haus des Herrn und den Königspalast herstellen,
ferner Zithern und Harfen für die Sänger. Solche
kostbaren Hölzer sind niemals wieder in das Land
gekommen und gesehen worden bis heute. 13 Der
König Salomo gab der Königin von Saba alles, wo-
nach sie begehrte und verlangte, abgesehen von
dem, was er ihr bereits, entsprechend der Möglich-
keit eines Königs Salomo, geschenkt hatte. Darauf
kehrte sie in ihr Land zurück samt ihrem Gefolge.

Salomos Reichtum

14 Das Gewicht des Goldes, das bei Salomo alljähr-
lich einging, betrug 666 Talente. 15 Hierbei sind
nicht mitgerechnet die Abgaben der Kaufleute, die
Steuer der Händler, aller Könige Arabiens und der
Statthalter des Landes. 16 Der König Salomo ließ
zweihundert Schilde aus gehämmertem Gold an-

fertigen, sechshundert Goldsekel verwandte er für
einen Schild. 17 Dreihundert kleinere Schilde von
gehämmertem Gold kamen dazu. Drei Goldminen
verwandte er für jeden. Er hinterlegte sie im Liba-
nonwaldhaus. 18 Der König ließ sodann einen
großen Thron aus Elfenbein anfertigen und mit ge-
diegenem Gold überziehen. 19 Sechs Stufen führten
zum Thron hinauf, und Stierköpfe brachte man an
der Hinterseite des Thrones an. Armlehnen befan-
den sich auf beiden Seiten des Sitzes, und zwei
Löwen standen neben den Lehnen. 20 Zwölf Löwen
standen dort auf den sechs Stufen zu beiden Seiten.
Noch für kein Königreich ist je dergleichen angefer-
tigt worden. 21 Auch alle Trinkgefäße des Königs
Salomo waren aus Gold, ebenso alle Geräte im
Libanonwaldhaus von gediegenem Gold. Silber galt
in den Tagen Salomos nichts. 22 Denn der König
hatte Tarsisschiffe auf dem Meer zusammen mit
den Schiffen Hirams. Jeweils einmal in drei Jahren
kamen die Tarsisschiffe und brachten Gold, Silber,
Elfenbein, Affen und Perlhühner. 23 So übertraf der
König Salomo alle Erdenkönige an Reichtum und
Weisheit.

24 Alle Welt suchte Salomo persönlich zu sehen
und seine Weisheit zu hören, die Gott ihm ins
Herz gelegt hatte. 25 Jeder von ihnen brachte all-
jährlich sein Tributgeschenk: Silberne und gol-
dene Geräte, Kleider, Waffen, Spezereien, Pferde
und Maultiere. 26 Salomo beschaffte sich Wagen
und Bemannung. Er besaß 1400 Streitwagen und
12 000 Mann Besatzung. Er verlegte sie in die
Wagenstädte oder zu sich nach Jerusalem. 27 Der
König machte in Jerusalem das Silber so häufig
wie Steine und die Zedern wie Maulbeerfeigen-
bäume in der Niederung. 28 Die Pferde wurden für
Salomo aus Ägypten und aus Koë geholt. Die Händ-
ler des Königs brachten sie aus Koë zum Markt-
preis. 29 Ein Wagen aus Ägypten kam auf sechshun-
dert Silbersekel zu stehen und ein Pferd auf
hundertfünfzig. Ebenso wurden sie durch ihre Ver-
mittlung an alle hethitischen und aramäischen
Könige ausgeführt.

10,1ff: Südarabien, wo Salz lag, war damals durch Bewässerungsanlagen ein fruchtbares Land. • 14–29: Es ist aufschlußreich, Vergleiche anzustellen. Saul war schlicht wie ein Bauer, während David schon königlicher auftrat. Dieser ist immerhin erst nach unsäglichen Kämpfen und Entbehrungen an die Macht gekommen, und das anfangs nur teilweise. Als er sein Ziel erreicht hatte, wußte er nicht, ob er tatsächlich eine erbliche Dynastie begründen werde. Die entsprechenden Verheißungen waren immer an Bedingungen geknüpft. Salomo dagegen wuchs in der Luft des königlichen Hofes heran, sein Vater David bot die Gewähr dafür, daß die Dynastie erhalten blieb. So konnte aus ihm nur ein Fürst werden, der Pracht und Herrlichkeit liebte.

Tadel über Salomo

11 1 Der König Salomo liebte viele auslän-
dische Frauen neben der Tochter des Pha-
rao. Es waren moabitische, ammoniti-
sche, edomitische, sidonische und hethitische
Frauen, 2 aus den Völkern also, von denen der Herr
den Israeliten geboten hatte: »Ihr sollt nicht zu
ihnen gehen, und sie sollen nicht zu euch kommen;
sonst wenden sie eure Herzen ihren Göttern zu.«
An diesen hing Salomo in Liebe. 3 Er hatte sieben-
hundert fürstliche Frauen und dreihundert Neben-
frauen, die sein Herz verführten. 4 Als Salomo älter
wurde, machten seine Frauen sein Herz fremden
Göttern geneigt. Sein Herz war nicht mehr dem
Herrn, seinem Gott, so gänzlich hingegeben wie
das Herz seines Vaters David. 5 Salomo lief Astarte,
der Gottheit der Sidonier, und Milkom, dem Scheu-
sal der Ammoniter, nach. 6 So tat er denn, was den
Augen des Herrn mißfiel; er gehorchte nicht unent-
wegt dem Herrn wie sein Vater David. 7 Damals
baute Salomo eine Opferhöhe für Moabs Scheusal
Kamosch auf dem Berg, der östlich von Jerusalem
liegt, desgleichen für den Molech, das Götzen-
scheusal der Ammoniter. 8 Den gleichen Gefallen
tat er all seinen ausländischen Frauen, die ihren
Gottheiten Rauch- und Schlachtopfer darbrachten.
9 Der Herr geriet in Zorn über Salomo, weil er sein
Herz vom Herrn, dem Gott Israels, abgewandt
hatte, der ihm zweimal erschienen war. 10 Gerade
das hatte er ihm ja eingeschärft, nicht hinter frem-
den Göttern herzugehen. Doch Salomo beachtete
nicht, was der Herr befohlen hatte.

Vorhersage der Reichsspaltung

11 Der Herr sprach daher zu ihm: »Da es so mit dir
steht und du meinen Bund und meine Satzungen,
die ich dir auftrug, nicht befolgt hast, will ich dir das
Königtum entreißen und es deinem Knecht geben.
12 Doch um deines Vaters David willen werde ich
das zu deinen Lebzeiten noch nicht tun; erst dei-
nem Sohn werde ich es entreißen. 13 Indes werde
ich ihm das Königtum nicht völlig wegnehmen.
Einen Stamm will ich deinem Sohn um meines
Knechtes David willen geben und Jerusalems
wegen, das ich erwählt habe.«

Hadad, der Edomiter

14 Der Herr ließ wider Salomo einen Gegner in der
Person des Edomiters Hadad aus dem königlichen
Geschlecht in Edom erstehen. 15 David hatte die
Edomiter geschlagen, worauf sein Feldherr Joab
hinaufzog, die Gefallenen zu begraben und alle
Männer in Edom niederzumachen. 16 Sechs Monate
lang hielt sich Joab mit ganz Israel dort auf, bis er

alle Männer in Edom ausgerottet hatte. 17 Da floh Hadad mit Edomitern aus der Umgebung seines Vaters und kam nach Ägypten; er war damals noch recht jung. 18 Sie brachen von Midian auf und kamen nach Paran. Aus Paran nahmen sie Leute mit sich und gelangten nach Ägypten zum Pharao, dem König Ägyptens. Dieser gab ihm ein Haus, bewilligte ihm den Lebensunterhalt und wies ihm Land an. 19 Hadad machte sich beim Pharao sehr beliebt, so daß dieser ihm die Schwester seiner Gattin, die Schwester der Herrscherin Tachpenes, zur Frau gab. 20 Diese Schwester der Tachpenes gebar ihm einen Sohn, Genubat. Tachpenes zog ihn im Palast des Pharao auf. Genubat blieb dort unter den Kindern des Pharao wohnen. 21 Sobald nun Hadad in Ägypten vernommen hatte, daß David zu seinen Vätern entschlafen und auch der Feldherr Joab tot sei, erklärte er dem Pharao: »Laß mich fort, ich will in meine Heimat ziehen!« 22 Der Pharao wandte dagegen ein: »Was fehlt dir denn bei mir, daß du in deine Heimat zurück möchtest?« Hadad antwortete: »Nichts, doch laß mich ziehen!«

Reson von Aram

23 Gott stellte noch einen Widersacher gegen Salomo in der Person des Reson, des Sohnes Eljadas, auf. Dieser war vor seinem Herrn, dem König Hadadeser von Zoba, geflüchtet. 24 Er sammelte Männer um sich und wurde der Anführer einer Bande, als David die Aramäer tötete. Sie eroberten Damaskus, setzten sich fest und herrschten in Damaskus. 25 Er war Israels Widersacher, solange Salomo lebte, – dazu noch die Bedrängnis von seiten Hadads! Er haßte Israel und wurde König über Aram.

Jerobeam, der Fronaufseher

26 Jerobeam, der Sohn Nebats, war ein Ephrait aus Zereda. Der Name seiner Mutter war Zerua; sie war eine Witwe. Als Beamter Salomos erhob er seine Hand wider den König. 27 Die Empörung gegen den König geschah auf folgende Weise: Salomo baute den Millo und schloß die Lücke in der Stadt Davids, seines Vaters. 28 Jerobeam war ein tüchtiger Mann. Als Salomo merkte, wie gut der junge Mann seine Arbeit verrichtete, setzte er ihn über die gesamte Fron des Hauses Joseph.

29 In jener Zeit verließ Jerobeam einmal Jerusalem. Der Prophet Achia aus Silo traf ihn unterwegs. Dieser war mit einem neuen Mantel bekleidet, und die beiden befanden sich allein auf dem Feld. 30 Da faßte Achia den neuen Mantel, den er anhatte, und zerriß ihn in zwölf Stücke. 31 Er befahl dem Jerobeam: »Nimm dir zehn Stücke; denn so spricht der Herr, der Gott Israels: ›Fürwahr, ich, entreiße das Königtum der Hand Salomos und gebe dir zehn Stämme. 32 Nur der eine Stamm soll ihm verbleiben um meines Knechtes David willen und Jerusalems wegen, der Stadt, die ich aus allen Stämmen Israels erwählt habe. 33 Denn sie haben mich verlassen und die Astarte, die Gottheit der Sidonier, den Kamosch, die Gottheit der Moabiter, und den Milkom, die Gottheit der Ammoniter, angebetet. Sie wandelten nicht auf meinen Wegen und haben meinen Willen, meine Satzungen und Vorschriften nicht beachtet, wie es sein Vater David getan. 34 Doch will ich ihm selber das Königtum nicht entreißen, sondern ihn in seiner Fürstenwürde belassen, solange er lebt, meines Knechtes David wegen, den ich erwählt habe und der meine Gebote und Satzungen befolgte. 35 Ich nehme erst seinem Sohn das Königtum und gebe es dir, die zehn Stämme. 36 Seinem Sohn aber belasse ich einen Stamm, damit meinem Knecht David immerdar eine Leuchte bleibe vor mir in Jerusalem, jener Stadt, die ich mir erwählt habe, um meinen Namen dort wohnen zu lassen.

37 Dich aber will ich nehmen, und du wirst ganz nach deiner Seele Begehren herrschen und König über Israel sein. 38 Bist du nun in allem, was ich dir gebiete, gehorsam und wandelst du auf meinen Wegen und tust du, was recht ist in meinen Augen, beobachtest du meine Satzungen und Gebote, wie es mein Knecht David getan hat, dann werde ich mit dir sein und dir ein beständiges Haus bauen, wie ich es für David gebaut habe, und werde dir Israel übergeben. 39 Davids Nachkommen will ich deshalb demütigen, doch nicht für alle Zeit.‹«

Jerobeams Flucht; Salomos Tod

40 Salomo trachtete nun danach, Jerobeam zu töten. Doch dieser machte sich auf den Weg und floh nach Ägypten zu Schischak, dem König von Ägypten. Er blieb dort bis zum Tod Salomos. 41 Die übrige Geschichte Salomos, alle seine Leistungen und seine Weisheit sind geschildert im Buch der Taten Salomos. 42 Die Zeit, in der Salomo in Jerusalem über ganz Israel herrschte, betrug vierzig Jahre. 43 Salomo entschlief zu seinen Vätern und wurde in der Stadt seines Vaters David begraben. Sein Sohn Rehabeam ward an Seiner Stelle König.

11,1–13: Im Gegensatz zu 10,14ff spricht der Verfasser hier einen schweren Tadel aus. Ob die Anzahl von 1000 Frauen auf unrichtiger Textüberlieferung beruht oder nur allgemein eine große Zahl ausdrücken will, bleibe dahingestellt. Es soll wohl heißen: Salomo ahmt Haremssitten und heidnische Bräuche nach und tut damit etwas Verwerfliches.

Reichsspaltung

12 1 Rehabeam begab sich nach Sichem; denn dorthin war ganz Israel gekommen, um ihn zum König auszurufen. 2 Jerobeam, der Sohn Nebats, erfuhr es; er befand sich noch in Ägypten, wohin er vor dem König Salomo geflohen war; nun kehrte er aus Ägypten heim. 3 Man sandte hin und ließ ihn rufen. Jerobeam und die ganze Gemeinde Israels kamen und sagten zu Rehabeam: 4 »Dein Vater hat uns ein hartes Joch auferlegt; mildere du nun die harte Fron deines Vaters und das schwere Joch, das er uns auflud; dann wollen wir dir dienen!« 5 Er antwortete ihnen: »Geht weg und kommt nach drei Tagen wieder zu mir!« Die Leute zerstreuten sich also. 6 Da beriet sich der König Rehabeam mit den Alten, die zu Lebzeiten seines Vaters Salomo in dessen Diensten gestanden hatten. Er fragte sie: »Was ratet ihr mir, dem Volk zu sagen?« 7 Sie antworteten ihm: »Wenn du dich heute zum Diener dieses Volkes machst, ihnen gefügig bist, sie beachtest und ihnen freundliche Worte sagst, dann werden sie dir allezeit dienen.« 8 Er aber verwarf den Rat, den die alten Leute ihm gegeben hatten. Er besprach sich mit den jungen, die mit ihm zusammen aufgewachsen waren und nun in seinem Dienst standen. 9 Er fragte sie: »Welchen Rat gebt ihr mir, daß wir diesem Volk einen Bescheid erteilen können, da es zu mir sagte: ›Erleichtere das Joch, das dein Vater uns auferlegt hat!‹?« 10 Die jungen Leute, die mit ihm groß geworden waren, entgegneten: »So sollst du diesem Volk antworten, das zu dir sagte: ›Dein Vater hat unser Joch schwer gemacht; mach du es leichter!‹, so sollst du sprechen: ›Mein kleiner Finger ist stärker als die Lenden meines Vaters. 11 Wohlan, mein Vater hat euch ein schweres Joch auferlegt, ich aber will euer Joch noch mehr erschweren. Mein Vater hat euch mit Geißeln geschlagen, ich aber will euch mit Stachelpeitschen züchtigen!‹«

12 Nach drei Tagen kamen Jerobeam und das ganze Volk zu Rehabeam, wie der König geboten hatte: »Kommt in drei Tagen wieder zu mir!« 13 Da gab der König dem Volk eine harte Antwort. Er mißachtete den Ratschlag, den die Alten ihm gegeben hatten. 14 Er redete mit ihnen nach dem Rat der jungen Leute: »Mein Vater hat euch ein schweres Joch auferlegt, ich aber will es noch mehr erschweren. Mein Vater hat euch mit Geißeln geschlagen, ich aber will euch mit Stachelpeitschen züchtigen!« 15 Der König hörte nicht auf das Volk; denn so war es vom Herrn gefügt, der das Wort bestätigen wollte, das er durch Achia aus Silo zu Jerobeam, dem Sohne Nebats, gesprochen hatte.

16 Ganz Israel merkte nun, daß der König nicht auf sie hörte. Sie gaben also dem König folgende Antwort: »Wir haben keinen Anteil an David und kein Erbe an Isais Sohn! Zu deinen Zelten, Israel! Nun sorge du für dein Haus, David!« Da kehrte Israel zu seinen Zelten zurück. 17 Nur über die Söhne Israels, die in den Städten Judas wohnten, herrschte Rehabeam als König.

Flucht Rehabeams

18 Da sandte der König Rehabeam den Fronaufseher Adoram. Ganz Israel bewarf ihn mit Steinen, so daß er starb. Der König Rehabeam konnte gerade noch auf den Wagen steigen und nach Jerusalem fliehen. 19 So fiel Israel vom Hause David ab bis zum heutigen Tag.

Rehabeam (932–917) gegen Jerobeam (932–911)

20 Als nun Israel die Kunde vernahm, daß Jerobeam heimgekehrt sei, sandten sie hin, ließen ihn zur Versammlung rufen und machten ihn zum König über ganz Israel. Außer dem Stamme Juda leistete niemand dem Haus David Gefolgschaft. 21 Rehabeam kam nach Jerusalem. Er musterte vom ganzen Haus Juda und dem Stamm Benjamin 180 000 auserlesene Krieger, um mit dem Haus Israel zu kämpfen und die Königswürde für sich, den Sohn Salomos, zurückzugewinnen. 22 Da erging das Wort Gottes an Schemaja, den Gottesmann: 23 »Sage zu Rehabeam, dem Sohn Salomos, dem König von Juda, sowie zum ganzen Haus Juda und Benjamin und dem übrigen Volk: 24 So spricht der Herr: Zieht nicht hinaus und führt nicht Krieg mit euren Brüdern, den Israeliten! Jeder kehre in sein Haus zurück; denn von mir ist dies verfügt worden.« Sie hörten das Wort des Herrn und kehrten heim, wie der Herr befohlen hatte.

Betel und Dan

25 Jerobeam baute Sichem im Gebirge von Ephraim aus und siedelte sich daselbst an. Von hier aus zog er hin und befestigte Penuel. 26 Jerobeam überlegte bei sich selbst: »Nun wird die Königswürde doch wieder an das Haus David kommen! 27 Ziehen diese Leute aus und bringen im Tempel des Herrn zu Jerusalem Opfer dar, dann kehrt das Herz dieses Volkes sich wieder ihrem Herrn Rehabeam zu, dem König von Juda. Mich werden sie töten und sich Rehabeam, dem König von Juda, zuwenden.« 28 Dies überlegte der König bei sich. Er ließ zwei goldene Kälber anfertigen und erklärte dem Volk: »Schon allzu lang seid ihr nach Jerusalem hinaufgezogen. Hier ist dein Gott, Israel, der dich aus dem Lande Ägypten weggeführt hat!« 29 Er stellte das eine Kalb in Betel auf, und das andere schaffte er nach Dan.

30 Dies ward der Anlaß zur Sünde. Das Volk zog vor dem anderen Kalb her bis nach Dan. 31 Jerobeam errichtete auch Höhenheiligtümer. Er setzte aus der Gesamtheit des Volkes Priester ein, die nicht Nachkommen Levis waren. 32 Jerobeam führte auch für den fünfzehnten Tag des achten Monats ein Fest ein, entsprechend dem Fest in Juda; er bestieg dabei selbst den Altar. So tat er in Betel, um den Kälbern zu opfern, die er angefertigt hatte. In Betel ließ er auch die von ihm eingesetzten Priester der Höhenheiligtümer den Dienst verrichten. 33 Er war zum Altar hinaufgestiegen, den er in Betel errichtet hatte; es war am fünfzehnten Tage des achten Monats, den er sich ausgedacht und als Fest für die Israeliten eingeführt hatte. Er war soeben zum Altar hinaufgestiegen, um ein Rauchopfer darzubringen.

12,26–32: Der neue Herrscher des Nordreiches wollte auch in religiösen Anliegen bestimmen. Wenn das Volk weiterhin nach Jerusalem pilgerte, war die Gefahr einer Wiedervereinigung von Nord- und Südreich naheliegend. Betel war eine altehrwürdige Kultstätte, durch die Erzväter selbst geweiht und geheiligt (1 Mos 12,8; 13,4; 28,19). Es lag an der Südgrenze des Nordreiches. Zu Dan an dessen nördlicher Grenze vgl. Richt 18,27–31. Dieser gesetzwidrige Gottesdienst, der einem naturhaften Jahwe bzw. Baal galt, war die oft erwähnte »Sünde Jerobeams«, zu der Israel verführt wurde.

Betel

13 1 Da kam ein Gottesmann aus Juda im Auftrag des Herrn nach Betel. Jerobeam stand eben am Altar und brachte das Rauchopfer dar. 2 Jener rief gegen den Altar auf Geheiß des Herrn: »Altar! Altar! So spricht der Herr: Siehe, dem Hause David wird ein Sohn geboren, namens Josia, und dieser wird auf dir die Hohenpriester schlachten, die hier ihre Rauchopfer darbringen. Man wird Menschengebeine auf dir verbrennen.« 3 An jenem Tag gab er auch ein Zeichen und sprach: »Das ist das Zeichen dafür, daß der Herr gesprochen hat: Der Altar bricht in Stücke, und die Asche darauf wird verschüttet werden.« 4 Als der König das Wort, das der Gottesmann gegen den Altar zu Betel rief, hörte, streckte er seine Hand vom Altar herab und gab den Befehl: »Packt ihn!« Doch seine Hand, die er gegen ihn ausgestreckt hatte, verdorrte sogleich. Er konnte sie nicht mehr an sich ziehen. 5 Der Altar aber zerbarst, und die Asche wurde vom Altar hinweggestreut, wie es der Gottesmann im Auftrag des Herrn als Zeichen angegeben hatte. 6 Der König begann den Gottesmann zu bitten: »Versöhne doch das Angesicht des Herrn, deines Gottes, und bete für mich, daß ich meine Hand wieder an mich ziehen kann!« Der Gottesmann versöhnte den Herrn, und der König konnte seine Hand wieder an sich ziehen. Sie ward wie zuvor. 7 Da sprach der König zum Gottesmann: »Gehe mit mir in das Haus und stärke dich! Ich will dir auch ein Geschenk machen!« 8 Der Gottesmann aber entgegnete dem König: »Gibst du mir auch die Hälfte deines Palastes, so gehe ich nicht mit dir. An diesem Ort darf ich weder essen noch trinken. 9 Denn so ist mir durch das Wort des Herrn befohlen: ›Du darfst weder etwas essen noch trinken und auf dem Weg, den du gekommen bist, nicht mehr umkehren.‹« 10 Da kehrte er auf einem andern Weg zurück, nicht auf dem Weg, den er nach Betel gekommen war.

Beim Propheten in Betel

11 Ein alter Prophet wohnte in Betel. Seine Söhne kamen heim und erzählten ihm von dem, was der Gottesmann in Betel gewirkt und was er zum König gesprochen hatte. 12 Ihr Vater fragte sie: »Wohin ist er des Weges gezogen?« Die Söhne hatten bemerkt, welchen Weg der Gottesmann einschlug, der aus Juda gekommen war. 13 Er befahl seinen Söhnen: »Sattelt mir den Esel!« Sie sattelten ihm den Esel, und er bestieg ihn. 14 Er ging den Spuren des Gottesmannes nach und traf ihn sitzend unter der Terebinthe. Er redete ihn an: »Bist du der Gottesmann, der aus Juda gekommen ist?« Dieser antwortete: »Ja.« 15 Er bat ihn: »Komm mit mir nach Hause und iß!« 16 Er erwiderte: »Ich kann mit dir nicht zurückgehen und bei dir einkehren; auch darf ich an diesem Ort bei dir weder essen noch trinken. 17 Denn im Auftrag des Herrn ist an mich ein Wort ergangen: Du darfst dort weder essen noch trinken; auf dem Weg, den du gekommen bist, sollst du nicht zurückkehren.« 18 Dieser erwiderte ihm: »Auch ich bin ein Prophet wie du. Ein Engel hat im Auftrage des Herrn zu mir gesagt: Hole ihn zu dir in dein Haus zurück; er soll essen und trinken.« Das log er ihm vor. 19 Und jener ging mit ihm zurück und aß und trank in seinem Hause.

Strafe für den Ungehorsam

20 Während sie nun zu Tische saßen, erging das Wort des Herrn an den Propheten, der ihn zur Umkehr eingeladen hatte. 21 Dieser teilte es dem Gottesmann, der aus Juda gekommen war, mit: »So spricht der Herr: ›Weil du gegen den Befehl des Herrn widerspenstig warst und das Gebot, das der Herr, dein Gott; dir aufgetragen, nicht gehalten hast, 22 vielmehr umgekehrt bist und gegessen und getrunken hast an dem Ort, an dem zu essen und zu trinken ich dir verboten hatte, darum soll dein Leichnam nicht in das Grab deiner Väter gelangen!« 23 Nachdem er aber mit Essen und Trinken fertig war, sattelte ihm der Prophet, der ihn zurückgeholt

hatte, den Esel. 24 Er reiste fort. Unterwegs fiel ihn ein Löwe an und zerriß ihn. Sein Leichnam lag am Weg dahingestreckt, während der Esel daneben stand. Auch der Löwe blieb neben dem Leichnam stehen. 25 Leute, die vorüberzogen, erblickten den Toten am Wege und den Löwen neben der Leiche. Sie kamen und erzählten es in der Stadt, wo der alte Prophet seinen Wohnsitz hatte.

26 Als der Prophet, der ihn vom Weg zurückgeholt hatte, davon hörte, sprach er: »Dies ist der Gottesmann, der gegen den Befehl des Herrn widerspenstig war. Der Herr hat ihn also dem Löwen preisgegeben; dieser zerriß und tötete ihn nach dem Worte des Herrn.« 27 Dann befahl er seinen Söhnen: »Sattelt mir meinen Esel!« Sie taten es. 28 Er ritt fort und fand die Leiche hingestreckt am Wege, während der Löwe und der Esel daneben standen. Der Löwe hatte den Leichnam nicht aufgefressen und auch den Esel nicht zerrissen. 29 Der Prophet nahm nun den Leichnam des Gottesmannes, legte ihn auf den Esel und brachte ihn in die Stadt zurück, um die Totenklage zu halten und ihn zu begraben. 30 Er legte den Leichnam in sein eigenes Grab. Man hielt um ihn die Totenklage: »Ach, mein Bruder!« 31 Als sie ihn begraben hatten, sagte er zu seinen Söhnen: »Wenn ich gestorben bin, begrabt mich in dem Grab, in dem der Gottesmann ruht! Legt mich hin neben seine Gebeine, damit meine Gebeine mit den seinen erhalten bleiben! 32 Denn das Wort, das er im Auftrag des Herrn wider den Altar in Betel und gegen alle Höhenheiligtümer in allen Städten Samarias gesprochen hat, wird sich bestimmt erfüllen.«

Jerobeams Sünde

33 Nach diesem Ereignis wich Jerobeam von seinem bösen Weg nicht ab. Er setzte weiterhin aus dem gesamten Volk Höhenpriester ein. Jedem, der danach trachtete, gab er die Vollmacht, Höhenpriester zu werden. 34 Aus diesem Vorgehen heraus kam es zur Sünde des Hauses Jerobeam; es wurde deshalb (später) vernichtet und vom Erdboden getilgt.

Jerobeams krankes Kind

14 1 In jener Zeit wurde Abia, der Sohn des Jerobeam, krank. 2 Da sprach Jerobeam zu seiner Frau: »Eile, verkleide dich, damit man nicht merkt, daß du meine Frau bist, und gehe nach Silo! Dort wohnt der Prophet Achia, der mir einstens verkündet hat, daß ich über dieses Volk als König herrschen werde. 3 Nimm zehn Brote sowie Kuchen und einen Krug mit Honig zur Hand, und begib dich zu ihm! Er wird dir bedeuten, was mit dem Knaben geschehen wird.« 4 Die Frau Jerobeams tat so. Sie machte sich auf, ging nach Silo und trat in das Haus des Achia. Achia aber konnte nicht mehr sehen, denn seine Augen waren durch das Alter erstarrt. 5 Doch der Herr hatte zu Achia gesprochen: »Siehe, die Frau Jerobeams kommt, um von dir Auskunft über ihren kranken Sohn zu erbitten. So und so sollst du zu ihr sprechen; wenn sie kommt, wird sie unkenntlich sein.«

6 Als sie nun eintrat und Achia das Geräusch ihrer Tritte hörte, rief er: »Komm nur her, Frau des Jerobeam! Warum verstellst du dich? Eine harte Botschaft muß ich dir vermelden. 7 Geh hin und sprich zu Jerobeam: So spricht der Herr, der Gott Israels: ›Aus der Mitte des Volkes habe ich dich erhöht und dich zum Fürsten über mein Volk Israel bestellt. 8 Die Königswürde entriß ich dem Haus David und gab sie dir. Du aber warst nicht wie mein Knecht David, der meine Gebote hielt, mit ganzem Herzen mir nachfolgte und nur das tat, was recht ist in meinen Augen. 9 Schlimmer triebst du es als alle deine Vorfahren; du gingst hin und machtest dir andere Götter und Gußbilder, um mich zum Zorn zu reizen. Mich aber hast du verschmäht. 10 Darum höre! Unglück werde ich über das Haus Jerobeam bringen und von Jerobeam alles Männliche ausrotten, Sklaven und Freie in Israel. Ich werde das Haus Jerobeam wegfegen, so wie man Kot wegfegt, bis keine Spur mehr übrigbleibt. 11 Wer von Jerobeam in der Stadt stirbt, den werden die Hunde fressen, wer auf freiem Feld stirbt, den werden die Vögel des Himmels verzehren!‹ Wohlan, der Herr hat gesprochen!

12 Du aber mache dich auf und gehe in dein Haus! Sobald deine Füße die Stadt berühren, wird der Knabe sterben. 13 Ganz Israel wird ihm die Totenklage halten und ihn beerdigen; denn er allein wird von Jerobeams Haus in ein Grab gelangen, weil im Hause Jerobeam sich nur an ihm Gutes fand vor dem Herrn, dem Gott Israels. 14 Der Herr wird sich einen König über Israel bestellen, der das Haus Jerobeam wegräumt zu seiner Zeit und schon von jetzt an. 15 Der Herr wird Israel schlagen, daß es hin- und herschwankt wie das Rohr im Wasser. Er wird Israel aus diesem schönen Land, das er ihren Vätern verliehen hat, ausreißen und wird sie jenseits des Stromes zerstreuen, weil sie sich heilige Pfähle machten, um den Herrn zum Zorn zu reizen. 16 Er wird Israel um der Sünden willen preisgeben, die Jerobeam begangen und zu denen er Israel verführt hat.« 17 Die Frau Jerobeams erhob sich, ging fort und kam nach Tirza. Sie hatte kaum

die Schwelle des Hauses betreten, da starb der
Knabe. 18 Man begrub ihn, und ganz Israel hielt ihm
die Totenklage, gemäß dem Wort des Herrn, das er
durch seinen Diener, den Propheten Achia, gespro-
chen hatte.

Jerobeams Tod

19 Die übrige Geschichte Jerobeams, wie er Kriege
führte und als König regierte, steht geschrieben in
der Chronik der Könige von Israel. 20 Die Zeit, in der
Jerobeam herrschte, betrug zweiundzwanzig Jahre.
Er entschlief zu seinen Vätern, und an seiner Stelle
bestieg sein Sohn Nadab den Königsthron.

Rehabeam aus Juda

21 Rehabeam, Salomos Sohn, herrschte über Juda. Er
war einundvierzig Jahre, als er zu regieren begann,
und herrschte siebzehn Jahre in Jerusalem, der
Stadt, die der Herr aus allen Stämmen Israels sich
auserwählt hatte, um seinen Namen dort wohnen
zu lassen. Seine Mutter hieß Naama; sie stammte
aus Ammon. 22 Juda verübte Böses in den Augen des
Herrn. Man reizte ihn durch die Sünden, die sie be-
gingen noch mehr, als er durch all das, was ihre
Väter taten, gereizt worden war. 23 Sie bauten sich
ebenfalls Höhenheiligtümer, errichteten Weihe-
steine und heilige Pfähle auf jedem ragenden Hügel
und unter jedem grünen Baum. 24 Selbst religiöse
Unzucht gab es im Lande. Alle Scheußlichkeiten
der Heidenvölker, die der Herr vor den Israeliten
vertrieben hatte, verübten sie.
25 Im fünften Jahr des Königs Rehabeam zog
Schischak, der König von Ägypten, gegen Jeru-
salem. 26 Er nahm die Schätze des Herrentempels
und die Schätze des königlichen Palastes fort. Alles
raubte er; auch alle goldenen Schilde, die Salomo
verfertigt hatte, eignete er sich an. 27 An ihrer Stelle
ließ der König Rehabeam eherne Schilde verferti-
gen und vertraute sie den Obersten der Läufer an,
die den Palasteingang zu bewachen hatten. 28 Sooft
der König nun in den Tempel des Herrn ging, trugen
sie die Läufer und brachten sie dann in das Dienst-
zimmer der Läufer zurück. 29 Die übrigen Taten
Rehabeams und alles, was er gewirkt hat, stehen
aufgeschrieben in der Chronik der Könige von Juda.
30 Die ganze Zeit hindurch war zwischen Reha-
beam und Jerobeam Kriegszustand. 31 Rehabeam
entschlief zu seinen Vätern und wurde bei ihnen in
der Davidsstadt begraben. Der Name seiner Mutter
war Naama aus Ammon. Sein Sohn Abiam folgte
ihm in der Herrschaft.

14,23: Weihesteine waren Sinnbilder männlicher Gottheiten, heilige Pfähle versinnbildeten weibliche Gottheiten (hebr. Ascheren).

Abiam von Juda (916–914)

15 1 Im achtzehnten Jahre des Königs Jero-
beam, des Sohnes Nebats, wurde Abiam
König von Juda. 2 Er regierte drei Jahre in
Jerusalem. Der Name seiner Mutter war Maacha,
eine Enkelin Absaloms. 3 Er wandelte in allen Sün-
den, die vor ihm sein Vater begangen hatte. Sein
Herz war nicht hingegeben an den Herrn, seinen
Gott, wie das Herz seines Ahnherrn David. 4 Denn
nur um Davids willen ließ der Herr, sein Gott, ihm
eine Leuchte zu Jerusalem, setzte seinen Sohn als
Nachfolger ein und ließ Jerusalem bestehen. 5 David
nämlich hatte getan, was dem Herrn wohlgefiel. Er
war sein Leben lang von seinen Geboten nicht
abgewichen, abgesehen von der Sache mit dem
Hethiter Uria. 6 Solange er lebte, dauerte der Streit
zwischen dem Haus Rehabeam und Jerobeam fort.
7 Die übrigen Taten des Abiam und alles, was er ge-
wirkt hat, sind aufgeschrieben in der Chronik der
Könige von Juda. Kriegszustand herrschte zwi-
schen Abiam und Jerobeam. 8 Abiam entschlief zu
seinen Vätern. Man begrub ihn in der Davidsstadt.
Sein Sohn Asa folgte ihm in der Herrschaft.

Asa von Juda (914–874)

9 Im zwanzigsten Jahre des Jerobeam, des Königs
von Israel, wurde Asa König von Juda. 10 Er herr-
schte einundvierzig Jahre in Jerusalem. Der Name
seiner (Groß-)Mutter war Maacha, eine Enkelin
Absaloms. 11 Asa tat, was dem Herrn wohlgefiel, so
wie sein Ahnherr David. 12 Er beseitigte die Tem-
peldirnen aus dem Land und entfernte alle Götzen-
bilder, die seine Väter gemacht hatten. 13 Auch
seiner (Groß-)Mutter Maacha, die der Göttin
Aschera ein Greuelbild verfertigt hatte, nahm er
ihre Stellung als Herrin. Asa ließ ihr Schandbild um-
hauen und im Kidrontal verbrennen. 14 Nur die
Höhen schaffte man nicht ab. Jedoch hing Asas
Herz mit ungeteilter Hingabe am Herrn sein Leben
lang. 15 Er brachte die Weihegeschenke seines
Vaters und seine eigenen Weihegaben in den Tem-
pel des Herrn: Silber, Gold und Geräte.
16 Zwischen Asa und Bascha, dem König von Israel,
war Kriegszustand, solange sie lebten. 17 Bascha,
der König von Israel, rückte gegen Juda ins Feld und
baute Rama aus, um den König Asa von Juda am
Aus- und Einziehen zu hindern. 18 Asa aber nahm
alles Silber und Gold, das sich noch in den Schatz-
kammern des Herrentempels befand, dazu die
Schätze des königlichen Palastes und übergab sie
seinen Dienern. Dann sandte sie der König Asa
zu Benhadad, dem Sohn Tabrimmons und Enkel
Chesjons, dem König von Aram, der in Damaskus

seinen Sitz hatte, und ließ ihm sagen: 19 »Es besteht
doch ein Bündnis zwischen mir und dir, zwischen
meinem Vater und deinem Vater. Silber und Gold
sende ich dir als Geschenk. Wohlan, erkläre dein
Bündnis mit Bascha, dem König von Israel, für auf-
gehoben, dann wird er von mir abrücken!« 20 Ben-
hadad schenkte dem König Asa Gehör. Er schickte
seine Heerführer gegen die Städte Israels und schlug
Ijjon, Dan, Abel-Bet-Maacha und ganz Kinneret
und die gesamte Landschaft von Naphtali. 21 Sobald
Bascha davon hörte, brach er die Befestigung von
Rama ab und kehrte nach Tirza zurück. 22 Der
König Asa aber bot ganz Juda ohne Ausnahme auf.
Man nahm die Steine und Holzbalken von Rama
weg, die Bascha zur Befestigung verwendet hatte.
Der König Asa befestigte damit Geba-Benjamin
und Mizpa. 23 Alle übrigen Taten des Asa, alle seine
kriegerischen Leistungen, seine gesamte Wirksam-
keit sowie seine Städtebauten, sind aufgeschrieben
in der Chronik der Könige von Juda. In seinem Alter
wurde er fußleidend. 24 Asa entschlief zu seinen
Vätern. Er wurde bei seinen Ahnen in der Stadt sei-
nes Vaters David begraben. Sein Sohn Josaphat
folgte ihm in der Herrschaft.

Nadab von Israel (911–910) und Bascha von Israel (910–887)

25 Nadab, der Sohn Jerobeams, ward König über
Israel im zweiten Jahr der Regierung des Königs Asa
von Juda. Er herrschte zwei Jahre über Israel. 26 Er
tat, was dem Herrn mißfiel, und wandelte auf dem
Weg seines Vaters und in den Sünden, zu denen die-
ser Israel verführt hatte. 27 Gegen ihn verschwor
sich Bascha, der Sohn Achias aus dem Stamme
Issachar. Bascha erschlug ihn bei Gibbeton, das den
Philistern gehörte. Nadab belagerte nämlich soeben
mit ganz Israel Gibbeton. 28 So tötete ihn Bascha im
dritten Jahr Asas, des Königs von Juda, und folgte
ihm in der Herrschaft.
29 Als er König geworden war, erschlug er das ganze
Haus Jerobeam. Vom Geschlecht Jerobeams ließ er
keine Person am Leben, bis er sie nach dem Wort,
das der Herr durch seinen Diener Achia aus Silo ge-
sprochen, ausgerottet hatte. 30 Dies geschah wegen
der Sünden Jerobeams, die er begangen und zu
denen er Israel verführt hatte, indem er den Herrn,
den Gott Israels, zum Zorn reizte. 31 Die übrigen
Taten Nadabs und all seine Wirksamkeit sind
aufgeschrieben in der Chronik der Könige von Is-
rael. 32 Kriegszustand aber war zwischen Asa und
Bascha, dem König von Israel, solange sie lebten.
33 Im dritten Jahre des Königs Asa von Juda wurde
Bascha, der Sohn Achias, König von Israel und herr-
schte in Tirza vierundzwanzig Jahre. 34 Er tat, was
dem Herrn mißfiel, und wandelte auf den Pfaden
Jerobeams und in dessen Sünden, zu denen er Israel
verführte.

16 1 Da erging das Wort des Herrn an Jehu,
den Sohn des Chanani, gegen Bascha:
2 »Ich habe dich aus dem Staub erhoben
und zum Fürsten über mein Volk Israel gesetzt, du
aber wandelst auf den Pfaden Jerobeams und hast
mein Volk Israel zur Sünde verführt, so daß es mich
durch seine Sünden erzürnte. 3 Darum werde ich
Bascha und sein Haus wegfegen und dein Haus so
behandeln wie das Haus Jerobeams, des Sohnes
Nebats. 4 Wer von Baschas Geschlecht in der Stadt
stirbt, den werden die Hunde fressen; wer von ihm
auf dem freien Feld stirbt, den werden die Vögel des
Himmels verzehren.« 5 Die übrigen Taten Baschas,
seine Wirksamkeit und seine kriegerischen Leistun-
gen, sind aufgeschrieben in der Chronik der Könige
von Israel. 6 Bascha entschlief zu seinen Vätern und
wurde in Tirza begraben. Sein Sohn Ela folgte ihm
in der Königsherrschaft. 7 Doch war durch den Pro-
pheten Jehu, den Sohn Chananis, das Wort des
Herrn gegen Bascha und sein Haus ergangen wegen
all der Übeltaten, die er vor dem Herrn beging, in-
dem er ihn durch das Werk seiner Hände erzürnte
und dem Hause Jerobeams ähnlich wurde, und
auch deswegen, weil er dieses Haus ausgerottet hat.

Ela von Israel (887–886)

8 Im sechsundzwanzigsten Jahr des Königs Asa von
Juda wurde Ela, der Sohn Baschas, König über Israel
und herrschte in Tirza zwei Jahre. 9 Wider ihn ver-
schwor sich sein Untergebener Simri, Oberster der
Hälfte der Kriegswagen. Ela war in Tirza. Er hatte
sich im Haus des Arza, des Palastvorstehers in
Tirza, völlig betrunken. 10 Simri drang ein und er-
schlug ihn im siebenundzwanzigsten Jahr des
Königs Asa von Juda. Er selbst folgte Ela in der
Königswürde. 11 Gleich nachdem er König gewor-
den war und den Thron bestiegen hatte, erschlug er
das ganze Haus Bascha. Er ließ keinen Mann, weder
Bluträcher noch Freunde, übrig. 12 So beseitigte
Simri das ganze Haus Bascha gemäß dem Wort, das
der Herr durch den Propheten Jehu gegen Bascha
gesprochen hatte. 13 Dies geschah all der Sünden
wegen, die Bascha und sein Sohn Ela begingen und
zu denen sie Israel verführten, indem sie den Herrn,
den Gott Israels, durch ihre Götzen erzürnten.
14 Die übrigen Taten Elas und alle seine Wirksam-
keit sind aufgeschrieben in der Chronik der Könige
von Israel.

Simri von Israel (886) und Omri von Israel (886–875)

15 Im siebenundzwanzigsten Jahre des Königs Asa
von Juda war Simri sieben Tage lang König von
Tirza. Das Kriegsvolk lag vor Gibbeton, das den Phi-
listern gehörte. 16 Während der Belagerung vernahm
das Volk die Kunde: Verschworen hat sich Simri
und den König ermordet! Da rief ganz Israel noch
am selben Tag den Feldherrn Omri im Lager zum
König über Israel aus. 17 Omri zog mit Gesamtisrael
von Gibbeton heran, und man belagerte Tirza. 18 Als
Simri wahrnahm, daß die Stadt erobert war, zog er
sich in den Wohnturm des Königspalastes zurück,
steckte den Palast über sich in Brand und fand dabei
den Tod. 19 So mußte es der Sünden wegen sein, die
er beging. Er tat, was dem Herrn mißfiel, und wan-
delte auf den Pfaden Jerobeams und in den Sünden,
die dieser getan und zu denen er Israel verführt
hatte. 20 Die übrigen Taten Simris und seine Ver-
schwörung, die er ins Werk setzte, sind aufge-
schrieben in der Chronik der Könige von Israel.
21 Damals spaltete sich die israelitische Bevölkerung
in zwei Teile; die Hälfte des Volkes stand hinter
Tibni, dem Sohn Ginats, und rief ihn zum König aus,
die andere Hälfte stand hinter Omri. 22 Die Anhänger
Omris aber gewannen die Oberhand gegenüber der
Gefolgschaft Tibnis, des Sohnes Ginats. Als Tibni tot
war, wurde Omri König. 23 Im einunddreißigsten
Jahr des Königs Asa von Juda wurde Omri König von
Israel und herrschte zwölf Jahre. In Tirza regierte er
sechs Jahre. 24 Dann kaufte er den Berg Samaria von
Semer um zwei Talente Silber, versah den Berg mit
Bauten und nannte die Stadt, die er erbaut hatte,
nach dem Namen Semers, des Eigentümers des Ber-
ges, Samaria. 25 Omri tat, was dem Herrn mißfiel. Er
handelte schlimmer als alle seine Vorgänger. 26 Er
wandelte ganz auf dem Pfade Jerobeams, des Sohnes
Nebats, und in den Sünden, zu denen dieser die
Israeliten verführt hatte, so daß sie den Herrn, den
Gott Israels, durch ihre Götzen erzürnten. 27 Die
übrigen Taten Omris, seine Wirksamkeit und seine
kriegerischen Leistungen, sind aufgeschrieben in der
Chronik der Könige von Israel. 28 Omri entschlief zu
seinen Vätern und ward zu Samaria begraben. Sein
Sohn Achab folgte ihm in der Königsherrschaft.

Achab von Israel (875–854)

29 Achab, der Sohn Omris, ward König von Israel im
achtunddreißigsten Jahre des Königs Asa von Juda
und regierte in Samaria zweiundzwanzig Jahre über
Israel. 30 Achab, der Sohn Omris, tat, was dem Herrn
mißfiel, noch schlimmer als alle seine Vorgänger.
31 Es war ihm noch nicht genug, daß er in den Sün-
den Jerobeams, des Sohnes Nebats, wandelte; er
nahm Isebel, die Tochter des Sidonierkönigs Etbaal,
zur Frau. Er ging hin, verehrte den Baal und warf sich
vor ihm nieder. 32 Er errichtete dem Baal einen Altar
im Baalstempel, den er in Samaria erbaut hatte.
33 Auch ließ Achab ein Bild der Aschera anfertigen
und tat darüber hinaus noch anderes, wodurch er
den Herrn, den Gott Israels, mehr erzürnte als alle
Könige Israels, die vor ihm waren.

Wiederaufbau Jerichos

34 In seinen Tagen war es auch, daß Chiel aus Betel
Jericho wieder aufbaute. Um den Preis seines Erst-
geborenen Abiram legte er das Fundament, und um
den Preis seines jüngsten Sohnes Segub errichtete er
die Stadttore gemäß dem Wort, das der Herr durch
Josua, den Sohn Nuns, gesprochen hatte.

16,33: Aschera ist eine kanaanäische Fruchtbarkeitsgöttin, vgl. 14,23. • 34: Vgl. Jos 6,26. Über das Menschenopfer spricht 3 Mos 18,21; 20,1–5.

Elias', Prophezeiung: Nur auf mein Wort hin wird Regen fallen

17 1 Der Tisbiter Elias aus Tisbe in Gilead
verkündete dem Achab: »So wahr der
Herr, der Gott Israels, lebt, in dessen
Dienst ich stehe, in diesen Jahren soll weder Tau
noch Regen fallen, es sei denn auf mein Wort hin.«
2 Danach erging das Wort des Herrn an ihn: 3 »Geh
fort von hier; wende dich gegen Osten und ver-
stecke dich im Bachtal des Kerit östlich vom Jordan!
4 Aus dem Bach kannst du trinken, und den Raben
habe ich befohlen, dich dort zu versorgen.« 5 Er ging
hin und tat, wie der Herr geboten hatte. Er machte
sich auf und blieb am Bach Kerit östlich vom Jor-
dan. 6 Die Raben brachten ihm Brot und Fleisch am
Morgen und am Abend. Aus dem Bach trank er.
7 Einige Zeit später vertrocknete der Bach, weil im
Land kein Regen mehr fiel.

Die Witwe von Zarephta

8 Damals erging das Wort des Herrn an Elias: 9 »Ma-
che dich auf den Weg nach Zarephta im Sidonier-
land und bleibe dort! Ich habe daselbst einer Witwe
geboten, dich zu versorgen.« 10 Er machte sich auf
und ging nach Zarephta. Als er an das Stadttor kam,
war dort eine Witwe, die Holz sammelte. Er rief ihr
zu und sprach: »Hole mir im Krug ein wenig Was-
ser zum Trinken!« 11 Als sie hinging, es zu holen,
rief er ihr nach: »Bringe mir auch einen Bissen Brot
mit!« 12 Doch sie erwiderte: »So wahr der Herr, dein
Gott, lebt, ich habe nichts mehr vorrätig außer einer
Handvoll Mehl im Topf und ein wenig Öl im Krug.
Eben lese ich hier ein paar Stücke Holz auf und gehe

dann heim, um mir und meinem Sohne eine Speise
zu bereiten. Wir wollen essen und dann sterben!«
13 Elias sprach zu ihr: »Sei ohne Sorgen! Geh und
tue, wie du gesagt hast! Doch zuvor mach mir ein
kleines Backwerk und bringe es mir heraus! Dir
aber und deinem Sohne bereite hernach etwas zu!
14 Denn so spricht der Herr, der Gott Israels: Der
Mehltopf wird nicht leer, und das Ölgefäß wird
nicht trocken, bis der Tag kommt, da der Herr wie-
der Regen auf den Ackerboden sendet.« 15 Sie ging
hin und tat, wie Elias gesagt hatte. So hatten sie
lange Zeit hindurch zu essen, er und sie und ihr
Sohn. 16 Der Mehltopf ward nicht leer und das Öl-
gefäß nicht trocken nach der Verheißung, die der
Herr durch Elias gegeben hatte.

Wiedererweckung

17 Nach diesen Begebenheiten wurde der Sohn jener
Frau, der das Haus gehörte, krank. Die Krankheit
verschlimmerte sich immer mehr, bis kein Atem
mehr in ihm war. 18 Sie sprach zu Elias: »Was habe
ich mit dir zu tun, Mann Gottes? Du kamst zu mir
nur, um meine Schuld (vor Gott) in Erinnerung zu
bringen und meinen Sohn zu töten.« 19 Er aber ant-
wortete ihr: »Gib mir deinen Sohn!« Er nahm ihn
von ihrem Schoß, trug ihn in das Obergemach, wo
er wohnte, und legte ihn auf sein Bett. 20 Da rief er
zum Herrn und sprach: »Herr, mein Gott, willst du
auch über die Witwe, deren Gast ich bin, Unheil ver-
hängen und ihren Sohn sterben lassen?« 21 Danach
streckte er sich dreimal über den Knaben hin, rief
zum Herrn und flehte: »Herr, mein Gott, möchte
doch der Lebensgeist dieses Knaben wieder in ihn
zurückkehren!« 22 Der Herr hörte auf des Elias Ge-
betsruf, und der Lebensgeist kehrte in den Knaben
zurück, so daß er wieder auflebte. 23 Elias nahm den
Knaben, brachte ihn vom Obergemach in das Haus
zurück und übergab ihn seiner Mutter. Elias sprach
dabei: »Siehe, dein Sohn lebt.« 24 Die Frau rief dem
Elias zu: »Jetzt weiß ich, daß du ein Gottesmann bist
und des Herrn Wort in deinem Mund untrüglich ist!«

17,1: Außerhalb des Buches der Könige hören wir von Elias und seiner Bedeutung: Mal 3,23f; Sir 48,1–11; 1 Makk 2,58; 2 Chron 21,12–15; Matth 11,10–14; 16,14; 17,1–13; 27,47–49; Luk 1,17; 4,25; 9,8.54; Joh 1,21.25; Röm 11,2–4; Jak 5,17. Die Regenlosigkeit und Hungersnot mag etwa über ein Jahr gedauert haben. Auch dann ist die Bezeichnung »im dritten Jahr« (18,1) nach volkstümlicher Ausdrucksweise richtig. Jedes irgendwie noch beteiligte Jahr wird mitgezählt.

Elias und Obadja

18 1 Lange Zeit verstrich. Da erging im drit-
ten Jahr das Wort des Herrn an Elias:
»Gehe hin und zeige dich dem Achab; ich
will Regen auf den Erdboden senden!« 2 Elias ging
hin, um sich dem Achab zu zeigen. Es herrschte
große Hungersnot in Samaria. 3 Achab rief daher
den Palastvorsteher Obadja, der ein treuer Verehrer
des Herrn war. 4 Als Isebel die Propheten des Herrn
ausrottete, hatte Obadja hundert Propheten kom-
men lassen, sie zu fünfzig je in einer Höhle ver-
steckt und mit Brot und Wasser versorgt. 5 Achab
sprach zu Obadja: »Komm, wir wollen das Land
durchstreifen nach allen Wasserquellen und
Bächen! Vielleicht finden wir Gras, damit wir
Pferde und Maultiere am Leben erhalten und nichts
vom Viehbestand einbüßen.« 6 Sie teilten das Land
unter sich, um es zu durchstreifen. Achab zog in der
einen Richtung, Obadja in der anderen, jeder allein.
7 Während Obadja unterwegs war, stand ihm plötz-
lich Elias gegenüber. Jener erkannte ihn, fiel auf sein
Angesicht nieder und rief: »Bist du es wirklich,
mein Herr Elias?« 8 Dieser antwortete: »Ja. Gehe hin
und sage deinem Herrn: Elias ist da.« 9 Er aber erwi-
derte: »Worin habe ich mich denn verschuldet, daß
du deinen Knecht an Achab ausliefern willst zur Er-
mordung? 10 So wahr der Herr, dein Gott, lebt, es
gibt kein Volk und kein Reich, wohin mein Herr
nicht gesandt hätte, dich zu suchen. Und sagte man:
›Hier ist er nicht‹, dann ließ er das betreffende Reich
oder Volk schwören, daß man dich nicht gefunden
habe. 11 Und jetzt befiehlst du: ›Gehe hin und sage
deinem Herrn: Elias ist da!‹ 12 Gehe ich aber fort von
dir, dann entrückt dich sicher der Geist des Herrn an
einen Ort, der mir unbekannt ist. Käme ich nun mit
der Nachricht zu Achab, und könnte er dich nicht
finden, dann würde er mich töten. Dein Knecht
verehrt doch den Herrn von Jugend an. 13 Wurde
denn meinem Herrn nicht berichtet, was ich ge-
tan habe, als Isebel die Propheten des Herrn tötete?
Hundert von den Propheten des Herrn verbarg
ich, je fünfzig in einer Höhle, und versorgte sie
mit Brot und Wasser. 14 Jetzt aber befiehlst du:
›Gehe hin und sage deinem Herrn: Elias ist da!‹
Der wird mich umbringen!« 15 Elias erwiderte: »So
wahr der Herr der Heerscharen lebt, in dessen
Dienst ich stehe, noch heute werde ich bei ihm
erscheinen.«

Elias und Achab: »Der Gott, der mit Feuer antwortet, ist der wahre Gott«

16 Obadja ging dem Achab entgegen und machte
ihm davon Mitteilung, und Achab ging auf Elias zu.
17 Sobald nun Achab den Elias sah, rief er ihm ent-
gegen: »Bist du es wirklich, du Verderber Israels?«
18 Dieser aber antwortete: »Ich habe Israel nicht ins
Verderben gebracht, sondern du und deine Familie,
weil ihr die Gebote des Herrn verlassen habt, und

weil du den Baalen nachgegangen bist. 19 Nun aber
schicke hin, versammle ganz Israel bei mir auf dem
Berge Karmel, auch die vierhundertfünfzig Baals-
propheten und die vierhundert Propheten der
Aschera, die vom Tische Isebels essen!« 20 Achab
sandte darauf zu allen Israeliten und versammelte
die Propheten auf dem Berge Karmel.
21 Elias trat vor dem ganzen Volk auf und rief: »Wie
lange noch wollt ihr auf zwei Krücken hinken? Ist
der Herr der Gott, so folgt ihm nach! Ist es aber der
Baal, so folgt diesem!« Das Volk erwiderte darauf
nichts. 22 Da sagte Elias zu den Leuten: »Ich allein
bin als Prophet des Herrn übriggeblieben. Der Pro-
pheten Baals sind es aber vierhundertfünfzig Mann.
23 Man gebe uns zwei Stiere; sie sollen einen Stier
wählen, ihn zerteilen und ihn auf die Holzscheite
legen, ohne Feuer anzuzünden. Ich aber werde den
anderen Stier herrichten und auf die Holzscheite
legen und das Feuer ebenfalls nicht anzünden.
24 Dann ruft den Namen eures Gottes an, und ich
werde den Namen des Herrn anrufen. Der Gott
aber, der mit Feuer antwortet, ist der wahre Gott.«
Da antwortete das ganze Volk: »So ist es recht!«
25 Elias befahl den Baalspropheten: »Wählt euch den
einen Stier und schlachtet ihn zuerst, denn ihr seid
ja in der Überzahl. Dann ruft den Namen eures
Gottes an, entzündet aber kein Feuer!«
26 Sie holten den Stier, den er ihnen gab, richteten
ihn her und riefen den Namen des Baal an vom
Morgen bis zum Mittag: »Baal, erhöre uns!« Doch
es kam kein Laut und keine Antwort. Sie machten
dabei hinkende Verbeugungen auf der Opferstätte,
die sie verfertigt hatten. 27 Als es schon um die
Tagesmitte war, spottete Elias über sie und be-
merkte: »Ruft doch lauter, er ist ja ein Gott! Er hatte
wohl ein Bedürfnis und ist ausgetreten, vielleicht
schläft er auch und muß erst aufwachen!« 28 So rie-
fen sie immer lauter und brachten sich nach ihrem
Brauchtum mit Schwertern und Lanzen Einschnitte
bei, bis das Blut an ihnen herabfloß. 29 Als die Mit-
tagszeit vorüber war, da begannen sie zu rasen bis
zu der Zeit, da man das Speiseopfer darzubringen
pflegte. Es kam aber kein Laut, keine Antwort und
keinerlei Beachtung.

Elias' Opfer

30 Da sprach Elias zum ganzen Volk: »Kommt nun
zu mir heran!« Das ganze Volk näherte sich ihm,
und er stellte den niedergerissenen Altar des Herrn
wieder her. 31 Elias nahm zwölf Steine nach der
Zahl der Stämme der Söhne Jakobs, zu dem der
Herr gesagt hatte: »Israel soll dein Name sein!« 32 Er
baute aus den Steinen einen Altar im Namen des
Herrn und machte um den Altar herum einen Gra-
ben, der zwei Scheffel Saatgetreide hätte fassen
können. 33 Sodann schichtete er das Holz auf, zer-
teilte den Stier und legte ihn über das Holz. 34 Dann
befahl er: »Füllt vier Krüge mit Wasser und gießt es
auf das Opfer und das Holz!« Hierauf gebot er: »Tut
es noch einmal!« Sie wiederholten es. Da sprach er:
»Tut es zum drittenmal!« Und sie taten es zum drit-
tenmal. 35 Das Wasser lief rings um den Altar. Auch
den Graben füllte er mit Wasser. 36 Zur Zeit, da man
das Speiseopfer darzubringen pflegt, trat der Pro-
phet Elias heran und rief: »Herr, Gott Abrahams,
Isaaks und Israels! Heute soll man erkennen, daß du
Gott bist in Israel, und daß ich dein Knecht bin und
auf dein Wort hin dies alles getan habe. 37 Erhöre
mich, Herr, erhöre mich, damit dieses Volk erfahre,
daß du, Herr, Gott bist, und daß du sein Herz wie-
der umgewandelt hast!« 38 Da fiel das Feuer des
Herrn herab und fraß das Brandopfer, das Holz, die
Steine und die Erde. Auch das Wasser im Graben
leckte es auf. 39 Als das Volk dies sah, warf es sich
auf sein Angesicht nieder und rief: »Der Herr ist
Gott, der Herr ist Gott!« 40 Elias aber befahl ihnen:
»Packt die Baalspropheten, keiner von ihnen soll
entkommen!« Man ergriff sie, und Elias ließ sie zum
Bache Kischon hinabführen und dort töten.

Der ersehnte Regen

41 Zu Achab aber sagte Elias: »Geh hin, iß und trink;
denn ich höre das Rauschen des Regens!« 42 Als
Achab hinging, um zu essen und zu trinken, stieg
Elias auf den Gipfel des Karmel, beugte sich zur
Erde nieder und legte sein Antlitz zwischen seine
Knie. 43 Dann sprach er zu seinem Diener: »Geh
hinauf und richte deine Blicke nach dem Meer zu!«
Er ging hinauf, schaute aus und meldete: »Es ist
nichts zu merken.« Elias befahl: »Geh nochmals
hin!« So geschah es siebenmal. 44 Beim siebtenmal
meldete er: »Eine Wolke erhebt sich aus dem Meer,
so klein wie eine Menschenhand.« Da erwiderte
Elias: »Geh hin und sage zu Achab: Spanne an und
fahre zu Tal, damit der Regen dich nicht aufhält!«
45 Nicht lange danach verfinsterte sich der Himmel
vor Sturmwolken, und es fiel ein starker Regen.
Achab aber bestieg den Wagen und fuhr nach Jez-
reel. 46 Die Hand des Herrn kam über Elias, so daß
er seine Lenden gürtete und vor Achab herlief bis
nach Jezreel.

18,32: Der Altar im AT ist eine Feuerstätte, auf der die Opfertiere zu Rauch werden, der zum Herrn emporsteigt. Die Nachbarvölker der Israeliten verwandten meist einen mit einer napfartigen Vertiefung versehenen Felsaltar, die Israeliten eine Anhäufung von unbehauenen Steinen oder von Erde. • 38: »Feuer des Herrn« ist öfters Bezeichnung für den Blitz.

Gotteserscheinung am Berge Horeb

19 1 Achab teilte der Isebel alles mit, was Elias
getan hatte, auch daß er sämtliche Prophe-
ten mit dem Schwert töten ließ. 2 Da
sandte Isebel einen Boten an Elias und ließ ihm
sagen: »Ich schwöre, und die Götter mögen mich
strafen, wenn ich dich morgen nicht einem jeden von
ihnen gleichmache!« 3 Elias fürchtete sich, machte
sich auf und ging fort, um sein Leben zu retten. So
kam er nach Beerseba in Juda und ließ dort seinen
Diener zurück. 4 Er selbst begab sich eine Tagereise
weit in die Wüste hinein und setzte sich unter einen
Ginsterstrauch. Er wünschte sich den Tod und
sprach: »Genug ist es jetzt, o Herr! Nimm mein
Leben hin; denn ich bin nicht besser als meine Vä-
ter!« 5 Da legte er sich nieder und schlief unter dem
Ginsterstrauch ein. Da plötzlich berührte ihn ein En-
gel und sprach zu ihm: »Steh auf und iß!« 6 Er sah sich
um und bemerkte an seinem Kopfende einen gerö-
steten Brotfladen und ein Gefäß mit Wasser. Er aß
und trank und legte sich von neuem nieder. 7 Da kam
der Engel des Herrn zum zweitenmal, rührte ihn an
und sprach: »Steh auf und iß; denn sonst ist der Weg
zu weit für dich!« 8 So stand er auf, aß und trank und
ging in der Kraft dieser Speise vierzig Tage und vier-
zig Nächte bis zum Gottesberg Horeb. 9 Er trat dort
in eine Höhle hinein und übernachtete.
Da erging an ihn das Wort des Herrn, der ihn fragte:
»Was suchst du hier, Elias?« 10 Er entgegnete: »Ich ei-
ferte für den Herrn, den Gott der Heerscharen; denn
die Israeliten haben deinen Bund verlassen, deine
Altäre niedergerissen und deine Propheten mit dem
Schwert getötet. Ich allein blieb übrig. Doch auch
mir trachten sie nach dem Leben.« 11 Der Herr be-
fahl: »Tritt hinaus und stelle dich auf dem Berg vor
den Herrn hin!« Siehe, da zog der Herr vorüber: Ein
starker mächtiger Sturm, der die Berge zerriß und
die Felsen zerbrach, ging vor dem Herrn einher,
doch im Sturm war der Herr nicht. Nach dem Sturm
kam ein Erdbeben, doch der Herr war nicht im Erd-
beben. 12 Nach dem Erdbeben kam ein Feuer, doch
auch im Feuer war der Herr nicht. Nach dem Feuer
kam ein leises, zartes Säuseln. 13 Elias vernahm es,
hüllte sein Gesicht in seinen Mantel, trat hinaus und
stellte sich an den Eingang der Höhle. Eine Stimme
sprach ihn an: »Was suchst du hier, Elias?« 14 Er ant-
wortete: »Geeifert habe ich für den Herrn, den Gott
der Heerscharen; denn die Israeliten haben deinen
Bund verlassen, deine Altäre niedergerissen und
deine Propheten mit dem Schwert hingerichtet. Ich
allein bin zurückgeblieben. Doch auch mir trachten
sie nach dem Leben.«
15 Der Herr sprach zu ihm: »Geh auf deinem Weg in
die Wüste zurück nach Damaskus! Dort angekom-
men, salbe Hasael zum König über Aram! 16 Jehu,
den Sohn Nimschis, salbe zum König über Israel,
und Elisäus, den Sohn Schaphats, aus Abel-Me-
chola, salbe zum Propheten an deiner Stelle! 17 Wer
dann dem Schwert Hasaels entgeht, den wird Jehu
töten, und wer dem Schwert Jehus entkommt, den
wird Elisäus töten. 18 Ich lasse mir aber in Israel
7000 Mann übrig, die ihre Knie vor Baal nicht beug-
ten und deren Mund ihn nicht küßte.«

Die Berufung des Elisäus

19 Als er von dort weggegangen war, traf er Elisäus,
den Sohn Schaphats, beim Pflügen. Zwölf Ge-
spanne hatte er vor sich; er selbst ging beim zwölf-
ten. Elias trat zu ihm heran und warf seinen Mantel
über ihn. 20 Sogleich verließ er die Rinder, eilte Elias
nach und sagte: »Ich möchte nur noch meinem
Vater und meiner Mutter den Abschiedskuß geben;
dann will ich dir folgen.« Jener antwortete ihm:
»Kehre um; denn was soll ich mit dir?« 21 Da
wandte er sich von ihm weg, nahm das Rinderge-
spann und schlachtete es. Mit dem Geschirr der
Rinder kochte er das Fleisch und gab es den Leuten
zu essen. Dann machte er sich auf, folgte Elias nach
und wurde sein Diener.

19,11–14: Der Herr offenbart sich hier nicht in Sturm, Erdbeben und Feuer. Er will den Propheten Geduld und Sanftmut lehren.

Belagerung Samarias

20 1 Benhadad, der König von Aram, sam-
melte seine ganze Streitmacht. Zwei-
unddreißig Könige waren bei ihm mit
Pferden und Wagen. So zog er heran, belagerte und
bekriegte Samaria. 2 Er sandte Boten zu Achab, dem
König von Israel, in die Stadt. 3 Dabei ließ er ihm
sagen: »So spricht Benhadad: Dein Silber und Gold
gehören mir; aber auch deine Frauen und deine
besten Söhne sollen mir gehören!« 4 Der König von
Israel antwortete: »Nach deinem Wort, mein Herr
und König, geschehe es! Dein bin ich mit allem, was
ich besitze.« 5 Aber die Boten kamen wieder und ga-
ben bekannt: »So spricht Benhadad: Ich habe doch
zu dir gesandt und gefordert: Dein Silber und dein
Gold, deine Frauen und Söhne sollst du mir geben!
6 Genauerhin werde ich morgen um diese Zeit meine
Knechte zu dir schicken. Sie werden dein Haus und
die Häuser deiner Untergebenen durchsuchen und
alles Kostbare beschlagnahmen und fortbringen.«
7 Der König von Israel berief alle Ältesten des Landes
und erklärte ihnen: »Erkennt doch und seht, daß die-
ser Böses im Sinne hat! Er hatte zu mir gesandt um

meine Frauen und Söhne und mein Silber und Gold,
und ich habe sie ihm nicht verweigert.« 8 Da ant-
worteten ihm alle Ältesten und das gesamte Volk:
»Höre nicht auf ihn und sei ihm nicht gefügig!« 9 So
gab er also den Boten Benhadads den Bescheid: »Sagt
zu meinem Herrn, dem König: Alles, was du zuerst
von deinem Knecht verlangt hast, will ich erfüllen;
aber diese Forderung kann ich nicht erfüllen.« Die
Boten zogen ab und überbrachten ihm die Antwort.
10 Da sandte Benhadad nochmals an ihn und ließ ihm
sagen: »Ich schwöre, und die Götter mögen mich
strafen: Der Staub Samarias wird nicht genügen, um
allem Kriegsvolk, das in meiner Gefolgschaft ist, die
Hand zu füllen.« 11 Der König von Israel gab zur Ant-
wort: »Sagt ihm: Wer seinen Gürtel anlegt, soll sich
nicht rühmen wie jener, der ihn löst!« 12 Als Benha-
dad diese Kunde erhielt, war er eben beim Zechge-
lage mit den Königen im Zelt; er befahl seinen
Knechten, anzugreifen, und sie griffen die Stadt an.

Flucht der Aramäer

13 Da trat ein Prophet zu Achab, dem König von
Israel, und sagte: »So spricht der Herr: Siehst du die-
sen großen Heerhaufen? Fürwahr, heute gebe ich
ihn in deine Gewalt. Du wirst erkennen, daß ich der
Herr bin.« 14 Achab fragte: »Durch wen?« Er erwi-
derte: »So spricht der Herr: Durch die Leute der
Gauobersten.« Achab erkundigte sich dann: »Wer
soll den Kampf eröffnen?« Er entgegnete: »Du
selbst.« 15 Da musterte er die Leute der Gauober-
sten; es waren zweihundertzweiunddreißig Mann;
nach ihnen musterte er das gesamte Kriegsvolk, alle
Israeliten, siebentausend Mann. 16 Am Mittag rück-
ten sie aus. Benhadad hatte sich mit den zweiund-
dreißig Königen, die ihm zu Hilfe gekommen
waren, in den Zelten völlig berauscht. 17 Die Leute
der Gauobersten zogen zunächst voraus. Benhadad
hatte Beobachter ausgesandt, und diese brachten
ihm die Meldung, daß Kriegsleute Samaria ver-
ließen. 18 Er gab den Befehl: »Kommen sie in friedli-
cher Absicht, so ergreift sie lebendig! Kommen sie
zum Kampf, so ergreift sie ebenfalls lebendig!«
19 Die Leute der Gauobersten und der ihnen folgen-
den Heerhaufen waren also aus der Stadt aus-
gerückt. 20 Jeder schlug seinen Gegner. Die Aramäer
ergriffen die Flucht, und Israel verfolgte sie. Benha-
dad, der König von Aram, entkam auf einem Pferd
mit seinen Wagenkämpfern. 21 Der König von Israel
brach hervor, schlug die Pferde und Streitwagen und
brachte den Aramäern eine große Niederlage bei.

Benhadads zweite Niederlage

22 Der Prophet aber trat an den König von Israel
heran und sprach zu ihm: »Auf, zeige dich stark und
erkenne, was du zu tun hast; denn nach Ablauf des
Jahres wird der König von Aram erneut gegen dich
heranziehen.« 23 Zum König von Aram aber spra-
chen seine Diener: »Ihr Gott ist ein Gott der Berge;
darum waren sie stärker als wir. Kämpfen wir aber
in der flachen Ebene mit ihnen, werden wir sie mit
Bestimmtheit besiegen. 24 Und auch das tue: Ent-
hebe die Könige einzeln ihrer Stellung und setze
Statthalter für sie ein! 25 Du aber zähle dir eine Hee-
resmacht ab gleich dem Heer, das dir verlorenging,
und dazu Pferde und Wagen soviel wie früher!
Dann aber kämpfen wir mit ihnen in der Ebene und
werden sicherlich ihrer Herr.« Er hörte auf ihren Rat
und tat so. 26 Nach Ablauf des Jahres musterte Ben-
hadad die Aramäer und zog nach Aphek aus zum
Kampf gegen Israel. 27 Die Israeliten aber ließen sich
mustern und versahen sich mit Lebensmitteln.
Dann rückten sie ihnen entgegen und lagerten
ihnen gegenüber wie zwei Häuflein Ziegen. Die
Aramäer aber verbreiteten sich im Land. 28 Da trat
der Gottesmann hinzu und sprach zum König von
Israel: »So spricht der Herr: Die Aramäer glauben,
daß der Herr ein Gott der Berge ist und nicht ein
Gott der Täler, und eben darum gebe ich diesen
ganzen gewaltigen Heerhaufen in deine Gewalt. Ihr
werdet erkennen, daß ich der Herr bin!« 29 Sie la-
gerten sieben Tage lang einander gegenüber. Am
siebten Tage brach der Kampf aus. Die Israeliten
schlugen die Aramäer, 100 000 Mann Fußvolk, an
einem einzigen Tag. 30 Die Überreste rückten nach
Aphek in die Stadt. Die Mauer jedoch fiel auf 27 000
Mann, die übriggeblieben waren. Auch Benhadad
kam auf der Flucht in die Stadt und irrte von Zim-
mer zu Zimmer.

Achabs Milde

31 Seine Untergebenen sagten nun zu ihm: »Siehe,
wir haben gehört, daß die Könige des Hauses Israel
mildherzig sind. Wir wollen also Trauergewänder
um unsere Lenden und Stricke um unsere Köpfe
binden und zum König von Israel hinausgehen!
Vielleicht begnadigt er dich zum Leben.« 32 Sie gür-
teten Trauergewänder um ihre Hüften und banden
Stricke um ihre Köpfe. So kamen sie zum König von
Israel und sagten: »Dein Knecht Benhadad bittet
dich, am Leben bleiben zu dürfen.« Da fragte jener:
»Lebt er denn noch? Er sei mein Bruder!« 33 Die
Männer sahen das Wort als günstiges Zeichen an,
nahmen es sogleich von ihm auf und antworteten:
»Dein Bruder ist Benhadad!« Er befahl: »Geht hin
und bringt ihn her!« Benhadad kam zu ihm hinaus,
und jener ließ ihn auf seinen Wagen steigen. 34 Ben-
hadad versicherte ihm: »Die Städte, die mein Vater

von deinem Vater genommen hat, will ich zurück-
erstatten; auch mache dir Kaufläden in Damaskus,
wie mein Vater es tat in Samaria! Ich aber möge,
vertraglich gebunden, von dir scheiden dürfen!« Da
schloß er mit ihm einen Vertrag und ließ ihn frei.

Der Tadel des Herrn

35 Einer von den Prophetenschülern sprach im Auf-
trag des Herrn zu seinem Genossen: »Schlage
mich!« Jener aber weigerte sich, ihn zu schlagen.
36 Da sagte er zu ihm: »Du hast auf die Stimme des
Herrn nicht gehört; darum wird dich, wenn du von
mir fortgehst, der Löwe zerreißen.« Als er nun von
ihm fortging, überfiel ihn tatsächlich ein Löwe und
zerriß ihn. 37 Der Prophetenschüler begegnete
einem anderen Mann und hieß ihn: »Schlage mich
doch!« Dieser nun schlug ihn und brachte ihm eine
Wunde bei 38 Der Prophet ging hin und stellte sich
dem König in den Weg. Durch eine Binde über
seinen Augen hatte er sich unkenntlich gemacht.
39 Als der König vorüberzog, rief er ihm zu und
sprach: »Dein Knecht war mit in den Kampf gezo-
gen; da schwenkte plötzlich ein Mann ab, brachte
zu mir einen Gefangenen und sprach: ›Passe auf
diesen Mann auf! Wird er irgendwie vermißt, dann
haftet dein Leben für sein Leben, oder du hast ein
Talent Silber zu zahlen.‹ 40 Dein Knecht hatte hier
und da zu tun, und auf einmal war jener ver-
schwunden.« Der König von Israel entgegnete: »Da-
mit hast du dein eigenes Urteil gefällt!« 41 Jener
nahm eilends die Binde von seinen Augen. Da er-
kannte ihn der König von Israel als einen der Pro-
pheten. 42 Dieser sprach zu ihm: »So spricht der
Herr: Weil du den Mann, der meinem Bann verfal-
len war, aus deiner Gewalt entlassen hast, so hafte
dein Leben für sein Leben und dein Volk für sein
Volk!« 43 Der König von Israel aber zog mißmutig
und wütend nach Hause und kam nach Samaria.

20,1: Benhadad ist ein Nachfolger jenes Königs, der in 15,18 erwähnt wird.

Nabots Weinberg

21 1 Danach ereignete sich folgendes: Na-
bot aus Jezreel hatte daselbst einen
Weinberg neben dem Palast Achabs, des
Königs von Samaria. 2 Achab redete mit Nabot:
»Gib mir deinen Weinberg; ich will mir einen
Gemüsegarten daraus machen; er liegt ja so nahe an
meinem Haus. Ich gebe dir dafür einen besseren
Weinberg; oder wenn es dir genehm ist. So bezahle
ich dir den Kaufpreis in Geld.« 3 Nabot entgegnete:
»Der Herr bewahre mich davor, daß ich das Erbe
meiner Väter dir übergebe!« 4 Da begab sich Achab
mißmutig und wütend in seinen Palast. Es war um
des Wortes willen, das Nabot aus Jezreel ihm ge-
antwortet hatte: »Ich will dir das Erbe meiner Väter
nicht übergeben!« Er warf sich auf sein Bett, wandte
sein Antlitz ab und nahm keine Nahrung zu sich.
5 Seine Frau Isebel kam zu ihm hinein und sprach zu
ihm: »Warum bist du so mißmutig und nimmst
keine Nahrung zu dir?« 6 Er antwortete ihr: »Ich
habe mit Nabot aus Jezreel geredet und ihm vorge-
schlagen: Verkaufe mir deinen Weinberg um Geld;
oder wenn es dir lieber ist, gebe ich dir einen ande-
ren Weinberg dafür. Doch er hat mir geantwortet:
Ich gebe dir meinen Weinberg nicht!« 7 Isebel, seine
Gemahlin, antwortete darauf: »Du übst doch gegen-
wärtig die Herrschaft über das Königreich Israel aus!
Stehe auf, iß und sei wohlgemut! Ich werde dir den
Weinberg des Nabot aus Jezreel schon verschaffen.«
8 Sie schrieb nun Briefe im Namen Achabs, versie-
gelte sie mit seinem Siegel und schickte sie an die
Ältesten und Vornehmen, die mit Nabot in der glei-
chen Stadt zusammen wohnten. 9 In den Briefen
schrieb sie: »Ruft ein Fasten aus und laßt Nabot an
der Spitze der Leute Platz nehmen! 10 Ihm gegenüber
aber setzt zwei ruchlose Männer, die wider ihn zu
zeugen haben: Du hast Gott und den König ge-
lästert. Dann führt ihn hinaus und steinigt ihn, bis er
stirbt!« 11 Die Männer seiner Stadt, die Ältesten und
Vornehmen, die in seiner Stadt wohnten, taten, wie
Isebel sie anwies nach dem Wortlaut der Briefe, die
sie ihnen gesandt hatte. 12 Sie riefen ein Fasten aus
und ließen Nabot an der Spitze der Leute sitzen.
13 Die beiden ruchlosen Männer kamen und setzten
sich ihm gegenüber. Dann legten sie vor dem Volk
gegen Nabot Zeugnis ab und erklärten: »Nabot hat
Gott und den König gelästert!« Man führte ihn zur
Stadt hinaus und steinigte ihn zu Tode.
14 Sodann sandte man zu Isebel und ließ melden:
»Nabot wurde gesteinigt; er ist tot.« 15 Als Isebel die
Kunde vernahm, daß Nabot gesteinigt und tot sei,
forderte sie Achab auf: »Wohlan, ergreife Besitz
vom Weinberg Nabots aus Jezreel, den er dir um
Geld nicht verkaufen wollte; denn Nabot lebt nicht
mehr. Er ist tot!« Als Achab erfuhr, daß Nabot tot
sei, stand er auf, um den Weinberg Nabots aus
Jezreel in Besitz zu nehmen.

Strafrede gegen Achab und Isebel

17 Aber das Wort des Herrn erging an Elias aus Tisbe.
18 »Auf, geh hinab, Achab, dem König von Israel,
entgegen, der in Samaria seinen Sitz hat. Er ist ge-
rade in den Weinberg des Nabot hinabgegangen um
von ihm Besitz zu ergreifen. 19 Sage zu ihm: ›So
spricht der Herr: Gemordet hast du, und jetzt willst

du erben?‹ Weiter sollst du ihm sagen: ›So spricht
der Herr: An der Stelle, wo die Hunde das Blut
Nabots geleckt haben, werden die Hunde auch dein
Blut auflecken!‹« 20 Achab sprach zu Elias: »Hast du
mich gefunden, mein Todfeind?« Dieser erwiderte:
»Ja, ich habe dich gefunden! Du hast dich dazu her-
gegeben, zu tun, was dem Herrn mißfällt. 21 Siehe,
ich werde deshalb über dich Unheil bringen und
dich hinwegfegen! Ausrotten werde ich von Achab
alles Männliche, Sklaven und Freie in Israel. 22 Ich
lasse es deinem Hause ergehen wie dem Hause Je-
robeams, des Nebatsohnes, und dem Hause Baschas,
des Achiasohnes, wegen der Beleidigung, die du mir
zugefügt, und weil du Israel in Sünde gestürzt hast.
23 Und über Isebel verkündet der Herr: Die Hunde
werden Isebel auf dem Feld von Jezreel fressen.
24 Wer von Achab in der Stadt stirbt, den werden die
Hunde fressen, und wer auf freiem Feld stirbt, den
werden die Vögel des Himmels verzehren.« 25 Es gab
wirklich niemanden, der wie Achab sich hergab, das
zu tun, was dem Herrn mißfiel. Dazu verführte ihn
seine Frau Isebel. 26 Er handelte überaus verwerflich
und lief den Götzen nach, ganz wie die Amoriter es
taten, die der Herr vor der Israeliten vertrieben hat.

Achabs Buße

27 Als Achab diese Drohworte vernahm, zerriß er
seine Kleider, legte ein Bußgewand über seinen
nackten Leib, fastete, schlief im Bußgewand und
ging bedrückt einher. 28 Da erging das Wort des
Herrn an Elias aus Tisbe: 29 »Hast du bemerkt, wie
Achab sich vor mir verdemütigt? Weil er sich nun
vor mir verdemütigt, werde ich das Unheil in seinen
Tagen nicht kommen lassen. Erst in den Tagen sei-
nes Sohnes sende ich Unglück über sein Haus.«

Dritter israelitisch-aramäischer Krieg (854)

22 1 Drei Jahre lang hatte man Ruhe. Es
fand kein Krieg zwischen Aram und
Israel statt. 2 Da kam im dritten Jahr
König Josaphat von Juda zum König von Israel.
3 Der König von Israel sagte zu seinen Untergebe-
nen: »Ihr wißt doch, daß Ramot in Gilead uns
gehört! Wir aber unternehmen nichts, um es der
Gewalt des Aramäerkönigs zu entreißen.« 4 Als er
Josaphat fragte: »Willst du mit mir zusammen in
den Krieg gegen Ramot in Gilead ziehen?«, ant-
wortete dieser dem König von Israel: »Ja, ich bin be-
reit wie du, meine Leute wie deine Leute, meine
Pferde wie deine Pferde!«

Falsche Propheten

5 Josaphat bat aber den König von Israel: »Frage erst
nach dem Entscheid des Herrn!« 6 Der König von
Israel ließ sich sogleich die Propheten, etwa vier-
hundert Mann, zusammenrufen und sprach zu
ihnen: »Soll ich gegen Ramot in Gilead in den Krieg
ziehen oder darauf verzichten?« Sie riefen: »Ziehe
hin, denn der Herr wird es der Gewalt des Königs
überliefern!« 7 Josaphat fragte: »Ist denn nicht noch
ein Prophet des Herrn hier, damit wir ihn befra-
gen?« 8 Der König von Israel antwortete: »Es ist
noch ein Mann da, durch den wir den Herrn befra-
gen könnten. Doch ich kann ihn nicht leiden; denn
er weissagt mir nie Gutes, sondern nur Übles. Es ist
Michajehu, der Sohn Jimlas.« Josaphat wider-
sprach: »So sollte der König nicht reden!« 9 Der
König von Israel rief einen Kämmerer herbei und
befahl ihm, so schnell wie möglich Michajehu, den
Sohn Jimlas, zu holen. 10 Der König von Israel und
Josaphat, der König von Juda, saßen in ihren
Königsgewändern auf ihren Thronen im Freiplatz
am Toreingang Samarias. Alle Propheten weis-
sagten vor ihnen. 11 Zidkia, der Sohn des Kenaana,
hatte sich eiserne Hörner gemacht und rief: »So
spricht der Herr: Mit solchen wirst du die Aramäer
niederstoßen, bis sie vernichtet sind.« 12 Auf diese
Art wahrsagten alle Propheten und sprachen:
»Ziehe hinauf nach Ramot in Gilead! Glück auf!
Der Herr gibt es in die Gewalt des Königs.«

Michajehu, der wahre Prophet

13 Der Bote, der fortgegangen war, Michajehu zu ru-
fen, sprach zu ihm: »Siehe, die Worte der Propheten
verkünden wie aus einem Munde Gutes für den
König. So seien also auch deine Worte gleich dem
Wort eines jeden von ihnen! Verheiße Glück!«
14 Doch Michajehu entgegnete: »So wahr der Herr
lebt, nur was der Herr mir sagt, werde ich reden!«
15 Er erschien vor dem König, und dieser fragte ihn:
»Michajehu, sollen wir gegen Ramot in Gilead in
den Krieg ziehen, oder sollen wir darauf verzich-
ten?« Er antwortete ihm: »Ziehe hin! Glück auf!
Der Herr gibt es in die Hand des Königs!« 16 Der
König fragte: »Wie oft muß ich dich beschwören,
mir nichts als die Wahrheit im Namen des Herrn zu
sagen?« 17 Darauf verkündete jener: »Ganz Israel
sah ich auf den Bergen zerstreut wie Kleinvieh, das
des Hirten entbehrt. Und der Herr sprach: Sie haben
keine Herren. Jeder kehre ruhig heim!« 18 Da sagte
der König von Israel, zu Josaphat gewandt: »Habe
ich es dir nicht gesagt: Er wahrsagt mir nie Gutes,
sondern nur Übles!?« 19 Michajehu fuhr fort: »Höre
darum das Wort des Herrn! Ich sah den Herrn auf
seinem Thron sitzen und die gesamte himmlische
Heerschar bei ihm zu seiner Rechten und Linken
stehen. 20 Der Herr fragte: Wer will Achab betören,

daß er hinaufzieht und vor Ramot in Gilead fällt?
Der eine meinte dies und der andere jenes. 21 Da trat
ein Geist vor, stellte sich hin vor den Herrn und
sprach: Ich werde ihn betören. Der Herr fragte ihn:
Wodurch? 22 Er gab zur Antwort: Ich will hingehen
und will im Munde aller seiner Propheten zu einem
Lügengeist werden! Der Herr erwiderte: Du sollst
ihn betören und wirst es auch zustande bringen!
Geh hin und tue es! 23 So hat nun der Herr einen
Lügengeist in den Mund all dieser deiner Propheten
gelegt; denn der Herr hat Unheil über dich be-
schlossen.«
24 Zidkia aber, der Sohn des Kenaana, trat hinzu,
schlug Michajehu auf die Wange und sprach: »Ist
denn der Geist des Herrn von mir gewichen, um mit
dir zu reden?« 25 Michajehu antwortete: »Das wirst
du an jenem Tage sehen, wenn du von einem Zim-
mer zum andern rennen wirst, um dich zu verber-
gen.« 26 Da befahl der König von Israel: »Pack den
Michajehu und bring ihn zum Stadtobersten Amon
und zum Königssohn Joas! 27 Erstatte die Meldung:
So spricht der König: Werft diesen ins Gefängnis
und ernährt ihn kärglich mit Brot und Wasser, bis
ich heil zurückkomme!« 28 Michajehu aber antwor-
tete: »Kommst du heil zurück, dann hat der Herr
nicht durch mich gesprochen.«

Achabs Tod

29 Der König von Israel und Josaphat, der König von
Juda, zogen nun nach Ramot in Gilead hinauf.
30 Der König von Israel sagte zu Josaphat: »Ich will
mich verkleiden und so in den Kampf ziehen; du
aber behalte deine eigenen Kleider an!« So machte
sich der König von Israel unkenntlich und zog in
den Kampf. 31 Der König von Aram hatte seinen
zweiunddreißig Kriegswagenführern den Befehl
gegeben: »Kämpft mit niemandem, ob klein oder
groß, außer mit dem König von Israel allein!« 32 Als
die Wagenführer Josaphat erblickten, meinten sie,
er wäre der König von Israel, und umzingelten ihn
zum Angriffskampf. Josaphat aber schrie auf. 33 Die
Wagenführer bemerkten, daß er nicht der König
von Israel war und wandten sich von ihm ab. 34 Ein
Mann jedoch spannte ahnungslos seinen Bogen und
traf den König von Israel zwischen den Tragbän-
dern und dem Panzer. Dieser befahl daher seinem
Wagenlenker: »Wende um und bringe mich aus der
Schlacht; denn ich bin verwundet!« 35 Da aber der
Kampf an jenem Tage immer heftiger wurde, blieb
der König den Aramäern gegenüber aufrecht in sei-
nem Wagen stehen. Am Abend starb er, und das
Blut seiner Wunde hatte sich in die Wagenausbuch-
tung ergossen. 36 Als die Sonne unterging, erscholl
durch das Lager der Ruf: »Jeder in seine Stadt, jeder
in sein Land!« 37 So starb der König und kam nach
Samaria, wo man ihn begrub. 38 Als man am Teich
von Samaria den Wagen wusch, leckten die Hunde
sein Blut, und die Dirnen wuschen sich darin nach
dem Wort, das der Herr gesprochen hatte. 39 Die
übrigen Taten Achabs und all sein Wirken, der Bau
des Elfenbeinhauses, den er unternommen, die Be-
festigung der Städte, die er ausführte, das alles ist
aufgeschrieben in der Chronik der Könige von Is-
rael. 40 Achab entschlief zu seinen Vätern, und sein
Sohn Achasja folgte ihm in der Königsherrschaft.

Josaphat von Juda (874–849)

41 Josaphat, der Sohn Asas, begann im vierten Jahr
des Königs Achab über Juda zu herrschen. 42 Josa-
phat war fünfunddreißig Jahre alt, als er König
wurde, und regierte fünfundzwanzig Jahre in Jeru-
salem. Der Name seiner Mutter war Asuba; sie war
die Tochter des Schilchi. 43 Er wandelte ganz auf
den Pfaden seines Vaters Asa und wich nicht davon
ab, sondern tat, was dem Herrn gefiel. 44 Nur die
Höhen wurden nicht abgeschafft, sondern das Volk
opferte und räucherte noch auf den Höhen. 45 Josa-
phat unterhielt mit dem König von Israel friedliche
Beziehungen. 46 Die übrigen Taten Josaphats, die
Siege, die er errang, und wie er Krieg führte, das
alles ist aufgeschrieben in der Chronik der Könige
von Juda. 47 Den Rest an religiöser Unzucht, der in
den Tagen seines Vaters Asa übriggeblieben war,
beseitigte er aus dem Lande. 48 In Edom war kein
eigener König, sondern ein königlicher Statthalter.
49 Josaphat baute Tarsisschiffe, die nach Ophir fah-
ren sollten, um Gold zu holen. Doch man lief nicht
aus; denn es gab Schiffbruch bei Ezjongeber. 50 Da-
mals sagte Achasja, der Sohn Achabs, zu Josaphat:
»Meine Leute sollen mit deinen Leuten auf den
Schiffen fahren!« Aber Josaphat stimmte nicht zu.
51 Josaphat entschlief zu seinen Ahnen und wurde
bei seinen Vätern in der Stadt seines Vaters David
begraben. Sein Sohn Joram folgte ihm in der
Königsherrschaft.

Achasja von Israel (854–853)

52 Achasja, der Sohn Achabs, trat im siebzehnten
Jahre des Königs Josaphat von Juda in Samaria die
Herrschaft über Israel an. Er regierte zwei Jahre lang
über Israel. 53 Er tat, was dem Herrn mißfiel, und
wandelte auf den Pfaden seines Vaters und seiner
Mutter und auf dem Wege Jerobeams, des Sohnes
Nebats, der Israel zur Sünde verführte. 54 Er diente
dem Baal und betete ihn an. So beleidigte er den
Herrn, den Gott Israels, ganz wie sein Vater getan
hatte.

ZWEITES BUCH DER KÖNIGE

Nach dem Tode des Achab wurde Moab von Israel abtrünnig. [2] Achasja war durch das Gitter seines Obergemachs in Samaria gefallen und wurde leidend. Er schickte Boten ab mit der Weisung: »Geht hin und fragt den Baal-Sebub, den Gott von Ekron, ob ich von dieser Krankheit genesen werde.« [3] Doch der Engel des Herrn sprach zu Elias aus Tisbe: »Mache dich auf, gehe den Boten des Königs von Samaria entgegen und sage ihnen: Gibt es denn keinen Gott in Israel, daß ihr hingehen müßt, den Baal-Sebub, den Gott von Ekron, zu befragen? [4] Darum spricht der Herr: Von der Lagerstatt, die du bestiegen hast, sollst du nicht mehr aufstehen; denn du mußt bestimmt sterben.« Dann ging Elias fort. [5] Die Boten kehrten zum König zurück, und er fragte sie: »Wieso seid ihr schon wieder da?« [6] Sie entgegneten ihm: »Ein Mann kam herauf, uns entgegen, und sprach zu uns: ›Geht, kehrt zum König zurück, der euch geschickt hat, und sagt ihm: So spricht der Herr: Gibt es wohl keinen Gott in Israel, daß du hinschickst, um Baal-Sebub, den Gott von Ekron, zu befragen? Darum sollst du von der Lagerstatt, die du bestiegen hast, nicht mehr aufstehen; denn du mußt bestimmt sterben.‹« [7] Da fragte er sie: »Wie sah der Mann aus, der euch entgegenkam und diese Worte zu euch sprach?« [8] Sie entgegneten ihm: »Es war ein Mann mit einem härenen Mantel; er trug einen Ledergürtel um seine Hüften.« Da sagte er: »Das war Elias aus Tisbe.«

Feuer vom Himmel verzehrt die Abgesandten des Königs

[9] Er sandte einen Obersten über Fünfzig mit seinen fünfzig Männern zu ihm. Dieser stieg hinauf zu Elias, der auf dem Gipfel des Berges weilte, und forderte ihn auf: »Mann Gottes, der König befiehlt: Komm herab!« [10] Elias antwortete: »Bin ich ein Mann Gottes, so falle Feuer vom Himmel und verzehre dich und deine Fünfzig!« Da fiel Feuer vom Himmel und verzehrte ihn und seine fünfzig Männer. [11] Darauf sandte der König wieder einen anderen Obersten über Fünfzig mit seinen fünfzig Männern zu ihm. Dieser sprach zu Elias: »Mann Gottes, so gebietet der König: Komm schleunigst herab!« [12] Elias entgegnete ihnen: »Bin ich ein Mann Gottes, so falle Feuer vom Himmel und verzehre dich und deine Fünfzig!« Da fiel Feuer vom Himmel und verzehrte ihn und seine fünfzig Männer. [13] Nun sandte der König erneut den Obersten einer dritten Fünfzigschaft mit seinen fünfzig Männern aus. Dieser dritte Oberst kam hinauf, kniete vor Elias nieder, flehte ihn an und sprach zu ihm: »Mann Gottes! Möchte doch mein Leben und das Leben deiner Knechte, dieser Fünfzig, kostbar sein in deinen Augen! [14] Siehe, Feuer ist vom Himmel gefallen und hat die beiden ersten Obersten mit ihren fünfzig Männern verzehrt. Möchte doch mein Leben kostbar in deinen Augen sein!«

Achasjas Tod

[15] Der Engel des Herrn sprach zu Elias: »Gehe mit ihm hinab, fürchte dich nicht vor jenem!« Da stand er auf und ging mit ihm zum König. [16] Er verkündete ihm: »So spricht der Herr: Du hast Boten abgesandt, um Baal-Sebub, den Gott von Ekron, zu befragen! Gibt es denn keinen Gott in Israel, dessen Ausspruch man einholen könnte? Eben darum wirst du vom Bett, das du bestiegen hast, nicht mehr aufstehen, sondern wirst bestimmt sterben.« [17] So starb er denn nach dem Wort des Herrn, das Elias verkündet hatte. Sein Bruder Joram folgte ihm in der Königsherrschaft im zweiten Jahr Jorams, des Sohnes Josaphats, des Königs von Juda; denn er hatte keinen Sohn. [18] Die übrigen Taten Achasjas und all sein Wirken sind aufgeschrieben in der Chronik der Könige von Israel.

1,2–16: Baal-Sebub übersetzt man heute gewöhnlich mit »Herr der Feindschaft«. Die Wortform, die wir im NT lesen (Beelzebul), hat kaum etwas mit dieser Heilgottheit der Philister zu tun. Matth 10,25 ist der Fürst der Dämonen gemeint. Man übersetzt dieses ntl. Wort meist mit »Herr der Wohnung«. Gedacht ist dabei an die Wohnung, die der Dämonenfürst in Besessenen aufschlägt. Bei den vorisraelitischen Kanaanäern scheint man an die Himmelswohnung in der Höhe gedacht zu haben. Es handelt sich hier also um eine der Erscheinungsformen des Baal. – Das Verwerfliche an Achasjas Vergehen ist, daß er sich dem Gott der Philister zuwendet und Jahwe, den Gott Israels, übergeht, als gäbe es ihn nicht. In diesem Abschnitt hören wir auch vom Bestrafen schuldloser Menschen, obwohl doch hier der König das Verbrechen begangen hat. Dabei ist zu beachten, das jene Zeit von der Existenz einer »Kollektivschuld« fest überzeugt war. Der König war das Haupt einer Gemeinschaft; seine Sünden waren auch Sünden seiner Untertanen. Nur wer sich ausdrücklich lossagte, blieb frei von Strafe.

Entrückung des Elias: Er stieg im Sturm zum Himmel empor

2 1 Als der Herr den Elias im Sturm in den Him-
mel entrücken wollte, da gingen Elias und
Elisäus von Gilgal weg. 2 Elias bat den Elisäus:
»Bleibe hier; denn der Herr hat mich nach Betel ge-
sandt!« Doch Elisäus entgegnete: »So wahr der Herr
lebt, und so wahr du lebst, auf keinen Fall verlasse
ich dich!« Sie stiegen also hinab nach Betel. 3 Da ka-
men die Prophetenjünger, die in Betel waren, zu
Elisäus heraus und fragten ihn: »Weißt du, daß der
Herr heute deinen Meister über dein Haupt hinweg
entrücken wird?« Er antwortete: »Ja, auch ich weiß
es; doch schweigt nur still!« 4 Elias aber bat ihn:
»Elisäus, bleibe hier; denn der Herr hat mich nach
Jericho gesandt.« Doch dieser entgegnete: »So wahr
der Herr lebt und so wahr du lebst, auf keinen Fall
verlasse ich dich!« Sie kamen also nach Jericho.
5 Die Prophetenjünger, die in Jericho waren, traten
zu Elisäus heran und fragten ihn: »Weißt du, daß
der Herr heute deinen Meister über dein Haupt hin-
weg in den Himmel entrücken wird?« Dieser ant-
wortete: »Ja, auch ich weiß es; doch schweigt nur
still!« 6 Elias aber bat ihn: »Bleibe hier; denn der Herr
hat mich an den Jordan gesandt.« Doch er entgeg-
nete: »So wahr der Herr lebt, und so wahr du lebst,
ich verlasse dich nicht!« So schritten beide mitein-
ander fort. 7 Fünfzig von den Prophetenjüngern
folgten ihnen. Sie blieben abseits von ferne stehen.
Die beiden aber traten an den Jordan.

8 Elias nahm seinen Mantel, rollte ihn zusammen
und schlug auf das Wasser. Es teilte sich nach zwei
Seiten, und beide schritten durch das trockene Fluß-
bett. 9 Als sie drüben angekommen waren, sagte
Elias zu Elisäus: »Verlange, was ich dir tun soll, be-
vor ich von dir entrückt werde!« Elisäus antwortete:
»Mögen doch von deinem Geiste zwei Erbteile mir
zufallen!« 10 Elias entgegnete: »Du hast Schweres
erbeten. Wenn du siehst, wie ich von dir entrückt
werde, wird es dir zuteil, andernfalls aber nicht.«
11 Während sie noch miteinander gingen und spra-
chen, erschien ein feuriger Wagen mit feurigen Pfer-
den und trennte beide. Elias stieg im Sturm zum
Himmel empor. 12 Elisäus sah es und schrie: »Mein
Vater, mein Vater! Wagen Israels und sein Lenker!«
Dann sah er ihn nicht mehr. Er faßte seine Kleider
und zerriß sie in zwei Stücke.

13 Dann hob er den Mantel des Elias auf, der herun-
tergefallen war, kehrte um und trat an das Ufer des
Jordans. 14 Er nahm den Mantel, der Elias entfallen
war, schlug auf das Wasser und rief: »Wo ist der
Herr, der Gott des Elias?« Sobald nun auch er auf
das Wasser schlug, teilte es sich nach beiden Seiten,
und Elisäus konnte hinüberschreiten. 15 Die Prophe-
tenjünger aus Jericho, die abseits standen, erblick-
ten ihn und sagten: »Der Geist des Elias ruht auf
Elisäus.« Sie kamen ihm entgegen und warfen sich
vor ihm auf die Erde nieder. 16 Dann sprachen sie zu
ihm: »Siehe, unter deinen Knechten sind fünfzig
starke Männer. Sie sollen hingehen und deinen
Meister suchen; es könnte ihn ja der Geist des
Herrn ergriffen und auf einen der Berge oder in
eines der Täler niedergelassen haben.« Doch er
lehnte es ab, jemanden hinzuschicken. 17 Sie dran-
gen aber unablässig in ihn. Da sagte er endlich: »So
schickt denn hin!« Man sandte fünfzig Männer aus,
die drei Tage lang suchten; doch sie fanden ihn
nicht. 18 Sie kehrten also zu ihm zurück. Er hielt sich
noch in Jericho auf und sprach zu ihnen: »Habe ich
euch nicht gesagt, ihr sollt nicht hingehen?«

Wasserwunder

19 Da sprachen die Männer der Stadt zu Elisäus:
»Gewiß, die Stadt hat eine angenehme Lage, wie
unser Herr selbst sieht. Doch das Wasser ist
schlecht, und das Land hat Fehlgeburten.« 20 Er be-
fahl: »Bringt mir ein neues Gefäß und legt Salz hin-
ein!« Man holte es ihm. 21 Er ging an die Wasser-
quelle und warf Salz hinein, wobei er die Worte
sprach: »So spricht der Herr: Ich mache dieses Was-
ser gesund; Tod und Fehlgeburten sollen nicht mehr
daraus hervorgehen!« 22 So wurde das Wasser ge-
sund bis auf den heutigen Tag nach dem Wort, das
Elisäus gesprochen hatte. 23 Von dort ging er nach
Betel. Während er den Weg hinaufstieg, kamen
kleine Knaben aus der Stadt und verspotteten ihn.
Sie riefen ihm zu: »Kahlkopf, Kahlkopf, steig hin-
auf!« 24 Er wandte sich um, sah sie und verwünschte
sie im Namen des Herrn. Da kamen zwei Bären aus
dem nahen Wald und zerrissen zweiundvierzig von
den Kindern. 25 Von dort begab er sich zum Berg
Karmel und kehrte von da nach Samaria zurück.

2,11–12: Bei derartigen Schauwundern ist mit frommen Ausschmückungen einer späteren Zeit zu rechnen.

Joram von Israel (853–842)

3 1 Joram, der Sohn Achabs, wurde im 18. Jahr
des Königs Josaphat von Jerusalem König von
Israel in Samaria. Er regierte zwölf Jahre lang.
2 Er tat, was dem Herrn mißfiel, doch nicht so wie
sein Vater und seine Mutter. Er entfernte den Wei-
hestein des Baal, den sein Vater errichtet hatte.
3 Nur an der Sünde Jerobeams, des Nebatsohnes,
der Israel verführt hatte, hielt er fest und ließ nicht
von ihr.

Feldzug gegen Mescha von Moab

4 Mescha, der König von Moab, betrieb Schafzucht
und lieferte dem König von Israel als Tribut hun-
derttausend Lämmer und hunderttausend unge-
schorene Widder. 5 Nach dem Tode Achabs aber fiel
der König von Moab vom König Israels ab. 6 Der
König Joram rückte zu dieser Zeit von Samaria aus
und musterte ganz Israel. 7 Er ging hin und ließ dem
König von Juda sagen: »Der König von Moab ist mir
untreu geworden. Willst du mit mir gegen Moab in
den Krieg ziehen?« Dieser antwortete: »Ich will
ausziehen wie du, meine Leute wie deine Leute,
meine Rosse wie deine Rosse.« 8 Dann ließ er fra-
gen: »Auf welchem Weg sollen wir vorrücken?«
Dieser entgegnete: »Auf dem Weg durch die Steppe
Edom.« 9 Der König von Israel, der König von Juda
und der König von Edom rückten nun aus. Sie hat-
ten einen Marsch von sieben Tagen gemacht, als es
dem Heer und dem Vieh, das nachzog, an Wasser
fehlte. 10 Der König von Israel klagte: »O weh, her-
beigerufen hat der Herr die drei Könige, um sie der
Gewalt der Moabiter zu übergeben.«

11 Josaphat aber fragte: »Ist kein Prophet des Herrn
hier? Wir wollen den Herrn durch ihn befragen.«
Ein Knecht des Königs von Israel entgegnete: »Hier
ist Elisäus, der Sohn Schaphats, der dem Elias (als
Diener) Wasser über die Hände gegossen hat.« 12 Da
rief Josaphat aus: »Bei ihm ist das Wort des Herrn
zu finden.« Der König von Israel und Josaphat und
der König von Edom gingen zu Elisäus hinab.
13 Elisäus aber sprach zum König von Israel: »Was
habe ich denn mit dir zu tun? Geh zu den Prophe-
ten deines Vaters und deiner Mutter!« Doch der
König von Israel antwortete ihm: »Nicht doch!
Denn der Herr hat diese drei Könige gerufen, um sie
in die Gewalt der Moabiter zu geben.« 14 Elisäus
entgegnete: »So wahr der Herr der Heerscharen
lebt, vor dessen Angesicht ich stehe, wenn ich nicht
auf Josaphat, den König von Juda, Rücksicht neh-
men würde, auf dich würde ich nicht sehen und
dich nicht beachten! 15 Holt mir einen Saitenspie-
ler!«

Als der Spielmann die Saiten schlug, kam die Hand
des Herrn über jenen. 16 Er verkündete: »So spricht
der Herr: Man hebe in diesem Tale Gruben aus, eine
an der anderen! 17 Denn so spricht der Herr: Ihr wer-
det weder Wind noch Regen spüren; doch dieses
Tal wird sich mit Wasser füllen, und ihr werdet trin-
ken mit eurem Vieh und euren Herden. 18 Jedoch
dem Herrn ist das noch nicht genug! Er gibt in eure
Hand auch Moab! 19 Erobern werdet ihr alle befe-
stigten Städte, alle nützlichen Bäume sollt ihr fällen,
alle Wasserquellen verstopfen und alles gute Acker-
land mit Steinen verderben!« 20 Am Morgen nun, da
man das Speiseopfer darzubringen pflegt, kam
plötzlich Wasser von Edom her, und das ganze
Gelände füllte sich damit.

Moabs Niederlage

21 Als ganz Moab vernahm, daß die Könige zum
Kriege wider sie ausgezogen seien, ließen sich alle
Männer im waffenfähigen Alter und darüber auf-
bieten. Sie stellten sich an der Grenze auf. 22 In der
Frühe des Morgens aber, als die Sonne über dem
Wasser aufging, sahen die Moabiter das Wasser
drüben rot wie Blut. 23 Sie sagten: »Das ist Blut! Die
Könige haben sich gegenseitig mit dem Schwert
vernichtet und geschlagen. Jetzt heran an die Beute,
Moab!« 24 Als sie aber an das Lager der Israeliten ka-
men, erhoben sich diese und schlugen die Moabiter,
die vor ihnen flohen. Sie rückten nach und schlugen
Moab ohne Unterlaß. 25 Sie zerstörten die Städte
und warfen auf alles gute Ackerland Steine, bis es
verschüttet war. Man verstopfte alle Wasserquellen
und hieb alle nützlichen Bäume um, bis nur noch
ihre Kampfscharen in Kir-Chareset übrig waren.
Die Schleuderer umzingelten die Stadt und bewar-
fen sie. 26 Als der König von Moab sah, daß der An-
griff ihm zu heftig wurde, nahm er siebenhundert
schwerbewaffnete Männer mit sich, um zum König
von Edom durchzubrechen. Sie vermochten es je-
doch nicht. 27 Nun nahm er seinen erstgeborenen
Sohn, der ihm in der Königsherrschaft folgen sollte,
und brachte ihn auf der Mauer als Brandopfer dar.
Da kam ein gewaltiger Zorn über Israel; sie ließen
von ihm ab und kehrten wieder in ihr Land zurück.

Der Ölkrug der Witwe

4 1 Eine von den Frauen der Prophetenjünger
rief Elisäus an: »Dein Knecht, mein Mann, ist
tot. Du weißt ja, daß er ein Verehrer des
Herrn war. Nun kommt der Gläubiger, um sich
meine beiden Söhne als Sklaven zu holen.« 2 Elisäus
fragte sie: »Was soll ich für dich tun? Sage mir, was
du zu Hause hast!« Sie antwortete: »Deine Magd
hat nichts anderes zu Hause als einen Krug« 3 Da
sprach er: »Geh hin und erbitte dir Gefäße von all
deinen Nachbarn im Umkreis, leere Gefäße, und
zwar nicht wenige! 4 Dann geh heim, schließe die
Türe hinter dir und deinen Söhnen und gieße in all
diese Gefäße Öl! Sind sie voll, so stelle sie weg!«
5 Sie ging von ihm fort und schloß die Türe hinter
sich und ihren Söhnen zu. Diese reichten ihr hin,
und sie goß ein. 6 Sobald die Gefäße voll waren,
sprach sie zu ihrem Sohn: »Reiche mir noch ein Ge-

fäß!« Doch er antwortete ihr: »Es ist keines mehr
da.« Da stand der Ölfluß still. 7 Nun ging sie hin und
erzählte es dem Manne Gottes. Dieser aber sprach:
»Verkaufe das Öl und bezahle deine Schulden! Vom
übrigen kannst du mit deinen Söhnen leben.«

Die Frau aus Sunem

8 Eines Tages ging Elisäus nach Sunem hinüber.
Dort lebte eine vornehme Frau, die ihn zum Essen
einlud. Sooft er vorbeikam, kehrte er dort zum Es-
sen ein. 9 Da sagte sie zu ihrem Mann: »Ich weiß,
daß der, der immer bei uns einkehrt, ein heiliger
Gottesmann ist. 10 Wir wollen ein kleines, gemauer-
tes Obergemach einrichten und ihm dort Lager-
stätte, Tisch, Stuhl und Leuchter hineinstellen.
Wenn er dann zu uns kommt, kann er sich dorthin
zurückziehen!« 11 Als er eines Tages wieder dort
einkehrte, begab er sich in das Obergemach und
legte sich darin zur Ruhe. 12 Dann befahl er seinem
Diener Gechasi: »Rufe diese Sunamitin!« Er holte
sie, und sie trat zu ihm hin. 13 Da sagte er zu
Gechasi: »Sprich zu ihr: Du hast dich um uns so auf-
merksam bemüht. Was können wir für dich tun?
Sollen wir für dich beim König oder beim Hee-
resobersten ein gutes Wort einlegen?« Sie antwor-
tete: »Ich wohne ja geborgen inmitten meiner
Leute.« 14 Er fragte weiter: »Was könnte man sonst
für sie tun?« Gechasi erwiderte: »Ach, sie hat kei-
nen Sohn, und ihr Mann ist alt.« 15 Da sprach er:
»Rufe sie her!« Er rief sie, und sie trat unter die Türe.
16 Nun sagte er: »Übers Jahr um diese Zeit wirst du
einen Sohn umarmen.« Sie entgegnete: »Ach nein,
Herr, du Mann Gottes, täusche doch deiner Magd
nichts vor!« 17 Die Frau aber empfing und gebar
übers Jahr einen Sohn zu der Zeit, die Elisäus ihr an-
gegeben hatte.

Tod des Sohnes

18 Der Knabe wuchs heran und ging eines Tages zu
seinem Vater hinaus zu den Schnittern. 19 Er klagte
seinem Vater: »Mein Kopf, mein Kopf!« Dieser be-
fahl einem Burschen, den Knaben zu seiner Mutter
zu tragen. 20 Der Knecht hob ihn auf und brachte
ihn zu seiner Mutter. Das Kind saß dann auf ihren
Knien bis zum Mittag. Dann starb es. 21 Sie stieg
nun hinauf, legte den Toten auf die Lagerstätte des
Gottesmannes, schloß die Türe ab und ging hin-
weg. 22 Sie rief ihren Mann und bat ihn: »Schicke
mir einen von den Knechten mit einer Eselin! Ich
will schnell zum Gottesmann gehen und werde
sofort wieder zurückkommen.« 23 Er fragte sie:
»Warum willst du denn heute zu ihm hin? Es ist
doch kein Neumond oder Sabbat.« Sie aber sagte
nur: »Lebe wohl!« 24 Sie sattelte dann die Eselin
und befahl ihrem Knecht: »Treibe nur tüchtig an
und halte mich beim Reiten nicht auf, es sei denn,
daß ich es dir sage!« 25 Sie zog weg und kam zum
Gottesmann auf den Berg Karmel. Der Gottesmann
sah sie von ferne und sagte zu seinem Diener
Gechasi: »Siehe, die Sunamitin ist da. 26 Lauf ihr
entgegen und frage sie: Geht es dir gut? Geht es dei-
nem Mann und deinem Knaben gut?« Sie antwor-
tete: »Ja.« 27 Sie kam dann zum Mann Gottes auf
den Berg Karmel und umklammerte seine Füße.
Gechasi trat hinzu, um sie wegzustoßen. Der
Gottesmann aber sprach: »Laß sie gewähren; ihre
Seele ist betrübt, doch der Herr hat es mir verbor-
gen und mir nicht angezeigt.« 28 Darauf sprach sie:
»Habe ich denn meinen Herrn um einen Sohn ge-
beten? Habe ich nicht ausdrücklich gesagt: ›Mache
mir keine falschen Hoffnungen!‹?«

Elisäus beim toten Knaben

29 Danach befahl er Gechasi: »Gürte deine Lenden,
nimm meinen Stab zur Hand und geh hin! Wenn du
jemandem begegnest, so grüße ihn nicht, und wenn
dich jemand grüßt, so antworte ihm nicht! Lege
dann meinen Stab an das Antlitz des Knaben!«
30 Die Mutter des Knaben aber beteuerte: »So wahr
der Herr lebt, und so wahr du lebst, ich verlasse
dich nicht!« Da erhob er sich und folgte ihr nach.
31 Gechasi war ihnen schon vorausgegangen und
hatte den Stab auf den Knaben gelegt. Doch es war
kein Laut und kein Lebenszeichen erfolgt. Er kehrte
also um und meldete ihm: »Der Knabe ist nicht auf-
gewacht.« 32 Elisäus kam in das Haus und fand den
Knaben tot auf seiner Lagerstatt liegen. 33 Er ging
hinein, schloß die Tür hinter ihnen beiden zu und
betete zum Herrn. 34 Dann stieg er hinauf und legte
sich auf den Knaben. Er legte seinen Mund auf des
Knaben Mund, die Augen auf dessen Augen und die
Hände auf seine Hände. Er streckte sich also über
ihn aus, und der Leib des Knaben wurde warm.
35 Danach trat er zurück, ging im Haus einmal auf
und ab, stieg wieder zu ihm hinauf und streckte
sich über ihn aus. Da nieste der Knabe siebenmal
und schlug seine Augen auf. 36 Elisäus rief Gechasi
und gebot ihm, nach der Sunamitin zu rufen. Die-
ser holte sie, und als sie zu ihm kam, sagte er:
»Nimm deinen Sohn!« 37 Sie trat heran, fiel ihm zu
Füßen und verneigte sich zur Erde. Dann nahm sie
ihren Sohn und ging hinaus.

Der Tod im Kochtopf

38 Elisäus kehrte nach Gilgal zurück. Eine Hungers-
not herrschte im Land. Als die Prophetenjünger vor
ihm saßen, befahl er seinem Diener: »Setze den
großen Topf auf und koche ein Gericht für die Pro-

phetenjünger!« 39 Einer von ihnen ging auf das Feld hinaus, um Kräuter zu sammeln. Er fand wilde Ranken und pflückte davon Koloquinten, seinen ganzen Mantel voll. Dann kam er und schnitt sie in den Kochtopf. Man kannte sie nämlich nicht. 40 Man setzte sie nun den Männern vor. Sie aßen von der Speise, schrieen auf und riefen: »Der Tod ist im Topf, Mann Gottes!« Und sie konnten nichts essen. 41 Da gebot er: »Bringt Mehl herbei!« Er warf es in den Topf und sagte: »Setzt es nun den Leuten zum Essen vor!« Jetzt war nichts Schädliches mehr im Kochtopf.

Brotvermehrung

42 Einst kam ein Mann von Baal-Schalischa und brachte dem Gottesmann in seinem Brotbeutel Brot aus Erstlingsfrüchten. Es waren zwanzig Brote von Gerste und dazu Jungkorn. Elisäus befahl: »Gib es den Leuten zu essen!« 43 Doch sein Diener erwiderte: »Wie soll ich das hundert Leuten vorsetzen?« Er aber wiederholte: »Gib es den Leuten zu essen; denn also spricht der Herr: Essen wird man und noch übriglassen!« 44 Er setzte es ihnen vor. Sie aßen und ließen noch übrig, wie der Herr gesagt hatte.

Naaman

5 1 Naaman, der Feldherr des Aramäerkönigs, war bei seinem Herrn geschätzt und angesehen; denn durch ihn hatte der Herr den Aramäern Sieg verliehen. Der Mann war ein großer Kriegsheld, jedoch aussätzig. 2 Nun waren die Aramäer in Streifzügen ausgezogen und hatten aus dem Land Israel ein junges Mädchen gefangen weggeführt. Es kam in den Dienst der Frau des Naaman. 3 Es sprach zu seiner Herrin: »Wäre doch mein Herr beim Propheten in Samaria! Der könnte ihn von seinem Aussatz freimachen.« 4 Naaman ging hin und meldete es seinem obersten Herrn: »So und so hat das Mädchen aus dem Lande Israel geredet.« 5 Der König von Aram erwiderte: »Wohlan, ziehe hin! Ich gebe dir einen Brief an den König von Israel mit.« So ging er hin und nahm zehn Talente Silber, sechstausend Sekel Gold und zehn Festkleider mit. 6 Er brachte dem König von Israel den Brief, der folgenden Inhalt hatte: »Wenn hiermit dieser Brief dich erreicht, so wisse: Ich habe zu dir meinen Knecht Naaman gesandt, damit du ihn von seinem Aussatz befreist.« 7 Der König von Israel las den Brief. Da zerriß er seine Kleider und rief aus: »Bin ich denn ein Gott, der töten und zum Leben erwecken kann? Dieser schickt zu mir, um einen Menschen von seinem Aussatz zu reinigen. Erkennt doch und seht, daß er nur einen Streitfall mit mir sucht!«

Die Heilung

8 Als Elisäus, der Gottesmann, hörte, daß der König von Israel seine Kleider zerrissen habe, ließ er dem König sagen: »Warum hast du denn deine Kleider zerrissen? Er komme zu mir und erfahre, daß es einen Propheten in Israel gibt!« 9 Naaman kam mit seinen Pferden und seinen Wagen und hielt vor der Haustüre des Elisäus an. 10 Elisäus schickte einen Boten zu ihm mit der Anweisung: »Gehe hin und wasche dich siebenmal im Jordan! Dann wird dein Leib genesen und wieder rein werden.« 11 Naaman war darüber mißmutig und sagte, als er fortging: »Ich habe mir vorgestellt, er würde sicher herauskommen, herantreten und den Namen des Herrn, seines Gottes, anrufen, seine Hand über die Stelle bewegen und so den Aussatz entfernen. 12 Sind denn Abana und Parpar, die Flüsse von Damaskus, nicht besser als alle Wasser Israels? Kann ich mich nicht in ihnen waschen und so rein werden?« Er wandte sich um und ging grollend davon.

13 Da traten seine Diener heran und redeten ihm zu. Sie sprachen: »Wenn der Prophet etwas Schweres von dir verlangt hätte, würdest du es nicht ausführen? Wieviel mehr, da er zu dir nur sagte: Wasche dich, so wirst du rein!« 14 Nun ging er hinab, und als er sich siebenmal nach der Weisung des Gottesmannes im Jordan untergetaucht hatte, wurde sein Leib gesund wie der Leib eines kleinen Knaben; er war rein.

Naamans Geschenke

15 Nun kehrte er mit allen seinen Gefolgsleuten zum Gottesmann zurück. Er kam, trat vor ihn hin und sprach: »Siehe, ich habe erkannt, daß es auf der ganzen Erde keinen Gott gibt außer in Israel. Nunmehr nimm ein Dankesgeschenk von deinem Knecht an!« 16 Er antwortete: »So wahr der Herr lebt, in dessen Dienst ich stehe, ich nehme nichts!« Auch als jener ihn zur Annahme drängte, weigerte er sich. 17 Da antwortete Naaman: »So möge man, bitte, deinem Knecht eine Last Erde mitgeben, soviel zwei Maultiere tragen können; denn dein Knecht wird keinen anderen Göttern mehr Brand- und Schlachtopfer darbringen, sondern nur dem Herrn. 18 Nur dies möge der Herr deinem Knecht noch nachsehen: Kommt mein königlicher Gebieter zur Anbetung in den Tempel Rimmons, und stützt er sich dabei auf meinen Arm, so muß ich mich im Tempel Rimmons auch niederwerfen, während er sich dort zu Boden wirft. Das nur verzeihe der Herr deinem Knecht!« 19 Elisäus antwortete ihm: »Gehe hin in Frieden.«

Als er eine Strecke weit seines Weges dahingezogen war, 20 fiel dem Gechasi, dem Diener des Gottesmannes Elisäus, ein: »Mein Herr hat diesen Aramäer Naaman geschont und nichts von dem, was er mitgebracht hat, angenommen. So wahr der Herr lebt, ich will ihm nachlaufen und mir von ihm etwas geben lassen!« 21 Gechasi lief also Naaman nach; Naaman merkte, wie er hinter ihm herlief, beugte sich zu ihm vom Wagen herab und stellte die Frage: »Ist alles in Ordnung?« 22 Gechasi antwortete: »Ja! Mein Herr läßt dir sagen: ›Es sind soeben zu mir vom Gebirge Ephraim zwei junge Leute von den Prophetenschülern hergekommen. Gib ihnen doch ein Talent Silber und zwei Festkleider!‹« 23 Naaman entgegnete: »Bitte, nimm doch zwei Talente!« Er nötigte ihn also, band zwei Talente Silber in zwei Beutel, tat zwei Festkleider dazu und übergab sie zwei von seinen Dienern, die sie vor Gechasi hertrugen. 24 Er kam an den Hügel, nahm sie aus ihrer Hand und brachte sie in das Haus. Die Männer aber schickte er ihres Weges fort. 25 Er selbst ging hinein und trat vor seinen Herrn. Elisäus fragte ihn: »Woher kommst du, Gechasi?« Er erwiderte: »Dein Knecht war nicht weggegangen.« 26 Jener antwortete ihm: »Nicht doch! Mein Geist war dir zur Seite, als ein Mann von seinem Gefährt aus sich dir zuwandte. Wohlan, du hast das Geld empfangen, um dafür Kleider, Ölbäume, Weinberge, Schafe, Rinder, Knechte und Mägde zu erwerben. 27 Der Aussatz Naamans soll deshalb an dir und deiner Nachkommenschaft für immer haften!« Gechasi ging fort, vom Aussatz weiß wie Schnee.

5,1–19: Der »Aussatz« des Naaman war vermutlich eine Hautkrankheit, die man eher als Ausschlag bezeichnen könnte, da wirklicher Aussatz Naaman kaum den Feldherrnberuf erlaubt hätte.

Das schwimmende Beil

6 1 Die Prophetenjünger sprachen zu Elisäus: »Sieh doch, der Raum, in dem wir vor dir sitzen, ist für uns zu eng. 2 Wir wollen an den Jordan gehen, und dort soll jeder von uns sich einen Balken holen. Dann wollen wir uns hier einen Raum zimmern, um eine Bleibe zu haben.« Er antwortete: »Geht hin!« 3 Einer aber bat ihn: »Laß dich doch dazu bestimmen, mit deinen Knechten zu gehen!« Er erwiderte: »Gut, ich komme mit.« 4 Da ging er mit ihnen. Sie kamen an den Jordan und fällten die Bäume. 5 Einem aber fiel beim Umhauen des Stammes das Beileisen ins Wasser. Er rief laut: »O weh, Herr, es ist noch dazu geliehen!« 6 Der Gottesmann fragte: »Wohin ist es gefallen?« Jener zeigte ihm die Stelle. Elisäus schnitt ein Stück Holz ab, warf es dorthin und brachte das Eisen zum Schwimmen. 7 Dann sprach er: »Hole es dir heraus!« Jener streckte seine Hand aus und ergriff es.

Die damaszenischen Häscher

8 Der König von Aram hatte einst mit Israel Krieg. Er beriet sich mit seinen Untergebenen, an einem bestimmten Ort einen Hinterhalt zu errichten. 9 Der Gottesmann ließ dem König von Israel mitteilen: »Hüte dich, an jenem Ort vorüberzugehen, denn dort sind Aramäer!« 10 Der König von Israel schickte Späher an den Ort, den der Gottesmann ihm bezeichnet und vor dem er ihn gewarnt hatte. So nahm er sich dort in acht, und das nicht nur einmal oder zweimal. 11 Da wurde der Aramäerkönig unruhig. Er rief seine Diener und fragte sie: »Könnt ihr mir nicht mitteilen, wer von unseren Leuten zum König von Israel steht?« 12 Da antwortete einer von seinen Dienern: »Nein, mein Herr und König! Vielmehr der Prophet Elisäus von Israel teilt dem König von Israel die Reden mit, die du in deinem Schlafgemach führst.« 13 Da befahl er: »Geht hin und schaut, wo er sich aufhält, damit ich hinschicke, ihn zu ergreifen!« Man meldete ihm: »Er befindet sich in Dotan.« 14 Dorthin schickte er Pferde und Wagen und eine starke Abordnung. Sie kamen während der Nacht und umzingelten die Stadt.

15 Als der Diener des Gottesmannes am Morgen aufstand und hinaustrat, hatte die Mannschaft die Stadt umzingelt. Auch Pferde und Wagen waren herangerückt. Da sprach der Diener zu ihm: »Oh weh, Herr, was tun wir jetzt?« 16 Doch dieser antwortete: »Fürchte dich nicht; bei uns sind mehr als bei jenen!« 17 Da betete Elisäus und sprach: »Herr, öffne doch seine Augen, damit er sehe!« Der Herr öffnete dem Diener die Augen, und dieser sah den Berg rings um Elisäus voll von Pferden und Wagen aus Feuer. 18 Als die Aramäer gegen ihn heranrückten, betete Elisäus zum Herrn: »Schlage doch diese Leute mit Verblendung!« Und der Herr schlug sie mit Verblendung, wie Elisäus erfleht hatte. 19 Elisäus sprach sie an: »Dies ist nicht der richtige Weg und nicht die richtige Stadt. Folgt mir! Ich werde euch zu dem Mann hinführen, den ihr sucht.« So führte er sie nach Samaria. 20 Als sie in Samaria angekommen waren, rief Elisäus: »O Herr, öffne ihnen die Augen, damit sie sehen!« Der Herr öffnete ihnen die Augen, und sie sahen, daß sie mitten in Samaria waren. 21 Da der König von Israel ihrer ansichtig wurde, fragte er Elisäus: »Soll ich sie gleich niederschlagen, mein Vater?« 22 Er wehrte ab: »Schlage sie nicht tot! Darfst du Leute erschlagen, die du nicht

mit deinem Schwert oder Bogen erbeutet hast? Gib
ihnen Brot und Wasser, sie sollen essen und trinken
und dann zu ihrem Herrn zurückkehren!« 23 So be-
reitete er ihnen ein großes Festmahl. Sie aßen und
tranken; dann entließ er sie, und sie kehrten zu
ihrem Herrn zurück. Seitdem kamen keine Streit-
scharen der Aramäer mehr in das Land Israel.

Belagerung

24 Später zog Benhadad, der König von Aram, seine
ganze Heeresmacht zusammen, rückte heran und
belagerte Samaria. 25 Es brach eine große Hungers-
not in Samaria aus, weil die Feinde es umschlossen
hielten, so daß ein Eselskopf achtzig Silbersekel
und ein Viertel Kab Weißmehl fünf Silbersekel ko-
steten. 26 Als der König von Israel einmal auf der
Mauer einherging, schrie eine Frau ihn an: »Hilf
doch, mein Herr und König!« 27 Er antwortete:
»Wenn dir der Herr nicht hilft, womit sollte ich dir
helfen können, sei es mit etwas von der Tenne oder
von der Kelter?« 28 Dann fragte sie der König: »Was
fehlt dir?« Sie antwortete: »Eine Frau sagte zu mir:
Gib deinen Sohn her, damit wir ihn heute essen!
Meinen Sohn verzehren wir dann morgen. 29 Wir
kochten meinen Sohn und verzehrten ihn. Am an-
dern Tage sagte ich zu ihr: Gib jetzt deinen Sohn
her, damit wir ihn essen! Sie aber versteckte ihren
Sohn.« 30 Als der König die Worte der Frau hörte,
zerriß er seine Kleider. Und während er auf der
Mauer einherging, sah das Volk, daß er darunter das
Trauergewand auf dem Leibe trug. 31 Er rief aus:
»Gott möge mich strafen, wenn nicht heute noch
Elisäus, der Sohn Schaphats, geköpft wird!«
32 Elisäus weilte gerade in seinem Haus, und die
Ältesten saßen bei ihm. Da sandte der König einen
Mann vor sich her. Ehe aber der Bote bei ihm an-
kam, sagte Elisäus zu den Ältesten: »Seht ihr, daß
dieser Mordbube hergeschickt hat, mir den Kopf
abtrennen zu lassen? Gebt acht! Kommt der Bote,
dann verschließt die Türe und drängt ihn mit der
Türe zurück! Sind nicht schon hinter ihm die Fuß-
tritte seines Herrn vernehmbar?« 33 Als er noch mit
ihnen redete, kam der König schon zu ihm herab
und sprach: »Dieses Unheil ist vom Herrn gekom-
men. Wie kann ich jetzt noch auf den Herrn mein
Vertrauen setzen?«

Verheißung besserer Zeiten

7 1 Elisäus verhieß: »Hört das Wort des Herrn: So
spricht der Herr: Morgen um diese Zeit kostet
am Tor von Samaria ein Maß Weizenmehl
einen Sekel und zwei Maß Gerste ebenfalls einen
Sekel.« 2 Aber der Schildhalter, auf dessen Arm sich
der König stützte, erwiderte dem Gottesmann:
»Und wenn der Herr auch Schleusen am Himmel
anbrächte, könnte dies nicht geschehen.« Elisäus
entgegnete: »Mit deinen eigenen Augen wirst du es
sehen; aber davon essen wirst du nichts.«

Bessere Zeiten

3 Nun waren vier aussätzige Männer außerhalb des
Tores. Sie sprachen zueinander: »Warum sitzen wir
hier, bis wir tot sind? 4 Wenn wir in die Stadt gehen
wollten, so herrscht in ihr Hungersnot, und wir
sterben dort. Bleiben wir aber hier sitzen, sterben
wir auch. Darum kommt, laßt uns in das Lager der
Aramäer überlaufen! Lassen sie uns am Leben, dann
leben wir weiter, töten sie uns, dann sterben wir!«
5 In der Abenddämmerung machten sie sich auf, um
in das Lager der Aramäer hinüberzulaufen. Sie ka-
men in den Bereich des aramäischen Lagers. Dort
aber war niemand zu finden. 6 Der Herr hatte näm-
lich im Lager der Aramäer das Geräusch von Kriegs-
wagen, das Wiehern von Pferden und das Lärmen
einer großen Heeresmacht vernehmen lassen. Da
sagten sie zueinander: »Gewiß hat der König von
Israel die Könige der Hethiter und die Könige von
Ägypten gedungen, uns zu überfallen.« 7 Sie mach-
ten sich also auf und flohen in der Dämmerung. Da-
bei hatten sie ihre Zelte, Pferde und Esel und das
Lager, wie es bestand, im Stich gelassen. Sie waren
geflohen, um ihr Leben zu retten. 8 Als nun jene
Aussätzigen in den Bereich des Lagers gekommen
waren, gingen sie in ein Zelt, aßen und tranken,
nahmen Silber, Gold und Kleider daraus mit, gingen
fort und versteckten sie. Dann kamen sie wieder,
gingen in ein anderes Zelt, machten auch dort ihre
Beute, gingen fort und versteckten sie. 9 Dann aber
sprachen sie zueinander: »Wir handeln nicht recht.
Heute ist ja ein Tag froher Botschaft. Wenn wir dar-
über schweigen und zaudern, bis das Morgenlicht
anbricht, dann machen wir uns schuldig. Darum
auf, wir wollen gehen und es im Palast des Königs
melden!« 10 Sie kamen hin, riefen die Torwächter
der Stadt und berichteten ihnen: »Wir gelangten in
das aramäische Lager. Dort war alles weg, kein
menschlicher Laut war zu hören. Nur die Pferde
und Esel standen angebunden da, und die Zelte
waren, wie man sie verließ.« 11 Die Torwächter
machten Lärm und meldeten es im Innern des
königlichen Palastes. 12 Der König erhob sich noch
in der Nacht und sprach zu seinen Untergebenen:
»Ich will euch erklären, was die Aramäer gegen uns
im Schilde führen. Sie wissen, daß wir Hungersnot
haben. Darum verließen sie das Lager, um sich auf
freiem Feld zu verstecken. Sie denken nämlich:

Kommen sie aus der Stadt, so ergreifen wir sie le-
bendig und können dann in die Stadt eindringen.«
13 Da antwortete einer seiner Diener: »Man nehme
etwa fünf von den übriggebliebenen Pferden, die
noch da sind! Ihnen mag es ergehen wie der ganzen
Menge Israeliten, die schon zugrundegegangen
sind. Schicken wir sie hin und sehen wir nach!«
14 Man nahm also zwei Gespanne Pferde, und der
König sandte sie hinter der Streitmacht der Aramäer
her mit der Weisung: »Zieht hin und späht!« 15 Sie
folgten hinter ihnen her bis zum Jordan. Da war der
Weg völlig mit Kleidern und Waffen bedeckt, wel-
che die Aramäer auf ihrer raschen Flucht wegge-
worfen hatten. Die Boten kehrten zurück und
brachten dem König die Meldung. 16 Nun zog das
Volk hinaus und plünderte das Lager der Aramäer.
So kam es wirklich, daß ein Maß Weizenmehl auf
einen Sekel und zwei Maß Gerste auf einen Sekel
zu stehen kamen, wie der Herr gesagt hatte.
17 Der König erteilte dem Schildhalter, auf dessen
Arm er sich stützte, die Aufsicht über das Tor. Die
Leute aber zertraten diesen im Tor, so daß er starb,
wie der Gottesmann vorausgesagt hatte, der mit
ihm damals sprach, als der König kam. 18 Der Got-
tesmann hatte nämlich zum König gesagt: »Morgen
um diese Zeit werden im Tor von Samaria zwei
Maß Gerste einen Sekel und ein Maß Weizenmehl
ebenfalls einen Sekel kosten.« 19 Da hatte der
Schildhalter dem Gottesmann geantwortet: »Und
wenn der Herr auch Schleusen am Himmel an-
brächte, könnte dies nicht geschehen.« Elisäus aber
hatte entgegnet: »Mit deinen eigenen Augen wirst
du es sehen; aber davon essen wirst du nichts.« 20 So
geschah es ihm. Die Leute zertraten ihn im Tor, so
daß er starb.

Nochmals die Sunamitin

8 1 Eines Tages sprach Elisäus zu der Frau, deren
Sohn er das Leben wiedergeschenkt: »Mache
dich auf, ziehe mit deinen Hausangehörigen
fort und verweile irgendwo in der Fremde; denn der
Herr hat eine Hungersnot verhängt!« Sie kam tat-
sächlich über das Land sieben Jahre lang. 2 Die Frau
machte sich auf den Weg und handelte nach der
Weisung des Gottesmannes. Sie ging mit ihrer
Familie fort und verweilte sieben Jahre als Fremde
im Philisterland. 3 Nach Ablauf der sieben Jahre
kehrte die Frau aus dem Land der Philister heim und
ging hin, um den König wegen ihres Hauses und
Grundstückes anzurufen. 4 Der König sprach gerade
zu Gechasi, dem Diener des Gottesmannes: »Er-
zähle mir doch alle Großtaten, die Elisäus voll-
bracht hat!« 5 Er war dabei, dem König vorzutragen,
wie er den Toten lebendig gemacht, als die Frau ein-
trat, deren Sohn zum Leben erweckt worden war.
Sie wollte den König wegen ihres Hauses und
Grundstückes anrufen. Gechasi sprach: »Mein Herr
und König, das ist die Frau und das ihr Sohn, den
Elisäus erweckt hat.« 6 Der König forderte die Frau
auf, und sie erzählte ihm alles. Danach gab der
König ihr einen Hofbeamten mit, dem er befahl:
»Verschaffe ihr alles wieder, was ihr gehört, auch
den gesamten Ertrag ihres Grundstücks von dem
Tag an, da sie das Land verlassen hat, bis jetzt!«

Thronwechsel in Damaskus

7 Elisäus kam einmal nach Damaskus. Benhadad,
der König von Aram, war erkrankt, und man mel-
dete ihm, daß der Gottesmann dort angekommen
sei. 8 Der König befahl Hasael: »Nimm Geschenke,
gehe dem Gottesmann entgegen und befrage den
Herrn durch ihn, ob ich wohl von dieser Krankheit
genesen werde!« 9 Hasael ging ihm entgegen und
nahm Geschenke mit sich, allerlei Kostbarkeiten
von Damaskus, soviel vierzig Kamele tragen konn-
ten. Er kam, trat vor ihn hin und sprach: »Dein Sohn
Benhadad, der König von Aram, läßt durch mich
fragen, ob er wohl von dieser Krankheit genesen
werde. 10 Elisäus antwortete ihm: »Gehe hin und
sage ihm: ›Du wirst genesen.‹ Doch der Herr hat
mich schauenlassen, daß er sterben muß!« 11 Der
Gottesmann blickte starr vor sich hin, entsetzte sich
aufs äußerste und weinte. 12 Da fragte Hasael:
»Warum weint mein Herr?« Der antwortete: »Ich
weiß, was du den Israeliten Schlimmes antun wirst:
Ihre Festungen wirst du anzünden, ihre jungen
Männer mit dem Schwert töten, ihre Säuglinge zer-
schmettern und ihre schwangeren Frauen aufschlit-
zen.« 13 Hasael entgegnete: »Was ist denn dein
Knecht, der Hund, daß er so Gewaltiges vollbringen
sollte?« Elisäus entgegnete: »Der Herr hat dich mir
als aramäischen König gezeigt.« 14 Dann ging er von
Elisäus fort und kam zu seinem Herrn. Dieser er-
kundigte sich bei ihm: »Was hat denn Elisäus zu dir
gesagt?« Er antwortete: »Er hat mir Bescheid gege-
ben, daß du sicher genesen wirst.« 15 Am andern
Tag nahm er eine Decke, tauchte sie ins Wasser und
breitete sie über sein Gesicht, worauf er starb.
Hasael folgte ihm in der Königsherrschaft.

Joram von Juda (849–842)

16 Im fünften Jahre Jorams, des Sohnes Achabs, des
Königs von Israel, wurde Joram, der Sohn Josa-
phats, König von Juda. 17 Er war zweiunddreißig
Jahre alt, als er König wurde, und regierte acht Jahre
in Jerusalem. 18 Er wandelte auf den Pfaden der

Könige von Israel, wie es das Haus Achab tat; die Tochter Achabs war ja seine Frau, und er tat das, was dem Herrn mißfiel. 19 Doch der Herr wollte Juda um seines Knechtes David willen nicht ins Verderben bringen, dem er doch verheißen hatte, ihm immerdar eine Leuchte vor seinem Antlitz zu verleihen. 20 Zu seiner Zeit fiel Edom von Juda ab. Sie beriefen sich einen eigenen König. 21 Joram zog also mit allen seinen Kriegswagen nach Zoar. Nachts rüstete er sich zum Angriff; aber die Edomiter hatten ihn umzingelt und schlugen ihn samt den Obersten der Kriegswagen. Seine Leute flohen in ihre Heimat. 22 So wurde Edom von Juda abtrünnig bis heute. Damals fiel auch Libna ab. 23 Die übrigen Taten Jorams und all seine Wirksamkeit sind aufgeschrieben in der Chronik der Könige von Juda. 24 Joram entschlief zu seinen Vätern und wurde bei seinen Ahnen in der Davidsstadt begraben. Sein Sohn Achasja ward König an seiner Stelle.

Achasja von Juda (842)

25 Im zwölften Jahr der Regierung Jorams, des Sohnes Achabs, des Königs von Israel, wurde Achasja König, der Sohn des judäischen Königs Joram. 26 Achasja war zweiundzwanzig Jahre alt, als er König wurde, und regierte ein Jahr in Jerusalem. Der Name seiner Mutter war Atalja; sie war eine Enkelin Omris, des Königs von Israel. 27 Er wandelte auf den Pfaden des Hauses Achab und tat, was dem Herrn mißfiel; denn er war mit dem Hause Achab verschwägert. 28 Er zog mit Joram, dem Sohn Achabs, in den Krieg gegen Hasael, den König von Aram, nach Ramot in Gilead. Aber die Aramäer verwundeten Joram. 29 Da kehrte der König Joram heim, um in Jezreel von den Wunden Heilung zu suchen, die ihm die Aramäer in Ramot beigebracht hatten, da er gegen den Aramäerkönig Hasael kämpfte. Achasja, der Sohn Jorams, des judäischen Königs, kam hinab, um Joram, den Sohn Achabs, in Jezreel zu besuchen; denn dieser lag dort verwundet.

8,10: Elisäus ließ dem König von Damaskus die Unwahrheit melden. Geschah es, um ihn zu schonen und ihm die erwartete gute Botschaft zu senden? Oder sollte dadurch gezeigt werden, daß ein heidnischer König kein Anrecht auf einen richtigen Prophetenspruch hat? • 18: Die Frau Jorams war Atalja, die Tochter des Achab und der Isebel. Sie brachte den Baalskult vom Nordreich nach dem Süden, zudem sie später in Jerusalem sieben Jahre lang allein die Herrschaft führte (11,1–16), die einzige – völlig unwürdige – Frau auf dem Thron Davids.

Jehu (842–815). Salbung zum König von Israel

9 1 Der Prophet Elisäus rief einen von den Prophetenjüngern und gab ihm den Auftrag: »Gürte deine Lenden, nimm dieses Ölgefäß in die Hand und gehe nach Ramot in Gilead! 2 Bist du dort angekommen, suche Jehu, den Sohn Josaphats und Enkel Nimschis! Gehe hin, hole ihn aus dem Kreis seiner Genossen und führe ihn in das innerste Gemach! 3 Dann nimm das Ölgefäß und gieße es über sein Haupt aus mit den Worten: ›So spricht der Herr: Ich salbe dich zum König über Israel.‹ Dann öffne die Tür und entweiche, ohne zu zögern!« 4 Der junge Mann, ein Prophet, begab sich nach Ramot in Gilead. 5 Als er ankam, saßen die Heeresobersten eben beisammen. Er sprach: »Ich habe an dich eine Weisung, Oberst!« Als Jehu fragte: »An wen denn von uns allen?«, antwortete er: »An dich allein, Oberst!« 6 Dieser erhob sich und begab sich in das Haus. Er aber goß ihm Öl über sein Haupt mit den Worten: »So spricht der Herr, der Gott Israels: Ich salbe dich zum König über das Volk des Herrn, über Israel! 7 Du wirst das Haus Achabs, deines Herrn, schlagen. Ich will das Blut meiner Knechte, der Propheten, und das Blut aller Diener des Herrn an Isebel rächen. 8 Das ganze Haus Achabs wird zugrunde gehen. Ich werde von Achab alles Männliche ausrotten, Sklaven und Freie in Israel. 9 Ich werde es dem Haus Achabs ergehen lassen wie dem Haus Jerobeams, des Nebatsohnes, und dem Haus Baschas, des Achiasohnes. 10 Isebel aber werden die Hunde auf der Flur von Jezreel fressen. Niemand wird sie begraben.« Dann öffnete er die Türe und entfloh.

11 Jehu aber kam zu den Dienern seines Herrn, die ihn fragten: »Ist alles in Ordnung? Warum ist denn dieser verrückte Prophet zu dir gekommen?« Er antwortete: »Ihr kennt doch den Mann und seine Hirngespinste!« 12 Sie entgegneten: »Du machst Ausflüchte! Teile es uns ruhig mit!« Da mußte er gestehen: »So und so hat er zu mir gesagt: ›So spricht der Herr: Ich salbe dich zum König über Israel.‹« 13 Sogleich nahmen alle ihre Gewänder, legten sie ihm zu Füßen auf die bloßen Stufen, stießen ins Horn und riefen: »Jehu ist König!« 14 So verschwor sich denn Jehu, der Sohn des Josaphat und Enkel Nimschis, gegen Joram. Joram hatte mit ganz Israel zu Ramot in Gilead die Wache gehalten wider Hasael, den König von Aram. 15 Er war dann heimgekehrt, um in Jezreel von den Wunden, die ihm die Aramäer beim Kampf gegen Hasael, den König von Aram, beigebracht hatten, zu genesen. Jehu ließ verkünden: »Wenn es euch recht ist, so darf kein Flüchtling die Stadt verlassen, um hinzugehen und in Jezreel eine Nachricht zu verbreiten.«

Tod der Herrscher Israels und Judas

16 Jehu bestieg seinen Wagen und fuhr nach Jezreel, denn dort lag Joram. Und Achasja, der König von

Juda, war hinabgekommen, um Joram zu besuchen.
17 Der Späher, der auf dem Turm von Jezreel stand,
sah, wie Jehus Scharen heranrückten, und rief: »Ich
sehe eine Schar!« Joram aber gab den Befehl, man
solle einen Reiter holen und ihnen entgegen-
schicken. Er solle sich erkundigen, ob alles in Ord-
nung sei. 18 Ein Berittener zog ihm entgegen und
sprach: »Der König läßt fragen, ob alles in Ordnung
ist.« Jehu gab zur Antwort: »Was hast du dich um
die Ordnung zu kümmern? Reihe dich in meine
Gefolgschaft ein!« Der Späher meldete: »Der Bote
ist bis zu ihnen gekommen, kehrt aber nicht mehr
zurück.« 19 Man schickte einen zweiten Berittenen
ab. Dieser kam zu ihnen und sagte: »Der König läßt
fragen, ob alles in Ordnung ist.« Jehu gab zur Ant-
wort: »Was hast du dich um die Ordnung zu küm-
mern? Reihe dich in meine Gefolgschaft ein!« 20 Der
Späher meldete erneut: »Er ist zu ihnen gekommen,
doch er kehrt nicht mehr zurück. Die Art aber, wie
jener fährt, ist die Art Jehus, des Enkels Nimschis. Er
fährt wie ein Rasender einher.« 21 Da befahl Joram
anzuspannen. Man machte seinen Wagen fertig,
und so fuhr der König Joram von Israel mit dem Kö-
nig Achasja von Juda, jeder auf seinem Wagen. Sie
fuhren Jehu entgegen und trafen ihn beim Feld Na-
bots aus Jezreel. 22 Als Joram den Jehu sah, fragte er:
»Ist alles in Ordnung, Jehu?« Dieser antwortete:
»Was heißt Ordnung, wenn noch immer die
Buhlschaften deiner Mutter Isebel und ihre vielfäl-
tigen Zauberkünste andauern?« 23 Joram wendete
und wollte entfliehen. Er rief Achasja zu: »Verrat,
Achasja!« 24 Jehu riß den Bogen an sich und traf
Joram zwischen seine Schultern. Der Pfeil durch-
bohrte sein Herz, und er sank in seinem Wagen nie-
der. 25 Dann befahl jener seinem Schildhalter Bid-
kar: »Nimm ihn und wirf ihn auf das Grundstück
Nabots aus Jezreel! Denn erinnere dich: Ich und du
fuhren zu zweit hinter seinem Vater Achab her, als
der Herr über ihn diesen Spruch verkünden ließ:
26 ›Fürwahr, gestern habe ich das Blut Nabots und
seiner Söhne gesehen, spricht der Herr. Vergelten
werde ich es dir auf diesem Acker, spricht der Herr.‹
So nimm ihn jetzt und wirf ihn auf den Acker, wie
der Herr vorausgesagt!«
27 Als der König Achasja von Juda dies sah, floh er in
der Richtung nach Bet-Haggan. Doch Jehu verfolgte
ihn und rief: »Macht auch diesen nieder!« Man
schlug ihn bei der Anhöhe von Gur, das bei Jibleam
liegt, im Wagen nieder. Er kam noch bis Megiddo
und starb dort. 28 Seine Diener überführten ihn nach
Jerusalem und begruben ihn in seinem Grab bei
seinen Vätern in der Davidsstadt. 29 Im elften Jahr
Jorams, des Sohnes Achabs, war Achasja König von
Juda geworden.

Isebels Leiche

30 Jehu kam nach Jezreel. Als Isebel davon hörte,
legte sie auf ihre Augen Schminke, schmückte ihr
Haupt und schaute durch das Fenster hinab. 31 Jehu
trat in das Tor. Da rief sie: »Geht es Simri, dem Mör-
der seines Herrn, gut?« 32 Da erhob Jehu seinen
Blick gegen das Fenster und sprach: »Wer spricht zu
mir?« Auch zwei oder drei Hofleute schauten zu
ihm hinab. 33 Er befahl ihnen: »Stürzt sie hinab!«
Man stürzte sie hinab, und ihr Blut bespritzte die
Wand; und die Pferde zertraten sie. 34 Jehu hielt Ein-
zug, aß und trank und befahl: »Seht nach dieser
Verfluchten und begrabt sie; denn sie ist eine
Königstochter!« 35 Die Diener gingen hin, sie zu be-
graben. Sie fanden aber nichts mehr von ihr als den
Schädel, die Beine und die Hände. 36 Da kehrten sie
zurück und meldeten es ihm. Er aber sagte: »Das ist
das Wort des Herrn, das er durch seinen Diener
Elias aus Tisbe sprach: Auf der Flur von Jezreel wer-
den die Hunde das Fleisch Isebels fressen. 37 Der
Leichnam Isebels soll wie Mist auf dem Feld in der
Flur Jezreels liegen, damit man nicht sagen kann:
›Das ist Isebel!‹«

Vernichtung des Hauses Achab

10

1 Achab hatte siebzig Söhne in Samaria.
Jehu schrieb also Briefe und sandte sie
nach Samaria an die obersten Beamten
Israels, an die Ältesten und an die Erzieher, die von
Achab bestellt waren, folgenden Inhalts: 2 »Wenn
dieses Schreiben an euch gelangt, die ihr ja über die
Söhne eures Herrn, die Kriegswagen, Pferde, eine
befestigte Stadt und die Waffen verfügt, 3 so seht
euch nach dem besten und wackersten unter den
Söhnen eures Herrn um; setzt ihn auf den Thron
seines Vaters und kämpft für das Haus eures
Herrn!« 4 Sie aber gerieten in überaus große Furcht
und meinten: »Nicht einmal die zwei Könige konn-
ten vor ihm standhalten; wie sollten wir also vor
ihm bestehen?« 5 So sandten denn der Palastvorste-
her, der Stadtoberste, die Ältesten und die Erzieher
an Jehu folgenden Bescheid: »Deine Knechte sind
wir. Alles, was du uns befiehlst, wollen wir tun! Wir
rufen niemanden zum König aus. Tu, was dir ge-
fällt!« 6 Da schrieb er an sie einen zweiten Brief mit
dem Inhalt: »Wenn ihr auf meiner Seite steht und
meinen Befehlen gehorchen wollt, so nehmt die
Köpfe der Männer, der Söhne eures Herrn, und
kommt morgen um diese Zeit zu mir nach Jezreel!«
Die Söhne des Königs, siebzig an der Zahl, befan-

den sich bei den Großen der Stadt, die sie aufzo-
gen. 7 Sobald der Brief an sie gelangte, nahmen sie
die Söhne des Königs, schlachteten die siebzig
Männer, legten ihre Köpfe in Körbe und sandten sie
zu ihm nach Jezreel. 8 Der Bote kam mit der Mel-
dung, daß man die Köpfe der Prinzen gebracht
habe. Er gebot: »Legt sie in zwei Haufen an den Tor-
eingang bis zum Morgen!« 9 Am Morgen ging er
hinaus, trat vor das ganze Volk und sprach: »Eure
Schuld ist es nicht. Ich habe die Verschwörung wi-
der meinen Herrn angezettelt und ihn getötet. Wer
aber hat alle diese erschlagen? 10 Erkennt also, daß
keine von den Drohungen des Herrn unerfüllt
bleibt, die er über das Haus Achab gesprochen hat.
Der Herr hat getan, was er durch seinen Knecht
Elias vorausgesagt hat.« 11 Dann ließ Jehu alle er-
schlagen, die noch vom Haus Achab in Jezreel übrig
waren, auch alle seine Großen, seine Vertrauten
und seine Priester. Nicht einen einzigen ließ er
übrig.

Die Brüder Achasjas: Alle wurden ergriffen und getötet

12 Dann machte er sich auf und zog nach Samaria.
Als er unterwegs beim Hirtendorf Bet-Eked war,
13 traf Jehu die Brüder Achasjas, des Königs von
Juda. Er fragte sie: »Wer seid ihr?« Sie antworteten:
»Die Brüder des Achasja sind wir. Wir kommen, um
die Söhne des Königs und die Söhne der Herrin zu
besuchen.« 13 Da gab Jehu den Befehl: »Ergreift sie
lebendig!« Man ergriff sie lebendig und schlachtete
sie ab am Brunnen von Bet-Eked. Es waren zwei-
undvierzig Mann. Keinen von ihnen ließ er übrig.

Jehu und Jonadab

15 Von da zog er weiter und traf Jonadab, den Sohn
Rechabs, der ihm entgegenkam. Er begrüßte ihn
und fragte: »Ist dein Herz aufrichtig zu mir, wie
mein Herz dir gegenüber friedlich gesinnt ist?«
Jonadab antwortete: »Ja, gewiß! Gib mir die Hand!«
Er reichte ihm die Hand und nahm ihn zu sich in
den Wagen. 16 Dabei sprach er: »Komm mit mir und
schaue meinen Eifer für den Herrn!« So ließ er ihn
bei sich in seinem Wagen fahren. 17 Bei seiner An-
kunft in Samaria ließ er alle erschlagen, die von
Achabs Haus in Samaria noch übriggeblieben
waren. Er tilgte es völlig aus, wie der Herr dem Elias
vorausgesagt hatte.

Übereifer gegen Baal

18 Danach versammelte Jehu das ganze Volk und
sprach zu ihm: »Achab hat den Baal nur wenig
verehrt, Jehu wird ihm aber um so eifriger dienen.
19 Ruft nun alle Propheten des Baal, alle seine Die-
ner und Priester zu mir! Niemand soll fehlen; denn
ein großes Schlachtopfer will ich für Baal darbrin-
gen! Jeder, dessen Fehlen bemerkt wird, soll sein
Leben verlieren.« Jehu handelte aber voller Arglist,
weil er die Baalsdiener vertilgen wollte. 20 Er gab Be-
fehl, eine heilige Festversammlung zu Ehren Baals
anzusetzen, die man dann einberief. 21 Jehu sandte
Boten in ganz Israel umher. Es kamen alle Baalsdie-
ner; keiner blieb übrig, der nicht erschienen wäre.
Sie betraten den Baalstempel, der sich von einem
Ende bis zum andern füllte. 22 Dann gab Jehu dem
Aufseher über die Kleiderkammer den Befehl, für
jeden Baalsdiener ein Gewand herauszugeben. Die-
ser stellte die Gewänder bereit. 23 Daraufhin betra-
ten Jehu und Jonadab, der Sohn Rechabs, den Baals-
tempel und gaben den Baalsdienern den Befehl:
»Forscht nach und schaut, ob sich nicht hier unter
euch ein Diener des Herrn befindet, sondern nur
ausschließlich Baalsdiener!« 24 Dann traten sie an,
um Schlacht- und Brandopfer herzurichten. Jehu
hatte aber draußen achtzig Männer aufgestellt und
gesagt: »Wer einen von diesen Männern, die ich eu-
rer Hand ausliefere, entweichen läßt, haftet mit sei-
nem Leben für ihn.« 25 Als er mit der Herrichtung
des Brandopfers fertig war, befahl Jehu den Läufern
und Schildträgern: »Kommt und haut sie nieder!
Keiner soll entkommen!« Die Läufer und Schildträ-
ger schlugen sie mit dem Schwert nieder und war-
fen sie hinaus. Dann gingen sie an die Gebäulich-
keiten des Baalstempels heran. 26 Sie schafften das
Götzenbild des Baalstempels hinaus und verbrann-
ten es. 27 Sie zerstörten die Säule des Baal, rissen den
Baalstempel nieder und machten Aborte daraus, die
heute noch bestehen. 28 So beseitigte Jehu den Baal
aus Israel.
29 Nur von den Sünden Jerobeams, des Sohnes
Nebats, zu denen dieser Israel verführte, ließ Jehu
nicht ab, nämlich von den goldenen Kälbern in Betel
und Dan. 30 Der Herr sprach zu Jehu: »Gut hast du
ausgeführt, was recht ist in meinen Augen; ganz
nach meinen Absichten hast du am Haus Achab ge-
handelt. Darum sollen deine Nachkommen bis ins
vierte Glied auf dem Thron Israels sitzen.« 31 Jehu
aber bemühte sich nicht, nach dem Gesetz des
Herrn, des Gottes Israels, mit ganzer Hingabe zu
wandeln. Er ließ nicht ab von den Sünden Jerobe-
ams, zu denen dieser Israel verführt hatte.

Gebietsverkleinerung Israels

32 In jenen Tagen begann der Herr, Israel zu verklei-
nern. Hasael schlug sie im ganzen Grenzgebiet Isra-
els: 33 östlich des Jordans das ganze Land Gilead, das
Stammesgebiet von Gad, Ruben und Manasse von
Aroer an, das am Arnonfluß gelegen ist, sowohl Gi-
lead als auch Basan.

Jehus Tod

34 Die übrigen Taten Jehus, all seine Wirksamkeit und
kriegerischen Leistungen, sind aufgeschrieben in der
Chronik der Könige von Israel. 35 Jehu entschlief zu
seinen Vätern, und man begrub ihn in Samaria. Sein
Sohn Joachas folgte ihm in der Königsherrschaft.
36 Die Zeit, in der Jehu in Samaria als König über
Israel herrschte, betrug achtundzwanzig Jahre.

10,6: Beim Wechsel eines Herrscherhauses war es üblich, daß die Angehörigen des gestürzten Königs beseitigt wurden. 10,18–28: Die Jahwereligion war durch Jehu wieder erstarkt, d. h. Jehu rottete den Baal aus. Er ließ aber dessen Kult unter einem anderen Namen bestehen und erfährt deshalb schweren Tadel (10,29–31). Die Erinnerung an Jehus Bluttaten klingen noch bei Os 1,4 nach. Prophetische Kreise hatten sich unter einer Reformation doch etwas anderes vorgestellt und waren mit Jehu nicht einverstanden.

Achabs Tochter Atalja (842–836)

11 1 Als Atalja, die Mutter Achasjas, sah, daß
ihr Sohn tot war, ging sie sofort daran,
die gesamte Nachkommenschaft in der
königlichen Familie auszurotten. 2 Aber Jeho-
scheba, die Tochter des Königs Joram und Schwe-
ster Achasjas, nahm den Joas, den Sohn Achasjas,
und brachte ihn mit seiner Amme aus der Mitte der
Prinzen, die ermordet werden sollten, heimlich weg
in die Bettkammer. Sie verbarg ihn vor Atalja, so
daß er der Ermordung entging. 3 Er blieb bei ihr im
Haus des Herrn sechs Jahre lang versteckt, während
Atalja über das Land herrschte.

Der rechtmäßige König

4 Im siebten Jahr ließ Jojada die Hundertschaftsfüh-
rer der Karer und der Läufer holen. Er führte sie zu
sich in den Tempel des Herrn, schloß mit ihnen
einen Vertrag, auf den er sie im Tempel des Herrn
vereidigte. Dann zeigte er ihnen den Sohn des Kö-
nigs. 5 Hierauf gebot er ihnen: »Das ist es, was ihr tun
sollt: Von euch soll ein Drittel, nämlich jene, die am
Sabbat abziehen und den Königspalast bewachen,
6 ferner das Drittel am Tor Sur und das Drittel am Tor
hinter den Läufern, bei der Ablösung die Bewachung
des Tempels übernehmen! 7 Die zwei Abteilungen
aber von euch, die am Sabbat aufziehen, sollen die
Wache beim König im Haus des Herrn übernehmen!
8 Umringt alle den König mit den Waffen in der
Hand! Wer in die Reihen eindringen will, werde
getötet! Seid beim König, wenn er auszieht und ein-
zieht!« 9 Die Obersten der Hundertschaften taten ge-
nau, wie der Priester Jojada geboten hatte. Jeder
nahm seine Leute zu sich, jene sowohl, die am Sab-
bat abzogen, als auch jene, die am Sabbat aufzogen.
Sie kamen zum Priester Jojada. 10 Der Priester gab
den Obersten der Hundertschaften die Lanzen und
Schilde, die Eigentum des Königs David waren und
sich im Tempel des Herrn befanden. 11 Die Läufer
stellten sich mit ihren Waffen in den Händen von der
Südseite des Tempels bis zur Nordseite gegen Altar
und Tempel zum Schutz des Königs auf. 12 Dann
führte er den Königssohn heraus und überreichte
ihm das Diadem und die Königsurkunde. So mach-
ten sie ihn zum König, salbten ihn, klatschten in die
Hände und riefen: »Es lebe der König!«

Ataljas Ende

13 Atalja vernahm das Geschrei des Volkes und be-
gab sich zu den Leuten in den Tempel des Herrn.
14 Da bot sich ihr dieser Anblick: Der König stand,
wie es dem Brauche entsprach, auf dem Sockel; die
Vornehmen und die Trompeter umgaben den
König. Alles Volk des Landes freute sich und stieß in
die Trompeten. Da zerriß Atalja ihre Kleider und
rief: »Verrat, Verrat!« 15 Der Priester Jojada gab den
Obersten der Hundertschaften, die über die Trup-
pen gestellt waren, Anordnung und befahl ihnen:
»Führt sie aus den Reihen hinaus! Folgt ihr jemand,
so schlagt ihn mir dem Schwerte nieder!« Der Prie-
ster wollte nämlich nicht, daß sie im Hause des
Herrn getötet werde. 16 Da legten sie Hand an sie,
und sie wurde auf dem Fahrweg der Pferde in den
Königspalast gebracht und dort getötet.

Bundesschluß

17 Jojada schloß nun den Bund zwischen dem Herrn,
dem König und dem Volk, daß sie nämlich das Volk
des Herrn sein wollten, ferner zwischen dem König
und dem Volke. 18 Danach drangen alle Bürger des
Landes in den Baalstempel ein und rissen ihn nieder.
Seine Altäre und Bilder zerschlugen sie vollständig.
Den Baalspriester Mattan töteten sie vor den Al-
tären. Der Priester setzte Aufsichtsbehörden über
den Tempel des Herrn ein. 19 Dann ließ er die Ober-
sten der Hundertschaften, ferner die Karer und die
Läufer sowie die gesamte Bevölkerung des Landes
kommen. Man führte den König aus dem Tempel
des Herrn und zog durch das Tor der Läufer in den
Königspalast ein. Dort setzte er sich auf den Thron
der Könige. 20 Die gesamte Bevölkerung des Landes
war voll der Freude, und die Stadt verhielt sich
ruhig, obwohl man Atalja mit dem Schwert im
Palast des Königs umgebracht hatte.

Joas von Juda (836–797)

12 1 Joas war sieben Jahre alt, als er die
Königsherrschaft antrat. 2 Im siebten Jahr
Jehus wurde Joas König, und vierzig Jahre
herrschte er in Jerusalem. Der Name seiner Mutter
war Zibja aus Beerseba. 3 Joas tat, was dem Herrn

wohlgefiel, solange der Priester Jojada ihm Weisungen erteilte. 4 Nur die Höhen wurden nicht abgeschafft; die Leute opferten und räucherten immer noch auf den Höhen. 5 Joas befahl den Priestern: »Alles Geld, das zu Weihezwecken in den Tempel gebracht wird, das Bargeld der Leute, das Geld, das für Personen nach Schätzung entrichtet wird, ferner alles Geld, das jemand freiwillig in den Tempel des Herrn bringt, 6 sollen die Priester an sich nehmen, jeder von seinem Geldgeber! Damit sollen sie die Schäden am Tempel ausbessern, wo immer ein Riß sich findet!«

7 Im dreiundzwanzigsten Jahr des Königs Joas hatten die Priester noch immer nicht die Risse am Tempelhaus beseitigt. 8 Der König rief daher den Priester Jojada und die übrigen Priester und machte ihnen den Vorwurf: »Warum bessert ihr die Schäden am Tempel nicht aus? Von jetzt an dürft ihr kein Geld mehr von euren Spendern annehmen, sondern müßt es für Ausbesserungsarbeiten am Tempel abgeben.« 9 Die Priester waren einverstanden, vom Volk kein Geld mehr anzunehmen, aber auch für die Schäden am Tempel nicht mehr aufzukommen. 10 So nahm denn der Priester Jojada einen Kasten, bohrte in den Deckel ein Loch und stellte ihn neben dem Altar rechts vom Eingang in den Tempel des Herrn auf. Dahinein legten die Priester, die an der Schwelle Wache hielten, alles Geld, das in den Tempel gebracht wurde. 11 Sahen sie, daß das Geld sich im Kasten anhäufte, so kam der Schreiber des Königs mit dem Hohenpriester. Sie schnürten zusammen und zählten das Geld, das sich im Tempel des Herrn fand. 12 Das abgewogene Geld gab man den Werkmeistern, die als Tempelaufseher bestellt waren. Diese verwandten es für die Zimmerleute und die Baumeister, die am Tempel arbeiteten, 13 desgleichen für die Maurer, die Steinmetzen, sowie für den Ankauf von Holz und behauenen Steinen, damit die Risse im Tempel ausgebessert würden, kurz für alles, was zur Ausbesserung des Hauses auszugeben war. 14 Doch wurden von dem Geld, das in den Tempel des Herrn gebracht wurde, keine silbernen Becken, Messer, Sprengschalen oder Trompeten, keinerlei Gold- und Silbergeräte für den Tempel angefertigt. 15 Man gab es vielmehr den Werkarbeitern, die dafür den Tempel ausbesserten. 16 Mit den Männern, denen das Geld in die Hände gegeben wurde, um es den Werkarbeitern auszuzahlen, rechnete man indessen nicht ab. Sie handelten auf Treu und Glauben. 17 Geld von Schuld- und Sündopfern wurde nicht an den Tempel abgeführt, sondern gehörte den Priestern.

Tributzahlung an Hasael

18 Damals zog der Aramäerkönig Hasael herauf. Er stritt wider Gat und eroberte es. Als Hasael sich vorbereitete, gegen Jerusalem zu marschieren, 19 holte sich der Judäerkönig Joas alle Weihegeschenke, die seine Vorfahren Josaphat, Joram und Achasja, die Könige von Juda, gespendet hatten, dazu seine eigenen Weihegeschenke und alles Gold, das sich in den Schatzkammern des Tempels und des königlichen Palastes befand. Er sandte alles an den Aramäerkönig Hasael, der darauf von Jerusalem abzog.

Tod des Joas

20 Die übrigen Taten des Joas und all seine Wirksamkeit sind aufgeschrieben in der Chronik der Könige von Juda. 21 Seine Diener erhoben sich, stifteten eine Verschwörung an und erschlugen ihn im Haus am Millo beim Abstieg nach Silla. 22 Josachar, der Sohn Schimats, und Josabad, der Sohn Schomers, seine Diener, brachten ihn um. Er starb, und man begrub ihn bei seinen Vätern in der Davidsstadt. Sein Sohn Amazja folgte ihm in der Königsherrschaft.

Joachas von Israel (815–799)

13 1 Im dreiundzwanzigsten Jahre des Joas, des Sohnes Achasjas, des Königs von Juda, wurde Joachas, der Sohn Jehus, König über Israel. Er regierte in Samaria siebzehn Jahre. 2 Er tat, was dem Herrn mißfiel, und lief der Sünde nach, zu der Jerobeam, der Sohn Nebats, Israel verführt hatte, und ließ nicht von ihr ab. 3 Deshalb entbrannte der Zorn des Herrn über Israel. Er übergab es die ganze Zeit hindurch der Gewalt des Aramäerkönigs Hasael und dessen Sohnes Benhadad. 4 Joachas aber versöhnte den Herrn. Der Herr erhörte ihn; denn er schaute die Drangsal, die der Aramäerkönig über Israel brachte. 5 Der Herr sandte Israel einen Retter, so daß es sich aus der Gewalt Arams befreite, und die Israeliten wohnten ruhig in ihren Zelten wie ehedem. 6 Sie ließen jedoch nicht ab von der Sünde des Hauses Jerobeam, der Israel verführt hatte; sie wandelten in ihr, und auch die Aschera blieb in Samaria stehen. 7 Der Herr ließ dem Joachas als Kriegsvolk nur fünfzig Wagenkämpfer, zehn Wagen und zehntausend Mann Fußtruppen übrig; denn der Aramäerkönig hatte sie vernichtet und wie Staub zertreten. 8 Die übrigen Taten des Joachas, all seine Wirksamkeit und seine kriegerischen Leistungen, sind aufgeschrieben in der Chronik der Könige von Israel. 9 Joachas entschlief zu seinen Vätern, und man be-

grub ihn in Samaria. Sein Sohn Joas folgte ihm in
der Königsherrschaft.

Joas von Israel (799–784)

10 Im siebenunddreißigsten Jahre des Königs Joas
von Juda wurde Joas, der Sohn des Joachas, König
von Israel. Er herrschte in Samaria sechzehn Jahre.
11 Er tat, was dem Herrn mißfiel, und ließ nicht ab
von all der Sünde, zu der Jerobeam, der Sohn Ne-
bats, Israel verführt hatte, sondern wandelte in ihr.
12 Die übrigen Taten des Joas, all seine Wirksamkeit
und seine kriegerischen Leistungen, wie er gegen
König Amazja von Juda kämpfte, sind aufgeschrie-
ben in der Chronik der Könige von Israel. 13 Joas
entschlief zu seinen Vätern, und Jerobeam bestieg
seinen Thron. Man begrub Joas in Samaria bei den
Königen von Israel.

Die Krankheit des Elisäus – seine letzten Prophezeiungen

14 Elisäus war auf den Tod erkrankt. Da kam Joas,
der König von Israel, zu ihm, weinte vor ihm und
rief aus: »Mein Vater, mein Vater, Israels Wa-
gen und sein Lenker!« 15 Elisäus sprach zu ihm:
»Nimm einen Bogen und Pfeile!« Er holte sich Bo-
gen und Pfeile. 16 Darauf befahl Elisäus dem König
von Israel: »Fahre mit deiner Hand über den Bo-
gen!« Er fuhr mit der Hand darüber, und Elisäus
legte seine Hände auf des Königs Hände. 17 Dann
gebot er: »Öffne das Fenster gegen Osten!« Er öff-
nete es, und Elisäus sprach: »Schieße!« Während er
abschoß, rief Elisäus: »Ein Pfeil des Sieges wider
Aram! Du wirst Aram bei Aphek vernichtend schla-
gen.« 18 Dann redete er weiter: »Nimm die Pfeile!«
Als der König von Israel sie genommen hatte, befahl
ihm Elisäus: »Schlage auf den Boden!« Er schlug
dreimal und hielt dann inne. 19 Da wurde der Got-
tesmann über ihn unwillig und sprach: »Fünf- oder
sechsmal hättest du schlagen sollen, dann hättest
du Aram bis zur Vernichtung geschlagen. Jetzt aber
wirst du es nur dreimal schlagen.«

Der Prophet ist tot

20 Elisäus starb und wurde begraben. Moabitische
Räuberscharen fielen in jenem Jahr in das Land ein.
21 Man begrub gerade einen Toten, als man die
Horde ankommen sah. Darauf warf man den Toten
in das Grab des Elisäus und eilte von dannen. Als
der Tote die Gebeine des Elisäus berührte, wurde er
wieder lebendig und richtete sich auf.

Erfolge gegen Aram

22 Der Aramäerkönig Hasael bedrängte Israel, so-
lange Joachas lebte. 23 Doch der Herr war ihnen
gnädig und erbarmte sich ihrer. Wegen seines Bun-
des mit Abraham, Isaak und Jakob neigte er sich
ihnen wieder zu; denn er beabsichtigte nicht, sie zu
verderben, und hatte sie bis dahin von seinem An-
gesicht nicht verstoßen. 24 Als daher der Aramäer-
könig Hasael starb und sein Sohn Benhadad ihm in
der Königsherrschaft folgte, 25 entriß Joas, der Sohn
des Joachas, dem Benhadad, dem Sohn Hasaels, die
Städte wieder, die dieser seinem Vater Joachas im
Krieg abgenommen hatte. Dreimal schlug ihn Joas
und gewann die Städte Israels zurück.

Amazja von Juda (797–779) und seine Herausforderung

14 1 Im zweiten Jahre des Joas, des Sohnes
des Joachas, des Königs von Israel, wurde
Amazja, der Sohn des Joas, König von
Juda. 2 Er war fünfundzwanzig Jahre alt, als er zu
herrschen begann, und regierte neunundzwanzig
(?) Jahre in Jerusalem. Der Name seiner Mutter war
Joaddan von Jerusalem. 3 Er tat, was dem Herrn
wohlgefiel, doch nicht in dem Sinne wie sein Ahn-
herr David, sondern ganz wie sein Vater Joas han-
delte. 4 Nur die Höhen wurden nicht abgeschafft.
Das Volk opferte und räucherte immer noch auf den
Höhen. 5 Als die Königsherrschaft in seiner Hand
gefestigt war, ließ er seine Diener, die seinen könig-
lichen Vater erschlagen hatten, hinrichten. 6 Doch
die Söhne der Mörder ließ er nicht umbringen, wie
im Gesetzbuch des Moses geschrieben steht, dem
der Herr geboten hatte: »Väter sollen nicht um ihrer
Kinder willen und Kinder nicht um ihrer Väter wil-
len mit dem Tode bestraft werden; vielmehr soll
jeder nur für seine eigene Schuld den Tod erleiden«
(5 Mos 24,16). 7 Amazja schlug zehntausend Edo-
miter im Salztal, nahm Sela im Kampf und gab ihm
den Namen Jokteel, den es bis zum heutigen Tag
führt. 8 Damals sandte Amazja Boten an Joas, den
Sohn des Joachas und Enkel Jehus, den König von
Israel, mit der Herausforderung: »Komm, wir wol-
len uns gegenseitig im Kampfe messen!« 9 Doch
Joas, der König von Israel, antwortete dem Judäer-
könig Amazja: »Der Dornstrauch auf dem Libanon
schickte zur Zeder auf dem Libanon und stellte die
Forderung: Gib deine Tochter meinem Sohn zum
Weibe! Aber das Wild des Libanon lief darüber und
zertrat den Dornstrauch. 10 Edom hast du völlig ge-
schlagen, und nun ist dein Herz überheblich ge-
worden. Genieße deinen Ruhm und bleibe daheim!
Warum willst du dich unter ungünstigen Vorausset-
zungen in einen Streit einlassen, so daß du zu Fall
kommst, du und Juda mit dir?« 11 Doch Amazja
wollte nicht hören. Darum zog Joas, der König von
Israel, aus, um mit Amazja, dem König von Juda,
seine Kräfte bei Bet-Schemesch in Juda zu messen.

12 Juda wurde von Israel geschlagen, so daß alle in ihre Zelte flohen. 13 Den Judäerkönig Amazja, den Sohn des Joas und Enkel Achasjas, nahm Joas, der König von Israel, bei Bet-Schemesch gefangen. Er führte ihn nach Jerusalem und riß von der Mauer Jerusalems vom Ephraimtor bis zum Ecktor vierhundert Ellen nieder. 14 Er holte sich auch alles Gold und Silber, alle Geräte, die sich im Tempel und in den königlichen Schatzkammern befanden, und dazu die Geiseln. Dann kehrte er nach Samaria zurück.

Das Ende des Joas und Amazja

15 Die übrigen Taten des Joas, seine Wirksamkeit und kriegerischen Leistungen, sowie sein Kriegszug gegen den Judäerkönig Amazja, sind aufgeschrieben in der Chronik der Könige von Israel. 16 Joas entschlief zu seinen Vätern und wurde in Samaria bei den Königen von Israel begraben. Sein Sohn Jerobeam folgte ihm in der Königsherrschaft. 17 Amazja, der Sohn des Joas, der Judäerkönig, lebte nach dem Tod des Joas, des Sohnes des Joachas, des Königs von Israel, noch fünfzehn Jahre. 18 Die übrigen Taten Amazjas sind aufgeschrieben in der Chronik der Könige von Juda. 19 Man zettelte gegen ihn eine Verschwörung an in Jerusalem. Er floh nach Lachis; aber man sandte hinter ihm her und tötete ihn in Lachis. 20 Er wurde auf Pferden übergeführt und in der Davidsstadt Jerusalem bei seinen Ahnen begraben. 21 Dann nahmen alle Einwohner Judas den Asarja, obwohl er erst sechzehn Jahre alt war, und riefen ihn zum König an Stelle seines Vaters Amazja aus. 22 Er befestigte Elat, das er an Juda zurückbrachte, nachdem der König zu seinen Vätern entschlafen war.

Jerobeam II. von Israel (784–744) und des Herrn Erbarmen

23 Im fünfzehnten Jahre Amazjas, des Sohnes des Joas, des Königs von Juda, wurde Jerobeam, der Sohn des Joas, König über Israel. Er herrschte in Samaria einundvierzig Jahre. 24 Er tat, was dem Herrn mißfiel, und ließ nicht ab von all der Sünde Jerobeams, des Sohnes Nebats, zu der dieser Israel verführt hatte. 25 Er gewann das Gebiet Israels von Lebo-Hamat bis zum Steppenmeer wieder zurück, gemäß der Verheißung, die der Herr, der Gott Israels, durch seinen Knecht, den Propheten Jona, den Sohn Amittajs aus Gat-Hachepher, gegeben hatte. 26 Denn der Herr sah das bittere Elend Israels: Sklaven und Freie waren dahin, und einen Helfer für Israel gab es nicht. 27 Doch wollte der Herr den Namen Israels nicht unter dem Himmel vertilgen; darum rettete er die Israeliten durch Jerobeam, den Sohn des Joas. 28 Die übrigen Taten Jerobeams, all seine Wirksamkeit und seine kriegerischen Leistungen, seine Kämpfe und die Rückeroberung von Damaskus und Hamat an Israel, sind aufgeschrieben in der Chronik der Könige von Israel. 29 Jerobeam entschlief zu seinen Vätern, den Königen von Israel, und sein Sohn Sacharja folgte ihm in der Königsherrschaft.

14,23–29: Jerobeam II. war der politisch bedeutendste Herrscher des Nordreiches. Aber das Königsbuch tadelt ihn schwer, weil er von der Sünde des ersten Jerobeam nicht abließ.

Asarja (Ussia) von Juda (779–738)

15 1 Im siebenundzwanzigsten Jahre des Königs Jerobeam von Israel wurde Asarja, der Sohn des Amazja, König von Juda. 2 Er war sechzehn Jahre alt, als er zu herrschen anfing, und regierte zweiundfünfzig (⸮) Jahre in Jerusalem. Der Name seiner Mutter war Jecholja; sie stammte aus Jerusalem. 3 Er tat, was dem Herrn wohlgefiel, ganz wie sein Vater Amazja getan hatte. 4 Nur die Höhen wurden nicht abgeschafft. Das Volk opferte und räucherte noch immer auf den Höhen. 5 Der Herr aber schlug den König. Er ward aussätzig bis zu seinem Todestag und wohnte in einem abgesonderten Haus, während Jotam, der Sohn des Königs, die Verwaltung des Krongutes führte und den Bürgern des Landes Recht sprach. 6 Die übrigen Taten Asarjas und all seine Wirksamkeit sind aufgeschrieben in der Chronik der Könige von Juda. 7 Asarja entschlief zu seinen Vätern. Man begrub ihn bei seinen Ahnen in der Davidsstadt. Sein Sohn Jotam folgte ihm in der Königsherrschaft.

Sacharja von Israel (743)

8 Im achtunddreißigsten Jahre des Königs Asarja von Juda wurde Sacharja, der Sohn des Jerobeam, König von Israel. Er herrschte in Samaria sechs Monate. 9 Er tat, was dem Herrn mißfiel, ebenso wie seine Väter getan hatten. Er ließ nicht von der Sünde, zu der Jerobeam, der Sohn Nebats, die Israeliten verführt hatte. 10 Wider ihn zettelte Sallum, der Sohn des Jabesch, eine Verschwörung an. In Jibleam erschlug und tötete er ihn und folgte ihm in der Königsherrschaft. 11 Die übrigen Taten Sacharjas sind in der Chronik der Könige von Israel aufgeschrieben. 12 Das entsprach dem Wort, das der Herr zu Jehu gesprochen hatte: »Söhne von dir sollen bis ins vierte Geschlecht auf dem Throne Israels sitzen.« So geschah es nun.

Sallum von Israel (743)

13 Sallum, der Sohn des Jabesch, wurde König im 39. Jahr des Ussia, des Königs von Juda. Er herrschte einen Monat in Samaria. 14 Menachem, der Sohn

Gadis, zog von Tirza heran. Er gelangte nach Sama-
ria, erschlug Sallum, den Sohn des Jabesch, und
folgte ihm in der Königsherrschaft. 15 Die übrigen
Taten Sallums und die Verschwörung, die er an-
zettelte, sind aufgezeichnet in der Chronik der
Könige von Israel. 16 Von Tirza aus schlug damals
Menachem Tiphsach mit allem, was in der Stadt
war, dazu ihr gesamtes Gebiet, weil man ihm
die Tore nicht geöffnet hatte. Er schlug sie, und al-
len schwangeren Frauen ließ er den Leib aufschlit-
zen.

Menachem von Israel (743–738) und Pul,
der König von Assur

17 Im neununddreißigsten Jahre des Königs Asarja
von Juda wurde Menachem, der Sohn Gadis, König
über Israel. Er herrschte zehn Jahre in Samaria. 18 Er
tat, was dem Herrn mißfiel, und ließ nicht von der
Sünde, zu der Jerobeam, der Sohn Nebats, Israel
verführt hatte. 19 In seinen Tagen kam Pul, der
König von Assur, in das Land. Menachem gab ihm
tausend Talente Silber, damit er ihm helfe, das
Königtum in seiner Hand zu festigen. 20 Menachem
trieb das Geld von allen vermögenden Männern
Israels ein, um es dem König von Assur zu geben.
Fünfzig Sekel Silber trafen auf jeden. Da zog der
König von Assur ab und blieb nicht mehr dort im
Land. 21 Die übrigen Taten Menachems und all seine
Wirksamkeit sind aufgeschrieben in der Chronik
der Könige von Israel. 22 Menachem entschlief zu
seinen Vätern. Sein Sohn Pekachja folgte ihm in der
Königsherrschaft.

Pekachja von Israel (737–736)

23 Im fünfzigsten Jahre des Königs Asarja von Juda
wurde Pekachja, der Sohn Menachems, König über
Israel. Er herrschte zwei Jahre in Samaria. 24 Er tat,
was dem Herrn mißfiel, und ließ nicht von der
Sünde, zu der Jerobeam, der Sohn Nebats, Israel
verführt hatte. 25 Gegen ihn zettelte sein Schild-
träger Pekach, der Sohn des Remalja, eine Ver-
schwörung an und erschlug ihn zu Samaria in der
Burg des königlichen Palastes. Bei ihm befanden
sich fünfzig Männer aus Gilead. So tötete er jenen
und wurde König an seiner Statt. 26 Die übrigen
Taten Pekachjas und all seine Wirksamkeit sind auf-
geschrieben in der Chronik der Könige von Israel.

Pekach von Israel (736–733)

27 Im zweiundfünfzigsten Jahr des Königs Asarja
von Juda wurde Pekach, der Sohn des Remalja,
König von Israel. Er herrschte in Samaria zwanzig
Jahre. 28 Er tat, was dem Herrn mißfiel, und ließ
nicht von der Sünde, zu der Jerobeam, der Sohn Ne-
bats, Israel verführt hatte.
29 In den Tagen Pekachs, des Königs von Israel, zog
Tiglatpileser, der König von Assur, heran. Er er-
oberte Ijjon, Abel-Bet-Maacha, Janoach, Kedesch,
Chazor, Gilead, Galiläa und das ganze Land Naph-
tali. Die Bewohner führte er nach Assur in die Ver-
bannung. 30 Hosea, der Sohn Elas, zettelte wider
Pekach, den Sohn des Remalja, eine Verschwörung
an. Er schlug ihn tot und folgte ihm in der Königs-
herrschaft im zwanzigsten Jahr Jotams, des Sohnes
Ussias. 31 Die übrigen Taten Pekachs und all seine
Wirksamkeit sind aufgeschrieben in der Chronik
der Könige von Israel.

Jotam von Juda (738–736)

32 Im zweiten Jahr Pekachs, des Sohnes Remaljas,
des Königs von Israel, wurde Jotam, der Sohn Us-
sias, König von Juda. 33 Er war fünfundzwanzig
Jahre alt, als er zu herrschen begann, und regierte
sechzehn Jahre in Jerusalem. Der Name seiner Mut-
ter war Jeruscha, die Tochter Zadoks. 34 Er tat, was
dem Herrn wohlgefiel, ganz wie sein Vater Ussia
getan hatte. 35 Nur die Höhen wurden nicht abge-
schafft. Immer noch opferte und räucherte das Volk
auf den Höhen. Er baute das obere Tor am Hause
des Herrn. 36 Die übrigen Taten Jotams und seine
Wirksamkeit sind aufgeschrieben in der Chronik
der Könige von Juda. 37 In jenen Tagen begann der
Herr gegen Juda den König Rezin von Aram und
Pekach, den Sohn Remaljas, zu senden. 38 Jotam
entschlief zu seinen Vätern und wurde bei seinen
Ahnen in der Davidsstadt begraben. Sein Sohn
Achas folgte ihm in der Königsherrschaft.

15,2: Die Zahl 52 sollte wohl besser 42 heißen. Ebenso wäre dann Vers 23 und 27 besser 40 und 42 zu lesen. Auch die »20 Jahre« in Vers 27 können nicht stimmen. 15,32–33: Jotam war vermutlich nur von 738–736 König. Er führte aber für seinen erkrankten Vater die Regentschaft.

Achas von Juda (736–721)

16 1 Im siebzehnten Jahre Pekachs, des Soh-
nes Remaljas, wurde Achas, der Sohn
Jotams, König von Juda. 2 Achas war
zwanzig Jahre alt, als er König wurde. Er regierte
sechzehn Jahre in Jerusalem, tat aber nicht wie sein
Ahnherr David, was dem Herrn, seinem Gott,
gefiel. 3 Er wandelte vielmehr auf dem Pfad der Kö-
nige von Israel. Seinen Sohn ließ er sogar durchs
Feuer gehen, wie es den scheußlichen Sitten der
Völker entsprach, die der Herr vor den Israeliten
vertrieben hatte. 4 Er opferte und räucherte auf den
Höhen und Hügeln und unter jedem grünen Baum.

Krieg mit Aram und Israel

5 Damals zogen der Aramäerkönig Rezin und Pe-
kach, der Sohn des Remalja, der König von Israel,

zum Krieg wider Jerusalem. Sie schlossen Achas ein, konnten ihn aber nicht zu einer Entscheidungsschlacht zwingen. 6 Zur gleichen Zeit brachte Rezin, der Aramäerkönig, Elat an Edom zurück. Er vertrieb die Judäer aus Elat; dann kamen die Edomiter und ließen sich dort bis zum heutigen Tag nieder. 7 Da sandte Achas Boten an Tiglatpileser, den König von Assur, und ließ ihm sagen: »Dein Knecht und dein Sohn bin ich. Ziehe herbei und hilf mir aus der Gewalt des Aramäerkönigs und des israelitischen Königs, die mich angegriffen haben!« 8 Achas nahm das Silber und Gold, das sich im Tempel und in den Schatzkammern des Königspalastes befand, und sandte es dem König von Assur als Bestechungsgeschenk. 9 Der König von Assur hörte auf ihn. Er zog gegen Damaskus, eroberte es und führte die Bewohner in die Verbannung nach Kir. Rezin aber ließ er töten.

Ein heidnischer Altar in Jerusalem

10 Der König Achas hatte eine Begegnung mit dem Assyrerkönig Tiglatpileser in Damaskus. Er sah dort den Altar und schickte an den Priester Uria eine Zeichnung dieses Altares und ein genaues Modell seiner Ausführung. 11 Der Priester Uria errichtete den Altar genau nach dem Vorbild, das der König Achas aus Damaskus gesandt hatte, noch bevor der König aus Damaskus zurückkehrte. 12 Nach seiner Heimkehr aus Damaskus sah der König den Altar, trat hin und stieg zu ihm empor. 13 Er ließ sein Brand- und Speiseopfer in Rauch aufgehen; er goß sein Trankopfer aus und sprengte das Blut seiner Friedopfer auf den Altar. 14 Den ehernen Altar, der vor dem Herrn stand, rückte er von der Vorderseite des Tempels zwischen dem neuen Altar und dem Tempel fort. Er stellte ihn seitlich des neuen Altars nach Norden zu auf. 15 Dann gab der König Achas dem Priester Uria die Anordnung: »Auf dem großen Altar sollst du das morgendliche Brand- und das abendliche Speiseopfer, das Brandopfer des Königs und sein Speiseopfer, das Brandopfer des ganzen Volkes im Lande sowie die Speise- und ihre Trankopfer darbringen! Auch sollst du an ihn das Blut aller Brandopfer und Schlachtopfer sprengen! Was mit dem ehernen Altar geschehen soll, muß ich erst überlegen.« 16 Der Priester Uria tat alles, was der König Achas angeordnet hatte. 17 Der König Achas ließ die Leisten an den Fahrgestellen abreißen und die Becken aus ihnen nehmen. Auch ließ er das »Meer« von den ehernen Rindern, die es trugen, abheben und auf Pflastersteine setzen. 18 Sodann ließ er den überdeckten Sabbatgang, den man an den Tempel angebaut hatte, und den äußeren Zugang für den König am Tempel entfernen. Er tat dies wegen des Assyrerkönigs. 19 Die übrigen Taten des Achas sind aufgeschrieben in der Chronik der Könige von Juda. 20 Achas entschlief zu seinen Vätern und wurde bei seinen Ahnen in der Davidsstadt begraben. Sein Sohn Hiskia folgte ihm in der Königsherrschaft.

16,3f: Jener fremde Gott, zu dessen Ehre Kinder verbrannt wurden, hieß Molech (2 Kön 23,10; Jer 32,35) oder Milkom (2 Sam 12,30; Jer 49,1.3; Soph 1,5). Vgl. 5 Mos 12,31. Auf Hügeln und unter heiligen Bäumen pflegte man die »Höhenkulte« nach heidnischer Art.

Hosea, der letzte König des Nordreiches (733–722)

17 1 Im zwölften Jahr des Königs Achas von Juda wurde Hosea, der Sohn des Ela, König. Er herrschte in Samaria neun (?) Jahre über Israel. 2 Er tat, was dem Herrn mißfiel, doch nicht in der gleichen Weise wie die Könige von Israel vor ihm. 3 Gegen ihn zog Salmanassar, der König von Assur, in den Krieg. Hosea wurde ihm untertan und zahlte ihm Tribut. 4 Dann aber entdeckte der König von Assur, daß Hosea in eine Verschwörung verwickelt war. Er hatte nämlich Boten an Sewe, den König von Ägypten, gesandt und die jährliche Abgabe an den König von Assur nicht mehr abgeführt. Der König von Assur ließ Hosea festnehmen und in das Gefängnis werfen. 5 Jetzt zog der Assyrerkönig gegen das ganze Land heran, kam nach Samaria und belagerte es drei Jahre. 6 Im neunten Jahr Hoseas nahm der König von Assur Samaria ein und führte die Israeliten in die Verbannung nach Assur, indem er sie in Chalach, am Chabor, dem Flusse Gosans, und in den Mederstädten ansiedelte.

Der Herr zürnt Israel – Gefangenschaft als Strafe

7 Das geschah, weil die Israeliten sich gegen den Herrn, ihren Gott, versündigt hatten, der sie aus Ägypten, aus der Gewalt Pharaos, des Königs von Ägypten, fortgeführt hatte. Sie erwiesen fremden Göttern Verehrung. 8 Man wandelte nach den Bräuchen der Völker, die der Herr vor den Israeliten vertrieben hatte, und nach dem Beispiel, das die Könige von Israel gaben. 9 Die Israeliten ersannen gegen den Herrn, ihren Gott, Dinge, die nicht recht waren. Sie bauten sich Höhen in allen ihren Städten, vom Wächterturm bis zur befestigten Stadt. 10 Sie errichteten sich Weihesteine und Ascheren auf jedem hohen Hügel und unter jedem grünen Baum. 11 Auf allen Höhen räucherten sie wie die Völker, die der Herr vor ihnen in die Verbannung getrieben hatte. Sie trieben üble Dinge, wodurch sie den Herrn beleidigten. 12 Sie dienten den Götzen, was der Herr ihnen ausdrücklich verboten hatte.

13 Der Herr aber warnte Israel und Juda durch alle
seine Propheten und durch jeden Seher, indem er
verkünden ließ: »Kehrt um von euren schlechten
Wegen und haltet meine Befehle und Satzungen ge-
nau nach dem Gesetz, das ich euren Vätern aufge-
tragen und euch durch meine Diener, die Prophe-
ten, vermittelt habe!« 14 Doch sie hörten nicht,
sondern waren halsstarrig wie ihre Väter, die dem
Herrn, ihrem Gott, keinen Glauben schenkten.
15 Sie verwarfen seine Gebote, seinen Bund, den er
mit ihren Vätern geschlossen, und seine Mahnun-
gen, die er ihnen gegeben hatte. Hinter dem Nichts
gingen sie her und wurden selbst ein Nichts, und
hinter den Heidenvölkern, obwohl der Herr ihnen
befohlen hatte, sie nicht nachzuahmen. 16 Sie über-
traten alle Befehle des Herrn, ihres Gottes, machten
sich zwei gegossene Kälber, verfertigten eine
Aschera, beteten das ganze Heer des Himmels an
und dienten dem Baal. 17 Ihre Söhne und Töchter
ließen sie durch das Feuer gehen und trieben Zau-
berei und Wahrsagerei. Sie gaben sich dazu her, das
zu tun, was dem Herrn mißfiel, und ihn so zu be-
leidigen.
18 Darum zürnte der Herr gewaltig über Israel und
verwarf es vor seinem Angesicht. Nur der Stamm
Juda allein blieb übrig. 19 Aber auch Juda befolgte
die Gebote des Herrn, seines Gottes, nicht. Sie wan-
delten nach den Bräuchen, die Israel eingeführt
hatte. 20 Da verwarf der Herr das ganze Geschlecht
Israel; er demütigte sie und gab sie den Räubern
preis, bis er sie vollends von seinem Antlitz ver-
stieß. 21 Er riß Israel vom Haus Davids los. Man rief
Jerobeam, den Sohn Nebats, zum König aus. Jero-
beam aber verleitete Israel zum Abfall vom Herrn
und verführte es zu schwerer Sünde. 22 Die Israeli-
ten wandelten ganz in der Sünde, die Jerobeam be-
gangen hatte, und ließen davon nicht ab, 23 bis der
Herr sie vor seinem Angesicht verwarf, wie er
durch alle seine Knechte, die Propheten, angedroht
hatte. So wurde Israel von seinem Land hinweg in
die Verbannung nach Assur geführt, wo es bis zum
heutigen Tage verblieb.

Die Neubürger in Samaria

24 Der König von Assur brachte Leute aus Babel,
Kuta, Awwa, Hamat und Sepharwajim herbei und
siedelte sie in den Städten Samarias als Nachfolger
der Israeliten an. Sie nahmen Samaria in Besitz und
ließen sich in seinen Ortschaften nieder. 25 In der er-
sten Zeit erwiesen sie in ihrer neuen Heimat dem
Herrn keine Verehrung. Deshalb sandte der Herr
Löwen gegen sie, die unter ihnen würgten. 26 Man
berichtete dem König von Assur: »Die Stämme, die
du fortgeführt und in den Städten Samarias ange-
siedelt hast, wissen nicht, auf welche Art man den
Landesgott verehren kann. Darum hat er Löwen
unter sie gesandt, die sie umbringen, da man ja
nicht weiß, wie der Landesgott zu verehren ist.«
27 Der König von Assur befahl: »Bringt doch einen
von den Priestern, die ihr in die Verbannung ge-
schickt habt, zurück! Er gehe hin, wohne dort und
kläre sie über die gesetzmäßige Verehrung des Lan-
desgottes auf!« 28 Einer von den Priestern, die man
aus Samaria in die Verbannung geführt hatte, kam
also zurück. Er siedelte sich in Betel an und belehrte
sie, wie man dem Herrn dienen müsse.

Religionsmischung

29 Jedes Volk aber schuf sich seinen eigenen Gott. Es
stellte ihn in den Höhentempeln auf, welche die
Samaritaner erbauten. Ein jedes Volk handelte so in
seiner Stadt, die es bewohnte. 30 Die Leute aus Babel
machten Bilder von Sukkot-Benot, die Leute aus
Kuta stellten Bilder Nergals her, jene aus Hamat
Aschimabilder, 31 die Leute aus Awwa Bilder des
Nibchas und Tartak. Die aus Sepharwajim herka-
men, verbrannten ihre Kinder zu Ehren des Adram-
Melek und Anam-Melek, der Götter Sepharwajims.
32 Gleichzeitig aber verehrten sie auch den Herrn.
Sie setzten aus ihren eigenen Reihen Höhenpriester
ein. Diese waren dann an den Höhenheiligtümern
für sie tätig. 33 Sie verehrten den Herrn, dienten aber
zugleich ihren Göttern nach den Gebräuchen der
Völker, aus denen man sie fortgeführt hatte.
34 Bis zum heutigen Tage handeln sie nach den alten
Bräuchen. Sie fürchten den Herrn nicht und richten
sich nicht, wie es ihre Pflicht und Schuldigkeit wäre,
nach dem Gesetz und Gebot, das der Herr den Söh-
nen Jakobs, den er Israel benannte, verordnet hatte.
35 Der Herr hatte mit ihnen einen Bund geschlossen
und ihnen den Befehl gegeben: »Ihr sollt keine frem-
den Götter verehren, euch nicht vor ihnen nieder-
werfen, ihnen nicht dienen und keine Opfer dar-
bringen! 36 Den Herrn, der euch mit starker Macht
und ausgestrecktem Arm aus Ägypten heraufge-
führt hat, sollt ihr verehren; vor ihm sollt ihr euch
niederwerfen und ihm opfern! 37 Die Satzungen und
Verordnungen, Gesetz und Gebot, die er für euch
niederschrieb, sollt ihr beobachten und immerdar
erfüllen! Fremde Götter aber sollt ihr nicht vereh-
ren! 38 Den Bund, den ich mit euch geschlossen
habe, dürft ihr nicht vergessen! Fremde Götter dürft
ihr nicht verehren! 39 Nur den Herrn, euren Gott,
sollt ihr fürchten! Er wird euch aus der Gewalt eu-
rer Feinde befreien.« 40 Doch sie gehorchten nicht;
vielmehr richteten sie sich nach ihrem früheren

Brauchtum. 41 Diese Völker verehrten also den Herrn und dienten zugleich ihren Götzenbildern. Auch ihre Kinder und Nachkommen handeln genauso, wie ihre Väter taten, bis zum heutigen Tag.

17,1–23: Der Abschnitt ist lehrreich für die Art, wie der Schriftsteller nicht so sehr die menschlichen Handlungen, sondern das Walten der göttlichen Vorsehung im Auge hat. Götzendienst, Zauberei, Wahrsagerei, Ungehorsam gegen Gott und die Propheten sind Abfall von der wahren Religion und verursachen Strafe. • 16: Zu Aschera vgl. Jer 17,2. • 24–41: Die Bewohner Assurs waren der Meinung, daß man in jedem Lande den zuständigen Landesgott verehren müsse, vgl. 1 Sam 26,19.

Hiskia (Ezechias) (721–693)

18 1 Im dritten Jahr des Hosea, des Sohnes Elas, des Königs von Israel, wurde Hiskia, der Sohn des Achas, König von Juda. 2 Er war fünfundzwanzig Jahre alt, als er zu herrschen begann, und neunundzwanzig Jahre regierte er in Jerusalem. Der Name seiner Mutter war Abi; sie war die Tochter des Sacharja. 3 Er tat, was dem Herrn wohlgefiel, ganz wie sein Ahnherr David getan hatte. 4 Er schaffte die Höhen ab, zerbrach die Weihesteine, fällte die Aschera und schlug die eherne Schlange, die Moses verfertigt hatte, in Stücke. Denn ihr hatten bis zu jener Zeit die Israeliten Rauchopfer dargebracht. Man nannte sie Nechuschtan (Erzbild). 5 Hiskia vertraute auf den Herrn, den Gott Israels. Unter allen Königen von Juda nach ihm und auch unter denen, die vor ihm gewesen waren, gab es keinen wie ihn. 6 Er hing dem Herrn an, ohne von ihm abzuweichen, und die Gebote, die der Herr dem Moses gegeben hatte, beobachtete er treu. 7 Der Herr stand ihm zur Seite. In all seinen Unternehmungen handelte er umsichtig. Er fiel vom König von Assur ab und blieb ihm nicht untertan. 8 Er schlug die Philister bis Gaza und den ganzen Stadtbezirk, vom Wächterturm bis zur befestigten Stadt.

Eroberung Samarias

9 Im vierten Jahr des Königs Hiskia, das ist das siebte Jahr des Hosea, des Sohnes Elas und Königs von Israel, zog der Assyrerkönig Salmanassar gegen Samaria und belagerte es. 10 Nach Ablauf von drei Jahren nahm er es ein; im sechsten Jahr des Hiskia und im neunten Jahr des Hosea, des Königs von Israel, fiel Samaria. 11 Der König von Assur führte die Israeliten in die Verbannung nach Assur und brachte sie nach Chalach, an den Chabor, den Fluß Gosans, und in die Städte der Meder; 12 denn sie hatten der Stimme des Herrn, ihres Gottes, nicht Gehör geschenkt, seinen Bund und alles, was der Gottesknecht Moses angeordnet hatte, übertreten. Sie hörten nicht und folgten nicht.

Sanherib vor Jerusalem (701)

13 Im vierzehnten Jahr des Königs Hiskia zog Sanherib, der König von Assur, gegen alle befestigten Städte Judas und nahm sie ein. 14 Der König Hiskia von Juda schickte Boten an den König von Assur nach Lachis und ließ ihm sagen: »Ich habe gefehlt, doch laß ab von mir; was du mir auferlegst, will ich tragen!« Da verpflichtete der Assyrerkönig den König Hiskia von Juda, dreihundert Talente Silber und dreißig Talente Gold abzuliefern. 15 Hiskia gab die gesamten Gelder ab, die sich im Tempel des Herrn und in den königlichen Schatzkammern befanden. 16 In jener Zeit ließ Hiskia die Türen am Tempel und die Türpfosten, die er selbst mit Goldblech überzogen hatte, zerschlagen, um sie dem Assyrerkönig abzuliefern.

Feindliche Hohnrede

17 Da sandte der Assyrerkönig den Oberfeldherrn, den Oberkämmerer und Obermundschenk mit einer großen Streitmacht von Lachis aus zum König Hiskia nach Jerusalem. Sie zogen hinauf und kamen in die Nähe Jerusalems. Bei der Wasserleitung des oberen Teiches an der Straße des Walkerfeldes nahmen sie Aufstellung. 18 Sie ließen den König rufen. Daraufhin gingen der Palastvorsteher Eljakim, der Sohn des Hilkia, und der Staatsschreiber Sebna mit dem Kanzler Joach, dem Sohn Asaphs, zu ihnen hinaus. 19 Der Obermundschenk gab ihnen den Auftrag: »Sagt doch dem Hiskia: So spricht der Großkönig, der König von Assur: Was ist das für ein Vertrauen, das du hegst? 20 Du denkst wohl, bloßes Lippengerede sei schon Rat und Stärke für den Krieg? Nun, auf wen vertraust du denn eigentlich, daß du dich wider mich empörst? 21 Siehe, du vertrautest auf den zerknickten Rohrstab, auf Ägypten, der jedem, der sich darauf stützt, in die Hand eindringt und sie durchbohrt. So handelt Pharao, der Ägypterkönig, an allen, die sich auf ihn verlassen. 22 Falls ihr mir nun aber erwidert: Auf den Herrn, unsern Gott, vertrauen wir, dann erwägt: Ist nicht gerade er es, dessen Höhenheiligtümer und Altäre Hiskia entfernt hat? Er befahl Juda und Jerusalem: Nur vor diesem Altar in Jerusalem sollt ihr anbeten. 23 Nun gehe doch mit meinem Herrn, dem König von Assur, eine Wette ein! Zweitausend Pferde gebe ich dir, wenn du die dazugehörigen Reiter stellen kannst. 24 Wie wolltest du auch nur einen einzigen Anführer von den geringsten Knechten meines Gebieters in die Flucht schlagen? Doch du vertraust auf Ägypten wegen der Kriegswagen und deren Besatzung! 25 Außerdem, bin ich denn etwa ohne Zutun des Herrn wider diesen Ort gezogen, um ihn zu

verwüsten? Der Herr hat mir gesagt: Ziehe hinauf
gegen dieses Land und verwüste es!«

Abfall von Hiskia

26 Da baten Eljakim, der Sohn Hilkias, Sebna und
Joach den Obermundschenk: »Rede doch mit deinen
Knechten aramäisch; denn wir verstehen es. Rede
aber nicht judäisch mit uns vor den Ohren des
Volkes, das auf der Mauer steht!« 27 Der Obermund-
schenk aber erwiderte ihnen: »Hat mich mein Ge-
bieter denn nur zu deinem Herrn und zu dir ge-
schickt, um dieses zu sagen, und nicht auch zu den
Männern, die auf der Mauer sitzen und schließlich
mit euch zusammen ihren eigenen Kot essen und
ihren Harn trinken müssen?« 28 Da trat der Ober-
mundschenk vor, rief mit lauter Stimme auf judäisch
und sprach: »Hört das Wort des Großkönigs, des
Königs von Assur! 29 So spricht der König: Hiskia soll
euch nicht betören; denn er kann euch nicht aus
seiner Gewalt retten! 30 Hiskia soll euer Vertrauen
nicht auf den Herrn lenken mit den Worten: Ganz
sicher wird uns der Herr erretten; diese Stadt wird
nicht in die Gewalt des Königs von Assur überliefert
werden. 31 Hört nicht auf Hiskia! Denn so spricht der
König von Assur: Trefft doch mit mir eine Vereinba-
rung! Lauft zu mir über! Jeder kann sich dann von
seinem Weinstock und seinem Feigenbaum ernähren
und von seinem eigenen Zisternenwasser trinken,
32 bis ich komme und euch in ein Land herüber-
nehme, das eurem Lande gleichwertig ist, in ein Land
voll Getreide und Most, voll Brot und Weinbergen, in
ein Land voll von Ölbäumen und Honig. Ihr sollt am
Leben bleiben und nicht umkommen.
Schenkt darum dem Hiskia kein Gehör, denn er be-
trügt euch, wenn er sagt: Der Herr wird uns erretten.
33 Haben etwa die einzelnen Götter der Völker ihr
Land aus der Hand des Königs von Assur errettet?
34 Wo sind die Götter von Hamat und Arpad? Wo die
Götter von Sepharwajim, von Hena und Iwwa?
Haben sie etwa Samaria aus meiner Hand errettet?
35 Wer unter allen Göttern der Länder hat denn sein
Land aus meiner Gewalt errettet? Und da soll nun der
Herr Jerusalem aus meiner Gewalt erretten?« 36 Das
Volk schwieg und gab ihm keine Antwort; denn der
Befehl des Königs lautete: »Ihr sollt ihm nicht ent-
gegnen!« 37 Dann begaben sich der Palastvorsteher
Eljakim, der Sohn Hilkias, der Staatsschreiber Sebna
und der Kanzler Joach, der Sohn Asaphs, zu Hiskia.
Sie hatten ihre Kleider zerrissen und berichteten ihm
nun von den Reden des Obermundschenken.

18,17–25: Vgl. die Reden Goljats 1 Sam 17,8–11. • 18,17–20,19: Dieser lange Abschnitt wurde wörtlich auch in das Isaias-Buch eingefügt: Is 36,1–39,8.

Isaias tröstet den König

19 1 Als der König Hiskia das hörte, zerriß er
seine Kleider, hüllte sich in das Trauer-
gewand und begab sich in das Haus des
Herrn. 2 Dann sandte er den Palastvorsteher Elja-
kim, den Staatsschreiber Sebna und die Ältesten der
Priester, in Trauergewänder gehüllt, zum Propheten
Isaias, dem Sohn des Amoz. 3 Sie sagten zu ihm: »So
spricht Hiskia: Ein Tag der Drangsal, der Züchti-
gung und der Schmähung ist der heutige Tag; denn
Kinder sind bis an den Muttermund gekommen,
doch es fehlt die Kraft zum Gebären. 4 Vielleicht
vernahm der Herr, dein Gott, alle Hohnreden des
Obermundschenken, den sein Herr, der König von
Assur, geschickt hat, um den lebendigen Gott zu
schmähen, und vielleicht bestraft er die Reden, die
der Herr, dein Gott, gehört hat. Lege also Fürbitte
ein für den Rest, der noch geblieben ist!« 5 Darauf
gingen die Knechte des Königs Hiska zu Isaias. 6 Da
sprach Isaias zu ihnen: »Sagt folgendes zu eurem
Gebieter: So spricht der Herr: Fürchte dich nicht vor
den Hohnreden, die du gehört hast, welche die Bu-
ben des Königs von Assur gegen mich ausgestoßen
haben! 7 Siehe, ich werde jenem einen Geist einge-
ben; er wird eine Kunde vernehmen und dann in
sein Land zurückkehren. Ich werde ihn durch das
Schwert fallen lassen in seinem eigenen Lande.«

Sanheribs Schreiben

8 Der Obermundschenk kehrte zurück und traf den
König von Assur im Kampf gegen Libna. Er hatte
nämlich erfahren, daß dieser von Lachis abgezogen
sei; 9 denn er hörte, daß Tirhaka, der König von
Kusch, gegen ihn zum Streit ausgerückt sei. Da
schickte er nochmals Boten an Hiskia mit dem Auf-
trag: 10 »So sollt ihr zu Hiskia, dem König von Juda,
sprechen: Dein Gott, auf den du vertraust, soll dich
nicht darüber hinwegtäuschen, daß Jerusalem in
die Hand des Königs von Assur fallen wird! 11 Du
hörtest ja selbst, wie die Könige von Assur mit allen
Ländern verfuhren. Sie haben an ihnen den Bann
vollstreckt. Solltest du nun etwa gerettet werden?
12 Haben denn die Götter der von meinen Vätern
vernichteten Völker jene gerettet; nämlich Gosan,
Charan, Rezeph und die Söhne von Eden in Telas-
sar? 13 Wo ist der König von Hamat, der von Arpad,
der von der Stadt Sepharwajim, von Hena und von
Iwwa?« 14 Da nahm Hiskia das Schreiben aus der
Hand der Boten und las es. Darauf begab er sich in
den Tempel und breitete es vor dem Herrn aus.
15 Hiskia betete vor dem Herrn: »Herr, Gott Israels,
der du auf den Kerubim thronst, du allein bist der
Gott über alle Königreiche der Erde! Du hast den

Himmel und die Erde erschaffen. 16 Neige, Herr,
dein Ohr und höre! Öffne, Herr, deine Augen und
schau! Höre die Drohworte Sanheribs, die er über-
mittelt hat, den lebendigen Gott zu verhöhnen!
17 Es ist wahr, o Herr, verwüstet haben die Könige
von Assur die Völker und deren Länder. 18 Sie haben
ihre Götter ins Feuer geworfen; denn es waren ja
überhaupt keine Götter, sondern Gebilde von Men-
schenhand, Holz und Stein, die man vernichten
konnte. 19 Nun aber, Herr, unser Gott, errette uns
aus seiner Hand, damit alle Königreiche der Erde er-
kennen, daß du, Herr, allein Gott bist!«

Ein Spottlied des Isaias

20 Da sandte Isaias, der Sohn des Amoz, an Hiskia
und ließ sagen: »So spricht der Herr, der Gott Isra-
els: Ich habe gehört, um was du Sanheribs wegen,
des Königs von Assur, zu mir gebetet hast. 21 Dies
ist nun der Spruch, den der Herr über ihn verkündet
hat: ›Es verachtet dich, verspottet dich die Jungfrau,
Tochter Sion. Hinter dir her schüttelt das Haupt die
Tochter Jerusalem. 22 Wen hast du gelästert, ge-
schmäht, gegen wen die Stimme erhoben und deine
Augen hochmütig emporgerichtet? Wider den
Heiligen Israels! 23 Durch deine Boten hast du den
Herrn beschimpft. Du hast dir gedacht: Mit meiner
Wagenmenge erklomm ich die Höhen der Berge,
des Libanon entlegensten Teil. Seine ragenden Ze-
dern habe ich gefällt, die schönsten seiner Zypres-
sen! Ich drang bis zum äußersten Rastort vor, in sei-
nes Baumgartens Dickicht. 24 Brunnen grub ich und
trank fremde Wasser. Ich trocknete mit meiner
Füße Tritt alle Ströme Ägyptens. 25 Ist dir folgendes
entgangen? Seit langem habe ich dies so gefügt, seit
der Vorzeit Tagen geplant, und jetzt ließ ich es ein-
treffen; zu wüsten Trümmern sollte es zerstören
befestigte Städte! 26 Ihre Bewohner erbebten in
Ohnmacht und stürzten in Schande. Sie wurden
wie Kraut auf dem Feld und wie sprießendes Grün,
wie Gras auf den Dächern, das verdorrt vor dem
Ostwind. 27 Mir ist dein Aufstehen und Ruhen, dein
Gehen und Kommen bekannt und auch dein Toben
gegen mich. 28 Und weil du tobtest gegen mich,
dein Lärmen mir zu Ohren drang, darum ziehe ich
dir meinen Ring durch die Nase, meinen Zaum in
deine Lippen und bringe dich zurück auf den Weg,
den du kamst!‹

29 Dies aber sei dir zum Zeichen: Heuer ißt man den
Nachwuchs, im nächsten Jahr den Brachwuchs, im
dritten Jahr sollt ihr säen und ernten, Weinberge
pflanzen und deren Frucht essen! 30 Was dann ent-
ronnen von Judas Haus, was noch geblieben, treibt
wieder Wurzeln nach unten und zeitigt Früchte
nach oben. 31 Denn von Jerusalem wird ein Rest
ausgehen, eine gerettete Schar vom Berge Sion. Der
Eifer des Herrn der Heerscharen wird dies bewir-
ken. 32 Darum spricht der Herr über den König von
Assur: In diese Stadt kommt er nicht, schießt kei-
nen Pfeil hinein, er rennt sie nicht an mit dem Schild
und gräbt keinen Wall wider sie. 33 Des Weges, den
er kam, wird er abziehen; in diese Stadt dringt er
nicht ein! – Spruch des Herrn. 34 Diese Stadt will ich
zu ihrem Heil umhegen um meinetwillen und mei-
nes Knechtes David willen!«

Sanheribs Niederlage und Ende

35 In jener Nacht zog der Engel des Herrn aus. Er
schlug im assyrischen Lager 185 000 Mann. Als man
am Morgen aufstand, waren diese alle entseelte Lei-
chen. 36 Nun brach Sanherib, der König von Assur,
auf, zog heimwärts und blieb in Ninive. 37 Als er
sich einmal im Tempel seines Gottes Nisroch zur
Anbetung niederwarf, erschlugen ihn seine Söhne
Adrammelech und Sarezer mit dem Schwert. Sie
flüchteten danach in das Land Ararat. Sein Sohn
Asarhaddon folgte ihm in der Königsherrschaft.

19,35: Wahrscheinlich handelte es sich um eine plötzliche Pest. Es war im Jahre 701 v. Chr. Um 681 wurde Sanherib ermordet (Vers 37.

Krankheit des Hiskia

20 1 In jenen Tagen wurde Hiskia auf den
Tod krank. Da begab sich der Prophet
Isaias, der Sohn des Amoz, zu ihm und
sprach: »So spricht der Herr: Bestelle dein Haus;
denn du wirst sterben und nicht am Leben bleiben!«
2 Da wandte Hiskia sein Angesicht zur Wand und
flehte zum Herrn: 3 »Ach, Herr, gedenke doch, wie
ich in Treue und mit vollster Herzenshingabe vor
deinem Angesicht gewandelt bin und getan habe,
was deinen Augen wohlgefällig ist.« Dann brach
Hiskia in heftiges Weinen aus. 4 Isaias war über den
mittleren Vorhof noch nicht hinausgekommen, als
das Wort des Herrn an ihn erging: 5 »Kehre um und
sage zu Hiskia, dem Fürsten meines Volkes: So
spricht der Herr, der Gott deines Vaters David: Ich
habe dein Gebet gehört, deine Tränen gesehen.
Siehe, ich werde dich heilen. Übermorgen wirst du
in den Tempel des Herrn hinaufgehen. 6 Ich will zu
deinen Lebenstagen noch fünfzehn Jahre hinzu-
geben. Auch will ich dich und diese Stadt aus der
Hand des Königs von Assur erretten und diese Stadt
beschirmen um meinetwillen und meines Knechtes
David willen!« 7 Danach befahl Isaias: »Holt einen
Feigenkuchen!« Man nahm ihn und legte ihn auf
das Geschwür, und der König wurde gesund.

Zeichen an der Sonnenuhr
8 Hiskia fragte den Isaias: »Welches ist das Zeichen,
daß der Herr mich heilen wird und ich übermorgen
in den Tempel des Herrn gehen kann?« 9 Isaias
antwortete: »Dies diene dir als Zeichen vom Herrn,
daß der Herr das Wort, das er gesprochen, auch
ausführen wird: Soll der Schatten zehn Stufen nach
vorn oder zehn Stufen nach rückwärts gehen?«
10 Hiskia erwiderte: »Es ist dem Schatten leicht,
nach vorwärts sich zu neigen. Nein, er soll um
zehn Stufen zurückgehen!« 11 Nun rief der Prophet
Isaias zum Herrn, und dieser ließ den Schatten an
den Stufen, welche die Sonne auf der Treppe des
Achas hinabgegangen war, zehn Stufen rückwärts
gehen.

Die Gesandschaft aus Babel
12 In jener Zeit sandte Merodach-Baladan, der Sohn
Baladans, der König von Babel, ein Schreiben mit
Geschenken an Hiskia; denn er hatte gehört, daß
Hiskia krank sei. 13 Hiskia freute sich darüber und
zeigte den Abgesandten sein ganzes Schatzhaus,
das Silber und Gold, die Spezereien und das kost-
bare Öl, sein ganzes Zeughaus sowie alles, was sich
in seinen Schatzkammern befand. In seinem Haus
und in seinem ganzen Herrschaftsbereich gab es
nichts, was ihnen Hiskia nicht gezeigt hätte. 14 Da
begab sich der Prophet Isaias zum König Hiskia und
fragte ihn: »Was haben jene Männer gesagt? Woher
sind sie zu dir gekommen?« Hiskia antwortete:
»Aus fernem Land sind sie gekommen, aus Babel.«
15 Da fragte er weiter: »Was bekamen sie in deinem
Palast zu sehen?« Hiskia gab zur Antwort: »Alles,
was sich in meinem Palast befindet, haben sie be-
sichtigt. Es gibt in meinen Schatzkammern nichts,
was ich ihnen nicht gezeigt hätte.« 16 Da sprach
Isaias zu Hiskia: »Höre das Wort des Herrn: 17 Siehe,
Tage kommen, da wird man alles, was in deinem
Palast ist und was deine Väter bis zum jetzigen Tag
angehäuft haben, nach Babel bringen. Nichts wird
hierbleiben, spricht der Herr. 18 Auch von deinen
leiblichen Söhnen, die du bekommst, wird man
einige nehmen, damit sie als Kämmerer im Palast
des Königs von Babel dienen.« 19 Darauf antwortete
Hiskia dem Isaias: »Das Wort des Herrn, das du ver-
kündet hast, ist gut!« Er dachte nämlich: »Wenn nur
beständiger Friede in meinen Tagen bleibt!«

Ende des Hiskia
20 Die übrigen Taten des Hiskia und alle seine krie-
gerischen Leistungen, und wie er den Teich und die
Wasserleitung angelegt und das Wasser in die Stadt
geleitet hat, sind aufgeschrieben in der Chronik der
Könige von Juda. 21 Hiskia entschlief zu seinen
Vätern, und sein Sohn Manasse folgte ihm in der
Königsherrschaft.

20,11: Vielleicht eine Sonnenuhr? • 17f: Im Jahre 605 v. Chr. wurde Jerusalem von dem babylonischen König Nebukadnezar erobert und König Jojakim mit den Söhnen der führenden Geschlechter, darunter auch Daniel, nach Babylon gebracht. Wenig später (598 v. Chr.) führte wiederum ein babylonisches Heer König Jojachin mit zehntausend Gefangenen in die Verbannung nach Babylon (vgl. 2 Kön 24,1–17).

Manasse (693–639) –
Gottes Zorn über Juda

21
1 Manasse war zwölf Jahre alt, als er
König wurde. Er regierte fünfundfünfzig
Jahre in Jerusalem. Der Name seiner
Mutter war Chephzibah. 2 Er tat, was dem Herrn
mißfiel, entsprechend den Greueln der Völker, die
der Herr vor den Israeliten vertrieben hatte. 3 Er ließ
die Höhen wieder aufbauen, die sein Vater Hiskia
zerstört hatte, errichtete dem Baal Altäre, ließ eine
Aschera verfertigen, wie der König Achab von
Israel es getan, betete das ganze Heer des Himmels
an und diente ihm. 4 Er ließ solche Altäre im Tem-
pel bauen, von dem der Herr doch gesagt hatte: »In
Jerusalem will ich meinen Namen wohnen lassen.«
5 Zu Ehren des gesamten Himmelsheeres errichtete
er Altäre in den beiden Vorhöfen des Herrentem-
pels. 6 Auch ließ er seinen Sohn durch das Feuer ge-
hen, trieb Zauberei und Wahrsagerei, stellte Toten-
beschwörer und Zeichendeuter an und tat vieles,
was dem Herrn mißfiel, um ihn zu reizen. 7 Das Bild
der Aschera, das er angefertigt hatte, stellte er in
den Tempel, von dem der Herr doch zu David und
dessen Sohn Salomo gesagt hatte: »In diesem Tem-
pel und in Jerusalem, das ich aus allen Stämmen
Israels erwählt habe, will ich meinen Namen woh-
nen lassen in Ewigkeit! 8 Ich werde den Fuß Israels
nicht mehr unstet aus dem Lande wegziehen las-
sen, das ich ihren Vätern gegeben habe, wenn sie
nur darauf achten, alles zu tun nach dem gesamten
Gesetz, das mein Knecht Moses ihnen verordnet
hat.« 9 Doch sie wollten nicht hören, und Manasse
verführte sie, noch schlimmere Dinge zu tun als die
Völker, die der Herr vor den Israeliten vertrieben
hatte.
10 Der Herr aber verkündete durch seine Diener, die
Propheten, folgendes: 11 »Manasse, der König von
Juda, hat Untaten verübt, hat die ganze Bosheit der
früheren Amoriter übertroffen und auch Juda mit
seinen Götzen zur Sünde verführt. 12 Darum spricht
der Herr, der Gott Israels: ›Siehe, ich bringe Unheil
über Jerusalem und Juda, daß allen, die davon
hören, beide Ohren gellen. 13 Ich werde an Jeru-
salem die Meßschnur Samarias und die Waage des

Hauses Achab anlegen und werde Jerusalem fort-
wischen, wie man eine Schüssel auswischt und
dann nach unten kehrt. 14 Verstoßen will ich den
Rest meines Erbbesitzes und der Gewalt seiner
Feinde übergeben. So werden sie allen ihren Fein-
den zum Raub und zur Beute sein. 15 Denn sie taten,
was mir mißfallen mußte, und reizten mich von
dem Tage an, da ihre Väter aus Ägypten fortzogen,
bis heute.‹« Auch unschuldiges Blut vergoß
Manasse in großer Menge und erfüllte damit Jeru-
salem von einem Ende bis zum andern, abgesehen
von der Sünde, daß er Juda zu einem dem Herrn
mißfälligen Handeln verführte. 17 Die übrigen Taten
Manasses, sein Wirken und die Sünden, die er be-
gangen hat, sind aufgeschrieben im Buch der Chro-
nik der Könige von Juda. 18 Manasse entschlief zu
seinen Vätern und wurde im Garten seines Palastes,
im Garten des Ussa, begraben. Sein Sohn Amon
folgte ihm in der Königsherrschaft.

Amon (639–638)

19 Amon war zweiundzwanzig Jahre alt, als er
König wurde. Er regierte zwei Jahre in Jerusalem.
Der Name seiner Mutter war Meschullemet; sie
war die Tochter des Charuz aus Jotba. 20 Er tat, was
dem Herrn mißfiel, wie sein Vater Manasse. 21 Ganz
auf den Pfaden wandelte er, die sein Vater beschrit-
ten hatte, diente den gleichen Götzen, die sein
Vater verehrt hatte, und betete sie an. 22 Er verließ
den Herrn, den Gott seiner Väter, und wandelte
nicht auf dem Weg des Herrn. 23 Gegen ihn stifteten
seine eigenen Diener eine Verschwörung an und
töteten ihn in seinem Haus. 24 Die Bürger des Lan-
des aber erschlugen alle, die sich gegen den König
verschworen hatten, und riefen seinen Sohn Josia
an seiner Stelle zum König aus. 25 Die übrigen Taten
Amons, sein ganzes Wirken, sind aufgeschrieben in
der Chronik der Könige von Juda. 26 Man begrub
ihn in seiner Grabkammer im Garten des Ussa. Sein
Sohn Josia folgte ihm in der Königsherrschaft.

21,2–9: Manasse war politisch und kulturell vom assyrischen Zwingherrn abhängig. Vermutlich war das Volk mit allen Maßnahmen seines Königs einverstanden und lief Gefahr, von einem Propheten überhaupt nicht mehr erfaßt zu werden. Aschera war die kanaanäische Fruchtbarkeitsgöttin. • 11–15: Welche Propheten hier gemeint sind, ist uns unbekannt. Immerhin sehen wir, daß es selbst in dieser Niedergangszeit nicht an aufrechten Drohrednern fehlte. • 17: Von der Gefangennahme und Bekehrung Manasses (2 Chron 33,11–19) weiß unsere Quelle nichts.

Josia (638–609)

22 1 Josia war acht Jahre alt, als er König
wurde. Er regierte einunddreißig Jahre
in Jerusalem. Der Name seiner Mutter
war Jedida; sie war die Tochter Adajas aus Bozkat.
2 Josia tat, was dem Herrn wohlgefiel, und wandelte
ganz auf dem Wege seines Ahnherrn David, ohne
nach rechts oder links abzuweichen.

Rolle des Gesetzes im Tempel des Herrn

3 Im achtzehnten Jahr des Königs Josia sandte der
König den Staatsschreiber Schaphan, den Sohn des
Azalja und Enkel Meschullams, in den Tempel des
Herrn mit dem Auftrag 4 »Gehe zum Hohenpriester
Hilkia! Er soll das Geld ausschütten, das in den Tem-
pel gebracht worden ist und das die Schwellenhüter
von den Leuten gesammelt haben. 5 Man übergebe
es den Werkmeistern, die zugleich Aufseher im
Tempel des Herrn sind. Diese sollen es für die Ar-
beiter verwenden, die im Tempel mit der Beseiti-
gung der Schäden beschäftigt sind, 6 für die Zim-
merleute, Bauleute und Maurer, sowie zum Einkauf
von Holz und behauenen Steinen zur Ausbesserung
des Hauses. 7 Nur soll man mit ihnen über das Geld,
das ihnen ausgehändigt wird, nicht abrechnen; sie
sollen vielmehr auf Treu und Glauben handeln.«
8 Da sagte nun der Hohepriester Hilkia zum Staats-
schreiber Schaphan: »Ich habe die Gesetzesrolle im
Tempel des Herrn gefunden.« Hilkia gab Schaphan
die Rolle, und dieser las sie. 9 Danach ging der Staats-
schreiber Schaphan zum König und meldete ihm:
»Deine Knechte haben das Geld ausgeschüttet, das
sich im Tempel befand, und übergaben es den Werk-
führern, die als Aufseher im Tempel bestellt sind.«
10 Zugleich teilte der Staatsschreiber Schaphan dem
König mit: »Der Priester Hilkia hat mir eine Rolle ge-
geben.« Schaphan las sie dem König vor.

Hulda, die Prophetin

11 Als der König den Inhalt der Gesetzesrolle ver-
nahm, zerriß er seine Kleider. 12 Er befahl dem Prie-
ster Hilkia, sowie Achikam, dem Sohn Schaphans,
Achbor, dem Sohn Michajas, dem Staatsschreiber
Schaphan und Asaja, dem Minister des Königs:
13 »Geht hin und befragt den Herrn für mich, für das
Volk und für ganz Juda über diese Rolle, die aufge-
funden wurde! Denn groß ist der Zorn des Herrn,
der gegen uns entbrannt ist, weil unsere Väter auf
die Worte dieser Rolle nicht achteten und nicht ta-
ten, was in ihr geschrieben steht.‹ 14 Da ging der
Priester Hilkia mit Achikam, Achbor, Schaphan und
Asaja zur Prophetin Hulda, der Frau Schallums, des
Sohnes Tikwas und Enkels des Charchas, welcher
Verwalter der Kleiderkammer war. Sie wohnte zu
Jerusalem in der Neustadt. Man redete mit ihr. 15 Sie
gab ihnen den Bescheid: »So spricht der Herr, der
Gott Israels: Sagt dem Mann, der euch zu mir ge-
sandt hat: 16 So spricht der Herr: Siehe, ich bringe
Unheil über diesen Ort und über seine Bewohner,

nämlich alle Drohungen der Buchrolle, die der
König von Juda gelesen hat. 17 Denn verlassen
haben sie mich, fremden Göttern brachten sie
Rauchopfer dar, um mich zu beleidigen durch alle
Werke ihrer Hände. Darum ist mein Zorn gegen
diesen Ort entbrannt und kommt nicht zum Verlö-
schen. 18 Zum König von Juda aber, der euch sendet,
um den Herrn zu befragen, sagt: So spricht der Herr,
der Gott Israels: Von den Worten, die du ver-
nahmst, gilt folgendes: 19 Weil dein Herz weich ge-
worden ist und du dich verdemütigt hast vor dem
Herrn, da du meine Drohungen wider diesen Ort
und seine Bewohner hörtest, daß sie nämlich Ge-
genstand des Entsetzens und des Fluches werden
sollen, und weil du deine Kleider zerrissen und vor
mir geweint hast, darum will auch ich dich erhören,
spricht der Herr. 20 Deshalb sollst du, wenn ich dich
zu deinen Vätern versammle, in Frieden in deinem
Grab beigesetzt werden. Deine Augen sollen all das
Unheil nicht mehr schauen, das ich über diesen Ort
bringe!« Sie berichteten dieses dem König.

22,8: Vgl. Vorwort zu 5 Mos. • 23,8: Der Opferdienst für den Herrn, den Gott Israels, hörte damals außerhalb Jerusalems auf. Dies entsprach ganz 5 Mos 12,5–7. Die Einrichtung des heiligen Zeltes hatte diese Entwicklung bereits vorbereitet. Eine Verheißung, daß einmal eine Zeit kommen werde, da man Gott überall Opfer darbringen werde, lesen wir Mal 1,11. • 17: Siehe 1 Kön 13,2. • 25: Daß eine so gründliche Abkehr vom ausländischen Götzendienst möglich war, lag an den grundlegend veränderten politischen Verhältnissen. Assur stand vor dem Untergang; Josia war damit in die Lage versetzt, politisch und religiös seine eigenen Wege zu gehen. Der Ausgang der Schlacht von Megiddo vereitelte freilich seine Pläne, das alte Großreich Davids wiederherzustellen. Aber durch seine Kulterneuerung, die für das spätere Judentum wegweisend war, reihte er sich unter die bedeutendsten Herrscher ein.

Bundesschluß

23 1 Da ließ der König alle Ältesten Judas
und Jerusalems zu sich kommen. 2 Er
ging in den Tempel hinauf; alle Männer
Judas, alle Bewohner Jerusalems, die Priester und
die Propheten und alle Leute, klein und groß, waren
bei ihm. Er ließ ihnen alle Worte des Bundesbuches,
das sich im Tempel des Herrn gefunden hatte, laut
vorlesen. 3 Dann trat der König auf den Sockel und
schloß vor dem Herrn den Bund: Sie sollten dem
Herrn folgen, seine Befehle, Verordnungen und Sat-
zungen mit ganzem Herzen und mit ganzer Seele
halten und die Bundesvorschriften durchführen, die
in dieser Buchrolle geschrieben standen. Das ganze
Volk trat dem Bund bei.

Tempelsäuberung

4 Danach befahl der König dem Hohenpriester Hil-
kia, den Priestern zweiten Ranges und den Schwel-
lenhütern, aus dem Tempel des Herrn alle Gegen-
stände hinauszuschaffen, die für den Baal, die
Aschera und das ganze Himmelsheer verfertigt
worden waren. Außerhalb Jerusalems auf den Ge-
filden am Kidron ließ er sie verbrennen und als
Asche nach Betel schaffen. 5 Er setzte die Götzen-
priester ab, welche die Könige von Juda angestellt
hatten und die auf den Höhen, in den Städten Judas
und in der Umgebung Jerusalems Rauchopfer dar-
brachten, ferner auch jene, die dem Baal, der Sonne,
dem Mond, den Tierkreisbildern und dem ganzen
Heer des Himmels Rauchopfer darbrachten. 6 Er
ließ die Aschera aus dem Tempel des Herrn und aus
Jerusalem hinaus an den Kidronbach bringen, und
verbrannte sie im Kidrontal, zermalmte sie zu Staub
und streute ihre Asche auf die Gräber des einfachen
Volkes. 7 Dann ließ er die Gemächer der Weihe-
dirnen im Tempel des Herrn niederreißen, wo die
Frauen Schleier für die Aschera webten. 8 Auch ließ
er alle Priester aus den Städten Judas kommen, ent-
weihte die Höhen von Geba bis Beerseba, wo die
Priester Rauchopfer darzubringen pflegten. Er zer-
störte auch die Torhöhen, die sich am Eingang zum
Tor des Stadthauptmannes Josua befanden, linker
Hand, wenn man zum Stadttor hineinkommt.
9 Jedoch durften die Höhenpriester den Altar des
Herrn in Jerusalem nicht besteigen, sondern nur
ungesäuerte Brote inmitten ihrer Brüder essen.
10 Ferner entweihte er die Feuerstätte im Tal der
Söhne des Hinnom, damit niemand mehr seinen
Sohn oder seine Tochter für Molech durch das Feuer
gehen lassen konnte. 11 Er entfernte die Rosse, wel-
che die Könige von Juda zu Ehren der Sonne am Ein-
gang zum Tempel des Herrn bei der Halle des Käm-
merers Netanmelech im Vorhof aufgestellt hatten,
und verbrannte die Sonnenwagen im Feuer. 12 Auch
die Altäre auf dem Dache, das ist im Obergemach
des Achas, welche die Könige von Juda aufgestellt
hatten, sowie die Altäre, welche Manasse in den
beiden Vorhöfen des Tempels gebaut hatte, ließ der
König zertrümmern. Er schaffte sie weg und ließ
ihren Schutt in das Kidrontal werfen. 13 Desgleichen
entweihte der König die Opferhöhen östlich von
Jerusalem, südlich vom Berg des Verderbens, die
Salomo, der König von Jerusalem, für die Astarte,
das Scheusal der Sidonier, für Kamosch, das Scheu-
sal der Moabiter, und für Milkom, den Götzen-
greuel der Ammoniter, errichtet hatte. 14 Er zerbrach
die Weihesteine, hieb die Kultpfähle um und häufte
deren Stätte mit menschlichen Gebeinen an.

Bildersturm in Samaria

15 Auch den Altar zu Betel, die Höhe, die Jerobeam,
der Sohn Nebats, der Verführer Israels, erbauen

ließ, auch diesen Altar samt der Opferhöhe riß er
nieder. Er verbrannte das Höhenheiligtum, zer-
malmte es zu Schutt und verbrannte die Aschera.
16 Josia sah sich um und erblickte die Gräber, die
dort auf dem Berg waren. Er ließ die Gebeine aus
den Gräbern nehmen und auf dem Altar verbren-
nen; so entweihte er ihn gemäß dem Wort des
Herrn, das der Gottesmann verkündet hatte, der
jene Drohworte aussprach. 17 Weiterhin fragte er:
»Was ist das für ein Grabmal, das ich hier sehe?«
Die Männer der Stadt gaben ihm zur Antwort: »Das
ist das Grab des Gottesmannes, der aus Juda ge-
kommen war und gegen den Altar in Betel jene
Drohung ausgerufen hatte, die du jetzt in die Tat
umgesetzt hast.« 18 Da gebot er: »Laßt ihn ruhen,
niemand darf seine Gebeine berühren!« So ließ man
dessen Gebeine samt den Gebeinen des Propheten,
der aus Samaria stammte, unangetastet. 19 Auch in
den Städten Samarias beseitigte Josia alle Höhen-
heiligtümer, welche die Könige Israels errichtet hat-
ten, um den Herrn zu reizen. Er verfuhr mit ihnen
genauso, wie er in Betel getan hatte. 20 Alle Höhen-
priester, die dort waren, schlachtete er auf den
Altären und verbrannte Menschengebeine darauf.
Dann kehrte er nach Jerusalem zurück.

Feier des Paschafestes

21 Darauf befahl der König dem gesamten Volk:
»Feiert das Paschafest zu Ehren des Herrn, eures
Gottes, wie es in diesem Bundesbuch geschrieben
steht!« 22 Wie dieses Pascha war nämlich noch kei-
nes gehalten worden seit der Zeit der Richter, die in
Israel ihres Amtes walteten, und in der ganzen Zeit
der Könige von Israel und der Könige von Juda.
23 Erst im achtzehnten Jahr des Königs Josia wurde
dieses Pascha zu Ehren des Herrn in Jerusalem ge-
feiert. 24 Auch die Totenbeschwörer und Wahrsager,
die Hausgötter und die Götzenbilder, alle Scheu-
sale, die im Land Juda und in Jerusalem zu sehen
waren, fegte Josia hinweg, um die Gesetzesworte
durchzuführen, die in jener Rolle geschrieben stan-
den, die der Priester Hilkia im Tempel des Herrn ge-
funden hatte.

Lob auf Josia

25 Es gab vor ihm keinen König, der so wie er mit
seinem ganzen Herzen, seiner ganzen Seele und mit
all seinen Kräften genau nach dem Gesetz des Mo-
ses sich dem Herrn zugewandt hätte. Auch nach
ihm war keiner so wie er. 26 Jedoch der Herr ließ
nicht von seiner gewaltigen Zornesglut ab, da sein
Zorn gegen Juda nun einmal entbrannt war wegen
all der Kränkungen, die Manasse ihm angetan hatte.
27 Darum sprach er: »Auch Juda will ich von mei-
nem Angesicht entfernen, wie ich Israel beseitigt
habe. Verstoßen will ich diese Stadt, die ich er-
wählte, Jerusalem und das Haus, von dem ich ge-
sagt habe: Mein Name soll darin wohnen.«

Josia fällt in der Schlacht

28 Die übrigen Taten des Josia und seine Wirksam-
keit sind aufgeschrieben in der Chronik der Könige
von Juda. 29 In seinen Tagen zog der Pharao Necho,
der König von Ägypten, zu dem König von Assur an
den Euphratstrom. Der König Josia trat ihm entge-
gen, und jener tötete ihn bei Megiddo, sobald er ihn
sah. 30 Seine Diener fuhren ihn tot von Megiddo
weg. Sie brachten ihn nach Jerusalem und setzten
ihn in seiner Grabstätte bei. Die Bürger des Landes
aber nahmen Joachas, den Sohn des Josia, salbten
ihn und riefen ihn zum König aus an seines Vaters
Statt.

Joachas (608)

31 Joachas war dreiundzwanzig Jahre alt, als er
König wurde. Er herrschte drei Monate in Jeru-
salem. Der Name seiner Mutter war Chamutal; sie
war die Tochter des Jirmejahu aus Libna. 32 Er tat,
was dem Herrn mißfiel, ganz wie seine Väter taten.
33 Der Pharao Necho entsetzte ihn zu Ribla im
Lande Hamat seiner Königsherrschaft über Jeru-
salem und belegte das Land mit einer Abgabe von
hundert Talenten Silber und zehn Talenten Gold.
34 Dann machte der Pharao Necho Eljakim, den
Sohn des Josia, zum König an Stelle seines Vaters
Josia und änderte seinen Namen in Jojakim. Den
Joachas aber nahm er mit; so kam dieser nach
Ägypten, wo er starb. 35 Das Silber und das Gold lie-
ferte Jojakim an den Pharao ab. Er mußte aber das
Land besteuern, um das Geld nach dem Geheiß des
Pharao abliefern zu können. Nach dem Schätzungs-
wert eines jeden trieb er das Silber und das Gold
von den Landesbürgern ein, um es an den Pharao
Necho abzuliefern.

Jojakim (608–597)

36 Jojakim war fünfundzwanzig Jahre alt, als er
König wurde. Er regierte elf Jahre in Jerusalem. Der
Name seiner Mutter war Sebida; sie war die Toch-
ter Pedajas aus Ruma. 37 Er tat, was dem Herrn
mißfiel, ganz wie seine Väter taten.

24

1 In seinen Tagen zog Nebukadnezar,
der König von Babel, heran. Jojakim
war ihm drei Jahre lang unterwürfig.
Dann fiel er wieder von ihm ab. 2 Da entsandte der
Herr gegen ihn die Streitscharen der Kaldäer,
Aramäer, Moabiter und der Ammoniter. Er ließ sie
in Juda einfallen, um es zu verheeren gemäß dem

Wort, das der Herr durch seine Knechte, die Propheten, gesprochen hatte. 3 Nur auf Geheiß des Herrn kam diese Drangsal über Juda, um es von seinem Antlitz zu entfernen, wegen der Sünden Manasses, nach all dem, was er getan hatte. 4 Auch wegen des unschuldigen Blutes, das er vergossen, und weil er Jerusalem mit schuldlosem Blute angefüllt hatte, wollte ihm der Herr nicht mehr vergeben. 5 Die übrigen Taten Jojakims und alles, was er getan hat, sind aufgeschrieben in der Chronik der Könige von Juda. 6 Jojakim entschlief zu seinen Vätern, und sein Sohn Jojachin folgte ihm in der Königsherrschaft. 7 Der König von Ägypten unternahm keinen Feldzug mehr von seinem Land aus; denn der König von Babel hatte vom Bach Ägyptens bis zum Euphratstrom alles erobert, was dem König von Ägypten gehört hatte.

Jojachin (597)

8 Jojachin war achtzehn Jahre alt, als er König wurde. Er regierte drei Monate in Jerusalem. Der Name seiner Mutter war Nechuschta; sie war die Tochter Elnatans aus Jerusalem. 9 Er tat, was dem Herrn mißfiel, ganz wie sein Vater. 10 In jener Zeit zogen die Soldaten Nebukadnezars, des Königs von Babel, gegen Jerusalem, und die Stadt wurde belagert. 11 Dann rückte der Babylonierkönig Nebukadnezar selbst gegen die Stadt heran, während seine Kriegsknechte sie belagerten. 12 Da ging Jojachin, der König von Juda, hinauf zum König von Babel zusammen mit seiner Mutter, seinen Dienern, seinen Obersten und Hofbeamten. Der König von Babel nahm im achten Jahr seiner Regierung ihn gefangen. 13 Auch ließ er von dort alle Schätze des Tempels und die Schätze des königlichen Palastes fortschaffen und alle goldenen Geräte zerschlagen, die der König Salomo von Israel für den Tempel des Herrn verfertigt hatte. Das entsprach dem Drohwort des Herrn.

14 Ganz Jerusalem führte er in die Gefangenschaft, und zwar alle vornehmen und wehrtüchtigen Männer, zehntausend Gefangene, auch alle Schmiede und Schlosser; nur die geringen Leute unter den Bürgern des Landes blieben zurück. 15 Den Jojachin führte er gefangen nach Babel; auch die Mutter des Königs, die königlichen Frauen und Hofbeamten sowie alle Adeligen des Landes brachte er von Jerusalem nach Babel in die Gefangenschaft, 16 dazu alle Wehrfähigen, siebentausend Mann, die Schmiede und die Schlosser, tausend an der Zahl, lauter kriegstüchtige Männer. Sie alle führte der Babylonierkönig in die Gefangenschaft nach Babel. 17 Dann setzte der König von Babel den Mattanja, den Oheim Jojachins, an dessen Statt in die Königsherrschaft ein und änderte seinen Namen in Zidkia.

Zidkia (597–586)

18 Einundzwanzig Jahre war Zidkia alt, als er König wurde, und elf Jahre regierte er in Jerusalem. Der Name seiner Mutter war Chamutal; sie war die Tochter des Jirmejahu aus Libna. 19 Er tat, was dem Herrn mißfiel, ganz so wie Jojakim getan hatte. 20 Wegen des Zornes des Herrn brach über Jerusalem und Juda das Unheil herein, bis er sie von seinem Angesicht verstieß. Zidkia empörte sich gegen den König von Babel.

Fluchtversuch des Königs

25 1 Es geschah am zehnten Tag des zehnten Monats, im neunten Jahre seiner Herrschaft, daß Nebukadnezar, der König von Babel, mit seiner gesamten Streitmacht vor Jerusalem rückte und es belagerte. Man errichtete ringsherum ein Belagerungswerk. 2 So wurde die Stadt eingeschlossen, bis zum elften Jahr des Königs Zidkia. 3 Es entstand eine große Hungersnot in der Stadt, und die Bevölkerung des Landes hatte kein Brot mehr. Am neunten Tag des vierten Monats 4 wurde eine Bresche in die Stadt gelegt. Der König und alle Krieger sahen dies, ergriffen die Flucht und verließen die Stadt bei Nacht auf dem Weg durch das Tor zwischen den beiden Mauern, das zum königlichen Garten hinausführt, obwohl die Kaldäer rings um die Stadt lagerten. Sie schlugen den Weg zur Jordansenke ein. 5 Die Streitmacht der Kaldäer setzte dem König nach und erreichte ihn bei den Steppen von Jericho, nachdem all seine Truppen ihn verlassen und sich zerstreut hatten. 6 Man ergriff den König und brachte ihn zum König von Babel nach Ribla; dieser hielt Gericht über ihn. 7 Die Söhne des Zidkia machte man vor seinen Augen nieder. Den Zidkia selbst ließ er blenden, in Fesseln legen und nach Babel bringen. 8 Am siebten Tage des fünften Monats – es war im neunzehnten Jahr des Nebukadnezar, des Königs von Babel – rückte Nebusaradan, der Oberste der Leibwache und Diener des babylonischen Königs, in Jerusalem ein. 9 Er steckte den Tempel, den königlichen Palast sowie alle Häuser Jerusalems in Brand. Jedes große Haus zündete er an. 10 Auch rissen die gesamten kaldäischen Streitkräfte, die der Oberste der Leibwache befehligte, die Ringmauern Jerusalems nieder. 11 Den Rest der Bevölkerung, der in der Stadt noch vorhanden war, sowie die Überläufer, welche zum König von Babel übergetreten waren, und den Rest der Handwerker führte Nebusaradan, der

Oberste der Leibwache, in die Gefangenschaft.
12 Aber von den geringen Leuten im Land ließ der
Oberste der Leibwache eine Anzahl als Weinbau-
ern und Landwirte zurück.

Tempelgeräte

13 Die ehernen Säulen am Tempel des Herrn, die
Fahrgestelle und das eherne »Meer« im Tempel des
Herrn zerbrachen die Kaldäer und nahmen ihr Erz
mit nach Babel. 14 Auch die Schüsseln, die Schau-
feln, die Messer und die Schalen und alle ehernen
Geräte, mit denen man den Tempeldienst versah,
nahmen sie fort. 15 Desgleichen nahm der Oberste
der Leibwache die Kohlenpfannen und die Spreng-
schalen, die sämtlich von Gold oder Silber waren,
mit. 16 Die beiden Säulen, das eine »Meer«, die Ge-
stelle, die Salomo für den Tempel anfertigen ließ –
das Erz von all diesen Geräten war nicht zu wägen.
17 Die Höhe der einzelnen Säulen betrug achtzehn
Ellen. Ein Kapitell aus Erz bildete den Abschluß
nach oben. Die Höhe des Kapitells betrug fünf El-
len. Das Kapitell umgaben Flechtwerk und Granat-
äpfel, alles aus Erz. Ebensolche Granatäpfel waren
an der zweiten Säule auf dem Flechtwerk.

Todesstrafen

18 Der Oberste der Leibwache nahm den Oberprie-
ster Seraja, den zweiten Priester Zephanja und die
drei Schwellenhüter mit. 19 Aus der Stadt nahm er
einen Hofbeamten gefangen, der zugleich die
Streitmacht befehligte, und fünf Männer, die den
persönlichen Dienst des Königs versahen und noch
in der Stadt aufgefunden wurden, sowie den Schrei-
ber des Heerführers, der die Bürger des Landes aus-
zuheben hatte, endlich sechzig Leute von der Lan-
desbevölkerung, die sich in der Stadt befanden.
20 Nebusaradan, der Oberste der Leibwache, nahm
sie und schickte sie zum König von Babel nach
Ribla. 21 Der König von Babel ließ sie in Ribla im
Lande Hamat schlagen und hinrichten. Juda wan-
derte so von seinem Heimatland in die Verbannung.

Der Statthalter Gedalja

22 Über das Volk, das im Lande Juda geblieben und
das der König von Babel, Nebukadnezar, zurück-
gelassen hatte, setzte er den Gedalja, den Sohn
Achikams und Enkel Schaphans, als Statthalter ein.
23 Als sämtliche Truppenführer und ihre Mann-
schaften vernahmen, daß der König von Babel den
Gedalja als Statthalter eingesetzt habe, kamen sie
zu ihm nach Mizpa. Es waren Ismael, der Sohn
Netanjas, Jochanan, der Sohn Kareachs, Seraja, der
Sohn Tanchumets aus Netopha, und Jaasanja, der
Sohn des Maachatiters, mit ihren Leuten. 24 Gedalja
schwur ihnen und ihren Mannschaften und ermun-
terte sie: »Habt keine Angst vor der kaldäischen
Dienstbarkeit! Bleibt im Lande und dient dem
König von Babel; dann wird es euch gut ergehen!«
25 Doch im siebten Monat kam Ismael, der Sohn
Netanjas und Enkel Elischamas, aus königlichem
Geschlecht, und mit ihm zehn Männer. Sie erschlu-
gen den Gedalja mitsamt den Juden und Kaldäern,
die bei ihm in Mizpa waren. 26 Danach machten
sich alle Leute, die Kinder und die Erwachsenen,
und alle Anführer von Streitkräften auf den Weg
nach Ägypten; denn man fürchtete die Kaldäer.

Begnadigung Jojachins (561)

27 Am siebenundzwanzigsten Tage des zwölften
Monats im siebenunddreißigsten Jahre der Weg-
führung Jojachins, des Königs von Juda, begnadigte
Ewil-Merodach, der König von Babel, im Jahre sei-
nes Regierungsantrittes Jojachin, den König von
Juda, und entließ ihn aus dem Gefängnis. 28 Er re-
dete mit ihm freundliche Worte und gab ihm seinen
Sitz oberhalb des Sitzes der anderen Könige, die bei
ihm in Babel waren. 29 Er durfte seine Gefängnis-
kleider umtauschen und ständig bei ihm speisen,
solange er lebte. 30 Sein Lebensunterhalt wurde ihm
als dauernde Gabe vom König in der bestimmten
Höhe täglich geliefert, solange er lebte.

24,1–25,12: Die Kaldäer, ursprünglich nur ein kleiner Volksstamm, der aus der syrisch-arabischen Wüste herkam, übernahmen das Erbe des mehr als 1000jährigen Assur. Die Hauptstadt Ninive wurde 612 zerstört. Das babylonische Reich wurde damit neben Medien, das die Gebiete im Norden bis zum Halys in Kleinasien beherrschte, zum mächtigsten Staat Vorderasiens. Der Begründer des Neubabylonischen Reiches war Nabopolassar (624–604). Nach Angaben griechischer Schriftsteller hatte Nabopolassar ursprünglich als assyrischer Heerführer gedient und war möglicherweise Statthalter von Südbabylonien. Es gelang ihm, von Assyrien unabhängig zu werden. Mit der Zerschlagung Assyriens mußte das Land unter Babylonien und Medien aufgeteilt werden. Die Grenze, die zwischen beiden Reichen festgelegt wurde, verlief wahrscheinlich vom Golf von Issos aus (im Nordosten des Mittelländischen Meeres, zwischen Kleinasien und Phönikien) quer durch Mesopotamien, so daß den Medern Harran und das ehemalige assyrische Stammgebiet zufiel. An Babylonien fiel damit etwa die Hälfte des assyrischen Reiches, aber diese Hälfte mußte erst noch gesichert werden. Solange Medien mit ihm befreundet war, hatte Babylonien seine Herrschaft allein in Syrien, Phönikien und Palästina aufrechtzuerhalten, und nur Ägypten, sein anderer gefährlicher Konkurrent, mußte unschädlich gemacht werden, zumal Tyros, Juda und wahrscheinlich auch die transjordanischen Kleinstaaten nach der Schlacht von Megiddo (608) Ägypten unterworfen waren (vgl. 2 Kön 23,29–30). Nabopolassar beschloß daher, den Euphrat zu überschreiten und Syrien und Ägypten zu annektieren, die ja erst dreißig Jahre vorher unter der assyrischen Herrschaft Assurbanipals gestanden hatten. Seine Truppen brachten unter der Führung seines Sohnes Nebukadnezar (Nabuchodonosor) den Ägyptern in der Schlacht bei Karkemisch (604) eine verheerende Niederlage bei. Die Ägypter mußten sich in aller Eile zurückziehen, vom Sieger verfolgt, dem alle syrischen Fürsten sich eiligst unterwarfen, um ihre Städte vor der Vernichtung zu bewahren. Vor Pelusium angekommen, wo der Pharao Necho seine Truppen neu aufgestellt hatte, um den Eingang in sein Königreich zu verteidigen, erhielt Nebukadnezar die Nachricht vom Tode seines Vaters. Unverzüglich schloß er Frieden und eilte in Gewaltmärschen durch die Wüste nach Babel, um seine Herrschaft gegen mögliche fremde Thronbewerber zu sichern. Diesen Frieden benutzte Necho, um seine Armee und seine Flotte wiederaufzubauen. Er und seine Nachfolger Psammetich II. und Apries versuchten in der folgenden Zeit, das verlorengegangene Phönikien und Palästina wieder unter ihren Einfluß zu bringen und deren Fürsten zur Auflehnung gegen die babylonische Herrschaft zu veranlassen. Jojakim von Juda ging darauf ein in der Hoffnung, sich aus seiner totalen Abhängigkeit von Nebukadnezar (vgl. Vers 1) lösen zu können. Dies führte zur Katastrophe des Jahres 597, bei der Jerusalem und der Tempel von den Babyloniern geplündert wurden und König Jojachin und zahlreiche Israeliten in die Babylonische Gefangenschaft gerieten. Über den in Jerusalem verbleibenden Rest der Bevölkerung setzte Nebukadnezar den jüngsten Sohn des Josia unter dem Namen Zidkia als König ein. Schon bald darauf erlangten die Anhänger Ägyptens in Jerusalem wieder die Oberhand, und Zidkia ließ sich trotz der ernsten Mahnungen des Propheten Jeremias (vgl. Jer 37,1–38,28a) von ihnen verleiten, sich gegen Babel zu erheben. Als der Pharao Apries Sidon einnahm, traten Zidkia und die anderen Kleinkönige Palästinas offen auf seine Seite über. Vermutlich setzten sie dabei alle ihre Hoffnungen auf den heranreifenden Konflikt zwischen Medien und Babylonien, auf den sich Nebukadnezar bereits vorbereitete (Bau der »Medischen Mauer« durch die Ebene des Zweistromlandes). Da jedoch die Meder mit der Unterwerfung des Urartäischen und des Skythischen Reiches beschäftigt und danach in Kleinasien in einen langwierigen Krieg gegen Lydien verwickelt waren, gingen die Hoffnungen Zidkias und seiner ägyptischen Parteigänger nicht in Erfüllung. Damit aber war sein Untergang besiegelt. Als Nebukadnezar im Jahr 587 erneut in Syrien einrückte, zog sich Apries zurück, wie Jeremias es vorausgesagt hatte (Jer 37,7), und überließ Juda seinem Schicksal. Im Jahre 586 fiel Jerusalem und wurde geplündert und zerstört. Zidkia wurde geblendet und nach Babel verbracht. Einen großen Teil der Bevölkerung Judas, vor allem die Aristokratie und die dringend benötigten Handwerker, ließ Nebukadnezar entsprechend dem assyrischen Brauch nach Babylonien umsiedeln. Die Ländereien der Deportierten wurden an die restlichen Einwohner verteilt, wodurch man Anhänger für die babylonische Herrschaft zu gewinnen hoffte. Der Widerstand in Palästina dauerte noch einige Zeit an (Ermordung des Statthalters Gedalja), wurde aber schließlich gänzlich gebrochen. Die letzten Kämpfer zogen sich mit ihren Familien auf ägyptisches Territorium zurück, wo man sie später als Militärkolonisten ansiedelte. Das Volk Juda als eine politische Einheit hatte aufgehört zu existieren.

ERSTES BUCH DER CHRONIK

Die beiden Bücher der Chronik sind ein einheitliches Geschichtswerk, eine Art Zusammenfassung von dem, was wir in den Büchern von 1 Mos bis 2 Kön finden. Es handelt sich hier aber nicht um eine einfache Wiederholung, sondern um eine eigenständige Geschichtsdarstellung.

Das Werk beginnt zunächst nicht mit der Wiedergabe von Ereignissen, sondern mit einer Aneinanderreihung von Stammtafeln (1 Chron 1–9). Diese beginnen mit Adam und gehen über den Stammbaum des Jakobssohnes Juda auf die Familiengeschichte Davids über. Auch andere israelitische Stämme finden eine, wenn auch nicht lückenlose Erwähnung. Dagegen werden ausführliche Listen von den Nachkommen Levis und Aarons gegeben. Bei Benjamin gilt die Aufmerksamkeit besonders Saul und seinen Nachkommen. In der Zeit der Entstehung des Chronikbuches (es ist etwa das Jahr 400, die Zeit nach der Wiederherstellung des Staatswesens durch Esra und Nehemia) begegnete der Aufbau der jüdischen Gemeinde nach Familie, Geschlecht und Stamm einem größeren Interesse als die Taten der politischen Vergangenheit.

Von Kapitel 10 ab lesen wir über das Entstehen und die Festigung des israelitischen Königtums. David (11–21) erscheint als der Idealherrscher einer blühenden religiösen Vergangenheit, an die die Gegenwart nur anzuknüpfen braucht. Alles Abstoßende und allzu Menschliche in seinem Bild ist verschwunden. Unsere für das Volk und die Jugend bestimmte Geschichtsdarstellungen pflegen ja auch vorwiegend das Anregende und Vorbildliche der vergangenen Zeit hervorzuheben. David ist nicht allein Staatengründer und Eroberer; er ist für den Chronisten Vorbereiter des Tempelbaues und Schöpfer der Israel und Juda eigentümlichen liturgischen Gottesverehrung (1 Chron 22–29).

2 Chron 1–9 behandelt die Geschichte Salomos als des Tempelbauers. Er ist bei all seiner Prachtliebe der große Förderer der väterlichen Religion. Oft werden Dinge und Ereignisse von einem anderen Blickpunkt her gesehen als in den übrigen kanonischen Geschichtswerken. Und doch hat auch diese Geschichtsschreibung ihre Berechtigung. Denn welcher Erzähler unserer Tage nimmt zu dem, was er erzählt, nicht irgendwie Stellung?

Im letzten großen Teil (2 Chron 10–36) hören wir von der Geschichte des Südreiches Juda vom Tode Salomos bis zum Untergang. Der Chronist wendet sein Interesse auf den Gottesdienst und den rechtmäßigen Kultus in Jerusalem. Das Nordreich Israel ist nebensächlich; die Könige Judas werden als treu und fromm bzw. untreu und sündig gekennzeichnet. Dieses Frömmigkeitsideal führt letzten Endes zum Gesetzesjudentum mit seinen peinlich festgehaltenen religiösen Überlieferungen.

Der Verfasser zieht oft andere Werke, Tagebücher, Erbauungsgeschichten, Prophetenberichte u. ä. heran. Zu seiner Zeit waren 1 Mos bis 2 Kön schon heiliges Schrifttum. Das Buch Esra setzt mit dem Erscheinen des Perserkönigs Cyrus die Erzählung da fort, wo 2 Chron aufhört.

Adam, Set, Enosch. 2 Kainan, Mahalalel, Jared.
3 Henoch, Metuschelach, Lamech. 4 Noe,
Sem, Cham, Japhet. 5 Die Söhne Japhets
waren: Gomer, Magog, Madaj, Jawan, Tubal,
Meschech und Tiras. 6 Gomers Söhne: Aschkenas,
Riphat und Togarma. 7 Jawans Söhne: Elisa, Tarsis,
die Kittim und Dodanim. 8 Die Söhne Chams:
Kusch, Mizrajim, Put und Kanaan. 9 Des Kusch
Söhne: Seba, Chawila, Sabta, Rama, Sabteka.
Ramas Söhne: Saba und Dedan. 10 Kusch zeugte
den Nimrod. Dieser war der erste Gewaltherrscher
auf Erden. 11 Mizrajim zeugte die Ludier, Anamer,
Lehaber und Naphtucher, 12 die Patruser, die Kaslu-
cher, von denen die Philister abstammen, und die
Kaphtorer. 13 Kanaan zeugte Sidon, seinen Erstge-
borenen, und Heth, 14 sodann die Jebusiter, Amori-
ter, Girgaschiter, 15 die Hiwwiter, Arkiter, Siniter,
16 die Arwaditer, Zemariter, Chamatiter. 17 Die
Nachkommen Sems: Elam, Assur, Arpachschad,
Lud und Aram. Arams Söhne: Uz, Chul, Geter und
Masch. 18 Arpachschad zeugte Schelach, Schelach
zeugte Heber. 19 Dem Heber wurden zwei Söhne
geboren, der eine hieß Peleg [denn in seinen Tagen
trennte sich die Erdbevölkerung], sein Bruder hieß

Joktan. 20 Joktan zeugte Almodad, Scheleph, Cha-
zarmawet, Jerach, 21 Hadoram, Usal, Dikla, 22 Obal,
Abimael, Saba, 23 Ophir, Chawila und Jobab. Alle
diese waren Söhne Joktans. 24 Sem Arpachschad,
Schelach, 25 Heber, Peleg, Rëu, 26 Serug, Nachor,
Terach, 27 Abram, das ist Abraham.
28 Die Söhne Abrahams waren Isaak und Ismael.
29 Dies ist ihr Stammbaum: Der Erstgeborene
Ismaels war Nebajot, dann Kedar, Adbeel, Mib-
sam, 30 Mischma, Duma, Massa, Hadad, und
Tema, 31 Jetur, Naphisch und Kedma. Soweit die
Söhne des Ismael. 32 Die Söhne Keturas, der Ne-
benfrau Abrahams: Simran, Jokschan, Medan, Mi-
dian, Jischbak und Schuach. Jokschans Söhne: Saba
und Dedan. 33 Midians Söhne: Epha, Epher, He-
noch, Abida und Eldaa. Dies sind Keturas Söhne.
34 Abraham zeugte den Isaak. Die Söhne Isaaks
waren Esau und Israel. 35 Esaus Söhne: Eliphas,
Rëuël, Jëusch, Jalam und Korach. 36 Die Söhne des
Eliphas: Teman, Omar, Zephi, Gatam, Kenas,
Timna und Amalek. 37 Rëuëls Söhne: Nachat,
Serach, Schamma und Missa. 38 Seïrs Söhne: Lotan,
Schobal, Zibon, Ana, Dischon, Ezer und Dischan.
39 Lotans Söhne: Chori und Hemam, und Lotans
Schwester Timna. 40 Schobals Söhne: Alwan,
Manachat, Ebal, Schephi und Onam. Zibons Söhne:
Aja und Ana. 41 Anas Sohn: Dischon, dessen Söhne:
Chemdan, Eschban, Jitran und Keran. 42 Ezers
Söhne: Bilhan, Saawan und Jaakan. Dischans
Söhne: Uz und Aran.

Könige in Edom

43 Dies sind die Könige, die im Lande Edom herr-
schten, bevor ein König der Israeliten regierte: Bela,
der Sohn des Beor. Seine Stadt hieß Dinhaba. 44 Als
Bela starb, wurde Jobab, der Sohn des Serach, aus
Bozra König. 45 Als Jobab starb, folgte Chuscham
aus dem Lande der Temaniter als König an dessen
Stelle. 46 Chuscham starb, und es folgte ihm in der
Königsherrschaft Hadad, Bedads Sohn, der Midian
im Gefilde von Moab schlug. Der Name seiner
Stadt war Awit. 47 Als Hadad starb, folgte ihm in der
Königsherrschaft Samla aus Masreka. 48 Samla
starb; da wurde für ihn Schaul aus Rechobot am
Euphrat König. 49 Als Schaul starb, folgte ihm in der
Königsherrschaft Baal-Chanan, der Sohn des Ach-
bor. 50 Baal-Chanan starb; da wurde für ihn Hadad
König. Seine Stadt hieß Paï, der Name seiner Frau
war Mehetabel, des Matred Tochter, des Sohnes
des Mesahab. 51 Als Hadad starb, traten Häuptlinge
in Edom auf, der Häuptling von Timna, der von
Alwa, der von Jetet; 52 die Häuptlinge von Oholib-
ama, Ela, Pinon, 53 Kenas, Teman, Mibzar, 54 Mag-
diel und Iram. Dies waren die Häuptlinge von
Edom.

Die Söhne Israels

2 1 Dies sind die Söhne Israels: Ruben, Simeon,
Levi und Juda, Issachar und Sebulun, 2 Dan,
Joseph und Benjamin, Naphtali, Gad und
Aser.

Judas Nachkommen

3 Judas Söhne: Er, Onan und Schela. Diese drei wur-
den ihm von der Tochter Schuas, der Kanaaniterin,
geboren. Er, der Erstgeborene Judas, mißfiel den
Augen des Herrn, und dieser ließ ihn sterben.
4 Seine Schwiegertochter Tamar gebar ihm Perez
und Serach. Insgesamt hatte Juda fünf Söhne. 5 Die
Söhne des Perez waren: Chezron und Chamul.
6 Serachs Söhne: Simri und Etan, Heman, Kalkol
und Darda, zusammen fünf. 7 Simris Sohn war
Karmi, Karmis Sohn Achar, der Israel ins Unglück
brachte, weil er Banngut veruntreute. 8 Etans Sohn
war Asarja. 9 Chezrons Söhne, die ihm geboren
wurden: Jerachmeel, Ram und Kelubaj. 10 Ram
zeugte Amminadab, Amminadab Nachschon, den
Fürsten der Söhne Judas. 11 Nachschon zeugte
Salma, Salma den Boas. 12 Boas zeugte Obed, Obed
den Isai. 13 Isai zeugte als Erstgeborenen Eliab, als
zweiten Abinadab, als dritten Schima, 14 als vierten
Netanel, als fünften Raddaj, 15 als sechsten Ozem,
als siebten David.
16 Ihre Schwestern waren Zeruja und Abigaïl, die
Söhne der Zeruja waren Abschaj, Joab und Asahel:
ihrer drei. 17 Abigaïl gebar den Amasa; dessen Vater
war Jeter, der Ismaeliter. 18 Kaleb, der Sohn Chez-
rons nahm sich die Asuba zur Frau, die aus Jeriot
stammte. Dies sind ihre Söhne: Jescher, Schoba und
Ardon. 19 Als Asuba tot war, nahm sich Kaleb die
Ephrat. Sie gebar ihm Chur. 20 Chur zeugte Uri, und
Uri den Bezalel. 21 Danach ging Chezron zu der
Tochter des Machir, des Vaters von Gilead [er hei-
ratete sie, als er sechzig Jahre alt war], und diese
gebar ihm Segub. 22 Segub zeugte Jaïr. Dieser besaß
dreiundzwanzig Städte im Lande Gilead. 23 Aber
Geschur und Aram nahmen ihnen die Zeltdörfer
Jaïrs sowie Kenat und seine Tochterstädte – sechzig
an der Zahl. Diese alle waren Nachkommen des
Machir, des Vaters von Gilead. 24 Nach dem Tode
des Chezron ging Kaleb zu Ephrat, der Frau Chez-
rons, seines Vaters, und diese gebar ihm den Asch-
chur, den Vater Tekoas. 25 Die Söhne Jerachmeels,
des erstgeborenen Sohnes Chezrons, waren: Ram,
der Erstgeborene, Buna, Oren und Ozem, seine Brü-
der. 26 Jerachmeel hatte noch eine andere Frau

namens Atara, Onams Mutter. 27 Die Söhne des Ram, des Erstgeborenen Jerachmeels, waren: Maaz, Jamilm und Eker. 28 Die Söhne des Onam waren Schammaj und Jada, die Söhne des Schammaj waren Nadab und Abischur. 29 Die Frau Abischurs hieß Abichajil; sie gebar ihm Achban und Molid. 30 Die Söhne des Nadab waren Seled und Appajim. Seled starb ohne Nachkommen. 31 Der Sohn des Appajim: Jischi, und der Sohn des Jischi: Scheschan, und die Tochter des Scheschan: Achlaj. 32 Die Söhne des Jada, des Bruders von Schammaj, waren: Jeter und Jonatan. Jeter starb ohne Nachkommen. 33 Die Söhne des Jonatan waren Pelet und Sasa. Das waren die Nachkommen Jerachmeels. 34 Scheschan aber hatte keine Söhne, sondern nur Töchter. Nun besaß Scheschan einen ägyptischen Sklaven namens Jarcha. 35 Scheschan gab seinem Sklaven Jarcha seine Tochter zur Frau, und sie gebar ihm Attaj. 36 Attaj aber zeugte Natan, und Natan zeugte Sabad. 37 Sabad zeugte den Ephlal, Ephlal den Obed; 38 Obed zeugte Jehu, Jehu den Asarja, 39 Asarja den Chelez, Chelez den Elasa, 40 Elasa zeugte Sisemaj, Sisemaj den Schallum, 41 Schallum den Jekamja, und Jekamja zeugte Elischama. 42 Die Söhne des Kaleb, des Bruders Jerachmeels, aber waren: Mescha, sein Erstgeborener, das ist der Vater von Siph; sein zweiter Sohn war Marescha, der Vater Hebrons. 43 Die Söhne des Hebron waren: Korach, Tappuach, Rekem und Schema. 44 Schema zeugte den Racham, den Vater von Jorkeam; Rekem zeugte den Schammaj. 45 Der Sohn des Schammaj war Maon, und Maon war der Vater von Betzur. 46 Epha, die Nebenfrau des Kaleb, gebar Charan, Moza und Gases; Charan aber zeugte Johdaj. 47 Die Söhne des Johdaj waren: Regem, Jotam, Geschan, Pelet, Epha und Schaaph. 48 Kalebs Nebenfrau Maacha gebar Scheber und Tirchana. 49 Schaaph, der Vater von Madmanna, zeugte Schewa, den Vater von Machbena und von Giba. Die Tochter Kalebs war Achsa. 50 Dies waren die Söhne des Kaleb. Die Söhne des Chur, des Erstgeborenen der Ephrat, waren Schobal, der Vater von Kirjat-Jearim, 51 Salma, der Vater von Bethlehem, Chareph, der Vater von Bet-Gader. 52 Schobal, der Vater von Kirjat-Jearim, hatte an Söhnen: Reaja, die Hälfte der Manachtiter. 53 Die Geschlechter von Kirjat-Jearim waren die Jitriter, Putiter, Schumatiter und Mischraiter. Von diesen stammen ab die Zoratiter und die Eschtauliter. 54 Salmas Söhne waren: Bethlehem, die Netophatiter, Atrot-Bet-Joab, die (andere) Hälfte der Manachtiter, die Zoriter. 55 Die Geschlechter von Sepher, die Bewohner von Jabez, waren Tiratiter, Schimatiter, Suchatiter; das sind die Kiniter, die von Chamat abstammen, dem Vater von Betrechab.

2,42–55 Nach orientalischer Sitte werden Namen von Stammvätern nicht deutlich von Städtenamen unterschieden. Über die Genealogie Kalebs gab es verschiedene Überlieferungen, vgl. 4 Mos 13,6; 1 Chron 4,15 und öfters.

Die Nachkommen Davids

3 1 Dies waren die Söhne Davids, die ihm in Hebron geboren wurden: Der Erstgeborene Amnon war von Achinoam aus Jezreel, der zweite Daniel von Abigaïl aus Karmel, 2 der dritte Absalom, der Sohn der Maacha, der Tochter des Talmaj, des Königs von Geschur, der vierte Adonia, der Sohn der Chaggit, 3 der fünfte Schephatja von Abital, der sechste Jitream von seiner Frau Egla. 4 Sechs wurden ihm also in Hebron geboren. Er herrschte dort sieben Jahre und sechs Monate, während er dreiunddreißig Jahre in Jerusalem regierte. 5 Folgende wurden ihm in Jerusalem geboren: Schammua, Schobab, Natan und Salomo; diese vier von Batseba, der Tochter Ammiels. 6 Weiterhin: Jibchar, Elischua, Eliphelet, 7 Nogah, Nepheg, Japhia, 8 Elischama, Eljada, Eliphelet, insgesamt also neun. 9 Dies waren Davids Söhne ohne die Söhne der Nebenfrauen. Ihre Schwester war Tamar. 10 Salomos Sohn war Rehabeam, dessen Sohn Abia, dessen Sohn Asa, dessen Sohn Josaphat, 11 dessen Sohn Joram, dessen Sohn Achasja, dessen Sohn Joas, 12 dessen Sohn Amazja, dessen Sohn Asarja, dessen Sohn Jotam, 13 dessen Sohn Achas, dessen Sohn Hiskia, dessen Sohn Manasse, 14 dessen Sohn Amon, dessen Sohn Josia. 15 Josias Söhne waren: der Erstgeborene Jochanan, der zweite Jojakim, der dritte Zidkia, der vierte Sallum. 16 Jojakims Nachkommen waren sein Sohn Jechonja, dessen Sohn Zidkia. 17 Die Söhne des Gefangenen Jechonja waren Schealtiel, 18 Malkiram, Pedaja, Schenazzar, Jekamja, Hoschama und Nedabja. 19 Die Söhne Pedajas waren Serubbabel und Schimi, und die Söhne des Serubbabel: Meschullam und Chananja; deren Schwester war Schelomit. 20 Ferner: Chaschuba, Ohel, Berechja, Chasadja, und Juschab-Chesed, also fünf. 21 Die Söhne des Chananja hießen Pelatja und Jeschaja, Rephaja, Arnan, Obadja und Schechanja. 22 Die Söhne des Schechanja waren Schemaja, Chattusch, Jigal, Bariach, Nearja und Schaphat, insgesamt also sechs. 23 Nearja hatte drei Söhne: Eljoënaj, Chiskia und Asrikam. 24 Eljoënajs Söhne waren Hodawjahu, Eljaschib, Pelaja, Akkub, Jochanan, Delaja und Anani, sieben an der Zahl.

Zum Stammesregister Judas

4 1 Die Söhne Judas waren Perez, Chezron, Karmi, Chur und Schobal. 2 Reaja, der Sohn Schobals, zeugte Jachat, und Jachat zeugte Achumaj und Lahad. Dies sind die Geschlechter der Zoratiten. 3 Dies sind die Söhne Charephs: der Vater von Etam, Jezreel, Jischma und Jidbasch. Ihre Schwester hieß Hazlelponi. 4 Ferner: Penuel, der Vater von Gedor, und Eser, der Vater von Chuscha. Dies sind die Söhne des Chur, des Erstgeborenen der Ephrata, des Vaters von Bethlehem. 5 Aschchur, der Vater Tekoas, hatte zwei Frauen, Chela und Naara. 6 Naara gebar ihm den Achussam, Chepher, Temni und den Achaschtari. Dies sind die Söhne der Naara. 7 Der Chela Söhne waren: Zeret, Zochar und Etnan. 8 Koz zeugte Anub und Hazzobeba, sowie die Geschlechter Acharchels, des Sohnes Harums. 9 Jabez aber war angesehener als seine anderen Brüder. Seine Mutter nannte ihn Jabez, indem sie ausrief: »Ich habe (ihn) mit Schmerzen geboren.« 10 Jabez aber rief zum Gott Israels: »O daß du mich doch segnen und mein Gebiet vergrößern möchtest, daß deine Hand mit mir wäre und du mich vom Unheil erlöstest, ohne das mich Schmerzen treffen!« Gott gewährte ihm, worum er bat. 11 Kelub, der Vater von Schucha, zeugte Mechir, den Vater von Eschton. 12 Eschton zeugte Bet-Rapha, Paseach und Techinna, den Ahnherrn der Stadt Nachasch. Das sind die Männer von Recha. 13 Die Söhne des Kenas waren Otniel und Seraja, die Söhne Otniels Chatat und Meonotaj. 14 Meonotaj zeugte Ophra, und Seraja zeugte Joab, den Ahnherrn von Ge-Charaschim (Handwerkertal); sie waren nämlich Handwerker. 15 Die Söhne Kalebs, des Sohnes Jephunnes, waren Ir, Ela und Naam. Elas Sohn war Kenas. 16 Die Söhne Jehallelels waren Siph, Sipha, Tirja und Asarel. 17 Die Söhne Esras waren Jeter, Mered, Epher und Jalon. Jeter zeugte Mirjam, Schammaj und Jischbach, den Vater von Eschtemoa. 18 Seine judäische Frau gebar Jered, den Vater von Gedor, Cheber, den Vater von Socho, Jekutiel, den Vater von Sanoach. Dies waren die Söhne Bitjas, der Tochter des Pharao, die Mered zur Frau genommen hatte, 19 und die Söhne seiner judäischen Frau, der Schwester Nachams, des Vaters Keïlas, des Garmiters, und des Vaters von Eschtemoa, des Maachatiters. 20 Die Söhne des Schimon waren Amnon und Rinna, Ben-Chanan und Tilon. Die Nachkommen Jischis waren Sochet und der Sohn Sochets. 21 Die Nachkommen des Judasohnes Schela hießen: Er, der Vater von Lecha, und Lada, der Vater von Marescha, sowie die Geschlechter des Hauses der Linnenbearbeitung von Bet-Aschbea, 22 ferner Jokim, die Männer von Koseba, Joasch und Saraph, die Moab beherrschten und dann heimkehrten und sich die alten Fluren nahmen. 23 Das waren die Töpfer und die Einwohner von Netaim und Gedera. Sie wohnten dort im Dienst des Königs.

Stamm Simeon

24 Simeons Söhne waren Nemuel, Jamin, Jachin, Serach, Schaul. 25 Sein Sohn war Schallum, dessen Sohn Mibsam, dessen Sohn Mischma. 26 Mischmas Söhne waren: Chammuel, sein Sohn; Sakkur, dessen Sohn; Schimi, dessen Sohn. 27 Schimi aber hatte sechzehn Söhne und sechs Töchter, aber seine Brüder waren nicht sehr kinderreich. Alle ihre Geschlechter erreichten nicht die Anzahl der Söhne Judas. 28 Sie wohnten in Beerseba, Molada,Chazar Schual, 29 Bilha, Ezem, Tolad, 30 Betuel, Chorma, Ziklag, 31 Bet-Markabot, Chazar-Susim, Bet-Biri und Schaarajim. Dies waren ihre Städte bis zur Regierungszeit des Königs David; 32 da zu ihre Gehöfte. Ferner Etam, Ajin, Rimmon, Tochen und Aschan, fünf Städte also; 33 desgleichen alle ihre Gehöfte, die rings um diese Städte bis nach Baal lagen. Dies waren ihre Wohnsitze und ihre Geschlechtsregister. 34 Meschobab, Jamlech, Joscha, der Sohn Amazjas, 35 Joel, Jehu, der Sohn des Joschibja, des Sohnes des Seraja, des Sohnes Asiels, 36 Eljoenaj, Jaakoba, Jeschochaja, Asaja, Adiel, Jesimiel, Benaja, 37 Sisa, der Sohn des Schiphi, des Sohnes des Allon, des Sohnes Jedajas, des Sohnes Schimris, des Sohnes Schemajas. 38 Diese mit Namen angeführten Männer waren Fürsten in ihren Geschlechtern. Ihre Vaterhäuser hatten sich weithin ausgebreitet. 39 Sie zogen in Richtung auf Gedor bis östlich vom Tal, um Weide für ihr Kleinvieh zu suchen. 40 Sie fanden eine fette und vortreffliche Weide. Das Land war überall weithin ausgedehnt, ruhig und friedlich. Denn die früheren Bewohner stammten von Cham ab. 41 Es kamen diese namentlich Angeführten in den Tagen des Judäerkönigs Hiskia, schlugen deren Zelte und die Mëuniter, die sich dort befanden. Man vollstreckte an ihnen den Bann bis heute, und sie wohnten an deren Stelle; denn es gab dort Weideplätze für ihr Kleinvieh. 42 Von ihnen, den Nachkommen Simeons, zogen fünfhundert Mann ins Gebirge Seïr. Peletja, Nearja, Rephaja und Ussiel, die Söhne Jischis, waren ihre Anführer. 43 Sie schlugen den Rest, der von Amalek sich erhalten hatte, und wohnten dort bis zum heutigen Tag.

Stamm Ruben

5 1 Die Söhne Rubens, des Erstgeborenen Israels, – er war nämlich der Erstgeborene; da er aber die Lagerstatt seines Vaters geschändet hatte, ward sein Erstgeburtsrecht den Söhnen Josephs, des Sohnes Israels, zuteil. Doch richteten sich die Stammeslisten nicht nach dem Erstgeburtsrecht. 2 Die Vorherrschaft über seine Brüder erhielt nämlich Juda; aus ihm wurde einer zum Fürsten gewählt, obwohl die Erstgeburt Joseph erhielt. 3 Die Söhne Rubens, des Erstgeborenen Israels, waren Henoch, Pallu, Chezron und Karmi. 4 Die Nachkommen Joels: Sein Sohn Schemaja, dessen Sohn war Gog, dessen Sohn Schimi, 5 dessen Sohn Micha, dessen Sohn Reaja, dessen Sohn Baal, 6 dessen Sohn Beera, den Tiglatpileser, der Assyrerkönig, in die Verbannung führte. Bei den Rubeniten hatte er die Stellung eines Fürsten inne. 7 Seine Brüder waren nach seinem Familienverzeichnis laut Eintragung in ihre Geschlechtsregister: der erste Jeïel, dann Sacharja 8 und Bela, der Sohn des Asas, des Sohnes des Schema, des Sohnes Joels. Er wohnte in Aroer bis Nebo und Baal-Meon. 9 Nach Osten zu wohnte er bis zum Eingang in die Wüste, die sich vom Euphratstrom her ausdehnt. Denn sie besaßen großen Viehbestand im Lande Gilead. 10 In den Tagen Sauls führten sie Krieg mit den Hagritern. Als diese in ihrer Gewalt waren, wohnten sie in ihren Zelten auf der ganzen Ostseite von Gilead.

Stamm Gad

11 Die Söhne Gads wohnten ihnen gegenüber im Lande Basan bis Salcha. 12 An der Spitze stand Joel, der Zweite war Schapham, ferner Janaj, der Richter in Basan. 13 Ihre Brüder nach ihren Familienhäuptern waren: Michael, Meschullam, Scheba, Joraj, Jakan, Sia und Heber, sieben an der Zahl. 14 Diese waren die Söhne des Abichajil, des Sohnes Churis, des Sohnes Jaroachs, des Sohnes Gileads, des Sohnes Michaels, des Sohnes Jeschischajs, des Sohnes Jachdos, des Sohnes des Bus. 15 Achi, der Sohn des Abdiel, des Sohnes Gunis, war ein Haupt ihrer Familien. 16 Sie wohnten in Gilead, in Basan und seinen Tochterstädten, ferner bis zu den Ausläufern aller Weidetriften von Saron. 17 Sie alle wurden in die Register eingetragen in den Tagen des Jotam, des Königs von Juda, und in den Tagen Jerobeams, des Königs von Israel.

Ostjordanische Stämme im Krieg mit Ruben, Gad und Manasse

18 Die streitbaren Männer der Rubeniten, Gaditen und des halben Stammes Manasse, die Schild und Schwert führen und den Bogen spannen konnten und kampfgeübt waren – ihrer waren es 44760 Mann, die im Heerbann mitzogen –, 19 diese führten Krieg mit den Hagritern, mit Jetur, Naphisch und Nodab. 20 Ihnen ward Hilfe zuteil. So wurden die Hagriter und all ihre Verbündeten in ihre Gewalt gegeben; denn sie hatten im Kampf zu Gott geschrieen, und er erhörte sie, weil sie auf ihn vertrauten. 21 Man erbeutete an Vieh 50 000 Kamele, 250 000 Stück Kleinvieh, 2000 Esel und außerdem 100 000 lebende Menschen. 22 Viele waren durch das Schwert gefallen, weil der Kampf von Gott kam. An deren Stelle blieben sie dann wohnen bis zur Verbannung.

Halbstamm Manasse im Osten – Verbannung durch Tiglatpileser

23 Die zum Halbstamm Manasse gehörenden Einwohner siedelten im Land, das von Basan bis zum Baal-Hermon, zum Senir und zum Hermongebirge reicht. Sie waren zahlreich. 24 Dies sind ihre Familienhäupter: Epher, Jischi, Eliel, Asriel, Jirmeja, Hodawja und Jachdiel, kriegerische und berühmte Männer, Häupter ihrer Familien. 25 Aber sie wurden dem Gott ihrer Väter untreu und liefen buhlend hinter den Götzen der Landesbevölkerung her, die Gott vor ihnen vertilgt hatte. 26 Deshalb stachelte Israels Gott den Geist des Assyrerkönigs Pul, das heißt den Geist des Assyrerkönigs Tiglatpileser, auf; dieser führte die Rubeniten, Gaditen und den halben Manassestamm in die Verbannung. Er brachte sie nach Chalach und an den Chabor, den Fluß Gosans, wo sie bis heute verblieben.

Stamm Levi

27 Levis Söhne waren Gerschon, Kehat und Merari. 28 Die Söhne Kehats waren Amram, Jizhar, Hebron und Ussiel. 29 Amrams Nachkommen waren Aaron, Moses und Mirjam. Aarons Söhne hießen Nadab, Abihu, Eleasar und Itamar. 30 Eleasar zeugte Pinchas, Pinchas den Abischua. 31 Abischua zeugte Bukki, Bukki den Ussi. 32 Ussi zeugte Serachja, Serachja zeugte Merajot. 33 Merajot zeugte Amarja, Amarja zeugte Achitub. 34 Achitub zeugte Zadok, Zadok zeugte Achimaaz. 35 Achimaaz zeugte Asarja; dieser war (der erste) Priester im Tempel, den Salomo in Jerusalem erbaute; Asarja zeugte den Jochanan, 36 Jochanan den Asarja. 37 Asarja zeugte Amarja, Amarja zeugte Achitub. 38 Achitub zeugte Zadok, Zadok zeugte Schallum. 39 Schallum zeugte Hilkia, Hilkia zeugte Asarja. 40 Asarja zeugte Seraja, Seraja zeugte Jozadak. 41 Jozadak mußte fortziehen, als der Herr Juda und Jeru-

salem durch Nebukadnezar in die Verbannung führte.

5,25: Unter Anspielung auf die sinnlichen Ausschweifungen, die in den Kulten der kanaanitischen Religionen weithin üblich waren, bezeichnet der Chronist den Abfall von Gott als Ehebruch (Buhlerei). Das AT stellt das Verhältnis Gottes zu seinem Volk an zahlreichen Stellen unter dem Bild der Ehe dar.

Levitenverzeichnis bis zur Zeit Davids

6 1 Die Söhne Levis waren Gerschom, Kehat
und Merari. 2 Dies sind die Namen der Söhne
Gerschoms: Libni und Schimi. 3 Kehats Söhne
waren Amram, Jizhar, Hebron und Ussiel. 4 Die
Söhne Meraris: Machli und Muschi. Dies sind die
Geschlechter der Leviten nach ihren Familien: 5 Von
Gerschon stammt sein Sohn Libni, dessen Sohn war
Jachat, dessen Sohn Simma, 6 dessen Sohn Joach,
dessen Sohn Iddo, dessen Sohn Serach, dessen
Sohn Jeotraj. 7 Kehats Nachkommen waren sein
Sohn Amminadab, dessen Sohn war Korach, sein
Sohn Assir, 8 dessen Sohn Elkana, sein Sohn Ebja-
saph, dessen Sohn Assir, 9 sein Sohn Tachat, dessen
Sohn Uriel, sein Sohn Ussia und dessen Sohn
Schaul. 10 Die Söhne Elkanas waren Amasaj und
Achimot, 11 sein Sohn war Elkana, dessen Sohn
Zophaj, sein Sohn Toach, 12 dessen Sohn Eliab, sein
Sohn Jerocham, dessen Sohn Elkana, sein Sohn
Samuel. 13 Die Söhne Samuels waren Joel, der Erst-
geborene, und als zweiter Abia. 14 Meraris Söhne
waren Machli, sein Sohn Libni, dessen Sohn
Schimi, sein Sohn Ussa, 15 dessen Sohn Schima, sein
Sohn Chaggija, dessen Sohn Asaja.

Stammbaum der Tempelsänger

16 Dies sind jene, die David im Tempel des Herrn für
den Gesang anstellte, nachdem die Lade dort eine
Ruhestätte gefunden hatte. 17 Sie verrichteten ihren
Dienst, indem sie vor der Wohnung des Offenba-
rungszeltes sangen, bis Salomo den Tempel des
Herrn in Jerusalem erbaut hatte. Nach den ihnen
vorgeschriebenen Satzungen verrichteten sie ihren
Dienst. 18 Diese sind es, die mit ihren Söhnen
Dienst taten: Von Kehats Nachkommen: Heman,
der Sänger, der Sohn Joels, des Sohnes Samuels,
19 des Sohnes Elkanas, des Sohnes Jerochams, des
Sohnes Eliels, des Sohnes Toachs, 20 des Sohnes
Zuphs, des Sohnes Elkanas, des Sohnes Machats,
des Sohnes Amasajs, 21 des Sohnes Elkanas, des
Sohnes Joels, des Sohnes Asarjas, des Sohnes Ze-
phanjas, 22 des Sohnes Tachats, des Sohnes Assirs,
des Sohnes Ebjasaphs, des Sohnes Korachs, 23 des
Sohnes Jizhars, des Sohnes Kehats, des Sohnes
Levis, des Sohnes Israels. 24 Sein Bruder war
Asaph, der zu seiner Rechten stand, Asaph, der
Sohn des Berechja, des Sohnes Schimas, 25 des Soh-
nes Michaels, des Sohnes Maasejas, des Sohnes
Malkijas, 26 des Sohnes Etnis, des Sohnes Serachs,
des Sohnes Adajas, 27 des Sohnes Etans, des Sohnes
Simmas, des Sohnes Schimis, 28 des Sohnes Jachats,
des Sohnes Schimis, des Sohnes Gerschoms, des
Sohnes Levis. 29 Von den Söhnen Meraris, ihren
Brüdern, standen zur Linken: Etan, der Sohn des
Kischi, des Sohnes Abdis, des Sohnes Malluchs,
30 des Sohnes Chaschabjas, des Sohnes Amazjas,
des Sohnes Hilkias, 31 des Sohnes Amzis, des Soh-
nes Banis, des Sohnes Schemers, 32 des Sohnes
Machlis, des Sohnes Muschis, des Sohnes Meraris,
des Sohnes Levis.

Die Aufgaben der Priester und niederen Dienste der Leviten

33 Ihre Brüder, die Leviten, waren für den gesamten
Dienst an der Wohnstätte des Gotteshauses be-
stimmt. 34 Aaron aber und seine Söhne opferten auf
dem Brandopferaltar und Räucheraltar. Sie verrich-
teten alle Dienstaufgaben im Allerheiligsten und
vollzogen die Sühnehandlungen für Israel, ganz wie
es Moses, der Knecht Gottes, angeordnet hatte.

Aarons Nachkommen bis zur Zeit des Königs David

35 Dies sind die Söhne Aarons: Sein Sohn war Elea-
sar, dessen Sohn Pinchas, dessen Sohn Abischua,
36 sein Sohn Bukki, dessen Sohn Ussi, dessen Sohn
Serachja, 37 sein Sohn Merajot, dessen Sohn Amarja,
sein Sohn Achitub, 38 dessen Sohn Zadok, sein Sohn
Achimaaz.

Wohnsitze der Leviten

39 Folgende sind ihre Wohnsitze nach den Stand-
orten in ihrem Gebiet: Den Nachkommen Aarons
aus dem Geschlecht der Kehatiten – auf sie war das
erste Los gefallen – 40 gab man Hebron im Lande
Juda mit seinen Weidetriften ringsum. 41 Das Acker-
gebiet der Stadt aber und die zugehörigen Gehöfte
gab man Kaleb, dem Sohne Jephunnes. 42 Den
Nachkommen Aarons aber gab man die Zufluchts-
stadt Hebron, ferner Libna, Jattir und Eschtemoa, je-
weils mit den zugehörigen Weidetriften; 43 außer-
dem Cholon und Debir mit seinen Weidetriften,
44 Aschan, Jutta und Bet-Schemesch mit den jeweils
zugehörigen Weidetriften. 45 Vom Stammesgebiet
Benjamin gab man ihnen Gibeon, Geba, Alemet,
Anatot samt ihren zugehörigen Weidetriften. Die
Gesamtzahl ihrer Städte betrug dreizehn Städte mit
den zugehörigen Weidetriften. 46 Die Nachkommen
Kehats, die noch verblieben, bekamen nach ihren
Sippen vom Stamme Ephraim, vom Stamme Dan
und von der Hälfte des Stammes Manasse durch

das Los zehn Städte. 47 Die Nachkommen Ger-
schoms aber nach ihren Geschlechtern erhielten
von den Stämmen Issachar, Aser, Naphtali und vom
halben Stamm Manasse in Basan dreizehn Städte.
48 Den Nachkommen Meraris nach ihren Ge-
schlechtern gab man vom Stamm Ruben und vom
Stamm Gad sowie vom Stamm Sebulun durch das
Los zwölf Städte. 49 Die Israeliten gaben den Levi-
ten die Städte mit den zugehörigen Weidetriften.
50 Durch das Los übermittelten sie ihnen aus dem
Stamm der Judäer, der Simeoniten und der Benja-
miniten die Städte, die sie namentlich bezeichne-
ten. 51 Was die Geschlechter der (übrigen) Nach-
kommen Kehats betrifft, so waren die Städte ihres
Gebietes aus dem Stamme Ephraim. 52 Man über-
gab ihnen die Zufluchtsstadt Sichem mit den zu-
gehörigen Weidetriften auf dem Gebirge Ephraim,
ferner Geser mit seinen Weidetriften, 53 Jokmeam
und Bet-Choron mit den jeweiligen Weidetriften,
54 vom Stamme Dan: Elteke mit seinen Weidetrif-
ten, Gibbeton, Ajjalon und Gat-Rimmon mit ihren
Weidetriften, 55 vom halben Stamm Manasse:
Taanach und Jibleam mit ihren Weidetriften; man
übergab diese Städte den Sippen der übrigen Keha-
titen. 56 Den Nachkommen Gerschoms nach ihren
Sippen übergab man vom halben Stamm Manasse:
Golan in Basan mit den zugehörigen Weidetriften
und Aschtarot mit seinen Weidetriften, 57 vom
Stamme Issachar: Kischjon mit den zugehörigen
Weidetriften, Daberat mit seinen Weidetriften,
58 Ramot und En-Gannim mit seinen Weidetriften,
59 vom Stamm Aser: Mischal mit den zugehörigen
Weidetriften und Abdon mit seinen Weidetriften,
60 Chelkat und Rechob mit ihren Weidetriften,
61 vom Stamm Naphtali: Kedesch in Galiläa mit
seinen Weidetriften, Chammat und Kartan mit
ihren Weidetriften. 62 Die noch übrigen Nachkom-
men Meraris erhielten vom Stamme Sebulun: Jok-
neam mit den zugehörigen Weidetriften, Karta mit
seinen Weidetriften, Rimmono mit den zugehöri-
gen Weidetriften, Tabor mit seinen Weidetriften,
63 jenseits des Jordans bei Jericho östlich vom Jor-
dan, vom Stamm Ruben: Bezer in der Steppe und
Jahza mit ihren Weidetriften, 64 Kedemot mit seinen
Weidetriften, Mephaat mit den zugehörigen Wei-
detriften, 65 vom Stamm Gad: Ramot in Gilead und
Machanajim samt den zugehörigen Weidetriften,
66 Cheschbon mit seinen Weidetriften und Jaser mit
seinen Weidetriften.

6,16: Unter David kam die Bundeslade nach Jerusalem, wo sie fortan blieb (1 Chron 15,1).

Die Söhne Issachars

7 1 Issachar hatte vier Söhne: Tola, Pua, Jaschub
und Schimron. 2 Tolas Söhne waren: Ussi, Re-
phaja, Jeriel, Jachmaj, Jibsam und Schemuel,
Häupter der Familien Tolas, kriegstüchtige Leute.
Ihre Anzahl belief sich nach ihren Geschlechtsregi-
stern in der Zeit Davids auf 22 600. 3 Die Söhne
Ussis waren: Jisrachja, Michael, Obadja, Joel und
Jischschijja, fünf an Zahl, lauter Familienhäupter.
4 Zu ihnen gehörten nach den Geschlechtsregistern
ihrer Familien 36 000 Kriegsleute; sie hatten näm-
lich viele Frauen und Kinder. 5 Ihre Brüder aus allen
Sippen Issachars waren tüchtige Krieger, nach ihrer
Musterung 87 000 an der Zahl.

Stamm Benjamin

6 Die Söhne Benjamins waren: Bela, Becher und
Jediael, zusammen drei. 7 Die Söhne Belas waren:
Ezbon, Ussi, Ussiel, Jerimot und Iri, also fünf. Sie
waren Familienhäupter und lauter kriegstüchtige
Leute; aufgezeichnet wurden 22 034 Mann. 8 Die
Söhne Bechers waren: Semira, Joasch, Elieser, El-
joenaj, Omri, Jeremot, Abia, Anatot und Alemet.
Sie alle waren Söhne Bechers. 9 Es wurden aufge-
zeichnet gemäß ihrer Herkunft an Familienhäup-
tern und kriegstüchtigen Leuten 20 200 Mann.
10 Der Sohn Jediaels war Bilhan; die Söhne Bilhans
waren Jeusch, Benjamin, Ehud, Kenaana, Setan,
Tarschisch und Achischachar. 11 Sie alle waren
Söhne Jediaels, Familienhäupter und kriegstüchtige
Leute, 17 200, die als Heerbann in den Kampf zo-
gen. 12 Schuppim und Chuppim sind die Söhne Irs,
Chuschim der Sohn Achers.

Stamm Naphtali

13 Die Söhne Naphtalis waren: Jachaziel, Guni,
Jezer und Schallum, die Nachkommen Bilhas.

Stamm Manasse

14 Die Söhne Manasses, die seine aramäische Ne-
benfrau gebar: Machir, der Vater Gileads. 15 Machir
nahm eine Frau, und der Name seiner Frau war
Maacha, und der Name seiner Schwester Ham-
molechet, der Name seines Bruders Zelophchad.
Dieser hatte nur Töchter. 16 Maacha aber, die Frau
Machirs, gebar einen Sohn, den sie Peresch nannte.
Sein Bruder hieß Scheresch, dessen Söhne waren
Ulam und Rekem. 17 Ulams Sohn war Bedan. Dies
waren die Söhne Gileads, des Sohnes Machirs, des
Sohnes Manasses. 18 Seine Schwester Hammolechet
gebar Ischhod, Abieser und Machla. 19 Schemidas
Söhne waren Achjan, Schechem, Likchi und Aniam.

Stamm Ephraim

20 Die Nachkommen Ephraims waren: Schutelach,
dessen Sohn Bered, sein Sohn Tachat, dessen Sohn

Elada, sein Sohn Tachat, 21 dessen Sohn Sabad, sein Sohn Schutelach sowie Eser und Elad. Die (Söhne Ephraims) wurden von den landeingesessenen Bewohnern Gats getötet; denn sie waren hinabgezogen, sich deren Vieh anzueignen. 22 Darüber trauerte ihr Vater Ephraim lange Zeit, und seine Brüder kamen, ihn zu trösten. 23 Da wohnte er seiner Frau bei; sie wurde schwanger und gebar einen Sohn. Ihn nannte er Beria, da es sich während einer Unglückszeit in seinem Haus ereignete. 24 Seine Tochter war Scheera. Sie errichtete das untere und das obere Bet-Choron und Usen-Scheera. 25 Weitere Söhne von ihm waren Rephach und Rescheph, dessen Sohn war Telach, sein Sohn Tachan, 26 dessen Sohn Ladan, sein Sohn Ammihud, dessen Sohn Elischama, 27 sein Sohn Nun, dessen Sohn Josua. 28 Ihr Erbbesitz und ihre Wohnplätze waren Betel mit seinen Tochterstädten, nach Osten zu Naaran und nach Westen Geser mit seinen Tochterstädten, Sichem mit seinen Tochterstädten bis hin nach Ajja mit seinen Tochterstädten. 29 Die Manassiten besaßen Bet-Schean mit seinen Tochterstädten, Taanach, Megiddo und Dor jeweils mit seinen Tochterstädten. In diesen wohnten die Nachkommen Josephs, des Sohnes Israels.

Stamm Aser

30 Die Söhne Asers waren: Jimna, Jischwa, Jischwi und Beria. Ihre Schwester war Serach. 31 Die Söhne Berias waren Cheber und Malkiel, das ist der Vater von Birsajit. 32 Cheber zeugte Japhlet, Schemer, Chotam und deren Schwester Schua. 33 Die Söhne Japhlets waren Pasach, Bimhal und Aschwat. Das waren die Söhne Japhlets. 34 Die Söhne seines Bruders Schemer waren Rohga, Chubba und Aram; 35 die Söhne seines Bruders Chotam waren Zophach, Jimna, Schelesch und Amal. 36 Die Söhne Zophas waren Suach, Charnepher, Schual, Beri, Jimra, 37 Bezer, Hod, Schamma, Schilscha, Jitran und Beera. 38 Die Söhne Jeters waren Jephunne, Pispa und Ara. 39 Die Söhne Ullas waren Arach, Channiel und Rizja. 40 Alle diese waren Nachkommen Asers, Familienhäupter, auserlesene, kriegstüchtige Männer, Häupter unter den Fürsten. Das Verzeichnis für den Kriegsdienst ergab als ihre Zahl sechsundzwanzigtausend Mann.

7,37ff: Die langen, geschichtlich nicht mehr faßbaren Abstammungsreihen weisen manchmal etwas verschiedene Namen für die gleiche Person auf. So ist Jitran (Vers 37) = Jeter (38), Schema (8,13) = Schimi (21). Das Hebräische schreibt keine Selbstlaute!

Stamm Benjamin

8 1 Benjamin zeugte als Erstgeborenen Bela, als zweiten Sohn Aschbel, als dritten Achiram, 2 als vierten Nocha, als fünften Rapha. 3 Bela hatte folgende Söhne: Ard und Gera, den Vater Ehuds, 4 Abischua, Naaman, Achia, 5 Gera, Schephuphan und Churam. 6 Dies sind die Söhne Ehuds [sie waren Familienhäupter der Einwohner von Geba; man brachte sie in die Verbannung nach Manachat]: 7 Naaman, Achia und Gera; dieser war es, der sie in die Verbannung geführt hatte, und er zeugte Ussa und Achichud. 8 Schacharajim zeugte im Gefilde Moab, als er seine Frauen Chuschim und Beera entlassen hatte, 9 mit seiner Frau Chodesch den Jobab, Zibja, Mescha und Malkam, 10 Jeuz, Sachja und Mirma. Dies sind seine Söhne, die Häupter der Familien. 11 Mit Chuschim aber hatte er Abitub und Elpaal gezeugt. 12 Die Söhne Elpaals waren Heber, Mischam und Schemed. Dieser baute Ono und Lod samt ihren Tochterstädten. 13 Beria und Schema sind die Familienhäupter der Einwohner von Ajjalon. Diese vertrieben die Einwohner von Gat; 14 ihre Brüder sind Schaschak und Jerocham. 15 Sebadja, Arad, Eder, 16 Michael, Jischpa und Jocha sind die Söhne Berias, 17 Sebadja, Meschullam, Chiski, Cheber, 18 Jischmeraj, Jislia und Jobab die Söhne Elpaals. 19 Jakim, Sichri und Sabdi, 20 Elienaj, Zilletaj, Eliel, 21 Adaja, Beraja und Schimrat sind die Söhne Schimis. 22 Jischpan, Heber, Eliel, 23 Abdon, Sichri, Chanan, 24 Chananja, Elam, Antotija, 25 Jiphdeja und Penuel sind die Söhne Schaschaks, 26 Schamscheraj, Schecharja, Atalja, 27 Jaareschja, Elijja und Sichri sind die Söhne Jerochams. 28 Dies waren die Familienhäupter nach ihrer Abstammung als Häupter. Sie wohnten in Jerusalem.

Sauls Nachkommen

29 In Gibeon wohnte der Vater von Gibeon, Jeïel; seine Frau hieß Maacha. 30 Sein Erstgeborener war Abdon; (ihm folgten) Zur, Kisch, Baal, Ner, Nadab, 31 Gedor, Achjo, Secher und Miklot. 32 Miklot zeugte Schima. Auch diese ließen sich, dem Beispiel ihrer Brüder folgend, in Jerusalem bei ihren Brüdern nieder. 33 Ner zeugte Kisch, und Kisch zeugte Saul. Saul zeugte Jonatan, Malkischua, Abinadab und Eschbaal. 34 Jonatans Sohn war Meribbaal. Meribbaal zeugte Micha. 35 Michas Söhne waren Piton, Melech, Tarea und Achas. 36 Achas zeugte Joadda; Joadda zeugte Alemet, Asmawet und Simri. Simri zeugte Moza. 37 Moza zeugte Bina. Dessen Sohn war Rephaja, sein Sohn Elasa, dessen Sohn Azel. 38 Azel aber hatte sechs Söhne; diese

hießen Asrikam, Bochru, Jischmael, Schearja, Obadja und Chanan. Sie alle waren Söhne Azels. [39] Die Söhne Escheks, seines Bruders, waren Ulam, sein Erstgeborener, Jeusch, der zweite, und Eliphelet, der dritte. [40] Die Söhne Ulams waren kriegstüchtige Männer, die den Bogen spannen konnten. Sie hatten viele Söhne und Enkel, nämlich hundertfünfzig. Alle diese gehörten zu den Nachkommen Benjamins.

8,1f: Die Namen der Söhne Benjamins sind nicht einheitlich überliefert, vgl. 7,6; 1 Mos 46,21; 4 Mos 26,38–41.

Einwohner Jerusalems in der Zeit nach dem Exil

9 [1] Ganz Israel wurde in die Geschlechtsregister eingetragen. Sie sind aufgezeichnet in der Buchrolle der Könige von Israel und Juda. Juda ward wegen seines treulosen Abfalles in die Verbannung nach Babel weggeführt. [2] Die ersten Ansiedler aber, die sich auf ihrem Besitztum in ihren Städten niederließen, waren Israeliten, Priester, Leviten und Tempeldiener. [3] In Jerusalem wohnten von den Judäern, den Benjaminiten, den Söhnen Ephraims und Manasses folgende: [4] Utaj, der Sohn Ammihuds, des Sohnes Omris, des Sohnes Imris, des Sohnes Banis, von den Nachkommen des Perez, des Sohnes Judas. [5] Von den Schelaniten: Asaja, der Erstgeborene, und dessen Söhne. [6] Von den Söhnen Serachs Jëuel. Ihrer Brüder waren es sechshundertneunzig. [7] Von den Benjaminiten: Sallu, der Sohn des Meschullam, des Sohnes Hodawjas, des Sohnes Hassenuas, [8] und Jibneja, der Sohn Jerochams, Ela, der Sohn Ussis, des Sohnes Michris, Meschullam, der Sohn Schephatjas, des Sohnes Rëuels, des Sohnes Jibnijjas. [9] Ihrer Brüder waren es nach ihren Geschlechtsregistern neunhundertsechsundfünfzig. Alle diese waren Familienhäupter in ihren Sippen.

Priester, Leviten, Tempeldiener

[10] Von den Priestern: Jedaja, Jehojarib, Jachin, [11] Asarja, der Sohn Hilkias, des Sohnes Meschullams, des Sohnes Zadoks, des Sohnes Merajots, des Sohnes Achitubs, des Fürsten des Gotteshauses. [12] Ferner Adaja, der Sohn Jerochams, des Sohnes Paschchurs, des Sohnes Malkijas, sowie Masaj, der Sohn Adiels, des Sohnes Jachseras, des Sohnes Meschullams, des Sohnes Meschilemits, des Sohnes Immers. [13] Ihrer Brüder, Häupter ihrer Familien, waren es 1760, wackere Männer in der Verrichtung ihres Dienstes im Hause Gottes. [14] Von den Leviten: Schemaja, der Sohn Chaschubs, des Sohnes Asrikams, des Sohnes Chaschabjas, von den Nachkommen Meraris, [15] ferner Bakbakar, Cheresch, Galal, Mattanja, der Sohn Michas, des Sohnes Sichris, des Sohnes Asaphs, [16] ferner Obadja, der Sohn Schemajas, des Sohnes Galals, des Sohnes Jedutuns, und Berechja, der Sohn Asas, des Sohnes Elkanas, der in den Gehöften der Netophatiter wohnte. [17] Die Torhüter waren Schallum, Akkub, Talmon und Achiman. Ihr Bruder Schallum war das Oberhaupt. [18] Er wacht bis heute am königlichen Tor im Osten. Dies sind die Torhüter in den Lagern der Leviten. [19] Schallum aber, dem Sohn Kores, des Sohnes Ebjasaphs, des Sohnes Korachs, und dessen Brüdern aus seiner Familie, den Korachiten, hatte man das Amt des Dienstes als Schwellenhüter des Zeltes gegeben. Ihre Väter waren als Eingangshüter am Lager des Herrn angestellt. [20] Pinchas, der Sohn Eleasars, stand einst über ihnen. Der Herr sei mit ihm! [21] Sacharja, der Sohn Meschelemjas, hatte die Wache am Eingang zum Offenbarungszelt. [22] Insgesamt zählten die, welche als Torhüter an den Schwellen ausersehen waren, zweihundertzwölf Mann. Sie waren zwar in ihren Gehöften in die Stammeslisten eingetragen worden. David und der Seher Samuel aber haben sie um ihrer Zuverlässigkeit willen eingesetzt. [23] Sie und ihre Söhne waren an den Toren des Hauses des Herrn, das ist des Hauses des Zeltes, aufgestellt, um Wache zu halten. [24] Nach den vier Himmelsrichtungen zu sollten die Torwächter stehen, nach Osten, Westen, Norden und Süden. [25] Ihre Brüder auf ihren Gehöften aber mußten in festen Zeitabständen für je sieben Tage kommen und mit ihnen Dienst tun. [26] Denn nur die vier Obersten unter den Torwächtern waren ständig im Amt. Die Leviten aber beaufsichtigten die Kammern und Schätze im Gotteshaus. [27] Sie übernachteten rings um das Gotteshaus; denn ihnen oblag das Wachehalten und das Öffnen der Tore an jedem Morgen. [28] Andere von ihnen beaufsichtigten die Dienstgeräte. Sie brachten sie abgezählt hinein und abgezählt wieder heraus. [29] Einige von ihnen waren zur Aufsicht über die sonstigen Geräte bestimmt, und zwar über alle Geräte des Heiligtums, ferner über das Mehl, den Wein, das Öl, den Weihrauch und die Spezereien. [30] Einige von den Priestersöhnen bereiteten das Salbengemisch für die Spezereien. [31] Mattitja, einer der Leviten, der Erstgeborene Schallums, des Korachiten, war ständig zur Aufsicht über die Zubereitung des Pfannengebäcks beordert. [32] Manche der Kehatiten, ihrer Brüder, hatten die Schaubrote zu besorgen und Sabbat für Sabbat aufzulegen. [33] Dies waren die Sänger, Familienhäupter unter den Leviten, die, von anderen Arbeiten befreit, in den Kammern wohnten. Sie hatten die Aufgabe, Tag und Nacht ihrem Dienst zu obliegen. [34] Das sind die Fa-

milienhäupter der Leviten nach ihrer Abstammung
als Häupter; sie wohnten in Jerusalem.

Stammbaum Sauls

35 Zu Gibeon wohnte der Vater Gibeons, Jeïel; seine
Frau hieß Maacha. 36 Sein Erstgeborener war Ab-
don; (ihm folgten) Zur, Kisch, Baal, Ner, Nadab,
37 Gedor, Achjo, Sacharja und Miklot. 38 Miklot aber
zeugte Schimam. Auch diese ließen sich, dem Bei-
spiel ihrer Brüder folgend, in Jerusalem bei ihren
Brüdern nieder. 39 Ner zeugte Kisch, und Kisch
zeugte Saul, Saul zeugte Jonatan, Malkischua,
Abinadab und Eschbaal. 40 Der Sohn Jonatans war
Meribbaal. Meribbaal zeugte Micha. 41 Die Söhne
Michas waren Piton, Melech, Tachrea und Achas.
42 Achas aber zeugte Joadda, Joadda zeugte Alemet,
Asmawet und Simri. Simri zeugte Moza. 43 Moza
zeugte Bina; dessen Sohn war Rephaja, dessen
Sohn Elasa, sein Sohn Azel. 44 Azel aber hatte sechs
Söhne. Dies sind ihre Namen: Asrikam, Bochru,
Jischmael, Schearja, Obadja und Chanan. Dies
waren Azels Söhne.

9,35–44: Über die Abstammung Sauls und seine Nachkommenschaft vgl. 8,29–38.

Sauls Ende

10 1 Die Philister lagen mit Israel im Kampf.
Die Israeliten flohen vor den Philistern;
Erschlagene lagen auf dem Gebirge Gil-
boa. 2 Die Philister waren hart hinter Saul und
seinen Söhnen her. Sie erschlugen Jonatan, Abina-
dab und Malkischua, Sauls Söhne. 3 Der Kampf ge-
gen Saul wurde recht heftig; den Bogenschützen ge-
lang es, ihn zu treffen, und er wurde von ihnen
verwundet. 4 Saul befahl seinem Waffenträger:
»Ziehe dein Schwert und durchbohre mich damit;
sonst kommen jene Unbeschnittenen und treiben
ihren Spott mit mir!« Doch der Waffenträger
sträubte sich; denn er fürchtete sich zu sehr. Da
nahm Saul selbst sein Schwert und stürzte sich hin-
ein. 5 Als der Waffenträger sah, daß Saul tot war,
stürzte er sich ebenfalls in sein Schwert und starb.
6 So starben Saul und seine drei Söhne; sein ganzes
Haus endete gemeinsam. 7 Alle Israeliten aber in der
Ebene hörten von der Flucht und dem Tode Sauls
und seiner Söhne. Da verließen sie ihre Städte und
flohen. Die Philister kamen und setzten sich darin
fest.

Schändung und Bestattung

8 Am folgenden Tag kamen die Philister, um die Er-
schlagenen zu plündern; sie fanden Saul und seine
Söhne gefallen auf dem Gebirge Gilboa. 9 Sie zogen
ihn aus, nahmen sein Haupt und seine Rüstung und
sandten im Philisterland überall Leute herum, die
ihren Götzen und dem Volk die freudige Nachricht
verkünden sollten. 10 Seine Ausrüstung legten sie in
ihrem Götzentempel nieder, seinen Schädel aber
hefteten sie am Dagontempel an. 11 Ganz Jabesch in
Gilead vernahm, was die Philister Saul alles angetan
hatten. 12 Alle kriegstüchtigen Leute machten sich
nun auf den Weg, nahmen die Leichname Sauls und
seiner Söhne und brachten sie nach Jabesch. Sie be-
gruben ihre Gebeine unter der Terebinthe von Ja-
besch und fasteten sieben Tage lang. 13 So starb denn
Saul um seiner Treulosigkeit willen, die er gegen den
Herrn verübt hatte. Er hatte das Wort des Herrn
nicht beachtet und auch den Totengeist befragt, um
Auskunft zu suchen. 14 Den Herrn aber befragte er
nicht. Daher ließ dieser ihn sterben und übergab die
Königsherrschaft an David, den Sohn Isais.

10,1–12: Vgl. 1 Sam 9–30. Nur Sauls Tod wird geschildert, weil jetzt endlich die Bahn für David frei wird.

David, König von Israel

11 1 Ganz Israel versammelte sich bei David
in Hebron und ließ ihm sagen: »Siehe, wir
sind dein Fleisch und Bein! 2 Schon von je-
her, als Saul noch König war, warst du es, der Israel
hin und her zu lenken wußte. Der Herr, dein Gott,
hat dir verheißen: Du sollst mein Volk Israel weiden
und sollst Fürst über mein Volk Israel sein.« 3 Alle
Ältesten Israels kamen zum König nach Hebron;
David schloß mit ihnen zu Hebron einen Bund vor
dem Herrn. Danach salbten sie David zum König
von Israel gemäß dem Wort, das der Herr durch
Samuel verkündet hatte.

Jerusalem

4 David zog mit Gesamtisrael gegen Jerusalem, das
ist Jebus. Dort waren die Jebusiter als einheimische
Bevölkerung. 5 Da sprachen die Bewohner von Je-
bus zu David: »Du wirst hier nicht hereinkom-
men.« Doch David nahm die Sionsburg, das ist die
Stadt Davids. 6 David hatte gesagt: »Wer immer zu-
erst Jebusiter erschlägt, soll Hauptmann und An-
führer sein!« Da stieg Joab, der Sohn der Zeruja,
zuerst hinauf und wurde so Hauptmann. 7 David
nahm Wohnung in der Burg. Daher nannte man sie
Stadt Davids. 8 Er baute die Stadt ringsum vom
Millo an und im Umkreis; Joab aber stellte den Rest
der Stadt wieder her. 9 David wurde immer mächti-
ger und größer; denn der Herr der Heerscharen war
mit ihm.

Davids Helden

10 Dies sind die Obersten der Helden Davids, die ihn
als König unterstützten. Sie taten es gemeinsam mit

ganz Israel, indem sie ihn gemäß dem Wort des
Herrn zum König über Israel einsetzten. 11 Dies ist
die Anzahl der Helden Davids: Jischbaal, der Hach-
moniter, das Haupt der drei Helden. Er schwang
seine Lanze über dreihundert und erschlug sie auf
einmal. 12 Nach ihm kam Eleasar, der Sohn Dodos,
der Achochiter. Er gehörte zu den drei Helden. 13 Er
war bei David in Pas-Dammim, wo sich die Phili-
ster zum Kampf scharten. Hier wuchs ein Stück
Feld voll Gerste. Als das Volk vor den Philistern
floh, 14 stellte er sich mitten in das Feld, behauptete
es und schlug die Philister. So verlieh der Herr einen
großartigen Sieg.

Der Wagemut der Drei

15 Drei von den dreißig Obersten kamen zu David
zur Felswand hinab, in die Höhle Adullam. Das La-
ger der Philister befand sich in der Ebene Rephaim.
16 David hielt sich damals in der Bergfestung auf,
während ein Wachtposten der Philister sich in
Bethlehem befand. 17 David hatte Durst und sprach:
»Hätte ich doch Wasser aus der Zisterne am Tor von
Bethlehem!« 18 Die drei Helden brachen in das La-
ger der Philister ein, schöpften aus der Zisterne am
Tor von Bethlehem Wasser und brachten es zu
David. Er aber wollte nicht trinken, sondern goß es
als Spende vor dem Herrn aus. 19 Er sprach dabei:
»Mein Gott bewahre mich davor, dies zu tun! Soll
ich etwa das Blut jener Männer trinken? Denn unter
Lebensgefahr haben sie es geholt.« Er wollte lieber
nicht trinken. Dies waren die Taten der drei Helden.

Andere Helden unter den Dreißig

20 Abischaj, der Bruder Joabs, war erster unter den
Dreißig. Schwang er seine Lanze, so fielen dreihun-
dert zu Boden. Er war berühmt bei den Drei.
21 Unter den Dreißig war er hochgeschätzt und
wurde ihr Führer; aber zu den Drei gehörte er nicht.
22 Benaja, der Sohn Jehojadas aus Kabzeel, ein tap-
ferer Mann mit zahlreichen Kriegstaten, schlug die
beiden Kriegshelden aus Moab. Er stieg hinab und
erschlug einen Löwen in der Zisterne am Tage, da
Schnee gefallen war. 23 Er erschlug auch einen riesi-
gen Ägypter, fünf Ellen groß. Der Ägypter hatte
eine Lanze in der Hand wie ein Weberbaum. Jener
aber kam mit einem Stock zu ihm hinab, riß dem
Ägypter die Lanze aus der Hand und erschlug ihn
mit dessen Lanze. 24 Dies tat Benaja, der Sohn Jeho-
jadas. Er war wohlgeachtet bei den drei Helden.
25 Er war hochgeschätzt unter den Dreißig; aber zu
den Drei gehörte er nicht. David setzte ihn über
seine Leibwache. 26 Tapfere Kriegshelden waren
Asahel, der Bruder Joabs, Elchanan, der Sohn Do-
dos aus Bethlehem, 27 Schammot aus Charod, Che-
lez, der Paltiter, 28 Ira, der Sohn des Ikkesch aus Te-
koa, Abieser aus Anatot, 29 Sibbechaj aus Chuscha,
Zalmon, der Achochiter, 30 Mahraj aus Netopha,
Cheled, der Sohn des Baana, aus Netopha, 31 Itaj,
der Sohn des Ribaj, aus Gibea in Benjamin, Benaja
aus Piraton, 32 Churaj aus Nachale-Gaasch, Abibaal
aus Araba, 33 Asmawet aus Bachurim, Eljachba aus
Schaalbon, 34 Jaschen aus Gimso, Jonatan, der Sohn
des Schage, aus Harar, 35 Achiam, der Sohn des
Sachar, aus Harar, Eliphal, der Sohn des Ur, 36 Che-
pher aus Mechera, Eliam, der Sohn Achitophels, aus
Gilo, 37 Chezro aus Karmel, Paaraj, der Arbiter,
38 Joel, der Bruder des Natan, Mibchar, der Sohn
Hagris, 39 Zelek aus Ammon, Nachraj aus Beerot,
der Waffenträger des Joab, des Sohnes der Zeruja,
40 Ira aus Jattir, Gareb aus Jattir, 41 Uria, der Hethiter,
Sabad, der Sohn Achlajs, 42 Adina, der Sohn des
Schisa, aus dem Stamm Ruben, ein Haupt der
Rubeniten; ihm gehörte eine Dreißigerschaft,
43 Chanan, der Sohn des Maacha, und Josaphat aus
Meten, 44 Usija aus Aschtarot, Schama und Jeïel, die
Söhne des Chotam, aus Aroer, 45 Jediael, der Sohn
des Schimri, und Jocha, sein Bruder aus Tiz, 46 Eliel
aus Machanajim und Jeribaj und Joschaoja, die
Söhne des Elnaam, ferner Jitma aus Moab. 47 Eliel,
Obed und Jaasiel aus Zoab.

Weitere Anhänger Davids

12 1 Folgende Männer kamen zu David nach
Ziklag, als er sich von Saul, dem Sohn des
Kisch, noch fernhalten mußte. Sie gehör-
ten zu den Kriegshelden als Kampfeshelfer. 2 Sie
waren mit Bogen ausgerüstet, konnten mit der
rechten und der linken Hand Steine schleudern und
Pfeile vom Bogen schießen. Von den Stammesbrü-
dern Sauls aus Benjamin: 3 Das Oberhaupt Achieser,
dann Joasch, der Sohn des Jehoschama aus Gibea,
Jesiel und Pelet, die Söhne des Asmawet, Beracha
und Jehu aus Anatot, 4 Jischmaja aus Gibeon, ein
Held unter den »Dreißig« und über die Dreißig ge-
setzt. 5 Jirmeja, Jachasiel und Jochanan und Josabad
aus Gedera, 6 Elusaj, Jerimot, Bealja, Schemarjahu
und Schephatjahu aus Charuph; 7 Elkana, Jischi-
jahu, Asarel, Joëser, Jaschobam, die Korachiter,
8 Joëla und Sebadja, die Söhne des Jerocham aus
Gedor. 9 Aus Gad kamen zu David nach der Bergfe-
stung in die Wüste tapfere Helden, Männer des
Krieges, mit Schild und Speer vertraut; sie waren
anzuschauen wie Löwen und so schnell wie Gazel-
len auf den Bergen. 10 Eser, der Anführer, Obadja,
der zweite, Eliab, der dritte, 11 Mischmanna, der
vierte, Jirmeja, der fünfte, 12 Attaj, der sechste, Eliel,

der siebte, 13 Jockanan, der achte, Elsabad, der neun-
te, 14 Jirmejahu, der zehnte, Machbannaj, der elfte.
15 Sie kamen von den Gaditern als Hauptleute des
Heeres, von denen es der Kleinste mit hundert, der
Größte mit tausend Mann aufnahm. 16 Diese waren
es, die im ersten Monat den Jordan überschritten,
als er seine Ufer ganz gefüllt hatte und alle Täler in
Ost und West absperrte.
17 Auch kamen einige von den Benjaminiten und
Judäern in die Bergfestung zu David. 18 David trat
vor sie hin, ergriff das Wort und sprach zu ihnen:
»Seid ihr in friedlicher Absicht zu mir gekommen,
mir zu helfen, so bin ich gern bereit, mit euch zu-
sammenzugehen; wenn ihr aber kamt, mich an
meine Feinde zu verraten, obwohl keinerlei Un-
recht an meinen Händen klebt, dann sehe es der
Gott unserer Väter und strafe es!« 19 Da erfüllte den
Amasaj, das Haupt der Dreißig, ein Geist. Er rief:
»Dein sind wir, David, zu dir, Isais Sohn, stehen
wir! Heil, Heil sei dir! Heil deinem Helfer; denn
dein Gott hilft dir!« Da nahm David sie auf und
reihte sie ein unter die Häupter seiner Heerschar.
20 Auch von Manasse gingen einige zu David über,
als er mit den Philistern gegen Saul in den Krieg
zog. Doch leistete er den Philistern keine Waffen-
hilfe, da ihn die Häuptlinge der Philister absicht-
lich wegschickten. Sie sagten sich nämlich: »Um
den Preis unserer Häupter fällt er ja doch zu seinem
Herrn Saul ab.« 21 Als er damals nach Ziklag zog,
liefen von Manasse zu ihm über: Adnach, Josabad,
Jediael, Michael, Josabad, Elihu, Zilletaj, die Ober-
häupter der Tausendschaften Manasses. 22 Sie
halfen David gegen die Räuberhorde; denn sie alle
waren tapfere Helden und wurden Oberste im
Heer. 23 Tagtäglich kamen neue Anhänger zu David,
um ihn zu unterstützen, bis ein großes Heerlager
entstand wie das Heerlager Gottes.

Die Krieger bei der Thronerhebung in Hebron

24 Dies sind die Zahlen der zum Heerbann Gerüste-
ten, die zu David nach Hebron kamen, um ihm
gemäß dem Ausspruch des Herrn das Königtum
Sauls zu übergeben: 25 Die Judäer mit Schild und
Lanze waren 6800 kriegsdienstfähige Männer.
26 Von den Simeoniten waren es 7100 tapfere Hel-
den. 27 Von den Leviten waren es 4600, 28 ferner
Jehojada, der Fürst der Aaroniten, mit 3700 Mann
29 und Zadok, ein junger, tapferer Krieger, nebst
seinen Verwandten: zweiundzwanzig Fürsten.
30 Von den Benjaminiten, den Stammesangehöri-
gen Sauls, kamen 3000 Mann; denn bis dahin
war der Großteil von ihnen in der Dienstgefolg-
schaft Sauls geblieben. 31 Von den Ephraimiten
waren es 20 800 tapfere Männer mit berühmten
Familiennamen; 32 vom halben Stamm Manasse
18 000 Mann, die ausdrücklich bestimmt waren zu
kommen, um die Königserhebung Davids zu be-
treiben. 33 Von Issachars Leuten, die in die Zeitlage
Einblick hatten und das erkannten, was Israel tun
müsse, waren zweihundert Hauptleute gekommen
mit allen ihren Stammesbrüdern, die ihnen Gefolg-
schaft leisteten. 34 Von Sebulun 50 000 Wehrfähige,
zum Kampf mit jeglichen Kriegswaffen gerüstet,
um sich vorbehaltlos einzureihen. 35 Von Naphtali
tausend Anführer mit 37 000 Mann, bewaffnet mit
Schild und Lanze, 36 von den Daniten 28 600 kriegs-
gerüstete Männer, 37 von Aser 40 000 Wehrfähige
für den Kriegsfall, 38 von den Rubeniten, Gaditen
und dem halben Stamm Manasse von jenseits des
Jordans 120 000 Mann mit allen Waffen eines
Kriegsheeres. 39 Alle diese Kriegsmänner, bereit,
sich in die Schlachtreihen einzuordnen, waren er-
gebenen Herzens nach Hebron gekommen, um
David zum König über ganz Israel zu erheben.
Auch das ganze übrige Israel war sich einig in dem
Wunsch, David zum König zu machen. 40 Sie blie-
ben bei David drei Tage hindurch, aßen und tran-
ken; denn ihre Stammesbrüder hatten für sie alles
vorbereitet. 41 Auch jene, die in ihrer Nähe wohn-
ten, bis nach Issachar, Sebulun und Naphtali, brach-
ten Lebensmittel auf Eseln, Kamelen, Maultieren
und Rindern herbei, Mundvorrat an Mehl, Feigen-
und Rosinenkuchen, Wein und Öl, dazu Großvieh
und Kleinvieh in Mengen; denn Freude herrschte in
Israel.

12,9: Bevor sich David mit den Philistern verbündete, hatte er sich längere Zeit in der Bergfestung Adullam, einer Höhle zwanzig Kilometer südwestlich von Bethlehem, aufgehalten. Nach 1 Sam 22,2 stießen dort zu ihm etwa 400 Mann, deren Zahl sich bis zum Übertritt zu den Philistern auf etwa 600 erhöhte.

Überführung der Bundeslade

13 1 David beriet sich mit den Führern der
Tausend- und Hundertschaften, mit allen
Fürsten. 2 Dann wandte sich David an die
Gesamtgemeinde Israel: »Dünkt es euch gut, und ist
es vom Herrn, unserm Gott, also bestimmt, so wol-
len wir überallhin zu unseren Brüdern schicken,
draußen im Land Israel, ebenso zu den Priestern
und Leviten in ihren Weideortschaften, daß sie zu
uns kommen. 3 Wir wollen die Lade unseres Gottes
zu uns herholen; denn in Sauls Tagen haben wir
nicht nach ihr gefragt.« 4 Die gesamte Gemeinde
stimmte diesem Vorhaben zu; denn die Sache gefiel
dem ganzen Volk. 5 David sammelte ganz Israel
vom Schichor Ägyptens bis Lebo-Hamat, um die

Gotteslade aus Kirjat-Jearim heraufzuholen. 6 Da
zogen David und ganz Israel nach Baala, das ist
Kirjat-Jearim, das zu Juda gehört, und holten von
dort die Gotteslade, die nach dem Namen des
Herrn, der über den Kerubim thront, benannt ist.
7 Sie fuhren die Lade Gottes auf einem neuen Wa-
gen aus dem Hause Abinadabs weg, wobei Ussa
und Achjo den Wagen lenkten. 8 David aber und die
Israeliten tanzten vor Gott mit aller Kraft, unter Ge-
sängen, begleitet von Zithern, Harfen, Pauken,
Zimbeln und Trompeten. 9 Sie kamen zur Tenne
Kidons. Da streckte Ussa seine Hand aus, um die
Lade zu halten; denn die Rinder waren durchge-
gangen. 10 Doch der Zorn des Herrn entbrannte ge-
gen Ussa, und er schlug ihn, weil er seine Hand
nach der Lade ausgestreckt hatte. Er starb dort vor
Gottes Angesicht. 11 David wurde tief erschüttert
darüber, daß der Herr Ussa so weggerissen hat.
Man nennt diesen Ort »Wegriß Ussas« bis zum heu-
tigen Tag. 12 An jenem Tag fürchtete sich David vor
Gott und sprach: »Wie kann ich da die Lade Gottes
zu mir überführen?« 13 Er brachte deswegen die
Lade nicht zu sich in die Stadt Davids, sondern
schaffte sie in das Haus Obed-Edoms aus Gat. 14 So
blieb die Gotteslade drei Monate lang im Hause des
Obed-Edom. Der Herr aber segnete das Haus
Obed-Edoms und all sein Eigentum.

Baupläne

14 1 Hiram, der König von Tyrus, schickte
Gesandte an David, dazu Zedernholz,
Steinmetzen und Zimmerleute zum Bau
eines Palastes. 2 David erkannte, daß der Herr ihn
als König über Israel bestätigt hatte; denn sein
Königtum war zu hohem Ansehen gekommen um
seines Volkes Israel willen.

Davids Nachkommen

3 David nahm sich in Jerusalem weitere Frauen und
zeugte noch Söhne und Töchter. 4 Dies sind die
Namen derer, die ihm in Jerusalem geboren wur-
den: Schammua, Schobab, Natan, Salomo, 5 Jibchar,
Elischua, Elpelet, 6 Nogah, Nepheg, Japhia, 7 Eli-
schama, Beeljada und Eliphelet.

Philistersiege

8 Die Philister vernahmen, daß David zum König
von Israel gesalbt worden war. Sie zogen heran, um
David zu fassen; doch er hörte davon und kam
ihnen entgegen. 9 Die Philister kamen und breiteten
sich in der Ebene Rephaim aus. 10 Da fragte David
bei Gott an: »Soll ich wider die Philister ziehen, und
wirst du sie meiner Gewalt überliefern?« Der Herr
gab ihm zur Antwort: »Ziehe zu Felde, ich werde
sie deiner Gewalt ausliefern!« 11 Man zog also nach
Baal-Perazim, und David schlug sie dort. Da rief
David: »Gott hat durch mich die feindlichen Reihen
durchbrochen, wie Wasser durchbricht.« Man
nannte daher den Ort Baal-Perazim (»Herr des
Durchbruchs«). 12 Die Philister hatten dort ihre Göt-
zen zurückgelassen, und David gab den Befehl, sie
zu verbrennen. 13 Die Philister breiteten sich noch
einmal in der Ebene aus. 14 David befragte abermals
Gott, und dieser gab ihm die Weisung: »Ziehe nicht
hinter ihnen her, sondern umgehe sie in einem ge-
wissen Abstand und nähere dich ihnen von den
Bakasträuchern her! 15 Vernimmst du in den Wip-
feln der Bakasträucher das Geräusch von Schritten,
dann beginne den Kampf; denn Gott zieht vor dir
einher, um das Heer der Philister zu schlagen!«
16 David tat, wie Gott ihm befohlen hatte. Man
schlug das Heer der Philister von Gibeon bis nach
Geser. 17 Davids Ruhm verbreitete sich in allen Lan-
den, und der Herr bewirkte, daß alle Völker Furcht
vor ihm hatten.

Überführung der Bundeslade

15 1 Er baute sich Häuser in der Davidsstadt,
richtete auch eine Stätte für die Gottes-
lade her und schlug ein Zelt für sie auf.
2 Damals ordnete David an, daß nur die Leviten die
Lade Gottes tragen dürften; denn sie hatte ja der
Herr erwählt, seine Lade zu tragen und immerdar
an ihr Dienst zu tun. 3 David berief alle Israeliten
nach Jerusalem, um die Lade des Herrn an ihren Ort
zu bringen, den er für sie bereitet hatte.
4 Ferner scharte David die Nachkommen Aarons
und die Leviten um sich: 5 Von den Nachkommen
Kehats den Fürsten Uriel und seine Brüder: Hun-
dertzwanzig, 6 von den Nachkommen Meraris den
Fürsten Asaja und seine Brüder: Zweihundert-
zwanzig, 7 von den Nachkommen Gerschoms den
Fürsten Joel und seine Brüder: Hundertdreißig,
8 von den Nachkommen Elizaphans den Fürsten
Schemaja und seine Brüder: Zweihundert, 9 von
den Nachkommen Hebrons den Fürsten Eliel und
seine Brüder: Achtzig, 10 von allen Nachkommen
Ussiels den Fürsten Amminadab und seine Brüder:
Hundertzwölf. 11 David ließ die Priester Zadok und
Ebjatar sowie die Leviten Uriel, Asaja, Joel, Sche-
maja, Eliel und Amminadab rufen. 12 Er befahl
ihnen: »Ihr seid die Familienoberhäupter der Levi-
ten. Ihr und eure Brüder sollt euch weihen und die
Lade des Herrn, des Gottes Israels, an die Stelle
bringen, die ich für sie bereitet habe. 13 Denn weil
ihr bei der ersten Übertragung gefehlt habt, hat der

Herr, unser Gott, ein Unheil über uns einreißen
lassen, da wir uns nicht so, wie es recht gewesen
wäre, um ihn gekümmert haben.« 14 Da weihten
sich die Priester und Leviten, um die Lade des
Herrn, des Gottes Israels, hinaufzubringen. 15 Die
Leviten hoben die Lade Gottes, wie Moses dem
Wort des Herrn gemäß angeordnet hatte, mit den
Tragstangen auf ihre Schultern.

Sänger und Torhüter

16 Da befahl David den Levitenfürsten, ihre Brüder,
die Sänger, mit ihren Musikinstrumenten, mit
Harfen, Zithern und Zimbeln, aufzustellen. Sie
sollten zum Freudenjubel laut ihr Spiel ertönen
lassen. 17 Die Leviten beauftragten Heman, den
Sohn Joels, ferner von seinen Stammesbrüdern
Asaph, den Sohn Berechjas, und von Meraris Nach-
kommen Etan, den Sohn Kuschajas, 18 dazu deren
Brüder zweiten Dienstranges: Sacharja, Jaasiel,
Schemiramot, Jechiel, Unni, Eliab, Benaja, Maaseja,
Mattitja, Eliphelehu, Mikneja, Obed-Edom und
Jeïel, die Torwächter. 19 Die Sänger Heman, Asaph
und Etan sollten mit ehernen Zimbeln spielen,
20 Sacharja, Asiel, Schemiramot, Jechiel, Unni, Eliab,
Maaseja und Benaja auf Harfen nach elamitischer
Weise, 21 Mattitja, Eliphelehu, Mikneja, Obed-
Edom, Jeïel und Asasja auf Zithern nach schimjoni-
tischer Weise, um den Takt anzugeben. 22 Kenanja,
der Levitenfürst, leitete den Vortrag; denn er ver-
stand sich wohl darauf. 23 Berechja und Elkana
waren Torwächter für die Lade. 24 Die Priester Sche-
banja, Josaphat, Netanel, Anmasaj, Sacharja, Be-
naja, und Elieser bliesen die Trompeten vor der
Lade Gottes. Obed-Edom und Jechia bewachten die
Lade.

Feierliche Prozession

25 David, die Ältesten Israels und die Fürsten der
Tausendschaften, die mitgingen, um die Bundes-
lade des Herrn aus dem Hause Obed-Edoms zu
holen, waren hoch erfreut. 26 Da Gott den Levi-
ten, welche die Bundeslade des Herrn trugen,
gnädig beistand, opferte man sieben Stiere und
sieben Widder. 27 David war mit einem Mantel
aus Byssus bekleidet und ebenso alle Leviten, die
die Lade trugen, sowie die Sänger und Kenanja, der
den Vortrag der Sänger leitete. David trug ein Schul-
terkleid aus Linnen. 28 Ganz Israel brachte die Bun-
deslade des Herrn hinauf unter lautem Jubel und
Posaunenschall, unter dem Lärm der Trompeten
und Zimbeln, beim Spiel von Harfen und Zithern.
29 Als die Bundeslade des Herrn in die Stadt Davids
einzog, schaute Michal, die Tochter Sauls, durch
das Fenster, und als sie den König David springen
und tanzen sah, hegte sie für ihn Verachtung im
Herzen.

15,26: Den gnädigen Beistand des Herrn erblickte man darin, daß sich der Unglücksfall, bei dem Ussa ums Leben kam (vgl. 13,7–10), nicht wiederholte. • 29: Michal, eine der Frauen Davids, blieb nach 2 Sam 6,23 kinderlos bis zu ihrem Tode.

16
1 Man brachte die Lade Gottes und stellte
sie in das Zelt, das David hergerichtet
hatte. Dann brachte man Brand- und
Friedopfer vor Gott dar. 2 Als David die Brand- und
Friedopfer vollzogen hatte, segnete er das Volk im
Namen des Herrn. 3 An jeden Israeliten, ob Mann
oder Frau, ließ er ein Rundbrot, einen Dattel- und
einen Rosinenkuchen austeilen.

Sängerdienst

4 Vor der Lade des Herrn stellte er einige Leviten
zum Kultdienst auf, die den Herrn, den Gott Israels,
loben, preisen und rühmen sollten: 5 Asaph als
Obersten, Sacharja als dessen Vertreter, ferner Jaa-
siel, Schemiramot, Jechiel, Mattitja, Eliab, Benaja,
Obed-Edom und Jeïel mit Harfen und Zithern,
während Asaph die Zimbeln schlug. 6 Benaja und
Jachasiel, die Priester, sollten vor der Bundeslade
Gottes regelmäßig auf Trompeten blasen.

Dankhymnus

7 Damals ließ David zum erstenmal durch Asaph
und seine Brüder folgenden Lobpreis des Herrn
singen: 8 »Danket dem Herrn, ruft seinen Namen
aus! Macht unter den Völkern seine Taten bekannt!
9 Singet ihm, jubelt ihm, erzählt von all seinen
Wundern! 10 Rühmt euch seines heiligen Namens!
Es freue sich das Herz aller, die den Herrn suchen!
11 Achtet auf den Herrn und seine Macht, sucht
sein Antlitz allezeit! 12 Gedenkt seiner Wunder,
die er vollbracht, seiner Zeichen und Richter-
sprüche, 13 ihr Kinder Israels, seines Knechtes, ihr
Söhne Jakobs, seines Erwählten! 14 Er, der Herr,
ist unser Gott; auf alle Welt erstreckt sich sein
Gericht. 15 Auf ewig gedenkt er seines Bundes, des
Wortes, das er für tausend Generationen befahl,
16 des Bundes, den er mit Abraham schloß, und
seines Eides an Isaak. 17 Er stellte ihn auf als gültig
für Jakob, als ewigen Bund für Israel. 18 Er sprach:
›Dir will ich das Land Kanaan geben als zugemesse-
nes Erbteil!‹ 19 Als sie an Zahl noch unscheinbar
waren, nur wenige und Gäste darin, 20 als sie noch
zogen von Volk zu Volk, von einem Reich zur an-
dern Nation, 21 da ließ er nicht zu, daß sie jemand
bedrängte, und warnte Könige ihretwegen:
22 ›Tastet meine Gesalbten nicht an, fügt meinen
Propheten kein Leid zu!‹

23 Singt dem Herrn, alle Welt! Verkündet sein Heilswerk von Tag zu Tag! 24 Erzählt bei den Völkern von seinem Ruhm, bei allen Nationen von seinen Wundern! 25 Ja, groß ist der Herr und hoch zu preisen, furchtgebietend thront er über allen Göttern. 26 Denn alle Götter der Völker sind nichtige Götzen, der Herr jedoch hat den Himmel erschaffen. 27 Hoheit und Pracht umgeben ihn, Macht und Freude an seiner Stätte. 28 Entbietet dem Herrn, ihr Völkerstämme, entbietet dem Herrn Ehre und Macht! 29 Entbietet dem Herrn die Ehre seines Namens! Bringt Gaben dar und kommt vor sein Antlitz, fallt nieder vor dem Herrn in heiligem Schmuck! 30 Zittert vor ihm, alle Lande! Fest gegründet ist ja die Erde, daß sie nimmer wankt. 31 Es freue sich der Himmel, es juble die Erde, man bekenne unter den Völkern: Der Herr ist König! 32 Es brause das Meer und was es erfüllt, es jauchze die Flur und was auf ihr wächst! 33 Dann sollen frohlocken die Bäume des Waldes vor dem Herrn, wenn er kommt, die Erde zu richten!

34 Danket dem Herrn, denn er ist gut; ja, ewig währt seine Huld! 35 Sprecht: Hilf uns, du, unser Helfergott, sammle uns und rette uns vor den Völkern, daß wir deinem heiligen Namen danken und uns deines Lobpreises rühmen können. 36 Gepriesen sei der Herr, Israels Gott, von Ewigkeit zu Ewigkeit!« Und alles Volk sprach: »Amen!« und: »Dem Herrn sei Lob!«

David verpflichtet Leviten zum Dienst in Jerusalem und Gibeon

37 David ließ dort vor der Bundeslade des Herrn den Asaph und seine Brüder, daß sie ständig den Dienst vor der Lade verrichten nach den täglichen Erfordernissen, 38 ferner Obed-Edom und seine Brüder, achtundsechzig Mann; Obed-Edom, den Sohn Jedutuns, und Chosa bestellte er zu Torwächtern. 39 Den Priester Zadok und seine Brüder, die Priester, stellte er vor der Wohnung des Herrn auf der Höhe von Gibeon auf. 40 Sie sollten dem Herrn immerdar auf dem Brandopferaltar morgens und abends Opfer darbringen und alles ausführen, was im Gesetz des Herrn, das er Israel aufgetragen hat, geschrieben steht. 41 Bei ihnen waren Heman und Jedutun und die übrigen Auserwählten, die mit Namen genannt sind, um dem Herrn das Danklied zu singen: »Denn ewig währt seine Huld!« 42 Bei Heman und Jedutun befanden sich Trompeten und Zimbeln für die Musikanten sowie Instrumente für die gottesdienstlichen Lieder. Die Söhne Jedutuns waren für das Tor bestimmt. 43 Danach gingen alle Leute weg, ein jeder in sein Haus. Auch David kehrte heim, um seinem Haus den Segensgruß zu entbieten.

16,8–33: Vers 8–22 = Ps 105,1–15; Vers 23–33 = Ps 96,1–13. • 16,40: Vgl. 2 Mos 29,38–42; 4 Mos 28,3–8.

Verwerfung des Tempelbauplanes

17 1 Als David in seinem Palast Wohnung genommen hatte, sprach er zum Propheten Natan: »Siehe, ich wohne in einem Zedernpalast, die Bundeslade des Herrn aber steht unter Zeltdecken.« 2 Natan antwortete David: »Alles, was du vorhast, bringe zur Ausführung; denn Gott ist mit dir!« 3 In jener Nacht aber erging das Wort an Natan: 4 »Auf, sprich zu meinem Knecht David: So spricht der Herr: Nicht du sollst mir das Haus als Wohnstätte bauen! 5 Ich habe in keinem Haus gewohnt seit der Zeit, da ich Israel aus Ägypten fortführte bis heute, sondern ich bin von Zelt zu Zelt gewandert und von einer Wohnung zur andern. 6 Solange ich nun in ganz Israel umherzog, habe ich da etwa zu einem von den Richtern Israels, die ich als Hirten über mein Volk bestellte, gesprochen: Warum erbaut ihr mir keinen Zedernpalast?

Verheißung an David

7 Darum sprich jetzt zu meinem Knechte David: So spricht der Herr der Heerscharen: Ich habe dich von der Weide hinter der Herde weggeholt, damit du Fürst seist über mein Volk Israel. 8 Ich war mit dir auf all deinen Wegen und vertilgte vor dir alle deine Feinde. Ich will dir einen Namen machen gleich dem Namen der Großen auf Erden. 9 Ich werde meinem Volk Israel Platz zuweisen und es einpflanzen, daß es an seiner Stätte wohnen kann. Es braucht nicht mehr zu bangen, und frevelhafte Menschen dürfen es nicht mehr bedrücken wie früher, 10 seit ich Richter über mein Volk Israel bestellt habe. Ich will all deine Feinde demütigen.

Ich künde dir an, daß der Herr dir ein Haus bauen wird. 11 Sind deine Tage erfüllt, und gehst du zu deinen Vätern, so werde ich einen deiner unmittelbaren Nachkommen, der unter deinen Söhnen sein wird, einsetzen und sein Königtum bestätigen. 12 Er wird mir ein Haus bauen, und ich werde seinen Thron für immer befestigen. 13 Ich will ihm Vater sein, und er soll mir Sohn sein. Meine Huld entziehe ich ihm nicht, wie ich sie dem entzogen habe, der vor dir war. 14 Ich will ihm in meinem Haus und in meinem Reich für immerwährende Zeit Bestand verleihen. Sein Thron soll dauernd gefestigt sein!« 15 Ganz nach diesen Worten und genau nach diesem Gesicht redete Natan zu David.

Davids Gebet zum Herrn: Keiner ist wie du,
und es gibt keinen Gott außer dir!

16 Da ging der König David hinein, ließ sich vor dem
Herrn nieder und betete: »Wer bin ich denn, Herr,
Gott, und was ist mein Haus, daß du mich bis hier-
her geführt hast? 17 Und selbst dies war noch zu ge-
ring in deinen Augen, o Gott. Du gabst dem Haus
deines Knechtes auch Verheißungen für die ferne
Zukunft und hast mir an Künftigem mehr gezeigt,
als ein Mensch erforschen kann, o Herr und Gott!
18 Was soll David noch weiter zu dir sagen? Du
kennst ja deinen Knecht! 19 Herr, deines Knechtes
wegen und nach deinem Willen hast du diese ganze
Großtat vollbracht, um all diese herrlichen Dinge
offenbar zu machen. 20 Herr, keiner ist wie du, und
es gibt keinen Gott außer dir, nach allem, was wir
mit unsern Ohren vernommen. 21 Oder wo gleicht
deinem Volk Israel ein einziges Volk auf Erden, für
das ein Gott hingegangen wäre, um es sich zum
Volk zu erkaufen, ihm den Ruf großer und furcht-
erregender Taten zu verschaffen? So vertriebst du
andere Völker vor deinem Volk, das du aus Ägypten
erlöst hast. 22 Du machtest dir dein Volk Israel für
immer zum Volke. Du, der Herr, bist ihr Gott ge-
worden.

23 Jetzt aber möge die Verheißung, die du über dei-
nen Knecht und sein Haus ausgesprochen hast, auf
immer bestehen! Tue, wie du gesagt hast! 24 Dann
wird dein Ruhm für immer bestehen und groß sein.
Man wird sprechen: ›Der Herr der Heerscharen ist
der Gott Israels‹, und das Haus deines Knechtes
David wird vor dir Bestand haben. 25 Denn du, mein
Gott, hast ins Ohr deines Knechtes geoffenbart, daß
du ihm ein Haus bauen willst. Daher hat es dein
Knecht gewagt, vor dir zu beten. 26 Und nun, Herr,
du bist Gott, und du hast deinem Knecht diese herr-
liche Verheißung verliehen. 27 Nun also hat es dir
gefallen, das Haus deines Knechtes zu segnen, daß
es immer vor dir bestehe; denn du, o Herr, hast es
gesegnet, und es bleibt gesegnet in Ewigkeit.«

17,1–27: Der Chronist bekennt sich zur Verheißung des ewigen Bestandes des davidischen Königtums. Es geschah dies zu einer Zeit, als Davids Königtum tatsächlich nicht mehr vorhanden war. Vgl. Ps 89. In Luk 1,32f sehen wir die Verheißungen an David im eigentlichen Sinn erfüllt. Die Königsherrschaft Gottes bietet im AT die Gewähr für das Königtum Davids, dessen Nachfolge der aus Davids Geschlecht stammende Messias angetreten hat.

Davids Kriege und Beute

18

1 Danach schlug David die Philister und
warf sie nieder. Er nahm ihnen Gat und
dessen Tochterstädte. 2 Er schlug die Moa-
biter. Sie wurden Davids Knechte und mußten Tri-
but leisten. 3 Weiter schlug David Hadadeser, den
König von Zoba, bei Hamat. Dieser war ausgezo-
gen, um seine Macht am Euphrat aufzurichten.
4 David entriß ihm 1000 Wagen, 7000 Wagenkämp-
fer und 20 000 Mann Fußvolk. Sämtliche Gespanne
ließ David lähmen; nur hundert ließ er von ihnen
übrig. 5 Als die Aramäer von Damaskus dem König
von Zoba, Hadadeser, zu Hilfe kamen, schlug David
22 000 Mann von ihnen. 6 Er setzte im aramäischen
Damaskus Vögte ein. So wurden die Aramäer
Davids tributpflichtige Knechte. Der Herr half dem
David bei allen Kriegszügen. 7 David erbeutete auch
die goldenen Schilde, welche die Leute Hadadesers
trugen, und brachte sie nach Jerusalem. 8 Aus Tib-
chat und Kun, den Städten Hadadesers, gewann er
Erz in großer Menge, woraus Salomo das eherne
Meer, die Säulen und die ehernen Geräte anfertigen
ließ. 9 Als Toï, der König von Hamat, vernahm, daß
David die Streitmacht Hadadesers, des Königs von
Zoba, geschlagen hatte, 10 entsandte er seinen Sohn
Hadoram zum König David, um ihn zu begrüßen
und zu beglückwünschen, daß er gegen Hadadeser
gekämpft und ihn besiegt habe; denn Toï stand auf
Kriegsfuß mit Hadadeser. Gleichzeitig sandte er Ge-
fäße aller Art aus Gold, Silber und Erz. 11 Auch sie
weihte der König David dem Herrn samt dem Silber
und Gold, das er von allen übrigen Völkern erbeutet
hatte: von Edom, Moab, den Ammonitern, den Phi-
listern und von Amalek. 12 Nach seiner Rückkehr
schlug er die Edomiter im Salztal, achtzehntausend
Mann. 13 Er setzte in Edom Vögte ein. So wurden
alle Edomiter Davids Knechte. Der Herr half David
bei allen seinen Unternehmungen.

Davids oberste Beamte

14 David herrschte als König über ganz Israel und
übte Recht und Gerechtigkeit an seinem ganzen
Volk. 15 Joab, der Sohn der Zeruja, war Oberbe-
fehlshaber des Heeres, Josaphat, der Sohn Achiluds,
war Kanzler. 16 Zadok, der Sohn Achitubs, und
Ebjatar, der Sohn Achimelechs, bekleideten das
Priesteramt. Schuscha war Staatsschreiber. 17 Be-
naja, der Sohn Jehojadas, befehligte die Kreter und
Peleter. Die Söhne Davids waren die Ersten im
Dienst des Königs.

18,1–17: Der Abschnitt ist fast wörtlich aus 2 Sam 8,1–18 entnommen. Nur Vers 2 ist verkürzt, Vers 8 erweitert.

Schimpf über die Gesandten Davids

19

1 Danach starb der Ammoniterkönig
Nachasch, und sein Sohn folgte ihm in
der Königsherrschaft. 2 David überlegte
sich: »Ich will zu Chanun, dem Sohn des Nachasch,

freundlich sein, weil sein Vater auch gegen mich
freundlich war.« Daher sandte David Boten, um
ihm seines Vaters wegen sein Beileid auszuspre-
chen. Als nun die Knechte Davids in das Ammoni-
terland zu Chanun gekommen waren, ihn zu trö-
sten, 3 sprachen die Ammoniterfürsten zu Chanun:
»Wollte denn etwa David deinen Vater vor dir eh-
ren, da er zu dir Beileidsgesandte geschickt hat?
Sind denn seine Knechte nicht deshalb zu dir ge-
kommen, um das Land zu erforschen, zu zerstören
und auszukundschaften?« 4 Chanun ließ nun die
Knechte Davids ergreifen, sie scheren und ihre Klei-
dungsstücke zur Hälfte bis zur Gesäßgegend ab-
schneiden. Dann ließ er sie gehen. 5 So zogen sie
weg, und als man David Meldung über die Männer
brachte, sandte er ihnen entgegen; denn die Männer
waren furchtbar beschämt. Der König ließ ihnen
sagen: »Bleibt in Jericho, bis euer Bart wieder ge-
wachsen ist! Dann erst kehrt heim!«

Sieg über die Ammoniter und Aramäer

6 Die Ammoniter merkten, daß sie sich bei David in
üblen Ruf gebracht hatten. Chanun und die Am-
moniter schickten also tausend Talente Silber, um
sich von Aram im Zweistromgebiet und von den
Aramäern in Maacha und von Zoba Streitwagen
und Mannschaften zu erkaufen. 7 Sie erkauften sich
zweiunddreißigtausend Streitwagen, dazu den
König von Maacha mit seinen Kriegsleuten. Diese
kamen heraus und lagerten vor Medeba. Auch die
Ammoniter scharten sich zusammen aus ihren
Städten und zogen zur Schlacht aus. 8 David hörte
davon und schickte Joab mit dem ganzen Heer von
Kriegshelden. 9 Die Ammoniter rückten aus und
ordneten sich am Stadteingang zur Schlacht, wäh-
rend die Könige, die gekommen waren, für sich
allein auf freiem Felde standen. 10 Joab erkannte,
daß ihm von vorn und vom Rücken der Angriff
drohte. Er wählte also von allen Kerntruppen Israels
Leute aus und ordnete sich gegen Aram zur
Schlacht. 11 Den Rest der Kriegsleute unterstellte er
seinem Bruder Abischaj. Sie stellten sich den Am-
monitern entgegen. 12 Dabei sprach er: »Wenn die
Aramäer stärker sind als ich, dann sollst du mir hel-
fen; sind aber die Ammoniter dir überlegen, dann
werde ich dir zu Hilfe kommen. 13 Sei also tapfer!
Wir müssen stark sein für unser Volk und für die
Städte unseres Gottes. Der Herr möge das tun, was
ihm gut erscheint!« 14 Als sich Joab aber mit seinen
Leuten den Aramäern näherte, um zu kämpfen,
flohen sie vor ihm. 15 Sobald die Ammoniter merk-
ten, daß die Aramäer auf der Flucht waren, wichen
auch sie vor seinem Bruder Abischaj und zogen sich
in die Stadt zurück. Joab aber kam nach Jerusalem.
16 Die Aramäer sahen, daß sie von den Israeliten
eine Niederlage erlitten hatten. Deshalb sandten sie
Boten und ließen die Aramäer jenseits des
Euphratstromes herbeikommen. Schophak, der
Oberbefehlshaber des Hadadeser, stand an ihrer
Spitze. 17 Man hinterbrachte es David. Er bot ganz
Israel auf, überschritt den Jordan, drang gegen sie
vor und ordnete sich gegen sie zum Streit. Auch die
Aramäer ordneten sich gegen David zum Angriff
und kämpften mit ihm. 18 Doch die Aramäer muß-
ten vor den Israeliten fliehen. David tötete von
Aram siebentausend Wagengespanne und vierzig-
tausend Mann Fußvolk; auch den Feldherrn Scho-
phak brachte er um. 19 Nun sahen die Knechte
Hadadesers, daß sie von den Israeliten eine Nieder-
lage erlitten hatten. Sie schlossen daher mit David
Frieden und unterwarfen sich ihm. Die Aramäer
hatten keine Lust mehr, den Ammonitern noch
weiterhin zu helfen.

Einnahme von Rabba – David macht ungewöhnlich reiche Beute

20 1 Um die Jahreswende, zur Zeit, da die
Könige in den Krieg zu ziehen pflegen,
führte Joab die Streitmacht ins Feld und
verwüstete das Ammoniterland. Dann zog er hin
und belagerte Rabba. David selbst blieb in Jeru-
salem. Joab schlug Rabba und verheerte es. 2 David
nahm dem Milkom die Krone vom Haupt und fand,
daß sie ein Goldtalent schwer war. An ihr befand
sich ein Edelstein, der später auf Davids Haupt
kam. Ungewöhnlich reiche Beute brachte er aus der
Stadt mit. 3 Ihre Bevölkerung führte er fort und
stellte sie an die Steinsägen, Eisengeräte und Äxte.
Ebenso verfuhr David mit allen Städten der Ammo-
niter. Danach kehrte David mit dem gesamten
Kriegsvolk nach Jerusalem zurück.

Einzelne Heldentaten

4 Später kam es erneut zum Kampfe mit den Phili-
stern bei Geser. Damals erschlug Sibbechaj aus
Chuscha den Sippaj von den Nachkommen der Re-
phaiter. Sie wurden niedergeworfen. 5 Wiederum
kam es zum Kampf mit den Philistern. Da erschlug
Elchana, der Sohn Jaïrs, den Lachmi, Goljats Bruder
aus Gat, dessen Lanzenschaft wie ein Weberbaum
war. 6 Da kam es bei Gat wiederum zum Kampf. Ein
Mann von riesenhaftem Aussehen trat auf. Er hatte
je sechs Finger und sechs Zehen, also vierundzwan-
zig zusammen. Auch er stammte von den Rephai-
tern. 7 Weil er die Israeliten schmähte, erschlug ihn
Jonatan, der Sohn des Davidsbruders Schima.

8 Diese stammten von den Rephaitern in Gat und
fielen durch die Hand Davids und seiner Krieger.

20,2: Im Text fehlt die Mitteilung von 2 Sam 12,27–29, daß David
doch noch nach Rabba gerufen wurde.

Davids Volkszählungen

21 1 Der Satan trat wider Israel auf und
reizte David an, Israel zu zählen. 2 So be-
fahl David Joab und den Führern des
Volkes: »Geht hin und zählt Israel von Beerseba bis
Dan und bringt mir Bescheid, damit ich ihre Zahl
erfahre!« 3 Joab entgegnete: »Möchte doch der Herr
sein Volk, so wie es ist, um das Hundertfache ver-
größern! Sind denn, mein Gebieter und König,
nicht alle Knechte meines Herrn? Warum fordert
mein Gebieter so etwas? Warum soll es Israel zu
einer Schuld werden?« 4 Doch der Befehl des
Königs nötigte Joab. So mußte Joab fortgehen, ganz
Israel durchziehen und schließlich nach Jerusalem
zurückkommen. 5 Das Ergebnis der Volkszählung
händigte Joab an David aus: Gesamtisrael besaß
1 100 000 Mann, die das Schwert führen konnten,
und Juda 470 000 Schwertträger. 6 Levi und Benja-
min hatte er dabei nicht mitgezählt; denn des
Königs Anordnung war dem Joab ein Greuel.
7 Da Gott die Sache mißfiel, schlug er Israel. 8 Nun
betete David zu Gott: »Ich habe schwer gesündigt,
weil ich dieses tat. So nimm doch die Schuld deines
Knechtes hinweg; denn überaus töricht habe ich
gehandelt.« 9 Der Herr sprach zu Gad, dem Seher
Davids: 10 »Geh hin und sage David: So spricht der
Herr: Dreierlei lege ich dir vor; wähle dir eines da-
von aus, daß ich es dir antue!«
11 Gad kam zu David und sagte zu ihm: »So spricht
der Herr: Entscheide dich: 12 Soll drei Jahre lang
Hungersnot sein, oder willst du drei Monate lang
vor deinen Feinden fliehen, so daß das Schwert dei-
ner Gegner dich erreicht, oder soll drei Tage lang
das Schwert des Herrn, die Pest, im Lande wüten
und der Engel des Herrn in allen Gebieten Israels
Verheerung anrichten? Nun sieh zu, welche Ant-
wort ich dem bringen soll, der mich sendet!« 13 Da-
vid entgegnete Gad: »Ich bin in großer Bedrängnis.
Doch will ich lieber in die Hand des Herrn fallen,
denn sein Erbarmen ist überaus groß; aber in die
Hand von Menschen möchte ich nicht fallen!«
14 Der Herr ließ nun in Israel die Pest ausbrechen,
und es starben von Israel siebzigtausend Mann.
15 Gott hatte einen Engel nach Jerusalem entsandt,
um die Stadt zu verheeren. Als dieser die Vernich-
tung vollzog, sah es der Herr, und es reute ihn das
Unheil. Er befahl dem Engel, der die Verheerung an-
richtete: »Jetzt ist es genug, ziehe deine Hand
zurück!« Der Engel des Herrn stand gerade bei der
Tenne des Jebusiters Ornan. 16 David erhob seine
Augen und sah den Engel des Herrn zwischen Erde
und Himmel stehen mit gezücktem Schwert in der
Hand, das gegen Jerusalem ausgestreckt war. David
und die Ältesten fielen auf ihr Angesicht nieder, in
Trauerkleider gehüllt. 17 David aber rief zu Gott:
»Ich war es ja doch, der den Befehl gab, das Volk
aufzuzeichnen. Ich habe gesündigt, ich, der Hirte,
habe Böses getan. Diese aber, die Herde, was haben
sie verbrochen? Herr, mein Gott, deine Hand er-
hebe sich doch wider mich und meine Familie, aber
nicht gegen dein Volk zum Schlage!«
18 Der Engel des Herrn befahl Gad, David zu sagen,
er solle hinaufgehen und auf der Tenne des Jebu-
siters Ornan einen Altar erbauen. 19 David ging hin-
auf nach dem Worte Gads, das dieser im Namen
des Herrn gesprochen hatte. 20 Als Ornan sich um-
wandte, sah er den Engel, während seine vier
Söhne, die sich bei ihm befanden, verdeckt waren.
Ornan war gerade beim Weizendreschen. 21 David
kam zu Ornan. Dieser blickte auf, sah ihn, trat aus
der Tenne heraus und verneigte sich vor David mit
dem Angesicht zur Erde. 22 David sagte zu Ornan:
»Gib mir den Tennenplatz! Ich will darauf einen
Altar für den Herrn bauen. Um den vollen Preis
sollst du ihn mir lassen, damit die Plage vom Volk
abgewendet werde.« 23 Ornan antwortete David:
»Nimm ihn! Mein Herr und König tue, was ihm be-
liebt! Ich gebe dir die Rinder für die Brandopfer, die
Dreschbretter als Opferholz und den Weizen zum
Speiseopfer. Dies alles spende ich.« 24 Doch der
König David entgegnete Ornan: »Nein, um den
vollen Kaufpreis will ich alles erwerben; denn ich
kann nicht dein Eigentum für den Herrn hernehmen
und ein geschenktes Brandopfer darbringen.« 25 So
bezahlte denn David dem Ornan für den Platz
sechshundert abgewogene Goldsekel.
26 David erbaute dem Herrn dort einen Altar,
brachte Brand- und Friedopfer dar und rief zum
Herrn. Dieser antwortete ihm mit Feuer, das vom
Himmel auf den Brandopferaltar herniederfiel.
27 Der Herr erteilte dem Engel den Befehl, sein
Schwert wieder in die Scheide zu stecken. 28 Zu je-
ner Zeit, als David sah, daß ihn der Herr auf der
Tenne des Jebusiters Ornan erhörte, brachte er dort
sein Opfer dar. 29 Die Wohnstätte des Herrn, die
Moses in der Wüste angefertigt hatte, und der
Brandopferaltar waren zu jener Zeit auf der Höhe
von Gibeon. 30 Doch David konnte nicht mehr vor
ihn hintreten, um Gott aufzusuchen; denn er war in

Schrecken versetzt worden durch das Schwert des Engels des Herrn.

21,1–30: 2 Sam 24. Bemerkenswert ist, daß hier beim Chronisten nicht der Zorn Gottes oder sein Befehl unrechte Handlungen verursacht, sondern der Widersacher des Menschengeschlechtes, der hier schon mit dem Eigennamen »Satan« auftritt.

22 1 Da sprach David: »Dies soll das Haus des Herrn und Gottes sein; und dies der Altar für die Brandopfer Israels!«

David und der Tempelbau

2 David befahl, man solle die Fremden im Land Israel zusammenholen. Er setzte sie als Steinmetzen ein, um Quadern zu behauen für den Bau des Gotteshauses. 3 Sodann beschaffte David eine Menge Eisen für die Nägel zu den Torflügeln und für die Klammern und eine unwägbare Menge Erz. 4 Ebenso besorgte er unzählige Zedernstämme; denn die Bewohner von Sidon und Tyrus belieferten David mit großen Mengen Zedernholz. 5 David sagte sich nämlich: »Mein Sohn Salomo ist jung und zart. Das Haus aber, das dem Herrn zu erbauen ist, soll über die Maßen groß werden zum Ruhm und zur Zierde bei allen Ländern. Daher will ich die Vorbereitungen dafür treffen.« So traf denn David zahlreiche Vorkehrungen noch vor seinem Tode. 6 Dann rief er seinen Sohn Salomo und trug ihm auf, dem Herrn, dem Gott Israels, ein Haus zu bauen.

7 David sprach zu Salomo: »Mein Sohn, ich selbst hatte die Absicht, dem Namen des Herrn, meines Gottes, ein Haus zu bauen. 8 Da erging an mich das Wort des Herrn: ›Du hast Blut in Mengen vergossen und gewaltige Kriege geführt. Du darfst meinem Namen kein Haus bauen; denn du hast viel Blut zur Erde vergossen vor meinem Antlitz. 9 Siehe, ein Sohn wird dir geboren. Dieser wird ein Mann der Ruhe sein; ich will ihm Ruhe verschaffen vor seinen Feinden ringsum. Salomo sei sein Name. Frieden und Ruhe will ich in seinen Tagen Israel bescheren. 10 Er wird meinem Namen ein Haus bauen. Er soll mir Sohn sein, und ich will ihm Vater sein. Den Thron seiner Königsherrschaft will ich in Israel für immerwährende Zeit festigen.‹ 11 Und nun, mein Sohn, sei der Herr mit dir, auf daß du Erfolg habest und das Haus deines Gottes erbauest, wie er über dich vorausgesagt hat! 12 Ja, der Herr gebe dir, wenn er dich über Israel bestellt, Einsicht und Verstand und dazu die Gnade, daß du das Gesetz des Herrn, deines Gottes, erfüllst! 13 Dann wirst du Erfolg haben, wenn du gewissenhaft die Satzungen und Gebote erfüllst, die der Herr dem Moses für Israel aufgetragen hat. Sei tapfer und mutig! Fürchte dich nicht und habe keine Angst! 14 Siehe, durch meine Bemühung habe ich für das Haus des Herrn hunderttausend Talente Gold und eine Million Talente Silber beschafft. Erz und Eisen sind unwägbar; denn sie sind in Menge da. Auch Holzbalken und Steine habe ich besorgt, und du magst darüber hinaus noch mehr anschaffen! 15 Werkleute in großer Menge stehen zu deinen Diensten, Steinmetzen, Maurer und Zimmerleute und alle beliebigen Meister für jegliche Werkarbeit 16 in Gold, Silber, Erz und Eisen ohne Zahl. Wohlan, mache dich ans Werk, und der Herr sei mit dir!«

17 Danach befahl David allen Fürsten Israels, seinem Sohne Salomo beizustehen: 18 »War nicht der Herr, euer Gott, mit euch, und hat er euch nicht allseits Ruhe verschafft, indem er die Landesbewohner meiner Gewalt überlieferte, so daß das Land dem Herrn und seinem Volk unterworfen ist? 19 Wendet nun Herz und Sinn darauf, den Herrn, euren Gott, zu suchen! Auf! Baut das Heiligtum des Herrn, um die Bundeslade des Herrn und die heiligen Geräte Gottes in das Haus bringen zu können, das dem Namen des Herrn errichtet werden soll!«

22,2–19: Von den Vorbereitungen des Tempelbaues wissen Sam und Kön nichts; in dieser Beziehung ergänzt der Chronist die älteren Geschichtswerke.

Anzahl der Leviten

23 1 Als David alt und lebenssatt geworden war, machte er seinen Sohn Salomo zum König über Israel. 2 Alle Fürsten Israels versammelte er, ferner die Priester und Leviten. 3 Die Leviten wurden gezählt von dreißig Jahren an und darüber. Ihre Zahl betrug 38 000 Mann. 4 Von ihnen hatten 24 000 den Werkdienst im Hause des Herrn zu leiten. 6000 waren Beamte und Richter, 5 4000 waren Torhüter, und 4000 priesen den Herrn mit den Instrumenten, die zum Lobpreis angefertigt waren. 6 David teilte sie nach den Söhnen Levis, nach Gerschon, Kehat und Merari, in Klassen ein. 7 Zu den Gerschoniten gehörten Ladan und Schimi. 8 Die Söhne Ladans waren: Jechiel als erster, dann Setam und Joel, insgesamt drei. 9 Die Söhne Jechiels waren Schelomit, Chasiel und Haran, insgesamt drei. Das waren die Familienhäupter Ladans. 10 Die Söhne Schimis waren Jachat, Sisa, Jëusch und Beria, insgesamt vier. 11 Von ihnen war Jachat der erste, Sisa der zweite. Jëusch und Beria hatten nicht viele Söhne; daher bildeten sie nur eine Familie und nur eine Amtsklasse. 12 Die Söhne Kehats waren Amram, Jizhar, Hebron und Ussiel, insgesamt vier. 13 Die Söhne Amrams waren Aaron und Moses. Aaron und seine Söhne sonderte man für immer zum heiligen Amt am Hochheiligen aus; sie sollten vor dem Herrn Rauchopfer darbringen, ihm den Kultdienst verrichten und in seinem Namen fortwährend segnen. 14 Die Nachkommen des Gottesmannes Moses aber wurden dem Stamm der Leviten zugerechnet. 15 Die Söhne des Moses: Gerschom und Elieser. 16 Die Söhne Gerschoms: Schebuel, der erste. 17 Die Söhne Eliesers: Rechabja, der erste. Elieser hatte sonst keine Söhne; die Söhne des Rechabja waren aber überaus zahlreich. 18 Die Söhne Jizhars: Schelomit, der erste. 19 Die Söhne Hebrons waren Jerijjahu als erster, Amaraja als zweiter, Jachasiel als dritter und Jekamam als vierter. 20 Die Söhne des Ussiel waren Micha als erster, Jischschijja als zweiter. 21 Die Söhne des Merari waren Machli und Muschi, die Söhne des Machli Eleasar und Kisch. 22 Eleasar starb ohne Söhne, er hatte nur Töchter; mit diesen verheirateten sich die Söhne des Kisch, ihre Verwandten. 23 Die Söhne Muschis waren Machli, Eder und Jerimot, insgesamt drei.

Amtsverrichtungen der Leviten

24 Dies waren nach ihren Familien die Nachkommen Levis, die Familienoberhäupter, wie sie gemustert wurden, namentlich angeführt entsprechend ihrer Kopfzahl, die Dienst taten im Hause des Herrn, im Alter von zwanzig Jahren und darüber. 25 David sagte nämlich: »Ruhe hat der Herr, der Gott Israels, seinem Volke verschafft, und er nahm Wohnung in Jerusalem für immer. 26 Auch brauchen die Leviten nicht mehr die Wohnstätte und all die zu ihrer Bedienung notwendigen Geräte zu tragen.« 27 [Denn nach den letzten Weisungen Davids wurde die Zahl der Leviten von zwanzig Jahren an und darüber hinaus berechnet.] 28 »Vielmehr erstreckt sich ihre Anstellung an der Seite der Söhne Aarons im Tempeldienst auf die Vorhöfe und Kammern, die Reinigung alles Heiligen und auf die Dienstobliegenheiten des Hauses Gottes: 29 auf die Schaubrote, auf das Mehl für das Speiseopfer, die ungesäuerten Fladen, die Bratpfannen und Rührkuchen und auf alle Hohl- und Längenmaße. 30 Auch haben sie an jedem Morgen anzutreten, um dem Herrn zu danken und ihn zu preisen; ebenso am Abend; 31 weiterhin bei jeder Darbringung von Brandopfern für den Herrn, an den Sabbaten, Neumonden und Festtagen. In der für sie vorgeschriebenen Anzahl haben sie beständig vor dem Herrn anzutreten. 32 So haben sie das Bedienen des Offenbarungszeltes, des Heiligtums, die Bedienung der Söhne Aarons, ihrer Brüder, bei ihrem Dienste im Hause des Herrn zu besorgen.«

23,1ff: Der gesamte Tempeldienst wird in Kap. 23–26 als Einrichtung Davids dargestellt, geschichtlich kaum richtig. • 23,22: Heirat mit Verwandten hatte den Zweck, den Erbbesitz der Stämme zu erhalten, vgl. 4 Mos 36,6–9

Dienstklassen der Priester

24 1 Auch die Nachkommen Aarons hatten ihre Dienstabteilungen. Die Söhne Aarons waren Nadab, Abihu, Eleasar und Itamar. 2 Nadab und Abihu starben vor ihrem Vater und hatten keine Söhne. Daher erlangten nur Eleasar und Itamar das Priesteramt. 3 David sowie Zadok von den Nachkommen Eleasars und Achimelech von den Söhnen Itamars teilten sie gruppenweise für ihren Dienst ein. 4 Dabei stellte es sich heraus, daß die Söhne Eleasars zahlreicher an Häuptern der Männer waren als die Söhne Itamars. So teilte man den Söhnen Eleasars sechzehn Oberhäupter zu, entsprechend den Familien, und den Söhnen Itamars nur acht, entsprechend ihren Familien. 5 Man teilte diese wie jene durch das Los ein. Denn heilige Fürsten und Gottesfürsten waren unter den Söhnen Eleasars wie auch bei den Nachkommen Itamars. 6 Der levitische Schreiber Schemaja, der Sohn Netanels, schrieb sie im Beisein des Königs, der Fürsten, des Priesters Zadok, Ebjatars, des Sohnes Achimelechs, und der Familienhäupter der Priester und Leviten auf. Je eine Familie und nochmal eine wurden ausgelost für Eleasar und je eine für Itamar. 7 Das erste Los fiel auf Jojarib, das zweite auf Jedaja, 8 das dritte auf Charim, das vierte auf Seorim, 9 das fünfte auf Malkija, das sechste auf Mijjamin, 10 das siebte auf Hakkoz, das achte auf Abia, 11 das neunte auf Jesua, das zehnte auf Schechanjahu, 12 das elfte auf Eljaschib, das zwölfte auf Jakim, 13 das dreizehnte auf Chuppa, das vierzehnte auf Jeschebab, 14 das fünfzehnte auf Bilga, das sechzehnte auf Immer, 15 das Siebzehnte auf Chesir, das achtzehnte auf Hapizzez, 16 das neunzehnte auf Petachja, das zwanzigste auf Jecheskel, 17 das einundzwanzigste auf Jachin, das zweiundzwanzigste auf Gamul, 18 das dreiundzwanzigste auf Delajahu, das vierundzwanzigste auf Maasjahu. 19 Das waren ihre Amtsordnungen für ihren Dienst, nach denen sie im Hause des Herrn sich einzustellen hatten, gemäß ihrer Verpflichtung, die sie durch ihren Ahnherrn Aaron erhielten, wie der Herr, der Gott Israels, ihm aufgetragen hatte.

Andere Levitenfamilien

20 Zu den restlichen Leviten gehörten: Zu den Söhnen Amrams Schubael, zu den Söhnen Schubaels Jechdejahu. 21 Zu Rechabjahu gehörten: Von den Söhnen Rechabjahus war Jischschijja der erste. 22 Zu den Nachkommen Jizhars gehörte Schelomot, zu

den Söhnen Schelomots Jachat. 23 Die Söhne He-
brons waren Jerijjahu, der zweite Amarjahu, der
dritte Jachasiel, der vierte Jekamam. 24 Der Sohn
Ussiels war Micha. Zu den Söhnen Michas gehörte
Schamir. 25 Der Bruder des Micha war Jischschijja.
Zu den Söhnen Jischschijjas gehörte Sacharja. 26 Die
Söhne Meraris waren Machli und Muschi, der Sohn
Jaasijjahus war Bani. 27 Meraris Nachkommen über
Jaasijjahu waren Bani, Schoham, Sakkur und Ibri.
28 Zu Machli gehörten Eleasar, der keine Söhne
hatte, 29 und Kisch. Der Sohn des Kisch war Jerach-
meel. 30 Die Söhne Muschis waren Machli, Eder
und Jeremot. Dies waren die Söhne der Leviten
nach ihren Familien. 31 Auch sie warfen gleich ihren
Brüdern, den Söhnen Aarons, im Beisein des Königs
David, Zadoks, Achimelechs und der Familien-
häupter der Priester und Leviten das Los. Dies taten
die Familien des Oberhauptes wie auch die seines
jüngsten Bruders.

Sängerlisten

25 1 David und die Heeresobersten son-
derten zur Dienstleistung die Söhne des
Asaph, des Heman und des Jedutun aus,
die auf Zithern, Harfen und Zimbeln spielten. Dies
ist das Verzeichnis der Männer, die in ihrem Dienst
beschäftigt waren: 2 Von den Söhnen Asaphs: Sak-
kur, Joseph, Netanja und Asarela; die Söhne Asaphs
standen unter Asaphs Leitung, der nach königlicher
Anordnung mit Begeisterung spielte. 3 Von Jedutun:
Die Söhne Jedutuns Gedalja, Zeri, Jeschaja, Schimi,
Chaschabjahu, Mattitjahu: sechs. Sie standen unter
der Leitung ihres Vaters Jedutun, der auf der Zither
mit Begeisterung zum Dank und Ruhm des Herrn
spielte. 4 Von Heman: Die Söhne Hemans Buk-
kijjahu, Mattanjahu, Ussiel, Schebuel, Jerimot,
Chananja, Chanani, Eliata, Giddalti und Romamti-
Eser, Joschbekascha, Malloti, Hotir und Machasiot.
5 Alle diese waren Söhne Hemans, des königlichen
Sehers, kraft der Verheißungsworte Gottes, er
werde dessen Macht erhöhen; so schenkte Gott
dem Heman vierzehn Söhne und drei Töchter. 6 Sie
alle standen unter der Leitung ihrer Väter Asaph,
Jedutun und Heman beim Gesang im Hause des
Herrn mit Zimbeln, Harfen und Zithern. Sie hatten
den Kultdienst im Gotteshaus nach königlicher An-
leitung zu leisten. 7 Ihre Zahl zusammen mit ihren
Brüdern, die zu Ehren des Herrn im Gesang unter-
richtet waren, betrug zweihundertachtundachtzig,
lauter geübte Kräfte. 8 Jüngere und Ältere, Meister
wie Schüler warfen das Los der Feststellung der
Dienstordnung. 9 Das erste Los traf von Asaph Jo-
seph, das zweite Gedalja mit seinen Brüdern und
Söhnen: zusammen zwölf, 10 das dritte Sakkur,
seine Söhne und Brüder: zwölf, 11 das vierte Jizri,
seine Söhne und Brüder: zwölf, 12 das fünfte Ne-
tanja, seine Söhne und Brüder: zwölf, 13 das sechste
Bukkijjahu, seine Söhne und Brüder: zwölf, 14 das
siebte Jesarela, seine Söhne und Brüder: zwölf,
15 das achte Jeschaja, seine Söhne und Brüder:
zwölf, 16 das neunte Mattanjahu, seine Söhne und
Brüder: zwölf, 17 das zehnte Schimi, seine Söhne
und Brüder: zwölf, 18 das elfte Asarel, seine Söhne
und Brüder: zwölf, 19 das zwölfte Chaschabja, seine
Söhne und Brüder: zwölf, 20 das dreizehnte Schu-
bael, seine Söhne und Brüder: zwölf, 21 das vier-
zehnte Mattitjahu, seine Söhne und Brüder: zwölf,
22 das fünfzehnte Jeremot, seine Söhne und Brüder:
zwölf, 23 das sechzehnte Chananjahu, seine Söhne
und Brüder: zwölf, 24 das siebzehnte Joschbe-
kascha, seine Söhne und Brüder: zwölf, 25 das acht-
zehnte Chanani, seine Söhne und Brüder: zwölf,
26 das neunzehnte Malloti, seine Söhne und Brüder:
zwölf, 27 das zwanzigste Elijjata, seine Söhne und
Brüder: zwölf, 28 das einundzwanzigste Hotir, seine
Söhne und Brüder: zwölf, 29 das zweiundzwanzig-
ste Giddalti, seine Söhne und Brüder: zwölf, 30 das
dreiundzwanzigste Machasiot, seine Söhne und
Brüder: zwölf, 31 das vierundzwanzigste Romamti-
Eser, seine Söhne und Brüder: zwölf.

Torhüter

26 1 Von den Dienstabteilungen der Torhü-
ter gehörte zu den Korachiten: Mesche-
lemja, der Sohn Kores, ein Nachkomme
Ebjasaphs. 2 Die Söhne Meschelemjas: Sacharja als
Erstgeborener, Jediael als zweiter, Sebadja als dritter,
Jatniel als vierter, 3 Elam als fünfter, Jochanan als
sechster, Eljehoënaj als siebter. 4 Die Söhne Obed-
Edoms: Schemaja, der Erstgeborene, Jehosabad als
zweiter, Joach als dritter, Sachar als vierter, Netanel
als fünfter, 5 Ammiel als sechster, Issachar als siebter,
Pëulletaj als achter. Gott hatte ihn nämlich gesegnet.
6 Auch seinem Sohn Schemaja wurden Söhne gebo-
ren. Sie bekamen eine leitende Stellung in ihren Fa-
milien; denn sie waren tüchtige Männer. 7 Die
Söhne Schemajas: Otni, Rephael, Obed, Elsabad
und seine Brüder Elihu und Semachja, tüchtige
Männer. 8 Sie alle waren von den Nachkommen
Obed-Edoms und wie auch ihre Söhne und Brüder
tüchtige Leute, zu Dienstverrichtungen geschickt:
zweiundsechzig von Obed-Edom. 9 Auch Mesche-
lemja hatte Söhne und Brüder, achtzehn tüchtige
Männer. 10 Chosa von den Söhnen Meraris hatte

ebenfalls Nackkommen: Schimri, das Haupt der
Familie; ein Erstgeborener war nicht mehr da; daher
bestimmte ihn sein Vater zum Oberhaupt. 11 Chilkij-
jahu war der zweite, Tebaljahu der dritte, Sacharja
der vierte; alle Söhne und Brüder des Chosa waren
zusammen dreizehn. 12 Die Torhüterabteilungen
waren entsprechend den Häuptern der Männer zu
Wachdiensten ausersehen. Sie taten mit ihren Brü-
dern Dienst im Hause des Herrn. 13 Man warf für je-
des einzelne Tor das Los nach den Familien, gleich,
ob sie klein oder groß waren. 14 Das Los für das Ost-
tor fiel auf Schelemja. Man warf das Los für Sach-
arja, seinen Sohn, einen einsichtsvollen Ratgeber; als
sein Los kam das Nordtor heraus. 15 Obed-Edom fiel
das Südtor zu und seinen Söhnen das Vorratshaus.
16 Auf Chosa traf das Westtor mit dem Schallechet-
tor am Straßenaufstieg. Die entsprechenden Wacht-
posten waren: 17 Für den Osten täglich sechs Posten,
für den Norden täglich vier, für den Süden täglich
vier, für die Vorratskammern je zwei. 18 Am Vorplatz
im Westen waren vier für die Straße und zwei für
den Vorplatz bestimmt. 19 Das waren Dienst-
abteilungen der Torwächter, aus den Söhnen der
Korachiten und den Söhnen Meraris ausgewählt.

Tempelaufseher

20 Jene Leviten, ihre Brüder, die über die Schätze des
Gotteshauses und über die Schätze aus den Weihe-
gaben zu wachen hatten, waren folgende: 21 Die
Söhne Ladans, des Gerschoniten, die Familienhäup-
ter der Sippen Ladans, des Gerschoniten: Jechiel,
22 die Söhne Jechiels: Setam und dessen Bruder Joel,
die über die Schätze des Hauses des Herrn wachten.
23 Von den Nachkommen Amrams, Jizhars, He-
brons und Ussiels: 24 Schebuel, der Sohn Gerschoms
und Enkel des Moses hatte die Oberaufsicht über
die Schätze. 25 Seine Stammesbrüder in der Reihe
Eliesers waren dessen Sohn Rechabja, dessen Sohn
Jeschaja, dessen Sohn Joram, dessen Sohn Sichri,
dessen Sohn Schelomit. 26 Schelomit und seine Brü-
der hatten die Aufsicht über alle Schätze aus den
Weihegaben, die der König David, die Familien-
häupter, die Obersten der Tausend- und Hundert-
schaften und die Heeresobersten geweiht hatten.
27 Von der Kriegsbeute brachten sie Weihegaben,
um dem Haus des Herrn Ansehen zu verleihen.
28 Auch alles, was der Seher Samuel, Saul, der Sohn
des Kisch, Abner, der Sohn Ners, und Joab, der Sohn
der Zeruja, geweiht hatten, kurz, jede Weihegabe
unterstand der Obhut Schelomits und seiner Brüder.

Verwaltungsdienste

29 Von den Nachkommen Jizhars waren Kenanja
und seine Söhne als Beamte und Richter für die
äußeren Geschäfte in Israel tätig. 30 Von den Nach-
kommen Hebrons beaufsichtigte Chaschabja und
seine Brüder, 1700 tüchtige Männer, das Gebiet von
jenseits des Jordans an westwärts in allen Angele-
genheiten des Herrn und im königlichen Dienst.
31 Was die Nachkommen Hebrons betrifft nach
ihren Geschlechtern und Familien, so fanden sich
bei einer Nachforschung im vierzigsten Jahr der Re-
gierung Davids unter ihnen kriegstüchtige Männer
zu Jaser in Gilead. Von den Hebroniten also standen
zur Verfügung: Jerijja, das Haupt, 32 sowie seine
Brüder, 2700 tüchtige Männer und Familienhäupter.
Sie setzte der König David über die Rubeniten, die
Gaditen und den halben Stamm Manasse in allen
Angelegenheiten Gottes und des Königs.

Davids Amtleute

27 1 Dies ist das Verzeichnis der Familien-
oberhäupter der Israeliten, der Führer
über die Tausend- und Hundertschaften
und ihrer Beamten, die dem König in allen Angele-
genheiten der Abteilungen dienten. Sie traten Monat
für Monat das ganze Jahr hindurch abwechselnd an
oder zogen ab. Jede Abteilung war 24 000 Mann
stark. 2 Die erste Abteilung des ersten Monats befeh-
ligte Jischbaal, der Sohn Sabdiels. Zu seiner Abtei-
lung gehörten 24 000 Mann. 3 Er war Nachkomme
des Perez und Haupt aller Heeresobersten für den er-
sten Monat. 4 Die Abteilung für den zweiten Monat
befehligte Dodaj, der Achochiter. Zu seiner Abtei-
lung gehörten 24 000 Mann. 5 Befehlshaber der drit-
ten Abteilung für den dritten Monat war Benaja, der
Sohn des Priesters Jehojada, ein Oberst. Zu seiner
Abteilung gehörten 24 000 Mann. 6 Dieser Benaja
war ein Held unter den Dreißig und über die Dreißig
gesetzt. Über seiner Abteilung stand sein Sohn Am-
misabad. 7 Der vierte Befehlshaber für den vierten
Monat war Asahel, der Bruder Joabs. Nach ihm war
es sein Sohn Sebadja. Zu seiner Abteilung gehörten
24 000 Mann. 8 Der fünfte für den fünften Monat
war der Fürst Schamhut, der Serachit. Zu seiner Ab-
teilung gehörten 24 000 Mann. 9 Der sechste für den
sechsten Monat war Ira, der Sohn des Ikkesch aus
Tekoa. Zu seiner Abteilung gehörten 24 000 Mann.
10 Der siebte für den siebten Monat war Chelez, der
Paltiter, von den Söhnen Ephraims. Zu seiner Abtei-
lung gehörten 24 000 Mann. 11 Der achte für den ach-
ten Monat war Sibbechaj aus Chuscha von den Sera-
chiten. Zu seiner Abteilung gehörten 24 000 Mann.
12 Der neunte für den neunten Monat war Abieser
aus Anatot von den Söhnen Benjamins. Zu seiner
Abteilung gehörten 24 000 Mann. 13 Der zehnte für

den zehnten Monat war Mahraj aus Netopha von den Serachiten. Zu seiner Abteilung gehörten 24 000 Mann. 14 Der elfte für den elften Monat war Benaja aus Piraton von den Söhnen Ephraims. Zu seiner Abteilung gehörten 24 000 Mann. 15 Der zwölfte für den zwölften Monat war Cheldaj aus Netopha vom Geschlecht Otniels. Zu seiner Abteilung gehörten 24 000 Mann.

Die Oberhäupter der Stämme

16 Folgende Männer standen an der Spitze der Stämme Israels: Fürst bei den Rubeniten war Elieser, der Sohn Sichris, bei den Simeoniten Schephatjahu, der Sohn Maachas, 17 bei Levi Chaschabja, der Sohn Kemuels, bei Aaron Zadok, 18 bei Juda Elihu, einer von den Brüdern Davids, bei Issachar Omri, der Sohn Michaels, 19 bei Sebulun Jischmajahu, der Sohn Obadjahus, bei Naphtali Jerimot, der Sohn Asriels, 20 bei den Söhnen Ephraims Hosea, der Sohn Asasjahus, beim halben Stamm Manasse Joel, der Sohn Pedajahus, 21 beim halben Stamm Manasse in Gilead Jiddo, der Sohn Sacharjas, bei Benjamin Jaasiel, der Sohn Abners, 22 bei Van Asarel, der Sohn Jerochams. Dies waren die Fürsten der Stämme Israels.

23 David zeichnete die Anzahl derer, die noch nicht zwanzig Jahre alt waren, nicht auf; denn der Herr hatte verheißen, er werde Israel vermehren wie die Sterne des Himmels. 24 Joab, der Sohn der Zeruja, hatte zwar die Zählung begonnen, aber nicht beendet. Ihretwegen kam ein Zorngericht über Israel. So konnte diese Zahl nicht in der Chronik des Königs David mitgeteilt werden.

Verwalter des königlichen Besitzes

25 Zur Aufsicht über die königlichen Schätze war Asmawet, der Sohn Adiëls, bestellt, über die Vorräte auf dem Land, in den Städten, Dörfern und Türmen Jonatan, der Sohn Ussias, 26 über die Feldarbeiter, die den Boden zu bestellen hatten, Esri, der Sohn Kelubs, 27 über die Weinberge Schimi aus Rama, über das, was in den Weinbergen an Weinvorräten vorhanden war, Sabdi aus Schepham, 28 über die Öl- und Maulbeerfeigenbäume in den Niederungen Baalchanan aus Gader, über die Ölvorräte Joasch, 29 über die Rinder in der Saronebene Schitraj, der Saroniter, über die Rinder in den Tälern Schaphat, der Sohn Adlajs, 30 über die Kamele Obil, der Ismaelit, über die Eselinnen Jechdeja aus Meronot, 31 über die Schafe Jasis, der Hagriter. Diese alle waren die obersten Verwalter des Eigentums König Davids.

Königliche Ratgeber

32 Jonatan, der Onkel Davids, war des Königs Ratgeber. Er war ein verständiger und schriftkundiger Mann. Jechiël, der Sohn des Hachmoni, war Erzieher der Söhne des Königs. 33 Achitophel war königlicher Ratgeber. Der Arkiter Chuschaj war Freund des Königs. 34 Nach Achitophel waren Jehojada, der Sohn Benajas, und Ebjatar (königliche Ratgeber), Joab führte das Heer des Königs.

27,16–22: Warum die Stämme Gad und Aser fehlen, ist unbekannt. • 23f: Von der Volkszählung wird in Kap. 21 berichtet.

Davids letzter Wunsch

28 1 David rief alle obersten Beamten Israels, die Fürsten der Stämme, die Häupter der Abteilungen, die dem König dienten, die Obersten der Tausend- und Hundertschaften, die Verwalter des ganzen Eigentums und des Viehbesitzes des Königs und seiner Söhne, dazu die Kämmerer, die Helden und alle Kriegstüchtigen nach Jerusalem. 2 Der König David erhob sich und sprach: »Hört mich, meine Brüder und mein Volk! Ich trug mich mit der Absicht, der Bundeslade des Herrn, dem Fußschemel unseres Gottes, eine Ruhestätte zu erbauen. Ich traf Vorbereitungen für den Bau. 3 Doch Gott sprach zu mir: Du darfst meinem Namen kein Haus bauen; denn ein Kriegsmann bist du, und Blut hast du vergossen. 4 Der Herr, der Gott Israels, erwählte mich unter allen Angehörigen meiner Familie, daß ich für immer König über Israel sei; denn er erwählte Juda zum Fürsten und innerhalb des Hauses Juda das Haus meines Vaters. Es gefiel ihm, unter den Söhnen meines Vaters mich zum König über ganz Israel zu machen. 5 Aus allen meinen Söhnen aber [der Herr hat mir viele Söhne geschenkt] erwählte er meinen Sohn Salomo, daß er auf dem Königsthron des Herrn über Israel herrsche. 6 Er verhieß mir: Dein Sohn Salomo wird mein Haus und meine Vorhöfe erbauen; denn ihn habe ich mir zum Sohn erwählt, und ihm werde ich Vater sein. 7 Sein Königtum werde ich auf immer befestigen, wenn er festhält an der Erfüllung meiner Gebote und Vorschriften, wie es heute der Fall ist. 8 Wohlan, vor den Augen ganz Israels, der Gemeinde des Herrn, und vor den Ohren unseres Gottes mahne ich euch: Haltet und beachtet alle Gebote des Herrn, eures Gottes, damit ihr das fruchtbare Land behalten und es an eure Söhne vererben könnt für immer!

Mahnung an Salomo

9 Und du, mein Sohn Salomo, erkenne den Gott deines Vaters und diene ihm mit ungeteiltem Herzen und mit willfähriger Seele; denn der Herr durchforscht alle Herzen und kennt alle Gedanken und Vorstellungen. Wenn du ihn suchst,

wird er sich von dir finden lassen. Verläßt du ihn
aber, so verstößt er dich auf ewig. 10 So sieh nun zu!
Denn der Herr hat dich erwählt, daß du ihm ein
Haus als Heiligtum erbaust. Sei starkmütig und
handle!«

Tempelplan und Schätze für Salomo

11 Darauf übergab David seinem Sohn Salomo den
Plan der Vorhalle des Tempelhauses, seiner Schatz-
kammern, Obergemächer, Innenräume und des
Allerheiligsten. 12 Dazu kam der Plan für all das,
was ihm sonst durch den Gottesgeist eingegeben
wurde bezüglich der Vorhöfe beim Haus des Herrn
und aller Kammern ringsum, die bestimmt waren
für die Schätze des Gotteshauses und die Schätze
aus Weihegaben, 13 für die Abteilungen der Priester
und Leviten, für den ganzen Vollzug des Dienstes
im Haus des Herrn und für alle Geräte, die zum
Dienst im Haus des Herrn gebraucht wurden.
14 (Ferner die Voranschläge) bezüglich des Goldes
mit dem Gewicht des Goldes für alle einzelnen
Dienstgeräte, bezüglich aller silbernen Geräte mit
dem Gewicht für alle einzelnen Dienstgeräte, 15 (die
Voranschläge) für das Gewicht der goldenen Leuch-
ter und Lampen nach dem Gewicht des einzelnen
Leuchters und seiner Lampen und für die silbernen
Leuchter mit Angabe des Gewichtes des einzelnen
Leuchters und seiner Lampen, entsprechend der
Verwendung jedes einzelnen Leuchters. 16 Er be-
stimmte das Gold mit Angabe des Gewichtes für
jeden einzelnen Schaubrottisch und das Silber für
die silbernen Tische, 17 für die Fleischgabeln, die
Sprengschalen und Kannen aus reinem Gold sowie
für die goldenen Becher nach dem Gewicht der ein-
zelnen Becher; 18 ebenso geläutertes Gold für den
Räucheraltar mit Angabe des Gewichtes und Gold
für den Aufbau des Thronwagens, die Kerubim,
die ihre Flügel ausbreiten und die Bundeslade des
Herrn bedecken. 19 All das enthielt eine Schrift,
durch die Hand des Herrn über ihm entstanden, um
alle im Plan vorgesehenen Arbeiten einsichtig zu
machen.

Ermunterung Salomos

20 Dann ermahnte David seinen Sohn Salomo: »Sei
mutig und stark und handle! Fürchte dich nicht und
habe keine Angst; denn der Herr, mein Gott, steht
dir bei. Er wird sich dir nicht entziehen und dich
nicht verlassen, bis alle Arbeiten für den Dienst
am Haus des Herrn vollbracht sind. 21 Siehe, die
Abteilungen der Priester und Leviten sind für jeg-
liche Dienstleistung im Gotteshaus bereit. Bei
allen Arbeiten steht dir jeder zur Seite, der willig
und weise ist zu jeglichem Dienst; dazu die Fürsten
und das gesamte Volk für alle deine Angelegenhei-
ten.«

28,2–10: David spricht im Auftrag des Gottkönigs. Aller irdische Herrscherglanz ist nur ein Abbild des unvergänglichen Königtums des Herrn. Freilich verlangt der Herr vom König ungeteilte Herzenshingabe an sein Wort.

Davids Spende zum Tempelbau

29 1 König David wandte sich weiterhin
zur ganzen Versammlung: »Mein Sohn
Salomo, den allein Gott erwählt hat, ist
jung und zart. Groß aber ist das Werk; denn nicht
für Menschen ist die Tempelburg bestimmt, son-
dern für Gott, den Herrn. 2 Mit all meiner Kraft habe
ich denn für das Haus meines Gottes Gold für die
goldenen Geräte beschafft, Silber für die silbernen,
Erz für die ehernen, Eisen für die eisernen, Holz für
die hölzernen, dazu Karneolsteine mit Einfassun-
gen, schwarze und bunte Steine sowie allerlei Edel-
steine und Alabaster in Mengen. 3 Aus Liebe zum
Haus meines Gottes spende ich auch noch meinen
persönlichen Besitz an Gold und Silber für das Haus
meines Gottes über das hinaus, was ich für das Hei-
ligtum herangeschafft habe: 4 nämlich dreitausend
Talente Ophirgold und siebentausend Talente ge-
läutertes Silber, um die Wände der Räume zu über-
ziehen, 5 damit Gold da sei für die goldenen und
Silber für die silbernen Gegenstände und für alle Ar-
beiten der Kunsthandwerker. Wer ist nun bereit,
freiwillig heute für den Herrn zu spenden?«

Fürstliche Gaben

6 Da zeigten die Fürsten der Familien, die Fürsten
der Stämme Israels, die Obersten der Tausend- und
Hundertschaften und die obersten Beamten des
königlichen Dienstes ihre Freigebigkeit. 7 Sie spen-
deten zugunsten des Gotteshauses fünftausend
Talente Gold, zehntausend Dareiken, zehntausend
Talente Silber, achtzehntausend Talente Erz und
hunderttausend Talente Eisen. 8 Wer Edelsteine
hatte, gab sie zum Schatz des Herrentempels in die
Hand des Gerschoniten Jechiel. 9 Das Volk freute
sich über ihre Freigebigkeit; denn sie hatten aus
ganzem Herzen willig für den Herrn gespendet.
Auch der König David hatte eine große Freude.

Davids Gebet

10 David pries den Herrn vor der ganzen Gemeinde
und sprach: »Gepriesen bist du, Herr, Gott Israels,
unseres Vaters, von Ewigkeit zu Ewigkeit. 11 Dein, o
Herr, ist die Größe, die Stärke, der Ruhm, der Glanz
und die Majestät; denn alles im Himmel und auf Er-
den gehört dir! Dir, o Herr, gebührt das Königtum.
Als Haupt überragst du alles. 12 Reichtum und Ehre

kommen von dir. Über alles befiehlst du. In deiner
Hand liegen Kraft und Stärke. In deiner Hand liegt
es, Größe und Macht einem jeden zu verleihen.
13 Und nun, unser Gott, danken wir dir und preisen
deinen herrlichen Namen.
14 Denn wer bin ich, und was ist mein Volk, daß wir
die Kraft aufgebracht hätten, solche Spenden zu geben?
Von dir kommt ja alles, und was aus deiner
Hand stammte, haben wir dir wieder gegeben.
15 Denn Fremdlinge sind wir vor deinem Antlitz
und Beisassen wie unsere Väter alle. Wie ein Schatten
sind unsere Tage auf Erden, und da ist nichts zu
hoffen. 16 Herr, unser Gott, alle diese Mengen, die
wir bereitgestellt haben, um dir ein Haus zu bauen
für deinen heiligen Namen, stammen aus deiner
Hand, und dir gehört alles. 17 Ich weiß, mein Gott,
daß du die Herzen prüfst und an Aufrichtigkeit Gefallen
hast. Mit aufrichtigem Herzen habe ich selbst
dies alles gestiftet, und nun habe ich auch dein Volk,
das hier gegenwärtig ist, mit Freuden dir spenden
sehen. 18 Herr, Gott unserer Väter Abraham, Isaak
und Israel, erhalte eine solche Gesinnungsart für
immer in den Herzen deines Volkes und lenke ihr
Herz zu dir hin!
19 Meinem Sohne Salomo gib ein entschiedenes
Herz, deine Befehle, Anordnungen und Gebote zu
halten, alles auszuführen und die Tempelburg zu erbauen,
die ich vorbereitet habe!« 20 Dann befahl
David der ganzen Versammlung: »Preiset den
Herrn, euren Gott!« Und die ganze Versammlung
pries den Herrn, den Gott ihrer Väter. Sie verneigten
sich und warfen sich nieder vor dem Herrn und
vor dem König.

Salomos Krönung

21 Am folgenden Tag opferten sie dem Herrn
Schlachtopfer und brachten ihm Brandopfer dar,
tausend Stiere, tausend Widder und tausend Lämmer
mit den zugehörigen Trankopfern, und zwar
Schlachtopfer in einer Menge, die der Gesamtheit
Israels entsprach. 22 Sie aßen und tranken vor dem
Herrn an jenem Tag mit großer Freude. Salomo, den
Sohn Davids, machten sie erneut zum König und
salbten ihn zum Fürsten für den Herrn, und den
Zadok zum Priester. 23 Salomo setzte sich auf den
Thron des Herrn als König an Stelle seines Vaters
David. Er hatte Erfolg, und ganz Israel gehorchte
ihm. 24 Alle Fürsten und Helden und auch alle Söhne
des Königs David unterstellten sich willig dem
König Salomo. 25 Der Herr aber erhöhte Salomo
überaus in den Augen Gesamtisraels und verlieh
ihm ein glänzendes Königtum, wie es vor ihm kein
König über Israel besessen hatte.

Quellen der Davidsgeschichte

26 David, der Sohn Isais, herrschte als König über
ganz Israel. 27 Die Zeit, in der er über Israel König
war, betrug vierzig Jahre. In Hebron herrschte er
sieben und in Jerusalem dreiunddreißig Jahre. 28 Er
starb in hohem Alter, satt an Lebenstagen, Reichtum
und Glanz. Sein Sohn Salomo folgte ihm in der
Königsherrschaft. 29 Die Geschichte des Köngs David,
die frühere sowie die spätere, ist aufgeschrieben
in der Darstellung des Sehers Samuel, in der
Geschichte des Propheten Natan und in der Geschichte
des Sehers Gad, 30 und zwar mit Einschluß
seiner ganzen Regierung, seiner Machtentfaltung
und der Zeitläufe, die über ihn, über Israel und über
alle Königreiche der Länder dahingegangen sind.

29,7: Dareiken gab es allerdings erst von Darius I. (521–486) an. • 10–19: Der Verfasser legt David ein frommes Dankgebet in den Mund, das mit einem Lobpreis auf den gewaltigen Herrn und König der gesamten Schöpfung beginnt (Vers 10–13). Von sich aus hat sowohl David als auch das ganze Volk nichts; alles ist Gottes Gabe. Im Hinblick auf die riesigen Spenden für den Tempelbau würden wir einen Dank an die großmütigen Geber erwarten. Doch nein! Die Spender müssen Gott danken, der sie materiell und seelisch in die Lage versetzt hat, solches freudig zu leisten (Vers 14–18; vgl. 1 Kor 4,7). • 21–25: Die Schilderung von Salomos Thronbesteigung, die 1 Kön 1 ergänzt, gibt Gelegenheit, die überragende Gestalt des Nachfolgers zu zeichnen. Der davidische Thron ist »der Thron des Herrn« (Vers 23; 28,5). • 26–30: Nach Art der Königsbücher steht am Schluß eine knappe Zusammenfassung und Angabe der Geschichtsquellen.

ZWEITES BUCH DER CHRONIK

Salomo, der Sohn Davids, festigte sich in seiner
Königsherrschaft. Der Herr sein Gott, stand
ihm bei und ließ ihn über die Maßen mächtig
werden. 2 Salomo benachrichtigte ganz Israel, die
Obersten der Tausend- und Hundertschaften, die
Richter und alle Fürsten in Gesamtisrael, nämlich
die Familienhäupter. 3 Darauf zog Salomo und die
ganze Versammlung mit ihm zur Höhe in Gibeon;
denn dort war das Offenbarungszelt Gottes, das
Moses, der Knecht des Herrn, in der Wüste verfer-
tigt hatte. 4 Die Lade Gottes jedoch hatte David aus
Kirjat-Jearim an die Stätte gebracht, die ihr David
bereitet hatte. In Jerusalem nämlich hatte er ein
Zelt für sie errichtet. 5 Der eherne Altar aber, den
Bezalel, der Sohn Uris und Enkel Churs, verfertigt
hatte, stand dort vor der Wohnstätte des Herrn.
Ihn suchten Salomo und die Versammlung auf.
6 Salomo bestieg dort den ehernen Altar vor dem
Herrn beim Offenbarungszelt und brachte darauf
tausend Brandopfer dar.

Gebet um Weisheit

7 In jener Nacht erschien Gott dem Salomo und
sprach zu ihm: »Verlange, was ich dir schenken
soll!« 8 Salomo entgegnete Gott: »Du erwiesest
meinem Vater David große Huld und machtest
mich an seiner Stelle zum König. 9 Möge sich nun,
Herr und Gott, deine Zusage an meinen Vater
David bewahrheiten; denn du warst es, der mich
zum König über ein Volk bestellte, das so zahl-
reich ist wie der Staub der Erde. 10 So verleihe mir
nun Weisheit und Erkenntnis, um vor diesem Volk
aus und ein zu wissen; denn wer könnte sonst die-
ses dein großes Volk regieren?« 11 Gott antwortete
dem Salomo: »Weil dir das am Herzen liegt und du
nicht Reichtum, Schätze, Ehre oder den Tod deiner
Feinde verlangst, auch nicht um langes Leben gebe-
ten hast, sondern weil du dir Weisheit und Erkennt-
nis erflehtest, um mein Volk leiten zu können, über
das ich dich König werden ließ, 12 so sollen dir Weis-
heit und Erkenntnis zuteil werden! Aber auch
Reichtum, Schätze und Ehre gebe ich dir, wie sie
kein König vor dir besessen hat und nach dir keiner
mehr haben wird.« 13 Darauf begab sich Salomo
von der Höhe in Gibeon, vom Offenbarungszelt
hinweg nach Jerusalem und trat die Herrschaft über
Israel an.

Salomos Reichtum

14 Salomo beschaffte sich Wagen und Bemannung.
Er hatte tausendvierhundert Wagen und zwölftau-
send Mann Besatzung, die er in den Wagenstädten
und beim königlichen Hof in Jerusalem hielt. 15 Der
König erreichte, daß in Jerusalem das Silber und
Gold so häufig war wie Steine, und die Zedern so
zahlreich waren wie die Maulbeerfeigenbäume in
der Niederung. 16 Man bezog die Pferde für Salomo
aus Ägypten und aus Koe. Die königlichen Händler
brachten sie von Koe zum Marktpreis. 17 Einen Wa-
gen brachten sie aus Ägypten herauf um sechshun-
dert Silbersekel und ein Pferd um hundertfünfzig.
Ebenso führten sie diese durch ihre persönliche Ver-
mittlung an alle hethitischen und aramäischen
Könige aus. 18 Salomo beschloß, ein Haus für den
Namen des Herrn und einen Königspalast für sich
selbst zu erbauen.

1,1–9,31: Dieser Bericht über Salomo ist eine wertvolle Ergänzung zu dem 1Kön stehenden. Umständlich werden die Vorbereitungen für den Tempelbau geschildert, der Bau des Tempels vollzieht sich, und die gottesdienstlichen Geräte werden hergestellt, damit Gott erscheinen kann. Das 7,8–10 erwähnte Fest ist das Laubhüttenfest (3 Mos 23,33–43; 4 Mos 29,12–38; 5 Mos 16,13–15; Neh 8,13–18). 8,13 werden noch andere Feste und Erinnerungstage genannt, die auch sonst im AT vorkommen. Alles, was 1 Kön über sittliche Schwächen Salomos erzählt, wird hier verschwiegen.

Baupläne

2 1 Salomo ließ siebzigtausend Lastträger und
achtzigtausend Steinhauer im Gebirge ab-
zählen und setzte dreitausendsechshundert
Aufseher über sie. 2 Dann sandte er an Hiram,
den König von Tyrus, und ließ ihm sagen: »Wie du
mit meinem Vater David verhandelt und ihm
Zedern geliefert hast, daß er sich ein Wohnhaus
bauen konnte, 3 so will ich dem Namen des Herrn,
meines Gottes, ein Haus bauen, um es ihm zu
weihen, damit man wohlriechendes Räucherwerk
vor ihm anzünde, regelmäßig die Brote aufschichte
und Brandopfer am Morgen und Abend, an den
Sabbaten, Neumonden und Festen des Herrn, unse-
res Gottes, darbringe. Denn dies ist für ewige
Zeiten Israel auferlegt. 4 Das Haus, das ich bauen
will, soll groß werden; denn unser Gott ist größer
als alle anderen Götter. 5 Freilich, wer hätte die
Kraft, ihm ein Haus zu bauen? Denn der Himmel
und die Himmel der Himmel fassen ihn nicht. Wer

aber bin ich, daß ich ihm ein Haus bauen dürfte,
es sei denn, um Rauchopfer vor ihm darzubringen?
6 Schicke mir nun einen fähigen Mann, der Arbei-
ten in Gold, Silber, Erz und Eisen, rotem Purpur,
Karmesin und violettem Purpur ausführen kann
und sich auch auf Gravierungen versteht! Er soll
sie ausführen im Verein mit den Künstlern, die bei
mir in Juda und in Jerusalem sind und die mein
Vater David angestellt hat. 7 Liefere mir auch
Zedern, Zypressen und Wachholderstämme vom
Lybanon; denn ich weiß, daß deine Knechte im
Fällen der Libanonbäume kundig sind. Selbstver-
ständlich werden meine Knechte deinen Knechten
helfen. 8 Es muß nämlich Holz in großer Menge be-
schafft werden; denn das Haus, das ich zu bauen
beabsichtige, soll groß und wunderbar werden.
9 Den Holzhauern, deinen Knechten, welche die
Bäume fällen, gebe ich zur Verköstigung zwanzig-
tausend Kor Weizen, zwanzigtausend Kor Gerste,
zwanzigtausend Bat Wein und zwanzigtausend
Bat Öl.«
10 Hiram, der König von Tyrus, erklärte in einem
Schreiben, das er an Salomo schickte: »Da der Herr
sein Volk liebt, hat er dich zum König über es ge-
macht.« 11 Außerdem führte Hiram aus: »Gepriesen
sei der Herr, der Gott Israels, der den Himmel und
die Erde gemacht hat, daß er dem König David
einen weisen Sohn gegeben, der Einsicht und Klug-
heit besitzt, um ein Haus für den Herrn und einen
Königspalast für sich zu bauen. 12 Ich sende dir nun
einen befähigten und einsichtsvollen Mann, den
Meister Hiram. 13 Er ist der Sohn einer Frau aus den
Töchtern Dans. Sein Vater war ein Bürger der Stadt
Tyrus. Er kann Arbeiten in Gold und Silber, Erz,
Eisen, Stein und Holz, rotem und violettem Purpur,
Byssus und Karmesin ausführen, allerlei Gravierun-
gen herstellen und jeden Plan verstehen, der ihm
aufgegeben wird, und zwar zusammen mit deinen
Künstlern und den Künstlern meines Herrn, deines
Vaters David. 14 Den Weizen übrigens, die Gerste,
das Öl und den Wein, von denen mein Herr gespro-
chen hat, liefere er seinen Knechten! 15 Wir werden
auf dem Libanon Bäume fällen, soviel du nötig hast.
Wir werden sie dir in Flößen auf dem Meer nach Ja-
pho bringen. Du schaffe sie dann nach Jerusalem!«
16 Salomo ließ alle Fremdlinge im Land Israel
zählen, nachdem schon sein Vater David eine Zäh-
lung unter ihnen vorgenommen hatte. Dabei fan-
den sich 153 600 Mann. 17 Von diesen machte er
70 000 zu Lastträgern und 80 000 zu Steinhauern im
Gebirge, 3 600 waren Aufseher, welche die Leute
zur Arbeit anhielten.

Tempelausstattung

3 1 Salomo begann das Haus des Herrn in Jeru-
salem auf dem Berg Morija zu bauen, wo der
Herr seinem Vater David erschienen war, an
jener Stätte, die David auf der Tenne des Jebusiters
Ornan bereitet hatte. 2 Den Bau begann er im
zweiten Monat, im vierten Jahr seiner Königsherr-
schaft. 3 Dies sind die Grundmaße, die Salomo für
den Bau des Hauses Gottes festlegte: die Länge
sechzig Ellen [die Elle nach dem früheren Maß ge-
rechnet], die Breite zwanzig Ellen. 4 Die ihm vorge-
lagerte Halle hatte eine Länge von zwanzig Ellen,
der Breite des Hauses entsprechend, und eine Höhe
von zwanzig Ellen. Er überzog sie innen mit rei-
nem Gold. 5 Den großen Raum verkleidete er mit
Zypressenholz und überzog ihn mit echtem Gold.
Daran brachte er Palmen und Girlanden an. 6 Das
Haus schmückte er mit kostbaren Steinen. Das
Gold war Parwajimgold. 7 So überzog er das Tem-
pelhaus, die Balken, die Schwellen, seine Wände
und Tore mit Gold und ließ in den Wänden Keru-
bim eingravieren.
8 Dann machte er den Raum des Allerheiligsten.
Dieser hatte eine Länge von zwanzig Ellen, der
Breite des Hauses entsprechend, und eine Breite
von zwanzig Ellen. Er überzog ihn mit reinem Gold
im Gewicht von sechshundert Talenten. 9 Für die
Nägel brauchte er Gold im Gewicht von fünfzig
Sekeln; auch die Obergemächer ließ er mit Gold
überziehen. 10 Im Raum des Allerheiligsten fertigte
er zwei Kerubim in Bildhauerarbeit; man überzog
sie mit Gold. 11 Die Flügel der Kerubim waren zu-
sammen zwanzig Ellen lang. Der Flügel des einen
war fünf Ellen lang und berührte die Wand des Hau-
ses, der zweite Flügel war ebenfalls fünf Ellen lang
und berührte den Flügel des anderen Kerub. 12 Der
eine Flügel des zweiten Kerub war fünf Ellen lang
und berührte die Wand des Hauses; auch der andere
Flügel war fünf Ellen lang und stieß an den Flügel
des ersten Kerub. 13 Die Flügel dieser Kerubim brei-
teten sich also in einer Weite von zwanzig Ellen
aus. Sie selbst standen auf ihren Füßen. – Ihre Ge-
sichter waren dem Tempelhaus zugewandt. 14 Den
Vorhang ließ Salomo aus violettem und rotem Pur-
pur, Karmesin und Byssus verfertigen und darauf
Kerubim anbringen. 15 Für die Vorderseite des Hau-
ses machte er zwei Säulen von achtzehn Ellen
Länge. Das Kapitell darauf maß fünf Ellen. 16 Er ver-
fertigte Girlanden nach Halskettenart und brachte
sie oben an den Säulen an. Dazu machte er je hun-
dert Granatäpfel und befestigte sie an den Girlan-
den. 17 Die Säulen stellte er vor dem Tempel auf, die

eine rechts, die andere links; die rechte nannte er Jachin und die linke Boas.

3,14: Die Wand aus Zederndielen ist nicht erwähnt (1Kön 6,16); der Vorhang auch 2Mos 26,31.

4 1 Er schuf einen ehernen Altar von zwanzig Ellen Länge, zwanzig Ellen Breite und zehn Ellen Höhe. 2 Er ließ das »Meer« aus Erz gießen. Zehn Ellen maß es von einem Rand bis zum andern; es war ganz rund und fünf Ellen hoch; eine Schnur von dreißig Ellen konnte es rings umspannen. 3 Bilder von Rindern waren unterhalb und umsäumten es. Zehn auf eine Elle, umgaben sie das »Meer« ringsum. Die Rinder bildeten zwei Reihen und waren mit ihm aus einem Guß gegossen worden. 4 Auf zwölf Rindern ruhte es, von denen drei nach Norden, drei nach Westen, drei nach Süden und drei nach Osten gerichtet waren, während das »Meer« oben auf ihnen lag und ihre Hinterseite jeweils nach innen gekehrt war. 5 Seine Dicke betrug eine Handbreit, sein Rand war gestaltet wie der Rand eines Bechers, einer Lilienblüte gleichend. Es faßte zweitausend Bat. 6 Ferner ließ er zehn Becken anfertigen und stellte fünf auf die rechte und fünf auf die linke Seite; sie dienten zum Waschen; alles zum Brandopfer Notwendige sollte man darin abspülen. Das »Meer« diente den Priestern als Waschgelegenheit. 7 Er machte die zehn goldenen Leuchter, wie sie vorschriftsmäßig sein mußten. Im Tempel stellte er sie auf, fünf zur rechten und fünf zur linken Seite. 8 Er verfertigte zehn Tische und brachte sie in den Tempel, fünf auf die rechte und fünf auf die linke Seite. Dazu machte er hundert goldene Sprengschalen. 9 Er ließ den Vorhof der Priester anlegen sowie den großen Hof und die Türen für den Hof. Die zugehörigen Türflügel überzog er mit Erz. 10 Das »Meer« stellte er auf der rechten Seite des Hauses nach Südosten auf. 11 Sodann verfertigte Hiram die Töpfe, Schaufeln und Sprengschalen. Damit vollendete Hiram die Arbeit, die er für den König Salomo am Gotteshaus zu leisten hatte: 12 Zwei Säulen, zwei Schalenkapitelle oben auf den Säulen, die zwei Geflechte, um die beiden Schalenkapitelle oben auf den Säulen zu bedecken, 13 die vierhundert Granatäpfel für die beiden Geflechte [in zwei Reihen hingen die Granatäpfel an jedem Geflecht, um die beiden Schalenkapitelle über den Säulen zu bedecken], 14 die zehn Gestelle, die zehn Becken auf den Gestellen, 15 das eine »Meer«, die zwölf Rinder unter ihm, 16 die Töpfe, Schaufeln und Gabeln. Alle Geräte verfertigte der Meister Hiram dem König Salomo für den Tempel des Herrn aus blankem Erz. 17 Im Jordangau bei der Furt von Adama zwischen Sukkot und Zereda ließ sie der König gießen. 18 Salomo ließ alle diese Geräte in so überaus großer Menge herstellen, daß das Gewicht des Erzes nicht festzustellen war. 19 Salomo ließ alle Geräte anfertigen, die ins Haus Gottes kamen: den goldenen Altar, die Tische für das Auflegen der Schaubrote, 20 die Leuchter mit ihren Lampen aus gediegenem Gold, um sie nach Vorschrift vor dem hinteren Raum anzuzünden, 21 dazu die Blüten, Lampen und Dochtscheren aus reinem Gold, 22 die Messer, Sprengschalen, Schüsseln und Pfannen aus gediegenem Gold. An den Türen des Hauses waren die inneren Flügel zum Allerheiligsten und die beiden Flügel zum Hauptraum ebenfalls aus Gold.

4,1: Wohl nur eine eherne Feuerplatte, während der Altar selbst aus Steinen bestand (2Mos 20,25). • 4,19: Nach 1Kön 7,48 nur ein einziger Schaubrottisch; andere Tische sind nicht ausgeschlossen (4.8)

Überführung der Bundeslade

5 1 Alle Arbeiten, die Salomo für das Haus des Herrn ausführen ließ, waren vollendet. Er brachte die Weihegeschenke seines Vaters David hinein und legte das Silber und Gold sowie alle Geräte in die Schatzkammer des Gotteshauses. 2 Damals berief Salomo die Ältesten Israels, alle Häupter der Stämme, die Fürsten der israelitischen Geschlechter nach Jerusalem, um die Bundeslade des Herrn aus der Davidsstadt, das ist Sion, hinaufzubringen. 3 Im siebten Monat, am »Fest«, versammelten sich beim König alle Israeliten. 4 Als alle Ältesten Israels da waren, erhoben die Leviten die Lade. 5 Sie brachten die Lade, das Offenbarungszelt und alle heiligen Geräte, die im Zelt waren, hinauf. Die Priester und Leviten trugen sie hinauf. 6 König Salomo und die ganze israelitische Gemeinde, die bei ihm vor der Lade versammelt war, opferten Kleinvieh und Rinder, die nicht gezählt und wegen ihrer Menge nicht errechnet werden konnten. 7 Darauf stellten die Priester die Bundeslade des Herrn an ihren Platz in den Hinterraum des Hauses, in das Allerheiligste, unter die Flügel der Kerubim. 8 Die Kerubim breiteten die Flügel über die Stätte der Lade aus, und die Kerubim bedeckten die Lade und ihre Stangen von oben her. 9 Die Stangen waren so lang, daß man ihre Spitzen an der Lade vor dem Hinterraum sehen konnte. Von draußen aber waren sie nicht sichtbar. Dort blieb sie bis zum heutigen Tag. 10 In der Lade befanden sich nur die von Moses am Horeb hineingelegten zwei Tafeln, die Tafeln des Bundes, den der Herr mit den Israeliten bei ihrem Auszug aus Ägypten geschlossen hatte.

Erscheinen Gottes

11 Die Priester traten nun aus dem Heiligtum heraus. Alle anwesenden Priester hatten sich einer Weihe unterzogen, ohne die Dienstabteilungen zu berücksichtigen. 12 Die levitischen Sänger insgesamt, nämlich Asaph, Heman und Jedutun mit ihren Söhnen und Brüdern, standen in Byssus gekleidet mit Zimbeln, Harfen und Zithern östlich vom Altar. Bei ihnen befanden sich hundertzwanzig Priester, die Trompeten bliesen. 13 Die Trompeter und Sänger ließen gleichzeitig einen gemeinsamen Chor erklingen, um den Herrn zu preisen und ihm zu danken. Sobald sie auf ihren Trompeten, Zimbeln und sonstigen Instrumenten kräftig einsetzten und den Lobpreis des Herrn anstimmten: »Ja, er ist gut; denn ewig währt seine Huld«, da erfüllte eine Wolke das Haus, das Haus des Herrn. 14 Die Priester konnten der Wolke wegen nicht zum Dienste antreten; denn die Herrlichkeit des Herrn erfüllte das Haus Gottes.

Salomos Dank

6 1 Damals sprach Salomo: »Im Dunkel wollte er wohnen, sagte der Herr. 2 Ich baute nun einen Herrscherpalast für dich, als Stätte, an der du weilst für immer.« 3 Darauf wandte sich der König um und segnete die ganze Gemeinde Israels, während die ganze Gemeinde stand. 4 Er begann: »Gelobt sei der Herr, der Gott Israels, dessen Hand erfüllte, was sein Mund meinem Vater David versprach mit den Worten: 5 ›Seitdem ich mein Volk aus dem Land Ägypten geführt, habe ich aus keinem der Stämme Israels eine Stadt erwählt für den Bau eines Hauses, damit mein Name dort wohne. Auch habe ich keinen Mann erwählt, damit er Fürst über mein Volk Israel sei. 6 Doch Jerusalem erwählte ich, daß mein Name hier sei, und David erkor ich zum Herrscher über mein Volk Israel.‹ 7 Mein Vater David hatte vor, dem Namen des Herrn, des Gottes Israels, ein Haus zu bauen. 8 Doch der Herr sprach zu ihm: ›Wenn du die Absicht hast, meinem Namen ein Haus zu bauen, so ist dein Entschluß gut. 9 Nur du selbst sollst das Haus nicht bauen, sondern dein Sohn, der von dir leiblich abstammt, soll meinem Namen das Haus bauen!‹ 10 Der Herr hat nun sein Verheißungswort in Erfüllung gehen lassen; ich trat die Nachfolge meines Vaters David an und bestieg den Thron Israels, wie der Herr verheißen hat. Ich habe dem Namen des Herrn, des Gottes Israels, das Haus gebaut. 11 Ich stellte darin die Lade auf, in welcher der Bund des Herrn ruht, den er mit den Israeliten geschlossen hat.«

Tempelweihegebet

12 Dann trat er angesichts der ganzen Gemeinde Israels vor den Altar des Herrn und breitete seine Hände aus. 13 Salomo hatte nämlich eine Bühne aus Erz errichten und sie in die Mitte des Hofes stellen lassen. Sie war fünf Ellen lang, fünf Ellen breit und drei Ellen hoch. Er betrat sie, warf sich vor der ganzen Gemeinde Israels auf die Knie nieder und breitete seine Hände zum Himmel aus. 14 Er flehte: »Herr, du Gott Israels, es ist kein Gott wie du im Himmel und auf der Erde. Du bewahrst den Bund und die Huld deinen Dienern, die aus ganzem Herzen vor dir wandeln. 15 Du hast deinem Knecht David, meinem Vater, dein Versprechen gehalten; dein Mund hat es verkündet, deine Hände ließen es heute in Erfüllung gehen. 16 Und nun, Herr, du Gott Israels, halte deinem Knecht David, meinem Vater, auch die weitere Verheißung, die du ihm gabst: ›Es wird dir nie an einem Nachkommen vor mir auf dem Thron Israels fehlen, wenn nur deine Söhne auf den Weg achten und in meinem Gesetz wandeln, wie du vor mir gewandelt bist.‹ 17 Möge sich doch nun, Herr, Gott Israels, dein Wort, das du deinem Knecht David gegeben hast, bewahrheiten! 18 Wohnt denn in Wirklichkeit Gott bei den Menschen auf Erden? Siehe, der Himmel und die Himmel der Himmel fassen dich nicht, wieviel weniger dieses Haus, das ich erbaut habe.

19 Wende dich dem Gebet deines Knechtes und seinem Flehen zu, Herr, mein Gott, und höre das Rufen und das Gebet, das dein Knecht vor dir verrichtet! 20 Mögen doch deine Augen offenstehen über diesem Haus bei Tag und bei Nacht, über dem Ort, von dem du gesagt hast, du wolltest deinen Namen hier wohnen lassen, um das Gebet zu erhören, das dein Knecht zu dieser Stätte hin verrichtet! 21 Achte auf das Flehen deines Knechtes und deines Volkes Israel, wenn sie zu dieser Stätte hin beten! Höre du von deinem Wohnort, dem Himmel, her, höre und verzeihe!

Reinigungseid

22 Verfehlt sich jemand gegen seinen Nächsten, und legt ihm dieser einen Eid auf, den er schwören soll, kommt er dann und schwört ihn vor deinem Altar in diesem Haus, 23 so höre du es vom Himmel her, greife ein und sprich Recht deinen Dienern! Vergilt dem Schuldigen und laß sein Handeln auf sein Haupt zurückfallen! Den Schuldlosen aber sprich frei, indem du ihm nach seiner Gerechtigkeit vergiltst!

Niederlage durch Feinde

24 Wenn dein Volk Israel vom Feind geschlagen wird, weil es sich gegen dich versündigt hat, be-

kehrt sich dann aber zu dir, lobpreist deinen
Namen, betet und fleht vor dir in diesem Haus,
25 dann erhöre du es vom Himmel aus, verzeihe die
Sünde deines Volkes Israel und bringe es in das
Land zurück, das du ihm und seinen Vätern gege-
ben hast!

Ausbleiben des Regens

26 Wenn der Himmel verschlossen bleibt und kein
Regen fällt, da sie sündigten gegen dich, und wenn
sie dann zu dieser Stätte hin beten, deinen Namen
lobpreisen und sich von ihren Sünden bekehren,
weil du sie demütigst, 27 so erhöre du sie vom Him-
mel her und verzeihe die Sünden deiner Knechte
und deines Volkes Israel! Denn du lehrst sie ja den
rechten Weg, den sie zu gehen haben. Schenke Re-
gen deinem Land, das du deinem Volke zum Erbbe-
sitz verliehen hast!

Pest, Hunger, Krieg

28 Hungersnot herrscht im Lande, es wütet die
Pest, Getreidebrand und Rost, Heuschrecken und
Ungeziefer treten auf, sein Feind bedrängt es im
eigenen Wohngebiet, irgendeine Plage oder Krank-
heit trifft ein: 29 Jegliches Gebet und jedes Flehen
irgendeines Menschen, deines ganzen Volkes Israel,
wie jeder sein Leid und Weh kennt und seine Hände
ausbreitet zu diesem Hause hin, 30 höre du es vom
Himmel, deiner Wohnstätte, aus, verzeihe und ver-
gilt jedem ganz nach seinem Wandel! Du kennst ja
sein Herz; denn du allein kennst die Herzen der
Menschen. 31 Dann werden sie vor dir Ehrfurcht
haben und auf deinen Wegen wandeln, solange sie
auf dem Boden leben, den du unsern Vätern gege-
ben hast.

Gebetsanliegen der Fremden

32 Auch den Ausländer, der nicht aus deinem Volk
Israel stammt, sondern aus fernen Landen kommt
um deines großen Namens, deiner starken Faust
und deines ausgestreckten Armes willen, wenn
man also kommt und in diesem Hause betet,
33 dann höre du es vom Himmel, deiner Wohn-
stätte, aus und gewähre alles, um was der Fremde
dich anruft! Dann werden alle Völker der Erde dei-
nen Namen erkennen, dich fürchten wie dein Volk
Israel und erfahren, daß dieses Haus, das ich gebaut
habe, nach deinem Namen benannt ist.

Im Kriegszustand

34 Wenn dein Volk wider seine Feinde in den Krieg
zieht auf dem Weg, den du es sendest, und es betet
zu dir in Richtung auf diese Stadt, die du erwählt
hast, und zum Haus, das ich deinem Namen erbaut
habe, 35 dann höre vom Himmel aus sein Gebet und
sein Flehen und verhilf ihm zum Recht!

Im Land der Gefangenschaft

36 Wenn sie sündigen wider dich – es gibt ja nie-
mand, der nicht sündigte – und du zürnst ihnen,
gibst sie ihren Bedrängern preis, und ihre Feinde
schleppen sie in ein fernes oder nahes Land, 37 und
wenn sie dann im Land ihrer Gefangenschaft in sich
gehen, im Land ihrer Verbannung wieder um dein
Erbarmen flehen und sprechen: ›Wir haben Sünde,
Unrecht und Frevel getan‹, 38 und wenn sie mit
ihrem ganzen Herzen und mit ihrer ganzen Seele
im Land ihrer Feinde, die sie gefangen fortführten,
zu dir sich wenden und beten in der Richtung nach
ihrem Land, das du ihren Vätern gegeben, nach der
Stadt, die du erwählt hast, und nach dem Haus, das
ich deinem Namen erbaut habe, 39 dann erhöre du
vom Himmel, deinem Wohnsitz, her ihr Gebet und
ihr Flehen und verhilf ihnen zum Recht! Verzeihe
deinem Volk, das gegen dich gefehlt hat! 40 Laß also,
mein Gott, deine Augen offen und deine Ohren auf-
merksam sein auf das Gebet an diesem Ort! 41 Herr,
Gott, nun mache dich auf zu deiner Ruhestatt, du
und die Lade deiner Macht; deine Priester, o Herr,
Gott, sollen sich kleiden in Heil, deine Frommen
des Glückes sich freuen! 42 Herr, Gott, weise deinen
Gesalbten nicht ab! Gedenke der Hulderweise an
deinem Knechte David!«

Herrlichkeit des Herrn

7 1 Salomo hatte sein Gebet beendet; da fiel
Feuer vom Himmel und verzehrte das Brand-
opfer und die Schlachtopfer. Die Herrlichkeit
des Herrn erfüllte das Haus. 2 Die Priester konnten
das Haus des Herrn nicht betreten; denn die Herr-
lichkeit des Herrn erfüllte das Haus des Herrn. 3 Alle
Israeliten sahen, wie das Feuer herabkam und die
Herrlichkeit des Herrn sich über dem Haus offen-
barte. Sie warfen sich mit dem Angesicht zur Erde
auf das Pflaster nieder, beteten an und dankten dem
Herrn: »Denn gut ist er, und ewig währt seine
Huld.«
4 Der König und das gesamte Volk schlachteten vor
dem Herrn Opfertiere. 5 König Salomo brachte das
Schlachtopfer von zweiundzwanzigtausend Rin-
dern und hundertzwanzigtausend Stück Kleinvieh
dar. Auf diese Art weihten der König und das ganze
Volk das Haus Gottes ein. 6 Die Priester standen für
ihren Dienst bereit, desgleichen die Leviten mit den
Musikinstrumenten für den Herrn, die König David
anfertigen ließ, um dem Herrn zu danken: »Denn
ewig währt seine Huld«, sooft David mit ihrer Hilfe
den Lobpreis darbrachte. Die Priester bliesen zu
ihrer Begleitung die Trompeten, und ganz Israel

stand dabei. 7 Salomo weihte auch die Mitte des
Hofes vor dem Haus des Herrn und brachte dort die
Brandopfer und das Fett der Friedopfer dar. Der
eherne Altar, den Salomo hatte anfertigen lassen,
konnte nämlich das Brandopfer, das Speiseopfer
und die Fettstücke nicht fassen.

Schluß der Feier

8 So feierte Salomo damals sieben Tage lang das
»Fest« mit ganz Israel; es war eine sehr große Volks-
versammlung von Lebo-Hamat bis zum Bach
Ägyptens. 9 Am achten Tag hielten sie einen Ruhe-
tag; denn die Weihe des Altars beging man sieben
Tage lang und auch das Fest sieben Tage lang. 10 Am
dreiundzwanzigsten Tag des siebten Monats ent-
ließ er das Volk in seine Zelte voll Freude und fro-
hen Mutes über das Gute, das der Herr dem David,
Salomo und seinem Volke Israel erwiesen hatte.

Traumerscheinung des Herrn

11 Als Salomo den Tempel des Herrn und den
königlichen Palast vollendet und alle seine Baupläne
am Tempel des Herrn und an seinem Palast erfolg-
reich durchgeführt hatte, 12 da erschien ihm der
Herr in der Nacht und sprach zu ihm: »Ich habe dein
Gebet vernommen und diesen Ort mir als Opfer-
stätte auserwählt. 13 Verschließe ich den Himmel,
fällt kein Regen mehr, gebiete ich den Heu-
schrecken, das Land abzufressen, verhänge ich Pest
über mein Volk, 14 mein Volk aber, das meinen
Namen trägt, beugt sich nieder, betet, sucht mein
Angesicht und bekehrt sich von seinen schlimmen
Wegen, dann höre ich es vom Himmel aus, verzeihe
seine Sünden und bringe Heilung in sein Land.
15 Meine Augen sollen von nun an offenstehen und
meine Ohren aufmerken auf das Gebet an diesem
Ort. 16 Nun habe ich dies Haus erwählt und gehei-
ligt, auf daß mein Name dort sei in Ewigkeit. Meine
Augen und mein Herz sollen für immer dort sein.
17 Wandelst du vor mir wie dein Vater David, bereit,
alles zu tun, was ich dir geboten habe, beachtest du
meine Satzungen und Gebote, 18 so werde ich dei-
nen Herrschaftsthron bestehen lassen, wie ich es
deinem Vater David verheißen habe: ›Es soll dir nie
an einem Herrscher in Israel fehlen!‹ 19 Doch wenn
ihr euch abwendet und meine Gebote und Befehle,
auf die ich euch verpflichtete, vernachlässigt, wenn
ihr hingeht, andern Göttern dient und sie anbetet,
20 dann werde ich euch von meinem Boden, den ich
euch gegeben habe, vertreiben und dieses Haus, das
ich meinem Namen heiligte, vor meinem Angesicht
verwerfen und es zum Gespött und Hohn unter
allen Völkern machen. 21 Jeder, der an diesem Haus,
das so erhaben war, vorübergeht, wird sich entset-
zen. Fragt er dann, warum der Herr mit diesem
Land und mit diesem Haus also verfahren ist, 22 so
antwortet man: ›Weil sie den Gott ihrer Väter, der
sie aus dem Lande Ägypten geführt hat, verlassen,
sich an andere Götter geklammert, sie angebetet
und ihnen gedient haben, deshalb hat er all dies Un-
heil über sie gebracht.‹«

Städte- und Festungsbauten

8 1 Nach Ablauf von zwanzig Jahren hatte
Salomo den Tempel des Herrn und seinen ei-
genen Palast errichtet. 2 Die Städte, die Hiram
Salomo zurückgegeben hatte, baute Salomo aus
und siedelte darin Israeliten an. 3 Nun zog Salomo
nach Hamat in Zoba und nahm es ein. 4 Er baute
Tadmor in der Steppe aus wie alle Vorratsstädte, die
er in Hamat anlegte. 5 Ferner baute er das untere
und obere Bet-Choron als Festungen mit Mauern,
Toren und Riegeln aus, 6 ferner Baalat und alle Vor-
ratsstädte, die er besaß, alle Städte für die Streit-
wagen und die Städte für deren Mannschaften so-
wie alles, was Salomo sonst noch in Jerusalem, auf
dem Libanon und im ganzen Gebiet seiner Herr-
schaft zu bauen wünschte.
7 Alle Leute, die noch übriggeblieben waren von
den Hethitern, Amoritern, Perissitern, Hiwwitern
und Jebusitern, die nicht zu Israel gehörten – 8 es
waren Nachkommen von ihnen, die später noch im
Lande vorhanden und von den Israeliten nicht auf-
gerieben waren –, hob Salomo zum Frondienst aus,
was bis zum heutigen Tag andauert. 9 Von den Isra-
eliten machte Salomo für seine Arbeiten niemand
zu Sklaven. Sie stellten die Krieger, seine Vorneh-
men und Schildträger, ferner die Obersten über
seine Streitwagen und deren Besatzung. 10 Dies
waren die zweihundertfünfzig Vorsteher der Vögte
des Königs Salomo, die das Volk zu beaufsichtigen
hatten.

Pharaos Tochter

11 Die Tochter des Pharao wurde von Salomo aus
der Davidsstadt in das Haus, das er für sie erbaut
hatte, hinaufgeholt. Er sagte nämlich: »Es darf keine
Frau im Palast Davids, des Königs von Israel, woh-
nen; denn er ist heilig, da die Lade des Herrn in
seine Nähe kam.«

Opferdienst im Tempel

12 Damals brachte Salomo dem Herrn Brandopfer
dar auf dem Altar des Herrn, den er vor der Vorhalle
errichtet hatte. 13 Er opferte das, was je nach den
Tagen darzubringen war gemäß der Vorschrift des
Moses für die Sabbate und Neumondtage und für
die dreimal im Jahr treffenden Feste, das Fest der

ungesäuerten Brote, das Wochenfest und das Laub-
hüttenfest. 14 Nach der Anordnung seines Vaters
David setzte er die Abteilungen der Priester in ihren
Dienst ein und die Leviten in ihre Pflichten, die
darin bestanden, den Herrn zu preisen und bei den
Priestern Dienst zu tun, wie jeder Tag es erforderte;
ebenso bestellte er die Torhüter nach ihren Abtei-
lungen für die einzelnen Tore; denn so lautete der
Befehl Davids, des Gottesmannes.
15 Man wich in keinem Punkt von der Vorschrift des
Königs über die Priester, die Leviten und die
Schätze ab. 16 Jegliches Werk Salomos wurde durch-
geführt vom Tag der Grundlegung des Herrentem-
pels an bis zu seiner Vollendung; vollkommen ge-
lungen war das Haus des Herrn.

Ophirfahrten

17 Damals fuhr Salomo nach Ezjon-Geber und nach
Elat am Ufer des Meeres im Lande Edom. 18 Hiram
sandte ihm durch seine Knechte Schiffe und erfah-
rene Seemänner. Sie fuhren mit den Leuten Salo-
mos nach Ophir und holten von dort vierhundert-
fünfzig Talente Gold, die sie zum König Salomo
brachten.

8,11: Man könnte diese strenge Maßnahme mit der heidnischen Herkunft der Pharaonentochter begründen. Eher kommt hier aber die Anschauung der nachexilischen Zeit zum Ausdruck, daß nur der Mann als das eigentliche Ebenbild Gottes an gottesdienstlichen Handlungen teilnehmen darf. Frauen dürfen die inneren Räume des Tempels nicht mehr betreten. Dagegen vgl. 2 Mos 38,8; 1 Sam 2,22. Im herodianischen Tempel gab es einen eigenen Frauenvorhof.

Königin von Saba

9 1 Die Königin von Saba vernahm die Kunde
vom Ruhm Salomos und kam nach Jerusalem,
um ihn durch Rätselfragen auf die Probe zu
stellen, mit prunkvollem Gefolge und mit Kamelen,
die Gewürze, eine große Menge Goldes und Edel-
steine trugen. Sie trat bei Salomo ein und besprach
mit ihm alles, was sie sich ausgedacht hatte. 2 Sa-
lomo gab ihr Antwort auf alle ihre Fragen, nichts
war Salomo verborgen, worüber er ihr nicht hätte
Auskunft geben können. 3 Die Königin von Saba
nahm die Weisheit Salomos wahr und sah das
Haus, das er gebaut hatte, 4 die Speisen auf seinem
Tisch, die Sitzordnung seiner Hofbeamten, das Auf-
warten seiner Diener und ihre Kleidung, seine
Mundschenken und ihre Gewandung und endlich
seinen Aufzug, wie er zum Haus des Herrn hinauf-
zugehen pflegte. Da blieb ihr vor Staunen der Atem
aus. 5 Zum König sprach sie: »Es entspricht alles der
Wahrheit, was ich in meiner Heimat über deine
Verhältnisse und deine Weisheit gehört habe. 6 Ich
glaubte den Gerüchten nicht, bis ich selber kam und
mit meinen eigenen Augen sah und fand, daß mir
nicht einmal die Hälfte von deiner großen Weisheit
erzählt wurde. Du übertriffst noch die von mir
gehörte Kunde. 7 Glückselig deine Leute, glückselig
diese deine Diener, die allzeit vor dir stehen und
deine Weisheit vernehmen! 8 Der Herr, dein Gott,
sei gelobt, der an dir Gefallen hatte und dich auf
seinen Thron setzte als König des Herrn, deines
Gottes! Dein Gott liebt Israel und will ihm ewige
Dauer verleihen; darum machte er dich zu dessen
König, auf daß du Recht und Gerechtigkeit übst.«
9 Danach gab sie dem König hundertzwanzig Ta-
lente Gold, Gewürz in großer Menge und Edel-
steine. Dergleichen Gewürz gab es nie mehr, wie es
die Königin von Saba dem König Salomo schenkte.
10 Auch die Leute Hirams und Salomos, die Gold
aus Ophir holten, brachten kostbare Bauhölzer und
Edelsteine mit. 11 Der König machte aus dem kost-
baren Holz Stiegen für das Haus des Herrn und den
Königspalast, ferner Zithern und Harfen für die
Sänger. Derartige Dinge waren im Lande Juda
früher nicht zu sehen. 12 Der König Salomo gab der
Königin von Saba alles, was sie wünschte und be-
gehrte, ausgenommen solche Dinge, die sie selbst
dem König gebracht hatte. Darauf reiste sie ab und
kehrte mit ihrem Gefolge in ihre Heimat zurück.

Salomos Reichtümer

13 Das Gewicht des Goldes, das für Salomo inner-
halb eines Jahres einging, betrug sechshundert-
sechsundsechzig Goldtalente. 14 Die Abgaben der
Kaufleute und die Steuerbeträge der Händler sind
darin nicht gerechnet. Auch alle Könige von Ara-
bien und die Statthalter des Landes brachten Gold
und Silber für Salomo. 15 Der König Salomo ließ
zweihundert Schilde aus getriebenem Gold anferti-
gen, sechshundert Sekel getriebenen Goldes ver-
wandte er für den einzelnen Schild. 16 Dazu kamen
dreihundert kleinere Schilde aus getriebenem Gold;
dreihundert Goldstücke verwandte er für den ein-
zelnen Schild. Der König legte sie nieder im Liba-
nonwaldhaus.
17 Ferner ließ der König einen großen elfenbeinernen
Thron herstellen und mit reinem Gold überziehen.
18 Sechs Stufen hatte der Thron und einen goldenen
Fußschemel, eng an den Thron angeschlossen;
Armlehnen befanden sich zu beiden Seiten des
Sitzes und zwei Löwen neben den Lehnen. 19 Zwölf
Löwen standen dort auf den sechs Stufen zu beiden
Seiten. Derartiges wurde noch für kein Königreich
angefertigt. 20 Auch alle Trinkgefäße des Königs Sa-
lomo bestanden aus Gold, und alle Geräte des Liba-
nonwaldhauses waren aus gediegenem Gold. Silber

besaß keinen Wert in den Tagen Salomos. 21 Der Kö-
nig hatte Schiffe, die mit den Leuten Hirams nach
Tarsis fuhren. Einmal in drei Jahren kamen die Tar-
sisschiffe und brachten Gold und Silber, Elfenbein,
Affen und Perlhühner. 22 So übertraf der König Sa-
lomo alle andern Erdenkönige an Reichtum und
Weisheit. 23 Alle Könige der Welt suchten Salomo
persönlich zu sehen und seine Weisheit zu hören,
die Gott ihm ins Herz gegeben hatte. 24 Jeder von
ihnen brachte alljährlich sein Tributgeschenk: sil-
berne und goldene Geräte, Kleidungsstücke, Waf-
fen, Gewürze, Pferde und Maultiere. 25 Salomo be-
saß viertausend Ställe für Pferde und Wagen, dazu
zwölftausend Mann Wagenbesatzung. Er brachte
diese in den Wagenstädten oder am königlichen Hof
in Jerusalem unter. 26 Er war Herrscher über alle Kö-
nige vom Euphratstrom bis zum Philisterland; ja bis
zur Grenze Ägyptens. 27 Der König machte in Jeru-
salem das Silber so häufig wie Steine und die Zedern
so zahlreich wie die Maulbeerfeigenbäume in der
Niederung. 28 Die Pferde für Salomo führte man aus
Ägypten und aus allen anderen Ländern ein.
29 Die übrige Geschichte Salomos, die frühere wie
die spätere, ist aufgeschrieben in der Chronik des
Propheten Natan, in der Weissagung Achias aus Silo
und in den Gesichten des Sehers Iddo wider Jero-
beam, den Sohn Nebats. 30 Salomo herrschte in
Jerusalem vierzig Jahre lang über ganz Israel. 31 Er
entschlief zu seinen Vätern. Man begrub ihn in der
Stadt Davids, seines Vaters. Sein Sohn Rehabeam
folgte ihm in der Königsherrschaft.

Reichsspaltung (932)

10 1 Rehabeam begab sich nach Sichem;
denn dorthin war ganz Israel gekommen,
um ihn zum König auszurufen. 2 Jero-
beam, der Sohn Nebats, der sich nach der Flucht vor
dem König Salomo in Ägypten befand, vernahm
dies und kehrte aus Ägypten zurück. 3 Man sandte
hin und ließ ihn rufen. Jerobeam und alle Israeliten
sprachen zu Rehabeam: 4 »Dein Vater hat uns ein
hartes Joch auferlegt. Erleichtere du nun die harte
Fron deines Vaters und sein schweres Joch, das er
uns auflud; dann wollen wir dir dienen!« 5 Er ant-
wortete ihnen: »Kommt nach Ablauf von drei Ta-
gen wieder zu mir!« Da entfernte sich das Volk.
6 Nun beriet sich der König Rehabeam mit den
Alten, die zur Zeit seines Vaters Salomo in dessen
Dienst standen. Er fragte sie: »Welche Antwort soll
ich nach eurem Rate diesen Leuten erteilen?« 7 Sie
entgegneten ihm: »Bist du wohlwollend gegen die-
ses Volk, zeigst du dich ihnen gefällig und sprichst
zu ihnen begütigende Worte, so werden sie dir all-
zeit dienen.« 8 Doch er verwarf den Rat, den die
Alten ihm gegeben hatten. Er beriet sich mit den
jungen Leuten, die mit ihm zusammen aufgewach-
sen waren und nun in seinen Diensten standen. 9 Er
fragte sie: »Welchen Ratschlag erteilt ihr mir? Was
sollen wir diesem Volke antworten, das zu mir
sprach: ›Erleichtere das Joch, das dein Vater uns auf-
erlegt hat!‹?« 10 Die jungen Leute, die mit ihm auf-
gewachsen waren, erwiderten ihm: »So sollst du zu
dem Volk sprechen, das zu dir sagte: ›Dein Vater hat
unser Joch gar schwer gemacht, mach du es uns
leichter!‹: ›Mein kleiner Finger ist stärker als meines
Vaters Lenden. 11 Wohlan, mein Vater hat euch ein
schweres Joch auferlegt, ich aber werde es euch
noch schwerer machen. Mit Geißeln schlug euch
mein Vater, mit Stachelpeitschen will ich euch
schlagen!‹« 12 Am dritten Tag kamen Jerobeam und
das gesamte Volk zu Rehabeam, wie der König ge-
boten hatte, da er sprach: »Kommt nach drei Tagen
wieder zu mir!« 13 Der König gab ihnen eine harte
Antwort, und Rehabeam verwarf den Rat der Alten.
14 Er sprach zu ihnen nach dem Rat der jungen
Leute: »Ein schweres Joch hat euch mein Vater auf-
erlegt, ich aber mache es noch schwerer. Mit
Geißeln schlug euch mein Vater, mit Stachelpeit-
schen will ich euch schlagen!« 15 Der König hörte
also nicht auf das Volk; denn dies war eine Fügung
des Herrn, damit er sein Wort erfüllte, das er durch
Achia von Silo zu Jerobeam, dem Sohn Nebats, ge-
sprochen hatte.
16 Ganz Israel merkte nun, daß der König nicht auf
sie hören wollte. Da antwortete das Volk dem
König: »Wir haben keinen Anteil an David und kein
Erbe an Isais Sohn! Zu deinen Zelten, Israel, fort ein
jeder! Nun sorge du für dein Haus, David!« Ganz
Israel begab sich zu seinen Zelten. 17 Nur über die
Israeliten, die in den Städten Judas wohnten, herr-
schte Rehabeam als König. 18 Darauf sandte der
König Rehabeam den Fronaufseher Hadoram.
Doch die Israeliten warfen mit Steinen auf ihn, so
daß er starb. Der König Rehabeam konnte gerade
noch den Wagen besteigen, um nach Jerusalem zu
entkommen. 19 So fiel Israel vom Hause David ab
bis zum heutigen Tage.

Verbot eines Krieges gegen Israel

11 1 Rehabeam kam nach Jerusalem und sam-
melte vom Haus Juda und von Benjamin
hundertachtzigtausend auserlesene Krie-
ger, um gegen Israel zu kämpfen und das Reich für
sich zurückzuerlangen. 2 Das Wort des Herrn aber

erging an Schemaja, den Gottesmann: 3 »Sprich zu Rehabeam, dem Sohne Salomos, dem König von Juda, und zu ganz Israel in Juda und Benjamin: 4 So spricht der Herr: Zieht nicht zu Feld und führt keinen Krieg mit euren Brüdern! Jeder kehre in sein Haus zurück; denn dies ward von mir verfügt.« Sie hörten auf die Worte des Herrn und sahen davon ab, gegen Jerobeam zu Feld zu ziehen.

Rehabeams Festungen

5 Rehabeam blieb in Jerusalem und baute Städte zu Festungen in Juda aus. 6 Er baute Bethlehem, Etam, Tekoa, 7 Bet-Zur, Socho, Adullam, 8 Gat, Marescha, Siph, 9 Adorajim, Lachis, Aseka, 10 Zora, Ajjalon und Hebron, die in Juda und Benjamin lagen, zu befestigten Städten aus. 11 Er verstärkte die Festungen, teilte ihnen Befehlshaber zu, sowie Vorräte an Nahrung, Öl und Wein. 12 Jede Stadt versorgte er auch mit Schilden und Speeren. So machte er sie überaus stark und hielt Juda und Benjamin in seiner Hand.

Flüchtlinge aus dem Nordreich

13 Die Priester und Leviten aus ganz Israel fanden sich aus allen ihren Bezirken bei ihm ein. 14 Die Leviten verließen nämlich ihre Triften und ihr Besitztum und begaben sich nach Juda und Jerusalem. Denn Jerobeam und seine Nachkommen verstießen sie aus dem Priesterdienst des Herrn. 15 Er bestellte sich nämlich Priester für die Opferhöhen, Bocksgestalten und Kälber, die er anfertigen ließ. 16 Den Leviten schlossen sich aus allen Stämmen Israels jene an, die aufrichtigen Herzens den Herrn, den Gott Israels, suchten. Sie kamen nach Jerusalem, um dem Herrn, dem Gott ihrer Väter, Opfer darzubringen. 17 So stärkten sie das Königreich Juda und förderten Rehabeam, den Sohn Salomos, für drei Jahre; denn nur drei Jahre lang wandelte man auf dem Pfade Davids.

Rehabeams Familie

18 Rehabeam nahm sich Machalat, die Tochter Jerimots, des Davidssohnes, und der Abichajil, der Tochter Eliabs, des Sohnes Isais, zur Frau. 19 Sie gebar ihm folgende Söhne: Jëusch, Schemarja und Saham. 20 Nach ihr heiratete er Maacha, die Tochter Absaloms. Sie gebar ihm Abia, Attaja, Sisa und Schelomit. 21 Rehabeam liebte Maacha, die Tochter Absaloms, mehr als alle seine Frauen und Nebenfrauen. – Er hatte sich nämlich achtzehn Frauen und sechzig Nebenfrauen genommen und zeugte achtundzwanzig Söhne und sechzig Töchter. 22 Rehabeam bestellte Abia, den Sohn der Maacha, zum Oberhaupt und Führer unter seinen Brüdern; denn er dachte daran, ihn zum König zu machen. 23 Klug verteilte er alle seine übrigen Söhne in sämtlichen Gegenden Judas und Benjamins auf alle festen Städte, verschaffte ihnen reichen Unterhalt und warb viele Frauen für sie.

Der Pharao Schischak

12 1 Als aber Rehabeams Königsherrschaft gefestigt und er selbst stark geworden war, verließ er das Gesetz des Herrn, und ganz Israel folgte ihm. 2 Da zog im fünften Jahr des Königs Rehabeam Schischak, der König von Ägypten, gegen Jerusalem, weil man dem Herrn untreu geworden war, 3 mit 1200 Wagen und 60 000 Wagenkämpfern; das Kriegsvolk, das mit ihm aus Ägypten kam, war nicht zu zählen: Libyer, Sukkier und Kuschiten. 4 Er nahm die Festungen in Juda ein und rückte in die Nähe Jerusalems. 5 Da kam der Prophet Schemaja zu Rehabeam und zu den Fürsten Judas, die sich Schischaks wegen in Jerusalem versammelt hatten, und hielt ihnen vor: »So spricht der Herr: Ihr habt mich verlassen, darum überlasse auch ich euch der Gewalt Schischaks.« 6 Da demütigten sich die Fürsten Israels und der König. Sie bekannten: »Gerecht ist der Herr!« 7 Als aber der Herr sah, daß sie sich demütigten, erging das Wort des Herrn an Schemaja: »Sie haben sich gedemütigt; darum will ich sie nicht vertilgen. Ich will ihnen in Bälde Rettung gewähren. Mein Grimm soll sich nicht über Jerusalem durch Schischaks Hand ergießen. 8 Doch untertan sollen sie ihm werden, damit sie unterscheiden lernen zwischen meinem Dienst und dem der irdischen Reiche.«

9 Schischak, der König von Ägypten, zog gegen Jerusalem und raubte die Schätze des Herrentempels und des Königspalastes. Alles nahm er mit, auch die goldenen Schilde, die Salomo angefertigt hatte. 10 Als Ersatz dafür ließ der König Rehabeam eherne Schilde anfertigen und vertraute sie den Obersten der Läufer an, die den Eingang zum Königspalast zu bewachen hatten. 11 Sooft nun der König in den Tempel des Herrn ging, kamen die Läufer, trugen sie und brachten sie dann wieder in den Wachraum der Läufer zurück. 12 Wegen seines demütigen Verhaltens wandte sich der Zorn des Herrn von ihm ab, so daß es nicht zu einer völligen Vernichtung kam. Es gab ja auch in Juda noch mancherlei Lobenswertes.

Urteil über Rehabeam

13 Der König Rehabeam behauptete sich in Jerusalem und blieb König. Er war nämlich einundvierzig Jahre alt, als er König wurde, und regierte siebzehn Jahre lang in Jerusalem, der Stadt, die der Herr aus allen Stämmen Israels auserwählt hatte, um seinen Namen dort wohnen zu lassen. Der Name

seiner Mutter war Naama; sie stammte aus Ammon. 14 Er tat Übles; denn er hatte sein Herz nicht darauf gerichtet, den Herrn zu suchen. 15 Die frühere und die spätere Geschichte Rehabeams ist aufgezeichnet in der Chronik des Propheten Schemaja und des Sehers Iddo. In ihr ist auch sein Stammbaum enthalten. Die Kriege zwischen Rehabeam und Jerobeam dauerten die ganze Zeit an. 16 Rehabeam entschlief zu seinen Vätern und ward in der Stadt Davids begraben. Sein Sohn Abia folgte ihm in der Königsherrschaft.

12,12: Diese Bemerkung bezieht sich auf die religiösen Zustände in Juda, die der Chronist mit den Zuständen des Nordreiches vergleicht. Daß Gott alles Gute belohnt, alles Böse bestraft, ist feste Überzeugung unseres Schriftstellers.

Abia (916–914)

13 1 Im achtzehnten Jahr des Königs Jerobeam trat Abia die Königsherrschaft über Juda an. 2 Er regierte drei Jahre lang in Jerusalem. Der Name seiner Mutter war Maacha, die Tochter Uriels aus Gibea. Es herrschte Krieg zwischen Abia und Jerobeam. 3 Abia eröffnete den Kampf mit einem Heer tapferer Krieger, mit vierhunderttausend auserlesenen Leuten. Jerobeam aber stellte sich ihm mit achthunderttausend auserwählten Kriegshelden zum Kampf. 4 Da stellte sich Abia auf die Höhe des Berges Zemarajim, im Gebirge Ephraim gelegen, und rief: »Jerobeam und ganz Israel, hört mich an! 5 Müßtet ihr nicht wissen, daß der Herr, der Gott Israels, David und seinen Nachkommen das Königtum über Israel in einem Salzbund auf ewig verliehen hat? 6 Aber Jerobeam, der Sohn Nebats, der Knecht des Davidssohnes Salomo, trat auf und empörte sich gegen seinen Herrn. 7 Um ihn gesellten sich leichtfertige Männer, nichtsnutzige Leute, und gewannen über Rehabeam, den Sohn Salomos, das Übergewicht. Rehabeam war noch jung und sein Mut noch schwach, so daß er gegen sie nicht aufkommen konnte. 8 Jetzt aber glaubt ihr wohl, euch gegen das Königtum des Herrn, das sich in der Hand der Nachkommen Davids befindet, behaupten zu können, da ihr ein großer Haufen seid und die goldenen Kälber, die Jerobeam euch zu Göttern angefertigt hat, mit euch sind? 9 Habt ihr nicht die Priester des Herrn, die Nachkommen Aarons, und die Leviten verstoßen und euch Priester bestellt wie die Völker der Heidenländer? Jeder, der mit einem Jungstier und sieben Widdern kam, um sich Priesterrechte zu erwerben, wurde Priester der Scheingötter. 10 Doch unser Gott ist der Herr. Wir haben ihn nicht verlassen. Die Nachkommen Aarons dienen als Priester dem Herrn, und die Leviten versehen ihr Amt. 11 Jeden Morgen und Abend opfern sie dem Herrn Brandopfer mit duftendem Räucherwerk, legen die Schaubrote auf den reinen Tisch und ordnen den goldenen Leuchter mit seinen Lampen, um sie jeden Abend zu entzünden; denn wir vollziehen den Dienst des Herrn, unseres Gottes; ihr aber habt ihn verlassen. 12 Seht, mit uns zieht Gott an der Spitze voraus, dazu seine Priester mit den Lärmtrompeten, um gegen euch Kriegslärm zu blasen! Ihr Israeliten, kämpft nicht gegen den Herrn, den Gott eurer Väter, denn ihr werdet keinen Erfolg haben!«

13 Jerobeam ließ aber die im Hinterhalt liegenden Truppen eine Umzingelung machen, damit sie den Judäern in den Rücken kämen. So stand ein Teil den Judäern gegenüber, der Hinterhalt aber befand sich in ihrem Rücken. 14 Als nun Juda sich zum Kampfe wandte, wurden sie von vorn und von hinten angegriffen. Sie schrieen zum Herrn, und die Priester stießen in die Trompeten. 15 Die Männer Judas erhoben das Kriegsgeschrei. Als sie es anstimmten, schlug Gott Jerobeam und Gesamtisrael vor Abia und Juda. 16 Die Israeliten mußten vor Juda fliehen, und Gott gab sie in seine Gewalt. 17 Abia und sein Kriegsvolk brachten ihnen eine schwere Niederlage bei; von den Israeliten fielen fünfhunderttausend auserlesene Krieger, durchbohrt vom Schwert. 18 So wurden die Israeliten damals gedemütigt. Die Judäer aber gewannen die Oberhand; denn sie stützten sich auf den Herrn, den Gott ihrer Väter. 19 Abia verfolgte Jerobeam und nahm ihm folgende Städte weg: Betel mit seinen Tochterstädten, Jeschana mit seinen Tochterstädten und Ephron mit seinen Tochterstädten.

20 In den Tagen des Abia erholte sich Jerobeam nicht mehr. Schließlich schlug ihn der Herr, und er mußte sterben. 21 Abia jedoch gewann an Macht. Er nahm sich vierzehn Frauen und zeugte zweiundzwanzig Söhne und sechzehn Töchter. 22 Die übrige Geschichte Abias, seine Taten und seine Reden sind aufgezeichnet in der Erzählung des Propheten Iddo. 23 Abia entschlief zu seinen Vätern. Man begrub ihn in der Davidsstadt. Sein Sohn Asa folgte ihm in der Königsherrschaft. In dessen Tagen hatte das Land zehn Jahre hindurch Ruhe.

Asa (914–874) – Beseitigung des Baalskultes

14 1 Asa tat, was gut und recht war in den Augen des Herrn, seines Gottes. 2 Er entfernte die fremden Altäre und die Höhen, zertrümmerte die Weihesteine und hieb die

Kultpfähle um. 3 Er befahl den Einwohnern Judas,
den Herrn, den Gott ihrer Väter, zu suchen, das Ge-
setz und die Gebote zu halten. 4 Er entfernte aus al-
len Städten Judas die Höhen und die Räucheraltäre,
weshalb das Reich unter ihm Ruhe hatte. 5 Er baute
Festungen in Juda; denn das Land erfreute sich des
Friedens. In jenen Jahren brach kein Krieg gegen ihn
aus, da der Herr ihm Ruhe verschafft hatte. 6 Daher
sprach er zu Juda: »Wir wollen diese Städte aus-
bauen und sie mit Mauern, Türmen, Torpfosten
und Riegeln bewehren. Noch liegt das Land frei vor
unserem Blick; weil wir uns nämlich um den Herrn,
unsern Gott, kümmerten, hat er sich um uns
gekümmert und uns ringsum Ruhe verschafft.« So
bauten sie und hatten Erfolg.

Krieg gegen die Kuschiten

7 Asa besaß ein Heer von dreihunderttausend Mann
aus Juda, die Schild und Lanze führten, und zwei-
hundertachtzigtausend Mann aus Benjamin, die
den Rundschild trugen und den Bogen spannen
konnten. Sie alle waren tapfere Kämpfer. 8 Gegen
sie zog der Kuschit Serach mit einem Heer von
einer Million Kriegern und dreihundert Streitwa-
gen. Er kam bis Marescha. 9 Asa zog ihm entgegen
und stellte sich nördlich im Tal von Marescha zum
Kampf auf. 10 Da rief Asa den Herrn, seinen Gott, an
und sprach: »Herr, für deine Hilfe kommt es nicht
darauf an, ob einer stark oder schwach ist. Hilf uns,
Herr, unser Gott; denn auf dich stützen wir uns,
und in deinem Namen ziehen wir gegen diese
Übermacht! Herr, du bist unser Gott, und kein
Mensch soll etwas wider dich vermögen.« 11 Da
schlug der Herr die Kuschiten vor Asa und vor Juda,
so daß sie flohen. 12 Asa verfolgte sie mit seinen
Kriegern bis Gerar. Von den Kuschiten fielen so
viele, daß sie sich nicht mehr erholen konnten. Sie
brachen zusammen vor dem Herrn und seinem
Heerlager. Jene aber machten überaus reiche Beute.
13 Sie schlugen alle Städte in der Umgebung von Ge-
rar, über die der Schrecken des Herrn gekommen
war, und plünderten sie alle aus; denn reichliches
Beutegut gab es darin. 14 Auch die Zelte bei den
Herden schlugen sie und führten eine Menge Klein-
vieh und Kamele fort. Dann kehrten sie nach Jeru-
salem zurück.

Bundeserneuerung

15 1 Über Asarja, den Sohn Odeds, war der
Gottesgeist gekommen. 2 Er begab sich zu
Asa hinaus und sprach zu ihm: »Hört
mich, Asa und ganz Juda mit Benjamin! Der Herr ist
bei euch, wenn ihr bei ihm seid. Wenn ihr ihn sucht,
läßt er sich von euch finden; wenn ihr ihn aber ver-
laßt, so verläßt er euch. 3 Viele Tage hindurch hatte
Israel keinen wahren Gott, keine belehrenden Prie-
ster und kein Gesetz. 4 In ihrer Drangsal bekehrten
sie sich zum Herrn, dem Gott Israels, und da sie ihn
suchten, ließ er sich von ihnen finden. 5 In jener Zeit
konnte niemand mehr unbehelligt hinausziehen
oder heimkehren; denn große Drangsal lag über
allen Bewohnern der Länder. 6 Ein Volk wurde vom
andern bedrängt und eine Stadt von der andern;
denn Gott beunruhigte sie durch allerlei Drangsal.
7 Ihr aber, seid stark! Eure Hand erschlaffe nicht;
denn euer Tun wird seine Belohnung finden!« 8 Als
Asa diese Worte und die Weissagung vernommen
hatte, die der Prophet Asarja, der Sohn Odeds, ver-
kündete, griff er mutig zu und entfernte die Greuel
aus dem ganzen Land Juda und Benjamin und aus
den Städten, die er im Gebirge Ephraim erobert
hatte. Auch erneuerte er den Altar des Herrn, der
vor der Vorhalle des Herrn stand. 9 Dann versam-
melte er ganz Juda und Benjamin sowie jene, die
von Ephraim, Manasse und Simeon sich unter
ihnen aufhielten. Denn sehr viele waren aus Israel
zu ihm übergetreten, als sie sahen, daß der Herr,
sein Gott, ihm zur Seite stand.
10 Im dritten Monat des fünfzehnten Jahres der Herr-
schaft Asas kamen sie in Jerusalem zusammen. 11 Sie
opferten an jenem Tag dem Herrn siebenhundert
Stück Großvieh, und siebentausend Stück Kleinvieh
von der Beute, die sie eingebracht hatten. 12 Sie über-
nahmen die Bundesverpflichtungen, sich an den
Herrn, den Gott ihrer Väter von ganzem Herzen und
ganzer Seele zu halten. 13 Jeder aber, der sich nicht
an den Herrn, den Gott Israels, halten würde, sollte
getötet werden, gleich, ob klein oder groß, Mann
oder Frau. 14 So leisteten sie dem Herrn mit lauter
Stimme einen Eid, mit Jubelruf, Trompetenschall
und Hörnerblasen. 15 Ganz Juda freute sich über den
Schwur; denn mit ganzem Herzen hatten sie ihn ge-
leistet. Und da sie mit bestem Willen den Herrn
suchten, ließ er sich von ihnen finden und schenkte
ihnen Ruhe nach allen Seiten. 16 Auch seine (Groß-)
Mutter Maacha, die der Göttin Aschera ein Schand-
bild errichtet hatte, enthob König Asa ihrer Stellung
als Herrin. Asa ließ ihr Schandbild umhauen, zer-
malmen und im Kidrontal verbrennen. 17 Nur die
Höhen wurden aus Israel nicht entfernt. Jedoch
blieb Asas Herz ungeteilt ergeben sein Leben lang.
18 Er brachte die Weihegaben seines Vaters und seine
eigenen Weihegaben in den Tempel Gottes: Silber,
Gold und Geräte. 19 Es gab keinen Krieg bis zum
fünfunddreißigsten Regierungsjahr Asas.

Krieg mit Israel

16 1 Im sechsunddreißigsten Jahr der Herr-
schaft Asas rückte Bascha, der König von
Israel, gegen Juda. Er befestigte Rama, um
zu verhindern, daß König Asa von Juda aus- und
einziehe. 2 Asa entnahm den Schatzkammern des
Tempels des Herrn und des königlichen Palastes Sil-
ber und Gold und sandte es an Benhadad, den
König von Aram, der in Damaskus seinen Sitz
hatte. Er ließ ihm sagen: 3 »Es besteht doch ein
Bündnis zwischen mir und dir, zwischen meinem
Vater und deinem Vater. Siehe, ich sende dir Silber
und Gold. Wohlan, löse dein Bündnis mit dem
König Bascha von Israel, damit er von mir abziehe!«
4 Benhadad hörte auf den König Asa. Er schickte
seine Heerführer gegen die Städte Israels. Diese
schlugen Ijjon, Dan, Abel-Majim und alle Lagerhäu-
ser der Städte Naphtalis. 5 Als Bascha davon erfuhr,
hörte er auf, Rama zu befestigen, und stellte seine
Arbeit ein. 6 Der König Asa aber holte ganz Juda
herbei und ließ die Steine und Balken von Rama
wegschaffen, die Bascha für den Bau verwendet
hatte. Er befestigte damit Geba und Mizpa. 7 Zu je-
ner Zeit kam der Seher Chanani zu Asa, dem König
von Juda, und hielt ihm vor: »Weil du dich auf den
König von Aram und nicht auf den Herrn, deinen
Gott, gestützt hast, darum ist das Heer des Königs
von Aram deiner Hand entronnen. 8 Waren nicht
die Kuschiten und Libyer ein gewaltiges Heer mit
Streitwagen und Wagenkämpfern in überaus
großer Anzahl? Als du dich aber auf den Herrn
stütztest, gab er sie in deine Gewalt. 9 Denn des
Herrn Augen schweifen über die ganze Erde hin,
damit er denen seine Kraft zeige, deren Herz unge-
teilt zu ihm hält. Hierin hast du töricht gehandelt;
denn von nun an werden dich Kriege bedrohen.«
10 Asa wurde zornig über den Seher und ließ ihn ins
Blockhaus legen; denn er zürnte ihm deshalb. Da-
mals mißhandelte Asa auch andere Leute aus dem
Volk.

Asas Tod

11 Die frühere und die spätere Geschichte Asas ist
aufgeschrieben im Buch der Könige von Juda und
Israel. 12 Im neununddreißigsten Jahr seiner Herr-
schaft erkrankte Asa an den Füßen. Seine Krankheit
war überaus schwer. Aber auch in der Krankheit
suchte er nicht den Herrn auf, sondern befragte die
Ärzte. 13 Asa entschlief zu seinen Vätern und starb
im einundvierzigsten Jahr seiner Regierung. 14 Man
setzte ihn in seiner Begräbnisstätte bei, die er sich in
der Davidsstadt hatte aushauen lassen, hob ihn auf
ein Lager, das man mit Balsam und anderen kunst-
voll gemischten Salben zubereitet hatte, und zün-
dete ihm zu Ehren ein riesiges Totenfeuer an.

Josaphat (874–849)

17 1 Sein Sohn Josaphat folgte ihm in der
Königsherrschaft. Er entfaltete seine
Macht über Israel. 2 Er legte Truppen in
alle festen Städte Judas und bestellte Posten im
Land Juda und in den Städten Ephraims, die sein
Vater Asa erobert hatte. 3 Der Herr war mit Josa-
phat; denn er wandelte auf den einstigen Wegen
seines Vaters David und suchte nicht die Baale auf.
4 Vielmehr suchte er den Gott seines Vaters. In
seinen Geboten wandelte er und tat nicht wie
Israel. 5 Darum festigte der Herr die Königsherr-
schaft in seiner Hand. Ganz Juda brachte Josaphat
Geschenke, so daß ihm viel Reichtum und Glanz
zuteil wurde. 6 Sein Herz war begeistert auf den
Wegen des Herrn, und so entfernte er weiterhin die
Höhen und die Ascheren aus Juda. 7 Im dritten Jahr
seiner Herrschaft sandte er seine Fürsten Ben-
Chajil, Obadja, Sacharja, Netanel und Michaja aus,
um in den Städten Judas zu lehren. 8 Ihnen zur Seite
standen die Leviten Schemaja, Netanja, Sebadja,
Asahel, Schemiramot, Jonatan, Adonia, Tobia und
Tob-Adonia, die Leviten, und mit diesen vereint die
Priester Elischama und Joram. 9 Sie lehrten in Juda.
Dabei hatten sie das Gesetzbuch des Herrn bei sich.
Sie zogen in allen Städten Judas umher und unter-
wiesen das Volk.

Ansehen und Kriegsmacht

10 Der Schrecken des Herrn kam über alle König-
reiche der Länder rings um Juda, so daß sie mit Josa-
phat keinen Streit anfingen. 11 Von den Philistern
brachte man Geschenke und Silber als Abgaben an
Josaphat. Auch die Araber sandten ihm Kleinvieh:
siebentausendsiebenhundert Widder und sieben-
tausendsiebenhundert Ziegenböcke. 12 So aber
wurde Josaphat immer größer und mächtiger. Er
baute in Juda Burgen und Vorratsstädte. 13 Er hatte
riesige Vorräte in den Städten Judas und hielt sich
tapfere Kriegsleute in Jerusalem. 14 Das war ihre
Amtsordnung nach ihren Familien: Zu Juda gehör-
ten als Oberste über die Tausendschaften der Fürst
Adna mit dreihunderttausend tapferen Männern,
15 an seiner Seite der Fürst Jochanan mit zweihun-
dertachtzigtausend Mann 16 und Amasja, der Sohn
Sichris, der sich freiwillig dem Herrn angeboten
hatte, mit zweihunderttausend tapferen Männern.
17 Zu Benjamin gehörte der heldenhafte Eljada mit
zweihunderttausend Mann, die Bogen und Schild
führten. 18 An seiner Seite stand Josabad mit hun-

dertachtzigtausend zum Heeresdienst gerüsteten Männern. 19 Diese standen in königlichen Diensten neben jenen, die der König in die Festungen von ganz Juda gelegt hatte.

17,7–9: Vgl. 5 Mos 31,9–13. Oft sagen alttestamentliche Stellen, daß man das Volk mit dem Gesetz vertraut machen muß. Die Schriftgelehrten, die es zur Zeit des Chronisten schon gab, machten das Gesetz zu einer alles bestimmenden Macht.

Achab und Josaphat gegen Aram

18 1 Josaphat wurde viel Reichtum und Glanz zuteil. Er verschwägerte sich mit Achab. 2 Nach Verlauf von mehreren Jahren kam er zu Achab nach Samaria. Dieser ließ für ihn und die Kriegsleute seiner Begleitung eine Menge von Kleinvieh und Großvieh schlachten. Er überredete ihn auch, gegen Ramot in Gilead zu ziehen. 3 Achab, der König von Israel, fragte Josaphat, den König von Juda: »Willst du mit mir gegen Ramot in Gilead ziehen?« Er entgegnete ihm: »Ja, ich bin ebenso bereit wie du, mein Volk wie dein Volk! Mit dir zusammen führen wir Krieg.« 4 Josaphat aber bat den König von Israel: »Erkundige dich doch zuvor nach dem Entscheid des Herrn!« 5 Der König von Israel scharte daher die Propheten, vierhundert an der Zahl, zusammen und sprach zu ihnen: »Soll ich gegen Ramot in Gilead zu Felde ziehen oder nicht?« Sie antworteten: »Ziehe hinauf! Gott wird es in die Hand des Königs geben.« 6 Josaphat entgegnete: »Ist nicht noch ein Prophet des Herrn da, daß wir ihn befragen?« 7 Der König von Israel antwortete Josaphat: »Es ist noch einer da, durch den wir den Herrn befragen könnten. Den hasse ich aber; denn er weissagt über mich nie Gutes, sondern stets Unheilvolles. Es ist Michajehu, der Sohn Jimlas.« Josaphat meinte: »So sollte der König nicht reden!«

Unheilsweissagung

8 Der König von Israel rief einen Kämmerer herbei und befahl, so rasch wie möglich Michajehu, den Sohn Jimlas, zu rufen. 9 Während nun der König von Israel und Josaphat, der König von Juda, angetan mit ihren Gewändern, auf ihren Thronen saßen – sie saßen im Freiplatz am Toreingang Samarias –, und alle Propheten vor ihnen weissagten, 10 machte sich Zidkia, der Sohn Kenaanas, eiserne Hörner und rief: »So spricht der Herr: Mit solchen wirst du die Aramäer niederstoßen bis zu ihrer Vernichtung.« 11 Und ebenso wahrsagten alle Propheten und sprachen: »Ziehe hinauf nach Ramot in Gilead! Glückauf! Der Herr übergibt es der Gewalt des Königs.« 12 Der Bote, der fortgegangen war, Michajehu zu rufen, redete ihm zu: »Siehe, die Worte der Propheten verkündeten dem König einstimmig Gutes. Darum sei auch deine Rede gleich der eines jeden von ihnen! Verkünde Günstiges!« 13 Doch Michajehu entgegnete: »So wahr der Herr lebt! Nur, was mein Gott mir sagen wird, werde ich reden.« 14 Er erschien vor dem König, und dieser fragte ihn: »Michajehu, sollen wir nach Ramot in Gilead in den Krieg ziehen oder nicht?« Er antwortete: »Zieht hin! Glückauf! In eure Gewalt werden sie gegeben.« 15 Der König erwiderte ihm: »Wie oft muß ich dich beschwören, mir nur die Wahrheit im Namen des Herrn zu sagen?« 16 Darauf verkündete jener: »Ganz Israel sah ich zerstreut über die Berge hin, dem Kleinvieh gleich, das keinen Hirten hat. Und der Herr sprach: Sie haben keinen Herrn; es kehre jeder ruhig nach Hause zurück!«

17 Da sagte der König von Israel zu Josaphat: »Habe ich dir nicht gesagt, er prophezeit über mich nie Gutes, sondern nur Übles?« 18 Michajehu fuhr fort: »Hört darum das Wort des Herrn! Ich sah den Herrn auf seinem Thron sitzen. Das ganze Heer des Himmels stand zu seiner Rechten und zu seiner Linken. 19 Da fragte der Herr: Wer wird Achab, den König von Israel, betören, daß er hinaufzieht und vor Ramot in Gilead fällt? Der eine meinte dieses und der andere jenes. 20 Da trat ein bestimmter Geist vor, stellte sich vor den Herrn hin und sprach: Ich werde ihn betören. Der Herr sprach zu ihm: Wodurch denn? 21 Er entgegnete: Ich will hingehen und im Mund all seiner Propheten zu einem Lügengeist werden. Der Herr aber erwiderte: Du sollst ihn betören und wirst es auch zustande bringen! Geh hin und tu es! 22 So hat nun der Herr einen Lügengeist in den Mund dieser deiner Propheten gelegt; denn der Herr hat Unheil über dich beschlossen.« 23 Zidkia, der Sohn Kenaanas, trat hinzu und schlug Michajehu auf die Wange und sprach: »Auf welche Weise ist denn der Geist des Herrn von mir gewichen, um mit dir zu reden?« 24 Michajehu entgegnete: »Du wirst es selber sehen an jenem Tag, da du von einem Zimmer ins andere fliehen wirst, um dich zu verbergen.« 25 Hierauf befahl der König von Israel: »Nehmt Michajehu fest und bringt ihn zum Stadtobersten Amon und zum Prinzen Joas! 26 Dort meldet: So spricht der König: Werft diesen ins Gefängnis und ernährt ihn kärglich mit Brot und Wasser, bis daß ich wohlbehalten heimkehre!« 27 Michajehu aber sprach: »Wenn du gesund wiederkommst, dann hat der Herr durch mich nicht gesprochen.«

Achabs Tod

28 So zogen denn der König von Israel und Josaphat, der König von Juda, nach Ramot in Gilead. 29 Da sagte der König von Israel zu Josaphat: »Ich will mich verkleiden und so in den Kampf ziehen, du aber behalte deine Kleider an!« Der König von Israel verkleidete sich also, und sie zogen in den Krieg. 30 Der König von Aram hatte seinen Streitwagenobersten den Befehl gegeben: »Laßt euch mit keinem Gegner, ob klein oder groß, in den Kampf ein, außer mit dem König von Israel allein!« 31 Als die Wagenobersten den Josaphat erblickten, glaubten sie, er wäre der König von Israel, und umzingelten ihn zu einem Angriff. Josaphat aber schrie, und der Herr brachte ihm Hilfe. Gott lockte sie von ihm weg. 32 Als nämlich die Wagenobersten gemerkt hatten, daß er nicht der König von Israel war, ließen sie von ihm ab. 33 Ein Mann aber spannte ahnungslos seinen Bogen und traf den König von Israel zwischen den Tragbändern und dem Panzer. Dieser befahl daher dem Wagenlenker: »Wende um und bringe mich aus der Schlacht; denn ich bin verwundet!« 34 Da aber der Kampf an jenem Tag immer heftiger wurde, blieb der König von Israel im Wagen den Aramäern gegenüber aufrecht stehen bis zum Abend; um die Zeit des Sonnenuntergangs verschied er.

18,2–34: Israelitisch-aramäischer Krieg von 854, den auch 1 Kön 22,3–35 behandelt. • 5: Bei den vierhundert »Propheten« handelte es sich offenbar um Berufspropheten, die im Dienst des Königs standen und zu seinen Gunsten weissagten. Sie sollten durch Segenssprüche den Mut der Krieger stärken.

Weissagung Jehus

19 1 Josaphat aber, der König von Juda, kehrte unversehrt nach Jerusalem in sein Haus zurück. 2 Da trat ihm der Seher Jehu, der Sohn Chananis, entgegen und sprach zum König Josaphat: »Mußtest du denn einem Ruchlosen Hilfe bringen, und liebst du jene, die den Herrn hassen? Darum hast du Zorn von seiten des Herrn verdient. 3 Jedoch wurden auch gute Seiten an dir gefunden. Du hast ja die Ascheren aus dem Land entfernt und dein Herz darauf gerichtet, Gott zu suchen.«

Rechtspflege

4 Josaphat blieb in Jerusalem. Auch zog er wiederum von Beerseba bis zum Gebirge Ephraim unter dem Volk umher und führte es zum Herrn, dem Gott seiner Väter, zurück. 5 Er setzte Richter im Land ein, in allen festen Städten Judas, Stadt für Stadt. 6 Den Richtern gab er die Weisung: »Achtet auf das, was ihr tut; denn nicht für Menschen richtet ihr, sondern für den Herrn. In Rechtsangelegenheiten steht er euch zur Seite. 7 Und nun walte über euch die Furcht des Herrn! Handelt gewissenhaft, denn beim Herrn, unserm Gott, gibt es kein Unrecht, keinen Vorzug der Person und keine Bestechlichkeit.« 8 Auch in Jerusalem bestellte Josaphat aus den Reihen der Leviten, Priester und israelitischen Familienhäupter Männer für das Gericht des Herrn und für die Streitigkeiten unter den Bewohnern Jerusalems. 9 Er befahl ihnen: »Mit Furcht vor dem Herrn, mit Treue und aufrichtigem Herzen verfahrt, wie folgt: 10 In jedem Streitfall, der euch von euren Stammesbrüdern, die in ihren Ortschaften wohnen, vorgelegt wird, mag es sich handeln um irgendeine Blutschuld, um eine Weisung, ein Gebot, um Satzungen oder Rechte, da sollt ihr ihnen entsprechende Anweisungen geben, damit sie nicht vor dem Herrn schuldig werden und ein Zorngericht über euch und eure Brüder kommt. So sollt ihr tun, damit ihr euch nicht verschuldet! 11 Der Oberpriester Amarja soll euch in allen Angelegenheiten des Herrn vorstehen und Sebadja, der Sohn Jischmaels, der Fürst des Hauses Juda, in allen königlichen Angelegenheiten. Die Leviten stehen euch als Beamte zur Verfügung. Geht tapfer ans Werk, und der Herr helfe dem Guten!«

Sieg über Feinde

20 1 Danach zogen die Moabiter, Ammoniter und mit ihnen ein Teil der Mëuniter gegen Josaphat heran. 2 Man kam und berichtete ihm: »Eine große Übermacht rückt von jenseits des Meeres, von Edom, gegen dich heran und steht in Chazezon-Tamar, das ist Engedi.« 3 Josaphat geriet in Schrecken und machte sich daran, den Herrn aufzusuchen. Er ließ in ganz Juda ein Fasten ausrufen. 4 Die Judäer scharten sich zusammen, um vom Herrn Hilfe zu erflehen. Auch aus allen Städten Judas kamen sie herbei, den Herrn zu bitten. 5 Josaphat trat in die Versammlung Judas und Jerusalems im Hause des Herrn, zum neuen Vorhof gewandt. 6 Er sprach: »Herr, Gott unserer Väter, bist nicht du Gott im Himmel und du Herrscher über alle Königreiche der Völker? In deiner Hand sind Kraft und Stärke, und niemand kann sich mit dir messen. 7 Hast nicht du, unser Gott, die Bewohner dieses Landes vor deinem Volk Israel vertrieben und es den Nachkommen deines Freundes Abraham auf ewig verliehen? 8 Sie wohnten darin und bauten hier deinem Namen ein Heiligtum, indem sie sprachen: 9 Kommen Unheil, Schwert, Überschwemmung, Pest oder Hungersnot über uns,

dann treten wir vor dieses Haus und vor dein An-
gesicht; denn dein Name ist in diesem Haus gegen-
wärtig. Wir rufen zu dir aus unserer Not, damit du
hörst und hilfst. 10 Siehe nun, die Ammoniter, Moa-
biter und die Bewohner des Gebirges Seïr, deren
Gebiet zu betreten du den Israeliten bei ihrem Aus-
zug aus dem Land Ägypten verwehrt hast, so daß
sie sich ihnen fernhielten, ohne sie zu vernichten,
11 siehe, diese vergelten es uns nun damit, daß sie
kommen, um uns aus deinem Eigentum zu vertrei-
ben, das du uns verliehen hast. 12 Unser Gott, willst
du nicht über sie Gericht halten? Wir sind machtlos
vor dieser gewaltigen Menge, die gegen uns heran-
zieht. Wir wissen nicht, was wir tun sollen. Nur auf
dich sind unsere Augen gerichtet.«
13 Ganz Juda stand vor dem Herrn, auch ihre An-
gehörigen samt Frauen und Kindern. 14 Da kam in-
mitten der Versammlung der Geist des Herrn über
Jachasiel, den Sohn Sacharjas, des Sohnes Benajas,
des Sohnes Jeïels, des Sohnes Mattanjas, einen
Leviten aus den Nachkommen Asaphs. 15 Er rief
aus: »Merkt auf, Judäer alle, Bewohner Jerusalems,
und du, König Josaphat! So spricht der Herr zu
euch: Fürchtet euch nicht und laßt euch nicht er-
schrecken durch diese gewaltige Menge; denn nicht
eure, sondern Gottes Sache ist der Krieg! 16 Morgen
sollt ihr wider sie zu Felde ziehen. Sie werden die
Blumensteige heraufkommen, und ihr werdet am
Ende des Tales vor der Steppe Jeruël auf sie stoßen.
17 Aber nicht ihr werdet den Kampf mit ihnen zu
bestehen haben; stellt euch auf, bleibt stehen und
seht die Rettung, die der Herr euch, Juda und Jeru-
salem, bringen wird! Habt keine Furcht und Angst!
Morgen sollt ihr ihnen entgegenziehen, und der
Herr wird mit euch sein.« 18 Da verneigte sich Josa-
phat mit dem Antlitz zur Erde. Auch ganz Juda und
die Bewohner Jerusalems fielen vor dem Herrn nie-
der, ihn anzubeten. 19 Darauf erhoben sich die Levi-
ten, die Angehörigen der Kehatiten, und zwar die
Korachiten, um den Herrn, den Gott Israels, mit
lauter und jubelnder Stimme zu preisen.
20 Früh am Morgen zog man nach der Steppe von
Tekoa. Bei ihrem Aufbruch stellte sich Josaphat hin
und sprach: »Hört mich an, Judäer und ihr Bewoh-
ner Jerusalems! Vertraut auf den Herrn, euren Gott,
und ihr könnt bestehen! Vertraut auf seine Prophe-
ten, und ihr habt Erfolg!« 21 Nachdem er sich mit
dem Kriegsvolk beraten hatte, bestellte er Sänger
für den Herrn, die ihn in heiligem Schmuck preisen
sollten. Sie schritten den Truppen voran und riefen:
»Dankt dem Herrn, denn ewig währt seine Huld!«
22 Als sie mit dem Jubelruf und Lobpreis begannen,
sandte der Herr Feinde aus dem Hinterhalt gegen
die Ammoniter, Moabiter und die Leute vom Ge-
birge Seïr, die gegen Juda gezogen waren, und sie
erlitten eine Niederlage. 23 Es stellten sich nämlich
die Ammoniter und Moabiter gegen die Bewohner
vom Gebirge Seïr, um sie zu vernichten und zu ver-
tilgen. Nachdem sie die Bewohner von Seïr aufge-
rieben hatten, verhalfen sie sich gegenseitig zum
Verderben. 24 Als die Judäer an die Beobachtungs-
stelle kamen, von der aus man die Wüste über-
schauen konnte, und nun nach dem Heereshaufen
Ausschau hielten, da lagen die Leichen der Feinde
auf der Erde. Niemand war entronnen. 25 Josaphat
kam mit seinen Kriegsleuten zur Plünderung. Man
fand bei ihnen in Menge Waren, Kleidungsstücke
und kostbare Geräte. Sie nahmen so viel an sich,
daß sie es nicht mehr tragen konnten. Drei Tage
lang plünderten sie; denn die Beute war gewaltig.
26 Am vierten Tage scharten sie sich im »Lobpreis-
tal« zusammen. Weil sie dort den Herrn priesen,
deshalb heißt jener Ort »Lobpreistal« bis heute.
27 Darauf wandten sich alle Männer Judas und Jeru-
salems mit Josaphat an ihrer Spitze voller Freude
zur Heimkehr nach Jerusalem; denn der Herr hatte
ihnen große Siegesfreude über ihre Feinde ge-
schenkt. 28 Sie kamen nach Jerusalem mit Harfen,
Zithern und Trompeten zum Tempel des Herrn.
29 Der Schrecken vor Gott aber war über alle König-
reiche der (angrenzenden) Länder gekommen, als
man davon hörte, daß der Herr gegen die Feinde
Israels gekämpft hatte. 30 So hatte das Reich Josa-
phats Frieden. Denn sein Gott hatte ihm ringsum
Ruhe verschafft.

Josaphats Ende

31 Josaphat regierte als König über Juda. Er war fünf-
unddreißig Jahre alt, als er die Herrschaft begann,
und regierte fünfundzwanzig Jahre in Jerusalem.
Der Name seiner Mutter war Asuba, die Tochter
Schilchis. 32 Er wandelte auf den Wegen seines Va-
ters Asa und wich nicht von ihnen ab. Er tat, was
dem Herrn wohlgefiel. 33 Nur die Höhen wurden
nicht abgeschafft; denn noch hatte das Volk sein
Herz nicht auf den Gott seiner Väter gerichtet.
34 Die übrige Geschichte Josaphats, die frühere und
die spätere, ist aufgeschrieben in der Geschichte
Jehus, des Sohnes Chananis, die in das Buch der
Könige Israels aufgenommen ist. 35 Danach verbün-
dete sich Josaphat, der König von Juda, mit Achasja,
dem König von Israel. Dieser aber handelte frevel-
haft. 36 Er nahm ihn zum Bundesgenossen, um
Schiffe zu bauen, die nach Tarsis fahren sollten. So
bauten sie Schiffe in Ezjon-Geber. 37 Da weissagte

Elieser, der Sohn Dodawahus aus Marescha, wider Josaphat: »Weil du dich mit Achasja in einen Bund eingelassen, wird der Herr dein Werk zerbrechen.« Die Schiffe scheiterten und konnten nicht nach Tarsis fahren.

Joram (849–842), König in Jerusalem

21 1 Josaphat entschlief zu seinen Vätern und wurde bei seinen Ahnen in der Davidsstadt begraben. Sein Sohn Joram folgte ihm in der Königsherrschaft. 2 Er hatte zu Brüdern die Söhne Josaphats: Asarja, Jechiël, Sacharja, Asarjahu, Michael und Schephatja. Alle waren sie Söhne Josaphats, des Königs von Juda. 3 Ihr Vater gab ihnen reiche Geschenke an Silber, Gold und Wertgegenständen, dazu befestigte Städte in Juda. Jedoch die Königswürde vererbte er an Joram; denn dieser war der Erstgeborene. 4 Da nun Joram die Herrschaft seines Vaters angetreten hatte und seine Macht wuchs, ließ er alle seine Brüder und auch einige von den Fürsten Israels mit dem Schwert hinrichten. 5 Joram war zweiunddreißig Jahre alt, als er die Königsherrschaft antrat. Er herrschte acht Jahre lang in Jerusalem. 6 Er wandelte auf den Wegen der Könige von Israel, wie es das Haus Achab tat; denn er hatte die Tochter Achabs zur Frau und tat, was dem Herrn mißfiel.

7 Doch der Herr wollte das Haus David nicht verderben um des Bundes willen, den er mit David geschlossen hatte, und weil er verheißen hatte, ihm und seinen Söhnen allzeit eine Leuchte zu gewähren. 8 Zu seiner Zeit wurde Edom von Juda abtrünnig und setzte einen eigenen König über sich ein. 9 Joram zog daher mit seinen Hauptleuten und all seinen Streitwagen wider die Edomiter. In der Nacht erhob er sich zum Angriff und schlug sie, die ihn umzingelt hatten, samt den Obersten der Streitwagen. 10 Doch fiel Edom von Juda ab bis heute. Damals zur gleichen Zeit fiel auch Libna von Joram ab; denn er hatte den Herrn, den Gott seiner Väter, verlassen. 11 Er errichtete sogar Höhen auf den Bergen Judas, verführte die Bewohner Jerusalems zur Untreue und brachte Juda zum Abfall.

12 Da gelangte an ihn ein Schreiben des Propheten Elias: »So spricht der Herr, der Gott deines Vaters David: Weil du nicht auf den Wegen deines Vaters Josaphat und auf den Pfaden Asas, des Königs von Juda, gewandelt bist, 13 da du vielmehr auf der Bahn der Könige von Israel schrittest, Juda und die Bewohner Jerusalems zur Untreue verführtest, wie das Haus Achab zur Untreue verführt hat, und weil du die Familie deines Vaters, deine eigenen Brüder, die besser waren als du, hinrichten ließest, 14 darum wird der Herr dein Volk, deine Söhne, deine Frauen und deinen ganzen Besitz mit einem schweren Schlag treffen. 15 Du selbst wirst in langes Siechtum verfallen durch Erkrankung deiner Eingeweide, bis im Lauf der Zeit deine Eingeweide infolge der Krankheit heraustreten werden.«

16 Der Herr erregte wider Joram den Geist der Philister und der Araber, die neben den Kuschiten wohnten. 17 Sie zogen gegen Juda, machten einen Überfall und führten alles Hab und Gut weg, das sich im königlichen Haus befand, dazu seine Kinder und Frauen. Es blieb ihm von den Söhnen nur noch Joachas, der jüngste, übrig. 18 Nach all dem schlug ihn der Herr mit einer unheilbaren Darmkrankheit. 19 Nach einiger Zeit, zwei Tage vor seinem Ende, traten infolge der Krankheit seine Eingeweide heraus, und er starb unter argen Schmerzen. Sein Volk zündete ihm kein Totenfeuer an, wie dies bei seinen Vätern geschehen war. 20 Er war zweiunddreißig Jahre alt, als er die Königsherrschaft antrat, und acht Jahre herrschte er in Jerusalem. Er starb, ohne daß man ihm nachtrauerte. Man begrub ihn in der Davidsstadt, aber nicht in den königlichen Gräbern.

21,4: Joram fürchtete offenbar eine Revolution. Ähnliche politische Morde: Richt 9,4; 2 Kön 11,1.

Achasja (Joachas, 842)

22 1 Die Bewohner Jerusalems erhoben Achasja, den jüngsten Sohn Jorams, an seiner Stelle zum König. Alle seine älteren Brüder hatte die Räuberschar getötet, die mit den Arabern in das Heerlager eingebrochen war. Auf diese Weise kam Achasja, der Sohn Jorams, des Königs von Juda, zur Herrschaft. 2 Achasja war zweiundzwanzig Jahre alt, als er die Königsherrschaft antrat. Er herrschte ein Jahr in Jerusalem. Der Name seiner Mutter war Atalja; sie war eine Enkelin Omris. 3 Auch er wandelte auf den Pfaden des Hauses Achab; denn seine Mutter war seine Ratgeberin zum Bösen. 4 Er tat, was dem Herrn mißfiel, wie die vom Haus Achab. Denn diese berieten ihn nach dem Tod seines Vaters zu seinem eigenen Unheil. 5 Ihrem Rat entsprechend, zog er auch mit Joram, dem Sohne Achabs, dem König von Israel, nach Ramot in Gilead in den Krieg gegen Hasael, den König von Aram. Die Aramäer aber verwundeten Joram. 6 Er zog sich nun zurück, um in Jezreel Heilung zu finden von den Wunden, die man ihm zu Ramot geschlagen hatte, als er gegen Hasael, den König von Aram, kämpfte. Achasja, der Sohn

Jorams, der König von Juda, zog hinab, um Joram,
den Sohn Achabs, in Jezreel zu besuchen, denn er
lag dort krank darnieder. 7 Es war aber eine göttliche
Fügung für Achasja, daß er sich zu Joram begab. Als
er nämlich ankam, zog er mit Joram dem Jehu,
einem Enkel Nimschis, entgegen. Diesen hatte der
Herr gesalbt, damit er das Haus Achab ausrotte.
8 Als Jehu am Hause Achab das Gericht vollzog,
stieß er auf die Fürsten Judas und die Söhne der Brü-
der Achasjas, die in Achasjas Dienst standen, und
machte sie nieder. 9 Dann ließ er nach Achasja
suchen. Man nahm ihn fest, während er sich in
Samaria verborgen hielt, brachte ihn vor Jehu und
tötete ihn. Doch ließ man ihn begraben; denn man
sagte: »Er ist ein Enkel Josaphats, der den Herrn mit
seinem ganzen Herzen suchte.« Vom Hause Ach-
asja aber war niemand vorhanden, der imstande ge-
wesen wäre, die Königsherrschaft anzutreten.

Atalja (842–836)

10 Als Atalja, die Mutter Achasjas, sah, daß ihr Sohn
tot war, ging sie sofort daran, die gesamte könig-
liche Verwandtschaft des Hauses Juda auszurotten.
11 Aber Jehoschabat, die königliche Tochter, nahm
Joas, den Sohn Achasjas, und brachte ihn heimlich
aus der Mitte der Königssöhne, die ermordet wer-
den sollten, und führte ihn mit seiner Amme in die
Bettkammer. Dort verbarg ihn Jehoschabat, die
Tochter des Königs Joram und Frau des Priesters
Jojada – sie war ja die Schwester Achasjas –, vor den
Blicken Ataljas, so daß diese ihn nicht töten konnte.
12 Er blieb bei ihnen im Hause Gottes sechs Jahre
lang verborgen, während Atalja über das Land herr-
schte.

22,1: Vgl. 21,16f. • 2–6: Fast wörtlich wie 2 Kön 8,26–29. • 7–9: Hier ist der Bericht von 2 Kön 9 kurz zusammengefaßt. Eigens bemerkt der Chronist, daß das Begräbnis in Jerusalem (2 Kön 9,28) auf die Verdienste des frommen Josaphat zurückzuführen sei.

Verschwörung gegen Atalja

23 1 Im siebten Jahre faßte Jojada den mu-
tigen Entschluß und verbündete sich
mit den Anführern der Hundertschaf-
ten, mit Asarja, dem Sohn Jerochams, Jischmael,
dem Sohn Jochanans, Asarja, dem Sohn Obeds,
Maaseja, dem Sohn Adajas, und Elischaphat, dem
Sohn Sichris. 2 Sie durchzogen Juda und versam-
melten die Leviten aus allen Städten Judas sowie die
Häupter der israelitischen Familien, und diese ka-
men nach Jerusalem. 3 Die gesamte Versammlung
schloß einen Bund im Gotteshaus mit dem König,
und Jojada sprach zu ihnen: »Seht den Königssohn!
Er soll herrschen, wie der Herr über die Nachkom-
men Davids verheißen hat! 4 Dies also sollt ihr tun:
Das Drittel von euch, das am Sabbat abzieht, bleibe
bei den Priestern und Leviten als Schwellenhüter!
5 Ein Drittel verbleibe am königlichen Palast und ein
Drittel am Tor Sur! Das gesamte Volk aber verweile
in den Vorhöfen des Hauses des Herrn! 6 Niemand
darf in das Haus des Herrn kommen außer den Prie-
stern und den diensttuenden Leviten. Diese dürfen
es betreten, denn sie sind geweiht. Das gesamte
übrige Volk aber beobachte die Vorschriften des
Herrn! 7 Die Leviten mögen sich um den König
scharen, ein jeder mit den Waffen in seiner Hand!
Wer in das Haus eindringen will, soll des Todes ster-
ben! Haltet euch beim König auf, wenn er einzieht
und auszieht!« 8 Die Leviten und alle Judäer taten
ganz nach der Anweisung des Priesters Jojada. Jeder
nahm seine Leute zu sich, jene, die am Sabbat ab-
zogen, wie auch jene, die am Sabbat aufzogen;
denn der Priester Jojada hatte die Abteilungen nicht
entlassen. 9 Den Anführern der Hundertschaften
gab der Priester Jojada die Lanzen, die großen und
die runden Schilde, die dem König David gehörten
und im Tempel Gottes aufbewahrt waren. 10 Er
stellte nun das ganze Volk, jeden mit einer Lanze in
der Hand, von der Südseite des Tempels bis zur
Nordseite gegen Altar und Tempelgebäude zum
Schutz des Königs auf. 11 Man führte den Königs-
sohn heraus, überreichte ihm das Diadem und die
Königsurkunde und machte ihn zum König. Jojada
und seine Söhne salbten ihn und riefen: »Es lebe der
König!« 12 Als Atalja den Lärm der Leute hörte, die
umherliefen und dem König zujubelten, begab sie
sich zum Volk in den Tempel des Herrn.
13 Da bot sich ihr dieser Anblick: Der König stand
auf seinem Sockel am Eingang; die Vornehmen und
die Trompeter umgaben den König. Alles Volk des
Landes freute sich und stieß in die Trompeten, wäh-
rend die Sänger mit ihren Musikinstrumenten spiel-
ten und den Lobgesang einleiteten. Da zerriß Atalja
ihre Kleider und rief: »Verrat, Verrat!« 14 Der Priester
Jojada gab den Hundertschaftsführern, die über die
Truppen gestellt waren, Befehl und gebot ihnen:
»Führt sie aus den Reihen hinaus! Wer ihr nachfolgt,
werde mit dem Schwert niedergemacht!« Der Prie-
ster befahl nämlich: »Ihr sollt sie nicht im Haus des
Herrn töten!« 15 Da legte man Hand an sie, und als
sie am Eingang des Roßtores beim königlichen Pa-
last angekommen war, tötete man sie dort.
16 Jojada schloß nun einen Bund zwischen sich, dem
ganzen Volk und dem König, daß sie nämlich das
Volk des Herrn sein wollten. 17 Danach drang das
ganze Volk in den Baalstempel ein und riß ihn nie-

der. Man zerschlug seine Altäre und Götzenbilder und tötete den Baalspriester Mattan vor den Altären. 18 Jojada legte nun die Verwaltung des Hauses des Herrn in die Hände der Priester und Leviten. David hatte sie für das Haus des Herrn in Abteilungen eingeteilt, damit sie die Brandopfer für den Herrn darbrächten, wie es im Gesetz des Moses geschrieben steht, und zwar mit Freudenjubel und Liedergesang entsprechend der Anordnung Davids. 19 Er stellte auch die Torhüter an die Tore des Hauses des Herrn, so daß niemand hereinkommen konnte, der irgendwie unrein war. 20 Dann rief er die Hundertschaftsführer, die Vornehmen und Mächtigen im Volk, sowie das ganze Volk des Landes herbei und führte den König hinab vom Tempel des Herrn. Man kam durch das obere Tor in den Königspalast. Dort setzte man den König auf den Königsthron. 21 Das gesamte Volk des Landes geriet in Freude, und die Stadt verhielt sich ruhig, obwohl man Atalja mit dem Schwert umgebracht hatte.

23,1–21: In diesem Bericht spielen Priester und Leviten die Hauptrolle, der Tempel darf nur von ihnen betreten werden, Verunreinigungen durch ungeweihte Personen werden verhindert. Der Hohepriester weist auf die Verheißungen des Herrn an David hin (Vers 3). Dieser Geschichtsbericht ist gegenüber 2 Kön 11 bedeutend ausführlicher.

Joas (836–797)

24 1 Joas war sieben Jahre alt, als er zur Herrschaft gelangte, und herrschte vierzig Jahre in Jerusalem. Der Name seiner Mutter war Zibja aus Beerseba. 2 Joas tat zu Lebzeiten des Priesters Jojada, was dem Herrn wohlgefiel. 3 Jojada gab ihm zwei Frauen, und er zeugte Söhne und Töchter. 4 Später faßte Joas den Entschluß, den Tempel des Herrn zu erneuern. 5 Er versammelte die Priester und Leviten und befahl ihnen: »Geht in die Städte Judas und sammelt Geld von Israel, damit wir alljährlich am Haus eures Gottes Ausbesserungen vornehmen können! Beeilt euch mit der Sache!« Aber die Leviten beeilten sich nicht. 6 Da ließ der König den Jojada, das Oberhaupt der Priester, rufen und stellte an ihn die Frage: »Warum hast du die Leviten nicht dazu angetrieben, von Juda und Jerusalem die Abgaben zu erheben, die Moses, der Knecht des Herrn, und die Volksversammlung den Israeliten für das Bundeszelt vorgeschrieben haben? 7 Denn die verruchte Atalja mit ihren Bauleuten ließ im Haus Gottes Risse entstehen und verwandte alle Weihegaben, die für den Herrentempel bestimmt waren, für die Baale.« 8 Der König ließ nun einen Kasten herstellen und ihn außen am Tor des Herrentempels aufstellen. 9 Dann ließ er in Juda und in Jerusalem verkünden, man solle dem Herrn die Abgabe entrichten, die Moses, der Knecht Gottes, Israel in der Wüste vorgeschrieben hatte. 10 Darob freuten sich alle Fürsten und das gesamte Volk. Sie brachten ihre Beiträge und warfen sie in den Kasten, bis er gefüllt war. 11 Durch die Leviten ließ man den Kasten zur königlichen Aufsichtsbehörde bringen, sooft man sah, daß viel Geld darin war. Dann kamen der königliche Schreiber und der vom Hohenpriester Beauftragte, entleerten den Kasten und trugen ihn wieder an seine Stelle zurück. So taten sie regelmäßig und brachten eine Menge Geld zusammen. 12 Der König und Jojada übergaben es den Werkführern, welche die Arbeit am Haus des Herrn leiteten. Diese bestellten Maurer und Zimmerleute, um den Tempel des Herrn zu erneuern, auch Eisen- und Erzschmiede zur Ausbesserung des Herrentempels. 13 Die Werkführer machten sich an die Arbeit. Die Ausbesserung des Bauwerkes ging unter ihrer Hand gut vonstatten. Man stellte das Haus Gottes seiner Anlage entsprechend her und setzte es gut instand. 14 Als man fertig war, brachte man den Rest des Geldes vor den König und Jojada. Man ließ damit Geräte für den Tempel des Herrn, Kult- und Opfergeräte, Schalen und sonstige Gefäße aus Gold und Silber anfertigen. Ständig brachte man zu Lebzeiten des Jojada im Haus des Herrn Brandopfer dar. 15 Jojada war alt und hochbetagt, als er starb. Er war bei seinem Tode hundertdreißig Jahre alt. 16 Man begrub ihn in der Davidsstadt bei den Königen, denn er hatte Gutes an Israel, für Gott und sein Haus getan.

Prophetenmord

17 Nach dem Tod Jojadas kamen die Fürsten Judas und warfen sich vor dem König nieder. Damals hörte der König auf sie. 18 Sie verließen den Bund des Herrn, des Gottes ihrer Väter, und dienten den Ascheren und Götzenbildern. Wegen dieser ihrer Schuld erhob sich ein Zorn über Juda und Jerusalem. 19 Gott sandte ihnen Propheten, um sie zum Herrn zurückzuführen. Diese warnten sie; doch sie wollten nicht hören. 20 Da ward Sacharja, der Sohn des Priesters Jojada, von göttlichem Geist erfüllt. Er trat vor die Leute hin und sprach zu ihnen: »So hat Gott gesprochen: Warum übertretet ihr die Befehle des Herrn, so daß ihr kein Glück mehr habt? Weil ihr den Herrn verlassen habt, verläßt er euch.« 21 Doch sie verschworen sich wider ihn und steinigten ihn auf Befehl des Königs im Vorhof des Hauses des Herrn. 22 Der König Joas erinnerte sich nicht mehr der Liebe, die dessen Vater Jojada ihm erwiesen hatte, sondern ließ seinen Sohn töten.

Dieser aber rief sterbend aus: »Der Herr sehe und
beurteile es!«

Ermordung des Joas

23 Und wirklich, um die Wende des Jahres rückte
das aramäische Heer gegen ihn heran. Es kam nach
Juda und Jerusalem, rottete alle Fürsten des Volkes
aus der Bevölkerung aus und schickte seine ganze
Beute an den König von Damaskus. 24 Mit wenigen
Kriegsleuten war das Aramäerheer gekommen. Der
Herr aber überlieferte ihrer Gewalt ein zahlen-
mäßig sehr starkes Heer; denn die Judäer hatten
den Herrn, den Gott ihrer Väter, verlassen. An Joas
vollzogen sie das Strafgericht. 25 Als sie von ihm
weggezogen waren – man ließ ihn mehrfach ver-
wundet zurück –, verschworen sich wider ihn seine
Diener wegen der Blutschuld am Sohn des Priesters
Jojada und ermordeten ihn auf seiner Lagerstätte.
So starb er denn, und man begrub ihn in der Da-
vidsstadt. Doch setzte man ihn nicht in den Königs-
gräbern bei. 26 Die Verschwörer gegen ihn waren:
Josachar, der Sohn der Ammoniterin Schimat, und
Josabad, der Sohn der Moabiterin Schimrit. 27 Wei-
teres über seine Söhne, die Menge der Propheten-
sprüche gegen ihn und die Wiederherstellung des
Gotteshauses ist aufgeschrieben in der Darstellung
des Buches der Könige. Sein Sohn Amazja folgte
ihm in der Königsherrschaft.

Amazja (797–779)

25
1 Amazja war fünfundzwanzig Jahre alt,
als er zur Königsherrschaft gelangte,
und herrschte neunundzwanzig Jahre in
Jerusalem. Der Name seiner Mutter war Joaddan
aus Jerusalem. 2 Er tat, was dem Herrn wohlgefiel,
doch nicht mit der ganzen Hingabe seines Herzens.
3 Als seine Herrschaft sich gefestigt hatte, ließ er
seine Diener, die seinen königlichen Vater erschla-
gen hatten, töten. 4 Doch ihre Söhne ließ er nicht
umbringen, sondern verfuhr, wie im Gesetz im
Buche des Moses geschrieben steht, dem der Herr
befohlen hatte: »Väter sollen nicht um ihrer Kinder
willen und Kinder nicht um ihrer Väter willen mit
dem Tode bestraft werden; vielmehr soll jeder nur
für seine eigene Schuld den Tod erleiden« (5 Mos
24,16).

Kampf gegen die Edomiter

5 Amazja versammelte die Judäer aus ganz Juda und
Benjamin und stellte sie nach Familienverbänden,
nach den Führern der Tausend- und Hundertschaf-
ten auf. Er ließ sie von zwanzig Jahren an mustern
und bekam dreihunderttausend auserlesene, kriegs-
tüchtige Männer, die Lanze und Schild führen
konnten. 6 Dazu ließ er aus Israel hunderttausend
tapfere Krieger um hundert Talente Silber anwer-
ben. 7 Aber ein Gottesmann kam zu ihm und
sprach: »O König, das Heer Israels ziehe nicht mit
dir; denn der Herr ist nicht mit Israel, das heißt: mit
all diesen Ephraimiten! 8 Vielmehr, wenn du dir
durch sie Verstärkung für den Krieg schaffst, wird
dich Gott vor dem Feind stürzen lassen; denn Gott
hat die Macht, zu helfen oder zu stürzen.« 9 Amazja
entgegnete dem Mann Gottes: »Was soll mit den
hundert Talenten geschehen, die ich der israeliti-
schen Schar gegeben habe?« Der Mann Gottes er-
widerte: »Der Herr kann dir noch viel mehr als das
geben.« 10 Da sonderte Amazja die Schar aus, die
also aus Ephraim nur deshalb zu ihm gekommen
war, um wieder nach Hause zu gehen. Darob geriet
sie in großen Zorn über Juda und kehrte wutent-
brannt nach Hause zurück. 11 Amazja faßte Mut,
führte seine Kriegsleute an, zog in das Salztal und
schlug die Seïriter, zehntausend Mann. 12 Andere
zehntausend nahmen die Judäer lebend gefangen,
führten sie auf einen Felsgipfel und stürzten sie vom
Gipfel des Felsens hinab, so daß alle zerschmettert
wurden. 13 Die Leute jener Schar aber, die Amazja
zurückgeschickt hatte und die nicht mit ihm in den
Krieg ziehen durften, plünderten in den Städten
Judas von Samaria bis Bet-Choron, erschlugen drei-
tausend Mann und machten reichliche Beute.

Götzendienst des Amazja

14 Nach seiner Heimkehr vom Sieg über die Edomi-
ter brachte Amazja die Götter der Seïriter herbei
und stellte sie für sich als Götter auf, betete sie an
und brachte ihnen Rauchopfer dar. 15 Da entbrannte
der Zorn des Herrn gegen Amazja. Er sandte zu ihm
einen Propheten, der ihm vorwarf: »Warum suchst
du die Götter dieses Volkes, die ihr eigenes Volk aus
deiner Hand nicht retten konnten?« 16 Während er
so zu ihm sprach, unterbrach ihn jener: »Haben wir
dich denn zum Ratgeber für den König bestellt?
Hör auf! Oder willst du Schläge erhalten?« Da hörte
der Prophet auf und sprach: »Nun weiß ich, daß
Gott den Ratschluß gefaßt hat, dich zu verderben,
weil du das getan und auf meinen Rat nicht gehört
hast.«

Krieg gegen das Nordreich

17 Da beriet sich Amazja, der König von Juda, und
sandte an Joas, den Sohn des Joachas und Enkel
Jehus, den König von Israel, mit der Herausforde-
rung: »Wohlan, wir wollen uns gegenseitig im
Kampf messen!« 18 Doch Joas, der König von Israel,
ließ Amazja, dem König von Juda, antworten: »Der
Dornstrauch auf dem Libanon sandte an die Zeder

auf dem Libanon und stellte die Forderung: Gib
deine Tochter meinem Sohn zur Frau! Aber das
Wild des Libanon lief darüber und zertrat den Dorn-
strauch. 19 Du denkst, du hast Edom völlig vernich-
tet; dein Herz ist deshalb übermütig geworden und
möchte Ruhm erwerben. Bleibe vorerst daheim!
Warum willst du dich unter ungünstigen Vorausset-
zungen in einen Streit einlassen, so daß du zu Fall
kommst, du und Juda mit dir?« 20 Doch Amazja
wollte nicht hören; denn von Gott war es also ver-
fügt, sie seiner Gewalt zu übergeben, weil sie die
edomitischen Götter gesucht hatten. 21 Darum zog
Joas, der König von Israel, zu Feld, und sie maßen
ihre Kräfte, er und der König Amazja von Juda, bei
Bet-Schemesch in Juda. 22 Juda wurde von Israel ge-
schlagen, so daß alle in ihre Zelte flohen. 23 Den
judäischen König Amazja, den Sohn des Joas und
Enkel des Joachas, nahm Joas, der König von Israel,
bei Bet-Schemesch gefangen. Er brachte ihn nach
Jerusalem und riß die Mauer Jerusalems vom
Ephraimstor bis zum Ecktor in einer Länge von vier-
hundert Ellen nieder. 24 Er nahm auch alles Gold und
Silber, alle Geräte, die sich im Gotteshaus unter der
Obhut des Obed-Edom befanden, ferner die
Schätze des königlichen Palastes sowie die Geiseln.
Dann kehrte er nach Samaria zurück.

Abschluß

25 Amazja, der Sohn des Joas, der König von Juda,
lebte nach dem Hinscheiden des Joas, des Sohnes
des Joachas, des Königs von Israel, noch fünfzehn
Jahre. 26 Die übrige Geschichte Amazjas, die frühere
und spätere, ist aufgeschrieben im Buch der Könige
von Juda und Israel. 27 Von der Zeit an, da Amazja
vom Herrn abtrünnig wurde, bildete sich eine Ver-
schwörung wider ihn in Jerusalem, und er flüchtete
nach Lachis. Doch sandte man Verfolger hinter ihm
her nach Lachis und tötete ihn dort. 28 Man über-
führte ihn mit Pferden und begrub ihn in der
Davidsstadt bei seinen Ahnen.

Ussia (779–738)

26 1 Danach holte das gesamte Volk von
Juda den Ussia, obwohl er erst sech-
zehn Jahre alt war, und machte ihn
zum König an Stelle seines Vaters Amazja. 2 Er
baute Elat aus, das er Juda wieder einverleibte,
nachdem der König zu seinen Vätern entschlafen
war. 3 Ussia war sechzehn Jahre alt, als er die
Königsherrschaft antrat, und herrschte zweiund-
fünfzig Jahre in Jerusalem. Der Name seiner Mutter
war Jecholja aus Jerusalem. 4 Ussia tat, was dem
Herrn wohlgefiel, ganz wie sein Vater Amazja getan
hatte. 5 Er strebte danach, Gott zu dienen, solange
Sacharja lebte, der ihn die Ehrfurcht vor Gott lehrte.
Solange er dem Herrn diente, ließ Gott ihm Erfolge
angedeihen. 6 Er zog aus und kämpfte gegen die Phi-
lister, riß die Mauer von Gat ein sowie die Mauer
von Jabne und die Mauer von Asdod und ließ Städte
in der Gegend von Asdod und im Philisterland aus-
bauen. 7 Gott stand ihm bei gegen die Philister und
gegen die Araber, die in Gerar wohnten, sowie ge-
gen die Mëuniter. 8 Die Mëuniter leisteten Ussia
Tribut. Sein Ruhm reichte bis an die Grenze Ägyp-
tens; denn er war überaus mächtig geworden.
9 Ussia baute in Jerusalem Türme auf dem Ecktor,
auf dem Taltor und am Winkel und befestigte sie.
10 Auch in der Steppe baute er Türme und grub viele
Zisternen. Er besaß nämlich zahlreichen Viehbe-
stand in der Niederung und in der Ebene, hatte
Landarbeiter und Winzer auf den Bergen und im
Fruchtland; denn er schätzte den Ackerbau sehr.
11 Ussia hatte auch ein Heer, das Kriegsdienste tat
und in geschlossenen Scharen in den Kampf zog
gemäß der Anzahl, wie sie der Schreiber Jeïel und
der Amtmann Maaseja unter Aufsicht Chananjas,
eines der königlichen Fürsten, gemustert hatte.
12 Die Gesamtzahl der Familienhäupter der kriegs-
tüchtigen Mannschaft betrug zweitausendsechs-
hundert. 13 Unter ihrem Befehl stand eine Heeres-
macht von dreihundertsiebentausendfünfhundert
Mann, die ihren Kriegsdienst leisteten, ein schlag-
kräftiges Heer, um dem König wider seine Feinde
zu helfen. 14 Ussia besorgte für den ganzen Heer-
bann Schilde, Lanzen, Helme, Panzer, Bogen und
Geräte für die Schleudersteine. 15 Er verfertigte in
Jerusalem geistreich ausgedachte Wurfmaschinen,
die auf den Türmen und Mauerecken aufgestellt
wurden, um Pfeile und gewaltige Steine abschießen
zu können. So verbreitete sich sein Ruhm weithin;
denn ihm ward wunderbare Hilfe zuteil, so daß er
stark an Macht wurde.

Übermut Ussias

16 Als er aber erstarkt war, wurde sein Herz hoch-
mütig und verstieg sich zu verkehrtem Tun. Er ver-
ging sich wider den Herrn, seinen Gott, indem er in
den Tempel des Herrn ging, um auf dem Räucher-
altar zu räuchern. 17 Der Oberpriester Asarja folgte
ihm; in seiner Begleitung waren achtzig Priester des
Herrn, vornehme Männer. 18 Sie traten gegen den
König Ussia auf und sprachen zu ihm: »Es kommt
dir nicht zu, Ussia, dem Herrn zu räuchern, sondern
nur den Priestern, den Söhnen Aarons, die geweiht
wurden, das Rauchopfer darzubringen! Verlaß das
Heiligtum, denn du hast dich vergangen; es gereicht

dir nicht zur Ehre bei Gott, dem Herrn!« 19 Ussia ge-
riet in Zorn; in seiner Hand hielt er bereits das
Rauchfaß, um zu räuchern. Während er nun an den
Priestern seinen Zorn ausließ, brach an seiner Stirne
der Aussatz hervor. Es geschah in Gegenwart der
Priester im Tempel des Herrn am Räucheraltar.
20 Als der Hohepriester Asarja und alle übrigen Prie-
ster sich ihm zuwandten, war er an der Stirne aus-
sätzig geworden. Sie drängten ihn eiligst von dort
weg. Er beeilte sich auch selbst, hinauszukommen;
denn der Herr hatte ihn geschlagen. 21 So war der
König aussätzig bis zu seinem Todestag. Er wohnte
in einem abgesonderten Haus als Aussätziger; denn
vom Haus des Herrn war er ausgeschlossen. Sein
Sohn Jotam aber verwaltete die königlichen Kron-
güter und richtete das Volk des Landes. 22 Die übri-
gen Taten Ussias, die früheren und die späteren,
zeichnete der Prophet Isaias, der Sohn des Amoz,
auf. 23 Ussia aber entschlief zu seinen Ahnen, und
man begrub ihn bei seinen Vätern, jedoch auf
freiem Feld neben der königlichen Begräbnisstätte;
denn man sagte sich: »Er war aussätzig.« Sein Sohn
Jotam folgte ihm in der Königsherrschaft.

26,1–23: Von Ussia erzählt uns 2 Kön fast nichts, obwohl der Herrscher doch in all seinen Unternehmungen erfolgreich und glücklich war. Der Chronist hatte eine Reihe anderer Quellen zur Verfügung. 738, das Todesjahr des Ussia, ist der Beginn der Tätigkeit des Propheten Isaias. • 3: Zur Zahl 52 vgl. Anmerkung zu 2 Kön 15,2.

Jotam (738–736)

27 1 Jotam war fünfundzwanzig Jahre alt,
als er König wurde, und sechzehn Jahre
herrschte er in Jerusalem. Der Name
seiner Mutter war Jeruscha; sie war die Tochter
Zadoks. 2 Er tat, was in den Augen des Herrn recht
war, ganz wie sein Vater Ussia getan hatte. Nur
drang er nicht in den Tempel des Herrn ein; das
Volk aber handelte immer noch verkehrt. 3 Er baute
das obere Tor des Herrentempels. Auch an der
Mauer des Ophel baute er viel. 4 Er baute Städte auf
dem Gebirge Juda, und in den Waldgebieten legte er
Burgen und Türme an. 5 Er führte Krieg gegen den
König der Ammoniter und besiegte diese. Die Am-
moniter mußten ihm in jenem Jahr hundert Talente
Silber, zehntausend Kor Weizen und zehntausend
Kor Gerste liefern. Dieselbe Summe gaben ihm die
Ammoniter auch im zweiten und dritten Jahr. 6 So
erstarkte Jotam; denn er wandelte gerecht vor dem
Herrn, seinem Gott. 7 Die übrigen Taten Jotams, alle
seine Kriege und Unternehmungen, sind niederge-
schrieben im Buch der Könige von Israel und Juda.
8 Er war fünfundzwanzig Jahre alt, als er König
wurde, und sechzehn Jahre herrschte er in Jeru-
salem. 9 Jotam entschlief zu seinen Vätern, und man
begrub ihn in der Davidsstadt. Sein Sohn Achas
folgte ihm in der Königsherrschaft.

Achas (736–721)

28 1 Achas war zwanzig Jahre alt, als er
König wurde. Er herrschte sechzehn
Jahre in Jerusalem und tat nicht, was
dem Herrn wohlgefiel, wie sein Ahnherr David.
2 Vielmehr wandelte er auf den Pfaden der Könige
von Israel. Er ließ sogar gegossene Bilder zu Ehren
der Baale anfertigen. 3 Er selbst brachte im Tal
Ben-Hinnom Rauchopfer dar und verbrannte seine
Söhne im Opferfeuer, entsprechend den Greuel-
taten der Völker, die der Herr vor den Israeliten ver-
trieben hatte. 4 Er opferte und räucherte auf den
Höhen und Hügeln unter jedem grünen Baum.

Syrisch-ephraimitischer Krieg

5 Daher übergab ihn der Herr, sein Gott, der Gewalt
des Königs der Aramäer. Diese schlugen ihn, führ-
ten eine große Anzahl Gefangener von ihm weg
und brachten sie nach Damaskus. Auch in die Hand
des Königs von Israel ward Achas gegeben, der ihm
eine schwere Niederlage beibrachte. 6 Pekach, der
Sohn Remaljas, tötete nämlich in Juda an einem Tag
hundertzwanzigtausend tapfere Krieger; denn sie
hatten den Herrn, den Gott ihrer Väter, verlassen.
7 Sichri, ein ephraimitischer Kriegsheld, erschlug
Masseja, den Sohn des Königs, Asrikam, den Palast-
vorsteher, und Elkana, den zweiten Staatsmann
nach dem König. 8 Die Israeliten führten von ihren
Stammesbrüdern zweihunderttausend Frauen,
Söhne und Töchter in die Gefangenschaft fort; auch
entrissen sie ihnen reiche Beute und brachten sie
nach Samaria.

Rückgabe der Gefangenen

9 Dort befand sich ein Prophet des Herrn, namens
Oded. Dieser ging dem Heer entgegen, das nach
Samaria heimkehrte, und hielt ihm vor: »Weil der
Herr, der Gott eurer Väter, über Juda erzürnt war,
hat er sie in eure Gewalt gegeben. Ihr habt unter
ihnen gemordet mit einer Wut, die bis zum Himmel
reicht. 10 Und nun habt ihr im Sinn, Kinder Judas
und Jerusalems als Knechte und als Mägde euch zu
unterwerfen! Habt ihr, nur euch selbst betrachtet,
keine Schuld vor dem Herrn, eurem Gott? 11 Hört
nun auf mich und erstattet die Gefangenen zurück,
die ihr euren Stammesbrüdern weggeführt habt;
denn sonst entbrennt die Zornesglut des Herrn über
euch.« 12 Da traten einige von den führenden Män-
nern der Ephraimiten, nämlich Asarja, der Sohn
Jochanans, Berechja, der Sohn Meschillemots,

Hiskia, der Sohn Schallums, und Amasa, der Sohn
Chadlajs, zu den Kriegern, die vom Feldzug heim-
kehrten. 13 Sie redeten zu ihnen: »Bringt die Gefan-
genen nicht hierher; denn zu unserer Verschuldung
vor dem Herrn hinzu wolltet ihr unsere Sünden und
unsere Verschuldungen noch vermehren; denn es
lastet auf uns schon ohnehin eine gar schwere
Schuld, und eine Zornesglut liegt über Israel.« 14 Da
gaben die Krieger in Gegenwart der Fürsten und der
ganzen Gemeinde die Gefangenen und die Beute
frei. 15 Die Männer, die man namentlich dazu be-
stimmt hatte, traten vor, nahmen sich der Gefange-
nen an, bekleideten alle, die entblößt waren, aus
dem Beutevorrat und versahen sie mit Kleidern und
Schuhen. Sie gaben ihnen zu essen und zu trinken,
salbten sie, ließen alle, die nicht gehen konnten, auf
Eseln reiten und brachten sie zur Palmenstadt
Jericho, zu ihren Stammesbrüdern. Sie selbst kehr-
ten darauf nach Samaria heim.
16 Zu jener Zeit sandte der König Achas an den
König von Assur und erbat seine Hilfe. 17 Es waren
nämlich auch noch Edomiter vorgestoßen, hatten
Juda geschlagen und Gefangene weggeführt.
18 Auch Philister plünderten in den Ortschaften der
Niederung und im judäischen Südland, eroberten
Bet-Schemesch, Ajjalon, Gederot, Socho und seine
Tochterstädte, Timna und seine Tochterstädte,
Gimso und seine Tochterstädte und ließen sich
darin nieder. 19 Der Herr demütigte Juda wegen des
israelitischen Königs Achas, weil dieser in Juda ein
zuchtloses Wesen einreißen ließ und dem Herrn die
Treue keineswegs hielt. 20 Da zog Tiglatpileser, der
König von Assur, gegen ihn und bedrängte ihn, statt
ihm zu helfen. 21 Denn Achas mußte dem Tempel
des Herrn, dem königlichen Palast und den Fürsten
einen Teil ihres Besitzes nehmen und ihn dem as-
syrischen König geben. Aber Hilfe erhielt er nicht.

Abfall trotz der Bedrängnis

22 Auch in der Zeit seiner Bedrängnis setzte er
seinen treulosen Abfall vom Herrn fort, er, dieser
König Achas. 23 Er opferte den Göttern von Damas-
kus, das ihn besiegt hatte. Er meinte: »Die Götter
der Aramäerkönige, diese helfen ihnen. Diesen will
auch ich opfern, damit sie mir helfen.« Aber sie
dienten ihm nur dazu, ihn und ganz Israel zu Fall zu
bringen. 24 Achas raffte die Geräte des Gotteshauses
zusammen und schlug sie entzwei. Er schloß die
Tore des Hauses des Herrn und baute sich Altäre an
jeder Ecke Jerusalems. 25 In jeder einzelnen Stadt
Judas errichtete er Opferhöhen, um anderen Göt-
tern Rauchopfer darzubringen. So beleidigte er den
Herrn, den Gott seiner Väter.

Achas Tod

26 Seine sonstige Geschichte und alle seine Unter-
nehmungen, die früheren und die späteren, sind
aufgeschrieben im Buch der Könige von Juda und
Israel. 27 Achas entschlief zu seinen Vätern, und
man begrub ihn in der Stadt, in Jerusalem; denn
man legte ihn nicht in die Gräber der israelitischen
Könige. Sein Sohn Hiskia folgte ihm in der Königs-
herrschaft.

Hiskia (721–693)

29 1 Hiskia wurde im Alter von fünfund-
zwanzig Jahren König und herrschte
neunundzwanzig Jahre in Jerusalem.
Der Name seiner Mutter war Abia, die Tochter
Sacharjas. 2 Er tat, was dem Herrn wohlgefiel, genau
wie sein Ahnherr David getan hatte.

Tempelreinigung und Weihe

3 Er öffnete im ersten Jahr seiner Regierung, im er-
sten Monat, die Tore des Tempels des Herrn und
stellte sie wieder her. 4 Darauf ließ er die Priester
und Leviten kommen und versammelte sie auf dem
nach Osten liegenden Platz. 5 Er sprach zu ihnen:
»Hört mich an, ihr Leviten! Heiligt euch nun und
heiligt den Tempel des Herrn, des Gottes eurer
Väter! Schafft die Unreinheit aus dem Heiligtum
hinaus! 6 Denn unsere Väter haben treulos gehan-
delt und getan, was den Augen des Herrn, unseres
Gottes, mißfiel. Sie ließen ihn im Stich, wandten ihr
Angesicht von der Wohnstätte des Herrn ab und
kehrten ihr den Rücken zu. 7 Sie haben sogar die
Pforten der Vorhalle abgeriegelt, die Lampen zum
Erlöschen gebracht, kein Rauchopfer angezündet
und kein Brandopfer mehr im Heiligtum dem Gott
Israels dargebracht. 8 So kam denn der Zorn des
Herrn über Juda und Jerusalem. Er machte sie zum
Gegenstand des Schreckens, des Grauens und des
Spottes, wie ihr es mit eigenen Augen schaut. 9 Ja,
fürwahr, unsere Väter fielen durch das Schwert, und
unsere Söhne, Töchter und Frauen gerieten deswe-
gen in Gefangenschaft. 10 Nunmehr habe ich den
Entschluß gefaßt, mit dem Herrn, dem Gott Israels,
einen Bund zu schließen, auf daß seine Zornesglut
von uns weiche. 11 Meine Söhne, seid jetzt nicht
nachlässig! Denn euch hat der Herr erwählt, vor sei-
nem Angesicht zu stehen, ihm zu dienen, seinen
Dienst zu verrichten und ihm Rauchopfer darzu-
bringen.«
12 Da erhoben sich die Leviten Machat, der Sohn
Amasajs, und Joël, der Sohn Asarjas, von den Keha-
titen; von den Merariten Kisch, der Sohn Abdis, und
Asarja, der Sohn Jehallelels; von den Gerschoniten

Joach, der Sohn Simmas, und Eden, der Sohn
Joachs; 13 von den Nachkommen Elizaphans
Schimri und Jeïel; von den Nachkommen Asaphs
Sacharja und Mattanja; 14 von den Nachkommen
Hemans Jechiel und Schimi, und von den Nach-
kommen Jedutuns Schemaja und Ussiel. 15 Sie hol-
ten ihre Stammesbrüder zusammen und heiligten
sich. Dann machten sie sich nach dem königlichen
Befehl und den Vorschriften des Herrn daran, das
Haus des Herrn zu reinigen. 16 Die Priester betraten
das Innere des Tempels, um die Reinigung auszu-
führen. Sie schafften alle unreinen Dinge, die sie im
Haus des Herrn fanden, in den Vorhof des Tempels.
Die Leviten übernahmen sie dort und brachten sie
hinaus an den Kidronbach. 17 Am ersten Tag des er-
sten Monats begannen sie mit der Weihe. Am ach-
ten Tag des Monats waren sie bis zur Vorhalle des
Herrn gekommen; dann weihten sie den Tempel in-
nerhalb von acht Tagen. Am sechzehnten Tag des
ersten Monats hatten sie ihre Arbeit vollendet.
18 Danach begaben sie sich zu König Hiskia und
meldeten: »Wir haben das gesamte Haus des Herrn
gesäubert, desgleichen den Brandopferaltar mit all
seinen Geräten und den Tisch für die Schaubrote
mit all seinen Geräten. 19 Alle Gerätschaften,
die der König Achas während seiner Herrschaft
durch seinen Abfall entweiht hatte, setzten wir
wieder instand und weihten sie. Nunmehr befinden
sie sich vor dem Altar des Herrn.«
20 In der Frühe des andern Tages versammelte der
König Hiskia die Stadtobersten und ging hinauf in
den Tempel des Herrn. 21 Man brachte sieben Stiere,
sieben Widder, sieben Lämmer und sieben Ziegen-
böcke als Sündopfer für das Königshaus, für das
Heiligtum und für Juda. Der König befahl den Söh-
nen Aarons, den Priestern, sie auf dem Altar des
Herrn als Brandopfer darzubringen. 22 Man schlach-
tete die Rinder; die Priester fingen das Blut auf und
sprengten es an den Altar; dann schlachtete man die
Widder und sprengte das Blut an den Altar. Ebenso
schlachtete man die Lämmer und sprengte das Blut
an den Altar. 23 Danach brachte man die Böcke für
das Sündopfer vor den König und die Versamm-
lung, damit sie ihre Hände auf sie legten. 24 Dann
machten sich die Priester an den Altar, um für ganz
Israel Sühne zu erwirken; denn für ganz Israel hatte
der König das Brand- und Sündopfer bestimmt. 25 Er
hatte auch die Leviten im Hause des Herrn mit Zim-
beln, Harfen und Zithern aufgestellt, getreu der An-
ordnung Davids und des königlichen Sehers Gad
und des Propheten Natan; denn vom Herrn war der
Befehl durch die Vermittlung seiner Propheten er-
gangen. 26 So standen also die Leviten mit den In-
strumenten Davids und die Priester mit ihren Trom-
peten bereit. 27 Hiskia gab den Befehl, das Brand-
opfer auf den Altar zu legen. Als das Brandopfer
begann, setzten auch die Lieder zu Ehren des Herrn
und die Trompeten ein, und zwar unter Führung der
Instrumente Davids, des Königs von Israel. 28 Die
gesamte Gemeinde warf sich nieder,während der
Gesang ertönte und die Trompeten schmetterten.
Dies alles spielte sich ab, bis das Brandopfer vollen-
det war. 29 Nach der Darbringung der Brandopfer
verneigten sich der König und alle, die sich bei ihm
befanden, und warfen sich nieder. 30 Der König His-
kia und die Fürsten befahlen den Leviten, den Herrn
mit den Worten Davids und des Sehers Asaph zu
preisen. Diese sangen das Loblied mit großer
Freude, verneigten sich und warfen sich nieder.
31 Danach ergriff Hiskia das Wort und sprach: »Ihr
habt euch nunmehr für den Herrn geweiht. Tretet
näher und bringt Schlacht- und Dankopfer zum Haus
des Herrn!« Da brachte die Gemeinde Schlacht- und
Dankopfer, und wer es wollte, auch Brandopfer.
32 Die Anzahl der Brandopfer, die die Gemeinde
brachte, betrug siebzig Rinder, hundert Widder und
zweihundert Lämmer. Als Brandopfer für den Herrn
war all das bestimmt. 33 Die Weihegaben beliefen
sich auf sechshundert Rinder und dreitausend
Schafe. 34 Jedoch waren zu wenig Priester da, so daß
sie nicht alle Brandopfer abhäuten konnten. Darum
traten ihnen ihre Amtsbrüder, die Leviten, tatkräftig
zur Seite, bis die Arbeit durchgeführt war und die
Priester sich geheiligt hatten. Denn die Leviten waren
noch eifriger bemüht, sich zu heiligen, als die Prie-
ster. 35 Es gab aber auch eine Menge Brandopfer samt
den Fettstücken der Friedopfer und den zu den
Brandopfern gehörigen Trankopfern. So wurde der
Opferdienst im Tempel des Herrn wiederhergestellt.
36 Hiskia und das gesamte Volk freuten sich, daß ihn
Gott dem Volk wiederhergestellt hatte; denn die
Sache geschah wider Erwarten schnell.

29,1–32,33: Recht lang ist die Darstellung über den König Hiskia. Er lebt als Erneuerer der wahren Religion ebenso strahlend weiter wie David und Salomo. Im Gegensatz zu manchen seiner Vorfahren ist er Retter aus religiöser Not. Sein Vater schloß die Tore des Tempels, Hiskia öffnete sie wieder und ließ den Tempel erneuern und weihen. In der Darstellung von 2 Kön 18ff. tritt allerdings die kultisch-religiöse Seite mehr zurück.

Paschafeier

30
1 Danach sandte Hiskia Boten an ganz
Israel und Juda und verfaßte auch Briefe
an Ephraim und Manasse mit der Bitte,
zum Haus des Herrn nach Jerusalem zu kommen,

um dem Herrn, dem Gott Israels, ein Paschafest zu
feiern. 2 Der König, seine Fürsten und die gesamte
Versammlung in Jerusalem hatten nämlich be-
schlossen, das Pascha erst im zweiten Monat zu be-
gehen. 3 Denn sie fühlten sich zu jener Zeit noch
außerstande, das Fest zu feiern, da die Priester-
schaft sich nicht in genügender Zahl geheiligt und
das Volk sich in Jerusalem noch nicht versammelt
hatte. 4 Der Entschluß sagte dem König und der
ganzen Gemeinde zu. 5 Sie setzten fest, daß in ganz
Israel von Beerseba bis Dan laut verkündet werde,
man solle herbeikommen, um dem Herrn, dem
Gott Israels, in Jerusalem ein Pascha zu feiern; denn
sie hatten es nicht so vollzählig gehalten, wie es
vorgeschrieben war. 6 Da durcheilten die Laufboten
mit den Briefen von der Hand des Königs und seiner
Fürsten ganz Israel und Juda und verkündeten laut
Befehl des Königs: »Ihr Israeliten, bekehrt euch zum
Herrn, dem Gott Abrahams, Isaaks und Israels, da-
mit er sich den Entronnenen zuwende, die aus der
Gewalt der assyrischen Könige noch übriggeblie-
ben sind! 7 Seid nicht wie eure Väter und Stammes-
brüder, die dem Herrn, dem Gott ihrer Ahnen,
untreu wurden, wofür er sie der Vernichtung aus-
lieferte, wie ihr es selber seht! 8 Zeigt jetzt keinen
starren Nacken wie eure Väter! Entbietet dem
Herrn die Ehre und kommt zu seinem Heiligtum,
das er für immer geweiht hat! Dient dem Herrn,
eurem Gott, damit seine Zornesglut von euch wei-
che! 9 Denn wenn ihr euch zum Herrn bekehrt,
werden eure Brüder und Söhne Mitleid finden bei
denen, die sie in Gefangenschaft führten, und in
dieses Land zurückkehren dürfen; denn der Herr,
euer Gott, ist gnädig und barmherzig. Er wird sein
Angesicht nicht von euch wenden, wenn ihr euch
zu ihm bekehrt.« 10 Die Läufer eilten von Stadt zu
Stadt durch das Gebiet von Ephraim und Manasse
bis nach Sebulun. Doch man verlachte und ver-
spottete sie. 11 Nur vereinzelte Männer aus Aser,
Manasse und Sebulun demütigten sich und kamen
nach Jerusalem. 12 Auch in Juda war Gottes Hand
tätig und verlieh ihnen einträchtigen Sinn, den
königlichen und fürstlichen Befehl, der auf dem Ge-
bot des Herrn beruhte, auszuführen.
13 So versammelte sich eine Menge Volkes in Jeru-
salem, das Fest der ungesäuerten Brote im zweiten
Monat zu begehen; es war eine sehr zahlreiche Ge-
meinde. 14 Sie machten sich daran und entfernten
die Altäre zu Jerusalem, beseitigten die Räucherstät-
ten und warfen sie ins Kidrontal. 15 Dann schlachte-
ten sie am vierzehnten Tag des zweiten Monats das
Pascha. Die Priester und Leviten fühlten sich be-
schämt. Sie weihten sich und brachten Brandopfer
zum Tempel des Herrn. 16 Sie standen nun auf ihrem
Posten nach ihren Satzungen gemäß der Vorschrift
des Moses, des Gottesmannes. Die Priester spreng-
ten das Blut, das sie von den Leviten empfingen. 17 In
ihrer Gemeindeversammlung gab es nämlich viele,
die sich nicht geheiligt hatten. Die Leviten vollzogen
also das Schlachten der Paschalämmer für jeden, der
nicht rein war, um sie dem Herrn zu weihen.
18 Denn ein großer Teil des Volkes, namentlich aus
Ephraim, Manasse, Issachar und Sebulun hatte sich
nicht gereinigt, sondern verzehrte das Pascha vor-
schriftswidrig. Hiskia aber betete für sie und sprach:
»Der gütige Herr verschaffe Sühne 19 einem jeden,
der sein Herz darauf einstellt, Gott, den Herrn, den
Gott seiner Väter, zu suchen, obwohl ihm die dem
Heiligtum zukommende Reinheit fehlt.« 20 Der Herr
hörte auf Hiskia und ließ das Volk unversehrt.
21 So feierten denn die Israeliten, die sich in Jeru-
salem eingefunden hatten, das Fest der ungesäuerten
Brote sieben Tage hindurch mit großer Freude. Tag-
täglich priesen die Priester und Leviten den Herrn
mit den kräftigen Instrumenten für den Dienst des
Herrn. 22 Hiskia sprach herzliche Worte zu allen Le-
viten, die für die Sache des Herrn so gutes Verständ-
nis gezeigt hatten. So führten sie die Festzeit zu
Ende, die sieben Tage, an denen sie die Friedopfer
schlachteten und dem Herrn, dem Gott ihrer Väter,
dankten. 23 Daraufhin faßte die gesamte Gemeinde
den Entschluß, sieben weitere Tage zu feiern, und
sie hielten ein siebentägiges Freudenfest. 24 Denn
Hiskia, der König von Juda, stiftete der Gemeinde
1000 Stiere und 7000 Schafe. Auch die Fürsten stif-
teten der Versammlung 1000 Stiere und 10000
Schafe. Eine Menge Priester hatte sich geweiht. 25 So
freute sich die ganze Gemeinde Judas, die Priester
und Leviten, sowie die gesamte Gemeinde, die aus
Israel eingetroffen war, ferner die Fremdlinge, die
aus dem Lande Israel gekommen waren oder in Juda
seßhaft waren. 26 Großer Freudenjubel herrschte zu
Jerusalem; denn seit den Tagen Salomos, des Sohnes
Davids und Königs von Israel, hatte sich in Jerusalem
solches nicht mehr ereignet. 27 Dann traten die levi-
tischen Priester auf und segneten das Volk. Der Herr
aber erhörte ihr Rufen, und ihr Gebet drang zu seiner
heiligen Wohnstätte, dem Himmel, empor.

Neuordnung des Tempeldienstes

31 1 Nachdem dies alles beendet war, zogen
alle Israeliten, die da waren, in die Städte
Judas hinaus, zertrümmerten die Weihe-
steine, hieben die Ascheren um und zerstörten die

Höhen und Altäre von ganz Juda, Benjamin,
Ephraim und Manasse vollständig. Dann kehrten
alle Israeliten in ihre Städte zurück, ein jeder zu sei-
nem Erbbesitz. 2 Hiskia stellte die Priester und Levi-
ten abteilungsweise nach ihren Dienstklassen auf,
jeden nach Maßgabe seines priesterlichen oder levi-
tischen Dienstes, zum Darbringen der Brand- und
Friedopfer, zum Vortrag der Dank- und Loblieder
und zum Dienst an den Toren des Lagers des Herrn.
3 Der Beitrag des Königs aus seiner eigenen Habe
diente für die Brandopfer, für die Morgen- und
Abendopfer und für die Brandopfer an den Sab-
baten, den Neumonden und den Festzeiten, wie sie
im Gesetz des Herrn vorgeschrieben sind. 4 Er be-
fahl dem Volk, den Bewohnern Jerusalems, den
Priestern und Leviten den gebührenden Anteil ab-
zuliefern, damit sie sich dem Gesetz des Herrn wid-
men könnten. 5 Sobald sich diese Anordnung ver-
breitete, lieferten die Israeliten in Fülle die Erstlinge
von Getreide, Most, Öl, Honig und allem Ertrag des
Feldes ab und brachten mengenweise den Zehnten
von allem.
6 Die Israeliten und Judäer, die in den Städten Judas
wohnten, brachten ebenfalls den Zehnten vom
Großvieh und Kleinvieh und die Weihegaben, die
dem Herrn, ihrem Gott, geweiht wurden; sie legten
es in einzelnen Haufen nieder. 7 Im dritten Monat
begannen sie, die Haufen aufzuschütten; im siebten
Monat waren sie damit fertig. 8 Hiskia kam mit den
Fürsten herbei. Sie sahen die Haufen und priesen
den Herrn und sein Volk Israel. 9 Hiskia erkundigte
sich bei den Priestern und Leviten wegen der Hau-
fen. 10 Asarja, der Hohepriester aus dem Hause
Zadok, antwortete ihm und sprach: »Seitdem man
begonnen hat, die Abgaben zum Haus des Herrn zu
bringen, essen wir gut und werden gesättigt und
lassen noch eine Menge übrig; denn der Herr seg-
nete sein Volk, und wir haben noch diese Menge
übrig.« 11 Hiskia befahl nun, Vorratskammern im
Haus des Herrn herzustellen, und man legte sie an.
12 Dann brachten sie die Abgaben, die Zehnten und
Weihegaben redlich hinein. Der Levit Konanja
wurde zum Oberaufseher darüber bestellt und sein
Bruder Schimi als Stellvertreter. 13 Jechiël, Asasja,
Nachat, Asahel, Jerimot, Josabad, Eliel, Jismachja,
Machat und Benaja waren Wächter unter Konanja
und dessen Bruder Schimi auf Geheiß des Königs
Hiskia und Asarjas, des Fürsten im Gotteshaus.
14 Der Levit Kore, der Sohn Jimnas, der Torhüter an
der Ostseite, war zum Aufseher über die freiwilli-
gen Spenden für Gott gesetzt, damit die für den
Herrn bestimmte Abgabe und das Hochheilige aus-
geliefert würden. 15 Ihm standen Eden, Minjamin,
Jesua, Schemaja, Amarja und Schechanja in den
Städten der Priester getreulich zur Seite, um ihren
Amtsbrüdern, den Vornehmen ebenso wie den Ge-
ringen, abteilungsweise ihre Anteile zukommen zu
lassen. 16 Davon abgesehen, waren die männlichen
Personen von drei Jahren an ins Verzeichnis aufge-
nommen, und zwar von allen, die, der täglichen
Pflicht entsprechend, abteilungsweise zur Erfüllung
ihres Dienstes zum Tempel kamen.

Priester- und Levitenverzeichnisse

17 Das Verzeichnis der Priester hatte man nach den
betreffenden Familien, das der Leviten von zwanzig
Jahren an nach ihren Amtspflichten in ihren Abtei-
lungen angefertigt. 18 Die Eintragung mußte bei
jeder Gemeinschaft mit Einschluß aller Kleinkinder,
Frauen, Söhne und Töchter geschehen; denn durch
ihr festes Amt wurden auch diese geheiligt. 19 Für
die Söhne Aarons, die Priester, die auf den Weide-
gebieten ihrer Ortschaften wohnten, waren in jeder
Stadt Leute bestellt, die namentlich bestimmt
waren, um allen männlichen Angehörigen der Prie-
ster und allen im Verzeichnis stehenden Leviten
Anteile abzuliefern. 20 So handelte Hiskia in ganz
Juda und tat, was gut, recht und getreu war vor dem
Herrn, seinem Gott. 21 Bei jedem Unternehmen, das
er im Dienst des Hauses Gottes oder sonst im Hin-
blick auf das Gesetz und das Gebot begann, um
seinen Gott zu suchen, handelte er in ganzer Her-
zenshingabe und hatte deshalb Erfolg.

31,17: Priester waren nur die direkten Nachkommen Aarons. Die übrigen Leviten hatten je nach ihren Ämtern eigene Verzeichnisse. Ihr Dienstalter begann mit 20 Jahren (1Chron 23,27).

Sanherib

32 1 Nach diesen Begebenheiten und diesen
Beweisen der Treue rückte Sanherib, der
König von Assur, heran. Er fiel in Juda ein,
belagerte die festen Ortschaften und gedachte, sie
für sich zu erobern. 2 Hiskia merkte, daß Sanherib
heranzog und sich zum Angriffskrieg gegen Jeru-
salem vorbereitete. 3 Er beriet sich also mit seinen
Fürsten und Offizieren, ob man das Wasser der
Quellen außerhalb der Stadt verstopfen solle, und
diese stimmten ihm zu. 4 So versammelte sich viel
Volk und verstopfte alle Quellen und den unterir-
disch fließenden Bach. Man sagte nämlich: »Warum
sollen die assyrischen Könige bei ihrem Vormarsch
reiche Wassermengen vorfinden?« 5 Er strengte sich
an und baute die ganze Mauer aus, die Risse erhal-
ten hatte. Er errichtete auf ihr Türme und außerhalb
die andere Mauer, befestigte den Millo, die Stadt

Davids, und ließ eine Menge von Wurfwaffen und
Schilden anfertigen. 6 Dann setzte er Feldherren
über das Volk und versammelte sie zu sich auf dem
Platz am Stadttor, redete ihnen aufmunternd zu und
sprach: 7 »Seid tapfer und stark! Fürchtet euch nicht
und erschreckt nicht vor dem König von Assur und
vor der ganzen Heeresmenge, die bei ihm ist! Denn
bei uns ist mehr als bei ihm. 8 Bei ihm ist ein Arm aus
Fleisch, bei uns aber ist der Herr, unser Gott, um uns
zu helfen und unsere Kriege zu führen.« Das Volk
ließ sich durch die Worte Hiskias, des Königs von
Juda, Mut zusprechen.

9 Als etwas später Sanherib, der König von Assur,
mit seiner ganzen Heeresmacht vor Lachis lag,
sandte er seine Untergebenen nach Jerusalem an
Hiskia, den König von Juda, und an alle Judäer in
Jerusalem. Er ließ bekanntmachen: 10 »So spricht
Sanherib, der König von Assur: Worauf vertraut ihr
denn, daß ihr im belagerten Jerusalem sitzen
bleibt? 11 Ist es nicht Hiskia, der euch verführt, um
euch durch Hunger und Durst dem Tod zu über-
antworten, wenn er sagt: Der Herr, unser Gott,
wird uns aus der Hand des Königs von Assur erret-
ten? 12 Hat nicht gerade Hiskia seine Opferhöhen
und Altäre beseitigt und Juda und Jerusalem befoh-
len: Nur vor einem einzigen Altar sollt ihr anbeten
und nur auf ihm opfern? 13 Wißt ihr denn nicht, was
ich und meine Väter allen Völkern der Erdenländer
getan haben? Konnten denn die Volksgötter in den
einzelnen Ländern ihr Land aus meiner Hand erret-
ten? 14 Wer unter allen Göttern dieser Völker, an
denen meine Väter den Bann vollzogen, vermochte
denn sein Volk aus meiner Hand zu erretten? Da
soll nun euer Gott euch aus meiner Hand befreien
können? 15 Wohlan, Hiskia soll euch nicht täuschen
und euch nicht auf diese Art und Weise verführen!
Vertraut ihm nicht! Denn kein Gott irgendeines
Volkes oder Reiches konnte sein Volk aus meiner
Hand und aus der meiner Väter erretten; erst recht
wird euer Gott euch nicht erretten aus meiner
Hand!« 16 Noch weitere Worte sprachen seine Un-
tergebenen gegen den Herrn, den wahren Gott, und
seinen Diener Hiskia. 17 Sanherib schrieb auch
einen Brief, um den Herrn, den Gott Israels, zu ver-
höhnen und gegen ihn folgendermaßen zu lästern:
»Wie die Götter der Völker in den einzelnen Län-
dern ihr Volk nicht aus meiner Hand befreiten, so
wird auch der Gott Hiskias sein Volk aus meiner
Hand nicht erretten.« 18 Sie riefen mit lauter Stimme
auf judäisch dem Volk Jerusalems, das auf der
Mauer stand, entgegen, um sie in Furcht und
Schrecken zu versetzen und so die Stadt erobern zu
können. 19 Dabei redeten sie über den Gott Jerusa-
lems in einer Art, als ob sie von den Göttern der Er-
denvölker, den Gebilden von Menschenhand,
sprächen. 20 Doch König Hiskia und der Prophet
Isaias, der Sohn des Amoz, beteten in diesem An-
liegen und schrieen zum Himmel empor. 21 Der
Herr aber sandte einen Engel, und dieser vernich-
tete alle Kriegshelden, Heerführer und Feldherrn im
Lager des Assyrerkönigs. Er mußte voller Schande
in seine Heimat zurückkehren. Als er einmal in das
Haus seines Gottes ging, schlugen ihn dort seine
eigenen Söhne mit dem Schwert nieder. 22 So be-
freite der Herr den Hiskia und die Bewohner Jeru-
salems aus der Gewalt Sanheribs, des assyrischen
Königs, und aus der Gewalt aller anderen. Er ver-
schaffte ihnen ringsum Ruhe. 23 Viele brachten Ga-
ben für den Herrn nach Jerusalem und kostbare Ge-
schenke für Hiskia, den König von Juda. Er war von
da ab hochgeehrt in den Augen aller Völker.

Hiskia wird krank

24 In jenen Tagen wurde Hiskia auf den Tod krank.
Er betete zum Herrn, und dieser erhörte ihn und
gab ihm ein Wunderzeichen. 25 Doch Hiskia war für
die empfangenen Wohltaten nicht dankbar; denn
sein Herz wurde hochmütig. Deshalb drohte ein
Zorngericht über ihn, über Juda und Jerusalem her-
einzubrechen. 26 Nun aber demütigte sich Hiskia in
seinem Hochmut, er und die Bewohner Jerusalems.
So ereilte sie das Zorngericht des Herrn noch nicht
in den Tagen des Hiskia.

Reichtum des Hiskia

27 Hiskia bekam Reichtümer und Ehren in hohem
Maße. Er erwarb sich Schätze an Silber, Gold,
Edelsteinen, Duftgewürzen, Schilden und allerlei
Schmuckgegenständen. 28 Ferner machte er Vorrats-
räume für den Ertrag an Getreide, Most und Öl,
dazu Ställe für jede Art von Vieh. 29 Er hatte sich
nämlich Herden erworben, Bestände an Klein- und
Großvieh in Menge; denn Gott hatte ihm sehr rei-
chen Besitz verliehen. 30 Hiskia war es auch, der den
oberen Abfluß des Gischonwassers verstopfte und
es nach Westen in die Stadt Davids hinableitete.
Hiskia hatte Erfolg bei all seinem Tun. 31 Genauso
war es anläßlich der Unterhändler, welche die
babylonischen Herren um Auskunft über das Zei-
chen, das im Lande geschehen war, an ihn gesandt
hatten: Gott ließ ihn ruhig gewähren, um ihn auf
die Probe zu stellen und seine ganze Herzensgesin-
nung kennenzulernen.

Tod des Hiskia

32 Die übrige Geschichte Hiskias und seine from-
men Taten sind niedergeschrieben in der Offenba-

rung des Propheten Isaias, des Sohnes des Amoz,
und im Buch der Könige von Juda und Israel.
33 Hiskia entschlief zu seinen Vätern, und man be-
grub ihn an bevorzugter Stelle in der Grabstätte der
Söhne Davids. Bei seinem Tod erwiesen ihm ganz
Juda und die Einwohner Jerusalems die letzte Ehre.
Sein Sohn Manasse folgte ihm in der Königsherr-
schaft.

32,20: Das Gebet des Königs: 2 Kön 19,15–19. • 21: Vgl. dazu 2 Kön 19,35. • 31: Vgl. 2 Kön 20. Obwohl der König der Versuchung zum Hochmut anfänglich nicht widerstand, wurde er persönlich dafür nicht bestraft, weil er sich demütigte. Gott selbst habe nur die gesamte Herzensgesinnung erkennen wollen.

Manasse (693–639)

33 1 Manasse war zwölf Jahre alt, als er zu
herrschen begann. Er regierte fünfund-
fünfzig Jahre in Jerusalem. 2 Er tat, was
dem Herrn mißfiel, entsprechend den Greueln der
Völker, die der Herr vor den Israeliten vertrieben
hatte. 3 Er baute die Opferhöhen wieder auf, die
sein Vater Hiskia niedergerissen hatte, errichtete Al-
täre für die Baale, verfertigte Ascheren, verehrte das
gesamte Himmelsheer und diente ihm. 4 Er stellte
Altäre im Haus des Herrn auf, von dem doch der
Herr gesagt hatte: »Mein Name bleibe in Jerusalem
für immer.« 5 Für das ganze Himmelsheer baute er
Altäre in den beiden Vorhöfen des Hauses des
Herrn. 6 Er ließ sogar seine Söhne im Tal Ben-
Hinnom durch das Feuer gehen, betrieb Zauberei,
Wahrsagerei und Beschwörung, bestellte Toten-
beschwörer und Zeichendeuter. Vieles tat er, was
dem Herrn mißfiel, um ihn zu beleidigen. 7 Das
Schnitzbild, das er verfertigt hatte, stellte er in den
Tempel Gottes, von dem doch Gott zu David und
zu dessen Sohn Salomo gesagt hatte: »In diesem
Hause und in Jerusalem, das ich aus allen Stämmen
Israels erwählt habe, lasse ich meinen Namen woh-
nen für immer. 8 Ich will den Fuß Israels nicht mehr
vom Boden entfernen, den ich euren Vätern verlieh.
Nur müssen sie darauf achten, alles zu tun, was ich
ihnen im ganzen Gesetz, in den Vorschriften und
Satzungen durch Moses geboten habe.« 9 Jedoch
Manasse verführte Juda und die Bewohner Jerusa-
lems, Schlimmeres zu tun als die Völker, die der
Herr vor den Israeliten vertilgt hatte.
10 Der Herr gab Warnungen an Manasse und sein
Volk, doch sie achteten nicht darauf. 11 Da ließ der
Herr die Heeresobersten des Königs von Assur ge-
gen sie auftreten. Diese nahmen den Manasse mit
Haken fest, fesselten ihn mit Ketten und führten ihn
nach Babel. 12 Als er sich so in Bedrängnis befand,
versuchte er, das Antlitz des Herrn, seines Gottes,
zu besänftigen, indem er sich vor dem Gott seiner
Väter tief demütigte. 13 Er wandte sich im Gebet an
ihn, und der Herr ließ sich von ihm erbitten. Er
hörte sein Flehen und brachte ihn als König nach
Jerusalem zurück. So erkannte Manasse, daß der
Herr der wahre Gott ist.
14 Danach erbaute er eine äußere Mauer für die
Davidsstadt, westlich vom Gichon im Tal gegen das
Fischtor zu und rings um den Ophel. Er machte sie
sehr hoch. In allen befestigten Städten Judas stellte
er Heeresoberste auf. 15 Auch beseitigte er die
fremdländischen Götter und das Standbild aus dem
Hause des Herrn, ferner die Altäre, die er auf dem
Berg des Hauses des Herrn und in Jerusalem errich-
tet hatte. Er warf sie vor die Stadt hinaus. 16 Den
Altar des Herrn aber stellte er wieder her, brachte
darauf Fried- und Dankopfer dar und erteilte Juda
den Befehl, dem Herrn als dem Gott Israels zu die-
nen. 17 Indessen opferte das Volk immer noch auf
den Höhen, allerdings nur dem Herrn, seinem Gott.
18 Die übrige Geschichte Manasses, sein Gebet zu
seinem Gott und die Worte der Seher, die im
Namen des Herrn, des Gottes Israels, zu ihm spra-
chen, stehen in der Chronik von Israel. 19 Sein Ge-
bet und wie es Erhörung fand, alle seine Sünden
und treulosen Taten, die Orte, an denen er vor
seiner Demütigung Höhen errichtete und Ascheren
und Bildwerke aufstellen ließ, sind niedergeschrie-
ben in der Chronik seiner Seher. 20 Manasse ent-
schlief zu seinen Vätern, und man begrub ihn im
Garten seines Hauses. Sein Sohn Amon folgte ihm
in der Königsherrschaft.

Amon (639–638)

21 Amon war zweiundzwanzig Jahre alt, als er zu
herrschen begann; zwei Jahre lang regierte er als
König in Jerusalem. 22 Er vollbrachte, was dem
Herrn mißfiel, wie sein Vater Manasse getan hatte.
Amon opferte allen Bildern, die sein Vater Manasse
hergestellt hatte, und diente ihnen. 23 Aber er
demütigte sich nicht vor dem Herrn wie sein Vater
Manasse, sondern er – Amon – vermehrte die
Schuld noch weiter. 24 Wider ihn zettelten seine
Diener eine Verschwörung an und töteten ihn in
seinem Haus. 25 Die Landesbürger aber erschlugen
alle, die sich gegen den König Amon verschworen
hatten, und erhoben seinen Sohn Josia zum König
an seiner Statt.

33,1–20: Manasses Geschichte stimmt teilweise wörtlich mit 2 Kön 21,1–9 überein. Von dem, was danach folgt, weiß 2 Kön allerdings nichts. Nach dem Chronisten ist die ungewöhnlich lange und vor allem friedliche Regierung dieses Herrschers die Frucht seiner Umkehr von Götzendienst und Greueltaten zu Gott. Der aus alter Zeit ererbte Vergeltungsglaube kommt hier zum Ausdruck.

Josia (638–609)

34 1 Josia war acht Jahre alt, als er zu herr-
schen begann. Er regierte einunddreißig
Jahre in Jerusalem. 2 Er tat, was dem
Herrn wohlgefiel, und wandelte auf den Wegen sei-
nes Ahnherrn David, ohne nach rechts oder links
abzuweichen.

Kampf gegen den Götzendienst

3 Im achten Jahre seiner Regierung [er war noch
jung] begann er, den Gott seines Vaters David zu
suchen. Im zwölften Jahre fing er an, Juda und Jeru-
salem von den Höhen, von den Ascheren, den
Schnitz- und Gußbildern zu reinigen. 4 In seiner Ge-
genwart zertrümmerte man die Altäre der Baale. Er
zerschlug die Räucheraltäre, die sich darauf befan-
den, die Ascheren, Schnitz- und Gußbilder zer-
brach und zermalmte er. Er verstreute sie auf die
Gräber derer, die ihnen geopfert hatten. 5 Die Prie-
stergebeine verbrannte er auf ihren Altären. So rei-
nigte er Juda und Jerusalem. 6 Auch in den Ort-
schaften von Manasse, Ephraim, Simeon und bis
Naphtali, überall auf ihren Plätzen, 7 zerstörte er die
Altäre und Ascheren, die Standbilder zertrümmerte
und zermalmte er. Alle Räucheraltäre im ganzen
Land Israel zerschlug er. Dann kehrte er nach Jeru-
salem zurück.

Auffindung des Gesetzbuches

8 Im achtzehnten Jahre seiner Herrschaft, bei der
Reinigung des Landes und des Tempels, sandte er
Schaphan, den Sohn Azaljas, den Stadtobersten
Maaseja und den Kanzler Joach, den Sohn des
Joachas, um das Haus des Herrn, seines Gottes, aus-
zubessern. 9 Sie kamen zum Hohenpriester Hilkia
und gaben das Geld frei, das in das Haus Gottes ge-
bracht worden war und das die levitischen Schwel-
lenhüter von Manasse, Ephraim und dem ganzen
übrigen Israel, von ganz Juda, Benjamin und den Be-
wohnern Jerusalems gesammelt hatten. 10 Sie gaben
es den Werkmeistern, die im Tempel des Herrn an-
gestellt waren, und die Werkmeister, die am Tem-
pel des Herrn arbeiteten, verwandten es für die In-
standsetzung und Ausbesserung des Hauses. 11 Sie
gaben es den Zimmerleuten und Bauleuten zum
Einkauf von behauenen Steinen und Holz, zur Be-
schaffung der Bindebalken und zu neuem Gebälk
für die Gebäude, welche die judäischen Könige ver-
nachlässigt hatten. 12 Die Männer handelten bei
ihrer Arbeit auf Treu und Glauben. Die Leviten
Jachat und Obadja von den Nachkommen Meraris,
ferner Sacharja und Meschullam von den Nach-
kommen der Kehatiten waren über sie zur Aufsicht
bestellt. Alle Leviten, die sonst die Musikinstru-
mente spielten, 13 befehligten die Lastträger und
hatten die Oberaufsicht über alle Werkmeister bei
den verschiedenen Arbeiten. Einzelne von den
Leviten dienten als Schreiber, Amtleute und Torhü-
ter.
14 Als man das Geld, das in den Tempel des Herrn
gebracht worden war, herausnahm, fand der Prie-
ster Hilkia das Buch des Gesetzes des Herrn, das
durch Moses ergangen war. 15 Da nahm Hilkia das
Wort und sprach zum Staatsschreiber Schaphan:
»Ich fand das Buch des Gesetzes im Hause des
Herrn.« Hilkia übergab das Buch dem Schaphan.
16 Danach brachte Schaphan die Buchrolle zum
König und erteilte außerdem dem König folgende
Auskunft: »Alles, was deinen Knechten aufgetragen
war, haben sie vollbracht. 17 Sie haben das Geld aus-
geschüttet, das sich im Tempel des Herrn vorfand,
und es den Aufsehern und den Werkleuten abgelie-
fert.« 18 Der Staatsschreiber Schaphan meldete fer-
ner dem König: »Der Priester Hilkia hat mir ein
Buch gegeben.« Schaphan las dem König daraus
vor.

Erneuerung des Bundes

19 Der König vernahm die Worte des Gesetzes und
zerriß seine Kleider. 20 Dann befahl er Hilkia, Achi-
kam, dem Sohn Schaphans, Abdon, dem Sohn
Michas, Schaphan, dem Staatsschreiber, und Asaja,
dem königlichen Minister: 21 »Geht hin und be-
fragt den Herrn für mich und für alle, die in Israel
und in Juda noch übrig sind, wegen des Buches,
das aufgefunden wurde. Denn groß ist der Zorn
des Herrn, der sich über uns ergossen hat, weil
unsere Väter das Wort des Herrn nicht befolgt und
nicht getan haben, was in diesem Buche ge-
schrieben steht.« 22 Da gingen Hilkia und die vom
König bestimmten Männer zur Prophetin Hulda,
der Frau Schallums, des Sohnes Tikwas und
Enkels Chasras, der Verwalter der Kleiderkam-
mer war. Sie wohnte in Jerusalem in der Neustadt.
Man redete mit ihr in diesem Sinne. 23 Sie ver-
kündete ihnen: »So spricht der Herr, der Gott
Israels: Sagt zu dem Mann, der euch zu mir ge-
sandt hat: 24 So spricht der Herr: Siehe, ich bringe
Unheil über diesen Ort und seine Bewohner, alle
Flüche nämlich, die in der Buchrolle geschrieben
stehen, welche man dem König von Juda vorge-
lesen hat. 25 Denn sie verließen mich, brachten
fremden Göttern Rauchopfer dar und beleidigten
mich durch alle Werke ihrer Hände. Darum er-
gießt sich mein Zorn über diesen Ort und läßt
sich nicht löschen. 26 Zum König von Juda aber, der
euch sendet, den Herrn zu befragen, sollt ihr spre-

chen: So spricht der Herr, der Gott Israels: Von den
Worten, die du vernahmst, gilt folgendes: 27 Weil
dein Herz weich wurde und du dich demütigtest
vor Gott, da du seine Drohreden gegen diesen Ort
und seine Einwohner hörtest, weil du dich vor mir
demütigtest, deine Kleider zerrissest und vor mir
weintest, darum will auch ich dich erhören, ist der
Spruch des Herrn. 28 Deshalb sollst du, wenn ich
dich zu deinen Vätern versammle, in Frieden in dei-
nem Grab bestattet werden. Deine Augen sollen all
das Unheil nicht mehr schauen, das ich über diesen
Ort und seine Bewohner bringen werde!« Sie be-
richteten das dem König.
29 Dann ließ der König alle Ältesten Judas und Jeru-
salems zusammenkommen. 30 Der König schritt
zum Tempel des Herrn und mit ihm alle Männer
Judas und die Bewohner Jerusalems, die Priester
und die Leviten und alles Volk, groß und klein. Er
ließ ihnen den gesamten Inhalt des Bundesbuches
vorlesen, das im Tempel des Herrn gefunden wor-
den war. 31 Dann trat der König an seinen Platz und
schloß vor dem Herrn den Bund, daß sie dem Herrn
folgen, seine Befehle, Verordnungen und Satzungen
mit ganzem Herzen und mit ganzer Seele halten
und die Bundesvorschriften durchführen wollten,
die in dieser Buchrolle niedergeschrieben waren.
32 Er veranlaßte auch alle, die sich in Jerusalem und
in Benjamin befanden, dem Bund beizutreten. So
handelten die Bewohner Jerusalems nach dem
Bund Gottes, des Gottes ihrer Väter. 33 Josia besei-
tigte alle Greuel aus allen Gebieten der Israeliten
und veranlaßte alle, die sich in Israel befanden, dem
Herrn, ihrem Gott, zu dienen. Solange er lebte,
wichen sie vom Herrn, dem Gott ihrer Väter, nicht
ab.

34,1–36,1: In der Zeit des Josia traten die Propheten Zephanja und Jeremias auf. Mit ihm bestieg ein Vertreter jener Religion den Thron Davids, die vom Geist der Prophetie ergriffene Männer schon Jahrhunderte hindurch verkündeten. Erzieher dieser Art wird der unmündige König gehabt haben. Sie gaben seiner religiösen Gedankenwelt das Gepräge. Sein früher Tod auf dem Schlachtfeld wurde von allen treuen Dienern des Herrn tief betrauert; die Anhänger der Höhenkulte empfanden offenbar Genugtuung über das Unheil, das den bilderstürmenden König traf. Der Chronist führt sein tragisches Ende darauf zurück, daß er eine ihm vom Herrn zuteilgewordene Verwarnung unbeachtet ließ. 34,19ff.: Das Gesetzbuch, das man bei den Ausbesserungsarbeiten am Tempel gefunden hatte, veranlaßt den König zur Erneuerung des Sinaibundes, dem das ganze Volk beitritt.

Paschafest

35 1 Josia feierte in Jerusalem ein Pascha
zu Ehren des Herrn. Man schlachtete
das Pascha am vierzehnten Tage des er-
sten Monats. 2 Er bestellte die Priester für ihre
Amtspflichten und ermunterte sie zum Dienst
im Hause des Herrn. 3 Zu den Leviten, die ganz
Israel zu unterweisen hatten und dem Herrn hei-
lig waren, sprach er: »Man hat die heilige Lade
in dem Haus, das Salomo, der Sohn Davids und
König von Israel, erbauen ließ, aufgestellt; auf
euren Schultern braucht ihr sie nicht mehr zu tra-
gen. So dient nun dem Herrn, eurem Gott, und
seinem Volk Israel! 4 Macht euch bereit, nach euren
Familien und Abteilungen gemäß der Vorschrift
Davids, des Königs von Israel, und der Anordnung
seines Sohnes Salomo! 5 Steht dienstbereit im
Heiligtum für die Gruppen der Familien eurer
Brüder, der Leute aus dem Volk, und zwar jeweils
ein Teil einer Levitenfamilie! 6 Schlachtet das
Pascha, weiht euch, rüstet es her für eure Brüder,
damit nach dem Wort geschehe, das der Herr durch
Moses gesprochen hat!« 7 Josia lieferte für die
Volksscharen Kleinvieh, Lämmer und Jungziegen,
alles zu den Paschaopfern für alle Anwesenden. Es
waren 30 000 Stück sowie 3000 Rinder; sie stamm-
ten aus dem Besitz des Königs. 8 Seine Vornehmen
spendeten dem Volk, den Priestern und den Leviten
freiwillige Gaben. Hilkia, Sacharja und Jechiel, die
Vorsteher des Gotteshauses, lieferten den Priestern
2 600 Lämmer zu den Paschaopfern und 300 Rinder.
9 Konanja und seine Brüder Schemaja und Netanel,
ferner Chaschabja, Jeïel und Josabad, die Fürsten
der Leviten, lieferten für die Leviten 5000 Lämmer
und 500 Rinder zu Paschaopfern. 10 So war der
Opferdienst vorbereitet. Nach dem Befehl des Kö-
nigs traten die Priester an ihren Platz und ebenso die
Leviten zu ihren Abteilungen.
11 Man schlachtete das Pascha, und die Priester
sprengten das Blut, während die Leviten die Tiere
abhäuteten. 12 Sie hoben das zum Brandopfer Be-
stimmte ab, um es nach den Familiengruppen der
Leute aus dem Volk hinzulegen, damit es dem
Herrn dargebracht würde, wie es im Buch des Mo-
ses geschrieben steht; ebenso taten sie mit den Rin-
dern. 13 Dann brieten sie das Pascha der Vorschrift
gemäß am Feuer. Die heiligen Gaben kochten sie in
Kesseln, Töpfen und Schüsseln und brachten sie in
Eile allen Volksangehörigen. 14 Danach bereiteten
sie das Pascha für sich und die Priester. Denn die
Priester, die Söhne Aarons, waren mit der Darbrin-
gung der Brandopfer und Fettstücke bis in die Nacht
hinein beschäftigt. Darum bereiteten es die Leviten
für sich selbst und für die Priester, die Söhne
Aarons. 15 Auch die Sänger, die Nachkommen
Asaphs, waren auf ihrem Platz gemäß dem Befehl
Davids, Asaphs, Hemans und Jedutuns, der könig-

lichen Seher, und ebenso die Torhüter an den einzelnen Toren. Sie brauchten ihren Dienst nicht zu verlassen; denn ihre Amtsbrüder, die Leviten, richteten alles für sie her. 16 So war der gesamte Dienst des Herrn an jenem Tag wohlgeordnet. Man konnte das Pascha halten und die Brandopfer auf dem Altar des Herrn gemäß dem Befehl des Königs Josia darbringen. 17 Die anwesenden Israeliten feierten zu jener Zeit das Pascha und das Fest der ungesäuerten Brote sieben Tage hindurch. 18 Ein Pascha dieser Art war in Israel seit der Zeit des Propheten Samuel nicht mehr begangen worden. Kein König in Israel hatte ein solches Pascha veranstaltet, wie es Josia mit den Priestern und Leviten, mit ganz Juda und Israel, soweit es sich eingefunden hatte, und mit den Bewohnern Jerusalems feierte. 19 Im achtzehnten Jahre der Regierung Josias wurde dieses Pascha gefeiert.

Josias Tod

20 Josia hatte viel für die Herrichtung des Tempels geleistet. Danach rückte Necho, der König von Ägypten, heran, um bei Karkemisch am Euphrat eine Schlacht zu liefern. Josia trat ihm entgegen. 21 Necho sandte Boten an ihn und ließ sagen: »Was habe ich mit dir zu tun, König von Juda? Nicht gegen dich ziehe ich heute, sondern am Euphrat trachte ich Krieg zu führen. Gott befahl mir Eile. Laß also ab von Gott, der auf meiner Seite steht, sonst wird er dich verderben!« 22 Doch Josia machte vor ihm nicht kehrt, sondern versteifte sich darauf, ihn anzugreifen. Er hörte nicht auf die Worte Nechos, die aus dem Munde Gottes kamen, sondern rückte in der Ebene von Megiddo zum Kampf aus. 23 Da schossen die Bogenschützen auf König Josia, und der König sprach zu seinen Knechten: »Schafft mich fort, denn ich bin schwer verwundet!«

24 Seine Knechte nahmen ihn vom Streitwagen herunter, setzten ihn auf seinen zweiten Wagen und brachten ihn nach Jerusalem. Dort starb er und ward in den Gräbern seiner Väter beigesetzt. Ganz Juda und Jerusalem trauerten um Josia. 25 Jeremias aber verfaßte ein Klagelied auf Josia, und alle Sänger und Sängerinnen reden in ihren Liedern von Josia bis auf den heutigen Tag. Man führte sie als festen Brauch in Israel ein. Niedergeschrieben sind sie in den Klageliedern. 26 Die übrige Geschichte Josias, seine frommen Taten, die ganz den Vorschriften des Gesetzes des Herrn entsprachen, 27 seine frühere und spätere Geschichte sind niedergeschrieben im Buch der Könige von Israel und Juda.

Joachas (608)

36

1 Die Bevölkerung des Landes holte Joachas, den Sohn des Josia, und machte ihn zum König von Jerusalem an Stelle seines Vaters. 2 Joachas war dreiundzwanzig Jahre alt, als er zu herrschen begann, und regierte drei Monate als König in Jerusalem. 3 Der König von Ägypten setzte ihn als König von Jerusalem ab und legte dem Land eine Abgabe von hundert Talenten Silber und zehn Talenten Gold auf. 4 Dann machte der König von Ägypten seinen Bruder Eljakim zum König über Juda und Jerusalem und änderte seinen Namen in Jojakim. Seinen Bruder Joachas aber nahm Necho und führte ihn nach Ägypten fort. Dort starb er.

Jojakim (608–597)

5 Jojakim war fünfundzwanzig Jahre alt, als er zu herrschen begann, und regierte elf Jahre als König in Jerusalem. Er tat, was dem Herrn, seinem Gott, mißfiel. 6 Gegen ihn rückte Nebukadnezar, der König von Babel, heran und legte ihn in Ketten, um ihn nach Babel zu bringen. 7 Auch einen Teil der Gerätschaften des Hauses des Herrn brachte Nebukadnezar nach Babel und hinterlegte sie in seinem Palast zu Babel. 8 Die übrige Geschichte Jojakims, seine Greueltaten, die er vollbrachte, und was ihm widerfuhr, all das ist niedergeschrieben im Buch der Könige von Israel und Juda. Sein Sohn Jojachin folgte ihm in der Königsherrschaft.

Jojachin (597)

9 Jojachin war achtzehn Jahre alt, als er zu herrschen begann, und regierte drei Monate und zehn Tage als König von Jerusalem. Er tat, was dem Herrn mißfiel. 10 Um die Jahreswende ließ ihn der König Nebukadnezar nach Babel schaffen samt den wertvollen Gerätschaften aus dem Tempel des Herrn. Er bestimmte seinen Oheim Zidkia zum König über Juda und Jerusalem.

Zidkia (597–586)

11 Zidkia war einundzwanzig Jahre alt, als er zu herrschen anfing. Er regierte als König elf Jahre in Jerusalem. 12 Er tat, was dem Herrn, seinem Gott, mißfiel und beugte sich nicht vor dem Propheten Jeremias und den Drohungen aus dem Mund des Herrn. 13 Auch empörte er sich gegen König Nebukadnezar, der ihm bei Gott einen Eid abgenommen hatte. Er verhärtete seinen Nacken und verstockte sein Herz, ohne zum Herrn, dem Gott Israels, umzukehren. 14 Ebenso häuften alle Fürsten Judas, die Priester und das Volk viel Untreue an, entsprechend all den Greueln der Heidenvölker. Sie verunreinigten das Haus des Herrn, das er in Jerusalem gehei-

ligt hatte. 15 Der Herr, der Gott ihrer Väter, sandte
rechtzeitig immer wieder durch seine Boten War-
nungen; denn er hatte Erbarmen mit seinem Volk
und seiner Wohnstätte. 16 Doch sie verhöhnten die
Boten Gottes, verachteten seine Worte und mach-
ten sich lustig über seine Propheten, bis der Zorn
des Herrn wider sein Volk so hoch stieg, daß eine
Heilung ausgeschlossen war.
17 So ließ er den König der Kaldäer gegen sie heran-
rücken. Dieser tötete ihre Jungmannschaft im Haus
ihres Heiligtums mit dem Schwert und verschonte
weder Jüngling und Jungfrau noch Greis und Betag-
ten. Alles gab Gott in seine Gewalt. 18 Alle Gerät-
schaften des Gotteshauses, die großen und die klei-
nen, die Schätze des Hauses des Herrn und die
Schätze des Königs und seiner Fürsten ließ er insge-
samt nach Babel bringen. 19 Man brannte das Haus
Gottes nieder, riß die Mauern von Jerusalem ein
und belegte mit Feuer alle seine Paläste; alle seine
prachtvollen Einrichtungen wurden vernichtet.
20 Den Rest, den das Schwert verschonte, führte er
in die Verbannung nach Babel, wo sie ihm und
seinen Söhnen als Knechte dienen mußten, bis das
Perserreich die Königsherrschaft übernahm. 21 So
ging das durch den Propheten Jeremias gesprochene
Wort des Herrn in Erfüllung. Das Land hatte Ruhe,
»bis es seine Sabbate abgetragen hatte, die gesamte
Zeit der Verwüstung hindurch, bis daß siebzig Jahre
vollendet waren.«

Befreiung

22 Im ersten Jahre des Perserkönigs Cyrus erweckte
der Herr, damit das durch Jeremias ergangene Wort
des Herrn sich erfüllte, den Geist des Perserkönigs
Cyrus. Dieser ließ in seinem ganzen Reich münd-
lich und auch schriftlich kundgeben: 23 »So spricht
Cyrus, der König von Persien: Alle Königreiche der
Erde hat mir der Herr, der Gott des Himmels, über-
liefert. Er trug mir auf, ihm in Jerusalem, das in Juda
liegt, ein Haus zu erbauen. Wer unter euch zur Ge-
samtheit seines Volkes gehört, dem stehe sein Gott
zur Seite! Er ziehe hinauf!«

36,11–23: Ein zusammenfassendes Wort über jenen König, unter dem das Unheil über Jerusalem hereinbrach. Es war nicht zuletzt von ihm selbst verschuldet. Zweimal wird in diesem Bericht auf den Schriftpropheten Jeremias Bezug genommen, der Beginn und Ende des Exils vorausgesagt hatte; vgl. 3 Mos 26,34f.; Jer 29,10; Jer 25,11f.; 51,44–48.

DAS BUCH ESRA

Der Perserkönig Cyrus (558–529 v. Chr.) erteilte bekanntlich den Juden die Erlaubnis, in ihr Heimatland zurückzukehren. Dieses Ereignis und den darauf bezüglichen Erlaß teilen uns die beiden letzten Verse des zweiten Chronikbuches mit. Denselben Wortlaut hat nun der erste Abschnitt der Bücher Esra/Nehemia. Das ist der beste Beweis dafür, daß die beiden Bücher, die vielfach unter einem Namen zusammengefaßt sind, das Geschichtswerk des Chronisten fortsetzen. 538 begann die Rückkehr der Heimkehrwilligen in ihr Vaterland. Der Opferdienst begann auf einem vorläufig errichteten Brandopferaltar. Unter mancherlei Schwierigkeiten kam es 515 zur Weihe des neugebauten Tempels. Dies erzählt uns Esr 1–7. Um 458 war der Priester und »Schreiber des Himmelsgottes«, Esra selbst, nach Jerusalem gekommen und versuchte den Neuaufbau der Gemeinde auf der Grundlage der überlieferten Gesetze (Kap. 7–10). 444 wurde der Laie Nehemia Statthalter des persischen Königs. Ihm gelang es, Jerusalem zu befestigen; er bemühte sich darum, die Volkszahl zu vergrößern, die wirtschaftliche Lage zu verbessern und die Gesetze durchzuführen (Neh 1–13).

All dies wird uns nach älteren Aufzeichnungen berichtet, die z. T. sogar aramäisch wiedergegeben sind. Oft spricht Nehemia von sich selbst, andere Berichte beginnen mit »Wir«. Esra und Nehemia haben wohl ihre eigenen Erinnerungen geschrieben, die dann der inspirierte Verfasser wörtlich übernommen hat. Die nach bestimmten Gesichtspunkten zusammengestellten Texte verbürgen nicht immer die genaue zeitliche Reihenfolge.

Das Werk scheint bald nach dem Jahr 400 v. Chr. verfaßt bzw. zusammengestellt zu sein. Es muß nach den geschilderten Ereignissen selbst eine Reihe von Jahren verflossen sein. Auch für diesen Verfasser ist Weltgeschichte das Walten Gottes unter den Menschen. Das Reich Juda besteht nicht mehr, die Kirche ist im Werden, der Gottesdienst sucht nach anderen Formen, das religiöse Leben der Zeit steht vor anderen Aufgaben. Dies aufzuzeigen, ist die Absicht jenes Geschichtswerkes, das mit 1 Chron beginnt und mit Neh endet.

Im ersten Jahr des Cyrus, des Königs von Persien,
erweckte der Herr den Geist des Perserkönigs
Cyrus, damit des Herrn Verheißung aus dem
Mund des Jeremias in Erfüllung ginge. Er verbreitete
in seinem ganzen Reich eine Bekanntmachung, die
auch schriftlich erging: 2 »So spricht Cyrus, der
König von Persien: Alle Reiche der Erde hat mir der
Herr, der Himmelsgott, verliehen. Er hat mich beauftragt,
ihm ein Haus in Jerusalem zu bauen, das in
Juda liegt. 3 Wer unter euch zur Gesamtheit seines
Volkes gehört, mit dem sei sein Gott! Er ziehe hinauf
nach Jerusalem in Juda und baue das Haus des
Herrn, des Gottes Israels. Dieser ist der Gott, der in
Jerusalem wohnt. 4 Jedem, der noch übriggeblieben
ist, sollen an allen Orten, wo immer er als Fremdling
weilt, die Ortsinsassen mit Silber, Gold, beweglicher
Habe und Vieh aushelfen, ferner mit freiwilligen
Gaben für das Haus Gottes in Jerusalem.«

Heimkehr

5 Da machten sich die Familienhäupter von Juda
und Benjamin sowie die Priester und Leviten, alle,
deren Geist Gott erweckt hatte, auf, um zum Bau
des Hauses des Herrn, der in Jerusalem wohnt, hinaufzuziehen.
6 Alle ihre Nachbarn halfen ihnen aus
mit silbernen Gefäßen, Gold, beweglicher Habe,
Vieh und wertvollen Sachen, ganz abgesehen von
den freiwilligen Gaben. 7 Der König Cyrus gab die
Tempelgeräte heraus, die Nebukadnezar aus Jerusalem
fortgeschafft und im Haus seines Gottes aufgestellt
hatte. 8 Cyrus, der König von Persien, ließ
sie durch den Schatzmeister Mitredat herausgeben.
Dieser zählte sie Scheschbassar, dem Fürsten von
Juda, vor. 9 Dies war ihre Anzahl: dreißig goldene
Opferschalen, hundert silberne Opferschalen, neunundzwanzig
Räucherpfannen, 10 dreißig goldene
Becher, vierhundertzehn silberne Becher geringeren
Wertes, tausend sonstige Geräte. 11 Insgesamt
waren es 5400 Geräte aus Gold und Silber. Sie alle
brachte Scheschbassar mit, als die Verbannten aus
Babel nach Jerusalem gebracht wurden.

1,1–4: Im Mund des Cyrus ist die Erwähnung des wahren Gottes merkwürdig. Die Perser bekannten sich zu einer Religion, die sich dem Eingottglauben näherte. Außerdem pflegte ein Herrscher des Altertums, der über andersgläubige Völker zu gebieten hatte, oft in der religiösen Ausdrucksweise seiner Untertanen zu sprechen.

Heimkehrerlisten

2 1 Das sind die Angehörigen der Provinz, die
aus der Gefangenschaft in Babel heraufzo-
gen, wohin sie Nebukadnezar, der König von
Babel, geführt hatte; sie kehrten nun heim nach
Jerusalem und Juda, jeder in seine Stadt. 2 Sie kamen
mit Serubbabel, Jesua, Nehemia, Seraja, Reelaja,
Nachamani, Mordekaj, Bilschan, Mispar, Bagoi,
Rechum und Baana. Dies ist die Anzahl der Leute
aus dem Volke Israel: 3 Die Söhne des Parosch 2 172
Mann, 4 die Söhne des Schephatja 372 Mann, 5 die
Söhne des Arach 775 Mann, 6 die Söhne Pachat-
Moabs, und zwar Söhne Jesuas und Joabs, 2 812
Mann, 7 die Söhne Elams 1 254 Mann, 8 die Söhne
Sattus 945 Mann, 9 die Söhne Sakkajs 760 Mann,
10 die Söhne Banis 642 Mann, 11 die Söhne Bebajs
623 Mann, 12 die Söhne Asgads 1 222 Mann, 13 die
Söhne Adonikams 666 Mann, 14 die Söhne Bagois
2 056 Mann, 15 die Söhne Adins 454 Mann, 16 die
Söhne Aters aus der Linie des Hiskia 98 Mann, 17 die
Söhne Bezajs 323 Mann, 18 die Söhne Joras 112
Mann, 19 die Söhne Chaschums 223 Mann, 20 die
Söhne Gibbars 95 Mann, 21 aus Bethlehem 123
Mann, 22 aus Netopha 56 Mann, 23 aus Anatot 128
Mann, 24 aus Asmawet 42 Mann, 25 aus Kirjat-Jea-
rim, Kephira und Beerot 743 Mann, 26 aus Rama und
Geba 612 Mann, 27 aus Michmas 122 Mann, 28 aus
Betel und Aj 233 Mann, 29 aus Nebo 52 Mann, 30 die
Söhne des Magbisch 156 Mann, 31 die Söhne eines
anderen Elam 1 254 Mann, 32 die Söhne Charims
320 Mann, 33 aus Lod, Chadid und Ono 725 Mann,
34 aus Jericho 345 Mann, 35 die Söhne Senaas 3 630
Mann. 36 Die Priester: Die Söhne Jedajas aus dem
Hause Jesuas waren 973 Mann, 37 die Söhne Immers
1 052 Mann, 38 die Söhne Paschchurs 1 247 Mann,
39 die Söhne Charims 1 017 Mann. 40 Die Leviten:
Die Söhne Jesuas und die Söhne Kadmiels aus der
Familie Hodawjas 74 Mann. 41 Die Sänger: Die
Söhne Asaphs 128 Mann. 42 Die Torhüter: Die
Söhne Schallums, Aters, Talmons, Akkubs, Chati-
tas und Schobajs, zusammen 139 Mann. 43 Die
Tempeldiener: Die Söhne Zichas, Chasuphas, Tab-
baots, 44 die Söhne des Keros, Siahas, Padons,
45 Lebanas, Chagabas, Akkubs, 46 Chagabs, Scham-
lajs, Chanans, 47 Giddels, Gachars, Reajas, 48 Re-
zins, Nekodas, Gassams, 49 Ussas, Paseachs, Besajs,
50 Asnas, die Söhne der Mëuniter, die Söhne der
Nephusiter, 51 die Söhne Bakbuks, Chakuphas,
Charchurs, 52 Bazluts, Mechidas, Charschas, 53 Bar-
kos, Siseras, Tamachs, 54 Neziachs, Chatiphas.
55 Die Nachkommen der Knechte Salomos waren:
Die Söhne Sotajs, Hassopherets, Perudas, 56 Jalas,
Darkons, Giddels, 57 Schephatjas, Chattils, Pokeret-
Hazzebajims und die Söhne Amis. 58 Die Gesamt-
zahl der Tempeldiener und der Nachkommen der
Knechte Salomos betrug 392 Mann. 59 Folgende
sind aus Tel-Melach, Tel-Charscha, Kerub, Addan
und Immer gekommen und konnten nicht angeben,
ob ihre Familien und ihr Geschlecht wirklich aus
Israel stammten: 60 Die Söhne Delajas, Tobias und
Nekodas, 652 Mann, 61 dazu von den Priestern: Die
Söhne des Chobaja, des Hakkoz, des Barsillaj, der
sich von den Töchtern Barsillajs aus Gilead eine
Frau genommen hatte und nach dessen Namen be-
nannt worden war. 62 Diese suchten nach ihrer Auf-
zeichnung in den Geschlechtsurkunden. Man
konnte sie nicht finden; deshalb wurden sie für das
Priesteramt als untauglich erklärt. 63 Der Statthalter
verbot ihnen, vom Hochheiligen zu essen, bis ein
Priester mit Urim und Tummim auftrete. 64 Die
ganze Gemeinde zählte zusammen 42 360 Mann.
65 Nicht berechnet waren dabei ihre Knechte und
Mägde. Dieser waren es 7 337. Dazu kamen 200
Sänger und Sängerinnen. 66 Pferde hatten sie 736,
Maultiere 245, 67 Kamele 435, Esel 6 720.

Freiwillige Gaben

68 Einige von den Familienhäuptern spendeten
gleich bei ihrer Ankunft am Haus des Herrn in Jeru-
salem freiwillige Gaben für das Gotteshaus, um es
an seiner Stelle wieder zu errichten. 69 Nach ihrem
Vermögen gaben sie für den Bauschatz 61 000
Drachmen Gold, 500 Minen Silber und 100 Prie-
sterkleider. 70 Die Priester, Leviten, ein Teil des
Volkes, die Sänger, Torhüter und Tempeldiener
ließen sich in ihren Städten nieder, ebenso alle übri-
gen Israeliten in ihren Städten.

2,1–70: Die Liste findet sich nochmals in Neh 7,6–72.

Neuanfang der Opfer

3 1 Der siebte Monat rückte heran. Die Israeli-
ten waren bereits in ihren Städten; da ver-
sammelte sich das ganze Volk einmütig in
Jerusalem. 2 Jesua, der Sohn des Jozadak, seine prie-
sterlichen Amtsbrüder und Serubbabel, der Sohn
Schealtiels, mit seinen Brüdern machten sich nun
daran, den Altar des Gottes Israels wieder aufzu-
bauen, um darauf Brandopfer darzubringen, wie es
im Gesetz des Gottesmannes Moses geschrieben
steht. 3 Sie errichteten den Altar auf seinem alten
Unterbau; denn wiewohl sie von den Heidenvöl-
kern der Länder Anfeindung erfuhren, brachten sie
auf ihm Brandopfer dem Herrn dar, am Morgen und
am Abend. 4 Sie feierten das Laubhüttenfest nach
der Vorschrift und brachten dabei täglich Brand-

opfer dar in der vorgeschriebenen Anzahl, wie es
jeder einzelne Tag erforderte. 5 Danach brachte man
das ständige Opfer, die Neumondopfer, die Opfer
für alle dem Herrn geheiligten Festzeiten dar, ferner
alle freiwillig dem Herrn gespendeten Gaben.
6 Vom ersten Tag des siebten Monats an begannen
sie, Opfer für den Herrn darzubringen. Das Funda-
ment für den Herrentempel war aber damals noch
nicht gelegt.

Grundsteinlegung

7 Man gab den Steinhauern und Zimmerleuten
Geld. Nahrungsmittel, Getränke und Öl lieferte
man den Sidoniern und Bewohnern von Tyrus. Sie
sollten Zedern vom Libanon über das Meer nach
Japho bringen, wie es der Perserkönig Cyrus gestat-
tet hatte. 8 Im zweiten Monat des zweiten Jahres
nach ihrer Ankunft beim Hause Gottes in Jerusalem
machten sich Serubbabel, der Sohn des Schealtiel,
und Jesua, der Sohn Jozadaks, und ihre übrigen
Stammesbrüder, die Priester und Leviten und alle,
die aus der Gefangenschaft nach Jerusalem zurück-
gekehrt waren, ans Werk. Sie betrauten die Leviten
im Alter von zwanzig Jahren und darüber mit der
Leitung der Arbeit am Haus des Herrn. 9 Jesua, seine
Söhne und seine Brüder sowie Kadmiel und seine
Söhne, die Nachkommen Hodawjas, übernahmen
einträchtig die Aufsicht über die Arbeiter am Haus
Gottes; desgleichen die Nachkommen Chenadads,
ihre Söhne und Brüder, die Leviten. 10 Als die Bau-
leute den Grund zum Tempel legten, standen die
Priester in ihrer Amtstracht mit Trompeten und die
Leviten, die Nachkommen Asaphs, mit Zimbeln da,
um den Herrn nach der Anordnung Davids, des
Königs von Israel, zu preisen. 11 Man stimmte dem
Herrn ein Lob- und Danklied an: »Denn er ist gut;
ja, ewig währt seine Huld über Israel!« Alle Leute
erhoben ein lautes Jubelgeschrei, um bei der Grund-
steinlegung des Tempels den Herrn zu preisen.
12 Viele aber von den Priestern, Leviten und Fami-
lienhäuptern, die infolge ihres Alters noch den er-
sten Tempel gesehen hatten, weinten laut, als man
vor ihren Augen den Grundstein zu diesem Haus
legte. Viele andere aber erhoben ihre Stimme zu
jubelnder Freude. 13 Man war außerstande, die
Stimme des Jubels und der Freude vom lauten Wei-
nen auseinanderzuhalten; denn das Volk jubelte
laut, und der Lärm war weithin zu hören.

3,2: Jesua ist ein Nachkomme Zadoks (vgl. Anm. zu 2 Sam 6,1–23), Serubbabel (Zorobabel) stammt vom judäischen König Jojachin ab, der bis 561 als Gefangener in Babylon war (2 Kön 25,27–30). Die Vertreter der höchsten geistlichen und weltlichen Gewalt weisen also zurück in die Zeit des David, die ruhmvollste Blütezeit Israels.

Störung durch die Samariter

4 1 Die Feinde Judas und Benjamins vernahmen,
daß die Heimkehrer aus der Verbannung dem
Herrn, dem Gott Israels, einen Tempel bau-
ten. 2 Sie wandten sich daher an Serubbabel und die
Familienhäupter und ließen sie wissen: »Wir wollen
mit euch bauen; denn wir suchen euren Gott wie
ihr selbst und opfern ihm seit der Zeit Asarhaddons,
des Königs von Assur, der uns hierher verpflanzt
hat.« 3 Jedoch Serubbabel, Jesua und die übrigen
Häupter der israelitischen Familien gaben ihnen zur
Antwort: »Es schickt sich nicht, daß wir mit euch
zusammen unserem Gott ein Haus bauen. Wir
allein werden dem Herrn, dem Gott Israels, den Bau
aufführen, wie Cyrus, der König von Persien, uns
geboten hat.« 4 Das Volk des Landes aber machte
die Leute von Juda mutlos und schreckte sie vom
Bauen ab. 5 Man bestach (königliche) Räte gegen
sie, um ihren Plan zu vereiteln. Dies geschah, so-
lange Cyrus, der König von Persien, lebte bis zur
Regierungszeit des Perserkönigs Darius.

Neue Hintertreibungsversuche

6 Unter der Regierung des Xerxes, zu Beginn seiner
Herrschaft, verfaßten sie eine Anklageschrift gegen
die Bewohner Judas und Jerusalems. 7 In den Tagen
des Artaxerxes schrieben Bischlam, Mitredat, Ta-
beel und seine übrigen Amtsgenossen an Artaxer-
xes, den König von Persien. Der Brief war mit
aramäischen Buchstaben geschrieben und ins Ara-
mäische übersetzt. 8 Der Befehlshaber Rechum und
der Schreiber Schimschaj schrieben einen Brief ge-
gen Jerusalem an den König Artaxerxes folgenden
Inhalts: 9 »Absender: Der Befehlshaber Rechum, der
Schreiber Schimschaj sowie ihre übrigen Genossen:
Die Richter, die Gesandten, die persischen Amt-
leute, die Leute aus Erech, Babel und Susa, d. h. die
Elamiter 10 und die übrigen Völker, die der große
und berühmte Asenappar fortgeführt und in den
Städten Samarias und den anderen Gebieten jen-
seits des Stromes angesiedelt hat.« 11 Dies ist nun
die Wiedergabe des Briefes, den sie an ihn sandten:
»An König Artaxerxes deine Knechte, die Leute von
jenseits des Stromes. 12 Der König sei hiermit in
Kenntnis gesetzt, daß die Juden, die von dir zu uns
heraufgezogen sind, nach Jerusalem kamen. Sie
bauen die zu Aufruhr geneigte und böse Stadt wie-
der auf, vollenden die Mauern und sehen die Fun-
damente nach. 13 Dem König sei nun mitgeteilt:
Wenn jene Stadt wieder aufgebaut ist und ihre
Mauern vollendet sind, so werden die Juden keine
Zahlungen, Naturalabgaben und Steuern mehr lei-
sten, so daß schließlich mein König geschädigt

wird. 14 Da das Salz des Palastes auch unser Salz ist
und eine Schmach des Königs anzusehen uns nicht
geziemt, deshalb sandten wir an den König Nach-
richt. 15 Man möge also im Buch der Chronik deiner
Väter nachforschen! Du wirst im Chronikbuch
finden und erfahren, daß diese Stadt eine unbot-
mäßige Stadt ist, die Königen und Provinzen Scha-
den gebracht hat, und in der von jeher Aufruhr an-
gestiftet wurde. Deshalb ist diese Stadt ja auch
verwüstet worden. 16 Wir lassen den König wissen:
Wird diese Stadt aufgebaut und werden ihre Mau-
ern vollendet, dann wirst du keinen Anteil mehr
jenseits des Stromes haben.«

Verbot des Mauerbaus

17 Der König sandte folgende Erwiderung: »An den
Befehlshaber Rechum, den Schreiber Schimschaj
und deren übrige Amtsgenosssen, die in Samaria
und jenseits des Stromes wohnen, meinen Gruß!
Sodann: 18 Das Schriftstück, das ihr uns zusandtet,
ist mir in Übersetzung vorgelesen worden. 19 Dar-
auf befahl ich nachzuforschen, und man fand, daß
diese Stadt von jeher gegen Könige sich erhob und
daß Empörung und Aufruhr in ihr angestiftet wur-
den. 20 Starke Könige geboten über Jerusalem und
waren Machthaber über alle Gebiete jenseits des
Stromes. Ihnen wurden Zahlungen, Naturalabga-
ben und Steuern entrichtet. 21 Gebt nun Befehl, daß
man jenen Leuten Einhalt gebiete und diese Stadt
nicht aufgebaut werde, bis von mir weitere Anwei-
sung ergeht! 22 Seid gewarnt, in dieser Hinsicht eine
Nachlässigkeit zu begehen, damit nicht großer
Schaden zum Nachteil der Könige entstehe!« 23 Als
darauf die Abschrift des Briefes des Königs Artaxer-
xes vor Rechum, Schimschaj, dem Schreiber, und
deren Amtsgenossen vorgelesen war, gingen sie
eilends nach Jerusalem zu den Juden und geboten
ihnen mit starkem Arm Einhalt. 24 Ebenso geriet die
Arbeit am Gotteshaus zu Jerusalem ins Stocken und
unterblieb bis zum zweiten Jahr der Herrschaft des
Perserkönigs Darius.

Fortführung des Tempelbaus

5 1 Da weissagten der Prophet Haggaj und
Sacharja, der Sohn Iddos, bei den Juden in
Juda und Jerusalem im Namen des Gottes
Israels, der über ihnen war. 2 Serubbabel, der Sohn
Schealtiels, und Jesua, der Sohn Jozadaks, traten
daraufhin auf und setzten den Bau des Gotteshau-
ses in Jerusalem fort. Mit ihnen waren die Prophe-
ten Gottes und bestärkten sie. 3 Damals kamen
Tattenaj, der Statthalter der Gebiete jenseits des
Stromes, und Schetar-Bosnaj mit ihren Amtsgenos-
sen zu ihnen und fragten sie: »Wer hat euch Befehl
erteilt, dieses Haus wieder aufzubauen und diese
Holzverkleidung zu vollenden?« 4 Dann sagten sie
zu ihnen: »Welches sind die Namen der Männer, die
diesen Bau aufführen?« 5 Doch das Auge Gottes
wachte über die Ältesten der Juden. Man behinderte
sie nicht, bis ein Bericht an Darius gelangte und
ihnen ein schriftlicher Bescheid zugesandt wurde.

Anfrage bei Darius

6 Abschrift des Briefes, den Tattenaj, der Statthalter
jenseits des Stromes, Schetar-Bosnaj und seine
Amtsgenossen, die Beamten im Gebiet jenseits des
Stromes, an König Darius sandten. 7 Sie schickten
ihm einen Bericht folgenden Inhalts: »Dem König
Darius Heil in Fülle! 8 Dem König werde Kunde da-
von, daß wir uns in die Provinz Juda und zum Tem-
pel des großen Gottes begeben haben. Dieser wird
mit Quadersteinen aufgebaut, und auf seine Wände
legt man eine Holztäfelung. Diese Arbeit wird
voller Eifer verrichtet und geht unter ihren Händen
gut voran. 9 Da fragten wir jene Ältesten und spra-
chen zu ihnen: Wer hat euch Befehl erteilt, dieses
Haus aufzubauen und diese Holzverkleidung zu
vollenden? 10 Und auch nach ihren Namen erkun-
digten wir uns, um dich in Kenntnis zu setzen; was
wir aufschreiben, sind die Namen jener Männer, die
an ihrer Spitze stehen. 11 Sie antworteten uns etwa
in diesem Sinn: Wir verehren den Gott des Him-
mels und der Erde und bauen das Haus wieder auf,
das vor nunmehr vielen Jahren errichtet wurde, und
das ein großer israelitischer König erbaut und voll-
endet hat. 12 Weil aber unsere Väter den Gott des
Himmels erzürnten, übergab er sie der Gewalt des
Kaldäers Nebukadnezar, des Königs von Babel. Er
zerstörte dieses Haus und führte das Volk in die
Verbannung nach Babel. 13 Aber im ersten Jahre des
Königs Cyrus von Babel gab dieser den Befehl, die-
ses Gotteshaus wieder aufzubauen. 14 Auch die gol-
denen und silbernen Geräte des Gotteshauses, die
Nebukadnezar aus dem Tempel von Jerusalem
weggeholt und in den Tempel von Babel gebracht
hatte, ließ der König Cyrus aus dem Tempel von
Babel holen. Sie wurden einem Mann namens
Scheschbassar übergeben, den er zum Statthalter
gemacht hatte. 15 Diesem befahl er: Nimm diese
Geräte, ziehe hin und lege sie in den Tempel zu
Jerusalem! Das Gotteshaus werde an derselben
Stelle wieder aufgebaut! 16 Darauf kam jener
Scheschbassar und legte die Fundamente des Got-
teshauses in Jerusalem. Von dieser Zeit an bis jetzt
wird daran gebaut. Es ist aber noch nicht fertigge-
stellt. 17 Wenn es dem König nun gut erscheint, so

suche man in den Schatzhäusern des Königs dort in
Babel nach, ob es sich wirklich so verhält, daß der
König Cyrus eine Weisung erlassen hat, jenes Got-
teshaus in Jerusalem zu bauen. Den königlichen Ent-
scheid in dieser Frage lasse man uns zukommen.«

Darius Erlaubnis zum Wiederaufbau des Tempels

6 1 Der König Darius gab nun den Befehl, in den
Schatzhäusern nach den Urkunden zu for-
schen, die dort in Babel niedergelegt waren.
2 Man fand in der festen Stadt Ekbatana in der Pro-
vinz Medien eine Schriftrolle, in der geschrieben
stand: »Urkunde. 3 Im ersten Jahre des Königs Cyrus
erließ der König Cyrus eine Verordnung bezüglich
des Gotteshauses in Jerusalem: Das Haus soll wieder
aufgebaut werden als Darbringungsstätte für
Schlachtopfer. Seine Grundmauern sollen beibehal-
ten werden. Seine Höhe soll dreißig Ellen betragen,
seine Länge sechzig Ellen, seine Breite zwanzig
Ellen. 4 Je drei Schichten seien von Steinen und
eine Schicht aus Holz. Die Kosten bestreitet der
Königshof. 5 Auch die goldenen und silbernen Geräte
des Gotteshauses, die Nebukadnezar vom Tempel in
Jerusalem fortgenommen und nach Babel gebracht
hat, soll man zurückgeben, im Tempel von Jerusalem
an ihren früheren Platz bringen und im Gotteshaus
niederlegen.« 6 »Nun also, Tattenaj, Statthalter der
Länder jenseits des Stromes, und Schetar-Bosnaj
samt euren Beamten jenseits des Stromes, zieht euch
von dort zurück. 7 Gebt freie Hand für die Arbeit an
jenem Gotteshaus dem Statthalter und den Ältesten
der Juden! Sie dürfen jenes Gotteshaus an seiner
früheren Stelle wieder errichten.
8 Von mir ergeht der Befehl über das, was ihr diesen
Ältesten der Juden für den Bau jenes Gotteshauses
leisten sollt: Aus den königlichen Steuererträgen,
und zwar den Abgaben des Gebietes jenseits des
Stromes, sollen die Kosten jenen Männern pünkt-
lich und ununterbrochen erstattet werden! 9 Was
man braucht an Jungstieren, Widdern und Läm-
mern zu Brandopfern für den Gott des Himmels,
ferner an Weizen, Salz, Wein und Öl soll nach An-
gabe der Jerusalemer Priesterschaft ihnen tagtäglich
ohne Unterlaß gegeben werden! 10 Sie sollen so
dem Gott des Himmels angenehme Opfer darbrin-
gen und für das Leben des Königs und seiner Söhne
beten! 11 Auch ergeht von mir die Anweisung: Je-
dem, der diesen Erlaß mißachtet, werde ein Balken
aus seinem Haus gerissen. Er soll an ihm aufge-
pfählt, und sein Haus soll dafür zu einem Schutt-
haufen werden! 12 Der Gott, der seinen Namen dort
wohnen läßt, möge jeden König und jedes Volk
stürzen, die ihre Hand zur Übertretung ausstrecken,
um dies Gotteshaus in Jerusalem zu zerstören! Ich,
Darius, habe den Befehl erteilt; er soll genauestens
ausgeführt werden!«

Vollendung und Tempelweihe (515)

13 Tattenaj, der Statthalter des Gebietes jenseits
des Stromes, Schetar-Bosnaj und ihre Amtsgenossen
handelten nun genau nach der Anweisung, die
ihnen König Darius zugesandt hatte. 14 Die Ältesten
der Juden arbeiteten nun am Wiederaufbau und hat-
ten Erfolg dank der Wirksamkeit der Propheten Hag-
gaj und Sacharja, des Iddosohnes. Sie vollendeten
den Bau nach dem Befehl des Gottes Israels und
nach den Weisungen des Cyrus, Darius und des Per-
serkönigs Artaxerxes. 15 Dieses Haus war auf den
dritten Tag des Monats Adar, und zwar im sechsten
Jahr der Regierung des Königs Darius fertiggestellt.
16 Dann feierten die Söhne Israels, Priester, Leviten
und die übrigen aus der Verbannung Zurückgekehr-
ten, die Weihe dieses Gotteshauses voll Freude.
17 Sie opferten zur Einweihung des Hauses Gottes
hundert Stiere, zweihundert Widder, vierhundert
Lämmer und als Sündopfer für ganz Israel zwölf
Ziegenböcke, entsprechend der Anzahl der Stämme
Israels. 18 Sie setzten die Priester nach ihren Klassen
und die Leviten nach ihren Abteilungen für den
Gottesdienst in Jerusalem ein, wie es das Buch des
Moses vorschrieb.

Osterfestfeier

19 Am vierzehnten Tage des ersten Monats veran-
stalteten die aus der Verbannung Heimgekehrten
die Paschafeier. 20 Die Priester und Leviten hatten
sich insgesamt gereinigt. Im Zustand der Reinheit
schlachteten sie das Pascha für alle Glieder der
Heimkehrergemeinde, für ihre Amtsbrüder, die
Priester, und für sich selbst. 21 So aßen es die Söhne
Israels, die aus der Verbannung zurückgekehrt
waren, sowie alle, die sich von der Unreinheit der
heidnischen Landesbevölkerung ausgesondert und
jenen angeschlossen hatten, um nunmehr den
Herrn, den Gott Israels, zu suchen. 22 Sie feierten
sieben Tage lang voller Freude das Fest der unge-
säuerten Brote. Denn der Herr hatte sie froh ge-
macht und das Herz des Königs von Assur ihnen
zugewandt, so daß er sie bei der Arbeit am Tempel
Gottes, des Gottes von Israel, unterstützte.

Heimkehr

7 1 Nach diesen Begebenheiten zog unter der
Herrschaft des Perserkönigs Artaxerxes Esra
herauf, der Sohn Serajas, des Sohnes Asarjas,
des Sohnes Hilkias, 2 des Sohnes Schallums, des

Sohnes Zadoks, des Sohnes Achitubs, 3 des Sohnes
Amarjas, des Sohnes Asarjas, des Sohnes Merajots,
4 des Sohnes Serachjas, des Sohnes Ussis, des Soh-
nes Bukkis, 5 des Sohnes Abischuas, des Sohnes Pin-
chas', des Sohnes Eleasars, des Sohnes Aarons, des
Hohenpriesters. 6 Dieser Esra zog nun von Babel
herauf. Er war Schriftgelehrter, erfahren im Gesetz
des Moses, das der Herr, der Gott Israels, erlassen
hatte. Der König gewährte ihm alle seine Wünsche,
da die Hand des Herrn, seines Gottes, über ihm
war. 7 Auch eine Anzahl Israeliten sowie Priester,
Leviten, Sänger, Torhüter und Tempeldiener zogen
mit nach Jerusalem hinauf im siebten Jahr des
Königs Artaxerxes. 8 Er kam im fünften Monat in
Jerusalem an, im genannten siebten Jahr des Königs.
9 Denn am ersten Tag des ersten Monats hatte er
den Abzug aus Babel angeordnet, und am ersten
Tag des fünften Monats kam er in Jerusalem an, da
seines Gottes gütige Hand über ihm waltete. 10 Esra
hatte seinen Sinn darauf gerichtet, das Gesetz des
Herrn zu erforschen, nach ihm zu handeln und in
Israel Satzung und Recht zu lehren.
11 Dies ist die Abschrift des Briefes, den der König
Artaxerxes dem Priester und Schriftgelehrten Esra
mitgab, dem Schriftgelehrten im Wortlaut der Ge-
bote des Herrn und seiner Satzungen für Israel:
12 »Artaxerxes, der König der Könige, entbietet dem
Priester Esra, dem Gelehrten im Gesetz des Him-
melsgottes, besten Gruß. Sodann: 13 Von mir wird
die Verfügung erlassen, daß jeder in meinem König-
reich, der gewillt ist, nach Jerusalem zu ziehen, mit
dir gehen darf, wenn er zum Volk Israel, seinen Prie-
stern und Leviten gehört. 14 Denn dazu wirst du
hiermit vom König und seinen sieben Ratgebern ge-
sandt, um über Juda und Jerusalem gemäß dem Ge-
setz deines Gottes, das in deiner Hand ist, eine Un-
tersuchung anzustellen, 15 ferner um das Silber und
Gold zu überbringen, das der König und seine Rat-
geber dem Gott Israels, dessen Wohnung sich in
Jerusalem befindet, spendeten, 16 ebenso alles Silber
und Gold, das du in der ganzen Provinz Babel be-
kommst, samt den Spenden des Volkes und der
Priester, die sie für das Haus ihres Gottes in Jeru-
salem freiwillig entrichten. 17 Darum kaufe mit Um-
sicht für jenes Geld Stiere, Widder, Lämmer samt
den zugehörigen Speise- und Trankopfern und
bringe sie auf dem Altar des Hauses eures Gottes zu
Jerusalem dar! 18 Was aber dir und deinen Amtsbrü-
dern mit dem Rest an Silber und Gold anzufangen
gut scheint, das tut gemäß dem Willen eures
Gottes! 19 Auch die Geräte, die man dir für den
Dienst im Haus deines Gottes überreichen wird, lie-
fere ab vor dem Gott Israels in Jerusalem! 20 Den
restlichen Bedarf des Hauses deines Gottes, den du
aufzubringen hast, darfst du aus den königlichen
Schatzhäusern bestreiten. 21 Ich, der König Artaxer-
xes, erteile allen Schatzmeistern jenseits des Stro-
mes den Befehl: Alles, was der Priester Esra, der Ge-
lehrte im Gesetz des Himmelsgottes, von euch
fordert, soll genauestens geleistet werden, 22 und
zwar bis zu zweihundert Talenten Silber, hundert
Kor Weizen, hundert Bat Wein, hundert Bat Öl und
Salz unbeschränkt! 23 Alles, was vom Himmelsgott
befohlen ist, soll mit frommem Eifer für das Haus
des Himmelsgottes ausgeführt werden, damit nicht
ein Zorngericht das Reich des Königs und seiner
Söhne treffe. 24 Euch aber sei kundgetan, daß es nie-
mandem gestattet ist, Priestern, Leviten, Sängern,
Torhütern, Tempelsklaven oder Dienern dieses
Gotteshauses Zahlungen, Naturalabgaben oder
Steuern aufzuerlegen. 25 Und du, Esra, kraft der
Weisheit deines Gottes, über die du verfügst, setze
Richter und Rechtsprecher ein, die das ganze Volk,
das jenseits des Stromes wohnt, richten sollen, das
heißt alle jene, die das Gesetz deines Gottes ken-
nen; wer es aber nicht kennt, den sollt ihr es lehren!
26 Über jeden aber, der das Gesetz deines Gottes
und das Gesetz des Königs nicht genau befolgt, soll
man zu Gericht sitzen und ihn entweder zum Tod,
zur Verbannung, zu einer Geldstrafe oder Haft ver-
urteilen!«

Esras Lobgebet

27 Gepriesen sei der Herr, der Gott unserer Väter, der
einen solchen Entschluß in das Herz des Königs ge-
senkt hat, um das Haus des Herrn in Jerusalem herr-
lich zu machen! 28 Er wandte mir die Gunst des
Königs zu, seiner Ratgeber und aller machtvollen
Fürsten des Königs. So fand ich denn Kraft, da die
Hand des Herrn, meines Gottes, über mir waltete.
Ich scharte um mich aus den Israeliten Familien-
häupter, damit sie mit mir hinaufzögen.

7,25: Die Vollmachten, die Esra erhielt, bedeuteten das Zugeständnis einer weitgehenden Selbstverwaltung, die allerdings ihre Grenze an der Oberherrschaft des Königs hatte. Dieser beging nicht die Unklugheit, sich in religiöse Angelegenheiten einzumischen, lieh aber den weltlichen Arm zur Bestrafung von Gesetzesübertretern.

Heimkehrerverzeichnis

8
1 Dies sind die Familienhäupter nebst ihren
Geschlechtsregistern, die mit mir unter der
Herrschaft des Königs Artaxerxes aus Babel
heraufgezogen sind: 2 Von den Söhnen des Pinchas
Gerschom, von den Söhnen Itamars Daniel, von
den Söhnen Davids Chattusch, 3 der Sohn

Schechanjas, von den Söhnen des Parosch Sacharja;
mit ihm waren hundertfünfzig männliche Personen
ins Geschlechtsregister eingetragen; 4 von den Söh-
nen Pachat-Moabs Eljoenaj, der Sohn Serachjas,
und mit ihm zweihundert männliche Personen;
5 von den Söhnen Sattus Schechanja, der Sohn Jach-
asiels, und mit ihm dreihundert männliche Perso-
nen; 6 von den Söhnen des Adin Ebed, der Sohn
Jonatans, und mit ihm fünfzig männliche Personen;
7 von den Söhnen Elams Jeschaja, der Sohn Ataljas,
und mit ihm siebzig männliche Personen; 8 von den
Söhnen Schephatjas Sebadja, der Sohn Michaels,
und mit ihm achtzig männliche Personen; 9 von den
Söhnen Joabs Obadja, der Sohn Jechiëls, und mit
ihm zweihundertachtzehn männliche Personen;
10 von den Söhnen Banis Schelomit, der Sohn
Josiphjas, und mit ihm hundertsechzig männliche
Personen; 11 von den Söhnen Bebajs Sacharja, der
Sohn Bebajs, und mit ihm achtundzwanzig männli-
che Personen; 12 von den Söhnen Asgads Jochanan,
der Sohn Hakkatans, und mit ihm hundertzehn
männliche Personen; 13 von den Söhnen Adonikams
folgten Nachzügler; sie hießen: Eliphelet, Jeïel,
Schemaja, und mit ihnen sechzig männliche Perso-
nen; 14 von den Söhnen Bagois Utaj und Sabbud,
und mit ihnen siebzig männliche Personen.

Levitenverzeichnis

15 Ich versammelte sie am Fluß, der in den Ahawa
einmündet. Wir lagerten dort drei Tage. Ich be-
merkte zwar das Volk und die Priester, fand dort je-
doch keine Leviten. 16 Da sandte ich Elieser, Ariël,
Schemaja, Elnatan, Jarib, Elnatan, Natan, Sacharja
und Meschullam, erfahrene Familienhäupter. 17 Ich
gab ihnen eine Anweisung für Iddo, das Haupt des
Ortes Kasiphja, und teilte ihnen die Worte mit, die
sie zu Iddo und seinen Gefährten, welche im Ort
Kasiphja wohnten, sprechen sollten, um uns Diener
für das Haus unseres Gottes anzuwerben. 18 Man
brachte uns, da die gütige Hand unseres Gottes
über uns waltete, einen klugen Mann von den Söh-
nen Machlis, des Sohnes Levis, des Sohnes Israels,
nämlich Scherebja mit seinen Söhnen und Brüdern,
achtzehn Mann; 19 ferner Chaschabja und mit ihm
Jeschaja von den Söhnen Meraris samt seinen Brü-
dern und ihren Söhnen, insgesamt zwanzig Mann;
20 dazu von den Tempeldienern, die David und die
Fürsten zum Dienst der Leviten bestimmt hatten,
zweihundertzwanzig Angestellte. Sie alle sind mit
Namen aufgezeichnet.

Vor der Abreise

21 Ich ließ dort am Fluß Ahawa ein Fasten ausrufen.
Wir wollten uns vor unserem Gott beugen und uns
eine gute Reise für uns, unsere Familien und unsere
ganze Habe erflehen. 22 Denn ich schämte mich,
den König um Truppen und Reiter zu bitten, die uns
auf der Reise vor Feinden schützen sollten. Viel-
mehr sagten wir zum König: »Die Hand unseres
Gottes waltet über allen, die ihn suchen, zu ihrem
Besten; aber seine Macht und sein Zorn treffen alle,
die ihn verlassen.« 23 So hielten wir ein Fasten und
suchten von unserem Gott Hilfe in dieser Sache. Er
erhörte unsere Bitte.

24 Dann sonderte ich zwölf von den obersten Prie-
stern aus, dazu Scherebja, Chaschabja und mit
ihnen zehn weitere von ihren Amtsbrüdern. 25 Ich
wog ihnen das Silber, das Gold und die Geräte ab,
die Weihegabe für das Haus unseres Gottes, die der
König, seine Ratgeber und Großen, sowie alle Israe-
liten, die sich dort befanden, gespendet hatten.
26 Ich wog in ihre Hand sechshundertfünfzig Ta-
lente Silber, hundert silberne Geräte im Wert von
zwei Talenten, hundert Talente Gold, 27 zwanzig
goldene Becher im Wert von tausend Dareiken und
zwei Geräte von bestem glänzendem Erz, kostbar
wie Gold. 28 Dabei sprach ich zu ihnen: »Heilig seid
ihr dem Herrn, und auch die Geräte sind geweiht.
Das Silber und das Gold sind eine freiwillige
Spende für den Herrn, den Gott eurer Väter. 29 So
gebt acht und bewahrt sie, bis ihr sie vor den Ober-
sten der Priester und Leviten und den israelitischen
Familienhäuptern in Jerusalem in den Räumen des
Hauses des Herrn abwägen könnt!« 30 Die Priester
und Leviten nahmen das Silber, das Gold und die
Geräte abgewogen in Empfang, um sie in das Haus
unseres Gottes nach Jerusalem zu bringen.

Aufbruch und Ankunft

31 Am zwölften Tag des ersten Monats brachen wir
vom Fluß Ahawa auf, um nach Jerusalem zu zie-
hen. Die Hand unseres Gottes waltete über uns. Er
schützte uns vor Feinden und Wegelagerern. 32 So
kamen wir nach Jerusalem und ruhten dort drei
Tage aus. 33 Am vierten Tag wurden das Silber, das
Gold und die Geräte im Haus unseres Gottes in die
Hand des Priesters Meremot, des Sohnes Urias,
dargewogen. Bei ihm war Eleasar, der Sohn des
Pinchas, außerdem die Leviten Josabad, der Sohn
Jesuas, und Noadja, der Sohn Binnujs. 34 Nach Zahl
und Gewicht ward alles abgeliefert. Gleichzeitig
wurde das ganze Gewicht aufgezeichnet. 35 Danach
brachten die aus der Gefangenschaft Zurückge-
kehrten, die Heimkehrergruppe, dem Gott Israels
Brandopfer dar. Es waren zwölf Stiere für ganz
Israel, sechsundneunzig Widder, zweiundsiebzig
Lämmer und zwölf Ziegenböcke zum Sündopfer,

alles als Brandopfer für den Herrn. 36 Sie übergaben
die Anordnungen des Königs den königlichen Ver-
waltungsbeamten und den Statthaltern der Gebiete
jenseits des Stromes. Diese begünstigten nun das
Volk und das Haus Gottes.

Entrüstung über die Mischehen

9 1 Nachdem dies vollendet war, kamen zu mir
die Obersten und berichteten: »Das israeliti-
sche Volk und die Priester und Leviten haben
sich nicht von den Heidenvölkern des Landes in An-
betracht ihrer Greuel abgesondert, nämlich von den
Kanaanitern, Hethitern, Perissitern, Jebusitern, Am-
monitern, Moabitern, Ägyptern und Edomitern.
2 Für sich und ihre Söhne nahmen sie sich aus deren
Töchtern Frauen; so hat sich der heilige Same mit
den Heidenvölkern des Landes vermischt. Bei die-
sem Treubruch spielten Fürsten und Vornehme die
erste Rolle.« 3 Sobald ich davon Kunde erhielt, zer-
riß ich mein Gewand und meinen Mantel, raufte
mir die Haare des Hauptes und Bartes und saß tief
erschüttert da. 4 Nun sammelten sich um mich alle,
die sich vor den Drohworten des Gottes Israels
wegen des Treubruchs der Heimgekehrten fürchte-
ten. Ich blieb tief erschüttert bis zum Abendopfer
sitzen.

Esras Bußgebet

5 Beim Abendopfer erhob ich mich aus meiner Nie-
dergeschlagenheit, und in meinem zerrissenen Ge-
wand und Mantel fiel ich auf meine Knie nieder und
breitete meine Hände zum Herrn, meinem Gott,
aus. 6 Ich rief: »Mein Gott, ich bin voller Scham und
wage nicht, zu dir, mein Gott, mein Antlitz zu er-
heben; denn unsere Vergehen wuchsen uns über
das Haupt, unsere Schuld ist groß und reicht bis
zum Himmel. 7 Seit den Tagen unserer Väter sind
wir in schwerer Schuld bis zum heutigen Tag. Für
unsere Vergehen sind wir, unsere Könige und Prie-
ster, den Königen der Heidenländer ausgeliefert,
dem Schwert, der Gefangenschaft, der Plünderung
und der öffentlichen Verhöhnung, wie es heute der
Fall ist. 8 Nun ward uns eben erst für kurze Zeit Er-
barmen vom Herrn, unserem Gott, zuteil. Er hat
einen Rest von uns gerettet und uns ein Heim an
seiner heiligen Stätte gegeben. Unsere Augen hat
unser Gott aufgehellt und uns ein wenig Leben ver-
liehen in unserer Knechtschaft. 9 Denn wir sind
Knechte; aber in unserer Knechtschaft hat unser
Gott uns nicht verlassen. Er hat uns die Huld der
persischen Könige zugewandt, um uns Lebenskraft
zu verleihen zum Aufbau unseres Gotteshauses
und zur Wiederherstellung seiner Trümmer; eine
Schutzwehr hat er uns in Juda und Jerusalem ver-
liehen.
10 Nun aber, unser Gott, was sollen wir nach all
dem sagen, da wir deine Gebote übertraten? 11 Du
hast ja durch deine Knechte, die Propheten, ange-
ordnet: ›Das Land, in dessen Besitz ihr kommen
sollt, ist ein beflecktes Land, wegen der Befleckung
der Bevölkerung des Landes infolge ihrer Greuel,
mit denen sie es in ihrer Unreinheit von einem Ende
zum anderen angefüllt haben. 12 Gebt daher eure
Töchter nicht ihren Söhnen und nehmt ihre Töchter
nicht für eure Söhne! Sucht nie ihr Glück und ihren
Wohlstand, damit ihr stark werdet, die Güter des
Landes genießet und für immer euren Söhnen ver-
erbt!‹ 13 Nach all dem, was unserer bösen Taten und
unserer großen Verschuldung wegen über uns her-
einbrach – du, unser Gott, hast uns zwar gnädiger
behandelt, als unsere Sünde verdient hätte, und uns
diesen geretteten Rest geschenkt –, 14 sollen wir da
von neuem deine Gebote brechen und uns mit die-
sen greuelbeladenen Völkern verschwägern? Wür-
dest du uns nicht bis zur Vernichtung zürnen, so
daß kein Rest und kein Geretteter mehr bliebe?
15 Herr, Gott Israels, du bist so gnädig, daß heute
noch ein Rest von uns erhalten ist. Da sind wir nun
vor dir mit unserer Schuldenlast; gewiß, wir können
ihretwegen nicht vor dir bestehen!«

9,2: 2 Mos 34,16; 5 Mos 7,3. Zur Zeit des Esra nahm der Begriff »Kultische Reinheit« festere Gestalt an. Das fremde Land war unrein wegen der anderen Götter, die man dort verehrte; die Ehe galt als Abbild der Verbindung Gottes mit seinem Lande. In der Ehe mit Heiden nahm man also Verbindung mit einem anderen Gott auf und wurde mithin unrein.

Mitteilung an die Volksgemeinde

10 1 Während Esra weinend und niederge-
streckt vor dem Haus Gottes betete und
bekannte, sammelte sich um ihn eine sehr
große Gemeinde aus Israel, Männer, Frauen und
Kinder; denn auch das Volk weinte gar sehr.
2 Schechanja, der Sohn Jechiëls, ein Nachkomme
Elams, ergriff das Wort und sprach zu Esra: »Wir
sind unserem Gott treulos geworden, weil wir
fremde Frauen aus der Bevölkerung des Landes ge-
heiratet haben. Nun aber bleibt trotzdem noch eine
Hoffnung für Israel. 3 Laßt uns also mit unserem
Gott einen Bund schließen: Wir entlassen alle frem-
den Frauen und ihre Kinder auf den Rat meines
Herrn und aller, die das Gebot unseres Gottes fürch-
ten. Man handle nach dem Gesetz! 4 Auf! Bei dir
liegt die Durchführung! Wir aber stehen dir bei. Sei
mutig und handle!«
5 Esra erhob sich und nahm von den Fürsten der

Priester, der Leviten und ganz Israel einen Eid ab, so zu verfahren, und sie leisteten diesen Eid. 6 Hierauf verließ Esra die Stelle vor dem Haus Gottes und begab sich in das Gemach Jochanans, des Sohnes Eljaschibs. Dort übernachtete er, ohne Nahrung zu sich zu nehmen und ohne Wasser zu trinken; denn er war betrübt über den Treubruch der Heimkehrergemeinde. 7 Man ließ nun allen Zurückgekehrten in Juda und Jerusalem laut verkünden, sie sollten sich in Jerusalem einfinden. 8 Wer immer in einem Zeitraum von drei Tagen gemäß dem Beschluß der Obersten und Ältesten nicht komme, dem drohe Bannung seines ganzen Besitzes und Ausschluß aus der Heimkehrergemeinde.

Regelung der Mischehenfragen

9 So versammelten sich alle Männer von Juda und Benjamin nach Ablauf von drei Tagen in Jerusalem. Es war am 20. des neunten Monats. Alle Leute saßen auf dem freien Platz vor dem Haus Gottes, zitternd wegen des Anlasses, aber auch wegen der einsetzenden Regenschauer. 10 Da erhob sich der Priester Esra und verkündete ihnen: »Treubruch war es von euch, daß ihr fremde Frauen geheiratet und so die Schuld Israels noch vergrößert habt. 11 Legt nunmehr dem Herrn, dem Gott eurer Väter, ein Bekenntnis ab und vollstreckt seinen Willen! Sondert euch ab von den heidnischen Bewohnern des Landes und von den fremdstämmigen Frauen!« 12 Die ganze Gemeinde antwortete und rief mit lauter Stimme: »Ganz nach deinen Worten zu handeln, sehen wir uns verpflichtet! 13 Aber das Volk ist zahlreich, und es ist Regenzeit. Im Freien kann man sich nicht aufhalten. Auch ist die Angelegenheit an ein oder zwei Tagen nicht zu erledigen; denn es sind viele von uns, die sich in dieser Hinsicht verfehlt haben. 14 Mögen doch unsere Obersten im Namen der ganzen Gemeinde zusammentreten, und alle, die in unseren Städten fremde Frauen heimführten, sollen zu festgesetzten Zeiten zusammen mit den Ältesten einer jeden Stadt und deren Richtern herkommen, bis wir die Zornesglut unseres Gottes in dieser Sache von uns abgewendet haben.« 15 Nur Jonatan, der Sohn Asahels, und Jachseja, der Sohn Tikwas, traten dagegen auf; Meschullam und der Levit Schabbetaj standen ebenfalls auf ihrer Seite.

Untersuchungsausschuß

16 Doch die Heimkehrer verfuhren nach ihrem Vorschlag. Der Priester Esra wählte Männer aus, Familienhäupter für ihre einzelnen Familien. Sie wurden alle mit Namen ernannt. Am ersten Tag des zehnten Monats hielten sie eine Sitzung ab zur Untersuchung des Tatbestandes. 17 Sie brachten die Sache mit all den Männern, die fremdstämmige Frauen geheiratet hatten, bis zum ersten Tag des ersten Monats zum Abschluß.

Liste der Schuldigen

18 Unter der Priesterschaft fanden sich folgende, die fremde Frauen geheiratet hatten: Von den Söhnen Jesuas, des Sohnes Jozadaks, und seiner Brüder: Maaseja, Elieser, Jarib und Gedalja. 19 Auf Handschlag versprachen sie die Entlassung ihrer Frauen. Ihr Schuldopfer bestand in einem Widder für ihr sträfliches Vergehen. 20 Von den Söhnen Immers fand man schuldig: Chanani und Sebadja, 21 von den Söhnen Charims Maaseja, Elia, Schemaja, Jechiël und Ussia, 22 von den Söhnen Paschchurs Eljoenaj, Maaseja, Ismael, Netanel, Josabad und Elasa; 23 von den Leviten Josabad, Schimi, Kelaja, d. i. Kelita, Petachja, Juda und Elieser; 24 von den Sängern Eljaschib; von den Torhütern Schallum, Telem und Uri; 25 von den Israeliten aber: von den Söhnen des Parosch Ramja, Jissija, Malkija, Mijamin, Eleasar, Chaschabja und Benaja, 26 von den Söhnen Elams Mattanja, Sacharja, Jechiël, Abdi, Jeremot und Elia, 27 von den Söhnen Sattus Eljoenaj, Eljaschib, Mattanja, Jeremot, Sabad und Asisa, 28 von den Söhnen Bebajs Jochanan, Chananja, Sabbaj und Atlaj, 29 von den Söhnen Banis Meschullam, Malluch, Adaja, Jaschub, Scheal und Jeramot, 30 von den Söhnen Pachat-Moabs Adna, Kelal, Benaja, Maaseja, Mattanja, Bezalel, Binnuj und Manasse, 31 von den Söhnen Charims Elieser, Jischschija, Malkija, Schemaja, Simeon, 32 Benjamin, Malluch und Schemarja, 33 von den Söhnen Chaschums Mattenaj, Mattatta, Sabad, Eliphelet, Jeremaj, Manasse und Schimi, 34 von den Söhnen Bagois Maadaj, Amram, Uël, 35 Benaja, Bedja, Keluhu, 36 Neja, Meremot, Eljaschib, 37 Mattanja, Matenaj und Jaasaj, 38 von den Söhnen Binnujs Schimi, 39 Schelemja, Natan, Adaja, 40 Maknadbaj, Schaschaj, Scharaj, 41 Asarel, Schelemja, Schemarja, 42 Schallum, Amarja und Joseph, 43 von den Söhnen Nebos Jeïel, Mattitja, Sabad, Sebina, Jaddaj, Joël und Benaja. 44 Sie alle hatten sich fremdstämmige Frauen genommen. Jetzt aber entließen sie Frauen und Kinder.

DAS BUCH NEHEMIA

Worte Nehemias, des Sohnes Chakaljas:
Im Monat Kislew (Dezember), im
neunzehnten Jahr (des Königs Arta-
xerxes), befand ich mich auf der Burg Susa. 2 Da
kam Chanani, einer von meinen Brüdern, mit
einigen Männern aus Juda. Ich erkundigte mich
nun über die Juden, das heißt über den geretteten
Rest, der nach der Gefangenschaft übriggeblie-
ben war, und über Jerusalem. 3 Sie gaben mir zur
Antwort: »Der Rest, der dort in der Provinz nach
der Gefangenschaft übriggeblieben ist, lebt in
großer Not und Schmach. Die Mauer Jerusalems ist
abgebrochen, und die Tore der Stadt sind ver-
brannt.«

Gebet des Nehemia

4 Als ich diese Nachricht hörte, setzte ich mich
nieder, weinte und trauerte Tage hindurch. Ich
fastete und betete vor dem Gott des Himmels. 5 Ich
sprach: »Ach, Herr, du Gott des Himmels, du
großer und furchtgebietender Gott, der Bund und
Huld denen bewahrt, die ihn lieben und seine Ge-
bote halten! 6 Laß doch dein Ohr aufmerksam und
deine Augen geöffnet sein, um das Gebet deines
Knechtes zu erhören, das ich heute Tag und Nacht
für die Israeliten, deine Knechte, verrichte! Ich be-
kenne dabei die Sünden der Söhne Israels, die wir
gegen dich begingen. Auch ich und meine Familie
haben gefehlt. 7 Überaus schlecht haben wir gegen
dich gehandelt und die Befehle, Gebote und Sat-
zungen nicht gehalten, die du deinem Knecht
Moses gegeben hast.

8 Gedenke doch des Befehls, den du deinem Knecht
Moses erteiltest, indem du sprachst: ›Wenn ihr treu-
los werdet, so will ich euch unter die Heidenvölker
zerstreuen. 9 Kehrt ihr aber zu mir zurück, gehorcht
ihr meinen Geboten und handelt danach, so will ich
fürwahr eure Verstoßenen sammeln, selbst wenn
sie an den Enden des Himmels wären, und will sie
hinführen an den Ort, den ich erwählt habe, um
meinen Namen dort wohnen zu lassen!‹ 10 Sie sind
ja deine Knechte und dein Volk, das du mit deiner
großen Kraft und deiner starken Hand erlöst hast.
11 Ach, Herr, möge doch dein Ohr auf das Gebet
deines Knechtes und das Flehen deiner Diener acht-
geben, die es lieben, deinen Namen zu fürchten!
Laß es doch deinem Knecht heute gelingen und laß
ihn Erbarmen finden vor diesem Mann!« Ich war
nämlich Mundschenk beim König.

1,1: Der Perserkönig Artaxerxes regierte 465–424. Die Profange-
schichte schildert ihn als einen schwachen Charakter, der sich von
Höflingen und Frauen leicht beeinflussen ließ. Seine Feldzüge gegen
Griechenland und Ägypten überließ er seinen Feldherren.

Verfügung des Königs

2 1 Im Monat Nisan, im zwanzigsten Jahr des
Königs Artaxerxes, begab es sich, daß ich
Wein auftischen mußte. Ich nahm den Wein
und reichte ihn dem König dar. Dabei machte ich
auf ihn den Eindruck, daß ich schlecht aussähe.
2 Der König fragte mich: »Warum siehst du so
schlecht aus? Du bist doch nicht etwa krank? Das
kann nur ein Herzenskummer sein!« Ich aber
geriet in großen Schrecken. 3 Da gab ich dem König
zur Antwort: »Der König möge ewig leben! Wie
sollte denn mein Angesicht nicht verfallen aus-
sehen, da doch die Stadt, darin die Gräber meiner
Väter sind, in Trümmern daliegt und ihre Tore vom
Feuer verzehrt sind?« 4 Als der König mich nach
meinem Begehren fragte, betete ich zum Gott des
Himmels. 5 Dann antwortete ich dem König:
»Wenn es den König recht dünkt und dein Knecht
dir genehm ist, so sende mich doch nach Juda in die
Stadt, darin die Gräber meiner Ahnen sind, damit
ich sie wieder aufbaue!« 6 Da fragten mich der
König und die Königin, die an seiner Seite saß: »Wie
lange wird deine Reise dauern? Wann wirst du wie-
der zurückkehren?«
Der König war also einverstanden, mich ziehen zu
lassen, und ich gab ihm einen Zeitpunkt an. 7 Dann
bat ich den König: »Wenn es dem König genehm ist,
so gebe man mir Briefe an die Statthalter des Lan-
des jenseits des Stromes mit, daß sie mich durch-
reisen lassen, bis ich nach Juda komme; 8 desglei-
chen einen Brief an Asaph, den Aufseher über die
königlichen Baumgärten; er solle mir Holzstämme
liefern, um in die Tore der Tempelburg Balken ein-
setzen zu können, Holz auch für die Mauer der
Stadt und für den Tempel, zu dem ich ziehen will!«
Der König gestattete es mir; denn die Hand meines
Gottes waltete gnädig über mir. 9 So kam ich denn
zu den Statthaltern jenseits des Stromes und gab
ihnen die Briefe des Königs. Auch Heeresoberste

und Reiter hatte der König mit mir entsandt. 10 San-
ballat aus Choron und Tobia, der ammonitische
Knecht, hörten davon. Es mißfiel ihnen sehr, daß
jemand kam, der das Wohl der Israeliten fördern
wollte.

Nachts bei den Stadtmauern

11 So kam ich denn nach Jerusalem und blieb dort
drei Tage. 12 Dann stand ich zur Nachtzeit auf.
Nur wenige Männer waren bei mir. Noch nieman-
dem hatte ich davon Mitteilung gemacht, was mein
Gott mir eingegeben hatte, für Jerusalem zu tun.
Auch Haustiere hatte ich keine bei mir außer
dem einen Tier, auf dem ich ritt. 13 Während der
Nacht zog ich durch das Taltor zur Drachenquelle
hinaus und zum Aschentor und untersuchte die
Mauern Jerusalems, wo sie niedergerissen dalagen,
und seine Tore, die durch Feuer vernichtet waren.
14 Ich zog hinüber zum Quelltor und zum Königs-
teich. Hier war es für mein Reittier unmöglich,
weiterzukommen. 15 Nun ritt ich im Tal bei Nacht
nach oben und untersuchte fortwährend die Mauer.
Dann kehrte ich um und begab mich durch das
Taltor wieder zurück. 16 Die Stadträte aber ahnten
nicht, wohin ich gegangen war und was ich tat.
Den Juden, sowohl den Priestern, den Edlen und
den Stadträten als auch den übrigen Baubeamten,
hatte ich bis zu jenem Zeitpunkt noch nichts mit-
geteilt.

Wiederaufbau der Stadtmauer Jerusalems

17 Nun aber sprach ich zu ihnen: »Ihr seht es selbst,
in welchem Elend wir leben, da Jerusalem zertrüm-
mert ist und seine Tore durch Feuer zerstört sind.
Wohlan, laßt uns die Mauer Jerusalems aufbauen,
dann werden wir nicht länger Gegenstand des Hoh-
nes sein!« 18 Ich erzählte ihnen, wie die Hand mei-
nes Gottes so gnädig über mir gewaltet hat, und
teilte ihnen auch die Worte des Königs mit, die er an
mich gerichtet hatte. Sie erklärten daraufhin: »Wir
wollen uns daranmachen und bauen!« Und sie
waren fest entschlossen, das gute Werk anzufan-
gen.

Spott und Hohn

19 Als aber Sanballat aus Choron, der ammonitische
Knecht Tobia und der Araber Geschem davon ver-
nahmen, verspotteten sie uns, höhnten über uns
und äußerten sich: »Was ist denn das, was ihr da
treibt? Wollt ihr euch gegen den König empören?«
20 Ich gab ihnen zur Antwort: »Der Gott des Him-
mels wird uns die Sache gelingen lassen. Wir aber,
seine Knechte, gehen ans Werk und bauen. Ihr
jedoch habt keinen Anteil, keinerlei Recht und kein
Andenken in Jerusalem!«

*Liste der Bauenden: Priester, Leviten und
einfaches Volk*

3 1 Der Hohepriester Eljaschib und seine Amts-
brüder, die Priester, machten sich daran, das
Schaftor aufzubauen. Sie setzten die Balken
ein und brachten die Torflügel an. Dann bauten sie
weiter bis zum Turm der Hundert und bis zum
Turm Chananel. 2 Daneben bauten die Männer von
Jericho. Neben ihnen baute Sakkur, der Sohn des
Imri. 3 Das Fischtor errichteten die Söhne des Senaa.
Sie setzten die Balken ein und brachten seine
Torflügel, Verschlüsse und Riegel an. 4 Neben ihnen
arbeitete Merimot, der Sohn Urias und Enkel des
Hakkoz; bei ihm Meschullam, der Sohn Berechjas
und Enkel Meschesabels; bei ihm Zadok, der Sohn
Baanas. 5 Neben ihnen bauten die Leute von Tekoa.
Doch die Vornehmen unter ihnen beugten ihren
Nacken nicht zum Dienst für ihre Herren. 6 Am
Jeschanator arbeiteten Jojada, der Sohn Paseachs,
und Meschullam, der Sohn Besodjas. Sie setzten
die Balken ein und brachten seine Torflügel, Ver-
schlüsse und Riegel an. 7 Daneben arbeiteten Me-
latja aus Gibeon und Jadon aus Meronot sowie die
Leute aus Gibeon und Mizpa an der Stelle, wo der
Statthalter jenseits des Stromes seinen Sitz hatte.
8 Neben ihm arbeitete Ussiel, der Sohn Charchajas,
einer der Goldschmiede, daneben Chananja, einer
der Salbenbereiter. Sie befestigten Jerusalem bis zur
breiten Mauer.

9 Neben ihnen baute Rephaja, der Sohn Churs, der
Vorsteher des halben Außenbezirks von Jerusalem.
10 Daneben arbeitete Jedaja, der Sohn Charumaphs,
gegenüber seinem Haus, neben diesem Chattusch,
der Sohn Chaschabnejas. 11 An einer zweiten
Strecke arbeiteten Malkija, der Sohn Charims, und
Chaschub, der Sohn Pachat-Moabs. Sie stellten
auch den Ofenturm her. 12 Daneben baute Schal-
lum, der Sohn des Hallochesch, der Vorsteher der
anderen Hälfte des Bezirkes von Jerusalem, er samt
seinen Töchtern. 13 Am Taltor arbeitete Chanun mit
den Bewohnern von Sanoach. Sie bauten es auf und
brachten seine Torflügel, Verschlüsse und Riegel an.
Sie bauten an der Mauer weitere tausend Ellen bis
zum Aschentor. 14 Am Aschentor arbeitete Malkija,
der Sohn Rechabs, der Vorsteher des Bezirkes Bet-
Hakkerem. Er baute es auf und brachte seine Tor-
flügel, Verschlüsse und Riegel an.

15 Am Quelltor arbeitete Schallum, der Sohn des
Kol-Chose, der Vorsteher des Bezirkes Mizpa. Er
baute es auf, versah es mit einem Dach und brachte
seine Torflügel, Verschlüsse und Riegel an. Er ver-
besserte auch die Mauer am Teich der Wasser-

leitung am Königsgarten bis zu den Stufen, die von der Davidsstadt hinabführten. 16 Hinter ihm baute Nehemia, der Sohn Asbuks, der Vorsteher des halben Bezirks Bet-Zur, bis zu der Stelle gegenüber den Gräbern Davids und bis zum künstlichen Teich und zur Kaserne der Leibwache.

17 Hinter ihm bauten die Leviten, nämlich Rechum, der Sohn Banis; neben ihm arbeitete Chaschabja, der Vorsteher des halben Bezirks Keïla, für seinen Bezirk. 18 Hinter ihm bauten deren Stammesbrüder unter Binnuj, dem Sohn Chenadads, dem Vorsteher der anderen Bezirkshälfte von Keïla. 19 Daneben arbeitete Eser, der Sohn Jesuas, der Vorsteher von Mizpa, an einer zweiten Strecke gegenüber dem Aufstieg zum Zeughaus beim Winkel. 20 Hinter ihm baute Baruch, der Sohn Sabbajs, an einer zweiten Strecke vom Winkel bis an den Eingang zum Haus des Hohenpriesters Eljaschib. 21 Dahinter baute Meremot, der Sohn Urias und Enkel Hakkoz', an einer zweiten Strecke vom Eingang zum Haus Eljaschibs bis zum Ende des Hauses Eljaschibs.

22 Hinter ihm arbeiteten die Priester, die Männer aus dem Gebiet des Jordans, 23 dahinter Benjamin und Chaschub gegenüber ihrem Haus, dahinter Asarja, der Sohn des Maaseja und Enkel Ananjas, neben seinem Haus. 24 Hinter ihm arbeitete Binnuj, der Sohn Chenadads, an einer zweiten Strecke vom Haus Asarjas bis zum Winkel und zur Ecke. 25 Palal, der Sohn Usajs, baute gegenüber dem Winkel und dem oberen Turm, der vom Palast des Königs am Wachthof hervorspringt. Hinter ihm arbeitete Pedaja, der Sohn des Parosch, 26 bis gegenüber dem Wassertor im Osten und dem vorspringenden Turm. 27 Hinter ihm bauten die Bewohner von Tekoa an einer zweiten Strecke von der Stelle an, die dem großen vorspringenden Turm gegenüberliegt, bis zur Mauer des Ophel.

28 Oberhalb des Roßtores arbeiteten die Priester, ein jeder gegenüber seinem Haus. 29 Dahinter baute Zadok, der Sohn Immers, gegenüber seinem Haus, hinter ihm Schemaja, der Sohn Schechanjas, der Wächter des Osttores. 30 Hinter ihm bauten Chananja, der Sohn Schelemjas, und Chanun, der sechste Sohn Zalaphs, an einer zweiten Strecke, dahinter Meschullam, der Sohn Berechjas, gegenüber seiner Zelle. 31 Hinter ihm arbeitete Malkija, einer von den Goldschmieden, bis zum Haus der Tempeldiener und der Kaufleute gegenüber dem Aufsichtstor und bis zum Söller an der Ecke. 32 Zwischen dem Söller an der Ecke und dem Schaftor bauten die Goldschmiede und Kaufleute.

Spott der Feinde

33 Als nun Sanballat davon vernahm, daß wir die Mauer bauten, geriet er in Zorn und großen Unmut. Er verspottete die Juden. 34 Vor seinen Anhängern und dem Heer Samarias äußerte er sich: »Was machen diese elenden Juden da? Wollen sie nicht davon lassen? Werden sie Opfer darbringen? Wollen sie heute noch fertig sein? Können sie die Steine aus dem Schutthaufen wieder zu neuem Leben aufrichten, da sie doch verbrannt sind?« 35 Der Ammoniter Tobia, der neben ihm stand, rief aus: »Mögen sie ruhig bauen! Springt ein Fuchs darauf, reißt er ihre Steinmauer nieder!«

Gebet des Nehemia

36 »Höre, unser Gott: Wir sind zum Gegenstand des Spottes geworden! Laß ihr Höhnen auf ihr Haupt zurückfallen und gib sie im Land der Gefangenschaft der Plünderung preis! 37 Decke ihre Schuld nicht zu, und ihre Sünde werde vor deinem Antlitz nicht getilgt; denn sie haben die Bauenden beleidigt!« 38 Wir aber bauten an der Mauer weiter, und bald war die ganze Mauer bis zur Hälfte wieder verbunden. Dem Volk wuchs die Begeisterung für die Arbeit.

3,15: »Teich der Wasserleitung« ist der »untere«, »alte« Teich (Is 22,9.11).

Pläne der Gegner

4 1 Als Sanballat, Tobia, die Araber, Ammoniter und die Bewohner von Asdod hörten, daß die Herstellung der Mauer Jerusalems Fortschritte machte – denn die Lücken begannen sich zu schließen –, gerieten sie in heftigen Zorn. 2 Sie verschworen sich alle gemeinsam, wider Jerusalem in den Krieg zu ziehen und mir alles durcheinanderzubringen. 3 Wir aber beteten zu unserem Gott und stellten gegen sie Tag und Nacht eine Wache auf, um uns vor ihnen zu schützen. 4 Die Leute von Juda aber sprachen: »Des Trägers Kraft versagt, des Schuttes ist zu viel, und wir vermögen nicht die Mauer aufzubauen!« 5 Unsere Gegner planten: »Nichts merken sollen sie und nichts sehen, bis wir in ihre Mitte eindringen, sie niedermachen und so die Arbeit beendigen.« 6 Als aber die in ihrer Nähe wohnenden Juden kamen und uns wohl zehnmal von allen Orten her mahnten: »Zieht euch doch zu uns zurück!«, 7 da stellte ich in den tiefer gelegenen Plätzen hinter der Mauer an den offenen Stellen das Volk auf, und zwar nach Sippen gegliedert mit ihren Schwertern, Lanzen und Bogen. 8 Ich sah mich um, stand auf und sprach zu den Edlen, Stadträten und übrigen Leuten: »Fürchtet euch nicht vor ihnen!

Denkt an den Herrn, den Großen und Furchtgebietenden, und kämpft für eure Brüder, Söhne, Töchter, Frauen und Familien!«

Wiederaufbau der Stadtmauer unter dem Schutz der Waffen

9 Unsere Feinde erfuhren, daß uns die Sache bekannt geworden war, und so vereitelte Gott ihren Plan. Wir kehrten alle an die Mauer zurück, ein jeder zu seiner Arbeit. 10 Von jenem Tag an war nur die Hälfte meiner Mannschaft beim Bau tätig; die andere Hälfte ergriff Lanzen, Schilde, Bogen und Panzer, und die Obersten standen hinter dem ganzen Haus Juda. 11 Von den beim Mauerbau Beschäftigten und den Lastträgern luden letztere auf, wobei sie mit der einen Hand arbeiteten, während die andere den Wurfspieß hielt. 12 Von den beim Bau Beschäftigten hatte jeder sein Schwert beim Bauen um die Hüften gegürtet. Der Hornbläser stand bei mir. 13 Ich aber sprach zu den Edlen, Stadträten und den übrigen Leuten: »Die Arbeit ist vielfältig und weit ausgedehnt. Wir sind auf der Mauer voneinander getrennt, ein jeder fern vom andern. 14 An dem Ort, woher ihr den Schall der Trompete vernehmt, schart euch um uns! Unser Gott wird für uns streiten.« 15 So schafften wir am Werk, während die Hälfte von ihnen Lanzen trug, vom Anbruch der Morgenröte bis zum Aufgang der Sterne. 16 Auch befahl ich damals dem Volk: »Jeder soll mit seiner Gefolgschaft die Nacht in Jerusalem verbringen. Es soll uns die Nacht zur Wache und der Tag zur Arbeit dienen.« 17 Weder ich noch meine Brüder, meine Gefolgschaft und die Wachmannschaften, die mich begleiteten, zogen ihre Gewänder aus. Jeder hatte seine Waffe zur Rechten.

5 1 Bald entstand ein lautes Klagegeschrei unter den Leuten und ihren Frauen gegen die jüdischen Stammesbrüder. 2 Die einen sagten: »Wir müssen unsere Söhne und Töchter verpfänden, um Getreide zu bekommen und um essen und leben zu können.« 3 Andere sagten: »Wir müssen unsere Felder, Weinberge und Häuser verpfänden, um Getreide in der Hungersnot zu bekommen.« 4 Wieder andere sprachen: »Wir mußten uns Geld leihen, um dem König die Steuern entrichten zu können für unsere Felder und Weingärten. 5 Nun sind wir aber doch vom gleichen Fleisch wie unsere Brüder, und unsere Kinder sind doch wie ihre Kinder. Wir müssen jedoch unsere Söhne und Töchter zu Sklaven erniedrigen. Einige von unseren Töchtern sind schon dazu erniedrigt, und wir konnten es nicht verhindern, weil unsere Felder und Weinberge bereits anderen gehören.«

Schuldennachlaß

6 Ich wurde sehr zornig, als ich ihre Klagen und jene Worte hörte. 7 Ich hielt Rat bei mir selbst, machte den Edlen und Stadträten Vorwürfe und sagte zu ihnen: »Nur gegen Pfändung leiht jeder von euch seinem Bruder!« Dann hielt ich eine große Volksversammlung gegen sie ab. 8 Dabei sprach ich zu ihnen: »Wir haben unsere jüdischen Brüder, die an die Heiden verkauft waren, soviel wie möglich losgekauft. Ihr aber verschachert eure Brüder, und sie müssen sich uns zum Kauf anbieten.« Da schwiegen sie und fanden keine Antwort. 9 Dann fuhr ich fort: »Eure Handlungsweise ist nicht recht. Solltet ihr nicht in der Furcht unseres Gottes wandeln, um dem Hohn unserer heidnischen Feinde zu entgehen? 10 Auch ich, meine Brüder und meine Gefolgschaft liehen ihnen Geld und Getreide aus. Erlassen wir doch diese Schuldenlast! 11 Erstattet ihnen möglichst heute noch ihre Felder, Weinberge, Ölpflanzungen und Häuser zurück! Erlaßt ihnen die Schuld an Geld, Getreide, Most und Öl, die ihr als Gläubiger bei ihnen ausstehen habt!« 12 Darauf erklärten sie: »Wir wollen Rückgabe erstatten und von ihnen nichts mehr fordern. Wir wollen tun, was du befiehlst!« Nun rief ich die Priester und nahm ihnen den Eid ab, diesen Beschluß in die Tat umzusetzen. 13 Dabei schüttelte ich meine Manteltasche aus mit den Worten: »So schüttle Gott jeden aus seinem Haus und seinem Eigentum, der nicht diesen Beschluß verwirklicht! So sei er ausgeschüttelt und leer!« Die ganze Versammlung gab zur Antwort: »So geschehe es!« und lobte Gott. Und das Volk führte den Beschluß durch.

Die Amtsführung des Nehemia

14 Von dem Tag an, da man mich zum Statthalter im Lande Juda ernannte, in den zwölf Jahren vom zwanzigsten bis zum zweiunddreißigsten Jahr des Königs Artaxerxes, haben ich und meine Brüder kein Einkommen als Statthalter genossen. 15 Die früheren Statthalter vor mir haben das Volk schwer belastet. Sie erhielten von ihm vierzig Silbersekel für Brot und Wein als Tagesentschädigung. Auch die Leute in ihrem Gefolge haben das Volk bedrückt. Ich tat dies aus Gottesfurcht nicht. 16 Auch an diesen Mauerbau legte ich selbst Hand an, obwohl wir keinen Grundbesitz erworben hatten. Auch mein ganzes Gefolge war dort zur Arbeit versammelt. 17 Die Juden, sowohl die hundertfünfzig Stadträte als auch jene, die aus unserer heidnischen Umgebung zu uns kamen, speisten an meinem

Tisch. 18 Was täglich hergerichtet wurde – ein Rind,
sechs fette Schafe sowie Geflügel –, geschah auf
eigene Kosten; dazu kamen noch alle zehn Tage
zahlreiche Schläuche voll Wein. Trotzdem habe ich
aber keine Statthaltereinkünfte gefordert, weil der
Frondienst schwer auf diesem Volke lastete.
19 »Rechne mir, mein Gott, zum Guten all das an,
was ich für dieses Volk getan habe!«

5,2–5: 2 Mos 22,24; 3 Mos 25,36f.; 5 Mos 23,20. Diese Verbote wurden nicht befolgt. Matth 18,25 ist ein Beispiel, wie man die Sklaverei auf sich nehmen mußte, um seine Schuld zu bezahlen. Allerdings mußte ein israelitischer Sklave im siebten Jahr freigelassen werden, 2 Mos 21,2ff.

Neue Anschläge

6 1 Dem Sanballat und Tobia, dem Araber Ge-
schem und unseren übrigen Feinden wurde
bekannt, daß ich die Mauer gebaut hatte und
daß keine Lücke mehr darin war; allerdings hatte
ich damals die Torflügel nicht in die Tore eingesetzt.
2 Da sandten Sanballat und Geschem zu mir und
ließen sagen: »Komm, wir wollen uns in Kephirim
in der Ebene von Ono begegnen!« Sie gedachten
aber, mir Schlimmes anzutun. 3 Ich sandte daher
Boten an sie mit der Meldung: »Ich habe eine wich-
tige Arbeit zu verrichten und kann nicht kommen!
Das Werk müßte ruhen, wenn ich es verließe und
zu euch käme.« 4 So schickten sie viermal zu mir,
und stets gab ich ihnen dieselbe Antwort. 5 Jetzt
sandte Sanballat zum fünften Male seinen Boten zu
mir. Er hatte einen offenen Brief in seiner Hand.
6 Darin stand geschrieben: »Unter den Völkern hört
man, und auch Geschem sagt es: Du und die Juden
planen eine Empörung. Deshalb baust du die
Mauer. Jenen Berichten nach wolltest du ihr König
werden. 7 Auch hättest du Propheten bestellt, die
dich in Jerusalem zum König von Juda ausrufen soll-
ten. Jetzt werden dergleichen Dinge zu den Ohren
des Königs gelangen. Komm also, wir wollen ge-
meinsam beraten!« 8 Ich aber ließ ihm sagen: »Was
du behauptest, ist nicht geschehen. Du hast es frei
in deinem Herzen erfunden!« 9 Sie alle wollten uns
nur in Furcht setzen und dachten: »Ihre Hand soll
von der Arbeit lassen, und sie soll dadurch nicht zu-
stande kommen!« Nun aber galt es erst recht, meine
Hände anzustrengen.

Verräter unter den Juden

10 Ich kam in das Haus des Schemaja, des Sohnes
Delajas und Enkels Mehetabels. Er hatte sich näm-
lich dort abgesperrt. Da sprach er: »Treffen wir uns
gemeinsam im Hause Gottes, im Innern des Tem-
pels! Wir wollen die Türen des Tempels ver-
schließen; denn man kommt, um dich zu ermor-
den. Ja, in der Nacht kommt man, dich zu ermor-
den!« 11 Doch ich entgegnete: »Ein Mann wie ich
sollte fliehen? Wer von meinesgleichen dürfte wohl
den Tempel betreten und so am Leben bleiben? Ich
gehe nicht hinein!« 12 Ich erkannte nämlich, daß
nicht Gott ihn gesandt hatte, sondern daß er diese
Prophezeiung über mich deshalb verkündete, weil
Tobia und Sanballat ihn gedungen hatten. 13 Er war
gedungen, damit ich in Angst versetzt würde, dies
täte und so einen Fehltritt beginge. Dies aber sollte
ihnen dazu dienen, mich in üblen Ruf zu bringen,
damit man mich verhöhnen könnte. 14 »Rechne,
mein Gott, dieses ihr Tun dem Tobia und Sanballat
und auch der Prophetin Noadja und den übrigen
Propheten an, die mir Furcht einjagen wollten!«
15 Die Mauer war am 25. Elul nach 52tägiger Arbeit
vollendet. 16 Als das alle unsere Feinde hörten, ge-
rieten die Völker in unserem Umkreis alle in Furcht
und fühlten sich gedemütigt. Sie ahnten, daß dieses
Werk nur mit Hilfe unseres Gottes vollbracht wer-
den konnte. 17 Auch sandten in jenen Tagen die Vor-
nehmen aus Juda zahlreiche Briefe an Tobia, und
auch Tobia schickte solche an sie. 18 Viele in Juda
waren nämlich eidlich an ihn gebunden; er war
ja der Schwiegersohn Schechanjas, des Sohnes
Arachs, und sein Sohn Jochanan hatte die Tochter
Meschullams, des Sohnes Berechjas, geheiratet.
19 Sie sprachen auch in meiner Gegenwart über
seine Reden, und ihm hinterbrachten sie meine
Worte. Tobia sandte Briefe, um mir Angst einzuja-
gen.

Sicherheitsmaßregeln

7 1 Als die Mauer aufgebaut war und ich die
Torflügel hatte einsetzen lassen, wurden die
Torhüter bestellt. 2 Ich machte meinen Bruder
Chanani und den Burgobersten Chananja zu Vor-
stehern über Jerusalem. Denn dieser war zuverläs-
siger und gottesfürchtiger als viele. 3 Ich gebot
ihnen: »Die Tore Jerusalems sind erst zu öffnen,
wenn die Sonne zu brennen anfängt, und während
die Wächter noch auf ihrem Posten bleiben, soll
man die Tore wieder schließen und verriegeln. Fer-
ner sind aus den Bewohnern Jerusalems Wachen zu
bilden, teils für bestimmte Posten, teils vor dem
Haus eines jeden.«

Erhöhung der Einwohnerzahl

4 Die Stadt war ausgedehnt und groß; aber die
Volkszahl war klein; es waren noch zu wenig
Familien gegründet. 5 Da gab mein Gott mir in den
Sinn, die Edlen, die Stadträte und das Volk zu ver-
sammeln, um ein Geschlechtsregister anzulegen.

Ich fand das Verzeichnis jener, die zuerst zurückgekehrt waren. Ich fand darin geschrieben: 6 Dies sind die Angehörigen der Provinz Juda, die aus der Gefangenschaft der Verbannung, wohin sie der König Nebukadnezar von Babel geführt hatte, weggezogen und nach Jerusalem und Juda heimkehrten, ein jeder in seine Stadt. 7 Sie kamen mit Serubbabel, Jesua, Nehemia, Asarja, Raamja, Nachamani, Mordekaj, Bilschan, Misperet, Bagoi, Nechum und Baana. Dies ist die Zahl der Männer des Volkes Israel: 8 Die Söhne des Parosch waren 2 172 Mann, 9 die Söhne Schephatjas 372 Mann, 10 die Söhne Arachs 652 Mann, 11 die Söhne Pachat-Moabs, und zwar die Söhne Jesuas und Joabs, 2 818 Mann, 12 die Söhne Elams 1 254 Mann, 13 die Söhne Sattus 845 Mann, 14 die Söhne Sakkajs 760 Mann, 15 die Söhne Binnujs 648 Mann, 16 die Söhne Bebajs 628 Mann, 17 die Söhne Asgads 2 322 Mann, 18 die Söhne Adonikams 667 Mann, 19 die Söhne Bagois 2 067 Mann, 20 die Söhne Adins 655 Mann, 21 die Söhne Aters aus der Linie des Hiskia 98 Mann, 22 die Söhne Chaschums 328 Mann, 23 die Söhne Bezajs 324 Mann, 24 die Söhne Chariphs 112 Mann, 25 die Söhne Gibbars 95 Mann, 26 aus Bethlehem und Netopha 188 Mann, 27 aus Anatot 128 Mann, 28 aus Bet-Asmawet 42 Mann, 29 aus Kirjat-Jearim, Kephira und Beerot 743 Mann, 30 aus Rama und Geba 621 Mann, 31 aus Michmas 122 Mann, 32 aus Betel und Aj 123 Mann, 33 aus dem andern Nebo 52 Mann, 34 die Söhne eines andern Elam 1 254 Mann, 35 die Söhne Charims 320 Mann, 36 aus Jericho 345 Mann, 37 aus Lod, Chadid und Ono 721 Mann, 38 die Söhne Senaas 3 930 Mann.

39 Die Anzahl der Priester: die Söhne Jedajas aus dem Hause Jesuas waren 973 Mann, 40 die Söhne Immers 1 052 Mann, 41 die Söhne Paschchurs 1 247 Mann, 42 die Söhne Charims 1 017 Mann. 43 Die Leviten: die Söhne Jesuas und die Söhne Kadmiels aus der Familie Hodawjas, insgesamt 74 Mann. 44 Die Sänger: 148 Söhne Asaphs. 45 Die Torhüter: die Söhne Schallums, die des Ater, des Talmon, des Akkub, des Chatita und des Schobaj, zusammen 138 Mann. 46 Die Tempeldiener: die Söhne Zichas, die des Chasupha, die des Tabbaot, 47 die Söhne Keros', die Söhne Sias, die Söhne Padons, 48 die Söhne Lebanas, die des Chagaba, die des Schalmaj, 49 die Söhne Chanans, die des Giddel, die des Gachar, 50 die Söhne Reajas, die des Rezin, die des Nekoda, 51 die Söhne Gassams, die des Ussa, die des Paseach, 52 die Söhne Besajs, die Söhne der Mëuniter, die der Nephusiter, 53 die Söhne Bakbuks, die des Chakupha, die des Charchur, 54 die Söhne Bazlits, die des Mechida, die des Charscha, 55 die Söhne des Barkos, die des Sisera, die des Tamach, 56 die Söhne Neziachs und die des Chatipha. 57 Die Nachkommen der Knechte Salomos: die Söhne Sotajs, die des Sopheret, die des Perida, 58 die Söhne Jaalas, die des Darkon, die des Giddel, 59 die Söhne Schephatjas, die des Chattil, die des Pokeret-Hazzebajim, die des Amon. 60 Die Gesamtzahl der Tempeldiener und der Nachkommen der Knechte Salomos betrug 392 Mann. 61 Folgende sind aus Tel-Melach, Tel-Charscha, Kerub, Addon und Immer gekommen und konnten nicht angeben, ob ihre Familie und ihr Geschlecht aus Israel stamme: 62 die Söhne Delajas, die des Tobia, die des Nekoda, zusammen 642 Mann, 63 dazu von den Priestern: die Söhne Chobajas, die des Hakkoz und die des Barsillaj, der sich von den Töchtern Barsillajs aus Gilead eine Frau genommen hatte und nach deren Namen benannt worden war. 64 Diese suchten nach ihrer Aufzeichnung in den Geschlechtsurkunden. Da man sie nicht fand, wurden sie als untauglich für das Priesteramt erklärt. 65 Der Statthalter untersagte ihnen, vom Hochheiligen zu essen, bis der Priester mit den Urim und Tummim auftrete.

66 Die ganze Gemeinde umfaßte zusammen 42 360 Mann. 67 Dabei waren ihre Knechte und Mägde nicht mitgerechnet. Dieser waren es 7337. Dazu kamen 200 Sänger und Sängerinnen. An Pferden besaßen sie 736, an Maultieren 245, 68 an Kamelen 435, an Eseln 6720. 69 Die Häupter der Familienverbände brachten zum Teil Spenden für den Bau: Der Statthalter überließ dem Bauschatz 1000 Drachmen Gold, 50 Sprengschalen und 530 Priesterkleider. 70 Manche von den Familienhäuptern gaben für den Bauschatz 20 000 Drachmen Gold und 2200 Minen Silber. 71 Was das übrige Volk gab, betrug 20000 Drachmen Gold, 2000 Minen Silber und 37 Priesterkleider. 72 Die Priester, Leviten, Torhüter, die Sänger, ein Teil des Volkes und die Tempeldiener, kurz, ganz Israel, ließen sich in ihren Städten nieder. Als der siebte Monat heranrückte, waren die Israeliten bereits in ihren Städten.

7,69ff.: Die Drachme ist die Einheit griechischer Münzen und war zur Zeit der Seleukiden (312–65 v. Chr.) auch in Palästina in Umlauf. Mine ist eine Gewichtsbezeichnung (vom hebräischen máneh = zählen) neben dem gebräuchlicheren Sekel.

Verlesung des Gesetzes

8 1 Da versammelte sich das ganze Volk einmütig auf dem Platz vor dem Wassertor. Man bat den Schriftgelehrten Esra, das Buch mit dem Gesetz des Moses zu holen, das der Herr Israel

vorgeschrieben hatte. 2 Der Priester Esra brachte das
Gesetz in die Versammlung der Männer und Frauen
und aller, die imstande waren, es zu verstehen. Es
geschah dies am ersten Tag des siebten Monats. 3 Er
las daraus auf dem Platz vor dem Wassertor vom
frühen Morgen bis zur Tagesmitte in Gegenwart
der Männer, Frauen und aller, die es verstehen
konnten, vor. Das ganze Volk lieh sein Ohr dem
Buch des Gesetzes. 4 Der Schriftgelehrte Esra stand
auf einer hölzernen Erhöhung, die man zu diesem
Zweck hergerichtet hatte. Neben ihm standen Mat-
titja, Schema, Anaja, Uria, Hilkia und Maaseja zu
seiner Rechten, während zu seiner Linken Pedaja,
Mischael, Malkija, Chaschum, Chaschbaddana,
Sacharja und Meschullam standen. 5 Esra öffnete
die Buchrolle vor allen Leuten; denn er stand höher
als das ganze Volk. Beim Aufrollen erhoben sich
alle. 6 Da pries Esra den Herrn, den großen Gott.
Das ganze Volk antwortete mit erhobenen Händen:
»Amen, Amen!« Es verneigte sich und warf sich vor
dem Herrn aufs Antlitz zur Erde nieder.

7 Darauf gaben die Leviten Jesua, Bani, Scherebja,
Jamin, Akkub, Schabbetaj, Hodija, Maaseja, Kelita,
Asarja, Josabad, Chanan und Pelaja dem Volk Un-
terweisung im Gesetz. Die Leute blieben auf ihrem
Platz versammelt. 8 So lasen sie aus dem Buch, dem
Gesetz Gottes, in Abschnitten und mit Erklärungen
vor, so daß man das Vorgelesene begreifen konnte.
9 Da sprachen Nehemia, d. h. der Statthalter, der
Priester und Schriftgelehrte Esra und die Leviten,
die das Volk unterwiesen, zu allen Leuten: »Der
heutige Tag ist dem Herrn, eurem Gott, heilig; trau-
ert nicht und weint nicht!« Das ganze Volk weinte
nämlich, als es die Gesetzesworte hörte. 10 Er
sprach zu ihnen: »Geht hin, eßt fette Speisen, trinkt
süße Getränke und schickt auch denen Anteile, die
nichts haben; denn dieser Tag ist unserem Herrn
heilig! Seid darum nicht traurig; denn die Freude am
Herrn ist euer Hort.« 11 Die Leviten beschwichtigten
das ganze Volk und sprachen: »Seid still; denn der
Tag ist heilig; ihr dürft nicht trauern!« 12 Da gingen
alle Leute hin, um zu essen und zu trinken, um An-
teile zu versenden und ein großes Freudenfest zu
begehen; denn sie begriffen die Worte, die man sie
gelehrt hatte.

Laubhüttenfest

13 Am zweiten Tag scharten sich die Häupter der
Familienverbände, die Priester und Leviten um den
Schriftgelehrten Esra, weil sie über die Worte des
Gesetzes Aufklärung haben wollten. 14 Man fand
im Gesetz, das der Herr durch Moses verordnet
hatte, geschrieben, daß die Israeliten am Fest im
siebten Monat in Hütten wohnen sollten. 15 Sie soll-
ten in all ihren Städten und in Jerusalem verkünden
und ausrufen: »Geht in die Berge! Holt Zweige von
edlen und wilden Ölbäumen, Zweige von Myrten,
Palmen und Laubbäumen, um Hütten zu bauen,
wie geschrieben steht!« 16 Da strömte das Volk hin-
aus. Sie holten Zweige und bauten sich Hütten, ein
jeder auf seinem Dach und in den eigenen Höfen, in
den Vorhöfen des Gotteshauses, auf dem freien
Platz am Wassertor und auf dem Platz am
Ephraimstor. 17 Die ganze Gemeinde, die aus der
Gefangenschaft heimgekehrt war, baute Hütten
und wohnte darin. Seit den Tagen Josuas, des Soh-
nes Nuns, hatten es die Israeliten nicht mehr so ge-
halten bis zu jenem Tag. Die Freude war überaus
groß. 18 Man las täglich aus dem Gesetzbuch Gottes
vor, vom ersten bis zum letzten Tag. So feierte man
das Fest sieben Tage lang. Am achten Tag hielt man
einen Ruhetag der Vorschrift gemäß.

8,1–8: Im siebten Monat, unserem Oktober, waren stets große Volksmassen in Jerusalem. In diesen Monat fallen das Neumondfest, der Versöhnungstag und das Laubhüttenfest. Verlesen wurden Teile des Gesetzes, sicher aber nicht die ganzen fünf Bücher des Moses. • 9: Die große Trauer beim Volk wird wegen der Strafandrohungen, die namentlich in 5 Mos stehen, entstanden sein. • 13–18: Das Laubhüttenfest, das Dankfest nach der Weinlese, wurde vom 15.–22. Tag des siebten Monats begangen. Das Wohnen in Hütten erinnerte an jene Hütten, die man zur Zeit der Weinlese bewohnte, zugleich aber auch an die Zeltwohnungen der Wüste (3 Mos 23,39–43; 4 Mos 29,12–38; 5 Mos 16,13–17). Im NT Joh. 7,2.37–39.

In Sack und Asche

9 1 Am vierundzwanzigsten Tag dieses Mo-
nats versammelten sich die Israeliten unter
Fasten, in Bußgewänder gehüllt, das Haupt
mit Staub bedeckt. 2 Die reinstämmigen Israeliten
sonderten sich von allen Fremden ab, traten hin
und bekannten ihre Sünden sowie die Verfehlun-
gen ihrer Väter. 3 Dann erhoben sie sich an ihrem
Platz, während man den vierten Teil des Tages aus
dem Gesetzbuch des Herrn, ihres Gottes, vorlas.
Ein weiteres Tagesviertel hindurch legten sie das
Schuldbekenntnis ab und warfen sich vor dem
Herrn, ihrem Gott, nieder. 4 Es betraten Jesua,
Binnuj, Kadmiel, Schebanja, Bunni, Scherebja,
Bani und Kenani die Tribüne der Leviten. Sie rie-
fen mit lauter Stimme zum Herrn, ihrem Gott.
5 Dann befahlen die Leviten Jesua, Kadmiel, Bani,
Chaschabneja, Scherebja, Hodija, Schebanja und
Petachja: »Steht auf und preist den Herrn, euren
Gott, von Ewigkeit zu Ewigkeit!« Sie priesen seinen
herrlichen Namen, der über allen Lobpreis erhaben
ist:

6 »Du, Herr, bist der Einzige! Du hast den Himmel
erschaffen, den obersten Himmel und sein ganzes
Heer, die Erde und alles, was darauf sich befindet,
die Meere und alles, was sie umschließen. Alles er-
hältst du am Leben. Das Heer des Himmels betet
dich an.
7 Du, Herr, bist der Gott, der Abraham auserwählte,
ihn aus Ur in Kaldäa wegführte und ihm den
Namen Abraham gab. 8 Du fandest sein Herz treu
gegen dich und schlossest mit ihm den Bund, das
Land der Kanaaniter, Hethiter, Amoriter, Perissiter,
Jebusiter und Girgaschiter seiner Nachkommen-
schaft zu verleihen. Du hast dein Wort gehalten;
denn du bist gerecht.
9 Du sahst das Elend unserer Väter in Ägypten und
hörtest ihr Schreien am Schilfmeer. 10 Da tatest du
Zeichen und Wunder an Pharao, an all seinen
Knechten und dem ganzen Volk seines Landes,
denn du wußtest, daß sie an jenen frevlerisch ge-
handelt hatten. So schufst du dir einen Namen, wie
er noch heute besteht. 11 Du hast das Meer vor
ihnen gespalten, so daß sie auf trockenem Pfad das
Meer durchschritten, ihre Verfolger aber warfst du
in die Tiefen, wie einen Stein ins wogende Wasser.
12 In einer Wolkensäule führtest du sie bei Tag und
in einer Feuersäule bei Nacht, um ihnen den Weg zu
erhellen, auf dem sie wandeln sollten.
13 Du stiegst auf den Berg Sinai herab und sprachst
mit ihnen vom Himmel, gabst ihnen vorzügliche
Satzungen, zuverlässige Gesetze, treffliche Gebote
und Befehle. 14 Du verkündetest ihnen deinen heili-
gen Sabbat und erteiltest ihnen Befehle, Gebote und
ein Gesetz durch deinen Knecht Moses. 15 Brot vom
Himmel gabst du ihnen für den Hunger, und Was-
ser ließest du ihnen aus dem Felsen sprudeln für
ihren Durst. Du wiesest sie an, vorwärts zu ziehen,
um das Land in Besitz zu nehmen, dessen Verlei-
hung du ihnen eidlich versprochen hattest. 16 Sie
aber, unsere Väter, handelten frevelhaft. Sie verhär-
teten ihren Nacken und hörten nicht auf deine Be-
fehle. 17 Sie weigerten sich zu gehorchen und ge-
dachten deiner Wunder nicht, die du an ihnen
gewirkt hast; sie verhärteten ihren Nacken und
wollten starrköpfig in ihre Sklaverei nach Ägypten
zurückkehren.
Doch du bist ein Gott der Verzeihung, gnädig und
barmherzig, langmütig und reich an Huld; darum
ließest du nicht von ihnen ab. 18 Selbst als sie sich
ein gegossenes Kalb machten und sprachen: ›Das ist
dein Gott, der dich aus Ägypten geführt hat‹, und
große Schmachtaten verübten, 19 da hast du sie in
der Fülle deines Erbarmens in der Wüste nicht ver-
lassen. Bei Tag wich die Wolkensäule nicht von
ihnen, um sie ihren Weg weiterzuführen, noch bei
Nacht die Feuersäule, um ihnen den Weg zu er-
hellen, den sie zu gehen hatten. 20 Deinen vortreff-
lichen Geist schenktest du ihnen zu ihrer Beleh-
rung. Dein Manna versagtest du ihrem Munde
nicht. Wasser gabst du ihnen für ihren Durst.
21 Vierzig Jahre versorgtest du sie in der Wüste. Sie
litten keinen Mangel. Ihre Kleider zerschlissen
nicht, ihre Füße schwollen nicht an. 22 Du über-
ließest ihnen Königreiche und Völker, die du ihnen
als Randgebiet zuteiltest. Sie besetzten das Land
des Sichon, des Königs von Hesbon, und das Land
des Og, des Königs von Basan.
23 Ihre Söhne vermehrtest du wie die Sterne des
Himmels und führtest sie in das Land, dessen Besitz-
ergreifung du ihren Vätern verheißen hast. 24 Die
Söhne betraten und eroberten das Land. Vor ihnen
beugtest du die Landesbewohner, die Kanaaniter.
Sie selbst, ihre Könige und die Völker des Landes
gabst du in ihre Gewalt, so daß sie mit ihnen nach
Gutdünken verfahren konnten. 25 Sie eroberten
feste Städte und fetten Ackerboden. Häuser gewan-
nen sie, mit allen Gütern angefüllt, ausgehauene Zi-
sternen, Weinberge, Ölbäume und Obstbäume in
Menge. So hatten sie zu essen, wurden satt und
feist und hatten ihre Lust an deinen reichlichen Ga-
ben. 26 Da wurden sie aber widerspenstig und
empörten sich wider dich. Sie verwarfen dein Ge-
setz, töteten deine Propheten, die sie warnten, um
sie zu dir zurückzuführen. Große Schmachtaten
verübten sie.
27 Daher übergabst du sie der Gewalt ihrer Feinde,
die ihnen schwer zusetzten. Zur Zeit ihrer Not
schrieen sie zu dir, und du erhörtest sie vom Him-
mel her. In der Fülle deiner Erbarmungen sandtest
du ihnen Helfer, die sie aus der Gewalt ihrer Feinde
befreiten. 28 Hatten sie dann aber Ruhe, so taten sie
wieder, was dir mißfällt. Du überließest sie aber-
mals ihren Feinden, die über sie herrschten. Wie-
derum riefen sie zu dir, und du hörtest sie vom
Himmel her und befreitest sie oftmals in deinem Er-
barmen. 29 Du warntest sie, um sie zu deinem Ge-
setz zu bekehren. Sie aber handelten frevelhaft,
hörten nicht auf deine Befehle und versündigten
sich wider deine Satzungen, die doch dem Men-
schen, der sie befolgt, das Leben gewähren. Sie
zeigten ihren widerspenstigen Rücken, verhärteten
ihren Nacken und folgten nicht.
30 Viele Jahre hindurch ertrugst du sie und warntest
sie durch deinen Geist mit Hilfe deiner Propheten.
Da sie aber nicht hörten, übergabst du sie der Ge-

walt der Heidenvölker. 31 Doch in der Fülle deiner Erbarmungen wolltest du ihnen kein Ende bereiten und sie nicht verlassen; denn du bist ein gnädiger und barmherziger Gott. 32 Und nun, unser Gott, du großer, starker und furchtgebietender Gott, der den Bund und die Huld bewahrt, laß all das Elend vor dir nicht gering erscheinen, das unsere Könige, Fürsten, Priester, Propheten, unsere Väter und dein ganzes Volk getroffen hat seit den Tagen der Könige von Assur bis heute!

33 Du bist gerecht in allem, was über uns gekommen ist; denn du hast in Treue gehandelt, während wir Unrecht taten. 34 Unsere Könige, Fürsten, Priester und Väter haben dein Gesetz nicht befolgt und deine Befehle und Warnungen, die du ihnen erteilt hast, nicht gehalten. 35 Sie haben trotz ihres Königreiches, trotz deiner reichen Güter, die du ihnen gewährt hast, und trotz des weiten und fruchtbaren Landes, das du ihnen gegeben hast, dir nicht gedient und von ihren schlimmen Taten sich nicht bekehrt.

36 Heute sind wir nur Knechte. Ja, Knechte sind wir in dem Land, das du unseren Vätern gegeben hast, um seine Früchte und Güter zu genießen. 37 Sein Ertrag mehrt sich für die Könige, die du wegen unserer Sünden über uns eingesetzt hast. Sie verfügen über unseren Leib und über unser Vieh nach ihrem Gutdünken. In großer Drangsal befinden wir uns!«

9,1: Der Sack war, neben der aufs Haupt gestreuten Asche, ein Trauer- und Bußgewand.

Die Reform des Nehemia

10 1 Unter all diesen Umständen trafen wir eine feste Vereinbarung und legten sie schriftlich nieder. Auf der versiegelten Urkunde befanden sich die Namen unserer Fürsten, Leviten und Priester. 2 Über den Siegeln standen: Nehemia, der Statthalter, der Sohn Chakaljas und Zidkia, 3 Seraja, Asarja, Jirmeja, 4 Paschchur, Amarja, Malkija, 5 Chattusch, Schebanja, Malluch, 6 Charim, Meremot, Obadja 7 Daniel, Ginneton, Baruch, 8 Meschullam, Abia, Mijamin, 9 Maasja, Bilgaj und Schemaja. Soweit die Priester. 10 Von den Leviten: Jesua, der Sohn Asanjas, Binnuj, ein Nachkomme Chenadads, und Kadmiel, 11 sodann deren Amtsbrüder Schebanja, Hodija, Kelita, Pelaja, Chanan, 12 Micha, Rechob, Chaschabja, 13 Sakkur, Scherebja, Schebanja, 14 Hodija, Bani und Beninu. 15 Von den Oberhäuptern des Volkes: Parosch, Pachat-Moab, Elam, Sattu, Bani, 16 Bunni, Asgad, Bebaj, 17 Adonija, Bagoi, Adin, 18 Ater, Hiskia, Assur, 19 Hodija, Chaschum, Bezaj, 20 Chariph, Anatot, Nebaj, 21 Magpiasch, Meschullam, Chesir, 22 Meschesabel, Zadok, Jaddua, 23 Pelatja, Chanan, Anaja, 24 Hosea, Chananja, Chaschub, 25 Hallochesch, Pilcha, Schobek, 26 Rechum, Chaschabna, Maaseja, 27 Achia, Chanan, Anan, 28 Malluch, Charim und Baana. 29 Der Rest des Volkes, der Priester, Leviten, Torhüter, Sänger und Tempeldiener und alle, die sich von den Heidenvölkern abgesondert und zum Gesetz Gottes bekehrt hatten, auch deren Frauen, Söhne und Töchter, alle, die das nötige Verständnis besaßen, 30 schlossen sich ihren führenden Stammesbrüdern an und verpflichteten sich unter Eid und Schwur, im Gesetz Gottes zu wandeln, das durch den Gottesknecht Moses gegeben ward, und alle Satzungen und Gebote des Herrn, unseres Gottes, zu beobachten und danach zu handeln:

31 Besonders werden wir unsere Töchter nicht den Heidenvölkern zu Frauen geben und ihre Töchter nicht für unsere Söhne nehmen. 32 Bringt die heidnische Bevölkerung am Sabbat Waren und alle möglichen Getreidesorten zum Verkauf, so werden wir an Sabbaten oder an heiligen Tagen nicht von ihnen kaufen. Wir verzichten auf den Ertrag des siebten Jahres und auf jegliche Schuldforderung.

33 Wir betrachten es als ein Gebot, jährlich den dritten Teil eines Sekels für den Dienst im Hause unseres Gottes zu spenden, 34 für die Schaubrote, das tägliche Speiseopfer und das tägliche Brandopfer, für die Sabbate, Neumonde und Feste, für die Weihegeschenke und die Sündopfer, um Israel Sühne zu verschaffen, und für jegliche Arbeit im Haus unseres Gottes. 35 Die Lose werfen die Priester, Leviten und das Volk wegen der Ablieferung des Brennholzes; wir wollen in der Reihenfolge der einzelnen Familien das Holz alljährlich zu bestimmten Zeiten zum Haus unseres Gottes bringen und es auf dem Altar des Herrn, unseres Gottes, verbrennen, wie es im Gesetz vorgeschrieben ist.

36 Wir wollen die Erstlingserträge unseres Ackerbodens und alle Erstlingsfrüchte sämtlicher Bäume alljährlich zum Haus des Herrn bringen, 37 mit den Erstgeburten unserer Söhne und den Erstlingswürfen unseres Viehs nach Gesetzesvorschrift verfahren und namentlich die Erstlingswürfe unseres Groß- und Kleinviehs an das Haus unseres Gottes den Priestern abliefern, die im Haus unseres Gottes ihren Dienst verrichten. 38 Das Beste von unserem Brotteig und unseren Abgaben, von allen Baumfrüchten, vom Most und vom Öl wollen wir den Priestern in die Kammern des Hauses unseres Gottes bringen. Den Zehnten von den Erträgen unseres Ackerbodens wollen wir den Leviten

geben; die Leviten selbst sollen in allen unseren Ort-
schaften, in denen Ackerbau betrieben wird, den
Zehnten einsammeln. 39 Ein aaronitischer Priester
soll die Leviten begleiten, wenn sie den Zehnten er-
heben. Die Leviten sollen ein Zehntel vom Zehnten
in das Haus unseres Gottes, in die Vorratskammern
bringen. 40 In diese Kammern sollen nämlich die
Israeliten und die Leviten die Abgaben von Ge-
treide, Most und Öl abliefern. Dort sind die heiligen
Geräte, die beamteten Priester, die Torwächter und
Sänger. Wir wollen das Haus unseres Gottes nicht
vernachlässigen.

10,32: Vgl. 13,15ff.; Jer 17,21–27. Das siebte Jahr ist ein Sabbatjahr; in diesem Jahr durfte nichts angebaut werden. Die israelitischen Sklaven wurden entlassen. Ein Darlehen, das man einem armen Volksgenossen gewährt hatte, durfte man nicht einfordern. • 33: 2 Mos 30,13–16. Hier ist allerdings die Höhe der Kopfsteuer anders bestimmt. • 36–37: 2 Mos 23,19; 34,26; 4 Mos 15,20f.; 18,12f.; 5 Mos 18,4;26,1ff. Zur Erstgeburt der Tiere vgl. 2 Mos 22,29; 4 Mos 18,15–18, zur Lösepflicht menschlicher Erstgeburt 2 Mos 13,13; 34,20; 4 Mos 18,15f. • 38: 4Mos 18,21–24. • 12,1f.: Die israelitische Priesterschaft war, wenigstens in nachexilischer Zeit, in 24 Klassen eingeteilt. • 22: Gemeint ist Darius II. (424–405).

Bevölkerungszunahme

11 1 Die Obersten des Volkes ließen sich in
Jerusalem nieder. Die übrigen Leute aber
warfen Lose, um jeden zehnten Mann zur
Ansiedlung in Jerusalem, der heiligen Stadt, zu ver-
anlassen. Neun Zehntel sollten in den anderen Städ-
ten bleiben. 2 Und das Volk beglückwünschte alle,
die freiwillig erklärten, in Jerusalem zu bleiben.

Jerusalems Familien

3 Dies sind die Häupter des Gaues Juda, die in Jeru-
salem und in den Städten Judas wohnten. Es lebte
in ihren Städten ein jeder auf seinem Besitz, und
zwar Israeliten, Priester, Leviten, Tempeldiener und
Nachkommen der Knechte Salomos. 4 In Jerusalem
wohnten von den Söhnen Judas und den Söhnen
Benjamins folgende: Von den Söhnen Judas: Ataja,
der Sohn Ussias, des Sohnes Sacharjas, des Sohnes
Amarjas, des Sohnes Schephatjas, des Sohnes
Mahalalels, von den Nachkommen des Perez, 5 fer-
ner Maaseja, der Sohn Baruchs, des Sohnes Kol-
Choses, des Sohnes Chasajas, des Sohnes Adajas,
des Sohnes Jojaribs, des Sohnes Sacharjas, eines
Nachkommen der Schelaniten. 6 Die Zahl aller
Nachkommen des Perez, die in Jerusalem wohnten,
betrug 468; es waren kriegstüchtige Männer. 7 Fol-
gende sind Söhne Benjamins: Sallu, der Sohn Me-
schullams, des Sohnes Joëds, des Sohnes Pedajas,
des Sohnes Kolajas, des Sohnes Maasejas, des Soh-
nes Itiels, des Sohnes Jeschajas; 8 ihm folgten Gab-
baj und Sallaj, insgesamt 928. 9 Joël, der Sohn
Sichris, war ihr Vorsteher, und Juda, der Sohn
Hassenuas, leitete als zweiter die Stadt. 10 Von den
Priestern: Jedaja, der Sohn des Jojarib, Jachin,
11 Seraja, der Enkel Hilkias, des Sohnes Meschul-
lams, des Sohnes Zadoks, des Sohnes Merajots, des
Sohnes Achitubs, des Fürsten des Gotteshauses,
12 dazu ihre Brüder, die den Dienst im Tempel be-
sorgten, 822 Mann; ferner Adaja, der Sohn Jero-
chams, des Sohnes Pelaljas, des Sohnes Amzis, des
Sohnes Sacharjas, des Sohnes Paschchurs, des Soh-
nes Malkijas, 13 ferner seine Brüder, 242 Familien-
häupter, dazu Amasaj, der Sohn Asarels, des Sohnes
Achsajs, des Sohnes Meschillemots, des Sohnes
Immers, 14 ferner seine Brüder, 128 tapfere Männer.
Ihr Vorsteher war Sabdiel, der Sohn Haggedolims.
15 Von den Leviten: Schemaja, der Sohn Chaschubs,
des Sohnes Asrikams, des Sohnes Chaschabjas, des
Sohnes Bunnis. 16 Schabbetaj und Josabad waren
diejenigen von den Levitenhäuptern, die den Arbei-
ten außerhalb des Tempels vorstanden. 17 Mattanja,
der Sohn Michas, des Sohnes Sabdis, des Sohnes
Asaphs, hatte die Leitung des Lobgesangs und
stimmte beim Gebet das Danklied an. Bakbukja
hatte den zweiten Rang unter seinen Brüdern, zu
denen auch Abda, der Sohn Schammuas, des Soh-
nes Galals, des Sohnes Jedutuns, gehörte. 18 284
Leviten waren insgesamt in der heiligen Stadt.
19 Die Torwächter: Akkub, Talmon, sowie ihre
Amtsbrüder, die an den Toren Wache hielten, 172
Mann. 20 Die übrigen Israeliten, Priester und Leviten
wohnten in allen Städten Judas, jeder auf seinem
Besitztum.

Sonderaufträge

21 Die Tempeldiener wohnten auf dem Ophel.
Zicha und Gischpa waren ihre Aufseher. 22 Über die
Leviten in Jerusalem setzte man Ussi, den Sohn
Banis, des Sohnes Chaschabjas, des Sohnes Mat-
tanjas, des Sohnes Michas von den Nachkommen
Asaphs, die nach der Dienstordnung des Gottes-
hauses den Gesang zu besorgen hatten; 23 denn es
bestand für sie ein königliches Gebot und eine feste
Verpflichtung über die tägliche Gesangsordnung.
24 Petachja, der Sohn Meschesabels, ein Nach-
komme Serachs, des Sohnes Judas, stand dem
König für alle Angelegenheiten des Volkes zur Ver-
fügung. 25 In den Gehöften ließen sich Stammesan-
gehörige von Juda nieder auf ihren Fluren in Kirjat-
Arba und dessen Tochterstädten, in Dibon und
dessen Tochterstädten, in Jekabzeel und dessen
Gehöften, 26 in Jeschua, Molada, Bet-Pelet, 27 Cha-
zar-Schual, Beerseba und dessen Tochterstädten,
28 in Ziklag, Mechona und dessen Tochterstädten,

29 in En-Rimmon, Zora, Jarmut, 30 Sanoach, Adul-
lam und deren Gehöften, in Lachis und dessen
Tochterstädten. Sie siedelten von Beerseba bis zum
Hinnomtal. 31 Stammesangehörige von Benjamin
ließen sich nieder in Geba, Michmas, Ajja, Betel
und dessen Tochterstädten, 32 Anatot, Nob, Ananja,
33 Chazor, Rama, Gittajim, 34 Chadid, Zeboim,
Neballat, 35 Lod, Ono und im Handwerkertal. 36 Von
den Leviten kamen Abteilungen Judas zu Benjamin.

Priesterliche Dienstklassen

12 1 Dies sind die Priester und Leviten, die
mit Serubbabel, dem Sohn Schealtiels,
und Jesua heraufzogen: Seraja, Jirmeja,
Esra, 2 Amarja, Malluch, Chattusch, 3 Schebanja,
Charim, Meremot, 4 Iddo, Ginneton, Abia, 5 Mija-
min, Maadja, Bilga, 6 Schemaja, Jojarib, Jedaja,
7 Sallu, Amok, Hilkia und Jedaja. Das waren die
Häupter der Priester und ihrer Brüder in den Tagen
Jesuas. 8 Dazu folgende Leviten: Jesua, Binnuj, Kad-
miel, Scherebja, Hodawja und Mattanja. Dieser
hatte mit seinen Brüdern den Lobgesang zu über-
nehmen; 9 Bakbukja und Unni sowie ihre Amtsbrü-
der standen nach Dienstabteilungen ihnen gegen-
über. 10 Jesua zeugte Jojakim, Jojakim den Eljaschib,
Eljaschib den Jojada, 11 Jojada den Jochanan,
Jochanan den Jaddua. 12 In den Tagen Jojakims
waren folgende Familienhäupter als Priester tätig:
Meraja für die Familie des Seraja, Chananja für
Jirmeja, 13 Meschullam für Esra, Jochanan für
Amarja, 14 Jonatan für Malluch, Joseph für Sche-
banja, 15 Adna für Charim, Chelkaj für Meremot,
16 Sacharja für Iddo, Meschullam für Ginneton,
17 Sichri für Abia, ... für Minjamin, Piltaj für Maadja,
18 Schammua für Bilga, Jonatan für Schemaja,
19 Mattenaj für Jojarib, Ussi für Jedaja, 20 Kallaj für
Sallu, Heber für Amok, 21 Chaschabja für Hilkia und
Netanel für Jedaja. 22 In den Tagen des Eljaschib,
Jojada, Jochanan und Jaddua sind die priesterlichen
Familienhäupter aufgeschrieben worden bis zur
Regierung des Persers Darius.

Leviten

23 Bei den Leviten sind die Familienhäupter aufge-
schrieben in der Chronik, und zwar bis zur Zeit
Jochanans, des Enkels Eljaschibs. 24 Die Häupter der
Leviten waren: Chaschabja, Scherebja, Jesua, Bin-
nuj, Kadmiel sowie ihre Amtsbrüder, die ihnen
beim Lob- und Dankgesang gegenüberstanden
nach der Vorschrift des Gottesmannes David, und
zwar Abteilung neben Abteilung. 25 (Es waren:)
Mattanja, Bakbukja und Obadja. Meschullam, Tal-
mon und Akkub hielten als Torhüter die Wache an
den Vorratskammern der Tore. 26 Diese lebten in
der Zeit Jojakims, des Sohnes Jesuas und Enkels
Jozadaks, und in der Zeit des Statthalters Nehemia
und des Priesters und Schriftgelehrten Esra.

Weihe der Mauern Jerusalems

27 Anläßlich der Einweihung der Mauern Jerusalems
holte man die Leviten aus allen ihren Wohnsitzen
nach Jerusalem, um die Weihe und ein Freudenfest
mit Lobgesängen und mit Musik von Zimbeln, Har-
fen und Zithern zu begehen. 28 Da kamen die Sän-
ger aus dem Umkreis rings um Jerusalem, aus den
Gehöften der Netophatiter, 29 aus Bet-Haggilgal und
den Fluren von Geba und Asmawet; denn die Sän-
ger hatten sich rings um Jerusalem Höfe gebaut.
30 Die Priester und Leviten reinigten sich selbst, und
dann reinigten sie auch das Volk, die Tore und Mau-
ern. 31 Sodann ließ ich die Fürsten Judas die Mauer
besteigen und stellte zwei große Dankliederchöre
auf. Einer zog oben auf der Mauer nach der rechten
Seite zu in Richtung des Aschentores. 32 Hoschaja
folgte ihm mit der einen Hälfte der Fürsten Judas,
33 mit Asarja, Esra, Meschullam, 34 Juda, Benjamin,
Schemaja, Jirmeja. 35 Einige von den Priestern blie-
sen die Trompeten. Sacharja, der Sohn Jonatans, des
Sohnes Schemajas, des Sohnes Mattanjas, des
Sohnes Michajas, des Sohnes Sakkurs, des Sohnes
Asaphs, 36 und seine Amtsbrüder Schemaja, Asarel,
Milalaj, Gilalaj, Maaj, Netanel, Juda und Chanani
spielten auf den Musikinstrumenten des Gottes-
mannes David. Der Schriftgelehrte Esra ging vor
ihnen einher. 37 Sie kamen zum Quelltor, stiegen ge-
radewegs die Stufen der Davidsstadt beim Mauer-
anstieg empor und kamen oben dem Palast Davids
entlang bis zum Wassertor im Osten. 38 Der zweite
Dankliederchor begab sich nach der linken Seite.
Ich folgte ihm mit der anderen Hälfte der Leute. Er
zog oben auf der Mauer am Ofenturm vorbei zur
›Breiten Mauer‹, 39 gelangte über das Ephraimstor,
das Jeschanator, das Fischtor, den Turm Chananel
und den Turm der Hundert zum Schaftor und
machte am Wachttor halt. 40 Die beiden Danklie-
derchöre nahmen nun am Haus Gottes Aufstellung,
desgleichen auch ich und die bei mir befindliche
Hälfte der Stadträte, 41 sowie die Priester Eljakim,
Maaseja, Minjamin, Michaja, Eljoenaj, Sacharja und
Chananja mit ihren Trompeten, 42 sodann Maaseja,
Schemaja, Eleasar, Ussi, Jochanan, Malkija, Elam
und Eser. Nun setzten die Sänger ein unter der Lei-
tung des Jisrachja. 43 An jenem Tag brachte man
stattliche Opfer dar und war in fröhlicher Stim-
mung; denn Gott hatte ihnen eine große Freude ge-
schenkt. Auch Frauen und Kinder freuten sich, so

daß der Jubel Jerusalems weithin zu vernehmen
war.

Abgaben an Priester und Leviten

44 An jenem Tag wurden Männer bestellt zur Auf-
sicht über die Kammern, die für die Vorräte, Abga-
ben, Erstlingsfrüchte und Zehnten bestimmt waren,
um in ihnen die gesetzlichen Anteile der Priester
und Leviten von den Fluren der einzelnen Städte zu
sammeln; denn Juda war begeistert für die Priester
und Leviten, die im Dienst standen. 45 Diese be-
sorgten den Dienst ihres Gottes und den Dienst der
Reinigung, ebenso die Sänger und Torwächter, ent-
sprechend der Vorschrift Davids und seines Sohnes
Salomo. 46 Denn schon in den Tagen Davids und
Asaphs, schon seit alter Zeit, hat es Vorsteher über
die Sänger und über die Lob- und Danklieder für
Gott gegeben. 47 Ganz Israel lieferte in den Tagen
Serubbabels und Nehemias die Anteile der Sänger
und Torwächter ab, wie sie ihnen Tag für Tag zu-
kamen. Sie brachten ihre Weihegaben zu den Levi-
ten, und die Leviten gaben davon den Nachkom-
men Aarons.

Ammoniter und Moabiter

13 1 An jenem Tag las man vor dem zuhören-
den Volk aus der Buchrolle des Moses vor.
Man fand darin geschrieben: »Ammoniter
und Moabiter dürfen niemals in die Gemeinde
Gottes kommen; 2 denn sie sind den Israeliten nicht
mit Brot und Wasser entgegengekommen, und
Moab hat gegen sie den Bileam gedungen, daß er
sie verfluche. Doch unser Gott verwandelte den
Fluch in Segen.« 3 Als sie von diesem Gesetz hörten,
schieden sie alles Mischvolk aus Israel aus.

Tobia vom Tempel verjagt

4 Kurz zuvor hatte der Priester Eljaschib, der über
die Zeltkammern unseres Gotteshauses gesetzt
war, ein Verwandter des Tobia, 5 für diesen ein
großes Gemach herrichten lassen. Dort pflegte man
vorher das Opfermehl, den Weihrauch, die Geräte,
den Zehnten von Getreide, Most und Öl, der nach
Vorschrift den Leviten, Sängern und Torwächtern
zukam, ferner die Abgaben für die Priester aufzu-
bewahren. 6 Bei all dem war ich nicht in Jerusalem,
denn im 32. Jahr des Königs Artaxerxes von Babel
war ich zum König gereist. Einige Zeit später hatte
ich bei dem König wieder um Urlaub nachgesucht.
7 Ich kam dann nach Jerusalem und merkte die un-
gehörige Tat, die Eljaschib zugunsten Tobias began-
gen hatte, da er ihm ein Gemach in den Vorhöfen
des Hauses Gottes verschafft hatte. 8 Das fand
meine schärfste Mißbilligung. Ich warf also den
ganzen Hausrat des Tobia aus der Kammer hinaus.
9 Dann traf ich die Anordnung, die Kammer zu rei-
nigen. Ich ließ die Geräte des Hauses Gottes, das
Opfermehl und den Weihrauch wieder dorthin
bringen.

Über den Zehnten

10 Ich brachte auch in Erfahrung, daß die Anteile der
Leviten nicht abgeliefert wurden. Infolgedessen
waren alle diensttuenden Leviten und Sänger auf
ihren Landbesitz entwichen. 11 Da tadelte ich die
Stadträte und fragte: »Warum ist das Haus Gottes
vernachlässigt worden?« Ich holte die Leviten
zurück und wies ihnen wieder ihren Posten an.
12 Ganz Juda mußte den Zehnten von Getreide,
Most und Öl in die Vorratskammern bringen. 13 Ich
bestellte zur Aufsicht über die Vorratskammern den
Priester Schelemja, den Schreiber Zadok und den
Leviten Pedaja. Ihnen an die Seite stellte ich
Chanan, den Sohn Sakkurs und Enkel Mattanjas;
denn diese galten als zuverlässig; ihnen oblag es,
die Verteilung an ihre Amtsbrüder vorzunehmen.
14 »Gedenke mir das, mein Gott, und tilge die guten
Taten nicht aus, die ich am Haus meines Gottes und
für seine Ordnung gewirkt habe!«

Gegen Sabbatschändung

15 In jenen Tagen sah ich in Juda Leute, die am Sab-
bat die Kelter traten, Getreide einbrachten und ihre
Esel beluden, auch Wein, Trauben, Feigen und La-
sten aller Art am Sabbattag nach Jerusalem brach-
ten. Ich verwarnte sie hinsichtlich des Tages, an
dem sie Lebensmittel verkauften. 16 Die Leute von
Tyrus, die in Juda wohnten, brachten Fische und
allerlei Waren und verkauften sie am Sabbat an die
Juden, sogar in Jerusalem. 17 Ich machte den führen-
den Kreisen von Juda Vorwürfe und fragte sie: »Was
hat dieser Unfug zu bedeuten, den ihr verübt, in-
dem ihr den Sabbattag entweiht? 18 Haben das
nicht schon eure Väter getan, und ließ deshalb nicht
unser Gott über uns und diese Stadt all dies Unheil
kommen? Ihr verursacht ein neues Zorngericht
über Israel, wenn ihr den Sabbat entweiht.« 19 So-
bald es in den Toren Jerusalems vor Sabbatbeginn
dunkel wurde, befahl ich, die Tore zu schließen.
Erst nach dem Sabbat gestattete ich, daß sie wieder
geöffnet wurden. Auch stellte ich einige von mei-
nen Leuten in die Tore, damit keinerlei Waren am
Sabbattag hereingelangten. 20 Nun übernachteten
die Händler, die Verkäufer von allerlei Waren, ein-
oder zweimal außerhalb Jerusalems. 21 Da warnte
ich sie und sprach zu ihnen: »Wozu übernachtet ihr
vor der Mauer? Wenn das wieder vorkommt, lasse
ich Hand an euch legen.« Von dieser Zeit an kamen

sie am Sabbat nicht mehr. 22 Ich befahl den Leviten,
sie sollten sich reinigen und zum Bewachen der
Tore antreten, um für die Sabbatheiligung zu sorgen. »Auch dies gedenke mir, o mein Gott! Sei mir gnädig nach der Fülle deiner Huld!«

Mischehen

23 Auch sah ich in jenen Tagen, daß Juden asdodische, ammonitische und moabitische Frauen geheiratet hatten.
24 Ihre Söhne sprachen zur Hälfte asdodisch und verstanden die jüdische Sprache nicht mehr; vielmehr redeten sie in der Sprache des betreffenden Volkes.
25 Ich schalt und verwünschte sie, ließ auch einige von ihnen schlagen und ihnen die Haare ausraufen. Ich beschwor sie bei Gott: »Auf keinen Fall dürft ihr eure Töchter ihren Söhnen geben und aus ihren Töchtern Frauen für eure Söhne oder euch selbst nehmen.
26 Hat auf diese Weise nicht auch Salomo, der König von Israel, gefehlt? Unter den vielen Völkern gab es keinen König wie ihn. Geliebt war er von seinem Gott, und Gott machte ihn zum König über ganz Israel. Doch selbst ihn verführten die ausländischen Frauen zur Sünde.
27 Ist es da von euch nicht unerhört, daß ihr ganz dieselbe große Missetat begeht und unserem Gott treulos werdet, indem ihr fremdstämmige Frauen heiratet?«
28 Einer von den Söhnen des Hohenpriesters Jojada, des Sohnes Eljaschibs, war Schwiegersohn des Sanballat aus Choron. Ich habe ihn von mir weggejagt.
29 »Gedenke es ihnen, o mein Gott, daß sie das Priestertum und den Bund des Priestertums und der Leviten entweiht haben!«

Sorge der Priester und Leviten

30 Ich säuberte sie von allem fremdländischen Wesen, stellte Dienstanweisungen für die Priester und Leviten auf, für jeden nach seiner Aufgabe,
31 desgleichen über das Abliefern von Brennholz zu festgesetzten Zeiten und über die Erstlingsfrüchte. »Sei dessen eingedenk, o mein Gott, zu meinem Heil!«

13,1: 5 Mos 23,4–6. • 2: 4 Mos 22,5f. • 6: Esr 5,13. Die Perserkönige sind Rechtsnachfolger der Könige von Babel. • 23–27: Nach der Babylonischen Gefangenschaft war das Hebräische nicht mehr die Sprache des Volkes. Die Juden sprachen allgemein aramäisch. Die Abschnitte Esr 4,8–6,18 und 7,12–26 sind in dieser Sprache überliefert. Das muß in jener Zeit auch die Sprache Asdods gewesen sein. Ursprünglich war aber Asdod eine Philisterstadt, die sich einer nichtsemitischen Sprache bediente.

DAS BUCH TOBIT

Der Held des Buches Tobit (Tobias) ist einer jener Israeliten, die kurz vor oder nach der Zerstörung Samarias (722) von ihrem Heimatboden in das assyrische Großreich verpflanzt wurden und Gelegenheit hatten, hier mitten in einer andersgläubigen Umgebung Proben ihres Glaubensmutes abzulegen. Der vorbildlich fromme und gerechte Tobit erblindet und wird von seinem Sohn Tobias unter Beistand des Engels Raphael geheilt. Dieser Gottesbote hatte jenen zuvor auf einer langen Reise nach Ekbatana begleitet. Seine Verwandte Sara wurde ihm zur Frau gewonnen, der Dämon, der sie quälte, zuvor vertrieben. – Es sind schöne und religiös erbauliche Bilder, die uns das Buch beschreibt. Zu ernsthafter Besinnung regen viele Aussprüche der handelnden Personen an; tief ergriffen hören wir ihre Gebetsworte. Tobit scheint im 2. vorchristlichen Jahrhundert in hebräischer oder aramäischer Sprache verfaßt zu sein. Das vollständige Buch existiert allerdings nur in Übersetzungen, die in Einzelheiten voneinander abweichen. Bruchstücke des Urtextes sind aber gefunden worden. Die katholische Kirche bedient sich dieses Buches recht häufig in der Liturgie, Predigt und Katechese. Maßgebend ist für sie ein Text, den der heilige Kirchenvater Hieronymus aus einem aramäischen Grundtext übertragen hat. Vorliegende Übersetzung wurde nach einer griechischen Vorlage gefertigt, die den Tobias der Vulgata Tobit nennt. Als das Buch Tobit geschrieben wurde, lebte ein großer Teil der Judenschaft in der Diaspora. Dem Verfasser kam es in erster Linie darauf an, eine geschichtliche Persönlichkeit zur religiös-sittlichen Belehrung seinen Zeitgenossen vor Augen zu stellen. So erklärt es sich, daß manche Einzelheiten nicht streng im geschichtlichen Sinne wiedergegeben, sondern frei verarbeitet worden sind. Vieles kann sich recht gut auf dem Boden des ehemaligen Staates Assur zu Lebzeiten Tobits in der geschilderten Weise abgespielt haben. Die Erzählung als solche ist vor ihrer Niederschrift wohl schon längere Zeit mündlich überliefert worden.

Das Buch der Geschichte Tobits, des Sohnes
Tobiels, des Sohnes Ananiels, des Sohnes
Aduels, des Sohnes Gabaels aus dem Ge-
schlecht Asiel und aus dem Stamm Naphtali. 2 Er
ward in den Tagen Enemessars, des Königs von As-
sur, aus Tisbe in die Gefangenschaft geführt. Tisbe
liegt zur Rechten von Kydios-Naphtali in Galiläa
oberhalb von Aser.

Tobits Tugendbeispiel in der Heimat

3 Ich, Tobit, wandelte auf den Wegen der Wahrheit
und Gerechtigkeit alle Tage meines Lebens. Viele
gute Werke der Barmherzigkeit tat ich an meinen
Brüdern und dem Volk, das zusammen mit mir ins
Assyrerland nach Ninive gezogen war. 4 Als ich
noch in meiner Heimat im Land Israel weilte – ich
war noch jung –, war der gesamte Stamm meines
Ahnherrn Naphtali vom Hause in Jerusalem abge-
fallen, obwohl dieses aus allen Stämmen Israels
dazu auserwählt war, daß alle Stämme in ihm op-
fern sollten. Denn hier wurde der Tempel als Woh-
nung des Allerhöchsten geweiht und erbaut für alle
Ewigkeit. 5 Alle Stämme aber, die abgefallen waren,
opferten dem Baal, dem Kalb; so tat auch das Haus
Naphtali, meines Ahnherrn. 6 Ich allein pilgerte
häufig an den Festtagen nach Jerusalem, wie es
ganz Israel in einer ewigen Satzung vorgeschrieben
ist; ich brachte die Erstlinge und die Zehnten von
den Feldfrüchten und die erste Schur der Schafe.
7 Den Priestern, den Söhnen Aarons, lieferte ich sie
für den Altar ab. Von allen Feldfrüchten gab ich den
Leviten, die in Jerusalem Dienst taten, den Zehnten.
Den zweiten Zehnten verkaufte ich und ging hin
und verwandte ihn alljährlich in Jerusalem. 8 Den
dritten gab ich jenen, welchen er gebührte, wie es
mir Debora, die Mutter meines Vaters, geboten
hatte; denn ich war von meinem Vater als Waisen-
kind zurückgelassen worden. 9 Sobald ich zum
Mann herangewachsen war, heiratete ich Anna,
eine Frau aus dem Geschlecht unserer Sippe, und
zeugte mit ihr den Tobias.

Auch in der Verbannung gesetzestreu

10 Als ich nach Ninive in die Verbannung gekom-
men war, aßen alle meine Brüder und alle meine
Sippengenossen von den Speisen der Heiden. 11 Ich
aber bewahrte meine Seele davor und aß nicht;
12 denn ich war Gottes mit ganzem Herzen einge-

denk. 13 Da verlieh mir der Allerhöchste Anmut und Wohlgestalt vor Enemessar, so daß ich sein Einkäufer wurde. 14 Ich reiste nach Medien und hinterlegte bei Gabael, dem Bruder des Gabrias, in Ragai in Medien zehn Talente Silber. 15 Als Enemessar tot war, trat sein Sohn Sennacherib an seiner Stelle die Königsherrschaft an; seine Wege waren unzuverlässig, so daß ich nicht mehr nach Medien reisen konnte.

16 In den Tagen Enemessars tat ich viele Werke der Barmherzigkeit an meinen Brüdern. 17 Mein Brot gab ich den Hungernden, meine Kleider schenkte ich den Nackten; und wenn ich sah, daß einer aus meinem Geschlecht nach seinem Sterben hinter die Stadtmauer von Ninive geworfen wurde, so begrub ich ihn. 18 Wenn der König Sennacherib nach seiner fluchtartigen Heimkehr aus Judäa jemanden töten ließ, begrub ich ihn heimlich. Denn viele tötete er in seiner Wut. Ihre Leichen wurden vom König gesucht, aber man fand sie nicht. 19 Da ging ein Bewohner Ninives hin und zeigte dem König an, daß ich sie begrabe; ich mußte mich verstecken. Als ich aber merkte, daß man nach mir suchte, um mich zu töten, geriet ich in Furcht und entwich. 20 All mein Vermögen wurde geraubt, und es blieb mir nichts übrig außer meiner Frau Anna und meinem Sohn Tobias.

21 Aber es vergingen kaum fünfzig Tage, bis den König seine beiden Söhne töteten. Sie flohen in das Gebirge Ararat. Sennacheribs Nachfolger in der Königsherrschaft wurde sein Sohn Sacherdonos. Dieser setzte den Achiachar, den Sohn Anaels, meines Bruders, über sein gesamtes königliches Schatzamt und über die ganze Verwaltung. 22 Achiachar legte für mich Fürsprache ein, so kam ich wiederum nach Ninive. Achiachar war Mundschenk, Siegelbewahrer, Reichskanzler und Schatzmeister. Sacherdonos hatte ihm, meinem Neffen, die zweite Stelle im Reich verliehen.

Tobit erblindet

2 1 Als ich nun in mein Haus zurückgekehrt war und mir meine Frau Anna und mein Sohn Tobias wiedergegeben waren, wurde mir am Pfingstfest – das ist der heilige Tag der sieben Wochen – ein treffliches Mahl vorgesetzt, und ich ließ mich nieder, um zu essen. 2 Da sah ich viele Speisen und sprach zu meinem Sohne: »Geh, und wenn du unter unseren Brüdern einen Armen findest, der des Herrn eingedenk ist, so bringe ihn herein! Wohlan, ich warte auf dich.« 3 Er kehrte zurück und sagte: »Vater, einer aus unserem Geschlecht liegt erdrosselt auf dem Markt.« 4 Und ich, bevor ich noch etwas kostete, sprang auf und verbarg ihn bis Sonnenuntergang irgendwo in einem Gebäude. 5 Ich kehrte zurück, wusch mich und aß in Trauer mein Mahl. 6 Da gedachte ich der Weissagung des Amos, in der es heißt: »Eure Feste sollen sich verkehren in Leid, all eure Freuden in Klagegesang!« Ich weinte. 7 Nach Sonnenuntergang ging ich fort, machte eine Grube und bestattete den Toten. 8 Die Nachbarn aber höhnten und meinten: »Er fürchtet keine Hinrichtung mehr wegen dieser Sache. Kaum ist er entwischt, seht, da begräbt er schon wieder die Toten.« 9 Noch in derselben Nacht kam ich von der Beerdigung heim und legte mich, weil verunreinigt, an der Hofmauer nieder. Mein Haupt aber war unbedeckt. 10 Ich wußte nicht, daß sich Sperlinge in der Mauer befanden; während meine Augen offen standen, ließen die Sperlinge warmen Kot in meine Augen fallen. Da zeigten sich weiße Flecken in meinen Augen. Ich ging zu Ärzten, doch sie konnten mir nicht helfen. Achiachar gab mir den Unterhalt, bis er nach Elymaïs ging.

Annas Verhöhnung

11 Meine Frau Anna spann Wolle in den Frauengemächern. 12 Sie brachte diese den Auftraggebern, und man gab ihr den Lohn und noch ein Ziegenböcklein dazu. 13 Als es in mein Haus kam, fing es zu meckern an. Ich sprach zu ihr: »Wo kommt denn das Böcklein her? Ist es etwa gestohlen? Gib es den Auftraggebern zurück, denn etwas Gestohlenes dürfen wir nicht essen.« 14 Da entgegnete sie: »Man hat es mir als Geschenk zum Lohn dazugegeben.« Ich aber war mißtrauisch gegen sie und befahl, es den Eigentümern zurückzugeben, und wurde dabei rot vor Zorn gegen sie. Sie aber entgegnete mir: »Wo bleiben deine Werke der Barmherzigkeit und deine gerechten Taten? Jetzt ist offenkundig, wie es mit dir steht!«

2,14: Vgl. die Frau und die Freunde Jobs, die ebenfalls Heimsuchungen zu Unrecht als verdiente Strafen auffaßten.

Tobits Gebet

3 1 Da ward ich traurig, weinte und betete unter Schmerzen: 2 »Gerecht bist du, Herr, und alle deine Werke und deine Wege sind Barmherzigkeit und Wahrheit; wahrhaftigen und gerechten Urteilsspruch fällst du in Ewigkeit. 3 Gedenke meiner und schaue auf mich! Bestrafe mich nicht wegen meiner Sünden und Vergehen und der meiner Väter, womit sie vor dir sich verfehlt haben! 4 Denn sie hörten nicht auf deine Gebote. Darum gabst du uns zur Plünderung, Verbannung, zum Tod

und zum Hohn allen Völkern preis, unter die wir zerstreut sind. 5 Und nun sind deine vielen Gerichte begründet, der du an mir nach meinen und meiner Väter Sünden handelst; denn wir erfüllten deine Gebote nicht; wir wandelten nicht in Treue vor dir. 6 Jetzt aber tue an mir, was dir gefällt! Verfüge, daß mein Geist hinweggenommen werde, damit ich von hinnen scheide und zu Staub werde; es ist ja besser für mich zu sterben als zu leben; denn lügenhafte Schmähungen mußte ich anhören. Die Trauer ist gar tief in mir. Verfüge, daß ich aus dieser Not nunmehr befreit werde zur ewigen Stätte hin; wende dein Antlitz nicht von mir!«

Saras Gebet

7 An demselben Tag begab es sich, daß Raguels Tochter Sara zu Ekbatana in Medien auch ihrerseits von den Mägden ihres Vaters geschmäht wurde. 8 Sie war sieben Männern zur Ehe gegeben worden; aber Asmodäus, der böse Geist, hatte sie alle getötet, bevor sie mit ihr ehelich verkehren konnten. Die Mägde warfen ihr vor: »Bist du von Sinnen, du Mörderin deiner Männer? Sieben Männer hattest du schon, aber von keinem bekamst du einen Namen. 9 Was quälst du uns? Sind sie gestorben, dann geh doch mit ihnen dahin! Wir wollen nie einen Sohn oder eine Tochter von dir sehen.« 10 Als sie das gehört hatte, verfiel sie in große Betrübnis, so daß sie sich erhängen wollte; dann meinte sie aber: »Ich bin meines Vaters einzige Tochter; wenn ich das tue, wird es ihm zur Schande gereichen, und ich bringe ihn in seinem Greisenalter aus Kummer ins Grab.« 11 Da betete sie am Fenster und sprach: »Gepriesen seist du, Herr, mein Gott! Und gepriesen sei dein heiliger und ehrwürdiger Name in Ewigkeit. Preisen sollen dich alle deine Werke immerdar! 12 Und jetzt, Herr, richte ich meine Augen und mein Antlitz zu dir empor. 13 Sprich, daß ich von der Erde befreit werde und nicht mehr länger Schmähungen hören muß! 14 Du weißt, Herr, daß ich rein bin von jeder Sünde mit einem Mann. 15 Ich habe meinen Namen und meines Vaters Namen im Land meiner Verbannung nicht befleckt.

Das einzige Kind meines Vaters bin ich; er hat sonst kein Kind, das ihn beerben könnte; auch kein naher Verwandter ist da, noch ein Sohn von ihm, dem ich mich als Frau erhalten müßte. Sieben Männer sind mir bereits umgekommen, was soll mir also das Leben? Wenn du mir aber den Tod nicht senden willst, so wolle mich gnädig ansehen, erbarme dich meiner und laß mich nicht länger Schmähungen anhören!«

Tobit und Sara werden erhört

16 Das Gebet beider wurde von der Majestät des Höchsten erhört. 17 Raphael ward gesandt, die beiden zu heilen, Tobits weiße Flecken abzulösen, Sara, die Tochter Raguels, dem Tobias, Tobits Sohn, zur Frau zu geben und Asmodäus, den bösen Geist, zu fesseln, weil es dem Tobias zukam, sie zu besitzen. Zu der gleichen Zeit kehrte Tobit wieder in sein Haus zurück, und Sara, Raguels Tochter, stieg von ihrem Obergemach herab.

3,8: Asmodäus ist wohl eine persische Bezeichnung; sie kommt im AT sonst nicht vor. • 10: Selbstmord aus Verzweiflung ist im Alten Testament nur noch 2 Sam 17,23 erwähnt. • 11: Das Fenster hatte die Richtung nach Jerusalem. Dan 6,11.

Weisheitslehren

4 1 An jenem Tag erinnerte sich Tobit des Geldes, das er bei Gabael zu Ragai in Medien hinterlegt hatte. 2 Er überlegte sich: »Ich wünschte zu sterben. Warum rufe ich nicht meinen Sohn Tobias, damit ich ihm Mitteilung mache, bevor ich sterbe?« 3 Er rief ihn herbei und sprach: »Kind, wenn ich tot bin, begrabe mich und verachte deine Mutter nicht; halte sie alle Tage deines Lebens in Ehren; tue, was ihr gefällt, und betrübe sie nicht! 4 Bedenke, Kind, daß sie viele Gefahren durchmachte um deinetwillen, als du noch in ihrem Schoße warst! Ist sie tot, so begrabe sie bei mir im gleichen Grabe!

5 Alle Tage, Kind, gedenke des Herrn, unseres Gottes! Willige in keine Sünde ein und übertritt nicht seine Gebote; handle gerecht alle Tage deines Lebens und wandle nicht auf den Pfaden des Unrechts! 6 Denn handelst du zuverlässig, werden alle deine Unternehmungen glücklich sein. 7 Allen, die gerecht handeln, gib aus deinem Vermögen Almosen! Dein Auge soll nicht geizig blicken, wenn du Almosen gibst! Wende dein Antlitz von keinem Armen ab; dann wird sich auch das Antlitz Gottes von dir nicht abwenden. 8 Gib Almosen nach der Größe deines Vermögens, das du hast! Besitzt du wenig, so scheue dich nicht, dem Wenigen entsprechend Almosen zu schenken! 9 Du sammelst dir dabei einen trefflichen Schatz für den Tag der Not. 10 Das Almosen rettet nämlich vom Tod und verhindert, daß man in die Finsternis eingeht. 11 Denn ein willkommenes Opfer ist das Almosen für alle, die es geben, vor dem Angesicht des Allerhöchsten. 12 Nimm dich in acht, mein Kind, vor aller Unzucht und beachte dies besonders: Nimm dir eine Frau aus dem Geschlecht der Väter, keine fremde Frau, die nicht aus dem Stamm deines Vaters ist; denn wir sind Prophetenkinder. Denke daran, mein Kind,

daß Noe, Abraham, Isaak und Jakob, unsere Väter
aus der Vorzeit, samt und sonders ihre Frauen aus
ihrer Verwandtschaft gewählt haben; sie wurden
deshalb in ihren Kindern gesegnet, und ihre Nach-
kommenschaft wird das Land erben.
13 Und nun, Kind, liebe deine Verwandten! Halte
dich in deinem Herzen nicht zu erhaben vor deinen
Verwandten und den Söhnen und den Töchtern dei-
nes Volkes, um dir aus ihrer Mitte eine Frau zu er-
wählen; denn im Hochmut liegen Untergang und
viel Unrast, und in der Schlechtigkeit Armut und
großer Mangel; denn die Schlechtigkeit ist die Mut-
ter des Hungers. 14 Der Lohn irgendeines Menschen,
der für dich arbeitet, bleibe bei dir nicht über Nacht,
sondern zahle ihn sofort aus! Dienst du Gott, so
wird es dir vergolten werden. Gib acht auf dich
selbst, Kind, bei all deinen Werken, und zeige dich
gut erzogen in deinem ganzen Wandel!
15 Was du selber nicht liebst, das tu auch keinem an-
dern an! Trinke nicht Wein, bis du berauscht bist;
Trunkenheit komme auf deinem Lebensweg nie
vor! 16 Von deinem Brot gib dem Hungernden ab
und von deinen Gewändern den Nackten! Von
allem, woran du Überfluß hast, spende Almosen;
dein Auge blicke nicht geizig, wenn du Almosen
gibst! 17 Schütte dein Brot beim Begräbnis der Ge-
rechten aus, aber gib es nicht den Sündern! 18 Rat
suche bei jedem Verständigen und verachte keinen
brauchbaren Ratschlag!
19 Zu jeder Zeit lobe Gott, den Herrn, und erbitte von
ihm, daß deine Wege gerade werden und all deine
Pfade und Pläne gelingen mögen! Denn kein Volk be-
sitzt Rat, sondern der Herr selbst gibt alle Güter; aber
er erniedrigt auch, wen immer er will, je nachdem es
ihm gefällt. Und jetzt, Kind, gedenke meiner Ge-
bote! Sie sollen aus deinem Herzen nie ausgelöscht
werden! 20 Und nun teile ich dir mit, daß ich zehn
Talente Silber bei Gabael, dem Sohn des Gabrias, zu
Ragai in Medien hinterlegt habe. 21 Sei nicht verzagt,
Kind, weil wir arm geworden sind! Viel besitzt du,
wenn du Gott fürchtest, dich von jeder Sünde ab-
wendest und tust, was ihm wohlgefällig ist.«

4,12–13: Die Erzväter werden auch Ps 105,15 als Propheten bezeichnet. • 15: Matth 7,12. • 16: Is 58,7; Ez 18,7; Matth 25,35f. • 17: Totenspeisung ist durch 5 Mos 26,14 verboten, kann also hier nicht empfohlen sein. Die Vulgata versteht diese Stelle in dem Sinn, daß man den Hinterbliebenen das übliche Totenmahl halten soll.

Der junge Tobias und sein Reisegefährte

5 1 Tobias ergriff das Wort und sprach zu ihm:
»Vater, alles will ich tun, was du mir aufgetra-
gen hast. 2 Aber wie kann ich das Geld abho-
len, da ich doch jenen gar nicht kenne?« 3 Da gab er
ihm die Handschrift und sprach zu ihm: »Suche dir
einen Mann als Reisegefährten! Ich werde ihn be-
zahlen, sofern ich das Leben habe; dann gehe hin
und hole das Geld ab!« 4 Er ging weg, um einen
Mann zu suchen, und fand Raphael, einen Engel; er
wußte es aber nicht. 5 Er fragte ihn: »Kann ich wohl
mit dir nach Ragai in Medien reisen? Bist du orts-
kundig?« 6 Der Engel entgegnete ihm: »Ich werde
mit dir reisen; ich bin auch des Weges kundig; und
bei Gabael, unserm Verwandten, habe ich schon
übernachtet.« 7 Darauf Tobias zu ihm: »Warte auf
mich; ich will es meinem Vater sagen!« 8 Da ent-
gegnete er ihm: »Geh, versäume aber nicht deine
Zeit!« 9 Da ging er heim zu seinem Vater und
sprach: »Schau, ich fand jemanden, der mit mir rei-
sen will.« Dieser sprach: »Rufe ihn zu mir herein;
ich will in Erfahrung bringen, welchen Stammes er
ist, und ob er zuverlässig ist, um mit dir reisen zu
können.« 10 Da rief er ihn. Er ging hinein, und sie be-
grüßten sich. 11 Tobit fragte ihn: »Bruder, aus wel-
chem Stamm und aus welcher Sippe bist du? Sage
es mir!« 12 Er sprach zu ihm: »Suchst du einen
Stamm und eine Sippe oder einen Lohnknecht, der
mit deinem Sohn reist?« Aber Tobit erklärte ihm:
»Ich wünsche, Bruder, dein Geschlecht und deinen
Namen zu erfahren.« 13 Jener aber sprach: »Ich bin
Asarias, des großen Ananias Sohn, einer deiner Ver-
wandten.« 14 Darauf sagte er zu ihm: »Du kommst
sehr gelegen, Bruder! Doch zürne mir nicht, daß ich
deinen Stamm und deine Sippe in Erfahrung brin-
gen wollte! Es trifft sich gut, daß du mein Bruder
bist aus dem guten und edlen Geschlecht; denn ich
kannte Ananias und Jatas, die Söhne des großen
Semejas. Gemeinsam reisten wir nach Jerusalem,
um anzubeten und die Erstlinge und die Zehnten
der Feldfrüchte darzubringen. Sie ließen sich in kei-
ner Weise bei dem Abfall unserer Brüder irre
machen. Aus edlem Stamm kommst du hervor, Bru-
der! 15 Aber sage mir, welchen Lohn soll ich dir ge-
ben? Eine Drachme täglich und deinen Lebensun-
terhalt, so wie ihn auch mein Sohn erhält? 16 Auch
will ich dir zum Lohn noch etwas zulegen, wenn ihr
heil wiederkehrt.«
17 Auf diese Weise wurden sie sich einig. Er sprach
zu Tobias: »Mache dich fertig zur Reise, und möge
euer Weg glücklich vonstatten gehen!« Sein Sohn
bereitete alles vor, was zur Reise notwendig war.
Da sprach sein Vater zu ihm: »Mit diesem Manne
ziehe hin! Gott aber, der im Himmel wohnt, wird
eure Reise gelingen lassen, und sein Engel möge mit
euch ziehen!« Da machten sich beide auf den Weg,
und der Hund des Jünglings begleitete sie.

Trauer der Mutter

18 Seine Mutter Anna weinte und sprach zu Tobit: »Warum hast du unser Kind fortgeschickt? Ist er nicht der Stab in unserer Hand, da er doch bei uns ein- und ausgeht? 19 Dies Geld soll nicht zum andern Geld zugelegt werden, sondern es sei das Lösegeld für unser Kind! 20 Denn wie uns vom Herrn das Leben geschenkt wird, so genügt uns dieses.« 21 Tobit aber entgegnete ihr: »Gräme dich doch nicht, Schwester; er wird heil wiederkehren, und deine Augen werden ihn sehen. 22 Denn ein guter Engel wird mit ihm ziehen, sein Weg wird erfolgreich sein, und er wird heil wiederkehren.« 23 Da hörte sie mit dem Weinen auf.

5,17: Der Hund als Reisebegleiter war bei den Juden in der assyrischen Gefangenschaft eine Unmöglichkeit. Damals wurde er als Haustier verschmäht. Bei den Griechen aber war der Hund Freund und Beschützer des Menschen. • 19: Die verzagte Mutter hätte lieber das hinterlegte Geld (4,20) verloren und um diesen Preis den Sohn am Leben erhalten.

Fischfang

6 1 Sie aber zogen des Weges dahin und kamen gegen Abend an den Tigrisstrom und übernachteten daselbst. 2 Der Jüngling aber stieg hinab, um zu baden, als ein Fisch aus dem Fluß hervorschnellte und den Jüngling verschlingen wollte. 3 Der Engel aber rief ihm zu: »Packe den Fisch!« Da ergriff der Jüngling den Fisch und warf ihn ans Land. 4 Nun sprach der Engel zu ihm: »Schneide den Fisch auf, hole das Herz, die Leber und Galle heraus und nimm sie in sichere Verwahrung!« 5 Der Jüngling tat, wie der Engel ihn anwies; den Fisch selbst aber brieten und aßen sie. 6 Da zogen beide ihres Weges weiter, bis sie sich Ekbatana näherten. 7 Da fragte der Jüngling den Engel: »Bruder Asarias, was hat es mit der Leber, dem Herzen und der Galle des Fisches zu bedeuten?« 8 Dieser sprach zu ihm: »Das Herz und die Leber braucht man, wenn ein Dämon oder böser Geist jemanden quält; dann muß man diese in Gegenwart des Mannes oder der Frau als Räucherwerk verbrennen; in der Folge wird man nie mehr gequält. 9 Mit der Galle aber muß man einen Menschen bestreichen, der weiße Flecken in seinen Augen hat; dann wird er geheilt.«

Ratschläge Raphaels

10 Sie näherten sich also Ragai. 11 Da sprach der Engel zu dem Jüngling: »Bruder, heute werden wir bei Raguel übernachten; er ist dein Verwandter und hat eine einzige Tochter namens Sara. 12 Ihretwegen will ich Rücksprache nehmen, damit du sie als Frau erhältst; denn dir gebührt ihr Besitz, weil du der einzige aus ihrer Verwandtschaft bist; übrigens ist das Mädchen schön und klug. 13 Nun höre auf mich! Ich will mit ihrem Vater reden; wenn wir dann aus Ragai zurückkehren, wollen wir Hochzeit feiern; denn ich weiß, Raguel kann sie nach dem mosaischen Gesetz keinem anderen Mann geben, oder er macht sich des Todes schuldig. Denn du hast vor jedem anderen Mann ein Recht auf ihren Besitz.«

14 Da sprach der Jüngling zum Engel: »Bruder Asarias, ich hörte, das Mädchen sei an sieben Männer verheiratet worden, und alle seien im Brautgemach umgekommen. 15 Ich bin nun der einzige Sohn meines Vaters und fürchte, wenn ich hineingehe, ebenso sterben zu müssen wie die früheren; denn ein Dämon ist in sie verliebt, der niemandem etwas zuleide tut außer denen, die sich ihr nähern. Und nun fürchte ich, sterben zu müssen und so das Leben meines Vaters und meiner Mutter aus Kummer um mich ins Grab zu bringen. Sie haben aber keinen anderen Sohn, der sie begraben könnte.«

16 Der Engel aber sprach zu ihm: »Gedenkst du nicht der Worte, die dir dein Vater aufgetragen hat, daß du nur eine Frau aus deiner Verwandtschaft nehmen sollst? Und nun höre mich, Bruder; denn deine Frau wird sie werden. Des Dämons wegen brauchst du dich nicht zu sorgen; denn heute nacht noch wird sie dir zur Frau gegeben werden. 17 Gehst du dann aber in das Brautgemach hinein, so nimm Glühasche vom Räucherwerk, lege etwas vom Herzen und der Leber des Fisches darauf und laß es als Räucherwerk verbrennen! Sobald das der Dämon riecht, wird er entfliehen und nimmermehr wiederkehren. 18 Wenn du dann zu ihr gehst, so erhebt euch beide und ruft zum barmherzigen Gott; er wird euch retten und Erbarmen schenken. Zage nicht, denn dir ist sie von Ewigkeit her bestimmt, und du wirst ihr Hilfe bringen; sie wird mit dir ziehen, und ich nehme an, daß du von ihr Kinder erhalten wirst.« 19 Als Tobias das alles hörte, faßte er Zuneigung zu ihr, und sein Herz hing sehr an ihr.

6,2: In Alltagsgesprächen sagt man gern statt »beißen« »verschlingen«. Fische, die dem Menschen gefährlich sind, gibt es im Tigris noch heute. • 7–9: Herz, Leber und Galle eines Fisches waren tatsächlich Heilmittel. Räucherwerk verwendete man in assyrisch-babylonischen Religionen gern zur Abwehr böser Dämonen.

Aufnahme bei Raguel

7 1 So kamen sie denn nach Ekbatana und erreichten das Haus Raguels. Sara kam ihnen entgegen und begrüßte sie. Sie erwiderten ihr den Gruß. Jene führte sie dann ins Haus. 2 Da sprach

Raguel zu seiner Frau Edna: »Wie sieht doch dieser
junge Mann meinem Vetter Tobit ähnlich!« 3 Dann
fragte sie Raguel: »Woher kommt ihr, Brüder?« Sie
erwiderten: »Von den Söhnen Naphtalis, den
Kriegsverschleppten in Ninive.« 4 Da sagte er zu
ihnen: »Kennt ihr den Tobit, unseren Bruder?« Sie
antworteten: »Ja!« 5 Da fragte er sie: »Geht es ihm
gut?« Sie erwiderten: »Er lebt und befindet sich
wohl.« Tobias fügte hinzu: »Er ist mein Vater!«
6 Nun sprang Raguel auf, küßte ihn, weinte, segnete
ihn und sprach zu ihm: »O du Sohn des guten und
wackeren Mannes!« Als er aber davon hörte, daß
Tobit sein Augenlicht eingebüßt hatte, wurde er be-
trübt und weinte. 7 Auch seine Frau Edna und seine
Tochter Sara weinten und nahmen sie bereitwillig
auf. 8 Sie schlachteten einen Widder und trugen
reichliche Gerichte auf.

Brautsegen

9 Tobias aber sprach zu Raphael: »Bruder Asarias,
sprich doch über die Dinge, von denen du auf
der Reise geredet hast, damit die Sache erledigt
werde!« 10 Da machte er Raguel hierüber Mittei-
lung, und Raguel sprach zu Tobias: »Iß, trink und
sei fröhlich; denn dir gebührt es, mein Kind zu hei-
raten. Nur will ich dir gleich die Wahrheit sagen:
11 Ich habe mein Kind bereits an sieben Männer
verheiratet; doch wenn sie zu ihr eingingen, star-
ben sie in der Nacht. Aber sei vorerst guter
Dinge!« 12 Doch Tobias sprach: »Ich esse hier keinen
Bissen, bis ihr sie an meine Seite stellt und (als Zeu-
gen) hinzutretet.« Raguel erwiderte: »Nimm sie von
jetzt an hin nach dem Gesetz! Du bist ihr Ver-
wandter, und dir gehört sie. Der gütige Gott geleite
euch aufs beste!« 13 Er rief seine Tochter Sara, nahm
sie bei der Hand, gab sie dem Tobias zur Frau und
sprach: »Hier, nach dem Gesetz des Moses nimm
sie hin und führe sie zu deinem Vater!« Und er seg-
nete sie.

14 Dann holte er seine Frau Edna, nahm ein Blatt,
schrieb eine Vertragsurkunde und versiegelte sie.
Nun begannen sie zu speisen. 15 Raguel rief seine
Frau Edna und sprach zu ihr: »Schwester, richte das
andere Gemach her und führe Sara hinein!« 16 Sie
tat, wie er befohlen hatte, und führte sie dort hin-
ein. Sara aber weinte. Die Mutter fing die Tränen
ihrer Tochter auf und sprach zu ihr: 17 »Mut, mein
Kind! Der Herr des Himmels und der Erde schenke
dir Gnade als Ersatz für diese deine Trauer! Schöpfe
Mut, meine Tochter!«

7,14: Die Eheurkunde, ohne die eine Ehe nicht gültig war, kommt in der mosaischen Gesetzgebung nicht vor. Das Siegel ersetzte die Unterschrift.

Brautnacht

8 1 Als sie nun das Mahl beendet hatten, führten
sie Tobias zu ihr hinein. 2 Beim Eintritt aber
gedachte er der Weisungen Raphaels, nahm
die Glühasche des Räucherwerks, legte das Herz
und die Leber des Fisches darauf und räucherte da-
mit. 3 Als nun der Dämon den Duft roch, floh er in
die Gefilde Oberägyptens, und der Engel fesselte
ihn. 4 Wie sie nun beide eingeschlossen waren,
stand Tobias von seinem Lager auf und sprach:
»Steh auf, Schwester, wir wollen beten, daß der
Herr sich unser erbarme!« 5 Und Tobias begann zu
beten: »Gepriesen bist du, Gott unserer Väter, ge-
priesen ist dein heiliger und ehrwürdiger Name in
alle Ewigkeit! Preisen sollen dich die Himmel und
alle deine Geschöpfe! 6 Du hast den Adam gebildet
und gabst ihm als Hilfe die Eva, als Stütze seine
Frau. Aus diesen entstand das Menschengeschlecht.
Du sprachst: Es ist nicht gut, daß der Mensch allein
sei. Wir wollen ihm eine Gehilfin machen, die zu
ihm paßt.

7 Und nun, Herr, nicht aus Sinnlichkeit heirate ich
diese meine Schwester, sondern aus lauterer Ab-
sicht. Mögest du dich meiner erbarmen und mich
mit ihr zu hohem Alter gelangen lassen!« 8 Sie
sprach mit ihm: »Amen!« 9 Sie schliefen jene Nacht
miteinander.

Hochzeit und Nachfeier bei Raguel

10 Raguel aber stand auf, ging hin und grub ein
Grab; denn er sagte: »Es könnte sein, daß auch die-
ser stirbt.« 11 Dann ging Raguel in sein Haus. 12 Er
sprach zu seiner Frau Edna: »Schicke doch eine von
den Mägden und laß nachsehen, ob er noch lebt; ist
das nicht der Fall, dann begraben wir ihn, bevor
jemand etwas merkt.« 13 Die Magd öffnete die Tür,
ging hinein und fand beide schlafend. 14 Sie kam
heraus und meldete, daß er lebe. 15 Da pries Raguel
Gott und sprach: »Gepriesen bist du, Gott, mit jeg-
lichem reinen und heiligen Lobpreis; preisen sollen
dich deine Heiligen und alle deine Geschöpfe; alle
deine Engel und deine Erwählten sollen dich prei-
sen in alle Ewigkeit! 16 Gepriesen bist du, weil du
mich erfreut hast! Mir geschah nicht, was ich ver-
mutete, sondern du tatest an uns nach deinem rei-
chen Erbarmen. 17 Gepriesen bist du, weil du dich
der beiden einzigen Kinder erbarmt hast. Erweise
ihnen, Herr, Barmherzigkeit! Laß ihr Leben in
Gesundheit mit Freude und Erbarmen ablaufen!«
18 Dann ließ er seine Diener das Grab zuschütten.
19 Er veranstaltete dem Paar ein Hochzeitsfest, das
vierzehn Tage dauerte. 20 Noch bevor die Hoch-
zeitstage zu Ende waren, beschwor Raguel den

Tobias, er solle nicht fortgehen, bevor die vierzehn Tage des Hochzeitsfestes zu Ende wären. 21 Dann solle er die Hälfte seines Vermögens bekommen und wohlbehalten zu seinem Vater zurückkehren. »Das übrige aber«, so sagte er, »Sollst du bekommen, wenn ich und meine Frau tot sind!«

8,1–3: Matth 12,43; Offb 20,2.

Der Schuldschein Gabaels

9 1 Da rief Tobias den Raphael und sprach zu ihm: 2 »Bruder Asarias, nimm einen Knecht und zwei Kamele mit dir und reise nach Ragai in Medien zu Gabael, hole mir das Geld, und bringe ihn selbst mit zur Hochzeit! 3 Denn Raguel hat geschworen, daß er mich nicht wegziehen läßt. 4 Doch mein Vater zählt die Tage, und wenn ich lange ausbleibe, wird es ihm sehr schmerzlich sein.« 5 Da reiste Raphael ab, übernachtete bei Gabael und gab ihm den Schuldschein. Dieser aber brachte die versiegelten Beutel und gab sie ihm. 6 Dann brachen sie am Morgen gemeinsam auf und kamen zur Hochzeit. Tobias aber pries seine Frau.

Trauer im Elternhaus

10 1 Sein Vater Tobit zählte jeden Tag. Die Tage der Reise gingen vorbei, und Tobias war immer noch nicht zurückgekehrt. 2 Da sagte er: »Sind sie etwa aufgehalten worden, oder ist Gabael vielleicht gestorben, und niemand gibt ihm das Geld?« 3 Er wurde sehr traurig. 4 Da sprach seine Frau zu ihm: »Das Kind ist umgekommen, weil es so lange ausbleibt.« Sie begann ihn zu beklagen und sprach: 5 »Ist nicht das mein Kummer, daß ich dich, mein Kind, habe ziehen lassen, das Licht meiner Augen?« 6 Tobit aber sprach zu ihr: »Beruhige dich, sorge dich nicht, er ist wohlbehalten.« 7 Sie aber entgegnete ihm: »Sei still, mach mir nichts vor, mein Kind ist umgekommen!« Und sie lief täglich an den Weg hinaus, auf dem er fortgezogen war; am Tage nahm sie keine Nahrung zu sich, bei Nacht aber beklagte sie unaufhörlich ihren Sohn Tobias, bis die vierzehn Tage des Hochzeitsfestes vorbei waren, die Raguel dort zu feiern geschworen hatte.

Heimkehr

8 Tobias aber bat den Raguel: »Laß mich heim, denn mein Vater und meine Mutter glauben schon nicht mehr daran, mich wiederzusehen!« 9 Sein Schwiegervater jedoch sagte zu ihm: »Bleibe bei mir, ich will jemand zu deinem Vater senden, und man soll ihm mitteilen, wie es mit dir steht!« Tobias aber sprach: »Nein, laß mich heim zu meinem Vater!«
10 Da erhob sich Raguel, gab ihm seine Frau Sara und die Hälfte seines Vermögens, Sklaven, Vieh und Geld. 11 Er segnete sie und entließ sie mit den Worten: »Kinder, der Gott des Himmels möge euch Glück verleihen, bevor ich sterbe!« 12 Zu seiner Tochter aber sprach er: »Ehre deine Schwiegereltern; sie sind nun deine Eltern! Möge ich von dir gute Nachricht hören!« Und er küßte sie. 13 Edna aber sprach zu Tobias: »Geliebter Bruder, möge dir der Herr des Himmels das Geleit geben, und möge er mich deine Kinder von meiner Tochter Sara sehen lassen, damit ich mich freuen kann vor dem Herrn! Siehe, ich vertraue dir meine Tochter als Pfand an; betrübe sie nicht!« 14 Danach reiste Tobias ab und pries Gott dafür, daß er seinen Weg gelingen ließ. Mit Segenswünschen nahm er Abschied von Raguel und seiner Frau Edna.

Die Heilung des Tobit

11 1 So zog er seines Weges, bis er in die Nähe von Ninive kam. Da sprach Raphael zu Tobias: 2 »Weißt du nicht mehr, Bruder, in welchem Zustand du deinen Vater verlassen hast? 3 Wir wollen deiner Frau vorauseilen und das Hauswesen herrichten. 4 Nimm aber die Galle des Fisches zur Hand!« Da zogen sie voran, und der Hund lief hinter ihnen mit. 5 Anna aber saß da und schaute den Weg entlang nach ihrem Sohne aus. 6 Da sah sie ihn kommen und sagte zu seinem Vater: »Siehe, dein Sohn kommt und der Mann, der mit ihm gereist ist.« 7 Raphael sprach: »Ich weiß, daß deines Vaters Augen aufgetan werden. 8 Streiche also die Galle auf seine Augen! Wenn es ihn beißt, wird er sie reiben; die weißen Flecken werden dann abgehen, und er wird dich sehen.«
9 Da lief Anna hinzu, fiel ihrem Sohn um den Hals und sprach zu ihm: »Ich habe dich gesehen, Kind! Von jetzt an kann ich ruhig sterben!« Beide brachen in Tränen aus. 10 Auch Tobit kam an die Türe. Er stieß sich jedoch, und sein Sohn eilte hinzu. 11 Er fing seinen Vater auf und strich die Galle über die Augen seines Vaters und sprach: »Fasse Mut, Vater!« 12 Als aber das Beißen anfing, rieb er seine Augen, und es schälten sich die weißen Flecken von seinen Augen ab. 13 Er konnte seinen Sohn sehen, fiel ihm um den Hals, weinte und sprach: 14 »Gepriesen bist du, o Gott, und gelobt ist dein Name in Ewigkeit, und gepriesen seien alle deine heiligen Engel, denn du hast mich gezüchtigt und begnadet: Wahrhaftig, ich sehe meinen Sohn Tobias!« 15 Da trat sein Sohn voller Freude ein und erzählte seinem Vater die wichtigen Ereignisse, die ihm in Medien begegnet waren.

Gruß an Sara

16 Tobit ging nun seiner Schwiegertochter entgegen,
freudig und Gott preisend am Tor von Ninive. Alle,
die ihn gehen sahen, staunten darüber, daß er sehen
konnte. Tobit bekannte vor ihnen, daß Gott sich
seiner erbarmt habe. 17 Als Tobit nun mit seiner
Schwiegertochter Sara zusammentraf, begrüßte er
sie mit dem Glückwunsch: »Tritt wohlbehalten ein,
meine Tochter! Gepriesen sei Gott, der dich zu uns
führte, und auch dein Vater und deine Mutter!«
18 Freude herrschte bei allen seinen Brüdern in Ni-
nive. 19 Auch Achiachar und dessen Neffe Nadan
fanden sich ein. Das Hochzeitsfest des Tobias
wurde sieben Tage lang freudig begangen.

11,7–13: Die Heilung ist hier keine Wundertat, sondern beruht auf dem Wirken natürlicher Heilmittel. Hornhautflecken der Augen werden noch heute so geheilt, nur daß die Fischgalle nicht roh ist, sondern chemisch präpariert.

Raphael gibt sich zu erkennen

12
1 Da rief Tobit seinen Sohn Tobias und
sprach zu ihm: »Sorge, Kind, daß der
Mann, der mit dir gegangen ist, seinen
Lohn bekommt; man muß ihm auch noch eine Zu-
lage geben.« 2 Dieser antwortete ihm: »Vater, ich bin
nicht geschädigt, wenn ich ihm die Hälfte von dem
abgebe, was ich mitgebracht habe. 3 Er hat mich ge-
sund zu dir zurückgeführt, hat meine Frau geheilt,
mein Geld geholt und dich ebenfalls wieder gesund
gemacht.« 4 Der Greis erwiderte: »Das gebührt ihm
wirklich.« 5 Er rief nun den Engel herbei und sprach
zu ihm: »Nimm die Hälfte von allem an, was ihr
mitgebracht habt!«
6 Da rief jener die beiden heimlich beiseite und
sprach zu ihnen: »Preiset Gott und danket ihm; gebt
ihm die Ehre und danket ihm vor allen Lebenden für
das, was er an euch getan hat! Gut ist es, Gott zu
preisen und seinen Namen zu erhöhen, indem man
die Kunde von Gottes Werken ehrfürchtig weiter-
gibt. Zaudert also nicht, ihn zu feiern! 7 Das Ge-
heimnis eines Königs zu verbergen, ist recht; die
Werke Gottes aber zu offenbaren, ist ruhmvoll. Tut
Gutes, und Unheil wird euch nicht treffen! 8 Etwas
Schönes ist das Gebet, verbunden mit Fasten,
Almosen und Mildtätigkeit. Besser ist es, weniges
mit Mildtätigkeit zu besitzen als vieles mit Unrecht.
Besser ist es, Almosen zu geben, als Goldschätze
aufzuhäufen. 9 Denn Almosen rettet vom Tod und
reinigt von jeder Sünde; wer Barmherzigkeit übt
und Gutes tut, wird mit Leben erfüllt werden,
10 wer aber sündigt, ist ein Feind des eigenen Le-
bens.
11 Ich will euch gegenüber nichts verbergen; ich
sagte es ja schon: Das Geheimnis eines Königs zu
verbergen, ist recht, die Werke Gottes aber zu of-
fenbaren, ist ruhmvoll. 12 Nun denn, als du betetest,
du und deine Schwiegertochter Sara, brachte ich
euer Gebetsopfer vor den ›Heiligen‹, und als du die
Toten begrubst, stand ich dir auch zur Seite. 13 Als
du unverzüglich aufstandest und sogar deine Mahl-
zeit stehen ließest, um hinzugehen und dich des
Toten anzunehmen, blieb mir deine gute Tat nicht
verborgen, sondern ich war bei dir. 14 Wohlan, Gott
hat mich gesandt, dich und deine Schwiegertochter
Sara zu heilen. 15 Ich bin Raphael, einer von den sie-
ben heiligen Engeln, die die Gebete der Heiligen dar-
bringen und zu der Majestät des ›Heiligen‹ Zutritt
haben.« 16 Da erschraken beide und fielen auf ihr
Antlitz, weil sie in Furcht gerieten. 17 Doch er sprach
zu ihnen: »Fürchtet euch nicht! Friede wird euch zu-
teil werden! Doch preiset Gott immerdar! 18 Denn
nicht aus eigener Gunst, sondern nach dem Willen
Gottes kam ich zu euch; daher preiset ihn immer-
dar! 19 Während all dieser Tage bin ich euch sichtbar
gewesen, aber ich aß und trank nicht, ihr saht nur
eine Erscheinung. 20 Und jetzt danket Gott, denn ich
steige auf zu dem, der mich sandte. Schreibt alles,
was sich zugetragen hat, in ein Buch!« 21 Da erhoben
sie sich, sahen ihn aber nicht mehr. 22 Sie priesen die
großen und wunderbaren Taten Gottes, und wie der
Engel des Herrn ihnen erschienen war.

Lobgesang

13
1 Tobit aber schrieb folgendes Freudenge-
bet nieder: 2 »Gelobt sei Gott, der ewig
lebt, und seine Königsherrschaft! Denn er
züchtigt und erbarmt sich, führt in das Totenreich
hinab und wieder herauf, und niemand kann seiner
Hand entrinnen. 3 Dankt ihm, ihr Israeliten, vor den
Heiden; denn er ist es, der uns unter sie zerstreute.
4 Kündet dort seine Größe; vor allem, was lebt,
rühmt ihn; denn er ist unser Herr und Gott, er ist
unser Vater bis in alle Ewigkeit. 5 Er züchtigt uns ob
unsrer Freveltaten, erbarmt sich wiederum und
sammelt uns aus allen Völkern, unter die ihr ver-
sprengt seid. 6 Bekehrt ihr euch zu ihm von ganzem
Herzen und aus ganzer Seele, um Recht zu üben vor
ihm, dann kehrt auch er sich hin zu euch, verbirgt
sein Antlitz nimmermehr vor euch. 7 Dann schaut,
was er an euch tut, und dankt ihm aus vollem
Mund! Preist den gerechten Herrn und rühmt den
ewigen König.
8 Ich danke ihm in der Verbannung Land und künde
seine Macht und Größe einem Sündervolk. Be-

kehrt euch, ihr Sünder, übt Gerechtigkeit vor
ihm! Vielleicht ist er euch wohlgesinnt und übt an
euch Barmherzigkeit. 9 Ja, meinen Gott erhöhe ich,
den Himmelskönig rühmt mein Herz und jubelt
über seine Größe. 10 Alle in Jerusalem sollen spre-
chen und ihm danken: Jerusalem, du Stadt des
Heiligen, er züchtigt dich ob deiner Kinder Taten,
der Söhne der Gerechten wiederum erbarmt er
sich. 11 Dem Herrn danke, wie es recht ist; dem ewi-
gen König spende Preis, damit sein Zelt in dir mit
Freuden wieder aufgenommen werde! 12 Freude
bringe er den Verbannten in dir, den Armen in dir
zeige er seine Huld durch alle Geschlechter in
Ewigkeit!
13 Viele Heidenvölker kommen von fern zum
Namen Gottes, des Herrn, bringen Geschenke in
ihren Händen und Gaben für den König des Him-
mels. Geschlecht für Geschlecht wird dir Jubel zol-
len. 14 Alle, die dich hassen, seien verflucht, geseg-
net alle, die dich lieben, in Ewigkeit! 15 Freu dich
und juble über die Söhne der Gerechten; sie werden
sich versammeln und preisen den Herrn der Ge-
rechten. Selig, die dich lieben! Sie dürfen sich dei-
nes Glückes freuen. 16 Selig, die trauerten über alle
deine Züchtigungen! Denn sie werden sich freuen
über dich, wenn sie all deine Herrlichkeit schauen;
sie werden frohlocken immerdar. Es preise Gott,
den großen König, meine Seele! 17 Jerusalem wird
neu gebaut mit Saphir und Smaragd, mit Edelstei-
nen deine Mauern, die Türme und die Wälle aus rei-
nem Gold; die Straßen Jerusalems werden
gepflastert mit Beryll und Diamant und Edelstein
aus Ophir. 18 Und all seine Gassen sagen: Alleluja!
Sie sprechen rühmend: Gepriesen sei Gott, der er-
höht hat für immer!«

Tobits, Annas und des Tobias Ende

14 1 So beendete Tobit sein Danklied. 2 Er
war achtundfünfzig Jahre alt, als er das
Augenlicht verlor, und nach acht Jahren
wurde er wieder sehend. Er übte Wohltaten und
fürchtete weiterhin Gott, den Herrn, und dankte
ihm. 3 Ein hohes Alter war ihm beschieden. Er rief
seinen Sohn mit seinen Enkeln und sprach zu ihm:
»Kind, nimm deine Söhne; siehe, ich bin alt und
nahe daran zu verscheiden. 4 Ziehe nach Medien,
Kind, denn ich bin überzeugt von dem, was der Pro-
phet Jonas über die Zerstörung Ninives geweissagt
hat; in Medien dagegen wird einstweilen besserer
Wohlstand sein. Desgleichen bin ich überzeugt,
daß unsere Brüder vom fruchtbaren Boden weg im
Land zerstreut werden, daß Jerusalem verödet, das
Haus Gottes darin verbrannt und lange Zeit ver-
heert sein wird.
5 Aber Gott wird sich ihrer wieder erbarmen und sie
in das Land zurückbringen. Man wird das Gottes-
haus aufbauen, doch nicht so, wie das erste gewe-
sen ist, bis die Fristen der Weltzeit erfüllt sind. Da-
nach werden sie aus den Ländern ihrer Verbannung
heimkehren und Jerusalem glanzvoll aufbauen. Das
Haus Gottes wird als herrliches Gebäude darin er-
stehen für alle kommenden Geschlechter, wie die
Propheten darüber geweissagt haben. 6 Alle Völker
werden sich dazu bekehren, Gott, den Herrn, auf-
richtig zu fürchten; ihre Götzenbilder aber werden
sie verscharren, und alle Heiden werden den Herrn
preisen. 7 Sein Volk wird Gott danken; der Herr aber
wird sein Volk erhöhen. Freuen werden sich alle,
die Gott, den Herrn, in Wahrheit und Gerechtigkeit
lieben, indem sie unseren Brüdern Barmherzigkeit
erweisen. 8 Und nun, Kind, ziehe fort von Ninive;
denn gewiß wird das eintreten, was der Prophet
Jonas gesprochen hat.
9 Du aber halte das Gesetz und die Gebote; sei
mildtätig und rechtschaffen, auf daß es dir wohler-
gehe! Bereite mir und deiner Mutter an meiner Seite
ein würdiges Begräbnis! Bleibt aber nicht mehr in
Ninive! 10 Kind, schau, was Nadan dem Achiachar,
seinem Ernährer, getan, wie er ihn aus dem Licht in
die Finsternis gestürzt und wie (übel) er ihm ver-
golten hat! Doch Achiachar ward gerettet, jenem
aber wurde die Vergeltung zuteil und er mußte
selbst in die Finsternis hinabsteigen. Achiachar übte
Barmherzigkeit und wurde aus der Todesschlinge,
die jener ihm legte, gerettet; Nadan jedoch fiel in die
Schlinge und kam um. 11 Seht also, Kinder, was
Barmherzigkeit vermag, und wie Gerechtigkeit ret-
tet!« Während er dies sagte, schied seine Seele von
ihm auf dem Lager. Er war hundertachtundfünfzig
Jahre alt. Sein Sohn begrub ihn in Ehren. 12 Als Anna
tot war, begrub er sie neben seinem Vater. Dann
zog Tobias mit seiner Frau und seinen Kindern nach
Ekbatana zu seinem Schwiegervater Raguel. 13 Er
ergraute in Ehren, bestattete seine Schwiegereltern
würdig und erbte ihren Besitz und den seines
Vaters Tobit. 14 Er starb, als er hundertsiebenund-
zwanzig Jahre alt war, in Ekbatana in Medien.
15 Vor seinem Hinscheiden vernahm er noch die
Kunde vom Fall Ninives, das Nabuchodonosor und
Assueros eroberten. So empfand er noch vor sei-
nem Tod Freude über Ninive.

14,15: Assueros = Xerxes ist aus dem Esterbuch übernommen; an der Eroberung Ninives (612) nicht beteiligt.

DAS BUCH JUDIT

Nabuchodonosor (Nebukadnezar), der König der Assyrer, führt Krieg gegen einen König von Medien und ruft die Völker des Westens zu Hilfe. Diese verweigern ihre Unterstützung und werden nach dem Sieg über Medien in einem triumphalen Siegeszug unterjocht (1–3). Da wagen es aber die Juden, die aus der Babylonischen Gefangenschaft heimgekehrt sind, sich zum Widerstand zu rüsten. Holophernes, der Oberfeldherr der Assyrer, muß die Festung Betylua belagern. Schritte zur Kapitulation werden erwogen (4–7). Die fromme Witwe Judit widersetzt sich, geht ins feindliche Heerlager und tötet den Holophernes. Juda ist aus großer Gefahr errettet. Judit wird gepriesen (8–16).
Die Zeitumstände, in denen die erzählten Ereignisse spielen, sind bis heute noch nicht geklärt. Nabuchodonosor war nicht König der Assyrer, und diese hatten nach der Heimkehr der Juden aus der Gefangenschaft nichts mehr zu bedeuten. »Nabuchodonosor« könnte, da die Perser das ehemalige assyrische Staatsgebiet beherrschten, ein Deckname für einen persischen König sein. Hier käme am ehesten Artaxerxes III. Ochus (um 350 v. Chr.) in Betracht; zu seiner Zeit war Jericho (ist Betylua Deckname?) in der Nähe Jerusalems ein Bollwerk der Juden. Dieses wurde zwar erobert und zerstört, jedoch ist ein Anfangserfolg der Belagerten durchaus möglich. Zudem taten wirklich Männer mit den Namen Bagoas und Holophernes im Heer Artaxerxes' III. Dienst. Im Charakterbild Judits gibt es manche Züge, die uns weniger gefallen, besonders ihre Hinterlist und Falschheit, womit sie einen schlafenden Feind erschlägt. Doch dürfen wir dabei die andere Seite nicht übersehen: ihre Gottesfurcht, ihr inständiges Gebetsleben, ihren Opfermut, ihre Gesetzesfrömmigkeit, ihre Sittenreinheit und ihre Gattentreue, die noch über den Tod hinausgeht; diese Eigenschaften haben der Juditgestalt in christlichen Kreisen zu großer Beliebtheit verholfen. Um dieser Züge willen ist Judit ein Vorbild der Frauen. In der Marienliturgie werden mit Recht Texte des Juditbuches verwendet.
Das Buch ist um das Jahr 200 v. Chr. in hebräischer oder aramäischer Sprache geschrieben worden. Diesen Urtext haben wir nicht mehr.

Im zwölften Jahr der Herrschaft des Nabucho-
donosor, der König der Assyrer in der großen
Stadt Ninive war, in den Tagen des Arphaxad,
der über die Meder in Ekbatana als König herrschte,
2 erbaute dieser rings um Ekbatana Mauern aus be-
hauenen Steinen. Diese maßen in der Breite drei El-
len und in der Länge sechs. Die Höhe der Mauer be-
trug siebzig und ihre Breite fünfzig Ellen. 3 Ihre
Türme errichtete er auf ihren Toren hundert Ellen
hoch, und deren Grundriß machte er sechzig Ellen
breit. 4 Ihre Tore ließ er siebzig Ellen hoch auf-
führen, ihre Breite betrug vierzig Ellen. So konnten
seine gewaltigen Heeresmassen ausrücken und
seine Fußtruppen sich in Schlachtordnung aufstel-
len.

Krieg mit Nabuchodonosor

5 In jenen Tagen also führte König Nabuchodonosor
Krieg mit dem König Arphaxad in der großen
Ebene, d. h. in der Ebene des Gebietes von Ragau.
6 Diesem schlossen sich an alle Bewohner des
Gebirges, alle Nachbarn des Euphrat, des Tigris
und des Hydaspes und die Bewohner der Ebene
Ariochs, des Königs der Elamiter. So kamen viele
Völker zum Kriegszug der Söhne Cheleuds zusam-
men. 7 Da sandte der Assyrerkönig Nabuchodono-
sor zu allen Bewohnern der Persis und allen Be-
wohnern des Westens, zu den Bewohnern von
Kilikien und Damaskus, des Libanon und Antili-
banon, zu allen Bewohnern der Meeresküste, 8 zu
den Leuten unter den Stämmen des Karmel und
Gileads, von Obergaliläa und der großen Ebene Es-
drelon, 9 zu allen Bewohnern Samarias und seiner
Städte und zu den Leuten jenseits des Jordans bis
nach Jerusalem, Batane, Chelus, Kades, zum Bach
Ägyptens, Taphne, Ramesse und dem ganzen Land
Gesem, 10 bis über Tanis und Memphis hinaus, und
zu allen Bewohnern Ägyptens bis zur Grenze
Äthiopiens.

Weigerung der Völker, Nabuchodonosor zu gehorchen

11 Aber alle Bewohner des ganzen Gebietes miß-
achteten das Aufgebot des Assyrerkönigs Nabucho-

donosor und zogen nicht mit ihm in den Krieg.
Denn sie fürchteten ihn nicht; vielmehr galt er in
ihren Augen soviel wie irgendein einzelner Mann.
Sie schickten seine Boten ohne Erfolg und in
Schande wieder weg. 12 Da ergrimmte Nabucho-
donosor gewaltig über dieses ganze Gebiet. Bei sei-
nem Thron und Reich tat er einen Schwur, er werde
sich an dem ganzen Landstrich von Kilikien,
Damaskene und Syrien rächen, sie mit seinem
Schwert vernichten, und ebenso alle Einwohner
Moabs, die Ammoniter, ganz Idumäa und alle Leute
in Ägypten bis an die Grenze der beiden Seen.

Nabuchodonosors Sieg

13 Mit seiner ganzen Streitmacht griff er den König
Arphaxad im siebzehnten Jahr an, besiegte ihn
im Kampf und zwang die ganze Heeresmacht
Arphaxads, seine gesamte Reiterei und alle seine
Streitwagen, zur Flucht. 14 Er eroberte seine Städte,
kam bis Ekbatana, bemächtigte sich der Türme, ließ
die Straßen der Stadt plündern, und was ihre Zierde
war, verwandelte er in eine Schmach für sie. 15 Er
nahm auch den Arphaxad in den Bergen Ragaus ge-
fangen, durchbohrte ihn mit seinen Wurfspießen
und machte ihm den Garaus für immer. 16 Dann
kehrte er zusammen mit seiner gesamten Gefolg-
schaft zurück, eine ungeheuer große Menge von
Kriegsleuten. Dort feierte er mit seinem Heere Ur-
laub und frohe Siegesfeste hundertzwanzig Tage
lang.

Holophernes, der Feldherr der assyrischen Streitmacht

2 1 Am zweiundzwanzigsten Tage des ersten
Monats im achtzehnten Jahr verbreitete sich
im Palast des Assyrerkönigs Nabuchodono-
sor die Nachricht, er wolle Rache nehmen an jenem
ganzen Gebiet, wie er schon gesagt hatte. 2 Er berief
alle seine Beamten und Würdenträger, machte sie
mit seinem geheimen Entschluß bekannt und legte
mündlich einen Plan völliger Vernichtung gegen das
Gebiet vor. 3 Jene entschieden sich ebenfalls dafür,
alle Leute zu vernichten, die dem Befehl seines
Mundes nicht gehorcht hatten. 4 Am Ende der Bera-
tung holte der Assyrerkönig Nabuchodonosor den
Oberbefehlshaber seiner Heeresmacht, den Holo-
phernes, der den zweiten Rang nach ihm innehatte,
und sprach zu ihm: 5 »Dies ordnet der Großkönig,
der Herr der ganzen Erde, an: Also, du wirst von mir
wegziehen und Leute mit dir nehmen, die auf ihre
eigene Kraft vertrauen können. An Fußtruppen
seien es hundertzwanzigtausend Mann, und die
Menge der Pferde samt den Reitern betrage zwölf-
tausend. 6 Du hast gegen das ganze Westland aus-
zuziehen, weil seine Bewohner dem Befehl meines
Mundes trotzten! 7 Befiehl ihnen, Erde und Wasser
bereitzuhalten! In meinem Zorn will ich nämlich
gegen sie ausrücken und die ganze Fläche des Lan-
des mit den Füßen meiner Streitkräfte bedecken!
Ich will sie ihnen zur Plünderung freigeben. 8 Ihre
Erschlagenen sollen ihre Täler anfüllen; jeder Bach
und Strom soll mit ihren Leichen bis zum Überströ-
men angefüllt sein! 9 Ihre Gefangenen will ich bis an
die äußerste Grenze der ganzen Erde verschleppen.
10 Rücke nun aus und unterjoche mir ihr ganzes Ge-
biet! Ergeben sie sich dir freiwillig, so wirst du sie
mir für den Tag ihrer Bestrafung aufbewahren!
11 Die aber Widerstand leisten, soll dein Auge nicht
schonen! Gib sie dem Mord und der Plünderung
preis in deinem ganzen Gebiet! 12 So wahr ich lebe
und mein Reich gewaltig ist, ich habe gesprochen
und werde dies mit meiner Hand vollstrecken. 13 Du
aber übertritt auch nicht eine der Anordnungen dei-
nes Herrn, sondern erfülle sie genau, wie ich dir an-
geordnet habe! Zögere nicht, sie durchzuführen!«
14 Da ging Holophernes von seinem Herrn weg und
bot alle Fürsten, Feldherrn und Befehlshaber der as-
syrischen Heeresmacht auf. 15 Er bot auserlesene
Männer für den Feldzug auf, wie sein Herr geboten
hatte; es waren etwa hundertzwanzigtausend
Mann und zwölftausend berittene Bogenschützen.
16 Er stellte sie in kriegsmäßiger Ordnung auf.
17 Dann nahm er Kamele, Esel und Maultiere für ihr
Gepäck in sehr großer Menge und unzählige
Schafe, Rinder und Ziegen zu ihrer Verpflegung,
18 ferner Mundvorrat für jeden Mann in Menge so-
wie sehr viel Gold und Silber aus dem königlichen
Palast.

Siegeszug durch Vorderasien

19 Mit seiner ganzen Heeresmacht setzte er sich in
Bewegung, um vor König Nabuchodonosor einher-
zuziehen und das ganze Gebiet des Westlandes mit
ihren Wagen, Reitern und auserlesenen Fußtruppen
zu bedecken. 20 Viel zusammengewürfeltes Volk
zog mit ihnen aus wie Heuschrecken und wie der
Sand der Erde; ihre Menge war unzählbar. 21 Man
zog von Ninive aus drei Tagemärsche weit gegen
die Ebene von Bektilet und schlug bei Bektilet nahe
beim Gebirge, das links von Oberkilikien liegt, ein
Lager auf. 22 Da nahm er seine gesamte Streitmacht,
seine Fußtruppen, Reiter und Streitwagen, und zog
von da aus gegen das Gebirgsland vor. 23 Er zer-
schlug Phud und Lud und plünderte alle Söhne Ras-
sis und die Ismaeliten aus, die am Rande der Wüste
südlich des Gebietes der Cheläer wohnten. 24 Er

überschritt den Euphrat, durchzog Mesopotamien
und machte alle befestigten Städte, die am Fluß Ab-
ronas bis zum Meer hin lagen, dem Erdboden
gleich. 25 Er eroberte das Gebiet von Kilikien und
schlug alle nieder, die ihm Widerstand leisteten.
Dann kam er in das Gelände von Japhet, das südlich
am Rande Arabiens liegt. 26 Er umzingelte alle
Söhne Madians, verbrannte ihre Zelte und plün-
derte ihre Viehherden. 27 Dann stieg er in die Ebene
von Damaskus hinunter zur Zeit der Weizenernte,
steckte alle ihre Felder in Brand, vernichtete ihre
Schaf- und Rinderherden, plünderte ihre Städte,
verwüstete ihre Fluren und erschlug alle ihre Jung-
männer mit scharfem Schwert. 28 Da befiel Furcht
und Zittern vor ihm alle Bewohner der Meeres-
küste, die in Sidon und Tyrus weilten, die Bewoh-
ner von Sur und Okina, sowie alle Bewohner von
Jamnia. Auch die Bürger von Asdod und Askalon
fürchteten sich sehr vor ihm.

2,1: Im 18. Regierungsjahr veranstaltete der historische Nebukadnezar in der Tat jenen Feldzug, der für Jerusalem den Anfang vom Ende bedeutete. Es war das Jahr 587 v. Chr. Wer mit Nabuchodonosor gemeint ist, vgl. Einleitung. Der Verfasser des Juditbuches wußte offenbar, daß man während der Osterfesttage nicht gut in den Krieg ziehen konnte. Er setzt also den Anfang des Feldzuges nach dem Osterfest an, ohne zu bedenken, daß es sich um einen nichtjüdischen König handelt. • 5: »Herr der ganzen Erde«: Dieser Titel wird an vielen Bibelstellen Gott zugeeignet. • 7–9: Die Ablieferung von Erde und Wasser ist ein Kennzeichen der Unterwürfigkeit. Der großsprecherische Ton entspricht durchaus den überlieferten Inschriften der Assyrerkönige. • 19ff.: Zu den geographischen Angaben und Ortsnamen vgl. F. Stummer, Geographie des Buches Judith, Katholisches Bibelwerk, Stuttgart 1947. Phud und Lud (Vers 23) sind afrikanische Völker (vgl. 1 Mos 10,6,.13; Jer 46,9; Ez 30,5) und können hier nur dichterisch für entfernteste Völker stehen.

3 1 Man schickte Gesandte zu ihm mit folgender
Friedensbotschaft: 2 »Siehe, wir liegen vor dir
als Knechte des Großkönigs Nabuchodono-
sor, damit du uns behandelst, wie es dir gefällt!
3 Unsere Gehöfte, alle unsere Ortschaften, alle Wei-
zenfelder, alle Kleinvieh- und Rinderherden und alle
unsere Zelthürden liegen vor dir! Verfüge, wie es dir
beliebt! 4 Siehe, auch unsere Städte und ihre Be-
wohner sind deine Knechte. Komm und begegne
ihnen, wie es deinen Augen richtig erscheint!« 5 Die
Männer traten vor Holophernes und erstatteten
ihm gemäß diesen Aufträgen Bericht. 6 Da stieg er
mit seinem Heer zur Meeresküste hinab. Er legte
Besatzungen in die befestigten Städte und hob aus
ihnen erlesene Männer als Hilfstruppen aus. 7 Jene
und ihre ganze Umgebung empfingen ihn mit
Kränzen, Reigentänzen und Pauken. 8 Aber er zer-
störte ihre Heiligtümer und hieb ihre Haine um.
Denn es war ihm Macht gegeben, alle Götter der
Erde zu vernichten, damit alle Völker dem Na-
buchodonosor allein religiöse Verehrung erweisen
und alle Zungen und Stämme ihn als ihren Gott an-
rufen sollten. 9 Da kam er in das Gebiet gegenüber
Esdrelon in die Nähe von Dotaja, das vor dem
großen Abhang von Judäa liegt. 10 Er schlug zwi-
schen Gabaj und Skytopolis sein Lager auf; dort
blieb er einen Monat, um seinen ganzen Heerestroß
zu sammeln.

Bestürzung in Judäa

4 1 Die Israeliten, die Judäa bewohnten, vernah-
men von allem, was Holophernes, der Ober-
feldherr des Assyrerkönigs Nabuchodono-
sor, den Heidenvölkern angetan und wie er all
ihre Heiligtümer geplündert und vernichtet hatte.
2 Schrecken und Verzagtheit erfaßte sie im Hinblick
auf Jerusalem und den Tempel des Herrn, ihres
Gottes. 3 Denn unlängst erst waren sie aus der Ge-
fangenschaft heimgekehrt, und erst kürzlich war
das ganze Volk von Judäa zusammengekommen
und waren die Geräte, der Altar und das Gotteshaus
nach der Schändung neu eingeweiht worden.

Militärische Vorsorge

4 Sie schickten in das ganze Gebiet von Samaria und
Kona, nach Bet-Choron, Belmain und Jericho, nach
Choba, Aisora und in das Tal von Salem. 5 Sie be-
setzten alle Gipfel der hohen Berge, befestigten die
Ortschaften auf ihnen mit Mauern und legten
Vorräte an für die Kriegführung; denn soeben
waren ihre Felder abgeerntet worden. 6 Der in der
damaligen Zeit in Jerusalem regierende Hoheprie-
ster Joakim schrieb an die Einwohner von Betylua
und Betomestaim, das gegenüber Esdrelon vor der
Ebene in der Nähe von Dotaïm liegt. 7 Er empfahl,
sie sollten die Zugangswege zum Bergland besetzt
halten; denn durch sie führte der Weg nach Judäa,
und es war leicht, den Vormarsch zu verhindern, da
der Zugang eng war und höchstens zwei Männer
nebeneinander Platz hatten. 8 Die Israeliten taten,
wie ihnen der Hohepriester Joakim und der Älte-
stenrat des ganzen Volkes Israel, der in Jerusalem
tagte, befohlen hatten.

Vorbereitung durch Gebet und Fasten

9 Alle Israeliten aber riefen mit großer Inbrunst zu
Gott und kasteiten sich in harter Buße. 10 Sie selbst,
ihre Frauen und Kinder, ihr Vieh, jeder Fremdling,
Tagelöhner und Sklave legten sich Bußgewänder
um die Lenden. 11 Jeder israelitische Mann, jede
Frau und die Kinder, alle Einwohner Jerusalems
fielen vor dem Tempel nieder, streuten Asche auf
ihr Haupt und breiteten ihre Bußkleider vor dem

Herrn aus. 12 Auch den Altar umhüllten sie mit Trauertüchern und riefen einmütig und inbrünstig zum Gott Israels, er möge doch ihre Kinder nicht dem Raub, ihre Frauen der Beute, die Städte ihres Erbteils der Vertilgung und das Heiligtum der Entweihung, der Schändung und dem Spott der Heidenvölker preisgeben. 13 Der Herr erhörte ihr lautes Gebet und sah ihre Drangsal. Das Volk fastete mehrere Tage in ganz Judäa und Jerusalem vor dem Heiligtum des allmächtigen Herrn. 14 Auch der Hohepriester Joakim und alle Priester, die vor dem Herrn standen und die den Opferdienst des Herrn verrichteten, umgürteten sich die Lenden mit Bußgewändern, wenn sie das tägliche Brandopfer, die Gelübdeopfer und die freiwilligen Gaben des Volkes darbrachten. 15 Auf ihren Kopfbund war Asche gestreut. Sie riefen mit aller Kraft zum Herrn, er möge doch in Huld auf das ganze Haus Israel herabschauen.

Kriegsrat des Holophernes mit seinen Heerführern

5 1 Da wurde Holophernes, dem Heerführer der assyrischen Streitmacht, die Meldung gebracht, daß die Söhne Israels sich zum Kampf rüsteten, die Zugänge zum Gebirge abriegelten und jeden hohen Bergesgipfel befestigten und in den Ebenen Hindernisse legten. 2 Da entbrannte er in heftigem Zorn und berief alle Führer Moabs, die Heerführer Ammons und alle Statthalter des Küstengebietes. 3 Er sprach zu ihnen: »Meldet mir doch, ihr Söhne Kanaans, wer dieses Volk ist, das im Gebirge sitzt, welche Städte sie bewohnen, wie groß ihre Streitkräfte sind, worin eigentlich ihre Kraft und ihre Stärke besteht, wer über sie als König herrscht und ihr Heer führt, 4 und warum sie unter allen Bewohnern der westlichen Länder sich weigerten, mir zu huldigen.«

Achiors Warnung

5 Da sprach zu ihm Achior, der Anführer aller Ammoniter: »Mein Herr, höre aus dem Munde deines Knechtes ein Wort! Ich will dir die Wahrheit über dieses Volk, das in diesem Gebirgsland in deiner Nähe wohnt, berichten! Keine Lüge wird dem Mund deines Knechtes entströmen! 6 Diese Leute sind Abkömmlinge der Kaldäer. 7 Sie hatten sich zuerst in Mesopotamien angesiedelt, weil sie nicht den Göttern ihrer Väter im Kaldäerland folgen wollten. 8 Sie wichen vom Weg ihrer Vorfahren ab und beteten den Gott des Himmels an, den Gott, den sie als richtig erkannt hatten; da vertrieb man sie aus dem Bereich jener Götter. Sie flohen nach Mesopotamien und hielten sich dort lange Zeit auf. 9 Da befahl ihnen ihr Gott, ihren Wohnsitz zu verlassen und nach dem Lande Kanaan zu ziehen. Sie ließen sich dort nieder und wurden reich an Gold, Silber und sehr großem Viehbestand. 10 Dann zogen sie nach Ägypten hinab; denn eine Hungersnot bedrückte das kanaanäische Land. Sie weilten dort, solange sie sich ernähren konnten, und wurden daselbst zu einer gewaltigen Volksmenge; man konnte ihr Geschlecht nicht mehr zählen. 11 Der König von Ägypten erhob sich wider sie und unterdrückte sie hinterlistig durch Ziegelarbeiten, unterjochte sie und machte sie zu Sklaven. 12 Da schrieen sie zu ihrem Gott, und er schlug das ganze Ägypterland mit unheilbaren Plagen. Die Ägypter aber trieben sie von sich fort. 13 Gott trocknete vor ihnen das Rote Meer aus. 14 Er geleitete sie in der Richtung zum Sinai und nach Kades-Barnea. Sie vertrieben alle, die in der Wüste wohnten. 15 Sie nahmen Wohnung im Land der Amoriter und rotteten alle Einwohner von Hesbon durch ihre Macht aus. Dann durchschritten sie den Jordan und nahmen das ganze Gebirgsland in Besitz. 16 Sie vertrieben die Kanaaniter, die Perissiter, die Jebusiter, die Sichemiter und alle Girgasiter und wohnten lange Zeit dortselbst.

17 Solange sie nicht vor ihrem Gott sündigten, war das Glück ihnen zur Seite; denn ein Gott, der Unrecht haßt, steht ihnen bei. 18 Als sie aber von dem Weg abwichen, den er ihnen vorgeschrieben hatte, wurden sie in vielen Kriegen für sehr lange Zeit zugrunde gerichtet und in ein Land, das nicht ihr Eigentum war, als Kriegsgefangene geführt. Der Tempel ihres Gottes aber wurde von Grund aus zerstört, und ihre Städte fielen den Gegnern in die Hand. 19 Jetzt aber wandten sie sich ihrem Gott wieder zu und sind aus der Zerstreuung, wohin sie versprengt waren, heimgekehrt. Sie nahmen Jerusalem, wo ihr Heiligtum steht, erneut in Besitz und siedelten sich in der Gebirgsgegend an, da diese unbewohnt war.

20 Nun aber, Herr und Gebieter, falls auf diesem Volk eine Schuld lastet, und falls es sündigt wider den Herrn, seinen Gott, dann wollen wir feststellen, daß dieser gefährliche Zustand wirklich bei ihnen vorliegt, und können ruhig hinaufziehen und sie besiegen. 21 Wenn aber in ihrem Volk kein Vergehen zu entdecken ist, dann nehme doch mein Gebieter davon Abstand; denn sonst hält der Herr, ihr Gott, den Schild über sie, und wir werden zum Gespött vor aller Welt.«

22 Als Achior diese Rede beendet hatte, murrten die Kriegsleute, die rings um das Zelt standen. Die Würdenträger des Holophernes, alle Küstenbewoh-

ner und Moabiter gaben den Rat, ihn niederzumachen. 23 Sie riefen: »Wir fürchten uns doch nicht vor den Israeliten; denn es handelt sich um Leute, die weder Macht noch Kraft zu einer festen Kriegführung haben! 24 Deshalb auf zum Kampf! Sie sollen deinem ganzen Heer zum Fraße dienen, Gebieter Holophernes!«

5,1–6,9: Achior prophezeit Unheil für Nabuchodonosor. Das unterscheidet ihn von jenen Berufspropheten, die einem kriegführenden Herrscher jeweils Heil weissagen (vgl. 1 Kön 22,10ff.) und so falsche Propheten sind. Daß hier das Unheil an eine bestimmte Bedingung geknüpft wird (5,17), heißt nichts weiter, als daß man von vornherein annimmt, daß Israel eben nicht sündigt.

Strafandrohung gegen Achior

6 1 Als sich der Lärm der Männer im Kreis der Ratssitzung gelegt hatte, sprach Holophernes, der Oberbefehlshaber der assyrischen Streitkräfte, zu Achior vor allen Fremdstämmigen und Moabitern: 2 »Wer bist du denn, Achior, und ihr Söldlinge Ephraims, daß du unter uns heute als Wahrsager auftrittst und sagst, man solle gegen das Geschlecht Israel keinen Krieg führen, weil ihr Gott den Schild über sie halten werde? Wer ist denn überhaupt Gott außer Nabuchodonosor? Dieser wird seine Kraft aussenden und sie von der Oberfläche der Erde vertilgen, ohne daß ihr Gott sie errettet. 3 Wir aber, seine Knechte, werden sie schlagen wie einen einzigen Mann. Sie werden der Kraft unserer Rosse keinen Widerstand leisten. 4 Wir werden sie damit überschwemmen; ihre Berge sollen mit ihrem Blut getränkt und ihre Ebenen mit ihren Leichen angefüllt werden. Das Auftreten ihrer Füße wird vor uns nicht standhalten, sondern gänzlich müssen sie zugrunde gehen! So befiehlt der König Nabuchodonosor, der Herr der ganzen Erde. Er sprach es, und die Worte seiner Rede werden nicht ins Leere gehen.

5 Du aber, Achior, Söldling Ammons, der du diese Worte am Tag deines Unheils sprachst, sollst mein Antlitz vom heutigen Tag an nicht mehr schauen, bis ich am Geschlecht der aus Ägypten Hergelaufenen Rache genommen habe! 6 Dann wird das Eisen meines Heeres und der Speer meiner Diener deine Seiten durchbohren. Inmitten ihrer Erschlagenen wirst du liegen, wenn ich zurückkehre. 7 Meine Knechte werden dich nun fortführen in das Gebirgsland und dich in eine der Städte an den Aufstiegsstraßen bringen. 8 Nicht sollst du umkommen, bis du mit ihnen zusammen zugrunde gehst. 9 Hoffst du aber immer noch in deinem Herzen, daß sie uneinnehmbar sind, dann braucht dein Angesicht nicht zu verfallen. Ich sprach es, und keines meiner Worte wird unerfüllt bleiben.«

Auslieferung Achiors nach Betylua

10 Da befahl Holophernes seinen Knechten, die in seinem Zelt standen, Achior zu ergreifen, ihn nach Betylua zu schaffen und den Israeliten auszuliefern. 11 Seine Knechte ergriffen ihn und brachten ihn zum Lager hinaus in die Ebene, stiegen aus der Ebene zum Gebirgsland hinauf und kamen zu den Quellen, die unterhalb Betyluas lagen. 12 Als die Männer in der Stadt auf der Bergspitze sie sahen, griffen sie zu ihren Waffen und verließen die Stadt auf der Bergspitze. Alle Schleuderer besetzten den Aufstiegsweg zu ihnen und schleuderten Steine gegen jene. 13 Sie aber suchten Deckung unten am Berg, banden den Achior und ließen ihn am Fuß des Berges liegen. Dann begaben sie sich zu ihrem Herrn zurück.

Achiors Aufnahme

14 Die Israeliten aber kamen aus ihrer Stadt herab, näherten sich ihm, lösten seine Fesseln und führten ihn nach Betylua. Sie brachten ihn vor die leitenden Männer ihrer Stadt. 15 Dies waren damals Ozias, der Sohn des Micha, aus dem Stamme Simeon, Chabris, der Sohn des Gotoniel, und Charmis, der Sohn des Melchiel. 16 Sie riefen alle Stadtältesten; auch ihre gesamte Jungmannschaft und die Frauen strömten in die Versammlung. Sie stellten Achior in die Mitte ihres ganzen Volkes, und Ozias fragte ihn über die Vorgänge aus. 17 Er entgegnete und meldete ihnen die Reden, die in der Ratssitzung des Holophernes gehalten worden waren, und alle Worte, die er selbst vor den assyrischen Heerführern gesprochen hatte, und was Holophernes gegen das Haus Israel großsprecherisch geäußert hatte.

18 Da fiel das Volk nieder und betete Gott an. Sie riefen und flehten: 19 »Herr, Gott des Himmels, schaue hernieder auf ihren Hochmut und erbarme dich der Demütigung unseres Volkes! Blicke auf das Antlitz derer, die sich dir heute geweiht haben!« 20 Dann trösteten sie Achior und lobten ihn sehr. 21 Ozias nahm ihn nach der Versammlung in sein Haus und gab den Ältesten ein Gastmahl. Dann riefen sie den Gott Israels während jener ganzen Nacht um Hilfe an.

Angriff

7 1 Am folgenden Tag befahl Holophernes seinem ganzen Heer und allen seinen herbeigeströmten Hilfstruppen, gegen Betylua aufzubrechen, die Aufstiege zum Gebirge zu besetzen und den Krieg mit den Söhnen Israels zu beginnen. 2 An jenem Tag brachen alle ihre Krieger auf. Die Stärke ihres Heeres betrug hundertsiebzigtausend Mann Fußvolk und zwölftausend Reiter, ohne den

Troß und die Männer, die sie zu Fuß begleiteten; es
war eine gewaltige Menge. 3 Sie lagerten im Tal bei
Betylua an der Quelle und dehnten sich in der Breite
gegen Dotaïm bis Baalam und in der Länge von
Betylua bis Kyamon, das Esdrelon gegenüberliegt,
aus. 4 Als aber die Israeliten ihre Menge sahen, erschraken
sie sehr und sprachen untereinander:
»Jetzt werden sie das gesamte Land aussaugen.
Weder die hohen Berge, noch die Täler, noch die
Hügel werden ihre Last aushalten.« 5 Alle ergriffen
ihre Kriegswaffen, zündeten auf ihren Türmen
Feuer an und blieben jene ganze Nacht hindurch auf
Wache. 6 Am zweiten Tag aber ließ Holophernes
seine ganze Reiterei vor den Augen der Israeliten in
Betylua ausrücken. 7 Er kundschaftete die Aufstiegswege
zu ihrer Stadt aus, spürte den Wasserquellen
nach, besetzte sie und legte Abteilungen
von Kriegsleuten dorthin. Er selbst aber begab sich
zu seinem Kriegsvolk zurück.

Vorschläge zur Belagerung Betyluas

8 Da kamen alle Obersten der Söhne Esaus und alle
Anführer des Kriegsvolkes von Moab und die Feldherrn
des Küstenlandes zu ihm und gaben den Rat:
9 »Möchte doch unser Gebieter ein Wort anhören,
damit deine Heeresmacht kein Unheil treffe!
10 Denn dieses Volk der Israeliten vertraut nicht auf
seine Speere, sondern auf die Höhen der Berge,
auf denen sie wohnen. Es ist nämlich nicht so einfach,
auf die Gipfel ihrer Berge hinaufzukommen.
11 Darum, unser Gebieter, kämpfe nicht mit ihnen
in Schlachtordnung; alsdann wird von deinen Leuten
kein einziger Mann fallen. 12 Bleibe in deinem
Lager und schone jeden Mann deiner Streitmacht!
Nur sollen deine Knechte sich der Wasserquelle
bemächtigen, die unten am Berg entspringt. 13 Denn
dort schöpfen alle Bewohner Betyluas ihr Wasser.
Dann wird der Durst sie aufreiben, und sie werden
ihre Stadt ausliefern. Wir aber steigen mit unserem
Kriegsvolk auf die in der Nähe gelegenen Bergspitzen
und lagern uns dort zur Wache, damit niemand
aus der Stadt entkommen kann. 14 Dahinschwinden
werden sie vor Hunger samt ihren Frauen und Kindern.
Bevor noch das Schwert über sie kommt, liegen
sie schon in den Straßen ihres Wohnortes niedergestreckt.
15 Dann kannst du es ihnen mit
schlimmer Rache vergelten, daß sie Widerstand leisteten
und dir nicht mit einem Friedensangebot entgegenkamen.«

Besetzung der Wasserquellen

16 Ihre Vorschläge sagten dem Holophernes und allen
seinen Dienern zu. Er befahl zu handeln gemäß
ihren Worten. 17 Da brach das Lager der Ammoniter
auf und mit ihnen fünftausend Assyrer. Sie bezogen
im Tal ein Lager und besetzten die Brunnen und die
Wasserquellen der Israeliten. 18 Die Nachkommen
Esaus und Ammons zogen hinauf und lagerten im
Gebirge gegenüber Dotaïm. Man sandte einige von
ihren Leuten nach Süden und Osten gegen Egrebel
in die Nähe von Chus, das am Bach Mochmur liegt.
Das übrige Heer der Assyrer lagerte in der Ebene
und bedeckte die ganze Landfläche. Ihre Zelte und
ihr Troß lagen in zahlreichen Gruppen da; es war ja
auch eine große Menge.

Wassermangel

19 Die Israeliten schrieen zum Herrn, ihrem Gott.
Denn sie waren verzagt, weil all ihre Feinde sie eingeschlossen
hatten und es unmöglich war, ihnen zu
entkommen. 20 Ringsum blieb das ganze Lager der
Assyrer, ihre Fußtruppen, Streitwagen und Reiter,
vierunddreißig Tage lang.
Da wurden sämtliche Wasserbehälter aller Einwohner
Betyluas allmählich leer. 21 Auch die Zisternen
versiegten, und sie konnten keinen einzigen Tag
mehr bis zur Sättigung Wasser trinken, da man
ihnen nur in zugeteilter Menge zu trinken geben
konnte. 22 Ihre Kinder verzagten. Ihre Frauen und
Jungmänner verschmachteten vor Durst, sie fielen
auf den Straßen der Stadt und in den Torwegen um,
da sie keine Kraft mehr hatten.

Verzagtheit und Trost

23 Alle Leute versammelten sich bei Ozias und den
Stadtvorstehern, die Jungmänner, Frauen und Kinder.
Sie schrieen laut und sprachen in Gegenwart
aller Ältesten: 24 »Es richte Gott zwischen euch und
uns, weil ihr uns ein großes Unrecht angetan habt,
da ihr mit den Assyrern nicht friedlich verhandeln
wolltet. 25 Jetzt gibt es keinen Retter mehr für uns,
vielmehr hat Gott uns in ihre Gewalt verkauft, so
daß wir vor ihnen zusammenbrechen aus Durst
und großer Todesnot. 26 Ruft sie doch jetzt herbei
und liefert die ganze Stadt den Leuten des Holophernes
und seiner ganzen Heeresmacht zur Plünderung
aus! 27 Denn für uns ist es vorteilhafter, von
ihnen geraubt zu werden, weil wir dann Sklaven
sind, aber am Leben bleiben und den Tod unserer
Kleinen nicht mit eigenen Augen ansehen müssen,
und wie unsere Frauen und Kinder ihr Leben aushauchen.
28 Wir rufen zum Zeugen gegen euch den
Himmel und die Erde und unseren Gott, den Herrn
unserer Väter, an, der uns vergilt nach unseren Sünden
und nach den Verfehlungen unserer Väter, daß
er nicht gemäß diesen Worten heute handle.« 29 In
der Versammlung erhob sich einmütig ein großes
Weinen aller. Sie schrieen laut zu Gott, dem Herrn.

30 Da redete Ozias ihnen zu: »Habt Mut, Brüder!
Fünf Tage noch wollen wir durchhalten; in-
zwischen wird der Herr, unser Gott, sein Erbarmen
uns zuwenden; denn er wird uns nicht für immer
im Stich lassen. 31 Kommt uns aber in dieser Zeit
keine Rettung, dann will ich euren Worten entspre-
chend handeln.« 32 Dann verteilte er die Männer auf
sein Kriegslager. Sie begaben sich auf die Mauern
und Türme ihrer Stadt, die Frauen und Kinder aber
schickten sie nach Hause. In der Stadt herrschte
große Niedergeschlagenheit.

7,12–14: Wasserquellen liegen außerhalb der Mauern einer Ortschaft. Dadurch kommt das Trinkwasser bei einer Belagerung zuerst in feindliche Hand. In der Regenzeit, die etwa Ende Oktober einsetzt und im wesentlichen bis Ende April dauert, kann allerdings das in Güssen gefallene Wasser in Zisternen gesammelt werden. Nach der Ernte, auf die 4,5 hindeutet, fällt aber kein Regen.

Lebenswandel der Judit

8 1 Von diesen Vorgängen vernahm damals
Judit, die Tochter des Merari, des Sohnes des
Ox, des Sohnes des Joseph, des Sohnes des
Oziel, des Sohnes des Elkias, des Sohnes des Ana-
nias, des Sohnes des Gedeon, des Sohnes des Ra-
phaïn, des Sohnes des Achitob, des Sohnes des
Elias, des Sohnes des Chelkias, des Sohnes des
Eliab, des Sohnes des Natanael, des Sohnes des Sa-
lamiel, des Sohnes des Sarasadaj, des Sohnes des
Simeon, des Sohnes Israels. 2 Ihr Mann war Ma-
nasse; er gehörte ihrem Stamm und Geschlecht an,
war aber zur Zeit der Gerstenernte gestorben. 3 Er
beaufsichtigte nämlich die Garbenbinder auf dem
Feld, als der Glutwind über sein Haupt wehte; er
legte sich in sein Bett und starb in seiner Heimat-
stadt Betylua. Man begrub ihn bei seinen Vätern auf
dem Gelände zwischen Dotaïm und Balamon. 4 Ju-
dit aber lebte in ihrem Haus als Witwe drei Jahre
und vier Monate. 5 Sie ließ sich ein Zelt auf dem
Dach ihres Hauses errichten, legte ein Trauerge-
wand um ihre Hüfte und trug stets ihre Witwen-
kleider. 6 Seitdem sie Witwe war, fastete sie alle
Tage mit Ausnahme der Vorsabbate und Sabbate,
der Vorneumondtage und Neumondtage, der Feste
und Freudentage des Hauses Israel. 7 Sie besaß eine
schöne Gestalt und sah sehr blühend aus. Ihr Mann
Manasse hatte ihr Gold und Silber, Knechte und
Mägde, Vieh und Äcker hinterlassen, die sie in
ihrem Besitz behielt. 8 Niemand gab es, der ihr
etwas Schlimmes nachreden konnte, denn sie war
überaus gottesfürchtig.

Judit vor den Stadtoberhäuptern

9 Da vernahm Judit die bösen Reden des Volkes
wider den Stadtvorsteher. Sie waren ja alle wegen
des Wassermangels verzagt. Auch vernahm Judit
alle Worte, die Ozias zu ihnen sprach, wie er ihnen
nämlich geschworen hatte, die Stadt nach fünf Ta-
gen den Assyrern zu übergeben. 10 Da sandte sie
ihre Leibmagd, die all ihren Besitz zu verwalten
hatte, hin und ließ (neben Ozias) Chabris und
Charmis, die Ältesten ihrer Heimatstadt, rufen.
11 Sie kamen zu ihr, und sie sprach zu ihnen: »Hört
doch auf mich, ihr Oberhäupter der Einwohner von
Betylua; denn nicht recht war eure Rede, die ihr
heute an das Volk gerichtet habt, und ihr habt die-
sen von euch geleisteten Eid zwischen Gott und
euch gestellt und versprochen, die Stadt unseren
Feinden zu übergeben, wenn euch der Herr nicht
unterdessen Hilfe verleiht.
12 Nun, wer seid ihr denn, daß ihr am heutigen Tag
Gott versucht und euch mitten unter Menschen
über Gott gestellt habt? 13 So wollt ihr nun den all-
gewaltigen Herrn prüfen und werdet doch in Ewig-
keit nichts erkennen. 14 Denn die Tiefe des mensch-
lichen Herzens könnt ihr nicht entdecken und die
Gedanken seiner Vernunft nicht erfassen! Wie wollt
ihr also Gott, den Schöpfer all dieser Dinge, erfor-
schen, seinen Sinn erkennen und seine Gedanken
verstehen? Nein, Brüder, reizt nicht den Herrn,
unsern Gott! 15 Denn wenn er uns in diesen fünf Ta-
gen nicht helfen will, so hat er die Macht, binnen
beliebig vieler Tage Schutz zu gewähren, oder auch
vor dem Antlitz unserer Feinde uns ins Verderben
zu stürzen. 16 Ihr aber, – erzwingt doch nicht die
Ratschläge des Herrn, unseres Gottes! Denn nicht
wie ein Mensch ist Gott, daß man ihm drohen
könnte, oder wie ein Menschenkind, daß er sich
umstimmen ließe.
17 Laßt uns daher auf seine Rettung harren und seine
Hilfe für uns erflehen; dann wird er auf unsere
Stimme hören, wenn es ihm gefällt. 18 Denn nicht
besteht in unserer Zeit, noch gibt es heutzutage
unter uns einen Stamm, ein Geschlecht, eine Ge-
meinde oder eine Stadt, die handgefertigte Götter
anbetet, wie dies in früheren Tagen geschah. 19 Um
dessentwillen wurden unsere Väter dem Schwert
und der Plünderung überlassen und stürzten in ge-
waltiges Unheil vor unseren Feinden. 20 Wir aber
kennen keinen anderen Gott außer ihm; daher hof-
fen wir, daß er weder uns noch einen aus unserem
Geschlecht übersehen wird. 21 Denn lassen wir uns
erobern, dann wird ganz Judäa erobert und unser
Heiligtum der Plünderung preisgeben. Er wird für
dessen Schändung über unser Blut Rechenschaft
fordern. 22 Den Mord an unseren Brüdern, die
Kriegsgefangenschaft des Landes und die Ver-

wüstung unseres Erbteils läßt er unter den Völkern, bei denen wir Sklavendienst verrichten, auf unser Haupt kommen. Ein Ärgernis und eine Schmach werden wir vor denen sein, die uns besitzen.
23 Denn unsere Knechtschaft wird sich nicht in Begnadigung wandeln, sondern der Herr, unser Gott, wird sie zu einer dauernden Schande machen.
24 Und nun, ihr Brüder, beweisen wir unseren Stammesbrüdern, daß ihr Leben von uns abhängig ist und daß das Heiligtum, sowohl der Tempel als auch der Altar, auf uns sich stützt! 25 Für all das laßt uns dem Herrn, unserem Gott, danken, der uns auf die Probe stellt ganz wie unsere Väter! 26 Bedenkt, wie er mit Abraham verfuhr, und wie oft er den Isaak auf die Probe stellte, und wie es dem Jakob im syrischen Mesopotamien erging, als er das Kleinvieh seines Mutterbruders Laban weidete! 27 Denn wie er jene im Feuer läuterte zur Erforschung ihres Herzens, so hat er auch uns nicht Strafe auferlegt, sondern nur zur Warnung züchtigt der Herr jene, die sich ihm nahen.«
28 Ozias entgegnete ihr darauf: »Alles, was du gesagt hast, sprachst du aus bestem Herzen. Niemand kann deinen Worten widersprechen. 29 Denn nicht erst heute ist deine Weisheit offenkundig, sondern vom Anfang deines Lebens an erkannten alle Leute bereits deine Einsicht, und wie vortrefflich die Gesinnung deines Herzens ist. 30 Aber die Leute litten furchtbar unter dem Durst; und so zwangen sie uns dazu, unsere Versprechungen in die Tat umzusetzen und sogar einen Eid auf uns zu nehmen, den wir nicht brechen dürfen. 31 Und nun, bete für uns, denn du bist eine fromme Frau; dann wird der Herr Regen herabsenden, der unsere Zisternen anfüllt, und wir werden fürderhin nicht verschmachten.«
32 Da fiel ihnen Judit ins Wort: »Hört mich an! Ich will eine Tat vollbringen, deren Kunde bis in fernste Geschlechter zu den Söhnen unseres Volkes dringen wird. 33 Stellt euch diese Nacht an das Tor! Ich will mit meiner Leibmagd hinausgehen! In den Tagen, nach deren Verlauf ihr die Übergabe der Stadt an unsere Feinde zugesagt habt, wird der Herr Israel durch meine Hand gnädig heimsuchen. 34 Forscht nicht weiter nach, was ich zu tun vorhabe, denn ich werde euch nichts mitteilen, bis das vollendet ist, was ich zu tun gedenke.« 35 Da sprachen Ozias und die Vorsteher zu ihr: »Gehe hin in Frieden! Gott, der Herr, ziehe dir voran, um an unseren Feinden Rache zu nehmen!« 36 Dann wandten sie dem Zelt den Rücken und begaben sich auf ihre Posten.

8,3: Schirokko heißt jener Glutwind, der Manasse dahinraffte. Er ist in Italien und Dalmatien meist feucht, in Palästina trocken. • 12: 2 Mos 17,2.7; 5 Mos 6,16; Matth 4,7. • 18: Diese Aussage würde in die Zeit vor dem Exil überhaupt nicht passen. Denn alle Propheten werfen dem Volk dauernd eben die Sünde vor, daß sie handgefertigte Götter anbeten. Aber auch in der Zeit der Makkabäer befinden. wir uns noch nicht; denn damals zeigte das Volk große Zuneigung zu den griechischen Götterkulturen.

Judits Flehen

9 1 Judit aber fiel auf ihr Antlitz, streute Asche auf ihr Haupt und entfaltete das Bußgewand, das sie trug. Eben wurde in Jerusalem im Haus Gottes das Rauchopfer jenes Abends dargebracht, als Judit laut zum Herrn rief und sprach: 2 »Herr, Gott meines Ahnen Simeon, du gabst diesem ein Schwert in die Hand zur Rache an den Fremdstämmigen, die den Gürtel einer Jungfrau zur Schändung lösten, die Hüfte zur Schmach enthüllten und den Schoß zur Schande entweihten. Denn du hattest befohlen, es dürfe nicht sein, und doch taten sie es.
3 Dafür gabst du ihre Fürsten der Ermordung preis und ihr betrogenes Lager, das sich der gelungenen Täuschung schämte, dem Blutbad. Du schlugst Knechte samt Fürsten, ja Fürsten auf ihren Thronen.
4 Ihre Frauen gabst du zur Beute, ihre Töchter in die Gefangenschaft und all ihre Habe zur Plünderung an deine geliebten Söhne. Diese waren ja von Eifer für dich beseelt, mißbilligten die Befleckung ihres Blutes und riefen dich um Hilfe an. 5 Gott, mein Gott, erhöre auch mich, die Witwe! Du hast gewirkt, was vor jenen Ereignissen lag, jene Ereignisse selbst und die folgenden; das Gegenwärtige und Zukünftige hast du ausgedacht, und es geschah, was du erdachtest. 6 Deine Beschlüsse traten ins Dasein und sprachen: Hier sind wir! Denn all deine Wege sind geebnet, und dein Gericht ist vorhergesehen.
7 Fürwahr, die Assyrer sind zahlreich in ihrer Heeresmacht, brüsten sich hochmütig ob ihrer Rosse und Reiter, prahlen mit der Stärke ihrer Mannschaften, hoffen auf Schild, Speer, Bogen und Schleuder. Sie sehen nicht ein, daß du der Herr bist, der den Kriegen Einhalt gebietet. 8 ›Herr‹ ist dein Name! Zerschmettere ihre Kraft durch deine Macht und zwinge nieder in deinem Grimm ihre Stärke; denn sie beschlossen, dein Heiligtum zu entweihen und das Zelt, die Ruhestätte für deinen herrlichen Namen, zu schänden und mit eisernen Waffen das Horn deines Altares abzuschlagen. 9 Blicke auf ihren Hochmut, sende deinen Zorn auf ihr Haupt! Gib in meine Hand, die Hand einer Witwe, Kraft zu dem Werk, das ich vorhabe! 10 Schlage durch meine trügerischen Lippen den Knecht mit dem Herrscher und den Herrscher mit seinem Diener!

Zerschmettere ihren Stolz durch die Hand einer
Frau! 11 Denn nicht in der Menge ruht deine Kraft,
noch in Kriegshelden deine Macht; nein, du bist ein
Gott der Demütigen, ein Helfer der Geringen, ein
Beistand der Schwachen, ein Beschützer der Ver-
stoßenen und ein Retter der Verzweifelnden. 12 Ja,
fürwahr, Gott meines Ahnen und Gott des Erbes
Israel! Du Herrscher des Himmels und der Erde,
Schöpfer der Meere und König deiner ganzen
Schöpfung, höre mein Gebet! 13 Laß mein trügeri-
sches Wort zur Wunde und Strieme für sie werden,
die gegen deinen Bund, dein heiliges Haus, den
Sionsberg und den Erbbesitz deiner Söhne Grau-
sames beschlossen haben. 14 Mach, daß dein ganzes
Volk und jeder Stamm erkenne und wisse, daß du
der Gott bist, der Gott aller Macht und Kraft, und
daß kein anderer ist, der das Volk Israel beschirmt,
außer dir!«

9,2–4: 1 Mos 34. Simeon ist Stammvater der Judit und ihres Mannes Manasse. Zusammen mit seinem Bruder Levi hatte er an den Sichemiten ein furchtbares Strafgericht vollzogen. 1 Mos 49,5–7 wird ihr Zorn vom Erzvater Jakob verflucht. Anders ist die Auffassung der Judit. Ihr Ahne Simeon sollte ja im Auftrag Gottes die Jungfrauenschändung rächen. Beide Auffassungen sind, je nachdem, welchen Maßstab man anlegt, möglich. • 10–14: Es liegt auf der Hand, daß Judits Absichten sittlich bedenklich sind. Aber in der äußersten Notlage fühlt sich Judit an solche Bedenken nicht gebunden. Sie ist auch überzeugt, daß ihre Täuschungskunst nicht bis zur Preisgabe ihrer Keuschheit führen wird.

Vorbereitung zum Gang

10 1 Als sie aufgehört hatte, zum Gott Israels
zu rufen, 2 erhob sie sich vom Boden, rief
ihre Leibmagd und ging in das Haus
hinab, wo sie sich an Sabbattagen und an ihren
Festtagen aufzuhalten pflegte. 3 Sie legte das Bußge-
wand ab, mit dem sie bekleidet war, zog auch ihre
Witwentracht aus, badete und salbte sich mit fein-
stem Öl. Sie ordnete die Haare ihres Hauptes, setzte
einen Kopfbund auf und bekleidete sich mit ihren
Festgewändern, die sie zu Lebzeiten ihres Mannes
Manasse getragen hatte. 4 Sie band Sandalen um
ihre Füße, legte Schrittkettchen, Armbänder, Fin-
gerringe, Ohrringe und all ihren Schmuck an. Sie
machte sich deshalb so überaus schön, um die
Augen der Männer, die sie etwa sahen, zu be-
rücken. 5 Dann gab sie ihrer Leibmagd einen
Schlauch Wein und ein Gefäß Öl, füllte ihren Brot-
sack mit Röstkorn, Feigenkuchen und Broten,
wickelte all ihre Gefäße ein und gab sie ihr zu tra-
gen.
6 Dann gingen sie an das Stadttor von Betylua
und fanden dort den Ozias und die Stadtältesten
Chabris und Charmis. 7 Sie erblickten Judit; ihr
Aussehen hatte sie ganz verändert, und ihre Klei-
dung war verwandelt. Da staunten sie maßlos über
ihre Schönheit und sprachen zu ihr: 8 »Der Gott un-
serer Väter lasse dich Gnade finden und vollende
dein Vorhaben zum Jubel der Israeliten und zur Er-
höhung Jerusalems!« 9 Sie neigte sich anbetend vor
Gott und sprach zu ihnen: »Laßt mir das Stadttor
öffnen! Hinausgehen will ich, um das zu vollenden,
was ihr mit mir besprochen habt.« Da gaben sie den
jungen Männern den Befehl, ihr zu öffnen, wie sie
gesagt hatte. 10 Diese taten so. Judit ging in Beglei-
tung ihrer Magd hinaus. Die Bürger der Stadt aber
schauten ihr nach, bis sie den Berg hinabgestiegen
war, das Tal durchschritten hatte und man sie nicht
mehr sehen konnte.

Betörende Reden

11 Im Tal gingen sie den Weg geradeaus. Da begeg-
neten ihr Vorposten der Assyrer. 12 Man ergriff sie
und fragte: »Zu wem gehörst du, woher kommst du
und wohin gehst du?« Sie entgegnete: »Ich bin eine
Tochter der Hebräer und bin ihnen davongelaufen,
weil sie euch zum Verschlingen gegeben werden.
13 Ich aber will mich zu Holophernes, dem Oberbe-
fehlshaber eures Heeres, begeben, um ihm wahre
Tatsachen zu berichten, und will vor ihm her einen
Weg weisen, den er gehen kann, um so des ganzen
Berglandes Herr zu werden. Dabei wird keiner von
seinen Leuten Leib und Leben verlieren.« 14 Als nun
die Männer ihre Worte vernahmen und ihr Antlitz
betrachteten, erschien sie ihnen als ein Wunder von
übergroßer Schönheit. Sie sprachen zu ihr: 15 »Du
hast dein Leben gerettet, da du so eilig zu unserem
Herrn herabkamst! Geh nun hin zu seinem Zelt;
einige der Unsrigen werden dich begleiten, bis sie
dich seinen Händen übergeben haben. 16 Stehst du
aber vor ihm, so fürchte dich nicht in deinem Her-
zen, sondern melde ihm nur, was du gesagt hast;
dann wird er dich wohlwollend behandeln!« 17 Nun
wählten sie hundert Mann aus ihrer Mitte und ga-
ben sie ihr und ihrer Magd als Begleitung bis zum
Zelt des Holophernes.

Bei Holophernes

18 Im ganzen Lager gab es einen Menschenauflauf;
denn in den Zelten war die Kunde von ihrer An-
kunft verbreitet worden. So kam man und umringte
sie, wie sie draußen vor dem Zelt des Holophernes
stand, bis man ihm über ihre Person Bericht erstat-
tet hatte. 19 Man staunte über ihre Schönheit und
bewunderte ihretwegen die Israeliten. Einer sagte
zum andern: »Wer könnte dies Volk verachten, das
in seiner Mitte solche Frauen hat? Deshalb ist es
nicht gut, von ihnen auch nur einen einzigen Mann

übrigzulassen. Denn ließe man sie frei, dann könnten sie die ganze Welt überlisten.« 20 Da kamen die Leibwächter des Holophernes und alle seine Diener heraus und führten sie in das Zelt. 21 Holophernes aber ruhte gerade auf seinem Lager unter dem Mückennetz, das aus Purpur, Gold, Smaragd und eingewebten Edelsteinen bestand. 22 Als man ihm über sie berichtet hatte, ging er in das Vorzelt hinaus, wobei silberne Leuchter vor ihm hergetragen wurden. 23 Sobald nun Judit vor ihm und seinen Dienern dastand, staunten alle über die Schönheit ihres Antlitzes. Sie fiel auf ihr Angesicht und huldigte ihm; seine Knechte aber richteten sie auf.

Unterredung mit Holophernes

11 1 Da sprach Holophernes zu ihr: »Habe Mut, Frau! Fürchte dich nicht; denn ich habe noch keinem Menschen ein Leid angetan, der sich dazu bereit erklärt hat, Nabuchodonosor, dem König der ganzen Erde, zu dienen. 2 Folglich, wäre dein Volk, das im Bergland wohnt, mir nicht höhnisch begegnet, so hätte ich meinen Speer nie gegen es erhoben. Das haben sie sich selbst zuzuschreiben. 3 Nun sage mir, warum du vor ihnen entflohen und zu uns gekommen bist! Denn du kamst zu deinem Heil. Sei getrost, du wirst in dieser Nacht und auch weiterhin am Leben bleiben. 4 Denn niemand wird dir Übles antun, sondern man wird dich gut behandeln, wie es den Dienern meines Herrn, des Königs Nabuchodonosor, zu geschehen pflegt.« 5 Judit entgegnete ihm: »Nimm die Worte deiner Sklavin gnädig auf! Deine Dienerin möchte vor deinem Antlitz reden dürfen. Ich will meinem Herrn in dieser Nacht nichts vorlügen. 6 Befolgst du die Worte deiner Sklavin, dann wird Gott ein Werk mit dir zur Vollendung führen, und nichts von den Plänen meines Herrn wird vereitelt werden. 7 Denn so wahr Nabuchodonosor, der König der ganzen Erde, lebt, und so wahr die Macht dessen besteht, der dich sandte zur Neuordnung aller Lebewesen! Gewiß, nicht nur die Menschen werden durch dein Verdienst ihm untertan sein, sondern selbst die Tiere des Feldes, das Vieh und die Vögel des Himmels werden durch deine Stärke unter Nabuchodonosor und seinem ganzen Hause leben. 8 Denn wir hörten von deiner Weisheit und von der Klugheit deines Geistes. Aller Welt wurde kund, daß du allein im ganzen Königreich tüchtig, einsichtsvoll und bewundernswert in kriegerischen Taten bist.

9 Was nun die Rede angeht, die Achior in deiner Ratssitzung vortrug, so haben wir seine Worte gehört; denn die Leute von Betylua ließen ihn am Leben, und er berichtete ihnen alles, was er bei dir gesprochen hat. 10 Deshalb, mein Gebieter und Herr, laß sein Wort nicht unbeachtet, sondern nimm es dir zu Herzen! Denn wahr ist es: Unser Geschlecht wird nicht gestraft, das Schwert kann darüber nicht triumphieren, es sei denn, daß sie gegen ihren Gott gesündigt haben.

11 Nun denn, damit mein Herr nicht erfolglos abziehen muß und damit der Tod über jene komme, melde ich: Die Sünde hat sie bereits angefaßt, mit der sie ihren Gott zum Zorn reizen werden, sobald sie etwas Ungehöriges tun. 12 Da ihnen nämlich die Nahrungsmittel zu Ende gingen und jeglicher Wasservorrat knapp wurde, faßten sie den Entschluß, an ihr Vieh Hand anzulegen, und entschieden sich dafür, alles das zu genießen, was ihnen Gott durch seine Gesetze zu essen verboten hat. 13 Auch die Erstlingsfrüchte des Getreides und die Zehnten von Wein und Öl, die sie als heilige Abgaben für die Priester, die in Jerusalem vor dem Angesicht unseres Gottes stehen, aufbewahrt hatten, beschlossen sie zu verzehren, obwohl doch keiner aus dem Volk sie auch nur mit den Händen anrühren darf. 14 Schon sandten sie Leute nach Jerusalem, weil ja die dortigen Bürger dasselbe getan haben, um sich vom Ältestenrat Befreiung vom Gesetz einholen zu lassen. 15 Es wird aber so sein: Sobald man ihnen das mitteilt und sie danach handeln, werden sie dir am nämlichen Tag zur Vernichtung freigegeben. 16 Darum bin ich, deine Sklavin, in der Erkenntnis all dieser Dinge ihnen entlaufen. Gott hat mich hergesandt, mit dir Taten zu verrichten, über welche alle Welt, wer immer davon hört, außer sich geraten wird.

17 Denn deine Sklavin ist gottesfürchtig und dient Tag und Nacht dem Himmelsgott. Nun will ich bei dir bleiben, mein Herr! Des Nachts wird deine Dienerin ins Tal hinausgehen; ich will zu Gott beten, und er wird mir sagen, wann sie ihre Sünden vollbracht haben. 18 Dann will ich kommen, um es dir zu berichten. Du wirst mit deiner ganzen Kriegsmacht ausrücken, und kein einziger von ihnen wird dir widerstehen können. 19 Ich werde dich mitten durch Judäa führen bis vor Jerusalem hin. In seiner Mitte stelle ich deinen Thron auf, und du wirst sie treiben wie Schafe, die keinen Hirten haben. Kein Hund wird gegen dich auch nur die Zunge spitzen. Denn dies ist mir gemäß meiner Vorherschau mitgeteilt und verkündet worden, und ich wurde gesandt, es dir zu berichten.«

20 Ihre Worte gefielen Holophernes und allen seinen Dienern. Man staunte über ihre Weisheit und

sprach: 21 »Von einem Ende der Erde bis zum
andern gibt es keine solche Frau mehr, so schön von
Angesicht und so einsichtsvoll in der Rede.« 22 Da
sprach Holophernes zu ihr: »Gott hat wohl daran
getan, daß er dich vor dem Volke hergesandt hat,
damit die Macht in unsere Hände, über die Verächter meines Herrn aber das Verderben komme.
23 Nun aber, schön bist du von Gestalt und trefflich
in deinen Worten. Wahrlich, wenn du tust, wie du
gesagt hast, dann soll dein Gott mein Gott sein; du
aber wirst im Hause des Königs Nabuchodonosor
wohnen und auf der ganzen Erde berühmt sein.«

11,12–15: Ein Frommer opfert eher sein Leben, als daß er sich in Notzeiten von einem Gesetz befreien läßt; 1 Makk 2,32–38; 2 Makk 6,19f.

Verschmähung ungesetzlicher Lebensmittel

12 1 Dann befahl er, sie dorthin zu führen,
wo seine Silbergeräte lagen, und gab Anweisung, ihr von seinen Speisen vorzusetzen und sie von seinem Wein trinken zu lassen.
2 Judit sprach: »Ich werde davon nichts essen, damit
kein Ärgernis entsteht. Vielmehr werde mir von
dem, was ich mitgebracht habe, die Nahrung gereicht.« 3 Holophernes aber entgegnete ihr: »Wenn
aber deine Vorräte zu Ende gehen, woher sollen wir
dann ähnliche Nahrung beziehen, um sie dir zu geben? Ist doch bei uns keiner aus deinem Volk!«
4 Aber Judit erwiderte ihm: »So wahr deine Seele
lebt, mein Herr, deine Sklavin wird die Vorräte, die
sie bei sich trägt, nicht aufgezehrt haben, bis der
Herr durch mich das vollführt, was er beschlossen
hat!«
5 Da führten die Diener des Holophernes sie ins
Zelt; sie schlief bis Mitternacht. Um die Zeit der
Morgenwache aber erhob sie sich. 6 Sie sandte zu
Holophernes und ließ sagen: »Mein Herr möge
doch befehlen, daß man deine Sklavin zum Gebet
hinausgehen läßt!« 7 Da befahl Holophernes den
Leibwächtern, sie nicht aufzuhalten. So verblieb sie
drei Tage im Lager und ging während der Nacht ins
Bachtal von Betylua hinaus und badete im Lager an
der Wasserquelle. 8 Sobald sie aus dem Bad gestiegen war, flehte sie zum Herrn, dem Gott Israels, ihr
Vorhaben für die Aufrichtung der Söhne ihres
Volkes gelingen zu lassen. 9 Im Zustand der Reinheit kehrte sie zurück und blieb im Zelt, bis sie gegen Abend Speise zu sich nahm.

Einladung der Judit

10 Am vierten Tag veranstaltete nun Holophernes
ausschließlich für seine Diener ein Gastmahl und
lud keinen von den Beamten dazu ein. 11 Er sprach
zu dem Kämmerer Bagoas, der über all sein Eigentum gesetzt war: »Geh doch hin und rede der hebräischen Frau, die bei dir ist, zu, daß sie zu uns
komme und mit uns esse und trinke! 12 Denn fürwahr, eine Schande wäre es für uns, eine solche
Frau laufen zu lassen, ohne Verkehr mit ihr gehabt
zu haben. Ziehen wir sie nicht an uns, dann wird sie
uns auslachen.« 13 Bagoas ging von Holophernes
hinweg, trat zu ihr ein und sprach: »Möge doch dieses schöne Mädchen nicht zaudern, zu meinem
Herrn zu kommen; sie soll von ihm geehrt werden,
in Fröhlichkeit mit uns Wein trinken und heute wie
eine Tochter der Assyrer werden, die im Palast
Nabuchodonosors stehen!«
14 Da gab ihm Judit zur Antwort: »Wer bin ich denn,
daß ich meinem Herrn widersprechen dürfte?
Alles, was ihm wohlgefällt, will ich eiligst tun, und
es wird mir das eine Freude sein bis zum Tage meines Todes!« 15 Dann stand sie auf, schmückte sich
mit den Gewändern und mit allem weiblichen
Schmuck. Ihre Magd ging hin und breitete für sie
vor Holophernes die Teppiche auf dem Boden aus,
die sie von Bagoas für ihren täglichen Gebrauch erhalten hatte, um beim Essen darauf zu liegen.
16 Dann trat Judit ein und ließ sich nieder. Das Herz
des Holophernes aber geriet ihretwegen in Erregung, und sein Inneres ward aufgewühlt. Er begehrte heftig danach, sie zu besitzen. Schon seit
dem Tage, da er sie zu sehen bekam, wartete er auf
einen günstigen Augenblick, sie zu verführen.
17 Holophernes sprach zu ihr: »Trinke doch und sei
mit uns fröhlich!« 18 Da entgegnete Judit: »Ja, ich
will trinken, Herr! Denn heute ist mein Leben in
mir höher gestiegen als all die Tage seit meiner Geburt.« 19 Sie nahm, aß und trank in seiner Gegenwart, was ihre Dienerin ihr bereitet hatte. 20 Da
freute sich Holophernes an ihr und trank sehr viel
Wein, so viel, wie er noch nie an einem Tag seines
Lebens getrunken hatte.

Enthauptung des Holophernes

13 1 Als es spät geworden war, brachen seine
Diener rasch auf. Bagoas verschloß das
Zelt von außen und entfernte die Anwesenden von seinem Herrn. Sie begaben sich auf ihre
Nachtlager; denn sie waren alle müde, da das Gastmahl sich lange hingezogen hatte. 2 Judit aber blieb
allein im Zelt zurück. Holophernes war vornüber
auf sein Lager gesunken; denn er hatte dem Wein
stark zugesprochen. 3 Judit hatte ihrer Magd die
Anordnung gegeben, sich außerhalb ihres Schlafgemaches hinzustellen und wie alle Tage zu warten,

bis sie herauskäme. Sie sagte nämlich, daß sie zu
ihrem üblichen Gebet hinausgehen werde. In dem-
selben Sinn sprach sie auch zu Bagoas.
4 Alle waren nun verschwunden, und keiner blieb –
vom Kleinsten bis zum Größten – im Schlafgemach
zurück. Da stellte sich Judit an sein Lager und betete
in ihrem Herzen: »Herr, du Gott aller Macht! Blicke
in dieser Stunde herab auf das Tun meiner Hände
zur Erhöhung Jerusalems! 5 Jetzt ist es Zeit, dich
deines Erbes anzunehmen und mein Vorhaben zu
vollbringen zum Verderben der Feinde, die sich wi-
der uns erhoben haben.«
6 Dann trat sie an den Bettpfosten zu Häupten des
Holophernes und nahm von ihm sein Schwert
herab. 7 Sie ging nahe an das Bett heran, ergriff sein
Haupthaar und sprach: »Stärke mich, Herr, Gott
Israels, am heutigen Tag!« 8 Sie schlug zweimal mit
all ihrer Kraft auf seinen Nacken und schlug ihm
sein Haupt ab. 9 Seinen Rumpf aber wälzte sie vom
Lager hinab und nahm das Mückennetz von den
Säulen herunter. Kurz danach ging sie hinaus und
übergab ihrer Magd das Haupt des Holophernes.
10 Diese legte es in ihren Brotsack. Dann gingen
beide nach ihrer Gewohnheit hinaus zum Gebet,
durchschritten das Lager, wandten sich jenem Tale
zu, stiegen den Berg von Betylua hinan und kamen
vor seine Tore.

Empfang in Betylua

11 Schon von weitem rief Judit den Wächtern auf
den Toren zu: »Öffnet, öffnet schnell das Tor! Gott
ist mit uns, unser Gott, um Kraft zu erweisen an Is-
rael und Stärke wider die Feinde, wie er es heute ge-
tan hat!« 12 Da nun ihre Mitbürger ihr Rufen ver-
nahmen, liefen sie schleunigst zum Stadttor hinab
und riefen die Stadtältesten zusammen. 13 Alle,
klein und groß, eilten zusammen; denn es erschien
ihnen unglaublich, daß sie gekommen sei. So öff-
neten sie das Tor und empfingen sie. Sie zündeten
ein Feuer an, daß es hell wurde, und umringten die
beiden.
14 Sie aber sprach laut zu ihnen: »Preiset Gott, prei-
set ihn! Lobet Gott, der sein Erbarmen dem Haus
Israel nicht entzogen hat, sondern unsere Feinde
durch mich in dieser Nacht schlug!« 15 Dann nahm
sie das Haupt aus dem Sack, zeigte es ihnen und
sprach: »Schaut das Haupt des Holophernes, des
Oberfeldherrn der assyrischen Heeresmacht, und
seht da das Mückennetz, unter dem er in seiner
Trunkenheit lag! Der Herr hat ihn durch Frauen-
hand geschlagen. 16 So wahr der Herr lebt, der mich
auf meinem Weg, den ich einschlug, beschützte!
Mein Antlitz hat ihn zu seinem Verderben berückt.
Doch beging er keine Sünde mit mir und hat mich
nicht schandvoll befleckt.«
17 Da gerieten alle Leute außer sich. Sie verneigten
sich, beteten Gott an und sprachen einstimmig:
»Gepriesen bist du, unser Gott, der du heute die
Feinde deines Volkes vernichtet hast!« 18 Ozias aber
sprach zu ihr: »Gepriesen bist du, Tochter, vom
höchsten Gott vor allen Frauen auf der Erde! Ge-
priesen ist Gott, der Herr, der Schöpfer des Him-
mels und der Erde, der es dir gelingen ließ, das
Haupt des Anführers unserer Feinde zu treffen!
19 Denn deine Zuversicht wird ewig nicht aus den
Herzen der Menschen schwinden, die der göttli-
chen Macht eingedenk sind. 20 Gott aber lasse dir
das zu ewigem Ruhm gereichen, indem er dir mit
reichlichen Gütern vergilt, daß du dein Leben nicht
geschont hast um der Erniedrigung unseres Volkes
willen! Du tratest vielmehr unserem Fall entgegen
und wandeltest in Gerechtigkeit vor unserem
Gott.« Alles Volk aber sprach: »Amen, Amen!«

Achiors Bekehrung

14 1 Da sprach Judit zu ihnen: »Hört mich
nun, Brüder! Nehmt diesen Kopf und
hängt ihn auf der Zinne eurer Mauer auf!
2 Sobald dann der Morgen graut und die Sonne über
der Erde aufgeht, ergreift alle eure Kriegswaffen,
und jeder wehrhafte Mann soll vor die Stadt hin-
ausziehen! Setzt euch einen Anführer über sie, ganz
als ob ihr zur Ebene gegen die Vorposten der As-
syrer hinabsteigen wolltet! Steigt aber in Wirklich-
keit nicht hinab! 3 Dann werden diese ihre Waffen
ergreifen, in ihr Lager gehen und die Feldherrn des
assyrischen Heeres wecken. Sie werden zum Zelt
des Holophernes zusammenlaufen, ihn aber nicht
finden. Dann wird Furcht sie befallen, und sie wer-
den vor euch fliehen. 4 Ihr aber und alle, die das
ganze Gebiet Israels bewohnen, sollt ihnen nachja-
gen und sie auf ihren Wegen niederstrecken! 5 Bevor
ihr dies aber tut, ruft mir den Ammoniter Achior,
damit er den sehe und erkenne, der das Haus Israel
verächtlich machte und ihn zu uns schickte als dem
Tod geweiht!«
6 Sie holten Achior aus dem Hause des Ozias. Er
kam, erblickte das Haupt des Holophernes in der
Hand eines Mannes aus der Volksversammlung, fiel
auf sein Antlitz und wurde ohnmächtig. 7 Da hoben
sie ihn auf; er fiel zu Judits Füßen nieder, huldigte
ihr und sprach: »Gepriesen seist du in jedem Zelt
Judas und bei allen Völkern, die erzittern werden,
wenn sie deinen Namen hören! 8 Nun berichte mir
doch alles, was du in diesen Tagen getan hast!« Da

erzählte ihm Judit inmitten des ganzen Volkes
von allem, was sie seit jenem Tag, da sie hinauszog,
bis zu dem Augenblick, da sie zu ihnen sprach, ge-
tan hatte. 9 Als sie ihren Bericht beendet hatte, ju-
belten die Leute laut und erhoben ein Freudenge-
schrei in ihrer Stadt. 10 Achior aber, der alles
miterlebt hatte, was der Gott Israels wirkte, glaubte
fest an Gott, ließ sich das Fleisch seiner Vorhaut be-
schneiden und wurde dem Hause Israel angeglie-
dert bis heute.

Entdeckung der Tat

11 Beim Morgenanbruch hängte man das Haupt des
Holophernes an die Stadtmauer; jeder Mann ergriff
seine Waffen, und sie zogen scharenweise zu den
Bergpässen. 12 Als aber die Assyrer sie erblickten,
schickten sie nach ihren Feldherren, Obersten und
allen ihren Befehlshabern. 13 Sie trafen sich beim
Zelt des Holophernes und sprachen zum Verwalter
seines ganzen Eigentums: »Wecke doch unsern
Herrn, denn die Sklaven wagten, zum Kampf gegen
uns herabzusteigen, um vollends in ihr Verderben
zu rennen.« 14 Da trat Bagoas ein und klopfte an den
Vorhang des Zeltes. Er vermutete nämlich, daß
Holophernes mit Judit schliefe. 15 Niemand aber
gab Gehör. Deshalb zog er den Vorhang beiseite,
trat ins Schlafgemach ein und fand ihn tot auf dem
Fußschemel liegen; er war enthauptet. 16 Da schrie
er laut auf mit Weinen, Stöhnen und mächtigem
Geschrei und zerriß seine Kleider. 17 Dann ging er in
das Zelt, wo Judit gewohnt hatte, fand sie aber
nicht. Er sprang unter das Volk hinaus und rief:
18 »Verrat haben die Sklaven geübt; ein einziges
Weib der Hebräer hat Schimpf über das Haus des
Königs Nabuchodonosor gebracht! Seht, Holopher-
nes liegt am Boden, und sein Kopf ist weg!« 19 Die
assyrischen Feldherren hörten diese Kunde und zer-
rissen ihre Kleider. Sie gerieten in arge Bestürzung,
und ihr überaus heftiges Wehklagen und Schreien
ertönte mitten im Lager.

14,10: Widerspruch zu 5 Mos 23,4ff. Vielleicht waren die damali-
gen Bewohner der Landschaft Ammon nicht mehr reine Ammoni-
ter. Übrigens kann ein Sonderfall eine Ausnahme rechtfertigen. •
19: Der Tod des Holophernes führt zu einem völligen Stimmungs-
umschlag bei dem assyrischen Offizierscorps.

Flucht und Vernichtung

15 1 Als aber die Leute im Zeltlager davon
vernahmen, waren sie über das Gesche-
hene entsetzt. 2 Zittern und Furcht befiel
sie, und keiner mehr blieb in Verbindung mit sei-
nem Nebenmann, sondern alle miteinander zer-
streuten sich fliehend über alle Wege der Ebene und
des Gebirges. 3 Auch jene, die im Gebirge rings um
Betylua ein Lager aufgeschlagen hatten, ergriffen
die Flucht. Jetzt aber stürzten sich die Israeliten,
und zwar alle kriegstüchtigen Männer unter ihnen,
auf sie. 4 Da sandte Ozias nach Betomestaim, Bebaj,
Chobaj, Kola und nach dem ganzen Gebiet Israels
Boten, die das Geschehene berichten und auffor-
dern sollten, alle möchten sich auf die Feinde stür-
zen, um sie zu vernichten. 5 Als das die Israeliten
hörten, fielen sie wie ein Mann über sie her und
schlugen sie bis nach Choba. Ebenso kamen die Be-
wohner Jerusalems und des gesamten Berglandes
herbei; ihnen war nämlich berichtet worden, was
dem Lager ihrer Feinde widerfahren war. Auch die
Galaaditer und Galiläer überflügelten sie mit gewal-
tigen Schlägen, bis sie nach Damaskus und in sein
Gebiet kamen. 6 Die übrigen Bewohner Betyluas
fielen über das assyrische Lager her, raubten es aus
und erwarben großen Reichtum. 7 Als die Israeliten
vom Kampf zurückkehrten, bemächtigten sie sich
des Restes. Auch die Dörfer und Gehöfte im Berg-
land und in der Ebene gewannen reiche Beute.
Denn es war eine riesengroße Menge.

Judits Verherrlichung

8 Der Hohepriester Joakim und der Ältestenrat der
Israeliten, die in Jerusalem wohnten, kamen, um die
Auszeichnung zu schauen, die der Herr Israel be-
schieden hatte, und um Judit zu sehen und ihr
Glück zu wünschen. 9 Sie traten bei ihr ein, lobten
sie alle wie aus einem Munde und sprachen zu ihr:
»Du bist der Stolz Jerusalems, du die große Freude
Israels, du der ganze Ruhm unseres Volkes! 10 Mit
eigener Hand hast du dies alles vollbracht, hast für
Israel Hervorragendes geleistet, und Gott fand
daran sein Wohlgefallen. Sei gesegnet von dem all-
mächtigen Herrn für ewige Zeiten!« Und alles Volk
sprach: »Amen.«
11 Dreißig Tage hindurch plünderten alle Leute das
Lager. Judit schenkte man das Zelt des Holopher-
nes, alle seine Silbergeräte, die Betten, die Becher
und alle seine Einrichtungsgegenstände. Sie nahm
es, lud es auf ihr Maultier, ließ ihre Wagen anspan-
nen und alles darauflegen. 12 Alle Frauen Israels aber
liefen zusammen, um sie zu sehen. Man pries sie,
und einige von ihnen veranstalteten ihr zu Ehren
einen Reigentanz. Sie nahm Laubzweige in ihre
Hände und verteilte sie an die Frauen, die bei ihr
waren. 13 Sie selbst und ihre Begleiterinnen be-
kränzten sich mit Ölzweigen. An der Spitze des
ganzen Volkes schritt sie einher und führte den Rei-
gentanz aller Frauen. Alle Männer Israels folgten be-
waffnet und bekränzt, Loblieder auf ihren Lippen.
14 Da stimmte Judit das folgende Preislied vor ganz

Israel an, und alles Volk sang mit lauter Stimme die-
sen Lobgesang mit.

15,8–14: Andere Frauen, deren Heldentaten die Rettung ihres Volkes bedeuteten: Debora in Richt 4,1–16; Jaël in Richt 4,17–22; 5,24ff. und die nicht benannte Frau in Richt 9,53.

Judits Lobgesang

16 1 Judit hub an: »Mit Pauken stimmt an,
meinem Gott zur Ehre, mit Zimbeln singt
dem Herrn; laßt ihm ertönen Lied und
Gesang; erhebt und rühmt seinen Namen! 2 Denn
ein Gott, der Kriege zerbricht, ist der Herr; in sein
Lager inmitten des Volkes holte er mich aus meiner
Verfolger Hand. 3 Von den Bergen kam Assur von
Norden her, kam mit seines Heeres unzähliger
Schar, deren Menge die Täler sperrte, die Hügel be-
deckte sein Reiterheer! 4 Verbrennen wollte er
meine Berge, meine Jugend mit dem Schwerte ver-
nichten, zu Boden schmettern meine Säuglinge,
meine kleinen Kinder erbeuten und meine Jung-
frauen entführen. 5 Zunichte machte sie der all-
mächtige Herr durch die Hand einer Frau! 6 Nicht
durch Jungkrieger stürzte hin ihr Tyrann, nicht
Söhne der Riesen erschlugen ihn, nicht hoch-
ragende Recken fielen über ihn her; nein, Judit,
Meraris Tochter, lähmte ihn durch ihres Antlitzes
Schönheit! 7 Sie legte ihre Witwentracht ab, um die
Bedrängten in Israel zu erhöhen. Mit feinstem Öl
hat sie ihr Antlitz gesalbt, 8 band ihre Haare zusam-
men im Kopfbund. Ihn zu betören, nahm sie ein lin-
nenes Kleid. 9 Ihre Sandale fesselte sein Auge, ihre
Schönheit nahm seine Seele gefangen. So durch-
drang seinen Nacken das Schwert. 10 Die Perser
waren ob ihrer Kühnheit erstarrt, die Meder ver-
wirrt ob ihres Mutes! 11 Damals jauchzten meine
Erniedrigten, jene aber gerieten in Furcht; es jauch-
zten meine Schwachen, jene aber erschraken; sie
erhoben ihre Stimme, jene aber flohen davon.
12 Söhne von Mädchen durchbohrten sie, stießen
sie nieder wie entlaufene Sklaven. Sie kamen um
durch die Heerschar meines Herrn!
13 Singen will ich meinem Gott ein neues Lied. Groß
und herrlich bist du, Herr, wunderbar an Kraft, un-
übertrefflich. 14 Deine gesamte Schöpfung diene
dir! Du sprachst, und sie war da. Deinen Odem
sandtest du, und er baute auf; niemand kann dei-
nem Worte widerstehen. 15 Berge wanken samt den
Wassern in ihrem Grund, Felsen zerschmelzen vor
dir wie Wachs! Denen aber, die dich fürchten, bist
du gnädig. 16 Denn zu gering ist jedes Opfer zum
lieblichen Wohlgeruch, viel zu wenig zum Brand-
opfer für dich ist jegliches Fett! Wer aber den Herrn
fürchtet, ist für immerdar groß. 17 Wehe den Hei-
den, die sich erheben wider mein Volk! Der allge-
waltige Herr nimmt Rache an ihnen am Tag des Ge-
richts; Feuer und Würmer sendet er ihnen ins
Fleisch, ewig werden sie heulen vor Schmerz!«

Siegesfeier in Jerusalem

18 Als sie dann nach Jerusalem gekommen waren,
beteten sie Gott an. Das Volk wurde gereinigt, und
sie brachten ihre Brandopfer, freiwilligen Opfer und
Gaben dar. 19 Judit stiftete alle Zeltgegenstände des
Holophernes, die das Volk ihr geschenkt hatte, auch
das Mückennetz, das sie sich aus seinem Schlaf-
gemach mitgenommen hatte, brachte sie Gott als
Weihegabe dar. 20 Das Volk aber feierte in Jerusalem
fröhlich vor dem Heiligtum drei Monate lang. Judit
blieb bei ihnen.

Rückkehr Judits nach Betylua – ihr Lebensende

21 Nach Verlauf dieser Tage aber kehrte ein jeder zu
seinem Erbbesitz heim. Judit ging nach Betylua
zurück und wohnte in ihrem Besitztum. Ihr Leben
lang war sie im ganzen Lande berühmt. 22 Viele be-
gehrten sie als Frau; aber kein Mann durfte sie
berühren, solange sie lebte, seit ihr Mann Manasse
tot war. 23 Sie wurde recht betagt und erreichte im
Hause ihres Mannes ein Alter von 105 Jahren. Ihrer
Magd schenkte sie die Freiheit. Sie selbst starb in
Betylua, und man begrub sie in der Grabhöhle ihres
Mannes Manasse. 24 Das Haus Israel trauerte um sie
sieben Tage lang. Ihr Vermögen verteilte sie vor
ihrem Hinscheiden an die nächsten Angehörigen
ihres Mannes Manasse und die Anverwandten ihrer
Sippe. 25 Es gab niemanden mehr, der die Israeliten
in Judits Tagen und lange Zeit nach ihrem Tod in
Furcht versetzt hätte.

16,10: Hier werden als Feinde ausdrücklich die Perser und Meder genannt. Das ist ein Beweis dafür, daß Nabuchodonosor nur ein Deckname für einen persischen König ist. Vgl. Einleitung. • 12: »Söhne von Mädchen« meint wohl Söhne von Sklavinnen. Sklaven – ein Schimpfwort – tragen keine Waffen und sind daher unfähig zum Widerstand. • 13–17: Hier setzt ein allgemeiner Lobpreis auf den allmächtigen Schöpfergott ein. Vers 16 erinnert an 1 Sam 15,22, während der Schlußvers 17 auf das endzeitliche Gericht über die Heiden hinweist (vgl. Is 66,24). • 21–25: Mit einem Blick auf das weitere Schicksal Judits schließt das Buch. Die Heldin bleibt geehrt und berühmt im ganzen Land. Eine zweite Ehe zu schließen, lehnt die sittenstrenge Witwe ab. Sogar auf den Dienst ihrer Magd verzichtet sie und schenkt ihr die Freiheit. Mit den Patriarchen vergleichbar, wird sie in der Grabstätte ihres Mannes beigesetzt. Volkstrauer von sieben Tagen wird auch 1 Mos 50,10 und 1 Sam 31,13 erwähnt. Noch vor ihrem Tod verteilt sie die reiche Habe unter ihres Mannes und ihre eigene Verwandtschaft. Schließlich bemerkt der Verfasser noch eigens, daß die Persönlichkeit und die Heldentat Judits für lange Zukunft dem ganzen Volk zum Segen gereichte, indem der Friede im Land dauernd erhalten blieb. Wirklich eine vorbildliche Gestalt aus dem Frauengeschlecht!

DAS BUCH ESTER

Ester ist die Base und Pflegetochter des Juden Mordekaj (Mardochäus). Sie wurde zur Gemahlin des Perserkönigs Achaschwerosch (Xerxes I. 485–465) erhoben. Durch ihren Einfluß und ihre Stellung rettete sie die Judenschaft des persischen Weltreiches vor einem durch den Minister Haman beabsichtigten Massenmord. Der gestillte Rachedurst der gequälten und unterdrückten Juden führte dann zur Einführung des Purimfestes. An diesen Tagen wird das Buch Ester auch heute noch aus einer Festrolle verlesen.
Das Esterbuch gibt uns eine kulturgeschichtlich zuverlässige Darstellung vom Tun und Treiben am persischen Königshof. Ob aber dieses Buch die Absicht hat, uns einen Geschichtsbericht im modernen Sinn des Wortes zu bieten, ist fraglich. Der Erzähler fand ohne Zweifel einen geschichtlichen Kern vor; manche Einzelheiten mögen, wie es in Erzählungen ähnlicher Art oft war und ist, durch die Phantasie ausgeschmückt sein. Auch persönliche Wunschträume nach einer so hervorragenden Stellung der Juden in einem heidnischen Weltreich mögen die Darstellung beeinflußt haben. Immerhin hat auch das Esterbuch uns Christen trotz mancher abstoßenden Dinge, die aus der vorchristlichen Lebensweise heraus verständlich sind, viele ernste Lehren zu bieten.
Zu dem hebräischen Esterbuch, das den Gottesnamen vollständig meidet, bietet die griechische Bibel Zusätze, die in der vorliegenden Ausgabe, entsprechend der lateinischen Bibel, am Schluß (ab 10,4) stehen. Teils handelt es sich um Gebetstexte, die der profan erscheinenden Erzählung religiöse Züge verleihen, teils sind es königliche Erlasse, teils Träume und ihre Deutungen, oder es geht um Begebenheiten anderer Art. Diese Zusätze gehören zum kanonischen, inspirierten Text; es ist aber eine andere Frage, ob sie in den eigentlichen Textzusammenhang hineinpassen.
Das Esterbuch scheint um 300 v. Chr., als das Perserreich nicht mehr bestand, verfaßt zu sein. Man wird der Erzählung am ehesten gerecht, wenn man sie eine freie Geschichte nennt, die eine Lesung zum jüdischen Purimfest darstellt. Um ihres Inhalts willen hat man sich im Judentum gesträubt, Ester in den Kanon der heiligen Schriften aufzunehmen.

Es begab sich zur Zeit des Achaschwerosch,
der von Indien bis nach Äthiopien über hun-
dertsiebenundzwanzig Provinzen herrschte:
2 Damals, als König Achaschwerosch auf seinem
königlichen Throne saß, der in der Burg Susa stand,
3 veranstaltete er im dritten Jahr seiner Regierung
allen seinen Fürsten und Beamten ein Festgelage.
Das Heer der Meder und Perser, die Edlen und die
Statthalter der Provinzen waren vor ihm erschie-
nen. 4 Er stellte dabei den Reichtum und den Glanz
seines Königtums und die Pracht und Herrlichkeit
seiner Größe hundertachtzig Tage hindurch zur
Schau. 5 Nach Ablauf jener Tage gab der König allen
Leuten, die sich auf der Burg Susa befanden, vom
Größten bis zum Kleinsten, sieben Tage hindurch
ein Gastmahl; es fand im Gartenhof des Königs-
palastes statt. 6 Feine Gewebe aus Linnen, Baum-
wolle und violetter Purpurwolle hingen an Bändern
aus Byssus und rotem Purpur in silbernen Ringen
und an Alabastersäulen. Goldene und silberne
Ruhebetten standen auf dem Mosaikboden von
Bahatstein und Marmor, Perlen und kostbarem
Bodenbelag. 7 Aus goldenen Gefäßen wurde ge-
trunken; die Gefäße waren aber alle voneinander
verschieden. Königlichen Wein gab es in Menge,
wie es nur dem König möglich war. 8 Das Trinkge-
lage ging genau nach der Regel vor sich; niemand
übte Zwang aus. Denn so hatte der König all seinen
Hofmeistern eingeschärft, sie sollten die Wünsche
jedes einzelnen berücksichtigen. 9 Auch die Königin
Waschti gab den Frauen im Königspalast, der dem
König Achaschwerosch gehörte, ein Gastmahl.

Königlicher Stolz

10 Am siebten Tag aber, als das Herz des Königs
durch den Weingenuß angeheitert war, befahl er
Mehuman, Bisseta, Charbona, Bigta, Abagta, Setar
und Karkas, den sieben Hofbeamten, die vor dem
Antlitz des Königs Achaschwerosch Dienste taten,
11 die Königin Waschti im königlichen Kopf-
schmuck vor den König zu bringen. Er wollte ihre

Schönheit den Völkern und Fürsten zeigen; denn
sie hatte ein liebreizendes Aussehen. 12 Aber die
Königin Waschti weigerte sich, auf Befehl des
Königs, der ihr von den Hofbeamten überbracht
wurde, zu erscheinen. Der König wurde darüber
heftig erzürnt, und sein Unwille loderte in ihm auf.

Verstoßung der Königin

13 Da besprach sich der König mit den Weisen,
die sich auf die Zeiten verstehen; denn auf diese
Art wurden des Königs Angelegenheiten allen
Rechts- und Gesetzeskundigen vorgelegt. 14 Am
nächsten standen ihm Karschena, Schetar, Admata,
Tarschisch, Meres, Marsena und Memuchan, die
sieben Fürsten der Perser und Meder, die des Königs
Antlitz schauen durften und die ersten Plätze im
Reich einnahmen. 15 Er sprach zu ihnen: »Was soll
mit der Königin Waschti geschehen, da sie den Be-
fehl des Königs Achaschwerosch, der ihr durch die
Hofbeamten übermittelt wurde, nicht ausgeführt
hat?« 16 Da sprach Memuchan zum König und zu
den Fürsten: »Nicht nur gegen den König allein hat
die Königin Waschti eine Freveltat begangen, son-
dern auch gegen alle Fürsten und Völker, die in sämt-
lichen Provinzen des Königs Achaschwerosch leben.
17 Denn die Antwort der Königin dringt zu allen
Frauen und macht deren Ehemänner in ihren Augen
verächtlich, indem sie sagen: ›König Achaschwe-
rosch befahl, die Königin Waschti vor sein Antlitz zu
bringen. Doch sie erschien nicht.‹ 18 Heute noch
werden die Fürstinnen der Perser und Meder gegen
alle königlichen Fürsten widerspenstig werden,
wenn sie von der Antwort der Königin hören. Dann
wird es Verachtung und Ärger genug geben.
19 Erscheint es dem König richtig, so ergehe von ihm
ein königlicher Erlaß und werde in den Gesetzen
der Perser und Meder aufgezeichnet, so daß er nicht
mehr widerrufen werden kann: Waschti darf nicht
mehr vor dem König Achaschwerosch erscheinen!
Ihre königliche Würde gibt der König einer anderen
Frau, die besser ist als sie. 20 Erfährt man von dieser
Anordnung des Königs, die er für sein großes Reich
erläßt, dann werden alle Frauen ihren Ehemännern,
vom Größten bis zum Kleinsten, Ehrfurcht erwei-
sen.« 21 Dieser Vorschlag sagte dem König und den
Fürsten zu. Der König handelte nach dem Wort
Memuchans. 22 Er sandte Schreiben an alle könig-
lichen Provinzen, an jede in der ihr eigenen Schrift
und an jedwedes Volk in seiner Sprache: Jeder
Mann sei Gebieter in seinem Haus und rede die
Sprache seines Volkes!

1,1–9: Achaschwerosch ist die hebräische Wiedergabe des persischen Königsnamens Xerxes. Es handelt sich um Xerxes I., der von 485–465 v. Chr. regiert hat. Seine größte Ausdehnung hatte das Perserreich seit Darius I. (521–486). Die 127 Provinzen werden sonst als 20 Satrapien bezeichnet. Die Akropolis von Susa in Kap. 2 wird von der Stadt unterschieden. Susa war früher die Hauptstadt des elamitischen Reiches, seit Darius war es die Residenz der persischen Könige.

Auf Brautschau für den König

2 1 Als nach jenen Ereignissen sich der Grimm
des Königs Achaschwerosch gelegt hatte, ge-
dachte er der Waschti, was sie getan und was
über sie beschlossen wurde. 2 Da meinten die Die-
ner des Königs, die ihm aufwarteten: »Man suche
für den König nach jungfräulichen Mädchen, die
gut aussehen! 3 Der König schicke in alle Provinzen
seines Reiches Beauftragte; diese sollen alle jung-
fräulichen Mädchen von schönem Aussehen in die
Burg Susa ins Frauenhaus unter der Aufsicht des
königlichen Hofbeamten Hegaj, des Frauenaufse-
hers, bringen. Man lasse ihnen die erforderliche
Schönheitspflege angedeihen. 4 Das Mädchen aber,
das dem König gefällt, sei Königin an Waschtis
Stelle!« Der Vorschlag sagte dem König zu, und er
ließ danach verfahren.

Mordekaj und Ester

5 In der Burg Susa lebte ein jüdischer Mann mit
Namen Mordekaj; er war der Sohn des Jaïr, der
Enkel des Schimi, der Urenkel des Kisch, aus dem
Stamm Benjamin. 6 Er war von Jerusalem mit
den Gefangenen weggeführt worden, die mit
Jechonja, dem König von Juda, in die Verbannung
gehen mußten, den Nebukadnezar, der König von
Babel, wegführte. 7 Er war der Pflegevater der
Hadassa, das ist Ester, der Tochter seines Oheims.
Denn sie hatte keinen Vater und keine Mutter mehr.
Das Mädchen aber war schön von Gestalt und an-
mutsvoll, und nach dem Tod ihrer Eltern hatte
Mordekaj sie als Tochter angenommen.

Ester am Königshof

8 Da wurden der Wille und das Gesetz des Königs
verkündet; viele Mädchen kamen unter die Auf-
sicht des Hegaj in der Burg Susa zusammen; so
wurde denn auch Ester in den Königspalast ge-
bracht unter die Aufsicht Hegajs, des Aufsehers
über die Frauen. 9 Das Mädchen gefiel ihm, und es
erfreute sich seiner Huld. Er stellte ihr eiligst Schön-
heitsmittel und die ihr zuträglichen Speisen zur
Verfügung und gab ihr die sieben auserlesensten
Dienerinnen aus dem Königspalast bei. Ihr und
ihren Dienerinnen wies er die besten Räume im
Frauenhaus zu.
10 Ester hatte ihr Volk und ihre Herkunft nicht ange-
geben; denn Mordekaj hatte ihr eingeschärft, nichts

mitzuteilen. 11 Tagtäglich wandelte Mordekaj vor
dem Hof des Frauenhauses auf und ab, um etwas
über das Wohlergehen und die Behandlung der
Ester zu erfahren. 12 Wenn aber die Reihenfolge an
jedes einzelne Mädchen kam, zum König Acha-
schwerosch zu gehen, nachdem es zwölf Monate
lang nach den für die Frauen geltenden Vorschriften
behandelt worden war – denn so wurde die Zeit
ihrer Schönheitspflege ausgefüllt: sechs Monate mit
Myrrhenöl und sechs Monate mit Balsam und den
übrigen weiblichen Schönheitsmitteln –, 13 wenn
also dann das Mädchen zum König ging, wurde
ihm alles, was es verlangte, mitgegeben, daß sie es
aus dem Frauenhaus in den Königspalast bringe.
14 Am Abend ging es hinein, und am Morgen kehrte
es in das andere Frauenhaus zurück, das unter der
Aufsicht des königlichen Hofbeamten Schaaschgas
stand, der Aufseher über die Nebenfrauen war.
Zum König durfte es nicht mehr kommen, es sei
denn, daß der König an ihm Gefallen fand und es
mit Namen rief.

Ester als Königin

15 Als nun Ester, die Tochter Abichajils, des Oheims
des Mordekaj, welche dieser als Tochter angenom-
men hatte, an der Reihe war, zum König zu gehen,
begehrte sie nichts weiter, als was Hegaj, der könig-
liche Hofbeamte, der Frauenaufseher, ihr angab.
Ester aber erregte das Wohlgefallen aller, die sie
erblickten. 16 Ester wurde zum König Acha-
schwerosch in den königlichen Palast im zehnten
Monat – das ist der Monat Tebet –, im siebten Jahre
seiner Herrschaft, gebracht. 17 Der König gewann
Ester mehr lieb als alle anderen Frauen; sie fand
Gunst und Wohlgefallen vor ihm mehr als alle Jung-
frauen. Er setzte ihr den Königsschmuck aufs Haupt
und ernannte sie an Waschtis Stelle zur Königin.
18 Der König ließ allen seinen Fürsten und Beamten
ein großes Festmahl herrichten, ein Mahl zu Ehren
Esters. Den Provinzen gewährte er Steuernachlaß
und verteilte Geschenke, wie es nur dem König
möglich war.
19 Als die Mädchen sich zum zweitenmal versam-
melten, saß Mordekaj am Königstor. 20 Ester aber
hatte ihre Herkunft und ihr Volk nicht angegeben,
wie es ihr Mordekaj geboten hatte. Den Befehl
Mordekajs befolgte Ester wie damals, als sie noch
bei ihm in Pflege war.

Mordekaj deckt eine Verschwörung gegen den König auf

21 In jenen Tagen, da Mordekaj am Königstor saß,
grollten Bigtan und Teresch, die beiden Höflinge
des Königs im Rang der Schwellenhüter, und such-
ten eine Gelegenheit, an den König Achaschwe-
rosch Hand anzulegen. 22 Der Anschlag aber wurde
dem Mordekaj bekannt, er berichtete ihn der Köni-
gin Ester, und diese meldete es im Auftrag Morde-
kajs dem König. 23 Die Sache wurde untersucht und
richtig befunden. Die beiden wurden am Holzpfahl
aufgehängt. Das wurde im Buch der Chronik für
den König aufgezeichnet.

2,1–4: Der persische König mußte sich seine Hauptgemahlin aus den sieben vornehmsten Landesfamilien wählen. Sonderbar ist es, daß für den König in diesem Fall nicht einfach eine Gemahlin unter den Haremsfrauen ausgesucht wurde. 1,20 und 2,4 setzen bereits die jüdische Sitte der Einehe voraus; sie wird vom Verfasser des Berichtes auch bei den Persern vermutet. Vgl. Mal 2,10–16. • 5–7: Mordekaj erinnert an den babylonischen Gott Marduk, Hadassa bedeutet Myrte und Ester Stern.

Hamans Rachepläne

3 1 Nach diesen Ereignissen beförderte der König
Achaschwerosch den Agagiter Haman, den
Sohn des Hammedata, erhöhte seinen Rang
und setzte seinen Thron über den aller Fürsten,
die um ihn waren. 2 Alle Beamten des Königs, die an
der Königspforte waren, beugten ihre Knie und
warfen sich vor Haman nieder; denn so hatte es der
König befohlen. Aber Mordekaj beugte die Knie
nicht und warf sich nicht nieder. 3 Da fragten die
königlichen Beamten, die an der Königspforte
waren, Mordekaj: »Warum übertrittst du des
Königs Befehl?« 4 So redeten sie denn tagtäglich
auf ihn ein; er aber hörte nicht auf sie. Man meldete
es dem Haman, um zu erfahren, ob die von Morde-
kaj vorgebrachten Gründe zu Recht bestünden;
denn er hatte ihnen bekannt, er sei ein Jude. 5 Da
merkte auch Haman, daß Mordekaj die Knie nicht
beugte und sich vor ihm nicht niederwarf, und
Haman ward mit Ingrimm erfüllt. 6 Zu geringfügig
aber erschien es ihm, sich an Mordekaj allein zu
vergreifen. Man hatte ihm ja gesagt, aus welchem
Volk Mordekaj stamme. Haman trachtete also da-
nach, zugleich mit Mordekaj alle Juden, die im ge-
samten Reich des Achaschwerosch lebten, zu ver-
nichten.

Auslosung

7 Im ersten Monat – das ist im Monat Nisan –, im
zwölften Jahr des Königs Achaschwerosch, warf
man das Pur, das heißt das Los, vor Haman, von
einem Tag zum andern und von einem Monat zum
andern. Das Los aber fiel auf den 13. Tag des zwölf-
ten Monats, das ist der Monat Adar.

Erlaß gegen die Juden

8 Darauf sprach Haman zum König Achaschwe-
rosch: »Es gibt ein Volk, das zerstreut und abgeson-

dert unter den Völkern in allen Provinzen deines
Reiches lebt. Ihre Gesetze stimmen nicht mit denen
aller anderen Völker überein, und die Verordnungen
des Königs befolgen sie nicht; es geziemt sich nicht
für den König, sie gewähren zu lassen. 9 Erscheint es
dem König richtig, so ergehe gegen sie ein schrift-
licher Vernichtungsbefehl. Zehntausend Talente
Silber will ich dann in die Hand der Beamten aus-
zahlen, um sie den königlichen Schatzkammern zu-
kommen zu lassen.« 10 Da nahm der König seinen
Siegelring von der Hand und gab ihn dem Agagiter
Haman, dem Sohn des Hammedata, dem Bedrän-
ger der Juden. 11 Der König erwiderte Haman: »Das
Geld sei dir geschenkt und auch das Volk. Du
kannst mit ihm nach deinem Gutdünken verfah-
ren!«
12 Man rief die Schreiber des Königs im ersten
Monat, an dessen 13. Tag, und schrieb gemäß
Hamans Auftrag an die königlichen Satrapen, an die
Statthalter der einzelnen Provinzen und an die
Fürsten der Einzelvölker, an jede Provinz in ihrer
Schrift und an jedes Volk in seiner Sprache. Im
Namen des Königs Achaschwerosch wurde ge-
schrieben und mit dem königlichen Siegelring ge-
siegelt. 13 Dann sandte man durch Eilboten die
Schreiben in alle königlichen Provinzen: Man
solle vernichten, ermorden und ausrotten alle
Juden, vom Knaben bis zum Greis, Kinder und
Frauen, an dem gleichen Tag, am 13. des zwölf-
ten Monats [d. i. des Monats Adar], und ihr Hab
und Gut plündern. 14 Die Abschrift des Schrei-
bens solle in jeder Provinz als Gesetz verkündet,
und es solle allen Völkern kundgemacht werden,
daß sie sich für diesen Tag bereitzuhalten hätten.
15 Die Eilboten machten sich auf Befehl des Königs
eiligst auf den Weg, und das Gesetz wurde in der
Burg Susa veröffentlicht. Der König und Haman
setzten sich währenddessen zu einem Zechgelage
nieder; doch in der Stadt Susa war man sehr be-
stürzt.

3,2: Ein religiöses Element in einer Geschichte, der man oft rein weltlichen Sinn zum Vorwurf macht. Die erwähnten Handlungen darf der religiöse Jude nicht Menschen gegenüber vornehmen, sie sind Ausdruck der Gottesverehrung. • 7: Nisan ist der erste Monat, Adar der letzte des jüdischen Kalenders (April/März). Welcher Tag günstig sei, wurde durch das Los erfragt. • 8–15: Das Judentum ist von jeher eine Religion des Martyriums gewesen. Seine Bekenner sind heimatlos und zerstreut unter anderen Völkern. Daraus ergeben sich immer wieder Reibungsflächen. Eigenartige, unverstandene religiöse Gebräuche und die Meinung, das von Gott erwählte und bevorzugte Volk zu sein, geben dem Antisemitismus neue Nahrung. Religiöse und völkische Minderheiten behandelte man von jeher mißtrauisch. Es ist schwer zu entscheiden, ob der Antisemitismus der Perser ein rassischer oder ein religiöser war.

Mordekajs und Esters Rettungspläne – Esters Furcht

4 1 Mordekaj erfuhr von allem, was geschehen
war. Da zerriß er seine Kleider, kleidete sich
in Sack und Asche, ging mitten in die Stadt
hinein und erhob ein lautes und bitteres Weh-
geschrei. 2 So kam er bis an die königliche Pforte;
denn es war nicht erlaubt, in die königliche Pforte
in einem Trauergewand einzutreten. 3 In jeder Pro-
vinz, wohin immer die Verordnung des Königs und
sein Gesetz drang, herrschte große Trauer bei den
Juden. Man fastete, weinte und wehklagte. Vielen
dienten Sack und Asche als Lager.
4 Es kamen die Mägde der Ester und ihre Hofdiener
und erstatteten ihr Bericht. Die Königin geriet in
heftigen Schrecken und sandte Gewänder, den
Mordekaj damit zu bekleiden und ihm sein Trauer-
kleid abzunehmen. Er aber nahm sie nicht an. 5 Da
rief Ester Hatak, einen von den Hofdienern des
Königs, den er ihr zur Verfügung gestellt hatte. Sie
sandte ihn zu Mordekaj, um sich nach dem Was
und Warum zu erkundigen. 6 Hatak ging zu Morde-
kaj auf die Straße der Stadt hinaus, die sich vor der
königlichen Pforte hinzog. 7 Mordekaj erzählte ihm
alles, was ihm begegnet war. Er nannte ihm auch
die genaue Geldsumme, die Haman in die könig-
lichen Schatzkammern für die Vernichtung der
Juden zu zahlen versprochen hatte. 8 Auch eine Ab-
schrift des in Susa schriftlich veröffentlichten Aus-
rottungsbefehls gab er ihm. Er sollte ihn Ester zei-
gen, ihr Mitteilung machen und sie anweisen, zum
König zu gehen, ihn um Erbarmen anzuflehen und
für ihr Volk bei ihm Fürbitte einzulegen.
9 Hatak kam also und hinterbrachte Ester, was Mor-
dekaj gesagt hatte. 10 Da sprach Ester zu Hatak und
trug ihm auf, Mordekaj folgendes zu sagen: 11 »Alle
Beamten des Königs und die Leute aus den könig-
lichen Provinzen wissen, daß jeden, ob Mann oder
Frau, der ungerufen zum König in den inneren Hof
kommt, nur ein Gesetz trifft: die Todesstrafe, es sei
denn, daß der König ihm das goldene Zepter ent-
gegenstreckt; alsdann darf er am Leben bleiben. Ich
aber bin schon dreißig Tage nicht mehr zum König
gerufen worden.« 12 Da meldete er Mordekaj, was
Ester gesagt hatte. 13 Mordekaj aber ließ Ester als
Antwort überbringen: »Glaube ja nicht, du würdest
dich von allen Juden allein retten können, weil du
zum Königshof gehörst! 14 Bleibst du in dieser Zeit
völlig stumm, so wird den Juden Freiheit und Hilfe
von einer anderen Stelle her kommen; du aber und
deine Familie werden zugrunde gehen! Wer weiß,
ob du nicht gerade für eine derartige Zeit wie diese

zur königlichen Würde gelangt bist!« 15 Da gebot
Ester, dem Mordekaj folgendes zu antworten:
16 »Gehe hin, versammle alle Juden, die sich in
Susa befinden; fastet in meinem Anliegen, eßt und
trinkt drei Tage und drei Nächte lang nichts! Auch
ich mit meinen Mägden will auf diese Art fasten. So
will ich dann zum König hingehen, auch wenn es
gegen das Gesetz ist. Mag ich so oder so ums Leben
kommen!« 17 Da ging Mordekaj fort und tat ganz
nach den Anweisungen, die er von Ester erhalten
hatte.

4,1–4: Buß- und Andachtsübungen jener Art waren im damaligen Judentum an der Tagesordnung. Sie sind ein Beweis dafür, wie tief das religiöse Empfinden der Personen unserer Erzählung war. • 8: Die Die Anweisung Mordekajs war auch deshalb sehr schwierig, weil Ester bisher ihre Abstammung verschwiegen hatte (2,10.20). • 13: Mordekaj fürchtet, Ester könnte vielleicht nur aus Selbstsucht nicht vor den König hintreten wollen. • 14: Die Scheu vor dem Aussprechen des göttlichen Namens war in der persischen Zeit allgemein verbreitet; der Glaube an göttliches Walten und übernatürliche Vorsehung kommt aber hier ungebrochen zum Ausdruck.

Der König, Ester und Haman beim Festgelage

5 1 Am dritten Tag kleidete sich Ester in königliche Gewänder. Sie trat in den inneren Hof
des Königspalastes, der gegenüber dem
Königspalast selbst lag. Der König aber saß auf
seinem königlichen Thron im Königspalast gegenüber dem Schloßtor. 2 Als nun der König die Königin Ester im Hof stehen sah, erregte sie sein Wohlgefallen. Der König streckte das goldene Zepter in
seiner Hand ihr entgegen. Ester trat näher heran
und berührte die Spitze des Zepters. 3 Nun sprach
der König zu ihr: »Was fehlt dir, Königin Ester?
Wonach verlangst du? Und sei es die Hälfte des
Königreiches, es sei dir gewährt.« 4 Ester entgegnete: »Wenn es dem König recht ist, so komme der
König mit Haman zum Festmahl, das ich zu seiner
Ehre veranstalten will!« 5 Der König sprach: »Ruft
schleunigst Haman herbei, um der Bitte Esters zu
willfahren!«
Der König kam also mit Haman zu dem von Ester
veranstalteten Gastmahl. 6 Da sprach der König
beim Weingelage zu Ester: »Um was bittest du?
Es sei dir gewährt! Wonach begehrst du? Bis zur
Hälfte des Königreiches soll es erfüllt werden!«
7 Ester gab zur Antwort: »Meine Bitte und mein
Begehren ist dies: 8 Wenn ich wirklich vor dem
König Huld gefunden habe und es dem König richtig erscheint, meine Bitte zu gewähren und mein
Begehren zu erfüllen, so komme der König mit
Haman auch morgen zu dem Gastmahl, das ich zu
ihrer Ehre veranstalten will; morgen will ich dann
der Frage des Königs entsprechen!«

Ein Galgen zur Sühne

9 An jenem Tag ging Haman in fröhlicher und guter
Stimmung fort; als aber Haman den Mordekaj an
der königlichen Pforte erblickte, wie er sich nicht
erhob und keine Ehrfurcht vor ihm bezeigte, da
ward er von Ingrimm über Mordekaj erfüllt. 10 Doch
nahm Haman sich zusammen; er ging in sein Heim
und ließ seine vertrauten Freunde und seine Frau
Seresch kommen. 11 Nun erzählte ihnen Haman
vom Glanz seines Reichtums und von der großen
Zahl seiner Söhne, von all der Würde, mit der ihn
der König ausgezeichnet, und daß er ihn über die
Fürsten und königlichen Beamten gestellt habe.
12 Haman fuhr fort: »Auch hat die Königin Ester
außer dem König zu dem Gastmahl, das sie veranstaltete, niemanden eingeladen als nur mich. Auch
für morgen bin ich von ihr neben dem König geladen! 13 Doch genügt mir dies alles nicht, solange ich
den Juden Mordekaj an der königlichen Pforte sitzen sehe.« 14 Da sprachen zu ihm Seresch, seine
Frau, und all seine vertrauten Freunde: »Man errichte einen Pfahl von fünfzig Ellen Höhe! Morgen
früh rede du dann mit dem König, daß man den
Mordekaj daran aufhängen solle. Alsdann kannst
du in fröhlicher Stimmung mit dem König zum
Gastmahl gehen.« Der Vorschlag sagte dem Haman
zu, und er ließ den Pfahl errichten.

5,6: Der König ahnt, daß Ester mehr auf dem Herzen hat als nur die Bitte, an ihrem Mahl teilzunehmen.

Mordekaj wird erhöht

6 1 In jener Nacht konnte der König nicht schlafen; er ließ also das Buch der Geschichtserinnerungen bringen. Diese wurden dem König
vorgelesen. 2 Man fand aufgezeichnet, daß Mordekaj gegen Bigtana und Teresch, die beiden königlichen Höflinge aus dem Rang der Schwellenhüter,
Anzeige erstattet hatte; diese wollten an den König
Achaschwerosch Hand anlegen. 3 Da sprach der
König: »Welche Ehre und Auszeichnung ist dem
Mordekaj dafür erwiesen worden?« Es antworteten
die Diener des Königs, die ihm die Aufwartung
machten: »Nichts ist ihm erwiesen worden.«
4 Der König fragte: »Wer ist denn im Vorhof?«
Haman war nämlich in den äußeren Vorhof des
Königspalastes gekommen; er wollte dem König
sagen, man solle den Mordekaj an dem Pfahl aufhängen, den er für ihn hatte aufrichten lassen. 5 Die
Diener des Königs antworteten ihm: »Haman steht
im Vorhof.« Der König befahl: »Er komme herein!«
6 Haman trat ein, und der König redete ihn an: »Was
soll man mit dem Manne tun, den der König zu

ehren wünscht?« Haman aber dachte sich: »Wem
könnte der König wohl eher Ehre erweisen wollen
als mir?« 7 Haman sprach also zum König: »Ein
Mann, dem der König Ehre zu erweisen wünscht –
8 man bringe ein königliches Gewand, das sonst der
König selbst trägt, und ein Pferd, das sonst der
König selbst reitet und auf dessen Kopf ein Königs-
schmuck angebracht ist! 9 Das Gewand und das
Pferd soll man einem von den edlen Fürsten des
Königs zur Weitergabe bereitstellen! Mit dem Ge-
wand bekleide er den Mann, den der König zu eh-
ren wünscht; auf dem Pferd führe er ihn über den
Hauptplatz der Stadt. Man soll vor ihm her aus-
rufen: So geschieht dem Mann, den der König zu
ehren wünscht!«
10 Da sprach der König zu Haman: »Nimm eiligst
das Gewand und das Pferd, wie du gesagt hast, und
tu so an dem Juden Mordekaj, der an der könig-
lichen Pforte sitzt! Unterlasse aber nichts von dem,
was du gesagt hast!« 11 Da holte Haman das Ge-
wand und das Pferd, bekleidete den Mordekaj,
führte ihn auf dem Hauptplatz der Stadt herum und
rief vor ihm aus: »So geschieht dem Mann, den der
König zu ehren wünscht!« 12 Dann kehrte Mordekaj
an die königliche Pforte zurück. Haman aber ging
heim, traurig und verhüllten Hauptes. 13 Haman er-
zählte Seresch, seiner Frau, und all seinen vertrau-
ten Freunden alles, was ihm begegnet war. Da sag-
ten seine Freunde und seine Frau Seresch: »Ist
Mordekaj, vor dem du bereits zu stürzen begonnen
hast, einer aus dem Judenstamm, dann wirst du
nichts gegen ihn vermögen, sondern wirst unbe-
dingt vor ihm stürzen!« 14 Noch waren sie im Ge-
spräch mit ihm, da trafen die königlichen Hof-
beamten ein und holten in Eile den Haman zum
Gastmahl, das Ester veranstaltete.

6,1: Eine Reichschronik der Perserkönige auch Esr 4,15. • 6–12: 1 Mos 41,39ff. Das Anziehen des königlichen Gewandes und das königliche Reittier bedeuten geradezu Thronbesteigung. Der Erzähler legt Haman die untragbare Forderung in den Mund, um dessen maßlosen Ehrgeiz zu schildern, der König willigt ein, aber nach einer ganz anderen Richtung.

Hamans Tod

7
1 Es kamen also der König und Haman, um bei
der Königin Ester ein Gelage zu halten. 2 Da
sprach der König auch an diesem zweiten Tag
während des Weingelages zu Ester: »Um was bit-
test du, Königin Ester? Es sei dir gewährt! Wonach
begehrst du? Bis zur Hälfte des Königreiches soll es
erfüllt werden!« 3 Die Königin Ester gab zur Ant-
wort: »Habe ich in deinen Augen Gnade gefunden,
o König, und erscheint es dem König richtig, so
werde mir auf meine Bitte hin mein Leben ge-
schenkt und auf mein Begehren hin mein Volk!
4 Denn verkauft sind wir, ich und mein Volk, daß
man uns verderbe, morde und vertilge. Fürwahr,
würden wir als Sklaven und Mägde verkauft, so
hätte ich geschwiegen. Denn es gäbe keinen be-
stimmten Gegner, dessentwegen eine Belästigung
des Königs geziemend wäre.«
5 Da entgegnete der König Achaschwerosch der
Königin Ester: »Wer ist der, und wo ist der Mann,
der so etwas zu tun im Sinne hat?« 6 Da sagte Ester:
»Gegner und Feind ist dieser schlimme Haman
hier!« Haman schrak zusammen vor dem Angesicht
des Königs und der Königin. 7 Der König erhob sich
voller Zorn vom Weingelage und begab sich in den
Garten des Palastes. Haman stand ebenfalls auf, um
bei der Königin Ester um sein Leben zu flehen; denn
er sah, daß vom König das Unheil über ihn be-
schlossen war. 8 Der König begab sich aus dem Gar-
ten des Palastes zurück in das Trinkzimmer, als
Haman sich eben vor dem Ruhebett, auf dem Ester
lag, niederwarf. Da sagte der König: »Will er etwa
auch noch der Königin in meiner Gegenwart im
Palast Gewalt antun?« Kaum war dem Munde des
Königs das Wort entschlüpft, da bedeckte man
schon das Gesicht Hamans. 9 Charbona, einer der
Hofbeamten im Dienste des Königs, sprach: »Da
steht ja schon der fünfzig Ellen hohe Pfahl am
Hause Hamans, den Haman für Mordekaj machen
ließ, der damals eine für den König nützliche Aus-
sage machte.« Der König sprach: »Hängt ihn daran
auf!« 10 Da hängte man den Haman an den Pfahl,
den er für Mordekaj hatte aufrichten lassen, und der
Zorn des Königs legte sich.

Schutzerlaß für die Juden

8
1 An jenem Tag schenkte der König Acha-
schwerosch der Königin Ester das Haus
Hamans, des Judenfeindes; Mordekaj aber er-
hielt freien Zutritt zum König; denn Ester hatte mit-
geteilt, in welchem Verwandtschaftsverhältnis er
zu ihr stehe. 2 Da streifte der König den Siegelring
ab, den er dem Haman hatte wegnehmen lassen,
und gab ihn dem Mordekaj. Ester aber setzte den
Mordekaj über das Haus Hamans. 3 Ester nahm nun
vor dem König nochmals das Wort, fiel ihm zu
Füßen, weinte und flehte ihn an, das vom Agagiter
Haman geplante Unheil und seinen Anschlag, den
er gegen die Juden ersonnen hatte, rückgängig zu
machen. 4 Da streckte der König der Ester das gol-
dene Zepter entgegen. Ester erhob sich und trat vor
den König hin. 5 Sie sprach: »Erscheint es dem

König richtig und habe ich Huld vor ihm gefunden
und beliebt es dem König und bin ich in seinen
Augen angenehm, so werde doch eine Verordnung
verfaßt, die den Erlaß und den Anschlag des Agagi-
ters Haman, des Sohnes des Hammedata, zurück-
nimmt. Dieser hat verfügt, die Juden in allen könig-
lichen Provinzen zu vernichten! 6 Denn wie könnte
ich dem Unheil zuschauen, das über mein Volk her-
einbrechen soll? Wie könnte ich den Untergang
meines Stammes mit ansehen?« 7 Da sprach der
König Achaschwerosch zur Königin Ester und zum
Juden Mordekaj: »Seht, das Haus Hamans habe ich
Ester geschenkt; ihn selbst hat man an den Pfahl
gehängt, weil er an die Juden Hand angelegt hat.
8 Ihr aber erlaßt nun bezüglich der Juden nach
eurem Gutdünken ein Schreiben im Namen des
Königs und siegelt es mit dem königlichen Siegel-
ring; denn ein Erlaß, der im Namen des Königs er-
teilt und mit dem königlichen Siegelring gesiegelt
ist, kann nicht zurückgenommen werden.«
9 So rief man damals die königlichen Schreiber her-
bei; es war am dreiundzwanzigsten Tag des dritten
Monats, d. h. im Monat Siwan. Es wurde genau
nach der Anordnung des Mordekaj eine Verfügung
erlassen an die Juden, die Satrapen, die Statthalter
und die Fürsten der Provinzen von Indien bis Äthio-
pien [hundertsiebenundzwanzig Provinzen], an
jede Provinz in der ihr eigenen Schrift und an jedes
Volk in seiner Sprache und auch an die Juden in
ihrer Schrift und Sprache. 10 Im Namen des Königs
Achaschwerosch verfaßte er also Schreiben und
siegelte sie mit dem königlichen Siegelring. Er
sandte Erlasse durch berittene Eilboten auf Rasse-
pferden aus den Gestüten. 11 »Der König erlaubt den
Juden in den einzelnen Städten, sich zusammenzu-
tun, ihr Leben zu verteidigen und jegliche Streit-
macht eines Volkes oder einer Provinz, die ihnen
feindlich begegnet, samt Kindern und Frauen zu
vernichten, zu töten und zu verderben und ihre
Habe zu plündern; 12 und zwar am gleichen Tag, in
allen Provinzen des Königs Achaschwerosch, näm-
lich am dreizehnten Tag des zwölften Monats, d.h.
des Monats Adar. 13 Die Abschrift des Schreibens
soll in jeder einzelnen Provinz als Gesetz verkün-
det, und es soll allen Völkern bekanntgemacht wer-
den, damit die Juden an diesem Tag sich bereit-
halten können, um an ihren Feinden Rache zu
nehmen!«

Furcht vor den Juden

14 Die Boten ritten auf den Rassepferden dahin. Sie
wurden durch den Befehl des Königs zur Eile ge-
drängt; der Erlaß wurde aber auch in der Burg Susa
bekanntgemacht. 15 Mordekaj ging vom König fort
in einem königlichen Gewand aus violetter Purpur-
wolle und Linnen, mit einer großen goldenen Krone
und einem Mantel aus Byssus und rotem Purpur.
Die Stadt Susa jubelte und frohlockte. 16 Den Juden
wurde helle Freude, Wonne und Ehre zuteil. 17 In
jeder einzelnen Provinz und in jeder Stadt, wohin
nur immer der Befehl des Königs und sein Erlaß
drangen, war unter den Juden Freude und Wonne,
Festmahl und Feiertag. Viele aus den Heidenvölkern
bekannten sich zum Judentum; denn die Furcht vor
den Juden hatte sie befallen.

8,4: Zeichen königlicher Huld wie Kap. 5,2. • 11: Nur in der Notwehr durften die Juden ihre Feinde töten.

Der 13. Adar

9 1 Am 13. Tag des zwölften Monats, d.h. des
Monats Adar, sollten der Befehl des Königs
und seine Verordnung ausgeführt werden. An
diesem Tag hatten also die Feinde der Juden ge-
hofft, ihrer Herr zu werden; es trat aber die Wende
ein, so daß die Juden ihrerseits über ihre Feinde
triumphierten. 2 Die Juden scharten sich in ihren
Städten in allen Provinzen des Königs Achaschwe-
rosch zusammen und legten Hand an die, welche
ihr Unheil im Sinne hatten. Niemand hielt vor
ihnen stand; denn die Furcht vor ihnen hatte alle
Heidenvölker ergriffen. 3 Alle Fürsten der Provinzen
aber, die Satrapen, die Statthalter und die Beamten
des Königs ergriffen die Partei der Juden; denn die
Furcht vor Mordekaj hatte sie befallen.
4 Mordekaj war nämlich ein großer Mann im
königlichen Palast; sein Ruf ging durch alle Provin-
zen, da die Person des Mordekaj an Bedeutung
immer mehr zunahm. 5 Die Juden schlugen alle ihre
Feinde mit dem blanken Schwert, mit Mord und
Vernichtung. Sie taten an ihren Hassern nach ihrem
Gutdünken. 6 In der Burg Susa brachten die Juden
durch Ermordung fünfhundert Mann um. 7 Den
Parschandata, Dalphon, Aspata, 8 Porata, Adalja,
Aridata, 9 Parmaschta, Arisaj, Aridaj und Wajsata,
10 die zehn Söhne Hamans, des Sohnes Hamme-
datas, des Judenfeindes, töteten sie; aber nach der
Beute streckten sie ihre Hand nicht aus.

Der 14. Adar

11 An jenem Tag wurde die Anzahl derer, die von
den Juden in der Burg von Susa getötet worden
waren, dem König gemeldet. 12 Da sprach der
König zur Königin Ester: »In der Burg Susa haben
die Juden fünfhundert Mann und die zehn Söhne
des Haman getötet und umgebracht. Was mögen
sie erst in den übrigen königlichen Provinzen getan

haben? Um was bittest du nun? Es soll dir gewährt
werden! Wonach begehrst du weiterhin? Es soll
erfüllt werden!« 13 Ester entgegnete: »Erscheint es
dem König richtig, so werde den Juden in Susa
auch morgen gestattet, nach dem für heute geneh-
migten Gesetz vorzugehen; die zehn Söhne des
Haman aber hänge man an den Pfahl!« 14 Da ord-
nete der König an, daß es so geschehen solle, und in
Susa wurde ein Erlaß verkündet. Die zehn Söhne
Hamans aber hängte man auf. 15 Die Juden in Susa
scharten sich daraufhin auch am 14. Tag des
Monats Adar zusammen und ermordeten in Susa
dreihundert Mann; aber nach der Beute streckten
sie ihre Hand nicht aus.

Das Purimfest

16 Die übrigen Juden in den königlichen Provinzen
scharten sich zusammen, verteidigten ihr Leben,
verschafften sich Ruhe vor ihren Feinden und er-
mordeten von ihren Hassern 75 000 Mann; aber
nach der Beute streckten sie ihre Hand nicht aus.
17 Das geschah am 13. Tag des Monats Adar, aber
am 14. ruhte man und feierte ihn als einen Tag fröh-
licher Gelage. 18 Dagegen scharten sich die Juden in
Susa am 13. und am 14. zusammen, ruhten am 15.
und feierten ihn als einen Tag fröhlicher Gelage.
19 Daher begehen die Juden auf dem Lande in den
offenen Ortschaften den 14. Tag des Monats Adar
als einen Tag fröhlicher Gelage, als einen Festtag, an
dem man sich gegenseitig Geschenke schickt.

Erläuterung zum Purimfest

20 Mordekaj schrieb alle diese Ereignisse auf und
schickte Briefe an alle Juden nah und fern in allen
Provinzen des Königs Achaschwerosch. 21 Darin
legte er ihnen als Satzung auf, den 14. des Monats
Adar und den 15. desselben Monats alljährlich zu
feiern. 22 Das entspricht den Tagen, an denen die
Juden vor ihren Feinden Ruhe bekamen, und dem
Monat, in dem sich ihnen die Betrübnis zur Freude
und die Trauer zu einem Festtag umwandelte. Sie
sollten diese Tage begehen als Tage fröhlicher
Gelage, gegenseitigen Beschenkens und der Gaben-
verteilung an die Armen. 23 Die Juden aber führten,
was man bereits zu feiern begonnen und was
Mordekaj an sie geschrieben hatte, als Brauch ein.
24 Denn der Agagiter Haman, der Sohn des Ham-
medata, der Feind aller Juden, hatte den Plan ausge-
dacht, die Juden zu verderben. Er ließ das Pur [das
heißt Los] werfen, um sie zu vertilgen und zu ver-
nichten. 25 Da kam aber die Angelegenheit vor den
König; dieser befahl zusammen mit einem Erlaß,
der schlimme Plan, den Haman gegen die Juden
ausgeheckt hatte, solle über dessen eigenes Haupt
kommen. Man hängte ihn und seine Söhne an den
Holzpfahl. 26 Darum bezeichnete man diese Tage
als »Purim« nach dem Worte »Pur«. Deshalb, wegen
des ganzen Wortlauts dieses Briefes und ihrer ent-
sprechenden persönlichen Erlebnisse und Erfahrun-
gen, 27 verpflichteten sich die Juden und nahmen für
sich und ihre Nachkommenschaft und alle, die zu
ihnen übertreten würden, als unverbrüchliche Sat-
zung folgendes an: Man solle diese beiden Tage in
ihrer vorgeschriebenen Form und zu ihrer festge-
setzten Zeit Jahr um Jahr begehen. 28 Jene Tage soll-
ten eingehalten und gefeiert werden in jedem Ge-
schlecht und jeder Sippe, in jeder Provinz und in
jeder Stadt; jene Purimtage sollten nicht mehr unter
den Juden verschwinden und ihre Gedächtnisfeier
bei ihren Nachkommen nie aufhören. 29 Die Köni-
gin Ester, die Tochter Abichajils, und der Jude
Mordekaj schrieben mit allem Nachdruck, um die-
sen zweiten Purimbrief zur Satzung zu erheben.
30 Man schickte Briefe an alle Juden in die 127 Pro-
vinzen im Reiche des Achaschwerosch mit Glück-
wünschen und Treuegrüßen, 31 um diese Purimtage
zu ihren festgesetzten Zeiten zur Satzung zu er-
heben, wie es ihnen der Jude Mordekaj und die
Königin Ester auferlegt hatten, und wie sie selbst für
sich und ihre Nachkommen Vorschriften für Fast-
tage samt ihrer Wehklage bestimmten. 32 Esters
Entscheidung aber führte diese Purimtage als fest-
stehendes Recht ein, und es wurde in eine Buchrolle
niedergeschrieben.

9,1–15: Siegesberichte werden unbekümmert als glatt sich abwickelnde Niedermetzelungen der Gegner geschildert. Orientalischer Stil ist es auch, eigene Verluste ganz zu verschweigen. Auch die Zahlen werden wohl, wie so oft im AT, übertrieben angegeben. Der historische Kern der Erzählung besteht darin, daß durch Vermittlung einflußreicher Juden und durch die göttliche Vorsehung ihre Religion aus großer Gefahr errettet wurde. Einzelheiten stehen nicht fest. • 16: Wie schon Vers 10 und 15 wird nochmals betont, daß man keine Beute erobern wollte. Es handelte sich nur um Notwehr. • 17–32: Von Esra und Nehemia wissen wir ebenfalls, daß persische Könige ihren jüdischen Untertanen religiöse Gesetze als Lebensnorm auferlegten. Aus späterer Schau wird die Einführung des Festes der Lose breit geschildert. Es wird in zweifacher Überlieferung sowohl auf Mordekaj als auch auf Ester zurückgeführt. Dabei ist der Charakter des Festes vorwiegend weltlich (doch vgl. 10,13); aber die Einhaltung ist strenge Rechtsvorschrift.

Mordekaj, der Vizekönig

10 1 Der König Achaschwerosch legte dem
Land und den Meeresinseln eine Fron auf.
2 Seine gewaltigen und machtvollen Taten
sowie der genaue Bericht über die vom König dem
Mordekaj verliehene Ehrenstellung, all das steht
aufgezeichnet im Buch der Chronik der Könige von
Medien und Persien. 3 Denn der Jude Mordekaj
folgte gleich nach dem König Achaschwerosch, war

angesehen bei den Juden und beliebt bei seinen vielen Stammesbrüdern. Er strebte nach dem Besten für sein Volk und war um das Heil seines ganzen Stammes besorgt.

Nachträge – Traumdeutung des Mordekaj

4 Mordekaj sprach: »Von Gott her ist dies geschehen.
5 Ich erinnerte mich nämlich des Traumgesichts, das ich über diese Vorgänge schaute. Nichts davon ging unerfüllt vorüber. 6 Der kleine Quell, der zum Strom ward [auch Licht und Sonne und viel Wasser waren dabei], dieser Strom ist Ester, die der König heiratete und zur Königin machte. 7 Die zwei Drachen aber sind ich und Haman. 8 Und die Völker sind jene, die sich zusammenrotteten, um das Andenken an die Juden auszutilgen. 9 Mein Volk aber sind die Israeliten, die zu Gott riefen und Rettung fanden. Der Herr rettete sein Volk und erlöste uns aus all diesen Leiden. Gott vollbrachte die Zeichen und gewaltigen Wunder, wie sie noch nie unter den Heidenvölkern geschehen sind. 10 Darum hat man zwei Lose gefertigt, eines für das Gottesvolk, das andere für alle Heidenvölker. 11 Diese beiden Lose fielen auf eine festgesetzte Stunde und Zeit und auf einen Gerichtstag vor Gott und unter allen Völkern.

12 Gott erinnerte sich seines Volkes und verhalf seinem Erbteil zum Recht. 13 Diese Tage im Monat Adar, am 14. und 15. Tag dieses Monats, sollen von ihnen mit Festversammlung, Jubel und Freude vor Gott gefeiert werden durch alle Generationen immerdar in seinem Volke Israel!«

10,1–3: Damit schließt das hebräische Esterbuch, und zwar ganz ähnlich wie die Berichte über die einzelnen Könige in 1 und 2 Kön. • 4: Zu den Nachträgen siehe das Vorwort! Der griechische Text nennt den König Artaxerxes; in Wirklichkeit aber handelt es sich um Xerxes I.

Unterschrift im griechischen Text

11 1 Im vierten Jahr der Herrschaft des Ptolemäus und der Kleopatra brachten Dositheus, der von sich aussagte, er sei Priester und Levit, und sein Sohn Ptolemäus den vorliegenden Purimbrief, den sie als echt bezeugten. Und Lysimachus, der Sohn des Ptolemäus, einer von den Bewohnern Jerusalems, habe ihn übersetzt.

Der Traum des Mordekaj

2 Im zweiten Regierungsjahr des Großkönigs Artaxerxes, am ersten Nisan, sah Mordekaj (Mardochäus), der Sohn Jaïrs, des Sohnes Semeis, des Sohnes des Kis aus dem Stamm Benjamin, ein Traumgesicht. 3 Er war ein Jude, der in der Stadt Susa wohnte, ein bedeutender Mann, der am Hof des Königs in Diensten stand. 4 Er gehörte zu jener Gefangenengruppe, die Nabuchodonosor, der König von Babylon, aus Jerusalem fortgeführt hatte mit Jechonias, dem judäischen König. 5 Dies war sein Traumgesicht: Siehe, es gab Geschrei, Lärm, Donner, Erdbeben und Verwirrung auf der Erde! 6 Da kamen zwei mächtige Drachen hervor, beide zum Kampf bereit. Ihr Gebrüll war mächtig. 7 Auf ihr Gebrüll hin rüsteten sich alle Völker zum Krieg, um das Volk der Gerechten zu bekämpfen. 8 Es war ein Tag der Finsternis und des Dunkels. Drangsal und Not, Unheil und große Verwirrung gab es auf der Erde. 9 Das gerechte Volk ward insgesamt mit Schrecken erfüllt; es befürchtete sein eigenes Unheil und war auf den Untergang gefaßt. Man rief zu Gott. 10 Infolge ihres Rufens entstand, gleichsam aus einer kleinen Quelle, ein mächtiger Strom mit großer Wassermenge. 11 Licht und Sonne gingen auf, die Geringen wurden erhöht und vertilgten die Angesehenen. 12 Als er diesen Traum und die Absichten Gottes geschaut hatte, erwachte Mordekaj. Er überlegte ihn in seinem Herzen und wollte ihn auf jede Weise erkennen bis zur folgenden Nacht.

11,1: In den lateinischen Handschriften ist zwischen Traumdeutung und Traum – man würde eine umgekehrte Reihenfolge erwarten – eine Unterschrift eingefügt, die wahrscheinlich die Einführung des Buches bei der ägyptischen Judenschaft berichtet. Die Datierung ist trotz der angegebenen Namen unsicher.

Entdeckung einer Verschwörung

12 1 Mordekaj schlief im Hofe mit Gabata und Tarra, den beide Hofbeamten des Königs, die den Hof zu bewachen hatten. 2 Er hörte von ihren Überlegungen, forschte nach ihren Plänen und erfuhr, daß sie sich darauf vorbereiteten, Hand an den König Artaxerxes zu legen. Er machte dem König Anzeige über sie. 3 Der König stellte eine Untersuchung gegen die beiden Hofbeamten an; sie legten ein Geständnis ab und wurden fortgeführt. 4 Der König ließ diese Begebenheiten zur Erinnerung aufschreiben. Auch Mordekaj machte sich Aufzeichnungen über diese Geschehnisse. 5 Der König gab Mordekaj den Auftrag, bei Hofe Dienst zu tun, und gab ihm für seine Tat Geschenke. 6 Der Bugäer Haman aber, der Sohn des Amadates, genoß beim König großes Ansehen. Er versuchte dem Mordekaj und seinem Volk wegen der beiden königlichen Hofbeamten zu schaden.

Der Erlaß gegen die Juden

13 1 Dies ist die Abschrift des Briefes: Der Großkönig Artaxerxes schreibt den Statthaltern der 127 Provinzen von Indien bis Äthiopien und den untergeordneten Landpflegern folgendes: 2 »Ich bin Gebieter über viele Völker und

beherrsche den ganzen Erdkreis; daher habe ich
mich entschlossen – nicht im Vertrauen auf die
Macht stolz geworden, sondern stets voller Milde
und Sanftmut regierend –, das Leben der Unterta-
nen stets ohne Störung zu gestalten, das Reich gut
gepflegt und wegsam bis an die Grenzen zu
machen und den von allen Menschen so sehr er-
sehnten Frieden wiederzubringen. 3 Als ich nun
meine Ratgeber befragte, wie dies wohl zu errei-
chen wäre, hat Haman, ausgezeichnet unter uns
durch seine Besonnenheit und bewährt durch seine
unwandelbare edle Gesinnung und Grundsatz-
treue, als Inhaber der zweiten Würdenstelle im
Königspalast 4 uns zur Anzeige gebracht, daß ein
gewisses übelgesinntes Volk unter alle Stämme des
Erdkreises gemischt sei, das durch seine Eigenge-
setze zu jedem Volk im Widerspruch stehe und die
Weisungen der Könige fortgesetzt verachte, so daß
die von uns untadelig geleitete Regierung sich nicht
festigen kann. 5 Wir haben wahrgenommen, daß
nur dieses Volk im ständigen Widerstreit mit jeder-
mann sich befindet, eine von den Gesetzen abwei-
chende Lebensweise befolgt und aus Abneigung
gegen unsere Staatsverfassung die schlimmsten
Schandtaten vollbringt. Auf diese Weise kann das
Reich keine rechte Ordnung erlangen. 6 Wir verord-
nen also, daß ihr alle jene, die Haman, der Leiter der
Staatsgeschäfte und unser zweiter Vater, euch in
dem Schreiben bezeichnet, mit Frauen und Kindern
bis auf die Wurzel ohne Erbarmen und Schonung
am vierzehnten Tag des zwölften Monats Adar des
laufenden Jahres durch Feindesschwert vernichten
sollt. 7 Die früher und jetzt feindlich Gesinnten sol-
len am gleichen Tag durch Gewalt ins Totenreich
hinabsteigen und uns so für die Zukunft eine stän-
dig wohlgeordnete und ungestörte Führung der
Staatsgeschäfte ermöglichen!«

Gebet des Mordekaj: Verschone, Herr, dein Volk!

8 Mordekaj betete zum Herrn, indem er alle Werke
des Herrn in Erinnerung brachte, und flehte: 9 »Herr,
Herr, König, der über alles herrscht! Denn in deiner
Gewalt steht das All; niemand ist, der wider dich
streiten kann, wenn du Israel retten willst. 10 Du
hast ja den Himmel und die Erde und alles Wunder-
bare erschaffen, das sich unter dem Himmel
befindet; 11 über alle Dinge bist du Gebieter, und
niemand kann dir als dem Herrn entgegentreten.
12 Du kennst alles; du weißt, Herr, daß ich dies nicht
aus Stolz oder Hochmut und nicht aus Ruhmsucht
getan habe, daß ich nämlich nicht vor dem über-
mütigen Haman niederfiel. 13 Gern würde ich seine
Fußsohlen küssen, wenn dies zur Rettung Israels
dienen würde. 14 Der Beweggrund meines Tuns war
der, daß ich die Ehre eines Menschen nicht höher
stelle als die Ehre Gottes. Vor niemand als vor dir,
meinem Herrn, will ich niederfallen, und ich tue es
nicht aus Übermut.
15 Und nun, Herr, Gott, König, Gott Abrahams, ver-
schone dein Volk; denn man schaut auf uns, um uns
zu verderben, und strebt danach, dein uraltes Erb-
teil zu vernichten. 16 Übersieh nicht deinen Anteil,
den du dir aus Ägypten befreit hast. 17 Höre auf
mein Bitten, sei gnädig deinem Erbteil und ver-
wandle unsere Trauer in Jubel, damit wir leben und
deinem Namen Loblieder singen können, o Herr!
Mache, daß der Mund derer, die dich preisen, nim-
mer verstumme!« 18 Auch ganz Israel schrie aus
voller Kraft zum Herrn, weil ihnen der Tod bevor-
stand.

13,4f.: Die Gesamtzahl der nach Babylon deportierten Juden dürfte 100 000 kaum überschritten haben. Mehr als unter materieller Not litten wohl die meisten von ihnen unter dem Heimweh nach der heiligen Stadt und dem Tempel. • 8–11: Das innige Gebet beginnt, wie überall, mit einem Lobpreis auf den allmächtigen Schöpfer (vgl. Judit 16,13–15).

Gebet der Ester

14 1 Auch die Königin Ester nahm ihre Zu-
flucht zum Herrn, da sie von Todesangst
ergriffen war. 2 Sie legte ihre Prunkge-
wänder ab und zog die Kleider der Not und der
Trauer an. Statt der kostbaren Salben streute sie
Staub und Asche auf ihr Haupt. Ihren Leib kasteite
sie streng, und alle Stellen, wo sie sonst Freuden-
schmuck trug, bedeckte sie mit ihren Haarflechten.
3 Sie betete zum Herrn, dem Gott Israels, und flehte:
»Mein Herr, unser König bist du ganz allein! Hilf
mir doch, da ich allein bin und keinen anderen
Helfer habe als nur dich! 4 Denn die Gefahr ist greif-
bar nahe. 5 Ich hörte von meiner Geburt an in der
Sippe meiner Familie, daß du, Herr, Israel aus allen
Völkern und unsere Väter aus all ihren Vorfahren
zum ewigen Erbteil angenommen und ihnen erfüllt
hast, was du verheißen. 6 Jetzt aber haben wir vor
dir gesündigt, und du gabst uns in die Gewalt unse-
rer Feinde. 7 Denn wir haben ihre Götter verehrt.
Gerecht bist du, o Herr! 8 Es war ihnen aber noch
nicht genug, uns harte Knechtschaft aufzuerlegen,
sondern sie haben ihren Götzenbildern in die
Hände geschworen, 9 die Entscheidung deines
Mundes zunichte zu machen, dein Erbteil zu ver-
tilgen, den Mund derer zu verschließen, die dich
loben, und den Glanz deines Hauses und deines
Altares auszulöschen, 10 dagegen den Mund der
Heidenvölker zum Lobpreis nichtiger Götzen zu

öffnen und einen sterblichen König bis in Ewigkeit
bewundern zu lassen.
11 Übergib nicht, Herr, dein Zepter den nichtigen
Götzen! Man soll nicht lachen über unseren Sturz!
Vielmehr laß ihren schlimmen Plan auf sie zurückfal-
len! Jenen aber, der den Kampf gegen uns begonnen
hat, gib öffentlich der Schmach preis! 12 Denke daran,
Herr, und offenbare dich in der Zeit unserer Trübsal!
Verleihe mir Mut, du König der Götter und Gebieter
über jede Macht! 13 Lege eine gut passende Rede in
meinen Mund vor dem Löwen! Stimme sein Herz
um zum Haß gegen den, der uns bekämpft, damit
dieser und seine Gesinnungsgenossen zugrunde ge-
hen! 14 Uns aber rette durch deine Hand und hilf mir,
der Einsamen, die niemand hat, außer dich, o Herr!
15 Du weißt alles, und du weißt auch, daß ich den
Glanz der Frevler hasse, das Ehebett der Unbeschnit-
tenen und aller Fremdstämmigen verabscheue.
16 Du kennst meine Not, daß ich mein Zeichen der
Eitelkeit verabscheue, das in den Tagen meines
öffentlichen Erscheinens auf meinem Haupt ist. Ich
finde es abscheulich wie ein durch den monatlichen
Blutfluß verunreinigtes Tuch und trage es nicht an
den Tagen, da ich Ruhe habe. 17 Deine Magd aß
nicht vom Tisch Hamans; ich erwies dem königli-
chen Gastmahl keine Ehre, noch trank ich Opfer-
wein. 18 Auch fand deine Magd von den Tagen mei-
ner Umstellung an bis heute nur in dir ihre Freude,
Herr, Gott Abrahams. 19 Gott, der du Macht hast
über alle, höre die Stimme der Hoffnungslosen und
rette uns aus der Gewalt der Frevler! Befreie mich
von meiner Furcht!«

Esters Gang zum König

15
1 Mordekaj befahl ihr, zum König zu
gehen und für ihr Volk und Vaterland zu
bitten. 2 Er sprach: »Gedenke der Tage dei-
ner Niedrigkeit, wie du durch mich ernährt worden
bist! Denn Haman, der Zweite nach dem König, hat
wider uns den Tod beschlossen. 3 Du aber rufe den
Herrn an! Dann sprich zum König für uns und rette
uns vor dem Tode!« 4 Als sie am dritten Tag ihr Ge-
bet beendet hatte, zog sie die Bußkleider aus und
hüllte sich in Prunkgewänder. 5 In herrlichem
Schmuck rief sie den Gott an, der alles sieht und
Retter ist, und nahm die beiden Mägde mit sich.
6 Auf die eine stützte sie sich wie eine verwöhnte
Frau; 7 die andere aber folgte ihr und trug ihr die
Schleppe des Gewandes. 8 Sie selbst erstrahlte in
blühender Schönheit, ihr Antlitz war heiter, wie
von Freundlichkeit überströmend; ihr Herz aber
war beklommen von Furcht.
9 Als sie durch die verschiedenen Türen gekommen
war, trat sie vor den König hin. Er selbst saß auf sei-
nem königlichen Thron und hatte all seine Prunk-
gewänder an, ganz gehüllt in Gold und Edelsteine.
Er sah höchst furchterregend aus. 10 Als er sein Ant-
litz erhob, das in Herrlichkeit strahlte, blickte er in
grimmigem Zorn herab. Da fiel die Königin in Ohn-
macht, wechselte entkräftet die Farbe und neigte
sich nieder auf das Haupt der Dienerin, die voran-
schritt. 11 Da wandte Gott den Sinn des Königs zur
Milde. Besorgt sprang er von seinem Thron auf und
schloß sie in seine Arme, bis sie wieder zu sich
kam. Dann tröstete er sie mit freundlichen Reden
und erkundigte sich bei ihr: 12 »Was hast du, Ester?
Ich bin doch dein Bruder. Fasse nur Mut! 13 Du sollst
nicht sterben; denn unser Befehl gilt nur der Allge-
meinheit. 14 Komm näher!« 15 Dann erhob er das
goldene Zepter und legte es auf ihren Hals, küßte
sie und sprach: »Rede mit mir!« 16 Sie sprach zu
ihm: »Ich erschaute dich, Herr, wie einen Engel
Gottes. Mein Herz ward aus Furcht vor deiner
Majestät verwirrt. 17 Denn du bist wunderbar, Herr,
und dein Antlitz ist voll Huld!« 18 Da sie redete, fiel
sie abermals in Ohnmacht. 19 Der König geriet in
Bestürzung, und seine gesamte Dienerschaft sprach
ihr Mut zu.

Neuer Erlaß des Königs

16
1 Dies ist die Abschrift des Briefes: »Der
Großkönig Artaxerxes entbietet den Inha-
bern der 127 Provinzen von Indien bis
Äthiopien und denen, die unsere Angelegenheiten
vertreten, seinen Gruß! 2 Viele, die durch ein Über-
maß an Güte von seiten ihrer Wohltäter allzu große
Ehre erlangten, verfielen dem Größenwahn. 3 Sie
suchen nicht nur unsere Untertanen zu schädigen,
sondern können die Fülle an Ehre so wenig ertra-
gen, daß sie sich sogar unterfangen, ihren Wohl-
tätern nachzustellen. 4 Während sie nicht nur die
Dankbarkeit unter den Menschen zerstören, son-
dern auch durch den Beifall der Lasterhaften über-
mütig werden, vermeinen sie dem Strafgericht des
stets allwissenden Gottes entgehen zu können.
5 Oft hat aber auch viele Machthaber das Zureden
von Freunden, denen das Führen von Staatsgeschäf-
ten anvertraut war, an unschuldigem Blut mitschul-
dig werden lassen und sie unheilbaren Schicksals-
schlägen ausgesetzt. 6 Jene nämlich haben durch
ihren falschen, aus übler Gesinnung und Lüge her-
vorgehenden Ratschlag das arglose Wohlwollen der
Herrscher in die Irre geführt. 7 Dies kann man nicht
so sehr aus alten uns überlieferten Geschichten er-

sehen, als vielmehr indem ihr auf das achtet, was
vor euch liegt: was nämlich an Unrecht durch die
Niedertracht derer, die unwürdig regieren, voll-
bracht worden ist. 8 Für die Folgezeit ist zu beach-
ten: Wir wollen das Reich ungestört in Frieden allen
Menschen erhalten. 9 Wir werden zwar Änderun-
gen vornehmen, jedoch das, was uns vor Augen
kommt, mit denkbar mildem Entgegenkommen be-
urteilen. 10 So ward auch der Mazedonier Haman,
der Sohn des Amadates, der doch wirklich dem
persischen Blut fremd ist und unserer Güte recht
fernstand, gastlich bei uns aufgenommen. 11 Er er-
fuhr die menschenfreundliche Güte, die uns gegen
jeden Volksstamm beseelt, in einem Maß, daß er
öffentlich unser Vater genannt wurde, von allen tief
verehrt wurde und die zweite Stelle am königlichen
Thron erhielt. 12 Da er aber die erhabene Würde
nicht ertrug, trachtete er danach, uns der Herrschaft
und des Lebens zu berauben. 13 Unseren Retter und
allzeit bewährten Wohltäter Mordekaj und Ester,
unsere untadelhafte Teilhaberin an der Königsge-
walt, wollte er samt ihrem ganzen Volk durch ge-
wundene, falsch dargestellte Angaben dem Unter-
gang preisgeben. 14 Er glaubte, auf diese Weise uns
der Helfer berauben zu können, um dann die Herr-
schaft der Perser an die Mazedonier zu bringen.
15 Wir aber finden, daß die von diesem vielfachen
Schurken dem Untergang preisgegebenen Juden
keine Übeltäter sind, sondern nach sehr gerechten
Gesetzen als Staatsbürger leben; 16 sind sie doch
Kinder des allerhöchsten, mächtigsten und leben-
digen Gottes, der sowohl uns als auch unseren
Ahnen das Reich in der besten Verfassung erhalten
hat. 17 Ihr werdet also gut daran tun, euch nicht
nach den von Haman, dem Sohn des Amadates, ab-
gesandten Erlassen zu richten. 18 Denn ihr Verfasser
wurde bereits vor dem Tor von Susa mit seiner
ganzen Familie aufgehängt, da der Allherrscher
Gott ihm schnell das wohlverdiente Strafgericht zu-
teil werden ließ.
19 Die Abschrift dieses Briefes sollt ihr überall
freimütig veröffentlichen: Man soll die Juden nach
ihren eigenen Gesetzen leben lassen; 20 auch soll
man ihnen behilflich sein, damit sie jene abwehren
können, die sie zur Zeit ihrer Drangsal, nämlich ge-
nau am dreizehnten des zwölften Monats Adar, an-
greifen. 21 Denn diesen Tag hat der Allherrscher
Gott statt der Vernichtung des auserwählten Stam-
mes ihnen zum Freudentag umgestaltet. 22 Und
auch ihr sollt unter euren verschieden benannten
Jahresfesten einen besonders ausgezeichneten Tag
in aller Fröhlichkeit begehen; 23 er soll jetzt und in
Zukunft uns und allen gutgesinnten Persern Heil be-
deuten, denen aber, die uns nachstellen, eine Erin-
nerung an den Untergang sein!
24 Jede Stadt aber und jede Provinz, die nicht danach
handelt, soll durch Feuer und Schwert grausam ver-
wüstet werden. Nicht nur für Menschen soll sie un-
betretbar sein, sondern auch den Tieren und Vögeln
soll sie für immer völlig verhaßt gemacht werden!«

ERSTES BUCH DER MAKKABÄER

Makkabäer ist ein Beiname des Judas, des dritten Sohnes des Priesters Mattatias aus Modein. Dieser Ehrentitel (Hämmerer) gibt jenem Zeitalter der heiligen Geschichte das Gepräge, in dem die religiöse Unterdrückung durch die syrischen Könige an der Tagesordnung war und Widerstände bei den gesetzestreuen Juden hervorrief.
Das erste Makkabäerbuch geht von der Geschichte Alexanders des Großen und seiner Nachfolger aus, verfolgt sie bis auf Antiochus Epiphanes, der durch Gesetzgebung und Tempelschändung die jüdische Religion ausrotten wollte (1–2). Der Widerstand führte zum offenen Kampf. Im ersten Hauptteil (3–9,22) tritt Judas Makkabäus auf, der im Jahre 160 den Heldentod stirbt. Die Kapitel 9,23–12,53 beschreiben die Heldentaten seines Bruders Jonatan, dem es gelingt, unter kluger Ausnutzung der Wirren und Thronstreitigkeiten des syrischen Reiches die höchste weltliche und priesterliche Machtfülle zu erreichen. Der letzte große Hauptteil handelt vom dritten der Makkabäerbrüder, Simon, und dessen Machtentfaltung (13,1–16,24). Er stirbt im Jahre 135 v. Chr. Mit ihm erreicht die »Geschichte der Fürsten des Gottesvolkes« (so der frühere Titel des ursprünglich hebräisch abgefaßten Buches) ihren Höhepunkt und vorläufigen Abschluß. Der unbekannte Verfasser ist ein treuer Anhänger jenes Herrscher- und Priestergeschlechtes, das seinen Ursprung in der gesetzestreuen Priesterfamilie zu Modein hatte. Trotz seiner Parteinahme bleibt er ein zuverlässiger Erzähler, der von jedem Überschwang frei ist. Hervorstechend ist die Nüchternheit seiner Darstellung, seine Scheu vor Wundern, seine Ehrfurcht vor der göttlichen Vorsehung und ihrem Walten und seine Anhänglichkeit an das Gesetz des Moses. Unserer Übersetzung liegt ein griechischer Text zugrunde, da der hebräische Text des offenbar palästinensischen Verfassers nicht mehr vorhanden ist.

Es begab sich folgendes: Der Makedonier Alexander, der Sohn des Philippus, der aus dem Land Kittim (Griechenland) ausgezogen war, hatte den Perser- und Mederkönig Darius besiegt. Er, der vorher König über Griechenland war, folgte ihm im Königsamt. 2 Viele Kriege hat er geführt, Festungen erobert und Könige der Erde hingemordet. 3 Bis an die Grenzen der Welt ist er gezogen. Beute aus einer Menge von Völkern hat er erworben. Als aber die Welt vor ihm verstummt war, überhob er sich, und sein Herz wurde stolz. 4 Eine überaus starke Streitmacht zog er zusammen, wurde Herr über Länder, Völker und Machthaber, die ihm tributpflichtig wurden. 5 Danach aber sank er aufs Krankenlager und erkannte, daß er sterben müsse. 6 Da ließ er seine Hofleute rufen, die in hohem Ansehen standen und seine Jugendfreunde waren. Er verteilte unter sie noch zu seinen Lebzeiten das Reich. 7 Alexander hatte zwölf Jahre lang geherrscht, als er starb. 8 Da übernahmen seine Hofleute das Reich, ein jeder in seinem Gebietsanteil. 9 Sie alle setzten sich nach seinem Tod Königskronen auf, desgleichen ihre Söhne nach ihnen, viele Jahre hindurch. Viel Unheil stifteten sie auf der Erde. 10 Ihnen entsproß ein ruchloser Zweig, Antiochus Epiphanes (der Erlauchte), ein Sohn des Königs Antiochus. Er war in Rom als Geisel gewesen und wurde König im Jahre 137 griechischer Herrschaftszeit.

Glaubensabfall im Volk

11 In jener Zeit traten in Israel gesetzesfeindliche Leute auf. Sie redeten auf viele ein und sprachen: »Wir wollen uns mit den Heiden, die rings um uns wohnen, gut vertragen! Seitdem wir uns nämlich von ihnen abgesondert haben, traf uns allerlei Unglück.« 12 Der Vorschlag gefiel ihnen sehr. 13 Einige aus dem Volk erklärten sich bereit, zum König zu gehen; dieser gab ihnen die Erlaubnis, heidnische Gewohnheiten einzuführen. 14 Man errichtete in Jerusalem nach heidnischer Sitte eine Ringschule. 15 Auch stellten sie sich die Vorhaut wieder her, wurden vom heiligen Bund abtrünnig, verbrüderten sich mit den Heiden und verkauften sich zu Schandtaten.

Plünderung des Heiligtums

16 Als die Königsherrschaft des Antiochus gefestigt war, ging er daran, auch über Ägypten zu herrschen, um so zwei Königreiche zu besitzen. 17 Er

zog also mit großer Heeresmacht gegen Ägypten, mit Streitwagen, Elefanten, Reitern und einer großen Flotte. [18] Er maß sich im Kampf mit dem Ägypterkönig Ptolemäus. Ptolemäus ward von ihm geschlagen und entfloh. Es gab viele Gefallene und Tote. [19] Man eroberte die befestigten Städte in Ägypten, und er nahm die Beute Ägyptens entgegen. [20] Nach seinem Sieg über Ägypten im Jahre 143 wandte sich Antiochus um und zog gegen Israel zu Felde. Mit großer Heeresmacht rückte er gegen Jerusalem heran. [21] Von Stolz aufgebläht, betrat er das Heiligtum und nahm den goldenen Räucheraltar, den Leuchter und alle dazugehörigen Geräte weg, [22] desgleichen den Schaubrottisch, die Kannen und Schalen, die goldenen Rauchfässer, den Vorhang, die Kränze und den goldenen Schmuck an der Vorderseite des Tempels; alle Vergoldungen schälte er ab; alles ließ er entfernen. [23] Er nahm das Silber, das Gold und die kostbaren Gerätschaften und vergriff sich an den verborgenen Schätzen, die er gefunden hatte. [24] Mit all dem Geraubten kehrte er in sein Land zurück. Ein mörderisches Blutbad hatte er angerichtet und äußerst hochmütige Reden geführt. [25] Große Trauer brach allerorts in Israel aus. [26] Fürsten und Älteste seufzten, Jungfrauen und Jünglinge siechten dahin, und die Schönheit der Frauen schwand. [27] Jeder Bräutigam stimmte Wehklage an, und die im Brautgemach saß, war schmerzerfüllt. [28] Das Land erbebte wegen seiner Bewohner, das ganze Haus Jakob war in Schmach gehüllt.

Plünderung der Stadt Jerusalem

[29] Zwei Jahre später entsandte der König einen Obersteuereinnehmer in die Städte Judas. Dieser kam mit einem gewaltigen Kriegshaufen nach Jerusalem. [30] Er sprach in hinterlistiger Weise freundschaftliche Worte, und man gewann Vertrauen zu ihm. Plötzlich aber fiel er über die Stadt her, versetzte ihr einen großen Schlag und brachte viele Leute aus Israel um. [31] Er ließ die Stadt plündern, brannte sie nieder und riß ihre Wohnhäuser und die Mauern ringsum ein. [32] Man führte Frauen und Kinder in die Gefangenschaft, das Vieh eignete man sich an. [33] Man baute um die Davidsstadt eine große, mit starken Türmen befestigte Mauer. Sie diente ihnen als Zwingburg. [34] Man siedelte dort frevelhafte Leute an, gesetzesfeindliche Männer, die sich darin seßhaft machten. [35] Waffen und Proviant brachten sie hinein, das Beutegut Jerusalems rafften sie zusammen und stapelten es dort auf. So wurden sie zu einer großen Gefahr. [36] Die Burg wurde zu einem Hinterhalt für das Heiligtum, zu einem schlimmen Verderber für Israel die ganze Zeit hindurch.

[37] Man vergoß unschuldiges Blut rings um das Heiligtum; sie schändeten die heilige Stätte. [38] Ihretwegen flohen Jerusalems Bürger. Die Stadt wurde zu einem Wohnsitz für Ausländer. Ihren eigenen Söhnen wurde sie fremd, ihre Kinder verließen sie. [39] Ihr heiliger Bezirk ward der Wüste gleich, ihre Feste verwandelten sich in Leid, ihre Sabbate in Schmach, ihre Ehre in Hohn. [40] Wie sehr sie früher geglänzt, so wurde sie jetzt entehrt; ihre Hoheit wandelte sich in Trauer.

Schandbefehle

[41] Da ordnete der König für sein ganzes Reich schriftlich an, daß alle Bewohner zu einem einzigen Volk werden sollten. [42] Jedes Volk sollte seine besonderen Bräuche aufgeben! Alle Völker nahmen die Weisung des Königs an. [43] Auch vielen in Israel gefiel seine Religion; sie opferten den Götzenbildern und schändeten den Sabbat. [44] Da sandte der König durch Boten Sendschreiben nach Jerusalem und in die Städte Judas, man solle sich nach den Sitten der Ausländer richten, [45] Brand-, Schlacht- und Trankopfer aus dem Heiligtum fernhalten, die Sabbattage und Feste schänden, [46] das Heiligtum und seine heiligen Diener entweihen, [47] dafür Opferhöhen, Haine und Götzentempel errichten, Schweine und unreine Tiere opfern, [48] die Söhne unbeschnitten lassen und sich selbst mit allem Unreinen und Schandbaren beflecken. [49] So sollten sie das Gesetz vergessen und alle Satzungen abschaffen. [50] Wer immer der Anordnung des Königs zuwiderhandle, müsse sterben.

[51] Gemäß all diesen Richtlinien gab er schriftliche Anweisung für sein ganzes Reich. Er bestellte Aufseher über das ganze Volk und befahl den Städten Judas, Opfer darzubringen, und zwar Stadt für Stadt. [52] Viele aus dem Volk – jeder, der vom Gesetz abfiel – schlossen sich ihnen an und verrichteten Übeltaten im Land. [53] Sie nötigten Israel dazu, sich in Schlupfwinkeln aller Art versteckt zu halten. [54] Am fünfzehnten Kislew des Jahres 145 ließ der König über dem Brandopferaltar einen verwüstenden Greuel aufbauen, und in den Ortschaften über ganz Juda hin errichtete man Höhenheiligtümer. [55] An den Türen der Häuser und auf den freien Plätzen räucherte man.

[56] Die Buchrollen des Gesetzes, soweit man sie fand, riß man entzwei und verbrannte sie. [57] Wo immer bei jemandem sich eine Bundesrolle fand oder wer immer am Gesetz festhielt, wurde durch königliches Gericht mit dem Tod bestraft. [58] So gin-

gen sie mit aller Schärfe gegen Israel vor, gegen alle,
die man Monat für Monat in den Städten ertappte.
59 Am fünfundzwanzigsten des Monats Kislew
opferte man auf dem Altar, der auf dem Brand-
opferaltar stand.
60 Die Frauen aber, die ihre Söhne beschneiden
ließen, verurteilte man vorschriftsmäßig zum Tod.
61 Die Kinder hängte man ihnen um den Hals.
Ebenso tötete man ihre Angehörigen sowie jene,
welche die Beschneidung vornahmen. 62 Viele
Israeliten aber waren starkmütig und fest dazu ent-
schlossen, nichts Unreines zu essen. 63 Lieber woll-
ten sie sterben als sich an den Speisen verunreinigen
und den heiligen Bund entweihen. Sie nahmen den
Tod auf sich. 64 Ein gewaltiges Zorngericht lag auf
Israel.

1,1–10: Alexander der Große wurde durch die siegreichen Schlachten am Granikus, bei Issus und Gaugamela der Begründer des hellenistischen Weltreiches. Er war zwar ein Gönner der Juden, aber doch kann für den heiligen Schriftsteller nicht die Tatsache aus der Welt geschafft werden, daß er überheblich und anmaßend jene Grenzen überschritten hat, die Gott nun einmal dem irdischen Machthaber bestimmte. Hier und 1 Makk 6,2 ist Alexander mit Namen genannt. Sonst lesen wir noch über ihn: Dan 8,5ff.; 8,21; 11,3f. Die in den Makkabäerbüchern angegebenen Jahreszahlen rechnen vom Begründer der seleukidischen Dynastie an, dessen erstes Regierungsjahr 312 war. • 11–15: Seit den Tagen Alexanders des Großen verbreiteten sich griechische Sprache und Kultur in der ganzen Welt, soweit sie damals erschlossen war. Nichtgriechische Völker wurden auf friedlichem Weg gräzisiert (Verbreitung griechischer Geisteserzeugnisse, Ansiedlung ausgedienter Soldaten, neugegründete Städte mit griechischen Namen, griechisch sprechende Beamte und Kaufleute). Die Kultur war wenigstens nach außen hin vereinheitlicht. Dies förderte Verkehr, Handel, Kunst und Wissenschaft. Das Judentum der Diaspora hat von dieser Geistesrichtung großen Nutzen gehabt, nur erfahren wir darüber aus zeitgenössischen Geschichtsquellen zu wenig. Immerhin wurden durch die alexandrinische Übersetzung des AT Moses und die Propheten ebenso bekannt wie die großen Männer der Griechen. Das palästinensische Judentum indes mit seinem strengen Eingottglauben, seiner hebräischen Kultsprache und seiner weltabgeschlossenen Kultur mußte mit dieser Geistesrichtung in Konflikt geraten. Dies aber geschah noch nicht, solange Palästina unter der Oberhoheit der ägyptischen Ptolemäer stand (301–198). Unter seleukidischer Herrschaft ging man von Antiochien aus alsbald daran, die andersstämmigen Völker zu gräzisieren. Das Ziel hieß: Ein Volk, ein Reich und ein Großkönig; das geeignetste Mittel dazu war die Verehrung des Zeus, des griechischen Hauptgottes. Über Antiochus ohne Nennung seines Namens: Dan 7,8.11.24–26 (elftes Horn des vierten Tieres); 8,9–14.23–25 (kleines Horn des Widders); 9,24–27 (Jahreswochenprophetie); 11,21–45 (Judenverfolger und Vorbild jedes gottfeindlichen Machthabers).

Mattatias in Modeïn – Klage über die Verwüstung Jerusalems

2 1 In jenen Tagen trat Mattatias auf, ein Sohn
des Johannes und Enkel des Simeon, Priester
von den Nachkommen Jojaribs aus Jeru-
salem. Er hatte sich in Modeïn seßhaft gemacht.
2 Er hatte fünf Söhne: Johannes mit dem Beina-
men Gaddi, 3 Simon, genannt Tassi, 4 Judas, genannt
Makkabäus, 5 Eleasar, genannt Avaran, und Jonatan,
genannt Apphus. 6 Da erfuhr Mattatias von den
Gotteslästerungen, die in Juda und Jerusalem ge-
schahen. 7 Er klagte: »Wehe mir! Bin ich dazu gebo-
ren, den Sturz meines Volkes und den Zusammen-
bruch der Heiligen Stadt zu erleben und dasitzen zu
müssen, während sie der Gewalt des Feindes aus-
geliefert wird und das Heiligtum der Gewalt von
Ausländern? 8 Ihr Tempel ward wie ein entehrter
Mann, 9 ihre herrlichen Geräte wurden als Raub
entführt, ihre Kinder auf den Straßen und ihre Jüng-
linge durch das Schwert des Feindes gemordet.
10 Welches Volk erbte nicht von ihrem Reich, riß
nicht ihre Beutestücke an sich? 11 Weggenommen
wurde all ihr Schmuck, aus der Freien wurde eine
Dienstmagd. 12 Ja, was uns heilig ist, unsere Zier
und unsere Pracht, ist verwüstet; die Heiden haben
es geschändet. 13 Was soll uns noch das Leben?«
14 Da zerrissen Mattatias und seine Söhne ihre Ge-
wänder, legten Bußkleider an und klagten sehr.

Mattatias' Vorbild – Empörung gegen den König

15 Da kamen die Abgesandten des Königs, die den
Abfall erzwingen wollten, in die Stadt Modeïn,
damit man opfere. 16 Und viele aus Israel stellten
sich bei ihnen ein. Auch Mattatias und seine Söhne
kamen herzu. 17 Da sprachen die königlichen Abge-
sandten zu Mattatias: »Du bist der höchste, be-
kannteste und angesehenste Mann in dieser Stadt.
Auch hast du eine große Stütze an deinen Söhnen
und Verwandten. 18 Tritt nun als erster vor und er-
fülle das königliche Gebot, so wie es alle Völker
getan haben, auch die Leute von Juda und die
Übriggebliebenen von Jerusalem! Alsdann wirst du
mit deinen Söhnen zu den Freunden des Königs
gehören und mit Silber und Gold und vielen
Geschenken bedacht werden.« 19 Da antwortete
Mattatias und rief mit lauter Stimme: »Mögen auch
alle Völker, die sich im Reiche des Königs befinden,
auf ihn hören und ein jeder von der Religion seiner
Väter abfallen und seinen Vorschriften sich gefügig
zeigen, 20 so werden doch ich und meine Söhne und
meine Verwandten im Bunde unserer Väter weiter-
hin wandeln. 21 Gott bewahre uns davor, Gesetz
und Satzungen aufzugeben! 22 Auf die Befehle des
Königs werden wir nicht hören und unsere Religion
nicht verlassen, weder nach rechts noch nach
links.«
23 Als er diese Worte ausgesprochen hatte, trat ein
Jude herzu, um vor aller Augen auf dem Altar von
Modeïn nach der Anweisung des Königs Opfer dar-
zubringen. 24 Mattatias bemerkte es; sein Eifer

glühte, sein Inneres erbebte. Er ließ seinem Zorn
freien Lauf, wie es sich gehörte, sprang vor und er-
schlug ihn am Altar. 25 Gleichzeitig tötete er auch
den vom König bestellten Beamten, der das Opfer
erzwingen wollte, und riß den Altar nieder. 26 Er
eiferte für das Gesetz und tat so, wie Phinees an
Zambri, dem Sohne Saloms, getan hatte. 27 Dann
schrie Mattatias mit lauter Stimme durch die Stadt:
»Ein jeder, der für das Gesetz eifert und am Bunde
festhält, ziehe hinter mir her!« 28 Er floh mit seinen
Söhnen in die Berge. Ihre ganze Habe ließen sie in
der Stadt zurück.

Sabbatheiligung

29 Damals begaben sich viele, die nach Gerechtig-
keit und Recht trachteten, in die Wüste, um dort
ihren Aufenthalt zu nehmen. 30 Sie flohen mit ihren
Söhnen und Frauen und ihrem Viehbestand; denn
das Unheil lastete immer härter auf ihnen. 31 Da
meldete man den königlichen Beamten und den
Streitscharen, die sich zu Jerusalem in der Davids-
stadt befanden, daß sich die Gegner des könig-
lichen Befehls in verborgene Winkel der Wüste
zurückgezogen hätten. 32 Viele Truppen setzten
ihnen nach und holten sie ein. Sie legten sich ihnen
gegenüber in Stellung und eröffneten wider sie an
einem Sabbattag den Kampf. 33 Sie riefen ihnen zu:
»Schluß jetzt! Kommt hervor und tut nach des
Königs Weisung, dann werdet ihr am Leben blei-
ben!« 34 Jene antworteten: »Wir kommen nicht her-
vor und wir handeln nicht nach der Weisung des
Königs, um so den Sabbattag zu entweihen.« 35 Da
begannen sie sofort den Kampf gegen die Juden.
36 Diese erwiderten aber den Angriff nicht, schleu-
derten keinen Stein gegen sie und verschanzten
nicht einmal die Schlupfwinkel. 37 Sie sprachen:
»Wir alle wollen in unserer Unschuld sterben! Him-
mel und Erde zeugen für uns, daß ihr uns ungerecht
umbringt.« 38 Am Sabbattag eröffnete man also den
Kampf wider sie; und sie kamen um samt ihren
Frauen und Kindern und ihrem Viehbestand; es
waren gegen tausend Personen.
39 Mattatias und seine Freunde erfuhren davon. Sie
hielten ihretwegen eine große Trauerklage. 40 Da
sagte einer zum andern: »Wenn wir alle es so
machen wie unsere Brüder und nicht gegen die
Heiden für unser Leben und unsere Rechtssat-
zungen kämpfen, wird man uns gar bald vom Erd-
boden vertilgen.« 41 An jenem Tag faßten sie einen
Beschluß des Inhalts: »Wenn jemand wider uns am
Sabbat zum Kampf antritt, so wollen wir gegen ihn
kämpfen und nicht alle sterben, wie unsere Brüder
in den Schlupfwinkeln den Tod erlitten haben.«
42 Damals schloß sich ihnen die Gruppe der Asidäer
an, tapfere Männer aus Israel, jeder von ihnen dem
Gesetz treu ergeben. 43 Auch alle, die vor dem Un-
heil geflüchtet waren, schlossen sich ihnen an und
stärkten ihre Reihen. 44 Sie konnten also eine Streit-
macht aufstellen und in ihrem Grimm die Sünder
schlagen, die Abtrünnigen in ihrem Zorn. Die übri-
gen aber flohen zu den Heiden, um sich zu retten.
45 Mattatias und seine Freunde zogen umher und
rissen die Altäre nieder. 46 Sie vollzogen an unbe-
schnittenen Kindern, soweit sie solche im Gebiet
von Israel vorfanden, mit Gewalt die Beschneidung.
47 Den Übermütigen stellten sie nach, und ihr Un-
ternehmen schritt gut voran. 48 Sie verteidigten das
Gesetz vor den Übergriffen der Heiden und Könige
und ließen dem Frevler keine Macht.

Tod des Mattatias

49 Es kam für Mattatias die Zeit, da er sterben
mußte. Da sprach er zu seinen Söhnen: »Übermut
und Züchtigung nehmen jetzt überhand, eine Zeit
der Zerstörung und wilder Zorn. 50 So eifert, Söhne,
für das Gesetz! Setzt euer Leben für den Bund
unserer Väter ein! 51 Gedenkt der Taten, die eure
Väter in ihrer Zeit vollbrachten! Reichlichen Ruhm
und einen unsterblichen Namen erntet ihr dann.
52 Hat sich Abraham nicht in der Prüfung bewährt,
ward ihm dies nicht als Gerechtigkeit angerechnet?
53 Joseph hielt das Gesetz zur Zeit seiner Drangsal,
so wurde er Herrscher Ägyptens. 54 Unser Ahnherr
Phinees bewies großen Eifer; ewiges Priestertum
erhielt er dafür als Verheißung. 55 Josua erfüllte
den Auftrag und ward dafür Richter in Israel.
56 Kaleb legte in der Versammlung Zeugnis ab; dafür
ward ihm ein Erbbesitz zuteil. 57 Durch sein
frommes Verhalten hat David den Königsthron für
immer geerbt. 58 Ob seines großen Eifers für das Ge-
setz wurde Elias in den Himmel aufgenommen.
59 Ananias, Azarias, Misael haben vertraut; sie wur-
den aus dem Feuer errettet. 60 Daniel in seiner Un-
schuld wurde dem Rachen des Löwen entrissen.
61 Und so überdenkt ein Geschlecht um das andere:
Alle, die auf ihn hoffen, werden nicht zuschanden.
62 Vor eines Frevlers Worten fürchtet euch nicht:
sein Glanz wird zu Kot und zu Würmerfraß.
63 Heute wird er erhoben, morgen ist er nicht mehr
zu finden; zu Staub wird er und sein Anschlag zu-
nichte! 64 Darum ihr Söhne, seid stark, verharrt im
Gesetz! In ihm seid ihr ruhmvoll. 65 Daß euer Bru-
der Sim(e)on ein kluger Mann ist, weiß ich. Hört auf
ihn allezeit; er ist euer Vater! 66 Judas Makkabäus,
ein starker Held von Jugend an, sei euch Führer des
Heeres; er bekämpfe die heidnischen Völker!

67 Ihr aber, schart um euch alle, die das Gesetz
erfüllen! Nehmt Rache für euer Volk! 68 Übt an den
Heiden Vergeltung, achtet auf des Gesetzes Wei-
sung!« 69 Darauf segnete er sie und ward seinen
Ahnen beigesellt. 70 Er starb im Jahre 146 und wurde
in der väterlichen Gruft zu Modeïn bestattet. Ganz
Israel hielt um ihn große Trauerklage.

2,26: Vgl. 4 Mos 25,6–15 (dort hebr. Namensform). • 39–48: Wahre Gesetzestreue kennt keine Vorbehalte, und doch war zur erfolgreichen Fortsetzung des Kampfes eine Milderung des strengen Sabbatgebotes notwendig. • 52–60: Vgl. 1 Mos 15,6; 41,37–45; 4 Mos 25,6–15; 27,16–23; Jos 14,13; 2 Kön 2; Dan 3,93 (26); 6,19–24

Lobpreis auf Judas

3 1 An seine Stelle trat sein Sohn Judas mit dem
Beinamen Makkabäus. 2 Alle seine Brüder und
alle, die seinem Vater die Treue hielten, unter-
stützten ihn. Sie kämpften mit Freuden für Israel.
3 Weithin schaffte er seinem Volk Ruhm; den Har-
nisch legte er an wie ein Held, gürtete sich die
Kriegswaffen um, führte Kämpfe und schützte das
Heer mit dem Schwert. 4 Einem Löwen glich er in
seinen Taten, einem Junglöwen, der nach Beute
brüllt. 5 Er spürte die Frevler auf und verfolgte sie
und verbrannte die Störenfriede seines Volkes. 6 Die
Frevler waren verwirrt aus Furcht vor ihm, die
Übeltäter alle waren bestürzt; so gelang die Rettung
durch seine Hand. 7 Vielen Königen schuf er Bitter-
nis, Jakob aber Freude durch seine Taten. Das Ge-
dächtnis an ihn bleibt ewig. 8 Durch Judas Städte
zog er einher und vertilgte die Gottlosen aus dem
Land. Er wandte den Zorn von Israel ab. 9 Sein
Ruhm drang hin bis ans Ende der Welt. Er sammelte
die Verlorenen.

Erfolgreicher Kampf gegen Apollonius und Seron

10 Apollonius aber faßte die Heidenvölker und
Leute aus Samaria zu einer großen Streitmacht zu-
sammen, um gegen Israel zu kämpfen. 11 Judas er-
fuhr davon. Er zog ihm entgegen, brachte ihm eine
Niederlage bei und tötete ihn. Viele wurden er-
schlagen und fielen, während der Rest floh. 12 Man
erbeutete ihre Waffen. Judas nahm das Schwert des
Apollonius und gebrauchte es stets im Kampf.
13 Da hörte Seron, der Befehlshaber der syrischen
Streitmacht, daß Judas eine Truppe gesammelt
habe, eine Schar, die treu zu ihm stand und mit ihm
ins Feld zog. 14 Nun dachte er: »Einen Namen will
ich mir machen und eine Berühmtheit im König-
reich werden! Ich will Krieg führen gegen Judas und
seine Anhänger, die des Königs Anweisung verach-
ten!« 15 So zog er wiederum aus, mit ihm ein starkes
Heer von ruchlosen Menschen, um ihm bei der
Rache an den Israeliten zu helfen. 16 Als er bis zum
Anstieg von Bet-Choron gekommen war, zog ihm
Judas mit geringer Streitmacht entgegen. 17 Da nun
die Juden die Heeresmasse, die gegen sie anrückte,
sahen, sprachen sie zu Judas: »Wie sollen wir mit
einer so geringen Streitmacht gegen eine so unge-
heure Menge ankämpfen? Außerdem sind wir er-
schöpft, weil wir heute noch nichts gegessen
haben.« 18 Judas aber entgegnete: »Es ist gut mög-
lich, daß eine große Menge von wenigen überwäl-
tigt wird. Für den Himmel ist es gleichgültig, ob er
durch viele oder durch wenige die Rettung voll-
zieht. 19 Es liegt nämlich der Sieg in einem Krieg
nicht in der Menge einer Heeresmacht, sondern
vom Himmel kommt die Kraft. 20 Sie ziehen gegen
uns in der Fülle ihres Übermutes und ihrer frevel-
haften Gesinnung, um uns, unsere Frauen und
unsere Kinder auszurotten und uns auszuplündern.
21 Wir aber kämpfen um unser Leben und für unsere
Rechtssatzungen. 22 Gott selbst wird die Feinde vor
unseren Augen aufreiben; ihr aber, fürchtet euch
nicht vor ihnen!« 23 Kaum hatte er zu reden aufge-
hört, da ließ er sofort auf sie losstürmen. Seron und
seine Heeresmacht wurden von ihm vernichtet.
24 Sie verfolgten sie vom Abstieg von Bet-Choron
bis zur Ebene. Es fielen von ihnen gegen acht-
hundert Mann, die übrigen aber flohen ins Philister-
land. 25 Da wuchs die Furcht vor Judas und seinen
Brüdern; Schrecken überfiel die Heiden ringsum.
26 Bis in die Umgebung des Königs drang der Ruhm
seines Namens, und von den Schlachten des Judas
erzählte man sich bei den Heidenvölkern.

Maßnahmen des Königs Antiochus

27 Als der König Antiochus von diesen Vorgängen
hörte, geriet er in Zorn. Er ließ durch Abgesandte
alle Streitkräfte seines Reiches aufbieten, eine über-
aus gewaltige Heeresmacht. 28 Er ließ seine Schatz-
kammern öffnen und gab den Truppen Löhnungen
auf ein Jahr. Auch gab er ihnen den Auftrag, für jeg-
lichen Fall bereit zu sein. 29 Da mußte er wahrneh-
men, daß das Geld in den Staatskassen ausging und
die Steuereinnahmen des Landes nachließen. Dies
verdankte er der Unruhe und Bedrängnis, die er
über das Land gebracht hatte durch die Aufhebung
der seit alters bestehenden Gesetze. 30 Er mußte be-
fürchten, daß ihm, wie schon früher wiederholt,
nicht genug für seinen Aufwand und für die Ge-
schenke übrigblieb, die er ehedem mit freigebiger
Hand verteilt hatte. In dieser Hinsicht übertraf er
alle seine Vorgänger. 31 Darob kam er in große Ver-
legenheit.

Er faßte also den Entschluß, nach Persien zu ziehen,
die Tribute der Länder einzutreiben und viel Geld

zusammenzuraffen. 32 Den Lysias, einen ange-
sehenen Mann aus fürstlichem Geblüt, ließ er als
Reichsverweser vom Euphrat bis zur Grenze Ägyp-
tens zurück. 33 Auch beauftragte er ihn bis zu
seiner Rückkehr mit der Erziehung seines Sohnes
Antiochus. 34 Er überließ ihm die Hälfte der Streit-
kräfte und die Elefanten und gab ihm Anweisungen
über seine Pläne, auch über die Einwohner von
Judäa und Jerusalem. 35 Er sollte eine Heeresmacht
wider sie entsenden, um die Macht Israels und den
Rest Jerusalems aufzureiben und zu vernichten und
selbst die Erinnerung an sie an jener Stätte auszu-
tilgen. 36 Fremdstämmige sollte er in ihrem ganzen
Gebiet ansiedeln und ihr Land durch das Los ver-
teilen. 37 Der König übernahm den Befehl über
die andere Hälfte der Heeresmacht. Er brach von
Antiochien, seiner Regierungsstadt, im Jahre 147
auf, überschritt den Euphrat und zog weiter in die
oberhalb gelegenen Länder.
38 Lysias wählte sich Ptolemäus, den Sohn des
Dorymenes, Nikanor und Gorgias, einflußreiche
Männer unter den königlichen Vertrauten, aus. 39 Er
gab ihnen vierzigtausend Mann Fußvolk und sie-
bentausend Reiter mit, um gegen das Land Juda zu
ziehen und es nach dem Willen des Königs zu ver-
wüsten. 40 Sie brachen mit ihrer ganzen Streitmacht
auf, rückten voran und schlugen in der Ebene nahe
bei Emmaus ein Lager auf. 41 Die Handelsleute der
Gegend hörten davon. Sie nahmen Silber und Gold
in großer Menge sowie Fußfesseln und begaben
sich ins Lager, um die Israeliten als Sklaven zu kau-
fen. Auch stieß zu ihnen eine Streitmacht aus
Syrien und dem Philisterland.
42 Judas und seine Brüder merkten nun, daß das Un-
heil herannahte und die Truppen sich bereits in ihr
Gebiet hinein ergossen. Auch erfuhren sie von den
Befehlen des Königs, nach denen dieser die Ver-
nichtung und Ausrottung des Volkes verfügt hatte.
43 Sie sprachen zueinander: »Wir wollen den Unter-
gang unseres Volkes verhindern und kämpfen für
unser Volk und für das Heiligtum!« 44 Da scharte
sich die Volksmenge zusammen, um zum Kampf
bereit zu sein, um zu beten und Huld und Erbarmen
zu erflehen. 45 »Jerusalem war unbesiedelt wie
Wüstenland. Von seinen Kindern ging niemand ein
und aus, zertreten war das Heiligtum, Fremdstäm-
mige hausten auf der Burg, eine Herberge für die
Heiden. Frohsinn verschwand aus Jakob, es schwie-
gen Flöten und Zither.«
46 Man kam zusammen und zog nach Mizpa gegen-
über Jerusalem; denn in Mizpa war in früheren
Zeiten eine Gebetsstätte für Israel. 47 Sie fasteten an
jenem Tag, legten sich Sackgewänder an, streuten
Asche auf ihr Haupt und zerrissen ihre Kleider.
48 Sie breiteten die Gesetzesrolle aus; nach solchen
Rollen hatten die Heiden gefahndet, um die Bild-
nisse ihrer Götzen darauf zu malen. 49 Die priester-
lichen Gewänder, die Erstlingsfrüchte und die
Zehnten brachten sie herbei. Auch holten sie die
Nasiräer, deren Zeit abgelaufen war. 50 Sie riefen
laut zum Himmel und sprachen: »Was fangen wir
mit diesen an, und wohin schaffen wir sie, 51 da
doch dein Heiligtum zertreten und entweiht ist und
deine Priester voll Trauer und Erniedrigung sind?
52 Siehe, die Heiden haben sich gegen uns zusam-
mengeschart, uns zu vertilgen! Du weißt, was sie
gegen uns planen. 53 Wie sollen wir ihnen stand-
halten, wenn du uns nicht hilfst?« 54 Sie stießen nun
in die Trompeten und schrieen mit lauter Stimme.
55 Danach stellte Judas Führer für das Kriegsvolk
auf, Hauptleute für je tausend, hundert, fünfzig und
zehn Mann. 56 Denen aber, die eben ein Haus bau-
ten, eine Frau nahmen, einen Weinberg anpflanzten
oder aber furchtsamen Gemütes waren, ließ er
sagen, sie sollten, dem Gesetz entsprechend, nach
Hause zurückkehren. 57 Das Heer brach auf, und
man lagerte sich südlich von Emmaus. 58 Da sagte
Judas: »Gürtet euch und zeigt euch als tapfere
Männer! Seid für morgen früh bereit, mit den
Heidenvölkern zu kämpfen! Sie haben sich gegen
uns zusammengeschart, um uns und unser Heilig-
tum zu vernichten. 59 Besser ist es, wir fallen im
Kampf, als daß wir das Unheil, das über unser Volk
und das Heiligtum hereinbricht, anschauen müs-
sen. 60 Doch wie es der Wille im Himmel ist, so wird
er tun!«

3,1–9,22: Judas Makkabäus (165–60) konnte nach einigen Vorbereitungen den Kampf mit den Syrern aufnehmen. Ihm stand ein gut ausgebildetes Heer zur Verfügung. 166/65 errang er bei Emmaus über die Feldherrn des Lysias, 165/64 über Lysias selbst bei Betsur (zwischen Jerusalem und Hebron) einen entscheidenden Sieg. Lysias war Reichsverweser und Erzieher des Kronprinzen. Judas konnte Jerusalem mit Ausnahme der Burg besetzen, den geschändeten Tempel seiner Bestimmung zuführen und die Wiedereinführung von Gottesdiensten nach Väterart bewirken. Innerpolitische Schwierigkeiten veranlaßten Lysias, den Juden die Freiheit in der Ausübung ihrer Religion zu verleihen. Damit war das erste Ziel des Makkabäeraufstandes erreicht. Nach dem Jahr 164 waren es wesentlich politische Ziele, die Judas hegte: jüdische Alleinherrschaft in Palästina unter seiner persönlichen Führung und Erweiterung des Staatsgebietes auf Kosten Edoms und Philistäas. Hierdurch kam er naturgemäß in Gegensatz zum Hohenpriester Alkimus und zur hellenistischen Partei in seinem Volk. Zu ihrer Unterstützung zog ein syrisches Heer unter Nikanor herbei. Dieses Heer wurde ebenfalls geschlagen. Die militärischen Erfolge konnten nur durch einen Freundschaftsvertrag mit den Römern gesichert werden. Ehe die Römer aber Hilfe brachten, zwangen die Syrer unter Bakchides Judas eine Schlacht auf, die er verlor. Jonatan wurde an Stelle seines gefallenen Bruders Führer der Nationalistenpartei und Erbe der makkabäischen Machtansprüche.

Sieg des Judas über Gorgias und Lysias

4 1 Da nahm sich Gorgias fünftausend Mann
Fußvolk und tausend Mann auserwählte
Reiter. Das Heer verließ nachts seinen Stand-
ort, 2 um das Heerlager der Juden zu überfallen und
sie überraschend zu schlagen. Leute aus der Burg
dienten ihnen als Wegführer. 3 Davon hörte Judas.
Er brach selbst mit seinen Kriegsleuten auf, um die
königliche Streitmacht bei Emmaus vernichtend zu
schlagen, 4 solange noch die Truppen außerhalb des
Lagers zerstreut waren. 5 Gorgias kam nachts in das
Lager des Judas, traf aber niemand an. Da spürte er
ihnen in den Bergen nach; denn er dachte: »Sie sind
auf der Flucht vor uns!« 6 Bei Anbruch des Tages er-
schien Judas in der Ebene mit dreitausend Mann;
nur hatten sie keine Harnische und Schwerter, wie
sie ihrem Wunsch entsprachen. 7 Sie erblickten das
heidnische Heerlager, stark und gut verschanzt.
Reiterei umgab es, Leute mit kriegerischer Erfah-
rung. 8 Da sagte Judas zu seinen Leuten: »Fürchtet
euch nicht vor ihrer Menge und erschreckt nicht vor
ihrem Ansturm! 9 Denkt daran, wie unsere Väter im
Roten Meer gerettet wurden, als sie Pharao mit
Kriegsmacht verfolgte! 10 Und nun laßt uns zum
Himmel rufen! Vielleicht wird er uns wohlwollen,
des Bundes mit unsern Vätern eingedenk sein und
noch heute diese Heeresmacht vor uns vernichten.
11 Dann werden alle Heidenvölker erkennen, daß es
einen gibt, der Israel erlöst und errettet.«
12 Da erhoben die Fremdstämmigen ihre Augen und
sahen die Juden von der entgegengesetzten Seite
heranrücken. 13 Sie verließen das Lager zum Kampf,
während die Männer um Judas in die Trompeten
stießen. 14 Nun begann der Kampf; die Heiden wur-
den besiegt und flohen in die Ebene. 15 Alle Nach-
zügler aber fielen durch das Schwert. Bis Geser ver-
folgte man sie und bis in die Ebene von Idumäa,
Azotus und Jamnia. Es fielen von ihnen gegen drei-
tausend Mann.
16 Als Judas und seine Heeresmacht von ihrer Ver-
folgung zurückgekehrt waren, 17 sprach er zum
Kriegsvolk: »Tragt keine Begierde nach Beute; denn
uns steht noch ein Kampf bevor. 18 Gorgias ist mit
seinem Heer im Gebirge in unserer Nähe; tretet also
jetzt unseren Feinden entgegen und bekämpft sie!
Danach macht euch in aller Ruhe an die Beute!«
19 Noch hatte Judas seine Rede nicht vollendet, da
wurde eine Abteilung, die vom Gebirge hervor-
brach, gesichtet. 20 Diese sah, daß das Heer ge-
flohen war und daß man das Lager in Brand steckte.
Der Rauch nämlich, den man sehen konnte, machte
das Geschehene offenbar. 21 Sie gewahrten dies und
gerieten in große Furcht. Weiterhin nahmen sie
wahr, daß das Heerlager des Judas in der Ebene
kampfbereit dastand. 22 Da flohen sie insgesamt in
das Philisterland. 23 Judas machte sich nun an die
Beute des Lagers heran. Man raffte viel Gold und
Silber, blaue und rote Purpurstoffe von der Meeres-
küste und große Reichtümer zusammen. 24 Sie
kehrten zurück, sangen Loblieder und dankten dem
Himmel: »Er ist gut; denn ewig währt seine Huld!«
25 An jenem Tag hatte Israel eine große Rettung er-
fahren.
26 Die Fremdstämmigen, soviel sich ihrer retten
konnten, begaben sich zu Lysias und meldeten ihm
alles, was vorgefallen war. 27 Als er es vernommen
hatte, wurde er bestürzt und mutlos; denn was er
gewollt, war Israel nicht geschehen, und was der
König ihm aufgetragen hatte, kam nicht zustande.
28 Im folgenden Jahr musterte er sechzigtausend
ausgesuchte Leute und fünftausend Reiter, um
gegen die Juden Krieg zu führen. 29 Sie zogen nach
Idumäa und schlugen bei Betsur ein Lager auf. Da
trat ihnen Judas mit zehntausend Mann entgegen.
30 Als er die starke Heeresmacht erblickte, flehte
und betete er: »Sei gepriesen, Retter Israels! Des
Riesen Ansturm hast du durch die Hand deines
Knechtes David zunichte gemacht, hast der
Philister Lager der Gewalt Jonatans, des Sohnes
Sauls, und seines Waffenträgers überliefert. 31 Gib
also auch dieses Heer deinem Volke Israel in die
Hände! Zuschanden werden sollen sie mit ihrer
Kriegsmacht und Reiterei! 32 Jag ihnen Furcht ein,
brich ihren tollkühnen Sinn! Sie sollen erschüttert
werden ob ihres Untergangs! 33 Wirf sie nieder
durch das Schwert deiner treuen Verehrer! Alle, die
deinen Namen kennen, sollen dich preisen in Lie-
dern!« 34 Darauf stießen sie aufeinander. Vom Heer
des Lysias fielen gegen fünftausend Mann im Nah-
kampf. 35 Als nun Lysias die Niederlage seines Hee-
res und den erstarkten Mut im Heer des Judas und
ihre Entschlossenheit, ruhmvoll zu leben oder zu
sterben, in Betracht zog, brach er nach Antiochien
auf und warb fremde Söldnerheere, um mit ver-
stärkten Truppen wieder gegen Judäa ins Feld zu
ziehen.
36 Judas aber und seine Brüder sprachen: »Seht
unsere Feinde sind geschlagen! Laßt uns hinaufzie-
hen, das Heiligtum zu entsühnen und erneut ein-
zuweihen!« 37 Die ganze Streitmacht war beisam-
men und zog zum Berge Sion. 38 Man sah das
Heiligtum verwüstet, den Altar geschändet, die
Tore verbrannt. In den Vorhöfen war Gestrüpp ge-
wachsen wie in einem Waldesdickicht oder auf

einem der Berge. Die Zellen waren zerstört. 39 Da zerrissen sie ihre Kleider, erhoben ein gewaltiges Klagegeschrei und bestreuten sich mit Asche. 40 Sie warfen sich zur Erde nieder, ließen die Signaltrompeten blasen und riefen zum Himmel. 41 Damals gab Judas einer Truppe den Befehl, gegen die Besatzung der Burg kampfbereit zu bleiben, bis er das Heiligtum gereinigt hätte. 42 Auch wählte er Priester aus, die kultisch rein und gesetzesfreudig waren. 43 Man entsühnte das Heiligtum und trug die Steine des Götzenaltars an einen unreinen Ort.

44 Sie beratschlagten wegen des geschändeten Brandopferaltars, was man mit ihm tun solle. 45 Da kam ihnen der gute Gedanke, ihn niederzureißen, um dem schimpflichen Vorwurf vorzubeugen, daß die Heiden ihn entweiht hätten. Sie rissen also den Altar nieder. 46 Die Steine aber legten sie auf dem Tempelberg an einem geeigneten Ort nieder, bis daß ein Prophet aufträte, um über ihre Verwendung eine Entscheidung zu treffen. 47 Sie nahmen nach Gesetzesvorschrift unbehauene Steine und bauten nach der Art des ehemaligen Altares einen neuen auf. 48 Man baute das Heiligtum und die Innenräume des Tempels aus und weihte die Vorhöfe, 49 erneuerte die heiligen Geräte und trug den Leuchter, den Rauchopferaltar und den Tisch in das Heiligtum.

50 Sie brachten auf dem Altar Rauchopfer dar und zündeten die Lampen auf dem Leuchter an, so daß sie im Tempelraum erstrahlten. 51 Auf den Tisch legten sie Schaubrote und hängten die Vorhänge auf. So schlossen sie alle Vorbereitungsarbeiten ab. 52 Im Jahr 148, am fünfundzwanzigsten des neunten Monats – das ist der Monat Kislew –, traten sie frühmorgens an, 53 und sie brachten auf dem neu errichteten Brandopferaltar ein dem Gesetz entsprechendes Opfer dar. 54 Genau um die Zeit und am selben Tag, da die Heiden ihn entweiht hatten, wurde er neu geweiht unter Lobgesängen, mit Zitherspiel, Harfen und Zimbeln. 55 Und alle Leute warfen sich auf ihr Antlitz nieder, beteten an und priesen den Himmel, der ihnen Erfolg geschenkt hatte.

56 Sie feierten die Neuweihe des Altares acht Tage hindurch, brachten Brandopfer mit Frohlocken dar und weihten Heils- und Lobopfer. 57 Die vordere Seite des Tempels schmückten sie mit goldenen Kränzen und Schildern. Sie erneuerten die Tore und Zellen und versahen sie mit Türen. 58 Riesige Freude herrschte im Volk, weil die Schmach der Heidenvölker abgewendet war. 59 Judas und seine Brüder und die ganze Gemeinde Israel setzten fest: Die Tage der Altarweihe sollen zu ihrer Zeit alljährlich acht Tage lang vom fünfundzwanzigsten Kislew an mit Frohlocken und Freude begangen werden.

Befestigung des Sion

60 In jener Zeit befestigte man auch den Sionsberg ringsum mit hohen Mauern und starken Türmen, damit nicht wieder die Heidenvölker herbeikommen und ihn vernichten könnten, wie sie es zuvor getan hatten. 61 Judas ordnete dort eine Truppenabteilung zu seiner Bewachung ab. Auch befestigte er zu seiner Bewachung Betsur, damit das Volk ein Bollwerk gegenüber Idumäa hätte.

4,36–51: Die Tempelweihe auch 2 Makk 10,1–8. Damit war freie Religionsausübung erkämpft, obwohl in der Burg noch fremde Besatzung lag. Die Erneuerung wurde genau nach den Gesetzesvorschriften vollzogen. • 52–59: Das Jahr 148 nach der syrisch-seleukidischen Zählung war das Jahr 164 v. Chr. Der Kislew entspricht unserem Monat November/Dezember. Von da ab wird alljährlich das Tempelweihfest (Chanukka) begangen (vgl. Joh 10,22).

Kämpfe gegen Nachbarvölker

5 1 Die umwohnenden Heiden vernahmen, daß der Opferaltar in Jerusalem wieder aufgebaut und das Heiligtum in seiner alten Form erneuert war. Da wurden sie sehr erbost; 2 sie entschlossen sich, die Nachkommen Jakobs, die sich unter ihnen aufhielten, auszurotten, und begannen, innerhalb des Volkes zu töten und zu vertilgen. 3 Judas führte Krieg wider die Söhne Esaus in Idumäa im Gebiet von Akrabattene, weil sie Israel angriffen. Er brachte ihnen eine große Niederlage bei, drängte sie zurück und machte an ihnen reiche Beute. 4 Auch gedachte er der Bosheit der Bajaniter, die dem Volk zur Falle und Schlinge geworden waren, weil sie ihm an den Wegen auflauerten. 5 Sie wurden von ihm in die Türme eingeschlossen; er belagerte sie, vollstreckte an ihnen den Bann und brannte die Türme der Stadt nieder mit allen, die darin waren. 6 Dann zog er hinüber zu den Ammonitern. Er stieß auf eine gewaltige Streitmacht und viele Kriegsleute, deren Anführer Timotheus war. 7 Ihnen lieferte er viele Treffen; sie wurden von ihm aufgerieben, und er besiegte sie. 8 Auch Jaser und seine Tochterstädte eroberte er und kehrte dann nach Judäa zurück.

Kämpfe in Galiläa und Gilead

9 Da rotteten sich die Heidenvölker in Gilead wider die Israeliten, die sich auf ihrem Gebiet befanden, zusammen, um sie zu vertilgen. Diese flohen in die Festung Datema. 10 Sie schickten ein Schreiben an Judas und seine Brüder mit dem Wortlaut: »Es haben sich wider uns die Heiden in unse-

rem Umkreis zusammengerottet, um uns zu vertil-
gen. 11 Sie treffen Vorbereitungen, zu kommen und
die Festung einzunehmen, in die wir geflohen sind.
Timotheus ist der Anführer ihrer Streitmacht.
12 Komm also unverzüglich und rette uns aus ihrer
Hand! Eine Menge unserer Leute ist schon gefallen.
13 Alle unsere Brüder, die unter den Leuten von Tubi
wohnten, sind tot. Auch hat man ihre Frauen und
Kinder und ihr Hab und Gut entführt. Man hat dort
gegen tausend Mann umgebracht.« 14 Das Schrei-
ben war noch nicht zu Ende gelesen, als andere
Boten aus Galiläa mit zerrissenen Gewändern
kamen und ähnliche Dinge meldeten, 15 daß näm-
lich Leute von Ptolemaïs, Tyrus und Sidon sowie
das ganze heidnische Galiläa zusammenstünden,
um sie zu vernichten. 16 Als nun Judas und das Volk
von diesen Vorgängen hörten, berief man eine
große Volksversammlung ein, um zu beratschlagen,
was sie für ihre bedrängten, von den Heiden ver-
folgten Brüder tun könnten.
17 Da sprach Judas zu seinem Bruder Simon: »Wähle
dir Leute aus, ziehe hin und befreie deine Brüder in
Galiläa. Ich aber will mit meinem Bruder Jonatan in
das Gebiet von Gilead ziehen.« 18 Dann ließ er
Joseph, den Sohn des Zacharias, und Azarias als
Heerführer mit den übrigen Streitkräften in Judäa
zurück, um es zu sichern. 19 Er gab ihnen den Auf-
trag: »Seid diesen Leuten Vorsteher; fangt aber
keinen Krieg mit den Heiden an, bis wir zurück-
kommen!« 20 Dem Simon wurden dreitausend
Mann zugeteilt, um nach Galiläa auszurücken, dem
Judas achttausend Mann für das Gebiet von Gilead.
21 Da zog Simon nach Galiläa. Er unternahm viele
Kämpfe gegen die Heidenvölker, bis sie von ihm
aufgerieben waren. 22 Er verfolgte sie bis zu den
Toren von Ptolemaïs. Es fielen von den Heidenvöl-
kern gegen dreitausend Mann, und er machte an
ihnen reiche Beute. 23 Die Juden von Galiläa und die
von Arbatta nahm er samt Frauen und Kindern und
allem, was sie hatten, und brachte sie unter großem
Jubel nach Judäa.
24 Judas Makkabäus und sein Bruder Jonatan hatten
den Jordan überschritten und marschierten drei
Tage lang in der Wüste. 25 Sie stießen auf die
Nabatäer. Diese begegneten ihnen friedlich und er-
statteten ihnen Bericht über alles, was den Brüdern
in Gilead zugestoßen war: 26 daß viele von ihnen in
den befestigten und ausgedehnten Städten Bosora,
Bosor, Alema, Chaspho, Maked und Karnajim ein-
geschlossen seien. 27 Auch in den übrigen Städten
Gileads gebe es solche, die eingeschlossen seien;
man habe für den folgenden Tag angeordnet, gegen
die Festungen anzustürmen, sie zu erobern und jene
alle an einem Tag umzubringen. 28 Judas und sein
Heer machten nun plötzlich eine Wendung in Rich-
tung der Steppe, nach Bosora. Er nahm die Stadt
ein, tötete alle Männer mit der Schärfe des Schwer-
tes, plünderte deren ganzen Besitz und brannte die
Stadt nieder. 29 Von dort brach er bei Nacht auf und
zog bis zur Festung Datema. 30 Als man in der
Morgenfrühe um sich schaute, sah man viel Kriegs-
volk in unzählbarer Menge. Es brachte Leitern und
Belagerungsmaschinen herbei, um die Festung ein-
zunehmen, und trat zum Angriff gegen die Juden
an. 31 Da sah Judas, daß der Kampf begonnen hatte.
Das Geschrei der Stadt drang bis zum Himmel mit
Trompetenblasen und gewaltigem Lärm. 32 Judas
wandte sich an die Kriegsleute: »Führt heute den
Kampf für unsere Brüder!« 33 In drei Heeresabtei-
lungen zog er hinter den Feinden her. Man blies die
Trompeten und stimmte Gebetsrufe an. 34 Das Heer
des Timotheus erkannte nun, daß es der Makkabäer
sei; sie flohen vor ihm, und er brachte ihnen eine
gewaltige Niederlage bei. An jenem Tag fielen von
ihnen gegen achttausend Mann. 35 Da bog Judas ab
nach Alema, griff die Stadt an, eroberte sie, tötete
all ihre Männer, raffte ihre Beute an sich und
brannte sie nieder. 36 Er brach von da auf und er-
oberte Chaspho, Maked und Bosor sowie die übri-
gen Städte von Gilead.
37 Nach diesen Ereignissen sammelte Timotheus ein
anderes Heer. Er schlug ein Lager auf jenseits des
Flusses gegenüber Raphon. 38 Judas sandte Boten
aus, um das Lager auszuspionieren. Man meldete
ihm: »Alle Heidenvölker unserer Umgebung haben
sich bei ihm versammelt, ein furchtbar starkes
Heer. 39 Auch Araber sind zur Hilfe gedungen wor-
den. Sie lagern jenseits des Flusses, bereit, gegen
dich in den Kampf zu ziehen.« Da zog Judas ihnen
entgegen. 40 Timotheus sagte zu den Hauptleuten
seiner Heeresmacht, als sich Judas und sein Heer
dem Flusse näherten: »Wenn er noch vor uns den
Übergang vollzieht und auf uns zukommt, können
wir ihm nicht widerstehen, da er uns überlegen sein
wird. 41 Schreckt er aber zurück und bezieht er am
anderen Ufer des Flusses sein Lager, dann werden
wir in Richtung gegen ihn den Fluß überschreiten
und Herr über ihn werden.« 42 Als nun Judas an den
Fluß herangekommen war, stellte er die Aufseher
der Mannschaften am Fluß auf mit der Weisung:
»Laßt niemand sich lagern, sondern alle sollen in
den Kampf ziehen!« 43 So setzte er als erster über
und zog ihnen entgegen; das ganze Kriegsvolk
folgte ihm nach. Da wurden alle Heidenvölker von

ihm geschlagen, warfen ihre Waffen weg und
flohen in den Tempel von Karnajim. 44 Die Juden
eroberten die Stadt und brannten den Tempel mit
allen, die darin waren, nieder. So wurde Karnajim
gedemütigt. Man konnte vor Judas nicht mehr
länger Widerstand leisten.
45 Da ließ Judas alle Israeliten Gileads zusammen-
kommen vom kleinsten bis zum größten, ihre
Frauen und ihre Kinder und alles Hab und Gut, eine
sehr große Menschenmenge, um ins Land Juda zu
ziehen. 46 Man kam nach Ephron; das war eine
große Stadt, am Weg gelegen und sehr stark befe-
stigt. Man konnte weder rechts noch links an ihr
vorbeiziehen, mußte also mitten durch sie hin-
durchmarschieren. 47 Die Stadtbewohner versperr-
ten ihnen den Weg und verrammelten die Tore mit
Steinen. 48 Da schickte Judas zu ihnen, um ihnen in
friedlichen Worten sagen zu lassen: »Wir wollen
durch euer Gebiet ziehen, um in unser Land zu
kommen. Keiner soll euch etwas Böses antun, nur
hindurchziehen wollen wir.« Sie wollten ihm aber
nicht aufmachen. 49 Da ließ Judas im Heerlager ver-
künden, ein jeder solle dort haltmachen, wo er sich
gerade befände. 50 Die Streitkräfte machten also
halt; sie kämpften gegen die Stadt jenen ganzen Tag
und die ganze Nacht. Dann fiel die Stadt in seine
Gewalt. 51 Alles, was männlich war, ließ Judas mit
der Schärfe des Schwertes umbringen. Er zerstörte
die Stadt von Grund auf, raffte ihren Besitz an sich
und zog durch die Stadt über die Toten hinweg.
52 Dann überschritten sie den Jordan auf die große
Ebene von Bet-Schean zu. 53 Judas aber sammelte
immer wieder die Nachzügler und redete dem Volk
auf dem ganzen Weg zu, bis man in das Land Juda
kam. 54 Da zogen sie den Berg Sion hinauf in
Frohlocken und Freude und brachten Brandopfer
dar, weil kein einziger von ihnen bis zur glücklichen
Rückkehr umgekommen war.

Josephs und Azarias' Niederlage

55 In jenen Tagen, in denen Judas mit Jonatan in
Gilead war, und Simon, sein Bruder, vor Ptolemaïs
in Galiläa, 56 hörten Joseph, der Sohn des Zacharias,
und Azarias als Heerführer von den Waffentaten
und Kämpfen, die jene vollbracht hatten. 57 Sie spra-
chen: »Auch wir wollen uns Ruhm erwerben, aus-
ziehen und gegen die Heiden in unserer Umgebung
Krieg führen!« 58 Sie gaben den ihnen anvertrauten
Streitkräften Befehl und rückten gegen Jamnia vor.
59 Gorgias zog mit seinen Leuten vor die Stadt, um
ihnen im Kampf gegenüberzutreten. 60 Da wurden
Joseph und Azarias geschlagen. Man verfolgte sie
bis zum Gebiet von Judäa. Es fielen an jenem Tag
zweitausend Mann vom Volke Israel. 61 So erlitt
das Volk eine große Niederlage, weil sie auf Judas
und seine Brüder nicht gehört hatten, in der
Meinung, Heldentaten verrichten zu können. 62 Sie
entstammten nicht dem Geschlecht jener Männer,
denen die Rettung Israels in die Hand gegeben
war.

Erfolge des Judas im Süden und Westen

63 Judas aber und seine Brüder waren hochgeachtet
in ganz Israel und bei allen Heiden, wo immer man
ihre Namen hörte. 64 Man fand sich bei ihnen ein,
um Glück zu wünschen. 65 Dann zog Judas mit
seinen Brüdern aus und führte Krieg gegen die
Edomiter im Südland. Er schlug Hebron und seine
Tochterstädte. Auch vernichtete er die Befesti-
gungsanlagen der Stadt und steckte die Türme
rundherum in Brand. 66 Sodann brach er ins Phili-
sterland auf und zog durch Marisa. 67 An jenem Tag
fielen Priester im Kampf, die sich als besonders
tapfer zeigen wollten und in unüberlegter Weise in
den Kampf zogen. 68 Judas wandte sich gegen
Azotus im Lande der Philister; er vernichtete ihre
Altäre, verbrannte ihre Götzenstatuen, plünderte
die Ortschaften und kehrte ins Land Juda zurück.

Tod des Antiochus

6
1 König Antiochus hatte die oberhalb (des
Euphrat) gelegenen Länder durchzogen, als er
vernahm, daß Elimaïs, eine persische Stadt,
wegen ihres Reichtums, ihres Silbers und Goldes
berühmt sei, 2 daß das Heiligtum in der Stadt be-
sonders reich sei und goldene Harnische, Panzer
und Waffen besitze, die Alexander, der Sohn des
Philippus, der erste mazedonische König von Grie-
chenland, dort zurückgelassen habe. 3 Da zog er hin
und suchte die Stadt zu erobern und zu plündern; es
gelang ihm aber nicht, weil sein Vorhaben den
Bürgern der Stadt bekanntgeworden war. 4 Sie stell-
ten sich ihm zum Kampf. Er floh und zog von dort
tiefbetrübt nach Babylon zurück. 5 Da kam jemand,
der ihm nach Persien meldete, daß die Heere, die
gegen das Land Juda gezogen waren, geschlagen
worden seien, 6 daß Lysias zwar an der Spitze einer
gewaltigen Heeresmacht ausgezogen, aber von
ihnen geschlagen worden sei, daß die Juden stark
aufgeholt hätten an Waffen und Streitkräften sowie
an reicher Beute, die sie von den eroberten Heer-
lagern erworben hätten, 7 daß sie auch den Greuel,
den er auf dem Altar in Jerusalem errichtet hatte,
niedergerissen und das Heiligtum wie ehedem mit
hohen Mauern ringsum versehen hätten, desglei-
chen auch seine Stadt Betsur.

8 Als nun der König diese Nachrichten vernahm, er-
schrak er und wurde gar tief erschüttert. Er mußte
sich zu Bett legen und verfiel vor Kummer in eine
Krankheit, weil es ihm nicht nach Wunsch gegan-
gen war. 9 Mehrere Tage lag er darnieder, da ihn
immer wieder großer Schmerz anfiel. Er merkte,
daß er sterben müsse. 10 Deshalb rief er alle seine
vertrauten Freunde herbei und sprach zu ihnen:
»Meine Augen finden keinen Schlaf mehr, und vor
Kummer bin ich seelisch zusammengebrochen.
11 Da sagte ich mir: In welche Drangsal und in
welch große Verwirrung bin ich hineingeraten und
stecke jetzt darin! Ich war doch rechtschaffen und
beliebt, solange ich regierte. 12 Jetzt aber gedenke
ich der üblen Taten, die ich in Jerusalem voll-
brachte. Alle silbernen und goldenen Geräte, die es
dort gab, habe ich weggenommen und sandte ein
Heer aus, die Bewohner Judas ohne jeglichen Grund
zu vertilgen. 13 Ich sehe ein, daß mich deswegen
dieses Unglück traf. Ja, ich muß in großer Trübsal
in fremdem Lande zugrunde gehen.« 14 Da ließ er
den Philippus, einen seiner Freunde, rufen; diesen
stellte er an die Spitze seines ganzen Reiches. 15 Er
gab ihm den Stirnreif, seinen Purpurmantel und den
Siegelring, damit er die Erziehung seines Sohnes
Antiochus leite und ihn auf das Amt des Königs vor-
bereite. 16 Dann starb Antiochus dortselbst im Jahre
149. 17 Als nun Lysias erfuhr, daß der König tot sei,
machte er dessen Sohn Antiochus, den er als Un-
mündigen erzogen hatte, zum König. Er nannte ihn
Eupator.

Belagerung der Burg von Jerusalem

18 Die Burgbesatzung aber behinderte die Israeliten
rings um das Heiligtum. Auch waren sie bestrebt,
überall Schaden anzurichten; für die Heiden aber
waren sie ein Rückhalt. 19 Judas faßte den Ent-
schluß, sie zu vernichten, weshalb er zur Belage-
rung alles Kriegsvolk zusammenrief. 20 Da versam-
melten sie sich insgesamt und begannen im Jahre
150 die Belagerung. Er ließ Schießtürme und Be-
lagerungsmaschinen aufstellen. 21 Einigen aus der
Burgbesatzung gelang es, den Ring zu durchbre-
chen. Ihnen schlossen sich Gottlose aus Israel an.
22 Sie gingen zum König und sprachen: »Wie lange
noch wirst du das Gericht und die Rache für unsere
Brüder aufschieben? 23 Wir waren gern Untertanen
deines Vaters, folgten seinen Geboten und richteten
uns nach seinen Weisungen. 24 Darum eben haben
die Söhne unseres Volkes rings um die Burg einen
Ring geschlossen und sind uns feind geworden. Ja,
alle aus uns, die sie trafen, wurden getötet, und
unsere Habe raubte man. 25 Nicht nur gegen uns
allein haben sie die Hand ausgestreckt, sondern
auch gegen alle Grenzgebiete. 26 Zur Zeit belagern
sie die Burg in Jerusalem, um sie einzunehmen. Den
heiligen Bezirk und Betsur haben sie befestigt.
27 Wenn du ihnen nicht rasch zuvorkommst, wer-
den sie noch größere Taten vollbringen, und du
wirst nicht mehr imstande sein, ihnen Einhalt zu
gebieten.«

Antiochus Eupator gegen Judas

28 Sobald der König hiervon hörte, ergrimmte er. Er
versammelte alle seine Vertrauten, die Führer seines
Heeres und die Obersten der Reiterei. 29 Auch aus
anderen Reichen und von den Inseln der Meere
kamen Söldnertruppen zu ihm. 30 Die Anzahl seiner
Streitkräfte belief sich auf hunderttausend Fuß-
soldaten und zwanzigtausend Reiter nebst zwei-
unddreißig zum Kampf abgerichteten Elefanten.
31 Sie zogen durch Idumäa und lagerten gegenüber
Betsur. Viele Tage kämpften sie und machten sich
Belagerungsmaschinen. Die Belagerten aber ver-
brannten diese bei einem Ausfall und kämpften
tapfer.

32 Judas aber brach von der Burg aus und lagerte
bei Bet-Sacharja gegenüber dem königlichen Heer-
lager. 33 Am nächsten Morgen in der Frühe ließ der
König das Heer schleunigst in Richtung auf Bet-
Sacharja aufbrechen. Die Streitkräfte aber wurden
in Schlachtordnung aufgestellt, und man blies die
Trompeten. 34 Den Elefanten gab man Saft von
Weintrauben und Maulbeeren, um sie zum Kampf
anzureizen. 35 Man verteilte die Tiere in die
Schlachtreihen und gab jedem Elefanten tausend
Männer bei, die in Kettenpanzer gehüllt waren und
eherne Helme trugen. Zudem waren jedem Tier
fünfhundert ausgewählte Reiter beigesellt. 36 Diese
waren schon vorher immer da, wo das Tier sich auf-
hielt; und wohin es lief, dahin eilten sie mit; sie
ließen also nie von ihm ab. 37 Auf jedem der Tiere
waren starke hölzerne Türme, die Deckung boten;
sie waren auf den Tieren mit besonderen Vorrich-
tungen angebracht. Auf jedem befanden sich vier
Mann, die darauf kämpften; dazu kam der Inder als
Lenker. 38 Die übrige Reiterei stellte er verteilt an die
beiden Flügel des Heeres, um abzuschrecken und
die Flanken zu decken. 39 Als nun die Sonne ihren
Schein auf die goldenen und ehernen Schilde warf,
blitzten die Berge davon auf und leuchteten wie
Feuerfackeln. 40 Ein Teil der königlichen Streitmacht
verteilte sich auf die Höhen der Berge, andere Teile
über die Ebene, so daß sie sicher und geordnet
vorrücken konnten. 41 Alle gerieten in Verwirrung,
als sie das Dröhnen ihrer Scharen, das Heran-

marschieren der Menge und das Waffengeklirr
hörten; denn das Heer war sehr groß und stark.
42 Judas aber näherte sich mit seinem Heer zum
Kampf. Es fielen vom Heer des Königs sechshundert
Mann. 43 Eleasar Avaran erblickte eines von den
Tieren, das königlichen Panzerschmuck trug. Es
überragte alle anderen Tiere. Da glaubte er, darauf
befinde sich der König. 44 Und er opferte sich selbst,
um sein Volk zu retten und sich ewigen Ruhm zu
sichern. 45 Er lief mutig auf das Tier zu mitten in die
Schlachtreihe hinein, tötete, was rechts und links
war, so daß vor ihm auf beiden Seiten freier Raum
entstand. 46 Er warf sich unter den Elefanten, durch-
bohrte ihn von unten her und tötete ihn. Er stürzte
über ihm zusammen, und Eleasar fand ebenda den
Tod. 47 Als die Juden die königliche Macht und den
Ansturm der Streitkräfte gewahrten, wichen sie vor
ihnen zurück.

Friedensschluß

48 Die Truppen des königlichen Heeres zogen
gegen Jerusalem, und der König schritt zum Kampf
gegen Judäa und den Berg Sion. 49 Er schloß Frieden
mit den Leuten von Betsur. Diese gaben die Stadt
auf, weil sie für eine längere Belagerung nicht aus-
reichende Verpflegung hatten. Für das Land war
nämlich Sabbatzeit. 50 Der König nahm Betsur ein
und legte eine Besatzung hinein, es zu sichern.
51 Lange Zeit belagerte er das Heiligtum. Er ließ
Schießtürme und Belagerungsmaschinen aufstellen,
Feuerwerfer, Steinwerfer, Skorpione für den Ab-
schuß von Pfeilen sowie Schleudergeräte. 52 Auch
die Juden errichteten Maschinen als Gegenmaß-
nahme. Lange Zeit hindurch kämpfte man. 53 Da
gab es aber keinen Mundvorrat mehr in den Behäl-
tern, weil ja ein Sabbatjahr war. Auch hatten die,
welche vor den Heidenvölkern nach Judäa geflohen
waren, den Rest der Vorräte verbraucht. 54 Nur we-
nige Krieger waren beim Heiligtum zurückgeblie-
ben; weil der Hunger sie bezwungen hatte, zer-
streuten sie sich, ein jeder in seine Heimat.
55 Da hörte Lysias, daß Philippus, den der König
Antiochus noch zu Lebzeiten dazu bestellt hatte,
seinen Sohn Antiochus für das Herrscheramt zu
erziehen, 56 aus Persien und Medien zusammen mit
den Streitkräften, die mit dem König gezogen
waren, heimgekehrt sei; ferner hörte er, daß jener
danach trachte, die Regierung zu übernehmen.
57 Nun hatte er es eilig und war geneigt abzuziehen.
Er sagte zum König, zu den Heerführern und Mann-
schaften: »Tag um Tag werden wir schwächer,
unsere Verpflegung ist wenig, auch ist der Ort, den
wir belagern, befestigt. Auf uns aber ruht die Ver-
antwortung für das Reich. 58 Reichen wir also die-
sen Leuten die Hand, schließen wir Frieden mit
ihnen und ihrem ganzen Volk! 59 Wir wollen ihnen
zugestehen, daß sie nach ihren Gesetzen wie früher
leben können; denn nur ihrer Gesetze wegen, die
wir für ungültig erklärt haben, sind sie in Erbitte-
rung geraten und haben all das angerichtet.«
60 Der König und die Heerführer waren mit dem
Vorschlag einverstanden. Er schickte zu den Juden
Boten ab, um über den Frieden zu verhandeln.
Diese willigten ein. 61 Der König und die Heerführer
leisteten ihnen den Eid. Daraufhin verließen sie die
Festung. 62 Der König zog auf den Berg Sion. Als er
aber die Befestigung des Ortes wahrnahm, brach er
den geleisteten Eid und ließ die Mauer ringsum
niederlegen. 63 Dann brach er eilends auf und kehrte
nach Antiochien zurück. Dort fand er den Philippus
als Herrn der Stadt. Er kämpfte gegen ihn und nahm
die Stadt mit Gewalt ein.

6,43: Eleasar mit dem Beinamen Avaran war ein Bruder des Judas (2,5).

Alkimus, der Hohepriester

7
1 Im Jahre 151 verließ Demetrius, der Sohn
des Seleukus, Rom, ging mit wenigen Leuten
in eine Stadt am Meer und trat dort als König
auf. 2 Als er nun in den königlichen Palast seiner
Väter einzog, ergriffen seine Truppen den Antio-
chus und Lysias, um sie ihm vorzuführen. 3 Als ihm
der Vorfall mitgeteilt wurde, sprach er: »Zeigt mir
nicht ihr Antlitz!« 4 Sie wurden von den Truppen
getötet, und Demetrius bestieg seinen königlichen
Thron. 5 Zu ihm kamen aber alle abtrünnigen und
gottlosen Männer aus Israel, an ihrer Spitze Alki-
mus, der Hoherpriester werden wollte. 6 Sie ver-
klagten das Volk beim König: »Judas und seine Brü-
der haben alle deine Freunde umgebracht und uns
selbst aus unserer Heimat vertrieben. 7 Bestelle nun
einen Mann, dem du trauen kannst! Er möge kom-
men und sich die ganze Verwüstung ansehen, die
Judas uns und dem Land des Königs angetan hat. Er
bestrafe sie und alle, die ihnen geholfen haben.«
8 Der König erwählte sich den Bakchides, einen
seiner Vertrauten. Er war Herr über ein Gebiet jen-
seits des Stromes, im Reich mächtig und dem König
treu ergeben. 9 Ihn und den frevelhaften Alkimus
schickte der König hin. Letzterem versprach er auch
die Hohepriesterwürde und befahl ihm, an den
Israeliten Rache zu nehmen. 10 Sie brachen auf und
kamen mit einem großen Heer ins Land Juda. Da
schickte Bakchides an Judas und seine Brüder Ge-
sandte, die in hinterlistiger Weise von Frieden rede-

ten. 11 Sie aber gaben nichts auf ihre Reden; denn sie merkten, daß jene mit einem großen Heer gekommen waren. 12 Bei Alkimus und Bakchides trat eine Versammlung von Schriftgelehrten zusammen, um eine gerechte Lösung zu suchen. 13 An erster Stelle standen unter den Israeliten die Asidäer. Diese suchten ein friedliches Einvernehmen mit ihnen. 14 Sie sagten nämlich: »Ein Priester aus Aarons Stamm kam mit den Truppen; er wird uns nicht ungerecht behandeln.« 15 Alkimus redete mit ihnen Worte des Friedens und versicherte ihnen unter Eid: »Wir werden euch und euren Freunden nichts Übles antun.« 16 Sie vertrauten ihm. Da ließ er aus ihnen sechzig Mann verhaften und an einem Tag hinrichten, genau nach dem Wort, das geschrieben steht: 17 »Die Leiber deiner Frommen und ihr Blut versprengten sie rings um Jerusalem. Niemanden gab es, der sie begrub.« 18 Furcht und Schrecken vor ihnen befiel das ganze Volk. Denn man mußte sich sagen: »Sie kennen keine Treue und keine Gerechtigkeit; sie haben die Vereinbarung und den geschworenen Eid gebrochen.« 19 Bakchides zog von Jerusalem ab und lagerte bei Bet-Zaït. Er sandte hin und ließ viele der Männer verhaften, die einst mit ihm übergelaufen waren, dazu auch einige aus dem Volk. Über der großen Zisterne ließ er sie hinrichten.

20 Das Land unterstellte er dem Alkimus und ließ zu seinem Schutz eine Streitmacht zurück. Bakchides begab sich zum König. 21 Alkimus kämpfte hart um die Hohepriesterwürde. 22 Alle jene, die ihr Volk in Unruhe stürzten, schlossen sich ihm an. Sie eroberten das Land Juda und versetzten Israel einen schweren Schlag. 23 Judas sah das Unheil, das Alkimus und seine Anhänger unter den Israeliten in schlimmerem Maße als die Heiden anrichteten. 24 Da zog er im ganzen Gebiet Judäas umher und vollzog Rache an den Männern, die abtrünnig geworden waren. Sie wurden gehindert, im Lande herumzuziehen. 25 Als nun Alkimus sah, daß Judas und die Seinen an Macht gewannen, und erkannte, daß er ihnen nicht standhalten könne, kehrte er zum König zurück und klagte sie arger Vergehen an.

Ergebnisloser Feldzug des Nikanor

26 Da sandte der König den Nikanor, einen seiner angesehensten Fürsten, einen Hasser und Feind Israels. Er beauftragte ihn damit, das Volk auszurotten. 27 Nikanor kam mit großer Heeresmacht nach Jerusalem. Er sandte an Judas und seine Brüder in hinterlistiger Weise folgende friedlich klingende Nachricht: 28 »Zwischen mir und euch soll es keinen Kampf geben! Mit nur wenigen Leuten will ich hinaufziehen, um euch in Frieden zu treffen.« 29 Er kam zu Judas; sie begrüßten sich gegenseitig mit friedlichen Zusicherungen; die Feinde aber waren bereit, den Judas gewaltsam zu entführen. 30 Judas erkannte, daß er nur hinterlistig zu ihm gekommen war. So ging er ihm aus dem Weg und wollte ihn nicht mehr treffen. 31 Als nun Nikanor wahrnahm, daß seine Absicht durchschaut war, zog er aus, um sich mit Judas bei Chapharsalama im Kampfe zu messen. 32 Von den Leuten des Nikanor fielen gegen fünfhundert Mann. Man flüchtete sich in die Davidsstadt. 33 Danach begab sich Nikanor auf den Berg Sion. Da kamen einige Priester aus dem Heiligtum und einige von den Ältesten des Volkes heraus, um ihn freundlich zu begrüßen und ihm das Brandopfer zu zeigen, das für den König dargebracht wurde. 34 Er jedoch verhöhnte sie, lachte sie aus, beschimpfte sie und führte überhebliche Reden. 35 Unter Zornesausbrüchen schwur er: »Werden Judas und sein Heer mir nicht sofort überliefert, dann werde ich dieses Haus anzünden, wenn ich gesund heimkehre.« Er ging in großem Zorn von dannen.

36 Da gingen die Priester hinein, stellten sich vor dem Opferaltar und dem Tempel auf, weinten und riefen: 37 »Du selbst hast dieses Haus erwählt, daß es nach deinem Namen benannt werde und ein Haus des Betens und Flehens sei für dein Volk. 38 Vollziehe die Rache an diesem Menschen und an seinem Heer! Durch das Schwert sollen sie fallen! Denke an ihre Lästerungen und gib ihnen kein Bestehen!« 39 Nikanor verließ Jerusalem und bezog Lager in Bet-Choron. Eine syrische Streitmacht stieß zu ihm. 40 Judas schlug bei Adasa mit dreitausend Mann ein Lager auf. Judas betete und sprach: 41 »Die königlichen Abgesandten sprachen einst Lästerungen aus; da kam dein Engel herab und schlug von ihnen hundertfünfundachtzigtausend Mann. 42 Ebenso vernichte heute dieses Heer vor uns, alsdann werden die Übrigbleibenden erkennen, daß Nikanor Lästerungen gegen dein Heiligtum geredet hat. Geh mit ihm ins Gericht entsprechend seiner Schlechtigkeit!«

43 Am dreizehnten Adar gerieten die Heere in Kampf miteinander. Das Heer des Nikanor wurde aufgerieben. Er selbst fiel als erster im Kampf. 44 Als nun sein Heer merkte, daß Nikanor gefallen war, warfen sie die Waffen weg und flohen. 45 Man verfolgte sie einen Tagemarsch weit von Adasa bis in die Nähe von Geser. Hinter ihnen her blies man Signaltrompeten. 46 Da kamen die Leute aus allen Dörfern Judäas ringsum und überholten ihre Flan-

ken. Nun kehrten sich die einen gegen die anderen.
Sie fielen alle durch das Schwert; nicht einer von
ihnen blieb übrig. 47 Beute und Plünderungsgut
raffte man zusammen. Dem Nikanor schnitten sie
den Kopf und die rechte Hand ab, die er frevelnd er-
hoben hatte. Man nahm sie mit und hängte sie bei
Jerusalem auf. 48 Das Volk aber war sehr erfreut und
feierte diesen Tag als großen Freudentag. 49 Man
beschloß, diesen Tag alljährlich am dreizehnten
Adar zu begehen. 50 Das Land Juda hatte für kurze
Zeit Ruhe.

7,34f.: Nikanors überhebliches Auftreten forderte die Strafe heraus. • 37: Vgl. 1 Kön 8,43; Is 56,7. • 40: Vgl. 2 Kön 19,35.

Die Macht der Römer

8 1 Judas hörte vom ruhmvollen Namen der
Römer: daß sie stark und mächtig wären,
allen ihren Bundesgenossen wohlwollend be-
gegneten, mit allen ihren Verbündeten Freundschaft
schlössen, ja, daß sie stark und mächtig wären.
2 Man erzählte ihm von ihren Kriegen und Helden-
taten, die sie gegen die Galater vollbrachten, daß sie
über jene Herr geworden und sie tributpflichtig ge-
macht hätten, 3 was sie des weiteren in Spanien
geleistet hätten, um sich dort die Silber- und Gold-
bergwerke zu sichern, 4 daß sie das ganze Land
durch ihre Klugheit und Ausdauer in feste Hand be-
kommen hätten, obwohl jenes Land von ihnen weit
abgelegen wäre. Auch von den Königen erzählte
man, die von den Enden der Erde gegen sie heran-
gezogen wären, bis sie diese vernichtet und ihnen
eine schwere Niederlage beigebracht hätten, wäh-
rend die übrigen Jahr für Jahr Tribut leisteten.
5 Auch den Philippus und den Perseus, einen König
der Kittäer, samt allen, die sich gegen sie erhoben,
hätten sie im Kampf überwältigt und unterjocht.
6 Selbst Antiochus, der Großkönig von Asien, der
mit hundertzwanzig Elefanten, mit Reiterei und
Kriegswagen, mit einer ungeheuer großen Streit-
macht gegen sie marschierte, wurde vernichtend
von ihnen geschlagen. 7 Man nahm ihn lebendig ge-
fangen, legte ihm und seinen Nachfolgern in der
Königswürde gewaltigen Tribut auf und ließ ihn
Geiseln stellen sowie Gebiete abtreten: 8 Indien,
Medien und Lydien, Teile seiner schönsten Länder.
Die Römer nahmen sie ihm ab und gaben sie dem
König Eumenes. 9 Ferner (erfuhr Judas), daß sich die
Griechen entschlossen hätten, zu kommen und die
Römer zu vernichten. 10 Als diese davon erfuhren,
hätten sie einen Feldherrn gegen die Griechen ge-
sandt und Krieg gegen sie geführt. Sehr viele von
ihnen seien erschlagen worden und gefallen. Man
habe ihre Frauen und Kinder gefangen fortgeführt,
sie ausgeplündert, sich des Landes bemächtigt, ihre
Festungen zerstört und sie bis zum heutigen Tag
unterjocht. 11 Und was ihnen sonst an Königreichen
und Inseln widerstand, hätten sie vernichtet und
unterjocht.
Mit ihren Freunden dagegen und mit denen, die
sich auf sie stützten, hielten sie Freundschaft. 12 Sie
seien die Herren über die Könige von nah und fern,
und wer immer von ihrem ruhmvollen Namen
höre, habe Furcht vor ihnen. 13 Alle, die sie unter-
stützen und zur Herrschaft bringen wollten, ge-
langten auch zur Herrschaft, doch wen sie absetzen
wollten, setzten sie ab. So seien sie zuhöchst
emporgestiegen. 14 Und bei alldem habe auch nicht
einer von ihnen eine Krone aufgesetzt oder ein Pur-
purgewand getragen, um darin zu prangen. 15 Viel-
mehr hätten sie sich eine Ratsversammlung ge-
schaffen, und täglich säßen dreihundertzwanzig
Männer in der Versammlung, um sich dauernd über
die Bevölkerung und ihr Wohl zu beraten. 16 Einem
einzigen Mann vertrauten sie für je ein Jahr die
Herrschaft über sich und die Regierung über ihr
ganzes Land an. Alle hörten auf den einen, und es
gäbe keinen Neid und keine Eifersucht unter ihnen.

Judas' Bündnis mit Rom

17 Judas erwählte sich den Eupolemus, den Sohn des
Johannes, den Enkel des Akkos, und den Jason,
den Sohn des Eleasar, und schickte sie nach Rom,
um Freundschaft und Bundesgenossenschaft zu
schließen. 18 Auch sollten ihnen die Römer das Joch
abnehmen, wenn sie sähen, wie das Königreich der
Griechen Israel knechte. 19 Die Gesandten reisten
nach Rom. Der Weg war sehr weit. Sie wurden zur
Ratsversammlung vorgelassen und gaben folgende
Auskunft: 20 »Judas Makkabäus und seine Brüder
und das ganze Volk der Juden haben uns zu euch
geschickt, um mit euch Bundesgenossenschaft und
Friedensvereinbarung zu schließen. Wir möchten
als eure Bundesgenossen und Freunde eingetragen
werden.«
21 Diese Rede fand ihr Wohlgefallen. 22 Dies ist die
Abschrift der Urkunde, die sie auf eherne Tafeln
schrieben und nach Jerusalem sandten, damit sie
dort bei ihnen ein Erinnerungszeichen der Friedens-
vereinbarung und der Bundesgenossenschaft wäre:
23 »Den Römern und dem Volk der Juden möge es
zu Wasser und zu Land immerdar gut gehen!
Schwert und Feind seien ihnen fern! 24 Sollte aber
den Römern oder einem ihrer Verbündeten in ihrem
ganzen Herrschaftsbereich zuerst Krieg drohen,
25 dann wird das jüdische Volk willig mit in den

Kampf eintreten, wie es von ihm die Zeitumstände
erfordern. 26 Und den Angreifern werden sie weder
Getreide liefern noch Waffen, Geld oder Schiffe zur
Verfügung stellen, wie es Rom gutdünkt. Sie wer-
den aber, ohne etwas dafür zu nehmen, ihre
Verpflichtungen einhalten. 27 Für den Fall aber, daß
zuerst für das Volk der Juden ein Krieg entsteht,
werden die Römer bereitwillig Waffenhilfe leisten,
wie es die Zeitumstände von ihnen erfordern.
28 Den Feinden soll kein Getreide, keine Bewaff-
nung, kein Geld, kein Schiff geliefert werden, wie
es Rom gutdünkt. Sie werden diese Verpflichtungen
ohne Hinterlist wahrnehmen. 29 Gemäß diesen Ver-
einbarungen schlossen die Römer mit dem jüdi-
schen Volk einen Vertrag. 30 Wenn aber die einen
oder die anderen sich dazu entschließen, nachträg-
lich etwas hinzuzusetzen oder zu streichen, so sol-
len sie es nach gemeinsamem Einverständnis tun!
Was sie hinzufügen oder abstreichen, soll Gültig-
keit haben! 31 Dem König Demetrius haben wir
wegen der Übeltaten, die er an ihnen vollführt, ge-
schrieben: ›Warum hast du ein so schweres Joch
unseren Freunden und jüdischen Bundesgenossen
auferlegt? 32 Wenn sie gegen dich noch einmal
etwas vorbringen, so werden wir ihnen Recht ver-
schaffen und mit dir zu Wasser und zu Land Krieg
führen.‹«

8,1–16: Im allgemeinen, nicht in allen Einzelheiten, gut geschildert.

Die Niederlage des Judas

9 1 Demetrius hörte, daß Nikanor mit seiner
Streitmacht im Kampf gefallen sei. Da
schickte er zum zweitenmal den Bakchides
und den Alkimus gegen Judäa und die südliche
Heeresabteilung mit ihnen. 2 Sie machten sich auf
den Weg nach Galgala, bezogen vor Maisalot in
Arbela Lager, eroberten es und brachten viele Men-
schen ums Leben. 3 Im ersten Monat des Jahres
hundertzweiundfünfzig lagerten sie bei Jerusalem.
4 Dann brachen sie wieder auf und marschierten auf
Berea zu mit zwanzigtausend Mann Fußvolk und
zweitausend Berittenen. 5 Judas hatte sein Lager in
Elasa aufgeschlagen, und dreitausend auserwählte
Männer waren bei ihm. 6 Als nun die Juden die
große Menge der Streitkräfte sahen, gerieten sie in
arge Furcht. Viele flohen aus dem Lager, und es blie-
ben nur gegen achthundert Mann übrig.
7 Da nun Judas sah, daß sein Lager in Auflösung be-
griffen war, der Kampf aber unmittelbar bevor-
stand, wurde er im Herzen sehr bekümmert, weil er
keine Zeit mehr fand, die Leute zusammenzuholen.
8 In großer Aufregung sagte er zu den Übriggeblie-
benen: »Auf, ziehen wir gegen unsere Feinde! Viel-
leicht vermögen wir doch, sie zu bekämpfen!« 9 Sie
aber widerrieten ihm und sagten: »Wir können es
nicht! Vielmehr müssen wir jetzt unser eigenes
Leben in Sicherheit bringen. Wir kehren mit unse-
ren Brüdern zurück, und dann können wir gegen sie
ankämpfen; allein sind unser zu wenige.« 10 Da
sagte Judas: »Niemals wollen wir vor ihnen fliehen!
Wenn unsere Zeit herangekommen ist, wollen wir
mannhaft für unsere Brüder sterben und keinen
Makel auf unserem Ruhm lassen.«
11 Die Streitmacht brach vom Lager auf und nahm
ihnen gegenüber Aufstellung. Die Reiterei war in
zwei Teile geteilt; die Schleuderer und Bogenschüt-
zen zogen voran, desgleichen alle die tapferen Vor-
kämpfer. Bakchides aber befand sich auf dem rech-
ten Flügel. 12 Die Schlachtreihe rückte von beiden
Seiten heran; man blies die Trompeten. Auch die
Männer um Judas ließen Trompetenschall ertönen.
13 Der Boden zitterte unter dem Getöse der Kriegs-
scharen. Der Kampf dauerte von der Morgenfrühe
bis zum Abend. 14 Judas sah, daß sich Bakchides und
der Kern der Truppen auf der rechten Seite befan-
den; es sammelten sich um ihn alle, die Mut im
Herzen hatten. 15 Der rechte Flügel wurde von ihnen
zerschlagen. Er verfolgte sie bis hin zum Gebirge
von Azotus. 16 Als nun die vom linken Flügel sahen,
daß der rechte Flügel aufgerieben sei, machten sie
kehrt und folgten von rückwärts Judas und den
Seinen auf dem Fuße nach. 17 Der Kampf wurde
hart, und es gab auf beiden Seiten zahlreiche Gefal-
lene. 18 Da fiel auch Judas, und die anderen ergriffen
die Flucht. 19 Jonatan und Simon hoben ihren Bruder
Judas auf und bestatteten ihn in der väterlichen
Grabstätte in Modeïn. 20 Ganz Israel beweinte und
betrauerte ihn gar sehr. Viele Tage blieben sie in
Trauer und riefen: 21 »Warum mußte fallen ein Held,
ein Retter Israels?« 22 Die übrige Geschichte des
Judas, die Kriegsleistungen und Heldentaten, die er
vollbracht, und seine großen Werke, all das wurde
nicht aufgezeichnet; denn es war zu viel.

Jonatan, der Führer

23 Nach dem Tode des Judas erhoben die Abtrün-
nigen in allen Gebieten Israels wiederum ihr Haupt,
und alle Übeltäter wagten sich ans Licht. 24 In jenen
Tagen entstand nun eine fürchterliche Hungersnot,
so daß zusammen mit ihnen auch das Land abfiel.
25 Bakchides wählte sich die gottlosen Männer aus
und machte sie zu Herren des Landes. 26 Sie spürten
die Anhänger des Judas auf und führten sie dem
Bakchides zu. Er strafte und verspottete sie. 27 Eine
große Drangsal entstand in Israel, wie noch keine

gewesen war, seitdem kein Prophet mehr unter ihnen auftrat. 28 Da taten sich alle Anhänger des Judas zusammen und sprachen zu Jonatan: 29 »Seit dein Bruder Judas dahinging, gibt es keinen mehr, der es ihm gleichtäte, um gegen die Feinde und Bakchides und gegen die Widersacher unseres Volkes vorzugehen. 30 Darum erwählen wir dich heute, damit du an seiner Stelle Leiter und Anführer in unseren Kriegen seiest.« 31 Jonatan übernahm zu jener Zeit den Oberbefehl und trat an die Stelle seines Bruders Judas.

Jonatan im Einsatz

32 Davon erhielt Bakchides Kunde und suchte ihn zu töten. 33 Als Jonatan und sein Bruder Simon mit all ihrem Anhang davon erfuhren, flohen sie in die Wüste von Tekoa und nahmen ihren Aufenthalt beim Wasser der Zisterne Asphar. 34 Bakchides erfuhr davon am Sabbattag. Er zog mit seiner ganzen Heeresmacht auf die andere Seite des Jordans. 35 Jonatan hatte seinen Bruder als Anführer des Trosses ausgesandt und die Nabatäer als seine Freunde gebeten, bei ihnen ihr zahlreiches Kriegsgerät niederlegen zu dürfen. 36 Da zogen die Jambriter von Medaba aus, ergriffen den Johannes und alles, was er besaß, und zogen damit von dannen. 37 Nach diesen Begebenheiten wurde dem Jonatan und seinem Bruder Simon gemeldet, daß die Jambriter eine große Hochzeit feierten und die Braut, die Tochter eines der angesehensten Vornehmen Kanaans, mit großem Geleit von Nadabat einholten. 38 Da wurden sie des Blutes ihres Bruders Johannes eingedenk, zogen hinauf und verbargen sich in einer Bergschlucht. 39 Sie erhoben ihre Augen, schauten und nahmen viel Lärm und einen großen Aufzug wahr: Der Bräutigam samt seinen Freunden und Brüdern kam ihnen entgegen mit Pauken, Musikinstrumenten und vielen Waffen. 40 Da warfen sich jene aus dem Hinterhalt auf sie und töteten sie. Es gab viele Erschlagene. Die Überlebenden aber flohen in das Gebirge, und man bemächtigte sich ihrer ganzen Habe. 41 Die Hochzeit ward in Trauer verwandelt, in Klage der Ton ihrer Musikinstrumente. 42 So rächten sie das Blut ihres Bruders. Dann zogen sie sich in das Sumpfgelände des Jordans zurück. 43 Das vernahm Bakchides. Er kam am Sabbattag mit großem Aufgebot bis zum Ufer des Jordans. 44 Jonatan sprach zu seinen Männern: »Auf, kämpfen wir für unser Leben; denn heute ist es nicht so wie gestern und vorgestern. 45 Der Kampf droht ja vor uns und hinter uns, das Wasser des Jordans ist hier und dort, dazu noch Sumpfgelände und Dickicht. Keine Stelle ist da, um auszuweichen. 46 Schreit nun zum Himmel, damit ihr aus der Gewalt eurer Feinde errettet werdet!« 47 Es entbrannte der Kampf. Jonatan streckte seine Hand aus, den Bakchides zu schlagen. Dieser aber wich vor ihm aus. 48 Nun stürzten sich Jonatan und die Seinen in den Jordan und schwammen hinüber. Die Gegner aber überschritten den Jordan nicht, um sie zu verfolgen. 49 Es fielen von den Truppen des Bakchides an jenem Tag gegen tausend Mann. 50 Darauf wandte er sich nach Jerusalem. Man errichtete befestigte Städte in Judäa: die Festung bei Jericho, ferner Emmaus und Bet-Choron, Betel und Tamnata, Pharaton und Tephon, jeweils mit hohen Mauern, Toren und Riegeln. 51 Auch belegte er sie mit einer Besatzung, um Israel zu bekämpfen. 52 Er befestigte die Städte Betsur und Geser und die Burg; er legte Streitkräfte hinein und Vorräte an Lebensmitteln. 53 Die Söhne der Vornehmen des Landes nahm er als Geiseln und legte sie in der Burg von Jerusalem in Gewahrsam.

Makkabäerpartei gegen Griechen

54 Im zweiten Monat des Jahres 153 befahl Alkimus, die Mauer des inneren Tempelhofes niederzulegen. Er zerstörte die Werke der Propheten und ließ mit dem Niederreißen beginnen. 55 Genau zu jener Zeit erlitt Alkimus einen Schlaganfall, und sein Unternehmen wurde verhindert. Sein Mund ward verschlossen, er wurde gelähmt und konnte kein Wort mehr sprechen und keine Verfügung über sein Hauswesen treffen. 56 Alkimus starb um jene Zeit unter großen Qualen.

57 Als Bakchides sah, daß Alkimus tot war, kehrte er zum König zurück. Das Land Juda hatte zwei Jahre lang Ruhe. 58 Alle Abtrünnigen beratschlagten jedoch und meinten: »Seht, Jonatan und seine Partei leben in Ruhe und Sicherheit. Wir wollen Bakchides herbeiholen, damit er sie alle in einer Nacht festnehme!« 59 Sie zogen also los und berieten sich mit ihm. 60 Er machte sich auf, um mit einer großen Truppenmacht zu kommen. Heimlich sandte er allen seinen Bundesgenossen in Judäa Briefe, daß sie Jonatan und seine Anhänger verhaften sollten. Sie vermochten es aber nicht, weil ihr Vorhaben bekanntgeworden war. 61 Die Makkabäer nahmen von den Bewohnern des Landes, den Vorkämpfern der Bosheit, gegen fünfzig Mann gefangen und töteten sie. 62 Jonatan und Simon samt ihren Anhängern zogen sich nach Bet-Besseï in die Wüste zurück. Er baute seine Ruinen wieder auf und machte es zur Festung.

63 Als Bakchides davon erfuhr, zog er seine ganze Streitmacht zusammen und bot auch die Leute aus

Judäa auf. 64 Nach seiner Ankunft belagerte er Bet-
Besseï und bekämpfte die Stadt lange Zeit. Er ließ
auch Belagerungsmaschinen bauen. 65 Jonatan ließ
seinen Bruder Simon in der Stadt zurück und zog
mit nur wenigen Leuten auf das Land hinaus. 66 Er
erschlug den Odomera und seine Brüder und die
Phasiriten in ihrem Zeltlager. So begannen sie zu
siegen, und ihre Streitkräfte nahmen zu. 67 Da
machten Simon und die Seinigen einen Ausfall
aus der Stadt und verbrannten die Belagerungsma-
schinen. 68 Sie kämpften gegen Bakchides, besieg-
ten ihn und brachten ihn in große Verlegenheit,
weil seine Absicht und sein Feldzug zunichte ge-
worden waren. 69 Sein Zorn wandte sich gegen die
Abtrünnigen, die ihm den Rat erteilt hatten, in das
Land zu kommen. Viele von ihnen ließ er hinrich-
ten; dann faßte er den Entschluß, in sein Land heim-
zukehren.
70 Jonatan brachte dies in Erfahrung. Er schickte
Gesandte zu ihm, um mit ihm über den Frieden zu
verhandeln und die Rückgabe der Gefangenen zu
veranlassen. 71 Jener nahm an, willigte ein und ver-
pflichtete sich durch einen Eid, sein ganzes Leben
lang ihm nichts Übles mehr antun zu wollen. 72 Er
gab ihm die Gefangenen zurück, die er früher aus
dem Lande Juda weggeführt hatte, zog in sein Land
zurück und kam in Zukunft nie mehr in ihr Gebiet.
73 Das Schwert hatte also in Israel eine Ruhepause.
Jonatan ließ sich in Machmas nieder und begann,
das Richteramt im Volk auszuüben. Er sorgte dafür,
daß die Gottlosen aus Israel verschwanden.

9,23–12,53: Die Nationalistenpartei war durch den Tod des Judas schwer getroffen. Jonatan (160–142) selbst mußte nach Michmas auswandern. Von hier aus gelang es ihm, sein und seiner Familie gesunkenes Ansehen wieder zu heben. Die Syrer waren in dauernde Erbfolgestreitigkeiten verwickelt, die einzelnen Thronanwärter suchten die Unterstützung Jonatans und der jüdischen Nationalisten. Er nutzte alle Gelegenheiten aus. Im Jahre 153 ernannte Alexander Balas den Jonatan zum Hohenpriester und ließ die Hellenistenpartei fallen. 150 wurde Jonatan zum militärischen und zivilen Befehlshaber von Juda ernannt; einer der sehnlichsten Wunschträume ging in Erfüllung. Jonatans Herrschaftsgebiet wurde um wesentliche Teile erweitert. Der Nachfolger des Alexander Balas war Demetrius II. Jonatan erreichte von ihm die Abtretung der Distrikte Ephraim, Lydda und Ramataïm. Auch Steuerfreiheit erhielt dieses Gebiet. Später unterstützte Jonatan den Rivalen des Demetrius, den ehrgeizigen Minister Tryphon, gegen diesen, handelte aber andererseits so, daß er auch das Mißtrauen Tryphons hervorrief. So wandte sich dieser gegen ihn, ließ ihn verhaften und versuchte, die judäischen Streitkräfte aufzureiben. Dies mißlang aber. Jonatan selbst wurde im Ostjordanland ermordet (13,23).

Jonatan und Alexander Balas

10 1 Im Jahre 160 zog Alexander der Er-
lauchte, der Sohn des Antiochus, hinauf
und eroberte Ptolemaïs. Man nahm ihn
auf, und er herrschte dort als König. 2 Der König
Demetrius hörte davon. Er brachte zahlreiche Trup-
penverbände zusammen und zog in einen Krieg
gegen ihn. 3 Demetrius schickte an Jonatan Briefe
mit Friedensversicherungen, um ihm damit zu
schmeicheln. 4 Er sagte sich nämlich: »Wir müssen
zuerst einen Freundschaftsvertrag mit ihnen
schließen, noch bevor er ihn mit Alexander gegen
uns schließt! 5 Er wird sich nämlich noch an all das
Schlimme erinnern, das wir ihm und seinen Brü-
dern und dem Volk zugefügt haben.« 6 Demetrius
gab daher dem Jonatan die Vollmacht, Truppen zu-
sammenzuziehen, zu rüsten und sein Verbündeter
zu werden. Auch versprach er ihm, die Geiseln, die
sich in der Burg befanden, auszuliefern. 7 Jonatan
kam nach Jerusalem. Er las die Schreiben dem
ganzen Volke und auch den Leuten in der Burg vor.
8 Diese gerieten in große Furcht, als sie vernahmen,
daß der König ihm die Vollmacht gegeben habe, ein
Heer zusammenzubringen. 9 Die Leute auf der Burg
lieferten nun dem Jonatan die Geiseln aus, und er
gab sie ihren Eltern zurück.
10 Jonatan nahm Wohnung in Jerusalem. Er begann
zu bauen und die Stadt wieder instand zu setzen.
11 Den Bauarbeitern gab er den Befehl, die Mauern
zu bauen und den Berg Sion mit Quadersteinen wie
eine Festung auszubauen. Diese führten den Auf-
trag aus. 12 Die Fremdstämmigen, die sich in den
von Bakchides errichteten Festungen befanden,
wurden flüchtig. 13 Jeder verließ seinen Aufenthalts-
ort und zog in sein Heimatland. 14 Nur in Betsur
blieben einige Leute, die Gesetz und Satzungen ver-
lassen hatten, zurück. Die Stadt diente nämlich als
Zufluchtsstätte.

Jonatan Hoherpriester

15 Der König Alexander hörte von den Versprechun-
gen, die Demetrius dem Jonatan zukommen ließ.
Man erzählte ihm ferner von den Kriegen und Hel-
dentaten, die er und seine Brüder vollbracht hätten,
und von den Mühsalen, die sie ausgehalten. 16 Da
sprach er: »Solch einen Mann werden wir nie mehr
finden. Wohlan, wir wollen ihn zu unserem Freund
und Bundesgenossen machen!« 17 Da verfaßte er ein
Schreiben und sandte es an ihn; es lautete etwa
folgendermaßen: 18 »König Alexander grüßt Bruder
Jonatan. 19 Wir haben von dir erfahren, daß du ein
tapferer Mann bist und dich eignest, unser Freund
zu sein. 20 Wir haben dich also heute zum Hohen-
priester deines Volkes bestimmt und verfügt, daß
man dich ›Freund des Königs‹ nenne [dazu sandte er
ihm ein Purpurgewand und einen goldenen Stirn-
reif], damit du zu uns hältst und mit uns in Freund-
schaft lebst.« 21 Im siebten Monat des Jahres 160

zog Jonatan am Laubhüttenfest die heilige Amts-
tracht an. Er brachte auch Streitkräfte zusammen
und traf umfangreiche Rüstungen.

Das Angebot des Demetrius

22 Als Demetrius von diesen Dingen vernahm,
wurde er sehr bestürzt und sprach: 23 »Wie konnten
wir nur dulden, daß uns Alexander zuvorkam, sich
der Freundschaft der Juden als Stütze zu ver-
sichern? 24 Auch ich will ihnen ermunternde Worte
schreiben, Erhöhung und Geschenke versprechen,
damit sie mir Beistand leisten!«

25 In diesem Sinne ließ er ihnen ein Angebot zu-
kommen: »König Demetrius entbietet dem jüdi-
schen Volke Gruß. 26 Ihr habt die gegenseitigen
Verträge gehalten, seid mit uns in Freundschaft
geblieben und habt euch nicht unseren Feinden
angeschlossen; dies hörten wir und sind froh dar-
über. 27 Verharret nur weiter darin, uns Treue zu
bewahren! Wir werden euch das Gute vergelten,
das ihr uns erweist. 28 Wir werden euch viele Er-
leichterungen zugestehen und euch Geschenke ge-
ben. 29 Und nun befreie ich euch und lasse allen
Juden die Steuern nach, auch die Salz- und die Kro-
nensteuer. 30 Den Betrag vom dritten Teil der Saat-
früchte und der Hälfte der Baumfrüchte, der mir
zufällt, erlasse ich von heute an und für die kom-
mende Zeit. Ich werde ihn nicht mehr einziehen
vom Lande Juda und von den drei Bezirken, die von
Samaria zu ihm gekommen sind. 31 Jerusalem sei
heilig und frei, ebenso sein Bezirk, die Zehnten und
Abgaben!

32 Ich verzichte auf die Herrschaft über die Burg in
Jerusalem und überlasse sie dem Hohenpriester,
damit er dort Mannschaften aufstelle nach seiner
eigenen Wahl, um dieselbe zu bewachen. 33 Alle
Juden, die vom Land Juda irgendwohin in meinem
Reich als Kriegsgefangene verschleppt worden sind,
lasse ich ohne Gegenleistung frei. Alle sollen Steuer-
erlaß – auch für ihr Vieh – erhalten! 34 Auch alle
Festtage, Sabbate, Neumondtage und gesetzlich
festgelegten Tage, dazu drei Tage vor und drei Tage
nach dem Fest seien insgesamt Tage der Dienst-
freiheit und des Erlasses für alle Juden in meinem
Reich! 35 Niemand wird die Erlaubnis erhalten,
wegen irgendeines Rechtsgeschäftes jemand von
ihnen zu belangen oder zu belästigen.

36 Auch sollen gegen dreißigtausend Mann aus den
Juden zu den königlichen Truppen ausgehoben
und besoldet werden, wie es allen königlichen
Truppen zukommt. 37 Vertreter von ihnen sollen in
die großen königlichen Festungen kommen, andere
sollen an königlichen Amtsstellen beschäftigt wer-
den, die Vertrauen voraussetzen. Eigene Vorge-
setzte und Vorsteher sollen sie haben, auch mögen
sie nach ihren Gesetzen wandeln, wie es der König
bereits im Lande Juda angeordnet hat. 38 Die drei
Amtsbezirke, die von der Landschaft Samaria Judäa
einverleibt sind, sollen unter eine einheitliche Lei-
tung kommen und keiner andern Macht unterwor-
fen sein als der des Hohenpriesters! 39 Ptolemaïs
und das angrenzende Gebiet vermache ich als Ge-
schenk dem Heiligtum in Jerusalem, um den Auf-
wand zu decken, der dem Heiligtum zukommt.

40 Auch stifte ich alljährlich fünfzehntausend Sil-
bersekel aus den königlichen Einkünften von
den dazu bestimmten Orten. 41 Die ganze noch
fällige Summe, die man von den Leistungen noch
nicht abgeliefert hat wie in früheren Jahren, soll
man von jetzt ab für den Tempelbedarf ausge-
ben! 42 Außerdem sollen die fünftausend Silber-
sekel, die man von dem alljährlich berechneten
Einkommen des Tempels genommen hat, ebenfalls
erlassen sein, weil sie den diensttuenden Priestern
zukommen!

43 Diejenigen, die in das Heiligtum von Jerusalem
und in all seine Bezirke hineinfliehen, weil sie in
einer Königssache oder in irgendeiner andern Ange-
legenheit etwas Schuldbares getan haben, sollen
unbehelligt bleiben samt allem, was ihnen in mei-
nem Königreich gehört! 44 Was zum Aufbau und
zur Neuherstellung der Kunstwerke des Heiligtums
notwendig ist, soll aus der königlichen Kasse be-
stritten werden! 45 Auch die Kosten zum Aufbau
der Mauern Jerusalems und ihrer Befestigung
ringsum sollen aus den Einkünften des Königs be-
stritten werden, ebenso (der Betrag) für den Bau der
Stadtmauern in Judäa!«

Ablehnung

46 Jonatan und das Volk hörten von diesen Zusiche-
rungen, glaubten ihnen aber nicht und wiesen sie
ab, weil sie der großen Bosheit eingedenk waren,
die er an Israel verübt und mit der er sie in große
Drangsal gebracht hatte. 47 Vielmehr schenkten sie
Alexander ihr Vertrauen, der ihnen als erster fried-
liche Worte gesagt hatte, und blieben allezeit seine
Waffenbrüder.

Tod des Demetrius

48 König Alexander zog starke Truppenverbände
zusammen und schlug gegenüber von Demetrius
sein Lager auf. 49 Die beiden Könige lieferten sich
eine Schlacht; das Heer des Demetrius mußte flie-
hen, und Alexander verfolgte ihn. So gewann er die
Oberhand. 50 Mit Hartnäckigkeit kämpfte er bis
Sonnenuntergang. An jenem Tag fiel Demetrius.

Hochzeitsfeier in Ptolemaïs

51 Danach sandte Alexander an Ptolemäus, den
König von Ägypten, Boten und ließ berichten:
52 »Ich bin wieder in mein Reich zurückgekehrt und
habe mich auf den Thron meiner Väter gesetzt,
mich der Herrschaft bemächtigt und den Demetrius
vernichtet. Ich habe von unserem Land Besitz genommen.
53 Ich habe mit ihm einen Kampf ausgefochten,
und er wurde mit seinem Heer von uns
geschlagen. Wir haben seinen königlichen Thron
bestiegen. 54 Wir wollen also jetzt miteinander
Freundschaft schließen! Gib mir nun deine Tochter
zur Frau; ich will mich mit dir verschwägern und dir
und ihr Geschenke geben, die deiner würdig sind!«
55 Da gab der König Ptolemäus diese Antwort: »O
seliger Tag, an dem du in das Land deiner Väter
zurückkehrtest und dich auf ihren Königsthron
setztest! 56 Nun gut, ich will dir gewähren, wovon
du schriebst! Doch komme mir bis Ptolemaïs entgegen,
damit wir einander sehen! Ich will mich mit
dir verschwägern, wie du gesagt hast.« 57 So verließ
Ptolemäus mit seiner Tochter Kleopatra Ägypten
und kam im Jahre 162 nach Ptolemaïs. 58 Der König
Alexander kam mit ihm zusammen, und dieser gab
ihm seine Tochter Kleopatra. Man feierte ihre
Hochzeit in Ptolemaïs, wie es bei Königen Brauch
ist, mit gewaltigem Prunk. 59 Der König Alexander
aber schrieb an Jonatan, er solle sich zu einem
Treffen mit ihm einfinden. 60 Da reiste er mit Gepränge
nach Ptolemaïs und hatte eine Begegnung
mit den beiden Königen. Auch gab er ihnen und
ihren Freunden Silber und Gold sowie zahlreiche
Geschenke. So fand er Gnade vor ihnen. 61 Es rotteten
sich aber gegen ihn frevelhafte Männer aus
Israel zusammen, Gesetzesübertreter, um ihn zu
verklagen. Der König schenkte ihnen jedoch kein
Gehör. 62 Der König gab vielmehr den Befehl, man
solle Jonatan seine Gewandung abnehmen und ihn
mit dem Purpur bekleiden. So geschah es. 63 Der
König ließ ihn neben sich Platz nehmen und sagte
zu seinen Amtsleuten: »Geht mit ihm mitten in
die Stadt und verkündet, daß niemand ihn aus
irgendeinem Grund verklagen oder wegen irgendeiner
Angelegenheit belästigen dürfe!« 64 Als nun
die Ankläger von seiner Ehrung und von der
Bekanntmachung erfuhren und daß er mit dem
Purpur bekleidet wurde, da flohen sie insgesamt.
65 Der König erwies ihm Ehre und ließ ihn in die
Liste seiner vertrautesten Freunde eintragen. Er
machte ihn zum Befehlshaber und Statthalter.
66 Jonatan kehrte nach Jerusalem zurück in Frieden
und Freude.

Aufstand des Demetrius II.

67 Im Jahre 165 kam Demetrius, der Sohn des Demetrius,
aus Kreta in das Land seiner Väter. 68 Davon
vernahm der König Alexander. Er wurde sehr
bekümmert und kehrte nach Antiochien zurück.
69 Demetrius setzte den Apollonius zum Statthalter
von Cölesyrien ein. Dieser brachte eine gewaltige
Streitmacht zusammen und lagerte bei Jamnia. Er
sandte an den Hohenpriester Jonatan folgende Meldung:
70 »Du als einziger empörst dich gegen uns; ich
aber bin deinetwegen zum Gelächter und zum Spott
geworden. Warum behauptest du uns gegenüber auf
dem Gebirge die Macht? 71 Wohlan, wenn du auf
deine Streitkräfte vertraust, dann steige zu uns in die
Ebene hinab! Dort werden wir uns miteinander
messen; denn bei mir ist die Streitmacht der Städte.
72 Frage doch nach und erkundige dich, wer ich bin
und wer die anderen sind, die uns Hilfe leisten! Man
wird dir sagen: Ihr könnt euch vor uns nicht halten;
denn schon zweimal haben deine Väter in ihrem
Land eine Niederlage erlitten. 73 Auch jetzt kannst
du einer solchen Reiterei und Heeresmacht in der
Ebene, wo es keinen Stein und keinen Kiesel und
keinen Zufluchtsort gibt, nicht standhalten.«

Jonatans Sieg über Apollonius

74 Als nun Jonatan die Worte des Apollonius hörte,
ward er tief beleidigt, musterte zehntausend Mann
und verließ Jerusalem. Sein Bruder Simon kam ihm
zu Hilfe herbei. 75 Er lagerte sich bei Joppe. Die
Stadtbürger aber verriegelten die Tore, weil eine Besatzung
des Apollonius in Joppe war. Die Juden
stürmten wider sie an. 76 Erschreckt öffneten nun
die Bürger die Tore, und Jonatan bemächtigte sich
Joppes. 77 Als Apollonius davon hörte, ließ er dreitausend
Berittene und eine große Heeresmacht aufbrechen.
Er marschierte auf Azotus zu, als wollte er
nur durchziehen. Gleichzeitig aber bewegte er sich
zur Ebene, weil er viel Reiterei hatte und auf sie vertraute.
78 Jonatan setzte ihm nach bis Azotus; hier
gerieten die Heere aneinander. 79 Apollonius hatte
heimlich hinter den Juden tausend Reiter zurückgelassen.
80 Jonatan erfuhr, daß in seinem Rücken ein
Hinterhalt sei. Sie umzingelten seine Heeresmacht
und beschossen das Kriegsvolk von früh bis spät
mit Pfeilen. 81 Doch das Kriegsvolk hielt stand, wie
Jonatan befohlen hatte; die feindlichen Rosse aber
ermüdeten. 82 Da zog Simon seine Streitmacht
heran und kämpfte gegen die Reihe des Fußvolkes;
denn die Reiterei war bereits kampfunfähig. Sie
wurden von ihm besiegt und flohen.

83 Auch die Reiterei zerstreute sich in der Ebene. Sie
flohen nach Azotus und betraten das Haus des

Dagon, ihren Götzentempel, um sich in Sicherheit
zu bringen. 84 Nun brannte Jonatan Azotus und die
Städte im Umkreis nieder und raffte ihre Beute an
sich. Auch das Heiligtum des Dagon samt den dort-
hin Geflüchteten ließ er verbrennen. 85 Die Anzahl
derer, die durch das Schwert fielen, zusammen mit
den Verbrannten betrug etwa achttausend Mann.
86 Jonatan zog von dort weg und schlug sein Lager
bei Askalon auf. Da zogen ihm die Bürger der Stadt
mit großem Gepränge entgegen. 87 Dann kehrte er
mit seinen Leuten mit reicher Beute beladen nach
Jerusalem zurück. 88 Als nun der König Alexander
von diesen Vorfällen erfuhr, ehrte er den Jonatan
noch mehr. 89 Er sandte ihm eine goldene Spange,
wie man sie der Sitte gemäß königlichen Verwand-
ten gibt. Auch gab er ihm Akkaron und das angren-
zende Gebiet zum Besitz.

10,23f: Im Kampf mit seinem Gegner Alexander Balas sucht Demetrius die Gunst Jonatans zu gewinnen. • 63: Ähnliche Ehrenerweise: 1 Mos 41,43; Est 6,11. • 67–89: Jonatan unterstützte in den Thronstreitigkeiten Alexander, der den Vater des Demetrius ermordet hatte. Daher kam es nach drei Jahren der Ruhe wieder zum Kampf gegen den Feldherrn Apollonius.

Untergang Alexanders

11 1 Der König von Ägypten sammelte Streit-
kräfte, die so zahlreich waren wie der
Sand am Meeresufer, dazu auch viele
Schiffe. Er suchte das Reich Alexanders mit Hinter-
list zu erobern und seinem Reich einzuverleiben.
2 Er zog nach Syrien, friedliche Worte auf seinen
Lippen. Die Bürger der Städte öffneten ihm die Tore
und zogen ihm huldigend entgegen; denn es be-
stand eine Anweisung des Königs Alexander, ihm
huldigend entgegenzuziehen, weil er sein Schwie-
gervater wäre. 3 Sobald Ptolemäus in jede einzelne
Stadt eingezogen war, ordnete er Truppen als Be-
satzung in jede Stadt ab. 4 Als sie sich nun Azotus
näherten, zeigte man ihm das durch Feuer zerstörte
Dagonheiligtum, die Ruinen von Azotus und den
umliegenden Orten, die hingeworfenen Leichen
und die Verbrannten, die Jonatan im Kriege ver-
brannt hatte. Man hatte nämlich Haufen von ihnen
seinem Weg entlang aufgeschichtet. 5 Man erzählte
dem König, was Jonatan getan hatte, um ihn zu ver-
dächtigen. Der König aber schwieg dazu. 6 Jonatan
zog mit Gepränge dem König nach Joppe entgegen.
Sie begrüßten einander und übernachteten dort.
7 Jonatan begleitete den König bis zu dem Fluß, der
Eleutherus heißt. Dann kehrte er nach Jerusalem
zurück.
8 Der König Ptolemäus unterwarf sich aber die an
der Küste liegenden Städte bis Seleukia, das am
Meer liegt. Er hegte gegen Alexander schlimme
Pläne. 9 An den König Demetrius schickte er Ge-
sandte mit dem Anerbieten: »Komm, wir wollen
miteinander ein Bündnis schließen! Ich gebe dir
meine Tochter, die Alexander besitzt, und du sollst
im Reich deines Vaters als König herrschen! 10 Es tut
mir nämlich leid, daß ich ihm meine Tochter gab.
Denn er hatte versucht, mich zu ermorden.« 11 So
verdächtigte er Alexander, weil er nach dessen
Reich trachtete. 12 Er nahm ihm seine Tochter weg
und gab sie dem Demetrius. So kam es zum Bruch
mit Alexander und zur offenen Feindschaft. 13 Ptole-
mäus zog in Antiochien ein und setzte sich Asiens
Krone aufs Haupt. So hatte er zwei Kronen auf sein
Haupt gesetzt, die von Ägypten und die von Asien.
14 König Alexander war aber damals in Kilikien,
weil die Bewohner jener Gegenden abtrünnig ge-
worden waren. 15 Als Alexander von diesen Ereig-
nissen hörte, zog er gegen ihn zu Felde. Auch Ptole-
mäus rückte aus, trat ihm mit überlegener Macht
entgegen und zwang ihn zur Flucht. 16 Da floh
Alexander nach Arabien, um dort Schutz zu
suchen. König Ptolemäus aber stand auf der Höhe
seiner Macht. 17 Der Araber Zabdiel enthauptete
Alexander und schickte dessen Kopf an Ptolemäus.
18 Der König Ptolemäus selbst starb drei Tage da-
nach, und seine Leute, die in den Festungen zurück-
gelassen waren, fanden durch die Bewohner jener
Festungen ihr Ende. 19 Im Jahre 167 gelangte Deme-
trius zur Herrschaft

*Jonatans Aussöhnung mit Demetrius
wird urkundlich bekräftigt*

20 In jenen Tagen scharte Jonatan die Mannschaften
aus Judäa zusammen, um die Burg in Jerusalem zu
erobern. Er ließ viele Belagerungsmaschinen gegen
sie aufstellen. 21 Da begaben sich einige Feinde ihres
Volkes, vom Gesetz abgefallene Leute, zum König
und meldeten ihm, daß Jonatan die Burg belagere.
22 Demetrius wurde auf diese Kunde hin zornig.
Unverzüglich brach er auf und kam nach Ptolemaïs.
Er gab Jonatan schriftliche Anweisung, von der
Belagerung abzustehen und sich so schnell wie
möglich nach Ptolemaïs zu begeben, um mit ihm
zusammenzutreffen. 23 Jonatan erteilte auf diese
Nachricht hin den Befehl, die Belagerung fortzuset-
zen. Er wählte aus den Ältesten Israels und aus den
Priestern einige aus und begab sich in die Gefahr.
24 Bepackt mit Silber und Gold, Gewändern und
anderen Gastgeschenken in recht großer Menge,
reiste er nach Ptolemaïs zum König. Er fand tat-
sächlich Gnade vor ihm. 25 Allerdings verklagten
ihn einige Abtrünnige aus dem Volk. 26 Der König

jedoch tat an ihm genauso, wie seine Vorgänger ge-
tan hatten. Er erwies ihm hohe Ehre in Gegenwart
aller seiner Vertrauten. 27 Er bestätigte ihm das
Hohepriestertum und alle anderen Würdenstellun-
gen, die er von früher her hatte, und veranlaßte, daß
er unter die ersten Vertrauten gezählt wurde.
28 Jonatan ersuchte den König, Judäa und die drei
Provinzen von Samaria von der Steuer zu befreien.
Dafür versprach er ihm dreihundert Talente.
29 Der König war damit einverstanden und ließ dem
Jonatan über all dies eine Urkunde ausstellen, die
folgenden Wortlaut hatte: 30 »Der König Demetrius
entbietet dem Bruder Jonatan und dem jüdischen
Volk seinen Gruß. 31 Die Abschrift des Briefes, den
wir euretwegen unserem Verwandten Lasthenes
schrieben, senden wir auch an euch zur Kenntnis-
nahme. 32 König Demetrius entbietet Vater Lasthe-
nes seinen Gruß. 33 Wir haben beschlossen, dem
Volk der Juden, unseren Freunden und Hütern unse-
res Rechtes, zum Dank für ihre wohlwollende Ge-
sinnung gegen uns Vergünstigungen einzuräumen.
34 Wir treten ihnen also das Gebiet von Judäa ab und
die drei Bezirke Ephraim, Lydda und Ramataïm.
Diese sollen von Samaria Judäa einverleibt werden
mit allem, was zu ihnen gehört. Allen, die in Jeru-
salem ihren Opferpflichten genügen, erlassen wir
die königlichen Abgaben, die der König ehedem
jährlich von ihren Erzeugnissen des Bodens und der
Fruchtbäume bezog. 35 Ebenso erlassen wir von
jetzt ab alles andere, was uns zusteht an Zehnten
und uns zufallenden Steuern, auch die von den
Salzteichen sowie die Kronenspende, die uns zu-
kommt; das alles wollen wir ihnen gewähren.
36 Nicht ein Punkt soll hieran von jetzt an und für
alle kommenden Zeiten geändert werden. 37 Jetzt
aber seid darum besorgt, eine Abschrift hiervon an-
fertigen zu lassen! Diese soll dem Jonatan gegeben
und auf dem heiligen Berg an einem geeigneten,
sichtbaren Platz aufgestellt werden!«

Jonatan als Waffengenosse des Demetrius

38 Der König Demetrius sah, daß in seinem ganzen
Lande Ruhe herrschte und daß nichts mehr gegen
ihn stand. Deshalb entließ er alle seine Streitkräfte
in ihre Heimat. Ausgenommen davon waren die
Streitkräfte der Fremdvölker, die er sich von den
Inseln der Völker angeworben hatte. Dadurch wur-
den ihm alle Streitkräfte, die noch aus der Zeit der
Väter bestanden, feindlich gesinnt. 39 Tryphon aber
hatte ehemals zu den Parteigängern des Alexander
gehört. Er merkte, daß alle Truppen gegen Deme-
trius murrten, und begab sich deshalb zu dem
Araber Jamliku, der den kleinen Antiochus, den
Sohn des Alexander, zu erziehen hatte. 40 Er drängte
ihn, daß er ihm den Knaben anvertraue, damit er an
Stelle seines Vaters die Königsherrschaft antrete.
Auch erstattete er ihm Bericht, was Demetrius alles
verübt habe und mit welchem Haß seine Truppen
gegen ihn erfüllt seien. Er hielt sich dort längere Zeit
auf. 41 Da ließ Jonatan den König Demetrius er-
suchen, die Besatzung aus der Burg von Jerusalem
zu entfernen und ebenso die Besatzungen in den
Festungen; denn diese befehdeten Israel dauernd.
42 Demetrius schickte an Jonatan folgende Bot-
schaft: »Nicht nur dies will ich dir und deinem Volk
gewähren, sondern ich will dich und dein Volk ganz
besonders auszeichnen, wenn sich mir dazu eine
Gelegenheit bietet. 43 Jetzt aber kannst du nichts
Besseres tun, als mir sofort Kriegsleute schicken, die
auf meiner Seite kämpfen; denn alle meine Streit-
kräfte fielen von mir ab.«
44 Da schickte ihm Jonatan dreitausend kriegstüch-
tige Männer nach Antiochien. Sie kamen zum
König, und dieser war über ihr Kommen hoch-
erfreut. 45 Die Einwohner der Stadt aber rotteten
sich mitten im Stadtgebiet zusammen, gegen hun-
dertzwanzigtausend Mann, und wollten den König
beseitigen. 46 Der König flüchtete in den Palast; die
Einwohner der Stadt aber besetzten die Durch-
gangsstraßen und eröffneten den Kampf. 47 Der
König rief die Juden zu Hilfe. Diese wurden alle ins-
gesamt um ihn zusammengezogen, verteilten sich
in der Stadt und töteten an jenem Tage etwa
hunderttausend Mann. 48 Die Stadt steckten sie in
Brand und machten damals große Beute. Den König
aber retteten sie. 49 Als nun die Bürger sahen, daß
die Juden nach freiem Belieben sich der Stadt
bemächtigten, verloren sie den Mut und schrieen
zum König in bittendem Ton: 50 »Reiche uns die
Friedenshand, damit die Juden mit dem Krieg gegen
uns und die Stadt aufhören!« 51 Man warf die
Waffen weg und schloß Frieden. Die Juden aber
waren beim König und bei allen Bewohnern seines
Reiches hoch in Ehren. Sie kehrten beutebeladen
nach Jerusalem zurück.
52 Als nun König Demetrius wieder auf seinem
Herrschaftsthron saß und das Land unter ihm Ruhe
hatte, 53 da brach er sämtliche Versprechungen,
wandte sich ab von Jonatan und vergalt ihm die Be-
weise des gezeigten Wohlwollens in keiner Weise;
vielmehr bedrängte er ihn hart.

Antiochus VI. und Jonatan

54 Danach kehrte Tryphon zurück. In seiner Beglei-
tung befand sich Antiochus, der noch blutjung war.
Dieser trat die Herrschaft an und setzte sich eine

Krone auf. 55 Um ihn sammelten sich alle Streit-
kräfte, die Demetrius entlassen hatte, und kämpf-
ten gegen diesen. Er mußte fliehen und erlitt eine
Niederlage. 56 Tryphon bekam die Elefanten in Be-
sitz und eroberte Antiochien. 57 Nun schrieb der
junge Antiochus an Jonatan: »Ich bestätige dir die
Hohepriesterwürde, setze dich ein über die vier
Gebiete und verfüge, daß du zu den Freunden des
Königs gehörst.« 58 Er übersandte ihm goldenes
Tafelgeschirr und erteilte ihm die Erlaubnis, aus gol-
denen Gefäßen zu trinken, sich in Purpur zu kleiden
und eine goldene Spange zu tragen. 59 Seinen Bruder
Simon bestellte er zum Oberbefehlshaber des Ge-
bietes von der tyrischen Treppe bis zum Grenzge-
biet Ägyptens.
60 Jonatan rückte aus und durchzog das Gebiet
westlich vom Euphrat und die Städte. Die gesamte
syrische Streitmacht scharte sich um ihn, um Waf-
fenhilfe zu leisten. Als er nach Askalon kam,
empfingen ihn die Stadtbürger voll Ehrerbietung.
61 Von dort zog er weiter nach Gaza. Die Bürger von
Gaza aber verriegelten die Tore. Er belagerte nun-
mehr die Stadt, brannte ihre Vororte nieder und
plünderte sie. 62 Die Einwohner von Gaza wurden
bei Jonatan vorstellig, und er reichte ihnen die
Friedenshand. Die Söhne ihrer vornehmsten Bürger
aber ließ er als Geiseln ergreifen, schickte sie nach
Jerusalem und durchzog das Land bis nach Damas-
kus.
63 Jonatan vernahm, daß die Truppenführer des
Demetrius im galiläischen Kedes mit vielen Streit-
kräften eingetroffen seien, in der Absicht, ihn aus
dem Amt zu verdrängen. 64 Da trat er ihnen entge-
gen; seinen Bruder Simon aber hatte er im Land
(Juda) zurückgelassen. 65 Simon belagerte Betsur,
kämpfte lange Zeit gegen die Stadt und schloß sie
ein. 66 Die Bewohner baten ihn um Frieden, den er
ihnen auch gewährte. Jedoch vertrieb er sie von
dort, bemächtigte sich der Stadt und legte eine Be-
satzung hinein. 67 Jonatan lagerte mit seinem Heer
am See Genesareth. In der Morgenfrühe brachen sie
nach der Ebene von Chazor auf. 68 Da kam ihm
plötzlich in der Ebene ein fremdstämmiges Heer
entgegen. Die Feinde hatten einen Hinterhalt wider
ihn ins Gebirge gelegt, sie selber aber traten ihm
entgegen. 69 Die Kämpfer aus dem Hinterhalt bra-
chen aus ihren Stellungen hervor und eröffneten
den Kampf. 70 Da flohen alle Leute um Jonatan.
Keiner von ihnen blieb zurück außer den Truppen-
führern Mattatias, dem Sohn des Absalom, und
Judas, dem Sohn des Chalphi. 71 Jonatan zerriß sein
Gewand, streute sich Staub auf das Haupt und be-
tete. 72 Dann stürzte er sich in den Kampf gegen sie
und brachte ihnen eine Niederlage bei, so daß sie
flohen. 73 Seine eigenen Leute, die auf der Flucht
waren, sahen es, kehrten zu ihm zurück und nah-
men mit ihm zusammen die Verfolgung bis zu
ihrem Lager in Kedes auf. Dort machten sie halt.
74 Von den Fremdstämmigen fielen an jenem Tage
etwa 3000 Mann. Jonatan aber kehrte nach Jeru-
salem zurück.

Bündnis mit Rom

12 1 Jonatan merkte, daß die Zeit für ihn gün-
stig wäre. Er wählte also Männer aus und
sandte sie nach Rom, um die Freund-
schaft mit den Römern zu bestätigen und zu erneu-
ern. 2 Auch an die Spartaner und an andere Völker
schickte er Briefe desselben Inhalts. 3 So reisten sie
nach Rom, betraten die Ratsversammlung und spra-
chen: »Der Hohepriester Jonatan und das jüdische
Volk sandten uns, um das Freundschafts- und
Waffenbündnis, wie es schon früher geschlossen
wurde, zu erneuern.« 4 Man gab ihnen Briefe an die
Vorsteher der einzelnen Orte mit, sie möchten
ihnen sicheres Geleit bis in das Land Judäa ge-
währen.

Bitte um Freundschaft an Sparta

5 Dies ist die Abschrift des Briefes, den Jonatan an
die Spartaner schrieb: 6 »Der Hohepriester Jonatan,
der Hohe Rat des Volkes, die Priester und das übrige
Volk der Juden entbieten ihren Brüdern, den Spar-
tanern, Grüße. 7 Schon früher ist an Onias, den
Hohenpriester, von Areios, eurem König, ein
Schreiben geschickt worden, daß ihr unsere Brüder
seid, wie die vorliegende Abschrift bezeugt. 8 Onias
hat den Abgesandten ehrenvoll aufgenommen und
sich das Schreiben geben lassen, in dem von Bun-
desgenossenschaft und Freundschaft ausdrücklich
die Rede war. 9 Wir benötigen diese allerdings nicht,
da wir als Trost die heiligen Bücher in unseren
Händen haben. 10 Trotzdem wagten wir, die Ver-
wandtschaft und Freundschaft mit euch zu erneu-
ern, damit wir euch nicht entfremdet werden.
Lange ist es nämlich her, seitdem ihr eure Boten an
uns gesandt habt. 11 Wir erinnern uns aber bei jeder
Gelegenheit ohne Unterlaß an euch, an den Festen
und an den sonstigen geeigneten Tagen, bei den
Opfern, die wir darbringen, und bei den Gebeten,
wie es ja recht und geziemend ist, der Brüder zu ge-
denken. 12 Wir freuen uns über euren Ruhm. 13 Uns
selbst haben vielerlei Drangsale und zahlreiche
Kriege festgehalten. Die Könige rings um uns her
griffen uns an. 14 Wir wollten aber weder euch noch

unseren sonstigen Bundesgenossen und Freunden
mit diesen Kriegen lästig fallen. 15 Denn unsere
Hilfe kommt vom Himmel, der uns unterstützt. Wir
wurden aus der Gewalt der Feinde errettet, und
unsere Feinde wurden gedemütigt. 16 Wir haben
den Numenius, den Sohn des Antiochus, und den
Antipater, den Sohn des Jason, ausgewählt und zu
den Römern geschickt, um die frühere Freundschaft
und Bundesgenossenschaft mit ihnen zu erneuern.
17 Wir erteilten ihnen den Auftrag, auch zu euch zu
reisen, euch zu grüßen und euch das Schreiben über
die Vertragserneuerung und über unsere Verwandt-
schaft zu übergeben. 18 Jetzt aber wäre es schön von
euch, wenn ihr uns darauf eine Antwort gäbet!«

Brief des Spartanerkönigs

19 Dies ist die Abschrift des Briefes, den man an
Onias sandte: 20 »Der Spartanerkönig Areios entbie-
tet dem Hohenpriester Onias Grüße. 21 In einer
Schrift über Spartaner und Juden entdeckte man,
daß sie Blutsverwandte seien und sich von Abra-
ham herleiten. 22 Nachdem wir dies in Erfahrung
gebracht haben, ist es angebracht, daß ihr uns über
euer Wohlergehen schreibt. 23 Unsererseits schrei-
ben wir euch das Gegenangebot: Euer Viehbestand
und eure Habe gehören uns, und alles Unsrige
gehört euch. Wir ordnen an, daß die Boten euch
entsprechend berichten.«

Weitere Kämpfe

24 Jonatan hörte davon, daß die Truppenführer des
Demetrius mit einer größeren Streitmacht als zuvor
zurückgekehrt wären, um gegen ihn Krieg zu
führen. 25 Er brach von Jerusalem auf und zog ihnen
in das Gebiet von Hamat entgegen, um ihnen keine
Gelegenheit zu geben, sein eigenes Land zu betre-
ten. 26 Er entsandte Späher in ihr Lager. Sie kehrten
zurück und brachten ihm die Meldung, daß man
sich rüste, nachts über die Juden herzufallen. 27 Als
die Sonne unterging, erteilte Jonatan seinen Leuten
den Befehl, wach und bewaffnet zu bleiben, um die
ganze Nacht hindurch zum Kampf bereit zu sein.
Auch stellte er Vorwachen rings um das Lager auf.
28 Als die Gegner hörten, daß Jonatan mit den
Seinigen zum Kampf bereit sei, gerieten sie in
Furcht und wurden mutlos. Sie entzündeten Feuer
in ihrem Lager und zogen ab. 29 Jonatan und die Sei-
nigen wußten es bis zur Morgenfrühe nicht; denn
sie sahen die Feuer brennen. 30 Da nahm Jona-
tan die Verfolgung auf, konnte aber die Feinde nicht
mehr einholen; denn sie hatten den Fluß Eleutherus
bereits überschritten. 31 So bog Jonatan gegen die
Araber, die sogenannten Sabadäer, ab, schlug sie
und nahm ihnen Beute ab. 32 Er zog weiter, kam
nach Damaskus und durchzog das ganze Land.
33 Auch Simon war ausgezogen und bis Askalon
und zu den in der Nähe gelegenen Festungen ge-
kommen. Dann bog er nach Joppe ab und nahm die
Stadt ein. 34 Er hatte nämlich erfahren, daß man die
Festung den Anhängern des Demetrius übergeben
wolle. Da legte er eine Besatzung hinein, sie zu be-
wachen.
35 Und Jonatan kehrte zurück, versammelte die
Ältesten des Volkes und faßte mit ihnen den Ent-
schluß, Festungen in Judäa zu bauen, 36 auch die
Mauern von Jerusalem höher zu machen und eine
besonders hohe Mauer zwischen die Burg und die
Stadt zu legen. Jene sollte dadurch von der Stadt
getrennt und ganz auf sich allein gestellt werden, so
daß die Leute weder kaufen noch verkaufen
könnten. 37 So tat man sich zusammen, die Stadt
wieder aufzubauen. Von der im Osten gelegenen
Mauer am Bach war ein Teil eingestürzt. Man
stellte das sogenannte Chaphenata wieder her.
38 Simon aber baute Adida in der Niederung aus, be-
festigte es und setzte Tore und Riegel ein.

Tryphon als Verräter

39 Da versuchte Tryphon, König über Asien zu wer-
den, sich die Krone aufzusetzen und an den König
Antiochus Hand anzulegen. 40 Er befürchtete aber,
Jonatan würde dies nicht zulassen und gegen ihn
kämpfen. Darum strebte er danach, ihn festzuneh-
men und zu töten. So brach er denn nach Bet-
Schean auf. 41 Jonatan zog ihm entgegen mit vier-
zigtausend für die Schlacht besonders ausgesuchten
Männern und kam nach Bet-Schean. 42 Tryphon
stellte nun fest, daß Jonatan mit großen Streit-
kräften gekommen war, und scheute sich, Hand an
ihn zu legen. 43 Er nahm ihn vielmehr ehrenvoll auf,
stellte ihn allen seinen Vertrauten vor, übergab ihm
Geschenke und erteilte seinen Vertrauten und
seinen Streitkräften den Befehl, Jonatan ebenso zu
gehorchen wie ihm selbst. 44 Dann sprach er zu
Jonatan: »Warum hast du eigentlich dieses ganze
Kriegsvolk hierher bemüht, obwohl uns doch kein
Krieg bevorsteht? 45 Entlaß nun die Leute in ihre
Heimat! Wähle dir lediglich einige wenige Männer
zu deiner Begleitung aus und komme mit mir nach
Ptolemaïs! Ich will dir die Stadt übergeben und die
anderen Festungen, auch die übriggebliebenen
Streitkräfte und alle Beamten. Dann will ich um-
kehren und wegziehen. Dies ist nämlich der Grund
für meine Anwesenheit.«
46 Jonatan glaubte ihm und tat so, wie er vorge-
schlagen hatte. Er entließ seine Truppen, die in das
Land Juda zurückkehrten. 47 Dreitausend Mann be-

hielt er bei sich, von denen er zweitausend in
Galiläa ließ, während tausend mit ihm zogen. 48 Als
aber Jonatan in Ptolemaïs eingezogen war, riegelten
die Einwohner der Stadt die Tore ab, ergriffen ihn
und machten alle, die mit ihm hereingekommen
waren, mit dem Schwert nieder. 49 Außerdem ent-
sandte Tryphon Truppen und Reiter ab nach Galiläa
und in die große Ebene, um alle Leute Jonatans um-
zubringen. 50 Diese aber hatten die Nachricht erhal-
ten, Jonatan sei gefangen worden und mit seiner
Begleitung umgekommen. Da ermunterten sie sich
gegenseitig und zogen kampfbereit geordnet in das
Treffen. 51 Die Verfolger merkten, daß jene ihr
Leben einsetzten, und kehrten um. 52 Sie kamen alle
wohlbehalten in das Land Juda, betrauerten Jonatan
und die Seinigen und fürchteten sich sehr. Ganz
Israel hielt eine große Trauerklage. 53 Alle Heiden-
völker in der Umgebung trachteten danach, die
Juden gänzlich auszurotten. Denn sie sagten sich:
»Sie haben keinen Herrscher und Helfer mehr.
Führen wir also Krieg gegen sie, und tilgen wir jedes
Andenken an sie unter den Menschen aus!«

Simon als Regent

13 1 Da vernahm Simon, daß Tryphon eine
gewaltige Heeresmacht aufgeboten habe,
um in das Land Juda zu ziehen und es zu
verwüsten. 2 Auch sah er, daß das Volk zitterte und
voller Furcht war. Er begab sich nach Jerusalem und
versammelte das Volk. 3 Er ermunterte die Leute
und sprach zu ihnen: »Ihr wißt selber, was ich und
meine Brüder und mein ganzes Vaterhaus um der
Gesetze und des Heiligtums willen geleistet haben,
und welche Kriege und Drangsale wir erleben muß-
ten. 4 Um dessentwillen starben alle meine Brüder
für Israel; ich bin als einziger übriggeblieben. 5 Und
auch ich will niemals mein Leben zu irgendeiner
Zeit der Bedrängnis schonen; denn ich bin nicht
besser als meine Brüder. 6 Nein, ich will vielmehr
mein Volk, das Heiligtum und eure Frauen und
Kinder rächen, da sich alle Heidenvölker zusam-
menscharten, uns aus Haß zu vernichten.« 7 Da
wurde der Mut des Volkes zu neuer Glut entfacht,
als sie diese Worte vernahmen. 8 Mit lauter Stimme
gaben sie zur Antwort: »Du bist unser Anführer für
Judas und deinen Bruder Jonatan! 9 Führe du unse-
ren Krieg, und alles, was du uns befiehlst, wollen
wir tun!«
10 Da hob er alle waffenfähigen Männer aus, stellte
in Eile die Mauern Jerusalems endgültig her und be-
festigte die Stadt nach allen Seiten. 11 Er entsandte
Jonatan, den Sohn des Absalom, mit einer ausrei-
chenden Streitmacht nach Joppe. Dieser vertrieb
die Einwohner und blieb dort in der Stadt.

Hinterlist des Tryphon

12 Da brach Tryphon mit großem Truppenaufgebot
von Ptolemaïs nach Juda auf. Jonatan war bei ihm
als Gefangener. 13 Simon aber lagerte in Adida am
Rande der Ebene. 14 Tryphon erfuhr, daß Simon für
seinen Bruder Jonatan eingetreten sei und daß er be-
reit sei, mit ihm Krieg zu führen. Da schickte er
Boten an ihn und ließ sagen: 15 »Des Geldes wegen,
das dein Bruder Jonatan der königlichen Kasse für
die Ämter, die er bekleidete, noch schuldet, halten
wir ihn gefangen. 16 Sende uns nun hundert Talente
Silber und zwei seiner Söhne als Geiseln, damit er
nicht, in Freiheit gesetzt, von uns abfalle! Alsdann
wollen wir ihn aus der Haft entlassen.« 17 Simon
durchschaute gar wohl, daß sie mit hinterlistigen
Absichten zu ihm sprachen; jedoch ließ er das Geld
und die Knaben holen, um nicht beim Volke großen
Haß zu erregen. 18 Denn man hätte sich ja äußern
können: »Er kam deshalb um, weil Simon ihm das
Geld und die Knaben nicht schicken wollte.« 19 Da
sandte er die Knaben und die hundert Talente.
Tryphon aber brach sein Wort und gab den Jonatan
nicht heraus.
20 Darauf brach Tryphon auf, das Land zu betreten
und zu verwüsten. Sie machten einen Umweg in
der Richtung auf Adora zu. Simon aber zog mit
seiner Streitmacht neben ihm her an jeden Ort, dem
er zustrebte. 21 Die Besatzung der Burg in Jerusalem
sandte an Tryphon Boten, die ihn drängen sollten,
durch die Wüste zu ihnen zu kommen und ihnen
Lebensmittel zu schicken. 22 Da rüstete Tryphon
seine gesamte Reiterei zum Aufbruch. In jener
Nacht aber fiel sehr viel Schnee, so daß er infolge
des Schnees nicht kommen konnte. So brach er auf
und zog nach Gilead. 23 Als er aber in die Nähe von
Baskama kam, ließ er den Jonatan töten und dort
begraben. 24 Dann zog Tryphon zurück und begab
sich in sein eigenes Land.

Grabdenkmal in Modeïn

25 Simon ließ die Gebeine seines Bruders Jonatan
holen und in Modeïn, seiner Vaterstadt, begraben.
26 Ganz Israel hielt um ihn eine große Totenklage
und betrauerte ihn viele Tage lang. 27 Simon aber
ließ über dem Grab seines Vaters und seiner Brüder
ein hohes Denkmal errichten, das man weithin
sehen konnte. Es war aus poliertem Stein an der
Vorder- und Rückseite. 28 Er stellte auch sieben
Pyramiden auf, eine jeweils der anderen gegenüber,
für den Vater und die Mutter und die vier Brüder.
29 An diesen brachte er Kunstwerke an. Er setzte

große Säulen ringsum und ließ an den Säulen
Waffenrüstungen zum ewigen Andenken anbrin-
gen und neben den Waffenrüstungen Schiffe ein-
meißeln, damit sie von allen Seefahrern gesehen
würden. 30 So sieht das Grabmal, das er in Modeïn
anfertigen ließ, noch heute aus.

Friede mit Demetrius

31 Tryphon aber ging hinterlistig gegen den jungen
König Antiochus vor und tötete ihn. 32 Er folgte ihm
im Königsamt nach und setzte sich die Krone
Asiens auf. Er brachte großes Unheil über das Land.
33 Nun baute Simon die Festungen Judäas aus, um-
gab sie mit hohen Türmen und großen Mauern, mit
Toren und Riegeln und legte Lebensmittelvorräte in
den Festungen nieder. 34 Simon wählte Männer aus
und entsandte sie zu König Demetrius, daß er dem
Land Nachlaß gewähre, da ja sämtliche Handlun-
gen des Tryphon Räubertaten seien. 35 Da sandte
ihm der König Demetrius eine zustimmende Bot-
schaft und gab ihm mit folgendem Brief Antwort:
36 »König Demetrius entbietet dem Hohenpriester
Simon, dem Freunde der Könige, sowie den
Ältesten und dem jüdischen Volk Grüße. 37 Die gol-
dene Krone und den Palmzweig, den ihr sandtet,
haben wir empfangen. Wir sind bereit, euch einen
vollständigen Frieden zu gewähren und den Beam-
ten zu schreiben, daß man euch die Abgaben erläßt.
38 Was wir zu eurem Nutzen festgesetzt haben,
bleibt festgesetzt. Auch die Festungen, die ihr er-
baut habt, bleiben euer Eigentum. 39 Wir erlassen
euch alle Versehen und Rückstände bis auf den heu-
tigen Tag und auch die noch schuldige Kronen-
spende. Wenn noch irgendeine andere Steuer in
Jerusalem eingetrieben wurde, so soll sie nun nicht
mehr erhoben werden! 40 Wenn einige unter euch
geeignet erscheinen, unter die Männer unserer
nächsten Umgebung aufgenommen zu werden, so
sollen sie eingetragen werden! Friede sei zwischen
uns!« 41 Im Jahre 170 ward das heidnische Joch von
Israel abgenommen. 42 Das Volk Israel begann
Urkunden und Verträge mit der Überschrift: »Im
ersten Jahr Simons, des großen Hohenpriesters, des
Feldherrn und Fürsten der Juden.«

Einnahme von Geser

43 In jenen Tagen zog Simon gegen Geser, umzin-
gelte es mit Heeresmacht, baute einen Belagerungs-
turm und ließ ihn nahe an die Stadt heranführen. Er
schlug eine Bresche in einen Turm und nahm ihn
ein. 44 Die Mannschaften des Belagerungsturmes
drangen in die Stadt ein, und es entstand in der
Stadt ein gewaltiger Aufruhr. 45 Die Bürger stiegen
mit den Frauen und Kindern auf die Mauer, zerris-
sen ihre Gewänder, schrieen mit lauter Stimme
und baten Simon, ihnen die Hand zum Frieden zu
reichen. 46 Sie sagten: »Verfahre mit uns nicht nach
unseren schlimmen Taten, sondern nach deiner
Güte!« 47 Simon zeigte sich ihnen geneigt und
bekämpfte sie nicht weiter. Er vertrieb sie aber aus
der Stadt und ließ Häuser, in denen sich Götzen-
bilder befanden, reinigen. So zog er denn unter
Psalmen und Lobgesang in die Stadt ein. 48 Er ver-
bannte daraus jegliche Unreinheit und ließ in ihr
Männer ansiedeln, die das Gesetz erfüllen wollten.
Dann befestigte er sie noch stärker und baute sich
selbst darin ein Haus.

Die Burg in jüdischer Hand

49 Die Leute auf der Burg in Jerusalem wurden da-
ran gehindert, mit dem Land Verkehr zu unter-
halten, um einzukaufen und zu verkaufen. Sie
litten daher großen Mangel, und viele von ihnen
kamen vor Hunger um. 50 Nun baten sie Simon, daß
er Frieden mache, und er gab ihnen nach. Jedoch
vertrieb er sie von dort und ließ die Burg von jeder
Befleckung reinigen. 51 Im Jahre 171, am dreiund-
zwanzigsten Tag des zweiten Monats, zog er in die
Burg ein mit Lobgesang und Palmzweigen, unter
den Klängen von Zithern, Zimbeln und Harfen,
unter Hymnen und Psalmen; denn ein Hauptfeind
war aus Israel vertilgt. 52 Er setzte fest, daß man
alljährlich diesen Tag mit Freuden feiere. Auch be-
festigte er den Tempelberg neben der Burg noch
stärker. Er selbst nahm dort mit den Seinigen Woh-
nung. 53 Da nun Simon sah, daß sein Sohn Johannes
herangewachsen war, setzte er ihn als Befehlshaber
über alle Streitkräfte ein. Dieser nahm in Geser
Wohnung.

13,1–16,24: Simons (142–135) Lebenswerk galt dem letzten großen Ziel der nationalistischen Makkabäerpartei, der politischen Unabhängigkeit Judas. Demetrius II., zu dem Simon hielt, gewährte dem Land Steuerfreiheit. Man erneuerte die Bündnisse mit Sparta und Rom. Vom Jahre 142 v. Chr. zählte man nicht mehr nach der Ära der Seleukiden, sondern nach der Simons. Das dankbare Volk machte ihn zum erblichen Hohenpriester und Fürsten (1 Makk 14,41). Antiochus VII. Sidetes verlieh dem neuen Staat sogar das Recht, eigene Münzen zu prägen. Die neue Dynastie der Hasmonäer war damit begründet. Ein letzter Waffengang gegen ein syrisches Heer brachte endlich Ruhe. Simon selbst aber mit zwei seiner Söhne wurde von seinem Schwiegersohn Ptolemäus ermordet (16,16); sein Sohn Johannes Hyrkanus I. folgte ihm (16,23f.).

Die Gefangennahme des Demetrius

14 1 Im Jahre 172 bot König Demetrius seine
Truppenverbände auf und zog nach Me-
dien, um sich Hilfe für den Kampf gegen
Tryphon zu verschaffen. 2 Als Arsakes, der König
von Persien und Medien, hörte, daß Demetrius in
sein Gebiet eingerückt sei, schickte er einen seiner

Heerführer aus, um ihn lebendig gefangenzunehmen. 3 Er zog hin, zerschlug das Heer des Demetrius, nahm ihn gefangen und brachte ihn vor Arsakes. Dieser setzte ihn in Haft.

Lobeshymne auf Simon

4 Ruhe genoß das Land Juda, solange Simon lebte. Er sorgte für das Wohl seines Volkes; diesem aber gefielen seine Macht und sein Glanz während der ganzen Zeit. 5 Zu all seinem Ruhm hinzu gewann er Joppe als Hafenstadt und schuf so für die Meeresinseln einen Zugang. 6 Die Landesgrenzen weitete er seinem Volk und herrschte über das Land. 7 Viele Gefangene trieb er zusammen, war Herr über Geser, Betsur und die Burg; er entfernte aus ihr, was unrein war, und keiner war, der ihm trotzte. 8 Man bebaute in Frieden das Land, der Boden gab seinen Ertrag, der Baum im Feld seine Frucht. 9 Greise saßen auf freien Plätzen, unterhielten sich gemeinsam über den Wohlstand. Jünglinge trugen mit Stolz das Kriegsgewand. 10 Er verschaffte den Städten Nahrung, mit Bollwerken hat er sie ausgestattet, bis daß sein ruhmvoller Name erklang bis an die Enden der Erde. 11 Er schaffte Frieden im Land, Israels Freude war groß. 12 Ein jeder konnte bei seinem Weinstock und seinem Feigenbaum sitzen, niemanden gab es, der sie erschreckte. 13 Keiner war, der sie bekriegte im Land; denn zerschmettert waren die Könige damals. 14 Er war der Halt aller Armen in seinem Volk; er folgte dem Gesetz und entfernte jeden Abtrünnigen und Schlechten. 15 Dem Heiligtum gab er Glanz und vermehrte des Tempels Geräte.

Bündnisse mit Rom und Sparta

16 Als man in Rom und Sparta die Kunde erhalten hatte, daß Jonatan tot sei, war man sehr betrübt. 17 Sobald man aber vernahm, daß sein Bruder Simon an seiner Stelle Hoherpriester geworden, und daß er Herr des Landes und der darin befindlichen Städte sei, 18 da schrieben sie an ihn auf ehernen Tafeln, um mit ihm die Freundschaft und Bundesgenossenschaft zu erneuern, die sie mit seinen Brüdern Judas und Jonatan früher geschlossen hatten. 19 Der Inhalt wurde vor der versammelten Gemeinde in Jerusalem vorgelesen. 20 Dies ist die Abschrift des Briefes, den die Spartaner geschickt haben: »Regierung und Stadt der Spartaner entbieten dem Hohenpriester Simon, den Ältesten und den Priestern und dem übrigen Volk der Juden, ihren Brüdern, Grüße. 21 Die Botschafter, die an unser Volk gesandt worden sind, brachten uns Kunde von eurem Ruhm und Ansehen. Wir waren über ihr Kommen sehr erfreut. 22 Das von ihnen Berichtete trugen wir in die Volksbeschlüsse ein in folgendem Wortlaut: ›Numenius, der Sohn des Antiochus, und Antipater, der Sohn Jasons, sind als Gesandte der Juden zu uns gekommen, um die Freundschaft mit uns zu erneuern. 23 Es hat dem Volk gefallen, die Männer ehrenvoll aufzunehmen und eine Abschrift ihrer Worte in den öffentlichen Staatsurkunden niederzulegen, damit das spartanische Volk ein Andenken daran habe. Eine andere Abschrift davon aber sandte man dem Hohenpriester Simon.‹« 24 Daraufhin entsandte Simon den Numenius mit einem großen goldenen Schild im Wert von tausend Minen nach Rom, um die Bundesgenossenschaft mit ihnen zu bekräftigen.

Ehrenurkunde für Simon

25 Als aber das Volk von diesen Dingen hörte, sprach es: »In welcher Form können wir dem Simon und seinen Söhnen unseren Dank abstatten? 26 Er, seine Brüder und seine Sippe waren unsere Stütze; sie haben die Feinde Israels von ihm abgewehrt und sicherten ihm die Freiheit.« Da machten sie auf ehernen Tafeln eine Inschrift und hängten sie an Säulen auf dem Sionsberg auf. 27 Dies ist die Wiedergabe der Inschrift: »Am 18. Elul des Jahres 172 – das ist das dritte Jahr unter dem Hohenpriester Simon, dem Fürsten des Gottesvolkes – 28 wurde uns in einer großen Versammlung der Priester, des Volkes und der Ältesten des Landes folgendes bekanntgegeben: 29 Da oftmals Kämpfe im Land ausbrachen, begaben sich Simon, der Sohn des Mattatias, Priester von den Nachkommen des Jojarib, und seine Brüder in die Gefahr und traten den Gegnern ihres Volkes entgegen, damit ihr Heiligtum und das Gesetz bestehen blieben. Sie brachten ihrem Volk hohen Ruhm ein. 30 Jonatan scharte das Volk um sich und wurde sein Hoherpriester. Als er aber zu seinen Ahnen heimgegangen war, 31 wollten ihre Feinde in ihr Land eindringen und die Hand nach ihrem Heiligtum ausstrecken. 32 Damals trat Simon auf, kämpfte für sein Volk, spendete viel von seinem eigenen Vermögen, versah die Kriegsleute seines Volkes mit Waffen und gab ihnen Sold. 33 Auch befestigte er die Städte Judäas und Betsur an der Grenze von Judäa, wo zuvor die Waffen der Feinde aufgespeichert waren. Er legte jüdische Männer als Besatzungstruppen hinein. 34 Auch das am Meer liegende Joppe befestigte er, ebenso Geser im Grenzgebiet von Azotus, wo ehedem die Feinde gewohnt hatten. Dort siedelte er Juden an und lagerte darin alles, was für ihren Unterhalt nötig war. 35 Das Volk sah die feste

Zuverlässigkeit Simons und wie er darauf bedacht
war, seinem Volk Ruhm zu verschaffen. Da mach-
ten sie ihn zu ihrem Herrscher und Hohenpriester,
all dieser Taten und der Gerechtigkeit und Zuver-
lässigkeit wegen, die er seinem Volk bewiesen
hatte. Auf jegliche Art und Weise suchte er sein
Volk zu erhöhen.
36 In seinen Tagen gelang es ihm, die Heiden aus
dem Land Juda zu vertreiben, auch jene in der
Davidsstadt Jerusalem, die sich eine Burg erbaut
hatten, aus der sie herauskamen und die Umgebung
des Heiligtums verunreinigten, wodurch sie die
Heiligkeit des Ortes schwer schädigten. 37 Er sie-
delte in ihr jüdische Männer an und befestigte sie
zur Sicherheit des Landes und der Stadt. Die Mau-
ern Jerusalems machte er höher. 38 König Deme-
trius bestätigte ihm deshalb die hohepriesterliche
Würde. 39 Er machte ihn auch zu einem seiner Ver-
trauten und zeichnete ihn mit hohen Ehren aus.
40 Er hatte nämlich gehört, daß die Juden von den
Römern Freunde, Bundesgenossen und Brüder ge-
nannt würden und daß man die Gesandten Simons
ehrenvoll empfangen habe.
41 So haben denn die Juden und die Priester einge-
willigt, daß Simon ihr Herrscher und Hoherpriester
für immer sei, bis ein zuverlässiger Prophet sich er-
hebe, 42 daß er auch ihr Heerführer sei mit Befehls-
gewalt über ihre Arbeiten, über das Land, über die
Waffen und über die Festungen, 43 daß er sich ferner
des Heiligtums annehme, und daß alle ihm gehor-
chen sollten. Alle Urkunden im Lande sollten auf
seinen Namen abgefaßt werden, und er dürfe sich
in Purpur und Goldschmuck kleiden. 44 Niemandem
aus dem Volk und den Priestern sei es erlaubt, eine
dieser Bestimmungen aufzuheben oder seinen An-
ordnungen zu widersprechen, ohne seine Zustim-
mung eine Volksversammlung im Lande durchzu-
führen oder sich in Purpur zu kleiden und eine
goldene Spange zutragen. 45 Sollte aber einer dage-
gen handeln oder eine dieser Bestimmungen auf-
heben, so würde er sich strafbar machen.« 46 Das
ganze Volk gab seine Zustimmung, daß Simon auf-
gefordert werden solle, diesen Beschlüssen entspre-
chend zu handeln. 47 Simon aber nahm es an und er-
klärte sich bereit, Hoherpriester, Feldherr und Fürst
der Juden und Priester zu sein und allem vorzuste-
hen. 48 Diese Inschrift ließen sie auf ehernen Tafeln
anbringen und im Bezirk des Heiligtums an einem
sichtbaren Ort aufstellen. 49 Eine Abschrift davon
ließen sie in der Schatzkammer hinterlegen, damit
Simon und seine Söhne sie zur Verfügung hätten.

14,27: Elul entspricht unserem August/September.

Antiochus VII. Sidetes

15 1 Antiochus, der Sohn des Königs Deme-
trius, sandte von den Inseln des Meeres
einen Brief an Simon, den Priester und
Fürsten der Juden, und an das ganze Volk. 2 Inhalt-
lich lautete er wie folgt: »König Antiochus entbietet
dem Hohenpriester und Volksfürsten Simon und
dem jüdischen Volk Grüße. 3 Einige Frevler haben
zwar das Reich unserer Väter in Besitz genommen,
ich will aber das Königreich wieder erobern, um
den früheren Zustand wiederherzustellen. Ich habe
also eine Menge von Streitkräften aufgeboten und
Kriegsschiffe gerüstet. 4 Ich will nun an Land gehen,
um denen entgegenzutreten, die unser Land ver-
wüstet und zahlreiche Städte in meinem Reich
verheert haben. 5 Nun bestätige ich dir alle Steuer-
nachlässe, die dir meine Vorgänger im Königsamt
gewährten, und auch alles andere, was sie dir an
Abgaben nachgelassen haben. 6 Auch billige ich dir
zu, eigene Münzen zu prägen als Zahlungsmittel
für dein Land. 7 Jerusalem und das Heiligtum seien
frei! Alle Waffen, mit denen du dich versehen, die
Festungen, die du erbaut und in Händen hast, sollen
dir verbleiben! 8 Jegliche Leistung an die Krone,
auch für die Zukunft, sei dir von heute ab für immer
nachgelassen! 9 Sobald wir aber unser Reich wieder
erobert haben, werden wir dich, dein Volk und das
Heiligtum mit großer Ehre auszeichnen, damit euer
Ruhm auf der ganzen Erde offenbar werde.«

Dora

10 Im Jahre 174 kam Antiochus in das Land seiner
Ahnen. Alle Streitkräfte schlossen sich ihm an, so
daß nur wenige mit Tryphon gemeinsame Sache
machten. 11 Antiochus setzte dem Tryphon nach,
und dieser gelangte auf der Flucht nach Dora, das
am Meer liegt. 12 Er erkannte nämlich, daß das
Unheil sich über ihm zusammenballte und die
Truppen ihn im Stiche ließen. 13 Antiochus aber
belagerte mit hundertzwanzigtausend Mann und
achttausend Reitern die Stadt Dora. 14 Er umzin-
gelte sie, und die Schiffe griffen vom Meer aus an.
Vom Land und vom Meer bedrängte er also die
Stadt und ließ niemand mehr aus- und eingehen.

Brief aus Rom

15 Da kam Numenius mit seinen Begleitern aus Rom
mit Briefen an die Könige und Länder; darin stand
geschrieben: 16 »Lucius, römischer Konsul, entbietet
König Ptolemäus Grüße. 17 Die Botschafter der
Juden kamen zu uns als unsere Freunde und Bun-
desgenossen, um die seit jeher bestehende Freund-
schaft und Bundesgenossenschaft zu erneuern. Sie
waren gesandt von Simon, dem Hohenpriester, und

von der Volksgemeinde der Juden. 18 Sie brachten
auch einen goldenen Schild im Wert von tausend
Minen mit. 19 Es hat uns nun gefallen, den Königen
und Ländern zu schreiben, nichts Böses gegen sie
auszuhecken, sie, ihre Städte und ihr Land nicht zu
bekriegen und sich auch nicht mit jenen zu verbin-
den, die gegen sie Krieg führen. 20 Wir hielten es für
richtig, den Schild von ihnen anzunehmen. 21 Sind
nun einige Verbrecher aus ihrem Land zu euch
geflohen, so liefert sie dem Hohenpriester Simon
aus, damit er sie nach ihrem Gesetz bestrafe!«
22 Dasselbe schrieb er auch an König Demetrius,
Attalus, Ariarathes und Arsakes 23 sowie an alle
Länder: nach Sampsame und an die Spartaner, nach
Delos, Myndos und Sikyon, nach Karien, Samos
und Pamphylien, nach Lykien und Halikarnassos,
nach Rhodos und Phasalis, Kos und Side, nach
Arados und Gortyna, nach Knidos, Cypern und
Cyrene. 24 Eine Abschrift davon stellte man dem
Hohenpriester Simon zu.

Zerwürfnisse mit Antiochus VII.

25 König Antiochus belagerte Dora erneut. Er führte
ständig Mannschaften heran, ließ Belagerungs-
maschinen aufstellen und schloß Tryphon ein, so
daß ihm der Ausgang und Zugang unmöglich war.
26 Simon sandte dem Antiochus zweitausend auser-
lesene Männer, um auf seiner Seite zu kämpfen,
dazu Silber und Gold und reichlich viel Kriegsmate-
rial. 27 Aber er wollte dies nicht annehmen, sondern
machte alles, was er früher mit ihm vereinbart
hatte, rückgängig und brach mit ihm. 28 Den Athe-
nobius, einen seiner Freunde, sandte er zu ihm, um
mit ihm folgendermaßen zu verhandeln: »Ihr seid
die Herren von Joppe, von Geser und der Burg in
Jerusalem; das sind Städte meines Reiches. 29 Ihr
Gebiet habt ihr verheert und dem Land großen
Schaden zugefügt. Vieler Orte meines Reiches habt
ihr euch bemächtigt. 30 Gebt nun die Städte wieder
heraus, die ihr in Besitz nahmt, und zahlt Steuern
für die Orte, deren ihr euch außerhalb des Gebietes
von Judäa bemächtigt habt! 31 Im anderen Fall zahlt
dafür fünfhundert Talente Silber und für den Scha-
den, den ihr angerichtet habt, sowie für die Steuern
der Städte weitere fünfhundert Talente! Sonst kom-
men wir und führen mit euch Krieg.« 32 Nun kam
also Athenobius, der Freund des Königs, nach Jeru-
salem. Er sah die Prachtentfaltung des Simon und
den Schenktisch mit goldenen und silbernen Ge-
fäßen sowie die zahlreiche Dienerschaft. Er war er-
staunt und meldete ihm die Worte des Königs.
33 Simon gab ihm zur Antwort: »Wir haben weder
fremdes Land eingenommen noch uns fremden
Eigentums bemächtigt, sondern lediglich des Erbes
unserer Väter, das von unseren Feinden ohne recht-
liche Grundlage im Lauf der Zeit erobert wurde.
34 Wir ergreifen die Gelegenheit, um das Erbe unse-
rer Väter festzuhalten. 35 Joppe und Geser, die du
verlangst, haben ihrerseits dem Volk und unserem
Land schwer geschadet. Wir wollen aber dafür hun-
dert Talente zahlen.« 36 Darauf gab ihm Athenobius
keine Antwort, kehrte vielmehr wütend zum König
zurück und berichtete ihm diese Reden, ferner von
der Pracht des Simon und von allem, was er gese-
hen hatte. Da wurde der König überaus zornig.

Feldzug des Kendebäus

37 Tryphon aber bestieg ein Schiff und entfloh nach
Orthosia. 38 Da bestimmte der König den Kende-
bäus zum Heerführer an der Küste und gab ihm
Fußtruppen und Reiterei. 39 Dazu trug er ihm auf,
gegen Judäa Lager zu beziehen; er befahl ihm,
Kedron zu befestigen, die Tore zu verstärken und
dann gegen das Volk Krieg zu führen. Der König
aber setzte dem Tryphon nach. 40 Da kam Kende-
bäus nach Jamnia und begann das Volk in Aufre-
gung zu versetzen, in Judäa einzufallen, die Be-
völkerung gefangenzunehmen und zu töten. 41 Er
befestigte Kedron und legte Reiterei und Streit-
kräfte hinein, damit sie auf den Straßen Judäas um-
herstreiften, wie der König ihm aufgetragen hatte.

15,25–41: Durch die Erfolge gegen Tryphon ermutigt, ging nun Antiochus gegen Judäa vor.

16

1 Da begab sich Johannes von Geser nach
Jerusalem hinauf und meldete seinem
Vater Simon, was Kendebäus angerichtet
habe. 2 Simon ließ seine zwei ältesten Söhne, Judas
und Johannes, kommen und sprach zu ihnen: »Ich
und meine Brüder und meine Sippe haben die
Kämpfe Israels geleitet von Jugend an bis heute. Oft
genug ist es uns geglückt, Israel durch unser Ein-
greifen zu befreien. 3 Jetzt aber bin ich alt. Ihr aber
seid, Gott sei Dank, in den besten Jahren. Tretet an
meine und meines Bruders Stelle, zieht aus und
kämpft für unser Volk; die Hilfe des Himmels sei
mit euch!« 4 Er wählte aus dem Land zwanzig-
tausend Krieger und Reiter aus. Sie zogen gegen
Kendebäus und blieben die Nacht über in Modeïn.
5 In der Morgenfrühe brachen sie auf und zogen zur
Ebene; da trat eine starke Heeresmacht ihnen ent-
gegen, Fußvolk und Reiterei. Zwischen ihnen floß
ein Bach. 6 Johannes und sein Kriegsvolk schlugen
das Lager den Feinden gegenüber auf. Er bemerkte,
daß die Leute sich fürchteten, den Bach zu über-
queren. So durchschritt er ihn denn als erster. Die

Männer sahen ihn und zogen hinter ihm drein hin-
über. 7 Er bildete aus dem Kriegsvolk zwei Abtei-
lungen und stellte die Reiterei inmitten des Fuß-
volkes auf. Die Reiterei der Gegner war überaus
stark. 8 Die Juden bliesen die Trompeten. Kende-
bäus und sein Heer wurden in die Flucht geschla-
gen. Es gab unter ihnen viele Gefallene; der Rest
aber floh in die Festung. 9 Damals wurde auch
Judas, der Bruder des Johannes, verwundet. Johan-
nes aber nahm die Verfolgung der Feinde auf bis
Kedron, das Kendebäus befestigt hatte. 10 Man floh
auch in das Gebiet von Azotus zu den Türmen.
Johannes ließ die Stadt niederbrennen. Es waren
von jenen zweitausend Mann gefallen. Er aber
kehrte unversehrt nach Judäa zurück.

Tod des Simon

11 Ptolemäus, der Sohn des Abub, war Heerführer in
der Ebene bei Jericho. Er besaß viel Silber und Gold;
12 denn er war ein Schwiegersohn des Hohenprie-
sters. 13 Sein Sinn aber wurde hochmütig, und er
wollte das Land erobern. Da ersann er hinterlistige
Pläne gegen Simon und seine Söhne, um sie zu be-
seitigen. 14 Simon aber bereiste dauernd die Städte
im Land und sorgte für sie. Da kam er nach Jericho
hinab mit seinen Söhnen Mattatias und Judas. Es
war im elften Monat, das heißt im Monat Schebat,
des Jahres 177. 15 Der Sohn Abubs nahm sie voller
Heimtücke in die kleine Feste Dok auf, die er erbaut
hatte. Er gab ihnen ein großes Gelage, hielt dort
aber Kriegsleute verborgen.
16 Als nun Simon und seine Söhne angetrunken
waren, erhoben sich Ptolemäus und die Seinen, grif-
fen zu ihren Waffen, überfielen Simon im Trinkge-
mach und töteten ihn, seine beiden Söhne und auch
einige aus seinem Gefolge. 17 So verübte er einen ge-
meinen Verrat und vergalt Gutes mit Bösem. 18 Dar-
über machte nun Ptolemäus dem König schriftliche
Mitteilung, damit er Streitkräfte zu seiner Hilfe ent-
sende und ihm ihr Land und die Städte ausliefere.
19 Andere Boten schickte er nach Geser, um den
Johannes zu beseitigen. Auch den Hauptleuten
schickte er Briefe mit der Einladung, sich ihm anzu-
schließen: er wolle ihnen Silber, Gold und Ge-
schenke geben. 20 Andere Leute schickte er aus, daß
sie Jerusalem und den Tempelberg besetzen sollten.
21 Einer aber eilte voraus und meldete dem Johannes
in Geser, daß sein Vater und seine Brüder ermordet
seien, und fügte bei: »Schon hat er ausgesandt, auch
dich zu töten!« 22 Als er das hörte, geriet er ganz
außer sich. Er ließ die Männer, die zu seiner Ermor-
dung kamen, festnehmen und hinrichten. Er wußte
ja, daß sie ihm nach dem Leben trachteten.

Schluß

23 Was aber sonst von Johannes zu berichten ist, von
seinen Kriegen und seinen Heldentaten, die er voll-
brachte, vom Mauerbau, den er durchführte, und
von seiner sonstigen Wirksamkeit, 24 all das steht
geschrieben im Buch der Chronik seines Hohen-
priestertums von der Zeit an, da er nach seinem
Vater Hoherpriester wurde.

ZWEITES BUCH DER MAKKABÄER

Das zweite Makkabäerbuch bildet für den Zeitabschnitt zwischen 175–161 v. Chr. eine wichtige zweite Darstellung zum vorhergehenden Buch. Es beruft sich aber nicht auf dieses Werk, sondern auf ein fünfbändiges Geschichtswerk des Jason von Cyrene. Dieses ging offensichtlich auf mündliche Erzählungen und Gerüchte zurück. So will auch der Verfasser von 2 Makk nicht kritische Geschichte schreiben, sondern erbauliche Geschichten erzählen. Seine Vorliebe für Himmelserscheinungen, der Wunderglaube, die Vorstellung von einer göttlichen Vorsehung, die unmittelbar in das Welt- und Menschheitsgeschehen hineingreift, sind recht bezeichnend für 2 Makk.

Der erste Hauptteil von 2 Makk (3,1–10,8) behandelt den Tempelraub des Heliodor, die Quertreibereien der volksfeindlichen Hohenpriester, ergreifende Erzählungen von Blutzeugen jener Zeit und die ersten Siege des Judas, Krankheit und Tod des Antiochus. Der zweite Hauptteil (10,9–15,39) spricht von weiteren Kämpfen und Siegen des Judas und schließt mit seinem kriegerischen Erfolg über Nikanor im Jahre 161 v. Chr. Den eigentlichen Geschichtserzählungen gehen einige Briefe und ein Vorwort des Verfassers voraus.

Bezeichnend für 2 Makk sind der Glaube an Engel und die Auferstehung der Toten, das Festhalten an der göttlichen Vergeltung, das Lob der Gesetzestreue und der Anhänglichkeit an den Tempel. Der Verfasser wird ein Jude sein, der zwar seiner väterlichen Religion treu blieb, aber griechische Kultur und Sprache genau kannte. Er bereichert unser religiöses Wissen um geoffenbarte Lehren, die erst kurz vor der neutestamentlichen Zeit gegeben werden konnten. Diese für den menschlichen Geist so wertvollen Erkenntnisse leben im NT und in der Lehrverkündigung Jesu weiter bis in unsere Tage.

Den jüdischen Brüdern in Ägypten entbieten
die jüdischen Brüder in Jerusalem und die
vom Lande Judäa Grüße, Glück und Heil.
2 Möge euch Gott Gutes erweisen und des Bundes
eingedenk sein, den er mit Abraham, Isaak und
Jakob, seinen treuen Knechten, geschlossen hat!
3 Er schenke euch allen die Herzensbereitschaft, ihn
zu ehren und seine Gebote mit weitem Herzen und
williger Seele zu halten! 4 Euer Herz öffne er für
sein Gesetz und seine Vorschriften, und er wirke
Heil! 5 Er erhöre euer Gebet, schenke euch Versöh-
nung und verlasse euch nicht zur Zeit der Not! 6 So
verharren wir hier im Gebet für euch. 7 Zur Zeit des
Königs Demetrius, im Jahre 169, haben wir Juden
euch geschrieben. Wir waren auf dem Höhepunkt
der Drangsal, die über uns in jenen Jahren kam, seit
Jason und sein Anhang vom Heiligen Land und
vom Königtum abgefallen waren, 8 als man die
Tempelpforte verbrannte und unschuldiges Blut
vergoß. Da beteten wir zum Herrn und wurden er-
hört. Wir brachten Brand- und Speiseopfer dar,
zündeten die Leuchter an und legten die Schau-
brote auf. 9 Nun sollt auch ihr die Tage des »Laub-
hüttenfestes« im Monat Kislew feiern! Geschrieben
im Jahre 188.

Nochmaliges Schreiben über das Tempelweihfest

10 Die Juden zu Jerusalem und von Judäa sowie der
Hohe Rat und Judas entbieten dem Aristobul,
dem Lehrer des Königs Ptolemäus, Sproß aus dem
Geschlecht der gesalbten Priester, sowie den Juden
in Ägypten Gruß und Heil. 11 Aus großen Gefahren
wurden wir von Gott errettet. Ihm danken wir
innigst als Kämpfer gegen den König. 12 Er hat näm-
lich jene niedergeworfen, die in der Heiligen Stadt
kämpften.
13 Denn der Fürst war mit seiner scheinbar unüber-
windlichen Heeresmacht nach Persien gezogen. Sie
wurden aber im Tempel der Nanäa erschlagen.
Die Nanäapriester bedienten sich dabei einer List.
14 Antiochus erschien nämlich mit seiner Begleitung
am Ort, um sich mit der Göttin zu vermählen und
sich dann die vielen Reichtümer gleichsam als
Mitgift anzueignen. 15 Die Nanäapriester breiteten
diese vor ihm aus. Mit wenigen Begleitern betrat er
das Innere des Tempels. Als aber Antiochus ein-
getreten war, verriegelte man das Heiligtum. 16 Sie
öffneten die verborgene Tür der Decke, warfen
Steine hinab und zerschmetterten den Fürsten. Man
hieb ihn in Stücke, trennte den Kopf ab und warf
ihn den Außenstehenden zu. 17 Für alles sei unser

Gott gepriesen, der die Frevler preisgegeben hat!
18 Wir aber beabsichtigen, am 25. Kislew die Reini-
gung des Tempels zu begehen, und erachten es
daher für richtig, euch zu benachrichtigen, damit
auch ihr das Fest der Laubhütten und des Feuers be-
geht zur Erinnerung an das Ereignis, als Nehemias,
der Erbauer des Heiligtums und des Brandopfer-
altares, Opfer darbrachte.
19 Als unsere Väter nämlich nach Persien wegge-
führt wurden, haben die damaligen frommen Prie-
ster von dem Feuer des Brandopferaltares heimlich
genommen und es in der Höhlung eines Brunnens
versteckt, der ohne Wasser war. Dort verwahrte
man es sicher, so daß der Ort allen unbekannt blieb.
20 Nach Ablauf vieler Jahre gefiel es Gott, daß
Nehemias vom Perserkönig hergesandt wurde. Er
schickte die Nachkommen der Priester, die es ver-
steckt hatten, um das Feuer. Diese erzählten uns,
daß sie kein Feuer gefunden hätten, sondern dickes
Wasser. Er ließ sie davon schöpfen und bringen.
21 Als nun alles zum Opfer gerüstet war, befahl
Nehemias den Priestern, das Holz und die darauf
liegenden Opfer mit dem Wasser zu begießen.
22 Als das geschehen war und nach Verlauf einiger
Zeit die Sonne, die bis dahin von Wolken bedeckt
war, hell erstrahlte, da entzündete sich zu aller Ver-
wunderung ein großes Feuer. 23 Während das Opfer
verzehrt wurde, verrichteten die Priester und alle
Anwesenden ein Gebet. Jonatan betete vor, die an-
deren, wie auch Nehemias, stimmten ein.
24 Das Gebet aber lautete so: »Herr, Herr und Gott,
du Schöpfer des Alls, furchterregend und stark, ge-
recht und erbarmungsreich, einziger König und
Gnadenspender! 25 Nur du bist fürsorgend, nur du
bist gerecht, alles beherrschend und ewig, der du
Israel aus allem Ungemach errettest, der du unsere
Väter zu Erwählten gemacht und geheiligt hast.
26 Nimm hin das Opfer für dein gesamtes Volk
Israel, beschütze dein Erbteil und heilige es! 27 Führe
uns Zerstreute wieder zusammen, befreie, die unter
den Heidenvölkern als Knechte dienen, schau hin
auf die, welche man verachtet und verabscheut!
Dann werden die Heiden erkennen, daß du unser
Gott bist. 28 Strafe die Unterdrücker und jene, die
sich im Übermut brüsten! 29 Verpflanze dein Volk
auf deinen heiligen Boden, wie Moses gesprochen
hat!« 30 Die Priester aber sangen dazu die Preis-
lieder.
31 Als nun die Opferstücke verzehrt waren, gab
Nehemias die Weisung, auch das übrige Wasser
über größere Steine zu gießen. 32 Als das geschehen
war, loderte eine Flamme empor; sie wurde aber
durch das vom Brandopferaltar her aufleuchtende
Feuer verzehrt. 33 Sobald aber die Angelegenheit
öffentlich kund wurde und man dem Perserkönig
meldete, daß an der Stelle, wo die in Gefangen-
schaft geführten Priester das Feuer verborgen hat-
ten, Wasser erschienen sei, mit dem die Leute des
Nehemias die Opferstücke heiligten, 34 ließ der
König den Tatbestand prüfen, den Ort umfrieden
und zu einer heiligen Stätte machen. 35 Wem der
König wohlwollend gesinnt war, denen ließ er
reichliche Geschenke bereitstellen und zuteilen.
36 Die Leute des Nehemias aber bezeichneten das
Wasser als Nephtar, d.h. Reinigung. Bei den mei-
sten jedoch heißt es Nephtaj.

1,7: Das Jahr 169 nach syrisch-seleukidischer Zählung ist 144/143 v. Chr. • 8: Die Schaubrote, 12 Kuchen, waren in zwei Schichten zu je sechs auf dem Tisch im Heiligtum aufzulegen.

2
1 In den Aufzeichnungen findet sich folgen-
des: Der Prophet Jeremias hat denen, die fort-
geführt wurden, befohlen, von dem Feuer zu
nehmen, wie oben angegeben ist. 2 Der Prophet hat
aber auch den Fortgeführten das Gesetz mitgege-
ben samt dem Auftrag, die Vorschriften des Herrn
nicht zu vergessen. Auch sollten sie sich nicht in
ihrer Gesinnung irremachen lassen beim Anblick
der goldenen und silbernen Götzenbilder sowie
des Schmuckes, der sie umgab. 3 Auch noch mit
anderen Worten dieser Art ermunterte er sie, das
Gesetz nicht aus ihrem Herzen weichen zu lassen.
4 Es fand sich auch in der Schrift, daß der Prophet
auf göttliche Eingebung hin angeordnet habe, das
Zelt und die Lade ihm nachzutragen, und daß
er dann zu dem Berg zog, den Moses bestiegen
hatte, um das Erbe Gottes zu betrachten. 5 Dort
angekommen, stieß er auf eine geräumige Höhle.
Dahinein brachte er das Zelt, die Lade und den
Räucheraltar und verstopfte den Eingang. 6 Von
seinen Begleitern traten einige hinzu, um den Weg
zu kennzeichnen. Sie konnten ihn aber nicht
finden. 7 Als das Jeremias erfuhr, schalt er sie und
sprach: »Der Ort soll unbekannt bleiben, bis Gott
die Volksgemeinschaft wieder zusammenbringt
und gnädig ist. 8 Alsdann wird der Herr diese Ge-
genstände hier aufzeigen, und die Herrlichkeit des
Herrn und die Wolke werden erscheinen, wie sie
zur Zeit des Moses offenbar wurden und wie auch
Salomo bat, der Ort möge wunderbar geheiligt
werden.« 9 Es war (in jener Schrift) auch berichtet,
wie er im Vollbesitz der Weisheit das Opfer bei der
Einweihung und Vollendung des Heiligtums dar-
gebracht hat. 10 Gleichwie Moses zum Herrn be-

tete, worauf Feuer vom Himmel herabfiel und die
Opferstücke verzehrte, so betete auch Salomo, und
das Feuer kam herab und verzehrte die Brandopfer.
11 Moses sprach: »Weil man das Sündopfer nicht ge-
gessen hat, ward es verbrannt.« 12 Ebenso hat auch
Salomo die acht Tage gefeiert.
13 In den Schriften und den Erinnerungswerken des
Nehemias ist das gleiche berichtet, ferner, daß er
eine Bibliothek gründete und die Bücher, die von
den Königen und Propheten handeln, zusammen-
stellte, desgleichen die Schriften Davids und Briefe
von Königen über Weihegeschenke. 14 So hat auch
Judas alles, was während des Krieges, den wir
hatten, zerstreut worden war, zusammengebracht.
Es ist jetzt bei uns. 15 Wenn ihr etwas davon
braucht, so sendet Leute ab, die es euch holen!
16 Wir beabsichtigen nun, die Reinigungsfeier zu be-
gehen, und haben euch deshalb geschrieben. Es
wäre schön von euch, wenn ihr die Tage mitfeiern
wolltet. 17 Gott aber, der sein ganzes Volk errettet
und ihnen allen den Erbanteil, das Königtum, die
Priesterwürde und die Heiligung verliehen hat,
18 wie er es durch das Gesetz verheißen hat, – ja, auf
Gott hoffen wir, daß er sich unser bald erbarme und
uns aus der weiten Welt an den heiligen Ort zu-
sammenführe. Aus großem Ungemach befreite er
uns bereits und entsühnte den Ort.

Vorwort des Verfassers

19 Die Begebenheiten um Judas Makkabäus und
seine Brüder, die Reinigung des hochberühmten
Heiligtums und die Neueinweihung des Altars,
20 sodann die Kriege gegen Antiochus Epiphanes
und dessen Sohn Eupator, 21 die Himmelserschei-
nungen, die jenen zuteil wurden, die für das Juden-
tum ehrenvoll und tapfer gestritten haben, so daß
sie trotz ihrer geringen Zahl das ganze Land wieder
gewannen und die Truppen der Barbaren in die
Flucht jagten, 22 das in der ganzen Welt berühmte
Heiligtum wieder erlangten, die Stadt befreiten und
die Gesetze, deren Auflösung drohte, wieder in
Geltung brachten, weil ihnen der Herr in all seiner
Milde gnädig war, 23 all das, was durch Jason von
Cyrene in fünf Büchern dargestellt worden ist, ver-
suchen wir, in einen einzigen Band zusammenzu-
ziehen.
24 Im Hinblick auf die Masse von Zahlen und die
Schwierigkeit, die infolge der Stoffmenge auftritt,
wenn man sich in die geschichtlichen Einzelbe-
richte vertiefen will, 25 waren wir darauf bedacht,
den Lesefreudigen geistige Anregung, denen, die
sich den Stoff gern ins Gedächtnis einprägen
möchten, eine Erleichterung, allen etwaigen Lesern
aber Nutzen zu bringen. 26 Für uns, die wir die
Mühe des Auszugs übernahmen, war es allerdings
nichts Leichtes, sondern eine Arbeit, die Schweiß
und Nachtwachen kostete. 27 Wer ein Gastmahl
vorbereitet und anderen eine Freude zu machen
sucht, hat ja auch keine leichte Aufgabe; dennoch
unterziehen wir uns der Mühe gern, um uns den
Dank vieler Menschen zu sichern.
28 Die genauere Untersuchung von Einzelheiten
müssen wir dem Geschichtsschreiber überlassen.
Wir bemühen uns lediglich, die Niederschrift des
Auszugs anzufertigen. 29 Dem Baumeister eines
neuen Hauses kommt es zu, sich um den gesamten
Bau zu kümmern, während dem Anstreicher und
Maler nur die notwendige Ausschmückung obliegt.
Ich glaube, daß dies auch bei uns der Fall ist.
30 Dem, der zuerst die Geschichte schreibt, obliegt
es, zu forschen, die Tatsachen allseits zu erwägen
und die Einzelheiten genau zu untersuchen. 31 Der
Nacherzähler aber darf sich im Ausdruck kurz fas-
sen und auf eine ausführliche Geschichtsdarstel-
lung verzichten. 32 So wollen wir jetzt mit der Er-
zählung beginnen, nachdem wir uns mit der
Vorrede so lange aufgehalten haben. Töricht wäre
es, wollte man in der Vorrede zur Geschichte allzu
weit ausschweifen, die Geschichte selbst aber be-
schneiden.

2,13f: Eine Bestätigung des hier glaubhaft Berichteten ist nicht erhalten.

Heliodor im Tempel

3 1 Die Heilige Stadt lag in tiefstem Frieden.
Man hielt die Gesetze gewissenhaft dank der
Frömmigkeit des Hohenpriesters Onias und
seines Hasses gegen alles Böse. 2 Damals kam es
vor, daß sogar die Könige den heiligen Ort ehrten
und das Heiligtum mit überaus wertvollen Ge-
schenken verherrlichten. 3 Beispielsweise bestritt
Seleukus, der König von Asien, aus eigenen Ein-
künften alles, was notwendig war zum Opfer-
dienst. 4 Ein gewisser Simon aber aus dem Stamm
Benjamin, zum Tempelvorsteher ernannt, geriet mit
dem Hohenpriester auseinander wegen der Markt-
ordnung der Stadt. 5 Da er aber gegen Onias macht-
los war, begab er sich zu Apollonius, dem Sohn des
Tharseus, der in jener Zeit Oberbefehlshaber über
Cölesyrien und Phönikien war. 6 Simon redete ihm
ein, daß die Schatzkammer in Jerusalem von un-
vorstellbaren Schätzen strotze, so daß die Menge
der Stiftungen unzählbar sei; sie stünden in keinem
Verhältnis zu dem, was für die Opfer notwendig
sei, und es sei durchaus möglich, daß all das in die

Gewalt des Königs gelange. 7 Als nun Apollonius mit dem König zusammentraf, erzählte er ihm von den Schätzen, die man ihm verraten hatte. Dieser aber bestimmte den Reichsverweser Heliodor und entsandte ihn mit dem Befehl, die Auslieferung der erwähnten Schätze zu bewerkstelligen. 8 Heliodor unternahm diese Reise sofort. Er gab vor, in die Städte Cölesyriens und Phönikiens seinen Weg zu nehmen; in Wirklichkeit aber wollte er das Vorhaben des Königs zur Ausführung bringen.

Heliodors Verhandlungen

9 Als er nach Jerusalem kam, wurde er vom Hohenpriester der Stadt freundschaftlich aufgenommen. Er berichtete über die ergangene Anzeige und erklärte den Zweck seiner Anwesenheit. Er zog auch Erkundigungen darüber ein, ob diese Mitteilungen wirklich auf Wahrheit beruhten. 10 Der Hohepriester wies darauf hin, daß es sich um hinterlegte Gelder von Witwen und Waisen handle; 11 etwas gehöre auch dem Hyrkanus, dem Sohn des Tobias, einem hochangesehenen Mann; es sei nicht so, wie der verruchte Simon fälschlich angegeben habe. Im ganzen betrage die Summe nur vierhundert Talente Silber und zweihundert Talente Gold. 12 Es sei völlig unstatthaft, daß die geschädigt würden, die auf die Heiligkeit des Ortes sowie auf die Würde und Unantastbarkeit des auf der ganzen Welt verehrten Tempels vertrauten. 13 Heliodor bestand aber infolge der königlichen Aufträge, die er besaß, darauf, daß diese Gelder in den königlichen Schatz gebracht werden müßten. 14 Er bestimmte einen Tag, um in den Tempel zu gehen zur Besichtigung der Schätze.

Da entstand eine nicht geringe Erregung in der ganzen Stadt. 15 Die Priester warfen sich vor dem Altar in ihren priesterlichen Gewändern nieder und riefen zum Himmel empor zu dem, der das Gesetz über hinterlegtes Gut gegeben hat, er möge nun allen, die Gelder hinterlegten, diese unversehrt erhalten. 16 Sah aber einer die Gestalt des Hohenpriesters, dann mußte ihm das Herz weh tun; denn sein Antlitz und die veränderte Gesichtsfarbe offenbarten die seelische Bestürzung. 17 Der arme Mann war voll des Schreckens und zitterte am ganzen Körper, wodurch denen, die es sahen, sein Herzeleid kund wurde. 18 Hinzu kam, daß die Leute scharenweise aus den Häusern zu gemeinsamem Bittgebet zusammenströmten; denn der heilige Ort lief Gefahr, der Verachtung preisgegeben zu werden. 19 Die Frauen füllten die Straßen, unterhalb der Brust in Trauergewänder gehüllt. Von den Jungfrauen aber, die sonst in der Verborgenheit lebten, liefen die einen an die Pforten, andere auf die Mauern, wieder andere beugten sich aus den Fenstern. 20 Alle aber erhoben die Hände zum Himmel und verrichteten das Bittgebet. 21 Es war zum Erbarmen, wie sich die buntgemischte Menge auf den Boden warf und der Hohepriester in banger Erwartung furchtbar litt. 22 Sie flehten also zum allmächtigen Herrn, er möge das anvertraute Gut denen, die es hinterlegt hatten, unversehrt in aller Sicherheit bewahren.

Gottes Eingreifen zur Rettung des Tempelschatzes

23 Heliodor ging nun daran, sein Vorhaben auszuführen. 24 Eben befand er sich mit seiner bewaffneten Schar in der Schatzkammer. Da verursachte der Herr der Geister und jeglicher Macht eine gewaltige Erscheinung. So wurden alle, die sich vermessen hatten mit hineinzukommen, aus Furcht vor Gottes Kraft in Ohnmacht und Angst gestürzt. 25 Es erschien ihnen nämlich ein Roß mit einem furchterregenden Reiter und mit herrlichem Geschirr geschmückt. Im Galopp stürmend, drang es mit den Vorderhufen auf Heliodor ein. Der Reiter, der oben saß, erglänzte in einer goldenen Rüstung. 26 Es erschienen vor ihm auch noch zwei andere Jünglinge von ungewöhnlicher Stärke und herrlicher Schönheit, prachtvoll gekleidet. Sie stellten sich zu beiden Seiten des Heliodor, geißelten ihn ohne Unterbrechung und versetzten ihm viele Hiebe.

27 Plötzlich war Heliodor zu Boden gestürzt und von tiefer Finsternis umhüllt. Man packte ihn und legte ihn auf eine Tragbahre. 28 Ihn, der eben erst mit zahlreichem Gefolge und mit der gesamten bewaffneten Leibgarde in die erwähnte Schatzkammer eingedrungen war, trug man nun in hilflosem Zustand hinaus. So konnte man die Macht Gottes offen erkennen. 29 Durch die göttliche Kraft sprachlos geworden und jeglicher Hoffnung und Rettung beraubt, war er zu Boden gefallen.

30 Die Juden aber priesen den Herrn, der seine Stätte wunderbar verherrlichte. Und das Heiligtum, das kurz vorher mit Furcht und Bestürzung erfüllt war, war nun voller Jubel und Freude, da der allmächtige Herr sich geoffenbart hatte. 31 Einige aber aus der Umgebung des Heliodor baten den Onias sofort, daß er den Höchsten anrufe und dem, der schon in den letzten Atemzügen lag, das Leben wieder schenke. 32 Der Hohepriester fürchtete, der König könnte den Verdacht hegen, daß dem Heliodor irgendein böser Streich von den Juden widerfahren sei, und brachte deshalb für die Wiedergenesung des Mannes ein Opfer dar. 33 Während der Hohepriester noch mit dem Sühnopfer beschäftigt war,

erschienen dieselben Jünglinge in der nämlichen
Kleidung dem Heliodor, standen vor ihm und spra-
chen: »Sage dem Hohenpriester Onias vielen Dank;
denn um seinetwillen hat dir der Herr das Leben
gnädig geschenkt. 34 Du aber, vom Himmel her ge-
züchtigt, sollst allenthalben die Großtat der gött-
lichen Macht verkünden!« Nach diesen Worten ver-
schwanden sie.
35 Heliodor brachte dem Herrn ein Opfer dar und
machte dem, der ihm das Leben erhalten hatte,
die größten Gelöbnisse. Er verabschiedete sich von
Onias freundlich und kehrte mit seiner Streitmacht
zum König zurück. 36 Er legte allen gegenüber Zeug-
nis davon ab, welche Werke des allerhöchsten
Gottes er mit eigenen Augen geschaut habe. 37 Der
König fragte den Heliodor nunmehr, welcher Mann
wohl geeignet sei, noch einmal nach Jerusalem ge-
sandt zu werden. Er antwortete: 38 »Hast du einen
Feind oder Widersacher deiner Regierung, so sende
ihn dorthin! Du erhältst ihn durchgepeitscht wie-
der, wenn er überhaupt mit dem Leben davon-
kommt; denn an diesem Ort weilt tatsächlich eine
Gottesmacht. 39 Er selbst, der seine Wohnung im
Himmel hat, bewacht und verteidigt diesen Ort. Er
schlägt und vertilgt diejenigen, die sich in bösartiger
Absicht ihm nahen.« 40 So verlief die Geschichte
von Heliodor und die Rettung des Tempelschatzes.

Verleumdung Simons

4 1 Der oben erwähnte Simon, der Verräter der
Schätze und des Vaterlandes, verleumdete
den Onias, als hätte dieser den Heliodor miß-
handelt und das Unheil verursacht. 2 Den, der ein
Wohltäter der Stadt und ein Beschützer der Stam-
mesbrüder und ein Gesetzeseiferer war, nannte er
frech einen Gegner der Regierung. 3 Die Feindselig-
keit nahm ein solches Ausmaß an, daß einer von
Simons vertrauten Freunden Mordtaten verübte.
4 Onias sah klar die Gefährlichkeit dieses Haders,
und daß Apollonius, der Sohn des Menestheus, als
Statthalter von Cölesyrien und Phönikien die Bos-
heit des Simon noch steigern würde. 5 Er verfügte
sich also zum König, nicht um den Ankläger der
Mitbürger zu spielen, sondern weil er auf das Wohl
des ganzen Volkes allgemein und im besonderen
bedacht war. 6 Denn er sah, daß es ohne königliche
Maßnahmen unmöglich sei, den öffentlichen Frie-
den wiederherzustellen, und daß Simon von seiner
Bosheit nicht lassen werde.

Der Hohepriester Jason, ein Hellenist

7 Als Seleukus tot war und Antiochus, mit dem
Beinamen »der Erlauchte« (Epiphanes), die Regie-
rung übernommen hatte, erschlich sich Jason, der
Bruder des Onias, das hohepriesterliche Amt. 8 Er
versprach dem König bei einer Zusammenkunft
dreihundertsechzig Talente Silber und aus einer
anderen Einnahme achtzig Talente. 9 Dazu stellte er
in Aussicht, ihm noch weitere hundertfünfzig Ta-
lente zu überweisen, wenn ihm zugestanden würde,
in eigener Vollmacht eine Ringschule und eine
Übungsstätte für junge Leute zu errichten und den
Einwohnern von Jerusalem das antiochenische Bür-
gerrecht zu verleihen. 10 Der König willigte ein.
Als Jason dann die Macht ergriffen hatte, führte er
bei seinen Landsleuten sogleich griechische Bräu-
che ein. 11 Er schaffte die heilsamen königlichen
Vorrechte ab, die den Juden durch Vermittlung des
Johannes, des Vaters des Eupolemus, verliehen
worden waren. [Letzterer führte die Gesandtschaft
zu den Römern wegen eines Freundschafts- und
Waffenbündnisses durch.] Er hob die eigenstaat-
lichen Gesetze auf und führte neue Sitten ein, die
gesetzwidrig waren. 12 Mit Absicht errichtete er
gerade unter der Burg eine Ringschule. Er verleitete
die tüchtigsten jungen Leute zum Tragen griechi-
scher Hüte. 13 So erreichten die Vorliebe für das
Griechentum und der Übertritt zu fremder Lebens-
art ihren Höhepunkt wegen der maßlosen Verkom-
menheit des gottlosen und gänzlich unpriester-
lichen Jason.
14 Infolgedessen waren die Priester nicht mehr be-
sorgt um die Altardienste; vielmehr verachteten sie
den Tempel und vernachlässigten die Opfer. Dafür
beeilten sie sich, an dem gesetzwidrigen Spiel auf
dem Sportplatz teilzunehmen, wenn das Scheiben-
werfen angekündigt war. 15 Die vaterländischen
Ehren achtete man für nichts, die hellenistischen
Auszeichnungen dagegen für besonders anziehend.
16 Deshalb wurde auch die Lage, in die sie gerieten,
schlimm; diejenigen nämlich, deren Lebensführung
sie nachahmten und denen sie sich völlig anglei-
chen wollten, bekamen sie als Feinde und Peiniger.
17 Es ist ja nichts Geringfügiges, wider die göttlichen
Gesetze zu freveln. Doch dies wird die kommende
Zeit klarlegen.
18 In Tyrus wurde in Anwesenheit des Königs das
alle fünf Jahre stattfindende Kampfspiel abgehalten.
19 Hierzu sandte der verruchte Jason als Vertreter
Jerusalems Zuschauer, die das antiochenische Bür-
gerrecht hatten. Diese sollten dreihundert Silber-
drachmen für das dem Herakles gewidmete Opfer
überbringen. Die Überbringer aber baten, daß aus
Schicklichkeitsgründen das Geld nicht für das Opfer
verwendet, sondern für einen anderen Zweck zu-

rückgelegt werden solle. 20 Nach der Absicht des
Entsenders war also das Geld für ein Heraklesopfer
bestimmt; aber mit Rücksicht auf die Überbringer
verwandte man es zur Ausrüstung von Schiffen.
21 Als Apollonius, der Sohn des Menetheus, zur
Thronbesteigung des Königs Philometor nach
Ägypten gesandt wurde, erfuhr Antiochus, daß der
Ägypter ein Gegner seiner Politik sei, und war auf
seine Sicherheit bedacht. Er kam darum nach Joppe
und begab sich nach Jerusalem. 22 Er wurde von
Jason und der Stadt großartig empfangen und im
Fackelzug mit Freudengeschrei hineinbegleitet.
Dann zog er mit seiner Streitmacht nach Phönikien.

Menelaus bringt das Amt des Hohenpriesters an sich

23 Nach einem Zeitraum von drei Jahren sandte
Jason den Menelaus, den Bruder des erwähnten
Simon, um dem König das Geld zu überbringen und
einige dringende Sachen in Erinnerung zu bringen.
24 Da er sich mit dem König gut stellte und ihn mit
der Miene eines einflußreichen Mannes ehrte,
brachte er das Hohepriesteramt an sich, indem er
den Jason um dreihundert Talente Silber überbot.
25 Nachdem er die königlichen Aufträge empfangen
hatte, kam er wieder an, ohne etwas von den Eigen-
schaften, die zum Hohenpriesteramt erforderlich
sind, zu besitzen. Dagegen hatte er die Leiden-
schaften eines grausamen Tyrannen, die Wut eines
wilden Tieres. 26 Jason, der seinen eigenen Bruder
listig verdrängt hatte, wurde von einem anderen
verdrängt und als Flüchtling in das ammonitische
Land verjagt. 27 Menelaus bemächtigte sich zwar
der Herrschaft, lieferte aber das Geld, das er dem
König versprochen hatte, nicht ab, 28 obwohl ihn
Sostrates, der Befehlshaber der Burg, dazu er-
mahnte; denn auf ihm lastete die Verantwortung
für die Steuereintreibung. Aus diesem Grund wur-
den beide vom König vorgeladen. 29 Menelaus ließ
als Vertreter im Hohenpriesteramt seinen Bruder
Lysimachus zurück. Sostrates aber den Krates, den
Befehlshaber über die Cyprioten. 30 Als es gerade
soweit war, kam es unter den Einwohnern von Tar-
sus und Mallus zum Aufruhr weil diese Städte der
Antiochis, der Nebenfrau des Königs (Antiochus),
zum Geschenk gemacht worden waren. 31 Eilends
zog nun der König hin, um den Aufstand niederzu-
schlagen. Den Andronikus, einen seiner Würden-
träger, ließ er als Stellvertreter zurück. 32 Menelaus
hielt es für richtig, die günstige Gelegenheit auszu-
nutzen. Er schaffte einige goldene Geräte des Tem-
pels beiseite und schenkte sie dem Andronikus.
Andere verkaufte er bei Gelegenheit in Tyrus und
den umliegenden Städten.
33 Das hatte Onias genau in Erfahrung gebracht und
scharf getadelt. Er hatte sich aber in eine Zufluchts-
stätte zu Daphne in der Nähe von Antiochien zu-
rückgezogen. 34 Darum nahm Menelaus den Andro-
nikus heimlich beiseite und ermunterte ihn, Onias
umbringen zu lassen. Dieser begab sich nun zu
Onias, und in heimtückischer Weise reichte er ihm
unter Eidesschwüren die Rechte. Obwohl der Ver-
dacht weiterhin bestand, konnte er doch den Onias
überreden, die Zufluchtsstätte zu verlassen. Sofort
machte er ihn nieder, ohne sich um das Recht zu
kümmern. 35 Darüber waren nicht bloß die Juden,
sondern auch viele Heiden entrüstet; sie mißbillig-
ten den ungerechten Mord an diesem Mann.
36 Als nun der König von den Orten in Kilikien
heimgekehrt war, legten die Juden der Stadt eine
Beschwerde ein. Auch die Griechen waren darüber
empört, daß Onias widerrechtlich ermordet wor-
den war. 37 Antiochus war von Herzen betrübt und
von Mitleid gerührt. Er weinte um den Toten im
Hinblick auf dessen vornehme Gesinnung und
große Rechtschaffenheit. 38 Hingerissen von Zorn,
ließ er sofort dem Andronikus den Purpur abneh-
men und die Kleider zerreißen. So ließ er ihn durch
die ganze Stadt bis zu der Stelle hinführen, wo er an
Onias gefrevelt hatte. Dort ließ er den Meuchel-
mörder aus der Welt schaffen. So hat ihm der Herr
mit gebührender Strafe vergolten.

Verfahren gegen Menelaus

39 Lysimachus hatte in der Stadt mit Zustimmung
des Menelaus viele Tempelschätze geraubt. Als die
Kunde davon nach außen gedrungen war, rottete
sich das Volk gegen Lysimachus zusammen, nach-
dem viele Goldschätze bereits verschleppt waren.
40 Gegen die in wütendem Zorn anstürmende
Menge ließ Lysimachus rund dreitausend Mann
rüsten und begann mit Gewalttätigkeiten. Anführer
war ein gewisser Auranus, der wohl an Jahren vor-
gerückt war, nicht minder jedoch an Unverstand.
41 Sobald man nun sah, daß Lysimachus auch noch
eingreifen ließ, ergriffen die einen Steine, andere
dicke Prügel, wieder andere nahmen vom herum-
liegenden Schutt und warfen alles durcheinander
auf die Leute des Lysimachus. 42 Dadurch wurden
viele von ihnen verletzt, andere zu Boden gewor-
fen, alle aber in die Flucht gejagt. Den Tempelräuber
selbst ermordete man bei der Schatzkammer.
43 Darüber wurde ein gerichtliches Verfahren gegen
Menelaus eingeleitet.
44 Als nun der König nach Tyrus gekommen war,
brachten drei vom Hohen Rat gesandte Männer die
Klage bei ihm vor. 45 Schon schien Menelaus unter-

legen zu sein, da versprach er dem Ptolemäus, dem Sohn des Dorymenes, eine hohe Summe Geldes, damit er den König überrede. 46 Daraufhin nahm Ptolemäus den König mit in eine Säulenhalle, angeblich der Entspannung halber, und vermochte ihn umzustimmen. 47 Er sprach den Menelaus, der doch am ganzen Unheil schuld war, frei, jene armen Leute aber, die doch sogar von skythischen Richtern als unschuldig freigesprochen worden wären, verurteilte er zum Tode. 48 Unverzüglich erlitten jene, die ihre Stadt, das Volk und die heiligen Geräte verteidigt hatten, die ungerechte Strafe. 49 Darüber wurden sogar die Tyrer entrüstet und brachten großzügig die Mittel zu ihrer Bestattung auf. 50 Menelaus aber blieb dank der Habsucht der Machthaber im Amt. Er nahm zu an Bosheit und wurde ein großer Widersacher seiner Mitbürger.

Jasons Ende

5 1 In dieser Zeit rüstete Antiochus den zweiten Feldzug gegen Ägypten. 2 Da war in der ganzen Stadt fast vierzig Tage hindurch eine Erscheinung zu sehen: Reiter in golddurchwirkten Gewändern und mit Lanzen sprengten scharenweise durch die Luft, kriegsgerüstet und mit gezückten Schwertern, 3 ausgerichtete Reiterscharen im gegenseitigen Angriff und Rückzug, bewegte Schilde, eine Menge Speere, geschleuderte Geschosse, das Gefunkel goldener Rüstungen und Panzer aller Art. 4 Deshalb flehten alle inständig, daß diese Erscheinung etwas Gutes bedeuten möge. 5 Da verbreitete sich das falsche Gerücht, Antiochus sei gestorben. Jason nahm nicht weniger als tausend Mann und griff unvermutet die Stadt an. Als die Verteidiger nun auf die Mauer gedrängt waren und das Ende der Stadt gekommen zu sein schien, flüchtete sich Menelaus in die Burg. 6 Jason richtete schonungslos ein Blutbad unter den eigenen Mitbürgern an und bedachte nicht, daß das Kriegsglück gegen Stammesbrüder das größte Unglück ist. Er meinte, daß ein Sieg über Feinde und nicht über Volksgenossen errungen sei. 7 Der Herrschaft konnte er sich aber nicht bemächtigen; er hat schließlich für seinen hinterlistigen Anschlag nur Schande geerntet und mußte wiederum als Flüchtling nach Ammon zurück. 8 Das Ende seines schlechten Wandels aber kam für ihn, als er, beim Araberfürsten Aretas verklagt, von Stadt zu Stadt flüchten mußte, gehetzt von allen, gehaßt als ein Abtrünniger und verabscheut als Henker des Vaterlandes und der Mitbürger. So wurde er nach Ägypten verjagt. 9 Er mußte selber in der Fremde umkommen, er, der so viele aus dem Vaterland vertrieben hatte; er hatte sich nämlich zu den Lakedämoniern begeben in der Hoffnung, wegen der Stammesverwandtschaft Schutz zu finden. 10 Und er, der so viele Menschen unbestattet hingeworfen hatte, blieb selbst unbetrauert und erhielt nicht einmal eine Bestattung und ein Grab bei seinen Vätern.

Plünderung des Tempels

11 Als dem König über diese Vorfälle berichtet wurde, glaubte er an einen Abfall Judäas. Er brach also mit wilder Wut im Herzen aus Ägypten auf und eroberte die Stadt mit Waffengewalt. 12 Er gab den Soldaten Befehl, schonungslos alle zu erschlagen, die ihnen in die Hände fielen, und auch jene zu töten, die sich in ihre Häuser zurückzogen. 13 Es geschah ein Hinmorden von Jungen und Alten, ein Töten von Jungmännern, Frauen und Kindern, ein Abschlachten von Jungfrauen und Säuglingen. 14 Achtzigtausend Menschen gingen an diesen drei Tagen zugrunde, vierzigtausend im Handgemenge, und nicht weniger als getötet wurden, verkaufte man in die Sklaverei.

15 Damit noch nicht zufrieden, besaß er die Kühnheit, den heiligsten Tempel der ganzen Erde zu betreten. Als Führer diente ihm Menelaus, der Verräter an den Gesetzen und am Vaterland. 16 Mit seinen unreinen Händen nahm er die heiligen Geräte weg, und was andere Könige zur Erhöhung, zum Ruhm und zur Ehre des Ortes gestiftet hatten, raffte er mit seinen ungeweihten Händen zusammen. 17 In seiner hochmütigen Denkart sah Antiochus nicht ein, daß der Herr wegen der Sünden der Stadtbürger auf kurze Zeit erzürnt war, weshalb über den Ort die Heimsuchung gekommen war.

18 Wären nicht wirklich so viele Sünden geschehen, dann wäre Antiochus bei seinem Eindringen sofort gezüchtigt und von seiner Tollkühnheit abgeschreckt worden, ganz wie es bei Heliodor der Fall war, den der König Seleukus zur Durchmusterung der Schatzkammer gesandt hatte. 19 Denn der Herr hat nicht das Volk des Ortes wegen, sondern den Ort des Volkes wegen auserwählt. 20 Darum hatte auch der Ort selbst an den Schicksalsschlägen des Volkes teil, aber er sollte später ebenso an dessen Auszeichnungen teilhaben. Unter dem Zorn des Allherrschers preisgegeben, sollte er bei der Versöhnung des großen Herrn mit allem Glanz wiederhergestellt werden.

21 Antiochus raubte tausendachthundert Talente aus dem Heiligtum und eilte nach Antiochien. In seinem Übermut wähnte er, daß er den Erdboden schiffbar und das Meer betretbar machen könne; so

groß war der Hochmut seines Herzens. 22 Er ließ
Vögte zurück, die das Volk quälen sollten. In Jeru-
salem war es Philippus, von Geburt ein Phrygier,
seiner Art nach aber noch barbarischer als sein Auf-
traggeber. 23 Auf dem Garizim ließ er den Andro-
nikus zurück, dazu noch den Menelaus, der sich am
schlimmsten von allen gegen seine Mitbürger erhob
und den jüdischen Bürgern ganz feindselig gesinnt
war.

Blutbad des Apollonius

24 Ferner entsandte er Apollonius, den Führer der
Mysier, mit einer Heeresmacht von zweiundzwan-
zigtausend Mann und befahl ihm, alle erwachsenen
Männer niederzumetzeln, die Frauen aber und
die jüngeren Leute als Sklaven zu verkaufen. 25 Die-
ser kam nach Jerusalem, heuchelte den friedfer-
tigsten Menschen und hielt sich zurück bis zum
heiligen Sabbattag. Als er nun wahrnahm, daß die
Juden feierten, ließ er seine Leute unter die Waffen
treten. 26 Alle, die herauskamen, um das Schauspiel
zu sehen, ließ er zusammenstechen, zog dann be-
waffnet in die Stadt und ließ große Menschen-
massen niederschlagen. 27 Judas, auch Makkabäus
genannt, zog sich mit einer Zehnergruppe in die
Wüste zurück und lebte dort mit den Seinen nach
Art wilder Tiere in den Bergen. Sie brachten sich
durch mit pflanzlicher Nahrung, um nicht unrein zu
werden.

Tempelentweihung

6 1 Nicht viel später entsandte der König einen
Beamten der Athener, um die Juden zu zwin-
gen, sich von den väterlichen Gesetzen abzu-
wenden und den göttlichen Satzungen nicht mehr
zu entsprechen, 2 auch den Tempel in Jerusalem zu
beflecken und ihn nach dem olympischen Zeus,
den auf dem Garizim aber, wie es die dortigen
Bewohner zufällig traf, nach dem gastfreundlichen
Zeus zu benennen. 3 Schwer ertragbar selbst für die
große Menge war diese widerwärtige Zusammen-
ballung der Bosheit. 4 Das Heiligtum füllte sich an
mit Zügellosigkeit und Ausschweifung, verursacht
durch Heiden, die sich mit Dirnen belustigten und
sich in den Vorhöfen mit Frauen einließen, dazu
Dinge hineinbrachten, die nicht hineingehörten.
5 Der Altar wurde angefüllt mit unerlaubten, unge-
setzlichen Opfern. 6 Man konnte weder den Sabbat
feiern noch die hergebrachten Feste halten, ja man
durfte überhaupt nicht bekennen, daß man Jude sei.
7 Man wurde mit harter Gewalt bei dem monatlich
stattfindenden Geburtsfest des Königs zum Opfer-
mahl hingetrieben. Am Dionysosfest mußte man
mit dem Efeukranz auf dem Haupt am Festzug zu
Ehren des Dionysos teilnehmen.
8 An die benachbarten hellenistischen Städte ward
ein Befehl gesandt, in dem Ptolemäus nahelegte, ge-
gen die Juden dort ebenso vorzugehen und Opfer-
mahle zu veranstalten. 9 Diejenigen aber, die sich zu
den hellenistischen Gewohnheiten nicht bequemen
wollten, sollten hingerichtet werden. Das hierdurch
entstandene Elend muß man mit eigenen Augen
gesehen haben! 10 So wurden zwei Frauen vorge-
führt, die ihre Söhne beschnitten hatten. Die Kinder
hängte man ihnen an die Brust; sie wurden in aller
Öffentlichkeit in der Stadt herumgeführt und dann
von der Mauer hinabgestürzt. 11 Andere hatten sich
in nahe gelegenen Höhlen zusammengefunden, um
heimlich den Sabbat zu feiern. Sie wurden dem
Philippus gemeldet und kamen in den Flammen
um. Wegen der Ehrwürdigkeit dieses hochheiligen
Tages wagten sie nämlich nicht, sich zu verteidigen.

Mahnwort

12 Ich ermahne nun alle, die dieses Buch in die
Hände bekommen, durch solche Schicksalsschläge
sich nicht entmutigen zu lassen, vielmehr zu be-
denken, daß die Strafen nicht zur Vernichtung, son-
dern zur Besserung unseres Volkes bestimmt sind.
13 Wenn nämlich die Frevler nicht lange Zeit unbe-
helligt bleiben, sondern baldigst gerechten Strafen
anheimfallen, dann ist das ein Kennzeichen großen
Wohlwollens. 14 Bei anderen Völkern wartet der
Herr in seiner Langmut und straft erst dann, wenn
sie das Maß ihrer Sünden erfüllt haben. Anders aber
sollte es nach seinem Ratschluß bei uns sein:
15 Unsere Sünden läßt er nicht bis zum Höhepunkt
gelangen, um uns dann erst zu bestrafen. 16 Aus
diesem Grund entzieht er uns auch niemals sein Er-
barmen. Er züchtigt zwar sein Volk mit Heimsu-
chungen, verläßt es aber nicht. 17 Doch dies sei nur
zu unserer Erinnerung gesagt. Nach dieser kurzen
Abschweifung kommen wir weiter zur Erzählung.

Der alte Eleasar

18 Dem Eleasar, einem der hervorragendsten Schrift-
gelehrten, der sich bereits in vorgerücktem Alter be-
fand und dessen Antlitz höchst ehrwürdig aussah,
riß man den Mund auf und wollte ihn zwingen,
Schweinefleisch zu essen. 19 Dieser wollte aber
lieber einen ehrenvollen Tod erleiden als ein Leben
in Schande führen. Er spie das Fleisch aus und ging
freiwillig zur Marterbank. 20 So mußten alle heran-
treten, die es standhaft ablehnten, aus Liebe zum
Leben verbotene Speisen zu genießen.

21 Die Leute aber, die bei diesem gesetzwidrigen
Opfermahl die Aufsicht führten und den Mann seit

langen Jahren persönlich kannten, nahmen ihn also beiseite und legten ihm nahe, erlaubtes Fleisch bringen zu lassen und es selber zuzubereiten; dann sollte er tun, als äße er den vom König vorgeschriebenen Anteil vom Opferfleisch. 22 Wenn er das tue, entgehe er dem Tode. Aus alter Freundschaft mit ihnen solle er eine entgegenkommende Behandlung erfahren. 23 Er aber faßte einen tapferen Entschluß, der würdig war seines Alters, der Ehre eines Greises, des erworbenen strahlenden Silberhaares und seines tadellosen Lebenswandels von Jugend an; vor allem aber im Einklang mit der heiligen und gottgestifteten Gesetzgebung sprach er den Wunsch aus, man solle ihn unverweilt in das Totenreich gelangen lassen. 24 »Zu meinem Alter paßt Heuchelei nicht; denn viele junge Leute würden meinen, der neunzigjährige Eleasar sei zum Heidentum übergetreten. 25 So würden auch sie durch mein heuchlerisches Getue und durch meine Liebe zu der kleinen Spanne des Lebens auf Irrwege geraten, und ich würde Schimpf und Schande mir in meinem Alter aufladen. 26 Sollte ich also auch im Augenblick der Strafe entgehen, die mir von menschlicher Seite droht, so werde ich doch den Händen des Allmächtigen weder lebendig noch tot entfliehen. 27 Darum werde ich jetzt mannhaft mein Leben dahingeben und mich meines Greisenalters würdig erweisen; 28 den jungen Leuten aber will ich ein edles Beispiel hinterlassen, daß man mutig und stolz für die ehrwürdigen und heiligen Gesetze eines schönen Todes sterben muß.«

Nach diesen Worten ging er sofort auf die Marterbank zu. 29 Diejenigen aber, die ihn dahinschleppten, die kurz vorher noch Wohlwollen gegen ihn hegten, änderten ihren Sinn in Haß, weil ihnen die obigen Worte als Verrücktheit erschienen. 30 Er war nahe daran, unter den Schlägen sein Leben zu beenden, als er seufzte und rief: »Dem Herrn, der die heilige Erkenntnis besitzt, ist es offenbar, daß ich dem Tod wohl hätte entrinnen können und daß ich dem Leibe nach grausame Qualen erdulde, mit Geißeln gezüchtigt, innerlich aber froh bin. Ich erleide dies ja, weil ich ihn fürchte!« 31 Auf diese Weise verschied er. Er hinterließ nicht nur den jungen Leuten, sondern der Mehrzahl des Volkes seinen Tod als Beispiel edler Gesinnung und als Denkmal heldenhafter Tugend.

6,1–7,42: Mit Recht werden die in 2 Makk enthaltenen Einzelberichte über schier unmenschlich klingende Martern in christlichen Kreisen hochgeschätzt, haben sich doch Ereignisse dieser Art dort, wo Christen der Glaubensnot und Drangsal ausgesetzt waren, oft wiederholt. Wichtig ist aber vor allem die Glaubensüberzeugung des inspirierten Verfassers, die in den Reden der Mutter und der Söhne zum Ausdruck kommt. Hiernach hat das Leiden im Erziehungsplan Gottes die Bedeutung, daß er seine Güte gegenüber seinen Auserwählten zeigen will. Kurz ist die Pein, unvergänglich dann das kommende Leben. Die alte, so düstere und wenig befriedigende Vorstellung von dem Dasein im Totenreich erscheint hier nicht mehr. In der Nähe des NT gibt es dafür keinen Platz mehr (Weish 3,1–12; Dan 12,2f.).

Die makkabäischen Brüder mit ihrer Mutter

7 1 Es begab sich auch, daß sieben Brüder mit ihrer Mutter verhaftet wurden. Der König wollte sie zwingen, gesetzlich unerlaubtes Schweinefleisch zu sich zu nehmen. Mit Geißeln und mit Riemen wurden sie gezüchtigt. 2 Einer von ihnen, der Wortführer, aber sprach: »Was willst du fragen oder von uns erfahren? Wir sind bereit, lieber zu sterben als die überkommenen Gesetze zu übertreten.« 3 Außer sich vor Zorn, befahl der König, Pfannen und Kessel anzuheizen. 4 Sogleich als das geschehen war, ließ er dem Wortführer die Zunge abschneiden, ihm nach skythischer Weise die Kopfhaut abziehen und die Gliedmaßen abhacken. Die anderen Brüder und die Mutter mußten zusehen. 5 Den ganz verstümmelten, noch lebenden Körper ließ er ans Feuer bringen und in der Pfanne braten. Als sich nun der Dampf aus der Pfanne weithin verbreitete, ermunterten sich die anderen Brüder gegenseitig, zusammen mit der Mutter heldenmütig zu sterben.

Sie sprachen: 6 »Gott, der Herr, sieht es und wird uns in Wahrheit trösten, wie es Moses in seinem Straflied deutlich bezeugt hat: ›Seiner Knechte wird er sich erbarmen‹ (5Mos 32,36).« 7 Als der erste so aus dieser Welt geschieden war, führte man den nächsten zur grausamen Peinigung. Man riß ihm zusammen mit den Haaren die Kopfhaut ab und fragte ihn: »Willst du essen, ehe dir der Leib stückweise gemartert wird?« 8 Er gab in seiner Muttersprache die Antwort und rief: »Nein!« Deshalb wurde auch er genauso gequält wie der erste. 9 Als er in den letzten Zügen lag, sprach er: »Ruchloser! Aus diesem Leben kannst du uns befreien; der Weltenkönig aber wird uns, die wir um seiner Gesetze willen sterben, zu einem neuen Leben erwecken, das ewig dauert.« 10 Nach diesem wurde der dritte gequält. Sofort, als man es verlangte, streckte er die Zunge heraus und hielt mutig die Hände hin. 11 Heldenmütigen Sinnes erklärte er: »Vom Himmel habe ich diese erhalten, und um seiner Gesetze willen nehme ich darauf keinerlei Rücksicht. Von ihm hoffe ich, meine Glieder wieder zu erhalten.« 12 Da waren selbst der König und seine Leute über den Mut des Jünglings, der die Qualen für nichts erachtete, hoch erstaunt. 13 Nachdem dieser aus dem Leben geschieden war, quälten sie den vierten in derselben Weise. 14 Als er dem Tode nahe war, rief er aus: »Es ist trostvoll, durch Menschenhand das Leben zu verlieren; denn es bleibt uns die von Gott geschenkte Hoffnung, daß wir von ihm die Auferstehung erlangen. Für dich jedoch wird es keine Auferstehung zum Leben geben.« 15 Im Anschluß daran führte man den fünften zur Marter herbei. Der blickte den König an und sprach: 16 »Du hast unter den Menschen die Gewalt, zu tun, was du willst, obwohl du ein vergänglicher Mensch bist. Doch glaube nicht, daß unser Volk von Gott verlassen sei! 17 Warte nur, so wirst du seine gewaltige Macht erleben, wie er dich und deine Nachkommen züchtigen wird!« 18 Nach ihm brachte man den sechsten herbei. Kurz vor seinem Tode sprach er: »Gib dich keiner leeren Täuschung hin! Wir leiden aus eigener Schuld, da wir gegen unseren Gott sündigten; deshalb sind so erstaunliche Dinge geschehen. 19 Du aber meine nicht, daß du ungestraft bleibst, da du dich zum Kampf gegen Gott erkühnt hast!«

20 Ungewöhnlich bewundernswert aber war die Mutter, und sie verdient ein ruhmvolles Andenken. Sie mußte es mitansehen, wie sieben Söhne in der Zeit eines einzigen Tages ums Leben kamen, und doch hat sie es in der Hoffnung auf den Herrn frohen Mutes ertragen. 21 Einem jeden von ihnen redete sie in der Muttersprache hochedlen Sinnes zu. Frauliche Denkweise stärkte sie mit Mannesmut und sagte zu ihnen: 22 »Ich weiß nicht, wie ihr in meinem Schoß entstanden seid. Ich habe euch auch nicht den Atem und das Leben verliehen und auch nicht die Reihenfolge der Glieder eines jeden in die rechte Ordnung gebracht. 23 Deshalb wird der Weltenschöpfer, der des Menschen Ursprung gebildet und das Werden aller Dinge erdacht hat, euch auch wieder voll Erbarmen Atem und Leben schenken, da ihr jetzt um seiner Gesetze willen auf euch selbst keine Rücksicht nehmt.«

24 Antiochus glaubte zwar, daß man ihn mißachte, und vermutete in ihrer Ansprache Schmähworte; dennoch redete er dem noch übriggebliebenen jüngsten Sohne mit guten Worten zu; ja, er versicherte ihm eidlich, daß er ihn reich und glücklich machen werde, wenn er sich von den althergebrachten Gesetzen abwenden würde. Er wolle ihn sogar unter seine Freunde aufnehmen und ihm Ämter anvertrauen. 25 Der Jüngling aber zeigte nicht die geringste Neigung; also ließ der König die Mutter rufen und forderte sie auf, daß sie dem Knaben einen heilsamen Rat erteilen solle. 26 Nachdem er viel Überredungskunst aufgewendet hatte, unternahm sie es, auf den Sohn einzureden. 27 Aber sie neigte sich zu ihm nieder und sagte zum Hohn für den rohen Tyrannen in ihrer Muttersprache: »Mein Sohn, habe Erbarmen mit mir! Neun Monate habe ich dich im Mutterschoß getragen und drei Jahre an der Brust genährt; ich habe dich bis zu diesem Alter geführt, ernährt und versorgt. 28 Ich bitte dich, mein Kind, schau zum Himmel und zur Erde und sieh alles, was es da gibt; bedenke, daß Gott diese Dinge aus dem Nichts erschaffen hat! Auch das Menschengeschlecht entsteht auf diese Weise. 29 Habe keine Angst vor diesem Henker, sondern zeige dich deiner Brüder würdig, nimm den Tod auf dich, damit ich zur Zeit des Erbarmens dich mit deinen Brüdern wiedererlange!« 30 Als sie ihre Rede beendet hatte, sprach der Sohn: »Auf wen wartet ihr? Ich unterwerfe mich dem königlichen Befehl nicht! Ich gehorche dem Befehl des Gesetzes, das unseren Vätern durch Moses verliehen worden ist. 31 Wohl bist du der Erfinder jeglicher Bosheit gegen die Hebräer, doch wirst du Gottes Händen nicht entfliehen. 32 Unserer eigenen Sünden wegen müssen wir leiden. 33 Zwar ist der lebendige Herr zu unserer Strafe und Züchtigung für kurze Zeit erzürnt, aber er versöhnt sich doch wiederum mit seinen Knechten. 34 Du aber, Verworfener, ruchlosester aller Menschen, überhebe dich nicht in leerem Vertrauen auf nichtige Hoffnungen, wenn du deine Hand gegen die Himmelskinder erhebst! 35 Noch bist du dem Gericht des allmächtigen und des allsehenden Gottes nicht entronnen! 36 Unsere Brüder mußten kurze Pein ertragen, sind aber jetzt zu unvergänglichem Leben in den Gottesbund eingegangen. Du aber wirst im göttlichen Gericht gerechte Strafen für deine Überheblichkeit davontragen. 37 Gleich meinen Brüdern gebe ich Leib und Leben für die väterlichen Gesetze hin und flehe dabei zu Gott, daß er dem Volk bald wieder gnädig werde, dich aber unter Qualen und Geißeln zu dem Bekenntnis bringe, daß er allein Gott ist. 38 Bei mir und meinen Brüdern aber möge der Zorn des Allmächtigen zum Stillstand kommen, der mit Recht über unser ganzes Geschlecht hereingebrochen ist!«

39 Von Zorn erfüllt, ließ ihn der König im Vergleich zu den anderen am grausamsten behandeln; denn er war durch die Verhöhnung erbittert. 40 So schied auch dieser makellos aus dem Leben, indem er vollkommen auf den Herrn vertraute. 41 Zuletzt nach den Söhnen mußte auch die Mutter sterben.

42 Damit sei genug erzählt von Opfern und außergewöhnlichen Martern.

7,28: Was schon 1 Mos 1,1 andeutet, ist hier ausdrücklich gesagt: Erschaffung aus dem Nichts.

Judas Makkabäus

8 1 Judas aber, der auch Makkabäus genannt wurde, zog heimlich mit seinen Leuten auf Nebenwegen in die Ortschaften. Sie riefen ihre Verwandten auf, scharten alle diejenigen um sich, die noch im Judentum verharrten, und brachten gegen sechstausend Mann zusammen. 2 Sie riefen zum Herrn, er möge doch auf das von allen zertretene Volk gnädig herabschauen und sich des Tempels, der von ruchlosen Menschen entweiht wurde, erbarmen; 3 auch möge er mit der dem Untergang geweihten Stadt, die bald gänzlich dem Erdboden gleichgemacht werden solle, Mitleid haben und die zu ihm schreienden Blutströme erhören; 4 er möge sich der unschuldigen Kinder erinnern, die wider Recht und Gerechtigkeit umgebracht wurden, sowie der Lästerungen, die gegen seinen Namen ausgesprochen wurden, und seinen Haß gegen das Böse zeigen. 5 Als der Makkabäer seine Gruppe gesammelt hatte, war er bereits für die Heiden unüberwindlich, da der Zorn des Herrn in Erbarmen umgewandelt war. 6 Unerwartet drang er in Städte und Dörfer ein und brannte sie nieder; er bemächtigte sich günstiger Stellungen und schlug dabei nicht wenige Feinde in die Flucht. 7 Zu solchen Überfällen nützte er insbesondere die Nächte aus. Die Kunde von seiner Tapferkeit aber verbreitete sich allenthalben.

Der Feldzug des Nikanor

8 Philippus nahm wahr, daß jener in kurzer Zeit nicht nur Fortschritte machte, sondern überreich vom Glück begünstigt wurde. Er schrieb daher an Ptolemäus, den Statthalter von Cölesyrien und Phönikien, daß er der Sache des Königs zu Hilfe kommen solle. 9 Dieser beauftragte sofort den Nikanor, den Sohn des Patroklus, einen seiner besten Freunde. Er ließ ihn an der Spitze einer aus allen Völkern bestehenden Streitmacht, die nicht weniger als zwanzigtausend Mann betrug, losziehen, um das gesamte Judengeschlecht auszurotten. Er gab ihm auch den Feldherrn Gorgias bei, der in der Kriegführung große Erfahrung hatte. 10 Nikanor aber nahm sich vor, den Tribut, den der König den Römern in Höhe von zweitausend Talenten zahlen mußte, durch die jüdischen Gefangenen aufbringen zu lassen. 11 Sofort schickte er in die am Meer gelegenen Städte, um zum Ankauf jüdischer Sklaven aufzufordern, indem er in Aussicht stellte, er würde neunzig Sklaven für ein Talent verkaufen. Dabei dachte er nicht an das Strafgericht, das ihm vom Allgewaltigen auf dem Fuße folgte.

12 Dem Judas wurde aber über den Anmarsch des Nikanor Mitteilung gemacht. Er übermittelte den Seinigen die Nachricht vom Heranrücken des Heeres. 13 Da liefen die Feiglinge und die Leute, die auf das Gottesgericht kein Vertrauen hatten, auseinander und machten sich davon. 14 Die übrigen aber verkauften alles, was sie noch hatten. Zugleich aber flehten sie zum Herrn, denen zu Hilfe zu kommen, die von dem ruchlosen Nikanor schon vor dem Kampf verkauft worden waren. 15 Wenn nicht ihretwegen, dann sollte er doch helfen wegen der Bündnisse, die er mit ihren Vätern geschlossen habe, und um seines erhabenen und herrlichen Namens willen, nach dem sie benannt seien.

Rüstung der Juden

16 Der Makkabäer ließ die Seinen zusammenkommen, sechstausend an der Zahl, und ermunterte sie, keine Furcht vor den Feinden zu zeigen und auch vor der Übermacht der Heiden nicht zu verzagen, die widerrechtlich gegen sie anrückten, sondern mutig zu kämpfen. 17 Dabei sollten sie sich den Übermut vor Augen stellen, mit dem jene frevelnd gegen den heiligen Ort vorgegangen seien, ebenso die Mißhandlungen der verhöhnten Stadt und auch die Auflösung der überkommenen Staatsverfassung. 18 »Die Gegner vertrauen auf ihre Waffen und auf ihren Wagemut«, so sagte er, »wir aber setzen unser Vertrauen auf den allmächtigen Gott. Er hat die Gewalt, nicht nur die gegen uns heranrückenden Feinde, sondern auch den ganzen Erdkreis in einem einzigen Augenblick niederzuschmettern.« 19 Er zählte ihnen ferner auch die zur Zeit der Vorfahren geschehenen Hilfeleistungen auf, so damals unter Sanherib, wo 185 000 Mann umgekommen seien, 20 auch die Schlacht, die gegen die Galater in Babylonien stattfand; im ganzen nur achttausend Mann mit viertausend Makedoniern zogen damals ins Treffen. Als die Makedonier ins Gedränge kamen, haben diese achttausend Juden die hundertzwanzigtausend Feinde vernichtet, weil ihnen vom Himmel her Hilfe zuteil wurde. Viel Beute haben sie dabei gewonnen. 21 Mit solchen Hinweisen stärkte er ihren Mut und machte sie bereit, für die Gesetze und das Vaterland zu sterben.

Dann teilte er die Heeresmacht in vier Abteilungen. 22 Seine Brüder machte er zu Abteilungsführern, den Simon, Joseph und Jonatan. Er ordnete jedem

tausendfünfhundert Mann unter. 23 Auch den Elea-
sar bestellte er, damit er das heilige Buch vorlese.
Dann gab er die Losung aus: »Mit Gottes Hilfe!«,
stellte sich selbst an die Spitze der ersten Heeresab-
teilung und zog gegen Nikanor.

Sieg über Nikanor

24 Mitstreiter der Juden war der Allmächtige. Sie
hieben von den Feinden über neuntausend nieder
und verwundeten und verstümmelten den größten
Teil des Heeres Nikanors. Alle aber nötigten sie zur
Flucht. 25 Denen, die gekommen waren, sie als
Sklaven anzukaufen, nahmen sie das Geld und setz-
ten eine beträchtliche Strecke den Fliehenden nach,
bis sie, von der Zeit gedrängt, davon ablassen muß-
ten. 26 Es war nämlich der Tag vor dem Sabbat.
Deshalb konnten sie die Verfolgung nicht allzu-
lange ausdehnen. 27 Sie sammelten die Waffen und
machten an den Feinden Beute. Dann feierten sie
den Sabbat, wobei sie unablässig den Herrn lobten
und priesen, daß er sie bis zu diesem Tag gerettet
und ihnen erstmals wieder sein Erbarmen bewiesen
habe. 28 Nach dem Sabbat aber gaben sie den
Mißhandelten, den Witwen und den Waisen von
der Kriegsbeute; den Rest verteilten sie unter sich
und ihre Kinder. 29 Als das erledigt war, verrichteten
sie ein gemeinsames Gebet und flehten zum barm-
herzigen Herrn, daß er sich wieder gänzlich mit
seinen Dienern versöhnen möge.

Siege über Timotheus und Bakchides

30 Im Kampf mit den Streitkräften des Timotheus
und Bakchides töteten sie über zwanzigtausend
Mann. Auch gewaltig hohe Festungen nahmen sie
ein und verteilten reichlich viele Beutestücke
gleichmäßig unter sich und an die Geschädigten,
die Waisen, Witwen und Greise. 31 Sie sammelten
ihre erbeuteten Waffen und legten alles sorgfältig
an geeigneten Orten nieder; die übrigen Beute-
stücke aber brachten sie nach Jerusalem. 32 Den
Hauptmann, einen überaus ruchlosen Menschen
von den Leuten des Timotheus, töteten sie, weil er
den Juden viel Übles angetan hatte. 33 Sie veranstal-
teten daraufhin ein Siegesfest in der Heimat und
verbrannten dabei den Brandstifter der heiligen
Tore, den Kallistenes, der in ein kleines Haus ge-
flohen war und so den verdienten Lohn empfing.
34 Der ganz verruchte Nikanor aber hatte tausend
Händler zum Verkauf der Juden herangeführt.
35 Durch die Hilfe des Herrn wurde er von denen ge-
demütigt, die nach seiner Ansicht die Allergering-
sten waren. Sein prachtvolles Gewand mußte er
ausziehen und kam auf einsamen Wegen wie ein
entlaufener Sklave mitten durch das Land nach
Antiochien, tiefbetrübt wegen der Niederlage sei-
nes Heeres. 36 Er hatte gehofft, den Römern die
Steuer aus dem Erlös für die Kriegsgefangenen in
Jerusalem zahlen zu können; jetzt aber mußte er
zugestehen, daß einer sei, der für die Juden kämpfe,
und daß die Juden deshalb unverwundbar seien,
weil sie die von ihm vorgeschriebenen Gesetze be-
folgten.

8,22: Joseph war kein leiblicher Bruder des Makkabäers, sondern der auch 10,19 und 1 Makk 5,18 erwähnte Kampfgenosse.

Antiochus Versuch, den Tempel zu plündern

9 1 Um jene Zeit herum mußte Antiochus
ruhmlos aus den persischen Gebieten abzie-
hen. 2 Er war in das sogenannte Persepolis ein-
gedrungen und machte den Versuch, den Tempel zu
plündern und die Stadt in seinen Besitz zu bringen.
Deshalb erhob sich die Volksmenge und griff zu
den Waffen, um sich zu helfen. So geschah es, daß
Antiochus, von den Einwohnern in die Flucht ge-
schlagen, schmachbedeckt den Rückzug antreten
mußte. 3 Als er nun in Ekbatana war, erreichte ihn
die Nachricht vom Geschick Nikanors und der
Truppen des Timotheus. 4 Wutentbrannt schwor er,
die Juden auch für die schmähliche Flucht büßen zu
lassen, zu der man ihn gezwungen hatte. Er befahl
also seinem Wagenlenker, unablässig weiterzufah-
ren und die Reise zu vollenden. Das Gericht des
Himmels aber ballte sich über ihm zusammen.
Hochmütigen Sinnes hatte er nämlich geäußert:
»Jerusalem mache ich zu einem Totenacker für die
Juden, sobald ich dahin komme.«

Krankheit des Antiochus

5 Der allsehende Herr aber, der Gott Israels, schlug
ihn mit einer unheilbaren und rätselhaften Krank-
heit. Kaum hatte er nämlich zu reden aufgehört, da
ergriffen ihn unerträgliche Schmerzen in den Ein-
geweiden und grausame Qualen im Innern. 6 Dies
geschah mit vollem Recht an dem Mann, der mit
vielen und außergewöhnlichen Martern andere im
Innern gequält hatte. 7 Er aber gab trotzdem in
seinem maßlosen Übermut nicht nach; voll Stolz
schnaubte er zornwütend gegen die Juden und be-
fahl, die Reise zu beschleunigen. Da begab es sich,
daß er von dem dahinsausenden Wagen stürzte und
durch den Fall so schwer verunglückte, daß alle
Glieder seines Körpers verrenkt wurden. 8 Eben
noch bildete er sich in seinem übermenschlichen
Hochmut ein, er könne wohl den Meereswogen ge-
bieten, und glaubte, die Höhen der Berge auf eine
Waagschale legen zu können; da ward er nun zu
Boden geschleudert und mußte sich in einer Sänfte

tragen lassen. So stellte er für alle einen deutlichen
Beweis für die göttliche Macht dar. 9 Es kam sogar
soweit, daß aus dem Leib des Verruchten Würmer
wuchsen und ihm noch bei Lebzeiten unter Qualen
und Schmerzen sein Fleisch in Stücke zerfiel, so daß
sein ganzes Haus vom Gestank des faulenden
Körpers belästigt wurde. 10 Kurz vorher wähnte er
noch, er könne nach den Sternen des Himmels grei-
fen, und jetzt konnte es niemand mehr wegen des
unausstehlichen Gestankes bei ihm aushalten.

Antiochus' Reue

11 Jetzt erst begann der so hart Getroffene von sei-
nem großen Übermut abzulassen und sich zur Ein-
sicht zu bekehren. Er wurde ja unter den göttlichen
Geißelhieben immer schwerer von Schmerzen ge-
plagt. 12 Als er seinen eigenen Gestank nicht mehr
ertragen konnte, sagte er: »Billig ist es, sich Gott zu
unterwerfen und als sterblicher Mensch sich nicht
Gott gleich zu dünken.« 13 Der Verruchte betete
sogar zum Herrn, der sich seiner jedoch nicht mehr
erbarmen wollte. Er versprach, 14 er wolle die
Heilige Stadt, auf die er zueilte, um sie dem Erd-
boden gleichzumachen und in einen Totenacker
umzuwandeln, für frei erklären. 15 Die Juden, von
denen er meinte, sie seien nicht einmal eines Be-
gräbnisses wert – vielmehr sollte man sie mit den
Kleinkindern als Fraß für die Raubvögel den wilden
Tieren vorwerfen –, wolle er alle den Bürgern
Athens gleichstellen. 16 Weiterhin versprach er, den
vormals geplünderten Tempel mit den schönsten
Weihegeschenken zu schmücken, die heiligen Ge-
fäße insgesamt vielfach zu ersetzen und die für die
Opfer anfallenden Kosten aus seinen eigenen Mit-
teln zu bestreiten. 17 Zudem wolle er auch selbst ein
Jude werden, jede bewohnte Gegend besuchen und
Gottes Kraft verkünden.

Antiochus' Brief

18 Da aber die Schmerzen in keiner Weise nach-
ließen, weil das gerechte Strafgericht Gottes über
ihn hereingebrochen war, gab er alle Hoffnung auf
und schrieb an die Juden den nachstehenden Brief
in demütig flehendem Stil. Er lautete folgender-
maßen: 19 »Den edlen jüdischen Bürgern entbietet
der König und Feldherr Antiochus viele Grüße
und wünscht ihnen Gesundheit und Wohlerge-
hen. 20 Geht es euch und euren Kindern wohl und
stehen die eigenen Angelegenheiten nach Wunsch,
so setze ich meine Hoffnung auf den Himmel.
21 Voller Liebe denke ich an eure Ehrerbietung und
euer Wohlwollen. Da ich auf meiner Rückkehr aus
den Gegenden Persiens in eine schwere Krankheit
fiel, hielt ich es für notwendig, an die gemeinsame
Sicherheit aller zu denken. 22 Noch verzweifle ich
nicht an meinem Zustand, habe vielmehr die beste
Hoffnung, von der Krankheit zu genesen. 23 Ich
denke jedoch daran, daß auch mein Vater zur Zeit
eines Feldzuges in die hochgelegenen Gegenden
einen Nachfolger bestimmen mußte. 24 Die Bürger
des Landes sollen nämlich wissen, wenn etwas Un-
gewöhnliches eintreten oder etwas Ungünstiges
vermeldet werden sollte, wem die Staatsgeschäfte
anvertraut sind, damit sie nicht in Unruhe geraten.
25 Außerdem ziehe ich in Betracht, daß die angren-
zenden Fürsten und die Nachbarn des Reiches auf
eine günstige Gelegenheit lauern und das Weitere
abwarten. Ich habe deshalb meinen Sohn Antio-
chus zum König bestimmt, den ich schon oft, wenn
ich in die hochgelegenen Provinzen reiste, den
meisten von euch anvertraut und empfohlen habe.
An ihn schrieb ich auch den gleichlautenden Brief.
26 Ich ermahne und bitte euch also, der Wohltaten
zu gedenken, die allen gemeinsam und jedem im
besonderen erwiesen worden sind, und ausnahms-
los eure wohlwollende Gesinnung mir und meinem
Sohn zu bewahren. 27 Ich bin ja überzeugt, daß er
mild und menschenfreundlich meinen Grundsätzen
nachfolgen und sich gut mit euch verstehen wird.«

Ende des Antiochus

28 Dieser Menschenmörder und Gotteslästerer erlitt
das Schlimmste, wie er es selber anderen zugefügt
hatte. In der Fremde auf dem Gebirge beschloß er
mit einem jämmerlichen Tod sein Leben. 29 Sein
Jugendfreund Philippus führte den Leichnam mit.
Das ist der gleiche Philippus, der sich später aus
Angst vor dem Sohn des Antiochus zu Ptolemäus
Philometor nach Ägypten begab.

Neuweihe des Tempels

10 1 Der Makkabäer aber und sein Anhang
nahmen unter der Führung des Herrn den
Tempel und die Stadt wieder ein. 2 Die
Altäre, die von den Heiden auf dem Markt errichtet
worden waren, sowie die heiligen Haine rissen sie
nieder. 3 Als sie den Tempel entsühnt hatten, bauten
sie einen anderen Altar, schlugen Feuerfunken aus
Steinen und brachten mit diesem Feuer nach zwei-
jähriger Unterbrechung wieder Opfer dar. Auch um
das Räucherwerk waren sie besorgt, für die Lampen
und das Auflegen der Schaubrote. 4 Nachdem sie
dies erledigt hatten, warfen sie sich zu Boden und
flehten zum Herrn, er wolle sie nicht mehr in
derartiges Unheil stürzen lassen. Sollten sie jemals
wieder sündigen, dann möge er sie maßvoll züch-
tigen und sie nicht gotteslästerlichen und bar-

barischen Heidenvölkern überliefern. 5 An dem
gleichen Tag, an dem der Tempel durch die Hei-
denvölker entweiht worden war, fand die Neu-
einweihung des Tempels statt, am fünfundzwan-
zigsten Tag des gleichen Monats Kislew. 6 Freudig
erregt feierten sie acht Tage hindurch nach Art
des Laubhüttenfestes. Sie erinnerten sich dabei,
daß sie kürzlich noch in der Zeit des Laubhüttenfe-
stes auf den Bergen und in den Höhlen wie wilde
Tiere hausen mußten. 7 Darum trugen sie mit Laub
umwundene Stäbe, frische Zweige und auch Pal-
men. Lobeshymnen stimmten sie an zu Ehren des-
sen, der die Reinigung seiner heiligen Stätte gelin-
gen ließ.
8 Eine Gemeindeverordnung wurde festgesetzt, und
man beschloß, die gesamte Judenschaft solle all-
jährlich diese Tage feierlich begehen. 9 Das waren
die Ereignisse, die sich beim Tod des Antiochus, der
den Beinamen »der Erlauchte« trug, abspielten.

Kämpfe gegen Antiochus Eupator

10 Jetzt aber wollen wir von dem berichten, was
sich unter Antiochus Eupator begeben hat, der ein
Sohn des Ruchlosen war. Wir fassen dabei kurz
zusammen, was von den andauernden Kriegs-
übeln zu sagen ist. 11 Antiochus übernahm die
Königsherrschaft und ernannte einen gewissen
Lysias, den obersten Befehlshaber von Cölesyrien
und Phönikien, zum Verweser des Reiches. 12 Ptole-
mäus nämlich, genannt Makron, wollte den Juden
Gerechtigkeit angedeihen lassen, weil ihnen bis-
her nur Unrecht geschehen war, und versuchte,
mit ihnen zu einem friedlichen Ausgleich zu
kommen. 13 Er wurde deswegen bei Eupator von
dessen Vertrauten angeklagt. Auch hörte er sich
überall einen Verräter nennen, da er Cypern, das
ihm von Philometor anvertraut war, verlassen und
sich zu Antiochus Epiphanes begeben hatte. Es
gelang ihm nicht mehr, sein Amt in Ehren zu ver-
walten; er nahm deshalb Gift und beendete sein
Leben.

Krieg gegen die Idumäer

14 Georgias wurde nun Befehlshaber in jenen Ge-
genden. Er warb fremde Söldnertruppen an und
führte allenthalben Krieg mit den Juden. 15 Mit ihm
gemeinsam belästigten auch die Idumäer die Juden.
Sie hatten günstig gelegene Festungen in Besitz und
nahmen die Flüchtlinge aus Jerusalem auf und such-
ten den Krieg in Gang zu halten. 16 Die Anhänger
des Makkabäers aber veranstalteten eine Bittan-
dacht und flehten zu Gott, er möge ihr Mitstreiter
werden; dann stürmten sie gegen die Festungen der
Idumäer. 17 Sie griffen diese heftig an und bemäch-
tigten sich der Orte; alle Leute, die auf den Mauern
kämpften, schlugen sie zurück. Wer ihnen in die
Hände fiel, den töteten sie. Sie vernichteten nicht
weniger als zwanzigtausend Mann. 18 Wenigstens
neuntausend Mann flüchteten in zwei ungemein
feste Türme, wo alles für eine Belagerung zur Ver-
fügung stand.
19 Der Makkabäer ließ nun den Simon, den Joseph
und auch den Zachäus mit einer hinreichenden
Schar von Leuten zur Belagerung jener Türme zu-
rück. Er selbst aber zog in Gegenden, wo seine
Anwesenheit notwendig war. 20 Die Männer um
Simon, geldgierig wie sie waren, ließen sich von
Insassen der Türme bestechen, und gegen Zah-
lung von siebzigtausend Drachmen ließen sie
einige entschlüpfen. 21 Als man von den Vorfällen
dem Makkabäer berichtete, ließ er die Führer des
Kriegsvolkes zusammenkommen. Er erhob An-
klage, daß man die Brüder um Geld verkauft habe,
indem man zu eigenem Schaden die Feinde ent-
kommen ließ. 22 Er ließ jene als Verräter hinrichten
und eroberte rasch die zwei Türme. 23 Es glückte
ihm alles, was er mit Kriegswaffen unternahm, und
so vernichtete er in den beiden Festungen mehr als
zwanzigtausend Mann.

Sieg des Makkabäers über Timotheus

24 Timotheus, der schon früher von den Juden über-
wunden worden war, brachte fremde Streitkräfte in
Scharen und asiatische Reiterei in nicht geringer
Zahl auf. Er ging daran, Judäa mit Waffengewalt zu
erobern. 25 Als er herannahte, streuten sich die
Leute des Makkabäers, um Gott gnädig zu stim-
men, Asche auf das Haupt. Sie gürteten ihre Lenden
mit Bußkleidern. 26 Dann warfen sie sich am Fuße
des Altars auf den Boden und beteten, daß Gott
ihnen gnädig, Feind aber ihren Feinden und Wider-
sacher ihren Widersachern sein möge, entspre-
chend der Verheißung des Gesetzes. 27 Als sie das
Gebet beendet hatten, ergriffen sie die Waffen und
entfernten sich ziemlich weit von der Stadt. Sie
kamen in die Nähe des Feindes und machten halt.
28 Beim Erscheinen des ersten Tageslichtes gingen
sie aufeinander los. Die einen hatten als Bürgschaft
für Glück und Sieg neben ihrer Tapferkeit die
Zuflucht zum Herrn, die anderen dagegen er-
wählten sich zum Führer im Kampf den wilden
Zorn. 29 Als nun die Schlacht heftig entbrannt
war, erschienen den Gegnern vom Himmel her auf
goldgezäumten Rossen fünf herrlich aussehende
Männer, die vor den Juden herzogen. 30 Sie nah-
men den Makkabäer in ihre Mitte, deckten ihn
mit ihren eigenen Rüstungen und schützten ihn

so vor Verwundung. Auf die Feinde schleuderten
sie aber Geschosse und Blitze. Dadurch geblendet
und verwirrt, wurden diese niedergeworfen und
völlig durcheinandergebracht. 31 Zwanzigtausend-
fünfhundert Mann und sechshundert Reiter wur-
den erschlagen.

Eroberung Gesers

32 Timotheus selbst flüchtete sich in eine Festung
namens Geser. Sie war außerordentlich stark; ihr
Befehlshaber war Chaireas. 33 Die Leute des Mak-
kabäers belagerten die Festung mutig vier Tage
lang. 34 Die Insassen vertrauten auf die Stärke des
Ortes, führten maßlose Lästerreden und stießen
frevelnde Worte aus. 35 Als der fünfte Tag anbrach,
stürzten zwanzig Jungmänner von den Leuten
des Makkabäers, zornentbrannt wegen der Läste-
rungen, heldenhaft auf die Mauer los. In wilder
Wut erschlugen sie jeden, den sie trafen. 36 Andere
aber rückten im Umkreis ebenfalls gegen die Besat-
zung vor, brannten die Türme nieder, zündeten
Scheiterhaufen an und verbrannten die Lästerer le-
bendig. Wieder andere zertrümmerten die Tore,
ließen die restlichen Truppen hinein und eroberten
so die Stadt. 37 Den Timotheus, der sich in einer
Zisterne versteckt hatte, erschlugen sie, desglei-
chen seinen Bruder Chaireas und den Apollopha-
nes. Nach diesen Taten priesen sie den Herrn mit
Lobgesängen und Dankliedern, weil er Israel so
große Huld erwiesen und ihnen den Sieg geschenkt
hatte.

Feldzug des Lysias

11 1 Nur kurze Zeit danach bot der könig-
liche Vormund und Vetter Lysias, der auch
Reichsverweser war und sich über die ge-
schehenen Dinge schwer ärgerte, 2 etwa achtzig-
tausend Mann auf, dazu die ganze Reiterei, und zog
gegen die Juden. Seine Absicht war, die Stadt Jeru-
salem den Griechen zum Wohnort zu geben, 3 den
Tempel genauso wie die anderen Heiligtümer der
Heiden steuerpflichtig zu machen und das Hohe-
priestertum alljährlich zu verkaufen. 4 In keiner
Weise berücksichtigte er dabei die Macht Gottes,
verließ sich vielmehr auf die Zehntausende seines
Fußvolkes, auf die Tausende von Reitern und auf
die achtzig Elefanten. 5 Er drang in Judäa ein,
näherte sich Betsur, einer starken Festung, die von
Jerusalem etwa hundertfünfzig Stadien entfernt
war, und bedrängte sie stark.
6 Als nun die Truppen des Makkabäers erfuhren,
daß Lysias die Festungen belagerte, flehten sie bit-
tend und weinend gemeinsam mit dem Volk zum
Herrn, daß er einen gütigen Engel zur Rettung
Israels entsende. 7 Der Makkabäer aber griff als
erster zu den Waffen und ermunterte die anderen,
zusammen mit ihm allen Gefahren zum Trotz
ihren Brüdern zu Hilfe zu kommen; dann brachen
sie vertrauensvoll miteinander auf. 8 Während sie
noch in der Nähe Jerusalems waren, erschien ein
Reiter in weißem Gewand. Er zog ihnen voran,
goldene Waffen schwingend. 9 Gemeinsam priesen
sie alle den gnädigen Gott. Sie waren seelisch
gestärkt und bereit, nicht nur mit Menschen, son-
dern auch mit den wildesten Tieren und eisernen
Mauern fertigzuwerden. 10 Geordnet zogen sie
weiter. Sie hatten ja vom Himmel her einen Mit-
streiter, da der Herr sich ihrer erbarmte. 11 Wie
Löwen stürzten sie sich auf die Feinde und töte-
ten ihrer elftausend Mann und dazu tausendsechs-
hundert Reiter. Alle aber nötigten sie zur Flucht.
12 Die meisten von ihnen konnten sich nur verwun-
det und ohne Waffen in Sicherheit bringen. Auch
Lysias selbst konnte sich nur durch schmachvolle
Flucht retten. 13 Da er nicht unvernünftig war,
dachte er über seine erlittene Niederlage nach und
mußte einsehen, daß die Hebräer deswegen un-
besiegbar sind, weil der allmächtige Gott ihr Mit-
streiter ist.
14 Er sandte Leute ab und bot unter lauter gerechten
Bedingungen Frieden an; auch wolle er den König
dazu überreden und nötigen, ihr Freund zu werden.
15 Der Makkabäer gab zu allem, was Lysias anregte,
seine Zustimmung; denn er war auf den Nutzen be-
dacht. Mit dem, was der Makkabäer bezüglich der
Juden dem Lysias schriftlich vorgeschlagen hatte,
erklärte sich der König einverstanden.

Brief des Lysias

16 Der Brief aber, den die Juden von Lysias erhielten,
lautete folgendermaßen: 17 »Lysias entbietet der
Judenschaft seinen Gruß. Eure Gesandten Johannes
und Absalom haben das von euch angefertigte
Schriftstück überreicht und um Bescheid gebeten
wegen der darin gemachten Vorschläge. 18 All das,
was auch dem König vorgetragen werden mußte,
habe ich berichtet. Und er willigte ein in den
Stücken, die annehmbar sind. 19 Wenn ihr also dem
Staate gegenüber Wohlwollen bewahrt, dann will
ich meinerseits auch für die Zukunft versuchen,
euch Wohltaten zu erwirken. 20 Der Einzelheiten
wegen habe ich ihnen und auch meinen Leuten
Auftrag gegeben, sich mit euch zu besprechen.
21 Lebt wohl! Am vierundzwanzigsten Tag des
Dioskur (= Xanthikus) im hundertachtundvierzig-
sten Jahr.«

Brief des Antiochus an Lysias

22 Der Brief des Königs hatte folgenden Wortlaut:
»König Antiochus entbietet seinem Bruder Lysias
seinen Gruß! 23 Unser Vater ist unter die Götter ver-
setzt worden. Wir wollen aber, daß die Leute des
Reiches in ihrer Sorge für die eigenen Angelegenhei-
ten nicht beunruhigt werden. 24 Nun hörten wir aber,
daß die Juden der von unserem Vater verlangten Um-
stellung auf griechische Lebensweise nicht zustim-
men, sondern ihre eigene Lebensweise weiterführen
wollen und darum bitten, daß ihnen die eigenen Ge-
setze zugestanden werden. 25 Da wir auch dieses
Volk nicht beunruhigen wollen, verordnen wir, daß
ihnen der Tempel wiedergegeben werde und daß sie
nach den von ihren Vorfahren ererbten Sitten leben
dürfen. 26 Du wirst also am besten daran tun, zu
ihnen Gesandte zu schicken und ihnen die Friedens-
hand zu reichen, damit sie unseren geneigten Willen
einsehen, guten Mutes seien und sich freudig der
Übernahme ihrer eigenen Aufgaben widmen.«

Brief des Antiochus an die Juden

27 Der Brief des Königs an das Volk lautete: »König
Antiochus entbietet dem Hohen Rat der Juden und
allen anderen Juden seinen Gruß. 28 Wenn es euch
wohlergeht, so freut uns das. Auch uns selbst geht
es gut. 29 Menelaus hat uns mitgeteilt, daß ihr (aus
Jerusalem) zurückkehren und euch euren eigenen
Angelegenheiten zuwenden wollt. 30 Allen, die bis
zum dreißigsten Xanthikus (April) heimkehren, sei
es frei gestattet mit der Versicherung, 31 daß die
Juden ihre eigenen Speisegebräuche und Gesetze
wie ehedem haben sollen. Niemand von ihnen soll
auf irgendeine Art wegen der vorgekommenen Ver-
gehen belästigt werden. 32 Zugleich sende ich euch
den Menelaus, der euch weiter gut beraten wird.
33 Lebt wohl! Am fünfzehnten Xanthikus im hun-
dertachtundvierzigsten Jahr.«

Brief der Römer an die Juden

34 Auch die Römer schickten an sie einen Brief fol-
genden Inhalts: »Die römischen Gesandten Quintus
Memmius und Titus Manius entbieten dem Juden-
volk ihren Gruß. 35 Dem, was der königliche Ver-
wandte Lysias mit euch vereinbart hat, stimmen
auch wir bei. 36 Über Angelegenheiten aber, die
nach seinem Urteil dem König vorzutragen sind,
beratet euch und schickt uns gleich einen Boten,
damit wir sie zu euren Gunsten darlegen können!
Denn wir sind auf dem Wege nach Antiochien.
37 Darum schickt eiligst einige Leute, damit auch
wir erfahren, welcher Meinung ihr seid! 38 Lebt
wohl! Am fünfzehnten Xanthikus im hundertacht-
undvierzigsten Jahr.«

Kampf gegen Joppe und Jamnia

12 1 Nach Abschluß dieser Verträge begab
sich Lysias zum König; die Juden aber be-
schäftigten sich mit dem Anbau ihrer
Äcker. 2 Aber die Oberbefehlshaber jener Gegen-
den, Timotheus und Apollonius, der Sohn des Gen-
näus, wie auch Hieronymus und Demophon, dazu
noch Nikanor, der Statthalter von Cypern, ließen
sie nicht zum Frieden kommen und in Ruhe leben.
3 Die Einwohner von Joppe begingen nun folgende
schändliche Tat: Sie luden die Juden, welche bei
ihnen wohnten, ein, in die von ihnen bereitgestell-
ten Boote mit Frau und Kindern zu steigen. Man tat,
als ob ihnen keinerlei Unheil drohe; 4 es liege viel-
mehr ein gemeinsamer Beschluß der städtischen
Verwaltung vor. Sie nahmen die Einladung also an;
denn sie wollten in Frieden leben und hatten kei-
nerlei Argwohn. Man fuhr mit ihnen hinaus und
ertränkte sie. Es waren nicht weniger als zweihun-
dert Personen.
5 Als Judas von dem gräßlichen Verbrechen erfuhr,
das an seinen Mitbürgern verübt worden war, rief
er seine Leute zusammen. 6 Dann betete er zu Gott,
dem gerechten Richter, und zog gegen die Mörder
seiner Brüder. Den Hafen zündete er zur Nachtzeit
an, die Boote ließ er in Flammen aufgehen, und die
dorthin geflüchteten Bürger ließ er erschlagen. 7 Da
der Ort selber verschlossen war, zog er ab. Doch er
hatte die Absicht, wiederzukommen und die ganze
Bürgerschaft von Joppe auszurotten. 8 Er erfuhr
nun, daß auch die Leute in Jamnia ebenso gegen die
unter ihnen wohnenden Juden vorgehen wollten.
9 Daher überfiel er des Nachts auch die Bewohner
von Jamnia und verbrannte den Hafen samt den
Schiffen. Der Feuerschein leuchtete bis nach Jeru-
salem, das zweihundertvierzig Stadien weit ent-
fernt liegt.

Judas gegen die Araber

10 Sie zogen von dort neun Stadien weiter, um dem
Timotheus entgegenzutreten. Da warfen sich ihm
nicht weniger als fünftausend Mann und fünfhun-
dert Reiter arabischer Herkunft entgegen. 11 Man
lieferte ein hitziges Gefecht. Die Truppen des Judas
aber hatten mit Gottes Hilfe Erfolg; die besiegten
Nomaden baten den Judas, mit ihnen Frieden zu
schließen. Sie versprachen dabei, Vieh abzuliefern
und auch in anderen Dingen behilflich zu sein.
12 Judas nahm an, daß sie ihnen in vielen Dingen
tatsächlich Nutzen bringen könnten. Darum wil-
ligte er ein, mit ihnen Frieden zu halten. Nach
Abschluß des Vertrags zogen sie zu ihren Zelten
zurück.

Judas stürmt gegen die Festung Kaspin und erobert sie

13 Judas bestürmte auch eine Stadt mit Namen
Kaspin, die mit Wällen befestigt und mit einer
Ringmauer umgeben war. Bewohnt wurde sie von
einem heidnischen Völkergemisch. 14 Die Bewoh-
ner vertrauten auf die Stärke der Mauern und auf
den Vorrat an Lebensmitteln. Sie benahmen sich
herausfordernd gegen die Leute des Judas, be-
schimpften sie und führten dazu noch lästerliche
und ungebührliche Reden. 15 Da riefen die Truppen
des Judas den großen Gebieter der Welt an, der
ohne Sturmböcke und Belagerungsmaschinen zur
Zeit des Josua Jericho niedergeworfen hatte; dann
stürmten sie wie Löwen gegen die Mauer. 16 Nach
dem Willen Gottes eroberten sie die Stadt und rich-
teten ein unbeschreibliches Gemetzel an. Der nahe-
gelegene, zwei Stadien breite See schien voll des
strömenden Blutes zu sein.

Judas gegen Timotheus

17 Von dort zogen sie siebenhundertfünfzig Stadien
weiter und wandten sich gegen Charaka zu den
Juden, die Tubianer heißen. 18 Doch den Timotheus
faßten sie in der Gegend nicht mehr. Er hatte sich
bereits, ohne etwas zu unternehmen, davonge-
macht, hatte aber eine sehr starke Besatzung an
einem bestimmten Ort zurückgelassen. 19 Dosi-
theus aber und Sosipatrus, Feldherrn des Makka-
bäers, zogen aus und vernichteten die von Timo-
theus in der Festung Zurückgelassenen, mehr als
zehntausend Mann. 20 Der Makkabäer gliederte
sein Heer in Abteilungen und gab jenen beiden den
Oberbefehl über die Gruppen. Dann stürmte er
gegen Timotheus an, der hundertzwanzigtausend
Mann Fußvolk und zweitausendfünfhundert Reiter
bei sich hatte. 21 Als Timotheus das Heranrücken
des Judas merkte, schickte er die Frauen, die Kinder
und den übrigen Troß voraus in das sogenannte
Karnion. Der Ort war nämlich schwer zu belagern
und kaum zugänglich, da die ganze Gegend voller
Engpässe war. 22 Als aber die erste Abteilung des
Judas erschien, fiel Schrecken auf die Feinde; Furcht
kam über sie wegen der Erscheinung dessen, der
alles sieht. In wilder Hast flohen sie fort, der eine
hierhin, der andere dorthin; oftmals wurden sie von
den eigenen Leuten verwundet und mit ihren
Schwertspitzen durchbohrt. 23 Mit angespannten
Kräften setzte Judas die Verfolgung fort, hieb die
Strolche zusammen und vernichtete an die dreißig-
tausend Mann. 24 Timotheus selbst fiel den Leuten
des Dositheus und Sosipatrus in die Hand. Er flehte
unter vielem Winseln um sein Leben: er habe näm-
lich von den einen die Eltern, von den anderen die
Brüder in seiner Gewalt; diesen würde es sonst
schlimm ergehen. 25 Da er nun mit großem Wort-
aufwand die feierliche Versicherung abgegeben
hatte, diese unverletzt freizugeben, entließ man
ihn, um die Brüder zu retten.

Judas gegen Karnion und Ephron

26 Judas rückte nun gegen Karnion und das Heilig-
tum der Atargatis aus. Fünfundzwanzigtausend
Menschen metzelte er nieder. 27 Nachdem diese ge-
fallen und vernichtet waren, brach er auch gegen
Ephron auf, eine befestigte Stadt, in der sich eine
Menge allerlei Volkes niedergelassen hatte. Kräftige
junge Krieger standen vor den Toren und wehrten
die Feinde mit Tapferkeit ab. Auch waren dort
große Vorräte an Kriegsmaschinen und Geschossen
vorhanden. 28 Da riefen die Juden zum Herrn, der
machtvoll die feindlichen Kräfte zerbricht. Sie über-
wältigten die Stadt und streckten von den Bewoh-
nern etwa fünfundzwanzigtausend Mann nieder.
29 Von dort brachen sie auf und rückten gegen
Skytopolis, von Jerusalem sechshundert Stadien
entfernt. 30 Die dort wohnenden Juden bezeugten,
daß die Einwohner von Skytopolis ihnen Wohlwol-
len und in mißlichen Zeiten freundliches Entgegen-
kommen bewiesen hätten. 31 Man bedankte sich
dafür und forderte sie auf, auch fernerhin gegen das
jüdische Volk freundlich zu sein. Dann begaben sie
sich nach Jerusalem, da das Wochenfest nahe war.

Sieg über Gorgias

32 Nach dem sogenannten Pfingstfest brachen sie
gegen Gorgias, den Statthalter von Idumäa, auf.
33 Mit dreitausend Mann Fußvolk und vierhundert
Reitern rückte dieser ins Feld. 34 Sie kamen ins
Handgemenge und auf jüdischer Seite fielen etliche.
35 Ein gewisser Dositheus aber, einer von den Leu-
ten des Bakenor, ritt auf einem Roß und war ein
kampfesmutiger Mann. Er ergriff den Gorgias, hielt
ihn am Mantel fest und zog ihn mit aller Kraft fort.
Er wollte den Verfluchten lebendig fangen. Da warf
sich aber ein thrakischer Reiter auf ihn und hieb
ihm den Arm ab. So entkam Gorgias nach Maresa.
36 Die Leute um Esdri kämpften schon zu lange und
ermatteten. Da rief Judas den Herrn an, er möge als
Mitstreiter und Anführer im Kampf erscheinen.
37 In der Muttersprache stimmte er mit Psalmen ein
Kriegsgeschrei an, stürzte sich unerwartet auf die
Truppen des Gorgias und schlug sie in die Flucht.

Sühnopfer

38 Judas kam nun mit seinem Heer in die Stadt
Adullam. Da es gerade Wochenende war, heiligten
sie sich der Sitte gemäß und brachten dort den

Sabbat zu. 39 Am folgenden Tag kamen die Leute
des Judas – es war schon höchste Zeit dazu – und
holten sich die Leichname der in der Schlacht
Gefallenen, um sie bei den Verwandten in den
väterlichen Gräbern beizusetzen. 40 Sie fanden aber
bei allen Gefallenen unter den Kleidern Abbilder
von den Götzen aus Jamnia, deren Gebrauch das
Gesetz den Juden verbietet. Da wurde allen klar,
daß sie wegen dieser Verfehlung gefallen waren.
41 Alle priesen nun die Vorsehung des gerecht
richtenden Herrn, der das Verborgene ans Licht
bringt.
42 Sie wandten sich zu einem Sühnegebet und fleh-
ten, daß die geschehene Verfehlung vollkommen
getilgt werden möge. Der edle Judas ermahnte die
Schar, sich sündenfrei zu bewahren, da sie mit
eigenen Augen gesehen hätten, was wegen der
Sünde der Gefallenen geschah. 43 Er veranstaltete
unter den Kriegern eine Sammlung, die zweitau-
send Drachmen einbrachte, und sandte sie nach
Jerusalem, um ein Sündopfer darbringen zu lassen;
eine Tat, die schön und ausgezeichnet war, weil er
an die Auferstehung dachte.
44 Hätte er nämlich nicht erwartet, daß die Gefalle-
nen auferstehen, so wäre es überflüssig und töricht
gewesen, für Tote zu beten. 45 Weiter hatte er im
Auge, daß jenen, die in Frömmigkeit zur Ruhe ein-
gehen, der herrlichste Gnadenlohn aufbewahrt ist:
ein heiliger und frommer Gedanke! Darum ließ er
für die Gefallenen das Sühnopfer darbringen, damit
sie von der Sünde erlöst würden.

12,39–45: Diese Juden benutzten zu abergläubischen Zwecken Amulette (Götterbildnisse), in deren Besitz sie durch Plünderung oder Kauf gekommen waren (1 Mos 31,30ff; 5 Mos 7,25f; 2 Sam 5,21). Wenn für diese Toten Opfer dargebracht werden, so setzt das den Glauben an ein Fortleben der Toten voraus. Doch nicht nur das; darüber hinaus ist der Verfasser der zuversichtlichen Hoffnung, daß für die Verstorbenen sühnende Fürbitte eingelegt werden kann, ein Glaube, der in unserer Fegfeuerlehre weiterlebt.

Ende des Menelaus

13 1 Im hundertneunundvierzigsten Jahr er-
reichte die Truppe um Judas die Nach-
richt, daß Antiochus Eupator mit gewal-
tiger Streitmacht gegen Judäa ziehe. 2 Auch sein
Vormund und Reichsverweser Lysias sei dabei.
Jeder habe ein hellenistisches Herr von hundert-
zehntausend Mann Fußvolk, fünftausenddreihun-
dert Reitern, zweiundzwanzig Elefanten und drei-
hundert Sichelwagen. 3 Ihnen hatte sich auch
Menelaus angeschlossen. Er hetzte mit viel Verstel-
lung den Antiochus auf, nicht um dem Vaterland zu
nützen, sondern weil er in sein Amt wieder einge-
setzt werden wollte. 4 Der König aller Könige aber
erweckte den Zorn des Antiochus gegen den Böse-
wicht. Auch Lysias führte den Nachweis, daß die-
ser allein der Urheber aller Unglücksfälle sei. So gab
der König den Befehl, ihn nach Beröa zu bringen
und dort in der ortsüblichen Weise umbringen zu
lassen. 5 Es gibt dort nämlich einen Turm, fünfzig
Ellen hoch und voll glühender Asche. Er hat eine
kreisförmige Vorrichtung, die von allen Seiten
gegen die Asche zu abschüssig ist. 6 Dort hinein
wird ein Tempelräuber oder einer, der sonst große
Verbrechen schuldig ist, ins Verderben gestoßen.
7 Auf diese Art mußte auch der verräterische Mene-
laus sterben, ohne daß ihm ein Erdbegräbnis zuteil
wurde. 8 Mit vollem Recht; denn vielfach hatte er
sich gegen den Altar versündigt, dessen Feuer und
Asche etwas Heiliges ist. In glühender Asche mußte
er also des Todes sterben.

Kampfesmut der Juden

9 Von barbarischer Wut erfüllt, rückte nun der König
heran, und wollte den Juden das Schlimmste wider-
fahren lassen von dem, was jemals unter seinem
Vater geschehen war. 10 Als Judas davon erfuhr, er-
mahnte er die Volksmenge, Tag und Nacht zum
Herrn zu beten, daß er ihnen, die in der Gefahr
schwebten, das Gesetz, das Vaterland und den hei-
ligen Tempel zu verlieren, wenn je zuvor, so auch
jetzt zu Hilfe kommen wolle. 11 Das Volk habe eben
erst ein wenig aufatmen können, und er möge nicht
zulassen, daß es wiederum in die Gewalt verruch-
ter Heidenvölker komme. 12 Alle folgten ihm ein-
mütig und flehten ohne Unterlaß zum barmher-
zigen Herrn unter Weinen, Fasten und Kniefällen
drei Tage lang. Dann sprach ihnen Judas Mut zu
und befahl, bereit zu sein. 13 Nach einer besonderen
Beratung mit den Ältesten entschloß er sich, ins
Feld zu rücken und die Entscheidung mit göttlicher
Hilfe herbeizuführen, noch bevor das königliche
Heer einen Einfall in Judäa machen und die Stadt
erobern könnte. 14 Die Entscheidung stellte er also
dem Weltenschöpfer anheim und ermunterte die
Seinen, tapfer bis in den Tod für Gesetz, Heiligtum,
Stadt, Vaterland und Verfassung zu kämpfen. Bei
Modeïn schlug er das Kriegslager auf. 15 Er übermit-
telte dann den Seinen den Schlachtruf: »Mit Gott
zum Sieg!« Mit einer erlesenen Schar der besten
jungen Krieger warf er sich nachts auf das könig-
liche Zelt und brachte im Lager etwa zweitausend
Mann um, auch den Leitelefanten samt dem Mann,
der im turmartigen Gehäuse war. 16 Schließlich,
nachdem sie das Lager mit Furcht und Schrecken er-
füllt hatten, zogen sie siegreich ab. 17 Dies geschah

infolge des helfenden Schutzes des Herrn, als es
bereits hell wurde.

Kampf um Betsur

18 Der König besaß nun einen Vorgeschmack von
der jüdischen Kühnheit. Er wollte daher versuchen,
sich der Ortschaften mit List zu bemächtigen.
19 Also zog er gegen Betsur, eine starke Festung der
Juden, wurde aber zurückgeworfen. Nach nochma-
ligem Angriff erlitt er eine Niederlage. 20 Den Bela-
gerten hatte Judas das Nötige hineingeschickt.
21 Rhodokus, ein Mann aus dem jüdischen Heer,
verriet den Feinden die Geheimnisse, wurde aber
aufgespürt, ergriffen und eingesperrt. 22 Der König
wandte sich nochmals an die Bewohner von Betsur,
bot Frieden an, erhielt ihn, zog ab, warf sich auf die
Truppen des Judas, unterlag jedoch wieder.

Friedensschluß

23 Er vernahm, daß Philippus, den er zu Antiochien
als Reichsverweser zurückgelassen hatte, abgefal-
len sei. Hierüber war er sehr bestürzt. Er gab den
Juden gute Worte, wurde nachgiebig, verpflichtete
sich eidlich zu allen gerechten Forderungen und
schloß Frieden; er brachte ein Opfer dar, erwies
dem Tempel Ehrerbietung und behandelte den Ort
wohlwollend. 24 Auch den Makkabäer empfing er
freundlich. Als Statthalter über die Gegend von
Ptolemaïs bis zu den Gerrenern hinterließ er den
Hegemonides. 25 Er kam nach Ptolemaïs. Die Bürger
von Ptolemaïs waren über die Verträge ungehalten.
Sie ärgerten sich sehr über die Vereinbarungen, die
sie gern umgestoßen hätten. 26 Lysias bestieg die
Rednerbühne und verteidigte das Abkommen best-
möglich. Er suchte zu überzeugen, zu beruhigen
und zufriedenzustellen. Er kehrte nach Antiochien
zurück. So verlief der Anmarsch des Königs und
sein Rückzug.

Ränkespiel des Alkimus

14 1 Drei Jahre später kam den Leuten um
Judas die Kunde zu, Demetrius, der Sohn
des Seleukus, sei mit starken Streitkräften
und einer Flotte in den Hafen von Tripolis einge-
laufen. 2 Er habe das Land erobert und den Antio-
chus und dessen Vormund Lysias aus dem Wege
geräumt. 3 Ein gewisser Alkimus aber, ein ehemali-
ger Hoherpriester, hatte sich in den Zeiten der reli-
giösen Vermischung aus freien Stücken befleckt. Er
mußte einsehen, daß es für ihn keinerlei Rettung
und auch keinen Zutritt mehr zum heiligen Altar-
dienst geben könne.
4 Deshalb begab er sich im Jahre 151 zum König
Demetrius. Er brachte ihm einen goldenen Kranz
und einen Palmzweig, dazu von den üblichen Öl-
zweigen des Heiligtums; an jenem Tage verhielt er
sich noch ruhig. 5 Dagegen fand er für seine persön-
liche schlimme Absicht eine günstige Gelegenheit,
als er von Demetrius in eine Ratsversammlung be-
rufen wurde. Man fragte ihn nach der Einstellung
und den Plänen der Juden. Darauf antwortete er:
6 »Die als Asidäer (Fromme) bezeichneten Kreise
unter den Juden, deren Anführer Judas, der Makka-
bäer, ist, zetteln Kriege und Aufstände an und las-
sen so das Reich nicht zur Ruhe kommen. 7 Darum
bin ich meiner ererbten Würde – ich meine das
Hohepriestertum – beraubt worden und jetzt hier
erschienen, 8 und zwar zunächst in aufrichtiger
Sorge um die Rechte des Königs, dann aber auch
aus Rücksicht auf meine eigenen Mitbürger. Denn
durch das unvernünftige Treiben der genannten
Leute leidet unser ganzes Volk nicht geringen
Schaden. 9 Dies alles, o König, mögest du nach-
prüfen! Und dann nimm dich in deiner menschen-
freundlichen Güte, die du allen erweist, unseres
Landes und unseres Volkes fürsorgend an! 10 So-
lange Judas noch am Leben ist, kann unmöglich
Friede im Staat herrschen.«
11 Nachdem dieser solcherlei geredet hatte, hetzten
die übrigen Günstlinge, die mit dem Vorgehen des
Judas nicht einverstanden waren, sogleich den
Demetrius noch mehr auf. 12 Er ließ unverzüglich
den Nikanor, den ehemaligen Anführer der Elefan-
tentruppe, kommen, ernannte ihn zum Oberbe-
fehlshaber über Judäa und sandte ihn hin. 13 Er gab
ihm schriftliche Anweisung, den Judas zu beseiti-
gen, seine Anhänger zu versprengen, den Alkimus
aber als Hohenpriester des größten Heiligtums ein-
zusetzen. 14 Die Heiden, die vor Judas in Judäa ge-
flohen waren, scharten sich nunmehr gruppen-
weise um Nikanor. Sie meinten, das über die Juden
kommende Unglück und Mißgeschick könnte ihr
eigenes Glück werden.

Kampf gegen Nikanor

15 Die Juden hörten von dem Aufmarsch des
Nikanor und dem feindseligen Verhalten der Hei-
denvölker. Sie bestreuten sich mit Asche und fleh-
ten zum Herrn, der für ewige Zeit sein Volk ge-
gründet hat und sich immerdar offensichtlich seines
Erbteils annimmt. 16 Dann brach man auf Befehl des
Anführers sogleich von dort auf und kam mit den
Feinden bei dem Dorf Dessaü ins Handgemenge.
17 Simon, der Bruder des Judas, war mit Nikanor
zusammengestoßen, hatte sich aber wegen des
plötzlichen Erscheinens der Feinde langsam zurück-
ziehen müssen. 18 Als aber Nikanor hörte, von wel-

chem Mut die Truppen des Judas beseelt waren und mit welcher Beherztheit sie für das Vaterland kämpften, trug er dennoch einiges Bedenken, im blutigen Kampf die Entscheidung herbeizuführen.

Friedensverhandlungen

19 Daher sandte er den Posidonius, Theodotus und den Mattatias, um Friedensverhandlungen anzubieten und entgegenzunehmen. 20 Man stellte eine längere Untersuchung an, und der Heerführer machte auch den Truppen davon Mitteilung. Als man sich völlig einig war, wurde den Verträgen zugestimmt. 21 Sie vereinbarten einen Tag, an dem beide allein zusammenkommen wollten; von jeder Seite rollte ein Streitwagen heran, und man stellte Sessel auf. 22 Judas aber hatte an günstig gelegenen Stellen Bewaffnete in Bereitschaft gestellt, damit von seiten der Feinde nicht unvermutet ein tückischer Überfall geschehen konnte. Doch führten sie einträchtig die gemeinsame Aussprache.

Des Judas Heirat

23 Nikanor weilte dann in Jerusalem. Er unternahm nichts Unrechtes. Ja, er entließ sogar die ausgehobenen Truppenscharen. 24 Auch Judas hatte er stets in seiner Umgebung. Er war ihm von Herzen zugetan. 25 Er ermunterte ihn zur Heirat und zur Gründung einer Familie. Jener heiratete, war glücklich und freute sich seines Lebens.

Neue Hetze des Alkimus

26 Alkimus sah das gegenseitige Wohlwollen und die abgeschlossenen Verträge. Er nahm diese, begab sich zu Demetrius und erklärte, daß Nikanor gegen den Staat feindliche Pläne hege; so habe er den Reichsfeind Judas zu seinem Nachfolger bestimmt. 27 Der König geriet darüber in heftigen Zorn, und durch die verleumderischen Angaben dieses Erzschurken gereizt, schrieb er dem Nikanor, daß er über die Verträge schwer enttäuscht sei. Er befahl ihm, den Makkabäer gefesselt baldigst nach Antiochien zu schicken. 28 Infolge dieser Mitteilung war Nikanor bestürzt, und es schien ihm untragbar, die Abmachungen aufzuheben, da doch der Mann nichts Böses getan hatte. 29 Weil man aber dem König nicht entgegenhandeln konnte, suchte er nach einer günstigen Gelegenheit, diesen Auftrag mit List durchzuführen.

30 Der Makkabäer stellte aber fest, daß Nikanor ihm gegenüber unfreundlicher geworden war und bei den gewohnten Zusammenkünften sich mehr Zurückhaltung auferlegte. Er war überzeugt, daß diese Unfreundlichkeit nichts Gutes zu bedeuten habe; deshalb sammelte er eine große Zahl seiner Leute um sich und versteckte sich vor Nikanor. 31 Dieser bemerkte, daß er auf geschickte Art und Weise von dem Manne überlistet worden war. Er begab sich in den höchsten und heiligen Tempel, während die Priester gerade die pflichtgemäßen Opfer darbrachten, und befahl, den Judas auszuliefern. 32 Diese aber sagten unter Eidschwüren aus, sie wüßten nicht, wo der Gesuchte sei. 33 Dennoch erhob er seine rechte Hand gegen den Tempel und tat folgenden Schwur: »Liefert ihr mir nicht den Judas gefesselt aus, dann mache ich dieses Gotteshaus dem Erdboden gleich, reiße den Altar ein und errichte hier ein prachtvolles Heiligtum zu Ehren des Dionysos.« 34 Mit solchen Drohungen ging er fort.

Flehruf der Priester

Die Priester aber hoben ihre Hände zum Himmel empor und riefen zu dem, der allezeit für unser Volk streitet: 35 »Du, o Herr, bist auf nichts angewiesen, und doch gefiel es dir, daß ein Tempel deine Wohnstätte unter uns sei. 36 Und nun, heiliger Herr, der du Ursprung jeglicher Heiligung bist, bewahre immerdar dies soeben gereinigte Haus vor Befleckung!«

Razis' Selbstmord

37 Einer von den Ältesten Jerusalems mit Namen Razis ward bei Nikanor angezeigt. Er liebte seine Mitbürger und hatte einen sehr guten Ruf. Wegen seiner wohlwollenden Art nannte man ihn »Vater der Juden«. 38 Er trat in den vorhergehenden Jahren, als es die religiöse Vermischung noch nicht gab, für die Entscheidung zum Judentum ein und setzte Leib und Leben mit allem Eifer für das Judentum aufs Spiel. 39 Nikanor aber wollte öffentlich zeigen, wie feindselig er gegen die Juden sei. Er sandte also über fünfhundert Soldaten, um ihn in Haft zu nehmen; 40 denn er glaubte, durch dessen Verhaftung den übrigen einen schweren Schlag versetzen zu können.

41 Die Schar war gerade daran, den Turm zu besetzen, hatte die äußere Türe erbrochen und Feuer herbeischaffen lassen, um die Pforten anzuzünden. Da stieß sich Razis, da er von überall umzingelt war, das Schwert in den Leib. 42 In vornehmer Gesinnung wollte er lieber sterben als in die Gewalt der Schurken geraten und so mißhandelt werden, wie es seines Adels unwürdig gewesen wäre. 43 Er traf sich aber in der Eile des Kampfes nicht tödlich, und da die Scharen bereits durch die Tore eindrangen, lief er mutig auf die Mauer und stürzte sich mannhaft auf die Menge hinab. 44 Schnell war diese zurückgewichen, und es entstand ein Zwischenraum. So fiel er mitten auf den leeren Platz. 45 Er lebte aber immer noch. In rasender Wut stand er

auf; das Blut quoll strömend hervor, und seine
Wunden schmerzten. Er rannte mitten durch die
Kriegerscharen und trat auf einen abschüssigen
Felsen. 46 Schon ganz verblutet, riß er sich die Ein-
geweide heraus, packte sie mit beiden Händen und
schleuderte sie unter die Scharen. Dann rief er zu
dem, der über Leben und Atem gebietet, er möge
ihm dies alles wieder zurückgeben. Auf diese Weise
verschied er.

14,41: Die schaurige Erzählung weiß noch nichts von der christlichen Moral, die Selbstmord unter allen Umständen verbietet. Im übrigen liegen hier gewiß mildernde Umstände vor.

Nikanor, der Sabbatschänder

15 1 Nikanor aber erfuhr, daß die Truppen
des Judas sich in den Orten Samarias be-
fanden. Er faßte den Entschluß, sie am
Ruhetag anzugreifen, weil das ungefährlich war.
2 Die Juden, die ihm zwangsweise folgten, sprachen
zu ihm: »Auf keinen Fall vernichte sie so grausam
und barbarisch! Halte den Tag in Ehren, den der
Allsehende von Anfang an mit Heiligkeit ausge-
zeichnet hat!« 3 Der gänzlich Verruchte fragte:
»Gibt es denn im Himmel diesen Herrscher, der an-
geordnet hat, daß man den Sabbat halte?« 4 Sie
erklärten in aller Offenheit: »Der lebendige Herr
selbst ist ein Herrscher im Himmel, der befahl, daß
man den siebten Tag feiere.« 5 Jener aber antwor-
tete: »Und ich bin ein Herrscher auf Erden und be-
fehle, daß man die Waffen ergreife, um die könig-
lichen Belange durchzuführen.« Gleichwohl war er
nicht imstande, seinen schändlichen Willen durch-
zusetzen. 6 In all seinem Stolz und Hochmut hatte
Nikanor beabsichtigt, ein öffentliches Denkmal
seines Sieges über die Truppen Judas zu errichten.
7 Der Makkabäer aber vertraute ohne Unterlaß mit
aller Zuversicht darauf, vom Herrn Hilfe zu er-
langen. 8 Er redete den Seinen zu, vor den heran-
rückenden Truppen der Heidenvölker keine Furcht
zu haben. Sie sollten sich doch die Fälle vor Augen
führen, in denen ihnen tatsächlich vom Himmel
Hilfe zuteil geworden war, und auch jetzt darauf
hoffen, daß ihnen der Sieg durch den Allmächtigen
zuteil würde. 9 Er redete auf sie ein mit Worten aus
dem Gesetz und den Propheten. Auch rief er die
Kämpfe in Erinnerung, die sie bereits hinter sich
hatten, und feuerte so ihren Mut an. 10 Er richtete
ihre Gemüter auf, wies noch auf die Treulosigkeit
der Heidenvölker und ihren Eidbruch hin und er-
teilte seine Befehle. 11 So wappnete er einen jeden
von ihnen, und zwar nicht mit dem Schutz von
Schilden und Speeren, sondern mit vortrefflichen
Worten des Trostes, und erfreute noch dazu alle,
indem er einen ganz glaubwürdigen Traum, eine
Erscheinung, erzählte.

Erscheinung des Onias und Jeremias

12 Das Traumgesicht aber sah so aus: Der ehemalige
Hohepriester Onias, ein edler und trefflicher Mann,
bescheiden im Umgang, von gütigem Wesen, wür-
devoll in seinen Reden und von Jugend auf jeder
Tugend beflissen, betete mit ausgestreckten Hän-
den für die gesamte Gemeinde der Juden. 13 Danach
sei in der gleichen Haltung ein anderer Mann er-
schienen mit grauem Haar und ehrwürdigem Aus-
sehen, von wundersamer, ganz prächtiger Hoheit
umstrahlt. 14 Onias habe das Wort ergriffen und
erklärt: »Dies ist der Freund der Brüder, der fleißig
für das Volk und die Heilige Stadt betet, Jeremias,
der Prophet Gottes!« 15 Jeremias habe seine rechte
Hand ausgestreckt und dem Judas ein goldenes
Schwert überreicht und dazu gesagt: 16 »Nimm das
heilige Schwert als Gottesgeschenk! Mit ihm sollst
du die Feinde schlagen!«

Zum Kampfe!

17 Durch die herrlichen Worte des Judas, die geeig-
net waren, zur Tapferkeit anzuspornen und die
Herzen junger Leute mit Mannesmut zu erfüllen,
wurden alle bestärkt. Man beschloß, kein Lager zu
beziehen, sondern mutig anzugreifen, mit ganzem
Krafteinsatz sich in den Kampf zu stürzen und die
Sache zur Entscheidung zu bringen, weil die Stadt,
das Heiligtum und der Tempel in Gefahr seien.
18 Sie hatten weniger Sorge um Weib und Kind so-
wie um Brüder und Verwandte; ihre größte und
erste Sorge ging um den geweihten Tempel. 19 Auch
die in der Stadt Zurückgebliebenen hatten nicht
geringe Angst. Sie waren in Unruhe wegen der
Schlacht auf offenem Felde. 20 Alle erwarteten die
bevorstehende Entscheidung; die Feinde hatten
sich schon zusammengezogen, das Heer war in
Schlachtordnung aufgestellt, die Elefanten hatten
an einem passenden Ort Stellung bezogen; auf
beiden Flügeln stand die Reiterei geordnet.

Gebet des Makkabäers

21 Der Makkabäer sah die versammelte Übermacht,
die verschiedenartige Ausstattung mit Waffen und
die Wildheit der Tiere. Da streckte er seine Hände
zum Himmel aus und schrie zum wundertätigen
Herrn; erkannte er doch, daß es nicht auf Waffen
ankommt, sondern daß Gott denen, die er für
würdig hält, den Sieg verleiht. 22 Sein Gebetswort
aber lautete: »Du, o Gebieter, hast zur Zeit des
judäischen Königs Ezechias deinen Engel gesandt.
Vom Heer des Sanherib hat er an die 185 000 Mann

vernichtet. 23 Sende auch jetzt, du Herrscher im
Himmel, einen gütigen Engel vor uns her, um Furcht
und Schrecken zu verbreiten! 24 Durch deinen star-
ken Arm laß niederstürzen, die gegen dein heiliges
Volk lästernd heranziehen!« Mit diesen Worten
schloß er.

Sieg über Nikanor

25 Die Truppen des Nikanor rückten unter Trom-
petenschall und Schlachtgesängen vor. 26 Mit Gebet
und Flehrufen begegneten die Leute um Judas den
Feinden. 27 Mit den Händen kämpften sie, mit den
Herzen aber beteten sie zu Gott. Nicht weniger
als fünfunddreißigtausend Mann streckten sie
nieder; sie waren hoch erfreut über die sichtbare
Hilfe Gottes. 28 Sie hatten ihre Kampfespflicht er-
füllt und zogen frohlockend ab. Da gewahrten sie,
daß Nikanor in seiner vollen Waffenrüstung ge-
fallen dalag. 29 Nun erhob sich ein Schreien und
Lärmen, und sie priesen den Herrn in ihrer Mut-
tersprache. 30 Judas aber, der unter vollem Einsatz
von Leib und Leben in der vordersten Reihe für die
Mitbürger gekämpft und der von Jugend auf seinen
Stammesbrüdern immer Wohlwollen bewahrt
hatte, befahl, dem Nikanor den Kopf abzutrennen
und die Hand mitsamt dem Arm nach Jerusalem zu
bringen.

Nikanorfest

31 Dort angekommen, rief er seine Stammesgenos-
sen zusammen. Die Priester stellte er vor dem Altar
auf und ließ die Burgbesatzung herkommen. 32 Er
zeigte ihnen das Haupt des schändlichen Nikanor
und die Hand des Lästerers, die er gegen den heili-
gen Tempel des Allmächtigen mit anmaßenden
Worten ausgestreckt hatte. 33 Die Zunge des gott-
losen Nikanor ließ er abschneiden und ihre Stücke
den Vögeln vorwerfen; die Vergeltung für seine
törichten Reden (nämlich die abgehauene Hand)
ließ er dem Tempel gegenüber aufhängen. 34 Zum
Himmel gewandt, priesen alle den Herrn, der sich
so deutlich offenbarte, und riefen: »Gepriesen sei er,
der seine Stätte unverletzt erhalten hat!« 35 An der
Burg aber ließ er den Tierkopf des Nikanor aufhän-
gen, damit es allen ein sichtbarer und klarer Beweis
für die Hilfe des Herrn sei. 36 Einstimmig faßten sie
den gemeinsamen Volksbeschluß, diesen Tag nicht
ohne Feier zu lassen, sondern festlich zu begehen
am 13. des zwölften Monats – auf syrisch Adar –,
also einen Tag vor dem Mordekajtag.

Ende

37 So verliefen die Ereignisse um Nikanor, und von
jener Zeit ab ward die Stadt von den Hebräern als
Eigentum behauptet. Hiermit will auch ich meine
Erzählung schließen. 38 Wenn sie gut und geschickt
abgefaßt ist, so ist erreicht, was ich wollte. Ist sie
aber schwach und nur mittelmäßig, so tat ich doch,
was ich konnte. 39 Es bekommt nämlich nicht gut,
nur Wein oder reines Wasser für sich allein zu
trinken; Wein aber, mit Wasser gemischt, mundet
köstlich und erzeugt angenehmen Wohlgeschmack.
Ebenso ist eine schön abgefaßte Erzählung ein
Ohrenschmaus für die, welche den zusammenge-
stellten Bericht vernehmen. Damit sei nun ge-
schlossen.

15,12–16: Die Lehre von der Gemeinschaft der Heiligen ist hier im Keim zu erkennen. Die Heiligen des Himmels treten durch ihr Fürbittgebet ebenfalls für uns ein.

DAS BUCH DER PSALMEN

Unter »Psalmen« versteht man eine Sammlung von Liedern, Gebeten, Weisheitsgedichten, die den verschiedensten Zeiten der israelitischen Geschichte, verschiedenen Verfassern und Gelegenheiten ihren Ursprung verdanken. Nirgends erkennt man, nach welchen Gesichtspunkten die einzelnen Psalmen aufeinanderfolgen. Es steht der Weisheitspsalm neben dem Lobhymnus, die Bitte bei der Klage, das Vertrauensgebet nach dem Fluch- und Segensspruch. Mahnungen zur Buße stehen neben Belehrungen über sittliches Handeln. Für all diese Gedichte aber ist die Bezeichnung »Psalm« gebräuchlich geworden. Sie bedeutet zunächst ein Saiteninstrument, dann das Spiel darauf und schließlich auch das dazu gesungene Lied.

Die 150 Psalmen sind in fünf Bücher geteilt, die durch feststehende Lobgebetsformeln voneinander getrennt sind. Innerhalb des Psalmenbuches gibt es Spuren, die darauf hindeuten, daß es früher Einzelsammlungen gegeben hat. Man könnte diese mit unseren Gesang- und Gebetbüchern vergleichen. Hinweise darauf sind etwa die Psalmen 120–134, die alle als »Wallfahrtslieder« überschrieben sind, die Tatsache, daß manche Psalmen doppelt vorkommen, die kleine Notiz Psalm 72,20, wonach die Gebete Davids, des Sohnes Isais, zu Ende sind, u. ä. Von der Entstehung des Psalmenbuches ist also die Frage zu unterscheiden, wann und wo der einzelne Psalm entstanden ist. Viele Psalmen reichen gewiß in die Zeit Davids, ja in noch frühere Zeiten zurück. Geschichtliche Entwicklungen spielen auch hier eine Rolle. Für die Entstehung vieler Psalmen in vorexilischer Zeit zeugt die Erwähnung des Königs. Wichtig ist auch, daß wir in den geschichtlichen Büchern des AT manche psalmenähnliche Gesänge finden, die bestimmt schon in früheren Zeiten entstanden sind. Mit Recht redet die Kirche vom Davidischen Psalter. David war zu jener gotterfüllten Begeisterung, die den Dichter ausmacht, durchaus fähig (2 Sam 1,17–27; 3,33–34 u. ö.). Auch das NT stützt diese uralte Überlieferung (Matth 22,43–45).

ERSTES PSALMENBUCH

Zweierlei Wege

1 Selig der Mann, der nicht im Rat der Gottlosen wandelt, sich nicht auf den Pfad der Sünder stellt noch im Kreise der Lästerer sitzt, 2 vielmehr am Gesetz des Herrn seine Freude hat, ja, sein Gesetz betrachtet bei Tag und bei Nacht! 3 Er gleicht dem Baum, gepflanzt an strömendem Wasser, der seine Früchte trägt zur rechten Zeit und dessen Laub nicht welkt. Was immer er beginnt, vollführt er glücklich. 4 Nicht so die Frevler! Wie Spreu sind sie, die der Wind verweht. 5 Darum bestehen Gottlose nicht im Gericht noch die Sünder in der Gemeinde der Gerechten. 6 Denn der Herr weiß um den Weg der Gerechten; doch der Gottlosen Weg führt ins Verderben.

1: Ein Weisheitspsalm, der den Frommen vor unheilvollem Einfluß warnt und gegenüber dem Sünder das Gesetz des Herrn als Lebensweg empfiehlt. Jer 17,8 ist das Bild vom Baum in Vers 3 näher ausgeführt.

Der Gesalbte des Herrn überwindet die Völker

2 Was toben die Heiden und sinnen die Völker nichtige Pläne? 2 Die Könige der Erde treten zusammen, Machthaber verschwören sich gemeinsam wider den Herrn und seinen Gesalbten: 3 »Laßt uns ihre Ketten sprengen und ihre Fesseln von uns werfen!«

4 Der im Himmel thront, lacht; der Herr spottet ihrer. 5 Einst aber spricht er zu ihnen im Zorn und setzt sie in Schrecken durch seinen Grimm: 6 »Ich selbst habe meinen König bestellt auf meinem heiligen Berge Sion!«

7 So will ich den Beschluß des Herrn verkünden: Der Herr sprach zu mir: »Mein Sohn bist du, ich habe dich heute gezeugt. 8 Erbitte von mir, und ich gebe dir Völker zum Erbe, zu deinem Besitz die Grenzen der Erde. 9 Mit eisernem Stabe magst du sie leiten, sie zerschlagen wie Töpfergeschirr.«

10 Nun denn, ihr Könige, seid doch klug, laßt euch warnen, ihr Richter der Erde! 11 Dienet dem Herrn

in Furcht und küsset seine Füße mit Zittern! 12 Sonst zürnt er, und ihr kommt um auf dem Weg; denn nur wenig, so entbrennt sein Zorn. Glücklich dann alle, die ihm vertrauen!

2: Bilder, die in den Hofstil eines orientalischen Herrschers passen, werden hier auf den »Gesalbten«, der ein Nachkomme Davids ist, angewandt. Das Königtum auf Sion, durch Gottes allherrschenden Machtwillen eingesetzt, ist ein Vorbild des ewigen Königtums Christi, vor dem alle Erdenkönige erschauern müssen (Apg 4,25f; 13,33; Hebr 1,5; 5,5). Messianische Hoffnungen und Weissagungen sind mit dem davidischen Königtum immer verknüpft; denn seine ideale Vollendung findet es erst in der Aufrichtung des endzeitlichen Gottesreiches, auf das bereits das vorchristliche Judentum wartete. Daß Ps 2 von David verfaßt wurde, ist trotz Apg 4,25 nicht wahrscheinlich.

Hilfe in Feindesnot

3 [Psalm Davids, als er vor seinem Sohn Absalom floh.] 2 Herr, wie zahlreich sind meine Bedränger! Gar viele erheben sich wider mich. 3 Viele sind es, die von mir sagen: »Für den gibt es keine Hilfe bei Gott!«

4 Doch du, o Herr, bist Schild um mich her, bist mein Ruhm und erhebst mein Haupt. 5 Rufe ich laut zum Herrn, so erhört er mich von seinem heiligen Berge her. [Zwischenspiel] 6 Ich legte mich nieder und schlummerte ein; ich erwachte wieder, weil der Herr mich hält. 7 Ich fürchte mich nicht vor zahllosem Kriegsvolk, das ringsum sich lagert wider mich. 8 Erhebe dich, Herr, hilf mir, mein Gott! Denn stets hast du all meinen Feinden die Wange zerschlagen, zerbrochen die Zähne der Frevler. 9 Vom Herrn kommt die Hilfe! Auf deinem Volke ruhe dein Segen! [Zwischenspiel]

3: Die Überschrift bringt das Lied in Zusammenhang mit 2 Sam 15–18; jedoch paßt es in andere verzweifelte Situationen ebenso. Wir erfahren nicht, wer die Gegner sind, aber der Beter vertraut fest darauf, daß Gott sie bestrafen wird. Der Morgen (Vers 6) ist oft die Zeit, in der Gott Erfolge und Sieg verleiht. Die Erwähnung des Volkes im letzten Vers macht das Klagegebet des einzelnen auch für den Gemeindegottesdienst geeignet.

Geborgen beim Herrn

4 [Dem Chorleiter. Mit Saitenspiel. Psalm Davids.] 2 Wenn ich rufe, erhöre mich, Gott, der mir zum Recht verhilft! In der Enge verschaffe mir Weite! Sei mir gnädig und vernimm mein Gebet!

3 Ihr Mächtigen, wie lange bleibt meine Ehre geschmäht, liebt ihr Nichtiges und trachtet nach Lüge? [Zwischenspiel] 4 Erkennt doch: Der Herr erweist sich wunderbar an seinem Frommen; es hört der Herr, sooft ich zu ihm rufe. 5 Zittert und sündigt nicht! Denkt ruhig nach auf eurem Lager und schweigt! [Zwischenspiel] 6 Bringt rechte Opfer dar und vertraut auf den Herrn! 7 Viele sprechen: »Wer läßt uns noch Gutes schauen? Erhebe über uns das Licht deines Angesichts, o Herr!« 8 Du hast mir größere Freude ins Herz gegeben als zur Zeit, da man Korn und Most in Fülle erntet. 9 In Frieden lege ich mich nieder und schlafe sogleich; denn du, Herr, allein läßt mich sorglos wohnen.

4: Der Psalm gehört heute wegen Vers 9 zum Abendgebet der Kirche, zur Komplet. In Gottes Obhut findet der Fromme Freude bei Tag und sichere Ruhe bei Nacht. – Die Überschriften vor 116 Psalmen bieten teils musikalische und liturgische Anweisungen, die uns oft nicht mehr recht verständlich sind, teils alte Überlieferungen über die Verfasserschaft. Als spätere Anmerkungen gehören sie nicht zum eigentlichen, inspirierten Psalmtext.

Morgengebet des Bedrängten zum Herrn

5 [Dem Chorleiter. Zum Flötenspiel. Psalm Davids.] 2 Vernimm, Herr, meine Worte, achte auf mein Seufzen! 3 Merke auf mein lautes Rufen, mein König und mein Gott! Denn zu dir flehe ich. 4 Herr, am Morgen hörst du meine Stimme, am Morgen richte ich das Opfer für dich her und halte Ausschau.

5 Denn du bist kein Gott, dem Unrecht wohlgefällt; kein Böser darf bei dir verweilen. 6 Freche Prahler dürfen dir nicht vor die Augen treten, du hassest alle Übeltäter. 7 Du vernichtest die Lügner. Wer sich mit Blut und Trug befleckt, den verabscheut der Herr.

8 Ich aber darf dank deiner großen Huld dein Haus betreten, darf mich vor dir in Ehrfurcht niederwerfen bei deinem heiligen Tempel.

9 Herr, leite mich in deiner Gerechtigkeit um meiner Feinde willen, ebne vor mir deinen Pfad! 10 Denn in ihrem Munde gibt es keine Zuverlässigkeit; Verderbtheit ist ihr Inneres; ein offenes Grab ihr Rachen; glatte Reden führen sie mit ihrer Zunge.

11 Laß sie es büßen, Herr! Über ihre eigenen Ränke sollen sie stürzen! Verstoße sie ob ihrer zahllosen Frevel; denn dir boten sie Trotz!

12 Doch Freude möge bei allen herrschen, die auf dich vertrauen; sie sollen immerdar jubeln! Beschütze sie, damit, wer deinen Namen liebt, in dir frohlocke! 13 Denn du segnest den Gerechten, Herr; wie mit einem Schild umgibst du ihn mit Huld.

5: Wir befinden uns hier beim Darbringen eines Morgenopfers im Tempel von Jerusalem. Es braucht sich aber nicht um jenes immerwährende Opfer zu handeln, das 4 Mos 28,3–7 erwähnt wird. Daß der Fromme Ausschau hält, ob sein Gebet erhört wird, erinnert an Hab 2,1 oder Mich 7,7. Nicht um irdische Dinge bittet er, sondern um geistige Güter; für den Frevler findet er indes nur Worte der Verachtung und Verwünschung. Das ist noch vorchristliches Fühlen und Denken.

Erster Bußpsalm: Bittere Not

6 [Dem Chorleiter. Mit Saitenspiel auf der Achten. Psalm Davids.] 2 Herr, strafe mich nicht in deinem Zorn, züchtige mich nicht in deinem Grimm! 3 Sei mir gnädig, Herr, denn ich bin schwach, heile mich, Herr, denn meine Glieder sind erschüttert! 4 Meine Seele ist tief erschüttert, du aber, o Herr, – wie lange noch? 5 Wende dich, Herr, rette mein Leben, hilf mir um deiner Güte willen! 6 Denn im Totenreich gedenkt man deiner nicht, und wer wird in der Unterwelt dich preisen?

7 Ich bin erschöpft von meinem Stöhnen, jede Nacht befeuchte ich mein Lager, benetze ich mein Bett mit Tränen. 8 Getrübt von Kummer ist mein Auge; es ist gealtert wegen aller meiner Gegner.

9 Weichet von mir, all ihr Übeltäter, da der Herr auf mein lautes Weinen hörte! 10 Der Herr hat mein Flehen erhört, der Herr nahm mein Beten entgegen. 11 In Schande und in tiefen Schrecken müssen alle meine Feinde stürzen; sie müssen unverweilt beschämt sich rückwärts wenden!

6: Der erste unter den sieben kirchlichen Bußpsalmen (vgl. Ps 32, 38, 51, 102, 130, 143). Er setzt eine schwere Krankheit voraus, die von schadenfrohen Menschen als Sündenstrafe aufgefaßt wird. Von Gottes Seite ist das Befreien von der Krankheit zugleich das Verzeihen der Schuld.

Flehruf zum gerechten Richter

7 [Klagelied Davids, das er dem Herrn gesungen hat wegen des Benjaminiten Kusch.] 2 Herr, mein Gott, auf dich vertraue ich; hilf mir vor all meinen Verfolgern und rette mich! 3 Sonst zerreißt man mich wie ein Löwe, der anpackt und niemand kann retten.

4 Herr, mein Gott, wenn ich dies getan: Wenn Unrecht klebt an meinen Händen, 5 wenn ich meinem Freunde Böses tat und den beraubte, der mich ohne Grund bedrückt, 6 dann soll der Feind mich verfolgen und ergreifen! Er trete mein Leben zu Boden und werfe meine Ehre in den Staub! [Zwischenspiel]

7 Steh auf, Herr, in deinem Zorn! Erhebe dich gegen die Wut meiner Feinde! Wach auf zu meiner Hilfe! Entbiete das Gericht! 8 Die Schar der Völker stehe im Kreis, du selber throne über ihnen in der Höhe! 9 Herr, richte die Völker! Schaffe mir Recht, Herr, nach meiner Gerechtigkeit und nach meiner persönlichen Unschuld! 10 Ein Ende finde die Bosheit der Frevler, doch dem Gerechten gib festen Halt! Der die Herzen und Nieren prüft, ist ein gerechter Gott. 11 Mein Schild über mir ist Gott, der allen hilft, die redlichen Herzens sind.

12 Der Herr ist ein gerechter Richter, ein Gott, der täglich zürnend straft. 13 Er schärft sein Schwert; wenn einer sich nicht bekehrt, spannt er seinen Bogen und zielt mit ihm. 14 Er richtet auf ihn die Todeswaffen; seine Feuerpfeile entzündet er. 15 Siehe, jener empfing Schlechtigkeit, trug Unheil im Schoß und gebar Lüge. 16 Eine Grube hat er gegraben und ausgehöhlt, doch stürzte er ins Loch, das er gemacht. 17 Sein Unheil kehrt auf sein Haupt zurück, seine Untat fällt nieder auf seinen Scheitel. 18 Danken will ich dem Herrn, weil er gerecht ist, will lobsingen dem Namen des Herrn, des Allerhöchsten!

7: Es handelt sich hier offensichtlich um das Gebet eines Verleumdeten, der sich vor dem Herrn durch einen Eid von schwerem Verdacht reinigt. Der Kläger zieht sich die Strafe zu, die er dem Angeklagten zugedacht hat (Vers 16). Von Vers 12 ab zeigen Worte des Dankes an, daß die Bitte bereits erfüllt ist.

Schöpfer, Schöpfung und Mensch

8 [Dem Chorleiter. Nach der gittischen Weise. Psalm Davids.] 2 Herr, unser Herrscher, wie gewaltig ist dein Name auf der ganzen Erde! Besungen wird deine Pracht am Himmel vom Mund der Kinder und Säuglinge. 3 Du hast eine Festung gegründet wegen deiner Gegner, um rachsüchtige Feinde zum Schweigen zu bringen.

4 Wenn ich deinen Himmel schaue, das Werk deiner Hände, den Mond und die Sterne, die du befestigt hast: 5 Was ist dann der Mensch, daß du seiner gedenkst, das Menschenkind, daß du seiner dich annimmst? 6 Nur wenig geringer als einen Gott hast du ihn gemacht, mit Glanz und Herrlichkeit ihn gekrönt. 7 Du gabst ihm Herrschaft über die Werke deiner Hände, alles legtest du ihm zu Füßen: 8 Schafe und Rinder insgesamt sowie die Tiere des Feldes, 9 die Vögel des Himmels, die Fische des Meeres, was alles die Meerespfade durchquert. 10 Herr, unser Herrscher, wie gewaltig ist dein Name auf der ganzen Erde!

8: In diesem Hymnus wird Gottes Herrlichkeit gepriesen, die sich in seinen Werken zeigt. Auf Erden hat er dem Menschen eine gottähnliche Herrscherstellung verliehen; vgl. die Gottebenbildlichkeit in 1Mos 1,26f.

(9a) Retter der Bedrängten, Richter der Völker

9 [Dem Chorleiter. Nach »Stirb für den Sohn«. Psalm Davids.] 2 Ich danke dir, Herr, von ganzem Herzen, will alle deine Wunder verkünden. 3 In Freuden will ich über dich frohlocken, will deinem Namen lobsingen, du Allerhöchster. 4 Denn meine Feinde wichen zurück, stürzten und gingen zugrunde vor deinem Antlitz. 5 Du hast ja mein Recht und meine Sache geführt, saßest auf dem Thron als gerechter Richter.

6 Völker hast du bedroht, die Frevler vernichtet,
ihren Namen getilgt für immer und ewig. 7 Die
Feinde sind dahin, vernichtet für alle Zeit; Städte
hast du zerstört, daß ihr Andenken schwand.
8 Siehe, auf ewig thront der Herr, hat seinen Thron
zum Gericht aufgestellt. 9 Er richtet die Welt in Ge-
rechtigkeit, spricht nach Gebühr den Völkern ihr
Urteil.
10 So ist der Herr eine Burg für den Schwachen, eine
Burg in Zeiten der Not. 11 Wer deinen Namen kennt,
vertraut auf dich; denn niemals gibst du jene preis,
die dich suchen, o Herr. 12 Lobsingt dem Herrn, der
in Sion wohnt, kündet unter den Völkern seine
Taten! 13 Denn er, der Blutschuld rächt, gedenkt
ihrer, vergißt nicht den Notschrei der Armen. 14 Der
Herr war mir gnädig, sah mein Leid, das meine
Gegner mir angetan; er zog mich empor von den
Pforten des Todes. 15 So muß ich nun all deinen
Ruhm verkünden, in den Toren der Tochter Sion
jubeln ob deiner Hilfe.
16 Völker versanken in die Grube, die sie gemacht;
im Netz, das sie legten, verfing sich ihr Fuß. 17 Der
Herr tat sich kund, er hielt Gericht; im Werk sei-
ner eigenen Hände verstrickte sich der Frevler.
[Zither-Zwischenspiel] 18 Ins Totenreich müssen
die Frevler fahren, alle Völker, die Gott vergessen.
19 Denn nicht wird für immer der Arme verges-
sen, entschwindet auf ewig der Elenden Hoffnung.
20 Erhebe dich, Herr, daß der Mensch nicht trotze!
Laß die Völker vor dir zum Gericht antreten! 21 Er-
fülle sie, Herr, mit Furcht! Die Völker sollen
erkennen, daß sie nur Menschen sind! [Zwischen-
spiel]

9–10: Psalm 9 und 10 bilden in der Vulgata, der katholischen Kirchenbibel, ein einziges Lied. 9,1–10,17 weisen tatsächlich eine ungefähr richtige Reihenfolge des hebräischen Alphabetes in ihren Anfangsbuchstaben auf. Inhaltlich beginnt mit 10,1 ein Klagegebet gegen ränkespinnende Feinde, während man 9,1–21 ein Dankgebet nennen kann. Da in den Psalmen beide Gebetsarten oft nebeneinanderstehen, kann es sich bei 9 und 10 tatsächlich um ein einziges Lied handeln, dessen geschichtliche Veranlassung leider nicht festzustellen ist.

(9b) Klage eines Verfolgten (9,22–39)

10 Warum, Herr, stehst du so ferne, verbirgst
dich in Zeiten der Not? 2 Im Übermut ver-
folgt der Frevler den Armen, fängt ihn mit
den Ränken, die er ersann. 3 Denn der Frevler rühmt
sich seiner wilden Gier, und der Ungerechte brüstet
sich. 4 Den Herrn verachtet der Frevler hochmüti-
gen Sinnes. »Er rächt es nicht, es gibt keinen Gott«,
das sind so ganz seine Hintergedanken. 5 Sein
schlimmer Wandel dauert immerfort. Fern von ihm
sind deine Gerichte, alle seine Gegner verspottet er.
6 Er denkt in seinem Herzen: »Nie werde ich wan-
ken; von Geschlecht zu Geschlecht trifft mich kein
Unglück!« 7 Sein Mund ist voll von Fluch, von Trug
und Bedrückung, unter seiner Zunge sind Unheil
und Unrecht. 8 Er liegt im Hinterhalt der Gehöfte;
im Versteck will er den Schuldlosen morden; seine
Augen bergen Verruchtheit. 9 Er lauert versteckt wie
ein Löwe im Dickicht; er lauert darauf, den Armen
zu fangen; er fängt den Armen, zieht ihn ins Netz.
10 Dieser wird niedergeschlagen, sinkt zu Boden
und fällt durch die Gewalt der Ruchlosen. 11 Doch
jener denkt in seinem Herzen: »Gott ist vergeßlich!
Er hat sein Antlitz verhüllt, sieht es nie und nim-
mer!«
12 Steh auf, Herr und Gott, erhebe deine Hand, ver-
giß die Elenden nicht! 13 Warum darf der Frevler
Gott verachten, im Herzen denken, du rächest es
nicht? 14 Du siehst doch Unheil und Leid, blickst hin
und nimmst es in deine Hand. Dir sei die Verrucht-
heit ausgeliefert, doch dem Verwaisten bist du ein
Helfer. 15 Zerbrich den Arm des schlimmen Frevlers!
Suchst du seine Freveltat, sollst du von ihr nichts
mehr finden!
16 Der Herr ist König für immer und ewig. Die
Völker verschwinden aus seinem Land! 17 Das Ver-
langen der Elenden hörst du, Herr; du festigst ihr
Herz, machst dein Ohr geneigt. 18 So schaffst du
Recht dem Verwaisten und Bedrückten, daß nie
mehr Schrecken verbreite ein irdischer Mensch.

(10) Gottvertrauen in der Not

11 [Dem Chorleiter. Von David.] Beim
Herrn finde ich Zuflucht! Wie könnt ihr
zu mir sagen: »Flieh ins Gebirge wie ein
Vogel! 2 Denn siehe, die Frevler spannen den
Bogen, haben ihren Pfeil auf die Sehne gelegt, um
im Dunkel zu zielen auf redliche Herzen. 3 Werden
Grundmauern eingerissen, was vermag dann der
Gerechte?«
4 Der Herr ist in seinem heiligen Tempel, der Herr,
dessen Thron im Himmel steht! Seine Augen halten
Ausschau, seine Blicke prüfen die Menschen. 5 Der
Herr prüft den Gerechten und Frevler; wer Gewalt-
tat verübt, den haßt er zuinnerst. 6 Auf Frevler läßt
er glühende Kohlen und Schwefel regnen; Glut-
wind ist ihr zugemessener Anteil. 7 Denn gerecht ist
der Herr, und Gerechtigkeit liebt er; Rechtschaffene
dürfen sein Antlitz schauen.

11: Der Psalm hat die Form eines Zwiegespräches zwischen einem Gottesfürchtigen und seinen Freunden, die ihm den Rat geben, zu fliehen. Der Fromme lehnt dies unter Hinweis auf Gottes Gericht ab.

(11) Menschenbosheit und Gottes Wort

12 [Dem Chorleiter. Auf der Achten. Psalm Davids.] 2 Hilf, Herr, denn der Fromme stirbt aus, es verschwinden die Treuen unter den Menschen. 3 Falsches reden sie, einer mit dem andern; mit glatten Lippen und zwiespältigem Herzen sprechen sie. 4 Der Herr vertilge alle glatten Lippen, die Zunge, die hochfahrend redet! 5 Sie prahlen: »Unsere Zunge ist unsere Macht! Unsere Lippen helfen uns! Wer ist uns überlegen?«
6 »Weil Schwache unterdrückt sind, Arme stöhnen, darum will ich mich nunmehr erheben«, spricht der Herr. »Ich bringe dem Hilfe, der danach seufzt.«
7 Die Reden des Herrn sind geläuterte Reden, Silber, im Tiegel zu Boden geschmolzen, siebenfach gereinigt. 8 Du, Herr, wirst dich an sie halten, wirst uns behüten vor diesem Geschlecht für immer. 9 Dann mögen ringsum Gottlose wandeln, da Schlechtigkeit hochkommt unter den Menschen.

12: Stoßseufzer eines möglicherweise alten Mannes über das Dahinschwinden von Zucht und Ordnung, Treue und Glauben unter den Mitmenschen.

(12) »Wie lange noch, Herr?«

13 [Dem Chorleiter. Psalm Davids.] 2 Wie lange noch, Herr, willst du mich dauernd vergessen? Wie lange noch dein Antlitz vor mir verbergen? 3 Wie lange noch muß ich Sorgen in meiner Seele hegen, Kummer im Herzen den ganzen Tag? Wie lange noch darf mein Feind über mich sich erheben?
4 Blicke doch her, erhöre mich, Herr, du mein Gott! Erhelle meine Augen, damit ich nicht zum Tode entschlafe! 5 Sonst prahlt mein Feind: »Ich habe ihn bezwungen!«, meine Gegner jubeln, sobald ich wanke. 6 Ich aber vertraue auf deine Huld; es juble mein Herz ob deiner Hilfe! Singen will ich dem Herrn, daß er mir Gutes erwies.

13: Klagendes Gebet eines Kranken, in dem sich viermal das ungeduldige »Wie lange noch« wiederholt. Die boshaften Feinde sollen nicht triumphieren.

(13) Allgemeine Sittenverderbnis in Israel

14 [Dem Chorleiter. Psalm Davids.] Der Tor denkt in seinem Herzen: Es gibt keinen Gott. Sie sind verkommen, treiben Verruchtes, keiner ist, der Gutes tut. 2 Der Herr blickt vom Himmel herab auf die Menschen, zu sehen, ob es einen Verständigen gibt, der nach Gott fragt. 3 Doch sie sind alle abgewichen, restlos verdorben, keiner tut Gutes, auch nicht ein einziger. 4 Kommen denn nie zur Einsicht die Übeltäter alle, die mein Volk verschlingen, wie man Brot ißt, nicht aber den Herrn anrufen? 5 Dabei müssen sie gewaltig erschrecken; 6 denn Gott zerstreut die Glieder der Ruchlosen; sie werden beschämt, da der Herr sie verwirft.
7 O daß doch vom Sion Heil für Israel käme! Wenn der Herr das Geschick seines Volkes wendet, möge Jakob jubeln, Israel sich freuen!

14: Schlechte Lebensweise führt zur Verachtung und praktischer Verleugnung Gottes. Aber er selbst wird die Frevler im Gericht erschrecken. – Ps 14 ist dasselbe wie Ps 53. Nur Vers 6 ist jeweils ganz verschieden, so daß man die Urform textkritisch suchen muß. Wohl sicher ist der Wortlaut in 53,6 besser erhalten. 14,5.6 lautet kaum sinnvoll: »Denn Gott ist bei einem gerechten Geschlecht. Den Plan des Armen macht ihr zuschanden, da der Herr seine Zuflucht ist.« Der Psalm endet mit der inständigen Bitte des Beters um eine Änderung der Verhältnisse.

(14) Vorbild eines richtigen Gottesdienstbesuchers

15 [Psalm Davids.] Herr, wer darf Gast sein in deinem Zelt? Wer darf wohnen auf deinem heiligen Berg? 2 Wer makellos wandelt und Rechtes tut und Wahrheit in seinem Herzen pflegt. 3 Er redet keine Verleumdung mit seiner Zunge, er fügt seinem Nächsten kein Unrecht zu und häuft keine Schmach auf den Nachbarn. 4 In seinen Augen gilt der Verworfene als verächtlich; die Gottesfürchtigen aber weiß er zu ehren. Wenn er zu seinem Schaden schwur, ändert er doch nichts ab. 5 Sein Geld leiht er nicht auf Zinsen aus, nimmt gegen Schuldlose keine Bestechung an. Wer sich so verhält, wird nimmermehr wanken.

15: Priesterliche Belehrung an der Pforte des Heiligtums.

(15) Unerschütterliche Gottesliebe

16 [Geschriebenes Lied von David.] Behüte mich, Gott, denn ich flüchte zu dir! 2 Ich spreche zum Herrn: »Du bist mein Herr, mein Glück ruht in dir!« 3 Den Göttern im Lande, an denen man alles Wohlgefallen hat, 4 von denen man viele Abbilder macht, um ihnen nachzulaufen, – ich bringe ihnen kein Blutopfer dar und nehme ihre Namen nicht auf meine Lippen.
5 Der Herr ist mein Land- und Becheranteil. »Du bist es, der mein Los erfaßt.« 6 Die Meßschnur fiel mir auf köstlichen Grund; ja, mein Erbteil gefällt mir gar sehr. 7 Ich preise den Herrn, der den Rat mir gab, sogar in den Nächten mahnt mich mein Inneres. 8 Beständig habe ich den Herrn vor Augen. Ist er zu meiner Rechten, so wanke ich nicht. 9 Darum freut sich mein Herz und jubelt mein Gemüt; auch mein Leib kann sorglos ruhen. 10 Denn du gibst mein Leben nicht der Unterwelt preis und läßt deinen Frommen die Grube nicht schauen. 11 Du machst

mir den Weg des Lebens kund, Fülle der Freuden bietet dein Antlitz, Wonne ist in deiner Rechten für immer.

16: In götzendienerischer Umgebung lebt dieser Fromme. Er hat die feste Hoffnung, daß er vor dem Totenreich und der Grube durch Gottes gnädige Hilfe bewahrt werden wird (Vers 8–11 auf die Auferstehung Christi bezogen: Apg 2,25–28).

(16) Hilferuf eines Verfolgten

17 [Ein Gebet von David.] Höre, Herr, die gerechte Sache, merke auf mein Flehen! Vernimm mein Gebet von Lippen ohne Trug! 2 Von dir ergehe das Urteil über mich; deine Augen sehen, was recht ist. 3 Prüfst du mein Herz, forschest du nach in der Nacht, erprobst du mich, so wirst du an mir keine Schandtat finden. Mein Mund wallt nicht über bei dem Treiben der Menschen. 4 Auf das Wort deiner Lippen gebe ich acht. An die Pfade des Gesetzes halten sich meine Schritte; 5 auf deinen Bahnen kommen meine Füße nicht ins Wanken.

6 Ich rufe dich an; denn du erhörst mich,o Gott! Neige mir dein Ohr, höre meine Bitte! 7 Wirke deine Gnadenwunder, du Retter aller, die vor Widersachern bei deiner Rechten Zuflucht suchen! 8 Behüte mich wie deines Auges Stern, birg mich im Schatten deiner Flügel 9 vor Frevlern, die mich mißhandeln, vor meinen Feinden, die mich gierig umringen! 10 Ihr fettes Herz versperren sie, ihr Mund führt prahlerische Reden. 11 Schon umkreisen mich ihre Schritte. Ihr Augenmerk ist darauf gerichtet, mich niederzuwerfen, 12 dem Löwen gleich, der zu rauben begehrt, dem Junglöwen, der im Versteck sich lagert.

13 Erhebe dich, Herr, tritt ihm entgegen, zwing ihn nieder und rette mich vor dem Frevler! 14 Dein Schwert möge sie töten, deine Hand, Herr, möge sie töten! Ohne Lebensdauer sei ihr Anteil am Dasein! Was du (an Plagen) aufbewahrt hast, damit fülle ihren Leib, daß ihre Söhne noch satt werden und den Rest ihren Kindern hinterlassen! 15 Ich aber darf als Gerechter dein Angesicht schauen, darf beim Erwachen satt mich sehen an deiner Gestalt.

17: In leidenschaftlicher Erregtheit beteuert der Fromme seine Unschuld. Am Morgen nach dem Erwachen (Vers 3.15) erwartet er die Offenbarung und Hilfe Gottes im Tempel.

(17) Davids Dank- und Siegeslied

18 [Dem Chorleiter. Von David, dem Knecht des Herrn, der dem Herrn die Worte dieses Liedes sang, als ihn der Herr aus der Hand all seiner Feinde und aus der Hand Sauls errettet hatte. 2 Er sprach:] – Ich liebe dich, Herr, meine Stärke, 3 Herr, meine Felsenburg, mein Retter, mein Gott, mein Fels, auf den ich baue, mein Schild und meines Heiles Stärke, meine Festung! 4 Lobpreisend rufe ich zum Herrn; so werde ich befreit von meinen Feinden.

5 Todesbrandungen kreisten um mich, Unheilsbäche schreckten mich auf; 6 der Unterwelt Schlingen umgarnten mich; des Todes Fallen begegneten mir. 7 In meiner Angst rief ich zum Herrn und schrie zu meinem Gott. Er hörte in seinem Palast meine Stimme, mein Schreien drang an seine Ohren.

8 Die Erde wankte und schwankte, der Berge Grundfesten bebten; sie wankten, weil er erzürnt war. 9 Aus seiner Nase stieg Rauch empor, verzehrendes Feuer entquoll seinem Mund, Kohlenglut sprühte von ihm aus. 10 Er neigte den Himmel und fuhr herab, Wolkendunkel zu seinen Füßen. 11 Er ritt auf dem Kerub und flog daher und schwebte auf des Sturmes Flügeln. 12 Er machte sich Finsternis ringsum zum Zelt, Wassersieb und dichte Wolken. 13 Aus dem Glanz vor ihm her entströmten Hagel und glühende Kohlen. 14 Am Himmel ließ der Herr den Donner dröhnen, der Höchste ließ seine Stimme erschallen. 15 Er schoß seine Pfeile und zerstreute sie, schleuderte Blitze und brachte sie in Verwirrung. 16 Da wurden die Tiefen des Meeres sichtbar, der Erde Grund ward aufgedeckt – vor deinem Scheltruf, Herr, vor dem schnaubenden Odem deiner Nase. 17 Er streckte aus der Höhe seine Hand und faßte mich, zog mich heraus aus gewaltigen Wassern. 18 Er entriß mich meinem starken Feind, meinen Gegnern, die an Kraft mich übertrafen. 19 Sie überfielen mich an meinem Unglückstag; doch der Herr ward mir zur Stütze. 20 Er führte mich hinaus ins Weite, entriß mich, da er mir wohlgesinnt war.

21 Der Herr vergalt mir mein gerechtes Tun, belohnte mir meiner Hände Reinheit. 22 Denn ich hielt mich an die Wege des Herrn und frevelte nicht gegen meinen Gott. 23 Ja, all seine Gebote standen vor mir, und seine Satzungen wies ich nicht ab. 24 Makellos war ich vor ihm und nahm mich in acht vor Sünde. 25 So lohnte mir der Herr mein gerechtes Tun, die Reinheit meiner Hände vor seinen Augen. 26 Gegen den Guten zeigst du dich gütig, edel gegen den edlen Mann. 27 Dem Reinen gegenüber zeigst du dich rein, doch gegen den Falschen verkehrt. 28 Denn dem armen Volke bist du ein Helfer, doch stolze Augen beugst du nach unten. 29 Ja, du, Herr, bist meine Leuchte; mein Gott erhellt mir die Finsternis. 30 Wahrlich, mit dir stürme ich vor gegen Horden, mit meinem Gott ersteige ich Mauern.

31 Makellos ist Gottes Weg, die Rede des Herrn ist
erprobt; ein Schild ist er allen, die auf ihn bauen.
32 Denn wer ist Gott außer dem Herrn? Und wer ist
ein Fels außer unserem Gott? 33 Gott, der mich mit
Stärke gürtete, mich unversehrt auf meinem Wege
führte, 34 der meine Füße flink wie die der Hirsche
machte und mich auf meine Höhen stellte, 35 der
meine Hände unterwies zum Kampf, daß meine
Arme den ehernen Bogen spannten, 36 du gabst mir
deiner Hilfe Schild, und deine Rechte stützte mich;
deine Botschaft machte mich stark. 37 Für meine
Schritte schufst du freien Raum, und meine Fuß-
gelenke wankten nicht. 38 Ich setzte meinen Fein-
den nach, erreichte sie und ließ nicht ab, bevor sie
aufgerieben. 39 Ich zerschlug sie; sie konnten sich
nicht mehr erheben, sie sanken mir unter die Füße.
40 Du gürtetest mich mit Stärke zum Kampf, beug-
test meine Gegner unter mich. 41 Du schlugst mir
meine Feinde in die Flucht, und meine Widersacher
konnte ich vernichten. 42 Sie schrieen um Hilfe,
doch es gab keinen Retter, schrieen zum Herrn,
doch er hörte sie nicht. 43 Ich zerrieb sie wie Staub
vor dem Wind, zertrat sie wie Gassenkot. 44 Du hast
mich gerettet vor zahllosem Kriegsvolk und mach-
test mich zum Völkerhaupt. Völker, die ich nicht
kannte, wurden mir dienstbar. 45 Sobald sie von mir
hörten, gehorchten sie mir. Die Söhne der Fremde
schmeichelten mir. 46 Die Söhne der Fremde duck-
ten sich nieder, kamen hervor aus ihren Burgen.
47 Es lebt der Herr! Gepriesen sei mein Fels, hoch
erhaben der Gott meines Heiles! 48 Gott, der mir
Rache schuf und so mir Völker unterwarf, 49 der
mich rettete vor meinen grimmigen Feinden, du
hast mich über meine Gegner erhöht, dem Mann
der Gewalttat mich entrissen. 50 Darum will ich dir
danken unter den Völkern, Herr, und deinem
Namen lobsingen! 51 Er verlieh seinem König große
Siege, erwies seinem Gesalbten Huld, David und
seinen Nachkommen für ewig.

18: Zunächst das Dankgebet eines Mannes, der sozusagen schon in der Unterwelt war; ein Erdbeben und ein Gewitter beim Auftreten Gottes geben diesem erzählenden Bericht das Gepräge. Von Vers 32 ab gilt der Dank Gott, der ihn zum Kriegsmanne gemacht und in den Waffengebrauch eingeführt hat, so daß die Feinde zu seinen Füßen niederfallen mußten. Dieser Abschnitt könnte recht gut von David selbst stammen. Den ganzen Psalm finden wir mit nur wenigen Abweichungen auch in 2 Sam 22. • 15: Das »sie« bezieht sich auf die Feinde in Vers 4 zurück (vgl. 1 Sam 7,10; Ps 144,6). • 32: »Fels« als Umschreibung für Gott wie Vers 3 und 47. • 42: Daß die wohl sicher heidnischen Völker zum Herrn schrieen, ist dichterische Freiheit, nicht Wirklichkeit. • 46: Vgl. Mich 7,17. • 47–51: Zusammenfassung des ganzen langen Dankliedes. Vers 50 ist in Röm 15,9 aufgenommen.

(18) Gottes Offenbarung in der Natur und im Sittengesetz

19

[Dem Chorleiter. Psalm Davids.] 2 Die
Himmel rühmen die Herrlichkeit Gottes;
vom Werk seiner Hände kündet das
Firmament. 3 Tag gibt dem Tag die Botschaft weiter,
Nacht verkündet der Nacht die Erkenntnis. 4 Ohne
Rede und ohne Worte, man hört ihre Stimme nicht.
5 Dennoch ergeht über alles Land ihr Schall, bis ans
Ende der Welt ihre Sprache. Er schuf für die Sonne
ein Zelt daselbst. 6 Sie ist wie ein Bräutigam, der aus
seinem Gemache hervorkommt, läuft freudig wie
ein Held die Bahn. 7 Vom Ende des Himmels geht
sie aus, und ihr Umlauf reicht wieder bis an sein
Ende. Nichts kann sich ihrer Glut entziehen.
8 Das Gesetz des Herrn ist fehlerlos, erquickt die
Seele. Die Weisung des Herrn ist zuverlässig, macht
die Unerfahrenen weise. 9 Die Befehle des Herrn
sind recht, erfreuen das Herz. Das Gebot des Herrn
ist strahlend rein, erleuchtet die Augen. 10 Die
Furcht des Herrn ist lauter, hat dauernden Bestand.
Die Entscheidungen des Herrn sind wahr, sind alle
gerecht. 11 Köstlicher sind sie als Gold und als Fein-
gold in Menge, süßer als Honig und Wabenhonig.
12 Auch dein Knecht nimmt sie als Warnung, ihre Be-
folgung bringt viel Lohn. 13 Doch unbewußte Feh-
ler – wer kann sie bemerken? Von verborgenen Sün-
den mach mich rein! 14 Auch vor verbrecherischen
Menschen bewahre deinen Knecht, daß sie nicht
über mich herrschen! Dann bin ich makellos und frei
von schwerer Schuld. 15 Mögen dir gefallen meines
Mundes Worte, meines Herzens Gedanken vor dei-
nem Antlitz, Herr, mein Fels und mein Erlöser!

19: Der Psalm besteht aus zwei selbständigen Teilen. Vers 1–7 sind ein Hymnus auf den Schöpfer und Lenker der Sonne. Vers 8–15 sprechen von jener Sonne, die dem Leben des Frommen Glanz verleiht, dem Gesetze Gottes. Diese Verse haben den gleichen Inhalt wie der lange Psalm 119.

(19) Bittgebet für den König

20

[Dem Chorleiter. Psalm Davids.] 2 Am
Tag der Not erhöre dich der Herr, der
Name des Gottes Jakobs schütze dich!
3 Er sende dir Hilfe vom Heiligtum und sei dir Stütze
von Sion aus! 4 Er gedenke all deiner Gaben, dein
Opfer möge ihm wohlgefallen! [Zwischenspiel] 5 Er
gebe dir nach deines Herzens Wunsch, all deine
Pläne erfülle er!
6 Dann wollen wir jubeln über deinen Sieg, uns im
Namen unseres Gottes um das Banner scharen. Der
Herr erfülle dir jegliche Bitte! 7 Schon weiß ich: Der
Herr hilft seinem Gesalbten, erhört ihn von seinem
heiligen Himmel her durch die machtvolle Hilfe sei-
ner Rechten. 8 Die anderen vertrauen auf Wagen und

Rosse, wir aber rufen den Namen des Herrn, unseres Gottes, an. 9 Jene brechen zusammen und stürzen, doch wir stehen aufrecht und halten stand. 10 Herr, hilf dem König! Erhöre uns am Tag, da wir rufen!

20: Ein Gruß- und Segenswort für den König, der zu einer Schlacht auszieht und vorher im Tempel opfert.

(20) Danklied für den Sieg des Königs

21 [Dem Chorleiter. Psalm Davids.] 2 Herr, deiner Stärke freut sich der König, über deine Hilfe, wie jubelt er laut! 3 Den Wunsch seines Herzens hast du ihm gewährt, das Begehren seiner Lippen ihm nicht verweigert. [Zwischenspiel] 4 Du überhäuftest ihn mit reichem Segen, kröntest sein Haupt mit der goldenen Krone. 5 Leben erbat er von dir; du gabst ihm lange Folge von Tagen für allzeit und immer. 6 Groß ist sein Ruhm durch deine Hilfe, mit Hoheit und Glanz umgabst du ihn. 7 Ja, du machst ihn zum Segen für immer, erfreust ihn mit Wonne vor deinem Antlitz. 8 Denn der König vertraut auf den Herrn, und durch des Höchsten Huld wird er nicht wanken.

9 Deine Hand erreicht alle deine Feinde, deine Rechte erreicht deine Gegner. 10 Wie einen brennenden Ofen wirst du sie machen, sobald dein Antlitz erscheint. Der Herr wird sie verschlingen in seinem Zorn, das Feuer verzehrt sie. 11 Du vertilgst ihre Brut von der Erde, ihre Nachkommen aus dem Menschengeschlecht. 12 Mögen sie Schlechtes gegen dich planen, Arglist ersinnen, sie richten nichts aus. 13 Denn du schlägst sie in die Flucht, zielst auf ihr Gesicht mit dem Bogen.

14 Erhebe dich, Herr, in deiner Kraft, so wollen wir mit Lied und Spiel deine Stärke preisen!

21: Das Lied ist wahrscheinlich ein Dankeshymnus anläßlich einer Thronbesteigung, vielleicht auch anläßlich einer liturgischen Feier im Beisein des Königs.

(21) In Todesnot

22 [Dem Chorleiter. Nach »Hinde der Morgenröte«. Psalm Davids.] 2 Mein Gott, mein Gott, warum hast du mich verlassen? Stöhnend klage ich, aber die Hilfe bleibt fern. 3 »Mein Gott« ruf' ich bei Tag, doch du antwortest nicht, auch in der Nacht, und finde keine Ruhe. 4 Du aber thronst als Heiliger, du Lobpreis Israels!

5 Auf dich vertrauten unsere Väter; sie vertrauten, und du hast sie gerettet. 6 Zu dir schrieen sie und wurden befreit, auf dich vertrauten sie und wurden nicht beschämt.

7 Ich aber bin ein Wurm, kein Mensch, der Leute Spott und verachtet vom Volk. 8 Wer mich sieht, verhöhnt mich, verzieht den Mund, schüttelt den Kopf: 9 »Er baute auf den Herrn; der soll ihn befreien, der soll ihn retten, wenn er ihn liebt!« 10 Ja, du halfst mir aus dem Mutterschoß, du bargst mich an der Mutterbrust! 11 Dir bin ich anvertraut von Jugend auf, vom Mutterleibe an bist du mein Gott. 12 Sei mir nicht fern, denn nah ist die Not, da niemand hilft!

13 Es umringt mich eine Herde von Stieren, Basanbüffel umkreisen mich. 14 Den Rachen sperren sie gegen mich auf, Löwen, reißend und brüllend. 15 Dem Wasser gleich bin ich hingeschüttet; alle meine Glieder lösen sich auf. Mein Herz ist wie Wachs geworden, zerschmolzen in meiner Brust.

16 Trocken wie ein Tonscherben ist meine Kehle, die Zunge klebt mir am Gaumen, und du legst mich in Todesstaub. 17 Ja, Hunde umringen mich, eine Rotte von Frevlern umgibt mich. Sie zerreißen mir Hände und Füße. 18 Alle meine Knochen kann ich zählen. Sie blicken her und schauen gierig auf mich. 19 Sie verteilen meine Kleider unter sich und werfen über mein Gewand das Los.

20 Du aber, Herr, bleib mir nicht fern, du, meine Stärke, eile mir zu Hilfe! 21 Entreiße dem Schwert mein Leben, der Gewalt der Hunde mein einziges Gut! 22 Rette mich aus dem Rachen des Löwen und vor den Hörnern der Büffel! – Du bist es, der mich erhört hat!

23 Nun will ich deinen Namen meinen Brüdern verkünden, inmitten der Gemeinde dich preisen! – 24 Ihr Gottesfürchtigen, preist ihn, lobt ihn, alle Nachkommen Jakobs, erzittert vor ihm, alle Nachkommen Israels! 25 Denn er hat nicht verachtet noch verschmäht die Not des Armen. Er hat vor ihm sein Antlitz nicht verborgen, auf seinen Hilferuf hat er gehört. 26 Dir verdanke ich meinen Jubel in großer Gemeinde! Ich erfülle meine Gelübde vor denen, die ihn fürchten. 27 Die Armen mögen essen und gesättigt werden; den Herrn sollen preisen, die ihn suchen, euer Herz lebe auf für immer!

28 Alle Enden der Erde sollen dessen gedenken und zum Herrn sich bekehren, vor ihm sich anbetend beugen alle Geschlechter der Völker! 29 Denn dem Herrn gebührt die Königsmacht, er ist der Völkerherrscher. 30 Ihm allein huldigten alle, die in der Erde schlafen; vor ihm beugten sich alle, die in den Staub hinabgestiegen. Und meine Seele lebt für ihn. 31 Meine Nachkommen werden ihm dienen und vom Herrn erzählen dem folgenden Geschlecht. 32 Sie werden sein gerechtes Tun den später Geborenen künden. Denn er hat es vollbracht.

22: Der Psalm ist im Christentum der Leidenspsalm schlechthin, wenn auch manches nicht wortwörtlich auf Jesus bezogen werden kann. Auch Anklänge an den leidenden Gottesknecht in Is 53 liegen vor. 22,2 spricht Jesus Matth 27,46 und Mark 15,34 in seiner aramäischen Muttersprache. Sonst vergleiche man 22,8 mit Mark 15,29; 22,9 mit Matth 27,43; 22,19 mit Matth 27,35 und Joh 19,24. Von einem Leiden hören wir von Vers 23 ab nicht mehr, die Lage ist verändert: Der Gerettete bringt dem Herrn ein Dankopfer dar, mit dem die übliche Opfermahlzeit verbunden ist. Sein Lobpreis will räumlich und zeitlich ohne Ende sein. • 30: Da nach atl. Vorstellung die Toten Gott nicht mehr huldigen können, ist der Vers wohl in der Vergangenheitsform zu übersetzen.

(22) Geborgen bei Gott – seine Gunst begleitet mich

23 [Psalm Davids.] Der Herr ist mein Hirt, mir wird nichts mangeln. 2 Auf grünen Auen läßt er mich lagern; an Wasser mit Ruheplätzen führt er mich. 3 Labsal spendet er mir. Er leitet mich auf rechter Bahn um seines Namens willen. 4 Auch wenn ich wandern muß in finsterer Schlucht, ich fürchte doch kein Unheil; denn du bist bei mir. Dein Hirtenstab und Stock, sie sind mein Trost. – 5 Du deckst für mich einen Tisch angesichts meiner Gegner. Du salbst mein Haupt mit Öl, mein Becher ist übervoll. 6 Nur Glück und Gunst begleiten mich alle Tage meines Lebens, und ich darf weilen im Hause des Herrn, solange die Tage währen.

23: Liebliche Stimmungsbilder von dem um das Wohl seiner Herde besorgten Hirten sowie vom Gast, der vor einem reich gedeckten Tisch ruht. Alles Bilder für das Glück eines Mannes, der sich dem Herrn anvertraut. • 6: Mit »Haus des Herrn« oder auch Haus Gottes (vgl. 1 Mos 28,19) ist das israelitische Heiligtum gemeint, auch im NT.

(23) Die Heiligkeit des Tempels

24 [Psalm Davids.] Dem Herrn gehört die Erde und was sie erfüllt, der Erdkreis und die darauf wohnen. 2 Denn er hat sie auf dem Weltmeer gegründet und über den Fluten befestigt. 3 Wer darf hinaufsteigen zum Berg des Herrn, wer darf seine heilige Wohnstatt betreten? 4 Wer schuldlose Hände hat und ein reines Herz, wer sein Begehren nicht auf Böses richtet und keinen Meineid schwört. 5 Dieser wird Segen vom Herrn empfangen und gerechten Lohn vom Gott seines Heiles. 6 So ist das Geschlecht, das nach ihm fragt und das Antlitz des Gottes Jakobs sucht. [Zwischenspiel]

7 Erhebt eure Häupter, ihr Tore, erhebt euch, ihr uralten Pforten, daß der König der Herrlichkeit einziehen kann! 8 »Wer ist denn der König der Herrlichkeit?« Der Herr, der Starke, der Held! Der Herr, der Held im Kampf! 9 Erhebt eure Häupter, ihr Tore, erhebt euch, ihr uralten Pforten, daß der König der Herrlichkeit einziehen kann! 10 »Wer ist denn der König der Herrlichkeit?« Der Herr der Heerscharen, er ist der König der Herrlichkeit! [Zwischenspiel]

24: Eine Schar von Wallfahrern pilgert zu einem Fest nach Jerusalem. Wie Ps 15 fordert der Priester sittliche Herzensbereitschaft. Vers 7–10 feiern den Einzug des über der Bundeslade gegenwärtigen Herrn der Heerscharen (vgl. 2 Sam 6).

(24) Unter Gottes gnädiger Führung

25 [Von David.] Zu dir erhebe ich meine Seele, Herr, mein Gott! 2 Auf dich vertraue ich, möge ich nicht enttäuscht werden. Nicht sollen meine Feinde über mich frohlocken! 3 Keiner, der auf dich die Hoffnung setzt, wird je enttäuscht. Enttäuschung trifft nur solche, die ohne Grund die Treue brechen. 4 Zeige, Herr, mir deine Wege, und deine Pfade lehre mich! 5 Leite mich in deiner Treue [und lehre mich]; denn du bist der Gott meines Heiles, und auf dich hoffe ich allezeit. 6 Gedenke deiner Erbarmungen, Herr, und deiner Hulderweise; sie sind ja von Ewigkeit her. 7 Meiner Jugendsünden und Fehler gedenke nicht; nach deiner Huld gedenke mein um deiner Güte willen, Herr!

8 Gut und gerecht ist der Herr; darum weist er Irrenden den Weg. 9 Demütige leitet er richtig; ja, Demütige lehrt er seinen Weg. 10 Alle Pfade des Herrn sind Huld und Treue für jene, die seinen Bund und seine Gebote halten. 11 Um deines Namens willen, Herr, vergib meine Schuld; denn sie ist groß! 12 Wo ist der Mann, der den Herrn fürchtet? Ihm weist er den Weg, den er wählen soll. 13 Seine Seele wird weilen im Glück, seine Nachkommen erben das Land. 14 Die Freundschaft des Herrn erlangen alle, die ihn fürchten, seinen Bund gibt er ihnen kund. 15 Meine Augen sind stets auf den Herrn gerichtet, weil er meine Füße dem Netz entreißt. 16 Wende dich mir zu und sei mir gnädig! Ich bin ja so einsam und elend. 17 Löse meines Herzens Bedrängnis, aus meinen Ängsten führe mich heraus! 18 Merke auf meine Not und Trübsal, nimm hinweg all meine Sünden! 19 Sieh doch, wie meiner Feinde so viele sind, wie sie mich hassen mit wildem Haß! 20 Erhalte mein Leben und rette mich! Möge ich nicht enttäuscht werden, da ich auf dich vertraue! 21 Unschuld und Redlichkeit mögen mich schützen, denn meine Hoffnung bist du. 22 O Gott, erlöse Israel aus all seinen Nöten!

25: Ein Psalm, der den 22 Buchstaben des hebräischen Alphabetes entspricht (vgl. Vers 9 und 10). Er enthält innige Bitten und Klagen eines Gottesfreundes (Vers 14), der sich die »Wege des Herrn« (Vers 4) zur Richtschnur genommen hat. • 22: Liturgischer Zusatz außerhalb des Alphabetismus wie 34,23.

(25) »In Unschuld wasche ich meine Hände«

26

[Von David.] Schaffe mir Recht, Herr, denn in Unschuld bin ich gewandelt! Auf den Herrn vertraute ich, ohne zu wanken. 2 Prüfe mich, Herr, und erprobe mich, erforsche mir Nieren und Herz! 3 Fürwahr, deine Huld stand mir vor Augen, in Treue zu dir bin ich gewandelt! 4 Bei falschen Menschen saß ich nie, und mit Hinterlistigen traf ich mich nicht. 5 Ich mied den Kreis der Bösen; mit Gottlosen saß ich nicht beisammen. 6 In Unschuld wasche ich meine Hände und schreite um deinen Altar, o Herr, 7 um laut das Danklied zu singen und all deine Wunder zu künden. 8 Herr, ich liebe deines Hauses Stätte, den Ort, an dem deine Herrlichkeit wohnt.

9 Raffe mich nicht mit den Sündern hinweg und mein Leben nicht mit den Blutbefleckten! 10 Verbrechen klebt an ihren Händen, und ihre Rechte ist voll von Bestechung. 11 Ich aber wandle in Unschuld. Erlöse mich und erbarme dich meiner! 12 Mein Fuß steht auf ebener Bahn; in den Festversammlungen will ich den Herrn lobpreisen!

26: Ein Frommer, der sein Gewissen rein weiß bis ins Innerste (Vers 2), beteuert vor Gott seine Unschuld, um so dem Strafgericht über die Bösen zu entgehen (Vers 9). Das schlichte, sicher ehrliche Bekenntnis ist anders zu beurteilen als das des selbstgerechten Pharisäers (Luk 18,11f.). Der Beter spricht ja nicht aus stolzer Überheblichkeit, sondern aus Ablehnung des Treibens der Gottlosen; daher sein festes Gottvertrauen. Vers 6–12 werden zum »Lavabo« der hl. Messe rezitiert.

(26) Geborgen in Gottes Nähe

27

[Von David.] Der Herr ist mein Licht und mein Heil, vor wem sollte ich bangen? Der Herr ist meines Lebens sicherer Schutz, vor wem sollte ich erschrecken? 2 Dringen Übeltäter auf mich ein, mich zu verschlingen, meine Gegner und meine Feinde, sie müssen straucheln und fallen. 3 Mag ein Heer sich wider mich lagern, mein Herz kennt keine Furcht. Erhebt sich Krieg wider mich, ich bleibe doch voll Zuversicht. 4 Nur eines erflehe ich vom Herrn, nur um dieses ersuche ich: Wohnen zu dürfen im Hause des Herrn alle Tage meines Lebens, zu schauen die Lieblichkeit des Herrn und seinen Tempel zu betrachten. 5 Ja, er verhüllt mich unter seinem Dach zur Zeit des Unheils, birgt mich im Verstecke seines Zeltes; auf Felsenhöhe hebt er mich empor. 6 Und nun kann sich mein Haupt erheben über meine Feinde ringsumher. So will ich denn in seinem Zelt Jubelopfer weihen, singen will ich, spielen will ich vor dem Herrn!

7 Höre, Herr, mein lautes Rufen! Sei mir gnädig und erhöre mich! 8 Dir selber spricht mein Herz es nach: »Sucht mein Angesicht!« Ja, ich suche, Herr, dein Angesicht. 9 Verbirg dein Antlitz nicht vor mir! Weis deinen Knecht nicht ab im Zorn! Du bist wahrhaftig meine Hilfe. Verstoß mich nicht, verlaß mich nicht, Gott meines Heiles! 10 Selbst wenn mein Vater mich verläßt und meine Mutter, nimmt doch der Herr sich meiner an. 11 Lehre, Herr, mich deinen Weg und leite mich auf rechtem Pfad um meiner Feinde willen! 12 Gib mich nicht preis der Willkür meiner Gegner; denn falsche Zungen haben sich erhoben wider mich und schnauben nach Gewalttat. 13 Ich glaube fest, das Glück des Herrn zu schauen im Lande der Lebendigen.

14 Hoffe auf den Herrn, sei stark und guten Mutes! Hoffe auf den Herrn!

27: Dieser Psalm besteht aus zwei Teilen, die aber eine Einheit bilden. In Vers 1–6 spricht ein Geplagter sich selbst Trost zu und ist glücklich, im Tempel weilen zu dürfen. In Vers 7–14 betet ein Frommer in seiner Drangsal. Es kann sich hier durchaus um dieselbe Person handeln.

Hilferuf eines Verfolgten

28

[Von David.] Ich rufe dich an, Herr, mein Fels! Sei gegen mich nicht taub, damit du dich nicht schweigend von mir wendest und ich wie jene werde, die zur Grube sanken! 2 Höre auf mein lautes Flehen, da ich zu dir um Hilfe rufe, da ich meine Hände hebe zu deinem Allerheiligsten im Tempel! 3 Raffe mich nicht mit den Frevlern hin und mit den Übeltätern, die freundlich zwar mit ihren Nächsten reden, jedoch im Herzen Böses sinnen! 4 Vergilt ihnen nach ihrem Tun und nach der Bosheit ihres Handelns! Gib ihnen nach dem Werke ihrer Hände, zahle ihnen heim, was sie verdient!

5 Denn sie achten nicht auf das Tun des Herrn und auf das Werk seiner Hände. Er reißt sie nieder und baut sie nicht mehr auf. 6 Gepriesen sei der Herr; denn er hat mein lautes Flehen erhört! 7 Der Herr ist meine Stärke und mein Schild; auf ihn vertraut mein Herz. Hilfe wurde mir zuteil; darüber jauchzt mein Herz, und mit meinem Lied will ich ihm danken.

8 Seines Volkes Stärke ist der Herr, eine rettende Schutzwehr seinem Gesalbten. 9 Hilf deinem Volk und segne dein Erbe! Weide und hege sie immerdar!

28: Der Psalm stellt den Flehruf eines Tempelbesuchers gegen seine Feinde dar; nach erfahrener Hilfe preist er den Herrn (Vers 6–7) und fügt (Vers 8–9) noch ein Gebet für König und Volk hinzu. So wird das Klagelied des einzelnen zum liturgischen Gebet der ganzen Gemeinde.

(28) Gottes Herrlichkeit im Gewitter

29 [Psalm Davids.] Entbietet dem Herrn,
ihr himmlischen Wesen, entbietet dem
Herrn Ehre und Macht! 2 Entbietet dem
Herrn die Ehre seines Namens! Huldigt dem Herrn
in heiligem Schmuck! 3 Die Stimme des Herrn über
den Wassern! Der Gott der Herrlichkeit donnert,
der Herr über gewaltigen Wassern. 4 Die Stimme
des Herrn voll Kraft, die Stimme des Herrn voll
Pracht!
5 Die Stimme des Herrn zerschmettert Zedern, es
zerschmettert der Herr die Zedern des Libanon. 6 Er
läßt den Libanon hüpfen wie ein Kalb, den Sirjon
wie einen jungen Büffel. 7 Die Stimme des Herrn
sprüht Feuerflammen.
8 Die Stimme des Herrn erschüttert die Wüste, der
Herr erschüttert die Wüste von Kades. 9 Die Stimme
des Herrn bringt Hirschkühe in Wehen, Gazellen zu
Frühgeburten. In seinem Palast jedoch ruft alles:
»O Herrlichkeit!«
10 Der Herr thront über der Flut; es thront der Herr
als König auf ewig. 11 Der Herr gebe Kraft seinem
Volke; der Herr segne sein Volk mit Heil!

29: Über dem Mittelländischen Meer war ein Gewitter aufgestiegen, das nach Osten weiterzieht. Nicht selten sieht das AT hinter dem Gewitter eine Gottesoffenbarung. Gott selbst thront aber im himmlischen Palast, angebetet von seinen Engeln. Nicht die Zerstörung ist ihm wesentlich, sondern die »Herrlichkeit«. Daher auch die vertrauensvolle Bitte im letzten Vers.

(29) Aus Todesnot gerettet

30 [Psalm. Lied zur Tempelweihe. Von
David.] 2 Hochpreisen will ich dich,
Herr; denn du zogst mich empor und
ließest meine Feinde nicht über mich jubeln. 3 Herr,
mein Gott, ich flehte zu dir, und du heiltest mich.
4 Herr, du hast mich heraufgeführt aus dem Toten-
reich, mich neu belebt, getrennt von denen, die zur
Grube sanken. 5 Lobsinget dem Herrn, ihr seine
Frommen, und preist seinen heiligen Namen!
6 Denn einen Augenblick nur währt sein Zorn, doch
ein Leben lang seine Huld. Kehrt Weinen am Abend
ein, so folgt am Morgen der Jubel. 7 Ich hatte ge-
dacht in sorglosem Glück: »Nimmermehr werde ich
wanken!« 8 Herr, durch deine Huld ward ich auf
feste Berge gestellt. Da verbargst du dein Antlitz –
schon war ich erschüttert. 9 Ich rief zu dir, Herr; ich
flehte meinen Gebieter um Gnade an:
10 »Was nützt denn mein Blut, wenn ich zur Grube
sinke?« Wird etwa der Staub dir danken, wird er
deine Treue verkünden? 11 Höre, Herr, und sei mir
gnädig! Sei mir ein Helfer, o Herr!« – 12 Du hast
meine Klage verwandelt in Reigentanz, hast mir
das Trauerkleid gelöst und mich mit Freude um-
gürtet. 13 Darum lobsingt dir mein Herz und will
nicht schweigen. Herr, mein Gott, ewig preise ich
dich!

30: Der Psalmensänger war so krank, daß er sich bereits in der Unterwelt fühlte. Er ist gerettet worden, dankt herzlich dafür und erzählt, wie gütig der Herr war.

(30) Klage und Bitte eines Verfolgten

31 [Dem Chorleiter. Psalm Davids.] 2 Bei dir,
Herr, suche ich Zuflucht; möge ich nie-
mals enttäuscht werden! In deiner Ge-
rechtigkeit rette mich! 3 Neige dein Ohr mir zu, be-
freie mich rasch! Sei mir ein sicherer Fels, eine feste
Burg, mich zu retten! 4 Ja, mein Fels und meine Feste
bist du! Um deines Namens willen mögest du mich
führen und leiten. 5 Du mögest mich befreien aus
dem Netz, das man mir heimlich legte; denn meine
Zuflucht bist du. 6 In deine Hand befehle ich meinen
Geist. Du erlöst mich, Herr, du getreuer Gott. 7 Ver-
haßt sind dir die Verehrer nichtiger Götzen; ich
aber schenke dem Herrn mein Vertrauen.
8 Freudig will ich frohlocken ob deiner Huld, daß du
mein Elend geschaut, meiner Seele Nöte beachtet
hast, 9 daß du mich nicht der Feindeshand überlie-
fert, sondern auf freien Ort meine Füße gestellt
hast. 10 Erbarme dich meiner, Herr, ich bin ja in Not!
Vor Kummer ist matt mein Auge, meine Seele und
mein Leib.
11 Denn in Jammer schwindet mein Leben dahin,
meine Jahre verrinnen in Seufzen. Vor Elend bricht
meine Kraft zusammen, meine Glieder ermatten.
12 Vor all meinen Feinden ward ich zum Hohn,
meinen Nachbarn zum Spott, ein Schrecken für
meine Bekannten. Wer mich sieht auf der Straße,
flieht vor mir. 13 Wie ein Toter bin ich dem Ge-
dächtnis entschwunden, bin geworden wie ein zer-
brochenes Gefäß. 14 Ja, ich höre das Gerede von
vielen: »Grauen ringsum!« Gemeinsam planen sie
gegen mich und sinnen darauf, mir das Leben zu
rauben.
15 Ich aber, Herr, vertraue auf dich und spreche:
»Mein Gott bist du!« 16 In deiner Hand liegt mein
Geschick. Der Hand meiner Feinde entreiße mich
und meinen Verfolgern! 17 Laß über deinem Knecht
dein Antlitz leuchten, rette mich durch deine Huld!
18 Herr, möge ich nicht enttäuscht werden, da ich zu
dir rufe! Enttäuscht sollen die Frevler werden,
schweigend ins Totenreich sinken! 19 Verstummen
sollen die Lügenlippen, die Freches wider den
Schuldlosen reden in Hochmut und in Verachtung!
20 Wie reich ist doch dein Gut, o Herr, das du denen

verwahrst, die dich fürchten, das du denen bereitest, die bei dir sich vor den Menschen bergen. 21 Du birgst sie im Schutz deines Angesichts vor den Machenschaften der Menschen, du bewahrst sie wie in einem Zelt vor dem Gezänk der Zungen. 22 Gelobt sei der Herr, der mir wunderbare Huld erweist im Schrecken der Bedrängnis! 23 Schon hatte ich gedacht in meiner Angst: »Ich bin aus deinen Augen ganz verschwunden.« Du aber hast mein lautes Flehen vernommen, da ich zu dir rief.
24 Liebt den Herrn, ihr seine Frommen alle! Der Herr behütet die Getreuen. Doch er vergilt mit vollem Maß dem Stolzen. 25 Seid stark und unverzagten Herzens, ihr alle, die ihr harrt des Herrn!

31: Klage, Bitte und festes Vertrauen, ja bereits freudiger Dank, sind Inhalt dieses Psalmes, der eine besondere Weihe durch Jesus (Luk 23,46) erhalten hat. Die sehr verschiedenen Seelenstimmungen entsprechen der Mannigfaltigkeit und Wechselhaftigkeit des Lebens.

(31) Zweiter Bußpsalm: Bekenntnis und Vergebung der Sünden

32

[Von David. Lehrgedicht.] Selig, wem Unrecht vergeben, wem Sünde zugedeckt ist! 2 Selig der Mensch, dem der Herr die Schuld nicht anrechnet, in dessen Geist kein Trug mehr ist!
3 Solange ich schwieg, zerfielen meine Glieder bei meinem Stöhnen den ganzen Tag. 4 Denn Tag und Nacht lag schwer auf mir deine Hand. Mein Mark zerschmolz wie in Sommersgluten. [Zwischenspiel] 5 Da bekannte ich dir meine Sünde, und meine Schuld verbarg ich nicht. Ich dachte: »Ich will dem Herrn mein Unrecht gestehen!« Und du vergabst meine Sündenschuld. [Zwischenspiel]
6 Deshalb bete jeder Fromme zu dir in Zeiten der Not! Eine donnernde Flut vieler Wasser wird ihn nicht erreichen. 7 Du bist mein Schutz, bewahrst mich vor Drangsal, umhegst mich als Retter. [Zwischenspiel] 8 »Ich will dich anweisen und belehren über den Weg, den du gehen sollst; ich rate dir gut, über dir ist mein Auge. 9 Sei nicht wie ein Roß oder Maultier ohne Verstand! Mit Zaum und Zügel, seinem Schmuck, muß man es zerren, sonst kommt es zu dir nicht heran.«
10 Zahlreiche Schmerzen erwarten den Frevler; doch wer auf den Herrn vertraut, den umgibt er mit Huld. 11 Freut euch im Herrn und jubelt, ihr Gerechten; frohlockt, ihr Redlichen alle!

32: Es ist ein rechter Beichtpsalm, der um den Zusammenhang von Bekenntnis und Vergebung weiß; bei Vers 8 und 9 liegt wohl ein Gottesspruch vor, an den sich die Heilserfahrung des Beters anschließt.

(32) Der allmächtige Gott

33

Frohlockt im Herrn, ihr Gerechten! Für Redliche ziemt sich das Loblied. 2 Preist den Herrn mit der Zither; spielt ihm mit zehnsaitiger Harfe! 3 Singt ihm ein neues Lied! Schlagt trefflich die Saiten zum Jubelschall!
4 Denn richtig ist das Wort des Herrn und zuverlässig all sein Tun. 5 Er liebt Gerechtigkeit und Recht. Die Erde ist voll von der Huld des Herrn. 6 Durch das Wort des Herrn entstanden die Himmel, durch den Hauch seines Mundes ihr ganzes Heer. 7 Er faßt wie im Schlauch die Wasser des Meeres, sammelt in Speichern die Urflut. 8 Vor dem Herrn muß sich fürchten die ganze Erde; vor ihm erbebt, wer den Erdkreis bewohnt. 9 Denn er spricht, und es geschieht; er befiehlt, und es steht da!
10 Der Herr zerbricht den Ratschluß der Heiden, vereitelt die Pläne der Völker. 11 Der Ratschluß des Herrn hat ewig Bestand, seines Herzens Pläne gelten für alle Geschlechter. 12 Selig das Volk, dessen Gott der Herr ist, die Nation, die er sich zum Erbteil erwählte!
13 Vom Himmel herab schaut der Herr; er sieht auf alle Menschen. 14 Von der Stätte, da er thront, blickt er nieder auf alle Bewohner der Erde. 15 Er hat ja ihre Herzen insgesamt gebildet; er merkt auf alle ihre Taten. 16 Nicht siegt der König durch sein starkes Heer, nicht rettet sich ein Held durch große Kraft. 17 Das Roß ist wertlos für den Sieg; trotz seiner großen Stärke bringt es nicht in Sicherheit. 18 Das Auge Gottes aber ruht auf denen, die ihn fürchten, die auf seine Gnade hoffen, 19 auf daß er ihr Leben vor dem Tode rette und sie in Hungersnot erhalte.
20 Unsere Seele harrt des Herrn; unser Schutz und unser Schild ist er.
21 Ja, seiner freut sich unser Herz; denn wir vertrauen seinem heiligen Namen. 22 Deine Gnade walte über uns, o Herr, so wie wir auf dich hoffen!

33: Ein Loblied auf den Schöpfer und Herrn der Welt, dessen Vorsehung allein alles lenkt und deshalb unser volles Vertrauen verdient.

(33) Immerwährendes Vertrauen auf Gott

34

[Von David, als er sich vor Abimelech wahnsinnig stellte, so daß dieser ihn verjagte und er wegging (1 Sam 21,13–16).] 2 Preisen will ich den Herrn zu jeder Zeit, immer sei sein Lob in meinem Munde! 3 Meine Seele rühmt sich im Herrn. Die Armen mögen es hören und fröhlich sein! 4 Verherrlicht mit mir den Herrn; seinen Namen laßt uns gemeinsam erheben!
5 Ich suchte den Herrn, da erhörte er mich und machte mich frei von all meinen Ängsten.

6 Blickt auf ihn, und euer Antlitz wird leuchten und muß sich nicht schämen! 7 Da ist ein Gebeugter; er rief, und der Herr vernahm es und half ihm aus all seinen Nöten.

8 Ein Lager schlägt auf der Engel des Herrn um alle, die ihn fürchten, und rettet sie. 9 Kostet und seht, wie gut der Herr ist! Selig der Mann, der auf ihn vertraut! 10 Fürchtet den Herrn, ihr seine Heiligen! Denn wer ihn fürchtet, leidet nicht Mangel. 11 Mächtige darben und hungern; doch wer den Herrn sucht, vermißt kein Gut.

12 Kommt, ihr Söhne, hört mich an! Die Furcht des Herrn will ich euch lehren! 13 Wer ist der Mann, der Leben wünscht und glückliche Tage zu schauen begehrt? 14 Bewahre vor Bösem deine Zunge und deine Lippen vor falscher Rede! 15 Laß ab vom Bösen und tu das Gute, suche Frieden und strebe ihm nach! 16 Die Augen des Herrn beachten die Frommen und seine Ohren ihr Schreien. 17 Das Antlitz des Herrn droht den Übeltätern, um ihr Gedenken vom Lande zu tilgen. 18 Rufen jene, so hört es der Herr und rettet sie aus all ihren Nöten. 19 Nahe ist der Herr den geknickten Herzen, hilft allen, die zerknirschten Geistes sind. 20 So zahlreich die Leiden des Gerechten auch sind, aus allen befreit ihn der Herr. 21 Er behütet jedes seiner Glieder, nicht eines davon wird zerbrochen. 22 Den Frevler tötet das Unheil; wer den Gerechten haßt, muß es büßen. 23 Der Herr erlöst die Seele seiner Diener; straflos bleibt, wer ihm vertraut.

34: Wieder ein alphabetischer Psalm. Neben dem Dankgebet des Frommen, das sich an Gott wendet, stellen Vers 12–23 mahnende Worte eines Weisheitslehrers an seine »Söhne« (Schüler) dar.

(34) Gegen grausame Feinde

35

[Von David.] Bekämpfe, Herr, die mich bekämpfen, bekriege du, die mich bekriegen! 2 Ergreife Schild und Wehr! Erhebe dich, mir zu helfen! 3 Schwinge Spieß und Lanze wider meine Verfolger! Sprich zu meiner Seele: »Deine Rettung bin ich!« 4 In Schande und Schimpf sollen fallen, die mir nach dem Leben trachten! Schmachvoll sollen rückwärts weichen, die mir Böses sinnen! 5 Sie seien wie Spreu vor dem Wind, und der Engel des Herrn stoße sie! 6 Ihr Weg sei finster und schlüpfrig, der Engel des Herrn jage sie! 7 Denn ohne Grund legten sie mir ihr Netz, gruben [grundlos] für mich eine Grube. 8 Einen solchen treffe unvermerkt das Verderben! Das Netz, das er legte, fange ihn selbst, in die Grube möge er stürzen!

9 Dann wird meine Seele jubeln im Herrn, frohlocken ob seiner Hilfe. 10 Jedes Glied an mir wird rufen: »Herr, wer ist wie du? Du rettest den Schwachen vor dem Starken, den [Schwachen und] Armen vor seinem Räuber.«

11 Ruchlose Zeugen treten auf, befragen mich über Dinge, wovon ich nichts weiß. 12 Sie vergelten mir Gutes mit Bösem, streben mir nach dem Leben. 13 Ich aber trug in ihrer Krankheit Trauerkleider, quälte mich selbst mit Fasten und sprach tief gebeugt mein Gebet vor mich hin. 14 Als gelte es meinem Freund oder Bruder, so ging ich einher; wie in Trauer um die Mutter war ich betrübt und gebeugt. 15 Sie jedoch sind erfreut über meinen Sturz und versammeln sich. Sie verbinden sich gegen mich und drängen heftig heran; ich aber ahnte nichts. Sie zerreißen mich und lassen nicht ab. 16 In Schlechtigkeit spotten sie dauernd, knirschen mit den Zähnen wider mich. 17 Herr, wie lange siehst du zu? Rette vor den Brüllern mein Leben, vor den Löwen mein einziges Gut!

18 Ich werde dir danken in großer Versammlung, dich loben vor zahlreichem Volk!

19 Nicht sollen über mich jubeln meine lügnerischen Feinde, nicht mit den Augen zwinkern, die mich ohne Grund hassen! 20 Denn sie reden nichts Gutes, und gegen die Stillen im Lande ersinnen sie listige Pläne. 21 Ihren Mund reißen sie gegen mich auf und sprechen: »Hui, hui! Unser Auge ergötzt sich!«

22 Du siehst es, Herr; so schweige doch nicht! Mein Gebieter, bleib mir nicht ferne! 23 Erhebe dich, wache auf für mein Recht, mein Gott und mein Herr, für meinen Streit! 24 Nach deiner Gerechtigkeit schaffe mir Recht, o Herr, mein Gott! Laß sie nicht jubeln über mich! 25 Sie sollen in ihrem Herzen nicht sprechen: »Hui, unser Wunsch!« Sie sollen nicht sagen: »Den haben wir verschlungen!«

26 Beschämung und Schmach treffe alle, die über mein Unglück sich freuen! In Schande und Schimpf sollen sich hüllen, die wider mich prahlen!

27 Frohlocken und Freude sei denen zuteil, die mein Recht begrüßen! Sie sollen immerdar sprechen: »Hochgelobt sei der Herr, der das Heil seines Knechtes wünscht!« 28 Meine Zunge wird deine Gerechtigkeit künden, allezeit deinen Lobpreis!

35: Eine sehr bewegte, bilderreiche Klage eines unschuldig Angeklagten. Ohne strenge Einteilung mischen sich vertrauensvolle Bitten und Dankversprechen dazwischen.

(35) Spruch des Gottlosen und des Frommen

36

[Dem Chorleiter. Vom Knecht des Herrn, von David.] 2 Der Spruch des Gottlosen lautet: »Unrecht zu tun steckt tief mir im Herzen!« Es gibt keine Gottesfurcht vor seinen Augen. 3 Denn er schmeichelt sich selbst, nach eigenem Urteil seine Schuld zu entdecken und zu hassen. 4 Die Worte seines Mundes sind Lug und Trug; weise und gut zu handeln, hat er verlernt. 5 Bosheit ersinnt er auf seinem Lager, führt einen schlimmen Lebenswandel, Schlechtes verwirft er nicht.

6 Herr, bis an den Himmel reicht deine Huld, deine Treue bis zu den Wolken! 7 Deine Gerechtigkeit gleicht den Gottesbergen, dein rechtes Urteil dem großen Weltmeer. Menschen und Tiere umfaßt deine Hilfe, o Herr. 8 Wie kostbar ist deine Huld, o Gott! Im Schatten deiner Flügel bergen sich die Menschen. 9 Am Reichtum deines Hauses laben sie sich, mit dem Strom deiner Wonnen tränkst du sie. 10 Ja, bei dir ist die Quelle des Lebens, in deinem Lichte schauen wir Licht.

11 Erhalte deine Gnade denen, die dich kennen, den Rechtgesinnten dein gerechtes Walten! 12 Nicht komme über mich der Fuß des Stolzen; die Faust des Frevlers vertreibe mich nicht! 13 Dann müssen die Übeltäter fallen; sie stürzen und können sich nicht mehr erheben.

36: Der Psalm hat zwei Teile: Vers 2–5 und Vers 6–13, wobei die ersten Verse 2f textlich sehr umstritten sind. Sie scheinen zu sagen, daß ein richtiges Urteil über Gut und Böse nur von Gott her gebildet werden kann. Das sagt mit anderen Worten der Höhepunkt des Liedes (Vers 10): »In deinem Lichte schauen wir Licht.«

(36) Wahre Lebensweisheit vor Gott

37 [Von David.] Entrüste dich nicht über die Bösen, sei nicht zornig auf die Übeltäter! 2 Denn wie Gras verwelken sie rasch, verdorren wie das grüne Kraut. 3 Vertraue auf den Herrn und tu, was gut ist! Wohne friedlich im Land und übe die Treue!

4 Habe am Herrn deine Wonne; dann gibt er dir, was dein Herz begehrt. 5 Befiehl dem Herrn deinen Weg und vertraue auf ihn; er wird nicht untätig sein! 6 Er läßt deine Gerechtigkeit aufleuchten wie Licht, dein rechtes Verhalten wie Mittagshelle. 7 Sei still vor dem Herrn und harre auf ihn! Entrüste dich nicht über den, der stets Erfolg hat, über den Mann, der Ränke vollführt! 8 Steh ab vom Zorn und laß den Groll! Entrüste dich nicht, es führt nur zu Bösem! 9 Denn Übeltäter werden vernichtet; doch wer auf den Herrn hofft, erhält das Land. 10 Nur noch kurze Zeit, und der Frevler ist dahin; suchst du nach seiner Stätte, so besteht sie nicht mehr. 11 Doch die Armen werden das Land erhalten und froh sein über die Fülle des Heils. 12 Ränke schmiedet der Frevler wider den Frommen und knirscht gegen ihn mit den Zähnen. 13 Der Allherr aber spottet seiner; er sieht ja, daß sein Tag schon kommt. 14 Frevler zücken das Schwert und spannen ihren Bogen, den Geringen und Armen niederzustrecken, zu morden, die rechtschaffen wandeln. 15 Ihr Schwert trifft sie selbst ins Herz, und ihre Bogen zerbrechen. 16 Besser der karge Besitz des Gerechten als großer Reichtum der Frevler. 17 Denn die Arme der Frevler werden zerschmettert, Gerechte aber stützt der Herr. 18 Der Herr weiß um die Tage der Frommen; ihr Erbteil bleibt ewig bestehen. 19 Sie werden nicht enttäuscht in Zeiten des Unglücks, in den Tagen des Hungers finden sie Sättigung. 20 Denn die Gottlosen gehen zugrunde; die Feinde des Herrn sind wie prangende Auen: Sie vergehen, vergehen wie Rauch. 21 Der Frevler muß borgen und kann nicht bezahlen; der Gerechte kann mild sein und schenken.

22 Denn die er segnet, erhalten das Land, und die er verflucht, werden ausgetilgt. 23 Der Herr lenkt die Schritte des Menschen; er festigt den, dessen Weg ihm gefällt. 24 Ist er am Fallen, so stürzt er nicht hin; denn der Herr stützt seinen Arm. 25 Einst war ich ein Knabe, nun bin ich ein Greis; doch nie sah ich einen Gerechten verlassen, noch seine Kinder betteln um Brot. 26 Allezeit kann er mild sein und leihen, und seine Kinder werden zum Segen. 27 Meide das Böse und tu das Gute, damit du ewig wohnen bleibst! 28 Denn der Herr liebt das Recht und läßt seine Frommen nicht im Stich. Die Ruchlosen werden vernichtet, die Kinder der Frevler ausgetilgt. 29 Die Gerechten erhalten das Land und bleiben darin für immer wohnen. 30 Weisheit kündet der Mund des Gerechten, und seine Zunge redet, was recht ist. 31 Das Gesetz seines Gottes herrscht in seinem Herzen, und seine Schritte kommen nicht ins Wanken. 32 Der Gottlose späht dem Gerechten nach und sucht ihn zu töten. 33 Doch der Herr überläßt ihn nicht seiner Hand, läßt ihn vor Gericht nicht verdammen. 34 Hoffe auf den Herrn und halte dich an seinen Weg! Dann wird er dich erhöhen und das Land besitzen lassen. Du wirst der Frevler Untergang schauen. 35 Ich sah den Frevler in seiner Gewalttat sich erheben wie eine grünende Zeder. 36 Ich kam wieder vorüber, und schon war er nicht mehr; ich suchte nach ihm, und er war nicht zu finden. 37 Bewahre die Unschuld und übe Redlichkeit! Denn eines solchen Mannes Zukunft ist Heil. 38 Doch die Gottlosen werden restlos vertilgt; die Zukunft der Frevler ist Untergang. 39 Die Rettung der Gerechten kommt vom Herrn; er ist ihre Zuflucht zur Zeit der Not. 40 Der Herr ist ihr Helfer und ihr Befreier; er befreit

sie von Frevlern und rettet sie, weil sie bei ihm ihre Zuflucht suchen.

37: Ein alphabetischer Weisheitspsalm, eine Blütenlese frommer Lebensregeln. Das Wichtigste ist, geduldig zu sein und sich vom Scheinglück der Bösen nicht erschüttern zu lassen. Der Gedanke an ein Jenseits fehlt noch.

(37) Dritter Bußpsalm: Klage, Krankheit und Schuld

38

[Psalm Davids. Zum Weihrauchopfer.] 2 Herr, strafe mich nicht in deinem Zorn, schlage mich nicht in deinem Grimm! 3 Denn deine Pfeile haben mich getroffen, und deine Hand liegt schwer auf mir. 4 Nichts mehr ist heil an meinem Leib ob deines Grolls, nichts mehr gesund an meinen Gliedern ob meiner Sünde. 5 Ja, meine Vergehen wachsen mir über den Kopf, wie eine schwere Last erdrücken sie mich. 6 Meine Wunden riechen und eitern ob meiner Torheit. 7 Verstört bin ich, gebeugt gar sehr; den ganzen Tag geh' ich betrübt einher. 8 Ach meine Lenden sind voll von Brand, nichts mehr ist heil an meinem Leib! 9 Ich bin ermattet und ganz zerschlagen, ich schreie vor tobender Qual in der Brust. 10 Herr, all mein Sehnen liegt offen vor dir, mein Seufzen ist dir nicht verborgen.

11 Ruhelos pocht mir das Herz, die Kraft hat mich verlassen, selbst das Augenlicht ist mir geschwunden. 12 Meine Freunde und Nachbarn nehmen Abstand von meiner Plage, und meine Nächsten halten sich fern. 13 Die mir nach dem Leben trachten, legen Schlingen; die mein Unglück suchen, reden Schlimmes, sinnen auf Trug die ganze Zeit. 14 Ich aber bin wie taub und höre nichts; ich bin wie ein Stummer, der seinen Mund nicht auftut. 15 Ja, ich bin wie ein Mann, der nicht hört, in dessen Mund keine Widerrede ist.

16 Denn ich harre deiner, o Herr; du wirst Antwort geben, mein Herr und mein Gott. 17 Ich denke nämlich, sonst könnten sie jubeln über mich und gegen mich prahlen, wenn mein Fuß wankt. 18 Ich bin ja auf den Sturz gefaßt, und mein Leid steht mir immer vor Augen. 19 Wahrlich, ich bekenne meine Schuld, bin bekümmert ob meiner Sünde. 20 Die mich anfeinden ohne Grund, sind gar stark, und zahlreich sind, die zu Unrecht mich hassen. 21 Sie vergelten Gutes mit Bösem, befehden mich trotz meiner besten Absicht. 22 Verlaß mich nicht, Herr! Mein Gott, entferne dich nicht von mir! 23 Eile mir zu Hilfe, Herr, mein Heil!

38: Die Krankheit, von der hier geredet wird, scheint der Aussatz zu sein. Der Beter erträgt die Heimsuchung sehr schwer, zumal feindselige Nachbarn ihm zusetzen. Die Schilderung des Elends mündet in ein Schuldbekenntnis aus (Bußpsalm).

(38) »Nur ein Hauch ist jeder Mensch«

39

[Dem Chorleiter. Für Jedutun. Psalm Davids.] 2 Ich dachte: »Ich will auf meinen Wandel achten, um mich mit der Zunge nicht zu verfehlen! Ich will meinem Mund einen Zaum anlegen, solange der Frevler vor mir steht!« 3 So blieb ich stumm und still und schwieg ohne Widerspruch. Doch da bäumte mein Schmerz sich auf.

4 Das Herz in meinem Innern glühte, bei meinem Grübeln entbrannte ein Feuer; da mußte meine Zunge reden: 5 »Tu mir, o Herr, mein Ende kund, und welches das Maß meiner Tage ist, daß ich weiß, wie vergänglich ich bin! 6 Siehe, nur etliche Spannen lang hast du meine Tage bemessen, und meine Lebenszeit ist wie ein Nichts vor dir. Nur wie ein Hauch steht jeder Mensch da. [Zwischenspiel]

7 Nur als Schattenbild wandelt der Mensch einher, für nichts häuft er Schätze auf und weiß nicht, wer sie bekommt. 8 Und nun, was kann ich erhoffen, Herr? Meine Erwartung gilt einzig dir! 9 Erlöse mich von allen meinen Sünden! Mach mich nicht zum Spott des Toren! 10 Ich schwieg und tat den Mund nicht auf; denn du hast es gefügt. 11 Nimm deine Plage von mir weg; ich muß vergehen unter deiner Hände Wucht. 12 Zur Strafe für die Sünde züchtigst du den Menschen, zerstörst gleich einer Motte seine Pracht; nur ein Hauch ist jeder Mensch. [Zwischenspiel]

13 Höre mein Gebet, o Herr, vernimm mein Flehen! Schweige nicht zu meinen Tränen! Ich bin ja nur ein Gast bei dir, ein Fremdling nur wie alle meine Väter. 14 Schau weg von mir, damit ich froh sein kann, bevor ich scheide und vergangen bin!«

39: Der Dichter bemühte sich, geduldig zu schweigen. Aber körperliche und seelische Leiden zwingen ihn zu klagen, ähnlich wie Job. Die Vergänglichkeit des Lebens hat ihn erschüttert und möge auch Gott gnädig stimmen.

(39) Dank und Bitte

40

[Dem Chorleiter. Von David. Ein Psalm.] 2 Ich hoffte, hoffte auf den Herrn. Er neigte sich zu mir und hörte auf mein Rufen. 3 Er zog mich aus der grauenhaften Grube, aus dem Schmutz und Schlamm. Er stellte meinen Fuß auf hohen Fels, machte meine Schritte sicher. 4 Er gab mir in den Mund ein neues Lied, ein Lob auf unseren Gott. Viele sollen es schauen, sich fürchten und auf den Herrn vertrauen! 5 Selig wer auf den Herrn sein Vertrauen setzt, sich nicht an Übermütige wendet oder an treulose Lügner!

6 Zahlreich hast du, Herr, mein Gott, deine Wunder gemacht, und in deinen Ratschlüssen über uns ist

nichts dir vergleichbar. Wollte ich künden und
reden davon, sie wären nicht aufzuzählen.
7 Schlacht- und Speiseopfer gefallen dir nicht, doch
Ohren hast du mir gebildet; Brand- und Sündopfer
forderst du nicht; 8 so spreche ich denn: Sieh, ich
komme! In der Schriftrolle steht die Weisung für
mich. 9 Deinen Willen zu tun, mein Gott, begehre
ich, und dein Gesetz ruht mir mitten im Herzen.
10 Ich verkünde Geziemendes in großer Versamm-
lung; ja, meine Lippen verschließe ich nicht; Herr,
du weißt es! 11 Deine Gerechtigkeit verberge ich
nicht in der Tiefe meines Herzens, von deiner
zuverlässigen Hilfe rede ich. Nicht verhehle ich
deine Huld und Treue der großen Gemeinde.
12 Du, Herr, wirst dein Erbarmen vor mir nicht ver-
schließen; deine Huld und Treue mögen mich stets
behüten! 13 Denn Leiden umfangen mich ohne
Zahl; meine Sünden haben mich überfallen, und ich
kann sie nicht überblicken. Sie sind zahlreicher als
meines Hauptes Haare, so daß der Mut mir ent-
schwindet. 14 Sei gewillt, Herr, mich zu retten! Herr,
eile mir zu Hilfe! 15 Voll Schande und Schmach seien
alle, die mir nach dem Leben trachten! Beschämt
sollen rückwärts weichen, die über mein Unglück
schadenfroh sind! 16 Vor Schande sollen erstarren,
die mich verhöhnen: »Hui, hui!« 17 Doch jubeln und
deiner sich freuen sollen alle, die dich suchen! Wer
deine Hilfe liebt, soll immerdar sprechen: »Groß ist
der Herr!« 18 Ich aber bin elend und arm; Herr, eile
mir beizustehen! Meine Hilfe und mein Retter bist
du; mein Gott, halte dich nicht zurück!

40: Vers 1–12 ist ein Dankgebet mit der verinnerlichten Erkenntnis, daß äußere Opfer wenig wichtig sind, dagegen Gehorsam gegen den göttlichen Willen, wie er in der Heiligen Schrift geoffenbart ist, die Hauptsache ausmacht (vgl. Hebr 10,5–7). Vers 13 leitet ein ganz anders klingendes Bittgebet ein. Vers 14–18 ist tatsächlich als Ps 70 selbständig überliefert. • 14–18: Individuelles Klage- und Bittlied. Der Elende und Arme (Vers 18) genießt Gottes besonderen Schutz.

(40) Auf dem Krankenlager

41 [Dem Chorleiter. Ein Psalm Davids.]
2 Selig, wer für den Schwachen Ver-
ständnis hat! Zur Zeit des Unglücks ret-
tet ihn der Herr. 3 Der Herr behütet ihn und erhält
ihn am Leben, so daß man ihn glücklich preist im
Lande. Er gibt ihn der Wut seiner Feinde nicht preis.
4 Der Herr ist seine Stütze auf dem Schmerzens-
lager: Sein ganzes Krankenbett beseitigst du. 5 Ich
wage nun die Bitte: Sei mir gnädig, Herr! Mach
mich gesund; ich habe in der Tat gesündigt wider
dich! 6 Meine Feinde reden Böses gegen mich:
»Wann stirbt er endlich und erlischt sein Name?«
7 Kommt einer zu Besuch, so redet er Trug, sein
Herz sammelt Unrecht an; er geht hinaus und er-
zählt es. 8 Gemeinsam flüstern wider mich alle
meine Hasser; sie denken gegen mich das Schlimm-
ste aus: 9 »Eine heillose Sache hat ihn getroffen; wer
einmal liegt, steht nicht mehr auf!« 10 Selbst mein
nächster Freund, auf den ich mich verließ, der mein
Brot aß, lehnt sich hinterrücks gegen mich auf.
11 Du aber, Herr, sei mir gnädig und hilf mir empor,
damit ich ihnen vergelte! 12 Daran erkenne ich, daß
du mich liebst, daß mein Feind über mich nicht ju-
beln kann.
13 Ja, mich hältst du fest ob meiner Unschuld, stellst
mich vor dein Angesicht für immer. 14 Gepriesen sei
der Herr, Israels Gott, von Ewigkeit zu Ewigkeit!
Amen, Amen.

41: Ein dem Tode Geweihter erlebt es, daß seine Feinde auf sein Ende warten. Aber auch seine Freunde verlassen ihn, so daß der barmherzige Gott seine einzige Zuflucht ist. Vers 14 ist ein Gebetsruf, mit dem das erste Psalmenbuch schließt.

ZWEITES PSALMENBUCH

(41) Heimweh nach Gott und seinem heiligen Berg

42 1 [Dem Chorleiter. Lehrgedicht. Von den
Korachiten.] 2 Wie ein Hirsch verlangt
nach Wasserbächen, so verlangt meine
Seele nach dir, o Gott. 3 Meine Seele dürstet nach
Gott, dem lebendigen Gott: Wann darf ich kom-
men und Gottes Angesicht schauen? 4 Tränen sind
meine Nahrung geworden bei Tag und Nacht, da
man täglich zu mir sagt: »Wo bleibt dein Gott?«
5 Daran will ich denken und mein Herz ausschüt-
ten: daß ich zum Zelte ziehen möchte, mich flüch-
ten möchte zum Hause Gottes, unter lautem Jubel
und Dank, in festlicher Menge. 6 Was bist du so
niedergedrückt, meine Seele, und so unruhvoll in
mir? Harre auf Gott; denn ich werde ihn noch prei-
sen, meinen Helfer und meinen Gott.
7 Meine Seele ist niedergedrückt in mir, darum
denke ich an dich vom Lande des Jordans und
Hermon, vom Berge Mizar her. 8 Die eine Flut ruft
der anderen zu im Tosen deiner Wasserstürze. Ja,
alle deine Wogen und Wellen branden über mich
hin. 9 Bei Tag möge der Herr seine Huld entbieten,
und bei Nacht verrichte ich ihm ein Lied, ein Gebet
zum Gott meines Lebens. 10 Ich will rufen zu Gott,
meinem Fels: »Warum hast du mich vergessen?

Warum muß ich trauernd des Weges ziehen, vom
Feinde bedrängt?« 11 Niedergeschmettert sind meine
Glieder, da meine Gegner mich schmähen und Tag
für Tag zu mir sagen: »Wo bleibt dein Gott?« 12 Was
bist du so niedergedrückt, meine Seele, und so un-
ruhvoll in mir? Harre auf Gott; denn ich werde ihn
noch preisen, meinen Helfer und meinen Gott.

42–43: Diese beiden Psalmen bilden eine Einheit, weil der in 42,6 stehende Kehrvers sich hier wie dort wiederholt. Ein frommer Israelit lebt im Quellengebiet des Jordans, die ihn umgebende Bevölkerung verspottet ihn seiner religiösen Überzeugung wegen. Die Heimat, der Tempel als Wallfahrtsziel, die Nähe seines Gottes, das alles trägt er als Sehnsucht in seinem Herzen.

(42)

43

Schaffe mir Recht, o Gott, und führe
meinen Streit gegen unfrommes Volk!
Vor Lügnern und Frevlern rette mich!
2 Denn du bist mein Schutzgott. Warum hast du
mich verstoßen? Warum muß ich trauernd des
Weges ziehen, vom Feinde bedrängt? 3 Sende dein
Licht und deine Treue! Sie mögen mich leiten und
führen zu deinem heiligen Berg und zu deiner
Wohnstatt! 4 So will ich zum Altare Gottes treten,
zum Gott meiner jubelnden Freude. Auf der Harfe
will ich dich preisen, Herr, mein Gott! 5 Was bist du
so niedergedrückt, meine Seele, und so unruhvoll in
mir? Harre auf Gott, denn ich werde ihn noch
preisen, meinen Helfer und meinen Gott.

(43) Volksklagelied nach der Niederlage

44

[Dem Chorleiter. Von den Korachiten.
Ein Weisheitslied.] 2 Gott, unsre Ohren
haben vernommen, unsre Väter erzähl-
ten uns von dem Werke, das du vollbracht hast zu
ihren Zeiten, mit eigener Hand in grauer Vorzeit.
3 Volksstämme hast du verdrängt, sie aber hinein-
gepflanzt; Völker hast du zerschlagen, sie aber
ausgebreitet. 4 Denn nicht durch ihr Schwert ge-
wannen sie das Land, nicht ihr eigener Arm half
ihnen zum Sieg, vielmehr deine Rechte, dein Arm
und dein leuchtendes Angesicht, weil du sie geliebt
hast.
5 Du bist mein König und Gott, der Jakob den Sieg
entbietet. 6 Durch dich stoßen wir unsre Gegner
nieder, in deinem Namen zertreten wir unsre
Widersacher. 7 Nein, auf meinen Bogen vertraue ich
nicht, und mein Schwert bringt mir nicht den Sieg!
8 Nur du verleihst uns den Sieg über unsre Gegner;
du machst unsre Hasser zuschanden. 9 So rühmen
wir uns Gottes zu jeder Zeit und preisen deinen
Namen immerdar. [Zwischenspiel]
10 Und doch hast du uns verworfen, in Schmach
gestürzt und zogst nicht zu Felde mit unseren
Heeren. 11 Du schlugst uns in die Flucht vor dem
Gegner, und unsre Hasser holten sich Beute. 12 Wie
Schlachtschafe gabst du uns hin, zerstreutest uns
unter die Völker. 13 Du hast dein Volk um ein Nichts
verkauft, hattest keinen Gewinn an seinem Preis.
14 Unsern Nachbarn machtest du uns zur Schmach,
zum Spott und Hohn bei allen im Umkreis. 15 Du
hast uns den heidnischen Stämmen zum Spottlied
gemacht, zur Verachtung unter den Völkern.
16 Mein Schimpf steht allezeit mir vor Augen, und
Schande bedeckt mein Antlitz: 17 Vor dem Lärm des
schmähenden Spötters, vor dem Blick des rache-
schnaubenden Feindes.
18 Dies alles kam über uns, und doch hatten wir dich
nicht vergessen und den Bund mit dir nicht verletzt.
19 Unser Herz ist nicht abgewichen, unser Schritt
nicht abgebogen von deinem Pfad. 20 Dennoch
schlugst du uns nieder am Ort der Schakale und
bedecktest uns mit Finsternis. 21 Hätten wir den
Namen unseres Gottes vergessen und die Hände zu
fremden Göttern erhoben, 22 würde das Gott nicht
erfahren? Er, der doch die Herzensgeheimnisse
kennt! 23 Ja, deinetwillen mordet man uns die ganze
Zeit, sind wir den Schlachtschafen gleichgeachtet.
24 Wach auf! Warum schläfst du, Herr? Erwache!
Verwirf nicht für immer! 25 Warum verbirgst du
dein Antlitz, denkst nicht an unsere Not und
Bedrängnis? 26 Ja, in den Staub gebeugt ist unser
Leben, am Boden klebt unser Leib! 27 Erhebe dich,
komm uns zu Hilfe! Erlöse uns um deiner Barmher-
zigkeit willen!

44: Ein Volksklagelied, das vor versammelter Gemeinde anläßlich eines nationalen Unglücks gesungen wurde. • 3–4: Der Rückblick auf die Zeit des Einzugs in das verheißene Land führt die Landnahme allein auf den siegreichen Beistand des Herrn zurück.

(44) Der König und seine Braut

45

[Dem Chorleiter. Nach »Lilien«. Von
den Korachiten. Weisheitsgedicht, Lie-
beslied.] 2 Mein Herz schlägt höher zum
Festgedicht, ich singe dem König mein hehres Lied.
Meine Zunge ist gleich dem Griffel des hurtigen
Schreibers.
3 Du bist der Schönste unter den Menschen, Anmut
strömt über deine Lippen; darum hat dich Gott für
immer gesegnet. 4 Gürte dein Schwert um die
Hüften, du Held, deinen prächtigen Schmuck!
5 Glück auf! Ziehe hin für die Sache der Treue und
rechten Ergebenheit! Deine rechte Hand soll dich
furchterregende Taten lehren! 6 Deine Pfeile sind
scharf, Völker wirst du erschrecken; denn sie tref-
fen ins Herz der Feinde des Königs. 7 Dein Thron

bleibt wie Gottes Thron für immer und ewig. Ein
gerechtes Zepter ist dein Königszepter. 8 Du liebst
das Recht und hassest das Unrecht. Deshalb hat
dich der Herr, dein Gott, mit Freudenöl gesalbt vor
deinen Gefährten. 9 Von Myrrhe, Aloë und Kassia
duften alle deine Gewänder. Aus dem Elfenbeinpa-
last erfreut dich das Saitenspiel.
10 Eine Königstochter steht da in deinem kostbaren
Schmuck: die Gemahlin zu deiner Rechten in
Ophir-Gold. 11 Höre, Tochter, sieh her und neige
dein Ohr! Vergiß dein Volk und dein Vaterhaus!
12 Der König begehrt deine Schönheit, er ist ja dein
Herr; so huldige ihm! 13 Es suchen deine Gunst mit
Geschenken die Tochter Tyrus, mit all ihren
Schätzen die Reichsten des Volkes. 14 Tritt ein,
Königstochter, in Geflechten von Gold, gekleidet in
bunte Gewänder! 15 Jungfrauen führt man zum
König als ihr Gefolge, ihre Gespielinnen bringt man
zu dir. 16 Man führt sie mit Freuden und Jubel, sie
treten ein in den Königspalast. 17 An Stelle deiner
Ahnen erstehen dir Söhne; du kannst sie zu Fürsten
machen im ganzen Land. 18 Ich verkünde dir Ruhm
durch alle Geschlechter. Deshalb werden Völker
dich preisen auf immer und ewig.

45: Aus Hebr 1,8.9, der jüdischen Überlieferung und der häufigen christlichen Anwendung dieses Psalmes geht hervor, daß sich mit dem Königtum in Jerusalem seit David messianische Hoffnungen verknüpfen (vgl. Ps 2; Ps 72; Ps 110). Es ist im ganzen Vorbild des Königtums Christi, ohne daß man die einzelnen geschichtlichen und zeitbedingten Züge übertragen soll.

(45) Unerschütterliches Gottvertrauen

46

[Dem Chorleiter. Von den Korachiten.
Nach »Mädchen«. Ein Psalm.] 2 Gott ist
uns Zuflucht und Stärke, als Hilfe in
Nöten vielfach bewährt. 3 Darum fürchten wir
nichts, mag auch die Erde sich wandeln, mögen
Berge taumeln in Meerestiefen. 4 Mögen seine
Wasser tosen und brausen, mögen Berge erbeben,
wenn es sich aufbäumt: Der Herr der Heerscharen
ist mit uns, eine Burg ist für uns der Gott Jakobs.
[Zwischenspiel]
5 Ein Strom, dessen Arme die Gottesstadt erfreuen,
ist das Allerheiligste der Wohnstatt des Höchsten:
6 Gott ist in ihrer Mitte, sie wird nie wanken; ihre
Hilfe ist Gott beim Anbruch des Morgens. 7 Völker
toben, Reiche wanken; er läßt seine Donnerstimme
ertönen, und die Erde zergeht. 8 Der Herr der Heer-
scharen ist mit uns, eine Burg ist für uns der Gott
Jakobs. [Zwischenspiel]
9 Kommt und schaut die Werke des Herrn, der Ent-
setzen verbreitet auf Erden! 10 Kriegen macht er ein
Ende bis an der Erde Grenzen. Bogen zerbricht er,
Speere zerschlägt er, Wagen verbrennt er im Feuer.
11 »Gebt nach und erkennt, daß ich Gott bin, er-
haben unter den Völkern, erhaben auf Erden!«
12 Der Herr der Heerscharen ist mit uns, eine Burg
ist für uns der Gott Jakobs. [Zwischenspiel]

46: Ein schwungvolles Lied, das in drei gleichgebauten Strophen verläuft. In der ersten Strophe bietet Gott den Naturgewalten Trutz (Vers 1–4), in der zweiten und dritten Strophe (Vers 5–12) den kriegerischen Gegnern seines Volkes.

(46) Gott ist König aller Völker

47

[Dem Chorleiter. Von den Korachiten.
Ein Psalm.] 2 Ihr Völker alle, spendet
Beifall! Jauchzet Gott mit Jubelklang!
3 Denn furchtgebietend ist der Herr, der Höchste –
ein großer König über alle Welt. 4 Völker warf er vor
uns nieder, Stämme unter unsere Füße. 5 Er wählte
unser Erbland für uns aus, die Ehre Jakobs, den er
liebt. [Zwischenspiel] 6 Gott steigt empor beim
Jubelschall, der Herr beim Schmettern der Posaune.
7 Singet unserem Gott, lobsinget! Singet unserm
König, singet! 8 Denn Gott ist König über alle Welt.
Ja, singt ein kunstgerechtes Lied! 9 Gott herrscht als
König über Völker; Gott sitzt auf seinem heil'gen
Thron. 10 Völkerfürsten scharen sich zusammen
bei dem Gotte Abrahams. Ja, Gottes sind die Mäch-
tigen der Erde; hoch erhaben ist er sehr.

47: Der Psalm ist aus der Feier eines Tempelfestes zu erklären, bei dem das Königtum des Herrn in Jubelliedern gefeiert wurde.

(47) Sion, die Gottesstadt

48

[Ein Lied. Ein Psalm der Korachiten.]
2 Groß ist der Herr und hoch zu preisen
in unseres Gottes Stadt. 3 Sein heiliger
Berg in ragender Pracht ist die Wonne der ganzen
Welt, der Sionsberg im äußersten Norden des
Großkönigs Festung. 4 Gott erweist sich in ihren
Palästen als Schutzburg.
5 Sieh doch, die Könige traten zusammen, rückten
gemeinsam heran! 6 Kaum, daß sie schauten, da
wurden sie ratlos, gerieten in Schrecken und Angst.
7 Beben erfaßte sie dort, Zittern gleich einer Mutter
in Wehen, 8 wie wenn Ostwind Schiffe von Tarsis
zerschmettert.
9 Wie wir es gehört, so sahen wir es nun in der
Stadt des Herrn der Heerscharen, in der Stadt unse-
res Gottes. Auf ewig hat Gott sie gegründet. [Zwi-
schenspiel] 10 Wir erwägen, Herr, deine Huld im
Innern deines Tempels. 11 Wie dein ruhmvoller
Name, o Gott, so reicht dein Lobpreis über die Gren-
zen der Erde. Voll von Gerechtigkeit ist deine
Rechte. 12 Des freut sich der Sionsberg, es jauchzen
die Landstädte Judas ob deiner Gerichtsentscheide.

13 Umschreitet den Sion, zieht um ihn herum und zählt seine Türme! 14 Beachtet seinen Wall, umsäumt auch seine Paläste! Dann könnt ihr dem künftigen Geschlecht erzählen: 15 »Ganz so ist der Herr, unser Gott, für immer und ewig! Er wird uns führen in Ewigkeit!«

48: Jerusalem und der Sionsberg sind aus großen Gefahren errettet worden. Ein Angriff von Feinden (es können auch sinnbildliche Gegner gemeint sein) ist zusammengebrochen. Aus diesem Anlaß findet eine feierliche Prozession statt, an der offensichtlich auch Nichtjerusalemer teilnehmen. Hierbei wird die Bedeutung der Heiligen Stadt als Residenz des »Großen Königs« ins Licht gerückt. Nur als Thronsitz Gottes ist Jerusalem der Stolz und die Freude des ganzen Volkes, das sich geborgen weiß.

(48) Reichtum endet mit dem Tod

49 [Dem Chorleiter. Von den Korachiten. Ein Psalm.] 2 Höret dies, ihr Völker alle, lauschet, all ihr Erdbewohner, 3 ihr Bürger und ihr Herren, ihr Reichen samt den Armen! 4 Mein Mund trägt Weisheit vor; das Sinnen meines Herzens bietet Einsicht. 5 Ich will mein Ohr dem Weisheitsspruche neigen, zum Zitherklang mein Rätselfragen lösen!

6 Was soll ich mich fürchten in schlimmen Tagen, wenn die Bosheit meiner Verfolger mich umringt? 7 Sie verlassen sich auf ihr Vermögen, rühmen sich der Größe ihres Reichtums. 8 Doch loskaufen kann sich keiner oder Gott sein Lösegeld zahlen. 9 Der Loskauf seines Lebens ist zu teuer; er muß für immer davon Abstand nehmen, 10 daß er weiterleben könne und ewig nicht die Grube schaue. 11 Man sieht ja: Weise müssen sterben; genauso gehen Tor und Narr zugrunde. Sie hinterlassen ihr Vermögen anderen. 12 Gräber sind ihr Haus für ewig, ihre Wohnung immerdar, ob sie auch Länder einst ihr eigen nannten. 13 Der Mensch jedoch in seiner Pracht bedenkt das nicht; er gleicht dem Vieh, das stumm zugrunde geht. – 14 Dies ist das Los der Unbekümmerten, das Ende jener, denen die eigenen Sprüche gefallen: [Zwischenspiel] 15 Wie Schafe rennen sie zur Unterwelt hinab, der Tod weidet sie; geradewegs steigen sie hinunter ins Grab; ihre Gestalt zerfällt, die Unterwelt wird ihre Wohnstatt.

16 Gott selbst aber kauft mein Leben los, da er mich den Krallen der Unterwelt entreißt. [Zwischenspiel]

17 Hab keine Angst, wenn einer reich wird, die Schätze seines Hauses sich mehren! 18 Denn beim Sterben nimmt er dies alles nicht mit, seine Schätze folgen ihm nicht hinab. 19 Mag er zeitlebens sich selber schmeicheln: »Man rühmt dich, weil du so tüchtig warst«, 20 er muß doch zur Schar seiner Ahnen gehen, die ewig nicht mehr das Licht erblicken. 21 Der Mensch jedoch in seiner Pracht bedenkt das nicht; er gleicht dem Vieh, das stumm zugrunde geht.

49: Der Sänger des Psalmes löst ein Lebensrätsel, wie es sich in jener Zeit oft darstellte. Die Lebenswege der reichen Frevler stehen denen der armen Frommen gegenüber. Der Tod setzt dem irdischen Machtstreben eine Grenze, während Gott selbst seinen Frommen dem Tod entreißt (Vers 16). Lehrt dieser schwierige Vers bereits ein ewiges Leben bei Gott (vgl. Ps 73,24)?

(49) Falsche und richtige Gottesverehrung

50 [Ein Psalm Asaphs.] Der Herr, der Gott der Götter, spricht und ruft die Erde an vom Sonnenaufgang bis zum Niedergang. 2 Gott erstrahlt von Sion her, der Schönheit Krone. 3 Es naht unser Gott; er schweigt nicht länger. Verzehrendes Feuer zieht vor ihm her, rings um ihn ein gewaltiger Sturm. 4 Dem Himmel droben und der Erde ruft er zu, bereit, sein Volk zu richten: 5 »Schart meine Verehrer um mich, die beim Opfer den Bund mit mir schlossen!« 6 Die Himmel verkünden seine Gerechtigkeit, daß Gott selbst als Richter erscheint. [Zwischenspiel]

7 »So höre, mein Volk, ich will reden! Israel, ich klage dich an! Ich bin der Herr, dein Gott. 8 Nicht wegen deiner Schlachtopfer rüge ich dich, sind doch deine Brandopfer stets mir vor Augen. 9 Ich nehme den Jungstier aus deinem Stall nicht an, nicht Böcke aus deinen Hürden. 10 Mir gehört ja alles Wild des Waldes, die Tausende von Tieren auf meinen Bergen. 11 Ich kenne alle Vögel des Himmels; was sich regt auf der Flur, ist mein eigen. 12 Hätte ich Hunger, ich müßte es dir nicht sagen; mir gehört ja die Erde und was sie erfüllt. 13 Esse ich etwa das Fleisch von Stieren, oder trinke ich das Blut der Böcke? 14 Bringe Gott Dank als Opfer dar und entrichte dem Höchsten deine Gelübde! 15 Rufe mich an am Tag der Not! Ich werde dich erretten, und du sollst mich ehren!«

16 Zum Frevler aber spricht Gott: »Wieso zählst du meine Gebote auf, führst meinen Bund in deinem Munde? 17 Dabei hassest du doch die Zucht und setzest meine Worte hintan! 18 Siehst du einen Dieb, so freundest du dich mit ihm an, und mit Ehebrechern hältst du Gemeinschaft. 19 Deinen Mund gebrauchst du zur Schlechtigkeit, deine Zunge hält sich an Täuschung. 20 Gegen deinen Bruder redest du Schändliches, häufst Verleumdung auf den Sohn deiner Mutter. 21 Solches tust du. Würde ich schweigen, so könntest du glauben, ich sei gleich wie du. Ich klage dich an und rücke es dir vor Augen!

22 Merkt euch das, ihr Gottvergessenen! Sonst richte ich ein Blutbad an, und niemand kann retten!

23 Wer Dank als Opfer entrichtet, der ehrt mich, und wer meinen Pfad einhält, dem zeige ich Gottes Heil.«

50: Psalm, der dem Mißbrauch der Opfer zu Leibe rückt. Er gibt seine Lehren in einer Gerichtsverhandlung, bei der Gott selbst Ankläger ist. Das Verständnis erleichtern Prophetenstellen wie: Is 1,10–20; Jer 7,21–23; Amos 5,21–27; Mich 6,1–8. Auch Ps 40,7 und Ps 51,17–19 sind zu vergleichen. • 3: Blitz und Sturm sind Zeichen der herannahenden Gotteserscheinung: 18,9–15; 97,3f; Is 30,27; Hab 3,3–11. • 22: Wer unsittlich lebt, wird »gottvergessen« genannt, mag er auch mit Opfergaben zum Tempel kommen.

(50) Vierter Bußpsalm: Reue und Umkehr

51 [Dem Chorleiter. Psalm Davids, 2 als der Prophet Natan zu ihm kam, nachdem er sich mit Batseba vergangen hatte.] 3 Erbarme dich meiner, o Gott, nach deiner Huld; nach deiner großen Güte tilge meine Missetaten! 4 Wasche meine Sünde völlig von mir ab und mach mich rein von meiner Schuld!

5 Denn ich erkenne meine Missetaten, meine Schuld steht dauernd mir vor Augen. 6 Gegen dich allein hab ich gesündigt und getan, was dir mißfällt, so daß du recht behältst in deinem Urteilsspruch und unanfechtbar bleibst in deinem Rechtsentscheid. 7 Sieh doch, in Sünde wurde ich geboren, in Schuld empfing mich meine Mutter. 8 Siehe, du liebst die Wahrheit auch im Verhüllten, und über Verborgenes lehrst du mich Weisheit.

9 Entsündige mich mit Ysop, daß ich rein werde, wasche mich, daß ich weißer werde als Schnee! 10 Laß mich Frohlocken und Freude vernehmen, dann jubeln die Glieder, die du zermalmt hast! 11 Verbirg dein Antlitz vor meiner Schuld und tilge all meine Sünden! 12 Ein reines Herz erschaffe mir, Gott, und gefestigten Geist mach neu in meiner Brust! 13 Verwirf mich nicht vor deinem Angesicht und deinen heiligen Geist nimm nicht von mir! 14 Gib mir die Wonne deines Heiles wieder, und hochgesinnter Geist sei meine Stütze!

15 Dann will ich die Verirrten deine Wege lehren, daß Sünder sich zu dir bekehren. 16 Entreiße mich dem blutigen Tod, o Gott, mein Helfergott, daß meine Zunge jauchzt ob deiner Milde! 17 Herr, öffne du mir meine Lippen, so wird mein Mund dein Lob verkünden! 18 Denn Schlachtopfergaben gefallen dir nicht, und brächte ich Brandopfer dar, du möchtest es nicht. 19 Opfer für Gott ist ein zerknirschter Geist; ein zerknirschtes und zerschlagenes Herz wirst du, o Gott, nicht verschmähen. 20 Handle in deiner Gnade gütig an Sion, erbaue wieder die Mauern Jerusalems! 21 Dann wirst du Gefallen haben an richtigen Opfern [Brandopfern und Ganzopfern]; dann legt man Jungstiere auf deinen Altar.

51: Ein Sünder, der sich schuldig fühlt, spricht dieses ergreifende Bußgebet, das uns in der Liturgie der Kirche auf Schritt und Tritt begegnet. Von Psalmen ähnlicher Art sticht dieses Lied dadurch vorteilhaft ab, daß jeder Hinweis auf eigene Verdienste fehlt. Der Dichter möchte alle Sünder bekehren, wünscht aber nicht ihre Ausrottung.

(51) Gericht Gottes über den Verleumder

52 [Dem Chorleiter. Weisheitslied von David, 2 als der Edomiter Doëg kam und Saul die Meldung machte: »David ist ins Haus Achimelechs gekommen.«] 3 Was rühmst du dich der Bosheit, du Gewaltmensch, beschimpfest Gott die ganze Zeit? 4 Verderben planst du; deine Zunge gleicht einem scharfen Messer und vollbringt Täuschung. 5 Böses ist dir lieber als Gutes, Lüge lieber als rechte Rede. [Zwischenspiel] 6 Du liebst lauter verwirrende Reden, du falsche Zunge! 7 Doch Gott wird dich verderben für immer. Er zerbricht dich und reißt dich weg aus dem Wohnzelt, entwurzelt dich aus dem Land der Lebendigen. [Zwischenspiel]

8 Die Gerechten werden es schauen und erschaudern; sie werden über ihn spotten: 9 »Seht da den Mann, der nicht Gott zu seiner Zuflucht machte, vielmehr auf seinen großen Reichtum vertraute, Zuflucht suchte bei seiner Verderbtheit!« 10 Ich aber bin wie ein grünender Ölbaum im Hause Gottes. Auf Gottes Huld vertraue ich immer und ewig. 11 Ich will dich preisen in Ewigkeit, weil du machtvoll eingegriffen; ich hoffe auf deinen Namen, denn er ist gütig, angesichts deiner Frommen.

52: Der Fromme, dessen einziges Vertrauen die Güte Gottes ist, kündet seinem verleumderischen Gegner die Strafe Gottes an. Die Beziehung auf Doëg (1 Sam 22,9) paßt nicht gut.

53 *(52) [fast gleichlautend mit Ps 14 (13); siehe dort!]*

(53) Hilferuf eines Verfolgten

54 [Dem Chorleiter. Mit Saitenspiel. Weisheitslied von David, 2 als die Siphiter kamen und Saul meldeten: »David hält sich bei uns verborgen.«] 3 Gott, durch deinen Namen rette mich, durch deine Macht schaffe mir Recht! 4 Höre mein Gebet, o Gott, vernimm die Worte meines Mundes! 5 Denn Stolze erheben sich wider mich, Gewalttätige trachten mir nach dem Leben. Sie haben Gott nicht vor Augen. [Zwischenspiel]

6 Siehe, Gott ist mein Helfer! Der Herr ist die Stütze
meines Lebens. 7 Das Unheil falle zurück auf meine
Gegner! Vernichte sie nach deiner Treue! 8 So will
ich dir gerne Opfer bringen, will deinen Namen
preisen, Herr, weil er so gütig ist. 9 Denn aus aller
Not errettet er mich, und mein Auge weidet sich an
meinen Feinden.

54: Auch dieser Psalm eines Verfolgten wurde später David in den Mund gelegt (1 Sam 23,19).

(54) Von Freund und Feind verfolgt

55 [Dem Chorleiter. Mit Saitenspiel. Weis-
heitslied von David.] 2 Vernimm, o
Gott, mein Gebet, verschließ dich nicht
meinem Flehen! 3 Merke auf mich und erhöre mich,
ich irre umher in meinem Jammer.
4 Entsetzt bin ich über das Lärmen des Feindes, über
den Andrang des Frevlers. Denn mit Unheil über-
häufen sie mich, greifen mich wütend an. 5 Es bebt
das Herz in meiner Brust, Todesschrecken stürzen
auf mich. 6 Furcht und Zittern kommen über mich,
Grauen bedeckt mich. 7 Ich dachte: O hätte ich
Schwingen wie eine Taube! Ich flöge fort und ließe
mich ruhig nieder. 8 Ja, in weite Fernen möchte ich
fliehen, in der Wüste verweilen! [Zwischenspiel]
9 Ich möchte eilends eine Zuflucht suchen vor dem
Toben des Sturmwinds. 10 Verwirre, Herr, zerspalte
ihre Sprache; denn Gewalttat muß ich sehen und
Streitigkeiten in der Stadt. 11 Sie umschleichen diese
Tag und Nacht auf ihren Mauern, in ihrem Innern
herrschen Unheil und Bedrängnis. 12 Verderben
wohnt in ihrer Mitte. Von ihrem Markte weichen
nicht Bedrückung und Betrug. 13 Denn würde mein
Feind mich schmähen, ich könnte es ertragen, und
würde mein Gegner sich gegen mich erheben, ich
könnte mich bergen vor ihm. 14 Du aber, mein
Gefährte, mein Vertrauter und Bekannter, 15 die wir
zusammen süße Gemeinschaft erlebten, zum Got-
teshause wallten im Festgedränge! 16 Der Tod falle
über sie her! Lebendig sollen sie zur Unterwelt
fahren! Denn nur Bosheit haust in ihrer Wohnung
mitten unter ihnen.
17 Ich jedoch rufe zu Gott, und der Herr möge mir
helfen! 18 Am Abend, am Morgen, am Mittag will
ich seufzen und stöhnen; er hört meine Stimme.
19 Er bringt mein Leben in Sicherheit aus dem
Kampf gegen mich, mögen auch viele wider mich
sein. 20 Gott erhört! Er beugt sie nieder, er, der
thront von Anbeginn. [Zwischenspiel] Besserung
liegt ihnen fern, und Gott fürchten sie nicht. 21 Jener
hob die Hand gegen seinen Freund und entweihte
sein Bündnis. 22 Glatter als Butter sind seine Reden,
doch Kampf plant sein Herz. Geschmeidiger als Öl
sind seine Worte, und doch sind sie Schwerter.
23 Wirf auf den Herrn deine Sorge, und er wird dich
erhalten; er läßt den Gerechten ewig nicht wanken.
24 Du, o Gott, wirst sie stürzen in die Grube des Ver-
derbens. Wer sich mit Blut und Betrug verschuldet,
erreicht nicht die Hälfte seiner Tage. Ich aber ver-
traue auf dich, o Herr.

55: Unter den boshaften Feinden, mit denen der Fromme dieses Psalmes zu rechnen hat, befindet sich einer, der sein Vertrauter ist. All diesen Verleumdern und hinterlistigen Feinden wünscht er den Untergang, sich selbst Hilfe und Rettung.

(55) Hoffnung eines Bedrängten

56 [Dem Chorleiter. Nach »Taube ferner
Eichen«. Von David. Geschriebenes
Lied, als ihn die Philister in Gat ergrif-
fen.] 2 Erbarme dich meiner, o Gott, denn Menschen
stellen mir nach! Die ganze Zeit bedrängen sie mich
feindlich. 3 Die ganze Zeit stellen meine Gegner mir
nach; ja, viele sind es, die wider mich kämpfen. 4 Du
hebst mich empor, wenn ich in Furcht bin; ich ver-
traue auf dich. 5 Auf Gott, dessen Wort ich preise,
auf Gott vertraue ich ohne Furcht. Was kann mir ein
Sterblicher antun? 6 Den ganzen Tag führen sie ver-
letzende Reden, gegen mich sind all ihre Pläne
gerichtet. 7 Zum Schaden lauern und spähen sie,
achten auf meine Schritte, da sie mir nach dem
Leben trachten.
8 Für die Schlechtigkeit sollst du ihnen vergelten;
stürze im Zorn die Völker, o Gott! 9 Mein Elend hast
du aufgeschrieben, meine Tränen sind gesammelt
in deinem Krug, in deinem Buch. 10 Dann müssen
meine Feinde rückwärts weichen, sobald ich um
Hilfe rufe. Des bin ich gewiß: Gott ist für mich!
11 Auf Gott, dessen Wort ich preise [auf den Herrn,
dessen Wort ich preise], 12 auf Gott vertraue ich
ohne Furcht. Was können Menschen mir antun?
13 Gelübde, die ich dir machte, Gott, verpflichten
mich, Dankopfer entrichte ich dir. 14 Denn du hast
mein Leben vor dem Tode bewahrt, ja vor dem Fall
meine Füße; so darf ich wandeln vor Gott im Licht
der Lebendigen.

56: Menschen, die boshafte Ränke schmieden, sind auch hier Gegner des Frommen. Aber kein Sterblicher kann sein Gottvertrauen erschüttern.

(56) Der erhabene Gott ist mein Helfer

57 [Dem Chorleiter. Nach »Laß nicht ver-
derben«. Von David. Geschriebenes
Lied, als er vor Saul in die Höhle floh.]
2 Sei mir gnädig, o Gott, sei mir gnädig; denn bei dir

suche ich Zuflucht. Ja, im Schatten deiner Flügel suche ich Zuflucht, bis das Unheil vorüber ist. 3 Gott rufe ich an, den Höchsten, Gott, der es für mich vollbringt. 4 Er wird mir vom Himmel Hilfe senden, wird alle beschämen, die mir nach dem Leben trachten. Gott wird seine Gnade und Treue senden. [Zwischenspiel] 5 Mitten unter Löwen muß ich weilen, die gierig Menschen verschlingen. Ihre Zähne sind Speere und Pfeile, ihre Zunge ist ein geschärftes Schwert. 6 Zeige deine Hoheit am Himmel, o Gott, auf der ganzen Erde deinen herrlichen Glanz!

7 Sie legten meinen Füßen ein Netz und wollten mich niederzwingen. Sie hoben vor mir eine Grube aus, doch stürzten sie selber mitten hinein. [Zwischenspiel] 8 Getrost ist mein Herz, o Gott, getrost ist mein Herz; ich will singen und spielen! 9 Wach auf, mein Gemüt, wach auf, Harfe und Zither! Ich will das Morgenrot wecken. 10 Vor den Völkern will ich dir danken, Herr, vor den Nationen dich preisen! 11 Denn groß bis zum Himmel ist deine Huld, und bis zu den Wolken reicht deine Treue. 12 Zeige deine Hoheit am Himmel, o Gott, auf der ganzen Erde deinen herrlichen Glanz!

57: In Bildern aus Krieg und Jagd schildert der Psalmist seine Feinde, während Vers 8–12 (= Ps 108,2–6) jubelnden Dank für die Rettung ausdrücken.

(57) Ungerechte Richter

58 [Dem Chorleiter. Nach »Laßt nicht verderben«. Von David. Geschriebenes Lied.] 2 Sprecht ihr in Wahrheit Recht, ihr Götter? Richtet ihr gerecht die Menschen? 3 Nein, mit bösem Herzen handelt ihr, Unrecht wägen eure Hände ab im Lande. 4 Abtrünnig sind die Frevler vom Mutterschoße an, von Geburt an gehen Lügenredner in die Irre. 5 Sie haben Gift wie Schlangengift, wie eine taube Natter, die ihr Ohr verschließt, 6 nicht auf die Stimme der Beschwörer achtet, nicht auf den klugen Zaubermeister.

7 Gott, zerbrich ihnen die Zähne im Rachen, zerschlage, Herr, das Gebiß der Löwen! 8 Sie sollen vergehen wie verrinnendes Wasser, wie Gras auf dem Wege verwelken! 9 Sie mögen der Schnecke gleichen, die kriechend zerfließt, der Fehlgeburt eines Weibes, die niemals die Sonne schaut! 10 Sie seien wie Reisig, das noch frisch die Glut schon hinwegrafft, bevor ihre Kochtöpfe es zu spüren bekommen.

11 Der Gerechte wird sich freuen, wenn er Rache sieht, seine Füße im Blute des Frevlers baden kann. 12 Dann werden die Leute sagen: »Fürwahr, der Gerechte empfängt seinen Lohn; ja, es gibt einen Gott, der Gericht hält auf Erden!«

58: Die Verse 2 und 3 klagen die ungerechten Richter an, die wie in Ps 82 »Götter« genannt werden, da sie Gottes Stelle vertreten. Im folgenden ergeht Gottes Gericht über die Frevler.

(58) Von Feinden bedrängt

59 [Dem Chorleiter. Nach »Laß nicht verderben«. Von David. Geschriebenes Lied, als Saul hinschickte und man das Haus bewachte, um ihn zu töten (1 Sam 19,11).] 2 Vor meinen Feinden rette mich, mein Gott, behüte mich vor meinen Widersachern! 3 Rette mich vor Übeltätern, schütze mich vor Blutbefleckten! 4 Denn sieh, man lauert auf mein Leben; Mächtige stellen mir nach. Und doch liegt keine Schuld auf mir und keine Sünde, Herr. 5 Obgleich ich Unrecht nicht beging, stürmen sie an und stellen sich auf. Erwache, komm mir entgegen und schau! 6 Du bist ja, Herr der Heerscharen, Israels Gott! Wach auf, um alle Völker zu strafen! Verschone keinen treulosen Sünder! [Zwischenspiel]

7 Jeden Abend kehren sie wieder, heulen wie Hunde und durchschweifen die Stadt. 8 Siehe, sie lästern mit ihrem Mund, Schwerter sind ihre Lippen: »Es gibt keinen (Gott), der hört!«

9 Du aber, Herr, lachst ihrer; du spottest aller Völker. 10 Mein Hort, auf dich will ich achten; denn Gott ist meine hohe Burg. 11 Mein gütiger Gott kommt mir entgegen, Gott läßt mich herabblicken auf meine Gegner. 12 Töte sie nicht, damit es mein Volk nie vergesse! Zerstreue sie durch deine Macht und wirf sie nieder, Herr, unser Schild! 13 Wegen der Sünde ihres Mundes und der Rede ihrer Lippen sollen sie sich fangen in ihrem Stolz! Wegen des Fluches und wegen der Lüge, die sie sprechen, 14 vertilge im Zorn, vertilge, daß keiner mehr übrigbleibt! Dann wird man erkennen, daß Gott herrscht in Jakob und bis an die Enden der Erde. [Zwischenspiel] 15 Jeden Abend kehren sie wieder, heulen wie Hunde und durchschweifen die Stadt. 16 Sie streunen umher nach Nahrung; werden sie nicht satt, so verbleiben sie die Nacht hindurch.

17 Ich aber besinge deine Macht und preise am Morgen deine Huld. Denn du bist für mich eine hohe Burg und eine Zuflucht am Tage der Not. 18 Mein Hort, dir will ich singen; denn Gott ist meine hohe Burg, mein gütiger Gott.

59: Die Feinde des Frommen sind wie heranstürmende Krieger und wilde Hunde, die abends noch nach Fraß suchen, während der Fromme am Morgen (Vers 17) über Gottes erbarmende Güte jubeln kann. • 6: Der dringende Flehruf »Wach auf« ist menschliche Ausdrucksweise. Jedermann weiß, daß Gott nicht schläft (121,4). • 12: Die Vers 14 erbetene Vertilgung soll nicht sofort geschehen.

(59) Flehen zu Gott in harter Kriegsnot

60

[Dem Chorleiter. Nach »Lilie«. Ein
Zeugnis. Geschriebenes Lied. Von
David, zum Lehren, 2 als er gegen die
Aramäer des Zweistromlandes und die Aramäer
von Zoba kämpfte, und als Joab umkehrte und die
Edomiter im Salztale schlug, zwölftausend Mann
(2 Sam 8).] 3 Gott, du hast uns verworfen, zerschla-
gen; du hast gezürnt, nun stelle uns wieder her!
4 Du hast die Erde erschüttert, gespalten; heile ihre
Risse, denn sie wankt! 5 Du hast deinem Volke
Hartes erwiesen, mit Taumelwein uns getränkt.
6 Deinen Frommen hast du ein Zeichen gegeben, sie
sollten fliehen vor dem Bogen. [Zwischenspiel]
7 Damit deinen Lieblingen Rettung werde, hilf mit
deiner Rechten, erhöre uns!
8 Gott hat bei seiner Heiligkeit versprochen:
»Frohlockend will ich Sichem verteilen und das Tal
von Sukkot vermessen! 9 Mein ist Gilead, und mein
ist Manasse! Ephraim ist meines Hauptes Schutz,
Juda mein Herrscherstab. 10 Mein Waschbecken ist
Moab, auf Edom setze ich meinen Schuh, über
Philistäa will ich triumphieren!«
11 Wer bringt mich zur befestigten Stadt, wer gelei-
tet mich nach Edom? 12 Hast nicht du, o Gott, uns
verworfen und bist nicht ausgezogen, o Gott, mit
unseren Heeren? 13 Gewähre uns Beistand vor dem
Feind; denn nichtig ist menschliche Hilfe! 14 Mit
Gott entfalten wir Kraft. Er ist es, der unsere Gegner
zertritt.

60: Vers 3–7 ist eine in Kriegsnot gesprochene Volksklage. Vers 8–14 (= 108,7–14) erinnern an Verheißungen Gottes, er werde das Heilige Land und die Nachbarländer sich aneignen. Mit dem »Waschbecken« Moab ist an das Tote Meer gedacht.

(60) Gebet in der Fremde

61

[Dem Chorleiter. Mit Saitenspiel. Von
David.] 2 Höre, Gott, mein Flehen, achte
auf mein Gebet! 3 Vom Ende der Erde
rufe ich zu dir, da mein Herz verzagt. Führe du mich
auf den Felsen, der für mich zu hoch! 4 Du bist ja
meine Zuflucht, ein starker Turm vor dem Feind.
5 In deinem Zelte möchte ich für immer weilen,
möchte mich im Schutze deiner Flügel bergen!
[Zwischenspiel]
6 Denn du, o Gott, hörst meine Gelübde, erfüllst das
Verlangen aller, die deinen Namen fürchten.
7 Mehre dem König die Tage seines Lebens! Seine
Jahre mögen dauern von Geschlecht zu Geschlecht!
8 Vor Gottes Antlitz throne er ewig! Huld und Treue
mögen ihn behüten! 9 So will ich deinem Namen
allzeit lobsingen, mein Gelübde entrichten Tag für
Tag!

61: Aus weiter Ferne (Vers 3) setzt der Beter seine Hoffnung auf Gottes Schutz und Hilfe. Seine Sehnsucht ist das Heiligtum in Jerusalem. Das Gebet für den König (Vers 7f) ist wohl liturgischer Einschub, als der Psalm von der Gemeinde übernommen wurde, ähnlich 28,8; 63,12; 84,10.

(61) Festes Gottvertrauen

62

[Dem Chorleiter. Nach Jedutun. Psalm
Davids.] 2 Auf Gott allein harrt still
meine Seele, von ihm kommt mir Hilfe.
3 Er nur ist mein Fels und meine Hilfe, meine Burg,
daß ich nicht wanke. 4 Wie lange bedrängt ihr einen
einzelnen Mann, stürmt ihr alle heran wie gegen
eine sinkende Wand, eine stürzende Mauer? 5 Ja, sie
planen, ihn von seiner Höhe zu stürzen, sie lieben
die Lüge; mit ihrem Munde segnen sie, in ihrem
Herzen fluchen sie. [Zwischenspiel]
6 Auf Gott allein harre still, meine Seele! Denn von
ihm stammt meine Hoffnung. 7 Er nur ist mein Fels
und meine Hilfe, meine Burg, daß ich nicht wanke.
8 Auf Gott ruht mein Heil und mein Ruhm; mein
starker Fels, meine Zuflucht ist Gott. 9 Vertrau auf
ihn, du ganze Volksgemeinde! Schüttet euer Herz
ihm aus! Gott ist unsere Zuflucht. [Zwischenspiel]
10 Nur ein Hauch sind die Sterblichen, Täuschung
die Menschen! Auf der Waage schnellen sie hoch,
insgesamt leichter als ein Hauch. 11 Verlaßt euch
nicht auf Gewalt, setzt nicht leere Hoffnung auf
Raub! Wenn der Reichtum wächst, hängt das Herz
nicht daran! 12 Eines hat Gott gesprochen, zwei
Dinge sind es, die ich vernahm: daß Gottes die
Macht ist 13 und bei dir, Herr, die Gnade. Ja, du
vergiltst einem jeden nach seinem Tun.

62: Ein Loblied auf Gottes Hilfe gegenüber aller Bosheit und Nichtigkeit der Menschen.

(62) »Meine Seele hängt an dir«

63

[Ein Psalm von David, als er in der
Wüste war.] 2 Gott, du bist mein Gott,
dich suche ich! Meine Seele dürstet nach
dir, mein Leib schmachtet nach dir wie dürres,
lechzendes Land ohne Wasser. 3 So schaue ich im
Heiligtum nach dir aus, um deine Macht und Herr-
lichkeit zu sehen. 4 Denn deine Huld ist köstlicher
als Leben; meine Lippen sollen dich preisen. 5 So
will ich dich rühmen mein Leben lang, in deinem
Namen die Hände erheben! 6 Wie an Fett und Mark
kann ich mich sättigen; mit jubelnden Lippen lob-

singt mein Mund, 7 wenn ich deiner gedenke auf meinem Lager, in den Nachtwachen mich vertiefe in dich. 8 Du bist mir ja zur Hilfe geworden, im Schatten deiner Flügel frohlocke ich. 9 Meine Seele hängt an dir, deine Rechte hält mich fest.
10 Doch wer mir zum Verderben nach dem Leben trachtet, muß in die Tiefen der Erde versinken. 11 Der Gewalt des Schwertes gibt man sie preis, sie werden den Schakalen zur Beute. 12 Doch der König freut sich in Gott. Es rühmen sich alle, die bei ihm schwören; denn verschlossen wird den Lügnern der Mund.

63: Die Frömmigkeit dieses Psalmes hat es nicht mit irdischen, sondern ganz mit geistigen Werten zu tun. Entsprechend sind Vers 10–12 keine Wünsche, sondern nur eine festgestellte Tatsache.

(63) Gott vertilgt den Arglistigen

64 [Dem Chorleiter. Psalm Davids.] 2 Höre, Gott, meinen klagenden Ruf, vor Feindesschrecken schütze mein Leben! 3 Birg mich vor der Rotte der Bösen, vor dem Toben der Übeltäter! 4 Sie schärfen ihre Zunge wie ein Schwert, zielen mit dem Pfeil ihrer giftigen Rede, 5 um aus dem Versteck den Schuldlosen zu treffen, ihn jählings zu treffen ohne Bedenken. 6 Eine schlimme Sache vereinbaren sie, besprechen sich, heimlich Fallen zu legen. Sie sagen: »Wer wird sie sehen?« 7 Sie sinnen auf Frevel, verbergen den ersonnenen Plan; das Innere eines jeden und das Herz ist ein Abgrund.
8 Aber Gott wird mit dem Pfeile sie treffen, plötzlich verspüren sie Wunden. 9 Er bringt sie zu Fall ob ihrer Zunge; wer sie erblickt, schüttelt den Kopf. 10 Da geraten alle Menschen in Furcht; sie verkünden das Eingreifen Gottes und verstehen sein Walten. 11 Der Gerechte freut sich des Herrn und findet Zuflucht bei ihm. Es rühmen sich alle redlichen Herzen.

64: Wieder ein Stoßgebet gegen heimtückische Anschläge falscher Menschen, deren Pläne Gott vereitelt.

(64) Erntedank

65 [Dem Chorleiter. Psalm Davids. Ein Lied.] 2 Dir gebührt Lobpreis, o Gott, in Sion; dir erfüllt man Gelöbnisse. 3 Du erhörst die Gebete. Zu dir kommt alles Volk mit seiner Sündenlast. 4 Sind unsere Vergehen zu schwer für uns, so vergibst du sie. 5 Glücklich, wen du auserwählst und zu dir rufst, daß er in deinen Höfen wohne! Wir wollen uns am Segen deines Hauses laben, deines heiligen Tempels! 6 Mit furchtgebietenden Taten erhörst du uns voll Güte, Gott unseres Heiles, du Hoffnung aller Enden der Erde und der entlegensten Inseln! 7 Du hast die Berge hingestellt durch deine Kraft, mit Stärke dich umgürtet. 8 Du stillst das Brausen der Meere, das Brausen ihrer Wogen und das Tosen der Völker. 9 Ehrfurcht erfüllt die Bewohner der äußersten Grenzen vor deinen Zeichen, Morgen- und Abendland bringst du zum Jubeln.
10 Du hast die Erde aufgesucht, sie überflutet und überreich getränkt. Mit Wasser ist gefüllt der Gottesbach. Ihr Korn bereitest du den Menschen. Ja, so bereitest du die Erde: 11 Du bewässerst ihre Furchen, ebnest ihre Schollen, machst sie weich mit Regenschauern, segnest ihr Gewächs. 12 Du krönst das Jahr mit deiner guten Gabe, deine Pfade triefen von Üppigkeit. 13 Es triefen die Auen der Steppe, mit Jubel die Höhen sich gürten. 14 Die Anger sind mit Herden bekleidet, die Täler in Korn gehüllt. Sie jauchzen sich zu und singen.

65: Eine Dankliturgie für die eingebrachte Ernte. Der Erntedank scheint ein Gelübde vorauszusetzen.

(65) Lob und Dank

66 [Dem Chorleiter. Ein Lied. Ein Psalm.] Jubelt Gott, alle Länder! 2 Singt vom Ruhm seines Namens, entbietet ihm ehrenden Lobgesang! 3 Sprecht zu Gott: »Wie ehrfurchtgebietend sind deine Werke! Ob deiner gewaltigen Macht huldigen dir deine Feinde. 4 Alle Welt neige sich vor dir, singe dir, besinge deinen Namen!« [Zwischenspiel] 5 Kommt und schaut das Wirken Gottes! Schauervoll ist sein Walten über den Menschen. 6 Er verwandelt das Meer in trockenes Land, zu Fuß durchschritt man den Strom. So wollen wir seiner uns freuen! 7 Ewig herrscht er in seiner Kraft, seine Augen achten auf die Völker, die Widerspenstigen können sich nicht erheben. [Zwischenspiel]
8 Preist, ihr Völker, unsern Gott! Laßt laut sein Lob erschallen! 9 Er hat uns am Leben erhalten, hat unseren Fuß nicht zum Wanken gebracht. 10 Ja, du hast uns geprüft, o Gott, geläutert, wie man das Silber läutert. 11 Du ließest uns ins Netz geraten, legtest Fesseln um unsere Hüften. 12 Menschen ließest du uns über die Köpfe fahren; wir mußten durch Feuer und Wasser gehen; doch du führtest uns hinaus in die Freiheit.
13 So komme ich mit Brandopfern in dein Haus und will dir meine Gelübde erfüllen, 14 wozu meine Lippen sich aufgetan, und die mein Mund in der Not versprochen. 15 Mastschafe bringe ich dir zum Brandopfer dar samt dem Opferduft von Widdern.

Rinder und Böcke entrichte ich. [Zwischenspiel] 16 Kommt und vernehmt, ihr Gottesfürchtigen alle, ich will erzählen, wie er an mir getan! 17 Mit meinem Munde rief ich zu ihm, und Lobpreis war auf meiner Zunge. 18 Hätte ich Unrecht entdeckt in meinem Herzen, so hätte der Herr kein Gehör verliehen. 19 Doch wahrlich, Gott hat gehört, geachtet auf mein lautes Gebet. 20 Gepriesen sei Gott, der mein Gebet nicht verwarf und seine Gnade mir nicht versagte!

66: Lied, gesungen bei einem Gelübdedankopfer, wobei Vers 1–12 mehr die Allgemeinheit ansprechen, während von Vers 13 ab ein einzelner für die göttliche Hilfe dankt.

(66) Danklied

67 [Dem Chorleiter. Zum Saitenspiel. Ein Psalm. Ein Lied.] 2 Gott sei uns gnädig und segne uns! Er lasse uns sein Antlitz leuchten! [Zwischenspiel] 3 So wird man auf Erden dein Walten erkennen, unter allen Völkern deine Hilfe. 4 Die Völker sollen dich preisen, Gott, es sollen dich preisen die Völker alle! 5 Nationen sollen sich freuen und jubeln; denn du regierst die Völker gerecht und lenkst die Nationen auf Erden. [Zwischenspiel] 6 Die Völker sollen dich preisen, Gott, es sollen dich preisen die Völker alle! 7 Das Land hat seinen Ertrag geliefert. Es segnet uns Gott, unser Gott. 8 Es segnet uns Gott, und ihn sollen fürchten alle Enden der Erde!

67: Erntedanklied, das aber Israels Schranken durchbricht und durchblicken läßt, daß Gottes Hilfe wichtiger ist als die Ernte des Bodens.

(67) Gottes Siegeszug

68 [Dem Chorleiter. Von David. Ein Psalm. Ein Lied.] 2 Gott erhebt sich. Da zerstieben seine Feinde, seine Gegner fliehen vor ihm. 3 Wie flüchtiger Rauch verweht, wie Wachs vor dem Feuer zerfließt, so vergehen die Frevler vor Gottes Antlitz. 4 Doch die Gerechten freuen sich und jubeln vor dem Angesicht Gottes; sie jauchzen vor Freude. 5 Singet Gott, preist seinen Namen! Bahnt einen Weg ihm, der durch die Steppen einherfährt! Freut euch des Herrn und jubelt vor ihm! 6 Vater der Waisen und Anwalt der Witwen ist Gott in seiner heiligen Wohnstatt. 7 Vereinsamte bringt Gott nach Hause, Gefangene führt er heraus ins Heil, nur Trotzige bleiben in dürrem Land. 8 Gott, als du herzogst vor deinem Volke, als du einherschrittest in der Wüste, [Zwischenspiel] 9 da bebte die Erde, ja es triefte der Himmel vor Gott [am Sinai], vor Gott, dem Gott Israels. 10 Großmütig sandtest du Regen, o Gott, dein verschmachtendes Erbland hast du erquickt. 11 Dein zeltendes Volk fand Wohnung darin; du erquicktest den Armen in deiner Güte, o Gott. 12 Der Herr gab Befehl, der großen Heereszug verkündete. 13 Die Könige der Heere flohen, ja flohen, und die Frau im Hause verteilte die Beute. 14 Mögt ihr (andern) auch lagern am warmen Herd – die Flügel der Taube sind bedeckt mit Silber und ihre Schwingen mit gelbem Gold.

15 Als der Allmächtige Könige zerstreute, damals schneite es auf dem Zalmon. – 16 Ein erhabenes Gebirge ist Basans Gebirge, ein gipfelreiches Gebirge ist Basans Gebirge. 17 Warum schaut ihr voll Neid, ihr gipfelreichen Berge, auf den Berg, den Gott sich zum Sitz erkor, ja, auf dem der Herr für ewige Zeiten thront? 18 Der Wagen Gottes sind zehntausende, abertausende! Der Herr kam vom Sinai ins Heiligtum gezogen.

19 Du stiegst zur Höhe empor, führtest Gefangene mit, empfingst Geschenke von den Menschen, selbst von jenen, die sich sträubten, zu wohnen beim Herrn und Gott. 20 Gepriesen sei der Herr Tag für Tag! Er trägt unsre Last; Gott ist unsre Hilfe. [Zwischenspiel] 21 Gott ist für uns ein helfender Gott! Der Herr und Gebieter weiß Auswege vor dem Tod. 22 Ja, Gott zerschmettert das Haupt seiner Feinde, den Haarscheitel dessen, der einhergeht in seinen Sünden. 23 Der Herr hat gesprochen: »Aus Basan bringe ich heim, bringe heim aus den Tiefen des Meeres, 24 daß dein Fuß sich bade in Blut, die Zunge deiner Hunde Anteil bekomme an den Feinden.« – 25 Man schaut deinen Einzug, o Gott, den Einzug meines Gottes, meines Königs, ins Heiligtum: 26 Voraus ziehen die Sänger, dann folgen die Saitenspieler inmitten paukenschlagender Mädchen. 27 »In Gruppen lobpreist Gott, lobpreist den Herrn, ihr vom Stamm Israels!«

28 Da ist Benjamin – klein, doch ihr Führer –, die Fürsten von Juda mit Jubelrufen, die Fürsten von Sebulun, die Fürsten von Naphtali! 29 Entbiete, o Gott, deine Macht, die göttliche Macht, die du an uns erwiesen, 30 von deinem Tempel her über Jerusalem! Dir sollen Könige Gaben bringen! – 31 Bedrohe das Tier im Schilf, die Rotte der Stiere unter den Völkerkälbern! Tritt nieder, die Wohlgefallen haben an Silber! Zerstreue die Völker, die Kriege wünschen! 32 Man bringe aus Ägypten eherne Geräte, Kusch erhebe seine Hände zu Gott! 33 Ihr Reiche der Erde, singet Gott, preiset den Herrn! [Zwischenspiel] 34 Ihn, der hinfährt über den Himmel, den ewigen Himmel! Siehe, er läßt seine Stimme ertönen, die mächtige Stimme! 35 Rühmt

Gottes Macht! Über Israel strahlt seine Hoheit, bis zu den Wolken seine Macht. 36 Furchtgebietend ist Gott von seinem Heiligtum her. Israels Gott gibt seinem Volke Kraft und Stärke. Gepriesen sei Gott!

68: Der Psalm ist deshalb so schwer zu verstehen, weil seine einzelnen Abschnitte in keinen rechten Zusammenhang zu bringen sind. Man deutet ihn aber allgemein als ein Prozessionslied wie Psalm 24 oder 47. Einige geschichtliche Großtaten werden kurz berührt. • 12–15: Die dichterischen Verse erinnern an das Deboralied in Richt 5. • 12: Gott veranlaßt den Heereszug (Richt 4,6). • 13: Sieg über Sisera, während dessen Palastfrauen schon glaubten, Beute verteilen zu können (Richt 5,29f). • 14: Anknüpfung an Richt 5,16; »Taube« scheint Symbol für das mit reicher Beute beladene Israel zu sein. • 15: »Schneefall« ist vielleicht Ausdeutung von Richt 5,20, wonach auch die Himmelsmächte in den Kampf eingriffen. (Oder ist an das »Streuen von Salz« in Richt 9,45 gedacht?). • 31: Übersetzung ist sehr umstritten. »Tier im Schilf« bedeutet Ägypten. Dann werden die Völker mit einer Schar von Kälbern verglichen, unter denen die Ägypter die stärksten sind (Stiere!).

(68) »Die Tiefe verschlinge mich nicht!«

69

[Dem Chorleiter. Nach »Lilien«. Von David.] 2 Hilf mir, Gott, denn das Wasser geht mir schon bis zur Kehle! 3 Ich versinke in tiefem Schlamm und finde keinen Halt. In Wassertiefen bin ich geraten, und die Flut reißt mich hinweg. 4 Erschöpft bin ich vom Rufen, heiser ist meine Kehle; meine Augen versagen vor lauter Warten auf meinen Gott. 5 Zahlreicher als meines Hauptes Haare sind die, welche ohne Grund mich hassen. Stark sind meine Verderber, meine lügnerischen Feinde. Was ich nicht geraubt, das soll ich erstatten. 6 Gott, du allein kennst meine Torheit, meine Sünden sind dir nicht verborgen. 7 Durch mich mögen keine Enttäuschung erleben, die deiner harren, o Herr, der Heerscharen Herr! Durch mich sollen keine Beschämung erleiden, die dich suchen, Israels Gott! 8 Denn deinetwillen ertrage ich Schmach, bedeckt Schande mein Antlitz. 9 Fremd geworden bin ich meinen Brüdern, unbekannt den Söhnen meiner Mutter. 10 Denn der Eifer für dein Haus verzehrte mich, und die Schmähungen aller, die dich schmähten, fielen auf mich. 11 Ich quälte mich selbst mit Fasten; doch es trug mir nur Schmähung ein. 12 Das Trauerkleid nahm ich mir zum Gewand und wurde Ziel ihres Spottes.

13 Die im Tore sitzen, befassen sich mit mir, desgleichen die spöttelnden Lieder der Zecher. 14 Ich aber richte, Herr, mein Gebet zu dir zur Zeit der Gnade, o Gott. Erhöre mich in deiner großen Huld durch deine treue Hilfe! 15 Entreiße mich dem Sumpf, damit ich nicht versinke! Möge ich vor meinen Hassern Rettung finden und vor den Wassertiefen! 16 Nicht reiße die Wasserflut mich fort, die Tiefe verschlinge mich nicht, der Brunnen verschließe nicht über mir seinen Schlund! 17 Erhöre mich, Herr; denn gütig ist deine Huld! Nach deiner großen Barmherzigkeit wende dich mir zu! 18 Verbirg dein Antlitz nicht vor deinem Knecht! Ich bin in Not; erhöre mich recht bald! 19 Komm doch zu mir, erlöse mich! Befreie mich um meiner Feinde willen! 20 Du kennst ja meine Schmach, und vor dir stehen alle meine Widersacher. 21 Die Schmach bricht mir das Herz; meine Schande und mein Schimpf sind unheilbar. Ich hoffte zwar auf Mitleid, doch vergebens, auf Tröster, aber keinen fand ich.

22 Sie gaben mir als Nahrung Gift und Essig für den Durst als Trank. 23 Möge ihr Tisch vor ihnen zur Falle werden, und ihre Opfermahle seien zum Fangnetz! 24 Ihre Augen mögen erlöschen, daß sie nicht sehen; ihre Hüften laß immerdar wanken! 25 Schütte aus über sie deinen Grimm, deine Zornesglut soll sie treffen! 26 Ihr Lagerplatz möge veröden, und niemand wohne in ihren Zelten! 27 Denn sie verfolgen, den du bereits schlugst, und mehren den Schmerz dessen, den du getroffen. 28 Häufe ihnen Schuld auf Schuld, daß sie vor dir nie recht bekommen! 29 Sie seien gelöscht aus dem Buch der Lebendigen, nicht aufgezeichnet bei den Gerechten!

30 Ich aber bin elend und leidend; deine Hilfe, o Gott, richte mich auf! 31 Im Lied will ich loben den Namen Gottes, will ihn hoch erheben im Danklied. 32 Das gefällt dem Herrn besser als Opferstiere, als Farren mit Hörnern und Klauen. 33 Schaut her, ihr Gebeugten, und freut euch! Die ihr Gott sucht, euer Herz lebe auf! 34 Denn der Herr hört auf die Armen und verachtet seine Gefangenen nicht. 35 Himmel und Erde mögen ihn preisen, die Meere und alles, was darin sich bewegt! 36 Denn Gott wird Sion erretten und die Städte Judas wieder erbauen, so daß man dort Wohnung und Besitz finden kann. 37 Die Kinder seiner Diener werden es erben; wer seinen Namen liebt, wird darin weilen.

69: Die Verse 1–30 sind ein Gesang aus tiefster Not. Haß gegen die Feinde und Eifer für die Ehre Gottes gehen nach vorchristlichem Denken Hand in Hand. Vers 22 hat sich in der messianischen Zeit erfüllt (Matth 27,34.48). Vers 31–37 drücken Dank und Hoffnung aus.

(69) Gebet um Hilfe

70

[Dem Chorleiter. Von David. Zum Weihrauchopfer.] 2 Sei gewillt, o Gott, mich zu retten! Herr, eile mir zu Hilfe! 3 Voll Schande und Schmach seien alle, die mir nach

dem Leben trachten! Beschämt sollen rückwärts
weichen, die über mein Unglück schadenfroh sind!
4 Umkehren sollen vor Schande, die mich ver-
höhnen: »Hui, hui!« 5 Doch jubeln und deiner sich
freuen sollen alle, die dich suchen! Wer deine Hilfe
liebt, soll immerdar sprechen: »Groß ist Gott!« 6 Ich
aber bin elend und arm! Gott, eile, mir beizustehen!
Meine Hilfe und mein Retter bist du; Herr, halte
dich nicht zurück!

70: Vgl. 40,14–18.

(70) Bitte um Gottes Schutz bis ins Alter

71 Bei dir, Herr, suche ich Zuflucht, möge
ich niemals enttäuscht werden! 2 In
deiner Gerechtigkeit rette mich und be-
freie mich! Neige dein Ohr mir zu und bring mir
Hilfe! 3 Sei mir ein sicherer Fels, eine feste Burg, um
mir zu helfen! Ja, mein Fels und meine Feste bist du!
4 Mein Gott, befreie mich aus der Hand des Frevlers,
aus der Faust des Verbrechers und Bedrückers! 5 Du
bist ja, Herr, meine Hoffnung, mein Vertrauen,
Herr, von Jugend an. 6 Auf dich verlasse ich mich
vom Mutterleib an, vom Mutterschoß an bist du
mein Hort. Dir gilt mein Lobpreis allezeit. 7 Wie ein
Schreckenszeichen war ich für viele, doch du bist
meine starke Zuflucht. 8 Mein Mund ist voll deines
Lobes, den ganzen Tag voll deiner Verherrlichung.
9 Verwirf mich nicht zur Zeit des Alters, wenn die
Kraft mir schwindet, verlaß mich nicht! 10 Denn
meine Feinde reden über mich; die auf mein Leben
lauern, beraten sich gemeinsam. 11 Sie sagen: »Gott
hat ihn verlassen! Verfolgt und ergreift ihn; er hat ja
keinen Retter!« 12 Gott, sei mir nicht fern! Mein
Gott, eile mir zu Hilfe! 13 Vor Scham vergehen
sollen alle, die meinem Leben nachstellen! In
Schimpf und Schande sollen sich hüllen, die mein
Unglück erstreben!
14 Ich aber will allezeit hoffen und all deinen Ruhm
noch mehren! 15 Mein Mund verkündet deine
Gerechtigkeit, zu jeder Zeit deine Hilfe. Denn die
Schreibkunst verstehe ich nicht. 16 Ich komme um
der Großtaten des Herrn willen; einzig deine
Gerechtigkeit, Herr, besinge ich. 17 Gott, du hast
mich belehrt von Jugend an, und bis jetzt verkünde
ich deine Wunder. 18 Auch wenn ich alt werde
und grau, Gott, verlaß mich nicht, bis ich jedem
künftigen Geschlecht berichte von deinem (macht-
vollen) Arm! 19 Gott, dein Machterweis und deine
Gerechtigkeit reichen bis zur Himmelshöhe.
Großes hast du vollbracht; Gott, wer ist dir gleich?
20 Du ließest mich Nöte erleiden, viele und
schlimme. Du wirst mich wieder beleben und aus
den Tiefen der Erde mich wieder heraufführen.
21 Mehre meine Würde und spende von neuem mir
Trost! 22 Dann will ich dich preisen mit Harfen-
klang, deine Treue preisen, mein Gott! Auf der
Zither will ich dir spielen, Heiliger Israels! 23 Meine
Lippen sollen frohlocken bei meinem Spiel und
meine Seele, die du erlöst hast! 24 Auch meine
Zunge soll allezeit von deiner Gerechtigkeit reden:
wie in Schande und Schmach geriet, wer mein
Unglück erstrebte.

71: Die Gedanken dieses Gebetes sind nicht neu. Der Beter scheint ein alter Mann zu sein, der auf ein langes Leben zurückschaut, in dem er Gottes Güte reichlich erfahren hat. Die Verse 15–24 sind das übliche Dankgebet; es mündet in ein Bekenntnis aus.

(71) Gottgesegnetes Königtum

72 [Von Salomo.] Gott, gib dein Richter-
amt dem König, dein gerechtes Walten
dem Königssohn! 2 Er richte dein Volk
in Gerechtigkeit und deine Bedrängten nach Recht!
3 Mögen die Berge dem Volke Wohlfahrt bringen,
die Hügel Gerechtigkeit! 4 Den Bedrängten im
Volke schaffe er Recht, helfe den Söhnen des
Armen und zermalme den Bedrücker! 5 Er lebe,
solange die Sonne scheint und der Mond, von
Geschlecht zu Geschlecht! 6 Er sei dem Regen
gleich, der auf den Rasen fällt, den Regenschauern,
die das Land benetzen! 7 In seinen Tagen blühe das
Recht und Fülle des Heils, bis kein Mond mehr
scheint!
8 Er herrsche von Meer zu Meer, vom Euphratstrom
bis an die Enden der Erde! 9 Die Gegner sollen vor
ihm sich beugen und seine Feinde den Staub lecken!
10 Die Könige von Tarsis und den Inseln sollen
Geschenke bringen, die Könige von Saba und Seba
Gaben entrichten! 11 Alle Könige sollen ihm huldi-
gen, alle Völker ihm dienstbar sein!
12 Denn er befreit den Armen, wenn er um Hilfe
ruft, den Bedrängten und den, der keinen Helfer
hat. 13 Er erbarmt sich des Geringen und Armen, das
Leben der Armen rettet er. 14 Aus Bedrückung und
Gewalt erlöst er ihr Leben; denn kostbar ist in
seinen Augen ihr Blut. 15 Er lebe, und Gold aus Saba
gebe man ihm! Man bete ständig für ihn, erflehe
ihm allezeit Segen!
16 Fülle von Korn sei im Lande; selbst auf den
Gipfeln der Berge woge es! Üppig wie der Libanon
sei seine Frucht, und seine Halme mögen blühen
wie das Gras des Feldes! 17 Sein Name sei ewig
gelobt! Solange die Sonne scheint, bleibe sein
Name! In ihm mögen sich segnen alle Geschlechter,
alle Völker sollen ihn glücklich preisen! – 18 Geprie-

sen sei der Herr, Israels Gott, der allein Wunder wirkt! 19 Ja, gepriesen sei sein herrlicher Name in Ewigkeit, und die ganze Erde sei erfüllt von seiner Herrlichkeit! Amen. Amen. 20 [Zu Ende sind die Gebete Davids, des Sohnes des Isai.]

72: Die jüdische Überlieferung und im Anschluß an sie auch die christliche Kirche glauben, daß dieser Psalm vom Messias auch von seinem Reiche handelt, wenn auch zunächst nur von einem davidischen König (vgl. auch Ps 2,8.9; 89,26–30). Hoffnungen konzentrieren sich im Lauf der Geschichte immer stärker auf den erwarteten »Sohn Davids« der Heilszeit (siehe zu Ps 2).

DRITTES PSALMENBUCH

(72) Gerechte Vergeltung

73 [Psalm Asaphs.] Lauter Güte ist Gott gegen den Frommen, der Herr gegen alle, die reinen Herzens sind. 2 Mir aber wären fast die Füße ausgeglitten, ums Haar hätten meine Schritte den Halt verloren. 3 Denn ich war eifersüchtig auf die Prahler, als ich den Wohlstand der Frevler betrachtete. 4 Sie haben ja keine Beschwerden, gesund und wohlgenährt ist ihr Leib. 5 Von menschlicher Mühsal sind sie frei, werden nicht wie andere Leute von Plagen getroffen. 6 Deshalb ist Hochmut ihr Halsschmuck, Gewalttätigkeit umhüllt sie wie ein Gewand. 7 Aus gefühlloser Brust geht ihre Schuld hervor, die Ränke des Herzens entströmen ihr. 8 Sie höhnen und führen böse Reden, drohen von oben herab mit Bedrückung. 9 Sie reichen mit ihrem Mund bis zum Himmel und lassen auf Erden ihrer Zunge freien Lauf. 10 Darum wendet sich mein Volk ihnen zu und kann Wasser in Fülle schlürfen. 11 Sie sprechen: »Wie sollte Gott das wissen? Gibt es überhaupt ein Wissen beim Höchsten?« 12 Siehe, so sind die Frevler! Für immer im Glück, steigern sie den Wohlstand.

13 Ganz umsonst hielt ich rein mein Herz und wusch meine Hände in Unschuld. 14 Tagtäglich fühlte ich mich geschlagen und jeden Morgen gezüchtigt. 15 Hätte ich gedacht: »Ich will reden wie jene«, dann hätte ich das Geschlecht deiner Söhne verraten. 16 So sann ich nach, dies zu begreifen; es erschien mir als eine große Qual, 17 bis ich zum Heiligtum Gottes kam, wo ich ihr Ende erfahren wollte. 18 Ja, du stellst sie auf schlüpfrigen Boden, in Täuschungen läßt du sie stürzen. 19 Wie sind sie doch schnell zum Entsetzen geworden, verschwunden, vergangen vor Schrecken 20 gleich einem Traum, der beim Erwachen vergeht; man beachtet sein Schattenbild nicht mehr beim Aufstehn.

21 Als mein Herz verbittert war und mein Inneres gepeinigt, 22 da war ich töricht und unvernünftig; wie dummes Vieh benahm ich mich vor dir.

23 Dennoch bin ich stets bei dir; du hast meine rechte Hand ergriffen. 24 Nach deinem Ratschluß führst du mich und nimmst mich hernach in Ehren auf. 25 Wen habe ich sonst im Himmel, und außer dir begehre ich nichts auf Erden. 26 Mögen Leib und Herz mir vergehen, Gott ist mein Anteil für ewig. 27 Denn wer sich von dir entfernt, geht zugrunde; du vernichtest alle, die dich treulos verlassen. 28 Doch für mich ist Gottes Nähe mein Glück. Ich setze auf den Herrn mein Vertrauen, will alle deine Werke verkünden.

73: Ein Weisheitslied, das uns über Psalm 37 wesentlich hinausführt. Der Fromme hadert auch hier mit Gott, merkt aber plötzlich, daß Gott doch gerecht ist. Das Gotteserlebnis beglückt ihn unendlich (Vers 23–28).

(73) Der zerstörte Tempel

74 [Weisheitslied von Asaph.] Warum, o Gott, hast du für immer verstoßen, lodert dein Zorn wider die Schafe deiner Weide? 2 Gedenke deiner Gemeinde, die du vor alters erworben, die du erkauft als Stamm dir zu eigen, des Berges Sion, auf dem du Wohnung genommen! 3 Lenke deine Schritte zu den ewigen Trümmern! Alles hat der Feind im Heiligtum verwüstet. 4 Deine Widersacher lärmten an deiner Versammlungsstätte, stellten als Banner ihre Feldzeichen auf. 5 Es sah aus, wie wenn man die Axt schwingt im Waldesdickicht. 6 Sie zerschlugen mit Beil und Hacke das gesamte Schnitzwerk. 7 An dein Heiligtum legten sie Feuer, entweihten bis auf den Grund die Wohnstatt deines Namens. 8 Sie dachten bei sich: »Wir wollen sie insgesamt unterdrücken!« Sie verbrannten alle Gottesstätten im Lande.

9 Unsre eigenen Feldzeichen sehen wir nicht, kein Prophet ist mehr da, und keiner ist unter uns, der wüßte, wie lang es dauert. 10 Wie lang, o Gott, darf der Gegner lästern, darf der Feind deinen Namen immerfort schmähen? 11 Warum ziehst du deine Hand hinweg, hältst deine Rechte im Schoß zurück?

12 Du, Herr, bist mein König seit je, der rettende Taten auf Erden vollbringt. 13 Du hast in deiner Kraft das Meer erschüttert, auf den Fluten die Köpfe der Drachen zerschmettert. 14 Du hast des Seedrachen Köpfe zerschlagen, gabst ihn den Haien zum Fraße.

15 Du ließest aufbrechen Quelle und Bach und
legtest nie versiegende Ströme trocken. 16 Dein ist
der Tag und dein auch die Nacht, du hast Leuchte
und Sonne befestigt. 17 Du hast alle Zonen der Erde
bestimmt, Sommer und Winter hast du gemacht.
18 So denke daran: Der Feind schmäht den Herrn,
ein törichtes Volk lästert deinen Namen! 19 Gib das
Leben deiner Bekenner nicht dem Verderben preis,
das Leben deiner Gebeugten vergiß nicht für
immer! 20 Blicke auf deinen Bund! Denn angefüllt
sind die finsteren Winkel des Landes als Stätten der
Gewalttat. 21 Laß den Unterdrückten nicht beschämt abziehen! Der Bedrängte und Arme preise
deinen Namen! 22 Erhebe dich, Gott, führe deinen
Streit! Denke daran, wie die Toren beständig dich
schmähen! 23 Vergiß nicht das Lärmen deiner Widersacher! Das Toben deiner Gegner steigt dauernd
empor.

(74) Gottes Strafbecher für die Stolzen

75

[Dem Chorleiter. »Zerstöre nicht!« Psalm
Asaphs. Ein Lied.] 2 Wir preisen dich,
Gott, wir preisen! Die deinen Namen
anrufen, erzählen deine Wundertaten. – 3 »Sobald
ich die Zeit für reif erachte, halte ich gerechtes
Gericht. 4 Ob auch die Erde wankt und alle, die
auf ihr wohnen, ich selbst habe ihre Säulen fest gegründet.« [Zwischenspiel] 5 Ich warne die Prahler:
Prahlet nicht!, und die Frevler: Hebt die Stirn nicht
zu hoch! 6 Hebt eure Stirn nicht zur Himmelshöhe
empor, redet nicht Vermessenes wider den »Fels«:
7 »Nein, weder vom Anfang noch vom Niedergang
noch von der Wüste und den Bergen (kommt das
Gericht)!« 8 Vielmehr ist Gott der Richter. Den
einen erniedrigt er, den andern erhöht er. 9 Denn ein
Kelch ist in der Hand des Herrn: schäumender Wein
voller Würze. Er reicht ihn von einem zum andern;
selbst seine Hefe müssen sie schlürfen; trinken
müssen alle Frevler der Erde.
10 Ich aber werde jubeln für immer, werde preisen
den Gott Jakobs! 11 Er zerbricht allen Frevlern das
trotzige Haupt; hoch erhebt sich das Haupt des Gerechten.

75: Vielleicht eine Liturgie mit verteilten Stimmen; die das Gericht androhende Gottesstimme und der Ruf des Dichters an die Toren und Übermütigen stehen im Mittelpunkt.

(75) Gott schlägt die Kriegshelden

76

[Dem Chorleiter. Mit Saitenspiel. Psalm
Asaphs. Ein Lied.] 2 In Juda hat Gott sich
kundgetan, groß ist sein Name in Israel.
3 In Salem erstand sein Gezelt, seine Wohnstätte auf
dem Sion. 4 Dort zerbrach er die Brandpfeile des
Bogens, Schild, Schwert und Kriegswaffe. [Zwischenspiel] 5 Furchtbar bist du, herrlicher als die
ewigen Berge! 6 Zur Beute wurden die beherzten
Recken, sanken hin in ihren Schlaf, allen Kriegshelden versagten die Hände. 7 Von deinem Drohwort, Gott Jakobs, wurden Wagenlenker und Roß
betäubt.
8 Furchtbar bist du! Wer kann bestehen vor dir bei
deinem heftigen Zorn? 9 Vom Himmel her läßt du
das Urteil vernehmen. Die Erde erschrickt und verstummt, 10 wenn Gott sich erhebt zum Gericht, um
allen Bedrängten auf Erden zu helfen. [Zwischenspiel] 11 Denn Hamat-Aram preist dich, und der
Rest von Hamat feiert dich.
12 Macht Gelübde und erfüllt sie dem Herrn, eurem
Gott! Alle Völker ringsum sollen dem Furchtbaren
Gaben bringen! 13 Er beugt den Hochmut der Fürsten, zeigt sich als furchtbar den Königen der Erde.

76: Dem Inhalt nach ähnlich wie 46, 48 und 87. Alle Angriffe müssen an »Salem« (1Mos 14,18) scheitern und fordern das Gericht des Herrn über die ganze Welt heraus.

(76) »Ich gedenke deiner früheren Wunder«

77

[Dem Chorleiter. Nach Jedutun. Von
Asaph. Ein Psalm.] 2 Meine Stimme erhebt sich zu Gott, ich rufe laut; meine
Stimme erhebt sich zu Gott, daß er mich höre. 3 Zur
Zeit meiner Drangsal suche ich den Herrn. Des
Nachts ist meine Hand unermüdlich ausgestreckt.
Meine Seele will sich nicht trösten lassen. 4 Denke
ich an Gott, so muß ich seufzen, grüble ich nach,
so verzagt mein Geist. [Zwischenspiel] 5 Meine
Augenlider bleiben geöffnet; voll Unruhe bin ich
und finde kein Wort. 6 Ich sinne über die früheren
Zeiten, denke an die Jahre der Vorzeit. 7 Bei Nacht
erwäge ich im Herzen, grüble nach, und es forscht
mein Geist: 8 Verstößt denn der Herr für ewige
Zeiten? Wird er nie wieder gnädig sein? 9 Ist seine
Huld für immer zu Ende, ist sein Wort verstummt
für alle Geschlechter? 10 Hat Gott das Erbarmen vergessen, sein Mitleid im Zorn erstickt? [Zwischenspiel]
11 Ich spreche: »Das ist mein Schmerz, daß sich die
mächtige Hand des Höchsten geändert hat!« 12 Ich
gedenke der Taten des Herrn, ja, ich gedenke deiner
früheren Wunder. 13 Ich erwäge all deine Werke,
grüble nach über deine Taten. 14 Gott, dein Walten
ist heilig! Welcher Gott ist so groß wie unser Gott?
15 Du bist der Gott, der Wunder vollbringt! Du hast
unter den Völkern deine Kraft erwiesen. 16 Mit
starkem Arm hast du dein Volk erlöst, die Söhne

Jakobs und Josephs. [Zwischenspiel] 17 Es sahen
dich die Wasser, o Gott, es sahen dich die Wasser
und bebten; selbst die Weltmeere zitterten. 18 Was-
ser ergossen die Wolken, Donner entsandte das
Gewölk, auch deine Pfeile fuhren dahin. 19 Laut
rollte dein Donner wie ein Rad, Blitze erhellten den
Erdkreis. Die Erde bebte und schwankte. 20 Durch
das Meer ging dein Weg, dein Pfad durch riesige
Wasser, und deine Spuren waren nicht zu erkennen.
21 Du führtest dein Volk gleich einer Herde durch
die Hand des Moses und Aaron.

77: Der Fromme führt eine bewegte Klage und leidet seelische Not um das Schicksal seines Volkes, von dessen ruhmvoller Vergangenheit er von Vers 12 ab ein Loblied singt. Das eindrucksvolle Beispiel ist immer der Zug durch das Rote Meer und die Offenbarung Gottes am Sinai. Zur Gotteserscheinung vgl. Anmerkung zu Ps 50,3.

(77) Lehren aus Israels Vergangenheit

78 [Weisheitslied von Asaph.] Höre, mein
Volk, auf meine Lehre, neigt euer Ohr
den Worten meines Mundes! 2 Zu einem
Spruchgedicht will ich meinen Mund auftun, will
Rätselhaftes künden aus früherer Vorzeit. 3 Was wir
gehört und vernommen, was unsere Väter erzähl-
ten, 4 das wollen wir nicht ihren Söhnen verhehlen;
für das kommende Geschlecht erzählen wir es: die
Ruhmestaten des Herrn und seine Stärke, seine
Wunder, die er vollbrachte. 5 Eine Vorschrift erließ
er in Jakob, ein Gesetz stellte er in Israel auf, als er
unseren Vätern befahl, sie ihren Söhnen kundzu-
tun, 6 damit das kommende Geschlecht es wisse,
die künftig geborenen Söhne. Auch sie sollten sich
erheben und ihren Kindern davon erzählen, 7 damit
sie auf Gott ihr Vertrauen setzen und niemals die
Gottestaten vergessen, sondern seine Gebote be-
folgen. 8 Sie sollten nicht werden wie ihre Väter,
ein trotziges, widerspenstiges Geschlecht, ein Ge-
schlecht mit wankelmütigem Herzen und treu-
losem Sinn gegen Gott. 9 [Die Ephraimiten, ge-
wappnet als Bogenschützen, kehrten den Rücken
am Tage der Schlacht.] 10 Den Bund mit Gott hielten
sie nicht und wollten nicht wandeln nach seinem
Gesetz. 11 Sie vergaßen seine Taten und Wunder,
die er ihnen gezeigt.
12 Vor ihren Vätern hat er Wunder gewirkt im Lande
Ägypten, in der Gegend von Zoan. 13 Er zerteilte das
Meer und führte sie hindurch, das Wasser ließ er
feststehen wie einen Damm. 14 Er geleitete sie in der
Wolke bei Tag, die ganze Nacht im Feuerschein.
15 Er spaltete Felsen in der Wüste und spendete
Trank gleich Meeresfluten. 16 Aus dem Gestein ließ
er Bäche rinnen und Wasser gleich Ströme herab-
fließen.
17 Sie aber fuhren fort, gegen ihn zu sündigen, den
Höchsten zu kränken im dürren Land. 18 Sie ver-
suchten Gott in ihrem Herzen, als sie Speise ver-
langten für ihre Gier. 19 Sie redeten wider Gott und
sprachen: »Kann wohl Gott einen Tisch in der
Wüste decken? 20 Wohl schlug er den Felsen, daß
Wasser flossen und Bäche strömten; doch wird er
auch Speise geben können und Fleisch seinem
Volke verschaffen?«
21 Als daher der Herr dies hörte, wurde er zornig;
ein Feuer entbrannte gegen Jakob, und Zorn erhob
sich gegen Israel. 22 Denn sie hatten Gott nicht
geglaubt und auf seine Hilfe nicht vertraut. 23 Doch
er gebot den Wolken droben und tat die Türen des
Himmels auf. 24 Er ließ auf sie Manna zur Speise
regnen und gab ihnen Himmelskorn. 25 Brot der
Engel aßen die Menschen, Nahrung sandte er ihnen
in Fülle. 26 Den Ostwind ließ er am Himmel auf-
brechen, führte den Südwind heran in seiner Stärke.
27 Nun ließ er Fleisch auf sie regnen wie Staub,
flatternde Vögel wie Meeressand. 28 Mitten in sein
Lager ließ er sie fallen, rings um seine Wohnstatt
herum. 29 Sie aßen und wurden übersatt; er hatte
ihnen besorgt, wonach sie begehrten. 30 Noch war
ihre Gier nicht gestillt, noch hatten sie Speise in
ihrem Mund, 31 da erhob sich Gottes Zorn gegen
sie. Er tötete die Stärksten unter ihnen und streckte
Israels Jünglinge nieder. 32 Trotz alledem sündigten
sie weiter und glaubten nicht an seine Wunder.
33 Da ließ er ihre Tage wie nichts vergehen, ihre
Jahre in erschreckender Hast.
34 Gab er sie dem Tode preis, dann suchten sie ihn,
kehrten um und mühten sich eilends um Gott.
35 Dann dachten sie daran, daß Gott ihr Fels und der
höchste Gott ihr Erlöser ist. 36 Sie täuschten ihn mit
ihrem Mund, und mit ihrer Zunge belogen sie ihn.
37 Ihr Herz hielt nicht an ihm fest, und seinem
Bunde blieben sie nicht treu. 38 Doch er war gnädig,
vergab die Schuld, verzichtete auf Vernichtung. Er
drängte gar oft seinen Zorn zurück und weckte
nicht seinen ganzen Grimm. 39 Er gedachte viel-
mehr, daß sie nur Fleisch sind, ein Hauch, der
dahingeht und nimmer wiederkehrt. 40 Wie oft
kränkten sie ihn in der Wüste, beleidigten ihn in
der Steppe! 41 Immer wieder versuchten sie Gott
und betrübten den Heiligen Israels. 42 Sie dachten
nicht mehr an seine Hand, an den Tag, da er sie vom
Feind erlöste, 43 als er in Ägypten seine Zeichen
vollbrachte und seine Wunder in der Gegend von
Zoan. 44 Er wandelte ihre Nilarme in Blut, so daß sie
deren Gewässer nicht trinken konnten. 45 Er sandte
gegen sie Fliegen, sie zu verzehren, und Frösche, sie

zu vernichten. 46 Ihre Ernte gab er dem Feldhüpfer preis, der Heuschrecke den Ertrag ihrer Arbeit. 47 Ihre Weinstöcke zerschlug er mit Hagel, ihre Maulbeerfeigen mit Schloßen. 48 Ihr Vieh übergab er der Pest, ihre Herden den Seuchen. 49 Er sandte wider sie seine Zornesglut, Grimm, Wut und Bedrängnis, ein Heer unheilbringender Boten. 50 Er ließ seinem Zorn freien Lauf, schützte sie nicht vor dem Tod, sondern übergab ihr Leben der Pest. 51 Er schlug alle Erstgeburt in Ägypten, den Erstling ihrer Kraft in den Zelten Chams. 52 Dann ließ er wie Schafe sein Volk aufbrechen, leitete sie in der Wüste wie eine Herde. 53 Er führte sie sicher, und sie brauchten nichts zu fürchten, doch ihre Feinde bedeckte das Meer.

54 Er brachte sie in sein heiliges Land, zum Berg, den seine Rechte erworben. 55 Völker vertrieb er vor ihnen, teilte sie mit der Meßschnur als Erbbesitz zu, ließ in ihren Zelten die Stämme Israels wohnen. 56 Doch sie versuchten und kränkten Gott, den Höchsten, hielten seine Vorschriften nicht. 57 Sie wurden treulos und abtrünnig gleich ihren Vätern, wandten sich um wie ein erschlaffender Bogen. 58 Sie erzürnten ihn mit ihrem Höhendienst und reizten ihn mit ihren Götzenbildern.

59 Das nahm Gott wahr und ergrimmte; heftig verwarf er Israel. 60 Seine Wohnstatt in Silo schlug er zu Boden, das Zelt, worin er wohnte unter den Menschen. 61 In Gefangenschaft gab er den Sitz seiner Macht, seine Zier in die Hand des Feindes. 62 Dem Schwert übergab er sein Volk und grollte gegen sein Erbe. 63 Seine Jünglinge fraß das Feuer, seine Jungfrauen hörten kein Brautlied. 64 Seine Priester fielen durch das Schwert, seine Witwen beweinten die Toten nicht.

65 Da erwachte der Herr wie ein Schlafender, wie ein Kriegsheld, der sich vom Weine erhebt. 66 Er schlug seine Feinde zurück, fügte ihnen dauernde Schmach zu. 67 Er verwarf das Zelt Josephs, Ephraims Stamm erwählte er nicht. 68 Vielmehr erwählte er Judas Stamm, den Sionsberg, den er liebte. 69 Er baute gleich Himmelshöhen sein Heiligtum, gleich der Erde, die er für ewig gegründet. 70 Er erwählte David, seinen Knecht, nahm ihn von den Schafpferchen weg. 71 Von den Muttertieren holte er ihn fort, das er Jakob weide, sein Volk, und Israel, seinen Erbbesitz. 72 Und er weidete sie mit frommem Sinn, mit kluger Hand führte er sie.

78: Ein mahnender Rückblick auf die einzigartige Geschichte Israels seit dem Auszug aus Ägypten. Die Geschichtsbetrachtung endet bei David. Silo und Ephraim, d. h. das Nordreich, hat Gott verworfen, Jerusalem und der Sion bleiben für immer.

(78) Vom Feind besiegt und gedemütigt

79

[Ein Psalm Asaphs.] Gott, Heidenvölker sind in dein Erbe eingedrungen, haben deinen heiligen Tempel entweiht, Jerusalem in Trümmern gelegt. 2 Sie gaben die Leichen deiner Diener den Vögeln des Himmels zum Fraß, das Fleisch deiner Frommen den Tieren des Feldes. 3 Sie vergossen ihr Blut wie Wasser rings um Jerusalem, und niemand begrub sie. 4 Wir wurden unsren Nachbarn zur Schmach, zum Hohn und Spott unsrer Umgebung. 5 Wie lange noch, Herr, willst du immerdar zürnen, soll brennen wie Feuer dein Ingrimm? 6 Ergieße deinen Zorn über die Völker, die dich nicht kennen, und über die Reiche, die deinen Namen nicht anrufen! 7 Denn sie haben Jakob verschlungen und seine Wohnstatt verwüstet. 8 Rechne uns nicht die Sünden der Vorfahren an! Eilends komme uns dein Erbarmen entgegen; denn wir sind ganz elend geworden. 9 Hilf uns, Gott unseres Heils, um der Ehre deines Namens willen! Rette uns und vergib unsre Sünden deines Namens wegen! 10 Warum sollen die Heidenvölker sagen: »Wo bleibt denn ihr Gott?« Vor unseren Augen sollen die Heiden die Rache erfahren für das vergossene Blut deiner Diener! 11 Laß das Seufzen der Gefangenen zu dir dringen, in der Kraft deines Armes erhalte die dem Tode Geweihten! 12 Unsren Nachbarn vergilt siebenfach in ihren Schoß die Schmach, die sie dir, Herr, zugefügt!

13 Wir aber sind dein Volk, die Schafe deiner Weide. Wir wollen dir ewiglich danken, von Geschlecht zu Geschlecht deinen Ruhm verkünden!

79: Ein Volksklagegebet in Feindesnot: Heiden sind in die Festung Jerusalem eingedrungen. Das Gebet atmet den Geist der Rache an den Verwüstern. Das ist allgemein orientalische Art und menschlich begreiflich, wenn auch noch nicht christlich. 1 Makk 7,17 finden wir ein Zitat aus diesem Psalm, das sich auf Greueltaten der Makkabäerzeit bezieht.

(79) Der verwüstete Weinberg

80

[Dem Chorleiter. Nach »Lilien«. Ein Zeugnis. Von Asaph. Ein Psalm.] 2 Du Hirt Israels, höre doch, der du Joseph leitest wie Schafe! Der du auf den Kerubim thronst, erscheine 3 vor Ephraim, Benjamin und Manasse! Entbiete deine Macht und komm uns zu Hilfe!

4 Herr der Heerscharen, stelle uns wieder her! Laß dein Angesicht leuchten, daß uns Heil widerfahre!

5 Herr der Heerscharen, wie lange noch zürnst du beim Gebet deines Volkes? 6 Du gabst ihm Tränenbrot zu essen und Zähren zu trinken in reichem Maß. 7 Du machtest uns zum Streitfall für unsre Nachbarn, und unsre Feinde verspotteten

uns. 8 Herr der Heerscharen, stelle uns wieder her! Laß dein Angesicht leuchten, daß uns Heil widerfahre!
9 Einen Weinstock hobst du aus in Ägypten, vertriebst Völker und pflanztest ihn ein. 10 Du schufest ihm Raum, da schlug er Wurzeln, erfüllte das Land. 11 Berge wurden bedeckt von seinem Schatten, die Zedern Gottes von seinen Zweigen. 12 Er breitete seine Ranken aus bis ans Meer, seine Schößlinge bis zum Euphratstrom. 13 Warum hast du seine Mauern eingerissen, daß jeder von ihm erntet, der vorüberzieht? 14 Der Eber aus dem Wald zerpflückt ihn, die Tiere des Feldes weiden ihn ab.
15 Herr der Heerscharen, kehre doch um, blicke vom Himmel und sieh! Nimm dich dieses Weinstocks an 16 und des Gartens, den deine Rechte gepflanzt! 17 Die ihn verbrannten und zerstörten, sollen zugrunde gehen vor deinem drohenden Antlitz! 18 Deine Hand sei über dem Mann zu deiner Rechten, über dem Menschensohn, den du dir großzogst! 19 Wir aber wollen nicht von dir weichen! Erhalte uns am Leben, so werden wir deinen Namen anrufen! 20 Herr der Heerscharen, stelle uns wieder her! Laß dein Angesicht leuchten, daß uns Heil widerfahre!

80: Dieses Gebet wurde offenbar in Feindesnot von einer versammelten Gemeinde gebetet und gesungen; die nördlichen Stämme werden hier in Gesamtisrael einbegriffen (Vers 3). Der Kehrvers (4.8.15.20) bittet um Wiederherstellung des Volkes.

(80) Unterweisung bei der Festfeier

81

[Dem Chorleiter. Nach der gittitischen Weise. Von Asaph.] 2 Frohlocket Gott, unserer Stärke, jubelt dem Gotte Jakobs zu! 3 Stimmt den Gesang an, schlagt die Pauke, die liebliche Zither samt der Harfe! 4 Stoßt ins Horn am Neumond, am Vollmond, zum Tag unseres Festes! 5 So ist es nämlich Vorschrift für Israel, Pflicht gegen Jakobs Gott. 6 Als Gebot hat er es im Volke Josephs erlassen, als er auszog wider das Land Ägypten. Eine unbekannte Sprache vernahm ich:
7 »Ich habe seine Schulter von der Last befreit, seine Hände sind vom Tragkorb gelöst! 8 Du riefst in der Not, und ich befreite dich, gab dir Antwort im Donnergewölk. Ich stellte dich auf die Probe an den Wassern Meribas. [Zwischenspiel] 9 Höre, mein Volk, ich klage wider dich! Israel, möchtest du doch auf mich hören! 10 Keinen anderen Gott soll es bei dir geben, keinen fremden Gott darfst du verehren! 11 Ich, der Herr, bin dein Gott, der dich aus dem Lande Ägypten geführt. Öffne deinen Mund, so will ich ihn füllen! 12 Doch mein Volk hörte nicht auf meine Stimme, Israel gehorchte mir nicht. 13 Da überließ ich sie ihrer Herzensverhärtung; sie wollten nach eigenem Gutdünken wandeln. 14 Ach, daß mein Volk doch auf mich hörte, Israel auf meinen Wegen wandelte! 15 Wie bald wollte ich seine Feinde bezwingen und gegen seine Widersacher meine Hand wenden! 16 Die Gegner des Herrn müßten ihm sich ergeben, ihre Strafzeit würde ewig währen. 17 Ich würde es nähren mit fettem Weizen und mit Honig aus dem Felsen sättigen.«

81: Ein Wechselgesang zu Beginn einer Festfeier, bei der Geschichtserinnerungen an den Auszug aus Ägypten als mahnende Lehre vorgetragen werden.

81) Gericht über pflichtvergessene Richter

82

[Psalm Asaphs.] Gott tritt auf in der Gottesversammlung, inmitten der Götter hält er Gericht: 2 »Wie lange wollt ihr ungerecht richten und für die Frevler Partei ergreifen? [Zwischenspiel] 3 Verteidigt den Geringen und Verwaisten, schafft Recht dem Bedrängten und Dürftigen! 4 Befreit den Geringen und Armen, entreißt ihn der Hand der Frevler! 5 Sie haben weder Verstand noch Einsicht, sie tappen im Dunkeln dahin. So wanken alle Grundfesten der Erde. 6 Ich hatte gedacht: ›Ihr seid Götter und lauter Söhne des Höchsten.‹ 7 Doch wahrlich, wie Menschen sollt ihr sterben und fallen wie irgendeiner der Fürsten!«
8 Erhebe dich, Gott, richte die Erde! Denn dein Eigentum sind sämtliche Völker.

82: Verwandt mit Psalm 58. Hier wie dort »Götter« als Bezeichnung für die Richter, die das Gottesrecht ausüben sollten. Statt dessen muß Gott selbst über sie Gericht halten. Vers 6 lesen wir auch Joh 10,34–36, freilich in einem ganz anderen Sinne.

(82) Feinde des Gottesvolkes

83

[Ein Lied. Psalm Asaphs.] 2 Herr, bleibe nicht still! Schweige nicht und ruhe nicht, o Gott! 3 Denn sieh, deine Feinde toben, und deine Gegner erheben das Haupt. 4 Wider dein Volk ersinnen sie listige Pläne, beraten sich gegen deine Schutzbefohlenen. 5 Sie sprechen: »Kommt, tilgen wir sie aus als Volk, es schwinde die Erinnerung an Israels Namen!« 6 Einmütig halten sie Rat, schließen ein Bündnis wider dich: 7 die Zelte Edoms, die Ismaeliter, Moab und die Hagriter, 8 Gebal, Ammon und Amalek, Philistäa samt den Bewohnern von Tyrus. 9 Auch Assur gesellt sich zu ihnen, leiht seinen Arm den Söhnen Lots. [Zwischenspiel]
10 Handle an ihnen wie an Sisera, wie an Jabin am Bache Kischon, 11 wie an Midian, das bei Endor ver-

nichtet und zum Dünger des Bodens wurde. 12 Mache ihre Fürsten wie Oreb und Seeb, wie Sebach und Zalmunna alle ihre Anführer! 13 Sie sprachen ja: »Wir wollen uns die Gefilde Gottes erobern!« 14 Mein Gott, mache sie der Räderdistel gleich, der Spreu vor dem Wind! 15 Wie Feuer, das den Wald versengt, wie die Flamme, die Berge entzündet, 16 so jage sie mit deinem Orkan und schrecke sie mit deinem Sturm! 17 Mache ihr Antlitz voll Schmach, damit sie deinen Namen suchen, o Herr! 18 Für immer treffe sie Schande und Schrekken; sie sollen vor Scham zugrunde gehen! 19 So werden sie erkennen, daß du den Namen »Herr« trägst und allein der Höchste bist über die ganze Erde.

83: Der Psalm schildert, wie Israel von allen Seiten bedroht ist. Ein bestimmtes Ereignis ist aber nicht mehr feststellbar. Der Dichter bittet um das strafende Eingreifen des Allmächtigen.

(83) Im Tempel zu Hause

84

[Dem Chorleiter. Nach der gittitischen Weise. Von den Korachiten. Ein Psalm.] 2 Wie lieblich sind deine Wohnungen, Herr der Heerscharen! 3 Meine Seele lechzt, ja verzehrt sich nach den Vorhöfen des Herrn. Mein Herz, mein ganzer Leib, jubelt dem lebendigen Gott entgegen. 4 Findet doch der Sperling ein Heim, die Schwalbe ihr Nest, worin sie ihre Jungen birgt, bei deinen Altären, Herr der Heerscharen, mein König und mein Gott.

5 Selig, wer in deinem Hause wohnen darf, immerdar dich preisen kann! [Zwischenspiel] 6 Selig, die in dir ihre Stärke sehen, Pilgerfahrten im Sinne haben! 7 Sie, die durch das Baka-Tal wandern, das man zu einem Quellort machte; ja, mit Segen bedeckt es der Frühregen. 8 Sie gehen von Ringmauer zu Ringmauer; sie schauen den Gott der Götter in Sion. 9 Herr der Heerscharen, vernimm mein Gebet, höre, du Gott Jakobs! [Zwischenspiel]

10 Blicke, o Gott, auf unsren Schild, schaue auf das Antlitz deines Gesalbten! 11 Wahrlich, lieber ein Tag in deinen Vorhöfen als tausend in meiner Freiheit! Lieber auf der Schwelle liegen am Hause meines Gottes als in den Zelten des Frevels wohnen! 12 Denn der Herr ist Sonne und Schild, Huld und Ehre verleiht der Herr. Er versagt denen kein Gut, die in Unschuld wandeln. 13 Herr der Heerscharen, selig der Mensch, der auf dich vertraut!

84: Ein Wallfahrer drückt seine tiefe Sehnsucht nach dem Heiligtum aus. Die anstrengende Pilgerfahrt fällt ihm leicht (Vers 6–8). In Vers 9f wird ein Gebet für den König eingeschoben, der »unser Schild« ist (89,19). Erst recht ist Gott »Sonne und Schild« (Vers 12).

(84) Nach der Heimkehr aus der Verbannung

85

[Dem Chorleiter. Von den Korachiten. Ein Psalm.] 2 Herr, du warst deinem Lande gnädig gesinnt, hast das Schicksal Jakobs gewendet. 3 Die Schuld deines Volkes hast du vergeben, all seine Sünde zugedeckt. [Zwischenspiel] 4 Deinen ganzen Grimm hast du abgelegt, die Glut deines Zornes abgewendet.

5 Stell uns wieder her, Gott unseres Heiles, laß ab von deinem Groll wider uns! 6 Willst du uns für immer zürnen, deinen Zorn erstrecken von Geschlecht zu Geschlecht? 7 Willst du uns nicht wieder beleben, daß dein Volk froh werde in dir? 8 Laß uns, Herr, deine Gnade schauen und gewähre uns dein Heil!

9 Ich will hören, was der Herr spricht! Redet er nicht von Heil zu seinem Volke und seinen Frommen, zu denen, die ihr Herz ihm zuwenden? 10 Wahrlich, nahe ist sein Heil allen, die ihn fürchten; ja, es wohnt Herrlichkeit wieder in unsrem Lande. 11 Huld und Treue begegnen einander, Gerechtigkeit und Heil treffen sich. 12 Treue sprießt aus der Erde hervor, Gerechtigkeit blickt vom Himmel hernieder. 13 Auch spendet der Herr den Segen, und unser Land gibt seinen Ertrag. 14 Gerechtigkeit schreitet vor ihm her und Heil auf der Spur seiner Schritte.

85: Dieser ganze Psalm spricht von der Versöhnung zwischen Himmel und Erde. Er entspricht der dankbaren Freude nach dem Exil. Spender allen Heils ist nur Gott allein.

(85) Vertrauen in Heimsuchungen

86

[Ein Gebet Davids.] Herr, neige dein Ohr, erhöre mich! Denn ich bin elend und arm. 2 Beschütze mein Leben, da ich ein Frommer bin; hilf deinem Knecht, der auf dich vertraut! 3 Du bist mein Gott. Sei mir gnädig, Herr; denn zu dir rufe ich allezeit! 4 Erfreue die Seele deines Knechtes, da ich zu dir, Herr, meine Seele erhebe!

5 Du bist ja so gütig, Herr, bereit zur Vergebung, reich an Huld gegen alle, die zu dir rufen. 6 Höre, Herr, mein Gebet, achte auf mein lautes Flehen! 7 Am Tage meiner Not rufe ich dich an, weil du mich erhörst. 8 Keiner von den Göttern kommt dir gleich, o Herr, und nichts kann sich messen mit deinen Werken. 9 Alle Völker, die du erschaffen, müssen kommen, sich niederwerfen vor dir, o Herr, und deinen Namen verehren. 10 Denn groß bist du und ein Wundertäter; du allein bist Gott.

11 Lehre mich, Herr, deinen Weg, daß ich wandle in Treue zu dir! Lenke mein Herz einzig darauf, nur

deinen Namen zu fürchten! 12 Danken will ich dir, Herr, mein Gott, von ganzem Herzen und ewig deinen Namen ehren! 13 Deine Huld ist ja so groß über mir! Du hast mein Leben gerettet vor den Tiefen der Unterwelt. 14 O Gott, Verbrecher treten gegen mich auf, eine Rotte von Übermütigen trachtet mir nach dem Leben. Dich aber haben sie nicht vor Augen. 15 Doch du, Herr, bist ein barmherziger, gnädiger Gott, langmütig und reich an Huld und Treue. 16 Wende dich mir zu und sei mir gnädig! Verleihe deinem Knecht deine Stärke und hilf dem Sohn deiner Magd! 17 Wirke an mir ein Wunderzeichen der Güte! So sollen, die mich hassen, voll Beschämung sehen, daß du, Herr, mein Helfer und Tröster bist!

86: Wie so oft ist die Bitte eines bedrängten Beters von einem Lobpreis auf den Allmächtigen und Allgütigen getragen.• 8: Der Dichter weiß, daß andere Völker andere Götter verehren. Aber der Herr allein ist wahrer Gott (Vers 10). Vgl. 95,3; 96,4f.

(86) Sion, die geistige Heimat aller Völker

87

[Von den Korachiten. Ein Psalm. Ein Lied.] Was er gegründet auf heiligen Bergen, liebt der Herr; 2 er liebt die Tore Sions mehr als alle Wohnstätten Jakobs. 3 Herrliches spricht man von dir, du Gottesstadt: [Zwischenspiel] 4 »Rahab und Babel zähle ich zu meinen Bekennern; ja, Philistäa, Tyrus samt Kusch – sie sind dort geboren!« 5 Und von Sion heißt es: »Mann für Mann ist in ihm geboren; er selbst, der Höchste, hat es gegründet.« 6 Der Herr trägt ein in die Völkerliste: »Dieses ist dort geboren.« [Zwischenspiel] 7 Da singen sie wie Tänzer: »Alle meine Quellen sind in dir!«

87: Vielleicht ein Prozessionslied. Sion ist die Mutter aller Völker, der Ägypter (= Rahab), Babylonier, der Bewohner benachbarter Küstenländer, sogar der Kuschiten (Äthiopier). Sie gelten vor Gott als Bürger Sions. Im umstrittenen letzten Vers (7) bedeuten »Quellen« allen Segen, besonders wieder leibliche Fruchtbarkeit (Spr 5,16–18).

(87) Am Rande des Totenreiches rufe ich zu dir

88

[Ein Lied. Ein Psalm der Korachiten. Dem Chorleiter. Nach »Krankheit« zu singen. Ein Weisheitslied von Heman, dem Esrachiten.] 2 Herr, mein helfender Gott, ich rufe bei Tage, bei Nacht vor deinem Angesicht. 3 Laß mein Gebet zu dir gelangen, leihe meiner Klage dein Ohr!

4 Ich bin ja gesättigt mit Leiden, mein Leben ist dem Totenreich nahe. 5 Schon zähle ich zu denen, die zur Gruft hinabsteigen, bin geworden wie ein kraftloser Mann, 6 unter den Toten (vom Irdischen) losgelöst gleich den Erschlagenen, die im Grabe liegen, deren du nicht mehr gedenkst, da sie deiner Hand entzogen sind. 7 In die unterste Gruft hast du mich versetzt, in Finsternisse, in Tiefen. 8 Schwer lastet auf mir dein Grimm, alle deine Wogen bringst du über mich. [Zwischenspiel] 9 Meine Bekannten hast du mir entfremdet, hast mich ihnen zum Abscheu gemacht. Gefangen bin ich und kann nicht entkommen. 10 Mein Auge wird matt vor Elend. Ich rufe dich an, Herr, zu jeder Zeit, strecke nach dir meine Hände aus.

11 Vollbringst du an den Toten noch Wunder, oder stehen die Schatten wieder auf, um dich zu preisen? [Zwischenspiel] 12 Verkündet man im Grab deine Huld und deine Treue im Totenreich? 13 Erfährt man in der Finsternis deine Wundermacht, dein gerechtes Walten im Land des Vergessens? 14 So rufe ich denn zu dir, o Herr; jeden Morgen steigt mein Gebet zu dir empor. 15 Warum, Herr, verwirfst du mein Sehnen, verbirgst du dein Antlitz vor mir? 16 Elend bin ich und am Rande des Todes von Jugend an; ich muß deine Schrecken tragen und erschlaffe. 17 Deine Zornesgluten ergossen sich über mich, deine Schrecknisse haben mich vernichtet. 18 Wie Wasser umfluten sie mich beständig, umringen mich ganz und gar. 19 Du hast mir Freund und Gefährten entfremdet; mein Vertrauter ist die Finsternis.

88: Klagelied eines Mannes, der vereinsamt am Rande eines Grabes steht. Er bekennt weder seine Sünden, noch beteuert er seine Unschuld, noch flucht er. Sein Anliegen ist die Rettung durch Gottes Hilfe.

(88) Gefährdung der Verheißungen an David

89

[Weisheitslied. Von Etan, dem Esrachiten.] 2 Von den Hulderweisen des Herrn will ich ewig singen, von Geschlecht zu Geschlecht deine Treue künden mit vollem Munde! 3 Ja, ich erkläre: Für ewig ist Huld errichtet, am Himmel steht fest deine Treue!

4 »Ich schloß einen Bund mit meinem Erwählten, schwur meinem Knechte David: 5 ›Ewigen Bestand verleihe ich deinem Stamm und errichte deinen Thron für alle Geschlechter!‹« [Zwischenspiel] 6 Der Himmel preist, o Herr, deine Wundermacht, deine Treue preist man im Kreis der Heiligen. 7 Denn wer in den Wolken kommt dem Herrn gleich, wer ist dem Herrn ähnlich unter den göttlichen Wesen? 8 Ein Gott – gewaltig im Rat der Heiligen, groß und furchtbar über allen, die ihn umgeben! 9 Herr, Gott der Heerscharen, wer ist wie du? Deine Macht und deine Treue sind rings um dich her. 10 Du bändigst des Meeres Übermut, das Toben seiner Wellen beruhigst du. 11 Rahab hast du zertreten wie einen Erschlagenen, mit deinem starken Arm deine Feinde

zerstreut. 12 Dein ist der Himmel, dein auch die Erde; die Welt und was sie erfüllt, du hast sie gegründet. 13 Nord und Süd, du hast sie erschaffen; Tabor und Hermon rühmen deinen Namen. 14 Du hast einen machtvollen Arm, deine Hand ist stark, deine Rechte hoch erhoben. 15 Gerechtigkeit und Recht sind deines Thrones Stütze, Huld und Treue treten vor dich hin. 16 Glücklich das Volk, das Jubelruf kennt! Herr, sie wandeln im Licht deines Antlitzes. 17 Über deinen Namen frohlocken sie allezeit, durch deine Güte sind sie erhöht. 18 Denn ihre herrliche Kraft bist du, und durch deine Gnade wächst unsere Stärke. 19 Wahrlich, dem Herrn ist unser Schild zu eigen, dem Heiligen Israels unser König!

20 Einst sprachst du im Gesicht zu deinem Frommen und erklärtest: »Ich setze einem Helden die Krone auf, erhöhte einen Erwählten aus dem Volke. 21 Ich fand meinen Knecht David, mit einem heiligen Öl salbte ich ihn. 22 Meine Hand ist beständig mit ihm, ja, mein Arm macht ihn stark. 23 Kein Feind kann ihn überlisten, kein Ruchloser ihn bezwingen. 24 Ich zerschlage vor ihm seine Feinde, und seine Gegner stoße ich nieder. 25 Meine Treue und Huld stehen ihm bei, durch meinen Namen wächst seine Stärke. 26 Ich lasse ihn seine Hand aufs Meer legen, auf die Ströme seine Rechte. 27 Er darf zu mir rufen: ›Mein Vater bist du, mein Gott und mein rettender Fels!‹ 28 Ich aber will ihn zum Erstgeborenen machen, zum Höchsten unter den Königen der Erde. 29 Ewig bewahre ich ihm meine Huld, und mein Bund mit ihm bleibt unverbrüchlich. 30 Ich erhalte seinen Stamm für immer und seinen Thron, solange der Himmel besteht. 31 Wenn seine Söhne mein Gesetz verlassen und nicht nach meinen Geboten wandeln, 32 wenn sie meine Satzungen schänden und meine Befehle nicht halten, 33 dann strafe ich ihre Schuld mit der Rute, ihre Sünde mit Schlägen. 34 Doch meine Huld entziehe ich ihm nie und verleugne nicht meine Treue. 35 Meinen Bund werde ich nimmer entweihen, das Wort meiner Lippen nicht ändern. 36 Dies eine schwur ich bei meiner Heiligkeit und werde David gewiß nicht täuschen: 37 ›Sein Stamm soll bestehen für ewig, sein Thron vor mir wie die Sonne, 38 wie der Mond, der ewig von Dauer ist und ein zuverlässiger Zeuge sei in den Wolken!‹« [Zwischenspiel]

39 Dennoch hast du selbst verstoßen und verworfen, deinen Gesalbten mit Zorn überhäuft. 40 Du hast den Bund mit deinem Knecht gelöst, seine Krone am Boden entweiht. 41 Alle seine Mauern rissest du nieder, legtest seine Burgen in Trümmer. 42 Wer immer des Weges kam, raubte ihn aus, Schmach erfuhr er von seinen Nachbarn. 43 Die Hand seiner Widersacher hast du erhöht, alle seine Feinde mit Freude erfüllt. 44 Du hast sein schützendes Schwert zurückweichen lassen und bist ihm nicht beigestanden im Krieg. 45 Du hast sein herrliches Zepter zertrümmert und seinen Thron zu Boden geworfen. 46 Du hast seine Jugendzeit verkürzt, hast ihn mit Schande bedeckt. [Zwischenspiel]

47 Wie lang, o Herr, verbirgst du dich dauernd, lodert wie Feuer dein Zorn? 48 Gedenke, wie vergänglich ich bin, wie nichtig du alle Menschen erschufst! 49 Wer lebt weiter, ohne den Tod zu schauen? Wer kann sein Leben retten vor dem Zugriff der Totenwelt? 50 Wo sind deine früheren Hulderweise, o Herr, die du bei deiner Treue David zugeschworen? 51 Gedenke, Herr, der Schmach deines Knechtes, die ich von all den vielen Völkern tragen muß in meiner Brust! 52 So schmähen deine Feinde, Herr, so schmähen sie deines Gesalbten Schritte. – 53 Der Herr sei gepriesen in Ewigkeit! Amen. Amen.

89: Das Königtum ist aufs tiefste gedemütigt, und der Herr hat scheinbar seine Hand dem Hause David entzogen. Gott wird an die Verheißungen erinnert, die er dem Ahnherrn des Hauses gegeben hat (2 Sam 7,8–16). • 2–19: Preis Gottes. • 20–38: die Verheißungen. • 39–52: Niederlage und Hilferuf.

VIERTES PSALMENBUCH

(89) Der ewige Gott und der vergängliche Mensch

90

[Gebet des Moses, des Mannes Gottes.] Herr, du warst uns eine Zuflucht von Geschlecht zu Geschlecht. 2 Ehe die Berge geboren wurden, Erde und Welt entstanden, von Ewigkeit zu Ewigkeit bist du, o Gott. 3 Du läßt den Menschen zum Staub zurückkehren und sprichst: »Kehret zurück, ihr Menschenkinder!« 4 Denn tausend Jahre sind vor dir wie der gestrige Tag, der vorüber ist, und wie eine Wache in der Nacht. 5 Du säst sie aus von Jahr zu Jahr, sie gleichen dem Gras, das nachwächst. 6 Am Morgen sprießt es und wächst, am Abend welkt es und verdorrt. 7 Auch wir vergehen ob deines Zornes, durch deinen Grimm sind wir erschüttert. 8 Du stellst unsre Sünden dir vor Augen, unsre geheimen Fehler ins Licht deines Antlitzes. 9 Wahrlich, all unsre Tage schwinden ob deines Zornes; wir vollenden unsre Jahre wie einen Seufzer. 10 Die Zeit unsres Lebens währt insgesamt siebzig Jahre, wenn es hoch kommt, achtzig Jahre, und ihr Gehetze ist Mühsal und Unheil. Ja, eilends ist es dahin, im Fluge vergangen. 11 Wer nimmt Kenntnis von der Gewalt deines Zornes und deines Grimmes, wie es der Furcht vor dir entspricht? 12 Unsre Tage zu zählen, das lehre uns, damit wir ein weises Herz erlangen! 13 Kehre um, o Herr! Wie lange noch? Hab wieder Erbarmen mit deinen Dienern! 14 Sättige uns am Morgen mit deiner Huld, daß wir frohlocken und jubeln unser Leben lang! 15 Erfreue uns so viele Tage, wie du uns niederbeugtest, so viele Jahre, wie wir Leid erfuhren! 16 Dein Walten zeige sich an deinen Dienern, an ihren Kindern deine Herrlichkeit! 17 Die Güte des Herrn, unseres Gottes, sei über uns! Das Werk unsrer Hände lenke über uns, ja, lenke das Werk unsrer Hände!

90: Ein Weiser – kaum Moses – klagt über die Kürze und Last des menschlichen Daseins. Er überwindet sie mit einem Blick auf den ewigen, unwandelbaren Gott, den er um bessere Lebenstage anfleht.

(90) Geborgen in Gottes Obhut

91

Der du wohnst im Schutz des Höchsten, weilst im Schatten des Allmächtigen, 2 sprich zum Herrn: »Meine Zuflucht und meine Burg, mein Gott, auf den ich vertraue!« 3 Denn er ist es, der dich rettet aus dem Netz des Jägers, aus gefährlicher Lage. 4 Mit seinen Fittichen schirmt er dich, unter seinen Flügeln findest du Zuflucht, Schild und Schutz ist seine Treue. 5 Du brauchst nicht zu bangen vor dem Schrecken der Nacht, vor dem Pfeil, der am Tage schwirrt, 6 vor der Pest, die im Dunkel schleicht, vor der Seuche, die wütet am Mittag. 7 Ob tausend fallen an deiner Seite, zehntausend zu deiner Rechten, dich wird es nicht treffen. 8 Du wirst es nur schauen mit eigenen Augen und sehen, wie Frevlern vergolten wird. 9 Denn deine Zuversicht ist der Herr, den Höchsten nahmst du zu deiner Zuflucht. 10 Kein Unglück wird dir begegnen, keine Plage naht deinem Zelt. 11 Denn seinen Engeln befiehlt er um deinetwillen, dich zu behüten auf all deinen Wegen. 12 Sie werden dich auf Händen tragen, damit dein Fuß an keinen Stein stoße. 13 Über Löwen und Nattern kannst du schreiten, auf Junglöwen und Drachen kannst du treten. 14 »Weil er mir anhängt, will ich ihn retten, will ihn beschützen, da er meinen Namen kennt. 15 Ruft er mich an, so erhöre ich ihn; ich bin bei ihm in der Drangsal, befreie ihn und bringe ihn zu Ehren. 16 Ich sättige ihn mit langem Leben und lasse mein Heil ihn schauen.«

91: Ein Lehrgedicht, das in eindringlichen Bildern einen einzelnen auffordert, in allen äußeren Gefahren auf den Schutz des Allmächtigen zu vertrauen. Vers 11f = Matth 4,6.

(91) Gottes gerechtes Walten

92

[Ein Psalm. Ein Lied zum Sabbattag.] 2 Gut ist es, den Herrn zu preisen, deinen Namen, Höchster, zu besingen, 3 frühmorgens deine Huld zu künden, deine Treue in den Nächten, 4 zur zehnsaitigen Laute und zur Harfe, zum Klange der Zither. 5 Denn du hast mich froh gemacht, Herr, durch dein Walten, ich frohlocke über die Werke deiner Hände.

6 Wie groß sind doch deine Werke, Herr! Gar tief sind deine Gedanken. 7 Ein unvernünftiger Mensch sieht das nicht ein, ein Tor versteht es nicht. 8 Mögen Gottlose sprossen wie Gras und alle Übeltäter blühen –, so nur, um für immer vernichtet zu werden. 9 Du aber thronst in der Höhe auf ewig, o Herr. 10 Fürwahr, deine Feinde, Herr, fürwahr, deine Feinde verschwinden; alle Übeltäter werden zerstreut.

11 Doch mir hast du Kraft verliehen gleich einem Stier, hast mich gestärkt mit frischem Öl. 12 Mein Auge blickt herab auf meine Verfolger, mein Ohr ergötzt sich an meinen schlimmen Gegnern. 13 Der Gerechte gedeiht wie ein Palmbaum, wie eine Libanonzeder wächst er empor. 14 Eingepflanzt im Hause des Herrn, sprossen sie in den Vorhöfen unseres Gottes. 15 Noch im Alter blühen sie auf, bleiben üppig und frisch. 16 So verkünden sie laut, wie gerecht der Herr ist, mein Fels, an dem kein Unrecht haftet.

92: Das ständige Gotteslob ist Pflicht des Frommen; denn Gott ist ein gerechter Vergelter. Das Glück der Frevler vergeht, während die Guten dauerndes Heil im Tempel des Herrn finden (vgl. Ps 1). Die Vergeltungsgedanken sind noch diesseitig.

(92) »Der Herr ist König«

93

Der Herr ist König, mit Hoheit umkleidet! Ja, es hat sich umkleidet der Herr, mit Kraft gegürtet. So ist der Erdkreis fest gegründet, daß er nicht wankt. 2 Fest steht dein Thron seit je, von Ewigkeit her bist du! 3 Fluten erhoben, o Herr, Fluten erhoben ihr Tosen. Mögen Fluten ihr Brausen erheben, 4 mehr als das Tosen der vielen Wasser, gewaltiger als die Brandung des Meeres, ist der Herr gewaltig in Himmelshöhen. 5 Deine Gesetze sind durchaus zuverlässig; deinem Hause, Herr, gebührt Heiligkeit für alle Zeiten.

93: Als Schöpfer und machtvoller Lenker der ganzen Welt verdient Gott allein im Vollsinn des Wortes den Titel »König«.

(93) Der gerechte Vergelter

94

Gott der Rache, Herr, Gott der Rache, erscheine! 2 Erhebe dich, Richter der Erde, vergilt den Stolzen ihr Tun!

3 Wie lange sollen die Frevler, o Herr, wie lange sol-

len die Frevler frohlocken? 4 Sie fließen über von frechen Reden; es prahlen alle Übeltäter. 5 Dein Volk, Herr, zertreten sie und bedrücken dein Erbe. 6 Witwe und Fremdlinge bringen sie um und morden Verwaiste. 7 Sie denken: »Der Herr sieht es nicht, der Gott Jakobs bemerkt es nicht!«

8 Kommt doch zur Einsicht, ihr Dummen im Volk! Ihr Toren, wann werdet ihr klug? 9 Der das Ohr eingepflanzt, soll nicht hören? Der das Auge gebildet, nicht sehen? 10 Der Völker züchtigt, soll nicht bestrafen? Er, der die Menschen Erkenntnis lehrt? 11 Der Herr weiß um die Gedanken der Menschen, daß sie nämlich ein Nichts sind.

12 Selig der Mann, den du, Herr, erziehst, den du aus deinem Gesetz belehrst, 13 ihm Ruhe zu geben vor bösen Tagen, bis man dem Frevler die Grube gräbt. 14 Denn nicht verstößt der Herr sein Volk und gibt sein Erbe nicht preis. 15 Ja, dem Gerechten wendet das Recht sich zu, und ihm folgen alle, die redlichen Herzens sind.

16 Wer steht für mich auf gegen die Ruchlosen, wer tritt für mich ein gegen die Übeltäter? 17 Wäre nicht der Herr meine Hilfe gewesen, fast würde ich liegen im Lande des Schweigens. 18 Doch wenn ich dachte: »Es wankt mein Fuß«, da stützte mich, Herr, deine Huld. 19 Trug ich eine Menge Sorgen im Herzen, dann labte dein Trost meine Seele.

20 Ist etwa der Richterstuhl des Verderbens mit dir verbündet, der widerrechtlich Unheil schafft? 21 Sie stellen dem Leben des Gerechten nach, unschuldiges Blut verurteilen sie. 22 Der Herr jedoch wird mir zur Burg, mein Gott zum Fels meiner Zuflucht. 23 Er bringt über sie ihr eigenes Unrecht; ob ihrer Bosheit vernichtet er sie; es vernichtet sie der Herr, unser Gott.

94: Der Psalm hat zwei Teile. Im ersten (Vers 1–11) wird Klage geführt gegen ungerechte, den allwissenden Gott verhöhnende Richter. Im zweiten Teil (Vers 12–23) drückt der Verfolgte seine Zuversicht aus; denn der Herr ist ein gerechter Vergelter und Helfer.

(94) Einladung zur Anbetung und zum Gehorsam

95 Kommt, laßt uns dem Herrn frohlocken, jubeln dem Fels, der uns rettet! 2 Laßt uns mit Dank vor sein Angesicht treten, mit Lobgesängen ihm jubeln! 3 Denn ein großer Gott ist der Herr, ein großer König über allen Göttern. 4 In seiner Hand sind die Tiefen der Erde, die Gipfel der Berge sind sein. 5 Sein ist das Meer – er hat es gemacht – und auch das Festland, das seine Hände geformt. 6 Kommt, wir wollen niederfallen und uns neigen, die Knie beugen vor dem Herrn, der uns erschuf.

7 Denn er ist unser Gott; wir sind das Volk auf seiner Weide und die Schafe seiner Hand. – Daß ihr doch am heutigen Tag auf seine Stimme hören wolltet: 8 »Verstockt nicht euer Herz wie zu Meriba, wie am Tag von Massa in der Wüste, 9 wo eure Väter mich versuchten, mich auf die Probe stellten, obwohl sie doch mein Tun geschaut! 10 Vierzig Jahre war mir dies Geschlecht zum Abscheu; so sprach ich denn: Sie sind ein Volk verirrten Herzens, verständnislos für meine Wege. 11 Da habe ich in meinem Zorn geschworen: Sie sollen meine Ruhestatt nicht erreichen!«

95: Als Einzugslied in den Tempel zu verstehen, wo man es mit verteilten Rollen vortrug. Der erste Teil ist eine Aufforderung zur Anbetung Gottes, der zweite eine ernste Mahnung, die Widerspenstigkeit der Väter beim Auszug aus Ägypten nicht nachzuahmen.

(95) Das Königtum Gottes

96 Singt dem Herrn ein neues Lied, singt dem Herrn, alle Welt! 2 Singt dem Herrn, lobpreist seinen Namen, verkündet sein Heilswerk von Tag zu Tag! 3 Erzählt bei den Völkern von seinem Ruhm, bei allen Nationen von seinen Wundern!

4 Ja, groß ist der Herr und hoch zu preisen; furchtgebietend thront er über allen Göttern. 5 Denn alle Götter der Völker sind nichtige Götzen; der Herr jedoch hat den Himmel erschaffen. 6 Hoheit und Pracht umgeben ihn, Macht und Glanz in seinem Heiligtum.

7 Entbietet dem Herrn, ihr Völkerstämme, entbietet dem Herrn Ehre und Macht! 8 Entbietet dem Herrn die Ehre seines Namens! Bringt Gaben dar und zieht in seine Vorhöfe ein! 9 Fallt nieder vor dem Herrn in heiligem Schmuck, zittert vor ihm, alle Welt!

10 Bekennt unter den Völkern: »Der Herr ist König!« Fest gegründet ist die Erde, daß sie nimmer wankt. Er richtet die Völker nach Recht. 11 Es freue sich der Himmel, es juble die Erde, es brause das Meer und was es erfüllt! 12 Es jauchze die Flur und was auf ihr wächst! Dann sollen frohlocken die Bäume des Waldes 13 vor dem Herrn, wenn er kommt, wenn er kommt, die Erde zu richten! Er richtet den Erdkreis gerecht, die Völker in seiner Treue.

96: Ein Preislied auf den Gott der Götter, den Schöpfer und König des Weltalls und der Völker, wird durch Gerichtsgedanken ergänzt.

(96) Der Herr ist König über alle Welt

97 Der Herr ist König; es juble die Erde; die vielen Inseln sollen sich freuen! 2 Gewölk und Dunkel umgeben ihn, Gerechtigkeit und Recht sind seines Thrones Stütze.

3 Feuer geht vor ihm her und versengt seine Gegner
im Umkreis. 4 Seine Blitze erhellen den Erdkreis; die
Erde sieht es und bebt. 5 Die Berge schmelzen wie
Wachs [vor dem Herrn], vor dem Antlitz des Herrn
aller Welt. 6 Seine Gerechtigkeit künden die Him-
mel, alle Völker schauen seinen Glanz.
7 Da müssen alle Bildanbeter sich schämen, die der
Götzen sich rühmen; alle Götter müssen ihm huldi-
gen. 8 Sion vernimmt es und freut sich; die Land-
städte Judas jubeln ob deiner Gerichte, o Herr.
9 Denn du bist der Höchste, Herr, über alle Welt,
bist hoch erhaben über alle Götter.
10 Der Herr liebt die Feinde des Bösen; er behütet
das Leben seiner Frommen und rettet sie aus der
Frevler Hand. 11 Licht strahlt den Gerechten, Freude
den redlichen Herzen. 12 Freut euch am Herrn, ihr
Gerechten, und preist seinen heiligen Namen!

97: Ähnlich Psalm 96. Als König des Alls und Herr der Geschichte liebt Gott die Gerechten und Frommen.

(97) Jubelt dem Herrn und Helfer

98

Singt dem Herrn ein neues Lied; denn er
hat Wunder gewirkt! Seine Rechte
stand ihm bei, sein heiliger Arm. 2 Der
Herr gab seine Hilfe zu erkennen, enthüllte sein ge-
rechtes Tun vor den Augen der Völker. 3 Er gedachte
seiner Huld und Treue gegen das Haus Israel. Alle
Enden der Erde schauten die Hilfe unseres Gottes.
4 Jauchzt dem Herrn, alle Welt! Frohlockt, jubelt
und spielt! 5 Spielt dem Herrn auf der Zither, auf der
Zither mit lautem Klang! 6 Mit Posaunen und Hör-
nerschall jauchzt vor dem König, dem Herrn! 7 Es
brause das Meer und was es erfüllt, der Erdkreis
und seine Bewohner! 8 Die Ströme mögen Beifall
rauschen, die Berge jubeln im Chor 9 vor dem
Herrn, wenn er kommt, die Erde zu richten! Er rich-
tet den Erdkreis gerecht, die Völker so, wie es recht
ist.

98: Aufbau und Inhalt berühren sich stark mit den vorhergehenden Psalmen. Das Lied beginnt und schließt wie Ps 96. Die Verse 1–3 erinnern an die wunderbare Hilfe, die der Herr seinem Volke vor den Augen der übrigen Welt zuteil werden ließ. Dichterisch werden daher alle Völker aufgefordert, ihn mit Festgesängen zu preisen (Vers 4–6; vgl. 96,7–10). Sogar die ganze Natur soll ihm huldigen (Vers 7–9; vgl. 96,11–13). Gott ist Herr und König der gesamten Schöpfung. Diese Psalmen sehen von heidnischen Göttern völlig ab und vertreten reinen Monotheismus.

(98) Der dreimal heilige König

99

Der Herr ist König; es zittern die Völker.
Auf den Kerubim thront er; da bebt die
Erde. 2 Groß ist der Herr in Sion, erhaben
über alle Völker. 3 Man rühme deinen Namen, den
großen und furchterregenden! Heilig ist er!
4 Ein Starker ist König! Er liebt das Recht! Du bist es,
der die Ordnung befestigt; Recht und Gerechtigkeit
schufst du in Jakob. 5 Feiert den Herrn, unsern Gott!
Werft euch nieder am Schemel seiner Füße! Heilig
ist er! 6 Moses und Aaron zählten zu seinen Prie-
stern, Samuel zu den Bekennern seines Namens. Sie
riefen zum Herrn, und er erhörte sie. 7 Aus der
Wolkensäule sprach er zu ihnen; sie bewahrten
seine Satzungen, die Vorschrift, die er ihnen gab.
8 Herr, unser Gott, du hast sie erhört, ein verzeihen-
der Gott warst du ihnen, doch auch ein Rächer ihrer
Vergehen. 9 Feiert den Herrn, unsern Gott! Werft
euch nieder auf seinem heiligen Berg! Denn heilig
ist der Herr, unser Gott!

99: Die drei Strophen dieses Liedes sind durch das »Heilig ist er« voneinander abgehoben. Inhaltlich bietet das Lied ein stärkeres Hervorheben der Offenbarungen Gottes in seinem Gesetz und seinen Ordnungen.

(99) Prozession in den Tempel

100

[Psalm zum Dankopfer.] Jauchzt
dem Herrn, alle Welt! 2 Dient dem
Herrn in Freude! Tretet vor sein
Antlitz mit Frohlocken! 3 Seid euch bewußt: Der
Herr allein ist Gott! Er ist unser Schöpfer; wir aber
sind sein Volk, die Schafe seiner Weide. 4 Mit Dank
betretet seine Tore, mit Lobgesängen seine Höfe!
Danket ihm, verherrlicht seinen Namen! 5 Denn
gütig ist der Herr; in Ewigkeit währt seine Huld und
seine Treue für und für.

100: Ein Danklied an den Herrn der Welt, das offensichtlich beim Einzug in die Höfe des Heiligtums von verschiedenen Chören gesungen wurde.

(100) Edle Grundsätze eines Königs

101

[Von David. Ein Psalm.] Von Gnade
und Recht will ich singen; dich,
o Herr, will ich preisen! 2 Lehren will
ich vollkommenen Lebensweg; wann kommst du
zu mir? In Reinheit des Herzens wandle ich in mei-
nem Hause. 3 Mein Auge richte ich nicht auf
schändliche Dinge; unrechtes Tun hasse ich; es soll
nicht an mir haften. 4 Ein falsches Herz sei mir
ferne, vom Bösen will ich nichts wissen.
5 Wer seinen Nächsten heimlich verleumdet, den
will ich vernichten; stolze Augen und übermütige
Herzen ertrage ich nicht. 6 Meine Augen ruhen
auf den Treuen im Lande; sie sollen bei mir
wohnen! Wer auf rechtem Wege wandelt, der darf
mir dienen. 7 In meinem Haus soll kein Betrüger
wohnen, kein Lügner kann vor mir bestehen.
8 Jeden Morgen will ich alle Frevler im Land ver-

nichten, um aus der Stadt des Herrn alle Übeltäter
zu vertilgen.

101: Ein König verkündet sein Regierungsprogramm und verspricht gerechtes Gericht. Er kleidet seine Vorsätze in die Form eines Gebetes.

(101) Fünfter Bußpsalm: Klage und Trost

102 [Gebet eines Gebeugten, wenn er
verzagt ist und vor dem Herrn seine
Sorge ausschüttet.] 2 Herr, höre mein
Gebet! Mein Hilferuf komme zu dir! 3 Verbirg dein
Antlitz nicht vor mir zur Zeit meiner Not! Neige
dein Ohr mir zu; sooft ich rufe, erhöre mich bald!
4 Denn meine Tage vergehen wie Rauch, meine
Glieder brennen wie Feuer. 5 Versengt wie Gras und
verdorrt ist mein Herz, da ich unterließ, mein Brot
zu essen. 6 Vor lautem Stöhnen klebt mir die Haut
an den Knochen. 7 Ich gleiche der Dohle in der
Wüste, bin wie eine Eule in den Ruinen. 8 Schlaflos
bin ich und wie ein einsamer Vogel auf dem Dache.
9 Die ganze Zeit schmähen mich meine Feinde; die
mich verhöhnen, nennen mich beim Fluchen. 10 Ja,
Staub muß ich essen wie Brot und meinen Trank
mit Tränen mischen 11 vor deinem Ingrimm und
Zorn; denn du hast mich aufgehoben und niedergeworfen.
12 Meine Tage sind wie der ausgedehnte
Abendschatten, und ich muß wie Gras verdorren.
13 Du aber, Herr, thronst auf ewig, und dein Name
dauert von Geschlecht zu Geschlecht. 14 Du wirst
dich erheben, dich Sions erbarmen; denn es ist Zeit,
ihm gnädig zu sein, ja, die Stunde ist da. 15 Wahrlich,
deine Knechte lieben seine Steine; sie haben
Mitleid mit seinem Schutt. 16 Dann fürchten die
Völker den Namen des Herrn, alle Könige der Erde
deine Herrlichkeit. 17 Denn der Herr baut Sion
wieder auf, zeigt sich in seiner Herrlichkeit. 18 Er
wendet sich dem Gebet der Enterbten zu und
verschmäht nicht ihr Gebet. 19 Dies sei geschrieben
für ein künftiges Geschlecht, daß ein später erschaffenes
Volk den Herrn lobpreise! 20 Denn der
Herr schaut herab aus seiner heiligen Höhe, vom
Himmel blickt er nieder auf die Erde, 21 um der Gefangenen
Seufzen zu hören, die Todgeweihten zu
befreien, 22 damit man in Sion den Namen des
Herrn verkünde, sein Lob in Jerusalem, 23 wenn
Völker sich dort zusammenfinden und Königreiche,
den Herrn zu verehren. –
24 Er hat mir die Kraft auf dem Wege gebrochen, hat
meine Tage verkürzt. 25 So bitte ich nun: Mein Gott,
raffe mich nicht hinweg in der Mitte meiner Tage!
Du, dessen Jahre die Geschlechter überdauern!
26 Dereinst hast du die Erde gegründet, der Himmel
ist deiner Hände Werk. 27 Sie werden vergehen, du
aber bleibst; sie alle zerfallen wie ein Gewand. Du
wechselst sie wie ein Kleid, und sie gehen vorüber.
28 Du indes bist stets derselbe, deine Jahre enden
nie. 29 Die Söhne deiner Knechte wohnen in Ruhe,
ihre Nachkommen haben Bestand vor dir.

102: Von Sünde und Schuld ist hier zwar nicht die Rede, wohl aber von Krankheit, Schmach und Elend. Mit guten Gründen betrachtet indes die Kirche diesen Psalm als Bußpsalm. Vers 13–23 haben zum Anliegen eine nationale Not, das zerstörte Jerusalem. Vers 26–29 reden von Gottes ewiger Macht und einer ersehnten Wohnstätte für die Söhne Israels. Das Leid seines Volkes ist mithin das eigene Leid des Klagenden.

(102) Gottes Güte und Barmherzigkeit

103 [Von David.] Preise, meine Seele,
den Herrn, und alles in mir seinen
heiligen Namen! 2 Preise, meine
Seele, den Herrn und vergiß all seine Wohltaten
nicht! 3 Er vergibt deine ganze Schuld, heilt alle
deine Gebrechen. 4 Er rettet dein Leben vor dem
Grab, krönt dich mit Huld und Erbarmen. 5 Er
sättigt dich mit Gutem, soviel du brauchst, daß
deine Jugend dem Adler gleich sich erneut. 6 Milde
Gerechtigkeit übt der Herr und Recht für alle Bedrängten.
7 Moses hat er seine Wege kundgetan, den Söhnen
Israels seine Werke. 8 Barmherzig und gnädig ist der
Herr, langmütig und reich an Huld. 9 Er will nicht
immerdar streiten und nicht für dauernd zürnen.
10 Er handelt nicht an uns nach unsren Sünden, vergilt
uns nicht nach unsren Missetaten. 11 Nein, so
hoch der Himmel über der Erde, so groß ist über
denen, die ihn fürchten, seine Huld. 12 So fern der
Aufgang ist vom Untergang, so weit entfernt er
unsre Frevel von uns weg. 13 Wie ein Vater über
seine Kinder sich erbarmt, so erbarmt der Herr sich
derer, die ihn fürchten. 14 Er weiß es ja, woraus wir
gebildet, er denkt daran, daß wir nur Staub sind.
15 Die Tage des Menschen sind wie Gras, wie die
Blume des Feldes, so blüht er. 16 Fährt der Wind über
sie, dann ist sie dahin, und ihre Stätte weiß nichts
mehr von ihr. 17 Doch ewig währt die Huld des
Herrn über allen, die ihn fürchten, und seine Treue
noch bei Kindeskindern, 18 bei denen, die an seinen
Bund sich halten und seiner Satzungen gedenken,
um sie zu erfüllen. 19 Der Herr hat seinen Thron im
Himmel aufgerichtet, und seine Königsmacht beherrscht
das All.
20 Preiset den Herrn, ihr, seine Engel, ihr starken
Helden, die ihr sein Wort vollstreckt, [da ihr auf die
Stimme seines Wortes hört]! 21 Preiset den Herrn, all
seine Heerscharen, seine Diener, die seinen Willen

vollziehen! 22 Preiset den Herrn, all seine Werke, an jeglichem Ort seiner Herrschermacht! Preise, meine Seele, den Herrn!

103: Dieser Psalm ist ein leuchtender Beweis dafür, daß schon der Gott des Alten Bundes als ein barmherziger und gnädiger Vater angesehen wurde. Gerade die Schwachheit und Vergänglichkeit des Menschen rührt sein Erbarmen, wenn sie ihn nur fürchten. Ein Einzelschicksal wird hier zur Erfahrung der ganzen Gemeinde erweitert.

(103) Der allweise Schöpfergott

104

Preise, meine Seele, den Herrn! Herr, mein Gott, du bist gewaltig groß. In Pracht und Hoheit hast du dich gekleidet; 2 Licht hüllst du dir um wie einen Mantel. Du bist es, der den Himmel ausspannt wie ein Zeltdach, 3 der das Grundgebälk für seine Kammern in den Wassern festigt, der sich als Wagen und Wolken ausersieht, einherfährt auf des Windes Flügeln, 4 der sich die Winde macht zu seinen Boten, zu seinen Dienern Feuerflammen, 5 der auch die Erde fest auf ihre Pfeiler stellte, so daß sie nie und nimmer wankt. 6 Einst hat die Urflut sie bedeckt wie ein Gewand, selbst auf den Bergen standen Wasser. 7 Vor deinem Scheltwort flohen sie, vor deiner Donnerstimme wichen sie erschreckt. 8 Hatten sie die Berge erstiegen, so sanken sie ab in die Täler, an den Ort, den du ihnen bestimmtest. 9 Eine Grenze hast du gesetzt, die dürfen sie nicht überschreiten; sie dürfen nie wieder die Erde bedecken.

10 Du bist es, der in die Täler Quellen entsendet; zwischen den Bergen rieseln sie hin. 11 Allen Tieren des Feldes spenden sie Trank, die wilden Esel löschen ihren Durst. 12 Daneben nisten die Vögel des Himmels; sie singen ihr Lied aus den Zweigen. 13 Du bist es, der die Berge tränkt aus seinen Kammern. Vom Segen deiner Schöpfungswerke wird die Erde satt. 14 Gras läßt du sprossen für das Vieh, Gewächse für die Feldarbeit des Menschen, um Brot aus der Erde hervorzubringen 15 und Wein, der das Herz des Menschen erfreut; daß vom Öl das Antlitz erglänze und Brot das Menschenherz stärke. 16 Die Bäume des Herrn trinken sich satt, die Zedern des Libanon, die er gepflanzt. 17 Dort nisten die Vögel, der Storch, der auf Zypressen sein Nest hat. 18 Die hohen Berge gehören dem Steinbock, Felsen bieten den Klippdachsen Zuflucht.

19 Du bist es, der den Mond erschuf zum Zeitenmaß; die Sonne kennt die Stunde ihres Untergangs. 20 Schickst du Finsternis, so wird es Nacht. In ihr schleicht alles Waldgetier umher. 21 Die Löwen brüllen nach Raub; sie verlangen von Gott ihre Nahrung. 22 Strahlt die Sonne auf, dann verkriechen sie sich und lagern in ihren Höhlen. 23 Nun geht der Mensch an seine Arbeit und an sein Tagewerk bis gegen Abend.

24 Wie zahlreich sind doch deine Werke, Herr! Sie alle schufest du in Weisheit, die Erde ist erfüllt von deinem Eigentum. 25 Da ist das Meer, so groß und weitumfassend, darin Gewimmel ohne Zahl: Lebewesen, klein und groß! 26 Schiffe ziehen dort einher, der Seedrache, den du geformt, damit er darin spiele. 27 Sie alle warten auf dich, daß du ihnen Speise gebest zur rechten Zeit. 28 Gibst du ihnen, so sammeln sie ein, öffnest du deine Hand, so werden sie satt an Gutem. 29 Verbirgst du dein Antlitz, dann werden sie erschüttert; ziehst du ihren Odem zurück, dann verscheiden sie und kehren zu ihrem Staub zurück. 30 Sendest du deinen Odem aus, so werden sie wieder erschaffen, und du erneuerst die Fläche der Erde.

31 Ewig währe der Ruhm des Herrn! Es freue sich der Herr an seinen Werken! 32 Er blickt auf die Erde – da zittert sie; er berührt die Berge – da rauchen sie. 33 Dem Herrn will ich singen mein Leben lang, meinen Gott lobpreisen, solange ich bin! 34 Möge ihm meine Betrachtung gefallen! Ich selbst finde meine Freude im Herrn. 35 Von der Erde sollen die Sünder verschwinden, und Gottlose soll es nicht mehr geben! – Preise, meine Seele, den Herrn! – Hallelujah!

104: Einer der herrlichsten Schöpfungspsalmen, der Himmel und Erde und die gesamte Natur umfaßt. Der Mensch kann den allweisen Schöpfer nur preisen (Vers 33), Sünder sollte es nicht geben (Vers 35). Vgl. 1 Mos 1 und Spr 8,23–29.

(104) Gottes Führung in der Heilsgeschichte

105

Danket dem Herrn, ruft seinen Namen aus! Macht bei den Völkern seine Taten bekannt! 2 Singet ihm, jubelt ihm, erzählt von all seinen Wundern! 3 Rühmt euch seines heiligen Namens! Es freue sich das Herz aller, die den Herrn suchen! 4 Achtet auf den Herrn und seine Macht, sucht sein Antlitz allezeit! 5 Gedenkt seiner Wunder, die er vollbracht, seiner Zeichen und Richtersprüche, 6 ihr Kinder Abrahams, seines Knechtes, ihr Söhne Jakobs, seines Erwählten!

7 Er, der Herr, ist unser Gott; auf alle Welt erstreckt sich sein Gericht. 8 Auf ewig gedenkt er seines Bundes, des Wortes, das er für tausend Generationen befahl, 9 des Bundes, den er mit Abraham schloß, und seines Eides an Isaak. 10 Er stellte ihn auf als gültig für Jakob, als ewigen Bund für Israel.

11 Er sprach: »Dir will ich das Land Kanaan geben als
zugemessenes Erbteil!« 12 Als er den Hunger ins
Land gerufen nur wenige und Gäste darin, 13 als sie
noch zogen von Volk zu Volk, von einem Reich zur
andern Nation, 14 da ließ er nicht zu, daß sie jemand
bedrückte, und warnte Könige ihretwegen:
15 »Tastet meine Gesalbten nicht an, fügt meinen
Propheten kein Leid zu!«
16 Als er den Hunger ins Land gerufen und jegliche
Stütze des Brotes zerbrochen, 17 entsandte er ihnen
voraus einen Mann, als Sklave wurde Joseph verkauft.
18 Man zwängte seine Füße in Fesseln, Eisen
bedrohte sein Leben 19 bis zur Zeit, da sein Wort
sich erfüllte, der Ausspruch des Herrn ihn bewährte.
20 Da sandte der König und ließ ihn frei, der
Völkerbeherrscher löste seine Fesseln. 21 Er machte
ihn zum Herrn über sein Haus, zum Gebieter über
seinen ganzen Besitz. 22 Seine Fürsten sollte er
unterweisen nach seinem Sinn und seine Ältesten
Weisheit lehren. 23 Dann kam Israel nach Ägypten,
und Jakob ward Gast im Lande Chams. 24 Er
vermehrte sein Volk gewaltig und machte es stärker
als seine Bedränger. 25 Er verkehrte ihr Herz, sein
Volk zu hassen und Arglist zu üben an seinen
Dienern. 26 Er sandte Moses, seinen Knecht, Aaron,
den er auserwählte. 27 Sie wirkten an ihnen seine
Wundertaten und Schreckenszeichen im Lande
Chams.
28 Er sandte Finsternis, so daß es dunkel wurde; sie
widerstrebten aber dennoch seinen Worten. 29 Er
verwandelte ihre Gewässer in Blut und ließ ihre
Fische sterben. 30 Von Fröschen wimmelte ihr Land –
bis in die Gemächer ihrer Könige. 31 Er sprach, und
Hundsfliegen kamen, Stechmücken über ihr ganzes
Gebiet. 32 Er sandte ihnen Hagel statt Regen, flammendes
Feuer auf ihr Land. 33 Er zerschlug ihnen
Weinstock und Feigenbaum, knickte die Bäume
in ihrem Gebiet. 34 Er sprach, und Heuschrekken
kamen, Wanderheuschrecken ohne Zahl. 35 Sie
fraßen alles Kraut ihres Landes, fraßen die Frucht
ihres Feldes. 36 Er schlug in ihrem Land jede Erstgeburt,
den Erstling all ihrer Manneskraft.
37 Dann führte er jene heraus samt Silber und Gold,
kein Strauchelnder war unter seinen Stämmen.
38 Ägypten freute sich bei ihrem Auszug; denn
Schrecken vor ihnen hatte sie befallen. 39 Er breitete
als Schirm die Wolke aus, Feuer, um die Nacht zu
erhellen. 40 Sie begehrten, da ließ er Wachteln
kommen, sättigte sie mit Himmelsbrot. 41 Den
Felsen brach er auf, da entquoll das Wasser, floß in
der Wüste wie ein Strom. 42 Denn er gedachte
seines heiligen Wortes und Abrahams, seines
Knechtes. 43 So führte er sein Volk unter Freude
heraus, unter Jubel seine Erwählten. 44 Die Länder
der Heiden verlieh er ihnen; sie nahmen in Besitz,
was die Völker mühsam erworben, 45 auf daß sie
seine Gebote hielten und seine Gesetze befolgten. –
Hallelujah!

105: Ein Dankhymnus auf die Verheißung des Gelobten Landes an die Patriarchen und deren glanzvolle Erfüllung beim Auszug aus Ägypten. Angenehm berührt es, daß hier keinerlei Vorwürfe erhoben werden.

(105) Israels Schuld – Gottes Huld

106 Hallelujah! – Danket dem Herrn,
denn er ist gut; ja, ewig währt seine
Huld! 2 Wer könnte die Großtaten
Gottes schildern, all seinen Ruhm verkünden?
3 Selig, wer das Recht befolgt, wer jederzeit Gerechtigkeit
übt! 4 Gedenke meiner, Herr, in deiner
Liebe zu deinem Volk! Nimm dich meiner an mit
deiner Hilfe, 5 daß ich das Glück deiner Erwählten
schaue, mich freue an der Freude deines Volkes,
mich rühme mit deinem Erbteil! 6 Wir haben gesündigt
samt unsren Vätern, Unrecht und Frevel begangen.
7 Unsre Väter in Ägypten begriffen deine Wunder
nicht, gedachten nicht der Menge deiner
Hulderweise und empörten sich gegen den Höchsten
am Schilfmeer. 8 Doch er rettete sie seines
Namens wegen, um seine Stärke kundzutun. 9 Er
drohte dem Schilfmeer, da wurde es trocken, er
führte sie durch die Tiefen wie durch die Steppe.
10 Er rettete sie aus der Hand des Gegners, erlöste sie
aus der Hand des Feindes. 11 Doch ihre Bedränger
bedeckte das Wasser, nicht einer von ihnen blieb
übrig. 12 Nun glaubten sie seinen Worten und sangen
sein Lob. 13 Aber gar schnell vergaßen sie seine
Taten, wollten auf seinen Ratschluß nicht warten.
14 Lüstern gierten sie in der Wüste und versuchten
Gott in der Wildnis. 15 Er gab ihnen, was sie verlangten;
dann sandte er Schwindsucht in ihren gierigen
Leib. 16 Im Lager wurden sie eifersüchtig auf
Moses, auf Aaron, den Heiligen des Herrn. 17 Da tat
sich die Erde auf und verschlang Datan und deckte
die Rotte Abirams zu. 18 Feuer verbrannte ihre
Rotte, eine Flamme verzehrte die Frevler. 19 Sie
machten ein Kalb am Horeb und beteten ein Gußbild
an. 20 So vertauschten sie ihre höchste Ehre
gegen das Bild eines Stieres, der Gras frißt. 21 Sie
vergaßen Gott, ihren Retter, der so Großes in
Ägypten vollbrachte, 22 Wunder im Lande Chams,
furchterregende Taten am Schilfmeer.
23 Da gedachte er sie zu vernichten, wäre nicht
Moses gewesen, sein Auserwählter. Der trat vor ihn
in die Bresche, um seinen Zorn vom Vertilgen ab-

zuwenden. 24 Sie verschmähten das köstliche Land,
und seinem Worte glaubten sie nicht. 25 Sie murrten
in ihren Zelten, hörten nicht auf die Stimme des
Herrn. 26 Er erhob seine Hand gegen sie zum
Schwur, sie in der Wüste niederzustrecken, 27 ihre
Nachkommen unter die Völker zu verstreuen und
sie zu versprengen in alle Länder.
28 Sie hängten sich an den Baal-Peor und aßen von
den Opfern für leblose Götter. 29 Sie reizten ihn
durch ihre Taten; nun kam schwere Plage über
sie. 30 Pinchas trat auf und hielt Gericht, da wurde
der Plage Einhalt geboten. 31 Dies ward ihm als
Verdienst angerechnet für alle Zeit von Geschlecht
zu Geschlecht. 32 Dann erzürnten sie ihn am Hader-
wasser, und ihretwegen ging es Moses übel. 33 Denn
sie hatten sein Gemüt verbittert, so daß er unbe-
dachte Worte sprach. 34 Sie rotteten die Völker nicht
aus, wie ihnen der Herr befohlen hatte. 35 Nein, sie
vermischten sich mit den Heiden und lernten ihre
Sitten. 36 Sie verehrten ihre Götter, und diese
wurden ihnen zum Fallstrick. 37 Sie brachten ihre
Söhne und Töchter den Dämonen zum Opfer dar.
38 Sie vergossen schuldloses Blut [das Blut ihrer
Söhne und Töchter, das sie den Götzen Kanaans
opferten]; so wurde das Land durch Blutschuld ent-
weiht. 39 Sie wurden unrein durch ihre Taten und
trieben Unzucht durch ihre Vergehen.
40 Da entbrannte der Zorn des Herrn gegen sein
Volk, und er empfand Abscheu gegen sein Erbe. 41 Er
gab sie in die Hand der Völker, und ihre Gegner herr-
schten über sie. 42 Ihre Feinde bedrängten sie, und sie
mußten unter ihre Hand sich beugen. 43 Oftmals hat
er sie befreit; doch blieben sie trotzig bei ihrem
Willen und versanken in ihrer Schuld. 44 Er schaute
auf ihre Bedrängnis, als er ihr Flehen vernahm.
45 Er gedachte ihretwillen seines Bundes, übte
Nachsicht ob der Fülle seiner Huld. 46 So ließ er sie
Erbarmen finden bei allen, die sie gefangenhielten.
47 Hilf uns, Herr, unser Gott, und sammle uns aus
den Heidenvölkern, daß wir deinem heiligen
Namen danken und uns deines Lobpreises rühmen
können! 48 Gepriesen sei der Herr, der Gott Israels,
von Ewigkeit zu Ewigkeit, und alles Volk soll
sprechen: Amen – Hallelujah!

106: Die Lebenden haben, unter die Völker verstreut, Israels Schuld zu tragen.

FÜNFTES PSALMENBUCH

(106) Danklied der »Erlösten«

107 Danket dem Herrn, denn er ist gut;
ja, ewig währt seine Huld! 2 So sol-
len sprechen die Erlösten des Herrn,
die er aus der Bedrängnis erlöst hat, 3 die er aus den
Ländern gesammelt, vom Aufgang und Nieder-
gang, vom Norden und Süden. 4 Die irre gingen in
der Wüste, im Ödland, den Weg zur wohnlichen
Stadt nicht fanden, 5 hungernd und dürstend, so
daß in ihnen das Leben dahinschwand: 6 Sie
schrieen zum Herrn in ihrer Bedrängnis, und er ret-
tete sie aus ihren Ängsten. 7 Er führte sie auf gera-
dem Weg, daß sie zur wohnlichen Stadt gelangten.
8 Danken sollen sie dem Herrn für seine Huld, für
seine Wunder an den Menschen! 9 Denn er hat die
lechzende Seele gesättigt, die hungrige Seele mit
Gutem erfüllt. –
10 Die in Dunkel und Finsternis saßen, gefangen in
Elend und Eisen, 11 weil sie den Worten Gottes ge-
trotzt und den Ratschluß des Höchsten verachtet;
12 doch er beugte ihr Herz durch Leid; sie stürzten,
und es gab keinen Helfer: 13 Sie schrieen zum Herrn
in ihrer Bedrängnis, und er rettete sie aus ihren
Ängsten. 14 Aus Dunkel und Finsternis führte er sie
und brach ihre Fesseln entzwei. 15 Danken sollen sie
dem Herrn für seine Huld, für seine Wunder an den
Menschen! 16 Denn er zerbrach die ehernen Türen,
sprengte die eisernen Riegel. –
17 Die dahinsiechten ob ihres sündhaften Wandels,
ob ihrer Vergehen sich elend fühlten, 18 so daß ihr
Empfinden jede Speise verschmähte und sie schon
die Pforten des Todes berührten: 19 Sie schrieen
zum Herrn in ihrer Bedrängnis, und er rettete sie
aus ihren Ängsten. 20 Er sandte sein Wort und heilte
sie, entriß sie ihrem Verderben. 21 Danken sollen sie
dem Herrn für seine Huld, für seine Wunder an den
Menschen! 22 Dankopfer sollen sie bringen und
seine Taten jubelnd verkünden! – 23 Die mit Schif-
fen das Meer befuhren, auf dem großen Wasser
dem Handel nachgingen, 24 sie schauten die Werke
des Herrn und seine Wunder in der Tiefe. 25 Er
gebot und bestellte den Sturmwind; der peitschte
seine Wogen auf. 26 Sie stiegen zum Himmel em-
por, sanken hinab in die Fluten; ihre Seele verzagte
in der Gefahr. 27 Wie trunken tanzten und schwank-
ten sie; all ihre Weisheit war dahin. 28 Sie schrieen
zum Herrn in ihrer Bedrängnis, und er führte sie
heraus aus ihren Ängsten. 29 Er machte den Sturm
zum säuselnden Hauch; da wurden die Wogen des
Meeres still. 30 Man freute sich, daß sie zur Ruhe

kamen; er brachte jene zum ersehnten Hafenplatz.
31 Danken sollen sie dem Herrn für seine Huld, für
seine Wunder an den Menschen! 32 Sie sollen ihn
rühmen vor versammeltem Volk, ihn loben im Rate
der Ältesten! –
33 Er machte Stromland zur Wüste, Quellorte zur
dürstenden Öde, 34 fruchtbares Land zum Salz-
gefilde wegen der Bosheit seiner Bewohner. 35 Er
machte die Wüste zum Wasserteich, zu Quellorten
dürres Land. 36 Dort siedelte er Hungernde an; sie
gründeten Städte zum Wohnen. 37 Sie besäten
Felder, pflanzten Weinberge an und erzielten ertrag-
reiche Frucht. 38 Er segnete sie, und sie mehrten sich
mächtig; auch ihr Vieh ließ er nicht weniger wer-
den. 39 Doch nahmen sie ab und wurden gebeugt
unter der Last von Unglück und Leid. 40 Er goß Ver-
achtung über Vornehme aus und ließ sie irren in
wegloser Wüste. 41 Den Armen hob er empor aus
dem Elend, vermehrte die Sippen gleich einer
Herde. 42 Das sehen die Frommen und freuen sich,
doch jegliche Bosheit schließt ihren Mund. 43 Wer
ist weise und achtet darauf und begreift die Hulder-
weise des Herrn?

107: Ein Danklied für Leute, die Gefahren überstanden haben. Vier Gruppen heben sich heraus: Wüstenreisende (Vers 4–9), die in die Irre gingen, Gefangene (Vers 10–16), die in ihrer Not zum Herrn schrieen, Kranke (Vers 17–22), die wegen ihrer Sünden dahinsiechten, Seefahrer (Vers 23–32), die vom Schiffbruch errettet wurden. Was von Vers 33 ab folgt, ist ein allgemeines Lob auf Gott, der die Natur und alle Menschenschicksale beherrscht.

(107) Vertrauen in harter Kriegsnot

108

[Ein Lied. Psalm Davids.] 2 Getrost
ist mein Gemüt! Ich will singen
und spielen! Wach auf, mein
Gemüt! 3 Wach auf, Harfe und Zither! Ich will das
Morgenrot wecken! 4 Vor den Völkern will ich dir
danken, Herr, vor den Nationen dich preisen!
5 Denn groß bis zum Himmel ist deine Huld, und
bis zu den Wolken reicht deine Treue. 6 Zeige deine
Hoheit am Himmel, o Gott, auf der ganzen Erde
deinen herrlichen Glanz!
7 Damit deinen Lieblingen Rettung werde, hilf mit
deiner Rechten, erhöre uns! 8 Gott hat bei seiner
Heiligkeit versprochen: »Frohlockend will ich
Sichem verteilen und das Tal von Sukkot vermes-
sen! 9 Mein ist Gilead, mein ist Manasse! Ephraim
ist meines Hauptes Schutz, Juda mein Herrscher-
stab. 10 Mein Waschbecken ist Moab, auf Edom
setze ich meinen Schuh, über Philistäa will ich
triumphieren!«
11 Wer bringt mich zur befestigten Stadt, wer ge-
leitet mich nach Edom? 12 Hast nicht du, o Gott, uns
verworfen und bist nicht ausgezogen, o Gott, mit
unsren Heeren? 13 Gewähre uns Beistand vor dem
Feind; denn nichtig ist menschliche Hilfe! 14 Mit
Gott entfalten wir Kraft. Er ist es, der unsere Geg-
ner zertritt.

108: Es liegt eine Zusammensetzung aus 57,8–12 und 60,7–14 vor.

(108) Gegen falsche Ankläger

109

[Dem Chorleiter. Von David. Ein
Psalm.] Gott, dem ich lobsinge,
schweige nicht still! 2 Denn einen
frevelhaften Mund, einen Lügenmund, haben sie
gegen mich aufgetan. Sie reden zu mir mit ver-
logener Zunge. 3 Mit Worten voll Haß umringen sie
mich und bekämpfen mich ohne Grund. 4 Für
meine Liebe klagen sie mich an; ich aber bete für
sie. 5 Sie vergelten mir Gutes mit Bösem und meine
Liebe mit Haß.
6 Stelle gegen einen solchen einen Boshaften auf, ein
Ankläger stehe zu seiner Rechten! 7 Aus dem Ge-
richt gehe er als verurteilt hervor, selbst sein Flehge-
bet gelte als Verfehlung! 8 Seiner Lebenstage seien
nur wenige, und sein Amt erhalte ein anderer!
9 Seine Kinder sollen zu Waisen werden, seine Frau
zur Witwe! 10 Umherirren sollen seine Kinder und
betteln gehen, vertrieben aus ihren Trümmerstät-
ten! 11 Der Gläubiger reiße all sein Besitztum an sich,
Fremde sollen sein Erworbenes plündern! 12 Keiner
sei, der die Gunst ihm bewahrt, keiner, der sich
seiner Waisen erbarmt! 13 Seine Nachkommenschaft
verfalle der Vernichtung, schon im nächsten Ge-
schlecht erlösche ihr Name! 14 Seiner Väter Schuld
bleibe beim Herrn in Erinnerung, die Sünde seiner
Mutter ungetilgt! 15 Sie seien ständig dem Herrn vor
Augen, er vernichte ihr Andenken aus dem Lande!
16 Denn er dachte nicht daran, Liebe zu üben,
sondern hetzte einen Elenden und Armen, einen
im Herzen zu Tode Verzagten. 17 Er liebte den
Fluch; so komme er auf ihn! Er wollte keinen Segen;
so bleibe er ihm fern! 18 Er zog den Fluch an wie sein
Gewand; so dringe er wie Wasser in sein Inneres
ein, wie Öl in seine Glieder! 19 Er sei ihm wie ein
Kleid, in das er sich hüllt, und wie ein Gürtel, den er
dauernd trägt! 20 Dies sei vom Herrn der Lohn
meiner Ankläger und jener, die Arges wider mich
reden!
21 Du aber, Herr und Gebieter, stehe mir bei um
deines Namens willen! Weil deine Huld so gütig
ist, errette mich! 22 Denn ich bin elend und arm,
mein Herz krampft sich in meiner Brust zusam-
men. 23 Wie Schatten, wenn er (abends) sich
dehnt, so gehe ich dahin, wie eine Heuschrecke
werde ich weggeschüttelt. 24 Meine Knie wanken

vom Fasten, mein Leib magert ab mangels Fett. 25 Ja, zum Hohn bin ich ihnen geworden; sie sehen mich und schütteln den Kopf. 26 Hilf mir, Herr, mein Gott, rette mich nach deiner Huld! 27 Dann werden sie erkennen, daß dies deine Hand war, daß du, Herr, es vollbracht hast. 28 Sie mögen fluchen, doch du wirst segnen. Meine Widersacher müssen sich schämen, dein Knecht jedoch kann sich freuen. 29 Meine Ankläger sollen mit Schmach sich bekleiden, in ihre Schande sich hüllen wie in einen Mantel! 30 Dem Herrn will ich danken aus vollem Munde, inmitten vieler will ich ihn loben. 31 Denn er steht zur Rechten des Armen, um sein Leben zu retten vor seinen Richtern.

109: Während in anderen Psalmen (35, 58, 69) nur einzelne Verse Verwünschungen der Feinde aussprechen, haben wir hier den längsten »Fluchpsalm« vor uns. Vielleicht aber ist Vers 6–19 nicht als Rachewunsch des Beters aufzufassen, sondern als Wiedergabe der Verwünschungen und Anklagen, die seine Feinde gegen ihn vorbrachten. Aber auch so wünscht er seinen Gegnern die verdiente Strafe (Vers 28f). Bei solchen Äußerungen ist zu bedenken, daß im AT die sittliche Höhe des Christentums noch nicht erreicht ist, daß noch der Grundsatz herrscht »Wie du mir, so ich dir« (ius talionis), daß in der dichterischen Sprache nicht alles wörtlich ernst zu nehmen ist, daß schließlich die ungerechten Verfolger die göttlichen Grundgesetze verletzen, so daß die sichtbare Bestrafung die Ehre Gottes retten soll. Der Glaube an eine Vergeltung nach dem Tode ist dem alttestamentlichen Menschen noch unbekannt. Vers 8 wird Apg 1,20 auf Judas angewandt. Trotzdem ist der Psalm als solcher nicht messianisch.

(109) König, Priester, Sieger

110

[Von David. Ein Psalm.] Spruch des Herrn für meinen Herrn: »Setze dich zu meiner Rechten, bis ich deine Feinde zum Schemel deiner Füße mache!« 2 Dein machtvolles Zepter streckt der Herr vom Sion aus. Herrsche inmitten deiner Feinde! 3 Dein Volk ist voll Ergebenheit am Tage deiner Macht; auf heiligen Bergen wird aus der Morgenröte Schoß dir der Tau deiner Jugend zuteil. 4 Der Herr hat geschworen, und es wird ihn nicht reuen: »Du bist Priester für immer um Melchisedechs willen.«

5 Der Herr ist dir zur Rechten; er zerschmettert am Tag seines Zornes Könige. 6 Unter den Völkern hält er Gericht, häuft Leichen auf, zerschmettert Häupter auf weitem Gefilde. – 7 Vom Bach am Wege trinkt er; darum erhebt er das Haupt.

110: Dem König gebührt der Ehrenplatz zur Rechten Gottes. Der König ist zur gleichen Zeit Priester wie Melchisedech, der Stadtkönig von Salem/Jerusalem (1 Mos 14,18). Dieser Gedanke an das Königpriestertum sowie das Völkergericht weisen in endzeitliche Fernen und machen den Königspsalm zu einem direkt messianischen Psalm; vgl. zu Ps 2. Zur Messianität dieses Psalmes vgl. Matth 22,41–45; 1 Kor 15,25; Hebr 5,10; 6,20; 7,11–28; 10,12.13. Der Text ist des öfteren nicht recht klar. Besonders in Vers 3 weicht die griechische und lateinische Übersetzung stark von der hebräischen Überlieferung ab. Auch der letzte Vers (7) ist dunkel.

(110) Die Großtaten des Herrn

111

[Hallelujah!] Den Herrn will ich preisen von ganzem Herzen, im Kreise der Frommen und der Gemeinde. 2 Groß sind die Werke des Herrn, wohlbekannt bei allen, die ihrer sich freuen. 3 Hoheit und Pracht ist sein Wirken, seine Gerechtigkeit bleibt ewig bestehen. 4 Ein Denkmal für seine Wunder hat er geschaffen, gütig und barmherzig ist der Herr. 5 Speise gab er denen, die ihn fürchten. Er gedenkt auf ewig seines Bundes. 6 Seine machtvollen Werke tat er seinem Volke kund, als er ihm das Erbe der Völker übergab. 7 Die Werke seiner Hände sind Treue und Recht; zuverlässig sind alle seine Gebote, 8 unwandelbar für immer und ewig, erlassen in Treue und Redlichkeit. 9 Erlösung hat er seinem Volke gesandt, für ewig seinen Bund bestimmt. Heilig und verehrungswürdig ist sein Name. 10 Der Weisheit Anfang ist die Furcht des Herrn. Rechte Einsicht haben alle, die sie üben; sein Lobpreis hat Bestand für ewig.

111: Ein Lob der Heilstaten Gottes in Israels Frühgeschichte.

(111) Lob des gottesfürchtigen Menschen

112

[Hallelujah!] Selig der Mann, der den Herrn fürchtet, an seinen Geboten großes Gefallen hat! 2 Mächtig im Lande ist sein Stamm, das Geschlecht der Frommen wird gesegnet. 3 Wohlstand und Reichtum sind in seinem Hause, seine Rechtschaffenheit bleibt ewig bestehen. 4 Er strahlt in der Finsternis auf als Licht für die Frommen, gütig, barmherzig und gerecht. 5 Wohl dem Mann, der gütig ist und leiht, seine Pflichten nach Recht erfüllt! 6 Gewiß, er wird nimmermehr wanken. In ewigem Andenken bleibt der Gerechte. 7 Von übler Nachrede hat er nichts zu fürchten. Sein Herz ist gefestigt, voll Vertrauen auf den Herrn. 8 Unerschütterlich ist sein Herz, er fürchtet sich nicht, bis er herabschauen kann auf seine Gegner. 9 Er teilt aus und spendet den Armen, seine Rechtschaffenheit bleibt ewig bestehen, seine Macht ist hoch in Ehren. 10 Der Gottlose sieht es und grollt, knirscht mit den Zähnen und schwindet dahin. Das Begehren der Gottlosen wird zunichte.

112: Die alphabetische Form und sprachliche Verwandtschaft knüpfen an den vorausgehenden Psalm an. Dort ein Lob auf Gott, hier auf den Frommen.

(112) Gottes Hoheit und Huld

113

[Hallelujah!] Lobet, ihr Diener des Herrn, lobet den Namen des Herrn! 2 Gepriesen sei der Name des Herrn von nun an bis in Ewigkeit! 3 Vom Aufgang der

Sonne bis zu ihrem Untergang sei gelobt der Name des Herrn! 4 Erhaben über alle Völker ist der Herr, über den Himmel seine Herrlichkeit.

5 Wer gleicht dem Herrn, unserm Gott, der in der Höhe thront, 6 der in die Tiefe schaut im Himmel und auf Erden? 7 Er erhebt aus dem Staub den Geringen, erhöht aus dem Schmutz den Armen, 8 um ihn neben Fürsten zu setzen, neben die Fürsten seines Volkes. 9 Er läßt die Kinderlose in der Familie glücklich wohnen als frohe Mutter von Söhnen. – [Hallelujah!]

113–118: Diese Psalmen bilden im jüdischen Gottesdienst das sog. große Hallel und werden an den Hauptfesten gesprochen. Beim Paschamahl betet man 113f am Anfang, 115–118 am Schluß; vgl. Matth 26,30; Mark 14,26. • 113: Lobgesang auf Gottes Namen und seine Herrschaft über Himmel und Erde. Seine Größe zeigt sich vor allem im Ausgleich der sozialen Unterschiede.

(113,1–8) Auszug aus Ägypten

114

Als Israel wegzog von Ägypten, Jakobs Haus vom Volk fremder Sprache, 2 da wurde Juda sein Heiligtum, Israel sein Herrschaftsgebiet. 3 Das Meer sah es und floh, der Jordan wich zurück. 4 Die Berge hüpften wie Widder, die Hügel wie Lämmer. 5 Was hast du denn, Meer, daß du fliehst, du, Jordan, daß du zurückweichst? 6 Ihr Berge, was hüpft ihr wie Widder, ihr Hügel, wie Lämmer? 7 Vor dem Antlitz deines Gebieters bebe nur, Erde, vor dem Antlitz des Gottes Jakobs! 8 Er wandelt den Felsen zum Teich, Kieselgestein zum Wasserquell.

114: Hier wird Gottes Wundermacht beim Auszug aus Ägypten gewürdigt, nicht als Lobpreis, sondern als ein mit dichterischer Freiheit erzählter Kurzbericht.

(113,9–27) Gott und die Götzen

115

Nicht uns, Herr, nicht uns, sondern deinem Namen schaff Ehre um deiner Huld und Treue willen!

2 Warum sollen die Heidenvölker sagen: »Wo ist denn ihr Gott?« 3 Ist doch unser Gott im Himmel! Was immer ihm gefällt, vollbringt er. 4 Ihre Götzen sind Silber und Gold, das Machwerk von Menschenhänden. 5 Sie haben einen Mund und können nicht reden, haben Augen und können nicht sehen. 6 Sie haben Ohren und können nicht hören, eine Nase und können nicht riechen. 7 Mit ihren Händen können sie nicht tasten, mit ihren Füßen können sie nicht gehen, sie geben keinen Laut mit ihrer Kehle. 8 Ihnen gleich sollen werden, die sie verfertigten, jeder, der auf sie vertraut!

9 Haus Israel, vertraut auf den Herrn! Er ist ihnen Hilfe und Schild. 10 Haus Aaron, vertraut auf den Herrn! Er ist ihnen Hilfe und Schild. 11 Ihr Gottesfürchtigen, vertraut auf den Herrn! Er ist ihnen Hilfe und Schild.

12 Der Herr ist unser eingedenk, er möge segnen! Er segne das Haus Israel, er segne das Haus Aaron! 13 Er segne die Gottesfürchtigen, die Kleinen samt den Großen! 14 Der Herr möge euch zahlreich machen, euch und eure Kinder! 15 Seid gesegnet vom Herrn, der Himmel und Erde gemacht hat!

16 Der Himmel ist ein Himmel für den Herrn, die Erde aber gab er den Menschen. 17 Nicht die Toten loben den Herrn, keiner von allen, die zum Ort des Schweigens hinabgestiegen. 18 Wir jedoch preisen den Herrn von nun an bis in Ewigkeit. – [Hallelujah!]

115: Vielleicht eine Liturgie mit Gemeindegebet, einer Priesterbelehrung und dessen Segensspruch. Wesentlicher Inhalt ist die Kraftlosigkeit und Ohnmacht der Götzen im Vergleich zum lebendigen Gott. – Die Verse 4–11 kehren fast wörtlich in Ps 135,15–20 wieder, bilden also geläufige Bekenntnisformeln. Zu Vers 4–8 vgl. Is 44,9–20; Jer 10,3–16. In Vers 17 kommt die vorchristliche Auffassung, daß die Toten Gott nicht mehr loben können, deutlich zum Ausdruck, vgl. 6,6; 22,30; 30,10; 88,6.11–13; Is 38,18. Eigenartig ist, daß der griechische und lateinische Psalter die so ungleichen Psalmen 114 und 115 verbinden.

(114/115) Zu einem Gelübdedankopfer

116

Ich bin von Liebe erfüllt, denn es hörte der Herr auf mein lautes Flehen. 2 Ja, er hat mir sein Ohr geneigt, sobald ich zu ihm rief. 3 Die Fesseln des Todes umfingen mich, die Ängste der Unterwelt faßten mich an, Drangsal und Kummer erfuhr ich. 4 Da rief ich den Namen des Herrn an: »Ach, rette doch, Herr, mein Leben!«

5 Gnädig ist der Herr und gerecht; unser Gott ist barmherzig. 6 Unerfahrene schützt der Herr; ich war schwach, doch er half mir. 7 Finde, meine Seele, deine Ruhe wieder; denn der Herr erweist dir Gutes! 8 Ja, er bewahrt mein Leben vor dem Tod, meine Augen vor den Tränen, meinen Fuß vor dem Sturz. 9 Ich darf wandeln vor dem Herrn im Lande der Lebendigen. 10 Ich war von Vertrauen erfüllt, als ich sprach: »Gar tief bin ich gebeugt.« 11 Ich sagte in meiner Bestürzung: »Alle Menschen trügen!«

12 Wie kann ich dem Herrn erstatten, was er mir alles an Gutem erwies? 13 Den Kelch des Heiles will ich erheben und den Namen des Herrn anrufen! 14 Meine Gelübde erfülle ich dem Herrn, und zwar vor seinem ganzen Volke. 15 Teuer ist in den Augen des Herrn der Tod seiner Frommen. 16 Wohlan, Herr, ich bin ja dein Knecht, ich bin dein Knecht und der Sohn deiner Magd. Du hast meine Fesseln gelöst. 17 Ich bringe dir ein Dankopfer dar und rufe

den Namen des Herrn an. 18 Meine Gelübde erfülle
ich dem Herrn, und zwar vor seinem ganzen Volke,
19 in den Vorhöfen des Hauses des Herrn, in deiner
Mitte, Jerusalem. – [Hallelujah!]

116: Ein Gelübdedankfest, bei dem wahrscheinlich verschiedene Beter auftreten, die von ihrer Rettung sprechen. Die Gedanken sind nicht streng geordnet. Daher beginnt die griechische und lateinische Zählung mit Vers 10 einen neuen Ps 115). Aber der Anfang von Vers 10 entspricht Vers 1. Das Ganze ist wohl ein einziges Danklied.

(116) Huldigung aller Völker

117 Lobt den Herrn, ihr Völker, rühmt
ihn, alle Nationen! 2 Denn mächtig
waltet seine Güte über uns; die Treue
des Herrn währt ewig. – [Hallelujah!]

117: Das kürzeste Kapitel im ganzen AT. Ein kleiner Hymnus, der alle Völker zum Gotteslob aufruft.

(117) Dankliturgie

118 Danket dem Herrn, denn er ist gut;
ja, ewig währt seine Huld! 2 Das Haus
Israel möge sprechen: »Ja, ewig währt
seine Huld!« 3 Das Haus Aaron möge sprechen: »Ja,
ewig währt seine Huld!« 4 Die Gottesfürchtigen
mögen sprechen: »Ja, ewig währt seine Huld!«
5 Aus der Drangsal rief ich zum Herrn; der Herr
erhörte und befreite mich. 6 Der Herr ist für mich;
so fürchte ich nichts. Was können mir Menschen
noch antun? 7 Der Herr ist für mich als mein Helfer;
ich kann herabschauen auf meine Gegner. 8 Besser
ist es, auf den Herrn zu bauen, als auf Menschen zu
vertrauen. 9 Besser ist es, auf den Herrn zu bauen,
als auf Fürsten zu vertrauen. 10 Alle Völker umringten mich; im Namen des Herrn beugte ich sie. 11 Sie
umringten mich, ja, sie umringten mich; im Namen
des Herrn beugte ich sie. 12 Sie umringten mich wie
Bienen, doch sie erloschen wie Dornenfeuer; im
Namen des Herrn beugte ich sie. 13 Hart stieß man
mich, daß ich fiele; doch der Herr hat mir geholfen.
14 Meine Kraft und meine Stärke ist der Herr, und er
war meine Rettung. 15 Frohlocken und Siegesjubel
erschallen in den Zelten der Gerechten: »Die Rechte
des Herrn wirkt Gewaltiges! 16 Die Rechte des
Herrn erhöht, die Rechte des Herrn wirkt Gewaltiges!« 17 Ich werde nicht sterben, sondern leben und
die Werke des Herrn verkünden. 18 Streng hat der
Herr mich gezüchtigt, doch dem Tode nicht preisgegeben.
19 Öffnet mir die Tore der Gerechtigkeit! Ich will
einziehen und dem Herrn danken! 20 »Dies ist das
Tor zum Herrn; nur Gerechte dürfen hier einziehen!« 21 Ich danke dir, daß du mich erhört hast
und meine Rettung geworden bist! 22 Der Stein, den
die Erbauer verwarfen, ist zum Eckstein geworden.
23 Durch den Herrn ist dieses geschehen; vor
unseren Augen ist es ein Wunder. 24 Dies ist der Tag,
den der Herr gemacht hat; wir wollen jubeln und
seiner uns freuen! 25 O Herr, bring doch Hilfe! O
Herr, gib Gelingen!
26 »Gesegnet sei, wer da kommt im Namen des
Herrn! Wir segnen euch vom Hause des Herrn aus!
27 Der Herr ist Gott. Er gebe uns Licht! Windet den
Festschmuck mit Zweigen bis an die Hörner des
Altars!« –
28 Mein Gott bist du, dir will ich danken! Mein Gott,
dich will ich rühmen! 29 Danket dem Herrn, denn er
ist gut; ja, ewig währt seine Huld!

118: Ein Lied mit verteilten Rollen, bestimmt für einen Festzug durch die Tore des Tempels. Aus schweren Gefahren Gerettete treten hier auf. Die einzelnen vertreten das ganze Volk und sprechen an seiner Stelle. Vers 22 wird auf Christus angewandt (Matth 21,42; Apg 4,11; 1 Petr 2,7).

(118) Lob des Gesetzes: Selig, die seine Weisungen halten

119 Aleph.
Selig, die ihren Lebensweg makellos
schreiten, die wandeln im Gesetz des
Herrn! 2 Selig, die seine Weisungen halten, von
ganzem Herzen ihn suchen, 3 die auch kein Unrecht
begehen, da sie auf seinen Wegen wandeln! 4 Du
hast deine Befehle erlassen, daß man sie eifrig befolge. 5 Ach, wären doch meine Wege gefestigt in
der Befolgung deiner Satzungen! 6 Dann werde ich
nie enttäuscht, wenn ich auf alle deine Gebote
schaue. 7 Ich will dir aufrichtigen Herzens danken,
wenn ich deine gerechten Verordnungen lerne.
8 Deine Satzungen will ich befolgen; verlaß mich
nicht völlig!
Bet.
9 Wie hält ein Jüngling seinen Wandel rein? Indem
er deinem Worte folgt! 10 Von ganzem Herzen
suche ich dich; laß mich nicht abirren von deinen
Geboten! 11 Im Herzen berge ich deinen Ausspruch,
daß ich nicht wider dich fehle. 12 Gepriesen seist du,
Herr! Lehre mich deine Satzungen! 13 Mit meinen
Lippen künde ich alle Verordnungen deines Mundes. 14 Am Wandel nach deinen Weisungen freue
ich mich wie über jeglichen Reichtum. 15 Deine
Befehle will ich betrachten und schauen auf deine
Pfade! 16 An deinen Satzungen habe ich meine Lust,
dein Wort vergesse ich nicht.
Gimel.
17 Gewähre deinem Knecht, am Leben zu bleiben,
so will ich dein Wort befolgen! 18 Öffne mir die
Augen, daß ich die Wunder schaue, die deinem Gesetz entspringen! 19 Gast nur bin ich auf Erden; ver-

birg mir deine Gebote nicht! 20 Meine Seele verzehrt sich in Sehnsucht nach deinen Verordnungen allezeit. 21 Die Stolzen hast du bedroht; verflucht ist, wer abirrt von deinen Geboten. 22 Schmach und Verachtung wende von mir ab; denn deine Weisungen habe ich befolgt. 23 Mögen selbst Fürsten Sitzung halten und gegen mich verhandeln, dein Knecht betrachtet deine Satzungen. 24 Ja, deine Weisungen sind meine Lust; meine Ratgeber sind sie.

DALET.

25 Meine Seele klebt am Staub; belebe mich nach deinem Wort! 26 Meine Geschicke zählte ich auf, und du erhörtest mich; lehre mich deine Satzungen! 27 Den Weg deiner Vorschriften laß mich verstehen, und ich will deine Wunder betrachten! 28 Meine Seele zerfließt vor Kummer; richte mich auf nach deinem Wort! 29 Den Weg der Lüge halte mir fern; mit deinem Gesetz begnade mich! 30 Den Weg der Treue habe ich erwählt; deine Verordnungen begehre ich. 31 An deinen Weisungen halte ich fest, o Herr; laß mich nicht zuschanden werden! 32 Den Weg deiner Gebote laufe ich; denn weit machst du mein Herz.

HE.

33 Weise mir, Herr, den Weg deiner Satzungen, daß ich ihn beachte bis ans Ende! 34 Gib mir Einsicht, daß ich dein Gesetz befolge und es halte von ganzem Herzen! 35 Laß mich den Pfad deiner Gebote schreiten; denn an ihm habe ich Gefallen! 36 Mach mein Herz deinen Weisungen geneigt und nicht der Gewinnsucht! 37 Halte meine Augen ab, auf Nichtiges zu schauen; durch dein Wort belebe mich! 38 Erfülle deinem Knecht deine Verheißung, um die Ehrfurcht vor dir zu fördern! 39 Wende Schmach von mir ab, vor der mir bangt; denn deine Urteilssprüche sind gut! 40 Siehe, ich ersehne deine Befehle; durch deine Gerechtigkeit erhalte mich am Leben!

WAW.

41 Deine Huld komme über mich, o Herr, deine Hilfe nach deiner Verheißung! 42 Dann kann ich dem, der mich schmäht, erwidern; denn ich vertraue auf dein Wort. 43 Entziehe meinem Mund das Wort der Wahrheit nicht, da ich auf deine Verordnungen hoffe! 44 Dein Gesetz will ich dauernd befolgen, immer und ewig. 45 So kann ich wandeln auf freier Bahn; denn ich frage nach deinen Befehlen. 46 Von deinen Weisungen will ich vor Königen sprechen und werde nicht zuschanden werden. 47 Ich habe meine Lust an deinen Geboten, die ich ja liebe. 48 Meine Hände erhebe ich zu deinen Geboten und betrachte deine Satzungen.

SAJIN.

49 Gedenke des Wortes an deinen Knecht, worauf du mich hoffen ließest! 50 Dies ist mein Trost in meinem Elend, daß deine Verheißung mich belebt. 51 Stolze verhöhnen mich gar sehr; doch ich weiche nicht ab von deinem Gesetze. 52 Ich gedenke deiner Urteilssprüche seit alten Zeiten, o Herr, und tröste mich damit. 53 Wut erfaßt mich wegen der Gottlosen, die dein Gesetz verlassen. 54 Deine Satzungen sind mir zum Loblied geworden im Hause meiner Pilgerschaft. 55 Ich gedenke bei Nacht deines Namens, Herr und will dein Gesetz befolgen. 56 Dies ist mein Ziel geworden: daß ich deine Befehle beachte.

CHET.

57 Mein Anteil ist der Herr; ich habe versprochen, deine Worte zu halten. 58 Ich werbe um deine Huld von ganzem Herzen; sei mir gnädig nach deiner Verheißung! 59 Ich überdenke meine Wege und wende meine Füße zu deinen Weisungen. 60 Ich eile, ohne zu zögern, deine Gebote zu halten. 61 Die Stricke der Frevler wollten mich umfangen; doch dein Gesetz vergesse ich nicht. 62 Um Mitternacht stehe ich auf, dir zu danken für deine gerechten Verordnungen. 63 Freund bin ich allen, die dich fürchten und deine Befehle befolgen. 64 Von deiner Huld, o Herr, ist die Erde voll; lehre mich deine Satzungen!

TET.

65 Herr, du hast deinem Knechte Gutes erwiesen gemäß deinem Worte. 66 Rechtes Urteil und Erkenntnis lehre mich; denn ich traue deinen Geboten. 67 Bevor ich mich beugte, ging ich irre; doch jetzt beobachte ich dein Wort. 68 Gut bist du, und Gutes wirkst du; lehre mich deine Satzungen! 69 Stolze erdichten gegen mich Lügen; ich aber befolge aus ganzem Herzen deine Befehle. 70 Stumpf ist ihr Herz wie von Fett; doch meine Lust ist dein Gesetz. 71 Es war gut für mich, daß ich gebeugt wurde, damit ich deine Satzungen lernte. 72 Lieber ist mir das Gesetz aus deinem Mund als Tausende von Gold- und Silberstücken.

JOD.

73 Deine Hände haben mich gemacht und gebildet; gib mir Einsicht, daß ich deine Gebote lerne! 74 Die dich fürchten, sehen mich und sind erfreut; denn ich harre auf dein Wort. 75 Ich weiß, Herr, daß gerecht deine Urteile sind und daß du mit Recht mich beugtest. 76 Deine Huld werde mein Trost nach deiner Verheißung an deinen Knecht! 77 Dein Erbarmen komme über mich, damit ich lebe; denn dein Gesetz ist meine Lust. 78 Die Stolzen sollen zu-

schanden werden, denn zu Unrecht bedrücken sie mich; ich aber betrachte deine Befehle. 79 Die dich fürchten, mögen zu mir sich wenden, und die deine Weisungen kennen! 80 Makellos sei mein Herz durch deine Satzungen, auf daß ich nicht zuschanden werde!

KAPH.

81 Meine Seele schmachtet nach deiner Hilfe; ich harre auf dein Wort. 82 Es schmachten meine Augen nach deiner Verheißung; sie fragen: Wann wirst du mich trösten? 83 Denn ich bin entstellt wie ein Schlauch im Rauche; aber deine Satzungen vergesse ich nicht. 84 Wieviel sind noch der Tage deines Knechtes? Wann hältst du Gericht über meine Verfolger? 85 Stolze graben mir Gruben; sie handeln nicht nach deinem Gesetz. 86 Alle deine Gebote sind zuverlässig; zu Unrecht verfolgt man mich; komm mir zu Hilfe! 87 Fast hätte man mich aufgerieben im Lande; doch lasse ich nicht von deinen Befehlen. 88 Nach deiner Huld erhalte mich am Leben, so will ich die Weisung deines Mundes beachten!

LAMED.

89 Für immer, Herr, steht dein Wort am Himmel. 90 Von Geschlecht zu Geschlecht währt deine Treue; du hast die Erde gegründet, und sie bleibt bestehen. 91 Nach deinen Verordnungen bestehen sie bis heute; denn das All ist dir dienstbar. 92 Wäre nicht dein Gesetz meine Lust, ich wäre zugrunde gegangen in meinem Elend. 93 Ewig vergesse ich deine Vorschriften nicht; denn durch sie gabst du mir Leben. 94 Dein bin ich; rette mich; denn deinen Vorschriften forsche ich nach. 95 Frevler lauern mir auf, mich zu vernichten; ich aber merke auf deine Weisungen. 96 Bei allem Vergänglichen sah ich ein Ende; doch dein Gebot reicht mächtig weit.

MEM.

97 Wie habe ich dein Gesetz so lieb! Den ganzen Tag liegt es mir im Sinn. 98 Dein Gebot macht mich weiser als meine Feinde; denn ewig ist es mein Besitz. 99 Ich bin klüger geworden als alle meine Lehrer; denn deinen Weisungen gilt mein Sinnen. 100 Einsichtsvoller bin ich als Greise, weil ich deine Befehle befolge. 101 Von jedem bösen Pfad halte ich meine Füße zurück, um dein Wort zu beachten. 102 Von deinen Verordnungen weiche ich nicht ab; denn du hast mich unterwiesen. 103 Wie köstlich sind meinem Gaumen deine Verheißungen, köstlicher als Honig meinem Mund! 104 Aus deinen Vorschriften lerne ich Einsicht; darum hasse ich jeden Lügenpfad.

NUN.

105 Eine Leuchte für meinen Fuß ist dein Wort und ein Licht meinem Pfade. 106 Ich tat den Schwur und will ihn halten, deine gerechten Verordnungen zu befolgen. 107 Herr, ich bin gar tief gebeugt; belebe mich nach deinem Wort! 108 Die Gaben meines Mundes laß dir gefallen, Herr, und deine Verordnungen lehre mich! 109 Mein Leben ist dauernd in Gefahr; aber dein Gesetz vergesse ich nicht. 110 Gottlose legen mir Schlingen; doch ich irre nicht ab von deinen Befehlen. 111 Mein Erbteil für ewig sind deine Weisungen; ja, sie sind meines Herzens Wonne. 112 Ich mache mein Herz geneigt, deine Satzung zu halten immerdar bis ans Ende.

SAMECH.

113 Wankelmütige hasse ich; doch dein Gesetz liebe ich. 114 Mein Schirm und Schild bist du; ich harre auf dein Wort. 115 Weichet von mir, ihr Übeltäter! Ich will die Gebote meines Gottes befolgen! 116 Stütze mich nach deiner Verheißung, daß ich das Leben habe und enttäusche mich nicht in meiner Hoffnung! 117 Halte mich, daß ich Rettung finde, und ich will beständig auf deine Satzungen schauen! 118 Du verwirfst alle, die abirren von deinen Satzungen; denn Lüge ist ihre Täuschung. 119 Als Schlacken erachtest du alle Frevler im Lande; darum liebe ich deine Weisungen. 120 Mein Leib erschaudert aus Furcht vor dir; mir bangt vor deinen Urteilssprüchen.

AJIN.

121 Ich übe Recht und Gerechtigkeit; überlaß mich nicht meinen Bedrückern; 122 Verbürge dich für das Wohl deines Knechtes, daß Stolze mich nicht bedrücken! 123 Meine Augen schmachten nach deiner Hilfe und nach deiner gerechten Verheißung. 124 Handle an deinem Knecht nach deiner Huld und lehre mich deine Satzungen! 125 Dein Knecht bin ich; gib mir Einsicht, damit ich deine Weisungen verstehe! 126 Zeit ist es für den Herrn, zu handeln; man hat dein Gesetz gebrochen. 127 Darum liebe ich deine Gebote mehr als Gold und Edelmetall. 128 Deshalb wandle ich geradeaus nach all deinen Befehlen; jeden Lügenpfad hasse ich.

PE.

129 Ein Wunderwerk sind deine Weisungen; darum befolgt sie meine Seele. 130 Das offene Tor deiner Worte macht heil, gibt den Unerfahrenen Einsicht. 131 Weit öffne ich den Mund und lechze; denn ich verlange nach deinen Geboten. 132 Wende dich mir zu und sei mir gnädig, wie es denen zusteht, die deinen Namen lieben! 133 Festige meine Schritte durch deine Verheißung und laß kein Unrecht über

mich herrschen! 134 Erlöse mich von Bedrückung
durch Menschen, und ich will deinen Vorschriften
folgen! 135 Laß deinem Knecht dein Antlitz leuchten
und lehre mich deine Satzungen! 136 Tränenbäche
entströmen meinen Augen, weil man dein Gesetz
nicht befolgt.
ZADE.
137 Gerecht bist du, Herr, und richtig sind deine Ur-
teilssprüche. 138 Nach Recht hast du deine Anwei-
sungen geboten, in fester Zuverlässigkeit. 139 Mein
Eifer zehrt mich auf, weil meine Gegner deine
Worte vergessen. 140 Ganz lauter ist dein Wort, und
dein Knecht hat es lieb. 141 Gering und verachtet bin
ich; doch deine Befehle vergesse ich nicht. 142 Deine
Gerechtigkeit ist ewig im Recht, und dein Gesetz ist
Wahrheit. 143 Angst und Drangsal trafen mich;
deine Gebote sind meine Lust. 144 Recht sind deine
Weisungen für ewig; gib mir Einsicht, daß ich lebe!
KOPH.
145 Ich rufe aus ganzem Herzen; erhöre mich, Herr!
Ich will deine Satzungen halten! 146 Ich rufe dich an;
hilf mir, so will ich deine Weisungen beachten!
147 Schon in der Dämmerung komme ich und
schreie; ich harre auf dein Wort. 148 Noch ehe die
Nacht vorüber, erwachen meine Augen, um dein
Wort zu betrachten. 149 Höre auf meine Stimme
nach deiner Huld, o Herr! Nach deiner Verordnung
erhalte mein Leben! 150 Meine Verfolger nähern sich
dem Laster, entfernen sich von deinem Gesetz.
151 Nahe bist du, o Herr, und alle deine Gebote sind
Wahrheit. 152 Längst weiß ich aus deinen Weisun-
gen, daß du sie für ewig eingesetzt hast.
RESCH.
153 Schau auf mein Elend und rette mich; denn dein
Gesetz vergaß ich nicht! 154 Führe meinen Rechts-
streit und erlöse mich; nach deiner Verheißung
erhalte mein Leben! 155 Den Frevlern bleibt Rettung
fern; denn nach deinen Satzungen fragen sie nicht.
156 Vielfältig ist dein Erbarmen, Herr; nach deinen
Verordnungen erhalte mein Leben! 157 Zahlreich
sind meine Verfolger und Gegner; doch von deinen
Weisungen weiche ich nicht ab. 158 Von Abscheu
erfüllt, muß ich Abtrünnige sehen, die dein Wort
nicht befolgen. 159 Sieh an, wie ich deine Befehle
liebe, Herr! Nach deiner Huld erhalte mein Leben!
160 Die Summe deines Wortes ist Wahrheit, und
ewig währt jede deiner gerechten Verordnungen.
SCHIN.
161 Fürsten verfolgen mich ohne Grund, doch nur
vor deinen Worten bebt mein Herz. 162 Ich freue
mich deiner Verheißung wie einer, der reiche Beute
macht. 163 Lüge hasse und verabscheue ich; dein
Gesetz habe ich lieb. 164 Siebenmal am Tage preise
ich dich wegen deiner gerechten Verordnungen.
165 Viel Glück wird denen zuteil, die dein Gesetz
lieben; es trifft sie kein Unheil. 166 Ich warte auf
deine Hilfe, Herr, und erfülle deine Gebote. 167 Gern
befolge ich deine Weisungen und liebe sie sehr.
168 Ich befolge deine Befehle und Weisungen; ja, alle
meine Wege liegen offen vor dir.
TAW.
169 Es dringe mein Rufen zu dir, o Herr! Nach dei-
nem Wort gib mir Einsicht! 170 Laß mein Flehen vor
dich kommen; nach deiner Verheißung errette
mich! 171 Meine Lippen sollen überströmen von
Lob; denn deine Satzungen lehrst du mich.
172 Meine Zunge soll dein Wort besingen; denn alle
deine Gebote sind recht. 173 Deine Hand komme mir
zu Hilfe, da ich deine Befehle mir auserwählte!
174 Ich ersehne deine Hilfe, Herr, und dein Gesetz ist
meine Lust. 175 Laß meine Seele am Leben, daß sie
dich lobe! Deine Verordnungen mögen mir helfen!
176 Ich bin verirrt wie ein verlorenes Schaf; suche
deinen Knecht; denn deine Gebote vergaß ich nicht!

119: Enthält trotz seiner Länge kaum einen sachlichen Gedanken mehr als Ps 19,8–15. Jeweils acht Verse fangen immer mit dem gleichen Buchstaben des hebräischen Alphabets an. Ein frommer Gesetzeslehrer betrachtet den hohen Wert der göttlichen Offenbarung.

(119) Von Feinden verleumdet

120 [Ein Wallfahrtslied.] Ich rief in
meiner Bedrängnis zum Herrn,
und er erhörte mich. 2 Herr, rette
mein Leben vor Lügenlippen, vor falschen Zungen!
3 Was soll man dir geben und was über dich brin-
gen, du falsche Zunge? 4 Geschärfte Kriegerpfeile
samt glühenden Ginsterkohlen! – 5 Weh mir, daß
ich als Fremdling in Meschech weile, daß ich
wohne bei Kedars Zelten! 6 Schon so lange muß ich
bei Leuten wohnen, die Frieden hassen. 7 Wenn ich
von Frieden spreche, so wollen sie Kampf.

120–134: Diese Psalmen bilden eine eigene Gruppe jeweils mit der Überschrift »Wallfahrtslied«. Diese Übersetzung ist allerdings nicht ganz sicher, und manche Psalmen, z. B. schon der erste (120), handeln nicht von der Tempelwallfahrt. Dagegen sind andere, etwa Ps 68 und 118, ausgeprägte Prozessionslieder. • 120: Ein Frommer fühlt sich in seiner Heimat vereinsamt, als hielte er sich im hohen Norden (Meschech) oder in der syrisch-arabischen Wüste (Kedar) auf. Ginsterstrauch in Vers 4 ist ein hartes Holz, das ausdauernde Glut gibt. Glutregen als Strafe auch Ps 11,6; Ps 140,11.

(120) Hüter Israels ist der Herr

121 [Ein Wallfahrtslied.] Ich hebe meine
Augen empor zu den Bergen: Woher
wird mir Hilfe kommen? 2 Hilfe
kommt mir vom Herrn, der Himmel und Erde er-
schaffen hat. 3 Er läßt deinen Fuß nicht wanken;

nimmer schläft dein Hüter. 4 Nein, nicht schläft und nicht schlummert der Hüter Israels! 5 Der Herr ist dein Hüter, der Herr ist dein schützender Schatten zu deiner Rechten. 6 Bei Tage wird dir die Sonne nicht schaden, der Mond nicht bei Nacht. 7 Der Herr behütet dich vor allem Übel; er behütet dein Leben. 8 Der Herr behütet dein Gehen und Kommen, jetzt und immerdar.

121: Der Herr behütet seinen Diener. Es ist nicht sicher, daß ein Wallfahrtslied vorliegt. Die Anrede in Vers 3–8 kann Selbstgespräch sein, wie auch in Vers 2 der Beter seine eigene Frage von Vers 1 beantwortet.

(121) Pilgerlied

122 [Ein Wallfahrtslied. Von David.] Ich freute mich, als man mir sagte: »Wir pilgern zum Hause des Herrn!« 2 Nun stehen wirklich unsere Füße in deinen Toren, Jerusalem. 3 Jerusalem, gebaut als Stadt, die lückenlos in sich geschlossen! 4 Dorthin ziehen die Stämme, die Stämme des Herrn! So ist es Gesetz für Israel, den Namen des Herrn zu preisen. 5 Ja, dort stehen die Richterthrone, die Throne für Davids Haus. 6 Wünschet Jerusalem Heil! In Sicherheit möge leben, wer immer dich liebt! 7 Heil wohne in deiner Festung, Sicherheit in deinen Palästen! 8 Meiner Brüder und Freunde wegen will ich rufen: »Heil in dir!« 9 Wegen des Hauses des Herrn, unsres Gottes, erflehe ich für dich Glück.

122: Ein frohes Wallfahrtslied, voll der Bewunderung und besten Wünsche.

(122) Aufblick zu Gott.

123 [Ein Wallfahrtslied.] Zu dir erhebe ich meine Augen, der du im Himmel thronst. 2 Siehe, wie die Augen der Knechte auf die Hand ihres Herrn, wie die Augen der Magd auf die Hand ihrer Herrin, so schauen unsre Augen auf den Herrn, unsern Gott, bis er sich unser erbarmt. 3 Erbarme dich unser, Herr, erbarme dich unser! Denn reich gesättigt sind wir mit Hohn. 4 Übersatt ist unsre Seele vom Spott der Leichtsinnigen, vom Hohn der Stolzen!

123: Der Beter spricht im Namen der Gemeinde. Das kurze Lied atmet inniges Gottvertrauen der allseits Verhöhnten.

(123) Der Herr rettet aus schwerer Gefahr

124 [Ein Wallfahrtslied.] »Wäre der Herr nicht für uns gewesen«, so möge Israel sprechen, 2 »wäre der Herr nicht für uns gewesen, als Menschen sich wider uns erhoben, 3 dann hätten sie uns lebendig verschlungen, von Zorn gegen uns entbrannt; 4 dann hätten die Wasser uns überflutet, der Wildbach wäre über uns hingebraust; 5 dann wären über uns hingebraust die tobenden Wasser.« 6 Der Herr sei gepriesen! Er gab uns nicht ihren Zähnen zum Raube preis. 7 Unser Leben entkam wie ein Vogel dem Netz der Jäger. Das Netz ist zerrissen, und wir sind frei. 8 Unsre Hilfe liegt im Namen des Herrn, der Himmel und Erde erschaffen hat.

124: Ein nationales Danklied, das eine Errettung von ungestümen, jähen Überfällen voraussetzt. Es kann sich um Feinde des Judentums handeln, wie sie etwa das Esterbuch oder Joël 4,19 voraussetzen.

(124) Gottes Schutz gegen feindliche Machthaber

125 [Ein Wallfahrtslied.] Wer auf den Herrn vertraut, gleicht dem Sionsberg, der niemals wankt, der ewig bleibt. 2 Jerusalem ist ringsum von Bergen umgeben; so umhegt der Herr sein Volk von nun an bis in Ewigkeit! 3 Denn nicht wird das gottlose Zepter bleiben auf dem Erbteil der Gerechten, auf daß nicht auch die Gerechten zu Freveltaten die Hände ausstrecken. 4 Herr, erweise Gutes den Guten und allen, die redlichen Herzens sind! 5 Doch die abbiegen auf ihre krummen Pfade, vertreibe der Herr samt den Übeltätern! Heil über Israel!

125: Berge umgeben Jerusalem. So umhegt der Herr sein Volk und wird es der Fremdherrschaft entreißen.

(125) Freuden und Sorgen der Heimkehrer

126 [Ein Wallfahrtslied.] Als der Herr das Schicksal Sions wandte, da waren wir wie Träumende. 2 Damals war unser Mund voll des lachenden Jauchzens, unsere Zunge voll des Jubels. Damals sprach man unter den Völkern: »Der Herr hat Großes an ihnen vollbracht.« 3 Ja, der Herr hat Großes an uns vollbracht; wir sind wirklich froh geworden! – 4 Herr, wende unser Schicksal gleich dem der (vertrockneten) Bäche im Südland! 5 Die mit Tränen säen, werden mit Jubel ernten. 6 Es schreitet dahin und weint, wer den Saatbeutel trägt; jedoch mit Jubel kehrt heim, wer seine Garben trägt.

126: Ein Glück, wie man es sich kaum träumen ließ, war die Beendigung der Babylonischen Gefangenschaft 538 v. Chr. Aber auch danach gab es noch viele in der »Zerstreuung« (Diaspora), und in Judäa, politisch unfrei, entstanden mannigfache Schwierigkeiten. Daher verbinden sich in diesem Psalm froher Dank und wehmütige Bitte.

(126) An Gottes Segen ist alles gelegen

127 [Ein Wallfahrtslied. Von Salomo.] Wenn der Herr das Haus nicht baut, mühen die Bauleute sich umsonst. Wenn der Herr die Stadt nicht bewacht, späht der

Wächter umsonst. 2 Umsonst ist es, daß ihr früh euch erhebt und spät euch niedersetzt, das Brot der Mühsal zu essen. Ganz mit Recht gibt er seinen Geliebten den Schlaf. – 3 Seht, eine Gabe vom Herrn sind Söhne, eine Belohnung die Leibesfrucht. 4 Wie Pfeile in der Hand des Kriegers sind die Söhne aus jungen Jahren. 5 Glücklich der Mann, der mit solchen seinen Köcher gefüllt hat! Sie unterliegen nicht, wenn sie im Tor mit den Gegnern verhandeln.

127: Ein Weisheitslied, das aus der Erfahrung schöpft. Aller Erfolg, besonders Kindersegen, ist Gottes Gabe. Vers 2 wendet sich gegen zu große Hast auf Kosten der geregelten Nachtruhe. Der bequeme Satz: »Er gibt es den Seinen im Schlaf« trifft nicht den rechten Sinn.

(127) Das Familienglück der Frommen

128

[Ein Wallfahrtslied.] Selig, wer immer den Herrn fürchtet, wer wandelt auf seinen Wegen! 2 Vom Erwerb deiner Hände kannst du zehren; glücklich bist du, und es geht dir gut. 3 Deine Gattin gleicht einem fruchtreichen Weinstock im Innern deines Hauses. Deine Söhne sind wie Ölbaumsetzlinge rings um deinen Tisch. 4 Siehe, so wird ein Mann gesegnet, der den Herrn fürchtet! 5 Es segne dich der Herr von Sion aus! Schaue Jerusalems Glück alle Tage deines Lebens! 6 Mögest du die Kinder deiner Kinder sehen! Heil über Israel!

128: Ein Glückwunsch an eine fleißige, kinderreiche Bauernfamilie.

(128) Not und Rettung aus der Bedrängnis

129

[Ein Wallfahrtslied.] Oft haben sie mich bedrängt von Jugend an, so spreche Israel, 2 oft haben sie mich bedrängt von Jugend an; doch sie konnten mich nicht bezwingen. 3 Auf dem Rücken pflügten mir Pflüger, zogen ihre langen Furchen. 4 Der Herr ist gerecht! Er zerschnitt die Stricke der Frevler.
5 Beschämt weichen alle zurück, die Sion hassen! 6 Sie gleichen dem Gras auf den Dächern, das schon dürr ist, bevor man es ausreißt. 7 Kein Schnitter kann sich die Hand damit füllen, kein Garbenbinder den Mantel. 8 Wer vorübergeht, ruft nicht aus: »Der Segen des Herrn über euch! Wir beglückwünschen euch im Namen des Herrn!«

129: In bilderreicher Sprache werden die vielerlei Heimsuchungen des Volkes Israel, aber auch die göttlichen Strafgerichte über die Feinde beschrieben.

(129) Sechster Bußpsalm: De profundis

130

[Ein Wallfahrtslied.] Aus der Tiefe rufe ich zu dir, o Herr. 2 Höre, Herr, auf meine Stimme! Mögen deine Ohren lauschen auf mein lautes Flehen! 3 Wolltest du auf Sünden achten, Herr, wer könnte dann, o Herr, bestehen? 4 Ja, Vergebung ist bei dir, auf daß man dir in Ehrfurcht diene. 5 Ich hoffe auf den Herrn; es hofft meine Seele; ich harre auf sein Wort. 6 Meine Seele (harrt) auf den Herrn mehr als die Wächter auf den Morgen. Mehr als die Wächter auf den Morgen 7 harre Israel auf den Herrn! Denn beim Herrn ist Huld, und bei ihm Erlösung in Fülle. 8 Er wird Israel erlösen von allen seinen Sünden.

130: Ein Bußpsalm, der diesen Namen voll und ganz verdient, weil er Gott gegenüber keine andere Klage hat als Sündenelend und keine andere Bitte als die um Verzeihung und Erlösung.

(130) Stille Bescheidenheit

131

[Ein Wallfahrtslied. Von David.] Herr, mein Herz ist nicht stolz, nicht hochmütig sind meine Augen. Ich ergehe mich nicht in großen Dingen, die mir unerreichbar sind. 2 Nein, ich habe meine Seele besänftigt und beruhigt. Wie ein gestilltes Kind bei seiner Mutter, so still ist in mir meine Seele. 3 Harre, Israel, auf den Herrn von nun an bis in Ewigkeit!

131: »Der Mensch ist ruhelos, solang er heischt; doch die Entsagung macht ihn still und stark« (F. W. Weber).

(131) Der Davidsbund

132

[Ein Wallfahrtslied.] Herr, gedenke David zu Ehren all seiner Bemühungen! 2 Wie er dem Herrn geschworen, dem Starken Jakobs gelobt: 3 »Ich will mein Wohnzelt nicht betreten, mein Ruhelager nicht besteigen, 4 meinen Augen will ich keinen Schlaf, meinen Wimpern keinen Schlummer gönnen, 5 bis ich eine Stätte finde für den Herrn, eine Wohnung für den Starken Jakobs!«
6 Siehe, wir hörten von ihr in Ephrata, fanden sie in Jaars Gefilden. 7 »Laßt uns zu seinem Wohnort ziehen, niederfallen vor dem Schemel seiner Füße!« 8 »Auf, Herr, zu deiner Ruhestätte, du und deine machtvolle Lade! 9 Deine Priester sollen sich kleiden in Huld, und deine Frommen mögen jubeln!
10 Um deines Knechtes David willen weise deinen Gesalbten nicht ab!« – 11 Der Herr schwur David einen festen Eid, von dem er nicht abgeht: »Einen deiner eigenen Söhne setze ich auf deinen Thron. 12 Wenn deine Söhne meinen Bund halten und meine Satzungen, die ich sie lehre, werden auch ihre Söhne für immer auf deinem Thron sitzen.« 13 Denn der Herr hat den Sion erwählt, ihn als seinen Wohnsitz erkoren: 14 »Dies ist meine Ruhestätte für ewig; hier will ich wohnen, da ich ihn erkor! 15 Seinen Speisevorrat segne ich reichlich,

sättige seine Armen mit Brot. 16 Seine Priester will ich kleiden in Heil, und seine Frommen mögen laut jubeln! 17 Dort lasse ich Davids Macht erblühen, bereite eine Leuchte für meinen Gesalbten. 18 Seine Feinde werde ich kleiden in Schande; aber auf ihm erstrahlt seine Krone.«

132: Ein liturgisches Gedicht, das in wechselnden Chören vorgetragen wird und zunächst ein Gebet für den König aus dem Hause David und sein Volk ist, während ab Vers 11 der göttlichen Verheißungen an das Herrscherhaus und den Sion gedacht wird.

(132) Segen der Gemeinschaft

133 [Ein Wallfahrtslied. Von David.] Seht, wie schön, wie lieblich es ist, wenn Brüder friedlich beisammen wohnen! 2 Wie feines Öl auf dem Haupte, das niederrinnt in den Bart, [in Aarons Bart, der hinabreichte bis zum Saum seiner Kleider] 3 wie Tau des Hermon, der auf die Sionsberge niederrinnt. 4 Denn dort entbietet der Herr den Segen, Leben für immer.

133: Es ist fraglich, ob der Psalmist hier leibliche Brüder meint oder Stammesbrüder, die in der Gemeinschaft aufeinander angewiesen sind. Vers 3 und 4 lassen an die religiöse Gemeinschaft im Heiligtum denken.

(133) Beständiges Gotteslob

134 [Ein Wallfahrtslied.] Wohlan, preiset den Herrn, all ihr Diener des Herrn, die ihr bei Nacht im Hause des Herrn steht! 2 Erhebt eure Hände zum Heiligtum und preiset den Herrn! 3 Von Sion aus segne dich der Herr, der Himmel und Erde erschaffen hat!

134: Das letzte der »Wallfahrtslieder« fordert die Priester zum nächtlichen Lobpreis Gottes auf. Ihr Segensspruch verabschiedet die Pilger.

(134) Die überragende Größe des Herrn

135 [Hallelujah!] Lobt den Namen des Herrn, lobt ihn, ihr Diener des Herrn, 2 die ihr im Hause des Herrn steht, in den Höfen des Hauses unseres Gottes! 3 Lobt den Herrn, denn der Herr ist gut! Preist seinen Namen, denn er ist liebenswert! 4 Ja, der Herr hat sich Jakob auserwählt, Israel zu seinem Eigentum.
5 Ich weiß es doch: Groß ist der Herr; unser Gott ist größer als alle Götter. 6 Alles, was dem Herrn gefällt, vollbringt er im Himmel und auf Erden, im Meer und in allen Tiefen. 7 Er läßt die Wolken aufsteigen vom Ende der Erde, Blitze macht er zu Regen, läßt den Sturm aus seinen Speichern los.
8 Er schlug Ägyptens Erstgeburt vom Menschen bis zum Vieh. 9 Er sandte Zeichen und Wunder in deiner Mitte, Ägypten, gegen Pharao und all seine Diener. 10 Er schlug viele Völker und tötete mächtige Könige: 11 Sichon, den König der Amoriter, und Og, den König von Basan, und alle Königreiche Kanaans. 12 Er gab ihr Land als Erbe, als Erbe seinem Volke Israel. 13 Herr, dein Name währt ewig, Herr, dein Anruf von Geschlecht zu Geschlecht. 14 Ja, der Herr verhilft seinem Volke zum Recht, hat Erbarmen mit seinen Knechten. 15 Die Götzen der Heiden sind Silber und Gold, das Machwerk von Menschenhänden. 16 Sie haben einen Mund und können nicht reden, haben Augen und können nicht sehen. 17 Sie haben Ohren und können nicht hören, auch ist kein Hauch in ihrem Mund. 18 Ihnen gleich sollen werden, die sie verfertigten, jeder, der auf sie vertraut. 19 Haus Israel, preiset den Herrn, Haus Aaron, preiset den Herrn! 20 Haus Levi, preiset den Herrn, ihr Gottesfürchtigen, preiset den Herrn! 21 Von Sion her sei der Herr gepriesen, der in Jerusalem thront! – [Hallelujah!]

135: Ein Preislied, in dem Gottes Größe in der Natur, seine Taten in der Geschichte und seine Allgewalt über die Götzen erwähnt werden. Vers 15–20 sind fast gleichlautend mit Ps 115,4–11.

(135) Danklitanei

136 Danket dem Herrn, denn er ist gut; denn ewig währt seine Huld! 2 Danket dem Gott der Götter; denn ewig währt seine Huld! 3 Danket dem Herrn der Herren; denn ewig währt seine Huld! 4 Er allein wirkte große Wunder; denn ewig währt seine Huld! 5 Er schuf den Himmel in Weisheit; denn ewig währt seine Huld! 6 Er befestigte die Erde über dem Wasser; denn ewig währt seine Huld! 7 Er erschuf die großen Lichter; denn ewig währt seine Huld! 8 Die Sonne zur Herrschaft bei Tag; denn ewig währt seine Huld! 9 Mond und Sterne zur Herrschaft bei Nacht; denn ewig währt seine Huld!
10 Er schlug Ägyptens Erstgeburt; denn ewig währt seine Huld! 11 Er führte Israel aus seiner Mitte weg; denn ewig währt seine Huld! 12 Mit starker Hand und erhobenem Arm; denn ewig währt seine Huld! 13 Er teilte das Schilfmeer in Stücke; denn ewig währt seine Huld! 14 Er führte Israel mitten hindurch; denn ewig währt seine Huld! 15 Den Pharao samt seinem Heer warf er ins Schilfmeer; denn ewig währt seine Huld! 16 Er führte sein Volk durch die Wüste; denn ewig währt seine Huld!
17 Er schlug große Könige; denn ewig währt seine Huld! 18 Er tötete mächtige Könige; denn ewig währt seine Huld! 19 Sichon, den König der Amoriter; denn ewig währt seine Huld! 20 Og, den König von Basan; denn ewig währt seine Huld! 21 Er gab ihr Land als Erbe; denn ewig währt seine Huld!

22 Als Erbe seinem Knechte Israel; denn ewig währt
seine Huld!
23 Er gedachte unser in der Erniedrigung; denn ewig
währt seine Huld! 24 Er entriß uns unseren Gegnern;
denn ewig währt seine Huld! 25 Er gibt allen Lebe-
wesen Speise; denn ewig währt seine Huld! 26 Dan-
ket dem Gott des Himmels; denn ewig währt seine
Huld!

136: Inhaltlich ist dieser Psalm dem vorhergehenden ähnlich (Schöpfung, Geschichte, Fürsorge für das Volk), durch den dauernd wiederholten Nachsatz als Litaneigesang gekennzeichnet.

(136) An Babels Strömen

137 An Babels Strömen saßen wir und
weinten, wenn wir Sions gedach-
ten. 2 An den Weiden daselbst häng-
ten wir unsere Zithern auf. 3 Denn dort verlang-
ten unsere Zwingherrn von uns Lieder, unsere
Bedrücker Freudengesänge: »Singt uns eines der
Sionslieder!« 4 Wie könnten wir singen die Lieder
des Herrn auf fremdem Boden? 5 Wenn ich dich
vergesse, Jerusalem, soll meine eigene Rechte
vergessen werden! 6 Es klebe mir die Zunge am
Gaumen, wenn ich dein nicht gedenke, wenn ich
nicht Jerusalem zum Gipfel meiner Freude mache.
7 Gedenke, Herr, an den Edomitern des Unglücks-
tages Jerusalems! Wie sie riefen: »Reißt nieder, reißt
nieder bis auf seinen Grund!« 8 Tochter Babel, der
Verwüstung verfallen, Heil dem, der dir vergilt, was
du an uns verübt! 9 Heil dem, der deine Kinder packt
und am Felsen zerschmettert!

137: Ein ergreifendes Lied vom Heimweh eines gläubigen Juden in der Babylonischen Gefangenschaft, der es nicht über sein Herz bringt, auf fremdem Boden Sionslieder zu singen. Schade, daß durch Vers 7–9 dieses Lied mit einem so ganz unchristlichen Rachewunsch endet.

(137) Dank und Preis dem Allgütigen

138 [Von David.] Ich preise dich, Herr
von ganzem Herzen, vor den himm-
lischen Wesen will ich dir lobsingen!
2 Zu deinem heiligen Tempel hin bete ich an und
preise deinen Namen ob deiner Huld und Treue;
denn über alles hast du deinen Namen und dein
Wort erhöht! 3 Am Tage, da ich rief, erhörtest du
mich, mehrtest in meiner Seele die Kraft. 4 Alle
Könige der Erde sollen dich preisen, Herr, wenn
sie die Worte deines Mundes vernehmen! 5 Die
Leistungen des Herrn sollen sie besingen; denn
groß ist die Herrlichkeit des Herrn. 6 Ja, erhaben
ist der Herr und schaut doch auf den Niedrigen;
den Stolzen erkennt er von ferne. 7 Muß ich auch
mitten in Bedrängnis wandeln, du erhältst mich
am Leben; gegen die Wut meiner Feinde streckst
du die Hand aus, während deine Rechte mir hilft.
8 Der Herr wird es für mich vollenden! Herr, deine
Huld währt ewig. Laß nicht ab vom Werk deiner
Hände!

138: Dank und Lobpreis werden im Hebräischen durch dasselbe Wort bezeichnet. Von beiden ist das Herz des Sängers voll, der in allen Schwierigkeiten auf Gott vertraut.

(138) Der unermeßliche Gott und sein treuer Diener

139 [Dem Chorleiter. Von David. Ein
Psalm.] Herr, du hast mich erforscht
und kennst mich. 2 Du weißt es, ob
ich sitze oder stehe, du durchschaust meine Ge-
danken von ferne. 3 Mein Gehen und mein Ruhen
hast du abgemessen; mit allen meinen Wegen bist
du vertraut. 4 Ja, es gibt kein Wort auf meiner Zunge,
das du, o Herr, nicht gänzlich wüßtest. 5 Von rück-
wärts und von vorne hältst du mich umschlossen
und legst auf mich deine Hand. 6 Zu wunderbar ist
für mich dein Wissen, zu hoch, ich kann es nicht
fassen.
7 Wohin könnte ich gehen vor deinem Geist, wohin
vor deinem Antlitz entfliehen? 8 Stiege ich zum
Himmel empor, so bist du dort; lagerte ich mich in
der Unterwelt, so bist du zugegen. 9 Nähme ich die
Flügel der Morgenröte und ließe mich nieder am
Ende des Meeres, 10 auch dort würde deine Hand
mich leiten und deine Rechte mich fassen. 11 Dächte
ich: »Lauter Finsternis soll mich bedecken und Nacht
statt Licht mich umgeben«, 12 so wäre auch Fin-
sternis vor dir nicht finster, und Nacht würde hell
wie Tag. 13 Du bist es ja, der meine Nieren erschuf,
mich webte im Leib meiner Mutter. 14 Ich preise
dich, daß ich so unbegreiflich wunderbar entstan-
den bin; wunderbar sind deine Werke, und meine
Seele weiß das gar wohl. 15 Meine Glieder waren vor
dir nicht verborgen, als ich im geheimen gebildet
wurde, kunstvoll gewirkt in den Tiefen der Erde.
16 Schon meine unfertigen Teile sahen deine Augen,
und in deinem Buch waren sie alle eingetragen;
die Lebenstage wurden gebildet, als noch keiner
von ihnen da war. 17 Wie schwierig sind für mich
deine Gedanken, o Gott, wie gewaltig ihre Gesamt-
zahl! 18 Wollte ich sie zählen, es wären mehr als die
Sandkörner; würde ich abschließen, ich wäre noch
immer bei dir.
19 Möchtest du doch die Frevler töten, o Gott! Ihr
Blutmenschen, weichet von mir! 20 Sie nennen
dich zum Trug und schwören falsch bei deinen
Städten. 21 Soll ich nicht hassen, Herr, die dich
hassen, soll ich nicht deine Widersacher verab-

scheuen? 22 Mit äußerstem Haß hasse ich sie; zu Feinden wurden sie mir. 23 Erforsche mich, Gott, und erkenne mein Herz; prüfe mich und erkenne meine Sorgen! 24 Sieh zu, ob ich auf dem Weg des Götzendienstes bin, und leite mich auf altbewährtem Weg!

139: Der schwierige Psalm enthält zunächst ein Lob auf den allwissenden und allgegenwärtigen Gott, wobei der Dichter von seiner eigenen Person ausgeht. Von Vers 19 an hören wir, daß er sich gegen Widersacher zu wehren hat, ja, die zwei letzten Verse scheinen darzutun, daß man ihm Abfall zum Götzendienst vorwarf. Daher sein begeistertes Bekenntnis zu dem einen wahren Gott.

(139) Bitte um Schutz vor Verleumdern

140

[Dem Chorleiter. Ein Psalm Davids.] 2 Rette mich, Herr, vor bösen Menschen, vor gewalttätigen Leuten bewahre mich! 3 Sie ersinnen Böses im Herzen, jeden Tag erregen sie Streit. 4 Sie schärfen ihre Zungen wie Schlangen, haben Natterngift unter den Lippen. [Zwischenspiel] 5 Behüte mich, Herr, vor den Händen der Frevler, vor gewalttätigen Leuten bewahre mich, die darauf sinnen, meinen Sturz zu erreichen! 6 Hochmütige legen mir heimlich Schlingen, Verbrecher breiten ein Netz aus, stellen am Wegrand mir Fallen. [Zwischenspiel]
7 Ich spreche zum Herrn: Mein Gott bist du! Höre, Herr, mein lautes Flehen! 8 Herr, mein Gebieter, du meine machtvolle Hilfe, du beschirmst mein Haupt am Tage des Kampfes! 9 Erfülle nicht, Herr, das Begehren des Frevlers, laß seinen Plan nicht gelingen! 10 Meine Umgebung erhebt das Haupt; was ihre Lippen Schlimmes reden, treffe sie selbst! 11 Er lasse Kohlen auf sie regnen, stürze sie ins Feuer, in Gruben, daß sie sich nicht mehr erheben! 12 Ein Mann böser Zunge habe im Lande keinen Bestand, den Gewalttätigen jage das Unglück Schlag auf Schlag! 13 Ich weiß, der Herr vertritt die Sache der Bedrückten, das Recht der Armen. 14 Fürwahr, die Gerechten werden deinen Namen preisen, die Rechtschaffenen weilen vor deinem Antlitz!

140: Jagd und Krieg geben hier die Bilder her, unter denen der Beter seine verleumderischen und gewalttätigen Feinde schildert. Er fleht Gott um Beistand an, was die Bestrafung der Gegner einschließt. Wir haben wieder die vorchristliche Einstellung vor uns, die schon auf Erden gerechten Ausgleich erwartet.

(140) Bitte um Gottes Beistand in der Gefahr

141

[Ein Psalm von David.] Herr, ich rufe dich an, eile mir zu Hilfe! Höre meine Stimme, sooft ich zu dir rufe! 2 Mein Gebet gelte als Rauchopfer vor dir, das Erheben meiner Hände als Abendopfer! 3 Setze, o Herr, vor meinen Mund eine Wache, eine Wehr vor das Tor meiner Lippen! 4 Laß mein Herz sich nicht neigen zu schlimmer Rede, daß ich nicht unrechte Taten vollführe mit Leuten, die Übeltäter sind! Von ihren Leckerbissen will ich nicht kosten. 5 Der Gerechte mag mich in Güte schlagen, um mich zu bessern; aber das Salböl des Gottlosen soll mein Haupt nicht zieren! Denn mein Schmuck ist mein Gebet bei all ihren Bosheiten. 6 Werden ihre Richter auf den Felsen hinabgestürzt, so erfahren sie, wie gut meine Reden es meinten. 7 Wie Trümmer und Bruchstücke auf der Erde sind dann ihre Gebeine hingestreut für den Rachen der Unterwelt. 8 Ja, auf dich, Herr und Gebieter, sind meine Augen gerichtet. Zu dir nehme ich meine Zuflucht; schütte mein Leben nicht aus! 9 Bewahre mich vor der Schlinge, die sie mir legten, und vor den Fallen der Übeltäter! 10 In ihre eigenen Gruben sollen die Frevler insgesamt fallen, während ich entkomme!

141: Ein Frommer will sich von gewissenlosen Leuten absondern, wozu ihm Gott helfen soll. Seinen Entschluß faßt er beim Gebet, das er mit dem abendlichen Speiseopfer und der damit verbundenen Weihrauchspende gleichsetzt.

(141) Gebet eines Verlassenen in der Not

142

[Lehrgedicht. Von David, als er in der Höhle war. Ein Gebet.] 2 Mit lauter Stimme rufe ich zum Herrn, mit lauter Stimme flehe ich zum Herrn. 3 Ich schütte vor ihm meine Sorge aus, gebe vor ihm meine Not bekannt. 4 Wenn mein Geist in mir verzagt, so kümmerst doch du dich um mein Ergehen. Auf dem Pfad, den ich wandle, legte man mir heimlich eine Schlinge. 5 Blicke ich nach rechts und schaue, so ist niemand da, der auf mich achtet. Jede Zuflucht ist mir entschwunden, keinen gibt es, der nach mir fragt. 6 Zu dir, Herr, rufe ich und spreche: Du bist meine Zuversicht, mein Anteil im Land der Lebendigen. 7 Vernimm doch mein Flehen; denn ich bin äußerst schwach! Rette mich vor meinen Verfolgern, da sie stärker sind als ich! 8 Führe mich heraus aus dem Kerker, auf daß ich deinen Namen preisen kann! Die Gerechten rings um mich erwarten, daß du mir Gutes erweisest.

142: Der Beter befindet sich entweder wirklich im Kerker (Vers 8), oder er spricht vom Kerker als einem Sinnbild seiner Bedrängnis. Bei den Anfeindungen der Gegner bleibt ihm keine andere Hilfe als der Herr.

(142) Siebter Bußpsalm: Hilferuf in Todesgefahr

143

[Ein Psalm von David.] Herr, höre mein Gebet, merke auf mein Flehen! Bei deiner Treue erhöre mich, bei deiner Gerechtigkeit! 2 Gehe nicht ins Gericht mit

deinem Knecht, denn kein Lebendiger ist vor dir im
Recht!
3 Fürwahr, der Feind stellt mir nach, tritt mein Leben
zu Boden, läßt mich in Finsternis lagern gleich den
ewig Toten. 4 Es verzagt mein Geist in mir, in der
Brust erstarrt mir das Herz. 5 Ich denke an die Tage
von ehedem, betrachte all dein Tun, erwäge das
Werk deiner Hände. 6 Ich strecke zu dir meine
Hände aus; meine Seele schmachtet nach dir wie
lechzendes Land. [Zwischenspiel]
7 Erhöre mich bald, o Herr! Es entschwindet mein
Geist. Verbirg dein Angesicht nicht vor mir, sonst
gleiche ich denen, die zur Grube hinabsteigen. 8 Laß
mich am Morgen deine Huld vernehmen, da ich auf
dich vertraue! Mach den Weg mir kund, den ich
gehen soll; denn zu dir erhebe ich meine Seele!
9 Rette mich vor meinen Feinden, Herr; zu dir fliehe
ich! 10 Lehre mich deinen Willen tun; denn du bist
mein Gott! Dein guter Geist geleite mich auf
ebenem Pfad! 11 Um deines Namens willen, Herr,
erhalte mich am Leben! Bei deiner Gerechtigkeit
führe mich aus der Bedrängnis! 12 Bei deiner Huld
vernichte meine Feinde! Laß alle umkommen, die
mich bedrängen! Ich bin ja dein Knecht.

143: Je größer die Gefahr, desto stärker ist das Vertrauen des Frommen. Dabei betet er nicht nur um Lebensrettung und Vernichtung der Feinde, sondern auch um sittliche Leitung durch Gott (Vers 8 und 10).

(143) Bittgebet eines Königs

144

[Von David.] Gepriesen sei der
Herr, mein Fels, der meine Hände
den Kampf gelehrt, meine Fäuste
den Krieg! 2 Meine Stärke und meine Burg, meine
Festung und mein Retter, mein Schild, auf den ich
vertraue, der mir Völker unterwarf.
3 Herr, was ist der Mensch, daß du um ihn dich
kümmerst, der Menschensohn, daß du ihn beachtest?
4 Der Mensch ist dem Hauche gleich, seine
Tage sind wie ein flüchtiger Schatten. 5 Herr, neige
deinen Himmel und steige hernieder, rühre die
Berge an, daß sie rauchen! 6 Schleudre den Blitz und
zerstreue sie, schieße deine Pfeile und verwirre sie!
7 Strecke deine Hand von der Höhe herab, befreie
mich und reiß mich heraus aus gewaltigen Wassern,
aus der Macht der Fremden! 8 Denn Lüge redet
ihr Mund, meineidig ist ihre Rechte.
9 Gott, ein neues Lied will ich dir singen, auf zehnsaitiger
Harfe dir spielen, 10 der den Königen Sieg
verleiht, David, seinen Knecht, befreit! 11 Aus dem
schlimmen Schwerte befreie mich und entreiße
mich der Macht der Fremden! Denn Lüge redet ihr
Mund, meineidig ist ihre Rechte.
12 Gib Heil unseren Söhnen, gleich Setzlingen,
großgezogen in ihrer Jugend, unseren Töchtern,
gleich Ecksäulen, geschnitzt wie an einem Palast!
13 Unsere Speicher seien gefüllt, allerlei Vorräte
spendend. Unsere Herden mögen sich tausendfach
mehren, zehntausendfach auf unseren Fluren!
14 Unsere Rinder seien trächtig, ohne Unfall und
Fehlgeburt! Kein Klageruf sei auf unseren Plätzen!
15 Glücklich das Volk, dem solches beschieden!
Glücklich das Volk, dessen Gott der Herr ist!

144: Vers 1–11 betet ein König um Sieg über seine Feinde, Vers 12–15 betet die Gemeinde um Gottes Segen. Beides paßt in die Notzeit eines Krieges. • 6f: Fast wie Ps 18,15.17 (siehe dort).

(144) Der große huldvolle König und Herr

145

[Ein Lobgesang von David.] Ich will
dich rühmen, mein Gott und König,
und deinen Namen preisen immer
und ewig! 2 Jeden Tag will ich dich preisen und deinen
Namen loben immer und ewig! 3 Groß ist der
Herr und hoch zu loben, seine Größe ist unerforschlich.
4 Ein Geschlecht künde dem andern
deine Werke und berichte deine mächtigen Taten!
5 Vom herrlichen Glanz deiner Hoheit sollen sie
reden und deine Wunder betrachten! 6 Von der
Gewalt deiner furchterregenden Taten sollen sie
sprechen und deine Großtaten erzählen!
7 Das Gedächtnis deiner großen Güte sollen sie
verkünden und über deine Gerechtigkeit jubeln!
8 Gnädig und barmherzig ist der Herr, langmütig
und groß an Huld. 9 Gut ist der Herr gegen alle, sein
Erbarmen waltet über allen seinen Geschöpfen.
10 Preisen sollen dich, Herr, alle deine Geschöpfe,
deine Frommen sollen dich rühmen!
11 Von der Herrlichkeit deines Königtums sollen sie
sprechen und reden von deiner Macht, 12 um den
Menschen deine Macht kundzutun und den herrlichen
Glanz deines Königtums! 13 Dein Reich ist ein
Reich für alle Zeiten, deine Herrschaft dauert durch
alle Geschlechter. Getreu ist der Herr in all seinen
Worten und huldreich in all seinen Taten.
14 Alle Fallenden stützt der Herr, alle Gebeugten
richtet er auf. 15 Aller Augen warten auf dich; und
du gibst ihnen Speise zur rechten Zeit. 16 Du tust
deine Hand auf und sättigst das Verlangen aller
Lebenden. 17 Gerecht ist der Herr auf allen seinen
Wegen und huldreich in all seinem Tun. 18 Nahe ist
der Herr allen, die ihn anrufen, allen, die ihn aufrichtig
anrufen. 19 Das Verlangen der Gottesfürchtigen
erfüllt er, hört auf ihren Hilferuf und rettet sie.
20 Der Herr behütet alle, die ihn lieben; doch alle
Frevler vernichtet er. 21 Das Lob des Herrn verkünde

mein Mund! Jedermann preise seinen heiligen Namen [immer und ewig]!

145: Alphabetischer Psalm, der alle Menschen auffordert, den heiligen Namen des Herrn zu preisen und sein Königtum vor aller Welt zur Anerkennung zu bringen.

(145) Der allmächtige Gott, der Helfer

146 [Hallelujah!] – Lobe den Herrn, meine Seele! 2 Den Herrn will ich loben mein Leben lang, meinem Gott will ich singen, solange ich bin! 3 Vertraut nicht auf Vornehme, auf einen Menschen, bei dem keine Hilfe ist! 4 Entflieht sein Odem, kehrt er zur Erde zurück, so sind zur selben Zeit seine Pläne dahin. 5 Glücklich, dessen Hilfe der Gott Jakobs ist, dessen Hoffnung auf dem Herrn, seinem Gott, ruht, 6 der Himmel und Erde erschaffen hat, das Meer und alles, was in ihnen ist! Er hält die Treue auf ewig. 7 Den Bedrückten verhilft er zum Recht, den Hungernden gibt er Brot, der Herr befreit die Gefangenen. 8 Der Herr öffnet die Augen der Blinden; der Herr richtet die Gebeugten auf; der Herr liebt die Gerechten. 9 Der Herr beschützt die Fremden; Waisen und Witwen hilft er auf; doch den Weg der Frevler leitet er irre. 10 Der Herr ist König für ewig, dein Gott, o Sion, von Geschlecht zu Geschlecht. – [Hallelujah!]

146: Ein Preis- und Lehrgedicht. Der allmächtige Gott verdient uneingeschränktes Vertrauen.

(146 und 147) Gottes machtvolle Vorsehung

147 [Hallelujah!] – Lobt den Herrn, denn er ist gut! Preist unseren Gott, denn er ist hold! Ihm gebührt Lobgesang. 2 Der Herr baut Jerusalem auf; die Versprengten Israels sammelt er. 3 Er heilt, die zerbrochenen Herzens sind, verbindet ihre schmerzenden Wunden. 4 Er stellt die Zahl der Sterne fest, ruft sie alle mit Namen. 5 Groß ist unser Herr und gewaltig an Kraft; seine Weisheit ist unermeßlich. 6 Der Herr hilft den Elenden auf; die Frevler erniedrigt er bis auf den Boden.

7 Stimmt dem Herrn ein Danklied an, preist unseren Gott mit der Zither! 8 Er bedeckt den Himmel mit Wolken, bereitet der Erde den Regen, Gras läßt er auf den Bergen sprießen. 9 Er gibt dem Vieh seine Nahrung, den jungen Raben, wonach sie schreien. 10 Er hat keine Freude an starken Rossen, kein Gefallen an kräftigen Beinen der Helden. 11 Dem Herrn gefallen nur die, die ihn fürchten, die harren auf seine Huld.

12 Preise den Herrn, Jerusalem! Lobe, Sion, deinen Gott! 13 Denn die Riegel deiner Tore macht er stark, segnet in dir deine Söhne. 14 Wohlfahrt verleiht er deinem Gebiete, mit fettem Weizen sättigt er dich. 15 Er entsendet seinen Befehl auf die Erde, gar schnell eilt sein Wort voran. 16 Er spendet Schnee wie Wolle, streut den Reif wie Asche aus. 17 Eis wirft er hin wie Brocken; vor seiner Kälte erstarren die Wasser. 18 Er entsendet sein Wort und läßt sie schmelzen; seinen Odem läßt er wehen, da rieseln die Wasser. 19 Seine Worte hat er Jakob verkündet, Israel seine Gesetze und Vorschriften. 20 An keinem Volke hat er so gehandelt; seine Vorschriften tat er ihnen nicht kund. – [Hallelujah!]

147: Preisgesang aus drei Strophen, deren einleitende Verse 1,7 und 12 zum Lobe Gottes, des Schutzherrn seines Volkes und Herrschers über die Natur, auffordern. Die griechische und lateinische Bibel beginnt mit Vers 12 einen eigenen Psalm (147) und holt so die seit Ps 11 um eine Ziffer rückständige Zählung auf.

Himmel und Erde loben den Herrn

148 [Hallelujah!] – Lobt den Herrn vom Himmel her, lobt ihn in den Höhen! 2 Lobt ihn, all seine Engel, lobt ihn, all seine Heerscharen! 3 Lobt ihn, Sonne und Mond, lobt ihn, ihr leuchtenden Sterne alle! 4 Lobt ihn, ihr höchsten Himmel und ihr Wasser über dem Himmel! 5 Den Namen des Herrn sollen sie loben; denn er gebot, und sie waren erschaffen. 6 Er stellte sie hin für immer und ewig; er gab ein Gesetz, das niemals vergeht.

7 Lobt den Herrn von der Erde her, ihr Meeresdrachen und ihr Tiefen alle! 8 Feuer und Hagel, Schnee und Nebel, du Sturmwind, der sein Wort vollzieht! 9 Berge und all ihr Hügel, Fruchtbäume und Zedern insgesamt! 10 Wilde Tiere und alles Vieh, Kriechtiere und beschwingte Vögel! 11 Ihr Könige der Erde und alle Völker, Fürsten und alle Richter der Erde! 12 Jünglinge und auch ihr Jungfrauen, Greise mitsamt den Kindern! 13 Den Namen des Herrn sollen sie loben! Denn erhaben ist sein Name allein! Seine Hoheit geht über Erde und Himmel. 14 Seinem Volk verlieh er Stärke und Macht. – Ein Lobgesang für all seine Frommen, für Israels Söhne, das Volk, das ihm nahen darf. – [Hallelujah!]

148: Alle Geschöpfe sind zum Lobpreis des Herrn aufgerufen. Die Reihenfolge entspricht dem damaligen Weltbild. Die listenförmige Naturweisheit wird zum frommen Hymnus umgestaltet. Zweifellos wurde er bei Dankgottesdiensten gesungen, ähnlich Ps 150; vgl. auch Dan 3,52–90. Vers 1–6 und 7–14 bilden zwei Strophen.

Triumphlied Sions ob seines Königs

149 [Hallelujah!] – Singt dem Herrn ein neues Lied! Singt sein Lob in der Gemeinde der Frommen! 2 Israel freue sich seines Schöpfers, Sions Söhne sollen jubeln ob ihres Königs! 3 Seinen Namen sollen sie loben im Reigen, mit Pauke und Zither ihm spielen! 4 Denn der Herr hat Gefallen an seinem Volk, die Armen krönt er mit Heil. 5 Die Frommen mögen frohlocken in Ehre, jauchzen auf ihren Lagerstätten! 6 In ihrer Kehle sei Lobpreis Gottes, in ihrer Hand ein zweischneidig Schwert, 7 um Rache zu üben an den Völkern, Strafgerichte an den Nationen, 8 um mit Fesseln ihre Könige zu binden, ihre Edlen mit eisernen Ketten, 9 um Gericht über sie zu halten, wie es geschrieben steht, Ehre ist solches für all seine Frommen. – [Hallelujah!]

149: Die ersten Verse lassen an ein öffentliches, frohes Siegesfest denken. Aber das stets angefeindete Jerusalem muß auf weitere Kämpfe gefaßt sein. Endgültiger Sieg über die Heiden ist eine endzeitliche Hoffnung.

Jubelnder Ausklang der Loblieder

150 [Hallelujah!] – Lobt Gott in seinem Heiligtum, lobt ihn in seiner starken Himmelsfeste! 2 Lobt ihn ob seiner mächtigen Taten, lobt ihn ob seiner gewaltigen Größe! 3 Lobt ihn mit dem Schall der Posaune, lobt ihn mit Harfe und Zither! 4 Lobt ihn mit Pauke und Reigen, lobt ihn mit Saitenspiel und Flöte! 5 Lobt ihn mit klingenden Zimbeln, lobt ihn mit schmetternden Zimbeln! 6 Alles, was Odem hat, lobe den Herrn! – [Hallelujah!]

150: Ein brausender Hymnus schließt den Psalter. Alle üblichen Musikinstrumente klingen zusammen zu einem einzigen Lobpreis Gottes. Vers 1 unterscheidet schön zwischen der Gnadengegenwart im Tempel und der überirdischen Wohnung Gottes im Himmel. Beide schließen die geistige Allgegenwart an allen Orten nicht aus.

DAS BUCH JOB

Eines der schönsten Bücher nicht nur der Bibel, sondern der Weltliteratur ist das Buch Job. Es läßt sich mit anderen kaum vergleichen, am ehesten mit dem Pessimismus des »Predigers«, der ihm jedoch an dichterischem Schwung und religiösem Ernst bei weitem nicht gleichkommt. Zeitlich liegen beide Bücher nicht allzuweit auseinander. Man darf für Job etwa das vierte oder dritte Jahrhundert v. Chr. als Entstehungszeit annehmen.

Die Rahmenerzählung, nämlich Kapitel 1 und 2 sowie 42,7–17, dazu 32,1–5, ist Prosa und bietet die Geschichte vom patriarchalisch wohlhabenden, frommen Job, seiner Prüfung, seiner Geduld im Leiden und schließlich am Ende von der Wiederherstellung seines Wohlstandes. Es handelt sich dabei um eine alte Volksüberlieferung, die der Verfasser bereits vorgefunden hat; schon bei Ez 14,14.20 wird der gerechte Job erwähnt. Sie bot ihm Gelegenheit, seine Probleme und seine Poesie zum Ausdruck zu bringen, indem er Reden Jobs, seiner Freunde und endlich Gottes selber in dichterischer Form einfügte. Der Text ist oft schwer verständlich, reich an kühnen bildlichen und überschwenglichen Wendungen, aber doch recht gut erhalten.

Spätestens seit der Babylonischen Gefangenschaft (586 v. Chr.: Jeremias, Ezechiel) war die Frage nach der gerechten göttlichen Vergeltung schon hier auf Erden immer brennender geworden; denn ein Ausgleich im Jenseits war damals noch unbekannt. Die »Freunde« vertreten den alten Standpunkt, daß die Leiden Jobs eine Strafe für Sünden sein müssen, während er selbst seine Unschuld beteuert (31) und zum Teil in vorwurfsvoller Ungeduld Gott als Richter herausfordert. Auch Job will grundsätzlich den Glauben, daß Gott gerecht ist, nicht aufgeben, aber er widerspricht dem äußerlichen Vergeltungsglauben der Freunde, der im Leben einfach nicht stimmt. Damit stoßen die Streitenden bis zum Gottesproblem vor. Muß Job an Gott irre werden? Warum läßt der gerechte Gott Unschuldige büßen? Ein vierter Redner, Elihu, bringt nachträglich (32–37) in etwas geschraubten Worten neuere Lösungsversuche vor: Die Leiden sollen den Gerechten erzieherisch vor Gottvergessenheit, Hochmut und Undank bewahren (33,15–30; 36,7–10.15–21) und ihm zeigen, daß ihn Gott nicht braucht (35,6–8); Gott ist langmütig gegen Gewaltmenschen, um die anderen zur Buße zu stimmen (34,29–32); er befreit den Leidenden nicht, weil dieser voll Ungeduld (35,9–14) oder Trotz (36,13–14) ist; Gottes Weisheit und Größe ist so gewaltig, daß ihn der Mensch nicht kritisieren kann (36,22–37,24). Dieser letzte Grund leitet zu den Gottesreden (38–41) über, die dasselbe dartun: der Mensch ist viel zu schwach, um die Weisheit und Allmacht Gottes, geoffenbart in seinen Schöpfungswerken, erreichen und begreifen zu können. Er muß sich ergeben! Der große Lenker der ganzen Natur wird indirekt auch als völlig gerechter Leiter der Menschenschicksale gläubig und demütig anerkannt, wenn auch nicht durch und durch erkannt. So steht zwar am Ende des Rechtsstreites zwischen Gott und Job nicht eine eigentliche Beweisführung oder gar eine Rechenschaftsablage des Angeschuldigten, sondern die echt atl. Ehrfurcht vor Gott in seiner unerforschlichen Hoheit und Heiligkeit. Diese Haltung ist auch im heutigen Zeitalter einer fortschrittlichen Naturwissenschaft und einer allzu skeptischen Haltung gegenüber der göttlichen Weltordnung sehr vonnöten. Das Buch Job hat poetisch-mahnenden Charakter. Die Geschichtlichkeit der gleichnamigen Hauptgestalt ist für Sinn und Wert der Schrift nicht entscheidend, ebensowenig wie die Geschichtlichkeit der Gestalten in den Parabeln des Herrn. Job war kein Israelit. Wahrscheinlich stammt er aus dem Raum südöstlich des Toten Meeres. Darauf deuten jedenfalls das als seine Heimat angeführte Uz hin sowie die geschilderten sozialen Verhältnisse und seine Zuordnung zu den »Söhnen des Ostens« (1,3). Die Jobtradition muß in Israel früh Eingang gefunden haben, denn die Vorbildlichkeit eines Heiden wurde später kaum anerkannt.

Ein Mann lebte im Lande Uz, sein Name war
Job; und dieser Mann war fromm und recht,
gottesfürchtig und dem Bösen fern. 2 Gebo-
ren wurden ihm der Söhne sieben und der Töchter
drei. 3 Sein Besitz bestand aus siebentausend Scha-
fen, dreitausend Kamelen, fünfhundert Joch Rin-
dern, fünfhundert Eselinnen und sehr zahlreichem
Gesinde; und es übertraf dieser Mann alle Bewoh-
ner des Ostens. 4 Seine Söhne aber pflegten ein
Gastmahl zu halten jeweils im Hause und am Tag
dessen, der an der Reihe war; sie sandten hin und
luden auch ihre drei Schwestern ein, mit ihnen zu
essen und zu trinken. 5 Wenn nun die Tage des
Gastmahls vorüber waren, schickte Job nach ihnen
und heiligte sie. Er stand früh am Morgen auf und
brachte Brandopfer dar nach ihrer aller Zahl. Denn
Job dachte: »Vielleicht haben meine Söhne sich ver-
sündigt und Gott in ihrem Herzen gelästert.« So
tat Job an allen diesen Tagen.

Satan gegen Job

6 Es geschah aber eines Tages, daß die Gottessöhne
kamen, um vor den Herrn hinzutreten, und unter
ihnen kam auch der Satan. 7 Da sprach der Herr
zum Satan: »Woher kommst du?« Der Satan erwi-
derte dem Herrn und sprach: »Vom Durchschwei-
fen der Erde und vom Umherwandeln auf ihr.« 8 Da
sprach der Herr zum Satan: »Hast du meinen
Knecht Job beachtet? Es gibt ja seinesgleichen
keinen auf Erden: fromm und recht, gottesfürchtig
und dem Bösen fern!« 9 Der Satan erwiderte dem
Herrn und sprach: »Ist es umsonst, daß Job Gott
fürchtet? 10 Umhegst du nicht ihn und sein Haus
und alles, was sein ist ringsumher? Segnest du nicht
das Werk seiner Hände, und breitet sich nicht sein
Besitz im Lande aus? 11 Aber strecke einmal deine
Hand aus und taste alles, was sein ist, an! Ob er dir
dann nicht ins Angesicht flucht?« 12 Da sprach der
Herr zum Satan: »Wohlan, alles, was sein ist, sei
deiner Hand überlassen; nur nach ihm selbst strecke
deine Hand nicht aus!« Und der Satan ging weg
vom Antlitz des Herrn.

Verlust des Besitzes

13 Da geschah es eines Tages, während seine Söhne
und Töchter im Hause ihres erstgeborenen Bruders
speisten und Wein tranken, 14 daß ein Bote zu Job
kam und sprach: »Die Rinder waren beim Pflügen,
und die Eselinnen weideten daneben. 15 Da fielen
Sabäer ein, nahmen sie weg, und die Knechte er-
schlugen sie mit scharfem Schwert; nur ich allein
bin entkommen, es dir zu melden.« 16 Noch redete
dieser, da kam schon ein anderer und sprach: »Feuer
Gottes fiel vom Himmel, brannte bei den Schafen
und Knechten und verzehrte sie; nur ich allein bin
entkommen, es dir zu melden.« 17 Noch redete die-
ser, da kam schon ein anderer und sprach: »Kaldäer
stellten drei Heerscharen auf, und diese fielen über
die Kamele her und nahmen sie weg, und die
Knechte erschlugen sie mit scharfem Schwert; nur
ich allein bin entkommen, es dir zu melden.«
18 Noch redete dieser, da kam schon ein anderer und
sprach: »Deine Söhne und Töchter speisten und
tranken Wein im Hause ihres erstgeborenen Bru-
ders. 19 Sieh, da kam ein mächtiger Wind von jen-
seits der Wüste und stieß an die vier Ecken des
Hauses; es stürzte über den Kindern zusammen
und sie starben; nur ich allein bin entkommen, es
dir zu melden.« 20 Da erhob sich Job, zerriß sein
Gewand, schor sein Haupt, fiel zur Erde nieder,
beugte sich anbetend und sprach: 21 »Nackt kam ich
hervor aus dem Schoß meiner Mutter, und nackt
kehre ich dorthin zurück. Der Herr hat gegeben, der
Herr hat genommen, der Name des Herrn sei ge-
priesen!« 22 Bei all dem hat Job nicht gesündigt und
gegen Gott nichts Törichtes geäußert.

1,1: Die Heimat Jobs lag südöstlich von Palästina im Lande Edom. • 3: Der Reichtum begründet das hohe Ansehen Jobs. Bei der Wiederherstellung wird er sogar verdoppelt (42,12). • 5: Bei gemeinsamen Familienfesten durfte das Opfer nicht fehlen. Job wollte damit alle religiösen Verfehlungen sühnen. • 6: Gottessöhne werden die Engel genannt Job 38,7; Ps 29,1; Ps 89,7. Satan gilt noch nicht als Teufel im christlichen Sinne, sondern als Widersacher und Ankläger innerhalb des göttlichen Hofstaates. • 13–19: Die schlagartige Häufung der Unglücksfälle ist nicht historischer Bericht, sondern dichterische Gestaltung. • 15: Sabäer, ein südarabischer Nomadenstamm. • 16: Feuer Gottes ist der Blitz. • 17: Kaldäer, ein aramäischer Stamm. • 21: Schoß der Mutter ist in dichterischer Ausdrucksweise die Mutter Erde, Ps 139,15; Sir 40,1. Daher kann man sagen, daß der Mensch dorthin zurückgekehrt ist. Er ist ja aus Erdenstaub gebildet (1 Mos 2,7; 1 Mos 3,19).

Satan wiederum gegen Job:
Gott läßt Jobs Prüfung zu

2 1 Es geschah eines Tages, daß die Gottes-
söhne kamen, um vor den Herrn hinzutreten,
und unter ihnen kam auch der Satan, um vor
den Herrn hinzutreten. 2 Da sprach der Herr zum
Satan: »Woher kommst du?« Der Satan erwiderte
dem Herrn und sprach: »Vom Durchschweifen der
Erde und vom Umherwandeln auf ihr.« 3 Da sprach
der Herr zum Satan: »Hast du meinen Knecht Job
beachtet? Es gibt ja seinesgleichen keinen auf
Erden: fromm und recht, gottesfürchtig und dem
Bösen fern. Noch immer hält er fest an seiner
Frömmigkeit, und du hast mich vergeblich gegen
ihn gereizt, ihn zu verderben.« 4 Der Satan erwi-
derte dem Herrn und sprach: »Haut für Haut! Es
gibt doch der Mensch alles, was er hat, für sein
Leben hin! 5 Aber strecke einmal deine Hand aus

und taste sein Gebein und Fleisch an! Ob er dir dann nicht ins Angesicht flucht?« 6 Da sprach der Herr zum Satan: »Wohlan, er sei deiner Hand überlassen; nur sein Leben schone!«

Zweite Prüfung: Aussatz

7 Und der Satan ging weg vom Antlitz des Herrn und schlug Job mit bösem Geschwür von der Fußsohle bis zu seinem Scheitel. 8 Da nahm er sich eine Scherbe, um sich damit zu schaben, während er mitten in der Asche saß. 9 Da sprach seine Frau zu ihm: »Hältst du immer noch fest an deiner Frömmigkeit? Fluche Gott und stirb!« 10 Er aber sprach zu ihr: »Wie eine Törin redet, so redest du. Wenn wir schon das Gute von Gott annehmen, sollen wir das Schlechte nicht auch annehmen?« Bei all dem hat Job mit seinen Lippen nicht gesündigt.

Ankunft der Freunde: Sie wollen ihn trösten

11 Da hörten die drei Freunde Jobs von all dem Unglück, das über ihn gekommen war. Und sie kamen, ein jeder von seinem Heimatort: Eliphas, der Temanit, Bildad, der Schuchit, und Zophar, der Naamatit. Sie hatten nämlich gemeinsam ihr Kommen verabredet, ihm Teilnahme zu zeigen und ihn zu trösten. 12 Als sie aber von ferne ihre Augen erhoben, erkannten sie ihn nicht wieder. Da erhoben sie ihre Stimme und weinten laut. Sie zerrissen alle ihr Gewand und streuten Asche über ihre Häupter zum Himmel. 13 Sie saßen bei ihm auf der Erde sieben Tage und sieben Nächte lang. Keiner sprach ein Wort zu ihm; denn sie sahen, daß sein Schmerz gar groß war.

2,4: »Haut für Haut« ist volkstümlicher Ausruf, etwa wie »Mag sein«, »So oder so«. Er stammt aus dem Tauschhandel. • 9: Vgl. Tob 2,14. • 11: Die Namen weisen auf edomitisches Gebiet.

Jobs Klage

3 1 Alsdann öffnete Job seinen Mund und verfluchte den Tag seiner Geburt. 2 Und Job begann und sprach: 3 »Vertilgt sei der Tag, an dem ich geboren, und die Nacht, welche sprach: Empfangen ist ein Mann! 4 Jener Tag, er werde Finsternis, nicht möge nach ihm fragen Gott da droben, nicht erglänze über ihm ein lichter Strahl! 5 Dunkelheit und Düster sollen ihn belegen, Wolkenmassen über ihm sich lagern! Sie sollen ihn erschrecken gleich den täglich neuen Bitternissen! 6 Und jene Nacht, das Dunkel raffe sie hinweg, nicht soll sie sich gesellen zu des Jahres Tagen und nicht gelangen in die Zahl der Monde! 7 Ja, jene Nacht sei unfruchtbar, kein Jubel kehre ein in ihr! 8 Verwünschen sollen sie die Tagverflucher, die auch imstande sind, den Drachen aufzuwecken! 9 Dunkel seien ihrer Dämmerung Sterne; sie harre auf das Licht, jedoch umsonst; sie schaue nicht der Morgenröte Wimpern! 10 Weil sie meiner Mutter Leibespforte nicht verschloß und so das Leid verborgen hätte meinen Augen. 11 Warum denn starb ich nicht vom Mutterleibe weg, kam aus dem Schoß hervor und schied dahin? 12 Weshalb nur kamen Knie mir entgegen, und wozu Brüste, daß ich sog? 13 So läge ich nun still und könnte rasten, ich schliefe, alsdann hätt' ich Ruh' 14 bei Königen und Ratsherren der Erde, die Grabeskammern sich erbauten, 15 oder auch bei Fürsten, reich an Gold, die ihre Häuser angefüllt mit Silber. 16 Vielmehr wie die verscharrte Fehlgeburt bestünde ich nicht mehr, wie Kindlein, die das Licht nicht schauten. 17 Dort haben Frevler aufgehört zu toben, dort ruhen Kraftерschöpfte aus. 18 Desgleichen sind Gefangene von Sorgen frei; sie hören nicht die Stimme eines Treibers. 19 Klein und groß ist dort beisammen, der Knecht ist ledig seines Herrn.

20 Warum schenkt Er dem Elenden das Licht und Leben den mit Bitternis Erfüllten, 21 denen, die des Todes harren, doch umsonst, und sehnlicher nach ihm als wie nach Schätzen suchen; 22 die Freude hätten bis zum Jubel, frohlockten, wenn ein Grab sie fänden; 23 dem Manne, dessen Lebensweg im Dunkel liegt und den Gott ringsum eingeschlossen hat? 24 Denn meinem Essen geht voran mein Seufzen, und es ergießt wie Wasser sich mein Klageruf. 25 Denn schreckte mich ein Schrecknis, alsdann traf es mich; wovor mir graute, das kam über mich. 26 Noch hatte ich nicht Frieden, noch nicht Ruhe, noch keine Rast, da kam schon wieder Ruhelosigkeit.«

3,3–12: Ähnlich Jer 20,14–18. • 8: Zauberer, die den sagenhaften Drachen Liwjatan zu beschwören wissen.

Erste Rede des Eliphas

4 1 Da antwortete Eliphas, der Temanit, und sprach: 2 »Wenn man ein Wort an dich versucht, nimmst du es wohl übel? Doch wer vermag das Reden aufzuhalten? 3 Siehe, du hast viele unterwiesen und schlaffe Hände stark gemacht; 4 dem Strauchelnden halfen deine Worte auf, und wankenden Knien gabst du Kraft. 5 Weil es nun an dich herankam, wurdest du verdrossen, weil es dich selber traf, warst du entsetzt. 6 Ist deine Gottesfurcht nicht deine Zuversicht? Ist nicht dein frommer Wandel deine Hoffnung?

Frevler gehen zugrunde

7 Bedenke doch, wer ging je schuldlos unter, und wo sind Redliche vernichtet worden? 8 Soviel ich sah,

mußte, wer Bosheit pflügte und wer Unheil säte,
dies auch ernten. 9 Durch Gottes Odem gingen sie
zugrunde und schwanden hin durch seines Zornes
Hauch. 10 Des Löwen Gebrüll, des Leuen Geheul,
des Junglöwen Zähne werden zerschlagen. 11 Der
Löwe geht ein aus Mangel an Raub, und die Jungen
der Löwin zerstreuen sich.

Eliphas vernahm eine Offenbarung

12 Zu mir hat sich ein Wort gestohlen, und ein
Flüstern davon empfing mein Ohr, 13 in Grübeleien,
verursacht durch Nachtgesichte, wenn tiefer Schlaf
die Menschen befällt. 14 Schrecken kam über mich
und Zittern, Beben erschütterte meine Glieder.
15 Ein Geist schwebte an meinem Antlitz vorüber,
es sträubte sich jedes Haar meines Leibes. 16 Er blieb
stehen, doch ich konnte sein Aussehen nicht er-
kennen, eine Gestalt war vor meinen Augen, ich
hörte das Flüstern einer Stimme: 17 ›Ist wohl ein
Mensch gerechter als Gott, oder ist jemand reiner
als sein Schöpfer? 18 Sieh, selbst seinen Dienern ver-
traut er nicht, und an seinen Engeln stellt er Mängel
fest! 19 Gar erst an den Bewohnern von Lehm-
gehäusen, deren Bestand auf Staub sich gründet!
Sie werden schneller zermalmt als eine Motte.
20 Zwischen Morgen und Abend werden sie zer-
schlagen; ohne daß es jemand beachtet, gehen sie
für immer zugrunde. 21 Wird nicht an ihnen aus-
gerissen ihr Zeltstrick, daß sie sterben, ohne es zu
merken?‹

Keine Rettung für Toren

5 1 Rufe nur! Ob jemand dir Antwort gibt? An
wen von den Heiligen willst du dich wenden?
2 Vielmehr bringt Verbitterung den Toren um,
und Leidenschaft tötet den Unerfahrenen. 3 Zwar
sah ich den Toren Wurzel schlagen, konnte aber gar
schnell seine Stätte verhöhnen. 4 Fern bleiben seine
Kinder dem Wohlergehen, sie werden im Tore zer-
malmt und haben keinen Retter, 5 da seine Ernte ein
Hungriger verzehrt und aus den Körben heraus sie
wegnimmt, und Durstige lechzen nach seinem Gut.
6 Denn nicht aus dem Staube wächst Unheil hervor,
und nicht aus der Erde sproßt Mühsal auf, 7 sondern
der Mensch erzeugt die Mühsal, wie junge Adler,
die allzu hoch fliegen.

Mahnung, sich Gott in Drangsal und Leid zu unterwerfen

8 Ich aber, ich würde Gott aufsuchen und der Gott-
heit meine Sache dartun; 9 ihm, der Großes und
Unerforschliches wirkt, Wundertaten ohne Zahl,
10 der Regen spendet über die Erde hin und Wasser
sendet über die Fluren. 11 Niedrige setzt er an hohe
Stellen, und Trauernde erreichen das Heil. 12 Er zer-
bricht die Ränke der Schlauen, daß keinen Erfolg
ihre Hände erzielen. 13 Weise fängt er trotz ihrer
Schlauheit, so daß der Listigen Rat zu voreilig war.
14 Bei Tag stoßen sie auf Finsternis, und wie bei
Nacht so tasten sie am Mittag. 15 So rettet er vor
dem Schwert ihres Mundes und aus des Mächtigen
Hand den Armen. 16 Hoffnung wächst dem Gerin-
gen wieder; die Schlechtigkeit muß ihr Maul ver-
schließen.
17 Siehe, glücklich der Mensch, den Gott in Zucht
nimmt! Verschmähe die Mahnung des Allmächti-
gen nicht! 18 Denn er verwundet und er verbindet;
er schlägt, und seine Hände heilen auch. 19 In sechs
Drangsalen wird er dich retten, in sieben berührt
dich kein Leid. 20 Im Hunger erlöst er dich vom
Tode und im Krieg aus des Schwertes Gewalt. 21 Vor
der Geißel der Zunge bist du geborgen, brauchst
nicht zu bangen, daß Verheerung herannaht. 22 Der
Verheerung und Hungersnot kannst du spotten,
und vor wildem Getier brauchst du nicht dich zu
fürchten. 23 Denn mit den Steinen des Feldes hast du
einen Vertrag, und des Feldes Getier ist dir friedlich
gesinnt. 24 So wirst du erfahren, daß heil bleibt dein
Zelt, du besichtigst dein Heim und wirst nichts
vermissen. 25 Du wirst erfahren, daß deine Nach-
kommen zahlreich werden und deine Sprößlinge
gleich den Kräutern des Erdreichs. 26 Du wirst in
vollem Alter zum Grabe gelangen, wie Garben-
haufen zur gegebenen Zeit sich türmen. 27 Siehe,
das ist es, was wir erforschten; so ist es! Vernimm
es, und sei dir dessen bewußt!«

5,3: »Verhöhnen«, weil er von seiner Stätte verschwand. Bild vom Pflanzenleben. • 4: »Im Tore« saß man zu Gericht.

Job schildert seinen Kummer und sein Leid

6 1 Da antwortete Job und sprach: 2 »Ach, daß
mein Kummer gewogen würde und daß man
zusammen mein Leid auf die Waage legte!
3 Denn nun ist es schwerer als der Sand am Meer;
daher gingen meine Worte irre. 4 Denn die Pfeile des
Allmächtigen stecken in mir; es trinkt mein Geist
ihr Fiebergift; die Schrecknisse Gottes rüsten sich
wider mich. 5 Schreit etwa der Wildesel bei grünem
Gras, oder brüllt das Rind bei seinem Futter? 6 Aber
kann man Geschmackloses ohne Salz essen, oder
steckt Wohlgeschmack im Schleim einer faden
Pflanze? 7 Mein Empfinden sträubt sich, sie anzu-
rühren; sie gleichen den Mängeln meiner Speise.

Todessehnsucht

8 O käme doch, was ich begehre, und gäbe Gott,
was ich erhoffe! 9 Und möchte doch Gott mich zer-

malmen, seine Hand zücken und meinen Faden abschneiden! 10 So wäre es noch ein Trost für mich, und ich würde aufhüpfen trotz schonungsloser Pein, darob, daß ich des Heiligen Worte nicht verleugnete. 11 Was ist meine Kraft, daß ich aushalten könnte, und was meine Endfrist, um Geduld zu bewahren? 12 Sind etwa meine Kräfte Felsenkräfte, oder ist mein Fleisch aus Erz gemacht? 13 Gibt es in mir denn keine Hilfe mehr für mich, und ist Erfolg mir ganz entzogen?

Versagen der Freunde

14 Liebe gebührt dem Verzagenden von seinem Freund, und verließe er selbst die Furcht vor dem Allmächtigen. 15 Meine Brüder haben mich enttäuscht wie ein Sturzbach, wie die Wasserrinne von Flüssen, die vergehen, 16 die trübe sind vom Eis, über denen der Schnee zerschmilzt; 17 zur Zeit, da sie ausgebrannt werden, sind sie verschwunden, wenn es heiß wird, sind sie von ihrer Stätte versiegt. 18 Sie schlängeln sich die Pfade ihres Laufes, treten in die Wüste ein und hören auf. 19 Die Karawanen von Tema halten Ausschau, die Reisezüge von Saba hoffen auf sie. 20 Sie werden zuschanden, weil sie vertrauten, sie kommen dorthin und sind enttäuscht. 21 So seid ihr für mich jetzt geworden; ihr habt ein Schrecknis geschaut und fürchtet euch. 22 Habe ich etwa gesagt: ›Gebt mir und zahlt für mich von eurem Vermögen, 23 rettet mich aus der Hand des Bedrängers und kauft mich los aus der Hand der Tyrannen‹? 24 Lehrt mich, und ich werde schweigen, und laßt mich wissen, worin ich gefehlt! 25 Wie könnten offene Reden verletzen, und was kann euer Tadel rügen? 26 Gedenkt ihr, Worte zu tadeln, und sind des Verzweifelten Reden für den Wind? 27 Ihr würdet das Los selbst über ein Waisenkind werfen und auch euren Freund verschachern. 28 Nun aber gebt nach, wendet euch mir zu, ich will euch nicht ins Angesicht lügen! 29 Bekehrt euch doch, daß kein Unrecht geschieht! Bekehrt euch; noch bin ich hierin im Recht. 30 Ist denn ein Unrecht auf meiner Zunge, oder merkt mein Gaumen das Schlechte nicht?

6,5–7: Die Vergleiche wollen dartun, daß Job nicht ohne Grund klagt. Auch seine Speise – im wörtlichen und im übertragenen Sinn – ist unerträglich.

Last und Kürze des Lebens

7 1 Ist nicht ein Frondienst dem Menschen auf Erden auferlegt, und gleichen nicht seine Tage eines Lohnarbeiters Tagen? 2 Wie ein Knecht, der nach Schatten lechzt, und wie ein Arbeiter, der seines Lohnes harrt, 3 so bekam ich als Anteil Monde des Unheils, und Nächte der Mühsal hat man mir zugeteilt. 4 Lege ich mich nieder, so denke ich: ›Wann kann ich aufstehn?‹ und sooft es dunkelt, bin ich mit Unrast gesättigt, bis der Morgen graut. 5 Mein Leib ist umkleidet mit Maden und Krusten von Staub, meine Haut schrumpft und näßt. 6 Meine Tage eilen schneller vorüber als ein Weberschifflein und schwinden dahin ohne Hoffnung. 7 Bedenke, daß nur ein Hauch ist mein Leben, nie mehr wird mein Auge Glück erschauen! 8 Nimmer wird mich erblicken das Auge sehender Menschen; richtest du deine Augen auf mich, dann bin ich nicht mehr. 9 Eine Wolke schwindet und zieht von dannen; so kommt, wer hinabstieg zum Reiche der Toten, nicht wieder empor. 10 Nie wieder kehrt er zurück in sein Haus, und seine Stätte gewahrt ihn nicht mehr.

Klage vor Gott

11 So will denn auch ich meinem Munde nicht wehren, will reden in meines Geistes Bedrängnis, will klagen in meiner Seele Betrübnis! 12 Bin ich ein Meer oder ein Seeungeheuer, da du wider mich eine Wache aufstellst? 13 Wenn ich dachte: ›Mein Bett soll mich trösten, meine Ruhestatt soll meinen Jammer mittragen‹, 14 dann ängstigtest du mich mit Träumen und erschrecktest mich mit Wahnbildern. 15 Meine Seele möchte lieber ersticken, lieber den Tod als diese meine Schmerzen. 16 Ich schwinde dahin; nicht für ewig werde ich leben. Laß ab von mir, denn meine Tage sind eitel Dunst! 17 Was ist der Mensch, daß groß du ihn achtest und deinen Sinn auf ihn richtest? 18 Daß du alle Morgen ihn heimsuchst, ihn prüfst jeden Augenblick? 19 Wie lange schon schaust du von mir nicht mehr weg, läßt nicht so lange mich frei, bis den Speichel ich schlucke! 20 Selbst wenn ich gesündigt, was kann ich dir damit antun, du Hüter der Menschen? Warum stellst du mich dir als Zielscheibe auf, und wurde ich dir zur Last? 21 Warum vergibst du nicht meine Verfehlung, läßt du nicht nach meine Schuld? Denn alsdann könnt' ich im Staube mich betten, und suchtest du mich, so wäre ich nicht mehr.«

7,1–21: Die bittere Klage setzt die von Kap. 3 fort.

Bildad betont Gottes Gerechtigkeit

8 1 Da antwortete Bildad, der Schuchit, und sprach: 2 »Wie lang noch willst du solche Reden führen, sind starker Wind die Worte deines Mundes? 3 Beugt etwa Gott das Recht, oder beugt der Allmächtige die Gerechtigkeit? 4 Wenn deine Söhne wider ihn gefehlt, so gab er sie der

Gewalt ihres Frevels preis. 5 Wenn du jedoch mit Eifer nach Gott suchst und zum Allmächtigen um Gnade flehst, 6 wenn rein und recht du bist, dann wird er wachen über dich und stellt die Wohnung, die dir zusteht, wieder her. 7 Dann war dein früherer Besitz nur eine Kleinigkeit, dein späterer wird jedoch riesig groß.

Lerne aus der Geschichte!

8 Ja, frage nur das frühere Geschlecht und trachte auf Erforschung seiner Väter! 9 Denn wir sind nur von gestern, und wir wissen nichts, weil bloßer Schatten unsere Tage sind auf Erden. 10 Sind sie es nicht, die dich belehren, die zu dir sprechen und aus ihrem Herzen Worte äußern? 11 Wächst ohne Sumpf das Schilfrohr hoch, sproßt Binse ohne Wasser auf? 12 Wenn es noch in Blüte steht, nicht schnittreif ist, verwelkt es schon vor allem Gras. 13 So ist das Ende aller Gottvergessenen, die Hoffnung eines Frevlers wird zunichte, 14 dessen Zuversicht ein Spinngewebe ist, und dessen Vertrauen ein Spinnennetz. 15 Verläßt er sich auf sein Haus, so hält es nicht stand, und klammert er sich daran, so bleibt es nicht stehen. 16 Zwar grünt er saftig vor der Sonne, und über seinen Garten hinaus verläuft sein Gezweig; 17 über den Wall verflechten sich seine Wurzeln, und am Gestein halten sie sich fest. 18 Aber tilgt Er ihn aus von seiner Stätte, so verleugnet sie ihn: ›Ich sah dich nie!‹ 19 Schau, das ist der Zerfall seiner Laufbahn, und andere sprießen vom Staube auf! – 20 Sieh, Gott verschmäht den Frommen nicht und ergreift nicht die Hand der Übeltäter! 21 Er wird deinen Mund noch mit Lachen erfüllen und deine Lippen mit Jubel. 22 Dann müssen deine Hasser in Schmach sich kleiden, und das Zelt der Frevler wird nicht mehr bestehen.«

8,16–17: Das augenblickliche Wohlergehen des Gottlosen wird mit üppigem Pflanzenwuchs verglichen.

Mit Gott kann man nicht rechten

9 1 Da antwortete Job und sprach: 2 »Wahrhaftig, ich weiß, daß es so ist; wie wäre ein Mensch im Recht gegenüber Gott! 3 Wenn er rechten wollte mit ihm, er könnte von tausend Fragen nicht eine beantworten. 4 Weisen Sinnes und gewaltig an Kraft –, wer dürfte ihm trotzen und bliebe heil? 5 Er ist es, der Berge versetzt, ohne daß sie es merken, der in seinem Zorne sie umstürzt, 6 der die Erde erschüttert aus ihrer Lage, so daß ihre Säulen erzittern, 7 der zur Sonne spricht, und sie strahlt nicht auf, und die Sterne unter Siegel verschließt; 8 der den Himmel ausspannt, ganz allein, und über die Wogen des Meeres schreitet, 9 der das Sternbild des Löwen erschuf sowie den Orion, das Siebengestirn und die Kammern des Südens, 10 der große Werke schuf, ganz unerforschlich, und Wunderdinge ohne Zahl. 11 Zieht er an mir vorüber, so sehe ich ihn nicht, gleitet er vorbei, so merke ich ihn nicht. 12 Rafft er hinweg, wer kann ihm wehren? Wer kann zu ihm sagen: ›Was tust du da?‹ 13 Gott hält seinen Zorn nicht zurück; unter ihm beugten sich auch Rahabs Helfer. 14 Wie könnte gar erst ich ihm erwidern, prüfte ich auch meine Worte an ihn!

15 Sogar wenn ich recht habe, weiß ich nichts zu erwidern, muß vielmehr meinen Richter um Gnade bitten. 16 Wollte ich rufen, gäbe er mir Antwort? Ich glaube nicht, daß er hörte auf meine Stimme! 17 Er, der im Sturm mich niedertritt und grundlos meine Wunden vermehrt, 18 der nimmer mich zu Atem kommen läßt, vielmehr mit Bitternis mich sättigt. 19 Geht es um die Kraft des Stärkeren, dann wohlan! Geht es aber um das Recht, wer lädt mich vor Gericht? 20 Wäre ich auch im Recht, würde mein eigener Mund mich schuldig sprechen; wäre ich schuldlos, könnte er doch mich ins Unrecht setzen.

Gott geht über menschliches »Recht« hinweg

21 Unschuldig bin ich! Ich nehme auf mich keine Rücksicht! Ich verachte mein Leben! 22 Es ist einerlei! Darum sage ich frei: Den Schuldlosen und den Frevler vernichtet er! 23 Wenn die Geißel plötzlich tötet, spottet er über der Schuldlosen Angst. 24 Die Erde ist in Frevlerhand gegeben, das Antlitz ihrer Richter deckt er zu. Wenn er es nicht ist, wer dann? 25 Rascher eilen meine Tage als ein Läufer; sie fliehen dahin, ohne Glück zu schauen, 26 gleiten vorbei wie Kähne aus Schilf, gleich dem Adler, der auf die Beute stößt. 27 Wenn ich denke: ich will meine Klage vergessen, meine Miene ändern und heiter blicken, 28 so graut mir schon wieder vor all meinen Schmerzen; ich weiß, daß du mich nicht für schuldlos erklärst. 29 Ich muß nun einmal schuldig sein! Warum soll ich mich denn vergeblich bemühen? 30 Hätte ich mich auch in Schnee gewaschen und meine Hände mit Lauge gesäubert, 31 dann würdest du doch in den Kot mich tauchen, daß sogar mein Gewand mich verabscheuen würde. 32 Denn du bist kein Mensch gleich mir, dem ich Antwort stehen könnte, so daß wir gemeinsam vor Gericht hinträten. 33 O daß es doch zwischen uns einen Schiedsrichter gäbe, der seine Hand auf uns beide legte! – 34 Er nehme von mir seine Zuchtrute weg, und sein Schrecken soll mich ferner nicht ängstigen! 35 Ich möchte doch

reden, ohne ihn zu fürchten; denn ich selbst habe dazu keinen Grund!

9,13: Rahab, nach der Volkssage ein Chaos-Ungeheuer, das der Schöpfergott überwand (26,12); zugleich dichterischer Name für das Weltmeer (Ps 89,11).

Das Klagegebet

10 1 Zum Ekel ist mein Leben mir; so laß ich meinem Jammer freien Lauf; reden will ich in meiner Seele Bitternis! 2 Ich sage zu Gott: Sprich mich nicht schuldig! Laß mich wissen, warum du mir feind bist! 3 Ist es ein Nutzen für dich, daß Gewalt du verübst, daß du das Werk deiner Hände verwirfst und strahlend erscheinst ob dem Plane der Frevler? 4 Hast du Augen von Fleisch, oder siehst du nur, wie ein Mensch sieht? 5 Gleichen deine Tage den Tagen eines Menschen oder deine Jahre den Tagen eines Mannes, 6 so daß du nach einer Schuld an mir suchst und nach einer Sünde forschest an mir, 7 obwohl du doch weißt, daß ich schuldlos bin und keiner aus deiner Hand mich entreißt? 8 Deine Hände bildeten und formten mich gänzlich ringsum, und du willst mich vernichten?
9 Gedenke, daß du wie Ton mich geformt hast und zum Staub mich wiederum wandelst! 10 Ließest du nicht wie Milch mich gerinnen und wie Käse mich fest werden? 11 Mit Haut und Fleisch hast du mich umkleidet, mit Knochen und Sehnen mich zusammengewebt. 12 Leben und Huld hast du mir geschenkt, und deine Fürsorge hat meinen Odem bewacht. 13 Und doch verbirgst du dieses in deinem Herzen, ich weiß, daß du folgendes vorhast: 14 Wenn ich sündigen würde, gäbest du auf mich acht und sprächest von meiner Schuld mich nicht rein. 15 Würde ich Unrecht verüben, dann wehe mir, und bliebe ich gerecht, so dürfte ich doch mein Haupt nicht erheben, gesättigt mit Schmach und mein Elend betrachtend. 16 Und wenn es doch sich erheben würde, jagtest du mich wie ein Löwe, und zeigtest wieder an mir deine unbegreifliche Macht. 17 Du stelltest mir neue Zeugen entgegen und mehrtest wider mich deinen Ingrimm, Mühsal um Mühsal gegen mich. 18 Warum denn ließest du mich aus dem Mutterschoß kommen? Ich wäre gestorben, ohne daß ein Auge mich sah. 19 Wie nie gewesen, so wäre ich dann, vom Mutterleib weg zum Grabe gebracht. 20 Sind nicht gar kurz meines Lebens Tage? Laß ab von mir, damit ich ein wenig noch froh sein kann, 21 bevor ich dahingehe, ohne wiederzukehren, ins Land der Finsternis und Dunkelheit, 22 ins Land der Düsternis wie schwarze Nacht, der Dunkelheit ohne geregelten Wechsel der Tageszeiten, wo aufleuchtender Morgen der schwarzen Nacht gleicht.«

10,10: Hinter dem eigenartigen Bild steckt die Vorstellung, daß aus den körperlichen Flüssigkeiten die festen Gewebe des werdenden Kindes zusammengerinnen.

Zophar weist Job zurecht

11 1 Da antwortete Zophar, der Naamatit, und sprach: 2 »Soll der Wortschwall keine Antwort bekommen, oder soll der Schwätzer rechtbehalten? 3 Kann dein Gerede Männer zum Schweigen bringen, und darfst du spotten, ohne daß dich einer beschämt? 4 So sagst du: ›Meine Lehre ist lauter‹, und: ›Makellos blieb ich vor deinen Augen.‹

Gott, der Allwissende

5 Allein, möchte doch Gott einmal reden und seine Lippen wider dich auftun 6 und dir der Weisheit Geheimnisse künden: daß wie Wunder sie sind für den klugen Verstand! Dann versuche zu wissen, daß Gott dir Vergessen gewährt von deiner Schuld! 7 Die Tiefen Gottes willst du finden oder bis zur Grenze des Allmächtigen dringen? 8 Höher als der Himmel ist sie; was kannst du da machen? Tiefer als die Unterwelt, was kannst du da wissen? 9 Länger als die Erde an Maß und breiter als das Meer! 10 Wenn er vorüberfährt und in Haft nimmt und der Gerichtsversammlung überliefert, wer kann ihn dann abwenden? 11 Er kennt ja die Übeltäter, sieht das Unrecht und achtet darauf! 12 Ist doch gar tollkühn ein Hohlkopf, und als Wildeselfüllen wird der Mensch geboren.

Zuerst Umkehr!

13 Wenn du selbst dein Herz in Ordnung bringst und zu ihm deine Hände ausbreitest – 14 wenn Unrecht klebt an deiner Hand, entferne es, und Schlechtigkeit laß nicht in deinem Zelte wohnen! – 15 ja, dann kannst du makellos dein Angesicht erheben, kannst fest dastehn und brauchst dich nicht zu fürchten. 16 Ja, dann wirst du die Trübsal vergessen; gleichwie an Wasser, die vorübergingen, wirst du daran denken. 17 Noch heller als der Mittag erhebt sich dein Leben, und Dunkelheit wird wie der Morgen sein. 18 Du kannst vertrauen, daß noch Hoffnung ist, und wohlgeborgen schlafen, sobald du es begehrst. 19 Du kannst dich lagern, ohne daß dich jemand aufschreckt; vielmehr bemühen viele sich um deine Gunst. 20 Jedoch der Frevler Augen werden matt, jede Zuflucht schwindet ihnen, und ihre Hoffnung ist der Seele Seufzen.«

11,1–20: Zophar weist Job zurecht und glaubt nicht an dessen Selbstlosigkeit vor Gott. Er vertritt leidenschaftlich, wie seine beiden Vorgänger, die traditionelle Vergeltungsdoktrin, daß jedes Unglück und jede Drangsal eine verdiente Strafe Gottes für begangene Sünden sei. Zophar beruft sich dabei auf die menschliche Vernunft.

Job widerlegt seine Freunde

12 1 Da antwortete Job und sprach: 2 »Wahrhaftig, ja, ihr seid ein (besonderes) Volk, und mit euch stirbt die Weisheit aus! – 3 Auch ich besitze Verstand wie ihr, ich falle nicht ab im Vergleich mit euch, und wer wüßte denn folgendes nicht: 4 Zum Gelächter für seinen Nächsten wird, wer Gott anruft, er solle ihm antworten; zum Gelächter wird der Gerechte, der schuldlos ist. 5 Zum Verderben gereicht Mißachtung der Glätte; wer sicher steht, bietet denen Halt, deren Fuß wankt. 6 Bleiben ungestört der Gewaltmenschen Zelte, sind in Sicherheit jene, die Gott erzürnen, die doch Gott seiner strafenden Hand überliefert hat? –

Die Welt ist ihrem Schöpfer untertan

7 Doch frage die Tiere, daß sie dich lehren, die Vögel des Himmels, daß sie es dir künden! 8 Oder betrachte die Erde, daß sie dich lehre, und die Fische des Meeres erzählen es dir! 9 Wer wüßte nicht unter diesen allen, daß die Hand des Herrn dies erschuf, 10 in dessen Hand aller Lebendigen Seele ruht und jedes Menschenleibes Geist?

Auch Job weiß, daß Gott der oberste Herr ist

11 Darf nicht das Ohr die Worte prüfen, wie der Gaumen die Speise verkostet? 12 Steckt wirklich in Greisen Weisheit, und ist langes Leben gleich Einsicht? 13 Bei ihm ist Weisheit und Stärke, sein ist der Rat und die Einsicht! 14 Sieh, er reißt nieder, und man baut nicht mehr auf; er schließt jemand ein, und man öffnet nicht mehr. 15 Sieh, er hält das Wasser zurück, und es versiegt; doch er sendet es aus, und es verwüstet die Erde. 16 Bei ihm ist Macht und Klugheit; sein ist, wer irrt und wer irreführt. 17 Er läßt entblößten Fußes Ratsherren gehen, und als Toren stellt er Richter hin. 18 Die Fessel der Könige löst er auf und bindet den Hüftschurz um ihre Lenden. 19 Er läßt entblößten Fußes Priester gehen und stürzt alte Geschlechter. 20 Bewährten Rednern entzieht er das Wort, und Urteilskraft nimmt er den Ältesten weg. 21 Er gießt Verachtung über Vornehme aus und lockert den Gürtel der Starken. 22 Er enthüllt die Tiefen der Dunkelheit, und die Finsternis führt er ans Licht. 23 Er läßt Völker groß werden und tilgt sie aus, er zerstreut Völker und lenkt sie. 24 Er beraubte des Mutes die Häupter des einheimischen Volkes und ließ sie irren in wegloser Wüste. 25 Sie tasteten im Dunkel und ohne Licht, und er ließ sie umherirren wie Betrunkene.

12,4–6: Job weiß genau so gut wie seine Freunde, daß es zwar an sich allzu kühn ist, mit Gott zu rechten. Die Freunde wählen den Weg der Sicherheit. • 6: Er kennt auch die herkömmliche Vergeltungslehre. Aber gerade diese trifft auf ihn nicht zu, weshalb er doch einen Rechtsstreit mit Gott wagt (13,3.14ff). • 24: Die kanaanäische Urbevölkerung, vgl. Sir 16,9; Sir 39,23. Auch die vorausgehenden Verse könnte man in der Vergangenheitsform übersetzen, weil Gottes Handlungsweise aus der Geschichte erschaut wird.

Job schlägt zurück

13 1 Seht, all das hat mein Auge geschaut, mein Ohr gehört und sich gemerkt! 2 Wieviel ihr wißt, weiß auch ich; nicht falle ich ab im Vergleich mit euch. 3 Aber ich will zum Allmächtigen sprechen, zu rechten mit Gott ist mein Begehr. 4 Ihr aber seid nur Lügenvermehrer, untaugliche Ärzte ihr alle! 5 O daß ihr endlich schweigen wolltet; das wäre an euch ein Zeichen von Weisheit! 6 Hört doch meine Beweisführung an, und merkt auf die Streitreden meiner Lippen! 7 Wollt ihr Falsches reden Gott zulieb und zu seinen Gunsten Täuschung reden? 8 Wollt ihr für ihn Partei ergreifen oder zu Gunsten Gottes den Streit führen? 9 Ginge es gut, wenn er euch ins Verhör nähme, oder könnt ihr ihn täuschen, wie man Menschen täuscht? 10 Nein, zurechtweisen würde er euch, wenn ihr heimlich parteiisch sein wolltet. 11 Würde seine Hoheit euch nicht erschrecken und der Schrecken vor ihm auf euch fallen? 12 Eure Lehrsätze sind nur Sprüche aus Staub, und eure Antworten sind Antworten aus Lehm.

Job will mit Gott rechten

13 Schweigt still vor mir, damit ich reden kann, und es mag kommen über mich, was kommen mag! 14 Ich verteidige meine Person und setze mein Leben aufs Spiel! 15 Mag er mich töten; ich harre seiner! Doch meinen Wandel verfecht' ich vor seinem Angesicht. 16 Schon das wird mir zur Hilfe dienen, da ein Gottloser nicht vor sein Angesicht kommt.

17 Höret, höret meine Rede und was ich erkläre vor euren Ohren! 18 Seht her, ich bringe den Rechtsfall vor; ich weiß, ich bin doch im Recht! 19 Wo ist er, der mein Prozeßgegner ist? Wohlan, jetzt bin ich still und sterbe! 20 Zwei Dinge nur tu mir nicht an, dann werde ich mich nicht vor dir verbergen: 21 Deine strafende Hand entferne von mir, und dein Schrecken soll mich nicht ängstigen! 22 Dann rufe, und ich will Rede stehen, oder ich rede, und du antworte mir! 23 Wie viele sind meiner Vergehen und Sünden? Meine Verschuldung und Sünde laß mich

wissen! 24 Warum verbirgst du dein Antlitz und hältst mich für deinen Feind? 25 Willst du ein verwehtes Blatt hetzen und herjagen hinter dürren Stoppeln, 26 da du mir Bitternisse verbriefst und meiner Jugend Sünden mir zuteilst, 27 so daß du in den Block meine Füße legst und alle meine Pfade bewachst, über meine Fußsohlen deine Zeichen einritzest? 28 Dieser da zerfällt wie vom Wurm Zerfressenes, wie ein Kleid, das die Motte zernagt hat.

13,21: Vgl. 9,34. • 26–27: Job, dem die Sündenschuld gleichsam ins Besitzregister eingetragen wird, verfällt der Sklaverei. • 28: Obwohl in der dritten Person, ist der Vers wohl ursprünglich Abschluß und Überleitung. »Dieser da« = »Ich«.

Des Lebens Nichtigkeit

14 1 Der Erdenmensch, vom Weib geboren, an Tagen arm und unruhvoll, 2 geht gleich der Blume auf und welkt, flieht wie ein Schatten und besteht nicht lang. 3 Gleichwohl hältst du über ihm dein Auge offen und führst mich vor Gericht mit dir. 4 O könnte vom Befleckten doch ein Reiner stammen! Jedoch, kein einziger! 5 Wenn schon bestimmt sind seine Tage und bei dir liegt seiner Monde Zahl und seine Grenze du gesetzt hast, daß er sie nicht überschreite, 6 so blicke weg von ihm, damit er weiterlebe, bis daß er wie ein Tagelöhner seinen Tag gedient hat! 7 Denn für den Baum besteht noch eine Hoffnung; ist er gefällt, so treibt er wieder neu, und nicht geht ihm sein Nachwuchs aus. 8 Wenn in der Erde seine Wurzel altert und sein Stumpf im Boden stirbt, 9 vom Dunst des Wassers sproßt er wieder, und wie ein Setzling treibt er Zweige. 10 Doch stirbt ein Mann, so bleibt er kraftlos, stirbt ein Mensch, wo ist er dann? 11 Die Wasser schwinden aus dem See, der Strom vertrocknet und versiegt. 12 Der Mensch legt sich zur Ruhe und steht nicht mehr auf. Sie werden nicht erwachen, bis der Himmel schwindet, und aus ihrem Schlaf nicht aufgeweckt. 13 O daß du mich im Totenreiche bärgest, mich verstecktest, bis dein Zorn vorüber, eine Frist mir setztest und dann mein gedächtest!

Ein Traum der Hoffnung

14 Wenn ein Mensch verscheidet, wird er etwa wieder lebendig? Alle Tage meines Frondienstes wollte ich harren, bis meine Ablösung käme! 15 Dann würdest du rufen, und ich würde dir antworten; nach dem Gebilde deiner Hände würdest du dich sehnen. 16 Ja, dann würdest du meine Schritte zählen, nicht würdest du achthaben auf meinen Fehltritt; 17 versiegelt wie in einem Beutel wäre meine Missetat, und meine Schuld würdest du zudecken. 18 Jedoch ein stürzender Berg zerschellt, ein Felsen rückt von seiner Stätte; 19 Steine zerreibt das Wasser, Platzregen spült das Erdreich fort; so hast du die Hoffnung des Menschen zunichte gemacht. 20 Du bezwingst ihn für immer, und so geht er dahin; du entstellst sein Antlitz und schickst ihn von hinnen. 21 Ob seine Söhne geehrt sind, er weiß es nicht, ob verachtet, er kümmert sich nicht um sie. 22 Gerade noch, daß sein Leib an ihm selber leidet, und daß seine Seele über ihn selbst trauert.«

14,11–12: In der Natur herrscht Wechsel, beim Toten aber gibt es keine Veränderung. Oder, wenn kein Gegensatz gemeint ist: Wie das Wasser vertrocknet, so vergeht der Mensch. Christlicher Auferstehungsglaube war noch nicht bekannt. • 13–17: Job wünscht von neuem (vgl. 13,20–27), daß der Zorn Gottes vorübergehen möge. Es kommt ihm sogar der dichterische Gedanke, daß Gott selbst ihn bis dahin in der Unterwelt verbergen könnte. Dagegen ist 14a eine nüchterne Zwischenfrage. • 18f: Bilder aus der Natur für den unaufhaltsamen Untergang. Der gegenteilige Vergleich aus der Pflanzenwelt lag Vers 7–9 vor. • 22: Im Grundtext »sein Fleisch« und »seine Seele« vertreten, wie gar oft (vgl. etwa Spr 11,17), nur das Pronomen »er«. Der Tote besitzt Fleisch und Seele höchstens noch schattenhaft.

Eliphas weist Job zurecht

15 1 Da antwortete Eliphas, der Temanit, und sprach: 2 »Gibt ein Weiser windiges Wissen zur Antwort und bläht seine Brust mit Ostwind auf, 3 um zu rechten mit Reden, die nichts taugen, und mit Worten, worin kein Nutzen liegt? 4 Du wagst sogar, die Gottesfurcht zu verletzen, und schmälerst die Besinnung vor Gott! 5 Denn deine Schuld unterweist deinen Mund; die Sprache der Listigen hast du erwählt. 6 Es verurteilt dich dein eigener Mund, nicht ich; deine eigenen Lippen zeugen wider dich. 7 Wardst du als Erster der Menschen geboren, noch vor den Hügeln hervorgebracht? 8 Hast du gelauscht im Rate Gottes und die Weisheit an dich gerafft? 9 Was weißt denn du, das wir nicht wüßten; was verstehst du, das uns unbekannt wäre? 10 Manch Ergrauter und Greis ist unter uns, der älter ist als dein Vater. 11 Galten die Tröstungen Gottes dir zu wenig, ein Wort, das sanft mit dir verfuhr? 12 Wie reißt doch dein Herz dich fort, und wie rollen deine Augen, 13 da gegen Gott deinen Zorn du wendest und Worte aus deinem Munde stößest! 14 Was ist der Mensch, daß er rein wäre und im Recht sein könnte ein Weibgeborener? 15 Sieh, selbst seinen Heiligen traut er nicht, und der Himmel ist nicht rein vor ihm! 16 Nun gar ein Unreiner und Verderbter, ein Mensch, der Missetaten wie Wasser schluckt!

Vergeltung trifft die Bösen

17 Ich will dich belehren, höre mir zu, und was ich geschaut, das will ich erzählen! 18 Was Weise berich-

tet haben, und zwar – sie verhehlten es nicht – als Überlieferung ihrer Väter. 19 Ihnen war noch allein das Land gegeben, und kein Fremder ging unter ihnen einher: 20 Der Frevler bebt in Ängsten all seine Lebenstage, und die Zahl der Jahre ist dem Tyrannen verborgen. 21 Schreckenslärm hallt ihm ins Ohr, mitten im Frieden kommt über ihn der Verwüster. 22 Er kann nicht vertrauen, aus dem Dunkel wieder umzukehren, sondern ist ausersehen für das Schwert. 23 Er irrt umher nach Brot, wo er es finde; er erkennt, daß nur der Tag des Dunkels in seiner Hand festsitzt. 24 Drangsal und Bedrängnis erschrecken ihn; sie überwältigen ihn wie ein König, der bereit ist zum Angriff. 25 Denn er hat seine Hand gegen Gott ausgestreckt und wider den Allmächtigen sich erkühnt. 26 Halsstarrig rannte er an gegen ihn mit der dicken Wölbung seiner Schilde. 27 Ja, er hat sein Gesicht mit Fett überzogen und Speck angesetzt an der Lende. 28 Er siedelte in zerstörten Städten, in unbewohnbaren Häusern, die als Ruinen gekennzeichnet waren. 29 Er wird nicht reich, und keinen Bestand hat seine Habe; er sendet keine Wurzel ins Erdreich aus. 30 Er kann dem Dunkel nicht entweichen; seinen Sprößling versengt die Flamme, und er verschwindet beim Hauch Seines Mundes. 31 Er vertraue nicht auf Trug, von dem er irregeführt ist; denn als Trug wird sein Erwerb sich erweisen! 32 Zur Unzeit wird er am Ende sein, und sein Palmzweig wird nicht ergrünen. 33 Gleich dem Weinstock verschleudert er unreife Trauben, gleich dem Ölbaum wirft er seine Blüten ab. 34 Ja, unfruchtbar bleibt des Gottlosen Rotte, und Feuer verzehrt die Zelte der Bestechung. 35 Unheilschwanger gebären sie Unrecht, und Trug ist, was hervorbringt ihr Schoß.«

15,15: Vgl. 4,18. • 31: Das Bild vom Pflänzling verbindet sich mit dem Bild des käuflichen Erwerbs. • 34: Bestechlichkeit wird besonders von den Propheten und Sprichwörtern als gottwidrig gerügt.

Job antwortet Eliphas

16 1 Da antwortete Job und sprach: 2 »Dergleichen habe ich schon viel gehört, quälende Tröster seid ihr alle. 3 Ist nun ein Ende der windigen Worte, oder was sonst reizte zur Antwort dich? 4 Auch ich könnte reden wie ihr, wenn ihr an meiner Stelle wäret! Ich könnte mit Worten über euch lärmen und meinen Kopf über euch schütteln. 5 Ich würde euch ermutigen mit meinem Munde, und Beileid würde meine Lippen mäßigen.

Gott und Menschen sind ihm feind

6 Wenn ich nun reden will, hört doch mein Schmerz nicht auf, und laß ich es, wird dann er etwa von mir weichen? 7 Fürwahr, jetzt hat Er (Gott) mich zermürbt! Verwüstet hast du meinen ganzen Freundeskreis, so daß er herfiel über mich. 8 Als Zeuge gegen mich trat auf und erhob sich mein Verleumder; er widersprach mir ins Gesicht. 9 Sein Zorn zerfleischte und bekriegte mich, er knirschte wider mich in seinem Zorn, mein Gegner schärfte seine Augen gegen mich. 10 Sie sperrten wider mich den Mund auf, schlugen mich zum Hohne auf die Wangen, scharten sich zusammen gegen mich. 11 Gott gab mich dem Übeltäter preis, er stürzte mich in Frevlerhände. 12 Als ich in Ruhe lebte, scheuchte er mich auf, packte mich im Nacken und schmetterte mich nieder; er machte mich zu seinem Angriffsziel. 13 Ringsum schwirrten seine Pfeile wider mich; er spaltete mir schonungslos die Nieren und goß zur Erde meine Galle aus. 14 Bresche über Bresche brach er mir, stürmte wie ein Krieger gegen mich. 15 Da nähte ich ein Trauerkleid um meine Haut und beugte meine Stirne in den Staub. 16 Mein Antlitz ist vom Weinen rot, und Dunkel ruht auf meinen Wimpern, 17 obwohl an meinen Händen keine Untat klebt und makellos ist mein Gebet. 18 Verdecke nicht mein Blut, o Erde, und ohne Ruhestatt sei mein Hilferuf!

19 Nun aber, seht, im Himmel ist mein Zeuge und in den Höhen mein Verteidiger! 20 Wenn meine Freunde mich verspotten, schaut mein Auge tränend auf zu Gott. 21 Er schlichte eines Mannes Streit mit Gott und zwischen Mensch und Mensch! 22 Denn nur noch wenig Jahre werden kommen, so schreite ich den Pfad, den man nicht wiederkehrt.

16,7: Der Vers wendet sich an Gott.

Gottvertrauen trotz Enttäuschung

17 1 Mein Geist ist verwirrt, meine Tage sind ausgelöscht, Gräber mein Anteil. 2 Wahrlich, nur Spott begleitet mich, und in Bitternissen verweilt mein Auge! 3 Hinterlege du Bürgschaft für mich bei dir! Wer sonst könnte mein Bürge wohl sein? 4 Denn du verschlossest ihr Herz der Einsicht; daher wirst du sie nicht hochkommen lassen. 5 Für das Erbe muß er andere melden, doch die Augen der eigenen Kinder verschmachten. – 6 Und mich stellte er hin zum Gespött für die Leute, ich ward zu einem, dem man ins Angesicht spuckt. 7 Mein Auge wurde vor Kummer trüb, und meine Glieder alle gleichen dem Schatten. 8 Die Rechtschaffenen sind entsetzt darob, und der Schuldlose erregt sich über den Frevler. 9 Doch soll der Gerechte an seinem Wandel festhalten und, wer

reine Hände hat, standhaft bleiben! 10 Ihr alle
jedoch, kehrt um und kommt her, wenn ich auch
unter euch keinen Weisen finde!

Dem Tode nahe

11 Meine Tage rinnen hin, meine Pläne reißen ab,
meine Herzenswünsche! 12 Nacht fügt man an den
Tag, Licht nähert sich dem Dunkel. 13 Nimmer hoff'
ich! Das Totenreich wird meine Wohnung, im
Dunkel breite ich mein Lager aus. 14 Der Grube ruf'
ich zu: ›Mein Vater du!‹, ›Meine Mutter und
Schwester!‹ den Würmern. 15 Wo ist denn alsdann
meine Hoffnung, und meine Erwartung, wer kann
sie erschauen? 16 Steigen sie gesondert hinunter zur
Unterwelt, oder sinken vereint wir zum Staube
hinab?«

17,4–5: Kein Mensch ist imstande, für Job bei Gott Bürgschaft zu leisten. Seine Freunde sind ja Toren und daher vor Gott macht- und mittellos. »Er« in Vers 5 ist jeder törichte Mensch. Vielleicht ein sprichwörtliches Zitat.

Zweite Rede Bildads betont das Vergeltungsgesetz

18
1 Da antwortete Bildad, der Schuchit, und
sprach: 2 »Wann endlich macht ihr Schluß
mit Reden? Nehmt Einsicht an, und her-
nach reden wir! 3 Warum sind wir wie Vieh geach-
tet, gelten wir vor euch als unrein? 4 Du, der sich
selbst zerfleischt in seinem Zorn, soll deinetwegen
wohl die Erde sich entvölkern, der Felsen weichen
von seiner Stelle?

Frevler gehen zugrunde

5 Gleichwohl, des Frevlers Licht erlischt; die
Flamme seines Feuers strahlt nicht auf. 6 Das Licht
in seinem Zelt wird dunkel, und seine Lampe über
ihm erlischt. 7 Seine festen Schritte werden einge-
engt, sein eigenes Planen bringt ihn zu Fall. 8 Denn
mit seinen Füßen gerät er in das Netz, und über
Flechtwerk schreitet er dahin. 9 Das Klappnetz faßt
ihn an der Ferse, die Schlinge hält ihn fest. 10 Ver-
borgen liegt für ihn der Fangstrick in der Erde, und
am Pfad für ihn die Falle. 11 Ringsum ängstigen ihn
Schrecken und hetzen seinen Fuß. 12 Hungrig wird
sein Unrecht werden, und Unglück steht bereit zu
seinem Sturz. 13 Es frißt die Glieder seines Leibes;
seine Glieder frißt der Erstgeborene des Todes.
14 Ausgerissen wird aus seinem Zelte seine Zuver-
sicht, und es treibt ihn fort zum Könige der
Schrecken. 15 Es läßt sich etwas nieder auf sein Zelt,
das nicht mehr ihm gehört. Schwefel wird gestreut
auf seine Wohnstatt. 16 Von unten dorren seine
Wurzeln, und von oben welkt sein Zweig. 17 Sein
Angedenken schwindet von der Erde, kein Nach-
ruhm bleibt ihm mehr im Lande. 18 Man stößt ihn
aus dem Licht hinaus ins Dunkel und jagt ihn fort
vom Erdenrund. 19 Kein Sproß, kein Stamm bleibt
ihm in seinem Volk, dort, wo er weilte, keiner, der
noch lebt. 20 Ob seines Unglückstags schaudern die
im Westen, und die im Osten packt das Grauen.
21 Ja, mit des Frevlers Wohnung steht es so, und mit
dem Schauplatz dessen, der von Gott nichts weiß.«

18,2–3: Die Mehrzahl meint Job und seine Getreuen. • 4: Sinn: Vergeblich lehnst du dich gegen die Weltordnung auf. • 14: »König der Schrecken« ist das Totenreich. Nach biblischer Vorstellung kommen alle Verstorbenen an einem Ort (im allgemeinen als »Scheol« bezeichnet) zusammen. Die Israeliten dachten sich als Semiten diesen Ort unter der Erde, d. h. unter dem großen Weltmeer.

Job hofft auf Rechtfertigung

19
1 Da antwortete Job und sprach: 2 »Wie
lang noch quält ihr meine Seele und zer-
malmt ihr mich mit Worten? 3 Zum zehn-
ten Male schmäht ihr mich und schämt euch nicht,
mich zu beleidigen. 4 Ging ich auch wirklich ohne
Wissen fehl, weilt doch bei mir allein mein Fehler.
5 Könnt ihr euch wirklich brüsten wider mich und
die mir zugefügte Schmähung gegen mich bewei-
sen? 6 Erkennet denn, daß Gott mich ungerecht be-
handelt und rings um mich sein Netz geworfen hat!

Gottes Zorn

7 Wenn ich ›Gewalttat‹ schreie, find' ich kein Gehör,
wenn ich um Hilfe rufe, gibt es doch kein Recht!
8 Denn meinen Pfad hat er versperrt; ich kann nicht
weiter; Finsternis hat er gelegt auf meine Wege.
9 Meiner Ehre hat er mich entkleidet und nahm
die Krone weg von meinem Haupt. 10 Er brach
mich ringsum nieder, und ich muß von hinnen;
er riß mich aus wie einen Baum. 11 Seinen Zorn ließ
er entbrennen wider mich und achtete mich
seinen Gegnern gleich. 12 Gemeinsam rückten seine
Scharen an, bauten ihre Heeresstraße gegen mich
und lagerten im Umkreis meines Zeltes. 13 Meine
Brüder halten sich mir fern, und die Vertrauten
ziehen sich von mir zurück. 14 Meine Verwandten
bleiben aus, und meine Bekannten vergessen mich.
15 Meines Hauses Gäste und selbst meine Mägde
achten mich für fremd; landfremd bin ich geworden
in ihren Augen. 16 Ich rufe meinen Knecht, doch er
antwortet nicht, mit eigenem Mund muß ich ihn
anflehen. 17 Mein Atem ist zuwider meiner Frau,
und übel rieche ich den leiblichen Geschwistern.
18 Kinder selbst verachten mich. Will ich mich
dagegen wenden, kehren sie mir den Rücken zu.
19 All die Gefährten meines Freundeskreises hassen
mich, und die ich liebte, lehnen gegen mich sich
auf. 20 An meiner Haut und meinem Fleische kleben
meine Knochen, und meine Zähne treten an der
Haut hervor.

Flehruf

21 Erbarmt euch meiner, erbarmt euch meiner, ihr meine Freunde; denn Gottes Hand hat mich getroffen! 22 Warum verfolgt ihr mich wie Gott und werdet meines Fleisches nicht satt?

Festes Gottvertrauen

23 O daß doch meine Worte aufgeschrieben würden, o daß in einer Inschrift sie eingegraben würden 24 mit eisernem Griffel und mit Blei, für immer eingehauen in den Fels! 25 Ich selber weiß: Mein Verteidiger lebt, und als letzter wird er über dem Erdenstaub auftreten. 26 Und zieht man mir die Haut vom Fleische ab, selbst dann noch werde ich Gott schauen, 27 ihn, den ich selber schauen werde, den meine eigenen Augen sehen und kein Fremder; mein Herz in mir schmachtet danach. 28 Wenn ihr nun denkt: ›Wie sehr wollen wir ihn verfolgen und den Grund der Sache an ihm entdecken!‹, 29 so fürchtet euch vor dem Schwert – denn heftiger Zorn verdient das Schwert –, damit ihr wißt, daß es ein Gericht gibt!«

19,4: Den »Freunden« steht kein Urteil zu. • 20: Sinn vielleicht: Lippen und Wangen sind so dünn, daß die Zähne reliefartig hervortreten. • 22: Jemands Fleisch essen bedeutet im AT: Böses, besonders Verleumdung, zufügen, Ps 27,2. • 24: Blei wohl zur Ausfüllung und Hervorhebung der Buchstaben. • 26: Jenseitige Gottesschau kennt Job noch nicht, nicht einmal 14,13–22.

Zophar verbindet Unglück mit Sünde

20

1 Da antwortete Zophar, der Naamatit, und sprach: 2 »Hierauf drängen mich meine erregten Gedanken zur Antwort, und deshalb meine ernsten Bedenken in mir! 3 Schmähenden Vorwurf muß ich hören, und Nichtiges, mir unbegreiflich, gibt er zur Antwort. 4 Weißt du nicht dies von ältesten Zeiten her, seit Erschaffung der Menschen auf Erden: 5 daß kurz nur währet der Frevler Jubel und die Freude des Ruchlosen nur einen Augenblick? 6 Steigt selbst bis zum Himmel sein Hochmut empor, und berührt sein Haupt das Gewölk, 7 vergeht er doch wie sein Kot für immer; die ihn sahen, sprechen: ›Wo ist er?‹ 8 Wie ein Traum verfliegt er, man findet ihn nimmer, und er entschwindet gleich nächtlichem Traumgesicht. 9 Ein Auge, das ihn sah, erblickt ihn nicht wieder, und seine Stätte schaut ihn nicht mehr. 10 Seine Söhne müssen bei Armen betteln, seine Hände den Reichtum zurückerstatten. 11 Mag sein Körper strotzen von Jugendkraft, er legt sich doch mit ihm in den Staub. 12 Wenn ihm auch das Böse süß im Munde schmeckt, unter seiner Zunge er es verbirgt, 13 es sorgsam spart und nicht losläßt, sondern zurückhält in seinem Gaumen, 14 es wandelt sich doch seine Speise im Magen, zu Natterngift wird sie in seinem Leib. 15 Er verschluckte Vermögen und muß es erbrechen, aus seinem Bauch stößt Gott es hervor. 16 Natterngift sog er ein, die Zunge der Viper tötet ihn. 17 Nicht darf er schauen die Bäche, die strömenden Flüsse von Honig und Milch.

18 Das Erworbene muß er zurückerstatten und darf es nicht genießen, desgleichen sein gekauftes Gut und darf sich nicht freuen. 19 Denn er zerschlug, ließ im Stich die Armen, raubte das Haus, das er nicht gebaut. 20 Da er in seinem Bauch kein Genüge kannte, entkommt er nicht mit all seinen Schätzen. 21 Keiner entrann seinem Fraß; darum hält auch sein Vermögen nicht stand. 22 Trotz seines Überflusses Fülle kommt er in Not; die ganze Wucht des Unheils erreicht ihn. 23 Es geschieht: Um seinen Bauch zu füllen, läßt Gott seines Zornes Gluten in ihn fahren, läßt sie regnen wider ihn in sein Gedärm. 24 Flieht er vor den eisernen Waffen, so durchbohrt ihn der eherne Bogen; 25 zieht er (den Pfeil) aus der Wunde, so daß er hervorkommt aus seiner Flanke, und die blitzende Spitze aus seiner Galle, dann rücken Todesschrecken wider ihn an. 26 Allerlei finsteres Unheil ist als verborgener Schatz für ihn aufbewahrt, Feuer – von niemand entfacht – verzehrt ihn, frißt noch den letzten Mann in seinem Gezelt. 27 Der Himmel enthüllt seine Sündenschuld, und die Erde bäumt sich gegen ihn auf. 28 Die Flut wälzt sein Haus hinweg, Wasserströme am Tag seines Zornes. 29 Das ist der Anteil des Frevlers von seiten der Gottheit, und das Erbteil für sein Gerede von seiten Gottes.

Job bezweifelt die übliche Vergeltungslehre

21

1 Da antwortete Job und sprach: 2 »O hört doch, hört auf mein Wort, und darin soll euer Trost bestehen! 3 Gestattet mir, daß ich das Wort ergreife, und habe ich gesprochen, dann erst magst du spotten! 4 Ist denn mein Ziel, mich über Menschen zu beklagen, oder habe ich nicht Grund zur Ungeduld? 5 Kehret euch zu mir, erstarret vor Entsetzen, und legt die Hand auf euren Mund! 6 Ja, wenn ich nur daran denke, erschrecke ich, und Zittern ergreift meinen Leib

Das Glück der Sünder

7 Warum bleiben Frevler am Leben, werden alt und erstarken an Macht? 8 Gefestigt stehen bei ihnen ihre Kinder vor ihren Blicken und ihre Nachkommen vor ihren Augen. 9 Ihr Hauswesen blüht in Wohlstand, ohne Gefahr; die Zuchtrute Gottes kommt nicht über sie. 10 Ihr Stier bespringt und läßt

nicht unbesamt, ihre Rinder kalben und werfen
nicht fehl. 11 Sie entlassen ihre Kinder wie eine
Herde von Schafen, und ihre Kleinen tanzen und
springen. 12 Sie stimmen Lieder an zur Pauke und
Zither, ergötzen sich beim Klang der Schalmei.
13 Sie verbringen in Glück ihre Lebenstage und
steigen in Ruhe zum Totenreich hinab. 14 Und doch
sagten sie zu Gott: ›Weiche von uns! Deine Wege
zu kennen, begehren wir nicht! 15 Was ist der All-
mächtige, daß wir ihm dienen sollten, und was
kann es uns nützen, an ihn uns zu halten?‹ 16 Frei-
lich ruht ihr Glück nicht in ihrer Hand; der Frevler
Denkart liegt mir fern! 17 Wie oft erlischt der Frevler
Lampe und kommt ihr Unheil über sie, wenn er in
seinem Zorn Verderben zuteilt? 18 (Wie oft) werden
sie gleich dem Stroh vor dem Winde und wie Spreu,
die der Sturm entführt? 19 Spart Gott den Kindern
des Frevlers dessen Sündenschuld auf? Ihm selber
soll er vergelten, daß er es merke! 20 Seine eigenen
Augen sollen sein Unglück schauen, und vom
Grimm des Allmächtigen soll er trinken! 21 Denn
was kümmert ihn seine Familie, wenn er dahin ist
und abgeschnitten seiner Monde Zahl?

Gottes Walten ist unerforschlich

22 Darf man nun Gott Erkenntnis lehren, ihn, der die
Erhabenen richtet? 23 Der eine stirbt in vollendetem
Glück, vollkommen sorglos und ruhig; 24 seine Ein-
geweide strotzen vor Fett, und das Mark seiner
Knochen ist üppig genährt. 25 Doch der andere stirbt
in bitterem Gram, hat niemals des Glückes genos-
sen. 26 Nun liegen sie beide gemeinsam im Staube,
und Maden bedecken sie.

Erfahrung widerlegt die Freunde

27 Seht, ich kenne eure Gedanken und die Ränke,
womit ihr mir Unrecht zufügt, 28 indem ihr sprecht:
›Wo blieb des Vornehmen Haus und wo das Wohn-
zelt der Frevler?‹ 29 Habt ihr nie die Weitgereisten
befragt und ihre deutlichen Beispiele nicht beach-
tet? 30 Daß nämlich der Böse am Unheilstage ge-
schont wird, weggebracht am Tage des Zornes?
31 Wer hält ihm offen seinen Lebenswandel vor, und
wer vergilt ihm, was er selbst verübte? 32 Er wird
vielmehr zur Gräberstätte gebracht, und über den
Grabhügel wacht man sorgsam. 33 Leicht sind ihm
die Schollen des Schachtes, hinter ihm drein zieht
alle Welt und vor ihm eine zahllose Schar. 34 Wie
wollt ihr mich also mit Nichtigem trösten? Eure
Antworten bleiben letztlich nur Trug.«

Kein Gerechter wird bestraft

22 1 Da antwortete Eliphas, der Temanit,
und sprach: 2 »Kann etwa ein Mensch
Gott nützen? Nein, sich selber nützt der
Weise! 3 Ist es dem Allmächtigen von Wert, wenn
du gerecht bist, oder bringt es ihm Gewinn, wenn
du deine Lebenspfade unsträflich wandelst? 4 Straft
er dich etwa ob deiner Frömmigkeit und zieht dich
vor Gericht?

Gott straft wegen mangelnder Nächstenliebe

5 War nicht deine Bosheit riesengroß und ohne Ende
deine Sündenschuld? 6 Du pfändetest zu Unrecht
deine Brüder, nahmst ihre Kleider bis zur Blöße
weg. 7 Den Durstigen tränktest du nicht mit Wasser,
versagtest Brot dem Hungernden. 8 Dem Manne der
Faust, ihm gehörte das Land, und der Günstling
durfte wohnen darin. 9 Witwen jagtest du leer
davon, der Verwaisten Arme hast du zerschmettert.
10 Deshalb liegen Fallstricke rings um dich her und
ängstigt dich plötzlicher Schrecken 11 oder das
Dunkel, worin du nicht sehen kannst, und eine
Wasserwoge, die dich bedeckt.

Ist Gott nicht allwissend?

12 Ist Gott nicht himmelhoch? Nun schau die höch-
sten der Sterne, wie hoch sie stehen! 13 Du aber
sagtest: ›Was weiß denn Gott? Wird er hinter dem
Wolkendunkel richten können? 14 Dichtes Gewölk
ist eine Hülle vor ihm, daß er nicht sieht, und am
Himmelsgewölbe wandelt er!‹ 15 Willst du dem
Pfad der Vorzeit folgen, den die frevelnden Männer
gegangen sind, 16 die vor der Zeit dahingerafft
wurden, als ein Strom ihren festen Grund über-
schwemmte? 17 Die zu Gott sprachen: ›Weiche von
uns!‹, und was ihnen schon der Allmächtige antun
könnte! 18 Und doch war er es, der ihre Häuser mit
Gütern füllte, und mir liegt die Denkart der Frevler
fern. 19 Die Gerechten sahen es und freuten sich,
und der Schuldlose spottete ihrer: 20 ›Wahrhaftig,
vernichtet sind unsere Gegner, ihren Rest verzehrte
das Feuer!‹

Job soll sich bekehren

21 Schließ Freundschaft mit ihm und halte Frieden;
nur dadurch bessert sich deine Lage! 22 Nimm Wei-
sung entgegen aus seinem Mund, und präge dir
seine Worte ins Herz! 23 Wenn du zum Allmächti-
gen dich bekehrst, wirst du wiederhergestellt!
Wenn du Unrecht fernhältst deinem Zelte 24 und in
den Staub dein Feingold legst, ins Flußgeröll dein
Edelgold, 25 wenn der Allmächtige dein Goldschatz
ist und dir als Silber höchster Güte gilt, 26 dann wirst
du deine Wonne finden am Allmächtigen und
kannst zu Gott dein Angesicht erheben. 27 Flehst du

21,16: Obwohl Job das Glück der Gottlosen sieht, zweifelt er nicht an Gott; er kennt auch Strafgerichte, vgl. 24,18–25. • 17–18: Wohl als Frage zu fassen. Nur selten trifft die Strafe ein! • 30: Nach Vers 32f der Sterbetag. Selbst da bleibt Bestrafung aus. Er wird feierlich zur Grabstätte gebracht.

ihn an, so wird er dich erhören, und dankbar kannst du deine Gelübde entrichten. 28 Beschließt du eine Sache, wird sie dir gelingen, und über deinen Lebenswegen strahlt ein Licht. 29 Als sie zur Tiefe führten, redetest du stolz; jedoch dem Demutsvollen hilft er. 30 Er rettet auch den Schuldbeladenen; du wirst gerettet durch die Reinheit deiner Hände!«

22,5–9: Job weist in Kapitel 29 und 31 diese Verdächtigungen zurück. • 12–20: Eliphas rechnet Job zu den Frevlern gleich den Menschen zur Zeit der Sintflut. Dabei mißdeutet er die Worte Jobs, der doch 21,14ff deutlich von den Frevlern abrückt.

Job will mit Gott rechten

23 1 Da antwortete Job und sprach: 2 »Auch heut ist meine Klage Widerspruch; schwer lastet seine Hand auf meinem Seufzen. 3 O wüßte ich, wie ich ihn finden könnte, gelangen könnte bis zu seiner Wohnstatt! 4 Ich würde vor ihm ein Gericht anstrengen und meinen Mund mit Beweisgründen füllen. 5 Ich erführe die Worte, die er mir erwiderte, vernähme, was er mir antwortete. 6 Würde er in der Fülle der Macht mit mir streiten? Nein, sicher würde er auf mich achten! 7 Dann würde ein Redlicher mit ihm rechten und ich käme für immer frei von meinem Richter.

Gott ist verborgen

8 Doch geh' ich nach Osten, ist er nicht da, nach Westen, so merke ich nichts von ihm. 9 Wirkt er im Norden, ich erblicke ihn nicht, wendet er sich nach Süden, ich sehe ihn nicht! 10 Denn er kennt gar wohl meinen ständigen Lebenswandel; prüfte er mich, ich ginge wie Gold hervor! 11 Mein Fuß hielt fest an seiner Spur; seinen Weg hielt ich ein und bog nicht ab, 12 seiner Lippen Gebot, ich gab es nicht auf. Seines Mundes Worte barg ich im Herzen. – 13 Doch er zielt auf eines, und wer stimmt ihn um? Wonach ihn gelüstet, das tut er. 14 Ja, er wird mein mir bestimmtes Schicksal vollenden, und solcherlei hat er noch vieles im Sinn! 15 Deshalb muß ich erschrecken vor ihm und beim Gedanken daran vor ihm erbeben. 16 Gott ist es, der das Herz mir verzagt macht, der Allmächtige ist es, der mich erschreckt. 17 Denn bin ich von Finsternis nicht umschlossen? Und vor mein Antlitz deckte er Dunkel.

Soziale Not

24 1 Warum werden vom Allmächtigen nicht Straffristen vorgesehen, und schauen, die ihn kennen, seine Gerichtstage nicht? 2 Man verrückt die Grenzen, raubt Herden und führt sie zur Weide. 3 Den Esel der Waisen treibt man fort, pfändet das Rind einer Witwe. 4 Aus dem Wege drängt man die Armen; insgesamt müssen sich verstecken die Schwachen im Lande. 5 Siehe, wie Wildesel in der Wüste ziehen sie hinaus an ihr Tagewerk auf der Suche nach Nahrung; die Steppe liefert ihnen Speise für ihre Kinder. 6 Auf dem Felde schneiden sie sein Grünfutter ab, und im Weinberg des Frevlers halten sie Nachlese. 7 Nackt verbringen sie die Nacht, da Kleidung fehlt, und sie haben in der Kälte keine Decke. 8 Vom Regen der Gebirge sind sie durchnäßt, und obdachlos schmiegen sie sich an den Fels.

Bedrückung der Armen

9 Von der Mutterbrust reißt man die Waise weg, und den Säugling des Armen nimmt man zum Pfande. 10 Nackt müssen sie gehen, ohne Kleidung, und hungrig tragen sie Garben ein. 11 Zwischen den Schutzmauern jener müssen sie Öl pressen, müssen die Kelter treten und dabei Durst leiden. 12 Von der Stadt her stöhnen Sterbende, und der Erschlagenen Seele schreit auf; Gott aber achtet auf kein Gebet. 13 Diese gehören zu den Feinden des Lichtes; seine Wege erkennen sie nicht, und auf seinen Pfaden verharren sie nimmer. 14 Beim Morgenlicht erhebt sich der Mörder, tötet den Dürftigen und den Armen, während er nachts einem Diebe gleicht. 15 Auch des Ehebrechers Auge lauert auf die Dämmerung, indem er sich sagt: ›Kein Auge soll mich erblicken; sie legt ja eine Hülle über das Gesicht.‹ 16 Im Finstern bricht er ein in die Häuser. Tagsüber verstecken sie sich; sie wollen vom Lichte nichts wissen. 17 Denn Morgenfrühe ist für sie alle die Finsternis; ist doch jeder vertraut mit den Schrecken des Dunkels.

18 Doch schnell reißt ihn das Wasser fort, wenn Fluch ihren Anteil im Lande trifft; zum Weg nach den Weinbergen wendet er sich nicht. 19 Wie Dürre und Hitze das Schneewasser wegrafft, so das Totenreich die Sünder. 20 Wenn der Aasgeier ihn übersieht, labt sich an ihm das Gewürm; nimmer gedenkt man seiner; ja, wie ein Baum wird Frevel zerschmettert. 21 Denn er tat Böses der Unfruchtbaren, der Kinderlosen, und keiner Witwe erwies er Gutes. 22 Doch wenn Er (Gott) Gewaltige kraftvoll hinwegrafft, und wenn er sich erhebt, dann kann sich jener des Lebens nicht mehr sicher fühlen. 23 Zwar läßt er ihn in Zuversicht und Selbstvertrauen, aber seine Augen bewachen ihre Wege. 24 Sie ragen hoch für kurze Zeit, dann ist es aus! Sie werden umgebogen, insgesamt mit der Faust gepackt und wie die Ährenspitzen abgeschnitten.

25 Ist es nicht so? Wer kann mich Lügen strafen und meine Rede zunichte machen?«

24,18: Bild einer Überschwemmung, der man nicht entkommt. Trotz der beklagten Ungerechtigkeit weiß Job, daß wenigstens manchmal auch die Frevler zuletzt bestraft werden (21,16–18.26; 27,8–23). Wie öfters, wechseln Einzahl und Mehrzahl.

Abstand von Gott

25 1 Da antwortete Bildad, der Schuchit, und sprach: 2 »Herrschaft und Schrekken sind bei ihm, der Ordnung schafft in seinen Höhen. 3 Kann man seine Scharen zählen, und über wem erhebt sich nicht sein Licht? 4 Wie könnte da ein Mensch im Recht sein gegenüber Gott, wie wäre rein der Weibgeborene? 5 Sieh, selbst der Mond, er strahlt nicht hell, die Sterne sind nicht rein vor seinen Augen. 6 Nun gar der Mensch, die Made! Das Menschenkind, der Wurm!«

25,1–6: Das Kapitel fällt von den anderen Reden bedeutend ab. Vielleicht nur Bruchstück? Der Hinweis auf Gottes erhabene Größe findet sich bei allen Rednern und bildet auch den Inhalt der abschließenden Gottesworte in Kap. 38ff. Bildad glaubt, betonen zu müssen, daß es eine Anmaßung sei, dem gewaltigen Gott gegenüber die eigene Unschuld zu verteidigen. Doch das weiß auch Job selbst (Kap. 9; 26,5–14) und spottet daher in 26,2–4 über den klugen Ratgeber.

Bildad enttäuschte

26 1 Da antwortete Job und sprach: 2 »Wie gut stehst du dem Schwachen bei, leistest Hilfe dem kraftlosen Arm! 3 Wie trefflich gibst du dem Unweisen Rat, tust du Wissen in Menge kund! 4 Mit wessen Beistand trägst du Reden vor, und wessen Odem geht von dir aus?

Die Allmacht Gottes durchwaltet die ganze Erde

5 Die Totengeister erbeben unter den Wassern und ihren Bewohnern. 6 Enthüllt liegt das Totenreich vor ihm, und keine Decke hat die Unterwelt. 7 Er spannt über dem Leeren den Norden aus, hängt die Erde auf am Nichts. 8 Er bindet das Wasser in sein Gewölk, ohne daß die Wolken deshalb zerreißen. 9 Er überzieht des Vollmonds Antlitz, breitet über ihn sein Gewölk. 10 Eine Grenze zieht er rundum auf den Wassern bis zum Rande von Licht und Finsternis. 11 Des Himmels Säulen erzittern und erschrecken vor seinem Drohwort. 12 Durch seine Gewalt erregt er das Meer, in seiner Weisheit zerschmettert er Rahab. 13 Durch seinen Hauch wird der Himmel heiter, seine Hand durchbohrt die flüchtige Schlange. 14 Doch das sind nur die äußersten Enden seiner Wege; ja, nur etwas wie ein Flüstern vernehmen wir von ihm! Aber gar das Donnern seiner Macht, wer könnte es begreifen?«

Job bleibt fest

27 1 Da setzte Job seine Rede fort und sprach: 2 »So wahr Gott lebt, der mir mein Recht entzog, und der Allmächtige, der meine Seele kränkte! 3 Wahrlich, solange mein Atem in mir ist und Gottes Hauch in meiner Nase, 4 sollen meine Lippen kein Unrecht reden, noch wird meine Zunge Verkehrtes sprechen! 5 Fern sei es von mir, euch recht zu geben, ich gebe bis zum Tod meine Unschuld nicht auf! 6 An meiner Gerechtigkeit halte ich fest und lasse sie nicht. Mein Gewissen tadelt keinen meiner Tage. 7 Es gelte als Frevler mein Feind und mein Gegner als Schuldiger! 8 Denn was ist des Ruchlosen Hoffnung, wenn er verscheidet, wenn Gott seine Seele hinwegnimmt? 9 Wird Gott auf sein Schreien hören, wenn Bedrängnis über ihn kommt? 10 Kann er sich des Allmächtigen freuen, Gott anrufen zu jeder Zeit? 11 Ich will euch belehren über Gottes strafende Hand, nicht verhehlen, was der Allmächtige plant! 12 Seht, ihr habt alle es selber geschaut! Warum also pflegt ihr nichtigen Wahn?

Des Frevlers Anteil

13 Dies ist des Frevlers Anteil bei Gott und der Gewalttätigen Erbe, das sie vom Allmächtigen empfangen: 14 Werden zahlreich seine Söhne, so geschieht es für das Schwert, und nimmer können seine Kinder sich am Brote sättigen. 15 Wer ihm noch übrigbleibt, sinkt durch die Pest zu Grab, und seine Witwen halten keine Totenklage. 16 Ob er auch Silber aufhäuft gleich dem Staub und Kleider sich beschafft wie Lehm, 17 er schafft sie an, doch der Gerechte wird sie tragen; das Silber wird der Fromme zum Besitz erlangen. 18 Er hat sein Haus gebaut wie eine Motte, gleich einer Hütte, die ein Wächter aufgestellt. 19 Als Reicher legt er sich zur Ruhe – noch ist es nicht hinweggerafft; doch tut er seine Augen auf, so ist es nicht mehr da. 20 Der Schrecken greift es an wie eine Wasserflut, der Sturmwind nimmt es fort bei Nacht. 21 Der Ostwind hebt es hoch, und es entschwindet. Er fegt im Sturm es weg von seiner Stätte. 22 Er wirft es über ihm zusammen und kennt keine Schonung, vor seiner Macht muß er von hinnen fliehen. 23 Man klatscht in die Hände wider ihn und spottet über ihn von seiner Stätte her.

Nur Gott ist weise

28 1 Gewiß, es gibt einen Fundort für Silber, eine Stätte für Gold, das man läutert. 2 Eisen wird aus Erde gewonnen und Gestein zu Kupfer geschmolzen. 3 Man setzt ein Ende der Dunkelheit, durchforscht bis zum äußersten Winkel das Gestein des Dunkels und der Finsternis. 4 Stollen gräbt ein fremdes Volk: Vergessene hängen (am Seil) ohne Gebrauch der Füße; menschenfern schwanken sie. 5 Die Erde, woraus das Brotkorn wächst, – ihr Inneres wird zerstört wie durch Feuer. 6 Ihr Gestein ist die Heimat des Saphirs, und Goldstaub findet sich dort. 7 Kein Raubvogel kennt den Weg dorthin, kein Falkenauge hat ihn erspäht. 8 Das stolze Wild betritt ihn nicht, kein Löwe schreitet auf ihm. 9 An Kieselgestein legt man die Hand, wühlt von der Wurzel her die Berge um, 10 haut in die Felsen Schächte ein, und allerlei Schätze erblickt das Auge. 11 Durchsickernde Rinnsale dämmt man ein, und Verborgenes bringt man ans Licht. 12 Die Weisheit aber –, wo findet man sie, und wo ist die Stätte der Einsicht?

Der verborgenen Weisheit Wert

13 Kein Mensch kennt die Schicht, in der sie liegt, man findet sie nicht im Lande der Lebenden. 14 Das Urmeer spricht: ›In mir ist sie nicht‹, der Ozean sagt: ›Sie weilt nicht bei mir.‹ 15 Feingold kann man nicht für sie bezahlen oder Silber für sie als Preis abwägen. 16 Man kann sie nicht vergleichen mit Ophirgold, mit kostbarem Karneol und Saphir. 17 Kein Gold kommt ihr gleich, kein geläutertes Glas, kein Tauschwert für sie sind Geräte aus Feingold. 18 Korallen und Kristall sind nicht zu erwähnen, und weit über Perlen geht der Weisheit Besitz. 19 Äthiopiens Topas kommt ihr nicht gleich, man kann sie nicht vergleichen mit edelstem Gold.

Nur Gott kennt Weisheit

20 Die Weisheit aber, woher sie nur kommt, und wo ist die Stätte der Einsicht? 21 Sie ist ja verhüllt vor aller Lebenden Augen und verborgen vor den Vögeln des Himmels. 22 Es sprechen die Unterwelt und der Tod: ›Unsere Ohren vernahmen von ihr nur ein Raunen!‹ 23 Gott ist es, der den Weg zu ihr kennt, und er nur weiß ihre Stätte. 24 Denn er blickt bis zu den Enden der Erde; was unter dem ganzen Himmel ist, sieht er. 25 Als er dem Wind sein Gewicht verliehen und die Wasser bestimmte nach Maß, 26 als er dem Regen Gesetz vorschrieb und einen Weg dem Donnergewölk, 27 damals erschaute er sie und zählte sie ab, stellte sie fest und forschte sie aus. 28 Doch zum Menschen sprach er: ›Seht, Furcht des Herrn, das ist Weisheit, und Meiden des Bösen ist Einsicht!‹«

28,1–28: Ob das berühmte Weisheitslied vom gleichen Dichter stammt, ist sehr umstritten. Da aber Wortschatz und dichterische Kraft stark für den nämlichen Verfasser sprechen, wird er hier wohl absichtlich Job eine grundsätzliche Stellungnahme zum beliebten Thema »Weisheit« in den Mund legen (vgl. 12,2.12.13; 26,3). Job bestreitet nicht, daß über die Bösen zur gegebenen Zeit die Rache Gottes kommt (Kap. 27), er ist nur gegen das starre Schema im Einzelfall, besonders im eigenen Fall! Die Frage bleibt ungeklärt. Daher paßt das Lied über die verborgene Weisheit Gottes recht gut als Schlußwort an die überklugen Vorredner.

Das entschwundene Glück

29 1 Da setzte Job seine Rede fort und sprach: 2 »Ach, wäre ich wie in längst vergangenen Monden, wie in den Tagen, da Gott mich behütete, 3 als über meinem Haupt seine Lampe er leuchten ließ, bei seinem Licht ich durchs Dunkel ging! 4 So, wie ich war in früheren Zeiten, als Gott mein Gezelt beschirmte, 5 als noch der Allmächtige mit mir war, rings um mich meine Kinder; 6 als meine Schritte sich netzten mit Sahne, der Fels mir Bäche von Öl ergoß, 7 wenn ich hinausging ans Tor bei der Stadt, meinen Sitz auf dem Marktplatz aufschlug. 8 Erblickten mich Knaben, so verbargen sie sich, die Alten standen auf, blieben stehen. 9 Fürsten hielten mit Reden sich zurück und legten die Hand auf den Mund. 10 Die Stimme der Edlen verstummte, ihre Zunge klebte am Gaumen. 11 Wenn ein Ohr mich gehört hatte, zollte es Beifall; wenn ein Auge mir zusah, stimmte es mir bei.

12 Ich befreite ja den Bedrängten, der rief, den Verwaisten, der ohne Helfer war. 13 Auf mich kam des Verzweifelnden Segen, aufjubeln ließ ich der Witwe Herz. 14 Ich bekleidete mich mit Gerechtigkeit; wie Mantel und Kopfbund umhüllte mich Recht. 15 Auge war ich für den Blinden, Fuß für den Lahmen. 16 Vater war ich für die Armen, prüfte den Rechtsstreit des Unbekannten. 17 Dem Ungerechten zerschlug ich das Raubtiergebiß, entriß seinen Zähnen die Beute. 18 So dacht' ich: ›Mit meinem Neste werde ich verscheiden und gleich dem Phönix meine Tage vermehren. 19 Meine Wurzel reicht unbehindert zum Wasser, und Tau nächtigt in meinem Gezweig. 20 Stets neu bleibt bei mir meine Ehre, mein Bogen verjüngt sich in meiner Hand.‹ 21 Auf mich horchten und warteten sie, lauschten schweigend auf meinen Rat. 22 Nachdem ich gesprochen, nahm keiner das Wort, und es träufelte nieder auf sie meine Rede. 23 Sie harrten mein wie des Regens und sperrten den Mund wie nach Spätregen auf. 24 Lächelte denen ich zu, die kein Vertrauen mehr hatten, so wiesen sie nicht mein strahlendes Angesicht ab. 25 Ich entschied über ihr künftiges Handeln und saß dabei als ihr Haupt; ich wohnte wie ein König beim Heerestrupp, wie einer, der Trauernde tröstet.

29,6: Vgl. 5 Mos 32,13f • 18: Nach einer weitverbreiteten Sage verbrennt der gealterte Vogel Phönix samt seinem Nest und ersteht wieder jung aus der Asche.

Das gegenwärtige Unglück

30 1 Jetzt aber lachen über mich selbst jene,
die jünger sind als ich; deren Väter ich
nicht gewürdigt hätte, sie bei den Hun-
den meiner Schafe anzustellen. 2 Was hätte ihrer
Hände Kraft mir auch genützt? Es war dahinge-
schwunden ihre Rüstigkeit 3 durch Mangel und
durch harte Hungersnot; Leute, die das dürre Land
abnagten, das Steppengras der Wüste und der
Wüstenei, 4 die beim Gesträuch die Melden pflück-
ten, zu ihrer Nahrung Ginsterwurzeln. 5 Aus der
Gemeinschaft wurden sie verjagt, man schrie ihnen
nach wie einem Dieb. 6 Am Abhang der Talschluch-
ten mußten sie wohnen, in Erdhöhlen und im Fels-
geklüft. 7 Zwischen Gesträuch erklang ihr tierischer
Schrei, unter wildem Gestrüpp drängten sie sich
zusammen. 8 Ein blödes Gesindel, ein Volk ohne
Namen, das aus dem Lande verstoßen ward. 9 Jetzt
aber muß ich ihnen zum Spottlied dienen, bin
ihnen der Gegenstand höhnender Reden. 10 Sie ver-
abscheuen mich, rücken weit von mir weg, enthal-
ten sich nicht, mir ins Antlitz zu speien.
11 Denn Er (Gott) entfaltete sein Seil und beugte
mich nieder, und sie ließen von meinem Angesicht
einen Zügel ausgehen. 12 Zur Rechten stellte die
Brut sich auf, sie trieben meine Füße weg und bau-
ten ihres Unheils Dämme wider mich. 13 Sie zer-
störten meinen Pfad, trugen zu meinem Sturze bei,
keiner war, der ihnen wehrte. 14 Wie durch eine
breite Bresche kamen sie heran, unterhalb der
Trümmer wälzten sie sich vorwärts. 15 Schrecknisse
stürzten ein auf mich, verjagt wie vom Sturm ist
mein fürstlicher Rang, und gleich einer Wolke ent-
schwand mein Glück. 16 Und nun zerfließt vor Leid
mir meine Seele, ergreifen mich des Elends Tage.
17 Des Nachts wird mein Gebein mir ausgehöhlt,
meine nagenden Schmerzen kommen nicht zur
Ruhe. 18 Er packte mich mit aller Macht am Kleid,
umschlang mich wie der Gürtel meines Unterklei-
des. 19 Er warf mich in den Schmutz, so daß ich
Staub und Asche gleiche. – 20 Um Hilfe rufe ich zu
dir, doch du erhörst mich nicht, ich steh' (vor dir),
doch achtest du nicht meiner. 21 Du wandelst dich
in einen Rücksichtslosen gegen mich, mit deiner
starken Hand bekämpfst du mich. 22 Du hebst mich
in den Wind, läßt mich dahinfahren, und es zer-
zaust mich der Sturm. 23 Ja, ich weiß, du willst zum
Tode mich zurückversetzen, zur Sammelstätte aller
Lebenden.

Unverdiente Enttäuschung

24 Wahrlich, nicht gegen den Schwachen streckt
er die Hand aus; oder gibt es bei seinem Unglück
deshalb einen Hilferuf? 25 Weinte ich nicht um
den, der harte Zeit durchmachte, grämte sich
nicht um den Armen meine Seele? 26 Ja, Gutes
erhoffte ich; gekommen ist Böses; ich harrte auf
Licht, doch Finsternis kam. 27 Mein Innerstes sie-
det und kommt nicht zur Ruhe, des Elends Tage
haben mich ereilt. 28 Finster gehe ich einher ohne
Sonne, stehe auf in der Gemeinde und schreie laut.
29 Den Schakalen ward ich zum Bruder, den
Straußenhennen zum Freund. 30 Meine Haut am
Leibe ist schwarz geworden, von Fieberhitze
brennt mein Mark. 31 So wurde zur Trauer mein
Saitenspiel, meiner Flöte Ton zum Wimmern von
Weinenden.

30,1–8: Schilderung des niedrigsten Pöbels. • 11–14: Die Bildersprache redet Vers 11 wohl vom Einfangen eines Tieres, Vers 12c–14 von einer Belagerung. • 29: Vergleichspunkt ist das jämmerliche Klagen.

Jobs Reinigungseid

31 1 Ich schloß einen Bund mit meinen
Augen, nie lüstern nach einer Jungfrau zu
blicken. 2 Was wäre mein Anteil sonst
von Gott droben, mein Erbe vom Allmächtigen aus
der Höhe? 3 Wird nicht Verderben dem Frevler zu-
teil und Verstoßung dem Übeltäter? 4 Ist Er es nicht,
der meine Wege sieht und alle meine Schritte zählt?
5 Bin ich mit Lüge umgegangen, eilte mein Fuß
der Täuschung nach? 6 Er möge mich wägen auf
richtiger Waage, und Gott wird meine Unschuld
erkennen! 7 Wenn mein Schritt vom Wege wich,
mein Herz meinen Augen folgte, an meinen Hän-
den ein Makel klebte, 8 so genieße ein anderer, was
ich säte, und was immer mir sproßt, soll entwurzelt
werden! 9 Ließ sich mein Herz um ein Weib be-
tören, und lauerte ich an der Tür meines Nächsten,
10 so sei meine Frau einem andern zu Willen, und
Fremde mögen sich über sie beugen! 11 Doch das
wäre eine Schandtat, wäre ein Vergehen, strafbar
vor dem Gericht. 12 Ja, es wäre ein Feuer, das bis zur
Unterwelt fressen und meine ganze Habe ent-
wurzeln würde.
13 Wenn ich des Sklaven und der Sklavin Recht
in ihrem Streitfall wider mich verwarf, 14 was kann
ich dann tun, wenn Gott sich erhebt, was ihm er-
widern, wenn er Rechenschaft verlangt? 15 Hat
nicht, der mich im Mutterleib schuf, auch ihn er-
schaffen, und einer uns im Mutterschoß gebildet?
16 Versagte ich den Armen einen Wunsch, ließ ich
verschmachten der Witwe Augen? 17 Aß ich für
mich allein meinen Imbiß, ohne daß davon auch das
Waisenkind aß? 18 Denn seit meiner Jugend zog er

mich groß wie ein Vater, und vom Schoß meiner
Mutter an führte er mich! 19 Sah ich einen Verarmten
und ließ ihn ohne Gewand, und ohne Decke den
Dürftigen? 20 Haben nicht seine (bekleideten) Len-
den mich dankbar gepriesen, wärmte er sich nicht
von der Wolle meiner Schafe? 21 Schwang ich dro-
hend die Hand gegen eine Waise, weil ich am Tor für
mich Rechtshelfer sah, 22 So soll mir die Achsel aus
der Schulter fallen und der Arm vom Gelenk bre-
chen! 23 Denn als Schrecken überfiele mich Gottes
Strafverderben, und vor seiner Hoheit hielte ich
nicht stand.
24 Setzte ich mein Vertrauen auf Gold, nannte ich
Feingold meine Hoffnung? 25 Freute ich mich, daß
groß mein Vermögen und daß gar viel meine Hand
gewann?
26 Blickte ich auf zur Sonne, wenn sie erstrahlte,
oder zum Mond, wenn er prachtvoll einherzog,
27 und ließ sich mein Herz dann heimlich betören,
und sandte meine Hand vom Mund Küsse empor?
28 Auch das wäre ein Vergehen, schuldig des Gerich-
tes; denn ich hätte Gott in der Höhe verleugnet.
29 Freute ich mich am Unglück meines Feindes,
jauchzte ich auf, wenn Unheil ihn traf? 30 Nein,
ich gab meinen Mund nicht zum Sündigen hin, um
sein Leben durch einen Fluch zu verwünschen.
31 Sagten nicht meines Zeltes Genossen: ›Bei ihm
durfte sich jeder sättigen mit Fleisch?‹ 32 Kein
Fremdling mußte im Freien übernachten, dem
Wanderer tat ich die Türen auf. 33 Verheimlichte ich
meine Fehler nach Menschenart, indem ich im
Herzen meine Schuld verbarg, 34 weil ich die große
Volksmenge scheute, der Sippen Verachtung mich
schreckte, so daß ich stillschwieg und zur Tür nicht
hinausging?

Abschluß der Rechtfertigungsrede –
Gott selbst möge antworten

35 O daß doch einer mich hören möchte! Ja, dies ist
mein Begehren, daß mir der Allmächtige Antwort
gäbe und mein Gegner im Streit eine Klageschrift
schriebe! 36 Wahrlich, ich wollte auf meine Schulter
sie heben; ich wände als Kranz sie mir um! 37 Alle
meine Schritte täte ich ihm kund und nahte mich
ihm wie ein Fürst! 38 [Wenn wider mich mein
Ackerfeld klagte und insgesamt seine Furchen
weinten, 39 wenn seinen Ertrag ich verzehrte, ohne
bezahlt zu haben, und das Verlangen seines Besit-
zers unerfüllt ließ, 40 so möge anstelle des Weizens
Dorngestrüpp wachsen und statt der Gerste stin-
kender Lolch!«] – Zu Ende sind die Worte Jobs.

Die Reden des Elihu. Einführung

32 1 Da ließen jene drei Männer davon ab,
Job darauf zu antworten, daß er sich
selbst für gerecht hielt. 2 Es entbrannte
nun der Zorn des Elihu, des Sohnes Barachels, des
Busiters aus dem Geschlechte Ram. Gegen Job ent-
brannte sein Zorn, weil er Gott gegenüber sich
selbst für gerecht erklärt hatte. 3 Gegen seine drei
Freunde entbrannte sein Zorn, weil sie keine Ant-
wort mehr fanden, womit sie Job ins Unrecht
gesetzt hätten. 4 Elihu aber hatte Job gegenüber mit
Worten gezögert, weil jene älter waren als er.
5 Doch als Elihu sah, daß die drei Männer keine
Antwort mehr wußten, entbrannte sein Zorn.
6 Da antwortete Elihu, der Sohn Barachels, der
Busiter, und sprach: »Jung bin ich zwar an Lebens-
jahren, und ihr seid hochbetagt; deshalb hielt ich
mich zurück und scheute mich, euch mein Wissen
kundzutun. 7 Ich dachte: Mag das Alter reden, der
Jahre Fülle Weisheit lehren! 8 Jedoch, es ist der Geist
im Menschen, der Odem des Allmächtigen, der ihn
verständig macht. 9 Alte sind nicht immer weise,
noch Greise stets des Rechten kundig. 10 Deshalb
sprech' ich: Hört mir zu, kundtun will auch ich
mein Wissen! 11 Seht, ich habe eure Worte abge-
wartet, lauschte eurer klugen Einsicht, wie ihr
Fragen untersuchtet. 12 Dabei gab ich auf euch acht,
und seht, nicht einer überführte Job, nicht einer
unter euch hat seine Worte widerlegt!
13 Sprecht nicht: ›Wir haben die Weisheit entdeckt:
Gott wird ihn verstoßen, nicht ein Mensch!‹
14 Zwar hat er noch mit keiner Rede sich an mich
gewandt; ich werde ihm auch nicht mit Worten wie
den eurigen erwidern. – 15 Sie sind bestürzt, ant-
worten nimmer, es gingen ihnen die Worte aus!
16 Soll ich nun warten, wenn sie nichts reden, wenn
sie dastehen, ohne Antwort zu wissen? 17 So will
auch ich meinen Teil erwidern, kundtun will auch
ich mein Wissen! 18 Denn angefüllt bin ich mit Wor-
ten, mich drängt der Geist in meiner Brust. 19 Seht,
meine Brust gleicht dem verschlossenen Wein, wie
neue Schläuche muß sie bersten. 20 So will ich re-
den, dann wird mir leichter, will die Lippen auftun
und Antwort geben! 21 Ich werde für keinen Partei
ergreifen und werde niemandem schmeicheln.
22 Denn Schmeichelei verstehe ich nicht; sonst
raffte mein Schöpfer mich rasch hinweg!

31,18: Der Einschub erinnert wohl an Gott als Vorbild. • 26–27: Kußhände als Ausdruck göttlicher Verehrung. • 38–40: Ein Nachtrag, der etwa hinter Vers 8 gehörte. Die Unterschrift nach Vers 40 scheint aus späterer Hand zu stammen.

32,1–5: Die Elihureden (32–37) sind ein offenbarer Nachtrag hinter den abschließenden Worten Jobs. Sie bemühen sich, das Problem des Leidens von einer höheren Warte aus zu verstehen (vgl. Vorwort!). Obwohl auch der Stil etwas weitschweifig ist, genügen die Gründe kaum, um von einer späteren Nachahmung zu sprechen. Wahrscheinlicher hat der Verfasser selbst diesen vierten »Freund« nachträglich eingefügt, um neuere theologische Gedanken zum Leidensproblem nicht zu übergehen.

Elihu gegen Job

33 1 Du aber, Job, vernimm meine Rede,
und all meinen Worten höre nun zu!
2 Sieh, ich habe meinen Mund geöffnet,
schon spricht meine Zunge im Gaumen. 3 Mein
aufrichtiges Herz liegt in meinen Worten, und in
lauterer Weise sprechen meine Lippen Erkenntnis
aus. 4 Gottes Geist hat mich erschaffen, und der
Odem des Allmächtigen gab mir das Leben. 5 Bist
du imstande, so entgegne mir, äußere dich vor
mir und stelle dich! 6 Schau, für Gott bin ich so viel
wie du, auch ich bin nur aus Lehm geformt.
7 Wohlan, die Furcht vor mir braucht dich nicht
einzuschüchtern, und Druck von meiner Seite soll
dich nicht belasten! 8 Jedoch du sprachst vor
meinen Ohren, und ich vernahm der Worte Klang:
9 ›Ich bin rein und frei von Sünde, bin makellos und
ohne Schuld. 10 Nur Gegensätze wider mich sucht
er zu finden und sieht mich an als seinen Feind.
11 Meine Füße legt er in den Block, alle meine Pfade
überwacht er.‹ 12 Siehe, darin bist du nicht im
Recht, entgegne ich dir; denn Gott ist größer
als der Mensch! 13 Weshalb hast du mit ihm gehadert,
daß er allen deinen Worten nicht erwidere?
14 Denn zum einen Male redet Gott, zum andern
Male geht er nicht darauf ein.

Gott warnt im Traum

15 Im Traum, im Nachtgesicht, wenn tiefer Schlaf
die Menschen befällt, im Schlummer auf dem
Lager, 16 da öffnet er der Menschen Ohr und setzt
sie in Schrecken durch Verwarnung, 17 um den
Menschen zu bekehren von seinem Tun und
Hochmut vom Manne fernzuhalten, 18 seine Seele
vor der Grube zu retten, sein Leben vor dem Hingang
durch das Todesgeschoß.

Gott mahnt in Krankheiten

19 Auch wird er gemahnt durch Schmerz auf seinem
Lager, wenn das Zittern seiner Glieder nicht aufhört.
20 Sein Lebenszustand macht ihm Speisen
widerlich, sein seelisches Empfinden selbst die
Lieblingskost. 21 Es schwindet sein Fleisch, ist nicht
mehr zu sehen, abgemagert sind seine Knochen, die
sonst man nicht sah. 22 Schon nahe ist seine Seele
der Grube, sein Leben den Todesboten. 23 Wenn
dann ein Engel ihm zur Seite steht, ein Mittler, einer
aus den Tausenden, um zur Verteidigung des
Menschen dessen Tugend zu vermelden, 24 wenn
dieser sich erbarmt und spricht: ›Erlaß es ihm, hinabzusteigen
in die Grube, ich hab' ein Lösegeld für
ihn gefunden‹, 25 so blüht sein Fleisch wieder auf,
mehr als zur Jugendzeit; er kehrt zu den Tagen
seines Jünglingsalters zurück. 26 Er betet zu Gott,
und der ist ihm hold, läßt ihn unter Jubel sein
Angesicht schauen und gibt dem Menschen seine
Gerechtigkeit wieder. 27 Dieser blickt auf die Leute
und spricht: ›Ich hatte gesündigt und Unrecht
getan, doch Er hat mir nicht mit Gleichem vergolten.
28 Er löste meine Seele vom Hingang in die
Grube, und mein Leben darf das Licht erschauen.‹
29 Fürwahr, all das pflegt Gott zu tun, zweimal, dreimal
mit dem Menschen, 30 um seine Seele von der
Grube abzuwenden, damit vom Licht des
Lebens er beschienen werde. 31 Merk auf, Job! Höre
mich an! Schweig still, und ich will reden! 32 Hast
du Triftiges zu sagen, so erwidere mir, denn ich
gäbe dir gerne recht! 33 Wenn aber nicht, dann hör
auf mich; schweig still, daß ich dich Weisheit
lehre!«

33,9–11: Bezieht sich auf 9,21; 13,24.27. Die Vorwürfe sind zwar nicht falsch, aber doch einseitig übertrieben. • 14: Nur der erste Fall, daß Gott spürbare Antwort gibt, wird durch zwei Beispiele klargemacht (15–18; 19–30). Der zweite Fall wird durch Job selbst aufgezeigt. Leiden haben erzieherischen Wert. • 22: »Todesboten« sind strafende Engelwesen: 2 Sam 24,16; Ps 78,49; Spr 16,14.

Gott richtet gerecht

34 1 Dann sprach Elihu als Erwiderung:
2 »Horcht, ihr Weisen, auf meine Worte;
ihr Wissenden, hört mir zu! 3 Gewiß, das
Ohr soll die Worte prüfen, wie der Gaumen die
Speise verkostet. 4 Das Recht wollen wir untersuchen,
miteinander erkunden, was richtig ist!
5 Denn Job erklärte: ›Ich bin im Recht, doch Gott
hat mein Recht zurückgewiesen. 6 Meinem Recht
zuwider sollte ich lügen? Heillos ist der Pfeil, der
mich ohne Schuld traf!‹ 7 Wo ist ein Mann gleich
Job, der wie Wasser Lästerung trinkt, 8 der im Verein
mit Übeltätern wandelt und mit verruchten
Leuten einiggeht? 9 Er sagte ja: ›Es nützt dem
Menschen nichts, wenn er in Freundschaft lebt mit
Gott!‹

Der Allmächtige handelt nicht unrecht

10 Darum, ihr einsichtsvollen Männer, hört mich an!
Fern liegt es Gott, Unrecht zu tun, und dem Allmächtigen,
Frevel zu verüben! 11 Vielmehr, des
Menschen Tun vergilt er ihm, und jeden läßt er
ernten je nach seinem Wandel. 12 Nein, fürwahr,
Gott handelt niemals ungerecht; der Allmächtige
beugt nicht das Recht! 13 Wer hat ihm denn der Erde

Schöpfung aufgetragen, wer hat den ganzen
Erdkreis hingestellt? 14 Würde er auf ihn (den
Menschen) seinen Sinn nur richten, seinen Geist
und Odem wieder zu sich nehmen, 15 so müßte
alles Fleisch zusammen sterben, der Mensch zum
Staube wiederkehren.

Gottes Macht und Recht

16 Doch wenn du Einsicht hast, so höre folgendes,
lausche auf den Wortlaut meiner Rede: 17 Kann,
wer das Recht haßt, Führung innehaben, und
willst du den erhabensten Gerechten als unge-
recht bezeichnen? 18 Ihn, der zu einem König offen
sagt: ›Du Taugenichts!‹, zu Edelleuten: ›Übeltäter!‹,
19 der auch auf Fürsten keine Rücksicht nimmt
und keinen Hohen vor dem Niedrigen bevorzugt;
denn alle sind sie seiner Hände Werk. 20 Sie müssen
plötzlich sterben, und zwar mitten in der Nacht.
Die Bevölkerung kommt ins Wanken, sinkt dahin;
man wird den Starken los ganz ohne Machtan-
strengung. 21 Denn seine Augen blicken auf des
Menschen Wege, und aller seiner Schritte achtet
er. 22 Kein Dunkel gibt es, keine Finsternis, darin
die Übeltäter sich verbergen könnten. 23 Ja, er setzt
einem Menschen keine Frist, auf daß er zum
Gericht vor Gott erscheine. 24 Machthaber zer-
knickt er ohne Verhör, läßt andere treten an ihren
Platz. 25 Wahrlich, er kennt ja ihre Taten, stürzt
sie über Nacht, und sie sind zermalmt. 26 Wie
Verbrecher schlägt er sie, an einem Orte, wo es
alle sehen, 27 deswegen, weil sie von ihm sich trenn-
ten und alle seine Wege nicht erfaßten. 28 So läßt
er das Schreien des Schwachen zu sich empordrin-
gen, das Rufen der Armen vernimmt er. 29 Wenn
er selbst jedoch sich still verhält, wer kann ihn
beschuldigen? Verbirgt er sein Antlitz, wer kann
ihn erblicken? 30 (Wenn er es verbirgt) gegenüber
dem Volk wie gegenüber dem einzelnen Men-
schen, wegen der Herrschaft eines ruchlosen
Mannes aus der Zahl der Verführer des Volkes?
31 Vielmehr soll man zu Gott sprechen: ›Ich war
betört, ich will nicht freveln; 32 auch wenn ich
dich nicht sehe, sollst du mich lehren; verübte ich
Böses, so will ich es nicht wieder tun!‹ 33 Meinst
du, er wird es vergelten, wenn du widerrufst? Du
selbst sollst ja entscheiden, und nicht ich! Was
weißt du zu sagen? 34 Männer von Einsicht werden
mir bestätigen und jeder weise Mann, der mir
zuhört: 35 Job redete in Unverstand, und seine
Worte waren unvernünftig! 36 Wohlan, so muß
Job immerdar der Prüfung unterliegen, ob seiner
Widerreden nach der Art der Frevler! 37 Denn seine
Sünde steigert er noch weiter, Frevel strömt über in
unsere Mitte, und er vermehrt wider Gott seine
Reden.«

34,6: Pfeil als Bild für Krankheit: Vgl. 6,4; Ps 38,3. • 9: Vgl. 21,7–15; 24,1–4; aber auch 27,7–23; 31,1–4. • 29–32: Der dunkle Text scheint zu sagen, daß Gott durch Langmut gegenüber Frevlern zur Umkehr aufrufen will.

Was nützest du Gott?

35 1 Dann sprach Elihu als Erwiderung:
2 »Dies also hältst du für richtig, ›dies‹,
sprichst du, ›ist mein Recht gegenüber
Gott‹, 3 daß du fragst, was es dir nütze, ›welchen
Vorteil habe ich von meiner Sündenlosigkeit?‹ 4 Ich
will dir Worte erwidern und deinen Freunden
zusammen mit dir: 5 Blick den Himmel an und sieh;
schau die Wolken hoch über dir! 6 Wenn du
sündigst, was fügst du ihm zu, sind zahlreich deine
Frevel, was kannst du ihm antun? 7 Handelst du
recht, was schenkst du ihm damit? Oder was emp-
fängt er aus deiner Hand? 8 Nur den Menschen
deinesgleichen betrifft deine Missetat und nur die
Menschenkinder deine Gerechtigkeit.

Die Langmut Gottes

9 Wohl schreit man ob der Gewalttaten Menge,
jammert unter der Faust der Großen, 10 doch keiner
fragt: ›Wo ist Gott, mein Schöpfer, der Loblieder an-
stimmen läßt bei Nacht, 11 der klüger uns macht als
der Erde Tiere, weiser als die Vögel des Himmels?‹
12 Da schreit man, doch er gibt keine Antwort
wegen der Bösen Übermut. 13 Wahrlich, Nichtiges
hört Gott nicht, und der Allmächtige sieht es nicht
an! 14 Erst recht, wo du sagst, du sähest ihn nimmer!
Das Gericht steht bei ihm, und du mußt seiner
harren! 15 Jetzt aber, weil sein Zorn nicht strafte und
er nichts wußte von heftigem Auftreten, 16 da reißt
nun Job umsonst seinen Mund auf, hält große
Reden voll Unverstand.«

35,3: Vgl. 34,9. Wenn schon Job sagt, er sehe keinen Nutzen, so antwortet Elihu, auch Gott habe keinen Nutzen, vgl. Vers 6–7. • 10: Tag und Nacht müßte der Mensch Gott lobsingen, Ps 134,1–2. • 13: Der Hilferuf ist nichtig, weil nur aus Selbstsucht stammend.

Noch lebt der alte Gott

36 1 Da fuhr Elihu fort und sprach: 2 »Hab
noch ein wenig Geduld mit mir, so will
ich dir kundtun, daß sich zu Gottes
Gunsten noch weiteres sagen läßt! 3 Ich trage mein
Wissen ins Weite hinaus und will meinem Schöpfer
Recht verschaffen. 4 Denn fürwahr, meine Worte
sind kein Trug, ein Mann mit vollendetem Wissen
steht vor dir!

Gottes Strafe ist eine Warnung

5 Sieh, Gott ist gewaltig, verschmäht aber keinen,
gewaltig an Geisteskraft! 6 Den Frevler läßt er nicht

am Leben, doch den Bedrückten gewährt er ihr
Recht. 7 Er wendet vom Gerechten sein Auge nicht
ab, und die Könige auf dem Thron – er setzt sie für
immer ein, und sie sind hoch erhaben. 8 Wenn sie
aber, gefesselt mit Ketten, gefangen sind in den
Schlingen des Unglücks, 9 so hält er dadurch ihr Tun
ihnen vor und ihr Vergehen, weil stolz sie gewor-
den. 10 Er öffnet ihr Ohr für die Warnung und
fordert sie auf, vom Bösen zu lassen. 11 Wenn sie
dann gehorchen und sich fügen, dürfen sie ihre
Tage in Glück vollenden und ihre Jahre in Wonnen.
12 Aber gehorchen sie nicht, so fahren sie dahin
durch das Todesgeschoß und müssen sterben ganz
unvermutet. 13 Denn gottlosen Herzens hegen sie
Groll, rufen nicht um Hilfe, auch wenn er sie
fesselte. 14 Ihre Seele stirbt in der Jugend dahin, ihr
Leben im Hochzeitsalter.

Läuterndes Leid

15 Den Leidenden rettet er durch dessen Leid und tut
durch Drangsal das Ohr ihm auf. 16 Wenn Groll dich
betörte wegen der Bedrängnis, es kommt doch eine
Weite, die keiner Enge weicht, und das Gedeck
deines Tisches ist voll fetter Speisen! 17 Wenn du
das Gericht über den Frevler hinter dir hast, werden
Gericht und Recht eingreifen. 18 Zorn jedoch soll
dich nicht betören beim Schicksalsschlag, und die
Größe der Sühne soll dich nicht verführen!
19 Würde etwa ohne Bedrängnis dein Notschrei sich
rüsten und überhaupt jegliche Kraftanstrengung?
20 Sehne nicht die Nacht herbei, wo die Leute ihre
Stätte besteigen. 21 Hüte dich! Wende dich nicht
zum Bösen! Denn deshalb wardst du durch Leid
geprüft.

Ehrfurcht vor dem Allmächtigen

22 Sieh, Gott ist erhaben in seiner Macht! Wer ist ein
Lehrer gleich ihm? 23 Wer überprüft an ihm seinen
Weg, und wer darf zu ihm sagen: ›Du hast schlecht
gehandelt‹? 24 Sei eingedenk, sein Tun zu preisen,
das man in Liedern oft besang! 25 Alle Welt sieht es
mit Staunen, von ferne nur schaut es ein Mensch.
26 Sieh, Gott ist groß, nicht zu begreifen, uner-
forschlich seiner Jahre Zahl! 27 Wenn er Wasser-
tropfen formt, ergießen sie sich als verderblicher
Platzregen, 28 und von ihnen triefen die Wolken,
lassen niederrieseln auf der Menschen Menge. 29 Be-
greift jemand gar die weite Ausdehnung der Wet-
terwolke, das donnernde Krachen seines Gezeltes?
30 Sieh, er hat darüber sein Licht ausgebreitet, und
den Grund des Meeres hat er bedeckt. 31 Denn hier-
durch übt er Gericht an den Völkern, gibt aber auch
Speise im Überfluß. 32 Seine Hände füllt er mit
Blitzen und entbietet sie gegen das Treffziel. 33 Es
kündet von ihm sein Donnerruf, sein zorniges
Eifern gegen das Unrecht.

36,15: Leitet zur folgenden Mahnrede über. Tiefer aufgefaßt, kann das Leid ein Rettungsmittel sein, das dem Menschen das Ohr öffnet für die Einsprechungen Gottes. • 16–21: Text äußerst schwierig, darf aber nicht durch willkürliche Änderungen geglättet werden. Der Sinn scheint an den vorausgehenden Abschnitt, besonders Vers 13, anzuknüpfen: Job soll nicht vorschnell in seinem Leid Gott grollen, sondern ihn voll Vertrauen anrufen. Zu Vers 16 vgl. Vers 11. • 18–19: Vgl. Vers 13 und 16. • 20: Gemeint ist wohl die Nacht des Todes, die sich Job in der Verzweiflung wünschte. Der zweite Satz ist dann eine Umschreibung für die Grabstätte. Vgl. Vers 12. • 21: Vgl. Is 48,10. • 26: Vgl. 37,5. • 27–28: Verheerende und befruchtende Wirkung des Regens, wie Vers 31; 37,13. • 29: Vorübergehend wohnt Gott nach volkstümlicher Vorstellung in der Wetterwolke, Ps 18,12–14. • 30: Die höchste Höhe und die tiefste Tiefe bedeckten sein Geheimnis. • 32–37,5: Der Donner gilt dem Dichter als Stimme Gottes, Ps 29.

Der Wettergott

37
1 Gerade darüber erbebt mein Herz,
springt pochend auf von seiner Lage.
2 Hört, hört das Toben seiner Stimme,
welch Grollen seinem Mund entfährt! 3 Unter dem
ganzen Himmel entfesselt er es und seinen leuch-
tenden Blitz über den Enden der Erde. 4 Hinter ihm
drein brüllt die Donnerstimme, er dröhnt mit
seinem erhabenen Laut; nicht hält er beide zurück,
sooft seine Stimme gehört werden soll. 5 Gott
dröhnt mit seiner Stimme wunderbar, wirkt große
Dinge, die wir nicht verstehen. 6 So befiehlt er dem
Schnee: ›Fall zur Erde!‹, desgleichen dem Regen-
schwall, seinen mächtigen Regengüssen. 7 Da ver-
siegelt er die Hand aller Menschen, damit die Leute
insgesamt sein Tun erkennen. 8 Die Tiere selbst
verkriechen sich in ein Versteck und lagern sich in
ihren Höhlen. 9 Aus des Südens Kammer kommt
der Sturm, aus des Nordens Winden kalter Frost.
10 Durch Gottes Hauch entsteht das Eis, liegt starr
des Wassers Fläche da. 11 Auch belädt er die Regen-
wolke mit Naß, streut aus sein wetterleuchtendes
Gewölk. 12 Das zieht im Kreise hin und her nach
seiner Lenkung, um alles auszuführen, was er ihm
gebietet, auf der Erde weitem Rund. 13 Entweder als
Zuchtrute – sei es auch für seine Erde – oder als
Hulderweisung führt er es heran.

Job soll sich beugen

14 Dieses höre dir doch an, o Job! Steh still und achte
auf die Wundertaten Gottes! 15 Weißt du darum,
wie Gott ihnen Auftrag gibt, und wie das Licht
seiner Wolke aufstrahlt? 16 Weißt du um dasSchwe-
ben des Gewölks, um die Wunderwerke des All-
wissenden? 17 Du, dem die Kleider schon zu heiß
erscheinen, wenn vor dem Süd die Erde reglos liegt!
18 Wölbst du gleich ihm das Wolkenfirmament, das
fest wie ein gegossener Spiegel ist? 19 Teile du uns

mit, was wir ihm sagen sollen; wir wissen nichts zu sprechen angesichts des Dunkels! [20] Wird es ihm erzählt, wenn ich rede? Wenn einer spricht, erfährt er es? [21] Und nun, wenn man das Sonnenlicht nicht sieht, ist es verdunkelt durch die Wolken, – ein Windhauch bläst und fegt sie weg! [22] Vom Norden kommt goldener Glanz, über Gott schwebt furchterregend Herrlichkeit. [23] Den Allmächtigen, wir ergründen ihn nicht, den Erhabenen an Macht, der aber das Recht und der Gerechtigkeit Fülle nimmer beugt. [24] Deshalb sollen die Menschen ihn fürchten! Er selbst schaut alle klugen Leute nicht an.«

37,7: »Versiegeln« heißt stillegen. Die Hände ruhen. • 18: Es gab aus Metall, meist Kupfer, gegossene Spiegel, 2 Mos 38,8; Sir 12,11. • 19: Eine spottende Aufforderung. • 21–22: Das zeitweise verdeckte Sonnenlicht tritt immer wieder hervor. Die Offenbarung Gottes aber geschieht stets in unerreichbarer Majestät. Sein Walten bleibt für uns stets im Dunkel.

Gott selber spricht

38 [1] Da antwortete der Herr dem Job aus dem Wettersturm und sprach: [2] »Wer ist es, der den Weltenplan verdunkelt mit Gerede ohne Einsicht? [3] Umgürte deine Hüften wie ein Held, so frag' ich dich, und kläre du mich auf! [4] Wo warst du, als ich die Erde gründete? Gib Antwort, so Bescheid du weißt! [5] Wer hat ihre Maße festgesetzt? – du weißt es ja. Oder wer hat über ihr die Meßschnur ausgespannt? [6] Worauf sind ihre Sockel eingesenkt? Wer setzte ihr den Eckstein auf [7] beim Jubelchor der Morgensterne, als insgesamt die Gottessöhne jauchzten? [8] Und wer verschloß das Meer mit Türen, als schäumend es aus seinem Mutterschoß hervorquoll, [9] als ich Gewölk zu seinem Kleid ihm machte, zu seiner Windel dunklen Nebel, [10] als ich meine feste Grenze ihm entgegensetzte und Riegel sowie Türen daran legte, [11] wobei ich sprach: Bis hierher magst du kommen, weiter nicht! Hier ist ein Halt für deine stolzen Wogen!

Das Morgenlicht

[12] Hast du in deinem Leben je den Morgen herbefohlen, dem Frührot seinen Platz gezeigt, [13] auf daß der Erde Säume es erfasse und Frevler von ihr weggeschüttelt werden? [14] Sie wandelt sich gleich Siegelton (in Formen), (die Dinge) stehen da wie ein Gewand. [15] Den Frevlern wird ihr Licht entzogen, zerschmettert der erhobene Arm.

Die Tiefen der Erde

[16] Bist du bis zu des Meeres Quellen vorgedrungen und in des Ozeans Tiefe einhergewandelt? [17] Taten sich dir die Pforten der Totenwelt auf, schautest du die Tore der Finsternis? [18] Hattest du acht auf die weiten Flächen der Erde? Gib Antwort, so du sie völlig kennst!

Tag und Nacht

[19] Wo ist der Weg zur Wohnung des Lichtes, und wo denn die Stätte des Dunkels, [20] so daß du es einholen könntest in seinen Bereich, wüßtest die Pfade zu seinem Haus? [21] Du weißt es doch; denn damals warst du geboren, und die Zahl deiner Tage ist gar groß!

Regen und Schnee

[22] Kamst du bis zu den Speichern des Schnees, und sahst du die Kammern des Hagels, [23] den ich aufgespart für die Drangsalszeit, für den Tag des Kampfes und Krieges? [24] Wo ist der Weg zu dem Ort, wo das Licht sich verteilt, der Ostwind sich über die Erde zerstreut? [25] Wer grub für die Regenflut eine Rinne, einen Weg für das Donnergewölk, [26] um regnen zu lassen auf unbewohntes Land, auf die Wüste, darin niemand verweilt, [27] um Öde und Ödland sattsam zu tränken und frisches Gras sprossen zu lassen? [28] Hat der Regen einen Vater, oder wer zeugte die Tropfen des Taues? [29] Aus wessen Schoß ging das Eis hervor, des Himmels Reif, wer hat ihn geboren? [30] Gleichsam in einem Stein verbergen sich die Wasser, die Fläche der Flut schließt sich zusammen.

Gestirne und Wolken und ihre Gesetze

[31] Kannst du die Bänder knüpfen des Siebengestirns oder die Fesseln des Orion lösen? [32] Läßt du zur rechten Zeit die Hyaden aufgehen, leitest die Löwin samt ihren Jungen? [33] Kennst du die Gesetze des Himmels und überträgst seine Schrift auf die Erde? [34] Erhebst du deine Stimme zur Wetterwolke, daß eine Wasserwoge dich bedecke? [35] Sendest du die Blitze, so daß sie gehen und zu dir sprechen: ›Hier sind wir‹? [36] Wer verlieh untrügliche Weisheit, oder wer gab Einsicht dem Hahn? [37] Wer zählt mit Weisheit die Wolken ab, und die Schläuche des Himmels, wer schüttet sie aus, [38] so daß sie in Schlamm den Staub umformen und die Schollen fest aneinanderkleben?

Löwe und Rabe

[39] Erjagst du Beute für den Löwen und stillst der Junglöwen Hunger, [40] wenn sie in Verstecken sich ducken, im Gebüsch auf der Lauer liegen? [41] Wer bereitet dem Raben sein Futter, wenn seine Jungen schreien zu Gott, wenn sie umherirren ohne Nahrung?

38,7: Sterne und Engel (= Gottessöhne) bilden das Heer des Himmels. • 14: Wie der rötliche Siegelton durch das Pressen Gestalt annimmt, so treten die Gegenstände hervor und heben sich ab wie farbige Gewänder. • 15: Dunkelheit ist das Licht der Frevler, die nur bei Nacht ihrer Bosheit nachgehen (24,13–17). • 21: Ein scharfer Spott! • 23: Wunderbare Naturkatastrophen z. B. 2 Mos

9,22–25; Jos 10,11. • 24: Parallel Vers 19. Ostwind und Licht steigen aus der gleichen Gegend auf. Oder ist mit »Licht« der Blitz gemeint wie 36,32; 37,3? • 31–32: Nach dichterischer Sicht führt Gott die Sternbilder wie Gespanne. • 33: »Schrift des Himmels« sind die Sterne. Ihr entsprechen in der babylonischen Astrologie die irdischen Ereignisse. • 36: Der Hahn als Wetterprophet, besonders als Bote des Regens.

Rotwild

39 1 Weißt du die Gebärzeit der Steinböcke, überwachst du das Werfen der Hirschkühe? 2 Zählst du die Monate, die sie brauchen, und weißt du ihre Gebärzeit? 3 Sie kauern sich nieder, werfen ihre Jungen, entlassen ihre Leibesfrucht. 4 Ihre Jungen erstarken, werden groß im Freien, laufen davon und kehren nicht wieder.

Wildesel

5 Wer ließ den Wildesel frei entlaufen, des Bergesels Fesseln, wer schloß sie auf? 6 Ich bestimmte ihm zur Behausung die Steppe, zu seiner Wohnung die salzige Trift. 7 Er verspottet das Getümmel der Stadt, das Geschrei des Treibers hört er nicht. 8 Die Berge sucht er nach Weide ab, und jeglichem Grün spürt er nach.

Büffel

9 Wird der Büffel dir willige Dienste tun, wird er an deiner Krippe verbleiben? 10 Kannst du den Büffel an eine Furche fesseln, die das Leitseil ihm weist, oder pflügt er die Täler hinter dir her? 11 Vertraust du auf ihn, weil groß seine Kraft, und kannst du ihm deine Arbeit überlassen? 12 Glaubst du von ihm, daß er heimbringt deine Ernte und sie nach deiner Tenne schafft?

Vogel Strauß

13 Gar lustig schlägt der Straußenhenne Flügel! Ist die Schwinge zärtlich und auch das Gefieder? 14 Nein, sie gibt der Erde ihre Eier preis, läßt warm sie werden auf dem Staub; 15 und sie vergißt, daß sie ein Fuß zerdrücken, das Wild des Feldes sie zertreten kann. 16 Hart behandelt sie die Jungen, als gehörten sie nicht ihr; war auch vergeblich ihre Mühe, es erschreckt sie nicht. 17 Denn Gott ließ sie die Weisheit vergessen und gab ihr keinen Anteil an Verstand. 18 Sobald sie aber aufgerichtet mit den Flügeln rudert, spottet sie des Rosses und des Reiters.

Das Kriegsroß

19 Gibst du dem Rosse Heldenkraft, bekleidest du mit einer Mähne seinen Hals? 20 Kannst du es wie einen Heuschreck springen lassen? Furchtbar ist sein stolzes Wiehern. 21 Es scharrt im Kampfgefilde voller Freude, mit Kraft zieht es dem Waffengang entgegen. 22 Es spottet der Furcht und kennt keine Angst, macht vor dem Schwerte nicht kehrt. 23 Der Köcher klirrt über ihm, die blitzende Spitze von Lanze und Speer; 24 mit fieberndem Toben schluckt es den Boden und steht nimmer still beim Klang des Hornes. 25 Wenn erst das Horn ertönt, wiehert es ›Hui‹, wittert den Kampf schon von weitem, der Führer Rufen und Schlachtenlärm.

Falke und Adler

26 Kommt es von deiner Einsicht, daß der Falke sich aufschwingt, seine Flügel ausbreitet nach dem Süden zu? 27 Oder fliegt auf deinen Befehl der Adler so hoch und baut seinen Horst in der Höhe? 28 Auf dem Felsen wohnt und nächtigt er, auf der Felsenzacke und steilen Wand. 29 Von dort erspäht er die Beute, und ins Weite schauen seine Augen. 30 Blut schlürfen seine Jungen, und wo Erschlagene liegen, dort findet er sich ein.«

Job gibt nach

40 1 Es antwortete der Herr weiterhin dem Job und sprach: 2 »Will mit dem Allmächtigen ein Tadler streiten? Der Ankläger Gottes antworte darauf!« 3 Da antwortete Job dem Herrn und sprach: 4 »Siehe, ich bin zu gering! Was könnte ich dir erwidern? Ich lege die Hand auf meinen Mund. 5 Einmal habe ich geredet, aber ich werde nicht mehr antworten, und noch ein zweites Mal, aber ich werde nicht fortfahren!«

Gott und Job

6 Da antwortete der Herr dem Job aus dem Wettersturm und sprach: 7 »Umgürte deine Hüften wie ein Held, so frag' ich dich, und kläre du mich auf! 8 Willst du wirklich mein Recht zunichte machen, ins Unrecht mich setzen, damit du recht behältst? 9 Hast du etwa einen Arm wie Gott, und kannst du mit einer Stimme gleich der seinigen donnern? 10 Schmücke dich mit Hoheit und Erhabenheit, gewande dich in Prunk und Pracht! 11 Laß du die Fluten deines Zornes sich ergießen, schau jeden Stolzen und demütige ihn! 12 Schau jeden Stolzen und zwinge ihn nieder, wirf die Frevler zu Boden! 13 Verbirg sie insgesamt im Staub, schließe sie leibhaftig im Erdinnern ein! 14 Dann werde auch ich dich lobpreisen, daß deine Rechte den Sieg dir verschaffte!

Das Nilpferd

15 Sieh doch das Nilpferd, welches ich erschuf wie dich, es nährt sich von Gras gleich einem Rind! 16 Sieh seine Stärke in seinen Lenden, seine Kraft in den Muskeln des Leibes! 17 Seinen Schweif läßt es hängen wie eine Zeder, seiner Schenkel Sehnen sind straff verflochten. 18 Seine Knochen sind wie eherne Röhren und seine Gebeine wie Eisenbarren.

19 Es ist ein Meisterstück der Schöpfungswerke Gottes. Hat ihm gar sein Schöpfer das Schwert abgefordert? 20 Denn das Wild der Berge vergißt seiner, und alle Tiere des Feldes spielen dort. 21 Unter Kreuzdorngebüsch lagert es, im Schutz von Schilfrohr und Sumpf. 22 Kreuzdorngebüsch deckt es schattend zu, die Pappeln am Flusse umgeben es. 23 Schwillt auch der Fluß, es regt sich nicht auf, bleibt ruhig, auch wenn ihm der Strom bis ins Maul steigt. 24 Kann man an seinen Augen es fassen, mit Fanggeräten die Nase durchbohren?

Das Krokodil

25 Kannst du das Krokodil am Angelhaken hochziehen, mit der Leine seine Zunge niederdrücken? 26 Kannst du ihm eine Binsenschnur an seine Schnauze legen und mit einem Haken ihm die Kinnlade durchbohren? 27 Wird es dich viel um Gnade bitten oder zarte Worte an dich richten? 28 Wird es wohl einen Vertrag mit dir schließen, daß du es dauernd zum Sklaven nimmst? 29 Darfst du mit ihm spielen wie mit einem Vöglein und es anseilen für deine Mägdlein? 30 Verschachern es die Jagdgenossen, verteilen sie es unter die Händler? 31 Kannst du seine Haut mit Spießen spicken und seinen Kopf mit einer Fischharpune? 32 Leg nur einmal die Hand daran, entschließe dich zum Kampf! – Du kommst nicht weit!

40,9–14: Spöttisch wird Job aufgefordert, selber eine göttliche Allmacht zu entfalten. • 19–20: Text sehr fraglich. Nach Vers 15 soll wohl besonders hervorgehoben werden, daß es trotz seiner Kraft kein Raubtier ist.

41

1 Wahrlich, eines solchen Hoffnung ist gar trügerisch, schon bei seinem Anblick wird er hingeschleudert! 2 Keiner ist so kühn, daß er es reizte, und wer ist es, der ihm trotzen könnte? 3 Wer begegnete ihm und blieb unversehrt? Unter dem ganzen Himmel gibt es den nicht! 4 Nicht will ich schweigen von seinen Körperteilen, von der Beschreibung der Kraft und seiner prächtigen Ausstattung. 5 Wer hat je die Oberseite seiner Umkleidung aufgedeckt, wer vermag in seinen Doppelpanzer einzudringen? 6 Wer öffnete die Tore seines Angesichts? Rings um seine Zähne lagert Schrecken. 7 Reihen von Schilden sind sein Rücken, ein jeder verschlossen mit einem Siegel aus Kieselstein. 8 Einer liegt dicht an dem andern, kein Lufthauch dringt zwischen ihnen hindurch. 9 Ein jeder fügt sich eng an den andern, sie halten zusammen und lösen sich nicht. 10 Sein Niesen läßt Licht aufleuchten, seine Augen gleichen den Wimpern der Morgenröte. 11 Aus seinem Rachen fahren brennende Fackeln, feurige Funken schießen hervor. 12 Rauch dampft aus seinen Nüstern wie aus einem kochenden, heißen Topf. 13 Sein Atem entflammt glühende Kohlen, und eine Flamme schlägt aus seinem Maul. 14 Stärke wohnt in seinem Nacken, und vor ihm her läuft Kraft. 15 Straff liegt seines Wanstes Fleisch, wie angegossen hart und unbeweglich. 16 Sein Herz ist fest wie Stein, fest wie ein unterer Mühlstein. 17 Erhebt es sich so erschrecken Starke, ziehen sich zurück vor Ängsten. 18 Stellt man ihm nach, hält das Schwert nicht stand, keine Lanze, keine Waffe, kein Pfeil. 19 Wie Stroh achtet es Eisen, Erz wie wurmstichiges Holz. 20 Kein Bogenschütze jagt es in die Flucht, zu Stoppeln wandeln sich ihm Schleudersteine. 21 Die Keule gilt ihm wie Stoppeln, es spottet über das Schwirren des Speeres. 22 An seiner Unterseite trägt es Scherbenspitzen, breitet ein Dreschbrett aus über dem Schlamm. 23 Die Wassertiefe bringt es zum Brodeln wie einen Kessel, macht das Meer zum Salbentopf. 24 Hinter sich her läßt es eine leuchtende Spur; man meint, die Flut sei Silberhaar. 25 Es gibt über dem Erdenstaub nicht seinesgleichen, geschaffen, um sich nie zu fürchten. 26 Sein Blick mißt sich mit jedem Hohen; König ist es über alle stolzen Tiere.«

41,2–3: Die Textüberlieferung hat schon sehr früh die Fragen in 2b und 3 auf Gott selbst bezogen: »mir trotzen könnte« usw. Weniger gut als direkte Rede des Krokodils aufzufassen. Das Krokodil wird in Vers 26 als König der Tiere bezeichnet. Die Beschreibung ist mit fabelhaften Zügen durchsetzt. • 10–13: Ein beliebtes Dichtermotiv, daß wilde Tiere Feueratem besitzen. Man mag an Wassergischt denken, der in der Sonne aufstrahlt. • 22: Gemeint sind die scharfen Höcker des Bauchpanzers, deren Abdruck an die Eisenzacken auf der Unterseite eines Dreschbrettes erinnert. • 23: Das Blasen treibende Wasser stinkt nach Moschusgeruch. • 24: Beim raschen Schwimmen des massigen Körpers entsteht eine weiß schäumende Kiellinie.

Job unterwirft sich

42

1 Da antwortete Job dem Herrn und sprach: 2 »Ich habe erkannt, daß du alles vermagst und daß kein Vorhaben dir unmöglich ist! 3 ›Wer ist es, der den Weltenplan verschleiert bar der Einsicht?‹ So habe ich also töricht Dinge vorgebracht, die allzu wunderbar für mich sind und die ich nicht begreife! 4 ›Hör zu, und ich will sprechen; ich frage dich, und kläre du mich auf!‹ 5 Nur nach dem Hörensagen hatte ich von dir gehört, nun aber hat mein Auge dich geschaut. 6 Deswegen widerrufe und bereue ich in Staub und Asche.«

42,2–6: Das unmittelbare Erlebnis (Vers 5) der Weisheit und Allmacht Gottes ist zwar keine verstandesmäßige Lösung für die

Lebensrätsel Jobs; aber er weiß nun, daß er überhaupt viel zu klein ist, um sie zu begreifen, und daß Gott schlechthin alles in Weisheit und Güte lenkt. So wird das theologische Problem des Buches Job, wie das Leiden eines Unschuldigen mit Gottes Gerechtigkeit zu vereinbaren sei, vom Verfasser nicht gelöst. Dennoch ist das Buch Job der großangelegte Versuch, die als unhaltbar erkannte traditionelle Lehre, jedes Leid sei durch Sünde verursacht, zu überwinden. Vers 3a und 4 wiederholt Job nachdenklich und reumütig scharfe und vorwurfsvolle Worte aus Gottes Mund. (Man soll diesen hohen dichterischen Kunstgriff nicht streichen!) – »In Staub und Asche« erinnert weniger an 2,8 als vielmehr an die armselige menschliche Wesenheit (30,19; 1 Mos 18,27). • 7–17: Schließt sich in Prosa an Kap. 1–2 an, nimmt aber Bezug auf die Streitreden und ist wohl vom gleichen Verfasser. Job wird wieder als ein frommer alter Patriarch geschildert. • 11: Kesita, eine alte Münze.

EPILOG

Schlußwort an Jobs Freunde

7 Als nun der Herr diese Worte zu Job geredet hatte,
sprach der Herr zu Eliphas, dem Temaniten: »Mein
Zorn ist entbrannt wider dich und deine beiden
Gefährten; denn ihr habt nicht Richtiges von mir
geredet wie mein Knecht Job. 8 Doch nun nehmt
sieben Jungstiere und sieben Widder, geht hin zu
meinem Knechte Job und bringt ein Brandopfer für
euch dar, und mein Knecht Job soll für euch Fürbitte
einlegen! Nur auf ihn will ich Rücksicht nehmen, so
daß ich euch nichts Schlimmeres zufüge. Ihr habt ja
nicht Richtiges von mir geredet wie mein Knecht
Job.« 9 Da gingen Eliphas, der Temanit, Bildad, der
Schuchit, und Zophar, der Naamatit, hin und taten,
wie der Herr ihnen geboten hatte, und der Herr
nahm Rücksicht auf Job.
10 Auch wendete der Herr das Geschick Jobs, da
er für seinen Nächsten Fürsprache einlegte, und
der Herr vermehrte alles, was Job besessen hatte,
auf das Doppelte. 11 Es kamen aber zu ihm all
seine Brüder und Schwestern und all seine frühe-
ren Bekannten und speisten mit ihm in seinem
Hause, bezeugten ihm ihre Teilnahme und trö-
steten ihn ob all des Unglücks, das der Herr über
ihn gebracht hatte, und jeder schenkte ihm eine
Kesita und einen goldenen Ring. 12 Der Herr aber
segnete die spätere Lebenszeit Jobs noch mehr als
seine frühere; sein Besitz war: vierzehntausend
Schafe, sechstausend Kamele, tausend Joch Rinder
und tausend Eselinnen. 13 Er bekam ferner sieben
Söhne und drei Töchter. 14 Die erste nannte er
»Täubchen«, die zweite »Zimtblüte« und die dritte
»Schminkhörnchen«. 15 Man fand im ganzen Land
keine schöneren Frauen als die Töchter Jobs, und
ihr Vater gab ihnen einen Erbanteil unter ihren
Brüdern. 16 Job lebte danach noch hundertvierzig
Jahre und sah seine Kinder und Enkel, vier Ge-
schlechter. 17 Dann starb Job hochbetagt und satt an
Lebenstagen.

DAS BUCH DER SPRÜCHE

Während das deutsche Wort in der Mehrzahl einen unangenehmen Beigeschmack hat und deshalb auch »Buch der Sprichwörter« übersetzt werden könnte, bedeutet der hebräische Ausdruck für »Spruch« auch noch »Gleichnis«, »Merkvers«, »kurzes Lied«. Bei allen Völkern, besonders aber bei den orientalischen, sind Sprichwörter sehr beliebt und bilden eine Richtschnur des Handelns. Daher wird das Spruchbuch nicht nur zu den poetischen Büchern, sondern auch zu den sog. »Lehrschriften« gerechnet. Ihr Zweck ist ein erzieherischer, weshalb die Anrede »Mein Sohn« gern als Einleitung benützt wird. Ziel der Erziehung ist die »Weisheit«; ihr Gegenteil ist »Torheit«. Diese Begriffe haben aber weniger einen verstandesmäßigen als vielmehr einen moralischen Inhalt. »Weisheit« ist richtige, gute Charakterhaltung in jeder Lebenslage. Besonders oft wird Beherrschung der Zunge, Gerechtigkeit, Mildtätigkeit, gute Kindererziehung, Mäßigkeit und Keuschheit empfohlen.

Wenn auch, der Natur einer Spruchsammlung entsprechend, die meisten Lehrsätze sich auf das natürliche bürgerliche Leben des Alltags beziehen, gehört doch eine durchaus religiöse Grundhaltung zum Wesen der Weisheit, und wenigstens ein Siebtel aller Sprüche hat religiösen Inhalt. Als erster Grundsatz gilt, daß der »Anfang der Weisheit die Gottesfurcht« ist (1,7; 9,10). Um sich an einzelnen volkstümlichen Sprüchen nicht zu stoßen, muß man bedenken, daß Sprichwörter in ihrer Kürze oft einseitig sind und verallgemeinern. Um die Jugend und einfache Leute zu beeindrucken, darf das Sprichwort endlich den irdischen Nutzen der Tugend betonen. Der Gedanke an Lohn und Strafe spielt eine große Rolle; beides aber kommt vom gerechten Gott. Das Alter der Sprüche ist sehr verschieden und läßt sich im einzelnen nicht feststellen. Die Hauptmasse bilden zwei Sammlungen »salomonischer« Sprüche (10,1–22,17 und 25,1–29,27). Daß Salomo (ca. 972–932) sich mit Spruchweisheit viel beschäftigt hat, berichtet auch 1 Kön 5,12f. Dabei mögen viele Sprüche nur mündlich weitergegeben und mag ihre Zahl dauernd vermehrt worden sein. Die zweite Hauptsammlung wurde von »Männern des Hiskia« (25,1) zusammengetragen (ca. 700 v. Ch.). Aus welcher Zeit die *Anhänge* an beide Sammlungen stammen, ist nicht feststellbar. Ihr Inhalt läßt eher an spätere Zeit denken. Die Hauptblüte des Weisheits-Schrifttums war die Epoche nach der Babylonischen Gefangenschaft und reicht herab bis in die letzte Zeit vor Christus (vgl. Sirach aus dem 2. Jahrhundert). Der späteste Teil ist die lange *Einleitung* Kap. 1–9, wo wir fast keine Einzelsprichwörter vor uns haben, sondern mehr zusammenhängende Mahnungen, die Weisheit anzunehmen. Es spricht der Weisheitslehrer oder sogar die personifizierte Weisheit selbst. Ebenso jung ist der *Schluß,* das Hohelied auf die tüchtige Hausfrau (31,10–31). Abgeschlossen wurde unser heutiges Gesamtbuch spätestens vor Sirach und vor der Übersetzung des AT ins Griechische (Septuaginta), so daß für die Zusammensetzung der Sammlung ein Zeitraum von ca. 500–200 v. Chr. offenbleibt, während die Sprichwörter selbst mehr oder weniger bis Salomo, ja noch weiter zurückreichen können. Unbestimmt ist auch, wann und wie der mehrmals deutlich wahrnehmbare Zusammenhang mit der allgemeinen altorientalischen Spruchliteratur, besonders der ägyptischen, zustande kam (vgl. 22,17).

Bei Juden und Christen wurde das Spruchbuch stets zur Hl. Schrift gerechnet. Im NT wird es sehr oft wörtlich oder dem Sinne nach angeführt. Mancher Spruch wurde auch deutsches Sprichwort z. B. 16,18; 24,16; 25,21f.; 26,27), und bis zum heutigen Tag hat das Buch seinen erzieherischen Lebenswert behalten. Selbst die »höhere Vollkommenheit« des Christentums darf die natürlichen sittlichen Grundtugenden des »Weisen« nicht vergessen.

Sprüche Salomos, des Sohnes Davids, des
Königs über Israel, 2 um zu erkennen Weis-
heit und Zucht, um zu verstehen verständige
Reden, 3 um zu erlangen Selbstzucht und Einsicht,
Gerechtigkeit, Urteil und redlichen Sinn, 4 den
Unerfahrenen Klugheit zu geben, der Jugend Er-
kenntnis und Überlegung. 5 Hört sie der Weise,
so wächst er an Bildung, und der Verständige hat

feste Führung, 6 um zu verstehen Sinnspruch und
Gleichnis, Worte der Weisen mitsamt ihren Rät-
seln. 7 Furcht des Herrn ist der Anfang des Wissens,
nur Toren verachten die Weisheit und Zucht.

Höre auf die Eltern!

8 Mein Sohn, o höre auf die Mahnung deines Vaters
und lehne nicht die Unterweisung deiner Mutter
ab! 9 Sie sind ein goldener Kranz auf deinem Haupt
und wie ein Perlenschmuck um deinen Hals.

Meide schlechte Kameraden!

10 Mein Sohn, wenn Sünder dich verlocken, folge
nicht! 11 Und wenn sie sagen: »Geh mit uns, wir
planen Mord und lauern ohne Grund auf den, der
schuldlos ist. 12 Wir wollen wie die Unterwelt
lebendig sie verschlingen, ja ganz und gar wie
solche, die ins Grab versinken. 13 Wir werden
manch kostbares Gut gewinnen, mit Beute unsre
Häuser füllen. 14 In unserem Kreise wirf dein Los,
ein Beutel sei gemeinsam für uns alle!« 15 Mein
Sohn, mit ihnen ziehe nicht des Weges, halt
fern von ihrem Pfade deinen Fuß! 16 Denn ihre
Füße rennen nach dem Bösen, zum Blutvergie-
ßen eilen sie voran! 17 Gewiß schwingt man das
Netz vergebens vor den Augen aller Vögel aus;
18 sie aber lauern auf ihr eigen Blut und trachten
selbst sich nach dem Leben. 19 So enden alle, die Ge-
winn erstreben, das Leben nimmt er den Besitzern
weg.

Die Weisheit mahnt

20 Die Weisheit predigt auf den Straßen, auf Plätzen
läßt sie ihre Stimme hören. 21 Sie ruft am Ausgangs-
ort der Mauern, beim Durchlaß in den Toren redet
sie: 22 »Wie lange noch, ihr Betörten, liebt ihr die
Betörung, gefällt den frechen Schwätzern ihr Ge-
schwätz und hassen Unverständige Erkenntnis?
23 Bekehrt ihr euch zu meiner Mahnung, seht, mei-
nen Geist gieß' ich auf euch, und meine Worte gebe
ich euch kund.

Umsonst!

24 Weil ich zwar rief, doch ihr nicht wolltet und
niemand achtgab, als ich winkte, 25 weil all meinen
Rat ihr abgelehnt und meine Mahnung nicht
genehm euch war, 26 so will auch ich bei eurem
Unglück lachen, will spotten, wenn euch Schrecken
überfällt, 27 wenn wie ein Ungewitter euch der
Schrecken naht, und wie ein Sturmwind euer
Unglück kommt, wenn über euch Not und Be-
drängnis stürzt. 28 Dann werden sie mich rufen, und
ich schweige, sie werden dann mich suchen und
nicht finden. 29 Zur Strafe, daß sie die Erkenntnis
haßten, die Furcht des Herrn für sich nicht er-
wählten, 30 daß meinen Rat sie nicht befolgen
wollten, all meine strenge Mahnung nur ver-
schmähten, 31 sollen sie die Früchte ihres Tuns ge-
nießen und sich an ihren bösen Plänen sättigen!
32 Denn der Betörten Abkehr ist ihr Tod, der Leicht-
sinn dieser Toren ihr Verderben. 33 Doch wer auf
mich hört, kann in Ruhe wohnen und unbesorgt
sein vor des Unheils Schrecken.«

1,1: Bezieht sich auf das Gesamtbuch, dessen Hauptteil die zwei salomonischen Sammlungen sind. »Sprüche« sind der poetische Niederschlag des Unterrichts der Weisen. Sie umfassen sämtliche Lebensgebiete, auf denen diese ihre Mitmenschen aufzuklären suchten. Kap. 1–9 ist nachexilisch. Vers 1–7 gibt den Zweck des Buches an: Erziehung zur Weisheit. • 7: »Anfang« bedeutet Wesen, Kern der Weisheit. • 20–32: Die Weisheit wird dichterisch als Person dargestellt wie 8,1; 9,1. • 21: Redner treten in den Toren und anschließenden Plätzen auf.

Fünffacher Segen der Weisheit

2 1 Mein Sohn, wenn du folgst meinen Reden,
bei dir meine Satzungen aufnimmst, 2 indem
du der Weisheit Gehör schenkst, dein Herz
für Verständnis bereit hältst, 3 ja, nur wenn du
schreist nach der Klugheit, zur Einsicht erhebst
deine Stimme, 4 und wenn du wie Silber sie auf-
suchst, wie heimlichen Schätzen ihr nachspürst,
5 dann wirst du verstehen die Furcht des Herrn,
kannst finden die Gotteserkenntnis. 6 Der Herr ist
ja Spender der Weisheit, sein Mund verleiht
Wissen und Einsicht. 7 Er hält für die Redlichen
Hilfe bereit, ein Schild ist er allen, die rechtschaffen
wandeln. 8 Er hütet die Pfade des Rechtes, den
Weg seiner Frommen bewacht er. 9 Gerechtigkeit
wirst du verstehen und Recht, Geradheit und jeg-
liche richtige Bahn. 10 Denn Weisheit kehrt ein
in dein Herz, Erkenntnis beglückt deine Seele. 11 Be-
sonnenheit wacht über dir, und Klugheit behält
dich in Obhut.

12 Sie wird dich bewahren vor unrechtem Weg,
vor Menschen, die Falschheit nur reden, 13 die ver-
lassen den Pfad der Geradheit, um finstere Wege zu
wandeln, 14 die Freude empfinden an boshaftem
Tun und jubeln ob aller Verderbtheit des Schlech-
ten. 15 Die Pfade, auf denen sie schreiten, sind
krumm; sie irren dahin auf verkehrten Geleisen. –
16 Sie wird vor des anderen Frau dich bewahren, vor
der Fremden mit ihren verführenden Reden, 17 die
verläßt den Freund ihrer Jugendzeit und vergißt den
Bund ihres Gottes. 18 Ihr Haus sinkt hinab bis zum
Tode, zum Totenreich führen ihre Bahnen. 19 Wer
einkehrt bei ihr, kehrt nie wieder, noch erreicht er
die Pfade des Lebens. 20 Darum geh auf dem Wege
der Guten, halt ein die Pfade der Frommen! 21 Denn
im Land darf nur wohnen, wer rechtschaffen ist, in
ihm bleibt erhalten, wer unsträflich lebt. 22 Doch

Gottlose werden getilgt aus dem Land und Treulose weggerissen aus ihm.

2,5–8: Hier wird besonders klar, daß es sich nicht um rein menschliche Klugheit handelt. • 16: = 7,5. Warnung vor Ehebruch auch Kap. 5–7. • 17: Obwohl es im AT keine religiösen Trauungsriten gab, stand doch die Ehe unter dem Schutz des Bundesgottes, vgl. Sir 23,23; Jer 3,1–13.

Schätze die Weisheit!

3 1 Mein Sohn, vergiß nicht mein Gesetz, dein Herz bewahre mein Gebot! 2 Denn viele Tage, Lebensjahre und Wohlergehen bringt es dir. 3 Nie sollen dich Lieb und Treu verlassen, du sollst um deinen Hals sie binden, auf deines Herzens Tafel schreiben! 4 Dann wirst du Gunst und Achtung finden im Urteil Gottes und der Menschen. 5 Vertrau auf Gott aus ganzem Herzen, und baue nicht auf eigne Klugheit! 6 Erkenne ihn auf allen deinen Wegen, so wird er deine Pfade ebnen! 7 Halte dich nicht selbst für weise, fürchte Gott und meide Unrecht! 8 Heilung ist das deinem Leibe und Erquickung deinem Körper. 9 Ehre Gott mit deiner Habe, mit Erstlingsopfern deiner ganzen Ernte! 10 So füllen deine Speicher sich mit Korn, und deine Kufen triefen, voll von Most. 11 Die Zucht des Herrn, mein Sohn, verachte nicht, sei nicht verstimmt ob seiner Züchtigung! 12 Denn wen der Herr in Liebe hegt, den züchtigt er, und wie ein Vater seinem Sohn, so ist er wohlgesinnt.

Wert der Weisheit

13 Selig sei gepriesen, wer die Weisheit fand, und jeder Mensch, dem Einsicht ward zuteil! 14 Denn ihr Erwerb nützt mehr als der von Silber, und über edles Gold geht ihr Gewinn. 15 Sie steht an Wert noch höher als Korallen, kein Kleinod gibt es, das ihr gleichen kann. 16 In ihrer Rechten trägt sie langes Leben, in ihrer Linken Reichtum, Glanz und Ehre. 17 Die Wege, die sie führt, sind Freudenwege, und all ihre Pfade Wohlergehen. 18 Ein Lebensbaum ist sie für den, der sie ergreift, und wer an ihr sich festhält, ist beglückt. 19 In Weisheit gründete der Herr die Erde, in Einsicht machte er den Himmel fest. 20 Durch seine Klugheit quillt aus Tiefen Wasser und lassen Wolken Tau herniederträufeln.

Weiterer Segensspruch

21 Mein Sohn, laß nie sie aus den Augen schwinden, bewahre Umsicht und Besonnenheit! 22 Sie werden Leben sein für deine Seele und deinem Halse eine holde Zier. 23 Dann kannst du deinen Weg in Ruhe schreiten, und keinen Anstoß wird dein Fuß erleiden. 24 Wenn du dich niederlegst, so brauchst du nicht zu bangen, und wenn du schlafend ruhst, ist süß dein Schlummer. 25 Hab keine Angst vor plötzlichem Erschrecken noch vor der Frevler Unheil, wenn es naht! 26 Denn deine Zuversicht ist ja der Herr, und er bewahrt vor Schlingen deinen Fuß.

Nächstenliebe gegenüber allen Menschen

27 Versage keinem, der sie braucht, die Wohltat, wenn es in deiner Hand liegt, sie zu spenden! 28 Sprich nicht zu deinem Nächsten: »Geh und komme wieder, und morgen geb' ich«, wenn du (heute) könntest! 29 Kein Unheil plane wider deinen Nächsten, wenn er in Zuversicht bei dir verweilt! 30 Mit keinem Menschen streite ohne Grund, wenn er nichts Böses dir hat angetan! 31 Beneide den nicht, der Gewalttat liebt, und wähle keinen seiner Wege aus! 32 Denn Böse sind ein Greuel für den Herrn, doch mit den Guten pflegt er traute Freundschaft. 33 Der Fluch des Herrn ruht auf des Frevlers Haus, und der Gerechten Wohnstatt segnet er. 34 Mit frechen Spöttern treibt er selber Spott, jedoch den Demutsvollen schenkt er Huld. 35 Die Weisen werden Ehre erben, die Toren aber höchste Schande.

3,18: Der paradiesische Lebensbaum ist hier und 11,30; 13,12; 15,4 Sinnbild der lebenspendenden Weisheit. • 22: »Seele« bedeutet im AT die ganze lebendige Persönlichkeit, das Ich.

Nehmt Weisheit an!

4 1 Höret, Söhne, auf die Zucht des Vaters, und merket auf, um Einsicht zu erlernen! 2 Denn gute Lehre hab' ich euch zu geben, verschmähet meine Unterweisung nicht! 3 Auch ich war einst ein Sohn für meinen Vater, ein zart und einzig Kind bei meiner Mutter. 4 Da hat er mich belehrt und sprach zu mir: »Dein Herz soll sich an meine Worte klammern, 5 befolge meine Weisungen, vergiß sie nicht, und von den Reden meines Mundes weich nicht ab!« 6 Laß nicht von ihr, so wird sie dich bewahren, und liebe sie, so wird sie dich beschützen! 7 Der Weisheit Anfang ist: Erwirb dir Weisheit; mit allem, was dein eigen ist, erwirb dir Einsicht! 8 Schätz hoch sie ein, so wird sie dich erhöhen, wird dich zu Ehren bringen, wenn du sie umfängst. 9 Sie legt aufs Haupt dir einen schmucken Kranz und schenkt dir eine Krone voller Pracht.

Gute und böse Wege

10 Hör zu, mein Sohn, und nimm mein Reden an, so werden zahlreich deine Lebensjahre sein! 11 In Weisheitspfade führe ich dich ein und will dich leiten auf gerader Bahn. 12 Gehst du auf ihr, ist unbeengt dein Schritt, und wenn du läufst, so wirst du doch nicht straucheln. 13 Halt fest an Zucht und laß von ihr nicht ab, bewahre sie, denn Leben ist sie dir! 14 Auf Frevlerpfade lasse dich nicht ein, und auf

dem Weg der Bösen wandle nicht! 15 Vermeide ihn
und schreite nicht hinüber, lenk von ihm ab und geh
daran vorbei! 16 Sie ruhen nicht, eh' Böses sie voll-
bracht; sie finden keinen Schlaf, bevor sie andere
gestürzt. 17 Denn Brot des Frevels bildet ihre Speise
und der Gewalttat Wein, das ist ihr Trank. 18 Doch
der Gerechten Pfad ist wie der Morgenschein, der
immer lichter wird bis zu dem vollen Tag. 19 Der
Weg des Frevlers aber ist wie finstre Nacht, sie
wissen nicht, woran sie straucheln werden.

Beherrschung aller Sinne

20 Mein Sohn, o merke doch auf meine Worte, zu
meinen Reden neige hin dein Ohr! 21 Sie mögen nie
aus deinen Augen schwinden, bewahre sie inmitten
deines Herzens! 22 Denn Leben sind sie jedem, der
sie findet, und bringen Heilung seinem ganzen Leib.
23 Behüte nichts so sorgsam wie dein Herz, denn
Leben quillt aus ihm hervor! 24 Des Mundes Falsch-
heit weise ab von dir, und lügenhafte Lippen halt dir
fern! 25 Geradeaus laß deine Augen schauen und
deine Wimpern offen vorwärtsblicken! 26 Auf ebne
Bahnen setze deinen Fuß, und alle deine Wege seien
fest bestimmt! 27 Nicht bieg nach rechts ab oder
links, halt deinen Fuß vom Bösen fern!

Eheliche Treue

5 1 Mein Sohn, ach merke doch auf meine Weis-
heit, zu meiner Einsicht neige her dein Ohr,
2 auf daß du kluge Überlegung wahrest, und
deine Lippen auf Erkenntnis achten. 3 Von Honig
trieft die Lippe einer fremden Frau, und glatter ist
ihr Gaumen als das Öl. 4 Zuletzt jedoch ist sie wie
Wermut bitter und scharf gleichwie ein doppel-
schneidig Schwert. 5 Hinab zum Tode steigen ihre
Füße, zur Unterwelt gelangen ihre Schritte. 6 An-
statt den Pfad des Lebens sich zu ebnen, sind
schwankend ihre Bahnen, und sie weiß es nicht.
7 Nun denn, ihr Söhne, hört auf mich und weicht
nicht ab von meines Mundes Reden! 8 Halt fern von
ihresgleichen deinen Weg, und nahe nicht der Türe
ihres Hauses, 9 daß du nicht andern deine Stärke
opferst und deine Jahre einem Leuteschinder; 10 daß
Fremde nicht genießen deine Arbeitskraft und
deine Müh' im Hause eines Fremden. 11 Dann
müßtest du am Ende schließlich stöhnen, wenn dir
dein Fleisch und Leib dahingeschwunden, 12 und
sprechen: »Ach, warum nur haßte ich die Zucht
und hat mein Herz die Mahnungen verschmäht,
13 und warum hab' ich nicht gehorcht der Stimme
meiner Lehrer und den Erziehern nicht mein Ohr
geneigt? 14 Fast wäre es mir gänzlich schlecht
ergangen in öffentlicher Volksversammlung und
Gemeinde.« 15 Trink Wasser nur aus eigener
Zisterne und was aus deinem eignen Brunnen
quillt! 16 Sollen denn nach außen deine Quellen sich
ergießen, auf freie Plätze deine Wasserbäche? 17 Sie
sollen dir allein zu eigen sein und nicht Fremden
neben dir! 18 Gesegnet sei dein Born, ja freue dich
der Frau aus deiner Jugendzeit! 19 Lieblich wie ein
Reh und zart wie eine Gazelle! Es soll dich ihre
Liebe allezeit erquicken und ihre Minne immerdar
berauschen! 20 Was sollst du dich, mein Sohn, be-
rauschen an der Fremden, warum den Busen einer
anderen umarmen? 21 Liegt doch vor Gottes Augen
eines jeden Weg, und alle seine Lebensbahnen
ebnet er. 22 Die eigenen Vergehen fangen jenen; er
ist gefesselt mit den Stricken seiner Sünde. 23 Ein
solcher stirbt, weil es an Zucht ihm mangelt, und ob
der Menge seiner Torheit taumelt er.

5,3: Über Ehebruch vgl. 2,16f. Nach der Babylonischen Gefangenschaft setzte sich die Einehe, das Ideal seit je (1 Mos 2,21ff.), immer mehr durch. Wenn in älterer Zeit und besonders am Königshof Nebenfrauen nach allgemein orientalischer Sitte zugelassen waren, so galt Ehebruch doch stets als schwere Sünde. • 9f: Der Mann der »Fremden« hält sich am Ehebrecher schadlos. Auch die eigene Liederlichkeit macht ihn arm und zum Sklaven. • 15: Bildhafte Mahnung, sich mit der eigenen Gattin zu begnügen. • 16: Die Leben schaffende Zusammengehörigkeit der Familie soll gewahrt bleiben. • 19: Vergleiche ähnlich wie im Hohenlied. Daß die rein äußerlichen Reize nicht das Wesentliche sind, kommt an anderen Stellen reichlich zum Ausdruck, vgl. 31,30.

Warnung vor Bürgschaft

6 1 Mein Sohn, bist du für deinen Nächsten
Bürge, gabst du den Handschlag einem frem-
den Mann, 2 bist du gebunden durch die
Worte deines Mundes, gefangen durch die Worte
deines Mundes, 3 so tu dies eine nur, mein Sohn:
Befreie dich, weil du in deines Nächsten Hand
gefallen bist! Geh hin, beeile dich, bestürme deinen
Nächsten! 4 Gönn deinen Augen keinen Schlaf und
keinen Schlummer deinen Augenwimpern! 5 Reiß
wie ein Reh dich los aus seiner Hand und wie ein
Vogel aus der Hand des Jägers!

Warnung vor Müßiggang

6 Geh hin, du Fauler, zu der Ameise; schau ihr Ver-
halten, daß du weise wirst! 7 Obwohl sie keine
Obrigkeit besitzt und keinen Ordner, keinen Herr-
scher, 8 sucht sie im Sommer schon sich ihre
Nahrung, ihr Futter sammelt sie zur Erntezeit.
9 Wie lange noch, du Fauler, bleibst du liegen, wann
willst du dich erheben aus dem Schlaf? 10 (Du
sagst): »Nur noch ein bißchen Schlaf, ein bißchen
Schlummer, ein bißchen Hände-Ineinanderlegen,
um zu ruhen!« 11 Und schon kommt über dich die
Armut wie ein Strolch und deine Not gleich wie ein
frecher Bettler.

Warnung vor Betrug

12 Ein Tunichtgut, ein Taugenichts, wer sich ergeht in Falschheit seines Mundes, 13 wer blinzelt mit den Augen, deutet mit den Füßen und heimlich Zeichen gibt mit seinen Fingern, 14 im Herzen Tücke trägt, beständig Böses plant und Streitigkeiten rings verbreitet. 15 Darum kommt plötzlich sein Verhängnis; er wird zerschmettert jäh und rettungslos.

Zahlenspruch über Gewaltmenschen

16 Sechs Dinge sind dem Herrn verhaßt, und sieben sind für ihn ein Greuel: 17 die stolzen Augen, eine falsche Zunge und Hände, die unschuldig Blut vergießen, 18 ein Herz, das frevelhafte Ränke plant, und Füße, die zum Bösen eilig rennen, 19 wer Lügen spricht als falscher Zeuge und Zwietracht ausstreut zwischen Brüdern.

Warnung vor Ehebruch – Schande und Schmach für Ehebrecher

20 Mein Sohn, beachte deines Vaters Weisung, verwirf die Lehre deiner Mutter nicht! 21 Binde sie für immer auf dein Herz und knüpfe sie um deinen Hals! 22 Sie leite dich bei deinem Gehen, bewache dich bei deinem Schlafen und spreche mit dir beim Erwachen! 23 Denn eine Leuchte ist die Weisung, und die Lehre ist ein Licht, ein Weg zum Leben strenge Zucht, 24 dich zu bewahren vor des Nächsten Frau und vor der glatten Zunge einer Fremden. 25 Dein Herz begehre nicht nach ihrer Schönheit, noch soll sie dich mit ihren Blicken fangen! 26 Denn für eine Buhlerin zahlt man das letzte Brot, und eines Mannes Frau macht Jagd aufs teure Leben. 27 Kann man im Mantel Feuer tragen, ohne sich die Kleider zu versengen? 28 Oder kann man schreiten über Kohlenglut, ohne sich die Füße zu verbrennen? 29 So auch, wer sich der Frau seines Nächsten naht: Wer immer sie berührt, er bleibt nicht unbestraft.

30 Ein Dieb wird nicht verachtet, wenn er stiehlt, um seine Gier zu stillen, weil ihn hungert; 31 jedoch ertappt, muß er es siebenfach ersetzen, die ganze Habe seines Hauses muß er opfern. 32 Wer sich mit einer Frau vergeht, ist einsichtslos; nur wer sich selbst verderben will, wird solches tun. 33 Bestrafung wird er ernten und auch Schande, und seine Schmach wird nimmer ausgetilgt. 34 Denn eifersüchtig glüht der Zorn des Mannes, am Tag der Rache kennt er keine Schonung. 35 Kein Sühnegeld wird er entgegennehmen und gibt nicht nach, so hoch du ihn entschädigst.

6,1–19: Umfaßt vier Mahnsprüche, die nicht zum übrigen Inhalt von Kap. 1–9 passen. Sie unterbrechen auch das Thema vom Ehebruch. • 1: Warnung vor unkluger Bürgschaft auch 11,15; 17,18; 20,16; 22,26; Sir 29,16–20; also sicher sehr zeitgemäß. • 11: 24,33f. Der Faule wird rasch verarmen. • 15: Wie üblich, steht am Schluß ein Drohwort über den Heimtückischen. • 16: Zahlenspruch als dichterische Form, vgl. 30,15. • 20–23: Wieder eine feierliche Einladung. Dann wird das Thema von Kap. 5 fortgesetzt. • 30f: Wohl nicht als Fragesatz zu fassen. Schon kleine Diebstähle aus Hunger werden bestraft, um wieviel mehr Ehebruch! • 31: »7« ist runde Zahl für »viel«.

Die Verführerin und der Tor

7 1 Beachte, mein Sohn, meine Reden, und meine Gebote verwahre bei dir! 2 Ja, meine Gebote beachte – dann lebst du – und wie deinen Augapfel meine Belehrung! 3 Hefte sie immerdar an deine Finger, schreibe sie dir auf die Tafel des Herzens! 4 Sprich zu der Weisheit: »Du bist meine Schwester«, und »meine Vertraute« nenne die Einsicht, 5 um dich vor des anderen Frau zu bewahren, vor der Fremden mit ihren verführenden Reden.

6 Denn durch meines Hauses Fenster hinaus und durch meine Gitter spähte ich vor. 7 Da schaute ich unter den Haltlosen (einen), sah unter den Söhnen den törichten Jungmann. 8 Er ging auf der Straße, nicht fern ihrer Ecke, und schritt auf dem Wege entlang ihrem Haus, 9 im Zwielicht am Abend, zu Ende des Tages, zur Stunde der Nacht und des Dunkels. 10 Und sieh da, eine Frau, ihm nur knapp gegenüber, gekleidet als Buhlerin, Arglist im Herzen. 11 Voll Leidenschaft war sie und ohne Beherrschung, nicht wollten daheim ihre Füße verweilen; 12 und bald auf der Straße und bald auf den Plätzen, an sämtlichen Ecken lauerte sie. 13 Schon hielt sie ihn fest und hat ihn geküßt, mit frechem Gesichte nun sprach sie zu ihm: 14 »Ein Friedopfer hatte ich noch zu entrichten, heut habe ich mein Gelübde erfüllt. 15 Darum ging ich aus, nur um dir zu begegnen; ich wollte dich suchen und finde dich jetzt. 16 Ich habe mit Decken mein Lager bereitet, mit Tüchern, gemacht aus ägyptischem Leinen. 17 Ich habe mein Bett auch mit Duftöl besprengt, mit köstlicher Myrrhe, mit Aloë und Zimt. 18 Komm mit, wir genießen bis zum Morgen die Liebe, wir wollen schwelgen in Liebeslust! 19 Denn abwesend ist vom Hause mein Mann, ist weit in die Ferne auf Reisen gezogen. 20 Die Geldbörse selbst hat er mit sich genommen, wenn Vollmond wird, kommt er erst wieder zurück.« 21 Sie machte ihn mürbe durch vieles Bereden, verführte ihn mit ihren schmeichelnden Lippen. 22 So geht er nun hinter ihr her, der Betörte, genau wie ein Stier, der zur Schlachtbank herankommt, und gleich wie ein Hirsch, der da springt in die Schlinge, 23 bis daß ihm ein Pfeil seine Leber durchbohrt; und

so wie ein Vogel, der schnell in ein Netz fliegt und gar nicht bemerkt, daß sein Leben Gefahr läuft. 24 Wohlan denn, ihr Söhne, hört auf mich, und merkt auf das, was mein Mund zu euch spricht! 25 Nicht möge dein Herz ihren Wegen verfallen, geh nicht in die Irre entlang ihren Pfaden! 26 Denn viel sind der Toten, die sie gestürzt hat, und zahlreich all jene, die sie gemordet. 27 Nur Wege zur Unterwelt bietet ihr Haus; sie führen hinab zu den Kammern des Todes.

7,6: In anschaulicher Darstellung wird die Verführung ausgemalt. • 14: An das Friedopfer schloß sich ein Opfermahl an (3 Mos 7,16f). • 26f: Auch die früheren Warnungen vor Unzucht (2,16–19; 5,3–23; 6,24–35) weisen auf das verheerende Ende hin.

An euch ergeht mein Ruf

8 1 Läßt nicht die Weisheit ihren Ruf erschallen, läßt nicht die Einsicht ihre Stimme hören? 2 Am Aufstieg zu den Höhen, an der Straße, an der Kreuzung der Wege tritt sie auf. 3 Auch bei den Toren, wo die Stadt beginnt, am Eingang durch die Pforten ruft sie laut: 4 »An euch ergeht, ihr Leute hier, mein Ruf, und meine Stimme an die Menschenkinder. 5 Begreift die Klugheit, all ihr Einsichtslosen, ihr Toren, richtet euer Herz zurecht! 6 Hört zu, denn nur, was recht ist, will ich künden und meine Lippen öffnen für das Redliche. 7 Denn reine Wahrheit spricht mein Mund, und Schlechtes ist ein Greuel meinen Lippen. 8 Gerecht sind alle Reden meines Mundes, enthalten keine Falschheit und Verkehrtheit. 9 Sie alle sind dem Einsichtsvollen faßbar und klar für jene, die Erkenntnis suchen. 10 Nehmt Zucht noch lieber an als Silber, Erkenntnis lieber als das reinste Gold; 11 denn besser ist die Weisheit als Korallen, kein Kleinod gibt es, das ihr gleichen könnte.

Bei mir ist Rat

12 Ich, die Weisheit, weile bei der Klugheit, und Erkenntnis kluger Pläne finde ich. 13 Furcht des Herrn bedeutet Haß des Bösen; Hoffart, Hochmut, bösen Lebenswandel und verkehrte Reden hasse ich. 14 Bei mir ist Rat und viel Erfolg, ich bin die Einsicht, mein ist Kraft. 15 Durch mich regieren Könige, entscheiden Mächtige nach Recht. 16 Durch mich befehlen Vorgesetzte und richten Fürsten nach Gerechtigkeit. 17 Ich liebe alle, die mich lieben, und die mich suchen, finden mich. 18 Bei mir ist Reichtum und auch Ehre, erhabene Würde und gerechter Lohn. 19 Mein Nutzen übertrifft das feinste Gold und mein Ertrag das auserlesene Silber. 20 Ich wandle auf dem Wege der Gerechtigkeit und mitten auf des Rechtes Pfaden. 21 Ich spende meinen Freunden reiche Gaben und fülle ihre Speicher an mit Schätzen.

Die ewige Weisheit des Schöpfers

22 Mich schuf der Herr als Erstling seines Wirkens vor seinen Werken in der grauen Urzeit. 23 In fernster Zeit bin ich gebildet worden, im Anfang vor dem Anbeginn der Erde. 24 Als noch kein Weltmeer war, bin ich geboren; als es nicht Quellen gab, an Wassern reich. 25 Bevor die Berge tief verankert wurden, und vor den Hügeln ward ich schon geboren. 26 Als er noch nicht gemacht die Erde und die Fluren, noch insgesamt die Schollen auf dem Festland, 27 als er den Himmel schuf, war ich zugegen, als er die Wölbung abmaß über Wassertiefen. 28 Als er befestigte die Wolken oben, als er erstarken ließ die Quellen aus der Tiefe, 29 als er dem Meere seine Grenze setzte, die Wasser sein Gebot nicht überschritten, als er der Erde Fundamente legte, 30 da stand ich als Beraterin an seiner Seite. Und ich war seine Wonne Tag für Tag, indem ich vor ihm spielte allezeit; 31 ich spielte auf dem Umkreis seiner Erde, und meine Wonne sind die Menschenkinder.

Weisheit verbindet Gott und Menschen

32 Nun denn, ihr Söhne, hört auf mich, und selig, wer auf meine Wege achtet! 33 Vernehmt die Zucht, damit ihr weise werdet, und lehnet meine Mahnung nimmer ab! 34 Ja, selig jeder Mensch, der hört auf mich, um Tag für Tag vor meiner Tür zu wachen und um zu hüten meiner Tore Pfosten! 35 Denn wer mich findet, findet Leben und erntet Wohlgefallen von dem Herrn. 36 Wer aber mich verfehlt, betrügt sich selbst; ein jeder, der mich haßt, der liebt den Tod.«

8,12: Von hier bis zum Schluß des Kapitels werden die Lesungen an Marienfesten genommen. Das heilige Spiel der liturgischen Übertragung und Anwendung der Texte legt die Selbstempfehlung der Weisheit Maria in den Mund; vgl. besonders Vers 19 »meine Frucht« und Vers 22ff vom ewigen Schöpfungsplan. • 22: Die göttliche Schöpferweisheit wird sehr stark personifiziert, eine beliebte dichterische Form der damaligen Zeit, die mehr oder weniger auch in Job 28, Bar 3, Sir 24, Weish 6–10 gebraucht wird. Dadurch wird die lebendige Wirkkraft der göttlichen Eigenschaften deutlich gemacht. Von »Hypostasen« im christlichen Sinne oder von wirklich als selbständig und von Gott irgendwie unterschiedlich vorgestellten Wesen ist keine Rede. Es bleibt die Weisheit Gottes. • 27: Die »Wölbung« ist das Firmament. Nach dem Weltbild der Alten ruht die Erdscheibe auf dem Weltozean, in den auch die Wurzeln der Berge hinunterreichen. Die Quellen brechen aus ihm hervor. • 30f: Ein kühnes dichterisches Bild, daß die personifizierte Weisheit bei der Erschaffung der Welt vor Gott spielte und ihm Wonne bereitete. Aber ist es nicht auch theologisch richtig, daß die ganze Schöpfung, von Gott her betrachtet, ein freies, frohes Spiel seiner allmächtigen Weisheit und Güte ist? Vgl. Ps 104,31. • 31: Die göttliche Weisheit will auch unter den Menschen wirksam sein, Bar 3,38.

Weisheit ladet zum Festmahl

9 1 Die Weisheit hat ihr Haus gebaut, hat ihre sieben Säulen aufgestellt, 2 ihr Vieh geschlachtet, ihren Wein gemischt, auch hat sie ihre Tafel schon gedeckt. 3 Sie sandte ihre Mägde aus

und ruft am Vorsprung bei der hohen Burg der
Stadt: 4 »Wer ungelehrt ist, biege hierher ein, und
wem die Einsicht fehlt, dem will ich künden:
5 Kommt her, genießt von meinem Brot, und trinkt
vom Wein, den ich gemischt! 6 Gebt Torheit auf,
damit ihr lebt, und schreitet auf der Einsicht Pfad!«

Sprichwörter

7 Wer den Frevler zurechtweist, erwirbt sich
Schande, wer den Gottlosen tadelt, eigene
Schmach. 8 Tadle nicht den Frevler, damit er dich
nicht hasse; tadle den Weisen, so wird er dich
lieben! 9 Unterrichte den Weisen, so wird er noch
weiser; belehre den Gerechten, so wächst er an
Bildung! 10 Der Anfang der Weisheit ist Furcht des
Herrn, und Erkenntnis des Allheiligen Einsicht.
11 Denn durch sie werden viel deine Tage und zahl-
reich die Jahre des Lebens. 12 Bist du weise, so ist
das dein eigener Nutzen; bist du zuchtlos, so hast
du allein es zu tragen.

Einladung der Torheit

13 Die Torheit fiebert nach Verführung und küm-
mert sich um keine Scham. 14 Sie sitzt am Eingang
ihres Hauses auf einem Throne bei der hohen Burg
der Stadt, 15 um anzurufen, die des Weges ziehen,
gerader Richtung ihre Pfade schreiten: 16 »Wer
ungelehrt ist, biege hierher ein, und wem die Ein-
sicht fehlt, dem will ich künden: 17 Wasser, das
gestohlen ist, schmeckt süß, und heimlich angeeig-
net Brot schmeckt gut!« 18 Und nicht bedenkt man,
daß dort Totengeister sind und ihre Gäste in der
tiefen Unterwelt.

9,7–12: Zweimal drei Lehrsprüche sind dazwischengeschaltet.

Erste Sammlung salomonischer Sprüche

10 1 Sprüche Salomos: Ein weiser Sohn macht
seinem Vater Freude, ein törichter ist
seiner Mutter Kummer. 2 Unrecht Gut ist
kein Gewinn; vom Tode aber rettet die Gerechtig-
keit. 3 Gerechte läßt der Herr nicht Hunger leiden, je-
doch die Gier der Frevler weist er ab. 4 Die faule
Hand verursacht Armut, doch Reichtum schafft die
Hand der Fleißigen. 5 Ein kluger Mann ist, wer im
Sommer sammelt, ein schlechter, wer zur Zeit der
Ernte schläft. 6 Segen kommt auf des Gerechten
Haupt, doch Unheil birgt der Frevler Mund. 7 Es
bleibt in Segen des Gerechten Nachruhm, der Frevler
Name aber wird vergehen. 8 Wer weisen Herzens ist,
nimmt die Gebote an, wer aber töricht ist im Reden,
kommt zu Fall. 9 Wer schuldlos wandelt, wandelt
sicher, wer krumme Wege geht, der wird ertappt.
10 Wer mit den Augen blinzelt, mehrt das Leid, doch
wer mit Freimut tadelt, stiftet Frieden. 11 Ein Lebens-
quell ist des Gerechten Mund, doch Unheil birgt der
Mund der Frevler. 12 Haß erregt nur Streitigkeiten,
doch alle Fehler deckt die Liebe zu.
13 Weisheit schmückt die Lippen des Verständigen,
doch eine Rute ziemt dem Rücken eines Toren.
14 Weise halten sich zurück mit ihrem Wissen, des
Toren Mund jedoch ist nahes Unheil. 15 Des Reichen
Habe ist ihm eine feste Stadt, ein Unglück für den
Dürftigen ist seine Armut. 16 Der Ertrag des Gerech-
ten führt zum Leben, der Erwerb des Frevlers aber
zur Sünde. 17 Zum Leben pilgert hin, wer Zucht
bewahrt, doch in die Irre geht, wer Mahnungen ver-
schmäht. 18 Wer Haß verborgen hält, hat lügnerische
Lippen, und wer Verleumdung aussprengt, ist ein
Tor. 19 Bei vielen Reden bleibt Verfehlung nimmer
aus, wer aber seine Lippen zügelt, handelt klug.
20 Geklärtes Silber ist die Zunge des Gerechten, das
Herz der Frevler aber ist nur wenig wert. 21 Die
Lippen des Gerechten leiten viele, doch Toren kom-
men um durch Unverstand. 22 Der Segen Gottes
führt zu Reichtum, und er verbindet mit ihm keine
Mühe. 23 Schandtat üben macht dem Toren Freude,
doch Weisheit dem verständnisreichen Mann.

Gerechte und Frevler

24 Was der Frevler fürchtet, kommt über ihn, und
was Gerechte wünschen, wird ihnen erfüllt.
25 Wenn der Sturm daherbraust, verschwindet der
Frevler, der Gerechte jedoch steht auf ewigem
Grund. 26 Wie Essig für die Zähne und Rauch für die
Augen, so ist der Faule für seinen Auftraggeber.
27 Die Furcht des Herrn vermehrt die Lebenstage,
der Frevler Jahre aber sind verkürzt. 28 Die Hoff-
nung der Gerechten sprießt empor, der Frevler
Sehnsucht aber wird zunichte. 29 Ein Schutzwall ist
der Herr dem schuldlos Wandelnden, ein Schrecken
aber für die Übeltäter. 30 Auf ewig wird nicht wan-
ken ein Gerechter, doch Frevler bleiben nicht im
Lande wohnen. 31 Des Gerechten Mund läßt Weis-
heit sprießen, doch ausgetilgt wird falsche Zunge.
32 Die Lippen des Gerechten kennen Wohlgefallen,
der Frevler Mund jedoch Verkehrtheit.

10,1: Hier erst beginnen die eigentlichen Sprichwörter. Jeder Vers ist ein Ganzes für sich, meistens ein Zweizeiler. Die 375 Sprüche sind nicht nach Sachen geordnet. Gelegentlich kommt Wiederholung ganzer und halber Verse vor. • 7: Nach semitischem Brauch wird die Erwähnung eines Verstorbenen mit einem Segensspruch verbunden. »Segen« bedeutet auch »Lob«. • 10: Vgl. 6,13.

Segen der Gerechtigkeit, Unheil über Frevler

11 1 Falsche Waage ist dem Herrn ein Greuel
und richtiges Gewicht sein Wohlgefallen.
2 Kommt Übermut, so kommt auch
Schande, doch bei Bescheidenen ist Weisheit. 3 Die

Unschuld führt zum Ziel die Redlichen, Verderbtheit macht zunichte die Verbrecher. 4 Reichtum nützt am Tag des Zornes nichts, Gerechtigkeit jedoch bewahrt vor Tod. 5 Des Lauteren Gerechtigkeit macht eben seinen Weg, der Frevler aber kommt zu Fall durch seine Schlechtigkeit. 6 Der Redlichen Gerechtigkeit bringt ihnen Rettung, Verbrecher aber fangen sich in ihrer Gier. 7 Beim Tod des (schlechten) Menschen schwindet alle Hoffnung, und die Erwartungen der Toren sind zunichte. 8 Gerettet aus der Not wird der Gerechte, und an seine Stelle rückt der Frevler. 9 Durch seinen Mund verführt der Schurke seinen Nächsten, aber die Gerechten retten sich durch Einsicht.

10 Beim Glücke der Gerechten jauchzt die Stadt, und Jubel herrscht beim Untergang der Frevler. 11 Die Stadt blüht auf beim Segen Redlicher, doch abgerissen wird sie durch den Mund der Frevler. 12 Der Tor behandelt seinen Nächsten mit Verachtung, ein kluger Mann jedoch hüllt sich in Schweigen. 13 Wer herumläuft als Verleumder, der verrät Geheimnisse; wer aber zuverlässig ist, kann etwas still für sich behalten. 14 Wenn kluge Überlegung mangelt, kommt ein Volk zu Fall; in reichlicher Beratung aber ist das Heil gelegen. 15 Schlimm geht es aus, wenn man für andre bürgt; wer aber Handschlag ablehnt, der geht sicher. 16 Zu Ehren kommt die liebenswürdige Frau; ein Schandfleck ist die Frau, die Tugend haßt. Den Faulen geht die Habe aus; wer fleißig ist, gelangt zu Reichtum. 17 Wer gütig ist, erquickt sich selbst; wer grausam ist, der quält sich selbst. 18 Der Frevler erntet trügerische Zinsen, doch festen Lohn, wer sät Gerechtigkeit. 19 Wer feststeht in Gerechtigkeit, gelangt zum Leben, wer aber nach dem Bösen jagt, zu seinem Tod.

20 Ein Greuel ist dem Herrn, wer falschen Herzens ist; sein Wohlgefallen sind die schuldlos Wandelnden. 21 Die Hand darauf: der Böse bleibt nicht ungestraft, doch Rettung findet das Geschlecht der Frommen. 22 Ein goldner Ring im Rüssel eines Schweines – ein schönes Weib, doch ohne Zartgefühl. 23 In Glück nur endet das Begehren der Gerechten, in Zorn jedoch der Frevelhaften Hoffnung. 24 Mancher teilt (an Arme) aus und wird noch reicher, und mancher spart wohl mehr als recht und kommt in Not. 25 Wer gerne gibt, wird gelabt, und wer erquickt, wird selbst erquickt. 26 Wer Korn zurückhält, den verwünscht das Volk; doch Segen kommt auf den herab, der Korn verkauft. 27 Wer Gutes anstrebt, sucht das Wohlgefallen (Gottes), und wer nach Bösem trachtet, den ereilt es auch. 28 Wer sich verläßt auf seinen Reichtum, kommt zu Fall; Gerechte aber sprießen gleich dem Laub. 29 Wer sich nicht kümmert um sein Haus, der erntet Wind; der Tor wird Knecht bei dem, der weise ist. 30 Die Frucht des Rechttuns ist ein Lebensbaum, Gewalttat aber raubt das Leben. 31 Wenn dem Gerechten selbst vergolten wird auf Erden, um wieviel mehr dem Frevler und dem Sünder!

11,19: Leben und Tod haben in der Vorstellungswelt der Israeliten oft den weiteren Sinn von Heil und Unheil. • 29: »Wind« ist Bild der Nichtigkeit.

Toren und Weise, Lüge und Wahrhaftigkeit

12

1 Wer Zucht liebt, liebt Erkenntnis, wer aber Tadel haßt, ist töricht. 2 Der Gute findet Wohlgefallen bei dem Herrn, den Hinterhältigen jedoch verdammt er. 3 Durch Frevel kann kein Mensch Bestand erlangen, doch nimmer wankt die Wurzel der Gerechten. 4 Eine tüchtige Frau ist die Krone ihres Mannes, eine schandbare aber wie Fäulnis im Gebein.

5 Die Gedanken der Frommen zielen auf Recht, die Ränke der Frevler auf Trug. 6 Ein Lauern auf Blut sind die Worte der Frevler, den Redlichen aber bringt Rettung ihr Mund. 7 Die Frevler stürzen und sind verschwunden, das Haus der Frommen aber steht fest. 8 Nach dem Maß seiner Einsicht wird jeder gelobt, und wer verkehrt ist im Herzen, verfällt der Verachtung. 9 Lieber ein Geringer sein und für sich schaffen als vornehm tun und nichts zu essen haben. 10 Der Gerechte weiß, was not tut seinem Vieh, das Gemüt der Frevler aber ist grausam. 11 Wer seine Flur bebaut, hat reichlich Brot, doch wer Nichtigkeiten nachjagt, ist töricht. 12 Schwankender Lehm ist die Burg der Bösen, doch die Wurzel der Gerechten steht fest.

Beherrschung der Zunge

13 Durch der Lippen Verfehlung verstrickt sich der Böse, doch der Bedrängnis entgeht der Gerechte. 14 Von seiner Reden Frucht wird jeder satt an Lohn, und das Verdienst der Hände fällt auf ihn zurück. 15 Der Weg des Toren gilt ihm selbst als richtig, ein Weiser aber hört auf Rat. 16 Der Tor tut alsbald seinen Ärger kund, der kluge Mann jedoch verbirgt die Schmach. 17 Wahrheit spricht, wer richtig aussagt, Trug jedoch ein falscher Zeuge. 18 Gleich einem Schwertstich wirkt das Reden mancher, doch Heilung bringt der Weisen Zunge. 19 Wahre Lippe hat Bestand für immer, doch einen Augenblick nur falsche Zunge. 20 Täuschung trägt im Herzen, wer auf Unheil sinnt. Freude herrscht bei allen, die zum Heile raten. 21 Kein Unheil gibt es, das Gerechte trifft, die Frevler aber sind des Un-

glücks voll. 22 Ein Greuel vor dem Herrn sind lügenhafte Lippen, wer aber Wahrheit übt, genießt sein Wohlgefallen. 23 Ein kluger Mann verbirgt sein Wissen, der Toren Herz schreit Narrheit aus. 24 Zur Herrschaft kommt die Hand des Fleißigen, der Faule aber leistet Fronarbeit. 25 Kummer rückt das Herz des Menschen nieder, ein gutes Wort jedoch erheitert es. 26 Erspähen wird sich der Gerechte seinen Weideplatz, der Weg der Frevler aber führt sie selber fehl. 27 Der Träge hat nicht seinen Mundvorrat, doch reiches Gut der Fleißige. 28 Leben steht am Pfade der Gerechtigkeit, der Weg des Abfalls aber führt zum Tod.

Segen und Gefahren des Reichtums – Fleiß und Redlichkeit

13 1 Ein weiser Sohn hat Mahnung lieb, ein zügelloser hört auf keinen Vorwurf. 2 Von seiner Reden Frucht genießt ein jeder Lohn, das Streben der Verbrecher aber ist Gewalttat. 3 Wer seinen Mund bewacht, bewahrt sein Leben, wer seine Lippen aufsperrt, dem droht Untergang. 4 Es sehnt sich – doch umsonst – des Faulen Seele, aber die des Fleißigen wird reich gelabt. 5 Falsches Treiben ist verhaßt dem Frommen, der Frevler aber handelt schlecht und schimpflich. 6 Gerechtigkeit behütet schuldlos Wandelnde, die Frevler aber bringt zu Fall die Sünde. 7 Gar mancher stellt sich reich und hat doch nichts, (mancher) stellt sich arm und hat viel Gut. 8 Lösegeld für eines Menschen Leben ist sein Reichtum, der Arme aber hört von Loskauf nichts. 9 Das Licht der Gerechten gedeiht, die Lampe der Frevler erlischt. 10 Ein Nichtsnutz stiftet Zank durch Übermut, doch Weisheit ist bei dem, der sich beraten läßt. 11 Schnell errafftes Gut vergeht auch schnell, wer aber sammelt handvollweis, vermehrt es. 12 Ein Hoffen, das zu lange währt, macht krank das Herz, jedoch ein Lebensbaum ist der erfüllte Wunsch. 13 Wer ein (gutes) Wort verachtet, geht zugrunde, wer aber Ehrfurcht hat vor dem Gebot, bleibt unversehrt. 14 Des Weisen Lehre ist ein Lebensquell, um so des Todes Fallen zu entkommen. 15 Gute Einsicht bringt in Gunst, doch der Verbrecher Weg führt nie zum Ziel. 16 Alles tut der Kluge mit Verstand, der Tor jedoch kramt seine Dummheit aus. 17 Ein frevelhafter Bote führt ins Unglück, ein treuer Bote aber ist Erquickung. 18 Not und Schande trifft den Feind der Zucht, doch wer auf Rüge achtet, wird geehrt. 19 Befriedigtes Verlangen tut der Seele wohl, vom Bösen abzulassen, ist ein Greuel für den Toren. 20 Verkehre mit den Weisen, und du wirst ein Weiser, doch wer mit Toren umgeht, dem ergeht es schlecht. 21 Das Unglück folgt den Sündern nach, Glück jedoch belohnt die Frommen. 22 Der Gute hinterläßt noch Kindeskindern Erbschaft, und dem Gerechten wird des Sünders Habe aufbewahrt. 23 Reiche Speise ist in Händen hoher Herren, doch der Arme wird zu Unrecht weggerafft. 24 Wer seine Rute schont, haßt seinen Sohn, doch wer ihn liebhat, nimmt ihn früh in Zucht. 25 Der Gerechte hat zu essen bis zur Sättigung des Hungers, doch der Bauch der Frevler leidet Mangel.

13,8: Nach alttestamentlichem Recht konnte man aus Schuldsklaverei losgekauft werden. • 9: »Licht« ist beliebtes Sinnbild für Glück und Heil. • 14: »Lebensquell« wie Lebensbaum 3,18; ähnlich 14,27. • 24: Strenge Erziehung wird oft eingeschärft; noch stärker im ägyptischen Weisheitsschrifttum.

Toren und Weise – der zuverlässige Zeuge

14 1 Weisheit, eine hohe Frau, erbaut ihr Haus: die Torheit aber reißt es eigenhändig nieder. 2 Wer redlich wandelt, fürchtet den Herrn; wer krumme Wege geht, verachtet ihn. 3 Vom Mund des Toren kommt für seinen Rücken eine Rute, den Weisen aber bringen ihre Lippen Rettung. 4 Der Rinder Leistung füllt den Trog mit Korn, und reicher Nutzen kommt durch Stieres Kraft. 5 Nie lügt ein Zeuge, der verläßlich ist; ein falscher Zeuge aber zischelt Lügen. 6 Weisheit sucht ein Prahler, doch vergebens; dem Klugen aber fällt Erkenntnis leicht. 7 Tritt einem Toren gegenüber, so merkst du nichts von klugen Lippen! 8 Das ist des Klugen Weisheit: seinen Weg zu kennen, jedoch der Toren Narrheit: Täuschung. 9 Toren leihen, aber geben nicht zurück; doch unter Redlichen herrscht Rückerstattung. 10 Das eigene Herz kennt seinen Seelenschmerz, und auch in seine Freude kann ein Fremder sich nicht mischen. 11 Das Haus der Frevler wird zerstört, das Zelt der Redlichen blüht auf. 12 Gar mancher Weg dünkt einen eben, doch Todeswege sind sein Ende. 13 Beim Lachen selbst grämt sich das Herz, und Leid ist aller Freude Ende. 14 Satt wird von seinen Wegen der Verräter und auch von seiner Werke Lohn der Gute. 15 Der dumme Mensch traut jedem Wort, der Kluge überlegt sich seine Schritte. 16 Der Weise fürchtet sich und schreckt zurück vor Bösem, der Tor ist schrankenlos und gar vermessen. 17 Wer zornig ist, verübt nur Torheit; doch wer besonnen ist, bleibt ruhig. 18 Der Toren Schmuck ist ihre Narrheit, mit Weisheit aber krönt man Kluge. 19 Vor den Guten müssen sich die Bösen beugen und die Frevler an den Türen der Gerechten. 20 Selbst seinem Nächsten ist verhaßt der Arme, doch zahlreich sind des Reichen Freunde. 21 Wer

verachtet seinen Nächsten, sündigt schwer; wohl
dem, der sich der Darbenden erbarmt! 22 Gehen
nicht, die Böses planen, in die Irre? Doch Lieb' und
Treue über die, die Gutes planen! 23 Jede schwere
Mühe bringt Gewinn, doch leere Worte führen nur
zu Mangel.
24 Der Weisen Kranz ist ihre Klugheit, der Toren
Krone ihre Narrheit. 25 Ein wahrer Zeuge ist ein
Lebensretter, wer aber Lügen zischelt, der ent-
täuscht. 26 Starke Zuversicht liegt in der Furcht des
Herrn, und seinen Söhnen wird er Zuflucht sein.
27 Ein Quell des Lebens ist die Furcht des Herrn, um
so des Todes Fallen zu entkommen. 28 Ein starkes
Volk ist eines Königs Ruhm, doch schwache Bürger-
schaft des Fürsten Untergang.
29 Wer Langmut übt, ist reich an Einsicht; wer Jäh-
zorn hegt, vermehrt die Torheit. 30 Des Leibes
Leben ist ein ruhiges Gemüt, doch Fäulnis im Ge-
bein die schlimme Eifersucht. 31 Wer den Geringen
unterdrückt, schmäht dessen Schöpfer, hingegen
ehrt ihn, wer des Armen sich erbarmt. 32 Der Frevler
kommt zu Fall durch seine Bosheit, der Fromme hat
in seiner Unschuld eine Zuflucht. 33 Weisheit ruht
im Herzen des Verständigen, im Innern eines Toren
ist sie unbekannt. 34 Gerechtigkeit erhöht ein Volk,
doch Sünde ist die Schmach der Völker. 35 Des
Königs Huld erlangt ein kluger Diener, doch trifft
sein Grimm den schändlichen.

14,1: Wohl Vorlage für den späteren Text 9,1. • 10: Der umstrittene Vers scheint zu sagen, daß in der tiefsten Seele jeder einsam bleibt. • 26: »seinen Söhnen« wird die des Gottesfürchtigen meinen. Vielleicht aber sind die Gottesfürchtigen selbst »Söhne Gottes« genannt. • 31: Gott selbst wird mit dem Armen gleichgesetzt: 17,5; Matth 25,40.45.

Sanftmut, Freude, Friede

15 1 Gelinde Antwort wendet ab den Zorn,
verletzend Wort jedoch erregt den
Grimm. 2 Des Weisen Zunge träufelt von
Erkenntnis, der Mund des Toren aber sprudelt Narr-
heit aus. 3 An jedem Orte sind die Augen Gottes, auf
Böse und auf Gute blicken sie. 4 Die sanfte Zunge ist
ein Lebensbaum, die falsche ist Zusammenbruch
des Geistes. 5 Der Tor verschmäht die Mahnung
seines Vaters, doch wer auf Rüge achtet, handelt
klug. 6 Viel Reichtum ist im Hause des Gerechten,
doch der Ertrag des Frevlers wird zerrüttet. 7 Der
Weisen Lippen hüten die Erkenntnis, der Toren
Herz ist nicht in Ordnung. 8 Der Frevler Opfer ist
ein Greuel für den Herrn, doch das Gebet der
Redlichen sein Wohlgefallen. 9 Ein Greuel ist dem
Herrn der Weg des Frevlers, doch wer Gerechtigkeit
erstrebt, den liebt er. 10 Streng wird gezüchtigt, wer
den rechten Pfad verläßt; wer Rüge ablehnt, ist dem
Tod verfallen. 11 Totenreich und Unterwelt liegen
offen vor dem Herrn, um wieviel mehr das Herz der
Menschenkinder!
12 Der Prahlerische liebt es nicht, daß man ihn rügt,
zu weisen Menschen mag er sich nicht hinbegeben.
13 Ein fröhlich Herz macht auch das Antlitz heiter,
jedoch bei Herzeleid ist das Gemüt bedrückt. 14 Das
Herz des Weisen sucht Erkenntnis, der Mund der
Toren geht auf Narrheit aus. 15 Alle Tage des Be-
dürftigen sind schlecht, wer aber frohen Herzens
ist, hat dauernd Festmahl. 16 Besser wenig, doch in
Furcht des Herrn, als viel Besitz und deshalb keine
Ruhe. 17 Besser ein Gericht Gemüse, doch mit
Liebe, als ein fettes Rind und Haß dabei. 18 Ein zorn-
erhitzter Mann ruft Streit hervor, ein sanfter aber
stillt den Zank. 19 Der Dornenhecke gleicht der Weg
des Faulen, der Pfad der Redlichen jedoch ist wohl-
gebahnt.
20 Ein weiser Sohn macht seinem Vater Freude, ein
Tor verachtet seine Mutter. 21 Torheit macht dem
Unvernünftigen Vergnügen, jedoch geraden Weges
geht der kluge Mann. 22 Pläne scheitern, wo Bera-
tung fehlt, wo aber viele raten, kommt Erfolg zu-
stande. 23 Jedermann ist froh, wenn Antwort weiß
sein Mund; und ein Wort zur rechten Zeit, wie an-
genehm ist es! 24 Ein Lebenspfad zur Höhe wartet
auf den Weisen, daß er der Unterwelt entkomme in
der Tiefe. 25 Das Haus des Stolzen reißt der Herr
hinweg, jedoch der Witwe Grenze legt er fest.
26 Des Bösen Pläne sind dem Herrn ein Greuel, rein
aber sind ihm liebevolle Reden. 27 Sein Haus zer-
stört, wer unrecht Gut annimmt, doch wer Be-
stechung haßt, wird leben.
28 Das Herz des Frommen überlegt sich seine Ant-
wort, der Mund der Frevler aber sprudelt Bosheit
aus. 29 Den Frevler hält der Herr sich fern, doch hört
er das Gebet der Frommen. 30 Leuchtende Augen
erfreuen das Herz, gute Kunde labt den Leib. 31 Ein
Ohr, das auf lebenerhaltende Rüge hört, wird wei-
len mitten unter Weisen. 32 Wer sich um Zucht nicht
kümmert, achtet selbst sich nicht, doch wer auf
Rüge hört, erwirbt Verstand. 33 Die Furcht des Herrn
ist weise Zucht, und Demut geht voraus der Ehre.

15,8: Ähnlich 21,27; vgl. Sir 7,9. Besonders die Propheten betonen, daß Opfer ohne sittliche Tat wertlos sind. Aufrichtiges Gebet ist Gott wohlgefälliger. • 20: Das vierte Gebot wird oft eingeschärft; vgl. 10,1; 17,21.25; 23,24f. • 24: Der Gedanke an ewiges Leben und den Himmel ist den Sprüchen noch fremd. Der Vergleich »Lebenspfad« und »Höhe« meint als Gegensatz zur Unterwelt glückliches Leben auf Erden. • 25: Verrücken der Feldgrenze ist ein schweres Verbrechen: 23,10; 5 Mos 19,14; 27,17. • 26: Die Opferbegriffe »Greuel« und »rein« sind hier ins Moralische umgedeutet. • 27: Unrechter Gewinn durch Bestechungsgelder wird besonders oft verurteilt.

Leitung durch Gott – gerechte Könige – Klugheit

16 [1] Vom Menschen kommt des Herzens Planen, vom Herrn jedoch der Zunge Antwort. [2] Dem Menschen scheinen alle seine Wege rein, doch der die Geister prüfet, ist der Herr. [3] Stell dein Tun dem Herrn anheim, dann gelingen deine Pläne! [4] Alles schuf der Herr zu seinem Zweck, ja selbst den Frevler für den Tag des Unheils. [5] Ein Greuel für den Herrn ist jeder Stolze; die Hand darauf: er bleibt nicht unbestraft. [6] Sünde wird gesühnt durch Lieb' und Treue; durch Gottesfurcht bleibt man dem Bösen fern. [7] Gefällt dem Herrn der Wandel eines Menschen, so stimmt er ihm auch seine Feinde friedlich. [8] Besser wenig mit Gerechtigkeit als eine Menge Gut mit Unrecht. [9] Des Menschen Herz plant seinen Weg, der Herr jedoch lenkt seinen Schritt.

[10] Gottesurteil ruht auf eines Königs Lippen, und spricht er Recht, verfehlt sein Mund sich nicht. [11] Genaue Waage stammt vom Herrn, sein Werk sind die Gewichte in der Tasche. [12] Für Könige ist Freveltat ein Greuel, denn durch Gerechtigkeit steht fest der Thron. [13] Des Königs Wohlgefallen sind gerechte Lippen, wer Rechtes redet, ist bei ihm beliebt. [14] Der Zorn des Königs ist wie Todesboten, der weise Mann jedoch besänftigt ihn. [15] Leben bringt des Königs freundliches Gesicht, sein Wohlgefallen gleicht der Frühjahrsregenwolke. [16] Besser als das feinste Gold ist der Gewinn von Weisheit, und der Gewinn von Einsicht übertrifft das Silber. [17] Böses meiden ist die Bahn der Redlichen; sich selbst behütet, wer auf seinen Wandel achtet. [18] Stolz kommt vor dem Sturz und Hochmut vor dem Fall. [19] Besser klein sein mit den Niedrigen als Beute teilen mit den Stolzen. [20] Wer auf das Mahnwort achtet, findet Glück; Heil dem, der auf den Herrn vertraut!

[21] Wer weisen Herzens ist, den nennt man klug, und angenehme Rede fördert die Belehrung. [22] Ein Lebensquell ist Einsicht dem, der sie besitzt, doch Torheit ist die Züchtigung der Toren. [23] Des Weisen Herz füllt seinen Mund mit Einsicht und mehrt auf seinen Lippen die Belehrung. [24] Milde Reden sind wie Wabenhonig, der Seele süß und Labsal für den Leib. [25] Gar mancher Weg dünkt einen eben, doch Todeswege sind sein Ende. [26] Des Tagelöhners Hunger lohnt sich ihm, da nimmer satt sein Mund ihn vorwärtstreibt. [27] Ein Herd von Bosheit ist der Taugenichts, auf seinen Lippen brennt ein sengend Feuer. [28] Ein Mensch voll Hinterlist verursacht Streit, und ein Verleumder trennt vertraute Freunde. [29] Ein verbrecherischer Mensch verleitet seinen Nächsten und führt ihn hin auf schlechten Weg.

[30] Wer mit den Augen blinzelt, sinnt auf Tücke, wer seine Lippen kneift, hat Bosheit schon bereit. [31] Graues Haar ist eine Ehrenkrone; sie findet sich am Wege der Gerechtigkeit. [32] Wer Langmut übt, ist besser als ein Kriegsheld, ein Selbstbeherrschter tapferer als ein Burgbezwinger. [33] Im Bausch des Kleides schüttelt man das Los, doch kommt vom Herrn all sein Entscheid.

16,4: In volkstümlicher Übertreibung wird gesagt, Gott habe selbst den Frevler erschaffen zur Bestrafung. • 6: »Lieb' und Treue« ein häufiges Begriffspaar, bezeichnen die innere Gesinnung und Haltung des gläubigen Menschen. • 11: Gott selbst wacht über Ehrlichkeit im Handel; 11,11; 20,10.23. • 15: Im März/April fällt der »Spätregen«, der für die Ernte unentbehrlich ist und mit Sonnenschein wechselt. • 25: Vers 14,12. • 26: Je mehr einer leistete, desto mehr bekam er am Abend in Naturalien ausbezahlt. • 33: Der alte Brauch des Loswerfens (bei der Verteilung von Beute, von Land, bei der Bestimmung des Sündenbodens u. a. trat im amtlichen Kult immer mehr in den Hintergrund zugunsten direkter Offenbarung. Aber im Volk blieb er erhalten.

Zufriedenheit, Liebe, Ehrlichkeit

17 [1] Besser ein trockener Bissen in Ruhe als ein Haus voll Braten mit Zank. [2] Ein kluger Knecht befiehlt dem schlechten Sohn, und mit den Brüdern teilt er sich ins Erbe. [3] Der Tiegel ist für Silber, für Gold der Ofen recht, doch der die Herzen prüft, das ist der Herr. [4] Der Übeltäter horcht auf schlechte Lippen; Falschheit lauscht auf liederliche Zunge. [5] Wer über Arme spottet, lästert ihren Schöpfer, wer sich am Unglück freut, der bleibt nicht unbestraft. [6] Der Greise Ehrenkranz sind Kindeskinder, und der Söhne Ruhm sind ihre Väter. [7] Nicht ziemt dem Toren unbeherrschte Lippe, noch weniger dem Edlen lügenhafter Mund.

[8] Bestechungsgelder sind ein Zauberstein für ihren Geber; wohin er sich auch wendet, hat er stets Erfolg. [9] Wer Fehler zudeckt, pflegt die Freundschaft, doch wer sie weiterträgt, verstößt den Freund. [10] Ein Vorwurf trifft den Weisen tiefer als hundert Schläge einen Toren. [11] Der Böse trachtet nur nach Widerspenstigkeit; doch wird ein strenger Bote wider ihn gesandt. [12] Lieber mag einem ein Bär begegnen, dem man seine Jungen raubte, aber nur kein Tor in seinem Unverstand. [13] Wer gute Tat vergilt mit Bösem, aus dessen Haus weicht nicht das Unglück. [14] Eine Wasserflut entfesselt, wer den Streit beginnt; daher laß ab, noch ehe Zank entspringt! [15] Wer den Frevler freispricht und verdammt den Frommen – alle beide sind ein Greuel für den Herrn. [16] Wozu denn Geld in eines Toren Hand? Um Weisheit gar zu kaufen,

obgleich ihm Einsicht fehlt? 17 Zu jeder Zeit ist
liebevoll der Freund, als Bruder ist er für die Not
geboren. 18 Ein dummer Mensch ist der, der
Handschlag gibt, der Bürgschaft übernimmt für
seinen Nächsten. 19 Die Sünde liebt, wer liebt den
Streit; wer seine Tür zu hoch macht, sucht den
Sturz. 20 Wer falschen Herzens ist, erlangt kein
Glück, und wer verkehrte Zunge führt, der stürzt
ins Unheil.
21 Wer einen Toren zeugt, dem bringt es Gram, und
keine Freude hat der Vater eines Narren. 22 Ein fröh-
lich Herz tut auch dem Körper gut, den Leib dörrt
aus ein kummervoll Gemüt. 23 Bestechung nimmt
der Frevler aus der Tasche an, um so des Rechtes
Pfade umzubiegen. 24 Weisheit steht dem Einsichts-
vollen vor dem Antlitz; doch des Toren Auge
schweift am Rand der Erde. 25 Verdruß für seinen
Vater ist ein töricht Kind und eine Bitternis für seine
Mutter. 26 Mit Geld den Frommen zu bestrafen, ist
schon schlimm, doch Edlen Schläge zu erteilen,
geht zu weit. 27 Wer mit seinen Worten spart, kennt
Einsicht, und der kühl Beherrschte ist ein kluger
Mann. 28 Auch ein Tor kann, wenn er schweigt, als
weise gelten und als verständig, wenn er seine
Lippen schließt.

17,11: Der »Bote« ist wohl ein Engel, der die Bestrafung ausführt. Ähnlich die Todesboten in 16,14. • 21: Ähnliche Sprüche sind sehr häufig; vgl. z. B. Vers 25.

Streitsucht und Geschwätzigkeit

18 1 Nach einem Vorwand sucht der Abge-
fallene; mit aller Kraft bricht er dann los.
2 Der Tor hat kein Gefallen an der Ein-
sicht, wohl aber am Enthüllen seiner Denkart.
3 Wenn Frevel kommt, kommt auch Verachtung,
und mit der Schandtat kommt die Schmach. 4 Tiefe
Wasser sind die Worte aus des Menschen Mund,
ein Bach, der sprudelnd rinnt, ein Quell der Weis-
heit. 5 Es ist nicht recht, Partei zu nehmen für den
Frevler und den Gerechten im Gericht zu unter-
drücken. 6 Des Toren Lippen fangen Streit an, und
sein Mund, er ruft nach Schlägen. 7 Der Mund des
Toren wird ihm zum Verderben, und seine Lippen
sind ein Fallstrick für sein Leben. 8 Wie Leckerbissen
sind des Ohrenbläsers Worte, sie gleiten ein ins
Innerste des Leibes. 9 Wer träge ist bei seiner Arbeit,
ist schon ein Bruder des Verderbers.
10 Der Name Gottes ist ein fester Turm; der
Gerechte flieht zu ihm und ist geborgen. 11 Des
Reichen Habe ist ihm eine feste Stadt und eine hohe
Mauer – wie er fälschlich meint. 12 Vor dem Sturz ist
stolz des Menschen Herz, Demut aber geht voraus
der Ehre. 13 Gibt einer Antwort, eh' er recht gehört,
gereicht ihm das zur Torheit und zur Schande.
14 Des Menschen Geist hält seine Leiden aus; doch
wer kann einen mißvergnügten Geist ertragen?
15 Des Klugen Herz erwirbt Erkenntnis, der Weisen
Ohr strebt nach Erkenntnis. 16 Geschenke schaffen
einem Menschen Raum und öffnen ihm den Zutritt
zu den Großen. 17 In einem Streite hat der erste
recht; dann kommt jedoch sein Partner, ihn zu
prüfen. 18 Den Zwistigkeiten macht das Los ein
Ende und entscheidet zwischen heftig Streitenden.
19 Ein gekränkter Bruder ist verschlossener als eine
Burg, und Zwistigkeit ist wie der Riegel einer Fe-
stung.
20 Der Leib des Menschen sättigt sich von seiner
Reden Frucht, und vom Ertrage seiner Lippen wird
er satt. 21 Tod und Leben sind in der Gewalt der
Zunge, und wer mit Liebe auf sie achtet, kann ihre
Frucht genießen. 22 Gutes fand, wer eine (brave)
Frau gefunden, und Wohlgefallen hat er von dem
Herrn erlangt. 23 Flehentliche Worte spricht der
Arme; doch mit Härte gibt der Reiche Antwort.
24 Manche Freunde führen zum Verderben, und
mancher liebe Freund ist treuer als ein Bruder.

18,1: Anscheinend ist an den treulosen Freund gedacht; vgl. 17,9. • 8: = 26,22. • 10: Der »Name« Gottes ist seine Persönlichkeit, besonders im Werk der Offenbarung. • 16: Die Feststellung ist keine Empfehlung. Schließlich ist zu unterscheiden zwischen Bestechung der Richter und klugen Geschenken im täglichen Leben. An diese ist hier gedacht. • 19: Der Enttäuschte zieht sich zurück und wird unzugänglich. • 20: Das kluge oder törichte Reden eines Menschen wirkt sich auf seinen Lebensunterhalt aus; vgl. 12,14; 13,2. Die Feststellung bedeutet eine Mahnung.

Toren und Weise, Arme und Reiche,
Faule und Falsche

19 1 Besser ist ein Armer, der in Unschuld
wandelt, als einer mit verderbten Lippen,
der ein Tor. 2 Schon unvernünftiges Be-
gehren ist nicht recht, und wessen Füße allzu
hastig, der geht fehl. 3 Des Menschen Torheit
schadet seinem Weg, und dennoch grollt sein Herz
dem Herrn. 4 Besitz vermehrt die Zahl der Freunde,
jedoch vom Armen sagt sein Freund sich los. 5 Ein
falscher Zeuge bleibt nicht unbestraft, wer Lügen
spricht, wird nicht entrinnen. 6 Gar viele schmei-
cheln dem, der vornehm ist, und jeder ist ein Freund
von dem, der geben kann.
7 Den Armen hassen alle seine Brüder, um wieviel
mehr entfernen seine Freunde sich von ihm! [Gute
Einsicht naht sich denen, die sie kennen, und ein
Verständnisreicher wird sie finden. Wer zu viel
redet, handelt frevelhaft.] Wer leeren Worten nach-
jagt, wird nicht leben. 8 Wer sich Verstand erwirbt,

der liebt sein Leben, und wer Vernunft bewahrt, der
findet Gutes. 9 Ein falscher Zeuge bleibt nicht unbe-
straft, wer Lügen spricht, der geht zugrunde.
10 Wohlleben ist für Toren nicht geziemend, ge-
schweige denn dem Knecht die Herrschaft über
Fürsten. 11 Langmütig macht den Menschen kluge
Einsicht, sein Ruhm ist, über böses Tun hinwegzu-
gehen. 12 Dem Brüllen eines Löwen gleicht der Zorn
des Königs, jedoch dem Tau auf Kräutern seine
Huld.
13 Ein Unglück für den Vater ist ein Tor als Sohn, und
eines Weibes Zanken gleicht dem Dach, das dau-
ernd tropft. 14 Haus und Habe sind der Väter Erbe,
jedoch vom Herrn ist eine kluge Frau. 15 Faulheit
stürzt die Vorratskammern ein, und eine träge Hand
muß Hunger leiden. 16 Wer die Gebote hält, be-
wahrt sein Leben, doch wer das Wort verachtet,
stirbt dahin. 17 Wer sich erbarmt des Armen, leiht
dem Herrn, und seine Guttat wird er ihm vergelten.
18 Bestrafe deinen Sohn, solang noch Hoffnung ist,
und all sein Jammern sollst du nicht beachten!
19 Wer großen Jähzorn hat, der muß ihn büßen;
selbst wenn du schlichten möchtest, steigerst du
ihn noch.
20 Höre gern auf Rat und nimm Erziehung an, damit
du weise seiest in der Zukunft! 21 Viele Pläne faßt
das Menschenherz, fest steht allein der Rat des
Herrn. 22 Des Menschen Streben dürstet nach
Erwerb; doch besser arm als ein Betrüger sein!
23 Die Furcht des Herrn gereicht zum Leben; ge-
sättigt kann man wohnen, von keinem Unheil
heimgesucht. 24 Der Faule streckt zur Schüssel
seine Hand und führt sie nicht einmal zu seinem
Mund zurück. 25 Wenn du den Prahler schlägst,
wird der Betörte klug; und rügt man den Verstän-
digen, so lernt er Einsicht. 26 Wer seinen Vater
schlecht behandelt, seine Mutter von sich jagt, ist
ein schlimmer und schandbarer Sohn. 27 Gibst du
es auf, mein Sohn, auf Zucht zu hören, so weichst
du ab von Worten der Erkenntnis. 28 Ein verkehr-
ter Zeuge untergräbt das Recht; der Mund der
Frevler läuft von Unheil über. 29 Für Prahler stehen
Ruten schon bereit und Schläge für der Toren
Rücken.

19,1: Besser 28,6. • 3: Für selbstverschuldetes Unglück im Leben (= »Weg«) darf man nicht Gott verantwortlich machen. • 7: [...] Einschiebung nach der griechischen Übersetzung scheint echt zu sein. • 11: Langmütige Geduld auch 14,29. • 18: Der umstrittene Vers wendet sich gegen falsches Mitleid in Ausübung der strengen Erziehung. • 21: Vom wirksamen Ratschluß Gottes auch 16,9; 20,24; Ps 37,23. • 24: Das volkstümliche Sprichwort wird 26,15 wiederholt. • 25: Bestrafung der Bösen dient Schwankenden als abschreckendes Beispiel = 21,11.

Ehrlichkeit, Fleiß, Ergebenheit gegen Gott und den König

20
1 Ein Gauner ist der Wein, ein Lärmer
ist der Rauschtrank, und keiner, der von
ihnen taumelt, ist ein Weiser. 2 Dem
Brüllen eines Löwen gleicht der Grimm des Königs;
wer ihn zum Zorne reizt, verwirkt sein Leben.
3 Ehrenvoll ist es für jeden, Streit zu meiden; ein
jeder Tor jedoch bricht wütend los. 4 Der Faule
unterläßt im Herbst das Pflügen; sucht er dann zur
Erntezeit, so ist nichts da. 5 Tiefes Wasser ist ein
Plan im Menschenherzen, der einsichtsvolle Mann
jedoch weiß es zu schöpfen. 6 Gar viele Menschen
preisen ihre eigene Güte, wer aber findet einen
Mann, der zuverlässig ist? 7 Wer in seiner Unschuld
wandelt als Gerechter, selig seine Kinder, die ihm
folgen!
8 Ein König, der auf seinem Richterstuhle sitzt, spürt
mit seinen Augen alles Böse auf. 9 Wer sagt mit
Recht: »Ich hab' mein Herz geläutert, nun bin ich
rein von aller meiner Sünde«? 10 Zweierlei Ge-
wichte oder Maße, ein Greuel vor dem Herrn
sind beide. 11 Durch sein Verhalten läßt der Knabe
schon erkennen, ob lauter wird und redlich einst
sein Tun. 12 Das Ohr, das hört, das Auge, welches
sieht, sie beide hat der Herr geschaffen. 13 Liebe
nicht den Schlaf, damit du nicht verarmst, halt
offen deine Augen, so hast du reichlich Brot!
14 »Schlecht, wie schlecht!« so spricht der Käufer,
geht er aber weg, dann prahlt er. 15 Gold und Perlen
gibt es ohne Zahl, der schönste Schmuck jedoch
sind kluge Lippen. 16 Nimm weg sein Kleid, weil
er für andre bürgte, und fremder Leute wegen
pfände ihn! 17 Das Brot der Lüge schmeckt dem
Menschen süß; hernach jedoch füllt sich sein Mund
mit Kieseln.
18 Pläne werden durch Beratung fest, drum führ den
Krieg mit Überlegung! 19 Wer als Verleumder um-
geht, der verrät Geheimnisse, mit einem dummen
Schwätzer lasse dich nicht ein! 20 Wer seinem Vater
flucht und seiner Mutter, dessen Licht erlischt zur
Zeit der Finsternis. 21 Besitztum, anfangs schnell
erhascht, das bleibt zuletzt doch ohne Segen.
22 Sprich nicht: »Vergelten will ich Böses!« Vertraue
auf den Herrn, so hilft er dir! 23 Ein Greuel für den
Herrn ist zweierlei Gewicht, und trügerische
Waage ist verwerflich. 24 Vom Herrn geleitet sind
die Schritte eines jeden, jedoch der Mensch – wie
wüßte er den Weg? 25 Gefährlich ist es, unbedacht
zu rufen: »Gott geweiht«, und erst, nachdem
Gelübde schon gemacht sind, dann zu überlegen.
26 Ein weiser König sondert Frevler aus und rächt an

ihnen ihre Missetat. 27 Der Herr bewacht des Menschen Geist, und er durchforscht das Innerste des Leibes. 28 Den König schirmen Lieb und Treue, er stützt durch Liebe seinen Thron. 29 Der Jungen Ruhm ist ihre Kraft, die Zier der Alten graues Haar. 30 Blutrote Striemen sind die (rechte) Körperpflege an dem Bösen und Schläge für das Innere des Leibes.

20,5: Der Weise durchschaut das heimliche Planen eines anderen. • 16: Ein scharfer Spottvers, wird 27,13 wiederholt. • 20: »Licht« und »Finsternis« versinnbildlichen Heil und Unheil. • 25: Gelübde, meist Opfer, waren sehr häufig. Man sollte sie aber rechtzeitig und gut überlegen.

Gott lenkt die Herzen – Beherrschung der Zunge – Gerechte und Frevler

21

1 Dem Bache gleicht das Herz des Königs in der Hand des Herrn; zu allem, was ihm wohlgefällt, da leitet er es hin. 2 Ein jeder Weg scheint einem selber richtig, doch der die Herzen prüfet, ist der Herr. 3 Gerechtigkeit und Recht zu üben, zieht der Herr dem Opfer vor. 4 Der Augen Stolz, des Herzens Übermut sowie das Glück der Frevler schlagen fehl. 5 Die Pläne eines Fleißigen führen völlig zum Erfolg, doch wer zu hastig ist, erreicht nur Mangel. 6 Wer Schätze sich erwirbt mit trügerischer Zunge, jagt nach dem Nichts, hinein in Todesschlingen. 7 Der Frevler Untat rafft sie selbst hinweg, weil sie sich weigern, Recht zu üben. 8 Gewunden ist der Weg des schuldbeladenen Menschen, der Lautere jedoch – gerade ist sein Tun.

9 Lieber wohnen in der Ecke eines Daches als mit einer bösen Frau in einem Haus zusammen. 10 Des Frevlers Seele giert nach Bösem; sein Nächster findet vor ihm keine Gnade. 11 Sobald der Prahler büßen muß, wird der Betörte weise; und bildet man den Weisen aus, so nimmt er Einsicht an. 12 Der Gerechte belehrt des Frevlers Haus, sobald er die Frevler ins Unheil stürzt. 13 Wer vor des Armen Hilferuf sein Ohr verschließt, auch der wird rufen, ohne Antwort zu erlangen. 14 Im geheimen eine Gabe löscht den Zorn und aus der Tasche ein Geschenk den stärksten Grimm. 15 Wenn Recht geschieht, so bringt das Frommen Freude, jedoch den Übeltätern nur Entsetzen. 16 Ein Mensch, der abirrt von der Einsicht Pfad, wird bald im Reich der Toten ruhen. 17 Der Not verfällt, wer Lustbarkeiten liebt; wer Wein und Salböl liebt, der wird nicht reich. 18 Lösegeld für den Gerechten ist der Frevler, und für die Frommen ist es der Verbrecher.

19 Lieber wohnen in dem Land der Wüste als mit einer Frau, die zänkisch ist und mürrisch. 20 Ein feiner Schatz ruht in des Weisen Wohnstatt, der Tor jedoch verschleudert ihn. 21 Wer nach Gerechtigkeit und Güte strebt, der findet Leben und auch Ehre. 22 Zur Stadt der Helden steigt empor der Weise und stürzt das Bollwerk, dem sie fest vertraute. 23 Wer seinen Mund und seine Zunge hütet, bewahrt sich selber vor Bedrängnis. 24 Der Stolze, Übermütige – »Prahler« ist sein Name; er handelt stets aus unbeherrschtem Übermut. 25 Den Faulen tötet sein Begehren; denn seine Hände scheuen sich vor Arbeit. 26 Den ganzen Tag begehrt er voller Gier, doch der Gerechte gibt und knausert nicht. 27 Der Frevler Opfer ist ein Greuel, zumal wenn dargebracht in schlechter Absicht. 28 Ein lügenhafter Zeuge geht zugrunde; wer aber gerne zuhört, spricht erfolgreich. 29 Es trotzt der frevelhafte Mensch mit frecher Miene, jedoch der Redliche, er ordnet seine Wege. 30 Keine Weisheit gibt es, keine Einsicht, keinen Rat dem Herrn gegenüber. 31 Gerüstet wird das Roß zum Tag der Schlacht, der Sieg jedoch hängt ab vom Herrn.

21,2: = 16,2, ähnlich 14,12 u. a. • 3: Ein Lieblingsgedanke der Propheten! Ähnlich Vers 27; 15,8. • 5: Hast, meistens verbunden mit Unehrlichkeit, wird oft verurteilt. • 9: In einer Ecke des flachen Daches konnte man eine Notwohnung aufschlagen, = 25,24. • 11: = 19,25. • 12: Durch seine geistige Überlegenheit bringt der Gerechte das Gericht über den Frevler. Manche sehen in dem »Gerechten« eine Umschreibung für Gott selbst. • 18: Das Bild stammt vom Loskauf aus der Haft. Der Sünder muß büßen, der Fromme wird gerettet.

Reiche und Arme – Kluge und Toren – Bürgschaft

22

1 Guter Ruf ist großem Reichtum vorzuziehen und hohe Achtung allem Gold und Silber. 2 Reich und arm begegnen sich; ihrer aller Schöpfer ist der Herr. 3 Der Kluge sieht das Unheil und verbirgt sich; die Toren gehen weiter, aber büßen es. 4 Der Lohn für Demut und für Gottesfurcht sind Reichtum, Ehre, Leben. 5 Dornen und auch Schlingen liegen auf des Falschen Weg; wer sein Leben will behüten, bleibt von ihnen fern. 6 Erzieh den Knaben seinem rechten Weg entsprechend, dann weicht er auch, selbst alt geworden, nicht von ihm. 7 Der Reiche macht sich Arme untertänig, und Sklave wird der Schuldner seinem Gläubiger. 8 Wer Unrecht sät, wird Unheil ernten, und seines Jähzorns Rute nimmt ein Ende. 9 Gesegnet wird, wer milden Auges ist; weil er von seinem Brot dem Armen gibt. 10 Treib fort den prahlerischen Schwätzer, und der Zank zieht weg, Streit und Schande kommen dann zur Ruhe. 11 Wer Lauterkeit des Herzens liebt, bekommt ob seiner Redekunst zum Freund den König. 12 Die Augen Gottes hüten die Erkenntnis, zu Fall bringt er die

Worte des Verräters. 13 Der Faule spricht: »Ein Löwe
steht wohl draußen, und mitten auf der Straße
werde ich getötet.« 14 Der Mund der Buhlerin ist
eine tiefe Grube; wem zürnt der Herr, der fällt in sie
hinein. 15 Wenn Torheit haftet in des Knaben Her-
zen, entfernt Erziehung mit der Rute sie daraus.
16 Bedrückt man einen Armen, bringt ihm das nur
Vorteil; beschenkt man einen Reichen, schafft ihm
das nur Mangel.

Anhang

17 Worte von Weisen: Neige mir dein Ohr und höre
meine Worte, und für meine Weisheit mach dein
Herz bereit! 18 Denn schön ist es, wenn du in
deinem Innern sie bewahrst; fest wie ein Zeltpflock
mögen sie auf deinen Lippen haften! 19 Daß auf den
Herrn sich dein Vertrauen gründe, tu' ich dir heute
seine Pfade kund. 20 Ja, dreißig Sätze habe ich dir
aufgeschrieben als weisen Rat und Stütze der
Erkenntnis, 21 um dir der sich'ren Wahrheit Worte
kundzutun, damit du dem, der dich gesandt hat,
Antwort geben kannst. 22 Beraube nicht den Armen,
weil er arm ist, nicht unterdrücke im Gericht den
Dürftigen! 23 Denn ihre Sache führt der Herr und
raubt das Leben ihren Räubern. 24 Dem Zornigen
geselle dich nicht zu, und mit dem Hitzkopf pflege
keinen Umgang, 25 damit du nicht an seine Pfade
dich gewöhnst und dieses dir zum Fallstrick für
dein Leben wird! 26 Zu jenen zähle nicht, die
Handschlag geben und die für Schulden Bürg-
schaften leisten! 27 Wenn dir die Mittel fehlen, um
zu zahlen, nimmt man dein Bett dir unterm Leibe
weg. 28 Verrücke nicht die alte Grenze, die deine
Väter schon errichtet haben! 29 Erblickst du jemand,
der behend in seiner Arbeit ist, der kann in Dienste
treten bei den Königen; [nicht tritt er hin vor
Niedrige].

22,2: Vgl. 29,13. • 3: = 27,12. • 13: Eine törichte Ausrede! = 26,13. • 15: Strenge Kindererziehung auch 13,24; 19,18; 23,13f; 29,15.17; Sir 30,1–13. • 16: Gott schafft gerechten Ausgleich, auch gegen die Absichten der Menschen. • 17: Es folgen bis Kap. 25 Anhänge an die erste salomonische Spruchsammlung. Die »Worte von Weisen« – bis 24,22 – sind wohl wieder aus mehreren kleinen Teilsammlungen zusammengestellt. • 20: Die Zahl »dreißig« geht auf ägyptische Weisheitssprüche des Amenemope (frühestens 10. Jh. v. Chr.) zurück, die hier in Auswahl und stark überarbeitet aufgenommen wurden.

Beherrschung bei Tisch – unantastbare Grenzen – Erziehung zur Weisheit

23
1 Sitzest du beim Mahl mit einem
Herrscher, so achte nur auf das, was vor
dir steht, 2 und lege dir ein Messer an die
Kehle, wenn du zu gierig werden möchtest!
3 Begehre nicht nach seinen Leckerbissen, denn das
ist eine trügerische Speise!
4 Mühe dich nicht ab, um Reichtum zu gewinnen,
wobei du deine Einsicht opfern müßtest! 5 Er fliegt
davon: kaum blicken deine Augen hin, so ist er fort;
denn plötzlich hat er Flügel sich verschafft gleich-
wie ein Adler und ist zum Himmel aufgeflogen.
6 Geh nicht zum Mahl bei einem Geizigen, begehre
nicht nach seinen Leckerbissen! 7 Denn es ist wie
etwas Ekelhaftes in der Kehle. »Iß nur und trink«,
spricht er zu dir, jedoch sein Herz ist dir nicht zu-
getan. 8 Den Bissen, kaum gegessen, mußt du wie-
der speien und hast vergeudet deine schönen
Worte.
9 Vor den Ohren eines Dummen rede nicht, denn er
verachtet deine einsichtsvollen Reden! 10 Verrücke
nicht die schon seit alters feste Grenze, und in der
Waisen Felder dring nicht vor! 11 Denn der Beschüt-
zer ihres Rechtes ist gar stark, und er wird ihre
Sache führen wider dich.

Väterliche Lehren

12 Lenke hin zur Zucht dein Herz, dein Ohr zu ein-
sichtsvollen Reden! 13 Erspare nicht dem Knaben
strenge Zucht; wenn du ihn mit der Rute schlägst,
so stirbt er nicht. 14 Du schlägst ihn vielmehr mit der
Rute und rettest vor dem Totenreich sein Leben.
15 Mein Sohn, wenn weise ist dein Herz, dann freut
sich auch mein eigenes Herz, 16 und es frohlockt
mein Innerstes, wenn deine Lippe Rechtes spricht.
17 Nicht nach den Sündern eifere dein Herz, viel-
mehr nach Furcht des Herrn zu jeder Zeit! 18 Denn
sicher gibt es eine gute Zukunft, und deine Hoff-
nung wird dir nicht zerstört.
19 Horch, du mein Sohn, und werde weise, und lenk
dein Herz geraden Weges! 20 Sei nicht bei denen, die
dem Weine frönen, bei denen, die im Fleischge-
nusse schlemmen! 21 Der Säufer und der Schlemmer
wird verarmen, und Schläfrigkeit bekleidet dich mit
Lumpen. 22 Gehorche deinem Vater, der dich
zeugte, verachte deine Mutter nicht, auch wenn sie
alt ist! 23 [Wahrheit kaufe – und verkaufe sie nicht –,
Weisheit, Zucht und Einsicht!] 24 Laut jubeln kann
der Vater eines Frommen; wer einen Weisen
zeugte, kann an ihm sich freuen. 25 Dein Vater freue
sich und deine Mutter, und es frohlocke die, die
dich gebar! 26 Schenk mir, mein Sohn, dein Herz,
daß meine Wege deinen Augen wohlgefallen!
27 Denn eine tiefe Grube ist die Dirne, ein enger
Brunnen ist die fremde Frau. 28 Ja, wie ein Räuber
liegt sie auf der Lauer und mehrt in allen Kreisen die
Verräter.

Der Trunkenbold

29 Wer hat Ach, und wer hat Weh, wer Gezänk, und
wer hat Jammer? Wer hat Wunden wegen nichts,

wer hat Augen, trüb und matt? 30 Die bis spät beim
Weine sitzen, die da kommen, Trank zu kosten. –
31 Schau den Wein nicht an, den roten, wie er Perlen
treibt im Becher, ach, er rinnt so glatt hinein!
32 Schließlich beißt er wie die Schlange, und er
sticht wie eine Otter. 33 Wunderliches sieht dein
Auge, und dein Herz spricht wirres Zeug. 34 Und du
gleichst wohl einem Manne, der da schläft auf
hoher See, schläft am Steuer seines Schiffes.
35 »Jemand schlug mich – tat nicht weh! Jemand
hieb mich – spürte nichts! Wann werd' ich vom
Wein erwachen? Will von neuem nach ihm
suchen!«

23,2: Sinngemäß ist an eine Geste der Zurückhaltung zu denken. Tischregeln begegnen auch in der ägyptischen Literatur oft. • 5: Der eigenartige Vergleich mit einem Vogel stammt aus Amenemope. • 17f: Bei der irdischen Vergeltungslehre des AT bestand die Gefahr, am Glück der Sünder Ärgernis zu nehmen. Der Weise hofft auf das »Ende«, d. h. auf den Umschwung in der Zukunft; 24,19f. • 23: Wohl störender Einschub, fehlt im Griechischen, ähnlich 4,7. • 26: »Herz« = innere Bereitschaft. • 27f: Vgl. die ähnlichen Aussprüche in Kap. 5–7. • 29–35: Ein volkstümliches Spottlied.

Segen der Weisheit – Hilfe für Arme – Feindesliebe

24 1 Auf böse Menschen sei nicht neidisch,
und wünsche ihren Umgang nicht!
2 Denn Gewalttat plant ihr Herz, ihre
Lippen reden Unheil. 3 Durch Weisheit wird ein
Haus gebaut und durch Einsicht fest gegründet.
4 Durch Wissen füllen sich die Kammern an mit
lauter Habe, kostbar und beglückend. 5 Der Weise
ist dem Starken überlegen, ein Verständiger dem
Kraftbegabten. 6 Denn nur mit Überlegung kannst
du siegreich kämpfen, und Rettung kommt durch
zahlreiche Berater. 7 Zu hoch ist für den Törichten
die Weisheit, im Tore tut er seinen Mund nicht auf.
8 Wer darauf ausgeht, Böses zu verüben, den pflegt
man einen Ränkeschmied zu nennen. 9 Sünde ist
der Torheit schlimmes Trachten; ein Greuel für den
Menschen ist der dreiste Schwätzer. 10 Wenn du
dich lässig zeigst am Tag der Not, ist deine eigene
Kraft in arger Not. 11 Befreie die, die man zum Tode
führt, und die zur Schlachtbank wanken, sollst du
retten! 12 Wenn du nun sagst: »Er weiß doch nicht
um uns!« – Oh, der die Herzen prüft, besitzt
Erkenntnis, und der auf deine Seele achtet, hat ein
Wissen, und er vergilt dem Menschen je nach
seinem Tun.
13 Mein Sohn, iß Honig, denn er schmeckt gar
gut, und süß ist Wabenhonig deinem Gaumen.
14 Genauso, wisse, ist für deine Seele Weisheit.
Sobald du sie gefunden, gibt es gute Zukunft,
und deine Hoffnung wird dir nicht zuschanden.
15 Belauere nicht frevelhaft des Frommen Woh-
nung, und seine Lagerstatt zerstöre nicht; 16 denn
siebenmal fällt der Gerechte und steht wieder
auf, die Frevler aber stürzen in ihr Unheil. 17 Sobald
dein Feind zu Fall kommt, freu dich nicht, und
wenn er stürzt, frohlocke nicht dein Herz, 18 daß
nicht der Herr es sieht und übelnimmt und seinen
Zorn von jenem wendet. 19 Auf Frevler sei nicht
eifersüchtig noch neidisch auf die Missetäter!
20 Denn keine Zukunft hat der Böse, des Frevlers
Lampe muß erlöschen. 21 Mein Sohn, den Herrn
und auch den König fürchte, mit beiden sollst du
dich nicht überwerfen! 22 Denn plötzlich geht
Verderben aus von ihnen und Unheil von den bei-
den, eh' man denkt.
23 Auch diese Sprüche sind von Weisen: Von Übel
ist Parteilichkeit vor dem Gericht. 24 Wer zum
Schuldigen sagt: »Du bist im Recht«, dem fluchen
die Leute, den verwünschen die Volksmassen.
25 Gerechten Richtern aber geht es gut, und reicher
Segen kommt auf sie herab. 26 Die Lippen küßt, wer
klare Antwort gibt. 27 Nimm draußen deine Arbeit
auf, und auf dem Felde such sie dir; danach dann
gründe dir ein Heim! 28 Sei nie ein falscher Zeuge
wider deinen Nächsten, und täusche nicht mit
deinen Lippen! 29 Sprich nicht: »Wie er an mir getan,
will ich ihm tun, will jeglichem nach seiner Tat
vergelten!«

Der faule Landwirt

30 Ich ging vorbei am Acker eines Faulen, am Wein-
berg eines Mannes ohne Einsicht. 31 Und sieh, er
war mit Disteln überwuchert, mit Unkraut seine
Fläche ganz bedeckt, und eingerissen war sein Wall
aus Steinen. 32 Ich sah und nahm die Sache mir zu
Herzen, ich schaute hin und zog daraus die Lehre:
33 »Nur noch ein bißchen Schlaf, ein bißchen
Schlummer, ein bißchen Hände-Ineinanderlegen,
um zu ruhen! 34 Und schon kommt über dich die
Armut wie ein Strolch und deine Not gleichwie ein
frecher Bettler.«

24,6: Ein geläufiges Sprichwort, ähnlich 11,14; 15,22; 20,18. • 7: Im Stadttor pflegte man Beratung und hielt man Gericht. • 11f: Ohne gläubige Gottesliebe keine wahre Nächstenliebe! 19f: Vgl. 23,17; Ps 37,1. • 23: Die Überschrift kennzeichnet einen weiteren Anhang von Weisheitsregeln. • 30: Zum Schluß ein Gedicht über den faulen Landwirt wie 23,29–35 das über den Trunkenbold, 27,23–27 über die Viehzucht. • 33f: Wohl ein geflügeltes Wort = 6,10f.

Zweite Sammlung salomonischer Sprüche

25 1 Auch folgendes sind Sprüche Salomos,
welche die Männer des Hiskia, des
Königs von Juda, zusammengestellt
haben. 2 Gottes Ehre ist es, manches zu verbergen,
jedoch des Königs Ehre, Dinge zu erforschen. 3 Des

Himmels Höhe und der Erde Tiefe und auch das Herz der Könige sind unerforschlich. 4 Entferne aus dem Silber alle Schlacken, nur dann gelingt dem Goldschmied das Gefäß! 5 Entferne vor dem König jeden Frevler, dann erlangt durch Recht sein Thron Bestand! 6 Vor einem König sollst du dich nicht brüsten und an den Platz der Großen dich nicht stellen! 7 Denn besser, daß man zu dir sagt: »Rück hier herauf!«, als daß man dich hinunterschiebt vor einem Edlen.

Beherrschung der Zunge

8 Was deine Augen wahrgenommen haben, laß vorschnell nicht zu einem Streitfall werden! Denn was kannst du später unternehmen, wenn dich beschämen wird dein Nächster? 9 Ficht deinen Streit mit deinem Nächsten aus, doch das Geheimnis eines andren gib nicht preis, 10 damit nicht, wer es hört, dich schmähe und deine Schande unaufhörlich sei! 11 Wie goldene Äpfel in Silberschalen, so ist ein Wort, zur rechten Zeit gesprochen. 12 Ein goldner Ring und Schmuck aus feinstem Golde – ein weiser Mahner und ein Ohr, das hört. 13 Wie kühler Schnee zur heißen Erntezeit, so ist ein treuer Bote dem, der ihn gesandt: er wird die Seele seines Herrn erquicken. 14 Wie Wolken, Wind und doch kein Regen, so ist, wer trügerisch mit Gaben prahlt. 15 Durch Langmut wird ein Vorgesetzter überredet, und eine sanfte Zunge kann selbst Knochen brechen. 16 Hast Honig du gefunden, iß nur, was dir guttut, damit du ihn nicht satt bekommst und brechen mußt! 17 Mach deinen Fuß im Hause deines Nächsten selten, damit er dich nicht satt bekommt und haßt! 18 Wie Hammer wirkt, wie Schwert und scharfer Pfeil, wer gegen seinen Nächsten spricht als falscher Zeuge. 19 Ein schlechter Zahn, ein trittunsicherer Fuß, das ist der ungetreue Mensch am Tag der Not. 20 Wie einer, der auf Natron Essig gießt, so ist, wer Lieder singt für ein vergrämtes Herz.

21 Wenn Hunger hat dein Feind, dann speise ihn mit Brot, und wenn ihn dürstet, tränke ihn mit Wasser! 22 Denn Feuerkohlen häufst du auf sein Haupt, und auch der Herr wird es an dir vergelten. 23 Regen bringt hervor der Wind aus Norden und mürrische Gesichter die Verleumderzunge. 24 Lieber wohnen in der Ecke eines Daches als mit einer bösen Frau in einem Haus zusammen. 25 Wie kühles Wasser für die durst'ge Kehle, so ist aus fernem Lande eine gute Nachricht. 26 Getrübter Born und unbrauchbare Quelle ist ein Gerechter, der vor Frevlern wankt. 27 Zu viel vom Honig essen tut nicht gut; so spare mit den Worten eitler Ehre! 28 Wie eine Stadt, durchbrochen, ohne Mauern, so ist ein Mann, dem Selbstbeherrschung fehlt.

25,1: Wie 10,1, so beginnt hier eine Sammlung vorwiegend salomonischer Sprüche, die königliche Gelehrte ums Jahr 700 zusammengestellt haben. Sie umfaßt weniger als die Hälfte der ersten Sammlung. Der Inhalt ist sehr ähnlich, auch Wiederholungen begegnen öfters. • 2: Gottes Walten ist unergründlich. Der König als Richter aber soll die menschlichen Rechtsfälle genau erforschen. • 7: Vgl. Luk 14,7–11. • 20: Natron wird vom sauren Essig aufgelöst. Text z. T. verderbt. • 22: Bild für Beschämung und Bestrafung (vgl. Ps 11,6; Ps 140,11); und doch ist es nur Edelmut, der den Gegner beschämt. Zitiert Röm 12,20.

Der unbrauchbare Tor

26 1 Wie Schnee im Sommer, Regen in der Ernte, so wenig paßt für einen Toren Ehre. 2 Wie ein Sperling, der entweicht, und eine Schwalbe, die entflieht, so ist ein Fluchwort ohne Grund; es trifft nicht ein. 3 Die Peitsche für das Pferd, der Zaum dem Esel, und für des Toren Rücken eine Rute! 4 Gib nicht nach seiner Narrheit einem Toren Antwort, damit du nicht ihm selbst dich ähnlich machst! 5 Gib nach seiner Narrheit einem Toren Antwort, damit er sich nicht weise dünke vor sich selbst! 6 Die Füße sich verstümmelt, Unheil kostet, wer Botschaft sendet durch die Hand des Toren. 7 Wie die erschlafften Füße eines Lahmen, so ist ein Weisheitsspruch im Mund der Toren. 8 Wie wenn man einen Stein festbindet an der Schleuder, so handelt auch, wer einem Toren Ehre zollt. 9 Ein Dornzweig ragt empor in Händen eines Trunkenen; so ist ein Weisheitsspruch im Mund der Toren. 10 Dem Schützen gleich, der jedermann verwundet, sind Toren und Betrunkene, wenn sie vorübergehen. 11 Gleichwie ein Hund, der wiederkehrt zu seinem Auswurf, ist auch ein Tor, der seine Narrheit wiederholt. 12 Erblickst du jemand, der sich selber weise dünkt, – mehr Hoffnung gibt es für den Toren als für ihn.

Der Faule

13 Der Faule spricht: »Ein Junglöwe ist auf dem Weg, ein Löwe mitten auf den Straßen!« 14 Die Türe dreht sich in der Angel; so auch in seinem Bett der Faule. 15 Der Faule streckt zur Schüssel seine Hand und ist zu träge, sie zum Mund zu führen. 16 Der Faule kommt sich selber weiser vor als sieben, die vernünftig Antwort geben.

Streitsucht, Verleumdung, Falschheit

17 Einen Hund packt beim Vorüberlaufen an den Ohren, wer übergreift auf einen Streit, der ihn nichts angeht. 18 Wie einer, der sich närrisch stellt und schießt mit Feuer, Pfeilen, tödlichen Geschossen, 19 so ist ein Mann, der seinen Nächsten täuscht und spricht: »Ich mache ja nur Spaß.« 20 Ist

kein Holz mehr da, so geht das Feuer aus, und ist kein Ohrenbläser da, so legt sich Zank. 21 Kohlen dienen für die Glut und Holz fürs Feuer, ein Mensch jedoch, der zänkisch ist, zum Streit entfachen. 22 Wie Leckerbissen sind des Ohrenbläsers Worte, sie gleiten ein ins Innerste des Leibes. 23 Silberschaum, auf Tongeschirr gelegt, sind glatte Lippen – und dabei ein böses Herz. 24 Ein Feind verstellt sich mit den Lippen, in seinem Innern aber hegt er Trug. 25 Mag er auch noch so freundlich reden, trau ihm nicht; denn sieben Greuel sind in seinem Herzen. 26 Mag sich der Haß verstecken hinter Heuchelei, so wird doch seine Bosheit offenbar in der Gemeinde. 27 Wer eine Grube gräbt, fällt in sie hinein; wer einen Stein hochwälzt, auf den rollt er zurück. 28 Die falsche Zunge findet ihr Verderben, und heuchlerischer Mund verursacht Sturz.

26,7f: Bild für wertloses Unternehmen. • 9: Bild für unüberlegtes und gefährliches Treiben. • 13: Ähnlich 22,13. • 15: Ein geflügeltes Wort, = 19,24. • 22: = 18,8. • 26: »Gemeinde« ist die öffentliche Volks- und Gerichtsversammlung.

Lebensweisheit, Menschenkenntnis, Freundschaft

27

1 Nicht rühme dich des Tags, der morgen kommt; du weißt ja nicht, was jeder Tag dir bringt. 2 Ein andrer rühme dich und nicht dein eigner Mund, ein Fremder und nicht deine eigenen Lippen! 3 Der Stein ist schwer, der Sand hat viel Gewicht, doch schwerer noch als beide ist Verdruß mit Toren. 4 Die Wut ist grimmig, übergroß der Zorn, doch wer kann vor der Eifersucht bestehen? 5 Besser offener Tadel als unaufrichtige Liebe. 6 Treu gemeint sind Schläge eines Freundes, doch trügerisch die Küsse eines Feindes. 7 Mit Füßen tritt der Satte feinsten Honig, dem Hungrigen jedoch schmeckt alles Bittre süß. 8 Dem Vogel gleich, von seinem Nest vertrieben, ist einer, der vertrieben ist von seinem Wohnort.

9 Salböl und Räucherwerk erfreut das Herz, und eines Freundes Güte mehr als eigenes Überlegen. 10 Verlaß nicht deinen Freund und deines Vaters Freund, in deines Bruders Haus geh nicht am Tag der Not! Denn besser ist ein naher Nachbar als ein ferner Bruder. 11 Mein Sohn, sei weise und erfreu mein Herz; so kann ich Rede stehen jedem, der mich schmäht. 12 Der Kluge sieht das Unheil und verbirgt sich; die Toren gehen weiter, aber büßen es. 13 Nimm weg sein Kleid, weil er für andre bürgte, und fremder Leute wegen pfände ihn! 14 Preist jemand seinen Freund mit allzu lauter Stimme, kann dies, wenn er am Morgen aufsteht, schon als Fluch ihm gelten.

15 Ein Dach, das dauernd tropft zur Regenzeit, und eine nörglerische Frau, sie gleichen sich. 16 Wer eine solche birgt, birgt Wind, und seine Rechte greift in Öl. 17 Eisen wird mit Eisen nur geschliffen, der Mensch schleift das Benehmen seines Nächsten. 18 Hegt jemand einen Feigenbaum, genießt er dessen Frucht, und wer behütet seinen Herrn, wird selber hoch geehrt. 19 Gleichwie im Wasser sich das Antlitz spiegelt, so auch ein Menschenherz in dem des andern. 20 Totenreich und Unterwelt sind unersättlich; so werden auch des Menschen Augen nimmer satt. 21 Das Silber prüft der Tiegel und das Gold der Ofen, den Menschen aber prüft der Mund des Lobenden. 22 Zerstießest du den Toren mit dem Stampfer in einem Mörser mitten unter Schrotgetreide, nicht würde von ihm weichen seine Torheit.

Nutzen der Viehzucht

23 Wisse gut Bescheid vom Zustand deines Viehes, und auf die Herden lenke deinen Sinn! 24 Denn nicht auf ewig reicht Vermögen aus noch auch ein Vorrat für die fernste Zeit. 25 Wenn Gras hervorsprießt, frisches Grün erscheint, der Berge Kräuter eingesammelt werden, 26 dann gibt es Lämmer, die dir Kleidung liefern, und Böcke, die als Kaufpreis eines Feldes dienen, 27 und reichlich Ziegenmilch zu deiner Nahrung, ja zur Ernährung deines ganzen Hauses [und Lebensunterhalt für deine Mägde].

27,12: = 22,3. • 13: = 20,16. • 14: Rasch wird der allzu laute, schmeichlerische Gruß durchschaut und schlecht ausgelegt. • 16: Sinn: eine solche Frau weicht immer aus; man kann ihr nicht beikommen. • 18b: Wird in der Liturgie auf St. Joseph angewendet. • 19: Ein Weiser durchschaut wie in einem Spiegelbild das Herz seines Nächsten. • 21: Der »Lobende« ist der Beurteiler, Kritiker. • 23–27: Vgl. das Gedicht 24,30ff. Der kulturelle Hintergrund der Sprüche ist ein Bauernvolk. Mit diesem Lied schließt die erste Hälfte dieser Spruchsammlung.

Gerechte und Frevler, Fromme und Sünder, Arme und Reiche

28

1 Der Frevler flieht, wo niemand ihn verfolgt, doch der Gerechte fühlt sich sicher wie ein Löwe. 2 Ob der Sünde eines Landes wechseln häufig seine Fürsten; durch einen klugen, weisen Mann hat Ordnung lange Dauer. 3 Ein Herrscher, der die Armen unterdrückt, ist wie ein Regen, der verwüstet und kein Brot schafft. 4 Wer von der rechten Lehre abweicht, rühmt den Frevler, doch wer die Lehre einhält, widersetzt sich ihm. 5 Die Bösen haben kein Verständnis für das Recht, die aber suchen nach dem Herrn, verstehen alles. 6 Besser ist ein Armer, der in Unschuld wandelt, als wer auf krummen Wegen geht und dabei reich ist.

7 Ein weiser Sohn ist, wer die rechte Lehre hält,
doch wer mit Schlemmern umgeht, macht dem
Vater Schande. 8 Wer sein Vermögen mehrt durch
Zins und Wucher, sammelt es für den, der sich er-
barmt der Armen. 9 Wer sein Ohr vom Hören auf
die Lehre wegnimmt, dem wird selbst sein Gebet
ein Greuel vor dem Herrn. 10 Wer Gute irreführt auf
bösem Weg, wird selbst in seine Grube stürzen;
doch Heil erlangt, wer schuldlos bleibt. 11 Der
Reiche dünkt sich weise vor sich selbst, doch ihn
durchschaut der einsichtsvolle Arme. 12 Wenn die
Gerechten triumphieren, herrscht viel Glanz, wenn
aber Frevler sich erheben, dann versteckt man sich.
13 Wer seine Sünden still verheimlicht, hat kein
Glück; jedoch wer sie bekennt und aufgibt, findet
Gnade. 14 Selig, wer beständig ängstlich bleibt, doch
wer sein Herz verhärtet, stürzt ins Unglück. 15 Dem
Löwen gleich, der knurrt, dem Bären voller Gier, so
ist ein frevelhafter Herrscher über wenig Volk. 16 Ein
Fürst mit wenig Einsicht übt gar viel Erpressung;
wer aber unrecht Gut verschmäht, wird lange
leben. 17 Ein Mensch, beladen mit dem Blute eines
andern, ist flüchtig bis zum Tod; man halte ihn
nicht auf! 18 Wer unbescholten wandelt, findet Heil,
wer krumme Wege geht, fällt in die Grube. 19 Wer
seine Flur bebaut, hat reichlich Brot, wer Nichtig-
keiten nachjagt, reichlich Not.
20 Wer ehrlich lebt, der erntet vielfach Segen, wer
hastig sich bereichert, bleibt nicht ungestraft. 21 Par-
teiisch sein ist nicht in rechter Ordnung; um einen
Bissen Brot verfehlt sich mancher. 22 Nach Reich-
tum hascht ein Mann, der geizig ist, und nicht denkt
er daran, daß Mangel ihn ereilt. 23 Wer jemand
tadelt, erntet schließlich Dank, mehr als der
Mensch mit schmeichelhafter Zunge. 24 Wer seine
Eltern schwer bestiehlt und meint, das sei nicht
Sünde, der ist schon ein Genosse des Verderbers.
25 Wer Habgier nährt, entfacht den Streit; wer auf
den Herrn vertraut, wird reich gelabt. 26 Wer auf
sich selbst vertraut, der ist ein Tor; doch wer in
Weisheit wandelt, wird gerettet. 27 Wer einem
Armen gibt, wird keinen Mangel leiden; doch wer
vor ihm den Blick verhüllt, wird viel verflucht.
28 Wenn Frevler sich erheben, dann verbirgt man
sich; doch wenn sie untergehen, mehren sich die
Frommen.

28,2a: Meint vielleicht den häufigen Regierungswechsel im Nordreich Israel, während in Juda die davidische Dynastie stets blieb. • 6: Vgl. 19,1. • 8: Zinsverbot 2 Mos 22,24; 3 Mos 25,36f; 5 Mos 23,20f. • 12: Ähnlich 28; 29,2. • 14: Meint sorgfältige Gottesfurcht, nicht Skrupelhaftigkeit. • 17: Der Mörder wird aus der Volksgemeinschaft ausgestoßen, vgl. Kain: 1 Mos 4,13f.

Der rechte Herrscher – Segen über Gerechte und Weise – Unheil über Frevler und Toren

29 1 Ein Mensch, hartnäckig gegen Tadel,
wird jäh und rettungslos zerschmettert.
2 Wenn sich die Frommen mehren, freut
sich alles Volk, doch wenn ein Frevler herrscht,
dann seufzt das Volk. 3 Wer Weisheit liebt, macht
seinem Vater Freude; doch wer mit Dirnen um-
geht, opfert sein Vermögen. 4 Ein König festigt
durch Gerechtigkeit sein Land, doch wer die Steu-
ern häuft, verwüstet es. 5 Ein Mann, der seinem
Nächsten schmeichelt, legt eine Falle aus vor
dessen Füßen. 6 Der böse Mensch verstrickt sich
in der Sünde, doch der Gerechte kann frohlocken
und sich freuen. 7 Ums Recht der Armen sorgt sich
der Gerechte, der Frevler aber weiß von keiner
Sorge.
8 Zügellose bringen eine Stadt in Aufruhr, Weise
aber stillen die Erregung. 9 Vertritt sein Recht ein
Weiser vor dem Toren, so tobt und spottet dieser
ohne Ruhe. 10 Der Blutmensch haßt den Tugend-
haften, Gerechte aber schauen auf sein Leben.
11 Der Tor läßt seinen ganzen Unmut los, der Weise
aber drängt ihn klug zurück. 12 Sobald ein Herrscher
hört auf Lügenworte, sind alle seine Diener frevle-
risch. 13 Der Arme und sein Quäler treffen sich;
doch beiden gab der Herr das Augenlicht. 14 Ein
König, der getreu den Armen Recht verschafft –
sein Thron steht fest für alle Zeit. 15 Die Rute und
die Rüge teilen Weisheit mit, jedoch ein Knabe
ohne Zucht bringt seiner Mutter Schande. 16 Wenn
sich die Frevler mehren, mehrt sich Missetat; doch
die Gerechten schauen deren Sturz. 17 Bestrafe
deinen Sohn, so wird er dich beglücken und deiner
Seele süße Wonnen einst bereiten. 18 Ohne Offen-
barung muß das Volk verkommen, doch beachtet
es die Lehre, dann Glück auf! 19 Mit Worten läßt ein
Sklave sich nicht bessern, denn er vernimmt sie
zwar doch gibt er keine Antwort. 20 Siehst du
jemand, der es eilig hat mit seinen Reden – mehr
Hoffnung gibt es für den Toren als für ihn.
21 Verwöhnt man seinen Sklaven schon von Jugend
auf, dann wird zu guter Letzt er widerspenstig.
22 Wer neigt zum Zorn, verursacht Streit, wer Jäh-
zorn nährt, häuft Missetat. 23 Des Menschen Stolz
erniedrigt ihn, doch Ehre erntet der Bescheidene.
24 Sein Leben haßt, wer mit dem Diebe teilt; er hört
den Fluch und macht doch keine Meldung. 25 Zum
Fallstrick wird dem Menschen seine Angst, wer
aber auf den Herrn vertraut, ist sicher. 26 Gar viele
buhlen um des Herrschers Gunst, doch nur vom
Herrn kommt Recht für jeden. 27 Ein Greuel für

Gerechte ist der Übeltäter, und für den Frevler ist ein Greuel jeder Redliche.

29,13: Vgl. 22,2. • 14: Vgl. die Verheißung an David in 2 Sam 7,16. • 18: Paßte besonders für das Volk der göttlichen Offenbarung. • 24: Diebe wurden feierlich verflucht: 3 Mos 5,1; Richt 17,2.

Worte Agurs – der unerforschliche Gott

30

1 Worte Agurs, des Sohnes Jakes, aus Massa: »Ein Ausspruch des Mannes Laïtiël (Gottmüher): Ich mühte mich ab mit Gott und erliege. 2 Ich bin ja zu dumm für einen Menschen, und nicht einmal menschliche Einsicht besitze ich. 3 Auch habe ich Weisheit nicht gelernt, noch kenne ich das Wissen des Heiligsten. 4 Wer stieg zum Himmel empor und fuhr hernieder? Wer hat den Wind gefangen in seiner Faust? Wer band das Wasser in ein Gewand? Wer hat alle Enden der Erde errichtet? Wie heißt er doch, und wie heißt sein Sohn? Du weißt es ja wohl!«

Das unveränderliche Gotteswort

5 Bewährt ist jede Rede Gottes; ein Schild ist er für die, die zu ihm fliehen. 6 An seine Worte füge nichts mehr an, sonst überführt er dich als einen Lügner.

Gebet des Bescheidenen

7 Ein Doppeltes erflehe ich von dir, versage es mir nicht in meinem Leben: 8 Der Falschheit Lügenwort halt fern von mir, auch Armut oder Reichtum sollst du mir nicht geben! Schenk nur an Brot, soviel mir not! 9 Damit ich, reich gesättigt, nicht zum Leugner werde und »Wer ist denn der Herr?« im Herzen sage; damit ich in der Armut nicht zum Diebe werde und meines Gottes Namen anzugreifen wage.

Der Gewaltmensch

10 Verleumde nicht den Knecht bei seinem Herrn, damit er dir nicht flucht und du es büßen mußt! 11 Ein Geschlecht, das seinem Vater flucht, von seiner Mutter nicht mit Ehrfurcht redet, 12 ein Geschlecht, nach seiner Meinung rein, und doch nicht rein von seinem Schmutze, 13 ein Geschlecht – wie stolz sind seine Augen, wie überheblich seine Wimpern! 14 Ein Geschlecht, des Zähne Schwerter sind und Messer sein Gebiß, zu tilgen aus dem Land die Armen, die Schwachen aus dem Kreis der Menschen.

Zahlensprüche – vier Unersättliche

15 Der Blutegel hat zwei Töchter: Gib, gib! – Drei sind es, die nie satt bekommen, vier sagen nie: »Genug!« 16 Das Totenreich, der unfruchtbare Mutterschoß, die Erde, die des Wassers niemals satt wird, das Feuer, das nie sagt: »Genug!«

Undankbare Kinder

17 Ein Auge, das des Vaters spottet, verachtet seine greise Mutter, das hacken Raben aus am Bach, die jungen Adler fressen es.

Vier wunderbare Wege

18 Drei sind es, die zu wunderbar für mich, vier, die ich nicht begreifen kann: 19 der Weg des Adlers an dem Himmel, der Weg der Schlange über Felsen, des Schiffes Weg auf hoher See, des Mannes Weg bei einer jungen Frau.

Die Ehebrecherin

20 So ist der Weg der Ehebrecherin: Sie ißt und wischt den Mund sich ab und spricht dabei: »Ich tat nichts Schlechtes!«

Vier Unerträgliche

21 Unter dreien bebt die Erde, bei vieren kann sie nicht bestehen: 22 Bei einem Sklaven, wenn er König wird, und einem Toren, wenn er Brot in Fülle hat, 23 bei einer ehedem verschmähten Frau, wenn sie zur Heirat kommt, und einer Magd, wenn sie verdrängt hat ihre Herrin.

Vier kluge Zwerge

24 Vier sind die Kleinsten auf Erden und dennoch die Klügsten der Weisen: 25 Die Ameisen sind ein Volk ohne Macht und besorgen sich trotzdem im Sommer ihr Futter. 26 Die Klippdachse sind ein Volk ohne Stärke und bauen sich dennoch im Fels ihre Wohnung. 27 Die Heuschrecken haben bei sich keinen König und ziehen doch alle geordnet einher. 28 Die Eidechse läßt sich mit Händen ergreifen, und dennoch verweilt sie in Königspalästen.

Vier Voranschreitende

29 Drei sind es, die stattlich schreiten, und vier, die stattlich marschieren: 30 der Löwe, der Held aller Tiere, der auch vor niemandem kehrtmacht, 31 der Hahn, der stolziert, und der Leitbock und schließlich der König, der wie ein Gott sich erhebt vor dem Volke.

Zurückhaltung

32 Benahmst du dich als Tor beim öffentlichen Auftritt, und wenn du dich besinnst, leg auf den Mund die Hand! 33 Denn stößt man Milch, so bringt dies Butter, stößt man die Nase, bringt dies Blut, stößt man den Zorn, so bringt dies Streit hervor.

30,1: Erster Anhang an diese salomonische Sammlung. Massa wohl im Süden von Israel, ein Stamm der Ismaeliter: 1 Mos 25,14. Der gleiche Name begegnet in 31,1. • 1–4: Erinnert an Job, dessen Heimat in der Nähe lag. Die Weisheit dieser Beduinen war berühmt (Jer 49,7; Bar 3,22f). – Der Text ist schwierig. Agur scheint sich den Beinamen Laïtiël zu geben. • 4: Rednerische Fragen wie Job 38. • 5: Der Ausspruch Agurs scheint bereits beendet zu sein. Vers 5 stammt aus Ps 18,31. • 6: Eine abschließende Warnung, ähnlich 5 Mos 4,2; 13,1; Offb 22,18f. • 7–9: Unter den weiteren losen Einschiebungen bildet dieses zarte Gebet eine Perle des ganzen

Buches. • 8: Das »tägliche (?) Brot«: Matth 6,11? • 9: Die Gefahr des Reichtums ist Stolz und Gottvergessenheit, die der Armut Diebstahl und Fluch gegen Gott. • 10: Das Stichwort »fluchen« verknüpft den Spruch mit Vers 11 und 9. • 11–14: Ist kein fertiger Satz, sondern nur Aufzählung; ähnlich 6,12–15 und den folgenden Zahlensprüchen. • 15: Eine besondere dichterische Form sind die Zahlensprüche, die vielleicht auf Rätselfragen zurückgehen. – Der erste Satz (15a) ist ein eigener, verkürzter Spruch. Die »Töchter« des Blutegels sind wohl seine beiden Saugorgane. Die Tonmalerei »gib, gib« schildert die Gier des Tieres. • 16: Auch Unfruchtbarkeit einer Frau pflegt dauernd zu bleiben, ist also gleichfalls unersättlich. • 17: Einschub unter dem Stichwort »Adler« (Vers 19). Nicht bestattet zu werden, gilt als größte Schmach. • 19: Das vierte »Wunder« meint das Geheimnis des Geschlechtsverkehrs. • 20: Der Einschub schildert die »Spurlosigkeit« der frechen Ehebrecherin. • 21: Zu rasches Emporkommen können die Menschen selten vertragen. Es kommt dadurch das ganze soziale Weltgefüge ins Wanken. • 31: Text unsicher.

Worte an Lemuel

31

1 Worte Lemuels, des Königs von Massa, womit ihn seine Mutter ermahnt hat: 2 Was, mein Erstgeborener Lemuel, soll ich sagen, ja was, du meines Leibes Sohn, du meiner Gelübde Frucht?

Königliche Tugenden: Keuschheit

3 Gib Frauen deine Kraft nicht hin noch denen deinen Leib, die Könige verderben!

Mäßigkeit

4 Nicht soll den Königen, o Lemuel, den Königen der Weingenuß gefallen, noch Fürsten die Begierde nach dem Rauschtrank! 5 Damit nicht einer trinke und die Pflicht vergesse und aller Notbedrängten Recht verdrehe. 6 Gebt Rauschtrank dem Versinkenden, und Wein gebt den Verbitterten! 7 Der trinke und vergesse seine Not und denke weiter nicht an seine Mühsal!

Gerechtigkeit

8 Öffne für den Stummen deinen Mund und für die Rechtsbelange aller Schwachen! 9 Öffne deinen Mund, gerecht entscheide, und schaffe Recht dem Elenden und Armen!

Die tüchtige Frau

10 Eine tüchtige Frau – wer findet sie wohl? Weit über Korallen hinaus geht ihr Wert. 11 Auf sie kann vertrauen das Herz ihres Mannes, und nicht wird es mangeln an reichem Gewinn. 12 Sie erweist ihm nur Gutes und niemals ein Leid an allen Tagen, solange sie lebt. 13 Sie trachtet und müht sich um Wolle und Flachs und schafft mit gar emsigen Händen. 14 Dem Schiff eines Kaufmannes ist sie vergleichbar, sie holt ihre Nahrung von ferne herbei. 15 Auch wenn es noch Nacht ist, erhebt sie sich schon und reicht ihrem Hause die Speise [und rechte Verpflegung den Mägden]. 16 Sie will einen Acker und kauft sich ihn auch, sie pflanzt einen Weinberg vom Lohn ihrer Hände. 17 Sie gürtet mit Kraft ihre Lenden, und rüstig gebraucht sie die Arme. 18 Sie fühlt, wie ihr Wirken gedeiht, nicht erlischt bei der Nacht ihre Lampe. 19 Ihre Arme hebt sie zum Spinnrocken hin, ihre Hände halten die Spindel. 20 Ihre Hand reicht sie offen dem Elenden dar, ihre Arme hebt sie zum Dürftigen hin. 21 Sie braucht für ihr Haus auch den Schnee nicht zu fürchten, denn ihr Haus insgesamt ist in Wolle gekleidet. 22 Teppiche hat sie sich kunstvoll gefertigt, Byssus und Purpur sind ihre Gewänder. 23 Bekannt in den Toren ist bestens ihr Mann, wenn er sitzt bei den Räten des Landes. 24 Tücher fertigt sie an und verkauft sie und liefert die Gürtel dem Händler. 25 Stärke und Hoheit sind ihr Gewand, sie spottet der drohenden Zukunft. 26 Sie öffnet zu Weisheitsreden den Mund, und gütige Lehre erteilt ihre Zunge.

27 Sie wacht über Handel und Wandel des Hauses, und nimmer genießt sie die Speise der Trägheit. 28 Ihre Söhne erscheinen und preisen sie glücklich, ihr Gatte erhebt sich und rühmt sie: 29 »Viele der Töchter erzeigten sich tüchtig, du aber ragst über alle hinaus.« 30 Trug ist die Anmut und nichtig die Schönheit, der Frau, die den Herrn fürchtet, ihr gebührt Lob. 31 Spendet ihr Preis ob der Frucht ihrer Hände, es mögen sie rühmen im Tor ihre Werke!

31,10: Der letzte Anhang besteht aus 22 Versen, der Zahl der Buchstaben, und alle beginnen der Reihe nach mit den Buchstaben des Alphabets. Solche alphabetischen Lieder sind auch einige späte Psalmen und Klagelieder. Das berühmte Lied auf die tüchtige Frau ist ziemlich jung und war ursprünglich wohl selbständig. Die Liturgie verwendet es an Festen heiliger Frauen. • 19f: Mit den gleichen Worten werden ihre Hände bald als werktätig, bald als mildtätig geschildert. • 21: »Haus« ist die ganze Familie. • 23: Ihr Mann ist angesehen im Rat der Ältesten. Wenn er auch die häuslichen Geschäfte seiner Frau überlassen kann, ist er doch selber nichts weniger als untätig und unfähig. • 25: »Gewand« ist oft Bild für den Besitz sittlicher Werte. • 31: »Im Tor« bedeutet in aller Öffentlichkeit.

DAS BUCH PREDIGER

»Prediger« bedeutet wohl eher »Versammlungsredner«. In Kapitel 12,9 wird der Verfasser richtig ein »Weiser« genannt. Wie alle Weisheitsbücher, einem spätjüdischen Brauche folgend, sich als salomonisch ausgaben, so stellt sich auch der Prediger als »König Salomo« vor, gibt aber nach dem 2. Kapitel diesen Anschein ganz auf. Sein Weisheitsbuch ist bald Prosa, bald Dichtung. In den Sprichwörtern und Lebensregeln ist es von der allgemeinen Weisheitslehre und vom Buch der Sprüche abhängig. Selbständig sind ein paar Grundgedanken, die regelmäßig wiederkehren: die Nichtigkeit aller irdischen Werte, der zwar von Gott geordnete, aber undurchschaubare Ablauf des Weltgeschehens, die Ungewißheit von Zukunft und Jenseits und daher der Grundsatz, die gottgegebenen Freuden des Lebens zu genießen. »Prediger« ist in seinen Ansichten oft einseitig überspitzt. Aber weil er über so vielerlei Widersprüche und Rätsel nachdenkt, ergibt sich aus der Fülle von Einseitigkeiten im ganzen doch eine überlegene Vielseitigkeit. Vor allem verleiht ihm sein Gottesglaube eine dankbare Ergebenheit, mag auch das Walten des Allmächtigen dem kleinen Menschen unbegreiflich sein.
Das Buch mit seiner Behandlung allgemeiner Menschheitsfragen wird auch von ägyptischen und babylonischen, vielleicht sogar schon griechischen Schriften verwandter Art beeinflußt sein. Es ist wohl um das Jahr 200 v. Chr. verfaßt worden. Seine Zweifel und seine Kritik wirkten weiter und suchten nach einer Antwort, wie sie im vollkommensten Maße Christus brachte.

Worte des Predigers, des Sohnes Davids,
des Königs in Jerusalem. 2 Wahn, nur
Wahn, spricht der Prediger, Wahn nur
Wahn, alles ist Wahn!

Das nichtige Weltgetriebe

3 Was bleibt dem Menschen bei all seiner Mühe, die
er sich macht unter der Sonne? 4 Ein Geschlecht
geht, und ein Geschlecht kommt, die Erde aber bleibt
ewig stehen. 5 Die Sonne geht auf, und die Sonne
geht unter, und ihrem Ort strebt sie zu und geht dort
wieder auf. 6 Es weht nach Süden und dreht sich
nach Norden, es dreht sich und dreht sich und weht
der Wind; und zu seinen kreisenden Bahnen kehrt
wieder der Wind. 7 Die Flüsse alle wandern zum
Meer, doch das Meer wird nicht voll, zum Ort, nach
dem die Flüsse wandern, dorthin wandern sie im-
merdar. 8 Alle Dinge hetzen sich müde, kein Mensch
kann es sagen (wozu). Das Auge wird vom Sehen
nicht satt, das Ohr vom Hören nicht voll. 9 Was war,
wird wieder sein; was geschah, wird wieder gesche-
hen, und nichts Neues gibt es unter der Sonne. 10 Gibt
es etwas, von dem man sagen kann: »Sieh, dieses ist
neu!«? Längst war es zu Zeiten, die vor uns gewesen.
11 Es bleibt kein Erinnern an die Früheren und auch
für die Späteren, die kommen werden: Es gibt kein
Erinnern an sie bei denen, die noch später kommen.

Wissen enttäuscht

12 Ich, der Prediger, bin König gewesen über Israel in
Jerusalem. 13 Ich verlegte mich darauf, in Weisheit
nachzuforschen und zu grübeln über alles, was ge-
schieht unter der Sonne. Es ist das eine schlimme
Plage, die Gott den Menschen gab, sich damit zu
mühen. 14 Ich besah mir alle Werke, die unter der
Sonne geschehen, und sieh da, alles ist Wahn und
ein Jagen nach Wind. 15 Krummes kann nicht gerade
werden, und Fehlendes kann nicht gezählt werden.
16 Zu meiner Seele sagte ich nun: So bin ich also
groß geworden und habe Weisheit erworben, mehr
als alle, die vor mir über Jerusalem herrschten, und
mein Herz erfuhr Weisheit und Wissen in Menge.
17 Und ich verlegte mich darauf, Weisheit und Wis-
sen zu erkennen, Torheit und Narrheit. Ich mußte
erkennen: auch dies ist ein Jagen nach Wind!
18 Denn bei viel Weisheit ist viel Verdruß, und
mehrt man das Wissen, mehrt man das Leid.

1,5: Man glaubt, die Sonne gehe nachts unter der Erdscheibe von Westen nach Osten zurück. • 8: Auch die menschlichen Sinne sind in den ruhelosen Kreislauf eingespannt. • 11: Vgl. 2,16.

Genüsse und Reichtum enttäuschen

2 1 Ich sprach zu mir selbst: »Wohlan, ich will
es mit der Freude versuchen!« und »Laß es dir
wohl sein!« Doch siehe, auch dieses war
Wahn. 2 Vom Lachen mußte ich sagen: »Unsinn!«
und von der Freude: »Was nützt sie?« 3 Ich hatte mir
folgendes ausgedacht: den Leib mit Wein zu er-

quicken, indes der Verstand in Weisheit die Füh-
rung behielt, und mich mit der Torheit zu befas-
sen, bis daß ich sähe, was denn das Beste sei für
die Menschen, daß sie es tun unter der Sonne
die wenigen Tage ihres Lebens. 4 Ich führte große
Werke aus: Ich baute mir Häuser und pflanzte mir
Weinberge, 5 ich legte mir Gärten und Parke an und
pflanzte darin Fruchtbäume jeglicher Art. 6 Ich schuf
mir Wasserteiche, daraus zu tränken den Wald von
sprossenden Bäumen. 7 Ich erwarb mir Knechte und
Mägde, und hausgeborene Diener gehörten mir;
auch Vieh, Rinder und Schafe in Menge besaß ich,
mehr als alle, die vor mir in Jerusalem lebten. 8 Auch
Gold und Silber sammelte ich und Schätze von Kö-
nigen und Ländern; ich verschaffte mir Sänger und
Sängerinnen und die Wonne der Menschen, zahl-
reiche Nebenfrauen. 9 So wurde ich größer und rei-
cher als alle, die vor mir in Jerusalem lebten; auch
meine Weisheit verblieb mir.
10 Nichts von allem, was meine Augen wünschten,
versagte ich ihnen, nicht verwehrte ich meinem
Herzen irgendeine Freude. Ja, mein Herz hatte
Freude von all meiner Mühe, und dies war mein
Lohn von all meiner Mühe. 11 Da wandte ich all
meinen Werken mich zu, die meine Hände ge-
schaffen, und der Mühe, mit der ich mich plagte,
um sie zu schaffen; und siehe, alles war Wahn und
Jagen nach Wind; und nichts ist von Nutzen unter
der Sonne!
12 Ich begann nun, die Weisheit zu betrachten
neben der Torheit und Narrheit; denn was tut wohl
der Mensch, der nach dem König kommt? Das-
selbe, was längst man schon tat! 13 Zwar sah ich den
Vorzug der Weisheit gegenüber der Torheit gleich
dem Vorzug des Lichtes gegenüber der Finsternis.
14 Der Weise hat seine Augen im Kopf, der Tor aber
geht im Finstern umher. Jedoch erkannte ich auch,
daß ein und dasselbe Los es ist, das sie alle trifft.
15 Und ich sprach zu mir selbst: Des Toren Los, auch
mich wird es treffen! Wozu dann bin ich weise ge-
worden, wo bleibt der Vorzug? Und ich mußte mir
sagen: Auch das ist Wahn! 16 Ja, es gibt kein Erin-
nern an den Weisen oder Toren, das ewig bleibt, da
für die Dauer in künftigen Tagen ein jeder vergessen
ist, und wie stirbt doch der Weise gleich dem Toren!
17 Da ward mir das Leben verhaßt; denn übel er-
schien mir das Treiben, das geschieht unter der
Sonne. Ja, alles ist Wahn und ein Jagen nach Wind.
18 Da ward mir alle meine Mühe verhaßt, mit der
ich mich mühte unter der Sonne, weil ich den Ertrag
dem Menschen zurücklassen muß, der nach mir
kommt. 19 Wer weiß, ob er ein Weiser sein wird
oder ein Tor? Und doch wird er schalten und wal-
ten über den ganzen Ertrag meiner Mühe, auf den
ich Mühe und Weisheit verwandte unter der Sonne.
Auch das ist Wahn.
20 So kam ich dazu, mein Herz verzweifeln zu lassen
ob all der Mühe, mit der ich mich plagte unter der
Sonne. 21 Geschieht es doch, daß einer sich müht mit
Weisheit, Wissen und Tüchtigkeit, und einem ande-
ren, der sich nicht mühte, muß seinen Anteil er über-
geben. Auch das ist Wahn und ein großes Übel. 22 Ja,
was bleibt dem Menschen von all seiner Mühe und
von der Sorge seines Herzens, mit der er sich mühte
unter der Sonne? 23 Denn alle seine Tage sind Leid,
und Ärger ist seine Beschäftigung; selbst des Nachts
hat sein Herz keine Ruhe. Auch das ist Wahn!

Genüsse versüßen die Mühe

24 Es gibt nichts Besseres für den Menschen, als daß
er esse und trinke und es sich wohl sein lasse bei
seiner Mühe. Auch das kommt, wie ich sehe, von
Gottes Hand. 25 Denn wer hat zu essen, und wer
macht sich Sorgen, ohne daß Er es so fügt? 26 Ja,
dem Menschen, der ihm gefällt, gibt er Weisheit,
Wissen und Freude, aber dem Sünder macht er die
Plage, zu sammeln und aufzuhäufen, um dem es zu
geben, der Gott gefällt. Auch das ist Wahn und ein
Jagen nach Wind.

2,3: Im Weingenuß will er auch die Torheit ausprobieren; aber doch nur so weit, daß die Vorherrschaft der Vernunft nicht verlorengeht. • 4: Die Bauten Salomos: 1 Kön 7; 9,15–19. • 5f: Königsgärten: 2 Kön 25,4. • 8: 1 Kön 10,14–29. • 10: Die kurze Freude des Augenblicks war der einzige, ungenügende Lohn. • 12: Tieferes Denken führt zu der Erfahrung, daß der törichte Nachfolger des weisen Königs nichts gelernt hat: Vers 18–21. • 14f: Am Ende, beim Tod, trifft jeden das gleiche Los. • 16: Auch der Nachruhm ist »Wahn«; 1.11. • 24: Die natürlichen Genüsse des Alltags sind von Gott gegeben und gewollt, und so kann man den Pessimismus überwinden. Schrankenlose Genußsucht ist nicht gemeint, auch nicht gieriges Streben nach Wohlleben wie 2,1–11.

Ordnung im Zeitenwechsel

3 1 Alles hat seine Stunde, und es gibt eine Zeit
für jegliche Sache unter dem Himmel: 2 Eine
Zeit für die Geburt und eine Zeit für das Ster-
ben, eine Zeit zu pflanzen und eine Zeit, das
Gepflanzte auszureißen, 3 eine Zeit zu töten und
eine Zeit zu heilen, eine Zeit einzureißen und eine
Zeit aufzubauen, 4 eine Zeit zu weinen und eine
Zeit zu lachen, eine Zeit zu klagen und eine Zeit zu
tanzen, 5 eine Zeit, Steine wegzuwerfen, und eine
Zeit, Steine zu sammeln, eine Zeit zu umarmen und
eine Zeit, sich der Umarmung zu enthalten, 6 eine
Zeit zu suchen und eine Zeit zu verlieren, eine Zeit
aufzubewahren und eine Zeit fortzuwerfen, 7 eine
Zeit zu zerreißen und eine Zeit zu nähen, eine Zeit
zu schweigen und eine Zeit zu reden, 8 eine Zeit zu

lieben und eine Zeit zu hassen, eine Zeit des Krie-
ges und eine Zeit des Friedens.

Zufrieden mit Gottes Gaben

9 Was bleibt dem Geschäftigen übrig von dem, wo-
mit er sich müht? 10 Ich besah die Plage, die Gott den
Menschen verlieh, sich damit abzumühen. 11 Alles
hat er schön gemacht für die rechte Zeit, auch das
Weltgeschehen gab er ihnen zur Überlegung; freilich
kann der Mensch das Werk nicht ergründen, das
Gott vollbringt vom Anfang bis zum Ende.
12 Ich erkannte, daß es nichts Besseres gibt für den
Menschen, als sich zu freuen und es sich wohl sein
zu lassen in seinem Leben. 13 Auch daß jeglicher
Mensch ißt und trinkt und es sich wohl sein läßt
trotz all seiner Mühe, ist eine Gabe von Gott.
14 Ich erkannte: Alles, was Gott tut, das gilt für
immer; dem kann man nichts hinzufügen und von
ihm nichts wegnehmen, und Gott tut es, auf daß
man ihn fürchte. 15 Was ist, ist längst schon gewe-
sen, was sein wird, längst war es da, und Gott spürt
das Vergangene auf.

Gleiches Ende für alle

16 Und weiterhin sah ich unter der Sonne: An der
Stätte des Gerichtes, da war Frevel, und an der
Stätte der Gerechtigkeit, da war Unrecht. 17 Ich
sprach bei mir selbst: Den Gerechten und den
Frevler wird Gott richten. Denn eine Zeit für jeg-
liche Sache und über jegliches Tun hat er gesetzt.
18 Ich sprach bei mir selbst – der Menschen wegen,
damit Gott sie prüfe und damit sie sehen, daß sie nur
Vieh sind an und für sich: 19 Wahrlich, das Los der
Menschen und das Los des Viehs – ein und dasselbe
Los haben sie! Wie jenes stirbt, so sterben diese.
Denselben Odem haben sie alle, und einen Vorrang
des Menschen vor dem Vieh gibt es nicht. Ja, alles ist
Wahn! 20 Alles wandert zum selben Ort: Alles ist aus
Staub und kehrt zum Staub zurück. 21 Wer weiß
vom Odem der Menschen, ob er aufsteigt zur Höhe,
und vom Odem des Viehs, ob er hinabfährt zur Tiefe
der Erde? 22 So sah ich, daß es nichts Besseres gibt,
als daß der Mensch an seinen Werken sich freue;
denn dies ist sein Anteil. Denn wer bringt ihn dahin
zu sehen, was nach ihm sein wird?

3,12: Vgl. Vers 22; 2,24; 5,17; 8,15; 9,7. • 16: Vgl. 8,10–14. • 19–22: In seiner rein natürlichen Lebensbetrachtung sieht der Verfasser nur, wie Mensch und Tier dem Tode verfallen sind. Der Blick auf die Unsterblichkeit ist ihm noch zweifelhaft. Sein Glaube an Gott aber wird dadurch nicht erschüttert. Noch fehlt das Licht Christi.

Die Welt voll Unrecht

4
1 Ich wandte meinen Blick auf all die Be-
drückungen, welche geschehen unter der
Sonne. Sieh nur die Tränen der Unterdrück-
ten, sie haben keinen Tröster; von der Hand ihrer
Bedrücker kommt Gewalt, und sie haben keinen
Tröster! 2 Da pries ich die Toten, die längst gestor-
ben, glücklicher als die Lebenden, die noch am
Leben sind, 3 und höher als beide den, der noch
nicht ins Dasein trat und das üble Geschehen nicht
sah, das vorgeht unter der Sonne.

Eifersüchtige Konkurrenz

4 Ich besah alle Mühe und alles erfolgreiche Schaf-
fen: Eifersucht des einen ist es gegen den anderen.
Auch das ist Wahn und Jagen nach Wind. 5 Der Tor
legt seine Hände ineinander und zehrt von seinem
Fleisch. 6 Besser eine Handvoll Ruhe als beide Fäu-
ste voll Mühe und Jagen nach Wind!

Wehe dem Einzelgänger!

7 Und ich wandte meinen Blick auf einen anderen
Wahn unter der Sonne: 8 Da steht einer allein, ohne
einen zweiten, hat weder Sohn noch Bruder. Doch
all seiner Mühe ist kein Ende, und sein Auge wird
nicht satt am Reichtum. Aber für wen denn mühe
ich mich und versage mir Annehmlichkeiten? Auch
das ist Wahn und eine schlimme Plage. 9 Besser
zwei als einer! Sie haben guten Lohn von ihrer
Mühe. 10 Denn wenn sie fallen, richtet einer wohl
den andern auf. Doch wehe, wenn der Einzelgänger
fällt, da ihm der zweite fehlt, ihn aufzurichten!
11 Auch wenn sich zwei zusammen schlafen legen,
dann wird ihnen warm. Aber dem einzelnen, wie
soll ihm warm werden? 12 Und wenn man einen
Angriff macht auf einen, so können sie zu zweit
ihm widerstehen. Eine dreifache Schnur zerreißt
nicht so schnell.

Flüchtige Volksgunst

13 Besser ein Knabe, arm, aber weise, als ein König,
alt, aber töricht, der nicht mehr versteht, sich bera-
ten zu lassen. 14 Ja, aus dem Gefängnis kam er her-
vor, um König zu werden, obwohl er unter dessen
Regierung arm geboren wurde. 15 Ich sah alle
Lebenden, die da wandeln unter der Sonne, auf sei-
ten des Knaben, des Nachfolgers, der an dessen
Stelle trat. 16 Endlos war das gesamte Volk, alle, an
deren Spitze er stand. Doch die Späteren hatten an
ihm keine Freude. Ja, auch das ist Wahn und Jagen
nach Wind!

Ehrfurcht vor Gott

17 Habe acht auf deinen Fuß, wenn du gehst zum
Hause Gottes! Nahen, um zu lauschen, das ist bes-
ser, als wenn die Toren Opfer spenden; es fehlt
ihnen ja an Verstand, so daß sie Böses tun.

4,4–6: Hast und Hetze sind ebenso falsch wie Müßiggang. • 13–16: Thronwechsel wird nach Art eines geschichtlichen Ereignisses geschildert, ist aber zu allgemein, um eine bestimmte Person feststellen zu können. Vielleicht Anspielung auf Joseph in Ägypten. • 17: Form von Mahnsprüchen eines Weisheitslehrers! Sie sind von Gedanken über den »Wahn« unterbrochen.

5 1 Überstürze dich nicht mit dem Munde, und dein Herz beeile sich nicht, Worte auszusprechen vor Gott! Denn Gott ist im Himmel, du aber bist auf Erden, deshalb seien deiner Worte wenige! 2 Denn der Traum kommt von vieler Geschäftigkeit und Torengeschwätz von vielen Worten. 3 Hast du Gott ein Gelübde gemacht, so zögere nicht, es auch zu erfüllen! Denn an Toren hat er kein Wohlgefallen. Was du gelobt hast, erfülle! 4 Besser ist, du gelobst nicht, als daß du gelobst und nicht erfüllst! 5 Laß nicht zu, daß dein Mund dich in Sünde bringt, und sprich nicht vor dem Boten: »Es war unüberlegt!« Warum soll Gott zürnen ob deiner Rede und das Werk deiner Hände vernichten? 6 Denn viel Träumereien und Wahngedanken begleiten zahlreiche Worte. Wohlan, fürchte Gott!

Macht und Unrecht

7 Siehst du den Armen unterdrückt sowie Gerechtigkeit und Recht im Lande beseitigt, so wundere dich nicht, daß solches vorkommt! Denn über den Hohen wacht ein Höherer, und ein noch Höherer über sie. 8 Bei all dem ist von Vorteil für das Land ein König über wohlbebaute Felder.

Habsucht ist Wahn

9 Wer Geld liebt, bekommt nie Geld genug, und wer großen Reichtum liebt, nie Einkünfte genug. Auch das ist Wahn. 10 Mehrt sich das Gut, mehren sich auch seine Verzehrer, und welchen Gewinn hat sein Besitzer außer dem Nachsehen? 11 Süß ist der Schlaf des schaffenden Mannes, mag er viel oder wenig zu essen haben; jedoch dem Reichen läßt seine Übersättigung zum Schlafen keine Ruhe. 12 Es gibt ein arges Übel, das ich sah unter der Sonne: Reichtum, aufbewahrt von seinem Besitzer zum eigenen Unheil. 13 Geht dieser Reichtum verloren durch einen Unfall, so bleibt, hat er einen Sohn, in dessen Hand nichts. 14 Wie er hervorging aus dem Schoß seiner Mutter, nackt geht er wieder dahin, wie er kam. Nichts kann er mitnehmen vom Ertrag seiner Mühe, das er wegtragen könnte in seiner Hand. 15 Auch das ist ein arges Übel. Ganz wie er kam, so geht er dahin, und was bleibt ihm als Gewinn, daß er sich mühte für den Wind? 16 Sind doch alle seine Tage in Dunkel und Trauer gehüllt, dazu Ärger in Menge, Leiden und Ingrimm.

17 Siehe, was ich als Bestes ersehen habe: daß es schön ist, zu essen und zu trinken und es sich wohl sein zu lassen bei all der Mühe, womit einer sich plagt unter der Sonne die wenigen Tage seines Lebens, die Gott ihm gegeben. Denn das ist sein Anteil. 18 Ja, jedermann, dem Gott Reichtum und Schätze verlieh und die Möglichkeit gab, davon zu zehren, seinen Anteil herauszunehmen und sich zu freuen bei seiner Mühe – eine Gabe von Gott ist das! 19 Denn er denkt dann nicht viel an die Tage seines Lebens, weil Gott ihn beschäftigt mit der Freude seines Herzens.

5,1: Vgl. Sir 7,14; Matth 6,7. • 3f: 5 Mos 23,22–24. • 5: Spr 20,25. »Bote« wird wohl der Priester genannt (Mal 2,7). • 13–14: Vgl. Job 1,13–21. • 17: Vgl. 2,24; 3,22.

Nutzloser Reichtum

6 1 Es gibt ein Übel, das ich sah unter der Sonne, und es lastet schwer auf dem Menschen: 2 Ein Mann, dem Gott Reichtum, Schätze und Ehre verlieh, daß ihm gar nichts fehlt von allem, was er begehrte. Doch Gott gibt ihm die Möglichkeit nicht, davon zu zehren; ein Fremder vielmehr zehrt davon. Auch das ist Wahn und ein böses Leiden. 3 Hätte jemand hundert Söhne und lebte viele Jahre, so daß zahlreich wären die Tage seiner Jahre, könnte sich aber an seinem Gut nicht sättigen, und würde ihm auch noch kein Grab zuteil, so sage ich: Eine Fehlgeburt ist besser daran als er. 4 Denn als ein Nichts kommt sie, und im Dunkel verschwindet sie, mit Dunkel ist ihr Name bedeckt. 5 Die Sonne hat sie nicht gesehen und kennt sie nicht. Aber Ruhe hat sie mehr als jener. 6 Lebte er selbst zweimal tausend Jahre, könnte es sich jedoch nicht wohl sein lassen – wandert nicht alles zum selben Ort? 7 Alle Mühe des Menschen gilt seinem Mund, doch niemals wird die Gier erfüllt. 8 Ja, was hat der Weise voraus vor dem Toren, was der Arme, der sich zu betragen weiß vor den Menschen? 9 Das Sehen mit den Augen ist besser als das Drängen der Begierde. Auch dies ist Wahn und ein Jagen nach Wind.

Ergebenheit

10 Was ist, ward längst vorherbenannt, und längst bekannt, was der Mensch sein wird. Er kann nicht rechten mit dem, der stärker ist als er. 11 Denn viele Reden gibt es, die nur den Wahn vermehren. Was hat der Mensch davon? 12 Wer weiß denn, was im Leben für den Menschen gut ist, die kurzen Tage seines nichtigen Lebens, die er wie einen Schatten erfährt? Wer kann dem Menschen melden, was nach ihm sein wird unter der Sonne?

6,2: Was den Genuß vereitelt, ist Krankheit oder früher Tod. • 3: Zum vollen Glück gehört nach einem gesegneten Leben auch ein ruhiges Grab. • 9: »Sehen der Augen« meint den Genuß des Reichtums: 5,17f. • 12: Vgl. 3,22; 7,14.

Lebensregeln

7 1 Besser ein guter Name als gutes Öl, und bes-
ser der Todestag als der Geburtstag. 2 Besser
der Gang zum Trauerhaus als der Gang zum
Festhaus. Denn dies ist das Ende aller Menschen,
und wer lebt, nehme es sich zu Herzen! 3 Besser ist
Kummer als Lachen; denn bei ernster Miene ist
glücklich das Herz. 4 Das Herz der Weisen ist im
Trauerhaus, das Herz der Toren aber im Haus der
Freude. 5 Besser, den Tadel des Weisen zu hören, als
daß man dem Lied der Toren lauscht. 6 Denn wie
das Knistern der Dornen unter dem Kessel, so ist
das Lachen des Toren. Auch das ist Wahn. 7 Wahr-
lich, Erpressung macht den Weisen zum Toren, und
Bestechung verdirbt die Gesinnung. 8 Besser ist der
Ausgang einer Sache als ihr Anfang, besser Lang-
mut als Hochmut. 9 Laß dich in deinem Gemüt
nicht vorschnell erzürnen; denn Zorn sitzt in der
Brust der Toren.
10 Sprich nicht: Wie kommt es, daß die früheren
Tage besser waren als die jetzigen? Denn nicht aus
Weisheit fragst du so. 11 Gut ist Weisheit zusammen
mit Besitztum und ein Gewinn für alle, die die
Sonne schauen. 12 Denn im Schatten der Weisheit
lebt man im Schatten des Geldes, und der Gewinn
aus Weisheitserkenntnis ist dies: Sie erhält ihre Be-
sitzer am Leben. 13 Achte auf Gottes Tun! Denn wer
kann gerade machen, was er krümmte? 14 Am Tage
des Glückes sei guter Dinge, am Tage des Unglücks
bedenke: Auch diesen hat Gott gemacht wie jenen,
aus dem Grunde, weil der Mensch nach seinem
Tode nichts mehr finden kann.

Das rechte Maß

15 Alles überblickte ich in meinen nichtigen Tagen:
Da ist ein Gerechter, der umkommt trotz seiner Ge-
rechtigkeit, und ein Frevler, der lange lebt trotz
seiner Bosheit. 16 Sei nicht allzu gerecht und über-
trieben weise! Warum sollst du Enttäuschung erfah-
ren? 17 Frevle nicht allzusehr und sei kein Tor!
Warum sollst du sterben vor deiner Zeit? 18 Gut ist
es, wenn du an dem einen festhältst und auch vom
anderen deine Hand nicht abziehst. Denn wer Gott
fürchtet, entgeht diesem allem. 19 Die Weisheit gibt
dem Weisen Macht, mehr als zehn Machthaber be-
sitzen in der Stadt. 20 Wahrlich, kein Mensch ist so
gerecht auf Erden, daß er nur Gutes tut, ohne zu sün-
digen. 21 Ferner, auf alles Gerede, das man redet, gib
nicht acht, um nicht zu hören, wie dein Knecht über
dich schimpft! 22 Denn aus zahlreichen Fällen weißt
du selbst, daß auch du über andere geschimpft hast.

Volle Weisheit ist unerreichbar

23 All dies habe ich versucht mit der Weisheit; ich
sprach: »Ich möchte doch weise werden!« Sie aber
blieb mir fern. 24 Fern ist alles Seiende und tief, gar
tief; wer kann es ergründen?

Urteil über Frauen

25 Ich wandte mich dazu, zu erkennen, zu erfor-
schen, zu suchen Weisheit und Urteil und zu er-
kennen, daß Schlechtigkeit Unsinn ist und Torheit
Unverstand. 26 Und da fand ich nun bitterer als den
Tod die Frau, da sie ein Fangnetz ist und ihr Herz
eine Falle, Fesseln ihre Arme. Wer Gott gefällt, ent-
kommt ihr, aber der Sünder wird gefangen durch
sie. 27 Siehe, das habe ich gefunden, spricht der Pre-
diger, eins nach dem andern, um ein Urteil zu
finden. 28 Doch was ich noch suchte und nicht fand:
Unter tausend habe einen Mann ich gefunden, aber
eine Frau unter all diesen fand ich nicht. 29 Nur dies
eine, seht, habe ich gefunden, daß Gott die Men-
schen als redlich erschuf; sie selbst aber suchen
viele Ränke.

7,1: Guter Name ist guter Ruf, Ehre. Gutes Öl, im hebräischen Text ein Wortspiel, ist Zeichen der Freude und des Reichtums. • 3: Ernste Lebenshaltung schließt keineswegs Glück und Zufriedenheit des Innern aus. • 6: Dornen sind ein schlechtes Brennmaterial. • 12: Vgl. Spr 16,16. Schatten bedeutet Schutz. • 14: Man soll nicht nur frohe Tage dankbar genießen, sondern auch schwere in gottergebener Ruhe ertragen. Diese Lebenskunst ist ratsam, weil nach Ansicht des Verfassers nach dem Tod nichts mehr zu erwarten ist. Vgl. 9,4–10. • 16: Richtet sich gegen Übertreibungen nach Art des späteren Pharisäismus. • 18: Der Gottesfürchtige ist vielseitig und entgeht so der Engherzigkeit. • 21f: Aus Klugheit und rechter Selbsterkenntnis soll man manches überhören können. • 25: Obwohl letzte Erkenntnis unerreichbar ist, will der Weise doch manche Erfahrungen gewinnen. • 26: Nicht jede Frau ist gemeint, sondern die schlechte, buhlerische wie Spr 5,3–14; Spr 7,5–27. • 28: Rechtschaffene Männer sind selten, rechtschaffene Frauen noch seltener. • 29: Wohl abschließendes Urteil über die Menschen ganz allgemein.

Die Staatsmacht

8 1 Wer gleicht dem Weisen, und wer kennt die
Lösung jeder Frage? Die Weisheit des Men-
schen läßt sein Antlitz leuchten und ändert
die Härte seines Angesichts. 2 Beachte des Königs
Befehl schon wegen des bei Gott geschworenen Ei-
des! 3 Gehe nicht vorschnell von ihm weg, und
stelle dich nicht hinter eine schlechte Sache; alles,
was er will, kann er ja tun. 4 Denn das Wort des Kö-
nigs ist mächtig, und wer darf zu ihm sagen: »Was
tust du?« 5 Wer das Gebot befolgt, muß nichts
Schlimmes erfahren; um Zeit und Gericht weiß das
Herz des Weisen. 6 Denn für jedes Unternehmen
gibt es Zeit und Gericht, ja, das Unheil des Men-
schen liegt schwer auf ihm. 7 Denn er weiß nicht,
was kommen wird, ja, wie es sein wird, wer kann
es ihm melden? 8 Kein Mensch hat Macht über den
Odem, um den Odem zurückhalten zu können,
und es gibt keine Macht über den Tag des Todes.

Es gibt kein Entkommen im Krieg, und der Frevel
rettet seine Anhänger nicht. 9 Alles dies sah ich und
richtete meinen Sinn auf alles Geschehen, das sich
vollzieht unter der Sonne, zu einer Zeit, da ein
Mensch über Menschen zu ihrem Unglück herr-
scht.

Unbegreifliches Unrecht

10 Sodann sah ich, daß Frevler zu Grabe getragen
wurden an heiliger Stätte, während andere, die
Rechtes taten, wegziehen mußten und vergessen
wurden in der Stadt. Auch das ist Wahn. 11 Weil das
Strafurteil bei böser Tat nicht rasch erfolgt, deshalb
wächst den Menschen der Mut, Böses zu tun. 12 Der
Sünder tut ja hundertmal Böses und lebt doch lange.
Zwar weiß ich auch, daß es den Gottesfürchtigen
gut geht, weil sie sich fürchten vor ihm. 13 Doch
nicht gut geht es dem Frevler, und wie Schatten lebt
er nicht lange, weil er sich nicht fürchtet vor Gott.
14 Einen Wahn gibt es, der auf Erden geschieht: Es
gibt Gerechte, denen es geht, wie es dem Tun der
Frevler entspricht; und es gibt Frevler, denen es
geht, wie es dem Tun der Gerechten entspricht. Ich
muß sagen: auch das ist Wahn.
15 Und ich pries mir die Freude, weil es nichts Bes-
seres gibt für den Menschen unter der Sonne, als zu
essen, zu trinken und sich zu freuen. Das möge ihn
begleiten bei seiner Mühe seine Lebenstage hin-
durch, die Gott ihm gegeben unter der Sonne. 16 Als
ich meinen Sinn darauf lenkte, Weisheit zu erken-
nen und das Treiben zu durchschauen, das auf Er-
den vor sich geht – denn weder Tag noch Nacht
finden des Menschen Augen Schlaf –, 17 da sah ich
an allem Werke Gottes, daß der Mensch das Ge-
schehen nicht ergründen kann, das unter der Sonne
geschieht. Wieviel auch der Mensch mit Forschen
sich müht, er ergründet es nicht. Und selbst wenn
der Weise sagt, er erkenne es, so kann er es doch
nicht ergründen.

8,1: Trotz aller Einschränkungen (7,23f.) beginnt der neue Abschnitt mit einem üblichen Lobspruch auf den Weisen. • 2: Erinnert wohl an den Untertaneneid. • 5f: Der Weise wartet, bis die Zeit das Urteil spricht. Der Mensch kennt ja die Zukunft nicht. • 8: Niemand entrinnt seinem Schicksal. • 12f: Der Verfasser hält ganz allgemein am üblichen irdischen Vergeltungsglauben fest. Aber das wirkliche Leben sieht doch oft anders aus. • 15: Vgl. 2,24; 3,12.22; 9,7–10.

Das gemeinsame Todeslos

9 1 Ja, all das nahm ich zu Herzen, und all das
hat mein Sinn erschaut: Gerechte und Weise
samt ihrem Tun sind in der Hand Gottes.
Auch Liebe und Haß erkennt der Mensch nicht.
Alles vor ihrem Angesicht ist Wahn. 2 Es trifft auch
alle das gleiche Los, den Gerechten und den Frevler,
den Reinen und den Unreinen, den, der opfert, und
den, der nicht opfert. Dem Guten geht es wie dem
Sünder, dem, der schwört, wie dem, der den Eid
scheut. 3 Das ist das Schlimme bei allem, was ge-
schieht unter der Sonne, daß ein gleiches Los alle
trifft. Auch ist das Herz der Menschen voll Bosheit,
und Torheit ist in ihren Herzen ihr Leben lang, und
dann – zu den Toten! 4 Ja, wer noch zugesellt ist der
Gesamtheit der Lebenden, für den gibt es noch
Hoffnung; denn ein lebender Hund ist besser daran
als ein toter Löwe! 5 Denn die Lebenden wissen,
daß sie sterben, die Toten aber wissen schlechthin
nichts. Es gibt für sie keinen Lohn mehr; denn ihr
Andenken wird vergessen. 6 Ihr Lieben, ihr Hassen
und ihr Eifern ist schon längst vergangen. Sie haben
für immer keinen Anteil mehr an allem, was ge-
schieht unter der Sonne.

Genieße das Leben!

7 Wohlan, so iß dein Brot in Freude und trinke fro-
hen Herzens deinen Wein! Denn Gott gefällt seit je
solch Tun von dir. 8 Allzeit seien deine Kleider weiß,
und Öl soll deinem Haupt nicht fehlen! 9 Genieße
das Leben mit der Frau, die du liebst, alle Tage dei-
nes nichtigen Lebens, die Gott dir gibt unter der
Sonne! Denn das ist dein Anteil am Leben und an
deiner Mühe, mit der du dich plagst unter der
Sonne. 10 Alles, worauf deine Hand nur stößt, voll-
führe mit Kraft! Denn es gibt kein Handeln und Pla-
nen, nicht Wissen und Weisheit in der Totenwelt,
wohin du wanderst.

Glück und Zeit entscheiden

11 Und wiederum sah ich unter der Sonne, daß nicht
den Schnellen der Wettlauf gehört, nicht den Hel-
den der Krieg und weder den Weisen das Brot noch
auch den Klugen der Reichtum und auch nicht den
Wissenden Gunst; vielmehr Zeit und Glück kommt
ihnen allen entgegen. 12 Ja, auch der Mensch kennt
nicht seine Zeit. Wie die Fische, gefangen im bösen
Netz, und wie Vögel, gefangen im Klappnetz, wie
jene verstricken die Menschen sich zur schlimmen
Zeit, wenn diese plötzlich über sie kommt.

Verkannte Weisheit

13 Auch diesen Fall von Weisheit sah ich unter der
Sonne, und er machte großen Eindruck auf mich:
14 Da war eine kleine Stadt und wenig Leute darin,
und ein großer König rückte gegen sie vor. Er um-
zingelte sie und errichtete große Belagerungswerke
wider sie. 15 Nun befand sich in ihr ein Mann, arm,
aber weise; er hätte die Stadt gerettet durch seine
Weisheit; aber niemand dachte an diesen Mann,
den Armen. 16 Da sprach ich: Weisheit ist besser als
Stärke, doch die Weisheit des Armen wird verach-

tet, auf seine Worte wird nicht gehört. 17 Worte von
Weisen, in Stille vernommen, sind wertvoller als
eines Herrschers Geschrei unter Toren. 18 Weisheit
ist besser als Waffen, und ein einziger Fehlgriff zer-
stört viel Gutes.

9,5f: Der Verfasser teilt wieder den noch unvollkommenen Standpunkt der vorchristlichen Zeit. • 11f: Erfolge und Gefahren kann der Mensch nicht meistern. Der Prediger, der so oft von Gottes Allmacht spricht (z. B. 2,24–26; 3,9–17; 5,1–6.17–19; 6,2; 7,14; 11,5), glaubt aber trotz seiner traurigen Erfahrungen nicht an blinden Zufall. Auch Glück und Zeit hat Gott in der Hand (9,1). • 13–18: Eine Erzählung, vgl. Spr 21,22, und die Folgerungen daraus.

10 1 Eine tote Fliege verdirbt einen Becher
Fett des Salbenmischers; ein wenig Tor-
heit kommt teurer zu stehen als Weisheit
und Ehre. 2 Das Herz des Weisen ist zu seiner Rech-
ten, und das Herz der Toren ist zu seiner Linken.
3 Auf welchem Wege der Tor auch geht, es fehlt ihm
der Verstand, und jeder sagt: »Das ist ein Tor!«
4 Wenn der Zorn des Herrschers gegen dich auf-
steigt, verlaß deinen Posten nicht! Denn Gelassen-
heit bezwingt große Fehler. 5 Es gibt ein Übel, das
ich sah unter der Sonne, einen Mißgriff, der ausgeht
vom Machthaber: 6 Der Tor wird auf vielerlei hohe
Posten gestellt, und Reiche müssen tief unten sit-
zen. 7 Ich habe Knechte auf Rossen gesehen und
Fürsten wie Knechte zu Fuß gehen.

Weisheit baut vor

8 Wer eine Grube gräbt, fällt in sie hinein, und wer
eine Mauer niederreißt, den beißt die Schlange.
9 Wer Steine bricht, tut sich an ihnen weh, wer Holz
spaltet, muß sich in acht nehmen. 10 Ist das Eisen
stumpf und man schärft die Schneide nicht, dann
braucht man größere Kraft. So ist Klugheit von Nut-
zen für den Erfolg. 11 Wenn die Schlange beißt, be-
vor sie beschworen ist, dann hat der Zauberer kei-
nen Nutzen.

Törichtes Reden

12 Worte aus des Weisen Munde finden Gunst, doch
die eigenen Lippen vernichten den Toren. 13 Die
Worte seines Mundes beginnen mit Torheit, und
der Schluß seiner Rede ist arge Tollheit. 14 Der Tor
macht viele Worte. Der Mensch weiß nicht, was
sein wird, und was nach ihm geschieht, wer kann
es ihm melden? 15 Die Mühe des Toren, wann
macht sie ihn matt, daß er nicht mehr weiß, zur
Stadt zu gelangen?

Hofleben

16 Wehe dir, Land, dessen König ein Knabe ist, des-
sen Fürsten am Morgen schon zechen! 17 Heil dir,
Land, dessen König ein Edler ist, und dessen Fürsten
zur rechten Zeit speisen [in Heldenkraft und nicht
in Trinkerei]! 18 Bei Faulheit senkt sich das Gebälk,
bei lässigen Händen regnet es ins Haus. 19 Zur Belu-
stigung hält man Mahlzeit, Wein erfreut das Leben,
und das Geld ermöglicht alles. 20 Nicht einmal in
deiner Kammer fluche dem König, und in deinem
Schlafgemach fluche keinem Reichen! Denn die
Vögel des Himmels könnten den Laut verbreiten,
was Flügel hat, könnte das Wort verraten.

10,2: »Herz« = Gesinnung. Herz im eigentlichen Sinn als körperliches Organ bei Mensch und Tier kommt im AT und NT auffallend selten vor. »Rechts« und »links« = gut und schlecht. • 8: Hier das Mißgeschick des täglichen Lebens! Bewußte Bosheit in Spr 26,27; Sir 27,26. • 18–20: Sprichwörtliche Lebenserfahrungen, hier in Anknüpfung an schlechtes Beispiel seitens der Fürsten. • 20: Vorsicht in der Kritik an Höheren!

Sorge nicht ängstlich!

11 1 Wirf dein Brot auf die Wasserfläche, nach
vielen Tagen wirst du es doch wieder
finden! 2 Gib dein Vermögen an sieben
oder gar acht Teilhaber, du weißt doch nicht, wel-
ches Unglück über das Land kommt! 3 Wenn die
Wolken schwer sind, ergießen sie Regen über das
Land. Ob ein Baum fällt nach Süden oder nach Nor-
den, wohin der Baum fällt, da bleibt er liegen. 4 Wer
auf den Wind achtet, kommt nicht zum Säen; wer
nach Wolken schaut, kommt nicht zum Ernten. 5 So
wenig du weißt, wie der Odem kommt in die We-
sen im Mutterschoß, so kennst du auch nicht das
Walten Gottes, der alles bewirkt. 6 Des Morgens säe
deine Saat, und bis zum Abend laß deine Hand
nicht ruhen! Denn du weißt ja nicht, ob dieses ge-
lingt oder jenes oder ob beides gleich gut gerät.

Lebensfreude auf dunklem Hintergrund

7 Süß ist das Licht und köstlich den Augen, die
Sonne zu schauen! 8 Ja, lebt auch viele Jahre der
Mensch, er soll ihrer aller sich freuen! Und er ge-
denke der Tage des Dunkels; deren sind ja so viele!
Alles, was kommt, ist Wahn.

Jugend

9 Freu dich, Jüngling, in deiner Jugend, und dein
Herz sei froh in deinen jungen Tagen! Folge dem
Zug deines Herzens und dem, was dein Auge er-
schaut! Doch wisse, daß Gott über alles dich zur
Rechenschaft zieht! 10 Schlag Kummer dir aus dem
Sinn und halte dir Übles vom Leib! Denn Jugend
und Frührot sind nichtig.

11,1–2: Sinn: Es kommt anders, als man denkt; 9,11f. • 3–6: Alles geht nach Gesetzen, die uns unzugänglich sind. • 9: Der Grundsatz, das flüchtige Leben als Gottesgabe zu genießen, kehrt oft wieder (2,24; 3,12f.22; 5,17f; 8,15; 9,7–9). Zügellosigkeit ist aber für den Weisen ausgeschlossen. Daher die Erinnerung an das Gericht Gottes, dessen sich der Verfasser immer bewußt ist. Die Wahrheit, daß Gott jeden Menschen nach seinen Werken richten wird, oder der Mensch sich vor Gott zu verantworten hat, wird im AT öfters angesprochen. Für ein Gericht nach dem Tode fehlt allerdings noch die Offenbarung. Am sichtbarsten erscheint es im Alter und im Tod; vgl. 12,14.

Das Alter

12 1 Gedenke deines Schöpfers in deinen
jungen Tagen, ehe die Tage des Übels
kommen und die Jahre sich nahen, von
denen du sagst: »Sie gefallen mir nicht«, 2 ehe sich
verfinstern Sonne und Licht, der Mond und die
Sterne, und die Wolken wiederkehren samt dem
Regen. 3 Dann erzittern die Wächter des Hauses
und krümmen sich kräftige Männer. Die Mül-
lerinnen hören auf, weil ihrer zu wenig geworden,
und dunkel wird es den Frauen, die aus den Fen-
stern blicken. 4 Da schließt man die Tore nach
außen, und der Laut der Mühle verklingt – er wird
wieder erklingen mit der Stimme der Vögel –, und
alle Gesänge verhallen. 5 Auch fürchtet man sich vor
dem Hügel, und Schrecknisse lauern am Wege. Der
Mandelbaum blüht, die Heuschrecke ist geschäftig,
und die Kapernuß bricht auf. – Ja, der Mensch geht
dahin in sein ewiges Haus, und die Klagenden ge-
hen draußen umher. – 6 Ehe der silberne Strick zer-
reißt und die goldene Schale zerbricht, der Krug
zerschellt an der Quelle und das Schöpfrad zum
Brunnen hinabbricht. 7 Zur Erde kehrt wieder der
Staub, wie er war, und der Geist kehrt zurück zu
Gott, der ihn gab. 8 Wahn, nur Wahn, spricht der
Prediger, alles ist Wahn!

Nachwort

9 Es bleibt noch zu sagen, daß der Prediger ein Wei-
ser war; dazu lehrte er das Volk Erkenntnis; er wog
ab, untersuchte und formte viele Sprüche. 10 Der
Prediger strebte, gefällige Worte zu finden und rich-
tige Worte der Wahrheit niederzuschreiben. 11 Die
Worte der Weisen sind wie Stacheln der Ochsen-
treiber und wie befestigte Nägel der Herdenbesit-
zer, angebracht von einem Hirten. 12 Es bleibt über
dies hinaus noch zu sagen: Mein Sohn, laß dich
warnen! Das Bücherschreiben nimmt kein Ende,
und allzuviel Eifer ermüdet den Leib. 13 Als Schluß
der ganzen Rede hören wir: Fürchte Gott und halte
seine Gebote; denn das ist der ganze Mensch!
14 Denn alles Tun zieht Gott vor Gericht, das er hält
über alles Verborgene, sei es gut oder böse.

12,2: Das Alter unter dem Bild eines dunklen Winterabends, im folgenden näher ausgeführt. • 3–5: Ein dichterischer Einschub schildert das Hereinbrechen der Nacht, die alle Menschen in Angst versetzt und jeden Lärm wegnimmt. Wohl zu Unrecht hat man seit alters darin Andeutung auf den Körper der Greise gesehen (Zittern der Glieder, Verlust der Zähne, des Augenlichtes, des Gehörs, der Stimme). Abend und Nacht als solche erinnern an Alter und Tod. • 5: Auf die Winternacht folgt plötzlich eine Beschreibung des ersten Frühlings. Der Kreislauf der Natur geht weiter (1,3–9). Aber für den Menschen ist die Uhr abgelaufen. • 6: Der Satz knüpft an Vers 2 an: Genieße das Leben, ehe es vorbei ist! Bild vom Ziehbrunnen. Weil nur Dichtung, werden Edelmetalle genannt; das Leben ist ja kostbar. • 7: Zweifel über den Geist – Odem 3,21. • 9–14: Nachtrag wohl von einem Schüler Kohelets. Kohelet (hebräisch) bezeichnet eigentlich denjenigen, der in der Volksversammlung das Wort führt. Der Verfasser des Buches Prediger ist unbekannt. Er war jedoch sicher ein palästinensischer Jude, der seine Betrachtungen einer Person in den Mund legt, die er Kohelet nennt, von der er in der dritten Person spricht und die er klar von sich selbst unterscheidet. • 11: Die weisen Sprüche sollen viele anspornen und leiten. • 12: Die ganz modern klingende Warnung vor zu vielem Bücherschreiben richtet sich vielleicht gegen die griechisch-heidnischen und von diesen beeinflußten jüdischen Schriftsteller. • 13f: Hauptzweck sämtlicher Weisheitsbücher und -lehrer ist die Gottesfurcht. Sie ist die dem Israeliten gebührende Haltung gegenüber seinem Gott. Dies ist wohl durch den numinösen Charakter Jahwes bedingt. Gott fürchten jedoch heißt seine Gebote halten.

DAS HOHELIED

Das Hohelied ist eine sehr gute, schon auf Luther zurückgehende Übersetzung des hebräischen Titels »sir hassirim« (Lied der Lieder), den die Septuaginta und die Vulgata wörtlich wiedergeben (canticum canticorum). Es darf schon dem Umfang nach nicht überschätzt werden. Es ist mit seinen acht kurzen Kapiteln halb so groß wie etwa die Erzählung von Joseph in Ägypten. Aber sein Inhalt hat seit je Aufsehen erregt. Es ist Liebeslyrik, eine Reihe von Einzelliedern, die durch Wiederholungen sowie durch Art der Schilderung und Sprache als Werk ein und desselben Dichters gekennzeichnet sind. Vorherrschend ist die Form von Beschreibungsliedern und Wechselreden. Für ein Drama ist zu wenig Handlung und Gedankenfortschritt vorhanden. Sprache und Wortschatz mit ihren Aramaismen, Parsismen und Gräzismen zeigen, daß es spät verfaßt wurde, etwa zwischen 400–200 v. Chr. Die Überschrift »von Salomo« ist jüngerer Auffassung nach Art der Weisheitsschriften und war dadurch nahegelegt, daß der Bräutigam z. T. als »König Salomo« gefeiert wird (3. Kap.).

Wenn man den uns fremden sittlichen und kulturellen Standpunkt eines orientalischen Volkes berücksichtigt, darf man die Lieder nicht als ungeziemend und unsauber bezeichnen. Die Vergleiche aus dem Natur-, Tier- und Pflanzenleben enthalten allerdings eine deutliche Liebessymbolik, wie das bei allen Völkern mehr oder weniger üblich ist. Dazu kommt in Palästina der Einfluß verschiedener Fruchtbarkeits- und Naturkulte heidnischer Nachbarvölker mit ihrer zweideutigen Bildersprache. Daß die Lieder aus solchen Göttermythen oder -hochzeiten hergenommen seien, ist unbewiesen und unwahrscheinlich trotz der Vergleichspunkte, die von der Religionsgeschichte entdeckt wurden und heute meist überbewertet werden. Auch palästinensische Hochzeitsbräuche liefern wenig Anhaltspunkte für unsere Kunstdichtung.

In ihrem zusammenhängenden, wörtlichen Sinn sind die Lieder als Verherrlichung bräutlich-ehelicher Liebe auch der Hl. Schrift an sich nicht unwürdig. Das Alte Testament enthält nicht ausschließlich rein religiöse Stoffe. Ist die gesamte Literatur und Geschichte Israels ein Zeugnis für die sittlich religiöse und kulturelle Entwicklung des Bundesvolkes, so hat auch Liebeslyrik darin Platz. Schließlich ist jede echte menschliche Liebe ein Abbild (Typ) der viel höheren Liebe Gottes zu den Menschen und der Menschen zu ihrem Gott. Durch diesen typologischen Sinn wird das Hohelied zu jenem religiösen Buch, das die katholische Kirche in ihren Heiligen und Mystikern besonders eifrig betrachtete.

Zudem ist es sehr wahrscheinlich, daß schon das vorchristliche Judentum das Hohelied als Umschreibung (Allegorie) für die Liebe Gottes zu seinem Volk auffaßte. Propheten wie Hosea, Isaias, Jeremias und Ezechiel haben bereits den Bund mit Gott unter dem Bild der bräutlichen Liebe dargestellt, und in den letzten Jahrhunderten vor Christus schilderten Weisheitslehrer die Liebe zur göttlich-menschlichen Weisheit als Brautverhältnis. Das Christentum hat von Anfang an die allegorische oder wenigstens die typologische Deutung übernommen und den Text auf Gott (Christus)-Kirche oder Gott-Seele oder Christus-Maria übertragen. Ob das Hohelied nur infolge der allegorischen Umdeutung oder wohl eher wegen seiner angeblichen salomonischen Verfasserschaft in den Kanon aufgenommen wurde, bleibt fraglich. Jedenfalls ist hier eine übertragene Auslegung als tieferer Vollsinn anzunehmen und geschichtlich gerechtfertigt. Freilich soll man dann das Thema »Liebe« im ganzen übertragen und nicht jeden einzelnen dichterischen Vergleich phantasievoll auslegen. So berühren sich die nur allegorische, die typologische und die oben erwähnte rein lyrische Deutung. Praktisch muß man sagen, daß unser Buch für körperlich und geistig unreife Menschen nicht geeignet ist.

Hoheslied von Salomo. 2»Mit den Küssen
seines Mundes küsse er mich! Ja, deine
Liebe ist köstlicher als Wein. 3 An Duft
sind lieblich deine Salben; dein Name ist glättendes
Öl; darum haben die Mädchen dich lieb. 4 Zieh
mich dir nach! Wollen wir eilen! Der König bringt
mich in seine Gemächer! Wir wollen jubeln und
deiner uns freuen, mehr Liebe rühmen als den
Wein! Mit Recht hat man dich so lieb!«

Lied der Braut

5»Gebräunt bin ich zwar, aber doch schön, ihr
Töchter Jerusalems, wie die Gezelte von Kedar, wie
die Zeltdecken von Salma. 6 Schaut mich nicht
darum an, daß ich gebräunt bin, da mich die Sonne
verbrannt hat. Es zürnten mir die Söhne meiner
Mutter, sie machten mich zur Weinbergwächterin;
doch meinen Weinberg durfte ich nicht hüten.«

Liebende suchen sich

7»Tu mir kund, du Liebster meiner Seele: Wo weidest du, wo läßt du mittags deine Herde lagern?
Warum denn soll ich sein wie eine, die herumirrt
bei den Herden deiner Genossen?« 8 »Kennst du
dich nicht aus, du Schönste aller Frauen, so folge
nur der Spur der Schafe, und weide deine Lämmer
bei den Hütten der Hirten!«

Gespräch des Bräutigams und der Braut

9»Mit den Stuten an Pharaos Prachtgefährt vergleiche ich dich, meine Freundin: 10 Gar schön sind
deine Wangen im Zieratgehänge, dein Hals im Kettenschmuck! 11 Zierat aus Gold mit silbernen Spitzen wollen wir für dich machen.« 12 »Solang der
König weilt bei seiner Tafelrunde, spendet meine
Narde ihren Duft. 13 Ein Myrrhenbüschel ist mir
mein Geliebter, das an meinem Busen ruht. 14 Des
Kopherstrauches Blütentraube ist mir mein Geliebter, wie er in den Weinbergen Engedis wächst.«
15 »Ja, schön bist du, meine Freundin, ja schön;
deine Augen sind wie Täubchen!« 16 »Ja, schön bist
du, mein Geliebter, ganz hold; und frisches Grün ist
unser Lager. 17 Zedern sind unseres Hauses Balken
und unsere Sparren Zypressen.«
men des Waldes, so ist mein Geliebter unter den
Söhnen. In seinem Schatten zu sitzen, ist mein Begehr, und seine Frucht schmeckt süß meinem Gaumen.
4 Zur Weinstube bringt er mich hin; ihr Kennzeichen über mir lautet ›Liebe‹. 5 Stärkt mich mit
Weinbeeren, erquickt mich mit Äpfeln, denn krank
vor Liebe bin ich! 6 Seine Linke liegt unter meinem
Haupt, und seine Rechte umfängt mich. 7 Ich beschwör' euch, ihr Töchter Jerusalems, bei den Rehen und Hirschen der Flur: Weckt nicht auf und
stört nicht die Liebe, bis daß es ihr selber gefällt!

Lenz und Liebe

8 Horch! Mein Geliebter! Siehe, da kommt er, springend über die Berge, hüpfend über die Hügel!
9 Mein Geliebter gleicht dem Reh oder dem Junghirsch; da, schon steht er hinter unserer Mauer,
schaut durch die Fenster, späht durch die Gitter.
10 Mein Geliebter spricht und redet zu mir: Auf, du,
meine Freundin, meine Schönste, komm! 11 Denn
siehe, vorbei ist der Winter, der Regen verschwunden, vergangen! 12 Die Blumen erscheinen am Boden, die Zeit zum Beschneiden der Reben ist da.
Das Gurren der Turtel hört man in unserem Lande.
13 Der Feigenbaum treibt seine Frühfrucht, und
die Semadar-Weinstöcke duften. Auf, auf, meine
Freundin, meine Schönste, komm! 14 Meine Taube
in felsigen Klüften, im Verstecke der Steilwand! Laß
deinen Anblick mich schauen, deine Stimme mich
hören! Denn deine Stimme ist süß und holdselig
dein Anblick!«

Gegner am Werk

15 Fangt uns die Füchse, die kleinen Füchse, die Verwüster des Weinbergs, ja, unseres blühenden Weinbergs!«

Glückliche Braut

16 »Mein Geliebter ist mein, und ich bin sein, der da
weidet unter den Lilien, 17 bis daß der Tageswind
weht und die Schatten entfliehen. Komm, mein Geliebter, sei gleich dem Reh oder dem Junghirsch auf
schluchtreichen Bergen!«

1,4: Der Bräutigam wird als König gefeiert; 1,12; 3,9.11. • 5f: Die Braut, ein Landmädchen, wird von ihren Brüdern streng gehalten. »Weinberg« bedeutet hier immer die Pflege bräutlicher Liebe. • 7f: Hier sind beide als Hirten gedacht. Die Braut soll nicht lang suchen, sondern am allgemeinen Weideplatz bleiben. • 9: Es folgen abwechselnde Beschreibungslieder mit stets neuen Vergleichen.

2,7: Ein auch 3,5; 8,4 wiederkehrender Schlußvers. Wer ihn spricht, wird nicht gesagt; vielleicht ist an einen Chor zu denken. Auch die Tiere der freien Natur wollen nicht gestört sein. • 15: Das ohne Zusammenhang eingeschobene kurze Lied schildert Gegner, von denen die Liebe, versinnbildlicht durch den Weinberg, gestört wird; 8,13. • 16: »Weiden unter den Lilien« bedeutet Pflege der bräutlichen Liebe.

Gegenseitige Bewunderung

2 1»Ich bin eine Blume des Sarongefildes, eine
Lilie der Täler.« 2 »Wie die Lilie unter den
Dornen, so ist meine Freundin unter den
Töchtern.« 3 »Wie ein Apfelbaum unter den Bäu-

Suchen und Finden

3 1»Auf meinem Lager, des Nachts, suchte ich
den Liebsten meiner Seele. Ich suchte ihn,
doch fand ich ihn nicht. 2 So will ich denn aufstehen und durchstreifen die Stadt, die Gassen und

Plätze; will suchen den Liebsten meiner Seele. Ich
suchte ihn, doch fand ich ihn nicht. 3 Es trafen mich
die Wächter bei ihrer Runde durch die Stadt. ›Habt
ihr ihn gesehen, den Liebsten meiner Seele?‹
4 Kaum war ich an ihnen vorüber, da fand ich den
Liebsten meiner Seele. Ich hielt ihn fest und ließ
nicht von ihm, bis ich ihn brachte ins Haus meiner
Mutter, in die Kammer derer, die mich gebar. 5 Ich
beschwör' euch, ihr Töchter Jerusalems, bei den
Rehen und Hirschen der Flur: Weckt nicht auf und
stört nicht die Liebe, bis daß es ihr selber gefällt!«

Der Bräutigam als König Salomo

6 Was ist dies, das von der Steppe heraufsteigt
Rauchsäulen gleich, umduftet von Myrrhe und
Weihrauch, von allen Würzen des Kaufmanns?
7 Seht, das ist Salomos Liegestuhl, sechzig Helden
rings um ihn her, Helden aus Israel! 8 Sie alle mit
Schwertern bewaffnet, im Kampfe geschult, ein
jeder sein Schwert um die Hüfte gegen nächtliche
Schrecken. 9 Eine Sänfte machte sich König Salomo
aus Hölzern vom Libanon. 10 Ihr Gestell ließ er
machen aus Silber, ihre Lehne aus Gold, aus Purpur
ihren Sitz, in der Mitte mit Leder zusammengefügt.
11 Ihr Töchter Jerusalems, kommt herbei, und
schaut, ihr Töchter Sions, den König Salomo mit
der Krone, womit ihn gekrönt seine Mutter am
Tage seiner Vermählung, ja, am Tag seiner Herzens-
freude!«

3,1–4: Form eines Selbstberichtes der Braut. • 5: Abschluß wie 2,7. • 6–11: Nach orientalischem Brauch wird im Hochzeitszug der Bräutigam als König (Salomo) gefeiert. Wohl ein Chorlied, ähnlich 6,8–12; 8,5.

Die Schönheit der Braut

4 1»Schön bist du, meine Freundin, ja schön;
deine Augen blicken wie Tauben hinter dei-
nem Schleier hervor. Dein Haar gleicht einer
Herde von Ziegen, die herabsteigt von Gileads Ber-
gen. 2 Deine Zähne blinken gleich einer Herde ge-
schorener Mutterschafe, die frisch aus der
Schwemme steigen; von Zwillingen trächtig sind
alle, und keines von ihnen ist unfruchtbar. 3 Wie ein
Streifen von Scharlach sind deine Lippen, und lieb-
lich ist dein Plaudermund. Wie ein Granatapfel-
stück erstrahlt deine Schläfe hinter deinem Schleier
hervor. 4 Wie ein Davidsturm ist dein Hals, in Stein-
schichten aufgebaut; tausend Schilde hängen daran,
lauter Heldenschilde. 5 Deine beiden Brüste sind
wie zwei Kitzlein, wie Zwillinge einer Ricke, die
unter den Lilien weiden. 6 Bis daß der Tageswind
weht und die Schatten entfliehen, will ich gehen
zum Myrrhenberg und Weihrauchhügel. 7 Alles an
dir ist schön, meine Freundin, und kein Makel haf-
tet dir an.«

Er kommt aus dem Libanon

8 »Aus dem Libanon, o meine Braut, aus dem Liba-
non lockst du mich; du zwingst mich zum Abstieg
vom Amanagipfel, vom Gipfel des Senir und Her-
mon, von den Höhlen der Löwen, von den Bergen
der Panther.
9 Du hast mich beherzt gemacht, meine Schwester
Braut, du hast mich beherzt gemacht durch einen
einzigen [Blick] deiner Augen, durch ein einziges
Kettchen deines Halsschmuckes. 10 Wie ist so schön
deine Liebe, meine Schwester Braut, wieviel köstli-
cher ist deine Liebe als Wein und der Duft deiner
Salben als sämtlicher Balsam! 11 Wabenhonig träu-
feln deine Lippen, o Braut, Milch und Honig birgt
deine Zunge, und der Duft deiner Kleider gleicht
dem Dufte des Libanon.

Die Braut als Garten

12 Ein verschlossener Garten ist meine Schwester
Braut eine verschlossene Tür, ein versiegelter Quell.
13 Deine Bewässerungsrinnsale sind ein Granatpa-
radies mit köstlichen Früchten, Kophersträuchern
samt Nardenpflanzen; 14 Narde und Safran, Würz-
rohr und Zimt mit allerlei Weihrauchhölzern, Myr-
rhe und Aloë samt allen vornehmsten Duftgewäch-
sen. 15 (Meine Braut ist) ein Gartenquell, ein
Brunnen frischen Wassers und ein Naß, das vom Li-
banon rieselt. 16 Erhebe dich, Nordwind, brause
heran, o Südwind! Wehe durch meinen Garten, daß
seine Düfte niederrieseln!«

Einladung der Braut

»Es komme mein Liebster in seinen Garten und esse
seine köstlichsten Früchte!«

4,1–7: Ein Beschreibungslied wie 6,4–7; 7,1–6. • 4: Vergleich der aufrechten Haltung mit einem uns nicht mehr bekannten Wehrturm in Jerusalem. • 5f: Die Beschreibung bricht ab mit Wiederholungen aus 2,16f. Die duftenden Berge sind Umschreibungen für die Braut. • 8: Der Bräutigam kommt aus den fernen Bergen des Libanon, vgl. 2,8f.17; 8,14. • 10: Vgl. 1,2–4. • 11: Vgl. 5,1; Spr 5,3. • 12–16: Wie der Frühling 2,8ff und die Blumen 2,1–3 versinnbildlichen die Gewürzkräuter des Pflanzengartens die Reize der Braut; ebenso die frischen Wasser, vgl. Spr 5,15.

Zusage

5 1»Ich komme in meinen Garten, meine
Schwester Braut, und pflücke meine Myrrhe
und meinen Balsam, genieße meine Wabe
und meinen Honig, trinke meinen Wein und meine
Milch! Eßt, Freunde, trinkt, und berauscht euch an
der Liebe!«

Der Geliebte entschwand

2 Ich schlief, mein Herz aber wachte; horch, mein
Geliebter klopft an!« »Tu mir auf, meine Schwester,

meine Freundin, meine Taube, meine fehlerlose!
Denn voll von Tau ist mein Haupt, meine Locken
von den Tropfen der Nacht!« 3 »Ich habe mein Kleid
schon abgelegt, wie sollt' ich es wieder anziehen?
Ich habe meine Füße gewaschen, wie sollt' ich sie
wieder beschmutzen?« 4 Mein Geliebter streckte
die Hand durch den Spalt, da bebte mein Herz in
Sehnsucht nach ihm.
5 Ich stand auf, meinem Geliebten zu öffnen; da
tropften meine Hände von Myrrhe, meine Finger
von flüssiger Myrrhe an den Rinnen des Riegels.
6 Ich hatte meinem Geliebten geöffnet, doch mein
Geliebter war weg, war fort; meine Sinne schwan-
den, wie er entschwand. Ich suchte nach ihm, aber
fand ihn nicht; ich rief nach ihm, doch er gab keine
Antwort. 7 Es fanden mich die Wächter bei ihrer
Runde durch die Stadt; sie schlugen und sie ver-
wundeten mich; den Überwurf nahmen mir weg
die Wächter der Mauern.

Die Schönheit des Bräutigams

8 Ich beschwör' euch, Töchter Jerusalems: Wenn
meinen Geliebten ihr findet, was wollt ihr ihm mel-
den? Daß ich krank bin vor Liebe!
9 »Was ist dein Geliebter vor anderen Geliebten, du
Schönste unter den Frauen? Was ist dein Geliebter
vor anderen Geliebten, daß du uns so beschwörst?«
10 »Mein Geliebter strahlt weißlich und rosa, ist
unter Tausenden zu erkennen. 11 Sein Haupt ist ge-
diegenes Gold, seine Locken sind Dattelrispen, wie
die Raben so schwarz. 12 Seine Augen sind wie Tau-
ben an Wasserbächen, gebadet in Milch, ruhend auf
dem Damm. 13 Seine Wangen sind wie Balsam-
beete, in denen Würzkräuter sprießen; wie Lilien
sind seine Lippen, tropfend von flüssiger Myrrhe.
14 Seine Hände sind Barren von Gold, mit Tarsis-
steinen besetzt; eine Elfenbeinplatte ist sein Leib,
bedeckt mit Saphiren. 15 Seine Schenkel sind Mar-
morsäulen, gestellt auf Sockel von Feingold. Sein
Anblick ist wie der Libanon, auserlesen gleich
Zedern. 16 Süßigkeit ist sein Gaumen, seine ganze
Person lauter Lust. Das ist mein Geliebter; ja, das ist
mein Freund, ihr Töchter Jerusalems!

5,1: Der Schlußsatz ist keine Einladung an Fremde, sondern nur Ausruf wie 2,5. • 2–7: Erinnert an 3,1–5. Wird von manchen Erklärern nur als Traum aufgefaßt. Hier und im ganzen Buch bleibt unklar, wieweit schon eheliche Rechte gegeben sind oder erst angestrebt werden. Verlobung und Heirat waren bei den Orientalen nicht immer scharf getrennt, besonders nicht in lyrischen Liebesliedern! Auch läßt sich schwer sagen, ob zwischen Verlobung und Hochzeit immer ein zeitlicher Abstand bestand. • 5: Myrrhenöl als Liebesgruß. Vielleicht überhaupt nur bildlich für Liebe. • 9: Das Beschreibungslied wird eingeleitet durch eine Frage der Töchter Jerusalems. • 13: Wohl der gepflegte Bart gemeint. • 15: Die Zeder wird in der Bibel als der schönste und mächtigste Baum angesehen. So erreicht z. B. die Libanon-Zeder, obwohl sie langsam wächst, eine Höhe von über 30 Metern und wird sehr alt. In dichterischer Sprache, wie sie hier vorliegt, bedeutet sie häufig das Symbol der Macht. • 16: Gaumen ist Umschreibung für Kuß, 7,10.

Der Freund im Garten

6 1 »Wohin ist dein Geliebter gegangen, du
Schönste der Frauen? Wohin hat sich dein Ge-
liebter gewandt? Wir wollen mit dir nach ihm
suchen!« 2 »Mein Geliebter stieg in seinen Garten,
zu den Balsambeeten, um zu weiden in den Auen
und Lilien zu pflücken. 3 Ich gehöre meinem Ge-
liebten und mein Geliebter mir, der da weidet unter
den Lilien.«

Bräutigam:

4 »Schön bist du, meine Freundin, wie Tirza, lieblich
wie Jerusalem, majestätisch gleich den Bannerscha-
ren. 5 Wende weg deine Augen von mir, denn sie
sind es, die mich verwirren! Dein Haar gleicht einer
Herde von Ziegen, die herabsteigt von Gilead;
6 deine Zähne blinken wie eine Herde von Mutter-
schafen, die frisch aus der Schwemme steigen. Von
Zwillingen trächtig sind alle, und keines von ihnen
ist unfruchtbar. 7 Wie ein Granatapfelstück erstrahlt
deine Schläfe hinter deinem Schleier hervor.«

Die Braut als Königin – schön wie das Morgenrot

8 Sechzig sind es der Königinnen und achtzig der
Nebenfrauen, dazu Mädchen ohne Zahl. 9 Doch
einzig ist sie meine Taube, meine fehlerlose; einzig
ist sie ihrer Mutter, ganz lauter ihrer Gebärerin. Es
sehen sie die Töchter und preisen sie, die Königin-
nen und Nebenfrauen, und rühmen sie. 10 Wer ist
diese, die da herabschaut wie Morgenrot, schön
wie der Mond, rein wie die Sonne, majestätisch
gleich den Bannerscharen? 11 Zum Nußgarten war
ich hinabgestiegen, zu sehen nach den Knospen der
Palme, zu sehen, ob sprießt der Weinstock, ob blüht
der Granatapfelbaum. 12 Ich kannte mich selbst
nicht mehr! Sie setzte mich aufs Gefährt der Für-
stengefolgschaft.«

6,1–3: Ein kurzes Zwischenspiel im Anschluß an das Vorausgehende. Die Liebe des Freundes gehört nur ihr (vgl. 2,16; 7,11). • 4–7: Ein Beschreibungslied, sehr ähnlich 4,1–3. »Bannerscharen« scheint nach Vers 10 das Sternenheer genannt zu werden. • 8–12: Wohl ein zusammengehöriges Lied, verwandt mit 3,6–11. Die Braut zieht als Königin auf. Vers 8 ist inhaltlich mit 10 verbunden, vgl. 3,6f. Die Fortsetzung bildet Vers 12. Vorbild ist der Harem Salomos, der aber zurücktreten muß vor der einzig Erwählten. Zu 11 vgl. 7,13.

Die Königin beim Tanz

7 1 Wende dich, wende dich, Sulamit, wende
dich, wende dich damit wir dich sehen kön-
nen! Was wollt ihr sehen an Sulamit? Etwas
wie einen Lagertanz! 2 Wie sind deine Schritte so
schön in den Sandalen, du Fürstentochter! Der Bug

deiner Hüften gleicht einem Geschmeide, einem
Werk von Künstlerhänden. 3 Dein Schoß ist ein
rundes Becken, es mangle ihm nie der gewürzte
Wein! Dein Leib ist ein Weizenhaufen, von Lilien
umhegt. 4 Deine beiden Brüste sind zwei Kitzlein,
wie Zwillinge einer Ricke. 5 Dein Hals ist wie ein
Elfenbeinturm, deine Augen wie die Teiche von
Hesbon am Tor von Bat-Rabbim, deine Nase wie
der Libanonturm, der gegen Damaskus schaut.
6 Dein Haupt über dir ist wie der Karmel, deines
Hauptes Geflecht gleicht Königspurpur, gebunden
in Zöpfen.

Die liebliche Braut

7 Wie bist du so schön und so lieblich, o Liebe in
Wonnen! 8 Deine Gestalt ist der Palme gleich, deine
Brüste sind wie Trauben. 9 Ich dachte: Ich will auf
die Palme klettern, will pflücken die Dattelrispe,
und deine Brüste sollen mir sein wie Trauben des
Weinstocks, der Duft deines Atems wie Apfelduft!
10 Und dein Mund soll mir sein wie der edelste
Wein, der glattweg fließt zu meinen Liebkosungen,
meine Lippen und Zähne benetzend. 11 »Ich gehöre
meinem Geliebten an, und nach mir hat er Verlan-
gen.

Die Braut lädt ein

12 Komm, mein Geliebter, wir gehen aufs Land und
nächtigen in den Dörfern! 13 Früh wollen wir zu den
Weinbergen aufbrechen, wollen sehen, ob der
Weinstock schon treibt, die Rebblüte aufspringt, die
Granatbäume blühen. Dort will ich meine Liebe dir
schenken! 14 Die Liebesäpfel verbreiten Duft, und
über unserer Türe sind lauter köstliche Früchte,
frische sowohl wie alte, die ich aufhob für dich,
mein Geliebter.

7,1–6: Nach dem Hochzeitszug wird die tanzende Braut geschildert. Hier wird zum erstenmal ihr Name genannt, wohl eine weibliche Form zu Salomo. Ob dieser »Lagertanz« nackt aufgeführt wurde, ist trotz der Körperbeschreibung sehr fraglich, weil dem alttestamentlich-jüdischen Empfinden widersprechend. • 3: Erntehaufen wurden mit Blumen umsteckt. • 4f: Vgl. 4,4f. • 11–13: Die Frühlingswelt wie 2,10–14; 6,11. • 14: Liebesäpfel, wohl der sagenhafte Alraun, und die anderen, oft genannten Früchte und Kräuter sind Sinnbilder, aber auch Reizmittel der Liebe.

Sehnsucht

8 1 Ach, wärest du doch mein Bruder, an der
Brust meiner Mutter genährt! Träfe ich dich
auf freier Flur, ich würde dich küssen, und
man könnte es mir nicht verübeln. 2 Ich würde dich
führen, dich bringen ins Haus meiner Mutter, die
mich erzog. Ich würde dich tränken mit Würzwein,
mit meinem Granatapfelmost. 3 Seine Linke ruht
unter meinem Haupt, und seine Rechte umfängt
mich. 4 Ich beschwör' euch, ihr Töchter Jerusalems,
was wollt ihr wecken und stören die Liebe, ehe ihr
selbst es gefällt?«

Stark wie der Tod und unverkäuflich ist die Liebe

5 Wer ist diese, die aus der Steppe heraufsteigt, auf
ihren Geliebten gestützt? »Unter dem Apfelbaum
störte ich dich auf. Dort war in Wehen geraten mit
dir deine Mutter, dort war in Wehen geraten, die
dich gebar.« 6 Leg mich wie ein Siegel auf dein Herz,
wie ein Siegel auf deinen Arm! Denn stark wie der
Tod ist die Liebe, die Leidenschaft hart wie die Un-
terwelt. Ihre Gluten sind Feuergluten, lodernde
Blitze. 7 Große Wasser können die Liebe nicht
löschen, und Ströme spülen sie nicht hinweg. Böte
jemand seines Hauses ganzen Besitz für die Liebe,
man würde ihn völlig verachten.«

In Erwartung der Reife

8 »Wir haben eine kleine Schwester, sie besitzt noch
keine Brüste. Was machen wir mit unserer Schwe-
ster am Tage, da man um sie freit? 9 Wenn sie eine
Mauer ist, bauen wir darauf ein silberne Zinne.
Wenn sie eine Türe ist, befestigen wir darauf eine
Zederntafel.« 10 »Bin ich erst eine Mauer und sind
meine Brüste wie Türme, dann bin ich in seinen
Augen wie eine, die Anklang findet!«

Zufriedener als Salomo

11 Einen Weinberg hatte Salomo in Baal-Hamon; er
übergab an die Wächter den Weinberg. Ein jeder
mußte für seine Frucht tausend Silberlinge zahlen.
12 Doch meinen Weinberg, der mir gehört, den habe
ich vor mir. Dein seien die tausend, o Salomo, und
zweihundert den Wächtern seiner Frucht!

Warnung

13 »Die du in den Gärten wohnst, Gefährten lau-
schen aufmerksam – laß mich deine Stimme
hören!« 14 »Flieh, mein Geliebter, sei gleich dem
Reh oder dem Junghirsch auf duftendem Bergland!«

8,1–4: Seit 7,7 ist das Verlangen nach dauernder, ehelicher Verbindung immer stärker. In diesem Lied sehnt sich die Braut, ihrem Geliebten ganz zu gehören. • 3f: Schlußverse wie 2,6f; 3,5. • 5: Einleitende Frage des Dichters, ähnlich beim Brautzug 3,6; 6,10. • 6f: Preis der Liebe! Höhepunkt des ganzen Buches. • 7: Solche Liebe ist nicht verkäuflich. • 8–10: Zum Schluß ein paar angehängte Liedchen. 8–10 scheint ein volkstümliches Spottlied roher Brüder auf eine in die Reifezeit eintretende Schwester zu sein. Vers 9 meint wohl künstlichen Ersatz für den Busen, während das Mädchen sich auf die Zukunft vertröstet. • 11f: Wohl ohne Zusammenhang mit dem Vorausgehenden. Schildert den Gegensatz zwischen dem reichen Salomo und dem Gatten mit seiner einzigen Frau, die ihm jedoch ganz und gar allein gehört. • 13f: Ein kurzes, vielleicht verstümmeltes Schlußlied. Wie schon öfters hält sich die Braut im Garten auf, hier wie ein Vögelchen, dessen Stimme der Bräutigam hören will (2,14). Aber es droht Gefahr durch seine Gefährten (2,15), weshalb die Braut unerwartet zur Flucht mahnt. Ihre Worte gleichen 2,9.17.

DAS BUCH DER WEISHEIT

Obwohl das Buch der Weisheit als »Weisheit Salomos« betitelt ist, kann es so wenig von Salomo stammen wie etwa Prediger und Hoheslied. Diese Überschrift ist eine schriftstellerische Einkleidung, die bei den Weisheitslehrern allgemein üblich war. Tatsächlich ist diese jüngste Schrift des Alten Testaments in griechischer Sprache verfaßt worden, und zwar, wie das rege Interesse an der Geschichte und Religion Ägyptens sowie die Kenntnis griechischer Weltanschauung zeigt, von einem hellenistisch gebildeten, aber gesetzestreuen Juden in Alexandrien. Als Abfassungszeit ist am ehesten die erste Hälfte des letzten vorchristlichen Jahrhunderts anzunehmen.

Inhaltlich wird der Gegensatz zwischen Frommen und Gottlosen geschildert. Im ersten Hauptteil (Kap. 1 – 9) werden Wert, Wesen und Wirken der Weisheit philosophisch beschrieben (1–5), sodann ihre Verbindung mit dem weisen König Salomo (6–9). Der zweite Hauptteil beschäftigt sich mit der Auswirkung der Weisheit in der Geschichte Altisraels (10–19), zunächst von Adam bis Moses (10–12); dann wird eine höhnende Schilderung des Tier- und Götzenkultes angefügt (13–15), endlich (16–19) wieder der Auszug aus Ägypten und die dortigen Plagen eindrucksvoll und volkstümlich ausgewertet. Daß unser Buch einheitlich von demselben Verfasser stammt, darf heute trotz aller älteren Kritik als erwiesen gelten.

Religiös von Wichtigkeit ist besonders die klare Lehre von der Unsterblichkeit der Seele und von ewiger Vergeltung. Apokalyptische Erwartungen sind bereits bekannt. Für die religiösen Anschauungen braucht man nicht allzuviel griechischen Einfluß anzunehmen, sondern eher Entfaltung alttestamentlicher Ansätze im Laufe der Verfolgungszeiten.

Wenn Nichtkatholiken das Buch der Weisheit aus der Hl. Schrift ausschließen, so kann dagegen auf zahlreiche verwandte, wahrscheinlich sogar direkt abhängige Stellen im Neuen Testament, besonders bei Paulus, hingewiesen werden und vor allem auf die Haltung des Urchristentums, das sich nicht auf den Kanon (Umfang der Heiligen Schrift) des Judentums beschränkt hat.

Liebt Gerechtigkeit, ihr Regenten der Erde!
Denkt nach über den Herrn in Rechtschaf-
fenheit, und in Einfalt des Herzens sucht ihn!
2 Er läßt sich ja finden von denen, die ihn nicht ver-
suchen, und offenbart sich denen, die ihm nicht
mißtrauen.

Sünde trennt von Gott und von der Weisheit

3 Denn verkehrte Gedanken trennen von Gott, und
wenn die göttliche Macht versucht wird, straft sie
die Toren. 4 In eine auf Bosheit sinnende Seele zieht
nämlich die Weisheit nicht ein, noch nimmt sie
Wohnung in einem Leib, der sich der Sünde hingibt.
5 Denn der heilige Geist der Zucht flieht die Arglist,
hält sich von unverständlichen Gedanken fern und
wird beleidigt, wenn Unrecht naht.
6 Denn die Weisheit ist zwar ein Geist, der die
Menschen liebt, aber sie läßt den Lästerer wegen
seiner Lippen nicht ungestraft. Seines Innern Zeuge
ist nämlich Gott, seines Herzens zuverlässiger Be-
obachter und seiner Zunge Hörer. 7 Der Geist des
Herrn erfüllt ja den Erdkreis, und das Wesen, wel-
ches das All umspannt, kennt jeden Laut. 8 Deshalb
bleibt keiner verborgen, der Unrechtes redet, noch
geht die strafende Gerechtigkeit an ihm vorüber.
9 Denn über die Ränke des Gottlosen wird Unter-
suchung stattfinden, und die Kunde von seinem
Reden wird bis zum Herrn gelangen zur Bestrafung
seiner Übertretungen, 10 weil ja das eifernde Ohr
alles hört und kein murrender Laut verborgen
bleibt. 11 Hütet euch alle vor unnützem Murren,
und vor schlimmer Rede bewahrt die Zunge, da
heimliches Gerede nicht ohne Folgen bleibt und ein
verleumderischer Mund das Leben raubt. 12 Jagt
nicht dem Tode nach durch ein verirrtes Leben, und
zieht nicht das Verderben herbei durch die Werke
eurer Hände! 13 Denn Gott hat den Tod nicht er-
schaffen, noch freut er sich am Untergang der
Lebenden. 14 Vielmehr hat er alles erschaffen zum
Sein, und heilbringend sind die Geschöpfe der Welt;
es ist kein verderbliches Gift in ihnen, und das To-
tenreich hat keine Herrschaft auf Erden. 15 Denn
Gerechtigkeit kennt keinen Tod. 16 Die Gottlosen

aber rufen mit Hand und Mund ihn herbei, verge-
hen vor Sehnsucht nach dem vermeintlichen
Freund und schließen ein Bündnis mit ihm. Sie ver-
dienen auch, sein Eigentum zu sein!

2 1 Sie sprechen nämlich unter sich, falsch ur-
teilend: »Kurz und trübselig ist unser Leben,
und es gibt keinen lindernden Trost beim
Ende des Menschen, noch kennt man einen Befreier
aus dem Totenreich. 2 Denn durch Zufall sind wir
geworden, und hernach werden wir sein, als wären
wir nie gewesen. Denn Rauch ist der Odem in un-
serer Nase und das Denken ein Funke bei unseres
Herzens Schlag. 3 Erlischt er, so zerfällt in Asche der
Leib, der Geist aber verfliegt wie flüchtige Luft.
4 Unser Name wird vergessen mit der Zeit, und nie-
mand mehr erinnert sich an unsere Werke. Ja, unser
Leben vergeht wie die Spuren einer Wolke und
wird wie Nebel zerstreut, der von den Strahlen der
Sonne vertrieben und von ihrer Wärme niederge-
drückt wird. 5 Denn das Vorbeihuschen eines Schat-
tens ist unsere Lebenszeit, und unser Ende läßt sich
nicht rückgängig machen, da es besiegelt ist und
niemand es ändern kann.

Genußsucht

6 Wohlan, so laßt uns die gegenwärtigen Güter ge-
nießen und unverweilt, solange wir in der Jugend
stehen, das Geschaffene ausnützen! 7 Edelster Wein
und Salböl mögen uns reichlich fließen, und keine
Blume des Frühlings soll uns entgehen! 8 Wir wollen
uns bekränzen mit Rosenknospen, ehe sie welken!
9 Keine Wiese soll unberührt bleiben von unseren
üppigen Festen, überall wollen wir Zeichen der
Freude hinterlassen; denn das ist unser Anteil und
das unser Los!

Unterdrückung

10 Laßt uns bedrücken den Armen, der gerecht ist,
keine Schonung kennen gegen die Witwe und keine
Scheu vor des Greises ergrautem Haar! 11 Unsere
Kraft sei der Maßstab für das, was gerecht ist; denn
das Schwache erweist sich als unbrauchbar! 12 Auf-
lauern wollen wir dem Gerechten, weil er uns un-
bequem ist und unseren Werken entgegensteht,
Sünden wider das Gesetz uns vorwirft und unsere
Verfehlungen gegen die Zucht uns vorhält. 13 Er
rühmt sich, Gotteserkenntnis zu besitzen, und be-
zeichnet sich selbst als Kind des Herrn. 14 Er ward
uns zur Anklage gegen unsere Gesinnung, und
lästig ist uns schon sein Anblick. 15 Denn sein Le-
benswandel ist verschieden von dem der anderen,
und ganz absonderlich sind seine Pfade. 16 Wir gel-
ten ihm nicht als echte Volksgenossen, und er hält
sich von unseren Wegen wie von etwas Unreinem
fern. Das Ende der Gerechten preist er selig und
prahlt mit Gott als seinem Vater. 17 Wollen wir
sehen, ob seine Worte wahr sind, und prüfen, wie
es mit ihm enden wird! 18 Ist nämlich der Gerechte
ein Sohn Gottes, so nimmt dieser sich seiner auch
an und rettet ihn aus seiner Gegner Hand. 19 Mit
Übermut und Marter wollen wir ihn prüfen, um
seine Sanftmut zu erkennen und seine Langmut zu
erproben. 20 Zu schmählichem Tod wollen wir ihn
verurteilen; denn nach seinen Worten erlangt er ja
Vergeltung!«

Der Gerechten Ende

21 Solches denken sie; aber sie täuschen sich, da ihre
Bosheit sie verblendet hat 22 und sie die Geheim-
nisse Gottes nicht kennen und auf keinen Lohn für
die Frömmigkeit rechnen, noch an einen Ehrenpreis
für makellose Seelen glauben. 23 Denn Gott schuf
den Menschen zur Unvergänglichkeit, und als Ab-
bild seines eigenen Wesens machte er ihn. 24 Aber
durch des Teufels Neid kam der Tod in die Welt,
und diesen müssen alle kosten, die ihm angehören.

2,13: Zum Ehrennamen »Kinder Gottes« für die Gerechten vgl. 2,16.18; 5,5; 9,4.7; 18,4.13.

3 1 Die Seelen der Gerechten aber sind in Gottes
Hand, und keine Marter kann sie mehr
berühren. 2 Zwar schien es in der Toren
Augen, als wären sie gestorben, und als ein Unheil
ward ihr Ende eingeschätzt, 3 ihr Scheiden von uns
weg als Untergang; sie aber sind im Frieden. 4 Denn
wenn sie nach der Menschen Ansicht auch Bestra-
fung litten, so war doch ihre Hoffnung voll von Un-
sterblichkeit, 5 und nach geringer Züchtigung erfah-
ren sie viel Gutes; denn Gott hat sie geprüft und
fand sie seiner würdig. 6 Wie Gold im Ofen hat er
sie erprobt und wie ein volles Opfer angenommen.
7 Sie leuchten auf zur Zeit des Endgerichtes und
gleichen Funken, die durch Stoppelfelder lodern.
8 Sie werden Völker richten, herrschen über Natio-
nen, und ewig wird der Herr ihr König sein. 9 Die
auf ihn vertrauen, werden die Wahrheit begreifen
und die Getreuen in Liebe bei ihm verweilen; denn
Gnade und Erbarmen erlangen seine Auserwählten,
und seine Frommen geziemende Vergeltung.

Strafe der Gottlosen

10 Die Gottlosen aber werden ihrer Gesinnung
gemäß Strafe erleiden, sie, die sich um den Gerech-
ten nicht kümmerten und abfielen vom Herrn;
11 denn wer Weisheit und Zucht mißachtet, ist un-
selig; umsonst ist ihre Hoffnung, vergeblich sind
ihre Bemühungen und ihre Werke wertlos. 12 Ihre

Frauen sind töricht und ihre Kinder lasterhaft; fluchbeladen ist ihr Geschlecht.

Besser kinderlos und fromm als kinderreich und gottlos

13 Denn selig eine Unfruchtbare, die unbefleckt blieb, die ein sündiges Beilager nicht kannte! Sie wird Frucht haben beim Endgericht der Seelen. 14 Selig auch der Unfruchtbare, der mit seiner Hand nichts gesetzwidriges tat und gegen den Herrn nichts Schlechtes plante; denn ihm wird für die Treue auserlesener Gnadenlohn geschenkt und im Tempel des Herrn ein herzerfreuendes Los. 15 Denn guter Bemühungen Frucht ist herrlich, und unvergänglich die Wurzel der Einsicht. 16 Kinder der Ehebrecher aber werden ihr Ziel nicht erreichen, und Nachkommen aus gesetzwidrigem Ehebett werden zunichte. 17 Denn selbst wenn sie lang leben, werden sie für nichts geachtet, und ruhmlos wird schließlich ihr Alter sein. 18 Müssen sie aber vorschnell sterben, so haben sie keine Hoffnung und am Tag der Entscheidung keinen Trost. 19 Denn schlimm ist das Ende eines ungerechten Geschlechtes.

3,1–5,23: Bieten herrliche Verse über die himmlische Seligkeit der Gerechten bei Gott.

4 1 Besser ist Kinderlosigkeit, gepaart mit Tugend; denn Unsterblichkeit liegt in ihrem Andenken, weil sie bei Gott Anerkennung findet und bei den Menschen. 2 Ist sie vorhanden, so ahmt man sie nach, ist sie entschwunden, so sehnt man sie herbei. In der Ewigkeit schreitet sie bekränzt im Festzug, nachdem sie im Wettstreit um unbefleckte Kampfpreise gesiegt hat. 3 Doch der Gottlosen zahlreiche Nachkommenschaft bringt keinen Nutzen und treibt, weil sie von unrechten Schößlingen abstammt, keine Wurzel in die Tiefe, noch kann sie festen Grund fassen. 4 Denn wenn sie auch für eine Zeitlang üppig in die Zweige schießt, so wird sie doch, dastehend ohne festen Halt, vom Winde erschüttert und von der Gewalt der Stürme entwurzelt werden. 5 Ringsum werden die verkümmerten Äste abgeknickt, und ihre Frucht wird unbrauchbar sein, unreif zum Essen und zu nichts tauglich. 6 Denn die gesetzwidrigem Beischlaf entstammenden Kinder sind Zeugen der Verderbtheit wider ihre Eltern bei ihrer Prüfung.

Besser der Gerechten früher Tod als der Sünder langes Leben

7 Der Gerechte aber, wenn er frühzeitig stirbt, wird in Ruhe sein. 8 Denn ehrenvolles Alter ist nicht das hochbetagte, und nicht wird es bemessen nach der Jahre Zahl. 9 Vielmehr ist Einsicht für die Menschen weißes Haar, und ein unbeflecktes Leben Greisenalter. 10 Da er Gott wohlgefiel, ward er von ihm geliebt, und da er unter Sündern leben mußte, wurde er entrückt. 11 Er ward hinweggerafft, damit nicht Bosheit seine Einsicht änderte oder Trug seine Seele verführte. 12 Denn der Zauber des Lasters verdunkelt das Gute, und der Taumel der Begierde verwandelt arglosen Sinn. 13 Vollendet in kurzer Frist, hat er doch lange Zeiten erfüllt. 14 Denn wohlgefällig war seine Seele dem Herrn, deshalb enteilte sie mitten aus der Bosheit. Die Leute sahen es wohl, aber verstanden es nicht und nahmen sich solches nicht zu Herzen, 15 [daß nämlich seine Auserwählten Gnade und Erbarmen erlangen und seine Frommen geziemende Vergeltung.]

16 So verurteilt der verstorbene Gerechte die lebenden Gottlosen, und die frühvollendete Jugend das betagte Alter des Ungerechten. 17 Denn sie sehen das Ende des Weisen, verstehen aber nicht, was der Herr mit ihm beabsichtigt, und wozu er ihn in Sicherheit gebracht hat. 18 Sie sehen, aber mißachten es; doch der Herr wird ihrer lachen. 19 Und sie werden danach zu einem verachteten Leichnam und zum Hohn unter den Toten für ewig; denn er wird sie lautlos zu Boden brechen und aus ihren Grundfesten herausrütteln. Bis aufs äußerste werden sie verwüstet; sie werden sich in Qualen winden, und die Erinnerung an sie wird verschwinden. 20 Voll Angst werden sie bei der Abrechnung ihrer Sünden erscheinen, und ihre Missetaten werden ihnen gegenüber als Ankläger auftreten.

4,1: Kinderlosigkeit gilt sonst im AT als Strafe Gottes und Schande. • 19: Ähnlich Is 14,19.

Gerechte und Frevler beim Gericht

5 1 Dann wird der Gerechte mit großer Zuversicht dastehen vor dem Angesicht derer, die ihn bedrängten und seine Bemühungen ablehnten. 2 Wenn sie ihn sehen, werden sie von schrecklicher Furcht erschüttert werden und sich entsetzen über seine unerwartete Errettung. 3 Sie werden voll Reue zueinander sprechen und in Seelenangst seufzen: 4 »Dieser war es, der uns einst zum Gelächter diente und zu schmähenden Spottreden, uns Toren! Wir hielten sein Leben für Irrsinn, sein Ende für schimpflich. 5 Wie ist er nun zu den Gottessöhnen gerechnet und ist sein Los unter den Heiligen! 6 So irrten wir also ab vom Wege der Wahrheit, der Gerechtigkeit Licht hat uns nicht geleuchtet, und die Sonne ging uns nicht auf. 7 Wir verstrickten uns in die Dornen der Sünde und des Verderbens, und weglose Wüsten durchzogen wir, doch den Weg des Herrn erkannten wir nicht.

8 Was hat der Übermut uns genützt, und was hat
der Reichtum, mit Prahlerei verbunden, uns einge-
bracht? 9 Vorbeigegangen ist all das wie ein Schat-
ten und wie eine vorübereilende Botschaft, 10 wie
ein Schiff, das wogendes Wasser durchschneidet,
nach dessen Durchfahrt keine Spur mehr zu finden
ist, noch seines Kieles Pfad in den Wogen; 11 oder
gleichwie vom Vogel, der die Luft durchflog, kein
Anzeichen seiner Bahn mehr sich findet; vielmehr
wurde die leichte Luft – durch den Schlag der
Schwingen gepeitscht und gespalten durch die sau-
sende Kraft der bewegten Flügel – nur durchstoßen,
und danach ward kein Anzeichen des Durchfluges
mehr gefunden; 12 oder es ist vorbeigegangen wie
ein Geschoß, das nach dem Ziele abgeschossen
wird, wobei die zerteilte Luft sogleich wieder in
sich zusammenfließt, so daß man seine Bahn nicht
mehr erkennen kann. 13 So wurden auch wir gebo-
ren und schwanden dahin, und kein Kennzeichen
der Tugend hatten wir aufzuweisen, sondern in un-
serer Bosheit wurden wir verschlungen.«
14 Denn der Gottlosen Hoffnung gleicht der Spreu,
die vom Winde verweht, gleicht dünnem Schnee,
der vom Sturme gejagt, dem Rauch, der vom Winde
zerstreut wird, und der flüchtigen Erinnerung an
einen Eintagsgast.
15 Die Gerechten aber leben in Ewigkeit, im Herrn
ist ihr Lohn und die Sorge für sie beim Höchsten.
16 Deshalb werden sie die Königskrone der Herr-
lichkeit empfangen und das Diadem der Schönheit
aus der Hand des Herrn; denn mit der Rechten wird
er sie beschützen, mit dem Arm sie beschirmen.
17 Als Rüstung wird er seinen Eifer anziehen und als
Waffe die Hoffnung gebrauchen zur Abwehr der
Feinde. 18 Er wird Gerechtigkeit anlegen als Panzer
und unbestechliches Gericht aufsetzen als Helm.
19 Als Schild wird er unbesiegbare Heiligkeit er-
greifen 20 und unerbitterlichen Zorn schärfen als
Schwert. Mit ihm aber wird die Natur kämpfen ge-
gen die Toren. 21 Es werden dahinfahren die zielsi-
cheren Geschosse der Blitze und wie von einem
wohlgerundeten Bogen – den Wolken – nach dem
Ziele fliegen. 22 Und aus einer Steinschleuder wer-
den zorngefüllte Schloßen geworfen; wüten wird
gegen sie des Meeres Wasser, und Ströme werden
jäh über ihnen zusammenschlagen. 23 Entgegentre-
ten wird ihnen der Geist der Kraft und wie ein
Sturm sie zerstreuen. Ja, die Sünde wird die ganze
Erde verwüsten, und das Laster der Throne der
Herrscher umstürzen.

5,1: Wie unser Buch ein persönliches Fortleben im Jenseits kennt, so auch ein Endgericht. Über die Zeit aber wird nichts mitgeteilt. • 9–13: In dichterischen Vergleichen gestehen die Sünder ein, wie nichtig ihr genußsüchtiges Treiben war. • 15–23: Wieder zeigt sich höchste Dichtkunst: eindrucksvolle Bilder schildern die Vergeltung Gottes. • 17f: Gott als siegreicher Kämpfer: Is 59,17; vgl. Eph 6,13–17. • 23b: Leitet auf den folgenden Abschnitt über.

Mahnung an die Herrscher

6 1 Hört nun, ihr Könige und merkt wohl; lernt,
ihr Richter der Enden der Erde! 2 Lauscht, ihr
Herrscher über die Volksmenge, die ihr euch
brüstet mit Völkermassen! 3 Denn vom Herrn ward
euch die Macht gegeben und die Herrschaft vom
Höchsten, der eure Werke prüfen und eure Pläne
untersuchen wird. 4 Denn, obwohl nur Diener sei-
nes Reiches, habt ihr nicht recht gerichtet noch das
Gesetz gehalten, noch seid ihr gewandelt nach
Gottes Willen. 5 Furchtbar und schnell wird er über
euch kommen, da ein strenges Gericht über die
Machthaber ergeht. 6 Denn der geringste Mensch
ist verzeihenden Erbarmens wert, Mächtige aber
werden machtvoll gezüchtigt. 7 Denn der Herr des
Alls wird niemand schonen, noch sich um Größe
kümmern. Er hat ja den Kleinen und Großen er-
schaffen und sorgt in gleicher Weise für alle. 8 Über
die Starken aber kommt ein gar strenges Gericht.
9 An euch also, ihr Regenten, ergehen meine Worte,
damit ihr Weisheit lernt und keine Fehltritte begeht.
10 Denn die das Heilige heilig hüteten, werden als
heilig gelten, und die darin unterwiesen sind, wer-
den Rechtfertigung finden. 11 Verlangt daher nach
meinen Worten, begehrt, so werdet ihr Bildung er-
langen!

Wert der Weisheit

12 Strahlend und unverwelklich ist die Weisheit,
leicht wird sie erkannt von denen, die sie lieben,
und gefunden von denen, die sie suchen. 13 Den
Verlangenden schon gibt sie sich rasch im voraus zu
erkennen. 14 Wer früh sich aufmacht nach ihr,
braucht sich nicht abzumühen; denn er findet sie an
seiner Türe sitzend. 15 Denn das Nachsinnen über
sie ist schon vollendete Klugheit, und wer ihretwe-
gen nicht schläft, wird rasch ohne Sorge sein. 16 Sie
selbst geht ja umher und sucht, die ihrer würdig
sind, freundlich erscheint sie ihnen auf ihren Pfa-
den, und in jedem Gedanken begegnet sie ihnen.
17 Denn ihr Anfang ist ganz aufrichtiges Verlangen
nach Bildung, ernstes Nachdenken über Bildung
aber ist Liebe. 18 Liebe aber ist Halten ihrer Gebote,
Beobachtung der Gebote aber ist Sicherung der Un-
sterblichkeit. 19 Unsterblichkeit aber bewirkt Sein
in Gottesnähe. 20 So führt Verlangen nach Weisheit
empor zur Herrschaft. 21 Wenn ihr daher Freude
habt an Thronen und Zeptern, ihr Regenten der

Völker, dann schätzet die Weisheit, damit ihr auf
ewig herrschen könnt!

Wesen der Weisheit

22 Was die Weisheit ist und wie sie geworden, will
ich berichten und keine Geheimnisse euch verber-
gen, sondern vom Anfang der Schöpfung her will
ich ihr nachspüren, ihre Kenntnis ins Licht stellen
und keinesfalls an der Wahrheit vorübergehen!
23 Auch nicht mit zehrendem Neid will ich zusam-
mengehen, da dieser nichts mit der Weisheit ge-
mein hat. 24 Eine große Zahl von Weisen aber ist
Heil für die Welt, und ein verständiger König ist
Wohlstand für das Volk. 25 Daher laßt euch erzie-
hen durch meine Worte, dann werdet ihr Nutzen
haben!

6,1: In Kap. 6–9 gibt sich der Verfasser deutlich als König Salomo aus. • 12–21: Die Weisheit wird als jungfräuliche Braut personifiziert, vgl. 8,2–18; Sir 51,13–21. Wahrscheinlich war die allegorische Auslegung des Hohenliedes schon bekannt.

Wie Salomo Weisheit erlangte

7 1 Auch ich bin zwar nur ein sterblicher
Mensch, allen gleich und ein Abkömmling
des erdgeborenen Erstgeschaffenen, und im
Mutterschoß ward ich gebildet zu Fleisch, 2 in der
Frist von zehn Monaten geronnen im Blut durch
den Samen des Mannes und durch die Lust, die mit
dem Beischlaf verbunden war. 3 Und als ich ent-
standen war, sog auch ich die gemeinsame Luft ein
und fiel auf die Erde, wie das ihr immer in gleicher
Weise widerfährt, und weinte gleichfalls den er-
sten, allen gemeinsamen Laut. 4 In Windeln ward
ich aufgezogen und in Sorgen; 5 denn kein König
hatte je einen anderen Anfang des Daseins. 6 Den-
selben Eintritt ins Leben gibt es für alle, und gleich
ist der Ausgang. 7 Deshalb betete ich, und es ward
mir Einsicht gegeben, ich flehte, da kam mir der
Geist der Weisheit.
8 Ich zog sie Zeptern und Kronen vor und achtete
Reichtum für nichts im Vergleich mit ihr, 9 noch
stellte ich unschätzbare Edelsteine ihr gleich. Denn
alles Gold ist vor ihr wie ein wenig Sand, und wie
Kot ist Silber zu erachten im Vergleich mit ihr.
10 Mehr als Gesundheit und schöne Gestalt liebte
ich sie und wollte lieber sie besitzen als das Tages-
licht; denn unauslöschlich ist der Glanz, der von ihr
ausgeht. 11 Doch kamen zu mir alle Güter zugleich
mit ihr, und unzählbarer Reichtum lag in ihren
Händen. 12 Ich freute mich an allen, weil die Weis-
heit sie leitet, wußte aber nicht, daß sie auch ihre
Urheberin ist. 13 Arglos habe ich gelernt, neidlos
teile ich mit, ihren Reichtum verheimliche ich nicht.
14 Denn ein unerschöpflicher Schatz ist sie für die
Menschen; die ihn gebrauchten, erwarben Freund-
schaft mit Gott, empfohlen durch die aus der Bil-
dung stammenden Gaben.
15 Mir aber gebe Gott, dem Verständnis gemäß zu
reden und dem Verliehenen gemäß würdig zu den-
ken! Denn er selbst ist ja sowohl der Weisheit Füh-
rer als auch der Weisen Lenker. 16 Denn in seiner
Hand sind wir und unsere Worte, jegliche Einsicht
und Kenntnis in künstlerischem Tun. 17 Er war es
nämlich, der mir untrügliches Wissen über die
Dinge gab, zu kennen den Aufbau der Welt und das
Wirken der Elemente, 18 Anfang, Ende und Mitte
der Zeiten, der Sonnenwenden Wechsel und den
Wandel der Jahreszeiten, 19 den Kreislauf des Jahres
und die Stellung der Gestirne, 20 die Natur der Tiere
und die Triebe der Raubtiere, die Gewalt der Gei-
ster und die Gedanken der Menschen, die Unter-
schiede der Pflanzen und die Heilkräfte der Wur-
zeln. 21 Alles, was verborgen und was offenbar war,
erkannte ich; denn aller Dinge Bildnerin, die Weis-
heit, hat es mich gelehrt.

Beschreibung der Weisheit

22 Denn es wohnt ihr ein Geist inne: denkend, hei-
lig, einzigartig, vielfältig, fein, beweglich, durch-
dringend, unbefleckt, klar, unverletzlich, das Gute
liebend, scharf, 23 unhemmbar, wohltätig, men-
schenfreundlich, sicher, fest, arglos, alles vermö-
gend, alles beobachtend und alle Geister durch-
dringend, die denkenden, reinen und feinsten.
24 Denn beweglicher als alle Bewegung ist die Weis-
heit; sie geht hindurch und durchdringt alles ver-
möge ihrer Reinheit. 25 Sie ist ja ein Hauch der Kraft
Gottes und ein lichter Ausfluß der Herrlichkeit des
Allherrschers; deshalb dringt nichts Beflecktes in sie
ein. 26 Denn sie ist ein Abglanz ewigen Lichtes, ein
ungetrübter Spiegel des göttlichen Wirkens und ein
Abbild seiner Vollkommenheit. 27 Obwohl sie nur
eine ist, vermag sie doch alles, und obwohl in sich
selbst verbleibend, erneuert sie alles. Von Ge-
schlecht zu Geschlecht geht sie in lautere Seelen ein
und rüstet Gottesfreunde und Propheten aus.
28 Denn Gott liebt nichts außer dem Menschen, der
mit der Weisheit zusammenwohnt. 29 Diese näm-
lich ist herrlicher als die Sonne und als jegliche Stel-
lung der Gestirne. Verglichen mit dem Tageslicht,
muß man ihr den Vorzug geben; 30 denn auf dieses
folgt die Nacht, über die Weisheit aber siegt keine
Schlechtigkeit.

7,7: Das Gebet 9,1ff. • 8–14: Die Weisheit überragt alle irdischen Werte und Güter; deshalb zog Salomo sie ihnen allen vor; doch als er sie besaß, flossen auch diese ihm zu: Reichtum, Ansehen, Macht, da sie deren Urheberin ist. • 22–29: Das heilige und rein geistige

Wesen der göttlichen Weisheit wird ausführlich beschrieben. Als wirksame Kraft ist sie die Weisheit Gottes selber, die von seiner Person nicht geschieden werden kann. • 9: Da die Weisheit mit Gott zusammenwohnt (Vers 3) und eigentlich die Weisheit Gottes selber ist, vermag sie dem Menschen beizustehen, vgl. 1 Kön 3,16–28 und 1 Kön 10,1–13. • 12: Die Hand auf den Mund legen ist Zeichen staunenden Schweigens. • 13: Hier irdische Unsterblichkeit im Nachruhm. • 20: Die Seele als das eigentliche Ich ist ausschlaggebend, nicht der Leib. Eine längere Präexistenz wird nicht gelehrt, noch weniger Seelenwanderung.

Weisheit als Braut Salomos

8 [1] Sie erstreckt sich kraftvoll von einem Ende zum andern und leitet das All vortrefflich. [2] Diese liebte und erstrebte ich von Jugend auf, suchte sie als Braut mir heimzuführen und ward ein Liebhaber ihrer Schönheit. [3] Ihrer adeligen Herkunft macht sie Ehre, da sie mit Gott zusammenwohnt, und der Herrscher des Weltalls hat sie liebgewonnen. [4] Denn in das göttliche Wissen ist sie eingeweiht und wählt aus unter seinen Werken. [5] Wenn aber Reichtum ein begehrenswerter Besitz ist im Leben, was ist reicher als die Weisheit, die das All kunstvoll ausstattet? [6] Wenn schon kluge Begabung Kunstwerke schafft, wer ist in aller Welt ein größerer Künstler als sie? [7] Und wenn jemand Gerechtigkeit liebt, ihrer Bemühungen Früchte sind Tugenden! Denn Maßhaltung lehrt sie und Klugheit, Gerechtigkeit und Starkmut; es gibt im Leben nichts Nützlicheres für die Menschen als diese. [8] Wenn aber jemand auch reiches Wissen begehrt, sie weiß das Vergangene und erschließt das Zukünftige. Sie versteht sich auf sprichwörtliche Redewendungen und Auflösung von Rätseln; Zeichen und Wunder erkennt sie im voraus und was die Verhältnisse und Zeitläufe bringen werden.

Salomonische Weisheit

[9] Ich beschloß also, diese zur Lebensgemeinschaft heimzuführen, da ich wußte, daß sie mir Ratgeberin sein werde im Glück und Trost, in Sorgen und Trübsal. [10] Ich werde ihretwegen Ruhm bei der Menge erlangen und – wenn auch jung – Ehre bei Alten. [11] Scharfsinnig beim Richten wird man mich finden, und vor den Herrschern werde ich Bewunderung ernten. [12] Wenn ich schweige, werden sie auf mich warten, wenn ich rede, werden sie aufmerksam, und wenn ich ausführlicher spreche, werden sie die Hand auf den Mund legen. [13] Ich werde durch sie Unsterblichkeit erlangen und ewiges Andenken bei meinen Nachkommen hinterlassen. [14] Völker werde ich regieren, und Nationen werden mir untertan sein. [15] Fürchten werden mich schreckliche Tyrannen, wenn sie von mir hören, unter dem Volk werde ich als tüchtig erscheinen und im Krieg als tapfer. [16] Komme ich dann nach Hause, will ich ausruhen bei ihr; denn der Umgang mit ihr bringt keine Bitterkeit mit sich und keinen Verdruß die Lebensgemeinschaft mit ihr, sondern Frohsinn und Freude.

[17] Indem ich dieses bei mir erwog und in meinem Herzen bedachte, daß nämlich Unsterblichkeit liege in der Gemeinschaft mit der Weisheit, [18] in der Freundschaft mit ihr edle Freude und in ihrer Hände Bemühungen unerschöpflicher Reichtum, in der Übung des Umgangs mit ihr Klugheit, sodann Ruhm in der Teilnahme an ihren Gesprächen, ging ich umher und suchte, wie ich sie für mich gewinnen könnte.

Salomo betet um Weisheit

[19] Ich war ein wohlveranlagter junger Mann und hatte eine gute Seele empfangen; [20] oder vielmehr, weil ich gut war, kam ich in einen unbefleckten Leib. [21] In der Erkenntnis aber, daß ich ihrer nicht anders habhaft würde, als wenn Gott sie gibt – auch das schon war Sache der Einsicht, zu wissen, wessen Gnade sie ist –, so wandte ich mich an den Herrn, bat ihn und sprach aus meinem ganzen Herzen:

9 [1] Gott der Väter und Herr des Erbarmens, der du das All durch dein Wort gemacht [2] und durch deine Weisheit den Menschen ausgerüstet hast, damit er herrsche über die Geschöpfe, die durch dich entstanden, [3] die Welt leite in Heiligkeit und Gerechtigkeit, und in Geradheit der Seele Gericht halte, [4] o gib mir die Weisheit, deine Throngenossin, und schließe mich aus der Zahl deiner Kinder nicht aus! [5] Denn dein Knecht bin ich, der Sohn deiner Magd, ein schwacher und kurzlebiger Mensch, zu gering an Einsicht für Recht und Gesetz. [6] Denn selbst wenn einer vollkommen wäre unter den Menschenkindern, so wird er doch, wenn von dir her die Weisheit fehlt, für nichts geachtet. [7] Du hast mich erwählt zum König deines Volkes und zum Richter über deine Söhne und Töchter. [8] Du hast befohlen, einen Tempel zu bauen auf deinem heiligen Berg und in der Stadt deiner Wohnstätte einen Opferaltar, ein Abbild des heiligen Zeltes, das du von Anfang an vorausbereitet hast. [9] Bei dir ist die Weisheit, die deine Werke kennt und dabei war, als du die Welt erschufst, und weiß, was wohlgefällig ist in deinen Augen und was recht ist nach deinen Geboten. [10] Sende sie aus dem heiligen Himmel, und vom Thron deiner Herrlichkeit schicke sie, damit sie die Aufgabe übernehme, mir beizustehen, und ich erkenne, was dir wohlgefällig

ist! 11 Denn sie ist es, die alles weiß und versteht, und sie wird mich bei meinen Handlungen besonnen leiten und mich in ihrem Glanz bewahren. 12 Dann werden meine Werke angenehm sein, ich werde dein Volk gerecht leiten und des Thrones meines Vaters würdig sein.
13 Denn welcher Mensch vermag den Willen Gottes zu erkennen, oder wer kann begreifen, was der Herr wünscht? 14 Sind doch die Gedanken der Sterblichen schwächlich und hinfällig unsere Erwägungen. 15 Denn der vergängliche Leib beschwert die Seele, und das irdische Zelt belastet den gedankenreichen Verstand. 16 Kaum erraten wir die irdischen Dinge, und was auf der Hand liegt, finden wir mit Mühe; das Himmlische aber, wer könne es je ergründen? 17 Wer aber hat deinen Willen erkannt, ohne daß du Weisheit mitteiltest und deinen heiligen Geist aus der Höhe sandtest? 18 Nur so wurden die Pfade der Erdbewohner recht gelenkt, die Menschen belehrt über das, was dir wohlgefällt, und durch die Weisheit gerettet.

9,1: Vgl. das Gebet 1 Kön 3,5–9. • 4: »Throngenossin« ist dichterische Personifikation, keinerlei Göttin neben Gott. Nach Vers 17 ist sie sein heiliger Geist. Sie kann als Gabe oder als Braut Menschen mitgeteilt werden. • 17f: Überleitung auf die 2. Hälfte des Buches, in der geschichtliche Beispiele behandelt werden.

Der Weisheit Walten in der Geschichte – Adam und Kain

10 1 Sie war es, die den erstgebildeten Vater der Welt, als er allein erschaffen war, beschirmte; sie riß ihn heraus aus seinem Fall 2 und gab ihm Kraft, über alles zu herrschen. 3 Ein Ungerechter aber, der von ihr in seinem Zorn abfiel, ging in brudermordendem Grimm zugrunde.

Noe, Abraham, Lot

4 Den seinetwegen überschwemmten Erdkreis hat er wieder die Weisheit gerettet, indem sie auf geringwertigem Holz den Gerechten steuerte. 5 Sie erkor sich, als die Völker wegen einmütiger Bosheit verwirrt wurden, den Gerechten, bewahrte ihn untadelig vor Gott und erhielt ihn starkmütig bei allem Mitleid mit seinem Kind. 6 Sie rettete beim Untergang der Gottlosen einen Gerechten, da er floh vor dem Feuer, das auf die fünf Städte herabfiel. 7 Als Zeugnis ihrer Bosheit sind bis jetzt vorhanden dampfendes Ödland und Pflanzen, die zur Unzeit fruchten, und als Denkmal einer ungläubigen Seele eine ragende Salzsäule. 8 Weil sie nämlich die Weisheit verachtet haben, wurden sie nicht nur gestraft wegen Unkenntnis des Guten, sondern hinterließen auch der Welt ein Mahnmal der Torheit, damit sie nicht verborgen bleiben konnten mit ihren Verfehlungen. 9 Die Weisheit aber rettete aus Nöten ihre Diener.

Jakob

10 Sie hat den Gerechten, als er vor dem Zorn des Bruders floh, geleitet auf geraden Pfaden; sie zeigte ihm das Reich Gottes und gab ihm Kenntnis von heiligen Dingen; sie ließ ihn wohlhabend werden in Anstrengungen und lohnte reichlich seine Mühen. 11 Bei der Habsucht seiner Bedränger stand sie ihm bei und machte ihn reich. 12 Sie behütete ihn vor Feinden und beschützte ihn vor Verfolgern; einen harten Kampf entschied sie für ihn, damit er erkenne, daß stärker als alles die Frömmigkeit ist.

Joseph

13 Sie ließ den verkauften Gerechten nicht im Stich, sondern rettete ihn vor der Sünde. 14 Sie stieg mit ihm hinab in den Kerker und verließ ihn nicht in Fesseln, bis daß sie das Zepter der Herrschaft ihm brachte und Macht über seine Bedrücker. Seine Verleumder aber erwies sie als Lügner und gab ihm ewigen Ruhm.

Moses und sein Volk

15 Sie hat das heilige Volk und den untadeligen Stamm errettet vor dem Volk der Bedränger. 16 Sie zog ein in die Seele des Knechtes des Herrn und widerstand furchtbaren Königen durch Zeichen und Wunder. 17 Den Heiligen gab sie den Lohn für ihre Mühe, leitete sie auf wunderbarem Wege und wurde ihnen zum Schutzdach bei Tage und zum Sternenlicht während der Nacht. 18 Sie führte diese durch das Rote Meer und geleitete sie durch die vielen Wasser. 19 Ihre Feinde aber ließ sie ertrinken und spülte sie empor aus der Meerestiefe. 20 Deshalb plünderten die Gerechten die Gottlosen aus und besangen, o Herr, deinen heiligen Namen und priesen einmütig deine siegreiche Hand. 21 Denn die Weisheit öffnete den Mund der Stummen und machte die Zungen der Unmündigen laut.

10,1–19,21: Der ganze 2. Teil verherrlicht die göttliche Weisheit im Ablauf der Heilsgeschichte, besonders zur Zeit des Auszugs aus Ägypten.

10,4: Die Bosheit Kains vererbte sich weiter und führte zur Sintflut. • 5: Babel: 1 Mos 11,1–9. Prüfung Abrahams: 1 Mos 22. • 6–7: 1 Mos 19. • 10–12: 1 Mos 27–32. • 13–14: 1 Mos 39–41.

Wasser in der Wüste

11 1 Sie führte ihre Unternehmungen zum Erfolg durch die Hand eines heiligen Propheten; 2 eine unbewohnte Wüste durchzogen sie, und in unwegsamem Gelände schlugen sie Zelte auf. 3 Sie widerstanden Feinden und wehrten Gegner ab. 4 Als sie Durst litten, riefen sie dich an, und aus steilem Felsen ward ihnen Wasser ge-

geben und Linderung des Durstes aus hartem Ge-
stein. 5 Denn womit ihre Feinde gezüchtigt wur-
den, damit wurde ihnen in ihrem Mangel wohl-
getan. 6 Statt des nie versiegenden Quells des
Nilstromes, der durch Mordblut getrübt war 7 zur
Strafe für den Befehl des Kindermordes, gabst du
ihnen unverhofft reichlich Wasser 8 und zeigtest
durch den damaligen Durst, wie sehr du die Gegner
bestraft hattest. 9 Denn als sie geprüft oder vielmehr
mit Milde gezüchtigt wurden, erkannten sie, wie
schwer die mit Zorn gerichteten Gottlosen geplagt
worden waren. 10 Denn diese stelltest du wie ein
warnender Vater auf die Probe, jene aber zogst du
vor dein Strafgericht, um sie wie ein strenger König
zu verurteilen. 11 Ob fern, ob gegenwärtig, wurden
sie in gleicher Weise gepeinigt. 12 Denn doppelter
Schmerz erfaßte sie und Stöhnen in der Erinnerung
an das Vergangene. 13 Als sie nämlich hörten, wie
das, womit sie gestraft worden waren, diesen zur
Wohltat wurde, verspürten sie den Herrn. 14 Denn
ihn, den sie einst bei der Aussetzung in den Fluß
warfen und höhnend ablehnten, mußten sie am
Ende der Ereignisse anstaunen, nachdem sie un-
gleich mehr als die Gerechten an Durst gelitten.

Ägyptischer Tierkult: Bestraft durch die Plagen vernunftloser Tiere

15 Für ihre unvernünftigen Gedanken voll Gott-
losigkeit, durch die sie, irregeleitet, vernunftloses
Gewürm und niedriges Getier verehrten, sandtest
du ihnen eine Menge vernunftloser Tiere zur Strafe,
16 damit sie erkennen sollten, daß man gestraft
wird, womit man sündigt. 17 Denn es wäre nicht
unmöglich gewesen für deine allmächtige Hand,
die aus gestaltlosem Stoff die geordnete Welt er-
schuf, über sie eine Menge von Bären oder grimme
Löwen zu schicken 18 oder neugeschaffene, wuter-
füllte, unbekannte Bestien, feurigen Atem schnau-
bend oder brausenden Dampf ausstoßend oder
schreckliche Funken aus den Augen sprühend,
19 von denen nicht erst der Angriff sie umzubringen,
sondern allein schon der furchtbare Anblick sie zu
verderben vermocht hätte. 20 Aber selbst abgesehen
davon, hätten sie durch einen einzigen Hauch stür-
zen können, vom Strafgericht verfolgt und hinweg-
gefegt vom Odem deiner Macht. Doch alles hast du
nach Maß, Zahl und Gewicht geordnet.

Gottes Macht und Güte

21 Denn dich groß und mächtig zu zeigen, steht all-
zeit bei dir, und wer vermag der Kraft deines Armes
zu widerstehen? 22 Denn wie ein Stäubchen auf der
Waage ist die ganze Welt vor dir und wie ein Trop-
fen vom Morgentau, der auf die Erde herabfällt.
23 Du aber erbarmst dich aller, weil du alles ver-
magst, und siehst über die Sünden der Menschen
hinweg, damit sie Buße tun. 24 Denn du liebst alles,
was ist, und verabscheust nichts von dem, was du
geschaffen; denn hättest du etwas gehaßt, dann
hättest du es nicht erschaffen. 25 Wie könnte etwas
bestehen, wenn du es nicht wolltest, oder wie
könnte nicht von dir ins Dasein Gerufenes erhalten
bleiben? 26 Ja, alles schonst du, weil es dein eigen
ist, du lebenliebender Herrscher!

11,4: 2 Mos 17; 4 Mos 20. • 5: Im folgenden werden die Ägyptischen Plagen zum Vergleich herangezogen. Ausführlicher Kap. 16–19.

12 1 Denn dein unvergänglicher Geist ist in
allem. 2 Daher strafst du die Fehlenden
erst ein wenig und verwarnst sie, indem
du sie an ihre Sünden erinnerst, damit sie von ihrer
Bosheit lassen und an dich glauben, Herr.

Langmut gegen die Kanaaniter

3 Denn du haßtest zwar die einstigen Bewohner
deines heiligen Landes, 4 weil sie Schändlichstes
trieben, Zauberwerke und unheilige Feiern. 5 Die
erbarmungslosen Kindermörder und die Mahlge-
meinschaft von Menschenfleischfressern, die einge-
weihten Teilnehmer inmitten des blutigen Opfer-
mals 6 und die Eltern, die eigenhändig hilflose
Wesen ermordeten, wolltest du durch die Hand un-
serer Väter vertilgen, 7 damit das von dir unter allen
am meisten geschätzte Land einer würdigen An-
siedlung von Gotteskindern teilhaftig würde.
8 Aber auch mit jenen, weil sie Menschen waren,
bist du schonend verfahren und sandtest als Vor-
läufer deines Heeres Wespen, damit diese sie all-
mählich ausrotteten, 9 obgleich du mächtig gewe-
sen wärest, in einer Schlacht die Gottlosen den
Gerechten zu unterwerfen oder sie durch furcht-
bare Tiere oder durch ein gestrenges Wort auf ein-
mal zu vernichten. 10 Allmählich strafend gabst
du Raum für die Buße, obwohl du wußtest, daß
ihre Abstammung schlecht und ihre Bosheit an-
geboren war und ihre Gesinnung ewig sich nicht
wandeln würde. 11 Denn ein von Anfang an ver-
fluchter Stamm waren sie. Auch nicht aus Scheu
vor irgend jemand gabst du Straffreiheit für ihre
Sünden; 12 denn wer darf sagen: »Was hast du ge-
tan?« Oder wer kann deinem Urteil widerstehen?
Wer könnte dich belangen ob des Untergangs von
Völkern, die du selbst geschaffen hast? Oder wer
könnte gegen dich auftreten als Anwalt ungerechter
Menschen?
13 Denn keinen Gott gibt es außer dir, der Sorge
trägt für alles, so daß du beweisen müßtest, daß du

nicht ungerecht gerichtet hast; 14 noch auch kann ein König oder Herrscher dir vor die Augen treten wegen derer, die du straftest. 15 Vielmehr weil du gerecht bist, lenkst du das All in Gerechtigkeit; den, der keine Strafe verdient hat, zu verurteilen, hältst du für unwürdig deiner Macht. 16 Denn deine Stärke ist die Quelle der Gerechtigkeit, und deine Herrschaft über alles läßt dich alles schonen. 17 Denn Stärke zeigst du, wenn man nicht glaubt an die Vollkommenheit deiner Macht, und an denen, die darum wissen, strafst du den Trotz. 18 Du aber, dem Stärke zu Gebot steht, richtest in Milde, und mit viel Schonung regierst du uns; denn es steht bei dir, wann immer du willst, dich mächtig zu zeigen.

Gnade gegen Israel

19 Du hast aber dein Volk durch solche Taten belehrt, daß der Gerechte menschenfreundlich sein muß, und erfülltest deine Söhne mit guter Zuversicht, daß du nach Sünden Buße anbietest. 20 Denn wenn du schon die Feinde deiner Kinder und des Todes Schuldige mit solcher Zurückhaltung und Nachsicht bestraft hast, daß du Zeit und Raum gabst, inzwischen von der Bosheit abzulassen, 21 mit welcher Sorgfalt bist du erst mit deinen Söhnen ins Gericht gegangen, deren Väter du Eide und Verträge voll guter Verheißungen gabst! 22 Während du uns also erziehst, schlägst du unsere Feinde tausenfach, damit wir selbst beim Richten an deine Güte dächten, wenn wir aber gerichtet werden, auf Erbarmen hofften.

Strafe für den Tierkult

23 Daher hast du auch die in törichtem Dasein ungerecht Dahinlebenden durch ihre eigenen Greuel gepeinigt. 24 Denn sie irrten sogar über die gewöhnlichen Irrwege noch weit hinaus, indem sie, nach unmündiger Kindert Art getäuscht, die selbst unter den Tieren verächtlichsten aller häßlichen Lebewesen für Götter hielten. 25 Deshalb hast du ihnen wie unvernünftigen Kindern zur Verspottung die Strafe gesandt. 26 Die aber, die sich nicht warnen ließen durch den spottenden Tadel, sollten ein Gericht erfahren, das Gottes würdig war. 27 Denn durch die Tiere, unter denen sie litten und unwillig waren, durch diese Tiere, die sie für Götter gehalten und mit denen sie nun bestraft wurden, lernten sie den kennen, von dem sie vorher nichts wissen wollten, und erkannten den wahren Gott. Deshalb war auch die äußerste Strafe über sie gekommen.

12,5: Kinderopfer kamen vor, ebenso blutige Opfermahlzeiten. • 8: Wespen oder Hornissen nach der griechischen Übersetzung von 2 Mos 23,28; 5 Mos 7,20; Jos 24,12. Aber Grundbedeutung wohl »lähmender Schrecken«, »Entmutigung«.

Natürliche Gotteserkenntnis

13 1 Nichtig waren ja von Natur aus alle Menschen, denen Unkenntnis Gottes eigen war und die aus den sichtbaren Gütern nicht den Seienden zu erkennen vermochten, noch bei der Betrachtung der Werke den weisen Schöpfer erkannten, 2 die vielmehr das Feuer, den Wind, die flüchtige Luft, den Kreis der Gestirne, das gewaltige Wasser oder die Leuchten des Himmels für weltbeherrschende Götter hielten. 3 Wenn sie nun, durch deren Schönheit erfreut, sie für Götter ansahen, hätten sie doch erkennen sollen, wieviel besser deren Herr ist; denn der Urheber der Schönheit hat sie erschaffen. 4 Wenn sie aber erschreckt waren über deren Macht und Wirkkraft, hätten sie aus ihnen folgern sollen, wieviel mächtiger ihr Schöpfer ist.

5 Denn aus der Größe und Schönheit der Geschöpfe wird vergleichsweise ihr Urheber erschaut. 6 Gleichwohl trifft diese nur geringer Tadel; sie gehen nämlich vielleicht nur irre bei ihrem Suchen nach Gott und ihrem Willen, ihn zu finden. 7 Denn bei seinen Werken verweilend, forschen sie und lassen sich verführen durch den Augenschein, weil das Geschaute gar schön ist. 8 Immerhin sind auch sie nicht entschuldbar; 9 denn wenn sie so viel zu erkennen vermochten, daß sie die Welt beurteilen konnten, wie war es möglich, daß sie den Herrn dieser Dinge nicht noch schneller fanden?

Anfertigung eines Götzenbildes

10 Erbärmlich aber waren jene, und auf tote Dinge gerichtet war die Hoffnung derer, die Werke von Menschenhänden Götter nannten, Gold und Silber, Kunstwerke und Tierbilder oder unnütze Steine, das Werk uralter Herkunft. 11 Es sägte zum Beispiel ein Holzschnitzer einen geeigneten Stamm heraus, schälte geschickt ringsum seine ganze Rinde ab, und nach sachgemäßer Bearbeitung fertigte er ein nützliches Gerät für den täglichen Gebrauch. 12 Die Abfälle der Arbeit aber verheizte er zur Bereitung der Mahlzeit und sättigte sich. 13 Jedoch ein Stück Abfallholz davon, zu nichts brauchbar, ein krummes und von Ästen durchwachsenes Holz, nahm er, schnitzte daran mit Eifer in seinen Mußestunden und formte es mit Geschicklichkeit in der Erholungszeit, gab ihm die Gestalt eines Menschen 14 oder machte es irgendeinem niedrigen Tier ähnlich, bestrich es mit Rötel und färbte seine Oberfläche mit Schminke rot, und jeden Fleck an ihm bestrich er; 15 dann machte er ihm eine entsprechende Behausung, brachte es an einer Mauer an und sicherte es mit Eisen. 16 Damit es also nicht

herunterfiele, mußte er für dasselbe Vorsorge tref-
fen, weil er wußte, daß es sich selbst nicht helfen
kann; ist es doch nur ein Abbild und bedarf der
Hilfe.

Götzenanbetung

17 Wenn er aber für seine Besitztümer, seine Ehe
und Kinder betet, schämt er sich nicht, das Leblose
anzureden, und um Gesundheit ruft er das Schwa-
che an. 18 Um Leben bittet er das Tote, um Beistand
fleht er das Hilfloseste an, um Schutz für eine Reise
das Wesen, das nicht einmal den Fuß gebrauchen
kann, 19 für den Handel, Arbeit und Erfolg der
Hände erbittet er sich Kraft von dem, dessen Hände
völlig kraftlos sind.

13,11–16: Ähnlich Is 44,9–20. Anbetung von Götzenbildern ist noch törichter als göttliche Verehrung der Naturkräfte.

14
1 Wer ferner sich zu einer Seefahrt an-
schickt und vorhat, wilde Wogen zu
durchmessen, der ruft ein Holz an, das
morscher ist als das ihn tragende Fahrzeug; 2 denn
dieses hat der Erwerbstrieb ersonnen und die künst-
lerische Weisheit gebaut. 3 Deine Vorsehung aber, o
Vater, steuert es hindurch, weil du auch im Meer
einen Weg bahntest und in den Wogen einen siche-
ren Pfad, 4 um so zu zeigen, daß du aus jeder Lage
retten kannst, so daß auch einer ohne Seemanns-
kenntnis das Schiff besteigen kann. 5 Du willst ja,
daß die Werke deiner Weisheit nicht ungenützt
bleiben; deshalb vertrauten die Menschen auch
dem geringsten Holz ihr Leben an, und auf einem
Floß die Wogen durchquerend, wurden sie gerettet.
6 Denn auch im Anfang, als die übermütigen Riesen
umkamen, flüchtete sich die Hoffnung der Welt auf
ein Floß und hinterließ, von deiner Hand gesteuert,
der Welt Samen für die Fortpflanzung.
7 Denn gesegnet wird ein Holz, durch das Gerech-
tigkeit geschieht. 8 Das handgemachte Götzenbild
jedoch ist selbst verflucht, ebenso auch der, der es
gemacht. Denn dieser hat es angefertigt, jenes aber
wurde, obwohl vergänglich, Gott genannt. 9 Denn
vor Gott ist in gleicher Weise verhaßt der Gottlose
und dessen gottloses Werk. 10 So wird denn auch
das Werk samt dem Verfertiger bestraft werden.
11 Deshalb wird auch über die Götzenbilder der
Heiden Heimsuchung kommen, weil sie in der
Schöpfung Gottes zum Greuel wurden, zum An-
stoß für die Seelen der Menschen und zum Fall-
strick für die Füße der Toren.

Ursprung des Götzendienstes

12 Anfang der Götzenbuhlerei ist nämlich das Sin-
nen auf Götzenbilder, und solche zu erfinden ist
Verderbnis des Lebens. 13 Denn sie waren nicht von
Anfang an, noch werden sie für immer sein. 14 Denn
durch Irrwahn der Menschen kamen sie in die Welt,
und darum ist ihr jähes Ende beschlossen. 15 Ein
Vater nämlich, durch allzu frühe Trauer gequält,
machte sich ein Bild des so schnell dahingerafften
Kindes, und den damals doch bereits toten Men-
schen verehrte er nun wie einen Gott und führte bei
seinen Untergebenen Geheimkulte und Opferfeiern
ein. 16 Dann wurde mit der Zeit die gottlose Sitte
gefestigt und wie ein Gesetz beobachtet, 17 und auf
Befehl von Gewaltherrschern wurden die Schnitz-
werke angebetet. Wer die Herrscher wegen weiter
Entfernung nicht von Angesicht verehren konnte,
vergegenwärtigte sich ihre Gestalt in der Ferne und
machte sich ein wahrnehmbares Abbild vom ver-
ehrten König, damit sie dem Abwesenden, als wäre
er anwesend, durch ihren Eifer schmeicheln konn-
ten. 18 Der Ehrgeiz des Künstlers trieb dann auch
jene, die den König nicht kannten, zur Förderung
der göttlichen Verehrung an. 19 Denn er, der viel-
leicht dem Herrscher zu gefallen trachtete, erreichte
durch seine Kunst ein besonders schönes Abbild.
20 Die Menge aber, angezogen von der Anmut des
Werkes, hielt den noch vor kurzem als Menschen
Verehrten für ein göttliches Wesen. 21 Und dies
wurde zu einer Falle für das Leben, daß nämlich die
Menschen entweder dem Unglück oder der Tyran-
nei sich fügten und Dingen aus Stein und Holz den
Namen gaben, der niemandem zukommt.

Götzendienst führt zu Unsittlichkeit

22 Sodann genügte es nicht, in der Gotteserkenntnis
zu irren, sondern sie, die im großen Unfrieden
leben, nennen so große Übel auch noch Frieden.
23 Während sie nämlich kindermordende Opferfei-
ern und heimliche Kulte oder wilde Gelage mit
fremdartigen Gebräuchen begehen, 24 halten sie
weder Leben noch Ehe mehr rein, sondern einer
bringt den anderen hinterlistig um oder fügt ihm
durch Ehebruch Leid zu. 25 Alles Tun ohne Unter-
schied beherrschen Blutdurst und Mordlust, Dieb-
stahl und Betrug, Verderbtheit, Untreue, Aufruhr
und Meineid, 26 Störung des Guten, Vergessen der
Wohltaten, Befleckung der Seelen, widernatürliche
Unzucht, Ehezerrüttung, Ehebruch und Aus-
schweifung. 27 Denn die Verehrung der namenlosen
Götzen ist jeden Übels Anfang, Ursache und Ende.
28 (Ihre Anbeter) rasen im Freudentaumel oder
weissagen Lügen, führen ein Leben voll Ungerech-
tigkeit oder sind schnell bei der Hand, falsch zu
schwören. 29 Da sie ja leblosen Götzen vertrauen,
rechnen sie nicht damit, für falsche Eide bestraft zu

werden. 30 Für beides aber wird sie gerechte Vergeltung ereilen, daß sie, schlecht über Gott nachdenkend, Götzen anhingen und daß sie in Mißachtung heiliger Scheu trügerische Meineide schwören. 31 Denn nicht die Macht der beim Eid angerufenen Götzen, sondern die Bestrafung der Sünder folgt stets auf die Übertretung der Frevler.

14,23: Unzüchtige Mysterienkulte wie 12,4f; 14,15. • 28a: Ekstatische Tänze.

Die bessere Religion Israels

15 1 Du aber, unser Gott, bist gütig und treu, langmütig und das All mit Erbarmen lenkend! 2 Denn auch wenn wir sündigten, sind wir dein, da wir deine Macht kennen. Wir wollen aber nicht sündigen, im Bewußtsein, dir anzugehören. 3 Denn dich verstehen ist vollkommene Gerechtigkeit, und deine Macht erkennen ist Wurzel der Unsterblichkeit. 4 Uns hat ja nicht verführt, was der Menschen schlechte Kunst sich ausdachte, noch der Maler nichtsnutzige Arbeit, eine Figur, mit bunten Farben bepinselt, 5 deren Anblick die Toren reizt, daß jemand Lust hat an eines toten Bildes lebloser Gestalt. 6 Liebhaber des Bösen und solcher Hoffnungen würdig sind die Hersteller, die Anhänger und die Anbeter.

Tönerne Götzen

7 Da knetet etwa ein Töpfer mühsam weiche Erde und formt für unseren Gebrauch jedes einzelne Stück. Aber aus demselben Ton bildet er die sauberen Zwecken dienenden Gefäße wie auch die für das Gegenteil, alle in gleicher Weise. Für welche von diesen beiden Gebrauchsmöglichkeiten ein jedes verwendet werden soll, darüber entscheidet der Tonarbeiter. 8 Mit übel angewendeter Mühe formt er einen nichtigen Götzen aus demselben Ton, er, der vor kurzem aus Erde entstanden, alsbald wieder zu ihr zurückkehrt, von der er genommen ward, wenn das Darlehen der Seele von ihm zurückgefordert wird. 9 Aber es macht ihm keine Sorge, daß er dahinsinken wird und daß er ein kurzfristiges Leben hat, sondern er wetteifert mit Goldschmieden und Silbergießern, ahmt Erzbildner nach und hält es für einen Ruhm, Fälschungen herzustellen. 10 Asche ist sein Herz, minderwertiger als Erde seine Hoffnung und wertloser als Ton sein Leben; 11 denn er erkannte den nicht, der ihn geformt, ihm eine tätige Seele eingehaucht und den Lebensodem eingeblasen hat. 12 Vielmehr hielt er unser Leben für eine Spielerei und das Dasein für einen einträglichen Jahrmarkt; denn man müsse, sagt er, woher auch immer, selbst aus Schlechtem Gewinn ziehen. 13 Er weiß nämlich besser als alle, daß er Sünde tut, wenn er aus Erdenstoff zerbrechliche Gefäße und zugleich Figuren fertigt.

Ägyptischer Götzendienst

14 Allesamt aber sind sie höchst unvernünftig und armseliger als eines Kleinkindes Seele, die Feinde deines Volkes, die es geknechtet haben. 15 Denn sogar alle Götzen der Heidenvölker hielten sie für Götter, die weder die Augen brauchen können zum Sehen, noch die Nase, um Luft einzuziehen, noch die Ohren zum Hören, noch die Finger der Hände zum Tasten, und deren Füße untauglich sind zum Gehen. 16 Denn ein Mensch hat sie gemacht und einer, dem der Geist nur geliehen, sie gebildet; denn kein Mensch kann einen Gott auch nur sich selbst ähnlich machen. 17 Vielmehr als Sterblicher kann er nur Totes schaffen mit frevelnden Händen; denn vollkommener ist er als die von ihm verehrten Dinge; bekam doch er selber Leben, jene aber nicht. 18 Sogar die häßlichsten Tiere verehren sie; denn verglichen nach der Dummheit, sind diese noch minderwertiger als die anderen Tiere. 19 Sie sind auch nicht schön, so daß man an ihnen, wie sonst etwa beim Anblick von Tieren, Gefallen haben könnte; sie sind vielmehr des Lobes Gottes und seines Segens bar.

16 1 Deswegen wurden sie mit Recht durch ähnliches Getier gequält und durch eine Menge von Ungeziefer gepeinigt. 2 Statt solcher Strafe hast du deinem Volke wohlgetan und für sein begehrliches Verlangen außerordentliche Kost als Nahrung vorgesehen, nämlich Wachteln, 3 damit jene, wenn sie nach Speise begehrten, wegen der Widerlichkeit der gesandten Tiere auch den gebieterischen Hunger unterdrückten, diese aber nach kurzem Mangel sogar eine außerordentliche Kost erhielten. 4 Denn über jene, die Bedrücker, mußte unerbittlicher Mangel kommen, diesen aber sollte nur gezeigt werden, wie sehr ihre Feinde gepeinigt wurden.

Schlangenplage in der Wüste

5 Denn auch als der furchtbare Grimm wilder Tiere über sie kam und sie durch Bisse der sich ringelnden Schlangen umkamen, währte dein Zorn nicht bis zum Ende. 6 Zur Warnung nur wurden sie für kurze Zeit erschreckt, zur Erinnerung an die Vorschrift deines Gesetzes; sie hatten ja ein Zeichen der Errettung. 7 Denn wer sich diesem zuwandte, wurde gerettet, nicht durch das Geschaute, sondern durch dich, den Retter aller. 8 Eben dadurch aber überzeugtest du unsere Feinde, daß du es bist, der von

allem Übel erlöst. 9 Denn jene wurden getötet
durch die Bisse der Heuschrecken und Fliegen, und
es fand sich kein Heilmittel für ihr Leben, weil sie es
verdient hatten, von solchen gezüchtigt zu werden.
10 Über deine Söhne aber obsiegten nicht einmal die
Zähne giftspritzender Schlangen; denn dein Erbar-
men trat dagegen ein und heilte sie. 11 Denn zur Er-
innerung an deine Worte wurden sie gestochen und
schnell wieder gerettet, damit sie nicht, in tiefe Ver-
gessenheit versunken, gleichgültig würden gegen
deine Wohltat. 12 Denn weder Kraut noch Wund-
pflaster heilte sie, sondern dein Wort, o Herr, das
alles heilt. 13 Du hast ja Macht über Leben und Tod
und führst hinab zu der Unterwelt Toren und wie-
der herauf. 14 Ein Mensch jedoch kann wohl töten
in seiner Bosheit, aber den entflohenen Lebensgeist
nicht zurückgeben, noch die hinweggenommene
Seele erlösen.

Hagel

15 Doch deiner Hand zu entfliehen, ist nimmer
möglich. 16 Denn während die Gottlosen leugneten,
dich zu kennen, wurden sie durch die Macht deines
Armes geschlagen, verfolgt durch ungewöhnliche
Regengüsse, Hagel und unentrinnbare Gewitter
und vom Feuer der Blitze verzehrt. 17 Denn was das
Sonderbarste war: in dem alles löschenden Wasser
entfaltete das Feuer noch mehr Kraft; denn die Na-
tur kämpft für die Gerechten. 18 Bald nämlich
wurde die Flamme gebändigt, damit sie nicht die
gegen die Gottlosen entsandten Tiere verbrenne;
vielmehr sollten jene selbst sehen und erkennen,
daß sie von Gottes Gericht bedrängt wurden.
19 Bald aber loderte sie mitten im Wasser weit über
die übliche Kraft des Feuers, um die Erzeugnisse des
frevelhaften Landes zu vernichten.

Manna

20 Statt dessen gabst du deinem Volke Engelsspeise
zu essen und gewährtest ihnen unaufhörlich ferti-
ges Brot vom Himmel her, das jeglichen Genuß ent-
hielt und jedem Geschmack entsprach. 21 Denn
deine Kost offenbarte deine süße Güte gegen deine
Kinder: dem Begehren eines jeden Essenden entge-
genkommend, wandelte sie sich zu dem, was er
wünschte. 22 Obwohl wie Schnee und Eis, hielt sie
doch dem Feuer stand und schmolz nicht, damit
man erkenne, daß das Feuer, welches im Hagel
flammte und durch die Regengüsse hindurchblitzte,
nur die Früchte der Feinde verdarb. 23 Dasselbe
Feuer hinwieder vergaß sogar seine eigene Kraft,
damit die Gerechten Nahrung hätten.
24 Denn die Schöpfung, die dir, dem Urheber, unter-
tan ist, spannt sich an zur Strafe an den Unge-
rechten und schwächt sich ab zum Wohltun an je-
nen, die auf dich vertrauen. 25 Deshalb wandelte sie
sich auch damals in alles Beliebige und diente dei-
nem alles ernährenden Schenken, je nach Wunsch
der Bittenden. 26 Dadurch sollten deine Söhne, die
du, o Herr, liebtest, lernen, daß nicht die verschie-
denen Arten der Früchte den Menschen ernähren,
sondern daß dein Wort jene erhält, die auf dich ver-
trauen. 27 Denn was vom Feuer zwar nicht vertilgt
wurde, schmolz doch sogleich, von einem flüchti-
gen Sonnenstrahl erwärmt, 28 damit deutlich kund
würde, daß man mit dem Dankgebot zu dir der
Sonne zuvorkommen und gegen Anbruch des Lich-
tes vor dich hintreten soll. 29 Denn des Undankba-
ren Hoffnung schmilzt wie winterlicher Reif und
zerrinnt wie unnützes Wasser.

16,1: Wie schon Kap. 11f wird die Güte Gottes gegen Israel auf dem Hintergrund der Ägyptischen Plagen dargestellt bis zum Ende des Buches. Die Plagen werden in volkstümlicher Weise und Phantasie gegenüber 2 Mos 7–14 ausgemalt.

17

1 Ja, groß sind deine Gerichte und schwer
zu begreifen; deshalb fielen zuchtlose
Seelen in Irrtum. 2 Während nämlich die
Frevler meinten, ein heiliges Volk unterdrücken zu
dürfen, lagen sie da, gefangen in Finsternis und ge-
fesselt in langer Nacht, eingeschlossen in ihren Be-
hausungen, ausgeschlossen von der ewigen Vorse-
hung. 3 Denn im Glauben, mit geheimen Sünden
verborgen zu bleiben unter der dunklen Decke der
Vergessenheit, wurden sie zersprengt in furchtba-
rem Schrecken und durch Trugbilder geängstigt.
4 Denn auch nicht der Schlupfwinkel, der sie barg,
bewahrte sie vor Furcht, sondern beunruhigende
Geräusche rasselten rings um sie herum, und dü-
stere Gestalten mit finsteren Mienen tauchten auf.
5 Keines Feuers Gewalt vermochte Licht zu verbrei-
ten, auch nicht die strahlenden Flammen der Ge-
stirne konnten jene grauenhafte Nacht erhellen.
6 Als einziges leuchtete ihnen ein von selbst ent-
standener, schreckenerregender Feuerherd. Ganz
entsetzt aber hielten sie, wenn jener Anblick nicht
mehr zu sehen war, das Geschaute für um so
schlimmer. 7 Das Gaukelwerk der Zauberkunst ver-
sagte, ebenso die äußerst schmähliche Probe auf ihr
Prahlen mit Wissen. 8 Denn sie, die versprachen,
Ängste und Schrecken von der kranken Seele zu
bannen, erkrankten selbst an lächerlicher Furcht.
9 Denn wenn auch sonst nichts Schreckhaftes sie
ängstigte, gingen sie nun, durch das Vorbeilaufen
von Getier und das Zischen von Schlangen aufge-
jagt, zitternd zugrunde und weigerten sich, die Luft

anzusehen, der man doch nirgends entfliehen kann.
10 Denn als etwas dem Wesen nach Feiges wird die
Schlechtigkeit durch ihr eigenes Zeugnis verurteilt;
stets nimmt sie das Schlimmste an, vom Gewissen
bedrängt. 11 Denn Furcht ist nichts anderes als Preis-
gabe der von der Vernunft dargebotenen Hilfsmit-
tel. 12 Wenn aber die innere Zuversicht recht gering
ist, hält sie für um so schlimmer das Nichtwissen um
die Ursache, welche die Qual veranlaßt.
13 So lagen jene in dieser wahrhaft machtlosen
Nacht, die aus den tiefsten Winkeln der machtlosen
Unterwelt heraufgestiegen war, im nämlichen
Schlafe wie sonst; 14 doch wurden sie bald von ge-
spenstischen Ungeheuern gejagt, bald gelähmt durch
Preisgabe des Mutes; denn plötzliche und unerwar-
tete Furcht kam über sie. 15 So wurde denn, wer
immer es war, an der Stelle zusammensinkend fest-
gehalten und in diesem Kerker ohne Riegel einge-
sperrt. 16 Denn ob einer Bauer war oder Hirte oder
Tagelöhner bei einsamer, mühevoller Arbeit, er
wurde ergriffen und mußte den unentrinnbaren
Zwang ertragen; denn mit ein und derselben Kette
der Finsternis wurden sie alle gefesselt. 17 Ob pfei-
fender Wind, ob auf weitgreifenden Zweigen liebli-
cher Vogelgesang, ob das Rauschen mächtig strö-
menden Wassers, ob das tosende Krachen stürzender
Felsen, 18 ob das unsichtbare Laufen springender
Tiere, ob die brüllende Stimme wildester Bestien, ob
aus der Bergschlucht widerhallendes Echo – alles er-
schreckte und lähmte sie. 19 Denn die ganze Welt er-
strahlte in glänzendem Licht und war eifrig beschäf-
tigt mit unbehinderter Arbeit. 20 Nur über jene war
drückende Nacht ausgebreitet, ein Abbild der Fin-
sternis, die sie einst aufnehmen sollte; sich selbst
aber waren sie noch mehr zur Last als die Finsternis.

17,15: Furcht und Finsternis wirkten wie ein Kerker, Vers. 2.

18 1 Deinen Frommen jedoch strahlte hell-
stes Licht. Jene hörten ihre Stimme, ohne
ihre Gestalt zu sehen, und priesen sie
glücklich, da ihnen kein Leid geschehen. 2 Sie dank-
ten, daß sie, welche vorher Unrecht litten, nicht Bö-
ses vergalten, und baten um Verzeihung für das
feindselige Betragen. 3 Dafür hast du eine feuerflam-
mende Säule gespendet als Führerin für die unbe-
kannte Reise und als unschädliche Sonne für den
ruhmvollen Wanderzug. 4 Denn jene waren es
wert, des Lichtes beraubt und in Finsternis ver-
wahrt zu werden, sie, die eingesperrt in Verwah-
rung gehalten hatten deine Söhne, durch die das un-
vergängliche Licht des Gesetzes der Welt gegeben
werden sollte.

Tod der Erstgeburt als Strafe für die Gegner des Volkes

5 Ihnen aber, die beschlossen hatten, die Kleinkin-
der der Heiligen zu töten, wobei nur ein einziges
Kind zwar ausgesetzt, aber gerettet wurde, raubtest
du zur Strafe ihre große Kinderschar und ließest sie
insgesamt in gewaltiger Wasserflut umkommen.
6 Jene Nacht wurde unseren Vätern vorausverkün-
det, damit sie in sicherer Kenntnis der eidlichen Zu-
sagen, auf die sie sich verlassen konnten, guten Mu-
tes wären. 7 Von deinem Volke wurde bereits der
Gerechten Rettung, der Feinde Untergang erwartet.
8 Womit du nämlich die Gegner straftest, damit
brachtest du uns Ruhm durch die Berufung. 9 Denn
im verborgenen opferten die frommen Kinder der
Guten und verpflichteten sich einmütig auf das
göttliche Gesetz, daß die Frommen gleichmäßig an
denselben Gütern wie auch Gefahren teilhaben
sollten; zuvor stimmten sie bereits die Lobgesänge
der Väter an. 10 Doch es hallte entgegen das miß-
tönende Geschrei der Feinde, und es klang dazwi-
schen die Klage um die betrauerten Kinder. 11 Mit
gleicher Strafe wurde Knecht samt Herr gezüchtigt,
und Untertan samt König mußte Gleiches leiden.
12 In gleicher Weise hatten alle durch dieselbe
Todesart unzählige Tote; denn nicht einmal zum
Begraben reichten die Überlebenden aus, da in
einem Augenblick der wertvollere Teil ihrer Nach-
kommenschaft umgekommen war.
13 Obwohl sie nämlich die ganze Zeit infolge ihrer
Zaubereien ungläubig geblieben waren, bekannten
sie beim Untergang der Erstgeborenen, daß das
Volk Gottes Sohn sei. 14 Denn als lautlose Stille alles
umfing und die Nacht in ihrem schnellen Lauf die
Mitte erreichte, 15 da sprang dein allgewaltiges
Wort vom Himmel her, vom Königsthron, ein grim-
miger Krieger, mitten in das dem Verderben ge-
weihte Land. 16 Als scharfes Schwert trug er deinen
eindeutigen Befehl, trat hin und erfüllte alles mit
Tod; er berührte den Himmel und stand auf der
Erde. 17 Da brachten furchtbare Traumgesichte sie
plötzlich in Verwirrung, und unerwartete Ängste
überfielen sie. 18 Halbtot stürzte der eine hier, der
andere dort nieder, indem er kundtat, aus welchem
Grunde er sterben mußte. 19 Denn die Träume, die
sie schreckten, hatten es vorher schon angezeigt,
damit sie nicht umkamen, ohne zu wissen, warum
sie so Schweres erlitten.

Ähnliche, leichtere Prüfung Israels

20 Aber auch an die Gerechten rührte die Prüfung
des Todes, und eine Massentötung geschah in der
Wüste; doch nicht für lange Zeit währte der Zorn.
21 Denn eilends trat ein Mann ohne Tadel als Vor-

kämpfer ein und führte seines Amtes Waffe, Gebet
und sühnendes Rauchopfer. Er trat dem Zorn ent-
gegen und machte dem Unheil ein Ende; so zeigte
er, daß er dein Diener war. 22 Er überwand die
Schwierigkeit nicht mit Körperkraft oder Waffenge-
walt, sondern bezwang den Strafenden durch das
Wort, indem er an die Eide und Bündnisse mit den
Vätern erinnerte. 23 Denn als die Toten schon in
Haufen übereinander lagen, trat er dazwischen,
wehrte dem Zorn und schnitt ihm den Weg zu den
Lebenden ab. 24 Denn auf seinem bis zu den Füßen
herabwallenden Gewand war die ganze Welt dar-
gestellt, der Väter Ruhm auf der geschnittenen In-
schrift der vier Reihen von Edelsteinen und deine
Pracht auf dem Diadem seines Hauptes. 25 Davor
wich der Verderber zurück, und das scheute er;
denn nur diese eine Probe des Zornes genügte.

18,5: 2 Mos 1,15f und 12,29f; 14,26f. • 9: Die spätere Feier der Osternacht wird hier zurückverlegt.

Rettung aus Ägypten

19 1 Über die Gottlosen aber kam bis ans
Ende unbarmherziger Zorn; denn er
wußte im voraus ihr zukünftiges Ver-
halten, 2 daß sie nämlich erst selbst ihnen auszuzie-
hen erlaubten, ja schleunigst sie wegschickten,
dann aber, sich anders besinnend, sie verfolgen
würden. 3 Denn während sie noch mit Trauer zu
tun hatten und an den Gräbern der Toten klagten,
da faßten sie schon einen anderen törichten Plan,
und denen, die sie flehentlich fortgedrängt hatten,
setzten sie nach wie Entlaufenen. 4 So zog sie das
verdiente Verhängnis zu diesem äußersten Schritt
und flößte ihnen Vergessen des Geschehenen ein,
damit sie das an ihren Qualen noch fehlende Straf-
maß vollends erfüllten, 5 damit auch dein Volk den
unvermuteten Durchzug erlebte, jene aber einen
ungewöhnlichen Tod fänden. 6 Denn die ganze
Schöpfung wurde in ihrer Eigenart wieder neu ge-
staltet, deinen Aufträgen gehorchend, damit deine
Kinder unversehrt erhalten blieben. 7 Man sah die
Wolke, die das Heerlager beschattete, das Auftau-
chen trockenen Bodens aus vorher vorhandenem
Wasser, einen unbehinderten Weg aus dem Roten
Meere entstehen und eine grünende Ebene aus
mächtigen Wogen. 8 Da hindurch zogen sie voll-
zählig, beschirmt von deiner Hand und staunens-
werte Wunder schauend. 9 Denn wie Rosse weide-
ten sie, wie Lämmer hüpften sie und priesen dich,
Herr, der sie rettete. 10 Denn sie gedachten noch
ihrer Erlebnisse in der Fremde, wie statt der Entste-
hung durch Tiere die Erde es war, die Mücken her-
vorbrachte, statt der Entstehung durch Wassertiere
der Fluß es war, der eine Menge von Fröschen aus-
spie. 11 Später aber sahen sie auch eine neue Entste-
hung von Vögeln, als sie, von Begierde getrieben,
üppige Speisen verlangten. 12 Denn zur Erquickung
stiegen für sie aus dem Meere Wachteln empor.

Ägypter gehässiger als Sodomiter

13 Auch die Strafen kamen über die Sünder nicht
ohne vorausgehende Zeichen durch starke Blitze.
Denn mit Recht litten sie für ihre eigenen Boshei-
ten, weil sie besonders starken Fremdenhaß getrie-
ben hatten. 14 Denn gewisse andere nahmen die un-
bekannten Männer bei ihrer Ankunft nicht auf,
diese aber machten Wohltäter, die zu Gast bei
ihnen waren, zu Sklaven. 15 Und nicht nur das!
Freilich wird eine bestimmte Ahndung über jene
anderen kommen, da sie die Fremden feindselig
empfingen; 16 aber diese haben nach einer hoch-
festlichen Aufnahme die, welche bereits an ihren
Bürgerrechten Anteil bekommen hatten, mit
furchtbaren Frondiensten mißhandelt. 17 Sie wur-
den aber auch mit Blindheit geschlagen wie jene an
der Tür des Gerechten, als, von gähnender Finster-
nis umhüllt, ein jeder den Durchgang durch seine
Türe suchte.

Zusammenfassung über die Wunder des Auszugs

18 Denn die Elemente wandeln sich untereinander,
wie auf einer Harfe die Töne des Rhythmus Art än-
dern, obwohl klanglich stets gleichbleibend, was
man deutlich aus der Betrachtung des Geschehenen
wahrnehmen kann: 19 Die Landtiere wurden in Was-
sertiere verwandelt, und schwimmende Tiere wech-
selten aufs Land über. 20 Feuer zeigte sich im Wasser
über die ihm eigene Kraft hinaus wirksam, und Was-
ser vergaß seine löschende Kraft; 21 Flammen hin-
wieder fraßen nicht das Fleisch von leicht vertilgba-
ren Tieren, die in ihnen sich tummelten; auch ließ
sich die leicht schmelzbare, eisartige Himmelsspeise
nicht schmelzen. 22 Denn in allem, Herr, hast du dein
Volk erhöht, verherrlicht und nicht verschmäht, son-
dern standest ihm immer und überall bei.

19,1f: Die Verstockung des Pharao, der sich durch die Plagen nicht bekehren ließ, setzt sich auch nach dem Auszug aus Ägypten fort. So kamen die Ägypter auf der Verfolgung im Schilfmeer um. • 9: Das Loblied 2 Mos 15. • 12: 4 Mos 11,31 nur: vom Meer her. • 14: Kenntnis der Geschichte 2 Mos 19,4–11 wird vorausgesetzt. • 20: Im Gewitter, vgl. 16,17f. • 21: Mücken und Heuschrecken blieben.

DAS BUCH JESUS SIRACH

Das Buch ist nach Kapitel 50,27 von Jesus, dem Sohn Eleasars, des Sohnes Sirachs, verfaßt. Er war ein schriftgelehrter Weisheitsforscher, wohl aus priesterlichen Kreisen in Jerusalem. Wie wir aus dem Vorwort des griechischen Übersetzers erfahren, hat es sein Enkel in diese Sprache übertragen, und zwar läßt sich aus seinen Angaben errechnen, daß er um 132 v. Chr. nach Ägypten ausgewandert ist. Das sowie der Inhalt lassen auf eine Abfassungszeit zwischen 180–170 schließen, d. h. einige Jahre vor der makkabäischen Erhebung. Man spürt bereits die Gefahren des Abfalls zur griechisch-heidnischen Lebensweise heraus.
Demgegenüber will der Sirazide zur Treue gegen die Religion und Sitte der Väter mahnen. Angeregt und abhängig vom Buch der Sprüche, bietet er Weisheitslehren in Form von Sprichwörtern und kurzen Abhandlungen. Das gesamte Leben des Alltags kommt zur Sprache, besonders oft Lebensregeln für die Jugend, Eltern und Kinder, Freunde und Frauen, Arme und Reiche, Gesunde und Kranke, gelehrte und einfache Leute. Oberste Tugend, die alle anderen umfaßt, ist die »Weisheit«, ein wohlüberlegtes, beherrschtes, kluges und vor allem gottesfürchtiges Verhalten in jeder Lebenslage. Das Buch ist in viele Einzelthemen eingeteilt. Ein größerer Abschnitt beginnt in Kapitel 24 mit einem berühmten Weisheitslied, sodann Kapitel 42,15 mit dem Lobpreis des Schöpfergottes und endlich Kapitel 44 mit dem »Lob der Väter«. Das ist eine kurze »Biblische Geschichte« bis zur Zeit des Verfassers, um die göttliche Führung und Offenbarung einzuprägen.
In der hebräischen Bibel steht Sirach nicht. Erst Ende des 19. Jahrhunderts fand man im Abstellraum einer alten Synagoge in Kairo fünf hebräische Bruchstücke des Buches, so daß nunmehr etwa zwei Drittel hebräisch vorliegen. Freilich ist auch dieser Text bereits überarbeitet, muß aber sehr beachtet werden, um die zahlreichen Fehler der syrischen und griechischen Übersetzung verbessern zu können. Der lateinische Text ist eine alte Übersetzung aus dem Griechischen und hat noch mehr Fehllesungen und Erweiterungen, deswegen auch z. T. andere Verszählung. Wenn auch der »Urtext« nicht mehr erhalten ist, muß man doch mit allen Mitteln den besten Text zu erreichen suchen und darf sich trotz der bisherigen Gewohnheit nicht auf den veränderten griechischen oder lateinischen Text allein festlegen.
Von den Juden und Protestanten wird Sir nicht zur Hl. Schrift gerechnet. Anders die katholische Kirche, die seit ältesten Zeiten über den jüdischen Kanon hinausging, wie die Septuaginta-Handschriften deutlich zeigen. Schon im NT selbst und in den ältesten christlichen Schriften finden sich zahlreiche Anspielungen auf dieses Buch, und von den Kirchenvätern (vgl. Clemens v. Alexandrien ca. 200, Cyprian † 258 usw.) wird es häufig als Hl. Schrift zitiert und für salomonisch gehalten. Sein Inhalt ist eine Fundgrube für weise und fromme praktische Lebenshaltung, zunächst natürlich für die Zeit des Verfassers, dann aber auch für alle späteren Zeiten.

VORWORT DES GRIECHISCHEN ÜBERSETZERS

Vieles und Großes ist uns durch das Gesetz, die Propheten und die übrigen Schriftsteller, die nach ihnen kamen, gegeben worden, weswegen Israel ob seiner Bildung und Weisheit Lob verdient; doch sollen dadurch nicht nur die Leser selbst verständig werden, sondern sie sollen als Schriftkenner imstande sein, auch den Außenstehenden durch Wort und Schrift zu nützen. Daher fühlte sich mein Großvater Jesus, der sich eingehend mit der Lesung des Gesetzes, der Propheten und der anderen von den Vätern überkommenen Bücher befaßt und sich darin eine ausreichende Kenntnis erworben hatte, angetrieben, auch selbst etwas für Bildung und Weisheit Dienliches zu schreiben, damit dann die Schriftkenner, hierdurch bereichert, im Laufe ihres gesetzestreuen Lebens noch viel mehr hinzufügten.
Ihr seid gebeten, mit Wohlwollen und Aufmerksamkeit die Lesung vorzunehmen und Nachsicht zu üben, falls wir vielleicht einige der schwer zu übersetzenden Ausdrücke unzulänglich wiedergegeben haben. Es hat ja etwas nicht die gleiche Bedeutung, wenn es in der hebräischen Grundsprache gelesen und wenn es in eine andere Sprache übersetzt wird. Aber nicht nur das vorliegende Werk, sondern auch das Gesetz selbst,

die Propheten und die übrigen Bücher weisen keinen geringen Unterschied auf, wenn man sie in der Grundsprache liest.
Als ich im 38. Jahre des Königs Euergetes nach Ägypten kam und mich dort zu seiner Zeit aufhielt, fand ich einen Ableger nicht geringer Bildung vor. Ich hielt es deshalb für notwendig, selbst einigen Eifer und Fleiß der Übersetzung dieses Buches zu widmen. Reichliche Mühe und Sachkenntnis habe ich in der Zwischenzeit darauf verwendet, das Buch zu vollenden und auch für jene herauszugeben, die in der Fremde schrifteifrig sein wollen und ihr sittliches Verhalten auf ein Leben nach dem Gesetz einstellen.

Alle Weisheit kommt vom Herrn und ist bei
ihm auf ewig. 2 Den Sand der Meere und
die Tropfen des Regens und die Tage der
Ewigkeit, wer kann sie zählen? 3 Des Himmels
Höhe, der Erde Breite und des Ozeans Tiefe, wer
kann sie ergründen? 4 Noch vor dem All ward die
Weisheit erschaffen und kluge Einsicht seit ewigen
Zeiten. 6 Die Wurzel der Weisheit, wem ward sie
enthüllt,und ihre Pläne, wer hat sie erkannt? 8 Nur
einer ist weise und ehrfurchtgebietend gar sehr: der
Herr, der auf seinem Throne sitzt. 9 Er hat sie ge-
schaffen, geschaut und gezählt und ausgegossen
auf all seine Werke. 10 Bei den Menschen verweilt er
sie gemäß seiner Zuteilung; er spendet sie denen,
welche ihn lieben.

Weisheit ist Gottesfurcht – ihr reicher Segen

11 Die Furcht des Herrn ist Ehre und Ruhm, ist Herr-
lichkeit und ein prachtvoller Kranz. 12 Die Furcht des
Herrn erquickt das Herz, gibt Frohsinn, Freude und
langes Leben. 13 Dem Gottesfürchtigen geht es am
Ende gut, und am Tag seines Todes wird er geprie-
sen. 14 Der Weisheit Anfang ist die Gottesfurcht, und
mit den Treuen ward sie schon im Mutterschoß ge-
bildet. 15 Sie schuf für immer sich ein Wohnzelt bei
den Menschen und will bei ihren Kindern dauernd
bleiben. 16 Der Weisheit Fülle ist die Furcht des
Herrn, sie sättigt sie mit ihren Früchten überreich.
17 Ihr ganzes Haus füllt sie mit Schätzen an, die Spei-
cher mit den Gütern, die sie schenkt. 18 Der Weisheit
Krone ist die Furcht des Herrn, läßt Heil und
blühende Gesundheit sprießen. 19 Verstand und ein-
sichtsvolles Wesen gießt sie aus und mehrt die Ehre
aller, die an sie sich halten. 20 Der Weisheit Wurzel
ist die Furcht des Herrn, und ihre Zweige sind ein
langes Leben. 21 Die Furcht des Herrn hält Sünden
fern; wer in ihr bleibt, der wendet ab den Zorn.

Lebensregeln für Weise

22 Ungerechter Zorn kann niemals recht behalten;
denn seines Zornes Wut bringt ihn zu Fall. 23 Wer
Langmut übt, hält bis zur rechten Stunde aus, und
dann erst wird die Freude ihm erblühen. 24 Ja, bis
zur rechten Zeit verbirgt er seine Worte, dann wer-
den vieler Lippen seine Einsicht künden. 25 In der
Weisheit Vorratskammern liegen kluge Sprüche;
doch dem Sünder gilt die Gottesfurcht als Greuel.
26 Wenn du verlangst nach Weisheit, halte die Ge-
bote, dann wird der Herr sie dir zum Lohne geben.
27 Denn Zucht und Weisheit, das ist Gottesfurcht,
Treue und Ergebenheit sein Wohlgefallen. 28 Du
sollst der Furcht des Herrn nicht widerstehen und
ihr nicht nahen mit geteiltem Herzen! 29 Sei kein
Heuchler vor den Menschen und habe acht auf
deine Lippen! 30 Überhebe dich nicht selbst, daß du
nicht fällst und Schande über dich heraufbe-
schwörst, daß nicht von dir der Herr Verborgenes
enthüllt und dich inmitten der Gemeinde stürzt,
weil du der Furcht des Herrn zwar nahen wolltest,
jedoch dein Herz mit Trug erfüllt war.

1,5: Ist Erweiterung im lateinischen Text: »Die Quelle der Weisheit ist Gottes Wort in Himmelshöhen, und ihre Wege sind die ewigen Gebote.« • 7: Ebenfalls Einschiebung: »Die Lehre der Weisheit, wem ward sie kundgetan, und ihre mannigfachen Wege, wer erkannte sie?« • 11: »Gottesfurcht« ist fester Ausdruck für Frömmigkeit und Tugend. • 14: Ein sprichwörtlicher Grundsatz, vgl. Spr 1,7; Ps 111,10. • 15: Durch Gottes Offenbarung kam die Weisheit zu den Menschen: Spr 8,31; Bar 3,37f. • 16: »Sie sättigt sie«, nämlich die Menschen (Vers 15), und zwar die Gottesfürchtigen (Vers 16a).

Durch Prüfung geläutert

2 1 Mein Sohn, wenn du dich aufmachst, um
dem Herrn zu dienen, bereite deine Seele auf
Versuchung vor! 2 Mach fest dein Herz und
bleibe stark, und überstürze dich zur Zeit der Prü-
fung nicht! 3 Ihm hange an und fall nicht ab; dann
wirst du in der Folgezeit erhöht. 4 Was immer über
dich auch kommen mag, nimm an, und sei geduldig
in der Krankheit und in Not! 5 Im Feuer nämlich
wird das Gold geprüft, wer Gott gefällt, im Flam-
menherd der Not. 6 Vertrau auf Gott, er nimmt sich
deiner an; und hoff auf ihn, so wird er deine Wege
ebnen!

Habt Vertrauen!

7 Ihr Gottesfürchtigen, erwartet sein Erbarmen, und
weicht nicht ab, um nicht zu Fall zu kommen! 8 Ihr
Gottesfürchtigen, vertraut auf ihn, und euer Lohn
wird nicht verzögert werden! 9 Ihr Gottesfürchti-

gen, erhofft euch Gutes, erhofft euch Freude ohne
Ende und Erbarmen! 10 Schaut auf die früheren Ge-
schlechter und seht zu: Wer vertraute auf den Herrn
und wurde je zuschanden? Oder wer verblieb in
Furcht vor ihm und ward verlassen? Oder wer rief
zu ihm auf, und er verschmähte ihn? 11 Denn gnä-
dig und barmherzig ist der Herr; er läßt die Sünden
nach und hilft zur Zeit der Trübsal.

Wehe den Wankenden!

12 Weh den feigen Herzen und den schlaffen Hän-
den, dem Sünder, der auf zweierlei Geleisen wan-
delt! 13 Weh dem schlaffen Herzen, weil es nicht
vertraut; es wird daher auch keinen Schutz ge-
nießen! 14 Weh euch, die ihr die Hoffnung aufgege-
ben habt! Was wollt ihr tun, sobald der Herr euch
heimsucht? 15 Die Gottesfürchtigen gehorchen sei-
nem Wort, und die ihn lieben, halten seine Wege
ein. 16 Die Gottesfürchtigen erstreben sein Gefallen,
und die ihn lieben, sind erfüllt von dem Gesetz.
17 Die Gottesfürchtigen bereiten ihre Herzen und
beugen sich vor ihm in aller Demut: 18 »Wir wollen
lieber fallen in die Hand des Herrn, doch nimmer
fallen in der Menschen Hände; denn gleichwie
seine Größe ist auch sein Erbarmen, und wie sein
Name, so sind seine Werke.«

2,7: Die dringenden Mahnungen zum Vertrauen, ähnlich Vers 15–18, dazu die Weherufe Vers 12–14, passen in die schwere Prüfungszeit, in der Jesus Sirach lebte. • 15: Gottesfurcht und Gottesliebe sind in der Sprache der Hl. Schrift nicht unterschieden. • 18: Ist Ausspruch der Frommen, vgl. 2 Sam 24,14.

Das vierte Gebot

3 1 Vernehmt, ihr Söhne, das Recht des Vaters
und handelt danach, damit es euch wohler-
gehe! 2 Denn der Herr hat den Vater zu ehren
den Kindern geboten und das Recht der Mutter fest-
gesetzt vor den Söhnen. 3 Wer seinen Vater ehrt,
büßt Sünden ab, 4 und einem Schätzesammler
gleicht, wer seine Mutter achtet. 5 Wer seinen Vater
ehrt, wird auch von seinen Kindern Freude ernten
und wird Erhörung finden, wenn er betet. 6 Wer
seinen Vater achtet, der wird lange leben; wer seine
Mutter ehrt, der ehrt den Herrn. 7 Wer den Herrn
fürchtet, ehrt den Vater und dient seinen Eltern wie
Herrschern.
8 Mein Sohn, in Wort und Tat sollst du den Vater eh-
ren, auf daß des Segens Fülle komme über dich.
9 Des Vaters Segen macht die Wurzeln fest, der
Fluch der Mutter aber reißt den Steckling aus.
10 Suche deine Ehre nicht durch Schmähung deines
Vaters; denn keine Ehre wäre das für dich! 11 Die
Ehre eines Menschen ist die Ehre seines Vaters, und
schwer versündigt sich, wer seiner Mutter flucht.
12 Mein Sohn, verteidige die Ehre deines Vaters und
laß ihn nicht im Stich, solange du lebst! 13 Wenn
sein Verstand auch abnimmt, habe mit ihm Nach-
sicht, und nicht beschäme ihn, solange er lebt!
14 Wohltat am Vater wird dir nie vergessen und
wird als Opfer für die Sünden eingesetzt. 15 Am Tag
der Not wird es dir angerechnet, um gleich der Son-
nenwärme über Reif zu tilgen deine Sünden.
16 Denn gottlos handelt, wer geringschätzt seinen
Vater, und seinen Schöpfer kränkt, wer verachtet
seine Mutter.

Grenzen des Wissens

17 Mein Sohn, wenn du auch reich bist, wandle
doch in Demut; dann wirst du mehr geliebt, als wer
Geschenke gibt! 18 Halte dich für zu gering dem
Großen gegenüber, so wirst du auch vor Gott Er-
barmen finden! 20 Denn groß ist das Erbarmen
Gottes, und sein Geheimnis offenbart er Kleinen.
21 Was für dich zu wunderbar ist, das erforsche
nicht, und was vor dir verhüllt ist, untersuche nicht!
22 Nur was dir zusteht, suche zu erklären, und um
Verborgenes bemüh dich nicht! 23 Was deine Kräfte
übersteigt, darüber streite nicht; denn das, was dir
gezeigt wird, ist schon zu viel für dich. 24 Gar man-
nigfach ist ja der Menschen Denken, und böse
Phantasiegebilde führen in die Irre.

Gut und Böse

26 Ein trotzig Herz nimmt einst ein schlimmes Ende,
wer aber Gutes liebt, wird dadurch recht geleitet.
27 Ein trotzig Herz muß vielen Kummer leiden, und
Frevler häufen Sünde über Sünde. 25 Wo das Auge
mangelt, fehlt das Licht, und wo die Einsicht man-
gelt, fehlt die Weisheit. 28 Für eines Prahlers Wunde
gibt es keine Heilung; denn von schlimmer Art ist
sein Gewächs. 29 Ein weises Herz versteht der Wei-
sen Sprüche; ein Ohr, das auf die Weisheit merkt,
erfreut. 30 Feuerflammen löscht das Wasser aus, und
Sünden sühnt Mildtätigkeit. 31 Wer Wohltat spen-
det, dem begegnet sie auf seinen Wegen, und eine
Stütze wird er finden, wenn er wankt.

3,9: Bild vom Gartenbau. Die alten Übersetzungen dachten an den Hausbau. • 18–24: Gott und seine Weltordnung sind voll von Geheimnissen; unlösbare Rätsel soll man nicht aufklären wollen. • 19: Fehlt im Hebräischen, z. T. Wiederholung von Vers 20. • 25: Ist nach dem hebräischen Text hinter Vers 27 einzureihen und leitet auf Vers 28 über: »Dem Toren ist nicht zu helfen«. • 28: Gewächs bedeutet Handlungsweise. Mit giftigen Gewächsen kann keine Wunde heilen. • 30: Sühnender Wert der Mildtätigkeit: 3,3.14f; 17,22; 29,12.

Wohltätigkeit

4 1 Mein Sohn, verspotte nicht die Lebensart
des Armen, und laß die Augen des Betrübten
nicht verschmachten! 2 Wer Mangel leidet,
den enttäusche nicht; verbirg dich nicht vor dem

Zermürbten! 3 Bring ein zerschlagenes Gemüt nicht in Erregung, und einem Dürftigen versage nicht die Gabe! 4 Verachte nicht die Bitten eines Elenden 5 und gib ihm keinen Anlaß, dir zu fluchen! 6 Wenn der Betrübte schreit in seinem Seelenschmerz, so hört sein »Fels« auf dessen Rufen. 7 Mach dich beliebt in der Gemeinde und beuge vor dem Herrn der Stadt dein Haupt! 8 Neige dem Bedürftigen dein Ohr, und gib ihm freundlich Antwort auf den Gruß! 9 Vor den Bedrängern rette den Bedrängten, und recht zu richten sei dir nicht zuwider! 10 Sei wie ein Vater für die Waisenkinder, vertritt des Gatten Stelle bei den Witwen! Dann wird dich Gott als seinen Sohn bezeichnen, dir gnädig sein und dich erretten vor der Grube.

Liebet die Weisheit!

11 Die Weisheit belehrt ihre Söhne, mahnt alle, die sie begreifen. 12 Wer immer sie liebt, liebt das Leben, Wohlgefallen erlangt, wer sie sucht. 13 Wer sie ergreift, findet Ehre und wohnt im Segen des Herrn. 14 Die ihr dienen, dienen dem Heiligtum; wer sie liebt, den liebt auch der Herr. 15 »Wer auf mich hört, richtet recht, und wer auf mich horcht, wohnt in meinen Gemächern. 16 Vertraut er auf mich, so erlangt er mich auch und wird mich besitzen für alle Geschlechter. 17 Denn unerkannt begleite ich ihn und erprobe ihn erst durch meine Versuchungen. Furcht und Zagen bring' ich über ihn, bis sein Herz erfüllt ist von mir. 18 Dann wende ich mich und führ' ihn geradeaus und decke ihm meine Geheimnisse auf. 19 Jedoch wenn er abweicht, verwerfe ich ihn und gebe ihn preis den Verwüstern.«

Keine falsche Scham

20 Mein Sohn, beachte gut die rechte Zeit zum Reden und fürchte dich vor Bösem; auch sollst du deiner selbst dich niemals schämen müssen! 21 Es gibt ja eine Scham, die führt zur Sünde, und eine Scham, die führt zu Gunst und Ehre. 22 Schade nicht dir selber durch Parteilichkeit und strauchle nicht zu deinem eigenen Sturz! 23 Halte nie ein Wort zur rechten Zeit zurück, und deine Weisheit sollst du nicht verbergen! 24 Denn in der Rede wird die Weisheit kund, und Einsicht in der Antwort deines Mundes. 25 Der Wahrheit gegenüber lehne dich nicht auf, und über deine Torheit schäme dich! 26 Nicht schäme dich, von Sünde abzulassen, und stelle dich der Strömung nicht entgegen! 27 Unterwirf dich einem Toren nicht und sei vor einem Herrscher nicht parteiisch! 28 Streite bis zum Tode für Gerechtigkeit, dann wird der Herr für dich auch kämpfen! 29 Sei nicht mit deiner Zunge prahlerisch und dabei schlaff und matt in deinen Taten! 30 Sei nicht in deinem Hause wie ein Löwe, entfremdet und gefürchtet bei den Dienern! 31 Deine Hand sei nicht zum Nehmen ausgestreckt, geschlossen zum Zurückerstatten!

4,6: »Fels« ist eine beliebte dichterische Umschreibung für den Helfergott. • 10: Der Beschützer der Witwen und Waisen findet selbst in Gott einen väterlichen Helfer. Sie alle sind im übertragenen Sinne seine Kinder. »Grube« ist das vorzeitige Grab. • 12: Vgl. Spr 8,35; 12,2. • 14: Der gottgegebenen Weisheit dienen ist so heilig wie der Dienst im Tempel. • 15: Wohnen in ihren Gemächern bedeutet Vertrautheit und Geborgenheit. • 17: Dem Besitz der Weisheit gehen Anfechtungen und Schwierigkeiten voraus, vgl. 2,1; 6,25. • 19: Verwüster sind seine Feinde, vielleicht auch Laster und böse Geister. • 21: Beispiele für falsche und rechte Scham, vgl. 41,16–42,8. • 26: »Strömung« soll vielleicht die guten Regungen und Anregungen bedeuten. Text nicht ganz sicher.

Gegen Reichtum und Vermessenheit

5 1 Verlaß dich nicht auf deinen Reichtum, und sage nicht: »Es steht in meiner Macht!« 2 Folge deinem Herzen nicht und deinen Augen, um bösen Lügen nachzugehen! 3 Sprich nicht: »Wer kommt heran an mein Vermögen?« Denn die Vergangenheit sucht heim der Herr. 4 Sprich nicht: »Ich sündigte, doch was ist mir geschehen?« Der Herr ist ja an Langmut überreich! 5 Verlaß dich nicht auf die Verzeihung, indem du Sünde über Sünde häufst! 6 Sprich nicht: »Gar groß ist sein Erbarmen, und er verzeiht die Menge meiner Sünden!« Bei ihm ist zwar Erbarmen, doch auch Zorn, und auf den Frevlern ruht sein Grimm. 7 Säume nicht, zu ihm dich zu bekehren, und schieb es nicht von Tag zu Tag hinaus! Denn plötzlich kann sein Zorn entbrennen, und weggerafft wirst du zur Zeit der Rache. 8 Vertraue nicht auf trügerische Schätze, weil sie am Tag des Zornes doch nichts nützen!

Steh fest zu deiner Überzeugung – dein Wort sei unveränderlich!

9 Worfle nicht nach jedem Wind, und gehe nicht nach jedem Weg! 10 Bleib fest bei deiner Überzeugung, dein Wort sei unveränderlich! 11 Sei zum Hören schnell bereit, doch mit Bedachtsamkeit gib Antwort! 12 Gib Antwort deinem Nächsten, wenn du kannst, wenn aber nicht, leg auf den Mund die Hand! 13 Ruhm und Schmach sind in der Hand des Schwätzers, des Menschen Zunge ist sein Untergang. 14 Du sollst nicht doppelzüngig heißen und mit deiner Zunge nicht verleumden! Denn Schande ist für einen Dieb bestimmt und schlimme Schmach für einen Doppelzüngigen. 15 Im kleinen und im großen geh nicht fehl und sei statt eines Freundes nicht ein Feind!

5,1: Vgl. Ps 62,11; Luk 12,19. • 8: Tag des Zornes ist der Tag der göttlichen Rache, der spätestens mit dem Tod hereinbricht. Mit Zorn reagiert Gott auf alles, was gegen seine göttliche Vollkommenheit ist. • 9: Um den Weizen von der Spreu zu säubern, worfelt man gegen den Wind, vgl. Luk 3,17. • 11: Vgl. Jak 1,19. • 12: Die Hand auf den Mund legen, ist Zeichen des Schweigens, Job 21,5; 29,9; 40,4; Spr 30,32. • 14: Doppelzüngigkeit bedeutet Falschheit, Hinterlist, Verleumdung. • 15: Bedeutet Überleitung zu 6,5 ff.

6 1 Schimpf und Schande erntet ein verleumderisches Weib. Genauso ist der Doppelzüngige ein schlechter Mann. 2 Stürze nicht in die Gewalt der Leidenschaft; sie weidet deine Kraft ab wie ein Rind. 3 Sie frißt dein Laub, raubt deiner Frucht die Wurzel und läßt als dürren Baum dich dann zurück. 4 Ja, freche Leidenschaft vernichtet ihre Opfer, und des Gegners Schadenfreude trifft sie.

Prüfe deine Freunde!

5 Sanfte Rede mehrt die Zahl der Freunde, und milde Lippen werden gern gegrüßt. 6 Die Leute, die dich grüßen, mögen zahlreich sein, doch einer nur aus tausend werde dein Vertrauter! 7 Erwirbst du einen Freund, erwirb ihn durch Erprobung, und schenk ihm dein Vertrauen nicht zu rasch!

8 Denn mancher ist ein Freund je nach der Lage und hält nicht stand am Tag der Not. 9 Gar mancher Freund verwandelt sich zum Feind und deckt mit Schmähung dein Zerwürfnis auf. 10 Gar mancher Freund ist wohl dein Tischgenosse, am Tag des Unglücks aber ist er nicht zu finden. 11 Geht es dir gut, so ist er eins mit dir, geht es dir schlecht, sagt er sich los von dir. 12 Trifft dich ein Unglück, wendet er sich gegen dich und wird vor deinen Blicken sich verbergen. 13 Von deinen Feinden sondere dich ab, vor deinen Freunden nimm dich wohl in acht!

14 Ein treuer Freund ist eine starke Burg, und wer ihn fand, hat einen Schatz gefunden. 15 Ein treuer Freund ist unbezahlbar, für seinen Wert genügt kein Preis. 16 Ein Schutz fürs Leben ist ein treuer Freund, und wer Gott fürchtet, der erlangt ihn. 17 Der Gottesfürchtige schließt rechte Freundschaft; denn wie er selber, so ist auch sein Freund.

Mut zur Weisheit

18 Mein Sohn, von deiner Jugend auf nimm Zucht an, und bis zum Greisenalter sollst du Weisheit ernten! 19 Nahe ihr gleichwie ein Pflüger und ein Schnitter, und harre auf den Reichtum ihrer Ernte! Du mußt in ihrem Dienste ja nur kurz dich mühen und kannst schon morgen ihre Frucht genießen. 20 Rauh ist sie für den Toren zwar, der Einsichtslose kann sie nicht ertragen. 21 Sie liegt auf ihm gleichwie ein schwerer Stein, er zögert nicht, sie wegzuwerfen. 22 Denn Zucht ist, was ihr Name sagt; nicht vielen ist sie leicht erreichbar.

Ihr süßes Joch

23 Hör zu, mein Sohn, nimm meine Lehre an, und meinen Rat verachte nicht! 24 Laß deine Füße in ihr Netz geraten und deinen Hals in ihre Schlingen! 25 So beuge deinen Nacken und ertrage sie, und werde ihrer Stricke niemals überdrüssig! 26 Mit deinem ganzen Herzen tritt an sie heran, und halte ihre Wege ein mit deiner ganzen Kraft! 27 Frage nur und forsche, suche nur und finde, und hast du sie erfaßt, dann laß sie nicht mehr los! 28 Denn schließlich wirst du Ruhe bei ihr finden, sie wird in Wonnen sich für dich verwandeln! 29 Ihr Netz wird dir zu einer starken Burg, und ihre Schlingen werden goldene Gewänder. 30 Ein Diadem aus Gold ist dann ihr Joch, und ihre Stricke sind ein Purpurband. 31 Du kannst als Prachtgewand sie um dich legen, als Ruhmeskranz sie auf das Haupt dir setzen.

Lerne Weisheit!

32 Mein Sohn, wenn du bereit bist, kannst du weise werden, und wenn du aufmerkst, kannst du Klugheit lernen. 33 Und wenn du willig zuhörst, nimmst du Wissen auf, und wenn du neigst dein Ohr, erlangst du Zucht. 34 Im Rat der Alten suche Platz; wer weise ist, dem schließ dich an! 35 Mit Freuden höre jedes Weisheitswort, kein kluger Spruch soll dir entgehen! 36 Sieh zu, wer Einsicht hat, und such ihn auf, und seiner Türe Schwelle trete aus dein Fuß! 37 Gewinne Einsicht in die Furcht des Höchsten, und sein Gebot betrachte allezeit! Dann wird er selbst dein Herz mit Einsicht füllen und wird, wie du begehrst, dich weise machen.

6,2f: Die Leidenschaft ist hier Schmähsucht und Hinterhältigkeit. • 9b: Meint wohl offene Schmähung nach einem Streit, um dem anderen die Schuld zu geben; auch Verrat von Geheimnissen. • 16: Schutz, wörtlich »Bündel des Lebens« wie 1 Sam 25,29. Die Übersetzung »Lebensbalsam« ist kaum richtig. • 17: »Das Gleiche zu wollen und das Gleiche nicht zu wollen, das ist wahre Freundschaft« (Sallust). • 18: Mit der Aufforderung zum Weisheitsstreben beginnt wieder ein längerer Abschnitt. • 22: Zucht kommt von züchtigen, ziehen! • 24f: Die Weisheit unter dem Bild einer Jägerin! Von ihr gefangen zu werden, bringt Heil (Vers 29f). • 34ff: Der Weisheitslehrer erteilt den willigen Schülern Unterricht. • 37: Der beste Lehrer sind Gott selbst und seine Gebote.

Kein Strebertum!

7 1 Verübe Böses nicht, dann trifft dich auch nichts Böses; 2 bleibe der Sünde fern, dann zieht sie weg von dir! 3 Säe nicht auf Unrechtsfurchen, sonst mußt du siebenfach es ernten! 4 Von Gott begehre keine Herrscherstellung, und auch vom König keinen Ehrenplatz! 5 Halt dich nicht selber für gerecht vor Gott, und vor dem König spiele nicht den Klugen! 6 Streb nicht danach, ein Herrscher einst zu sein, wenn du dem Übermut zu steuern nicht die Kraft hast! Damit du nicht vor

einem Mächtigen dich fürchtest und einen Makel
bringst auf deine Lauterkeit. 7 Setze dich nicht
selbst ins Unrecht beim Gericht im Tore, und bringe
dich nicht selbst zu Fall vor der Gemeinde!

Rechte Frömmigkeit

8 Denk nicht daran, den Sündenfall zu wiederholen;
denn bei irgendeinem bleibst du nicht mehr straf-
los! 9 Sprich nicht: »Er wird die Menge meiner Ga-
ben sehen; wenn ich dem Höchsten opfere, nimmt
er es an!« 10 Sei beim Gebet nicht ungeduldig und,
wenn du Armen gibst, nicht zögernd! 11 Verachte
keinen, den die Not verbittert hat, gedenke, daß es
einen gibt, der hoch und niedrig macht!

Aufrichtige Güte

12 Kein Unrecht plane gegen deinen Bruder, noch
gegen Freund und Weggenossen! 13 Hab keine Lust
an irgendeiner Lüge; fürwahr, sie hat nichts Ange-
nehmes zu erwarten! 14 Im Kreis der Fürsten führe
keine kecken Reden, und wiederhole nicht die
Worte beim Gebet! 15 Beim harten Werk des Acker-
baues sei nicht hastig; denn er ist von Gott als An-
teil zugewiesen. 16 Nicht schätze dich zu hoch ein
unter Volksgenossen, denk an den Zorn, der nicht
hinausgezögert wird! 17 Gar sehr, gar sehr ernied-
rige den Übermut; denn was die Menschen zu er-
warten haben, ist Verwesung.

Güte gegen jedermann

18 Vertausche nicht den Freund um Geld, noch auch
um Ophirgold den trauten Bruder! 19 Verachte nim-
mer eine kluge Frau, denn edler Anmut Wert geht
über Perlen! 20 Den Knecht, der zuverlässig schafft,
mißhandle nicht; auch nicht den Lohnarbeiter, der
sich selbst dir hingibt! 21 Den Knecht, der klug ist,
liebe wie dich selbst; versage ihm die volle Freiheit
nicht! 22 Hast du Vieh, so schau persönlich nach,
und wenn es brauchbar ist, behalte es! 23 Hast du
Söhne, halte sie in Zucht, und suche für sie Frauen
in der Jugendzeit! 24 Hast du Töchter, so behüte
ihren Leib, und zeige ihnen kein zu freundliches
Gesicht! 25 Bringst du die Tochter fort, so zieht die
Plage fort; doch gib sie einem Manne, der verstän-
dig ist! 26 Hast du eine Frau, so stoß sie nicht von
dir; doch traue keiner, die verschmäht ist! 27 Aus
ganzem Herzen ehre deinen Vater, und nie vergiß
die Schmerzen deiner Mutter! 28 Gedenke, daß du
ohne sie nicht wärest; wie könntest du vergelten,
was sie dir getan?

29 Aus deiner ganzen Seele fürchte Gott, und seine
Priester halte heilig! 30 Mit allen deinen Kräften
liebe deinen Schöpfer, und lasse seine Diener nicht
im Stich! 31 Ehre Gott und achte seine Priester; ent-
richte ihren Anteil, wie dir aufgetragen: den Speise-
anteil von den Opfern und den Zehnten, die or-
dentlichen Opfer und die heiligen Gaben! 32 Und
auch dem Armen streck die Hand entgegen, damit
der Segen ungeschmälert auf dich komme! 33 An
alle Lebenden verteile Gaben, und selbst dem Toten
sollst du Liebe nicht versagen! 34 Halte dich nicht
fern den Weinenden, und sei betrübt mit den Be-
trübten! 35 Weigere dich nicht, den Kranken zu be-
suchen, denn von ihm empfängst du Gegenliebe!
36 Bei allen deinen Werken denke an das Ende, dann
wirst du nie und nimmer Schlechtes tun!

7,3: Unrecht bringt wie ein Saatkorn Frucht hervor. • 7: Als feiger und ungerechter Richter (Vers 6). Der freie Raum auf der Innen- und Außenseite des Tores bildete in den israelitischen Städten für gewöhnlich den einzigen freien Platz. Daher pflegten sich dort die Bürger der Städte zu politischen, geschäftlichen und gerichtlichen Angelegenheiten zu versammeln (vgl. 1 Mos 23,18; Richt 4,1–11; Ps 127,5). Durch archäologische Ausgrabungen ließen sich denn auch bei verschiedenen Toren Sitzgelegenheiten nachweisen. • 9: Verhärtung in der Sünde kann auch durch Sündopfer nicht ausgeglichen werden. • 14: Überflüssige Worte sind vor Fürsten und vor Gott nicht angebracht. • 15: Hastig, d.h. oberflächlich und auch habgierig sein, wird von den Weisen oft getadelt. Ackerbau als Auftrag Gottes, 1 Mos 2,15; 3,17–19. • 18: Das Goldland Ophir, wohl Südwestarabien, 1 Kön 9,28 u. ö. • 23: Verheiratung der Kinder war Aufgabe des Vaters. • 32: Wohltätigkeit bringt Segen, vgl. 5 Mos 14,29; 26,12 f.

Rechtes Verhalten zum Mitmenschen

8 1 Streite nicht mit einem Mächtigen, damit du
nicht in seine Hände fällst! 2 Streite nicht im
Zorne gegen einen Reichen, sonst zahlt er
einen Preis für dich, und du gehst unter. Denn viele
schon hat Gold gewissenlos gemacht und hat der
Fürsten Herz auf schiefe Bahn gebracht. 3 Zanke
nicht mit einem Schwätzer, und lege nicht noch
Holz aufs Feuer! 4 Habe keinen Umgang mit dem
Toren, damit er Einsichtsvolle nicht verachte! 5 Be-
schäme keinen, der sich abkehrt von der Sünde; be-
denke, daß wir alle schuldig sind! 6 Beschimpfe kei-
nen alten Mann; denn Greise werden manche auch
von uns! 7 Juble nicht, wenn jemand stirbt, bedenk,
wir werden insgesamt dahingerafft! 8 Verwirf die
Reden weiser Männer nicht, wirf dich vielmehr auf
ihre Weisheitssprüche! Denn dadurch wirst du Bil-
dung lernen und vor den hohen Herren stehen kön-
nen. 9 Verschmähe nicht die Überlieferung der
Alten, die sie von ihren Vätern überkommen haben!
Denn dadurch kannst du Einsicht lernen und Ant-
wort geben, wann es nötig ist.

Warnung vor gefährlichen Menschen

10 Stoße nicht zur Glut des Frevlers vor, daß dich die
Flamme seines Feuers nicht verbrenne! 11 Vor einem
Prahler zieh dich nicht zurück, um ihn als Feind im
Hinterhalt zurückzulassen! 12 Borge keinem, der an
Macht dich übertrifft, denn hast du ihm geborgt,

hast du dein Geld verloren. 13 Leiste keinem Bürg-
schaft, der dich überragt, denn hast du dich ver-
bürgt, so bist du zahlungspflichtig. 14 Rechte nicht
mit einem Richter; denn nach seinem Willen richtet
er! 15 Mit einem Rücksichtslosen gehe nicht auf Rei-
sen, damit du dir nicht schweres Ungemach berei-
test! Denn er wird nach seinem eignen Kopfe ge-
hen, und durch seine Torheit wirst du weggerafft.
16 Einem, der zum Zorne neigt, biete nicht die Stirn,
und reite nicht mit ihm zusammen durch die
Wüste! Denn Blutschuld wiegt gar leicht in seinen
Augen, und wo kein Helfer ist, da wird er dich er-
schlagen. 17 Mit einem Toren pflege keinen Rat,
denn dein Geheimnis kann er nicht verschweigen!
18 Vor einem Fremden tue nichts Geheimes; du
weißt ja nicht, wie er zuletzt sich zeigt! 19 Er-
schließe nicht dein Herz vor jedem Menschen, und
stoße nicht das Glück von dir!

8,8: Ein praktisches Bildungsziel ist die Fähigkeit zu gehobener Stellung vor den Herrschern, vgl. 11,1; 20,27; 39,4.

Umgang mit Frauen

9 1 Sei nicht eifersüchtig auf die Frau an deiner
Brust, damit sie selbst nichts Schlimmes lerne
wider dich! 2 Liefre dich der Frau nicht selber
aus, indem du über dich sie herrschen läßt! 3 Du
sollst dich einer fremden Frau nicht nähern, damit
du nicht in ihre Netze fällst! 4 Auch leg dich nicht zu
einer Saitenspielerin, damit du nicht gefangen wirst
durch ihre Töne! 5 Auf eine Jungfrau wende nicht
dein Augenmerk, damit du ihretwegen nicht in
Strafe fällst! 6 Gib einer Dirne dich nicht hin, damit
sie nicht dein Erbe dir entreißt! 7 Schau nicht umher
am Zugang zu der Stadt, und streife nicht herum an
ihren öden Plätzen! 8 Verhülle dir vor einer hüb-
schen Frau das Auge, und schau nach keiner Schön-
heit, die nicht dein! Schon viele stürzten ins Ver-
derben wegen einer Frau, und sie verbrennt wie
Feuer ihre Freunde. 9 Mit einer Ehefrau geh nicht zu
Tisch und sitze nicht betrunken neben ihr, damit du
nicht zu ihr dein Herz hinneigst und so in deinem
Blut zu Grabe sinkst.

Sei wählerisch im Umgang mit anderen!

10 Gib einen alten Freund nicht auf, denn ein neuer
ist nicht treu! Neuer Freund gleicht neuem Wein; ist
dieser alt, dann trinkt man ihn. 11 Auf einen Frevler
sei nicht eifersüchtig; du weißt ja nicht, wie ihm
sein Unglückstag verläuft. 12 Hab kein Gefallen am
Erfolg des Sünders, bedenke, daß er bis zum Tod
nicht straflos bleibt! 13 Bleib einem Manne fern, der
Macht zu töten hat, so mußt du nicht in Todesäng-
sten zittern! Doch nahst du ihm, verfehle dich in
nichts, damit er nicht dein Leben raube! Wisse, daß
du zwischen Netzen schreitest und über einer Git-
terfalle wandelst! 14 Antworte deinem Nächsten
möglichst gut; berate dich mit weisen Männern!
15 Mit Einsichtsvollen pflege Überlegung und jegli-
che Beratung nur mit ihnen! 16 Gerechte Männer
seien deine Tischgenossen, und in der Gottesfurcht
erblicke deinen Ruhm! 17 In weisen Händen wird
das Rechte festgehalten; der einsichtsvolle Weise
herrscht in seinem Volk. 18 Ein Schwätzer ist ge-
fürchtet in der Stadt, verhaßt ein prahlerischer
Mund.

9,5: Für eine geschändete Jungfrau mußte Strafgeld gezahlt werden; vgl. 2 Mos 22,15; 5 Mos 22,29. • 9: Das Ende der Sünde wäre der blutige Tod, nämlich die Strafe durch Gott oder auch durch den Mann der Ehebrecherin; vgl. 5 Mos 22,22. • 14: Die Fähigkeit zu einer guten Antwort setzt Weisheit voraus.

Gute und schlechte Herrscher

10 1 Ein weiser Herrscher gründet fest sein
Volk, und die Regierung eines Einsichts-
vollen ist geordnet. 2 Wie der Herrscher
eines Volkes sind auch seine Räte, und wie das
Oberhaupt der Stadt, so sind auch ihre Bürger. 3 Ein
zügelloser König bringt der Stadt Verderben; doch
volkreich wird die Stadt durch Klugheit ihrer Für-
sten. 4 In Gottes Hand befindet sich die Weltherr-
schaft, und er setzt über sie den rechten Mann zur
rechten Zeit. 5 In Gottes Hand ruht der Erfolg des
Menschen, und er verleiht dem Herrscher seine
Würde.

Übermut und Ende des Tyrannen

6 Mit keinerlei Gewalttat füge andern Böses zu, und
auf dem Weg des Übermutes wandle nicht! 7 Ver-
haßt vor Gott und Menschen ist der Übermut, und
beiden gilt Bedrückung als Verbrechen. 8 Die Herr-
schaft geht von einem Volk zum andern über in-
folge der Gewalttat und des Übermuts. 9 Was brü-
stet sich der Mensch aus Staub und Asche, er,
dessen Leib lebendig in Verwesung fällt? 10 Ein we-
nig Krankheit macht den Arzt verlegen; ein König
heut, und morgen tot! 11 Beim Tod des Menschen
wird sein Anteil werden Geschmeiß und Maden,
Asseln und Gewürm. 12 Des Stolzes Anfang ist der
Trotz des Menschen, so daß sein Herz von seinem
Schöpfer abfällt. 13 Denn wie ein See voll Frevel ist
die Sünde; die Quelle, die aus ihr hervorgeht, spru-
delt Schandtat. Deshalb wirkt Gott in Wundern und
in Plagen und schlägt sie bis zur völligen Vernich-
tung. 14 Den Thron der Stolzen stürzt Gott um und
setzt an ihre Stelle die Bescheidenen. 16 Der Herr
verwischt die Spuren der Nationen, schlägt ihren
Wurzelsproß bis auf den Boden ab. 17 Er fegt sie aus

dem Lande weg und tilgt sie aus, und die Erinne-
rung an sie verschwindet von der Erde. 18 Nicht
ziemt dem Menschen Überheblichkeit, noch fre-
cher Zorn dem Wesen, das ein Weib gebar.

Höchster Ruhm ist Gottesfurcht

19 Welches Geschlecht ist geachtet? Das Menschen-
geschlecht. Welches Geschlecht ist geachtet? Das
gottesfürchtige. Welches Geschlecht ist verachtet?
Das Menschengeschlecht. Welches Geschlecht ist
verachtet? Das die Gebote übertritt. 20 Im Kreis der
Brüder ist ihr Oberhaupt geehrt, der Gottesfürch-
tige jedoch in Gottes Augen. 22 Ob Siedler nur und
Fremdling, ob heimatlos und arm, was ihren Ruhm
bedeutet, das ist die Furcht des Herrn. 23 Man darf
den einsichtsvollen Armen nicht verachten und
einen Menschen der Gewalttat niemals ehren.
24 Wer Fürst ist, Herrscher oder Richter, ist geehrt;
jedoch ist keiner größer als der Gottesfürchtige.
25 Ein einsichtsvoller Knecht wird noch erhöht, ein
weiser Knecht braucht nimmermehr zu klagen.

Rechte Selbstachtung

26 Spiele nicht den Weisen, wenn du Arbeit tun
sollst, und spiele nicht den hohen Herrn, wenn du
zur Zeit in Not bist! 27 Besser ist, wer Arbeit leistet
und Besitz in Fülle hat, als wer den hohen Herrn
spielt, aber nichts zu essen hat. 28 Mein Sohn, in
aller Demut ehre auch dich selbst, und stelle dir das
Urteil aus, das du verdienst! 29 Wer wird wohl
einen, der sich selber unrecht gibt, verteidigen, und
wer wird einen ehren, der sich selbst entehrt?

Äußere und innere Ehre

30 Selbst Arme gibt es, die man ehrt ob ihrer Ein-
sicht, und andere gibt es, die man ehrt ob ihres
Reichtums. 31 Wer in seiner Armut schon geehrt ist,
wie erst, wenn er reich wird! Doch wer in seinem
Reichtum schon entehrt ist, wie erst, wenn er arm
wird!

10,6: Bis Vers 18 reicht die Warnung vor dem Übermut der Tyrannen. Ein schrecklicher Tod ist ihr Ende. Sicher ist an geschichtliche Beispiele angeknüpft, die wir nicht genau kennen. Ähnliches vgl. 2 Makk 9,9–12; Judit 16,17; Apg 12,23. • 15: Ist Doppelübersetzung, die im Hebräischen fehlt. • 16: Wurzelsproß bedeutet Nachkommenschaft und Bevölkerung. Die Erfahrung gilt in der Gegenwart, wie sie in der Vergangenheit galt (Vertreibung der kanaanäischen Stämme zur Zeit der Landeinnahme). • 21: Ist Zusatz in wenigen Handschriften. • 22: Es mag an die Juden, die im Ausland zerstreut lebten, gedacht sein.

11

1 Die Weisheit eines Niedrigen hebt sein
Haupt und läßt ihn unter Fürsten sitzen.
2 Lobe keinen Menschen seiner Schönheit
wegen, und verachte niemand wegen seiner Unan-
sehnlichkeit! 3 Gar winzig unter Vögeln ist die
Biene und doch bringt sie das beste Gut hervor!
4 Mach dich nicht lustig über das Gewand des Ar-
men, verhöhne keinen, so er Trauertage hat! Denn
rätselhaft sind Gottes Werke, und vor den Men-
schen ist sein Tun verborgen. 5 Schon viele waren
tief gebeugt und kamen auf den Thron, und Män-
ner, an die niemand dachte, trugen eine Krone.
6 Viel Hohe sind gar sehr dem Spott verfallen, und
auch Geehrte sind dem Unheil preisgegeben wor-
den.

Vorsicht im Urteilen!

7 Ehe du geprüft hast, tadle nicht; erst untersuche,
dann weise zurecht! 8 Entgegne keine Silbe, ehe du
gehört hast, und mitten in der Unterhaltung rede
nicht! 9 Entbrenne nicht im Zorn, wo keine Krän-
kung vorliegt,und tritt nicht auf im Streit der Übel-
täter!

Der Herr macht arm und reich

10 Mein Sohn, warum denn übertreibst du die Ge-
schäftigkeit, da doch nicht straflos bleibt, wer sie
übereilig steigert? Wenn du zu hastig läufst, er-
reichst du nicht das Ziel, wenn du zu eifrig suchst,
kannst du nichts finden. 11 Da gibt es manchen, der
sich abmüht, quält und übereilt, und doch kommt
es nur um so mehr zurück. 12 Da gibt es manchen,
matt und niedersinkend auf dem Weg, an Kraft gar
arm und überreich an Schwäche; jedoch das Auge
Gottes blickt ihn gütig an; er schüttelt von ihm ab
den Staub und Schmutz. 13 Er hebt sein Haupt em-
por, und er erhöht ihn, so daß gar viele über ihn er-
staunt sind. 14 Das Gute und das Böse, Leben sowie
Tod, die Armut und der Reichtum, alles kommt
vom Herrn. 17 Der Lohn des Herrn steht fest für die
Gerechten, und was er will, gelingt für immer.
18 Gar mancher strebt nach Reichtum und lebt
knauserig, doch sein Erspartes teilt ein andrer auf.
19 Er spricht zu seiner Zeit: »Ich habe Ruh' gefun-
den, und jetzt will ich genießen mein Vermögen.«
Doch weiß er nicht, was seine Frist sein wird, und
einem andern hinterläßt er es und stirbt.

Ende gut, alles gut

20 Mein Sohn, steh fest in deiner Pflicht und geh ihr
nach, bei deinem Werk verharre bis ins Alter! 21 Sei
nicht erstaunt im Hinblick auf die Übeltäter; wend
eifrig dich zum Herrn und harre auf sein Licht!
Denn einfach ist es in den Augen Gottes, plötzlich
und sofort den Armen reich zu machen. 22 Der Se-
gen Gottes ist der Anteil des Gerechten, und zur be-
stimmten Zeit blüht seine Hoffnung auf. 23 Sprich
nicht: »Wohlan, ich hab' erreicht, was ich mir
wünschte; was soll mir jetzt noch fehlen?« 24 Sprich
nicht: »Ich habe jetzt genügend, und welches Un-
heil kann mich überkommen?« 25 Das Glück von

heute läßt das Unglück vergessen, das Unglück von heute läßt das Glück vergessen. 26 Denn einfach ist es in den Augen Gottes, am Tag des Endes jedem seinen Wandel zu vergelten. 27 Schlechte Zeiten lassen die Lust vergessen, und das Ende eines Menschen gibt erst Kunde über ihn. 28 Vor dem Tode preise niemand glücklich; denn erst an seinem Ende wird der Mensch erkannt.

Mißtraue Fremden!

29 Nicht jeden Menschen laß dein Haus betreten; denn zahlreich sind die Sünden des Verleumders! 30 Das Herz des Frevlers gleicht dem Rebhuhn, eingesperrt im Korb, und dem Spione gleicht es, der nach einer Blöße späht. 31 Das Gute dreht der Ohrenbläser um in Böses und stiftet Aufruhr unter deinen Lieben. 32 Aus einem Funken macht er große Glut, und heimlich lechzt der Taugenichts nach Blut. 33 Vor einem Bösen hüte dich; denn Böses zeugt er! Warum sollst du für immer einen Makel auf dich laden? 34 Wenn du dem Fremden Wohnung gibst, macht er deinen Wandel andersartig und läßt dich unter deinen Lieben fremd erscheinen.

11,4: Trauerkleider waren schmucklos und wurden zerrissen getragen. Man soll darüber nicht spotten, weil Gottes Fügung dahinter steht und deshalb jeder ins Unglück geraten kann. • 5: Schönstes Beispiel: Joseph in Ägypten. • 9: Was dich nicht brennt, das blase nicht! • 12: Beispiel: Job. • 15f: Sind spätere Einschübe, die in wichtigen Handschriften fehlen und den Zusammenhang stören. • 18: Text unsicher. • 20: Die folgenden Verse legen nahe, daß weniger an die irdische Berufstreue als vielmehr an die religiösen Pflichten gedacht ist. • 26–28: Bis zum Todestag, einschließlich der Todesart, kann sich die Vergeltung hinauszögern. Der Zusammenhang zeigt, daß an irdisch wahrnehmbare Vergeltung, noch nicht an jenseitige gedacht ist. • 30: Das heimliche Spähen nach einer Blöße liegt dem Vergleich mit einem Rebhuhn und einem Spion zugrunde. • 34: Wendet sich nicht gegen das Werk der Barmherzigkeit, Fremde zu beherbergen. Hier ist der Fremde soviel wie der Abtrünnige, der Verführer.

Auswahl beim Wohltun

12 1 Tust du Gutes, wisse wohl, wem du es tust, so wirst du Dank für deine Guttat haben! 2 Tust du dem Gerechten Gutes, findest du Vergeltung, wenn vielleicht nicht von ihm selber, so doch von dem Herrn. 3 Wer den Frevler unterstützt, erntet keinen Dank und hat damit gewiß kein gutes Werk getan. 4 Gib dem Guten, und den Bösen weise ab! Labe den Bescheidenen, und gib dem Frechen nichts! 5 Gib ihm keine Waffen in die Hand, damit er nicht mit ihnen dir entgegentrete! Doppelt Unheil wirst du ernten müssen für alles Gute, das du ihm erweist. 6 Denn die Bösen haßt auch Gott und übt Vergeltung an den Frevlern.

Trau – schau, wem!

8 Im Glück kann man den Freund nicht recht erkennen, jedoch im Unglück bleibt der Feind nicht mehr verborgen. 9 Im Glück des Menschen gibt sich auch der Feind als Freund, jedoch im Unglück zieht sich selbst ein Freund zurück. 10 Nie und nimmer traue einem Feind; denn seine Bosheit gleicht dem Rost am Eisen. 11 Selbst wenn er dir sich unterwürfig zeigt und sich verbeugt, nimm dich in acht und hüte dich vor ihm! Sei gegen ihn gleichwie ein Spiegelputzer, und achte auf den Rost, der noch zurückblieb! 12 Stell ihn nicht an deine Seite neben dich, sonst stürzt er dich und tritt an deine Stelle! Laß ihn nicht zu deiner Rechten sitzen, sonst sucht er deinen Sitz sich zu erobern! Hernach erst würdest du begreifen meine Worte und müßtest klagend dich in meine Klage teilen. 13 Wer hat Mitleid, wenn ein Schlangenbändiger gebissen wird, oder wenn sich jemand einem Raubtier nähert? 14 So steht's mit dem, der zu dem Frevler sich gesellt und sich in seine Sünden mitverwickelt. 15 Er steht zu dir nur für begrenzte Zeit, doch wenn du wankst, hält er nicht kräftig stand. 16 Auf seinen Lippen hat der Gegner süße Worte, doch tiefe Gruben heckt er aus in seinem Herzen. Mit seinen Augen weint der Feind, jedoch zu seiner Zeit wird er nicht satt an Blut. 17 Trifft dich ein Unglück, findet er sich ein; zum Schein als Helfer spürt er deiner Ferse nach. 18 Er schüttelt seinen Kopf und schwingt erregt die Hände und ändert unter vielerlei Gerede sein Gesicht.

12,7: Wiederholt Vers 4a; steht nur im griechischen Text. • 10: Die Bosheit zeigt ihre lästige und schädliche Auswirkung. • 11c: Der Vergleich will größte Achtsamkeit empfehlen. • 12: Der Verfasser scheint selbst schlechte Erfahrungen gemacht zu haben.

Warnung vor dem Reichen

13 1 Wer Pech berührt hat, dessen Hand klebt fest; wer sich dem Prahler anschließt, lernt von seinem Wandel. 2 Wie kannst du etwas heben, das zu schwer für dich? Was schließt du dich an einen an, der reicher ist als du? Wie kann der Topf zum Kessel sich gesellen? Wenn beide aneinanderstoßen, bricht der Topf. 3 Der Reiche handelt unrecht, und er prahlt dazu; der Arme leidet Unrecht und muß Gnade heischen. 4 Solang du ihm von Nutzen bist, bemüht er sich um dich, sobald du aber stürzest, steht er fern von dir. 5 Solang du hast, macht er dir schöne Worte und bringt dich so in Armut ohne viel Bedauern. 6 Er schmeichelt dir, weil er dich nötig hat, er lächelt dir entgegen und bestärkt dein Hoffen. 7 Solang es nützt, treibt er den Spott mit dir, setzt zweimal, dreimal dich in Schrecken; doch schließlich sieht er dich und geht

an dir vorüber und schüttelt spottend über dich das
Haupt. 8 Drum hüte dich, dräng nicht zu sehr voran,
und werde nicht den Einsichtslosen ähnlich!

Zurückhaltung und Vorsicht gegenüber Fürsten

9 Nähert sich ein Fürst, so ziehe dich zurück, und
desto mehr wird er dich kommen lassen! 10 Dräng
dich nicht auf, sonst wirst du abgewiesen; und zieh
dich nicht zurück, sonst wirst du leicht vergessen.
11 Verlaß dich nicht auf freien Ton mit ihm, und
traue nicht der Menge seiner Reden! Denn er ver-
sucht dich nur mit seinen vielen Reden und forscht
dich aus, indem er mit dir spaßt. 12 Rücksichtslos
übt er die Herrschaft aus und ohne Schonung; Ver-
schwörung plant er gegen vieler Menschen Leben.
13 Drum hüte dich und sieh dich vor, und gehe nicht
mit Menschen der Gewalttat!

Gegensatz zwischen reich und arm

15 Ein jedes Lebewesen liebt nur seinesgleichen, und
jeder Mensch den, der ihm ähnlich ist. 16 Ein jedes
Lebewesen lebt bei seinesgleichen, und nur an sei-
nesgleichen halte sich der Mensch! 17 Gesellt sich
wohl der Wolf zum Lamm? Genauso nicht der Frev-
ler zum Gerechten. 18 Hat etwa die Hyäne Frieden
mit dem Hund? Wie wird der Reiche Frieden halten
mit dem Armen? 19 Des Löwen Fraß sind wilde Esel
in der Wüste; so sind des Reichen Weide die Gerin-
gen. 20 Ein Greuel für den Stolz ist alle Demut; ein
Greuel für den Reichen ist der Arme. 21 Ein Reicher
wankt; er wird gestützt vom Freund. Ein Armer
wankt; er wird vom Freund verstoßen. 22 Ein Rei-
cher redet, und gar viele stimmen bei und nennen
seine dummen Reden schön. Ein Armer redet, und
sie schreien: »Pfui«; selbst wenn er Kluges redet, ist
kein Platz für ihn. 23 Ein Reicher redet, und es
schweigen alle und heben seine Einsicht zu den
Wolken. Ein Armer redet, und sie sagen: »Wer ist
der?« Und wenn er strauchelt, geben sie ihm Stöße.

Der Glückliche und der Geizhals

24 Gut ist Reichtum, wenn kein Unrecht an ihm
klebt, doch schlimm ist Armut, ausgelöst durch
Sünde. 25 Das Herz des Menschen ändert auch sein
Antlitz und macht es heiter oder aber düster. 26 Das
Zeichen eines frohen Herzens ist ein sonnig Antlitz,
doch grüblerische Sorgen sind nichts als quälende
Gedanken.

13,1: Aus der lateinischen Übersetzung stammt das deutsche Sprichwort »Wer Pech anrührt, besudelt sich«. • 10: Nicht zu viel und nicht zu wenig! Spr 25,6f. • 14: Ist späterer Einschub.

14
1 Glückselig, wem sein Mund noch nie hat
Leid gebracht, und über den sein kummer-
volles Herz sich nicht betrübt! 2 Glückse-
lig, wem die Seele keinen Vorwurf macht, und des-
sen Zuversicht nicht leer zusammenfällt! 3 Nicht
passend für ein enges Herz ist Reichtum, und wozu
nützt das Gold dem Geizigen? 4 Wer an sich selber
geizt, der sammelt für den andern; in seinen Gütern
schwelgt ein Fremder. 5 Wer selber sich nichts gönnt,
wem wird der Gutes tun? Sein eigen Glück wird er
nicht finden. 6 Am schlimmsten geht es dem, der
sich nichts gönnt, und seiner Mißgunst Lohn wird
ihm zuteil. 7 Selbst wenn er Gutes tut, tut er es nur
aus Irrtum und offenbart am Ende seine Bosheit.
8 Gar schlimm ist, wer ein Auge voller Mißgunst hat,
sein Antlitz abseits wendet und hinwegsieht über
den Menschen. 9 Dem Auge eines Toren scheint sein
Gut zu klein, ein geizig Auge dörrt den Menschen
aus. 10 Das Auge des Geizigen stürzt sich auf die
Speise; an seinem Tisch herrscht Ruhelosigkeit.

Genieße das kurze Leben!

11 Mein Sohn, wenn du imstande bist, so mach dir's
wohl und pflege dich, so gut du es vermagst! 12 Ge-
denke, daß der Tod nicht säumt und dir die Frist der
Totenwelt verborgen ist! 13 Bevor du stirbst, tu
Gutes deinem Freund, und gib ihm zum Geschenk,
soviel du kannst! 14 Versag dir nicht das Glück des
Tages, und geh am Anteil des Vergnügens nicht vor-
bei! 15 Mußt du nicht andern deine Güter hinterlas-
sen und dein Erspartes Leuten, die es dann verlo-
sen? 16 So gib dem Bruder und ergötze auch dich
selbst, denn in der Totenwelt ist kein Genuß mehr
zu erwarten! 17 Jeder Mensch wird alt wie ein Ge-
wand; es gilt das ewige Gesetz: man muß einst ster-
ben! 18 Gleichwie am grünen Baum der Blätter-
wuchs, wovon das eine welkt, das andre frisch
ersprießt, so sind auch die Geschlechter all von
Fleisch und Blut: das eine stirbt, das andre wächst
heran. 19 Dem Moder sind verfallen seine Werke,
und das Erzeugnis seiner Hände folgt ihm nach.

Strebe nach Weisheit!

20 Selig der Mensch, der auf Weisheit sinnt, zur Ein-
sicht erhebt seine Blicke; 21 der ihre Wege mit Sorg-
falt beachtet und aufmerksam folgt ihren Pfaden;
22 der wie ein Späher leise hinter ihr hergeht und
lauert an all ihren Straßen; 23 der durch die Fenster
hineinschaut zu ihr und lauscht an dem Spalt ihrer
Türen; 24 der im Bereich ihres Hauses verweilt und
seinen Zeltpflock in ihre Mauer schlägt; 25 der
neben ihr sich errichtet sein Zelt und so eine treffli-
che Heimstatt bewohnt; 26 der in ihr Laubwerk sein
Nestchen sich baut und Herberge findet in ihren
Gezweigen; 27 der Schutz sucht vor Hitze im Schat-
ten bei ihr und wohnt wohlgeboren in ihren
Gemächern.

14,2: Herz und Seele bedeuten das Gewissen. Ein eigenes Wort für Gewissen hat das AT nicht. Das heißt jedoch nicht, wie unsere Stelle zeigt, daß das Gewissen als allgemein-menschliche Realität unbekannt gewesen wäre, vor allem das Gewissen als nachfolgende Billigung oder Verwerfung einer Tat. • 10: Die geschilderte Ruhelosigkeit bedeutet Nervosität beim Geizhals selbst und bei seinen Tischgenossen. • 20: Ein neuer Hauptteil beginnt wieder mit einer Empfehlung der Weisheit, die dichterisch personifiziert wird. Sie soll wie eine begehrte Freundin den Schüler zur Nachfolge reizen.

15 1 Wohlan, wer den Herrn fürchtet, tut all
dies, und wer das Gesetz hält, wird ihrer
teilhaftig. 2 Sie geht ihm entgegen gleich-
wie eine Mutter und nimmt ihn zu sich wie die Frau
seiner Jugend. 3 Sie speist ihn sodann mit dem Brote
der Klugheit und reicht ihm zum Trunke das Was-
ser der Einsicht. 4 Er stützt sich auf sie und wird nie-
mals mehr wanken, verläßt sich auf sie und wird
nimmer enttäuscht. 5 Sie hebt ihn empor über seine
Gefährten und bringt ihn zu Wort in dem Kreis der
Gemeinde. 6 Nur Frohsinn und Freude bei ihr wird
er finden, und ewigen Ruhm gibt sie ihm zu Besitz.
7 Verworfene Menschen erlangen sie nimmer, und
Männer der Missetat schauen sie nicht. 8 Gar weit
ist sie weg von den Prahlern, und Männer der Lüge
beachten sie nicht. 9 Nicht ziemt sich das Loblied
im Munde des Frevlers, und nicht ist es ihm über-
geben von Gott. 10 Im Munde des Weisen erklinge
das Loblied, und wer die Befugnis hat, der soll es
lehren!

Sünde als persönliche Schuld

11 Sprich nicht: »Von Gott kommt meine Sünde!«
Denn was er haßt, bewirkt er nicht. 12 So sage nicht:
»Er selber ließ mich stürzen!« Es müßte ja nicht
sein, daß es auch Sünder gibt. 13 Das Böse und das
Greuelhafte haßt der Herr und läßt es denen, die
ihn fürchten, nicht begegnen. 14 Am Anfang schuf
der Herr den Menschen und übergab ihn seinem ei-
genen Wollen. 15 Du kannst, wenn du gewillt bist,
die Gebote halten, nur Treue braucht es, seinen
Willen zu erfüllen. 16 Feuer ist und Wasser vor dich
hingeschüttet; was dir gefällt, danach streck deine
Hände aus! 17 Es liegen vor dem Menschen Tod und
Leben; was ihm gefällt, wird ihm gegeben werden.
18 Denn reich an Weisheit ist der Herr, gar stark an
Macht und alles überblickend. 19 Die Augen Gottes
sehen seine Taten, und er durchschaut ein jedes
Werk des Menschen. 20 Er gab dem Menschen kein
Gebot, zu sündigen, noch unterstützt er trügerische
Leute.

15,1: In der späteren Zeit der Siraziden ist Weisheit gleich Gesetzeseifer. • 2: Handelte der lange Satz 14,20–27 vom Suchen nach Weisheit, so kommt im folgenden die personifizierte Weisheit ihrem Freund entgegen, vgl. 51,13–21. • 9f: Die abschließenden Zeilen stellen fest, daß das vorausgehende Lied auf die Weisheit und überhaupt ihre Mitteilung nur den berufenen Lehrern zukommt, nicht etwa weltlichen Dichtern und Philosophen. • 20: Kehrt zum Anfang Vers 11f zurück.

Mißratene Kinder sind kein Segen

16 1 Verlange nicht nach hübschen Kindern,
wenn sie doch nichts taugen und freu
dich nicht an Söhnen, wenn sie Schlim-
mes treiben! 2 Nicht juble über sie, auch wenn sie
zahlreich werden, wenn keine Gottesfurcht in
ihnen steckt! 3 Verlaß dich nicht auf ihre Lebens-
dauer, und setze kein Vertrauen auf ihr Ende! Denn
lieber einer, der den Willen Gottes tut, als tausend
andere, und lieber sterben kinderlos als schlechte
Söhne haben! 4 Durch einen einzigen Weisen wird
die Stadt bevölkert, doch durch die Sippe der Ver-
brecher wird sie bald verödet.

Göttliche Strafgerichte

5 Viel solches hat mein Auge selbst geschaut, doch
noch viel mehr mein Ohr gehört: 6 Das Feuer
brannte in der Frevler Rotte, und Zorn erglühte wi-
der ein verruchtes Volk. 7 Er hat den Fürsten in der
Urzeit nicht verziehen, die sich in ihrer Heldenkraft
empörten. 8 Er schonte nicht die Stadtgenossen
Lots, die unbesorgt in ihrem Übermute blieben. 9 Er
schonte nicht das Volk, dem Bann verfallen, vom
Land verdrängt um seiner Sünde willen. 10 Auch
nicht die sechsmal hunderttausend Mann zu Fuß,
die wurden weggerafft ob ihres Herzens Bosheit.

Strafgericht des Allwissenden

11 Wenn nun erst ein Einzelmensch den Nacken
steift, es wäre doch ein Wunder, wenn er straflos
bliebe! Denn Erbarmen und auch Zorn sind ihm zu
eigen; er vergibt zwar und verzeiht, doch auch den
Zorn ergießt er. 12 So groß wie sein Erbarmen ist
auch seine Strenge, und jeden richtet er nach seinen
Taten. 13 Nicht entkommt der Frevler mit der Beute,
doch des Gerechten Hoffnung täuscht er nicht.
14 Wer die Wohltat spendet, erntet seinen Lohn,
und jeder Mensch empfängt nach seinen Werken.
15 [Der Herr verhärtete das Herz des Pharao, das ihn
nicht kannte, obwohl sich seine Werke unterm
Himmel offenbarten. 16 In seiner ganzen Schöpfung
zeigt sich sein Erbarmen; sein Licht und auch sein
Dunkel teilte er den Menschen mit.] 17 Sprich nicht:
»Ich bin vor Gott verborgen, und wer gedenkt dort
oben meiner? Ich werde unter vielen Leuten nicht
bemerkt, und was bin ich inmitten aller Geister?«
18 Sieh zu, die Himmel, ja die höchsten Himmel, das
Weltmeer und die Erde wanken, wenn er nach-
schaut. 19 Der Grund der Berge und der Erde Stüt-
zen beben, sobald er auf sie blickt. 20 »Jedoch auf

mich merkt er nicht auf, und wer beachtet meinen
Wandel? 21 Kein Auge sieht mich, wenn ich sün-
dige, und wer erfährt es, wenn ich heimlich täu-
sche? 22 Gerechtes Handeln, wer vermeldet es?
Was soll die Hoffnung? Liegt doch fern die Frist!«
23 Nur Einsichtslose äußern solches, und nur ein Tor
denkt dieses aus!

Die bestehende Weltordnung

24 Hört auf mich und nehmt entgegen meine Weis-
heit, und lenket euren Sinn auf meine Worte!
25 Wohl erwogen lasse meinen Geist ich strömen,
und in Bescheidenheit tu' ich mein Wissen kund.
26 Als Gott am Anfang seine Werke schuf und ihnen
für ihr Dasein die Gesetze wies, 27 da hat für immer
seine Werke er geordnet und ihren Machtbereich
für ihre ganze Dauer. Sie werden alle weder matt
noch müde, und nicht erlahmen sie in ihrer Kraft.
28 Keines braucht das andre zu beengen, und ewig
widerstreben seinem Wort sie nicht. 29 Dann hat
der Herr zur Erde hergeschaut und sie mit seinen
Gütern angefüllt. 30 Mit Tieren aller Art bedeckt' er
ihre Fläche, und alle kehren sie zu ihr zurück.

16,5: Gegenwart und Vergangenheit erteilte dieselbe Lehre. • 6: Vgl. 4 Mos 16,25–35: die Rotte Korachs. • 7: 1 Mos 6,4. • 8: 1 Mos 19,14–29. • 9: 2 Mos 23,33; 33,2. • 10: 4 Mos 14,22 f. • 15f: Einschub, der schlecht bezeugt ist: 2 Mos 7,3. • 17c: »Geister« meint wohl die menschlichen Wesen, vielleicht aber auch die Engel. • 19: Nach alter Vorstellung haben die Berge Grundfesten und ist die auf dem Weltozean schwimmende Erdscheibe in der Tiefe fest verankert. Die Bibel will keine Aussage naturwissenschaftlicher Art über die Gestalt, den Aufbau und die Entstehung der Erde machen. Die Schriftsteller halten sich an das Weltbild ihrer Zeitgenossen, das sich, wie dasjenige ihrer Nachbarvölker, auf den Augenschein stützte und von der geographischen Umwelt bedingt war. • 23: Vgl. Ps 14,1. • 24: Ein neuer Abschnitt schildert das enge Verhältnis zwischen Gott und Mensch. • 27f: Die Ordnung der Sternenwelt, vgl. 43,9f. • 29ff: Vgl. den Schöpfungsbericht und Sündenfall.

17 1 Der Herr erschuf den Menschen aus der
Erde und läßt zurück zu ihr ihn wieder-
kehren. 2 Begrenzter Tage Frist verlieh er
ihnen und ließ sie herrschen über alles Irdische.
3 Nach seinem Gleichnis hat mit Kraft er sie beklei-
det und hat nach seinem Ebenbilde sie erschaffen.
4 Die Furcht vor ihnen legte er in jedes Lebewesen,
auf daß sie herrschten über Landgetier und Vögel.
6 Er hat gebildet Zunge, Aug' und Ohr und ihnen
eingesenkt ein Herz zum Denken. 7 Mit kluger Ein-
sicht hat er sie erfüllt und sie gelehrt, zu kennen Gut
und Bös, 8 um ihnen kundzutun die Größe seiner
Werke, damit sie seine Furcht in ihre Herzen pflanz-
ten; 9 daß sie für immer seine Wunder rühmten
10 und seinen heiligen Namen priesen.

Die Gnade seines Bundes

11 Die Weisheit hat er ihnen dargeboten und das Ge-
setz des Lebens mitgeteilt. 12 Für ewig schloß er
einen Bund mit ihnen und ließ sie wissen seine Sat-
zungen. 13 Es sahen ihre Augen seine große Pracht,
und ihre Ohren hörten seine mächt'ge Stimme. 14 Er
sprach zu ihnen: »Hütet euch und fallt nicht ab!«
und gab Gebote, wie ein jeder sich verhalten soll
zum Nächsten. 15 So liegen ihre Wege allezeit vor
ihm und sind vor seinen Augen nimmermehr ver-
borgen. 17 Für jedes Volk bestellt er einen Herrscher,
doch Israel ist der Besitz des Herrn. 19 Vor ihm sind
alle ihre Werke sonnenklar, und seine Augen ruhen
stets auf ihren Wegen. 20 Vor ihm sind nicht verbor-
gen ihre Frevel, und all ihre Sünden liegen vor dem
Herrn. 22 Bei ihm liegt wie ein Siegel eines Men-
schen Guttat, und er bewahrt wie einen Augenstern
sein Wohltun. 23 Später dann erhebt er sich, um
ihnen zu vergelten, und bringt, was sie verdienten,
über ihre Häupter.

Barmherzigkeit gegen Reuige

24 Jedoch den Büßern bietet er den Rückweg an und
spendet frischen Mut den Hoffnungslosen.
25 Wende dich zum Herrn und gib die Sünde auf,
fleh vor ihm und schaffe fort das Ärgernis! 26 Be-
kehre dich zum höchsten Herrn und wende dich
vom Unrecht ab, und hasse ernstlich jede Greueltat!
27 Wer wird im Totenreich den Höchsten preisen
statt der Lebenden, die ihm den Lobpreis zollen?
28 Beim Toten, der kein Dasein hat, fällt jeder Lob-
preis weg; jedoch wer lebt und munter ist, der kann
den Herrn lobpreisen. 29 Wie groß ist die Barmher-
zigkeit des Herrn und seine Nachsicht gegen alle,
die zu ihm sich wenden! 30 Denn nicht ist ja der
Mensch wie Gott, noch gleicht sein Plan dem Plan
der Menschen. 31 Was ist heller als die Sonne? Doch
selbst sie verfinstert sich; also neigt sich nach dem
Bösen das Begehren von Fleisch und Blut. 32 Er mu-
stert selbst das Heer der Himmelshöhe und erst
recht die Menschen, die nur Staub und Asche sind.

17,5: Ist wiederholende Textwucherung. • 11: Zur natürlichen Offenbarung kommt die übernatürliche durch den Bundesschluß. • 14: Die 10 Gebote 2 Mos 20,1–17. • 16.18.21: Sind schlecht bezeugte Glossen. • 22: Auch das Gute, besonders Almosen, vergißt Gott nicht. • 24: Außer Guten und Bösen kennt der Verfasser auch »Umkehrende« = Büßer. • 27f: Die Betrachtung des toten Menschen führte zu der Auffassung, daß in der Unterwelt kein Gotteslob mehr möglich ist, vgl. Is 38,18f; Ps 115,17 f; Bar 2,17f. Daher die Pflicht, sich auf dieser Welt an Gott zu halten. • 32: Das Heer der Höhe ist das Sternenheer.

Der erhabene Gott

18 1 Der lebt in Ewigkeit, schuf alles insge-
samt, der Herr allein steht über allem Ur-
teil. 4 Niemand kann geziemend seine
Werke kundtun, und wer ergründet seine Wunder-

taten? 5 Wer kann beschreiben seine Kraft und
Größe, und wer beendet je die Zählung seiner
Machterweise? 6 Man braucht nichts wegzuneh-
men, nichts hinzuzufügen, und unerforschlich blei-
ben seine Wundertaten. 7 Wer fertig ist, steht immer
noch am Anfang, und wenn er aufhört, ist er gar
verlegen.
8 Was ist der Mensch, und wozu ist er nötig? Worin
besteht sein Nutzen und worin sein Schaden? 9 Die
Zahl der Lebenstage eines Menschen sind hundert
Jahre, wenn es viele sind. 10 Einem Tropfen aus dem
Meer und einem Sandkorn gleichen diese kurzen
Jahre in der Zeit der Ewigkeit. 11 Drum ist der Herr
mit ihnen so geduldig und schüttet sein Erbarmen
aus auf sie. 12 Er schaut und weiß, daß schlimm ihr
Ende ist, deshalb erzeigt er ihnen große Nachsicht.
13 Nur auf den Nächsten zielt das Mitleid eines
Menschen, jedoch auf alle Wesen die Barmherzig-
keit des Herrn. Er weist zurecht, erziehet und be-
lehrt und führt zurück gleichwie ein Hirt die Herde.
14 Selig, die auf sein Erbarmen hoffen, und die ent-
gegennehmen seine Forderungen!

Almosen mit Liebe

15 Mein Sohn, der Wohltat hänge keinen Makel an,
und keiner Gabe Worte, die verletzen! 16 Macht
nicht der Tau die Hitze schwinden? So übertrifft ein
gutes Wort die Gabe. 17 Gewiß, ist nicht ein (gutes)
Wort noch besser als die Gabe? Doch beides ziert
den Mann, der Gutes tut. 18 Der Tor spricht lieblos
Worte bitterer Schmähung, und des Ergrimmten
Gabe macht die Augen trübe.

Vorbedacht

19 Bevor du redest, unterrichte dich, und vor der
Krankheit pflege die Gesundheit! 20 Erforsche selber
dich vor dem Gericht, so wirst du Nachsicht finden
in der Zeit der Prüfung. 21 Bevor du strauchelst,
beuge dich in Demut und zeige Umkehr in der Zeit
der Sünde! 22 Verzögere niemals die Erfüllung des
Gelübdes und warte nicht, bis dich der Tod davon
befreit! 23 Eh' du gelobst, bereite dein Gelübde vor,
und werde nicht wie einer, der den Herrn versucht!
24 In den Tagen deines Endes denke an den Zorn
und an die Zeit der Rache, wenn sein Antlitz sich
verbirgt! 25 Denk an Hungerszeit zur Zeit des
Überflusses, an Armut und an Mangel in des Reich-
tums Tagen! 26 Vom Morgen bis zum Abend ändert
sich die Zeit, und schnell eilt alles vor dem Herrn
dahin. 27 Ein weiser Mann ist immer auf der Hut,
und in der Zeit der Sünde meidet er Verfehlung.
28 Ein jeder Weise teilt die Kenntnis seiner Weisheit
mit, und dem, der sie gefunden hat, obliegt ihr Lob.
29 Wer kluger Rede kundig ist, tritt selbst als Weiser
auf und läßt die Weisheitssprüche fließen in Be-
scheidenheit.
30 Deinen Wünschen geh nicht nach, und halt dich
fern von deinen Lüsten! 31 Wenn du deines Triebes
Willen tust, so gleichst du dem, der seines Feindes
Willen tut. 32 Erfreu dich nicht an einem bißchen
Lust; denn die Entbehrung hinterher ist doppelt
schwer! 33 Du sollst kein Schlemmer und kein Trin-
ker sein; denn sonst bleibt nichts mehr dir im Beu-
tel!

18,2f: Sind spätere Randbemerkungen. • 24: Zorn und Rache werden, wie Vers 20 Gericht und Prüfung, in den Tagen des Endes, d. h. beim Tod, offenbar werden. Ein jenseitiges Gericht ist wohl noch nicht gemeint. • 28f: Ähnlich 15,10; 16,25.

19

1 Wer solches tut, wird nie zu Reichtum
kommen, und wer das Kleine nicht be-
achtet, kommt zu Fall. 2 Wein und Weiber
machen hemmungslos das Herz, und wer sich
hängt an Dirnen, wird verwegen. 4 Wer schnell Ver-
trauen schenkt, ist leichten Sinnes; es schadet selber
sich, wer sich verfehlt.

Beherrschung im Reden

5 Wer sich über Schlechtes freut, der wird ge-
schmäht, 6 und Einsicht mangelt dem, der Reden
weiterträgt. 7 Verbreite niemals eine Rede weiter, so
wird dich niemand schmähen können! 8 Gleich
über Freund und Feind erzähle nichts, und hast du
einen Freund, enthülle nicht! 9 Denn wer dich hört,
der hütet sich vor dir und wird zu seiner Zeit dir
Haß erzeigen. 10 Hast du ein Wort gehört, so sterbe
es in dir; sei ohne Angst, es wird dich nicht zer-
reißen! 11 Ob eines Wortes nur gerät der Tor in We-
hen wie die Gebärende durch ihres Leibes Frucht.
12 Ja, wie ein Pfeil, der in dem Schenkel steckt, so ist
ein Wort im Innern eines Toren.

Beherrschung im Zurechtweisen des Nächsten

13 Stell deinen Freund zur Rede, ob er nicht etwas
getan; und wenn er wirklich es getan hat, daß er es
nicht wieder tue! 14 Stell deinen Freund zur Rede,
ob er nicht etwas gesagt; und wenn er wirklich es
gesagt hat, daß er es nicht wiederhole! 15 Stell dei-
nen Freund zur Rede, denn gar oft geschieht Ver-
leumdung; du sollst nicht jedem Worte dein Ver-
trauen schenken! 16 Manchen gibt es, der entgleiste,
aber ohne Absicht, und wer hat mit seiner Zunge
sich noch nie versündigt? 17 Stell zur Rede deinen
Nächsten, ehe du ihm grollst; gewähre dem Gesetz
des Höchsten seinen Raum!

Lautere Gesinnung

20 Alle Weisheit ist zugleich die Furcht des Herrn,
und in jeder Weisheit steckt Erfüllung des Gesetzes.

22 Erfahrung in der Schlechtigkeit ist keine Weisheit, und keine Einsicht ist der Rat der Sünder. 23 So gibt es eine Schlauheit, doch sie ist ein Greuel; auch gibt es manchen Toren, dem die Bosheit fehlt. 24 Besser arm an Klugheit, aber gottesfürchtig, als überreich an Klugheit, doch gesetzeswidrig! 25 Wohl gibt es schlaue Klugheit, aber sie ist unrecht; ja, es gibt Verkehrte, die die Tugend heucheln. 26 Mancher geht einher, von Traurigkeit gebeugt, und dennoch ist von Trug erfüllt sein Inneres. 27 Er neigt das Antlitz und er stellt sich taub, doch unversehens tritt er dir entgegen. 28 Und wenn die Kraft ihm fehlt, um Unrecht auszuüben, so wird er doch das Böse tun, sobald Gelegenheit. 29 Am Aussehen wird der Mensch erkannt, und an den Mienen des Gesichtes kennt ihn wohl der Weise. 30 Des Menschen Kleidung offenbart auch seine Taten, des Menschen Schritte geben Kunde über ihn.

19,3: Fehlt teilweise und wird eine spätere Zusammensetzung aus 10,11 und 6,4 sein: »Moder und Würmer nehmen von ihm Besitz, und freche Leidenschaft richtet ihre Opfer zugrunde!« • 11f: Zwei Vergleiche sollen zeigen, wie der Tor eine Rede gleich einem Fremdkörper nicht bei sich behalten kann. • 13–17: Fortsetzung der vorausgehenden Mahnungen. Offene Aussprache unter Freunden schaltet Zwischenträgereien aus, vgl. Matth 18,15. • 17: Meint das Gebot der Zurechtweisung und Versöhnlichkeit 3 Mos 19,17f. • 18.19.21: Sind schlecht bezeugte Erweiterungen. • 20–25: Echte Weisheit ist gleichbedeutend mit Gottesfurcht und Gesetzeserfüllung (Vers 20). Es ist dem Weisheitslehrer bekannt, daß es auch eine falsche Klugheit gibt, die sittlich-religiös mehr schadet als nützt.

Rechtes Reden und Schweigen

20

1 Mancher Vorwurf wird gemacht zur falschen Zeit, doch mancher schweigt still, und der ist weise. 2 Nichts Gutes erntet, wer den Zornigen zurechtweist; doch dem, der Lob erteilt, bleibt Schimpf erspart. 4 Wie ein Entmannter, der bei einem Mädchen schläft, so ist, wer mit Gewalt das Recht erzwingen will. 5 Gar mancher schweigt und wird für klug gehalten, und manchen lehnt man ab trotz vielen Redens. 6 Gar mancher schweigt, weil er nicht Antwort weiß, und mancher schweigt, weil er die Zeit bedenkt. 7 Der Weise schweigt bis zu der rechten Zeit, der Tor jedoch beachtet nicht die Zeit. 8 Wer viele Worte macht, der wird verabscheut, und wer sich frech benimmt, gehaßt.

Paradoxe Erfahrungen

9 Es gibt Erfolge für den Menschen, die zum Mißerfolge werden, es gibt wohl auch Gewinne, die Verluste bringen. 10 Es gibt Geschenke, die dir keinen Nutzen bringen, es gibt sogar Geschenke, die man doppelt zahlen muß. 11 Es gibt Beschämung um des Ruhmes willen, und manchen, der aus Niedrigkeit sein Haupt erhob. 12 Gar mancher kauft sich viele Dinge billig ein und muß sie dennoch siebenfach bezahlen.

Die Selbstsucht des Toren

13 Der Weise macht mit wenig Worten sich beliebt, jedoch die Freundlichkeit der Toren ist vergebens. 14 Nichts wird dir nützen ein Geschenk des Toren, denn er hat statt eines Auges sieben. 15 Er gibt nur wenig, aber schimpft gar viel und reißt gleich einem Herold seinen Mund auf. Heute leiht er, morgen fordert er zurück; ein solcher Mensch stößt überall auf Haß. 16 Der Tor muß es gestehn: »Ich habe keinen Freund und finde keinen Dank für meine guten Werke; die von meinem Brote essen, haben böse Zungen.« 17 Wie oft, wie zahlreich verspotten sie ihn!

Rechte Rede

18 Lieber soll man durch den Boden statt durch seine Zunge straucheln! Genauso wird der Sturz der Bösen eilends kommen. 19 Ein unbeliebter Mensch: ein Wort zur falschen Zeit! Im Munde eines Toren findet er sich dauernd. 20 Ein Spruch aus eines Toren Munde wird verachtet; denn er spricht ihn nie zur rechten Zeit. 21 Mancher lehnt es ab, zu sündigen aus Armut, und in seiner Ruhe läßt er sich nicht stören. 22 Mancher richtet sich zugrunde nur aus Scham, er vernichtet sich selbst, weil er verheimlicht. 23 Mancher gibt aus Scham dem Freund Versprechungen und macht ihn sich zum Feinde ohne Grund. 24 Ein schlimmer Schandfleck an dem Menschen ist die Lüge, im Munde eines Toren findet sie sich dauernd. 25 Besser noch ein Dieb als ein Gewohnheitslügner, beide aber werden nur Verderben ernten. 26 Schande ist das Ende eines Lügners, und seine Schmach ruht immerdar auf ihm.

Sprichwörter

27 Wer weise ist im Reden, kommt voran, und ein verständnisreicher Mensch gefällt den Großen. 28 Ein Landwirt richtet seine Garbenstöße auf, und wer den Großen wohlgefällt, kann Unrecht mildern. 29 Gaben und Geschenke blenden selbst die Weisen und wenden, wie im Maul ein Zügel, Strafen ab. 30 Verborgene Weisheit und versteckter Schatz, was nützen diese beiden? 31 Besser einer, der verbirgt die Torheit, als einer, der verbirgt die Weisheit!

20,3: Unechte Beifügung. • 4: Ein für unser Empfinden unschöner Vergleich lehrt, daß äußerer Zwang zum Guten nur Widerwillen erzeugt und erfolglos bleibt. • 14: Der Tor, hier als geizig dargestellt, lauert auf Vergeltung. Sieben ist wie Vers 12 Abrundung für »viele«. • 21: Armut kann zu vielerlei Sünden führen. • 22: Denkt an falsche Versprechungen eines Schuldners. • 28: Wie der Landwirt seine Ernte einheimst, so kann der Kluge, wenn er bei den Machthabern zu Ansehen kommt, Unrecht gegen sein Volk ausgleichen. • 29: Vgl. 5 Mos 16,19. Die Weisen sind hier die heidnischen Machthaber. Über Bestechung siehe Spr 18,16.

Warnung vor Gewalttat und Unrecht

21 1 Mein Sohn, wenn du gesündigt hast, so tue es nicht wieder, und bete wegen deiner früheren Sünden! 2 Flieh vor der Sünde wie vor einer Schlange; denn wenn du dich ihr näherst, beißt sie dich! Den Löwenzähnen gleichen ihre Zähne; das Leben rauben sie den Menschen. 3 Wie ein doppelschneidig Schwert ist jedes Unrecht, und für seine Wunde gibt es keine Heilung. 4 Gewalttat sowie Übermut verwüsten eine Stadt, und das Haus des Stolzen wird zusammenstürzen. 5 Vom Munde dringt des Armen Beten bis zu (Gottes) Ohr, und sein Gericht wird auch in aller Eile kommen. 6 Wer Tadel haßt, geht in des Sünders Spur, jedoch zu Herzen nimmt ihn sich, wer gottesfürchtig ist. 7 Von weitem wird der Schwätzer schon erkannt; wenn er entgleist, bemerkt es der Verständige. 8 Wer sich sein Haus mit fremdem Gut erbaut, gleicht einem, der für seinen Trümmerhaufen Steine sammelt. 9 Der Frevler Rotte ist ein Haufen Werg; ihr Ende wird die Feuerflamme sein. 10 Der Weg der Sünder ist von Steinen frei gemacht, doch liegt der Schlund der Unterwelt an seinem Ende.

Weise und Toren

11 Wer das Gesetz befolgt, beherrscht sein Streben, und Weisheit ist Vollendung in der Furcht des Herrn. 12 Wer unklug ist, will keine Zucht entgegennehmen; es gibt jedoch auch Klugheit, die mit Bitternis erfüllt. 13 Des Weisen Wissen wächst wie eine Quelle, und wie ein frischer Quellbach ist sein Rat. 14 Das Herz des Toren ist wie eine rissige Zisterne; denn keine Weisheit kann es in sich bergen. 15 Sobald ein weises Wort der Einsichtsvolle hört, so lobt er es und fügt noch weiteres hinzu. Der Zügellose hört es und beginnt zu spotten und wirft es (mit Verachtung) hinter sich. 16 Des Toren Rede ist wie eine Last beim Wandern, doch Anmut findet sich auf eines Weisen Lippen. 17 Den Mund des Klugen sucht man in der Volksversammlung, und seine Worte überlegt man sich im Herzen.

18 Wie ein Gefängnis ist die Weisheit für den Toren, und Wissen gleichwie Fesseln für den Dummen. 19 Wie Ketten an den Füßen ist für Toren Zucht, wie Schellen an der rechten Hand. 20 Der Tor erhebt beim Lachen seine Stimme, der Kluge aber lächelt kaum vernehmbar. 21 Die Zucht ist für den Weisen wie ein Schmuck aus Gold und wie ein Armband an der rechten Hand. 22 Der Fuß des Toren stürmt mit Eile in ein (fremdes) Haus, jedoch der einsichtsvolle Mensch verneigt das Antlitz. 23 Der Tor schaut von der Tür ins Haus hinein, doch der Gebildete bleibt draußen stehen. 24 Wenn einer an der Türe lauscht, besitzt er keine Bildung, der weise Mann jedoch verschließt sein Ohr. 25 Der Frevler Lippen plaudern ihrer Seele Torheit aus, doch abgewogen auf der Waage sind der Klugen Worte. 26 Im Mund der Toren liegt ihr Herz, jedoch der Weisen Mund in ihrem Herzen. 27 Verflucht der Frevler seinen Gegner, so verflucht er nur sich selbst. 28 Sich selbst besudelt der Verleumder, und man haßt ihn, wo er wohnt.

21,8: Sein Haus wird bald ein Trümmerhaufen sein. • 10: Ungehemmt und rasch stürmen sie dem Untergang zu, Matth 7,13. • 18: Der Tor fühlt sich durch weise Zucht beengt.

22 1 Der Faule ist wie ein beschmutzter Stein; ein jeder zischt ob seiner Häßlichkeit. 2 Es gleicht der Faule einem Batzen Mist; wer ihn berührte, schüttelt sich die Hand.

Mißratene Kinder

3 Eine Schande für den Vater ist ein ungezogener Sohn; und zur Schmach ist ihm geboren eine solche Tochter. 4 Eine kluge Tochter macht vermögend ihren Mann; jedoch zum Kummer ihres Vaters wird die Schändliche. 5 Dem Vater und dem Manne macht die Freche Schande, und von beiden erntet sie Verachtung. 6 Musik bei Trauer ist zur Unzeit eine Rede, doch Zucht und Schläge zeugen stets von Weisheit.

Vergebliche Mühe um Toren

7 Scherben leimt zusammen, wer belehrt den Toren, und aus tiefem Schlummer weckt er einen Schläfer. 8 Wer spricht zu einem Toren, spricht zu einem Schläfer, und dieser sagt am Ende: »Was ist los?« 11 Weine um den Toten, denn das Licht erlosch ihm; weine um den Toren, weil erlosch die Einsicht! Um den Toten weine weniger, da er die Ruhe fand; doch des Toren schlechtes Leben ist noch schlimmer als der Tod! 12 Sieben Tage währt die Trauer über einen Toten, die Trauer um den Toren aber alle Tage seines Lebens. 13 Sprich nicht viel mit einem Toren, und verkehr mit keinem Schwein! Nimm dich davor in acht, sonst hast du Ärger, und du wirst bespritzt, wenn es sich schüttelt! Meide ihn, so hast du Ruhe, nicht Verdruß mit seiner Torheit! 14 Was ist schwerer wohl als Blei? Wie könnt' es anders heißen als: »Ein Tor«? 15 Sand und Salz und Eisenstücke sind leichter als ein Tor zu tragen.

Standhaftes Herz
16 Gebälk aus Holz, zum Bauwerk fest verbunden,
zerfällt bei keinerlei Erschütterung. So ist ein Herz,
gestützt auf weisen Rat; zu keiner Zeit wird es ver-
zagen. 17 Ein Herz, durch kluge Sinnesart gefestigt,
ist wie ein Kalkverputz an glatter Mauer. 18 Stein-
chen, die zuoberst liegen, halten vor dem Sturm
nicht stand. Ein feiges Herz mit törichter Gesinnung
hält ebenso vor keinem Schrecken stand.

Treue Freundschaft hält auch in Armut stand
19 Ein Stoß ins Auge treibt Tränen heraus, und ein
Stoß ins Herz treibt die Freundschaft aus. 20 Wer
Steine nach den Vögeln wirft, verjagt sie, und wer
den Freund beschimpft, verjagt die Freundschaft.
21 Hast du das Schwert gezogen gegen einen
Freund, verzweifle nicht, denn immer noch ist Um-
kehr möglich! 22 Hast du den Mund geöffnet gegen
einen Freund, hab keine Angst, es ist ja noch Ver-
söhnung möglich! Beschimpfung nur, Verrat von
Anvertrautem und Verleumdung, vor diesen dreien
flieht ein jeder Freund. 23 Halt selbst in Armut dei-
nem Freund die Treue, damit du ebenso mit ihm
sein Glück genießen kannst! Harre bei ihm aus auch
in der Zeit der Drangsal, damit du auch an seinem
Erbe Anteil hast! 24 Dem Feuer gehen Rauch und
Qualm voraus und ebenso dem Blutvergießen Strei-
tigkeiten. 25 Beschäme nicht den Freund, wenn er
verarmt ist, und nicht verbirg dich dann vor ihm!
26 Hast du einen Freund, dann plaudere nichts aus;
denn wer dich hören wird, nimmt sich vor dir in
acht.

Gebet des Frommen um Reinheit des Herzens
27 O wäre doch vor meinem Munde eine Wache
und auch ein kunstvoll Siegel über meinen Lippen,
damit ich nicht mit ihnen Wüstes rede und meine
Zunge mich nicht ins Verderben stürze!

22,6: Unzeitige Reden 20,6f.19. Strenge Erziehung 30,1f. • 9f: Zusatz in wenigen Handschriften.

23

1 O Herr und Vater, meines Lebens
Gott, laß mich durch sie nicht stürzen!
2 Ach, stünde eine Geißel über meinem
Denken und eine Rute weiser Zucht vor meinem
Herzen, auf daß sie ihrer Fehler nimmer schonten
und ihnen keine Sünden mehr erlaubten, 3 damit
nicht meine Laster sich noch mehren und meiner
Sünden Zahl noch größer werde; sonst käme ich zu
Fall vor meinen Gegnern und würde über mich
mein Feind frohlocken. 4 O Herr und Vater, meines
Lebens Gott, gib ihrem Plane mich nicht preis! Ge-
statte mir nicht unbeherrschte Augen, 5 und die Be-
gierde halte fern von mir! 6 Nicht möge Sinnenlust
und Unzucht mich erfassen, und überlaß mich
nicht dem Triebe ohne Scham!

Beherrschung des Mundes bewahrt vor Sünde
7 Vernehmt, o Söhne, von der Zucht des Mundes!
Wer sie beachtet, wird (durch Reden) nicht gefan-
gen. 8 Durch seine Lippen wird verstrickt der Sün-
der, durch sie muß stürzen der Verleumder und der
Stolze.

Vom Schwören
9 Gewöhne nicht ans Schwören deinen Mund, und
nenne aus Gewohnheit nicht des Heiligen Namen!
10 Denn wie ein Knecht, der stets in Strafverhand-
lung steht, wohl niemals frei von Rutenstreichen
bleibt, so wird, wer dauernd schwört und nennt
den heiligen Namen, von Sünden niemals frei und
ledig bleiben. 11 Ein Mensch, der oftmals schwört,
häuft Schuld auf sich, nicht weichen wird von sei-
nem Haus die Rachegeißel. Wenn er sich unbedacht
verfehlt, ruht seine Schuld auf ihm, wenn er (den
Schwur) nicht hält, versündigt er sich doppelt, und
wenn er Falsches schwört, bleibt er nicht unge-
straft; denn übervoll von Schicksalsschlägen wird
sein Haus.

Häßliche Reden
12 Es gibt ein Reden, das der Pest vergleichbar ist; es
möge sich im Erbe Jakobs niemals finden! Denn von
den Frommen ist dies alles fern, und in den Sünden
wälzen sie sich nicht. 13 Gewöhne nicht an Torheit
deinen Mund, denn darin liegen manche Sünden-
worte! 14 Denk an deinen Vater und an deine Mut-
ter, sobald du in dem Kreis der Großen sitzest, da-
mit du nicht vor ihnen Anstoß gibst und so zum
Toren wirst durch dein Benehmen! Dann wünschst
du wohl, du wärest nie geboren, und fluchest dei-
nem Tage der Geburt. 15 Ein Mensch, der sich ge-
wöhnt an schändliches Gerede, nimmt keine Zucht
mehr an, solang er lebt.

Warnung vor Unzucht
16 Zwei Menschenklassen häufen Sünden auf, und
eine dritte ist es, die den Zorn erregt. Die glühende
Begierde ist wie Feuerbrand; sie löscht nicht aus, bis
sie sich aufgezehrt. Der Mensch, der mit dem eig-
nen Leibe Unzucht treibt, hört nimmer auf, bis daß
das Feuer ausgebrannt. 17 Dem Wüstling schmeckt
gar süß ein jedes Brot; er läßt nicht nach, bis er dem
Untergang verfällt. 18 Ein Mensch treibt Ehebruch
auf seinem Lager, indem er bei sich denkt: »Wer
kann mich sehen? Das Dunkel hüllt mich ein, die
Wände bergen mich, und niemand sieht mich. Was
soll ich mich fürchten vor der Sünde?« Des höch-
sten Herrn gedenkt er nicht; 19 nur vor den Men-
schenaugen hat er Furcht. Er denkt nicht, daß die

Augen Gottes vieltausendmal noch heller als die Sonne sind, daß sie auf alle Menschenwege blicken und bis in die verborgensten der Winkel dringen. 20 Bekannt ist alles ihm, schon ehe es geschieht, und ebenso, wenn es vollendet ist.

21 Ein solcher wird gerichtet in den Straßen seiner Stadt, und wo er es nicht ahnt, wird er ergriffen. 22 So auch die Frau, die ihren Mann verläßt und sich von einem Fremden Erben schafft. 23 Denn erstens war sie dem Gesetz des Höchsten untreu, und zweitens hat sie gegen ihren Mann gesündigt, zum dritten brach in Unzucht sie die Ehe und schuf von einem fremden Manne sich die Kinder. 24 Sie wird der Volksversammlung vorgeführt und Strafe wird auf ihre Kinder kommen. 25 Die Kinder werden keine Wurzel treiben und ihre Zweige keine Früchte bringen. 26 Zum Fluch nur hinterläßt sie ihr Gedenken, und ihre Schmach wird niemals ausgetilgt. 27 Dann werden alle, die im Lande wohnen, merken und alle Überlebenden genau erkennen, daß in der Tat nichts besser ist als Gottesfurcht, nichts süßer, als des Herrn Gebote zu erfüllen.

23,2: Zuerst müssen die Gedanken in strenger Zucht gehalten werden, sonst werden sie zu vollendeten Sünden (Vers 3), deren Zahl sich vermehrt. • 4: »Ihre Pläne« bezieht sich auf die Gedanken des Herzens, Vers 2, nicht auf die Gegner, Vers 3. • 7f: Unüberlegte Reden sind eine gefährliche Falle, Spr 12,13; 18,7.

Lob der Weisheit

24 1 Die Weisheit lobt sich selbst und rühmt sich mitten unter ihrem Volk. 2 In der Gemeinde Gottes öffnet sie den Mund und rühmt sich selbst vor seiner großen Heerschar: 3 »Ich bin hervorgegangen aus dem Mund des Höchsten, und wie ein Nebel deckte ich die Erde. 4 Ich wohnte in den Himmelshöhen, auf einer Wolkensäule stand mein Thron. 5 Den Himmelskreis durchzog ich ganz allein und bin gewandelt in des Abgrunds Tiefe. 6 In Meeresflut und auf der ganzen Erde, in jedem Volk und Stamm versuchte ich zu herrschen. 7 Bei allen diesen sah ich mich um eine Ruhstatt um, in wessen Erbbesitz ich wohl verweilen könnte. 8 Da gab des Weltalls Schöpfer mir die Weisung, der mich erschaffen, ließ mein Zelt die Ruhe finden. Er sprach: ›In Jakob sollst du dir dein Zelt errichten, in Israel dir Erbbesitz gewinnen!‹ 9 Von Urzeit her, von Anfang an ward ich erschaffen und werde nicht vergehen bis in Ewigkeit. 10 Im heil'gen Zelte tat ich Dienst vor ihm und wurde dann auf Sion eingesetzt. 11 Ich ließ mich nieder in der Stadt, die ihm so lieb wie ich, und in Jerusalem entstand mein Machtbereich. 12 In einem hochgeehrten Volke schlug ich Wurzel, im Eigentum des Herrn, in seinem Erbbesitz. 13 Ich wuchs empor wie eine Zeder auf dem Libanon, gleich der Zypresse auf den Hermonbergen. 14 Ich wuchs empor wie eine Palme zu Engedi und wie die Rosenpflanzungen in Jericho, wie ein gar schöner Ölbaum in der Ebene; ich wuchs empor wie die Platane an den Wassern. 15 Es war mein Duft wie Zimt und feiner Aspalath, und wie die beste Myrrhe gab ich Wohlgeruch, wie Galbanum, wie Onyx und wie Stakte und wie die Weihrauchwolke in dem (heil'gen) Zelt. 16 Ich streckte meine Äste aus wie eine Terebinthe, und meine Zweige waren Zweige voll von Pracht und Zier. 17 Ich trieb gleich einem Weinstock holde Sprossen, und meine Blüten wurden üppig reiche Früchte.

19 Kommt her zu mir, die ihr nach mir verlangt, und eßt euch satt an meinen Früchten! 20 An mich zu denken süßer ist als Honig, und mein Besitz geht über Honigwaben. 21 Die mich genießen, hungern noch, und die mich trinken, dürsten noch. 22 Wer auf mich hört, wird nicht zuschanden, und wer mir dient, fällt nicht in Sünde.«

Erklärung des Verfassers

23 Dies alles ist das Bundesbuch des Höchsten, das Gesetz, das Moses uns geboten hat als Erbbesitz für die Gemeinde Jakobs. 25 Weisheit spendet es in Fülle gleich dem Pischon und wie der Tigris in der Zeit des Frühlings. 26 Es bietet Einsicht übervoll dem Euphrat gleich und wie der Jordan in der Zeit des Sommers. 27 Es strömt von Bildung über gleich dem Nil und wie der Gichon der Zeit des Herbstes. 28 Der Erste kam, darin zu forschen, nie zum Ende, und auch der Letzte wird es nicht ergründen. 29 Denn reicher als das Meer ist seines Sinnes Fülle, sein Rat ist tiefer als der große Abgrund. 30 Auch ich ging aus nur wie ein Graben von dem Strom und gleichwie eine Wasserleitung in den Garten. 31 Ich dachte: »Meinen Garten will ich tränken und will bewässern meine Beete!« Doch sieh, der Graben wurde mir zum Fluß, und selbst der Fluß ward mir zum Meere. 32 So laß ich weiter gleich dem Frühlicht meine Lehre leuchten und will sie strahlen lassen bis in große Ferne. 33 Noch weiter gieße ich Belehrung gleich Prophetenworten aus und will sie bis auf späteste Geschlechter hinterlassen. 34 Seht, daß ich nicht für mich allein mich mühte, vielmehr für alle, die nach ihr verlangen!

24,1: Hier beginnt die zweite Hälfte des Buches. Ein feierlicher Weisheitshymnus steht an der Spitze, vgl. Spr 8, Job 28, Bar 3,9–4,4. Wie Spr 8 redet die personifizierte göttliche Weisheit selber. Beide Loblieder werden in der Liturgie der Marienfeste auf die Gottesmutter übertragen. • 3a: Vulgatatext erweitert »als Erstgeborene vor aller Kreatur«. Die Schöpfungsweisheit ist gleich dem göttlichen Schöpfungswort. Sie erstreckt sich über die ganze Erde. • 5ff: Bei allen Völkern hätte die göttliche Weisheit einkehren wollen. Aber nur in Israel hat sie eine dauernde Ruhestatt gefunden. • 6: Vulgata fügt ein: »Aller Hervorragenden und Niedrigen Herzen trat ich machtvoll nieder.« • 8: Vulgata falsch: »Der mich schuf, ruhte in meinem Zelt.« Am Schluß die Beifügung: »Und in meinen Auserwählten schlage Wurzeln.« • 9: Kehrt zur Schöpfungsweisheit zurück, abhängig von Spr 8,22. Dann aber wird sie die religiöse Weisheit in Israel. • 12: Vulgata erweitert: »Und in der Menge der Heiligen nahm ich meinen Aufenthalt.« • 13: Vergleiche aus der Pflanzenwelt schildern ihre Schönheit, aber auch die Ausdehnung ihrer Macht über das ganze Land. Hermon im Antilibanon, Vulg. unrichtig »Sion«. »Engedi« am Toten Meer, Vulg. »Kades«. • 15: Nennt eine Reihe von aromatischen Stoffen, wie sie besonders beim Gottesdienst für Weihrauch und Salböl verwendet wurden. Sie sind uns nur mit annähernder Sicherheit bekannt. Alles soll dartun, wie segensreich die Weisheit in Israel wirkte. • 18: In Vulg. die Beifügung: »Ich bin die Mutter der schönen Liebe und der Furcht und der Erkenntnis und der frommen Hoffnung. In mir ist jegliche Lieblichkeit des Weges und der Wahrheit, in mir ist jegliche Hoffnung des Lebens und der Tugend.« • 22: Die Vulgata verlängert: »Wer mich ans Licht rückt, wird das ewige Leben haben. • 24: Ist Randbemerkung. • 25–27: Ihr großer Reichtum wird verglichen mit den Paradiesströmen 1 Mos 2,10–14 und dem Jordan, jeweils in der Zeit des höchsten Wasserstandes. • 30f: Der Verfasser wollte zunächst nur für sich forschen. Aber der Reichtum der Schrift überwältigte ihn. • 33: Der Schriftgelehrte fühlt sich in seinem Dienst am Wort als Nachfolger der Propheten. Hier kündigt er die zweite Hälfte seines Buches an.

Gute und schlechte Männer

25 1 Drei Dinge gibt es, die mir wohlgefallen und die vor Gott und Menschen lieblich sind: Eintracht unter Brüdern, Liebe zwischen Freunden und Mann und Frau, die gut zusammenhalten. 2 Drei Menschenklassen gibt es, die ich hasse, und ihre Lebensweise stößt mich ab: den stolzen Bettler und den trügerischen Reichen, dazu den geilen Greis, dem Einsicht fehlt. 3 Hast du in deiner Jugend nicht gesammelt, wie könntest du im Alter etwas finden? 4 Wie gut steht grauen Häuptern kluges Urteil an, und alten Männern, guten Rat zu wissen! 5 Wie gut steht doch den Greisen Weisheit an, den Ehrenwerten Rat und Einsicht. 6 Der Greise Ehrenkrone ist Erfahrung, ihr Ruhm die Furcht des Herrn. 7 Neun, die ich im Sinne habe, preise ich, das zehnte will ich stets im Munde führen: Ein Mann, der Freude hat an seinen Kindern, wer lebend noch den Sturz der Feinde schaute. 8 Glücklich auch der Gatte einer klugen Frau und wer nicht gleichsam wie mit Ochs und Esel pflügen muß. Glücklich, wer durch seine Zunge nicht zu Fall kommt und wer nicht Sklave wird bei einem, der geringer ist als er. 9 Glücklich sodann, wer einen Freund gefunden, und wer vor aufmerksamen Ohren sprechen kann. 10 Wie groß ist endlich, wer die Einsicht fand! Doch keiner übertrifft den Gottesfürchtigen. 11 Die Furcht des Herrn ragt über alles weit hinaus, wer sie ergreift, mit wem ist der vergleichbar?

Die schlechte Frau

13 (Lieber) jedes Leid, nur nicht Herzeleid; (lieber) jede Bosheit, nur nicht Frauenbosheit! 14 Lieber jede Drangsal, nur nicht Drangsal der Verstoßenen, und jede Rache, nur nicht Rache der Verfeindeten. 15 Kein Gift ist schlimmer als das Schlangengift, kein Zorn ist schlimmer als der Weiberzorn. 16 Lieber will ich bei den Löwen und den Drachen hausen als mit einem bösen Weib zusammenwohnen. 17 Die Bosheit einer Frau macht düster ihre Miene, verfinstert ihr Gesicht gleich dem der Bärin. 18 Inmitten seiner Freunde sitzt ihr Mann, und unwillkürlich seufzt er auf. 19 Kaum eine Bosheit gleicht der Bosheit einer Frau; das Los des Sünders möge auf sie fallen! 20 Wie ein Aufstieg über Sand für die Füße eines Greises ist ein geschwätzig Weib für einen stillen Mann.

21 Laß nicht durch Frauenschönheit dich zu Falle bringen, und auch nach ihrer Habe sollst du nicht begehren! 22 Denn harte Knechtschaft und Beschämung ist es, wenn eine Frau den Mann ernähren muß. 23 Bedrückten Sinn und trübes Angesicht und Herzeleid bringt eine böse Frau, erschlaffte Hände und der Knie Wanken die Frau, die ihren Mann nicht glücklich macht. 24 Die erste Sünde kam von einer Frau, und alle müssen wir um ihretwillen sterben. 25 Dem Wasser sollst du keinen Abfluß lassen und keine Herrschaft einer schlechten Frau! 26 Geht sie nicht an deiner Seite, trenn sie ab von deinem Leibe!

25,8a: Der Vergleich meint eine unharmonische Ehe, vgl. 5 Mos 22,10. • 12: Ist Zusatz in Vulg. • 14: Die Verstoßene und Verfeindete ist die zurückgesetzte Nebenfrau; vgl. 7,26; 37,11. • 19b: Nur einem Sünder möge eine solche Frau zuteil werden! • 24: Vgl. 1 Mos 3,6; 1 Tim 2,14. • 26: Scheidung war möglich, 5 Mos 24,1.

Die gute Frau

26 1 Eine gute Frau – wie glücklich ist ihr Mann, und seiner Tage Zahl verdoppelt sich. 2 Die wackere Frau pflegt sorgsam ihren Mann, und er erreicht in Frieden seiner Jahre Vollzahl. 3 Ein gutes Brautgeschenk ist eine gute Frau, wer gottesfürchtig ist, erhält sie zum Besitz. 4 Ob arm, ob reich, das Herz ist froh, das Antlitz allzeit heiter.

Die schlechte Frau

5 Vor drei Dingen bangt mein Herz, und das vierte fürchte ich: Ein übles Stadtgespräch und Volksauflauf sowie Verleumdung; alles das ist schlimmer als der Tod. 6 Herzeleid und Traurigkeit ist eine Frau voll Eifersucht. Diesen Dingen insgesamt gemeinsam ist der Zunge Geißel. 7 Ein wackelnd Ochsenjoch ist eine schlechte Frau, wer sie berührt, gleicht

dem, der einen Skorpion ergreift. 8 Gar viel Verdruß
macht die dem Trunk ergebene Frau, und ihre
Schande kann sie nicht verbergen. 9 Der Frau Ver-
derbtheit zeigt sich in den frechen Blicken, und
leicht wird sie erkannt an ihren Augenwimpern.
10 Streng wache über eine sittenlose Frau, sonst
findet sie Gelegenheit und nützt sie für sich aus.
11 Der Frau mit unverschämten Blicken gehe wach-
sam nach, und wenn sie sündigt gegen dich, so
wundere dich nicht! 12 Gleichwie ein durst'ger
Wandersmann den Mund auftut, um jedes Wasser,
das erreichbar ist, zu trinken, so setzt sie sich vor je-
dem Pflocke nieder und öffnet ihren Köcher vor
dem Pfeil.

Die gute Frau

13 Die Anmut einer Frau erquickt den Mann, und
ihre Klugheit ist ein Labsal seinen Gliedern. 14 Vom
Herrn geschenkt ist eine Frau, die schweigsam ist;
kein Preis genügt für eine Zuchterfüllte. 15 Anmut
über Anmut ist die keusche Frau; kein Wert reicht
an die Seele, die enthaltsam ist. 16 Der Sonne gleich,
die aufstrahlt in den Höhen Gottes, so ist die Schön-
heit einer Frau als ihres Hauses Zier. 17 Wie eine
Lampe, leuchtend auf dem heil'gen Leuchter, so
strahlt die Schönheit des Gesichtes auf dem hohen
Körper. 18 Wie gold'ne Säulen über Silbergrund, so
schöne Beine über wohlgebauten Fersen.

Warnung vor Verführerinnen

19 [Mein Sohn, nimm dich in acht in deiner Jugend-
zeit, und opfre deine Kraft nicht Fremden hin!
20 Hast du von allem Feld ein gutes Fruchtland aus-
gesucht, dann streu getrost den Samen aus in dei-
nen Zeugungen! 21 Dann werden deine Früchte bei
dir sein, nicht wird dein Stamm sich überall
befinden. 22 Die Dirne ist dem Auswurf gleich zu
achten; gar erst die schon Vermählte gilt als Todes-
netz für ihre Freunde. 23 Dem Frevler wird ein
schlechtes Weib als Anteil zugeeignet, ein frommes
aber wird zuteil dem Gottesfürchtigen. 24 Ein un-
verschämtes Weib zerstört das Schamgefühl, doch
eine Frau, die schamhaft ist, hat selbst vor ihrem
Manne Scham. 25 Ein Weib, das schamlos ist, wird
wie ein Hund geachtet; die aber Schamgefühl be-
sitzt, ist gottesfürchtig. 26 Bei allen gilt als weise
eine Frau, die hochschätzt ihren Mann, die aber ihn
mißachtet, wird als schlecht erkannt von allen.
27 Ein Weib, das vorlaut und geschwätzig ist, gleicht
einem Kriegshorn, das zum Kampfe bläst, und jeder
Mann, der dazu schweigen muß, verbringt sein
Leben unter Kriegsaufruhr.]

Rascher Umschwung

28 Zwei Dinge sind es, die mein Herz betrüben, und
ob des dritten überkommt mich Unmut: ein Rei-
cher, der in Armut und in Not gerät, und hoch-
berühmte Männer, wenn man sie verachtet; wer
von Gerechtigkeit sich abkehrt und zur Sünde wen-
det; der Herr hält ihn fürs Racheschwert bereit.

Ehrlichkeit im Handel

29 Nur schwerlich bleibt ein Kaufmann frei von
Schuld, noch kann ein Händler frei von Sünde blei-
ben.

26,7: Ein wackelndes Joch quält und behindert. • 12cd: Deutliche Umschreibung für ehebrecherisches Tun. • 16ff: Nach den sittlichen Werten wird nun die Schönheit der Frau in orientalischen Vergleichen geschildert. • 19–27: Fehlt in den meisten griechischen und lateinischen Handschriften. Vielleicht sind diese Verse spätere Erweiterung. • 21: Nur eheliche Nachkommen werden als ehrenhaft angesehen, Spr 5,17. • 28: Die Form eines Zahlenspruches wie 23,16; inhaltlich wird darüber geklagt, wie oft sich im Leben die Gegensätze berühren, wie rasch namentlich eine Wendung zum Schlechten eintreten kann.

27

1 Des Geldes wegen haben viele schon
gesündigt, und wer es anzuhäufen
sucht, verbirgt sein Auge (vor den Ar-
men). 2 Zwischen zwei vereinten Steinen hält ein
Pflock, und zwischen Kauf und Verkauf drängt sich
Sünde ein. 3 Wenn du nicht festhältst an der Furcht
des Herrn, wird schnell und bald dein Haus zer-
stört.

Menschenkenntnis

4 Schüttelt man das Sieb, so bleibt der Schmutz
zurück; so auch das Schmutzige am Menschen,
wenn man ihn beurteilt. 5 Beurteilt wird ein Tonge-
fäß je nach des Ofens Hitze und ebenso ein Mensch
nach den Gedanken, die man über ihn sich macht.
6 Je nach der Sorte eines Baumes wird die Frucht; so
auch das Urteil über jeden je nach dessen Art.
7 Lobe keinen, ehe du ihn nicht genau beurteilt hast;
denn das ist die Erprobung für den Menschen!
8 Strebst du nach Gerechtigkeit, so wirst du sie er-
langen und dich mit ihr bekleiden wie mit einem
Prachtgewand. 9 Die Vögel lassen sich bei ihresglei-
chen nieder, und Treue kommt zu denen, die sie
üben. 10 Der Löwe lauert auf die Beute; so auch die
Sünde auf die Übeltäter.

Meide die Toren!

11 Des Weisen Rede ist beständig Weisheit, der Tor
dagegen wechselt wie der Mond. 12 Unter Toren
achte auf die Zeit, doch verweile unter Klugen!
13 Der Toren Rede ist ein Greuel, und ihr Lachen
sündige Lust. 14 Haarsträubend ist das Reden des-
sen, der viel schwört; die Ohren muß man sich ver-
stopfen, wenn er streitet. 15 Zu Blutvergießen führt
der Streit der Unbeherrschten, und gräßlich ist ihr
Schelten anzuhören.

Verrat von Geheimnissen
16 Wer Geheimnisse verrät, vernichtet das Ver-
trauen und findet keinen Freund, der mit ihm einig
ist. 17 Liebe deinen Freund und bleib ihm treu; doch
tatst du sein Geheimnis kund, dann lauf ihm nicht
mehr nach! 18 Denn gleichwie einer, der sein Erbgut
aufgerieben, zerstörtest du die Freundschaft mit
dem Nächsten. 19 Als ob du einen Vogel aus der
Hand entlassen hättest, so gabst den Freund du auf
und holst ihn nicht mehr ein. 20 Lauf ihm nicht
nach, denn weit ist er entfernt und floh wie die Ga-
zelle aus der Schlinge. 21 Denn eine Wunde wird
verbunden, und ein Streit wird ausgesöhnt; doch
wer Geheimnisse verrät, hat keine Hoffnung mehr.
Meide Hinterlist!
22 Unheil plant, wer mit dem Auge zwinkert; doch
wer es merkt, zieht sich von ihm zurück. 23 Vor dei-
nen Augen macht er süße Worte und bewundert
deine Reden; doch später dreht er seine Worte um,
und deine Reden bringt er in Verruf. 24 Gar vieles
hasse ich, doch nichts so sehr wie ihn, und auch der
Herr wird über ihn nur Haß empfinden. 25 Auf den,
der einen Stein emporwirft, fällt er nieder, und wer
im stillen Schläge austeilt, erntet Wunden. 26 Wer
eine Grube gräbt, der fällt in sie hinein, wer eine
Falle stellt, der fängt sich selbst darin. 27 Wer Unheil
plant, auf den rollt es zurück, und er weiß nicht,
woher es auf ihn kommt. 28 Spott und Schande ist
das Los der stolzen Frevler, und wie ein Löwe lau-
ert ihnen Strafe auf. 29 Fallen sowie Netze sind für
jene, die sie stellten; sie haften fest an ihnen bis zu
ihrem Tod.
30 Auch Groll und Zorn sind greuelhaft, und nur der
Sünder hält an ihnen fest.

27,2: Wie ein Pflock zwischen zwei benachbarten Steinen steckt, so drängt sich die Sünde zwischen Kauf und Verkauf. • 10: Ähnlicher Vergleich in 21,2. • 12: Den Aufenthalt unter Toren soll man knapp bemessen. • 14: Vom Schwören handelt 23,9–11. • 15: Blutige Streitigkeiten auch 22,24; 28,11. • 16–21: Wie treue Freundschaft vom Weisheitslehrer oft empfohlen wird, so gilt umgekehrt Verrat von Geheimnissen als große Torheit, vgl. 8,17; 19,6–12; 22,22; Spr 11,13; 17,9; 20,19; 25,9. • 26: Ein geläufiges Sprichwort, vgl. Spr 26,27; Pred 10,8; Ps 7,16; 9,16.

28

1 Wer Rache sucht, erfährt vom Herrn
die Rache, und Er wird seiner Sünden
stets gedenken. 2 Vergib das Unrecht
deinem Nächsten; dann werden, wenn du bittest,
deine Sünden auch vergeben! 3 Der Mensch hält ge-
gen einen andern fest im Zorn, und da will er Hei-
lung suchen bei dem Herrn? 4 Mit seinesgleichen
kennt er kein Erbarmen, und wegen seiner eignen
Sünden bittet er? 5 Er ist doch selbst nur Fleisch und
hält am Zorne fest; wer wird da seine Sünden süh-
nen können? 6 Ans Ende denk, und mache Schluß
mit Feindschaft, an Grab und Tod, und bleibe den
Geboten treu! 7 An die Gebote denk, und grolle
nicht dem Nächsten, an das Gesetz des Höchsten,
und vergib die Schuld!
Streitsucht
8 Halte dich vom Streite fern, und du verringerst
Sünden; denn Streit entfacht ein Mensch, der zor-
nig ist. 9 Ein Sündenmensch bringt Freunde durch-
einander, und Feindschaft streut er zwischen Fried-
liche. 10 Je nach dem Brennstoff flammt das Feuer
auf, und je nach Machtbefugnis wächst ein Streit. Je
nach der Macht des Menschen ist sein Zorn, und je
nach Reichtum mehrt er seine Wut. 11 Harz und
Pech entfachen Feuer, und jäher Streit bringt Blut-
vergießen. 12 Bläst du den Funken an, so flammt er
auf, doch wenn du auf ihn spuckst, erlischt er. Und
beides kommt aus deinem Munde!
Verleumderische Zungen
13 Verflucht soll sein die dritte Zunge; denn viele, die
in Frieden lebten, hat sie umgebracht. 14 Schon viele
hat die dritte Zunge heimatlos gemacht und sie von
einem Volk zum andern Volk vertrieben. Sie hat
schon feste Städte ganz zerstört und großer Her-
ren Häuser eingerissen. 15 Bewährte Frauen hat die
dritte Zunge fortgejagt und sie beraubt der Früchte
ihrer Arbeit. 16 Wer auf sie achtet, findet keine Ruhe
und kann in Frieden nimmer wohnen. 17 Geißelhieb
verursacht eine Strieme, doch Zungenhieb zer-
schmettert Knochen. 18 Schon viele sind gefallen
durch des Schwertes Schärfe, doch mehr noch sind
gefallen durch die Zunge. 19 Glücklich, wer vor ihr
geborgen ist und ihrem Grimme nicht zum Opfer
fällt, wer nicht an ihrem Joche ziehen muß und
nicht gebunden ist mit ihren Stricken! 20 Ihr Joch ist
ja ein Joch von Eisen, und ihre Stricke sind aus Erz.
21 Durch sie zu sterben, ist ein schlimmer Tod, und
besser ist das Totenreich als sie. 22 Doch keine
Macht besitzt sie über Fromme; sie werden nicht
versengt durch ihre Flamme. 23 Nur die den Herrn
verlassen, fallen ihr anheim; sie lodert auf an ihnen,
ohne zu erlöschen. Sie stürzt gleich einem Löwen
auf sie los, zerreißt sie wie ein Panther. 24 Schau, du
zäunst mit Dornen deinen Weinberg ein; so mache
Tor und Riegel auch für deinen Mund! 25 Dein Sil-
ber und dein Gold versiegelst du; so mache auch für
deine Worte Waage und Gewicht! 26 Gib acht, daß
du durch sie nicht strauchelst und fällst vor dem,
der darauf lauert!

28,2: Vgl. die Bitte im Vaterunser Matth 6,12. • 13: »Dritte Zunge« wird der Zwischenträger und Verleumder genannt.

Vom Borgen

29 1 Wer seinem Nächsten borgt, erweist
sich fromm, und die Gebote hält, wer
dessen Hand ergreift. 2 Zur Zeit der Not
soll man dem Nächsten borgen, doch auch zur rech-
ten Zeit dem andern rückerstatten! 3 Ja, halte Wort
und zeige dich als zuverlässig, dann wirst du stets
erhalten, was du brauchst! 4 Oft gibt es Schuldner,
die ein Darlehen suchen und dann ihren Helfern
Verdruß bereiten. 5 Bis daß er es erlangt hat, küßt er
ihm die Hand und redet schmeichlerisch um seines
Nächsten Geldes willen. Doch kommt die Zeit der
Rückerstattung, dann enttäuscht er ihn und gibt
ihm erst nach langer Zeit zurück. 6 Selbst wenn er
(zahlen) könnte, wird die Hälfte kaum entrichtet,
und er betrachtet es wie ein gefunden Gut. Und
wenn er nicht kann, bringt er ihn ums Geld und
macht ihn grundlos sich zum Feind. Nur Fluch und
Schmähwort gibt er ihm zurück, und statt mit Dank
vergilt er ihm mit Schmach. 7 Gar viele halten nicht
aus Bosheit sich zurück, sondern weil sie unver-
dienten Ärger fürchten. 8 Indessen hab Geduld mit
dem Verarmten, und laß ihn auf die Wohltat nicht
vergeblich warten! 9 Nimm dich des Armen an um
des Gebotes willen, und weise ihn nicht leer in
seiner Not von dannen! 10 Gib hin das Geld dem
Bruder und dem Freunde zuliebe, und laß es unter
einem Stein nicht rosten und verderben. 11 Leg dei-
nen Schatz nach dem Gebot des Höchsten an, dann
bringt er dir weit mehr an Nutzen als das Gold!
12 Die guten Werke schließe ein und lege in dein
Schatzhaus; dann werden sie aus allem Unglück
dich erretten! 13 Noch besser als ein starker Schild
und eine schwere Lanze werden sie vor jedem
Feinde für dich streiten.

Bürgschaft

14 Ein guter Mensch verbürgt sich für den Nächsten;
doch wer die Scham verlor, der flieht vor seinem
Bürgen. 15 Vergiß die Freundlichkeit des Bürgen
nicht; denn sich persönlich gab er hin für dich!
16 Ein Sünder nur läßt außer acht des Bürgen Güte,
17 und wer mißachtet seinen Retter, der mißachtet
seinen Schöpfer. 18 Das Bürgen hat schon viele Gut-
gestellte ruiniert und sie umhergeworfen gleich der
Meereswoge, hat reiche Männer aus der Heimat
fortgetrieben, so daß sie unter fremden Völkern ir-
ren mußten. 19 Der Sünder fällt anheim der Bürg-
schaft, und wer Gewinn erstrebt, verfällt Prozessen.
20 Nimm dich des Nächsten an nach deinen Kräften;
doch achte auf dich selbst, daß du nicht stürzest!

Heimat und die Fremde

21 Des Lebens Haupterfordernis ist Brot und Was-
ser, ist Kleidung sowie Wohnung, um die Blöße zu
bedecken. 22 Besser ist des Armen Leben unter sei-
nes Daches Schutz als süße Leckerbissen in der
Fremde. 23 Ob viel, ob wenig, sei zufrieden; du
brauchst doch keinen Vorwurf zu hören wegen dei-
ner Wohnung! 24 Von Haus zu Haus zu wandern, ist
ein schlimmes Leben; du darfst den Mund nicht
auftun, wo du weilst als Fremder. 25 Ein Fremdling
bist du und mußt Schande schlucken und oben-
drein noch bittre Reden hören: 26 »Komm her, du
Fremder, deck den Tisch, und wenn du etwas hast,
gib mir zu essen!« 27 »Zieh ab, du Fremder, einer Eh-
rung wegen; ein Bruder kam als Gast zu mir; ich
brauch' das Haus!« 28 Gar hart für einen Mann , der
Einsicht hat, ist dieses: gescholten werden ob der
Wohnung und geschmäht als Gläubiger.

29,1: Borgen ist Gebot in 5 Mos 15,7–11. • 28: Zusammenfassung von Vers 4–6 und Vers 22–27.

Über die Kinder: Rechte Erziehung ist strenge Erziehung

30 1 Wer liebhat seinen Sohn, hält stets den
Stock für ihn bereit, damit er sich am
Ende freuen kann. 2 Wer seinen Sohn be-
straft, wird Freude an ihm haben und sich vor den
Bekannten seiner rühmen können. 3 Wer seinen
Sohn belehrt, erregt den Neid des Feindes und kann
vor Freunden über ihn frohlocken. 4 Es ist, wenn
einst der Vater stirbt, als wäre er nicht tot, er hat ja
doch sein Ebenbild zurückgelassen. 5 Solang er lebt,
kann er mit Freuden auf ihn blicken, und wenn er
stirbt, dann hat er keinen Kummer. 6 Er hinterläßt
für Feinde einen Rächer, für Freunde einen, der den
Dank abstattet. 7 Wer seinen Sohn verwöhnt, ver-
bindet seine Wunden, und unter jedem Schrei er-
bebt sein Herz. 8 Ein ungeübtes Pferd geht hart, ein
zügelloser Sohn geht jählings durch. 9 Verzärtle dei-
nen Sohn, so setzt er dich in Schrecken, scherze du
mit ihm, so wird er dich betrüben! 10 Lach nicht mit
ihm, damit du nicht Verdruß erlebst und dir am
Ende deine Zähne stumpf machst! 11 Laß ihm die
Herrschaft nicht in seiner Jugend, und dulde seine
schlimmen Streiche nicht! 12 Beug ihm den Kopf in
seiner Jugendzeit, und schlag ihn aufs Gesäß, so-
lang er klein ist, daß er nicht widerspenstig wird
und gegen dich sich auflehnt und dir durch ihn ein
Herzeleid entsteht! 13 Bestrafe deinen Sohn und
mach sein Joch ihm schwer, damit er nicht in Tor-
heit gegen dich sein Haupt erhebt!

Besser gesund als reich!

14 Besser arm, jedoch gesunden Leibes, als reich und
kranken Körpers! 15 Ein Leben in Gesundheit ziehe
ich dem Golde vor und frohen Sinn den Perlen.

16 Kein Reichtum übertrifft den Reichtum der Ge-
sundheit, kein Gut ein heiteres Gemüt. 17 Besser
sterben als ein nutzlos Leben, und besser ist die
ew'ge Ruhe als beständig Leid. 18 Leckerbissen, dar-
geboten dem verschloss'nen Mund, sind wie die
Opferspeise, hingestellt vor Götzen. 19 Was nützt
sie wohl den Heidengötzen, die nicht essen und
nicht riechen können? So steht es mit dem Men-
schen, der zwar Reichtum hat, ihn aber dennoch
nicht genießen kann. 20 Mit seinen Augen sieht er
ihn und seufzt wie ein Entmannter, der umarmt ein
Mädchen.

Freude ist gesund

21 Gib deine Seele nicht den Sorgen hin, und bring
dich nicht zu Fall mit deinem Grübeln! 22 Die Her-
zensfreude ist dem Menschen Leben, und Frohsinn
mehrt dem Menschen seine Lebenstage. 23 Be-
schwichtige dich selbst, beruhige dein Herz, und
halte den Verdruß dir fern! Denn viele hat die Sorge
schon getötet, und der Verdruß ist nie von Nutzen.
24 Neid und Zorn verkürzen das Leben, und vor der
Zeit macht Sorge alt. 25 Der Schlaf des Frohen
schmeckt wie Leckerbissen, und seine Mahlzeit
mundet ihm.

30,1: Strenge Erziehung, vgl. Spr 23,13. • 7: »Wunden« kann wörtlich genommen werden, da der verzärtelte Sohn von anderen wundgeschlagen wird. Im übertragenen Sinn kann an Verfehlungen gedacht sein. • 10: Verfrühtes Lachen ist wie das Essen unreifer Trauben, das die Zähne stumpf macht. • 13: Das Bild ist von einem eingespannten Zugtier genommen.

Gegen Habsucht

31 1 Schlaflosigkeit infolge Reichtums läßt
den Leib abmagern, und Sorge über ihn
verscheucht den Schlaf. 2 Die Sorge um
den Unterhalt vertreibt den Schlummer, und mehr
als schwere Krankheit hindert sie den Schlaf. 3 Der
Reiche plagt sich, um Vermögen anzuhäufen, und
wenn er ausruht, frönt er den Genüssen. 4 Der
Arme plagt sich, sein Vermögen, wenn auch klein,
zu halten, und wenn er ausruht, fängt er an zu dar-
ben. 5 Wer Gold liebt, wird nicht schuldlos bleiben,
und wer nach Geld jagt, fällt dadurch in Sünde.
6 Gar vielfach sind des Goldes Schlingen und der
Perlen Fesseln. 7 Ja, eine Falle ist dies für den Toren,
und jeder Einsichtslose läßt sich damit fangen.

Trotz Reichtum fromm

8 Selig der Reiche, der schuldlos befunden wird, und
welcher nicht abweicht, dem Mammon zu folgen!
9 Wo ist ein solcher, damit wir ihn preisen können?
Denn er leistete Wunderbares in seinem Volke.
10 Wer wurde darin geprüft und blieb doch unver-
sehrt? Es soll ihm das zum Ruhm gereichen! Wer
konnte zwar sündigen, sündigte aber nicht, wer
konnte zwar Böses tun, wollte es aber nicht? 11 Da-
her ist gefestigt sein glücklicher Wohlstand, und die
ganze Gemeinde verkündet sein Lob.

Belehrung über Speis und Trank zusammen

12 Mein Sohn, wenn du am Tische eines Großen sit-
zest, so reiß dabei nicht deinen Rachen auf! Sprich
nicht: »Es steht im Überfluß darauf!« 13 Bedenke,
daß ein neidisch Auge etwas Schlimmes ist! [Von
dem, was Gott erschuf, ist nichts so neidisch wie
das Auge; daher muß es bei jedem Anlaß weinen.]
14 Wohin er blickt, streck du die Hand nicht aus, da-
mit du in der Schüssel nicht mit ihm zusammen-
triffst! 15 Achte deinen Nächsten wie dich selbst,
und überleg dir alles, was du selber hassest! 16 Iß
wie ein rechter Mann, was vor dir liegt, und sei
nicht gierig, sonst wirst du verachtet! 17 Aus An-
stand höre auf als erster, und schlürfe nicht, damit
du keinen Anstoß gibst! 18 Ferner, wenn du unter
vielen sitzest, strecke deine Hand nicht vor dem
Nachbarn aus! 19 Genügt nicht für den einsichts-
vollen Mann auch weniges? Dann würgt es ihn auf
seinem Lager nicht. 20 Schmerz, Schlaflosigkeit und
Qual und Magenkrampf bekommt der Tor. Gesun-
der Schlaf erquickt den Leib, der gut verdaut, und
steht man morgens auf, so ist man munter. 21 Doch
hast du dich von Leckerbissen übermannen lassen,
steh auf und spei sie aus, dann wird dir wieder
leichter! 22 Vernimm, mein Sohn, und nicht miß-
achte mich, so wirst du schließlich meine Worte
doch begreifen! Bei allem deinem Tun sei schön be-
scheiden, so wird dir auch kein Schaden widerfah-
ren! 23 Wer Anstand übt beim Mahle, erntet Lob;
das Urteil über seinen Anstand bleibt bestehen.
24 Wer unanständig ist beim Mahle, wird im Tor ge-
schmäht; das Urteil über seine Unanständigkeit
steht fest.

Beim Weingelage

25 Und auch beim Weine zeig dich nicht als Held;
denn viele schon hat Rebensaft zu Fall gebracht!
26 Der Ofen prüft das Werk des Schmiedes, so dient
der Wein zur Probe für die Prahler. 27 Wie Lebens-
wasser ist der Wein dem Menschen, wenn er ihn
trinkt in rechtem Maße. Was hat der für ein Leben,
der des Weines entbehrt? Zur Freude wurde dieser
ja von Anfang an geschaffen. 28 Herzensfreude,
Wonne, Lust ist Wein, zur rechten Zeit mit Maß ge-
trunken. 29 Kopfweh, Hohn und Schmach bringt
Wein, in Ärger und in Zorn getrunken. 30 Zuviel des
Weines ist ein Fallstrick für den Toren, vermindert
Kraft und schlägt gar viele Wunden. 31 Beim Wein-
gelage tadle nicht den Nächsten, und nicht verachte

ihn in seiner Heiterkeit! Kein Schmähwort sollst du zu ihm sprechen, und streite vor der Leute Augen nicht mit ihm!

31,12: Die Überschrift steht im hebräischen Text. • 13: Begründung für das Weinen der Augen wohl nicht ursprünglich. • 15: Ist vor Vers 14 zu stellen. Text z. T. verdorben. Das Hauptgebot 3 Mos 19,18 muß auch bei Tisch beachtet werden. Vgl. die Goldene Regel Matth 7,12; 22,39. • 26: Vgl. 2,5; 27,5. • 27f: Ähnlich 40,20; Ps 104,15.

32

1 Machen die Leute dich zum Speisemeister, überheb dich nicht, und sei in ihrem Kreis wie einer unter ihnen! Sorge erst für sie, und nachher laß dich nieder; 2 bereite, was sie brauchen, und danach nimm Platz, damit du dich an ihrer Ehrung freuen kannst und Lohn empfängst ob deines feinen Anstands. 3 Ergreif das Wort, du Greis, denn dir geziemt es; doch bescheide deine Weisheit, und verdränge nicht Gesang! 4 Verschwende nicht, wo Lieder klingen, kluge Reden; was willst zur Unzeit du den Weisen spielen? 5 Wie eine Perle von Rubin an goldenem Geschmeide ist eines Liedes Weise bei dem Weingelage. 6 Goldrand an einem Siegel von Smaragd ist Liederschall beim süßen Rebensaft. 7 Ergreif das Wort, du Jüngling, wenn du mußt, nur wenn man zweimal, dreimal dringend dich ersucht! 8 Auch fasse kurz dein Reden ab und meide große Breite, und sei gleich einem Wissenden und dennoch Schweigenden! 9 Melde dich inmitten hoher Herrn nicht zum Wort, und streite nicht zum Überdruß mit Greisen! 10 Der Blitz strahlt vor dem Hagel auf, und Gunst strahlt auf vor dem Bescheidenen. 11 Zur festgesetzten Stunde säume nicht, und geh nach Hause, ohne umzuschauen! 12 Dort magst du scherzen und den Mut dir kühlen in Gottesfurcht und nicht in Unverstand! 13 Und für das alles preise deinen Schöpfer, der dich so reichlich labt mit seinen Gütern!

Halte das Gesetz!

14 Wer Gott sucht, der wird Zucht erlangen, und wer an ihn sich hält, erreicht Erhörung. 15 Wer Weisung sucht, wird sie erhalten; doch wer als Narr sich aufführt, kommt dadurch zu Fall. 16 Wer gottesfürchtig ist, versteht, was Rechtens ist, und läßt aus seiner Seele klugen Rat entspringen. 17 Der Mann des Unrechts lehnt Belehrung ab, und wie es ihm von Nutzen ist, verdreht er das Gesetz. 18 Der weise Mann verbirgt die Einsicht nicht, der Stolze und der Prahler halten keine Weisung. 19 Vollbringe keine Sache ohne Überlegung, dann brauchst du nach der Tat dich nicht zu ärgern! 20 Auf einem Weg mit Fallen wandle nicht, und strauchle nicht durch Anstoß deiner Füße! 21 Fühl dich vor Räubern auf dem Wege niemals sicher, 22 und nimm dich wohl in acht auf deinen Pfaden! 23 Bei allen deinen Werken nimm dich selbst in acht; denn wer dies tut, beachtet das Gebot. 24 Die Weisung hält, wer sich in acht nimmt; wer auf den Herrn vertraut, wird nicht zuschanden.

32,2: Nur ein besorgter Speisemeister erhält Ehre zum Lohn. • 3: Kurze Tischreden stehen Älteren zu, weniger Jüngeren, Vers 7.

33

1 Wer gottesfürchtig ist, den trifft kein Unglück; denn wenn er in Versuchung kommt, wird Er ihn wieder retten. 2 Wer Weisung haßt, wird niemals klug und schwankt gleich einem Schiff im Sturm. 3 Ein kluger Mensch versteht sich auf die Rede, und seine Weisung ist verlässig wie die heiligen Lose. 4 Richte deine Worte dir zurecht, dann magst du reden, und ein Wohnhaus, dann kannst du dich niederlassen! 5 Des Toren Herz ist wie ein Wagenrad, und wie ein rollend Rad ist all sein Denken. 6 Ein falscher Freund ist wie ein geiles Roß; es wiehert unter jedem Reiter.

Rangunterschiede

7 Warum denn überragt ein Tag den andern Tag, obwohl doch alles Licht des Jahres von der Sonne kommt? 8 Durch Gottes Weisheit sind sie unterschieden, und er bestimmte unter ihnen Feiertage. 9 Er hat von ihnen einige gesegnet und geheiligt und andere bestimmt von ihnen als gemeine Tage. 10 Die Menschen insgesamt sind Lehmgefäße, und aus dem Staube ist der Mensch gebildet. 11 Die Weisheit Gottes hat sie dann geschieden, und er hat ihre Wege mannigfach gemacht. 12 Er hat von ihnen einige gesegnet und erhöht, von ihnen einige geheiligt und sich nahen lassen. Er hat von ihnen andere verflucht und tief erniedrigt und sie von ihrer Stellung weggestoßen. 13 Wie Lehm ist in der Hand des Töpfers, daß er ihn knete, wie es ihm beliebt, so ist der Mensch in seines Schöpfers Hand, daß ihm sein Anteil zugemessen werde. 14 Dem Schlechten steht das Gute, Tod dem Leben gegenüber; der Frevler ist des guten Menschen Widerpart. 15 Schau auf alle Werke Gottes; paarweise sind sie angeordnet, eines steht dem andern gegenüber.

Die Auszeichnung des Verfassers

16 Als letzter hab' auch ich mich angestrengt, 25 wie einer, der noch hinter Winzern her Nachlese hält. Durch Gottes Segen kam ich gut voran, und wie ein Winzer füllte ich die Kelter. 26 Seht, daß ich nicht für mich allein mich mühte, vielmehr für alle, die nach Bildung streben! 27 So hört auf mich, ihr Fürsten dieses Volkes, und horchet auf, ihr Leiter der Gemeinde!

Herr im Haus

28a Den Sohn, die Frau, den Bruder und den Freund
laß zeitlebens über dich nicht herrschen! 29 Solange
du noch lebst und Odem in dir ist, laß niemand über
dich zur Macht gelangen! 28b Gib dein Vermögen
keinem andern hin, sonst mußt du umgekehrt bei
ihm um Gnade bitten! 30 Denn besser ist es, deine
Söhne bitten dich, als daß du auf die Hände deiner
Söhne blicken mußt. 31 Bei allen deinen Werken sei
der Oberherr, und bring auf deine Ehre keinen Ma-
kel! 32 Zur Zeit, da deine Lebenstage klein an Zahl,
am Tag des Todes erst verteile du das Erbe!

Behandlung der Sklaven

33 Heu und Stock und Last (gehören) für den Esel,
Brot und Züchtigung und Arbeit für den Sklaven.
34 Halt deinen Knecht zur Arbeit an, sonst sucht er
Weichlichkeit und wird, wenn er sein Haupt er-
hebt, sich wider dich empören! 35 Den Nacken
krümmen Joch und Strick, und für den schlechten
Sklaven ziemt sich Block und Folter. 36 Halt deinen
Knecht zur Arbeit an, sonst wird er widerspenstig;
37 denn wenn er müßig geht, kommt er auf manche
Bosheit! 38 Befiehl ihn zu der Arbeit, wie es ihm ge-
bührt, und wenn er nicht gehorcht, leg ihn in
schwere Ketten! Jedoch sei gegen niemand unbe-
herrscht, und widerrechtlich handle nicht! 39 Hast
du nur einen Knecht, dann sei er ganz dir gleich;
denn wie dein eigen Ich so würdest du ihn missen!
Hast du nur einen Knecht, so schätze ihn als Bruder,
und sei nicht zornig auf dein eigen Blut! 40 Denn
beutest du ihn aus, und er entläuft und geht verlo-
ren, auf welche Weise wirst du ihn dann wieder
finden?

33,2: Weisung (»Tora«) umfaßt das geschriebene Gesetz Gottes wie auch die Unterweisung des Weisheitslehrers. • 3: Der Einsichtige weiß Auskunft zu geben. Die hl. Lose, Urim und Tummim, wurden in vordavidischer Zeit am Heiligtum gebraucht. • 16: Wegen Verwechslung der Blätter im Griechischen läuft die von dort übernommene Verszählung nicht regelmäßig weiter. – Der Verfasser beteuert seine zwar späte, aber doch erfolgreiche Mühe um die Weisheit, wodurch er sich von den übrigen Volksgenossen unterscheidet. Man merkt die gleiche Bescheidenheit, gepaart mit Sendungsbewußtsein, wie 24,30–34. • 28: Nach der ursprünglichen Textordnung ist der Vers aufzuteilen. • 33–40: Bei allen alten Völkern gab es Sklaven. Schutzbestimmungen: 2 Mos 21,2–11.26f; 5 Mos 15,12–18; 23,16f.

Wahrsagerei

34 1 Täuschende Erwartung ist des Toren
leere Hoffnung, und Träume regen nur
die Dummen auf. 2 Wie einer, der den
Schatten faßt und nach dem Winde jagt, so ist, wer
sich verläßt auf Träume. 3 Das Traumgesicht ist nur
ein Spiegelbild, das Abbild eines Angesichts anstatt
des Angesichtes selbst. 4 Was kann denn Reines
kommen von dem Unreinen, und was kann Wahres
kommen von der Lüge? 5 Nichtig sind Wahrsagung,
Zeichendeuterei und Träume, und nur was du er-
wartest, bildest du dir ein. 6 Wenn sie vom Höch-
sten nicht als Heimsuchung gesandt sind, dann
schenke ihnen keinerlei Beachtung! 7 Schon viele
führten Träume in die Irre, so daß sie strauchelten
auf ihrem Pfade. 8 Doch frei von Trug erfüllt sich
das Gesetz, und ganz vollendet ist die Weisheit in
verlässigem Munde.

Der erfahrene Weise

9 Ein vielgereister Mann hat reiches Wissen, und ein
Erfahrungsreicher kann gar Weises sprechen. 10 Wer
nicht Erfahrungen gemacht hat, weiß nur wenig,
11 wer aber viel gereist ist, sammelt große Klugheit.
12 Auf meinen Reisen sah ich allerlei, und viele
Dinge sind hinweggegangen über mich. 13 In To-
desnöten bin ich oft geschwebt und ward errettet,
während sie vergingen.

Dank dem Rettergott

14 Am Leben bleibt der Geist der Gottesfürchtigen,
15 denn ihre Hoffnung richtet sich auf ihren Retter.
16 Wer gottesfürchtig ist, braucht nicht zu zagen,
und nimmer wird ihm bang, denn Er ist seine Hoff-
nung. 17 Ja, glücklich ist die Seele eines Gottes-
fürchtigen! 18 Auf wen verläßt er sich, und wer ist
seine Stütze? 19 Des Herren Augen sind auf die ge-
richtet, die ihn lieben. Er ist ein starker Schild und
eine feste Stütze, ein Schutz vor Glutwind und ein
Schirm vor Hitze, Bewahrung vor dem Straucheln
und ein Halt vor Sturz, 20 dem Herzen Freude und
ein Licht den Augen, Gesundung für das Leben und
ein Segen.

Mißfällige Opfer

21 Ein Opferstück von ungerechtem Gut ist ein
beflecktes Opfer, 22 und Gaben aus der Hand der
Bösen sind nicht wohlgefällig. 23 Kein Wohlgefallen
hat der Höchste an der Frevler Gaben, und er ver-
zeiht die Sünden selbst für viele Opfer nicht. 24 Den
Sohn vor seines Vaters Augen schlachtet, wer vom
Vermögen Armer Opfer darbringt. 25 Nur kärglich
Brot ist Lebensunterhalt der Armen, und wer es vor-
enthält, der ist ein Blutmensch. 26 Den Nächsten
mordet, wer den Unterhalt ihm wegnimmt, 27 und
Blut vergießt, wer vorenthält den Lohn des Arbei-
ters. 28 Wenn einer aufbaut und der andre nieder-
reißt, was haben sie dann mehr davon als nur die
Mühe? 29 Wenn einer betet und der andre flucht,
auf wessen Stimme wird der Herr wohl hören?
30 Wer sich ob (der Berührung) einer Leiche wäscht
und wieder sie berührt, was hat der dann von sei-
nem Waschen? 31 So ist ein Mensch, der seiner Sün-

den wegen fastet und doch dieselben immer wieder
tut. Wer wird auf sein Gebet wohl hören, was wird
ihm nützen all sein Fasten?

34,29: Wer auf Kosten der Armen Opfer darbringt, wird von diesen verflucht, und das Opfer ist wertlos.

Guttat statt Opfer

35 1 Wer das Gesetz befolgt, entrichtet
viele Opfer, 2 wer die Gebote hält, der
gibt ein Friedensopfer. 3 Wer Liebe übt,
bringt Speiseopfer dar, 4 und Dankesopfer weiht,
wer Wohltat spendet. 5 Des Herrn Gefallen ist die
Abkehr von dem Bösen, ein Sühneopfer ist die Ab-
kehr von dem Unrecht.

Opfer und Abgaben

6 Erscheine nicht mit leeren Händen vor dem Herrn,
7 denn alles dies geschieht der Vorschriften wegen!
8 Die Opfergabe des Gerechten spendet Fett für den
Altar, und vor den Höchsten kommt ihr Wohlge-
ruch. 9 Das Opfer des Gerechten ist Gott ange-
nehm, und nimmer wird vergessen sein Erinne-
rungsopfer. 10 Den Herrn verehre gebefreudig, und
mach nicht klein die Gabe deiner Hände! 11 Bei all
deinen Werken zeig ein frohes Antlitz, und gib mit
Freude deinen heiligen Zehnten! 12 Gib Gott in glei-
cher Weise, wie er dir gegeben, gebefreudig und so
gut du es vermagst, 13 weil er ja doch der Gott ist
der Vergeltung und siebenfach es dir ersetzen wird!
14 Versuche nicht Bestechung, denn er nimmt sie
nicht entgegen, 15 und baue auf kein Opfer aus Er-
pressung! Denn er ist der Gott des Rechtes, und
nicht gibt es bei ihm Parteilichkeit. 16 Er nimmt
nicht gegen Niedrige Partei, und er erhört das Fle-
hen des Bedrängten. 17 Er läßt nicht unbeachtet des
Verwaisten Rufen noch auch die Witwe, wenn sie
vielfach klagt. 18 Rinnt nicht die Träne auf der
Wange nieder, 19 und spricht nicht Seufzen gegen
den, der sie verursacht? 20 Die Kümmernisse des
Bedrückten finden Ruhe, des Armen lautes Rufen
kommt zum Schweigen. 21 Der Notschrei des Er-
niedrigten durchdringt die Wolken und läßt nicht
nach, bis er zum Ziele kommt. Er weicht nicht, bis
der Höchste Nachschau hält 22 und Recht schafft als
gerechter Richter.

Hilfe dem bedrückten Volk

Auch wird der Herr nicht länger säumen und wie
ein Kriegsheld nicht mehr zögern, bis er zerschmet-
tert hat die Lenden des Bedrückers 23 und an den
Heidenvölkern Rache nahm, bis er zerschlagen hat
das stolze Zepter, zerbrochen hat den frevelhaften
Stab, 24 bis er vergolten hat dem Menschen all sein
Tun, des Menschen Treiben je nach seiner Tücke,
25 bis er entschieden hat den Rechtsstreit für sein
Volk und es erfreut durch seine Hilfe. 26 Gar lieblich
ist die Huld des Herrn zur Zeit der Drangsal, der Re-
genwolke gleich zur Zeit der Dürre.

35,6: Trotz obiger Grundsätze haben auch Opfer und Abgaben als sichtbare Zeichen ihre Berechtigung. • 18: Vielleicht schon von hier ab, deutlich ab Vers 22, wird bildlich »Witwe« mit »Israel« gleichgesetzt, vgl. Klag 1,1; Jer 51,5; Bar 4,12. • 22ff: Hoffnung auf Befreiung vom syrisch-hellenistischen Joch.

Gebet um Rettung des Volkes

36 1 Errette uns, du Gott des Alls, 2 und lege
Angst vor dir auf alle Heidenvölker!
3 Dem fremden Volke schwing die Hand
entgegen, damit es deine Machterweise schaue!
4 Wie du an uns vor ihren Augen dich als heilig zeig-
test, so zeig an ihnen auch vor unsern Augen deine
Ehre, 5 damit sie merken, wie auch wir es merkten,
daß es keinen Gott gibt außer dir. 6 Erneuere die
Zeichen, wiederhole deine Wunder, 7 zeig glorreich
deine Hand und stark den rechten Arm! 8 Weck auf
den Zorn, und gieße aus den Groll, 9 den Gegner
beuge, stoß zurück den Feind! 10 Beschleunige das
Ende, achte auf die Zeit; denn wer kann zu dir
sagen: »Was vollbringst du?« 11 Verzehrt in Zornes-
glut soll werden, wer entkommt; Verderben mögen
finden, die dein Volk bedrücken! 12 Schlag ab das
Haupt der Moabfürsten, das da spricht: »Es gibt
nicht einen außer mir!«
13 Sammle alle Stämme Jakobs, 16 gib ihnen Erbbe-
sitz wie in der Vorzeit Tagen! 17 O hab Erbarmen
mit dem Volk, das deinen Namen trägt, mit Israel,
das du den Erstgeborenen nanntest. 18 Erbarm dich
deiner heil'gen Stadt, Jerusalems, der Stätte deiner
Wohnung! 19 Den Sion fülle an mit deinem Glanz,
mit deiner Herrlichkeit erfülle deinen Tempel! 20 Be-
stätige, was ehedem du selbst veranlaßt hast, er-
fülle, was in deinem Namen einst geweissagt
wurde! 21 Gib denen ihren Lohn, die auf dich har-
ren, und deine Seher mögen sich als zuverlässig zei-
gen! 22 Erhöre doch das Flehen deiner Diener, so
wie du Wohlgefallen hast an deinem Volk; und alle
Erdengrenzen sollen anerkennen, daß du allein der
ewig treue Gott bist!

Wahl der Frau

23 Jede Speise schluckt der Hals, doch ist die eine
Speise besser als die andere. 24 Der Gaumen prüft
geschenkte Leckerbissen, ein kluges Herz jedoch
der Lüge Leckerbissen. 25 Ein hinterlistig Herz ver-
ursacht Leid, jedoch ein rechter Mann vergilt es
ihm. 26 Jedweden Mann nimmt zwar die Frau, doch
ist die eine Frau wohl besser als die andre. 27 Die
Schönheit einer Frau erhellt das Angesicht und

MEIN FREUND
IST MEIN,
UND ICH BIN
SEIN;
DER UNTER
DEN ROSEN
WEIDET.

UND SUCHEN,
DEN MEINE
SEELE LIEB

überbietet alle Lust der Augen. 28 Hat sie dazu noch eine sanfte Zunge, dann zählt ihr Mann nicht zu den Durchschnittsmenschen. 29 Wer eine Frau gewinnt, gewinnt die beste Habe, die Hilfe, die ihm gleicht, und eine Säulenstütze. 30 Wenn eine Mauer fehlt, wird Weideland der Weinberg, und wenn die Gattin fehlt, wird einer fremd und unstet. 31 Wer traut wohl einer Rotte Krieger, die weiterzieht von Stadt zu Stadt? So ist der Mann, der keine Heimat hat, der Rast macht, wo er abends ankommt.

36,1ff: Aus völkischer Not wird das Sehnen nach der messianischen End- und Heilszeit erweckt. Die göttlichen Machterweise in der Vergangenheit mögen sich erneuern! • 12: »Haupt der Fürsten von Moab« knüpft an 4 Mos 24,17 an. Griech. verdeutlicht »der Fürsten des Feindes«. – »Nicht einen« ergänze »Gott«! • 16: Von hier ab ist auch die griech. Zählung wieder in Ordnung, vgl. zu 33,16. • 17: Vgl. 2 Mos 4,22; 5 Mos 32,5f.18; Jer 31,9. • 29: Zum 2. Halbvers vgl. 1 Mos 2,18.20.

Wahl des Freundes

37 1 Ein jeder Freund sagt: »Ich bin Freund«, doch mancher Freund trägt nur den Namen »Freund«. 2 Ist es denn nicht ein Kummer, der dem Tode nahekommt, wenn sich ein gleichgesinnter Freund in einen Feind verwandelt? 3 Du übler Mensch, wozu bist du erschaffen? Nur um das Erdenrund mit Falschheit zu erfüllen? 4 Ein schlechter Freund ist, wer nur nach dem Tische schielt; jedoch zur Zeit der Not sich abseits stellt. 5 Der gute Freund tritt gegen Feinde in den Kampf und greift zum Schilde gegen Widersacher. 6 Vergiß den Kampfgenossen nicht, verlaß ihn nicht, wenn Beute du gemacht!

Wahl des Ratgebers

7 Ein jeglicher Berater deutet mit der Hand, doch mancher rät nur einen Weg zum eignen Nutzen. 8 Sei auf der Hut vor dem, der Rat erteilt; erforsche vorher, was er nötig hat! Denn er denkt ebenfalls nur an sich selbst. Weshalb soll er den Vorteil haben? 9 Er spricht zu dir: »Dein Weg ist ganz der rechte«; dann stellt er sich abseits und schaut, wie du verarmst. 10 Berate dich mit deinem Neider nicht; vor dem, der eifersüchtig ist, verbirg Geheimes! 11 (Sprich nicht) mit einer Frau von ihrer Nebenbuhlerin, noch vor dem Gegner von dem Kampf mit ihm, nicht mit dem Händler über das Geschäft, noch vor dem Käufer von der Ware; nicht mit dem Geizhals über Gutestun, noch vor dem Herzensharten von Beglückung andrer; nicht mit dem Faulen über seine Arbeit; noch vor dem Lohnarbeiter von der Aussaat; nicht mit dem faulen Sklaven über schweren Dienst! Verlaß dich nie auf diese, wenn du Rat einholst!

12 Jedoch (berate dich) mit einem stets besorgten Mann, den als gesetzestreu du kennst und dessen Herz nach deinem Herzen ist, der wenn du strauchelst, sich um dich bemüht! 13 Doch achte auch auf das, was dein Gewissen rät; denn nichts ist treuer dir als dieses! 14 Viel bessere Auskunft gibt dem Menschen das Gewissen als sieben Wächter auf der hohen Warte. 15 Bei all dem aber flehe auch zu Gott, daß er in Treue deine Schritte lenke! 16 Der Anfang jeder Tat entspringt dem Wort, und jedem Werk geht der Entschluß voran. 17 Die Wurzel aller Pläne ist das Herz, 18 vier Reiser sind es, die daraus entsprießen: Glück und Unglück, Tod und Leben; doch insgesamt herrscht über sie die Zunge.

Verschiedenartige Gelehrte

19 Gar mancher Weise zeigt sich klug für viele, doch für sich selber ist er töricht. 20 Auch lehnt man manchen Weisen ab ob seiner Rede; er schließt sich selber aus von jeglichem Genuß. 22 Auch gibt es Weise, die sind weise für sich selber; die Früchte ihres Wissens zeigt ihr Leib. 23 Dann gibt es Weise, die sind weise für ihr Volk; die Früchte ihres Wissens dauern an. 24 Wer weise für sich selber ist, versorgt sich mit Genüssen, und alle, die ihn sehen, preisen ihn gar glücklich. 26 Wer weise für das Volk ist, kommt zu Ehren, und dauernd bleibt sein Ruhm bestehen.

Mäßigkeit ist gesund

27 Mein Sohn, in deiner Lebensweise prüf dich selbst; sieh zu, was dir nur schadet, und gestatte es dir nicht! 28 Denn nicht ist alles gut für alle, und nicht ist jedem jede Kost bekömmlich. 29 Verlange nicht nach jeglichem Genuß, und stürz dich nicht auf alle Leckerbissen! 30 Im Übermaß von Speise nistet ja die Krankheit, und wer zu viel verzehrt, bekommt die Brechruhr. 31 Schon viele sind gestorben wegen Unbeherrschtheit, jedoch wer sich bezähmt, verlängert sich das Leben.

37,1: Über Freundschaft auch 6,5–17; 12,8f. • 11–15: Wenn es um die eigenen Interessen geht, ist jeder voreingenommen und zu einem selbstlosen Rat unfähig. Vers 12 weist auf den zuverlässigen Ratgeber hin. Den besten Rat gibt das eigene Gewissen (»Herz«). • 16–18: Aus dem Herzen (= Gewissen) kommen die Gedanken, Worte und dann auch die Werke. Je nach der Einstellung bringen sie Heil oder Unheil. Die Zunge ist das Werkzeug der Gesinnungsäußerung, Spr 18,21. • 19f: Spricht von Weisen, die sich selbst nach außen körperlich vernachlässigen. Dazu gehörten die griech. Kyniker und die seit der Makkabäerzeit bekannten jüdischen Essäer. • 21: Fehlt im hebr. und syr. Text und ist wohl Glosse: »Denn es ward ihm vom Herrn keine Huld verliehen, weil er aller Weisheit entbehrt.« • 22 und 24: Nennt Weise, die ihren Körper pflegen. Die finden den Beifall der Menge. Höher stehen Vers 23 und Vers 26 der »Weise für das Volk«, das ist der religiöse und politische Führer. • 27–31: Unmäßigkeit hier nur nach gesundheitlichen Schäden beurteilt.

Der Arzt

38 1 Schätze hoch den Arzt, so wie er nötig ist; denn Gott hat ja auch ihn erschaffen! 2 Von Gott erhält der Arzt die Weisheit,

vom König erntet er Geschenke. 3 Des Arztes Kunst erhöht sein Haupt, und auch vor Fürsten darf er stehen. 4 Gott bringt aus Erde Heilgewächs hervor, und wer vernünftig ist, verschmäht es nicht. 5 Ist nicht durch Holz das Wasser süß geworden, um seine Kraft zu offenbaren? 6 Dem Menschen hat er den Verstand gegeben, um sich durch seine Machterweise Ehre zu verschaffen. 7 Hierdurch behebt der Arzt den Schmerz, 8 und auch der Salbenmischer fertigt Salben, damit sein Schöpfungswerk kein Ende nehme, noch Heilerfahrung von der Erde schwinde. 9 Mein Sohn, in Krankheit säume nicht! Bestürme Gott; denn er nur macht gesund! 10 Laß ab von Frevel, ordne deine Hände, und reinige das Herz von allen Sünden! 11 Weih des Erinnerungsopfers angenehmen Duft, mach fett die Gabe, so die Mittel reichen! 12 Doch auch dem Arzt gewähre Zutritt, er soll nicht weichen, denn auch er ist nötig! 13 Denn zur gegebenen Zeit liegt der Erfolg bei ihm. 14 Auch er fleht im Gebete ja zu Gott, daß er die Untersuchung ihm gelingen lasse und auch die Heilung zur Erhaltung eines Lebens. 15 Nur wer vor seinem Schöpfer sündigt, wird in des Arztes Hände überliefert.

Maßvolle Totenklage

16 Mein Sohn, laß um den Toten Tränen fließen, betrübe dich, und sing das Klagelied! Bestatte seinen Leib, wie es ihm zusteht, und nicht verstecke dich bei seinem Sterben! 17 Betrübe dich, mein Sohn, und halte heiße Klage, und habe um ihn Trauer, wie es ihm gebührt, den einen oder andern Tag um des Geredes wegen; dann tröste über Kummer dich hinweg! 18 Nur Schaden geht hervor aus Kummer; denn Herzenstrauer bricht die Kraft. 19 Beständig Leid ist schlimmer als der Tod, ein elend Leben ist ein Fluch fürs Herz. 20 Lenk deinen Sinn nicht mehr auf ihn zurück; laß ab von der Erinnerung an ihn, und denke an die Zukunft! 21 Gedenke sein nicht mehr, denn er hat keine Hoffnung; du kannst ihm nichts mehr nützen, und dir schadest du. 22 Bedenke, daß sein Schicksal auch das deine ist; ihn traf es gestern, heute dich! 23 Wie der Verstorbene ruht, so ruhe die Erinnerung an ihn; ja, tröste dich beim Scheiden seiner Seele.

Handwerker sind keine Schriftgelehrten!

24 Des Schriftgelehrten Weisheit mehrt das Wissen, und wer von schwerer Arbeit frei ist, kann die Weisheit pflegen. 25 Wie kann die Weisheit pflegen, wer den Pflugstiel hält, und wer sich brüstet mit dem Treiberstecken, wer Rinder treibt, die Ochsen rückwärts wendet und mit den Kälbern seine Unterhaltung führt, 26 wer aufmerksam verfolgt, wie er die Furchen eggt, und sorgsam wacht, wie er die Mast vollendet? 27 Und auch der Handwerksmann muß schaffen und der Künstler, der Tag und Nacht beschäftigt ist; wer Siegelringe schneidet, und wer beharrlich wechselnd bunte Fäden webt, wer aufmerksam ein Muster treulich wiedergibt und sorgsam wacht, wie er das Werk vollendet. 28 So auch der Schmied, der bei dem Amboß sitzt und auf die eisernen Geräte achtet, dem Feuersglut das Fleisch zum Schmelzen bringt und der durchglüht wird von des Ofens Hitze, dem seines Hammers Lärm das Ohr betäubt und dessen Augen auf das Muster des Gerätes blicken, der aufmerksam auf die Vollendung seiner Werke achtet und sorgsam wacht, bei der Vollendung Zierat zu verwenden. 29 So auch der Töpfer, der bei seiner Arbeit sitzt und mit den Füßen seine Scheibe dreht, der immerdar in Sorge ist um seine Arbeit und dessen ganze Tätigkeit nach großer Anzahl strebt, 30 der mit dem Arm die Form dem Lehme gibt und vor den Füßen dessen Zähigkeit geschmeidig macht, der aufmerksam beachtet die Vollendung der Glasur und sorgsam wacht, ob recht der Ofen brennt. 31 Sie insgesamt verlassen sich auf ihre Hände, und jeder ist geschickt in seinem Handwerk. 32 Ja, ohne sie wird keine Stadt bevölkert, und wo sie wohnen, leiden sie nicht Hunger.

33 Doch in der Volksversammlung fragt man sie mitnichten, noch ragen sie hervor in der Gemeinde. Sie sitzen nie auf einem Richterstuhl, und auf Gesetz und Recht verstehen sie sich nicht. Sie zeigen keine Bildung und kein Wissen, noch findet man sie unter Herrschern. 34 Vielmehr verstehen sie die weltlichen Geschäfte, und all ihr Sinnen geht auf Übung des Gewerbes. Ganz anders, wer der Gottesfurcht die Seele hingibt und über das Gesetz des Höchsten nachsinnt.

38,1: Mancher scheint aus übertriebener Religiosität den Arzt abgelehnt zu haben, vgl. 2 Chron 16,12. • 5: Erinnerung an 2 Mos 15,23–25. • 21: Auferstehungsglaube und Fürbittgebet sind noch nicht bekannt. Die Verse richten sich gegen maßlose Trauer und dürfen nicht als roh aufgefaßt werden.

Der Schriftgelehrte

39 1 Er spürt der Weisheit aller Alten nach, beschäftigt sich mit den Prophetenreden, 2 bewahrt die Worte hochberühmter Männer und dringt in Tiefen der Erfahrungssprüche ein. 3 Er forscht in den geheimnisvollen Gleichnisreden und wendet sich den rätselhaften Sprüchen zu. 4 Im Kreis der Großen darf er Dienste tun und darf erscheinen vor den Fürsten. Er wandert durch die Lande fremder Völker und prüft das Gute

und das Böse bei den Menschen. 5 Er richtet seinen
Sinn darauf, den Herrn zu suchen, und betet vor
dem Allerhöchsten. Er öffnet seinen Mund zum
Bittgebet und fleht ob seiner Sündenschuld. 6 Wenn
Gott, dem Höchsten, es gefällt, wird er erfüllt vom
Geist der Einsicht. Er selbst bringt Weisheitsreden
dann hervor und preist den Herrn bei seinem Beten.
7 Er kennt sich aus in Rat und Wissenschaft, und tief
erforscht er das Verborgene.

8 Er kündet offen seiner Lehre Zucht und rühmt sich
im Gesetz des Bundes Gottes. 9 Gar viele preisen
seine Einsicht, und nimmermehr wird sie vergehen.
Sein Angedenken wird kein Ende haben, und wei-
terleben wird sein Ruhm für alle Zeiten. 10 Die
Volksversammlung spricht von seiner Weisheit,
und die Gemeinde kündet laut sein Lob. 11 Lebt er,
so preist man seinen Namen mehr als tausend
andre, und geht er in die Ruhe ein, so reicht es ihm.

Lob des Schöpfers

12 Noch weiter will ich als ein Weiser sprechen,
denn wie der Vollmond bin ich übervoll. 13 Ihr
frommen Söhne, hört auf mich, dann sproßt ihr auf
wie eine Rose, die an Wasserläufen wächst! 14 Wie
Weihrauch gebt ihr süßen Wohlgeruch und setzet
Blüten an wie eine Lilie. Erhebt die Stimme und lob-
singt im Chor und preist den Herrn ob aller seiner
Werke! 15 Gebt seinem Namen große Ehre, jubelt
einen Lobgesang auf ihn mit Harfenliedern und mit
Saitenspiel und sprecht mit Jubel also: 16 Die Werke
Gottes insgesamt sind gut, und alles, was man
braucht, gibt er zur rechten Zeit. 17 Er stellt die Was-
ser durch sein Wort wie einen Wall zurecht und
seinen Speicher durch die Rede seines Mundes.
18 Sein Wille setzt sich auf der Stelle durch, es gibt
kein Hindernis für seine Hilfe. 19 Das Treiben aller
Menschen liegt vor ihm, vor seinen Augen kann
sich nichts verbergen. 20 Von Urzeit an und bis auf
ewig schaut er nieder, und kann man etwa seine
Hilfe zählen? Nichts ist zu klein und zu gering bei
ihm und nichts für ihn zu wunderbar und schwer.
21 Man sage nicht: »Wozu ist jenes da?«, denn alles
ist zu seinem Zwecke ausgewählt. Man sage nicht:
»Das eine ist doch schlechter als das andre«, denn
alles ist zu seiner Zeit von Wert. 22 Sein Segen ist so
überströmend wie der Nil und tränkt dem Euphrat
gleich das Erdenrund.

23 Genauso hat sein Grimm die Völker einst vertrie-
ben und machte wasserreiches Land zu Wüstenei.
24 Geebnet für die Frommen ist sein Pfad und um-
gekehrt für Frevler unwegsam. 25 Von Anfang an er-
schuf er Gutes für die Guten und umgekehrt das
Gute und das Böse für die Bösen. 26 Das Wichtigste
zum Leben für den Menschen ist Wasser, Feuer, Ei-
sen, Salz, das Mark des Weizens, Milch und Honig,
das Blut der Trauben, Öl und Kleidung. 27 All das er-
weist sich für die Guten gut und wandelt sich zum
Bösen für die Bösen. 28 Da gibt es Stürme, die ge-
schaffen sind für das Gericht, die durch ihr Wüten
Berge selbst versetzen. Sie gießen ihre Kraft zur
Zeit des Unheils aus und stillen so den Ingrimm
ihres Schöpfers. 29 Auch Feuer, Hagel, Hunger, Pest
sind für das Strafgericht geschaffen. 30 Die wilden
Tiere, Skorpione, Nattern, und auch das Rache-
schwert, um Frevler zu vertilgen: all dieses ist zu
seinem Zweck erschaffen, liegt in dem Speicher da
und wird zur rechten Zeit entsandt. 31 Wenn er
Befehl an sie erteilt, frohlocken sie und widerstre-
ben nicht bei ihrem Auftrag seinem Wort. 32 Darum
war ich von Anfang an fest überzeugt, bedachte es
und leg' es schriftlich nieder: 33 Die Werke Gottes
insgesamt sind gut, und alles, was man braucht,
gibt er zur rechten Zeit. 34 Man sage nicht: »Das
eine ist doch schlechter als das andere«; denn alles
ist zu seiner Zeit von Wert. 35 So jubelt denn von
ganzem Herzen, und preist den Namen des All-
heiligen!

39,11: Beim Tod des Weisen ist sein Nachruhm bereits gesichert. Erst Dan 12,2 kennt jenseitigen Lohn und Auferstehung. • 17: Gemeint ist das Meer. Der griech. Text schiebt hier Vers 21ad ein. • 25: Das Gute wandelt sich den Bösen zum Schaden, Vers 27b. • 30: Die dichterische Phantasie dachte an Speicher und Vorratskammern am Rande des Himmelsgewölbes, in denen Gott die Naturgewalten bereithält, vgl. 43,14; 5 Mos 28,12; Job 38,22f.

Das menschliche Elend

40 1 Gar große Mühsal ist verhängt von
Gott, und schweres Joch liegt auf den
Menschenkindern vom Tage an, da sie
den Mutterschoß verlassen, bis zu ihrer Rückkehr
zu der Mutter aller Lebenden: 2 Ihr Grübeln und die
Sorge ihres Herzens, ihr Denken an die Zukunft, an
den Todestag. 3 Von dem, der auf dem Thron erha-
ben sitzt, bis hin zu dem, der sitzt in Staub und
Asche; 4 von dem, der Krone trägt und Diadem, bis
hin zu dem, der Kleider trägt aus Fellen: 5 Zorn herr-
scht und Eifersucht, die Sorge und der Schrecken,
die Todesfurcht, der Zank und Streit. Und selbst zur
Zeit der Ruhe auf dem Lager verwirrt der Schlaf der
Nacht noch seinen Sinn. 6 Ein wenig, einen Augen-
blick nur hat er Ruhe, dann wird er mitten unter
Schreckensbildern aufgestört. Er irrt hinweg im
Traumgesicht der Seele, wie ein Entronnener vor
dem Verfolger flieht. 7 Ist es soweit, daß er gerettet
ist, dann wacht er auf und wundert sich ob seiner
Furcht vor nichts. 8 Bei allen Wesen, von den Men-

schen bis zum Vieh, und bei den Sündern sieben-
fach verstärkt 9 herrscht Pest und Blutvergießen,
Fieber, Schwert, Verwüstung und Verderben, Hun-
gersnot und Tod. 10 Das Übel ist erschaffen für den
Frevler und seinetwegen die Vernichtung auferlegt.
11 Zur Erde kehrt, was aus der Erde stammt, zurück
und, was von oben stammt, nach oben.

Das Strafgericht

12 All Unrecht und Bestechung werden ausgerottet,
doch Redlichkeit bleibt ewiglich bestehen. 13 Des
Frevlers Habe rinnt dahin gleichwie ein Bach und
wie ein starker Strom nach dem Gewitterregen.
14 Wenn dieser schwillt, dann werden Felsen mitge-
rollt; jedoch versiegt er plötzlich und für immer.
15 Der Schößling dessen, der Gewalttat übt, setzt
keine Triebe an; denn eines Frevlers Wurzel liegt
auf Felsenriffen 16 wie eine Kresse an dem Rand
des Baches; sie wird von jedem Regen wegge-
schwemmt. 17 Die Güte aber wankt auf ewig nicht,
und Wohltun hat Bestand für immer.

Gottesfurcht steht über allem

18 Süß ist des Reichen und des Zechers Leben, doch
beide übertrifft, wer einen Schatz gefunden. 19 Kind
und Stadt verewigen den Namen, doch mehr als
beide, wer die Weisheit fand. Rinderzucht und
Pflanzung bringen Ruhm dem Namen, doch mehr
als beide eine liebe Frau. 20 Wein und Rauschtrank
machen froh das Herz, doch mehr als beide Liebe
zwischen Freunden. 21 Flötenspiel und Harfe zieren
den Gesang, doch mehr als beide eine reine
Stimme. 22 Schönheit und Gestalt gefallen sehr dem
Auge, doch mehr als beide Blumen auf der Wiese.
23 Freund und Weggenosse führen, wenn es Zeit ist,
doch mehr als beide eine kluge Frau. 24 Bruder und
Gehilfe retten in der Notzeit, doch mehr als beide
rettungsbringende Wohltat. 25 Gold und Silber stüt-
zen vor dem Fall den Fuß, doch mehr als beide guter
Rat. 26 Gut und Macht erheben hoch das Herz, doch
mehr als beide Gottesfurcht. 27 Die Gottesfurcht ist
wie ein Paradies voll Segen, und über alle Herrlich-
keit erstrahlt ihr Baldachin.

Das Schicksal des Bettlers

28 Mein Sohn, ein Bettlerleben führe nicht; denn lie-
ber sterben als betteln! 29 Wer blicken muß nach
fremdem Tisch, des Leben ist als Leben nicht zu
rechnen. Befleckung für die Seele sind geschenkte
Bissen und Magenschmerzen für den weisen Mann.
30 Im Mund des Frechen ist das Betteln süß, in sei-
nem Innern aber brennt es wie ein Feuer.

40,1: Der Schoß der Erde ist für den Dichter die Mutter aller Leben-
den, Job 1,21; Ps 139,15.

Vergänglichkeit

41 1 O Tod, wie bitter ist Erinnerung an dich
für den, der ruhig wohnt in seinem
Heim, für den, der sorglos ist, der Glück
in allem hat und der noch Kraft besitzt, Vergnügen
zu genießen! 2 O Tod, wie gut ist doch dein Los für
den, der arm und kraftlos ist, für den, der strauchelt
und an alles stößt, der mißvergnügt ist und die
Hoffnung aufgab! 3 Fürchte nicht den Tod, dein Los;
bedenke, daß vergangene und kommende Ge-
schlechter sind wie du! 4 Das ist der gottgewollte
Anteil aller Menschen; was willst du widerstreben
dem Gesetz des Höchsten? Ob tausend Jahre, hun-
dert oder zehn, es gibt im Reich der Toten kein Be-
schwerderecht auf Leben. 5 Verderbte Brut ist das
Geschlecht der Bösen, ein Torenstamm haust im
Gehöft des Frevlers. 6 Dem Sohn des Sünders wird
die Herrschaft weggerissen, und Armut weilt bei
seinen Kindern. 7 Die Kinder selbst verfluchen
einen schlechten Vater; denn seinetwegen werden
sie verachtet. 8 Weh euch, ihr frevelhaften Männer,
die ihr verließet das Gesetz des Höchsten! 9 Wenn
ihr euch mehrt, so ist es nur zum Schaden, und
wenn ihr Kinder habt, zur Jammerklage; zur Freude
ohne Ende, wenn ihr strauchelt, und wenn ihr ster-
bet, ist es zur Verfluchung. 10 Was immer aus dem
Nichts kommt, kehrt zum Nichts zurück; so auch
der Sünder aus der Nichtigkeit zur Nichtigkeit.
11 Vergänglich ist der Mensch dem Leibe nach, je-
doch des Frommen Namen wird nicht ausgetilgt.
12 Um deinen Namen sei besorgt, denn er begleitet
dich noch mehr als tausend teure Schätze! 13 Das
Gut des Lebens währt begrenzte Zeit, das Gut des
Namens aber unbegrenzte Zeit.

Weisheitslehre

14 Verborgne Weisheit und versteckter Schatz, was
ist der Nutzen, den sie beide bieten? 15 Besser ist,
wer seine Torheit heimlichhält, als einer, der ver-
heimlicht seine Weisheit.

Von der Scham

16 Die Lehre von der Scham vernehmt, ihr Söhne,
und pflegt die Scham nach meinem Urteil! Nicht
jede Scham zu üben, ist geziemend, nicht immer ist
es trefflich, sich zu schämen. 17 Der Unzucht
schäme dich vor Vater und vor Mutter! 18 Vor Herr
und Herrin schäm dich des Betrugs, vor der Ge-
meinde und dem Volke der Gesetzesübertretung,
vor dem Genossen und dem Freund des Abfalls,
19 und vor dem Ort, an dem du wohnst, des Über-
muts! Schäm dich, zu ändern Eide und Verträge,
beim Mahl den Ellenbogen aufzustemmen, die
Gabe zu verweigern, die erfleht wird, 21 zurückzu-

weisen deinen Volksgenossen, zu unterlassen die Verteilung deiner Opfergaben, 20 zu schweigen vor dem andern, der dich grüßt, auf eine fremde Frau den Blick zu werfen 22 sowie an ihre Magd heranzutreten! Schäm dich beleidigender Worte vor dem Freunde, und nach dem Schenken einer Gabe schimpfe nicht!

41,19c: Die griechisch-römische Sitte, sich beim Mahl auf Teppiche zu legen und auf den linken Ellenbogen zu stützen, galt als ungeziemend, vgl. 9,9; Amos 6,4. – Die übliche Verseinteilung ist schlecht; Vers 21 vor 20!

42

1 Schäm dich, ein Wort, das du vernommen, weiterzuerzählen und irgendeine heimliche Beratung zu enthüllen! Dann bist du schamhaft in der Tat und findest Gunst bei allen Menschen.

Falsche Scham

Doch schäm dich nicht der Dinge, die nun folgen, nimm keine Rücksicht, denn es wäre Sünde: 2 der Weisung des Erhabenen und seiner Satzung und des gerechten Urteils, um nicht Frevlern recht zu geben, 3 der Abrechnung mit Freund und zugereistem Gast und der Verteilung von Besitz und Erbe, 4 des Staubabwischens an der Hand- und Hebelwaage, der Reinigung der Maße und Gewichte! Nicht schäme dich, bald viel, bald wenig einzukaufen 5 und auf den Preis (zu schauen) für des Händler Ware, die Kinder oftmals zu bestrafen und einen schlechten Sklaven zu verprügeln! 6 Nicht schäm dich eines Siegels für die schlechte Frau und eines Schlüssels dort, wo viele Hände sind; 7 wenn jemand etwas hinterlegt, es aufzuschreiben; die Rückerstattung und die Übernahme, alles mache schriftlich! 8 Nicht schäm dich der Zurechtweisung des Dummen und des Toren sowie des Greises, der da strauchelt und sich plagt mit Unzucht! Dann bist du wahrhaft aufmerksam und ein gewandter Mann vor allen Menschen.

Sorgen um die Töchter

9 Die Tochter ist für ihren Vater wie ein Schatz, der schlaflos macht; die Sorge, die er mit ihr hat, verscheucht den Schlummer: in ihrer Mädchenzeit, auf daß sie nicht verblühe, und in der Ehe, daß sie nicht verstoßen werde; 10 solang sie Jungfrau ist, daß nicht verführt sie werde; in ihres Gatten Haus, daß sie nicht Unzucht treibe; in ihres Vaters Haus, daß sie nicht schwanger werde; in ihres Mannes Haus, daß sie nicht kinderlos. 11 Die Tochter ohne Zucht bewache streng, damit sie dich den Feinden nicht zum Spott mache, zum Stadtgespräch, zum Anlaß eines Volksauflaufs, und dich beschäme bei versammeltem Gericht am Tore! Der Ort, an dem sie wohnt, soll nicht das Fenster sein, auch nicht der Ausblick auf die Wege ringsumher! 12 Ihre Schönheit soll sie keinem Manne zeigen und unter Frauen nicht vertrauten Umgang haben! 13 Denn von den Kleidern kommt die Motte her und von der einen Frau die Schlechtigkeit der anderen. 14 Viel besser ist des Mannes Derbheit als die Freundlichkeit der Frau, und Schande bringt hervor die Tochter voll der Schande.

Lob des Schöpfers

15 Der Werke Gottes will ich nun gedenken und will erzählen, was ich wahrgenommen! Durch Gottes Wort entstanden seine Werke, und er vollbringt, was ihm gefällt, durch seinen Auftrag. 16 Der Sonne Strahl ergießt sich über alles und Gottes Herrlichkeit auf alle seine Werke. 17 Selbst Gottes Heilige genügen nicht, um seine Wunderwerke aufzuzählen. Gott gibt selbst seinen Heeresscharen Kraft, daß sie vor seiner Herrlichkeit bestehen können. 18 Die Meerestiefe und das Herz erforscht er, und alle ihre klugen Pläne kennt er. Denn alles Wissen ist dem Herrn zu eigen, er schaut das Kommende bis in die fernste Zeit. 19 Vergangenheit und Zukunft tut er kund, enthüllt die tiefen Rätsel des Verborgenen. 20 Es fehlt ihm keine Kenntnis, und nichts kann ihm entgehen. 21 Die Größe seiner Weisheit hat er fest gegründet; nur er ist einzig und allein von Ewigkeit. Man braucht nichts anzufügen und nichts wegzunehmen, und er hat niemand nötig, der ihn lehrte. 22 Wie wonnevoll sind alle seine Werke, wie herrlich anzuschauen sind sie alle! Er lebt und hat Bestand für ewig, und alles fügt sich ein, wo immer es gebraucht wird. 24 Sie alle sind verschieden voneinander, und keines hat er so gemacht, daß es entbehrlich wäre. 25 Das eine wechselt mit dem andern ab an Wert, und wer wird satt, die Schönheit anzuschauen?

42,3f: Immer genau sein! Beim Einkauf auf genaue Gewichte und Maße achten! • 6: Sinn: Eine schlechte Frau einzusperren, vgl. 26,10f; 42,11f, und, wo viele Leute vorbeikommen, zuzuriegeln.

Sonne

43

1 Der Himmelshöhe Schönheit ist das klare Firmament, und herrlich ist die Himmelsfeste anzusehen. 2 Sobald die Sonne aufgeht, spendet sie die Wärme; wie staunenswert ist dieses Werk des Herrn! 3 Sie setzt, wenn sie im Mittag steht, die Welt in Glut; wer kann vor ihrer Hitze dann bestehen? 4 Ein angefachter Ofen bringt den Guß zum Glühen, doch der die Sonne schickt, versengt die Berge. Der Leuchte

Flammenzungen schwelen überm Land, geblendet wird das Auge durch ihr Feuer. 5 Fürwahr, der Herr ist groß, ihr Schöpfer, und sein Befehl läßt seinen Helden strahlen.

Mond

6 Der Mond auch leuchtet zu bestimmten Zeiten, zur Herrschaft bis zum Ende und als Zeitmerkmal für immer. 7 Durch ihn weiß man die Feste und genauen Zeiten; ist er erschöpft, gefällt ihm (neuerdings) sein Kreislauf. 8 Von einem Monat auf den andern wird er neu; wie staunenswert ist er in seinem Wechsel! Er hält zurück das Heer der Sterne in der Höhe, bedeckt das Firmament mit seinem Glanz.

Sterne

9 Des Himmels Schönheit ist die Pracht der Sterne, ein Schmuck, der strahlt in Gottes Höhen. 10 Auf Gottes Wort hin stehen sie geordnet da, und nicht ermatten sie auf ihren Posten.

Regenbogen

11 Schau den Regenbogen an, und preise seinen Schöpfer; denn überaus geschmückt mit Herrlichkeit ist er! 12 Den Himmelskreis umgibt er rings mit seiner Pracht, und Gottes Hand hat in der Höh' ihn ausgespannt.

Gewitter

13 Den Blitz schreibt seine Allmacht hin und läßt die Pfeile des Gerichtes leuchten. 14 Um seinetwillen schuf er einen Speicher und fliegen Wolken wie die Vögel aus. 15 In seiner Größe macht er dicht die Wolken und werden Hagelsteine zermalmt. 17a Das Brüllen seines Donners läßt die Erde beben, 16 und Berge wanken selbst durch seine Kraft. Sein Schrecken jagt den Südwind jäh voran, 17b den starken Nord, den Sturmwind und Orkan.

Schnee

Wie Vogelschwärme streut er seinen Schnee aus; der wirbelt nieder wie ein Heer von Heuschrecken. 18 Die Augen blendet seine weiße Pracht, das Herz erzittert, wenn er niederrieselt.

Eis

19 Und auch den Reif gießt er wie Salz herab, wie Saphir läßt er Eiskristalle glänzen. 20 Er läßt den kalten Nordwind wehen, und es gefriert zu Eis die Quelle. Mit einer Decke überzieht er jedes Wasser und hüllt den Teich ein wie in einen Panzer. 21 Was auf den Bergen wächst, versengt er wie die Dürre, die grüne Wiese wie mit Feuerflammen.

Tau

22 Für alles bringt der Wolken Träufeln Linderung, der Tau, der sich ergießt und dürres Land erquickt.

Das Meer

23 Nach seinem Plan ließ er den Ozean sich senken und breitete im Meer die Inseln aus. 24 Die Meerumsegler schildern seinen Umfang; wir sind entsetzt, was unser Ohr vernimmt. 25 Dort gibt es Wunderdinge, seiner Werke staunenswerteste, die Tiere aller Art, des Weltmeers Ungeheuer.

Lob des Schöpfers

26 Um seinetwillen hat Erfolg sein Bote, und durch sein Wort vollzieht er seinen Willen. 27 Nochmal so viel wie dies – wir wären nicht am Ende; so sei der Schluß der Rede: Er ist alles! 28 Wir können nur noch preisen, aber nicht ergründen, und größer ist er noch als alle seine Werke. 29 Ehrwürdig ist der Herr gar sehr, gar sehr, und wunderbar sind seine Machterweise. 30 Die ihr den Herrn lobpreist, erhebt die Stimme, so laut ihr könnt, denn es wird nie genügen! Wenn ihr erhebt die Stimme, schöpfet neue Kraft, ermüdet nicht, denn ihr kommt nie ans Ende! 31 Wer sah ihn je und kann davon erzählen, und wer kann ihn so preisen, wie er ist? 32 Die Menge des Verhüllten übertrifft all dieses, nur wenig habe ich gesehn von seinen Werken. 33 Der Herr hat jegliches gemacht, und Weisheit hat den Frommen er verliehen.

43,5: Auch in Ps 19,6 wird die Sonne mit einem Helden, der seine Bahn läuft, verglichen. • 7: Die Mondphasen regeln den Kalender. In dichterischer Weise ist vom Ab- und Zunehmen oder vom Aufgang und Untergang die Rede. • 14: Für seine Absichten hält Gott wie in einem Speicher die Naturkräfte bereit, vgl. 39,17.30. • 16f: Wie 33,28 sind die Zeilen umzustellen. • 26: Das Wort wird wie ein Bote gesandt, Ps 147,18. • 27: Gott ist Urheber und Erhalter der Schöpfung. Im NT das persönliche »Wort«, Kol 1,17.

Lob der Väter – die Vorfahren insgesamt

44 1 Die frommen Männer will ich nun besingen und unsre Väter in der Reihenfolge. 2 Viel Ehre hat der Höchste ihnen zugeteilt, und groß sind sie gewesen seit der Vorzeit Tagen; 3 als Erdbeherrscher in der Königswürde und Männer, hochberühmt, durch ihre Macht, Berater wegen ihrer großen Einsicht und Seher aller Dinge im Prophetenamt, 4 Gebieter über Völker durch ihr kluges Sinnen und Fürsten kraft der Schärfe ihres Denkens, gelehrte Redner durch ihr Schriftverständnis und Spruchgewandte durch ihr Wissen von Verhaltensregeln, 5 Erfinder dichterisch geformter Lieder, Verfasser schriftlich mitgeteilter Sprüche, 6 bewährte Männer, über Macht verfügend und ungestört auf ihrem Wohnsitz lebend: 7 Sie alle waren hochgeehrt zu ihrer Zeit; ihr Ruhm erscholl in ihren Tagen. 8 Von ihnen hinterließen manche einen Namen, so daß man sich von ihrem Lob erzählte. 9 Doch manche unter ihnen haben kein Gedenken; es war mit ihnen, als sie endeten, zu Ende. Sie waren dann, als ob sie nie gewesen

wären, und ebenso nach ihnen ihre Kinder. 10 Je-
doch die andern sind die frommen Männer, und
ihre Hoffnung wird kein Ende nehmen.
11 Bei ihrem Stamme bleibt ihr Gut erhalten, und all
ihr Erbe bleibt bei ihren Enkeln. 12 Ihr Stamm hält
fest an ihrem Bund, und ihre Kinder auch um ihret-
willen. 13 Für immer steht ihr Angedenken fest, und
ihre Frömmigkeit wird nie vergessen. 14 In Frieden
ist ihr Leib bestattet, ihr Name lebt durch kom-
mende Geschlechter. 15 Von ihrer Weisheit redet die
Gemeinde, und die Versammlung kündet laut ihr
Lob.

Beispiele: Henoch, Noe

16 Henoch wandelte mit dem Herrn und wurde ent-
rückt, ein Beispiel der Gotteserkenntnis für alle Ge-
schlechter.
17 Noe, der Gerechte, ward fehlerfrei befunden, zu
der Vernichtung Zeit war er der Überlebende. Um
seinetwillen blieb ein Rest erhalten, und in einem
Bund mit ihm endete die Sintflut. 18 Ein ewiger
Bund ward mit ihm geschlossen: nie wieder zu ver-
tilgen alle Lebewesen.

Patriarchen

19 Abraham war Vater einer Völkermenge; kein Ma-
kel fiel auf seine Ehre. 20 Er hielt das Gebot des
Höchsten und trat in einen Bund mit ihm. An sei-
nem Fleische schnitt er sich das befohlene Bundes-
zeichen, und in der Prüfung ward er als treu befun-
den. 21 Daher versprach ihm Gott mit einem
Schwur, durch seine Nachkommenschaft die Völ-
ker zu segnen, sie zahlreich zu machen wie den
Staub der Erde und wie die Sterne seine Nachkom-
men zu erhöhen, ihnen Besitz zu erteilen von Meer
zu Meer und vom Euphratstrom bis an die Grenzen
der Erde.
22 Auch dem Isaak versprach er das gleiche um Ab-
rahams, seines Vaters, willen. Den Bund mit allen
Vorfahren übertrug er auf ihn, 23 und Segen ruhte
auf Israels Haupt. Ihn nannte er seinen Erstgebore-
nen und verlieh ihm sein Erbe. Er gab ihm Bestand
in Stämmen, im Anteil von Zwölfen. Und er ließ
von ihm einen Mann abstammen, der Gnade fand
bei allen Lebenden.

44,1: Wie in der Natur, so offenbarte sich Gott in der Geschichte Israels. • 16: Vgl. 1 Mos 5,22–24. • 23: Israel = Jakob, 1 Mos 32,29; 35,10 Israel, allerdings als Volksname, wird Gottes Erstgeborener genannt in 36,17; 2 Mos 4,22.

Moses

45 1 Der Liebling Gottes und der Men-
schen, Moses – sein Andenken sei ge-
segnet! 2 Ihn nannte er einen Gott und
gab ihm Stärke in furchterregenden Taten. 3 Durch
sein Wort ließ er eilends die Wunder geschehen und
verlieh ihm Macht vor dem König. Er hieß ihn, zum
Volke zu gehen, und ließ ihn seine Herrlichkeit
schauen. 4 Ob seiner Treue und Ergebenheit erkor
er ihn aus allen Menschen. 5 Er ließ ihn seine
Stimme hören und zum Wolkendunkel kommen.
Er legte das Gesetz in seine Hand, die Lehre des Le-
bens und der Einsicht, auf daß er Jakob seine Sat-
zungen lehre, Israel seine Gebote und Vorschriften.

Aaron

6 Und er erhöhte einen Heiligen gleich jenem, den
Aaron aus dem Stamme Levi. 7 Er bestellte ihn für
die ewig gültige Satzung und legte seine Ehre auf
ihn. Er beglückte ihn mit seiner Herrlichkeit und
umgürtete ihn mit höchster Schönheit. 8 Er beklei-
dete ihn mit vollendetem Prunk und schmückte ihn
mit Prachtgewändern: mit den Beinhüllen, dem
Leibrock und Obergewand, 9 und mit klingenden
Glöckchen umgab er ihn und mit den Granatäpfeln
ringsherum; sie sollten bei seinem Schreiten lieblich
erklingen und aus dem Allerheiligsten ihn ver-
nehmbar machen zur Erinnerung für die Kinder sei-
nes Volkes; 10 sodann mit den heiligen Gewändern
aus Gold, violettem Purpur und rotem Purpur in
Kunststickerarbeit, mit dem Brustschild des
Schiedsspruches, den Urim und Tummim, 11 aus
Karmesin, in Weberarbeit; mit den Edelsteinen, ge-
schnitten wie Siegel, in Einfassungen, eine Stein-
schneidearbeit, zur Erinnerung mit eingegrabener
Schrift nach der Zahl der Stämme Israels; 12 ferner
mit dem Diadem aus Feingold über dem Kopfbund
mit der eingegrabenen heiligen Inschrift, eine erha-
bene Herrlichkeit und ein gewaltiger Ruhm, eine
Lust für das Auge und eine vollkommene Schön-
heit. 13 Vor ihm gab es nichts Ähnliches, und bis auf
ewig darf es kein anderer tragen. Nur seinen Söh-
nen ward es anvertraut, und so halten es seine
Söhne durch alle Geschlechter. 14 Sein Speiseopfer
wird ganz verbrannt als regelmäßiges Opfer zwei-
mal täglich. 15 Und Moses führte ihn ein in sein Amt
und salbte ihn mit dem heiligen Öl. So ward ihm
ein ewiger Bund zuteil, wie auch seinem Stamm,
solange der Himmel besteht: den Dienst zu verrich-
ten und ihm Priester zu sein und sein Volk zu seg-
nen in seinem Namen. 16 Aus allen Menschen erkor
er ihn, um Brandopfer und Fettstücke darzubringen,
den lieblichen Duft des Gedenkopfers zu weihen
und den Söhnen Israels Versöhnung zu schaffen.
17 Auch hat er ihm seine Gebote gegeben, ihn zum
Herrscher gemacht über Recht und Gesetz. 18 Als
Unwürdige gegen ihn sich empörten und in der
Wüste gegen ihn eiferten, die Genossen des Datan

und des Abiram und die Rotte des Korach in hefti-
gem Zorn, 19 da sah es der Herr und ergrimmte und
vernichtete sie in der Glut seines Zornes. Er schuf
gegen sie ein Wunderzeichen und verschlang sie
mit seiner Feuerflamme. 20 Ja, er vermehrte noch
Aarons Ruhm und gab ihm sein Erbe: Die heiligen
Erstlinge gab er ihm zur Speise, und die Opfer des
Herrn dürfen sie essen. 21 Die Schaubrote wurden
sein Anteil, und die Weihegaben gehören ihm und
seinem Stamme. 22 Aber am Landbesitz des Volkes
erhielt er kein Erbteil, und in seiner Mitte fiel ihm
kein Erbe zu. Denn der Herr ist sein Anteil und sein
Erbe unter den Söhnen Israels.

Pinchas

23 Dann Pinchas, der Sohn Eleasars, erhielt die hohe
Würde als dritter, weil er sich einsetzte für den Gott
des Alls und für sein Volk in die Bresche trat, als er
willig dem Trieb seines Herzens folgte und Versöh-
nung erwirkte den Söhnen Israels. 24 Daher stellte
Gott auch für ihn eine Ordnung auf, einen Heils-
bund zur Pflege des Heiligtums: Ihm und seinem
Geschlecht solle gehören das Hohepriestertum für
immer. 25 So ging ja auch sein Bund mit David, dem
Sohne Isais aus dem Stamme Juda, auf Erbnach-
folge eines Mannes vor seiner Herrlichkeit. Ganz so
gehört des Aaron Erbe ihm und seinem Stamme.
Nun lobt den Herrn, den gütigen, der euch mit Herr-
lichkeit gekrönt! 26 Er möge Herzensweisheit euch
verleihen, sein Volk zu richten in Gerechtigkeit, daß
euer Erbgut niemals weiche noch eure Würde bis in
fernste Zeiten!

45,2: Der Vergleich mit einem Gott, 2 Mos 4,16; 7,1. • 8: Im folgenden vgl. die Beschreibung 2 Mos 28 und 39. • 10: Der Ephod: 2 Mos 28,6–14. Im Brustschild waren die bis zur frühen Königszeit gebrauchten hl. Lose »Urim und Tummim«, 2 Mos 28,30. Später dienten sie nur noch als Schmuck. • 12: 2 Mos 28,36–38. • 17: 5 Mos 33,10. • 18: 4 Mos 16. 23: Vgl. 4 Mos 25,7–13. • 25: Wie die königliche Würde auf die Nachkommen Davids überging (»Der Mann vor seiner Herrlichkeit« ist Salomo), so die priesterliche auf die Nachkommen des Pinchas. • 26: Sirach ist in Sorge um die Aufrechterhaltung der aaronitischen Nachfolge, vgl. 50,23f.

Josua und Kaleb

46 1 Ein starker Held war Josua, der Sohn
des Nun, Gehilfe Moses' im Propheten-
amt, dazu geschaffen, um in seiner Zeit
zu werden die große Rettung für die Auserwählten
Gottes, um Rache zu vollziehen an dem Feind und
Israel in seinen Erbbesitz zu führen. 2 Wie herrlich
war er, wenn die Hand er hob, den Speer schwang
wider eine Stadt! 3 Wer konnte je vor ihm bestehen,
da er die Kriege führte für den Herrn? 4 Blieb nicht
auf seinen Wink die Sonne stehen, und wurde nicht
ein Tag zu zweien? 5 Er rief zu Gott, dem Aller-
höchsten, in Not umringt von seinen Feinden; und
Gott, der Höchste, sandte ihm Erhörung durch Ha-
gelsteine und durch Schloßen. 6 Er warf sie auf das
Volk der Feinde, und er vernichtete am Abhang
seine Gegner, daß alle Völker, die dem Bann verfal-
len, merken sollten, daß der Herr auf ihre Kriege
achthat.
Auch weil er Gott in allem folgte 7 und in der Zeit
des Moses Frömmigkeit bewies, er und Kaleb, Sohn
des Jephunne, da sie beim Aufruhr der Gemeinde
standhaft blieben, den Zorn abwandten von der
Volksgemeinschaft und zum Verstummen brachten
schlimme Worte. 8 Drum wurden auch nur diese
beiden ausgenommen von den sechsmal hundert-
tausend Mann zu Fuß, indem er sie zu ihrem Erb-
land kommen ließ, ein Land, das überfloß von
Milch und Honig. 9 Und er verlieh dem Kaleb große
Stärke, die bis ins Greisenalter ihm erhalten blieb,
so daß das Bergland er besetzen konnte, und auch
sein Stamm behielt das Erbe, 10 damit die Söhne Ja-
kobs alle merken sollten, wie gut es ist, dem Herrn
in allem zu gehorchen.

Die Richter

11 Sodann die Richter, jeder seinem Namen nach,
jeder, dessen Herz nicht übermütig wurde und der
von Gott nicht abgewichen ist – gepriesen sei ihr
Angedenken! 12 Möge ihr Gebein aus ihrer Ruhe-
stätte sprießen und ihren Ruhm auf ihre Söhne
übertragen!

Samuel

13 Der Liebling seines Volkes und die Wonne seines
Schöpfers, sehnlichst erfleht vom Schoße seiner
Mutter an, dem Herrn geweiht für das Propheten-
amt, Samuel, der Richter war und Priesterdienste
tat! Nach Gottes Willen führte er die Königswürde
ein und salbte Herrscher über das Volk. 14 Nach
dem Befehl des Herrn berief er eine Volksversamm-
lung, die Zelte Jakobs suchte er als Richter auf.
15 Ob seines Mundes Zuverlässigkeit ward er be-
fragt als Seher, und auch in seiner Auskunft war er
als Prophet verlässig. 16 Auch er rief einst zu Gott,
als er das Milchlamm opferte; 17 da donnerte der
Herr vom Himmel nieder, und mit gewaltigem
Getöse vernahm man seine Stimme. 18 Er schlug die
gegnerischen Feldherrn, vernichtete die Fürsten der
Philister alle. 19 Und um die Zeit, da er zur Ruhe ein-
ging auf der Lagerstatt, rief er den Herrn zum Zeu-
gen an und seinen Gesalbten: »Von wem nahm ich
Bestechungsgaben, oder Schuhe nur, entgegen?«
Und niemand konnte wider ihn das Wort ergreifen.
20 Sogar nach seinem Tode wurde er befragt und
kündete dem König sein Geschick, und aus der Erde

als Prophet erhob er seine Stimme, um so des Volkes Sünde auszutilgen.

46,4: Jos 10,12–14. • 5f: Jos 10,11. • 14: 1 Sam 7,5.16. • 16: Ähnlich Vers 5. Vgl. 1 Sam 7,9ff. • 19: 1 Sam 12,1–5. • 20: 1 Sam 28.

Natan und David

47 1 Nach ihm stand ferner Natan auf, um vor David hinzutreten. 2 Denn wie das Fett vom Opfer ausgehoben wird, so David aus dem Volke Israel. 3 Mit Löwen spielte er, als wären sie nur Böcklein, mit Bären wie mit jungen Lämmern. 4 In seiner Jugend streckte er den Riesen nieder und nahm vom Volk die Schmach hinweg, indem er mit der Hand die Schleuder schwang und so des Goljat Stolz zerbrach. 5 Er rief zu Gott, dem Allerhöchsten, und dieser legte Kraft in seine Rechte, so daß er niederschlug den kampferprobten Mann und damit seines Volkes Macht erhöhte. 6 Darum besangen ihn die Mädchen und ehrten ihn im Zuruf »zehnmal tausend.« Als er die Krone trug, stand er im Krieg 7 und warf ringsum die Feinde nieder. Er schlug zurück die feindlichen Philister, und bis zur Gegenwart zerbrach er ihre Macht. 8 Er stimmte Lobgesänge an bei allem, was er tat, auf Gott, den Höchsten, mit verherrlichenden Worten. Aus seinem ganzen Herzen liebte er den Schöpfer, und alle Tage pries er ihn mit Psalmen. 9 Vor den Altar bestellte er die Saiteninstrumente und regelte den Liederklang zur Harfe. 10 Den Festen hat er Glanz verliehen, die Feiertage festgelegt im Jahreslauf. Vom Lobpreis seines heiligen Namens erscholl das Heiligtum schon vor dem Morgen. 11 Auch hat der Herr ihm seine Schuld verziehen und seine Macht erhöht für immer, hat ihm das Recht des Königtums verliehen und seinen Thron gefestigt über Israel.

Salomo

12 Um seinetwillen ist nach ihm erstanden ein weiser Sohn, der unbehelligt wohnen konnte: 13 Als Salomo regierte, herrschte Frieden, und Gott verschaffte ihm von allen Seiten Ruhe. Da baute er ein Haus für seinen Namen und gründete ein Heiligtum für immer. 14 Wie weise warst du doch in deiner Jugendzeit und ließest Bildung überströmen gleich dem Nil! 15 Die Erde hast du überdeckt mit deiner Flut, und bis zu Himmelshöhen stiegen Lieder auf. 16 Dein Ruhm drang hin bis zu den fernsten Inseln, und man begehrte dich zu hören. 17 Durch Lied und Spruch, durch Rätsel und durch Frage versetztest du in Staunen alle Völker. 18 Du wardst benannt nach des Gelobten Namen, nach dem auch Israel benannt ist. Du häuftest Gold wie Eisen auf und mehrtest Silber gleich dem Blei.
19 Doch gabst du Frauen deinen Körper hin und ließest ihnen Herrschaft über deinen Leib. 20 So brachtest du auf deine Ehre einen Makel und hast dein Ehebett entweiht. Deshalb kam Zorn auf deiner Söhne Schar und Jammer über deine Lagerstatt, 21 indem das Volk zu zwei Regierungsstämmen wurde und ein rebellisch Königreich aus Ephraim.
22 Gleichwohl ließ Gott von seiner Huld nicht ab und keines seiner Worte auf die Erde fallen. Nicht nahm er seinem Auserwählten Sproß und Sohn, und die Familie seines Freundes tilgt er nicht aus.
23 Als in Verzweiflung Salomo entschlief, da hinterließ er einen stolzen Sohn als Erben, der reich an Torheit, arm war an Verstand: Rehabeam, der durch sein Urteilswort das Volk entzweite; dazu Jerobeam, den Sohn des Nebat, der Israel zum Sündigen verführte. Ja, er brachte Ephraim zu Fall, 24 so daß er die Verstoßung aus dem Land verschuldete. Es wurde ihre Sünde riesengroß, 25 und allem Bösen gaben sie sich hin.

47,3f: 1 Sam 17. Heute kommt der Bär nur noch in waldreichen Gegenden des Libanon und Antilibanon vor. • 11: 2 Sam 12,13. • 13: 1 Kön 5,15–8,66. • 14: 1 Kön 5,12–14.

Elias

48 1 Da erhob sich ein Prophet wie Feuer, und sein Wort war wie ein brennender Ofen. 2 Er zerbrach ihnen die Stütze des Brotes, durch seinen Eifer verringerte er ihre Zahl.
3 Auf Gottes Wort hin verschloß er den Himmel und ließ dreimal Feuer herniederfallen. 4 Wie ehrfurchtgebietend warst du, Elias, und wer dir gleichkommt, möge sich rühmen! 5 Du wecktest einen Toten vom Tode auf, aus der Unterwelt nach dem Willen des Herrn. 6 Du stürztest Könige in das Grab und Hochgeehrte von ihren Lagern. 7 Du vernahmst am Sinai Strafbefehle und am Horeb Urteilssprüche der Rache. 8 Du salbtest Könige für die Vergeltung und einen Propheten als Nachfolger an deiner Statt.
9 Du wurdest im Sturm nach oben entrückt und in Feuergarben zum Himmel. 10 Von dir steht geschrieben, du stehest bereit für die Frist, um den Zorn zu beschwichtigen, eh' er entbrennt, um der Väter Herz ihren Söhnen zuzuwenden und Jakobs Stämme wiederherzustellen. 11 Selig, wer dich sieht und stirbt, denn auch er wird leben!

Elisäus

12 Elias war es, der im Sturm entschwand, doch Elisäus ward mit seinem Geist erfüllt. Doppelt soviel Zeichen wirkte er, und Wunder wurden alle

Worte seines Mundes. Solang er lebte, bebte er vor niemand, und seinen Geist hat keiner überwältigt. 13 Nichts war zu wunderbar für ihn, und seine Leiche hatte noch vom Grabe aus Prophetenkraft. 14 Er wirkte Wunder während seines Lebens, bei seinem Tode staunenswerte Werke. 15 Bei all dem aber hat das Volk sich nicht bekehrt; sie ließen nicht von ihren Sünden ab, bis sie aus ihrem Lande fortgerissen und in alle Welt vertrieben wurden. Jedoch für Juda blieb ein kleiner Rest und immer noch ein Fürst vom Hause Davids. 16 Von ihnen übten manche das, was recht war, doch manche unter ihnen unbegreiflichen Verrat.

Hiskia

17 Hiskia hat seine Stadt befestigt, indem er Wasser leitete in ihre Mitte; und er durchbohrte mit dem Erz die Felsen und dämmte rings den Teich mit Bergen ein. 18 In seinen Tagen zog einst Sanherib herauf und hat den Rabsake gesandt. Er hob gegen Sion seine Hand und schmähte Gott in seinem Übermut. 19 Da wurden sie verzagt trotz ihres Herzens Übermut und zitterten gleich einer Frau in Wehen. 20 Sie riefen laut zu Gott, dem Höchsten, und streckten ihre Hände nach ihm aus. Da hat er auf ihr lautes Flehgebet gehört und sie errettet durch die Hand des Isaias. 21 Er schlug das Lager der Assyrer und setzte sie durch eine Seuche in Verwirrung. 22 Denn Hiskia tat, was gut war, und hielt an Davids Wegen fest, die ihm gebot der Seher Isaias, der Große und in den Gesichten Zuverlässige. 23 Auf dessen Wink blieb einst die Sonne stehen, dem König hat das Leben er verlängert. 24 Starken Geistes schaute er die fernste Zukunft und tröstete die Trauernden auf Sion. 25 Für alle Zeit hat er das Künftige verkündet und das Verborgene, bevor es eintraf.

48,2f: 1 Kön 17,1; 18,38; 2 Kön 1,10.12. • 5f: 1 Kön 17,17–24. • 6: 1 Kön 21,20–24; 2 Kön 1,4.6.16f. • 7: 1 Kön 19,15–17; Sinai = Horeb. • 9: 2 Kön 2,1–11. • 10: Mal 3,23f. Das Spätjudentum glaubte an die Wiederkunft des Elias in der Endzeit. Vgl. dazu Matth 17,10–13. • 11: Text sehr unsicher. • 12: 2 Kön 2,9–11. • 13: 2 Kön 13,21. • 15: Die assyrische Gefangenschaft Israels, vgl. 47,24. • 17: 2 Kön 20,20. • 18ff: 2 Kön 18,13–19,37. • 23: 2 Kön 20,8–11.

Josia und Jeremias, – die einzigen gottesfürchtigen Männer

49

1 Der Name des Josia ist wie dufterfüllter Weihrauch, gar gut gewürzt, ein Werk des Salbenmischers. Süß wie Honig auf dem Gaumen ist sein Angedenken und wie ein Lied beim Weingelage. 2 Denn er hat sich gegrämt ob unseres Abfalls und hat die Götzengreuel abgeschafft. 3 Er gab sein Herz vollkommen hin an Gott, und in der Zeit des Frevels übte er die Frömmigkeit. 4 Ausgenommen David, Hiskia und auch Josia, waren alle schlecht, und das Gesetz des Höchsten haben sie verlassen, die Könige von Juda ganz und gar. 5 Sie gaben einem andren ihre Macht und ihre Ehre einem fremden Volk. 6 Sie legten Feuer an die heilige Stadt, und deren Straßen wurden öde, 7 des Jeremias wegen, da sie ihn mißhandelten, und er war doch vom Mutterschoße an geschaffen als Prophet, um auszureißen, einzureißen, zu vernichten, aber auch um aufzubauen, einzupflanzen und zu stärken.

Hüter des heiligen Erbes

8 Ezechiel schaute Gesichte und beschrieb die Gestalten des göttlichen Thronwagens. 9 Er gedachte auch des Job, der die Wege der Gerechtigkeit einhielt. 10 Ferner die Zwölf Propheten – ihr Gebein möge sprießen aus ihrer Ruhestätte! Sie brachten Jakob Heilung und Hilfe durch zuversichtliche Hoffnung. 11 Wie könnten wir Serubbabel passend rühmen! Er war wie ein Siegelring an der Rechten, 12 ebenso Jesua, des Jozadak Sohn, die in ihren Tagen das Gotteshaus bauten und den heiligen Tempel wieder errichteten, der bestimmt ist zu ewiger Herrlichkeit. 13 Nehemia – sein Gedenken in Ehren! Er hat unsere Trümmer aufgerichtet und unsere Ruinen wieder beseitigt, hat Tor und Riegel eingesetzt.

Rückblick

14 Kaum einer der auf Erden Erschaffenen kommt Henoch gleich; so ist er denn auch leiblich entrückt worden. 15 Ward je ein Mensch geboren gleich Joseph? So wurde selbst sein Leichnam aufbewahrt. 16 Sem, Set und Enos sind geehrt, doch alle Menschen übertrifft an Ruhm Adam.

49,1: 2 Kön 22,1–23,30. • 2: 2 Kön 21. • 5: Vgl. Bar 4,3. • 6: Die schlechten Könige selbst waren durch ihren Abfall vom Herrn schuld an der Zerstörung Jerusalems 2 Kön 25,8f. • 7: Vgl. Jer 38,6; 1,5.10. • 11f: Esr 3–6. • 14: Vgl. 44,16. • 15: 1 Mos 50,25; 2 Mos 13,19.

Der Hohepriester Simon

50

1 Der Größte unter seinen Brüdern und der Ruhm seines Volkes, der Hohepriester Simon, des Onias Sohn! In dessen Zeit ward das Gotteshaus ausgebessert und in seinen Tagen der Tempel befestigt. 2 In dessen Zeit ward die Mauer ausgebaut, die Zinnen der Gotteswohnung am Königspalast. 3 In seinen Tagen wurde der Teich gegraben, ein Becken, an Größe dem Meere gleich. 4 Er sorgte für sein Volk gegen Plünderung vor und befestigte wider den Feind seine Stadt. 5 Wie herrlich war er, wenn er aus dem Zelte blickte und hervortrat zwischen dem Vorhang! 6 Wie ein leuchtender Stern zwischen den Wolken und wie der Vollmond in den Tagen des Osterfestes, 7 wie

die strahlende Sonne über dem Königspalast und wie der Regenbogen, der im Gewölk erscheint, 8 wie ein blühender Zweig in den Tagen des Festes und wie eine Lilie an Wasserbächen, wie eine Libanonzeder in den Tagen des Sommers 9 und wie das Weihrauchfeuer auf dem Speiseopfer, wie ein Gefäß aus Gold und wie ein Becher, der ganz besetzt mit Edelsteinen ist, 10 wie ein grünender Ölbaum voller Früchte und wie ein Olivenbaum mit üppigen Zweigen. 11 Wenn er die herrlichen Gewänder angelegt und sich mit aller Pracht bekleidet hatte, wenn er emporstieg zum erhabenen Altar, mit Glanz den Hof des Heiligtums erfüllte, 12 wenn er die Opferstücke nahm aus seiner Brüder Hand, wobei er selbst beim Stoß des Opferholzes stand, im Umkreis rings der Söhne Kranz wie junge Zedern auf dem Libanon; und wie die Weiden an dem Bach umgaben ihn 13 die Söhne Aarons insgesamt in ihrem Schmuck. In ihren Händen hielten sie die Feueropfer für den Herrn im Angesicht der ganzen Volksversammlung Israels, 14 bis daß er fertig war mit seinem Dienste am Altar und mit der Ordnung aller Opferschichten für den Höchsten. 15 Nun streckte er die Hand aus nach dem Becher und opferte vom Taubenblut. Er goß es aus am Fuße des Altars zum angenehmen Wohlgeruche für den Höchsten, den König des Alls. 16 Dann stießen die Söhne Aarons in die getriebenen Trompeten; sie bliesen und ließen gewaltigen Schall ertönen zur Erinnerung vor dem Höchsten. 17 Alles Volk beeilte sich gemeinsam und fiel aufs Angesicht zur Erde nieder, um anzubeten vor dem Höchsten, vor dem Heiligen Israels. 18 Da ertönte der Psalmengesang und ließ zur Musik gar süßen Jubel erklingen. 19 Das ganze Volk des Landes jubelte im Gebet vor dem Allerbarmer, bis er den Dienst des Herrn vollendet hatte und ihm nach dem Gesetz die Opfer dargebracht. 20 Sodann stieg er herab und hob die Hände über Israels ganze Gemeinde. Auf seinen Lippen war das Segenswort des Herrn, und seines Namens durfte er sich rühmen. 21 Da fielen sie zum zweiten Male nieder, um von ihm den Segen zu empfangen.

Schlußmahnung

22 Nun lobt den Herrn, den Gott des Alls, der Wunderbares wirkt im Lande, der einen Menschen so erhöht vom Mutterschoße an und aus ihm macht, was seinem Willen dient. 23 Er gebe Weisheit euch ins Herz, und Friede herrsche unter euch! 24 Beständig bleibe seine Huld bei Simon, und er erhalte ihm den Bund mit Pinchas, der niemals ihm gebrochen werden soll noch seinem Stamm, solang der Himmel währt.

Ein Zahlenspruch

25 Zwei Völker verabscheue ich, und das dritte ist überhaupt kein Volk: 26 die Bewohner von Seïr und Philistäa und das törichte Volk, das in Sichem haust.

Unterschrift

27 Erziehung zur Weisheit und Sprüche für passende Gelegenheiten von Jesus, dem Sohne Eleasars, des Sohnes Sirachs, dessen Herz von Schriftdeutung überströmte und der Einsicht hervorquellen ließ. 28 Selig der Mensch, der über sie nachsinnt, und wer es sich zu Herzen nimmt, wird weise! 29 Denn wenn er danach handelt, ist er tüchtig zu allem, da die Furcht des Herrn ihr Wesensinhalt ist.

50,1ff: Simon II. 218 bis ca. 192 v. Chr. Josephus Flavius berichtet, daß König Antiochus III. die Bauten anordnete (nach 198). • 5ff: Die lange Schilderung gibt uns in etwa ein Bild vom damaligen Gottesdienst am großen Versöhnungstag. Vers 5 beginnt mit dem Heraustreten des Hohenpriesters aus dem Allerheiligsten, vgl. 3 Mos 16,24. • 6,8: Das »Fest« meint das Osterfest. • 16: Der Trompetenschall soll, menschlich gesprochen, das Volk vor Gott in Erinnerung bringen, vgl. 4 Mos 10,10, ähnlich die Glöckchen in 45,9. • 20: Nur beim Segen durfte der heilige Name »Jahwe« ausgesprochen werden. • 22ff: Eine deutliche Mahnung, dem levitischen Priestergeschlecht die Treue zu halten. • 25: Ein lose angefügtes Sprichwort gegen Edomiter, Philister und Samariter.

Gebet Jesus', des Sohnes Sirachs

51 1 [Gebet Jesus', des Sohnes Sirachs] Preisen will ich dich, König und Herr, will dich loben, Gott meines Heiles, will deinen Namen verkünden, du Hort meines Lebens! 2 Denn du hast mich befreit vom Tode; du hast meinen Leib vor der Grube bewahrt, meinen Fuß der Gewalt der Hölle entrissen. Du hast mich beschirmt vor der Geißel gehässiger Zungen und vor den Lippen der treulosen Lügner. Vor meinen Gegnern warst du mir Beistand; 3 nach der Größe deiner Huld halfest du mir aus der Schlinge derer, die meinen Sturz suchten, und aus der Hand jener, die mein Leben verfolgten. Aus vieler Bedrängnis hast du mich gerettet 4 und aus den Nöten der Flamme rings um mich her; aus den Gluten des Feuers – nicht irdisch entfacht, 5 aus dem Schoße des Meeres – nicht wirklich von Wasser, vor schändlichen Lippen und Erfindern von Lüge 6 und vor den Pfeilen der täuschenden Zunge. Schon war ich nahe dem Tode, und mein Leben am Rande der Unterwelt tief. 7 Ich wandte mich ringsum und fand keinen Helfer, ich spähte nach Beistand, doch keiner war hier. 8 Da gedachte ich der Barmherzigkeit des Herrn und seiner Huld seit ewigen Zeiten; er rettet ja alle, die Schutz bei ihm suchen, und erlöst sie von jeglichem Übel. 9 So erhob ich vom Boden her meine Stimme, von den Toren der Unterwelt schrie ich. 10 Ich rief: »O Herr, mein Vater bist du, mein Gott und mein ret-

tender Held. Verlaß mich nicht am Tage der
Drangsal, am Tag der Vernichtung und Wirrnis!
11 Ich will deinen Namen beständig lobpreisen und
im Gebete deiner gedenken.« Da hörte der Herr auf
mein Rufen und achtete auf mein Flehen. 12 Er hat
mich befreit von jeglichem Übel und gerettet am
Tage der Drangsal. Darum danke ich nun und will
loben und preisen den Namen des Herrn.

Danklitanei

(1) Danket dem Herrn, denn er ist gut; denn ewig
währt seine Huld. (2) Danket dem Gott der Lobge-
sänge; denn ewig währt seine Huld. (3) Danket dem
Hüter Israels; denn ewig währt seine Huld. (4) Dan-
ket dem Schöpfer des Alls; denn ewig währt seine
Huld. (5) Danket dem Erlöser Israels; denn ewig
währt seine Huld. (6) Danket dem, der die Ver-
sprengten Israels sammelte; denn ewig währt seine
Huld. (7) Danket dem, der seine Stadt und sein Hei-
ligtum baute; denn ewig währt seine Huld. (8) Dan-
ket dem, der dem Hause Davids Macht verlieh;
denn ewig währt seine Huld. (9) Danket dem, der
Zadoks Söhne zum Priestertum erkor; denn ewig
währt seine Huld. (10) Danket dem Schild Abra-
hams; denn ewig wärt seine Huld. (11) Danket dem
Fels Isaaks; denn ewig währt seine Huld. (12) Dan-
ket dem Starken Jakobs; denn ewig währt seine
Huld. (13) Danket dem, der Sion auserkor; denn
ewig währt seine Huld. (14) Danket dem König aller
Könige; denn ewig währt seine Huld. (15) Er erhöhte
die Macht seines Volkes, ein Ruhm für all seine
Frommen, für Israels Söhne, das Volk, das ihm na-
hesteht. Lobet den Herrn!

Der Freund der Weisheit sucht sie bis zum Lebensende

13 Als ich noch ein Jüngling war, gewann ich sie
schon lieb und suchte sie. 14 In meiner Jugend habe
ich um sie gebetet, und bis zum Lebensende will ich
nach ihr streben. 15 Sie wuchs heran wie eine reife
Traube, mein Herz erfreute sich an ihr. Es wandelte
mein Fuß in Treue gegen sie, seit meiner Jugend
forschte ich ihr nach. 16 Ich schenkte ihr für kurz
Gehör und nahm Belehrung an, und überreiches
Wissen habe ich gefunden. 17 Ihre Unbefangenheit
gereichte mir zur Ehre, und meinem Lehrer will ich
Dank abstatten. 18 Ich sann darauf, ein hohes Gut
mir zu erwerben, und wurde nicht enttäuscht, da
ich es fand. 19 Mein Sehnen mühte sich um sie,
mein Antlitz wandte ich von ihr nicht ab. Mein
Arm hat ihre Tore aufgetan, und ich umkreiste und
erblickte sie. 20 Ich heftete mein Augenmerk auf sie
und habe sie als rein befunden. Durch sie gewann
ich klugen Sinn von Anfang an; darum auch will ich
niemals von ihr lassen. 21 Mein Herz war in Er-
regung, sie zu schauen; daher erwarb ich sie als
köstlichen Besitz.

22 Der Herr hat meine Lippen mir zum Lohn gege-
ben, und danken will ich ihm für meine Zunge.
23 Kehrt ein bei mir, die ihr unwissend seid, und
haltet euch in meiner Schule auf! 24 Wie lang noch
wollt ihr vielerlei entbehren und eure Seele argen
Durst erleiden lassen? 25 Ich öffne meinen Mund
und spreche; erwerbt euch Besitz, es kostet ja kein
Geld! 26 Beugt euren Nacken in ihr Joch, und eure
Seele trage ihre Last! Nahe ist sie denen, die sie
suchen, und wer sich ganz ihr hingibt, findet sie.
27 Seht selbst, wie ich nur kurz mich mühte und
viel Ruhe für mich fand! 28 So hört auf meine knapp
gefaßte Lehre, und Gold und Silber werdet ihr
durch sie erwerben! 29 An meinem Lehrstuhl möge
eure Seele sich erfreuen, und meines Liedes sollt ihr
euch nicht schämen! 30 Vollbringet eure Werke vor
der Zeit, dann gibt er euch den Lohn zu seiner Zeit!
[Weisheit Jesus', des Sohnes Sirachs.]

51,1: Überschrift fehlt im Hebräischen. Das ganze Kap. ist ein Nachtrag, wohl vom gleichen Verfasser. Vers 1–12 ist ein Dankpsalm für Rettung aus Todesgefahren. • (1): Die Form einer Litanei mahnt Ps 136 nach. • 13ff: Der Nachtrag ist ein ins Geistige zu übertragendes Lied der Liebe zur Weisheit, vgl. das Bild von der Braut 14,20–27; Weish 8. Die Verse beginnen der Reihenfolge nach mit den Buchstaben des Alphabets wie Spr 31,10–31. • 22: Dank für die Gabe der Beredsamkeit.

DAS BUCH ISAIAS

Der König unter den Propheten, wie man Isaias nennt, stammte aus Jerusalem und war vornehmer Herkunft, wenn nicht gar königlichen Geblütes. Im Todesjahr des Königs Ussia (Ozias) berief ihn der Herr. In den von ihm hinterlassenen Schriften läßt sich eine öffentliche Wirksamkeit bis nach dem Jahre 701 beobachten. Seine Frau und seine beiden Söhne treten mehr als schemenhafte Gestalten auf, letztere mit sinnbildlichen Namen.

Als Ussia starb, war Tiglatpilesar III. (745–727) unbestrittener Herr der damals bekannten Welt bis hin zum nördlichen Palästina. Unter dem König Achas (736–721) wurde der bis dahin neutrale Staat Juda in das politische Geschehen hineingezogen. Damaskus wurde das Haupt einer assurfeindlichen Bewegung, der sich das assurfreundliche Juda nicht anschloß. Es kam zum syrisch-ephraimitischen Krieg gegen Juda (736/35). Ihm folgte das Strafgericht des Großkönigs über Damaskus und Israel. Das Jahr 727 brachte in Assur Salmanassar V. (727 –722) an die Macht. Der noch verbliebene Rest des Nordreiches empörte sich im Vertrauen auf die Hilfe Ägyptens, und im Jahre 722 fiel als das letzte Bollwerk Ephraims Samaria in die Hände Sargons (722–705).

Im Südreich folgte auf Achas Hiskia (Ezechias, 721–693), einer der Lieblingskönige der vom prophetischen Geist beeinflußten Geschichtsschreiber des AT. Er liebäugelte mit dem Abfall von Assur, beteiligte sich sogar an Aufständen, bei denen Ägypten seine Hand im Spiel hatte. Etwa seit 715 herrschte dort eine äthiopische Dynastie. Noch zu Lebzeiten Sargons und erst recht unter seinem Nachfolger Sanherib (705–681) trat als gefährlicher Assyrerfeind Merodach Baladan aus Babylon auf. Jetzt beteiligte sich Juda offen an allen Bündnissen. Dies hatte aber lediglich die Folge, daß Hiskias Herrschaftsgebiet auf Jerusalem beschränkt wurde. Die Eroberung dieser Stadt wurde durch Gottes Eingreifen verhindert.

In all diese Geschehnisse hinein wirkte Isaias für den »Heiligen Israels«, die Schaffung eines heiligen Volkes, gegen Götzendienst, ausländische Sitten und die Irrwege einer Politik, die Macht und Stärke anbetete. Isaias ist der Prophet des Glaubens; seine Hoffnung sind seine Jüngerschar und jener heilige Rest, der Untergang und Gefangenschaft überdauern wird. Der Messias aus dem Hause David bietet die Bürgschaft für das Gottesvolk der Zukunft.

Das uns heute vorliegende Buch des Propheten Isaias enthält in seinem ersten Teile (1–39) hauptsächlich Mahnreden, Drohsprüche und Verheißungen, die sich an Juda, Jerusalem, aber auch an Israel wenden. Diese Stücke folgen einander nicht so, wie sie in geschichtlicher Folge gesprochen worden sind; Sammler haben sie mehr nach sachlichen Gesichtspunkten geordnet. Aus diesem Rahmen fallen einige Prosaberichte heraus (6,1–13; 7,1–16; 8,1–4; 20,1–6; 36,1–39,8). Auch die Isaiasapokalypse (24,1–27,13), die das Gericht über den ganzen Erdkreis ausdehnt, verdient eine gesonderte Betrachtung. 13,1–21,17 richten sich gegen Fremdvölker, die teilweise Nachbarn Judas sind, zum Teil in weiter Ferne wohnen.

Der zweite Teil des Buches enthält von 40,1 ab Tröstungen und Verheißungen für die in Babel Verbannten, denen die nahe Befreiung durch den Perserkönig Cyrus bevorsteht. Hier sind als messianische Weissagungen besonders die Lieder vom Gottesknecht hervorzuheben. Von Kap. 56,1 ab wendet sich der Prophet an die aus der Verbannung Heimgekehrten und versucht den Gründen nachzugehen, warum das ersehnte Heil noch nicht da ist. Trotzdem wird Jerusalem einmal der religiöse Mittelpunkt der Welt werden.

Auch diese wesentlich andersgearteten Teile führt die jüdisch-christliche Überlieferung auf den Zeitgenossen des Königs Hiskia zurück, während man sonst schon lange von einem »anderen« Isaias spricht. Da vielfach auch katholische Bibelerklärer von der Überlieferung abwichen, sprach sich am 29. VI. 1908 die päpstliche Bibelkommission dahin aus, daß die bisher für die Annahme eines zweiten Isaias angeführten Gründe unzureichend sind. Ob den in den letzten fünf Jahrzehnten vorgebrachten Beweisgründen eine größere Überzeugungskraft innewohnt, kann hier nicht entschieden werden.

Schau des Isaias, des Sohnes des Amoz, die er
über Juda und Jerusalem hatte in den Tagen
des Ussia, Jotam, Achas, Hiskia, der Könige
von Juda.

Anklage

2 Höret, ihr Himmel, horch auf, du Erde, denn es re-
det der Herr: »Söhne zog ich heran und erhöhte ich;
sie aber lehnten sich gegen mich auf. 3 Ein Ochs
kennt seinen Besitzer, ein Esel die Krippe seines
Herrn, Israel aber hat keine Erkenntnis, mein Volk
hat keinen Verstand.«

Jerusalem als Rest

4 Wehe, sündiger Haufe, schuldbeladenes Volk, Brut
von Verbrechern, Söhne, die frevelhaft handeln! Sie
verließen den Herrn, schmähten den Heiligen Isra-
els, wandten den Rücken ihm zu. 5 Wohin könnt ihr
noch Schläge erhalten, da ihr fortgesetzt abfallt?
Jedwedes Haupt ist krank, ein jedes Herz matt.
6 Von der Fußsohle an bis zum Haupt ist nichts Hei-
les an ihm. Wunde und Strieme und frischer Hieb,
nicht ausgedrückt, nicht verbunden, nicht mit Öl er-
weicht. 7 Euer Land Wüstenei, eure Städte ver-
brannt, euren Acker verzehren Fremde vor euch;
Verwüstung herrscht wie bei Sodoms Zerstörung.
8 Die Tochter Sion blieb übrig wie eine Hütte im
Weinberg, wie ein Nachtlager im Gurkenfeld, wie
eine bedrängte Stadt. 9 Hätte nicht der Herr der
Heerscharen uns einen Rest gelassen, wir wären ge-
worden wie Sodom, Gomorra wären wir gleich.

Opferdienst des Gomorravolkes

10 Höret das Wort des Herrn, ihr Sodomsgebieter!
Vernimm die Weisung unseres Gottes, du Gomor-
ravolk! 11 »Wozu soll mir die Menge eurer Schlacht-
opfer dienen?«, so spricht der Herr. »Der Widder
Brandopfer habe ich satt und der Mastkälber Fett;
der Stiere, der Lämmer, der Böcke Blut, es sagt mir
nicht zu! 12 Wenn ihr vor meinem Antlitz erscheint,
wer fordert dies von euch, daß ihr meine Höfe zer-
tretet? 13 Bringt sinnlose Gaben nicht länger mehr
dar! Räucherwerk ist mir abscheulich! Neumond,
Sabbat und Feiertag – ich ertrage nicht Frevel und
Fest! 14 Eure Neumonde und eure Feiertage haßt
meine Seele. Sie sind mir zur Last geworden, die zu
tragen ich müde bin! 15 Breitet ihr eure Hände aus,
so verhülle ich meine Augen vor euch, häuft ihr
eure Gebete an, so höre ich nicht; denn eure Hände
sind voll der Blutschuld! 16 Wascht und reinigt euch!
Schafft eurer Taten Bosheit mir aus den Augen hin-
weg, hört auf, das Böse zu tun! 17 Lernt Gutes wir-
ken, trachtet nach Recht, leitet den Unterdrückten,
setzt euch im Gericht für den Verwaisten ein, führt
den Rechtsstreit der Witwe!
18 Dann kommt, und wir wollen verhandeln«,
spricht der Herr. »Sind eure Sünden wie Scharlach,
sie sollen weiß werden wie Schnee, sind sie wie
Purpur so rot, sie sollen werden wie Wolle. 19 Seid
ihr willig und folgsam, so dürft ihr die Güter des
Landes genießen. 20 Weigert ihr euch und trotzt, so
werdet ihr vom Schwerte gefressen.« Wohlan, der
Mund des Herrn hat gesprochen!

Jerusalem einst und jetzt

21 Wie ward doch zur Dirne die Stadt, die einst so
getreu, erfüllt von Recht; Gerechtigkeit weilte in
ihr, jetzt aber bewohnen sie Mörder! 22 Dein Silber
ist zu Schlacken geworden, dein Wein mit Wasser
verschnitten. 23 Deine Fürsten – Empörer sind sie
und Diebesgesellen; alle haben Bestechung gern,
laufen Geschenken nach. Dem Verwaisten helfen
sie nicht zum Recht, die Sache der Witwe gelangt
nicht zu ihnen. 24 Darum spricht der Gebieter, der
Heerscharen Herr, der Starke in Israel: »Ha, an mei-
nen Gegnern verschaffe ich mir Genugtuung, an
meinen Feinden nehme ich Rache. 25 Ich wende
meine Hand wider dich, läutere wie mit Laugensalz
deine Schlacken, scheide alle deine Bleistücke aus.
26 Dann will ich dir Richter geben wie ehedem und
Ratsherren so wie am Anfang. Danach wird man
dich nennen: ›Wohnort der Gerechtigkeit, getreue
Stadt.‹ 27 Sion wird durch Recht erlöst, durch Ge-
rechtigkeit seine Bekehrten. 28 Zusammenbruch
aber trifft Empörer und Sünder insgesamt; die den
Herrn verlassen, werden vergehen.«

Verehrung der Bäume

29 Ja, ihr werdet beschämt ob der Eichen, die eure
Lust sind, erröten über die Gärten, die ihr bevor-
zugt. 30 Denn ihr selber werdet der Eiche gleich,
deren Laub verwelkt, und dem Garten, der kein
Wasser enthält. 31 Und es wird der Starke zum
Werg und zum Funken sein Tun; beide zusammen
verbrennen, und niemand kann löschen.

1,25: Bild des Schmelzofens (vgl. 48,10; Jer 6,27–30) für das kommende Gericht. Laugensalz als Reinigungsmittel wird auch Jer 2,22 und Mal 3,2 erwähnt.

Das Friedensreich um Jerusalem

2 1 Das Wort, das Isaias, der Sohn des Amoz,
über Juda und Jerusalem schaute: 2 Am Ende
der Tage wird es geschehen: Da steht der
Berg des Hauses des Herrn an der Spitze der Berge
festgegründet und ragend über die Hügel, und alle
Völker strömen zu ihm. 3 Viele Nationen pilgern
und sprechen: »Auf, laßt uns steigen zum Berge des
Herrn und zum Hause des Gottes Jakobs, daß er
uns seine Wege lehre und wir schreiten auf seinen

Pfaden!« Denn Weisung geht aus von Sion, das
Wort des Herrn von Jerusalem. 4 Zwischen den Völ-
kern wird er richten, entscheiden für viele Natio-
nen. Ihre Schwerter schmieden sie zu Pflugscharen
um und ihre Speere zu Winzermessern. Nimmer
wird Volk gegen Volk das Schwert erheben, und
nicht mehr lernt man die Kriegskunst. 5 Haus Jakob,
wohlan! Laßt uns wandeln im Lichte des Herrn!

Stolz und Demut

6 Fürwahr, du verstießest dein Volk, das Haus Ja-
kob; denn sie sind voll von Wahrsagerei aus dem
Osten, von Zauberern wie die Philister, und an Aus-
ländern haben sie Überfluß. 7 Sein Land ist voll Sil-
ber und Gold, seine Schätze nehmen kein Ende; ja,
sein Land ist von Pferden voll, seine Streitwagen
nehmen kein Ende. 8 Sein Land ist von Götzen voll.
Ihrer Hände Machwerk beten sie an, das, was ihre
Finger verfertigt. 9 Doch geduckt wird der Mensch
und erniedrigt der Mann, und du sollst sie nicht auf-
richten! – 10 Flieh in den Fels, verbirg dich im Staub
vor dem Schrecken des Herrn, vor seiner glorrei-
chen Pracht! 11 Die stolzen Augen der Menschen
werden gesenkt, es duckt sich der Hochmut der
Männer, und erhaben ist allein der Herr an jenem
Tag.
12 Denn für den Herrn der Heerscharen kommt ein
Tag über alles Stolze und Erhabene, über alles, was
hoch ist – und doch so niedrig, 13 über alle Zedern
des Libanon, die emporragenden, hohen, und über
alle Eichen von Basan, 14 über alle hohen Berge und
über alle emporragenden Hügel, 15 über jeden
hohen Turm und über jede trutzige Mauer, 16 über
alle Tarsisschiffe und über alle kostbaren Boote.
17 Dann duckt sich der Stolz der Menschen und
beugt sich der Hochmut der Männer, und erhaben
allein ist der Herr an jenem Tag. 18 Doch die Götzen
verschwinden ganz und gar. 19 In Felshöhlen und
Erdlöchern verkriecht man sich vor dem Schrecken
des Herrn, vor seiner glorreichen Pracht, wenn er
sich erhebt, die Erde zu schrecken. 20 An jenem Tag
wirft der Mensch seine Götzen von Silber und Gold,
die er sich gemacht zur Verehrung, hin zu den Rat-
ten und Fledermäusen, 21 um sich in Felsspalten und
Steinklüfte zu verkriechen vor dem Schrecken des
Herrn und seiner glorreichen Pracht, wenn er sich
erhebt, die Erde zu schrecken. 22 Sagt euch doch von
dem Menschen los, der nur durch einen Hauch in
seiner Nase besteht! Denn was sonst ist er wert?

2,2–4: Dieselbe Weissagung steht fast wörtlich in Mich 4,1–3. Sie besagt eine friedliche Ausweitung des religiösen Heilsgutes Israels auf alle Völker »am Ende der Tage« (Vers 2), d. h. in der messianischen Zukunft.

Schuld der leitenden Kreise

3 1 Denn siehe, der Gebieter, der Herr der Heer-
scharen, nimmt fort von Jerusalem und Juda
Stütze und Stab, jede Stütze an Brot, jede
Stütze an Wasser, 2 den Helden und den Kriegs-
mann, den Richter und den Propheten, den Wahr-
sager und den Ältesten, 3 den Oberen über Fünfzig,
den Angesehenen und Ratsherrn, den Künstler und
Zauberkundigen. 4 Knaben will ich ihnen geben als
Fürsten, Buben sollen über sie herrschen. 5 Und da
drängt sich das Volk, Mann gegen Mann, einer ge-
gen den anderen. Der Knabe tobt gegen den Greis,
der Ehrlose gegen den Würdevollen. 6 Da packt
einer seinen Bruder aus seiner Familie: »Du hast
noch ein Obergewand, sei also unser Gebieter; die-
ser Trümmerhaufe stehe unter deiner Gewalt!« 7 Er
aber wird antworten an jenem Tag: »Ich will kein
Wundarzt sein! In meinem Hause ist weder Brot
noch Gewand. Mich bestellt also nicht zum Führer
des Volkes!« 8 Ja, Jerusalem strauchelt, und Juda
muß fallen. Denn ihre Reden und Taten richten sich
gegen den Herrn, zu trotzen seinen majestätischen
Augen. 9 Das Aussehen ihrer Gesichter klagt sie an;
wie Sodom verkünden sie laut ihre Sünden und ver-
decken sie nicht. Weh ihnen, sie schaffen sich sel-
ber das Unheil! 10 Heil dem Gerechten, denn es geht
ihm wohl; denn die Frucht seiner Taten genießt er!
11 Wehe dem Frevler, ihm geht es schlecht; denn
was seine Hände getan, widerfährt ihm selbst!
12 Mein Volk! Seine Zwingherren sind Buben, und
Weiber beherrschen es. Mein Volk! Deine Führer
sind Verführer, verwirren den Weg deiner Pfade.
13 Der Herr steht bereit, einen Rechtsstreit zu
führen, er tritt auf, zu richten sein Volk. 14 Ins Ge-
richt geht der Herr mit den Ältesten seines Volkes
und dessen Fürsten: »Ihr habt den Weinberg ge-
plündert. Das den Armen geraubte Gut ist in euren
Häusern. 15 Wie kommt ihr dazu, mein Volk zu zer-
schlagen, zu zerstoßen der Armen Antlitz?« So
spricht der Gebieter, der Herr der Heerscharen.

Genußsüchtige Frauen: ihr Ende ist Verderben

16 Und der Herr sprach: »Weil Sions Töchter so
hochmütig sind, beim Gehen hochrecken den Hals
und ihre Augen verdrehen, weil sie trippelnd und
tänzelnd einhergehen und mit den Fußspangen klir-
ren, 17 darum wird der Höchste den Scheitel der Si-
onstöchter kahlköpfig machen, und ihre Schläfe
wird entblößen der Herr.« 18 An jenem Tage entfernt
der Herr den prächtigen Schmuck: die Fußspangen,
Stirnbänder, Möndchen, 19 die Ohrgehänge, Arm-
kettchen und Schleier, 20 die Kopfbinden, Schritt-
kettchen und Gürtel, die Halsbänder und Amulette,

21 die Fingerringe und Nasenringe, 22 die Feierklei-
der, Mäntel, Überwürfe und Täschchen, 23 die
Schleier und Untergewänder, die Binden und Um-
schlagtücher. 24 Und dann wird es geschehen: Statt
des Balsams gibt es Moder; statt der Schärpe den
Strick, statt des Lockengekräusels die Glatze, statt
des Prachtgewandes die Gürtung des Sackes, ja
Schande statt Schönheit. 25 Deine Mannen werden
fallen durchs Schwert und deine Helden im Kampf.
26 Ihre Tore werden seufzen und trauern, Sion sitzt
ausgeplündert am Boden.

4 1 An jenem Tage werden sieben Frauen einen
einzigen Mann festhalten und sprechen: »Wir
wollen essen unser eigenes Brot, uns kleiden
mit eigenen Gewändern! Nur laß uns deinen Namen
führen, nimm fort von uns unsere Schande!«

Schutz in der Gegenwart Gottes

2 An jenem Tag wird der Sproß des Herrn zur eh-
renden Zier und die Frucht des Landes zum pracht-
vollen Stolz für die Geretteten Israels. 3 Und es wird
geschehen: Wer in Sion überlebt und in Jerusalem
noch übrigbleibt, wird »heilig« heißen, jeder, der
zum Leben aufgeschrieben ist in Jerusalem. 4 Wenn
der Herr den Schmutz der Töchter Sions abgewa-
schen und Jerusalems Blutschuld aus seiner Mitte
hinweggespült hat durch den Sturm des Gerichtes
und den Sturm der Verwüstung, 5 dann wird der
Herr über jeder Stätte des Sionsberges und über den
dortigen Zusammenkünften eine Wolke bei Tag er-
schaffen, Rauch und flammenden Feuerglanz bei
Nacht. Ja, über dem ganzen Lichtglanz wird eine
Schutzhülle sein. 6 So wird es ein Obdach geben
zum Schatten bei Tag vor der Hitze und zur
Zuflucht und Deckung vor Regengüssen.

Weinberggleichnis

5 1 Singen will ich für meinen Freund das Lied
meines Freundes auf seinen Weinberg! Einen
Weinberg hatte mein Freund auf fetter Höhe
des Berges. 2 Er grub ihn um und entsteinte ihn, mit
Edelreben bepflanzte er ihn. In seiner Mitte baute er
einen Turm, eine Kelter hieb er auch aus darin und
hoffte, daß er nun Trauben trüge; doch nur Her-
linge trug er. 3 Darum nun, Bürger Jerusalems und
Männer von Juda, richtet doch zwischen mir und
meinem Weinberg! 4 Was blieb noch zu tun für mei-
nen Weinberg, das ich an ihm nicht hätte getan?
Warum hoffte ich, daß er Trauben trüge, indes er
nur Herlinge trug? 5 Verkünden will ich euch jetzt,
was meinem Weinberg ich tun will: Entfernen
seinen Zaun, daß er verwüstet wird, einreißen
seine Mauer, daß er zertreten wird! 6 Ich will ihn
machen zur Wüstenei; er wird nicht beschnitten
und nicht mehr behackt. Aufschießen sollen Dor-
nen und Unkraut; den Wolken will ich verbieten,
über ihm zu regnen!
7 Wohlan, der Weinberg des Herrn der Heerscharen
ist das Haus Israel, und die Leute von Juda sind
seine liebliche Pflanzung. Er hoffte auf Rechts-
spruch, doch siehe da: Rechtsbruch, und auf Ge-
rechtigkeit, doch siehe da: Klageschrei!

Sechsfacher Weheruf

8 Wehe jenen, die Haus an Haus reihen, Feld an Feld
rücken, bis kein Raum mehr vorhanden ist und ihr
allein Grundherren seid inmitten des Landes! 9 In
meinen Ohren ließ sich hören der Herr der Heer-
scharen: Aus vielen Häusern wird Wüstenei, große
und schöne Häuser sind menschenleer. 10 Doch
zehn Joch Rebland liefern nur einen Eimer, und ein
Malter Aussaat bringt nur einen Scheffel.
11 Wehe jenen, die früh sich erheben und jagen nach
Rauschtrank, die am späten Abend der Wein noch
erhitzt! 12 Da gibt es Zither und Harfe, Pauke und
Flöte und Wein für ihr Trinkgelage. Doch auf das
Wirken des Herrn achten sie nicht, schauen nicht
auf das Tun seiner Hände. 13 Darum wird verbannt
mein Volk, weil ohne Verstand, seine Herrenschicht
muß sterben vor Hunger, seine Masse verschmach-
ten vor Durst. 14 Deshalb öffnet das Totenreich
seinen Rachen gar weit, reißt auf sein Maul ohne
Maß, damit hinabfährt sein Gepränge und Ge-
dränge, sein Getöse und seine jauchzende Schar.
15 Geduckt wird der Mensch, gebeugt wird der
Mann, der Stolzen Augen werden erniedrigt.
16 Doch hoch erhaben zeigt sich der Herr der Heer-
scharen im Gericht, der heilige Gott erweist sich als
heilig durch Gerechtigkeit. 17 Lämmer werden dann
weiden auf ihrer Trift, Ziegen grasen die Trümmer
der Vertilgten ab.
18 Wehe jenen, die mit Ochsenstricken die Schuld
herbeiziehen, mit Wagenseilen die Sünde! 19 Sie
sprechen: »Es beeile sich schleunigst sein Werk, da-
mit wir es sehen! Bald komme heran der Ratschluß
des Heiligen Israels, damit wir ihn erfahren!«
20 Wehe jenen, die das Böse als gut, das Gute als
böse bezeichnen, die Finsternis als Licht und Licht
als Finsternis hinstellen, die Bitter als Süß und Süß
als Bitter hinstellen!
21 Wehe jenen, die sich weise dünken und klug vor
sich selber! 22 Wehe jenen, die Helden im Weintrin-
ken sind und tüchtige Männer im Würzen des
Rauschtranks! 23 Die um Bestechungsgeld dem
Schuldigen Recht geben, dem Unschuldigen aber

sein Recht entziehen. 24 Darum, wie Feuerzunge
Stoppeln verzehrt und dürres Gras in der Flamme
versinkt, so sei ihre Wurzel wie Moder, ihre Blüte
wirble empor wie Staub! Denn sie verwarfen die
Weisung des Herrn der Heerscharen und lästerten
das Wort des Heiligen Israels.

Göttlicher Zorn

25 Darum entbrannte der Zorn des Herrn wider sein
Volk, er streckte über ihm seine Hand aus und
schlug es. Die Berge erzitterten; ihre Leichname la-
gen wie Kot auf den Gassen. Bei all dem ließ sein
Zorn nicht ab, und seine Hand blieb weiterhin aus-
gestreckt. 26 Er errichtet ein Panier für ein Volk aus
der Ferne und pfeift es vom Ende der Erde herbei.
Sieh nur, eilends und rasch kommt es an. 27 Da ist
kein Müder und Strauchelnder bei ihm, es schläft
und schlummert nicht ein. Nicht löst sich der Gurt
seiner Hüften, der Riemen seiner Schuhe zerreißt
nicht. 28 Seine Pfeile sind scharf, und all seine Bogen
gespannt; seiner Rosse Hufe gleichen dem Kiesel,
seine Räder dem Wirbelwind. 29 Sein Gebrüll ist
wie das des Löwen, wie ein Junglöwe so brüllt es.
Es knurrt, packt die Beute, bringt sie in Sicherheit,
und niemand kann sie entreißen.

Strafgericht

30 Es tost über ihm an jenem Tag wie Brausen des
Meeres. Man blickt zur Erde, und siehe, bange Fin-
sternis; im Wolkendunkel ist verfinstert das Licht.

5,1–7: Das erschütternde Lied von Bundestreue und Bundesbruch beginnt wie ein Liebeslied. Vgl. 3,14; 27,2–5; Ps 80,9–17. • 2: Herlinge sind saure, unreife Trauben. • 26: Das Panier, eine hochragende Signalstange, dient als Sammelzeichen (13,2; 18,3; 30,17; 31,9; 62,10).

Prophetenberufung

6 1 Im Todesjahr des Königs Ussia sah ich den
Herrn. Er saß auf einem hohen und erhabenen
Throne, seines Gewandes Schleppen füllten
den Tempel. 2 Über ihm schwebten Seraphim;
sechs Flügel hatte ein jeder; mit zweien verhüllte er
sein Angesicht, mit zweien bedeckte er seine Füße,
und mit zweien flog er. 3 Einer rief dem andern zu
und sprach: »Heilig, heilig, heilig ist der Herr der
Heerscharen, die Fülle der ganzen Erde ist seine
Herrlichkeit.« 4 Vor der Stimme des Rufenden er-
bebten die Pfosten der Türschwellen, und der Tem-
pelraum füllte sich mit Rauch. 5 Da sprach ich:
»Wehe mir, ich bin verloren; denn ein Mann mit un-
reinen Lippen bin ich und wohne unter einem
Volke mit unreinen Lippen! Denn den König, den
Herrn der Heerscharen, haben meine Augen gese-
hen.« 6 Da flog zu mir einer der Seraphim heran, in
seiner Hand einen glühenden Stein, den er mit einer
Zange vom Altar genommen hatte. 7 Mit ihm
berührte er meinen Mund und sprach: »Siehe, dies
hat deine Lippen berührt, gewichen ist deine
Schuld, deine Sünde gesühnt.« 8 Und ich hörte die
Stimme des Herrn, der da sprach: »Wen soll ich sen-
den, wer wird für uns gehen?« Und ich erwiderte:
»Hier bin ich, sende mich!« 9 Und er sprach: »Geh
und rede zu diesem Volke da: Höret, höret, aber
versteht es nicht; sehet, sehet, aber erkennt es
nicht! 10 Mache das Herz dieses Volkes verstockt,
seine Ohren verhärtet und seine Augen verblendet,
daß es mit seinen Augen nicht sehe und mit seinen
Ohren nicht höre, sein Herz nicht zur Einsicht
komme und es wieder Heilung finde!« 11 Ich erwi-
derte: »Wie lange, o Herr?« Er sprach: »Bis daß die
Städte verödet sind, ohne Bewohner, die Häuser
menschenleer, und das Ackerland öde liegt als
Wüste. 12 Der Herr wird die Menschen entfernen;
groß wird die Verlassenheit sein inmitten des Lan-
des. 13 Und bleibt darin noch ein Zehntel übrig, so
verfällt auch dies wieder der Vertilgung, einer Eiche
und Terebinthe gleich, von denen beim Fällen nur
ein Stumpf bleibt. Heiliger Same ist sein Stumpf.«

6,1–13: Mehrfach ist es im AT bezeugt, daß der Mensch, der Gott anschaut, sterben muß. Auch Is weiß es. Der Dreimalheilige wurde offenbar vom Propheten nicht mit irdischen Augen wahrgenommen, sondern im Geiste geschaut. Der Abschnitt ist von grundlegender Bedeutung für alle Gotteserlebnisse des Propheten. Wie bei Jer und Ez würde die Berufungsvision besser an den Anfang des Buches passen. Sie fand im Jahr 738 statt. Isaias nimmt den Ruf des Herrn bereitwillig an (Vers 8). • 10: Ez 12,2; Matth 13,14f; Apg 28,26f; Röm 11,8 u. ö. Diese Stellen scheinen mit dem allgemeinen Heilswillen Gottes im Widerspruch zu stehen. Für Isaias aber löst sich dieser Widerspruch insofern, als die Erfolglosigkeit seiner Predigt die Verstockung des Volkes so recht ans Licht bringt und sogar noch steigert. Daher kann er nicht die große Masse überzeugen, sondern nur den heiligen Rest, der aus den Katastrophen als die neue Gottesgemeinde hervorgehen wird.

Gottvertrauen in Kriegsgefahr

7 1 Und es geschah in den Tagen des Achas, des
Sohnes Jotams, des Sohnes Ussias, des Königs
von Juda, da rückten Rezin, der König von
Aram, und Pekach, der Sohn des Remalja, der König
von Israel, wider Jerusalem, um es anzugreifen.
Doch sie konnten es nicht bezwingen. 2 Man
brachte dem Hause David die Meldung: »Aram hat
sich verbündet mit Ephraim.« Da erbebte sein Herz
und das Herz seines Volkes, wie Waldbäume im
Winde beben. 3 Der Herr aber sprach zu Isaias:
»Gehe hinaus, dem Achas entgegen, du und dein
Sohn Schearjaschub, an das Ende der Wasserleitung
des oberen Teiches bei der Straße zum Walkerfeld!
4 Sprich zu ihm: ›Sei gefaßt und bleibe ruhig,
fürchte dich nicht, und dein Herz verzage nicht vor

diesen beiden Stummeln von rauchenden Brand-
scheiten, vor dem lodernden Zorn Rezins und
Arams und des Sohnes Remaljas, 5 weil Aram,
Ephraim und der Sohn Remaljas Unheilvolles wider
dich planten, indem sie sagten: 6 Gegen Juda wollen
wir zu Felde ziehen, es zerstückeln, seine Teile an
uns reißen und zum König in seiner Mitte den Sohn
des Tabel einsetzen!‹ 7 So spricht der Gebieter und
Herr: ›Es bleibt nicht so und wird nicht sein, 8 daß
Damaskus Arams Haupt ist und das Haupt von Da-
maskus Rezin [65 Jahre noch dauert es, da wird
Ephraim zerschlagen und kein Volk mehr sein],
9 daß Samaria Ephraims Haupt ist und das Haupt
Samarias der Sohn des Remalja! Wenn ihr nicht
glaubt, so habt ihr keinen Bestand.‹«

Zeichen des Immanuel

10 Und weiterhin sprach der Herr zu Achas: 11 »Er-
bitte dir ein Zeichen vom Herrn, deinem Gott, sei es
aus der Tiefe der Unterwelt oder hoch oben aus der
Höhe!« 12 Aber Achas erwiderte: »Ich will nicht bit-
ten und den Herrn nicht auf die Probe stellen.« 13 Da
sprach er: »Hört doch, ihr vom Hause David: Ist es
euch zu wenig, Menschen zu beleidigen, daß ihr
auch noch meinen Gott beleidigt? 14 Darum wird
der Herr selbst euch ein Zeichen geben: Siehe, die
Jungfrau wird empfangen und einen Sohn gebären
und seinen Namen ›Immanuel‹ nennen. 15 Von
Dickmilch und Honig wird er sich nähren, bis er das
Böse zu verwerfen und das Gute zu erwählen weiß.
16 Denn bevor der Knabe das Böse verwerfen und
das Gute erwählen kann, wird zur Öde das Land,
vor dessen beiden Königen dir graut. 17 Der Herr
wird über dich, dein Volk und dein Vaterhaus Tage
herbeiführen, wie sie nicht gekommen sind seit der
Zeit, da Ephraim abfiel von Juda [nämlich den Kö-
nig von Assur].

Drohwort an das Haus David

18 Und geschehen wird es an jenem Tag: Der Herr
ruft die Fliege heran vom Ende der Ströme Ägyp-
tens und die Biene aus assyrischem Land. 19 Sie
werden kommen und sich vollzählig niederlassen
in den steilen Klüften und Felsenspalten, in allen
Dornsträuchern und auf allen Triften. 20 An jenem
Tag wird der Herr abscheren mit dem Schermesser,
das von jenseits des Euphratstromes gedungen ist
[dem König von Assur], das Haupt und die Füße; ja,
auch den Bart wird es wegraffen. 21 Geschehen
wird es an jenem Tag: Da kann sich einer nur eine
Jungkuh und zwei Stück Kleinvieh halten. 22 Wegen
der Menge Milch, die sie geben, wird man Dick-
milch essen. Ja, Dickmilch und Honig wird jeder es-
sen, der im Lande übriggeblieben ist. 23 Geschehen
wird es an jenem Tag: Da wird jeder Raum, wo tau-
send Weinstöcke stehen im Wert von tausend Se-
keln, den Dornen und Disteln verfallen. 24 Mit Pfeil
und Bogen kommt man dorthin; denn Dornen und
Disteln trägt das ganze Land. 25 Und alle Berge, die
man sonst mit der Hacke behackt, – man kommt
nicht mehr dorthin aus Angst vor Dornen und Di-
steln; man treibt die Rinder hinauf und läßt sie von
Schafen zertreten.«

7,14: Der Sohn ist der Messias in seiner Empfängnis, von dessen Geburt dann 9,5 erzählt. Bezeichnend ist es, daß der Vater hier nicht den Namen gibt. Matth 1,22.23 bezieht mit Recht 7,14 auf die wunderbare Empfängnis und Geburt Christi aus der Jungfrau Maria.

Ein Sinnbild

8 1 Der Herr sprach zu mir: »Nimm dir eine
große Tafel und schreibe darauf in gewöhnli-
cher Schrift: ›Eilebeute-Raubebald‹! 2 Auch
bestelle mir zwei zuverlässige Zeugen, Uria, den
Priester, und Sacharja, den Sohn des Jeberechja!«
3 Ich hatte mich der Prophetin genaht; sie ward
schwanger und gebar einen Sohn. Der Herr sprach
zu mir: »Nenne seinen Namen ›Eilebeute-Raube-
bald!‹ 4 Denn ehe der Knabe zu rufen weiß ›Mein
Vater, meine Mutter‹, wird man den Reichtum von
Damaskus und die Beute von Samaria vor dem Kö-
nig von Assur einhertragen.«

Überflutung Judas

5 Der Herr redete noch weiterhin zu mir: 6 »Dieses
Volk verachtet die sanft fließenden Wasser Siloahs
und verzagt vor Rezin und dem Sohn des Remalja.
7 Darum läßt der Herr über sie die Wasser des Eu-
phrat, die starken und großen, fluten [den König
von Assur und seine gesamte Streitmacht]. Er steigt
über all seine Rinnsale und tritt über all seine Ufer.
8 Er dringt nach Juda vor, überflutet und über-
schwemmt es, bis er zum Halse reicht. Die Aus-
dehnung seiner Ränder erfüllt deines Landes Breite,
o Immanuel!

Aufruf an die Völker: »Mit uns ist Gott!«

9 Erkennt es, ihr Völker, und erschreckt; horchet
auf, alle Fernen der Erde! Gürtet euch und er-
schreckt, ja gürtet euch und erschreckt! 10 Faßt
einen Plan, er wird zunichte! Redet ein Wort, es hat
keinen Bestand; denn mit uns ist Gott!«

Stein des Anstoßes

11 Denn so sprach der Herr zu mir, als seine Hand
mich ergriff und er mich warnte, auf dem Weg die-
ses Volkes zu gehen: 12 »Ihr sollt nicht ›Ver-
schwörung‹ sagen überall da, wo dieses Volk ›Ver-
schwörung‹ sagt! Was es fürchtet, sollt ihr nicht
fürchten und sollt davor nicht erschrecken! 13 Den

Herrn der Heerscharen, ihn sollt ihr heilighalten! Er soll eure Furcht und euer Schrecken sein! 14 Er wird zum Heiligtum werden, zum Stein des Anstoßes und zum Fels des Strauchelns für die beiden Häuser Israels, zum Netz und zur Falle für die Einwohner Jerusalems. 15 Viele straucheln darüber; sie stürzen und brechen zusammen, werden verstrickt und gefangen.

Der Prophet sammelt Schüler

16 Verwahren will ich das Zeugnis, versiegeln in meinen Jüngern die Weisung. 17 Harren will ich des Herrn, der sein Antlitz vor dem Hause Jakob verbirgt, auf ihn will ich hoffen! 18 Siehe, ich und die Kinder, die der Herr mir gegeben, sind Zeichen und Sinnbilder in Israel, vom Herrn der Heerscharen her, der auf dem Berge Sion wohnt.

Toten- und Wahrsagegeister

19 Und wenn man zu euch sagt: »Befragt doch die Toten- und Wahrsagegeister, die da flüstern und murmeln! Soll ein Volk nicht seine Götter befragen, für die Lebenden die Toten?«, 20 dann hin zur Lehre und zum Zeugnis! Sicher wird solches reden ein Volk, für das es kein Morgenrot gibt! 21 Es schweift umher, gedrückt und hungernd. Weil es nun aber hungert, ergrimmt es und verflucht seinen König und Gott. Es wendet sich zur Höhe, 22 und es blickt zur Erde; aber siehe, da gibt es nur Drangsal und Finsternis, düstere Bedrängnis und Dunkelheit eines Verstoßenen. 23 Fürwahr, nicht wird im Dunkel bleiben das Land, das jetzt in Bedrängnis ist! In der früheren Zeit brachte der Herr Schmach über das Land Sebulun und das Land Naphtali, aber zur letzten Zeit bringt er zu Ehren das Gebiet der Meeresstraße, das Gelände am Jordan, den Gau der Heiden (Galiläa).

8,23–9,6 sind in Kapharnaum in Erfüllung gegangen (Matth 4,14–16). Für das Auge des Propheten scheint der 7,14 angekündigte Messias schon geboren zu sein. Das Kind ist Gottes Geschenk und trägt göttliche Ehrennamen. Sie lassen ahnen, daß im Messias die Gottheit wohnt. In Jesus strahlte zunächst dem schwer heimgesuchten Galiläa das Licht auf, dann dem übrigen Volke Israel und schließlich der ganzen Welt.

Die Geburt des Kindes

9 1 Das Volk, das in Finsternis wandelt, erschaut ein gewaltiges Licht. Über den Bewohnern eines finsteren Landes strahlt ein Lichtglanz hell auf. 2 Reichen Jubel schenkst du, schaffst große Freude. Man freut sich vor dir, wie man sich freut bei der Ernte, wie man jubelt beim Teilen der Beute. 3 Denn das Joch seiner Last, den Stab auf seiner Schulter, den Stock seines Zwingherrn zerbrichst du wie am Tage von Midian. 4 Ja, jeder Soldatenstiefel, der polternd einherstampft, jeder Mantel, im Blute geschleift, wird verbrannt und im Feuer verzehrt! 5 Denn ein Kind wird uns geboren, ein Sohn wird uns geschenkt, auf dessen Schulter die Herrschaft ruht. Man nennt ihn: Wunderrat, Gottheld, Ewigvater, Friedensfürst. 6 Groß ist die Herrschaft, und der Friede ist endlos auf Davids Thron und in seinem Reich; er errichtet und stürzt es durch Recht und Gerechtigkeit von nun an bis in Ewigkeit. Der Eifer des Herrn der Heerscharen wird dies tun!

Seine Hand bleibt ausgestreckt

7 Wider Jakob sandte der Herr ein Wort, es fiel in Israel ein. 8 Das ganze Volk erfuhr es, Ephraim und Samarias Bewohner; in überheblichem, hochmütigem Sinn sprachen sie: 9 »Ziegel stürzten, Quadersteine bauen wir auf, Maulbeerfeigenbäume wurden umgehauen, Zedern pflanzen wir dafür!« 10 Da wiegelte der Herr ihre Bedränger gegen sie auf, ihre Feinde stachelte er an: 11 Aram im Osten, die Philister im Westen; sie fraßen Israel mit vollem Mund. Bei alldem ließ nicht ab sein Zorn, und seine Hand blieb weiterhin ausgestreckt. 12 Doch das Volk bekehrte sich nicht zu dem, der es schlug, und den Herrn der Heerscharen suchten sie nicht. 13 Der Herr schlug ab von Israel Haupt und Schwanz, Palmzweig und Binse an einem Tag. 14 Älteste und vornehme Leute stellen das Haupt dar, Propheten, die Lügen verkünden, den Schwanz. 15 Dieses Volkes Führer sind Verführer, seine Gefährten sind Irregeführte. 16 Darum hatte der Herr keine Freude an seiner Jungmannschaft, mit seinen Waisen und Witwen kein Mitleid. Denn ruchlos und böse sind sie alle, Torheit spricht jeder Mund. Bei all dem ließ nicht ab sein Zorn, und seine Hand blieb weiterhin ausgestreckt. 17 Denn es brannte die Bosheit wie Feuer, das Dornen und Disteln verzehrt und des Waldes Dickicht entzündet, daß es aufqualmt in wirbelndem Rauch. 18 Durch den Ingrimm des Herrn der Heerscharen verbrannte das Land, das Volk ward wie eine Speise des Feuers, keiner schonte seinen Bruder. 19 Man verschlang zur Rechten und blieb hungrig, man fraß zur Linken und wurde nicht satt; ein jeder fraß das Fleisch seines Stammesbruders: 20 Manasse den Ephraim, Ephraim den Manasse; beide vereint zogen gegen Juda. Bei all dem ließ nicht ab sein Zorn, und seine Hand blieb weiterhin ausgestreckt.

Wehe den Bedrückern!

10 1 Wehe jenen, die Satzungen geben voll Unheil und bedrückende Vorschriften niederschreiben! 2 Sie verdrängen die Ar-

men vom Gericht und rauben den Elenden meines
Volkes ihr Recht; so werden Witwen ihnen zur
Beute, und Waisenkinder plündern sie aus. 3 Aber
was wollt ihr tun am Tage der Heimsuchung und
beim Verderben, das von ferne heranzieht? Zu
wem wollt ihr fliehen um Hilfe und wohin euren
Reichtum bringen? 4 Nur unter Gefangenen kann
man sich ducken und unter Erschlagenen fallen. Bei
all dem ließ nicht ab sein Zorn, und seine Hand
blieb weiterhin ausgestreckt.

Wehe über Assur

5 Wehe über Assur, den Stab meines Zornes und die
Rute meines Grimmes in meiner Hand! 6 Wider ein
ruchloses Volk entsende ich ihn, ich entbiete ihn
wider das Volk meines Grimmes, daß er sich Beute
erraffe und Raub erwerbe und es zertrete wie
Straßenkot. 7 Doch er denkt es sich anders, und sein
Herz ist nicht so gesinnt. Nein, zu vertilgen trachtet
sein Herz und auszurotten nicht wenige Völker.
8 Denn er spricht: »Sind nicht meine Heerführer Kö-
nige insgesamt? 9 Ging es nicht Kalno wie Karke-
misch, Hamat wie Arpad oder Samaria wie Damas-
kus? 10 Meine Hand griff ja nach den Reichen der
Götzen, deren Schnitzbilder zahlreicher waren als
die von Jerusalem und Samaria. 11 Werde ich daher
nicht, wie ich Samaria und seinen Götzen tat, so
auch Jerusalem tun und seinen Götzenbildern?«
12 Es wird geschehen: Wenn der Herr sein ganzes
Werk auf dem Sionsberg und in Jerusalem zur Voll-
endung bringt, dann prüft er den Erfolg des
Hochmuts des Assurkönigs und den prahlerischen
Stolz seiner Augen! 13 Denn er spricht: »Mit der
Stärke meiner Hand habe ich es geschafft und mit
meiner Weisheit, denn ich bin ja so klug. Ich tilgte
die Grenzen der Völker und plünderte ihre Schätze,
und ich stieß hinab wie ein Held die Thronenden!
14 Und wie nach dem Neste griff meine Hand nach
dem Reichtum der Völker; wie man verlassene Eier
sammelt, so sammelte ich die ganze Erde ein! Da
regte niemand die Flügel oder sperrte zwitschernd
den Schnabel auf.« 15 Rühmt sich denn die Axt wi-
der den, der mit ihr spaltet? Oder tut die Säge groß
gegenüber dem, der sie zieht? So, als schwänge der
Stock den, der ihn aufhebt, als erhöbe der Stab den,
der nicht Holz ist. 16 Darum sendet der Gebieter, der
Herr der Heerscharen, in sein Fett die Schwind-
sucht; anstellte seiner Pracht lodert ein Brand wie
Feuersglut. 17 Israels Licht wird zum Feuer und sein
Heiliger zur Flamme, die da brennt und seine Dor-
nen und Disteln frißt an einem einzigen Tag.
18 Seinen prächtigen Wald und Fruchtgarten vertilgt
er ganz und gar; es ist, wie wenn ein Kranker da-
hinsiecht. 19 Und der Rest seiner Waldbäume wird
zählbar sein, ein Knabe kann sie aufschreiben.

Ein Rest bekehrt sich

20 An jenem Tag wird es geschehen: Nicht werden
sich länger stützen Israels Rest und was entronnen
vom Hause Jakob auf den, der sie schlägt, sondern
sie werden sich stützen in Treue auf den Herrn, den
Heiligen Israels. 21 Ein Rest bekehrt sich, ein Rest
von Jakob zum starken Gott. 22 Wenn auch dein
Volk, o Israel, wäre wie der Sand am Meer, nur ein
Rest davon kehrt um. Vernichtung ist ja beschlos-
sen, Gerechtigkeit flutet heran. 23 Denn eine festbe-
schlossene Vernichtung vollzieht der Gebieter, der
Herr der Heerscharen, inmitten der ganzen Erde.

Ein neues Midian

24 Darum spricht der Gebieter, der Herr der Heer-
scharen: »Fürchte dich nicht, mein Volk, das den
Sion bewohnt, vor Assur, das dich mit der Rute
schlägt und seinen Stock wider dich aufhebt wie
einst Ägypten! 25 Denn noch eine kurze Spanne
Zeit, dann ist vorbei mein Zorn, mein Ingrimm völ-
lig vergangen.« 26 Dann wird der Herr der Heer-
scharen über Assur die Peitsche schwingen wie
beim Schlag über Midian am Rabenfelsen; er wird
über das Meer seinen Stab erheben wie einstmals
gegen Ägypten. 27 Geschehen wird es an jenem Tag,
da weicht seine Last von deiner Schulter, sein Joch
verschwindet von deinem Hals.

Die Weltmacht vor der Stadt Gottes

28 Von Samaria zieht er heran, kommt auf Ajjat zu,
durchzieht sodann Migron, beordert nach Michmas
seinen Troß. 29 Sie ziehen durch den Engpaß, Geba
dient ihnen als Nachtquartier, Rama erzittert, Gibea
Sauls muß fliehen. 30 Laß deine Stimme gellen,
Tochter Gallim, Laischa, horch auf, antworte ihr,
Anatot! 31 Madmena irrt flüchtig, die Bewohner
von Gebin bringen sich in Sicherheit. 32 Noch heute
steht er in Nob, seine Faust schwingt er gegen den
Berg der Tochter Sion, gegen den Hügel Jerusalems.
33 Siehe, der Gebieter und der Herr der Heerscharen
stutzt das Gezweig mit Schreckensgewalt; was
hoch aufragte, das wird gefällt, die hohen Bäume
sinken zu Boden. 34 Niedergehauen mit dem Eisen
wird das Dickicht des Waldes; der Libanon fällt in
seiner Herrlichkeit.

Der Messias Herrschaft

11 1 Doch wächst hervor ein Reis aus Isais
Stumpf, ein Schößling bricht aus seinen
Wurzeln hervor. 2 Auf ihn läßt sich nieder
der Geist des Herrn, der Geist der Weisheit und des
Verstandes, der Geist des Rates und der Stärke, der

Geist der Erkenntnis und Furcht des Herrn. 3 Erfül-
len wird er ihn mit dem Geist der Furcht des Herrn.
Er richtet nicht nach dem Augenschein und urteilt
nicht nach dem Hörensagen. 4 Er richtet vielmehr
die Geringen gerecht, entscheidet richtig für die Ar-
men im Land; den Gewalttätigen schlägt er mit dem
Stab seines Mundes und tötet den Frevler mit dem
Hauch seiner Lippen. 5 Gerechtigkeit ist seiner Hüf-
ten Gurt und Treue seiner Lenden Umgürtung.

Friede auf Erden

6 Beim Lamm wird verweilen der Wolf, der Leopard
lagert beim Böcklein. Kalb und Löwe mästen sich
gemeinsam, ein kleiner Knabe kann sie hüten.
7 Kuh und Bärin freunden sich an, ihre Jungen la-
gern beisammen; der Löwe frißt Stroh wie das
Rind. 8 Der Säugling spielt am Schlupfloch der Ot-
ter, nach dem Jungen der Viper greift das Kind mit
der Hand. 9 Nirgends handelt man bös und verderbt
auf meinem ganzen heiligen Berg; denn angefüllt ist
das Land mit Erkenntnis des Herrn, wie die Wasser
das Meer bedecken.

Sammlung des Restes in der Zerstreuung

10 Und geschehen wird es an jenem Tag: Nach Isais
Wurzel, die dasteht als Banner der Völker, fragen
die Heiden, und herrlich wird seine Ruhestatt sein.
11 Geschehen wird es an jenem Tag: Da erhebt der
Herr noch einmal seine Hand, um loszukaufen den
Rest seines Volkes, der übrigblieb von Assur und
Ägypten, von Patros und Kusch, von Elam und Si-
near, von Hamat und von den Inseln des Meeres.
12 Er richtet den Völkern ein Banner auf und sam-
melt die Versprengten von Israel; die Zerstreu-
ten von Juda holt er heim von den vier Enden der
Erde. 13 Verschwinden wird dann die Eifersucht
Ephraims, die Bedränger Judas rottet man aus.
Ephraim eifert nicht gegen Juda, Juda bedrängt
Ephraim nicht. 14 Sie stürmen zum Abhang der Phi-
lister am Meer, plündern die östlichen Stämme ver-
eint. Nach Edom und Moab greift ihre Hand,
Ammons Söhne sind ihnen gehorsam. 15 Die
Meereszunge Ägyptens legt trocken der Herr, über
den Euphrat schwingt er die Hand durch seinen
Gluthauch. In sieben Bäche zerschlägt er ihn und
macht ihn betretbar in Schuhen. 16 So entsteht eine
Straße für den Rest seines Volkes, der noch von As-
sur verblieb, wie es eine solche für Israel gab, als es
heraufzog vom Lande Ägypten.

11,1–5: Nach der Heimsuchung geht wie aus einem Baumstumpf der Davidsnachkomme hervor. Er ist ein Schößling (vgl. 53,2), auf dem Gottes Geist ruhen wird. Dieser strahlt sechs Gaben aus; nach der griechischen und lateinischen Übersetzung sind es sieben. Isai (latein. Jesse) heißt der Vater Davids. • 6–9: In bildlicher Form wird von dem tiefsten Naturfrieden der messianischen Zeit gesprochen. Es ist bei diesem Tatbestand eine müßige Frage, ob ein Löwe überhaupt imstande ist, sich von Stroh zu ernähren usw. Der Prophet will sagen, daß im Friedensreich des Messias jede Feindschaft aufhören wird. Mit etwas anderen Worten: Röm 8,19–21. • 10: Das Ende dieses Verses wird vielfach auf das Grab Christi bezogen: Den Anfang zitiert Röm 15,12.

Der Dank der Gemeinde für die Rettung

12 1 Sprechen wirst du an jenem Tag: »Ich
danke dir, Herr; du hast mir gezürnt, aber
dein Zorn verging, und du hast mich ge-
tröstet. 2 Siehe, Gott ist mein Heil! Zuversichtlich
bin ich und fürchte mich nicht; denn der Herr ist
meine Kraft und meine Stärke; er ward mir zum
Heil.« 3 Mit Frohlocken schöpft ihr Wasser aus den
Quellen des Heils. 4 Und ihr werdet sprechen an je-
nem Tag: »Danket dem Herrn, ruft seinen Namen
aus! Macht seine Taten unter den Völkern bekannt,
erinnert daran, daß erhaben sein Name! 5 Singet
dem Herrn, denn Großes hat er vollbracht, es
werde bekannt überall auf der Erde! 6 Jauchze und
juble, Bürgerschaft Sions; denn groß ist mitten in dir
der Heilige Israels.«

12,3: Das Heil wird hier mit einem Quell verglichen (vgl. Jer 2,13), dessen Wasser (Symbol des Lebens und der Fruchtbarkeit) in Fülle fließen. Der Prophet kündigt mit diesem Bild das Kommen des Messias an. Die Kirche überträgt es nach alter Überlieferung auf das Herz Jesu, der Quelle allen Heiles.

Gericht über Babel

13 1 Spruch über Babel, den Isaias, der Sohn
des Amoz, schaute: 2 Auf kahlem Berge
hißt ein Panier, laut schreit ihnen zu, auf
euren Wink mit der Hand sollen sie einziehen in die
Tore der Vornehmen! 3 »Ich selber entbot meine
Geweihten, auch rief ich zum Zorngericht meine
Helden herbei, die an meiner Hoheit sich freuen.«
4 Horch, auf den Bergen Getöse wie von zahlrei-
chem Kriegsvolk, horch, das Gelärm von Königrei-
chen, von versammelten Völkern! Der Herr der
Heerscharen mustert das Kriegsheer. 5 Sie kommen
aus fernem Land, vom Ende des Himmels, der Herr
und die Werkzeuge seines Grimmes, zu verheeren
die ganze Erde! 6 Heulet, denn nahe ist der Tag des
Herrn; wie Gewalt vom Allgewaltigen kommt er.
7 Alle Hände werden deswegen schlaff, verzagt je-
des menschliche Herz. 8 Sie werden bestürzt;
Krämpfe und Wehen erfassen sie, wie eine Ge-
bärende winden sie sich; einer starrt den anderen
an, ihre Gesichter erglühen wie Feuer. 9 Siehe, der
Tag des Herrn kommt ohne Erbarmen, mit Grimm
und Zornesglut; er wandelt die Erde zur Wüstenei,
vertilgt die Sünder von ihr. 10 Denn die Sterne des
Himmels und seine Sternbilder lassen ihr Licht

nicht leuchten, die Sonne ist düster bei ihrem Aufgang, der Mond läßt nicht glänzen sein Licht. 11 »Für ihre Untat strafe ich die Welt, die Frevler für ihre Schuld; der Vermessenen Pracht beende ich und beuge nieder der Machthaber Hochmut! 12 Seltener mach' ich die Leute als gediegenes Gold und die Menschen als Goldschmuck von Ophir. 13 Die Himmel erbeben darob, es wankt die Erde von ihrem Platz beim Ingrimm des Herrn der Heere und am Tag seiner Zornesglut. 14 Dann wird es geschehen: Wie verscheuchte Gazellen, wie Kleinvieh, das niemand sammelt, so wendet sich jeder zu seinem Volk, zur Heimat entflieht jeder Mann. 15 Jeder Erwischte wird durchbohrt, jeder Verschleppte fällt durch das Schwert. 16 Ihre Kinder werden vor ihren Augen zerschmettert, ihre Häuser geplündert, ihre Frauen geschändet. 17 Siehe, die Meder reize ich wider sie auf; sie schätzen das Silber nicht, haben kein Gefallen an Gold. 18 Ihre Bogen zerschmettern Knaben; sie erbarmen sich nicht der Leibesfrucht, ihr Auge hat mit Kindern kein Mitleid. 19 Und Babel, die Zier der Königreiche, die stolze Pracht der Kaldäer, soll werden wie Sodom und Gomorra, als Gott sie zerstörte. 20 Es werde auf ewig unbesiedelt und unbewohnt von Geschlecht zu Geschlecht; der Araber zelte daselbst nicht mehr, nicht lasse der Hirt dort lagern! 21 Nein, Wüstentiere lagern sich da, von Eulen sind ihre Häuser gefüllt, Strauße haben dort ihren Sitz, struppige Böcke tanzen daselbst. 22 In seinen Palästen heulen Hyänen, Schakale in den Schlössern der Lust. Seine Zeit rückt nahe heran, und seine Tage verzögern sich nicht.«

13,1–14,27: Weil Babel außerhalb der damaligen Politik lag, nimmt man an, daß Isaias in dem Spottlied Kap 14 den im Jahre 705 ermordeten Sargon im Auge hatte und daß spätere Abschreiber Babel als das sprichwörtlich gewordene Weltreich hier einsetzten. Wenn man König Nebukadnezar meint, müßte die ganze Dichtung freilich von einem »anderen« Isaias stammen, der zur Zeit der Babylonischen Gefangenschaft lebte.

Israels Heimkehr

14 1 Denn der Herr wird sich Jakobs erbarmen, Israel wieder erwählen und sie in ihr Heimatland bringen. Fremdlinge werden sich ihnen anschließen und sich zum Hause Jakob scharen. 2 Völker werden sie nehmen und sie geleiten an ihren Ort. Das Haus Israel wird jene im Lande des Herrn zu eigen erhalten als Knechte und Mägde. So werden sie ihre Entführer entführen und ihre Bedrücker beherrschen. 3 Wenn dir sodann der Herr Ruhe verlieh von deiner Qual und Unrast und von der harten Knechtschaft, womit du geknechtet warst, 4a dann stimme dieses Spottlied auf den König von Babel an und sprich:

Höllenfahrt des Königs von Babel

4b »Wie ist der Bedränger so still geworden, still geworden der Angriff! 5 Zerbrochen hat der Herr der Ruchlosen Stock, der Herrschenden Zepter! 6 Nationen schlug er im Grimm mit unaufhörlichem Schlag. Völker bezwang er im Zorn mit unablässigem Zwang. 7 Nun ruht und rastet die ganze Welt, in Jubelruf bricht man aus. 8 Selbst die Zypressen freuen sich deinetwegen und die Zedern des Libanon: ›Seitdem du dich schlafen gelegt, steigt niemand herauf, uns zu fällen!‹ 9 Das Totenreich unten erbebt vor dir, deiner Ankunft entgegen, bringt deinetwegen die Schatten in Aufruhr, alle Fürsten der Erde; von ihren Thronen stört es auf alle Könige der Völker. 10 Alle miteinander heben sie an und sprechen zu dir: Auch du bist erschlafft wie wir, uns ähnlich geworden! 11 Es stürzte dein Stolz ins Totenreich, deiner Harfen Klang! Auf Maden bist du gebettet, und deine Decken sind Würmer. 12 Wie bist du vom Himmel gefallen, du Glanzgestirn, des Morgenrots Sohn! Wie bist du zu Boden geschmettert, du Völkerbezwinger! 13 Du freilich dachtest in deinem Herzen: Zum Himmel steig' ich empor, über die Sterne Gottes erhebe ich meinen Thron, setze mich auf den Götterberg im äußersten Norden, 14 steige empor über Wolkenhöhen, stelle dem Höchsten mich gleich! 15 Wie stürztest du zur Hölle hinab, in das unterste Loch! 16 Wer dich sieht, gafft dich an, betrachtet dich sinnend: Ist das der Mann, der die Erde beben, Königreiche wanken ließ, 17 der die Welt zur Wüste machte, der seine Städte zerstörte, seinen Gefangenen nimmer den Kerker auftat? 18 Die Völkerkönige alle ruhen in Ehren, ein jeder in seiner Gruft. 19 Du aber bist hingeworfen ohne ein Grab, wie ein verachteter Sproß, bedeckt mit Erschlagenen, Schwertdurchbohrten, die hinabsteigen zu den Steinen der Grube, wie ein zertretenes Aas. 20 Du wirst mit ihnen kein Grab erlangen, weil du zugrunde gerichtet dein eigenes Land, getötet dein eigenes Volk. Niemals werde genannt der Ruchlosen Brut! 21 Ob ihrer Väter Schuld errichtet seinen Söhnen die Schlachtbank, damit sie sich nicht mehr erheben und die Erde erobern und den Erdkreis mit Städten erfüllen!« 22 »Ich erhebe mich wider sie«, ist der Spruch des Herrn der Heere, »und will ausrotten von Babel Namen und Nachkommen, Stamm und Sproß« – Spruch des Herrn. 23 »Ich will es machen zum Besitztum von Eulen und zu Schilftümpeln und es mit dem Besen der Vernichtung hinwegfegen«, ist der Spruch des Herrn der Heere.

Vorhersage des Untergangs von Assur

24 Geschworen hat der Herr der Heerscharen: »Wie
ausgedacht, so wird es geschehen, wie ich es ge-
plant, so wird es sein! 25 Ich will Assur zerschmet-
tern in meinem Land, es zertreten auf meinen Ber-
gen; es weiche von ihnen sein Joch, von ihrer
Schulter sein Frondienst!« 26 Dies ist der Plan, über
die ganze Erde gefaßt, dies die Hand, über alle Völ-
ker ausgestreckt. 27 Hat der Herr der Heerscharen
geplant, wer kann dann vereiteln, ist ausgestreckt
seine Hand, wer biegt sie zurück?

Gegen Philistäa

28 Im Todesjahr des Königs Achas erging folgender
Spruch: 29 »Freue dich nicht, gesamtes Philistäa,
weil der Stock, der dich schlug, zerbrach! Denn aus
der Brut der Schlange kriecht eine Viper, und deren
Frucht ist ein geflügelter Drache. 30 Geringe sol-
len auf meinen Bergen weiden, Dürftige ein siche-
res Lager haben; aber des Hungers sterben lasse
ich deine Brut, töten werde ich deinen Rest.«
31 Heule, du Pforte, schreie, du Stadt, verzage, ge-
samtes Philistäa! Denn vom Norden her naht sich
Rauch; an seinem Sammelplatz bleibt niemand
allein zurück. 32 Was gibt man den Boten des Vol-
kes zur Antwort? »Der Herr hat Sion gegrün-
det, Zuflucht finden die Armen seines Volkes da-
selbst!«

14,4ff: Sachlich verwandt ist der Sturz des Pharao in Ez 31 und 32.

Moab

15 1 Spruch über Moab: Über Nacht ist Ar-
Moab zerstört, vernichtet! Fürwahr, über
Nacht ist Kir-Moab zerstört, vernichtet!
2 Die Tochter Dibon steigt hinauf, um auf den
Höhen zu weinen; in Nebo und in Medeba heult
Moab, kahlgeschoren ist jedes Haupt, jeder Bart ab-
geschnitten; 3 auf seinen Gassen trägt man das
Trauerkleid, auf seinen Dächern und Plätzen herr-
scht allgemeines Geheul, geht man weinend auf
und ab. 4 Es schreien Hesbon und Elale, bis Jahaz
vernimmt man ihre Stimme; darob erzittern die
Lenden Moabs, es ist ihm in der Seele bang. 5 Mein
Herz klagt um Moab; seine Flüchtlinge eilen bis
Zoar. Ja, die Steige von Luchit steigt man mit Wei-
nen hinauf, denn auf dem Weg nach Choronajim ist
erregtes Geschrei über den Zusammenbruch. 6 Für-
wahr, die Wasser von Nimrim werden zu Wü-
steneien; denn das Gras verdorrt, die Kräuter verge-
hen, fort ist das Grün. 7 Deshalb schleppen sie ihr
Erübrigtes und ihre Vorräte über den Weidenbach.
8 Ja, das Schreien macht die Runde im Gebiet von
Moab, bis Eglajim ertönt sein Wehe und bis Beer-
Elim sein Geheul. 9 Denn Dibons Gewässer sind
voll von Blut, ja, ich lege Dibon noch weiteres auf:
für Moabs Entronnene einen Löwen und auch für
den Rest von Adma.

16 1 Sie senden Lämmer dem Herrscher des
Landes, von Sela aus durch die Wüste
zum Berge der Tochter Sion. 2 Wie flüch-
tende Vögel, aus dem Nest verscheucht, so werden
die Orte Moabs, die Furten des Arnon sein. 3 Gib
einen Rat, triff eine Entscheidung, mach dunkel wie
die Nacht deinen Schatten mitten am Tag, verbirg
die Verstoßenen, die Flüchtigen verrate nicht! 4 Es
sollen verweilen bei dir die Versprengten von
Moab; sei ihnen Schirm vor dem Verwüster! Denn
der Tyrann ist nicht mehr, der Verwüster vernichtet,
der Zertreter verschwand aus dem Lande. 5 Ein
Thron wird in Huld errichtet, und auf ihm sitzt
einer in Treue im Zelte Davids; er hält Gericht und
trachtet nach Recht und schaut auf Gerechtigkeit!
6 Wir haben vom Stolze Moabs gehört, des äußerst
hochmütigen, von seinem Dünkel, Stolz und Über-
mut; unwahr ist sein Geschwätz. 7 Darum heult
Moab über Moab, alles heult. Um die Weinbeerku-
chen von Kir-Chareset seufzen sie, völlig niederge-
schlagen. 8 Denn verwelkt sind Hesbons Gefilde,
die Weinstöcke Sibmas. Völkerscharen haben seine
Edeltrauben bezwungen, die bis Jaser reichten, bis
zur Wüste sich verirrten; ihre Ranken breiteten sich
aus, drangen vor bis ans Meer. 9 Deshalb weine ich
um den Quellgrund von Jaser, um die Weinstöcke
Sibmas. Ich netze dich mit meinen Tränen, Hesbon
und Elale. Denn über deinen Herbst und deine Ernte
fiel der Verwüster her. 10 Freude und Jubel sind aus
den Fruchtgärten fort, niemand jauchzt mehr in den
Weinbergen und jubelt, niemand tritt Wein in den
Keltern, der Taktruf ist verstummt. 11 Darum klagt
mein Herz um Moab wie eine Zither, mein Inner-
stes um ihr Kir-Chareset. 12 Und wenn Moab auf
der Opferhöhe erscheint und sich abmüht, wenn es
seinen Tempel betritt, um zu beten, so erreicht es
nichts. 13 Dies ist das Wort, das der Herr über Moab
früher gesprochen hat. 14 Jetzt aber spricht der Herr:
»In drei Jahren, gleich den Jahren eines Tagelöhners,
wird Moabs Ansehen mit all dem gewaltigen Getue
verächtlich, und es bleibt nur ein Rest, ganz klein
und unbedeutend.«

16,5: Dieser messianische Spruch hängt mit 9,6; 11,1–10; Amos 9,11 zusammen. Nicht nur den Juden, sondern allen Völkern kommt durch den Sohn Davids das Heil. • 14: »Jahre eines Tagelöhners«, auch 21,16, soll wohl harte Zeiten bedeuten.

Spruch über Damaskus und Israel

17 1 Spruch über Damaskus: »Seht, Damaskus verschwindet als Stadt, zur Trümmerstätte wird es. 2 Seine Siedlungen sind für immer verlassen, gehören den Herden; sie lagern, ohne daß einer sie aufschreckt. 3 Aus ist es mit dem Bollwerk für Ephraim und mit dem Königtum in Damaskus. Dem Rest von Aram wird es ergehen wie dem Glanz der Söhne Israels« – Spruch des Herrn der Heerscharen. 4 An jenem Tag ist Jakobs Ansehen gering, das Fett seines Leibes schrumpft ein. 5 Es wird sein, wie wenn der Schnitter Halme zusammenrafft und sein Arm Ähren schneidet. Es wird sein, wie wenn einer in der Ebene Rephaim Ähren aufliest. 6 Nur eine Nachlese bleibt davon übrig wie beim Abklopfen eines Ölbaumes: im obersten Wipfel der Beeren zwei oder drei, vier bis fünf in den Zweigen des Fruchtbaumes – Spruch des Herrn, des Gottes Israels.

7 An jenem Tage schauen die Menschen auf ihren Schöpfer, und ihre Augen blicken auf den Heiligen Israels. 8 Sie schauen nicht mehr nach den Altären, ihrer Hände Werk, und nach dem, was ihre Finger gebildet, blicken sie nicht mehr, auch nicht nach den heiligen Bäumen und den Räucheraltären.

9 An jenem Tag sind deine Städte verlassen wie die verlassenen Orte der Hiwwiter und Amoriter, die sie angesichts der Israeliten verließen. Es wird eine Wüstenei entstehen. 10 Denn du vergaßest den Gott deines Heiles, an den Fels deiner Zuflucht dachtest du nicht. Deshalb magst du liebliche Pflanzungen anlegen, mit fremdgöttischen Setzlingen sie bestecken; 11 am Tag, da du pflanzest, magst du aufziehen und am Morgen dein Gewächs zum Blühen bringen! Dahin ist die Ernte am Tage des Siechtums und des unheilbaren Leidens!

Assyrisches Völkermeer

12 Wehe! Ein Tosen vieler Völker, wie Meerestosen tosen sie, ein Gebrause von Nationen, wie das Brausen gewaltiger Wasser brausen sie. 13 Nationen brausen wie das Brausen vieler Wasser. Er aber schilt sie, da fliehen sie in die Ferne, sie werden gejagt wie Spreu auf den Bergen vor dem Wind, wie Räderdisteln vor der Windsbraut. 14 Zur Abendzeit, siehe Bestürzung, vor Tagesanbruch sind sie dahin. Das ist unserer Plünderer Anteil, unserer Berauber Schicksal.

Äthiopische Gesandtschaft in Jerusalem

18 1 Wehe dem Land der geflügelten Heuschrecke, jenseits der Ströme von Kusch! 2 Boten entsandte es auf dem Nil, in Rohrkähnen über das Wasser. Eilet, ihr flinken Boten, zum hochgereckten und blanken Volk, zur Nation, die man fürchtet weit und breit, zum starken und siegreichen Volk, dessen Land Ströme durchschneiden. 3 All ihr Weltenbewohner und Erdenbürger! Erhebt man auf Bergen ein Panier, dann schaut auf, wenn man ins Horn stößt, dann horchet! 4 Denn so sprach zu mir der Herr: »In Ruhe schaue ich zu an meiner Stätte wie flimmernde Hitze beim Sonnenschein, wie Taugewölk in der Erntezeit!« 5 Erst vor der Ernte, wenn die Blüte vorbei ist, der Fruchtstand zur reifenden Traube wird, dann schneidet er mit den Winzermessern die Ranken ab, entfernt die Wassertriebe, zwickt sie ab. 6 Den Raubvögeln der Berge gibt man sie insgesamt preis und den Tieren des Landes, so daß die Raubvögel darauf übersommern und alle möglichen Landtiere darauf überwintern. 7 Zu jener Zeit bringt man dem Herrn der Heerscharen Geschenke dar von dem hochgereckten und blanken Volk, vom Volk, das man fürchtet weit und breit, von der starken und siegreichen Nation, deren Land Ströme durchschneiden, zur Stätte, da der Name des Herrn der Heerscharen wohnt, zum Berge Sion.

Heimsuchungen über Ägypten

19 1 Spruch über Ägypten. Siehe, es fährt auf schneller Wolke der Herr und kommt nach Ägypten. Da wanken die Götzen Ägyptens vor ihm, und den Ägyptern verzagt das Herz in der Brust. 2 »Aufstacheln will ich Ägypter wider Ägypter, daß sie miteinander in Streit geraten, Freund gegen Freund, Stadt gegen Stadt, Reich gegen Reich! 3 Ägyptens Geist wird in seinem Inneren gestört, verwirren will ich seinen Plan, Götzen und Zauberkünstler befragen sie, Toten- und Wahrsagegeister. 4 Ich überliefere Ägypten der Gewalt eines harten Herrn; ein strenger König beherrsche sie«, ist der Spruch des Gebieters und Herrn der Heere. 5 Die Nilwasser müssen versiegen, der Strom muß gänzlich vertrocknen. 6 Das Nildelta stinkt, seicht und trocken werden die Kanäle Ägyptens, Rohr und Schilf welken hin. 7 Das Riedgras am Ufer des Nils, alle Saat am Nil trocknet ein, weht fort und ist nicht mehr da. 8 Es seufzen die Fischer und klagen alle, die Angeln auswerfen im Nil; alle, die das Netz auslegen im Wasser, sind niedergeschlagen. 9 Beschämt stehen da die Flachsarbeiter, die Hechlerinnen und die Weber erblassen. 10 Die Flachsverwerter sind niedergedrückt, alle Lohnarbeiter bekümmerten Herzens. 11 Töricht sind ja die Fürsten von Zoan, Pharaos weiseste Räte ein dummer Rat. Wie könnt ihr sagen zum Pharao: »Von Weisen stamme ich ab, von Königen der Vorzeit!« 12 Wo bleiben denn die Weisen? Sie mögen dir künden und kundtun, was der Herr der Heere mit Ägypten beschlossen hat! 13 Narren sind die Fürsten von Zoan, die Fürsten von Memphis Toren; seine Stammeshäupter führen Ägypten in die Irre. 14 In ihr Inneres mischte der Herr einen Schwindelgeist; so bringen sie Ägypten zum Taumeln in all seinem Tun, wie ein Trunkener taumelt in seinem Gespei. 15 So wird Ägypten kein Werk aufweisen, das Haupt oder Schwanz, Palmzweig oder Binse vollbrächten.

Segen und Gnade über das bekehrte Ägypten

16 Alsdann werden die Ägypter Weibern gleichen; Schrecken und Beben wird sie erfassen vor der schwingenden Hand des Herrn der Heerscharen, die er gegen sie schwingt. 17 Dann wird das Land Juda für Ägypten zur Schande. Jeder, vor dem man es erwähnt, erschrickt über den Plan des Herrn der Heerscharen, den er gegen es faßte.

18 An jenem Tag wird es fünf Städte geben im Ägypterland, die Kanaans Sprache reden und schwören beim Herrn der Heerscharen; eine von ihnen wird man »Sonnenstadt« nennen. 19 Alsdann wird mitten im Ägypterland ein Altar für den Herrn stehen und an seiner Grenze ein Denkstein für den Herrn. 20 Das dient als Zeichen und Zeuge für den Herrn im Lande Ägypten. Schreien sie ob ihrer Bedränger zum Herrn, so sendet er ihnen einen Retter, der führt ihren Streit und befreit sie. 21 Der Herr wird sich den Ägyptern kundtun; die Ägypter aber erkennen alsdann den Herrn an. Mit Schlacht- und Speiseopfern dienen sie ihm, Gelübde machen sie dem Herrn und lösen sie ein. 22 Der Herr wird Ägypten schlagen, doch nur schlagen, um dann zu heilen; bekehren sie sich zum Herrn, dann läßt er sich von ihnen erbitten und heilt sie. 23 An jenem Tag wird eine Straße von Ägypten nach Assur führen; Assur kommt nach Ägypten und Ägypten nach Assur, beide zusammen dienen dem Herrn. 24 Alsdann wird Israel der Dritte im Bunde mit Ägypten und Assur sein, ein Segen inmitten der Erde. 25 Der Herr der Heerscharen wird es segnen und sprechen: »Gesegnet sei mein Volk Ägypten, Assur, das Werk meiner Hände, und Israel, mein Erbbesitz!«

19,15: Die gleichen Umschreibungen für hoch und niedrig wie 9,13f. • 18–24; 2,2–4; 1 Mos 12,2f; Zach 8,20–22; Joh 4,21; Röm 15,8–12.

Asdod

20 1 Es war im Jahre, da der Oberfeldherr im Auftrag des Assyrerkönigs Sargon nach Asdod kam, die Stadt belagerte und eroberte. 2 Damals sprach der Herr durch Isaias, den Sohn des Amoz: »Wohlan, löse das Sackgewand von deinen Lenden und ziehe die Sandalen von deinen Füßen ab!« Er tat es und ging halbnackt und barfuß umher. 3 Der Herr erklärte: »Wie mein Knecht Isaias drei Jahre lang halbnackt und barfuß einherging als ein bedeutungsvolles Vorzeichen wider Ägypten und Kusch, 4 so wird der König von Assur die Gefangenen Ägyptens und die Verbannten von Kusch, Knaben und Greise, nackt und barfuß und mit entblößtem Gesäß wegführen, eine Schande für Ägypten. 5 Dann werden die Leute von Schrecken und Scham erfüllt sein, weil sie nach Kusch Ausschau hielten und Ägyptens wegen prahlten.« 6 Die Bewohner dieses Gestades werden alsdann sprechen: »Seht, so ist die Lage jener, nach denen wir Ausschau hielten, zu denen wir um Hilfe und um Rettung vor dem König von Assur flohen! Wie können wir da selbst entrinnen?«

20,1–6: Die Begebenheit ereignete sich zwischen 713 und 711.

Fall von Babel

21 1 Spruch über die wasserreiche Wüste: Wie Stürme das Südland durchfegen, so kommt es aus der Wüste her, aus schaurigem Land! 2 Ein hartes Gesicht ward mir kundgetan; der Räuber raubt, der Verwüster verwüstet. Heran, Elam! Belagere, Medien! Mit Seufzen mache ich Schluß! 3 Darob sind meine Lenden voll Qualen, es packen mich Wehen gleich den Wehen einer Gebärenden. Ich bin verstört, so daß ich nicht hören kann, bestürzt, so daß ich nicht sehen kann. 4 Es taumelt mein Sinn, Beben erschreckt mich; das Zwielicht, sonst meine Lust, hat er in Schrecknis verwandelt. 5 Man rüstet den Tisch, legt Teppiche hin, ißt und trinkt. Auf, ihr Fürsten, den Schild gesalbt! 6 Denn so sprach zu mir der Herr: »Auf, bestelle den Späher; was er sieht, soll er künden! 7 Sieht er dann Wagen, Rossegespanne, Züge von Eseln und von Kamelen, so horche er auf in äußerster Spannung!« 8 Da rief der Seher: »Auf der Warte, o Herr, stehe ich dauernd bei Tag, meine Wache halte ich jedwede Nacht. 9 Siehe da: Bemannte Wagen kamen heran, Rossegespanne.« Und er hob an und sprach: »Gefallen, gefallen ist Babel, und all seine Götzenbilder hat man zu Boden geschmettert! 10 O mein zerdroschenes und als Dreschtenne dienendes Volk! Was ich vernahm vom Herrn der Heere, Israels Gott, das tat ich euch kund!«

Gegen Edom

11 Spruch über Edom: Man ruft mir von Seïr zu: »Wächter, wie spät in der Nacht? Wächter, wie spät

in der Nacht?« 12 Der Wächter spricht: »Morgen kommt, dann kommt auch Nacht; wollt ihr anfragen, so fragt und kommt noch einmal!«

Gegen Arabien

13 Spruch über die Steppe: Übernachtet im Wald, in der Steppe, ihr Karawanen der Dedaniter! 14 Bringt den Durstigen Wasser entgegen, ihr Bewohner des Landes Tema, bietet den Flüchtlingen Brot an! 15 Denn sie sind auf der Flucht vor den Schwertern, vor dem gezückten Schwert, vor dem gespannten Bogen und vor des Krieges wuchtender Last. 16 Denn so sprach der Herr zu mir: »In noch einem Jahre, gleich den Jahren eines Tagelöhners, wird es mit dem ganzen Ansehen Kedars zu Ende sein. 17 Da wird die Restzahl der Bogenschützen Kedars gering sein.« Ja, der Herr, der Gott Israels, hat gesprochen.

»Morgen sind wir ja tot!«

22 1 Ausspruch über das Tal der Schauung: Was hast du denn, daß du vollzählig auf die Dächer gestiegen bist, 2 du lärmerfüllte, brausende Stadt, du Stätte des Frohsinns? Deine Erschlagenen sind nicht erschlagen vom Schwert, sind nicht im Kampfe gefallen. 3 All deine Fürsten sind flüchtig geworden, ohne Bogen gefesselt; alle, die man auffand, sind insgesamt gefesselt, wie weit sie auch flohen. 4 Darum sage ich: Blickt von mir weg, ich muß bitterlich weinen; bemüht euch nicht, mich zu trösten über die Verwüstung der Tochter meines Volkes! 5 Denn der Tag des Wirrwarrs, der Zertretung und Bestürzung kommt vom Gebieter und Herr der Heere im Tale der Schauung: Kir unterwühlt die Mauer, und Schoa stürmt wider den Berg! 6 Elam hat den Köcher gepackt, in Streitwagen steht die Besatzung, Kir enthüllt den Schild. 7 Deine herrlichen Täler füllten sich mit Streitwagen und deren Bemannung; aufgestellt sind sie gegen das Tor hin. 8 Da zog der Herr die Augenbinde von Juda fort; doch es schaute an jenem Tag nach dem Rüstzeug im Waldhaus. 9 Ihr saht, daß die Risse der Davidsstadt zahlreich waren; gesammelt habt ihr die Wasser des unteren Teiches. 10 Die Häuser Jerusalems zähltet ihr ab und risset sie nieder, um die Mauer zu festigen. 11 Ein Sammelbecken schuft ihr für die Wasser des alten Teichs zwischen den beiden Mauern. Aber ihr blicket nach dem nicht, der dies bewirkte, saht nicht nach dem, der es von lange her fügte. 12 Da rief der Gebieter, der Herr der Herrscharen, an jenem Tag zum Weinen und Klagen, Scheren der Glatze und Schürzen des Bußsacks. 13 Doch seht, Wonne und Jubel, Rindertöten und Schafeschlachten, Fleischessen und Weintrinken: »Laßt uns essen und trinken, denn morgen sind wir ja tot!« 14 In meinen Ohren tat sich kund der Herr der Heerscharen: »Fürwahr, ungesühnt bleibt diese Schuld an euch, bis ihr tot seid!« So sprach der Gebieter, der Herr der Heerscharen.

Vorwürfe dem Hausminister des Königs

15 So sprach der Gebieter, der Herr der Heerscharen: »Auf, geh zu diesem Verwalter da, Sebna, dem Vorsteher des Palastes, (und sprich): 16 Was hast du hier und wen hast du hier, daß du allhier ein Grab für dich aushauen ließest? Da läßt sich der hoch oben sein Grab aushauen, im Felsen sich eine Ruhstatt meißeln! 17 Siehe, der Herr schleudert dich fort mit wuchtigem Wurf und drückt dich zusammen. 18 Er dreht dich zum Knäuel und wirft dich wie einen Ball in ein weit ausgedehntes Land; dort mußt du sterben, dorthin kommen deine Prunkwagen, du Schandmal für das Haus deines Herrn! 19 Stoßen will ich dich aus deinem Amt, aus deiner Stellung dich reißen! 20 An jenem Tage werde ich meinen Knecht Eljakim berufen, den Sohn des Chilkia. 21 Ich bekleide ihn mit deinem Gewand und gürte ihn mit deiner Schärpe; ihm übergebe ich dein Amt, er wird Vater sein den Bewohnern Jerusalems und dem Hause Juda. 22 Den Schlüssel des Hauses David lege ich ihm auf die Schulter. Öffnet er, so schließt keiner zu, schließt er, so macht niemand auf. 23 Als haltbaren Pflock setze ich ihn ein an fester Stelle; zum Ehrenthron wird er für das Haus seines Vaters. 24 Hängt man aber an ihn das ganze Gewicht seines Vaterhauses, die Sprößlinge und die Schößlinge, all das kleine Geschirr, vom Beckengeschirr bis zu den verschiedenen Kruggefäßen, 25 dann wird an jenem Tage – Spruch des Herrn der Heere – der an fester Stelle eingeschlagene Pflock nachgeben; er wird brechen und herabfallen, so daß die Last, die daran hängt, in Stücke bricht.« Fürwahr, der Herr hat gesprochen.

22,1: Auf die Dächer stieg man, um sich zu freuen oder den Abzug der Belagerer zu beobachten. • 15–18: Vom Tod Sebnas erfahren wir nichts mehr. Wohl die gleiche Person wird 36,3.11.22; 37,2 erwähnt.

Gegen Tyrus

23 1 Spruch über Tyrus: Ihr Tarsisschiffe heult, der Hafen ist ja verwüstet! Bei der Heimfahrt vom Land der Kittäer ist es ihnen kund geworden. 2 Klagt, ihr Bewohner der Küste, ihr Kaufleute Sidons! Deine Händler fuhren auf dem Meer und in den riesigen Wassern. 3 Die Saat des Schichor, die Ernte des Nils, war sein Ein-

kommen, und es war Nutznießer der Völker.
4 Schäme dich, Sidon, denn das Meer spricht: »Ich
lag nicht in Wehen, nicht hab' ich geboren, ich zog
nicht Jünglinge auf, noch habe ich Jungfrauen hoch-
gebracht.« 5 Wird dies in Ägypten kund, so zittert
man wie bei der Nachricht über Tyrus. 6 Fahret
hinüber nach Tarsis, heulet, ihr Küstenbewohner!
7 Ist dies eure lustige Stadt, deren Herkunft liegt in
der Urzeit, deren Füße sie weithin trugen zum Sie-
deln? 8 Wer hat solches über Tyrus verhängt, das
Kronen verlieh, dessen Kaufleute Fürsten waren,
dessen Händler die reichsten der Erde? 9 Der Herr
der Heere hat es verhängt, zu verunstalten jegliche
stolze Zier, zu stürzen alle Reichen der Erde. 10 Dei-
nen Boden bearbeite nun, Tochter Tarsis, denn eine
Werft gibt es nicht mehr! 11 Er streckte seine Hand
aus über das Meer, erschütterte Königreiche; der
Herr ließ den Befehl ergehen, die Festungen Ka-
naans zu zerstören. 12 Er sprach: »Frohlocken darfst
du nicht mehr, du mißhandelte Jungfrau, Tochter
Sidon! Auf, fahre zu den Kittäern hinüber! Auch
dort wird dir keine Ruhe zuteil! 13 Fürwahr, das
Land der Kittäer war das Volk – nicht aber Assur –,
von Sidon gegründet; sie errichteten ihre Wart-
türme, zerstörten seine Paläste und legten es in
Trümmer. 14 Heulet, ihr Tarsisschiffe, denn eure Fe-
stung ist verwüstet!«
15 Alsdann geschieht es: Tyrus gerät in Vergessen-
heit siebzig Jahre lang wie die Tage eines Königs.
Nach Ablauf der siebzig Jahre aber ergeht es Tyrus,
wie es im Lied von der Dirne heißt: 16 »Nimm die
Zither, durchstreife die Stadt, vergessene Dirne!
Spiele schön, häufe die Lieder, damit man deiner
gedenke!«
17 Nach Ablauf von siebzig Jahren wird nämlich der
Herr Tyrus heimsuchen. Dann kommt es wieder zu
seinem Buhlerlohn und buhlt mit allen Königrei-
chen der Welt, die es auf Erden gibt. 18 Doch soll
sein Gewinn und Buhlerlohn eine heilige Gabe für
den Herrn sein. Er wird nicht aufgehäuft, nicht auf-
gespeichert, sondern jenen, die vor dem Herrn
wohnen, wird sein Gewinn zu sättigender Nahrung
und zu prunkvoller Kleidung dienen.

Strafe über die Erde

24 1 Fürwahr, der Herr verheert die Erde,
verwüstet sie, entstellt ihre Oberfläche
und zerstreut ihre Bewohner. 2 Da er-
geht es dem Volk wie dem Priester, dem Knecht wie
seinem Gebieter, der Magd wie ihrer Herrin, dem
Käufer wie dem Verkäufer, dem Darleiher wie dem
Entleiher, dem Gläubiger wie seinem Schuldner.
3 Die Erde wird völlig entleert und vollkommen ge-
plündert. Fürwahr, der Herr hat dieses Wort ge-
sprochen!
4 Es trauert und verwelkt die Erde, der Erdkreis ver-
schmachtet, verwelkt, es verschmachten Himmel
und Erde. 5 Entweiht ist ja die Erde unter ihren Be-
wohnern; denn sie übertraten die Gebote, verletz-
ten das Gesetz, brachen den ewigen Bund. 6 Darum
verzehrt die Erde ein Fluch, ihre Bewohner müssen
es büßen; deshalb schwinden die Bewohner der
Erde, nur wenige Menschen bleiben zurück. 7 Es
trauert der Most, der Weinstock stirbt ab, es seufzt
jedwedes fröhliche Herz. 8 Ein Ende nimmt das Ju-
beln der Pauken, es verhallt der Jauchzenden Lärm,
es verstummt das Jubeln der Zither. 9 Man trinkt
nicht mehr Wein mit Liedergesang, der Trank
schmeckt bitter den Zechern. 10 Die nichtige Stadt
ist zertrümmert, verrammelt der Eintritt in jedes
Haus. 11 Jammer herrscht in den Gassen über den
Wein, dahin ist jegliche Freude, vergangen das Ju-
beln der Erde. 12 Nur Verwüstung blieb zurück in
der Stadt, in Trümmer geschlagen ist das Tor.

Die überlebenden Frommen

13 Denn so wird es sein auf der Erde unter den Völ-
kern, wie beim Olivenabklopfen, wie bei der Nach-
lese, wenn die Ernte vorbei ist. 14 Sie aber erheben
die Stimme und jubeln; über die Hoheit des Herrn
jauchzen sie vom Meere her. 15 Darum zollt Ehre
dem Herrn im fernen Osten, auf den Inseln des
Meeres dem Namen des Herrn, des Gottes Israels!

Neues Unheil

16 Wir hörten Lieder vom Saume der Erde: Herrlich-
keit dem Gerechten!
Ich aber sprach: »Verderben mir, Verderben mir!
Wehe mir! Abtrünnige handeln treulos, Treulosig-
keit üben Abtrünnige. 17 Grauen, Grube und Garn
über euch, Bewohner der Erde!« 18 Es wird gesche-
hen: Wer dem Grauen entrinnt, fällt in die Grube,
wer aus der Grube hinaufsteigt, verfängt sich im
Garn. Denn die Schleusen der Höhe tun sich auf,
die Grundfesten der Erde erzittern. 19 Es bricht, ja
zerbricht die Erde; es reißt, ja zerreißt die Erde; es
wankt und schwankt die Erde! 20 Die Erde torkelt
und taumelt wie ein Betrunkener; wie eine Nacht-
hütte bebt sie hin und her; schwer lastet ihr Frevel
auf ihr, sie fällt und steht nicht mehr auf.

Himmelsheer und Erdenkönige

21 An jenem Tag wird der Herr zur Rechenschaft
ziehen das Heer der Höhe hoch oben und die Kö-
nige der Erde auf dem Festland. 22 Nach Gefange-
nenart werden sie in eine Grube gepfercht, einge-
sperrt ins Gefängnis und erst nach vielen Tagen zur

Rechenschaft gezogen. 23 Da errötet der Mond, es
schämt sich die Sonne; denn König ist nunmehr der
Herr der Heere auf dem Berg Sion und in Jerusalem,
und vor seinen Ältesten strahlt er in Glanz.

Danklied für Errettung

25 1 Herr, mein Gott bist du! Ich rühme
dich und preise deinen Namen; denn
Wunderbares an Plänen hast du voll-
führt, von längst her gefaßt in zuverlässiger Treue.
2 Du hast ja die Stadt zum Steinhaufen gemacht,
den befestigten Ort zum Trümmerfeld. Die Burg
der Fremden ist nicht mehr Stadt, nimmermehr
baut man sie auf. 3 Darob verehren dich starke Völ-
ker, die Städte verwegener Nationen fürchten dich.
4 Denn für die Geringen warst du eine Zuflucht,
eine Burg für die Armen in ihrer Not, Schutzdach
vor Regen, Schatten vor Hitze; denn das Zornes-
schnauben der Verwegenen ist wie kalter Winterre-
gen, wie Sonnenhitze im Dürrland. 5 Du aber hast
das Toben der Fremden gedämmt wie Hitze im
wolkigen Schatten; der Verwegenen Siegeslied hast
du unterdrückt.

Die Gottesstadt in der Endzeit

6 Der Herr der Heerscharen wird zubereiten für alle
Völker auf diesem Berg ein Mahl von Fettspeisen,
ein Mahl von abgelagerten Weinen, markige
Fettspeisen, geläuterte Weine. 7 Er wird vernichten
auf diesem Berge die Hülle, die über alle Völker ge-
breitet, die Decke, die über alle Nationen geflochten
ist. 8 Vernichten wird er für immer den Tod. Der Ge-
bieter und Herr wird abwischen die Tränen von jeg-
lichem Antlitz, die Schmach seines Volkes nimmt er
hinweg von der ganzen Erde! Fürwahr, der Herr hat
gesprochen. 9 An jenem Tag wird man sprechen:
»Seht, unser Gott, auf den wir vertrauten, daß er
uns helfe. Das ist der Herr, auf den wir hofften; laßt
uns frohlocken und jubeln ob seiner Hilfe!« 10 Denn
des Herrn Hand ruht auf diesem Berg. Aber Moab
zerstampft man am Boden, wie man Stroh im Mist-
pfuhl zertritt. 11 Breitet es darin seine Hände aus wie
der Schwimmer zum Schwimmen, so wird es der
Herr beim Auftauchen niederdrücken samt seinen
widerstrebenden Händen. 12 Deine festen und stei-
len Mauern knickt er, stürzt er und stößt sie nieder
bis in den Staub.

Triumphlied

26 1 An jenem Tage wird man im Lande
Juda folgendes Lied singen: »Wir haben
eine feste Stadt; Heil pflanzte er auf als
Mauern und Wehr. 2 Öffnet die Tore, daß einziehe
ein rechtschaffenes Volk, das die Treue bewahrt!
3 Fest ist sein Sinn. Du wirst den Frieden behüten,
den Frieden; denn es vertraut auf dich. 4 Vertraut
auf den Herrn zu aller Zeit; denn der Herr ist ein
ewiger Fels! 5 Die Höhenbewohner hat er gebeugt,
die hochragende Stadt. Nieder, ja nieder zur Erde
warf er sie, stieß sie hinab bis in den Staub. 6 Es zer-
tritt sie der Fuß, ja die Füße der Armen, die Tritte
der Geringen.

Gerechtes Walten des Herrn

7 Der Pfad des Gerechten ist ebene Bahn, gerade ist
der Weg des Gerechten, den du ebnest. 8 Auch auf
dem Pfad deiner Gerichte,o Herr, harrten wir dei-
ner. Deinen Namen zu nennen und anzurufen, ist
das Verlangen der Seele. 9 Bei Nacht verlangt meine
Seele nach dir, auch mein Geist in mir sucht nur
dich. Denn sobald deine Gerichte die Erde treffen,
lernen die Bewohner der Welt Gerechtigkeit.
10 Wird der Frevler begnadigt, so lernt er nimmer
Gerechtigkeit; im Lande der Redlichkeit frevelt er
und verachtet die Hoheit des Herrn. 11 O Herr, er-
hoben ist deine Hand, sie sehen es aber nicht! Sie
sollen es sehen und zuschanden werden! Der Eifer
für das Volk und das Zornesfeuer wider deine Geg-
ner soll sie verzehren! 12 Herr, du wirst uns Heil
durch dein Gericht erwirken; denn auch alle unsere
Taten hast du für uns vollbracht. 13 Herr, unser
Gott! Andere Gebieter außer dir beherrschen uns;
nur durch dich können wir uns deines Namens rüh-
men. 14 Tote leben nicht mehr auf, Verstorbene er-
heben sich nimmer; darum hast du sie zur Rechen-
schaft gezogen und vertilgt; jedes Andenken an sie
hast du vernichtet.
15 Du vermehrtest das Volk, o Herr, du vermehrtest
das Volk, hast dich verherrlicht, alle Landesgrenzen
erweitert.

Drangsal

16 Herr, in der Not deiner Heimsuchung schrien sie,
als die Drangsal deiner Züchtigung auf ihnen lag.
17 Wie eine Schwangere, wenn ihre Stunde naht,
schreit und sich windet in ihren Wehen, so waren
wir, Herr, vor dir! 18 Wir waren schwanger, wanden
uns, und als wir geboren, da war es Wind. Wir
brachten dem Lande keine Hilfe; denn kein Erdbe-
wohner kam zur Welt.

Auferstehen der Toten

19 Deine Toten leben, meine Verstorbenen werden
auferstehen, die Staubbewohner werden erwachen
und frohlocken; denn Tau der Lichter ist dein
Tau, die Erde wird Verblichene wieder gebären.
20 Wohlan, in deine Kammer hinein, mein Volk!
Schließe die Tür hinter dir; verbirg dich ein kleines

Weilchen, bis daß der Groll vorüber ist. 21 Denn
siehe, von seiner Stätte zieht aus der Herr; er straft
der Erdenbewohner Schuld; dann wird die Erde ihr
Blut aufdecken und die auf ihr Erschlagenen nicht
länger verbergen.«

26,19–21: Ez 37,1–14; Offb 20,12.

Großmächte

27 1 An jenem Tag übt der Herr Vergel-
tung mit seinem harten, großen und
starken Schwert an Liwjatan, der flüch-
tigen Schlange, und an Liwjatan, der geringelten
Schlange, und er wird den Drachen töten, der im
Nilstrome haust.

Weinberg Israel

2 An jenem Tag – welch lieblicher Weinberg! Singet
von ihm: 3 »Sein Hüter bin ich, der Herr; immer
wieder begieße ich ihn; ich behüte ihn bei Tag und
bei Nacht, damit niemand ihn schände. 4 Zorn hege
ich nicht mehr. O fände ich Dornen und Disteln! Ich
möchte mit ihnen den Kampf aufnehmen und sie
restlos verbrennen! 5 Oder man müßte sich klam-
mern an meine Schutzstätte, Frieden mit mir
schließen, ja Frieden mit mir schließen!« 6 Blumen
läßt Jakob Wurzel schlagen, Israel blüht und sproßt;
die Erdoberfläche wird voll des Ertrages.
7 Hat der Herr es geschlagen wie seinen Schläger,
oder wurde es gemordet wie seine Mörder? 8 Nein,
durch Verjagen und Vertreiben hast du es befehdet.
Er trieb es fort durch seinen starken Sturm am Tage
des Ostwinds. 9 Darum wird Jakobs Frevel dadurch
gesühnt und dies sei seiner Entsündigung Voll-
frucht, daß es alle Altarsteine zerschlagenen Kalk-
steinen gleichmacht, heilige Pfähle und Räucheral-
täre sich nimmer erheben. 10 Denn die feste Stadt
liegt nun einsam, ein entvölkerter und verlassener
Platz gleich der Steppe; Kälber weiden daselbst,
haben ihr Lager dort und vernichten ihre Zweige.
11 Ist dann verdorrt ihr Geäst, so bricht man es ab;
Frauen kommen und zünden es an; denn es ist ein
Volk ohne Einsicht. Darum hat sein Schöpfer kein
Mitleid mit ihm und sein Urheber kein Erbarmen.
12 An jenem Tage klopft der Herr Getreide aus von
den Ähren am Euphrat bis zum Bache Ägyptens. Ihr
aber, Kinder Israels, werdet einzeln aufgelesen wer-
den. 13 An jenem Tage stößt man in das große Horn;
dann kommen die im Land Assur Verlorenen heim
und die im Land Ägypten Verstoßenen; sie beten
an vor dem Herrn auf dem heiligen Berg in Jeru-
salem.

27,1f: Das Symbol von Drache und Schlange zeigt den Kampf gegen das Reich Gottes.

Trunkenbolde in Ephraim

28 1 Wehe der prunkenden Krone der Trun-
kenen Ephraims und der welkenden
Blüte seines herrlichen Schmucks auf
dem Gipfel des fruchtbaren Tals der vom Weine
Berauschten! 2 Siehe, ein Starker und Mächtiger
steht im Dienste des Herrn! Wie ein Hagelunwetter,
vernichtender Sturm, wie ein Schauer gewaltig
hinflutender Wasser streckt er zu Boden mit Macht.
3 Mit Füßen zertritt man die prunkende Krone der
Trunkenen Ephraims. 4 Die welkende Blüte sei-
nes prachtvollen Schmucks auf dem Gipfel des
fruchtbaren Tals wird wie eine Frühfeige sein vor
der Ernte; sobald sie einer erblickt und sie kaum
in seiner Hand hat, verschlingt er sie schon. 5 Als-
dann wird der Herr der Heerscharen zur prächtigen
Krone, zum glänzenden Kranz für den Rest seines
Volkes 6 und zum Geiste des Rechts für den, der zu
Gericht sitzt, und zur Heldenkraft für jene, die den
Krieg zum Tore zurückdrängen.

Betrunkene Priester und Propheten

7 Auch diese da schwanken vom Wein, sie taumeln
vom Rauschtrank; Priester und Propheten schwan-
ken vom Rauschtrank, sind überwältigt vom Wein;
sie taumeln vom Rauschtrank, schwanken bei der
Schau, wanken beim Schiedsspruch. 8 Ja, alle Tische
sind voll vom gespieenen Unflat, frei ist kein Platz!
9 (Sie sprechen): »Wen will dieser Erkenntnis leh-
ren, wem deutet er Offenbarung? Kleinen Kindern
etwa, die kaum von der Mutterbrust weggenom-
men sind? 10 Denn Gebot an Gebot, Gebot an Ge-
bot, Satz an Satz, Satz an Satz, hier ein wenig, dort
ein wenig!« 11 Fürwahr, mit Lippengestammel und
mit fremder Zunge wird der reden zu diesem Volke,
12 der zu ihnen sprach: »Das ist die Ruhestätte, gebt
doch Ruhe den Müden, das ist der Rastplatz!« Doch
sie wollten nicht hören! 13 Darum ergeht das Wort
des Herrn an sie: »Gebot an Gebot, Gebot an Ge-
bot, Satz an Satz, Satz an Satz, hier ein wenig, dort
ein wenig!« Gehen sie, so straucheln sie rückwärts,
werden zerschmettert, gepackt und gefangen.

Spötter

14 Darum hört das Wort des Herrn, ihr höhnenden
Männer, die ihr herrscht über das Volk, das in Jeru-
salem wohnt. 15 Ihr habt ja gesagt: »Wir stehen im
Bund mit dem Tod, mit dem Totenreich schlossen
wir einen Vertrag; die brausende Flut, sobald sie da-
herfährt, wird uns nicht erreichen! Denn Lüge
machten wir uns zur Zuflucht, im Truge verbargen
wir uns.«

Eckstein

16 Darum spricht der Gebieter und Herr: »Seht, ich

lege in Sion einen Stein, einen bewährten Stein,
einen kostbaren Eckstein, der festgegründet ist. Wer
glaubt, muß nicht verzagen! 17 Ich mache zur Richt-
schnur das Recht und zur Waage die Gerechtigkeit;
der Hagel fegt fort die Lügenzuflucht, und Wasser
schwemmt weg das Versteck!
18 Vereitelt wird euer Bund mit dem Tod, euer Ver-
trag mit dem Totenreich hält nicht stand. Die brau-
sende Flut, wenn sie daherzieht, wird euch zermal-
men. 19 Sooft sie einherfährt, erfaßt sie euch, jeden
Morgen kommt sie daher, bei Tag und bei Nacht,
mit Zittern nur kann man Offenbarung deuten.«
20 Denn zum Ausstrecken ist das Bett zu kurz, die
Decke zu schmal, um sich einzuwickeln. 21 Ja, wie
am Berg Perazim wird der Herr sich erheben. Toben
wird er wie in Gibeons Tal, zu vollführen sein
Werk, sein befremdendes Werk, auszuführen sein
Tun, sein seltsames Tun. 22 Wohlan, nun spottet
nicht mehr, sonst werden eure Fesseln noch enger;
denn von festbeschlossener Vertilgung über die
ganze Erde hin vernahm ich vom Gebieter und
Herrn der Heere.

Gleichnis vom Landmann

23 Horcht auf und vernehmt meinen Ruf, gebt acht
und hört meine Rede: 24 Pflügt etwa der Pflüger al-
lezeit, um zu säen, reißt er auf und eggt seinen
Acker? 25 Nein! Er streut Dill und sät Kümmel, legt
Weizen und Gerste und Emmer bis an den Rand, so-
bald er seine Fläche geebnet. 26 Damit dies recht ge-
schieht, unterweist und belehrt ihn sein Gott.
27 Denn nicht mit dem Schlitten drischt man den
Dill, führt das Wagenrad nicht über den Kümmel,
sondern mit dem Stabe drischt man den Dill aus,
mit dem Stecken den Kümmel. 28 Wird Brotkorn
etwa zermalmt? Nein, nicht endlos drischt er dar-
auf los, setzt seine Wagenräder in Gang, seine
Rosse; er zermalmt es nicht. 29 Auch das geht vom
Herrn der Heerscharen aus: Wunderbare Rat-
schlüsse gibt er, schenkt reiche Erfahrung.

28,1–4: Die jetzt folgenden Drohworte befassen sich im Gegensatz zu 24–27 vorwiegend mit dem Gericht über Juda und Jerusalem. Kap. 28 wendet sich zunächst an Samaria, dessen Belagerung im Jahre 725 bevorsteht. Seine landschaftlich herrliche Lage und der üppige Wohlstand seiner Bewohner werden in bilderreicher Sprache geschildert. • 11ff: Gott selbst hätte Jerusalem Ruhe gewünscht. Weil aber die Trunkenen spotten, wird er sie züchtigen.

Jerusalems Schicksal – Vergeltung des Herrn

29 1 Wehe Ariel, Ariel, du Stadt, wo Da-
vid lagerte! Fügt Jahr zu Jahr, Feste mö-
gen sich reihen im Kreis! 2 Ja, ich be-
dränge Ariel, Stöhnen und Gestöhne wird herr-
schen, und es wird mir sein wie ein Gottesherd.
3 Ich lagere mich im Kreis wider dich, ich enge dich
ein mit Schanzen, errichte Wälle gegen dich. 4 Tief
von der Erde her wirst du sprechen; aus dem Staub
ertönt dumpf deine Rede. Dein Ruf steigt aus der
Erde empor gleich dem eines Totengeistes; deine
Rede flüstert vom Staube her. 5 Doch es wird der
Schwarm deiner Dränger wie feiner Staub, die
Schar der Tyrannen wie verfliegende Spreu. Plötz-
lich geschieht es im Nu: 6 Da wird vom Herrn der
Heere Abrechnung gehalten mit Donnern und
Dröhnen und gewaltigem Schall, mit Sturm und
Wetter und verzehrender Feuerflamme. 7 Gleichwie
im Traum, wie im Nachtgesicht, wird es dem
Schwarm aller Völker ergehen, die wider Ariel
kämpfen, allen, die es samt seiner Festung belagern
und die es bedrängen. 8 Ja, es wird sein, wie wenn
der Hungernde träumt, daß er esse – doch beim Er-
wachen ist leer seine Kehle, und wie wenn der Dür-
stende träumt, er trinke – doch beim Erwachen ist
er matt, und ausgetrocknet ist seine Kehle. So er-
geht es dem Schwarm aller Völker, die wider den Si-
onsberg streiten!

Verstockung

9 Starrt euch gegenseitig an und erstarret, verblen-
det euch und werdet blind! Berauscht euch, doch
nicht vom Wein, torkelt nur, doch nicht vom
Rauschtrank! 10 Denn ausgegossen hat über euch
der Herr einen Geist der Betäubung, eure Augen
(die Propheten) verschloß er, eure Häupter (die Se-
her) hat er verhüllt. 11 Jegliche Weissagung wurde
für euch wie die Worte einer versiegelten Rolle:
Reicht man diese einem Schriftkundigen hin mit
den Worten: »Lies dies doch«, so entgegnet er: »Ich
kann nicht, weil es versiegelt ist.« 12 Überreicht man
aber die Schriftrolle einem, der schriftunkundig ist,
und fordert ihn auf: »Lies das doch«, dann entgeg-
net er: »Ich kann nicht lesen.«

Lippenbekenntnis als angelerntes Menschengebot

13 Der Herr sprach: »Weil dies Volk da mit seinem
Munde sich naht und mit seinen Lippen mir Ehre
erweist, während sein Herz von mir fern ist und so
ihre Furcht vor mir nur angelerntes Menschengebot
ist, 14 siehe, darum werde ich auch fürderhin wun-
derlich handeln an diesem Volk, ja äußerst verwun-
derlich. Da wird vergehen seiner Weisen Weisheit,
sich verbergen seiner Klugen Klugheit.«

Törichte Politik gegenüber dem Herrn

15 Weh über jene, die tief sich verstecken, um vor
dem Herrn ihre Absicht zu verbergen, so daß ihr
Tun sich im Finstern vollzieht! Sie denken dabei:
»Wer sieht uns, und wer weiß von uns?« 16 O eure
Verkehrtheit! Ist etwa der Töpfer dem Ton gleich-

zustellen, so daß das Werk von seinem Meister
spräche: »Er schuf mich nicht«, oder der Topf von
seinem Töpfer: »Er versteht nichts«?

Wandlungen zum Besseren in der Endzeit

17 Es dauert nur noch eine kurze Weile, da wandelt
sich zum Fruchtgarten der Libanon, und der Frucht-
garten gilt als Wald. 18 Es hören alsdann die Tauben
Worte der Schrift; aus Dunkel und Düster schauen
die Augen der Blinden. 19 Die Elenden haben aufs
neue Freude im Herrn, die Ärmsten der Menschen
jubeln über den Heiligen Israels. 20 Gewaltmen-
schen gibt es nicht mehr, dahin sind die frechen
Spötter, ausgerottet, die auf Bosheit bedacht sind,
21 die im Rechtsstreit Leute zur Sünde verführten,
dem Richter Schlingen legten im Tor, den Schuldlo-
sen durch Scheingründe verdrängten. 22 Darum
spricht der Herr, der Abraham erlöste, zu Jakobs
Haus: »Jakob wird jetzt nicht mehr beschämt, nicht
mehr soll sein Antlitz erblassen! 23 Dann sehen
seine Kinder das Werk meiner Hände in ihrer Mitte,
dann heiligen sie meinen Namen; sie halten heilig
den Heiligen Jakobs und fürchten den Gott Israels.
24 Die verirrten Geister kommen zur Einsicht, die
Murrenden nehmen Belehrung an.«

29,1: Ariel ist altertümlicher, dichterischer Name für Jerusalem. • 10: Die Verstockung des Volkes wird, wie alles Unbegreifliche, als Wirkung Gottes hingestellt. Die Zeit der Gnade ist bereits aus menschlicher Schuld versäumt; vgl. 6,10 und den Pharao in 2 Mos 7ff. • 13–14: 1,15; Matth 15,7–9. • 16: 45,9; 64,7; Jer 18,2–8; Röm 9,20.21.

Politische Bündnisse

30 1 »Wehe den störrischen Söhnen«,
spricht der Herr, »sie führen einen Plan
aus, doch ohne mich, sie schließen ein
Bündnis, nicht nach meinem Geist, um Sünde auf
Sünde zu häufen! 2 Sie machen sich auf den Weg
hinab nach Ägypten, ohne meine Auskunft erfragt
zu haben. Sie fühlen sich stark in Pharaos Schutz,
sie bergen sich im Schatten Ägyptens. 3 Zur
Schande wird euch des Pharao Schutz, die Zuflucht
im Schatten Ägyptens zur Schmach. 4 Denn waren
seine Fürsten auch schon in Zoan, gelangten seine
Boten bereits nach Hanes, 5 alles wird voll Enttäu-
schung sein über das Volk, das ihnen nichts nützt;
keine Hilfe, keinen Vorteil, sondern Schande und
Schimpf bringt es!« 6 Im Lande der Not und
Drangsal, der Leuen und knurrenden Löwen, der
Schlangen und fliegenden Drachen, bringen sie auf
dem Rücken von Eseln ihre Güter und auf dem
Höcker von Kamelen ihre Schätze zum Volk, das
nichts nützt. 7 Ägyptens Hilfe ist wertlos und nich-
tig; daher nenne ich es »Rahab, die Untätige«.
8 Komm nun, schreibe es vor ihnen auf eine Tafel
und lege es schriftlich fest; es sei für spätere Zeiten
zum ewigen Zeugnis! 9 Denn ein Volk von Empö-
rern sind sie, abtrünnige Söhne, Söhne, die kein Ohr
haben für die Weisung des Herrn, 10 die zu den Se-
hern sagen: »Seht doch nicht!«, zu den Schauenden:
»Schaut nicht, was wahr ist! Sagt uns vielmehr
Schmeicheleien, schaut uns Täuschungen! 11 Weicht
ab vom Weg, biegt ab vom Pfad, hört auf vor uns
mit dem Heiligen Israels!« 12 Darum spricht der Hei-
lige Israels: »Weil ihr dies Wort verworfen und auf
Verkehrtes und Verdrehtes vertraut und darauf
euch gestützt habt, 13 darum sei euch die Schuld
wie ein herablaufender, klaffender Riß in einer
hohen Mauer; plötzlich im Nu kann ihr Einsturz er-
folgen. 14 Und ihr Zusammenbruch wird sein wie
das Zerbersten von Töpfergeschirr, das man ohne
Schonung zusammenschlägt; unter seinen Trüm-
mern findet sich nicht einmal mehr eine Scherbe,
um Glut vom Herd zu nehmen oder Wasser aus der
Pfütze zu schöpfen.«
15 Denn so sprach der Gebieter und Herr, der Heilige
Israels: »Durch Gelassenheit und Ruhe findet ihr
Rettung, im Stillsein und im Vertrauen liegt eure
Kraft. Doch ihr habt nicht gewollt! 16 Ihr sagtet:
›Nein, auf Pferdegespannen wollen wir fliegen!‹ –
deshalb müßt ihr fliehen – ›auf Rennwagen wollen
wir fahren!‹ – deshalb rennen eure Verfolger. 17 Tau-
send werden zittern vor dem Kampfruf eines Einzi-
gen! Vor dem Kampfruf von fünf Leuten werdet ihr
fliehen, bis daß ihr nur noch als Rest übrigbleibt wie
auf der Bergeskuppe eine Signalstange, wie ein Pa-
nier auf dem Hügel.«
18 Darum zögert der Herr, euch huldvoll zu sein,
darum rührt er sich nicht, sich euer zu erbarmen.
Denn ein Gott des Rechtes ist der Herr. Heil allen,
die auf ihn harren! 19 Ja, Volk auf Sion, das du
wohnst in Jerusalem, du sollst nimmer weinen! Er
wird dir gnädig sein nach deinem Hilferuf; sobald er
ihn hört, erhört er dich. 20 Der Herr gibt euch zwar
Brot der Drangsal und Wasser der Trübsal, doch
dein Lehrmeister verbirgt sich fürderhin nicht mehr,
und deine Augen schauen deinen Lehrer. 21 Deine
Ohren vernehmen von rückwärts folgenden Zuruf:
»Dies ist der Weg, auf dem ihr wandeln sollt«, falls
ihr nach rechts oder nach links abbiegen möchtet.
22 Dann entweihst du deiner Götzen Silberbeschlag
und deiner Gußbilder goldenen Überzug; wie
etwas Unreines wirfst du sie weg, als Unflat be-
zeichnest du sie. 23 Dann spendet er Regen für deine
Saat, mit der du den Boden besäst. Das Getreide,
das der Acker hervorbringt, saftig und fett wird es
sein; dein Vieh soll weiden zu jener Zeit auf weitem

Grund. 24 Die pflügenden Ochsen und Esel erhalten zum Fressen würziges Mengfutter, das mit Schaufel und Schippe geworfelt ist. 25 Auf jeglichem hohen Berg und auf jeglichem ragenden Hügel wird es Bäche fließenden Wassers geben am Tag des gewaltigen Mordens, wenn Türme fallen. 26 Das Licht des Mondes wird dem der Sonne gleich sein, das Licht der Sonne aber wird siebenfach, wie das Licht von sieben Tagen sein am Tag, da der Herr die Verletzungen seines Volkes verbindet und die ihm geschlagenen Wunden heilt.

Der Herr erscheint

27 Seht, von ferne naht der Name des Herrn: Lodernder Zorn, wuchtiges Gewölk, seine Lippen voll Groll, seine Zunge wie fressendes Feuer. 28 Sein Odem ist wie ein reißender Bach, der bis zum Halse hinaufreicht, um Nationen mit verkehrtem Joch hin- und herzuzerren und mit irreführendem Zaum an den Kinnbacken der Völker. 29 Lieder singt ihr alsdann wie bei der nächtlichen Festesfeier; freudigen Herzens seid ihr wie Pilger, die unter Flötenspiel wallen zum Berge des Herrn, zu Israels Fels. 30 Seine erhabene Stimme läßt der Herr vernehmen, läßt schauen die Kraft seines Arms, begleitet von grimmiger Wut, verzehrender Flamme, Sturm, Unwetter und Hagelsteinen. 31 Ja, vor dem Donner des Herrn wird Assur erbeben, wenn er dreinschlägt mit der Rute. 32 Jeglicher Hieb der Zuchtrute, den der Herr auf sie fallen läßt, erfolgt unter Paukenschlag und Zitherspiel; in Schlachten nach Art der Weiheopfer bekämpft er sie. 33 Denn schon längst ist eine Brandstätte gerüstet. [Auch sie ist für den Melech.] Tief und breit ist ihr Holzstoß geschichtet, Feuer und Holz sind da in Menge! Der Atem des Herrn zündet ihn an gleich einem Schwefelstrom.

30,10–14: Das Volk will lieber von den falschen Propheten Schmeicheleien hören und vertraut auf Ägypten (Vers 12), was zu völligem Zusammenbruch führen wird (Vers 13f). • 19–26: Für den glaubenden und vertrauenden Rest wird eine Heilsweissagung eingeschoben. Ob diese von Is selbst stammt, ist umstritten. In hochdichterischer Sprache, die nicht wörtlich zu nehmen ist, wird das Glück der Endzeit beschrieben. • 27–33: In erschreckenden Bilderreden wird die Erscheinung Gottes zum Gericht über Assur geschildert. Die Gottesoffenbarung zeigt sich nach atl. Denkweise im Gewittersturm und im Toben der Naturkräfte. Vorbild ist der wunderbare Auszug aus Ägypten.

Ägyptische Parteigänger

31 1 Wehe denen, die nach Ägypten um Hilfe ziehen, auf Rosse sich verlassen, auf Streitwagen vertrauen, deren Menge so groß ist, und auf Wagenkämpfer, weil sie so zahlreich sind! Aber auf den Heiligen Israels schauten sie nicht, und den Herrn befragten sie nicht! 2 Doch auch er ist weise, führt Unheil herbei und zieht seine Drohworte nicht zurück; er erhebt sich gegen das Haus der Frevler und gegen die Hilfe der Übeltäter. 3 Menschen sind die Ägypter, nicht Gott, und ihre Rosse sind Fleisch, nicht Geist. Streckt der Herr seine Hand aus, so strauchelt der Beschützer und fällt der Beschützte; beide gehen gemeinsam zugrunde!

4 Denn so sprach zu mir der Herr: »Wie der Löwe und Junglöwe, gegen den man die Vollzahl der Hirten zusammenrief, über seiner Beute knurrt, und wie er vor ihrem Geschrei nicht erschrickt und vor ihrem Gelärm sich nicht duckt, so steigt der Herr der Heere hinab zum Kampf auf dem Sionsberg und seiner Höhe. 5 Wie flatternde Vögel beschirmt der Herr der Heere Jerusalem; ja, er beschirmt, er entreißt, verschont und errettet. 6 Bekehrt euch zu dem, von dem die Söhne Israels so tief abgefallen sind! 7 Denn an jenem Tage verschmäht jedermann seine silbernen und goldenen Götzen, die eure Hände verfertigt haben zur Sünde. 8 Assur fällt durch das Schwert, doch nicht durch das Schwert eines Mannes; das Schwert wird es fressen, doch nicht das Schwert eines Menschen. Flieht es aber vor dem Schwert, dienen seine Krieger zur Zwangsarbeit. 9 Sein Fels (der König) wird vergehen vor Furcht, seine Führer verlassen vor Schreck das Panier.« Ausspruch des Herrn, der auf Sion einen Feuerherd hat und einen Ofen zu Jerusalem.

31,1–9: In der Bedrohung durch die Assyrer wird Ägypten nicht helfen können. Nur vom Herrn (Vers 4) kommt Rettung. • 3: 30,16; Ez 28,2.9; Os 1,7; Ps 33,17.

Gerechte Herrschaft

32 1 Siehe, es wird in Gerechtigkeit ein König herrschen, Fürsten werden nach Recht regieren. 2 Jeder wird sein wie ein Versteck, das vor Wind schützt, wie ein Obdach vor Regensturm, wie Wasserbäche im Dürrland, wie der Schatten wuchtiger Felsen im heißen Gebiet. 3 Da sind der Sehenden Augen nicht mehr verklebt, die Ohren der Hörenden lauschen gespannt. 4 Das Herz der Unbesonnenen kommt zur Einsicht, der Stotternden Zunge redet gewandt und klar. 5 Nimmer bezeichnet man Toren als Edle, Betrüger heißen nicht vornehm.

6 Denn nur Torheit redet der Tor, sein Herz sinnt auf Unheil. Ruchloses verübt er und redet Verkehrtes wider den Herrn. Leer läßt er ausgehen des Hungrigen Kehle, reicht dem Durstigen keinen Trunk. 7 Die Waffen des Betrügers sind übel; ein solcher sinnt nur auf Ränke, Geringe verdirbt er durch Re-

den voll Trug, selbst wenn der Arme sein Recht be-
weist. 8 Doch der Edle sinnt auf Edles, und nur für
Edles tritt er ein.

An die sorglosen Frauen

9 Ihr sorglosen Frauen, wohlan! Hört meinen Ruf!
Ihr zuversichtlichen Töchter, vernehmt meine
Rede! 10 Im Spätjahr werdet ihr zittern, ihr Zuver-
sichtlichen; denn vernichtet wird die Weinernte
sein, eine Obsternte gibt es nicht. 11 Erbebt, ihr
Sorglosen, zittert, ihr Zuversichtlichen! Entkleidet,
entblößt euch und legt den Bußgürtel um die Hüf-
ten! 12 Schlagt euch an die Brüste und klagt um die
lieblichen Felder, die fruchtbaren Weinstöcke, 13 um
das Ackerland meines Volkes, das aufschießt in
Dornen und Disteln, um alle Häuser voll Freude
und um die fröhliche Stadt! 14 Denn der Palast ist
verlassen, der Stadtlärm vorbei, Burgberg und
Warte werden kahles Feld für lange Zeit, den Wild-
eseln zur Lust, den Herden ein Weideplatz.

15 Bis über uns sich ergießt ein Geist aus der Höhe.
Dann wird zum Fruchtgarten die Steppe; der
Fruchtgarten aber gilt als Wald. 16 In der Steppe
wird wohnen das Recht, im Fruchtgarten weilt die
Gerechtigkeit. 17 Die Gerechtigkeit aber bewirkt
das Heil, und die Gerechtigkeit schafft ständige
Ruhe und Sicherheit. 18 Auf einer Friedensaue
wohnt mein Volk, an sicheren Stätten und sorglo-
sen Ruheplätzen. 19 Stürzen aber wird, ja stürzen
der Wald und die Stadt in die Senkung versinken.
20 Heil euch, die ihr säen könnt an allen Gewässern
und Ochs und Esel frei laufen laßt!

32,1–20: Vorwiegend Heilsweissagungen für das innerlich erneu-
erte Volk; dazwischen eine Drohrede (Vers 9–14).

Not und Rettung

33 1 Wehe dir, Verwüster, den man noch
nicht verwüstet hat, wehe dir, Räuber,
den man noch nicht beraubte! Bist du
mit dem Verwüsten fertig, so wirst du verwüstet,
bist du mit dem Rauben zu Ende, so beraubt man
dich! 2 O Herr, sei uns gnädig, wir vertrauen auf
dich, sei unser Arm an jeglichem Morgen, ja, unser
Heil zur Zeit der Bedrängnis! 3 Vor dem lauten
Getöse flüchten sich Völker; wenn du dich erhebst,
zerstieben die Heiden. 4 Dann rafft man Beute, wie
Heuschrecken raffen, wie Heupferde anstürmen,
stürmt man darauf los.

5 Der Herr ist erhaben, denn er wohnt in der Höhe,
erfüllt Sion mit Recht und Gerechtigkeit. 6 Seine
Zeiten werden gesichert sein. Rettender Reichtum
sind Weisheit und Kenntnis; die Furcht des Herrn
sein Schatz. 7 Siehe, draußen schreien die Leute Ari-
els, die Friedensboten weinen gar bitter. 8 Verödet
sind die Straßen, es ruhen die Pilger, den Bund hat
man gebrochen, Städte geringgeschätzt, Menschen
mißachtet! 9 Das Land welkt in Trauer dahin, be-
schämt steht der Libanon da und verdorrt. Der
Steppe gleich ist der Saron; Basan und Karmel wer-
fen das Laub ab. 10 »Jetzt aber stehe ich auf«, spricht
der Herr, »richte mich hoch und erhebe mich!
11 Schwanger geht ihr mit Heu, gebäret Stroh; mein
Hauch ist wie Feuer, das euch verzehrt. 12 Ja, die
Völker werden zu Kalk gebrannt, wie gehacktes
Dornengestrüpp im Feuer entzündet. 13 Höret, ihr
Fernen, was ich getan! Erkennt ihr Nahen, meine
Kraft!« 14 Die Sünder auf Sion erbeben, die Ruchlo-
sen werden von Zittern gepackt. Wer kann etwa
weilen bei ständigen Gluten? 15 Wer da wandelt in
Gerechtigkeit und rechtschaffen redet, wer Gewinn
aus Erpressung verwirft, wer seine Hände schüttelt,
um Bestechungsgeld abzulehnen, sein Ohr ver-
stopft, um von Bluttat nichts zu hören, seine Augen
verschließt, um nicht nach Bösem zu schielen. 16 Ein
solcher wird auf Höhen wohnen; Felsenburgen sind
seine Zuflucht. Sein Brot wird ihm zuteil; sein Was-
ser wird nie versiegen.

17 Den König in seiner Schönheit werden deine
Augen erblicken, sie werden schauen ein weitaus-
gedehntes Land. 18 Mit Schrecken wird überlegen
dein Herz: Wo ist der Zähler, wo der Wäger, wo ist
der Beamte, der die Türme zählte? 19 Das freche
Volk wirst du nicht mehr sehen, das Volk mit dunk-
ler, unverständlicher Rede, mit stammelnder
Zunge, ganz sinnlos. 20 Schaue auf Sion, die Stadt
unserer Feiern! Deine Augen erblicken Jerusalem als
sichere Stätte, als Zelt, das nicht wandert, dessen
Pflöcke man nie herausreißen wird und dessen Seile
nicht brechen.

21 Vielmehr wird dort uns herlich entstehen ein Ort
mit Flüssen, mit breiten Strömen. Kein Ruderschiff
fährt darauf, kein stolzes Schiff überquert ihn.
22 Denn der Herr ist unser Richter, der Herr unser
Gesetzgeber, der Herr unser König; er schafft uns
Heil! 23a Seine Taue sind lose, sie halten nicht fest
das Gestell ihres Mastbaumes, sie hissen das Segel
nicht. 23b Alsdann verteilt auch ein Blinder Beute in
Menge, Lahme gehen auf Plünderung aus. 24 Kein
Einwohner wird mehr sprechen: »Ich bin krank«.
Das Volk, das dort wohnt, ist frei von Schuld.

Gericht über Edom

34 1 Herbei, ihr Nationen, hört zu! Ihr Völ-
ker, gebt acht! Es höre die Erde und was
sie füllt; der Erdkreis und alles, was ihm

entsprießt! 2 Denn wider alle Nationen ist der Herr ergrimmt, er grollt gegen all ihre Heere. Gebannt hat er sie, überliefert der Schlachtung. 3 Ihre Erschlagenen wirft man hin, ihrer Leichen Gestank steigt empor, Berge zerfließen von ihrem Blut. 4 Alle Hügel vergehen. Der Himmel rollt sich zusammen wie eine Buchrolle; all sein Heer welkt ab, wie das Laub vom Weinstock verwelkt, wie vom Feigenbaum welkendes Laub.

5 Hat sich mein Schwert berauscht am Himmel, dann fährt es auf Edom hinab, auf das Volk meines Bannes zum Gericht. 6 Der Herr führt ein Schwert, triefend von Blut und gesättigt mit Fett, von der Lämmer und Böcke Blut, vom Nierenfett der Widder. Denn in Bozra hält ein Opfer der Herr, ein großes Schlachten in Edom. 7 Da werden Büffel mit jenen stürzen, Farren zusammen mit Stieren, so daß ihr Land sich berauscht mit Blut und ihr Erdreich sich sättigt mit Fett. 8 Denn der Herr hat einen Rachetag, ein Jahr der Vergeltung für den Streit in Sion. 9 Seine Bäche wandeln sich um in Pech, sein Erdreich in Schwefel; sein Land wird zu brennendem Pech. 10 Es erlischt nicht bei Tag und Nacht, ständig steigt hoch sein Rauch; verwüstet bleibt es von Geschlecht zu Geschlecht, niemals mehr durchquert es ein Mensch. 11 Eulen und Käuzchen nehmen es in Besitz, Ohreulen und Raben wohnen darin; ausspannen wird darüber der Herr die Meßschnur der Verödung und die Setzwaage der Verödung. 12 Bockgestalten werden dort siedeln, seine Vornehmen werden nicht mehr sein; kein Königtum ruft man dort aus, all seine Fürsten sind nicht mehr da. 13 Dornen schießen in seinen Palästen auf, Unkraut und Dorngestrüpp in seinen Burgen. Für Schakale wird es ein Tummelplatz, ein Gehege für Strauße. 14 Fuchs und Luchs begegnen sich, struppige Böcke treffen einander; auch die Nachteule wird dort rasten, eine Ruhestatt finden für sich. 15 Die Pfeilschlange hat dort ihr Nest; sie legt, brütet aus und zieht Junge auf in seinem Schatten. Dort auch sammeln sich die Steppenweihen in Scharen.

16 Forscht im Buche des Herrn und lest es nach! Keines jener Tiere bleibt aus. Dabei braucht sich keines um das andere zu kümmern; denn der Mund des Herrn hat es geboten, sein Odem hat sie versammelt. 17 Er selbst warf ihnen das Los, mit der Meßschnur hat seine Hand es ihnen zugeteilt; auf immer werden sie es besitzen, von Geschlecht zu Geschlecht darin wohnen.

34,1–17: Abd; Jer 49,7–22; Amos 1,11f; Is 63,1–6; Mal 1,1–5. Zu 9 vgl. 1 Mos 19,24; zu 10 Offb 14,11.

Juda, das Paradies

35 1 Freuen sollen sich Wüste und Dürrland, die Steppen jubeln und sprießen! 2 Wie Blumen möge sie üppig sprießen und jubeln, ja, jubeln und jauchzen! Die Herrlichkeit des Libanon wird ihr zuteil, die Pracht des Karmel und Saron. Jene schauen die Herrlichkeit des Herrn, die Pracht unseres Gottes. 3 Stärkt die schlaffen Hände und festigt die wankenden Knie.

4 Zu den Mutlosen sprecht: »Seid stark und fürchtet euch nicht! Seht da, euer Gott! Es kommt die Rache, die Vergeltung Gottes! Er selbst wird kommen und euch erlösen!« 5 Der Blinden Augen öffnen sich dann, der Tauben Ohren tun sich auf. 6 Dann springt der Lahme wie ein Hirsch, die Zunge des Stummen jauchzt auf. Denn Wasser brechen in der Wüste hervor, Bäche im Steppenland. 7 Heißer Boden wird zum Teich, dürstendes Land zu Wasserquellen; an der Stätte, wo Schakale lagerten, entsteht Platz für Rohr und Schilf. 8 Eine feste Straße und einen Weg gibt es daselbst, »Heiligtumsweg« heißt man ihn; kein Unreiner wird ihn beschreiten, sondern seinem hinpilgernden Volke gehört er; Toren irren nicht umher. 9 Löwen gibt es dort nicht, kein reißendes Tier betritt ihn, keines trifft man dort an; nur Erlöste pilgern auf ihm. 10 Die Losgekauften des Herrn kehren zurück, sie gelangen mit Jauchzen nach Sion und ewige Freude bedeckt ihr Haupt; Jubel und Freude wird ihnen zuteil, Kummer und Seufzen entfliehen.

35,5: Matth 11,5. • 10: Ps 126,6; Offb 21,4.

Feldzug des Sanherib

36 1 Im vierzehnten Jahre des Königs Hiskia zog Sanherib, der König von Assur, gegen alle befestigten Städte Judas und nahm sie ein. 2 Der König von Assur sandte von Lachis aus den Obermundschenk mit einer großen Streitmacht zum König Hiskia nach Jerusalem. Er nahm Aufstellung an der Wasserleitung des oberen Teiches, an der Straße des Walkerfeldes. 3 Da gingen der Palastvorsteher Eljakim, der Sohn des Hilkia, der Staatsschreiber Sebna und der Kanzler Joach, der Sohn des Asaph, zu ihm hinaus. 4 Der Obermundschenk aber sprach zu ihnen: »Sagt doch Hiskia: So spricht der Großkönig, der König von Assur: Was ist das für ein Vertrauen, das du hegst?
5 Du denkst wohl, bloßes Lippengerede sei schon Rat und Stärke für den Krieg; nun, wem vertraust du denn eigentlich, daß du dich wider mich empört hast? 6 Siehe, du vertrautest auf jenen zerknickten Rohrstab, auf Ägypten, der jedem, der sich darauf

stützt, in die Hand eindringt und sie durchbohrt. So
handelt Pharao, der Ägypterkönig, an allen, die sich
auf ihn verlassen. 7 Falls ihr mir nun aber erwidert:
›Auf den Herrn, unsern Gott, vertrauen wir‹, dann
erwägt: Ist nicht gerade er es, dessen Höhenheilig-
tümer und Altäre Hiskia entfernt hat? Er befahl
Juda und Jerusalem: ›Nur vor diesem Altar sollt ihr
anbeten!‹ 8 Nun aber, geht doch mit meinem Herrn,
dem König von Assur, eine Wette ein: zweitausend
Pferde gebe ich dir, wenn du nur die Reiter dazu
stellen kannst. 9 Wie wolltest du auch nur einen ein-
zigen Anführer von den geringsten Knechten mei-
nes Gebieters in die Flucht schlagen? Doch du ver-
traust ja auf Ägypten wegen der Kriegswagen und
deren Besatzung! 10 Und außerdem, bin ich etwa
ohne Zutun des Herrn wider dieses Land gezogen?
Der Herr hat es mir vielmehr gesagt: Ziehe hinauf
gegen dieses Land, und verwüste es!« 11 Da baten
Eljakim, Sebna und Joach den Obermundschenk:
»Rede doch mit deinen Knechten aramäisch, denn
wir verstehen es! Rede aber nicht judäisch mit uns
vor den Ohren des Volkes, das auf der Mauer
steht!« 12 Der Obermundschenk aber erwiderte
ihnen: »Hat mich mein Gebieter nur zu deinem
Herrn und zu dir geschickt, um dieses zu sagen, und
nicht auch zu den Männern, die auf der Mauer sit-
zen und schließlich mit euch zusammen ihren eige-
nen Kot essen und ihren Harn trinken müssen?«
13 Da trat der Obermundschenk vor, rief mit lauter
Stimme auf judäisch und sprach: »Höret die Worte
des Großkönigs, des Königs von Assur! 14 So spricht
der König: Hiskia soll euch nicht betören; denn er
kann euch nicht retten! 15 Hiskia soll euer Vertrauen
nicht auf den Herrn lenken mit den Worten: ›Ganz
sicher wird der Herr uns erretten; diese Stadt wird
nicht in die Gewalt des Königs von Assur überlie-
fert werden.‹ 16 Hört nicht auf Hiskia; denn so
spricht der König von Assur: Trefft doch mit mir
eine Vereinbarung, lauft zu mir über! Jeder kann
sich dann von seinem Weinstock und von seinem
Feigenbaum ernähren und von seinem eigenen Zi-
sternenwasser trinken, 17 bis daß ich komme und
euch in ein Land herübernehme, das eurem Lande
gleichwertig ist, in ein Land voll Getreide und Most,
ein Land voll Brot und Weinbergen. 18 Hiskia soll
euch nicht betrügen, indem er spricht: ›Der Herr
wird uns erretten!‹ Haben denn etwa die einzelnen
Götter der Völker ihr Land aus der Gewalt des Kö-
nigs von Assur errettet? 19 Wo blieben denn die
Götter von Hamat und Arpad? Wo die Götter von
Sepharwajim? Haben sie etwa Samaria aus meiner
Gewalt errettet? 20 Wer unter allen Göttern jener
Länder hat denn sein Land aus meiner Gewalt er-
rettet? Und da soll der Herr Jerusalem aus meiner
Gewalt erretten?« 21 Da schwieg man und antwor-
tete ihm kein Wort; denn so lautete der Befehl des
Königs: »Ihr sollt ihm nichts entgegnen!« 22 Dann
begaben sich der Palastvorsteher Eljakim, der Sohn
des Hilkia, der Staatsschreiber Sebna und der Kanz-
ler Joach, der Sohn Asaphs, zu Hiskia. Ihre Kleider
hatten sie zerrissen, und sie berichteten ihm von
den Reden des Obermundschenken.

36,1–39,8: 2 Kön 18–20, woraus das meiste entnommen ist.

37

1 Der König Hiskia hörte dies, zerriß
seine Kleider, hüllte sich in das Trauer-
gewand und begab sich in das Haus des
Herrn. 2 Dann sandte er den Palastvorsteher Elja-
kim, den Staatsschreiber Sebna und die Ältesten der
Priester, in Trauergewänder gehüllt, zum Propheten
Isaias, dem Sohne des Amoz. 3 Sie sagten zu ihm:
»So spricht Hiskia: Ein Tag der Drangsal, der Züch-
tigung und der Schmähung ist der heutige Tag;
denn Kinder kamen bis an den Muttermund, doch
es fehlt die Kraft zum Gebären. 4 Vielleicht vernahm
der Herr, dein Gott, die Hohnreden des Obermund-
schenken, den sein Herr, der König von Assur, ge-
schickt hat, um den lebendigen Gott zu schmähen,
und bestraft die Reden, die der Herr, dein Gott,
gehört hat. Lege also Fürbitte ein für den Rest, der
noch geblieben ist.«
5 Als so die Knechte des Königs Hiskia zu Isaias ge-
kommen waren, 6 sprach Isaias zu ihnen: »Sagt fol-
gendes zu eurem Gebieter: So spricht der Herr:
Fürchte dich nicht vor den Hohnreden, die du hören
mußtest, womit die Buben des Königs von Assur
mich geschmäht haben! 7 Siehe, ich werde jenem
einen Geist eingeben; er wird eine Kunde verneh-
men und dann in sein Land zurückkehren. Ich
werde ihn aber durch das Schwert in seinem eige-
nen Lande fallen lassen.«
8 Der Obermundschenk kehrte zurück und traf den
König von Assur im Kampfe gegen Libna. Er hatte
nämlich erfahren, daß dieser von Lachis abgezogen
sei; 9 denn er hörte, daß Tirhaka, der König von
Kusch, gegen ihn zum Streit ausgerückt war. Da
schickte er nochmals Boten an Hiskia mit dem Auf-
trag:
10 »So sollt ihr zu Hiskia, dem König von Juda, spre-
chen: Dein Gott, auf den du vertraust, soll dich
nicht darüber hinwegtäuschen, daß Jerusalem in
die Hand des Königs von Assur fallen wird! 11 Siehe,
du selbst hast ja gehört, wie die Könige von Assur
mit allen Ländern verfahren sind: Den Bann voll-

streckten sie an ihnen; und du sollst etwa gerettet
werden? 12 Haben denn die Götter der von meinen
Väter vernichteten Völker jene gerettet, nämlich
Gosan, Charan, Rezeph und die Söhne von Eden in
Telassar? 13 Wo ist denn der König von Hamat, der
von Arpad, der von der Stadt Sepharwajim, von
Hena und von Iwwa?«
14 Da nahm Hiskia das Schreiben aus der Hand der
Boten und las es. Dann begab er sich in den Tempel
hinauf und breitete es vor dem Herrn aus. 15 Hiskia
betete vor dem Herrn: 16 »Herr der Heere, Gott Is-
raels, der du auf den Kerubim thronst, du allein bist
der Gott über alle Königreiche der Erde! Du hast
den Himmel und die Erde erschaffen. 17 Neige, o
Herr, dein Ohr und höre; öffne, o Herr, deine Augen
und schaue! Höre alle Drohworte Sanheribs, die er
übermittelt hat, den lebendigen Gott zu verhöhnen!
18 Es ist wahr, o Herr, verwüstet haben die Könige
von Assur alle Völker und deren Länder. 19 Sie
haben ihre Götter ins Feuer geworfen; denn es
waren ja überhaupt keine Götter, sondern Gebilde
von Menschenhand, Holz und Stein, die man ver-
nichten konnte. 20 Nun aber, Herr, unser Gott, er-
rette uns aus seiner Hand, damit alle Königreiche
der Erde erkennen, daß du, o Herr, allein Gott bist!«
21 Da sandte Isaias, der Sohn des Amoz, an Hiskia
und ließ sagen: »So spricht der Herr, der Gott Israels:
›Ich habe gehört, um was du Sanheribs wegen, des
Königs von Assur, zu mir gebetet hast.‹ 22 Dies nun
ist der Spruch, den der Herr über ihn verkündet hat:
›Es verachtet dich, es spottet dein die Jungfrau, die
Tochter Sion. Hinter dir her schüttelt das Haupt die
Tochter Jerusalem. 23 Wen hast du gelästert, wen ge-
schmäht, gegen wen die Stimme erhoben und deine
Augen hochmütig emporgerichtet? Gegen den Hei-
ligen Israels! 24 Durch deine Knechte hast du den
Herrn beschimpft. Du dachtest dir: ›Mit meiner Wa-
genmenge erklomm ich die Höhen der Berge, des Li-
banon entlegensten Teil. Seine ragenden Zedern
hab' ich gefällt, die schönsten seiner Zypressen. Ich
drang bis zu seiner höchsten Höhe, in seines Baum-
gartens Dickicht. 25 Brunnen grub ich und trank
fremde Wasser. Ich trocknete mit meiner Füße Tritt
alle Ströme Ägyptens. – 26 Ist dir folgendes entgan-
gen? Seit langem habe ich dies so gefügt, seit den
Tagen der Vorzeit geplant, und jetzt ließ ich es ein-
treten! Es geschah, um zu wüsten Trümmerhaufen
befestigte Städte zu zerstören. 27 Ihre Bewohner er-
bebten in Ohnmacht, Schande kam über sie; sie
wurden wie Kraut auf dem Feld und wie sprießen-
des Grün, wie Gras auf den Dächern, das verdorrt
vor dem Ostwind. 28 Mir ist dein Aufstehen und Ru-
hen, dein Gehen und Kommen bekannt, und auch
dein Toben wider mich. 29 Und weil du tobtest ge-
gen mich, dein Lärmen mir zu Ohren drang, darum
ziehe ich dir durch die Nase meinen Ring, zwischen
deine Lippen meinen Zaum; ich bringe dich zurück
auf dem Weg, den du kamst!‹ – 30 Zum Zeichen
diene dir dies: Heuer ißt man den Nachwuchs, im
zweiten Jahr den Brachwuchs, im dritten Jahr aber
säet und erntet, pflanzt Weinberge an und eßt deren
Frucht! 31 Was dann entronnen von Judas Haus, was
übrigblieb, treibt wieder Wurzeln nach unten und
zeitigt Früchte nach oben. 32 Denn von Jerusalem
geht ein Rest aus, eine gerettete Schar vom Berge
Sion. Der Eifer des Herrn der Heerscharen wird dies
bewirken. 33 Darum spricht der Herr über den König
von Assur: ›In diese Stadt kommt er nicht, schießt
keinen Pfeil hinein; er rennt sie nicht an mit dem
Schild, wirft keinen Wall wider sie auf. 34 Des
Weges, den er kam, wird er abziehen, aber in diese
Stadt dringt er nicht ein‹ – Spruch des Herrn. 35 ›Um-
hegen will ich diese Stadt zu ihrem Heil, um mei-
netwillen und meines Knechtes David willen!‹«
36 In jener Nacht zog der Engel des Herrn aus. Er er-
schlug im assyrischen Lager hundertfünfund-
achtzigtausend Mann. Als man am Morgen auf-
stand, da waren diese alle entseelte Leichen. 37 Nun
brach Sanherib, der König von Assur, auf, zog heim-
wärts und blieb in Ninive. 38 Als er sich einstmals
im Tempel seines Gottes Nisroch zur Anbetung nie-
derwarf, erschlugen ihn seine Söhne Adrammelech
und Sarezer mit dem Schwert. Sie flüchteten da-
nach in das Land Ararat. Sein Sohn Asarhaddon
folgte ihm in der Königsherrschaft.

Erkrankung des Hiskia

38 1 In jenen Tagen wurde Hiskia auf den
Tod krank. Da begab sich zu ihm der
Prophet Isaias, der Sohn des Amoz, und
sprach zu ihm: »So spricht der Herr: Bestelle dein
Haus, denn sterben wirst du und nicht mehr am
Leben bleiben!« 2 Da wandte Hiskia sein Antlitz zur
Wand und flehte zum Herrn. 3 Er sprach: »Ach,
Herr, bedenke doch, wie ich in Treue und mit voll-
ster Herzenshingabe vor deinem Antlitz gewandelt
bin und getan habe, was deinen Augen wohlgefäl-
lig ist!« Dann brach Hiskia in lautes Weinen aus.
4 Da erging das Wort des Herrn an Isaias: 5 »Gehe
hin und sage zu Hiskia: So spricht der Herr, der Gott
deines Vaters David: Ich habe dein Gebet gehört,
deine Tränen gesehen. Wohlan, ich will zu deinen
Lebenstagen noch fünfzehn Jahre hinzufügen!
6 Auch aus der Hand des Königs von Assur will ich

dich und diese Stadt erretten; ich will diese Stadt
beschirmen. 7 Und dies sei dir das Zeichen vom
Herrn dafür, daß der Herr dieses Wort, das er ge-
sprochen hat, auch verwirklichen wird: 8 Siehe, ich
lassen den Schatten auf den Stufen, welche die
Sonne auf der Treppe des Achas hinabgegangen ist,
wieder um zehn Stufen zurückgehen!« Da ging die
Sonne um zehn Stufen zurück auf den Stufen, wel-
che sie hinabgegangen war.
9 Ein Lied des Hiskia, des Königs von Juda, als er
krank war und von seiner Krankheit sich erholte.
10 »Ich sprach in meiner Klage: Ich habe meine Tage
durchlaufen, zu den Toren der Unterwelt bin ich
beordert für den Rest meiner Jahre. 11 Ich sprach:
Nicht mehr werde den Herrn ich sehen im Land der
Lebendigen, keinen Menschen mehr schauen bei
den Bewohnern der Welt. 12 Abgebrochen ist mein
Lager und von mir weggenommen wie ein Hirten-
zelt. Wie ein Weber habe ich zusammengerollt
mein Leben. Er schneidet mich ab vom Gewebe. In
der kurzen Zeit vom Tag bis zur Nacht führst du
mein Ende herbei. 13 Ich schreie bis zum Morgen
um Hilfe; wie ein Löwe zermalmt er mir sämtliche
Knochen. 14 Wie eine Schwalbe, so seufze ich, gurre
wie eine Taube. Matt blicken meine Augen nach
oben; Herr, in Drangsal bin ich, tritt für mich ein!
15 Was soll ich reden, was ihm sagen, da er selbst es
bewirkt? Fahren lasse ich all meine Jahre ob der Bit-
terkeit meiner Seele. 16 Herr, trotzdem will man
leben, und in ihnen allen verläuft das Leben meines
Odems. Laß mich gesunden und genesen! 17 Siehe,
meine große Bitternis ward mir zum Heile. Du be-
wahrtest meine Seele vor der Grube der Vernich-
tung; ja, du hast hinter dich geworfen alle meine
Sünden! 18 Denn die Unterwelt preist dich nicht,
nicht rühmt dich der Tod; die zur Grube Gestiege-
nen harren nicht mehr auf deine Treue. 19 Wer da
lebt, ja lebt, der preist dich wie ich heute! Es kündet
der Vater den Söhnen von deiner Treue. 20 Der Herr
war bereit, mich zu retten. Darum lassen wir klin-
gen unser Saitenspiel all unsere Lebenstage beim
Hause des Herrn!« 21 Isaias befahl: »Man nehme
einen Feigenkuchen und streiche ihn auf die Ge-
schwulst, damit er genese!« 22 Hiskia entgegnete:
»Welches ist das Zeichen, daß ich wieder zum
Hause des Herrn hinaufgehen kann?«

38,21f: Die beiden Verse gehören inhaltlich zwischen Vers 6 und 7.

Gesandtschaft aus Babel

39 1 In jener Zeit sandte Merodach-Bala-
dan, der Sohn Baladans, der König von
Babel, ein Schreiben nebst Geschenken
an Hiskia, da er gehört hatte, daß er krank gewesen
und wieder genesen sei. 2 Hiskia freute sich darüber
und zeigte ihnen sein Schatzhaus, das Silber und
das Gold, die Spezereien und das kostbare Öl, sein
ganzes Zeughaus sowie alles, was sich in seinen
Schatzkammern befand. In seinem Haus und in sei-
nem ganzen Herrschaftsbereich gab es nichts, was
Hiskia ihnen nicht gezeigt hätte. 3 Da begab sich
der Prophet Isaias zum König Hiskia und fragte ihn:
»Was sagten jene Männer? Woher sind sie zu dir ge-
kommen?« Hiskia antwortete: »Aus einem fernen
Land sind sie zu mir gekommen, aus Babel.« 4 Da
fragte er weiter: »Was haben sie in deinem Palast
gesehen?« Hiskia gab zur Antwort: »Alles, was sich
in meinem Palaste befindet, besichtigten sie. Es gibt
in meinen Schatzkammern nichts, das ich ihnen
nicht gezeigt hätte.« 5 Da sprach Isaias zu Hiskia:
»Höre das Wort des Herrn der Heerscharen! 6 Für-
wahr, Tage kommen, da wird man alles, was in dei-
nem Palast ist und was deine Ahnen bis heute an-
gehäuft haben, nach Babel bringen; nichts wird
übrigbleiben, so spricht der Herr. 7 Auch von deinen
leiblichen Söhnen, die dir geboren werden, wird
man einige nehmen, damit sie als Kämmerer im Pa-
last des Königs von Babel dienen.« 8 Darauf ant-
wortete Hiskia dem Isaias: »Das Wort des Herrn,
das du verkündet hast, ist gut!« Er dachte nämlich:
»Wenn nur beständiger Friede in meinen Tagen
bleibt!«

Stimme eines Rufenden – Bahnt einen Weg für den Herrn!

40 1 »Tröstet, ja tröstet mein Volk«, spricht
euer Gott. 2 Redet Jerusalem zu Herzen
und rufet ihm, daß erfüllt ist sein Kriegs-
dienst, bezahlt seine Schuld. Denn Doppeltes
empfing es aus der Hand des Herrn für all seine Sün-
den. 3 Eines Rufenden Stimme: »In der Wüste bahnt
einen Weg für den Herrn, ebnet in der Steppe einen
Pfad für unseren Gott! 4 Es erhebe sich jedes Tal, es
senke sich jeder Berg und Hügel; was uneben ist,
werde zur Ebene, das Hügelige zum Flachland! 5 Ja,
offenbar wird die Herrlichkeit des Herrn, und alles
Fleisch wird sie schauen; denn des Herrn Mund hat
gesprochen.«

»Alles Fleisch ist Gras«

6 Eines Redenden Stimme: »Predige!« Da sprach ich:
»Was denn soll ich predigen?« »Alles Fleisch ist
Gras, all seine Pracht wie die Blume der Flur. 7 Das
Gras verdorrt, die Blume welkt hin, sobald des
Herrn Odem sie anbläst. 8 Das Gras verdorrt, die
Blume welkt hin, doch unseres Gottes Wort besteht
auf ewig.«

Frohbotschaft auf Sion

9 Auf hohen Berg steige hinauf, Frohbotin Sion, er-
hebe mit Macht deinen Ruf, Frohbotin Jerusalem;
erhebe ihn, fürchte dich nicht! Zu Judas Städten
sprich: »Seht da, euer Gott! 10 Seht, der Gebieter
und Herr naht mit Macht, sein Arm waltet für ihn!
Seht, die er erworben, kommen mit ihm und die er
sich verdient hat, ziehen vor ihm her! 11 Seine
Herde weidet er wie ein Hirt, mit seinem Arm sam-
melt er die Lämmer; er trägt sie an seiner Brust, die
Mutterschafe leitet er sacht.«

Größe und Unerforschlichkeit Gottes

12 Wer ist's, der die Wasser maß mit seiner hohlen
Hand und mit der Spanne den Himmel begrenzte?
Wer faßte mit dem Hohlmaß den Erdenstaub, wer
wog mit der Waage die Berge ab, wer mit den
Waagschalen die Hügel? 13 Wer bestimmte den
Geist des Herrn, wer war sein Ratgeber, der ihn un-
terwies? 14 Mit wem hielt er Ratschlag, daß er ihn
beriet und ihn belehrte über den rechten Pfad, auf
den Weg der Einsicht ihn hinwies? 15 Seht, Völker
sind wie ein Tropfen am Eimer, wie Stäubchen an
der Waagschale gelten sie ihm. Fürwahr, Inseln sind
an Gewicht dem Sandkorn gleich. 16 Der Libanon
hat an Brennholz zu wenig, sein Wild reicht zum
Opfer nicht aus. 17 Alle Völker sind vor ihm wie ein
Nichts, weniger als null und nichtig gelten sie ihm.
18 Wem vergleicht ihr nun Gott, was wollt ihr Ähn-
liches neben ihn stellen? 19 Der Künstler gießt das
Götzenbild, der Feinschmied überzieht es mit
Gold, silberne Ketten fertigt er an. 20 Der Arme aber
wählt als Weihegabe unverwesliches Holz, sucht
sich einen geschickten Künstler, damit er ein Göt-
zenbild errichte, das nicht wankt.
21 Wißt ihr es nicht, hört ihr es nicht, ward es euch
nicht kund von Anbeginn an, habt ihr es nicht seit
Gründung der Welt erfaßt? 22 Er ist es, der da thront
über dem Erdenrund, dessen Bewohner wie Heu-
schrecken sind, der den Himmel wie einen Schleier
ausspannt und ihn ausbreitet wie ein Wohnzelt,
23 der Fürsten zunichte macht, Richter der Erde in
Nichts umwandelt; 24 kaum sind sie gepflanzt,
kaum gesät, kaum wurzelt ihr Stamm in der Erde,
da bläst er sie an, so daß sie verdorren, ein Wind-
stoß trägt sie wie Spreu davon.
25 »Mit wem also vergleicht ihr mich, dem ich ähn-
lich wäre?« spricht der Heilige. 26 Erhebt eure
Augen zur Himmelshöhe und seht: Wer hat diese
Gestirne erschaffen? Er, der abgezählt ihr Heer her-
ausführt, sie alle mit Namen ruft; dem Kräftigen,
Machtgewaltigen fehlt auch nicht eines.
27 Warum sagst du, Jakob, und sprichst du, Israel:
»Mein Wandel ist verborgen dem Herrn, und mein
Recht entgeht meinem Gott?« 28 Weißt du es nicht,
hast du es nicht gehört? Ein ewiger Gott ist der
Herr, Schöpfer der Enden der Erde; er wird nicht
müde und wird nicht matt, unergründlich ist seine
Einsicht. 29 Er gibt dem Ermüdenden Kraft, ver-
mehrt des Ohnmächtigen Stärke. 30 Jünglinge wer-
den müde und matt, Jungkrieger straucheln gar
kläglich. 31 Die aber dem Herrn vertrauen, erneuern
die Kraft; sie bilden Flügel den Adlern gleich, sie
laufen und werden nicht matt, sie ziehen dahin und
ermüden nicht.

40,3–5: Luk 3,4–6; Joh 1,23. • 6–8: Ps 90,5.6; Jak 1,10.11; 1 Petr 1,24f. • 6f: Was sind vor dem Allmächtigen die Völker. Alles Irdische vergeht, sobald des Herrn Odem es anbläst. • 9–11: Isaias sagt die Rückkehr der Verbannten nach Jerusalem voraus. • 21–31: Alle Geschöpfe sind nichtig, gegenüber der Größe des Herrn.

Der Siegeszug des Cyrus

41

1 »Schweigend horchet auf mich, ihr In-
seln, und Völker sollen die Kraft erneu-
ern! Sie mögen sich nahen und alsdann
reden! Gemeinsam laßt uns zum Rechtsstreit tre-
ten! 2 Wer hat aus dem Osten den erweckt, dem Er-
folg sich an die Ferse heftet? Völker gab er in seine
Gewalt, Könige unterjochte er ihm. Es wandelt sein
Schwert sie in Staub, sein Bogen in Spreu, die zer-
stiebt. 3 Er setzt ihnen nach, zieht unversehrt wei-
ter, berührt kaum den Pfad mit den Füßen. 4 Wer
hat es bewirkt, wer vollbracht? Er, der die Ge-
schlechter von Anfang an rief! Ich, der Herr, bin der
Erste, und bei den Letzten bin ich derselbe! 5 Das
schauten die Inseln und gerieten in Furcht, die En-
den der Erde erbebten. Sie nahten heran und ka-
men. 6 Einer hilft dem andern und spricht zu seinen
Genossen: ›Mutig voran!‹ 7 Der Künstler ermutigt
den Feinschmied, den Spengler, den Platten-
schmied. Er spricht von der Lötung: ›Gut ist sie!‹ Er
befestigt mit Nägeln das Götzenbild, damit es nicht
wackelt.

Israel, der Knecht des Herrn

8 Du aber, Israel, mein Knecht, und Jakob, den ich
erwählt, Sproß Abrahams, meines Freundes, 9 den
ich geholt von den Enden der Erde, von ihren entle-
gensten Teilen herbeirief, zu dem ich sprach: ›Mein
Knecht bist du, den ich erwählte und nicht verwarf!‹
10 Fürchte dich nicht, denn ich bin bei dir; hab keine
Angst, denn ich bin dein Gott! Ich stärke dich, ja, ich
helfe dir; ich halte dich fest mit meiner heilbringen-
den Rechten! 11 Erröten sollen und sich schämen
alle, die dir zürnen; die wider dich streiten, werden
zunichte und gehen zugrunde. 12 Du suchst sie und
findest sie nimmer, die Zänker wider dich; deine

Bekämpfer sind null und nichtig geworden. 13 Denn
ich, der Herr, bin dein Gott, der deine Rechte fest-
hält, der zu dir spricht: Fürchte dich nicht, ich helfe
dir! 14 Hab keine Furcht, du Würmlein Jakob, ihr
Leute von Israel! Ich helfe dir«, ist der Spruch des
Herrn, »dein Erlöser ist der Heilige Israels! 15 Siehe,
zu deinem scharfen Dreschschlitten, zu einem
neuen mit vielen Schneiden, mache ich dich; Berge
sollst du dreschen und zermalmen und Hügel ver-
wandeln in Spreu! 16 Du worfelst sie; der Wind jagt
sie fort, der Sturm zerstreut sie; du selbst aber freust
dich im Herrn, rühmst dich im Heiligen Israels!
17 Die Armen und Elenden suchen nach Wasser,
doch keines ist da; ihre Zunge ist vertrocknet vor
Durst; ich, der Herr, erhöre sie, ich, Israels Gott,
verlasse sie nicht! 18 Auf kahlen Höhen will ich
Ströme auftun, inmitten von Talgründen Quellen;
Wüsten mache ich zu Teichen; zu sprudelnden
Wassern das Dürrland. 19 In der Wüste pflanze ich
Zedern, Akazien, Myrten und Ölbäume; Zypressen
setze ich in der Steppe, Eschen und Fichten beiein-
ander. 20 Sie sollen es schauen und erkennen, mer-
ken und einsehen alle, daß des Herrn Hand dies tat
und der Heilige Israels es erschuf.«

Streit wider die Götzen

21 »Bringt herbei euren Streitfall«, spricht der Herr,
»legt eure Beweise dar« spricht der König Jakobs.
22 Sie sollen herantreten und uns künden, was ein-
treten wird! Das Vergangene gebt kund, wie es war,
damit wir es zu Herzen nehmen und seine Folgen
erkennen! Oder laßt uns das Künftige hören!
23 Kündet, was in der Zukunft kommt, auf daß wir
merken, daß ihr Götter seid! Fürwahr, tut Gutes
und Böses, damit wir erstaunt und erschreckt sind
zugleich! 24 Siehe, ihr seid nichts, und nichtig ist
euer Tun; abscheulich ist, wer euch erwählt!
25 »Aus dem Norden erweckte ich ihn, und er kam,
aus dem Osten den, der meinen Namen anruft. Er
zerstampfteMachthaber wie Lehm, wie ein Töpfer,
der Tonerde tritt.« 26 Wer tat dies von Anfang an
kund, daß wir es wußten, schon früher, so daß wir
sprachen: »Es stimmt.«? Kein Künder war da, kein
Melder, keiner, der die Worte von euch gehört
hätte: 27 »Als erster an Sion: Siehe, hier sind sie, und
für Jerusalem entbiete ich einen Freudenboten.«
28 Ich blickte umher, da war niemand; unter jenen
gab es keinen Berater, so daß ich sie hätte befragen
können und sie mir geantwortet hätten. 29 Seht, sie
alle sind Wahn, ihr Tun ist nichtig, ihre Götterbilder
sind Luft und Nichts.

41,1–4: Der Perserkönig Cyrus wird von Gott gesendet, der die Geschlechter vom Anfang an rief.

Messianische Tätigkeit des Gottesknechtes

42 1 »Siehe, mein Knecht, den ich halte,
mein Erwählter, der mir gefällt! Ich legte
auf ihn meinen Geist; er bringt den Völ-
kern das Recht. 2 Er schreit nicht und erhebt nicht
seine Stimme, läßt sie nicht hören auf der Straße.
3 Geknicktes Rohr zerbricht er nicht, glimmenden
Docht löscht er nicht aus; in Treue bringt er das
Recht. 4 Er selbst wird nicht matt, nicht knickt er
zusammen, bis er auf Erden das Recht festsetzt und
auf seine Weisung die Inseln harren.«
5 So spricht Gott, der Herr, der den Himmel schuf
und ausspannte, der die Erde formte und ihre Ge-
wächse, der Atem gab dem Volke auf ihr und Le-
benshauch denen, die auf ihr wandeln: 6 »Ich, der
Herr, berief dich in Huld, ergriff und behütete dich.
Ich machte dich zum Bund des Volkes, zum Licht
der Heide. 7 Blinde Augen sollst du öffnen, Gefan-
gene aus dem Kerker führen, aus dem Gefängnis die
Bewohner der Finsternis.
8 Ich bin der ›Herr‹, das ist mein Name. Meine Ehre
gebe ich keinem anderen und meinen Ruhm nicht
den Götzen. 9 Seht, das früher Vorausgesagte traf
ein; Neues künde ich nun; bevor es noch sprießt,
laß ich euch es hören.«

»Ein neues Lied!«

10 Singet dem Herrn ein neues Lied, seinen Preis bis
ans Ende der Erde! Es jauchze das Meer und was es
füllt, die Inseln und ihre Bewohner! 11 Es juble die
Wüste samt ihren Städten, dazu die Gehöfte, die Ke-
dar bewohnt! Frohlocken sollen die Felsbewohner,
laut rufen vom Gipfel der Berge her! 12 Sie mögen
dem Herrn die Ehre, auf den Inseln seinen Ruhm
verkünden! 13 Der Herr zieht aus wie ein Held, wie
ein Kriegsmann facht er die Kampflust an, den
Kriegsruf erhebt er und schreit, besiegt seine Feinde.
14 »Seit ungemessenen Zeiten schwieg ich still, blieb
ruhig und hielt an mich. Wie eine Gebärende will
ich nun schreien, schnauben und schnaufen zu-
gleich! 15 Ich trockne Berge und Hügel aus, all ihr
Grünes lasse ich welken; ich mache Ströme zu In-
seln, und Wasserteiche lege ich trocken. 16 Ich führe
Blinde auf Wegen, die sie nicht kennen, auf Pfaden,
die sie nicht kennen, lasse ich sie schreiten, mache
Dunkel vor ihnen zum Licht und Krummes zur ebe-
nen Fläche. Dies sind die Dinge, die ich vollbringe
und die ich nicht lasse. 17 Zurückweichen sollen und
tief sich schämen, die auf Götzenbilder vertrauen,
die zu Gußbildern sagen: ›Unsere Götter seid ihr!‹«

Der Knecht (das Volk) ist blind und taub

18 Ihr Tauben, vernehmt; ihr Blinden, schauet und
blicket! 19 Wer ist blind, wenn nicht mein Knecht,

wer taub wie mein Bote, den ich sende? Wer ist blind wie der Vertraute und taub wie der Knecht des Herrn? 20 Vieles hast du gesehen, doch nicht beachtet; mit offenen Ohren hörtest du nicht. 21 Der Herr wollte um seiner Gerechtigkeit willen das Gesetz groß und herrlich machen. 22 Ein Volk ist es jetzt, geplündert, beraubt, in Kerkerlöchern gefesselt allesamt, in Gefangenenhäuser gesperrt. Sie sind zum Raub geworden, und keiner rettet, zur Plünderung gegeben, und niemand sagt: »Gib zurück!« 23 Wer unter euch horcht hierauf, lauscht und hört für die Zukunft? 24 Wer gab Jakob der Plünderung preis und Israel den Räubern? War es nicht der Herr, an dem wir gesündigt, auf dessen Wegen man nicht wandeln wollte, auf dessen Gesetz man nicht hörte? 25 Da goß er aus über ihn die Glut seines Zornes, des Krieges Gewalt; sie loderte rings um ihn, doch merkte er's nicht; sie versengte ihn, doch er achtete nicht darauf.

42,1–7: Erstes Lied vom Gottesknecht, der ein milder Volksführer und Herrscher, also der zukünftige Messias ist (7,14; 8,23b–9,6; 11,1–9).

Israels Erhöhung

43 1 Jetzt aber redet der Herr, der dich, Jakob, erschuf, der dich, Israel, formte: »Fürchte dich nicht, denn ich erlöse dich, rufe dich beim Namen, mein bist du! 2 Schreitest du durch Wasser, ich bin bei dir, durch Ströme, sie schwemmen dich nicht fort; gehst du durch Feuer, du wirst nicht versengt, und die Flamme verbrennt dich nicht! 3 Denn der Herr bin ich, dein Gott, der Heilige Israels, der dir hilft: ich gebe für dich Ägypten als Lösegeld hin, Kusch und Saba an deiner Statt; 4 darum, weil du mir so wertvoll bist, hochgeehrt und von mir geliebt, gebe ich Menschen preis für dich und Völker für dein Leben. 5 Fürchte dich nicht, denn ich bin bei dir! Vom Osten bringe ich deine Kinder herbei, vom Westen her sammle ich dich; 6 zum Norden spreche ich: Gib heraus!, zum Süden: Halt nicht zurück! Bring her meine Söhne von fern, meine Töchter vom Ende der Erde, 7 jeden, der meinen Namen trägt und den ich zu meiner Ehre erschuf, bildete und machte!

Sieg über die Götzen

8 Man führe das Volk heraus, das blind ist, obwohl es Augen besitzt, taub ist, obwohl es Ohren hat! 9 Alle Völker sollen sich versammeln, Nationen zusammenkommen! Wer unter ihnen kann solches verkünden und das früher Vorausgesagte uns mitteilen? Ihre Zeugen mögen sie bringen, damit sie recht bekommen, und damit man höre und spreche: ›Ganz richtig!‹ 10 Ihr seid meine Zeugen«, Spruch des Herrn, »und mein Knecht, den ich erwählt, damit ihr erkennt und mir glaubt und einseht, daß ich es bin! Vor mir ward kein Gott gebildet, und nach mir wird keiner je sein. 11 Ich, ja, ich bin der Herr, und außer mir gibt es keinen, der hilft. 12 Ich selbst verkündete, ich half und teilte es mit, und kein fremder Gott war bei euch. Ihr seid meine Zeugen«, Spruch des Herrn, »und ich nur bin Gott. 13 Auch fortan bin ich derselbe; niemand entreißt meiner Hand! Handle ich, wer vereitelt es dann?«

Lenker des Weltenschicksals – Gott zeigt den Weg in eine neue Zukunft

14 So spricht der Herr, der euch erlöst, der Heilige Israels: »Für euch sende ich nach Babel, reiße die Kerkerriegel herab, mit Ketten fesselt man die Kaldäer. 15 Ich bin der Herr, euer Heiliger, der Israel schuf, euer König!«

16 So spricht der Herr, der im Meer einen Weg gebahnt, einen Pfad in gewaltigen Wassern, 17 der Wagen und Rosse ausziehen ließ, Streitmacht und Führer zumal; sie sanken dahin, stehen nicht mehr auf, sie sind erloschen, wie ein Docht verglimmt: 18 »Gedenkt nicht mehr des Früheren, und die Vergangenheit kümmere euch nicht! 19 Seht, ich schaffe Neuartiges! Jetzt sprießt es, merkt ihr es nicht? Ja, in der Steppe lege ich einen Weg an, Pfade im verödeten Land! 20 Preisen wird mich das Wild des Feldes, Schakale und Strauße, weil ich in der Wüste Wasser spende, Ströme im verödeten Land, zu tränken mein Volk, mein erwähltes. 21 Das Volk, das ich mir gebildet, wird meinen Ruhm verkünden.

Unverdientes Heil

22 Doch riefst du mich nicht an, Jakob, mühtest dich nicht um mich, Israel! 23 Weder brachtest du mir Lämmer als Brandopfer dar, noch hast du mit deinen Schlachtopfern mich geehrt; ich habe dich mit Speiseopfern nicht geplagt, noch dich belästigt um Weihrauch! 24 Du hast mir nicht Würzrohr für Geld gekauft, mich mit deinem Schlachtopferfett nicht erquickt. Doch hast du mich geplagt mit deinen Sünden, mit deinen Missetaten mich belästigt. 25 Ich, ja ich bin es, der um meinetwillen deine Frevel tilgt; deiner Sünden gedenke ich nicht mehr! 26 Erinnere mich nur! Wir wollen miteinander rechten! Zähle du, damit du recht bekommst! 27 Dein Stammvater schon hat gesündigt, deine Vertreter brachen mit mir. 28 Da entweihte ich die Vorsteher des Heiligtums, Jakob übergab ich dem Bannfluch und Israel den Schmähungen.

43,10: Trotz seiner Sünden (Vers 8,22ff) ist das auserwählte Volk den Heiden gegenüber Zeuge für die Großtaten Gottes.

Mehrung des Volkes und Ausgießung des Segens

44 1 Doch höre nunmehr, Jakob, mein
Knecht, und Israel, den ich erwählte!
2 So spricht der Herr, der dich schuf, der
dich gebildet, der dir vom Mutterleib an geholfen:
Fürchte dich nicht, mein Knecht Jakob, und Jeschu-
run, den ich erwählte! 3 Denn ich gieße Wasser auf
dürstende Flur, rieselnde Fluten auf trockenes Erd-
reich. Auf deine Nachkommen gieße ich meinen
Geist, meinen Segen auf deine Kinder. 4 Da sprießen
sie wie am Bache das Gras, wie Weiden an Wasser-
gräben. 5 Der eine sagt: ›Ich gehöre dem Herrn‹, der
andere nennt seinen Namen nach Jakob, dieser
schreibt in seine Hand: ›Für den Herrn‹, jener wird
mit Israels Namen benannt.«

Götzenbilder und ihre Nichtigkeit

6 So spricht der Herr, der König von Israel und sein
Erlöser, der Herr der Heerscharen: »Ich bin der Er-
ste, und ich bin der Letzte, außer mir gibt es keinen
Gott! 7 Wer ist mir gleich? Mag er sich melden! Er
tue kund und lege es mir dar! Wer brachte von Ur-
zeit an das Künftige zur Kenntnis? Was kommen
wird, mögen sie uns künden! 8 Erschreckt nicht und
fürchtet euch nicht! Habe ich es nicht schon längst
mitgeteilt und kundgetan? Ihr seid meine Zeugen!
Gibt es einen Gott außer mir? Nein, es gibt keinen
›Fels‹! Ich kenne keinen.
9 Die Götzenschnitzer sind alle nichtig, ihre Lieb-
linge nützen nichts, und ihre Zeugen sehen nichts,
erfahren nichts, so daß sie zuschanden werden.
10 Wer einen Gott formt und ein Götzenbild gießt,
hat keinerlei Nutzen davon. 11 Seht, all seine Ge-
nossen stehen beschämt da, und seine Werkleute
sind ja nur Menschen; alle mögen sich sammeln
und antreten! Sie müssen erschrecken, sich schä-
men insgesamt.
12 Der Metallschmied mit dem Werkzeug schafft
auf der Kohlglut; mit Hämmern formt er es und fer-
tigt es an mit seinem starken Arm; auch wird er da-
bei hungrig und kraftlos; trinkt er kein Wasser, so
wird er matt. 13 Der Zimmermann spannt die
Schnur, entwirft es sodann mit dem Stift, führt es
aus mit dem Schnitzmesser, umreißt es mit dem
Zirkel und macht es nach der Gestalt eines Mannes,
einem prachtvollen Menschen gleich, zum Wohnen
im Hause bestimmt. 14 Man fällte Zedern, nahm
eine Steineiche oder einen großen Baum, ließ ihn
erst erstarken unter den Waldesbäumen, oder man
hatte Lorbeer gepflanzt, der beim Regen heran-
wächst. 15 Das sollte den Menschen dienen als
Brennholz; man nimmt hiervon und wärmt sich.
Auch schürt man damit und backt Brot. Ebenso
macht man daraus einen Gott und wirft sich nieder,
verfertigt ein Götzenbild und betet es an. 16 Die
Hälfte davon verbrennt man im Feuer, über seinen
Kohlen brät man Fleisch, ißt Braten und wird davon
satt. Auch wärmt man sich und spricht: ›Hei, mir
wird warm, ich spüre das Feuer!‹ 17 Aber den Rest
macht man zu einem Gott, zu seinem Götzen, den
man verehrt; man wirft sich nieder und betet zu
ihm und spricht dabei: ›Rette mich, denn du bist
mein Gott!‹ 18 Sie erkennen es nicht und sind nicht
klug; denn ihre Augen sind verklebt, so daß sie
nicht sehen und ihr Herz nicht zur Einsicht kommt.
19 Man überlegt es sich nicht, hat weder Verstand
noch Einsicht, daß man dächte: ›Ich verbrannte die
eine Hälfte im Feuer, über seinen Kohlen buk ich
Brot, briet das Fleisch und aß es. Und da soll ich
nun seinen Rest zu einem Greuelbild machen und
dürres Holz anbeten?‹ 20 Wer sich mit Asche ab-
gibt, wird vom verblendeten Herzen getäuscht,
sein Leben rettet er nicht. Er kommt nicht auf den
Gedanken: ›Halte ich etwa in meiner Rechten
Trug?‹

Verheißung und Lobpreis

21 Daran denke, o Jakob, und du, Israel! Denn mein
Knecht bist du; ich habe dich gebildet, du bist mein
Knecht! Israel, du wirst von mir nicht vergessen!
22 Gleich einer Wolke wische ich deine Vergehen
aus, deine Sünden wie ein Gewölk. Kehre zurück
zu mir, denn ich erlöse dich!«
23 Jauchzet, ihr Himmel, denn der Herr hat es voll-
bracht! Jubelt, ihr Tiefen der Erde! Brechet, ihr
Berge, in Frohlocken aus, du Wald und alle Bäume
darin! Denn der Herr hat Jakob erlöst, an Israel sich
verherrlicht!

Cyrus, mein Hirt

21 So spricht der Herr, dein Erlöser, dein Bildner vom
Mutterleib an: »Ich bin der Herr, der alles gemacht,
der den Himmel ausspannte ganz allein, der die Erde
formte ohne Gehilfen. 25 Ich vereitle die Wunderzei-
chen der Zauberer, stürze die Wahrsager in Wahn,
Weise lehne ich ab, mache ihr Wissen zur Torheit.
26 Ich verwirkliche meiner Knechte Wort, führe mei-
ner Boten Ratschlüsse aus; von Jerusalem spreche
ich: ›Es werde bewohnt‹, von Judas Städten: ›Sie
werden gebaut; seine Trümmer richte ich auf!‹
27 Zur Meerestiefe spreche ich: ›Werde trocken!
Deine Ströme laß ich versiegen!‹ 28 Von Cyrus spre-
che ich: ›Mein Hirt; er vollbringt alles, was ich will.‹
Von Jerusalem: ›Es werde gebaut‹, und vom Tempel:
›Werde gegründet!‹«

44,2: Jeschurun ist Ehrentitel für Israel (auch 5 Mos 32,15; 33,5.26); er bedeutet: »der Redliche«. • 8: Die bildliche Bezeichnung »Fels«

wird oft auf Gott übertragen, der eine feste Zufluchtsstätte ist. • 28: Nur hier und 45,1 wird der Perserkönig Cyrus mit Namen genannt. Die Babylonische Gefangenschaft geht zu Ende.

Cyrus, von Gott gesandt

45 1 So sprach der Herr zu seinem Gesalbten, zu Cyrus: »Du, dessen rechte Hand ich ergriff, um Völker vor ihm niederzuwerfen und an Königshüften den Gürtel zu lösen, um vor ihm Türen zu öffnen, so daß keine Tore verschlossen bleiben. 2 Ich gehe einher vor dir und ebne die Berge ein; die ehernen Türen zerbreche ich, zerschlage die eisernen Riegel. 3 Verborgene Schätze gebe ich dir und geheime Vorräte. Erkennen sollst du, daß ich der Herr bin, der dich mit deinem Namen rief, Israels Gott.

4 Um meines Knechtes Jakob willen und Israels, meines Erwählten, willen rief ich dich bei deinem Namen, gab dir Ehrennamen, obwohl du mich nicht kanntest. 5 Ich bin der Herr, und sonst gibt es keinen; einen Gott außer mir gibt es nicht! Ich gürtete mich, obwohl du mich nicht kanntest. 6 Vom Aufgang der Sonne bis zu ihrem Untergang soll man erkennen, daß es keinen gibt außer mir. Ich bin der Herr, und sonst keiner! 7 Das Licht bilde ich und erschaffe die Finsternis; ich bewirke das Heil und schaffe das Unheil! Ich, der Herr, bin es, der all dieses wirkt. 8 Träufelt, ihr Himmel, von oben, Wolken mögen Gerechtigkeit rieseln lassen! Die Erde tue sich auf, und es erblühe das Heil! Gerechtigkeit lasse sie zugleich hervorsprießen! Ich, der Herr, habe das erschaffen.«

Lehm und Töpfer

9 Wehe, wer mit seinem Bildner streitet, eine Scherbe bei irdenen Scherben! Sagt wohl zu seinem Töpfer der Lehm: »Was machst du da?« und »Dein Werk hat nicht Hand und Fuß?« 10 Wehe, wer zum Vater sagt: »Warum zeugst du?« und zur Frau. »Warum gebierst du?«

11 So spricht der Herr, der Heilige Israels und sein Bildner: »Wollt ihr mich etwa befragen über meine Söhne, mir befehlen über das Werk meiner Hände? 12 Ich machte die Erde, erschuf den Menschen auf ihr; meine Hände spannten den Himmel aus, ich befahl seinem ganzen Heer. 13 Ich erweckte ihn (Cyrus) in rechter Absicht, und all seine Wege ebne ich; er soll meine Stadt erbauen, meine Gefangenen befreien, nicht um einen Kaufpreis und nicht um Lohn«, spricht der Herr der Heerscharen.

Huldigung der Heiden

14 So spricht der Herr: »Der Erwerb Ägyptens und der Gewinn von Kusch und die Sabäer, Männer von hohem Wuchs, werden zu dir herüberkommen; dein Eigentum sind sie. Sie ziehen hinter dir her; gehen in Fesseln, fallen nieder vor dir und beten zu dir hin: ›Nur bei dir ist Gott; keinen anderen gibt es, keinerlei Gottheit!‹« 15 Wahrlich, du bist ein verborgener Gott, du Rettergott Israels! 16 Beschämt und schmachbedeckt sind alle seine Widersacher; in Schande vergehen die Schnitzer von Götzenbildern. 17 Israel findet Errettung im Herrn mit ewigem Heile; nie werdet ihr beschämt und zuschanden, in Ewigkeit nicht!

18 So spricht der Herr, der Schöpfer des Himmels, der einzige Gott, der Gestalter der Erde, der sie gemacht, er, der sie errichtet; er erschuf sie nicht als Ödland, zum Wohnsitz hat er sie gebildet: »Ich bin der Herr und sonst niemand! 19 Nicht im geheimen redete ich, an einem Ort im finsteren Land; ich sprach nicht zum Geschlechte Jakobs: ›Sucht mich vergebens!‹ Ich, der Herr, rede Rechtes, verkündige Aufrichtiges.

20 Schart euch zusammen, kommt herbei, nähert euch insgesamt, die ihr entronnen den Völkern! Unverständig ist, wer seinen hölzernen Götzen trägt und zu einer Gottheit fleht, die nicht hilft. 21 Tut es kund und bringt es vor, ja, pflegt untereinander Rat: Wer teilte dies seit alters mit, verkündete es seit jeher? Nicht etwa ich, der Herr? Ja, es gibt keinen Gott außer mir, keinen gerechten und helfenden Gott neben mir! 22 Bekehrt euch zu mir, laßt euch retten, all ihr Enden der Erde! Denn ich bin Gott und sonst keiner! 23 Ich schwur bei mir selbst; aus meinem Munde ging Richtiges hervor, ein Wort ohne Widerruf: Jedwedes Knie wird sich beugen vor mir, jede Zunge mir schwören. 24 Nur im Herrn, so sagt man von mir, ist Heil und Stärke. Alle, die mit ihm hadern, werden beschämt zu ihm kommen. 25 Im Herrn aber finden Heil und Ruhm alle Nachkommen Israels.«

45,1–3: Gott macht Cyrus, den Perserkönig, zu seinem Gesalbten.

Der Herr und die Götzen Babels

46 1 Zusammengebrochen ist Bel, gekrümmt ist Nebo; ihre Bilder packte man auf Tragtiere und Vieh. Eure herumgetragenen Götzen sind als Bürde auf müde Tiere geladen. 2 Gekrümmt sind sie und zusammengebrochen insgesamt; sie können nicht retten die Last; sie selbst müssen in die Gefangenschaft ziehen.

3 »Hört auf mich, Haus Jakob, Gesamtrest des Hauses Israel, mir aufgeladen vom Mutterleib an, von mir getragen vom Mutterschoß her! 4 Bis zu eurem Alter bin ich der gleiche, bis zu eurem Ergrauen will

ich euch tragen; ich habe es getan und ich werde tragen, ich werde schleppen und retten!

5 Wem stellt ihr mich gleich und vergleicht ihr mich, mit wem wollt ihr mich messen, ob wir uns ähnlich sind? 6 Man schüttet Gold aus dem Beutel, wägt Silber mit Waagbalken ab, dingt einen Goldschmied, daß er daraus einen Gott mache; man wirft sich hin und betet ihn an. 7 Man lädt ihn auf die Schulter und schleppt ihn fort; man läßt ihn nieder an seinem Platz; er steht und weicht nicht mehr von seinem Ort; auch schreit man zu ihm, doch er antwortet nicht, aus seiner Not hilft er keinem heraus. 8 Denkt daran und seid stark! Ihr Abtrünnigen, beherzigt es! 9 Denkt an die früheren Weissagungen seit alter Zeit! Denn ich bin Gott und sonst keiner, der wahre Gott, und keiner ist mir gleich! 10 Ich verkünde vom Anfang an die Zukunft, und längst vorher, was noch nicht geschah. Ich spreche: Mein Plan steht fest; alles, was mir gefällt, das führe ich aus. 11 Von Osten ruf' ich den Raubvogel her, den Mann meines Planes aus fernem Land; was ich rede, verwirkliche ich; was ich überlege, das tue ich.

12 Ihr Mutlosen, höret auf mich, die ihr fernsteht dem Heil! 13 Ich lasse mein Heil nahen; es ist nicht fern, mein Rettungswerk verzögert sich nicht. Ja, ich verleihe in Sion Rettung für Israel, meine Zier!«

46,1: Bel (hebräisch Baal) und Nebo sind die bekanntesten Götter Babels.

Spottlied auf die Jungfrau Babel

47 1 Ich steige herab, setz dich in den Staub, Jungfrau, Tochter Babel, setze dich zur Erde ohne Thron, Kaldäertochter! Fürderhin heißt man dich nicht mehr: »Du Zarte, Verwöhnte!« 2 Nimm die Handmühle und mahle Mehl; decke deinen Schleier auf; hebe deinen Rocksaum, enthülle deine Beine, Ströme durchwate! 3 Deine Scham werde aufgedeckt, ja, deine Schande offenbar! Ich nehme Rache, erbitten laß ich mich nicht, 4 spricht unser Erlöser.

Herr der Heere ist sein Name, Heiliger Israels. 5 Sitze nur still, geh ein in die Finsternis, Kaldäertochter! Denn niemand mehr wird dich künftig nennen: »Herrin der Reiche«. 6 Ich zürnte über mein Volk, entweihte mein Erbteil, gab sie in deine Gewalt; du hast ihnen kein Erbarmen gezeigt, Greise hast du belastet mit deinem schweren Joch. 7 Du dachtest: »Ewig bin ich am Leben, Herrin für immer!« Du hast dieses nicht beherzigt, nicht daran gedacht, was dann folgt. 8 Nun aber höre dies, du Üppige, die du in Sicherheit wohnst und in deinem Herzen denkst: »Ich und sonst niemand! Als Witwe bleibe ich nicht zurück, weiß nichts von Kinderlosigkeit!« 9 Kommen wird über dich im Nu beides an einem Tage, Kinderverlust und Witwenschaft werden im Vollmaß über dich kommen, trotz der Menge deiner Zauberformeln, trotz der großen Stärke deiner Bannsprüche.

10 Du aber hast auf deine Bosheit vertraut und gesagt: »Niemand sieht mich!« Deine Weisheit und dein Wissen haben dich verführt, so daß du dachtest in deinem Herzen: »Ich und sonst niemand!« 11 Doch über dich kommt Unheil, du weißt dagegen kein Zaubermittel; Verderben fällt über dich, das du nicht bannen kannst. Plötzlich bricht über dich ungeahntes Unheil herein.

12 Tritt mit deinen Bannsprüchen an, mit deinen vielfachen Zauberformeln, mit denen du dich bemühst von Jugend auf! Vielleicht hast du Nutzen daraus, vielleicht jagst du Schrecken ein! 13 Du hast dich geplagt mit deiner Menge an Ratschlägen. Laß sie doch antreten und dich retten, die Himmelsbeschwörer, die Sternengucker, die dir ankünden jeden Neumond, was dir begegnen wird! 14 Seht, sie werden wie Spreu Feuer verbrennt sie; sie retten ihr Leben nicht aus der Flammengewalt; es ist nicht Kohlenglut, die zur Erwärmung dient, kein Herdfeuer, davor man sitzt. 15 So geht es dir mit deinen umworbenen Geschäftsfreunden von Jugend auf. Jeder macht sich seines Weges aus dem Staub, keiner kommt dir zu Hilfe.

47,1–15: Die Weltstadt Babel (griech. Babylon) wird unter dem Bild einer vornehmen Königin dargestellt. Ihr Glanz ist vorbei.

Altes und Neues

48 1 Hört dies, ihr vom Hause Jakob, die ihr den Namen Israels tragt und von Juda abstammt, die ihr schwört im Namen des Herrn und den Gott Israels bekennt, doch unaufrichtig und unwahr! 2 Ja, nach der heiligen Stadt sind sie benannt, sie stützen sich auf Israels Gott, Herr der Heere ist sein Name! 3 Die früheren Weissagungen habe ich längst schon verkündet; aus meinem Munde kamen sie, und ich ließ sie vernehmen. Plötzlich habe ich gehandelt, und sie trafen ein. 4 Ich wußte ja, daß du halsstarrig bist, eine eiserne Sehne dein Genick ist und deine Stirne von Erz. 5 Darum verkündete ich es dir längst zuvor. Bevor es eintraf, ließ ich es dich vernehmen, damit du nicht sagen konntest: »Mein Götzenbild tat es; mein Schnitz- und mein Gußbild hat es so angeordnet.« 6 Du hast es gehört; betrachte nun alles! Wohlan, wollt ihr es nicht verkünden? Neues laß ich dich hören von jetzt an und Verborgenes, dir

Unbekanntes. 7 Nunmehr ward es geschaffen, nicht vormals. Früher hast du davon noch nichts gehört, damit du nicht sagen kannst: »Ich wußte es schon!« 8 Weder hast du davon gehört noch gewußt, noch ward ehedem aufgetan dein Ohr; denn ich wußte gar wohl, daß du vollkommen treulos bist und »Abtrünnig vom Mutterleib an« genannt wirst. 9 Ich halte zurück den eigenen Zorn um meines Namens willen, meinem Ruhme zulieb verschone ich dich, daß ich dich nicht vertilge. 10 Siehe, ich läuterte dich, doch nicht wie zu Silber, und ich erprobte dich im Ofen der Trübsal. 11 Um meinetwillen, ja meinetwillen handle ich. Denn wie dürfte mein Name entweiht werden? Und meine Ehre gebe ich keinem anderen preis.

12 Höre, Jakob, auf mich, und Israel, mein Berufener! Ich bin es, ich bin der Erste, ich bin auch der Letzte! 13 Hat doch meine Hand die Erde gegründet, meine Rechte den Himmel ausgespannt! Als ich sie rief, standen sie alsogleich da. 14 Versammelt euch alle und hört: Wer unter jenen hat dies verkündet? Mein Freund (Cyrus) wird meinen Willen vollstrecken an Babel und am Geschlecht der Kaldäer. 15 Ich, ich sagte es ja und habe ihn berufen, ihn herbeigeführt, er wird glücklich seinen Zug vollenden. 16 Naht euch mir und hört dies: Nicht nur heimlich redete ich von Anfang an; seit es geschieht, bin ich dabei. [Und nun hat der Gebieter und Herr mich gesandt und seinen Geist.]

17 So spricht der Herr, dein Erlöser, der Heilige Israels: »Ich bin der Herr, dein Gott, der dir zum Nutzen Lehre erteilt, der dich auf den Weg führt, den du zu wandeln hast!

18 O hättest du doch meine Gebote beachtet, so wäre dein Glück wie ein Strom und dein Heil wie die Wogen des Meeres. 19 Dein Geschlecht wäre dem Sande gleich, deine leiblichen Nachkommen zahlreich wie seine Körner. Nicht würde ausgerottet und nicht vertilgt ihr Name vor mir!«

Fort von Babel!

20 Fort von Babel, flieht aus Kaldäa! Mit Jubelruf meldet, verkündet dies, tragt es hinaus bis an die Enden der Erde! Sprecht: »Der Herr hat Jakob, seinen Knecht, erlöst!« 21 Sie dürsteten nicht, als er in Wüsten sie führte; Wasser aus dem Felsen ließ er ihnen rieseln; er spaltete den Fels, da sprudelte Wasser. 22 »Die Frevler«, so spricht der Herr, »haben kein Heil!«

48,14: Als Strafrute in der Hand Gottes vollzieht Cyrus das Gericht über Babel. Der Prophet nennt ihn daher einen Freund Gottes. Vgl. 41,2; 44,28; 45,1–4. • 16: Der letzte Satz stammt aus einem anderen Zusammenhang. • 22: Auch dieser Schlußvers ist erst später aus 57,21 eingefügt worden.

Der Knecht des Herrn zu den Völkern:

49

1 »Hört auf mich, ihr Inseln, merkt auf, ihr Völker der Ferne! Der Herr berief mich vom Mutterleib her, nannte meinen Namen vom Mutterschoß an. 2 Er machte meinen Mund gleich einem geschärften Schwert, barg mich im Schatten seiner Hand; er machte mich zum blanken Pfeil, in seinem Köcher verbarg er mich. 3 Er sprach zu mir: ›Mein Knecht bist du, Israel, an dem ich mich herrlich erzeige!‹ 4 Ich dachte indes: Wertlos ist mein Mühen; für leeren Wahn verzehrte ich meine Kraft. Jedoch mein Recht steht beim Herrn und mein Lohn bei meinem Gott! 5 Nun aber spricht der Herr, der mich vom Mutterleib an zu seinem Knecht geformt, um Jakob zu ihm zurückzuführen und Israel um ihn zu versammeln – Ehre fand ich in den Augen des Herrn, und mein Gott ward meine Stärke. 6 Er sprach: ›Zu wenig ist es, daß du mein Knecht bist, um Jakobs Stämme wieder aufzurichten und Israels Bewahrte heimzuholen. Ich mache dich vielmehr zum Lichte der Völker, damit mein Heil reiche bis an das Ende der Welt!«

Der Herr an seinen Knecht:

7 So spricht der Herr, Israels Erlöser, sein Heiliger, zum allseits Verachteten, den die Leute verschmähen, zum Knechte der Herrscher: »Könige werden es sehen und sich erheben, Fürsten werden sich niederwerfen um des Herrn willen, der getreu ist, um des Heiligen Israels willen, der dich erwählt hat.«

8 So spricht der Herr: »Zur Zeit der Huld erhöre ich dich, am Tage des Heiles helfe ich dir. Ich schütze dich und mache dich zum Bund des Volkes, damit du das Land aufrichtest, damit du verödete Erbteile austeilst; 9 zu den Gefangenen sagst du: ›Zieht fort!‹, zu denen, die in der Finsternis weilen: ›Zeigt euch!‹ Weiden sollen sie auf allen Bergen und auf allen kahlen Höhen ihre Weide finden! 10 Sie werden weder Hunger noch Durst haben, noch wird sie plagen Glutwind und Sonne; denn ihr Erbarmer leitet an, an sprudelnde Wasser führt er sie. 11 Alle meine Berge will ich zum Wege machen, und meine Straßen liegen gar hoch. 12 Siehe, die einen kommen von ferne, die anderen von Nord und von West, wieder andere vom Land der Siniter.«

13 Jubelt. Himmel, frohlocke, Erde! Ihr Berge, brecht in Jubel aus; denn es tröstet der Herr sein Volk, mit seinen Elenden fühlt er Erbarmen.

Sion unvergessen

14 Doch Sion sprach: »Es verließ mich der Herr, der Gebieter vergaß mich.« 15 »Vergißt eine Frau ihren

Säugling, eine Mutter den Sohn ihres Schoßes? Mögen sich diese vergessen, ich aber vergesse dich nicht! 16 Siehe, auf meine Hände habe ich dich gezeichnet, deine Mauern stehen vor mir allezeit. 17 Es eilen deine Erbauer herbei, deine Zerstörer und Verwüster entfernen sich von dir. 18 Hebe ringsum deine Blicke und sieh: Sie alle kommen in Scharen zu dir! Bei meinem Leben«, spricht der Herr, »du sollst sie alle anlegen wie einen Schmuck und dich mit ihnen gürten wie eine Braut! 19 Denn deine Trümmer und Ruinen und dein verheertes Land – wahrlich, für die Bewohner bist du jetzt zu eng, und deine Verderber sind fern! 20 Es werden noch sagen vor dir die Söhne aus der Zeit deiner Kinderlosigkeit: ›Mir ist zu eng der Raum, mach mir Platz, daß ich wohnen kann!‹

21 Du sprichst bei dir selbst: ›Wer hat mir diese gezeugt? Ich war doch kinderlos, unfruchtbar, verbannt und verstoßen, und diese, wer zog sie auf? Ei, ich allein war nur noch übrig, und diese, wo waren sie?‹« 22 So spricht der Gebieter und Herr: »Seht, zu den Völkern hebe ich meine Hand, zu den Nationen hin errichte ich mein Panier. Sie bringen deine Söhne im Gewandbausch herbei, tragen auf der Schulter deine Töchter. 23 Da werden Könige deine Pfleger sein, ihre Fürstinnen deine Ammen. Mit dem Antlitz zur Erde fallen sie nieder vor dir, lecken den Staub deiner Füße. Dann erkennst du, daß ich der Herr bin; wer auf mich harrt, wird nicht beschämt!«

Kleinmut gestärkt

24 Kann man dem Helden die Beute entreißen, oder entrinnt dem Starken der Fang? 25 Wahrlich, so spricht der Herr: »Auch wenn man einem Helden den Fang entreißt und wenn einem Starken die Beute entrinnt, so will doch ich streiten mit deinem Gegner, ich selbst will deine Söhne retten! 26 Deine Peiniger laß ich essen ihr eigenes Fleisch, trunken sollen sie werden vom eigenen Blut wie von Most; alles Fleisch wird dann erkennen, daß ich, der Herr, dein Retter bin und dein Erlöser der Starke Jakobs ist!«

49,1–13: In diesem zweiten Lied vom Gottesknechte führt dieser sich zunächst redend ein, dann erst spricht der Herr zu ihm. Das Prophetenwort wirkt wie ein scharfes Schwert (11,4; Hebr 4,12). Dem Knechte wird hier die Rolle eines zweiten Moses zugeschrieben. Die einzelnen Aussagen des Liedes lassen sich durch ntl. Texte bestätigen. Was des Messias eigentliche Lebensaufgabe war, geschah also vorbildweise schon zur Zeit des hier redenden Propheten.

50

1 So spricht der Herr: »Wo ist denn eurer Mutter Scheidebrief, mit dem ich sie verstieß? Oder welchem von meinen Gläubigern habe ich euch verkauft? Seht, ob eurer Frevel seid ihr verkauft worden, und eure Mutter wurde verstoßen wegen eurer Vergehen. 2 Warum kam ich, und niemand war da, rief ich, und niemand gab Antwort? Ist denn meine Hand zum Erlösen zu kurz, oder fehlt mir zum Befreien die Kraft? Siehe, durch mein Schelten trockne ich aus das Meer, mache ich Ströme zur Steppe. Ihre Fische leiden an Wassermangel und sterben vor Durst. 3 Den Himmel kleide ich in Schwarz, ich hülle ihn ein ins Trauergewand.«

Bekenntnis des Gottesknechtes

4 Der Gebieter und Herr gab mir eine Jüngerzunge, daß ich verstünde, den Müden zu stärken durch Zuspruch. Er ermuntert an jedem Morgen mir das Ohr, daß ich nach Jüngerart höre. 5 Der Gebieter und Herr öffnete mir das Ohr. Ich selbst habe mich nicht gesträubt, wich nicht zurück. 6 Den Schlagenden bot ich meinen Rücken, den Raufenden meine Wange; mein Antlitz verbarg ich nicht vor Schmähen und Anspeien. 7 Doch der Gebieter und Herr hilft mir, darum werde ich nicht beschämt. Wie Kieselgestein verhärtete ich deshalb mein Antlitz; ich weiß, ich werde nicht zuschanden. 8 Nahe ist, der mich schuldlos erklärt; wer will streiten mit mir? Laßt uns zusammen hintreten! Wer ist mein Gegner im Rechtsstreit? Er stelle sich mir! 9 Seht, mir hilft der Gebieter und Herr! Wer beweist meine Schuld? Oh, sie alle zerfallen wie ein Kleid, die Motte verzehrt sie!

Mahnung

10 Wer unter euch fürchtet den Herrn und hört auf den Ruf seines Knechtes, der im Finstern wandelt und ohne Lichtstrahl? Doch er vertraute auf den Namen des Herrn, stützte sich auf seinen Gott! 11 »Wohlan, ihr alle, die ihr Feuer anzündet und Brandpfeile bündelt, fahrt in die Glut eures eigenen Feuers und in die Brandpfeile, die ihr entzündet! Von meiner Hand geschieht dies an euch, in Qualen sollt ihr liegen!

50,4–9: In diesem dritten Lied vom Gottesknecht lernen wir die Widersacher dieses treuen Herrenjüngers kennen. Wieder ist er ein Vorbild Jesu. • 6: erinnert an Matth 26,27; 27,30; Joh 19,1–3. Wer auf Gott vertraut, ist durch nichts zu erschüttern.

Trost für Sion

51

1 Hört auf mich, die ihr trachtet nach Heil und den Herrn sucht! Blickt auf den Fels, aus dem ihr gehauen, auf den Brunnenschacht, aus dem ihr gegraben seid! 2 Blickt auf Abraham, euren Ahnherrn, und auf Sara, von der ihr abstammt! Denn jenen allein berief ich, ihn segnete ich und vermehrte ihn.« 3 Ja, der Herr tröstete Sion,

tröstet all seine Trümmer. Er macht seine Wüste
wie das Paradies, seine Steppe wie den Garten des
Herrn. Es finden sich Frohlocken und Jubel in ihm,
Lobpreis und Liederklang.

Heil für die Völker

4 »Lauschet auf mich, ihr Völker, ihr Nationen,
höret mir zu! Denn Weisung geht von mir aus, mein
Recht laß ich aufleuchten als Licht für die Völker.
5 Nahe ist meine Güte, mein Heil ergeht, meine
Arme richten die Völker. Die Inseln harren auf
mich, sie hoffen auf meinen Arm. 6 Erhebt euer
Antlitz zum Himmel und schaut auf die Erde da un-
ten; denn der Himmel wird zerfetzt wie Rauch, und
die Erde zerfällt wie ein Kleid, ihre Bewohner ster-
ben wie Mücken; doch meine Hilfe bleibt ewig;
meine Huld hört nicht auf! 7 Höret auf mich, die ihr
das Rechte kennt, du Volk, das meine Weisung im
Herzen trägt: fürchtet euch nicht vor der Menschen
Schmähung, vor ihrer Lästerung erschreckt nicht!
8 Denn wie ein Kleid verzehrt sie die Motte, der
Wurm frißt sie wie Wolle; meine Gerechtigkeit
aber währt ewig, mein Heil von Geschlecht zu Ge-
schlecht!«

Ruf und Antwort!

9 Auf, auf, bekleide dich mit Macht, du Arm des
Herrn! Wach auf wie in den Tagen der Vorzeit, der
uralten Geschlechter! Warst nicht du es, der Rahab
zerhieb, den Drachen durchbohrte? 10 Warst du es
nicht, der das Meer trockenlegte, die Wasser der ge-
waltigen Urflut, der Meerestiefen wegsam machte
für die Erlösten zum Durchzug?
11 Die Befreiten des Herrn kehren heim; sie kom-
men mit Jauchzen nach Sion, ewige Freude auf
ihrem Haupt, Frohlocken und Freude erreichen sie,
es fliehen Kummer und Seufzen. 12 »Ich, ja ich, bin
es, der euch tröstet! Wer bist du, daß du dich fürch-
test vor sterblichen Menschen, vor Leuten, die hin-
welken wie Gras? 13 Und des Herrn, deines Schöp-
fers, vergißt du, der den Himmel ausgespannt, die
Erde gegründet hat, und zitterst ständig, die ganze
Zeit vor des Bedrängers Groll, als wollte er dich ver-
nichten? Wo bleibt nun der Groll des Bedrängers?
14 Bald wird der Gefesselte losgemacht; in der
Grube wird er nicht sterben, nicht mangelt es ihm
an Brot. 15 Ich aber bin der Herr, dein Gott, der das
Meer erregt, daß seine Wellen erbrausen; Herr der
Heerscharen ist sein Name! 16 Ich legte meine Worte
in deinen Mund und barg dich im Schatten meiner
Hand, um auszuspannen den Himmel und zu grün-
den die Erde und Sion zu sagen: Mein Volk bist du!«
17 Rege dich, rühre dich, stehe auf, Jerusalem, die du
trankest aus des Herrn Hand den Kelch seines Zor-
nes, den Becher seines Taumels, den du getrunken,
geleert hast! 18 Niemand war da, der sie führte, von
allen Söhnen, die sie gebar, keiner, der sie an der
Hand faßte, von all den Söhnen, die sie erzog.
19 Getroffen hat dich dies beides: – wer klagt nun
um dich? – Verheerung und Zusammenbruch, Hun-
ger und Schwert! Wer tröstet dich? 20 Deine Söhne
lagen in Ohnmacht da an allen Straßenecken wie
eine Gazelle im Stellnetz, trunken vom Grimme des
Herrn, vom Schelten deines Gottes.
21 Darum höre doch dies, du Gebeugte und Trun-
kene, doch nicht vom Wein: 22 So spricht dein Ge-
bieter, der Herr und dein Gott, der für sein Volk
streitet: »Siehe, ich nehme aus deiner Hand den
Kelch des Taumels, den Becher des Grimmes; du
sollst ihn fürderhin nicht mehr trinken! 23 Ich lege
ihn in die Hand deiner Peiniger, die zu dir sprachen:
›Bücke dich, wir schreiten über dich hin!‹ So mach-
test du deinen Rücken dem Erdboden gleich und
wie eine Straße für Wanderer.«

52 1 Erwache, erwache, ziehe deine Stärke
an, Sion; ziehe deine Prachtkleider an,
Jerusalem, Heilige Stadt! Denn dich wird
nicht mehr betreten, wer unbeschnitten und unrein
ist. 2 Schüttle dich los vom Staub, steh auf, Gefan-
gene Jerusalem; löse die Fesseln deines Halses,
Tochter Sion in der Gefangenschaft!
3 Denn so spricht der Herr: »Umsonst wurdet ihr
verkauft, nicht um Silber sollt ihr erlöst werden!«
4 Denn so spricht der Gebieter und Herr: »Zuerst
zog mein Volk nach Ägypten hinab, um dort als
Fremdling zu weilen; auch Assur bedrückte es
wegen nichts. 5 Nun aber, was geschieht mir denn
hier« – Spruch des Herrn –, »daß man grundlos mein
Volk hinwegnahm? Seine Beherrscher lärmen wild«
– Spruch des Herrn –, »stets und tagtäglich wird
mein Name gelästert. 6 Mein Volk soll darum mei-
nen Namen erkennen an jenem Tag; denn ich bin
es, der da spricht: Hier bin ich!«

Frohlocken bei der Heimkehr

7 Wie lieblich sind auf den Bergen des Frohboten
Füße! Frieden kündet er, bringt frohe Botschaft,
Heil kündet er, zu Sion spricht er: »Dein Gott ist Kö-
nig!« 8 Horch, deine Wächter! Sie erheben den Ruf,
sie jauchzen im Chor. Denn sie erschauen unmit-
telbar des Herrn Heimkehr nach Sion. 9 Brechet ge-
meinsam in Jubel aus, ihr Trümmer Jerusalems!
Denn der Herr tröstet sein Volk, erlöst Jerusalem.
10 Der Herr legt frei seinen heiligen Arm vor den
Augen aller Völker; alle Enden der Erde schauen das
Heil unseres Gottes.

11 Fort, fort, zieht von dort weg, berührt Unreines
nicht! Zieht fort von ihnen, reinigt euch, die ihr die
Gefäße des Herrn tragt! 12 Nicht in Hast sollt ihr
ausziehen, nicht fluchtartig weggehen; denn der
Herr geht euch voraus, eure Nachhut ist Israels
Gott.

Der leidende Gottesknecht

13 Siehe, Erfolg hat mein Knecht; er wird empor-
steigen, wird hoch und gar sehr erhaben sein. 14 Wie
über ihn viele erschauerten – so unmenschlich ent-
stellt sah er aus, und seine Gestalt war nicht mehr
wie die der Menschen! –, 15 so wird er viele Völker
in Staunen setzen. Könige werden vor ihm ihren
Mund schließen. Denn was man ihnen noch nie er-
zählt hat, schauen sie; was sie noch nie gehört, neh-
men sie wahr.

52,13–53,12: Neuartige Züge erscheinen in diesem vierten Gottesknechtslied. Der Knecht soll nach vielen Leiden vom Herrn erhöht werden, seine Herrlichkeit wird hinausstrahlen zu den Heidenvölkern und ihren Königen. Doch zuvor muß er leiden, und zwar stellvertretend für jene, die wie Schafe umherirrten. Joh 1,29.36 und alle anderen Stellen vom Gotteslamm sind von Is 53 her zu verstehen, wie ja überhaupt im Aramäischen die Wörter »Lamm« und »Knecht« gleichlautend sind. Auch hier ist der leidende Gerechte Vorbild für den Heiland des NT.

Der Mann der Schmerzen

53 1 Wer glaubte unserer Kunde wohl, wem
ward der Arm des Herrn geoffenbart?
2 Er wuchs vor ihm auf wie ein junger
Trieb, wie eine Wurzel aus Dürrland. Keine Gestalt
hatte er und keine Schönheit, daß wir nach ihm ge-
schaut hätten, kein Aussehen, daß er uns gefallen
hätte. 3 Verachtet war er, von Menschen gemieden,
ein Mann der Schmerzen, mit Krankheit vertraut!
Wie einer, vor dem man das Antlitz verhüllt, war er
verachtet, so daß wir ihn nicht schätzten. 4 Jedoch,
unsere Krankheiten trug er, unsere Schmerzen lud
er sich auf. Wir aber hielten ihn für einen Getroffe-
nen, von Gott Geschlagenen und Niedergebeugten.
5 Und doch wurde er durchbohrt für unsere Frevel,
zerschlagen wegen unserer Missetaten. Züchtigung
für unser Heil lag auf ihm, durch seine Wunde ward
uns Heilung zuteil. 6 Wie Schafe irrten wir alle um-
her, jeder wandte sich seines Weges; aber ihn ließ
der Herr treffen unser aller Verschuldung. 7 Man
mißhandelte ihn, und er beugte sich; er tat seinen
Mund nicht auf wie das Lamm, das zur Schlacht-
bank geführt wird, und gleich einem Schaf, das vor
seinen Scherern verstummt. Nein, er tat seinen
Mund nicht auf. 8 Aus Drangsal und Gericht wurde
er weggerafft; wer kümmerte sich um sein Ge-
schick? Denn er war abgeschnitten vom Land der
Lebendigen, ob der Missetat seines Volkes zu Tode
getroffen. 9 Man gab ihm bei Verruchten sein Grab,
seine Ruhestatt bei Übeltätern. Und doch hat er
kein Unrecht getan, kein Trug war in seinem Mund.
10 Der Herr jedoch fand Gefallen an seinem Zer-
schlagenen; er heilte ihn, der sein Leben als Süh-
neopfer hingab. Er wird Nachkommen schauen,
lange leben, und der Wille des Herrn wird durch ihn
vollstreckt. 11 »Um der Not seiner Seele willen wird
er Licht schauen und sich sättigen. Durch seine Er-
kenntnis wird als Gerechter mein Knecht die Vielen
rechtfertigen, und ihre Sünden wird er auf sich la-
den. 12 Darum werde ich ihm seinen Anteil unter
den Vielen geben, und mit den Zahlreichen wird er
den Erwerb teilen, dafür, daß er sein Leben in den
Tod dahingab und sich unter die Frevler zählen ließ.
Und doch trug er die Sünde der Vielen und trat für
die Abtrünnigen ein.«

Sion, fasse Mut!

54 1 »Frohlocke, Unfruchtbare, die nicht
gebar, brich aus in Jubel und jauchze, die
nie Mutter wurde! Denn die Einsame hat
eine größere Kinderschar als die Vermählte«,
spricht der Herr. 2 Erweitere deines Zeltes Raum,
und die Zelttücher deiner Wohnräume spanne aus,
ohne zu sparen! Mach lang deine Zeltstricke, deine
Zeltpflöcke haue fest ein! 3 Ausbrechen wirst du
nach rechts und nach links; deine Kinder werden
Völker beerben und verheerte Städte besiedeln!
4 Fürchte dich nicht, denn du wirst nicht zuschan-
den; schäme dich nicht, denn du bist nicht zurück-
gesetzt! Vergessen wirst du deines Jungferntums
Schande, gedenkst nicht mehr deiner Witwenschaft
Schmach! 5 Denn dein Schöpfer wird dein Gemahl,
»Herr der Heerscharen« ist sein Name. Dein Erlöser
ist der Heilige Israels, »Gott der ganzen Erde« wird
er genannt. 6 Denn wie eine verlassene und sich grä-
mende Frau berief dich der Herr. »Wird man denn
die Frau der Jugendjahre verstoßen?« spricht dein
Gott.

7 »Für einen kleinen Augenblick nur verließ ich
dich, mit großem Erbarmen führe ich dich heim.
8 Im übersprudelnden Zorne verbarg ich ein Weil-
chen mein Antlitz vor dir, doch mit ewiger Huld er-
barm' ich mich dein«, spricht dein Erlöser, der Herr.
9 »Mir geht es wie zu Noes Zeit. Wie ich schwur, die
Erde nicht mehr mit Noes Wassern zu überfluten,
so schwöre ich, dir nicht mehr zu zürnen und dir
keine Vorwürfe mehr zu machen.

10 Denn mögen Berge weichen und Hügel wanken,
meine Huld weicht nicht von dir, mein Friedens-
bund wankt nicht!«, spricht dein Erbarmer, der Herr!

11 »Gebeugte, vom Sturm Gejagte, Trostlose! Siehe,
ich belege mit schwarzem Hartmörtel deine Steine,
deine Grundmauern mit Saphirgestein; 12 deine
Zinnen gestalte ich aus Rubin, aus Beryll deine Tore
und deine Umfriedung aus Edelgestein. 13 Alle
deine Erbauer sind Schüler des Herrn, groß ist dei-
ner Söhne Wohlfahrt. 14 Du sollst dich gründen auf
Gerechtigkeit, fern von Angst; denn du kannst ohne
Furcht sein, von Schrecken frei, denn er naht dir
nicht! 15 Greift man dich an, so kommt es nicht von
mir; der dich angreift, wird fallen um deinetwillen.
16 Fürwahr, ich habe den Schmied erschaffen, der
ins Kohlenfeuer bläst und entsprechend seiner
Kunst eine Waffe hervorbringt; ich erschuf aber
auch den Verderber zum Zerstören. 17 Jede Waffe,
wider dich geschmiedet, versagt. Jede Zunge, die
dich befehdet im Rechtsstreit, überführst du des
Unrechts. Dies ist der Anteil der Knechte des Herrn
und ihre Rechtfertigung durch mich« – Spruch des
Herrn.

Gnade und Heil

55 1 Zum Wasser kommet, ihr Durstigen all!
Kommt, die ihr kein Geld habt, kaufet
und esset ohne Geld und ohne Kaufpreis
Wein und Milch! 2 Warum zahlt ihr Silber aus für
etwas, was nicht Brot ist, euren Verdienst für das,
was nicht satt macht? Höret auf mich, auf daß ihr
Gutes zu essen bekommt, und euer Hunger soll
schwelgen im Fett! 3 Neigt euer Ohr, kommet zu
mir, höret, dann lebt ihr auf! Ich will mit euch einen
ewigen Bund schließen, treu den festen Gnaden-
verheißungen an David! 4 Siehe, zum Zeugen für
Völker mache ich ihn, zum Fürsten und Gebieter
von Stämmen. 5 Ja, dir unbekannte Völker rufst du
herbei, und Völker, denen du unbekannt bist, laufen
dir zu, dem Herrn, deinem Gott, zulieb, dem Heili-
gen Israels, weil er dich verherrlicht!
6 Sucht den Herrn, solange er sich finden läßt; ruft
ihn, solange er nahe ist! 7 Der Gottlose lasse von
seinem Weg, der Boshafte von seinen Gedanken! Er
kehre um zum Herrn, daß er sich seiner erbarme,
und zu unserem Gott, denn viel Verzeihung ge-
währt er! 8 »Denn meine Gedanken sind nicht eure
Gedanken, und eure Wege nicht meine Wege« –
Spruch des Herrn. 9 »Nein, so hoch der Himmel
über der Erde steht, so hoch sind meine Wege über
euren Wegen und meine Gedanken über euren Ge-
danken!
10 Denn wie Regen und Schnee vom Himmel kom-
men und nicht mehr dorthin zurückkehren, ohne
daß sie die Erde tränken, sie sprießen und keimen
lassen und Saat geben dem Sämann und dem Es-
senden Brot, 11 so steht es auch mit meinem Wort,
das von meinem Munde ausgeht. Es kehrt nicht er-
folglos zu mir zurück, ohne daß es vollbracht, was
ich wollte, und durchgeführt, wozu ich es sandte.
12 Denn in Freuden sollt ihr ausziehen und in Frie-
den geleitet werden! Die Berge und Hügel brechen
vor euch in Jubel aus, alle Feldbäume spenden Bei-
fall! 13 Statt des Dornstrauchs wächst die Zypresse,
statt der Nessel die Myrte. Dem Herrn gereicht dies
zum Ruhm, zum ewigen Zeichen, das unausrottbar
ist!«

55,1–13: Einladung zur Umkehr und Heimkehr aus der Verban-
nung.

Bethaus für alle Völker

56 1 So spricht der Herr: »Wahret Recht und
übet Gerechtigkeit, denn mein Heil ist
nahe am Kommen, meine Gerechtigkeit
wird bald enthüllt.« 2 Heil dem Menschen, der sol-
ches tut, und dem, der daran festhält: Der ohne Ent-
weihung den Sabbat hält und seine Hand vor allem
Bösen bewahrt. 3 Nicht spreche der Fremdling, der
dem Herrn sich anschloß: »Gewiß wird der Herr
mich trennen von seinem Volk!« Wer verschnitten
ist, spreche nicht: »Siehe, ich bin ein vertrockneter
Baum!« 4 Denn so spricht der Herr: »Den Verschnit-
tenen, die meine Sabbate halten und das erwählen,
was mir gefällt, die festhalten an meinem Bund,
5 denen verleihe ich in meinem Haus und in meinen
Mauern Denkmal und Namen, wertvoller als Söhne
und Töchter. Einen ewigen Namen verleihe ich
ihnen, der unausrottbar ist. 6 Fremdlinge aber, die
dem Herrn sich anschlossen, um ihm zu dienen und
den Namen des Herrn zu lieben und seine Knechte
zu sein, alle, die den Sabbat halten und nicht ent-
weihen, die festhalten an meinem Bund, 7 diese
bringe ich zu meinem heiligen Berg, erfreue sie in
meinem Bethaus. Ihre Brand- und Schlachtopfer
seien willkommen auf meinem Altar! Denn mein
Haus soll ein Bethaus genannt werden für alle Völ-
ker.« 8 So spricht der Herr und Gebieter, der Israels
Versprengte sammelt: »Ich will über seine Gesam-
melten hinaus noch weiterhin sammeln!«

*Stumme Hunde und alle Tiere des Feldes,
kommt zum Fraß!*

9 All ihr Tiere des Feldes, kommt zum Fraß, all ihr
Tiere im Walde! 10 Seine Wächter sind blind, insge-
samt ohne Einsicht; sie alle sind stumme Hunde, die
nicht bellen können. Sie lagern und träumen, sie
schlummern so gern. 11 Aber gierig sind jene
Hunde, kennen keine Sättigung. Das sind die Hir-

ten, die von Einsicht nichts wissen. Sie alle gehen
ihren eigenen Weg, jeder ausnahmslos nach seinem
Gewinn. 12 »Kommt, ich hole Wein, wir wollen
dem Rauschtrank ergeben sein! So sei es heute wie
morgen, großartig über die Maßen!«

56,1–8: Nach der Babylonischen Gefangenschaft war das Judentum auf der einen Seite recht engstirnig. doch andererseits entfaltete seine Religion eine große Propaganda. Die Heiden empfanden, daß hier eine einzigartige Gottesauffassung vorlag. Die Sabbatheiligung (Vers 2) war eines der Merkmale, das Juden und Heiden voneinander trennte. Der Tempel der Heilszeit ist ein Bethaus für alle Völker (Vers 7), eine weitherzige Auffassung, die sich jetzt Bahn bricht. In Mark 11,17 wird dies Wort durch Jer 7,11 ergänzt.

Abtrünnige und Gerechte

57 1 »Der Gerechte kommt um, doch nie-
mand nimmt sich das zu Herzen.
Fromme werden dahingerafft, aber nie-
mand beachtet es; denn wegen der Bosheit wird der
Gerechte dahingerafft. 2 Er geht ein in den Frieden.
Auf ihrer Ruhestatt rasten sie, die ihren geraden
Weg gewandelt. 3 Ihr aber, kommt näher herzu, ihr
Söhne der Zauberin, Brut der Ehebrecherin und
Dirne. 4 Über wen belustigt ihr euch, über wen
reißt ihr das Maul auf, streckt die Zunge heraus?
Seid ihr nicht Söhne des Abfalls, eine Lügenbrut?
5 Die ihr in Brunst geratet bei Terebinthen unter je-
dem grünenden Baum; die ihr Kinder schlachtet in
den Klüften unter Felsvorsprüngen! 6 Bei den glat-
ten Wänden der Kluft ist dein Anteil, jene Götter
sind dein Los! Auch ihnen hast du Trankopfer aus-
gegossen, Speiseopfer dargebracht! Soll ich darüber
beruhigt sein? 7 Auf hohem und ragendem Berg be-
zogst du deine Lagerstatt; auch dorthin stiegst du
hinauf, Schlachtopfer zu schlachten. 8 Hinter Tür
und Pfosten brachtest du dein Denkzeichen an;
denn dein Bett decktest du auf, bestiegst es und
machtest dein Lager breit, erkauftest dir Buhlen,
deren Beilager du liebtest; du hast Schamteile be-
schaut. 9 Du warst verschwenderisch mit Öl für den
Molech und häuftest deine Salben. Du sandtest
deine Boten weit hin, stiegst hinab bis zum Toten-
reich. 10 Trotz deines vielen Wanderns, womit du
dich abmühtest, sprachst du doch nicht: ›Es hat kei-
nen Sinn!‹ Du fandest dein fleischliches Leben be-
friedigt, darum wurdest du nicht matt. 11 Wen hast
du gescheut und gefürchtet, daß du so enttäuscht
hast und meiner nicht dachtest, mich nicht in den
Sinn nahmst? Nicht wahr, weil ich schwieg und
mich verhüllte, hast du mich nicht gefürchtet? 12 Ich
werde deine Rechtschaffenheit und dein Treiben
kundtun; sie werden dir nichts nützen. 13 Wenn du
schreist, so mögen die, die dich versammelten, auch
retten! Sie alle trägt der Wind hinweg, rafft ein Luft-
hauch davon. Doch wer auf mich vertraut, wird das
Land erben und meinen heiligen Berg besitzen.«

Hilfe für die Zerschlagenen und Gebeugten im Geiste

14 Bahnet, bahnet, ja ebnet den Weg, hebet die Hin-
dernisse weg vom Pfad meines Volkes! 15 Denn so
spricht, der da hoch und erhaben ist, »Ewig Thro-
nender« und »Heiliger« ist sein Name: »In der Höhe
und als Heiliger throne ich und bin doch bei den
Zerschlagenen und Geistgebeugten, um zu er-
quicken der Gebeugten Geist, um zu beleben der
Zerschlagenen Herz. 16 Denn nicht auf ewig streite
ich, und nicht immerfort grolle ich, sonst ver-
schmachtet ja vor mir der Geist und der Lebenso-
dem, den ich erschaffen. 17 Wegen seiner sündhaf-
ten Gewinnsucht zürnte ich (dem Volk) und schlug
es, indem ich mich verbarg und zürnte. Doch es
wandte sich ab und wandelte den Weg seines Ei-
gensinns. 18 Seine Wege sah ich und will es nun hei-
len und leiten und Tröstung ihm schenken!
19 Seinen Trauernden schaffe ich jubelnde Lippen.
Friede, Friede dem Fernen und dem Nahen«, spricht
der Herr, »ich werde ihn heilen. 20 Doch die Ruch-
losen sind wie das aufgewühlte Meer, das sich nicht
beruhigen kann; seine Wasser wühlen Schmutz und
Schlamm auf. 21 Keinen Frieden haben die Gottlo-
sen«, so spricht mein Gott.

57,1–13: Das alte Übel, die Neigung zu Götzendienst und Unzucht, ist auch in der Babylonischen Gefangenschaft nicht verschwunden. • 14–21: Im Unterschied zum vorausgehenden spricht dieser (späte) Abschnitt von der erbarmenden Liebe Gottes. Vers 21 = 48,22.

Vom rechten Fasten

58 1 »Rufe aus voller Kehle, halte nicht
zurück! Der Posaune gleich erhebe dei-
nen Ruf, künde meinem Volke sein Ver-
gehen und dem Haus Jakob seine Sünden! 2 Aber sie
fragen mich Tag um Tag, sie begehren nach Er-
kenntnis meiner Wege. Wie ein Volk, das Gerech-
tigkeit tut und das Recht seines Gottes nicht auf-
gibt, fordern sie von mir gerechte Gerichte, nach
Gottes Nähe verlangen sie. 3 ›Warum fasten wir, du
siehst es aber nicht, kasteien wir uns, doch du küm-
merst dich nicht?‹ Sehet, an eurem Fasttag findet ihr
ein Geschäft, all eure Unternehmen betreibt ihr!
4 Seht, zu Streit und Hader fastet ihr und zum
Schlagen mit ruchloser Faust; ihr fastet zur Zeit
nicht so, daß man in Himmelshöhen euren Gebets-
ruf hört! 5 Ist das denn ein Fasten, wie ich es wün-
sche, ein Tag, an dem man sich kasteit, daß man
wie die Binse den Kopf hängen läßt und in Sack und
Asche sich bettet? Nennst du das ein Fasten und
einen Tag, der dem Herrn gefällt? 6 Vielmehr ist
dies ein Fasten, wie ich es wünsche: Auflösen ruch-

loser Fesseln, die Seile des Jochholzes freigeben,
Unterdrückte frei entlassen und daß du jedes Joch-
holz zerbrichst; 7 ferner, daß du dem Hungrigen
dein Brot brichst und Arme, Obdachlose in dein
Haus führst, wenn du einen Nackten siehst, ihn be-
kleidest und vor deinem Bruder dich nicht ver-
birgst! 8 Dann wird hervorbrechen wie Frührot dein
Licht, und deine Heilung wird rasch voranschreiten.
Vor dir wird herziehen deine Gerechtigkeit; die
Herrlichkeit des Herrn wird deine Nachhut bilden.
9 Dann rufst du, und es antwortet der Herr; du
schreist um Hilfe, und er spricht: ›Da bin ich.‹ Wenn
du aus deiner Mitte das Joch entfernst, das Finger-
zeigen und Unheilreden, 10 dem Hungrigen dein
Brot darreichst und den Gebeugten sättigst, so
strahlt dein Licht in der Finsternis, und deine Dü-
sterkeit wird dem Mittag gleich. 11 Und der Herr
wird dein Führer für immerdar sein, im ausgedörr-
ten Gelände dich sättigen und deinen Körper kräfti-
gen. Wie ein Garten wirst du sein und wie ein Was-
serquell, dessen Naß nie versiegt. 12 Aufgebaut
werden von dir die uralten Trümmer; die Funda-
mente früherer Geschlechter errichtest du wieder;
man nennt dich ›Breschenschließer‹, ›Wiederher-
steller zerstörter Wohnungen‹.

Sabbatheiligung

13 Wenn du vom Sabbat deinen Fuß fernhältst,
deine Geschäfte nicht treibst an meinem heiligen
Tag, den Sabbat als eine Wonne bezeichnest, den
heiligen Herrentag als ehrwürdig, und wenn du ihn
so ehrst, daß du deine Gänge nicht machst, deinen
Geschäften nicht nachspürst und keine Verhand-
lungen pflegst, 14 dann wirst du deine Wonne am
Herrn haben. Ich lasse dich über die Höhen des Lan-
des einherfahren und das Erbe deines Ahnherrn Ja-
kob genießen. Wohlan, der Mund des Herrn hat ge-
sprochen!«

58,1–59,15a: Man hält allgemein so gewissenhaft die Fasttage, warum will das Heil also nicht kommen? Der Prophet meint, dies Fasten, wie es hier geübt wird, sei nicht verbunden mit werktätiger Nächstenliebe und sozialer Gesinnung. Nur ein solches Fasten kann dem Herrn gefallen. Ferner wird die Heiligung des Sabbats mehr betont als an anderen Prophetenstellen. Der Sabbat war ja nach der Babylonischen Gefangenschaft das Bekenntnis zum Herrn inmitten einer Umgebung, die eine solche religiöse Einrichtung nicht kannte.

Bußpredigt

59 1 Seht, nicht zu kurz ist des Herrn Hand,
um zu helfen, sein Ohr nicht zu stumpf,
um zu hören. 2 Nein, eure Vergehen sind
eine Scheidewand zwischen euch und eurem Gott;
eure Sünden verhüllten sein Antlitz vor euch, daß er
nicht hört. 3 Denn eure Hände sind besudelt mit
Blut und eure Finger mit Schuld; eure Lippen reden
nur Lüge, eure Zunge murmelt nur Frevel. 4 Nie-
mand stellt eine Gerechte Klage, niemand geht vors
Gericht in Wahrheit; man vertraut auf Wahn, redet
Falsches, geht schwanger mit Unheil und gebiert
Böses. 5 Schlangeneier brüten sie aus, Spinnfäden
weben sie; wer von ihren Eiern ißt, muß sterben,
zerdrückt man ein Ei, schlüpft eine Otter aus. 6 Ihre
Fäden taugen nicht zum Gewand, und man kann
sich mit ihrem Gewebe nicht bedecken; ihre Werke
sind Werke des Bösen, an ihren Händen klebt Ge-
walttat. 7 Ihre Füße laufen dem Bösen nach, sie ei-
len, unschuldiges Blut zu vergießen; ihre Gedanken
sind böse Gedanken, Zerstörung und Sturz folgen
ihren Bahnen. 8 Den Weg des Friedens kennen sie
nicht, kein Recht gibt es auf ihren Geleisen;
krumme Pfade betreten sie; keiner, der sie betritt,
kennt den Frieden.

Bußbekenntnis

9 Darum bleibt ferne von uns das Recht, und nim-
mer erreicht uns Gerechtigkeit; wir hoffen auf
Licht, aber Finsternis bleibt, auf Tageshelle, doch
wir wandeln im Dunkel! 10 Wir tasten gleich Blin-
den nach der Wand, wie ohne Augenlicht tasten wir
voran. Wir straucheln am hellen Mittag wie in der
Dämmerung; in Finsternis sitzen wir gleich den To-
ten. 11 Traurig brummen wir alle wie Bären, wie die
Tauben girren wir klagend. Wir harren auf Recht,
doch es kommt nicht, auf Heil, doch es ist ferne von
uns. 12 Denn zahlreich sind unsere Vergehen vor dir,
und unsere Sünden zeugen nur wider uns; ja,
unsere Vergehen sind uns bewußt, und unsere Ver-
schuldungen kennen wir: 13 Abfall und Treubruch
gegen den Herrn, Abkehr von der Nachfolge unse-
res Gottes, gewalttätiges, abtrünniges Reden, das
Tragen und Sagen von Lügenworten im eigenen
Herzen. 14 So ward das Recht zurückgedrängt, Ge-
rechtigkeit steht weit entfernt; denn es strauchelt
auf offenem Platze die Treue, und Redlichkeit kann
nicht kommen. 15a So wird die Treue vermißt; wer
Böses meidet, steht geplündert da.

Kampf gegen die Heidenwelt

15b Der Herr sah es, und es mißfiel ihm, daß es kein
Recht mehr gab. 16 Er sah, daß niemand mehr da
war; er war erstaunt, daß sich niemand ins Mittel
legte. Da kam ihm zu Hilfe sein Arm, seine Ge-
rechtigkeit wurde sein Beistand. 17 Er legte Gerech-
tigkeit an wie einen Panzer, der Helm des Heiles
deckte sein Haupt; er zog Rachekleider an als Ge-
wandung, hüllte sich in Zorneseifer wie in einen
Mantel. 18 Den Taten entsprechend vergilt er:
Grimm seinen Gegnern, Strafe seinen Feinden. An
den Inseln übt er Vergeltung. 19 Im Westen wird

man den Namen des Herrn fürchten, seine Herr-
lichkeit im Osten; denn kommen wird er gleich
einem beengten Strom, den der Odem des Herrn
vorantreibt. 20 Doch für Sion kommt er als Erlöser
und für die vom Abfall Bekehrten in Jakob – Spruch
des Herrn. 21 »Doch was mich angeht, so ist dies
mein Bund mit ihnen«, spricht der Herr: »Mein
Geist, der auf dir ruht, und meine Worte, die ich in
deinen Mund legte, sollen weder aus deinem
Munde noch aus dem Munde deiner Kinder noch
aus dem Munde deiner Kindeskinder weichen«,
spricht der Herr, »von nun an bis in Ewigkeit!«

Das neue Jerusalem, die »Stadt des Herrn,
Sion des Heiligen Israels.«

60 1 Auf, werde hell, denn dein Licht ist da;
die Herrlichkeit des Herrn strahlt über
dir auf! 2 Denn seht, die Erde bedeckt
Finsternis und Wolkendunkel die Völker, doch über
dir strahlt der Herr, und seine Herrlichkeit wird
über dir sichtbar.
3 Völker wallen zu deinem Licht und Könige zu dei-
nem strahlenden Lichtglanz. 4 Erhebe deine Augen
ringsum und schau: Sie alle haben sich versammelt
und kommen zu dir. Deine Söhne kommen von
fern, und deine Töchter werden auf den Armen ge-
tragen. 5 Dann wirst du schauen und strahlen, dein
Herz wird beben und sich weiten; denn des Meeres
Reichtum wendet sich dir zu, das Vermögen der
Völker kommt zu dir. 6 Die Flut der Kamele wird
dich bedecken, Jungkamele von Midian und Epha;
von Saba kommen sie alle, tragen Gold und
Weihrauch mit sich und verkünden froh die Ruh-
mestaten des Herrn. 7 Alles Kleinvieh von Kedar
sammelt sich zu dir, die Widder von Nebajot stehen
dir zur Verfügung, steigen als wohlgefälliges Opfer
auf meinen Altar; mein prachtvolles Haus werde
ich verherrlichen. 8 Wer sind jene, die heranfliegen
wie Wolken, wie Tauben zu ihren Schlägen? 9 Ja,
für mich sammeln die Schiffe sich, die Tarsisfahr-
zeuge allen voran, deine Söhne herzubringen von
fern; ihr Silber und Gold bringen sie mit für den
Namen des Herrn, deines Gottes, für den Heiligen
Israels; denn er will dich zu Ehren bringen. 10 Aus-
länder bauen deine Mauern auf, und ihre Könige
weihen dir ihren Dienst; denn in meinem Grimme
schlug ich dich ja, doch in meiner Huld erbarmte ich
mich dein. 11 Deine Tore hält man ständig geöffnet,
Tag und Nacht bleiben sie unverschlossen, um zu
dir den Reichtum der Völker zu bringen; auch ihre
Könige werden herbeigeführt. 12 Denn das Volk und
das Reich, das dir nicht dient, geht unter; ja, die Hei-
denvölker werden gänzlich vertilgt. 13 Es geht zu dir
ein des Libanon Pracht, Zypressen, Eschen und
Fichten zugleich, zu schmücken meine heilige
Stätte; den Ort meiner Füße will ich ehren. 14 Die
Söhne deiner Unterdrücker kommen gebückt zu
dir; alle deine Verächter fallen dir zu Füßen. Man
nennt dich »Stadt des Herrn, Sion des Heiligen Isra-
els.«
15 Dafür, daß du eine Vereinsamte warst, eine Un-
geliebte, die niemand besuchte, mache ich dich zur
ewigen Pracht, zur Wonne für alle Geschlechter.
16 Saugen wirst du der Völker Milch, saugen wirst
du der Könige Brust, ja, erfahren sollst du, daß ich,
der Herr, dein Heiland bin, und daß dein Erlöser der
Starke Jakobs ist. 17 Statt des Erzes bringe ich Gold
herbei, statt des Eisens bringe ich Silber, statt des
Holzes Erz und statt der Steine Eisen. Ich setze dir
als Obrigkeit Frieden ein und als deine Regierung
Gerechtigkeit. 18 Nimmer hört man in deinem Land
von Gewalt, von Zerstörung und Sturz in deinen
Grenzen; »Heil« nennst du deine Mauern und deine
Tore »Ruhm«.
19 Nicht mehr dient dir die Sonne als Licht am Tag,
nicht leuchtet der Mond dir zur nächtlichen Helle,
sondern der Herr ist dir ewiges Licht und dein Gott
dein herrlicher Glanz. 20 Nimmer geht deine Sonne
dir unter, nicht wird dir der Mond verschwinden;
denn der Herr dient dir zum ewigen Licht, und die
Tage der Trauer sind für dich zu Ende.
21 Deine Bürger werden lauter Gerechte, sie besit-
zen auf ewig das Land. Der Herr ist der Wächter
seiner Pflanzung, des Werkes seiner Hände zu
seiner Verherrlichung. 22 Aus dem Kleinsten wird
eine Tausendschaft, aus dem Geringsten ein starkes
Volk. Ich, der Herr, beschleunige es zu seiner Zeit.

Evangelium über den Messias

61 1 Der Geist des Gebieters und Herrn ruht
auf mir, da der Herr mich gesalbt hat.
Den Armen Frohes zu melden, hat er
mich gesandt, zu heilen, die gebrochenen Herzens
sind, Befreiung zu künden den Gefangenen, den
Gefesselten Lösung (der Stricke), 2 auszurufen ein
huldvolles Jahr des Herrn und einen Rachetag unse-
res Gottes, zu trösten alle Trauernden, 3 zu ersetzen
den Trauernden in Sion und ihnen zu geben Kopf-
schmuck statt Asche, Freudenöl statt Trauerge-
wand, Loblied statt Mutlosigkeit. Man wird sie
nennen »Eichen der Gerechtigkeit«, »Pflanzung des
Herrn zu seiner Verherrlichung«. 4 Sie bauen die
alten Trümmer auf, die Ruinen der Vorfahren rich-
ten sie auf, verwüstete Städte erneuern sie, Ruinen

früherer Geschlechter. 5 Dann stehen Fremde be-
reit, euer Kleinvieh zu weiden, Ausländer sind eure
Bauern und Winzer. 6 Euch aber nennt man »Prie-
ster des Herrn«, »Diener unseres Gottes« heißt man
euch. Die Habe der Völker werdet ihr genießen und
ihres Reichtums euch rühmen. 7 Weil ihnen an
Schande das Doppelte zukam, Schmach und Spei-
chel ihr Anteil war, deshalb sollen sie in ihrem Land
das Doppelte erhalten, ewige Freude wird ihnen zu-
teil. 8 Denn ich, der Herr, liebe das Recht, frevelhaf-
ten Raub hasse ich. Ja, ich gebe getreu ihren Lohn,
schließe mit ihnen einen ewigen Bund. 9 Wohlbe-
kannt unter den Völkern ist ihr Geschlecht, ihre
Nachkommenschaft inmitten der Stämme; alle, die
sie sehen, werden gewahr, daß sie ein Geschlecht
sind, vom Herrn gesegnet.
10 Freudig jubeln will ich im Herrn, jauchzen soll
meine Seele in meinem Gott! Denn er bekleidete
mich mit Gewändern des Heils, legte mir den Man-
tel der Gerechtigkeit an, gleich einem Bräutigam,
der sich schmückt mit dem Turban, und gleich einer
Braut, die ihr Geschmeide anlegt. 11 Denn wie die
Erde ihr Gewächs hervorbringt, der Garten seine
Saaten sprießen läßt, so läßt der Gebieter und Herr
Gerechtigkeit sprießen und Ruhm vor allen Völ-
kern.

61,1–3: Der Text hat große Ähnlichkeit mit den Gottesknechtslie-
dern. Nach Luk 4,17–19 las Jesus diese Verse vor und erläuterte sie
mit der Bemerkung, daß heute diese Schriftstelle an ihm in Erfül-
lung gegangen sei.

Bilder von Sions Heil

62 1 Sion zulieb darf ich nicht schweigen,
Jerusalems wegen nicht stillhalten, bis
hervorgeht wie Lichtglanz seine Gerech-
tigkeit und sein Heil wie eine Fackel entbrennt.
2 Völker werden deine Gerechtigkeit schauen und
alle Könige deine Herrlichkeit. Du wirst mit einem
neuen Namen genannt, der geprägt wird vom
Munde des Herrn. 3 Du wirst eine prächtige Krone
sein in des Herrn Hand, ein Königsdiadem in der
Hand deines Gottes. 4 Nicht länger wird man dich
»Verlassene« nennen noch dein Land »Vereinsamte«
heißen, sondern man nennt dich »Meine Lust an
ihr« und dein Land »Vermählte«. Denn der Herr hat
an dir seine Lust, und dein Land wird vermählt.
5 Wie sich nämlich der Jüngling mit der Jungfrau
vermählt, so vermählt sich mit dir dein Erbauer; wie
der Bräutigam sich freut über die Braut, so freut sich
über dich dein Gott. 6 Über deine Mauern, Jeru-
salem, habe ich Wächter beordert, den ganzen Tag
und die ganze Nacht dürfen sie niemals schweigen!
Ihr, die ihr den Herrn erinnern sollt, gönnt euch
nicht Ruhe, 7 und auch ihm laßt keine Ruhe, bis er
Jerusalem wiederherstellt und zum Ruhm auf Erden
macht!
8 Der Herr schwur bei seiner rechten Hand und bei
seinem gewaltigen Arm: »Nie wieder gebe ich dein
Korn deinen Feinden zur Nahrung; Ausländer trin-
ken deinen Most nicht mehr, um den du dich ab-
gemüht. 9 Nein, wer es eingeerntet, soll es genießen
und den Herrn preisen; wer den Most eingeheimst,
soll ihn trinken in meines Heiligtums Höfen!«
10 Zieht ein, zieht ein durch die Tore, bahnt des
Volkes Weg, baut, ja baut die Straße, macht von
Steinen sie frei, hebt über die Völker ein Panier!
11 Seht, der Herr macht es bekannt bis an das Ende
der Erde: Sagt der Tochter Sion: Fürwahr, es kommt
dein Heil! Siehe, die er sich erworben, kommen mit
ihm; und die er sich verdient hat, ziehen vor ihm
her! 12 Dann nennt man sie »Heiliges Volk«, »Erlöste
des Herrn«, dich aber nennt man »Gesuchte«,
»Nichtverlassene Stadt«.

Der Keltertreter

63 1 Wer ist's, der da von Edom kommt, in
hochroten Kleidern von Bozra? Der im
herrlichen Prachtgewand aufgereckt
schreitet in der Fülle seiner Kraft? »Ich bin es, der in
Gerechtigkeit redet und groß ist im Helfen!«
2 Warum aber ist rot dein Gewand, deine Kleider
wie die eines Keltertreters? 3 »Die Kelter trat ich
allein, von den Völkern stand niemand mir bei. Ich
trat sie nieder in meinem Zorn, zerstampfte sie in
meinem Grimm; es spritzte ihr Saft an meine Klei-
der, und alle meine Gewänder besudelte ich. 4 Denn
ein Rachetag lag mir im Sinn, mein Erlösungsjahr
war erschienen. 5 Ich hielt Ausschau, doch kein
Helfer war da; ich blickte gespannt umher, doch es
gab keinen Beistand. Da half mir mein Arm, und
mein Grimm stand mir bei. 6 Völker zertrat ich in
meinem Zorn, zerschmetterte sie in meinem
Grimm und ließ ihren Saft zur Erde rinnen.«

Dankbarer Lobpreis

7 Preisen will ich die Gnaden des Herrn und seine
ruhmvollen Taten, gemäß allem, was der Herr an
uns getan, nach der Fülle seiner Güte für das Haus
Israel, die er ihm erwies nach seiner Barmherzigkeit
und nach der Menge seiner Gnaden. 8 Er sprach:
»Sie sind ja doch mein Volk, Söhne, die nicht ent-
täuschen!« Er ward ihnen zum Retter in all ihrer
Drangsal. 9 Weder Bote noch Engel, er selbst war ihr
Retter. In seiner Liebe und seinem Mitleid hat er
selbst sie erlöst, hob sie auf und trug sie alle Tage
der Vorzeit. 10 Sie aber waren widerspenstig und

betrübten seinen heiligen Geist. Da wandelte er
sich ihnen zum Feind, er selber stritt wider sie.
11 Nun gedachten sie der Tage der Vorzeit, des Mo-
ses, seines Knechtes: »Wo ist, der aus dem Meere
emporsteigen ließ den Hirten seiner Herde? Wo ist,
der seinen heiligen Geist in sein Inneres legte, 12 der
dem Moses zur Rechten seinen herrlichen Arm ein-
herziehen ließ, der die Wasser spaltete vor ihnen
her, um sich einen ewigen Namen zu schaffen,
13 der sie durch die Fluten führte wie ein Pferd,
durch die Wüste, so daß sie nicht strauchelten?
14 Wie Vieh, das ins Tal hinabsteigt, ließ der Geist
des Herrn sie Ruhe finden. – So hast du dein Volk
geleitet, um dir einen herrlichen Namen zu schaf-
fen.

Aufschrei zum Herrn im Elend

15 Blicke vom Himmel herab und schau her von dei-
nem heiligen, prachtvollen Hochsitz! Wo bleiben
dein Eifer und deine Kraft, deines Herzens Regung
und dein Erbarmen mit mir? Haben sie sich zurück-
gezogen? 16 Denn du bist unser Vater; Abraham
kennt uns ja nicht, und Israel weiß nicht um uns.
Du, Herr, bist unser Vater! ›Unser Erlöser seit je‹ ist
dein Name.
17 Warum, o Herr, ließest du uns abirren von deinen
Wegen, verhärtetest du unser Herz, so daß es dich
nicht mehr fürchtete? Ändere dich deinen Knech-
ten zulieb, deinen Stämmen, die doch dein Eigen-
tum sind! 18 Warum betraten Gottlose deinen heili-
gen Berg, zertraten unsere Bedränger dein
Heiligtum? 19 Wir sind wie ein Volk, das du niemals
beherrscht, das nie nach deinem Namen benannt
war. Ach, wenn du doch die Himmel zerrissest und
herniederstiegest, daß Berge wankten vor dir!

63,16: Gott als Vater erscheint im Alten Testament noch selten: 64,7; 5 Mos 32,6; Jer 3,4.19; Mal 1,6; 2,10; Sir 23,1.

Gott für die Gerechten

64 1 Ach, wärest du doch wie Feuer, das
Reisig entzündet, wie Feuer, das Wasser
zum Sieden bringt, damit deine Feinde
deinen Namen erkennen und Völker vor dir erbe-
ben! 2 Tätest du Furchtbares doch, das wir nicht er-
warteten, stiegest hernieder, so daß Berge wankten
vor dir! 3 Von Urzeit an hat man nie gehört, nie ver-
nommen, kein Auge gesehen einen Gott außer dir,
der für den etwas tut, der auf ihn hofft. 4 Du aber
kommst dem entgegen, der freudig das Rechte tut,
denen, die dein gedenken auf deinen Pfaden. Siehe,
weil du erzürnt bist, stehen wir als Sünder da, weil
du dich verborgen hast, sind wir im Unrecht! 5 So
wurden wir insgesamt einem Unreinen gleich und
alle unsere Tugenden wie ein besudeltes Kleid. Wir
welkten alle wie Laub dahin, und unsere Schuld
trug uns fort wie der Wind. 6 Niemand war da, der
deinen Namen anrief, der sich aufrütteln ließ, fest-
zuhalten an dir. Denn du verbargst dein Antlitz vor
uns und gabst uns preis in die Hand unserer Schuld.
7 Nun aber, o Herr, unser Vater bist du; wir sind der
Lehm und du unser Bildner, ja, wir alle sind das
Werk deiner Hände! 8 Zürne doch, Herr, nicht all-
zusehr, und nicht für ewig gedenke der Schuld!
Schau und sieh her: Dein Volk sind wir alle! 9 Deine
heiligen Orte wurden zur Wüste, Sion wurde zur
Wüste, Jerusalem zum Ödland.
10 Unser heiliger, herrlicher Tempel, wo unsere Vä-
ter dich priesen, wurde zum Raub des Feuers, und
alles, was uns kostbar war, liegt in Trümmern.
11 Kannst du darob dich beherrschen, Herr, kannst
du schweigen und uns beugen im Übermaß?«

Aus läuternder Strafe zum Heil

65 1 »Ich war zu erfragen für jene, die mich
nicht begehrten, ich war zu finden für
die, die mich nicht suchten. Ich sprach:
›Hier bin ich, hier bin ich‹ zu einem Volk, das mei-
nen Namen nicht anrief. 2 Ständig breitete ich
meine Hände aus nach einem abtrünnigen und
widerspenstigen Volk, das recht ungute Wege geht
hinter eigenen Gedanken her, 3 nach Leuten, die
mich ständig reizen offen ins Gesicht hinein. Denn
sie bringen in den Gärten Opfer dar und auf Ziegel-
steinen ihr Räucherwerk. 4 In Gräbern hocken sie
da, in Felsenhöhlen übernachten sie. Sie essen
Schweinefleisch, und Brühe von unreinen Tieren ist
in ihren Geschirren. 5 Sie sprechen: ›Halte dich fern,
komm mir nicht näher, sonst behafte ich dich mit
meiner Weihe!‹. – Diese sind in meiner Nase nur
Rauch, Feuer, das immerfort lodert! 6 Seht, aufge-
schrieben liegt es vor mir: Schweigen will ich erst
nach der Vergeltung, heimzahlen will ich in ihren
Schoß 7 sowohl eure Sünden als auch die Sünden
eurer Väter insgesamt« – spricht der Herr. »Diese
brachten auf den Bergen Räucherwerk dar, auf den
Hügeln verhöhnten sie mich; so messe ich ihnen an
erster Stelle den Lohn zu in ihren Schoß!«
8 So spricht der Herr: »Wie in der Traube der Saft
sich findet und man darum singt: ›Verderbe sie
nicht, denn es ist Segen darin!‹, so will ich verfah-
ren meinen Knechten zulieb und nicht das Ganze
verderben. 9 Ich lasse aus Jakob Nachkommen her-
vorgehen und aus Juda Erben meiner Berge. Meine
Erwählten sollen das Land besitzen, meine Knechte
dort wohnen. 10 Die Saronebene wird zur Aue für

Kleinvieh, ein Lagerplatz für Rinder das Achortal, und zwar dem Volke, das nach mir fragt, zum Nutzen.

11 Euch aber, die ihr den Herrn verlaßt, meinen heiligen Berg vergeßt, die ihr den Tisch dem Glücksgotte deckt und den Mischtrank einfüllt dem Schicksal, 12 euch schicke ich dafür das Schwert! Ihr alle müßt euch zur Schlachtung bücken, weil ich rief, doch ihr keine Antwort gabt, weil ich redete, doch ihr nicht hörtet, sondern tatet, was mir mißfällt, und wähltet, was ich mißbillige!« 13 Darum spricht der Gebieter und Herr: »Siehe, meine Knechte werden essen, ihr aber sollt hungern; siehe, meine Knechte werden trinken, ihr aber sollt dürsten; siehe, meine Knechte werden sich freuen, ihr aber beschämt sein! 14 Siehe, meine Knechte frohlocken vor Herzenslust, ihr aber sollt schreien vor Herzensweh und jammern vor Niedergeschlagenheit! 15 Ja, ihr hinterlaßt euren Namen für meine Auserwählten als Fluchwort – ›so töte dich der Gebieter und Herr!‹ –, meine Knechte aber werden mit einem anderen Namen benannt. 16 Wer immer im Lande Segen spricht, wird segnen beim wahrhaftigen Gott. Wer immer im Lande schwört, schwört beim wahrhaftigen Gott. Vergessen sind ja die ehemaligen Drangsale; sie sind verschwunden vor meinen Augen.

17 Denn seht, einen neuen Himmel erschaffe ich und eine neue Erde; da gedenkt man des Vergangenen nimmermehr, und es kommt nicht mehr in den Sinn. 18 Frohlocken aber wird man und jubeln auf ewig über das, was ich schaffe. Denn siehe, ich will Jerusalem umschaffen zum Jubel und sein Volk zum Frohlocken! 19 Ich juble über Jerusalem, frohlocke über mein Volk! Nimmermehr wird man dort vernehmen einen Laut des Weinens oder einen Laut der Klage. 20 Dort gibt es keinen Säugling mehr, der nur wenige Tage lebt, keinen Greis, der seine Tage nicht voll erreicht. Vielmehr wird der Knabe als Hundertjähriger sterben, wer hundert Jahre nicht erreicht, ist vom Fluche getroffen. 21 Da bauen sie Häuser und wohnen darin, pflanzen Weinberge und essen deren Frucht. 22 Sie werden nicht bauen, während ein anderer bewohnt, nicht pflanzen, während ein anderer ißt, sondern wie das Alter der Bäume soll meines Volkes Alter sein; was ihre Hände erarbeitet haben, sollen meine Auserwählten auch verzehren. 23 Umsonst sollen sie sich nicht mühen noch Kinder zeugen zum Todesschreck, sondern ein Stamm von Gesegneten des Herrn sind sie und ihre Nachkommen mit ihnen. 24 Alsdann werde ich antworten, bevor sie noch rufen, während sie noch reden, erhöre ich sie schon. 25 Wolf und Lamm werden einträchtig weiden, und der Löwe frißt Stroh wie das Rind; die Schlange aber ernährt sich vom Staub. Man wird nichts Böses und nichts Verderbliches tun auf meinem ganzen heiligen Berg«, spricht der Herr.

65,17–19: 66,22; 2 Petr 3,13; Offb 21,1–4. • 25: Das Bild vom Tierfrieden ist aus 11,6–9 übernommen.

Gegen den Tempelbau

66 1 So spricht der Herr: »Der Himmel ist mein Thron und die Erde meiner Füße Schemel. Was ist das für ein Haus, das ihr bauen wollt, und welcher Art ist die Stätte für meinen Ruhesitz? 2 Hat doch meine Hand all dies gemacht, und ist doch all dies mein Eigentum«, ist der Spruch des Herrn. »Einen solchen aber sehe ich an: einen Demütigen und Zerknirschten und den, der ängstlich mein Wort befolgt. 3 Aber man schlachtet Rinder und erschlägt zugleich Menschen; man schlachtet Schafe und erwürgt zugleich Hunde; man bringt Speiseopfer dar und zugleich Schweineblut; Weihrauch spendet man und preist zugleich einen Götzen. Solche wählen sich ihre eigenen Wege aus, an ihren Scheusalen freuen sie sich. 4 Darum wähle auch ich ihnen Strafen aus, und das, wovor ihnen graut, bringe ich über sie; denn ich rief, doch niemand gab Antwort, ich redete, doch sie hörten nicht, sondern taten, was mir mißfällt, und was ich mißbillige, wählten sie sich.«

Hoffnungen für die Endzeit

5 Höret das Wort des Herrn, die ihr ängstlich sein Wort befolgt: »Es sagen eure Brüder, die euch hassen, die euch meines Namens wegen ausstoßen: ›Mag der Herr erscheinen in Herrlichkeit, so daß wir eure Freude mitansehen können!‹ Sie aber werden beschämt.« 6 Hört! Lärm von der Stadt her, hört, vom Tempel her; hört, der Herr übt Vergeltung an seinen Feinden! 7 Noch ehe sie (die Stadt) in Wehen kam, hat sie schon geboren, bevor ihre Schmerzen einsetzten, hat sie ein Knäblein zur Welt gebracht. 8 Wer hat solches vernommen, wer je dergleichen gesehen? Dauern die Wehen um ein Land nur einen einzigen Tag, oder wird ein Volk geboren mit einem Mal? Denn in Wehen kam Sion und gebar auch schon ihre Kinder. 9 »Sollte ich den Schoß öffnen, doch nicht gebären lassen?«, spricht der Herr. »Oder sollte ich, der gebären läßt, es doch verwehren?«, spricht dein Gott.

10 Freut euch mit (der Mutter) Jerusalem und frohlockt über sie, ihr alle, die ihr sie liebt! Jubelt fröhlich mit ihr, alle, die ihr über sie getrauert habt!

11 Saugen sollt ihr und euch sättigen an ihrer Trö-
stungen Brust, schlürfen sollt ihr mit Wonne an der
Mutterbrust ihrer Herrlichkeit! 12 Denn so spricht
der Herr: »Seht, ich lenke zu ihr den Wohlstand wie
einen Strom, wie einen flutenden Bach den Reich-
tum der Völker, und ihr sollt davon trinken! Auf
dem Arm wird man euch tragen und auf den Knien
liebkosen. 13 Gleichwie einen seine Mutter tröstet,
so will ich euch trösten, und zwar in Jerusalem wird
euch der Trost zuteil.« 14 Ihr schaut es, und euer
Herz wird fröhlich, und euer Leib sprießt wie fri-
sches Gras; des Herrn Hand wird kund seinen
Knechten; dagegen trifft sein Zorn seine Feinde.
15 Denn fürwahr, im Feuer erscheint der Herr, seine
Wagen sind ein wirbelnder Sturm, indem er seinen
Zorn verwandelt in Glut und sein Schelten in
Feuerflammen. 16 Denn mit Feuer und Schwert geht
der Herr ins Gericht mit allen Menschen, und zahl-
reich werden sein die Erschlagenen des Herrn!
17 Jene, die sich weihen und reinigen für die Göt-
zenhaine in der Gefolgschaft eines Priesters in ihrer
Mitte, die Schweinefleisch essen, Unreines und
Mäuse, sollen insgesamt ein Ende nehmen! –
Spruch des Herrn.

Der neue Himmel und die neue Erde

18 »Ich aber kenne ihre Taten und Gedanken, und
ich komme, um zu versammeln alle Völker und
Zungen; sie werden antreten und meine Herrlich-
keit schauen. 19 Ich wirke unter ihnen ein Wunder-
zeichen und schicke von ihnen Entronnene zu den
Völkern: nach Tarsis, Put und Lud [die Bogenspan-
ner], nach Tubal und Jawan, nach den fernen Inseln,
die noch keine Kunde von mir vernahmen und
meine Herrlichkeit noch nicht sahen. Sie sollen von
meiner Herrlichkeit unter den Völkern künden.
20 Diese werden dann alle eure Brüder aus allen Völ-
kern herbeibringen als Opfergabe für den Herrn, auf
Rossen, Wagen, Sänften, Maultieren und Dromeda-
ren zu meinem heiligen Berg nach Jerusalem«,
spricht der Herr, »gleichwie Israels Söhne die
Opfergabe in reinem Geschirr zum Tempel des
Herrn bringen. 21 Auch aus ihren Reihen werde ich
Priester und Leviten nehmen«, spricht der Herr.
22 »Denn wie der neue Himmel und die neue Erde,
die ich schaffe, vor meinem Antlitz bestehen wer-
den« – Spruch des Herrn –, »so wird euer Same und
euer Name Bestand haben. 23 In jedem Monat am
Neumond und in jeder Woche am Sabbat werden
alle kommen, um vor meinem Antlitz anzubeten«,
spricht der Herr. 24 »Dabei geht man hinaus und
schaut hin auf die Leichen der Menschen, die von
mir abtrünnig geworden sind. Denn ihr Wurm
stirbt nicht, und ihr Feuer erlischt nicht; sie werden
ein Abscheu sein für alle Welt.«

66,7–9: Sion als Mutter, die ohne Schmerzen Kinder gebiert. Zahlreiche Bevölkerung zeigt den besonderen Segen Gottes an, vgl. 49,18–23; 54,1–3. • 24: Als Strafort ist das Hinnomtal gedacht, die ntl. Gehenna. Vgl. Jer 7,31f; Judit 16,17; Mark 9,48. Dort werden die Leichen der Götzendiener zur Verwesung (»Wurm«) und Verbrennung (»Feuer«) liegen. Diese Stelle lieferte die Farben für die jüdische und christliche Beschreibung der – nicht mehr irdischen – Hölle.

DAS BUCH JEREMIAS

1 Kön 2,26–27 erzählen, wie Salomo den Ebjatar, einen Nachkommen Helis aus Silo, seines Priesteramtes entsetzte und ihn nach Anatot verbannte, in ein Dörflein zwei Stunden nördlich von Jerusalem. Jeremias dürfte wohl aus dem Geschlechte dieses Priesters stammen (1,1).

Seine Kindheit und erste Jugend verbrachte er in politisch ruhigen Zeiten. Der Kleinstaat Juda diente unter Manasse (693–639) dem assyrischen Weltreich und machte sich zum Teil dessen Götterkulte zu eigen. So war es auch noch in den ersten Jahren des Josia (638–609), obwohl jetzt der Bau des großen Weltreiches merklich zitterte. Um 627/6 wurde Jeremias zum Propheten berufen; jene politischen Kräfte, die das assyrische Joch nicht länger tragen wollten, waren bereits stark; religiös und kultisch hatte sich aber seit Manasse nichts geändert. Einige Jahre nach dem Auftreten des Jeremias kamen jene Ereignisse, die 2 Kön 22 und 23 berichten. Die gewaltsame Abschaffung des Heidentums war so gründlich, daß bis zum Tode des Königs Josia kein Prophet mehr aufzutreten brauchte. Es ist uns nicht überliefert, wie Jeremias persönlich zu den religiös-politischen Reformbestrebungen gestanden hat. Über Josia selbst sprach sich der Prophet recht lobend aus (22,15–16). Dieser rechnete mit dem aufkommenden Babel und fühlte sich in seinem Gottvertrauen stark genug,dem Pharao Necho entgegenzutreten. Josia war bei Megiddo gefallen (609), und der Pharao setzte den beim Volke unbeliebten Prinzen Jojakim ein, der grausam und verschwenderisch die Herrschaft führte. Mit Jojakim beginnt ein neuer Abschnitt im Leben des Jeremias; er stand jetzt gegen sein ganzes Volk, gegen König, Würdenträger, Priester und Propheten, ja gegen seine eigenen Verwandten. Es ist die Zeit des Zusammenstoßes mit den Behörden, der Anklagen und Verfolgungen. Er wirkt jetzt durch sinnbildliche Handlungen und schreibt seine tieferschütternden Selbstbekenntnisse und seine Rachegebete nieder (11,18–23; 12,1–6; 15,10–21; 16,1–9; 17,12–18; 18,18–23).

605 geht die Weltherrschaft auf Babel (Nebukadnezar) über. In göttlichem Auftrag läßt Jeremias seine bisherigen Drohworte niederschreiben (36).

Nach der im Jahre 597 erfolgten Belagerung Jerusalems müssen König Jojachin, der Nachfolger seines Vaters Jojakim, und andere Vornehme in die Verbannung. Jeremias ergreift offen Partei für Nebukadnezar und rät die Unterwerfung unter Babel. Nebukadnezar ist ihm sogar Gottesknecht (27,6). In dieser Zeit ist des Jeremias Tätigkeit eine hochpolitische; sie richtet sich gegen die falschen Propheten und sucht den schwachen König Zidkia (597–586) vom Einfluß seiner unvernünftigen Ratgeber zu befreien. Die Verbanntengemeinde in Babylon ist für ihn Träger des kommenden Heiles (29). Erschütternd sind die Berichte über die persönlichen Leiden des Jeremias bis zur Zerstörung Jerusalems. Der Eroberer behandelt den Propheten freundlich und wohlwollend. Ein verlockendes Angebot, nach Babel zu kommen, lehnt dieser ab. Er widmet alle seine Kräfte dem Wiederaufbau der verwüsteten Heimat. Nach der Ermordung des von Babel eingesetzten Statthalters Gedalja wird er von seinen Landsleuten gezwungen, mit nach Ägypten zu fliehen, wo seine Wirksamkeit offenkundig mit Mißerfolg endet.

Man pflegt das Buch Jeremias in fünf Teile zu gliedern: Kapitel 1–25 enthalten Prophetenworte, 1–6 aus der Zeit des Josia, 7–20 aus der Zeit Jojakims, 21–25 aus der Zeit Zidkias. 25,15 – 38 und Kapitel 46–51 sind Drohsprüche gegen Fremdvölker, und zwar gegen Ägypter, Philister, Moabiter, Ammoniter, Edomiter, Damaskus, die Araberstämme, Elam und Babel. Kapitel 26–36 sind meist Berichte aus dritter Hand über Jeremias, 37–45 werden die Leidensschicksale des Propheten während der Belagerung Jerusalems und nach der Zerstörung der Stadt geschildert. 52 ist ein geschichtlicher Anhang, der fast wörtlich 2 Kön entnommen ist.

Worte des Jeremias, des Sohnes des Hilkia
aus dem Priestergeschlechte zu Anatot
im Lande Benjamin. 2 An ihn erging
das Wort des Herrn zur Zeit des Königs Josia von
Juda, des Sohnes Amons, im 13. Jahr seiner Königs-
herrschaft, 3 und weiterhin unter dem König Joja-
kim von Juda, dem Sohn des Josia, bis zum Ende
des elften Jahres des Königs Zidkia von Juda, des

Sohnes Josias, als die Verschleppung der Bewohner
Jerusalems im fünften Monate erfolgte.

Berufung des Jeremias zum Propheten des Herrn

4 Des Herrn Wort erging an mich: 5 »Noch ehe ich
dich gebildet im Mutterleib, habe ich dich auser-
sehen, ehe du aus dem Mutterschoß kamst, habe
ich dich geweiht, dich zum Völkerpropheten be-
stimmt.« 6 Ich antwortete: »Ach, Herr und Gebieter,
sieh, ich kann nicht reden, ich bin ja noch zu jung!«
7 Doch der Herr entgegnete mir: »Sage nicht: Ich bin
zu jung; gehen sollst du, wohin immer ich dich
sende, was immer ich dir befehle, das sollst du
reden! 8 Fürchte dich vor ihnen nicht; denn ich bin
bei dir zu deiner Rettung« – Spruch des Herrn. 9 Der
Herr aber streckte seine Hand aus und berührte mit
ihr meinen Mund. Dabei sprach der Herr zu mir:
»Hiermit lege ich meine Worte in deinen Mund!
10 Schau, ich gebe dir heute die Macht über Völker
und Reiche, um auszureißen und einzureißen, zu
vernichten und zu zertrümmern, aufzubauen und
einzupflanzen!«

Mandelzweig und Schmelzofen

11 Da erfolgte des Herrn Wort an mich: »Was
siehst du da, Jeremias?« Ich entgegnete: »Einen
zur Blüte erwachten Mandelbaum sehe ich.«
12 Der Herr erwiderte mir: »Du sahst richtig;
denn ich wache über meinem Wort, daß es aus-
geführt werde.« 13 Nochmals erging des Herrn
Wort an mich: »Was siehst du?« Ich entgegnete:
»Einen siedenden Kessel sehe ich, seine Öffnung
schaut von Norden her.« 14 Der Herr erwiderte
mir: »Von Norden her wird das Unheil entfacht
gegen alle Bewohner des Landes. 15 Fürwahr, ich
rufe alle Stämme der Reiche des Nordens« – Spruch
des Herrn –, »sie sollen kommen und jeweils ihren
Thron aufstellen bei den Toreingängen Jerusalems,
gegen alle seine Mauern im Umkreis und gegen
alle Städte von Juda! 16 Da ziehe ich sie dann ob all
ihrer Bosheit zur Rechenschaft, weil sie mich ver-
ließen, anderen Göttern Rauchopfer darbrachten
und niederfielen vor ihrer eigenen Hände Mach-
werk.

Eherne Mauern

17 Gürte du deine Hüften! Auf, und sprich zu ihnen,
was immer ich dir befehle! Hab keine Angst vor
ihnen, sonst mache ich dir vor ihnen Angst! 18 Ich
selbst, siehe, mache dich heute zur befestigten
Burg, zur eisernen Säule, zur ehernen Mauer wider
das ganze Land, wider Judas Könige und seine Für-
sten, wider seine Priester und das Volk des Landes!
19 Sie werden gegen dich kämpfen, aber sie be-
zwingen dich nicht; denn ich bin bei dir, dich zu
retten« – Spruch des Herrn.

1,4–10: Von Prophetenweihe und -berufungen lesen wir auch Is 6 und in den ersten Kapiteln von Ezechiel. Was den Jeremiasbericht von Isaias und Ezechiel unterscheidet, ist die einfache und schlichte Art, wie er sein Gotteserlebnis schildert. Es zeigt sich hier nicht der geringste Zusammenhang mit gottesdienstlichen und rein rituellen Dingen wie bei Isaias und Ezechiel. Die Berufung gab seiem Leben eine andere Richtung. Er hatte Angst vor dem schweren Auftrag. Den Untergang soll der Prophet verkünden, aber auch den Weg zur Rettung weisen. Nicht nur dem Kleinstaat Juda soll seine Tätigkeit gewidmet sein, sondern allen Völkern und Reichen. Denn aus dem Untergange Judas, den Jeremias miterlebte, erwuchsen Synagoge und Kirche. • 11–19: Diese Schauungen erfolgten wohl bald nach der Berufung. Jeremias mag die geschilderten Gegenstände in der Natur vor sich gesehen haben. Durch die Berufung war der Prophet von Gott so überwältigt, daß schon der Anblick des Mandelzweiges oder siedenden Kessels ihn zu Aussagen von großer Tragweite veranlaßte. In einem Falle ist Gottes Wachsamkeit sinnbildlich dargestellt, im anderen der von Norden hereinbrechende Krieg.

Minne der Brautzeit

2 1 Des Herrn Wort erging an mich: 2 »Geh hin
und bring Jerusalem laut zu Gehör: So sprach
der Herr: Die Treue deiner Jugend habe ich
im Sinn, die Minne, da du Braut warst, da du hinter
mir hergingst in der Wüste, im unbesäten Gelände.
3 Heilig war dem Herrn Israel, die Erstlingsfrucht
seiner Ernte. Wer immer davon aß, der mußte es
büßen, Unheil kam über ihn«, ist der Spruch des
Herrn.

Nach der Wüstenzeit

4 Höret das Wort des Herrn, Haus Jakob und alle
Geschlechter des Hauses Israel! 5 So spricht der
Herr: »Was fanden denn eure Väter Schlechtes an
mir, daß sie von mir sich entfernten? Sie liefen dem
Nichtigen nach und wurden selber zunichte. 6 Sie
fragten nicht: ›Wo ist denn der Herr, der uns fort-
führte aus dem Ägypterland, der uns in der Wüste
Geleit gab, im Lande der Steppen und Schluchten,
im Lande der Dürre und Düsternis, im Land, das
niemand durchzieht und kein Mensch bewohnt?‹
7 Ich brachte euch dann in das Gartenland, ließ euch
genießen seine Frucht und sein Gut. Ihr aber kamt
und entweihtet mein Land, meinen Erbanteil habt
ihr zum Greuel gemacht. 8 Nicht fragten die Prie-
ster: ›Wo ist der Herr?‹, die Hüter des Gesetzes
kannten mich nicht, die Hirten fielen von mir ab,
die Propheten standen im Baalsdienst und liefen
machtlosen Götzen nach. 9 Darum will ich noch
rechten mit euch« – Spruch des Herrn – »und gegen
eure Kindeskinder Klage erheben!

Zisternen mit Rissen

10 Geht zu den Inseln der Kittäer hinüber und
schaut, schickt nach Kedar, forscht genau nach und
seht, ob je dergleichen geschah: 11 Hat je ein Volk

seine Götter vertauscht, die nicht einmal Götter
sind? Mein Volk aber hat seine Ehre vertauscht
gegen ein machtloses Wesen. 12 Entsetzt euch dar-
über, ihr Himmel, erschaudert gewaltig!« – Spruch
des Herrn. 13 »Eine zwiefache Untat verübte mein
Volk: Es verließ mich, den Quell sprudelnden Was-
sers, um sich Zisternen zu graben, Zisternen mit
Rissen, die das Wasser nicht halten.

Folgen des Abfalls

14 Ist denn Israel ein Sklave oder ein im Hause ge-
borener Knecht? Warum ward es denn zur Beute?
15 Über sie brüllen Löwen und erheben ihr Geheul.
Man machte zur Wüste sein Land, verbrannt sind
seine Städte, menschenleer. 16 Selbst die Leute von
Noph und Tachpanches zertrümmern dir den
Scheitel. 17 Ist daran nicht dies schuld, daß du den
Herrn, deinen Gott, verließest? 18 Was soll jetzt
dein Laufen nach Ägypten, um Schichorwasser zu
trinken? Warum willst du nach Assur laufen, um
Euphratwasser zu trinken? 19 Deine eigene Bosheit
bestraft dich, dein Abfall ist's, der dich züchtigt. Er-
kenne und sieh, wie bitterböse es ist, daß du den
Herrn, deinen Gott, verließest und keine Furcht vor
mir hattest«, spricht der Gebieter, der Herr der
Heere.

Baalsdienst

20 »Ja, von jeher zerbrachst du dein Joch, zerrissest
deine Stricke und sprachst: ›Ich will nicht dienen!‹
Auf jedem hohen Hügel und unter jedem grünen
Baum legtest du dich als Dirne hin. 21 Als Edelrebe
hatte ich dich gepflanzt, eine ganz edle Sorte. Wie
hast du dich aber gewandelt zum Wildling, zum
entarteten Weinstock! 22 Fürwahr, wüschest du
dich auch mit Lauge und nähmst dir Seife in Menge,
so bliebe doch ein Schmutzfleck in meinen Augen
deine Schuld« – Spruch des Gebieters und Herrn.
23 »Wie kannst du sagen: ›Nicht habe ich mich
befleckt, den Baalen lief ich nicht nach‹? Schau doch
dein Treiben im Tal, überlege, was du getan hast,
eine schnelle Kamelin, die ihre eigenen Wege
kreuzt. 24 Sie bricht durch zu den Wassern der
Wüste hin; in der Gier ihres Triebes schnappt sie
nach Luft, wer kann stillen ihre Brunst? Alle, die sie
begehren, haben keine Mühe; sie finden sie in ihrer
Brunstzeit. 25 Gib acht, daß du dir den Fuß nicht
wund, die Kehle nicht durstig läufst! Doch sprichst
du: ›Unmöglich, nein! Ich habe mich in die Fremden
verliebt und muß ihnen nach!‹
26 Wie ein Dieb beschämt ist, wenn man ihn er-
tappt, so müssen sich schämen die von Israels Haus,
sie selbst, ihre Könige und Fürsten, ihre Priester und
Propheten, 27 die zum Holze sagen: ›Mein Vater bist
du!‹ und zum Stein: ›Du hast mich geboren.‹ Denn
sie kehrten mir den Rücken zu und nicht das Ge-
sicht. Doch sind sie in Not, dann heißt es: ›Steh auf
und hilf uns!‹ 28 Wo sind denn deine Götter, die du
dir gemacht? Sie mögen aufstehen, ob sie dir helfen
können, wenn du in Not bist! Denn so zahlreich
wie deine Städte sind auch deine Götter, o Juda!
29 Warum hadert ihr mit mir? Ihr seid mir doch alle
treulos«, spricht der Herr. 30 »Ich schlug eure Söhne
umsonst, sie lernten daraus keine Zucht. Eure Pro-
pheten fraß euer Schwert wie ein reißender Löwe.
31 Ihr, das gegenwärtige Geschlecht, schaut auf das
Wort des Herrn! War ich denn eine Wüste für Israel
oder ein finsteres Land? Warum sagte mein Volk:
›Wir schweifen umher, wir kommen nicht mehr zu
dir!‹ 32 Vergißt wohl ihren Schmuck eine Jungfrau,
ihre Bänder eine Braut? Mein Volk aber hat mich
vergessen seit unzähligen Tagen!
33 Wie gut verstehst du, dir Liebschaft zu suchen!
Darum hast du dein Verhalten an Verbrechen ge-
wöhnt. 34 Sogar an deinen Kleidersäumen klebt Blut
von unschuldigen Armen, die du nicht etwa beim
Einbruch ertappt hast. Doch bei all dem behauptest
du noch: 35 ›Unschuldig bin ich! Sein Zorn hat sich
ja von mir gewandt.‹ Ich ziehe dich aber zur
Rechenschaft, weil du sagst: ›Ich verfehlte mich
nicht!‹ 36 Wie änderst du doch gar so leicht deinen
Weg! Auch von Ägypten wirst du beschämt, wie du
beschämt warst von Assur! 37 Auch von dort mußt
du weg, die Hände über dem Kopf; denn deine
Stützen verwirft der Herr, mit ihnen hast du kein
Glück!

2,1–6,30: Eine Aneinanderreihung verschiedener Predigtworte, die Zustände voraussetzen, wie sie im Knabenalter des Josia bestanden. Sie waren ein unheilvolles Erbe aus der Zeit des Assyrerknechtes Manasse. Auffallend sind die sachlichen und wörtlichen Anklänge an die früheren Propheten Israels. Insbesondere Hosea (Os) scheint ihm Vorbild gewesen zu sein. Der sinnliche Naturdienst gilt zwar unverkennbar dem Landesgott Jahwe, aber er ist tatsächlich Baalsdienst und Abfall vom Gott Israels. Israel, einst Gottes Braut, ist jetzt eine Ehebrecherin. Verantwortlich sind dafür Priester, Propheten, Könige und Würdenträger. Ein Hoffnungsfunke glimmt indes: Umkehr und Bekehrung sind möglich und müssen mit Ernst ins Auge gefaßt werden. Den inspirierten Propheten erkennt man an der unheimlich anmutenden Art, wie er den kommenden König schildert. An der Erregung seines Inneren erkennen wir bereits die Heimsuchungen, die der oberste Kriegs- und Gerichtsherr verhängen wird.

Ehescheidung

3 1 Entläßt ein Mann seine Frau, geht sie von
ihm weg und nimmt sich einen anderen
Mann, wird er dann wieder zu ihr zurück-
kehren? Würde da dieses Land nicht völlig ent-
weiht? Du aber hast mit vielen Freunden gebuhlt
und solltest zu mir zurückkehren dürfen?« – Spruch

des Herrn. 2 »Zu den Höhen erhebe deine Augen und schau! Wo wurdest du nicht entehrt? An den Wegen saßest du, um ihrer zu warten, wie es ein Araber in der Wüste tut. So entweihtest du das Land durch deine Buhlereien und durch deine Bosheit. 3 Der Regen blieb aus, der Spätregen kam nicht, doch hattest du die Stirn einer Buhlerin, fühltest dich nicht beschämt. 4 Ja, und jetzt rufst du mir plötzlich zu: ›Mein Vater! Mein Jugendfreund bist du! 5 Zürnt er wohl immer, wird er es ständig nachtragen?‹ So sprichst du, tust weiterhin Böses und bringst es fertig.«

Israel und Juda als treulose Schwestern

6 Der Herr sprach zu mir in der Zeit des Königs Josia: »Hast du gesehen, was Israel, die Abtrünnige, tat? Sie ging auf jeden hohen Berg und unter jeden grünen Baum und trieb daselbst Unzucht. 7 Da dachte ich: Nachdem sie all dies getan, wird sie doch zu mir zurückkehren; aber sie kehrte nicht zurück. Das sah ihre Schwester Juda, die Treulose. 8 Diese bemerkte auch, daß ich die Abtrünnige, Israel, eben ihres Ehebruches wegen entließ und ihr den Scheidebrief ausstellte. Aber ihre Schwester Juda, die Treulose, fühlte sich davon nicht abgeschreckt, sondern ging hin und trieb ebenfalls Unzucht. 9 Durch ihre leichtfertige Buhlerei entweihte sie das Land und brach die Ehe bei den Steinen und Bäumen. 10 Und bei alldem kehrte auch ihre Schwester Juda, die Treulose, zu mir nicht mit ganzem Herzen zurück, sondern nur zum Schein« – Spruch des Herrn.

Gnade für das Nordreich

11 Da sprach der Herr zu mir: »Die Abtrünnige, Israel, ist gerechtfertigt im Vergleich mit der Treulosen, Juda. 12 Geh hin und rufe folgende Worte in nördlicher Richtung und sprich: Kehre heim, Israel, du Abtrünnige« – Spruch des Herrn –, »ich schaue nicht länger voll Zorn auf euch, denn ich bin ja gnädig« – Spruch des Herrn –, »nicht grolle ich ewig! 13 Doch erkenne deine Schuld, daß du dem Herrn, deinem Gott, die Treue brachst und deine Neigung an Fremde vergabst unter jedem grünen Baum, aber auf mein Mahnen nicht hörtest« – Spruch des Herrn

Jerusalem, Thron des Herrn für alle Völker

14 »Kehrt zurück, abtrünnige Söhne« – Spruch des Herrn –, »denn ich bin euer Gebieter! Ich hole euch, einen aus einer Stadt und zwei aus einer Sippe, und schaffe euch nach Sion. 15 Dann verleihe ich euch Hirten, die nach meinem Herzen sind; diese weiden euch voll Einsicht und Klugheit. 16 Wenn ihr euch dann im Lande mehrt und fruchtbar geworden seid zu jener Zeit« – Spruch des Herrn –, »dann heißt es nicht mehr: ›Lade des Bundes des Herrn‹; sie wird niemand mehr in den Sinn kommen; man wird ihrer nicht mehr gedenken; niemand wird sie vermissen; auch wird keine neue mehr hergestellt. 17 Alsdann nennt man Jerualem ›Thron des Herrn‹. Daselbst werden beim Namen des Herrn in Jerusalem alle Völker sich scharen, und sie werden nicht mehr dem Starrsinn ihres bösartigen Herzens folgen. 18 In jener Zeit geht das Haus Juda zu dem Haus Israel, und vereint kommen sie aus dem Nordland in das Land, das ich euren Vätern zum Erbbesitz gab.

Die Treulose

19 Ich dachte: Wie will ich dich unter die Söhne versetzen und dir ein herrliches Land geben, unter den Völkern den köstlichen Erbbesitz! Ich meinte, da würdet ihr ›Vater‹ mich nennen und euch nicht abkehren von mir. 20 Doch ach, wie ein Weib treulos wird ihrem Freunde zulieb, so wurdet ihr mir treulos, Haus Israel« – Spruch des Herrn.

Bittere Reuetränen und Gottes Antwort

21 »Horch, auf den Höhen vernimmt man Weinen und lautes Flehen der Söhne Israels, daß sie krumme Wege gegangen, daß sie vergaßen den Herrn, ihren Gott. 22 Kehrt zurück, abtrünnige Söhne, ich will eure Abtrünnigkeit heilen!« – »Da sind wir, wir eilen zu dir, denn du bist der Herr, unser Gott! 23 Wahrlich, Trug sind die Hügel, das Getöse der Berge! Fürwahr, im Herrn, unserem Gott, liegt Israels Rettung! 24 Der Schandgott fraß unserer Väter Erwerb von unserer Jugendzeit an, ihre Schafe und Rinder, ihre Söhne und Töchter. 25 Wir müssen uns betten in unsere Schande, und unsere Schmach deckt uns zu, weil wir uns verfehlt am Herrn, unserem Gott, wir und unsere Väter von Jugend an bis zum heutigen Tag. Wir hörten nicht auf die Stimme des Herrn, unseres Gottes!«

4

1 »Bekehrst du dich, Israel«, ist der Ausspruch des Herrn, »dann darfst du zu mir zurückkehren; schaffst du deine Greuel mir aus den Augen, so mußt du nicht unstet bleiben. 2 Und schwörst du wieder ehrlich, aufrichtig und recht: ›So wahr der Herr lebt!‹, dann wünschen die Völker sich Segen durch dich, sie rühmen sich dann in dir.«

Neubruch in Juda und Jerusalem

3 Denn so spricht der Herr zu den Leuten von Juda und zu Jerusalem: »Brecht euch einen Neubruch um und säet nicht in die Dornen! 4 Beschneidet euch für den Herrn und entfernt eures Herzens Vorhaut, ihr Leute von Juda und ihr Bewohner Jerusalems, sonst

bricht mein Zorn aus wie Feuer und brennt unaus-
löschlich ob eurer bösen Taten!

Kriegerischer Alarm

5 Macht es in Juda bekannt, und in Jerusalem mel-
det es, blast im Lande das Horn, ruft so laut wie
möglich und sprecht: ›Schart euch zusammen!
Hinein in die befestigten Städte! 6 Ein Banner erhebt
in Richtung auf Sion! Flieht, bleibt nicht stehen!‹
Denn Unheil verhänge ich vom Norden aus und
schweren Zusammenbruch. 7 Der Löwe erhob sich
aus seinem Dickicht, der Würger der Völker brach
los, zog von seiner Lagerstatt aus, um dein Land zur
Wüste zu machen. Deine Städte werden verheert,
niemand bewohnt sie mehr. 8 Darum gürtet euch in
Trauergewänder, klagt und heult: ›Die Zornglut des
Herrn wandte sich von uns nicht ab!‹

König, Würdenträger und Volk

9 Alsdann geschieht es« – Spruch des Herrn –, »es
schwindet dem König der Mut, es schwindet der
Mut der Fürsten, verstört sind die Priester und die
Propheten bestürzt. 10 Sie rufen: ›Ach, Gebieter und
Herr, gar sehr hast du getäuscht dies Volk und Jeru-
salem! Denn du sprachst: Heil wird euch zuteil!
Nun aber geht uns das Schwert an die Kehle!‹ 11 In
jener Zeit wird man von diesem Volk und von Jeru-
salem sagen: ›Glutwind von den Höhen der Wüste
fährt los über die Tochter meines Volkes, nicht zum
Worfeln und nicht zum Säubern. 12 Der Wind, zu
stark dafür, kommt auf mein Geheiß. Nun spreche
ich selbst das Urteil über sie.

Feind vom Norden im Anmarsch

13 Siehe, wie Wettergewölk steigt er auf, seine
Wagen sind gleich dem Sturmwind, seine Rosse
flinker als Adler! Weh über uns, wir sind verloren!‹
14 Wasche vom Bösen dein Herz, Jerusalem, daß du
gerettet wirst! Wie lange noch hausen in deiner
Brust deine sündhaften Pläne? 15 Denn horch, man
ruft es von Dan, man kündet Unheil von Ephraims
Bergland: 16 Meldet von den Völkern: sie sind da!
Gebt Jerusalem Nachricht: Feinde nahen aus fer-
nem Land, erheben wider Judas Städte ihr Kriegs-
geschrei! 17 Wie Feldwächter umstellen sie es
ringsum; denn mir bot es Trotz« – Spruch des
Herrn. 18 »Dein Wandel und deine Taten brachten
dieses dir ein, deine Bosheit ist es, die dir so bitter
das Herz trifft!«

»Ich darf nicht schweigen«

19 Mein Leib, mein Leib! Ich winde mich,o meines
Herzens Wände! Meine Seele bestürmt mich, ich
darf nicht schweigen! Denn Hörnerschall höre ich,
Kriegslärm. 20 Trümmer über Trümmer, so ruft man,
vernichtet ist das ganze Land! Jählings sind meine
Zelte vernichtet, meine Zeltdecken im Nu! 21 Wie
lange muß ich das Kriegsbanner schauen, verneh-
men den Hörnerschall? 22 »Ja, töricht ist mein Volk,
mich kennen sie nicht. Einfältige Kinder sind sie,
haben keine Einsicht. Weise sind sie, um Böses zu
tun, Gutes zu tun, verstehen sie nicht.«

Zorngericht und Chaos

23 Ich schaute die Erde wüst und leer, den Himmel
ohne sein Licht. 24 Ich schaute die Berge, sie aber
wankten, und alle die Höhen erbebten. 25 Ich
schaute, und siehe, kein Mensch war da, alle Vögel
des Himmels waren verschwunden. 26 Ich schaute,
und siehe, zur Wüste ward Fruchtland; all seine
Städte waren zerstört vor dem Antlitz des Herrn,
von der Glut seines Zornes. 27 Denn so sprach der
Herr: »Wüste werde das ganze Land, aber den
Garaus mache ich nicht. 28 Die Erde trauert darüber,
der Himmel droben wird düster; denn ich habe es
gesagt und ersonnen; es reut mich nicht, ich nehme
es nicht zurück.«

Abschied von den Liebhabern

29 Vor der Wagenkämpfer und Bogenschützen Ge-
schrei flieht das ganze Land. Man verkriecht sich im
Dickicht, steigt die Felsen hinauf, vereinsamt ist
jegliche Stadt, kein Bürger wohnt mehr darin. 30 Du
aber, was machst du, daß du dich kleidest in Purpur,
daß du mit Goldschmuck dich behängst, daß du dir
mit Schminke die Augen hervorhebst? Umsonst
machst du dich schön! Die Liebhaber verschmähen
dich, sie trachten dir nach dem Leben. 31 Ja, Schreie
höre ich wie von einer Frau in Wehen, Angstrufe
wie von einer Erstgebärenden, die Stimme der
Tochter Sion, die stöhnend ihre Hände ringt: »Weh
mir, unter Mördern vergeht mein Leben!«

Kann der Herr vergeben?

5 1 »Durchstreift Jerusalems Gassen, seht nach
und erkundet und sucht auf seinen Plätzen, ob
ihr einen findet, ob einer da ist, der Recht übt
und treues Verhalten sucht, dann will ich ihm ver-
geben!« 2 Doch wenn sie sagen: »So wahr der Herr
lebt«, dann schwören sie gewiß einen Meineid.
3 Herr, sind deine Augen nicht auf Treue gerichtet?
Geschlagen hast du sie, es schmerzte sie nicht, auf-
gerieben hast du sie, sie nehmen keine Zucht an. Ihr
Antlitz machen sie härter als Fels, die Umkehr ver-
weigern sie. 4 Ich aber dachte: Es sind nur die Ge-
ringen; nur sie sind töricht, sie kennen ja nicht des
Herrn Weg, was ihrem Gotte gebührt. 5 Zu den
Großen gehe ich hin und spreche mit ihnen; denn
die kennen den Weg des Herrn, was ihrem Gott ge-
bührt. Jedoch gerade sie zerbrachen insgesamt das

Joch, zerrissen die Stricke. 6 »Darum schlägt sie der
Löwe vom Wald, der Steppenwolf würgt sie ab; vor
ihren Städten lauert der Leopard; wer auch heraus-
kommt, der wird zerfleischt; denn ihre Freveltaten
sind zahlreich, ihre Abwege gewaltig groß.
7 Weshalb sollte ich dir denn vergeben? Deine
Söhne verließen mich und schwuren bei solchen,
die nicht Gott sind. Ich sättigte sie, doch Ehebruch
trieben sie, im Dirnenhaus kehrten sie ein. 8 Wie
Hengste wurden sie, feist und geil. Jeder wieherte
nach seines Nächsten Frau. 9 Sollte ich dies nicht
vergelten« – Spruch des Herrn –, »und sollte ich
nicht Rache nehmen an einem derartigen Volk?
10 Steigt auf ihre Rebenhänge und verwüstet sie;
aber den Garaus sollt ihr nicht machen. Ihre Reben
entfernt; denn sie gehören dem Herrn nicht an.
11 Denn völlig untreu wurden sie mir, das Haus
Israel und das Haus Juda« – Spruch des Herrn.
12 Den Herrn verleugneten sie und sprachen:
»Nichts ist daran! Es kommt über uns keinerlei
Unheil, wir spüren weder das Schwert noch die
Hungersnot.« 13 Doch die (falschen) Propheten wer-
den zunichte; das Gotteswort ist nicht in ihnen. So
wird es ihnen ergehen: 14 Wahrlich, so spricht der
Herr, der Gott der Heerscharen: »Weil man solche
Reden führt, siehe, darum mache ich meine Worte
zu Feuer in deinem Mund und dieses Volk da zum
Brennholz, das von ihm verzehrt wird.

Fremdes Volk

15 Seht, ich bringe aus der Ferne ein Volk über euch,
Haus Israel!« – Spruch des Herrn. »Ein ausdauern-
des Volk ist es, ein uraltes Volk, ein Volk, dessen
Sprache du nicht kennst und dessen Rede du nicht
verstehst. 16 Sein Köcher ist wie ein geöffnetes
Grab, insgesamt sind sie Helden. 17 Es frißt deine
Ernte, dein Brot, es frißt deine Söhne und Töchter,
es frißt deine Schafe und Rinder, es frißt dir Wein-
stock und Feigenbaum, es zerschlägt deine befe-
stigten Städte, auf die du vertrautest, mit dem
Schwert.

Verschleppt

18 Doch auch in jenen Tagen« – Spruch des Herrn –
»will ich euch nicht völlig den Garaus machen.
19 Und wenn man dann fragt: ›Wofür hat der Herr,
unser Gott, uns all dies angetan?‹, dann sollst du zu
ihnen sagen: ›Wie ihr mich verließet und fremden
Göttern dientet in eurem Land, so müßt ihr Frem-
den dienen in einem Land, das euch nicht gehört.‹«

Widerspenstiges Volk

20 Verkündet dies im Hause Jakob und laßt es ver-
nehmen in Juda: 21 »Höre doch dies, du törichtes
Volk, das keinen Verstand hat! Augen haben sie und
sehen nicht, Ohren haben sie und hören nicht.
22 Wollt ihr mich denn nicht fürchten« – Spruch des
Herrn –, »wollt ihr denn nicht zittern vor meinem
Antlitz? Ich habe doch Sand dem Meere als Grenze
gesetzt, als ewige Schranke, die es nicht überschrei-
ten darf. Toben mag es wohl, doch bleibt es macht-
los, seine Fluten mögen wohl branden, doch sie
kommen nicht darüber hinweg. 23 Dieses Volk aber
hat einen aufsässigen und widerspenstigen Sinn, sie
fielen ab und gingen davon. 24 Sie denken sich nicht:
Fürchten wir doch den Herrn, unsern Gott, der den
Regen spendet, Frühregen und Spätregen zur
rechten Zeit, der die regelmäßigen Erntewochen
uns sichert! 25 Eure Frevel haben dies aus der Ord-
nung gebracht, eure Sünden haben euch den Segen
entzogen.

Reiche Frevler

26 Denn Frevler gibt es in meinem Volk; sie lauern,
wie Vogelsteller gebeugt, Fallen stellen sie auf, und
Menschen wollen sie fangen. 27 Wie der Korb ge-
füllt ist mit Vögeln, so sind ihre Häuser voll von
Betrug; darob wurden sie groß und reich; 28 fett
wurden sie und feist; auch vergehen sie sich durch
schlimme Dinge; sie kümmern sich nicht um das
Recht der Waisen, daß sie Erfolg hätten, und die
Rechtssache der Armen führen sie nicht. 29 Sollte
ich solches nicht vergelten« – Spruch des Herrn –
»oder nicht Rache nehmen an einem derartigen
Volk?«

Betrügerische Propheten und Priester

30 Entsetzliches und Abscheuliches geschieht im
Land: 31 Die Propheten weissagen im Dienst der
Lüge, die Priester lehren auf eigene Faust, und mein
Volk liebt es so. Doch was wollt ihr machen, wenn
dies ein Ende nimmt?

5,1ff: Hier zeigt sich deutlich, wie düster der Prophet die Lage sieht.
• 15–17: Das Volk aus der Ferne sind die Babylonier; ebenso der
Feind aus dem Norden in 1,14; 4,6; 6,1.

Rüstung zum Kampf

6 1 Flüchtet, ihr Leute von Benjamin, aus Jeru-
salem hinaus! In Tekoa stoßt ins Horn und
über Bet-Hakkerem erhebt ein Panier! Denn
von Norden her droht Unheil und schwerer Zu-
sammenbruch. 2 Die Liebliche und die Verwöhnte –
ich vernichte die Tochter Sion! 3 Zu ihr kommen
Hirten mit ihren Herden, schlagen ringsum ihre
Zelte auf; jeder weidet seinen Anteil ab. 4 »Weiht
euch zum Kampf wider sie! Auf, ziehen wir heran
am hellen Mittag! Wehe uns, schon verschwindet
der Tag, die Abendschatten senken sich nieder!
5 Auf, ziehen wir heran in der Nacht, und zerstören

wir ihre Paläste!« 6 Denn so spricht der Herr der Heerscharen: »Fällt ihre Bäume und schüttet einen Wall gegen Jerusalem auf! Sie ist ja die Stadt, von der feststeht: in ihr ist alle Bedrückung. 7 Wie ein Brunnen sein Wasser sprudeln läßt, so läßt sie ihre Bosheit sprudeln. Von Gewalt und Unterdrückung hört man darin, ständig sind mir vor Augen Leid und Mißhandlung. 8 Laß dich warnen, Jerusalem, sonst reiße ich mich von dir los und mache dich zur Wüste, zum unbewohnten Land!«

Unbeschnittene Ohren

9 So spricht der Herr der Heerscharen: »Halte gründliche Nachlese, so wie am Weinstock, bei Israels Rest! Leg deine Hand an wie an die Ranken der Winzer!« 10 »Zu wem soll ich reden, wen beschwören, der auf mich hörte? Siehe, unbeschnittene Ohren haben sie; sie vermögen nichts zu vernehmen. Ja, das Wort des Herrn dient ihnen zum Hohn, es gefällt ihnen nicht. 11 Doch ich bin erfüllt von dem Glutzorn des Herrn, kann ihn nicht mehr zurückhalten.« – »Gieße ihn aus auf der Gasse über das Kind, über den Kreis der Jugend zugleich! Denn Mann und Frau müssen als Gefangene fort, Greis wie Hochbetagter. 12 Ihre Häuser aber kommen an Fremde, die Felder sowie die Frauen. Denn meine Hand strecke ich aus gegen des Landes Bewohner« – Spruch des Herrn. 13 »Denn vom Kleinsten bis zum Größten sind alle nur auf Gewinn aus. Vom Propheten bis zum Priester verüben sie alle Trug. 14 Meines Volkes Zusammenbruch möchten sie heilen, indem sie leichtfertig rufen: ›Heil! Heil!‹ Aber es gibt doch kein Heil! 15 Schämen sie sich denn, daß sie Greuliches taten? Nein, sie schämen sich nicht, und Schande fühlen ist ihnen unbekannt. Darum werden sie fallen mit den (anderen) Fallenden; wenn ich sie prüfe, dann werden sie stürzen«, spricht der Herr.

16 So spricht der Herr: »Stellt euch an die Wege und haltet Ausschau, befragt die Pfade der Vorzeit, wo der Weg des Heiles liegt; gehet darauf, so werdet ihr Ruhe finden für euch! – Sie aber sprachen: ›Wir gehen nicht!‹ 17 Und ich bestellte euch Wächter: ›Gebt acht auf das Hörnerblasen!‹ – Sie aber sprachen: ›Wir geben nicht acht!‹ 18 Darum höret, ihr Völker, und wisset genau, was ich ihnen antun werde! 19 Höre es, Erde! Fürwahr, ich bringe Unheil über dieses Volk als Frucht ihrer Ränke! Denn meine Worte beachteten sie nicht, und meine Weisung verschmähten sie. 20 Was soll mir der Weihrauch, der aus Saba kommt, das köstliche Würzrohr aus fernem Land? Eure Brandopfer sind nicht wohlgefällig, eure Schlachtopfer mir nicht angenehm.« 21 Darum spricht der Herr: »Siehe, ich lege diesem Volk Hindernisse hin, so daß sie darüber straucheln, Väter und Söhne zugleich, ein Bewohner nach dem andern kommt um!«

Der Feind aus dem Norden

22 So spricht der Herr: »Seht, ein Volk kommt vom Nordland heran, eine große Nation bricht auf von den Grenzen der Erde. 23 Sie führen Bogen und Speer; grausam sind sie und ohne Erbarmen. Ihr Lärm gleicht dem Brausen des Meeres, sie stürmen auf Rossen daher, wie ein Krieger gewappnet zum Kampf wider dich, Tochter Sion!« 24 Als wir von ihm die Kunde vernahmen, erschlafften uns die Hände, Angst hat uns gepackt, Krampf wie eine Gebärende. 25 Geht nicht hinaus auf das Feld, betretet nicht den Weg, denn das Feindesschwert droht euch – Grauen ringsum! 26 Meines Volkes Tochter, gürte das Trauergewand, wälze dich im Staub! Trauer halte wie um den einzigen Sohn, bitterste Klage! Denn plötzlich brach der Verwüster über uns her.

Prophet als Metallschmelzer

27 »Zum Prüfer meines Volkes bestellte ich dich; du sollst es zu scheiden wissen und ihren Wandel prüfen! 28 Höchst widerspenstig sind sie alle; sie gehen aus auf Verleumdung, Erz und Eisen sind sie, insgesamt Verbrecher. 29 Der Blasbalg keucht, unversehrt vom Feuer bleibt das Blei, umsonst schmelzt der Schmelzer, die Bösen scheiden nicht aus. 30 ›Verworfenes Silber‹ nennt man sie; denn verworfen hat sie der Herr.«

6,13: Jeremias warnt vor den falschen Propheten und den pflichtvergessenen Priestern, die um der Volksgunst willen die Wahrheit aus Berechnung unterdrücken und so das Volk betrügen. • 20: Die kostbaren Brandopfer gelten vor Gott nichts, wenn sie nicht in einer gottesfürchtigen Gesinnung des Herzens dargebracht werden (Is 1,11–17).

»Mein Haus eine Räuberhöhle!«

7 1 Das Wort, das an Jeremias vom Herrn aus erging: 2 »Stelle dich an das Tor des Hauses des Herrn, verkünde daselbst dieses Wort und sprich: Höret das Wort des Herrn, ganz Juda, die ihr durch diese Tore gekommen seid, um den Herrn anzubeten! 3 So spricht der Herr der Heerscharen, der Gott Israels: Bessert euren Wandel und eure Werke, dann lasse ich euch wohnen an dieser Stätte! 4 Vertraut nicht auf die trügerischen Reden: ›Der Tempel des Herrn, der Tempel des Herrn, der Tempel des Herrn ist dies!‹ 5 Denn nur, wenn ihr euren Wandel und eure Werke aufrichtig bessert, wenn ihr wirklich Recht schafft untereinander, 6 Fremdling, Waise und Witwe nicht bedrückt, unschuldiges Blut an

dieser Stätte nicht vergießt und fremden Göttern
nicht nachlauft zu eurem eigenen Unheil, 7 dann
lasse ich euch an dieser Stätte wohnen, in dem
Lande, das ich euren Ahnen verlieh für immer-
währende Zeiten. 8 Doch siehe, ihr setzt auf
trügerische, wertlose Redensarten euer Vertrauen!
9 Wie? Stehlen, morden, ehebrechen, falsch schwö-
ren, dem Baal räuchern und anderen Göttern nach-
laufen, die euch unbekannt sind? 10 Und dann
kommt ihr und tretet in diesem Hause, das nach
meinem Namen benannt ist, vor mein Angesicht
und sprecht: ›Wir sind geborgen!‹, um dann alle
diese Greuel weiter zu treiben. 11 Seht ihr denn die-
ses Haus, das nach meinem Namen benannt ist, als
eine Räuberhöhle an? Gut, auch ich sehe es als
solche an!« – Spruch des Herrn. 12 »Ja, geht doch zu
meiner Stätte in Silo, wo ich vordem meinen
Namen wohnen ließ, und schaut, was ich ihr
angetan um der Bosheit meines Volkes Israel wil-
len! 13 Nun denn, ihr habt ganz dieselben Taten ver-
übt« – Spruch des Herrn –, »und ich redete immer
wieder zu euch, ihr aber höret nicht, ich rief euch,
ihr aber gabt keine Antwort. 14 Deshalb will ich mit
dem Hause, das nach meinem Vater benannt ist, auf
das ihr euer Vertrauen setzt, und mit der Stätte, die
ich euch und euren Vätern verliehen habe, so ver-
fahren, wie ich mit Silo verfuhr: 15 Verstoßen will
ich euch von meinem Antlitz hinweg, wie ich alle
eure Brüder, die gesamte Nachkommenschaft
Ephraims, bereits verstieß.«

Opfergebäck der Himmelskönigin

16 »Du aber bete nicht für dieses Volk da, bringe
keine flehende Fürbitte für sie vor, dringe nicht in
mich, denn ich erhöre dich nicht! 17 Siehst du nicht,
was sie in den Städten Judas und auf den Straßen
Jerusalems treiben? 18 Die Kinder sammeln Holz,
die Väter setzen das Feuer in Brand, und die Frauen
kneten den Teig, um Opfergebäck für die Himmels-
königin zu backen; Trankopfer spendet man frem-
den Göttern, um mich zu beleidigen. 19 Aber kön-
nen sie mich denn wirklich beleidigen?« – Spruch
des Herrn. »Beleidigen sie nicht vielmehr sich selbst
zu ihrer eigenen Schande?« 20 Darum spricht der
Gebieter und Herr: »Siehe, mein Zorn und mein
Grimm ergießt sich über diese Stätte, über Mensch
und Vieh, über Feldbäume und Ackerfrüchte; er
brennt und erlischt nicht.«

» Gehorsam will ich, nicht Opfer!«

21 So spricht der Herr der Heerscharen, der Gott
Israels: »Häufet nur eure Brandopfer auf eure
Schlachtopfer und esset Fleisch! 22 Wahrlich, ich
habe euren Vätern, als ich sie aus dem Lande Ägyp-
ten herausführte, über Schlachtopfer und Brand-
opfer nichts gesagt und geboten. 23 Vielmehr gab
ich ihnen folgendes Gebot: ›Höret auf meine
Stimme, so will ich euer Gott sein, und ihr sollt
mein Volk sein; wandelt ganz den Weg, den ich
euch gebiete, damit es euch wohlergehe!‹ 24 Sie
aber hörten nicht und neigten ihr Ohr nicht, son-
dern wandelten nach dem Starrsinn ihres bösen
Herzens und kehrten mir den Rücken zu und nicht
das Gesicht.
25 So war es von der Zeit an, da eure Väter aus dem
Lande Ägypten fortzogen, bis auf den heutigen Tag:
Ich sandte zu euch immer wieder alle meine
Knechte, die Propheten. 26 Aber man hörte nicht auf
mich, und sie machten ihr Ohr nicht geneigt,
sondern blieben hartnäckig; sie trieben es noch
schlimmer als ihre Väter. 27 Und redest du zu ihnen
all diese Worte, so werden sie doch nicht auf dich
hören, und rufst du sie, so geben sie dir keine Ant-
wort. 28 Sage also zu ihnen: ›Dies ist das Volk, das
nicht hörte auf die Stimme des Herrn, seines
Gottes, und keine Zucht annahm. Dahin ist die
Treue, ausgetilgt aus ihrem Munde!‹«

Totenklage und Todesstille

29 Schere dein langes Haar und wirf es weg, stimme
auf den Höhen die Klage an! Denn es verwarf und
verstieß der Herr das Geschlecht, dem er grollte.
30 »Denn die Söhne Judas taten, was ich als bös
ansehe« – Spruch des Herrn. »Sie haben ihre Scheu-
sale aufgestellt in dem Haus, das nach meinem
Namen benannt ist, um es zu verunreinigen. 31 Sie
bauten die Opferstätte des Tophet im Tale Ben-
Hinnom, um ihre Söhne und Töchter im Feuer zu
verbrennen. Solches habe ich nicht geboten und
kam mir nie in den Sinn. 32 Darum siehe, es kom-
men Tage« – Spruch des Herrn –, »da redet man
nicht mehr vom Tophet oder vom Tal Ben-Hinnom,
sondern vom ›Würgetal‹, und im Tophet wird man
aus Mangel an Platz eine Begräbnisstätte errichten.
33 Dann werden die Leichen dieses Volkes den
Vögeln des Himmels und den wilden Tieren zum
Fraße dienen, und niemand verscheucht sie! 34 Ich
lasse in den Städten Judas und auf den Straßen
Jerusalems Jubelruf und Freudenschall verstum-
men, die Stimme des Bräutigams und der Braut;
denn zu einer Wüstenei wird das Land!«

7,1–14; 26,1–19: Es ist der Beginn der Regierungszeit Jojakims. Der fromme, ganz im Sinne der Propheten wirkende Josia war 609 bei Megiddo gefallen. Die nationale Katastrophe und der Untergang nahten. Doch man hatte ja noch den Tempel in Jerusalem und den Sionsberg, die als unüberwindlich und unzerstörbar galten. Dies gab ein Gefühl der Sicherheit, das alle Ängste und Gewissensbedenken verscheuchte. Man suchte im Tempel Schutz wie Räuber, die nach ihren Schandtaten sich in einer Höhle verkriechen (Matth 21,13). Im Sinne der herrschenden Kreise waren die Drohungen des Jeremias eine Gotteslästerung. Ihre Folgen schildern 26,1–19, die das gleiche Ereignis zum Gegenstand haben. Nur ein Hinweis auf ein Michawort aus längst vergangener Zeit vermochte Jeremias vor dem sicheren Tode zu retten. • 16–20; 44,16–26: Stellungnahme gegen die in der antiken Welt allgemein verbreitete Verehrung einer Mutter- und Liebesgöttin. Man kennt sie unter den verschiedensten Namen. Viele Anzeichen deuten darauf hin, daß hier letzten Endes die Mutter Erde vergöttlichte Gestalt angenommen hat, während ihr männliches Gegenstück der Himmel ist. • 31–33: Fast gleichlautend wie 19,5–7; vgl. 2 Kön 23,10.

Anbetung der Gestirne

8 1 »In jener Zeit« – Spruch des Herrn – »wird
man die Gebeine der Könige von Juda und die
Gebeine seiner Fürsten und die Gebeine der
Priester und die Gebeine der Propheten und die Ge-
beine der Bewohner Jerusalems aus ihren Gräbern
holen. 2 Man wird sie der Sonne, dem Mond und
dem gesamten Himmelsheer hinwerfen, die sie so
liebten und verehrten, denen sie nachliefen, die sie
befragten und anbeteten. Sie werden nicht wieder
gesammelt und kommen in kein Grab. Als Dung
auf dem Acker sollen sie dienen. 3 Und der gesamte
Rest, der von diesem bösen Geschlecht allerorts
noch übrigbleibt, wohin immer ich sie verstoße,
wird dann den Tod dem Leben vorziehen« – Spruch
des Herrn der Heere.

Lügengriffel der Schreiber

4 »Du aber sage zu ihnen: So spricht der Herr: Fällt
man hin und erhebt sich nicht wieder? Oder dreht
sich einer, der sich umwandte, nicht wieder
zurück? 5 Warum wendet dieses Volk sich ab in
beständiger Abkehr, klammert sich fest am Trug
und verweigert die Umkehr? 6 Ich horchte hin und
vernahm: Sie reden die Unwahrheit, seine Bosheit
bedauert niemand, so daß er spräche: ›Was tat ich?‹
Sie alle wenden sich ab in ihrem raschen Lauf wie
ein Roß, das im Kampfe dahinstürmt. 7 Selbst der
Storch am Himmel kennt seine Frist; auch Taube,
Mauersegler und Drossel halten die Zeit ihres
Kommens ein; doch mein Volk kennt nicht die
Rechtsordnung des Herrn.
8 Wie könnt ihr sagen: ›Weise sind wir! Des Herrn
Gesetz ist bei uns!‹? Seht doch, zur Lüge hat es ge-
macht der Lügengriffel der Schreiber! 9 Die Weisen
werden beschämt, bestürzt und gefangen! Seht, des
Herrn Wort verwarfen sie, und die eigene Weisheit,
was nützt sie ihnen?

Drohworte

10 Darum gebe ich ihre Frauen an andere, ihre Felder
an die Eroberer. Denn vom Kleinsten bis zum Größ-
ten sind sie alle nur auf Gewinn aus; vom Prophe-
ten bis zum Priester verüben sie alle Trug. 11 Den
Zusammenbruch der Tochter meines Volkes möch-
ten sie heilen, indem sie leichtfertig rufen: ›Heil,
Heil!‹ Aber es gibt doch kein Heil. 12 Schämen sie
sich denn, daß sie Greuliches taten? Nein, sie
schämen sich nicht, und Schande zu fühlen ist
ihnen unbekannt. Darum werden sie fallen mit den
(anderen) Fallenden; zu ihrer Heimsuchungszeit
werden sie stürzen«, spricht der Herr. 13 »Will ich
bei ihnen ernten« – Spruch des Herrn –, »so finden
sich keine Trauben am Weinstock, keine Feigen am
Feigenbaum, das Laub ist verwelkt. So bestimme
ich ihnen ihre Verwüster.«

Kriegsnot

14 Was sitzen wir da? Schart euch zusammen! Wir
müssen hinein in die befestigten Städte und unter-
gehen daselbst! Denn der Herr, unser Gott, ver-
nichtet uns, mit Giftwasser tränkt er uns; denn wir
verfehlten uns wider den Herrn. 15 [Wir harren auf
Heil – doch Gutes kommt nicht – und auf die Zeit
der Heilung, doch ach, nur Bestürzung!] 16 Von Dan
her vernimmt man das Schnauben seiner Rosse,
vom Wiehern seiner Hengste erbebt das gesamte
Land. Sie kommen und fressen das Land samt
seinem Reichtum, die Stadt und ihre Bewohner.
17 »Ja, ich sende giftige Schlangen unter euch; kein
Beschwören hilft gegen sie, und sie werden euch
beißen [Spruch des Herrn] unheilbar.«

Balsam und Arzt fehlen

18 Es steigt in mir der Kummer auf, mein Herz ist
krank. 19 Horch! Meines Volkes Tochter schreit aus
fernem Land: »Ist denn der Herr nicht mehr in Sion,
ist sein König nicht mehr dort?« – [»Warum haben
sie mich mit ihren Bildern gekränkt, mit den fremd-
ländischen Götzen?«] 20 »Die Ernte ist vorüber, der
Herbst ist vorbei, doch wir sind noch nicht ge-
rettet!« 21 Ob des Zusammenbruchs der Tochter
meines Volkes bin ich gebrochen; traurig bin ich,
Entsetzen packt mich. 22 Gibt es denn keinen Bal-
sam in Gilead, hat man dort keinen Arzt? Warum
gibt es keine Heilung der Tochter meines Volkes?
23 O würde doch zu Wasser mein Haupt und mein
Auge zu einem Tränenquell, daß ich beweinte bei
Tag und bei Nacht die Erschlagenen der Tochter
meines Volkes!

Lüge, Verleumdung, Betrug

9 1 O hätte ich doch in der Wüste ein Rasthaus,
könnte ich mein Volk verlassen und von ihm
mich trennen! Denn sie alle sind Ehebrecher,
eine Rotte von Treulosen. 2 Sie halten ihre Zunge
bereit wie einen gespannten Bogen; Lüge und Un-
wahrheit herrschen im Land; ja, von Bosheit zu

Bosheit schreiten sie voran. – »Mich aber kennen
sie nicht« – Spruch des Herrn. 3 »Nehmt euch in
acht voreinander, und keinem Bruder vertrauet!
Denn jeder Bruder übt wie Jakob Betrug, und jeder
Nächste geht aus auf Verleumdung. 4 Einer täuscht
den anderen, Wahrheit redet man nicht; ihre Zunge
gewöhnten sie ans Lügen; sie handeln verderbt,
sind zu träge zur Umkehr. 5 Bedrückung über Be-
drückung, Betrug über Betrug! Sie lehnen es ab,
mich zu kennen« – Spruch des Herrn. 6 Darum
spricht der Herr der Heerscharen: »Seht, ich
schmelze und prüfe sie! Denn wie sollte ich sonst
verfahren ob der Bosheit der Tochter meines
Volkes? 7 Ihre Zunge ist ein tödlicher Pfeil, Trug nur
redet ihr Mund. Wohlwollend redet man mit dem
Nächsten, im Herzen aber plant man Hinterlist.
8 Sollte ich ihnen das nicht vergelten« – Spruch des
Herrn – »oder nicht Rache nehmen an einem
solchen Volk?«

Klageruf

9 »Über die Berge hin erhebt wehklagendes Wei-
nen, über die Auen der Trift ein Leichenlied. Ver-
heert sind sie, keiner durchwandert sie mehr, sie
hören nicht mehr das Blöken der Herden. Von den
Vögeln des Himmels bis zum Vieh ist alles
geflohen, auf und davon. 10 Zu Trümmern mache
ich Jerusalem, den Schakalen zum Aufenthaltsort;
und Judas Stätte mache ich zur Wüste, die niemand
bewohnt.« 11 Wer ist so weise, daß er dies begreift,
und zu wem der Mund des Herrn geredet hat, der
möge es kundtun: Warum muß das Land zugrunde
gehen, ist es verheert gleich der Wüste, die niemand
durchschreitet? 12 Da sprach der Herr: »Sie haben
mein Gesetz, das ich ihnen vorgelegt, verlassen, sie
hörten nicht auf meine Stimme und führten ihren
Wandel nicht danach. 13 Nein, sie folgten dem Starr-
sinn ihres Herzens und den Baalen, an die ihre Väter
sie gewöhnt hatten.« 14 Darum spricht der Herr der
Heerscharen, der Gott Israels: »Seht, ich speise sie,
dieses Volk, mit Wermut und tränke sie mit Gift-
wasser. 15 Ich zerstreue sie unter die Völker, die sie
selbst und ihre Ahnen nicht kannten, und ich ent-
sende hinter ihnen drein das Schwert, bis ich sie
vernichtet habe!«
16 [So spricht der Herr der Heerscharen:] »Merkt auf
und ruft die Klagefrauen herbei, schickt nach den
weisen Frauen und holt sie! 17 Sie sollen eilends ein
Klagelied über uns anstimmen, daß unsere Augen
von Tränen fließen und unsere Wimpern von Was-
ser triefen!« 18 Da, horch! Ein Klagelied vernimmt
man aus Sion: »Wie sind wir verheert, in große
Schande geraten! Wir haben die Heimat verlassen,
gaben unsere Wohnstätten preis!« 19 Ihr Frauen,
hört das Wort des Herrn, euer Ohr vernehme das
Wort seines Mundes! Lehrt eure Töchter die Klage,
und eine lehre die andere das Leichenlied: 20 »Es
stieg durch unsre Fenster der Tod herein; er kam in
unsere Paläste; von der Straße raffte er das Kind
weg, von den Plätzen die Jugend. 21 Der Menschen
Leichen liegen wie Dung auf dem Felde und wie
Garben hinter dem Schnitter; keiner ist da, der sie
aufliest.«

»Wer sich rühmt …«

22 So spricht der Herr: »Nicht rühme der Weise sich
seiner Weisheit, der Starke rühme sich nicht seiner
Kraft, der Reiche rühme sich nicht seines Reich-
tums! 23 Nein, wer sich rühmen will, der rühme sich
dessen, daß er klug sei und mich erkenne, daß näm-
lich ich, der Herr, es bin, der auf Erden Gnade, Recht
und Gerechtigkeit schafft! Ja, an solchen Leuten
habe ich Wohlgefallen« – Spruch des Herrn.

Beschnitten und unbeschnitten

24 »Seht, es werden Tage kommen« – Spruch des
Herrn –, »da suche ich alle an der Vorhaut Beschnit-
tenen heim: 25 Ägypten, Juda, Edom, die Ammoni-
ter, Moab und alle, die einen gestutzten Haarrand
haben, die in der Wüste wohnen. Denn alle Völker
sind eigentlich unbeschnitten, und auch das ganze
Haus Israel ist unbeschnittenen Herzens.«

Der Herr und wankende Götter

10
1 Höret das Wort, das der Herr zu euch
spricht, Haus Israel! 2 So redet der Herr:
»Das Brauchtum der Heiden erlernet
nicht, erschreckt nicht vor den Zeichen des Him-
mels, wenn auch die Heiden vor ihnen erschrecken!
3 Denn das Leitbild der Völker ist ja nur Wahn, ist ja
nur Holz, das man im Walde schlug, das Werk von
Künstlerhand mit dem Messer. 4 Mit Silber und
Gold verziert er es, mit Nagel und Hammer befe-
stigt er es, damit es nicht wackelt. 5 Sie (die Götzen)
sind wie Vogelscheuchen im Gurkenfeld, zu reden
nicht fähig. Sie müssen getragen werden, denn sie
können nicht gehen. Fürchtet euch vor ihnen nicht,
sie wirken kein Unheil, aber auch Gutes tun können
sie nicht!« 6 Nichts, o Herr, ist dir gleich; groß bist
du, und groß ist dein Name an Kraft! 7 Wer sollte
dich nicht fürchten, du König der Völker? Ja, dir
kommt es zu! Denn bei allen Weisen der Völker, in
all ihren Reichen ist nichts so wie du! 8 Jene sind ins-
gesamt töricht und dumm. Der erzieherische Wert
der Götzen – Holz ist er! 9 Dünngehämmertes Sil-
ber, aus Tarsis eingeführt, und Gold aus Ophir, ein
Werk aus der Hand des Künstlers und Gold-

schmieds; violetter und roter Purpur ist ihr Kleid;
das Werk von weisen Männern sind sie alle. 10 Doch
der Herr ist wahrer Gott, ein lebendiger Gott und
ewiger König! Vor seinem Groll erbebt die Erde, die
Völker halten seinen Zorn nicht aus. 11 So sollt ihr
von jenen sprechen: »Die Götter, die Himmel und
Erde nicht schufen, sollen verschwinden von der
Erde und unter dem Himmel!« 12 Er schuf die Erde
in seiner Kraft, er gründete das Weltall durch seine
Weisheit, durch seine Einsicht spannte er den
Himmel aus. 13 Erschallt seine Stimme, dann brau-
sen die Wasser am Himmel; er läßt vom Rande der
Erde die Wolken aufsteigen, Blitze erschafft er zum
Regen, entsendet aus seinen Kammern den Wind.
14 Dumm steht da jeder Mensch, bar der Erkenntnis;
ob des Götzenbildes ist jeder Goldschmied be-
schämt; denn seine Bilder sind Trug, in ihnen steckt
kein Lebensodem. 15 Wahn sind sie, nur Spottge-
bilde! Zur Zeit ihrer Heimsuchung verschwinden
sie. 16 Anders der Gott, der Jakobs Anteil ist! Er ist ja
der Schöpfer des Weltalls und Israel der ihm eigene
Stamm. »Herr der Heerscharen« ist sein Name.

»Wehe mir!«

17 Vom Boden hebe dein Bündel (du Stadt), die du in
der Belagerung sitzest! 18 Denn so spricht der Herr:
»Fürwahr, ich schleudere dieses Mal die Einwohner
des Landes hinweg und bringe sie in Bedrängnis,
damit sie sich finden lassen!«
19 »Wehe mir ob meines Zusammenbruchs! Meine
Wunde ist unheilbar. Ich aber hatte gemeint: Es ist
nur eine Erkrankung; ich werde sie ertragen!
20 Mein Zelt ist verwüstet, alle Zeltstricke rissen
entzwei. Meine Kinder gingen weg von mir und
sind nicht mehr; niemand spannt mein Gezelt wie-
der aus, richtet meine Zeltdecken wieder auf.
21 Denn die Hirten waren so töricht; sie suchten den
Herrn nicht, darum hatten sie auch kein Glück; ihre
Herde ward völlig zerstreut.
22 Horch, eine Nachricht kommt an und gewaltiges
Brausen vom Nordland her: Judas Städte sollen zur
Wüste werden, ein Aufenthaltsort für Schakale!
23 Ich weiß, o Herr, daß der Mensch seinen Weg
nicht in seiner Gewalt hat, daß es keinem Pilger ge-
lingt, seinen Schritt zu bestimmen. 24 Züchtige mich,
o Herr, doch nur nach Gebühr, nicht aber in deinem
Zorn! Denn sonst machst du mich zu elend. 25 Gieße
deinen Zorn aus über die Völker, die dich nicht ken-
nen, und über Geschlechter, die deinen Namen nicht
anrufen! Denn sie haben Jakob gefressen und völlig
aufgerieben und seine Auen verwüstet.«

10,1–16: Der Abschnitt wird – wenigstens in der vorliegenden Form – nicht von Jeremias selbst stammen.

»Bitte nicht für dies Volk!«

11 1 Das Wort, das vom Herrn an Jeremias
erging: 2 »Höret die Worte dieses Bundes!
Rede sie zu den Männern von Juda und zu
den Bewohnern von Jersualem 3 und sprich zu
ihnen: So spricht der Herr, der Gott Israels: Verflucht
der Mann, der nicht hört auf die Worte dieses Bun-
des, 4 die ich euren Vätern gebot, als ich sie aus dem
Lande Ägypten herausführte, aus dem Eisen-
schmelzofen, nämlich: Höret auf meine Stimme und
handelt nach allem, was ich euch gebiete; dann seid
ihr mein Volk, und ich bin euer Gott! 5 Nur so kann
ich den Eid aufrechterhalten, den ich euren Vätern
geschworen habe, ihnen ein Land zu verleihen, das
von Milch und Honig fließt, wie es heute der Fall
ist.« Ich aber antwortete und sprach: »So sei es, o
Herr!« 6 Da sprach der Herr zu mir: »Verkünde laut
alle diese Worte in den Städten Judas und auf den
Straßen von Jerusalem: Höret die Worte dieses Bun-
des und haltet sie! 7 Denn ich habe doch euren
Vätern, schon als ich sie aus dem Lande Ägypten
fortführte, und bis heute immer wieder nachdrück-
lich eingeschärft: Höret auf meine Stimme! 8 Doch
sie hörten nicht hin, und sie neigten ihr Ohr nicht,
sondern folgten Mann für Mann dem Starrsinn ihres
bösen Herzens. Da brachte ich über sie alle Worte
dieses Bundes, den ich ihnen zu halten befahl, den
sie aber nicht hielten.« 9 Ferner sprach der Herr zu
mir: »Es bildete sich eine Verschwörung unter den
Männern von Juda und den Bewohnern von Jeru-
salem. 10 Sie kehrten zurück zu den Sünden ihrer
Vorfahren, die sich weigerten, auf meine Worte zu
hören. Auch sie liefen ja anderen Göttern nach, um
ihnen zu dienen. Das Haus Israel und das Haus Juda
brachen meinen Bund, den ich mit ihren Vätern
schloß.« 11 Darum spricht der Herr: »Seht, ich bringe
Unheil über sie, dem sie nicht entweichen können;
schreien sie dann zu mir, so werde ich nicht auf sie
hören. 12 Die Städte Judas und die Bewohner von
Jerusalem mögen dann hingehen und zu den Göt-
tern schreien, denen sie geräuchert haben! Sie wer-
den ihnen aber zur Zeit ihrer Not nicht im gering-
sten helfen können. 13 Denn so zahlreich wie deine
Städte sind auch deine Götter, Juda; soviel Gassen
Jerusalem hat, soviel Altäre habt ihr für den Schand-
gott errichtet, Altäre, um dem Baal zu räuchern!
14 Du aber bete nicht für dieses Volk und lege keine
flehentliche Fürbitte für sie ein! Denn ich höre nicht,
wenn du mich ihrer Not wegen anrufst!

Sinnlose Gelübde und Opfer

15 Was tut mein Liebling in meinem Haus, da er
doch Arglist verübt? Können Zehnt und Opfer-

fleisch dein Unheil abwenden, daß du dann jubeln
kannst?« 16 Einen üppigen Ölbaum, schön an Ge-
stalt, hatte der Herr dich genannt. Wenn das große
Getöse erschallt, legt er Feuer an ihn, und seine
Zweige werden häßlich. 17 Der Herr der Heerscha-
ren, der dich gepflanzt, droht dir mit Unheil ob der
Bosheit des Hauses Israel und des Hauses Juda, die
sie eigenmächtig verübten, um mich zu kränken,
indem sie dem Baal räucherten.

Verfolgung der Propheten

18 Der Herr machte es mir kund, und ich wußte es.
Damals ließest du mich ihre Anschläge durch-
schauen. 19 Ich war wie ein argloses Lamm, das
zum Schlachten geführt wird, und ahnte es nicht,
daß sie gegen mich Anschläge planten: »Laßt uns
den Baum im Safte vernichten! Wir wollen ihn aus-
rotten aus dem Land der Lebendigen, daß seines
Namens nicht mehr gedacht wird!« 20 Herr der
Heerscharen, du richtest gerecht, du prüfest Nieren
und Herz. Könnte ich doch deine Rache an ihnen
sehen; denn dir stellte ich meine Sache anheim.
21 So spricht der Herr wider die Leute von Anatot,
die mir nach dem Leben trachten, indem sie sagen:
»Du sollst nicht als Prophet im Namen des Herrn
wirken, sonst stirbst du durch unsere Hand!« 22 So
spricht der Herr der Heerscharen: »Wahrlich, ich
will sie zur Rechenschaft ziehen! Die jungen Män-
ner sollen sterben durchs Schwert, ihre Söhne und
Töchter sterben vor Hunger! 23 Ein Überrest ver-
bleibt ihnen nicht; denn ich verhänge Unheil über
die Leute von Anatot im Jahr ihrer Heimsuchung.«

11,18–12,6: Trübe Erfahrungen aus dem persönlichen Leben des Propheten. Es geht um einen Mordplan, den die eigenen Verwandten hegen. Die Ähnlichkeit mit dem Leben Jesu und seinem Leiden drängt sich hier geradezu auf. Die Sippengenossen und Verwandten des Propheten fühlten sich durch das, was sich um Jeremias in letzter Zeit abspielte, in ihrem Ansehen und Weiterkommen geschädigt. Schon die Tempelrede allein war für sie ein empörender Vorgang.

Der Ruchlosen Glück

12 1 Du bist im Recht, o Herr, bei meinem
Streit mit dir! Aber einige Rechtsfragen
möchte ich mit dir besprechen: Warum
ist der Ruchlosen Weg von Erfolg gekrönt, sind
sorglos alle, die treulos handeln? 2 Du pflanzest sie
ein, sie schlagen Wurzel, sie wachsen heran und
tragen auch Frucht; in ihrem Munde bist du ihnen
nah, von ihrem Innern dagegen weit entfernt. 3 Du,
o Herr, kennst und durchschaust mich doch, du hast
erprobt, wie mein Herz an dir hängt. Raffe sie fort
wie Schafe zur Schlachtung, weihe sie für den Tag
des Mordens! 4 Wie lange soll das Land vertrocknen
und das Gewächs verdorren auf jeglicher Flur? Ob
der Bosheit seiner Einwohner schwinden Landtiere
und Vögel dahin. Denn jene denken: Er sieht unsere
Zukunft nicht. 5 »Wenn du beim Wettlauf mit
Fußgängern schon müde wirst, wie willst du dann
mit Rossen wettrennen? Wenn du dich zwar im
friedlichen Lande sicher fühlst, wie wirst du dich
verhalten im Dickicht des Jordans? 6 Selbst deine
Brüder und Verwandten sind wider dich falsch,
auch sie schreien laut hinter dir her. Trau ihnen
nicht, auch wenn sie mit dir freundlich sprechen!«

Des Herrn Klage über Preisgabe seines Eigentums

7 »Ich lasse mein Haus im Stich, ich verstoße mein
Erbteil, meinen Herzensliebling gebe ich hin in
seiner Feinde Gewalt. 8 Mein Erbteil wird mir wie
ein Löwe im Wald. Es erhebt wider mich seine
Stimme; darum muß ich es hassen. 9 Ist denn mein
Erbteil ein Buntvogel, daß Raubvögel sich rings
darauf stürzen? Auf, sammelt euch, alle Tiere des
Feldes, kommet zum Fraß! 10 Hirten in großer Zahl
haben meinen Weinberg verheert, zertreten mein
Feld, mein herrliches Feld zur öden Wüste gemacht.
11 Sie verwandelten es in Ödland; verödet trauert es
vor mir. Das ganze Land ist verwüstet, doch zu
Herzen nimmt es sich niemand. 12 Über alle Höhen
der Wüste drangen die Verwüster ein. Denn ein
Schwert hat der Herr, das frißt von einem Ende der
Erde zum andern. Kein Mensch bleibt unversehrt.
13 Sie säten Weizen, und Dornen ernteten sie; ver-
geblich mühten sie sich ab. Beschämt sind sie mit
ihrer Ernte ob der Zornglut des Herrn.«

Böse Nachbarn

14 So spricht der Herr: »Alle meine üblen Nachbarn,
die das Erbe antasten, das ich meinem Volke Israel
zu eigen gab – siehe, ich reiße sie aus ihrem Boden;
aber auch das Haus Juda reiße ich aus ihrer Mitte
heraus. 15 Habe ich sie dann ausgerissen, so will ich
mich ihrer wieder erbarmen und bringe einen jeden
in sein Eigentum und in sein Heimatland zurück.
16 Lernen sie dann eifrig die Bräuche meines Volkes,
so daß sie bei meinem Namen schwören: ›So wahr
der Herr lebt!‹ gleichwie sie mein Volk gelehrt
haben, zu schwören beim Baal, so sollen sie in-
mitten meines Volkes aufgebaut werden! 17 Gehor-
chen sie indes nicht, so reiße ich ein solches Volk
völlig aus und vernichte es« – Spruch des Herrn.

Gleichnis vom verborgenen Gürtel

13 1 So sprach der Herr zu mir: »Gehe hin,
kaufe dir einen linnenen Gürtel und lege
ihn dir um die Lenden, aber ins Wasser
tauche ihn nicht!« 2 Ich kaufte dem Auftrag des
Herrn gemäß den Gürtel und legte ihn mir um die

Lenden. 3 Da erging das Wort des Herrn an mich zum zweitenmal: 4 »Nimm den gekauften Gürtel, den du um die Lenden trägst, mache dich auf den Weg an den Euphrat, und verstecke ihn dort in einer Felsspalte!« 5 Ich wanderte hin und verbarg ihn am Euphrat, wie der Herr mir befohlen hatte. 6 Nach langer Zeit sprach der Herr zu mir: »Mache dich auf den Weg an den Euphrat und hole von dort den Gürtel, den ich dich daselbst verstecken ließ!« 7 Da wanderte ich an den Euphrat, suchte nach und holte den Gürtel von der Stelle, wo ich ihn verborgen hatte. Doch siehe, der Gürtel war verfault, zu nichts mehr zu gebrauchen. 8 Da erging an mich das Wort des Herrn: 9 »So spricht der Herr: Ebenso will ich die große Pracht Judas und Jerusalems verderben. 10 Dieses bösartige Volk, das sich weigert, meine Worte zu hören, das dem Starrsinn seines Herzens folgt und anderen Göttern nachläuft, ihnen zu dienen und sie anzubeten, soll wie dieser Gürtel werden, der zu nichts mehr verwendbar ist. 11 Denn wie sich der Gürtel an die Lenden des Mannes anschmiegt, so wollte ich das ganze Haus Israel und das ganze Haus Juda sich mir anschmiegen lassen« – Spruch des Herrn. »Sie sollten mein Volk, mein Ruhm, Preis und Schmuck sein; aber sie hörten nicht!

Gleichnis von den zerschmetterten Krügen

12 Rede zu ihnen diesen Spruch: So spricht der Herr, der Gott Israels: Jeder Krug wird mit Wein gefüllt! Wenn sie dir dann erwidern: ›Wissen wir nicht selbst, daß jeder Krug mit Wein gefüllt wird?‹, 13 so sage ihnen: So spricht der Herr: Wohlan, ich fülle alle Bewohner dieses Landes, die Könige auf Davids Thron, die Priester und Propheten und alle Bewohner Jerusalems mit Trunkenheit. 14 Ich zerschmettere sie, einen am andern, Väter und Söhne gemeinsam« – Spruch des Herrn. »Ohne Schonung, ohne Mitleid, ohne Erbarmen will ich sie vertilgen.«

Wider den Hochmut

15 Hört und merkt auf! Seid nicht hochmütig; denn der Herr ist es, der redet. 16 Zollet dem Herrn, eurem Gott, Ehrerbietung, bevor es dunkelt, bevor eure Füße sich stoßen auf Bergen im Zwielicht und ihr dann auf Licht harrt, während er es zur Finsternis macht und wandelt in Dunkel! 17 Hört ihr aber nicht, so muß ich in der Verborgenheit weinen ob eures Hochmuts; mein Auge muß weinen und Tränen vergießen, da die Herde des Herrn gefangen weggeführt wird.

An König Jojachin

18 Sprecht zum König und zur Gebieterin: »Setzt euch tief hinunter; denn es sinkt von eurem Haupt eure prachtvolle Krone! 19 Die Städte des Südens sind verschlossen, und niemand ist da, der öffnet. Weggeführt wird ganz Juda, vollzählig weggeführt.«

Jerusalem wird geschändet

20 Erhebe deine Augen, Jerusalem, und schau, wie sie kommen von Norden! Wo bleibt die Herde, die dir anvertraut war, deine prachtvollen Schafe? 21 Was sagst du, wenn man jene als Herren über dich setzt, die du als Buhlen an dich gewöhnt hast? Ergreifen dich nicht Wehen wie eine gebärende Frau? 22 Und denkst du bei dir: Warum traf mich denn solches?, so wisse: Wegen deiner großen Schuld wird deine Schleppe aufgedeckt, wird dein Leib geschändet. 23 Ändert wohl ein Mohr seine Hautfarbe oder seine Flecken ein Leopard? Dann könntet auch ihr noch Gutes tun, die ihr ans Böse gewöhnt seid! 24 »Zerstreuen will ich euch wie fortfliegende Spreu, wenn der Wüstenwind weht. 25 Dies ist dein Schicksal, dein von meiner Seite dir zugemessener Lohn« – Spruch des Herrn –, »denn du vergaßest mich und trautest dem Trug. 26 So hebe ich dir die Schleppe auf bis übers Gesicht, daß deine Schande sichtbar wird, 27 deine Ehebrecherei, dein geiles Wiehern, dein schändliches Buhlen! Auf den Hügeln, auf dem Felde erblickte ich deine Greuel! Weh dir, Jerusalem, weil du nicht rein wirst! Wie lange geht es noch so?«

Ohne Wasser und Grün

14 1 Dies ist das Wort des Herrn, das an Jeremias erging aus Anlaß der Dürre: 2 »Es trauert Juda, und seine Tore verfallen, sie trauern am Boden; in die Höhe steigt Jerusalems Schrei. 3 Seine Edlen schicken ihre Diener nach Wasser; sie kommen zu den Brunnen, doch Wasser finden sie nicht, sie kehren mit leeren Krügen zurück. Verlegen sind sie und enttäuscht, verhüllen das Haupt. 4 Wegen des Ackerbodens sind sie bestürzt, denn kein Regen fiel auf das Land. Die Bauern sind beschämt und verhüllen ihr Haupt. 5 Ja, selbst die Hirschkuh im Feld verläßt das geworfene Kalb, weil kein Grün mehr wächst. 6 Die Wildesel stehen auf den kalen Höhen und schnappen nach Luft wie Schakale. Ihre Augen erlöschen, denn es gibt kein Futter.«

»In unserer Mitte bist du, o Herr, nach deinem Namen sind wir benannt!«

7 »Zwar klagen uns unsere Sünden an, doch handle, o Herr, deinem Namen zulieb! Denn vielfach sind unsere Treulosigkeiten, womit wir uns gegen dich verfehlt! 8 Du, Israels Hoffnung, sein Retter zur Zeit

der Not, warum bist du wie ein Fremder im Lande
und wie ein Wanderer, der zur Nachtruhe einkehrt?
9 Warum bist du wie ein wehrloser Mann, wie
einer, der nicht zu helfen vermag? Du bist doch in
unserer Mitte, o Herr, nach deinem Namen sind wir
benannt! Verlaß uns nicht!«

Gott antwortet und urteilt über das Volk

10 So spricht der Herr von diesem Volk: »So recht
hin- und herzuschweifen, das haben sie gern; ihre
Füße schonen sie nicht; doch hat der Herr kein Ge-
fallen an ihnen. Nun gedenkt er ihrer Schuld und
sucht ihre Sünden heim.« 11 Der Herr sprach zu mir:
»Bete nicht für dieses Volk um Heil! 12 Fasten sie, so
höre ich nicht auf ihr Flehen; bringen sie Brand- und
Speiseopfer dar, so habe ich kein Gefallen daran;
vielmehr durch Schwert, Hunger und Pest mache
ich ihnen ein Ende.«

Wider die falschen Propheten

13 Da sprach ich: »Ach, Gebieter und Herr, fürwahr,
die Propheten sagen zu ihnen: Ihr werdet kein
Schwert schauen, Hungersnot wird euch nicht tref-
fen, sondern gesicherten Wohlstand verleihe ich
euch an diesem Ort!« 14 Da sprach der Herr zu mir:
»Lüge weissagen die Propheten in meinem Namen.
Ich habe sie nicht gesandt und nicht beauftragt; zu
ihnen habe ich nicht gesprochen. Falsche Schau,
nichtige Wahrsagerei, selbstersonnenen Trug weis-
sagen sie euch. 15 Darum spricht der Herr gegen die
Propheten, die in meinem Namen ohne Sendung
durch mich weissagen: ›Schwert und Hunger kom-
men nicht in dieses Land!‹ Durch Schwert und Hun-
ger finden diese Propheten ihr Ende. 16 Die Leute
aber, denen sie etwas weismachen, werden in den
Gassen Jerusalems liegen, hingestreckt durch Hun-
ger und Schwert; niemand wird sie begraben, und
zwar sie selbst, ihre Frauen, ihre Söhne und Töch-
ter. So gieße ich ihr Unheil über sie aus.

Prophetenjammer

17 Du sollst zu ihnen dieses Wort sprechen: Tränen
vergießen meine Augen bei Tag und bei Nacht;
sie können sich nicht beruhigen. Denn schwerem
Zusammenbruch erlag die Jungfrau, die Tochter
meines Volkes, einem ungemein schmerzhaften
Schlag. 18 Geh' ich hinaus aufs Feld, siehe da,
Schwertdurchbohrte! Komme ich heim zur Stadt,
siehe da, Hungerqualen! Selbst Propheten und
Priester werden in ein Land geschleift, das sie nicht
kennen!«

Das Volk klagt und betet

19 »Verwarfst du Juda denn ganz und gar, bist du
überdrüssig an Sion? Warum schlugst du uns, daß
es keine Heilung mehr für uns gibt? Wir harren auf
Heil – doch Gutes kommt nicht – und auf die Zeit
der Heilung, doch ach, nur Bestürzung! 20 Unsere
Ruchlosigkeit erkennen wir, Herr, die Schuld unse-
rer Ahnen, daß wir gegen dich uns verfehlt. 21 Dei-
nem Namen zulieb verschmähe uns nicht, ent-
weihe nicht deiner Herrlichkeit Thron! Gedenke
deines Bundes mit uns und löse ihn nicht! 22 Gibt es
denn Regenspender unter den Götzen der Heiden,
oder läßt der Himmel von selbst den Regen
strömen? Bist nicht du es, o Herr, unser Gott? Wir
harren auf dich; denn du hast dies alles erschaffen.«

14,13: Unter »Propheten« versteht Jeremias die falschen Propheten, die mit ihren Heilsweissagungen der Predigt vom Gericht widersprechen.

Jeremias' Fürbitte abgelehnt

15 1 Der Herr sprach zu mir: »Wenn auch
Moses und Samuel vor mein Antlitz
träten, so würde mein Herz sich diesem
Volke nicht mehr zuwenden. Schicke sie weg von
mir, sie sollen gehen! 2 Fragen sie dich dann: ›Wohin
sollen wir gehen?‹, so sage zu ihnen: So spricht der
Herr: ›Wer für den Tod bestimmt ist, zum Tod, wer
für das Schwert bestimmt ist, zum Schwert, wer für
den Hunger bestimmt ist, zum Hunger, wer für die
Gefangenschaft bestimmt ist, zur Gefangenschaft.‹
3 Vier Dinge bestelle ich wider sie« – Spruch des
Herrn: »Das Schwert zum Morden, die Hunde zum
Fortschleifen, die Vögel des Himmels und das Feld-
getier zum Fressen und zum Vertilgen. 4 Und ich
gebe sie hin allen Reichen der Erde zur Mißhand-
lung wegen des Manasse, des Hiskiasohnes, des
Königs von Juda, zur Strafe für das, was er in Jeru-
salem verübte.«

Frauenschicksal im Krieg

5 »Wer hat mit dir, Jerusalem, Mitleid, wer bedauert
dich? Wer kehrt bei dir ein, nach deinem Ergehen
zu fragen? 6 Verstoßen hast du mich« – Spruch des
Herrn – »und mir den Rücken gewandt. So habe ich
denn meine Hand wider dich ausgestreckt und dich
vernichtet; ich ward müde der Nachsicht. 7 Mit der
Schaufel worfelte ich sie in den Toren des Landes;
ich machte mein Volk kinderlos, ließ es verderben,
weil es von seinen Wegen sich nicht bekehrte.
8 Seine Witwen wurden mir zahlreicher als der
Meeressand. Ich brachte über sie, über Mutter und
Jüngling, den Verwüster am hellen Mittag, ließ jäh
Schrecken und Angst sie befallen. 9 Die siebenmal
geboren hatte, sank dahin, ihr Leben verhauchend.
Ihr sank die Sonne, als es noch Tag war, sie wurde
gedemütigt und enttäuscht. Den Rest von ihnen
gebe ich dem Schwert preis vor ihren Feinden« –
Spruch des Herrn.

Bekenntnis eigener Seelennot

10 Weh mir, meine Mutter, daß du mich gebarst, den
Mann des Streites und Zankes für alle Welt! Ich bin
niemands Gläubiger oder Schuldner; doch alle
verfluchen mich. 11 Fürwahr, o Herr, ich diente dir
doch aufs beste, trat ein bei dir sogar für den Feind
zur Zeit des Unglücks und zur Zeit der Not.
12 [»Kann man Eisen zertrümmern, Eisen vom Nor-
den, und Erz? 13 Deinen Besitz und deine Schätze
gebe ich der Plünderung preis als Entgelt für all
deine Sünden in deinem ganzen Gebiet. 14 Ich
mache dich deinen Feinden dienstbar in einem
Land, das dir unbekannt ist. Denn in meiner Nase
lodert ein Feuer; gegen euch ist es entbrannt.«] 15 Du
weißt es, Herr! Gedenke meiner und achte auf
mich! Nimm Rache für mich an meinen Verfolgern!
Bei deiner Langmut raffe mich nicht weg; wisse,
daß ich deinetwegen Schmach ertrage! 16 Fanden
sich Worte von dir, so verschlang ich sie; zur Wonne
ward mir dein Ausspruch und zur Freude meines
Herzens, weil ich nach deinem Namen benannt bin,
Herr, Gott der Heere! 17 Ich sitze nicht jubelnd im
Kreise der Fröhlichen; einsam sitze ich unter dem
Druck deiner Hand; denn du erfülltest mich mit
(deinem) Zorn. 18 Warum soll ewig dauern mein
Schmerz, meine Wunde unheilbar sein, ohne Aus-
sicht auf Gesundung? Wie ein Trugbach wurdest
du mir, wie ein unzuverlässiges Wasser.

19 Darum sprach der Herr also: »Kehrst du um, so
lasse ich dich wieder vor mir stehen; redest du Kost-
bares und nicht Wertloses, dann sollst du wieder
mein Mund sein! Jene sollen nach dir sich richten,
du aber richte dich nicht nach ihnen! 20 Und ich
mache dich für dieses Volk zur ehernen, befestigten
Mauer. Mögen sie auch gegen dich kämpfen, sie
werden dich nicht bezwingen; denn ich bin bei dir,
um dir zu helfen und dich zu retten« – Spruch des
Herrn. 21 »Ich befreie dich aus der Bösen Gewalt, er-
löse dich aus der Faust der Gewaltmenschen.«

15,12–14: Vers 13 und 14 stören den Zusammenhang; sie stammen aus 17,3f. Vers 12 gibt keinen rechten Sinn, ist wohl aus 17,1 verderbt. – Die Nase gilt als Sitz des Zornesschnaubens, öfters unter der Vorstellung eines Feueratems. • 20: Dem verzweifelten Propheten wird die Berufung von 1,18f erneuert.

Ohne Frau und Kind

16 1 Es erging das Wort des Herrn an mich:
2 »Du sollst keine Frau nehmen und keine
Söhne und Töchter haben an diesem Ort!
3 Denn so spricht der Herr über die Söhne und
Töchter, die an diesem Ort geboren werden, und
über ihre Mütter, die sie gebären, und über ihre
Väter, die sie in diesem Lande zeugen: 4 Auf qual-
volle Art müssen sie sterben, man wird sie nicht be-
klagen und nicht begraben; als Mist liegen sie auf
dem Boden, durch Schwert und Hunger kommen
sie um; ihre Leichen werden zu einem Fraß für die
Vögel des Himmels und die Tiere des Landes.«

Totenklage

5 Ja, so sprach der Herr: »Betritt kein Trauerhaus,
geh nicht zur Totenklage, und bekunde niemandem
Beileid; denn ich habe diesem Volke mein Wohl-
wollen entzogen« – Spruch des Herrn –, »die Huld
und auch das Erbarmen. 6 In diesem Lande muß
groß und klein sterben; man wird sie nicht begra-
ben und nicht beklagen, niemand ritzt sich um
ihretwillen die Haut, und niemand schert sich das
Kopfhaar. 7 Man wird keinem das Trauerbrot
brechen, um ihn zu trösten wegen eines Verstorbe-
nen, und man reicht ihm nicht den Trostbecher um
seines Vaters und seiner Mutter willen.

Verzicht auf Frohsinn und Geselligkeit

8 Auch ein Haus, in dem ein Gastmahl stattfindet,
darfst du nicht betreten, um mit den Leuten beim
Essen und Trinken zu sitzen! 9 Denn so spricht der
Herr der Heerscharen, der Gott Israels: Fürwahr, ich
bringe zum Verstummen an diesem Ort vor euren
Augen und in euren Tagen Jubelruf und Freudenruf,
das Jauchzen des Bräutigams und der Braut!

Warum erfolgt Wegführung?

10 Tust du nun diesem Volke all diese Worte kund,
und fragen sie dich: ›Warum droht der Herr uns all
dieses große Unheil an? Worin besteht unsere
Schuld und Sünde, die wir gegen den Herrn, unse-
ren Gott, begingen?‹, 11 dann sprich zu ihnen: Eure
Väter verließen mich« – Spruch des Herrn – »und
liefen anderen Göttern nach, dienten ihnen und
beteten sie an, mich aber ließen sie im Stich, und
mein Gesetz beobachteten sie nicht. 12 Ihr aber
triebet es noch schlimmer als eure Väter; siehe,
jeder von euch folgte dem Starrsinn seines bösen
Herzens, ohne auf mich zu hören. 13 Darum schleu-
derte ich euch fort aus diesem Land in ein Land, das
euch und euren Vätern unbekannt war. Dort möget
ihr anderen Göttern dienen bei Tag und bei Nacht,
während ich euch kein Erbarmen schenke!«

Heimkehr

14 [»Darum siehe, es kommen Tage« – Spruch des
Herrn –, »da wird es nicht mehr heißen: ›So wahr
der Herr lebt, der die Israeliten aus Ägypten herauf-
geführt hat‹, 15 sondern man wird sagen: ›So wahr
der Herr lebt, der die Israeliten aus dem Nordland
heraufgeführt hat und aus allen Ländern, wohin er
sie versprengt hatte!‹ Ich bringe sie in ihr Heimat-
land, das ich ihren Vätern verliehen habe.«]

Fischer und Jäger

16 »Fürwahr, ich sende nach zahlreichen Fischern« –
Spruch des Herrn –, »die fischen sie weg; hernach
sende ich nach vielen Jägern, die werden nach ihnen
jagen von jedem Berg und von jedem Hügel herab
und aus den Felsklüften heraus. 17 Denn meine
Augen sind auf alle ihre Wege gerichtet. Sie sind mir
nicht verborgen, und ihre Schuld ist meinen Augen
nicht verhüllt. 18 So vergelte ich zunächst in ent-
sprechendem Maße ihre Schuld und Sünde, weil sie
mein Land entweihten durch das Aas ihrer Scheu-
sale und ihrer Greueltaten, die mein Erbteil erfül-
len.«

Heidentum

19 »Herr, meine Stärke und meine Burg, meine
Zuflucht am Tage der Not, Völker kommen zu dir
vom Ende der Erde und sprechen: ›Unsere Väter be-
saßen nur Trug, Wahngestalten und nichtsnutzige
Götzen! 20 Kann ein Mensch sich Götter machen?
Das sind doch keine Götter!‹ 21 »Darum wohlan,
ich bringe sie zur Erkenntnis, meine Stärke und
Macht will ich ihnen diesmal zeigen! Sie sollen er-
kennen, daß mein Name ›Herr‹ ist.«

16,14f: Die Verheißung paßt hier nicht in die Drohrede. Am rechten Platz steht sie nochmals 23,7f.

Judas Sünde

17
1 »Judas Sünde ist aufgeschrieben mit
einem Griffel von Eisen, mit diamante-
nem Stift eingegraben auf die Tafel ihres
Herzens, auf die Hörner ihrer Altäre 2 [, wie auch
ihre Söhne gedenken ihrer Altäre und Ascheren bei
jedem grünen Baum und auf den hochragenden
Hügeln 3 der Berge im Gelände]. Deinen Besitz und
all deine Schätze gebe ich der Plünderung preis als
Entgelt für all deine Sünden in deinem ganzen Ge-
biet. (15,13) 4 Deine Hand mußt du lassen von dei-
nem Erbe, das ich dir verlieh. Ich mache dich deinen
Feinden dienstbar in einem Land, das dir unbekannt
ist. Denn in meiner Nase lodert ein Feuer, für immer
ist es entbrannt.« (15,14)

Baum, am Wasser gepflanzt

5 So spricht der Herr: »Verflucht der Mann, der auf
Menschen vertraut und auf gebrechliches Fleisch
sich stützt und dessen Gesinnung vom Herrn ab-
weicht! 6 Er ist einem kahlen Strauch in der Steppe
gleich, nimmer erlebt er, daß Gutes kommt; er
wohnt im dürren Wüstenland, auf salzigem, unbe-
wohnbarem Boden. 7 Gesegnet der Mann, der auf
den Herrn vertraut und dessen Zuflucht der Herr
ist! 8 Er gleicht dem Baum, am Wasser gepflanzt,
der seine Wurzeln ausstreckt am Bach. Er fürchtet
sich nicht, wenn die Hitze kommt, sein Laubwerk
bleibt grün; auch in dürren Jahren wird ihm nicht
bang, und unaufhörlich trägt er Früchte.

Arglistiges Herz

9 Ränkevoll ohnegleichen ist das Herz und verkom-
men, wer begreift es? 10 Ich, der Herr, durchforsche
das Herz und prüfe die Nieren, um jedem zu ver-
gelten nach seinem Wandel, wie sein Tun es ver-
dient.« 11 Einem Rebhuhn, das ausbrütet, was es
nicht gelegt, gleicht einer, der Reichtum erwirbt
durch Unrecht. In seines Lebens Mitte muß er ihn
lassen, an seinem Ende steht er als Tor da.

Flehruf der Verfolgten

12 Thron der Herrlichkeit, erhaben von Anbeginn,
Stätte unseres Heiligtums, 13 du Israels Hoffnung,
o Herr! Wer dich verläßt, wird beschämt; in den
Staub wird geschrieben, wer von dir weicht; denn
sie verließen den Herrn, den Quell des sprudelnden
Wassers. 14 Heile mich, Herr, und ich bin heil, hilf
mir, und mir wird Hilfe zuteil! Denn mein Lobpreis
bist du! 15 Siehe, jene sprechen zu mir: »Wo ist denn
das Wort des Herrn, es erfülle sich doch!« 16 Ich aber
habe mich nicht entzogen dem Amte des Hirten in
deinem Dienst und wünschte den Unheilstag nicht
herbei. Du weißt es: Was mir über die Lippen kam,
ward vor deinem Antlitz offenbar! 17 Werde mir
nicht zum Entsetzen, du, meine Zuflucht am Tage
des Unheils! 18 Meine Verfolger seien beschämt,
aber ich nicht! Sie sollen erschrecken, nicht aber
ich! Bring über sie den Unheilstag und laß sie zer-
brechen mit doppeltem Zusammenbruch!

Sabbatruhe

19 So sprach der Herr zu mir: »Geh und stelle dich
an das Tor der Söhne des Volkes, durch das die
Könige von Juda ein- und ausziehen, und an alle
Tore Jerusalems! 20 Sprich zu ihnen: Hört das Wort
des Herrn, ihr Könige Judas, Leute von Juda und
Bewohner Jerusalems, alle, die ihr durch diese Tore
kommt! 21 So spricht der Herr: Hütet euch um eures
Lebens willen, am Sabbattag Lasten zu tragen und
sie in die Tore Jerusalems hineinzubringen! 22 Bringt
auch am Sabbattag keine Last aus euren Häusern
weg und verrichtet keinerlei Arbeit! Heilighalten
sollt ihr vielmehr den Sabbattag, wie ich euren
Vätern befohlen habe! 23 Diese freilich gehorchten
nicht und machten ihr Ohr nicht geneigt, sondern
versteiften ihren Nacken, ohne zu gehorchen und
Zucht anzunehmen. 24 Wenn ihr nun wirklich auf
mich hört« – Spruch des Herrn – »und am Sabbattag
keine Last in die Tore dieser Stadt bringt und so den
Sabbattag heiligt und keinerlei Arbeit an ihm ver-
richtet, 25 dann werden durch die Tore dieser Stadt

Könige einziehen, die auf Davids Thron sitzen und mit Wagen und Rossen fahren, sie und ihre Fürsten, die Männer von Juda und die Bewohner Jerusalems, und diese Stadt wird ewig bestehen. 26 Dann kommen von den Städten Judas und der Umgebung Jerusalems, vom Lande Benjamin, aus der Niederung, vom Gebirge und aus dem Südland Leute und bringen Brand-, Schlacht- und Speiseopfer und Weihrauch herbei; auch Dankopfer bringen sie dar im Hause des Herrn. 27 Hört ihr aber nicht auf mich und haltet ihr den Sabbat nicht heilig, tragt Lasten und kommt damit in die Tore Jerusalems am Sabbattag, dann lege ich Feuer an seine Tore, damit es Jerusalems Paläste fresse und nicht mehr erlösche.«

17,2f: Das Eingeklammerte ist störende Beischrift. – Ascheren sind Holzpfähle als heidnische Kultsymbole.

In der Töpferwerkstatt

18

1 Das Wort, das vom Herrn an Jeremias erging: 2 »Auf, gehe hinab zum Haus des Töpfers! Dort lasse ich dich meine Worte vernehmen.« 3 Da ging ich hinab zum Haus des Töpfers; der war gerade bei der Arbeit an der Töpferscheibe. 4 Mißriet das Gefäß, das er in Arbeit hatte – wie das so geht beim Ton in des Töpfers Hand –, so begann er erneut und machte ein anderes Gefäß daraus, wie es der Töpfer für angemessen hielt. 5 Da erging das Wort des Herrn an mich: 6 »Kann ich es nicht mit euch so machen wie dieser Töpfer da, Haus Israel?« – Spruch des Herrn. »Fürwahr, wie der Lehm in der Hand des Töpfers, so seid ihr in meiner Hand, Haus Israel. 7 Bald drohe ich einem Volke oder einem Reiche an, daß ich es entwurzle, zerstöre und vernichte. 8 Bekehrt sich aber jenes Volk, dem ich gedroht habe, von seiner Bosheit, so gereut mich des Unheils, das ich ihm anzutun gedachte. 9 Bald verheiße ich einem Volke oder einem Reiche, daß ich es aufbaue und pflanze. 10 Tut es aber dann, was mir mißfällt, indem es nicht auf meine Stimme hört, dann gereut mich des Guten, das ich ihm zu tun verheißen habe. 11 Rede nun zu den Männern von Juda und den Bewohnern Jerusalems: So spricht der Herr: Seht, ich forme als Töpfer wider euch Unheil und fasse einen Plan gegen euch! Kehre doch ein jeder um von seinem bösen Wege! Bessert euren Wandel und eure Werke!« 12 Indes antworteten sie: »Umsonst! Unseren eigenen Plänen wollen wir folgen und Mann für Mann nach dem Starrsinn unseres bösen Herzens handeln!«

Unbegreiflicher Abfall

13 Darum spricht der Herr folgendes: »Fraget nach bei den Völkern, wer je solches gehört hat! Ganz entsetzliche Dinge vollbrachte die Jungfrau Israel. 14 Weicht denn das Gestein der Flur, der Schnee des Libanon, oder versiegen fließende Wasser, sprudelnde Quellen? 15 Ja, vergessen hat mich mein Volk, sie räuchern den nichtigen Götzen. Doch ich lasse sie straucheln auf ihren Wegen, den altgewohnten Bahnen, so daß sie Pfade schreiten müssen auf ungebahntem Weg. 16 Ich mache ihr Land zur Wüstenei, zum Gespött für ewig; wer immer vorbeikommt, entsetzt sich darüber und schüttelt das Haupt. 17 Dem Ostwind gleich versprenge ich sie vor dem Feind. Ich zeige ihnen den Rücken und nicht das Gesicht am Tage ihres Verderbens.«

Rachewünsche

18 Da sprachen sie: »Kommt, laßt uns Pläne schmieden gegen Jeremias! Denn die Weisung ist nicht gewichen vom Priester und der Rat vom Weisen und das Wort vom Propheten! Wohlan, schlagen wir ihn mit seiner eigenen Zunge, und geben wir acht auf jedes seiner Worte!« 19 O Herr, beachte du mich, vernimmt die Rede meiner Widersacher! 20 Darf man denn Gutes vergelten mit Bösem? Denn sie haben mir eine Grube gegraben. Gedenke, wie ich vor dein Antlitz trat, um zu ihren Gunsten zu reden, um deinen Unmut von ihnen zu wenden! 21 Darum gib ihre Söhne dem Hungertod preis und überliefere sie der Gewalt des Schwertes! Kinderlos seien ihre Frauen und verwitwet, ihre Männer von der Seuche erwürgt, ihre Jünglinge erschlagen vom Schwert im Kampf! 22 Aus ihren Häusern erschalle Klagegeschrei, wenn du plötzlich raubende Horden über sie bringst! Denn sie haben eine Grube gegraben, um mich zu fangen, meinen Füßen haben sie Schlingen gelegt. 23 Du aber, Herr, kennst ja genau ihren ganzen Mordplan gegen mich. Verzeih ihnen nicht ihre Schuld, lösche ihre Sünde nicht aus vor dir! Sie mögen stürzen vor deinem Antlitz! Zur Zeit deines Zornes tritt gegen sie auf!

18,14: Sinn: Die Naturordnung bleibt; Israels Abfall aber ist unnatürlich.

Drohreden über das götzendienerische Volk

19

1 So sprach der Herr zu mir: »Gehe hin und kaufe dir einen irdenen Krug, nimm mit dir einige Älteste aus dem Volk und von den Priestern, 2 und gehe hinaus zum Tal Ben-Hinnom an den Eingang des Scherbentores! Verkündige dort die Worte, die ich zu dir rede! 3 Sprich: Höret das Wort des Herrn, ihr Könige von Juda und ihr Bewohner Jerusalems! So spricht der Herr der Heerscharen, der Gott Israels: Fürwahr, ich bringe Unheil über diese Stätte, daß jedem, der davon

hört, die Ohren gellen. 4 Sie verließen mich ja, haben diesen Ort mir entfremdet und brachten an ihm anderen Göttern, von denen sie selbst, ihre Väter und die Könige von Juda früher nichts wußten, Rauchopfer dar und erfüllten diese Stätte mit dem Blut von Unschuldigen. 5 Sie errichteten die Opferstätte des Baal, um ihre Söhne im Feuer als Brandopfer für den Baal zu verbrennen, was ich nicht geboten und nicht befohlen habe und was mir nie in den Sinn gekommen ist. 6 Darum werden Tage kommen« – Spruch des Herrn –, »da diese Stätte nicht mehr Tophet und Tal Ben-Hinnom heißen wird, sondern ›Würgetal‹. 7 Dann vereitle ich den Plan Judas und Jerusalems an dieser Stätte. Ich lasse sie durch das Schwert vor ihren Feinden fallen, und durch die Hand derer, die ihnen nach dem Leben trachten. Ich gebe ihre Leichname den Vögeln des Himmels und den Tieren des Feldes zum Fraß. 8 Ich mache diese Stadt zum Gegenstand des Entsetzens und des Spottes: Wer immer an ihr vorübergeht, wird entsetzt sein und über all ihre Schicksalsschläge spotten. 9 Das Fleisch ihrer Söhne und das Fleisch ihrer Töchter gebe ich ihnen zur Nahrung; einer wird sich vom Fleisch des andern ernähren in der Drangsal und Not, die ihre Feinde und alle, die ihnen nach dem Leben trachten, über sie bringen.

Wie man Töpfergeschirr zerbricht

10 Zerschmettere den Krug vor den Augen der Männer, die mit dir gegangen sind! 11 Sprich zu ihnen: So spricht der Herr der Heerscharen: Ebenso zerschmettere ich dieses Volk und diese Stadt da, wie man Töpfergeschirr zerbricht, so daß es nicht wiederhergestellt werden kann. Das Tophet wird als Begräbnisstätte dienen, weil es zum Begraben keinen Platz mehr gibt. 12 So will ich mit diesem Orte verfahren« – Spruch des Herrn – »und mit seinen Bewohnern, indem ich diese Stadt dem Tophet gleichmache. 13 Die Häuser von Jerusalem und die Häuser der Könige Judas sollen unrein werden und gleich der Stätte des Tophet, alle die Häuser, auf deren Dächern man dem ganzen Himmelsheere räucherte und fremden Göttern Trankopfer spendete.«

In den Block gelegt

14 Jeremias aber kehrte vom Tophet, wohin ihn der Herr mit prophetischem Auftrag gesandt hatte, zurück, trat in den Vorhof des Hauses des Herrn und sprach zum ganzen Volke: 15 »So spricht der Herr der Heerscharen, der Gott Israels: ›Wahrlich, ich bringe über diese Stadt und über alle zu ihr gehörigen Orte sämtliches Unheil, das ich ihr angedroht habe! Denn sie versteiften ihren Nacken und hörten nicht auf meine Worte.‹«

19,14f: Im Vorhof des Tempels wiederholt Jeremias vor dem Volk, was er am Scherbentor mit einer symbolischen Handlung (vgl. Vers 1f.10f) einigen Vornehmen geweissagt hatte: der Untergang steht fest.

20

1 Es hörte aber der Priester Paschchur, der Sohn des Immer, der Oberaufseher im Hause des Herrn, wie Jeremias diese Worte weissagte. 2 Da ließ Paschchur den Propheten Jeremias schlagen und in den Block legen. Dieser befand sich am oberen Benjaminstor am Hause des Herrn. 3 Am anderen Morgen entließ Paschchur den Jeremias aus dem Block. Da wandte sich Jeremias an ihn: »Nicht mehr Paschchur nennt dich der Herr, sondern ›Grauen ringsum‹. 4 Denn so spricht der Herr: Fürwahr, ich gebe dich dem Grauen preis, dich selbst und all deine Freunde! Diese werden fallen durch das Schwert ihrer Feinde, und du mußt mit eigenen Augen zusehen. Ganz Juda aber überliefere ich der Gewalt des Königs von Babel. Der führt sie nach Babel fort und erschlägt sie mit dem Schwert. 5 Ich überliefere den ganzen Besitz dieser Stadt, ihr gesamtes Gut, alle ihre Kostbarkeiten und alle Schätze der Könige von Juda der Gewalt ihrer Feinde; sie sollen sie plündern, fortschleppen und nach Babel bringen. 6 Du aber, Paschchur, und alle deine Hausgenossen, ihr werdet in die Verbannung gehen! Nach Babel kommst du, und dort stirbst du und wirst dort begraben, du und all deine Freunde, denen du lügnerisch geweissagt hast.«

Not und Trost des Propheten

7 Du hast mich betört, o Herr, und ich ließ mich betören; du hast mich ergriffen und überwältigt! Zum Gelächter bin ich den ganzen Tag, jedermann höhnt über mich! 8 Ja, sooft ich rede, muß ich aufschreien, »Gewalt und Bedrückung« muß ich rufen; denn des Herrn Wort ward mir zum Schimpf und Spott jeden Tag. 9 Sagte ich aber: Ich will nicht mehr denken an ihn und nicht mehr reden in seinem Namen, so ward es in meinem Innern wie brennendes Feuer, verschlossen in meinem Gebein. Müde bin ich, es zu ertragen, ich kann es nicht mehr. 10 Ich höre ja das Flüstern der Vielen: »Grauen ringsum! Meldet es, wir zeigen ihn an!« Alle, die mir befreundet sind, lauern auf meinen Fall: »Man kann ihn vielleicht betören, daß wir uns seiner bemächtigen und unsere Rache nehmen an ihm!« 11 Doch der Herr steht mir zur Seite wie ein gewaltiger Held. Darum straucheln meine Verfolger und obsiegen nicht. Sie sind vollkommen beschämt, weil sie nichts erreichen, gehüllt in dauernde, unvergeß-

liche Schmach. 12 Und du, Herr der Heere, der du
den Gerechten prüfst, der du siehst Nieren und
Herz, laß mich deine Rache an ihnen sehen; denn
dir stellte ich meine Sache anheim. 13 Singet dem
Herrn, rühmet den Herrn! Denn er rettet das Leben
des Armen aus der Übeltäter Gewalt.

Fluch dem Tag!

14 Verflucht sei der Tag, an dem ich geboren; der
Tag, da mich meine Mutter gebar, sei nicht geseg-
net! 15 Verflucht der Mann, der meinem Vater die
Frohbotschaft brachte: »Ein Kind, ein Knabe ist dir
geboren!« und ihn damit hoch erfreute! 16 Es ergehe
jenem Tage wie den Städten, die der Herr erbar-
mungslos zerstört hat; er höre Wehgeschrei am
Morgen und Kriegslärm um die Mittagszeit, 17 weil
er mich nicht tötete im Mutterleib, daß meine
Mutter mir wäre zum Grab geworden und ihr
Schoß für ewig schwanger! 18 Warum denn kam ich
aus dem Mutterleib hervor, um Mühsal nur und
Kummer zu erleben, da meine Tage mir in Schmach
zerrinnen?

20,1: Der Priester Paschchur ist nicht personengleich mit dem Paschchur in 21,1 und 38,1. • 4: Hier wird zum erstenmal Babel als Land der Verbannung genannt. • 7–13: Der Prophet ist am Rand der Verzweiflung ähnlich 15,10–18. Um so heller heben sich Vers 11–13 ab. • 14–18: Gott selbst hat den ängstlichen Jeremias zum Prophetenamt erwählt. Dieser kann sich davon nicht mehr lossagen, und so erscheint ihm sein Leben unerträglich. Solche Klagen sind Bruchstücke eines Bekenntnisses, das für vorchristliche Zeiten mit ihrem Pessimismus bezeichnend ist. Job 3 ist von Jer abhängig.

Antwort des Herrn an Zidkia

21
1 Das Wort, das vom Herrn an Jeremias
erging, als der König Zidkia den Pasch-
chur, den Sohn des Malkija, und den
Priester Zephanja, den Sohn des Maaseja, zu ihm
sandte und ihn ersuchte: 2 »Befrage doch den Herrn
für uns! Denn Nebukadnezar, der König von Babel,
führt Krieg wider uns; vielleicht handelt der Herr an
uns wie bei seinen früheren Wundertaten, so daß er
von uns abziehen muß.«
3 Da antwortete ihnen Jeremias: »Berichtet Zidkia
folgendes: 4 So spricht der Herr, der Gott Israels:
›Wahrlich, ich wende in eurer Hand die Kriegswaf-
fen um, mit denen ihr wider den König von Babel
und die euch belagernden Kaldäer draußen vor der
Mauer kämpft; ich bringe sie in das Innere dieser
Stadt zurück! 5 Ich selbst kämpfe wider euch mit
ausgestreckter Hand und starkem Arm, mit Zorn,
Ingrimm und großer Wut. 6 Ich schlage die Bewoh-
ner dieser Stadt, sowohl Menschen als auch Vieh;
an einer furchtbaren Seuche sollen sie sterben!
7 Danach‹, so lautet des Herrn Spruch, ›überliefere
ich den Zidkia, den König von Juda, seine Knechte
und seine Leute, die in dieser Stadt von der Seuche,
dem Schwert und dem Hungertod verschont blie-
ben, in die Gewalt Nebukadnezars, des Königs von
Babel, in die Gewalt ihrer Feinde und in die Gewalt
derer, die ihnen nach dem Leben trachten. Er wird
sie schlagen mit scharfem Schwert ohne Mitleid,
ohne Schonung und Gnade.‹«

Botschaft an das Volk

8 Zu diesem Volk sollst du sagen: »So spricht der
Herr: Seht, den Weg des Lebens und den Weg des
Todes stelle ich euch zur Wahl: 9 Wer in dieser Stadt
bleibt, stirbt durch das Schwert, durch Hunger oder
Pest. Wer aber hinausgeht und sich den Kaldäern,
die euch belagern, ergibt, bleibt erhalten und hat
sein Leben als Beute gewonnen. 10 Denn ich habe
mein Antlitz wider diese Stadt gerichtet zum Un-
heil und nicht zum Heil« – Spruch des Herrn. »Der
Gewalt des Königs von Babel wird sie überliefert,
und der wird sie in Asche legen.«

Judäisches Königshaus

11 Zum Königshaus von Juda sprich: »Höret das
Wort des Herrn, 12 Haus David! So spricht der Herr:
Haltet jeden Morgen gerechtes Gericht; aus der
Hand des Bedrückers rettet den Beraubten! Sonst
bricht wie Feuer mein Zorn aus und brennt, und
niemand kann löschen. 13 Siehe, ich komme über
dich, die du eingesenkt wohnst auf dem Felsstock
der Ebene« – Spruch des Herrn. »Ihr jedoch sprecht:
›Wer kann uns überfallen, und wer dringt in unsere
Wohnungen ein?‹ 14 Ich suche euch heim, wie eure
Taten es verdienen« – Spruch des Herrn. »Ich lege
Feuer an ihren Wald, daß es ihre ganze Umgebung
verzehrt.«

21,11f: Richtet sich wohl nicht mehr an König Zidkia wie 1–7, sondern an Jojakim; ähnlich 22,1ff.

Palast und höfisches Leben

22
1 So sprach der Herr: »Steige hinab zum
Palaste des Königs von Juda und ver-
künde daselbst folgende Weisung 2 und
sprich: Vernimm das Wort des Herrn, König von
Juda, der du auf dem Thron Davids sitzest, und
zwar du selbst, deine Diener und deine Leute, die
durch diese Tore kommen! 3 So spricht der Herr:
Schafft Recht und Gerechtigkeit und rettet den
Beraubten aus der Hand des Bedrückers! Fremd-
linge, Waisen und Witwen bedrängt und mißhan-
delt nicht und vergießt kein schuldloses Blut an
dieser Stätte! 4 Nein, befolgt vielmehr genau diese
Weisung! Dann werden durch die Tore dieses
Palastes Könige einziehen, die auf dem Thron
Davids sitzen, die mit Wagen und Rossen einher-

fahren. 5 Hört ihr aber auf diese Worte nicht, dann
schwöre ich bei mir selbst« – Spruch des Herrn –:
»Zur Trümmerstätte wird dieser Palast!« 6 Denn so
spricht der Herr über den Palast des Königs von
Juda: »Du bist mir zwar (kostbar) wie Gilead, wie
der Gipfel des Libanon; doch wahrlich, ich mache
dich zur Wüste, zum unbewohnten Land. 7 Verder-
ber bestelle ich wider dich, einen jeden mit seiner
Axt. Deine erlesenen Zedern hauen sie um und
werfen sie in das Feuer.« 8 Wenn dann viele Volks-
scharen an dieser Stadt vorüberziehen und einander
fragen: »Warum verfuhr der Herr derartig mit dieser
großen Stadt?«, 9 dann wird man erwidern: »Weil
sie den Bund mit dem Herrn, ihrem Gott, verlassen,
fremde Götter angebetet und ihnen gedient haben.«

Sallum (Joachas)

10 Weinet nicht um den Toten, haltet um ihn keine
Trauer! Bitter weinet um den, der fortzieht; denn
nimmer kehrt er zurück und sieht nie wieder sein
Heimatland! 11 Denn so spricht der Herr über Sallum,
den Sohn Josias, den König von Juda, der seinem
Vater Josia in der Königsherrschaft folgte: »Der fort-
zog von dieser Stätte, kehrt nie mehr dahin zurück;
12 er stirbt vielmehr an dem Ort, wohin man ihn weg-
führte, und dieses Land sieht er nicht wieder.«

Gegen Jojakim

13 »Weh dem, der sein Haus mit Unrecht baut, seine
Obergemächer mit Rechtlosigkeit, der seinen
Nächsten umsonst sich mühen läßt und ihm seinen
Lohn vorenthält, 14 der spricht: ›Ich baue mir ein
geräumiges Haus und weiter Obergemächer‹, der
daran Fenster ausbricht, es mit Zedernholz täfelt
und rot bemalt. 15 Bist du König geworden, um dich
eifrig mit Zedernbauten zu beschäftigen? Hat dein
Vater nicht auch gegessen und getrunken? Und
doch übte er Recht und Gerechtigkeit; da ging es
ihm gut. 16 Er vertrat des Armen und Elenden Recht;
da war es gut. Heißt nicht dies mich wirklich er-
kennen?« – Spruch des Herrn. 17 »Dagegen richten
sich deine Augen und dein Herz ausschließlich auf
deinen Gewinn und auf der Unschuldigen Blut, das
du vergießest, auf Gewalt und Bedrückung, die du
verübst.« 18 So spricht denn der Herr über Jojakim,
den Sohn des Josia, den König von Juda. »Toten-
klage hält man ihm nicht: ›Ach, mein Bruder, ach,
Schwester!‹, nein, um ihn klagt man nicht: ›Ach, der
Gebieter, ach, seine Majestät!‹ 19 Ein Eselsbegräbnis
wird er erhalten; man schleift ihn hinweg und wirft
ihn hin außerhalb der Tore Jerusalems.«

Jerusalems Sturz

20 Auf den Libanon steige und schreie, in Basan er-
hebe deinen Ruf! Schreie von den Abarimbergen
herab, daß all deine Freunde zerschmettert sind!
21 Ich redete dir zu, als du noch sorglos warst; du
hast erwidert: »Ich höre nicht!« Dies war dein Be-
nehmen von Jugend auf, daß du nicht hörtest auf
meine Stimme. 22 All deine Hirten weidet der Wind,
und deine Freunde müssen in die Verbannung.
Dann kommst du in Schmach und Schande ob all
deiner Bosheit. 23 Die du auf dem Libanon thronst,
auf den Zedern dein Nest hast, wie wirst du stöh-
nen, wenn dich Wehen befallen, Krämpfe wie bei
einer Gebärenden!

Über Jojachin

24 »So wahr ich lebe« – Spruch des Herrn –, »wenn
auch Konjahu (Jojachin), der Sohn Jojakims, der
König von Juda, ein Siegelring wäre an meiner
Rechten, ich risse dich von da hinweg! 25 Ich gebe
dich in die Gewalt derer, die dir nach dem Leben
trachten, und in die Gewalt derer, vor denen dir
bangt: in die Hand des Königs Nebukadnezar von
Babel und in die Hand der Kaldäer. 26 Ich schleudere
dich und deine Mutter, die dich geboren, fort in ein
fremdes Land, das nicht eure Heimat ist, und da-
selbst müßt ihr sterben. 27 Aber in das Land, wohin
sie sehnlichst heimkehren möchten, dorthin kehren
sie niemals zurück. 28 Ist denn dieser Mann Konjahu
ein verachtetes, zerschlagenes Gefäß oder ein
Gerät, das niemand mag? Warum wird er wegge-
schleudert und hingeworfen in ein Land, das ihm
unbekannt ist?« 29 Land! Land! Land! Höre das
Wort des Herrn! 30 So spricht der Herr: »Diesen
Mann schreibt als kinderlos ein, als Mann, der im
Leben ohne Erfolg war! Denn keinem seiner Nach-
kommen wird es gelingen, auf dem Throne Davids
zu sitzen und in Juda wieder zu herrschen!«

Schlechte Hirten

23 1 »Wehe den Hirten, die die Schafe mei-
ner Weide zugrunde richten und zer-
streuen!« – Spruch des Herrn. 2 Darum
spricht der Herr, der Gott Israels, wider die Hirten,
die mein Volk weiden: »Ihr seid es, die meine
Schafe zerstreuten und auseinanderjagten und sich
um sie nicht kümmerten. Wartet, nun will ich euch
heimsuchen um eurer bösen Taten willen« – Spruch
des Herrn. 3 »Ich selbst aber sammle den Rest
meiner Schafe aus allen Ländern, in die ich sie ver-
sprengt habe, und bringe sie wieder auf ihre Aue,
daß sie sich mehren und zahlreich werden. 4 Ich
bestelle ihnen Hirten, die sie hüten sollen; sie brau-
chen sich dann nicht mehr zu fürchten und zu
ängstigen, und man wird keines mehr vermissen« –
Spruch des Herrn.

Der Davidssproß

5 »Fürwahr, Tage werden kommen« – Spruch des
Herrn –, »da lasse ich dem David einen gerechten
Sproß erstehen; als König herrscht er in Weisheit,
im Lande vollbringt er Recht und Gerechtigkeit.
6 Heil kommt über Juda in seinen Tagen, und Israel
wohnt in Sicherheit; dies ist der Name, den man
ihm gibt: ›Herr, unsere Gerechtigkeit!‹ 7 Darum
seht, es kommen Tage«, – Spruch des Herrn –, »da
sagt man nicht mehr: ›So wahr der Herr lebt, der die
Israeliten aus Ägypten heraufgeführt hat‹, 8 son-
dern: ›So wahr der Herr lebt, der die Nachkommen
des Hauses Israel aus dem Nordland und aus allen
anderen Ländern, wohin ich sie versprengte, her-
aufgeführt und heimgebracht hat, damit sie wieder
auf ihrem Heimatboden wohnen.‹«

Ruchlose Propheten

9 Den Propheten gilt: In meiner Brust bricht mir das
Herz, alle meine Glieder zittern; wie ein Betrunke-
ner bin ich, wie ein Mensch, den der Wein über-
mannt, vor dem Antlitz des Herrn und seinen heili-
gen Worten: 10 »Das Land ist mit Ehebrechern
gefüllt; ja, ihretwegen vertrocknet das Land, sind
verdorrt die Auen der Trift. Ihr Streben ist Bosheit,
ihre Stärke ist Unrecht. 11 Ja, selbst Prophet und
Priester sind gottlos, sogar in meinem Hause fand
ich ihre Bosheit« – Spruch des Herrn. 12 »Darum
wird ihnen ihr Weg wie ein schlüpfriger Pfad; im
Dunkel stürzen sie hin und fallen darauf. Denn
Unheil bringe ich über sie in ihrer Heimsuchungs-
zeit« – Spruch des Herrn.

Propheten in Jerusalem

13 »Bei Samarias Propheten bemerkte ich Ärger-
liches; sie prophezeiten beim Baal und verführten
mein Volk Israel. 14 Bei den Propheten Jerusalems
aber sah ich Grauenhaftes: Ehebruch, lügenhaftes
Verhalten und Bestärkung der Übeltäter, daß keiner
von seiner Bosheit sich abwendet. Sie sind für
mich alle wie Sodom und seine Bewohner wie
Gomorra.« 15 Darum spricht der Herr der Heere
wider die Propheten: »Fürwahr, mit Wermut speise
ich sie, und mit Giftwasser tränke ich sie! Denn von
den Propheten Jerusalems ist die Ruchlosigkeit aus-
gegangen über das ganze Land!«

Ohne Ruf und Berufung

16 So spricht der Herr der Heerscharen: »Auf Pro-
phetenworte höret nicht hin, denn sie betören euch
nur; sie verkünden selbsterdachte Offenbarung, die
nicht aus dem Munde des Herrn kam. 17 Den
Verächtern des Wortes des Herrn verheißen sie:
›Euch wird Heil zuteil!‹ Wer seines Herzens Starr-
sinn folgt, dem sagen sie: ›Über euch bricht kein
Unheil herein!‹ 18 Wer von ihnen steht im Rate des
Herrn, daß er ihn sähe und sein Wort hörte? Wer
hat sein Wort vernommen und kann es künden?
19 Fürwahr, ein Sturm vom Herrn bricht los, ein
Wirbelsturm; über das Haupt der Gottlosen braust
er dahin. 20 Der Zorn des Herrn wendet sich nicht,
bis daß er vollbracht und vollführt seines Herzens
Plan; am Ende der Tage erkennt ihr es deutlich!
21 Ich sandte diese Propheten nicht, aber sie laufen
dennoch; ich redete nicht zu ihnen, aber sie weis-
sagen trotzdem. 22 Hätten sie gestanden in meinem
Rat, so würden sie meine Worte meinem Volk ver-
künden und es von seinem bösen Wandel bekehren
und von seinen schlimmen Taten.

Lügenhafte Träume

23 Bin ich denn nur aus der Nähe ein Gott« – Spruch
des Herrn – »und nicht vielmehr ein Gott aus der
Ferne? 24 Oder kann sich einer in Verstecken ver-
bergen, so daß ich ihn sehen kann?« – Spruch des
Herrn. »Bin nicht ich es, der Himmel und Erde er-
füllt?« – Spruch des Herrn. 25 »Ich habe gehört, was
die Propheten reden, die in meinem Namen Lüge
weissagen: ›Ich hatte einen Traum, ja, einen Traum
hatte ich!‹ 26 Wie lange noch (treiben sie es so)? Ist
denn etwas Echtes im Herzen der Propheten, die
Lüge weissagen und den Trug ihres Herzens? 27 Sie
haben die Absicht, durch ihre Träume, die sie ein-
ander erzählen, meinen Namen bei meinem Volk in
Vergessenheit zu bringen, wie auch ihre Väter
meinen Namen über dem Baal vergaßen. 28 Der Pro-
phet, der einen Traum hat, erzählt nur einen Traum,
wer aber mein Wort hat, redet in Wahrheit mein
Wort. Was hat denn das Stroh mit dem Korn zu
tun?« – Spruch des Herrn. 29 »Ist nicht mein Wort
wie ein brennendes Feuer« – Spruch des Herrn –,
»wie ein Hammer, der Felsen zerschmettert? 30 Da-
rum, fürwahr, trete ich auf gegen die Propheten« –
Spruch des Herrn –, »die einander meine Worte
wegstehlen! 31 Ich trete auf gegen die Propheten« –
Spruch des Herrn –, »die ihre Zunge loslassen und
Prophetensprüche reden! 32 Ja, ich trete auf gegen
die Propheten mit ihren Lügenträumen« – Spruch
des Herrn –, »sie erzählen dieselben und führen
mein Volk durch ihre Lügen und ihr Geschwätz in
die Irre. Ich sandte sie nicht und beauftragte sie
nicht, und einen Nutzen bringen sie diesem Volk in
keiner Weise« – Spruch des Herrn.

Last des Herrn

33 »Fragt dich dieses Volk [Prophet oder Priester]:
›Was ist der Lastspruch des Herrn?‹, so erwidere
ihnen: ›Ihr seid die Last, und ich werfe euch ab‹« –
Spruch des Herrn. 34 »Den Propheten aber und den

Priester und die Laien, die ›Last des Herrn‹ sagen, suche ich strafend heim samt ihrem Haus« – Spruch des Herrn. 35 So sollt ihr zueinander, einer dem andern gegenüber, sprechen: »Was hat der Herr geantwortet?« oder »Was hat der Herr geredet?« 36 Aber »Last des Herrn« gebraucht fürderhin nicht mehr! Denn darf sein Wort für jemand zur Last werden, so daß ihr die Worte des lebendigen Gottes, unseres Gottes, des Herrn der Heere, verdrehen dürftet? 37 Sprich also zum Propheten: »Was hat der Herr dir geantwortet?« oder: »Was hat der Herr geredet?« 38 Sagt ihr aber »Last des Herrn«, so spricht der Herr dazu folgendes: »Ihr bedient euch dieses Wortes ›Last des Herrn‹, obwohl ich euch verbieten ließ, ›Last des Herrn‹ zu sagen; 39 darum hebe ich euch auf und schleudere euch und die Stadt, die ich euch und euren Vätern gegeben habe, hinweg von meinem Antlitz! 40 Immerwährende Schmach verhänge ich über euch und ewige Schande, die unvergessen bleibt.«

23,14f: Gott geht mit den falschen Propheten ins Gericht. • 33: Im Hebräischen liegt ein Wortspiel vor. Das gleiche Wort bedeutet sowohl »Last« als auch »(prophetischer) Ausspruch«. Diesen als Last zu empfinden, grenzt an Gotteslästerung.

Gleichnis von den Feigenkörben

24 1 Der Herr zeigte mir in einer Schau zwei Feigenkörbe, die vor dem Tempel des Herrn standen. Es war in der Zeit, nachdem Nebukadnezar, der König von Babel, den Jechonja, den Sohn Jojakims, den König von Juda, samt den Fürsten Judas und den Schmieden und Schlossern von Jerusalem fortgeführt und nach Babel verschleppt hatte. 2 In dem einen Korb waren ganz vorzügliche Feigen nach Art der Frühfeigen, im zweiten Korb dagegen befanden sich vollkommen verdorbene Feigen, so daß sie ungenießbar waren. 3 Der Herr fragte mich: »Was siehst du, Jeremias?« Ich entgegnete: »Feigen! Die guten Feigen sind ganz vortrefflich, die verdorbenen aber ganz schlecht, so daß man sie nicht essen kann.«
4 Da erging das Wort des Herrn an mich: 5 »So spricht der Herr, der Gott Israels: Wie diese guten Feigen, so schaue ich die verbannten Judäer, die ich von dieser Stätte ins Land der Kaldäer fortgeschickt habe, huldvoll an. 6 Ich richte meine Blicke gnädig auf sie und führe sie heim in dieses Land; ich baue sie auf und zerstöre sie nicht mehr, pflanze sie ein und reiße sie nicht mehr aus. 7 Ich schenke ihnen ein Herz, mich zu erkennen, nämlich, daß ich der Herr bin. Dann werden sie mein Volk sein, und ich werde ihr Gott sein; denn sie werden sich von ganzem Herzen zu mir bekehren. 8 Aber wie die schlechten Feigen, die verdorben und ungenießbar waren« – spricht der Herr –, »so behandle ich Zidkia, den König von Juda, samt seinen Fürsten und dem Rest von Jerusalem, denen, die in diesem Lande verblieben, und denen, die sich im Lande Ägypten seßhaft machten. 9 Ich mache sie zum Entsetzen für alle Reiche der Erde, zum Schimpf und Spott, zum Hohn und Fluch an allen Orten, wohin ich sie verstoße. 10 Ich sende unter sie das Schwert, den Hunger und die Pest, bis sie vollkommen aus dem Lande, das ich ihnen und ihren Vätern verliehen habe, vertilgt sind.«

Siebzigjährige Dienstbarkeit

25 1 Das Wort, das im vierten Jahr des Jojakim, des Sohnes Josias, des Königs von Juda – es war das erste Regierungsjahr Nebukadnezars, des Königs von Babel – an Jeremias wider das ganze Volk Juda erging 2 und das der Prophet Jeremias zum gesamten Volke von Juda und zu allen Bewohnern Jerusalems redete: 3 »Seit dem 13. Jahre des Josia, des Sohnes Amons, des Königs von Juda, bis heute, dreiundzwanzig Jahre lang, erging des Herrn Wort an mich. Immer wieder und wieder habe ich zu euch geredet, [ihr aber habt nicht gehört. 4 Der Herr sandte alle seine Knechte, die Propheten, immer wieder zu euch, aber ihr habt nicht gehört und euer Ohr nicht hingeneigt, um zu hören.] 5 Bekehrt euch doch, jeder von seinem bösen Wandel und seinem schlimmen Tun; dann bleibt ihr auf dem Boden wohnen, den der Herr euch und euren Vätern für immerwährende Zeiten gegeben hat!« 6 »Lauft nicht hinter anderen Göttern her, ihnen zu dienen und sie anzubeten, und kränkt mich nicht durch eurer Hände Werk, damit ich euch nichts Übles antun muß! 7 Aber ihr habt nicht auf mich gehört« – Spruch des Herrn –, »ihr kränkt mich durch eurer Hände Werk, euch selbst zum Unheil.«
8 Darum spricht der Herr der Heere: »Weil ihr nicht auf meine Worte gehört habt, 9 seht, so sende ich nun hin und hole alle Nordstämme herbei« [Spruch des Herrn –, »Nebukadnezar, den König von Babel, meinen Knecht]. Ich lasse sie über dieses Land und seine Bewohner und über alle Völker ringsum hereinbrechen. Ich vollstrecke an ihnen den Bann und mache sie zu einem Gegenstand des Grauens, des Spottes und des Hohnes für immer. 10 Ich lasse bei ihnen verschwinden Jubelruf und Freudenruf, die Stimme des Bräutigams und der Braut, das Geräusch der Handmühle und das Licht der Lampe.
11 Dieses ganze Land wird zur Trümmerstätte, zur Wüste, und diese Völker werden dem König von

Babel siebzig Jahre lang untertan sein. 12 [Nach Ablauf der siebzig Jahre aber vergelte ich am König von Babel und jenem Volke« – Spruch des Herrn – »ihre Schuld, auch am Land der Kaldäer, und mache es zu einer Wüstenei für immer.] 13 Ich erfülle dann an diesem Land all meine Worte, die ich über es verkündet habe, alles, was in diesem Buche geschrieben steht [, was Jeremias über alle Völker geweissagt hat. 14 Denn große Völker und machtvolle Könige werden auch jene zur Dienstbarkeit zwingen; so vergelte ich ihnen, was sie taten und was ihre Hände verübten].«

Zornesbecher für die Völker

15 Denn so sprach der Herr, der Gott Israels, zu mir: »Nimm diesen Becher voll Zornwein aus meiner Hand, und laß alle Völker, zu denen ich dich sende, davon trinken! 16 Trinken sollen sie, taumeln und von Sinnen kommen vor dem Schwert, das ich unter sie schicke!« 17 Da nahm ich den Becher aus der Hand des Herrn und ließ alle Völker trinken, zu denen der Herr mich sandte: 18 Jerusalem und die Städte Judas, seine Könige und seine Fürsten, um sie zum Trümmerhaufen zu machen, zum Gegenstande des Grauens, des Hohns und des Fluches, wie es heute der Fall ist, 19 den Pharao, den König von Ägypten, samt seinen Knechten und Fürsten und seinem ganzen Volk, 20 das gesamte Völkergemisch und alle Könige des Landes Uz, alle Könige des Philisterlandes, Askalon und Gaza, Ekron und den Überrest von Asdod, 21 Edom, Moab und die Ammoniter, 22 alle Könige von Tyrus und alle Könige von Sidon und die Könige der Küste jenseits des Meeres, 23 Dedan, Tema, Bus und alle mit gestutztem Haarrand, 24 alle Könige Arabiens und alle Könige des Völkergemisches, die in der Steppe wohnen, 25 alle Könige Simris, alle Könige von Elam und alle Könige von Medien, 26 endlich alle Könige des Nordens, die nahen und die fernen, einen nach dem andern, und alle Reiche der Welt, die es auf dem Erdboden gibt. Doch der König von Scheschak (d. h. Babel) soll nach ihnen trinken. 27 Rede zu ihnen: So spricht der Herr der Heerscharen, der Gott Israels: Trinket, daß ihr trunken werdet und ausspeien und fallen müßt und nicht wieder aufsteht vor dem Schwert, das ich unter euch sende! 28 Weigern sie sich aber, den Becher aus deiner Hand zu nehmen und zu trinken, dann sage zu ihnen: So spricht der Herr der Heerscharen: Ihr müßt dennoch trinken! 29 Denn siehe, bei der Stadt, die nach mir benannt ist, beginne ich mit dem Unheil, und ihr solltet da verschont bleiben? Nein, nicht werdet ihr verschont bleiben; denn ich rufe das Schwert wider alle Bewohner der Erde« – Spruch des Herrn der Heerscharen.

Das Völkergericht

30 »All diese Drohungen tu ihnen kund und wende dich an sie: Aus der Höhe herab brüllt der Herr, seinen Ruf läßt er schallen von seiner heiligen Wohnstatt. Mächtig brüllt er über seiner Aue; einen Zuruf stimmt er an wie Keltertreter. Zu allen Bewohnern der Erde 31 dringt das Getöse, ja bis ans Ende der Erde; denn Streit hat der Herr mit den Völkern, er hält Gericht über alles Fleisch, er überliefert die Frevler dem Schwert« – Spruch des Herrn.

Großer Sturm

32 So spricht der Herr der Heerscharen: »Fürwahr, Unheil schreitet von Volk zu Volk, ein gewaltiger Sturm bricht los von den Enden der Erde. 33 Die Erschlagenen des Herrn liegen alsdann von einem Ende der Erde bis zum anderen. Nicht beklagt man sie, man sammelt sie nicht, kein Begräbnis wird ihnen zuteil; sie dienen als Mist auf dem Acker.

Schreiende Hirten

34 Heult, ihr Hirten, und schreit! Duckt euch, ihr Lenker der Herde! Denn die Zeit ist da, euch zu schlachten und euch zu zerschmettern, so daß ihr stürzt wie ein Prachtgefäß. 35 Keine Flucht ist möglich den Hirten, kein Entrinnen den Lenkern der Herde. 36 Horch, wie die Hirten schreien und die Lenker der Herde heulen! Denn der Herr verheert ihre Weide. 37 Zerstört sind die friedlichen Auen vor dem glühenden Zorne des Herrn. 38 Wie ein Löwe verläßt er sein Dickicht; denn zur Wüste wurde das Land vor seinem verheerenden Schwert und vor der Glut seines Zornes.

Tempelrede

26 1 Im Anfang der Regierung Jojakims, des Sohnes Josias, des Königs von Juda, erging vom Herrn folgendes Wort: 2 »So spricht der Herr: Stelle dich in den Vorhof des Hauses des Herrn und rede zu den Leuten aus allen Ortschaften Judas, die gekommen sind, um im Hause des Herrn anzubeten, alle Drohworte, deren Verkündigung ich dir befohlen habe; laß kein Wort weg! 3 Vielleicht hören sie und bekehren sich von ihrem bösen Wandel. Dann würde ich vom Unheil absehen, das ich wegen ihrer schlimmen Taten zu schicken plane. 4 So rede denn zu ihnen: So spricht der Herr: Folgt ihr mir nicht und wandelt ihr nicht nach dem Gesetz, das ich euch gegeben habe, 5 indem ihr hört auf die Worte meiner Knechte, der Propheten, die ich immer wieder zu euch sende, obwohl ihr nicht hören wollt, 6 dann verfahre ich

mit diesem Haus wie mit Silo und mache diese Stadt zu einem Fluchwort für alle Völker der Erde.«

Jeremias verhaftet

7 Die Priester und Propheten sowie alles Volk hörten, wie Jeremias diese Worte im Hause des Herrn vortrug. 8 Als nun Jeremias seine Rede beendet hatte, die er im Auftrag des Herrn vor allem Volke halten mußte, da ergriffen ihn die Priester und die Propheten und alles Volk, wobei sie schrieen: »Jetzt mußt du aber sterben! 9 Warum verkündest du im Namen des Herrn: Wie Silo wird es diesem Haus ergehen, und diese Stadt wird verwüstet und menschenleer werden?« Und das ganze Volk rottete sich gegen Jeremias im Hause des Herrn zusammen.

Gerichtsverhandlung und Freispruch

10 Die Würdenträger Judas aber bekamen von diesen Vorgängen zu hören. Sie eilten vom Königspalast zum Hause des Herrn hinauf und nahmen am Eingang des Neuen Tempeltores Platz. 11 Da riefen die Priester und Propheten den Würdenträgern und dem gesamten Volke zu: »Dieser Mann hat den Tod verdient, denn er weissagte wider diese Stadt, wie ihr es mit eigenen Ohren vernommen habt.« 12 Jeremias aber entgegnete allen Würdenträgern und dem gesamten Volk: »Der Herr sandte mich, um wider dieses Haus und wider diese Stadt all die Worte zu weissagen, welche ihr gehört habt. 13 Bessert nun euren Wandel und eure Taten, und hört auf die Stimme des Herrn, eures Gottes, dann läßt sich der Herr des Unheils gereuen, das er euch angedroht hat! 14 Ich selbst bin in eurer Hand. Tut mit mir, was euch gut und recht dünkt! 15 Jedoch müßt ihr wissen, daß ihr, wenn ihr mich tötet, unschuldiges Blut über euch, über diese Stadt und ihre Bewohner bringt. Denn der Herr hat mich wirklich zu euch gesandt, all diese Worte vor euren Ohren zu verkünden.« 16 Da sprachen die Würdenträger und das ganze Volk zu den Priestern und Propheten: »Dieser Mann hat den Tod nicht verdient; denn er sprach zu uns im Namen des Herrn, unseres Gottes.« 17 Es waren nämlich einige von den Ältesten des Landes aufgestanden und hatten zur gesamten Volksversammlung gesagt: 18 »Micha von Moreschet wirkte in der Zeit des Hiskia, des Königs von Juda, als Prophet. Er sagte zum ganzen Volk von Juda: So spricht der Herr der Heere: ›Als Acker wird der Sion gepflügt, zum Trümmerhaufen wird Jerusalem, zur Waldeshöhe der Tempelberg!‹ 19 Hat ihn etwa Hiskia, der König von Juda, und Gesamtjuda getötet? Hat er nicht vielmehr Gottesfurcht bewiesen und den Herrn zu begütigen gesucht, so daß der Herr sich des Unheils gereuen ließ, das er ihnen angedroht hatte? Und wir sollten ein so furchtbares Unrecht tun zu unserem eigenen Schaden?«

Martyrertod des Uria

20 Damals trat noch ein anderer Mann im Namen des Herrn als Prophet auf, Uria, der Sohn des Schemaja aus Kirjat-Jearim. Er weissagte wider diese Stadt und dieses Land mit ganz ähnlichen Worten wie Jeremias. 21 Der König Jojakim, seine sämtlichen Heerführer und alle obersten Beamten vernahmen seine drohenden Worte. Daher trachtete ihm der König nach dem Leben. Uria erfuhr es, fürchtete sich und floh nach Ägypten. 22 Der König Jojakim aber sandte Leute nach Ägypten, und zwar Elnatan, den Sohn des Achbor, samt einigen Männern. 23 Sie führten den Uria aus Ägypten weg und schleppten ihn zum König Jojakim. Dieser ließ ihn mit dem Schwert hinrichten und seinen Leichnam zu den Gräbern der gewöhnlichen Leute werfen. 24 Indes schützte Achikam, der Sohn Schaphans, den Jeremias, so daß man ihn nicht der Gewalt des Pöbels zur Ermordung ausliefern konnte.

26,18: Vgl. Mich 3,12.

Ein Botenspruch vom Jochtragen

27

1 Im Anfang der Regierung Zidkias, des Sohnes Josias, des Königs von Juda, erging vom Herrn folgendes Wort an Jeremias: 2 »So sprach der Herr zu mir: Mache dir Stricke und Jochhölzer und lege sie dir auf den Nacken! 3 Sende eine Botschaft an den König von Edom, den König von Moab, den König der Ammoniter, den König von Tyrus und den König von Sidon durch ihre Gesandten, die zu Zidkia, dem König von Juda, nach Jerusalem gekommen sind. 4 Weise sie an, ihren Gebietern folgendes zu sagen: So spricht der Herr der Heerscharen, der Gott Israels: Sprechet so zu euren Gebietern: 5 Ich erschuf die Erde, Menschen und Tiere, die sich auf der Erde befinden, mit meiner gewaltigen Kraft und meinem ausgestreckten Arme und kann sie verleihen, wenn ich will. 6 Nunmehr überliefere ich alle diese Länder in die Gewalt meines Knechtes, des Königs Nebukadnezars von Babel; selbst die Tiere des Feldes stelle ich ihm zu Diensten. 7 Alle Völker sollen ihm, seinem Sohn und seinem Enkel dienen, bis die Zeit auch für sein eigenes Land kommt, da große Völker und gewaltige Könige es sich untertan machen. 8 Will aber ein Volk oder ein Reich dem König Nebukadnezar von Babel nicht untertan sein und seinen Nacken nicht unter das Joch des Königs

von Babel beugen: Mit Schwert, Hunger und Pest ahnde ich es an jenem Volke« – Spruch des Herrn –, »bis ich es seiner Gewalt überliefert habe. 9 Ihr aber, hört doch nicht auf eure Propheten, eure Wahrsager, eure Träumer, auf eure Zeichendeuter und Zauberer, die zu euch sprechen: ›Ihr braucht dem König von Babel nicht zu dienen!‹ 10 Denn Lüge verkünden sie euch. Dadurch machen sie euch eurer Heimat verlustig, da ich euch verstoßen muß, so daß ihr zugrunde geht. 11 Das Volk aber, das seinen Nacken unter das Joch des Königs von Babel beugt und ihm dient, lasse ich auf seiner heimatlichen Scholle wohnen« – Spruch des Herrn –, »es darf sie bebauen und darauf wohnen.«

Spruch an Zidkia

12 Zu Zidkia, dem König von Juda, sprach ich ganz in diesem Sinne folgendes: »Beugt euren Nacken unter das Joch des Königs von Babel und werdet ihm und seinem Volke untertan, dann bleibt ihr am Leben! 13 Warum wollt ihr denn, du und dein Volk, durch Schwert, Hunger und Pest sterben, wie der Herr dem Volke androhte, das dem König von Babel nicht dienen will? 14 Hört nicht auf das Gerede der Propheten, die euch weismachen: ›Ihr braucht dem König von Babel nicht dienstbar zu werden!‹ Denn Lüge verkünden sie euch.« 15 »Ich habe sie nicht gesandt« – Spruch des Herrn –, »so daß es Lüge ist, wenn sie in meinem Namen weissagen; die Folge ist, daß ich euch verstoßen muß und ihr zugrunde geht, ihr mitsamt den Propheten, die euch weissagen.«

An Priester und Volk

16 Zu den Priestern und zu diesem ganzen Volke sprach ich: »So spricht der Herr: Hört nicht auf die Worte eurer Propheten, die euch weissagen: ›Die Geräte des Hauses des Herrn werden jetzt bald von Babel zurückgebracht werden‹; denn Lüge verkünden sie euch. 17 Hört nicht auf sie! Werdet dem König von Babel dienstbar, dann bleibt ihr am Leben! Warum soll diese Stadt ein Trümmerhaufen werden? 18 Sind sie Propheten und verfügen sie wirklich über das Wort des Herrn, so mögen sie doch fürbittend beim Herrn der Heerscharen dafür eintreten, daß die Geräte, die im Hause des Herrn und im Palast des Königs von Juda und in Jerusalem verblieben sind, nicht auch noch nach Babel kommen! 19 Denn so spricht der Herr der Heerscharen betreffs der Säulen, des ehernen Meeres, der Gestelle und der übrigen Geräte, die noch in dieser Stadt verblieben sind, 20 die Nebukadnezar, der König von Babel, noch nicht geraubt hat, als er Jechonja, den Sohn Jojakims, den König von Juda, aus Jerusalem nach Babel verschleppte samt allen Vornehmen von Juda und Jerusalem: 21 [Ja, so spricht der Herr der Heerscharen, der Gott Israels, betreffs der Geräte, die noch im Hause des Herrn und im Palast des Königs und in Jerusalem verblieben sind:] 22 ›Nach Babel werden sie gebracht, und sie werden dort bleiben bis auf den Tag, da ich mich um sie kümmere‹ – Spruch des Herrn – ›und sie hole und an diese Stätte zurückbringe.‹«

Der falsche Prophet Chananja

28 1 Im selben Jahre – es war zu Beginn der Regierung Zidkias, des Königs von Juda, im vierten Jahre –, im fünften Monat sprach Chananja, der Sohn des Assur, der Prophet aus Gibeon, zu Jeremias im Hause des Herrn vor den Priestern und dem ganzen Volke: 2 »So spricht der Herr der Heerscharen, der Gott Israels: Ich zerbreche das Joch des Königs von Babel. 3 Innerhalb von zwei Jahren bringe ich an diese Stätte zurück alle Geräte des Hauses des Herrn, die Nebukadnezar, der König von Babel, hier geraubt und nach Babel gebracht hat. 4 Auch Jechonja, Jojakims Sohn, den König von Juda, und alle nach Babel Verschleppten Judas bringe ich an diesen Ort zurück« – Spruch des Herrn –, »denn ich zerbreche das Joch des Königs von Babel.«

5 Da entgegnete der Prophet Jeremias dem Propheten Chananja vor den Priestern und dem ganzen Volke, das im Hause des Herrn stand. 6 Der Prophet Jeremias sagte: »Gewiß, so handle der Herr! Der Herr möge deine Worte, die du verkündet hast, in Erfüllung gehen lassen und bringe die Geräte des Hauses des Herrn und alle Verbannten aus Babel an diese Stätte zurück! 7 Höre jedoch dieses Wort, das ich nun dir und dem gesamten Volk in die Ohren rufe: 8 Die Propheten, die vor mir und vor dir seit je gewirkt haben, weissagten gegen große Länder und gewaltige Reiche von Krieg, Unheil und Pest. 9 Der Prophet aber, der von Heil weissagt, wird erst, wenn das prophetische Wort eintrifft, als solcher erkannt; dann hat der Herr ihn wirklich gesandt.«

10 Da nahm der Prophet Chananja das Jochholz vom Nacken des Propheten Jeremias und brach es entzwei. 11 Chananja sprach vor dem ganzen Volke: »So spricht der Herr: Ebenso zerbreche ich das Joch des Königs Nebukadnezar von Babel, und zwar innerhalb zweier Jahre, und nehme es weg vom Nacken aller Völker.« Da ging der Prophet Jeremias seines Weges. 12 Nun erging das Wort des Herrn an Jeremias, nachdem der Prophet Chananja das Jochholz vom Nacken des Jeremias genommen und zer-

brochen hatte: 13 »Geh hin und sage zu Chananja:
So spricht der Herr: Jochstangen aus Holz hast du
zerbrochen, aber dafür Jochstangen aus Eisen gefer-
tigt. 14 Denn so spricht der Herr der Heerscharen,
der Gott Israels: Ein eisernes Joch zwinge ich dem
Nacken aller dieser Völker auf, daß sie Nebukadne-
zar, dem König von Babel, dienen. [Sie werden ihm
dienen, und auch die Tiere des Feldes stelle ich zu
seinen Diensten.«] 15 Da antwortete der Prophet
Jeremias dem Propheten Chananja: »Hör doch,
Chananja! Der Herr hat dich nicht gesandt, und du
wiegst dieses Volk in falsche Sicherheit. 16 Darum
spricht der Herr: Siehe, ich nehme dich weg vom
Erdboden; noch in diesem Jahre wirst du sterben;
denn du hast Auflehnung wider den Herrn gepre-
digt.« 17 Der Prophet Chananja starb im selben Jahr
im siebten Monat.

Jeremias schreibt an die Verbannten in Babel

29 1 Dies ist der Wortlaut des Briefes, den
der Prophet Jeremias von Jerusalem aus
an den Rest der Ältesten der Verbann-
tengemeinde, an die Priester, Propheten und das
ganze Volk sandte, das Nebukadnezar von Jeru-
salem nach Babel fortgeführt hatte, 2 nachdem der
König Jechonja und die Königinmutter, die Hof-
beamten, die Würdenträger von Juda und Jeru-
salem, die Schmiede und Schlosser Jerusalem ver-
lassen hatten. 3 Er schickte den Brief durch
Vermittlung des Elasa, des Sohnes Schaphans, und
des Gemarja, des Sohnes des Hilkia, welche Zidkia,
der König von Juda, nach Babel zu Nebukadnezar,
dem König von Babel, sandte: 4 »So spricht der Herr
der Heerscharen, der Gott Israels, zur gesamten
Verbanntengemeinde, die man von Jerusalem nach
Babel weggeführt hat: 5 ›Baut Häuser und wohnt
darin, pflanzt Gärten und verzehrt ihre Frucht!
6 Nehmt Frauen, zeugt Söhne und Töchter, nehmt
Frauen für eure Söhne und gebt eure Töchter Män-
nern, daß sie Söhne und Töchter bekommen; ihr
sollt euch dort vermehren und nicht vermindern!
7 Bemüht euch um das Wohlergehen des Landes, in
das ich euch weggeführt, und betet für dieses zum
Herrn; denn auf seinem Wohl beruht euer eigenes
Wohl.‹ 8 So spricht der Herr der Heerscharen, der
Gott Israels: ›Laßt euch nicht täuschen von euren
Propheten, die unter euch sind, und von euren
Wahrsagern! Höret nicht auf ihre Träume, die sie
träumen! 9 Denn Lüge ist, was sie euch in meinem
Namen weissagen! Ich habe sie nicht gesandt‹ –
Spruch des Herrn. 10 Ja, so spricht der Herr: ›Sind
siebzig Jahre für Babel vorbei, dann nehme ich mich
euer wieder an und erfülle an euch meine Ver-
heißung, daß ich euch an diese Stätte heimführen
werde. 11 Denn ich weiß wohl, welcher Art meine
Gedanken über euch sind‹ – Spruch des Herrn –,
›Gedanken des Heils und nicht des Unheils, um
euch eine hoffnungsvolle Zukunft zu gewähren.
12 Ruft ihr mich an und wendet ihr euch betend an
mich, so will ich euch erhören. 13 Sucht ihr mich, so
werdet ihr mich finden. Ja, wenn ihr von ganzem
Herzen nach mir fragt, 14 dann lasse ich mich von
euch finden‹ – Spruch des Herrn. ›Ich wende euer
Schicksal und sammle euch aus allen Völkern und
von allen Orten, wohin ich euch verstoßen habe‹, –
Spruch des Herrn – ›und führe euch zurück an die
Stätte, von der ich euch in die Verbannung schlep-
pen ließ.‹ 15 Ihr wendet nun ein: ›Der Herr hat uns
in Babel Propheten erweckt.‹ 16 [Denn so spricht der
Herr über den König, der auf dem Throne Davids
sitzt, und über alles Volk, das noch in dieser Stadt
wohnt, nämlich eure Brüder, die nicht mit euch in
die Verbannung mußten, – 17 so spricht der Herr der
Heerscharen: ›Siehe, ich sende gegen sie Schwert,
Hunger und Pest und behandle sie wie abscheuliche
Feigen, die zu schlecht sind, als daß man sie ge-
nießen könnte. 18 Ich verfolge sie mit Schwert, Hun-
ger und Pest und mache sie zum Entsetzen für alle
Reiche der Erde, zum Fluch und Grauen, Spott und
Hohn bei allen Völkern, unter die ich sie verstoße.
19 Denn sie hörten nicht auf meine Worte‹ – Spruch
des Herrn –, ›obgleich ich meine Knechte, die Pro-
pheten, immer wieder zu ihnen sandte, freilich
ohne daß ihr hörtet‹ – Spruch des Herrn. 20 So hört
doch ihr das Wort des Herrn, all ihr Verbannten, die
ich von Jerusalem nach Babel verpflanzt habe!]
21 So spricht der Herr der Heerscharen, der Gott
Israels, von Achab, dem Sohn Kolajas, und von
Zidkia, dem Sohn Maasejas, die euch in meinem
Namen Lüge weissagen: ›Seht, ich liefere sie in die
Gewalt des Babelkönigs Nebukadnezar; er wird sie
vor euren Augen hinrichten lassen. 22 Und man wird
bei allen Verbannten Judas in Babel von ihnen ein
Fluchwort herleiten: Der Herr mache dich dem
Zidkia und Achab gleich, die der König von Babel
im Feuer rösten ließ! 23 ›Denn sie verübten Törich-
tes in Israel, trieben mit den Frauen ihrer Volksge-
nossen Ehebruch und redeten in meinem Namen
Lügenworte, die ich ihnen nicht aufgetragen hatte.
Ich selbst weiß das und bezeuge es‹ – Spruch des
Herrn.«

In einer Briefangelegenheit Schemajas

24 »Zu dem Nechelamiten Schemaja sprich: 25 So
spricht der Herr der Heerscharen, der Gott Israels:

Du hast in deinem eigenen Namen einen Brief an das ganze Volk in Jerusalem und an den Priester Zephanja, den Sohn Maasejas, und an alle Priester geschickt mit folgendem Inhalt: 26 ›Der Herr hat dich für den Priester Jojada ins Priesteramt eingesetzt, damit du im Hause des Herrn Aufseher seiest über jeden verrückten Weissager und ihn in Block und Halseisen legst. 27 Warum bist du nun nicht gegen Jeremias aus Anatot eingeschritten, der sich bei euch als Prophet gebärdet? 28 Hat er doch sogar an uns nach Babel eine Botschaft gesandt des Inhalts: Noch lange wird es währen! Baut Häuser und wohnt darin, pflanzt Gärten und genießt ihre Frucht!‹« 29 Der Priester Zephanja aber hatte diesen Brief dem Propheten Jeremias unmittelbar vorgelesen. 30 Da erging die Weisung des Herrn an Jeremias: 31 »Sende eine Botschaft an die Gesamtgemeinde der Verbannten: So spricht der Herr über Schemaja, den Nechelamiten: Schemaja hat euch geweissagt, ohne daß ich ihn sandte, und euch in falsche Sicherheit gewiegt. 32 Darum spricht der Herr: Fürwahr, ich vergelte es an Schemaja, dem Nechelamiten, und seinen Nachkommen; er soll keinen haben, der unter diesem Volke wohnen bleibt und das Glück erleben darf, das ich meinem Volke bereiten werde« – Spruch des Herrn –, »denn er hat Aufruhr gegen den Herrn gepredigt.«

29,1 – 32: Ein ganz neues Mittel, Belehrungen zu erlassen, ist das Briefschreiben. Das weiß niemand besser als der Apostel Paulus im NT. Er hat in Jeremias sein Vorbild. Nicht nur der geistliche Brief als solcher mutet merkwürdig an, sondern auch sein Inhalt. Für jene Zeiten ist es unerhört, wenn das fremde Land nicht als unrein bezeichnet und wenn offen ausgesprochen wird, daß die Gottesverehrung unabhängig von der Heimat ist. Fremd war bisher auch der Gedanke, daß man sogar für ein heidnisches Land fürbittende Gebete verrichten soll. • 16–20: Die Verse stehen hier in keinem Zusammenhang. Vers 15 ist mit 21 zu verbinden.

Einleitende Worte zur Heilsweissagung

30 1 Das Wort, das vom Herrn an Jeremias erging: 2 »So spricht der Herr, der Gott Israels: Schreibe dir alle Worte, die ich zu dir gesprochen habe, in ein Buch! 3 Denn siehe, es werden Tage kommen« – Spruch des Herrn –, »da wende ich das Schicksal meines Volkes Israel und Juda«, spricht der Herr, »und führe sie zurück in das Land, da ich ihren Vätern zum Besitz verliehen habe.« 4 Dies sind die Worte, die der Herr über Israel und Juda spricht:

Schrecken und Not für Jakob

5 Ja, so spricht der Herr: »Schreckensrufe vernehmen wir, Angst herrscht und Unheil! 6 Fragt doch und schaut, ob wohl ein Mann gebiert! Warum sehe ich jeglichen Mann mit den Händen an den Hüften wie eine gebärende Frau, alle Gesichter entstellt und leichenblaß? 7 Ja, groß ist jener Tag, ganz ohnegleichen! Für Jakob ist es eine Zeit der Not, doch wird er daraus errettet.

Joch zerbrochen

8 Alsdann geschieht es« – Spruch des Herrn der Heere –, »da zerbreche ich das Joch von seinem Halse und zerreiße seine Bande, und Fremde machen ihn nicht mehr zum Knecht. 9 Vielmehr dienen sie dann dem Herrn, ihrem Gott, und ihrem König David, den ich ihnen erstehen lasse.

Errettung

10 Du aber, fürchte dich nicht, Jakob, mein Knecht«, spricht der Herr, »Israel, erschrick nicht! Denn sieh, aus der Ferne errette ich dich, deine Nachkommen aus dem Land ihrer Verbannung! Jakob kehrt heim und findet Ruhe, lebt in Sicherheit, und niemand erschreckt ihn. 11 Ja, ich bin mit dir« – Spruch des Herrn – »zu deiner Errettung. Denn ich mache ein Ende mit allen Völkern, unter die ich dich zerstreute; nur dich vertilge ich nicht, sondern züchtige dich nach Gebühr. Doch ungestraft kann ich dich nicht lassen.«

Schaden und Heilung

12 So spricht der Herr: »Schrecklich ist deine Verletzung, schmerzhaft deine Wunde! 13 Deine Sache führt niemand, keine Heilung gibt es für dein Geschwür, kein Heilmittel ist für dich da. 14 All deine Freunde haben dich vergessen, kümmern sich nicht mehr um dich. Denn wie ein Feind schlägt, so schlug ich dich mit unerbittlicher Züchtigung ob deiner vielfachen Schuld und deiner zahlreichen Sünden. 15 Was schreist du über deine Verletzung, daß schrecklich dein Schmerz sei? Ob deiner vielfachen Schuld und deiner zahlreichen Sünden tat ich dir dieses an. 16 Darum werden alle, die dich fraßen, gefressen, all deine Feinde müssen in die Gefangenschaft; wer dich plünderte, wird selbst geplündert, wer immer dich beraubte, den lasse ich berauben. 17 Nun bringe ich dir Genesung und heile dich von deinen Wunden« – Spruch des Herrn –, »weil man dich ›Verstoßene‹ genannt hat, Sion, nach der niemand fragt.«

Wende des Schicksals

18 So spricht der Herr: »Fürwahr, ich wende das Geschick der Zelte Jakobs, und seiner Wohnstätten erbarme ich mich. Die Stadt wird auf ihrem Hügel gebaut, und die Burg steht wieder an der gewohnten Stelle. 19 Lobgesang wird aus ihnen erschallen und Jubel fröhlicher Leute. Ihre Zahl vermehre ich, sie mindern sich nicht; ich bringe sie zu Ehren, sie sollen nicht mehr verachtet sein. 20 Die Söhne Jakobs

sollen werden wie ehedem, seine Gemeinde soll
vor mir festen Bestand haben! All seine Bedränger
suche ich heim. 21 Sein Machthaber wird ihm selbst
entstammen, sein Herrscher aus seiner Mitte her-
vorgehen. Ich gebe ihm Zutritt, daß er mir sich
nahe. Denn wer sonst wollte sein Leben wagen, um
mir sich zu nahen?« – Spruch des Herrn. 22 »Ihr wer-
det mein Volk sein, und ich werde euer Gott sein.«

Gericht über die Gottlosen

23 Fürwahr, ein Sturm vom Herrn bricht los, ein
Wirbelsturm; über das Haupt der Gottlosen braust
er dahin. 24 Es wendet sich nicht die Zornglut des
Herrn, bis daß er vollbracht und vollführt, was er im
Herzen plant. Am Ende der Tage werdet ihr es er-
kennen.

30,1–31,40: Ursprünglich vielleicht ein besonderes Büchlein mit Heilsprophezeiungen über das Nordreich Israel und das Südreich Juda, Höhepunkt sind die Aussprüche über den »Neuen Bund« (31,31–34; vgl. Hebr 8,8–12). Der Herr will nach den Tagen des Schreckens sein Volk in das Land führen, das er den Vätern versprochen. Dort werden sie Gott und ihrem König David dienen. 30,3–8: Wenn auch der Herr verspricht, die Verbannten aus Babylon in ihre Heimat zurückzuführen, so kündigt er vorher zur Läuterung weitere Schrecknisse an. – Jeremias sieht hier den Untergang des neubabylonischen Reiches voraus. • 18: Die »Stadt« ist Samaria, vgl. 31,5f. Nord- und Südreich werden eins.

»Mit ewiger Liebe…«

31 1 »In jener Zeit« – Spruch des Herrn – »will
ich allen Geschlechtern Israels Gott sein,
und sie sollen mein Volk sein.« 2 So
spricht der Herr: »Gnade fand in der Wüste das
Volk, das vom Schwerte verschont blieb, Israel zog
zu seiner Ruhestatt. 3 Aus der Ferne erschien ihm
der Herr: Mit ewiger Liebe habe ich dich geliebt,
darum habe ich dir so lange die Huld bewahrt.
4 Wieder baue ich dich auf, daß du neu gebaut
dastehst, Jungfrau Israel! Mit deinen Pauken
schmückst du dich wieder, ziehst aus im Reigen der
Fröhlichen. 5 Weingärten kannst du von neuem
pflanzen auf Samarias Bergen; wer sie pflanzt, darf
ihre Frucht auch genießen. 6 Ja, es kommt der Tag,
da rufen Wächter auf Ephraims Bergland: ›Auf, zum
Sion lasset uns wallen, zum Herrn, unserem Gott!‹«

Zusammenführung der Zerstreuten

7 Denn so spricht der Herr: »Jubelt Jakob freudig zu,
jauchzet über das erste der Völker! Verkündet es
rühmend und sprecht: ›Errettet hat der Herr sein
Volk, den Rest Israels!‹ 8 Seht, ich bringe sie aus
dem Nordland herbei und sammle sie von den
Enden der Erde! Selbst Blinde und Lahme sind dar-
unter, Schwangere und Wöchnerinnen dazu. Als
große Gemeinde kehren sie heim. 9 Mit Weinen
kommen sie, doch tröstend geleite ich sie. Ich führe
sie zu Wasserbächen hin auf ebenem Weg, wo sie
nicht straucheln. Denn Israels Vater bin ich, und
mein Erstgeborener ist Ephraim.«

Sions Glück

10 Höret, ihr Völker, das Wort des Herrn, kündet es
auf den fernsten Inseln und sprecht: »Der Israel zer-
streute, sammelt es wieder und hütet es wie ein
Hirt seine Herde.« 11 Denn der Herr macht Jakob
frei und erlöst ihn aus der Faust dessen, der stärker
als er. 12 Sie kommen und jubeln auf Sions Höhe, sie
strahlen vor Freude über den Segen des Herrn, über
das Korn, den Wein und das Öl, über die Lämmer
und Rinder. Da werden sie wie ein reich bewässer-
ter Garten und müssen nicht mehr verschmachten.
13 Dann freut sich die Jungfrau am Reigentanz,
Jüngling und Greis sind voll Frohsinn. »Ich wandle
ihre Trauer in Wonne, spende ihnen Trost und
Freude nach ihrem Leid. 14 Ich labe die Priester mit
Fett, mein Volk wird gesättigt an meinem Segen« –
Spruch des Herrn.

Ahnfrau Rachel klagt

15 So spricht der Herr. »Horch, Klage hört man in
Rama, bitteres Weinen: Ihre Söhne beweint Rachel
und läßt sich nicht trösten, ihre Söhne, weil sie da-
hin sind.« 16 So spricht der Herr: »Wehre deiner
Stimme das Weinen und deinen Augen die Tränen!
Denn für deine Mühsal gibt es einen Lohn« –
Spruch des Herrn –, »sie kehren aus Feindesland
heim; 17 für deine Nachkommen gibt es eine Hoff-
nung« – Spruch des Herrn –, »in ihre Heimat kehren
die Söhne zurück.«

Ephraims Bußgebet und Gottes Antwort

18 »Ich höre gar wohl, wie Ephraim klagt: ›Gezüch-
tigt hast du mich, und ich lernte Zucht wie ein un-
gezügeltes Jungrind. Laß mich umkehren, daß ich
mich bekehre; du bist ja der Herr, mein Gott!
19 Denn nach meiner Abkehr empfinde ich Reue;
nachdem ich zur Einsicht kam, schlage ich an die
Brust. Ich schäme mich und erröte; denn ich büße
die Schandtat meiner Jugend.‹ 20 Ist mir denn
Ephraim ein so teurer Sohn oder mein Lieblings-
kind? Sooft ich nämlich ihm drohe, muß ich immer
wieder sein gedenken. So schlägt für ihn mein Herz;
ich muß mich seiner erbarmen« – Spruch des Herrn.

Heimkehr

21 Stelle dir Wegweiser auf, mache dir Merk-
zeichen! Gib acht auf die Straße, auf den Weg, den
du kamst! Kehre heim, Jungfrau Israel, kehre in
diese deine Städte zurück! 22 Wie lange noch willst
du dich sträuben, du abtrünnige Tochter? Denn ein
Neues erschafft der Herr auf der Erde: Die Frau um-
gibt den Mann.

»Der Herr segne dich!«

23 So spricht der Herr der Heere, der Gott Israels: »Fürderhin sagt man im Lande Juda und in seinen Städten, sobald ich ihr Schicksal wende, folgendes Wort: ›Der Herr segne dich, du Gefilde der Gerechtigkeit, du heiliger Berg!‹ 24 Juda und all seine Städte insgesamt werden dort wohnen, Ackerbauern und Wanderhirten. 25 Ja, ich erquicke den Ermatteten reichlich, und jedem Verschmachtenden spende ich in Fülle.« 26 Darum heißt es: »Ich erwachte und schaute, und mein Schlaf war mir köstlich.«

Fruchtbarkeit

27 »Fürwahr, es kommen Tage« – Spruch des Herrn –, »da mache ich das Haus Israel und das Haus Juda fruchtbar an Nachkommenschaft von Menschen und Vieh. 28 Und wie ich über sie gewacht habe, um auszureißen und einzureißen, zu zerstören und zu vernichten und Unheil zu schaffen, so wache ich über sie, um aufzubauen und einzupflanzen« – Spruch des Herrn.

Nur noch persönliche Vergeltung für eigene Schuld

29 In jenen Tagen sagt man nicht mehr: »Die Väter aßen unreife Trauben, und den Söhnen werden die Zähne stumpf.« 30 Nein, ein jeder stirbt durch eigene Schuld. Wer unreife Trauben ißt, nur dem werden die Zähne stumpf!

Der neue Bund

31 »Fürwahr, Tage kommen« – Spruch des Herrn –, »da schließe ich mit dem Haus Israel und mit dem Haus Juda einen neuen Bund, 32 nicht dem Bunde gleich, den ich mit ihren Vätern schloß, als ich sie bei der Hand nahm, um sie aus dem Lande Ägypten herauszuführen. Sie waren es ja, die meinen Bund brachen, während ich über sie die Herrschaft ausübte« – Spruch des Herrn. 33 »Vielmehr so soll der Bund sein, den ich mit dem Haus Israel nach jenen Tagen schließe« – Spruch des Herrn: »Ich lege mein Gesetz in ihr Inneres und schreibe es ihnen ins Herz. Ich will ihr Gott sein, und sie sollen mein Volk sein. 34 Dann brauchen sie einander nicht mehr gegenseitig zu belehren: ›Erkennet den Herrn!‹, sondern sie alle werden mich erkennen, ob klein oder groß« – Spruch des Herrn. »Ja, ich verzeihe ihre Schuld, und ihrer Sünde gedenke ich nicht mehr.«

Dauerndes Heil

35 So spricht der Herr, der die Sonne zum Tageslicht bestellte, der Mond und Sterne bestimmte zum Licht in der Nacht, der das Meer aufwühlt, daß seine Wogen brausen; Herr der Heerscharen ist sein Name: 36 »Geraten jemals diese Ordnungen vor mir ins Wanken« – Spruch des Herrn –, »dann hören auch Israels Nachkommen auf, vor mir ein Volk zu sein für alle Zeit.« 37 So spricht der Herr: »Können je die Himmel droben gemessen, die Fundamente der Erde drunten erforscht werden, dann verwerfe auch ich Israels ganze Nachkommenschaft ob all dem, was sie getan« – Spruch des Herrn.

Neues Jerusalem

38 »Siehe, es kommen Tage« – Spruch des Herrn –, »da wird die Stadt für den Herrn wieder aufgebaut vom Turme Chananels bis zum Ecktor, 39 und weiterhin läuft die Meßschnur geradeaus auf den Hügel Gareb und wendet sich nach Goa. 40 Und das ganze Tal, die Leichen und die Opferasche und die ganzen Hänge bis zum Kidronbach, bis zur Ecke des Roßtores ostwärts werden dem Herrn geweiht sein. Ein Zerstören und Einreißen wird es nie mehr geben für alle Zukunft.«

31,15–17: Kennzeichnen immer noch eine traurige Gegenwart. Die Worte über Rachel erscheinen im NT bei der Schilderung des bethlehemitischen Kindermordes (Matth 2,18). Vom Grabe Rachels, der Ahnmutter, 1 Mos 35,16–19; 1 Sam 10,2. • 18–20: Ephraim ist Name für das Nordreich.

Ackerkraut in Anatot

32

1 Das Wort, das vom Herrn an Jeremias im zehnten Jahre des Zidkia, des Königs von Juda, erging – das ist das achtzehnte Jahr Nebukadnezars. 2 Damals belagerte die Heeresmacht des Königs von Babel Jerusalem; der Prophet Jeremias befand sich im Wachthof am Palast des Königs von Juda in Haft. 3 Dort hatte ihn der König Zidkia von Juda gefangennehmen lassen unter dem Vorwurf: »Warum hast du geweissagt: So spricht der Herr: ›Siehe, ich gebe diese Stadt in die Hand des Königs von Babel, der sie erobern wird. 4 Auch Zidkia, der König von Juda, wird nicht der Hand der Kaldäer entrinnen, sondern er wird sicher in die Hand des Königs von Babel übergeben werden, so daß er von Mund zu Mund mit ihm reden und Aug in Aug ihn sehen wird. 5 Nach Babel wird er den Zidkia bringen, und dort wird er bleiben, bis ich ihn heimsuche‹ – Spruch des Herrn. ›Wenn ihr mit den Kaldäern kämpft, so werdet ihr keinen Erfolg haben.‹«

Kaufvertrag

6 Jeremias hat berichtet: »Das Wort des Herrn erging an mich: 7 ›Chanamel, der Sohn deines Onkels Schallum, wird zu dir kommen und sagen: Kaufe dir meinen Acker in Anatot; denn du hast das Löserecht zum Vorkauf!‹ 8 Wirklich kam, dem Wort des Herrn entsprechend, Chanamel, der Sohn meines Onkels, zu mir in den Wachthof und sagte zu mir:

›Kaufe doch meinen Acker in Anatot, im Lande
Benjamin; denn dir kommt das Erb- und Löserecht
zu, kaufe ihn dir!‹ Nun wußte ich, daß es eine Wei-
sung des Herrn war. 9 So kaufte ich den Acker von
Chanamel, dem Sohn meines Onkels, in Anatot
und wog ihm das Geld dar: siebzehn Silberstücke
betrug die Geldsumme. 10 Ich schrieb den Kauf-
brief, siegelte ihn und ließ es durch Zeugen beglau-
bigen; dann wog ich das Silber auf der Waage dar,
alles nach Gesetz und Recht. 11 Ich nahm den Kauf-
brief, den versiegelten und den offenen. 12 Und ich
übergab den Brief dem Baruch, dem Sohn des
Nerija, des Sohnes des Machseja, in Gegenwart des
Chanamel, des Sohnes meines Onkels, und vor den
Zeugen, die den Kaufbrief unterschrieben hatten,
sowie vor allen Judäern, die sich im Wachthof be-
fanden. 13 In ihrer Gegenwart gab ich Baruch den
Auftrag: 14 [›So spricht der Herr der Heere, der Gott
Israels:] Nimm diese Urkunden, diesen versiegelten
Kaufbrief und den offenen, und lege sie in ein
Tongefäß, damit sie lange erhalten bleiben! 15 Denn
so spricht der Herr der Heerscharen, der Gott Isra-
els: Man wird wieder Häuser, Äcker und Weinberge
kaufen in diesem Land.‹

Die Not der Gegenwart

16 Nachdem ich den Kaufbrief an Baruch, den Sohn
Nerijas, übergeben hatte, betete ich zum Herrn
also: 17 ›Ach, Gebieter und Herr, du hast den Him-
mel und die Erde erschaffen durch deine gewaltige
Kraft und deinen ausgestreckten Arm; kein Ding ist
dir unmöglich! 18 Du übst Gnade an Tausenden,
doch zahlst du die Schuld der Väter in den Schoß
ihrer späteren Söhne heim, du gewaltiger, starker
Gott, dessen Name »Herr der Heerscharen« lautet.
19 Du bist groß an Rat und mächtig an Tat; deine
Augen wachen über alle menschlichen Wege, um
jedem zu vergelten nach seinem Wandel und nach
dem Verdienst seiner Werke. 20 Du wirktest Wun-
der und Zeichen im Lande Ägypten, unvergessen
bis auf den heutigen Tag, sowohl an Israel als auch
sonst an Menschen. So hast du dir einen rühm-
lichen Namen gemacht, wie er noch heute gilt.
21 Du führtest dein Volk Israel aus dem Lande Ägyp-
ten mit Zeichen und Wundern, mit starker Hand
und mit ausgestrecktem Arm unter gewaltigen
Schreckenstaten. 22 Du gabst ihnen dieses Land, das
du ihren Vätern eidlich versprochen hattest, ein
Land, das von Milch und Honig überfließt. 23 Als sie
aber einzogen und es in Besitz nahmen, da hörten
sie nicht auf deine Stimme und wandelten nicht
nach deinem Gesetz; was immer du ihnen zu tun
befahlst, taten sie nicht. Darum ließest du über sie
all dies Unheil kommen. 24 Siehe, die Wälle sind
schon bis an die Stadt herangeführt; die Eroberung
steht bevor; die Stadt ist der Gewalt der Kaldäer, die
wider sie kämpfen, preisgegeben durch Schwert,
Hunger und Pest. Was du angedroht hast, traf ein;
du siehst es ja selbst! 25 Und trotzdem sagst du, Herr
und Gebieter, zu mir: Kaufe dir den Acker um Geld
und ziehe Zeugen hinzu! Die Stadt ist doch bereits
der Gewalt der Kaldäer preisgegeben!‹

Gott gibt Antwort

26 Da erging das Wort des Herrn an mich: 27 ›Siehe,
ich bin der Herr, der Gott aller Lebenden. Ist mir
etwa ein Ding unmöglich? 28 Deshalb spricht der
Herr: Ich gebe diese Stadt in die Hand der Kaldäer
und in die Hand des Babelkönigs Nebukadnezar,
daß er sie einnehme. 29 Die Kaldäer, die gegen diese
Stadt kämpfen, werden eindringen, die Stadt in
Brand stecken und einäschern samt den Häusern,
auf deren Dächern man dem Baal räucherte und
fremden Göttern Trankopfer spendete, um mich zu
beleidigen.

30 Denn die Leute von Israel und Juda taten von
ihrer Jugend an immer nur das, was mir mißfiel; ja,
die Söhne Israels haben mich stets nur beleidigt
durch ihrer Hände Werk‹ – Spruch des Herrn.
31 ›Denn diese Stadt verursachte mir seit ihrer Er-
bauung und bis zum heutigen Tag Zorn und
Grimm, so daß ich sie von meinem Angesicht ver-
stoßen muß, 32 und zwar wegen all der Bosheit,
welche die Söhne Israels und Judas verübten, um
mich zu beleidigen, sie selbst, ihre Könige, ihre
Fürsten, ihre Priester und ihre Propheten, die Leute
von Juda und die Bewohner Jerusalems. 33 Sie
wandten mir den Rücken zu und nicht das Antlitz.
Immer wieder habe ich sie belehrt, sie aber hörten
nicht darauf und nahmen keine Zucht an. 34 Sie
stellten vielmehr ihre Scheusale im Tempel auf, der
nach meinem Namen benannt ist, um ihn zu ver-
unreinigen. 35 Sie errichteten die Opferstätte des
Baal im Tal Ben-Hinnom, um ihre Söhne und Töch-
ter dem Molech zu weihen. Dies habe ich ihnen
nicht befohlen, und es ist mir nicht in den Sinn ge-
kommen, daß sie solche Greueltaten verüben soll-
ten; so haben sie Juda in Sünde gestürzt.‹

36 Dennoch spricht nun der Herr, der Gott Israels,
über diese Stadt, von der ihr sagt, daß sie der Hand
des Königs von Babel preisgegeben ist durch
Schwert, Hunger und Pest: 37 ›Seht, ich sammle sie
aus allen Ländern, wohin ich sie verstieß in meinem
Groll, meinem Grimm und gewaltigen Zorn; ich
bringe sie zurück an diese Stätte und lasse sie in
Sicherheit wohnen. 38 Mein Volk sollen sie sein,

und ich will ihr Gott sein! 39 Ich verleihe ihnen einheitlichen Sinn und einerlei Wandel, daß sie mich allezeit fürchten, sich selbst und ihren späteren Söhnen zum Heile. 40 Ich schließe mit ihnen einen ewigen Bund, daß ich von ihnen nicht ablasse und nicht aufhöre, ihnen Gutes zu erweisen. Die Furcht vor mir lege ich ihnen ins Herz, auf daß sie von mir nicht mehr abfallen. 41 Dann habe ich meine Freude daran, ihnen Gutes zu erweisen; ich pflanze sie ein in dieses Land in Treue, von ganzem Herzen und von ganzer Seele.

42 Denn so spricht der Herr: Wie ich über dies Volk all dies große Unheil gebracht habe, ebenso bringe ich über sie all das Gute, das ich ihnen verheiße. 43 Feld wird wieder gekauft in diesem Land, von dem ihr sagt: ›Wüste ist es, ohne Mensch und Vieh, überliefert der Hand der Kaldäer!‹ 44 Äcker kauft man wieder um Geld, Urkunden schreibt und siegelt man und zieht Zeugen bei im Lande Benjamin, in der Umgebung Jerusalems, in den Städten Judas und des Gebirgslandes, in den Städten der Niederung und des Südlandes. Denn ich werde ihr Schicksal wenden‹« – Spruch des Herrn.

Judas und Jerusalems Zukunft

33 1 Da erging das Wort des Herrn abermals an Jeremias, als er noch im Wachthof in Haft gehalten wurde: 2 »So spricht der Herr, der die Erde erschuf, sie bildete und ihr festen Bestand verlieh, ›Herr‹ ist sein Name: 3 Rufe zu mir, so will ich dir antworten und dir große, unfaßbare Dinge mitteilen, die dir unbekannt sind!

4 Denn folgendes spricht der Herr, der Gott Israels, über die Häuser dieser Stadt und über die Häuser der Könige von Juda, die man einriß,um sie gegen die Belagerungswälle und für Kriegszwecke zu verwenden, 5 und die dazu dienten, mit den Kaldäern zu kämpfen und mit den Leichen der Leute angefüllt zu werden, die ich in meinem Zorn und Grimm erschlug, da ich mein Antlitz vor dieser Stadt ob all ihrer Bosheit verborgen habe: 6 Siehe, ich schaffe ihnen Genesung und Heilung, ich mache sie gesund und eröffne ihnen den Reichtum dauernder Wohlfahrt. 7 Ich wende das Schicksal Judas und Jerusalems und erbaue sie wieder, wie sie einstmals waren. 8 Ich reinige sie von all ihrer Schuld, damit sie sich an mir versündigten, ich vergebe ihnen all ihre Verfehlungen, durch die sie gegen mich sündigten und von mir abtrünnig wurden. 9 Und Jerusalem wird mir zur Wonne, zum Preis und zur Zier bei allen Völkern der Erde, die von all dem Guten hören, das ich tue; sie werden erbeben und zittern ob all der Wohltaten und Heilserweise, die ich ihnen zukommen lasse.«

10 So spricht der Herr: »An dieser Stätte, von der ihr sagt: ›Eine Wüste ist sie, ohne Mensch und Vieh‹, in den Städten Judas und auf den Straßen Jerusalems, die verödet sind, ohne Menschen, ohne Bewohner und ohne Vieh, 11 hört man wieder Freudenruf und Jubelruf, das Jauchzen des Bräutigams und der Braut, den Gesang der Betenden: ›Lobpreist den Herrn der Heerscharen, denn gütig ist der Herr, ewig währt seine Huld!‹, wenn sie Dankopfer zum Tempel des Herrn bringen. Denn ich wende das Schicksal des Landes und mache es wie ehedem« – Spruch des Herrn.

12 So spricht der Herr der Heerscharen: »Wiederum wird an dieser Stätte, die verwüstet ist, ohne Mensch und Vieh, und in allen zugehörigen Ortschaften eine Trift für Hirten sein, wo sie die Herden lagern lassen. 13 In den Städten des Gebirgslandes, der Niederung und des Südlandes, im Lande Benjamin, in der Umgebung von Jerusalem und in den Städten Judas ziehen wiederum die Schafe an der Hand dessen vorbei, der sie zählt«, spricht der Herr.

Verheißungen an Königtum und Priestertum

14 »Siehe, es kommen Tage« – Spruch des Herrn –, »da erfülle ich das Heilswort, das ich über das Haus Israel und über das Haus Juda gesprochen habe. 15 In jenen Tagen und zu jener Zeit lasse ich David einen gerechten Sproß hervorgehen; er übt Recht und Gerechtigkeit im Lande. 16 In jenen Tagen widerfährt Juda Heil, und Jerusalem wohnt in Sicherheit, und dies ist der Name, mit dem man es benennt: ›Der Herr ist unsere Gerechtigkeit!‹«

17 Denn so spricht der Herr: »Nie soll es dem David an einem Nachkommen fehlen, der auf dem Thron des Hauses Israel sitzt; 18 und den levitischen Priestern soll es nie an einem Nachkommen in meinem Dienste fehlen, der Brandopfer darbringt, Speiseopfer in Rauch aufgehen läßt und Schlachtopfer vollzieht alle Tage.«

19 Das Wort des Herrn erging an Jeremias: 20 »So spricht der Herr: Wenn mein Bund mit dem Tag und mein Bund mit der Nacht gebrochen werden könnte, daß es nicht mehr Tag und Nacht würde zur rechten Zeit, 21 dann könnte auch mein Bund mit meinem Knechte David gebrochen werden, daß er ohne Sohn bliebe, der herrschen könnte auf seinem Throne, und ebenso mein Bund mit den levitischen Priestern, die meine Dienste verrichten. 22 Wie das Heer des Himmels unzählbar und der Sand des Meeres unmeßbar ist, so zahlreich mache

ich die Nachkommenschaft meines Knechtes David und die Leviten, die meine Dienste verrichten.«

23 Das Wort des Herrn erging an Jeremias: 24 »Hast du nicht bemerkt, was diese Leute reden: ›Beide Geschlechter, die der Herr erwählte, verwarf er‹, und wie sie mein Volk so verachten, daß es ihnen gar nicht mehr als Volk gilt?« 25 So spricht der Herr: »So wahr ich meinen Bund mit Tag und Nacht und die Ordnungen von Himmel und Erde festgesetzt habe, 26 so wenig werde ich die Nachkommen Jakobs und meines Knechtes David verwerfen und aus seinen Nachkommen keine Herrscher mehr nehmen über die Nachkommen Abrahams, Isaaks und Jakobs; denn ich wende ihr Schicksal und zeige ihnen mein Erbarmen.«

Zidkias Ende geweissagt

34 1 Dies ist das Wort, das an Jeremias vom Herrn erging, als Nebukadnezar, der König von Babel, samt seinem ganzen Heer sowie allen Königreichen des Gebietes, das seiner Macht unterstand, und allen Völkerschaften wider Jerusalem und all seine zugehörigen Ortschaften Krieg führte: 2 »So spricht der Herr, der Gott Israels: Mache dich auf, rede mit Zidkia, dem König von Juda, und sage ihm: So spricht der Herr: Fürwahr, ich überliefere diese Stadt der Gewalt des Königs von Babel, der sie niederbrennen wird. 3 Auch du entrinnst seiner Hand nicht, sondern man wird dich ergreifen und seiner Gewalt überliefern. Du wirst den Babelkönig persönlich Aug' in Auge sehen, und von Mund zu Mund wird er mit dir reden; nach Babel wirst du gelangen. 4 Nur mußt du dem Wort des Herrn gehorchen, Zidkia, König von Juda! (Dann) spricht der Herr über dich folgendes: Du wirst nicht durch das Schwert sterben. 5 Friedvoll wirst du dahingehen, und wie deinen Vorfahren, den früheren Königen, die vor dir herrschten, so wird man auch dir Leichenbrände anzünden und die Totenklage anstimmen: ›Ach, Gebieter!‹ Fürwahr, ich bin es, der das Wort geredet« – Spruch des Herrn. 6 Der Prophet Jeremias äußerte gegenüber Zidkia, dem König von Juda, alle diese Worte in Jerusalem. 7 Währenddessen stritt die Heeresmacht des Königs von Babel wider Jerusalem und alle übriggebliebenen Städte Judas, nämlich gegen Lachis und Aseka; denn diese hielten sich als Festungen noch allein unter den Städten Judas.

Treuloses Handeln an Sklaven

8 Das Wort, das vom Herrn an Jeremias erging, als der König Zidkia mit dem gesamten Volke in Jerusalem das Übereinkommen getroffen hatte, eine Freilassung zu verkünden: 9 Es sollte nämlich ein jeder seinen Knecht oder seine Magd, soweit es sich um Hebräer oder Hebräerinnen handelte, freilassen, so daß niemand mehr seinen judäischen Stammesbruder als Sklaven hielte. 10 Alle Vornehmen und alles Volk hatten dem Folge geleistet; sie nahmen die Vereinbarung an, ihre Knechte und Mägde zu entlassen und sie nicht weiter in Sklaverei zu halten; sie gehorchten und hatten deren Freilassung vollzogen. 11 Dann aber holten sie die Sklaven und Sklavinnen, die sie in die Freiheit entlassen hatten, wieder zurück und zwangen sie erneut zu Sklaven- und Sklavinnendienst.

12 Da erging das Wort des Herrn an Jeremias: 13 »So spricht der Herr, der Gott Israels: Ich habe mit euren Vätern, als ich sie aus dem Lande Ägypten, aus dem Sklavenhause wegführte, ein Abkommen getroffen und verfügt: 14 Alle sieben Jahre soll ein jeder von euch seinen hebräischen Stammesbruder, der sich ihm verkauft hat, in die Freiheit entlassen! Sechs Jahre lang soll er dir Sklave sein, dann sollst du ihn frei von dir entlassen! Aber eure Väter hörten nicht auf mich und zeigten kein geneigtes Ohr. 15 Da habt ihr jetzt Wandel geschaffen und tatet, was in meinen Augen recht ist; es verkündete ein jeder seinem Nächsten die Freilassung, und ihr habt ein Abkommen getroffen vor mir in dem Haus, das nach meinem Namen benannt ist. 16 Aber von neuem habt ihr meinen Namen entweiht. Jeder holte seinen Sklaven und seine Sklavin zurück, die ihr doch nach ihrem Belieben frei entlassen hattet, und ihr habt sie gezwungen, euch wieder Sklaven- und Sklavinnendienste zu leisten.

17 Deshalb spricht der Herr: Ihr habt nicht auf mich gehört, eine wirkliche Freilassung zu verkünden, jeder seinem Stammesbruder und seinem Nächsten gegenüber. Wohlan, so verkünde ich euch denn eine Freilassung« – Spruch des Herrn – »für Schwert, Pest und Hunger, und ich mache euch zum Entsetzen für alle Reiche der Erde. 18 Ich mache die Männer, die meinen Bund übertraten und die Worte meines Bundes, den sie vor mir schlossen, nicht hielten, gleich dem Kalbe, das sie entzweischnitten und zwischen dessen Stücken sie hindurchschritten. 19 Die Fürsten von Juda und die Fürsten von Jerusalem, die Höflinge, Priester und alle Bürger des Landes, die zwischen den Teilen des Kalbes hindurchschritten, 20 diese gebe ich in die Gewalt ihrer Feinde und derer, die ihrem Leben nachstellen, und ihre Leichen sollen den Vögeln des Himmels und den Tieren des Feldes zum Fraße dienen. 21 Auch den Zidkia, den König von Juda, und seine Fürsten

überliefere ich der Gewalt ihrer Feinde und derer,
die ihnen nach dem Leben trachten, und in die Ge-
walt der Heeresmacht des Königs von Babel, die
augenblicklich von euch abgezogen ist. 22 Seht, ich
befehle« – Spruch des Herrn – »und hole sie wieder
zu dieser Stadt zurück; sie sollen wider sie kämp-
fen, sie erobern und niederbrennen, und die Städte
Judas mache ich zur Wüste, menschenleer.

34,11: Die Freilassung geschah unter dem Druck der Belagerung, da man für die Sklaven weder Arbeit noch Brot hatte. Aber wahrscheinlich während einer Unterbrechung (Vers 21; 37,5) wurde das feierliche Abkommen wieder rückgängig gemacht. • 13f: Vgl. 2 Mos 21,2; 5 Mos 15,12. • 18: Ein solcher Ritus des Bundesschlusses findet sich auch 1 Mos 15,9f.17.

Rechabitentreue

35 1 Das Wort, das vom Herrn an Jeremias
erging in den Tagen Jojakims, des Soh-
nes Josias, des Königs von Juda: 2 »Gehe
hin zur Gemeinschaft der Rechabiten! Rede mit
ihnen und führe sie zum Tempel des Herrn in eine
der Zellen und bewirte sie mit Wein!« 3 Da holte ich
den Jaasanja, den Sohn des Jirmejahu, des Sohnes
Chabazzinjas, seine Brüder und alle seine Söhne
sowie die ganze Gemeinschaft der Rechabiten.
4 Ich führte sie zum Haus des Herrn und in die Zelle
der Söhne des Chanan, des Sohnes Jigdaljas, des
Gottesmannes, die neben der Zelle der Fürsten
oberhalb der Zelle Maasejas, des Sohnes Schallums,
des Schwellenhüters, liegt. 5 Ich setzte den Leuten
von der Gemeinschaft der Rechabiten Kannen, mit
Wein gefüllt, und Becher hin und lud sie ein: »Trin-
ket Wein!« 6 Sie aber entgegneten: »Wir dürfen kei-
nen Wein trinken; denn Jonadab, der Sohn Rech-
abs, unser Ahnherr, hat uns dieses Gebot gegeben:
›Ihr dürft keinen Wein trinken, weder ihr selbst
noch eure Söhne in aller Zukunft! 7 Auch dürft ihr
kein Haus bauen, keine Saat aussäen, keinen Wein-
berg pflanzen und in Besitz haben, sondern ihr sollt
in Zelten wohnen euer ganzes Leben hindurch,
damit ihr lange lebt auf der Scholle, auf der ihr als
Gäste weilt.‹ 8 Wir gehorchten der Weisung Jona-
dabs, des Sohnes Rechabs, unseres Ahnherrn, wort-
wörtlich in allem, was er uns gebot; wir trinken
unser ganzes Leben hindurch keinen Wein, wir,
unsere Frauen, unsere Söhne und unsere Töchter;
9 wir bauen keine Wohnhäuser und besitzen keinen
Weinberg, keinen Acker und keine Saatfrucht. 10 So
wohnen wir in Zelten und handeln gehorsam ganz
so, wie uns unser Ahnherr Jonadab geboten hat.
11 Als aber Nebukadnezar, der König von Babel,
wider das Land heranzog, da sagten wir: Kommt,
wir wollen uns vor der Heeresmacht der Kaldäer
und vor dem Heere Arams nach Jerusalem bege-
ben! Da ließen wir uns in Jerusalem nieder.«

Des Volkes Untreue

12 Nun erging das Wort des Herrn an Jeremias:
13 »So spricht der Herr der Heerscharen, der Gott
Israels: Geh hin und sprich zu den Männern von
Juda und den Bewohnern Jerusalems: Wollt ihr
denn keine Zucht annehmen, um auf meine Worte
zu hören?« – Spruch des Herrn. 14 »Die Weisung des
Jonadab, des Sohnes des Rechab, der seinen Nach-
kommen das Weintrinken verbot, ward durchge-
führt: Sie tranken bis heute keinen, weil sie der
Anordnung ihres Ahnherrn gehorchten. Ich dage-
gen redete immer wieder und immer wieder zu
euch, doch ihr habt auf mich nicht gehört. 15 Ich
sandte zu euch immer wieder alle meine Knechte,
die Propheten, die euch mahnen sollten: Bekehrt
euch doch, ein jeder von seinem bösen Wandel,
bessert eure Taten, und lauft nicht anderen Göttern
nach, ihnen zu dienen! Dann werdet ihr wohnen
bleiben auf der Scholle, die ich euch und euren
Ahnen gegeben habe! Ihr aber habt euer Ohr nicht
geneigt gemacht und nicht auf mich gehört. 16 Für-
wahr, die Söhne Jonadabs, des Sohnes des Rechab,
erfüllten das Gebot ihres Ahnherrn, das er ihnen
auftrug; aber dieses Volk hat nicht auf mich ge-
hört.« 17 Darum spricht der Herr, der Gott der Heer-
scharen, Israels Gott: »Siehe, ich bringe über Juda
und alle Bewohner Jerusalems das ganze Unheil,
das ich ihnen angedroht habe, weil sie nicht hörten,
sooft ich zu ihnen redete, und keine Antwort ga-
ben, wenn ich sie anrief!«

Lob der Rechabiten

18 Zur Gemeinschaft der Rechabiten aber sprach
Jeremias: »So spricht der Herr der Heerscharen, der
Gott Israels: Da ihr das Gebot eures Ahnherrn
Jonadab befolgt, alle seine Gebote gehalten und
ganz nach seinen Anordnungen gehandelt habt,
19 darum spricht der Herr der Heerscharen, der Gott
Israels: Niemals soll es Jonadab, dem Sohn Rechabs,
an einem Nachkommen fehlen, der in meinem
Dienste steht!«

Baruch schreibt die Buchrolle

36 1 Im vierten Jahre Jojakims, des Sohnes
Josias, des Königs von Juda, erging fol-
gendes Wort vom Herrn an Jeremias:
2 »Nimm dir eine Schriftrolle und schreibe darauf
alle Worte, die ich zu dir über Israel und Juda und
alle Völker gesprochen habe von dem Tage an, da
ich zu dir zu reden begann, nämlich seit den Tagen
des Josia, bis heute! 3 Vielleicht hören die Leute des

Hauses Juda von dem Unheil, das ich ihnen antun
will, und bekehren sich, ein jeglicher von seinem
bösen Wandel; dann kann ich ihnen ihre Schuld und
Sünde vergeben.« 4 Da berief Jeremias den Baruch,
den Sohn Nerijas, und Baruch schrieb nach den An-
gaben des Jeremias alle Worte des Herrn, die er zu
ihm gesprochen hatte, in eine Buchrolle.

Buchrolle wird verlesen

5 Da befahl Jeremias dem Baruch: »Mir ist es un-
möglich, ich kann nicht in den Tempel des Herrn
gehen; 6 geh also du hin und lies aus der Schriftrolle,
die du nach meinen Angaben geschrieben hast, die
Worte des Herrn dem Volke beim Hause des Herrn
vor, und zwar am Festtage; auch den Leuten von
ganz Juda, die aus ihren Ortschaften kommen,
sollst du sie vorlesen! 7 Vielleicht dringt ihr Flehruf
zum Herrn und bekehren sie sich, ein jeder von sei-
nem bösen Wandel; denn groß ist der Zorn und der
Ingrimm, mit dem der Herr diesem Volke droht.«
8 Und Baruch, der Sohn Nerijas, tat ganz nach den
Weisungen des Propheten Jeremias, der ihn beauf-
tragt hatte, aus der Schriftrolle die Worte des Herrn
beim Hause des Herrn vorzulesen. 9 Es fügte sich
nämlich, im fünften Jahr Jojakims, des Sohnes
Josias, des Königs von Juda, im neunten Monat, daß
man das ganze Volk von Jerusalem und alle Leute,
die von den Städten Judas nach Jerusalem kommen
wollten, zu einem Fasten vor dem Herrn aufrief.
10 Da las Baruch die Worte des Jeremias aus dem
Buche beim Hause des Herrn im Zimmer des
Gemarja, des Sohnes Schaphans, des Staatsschrei-
bers, im oberen Vorhof am Eingang des Neuen
Tempeltores allem Volke vor.

Baruch vor den Ministern

11 Micha, der Sohn Gemarjas, des Sohnes Schap-
hans, hatte alle Worte des Herrn aus dem Buche
vernommen. 12 Er stieg hinab in den königlichen
Palast zum Zimmer des Staatsschreibers. Dort
waren gerade alle hohen Beamten bei einer Sitzung,
der Staatsschreiber Elischama, Delaja, der Sohn
Schemajas, Elnatan, der Sohn Achbors, Gemarja,
der Sohn Schaphans, Zidkia, der Sohn Chananjas,
und alle übrigen Beamten. 13 Micha teilte ihnen alle
Worte mit, die er gehört hatte, als Baruch dem
Volke aus dem Buche vorlas.

14 Da sandten die versammelten Beamten Jehudi,
den Sohn Netanjas, und Selemja, den Sohn Kuschis,
zu Baruch mit der Forderung: »Nimm die Rolle, aus
der du den Leuten vorgelesen hast, mit dir und
komme her!« Sogleich nahm Baruch, der Sohn
Nerijas, die Rolle zur Hand und begab sich zu
ihnen. 15 Sie sagten zu ihm: »Nimm Platz und lies
sie uns vor!« Und Baruch las sie ihnen vor. 16 Als sie
alle diese Worte vernahmen, wurden sie bestürzt
und sagten zueinander: »Wir haben die Pflicht,
diesen ganzen Vorfall dem König zu melden.«
17 Von Baruch aber wollten sie wissen: »Teile uns
doch mit, wieso du all diese Worte niedergeschrie-
ben hast!« 18 Baruch erwiderte ihnen: »Jeremias hat
mir mündlich alle diese Worte gesagt, und ich
schrieb sie mit Tinte in die Buchrolle.« 19 Darauf
sprachen die Beamten zu Baruch: »Geh, verbirg
dich, du und Jeremias, damit niemand weiß, wo ihr
euch befindet!« 20 Dann begaben sie sich zum König
in den Palasthof, nachdem sie die Rolle im Zimmer
des Staatsschreibers Elischama verwahrt hatten,
und berichteten dem König den ganzen Vorfall.

Der König verbrennt die Rolle

21 Da sandte der König den Jehudi, die Schriftrolle
zu holen. Er holte sie aus dem Zimmer des Staats-
schreibers Elischama. Und Jehudi las sie dem König
vor sowie allen Beamten, die um den König herum-
standen. 22 Der König bewohnte damals das Win-
terhaus, da es der neunte Monat war, und das Feuer
des Kohlenbeckens brannte vor ihm. 23 Sooft nun
Jehudi drei oder vier Spalten gelesen hatte, schnitt
er sie mit dem Schreibermesser ab und warf sie auf
das Feuer im Kohlenbecken, bis die ganze Rolle im
Feuer des Kohlenbeckens verschwunden war.
24 Weder der König noch seine sämtlichen Knechte,
die alle diese Worte hörten, gerieten in Furcht, auch
zerrissen sie ihre Kleider nicht. 25 Selbst als Elnatan,
Delaja und Gemarja in den König drangen, er solle
doch die Rolle nicht verbrennen, hörte er nicht auf
sie. 26 Vielmehr befahl der König dem Prinzen
Jerachmeel, ferner Seraja, dem Sohn Asriels, und
dem Schelemja, dem Sohn Abdeels, den Schreiber
Baruch und den Propheten Jeremias festzunehmen;
doch der Herr wußte sie zu verstecken.

Nochmalige Niederschrift und Erweiterung der Buchrolle

27 Der König hatte also die Rolle mit den Worten,
die Baruch nach den Angaben des Jeremias nieder-
geschrieben hatte, verbrannt. Da erging das Wort
des Herrn an Jeremias: 28 »Nimm dir eine andere
Rolle und schreibe darauf alle früheren Worte, die
auf der ersten Rolle standen, die Jojakim, der König
von Juda, verbrannt hat! 29 Über Jojakim aber, den
König von Juda, sollst du verkünden: ›So spricht der
Herr: Du hast diese Rolle verbrannt und gefragt:
Warum schriebst du sie auf: ›Der König von Babel
wird mit Bestimmtheit kommen und dieses Land
verheeren und Mensch und Vieh daraus vertilgen!‹‹
30 Daher spricht der Herr über Jojakim, den König

von Juda: Er wird keinen Nachkommen haben, der auf dem Throne Davids sitzt, und sein Leichnam soll weggeworfen werden, ausgesetzt der Hitze am Tag und der Kälte bei Nacht. 31 Ich strafe an ihm, an seiner Nachkommenschaft und an seinen Knechten ihre Schuld und bringe über sie, über die Bewohner von Jerusalem und über die Leute von Juda all das Unheil, das ich ihnen angedroht habe, ohne daß sie es hören wollten.‹« 32 Jeremias nahm also eine andere Rolle und übergab sie dem Schreiber Baruch, dem Sohn der Nerija. Dieser schrieb auf sie nach den Angaben des Jeremias alle Worte des Buches, das Jojakim, der König von Juda, im Feuer verbrannt hatte. Ihnen wurden noch viele Aussprüche ähnlicher Art hinzugefügt.

36,1–32: Es ist das Jahr 605/4, nach der entscheidenden Schlacht von Karkemisch. Jeremias war ein öffentliches Auftreten nicht möglich; er fand also Zeit zu einer schriftstellerischen Wirksamkeit. Den Papyrusstreifen werden Teile der künftigen Bibel anvertraut. Baruch ist der Schreiber, andere lesen und hören die Worte; Jojakim ist freilich ein ablehnender Zuhörer. Mit der Buchrolle zerschneidet er den Geist Gottes selbst. Jedenfalls finden sich all diese Worte in unserem Buch des Jeremias. »Worte vom Abfall, vom kommenden Krieg, von der Auflösung des Bundes, vom unbegreiflichen Trotz, von der Zerschmetterung der Stadt, von Umkehr und Rettung; der drohende, lockende, zürnende, liebende, bekümmerte Gott, das ganze Werk des Propheten sollte noch einmal vor die Augen und Ohren des Volkes von Jerusalem treten« (Volz).

Zidkias Abordnung an Jeremia

37 1 Dem Konjahu (Jojachin), dem Sohne Jojakims, war in der Königsherrschaft Zidkia, der Sohn des Josia, gefolgt; ihn hatte Nebukadnezar, der König von Babel, zum König im Lande Juda eingesetzt. 2 Weder er selbst noch seine Knechte noch die Landesbürger hörten auf die Worte des Herrn, die er durch den Propheten Jeremias kundtat. 3 Da sandte der König Zidkia den Juchal, den Sohn des Schelemja, und den Priester Zephanja, den Sohn des Maaseja, zum Propheten Jeremias und ließ ihm sagen: »Bete doch für uns zum Herrn, unserem Gott!« 4 Jeremias ging frei unter dem Volke ein und aus; man hatte ihn noch nicht ins Gefängnis geworfen. 5 Damals war die Heeresmacht des Pharao aus Ägypten herangezogen; als die Kaldäer, die Jerusalem belagerten, davon Kunde vernahmen, rückten sie von Jerusalem ab. 6 Da erging das Wort des Herrn an den Propheten Jeremias: 7 »So spricht der Herr, der Gott Israels: So antwortet dem König von Juda, der euch zu mir gesandt hat, mich zu befragen: ›Siehe, die Heeresmacht des Pharao, die euch zur Hilfe auszog, wird wieder in ihr Land nach Ägypten umkehren! 8 Die Kaldäer aber kommen zurück, kämpfen wider diese Stadt, erobern sie und stecken sie in Brand. 9 So spricht der Herr: Täuschet euch nicht in dem Gedanken: Die Kaldäer ziehen endgültig von uns ab! Nein, sie ziehen nicht ab. 10 Selbst wenn es euch gelänge, die ganze Heeresmacht der mit euch kämpfenden Kaldäer zu schlagen, so daß von ihnen nur einige Verwundete übrigblieben, so würden sie, ein jeder in seinem Zelte, sich aufrichten und diese Stadt anzünden.‹«

Der »Überläufer« wird eingekerkert

11 Damals, als das Heer der Kaldäer von Jerusalem wegen der Streitkräfte des Pharao abgezogen war, 12 wollte Jeremias sich von Jerualem ins Land Benjamin begeben, um dort im Kreis seiner Verwandtschaft eine Erbteilung zu regeln. 13 Er kam bis zum Benjamintor; dort befand sich der Wachhabende namens Jirija, der Sohn Schelemjas, des Sohnes Chananjas; er hielt den Propheten Jeremias an und sagte: »Zu den Kaldäern willst du überlaufen!« 14 Jeremias antwortete: »Du lügst! Ich laufe nicht zu den Kaldäern über!« Doch er hörte nicht auf ihn, vielmehr nahm Jirija den Jeremias fest und brachte ihn vor die Beamten. 15 Diese ließen ihre Wut an Jeremias aus, schlugen ihn und warfen ihn in den Kerker im Haus des Staatsschreibers Jonatan; dieses hatte man nämlich zum Gefängnis eingerichtet. 16 So kam Jeremias in die Zisternenhöhle mit den Gewölben; dort blieb Jeremias lange Zeit.

Zidkia rettet heimlich den Jeremias

17 Eines Tages schickte der König Zidkia hin und ließ ihn kommen. Der König befragte ihn heimlich in seinem Palast und erkundigte sich: »Ist ein Wort vom Herrn da?« Jeremias antwortete: »Ja!« und fügte hinzu: »In die Gewalt des Königs von Babel wirst du überliefert!« 18 Weiter sagte Jeremias zum König Zidkia: »Was habe ich an dir, an deinen Knechten und an diesem Volk verschuldet, daß ihr mich ins Gefängnis gelegt habt? 19 Und wo sind nun eure Propheten, die euch weissagten: ›Der König von Babel wird nicht über euch und über dieses Land kommen‹? 20 Nun höre, mein Herr und König! Möge meine flehentliche Bitte bei dir Aufnahme finden! Schicke mich nicht mehr in das Haus des Staatsschreibers Jonatan zurück, denn dort muß ich sterben!« 21 Der König Zidkia gab also Anweisung und ließ den Jeremias im Wachthof in Gewahrsam bringen. Er versorgte ihn auch täglich mit einem Laib Brot aus der Bäckergasse, bis jegliches Brot in der Stadt zu Ende ging. Jeremias blieb also im Wachthof.

37,5–9: Der Entsatzversuch des Pharao Hophra hatte sehr wenig Erfolg. • 12: Wohl die gleiche Angelegenheit, von der Kap. 32 erzählt. • 21: Zidkia zeigt eine gewisse Menschlichkeit und Ehrfurcht vor dem gemarterten Propheten. Im Wachthof konnte dieser mit Bekannten Verbindung aufnehmen, vgl. 32,8.12.

Jeremias im Schlamm der Zisterne

38 1 Schephatja, der Sohn des Mattan, Gedalja, der Sohn des Paschchur, Juchal, der Sohn des Schelemja, und Paschchur, der Sohn des Malkija, hörten die Worte, die Jeremias zu allem Volke redete: 2 »So spricht der Herr: Wer in dieser Stadt bleibt, wird durch Schwert, Hunger oder Pest getötet, wer sich aber den Kaldäern ergibt, der hat sein Leben als Beute gewonnen und bleibt erhalten. 3 Denn so spricht der Herr: Diese Stadt wird mit Gewißheit der Heeresmacht des Königs von Babel ausgeliefert; er wird sie erobern.« 4 Da sagten die Beamten zum König: »Dieser Mensch muß endlich sterben; denn er nimmt ja den Kriegsleuten, die noch in dieser Stadt übriggeblieben sind, und dem gesamten Volke den Mut, wenn er solche Reden vor ihnen führt. Dieser Mann hat ja nicht das Heil dieses Volkes im Auge, sondern das Unheil!« 5 Da entgegnete der König Zidkia: »Nun wohl, er sei in eurer Hand; denn der König vermag doch nichts gegen euch!« 6 Da ergriffen sie den Jeremias und warfen ihn in die Zisterne des Prinzen Malkija, die sich im Wachthof befand; an Stricken ließ man den Jeremias hinunter; in der Zisterne gab es kein Wasser, sondern nur Schlamm. So sank also Jeremias in den Schlamm ein.

Edler Sinn eines Kuschiten

7 Der Kuschit Ebedmelech, ein Höfling, der im königlichen Palaste Dienst tat, hörte, daß man den Jeremias in die Zisterne geworfen hatte. Der König befand sich gerade am Benjamintor. 8 Ebedmelech verließ also den Königspalast und sprach zum König: 9 »Mein Herr und König! Schlecht handelten jene Männer in ihrem ganzen Vorgehen gegen den Propheten Jeremias; sie warfen ihn in die Zisterne; damit er da unten den Hungertod sterbe.« Denn es gab kein Brot mehr in der Stadt. 10 Da gab der König dem Kuschiten Ebedmelech den Auftrag: »Nimm dir von hier drei Männer mit und ziehe den Propheten Jeremias aus der Zisterne heraus, ehe er tot ist!« 11 Ebedmelech nahm die Männer mit sich und ging zum Königspalast in die Kleiderkammer des Vorratshauses, holte dort Stücke von abgelegten und zerrissenen Kleidern und ließ sie an Stricken zu Jeremias in die Zisterne hinunter. 12 Der Kuschit Ebedmelech rief dem Jeremias zu: »Lege die Kleiderfetzen und Lumpen in deine Achselhöhlen unter die Stricke!« Jeremias tat so. 13 Dann zogen sie den Jeremias an den Stricken herauf und holten ihn aus der Zisterne. Jeremias aber hielt sich weiter im Wachthof auf.

Letzte Warnung an Zidkia

14 Der König Zidkia sandte hin und ließ den Propheten Jeremias zu sich an den dritten Eingang zum Hause des Herrn holen. Da sprach der König zu Jeremias: »Ich möchte dich um ein Prophetenwort befragen, verschweige mir nichts!« 15 Da antwortete Jeremias dem Zidkia: »Wenn ich es dir sage, so wirst du mich ja doch töten lassen; und wenn ich dir einen Ratschlag erteile, so hörst du nicht auf mich!« 16 Da leistete der König Zidkia dem Jeremias heimlich einen Eid: »So wahr der Herr lebt, der dieses unser Leben ins Dasein rief, ich töte dich nicht und übergebe dich nicht der Gewalt jener Männer, die dir nach dem Leben trachten!« 17 Darauf sagte Jeremias zu Zidkia: »So spricht der Herr, der Gott der Heere, der Gott Israels: Wenn du dich sogleich zu den Fürsten des Königs von Babel begibst, dann bleibst du selbst am Leben, und diese Stadt wird nicht in Brand gesteckt. Du wirst mitsamt deiner Familie weiterleben. 18 Gehst du aber nicht zu den Fürsten des Königs von Babel hinaus, dann fällt diese Stadt in die Gewalt der Kaldäer, diese stecken sie in Brand, und du entrinnst ihrer Faust nicht.« 19 Da entgegnete der König Zidkia dem Jeremias: »Ich fürchte, daß die Judäer, die zu den Kaldäern bereits abgefallen sind, mich in ihre Hand bekommen und mit mir ihren Mutwillen treiben.« 20 Jeremias aber versicherte: »Man wird dich ihnen nicht überantworten! Höre doch auf die Stimme des Herrn in dem, was ich dir zu sagen habe, dann ergeht es dir gut, und du bleibst am Leben! 21 Lehnst du es aber ab, hinüberzugehen, dann hat der Herr mir folgendes geoffenbart: 22 Fürwahr, alle Frauen, die noch im Palaste des Königs von Juda vorhanden sind, werden hinausgeführt zu den Fürsten des Königs von Babel, und sie sprechen dabei: ›Deine vertrauten Freunde betrogen und besiegten dich! Da du nun mit den Füßen im Schlamm steckst, ziehen sie sich zurück.‹ 23 Alle deine Frauen und deine Kinder bringt man zu den Kaldäern hinaus, auch du selbst entrinnst ihnen nicht, sondern vom König von Babel wirst du ergriffen, und diese Stadt wird in Brand gesteckt.«

Eine Notlüge

24 Da sagte Zidkia zu Jeremias: »Niemand darf von diesem Gespräch erfahren, sonst mußt du sterben! 25 Wenn die Beamten hören, daß ich mit dir gesprochen habe, und wenn sie zu dir kommen und dich auffordern: ›Teile uns doch mit, was du zum König gesagt, und was der König zu dir gesagt hat; verheimliche uns nichts, sonst töten wir dich‹, 26 dann sprich zu ihnen: ›Ich habe den König flehentlich ge-

beten, mich nicht mehr in das Haus Jonatans zurückbringen zu lassen, weil ich dort sterben muß.‹« 27 Da kamen denn auch alle Beamten zu Jeremias und fragten ihn aus. Dieser aber gab ihnen Bescheid ganz nach den Worten, die ihm der König aufgetragen hatte. Darauf ließen sie von ihm ab, denn niemand hatte das Gespräch gehört. 28a So verblieb Jeremias im Wachthof bis zum Tage der Eroberung Jerusalems.

Harte Vergeltung an Zidkia

28b Es geschah aber, als Jerusalem eingenommen war:

Während der Belagerung Jerusalems hatte der Prophet viel zu leiden. Nach dem Fall wurde er befreit (38,28). 38,14–28: In der höchsten Not, als die Drohungen des Propheten sich als richtig erwiesen, wandte sich Zidkia wiederholt – freilich zu spät – an Jeremias um Rat; vgl. 21,1–7; 37,3–10.17–21. • 24–28: Bezieht sich der Abschnitt auf das Vorausgehende, so liegt eine Notlüge vor. Aber vielleicht gehört er richtig hinter 37,20f.

39 1 Im neunten Jahr des Zidkia, des Königs von Juda, im zehnten Monat, rückte Nebukadnezar, der König von Babel, mit seinem gesamten Heer gegen Jerusalem und schloß es ein. 2 Im elften Jahr des Zidkia, am neunten Tag des vierten Monats, legte man eine Bresche in die Stadtmauer. 3 Da zogen alle Fürsten des Königs von Babel ein und ließen sich im mittleren Tore nieder: Nebusaradan, der Führer der Leibwache, und Nebuschasban, der Oberkämmerer, und Nergalsarezer, der Obermarschall aus Simmagir, sowie alle übrigen Fürsten des Königs von Babel. 4 Als Zidkia, der König von Juda, und alle Kriegsleute dies sahen, ergriffen sie die Flucht und verließen bei Nacht die Stadt in Richtung nach dem königlichen Garten durch das Tor zwischen den beiden Mauern und schlugen den Weg gegen die Jordansenke ein. 5 Doch die Streitkräfte der Kaldäer nahmen ihre Verfolgung auf und holten den Zidkia in den Steppen Jerichos ein. Sie ergriffen ihn und schleppten ihn vor den Babelkönig Nebukadnezar nach Ribla in der Landschaft Hamat. Dieser hielt Gericht über ihn. 6 Der König von Babel ließ die Söhne des Zidkia in Ribla vor dessen Augen hinrichten; auch alle vornehmen Judäer ließ der König von Babel töten. 7 Den Zidkia aber ließ er blenden und in Fesseln legen, um ihn nach Babel zu bringen. 8 Den Königspalast und die Häuser der Bevölkerung brannten die Kaldäer nieder, und die Mauern von Jerusalem rissen sie ein. 9 Den Rest des Volkes, der in der Stadt noch übriggeblieben war, sowie die Überläufer, die zu ihm abgefallen waren, und den Rest der Handwerker führte Nebusaradan, der Führer der Leibwache, nach Babel in die Verbannung. 10 Nur von den geringen Leuten, die nichts besaßen, ließ Nebusaradan, der Führer der Leibwache, einen Teil im Lande Juda zurück und gab ihnen gleichzeitig Weinberge und Grundstücke.

Jeremias unter dem Schutz Nebukadnezars

11 Nebukadnezar, der König von Babel, befahl dem Nebusaradan, dem Führer der Leibwache, bezüglich des Jeremias folgendes: 12 »Laß ihn holen, und richte dein Auge auf ihn! Sorge, daß ihm kein Leid geschieht, sondern verfahre mit ihm nach seinen Wünschen, die er dir äußert!« 13 Da sandten Nebusaradan, der Führer der Leibwache, und Nebuschasban, der Oberkämmerer, und Nergalsarezer, der Obermarschall, sowie sämtliche Fürsten des Königs von Babel hin. 14 Sie ließen den Jeremias aus dem Wachthofe holen und übergaben ihn Gedalja, dem Sohn Achikams, des Sohnes Schaphans, daß er ihn frei nach Hause entlasse. So blieb er bei der Bevölkerung.

Lohn für den Kuschiten

15 An Jeremias war das Wort des Herrn ergangen, als er noch im Wachthof festgehalten war: 16 »Gehe hin und sage zu dem Kuschiten Ebedmelech: So spricht der Herr der Heere, der Gott Israels: Siehe, ich lasse meine Worte über diese Stadt in Erfüllung gehen zum Unheil und nicht zum Heil. Wenn sie alsdann vor deinen Augen eintreffen, 17 so werde ich dich an jenem Tage retten« – Spruch des Herrn –, »damit du den Leuten nicht in die Hand fällst, vor denen dir graut. 18 Ja, ich werde dich heil davonkommen lassen; du wirst nicht durch das Schwert fallen, sondern dein Leben als Beute gewinnen, weil du auf mich vertraut hast« – Spruch des Herrn.

39,1–10: Fast nur Auszug aus 52,4–16.

Jeremias wird befreit

40 1 Das Wort, das vom Herrn an Jeremias erging, nachdem Nebusaradan, der Führer der Leibwache, ihn von Rama aus freigelassen hatte; er war seiner habhaft geworden, als er sich in Ketten mitten unter all den Gefangenen von Jerusalem und Juda befand, die nach Babel gebracht werden sollten. 2 Der Führer der Leibwache hatte also Jeremias holen lassen und sprach zu ihm: »Der Herr, dein Gott, hat dieses Unheil dem Ort hier angedroht. 3 Und der Herr hat es so kommen und geschehen lassen, wie er es angedroht hat; denn ihr habt euch am Herrn versündigt und nicht auf seine Stimme gehört; so mußte dies Geschick euch treffen. 4 Schau, nunmehr befreie ich dich heute von den Fesseln an deinen Händen! Wenn es dir beliebt, mit mir nach Babel zu kommen, so tue es, und ich will dich im Auge behalten; ist es dir aber nicht genehm, mit mir nach Babel zu kommen, so laß es! Sieh, das ganze Land steht zu deiner Verfügung; wohin zu gehen es dir beliebt, dahin gehe! 5 Willst du lieber dableiben, so kehre um zu Gedalja, dem Sohne Achikams, des Sohnes Schaphans, den der König von Babel über das Land Juda gesetzt hat! Bleibe mit ihm bei der Bevölkerung oder gehe, wohin immer es dir gefällt!« Der Führer der Leibwache gab ihm Wegzehrung und Geschenke und entließ ihn. 6 Da begab sich Jeremias zu Gedalja, dem Sohne Achikams, nach Mizpa und blieb mit ihm bei der Bevölkerung, die noch im Lande bleiben konnte.

Gedalja, der neue Statthalter

7 Alle Truppenführer, die sich noch mit ihren Leuten auf freiem Felde aufhielten, vernahmen, daß der Babelkönig den Gedalja, den Sohn Achikams, zum Statthalter über das Land gemacht und ihm die Männer, Frauen und Kinder, nämlich jenen Teil der armen Landbevölkerung, der nicht nach Babel gebracht worden war, anvertraut habe. 8 Sie kamen nun zu Gedalja nach Mizpa: Ismael, der Sohn Netanjas, Jochanan und Jonatan, die Söhne des Kareach, Seraja, der Sohn Tanchumets, die Söhne Ephajs, des Netophatiters, und Jesanja, der Sohn des Maachatiters, sie selbst samt ihren Leuten. 9 Gedalja, der Sohn Achikams, des Sohnes Schaphans, gab ihnen und ihren Leuten eine eidliche Zusicherung: »Fürchtet euch nicht, den Kaldäern untertan zu sein; bleibt im Lande und dient dem König von Babel, dann ergeht es euch gut! 10 Ich selbst bleibe hier in Mizpa als Vermittler bei den Kaldäern, die zu uns kommen. Ihr aber bringt eure Ernten an Wein, Obst und Öl ein, speichert sie auf und bleibt in euren Ortschaften, die ihr besiedelt!« 11 Auch alle Judäer, die in Moab, bei den Ammonitern, in Edom oder sonst in irgendeiner Landschaft sich aufhielten, erhielten davon Kunde, daß der König von Babel einen Rest von Juda übriggelassen und Gedalja, den Sohn Achikams, den Enkel Schaphans, zum Statthalter über sie gesetzt hatte. 12 Da kehrten alle Judäer aus sämtlichen Orten, wohin sie versprengt waren, zurück und kamen in das Land zu Gedalja nach Mizpa. Man erntete Wein und Obst in überaus großer Menge.

Gedaljas Ermordung

13 Jochanan, der Sohn Kareachs, und alle Truppenführer, die sich noch auf freiem Felde aufhielten, kamen zu Gedalja nach Mizpa. 14 Sie fragten ihn: »Weißt du auch, daß Baalis, der König der Ammoniter, den Ismael, den Sohn Netanjas, gesandt hat, dich zu erschlagen?« Gedalja aber, der Sohn Achikams, glaubte es ihnen nicht. 15 Nun machte Jochanan, der Sohn Kareachs, dem Gedalja in Mizpa insgeheim den Vorschlag: »Ich will mich aufmachen und Ismael, den Sohn Netanjas, erschlagen; niemand erfährt etwas davon. Warum soll er dich denn erschlagen, so daß alle Judäer, die sich um dich geschart haben, wieder zerstreut werden und der Rest von Juda zugrunde geht?« 16 Indes entgegnete Gedalja, der Sohn Achikams, dem Jochanan, dem Sohn des Kareach: »Tu das nicht; denn unwahr ist, was du über Ismael sagst.«

41

1 Jedoch im siebten Monat kam Ismael, der Sohn Netanjas, der Enkel Elischamas, aus königlichem Stamm [einer von den Großen des Königs], mit zehn Männern zu Gedalja, dem Sohne Achikams, nach Mizpa. Sie hielten dort ein gemeinschaftliches Mahl. 2 Da erhob sich Ismael, der Sohn des Netanja, samt den zehn Männern, die bei ihm waren, und sie erschlugen Gedalja, den Sohn Achikams, den Enkel Schaphans, mit dem Schwerte. So brachte er den Mann um, den der Babelkönig im Lande als Statthalter eingesetzt hatte. 3 Auch alle Judäer, die bei ihm [bei Gedalja] in Mizpa waren, und die Kaldäer, die sich als militärische Besatzung dort befanden, schlug Ismael tot.

Meuchelmord an Wallfahrern

4 Es begab sich aber am zweiten Tage nach Gedaljas Ermordung, als noch niemand etwas wußte, 5 da kamen Leute von Sichem, Silo und Samaria, achtzig Mann, mit geschorenen Bärten, zerrissenen Gewändern und eingeritzter Haut; sie trugen in ihren Händen Opfergaben und Weihrauch, um sie zum Hause des Herrn zu bringen. 6 Da ging Ismael, der Sohn Netanjas, von Mizpa aus ihnen entgegen und machte dabei eine weinerliche Miene. Sobald er mit ihnen zusammentraf, lud er sie ein: »Kommt zu Gedalja, dem Sohn Achikams!« 7 Nachdem sie nun in die Stadtmitte gekommen waren, hieb Ismael, der Sohn Netanjas, sie nieder und warf sie in die Zisterne, er und die Leute, die er bei sich hatte. 8 Unter ihnen befanden sich jedoch zehn Männer, die zu Ismael sprachen: »Bring uns nicht um; denn wir haben versteckte Vorräte auf dem Felde: Weizen, Gerste, Öl und Honig!« Da ließ er von ihnen ab und tötete sie nicht wie ihre Stammesbrüder. 9 Die Zisterne aber, in welche Ismael alle Leichen der Leute, die er erschlagen hatte, hineinwarf, war eine große Zisterne – es war jene, die König Asa gegen Bascha, den König von Israel, angelegt hatte. Diese

füllte Ismael, der Sohn Netanjas, mit Erschlagenen.
10 Danach führte Ismael den ganzen Rest der Leute
in Mizpa weg samt den Prinzessinnen, die Nebu-
saradan, der Führer der Leibwache, dem Gedalja,
dem Sohn Achikams, anvertraut hatte; Ismael, der
Sohn Netanjas, führte sie weg und zog ab, um über
die Grenze zu den Ammonitern zu gelangen.

Ismael auf der Flucht

11 Jochanan, der Sohn Kareachs, und alle Truppen-
führer, die bei ihm waren, vernahmen von all dem
Unrecht, das Ismael, der Sohn Netanjas, begangen
hatte. 12 Sie nahmen alle ihre Leute und zogen zum
Kampf wider Ismael, den Sohn Netanjas, aus; sie
stießen auf ihn am großen Gewässer bei Gibeon.
13 Als nun sämtliche Leute um Ismael den Jochanan,
den Sohn des Kareach, und neben ihm alle Trup-
penführer erblickten, sprangen sie freudig auf.
14 Alle Leute, die Ismael von Mizpa fortgeführt
hatte, schwenkten um und traten auf die Seite
Jochanans, des Sohnes des Kareach. 15 Jedoch ge-
lang es Ismael, dem Sohn des Netanja, mit acht
Mann dem Jochanan zu entkommen und zu den
Ammonitern zu fliehen.

Auswanderung geplant

16 Da übernahmen Jochanan, der Sohn des Kareach,
und alle bei ihm befindlichen Truppenführer den
ganzen Rest der Leute, den Ismael, der Sohn des
Netanja, nach der Ermordung Gedaljas von Mizpa
fortgeführt hatte: Männer, Frauen, Kinder und
Palastbeamte, die er von Gibeon zurückbrachte.
17 Sie zogen ab und machten halt in der Herberge
des Kimham bei Bethlehem in der Absicht, nach
Ägypten weiterzuziehen. 18 Dadurch wollten sie
den Kaldäern entkommen. Sie fürchteten sich näm-
lich vor ihnen, weil Ismael, der Sohn Netanjas, den
Gedalja, den Sohn Achikams, der vom König von
Babel im Lande als Statthalter eingesetzt war, er-
schlagen hatte.

41,2: Zum Gedächtnis an Gedaljas Ermordung wurde später der 3. Oktober von den Juden als Fasttag begangen. • 5: Verunstaltung der äußerlichen Schönheit ist Zeichen der Trauer. Besonders bei den Heiden war der Brauch verbreitet, sich Wunden zu ritzen (47,5; 48,37; 49,3).

Jeremias warnt vor der Auswanderung nach Ägypten

42 1 Da traten alle Truppenführer, Jocha-
nan, der Sohn Kareachs, Asarja, der
Sohn Hoschajas, und sämtliche Leute,
groß und klein, 2 an den Propheten Jeremias heran
und baten: »Möge doch unser Flehen bei dir
gnädige Aufnahme finden: Bete für uns zum Herrn,
deinem Gott, für diesen gesamten Rest! Denn wir
blieben von vielen nur noch wenige übrig, wie du es
selber an uns siehst. 3 Möge uns der Herr, dein Gott,
kundtun, welchen Weg wir gehen und was wir
überhaupt tun sollen!« 4 Da sprach der Prophet
Jeremias zu ihnen: »Ich bin einverstanden! Ja, ich
werde eurem Wunsche gemäß zum Herrn, eurem
Gott, beten; was immer der Herr euch zur Antwort
gibt, will ich euch verkünden, ohne euch nur ein
Wort vorzuenthalten.« 5 Sie selber versicherten
Jeremias: »Der Herr sei ein wahrer und getreuer
Zeuge gegen uns, wenn wir nicht genau nach dem
Bescheid handeln, den der Herr, dein Gott, durch
deine Vermittlung uns schickt; 6 mag es Gutes oder
Schlimmes sein, auf die Stimme des Herrn, unseres
Gottes, zu dem wir dich senden, werden wir hören;
dann möge es uns wohlergehen, wenn wir auf die
Stimme des Herrn, unseres Gottes, achten!«
7 Zehn Tage später erging das Wort des Herrn an
Jeremias. 8 Da berief er Jochanan, den Sohn
Kareachs, und alle Truppenführer, die bei ihm
waren, samt allem Volk, groß und klein. 9 Er gab
ihnen folgenden Bescheid: »So spricht der Herr, der
Gott Israels, zu dem ihr mich gesandt habt, um ihm
eure Bitte vorzutragen: 10 ›Bleibt ihr ruhig in diesem
Land, so will ich euch aufbauen und nicht ein-
reißen, euch einpflanzen und nicht entwurzeln!
Denn mich reut das Unheil, das ich euch angetan.
11 Vor dem Babelkönig, vor dem ihr in Angst seid,
fürchtet euch nicht; fürchtet euch nicht vor ihm‹, ist
der Spruch des Herrn, ›denn ich bin mit euch, euch
zu helfen und euch zu erretten aus seiner Gewalt.
12 Ich erwirke Erbarmen für euch, so daß er sich
euer erbarmt und euch die Rückkehr in eure Heimat
gestattet.‹ 13 Sagt ihr aber: ›Wir bleiben nicht in
diesem Lande‹, hört ihr also nicht auf die Stimme
des Herrn, eures Gottes, 14 sondern sprecht ihr:
›Nein, wir ziehen ins Ägypterland, wo wir nichts
vom Krieg sehen, kein Hornsignal hören und nach
Brot nicht zu hungern brauchen, daselbst wollen
wir bleiben‹, 15 nun, dann höret das Wort des Herrn,
ihr Restbestand vom Hause Juda: So spricht der
Herr der Heere, der Gott Israels: ›Wenn ihr euch
durchaus in den Kopf gesetzt habt, nach Ägypten
zu ziehen, wenn ihr hingeht und euch dort siedelt,
16 dann erreicht das Schwert, das ihr fürchtet, euch
dort im Lande Ägypten, und ihr sterbt daselbst.
17 Und alle Leute, die es sich in den Kopf gesetzt
haben, nach Ägypten zu ziehen und sich dort nie-
derzulassen, sterben durch Schwert, Hunger und
Pest. Keiner von ihnen entweicht und entflieht dem
Unheil, das ich über sie bringe.‹ 18 Denn so spricht
der Herr der Heere, der Gott Israels: ›Wie sich mein
Zorn und Grimm über die Einwohner Jerusalems

ergossen hat, so wird sich mein Grimm auch über euch entladen, falls ihr nach Ägypten zieht. Ihr werdet zum Fluch und zum Entsetzen, zur Verwünschung und zum Hohn sein und werdet diese Stätte nie mehr sehen.›«

Das Volk lehnt Gottes Spruch ab

43 1 Jeremias hatte dem ganzen Volk alle Worte des Herrn, ihres Gottes, die der Herr ihnen ausrichten ließ – alle obigen Worte –, vollständig mitgeteilt. 2 Da sagten Asarja, der Sohn Hoschajas, und Jochanan, der Sohn Kareachs, sowie alle übermütigen und widerstrebenden Männer zu Jeremias: »Lüge redest du! Der Herr, unser Gott, hat dich nicht gesandt mit dem Auftrag: Ihr sollt nicht nach Ägypten ziehen, um euch dort niederzulassen! 3 Vielmehr ist es Baruch, der Sohn Nerijas, der dich wider uns aufhetzt, um uns in die Hand der Babylonier auszuliefern, damit diese uns töten oder nach Babel schleppen.«

Antwort des Jeremias

42 19 Da entgegnete Jeremias: »Der Herr ist es, der zu euch, ihr Rest vom Hause Juda, sprach: Zieht nicht nach Ägypten! Merket es gut, ich verwarne euch heute! 20 Denn ihr gebt euch einer lebensgefährlichen Täuschung hin. Ihr selbst habt mich ja zum Herrn, eurem Gott, gesandt und gesprochen: Bete für uns zum Herrn, unserem Gott, und ganz so, wie der Herr, unsere Gott, spricht, gib uns Auskunft, und wir wollen danach handeln! 21 Heute nun gab ich euch die Auskunft, ihr aber hört nicht auf die Stimme des Herrn, eures Gottes, in allem, womit er mich zu euch gesandt hat. 22 Jetzt aber merket es wohl: Durch Schwert, Hunger und Pest werdet ihr umkommen an dem Ort, wohin ihr zu ziehen vorhabt, um euch dort niederzulassen!«

42,5f: Bei der aufgeregten Lage war die Furcht zu groß, um dieses Versprechen zu halten; siehe 43.1–3. • 10: Gottes »Reue« ist menschliche Ausdrucksweise, die besagt, daß das Strafgericht abgeschlossen ist. • 19–22: Der Zusammenhang verlangt, diese Verse hinter 43,3 einzureihen.

Wegzug nach Ägypten

43 4 Aber Jochanan, der Sohn Kareachs, sämtliche Truppenführer und alle Leute hörten nicht auf den Befehl des Herrn, im Lande Juda zu bleiben. 5 Vielmehr nahmen Jochanan, der Sohn Kareachs, und alle Truppenführer den ganzen Rest Judas, der aus allen Völkern, wohin er versprengt gewesen, heimgekehrt war, um sich im Lande Juda anzusiedeln: 6 die Männer, Frauen und Kinder, die Prinzessinnen und alle Leute, die Nebusaradan, der Führer der Leibwache, bei Gedalja, dem Sohn Achikams und Enkel Schaphans, gelassen hatte, auch den Propheten Jeremias und Baruch, den Sohn Nerijas. 7 Sie zogen nach dem Land Ägypten, gehorchten also dem Befehl des Herrn nicht, und gelangten bis Tachpanches.

Jeremias weissagt Einfall Nebukadnezars in Ägypten

8 In Tachpanches erging das Wort des Herrn an Jeremias: 9 »Nimm große Steine zur Hand und füge sie mit Mörtel in das Ziegelpflaster am Eingang zum Hause des Pharao in Tachpanches ein, und zwar in Gegenwart judäischer Männer! 10 Sprich dann zu ihnen: So spricht der Herr der Heerscharen, der Gott Israels: Siehe, ich sende hin und hole meinen Knecht Nebukadnezar, den König von Babel, herbei, daß er seinen Thron auf diese Steine stellt, die du eingefügt hast, und sein Prachtzelt darüber ausspannt! 11 Er kommt und schlägt das Ägypterland; wer für den Tod bestimmt ist, verfällt dem Tode, wer für die Gefangenschaft, der Gefangenschaft, und, wer für das Schwert bestimmt ist, dem Schwert. 12 Er wird Feuer an die Tempel der ägyptischen Götter legen und diese verbrennen oder wegführen. Er wird das Land Ägypten ablausen, wie der Hirt sein Gewand laust, und unbehelligt von dannen ziehen. 13 Er wird die Spitzsäulen (Obelisken) des Sonnentempels im Lande Ägypten zerbrechen und die Tempel der ägyptischen Götter niederbrennen.«

Rede des Jeremias über Vergangenheit und Gegenwart

44 1 Das Wort, das an Jeremias erging für alle Judäer, die im Lande Ägypten wohnten, die sich aufhielten in Migdol, Tachpanches, Noph und im Lande Patros: 2 »So spricht der Herr der Heerscharen, der Gott Israels: Ihr selbst habt all das Unheil erlebt, das ich über Jerusalem und alle Städte Judas brachte. Seht, heute sind sie Trümmerhaufen, die unbewohnt sind. 3 Das kam von ihrer Bosheit, die sie verübten, um mich zu kränken. Sie gingen hin, räucherten und dienten fremden Göttern, die ihnen bisher unbekannt waren, sie, ihr und eure Väter! 4 Immerfort hatte ich zu euch alle meine Knechte, die Propheten, gesandt mit der Mahnung: ›Verübt doch nicht solchen Greuel, den ich hasse!‹ 5 Aber sie hörten nicht und zeigten kein geneigtes Ohr, sich von ihrer Bosheit abzukehren und fremden Göttern nicht mehr zu räuchern. 6 Da entlud sich mein Grimm und Zorn und entbrannte in den Städten Judas und auf den Straßen Jerusalems, so daß sie zu wüsten Trümmerstätten wurden, wie es heute der Fall ist. 7 Und nun spricht der Herr, der Gott der Heerscharen, der Gott Israels: Warum tut ihr euch selbst so

großes Unheil an, daß ihr euch ausrottet, Mann und
Frau, Kind und Säugling, aus Judas Mitte und kei-
nen Rest mehr übriglaßt? 8 Ihr kränkt mich durch
die Machwerke eurer Hände, weil ihr fremden
Göttern Rauchopfer darbringt im Lande Ägypten,
wohin ihr gezogen seid, euch daselbst niederzulas-
sen; so werdet ihr ausgerottet und zum Fluch und
Hohn bei allen Völkern der Erde. 9 Habt ihr denn die
Übeltaten eurer Väter, die Übeltaten der Könige von
Juda und die eurer Vornehmen, eure eigenen Übel-
taten und die eurer Frauen vergessen, die sie im
Lande Juda und auf den Gassen Jerusalems verübt
haben? 10 Bis zum heutigen Tag wurden sie darüber
nicht zerknirscht, hatten keine Furcht und wandel-
ten nicht in meinem Gesetz und in meinen Gebo-
ten, die ich euch und euren Vätern vorgeschrieben
habe.

Drohung

11 Darum spricht der Herr der Heerscharen, der
Gott Israels: Fürwahr, ich wende mein Antlitz ge-
gen euch zum Unheil, um ganz Juda auszurotten.
12 Ich raffe den Rest Judas hinweg, der sich darauf
versteifte, nach Ägypten zu ziehen, um sich dort
niederzulassen; sie werden insgesamt im Lande
Ägypten umkommen, sie werden fallen durch
Schwert und Hunger, klein und groß kommen um;
durch Schwert und Hunger werden sie sterben und
werden zur Verwünschung und zum Entsetzen,
zum Fluch und zum Hohn. 13 Die im Lande Ägyp-
ten Angesiedelten suche ich heim, wie ich Jeru-
salem heimsuchte, mit Schwert, Hunger und Pest.
14 Unter dem Rest der Judäer, die gekommen sind,
sich hier im Lande Ägypten anzusiedeln, wird es
keinen geben, der entweicht und entrinnt, um in
das Land Juda heimzukehren, obwohl sie sehnlichst
zurückkehren möchten, um dort wieder wohnen
zu können. Nein, sie kehren nicht heim, abgesehen
von einigen Flüchtlingen.«

Festhalten am Götzendienst

15 Da entgegneten alle Männer, die davon Kenntnis
hatten, daß ihre Frauen anderen Göttern räucher-
ten, und alle dabeistehenden Frauen – eine große
Schar – sowie alle Leute, die sich im Lande Ägypten
und in Patros niedergelassen hatten, dem Jeremias:
16 »In der Angelegenheit, in der du zu uns im
Namen des Herrn geredet hast, können wir dir
nicht gehorchen. 17 Vielmehr werden wir unbedingt
all das tun, was wir gelobt haben, nämlich der Him-
melskönigin Rauch- und Trankopfer darzubringen,
wie wir, unsere Väter, unsere Könige und Fürsten in
den Ortschaften Judas und auf den Gassen Jerusa-
lems es getan haben. Da hatten wir Brot, uns zu
sättigen, es ging uns gut, und wir mußten kein
Unheil erleben. 18 Seit wir aber aufhörten, der Him-
melskönigin zu räuchern und Trankopfer zu spen-
den, leiden wir Not an allen Dingen und kommen
durch Schwert und Hunger um.« 19 Die Frauen er-
klärten: »Wenn wir der Himmelskönigin Rauch-
und Trankopfer darbringen, geschieht es dann etwa
ohne Einverständnis unserer Männer, daß wir ihr
Kuchen backen nach ihrer Gestalt und ihr Trank-
opfer spenden?«

Letzte Drohrede über das Ende

20 Da entgegnete Jeremias dem gesamten Volke,
den Männern, Frauen und allen Leuten, die ihm so
geantwortet hatten: 21 »War es nicht gerade das
Rauchopferunwesen, das ihr in den Städten Judas
und auf den Straßen Jerusalems gepflegt habt, ihr
selbst, eure Väter, eure Könige, eure Fürsten samt
der Bürgerschaft, dessen der Herr strafend gedachte
und das er im Sinne hatte? 22 Der Herr konnte euer
böses Treiben und eure Greueltaten, die ihr ver-
übtet, nicht länger ertragen; so wurde denn euer
Land zur Trümmerstätte, zum Entsetzen und zum
Fluch, so daß es niemand mehr bewohnt, wie es
heute der Fall ist. 23 Weil ihr Rauchopfer darge-
bracht und gegen den Herrn gesündigt, nicht auf die
Stimme des Herrn gehört habt und nach seinem
Gesetz, seinen Geboten und Anordnungen nicht
gewandelt seid, darum kam dieses Unheil über
euch, wie ihr es heute erdulden müßt.« 24 Zum ge-
samten Volk und besonders zu allen Frauen sagte
Jeremias: »Höret das Wort des Herrn, ganz Juda, das
im Lande Ägypten weilt! 25 So spricht der Herr der
Heere, der Gott Israels: Ihr Frauen habt mit euren
Lippen versprochen und mit euren Händen voll-
bracht, was ihr sagtet: ›Wir wollen unbedingt
unsere Gelübde halten, die wir machten, nämlich
der Himmelskönigin Rauch- und Trankopfer darzu-
bringen!‹ Löst nur genau eure Gelübde ein und
bringt eure Trankopfer dar!
26 So vernehmt denn das Wort des Herrn, ihr Judäer
alle, die ihr im Lande Ägypten weilt: Fürwahr, ich
schwöre bei meinem großen Namen, spricht der
Herr: Nimmer soll mein Name von irgendeinem
Judäer im ganzen Lande Ägypten in den Mund ge-
nommen werden, daß er spräche: ›So wahr der Ge-
bieter und Herr lebt!‹ 27 Siehe, ich wache über ihnen
zum Unheil und nicht zum Heil! Alle Judäer im
Lande Ägypten werden durch Schwert und Hunger
aufgerieben bis zu ihrem völligen Untergang. 28 Nur
eine kleine Zahl wird dem Schwert entrinnen und
aus dem Land Ägypten ins Land Juda heimkehren,
und der ganze Rest von Juda, der nach dem Ägyp-

terland zog, um sich dort anzusiedeln, wird erken-
nen, wessen Wort sich erfüllt, das meinige oder das
ihre. 29 Und dies soll euch das Zeichen dafür sein –
Spruch des Herrn –, daß ich euch heimsuche an
dieser Stätte, damit ihr erkennt, daß meine Un-
heilsworte wider euch in Erfüllung gehen: 30 So
spricht der Herr: Fürwahr, ich übergebe den Pharao
Hophra, den König von Ägypten, in die Hand sei-
ner Feinde, in die Hand derer, die ihm nach dem
Leben trachten, wie ich Zidkia, den König von Juda,
in die Hand Nebukadnezars, des Königs von Babel,
seines Feindes, der ihm nach dem Leben trachtete,
überliefert habe.«

44,17: »Himmelkönigin« vgl. 7,18.

Gotteswort für Baruch

45 1 Das Wort, das der Prophet Jeremias zu
Baruch, dem Sohne Nerijas, sprach, als
er im vierten Jahre Jojakims, des Sohnes
Josias, des Königs von Juda, jene Reden nach den
Angaben des Jeremias in eine Buchrolle schrieb:
2 »So spricht der Herr, der Gott Israels, über dich,
Baruch: 3 Du hast gesagt: ›Ach, wehe mir, häuft
doch der Herr Kummer auf meinen Schmerz! Von
meinen Seufzern bin ich erschöpft, Ruhe finde ich
nicht!‹ – 4 Rede zu ihm: So spricht der Herr: Siehe,
was ich gebaut, reiße ich ein, und was ich gepflanzt,
reiße ich aus [dies betrifft das ganze Land.] 5 Du
aber willst Großes für dich begehren? Begehre es
nicht! Denn siehe, ich verhänge Unheil über alle
Menschen – Spruch des Herrn. Doch dir gebe ich
dein Leben als Beute an allen Orten, wohin immer
du gehst!«

Gegen fremde Völker

46 1 Was als Wort des Herrn wider die
Völker an den Propheten Jeremias er-
ging. 2 Über Ägypten: Gegen die Streit-
macht des Pharao Necho, des Königs von Ägypten,
die am Euphratstrom bei Karkemisch stand, die
Nebukadnezar, der König von Babel, im vierten Jahr
Jojakims, des Sohnes Josias, des Königs von Juda,
schlug:

Schlacht am Euphrat

3 »Rüstet Kleinschild und Großschild, rückt an zum
Kampfe! 4 Die Streitrosse schirrt, ihr Wagenkämp-
fer, steigt auf! Tretet in Helmen an, macht die Lan-
zen blank, legt die Panzer an! 5 Was sehe ich? Sie
sind zermürbt, sie weichen zurück, ihre Helden
sind geschlagen, ergreifen die Flucht und kehren
nicht um. Grauen ringsum« – Spruch des Herrn.
6 Der Schnelle kann nicht entfliehen und nicht ent-
rinnen der Held. Im Norden am Ufer des Euphrat-
stromes straucheln und fallen sie nieder. 7 Wer
wogte heran gleich dem Nil, daß seine Wasser wie
Ströme erbrausten? 8 Ägypten wogte heran gleich
dem Nil, daß seine Wasser wie Ströme erbrausten.
Es sprach: »Ich woge heran, überschwemme das
Land, vernichte die Städte samt ihren Bewohnern!
9 Auf, ihr Rosse, ihr Wagen, stürmt los! Rückt aus,
ihr Helden, Kusch und Put, die ihr den Schild tragt,
ihr Ludier, die ihr den Bogen spannt!« 10 Doch jener
Tag ist für den Gebieter und Herrn der Heere ein
Rachetag, an dem er sich rächt an seinen Gegnern.
Da frißt das Schwert, es sättigt sich und wird
trunken von ihrem Blut; denn ein Schlachtfest hält
der Gebieter und Herr der Heere im Lande des
Nordens, am Euphratstrom. 11 Ziehe hinauf nach
Gilead und hole Balsam, Jungfrau, Tochter Ägyp-
ten! Umsonst verbrauchst du viele Arzneien, Gene-
sung findest du nicht! 12 Von deiner Schande hören
die Völker, dein Wehgeschrei erfüllt die Erde. Ja, ein
Held ist neben dem Helden gestürzt, miteinander
sind beide gefallen!

Nebukadnezars Zug nach Ägypten

13 Das Wort, das der Herr dem Propheten Jeremias
verkündete über den Kriegszug, den Nebukadne-
zar, der König von Babel, unternahm, um das Land
Ägypten zu schlagen: 14 Meldet es in Ägypten, ver-
kündet es in Migdol, macht es kund in Noph und
Tachpanches! Sprecht: Stelle dich auf und mach
dich bereit, denn schon frißt das Schwert rings um
dich her! 15 Wie ist dein Starker zu Boden gestürzt?
Er hielt nicht stand, weil der Herr ihn verfolgte. 16 Er
brachte viele zu Fall, so daß sie stürzten, Mann
neben Mann. Da riefen sie: »Auf, zurück zu unse-
rem Volk und in unser Heimatland vor dem rasen-
den Schwert!« 17 Nennt den Namen des Pharao, des
ägyptischen Königs »Getöse, das die Zeit ver-
paßte«! 18 »So wahr ich lebe« – Spruch des Königs,
›Herr der Heere‹ ist sein Name –, »fürwahr, wie
unter den Bergen der Tabor, wie der Karmel am
Meer, so machtvoll rückt er heran! 19 Zur Ver-
bannung rüste dir deine Sachen, du seßhafte
Tochter Ägypten! Denn Noph wird zur Wüste,
wird niedergebrannt, bleibt unbewohnt! 20 Ägyp-
ten ist eine stattliche Jungkuh, die Bremse von Nor-
den fällt über sie her. 21 Auch ihre Söldnertruppen
im Land gleichen gemästeten Kälbern; auch sie
machen kehrt, fliehen gemeinsam und bleiben nicht
stehen. Denn der Tag ihres Unglücks kommt über
sie, die Zeit ihrer Prüfung. 22 Ägyptens Stimme
gleicht einer zischenden Schlange, wenn jene an-
rücken mit Macht und mit Äxten es überfallen,

Holzhauern gleich. 23 Sie fällen seinen Wald« –
Spruch des Herrn –, »denn er ist undurchdringbar.
Zahlreicher als die Heuschrecken sind sie und ohne
Zahl. 24 Zuschanden wird die Tochter Ägypten,
dem nordischen Volk überliefert.« 25 Der Herr der
Heerscharen, der Gott Israels, spricht: »Seht, ich
suche heim den Amon von No und den Pharao,
Ägypten und seine Götter, seine Könige und den
Pharao samt allen, die auf ihn vertrauen! 26 Und ich
gebe sie in die Gewalt derer, die ihnen nach dem
Leben trachten, nämlich in die Gewalt Nebukadne-
zars, des Königs von Babel, und seiner Diener.
Danach aber wird es wieder bewohnt sein wie
früher« – Spruch des Herrn.

Trostspruch für Israel

27 »Aber du, mein Knecht, Jakob, fürchte dich nicht;
verzage nicht, Israel! Denn siehe, aus fremder Ferne
errette ich dich, deine Nachkommen aus ihrem
Land der Verbannung. Jakob kehrt heim und hat
Ruhe, lebt gesichert, und niemand erschreckt ihn.
28 Nun fürchte dich nicht, mein Knecht Jakob« –
Spruch des Herrn; »denn ich bin mit dir. Ja, ich
mache ein Ende mit allen Völkern, unter die ich
dich versprengte. Doch dich vertilge ich nicht, son-
dern züchtige dich nach Gebühr, jedoch ungestraft
kann ich dich nicht lassen.«

46,1–51,63: Drohreden gegen große und kleine Fremdvölker, die wir ähnlich auch sonst bei den Propheten finden. Alle Völker der Geschichte sind Werkzeuge in der Hand des Herrn. Überschreiten sie aber ihre Befugnisse, sind sie überheblich, grausam und ungerecht, so verstoßen sie gegen die Weltordnung Gottes und fordern seine Strafe heraus.

46,2: In der Schlacht bei Karkemisch (605 v. Chr.) brachte Nebukadnezar dem Pharao Necho II. eine vernichtende Niederlage bei und zwang ihn zum Rückzug hinter die alte ägyptische Grenze (vgl. 2 Chron 35,20).

Philisterspruch

47 1 Was als Wort des Herrn an den Prophe-
ten Jeremias erging wider die Philister,
bevor der Pharao Gaza schlug. 2 So
spricht der Herr: »Siehe, Wasser dringen vom Nor-
den heran und werden zum reißenden Bach; sie
überfluten das Land und was drin ist, die Städte
samt ihren Bewohnern.« Da schreien die Menschen
und heulen alle Bewohner des Landes, 3 weil laut die
Hufe seiner Hengste stampfen, seine Kriegswagen
dröhnen, seine Räder rasseln. Väter kehren sich
nicht nach den Söhnen um, denn ihre Hände sind
schlaff vor Schreck 4 wegen des Tages, der kommt,
um alle Philister zu vernichten und jeden zu vertil-
gen, der als Helfer für Tyrus und Sidon entkam. Ja,
es vernichtet der Herr die Philister, den Rest von der
Insel Kaphtor. 5 Kahlgeschoren ist Gaza, Askalon ist
verstummt. Du Rest der Enakiter, wie lange noch
mußt du dir Trauermale ritzen? 6 Wehe, du Schwert
des Herrn, wie lange willst du nicht rasten? Kehre in
deine Scheide zurück, halte ein und sei ruhig! 7 Wie
sollte es ruhen, da der Herr es entbot? Wider Aska-
lon und die Küste des Meeres entsandte er es.

»Setzet ein Grabmal für Moab!«

48 1 Über Moab. So spricht der Herr der
Heerscharen, der Gott Israels: »Wehe
über Nebo, es wird ja verwüstet; zu-
schanden wird und erobert Kirjatajim! Beschämt
wird die Hochburg und geschleift.« 2 Moabs Ruhm
ist dahin. In Hesbon plant man wider es Unheil:
»Kommt, wir rotten es aus, daß es kein Volk mehr
sei!« Auch du, Madmen, wirst verstummen, das
Schwert fährt hinter dir drein. 3 Horch, ein Wehge-
schrei von Choronajim: »Verwüstung und großer
Zusammenbruch!« 4 »Moab ist zerschmettert!«, so
gellt der Schrei bis nach Zoar. 5 Ja, die Steige von
Luchit, man steigt sie mit Weinen hinauf; ach, am
Abhang nach Choronajim hört man ob des Zusam-
menbruchs entsetzliches Schreien. 6 Fliehet, rettet
euer Leben, lagert wie Wildesel in der Wüste! 7 Weil
du auf deine Burgen vertrautest, wirst auch du er-
obert. In die Verbannung muß Kamosch ziehen,
seine Priester und Fürsten zusammen. 8 Der Ver-
wüster überfällt jegliche Stadt, und keine Stadt wird
gerettet. Es geht zugrunde das Tal, vernichtet wird
das ebene Land, spricht der Herr. 9 Setzt ein Grab-
mal für Moab, denn es verfällt ganz und gar! Seine
Städte werden veröden, niemand wohnt mehr
darin. 10 Verflucht, wer das Werk des Herrn nach-
lässig vollbringt, verflucht, wer sein Schwert zu-
rückhält vom Blut!

Einst und jetzt

11 Sorglos lebte Moab von Jugend an, ruhig lag es
auf seiner Hefe; es wurde nicht umgeschüttet von
Gefäß zu Gefäß, es mußte nicht in die Verbannung.
Darum behielt es seinen Geschmack, unverändert
seinen Duft. 12 »Seht, deshalb kommen Tage« –
Spruch des Herrn –, »da sende ich Küfer zu ihm; die
gießen es um, entleeren seine Gefäße und zerschla-
gen seine Krüge. 13 Zuschanden wird Moab an
Kamosch, wie das Haus Israel zuschanden wurde
an Betel, dem es vertraute.« 14 Wie könnt ihr sagen:
»Helden sind wir, Männer voll Kraft für den
Kampf!«? 15 Der Verwüster zieht gegen Moab hin-
auf; da steigt die Blüte seiner Jugend zum Gemetzel
hinab. 16 Moabs Verderben steht nahe bevor, sein
Unglück eilt gar schnell herbei. 17 Beklagt es, all
seine Nachbarn und alle, denen sein Name bekannt

ist! Sprecht: »Ach, wie ist doch zerbrochen der
starke Stab, das herrliche Zepter!« 18 Steig herab
von deiner Pracht und setze dich in den Schmutz,
du Einwohnerschaft, Tochter Dibon! Denn Moabs
Verwüster zieht hinauf gegen dich, zerstört deine
Burgen. 19 Stell dich an den Weg und halte Aus-
schau, Einwohnerschaft von Aroer; frage die flie-
henden Männer und die entronnenen Frauen!
Sprich: »Was ist denn geschehen?« 20 »Zuschanden
ward Moab; ja, es zerbrach! Heulet und schreit,
meldet am Arnon, daß Moab verwüstet!« 21 Ein
Gericht brach herein über das Land der Ebene, über
Cholon, Jahza und Mephaat, 22 über Dibon, Nebo
und Bet-Diblatajim, 23 über Kirjatajim, Bet-Gamul
und Bet-Meon, 24 über Kerijot und Bozra und über
alle Städte des Landes Moab, die fern und nahe
liegen. 25 »Abgehauen ist Moabs Horn und sein Arm
zerschmettert« – Spruch des Herrn. 26 Macht es be-
trunken, denn wider den Herrn tat es groß! Moab
stürze in sein eigenes Gespei, werde selber auch
zum Gespött! 27 Oder war dir nicht Israel zum
Gespött? Traf man es etwa bei Dieben an, daß du
höhnend den Kopf schütteltest, sooft du von ihm
sprachst? 28 Räumt die Städte, wohnt in den Klüf-
ten, Bewohner von Moab! Macht es wie die Taube,
die an den Wänden nistet in offenen Höhlen.

Klage über Moab

29 Wir haben vernommen von Moabs Stolz, wie es
gar hoffärtig ist, von seinem Hochmut und Stolz,
von seinem Dünkel und seinem überheblichen
Sinn. 30 »Ich kenne«, so spricht der Herr, »seinen
Übermut; unwahr ist sein Gerede, unaufrichtig sein
Tun.« 31 Darum heule ich über Moab, über ganz
Moab jammere ich, über die Leute von Kir-Cheres
muß ich stöhnen. 32 Du Quellgrund von Jaser, ich
weine über dich, du Weinstock von Sibma! Bis ans
Meer ziehen sich deine Ranken hin, reichen bis
Jaser. Über deinen Herbst und deine Lese fällt der
Verwüster her. 33 Verschwunden sind Freude und
Jubel vom Fruchtgarten und vom Lande Moab. Die
Kufen sind leer von Wein, der Kelterer wird nicht
mehr keltern, der Taktruf ertönt nicht mehr. 34 Das
Geschrei von Hesbon und Elale dringt bis Jahaz;
man erhebt die Stimme von Zoar bis Choronajim
und Eglat-Schelischijja; denn selbst die Wasser von
Nimrim werden zur Wüstenei. 35 »Ich mache es
Moab unmöglich« – Spruch des Herrn –, »daß
jemand opfert auf der Kulthöhe und seinen Göttern
räuchert.« 36 Deshalb klagt mein Herz um Moab
wie eine Flöte; wie eine Flöte klagt mein Herz um
die Leute von Kir-Cheres; sie verloren ja alles, was
sie sich erübrigt hatten. 37 Denn jedes Haupt ist
kahlgeschoren und jeder Bart abgeschnitten, an
allen Händen sind Ritzwunden und um die Hüften
das Trauerkleid. 38 Auf allen Dächern Moabs und
auf seinen Plätzen herrscht nichts als Klage. »Ja, ich
zerbreche Moab wie ein Gefäß, das niemand mehr
haben will« – Spruch des Herrn. 39 Wie ist zer-
schmettert, wie hat Moab schmachvoll den Rücken
gewandt! So wird Moab zum Gespött und zum
Entsetzen für alle seine Nachbarn.

Gericht und Untergang

40 Denn so spricht der Herr: »Schaut, wie ein Adler
schwebt es heran, breitet über Moab seine Schwin-
gen aus! 41 Erobert werden die Städte, die Festungen
eingenommen. Der Mut der Helden Moabs wird an
jenem Tag wie der Mut einer Frau in Wehen. 42 Ver-
nichtet wird Moab, so daß es kein Volk mehr ist;
denn wider den Herrn hat es großgetan. 43 Grauen
und Grube und Garn über dich, Bewohner von
Moab!« – Spruch des Herrn. 44 »Wer dem Grauen
entgeht, fällt in die Grube, wer der Grube entsteigt,
verstrickt sich im Garn. Ja, über Moab bringe ich
dies im Jahr der Heimsuchung« – Spruch des Herrn.
45 Im Schatten von Hesbon machen erschöpft
Flüchtlinge halt. Doch Feuer geht aus von Hesbon,
eine Flamme von Sichons Haus und verzehrt die
Schläfe Moabs und den Scheitel der lärmenden
Schreier. 46 Weh dir, Moab! Du verlorenes Volk des
Kamosch! Denn deine Söhne schleppt man in die
Gefangenschaft, deine Töchter in die Verbannung.

Wende

47 »Aber am Ende der Tage wende ich Moabs Ge-
schick« – Spruch des Herrn. – [Bis hierher geht das
Gerichtswort über Moab.]

48,7: Kamosch ist der moabitische Hauptgott, Vers 13. • 29–33: Stark abhängig von Is 16,6–10. • 34–39: Vgl. Is 15,2–8.

Ammonspruch

49 1 Über die Ammoniter. So spricht der
Herr: »Besitzt denn Israel keine Söhne,
oder fehlt ihm ein Erbe? Warum beerbte
Milkom den Gad, ließ sich sein Volk in dessen Städ-
ten nieder? 2 Darum siehe, es werden Tage kom-
men« – Spruch des Herrn –, »da lasse ich wider
Rabba der Ammoniter Kriegslärm erschallen. Zu
einem Trümmerhügel wird es, seine Tochterstädte
werden in Brand gesteckt, und Israel beerbt seine
Erben«, so spricht der Herr. 3 Heule, Hesbon, denn
der Verwüster rückt an! Schreiet, Töchter von
Rabba! Gürtet das Trauerkleid um, haltet Klage und
lauft mit eingeritzten Wunden umher! Denn in die
Verbannung zieht Milkom, seine Priester und
Fürsten alle. 4 Was rühmst du dich deines Tales, du

abwendige Tochter, die auf ihre Schätze vertraut:
»Wer kann über mich kommen?« 5 »Sieh, ich bringe
über dich Schrecken«, ist der Ausspruch des Gebie-
ters, des Herrn der Heere, »von allen Seiten
ringsum! Ihr werdet zerstreut, ein jeder für sich,
und niemand wird die Flüchtlinge sammeln. 6 Da-
nach aber wende ich der Ammoniter Geschick«, ist
der Spruch des Herrn.

Edomspruch

7 Über Edom. So spricht der Herr der Heerscharen:
»Gibt es keine Weisheit in Teman mehr, ist den
Klugen der Rat verlorengegangen? Ist ihre Weisheit
entwertet?« 8 Flieht, wendet euch ab, tief unten
mögt ihr euch bergen, Bewohner von Dedan! Denn
Esaus Verderben bringe ich über ihn, die Zeit seiner
Heimsuchung. 9 Wenn Winzer über dich kommen,
lassen sie keine Nachlese übrig. Kommen Diebe zur
Nachtzeit, richten sie Schaden an nach Belieben.
10 Denn ich selbst lege Esau bloß, seine Schlupf-
winkel decke ich auf, verbergen kann er sich nicht.
Seine Brut wird zerstört und seine Verwandtschaft
sowie seine Nachbarn, so daß keiner sagt: 11 ›Laß
deine Waisen, ich will sie erhalten, deine Witwen
mögen auf mich vertrauen!‹«
12 Denn so spricht der Herr: »Siehe, denen es nicht
rechtmäßig zukam, den Becher zu leeren, die müs-
sen ihn gleichwohl leeren, und da solltest du selbst
völlig ungestraft bleiben? Du wirst nicht ungestraft
bleiben, nein, trinken mußt du! 13 Denn bei mir
selber schwöre ich« – Spruch des Herrn –, »zum
Entsetzen, zur Schmach, zur Wüstenei und zum
Fluch soll Bozra werden, alle seine zugehörigen
Städte zu ewigen Trümmerhaufen!« 14 Kunde ver-
nahm ich vom Herrn, ein Bote ward unter die
Völker gesandt: »Schart euch zusammen, rückt ge-
gen es an, macht euch auf zum Kampfe!« 15 »Denn
siehe, ich mache dich klein unter den Völkern, ver-
achtet unter den Menschen! 16 Die Angst, die man
vor dir hat, betörte dich, der Übermut deines Her-
zens; denn du wohnst ja in felsigen Klüften, klam-
merst dich fest an Bergeshöhen. Baust du auch hoch
wie der Adler dein Nest, ich stürze dich von dort
hinab« – Spruch des Herrn. 17 »Zum Entsetzen wird
Edom, so daß jeder, der an ihm vorbeikommt, sich
entsetzt und ob all seiner Schicksalsschläge er-
schaudert. 18 Wie es war bei der Zerstörung von
Sodom und Gomorra sowie ihrer Nachbarstädte«,
spricht der Herr, »so wird dort niemand mehr woh-
nen, kein Mensch daselbst weilen. 19 Siehe, wie ein
Löwe heraufsteigt aus des Jordans Dickicht zur
immergrünen Aue, so vertreibe ich sie plötzlich von
da, und wer dazu auserwählt ist, den setze ich dort
ein. Denn wer ist mir gleich, und wer kann auftre-
ten gegen mich? Wo ist der Hirt, der standhält vor
mir?« 20 Darum hört den Ratschluß des Herrn, den
er wider Edom gefaßt, und seine Pläne, die er er-
sann wider Temans Bewohner! Fürwahr, selbst die
jüngsten Schafe schleppt man weg, ja, ihre eigene
Trift ist entsetzt über sie! 21 Von seinem dröhnen-
den Fall erbebt die Erde, sein Wehgeschrei ver-
nimmt man am Schilfmeer. 22 Schaut, wie ein Adler
steigt es empor, schwebt es heran und breitet die
Schwingen aus über Bozra! Der Mut der Helden
Edoms wird an jenem Tag wie der Mut einer Frau in
Wehen.

Damaskusspruch

23 Über Damaskus. Es schämen sich Hamat und
Arpad, denn böse Kunde vernahmen sie. Verzagt ist
ihr Herz vor Kummer, kann keine Ruhe finden.
24 Damaskus wird schwach, wendet sich zur Flucht,
Beben hat es ergriffen, Angst und Wehen packten es
wie eine Gebärende. 25 Wie ist doch verlassen die
ruhmreiche Stadt, die Stätte der Wonne! 26 »Darum
fällt auf ihren Plätzen ihre Jungmannschaft, und alle
Krieger kommen um an jenem Tag« – Spruch des
Herrn der Heere. 27 »An die Mauer von Damaskus
lege ich Feuer, daß es Benhadads Paläste verzehrt.«

Drohspruch gegen Araberstämme

28 Über Kedar und die Reiche von Chazor, die
Nebukadnezar, der König von Babel, schlug. So
spricht der Herr: »Auf, rückt heran gegen Kedar und
bezwingt die Söhne des Ostens! 29 Ihre Zelte und
Schafe nimmt man hinweg, ihre Zeltdecken und all
ihr Gerät; ihre Kamele holt man sich fort und ruft
über sie: ›Grauen ringsum!‹ 30 Flieht, macht euch
eilends davon, tief unten mögt ihr euch bergen, Be-
wohner von Chazor!« – Spruch des Herrn. »Denn
Nebukadnezar, der Babelkönig, faßte einen Ent-
schluß wider euch und erdachte sich gegen euch
einen Plan: 31 Auf, rückt heran gegen das sorglose
Volk, das so zuversichtlich wohnt!« – Spruch des
Herrn. »Tore und Riegel besitzt es nicht; sie hausen
ganz einsam für sich. 32 Ihre Kamele werden erbeu-
tet, ihrer Herden Menge verfällt dem Raub. In alle
Winde zerstreue ich sie, deren Haarrand gestutzt
ist; von allen Seiten bringe ich Unheil über sie« –
Spruch des Herrn. 33 »Zur Behausung für Schakale
wird Chazor, eine Wüste für immer. Niemand mehr
wird dort wohnen, kein Mensch mehr darin ver-
weilen.«

Elamspruch

34 Was als Wort des Herrn über Elam an den Pro-
pheten Jeremias erging, zu Beginn der Regierung
Zidkias, des Königs von Juda: 35 So spricht der Herr

der Heerscharen: »Siehe, ich zerbreche den Bogen
von Elam, worin seine Stärke gründet! 36 Vier
Winde will ich bringen über Elam, von den vier En-
den des Himmels. Ich zerstreue sie in all diese
Winde, so daß es kein Volk gibt, wohin Elams Ver-
sprengte nicht kämen. 37 Schrecken jage ich den Ela-
mitern ein vor ihren Feinden, vor denen, die ihnen
nach dem Leben trachten; Unheil bringe ich über
sie, meinen glühenden Zorn« – Spruch des Herrn.
»Hinter ihnen drein sende ich das Schwert, bis ich
sie aufgerieben habe. 38 Ich errichte mir einen Thron
in Elam und vernichte dort König und Fürsten« –
Spruch des Herrn. 39 »Doch am Ende der Tage
wende ich Elams Geschick« – Spruch des Herrn.

49,19–21: Fast die gleichen hymnischen Worte sind 50,44–46 auf Babel bezogen, wozu das »Erbeben der Erde« (20) besser paßt. Hier hat sie ein Späterer auf das verhaßte Edom angewandt. Ob unter dem Erwählten in Vers 19 Nebukadnezar gemeint ist (vgl. 27,6), ist fraglich, übrigens der Text selbst unsicher. • 24–27: Damaskus wurde schon 732 von den Assyrern erobert; aber wahrscheinlich mußte es Nebukadnezar von neuem einnehmen. • 28: »Söhne des Ostens« ist Sammelname für die Beduinen in der syrisch-arabischen Wüste. Nebukadnezar zog 599 gegen sie. • 34–39: Sogar Elam, das östlich von Babylonien bis zum Persischen Golf reicht, wird erfaßt.

Babels Fall

50
1 Das Wort, das der Herr wider Babel,
das Land der Kaldäer, durch den Prophe-
ten Jeremias gesprochen hat: 2 »Macht
unter den Völkern es kund und laßt es hören, ver-
hehlt es nicht und sprecht: Erobert ist Babel, zu-
schanden ist Bel, Merodach zerschmettert; seine
Bilder sind geschändet, seine Götzen zertrümmert!
3 Denn ein Volk von Norden rückt gegen es an, das
macht zur Wüste sein Land. Niemand wohnt mehr
darin, Mensch und Vieh sind geflohen, sind fort.

Israels Heimkehr

4 In jenen Tagen und zu jener Zeit« – Spruch des
Herrn – »kommen die Söhne Israels, sie und die
Söhne Judas gemeinsam, ziehen immerfort wei-
nend einher und suchen den Herrn, ihren Gott.
5 Nach dem Sion fragen sie, auf den Weg dorthin ist
ihr Blick gerichtet. Sie kommen und halten zum
Herrn im ewigen, nie vergessenen Bund. 6 Eine ver-
irrte Herde war mein Volk, ihre Hirten führten sie
irre, trieben sie ziellos in die Berge. Von Berg zu
Hügel mußten sie ziehen, vergaßen ihren Lager-
platz. 7 Wer immer sie fand, fraß sie auf; ihre Feinde
sprachen: ›Uns trifft nicht die Schuld, daß sie am
Herrn sich versündigt, der Aue des Heiles, der
Zuflucht ihrer Väter.‹

Kämpfe um Babel

8 Los, flieht aus Babel, dem Land der Kaldäer! Zieht
aus und seid wie Leitböcke vor der Herde! 9 Denn
seht, ich erwecke und führe gegen Babel eine Schar
gewaltiger Völker vom Nordland; sie rüsten gegen
es zum Kampf, und von dort her wird es erobert.
Ihre Pfeile sind wie die eines siegreichen Helden,
der niemals heimkehrt ohne Erfolg. 10 Kaldäa ver-
fällt der Plünderung, alle, die es plündern, können
sich satt essen« – Spruch des Herrn. 11 »Ja, freuet
euch nur und jubelt, die ihr mein Erbe geraubt! Ja,
hüpft nur wie Kälber im Grünen und wiehert wie
Hengste! 12 Eure Mutter wird ganz mit Schmach be-
deckt; schämen muß sich, die euch geboren. Siehe,
das ist das Ende der Völker: Wüste, Dürre und
Steppe!« 13 Ob des Zornes des Herrn bleibt es unbe-
wohnt, wird völlig zur Wüste. Wer immer an Babel
vorbeikommt, muß sich entsetzen und erschaudern
über all seine Schicksalsschläge.
14 Rüstet wider Babel zum Kampf ringsum, ihr
Bogenschützen alle! Beschießt es, spart keine Pfeile!
Es hat ja gesündigt wider den Herrn. 15 Schreit ihm
von allen Seiten den Kampfruf entgegen! Es muß
sich ergeben, seine Pfeiler fallen, seine Mauern sind
niedergerissen. Denn des Herrn Rache ist dies; rächt
euch an ihm! Wie es getan, so vergeltet ihm! 16 Rot-
tet in Babel jedweden aus, der sät und zur Erntezeit
die Sichel ergreift! Vor dem rasenden Schwert eilt
jeder zu seinem Volk und flieht in seine Heimat.

Rückkehr zu den Weideplätzen

17 Israel war ein versprengtes Schaf, von Löwen ge-
hetzt. Zunächst fraß es der König von Assur an, und
jetzt hat ihm vollends Nebukadnezar, der König
von Babel, die Knochen abgenagt. 18 Darum spricht
der Herr der Heere, der Gott Israels: »Fürwahr, ich
rechne ab mit dem König von Babel und seinem
Land, wie ich mit dem König von Assur abgerech-
net habe! 19 Doch Israel führe ich heim auf seine
Flur, daß es abweide Karmel und Basan, sich sättige
im Bergland Ephraim und in Gilead. 20 In jenen
Tagen und zu jener Zeit« – Spruch des Herrn –
»wird man forschen nach Israels Schuld, doch es ist
keine mehr da, und nach Judas Sünden, doch sie
sind nicht zu finden; denn ich verzeihe dem Rest,
den ich übriglasse.

Rache an Babel

21 Mache dich auf gegen das Land Beratajim, ziehe
dagegen zu Feld und auch wider die Bewohner von
Pekod! Durchbohre und banne sie«, spricht der
Herr, »tue ganz, wie ich dir gebiete!« 22 Kriegs-
geschrei herrscht im Lande und großer Zusammen-
bruch. 23 Wie ist zerschlagen und zerschmettert der
Hammer der ganzen Welt! Wie wurde doch Babel
zum Entsetzen unter den Völkern! 24 Du hast dir
selbst eine Falle gestellt, Babel, und bist auch gefan-

gen worden, ohne daß du es merktest. Es hat dich erwischt und gepackt; denn du hattest den Herrn herausgefordert. 25 Der Herr hat sein Zeughaus geöffnet und die Waffen des Grimmes hervorgeholt. Denn ein Werk hat zu tun der Gebieter, der Herr der Heere, im Land der Kaldäer. 26 Kommt darüber her vom äußersten Ende, seine Speicher tut auf, schüttet es hin wie Haufen von Korn, vollzieht an ihm den Bann, kein Rest soll ihm erhalten bleiben! 27 All seine Jungstiere stoßt nieder, hinab mit ihnen zur Schlachtung! Wehe über sie! Denn ihr Tag ist gekommen, die Zeit ihrer Rechenschaft. 28 Horch, Flüchtlinge und Entronnene vom Lande Babel, die vermelden in Sion die Rache des Herrn, unseres Gottes [,die Rache für seinen Tempel]. 29 Ruft nach Babel die Schützen, sämtliche Bogenschützen! Belagert ringsum die Stadt, ein Entrinnen sei ihr unmöglich! Vergeltet ihr nach ihrem Verdienst, tut ihr ganz so, wie sie getan! Denn wider den Herrn hat sie sich erkühnt, wider den Heiligen Israels. 30 Darum fällt auf ihren Plätzen die Jungmannschaft, all ihre Krieger kommen an jenem Tage um« – Spruch des Herrn. 31 »Siehe, ich komme dir bei, du ›Frechheit‹!« – Spruch des Gebieters, des Herrn der Heere –; »ja es ist gekommen dein Tag, die Zeit deiner Rechenschaft. 32 Die ›Frechheit‹ strauchelt und fällt, und keiner ist da, der ihr aufhilft; ich lege Feuer an ihre Städte, daß es ihre ganze Umgebung verzehrt.« 33 So spricht der Herr der Heerscharen: »Unterdrückt sind die Söhne Israels und die Söhne Judas mit ihnen; alle, die über sie die Verbannung verhängten, halten sie fest, verweigern ihnen die Freiheit. 34 Doch ihr Erlöser ist stark, ›Herr der Heerscharen‹ ist sein Name. Er führt ihre Sache mit Eifer, um die Erde zur Ruhe zu bringen, in Unruhe aber Babels Bewohner.«

Schwertlied

35 »Schwert über die Kaldäer« – Spruch des Herrn – »und über die Bewohner von Babel, über seine Fürsten und seine Weisen! 36 Schwert über die Weissager, daß sie zu Toren werden! Schwert über seine Helden, daß sie zusammenbrechen! 37 Schwert über seine Rosse und Wagen und über alles Völkergemisch in seiner Mitte, daß es zu Weibern werde! Schwert über seine Schätze, daß sie geraubt werden! 38 Schwert über seine Gewässer, sie müssen versiegen! Denn ein Land der Götzen ist es, und durch die Schreckgestalten werden sie zu Narren.

Nordland ist der Feind

39 Darum werden Fuchs und Luchs beisammen dort hausen und Strauße darin sich niederlassen. Niemals wird es wieder besiedelt und nicht mehr bewohnt von Geschlecht zu Geschlecht. 40 Wie damals, als Gott Sodom und Gomorra sowie ihre Nachbarstädte zerstörte« – Spruch des Herrn –, »so wird dort niemand mehr wohnen, kein Mensch daselbst weilen. 41 Sieh, ein Volk kommt vom Norden; ein großes Volk und der Könige viele brechen auf von den Enden der Erde! 42 Sie führen Bogen und Speer; grausam sind sie und ohne Erbarmen. Ihr Lärm gleicht dem Brausen des Meeres, auf Rossen stürmen sie an, wie ein Krieger gerüstet zum Kampf wider dich, Tochter Babel. 43 Sobald der König von Babel die Kunde von ihnen vernimmt, sinken erschlafft seine Hände, Angst ergreift ihn, Krampf wie eine Gebärende. 44 Seht, wie ein Löwe heraufkommt aus des Jordans Dickicht zur immergrünen Aue, so vertreibe ich sie jählings von da, und wer dazu erwählt ist, den setze ich dort ein. Denn wer ist mir gleich, und wer kann auftreten gegen mich? Wo ist der Hirt, der standhält vor mir?« 45 Darum hört den Ratschluß des Herrn, den er wider Babel gefaßt hat, und seine Pläne, die er ersann wider das Land der Kaldäer! Fürwahr, selbst die jüngsten Schafe schleppt man weg, ja, ihre eigene Trift ist entsetzt über sie. 46 Von dem Ruf »Erobert ist Babel!« erbebt die Erde, sein Wehgeschrei vernimmt man unter den Völkern.

50,28: Der erklärende Zusatz ist aus 51,11.

Zerstörung Babels

51 1 So spricht der Herr: »Seht, wider Babel und die Bewohner Kaldäas erwecke ich den Geist des Vernichters. 2 Nach Babel entsende ich Worfler, die es worfeln und sein Land auskehren, wenn sie es ringsum belagern am Tage des Unheils.« 3 Nicht erschlaffe, wer den Bogen spannt, und nicht ermüde der Gepanzerte! Schont nicht seine Jungmannschaft, vollzieht den Bann an seinem gesamten Heer! 4 Erschlagene stürzen zu Boden im Land der Kaldäer, auf seinen Straßen Durchbohrte. 5 Gewiß, nicht verlassen sind Israel und Juda von ihrem Gott, dem Herrn der Heerscharen. Doch das Kaldäerland ist voll von Schuld wider den Heiligen Israels. 6 Fliehet aus Babel, es rette jeder sein Leben, daß ihr nicht umkommt ob seiner Schuld! Denn eine Rachezeit ist es für den Herrn; was es verübt hat, zahlt er ihm heim. 7 Babel war in der Hand des Herrn ein goldener Becher, der die ganze Erde berauschte. Völker tranken von seinem Wein, darum kamen von Sinnen die Völker. 8 Jählings fällt Babel und bricht zusammen, heulet darüber! Holt Balsam für seinen Schmerz, vielleicht wird ihm Heilung zuteil! 9 Heilen wollten wir

Babel, doch es ist nicht mehr heilbar. Laßt es liegen!
Ziehen wir weg, ein jeder in sein Land! Denn bis
zum Himmel reicht sein Gericht und geht hinauf
bis zu den Wolken. 10 Der Herr hat unsere gerechte
Sache ans Licht gebracht. Kommt, laßt uns in Sion
erzählen vom Werke des Herrn, unseres Gottes!
11 Schärft die Pfeile, nehmt die Schilde zur Hand!
Den Geist der Mederkönige hat der Herr aufge-
stachelt; denn wider Babel hegt er den Plan, es zu
vernichten. Ja, des Herrn Rache ist dies, die Rache
für seinen Tempel. 12 Wider Babels Mauern erhebt
das Panier und haltet verschärfte Wache! Stellt
Posten auf, legt in den Hinterhalt Späher! Denn der
Herr hat geplant und führt auch aus, was er Babels
Bewohnern angedroht hat. 13 Die du an großen Ge-
wässern wohnst, die du an Schätzen so reich bist,
dein Ende ist da, dein Maß ist voll. 14 Bei sich selbst
schwur der Herr der Heerscharen: »Wärst du auch
mit Menschen gefüllt den Heuschreckenschwär-
men gleich, man stimmt gegen dich den Marschruf
an!«

Torheit der Götzenbilder

15 Er schuf die Erde in seiner Kraft, gründete durch
seine Weisheit das Weltall, spannte durch seine Ein-
sicht die Himmel aus. 16 Läßt er seine Stimme er-
tönen, so brausen die Wasser am Himmel; er führt
die Wolken herauf vom Rande der Erde; Blitze
erschafft er zum Regen, entsendet aus seinen
Kammern den Wind. 17 Dumm steht da jeder
Mensch, bar der Erkenntnis; ob des Götzenbildes
ist jeder Goldschmied beschämt. Denn seine Bilder
sind Trug, in ihnen steckt kein Lebensodem.
18 Wahn sind sie, nur Spottgebilde! Zur Zeit ihrer
Heimsuchung verschwinden sie. 19 Anders der
Gott, der Jakobs Anteil ist! Er ist ja der Schöpfer des
Alls und Israel der ihm eigene Stamm. »Herr der
Heerscharen« ist sein Name.

Hammerspruch

20 »Du bist mir ein Hammer, ein Kriegsgerät; ich
zerschlage Völker mit dir, Königreiche vernichte ich
mit dir. 21 Roß und Lenker zerschlage ich mit dir, ich
zerschlage mit dir Wagen und Fahrer. 22 Ich zer-
schlage mit dir Mann und Frau, ich zerschlage
Greise und Kinder mit dir; ich zerschlage mit dir
Jüngling und Jungfrau. 23 Ich zerschlage mit dir Hirt
und Herde; Bauer und Gespann zerschlage ich mit
dir; ich zerschlage mit dir Statthalter und Vögte.

Sturz des Berges

24 Ich zahle Babel und allen Bewohnern Kaldäas vor
euren Augen all ihre Bosheit heim, die sie an Sion
verübten« – Spruch des Herrn. 25 »Warte, ich
komme über dich, du Berg des Verderbers« – Spruch
des Herrn –, »der die ganze Erde verderbte! Meine
Hand strecke ich wider dich aus, wälze dich weg
von den (übrigen) Felsen und mach' dich zu einem
ausgebrannten Berg. 26 Keinen Stein kann man von
dir zum Eckstein nehmen, keinen Stein für das Fun-
dament, sondern nur ewige Öde wirst du sein« –
Spruch des Herrn.

Babel erobert

27 Erhebt ein Panier auf der Erde, unter den Völkern
stoßet ins Horn! Setzt Völker ein gegen Babel, ruft
gegen es herbei die Reiche von Ararat, Minni und
Aschkenas, bestellt wider es die Aushebungs-
beamten! Laßt Rosse anrücken gleich stelzenden
Heuschrecken! 28 Setzt ihm Völker entgegen, die
Könige von Medien, alle dessen Statthalter und
Vögte und ihr ganzes Herrschaftsgebiet! 29 Die Erde
zittert und bebt darob, denn an Babel erfüllt sich der
Plan des Herrn, das Land Babel zur Wüste zu
machen, die niemand bewohnt. 30 Die Helden
Babels hören auf zu kämpfen, hocken in den
Burgen. Ihre Kraft ist versiegt, sie wurden zu
Weibern. Seine Wohnungen steckt man in Brand,
seine Riegel zerbricht man. 31 Läufer über Läufer
stürzt herbei, Bote über Bote, dem König von Babel
zu melden, daß seine Stadt restlos erobert sei; 32 die
Furten seien besetzt, die Sumpfgebiete ein Raub der
Flammen, die Krieger entmutigt. 33 Denn so spricht
der Herr der Heerscharen, der Gott Israels: »Die
Tochter Babel gleicht einer Tenne zur Zeit, da man
sie feststampft: Noch kurze Frist, dann ist die Ernte-
zeit für sie da.«

Vergeltung an Babel wegen Jerusalem

34 »Nebukadnezar, der König von Babel, fraß mich
und rieb mich auf; er stellte mich weg als leeres
Geschirr. Gleich einem Drachen verschlang er
mich, hat sich den Bauch angefüllt und mich ver-
trieben vom Ort meiner Wonne. 35 Meine Miß-
handlung und mein Fleisch komme über Babel«,
spreche die Bewohnerschaft Sions, »mein Blut über
die Bewohner Kaldäas«, spreche Jerusalem!
36 Darum spricht der Herr: »Siehe, ich führe den
Streit für dich und betreibe deine Rache! Ich lasse
seinen Strom vertrocknen und seine Quelle ver-
siegen 37 Babel wird zum Trümmerfeld, zur Woh-
nung für Schakale, zum Ort des Entsetzens und des
Grauens, ohne Bewohner! 38 Sie alle brüllen den
Löwen gleich, knurren wie Löwenjunge. 39 Bei ihrer
heißen Gier bereite ich ihnen das Mahl und be-
rausche sie, daß sie betäubt werden, in ewigen
Schlaf versinken und nie mehr erwachen« – Spruch
des Herrn. 40 »Wie Lämmer schleppe ich sie hinab
zur Schlachtung, wie Widder und Böcke.«

Babels Verödung

41 Wie ist doch erobert, genommen der Ruhm aller Welt! Wie ward zum Entsetzen Babel unter den Völkern! 42 Das Meer überflutet Babel, von seiner Wogen Schwall wird es bedeckt. 43 Seine Städte werden zur Wüste, zu einem Gelände der Dürre und Steppe, wo niemand mehr wohnt, wo kein Mensch mehr hindurchzieht.

Bel, der Götze von Babel

44 »Den Bel von Babel suche ich heim, entreiße seinem Rachen, was er verschlang. Die Völker strömen nicht mehr zu ihm. Auch die Mauer von Babel muß fallen. 45 Fort aus seiner Mitte, mein Volk! Und es rette ein jeder sein Leben vor dem glühenden Zorne des Herrn! 46 Möge euer Herz nicht verzagen, mögt ihr euch nicht fürchten vor dem Gerücht, das man im Lande verbreitet, wenn in einem Jahre dieses und im anderen jenes Gerücht umgeht, wenn Gewalttat im Lande herrscht und ein Herrscher gegen den anderen steht! 47 Darum siehe, es kommen Tage, da suche ich Babels Götzen heim. Zuschanden wird sein ganzes Gebiet, und alle seine Erschlagenen liegen in seinem Bereich. 48 Himmel und Erde samt allem, was in ihnen ist, jubeln über Babel, wenn von Norden her die Verwüster es überfallen« – Spruch des Herrn.

Zerstört bis zum Grund

49 Babel muß ebenso fallen für die Erschlagenen Israels, wie für Babel fielen die Erschlagenen aus aller Welt! 50 Ihr, die ihr seinem Schwert entronnen seid, zieht fort, ohne haltzumachen! Gedenkt in der Ferne des Herrn, und Jerusalem liege in eurem Sinn! 51 Schämen müssen wir uns, denn Schande erfuhren wir, unser Antlitz bedeckt Schmach. Denn Fremde kamen über die heiligen Stätten des Hauses des Herrn. 52 »Darum siehe, es kommen Tage« – Spruch des Herrn –, »da suche ich seine Götzenbilder heim, und in seinem ganzen Lande stöhnen Durchbohrte. 53 Stiege Babel auch bis zum Himmel empor, und verschanzte es sich in unzugänglicher Höhe, so werden doch auf meinen Wink Verwüster es überfallen« – Spruch des Herrn. 54 Horch! Ein Schreien von Babel her und großer Zusammenbruch vom Lande der Kaldäer! 55 Denn der Herr verwüstet Babel und vertreibt ihm das laute Lärmen, mögen auch seine Wogen wie gewaltige Wasser brausen, mag auch ihr tosendes Lärmen erschallen. 56 Ja, der Verwüster kommt über Babel! Seine Helden werden gefangengenommen, ihre Bogen zerbrochen. Denn der Herr ist ein Gott der Vergeltung; er zahlt genau heim. 57 »Seine Fürsten und Weisen, seine Statthalter, Vögte und Helden mache ich trunken, daß sie versinken in ewigen Schlaf und nie mehr erwachen« – Spruch des Königs, dessen Name »Herr der Heerscharen« lautet. 58 So spricht der Herr der Heerscharen: »Die Mauer von Babel, der geräumigen Stadt, wird geschleift bis zum Grund. Seine hochragenden Tore werden verbrannt. So mühen sich Völker um nichts, Nationen plagen sich für das Feuer.«

Babelsprüche in den Euphrat versenkt

59 Der Auftrag, den der Prophet Jeremias dem Seraja, dem Sohne Nerijas, des Sohnes Machsejas, erteilte, als dieser mit Zidkia, dem König von Juda, in dessen viertem Regierungsjahr nach Babel reiste. Seraja war der oberste Quartiermeister. 60 Jeremias hatte all das Unheil, das über Babel kommen sollte, in einer eigenen Buchrolle aufgezeichnet, alle jene Drohungen, die wider Babel niedergeschrieben sind. 61 Nun sprach Jeremias zu Seraja: »Wenn du nach Babel kommst, so sieh zu, daß du alle diese Worte laut vorliest! 62 Dann sprich: ›Herr, damit hast du selbst diesem Orte angedroht, ihn zu vernichten, daß es dort keinen Bewohner mehr gibt, weder Menschen noch Vieh, daß vielmehr eine ewige Wüstenei aus ihm werden soll!‹ 63 Bist du mit dem Lesen dieser Buchrolle fertig, so binde einen Stein daran fest und wirf sie in den Euphrat hinein! 64 Dabei sprich: ›Ebenso versinke Babel und komme nicht wieder hoch infolge des Unheils, das ich über es bringe!‹« – Bis hierher gehen die Worte des Jeremias.

51,9f: Die Eroberung Babels steht nahe bevor (vgl. Vers 6.33.45). Der Babelspruch stammt in der vorliegenden Form kaum von Jeremias. Vers 15–19 steht in besserem Zusammenhang in 10,12–16. • 20–23: Der »Hammerspruch« entspricht dem »Schwertlied« 50,35–38. • 27: Zu »Panier« siehe Is 5,26.

Flucht des Zidkia

52 1 Zidkia war 21 Jahre alt, als er zur Herrschaft kam. Er regierte elf Jahre in Jerusalem. Seine Mutter hieß Chamutal, die Tochter Jirmejahus aus Libna. 2 Er tat, was dem Herrn mißfiel, ganz wie Jojakim gehandelt hatte. 3 Wegen des Zornes des Herrn brach über Jerusalem und Juda das Unheil herein, bis er sie von seinem Angesicht verstieß.

Zidkia hatte sich nämlich wider den König von Babel empört. 4 Darauf rückte am zehnten Tage des zehnten Monats im neunten Jahre seiner Herrschaft der König Nebukadnezar von Babel mit seiner ganzen Heeresmacht gegen Jerusalem vor. Man belagerte es und baute ringsherum ein Bollwerk auf. 5 Die Stadt wurde bis zum elften Jahre des Königs Zidkia eingeschlossen. 6 Am neunten Tage

des vierten Monats, als schon die Hungersnot in der
Stadt überhandnahm und die Landesbevölkerung
nichts mehr zu essen hatte, 7 wurde Bresche in die
Stadt gelegt. Der König und alle Krieger sahen dies,
ergriffen die Flucht und verließen nachts die Stadt
auf dem Weg durch das Tor zwischen den beiden
Mauern, das zum königlichen Garten hinausführt,
obwohl die Kaldäer rings um die Stadt lagerten. Sie
schlugen die Richtung zur Jordansenke ein. 8 Doch
die Streitmacht der Kaldäer setzte hinter dem König
her und holte Zidkia im Steppengebiet von Jericho
ein, nachdem alle seine Truppen ihn verlassen und
sich zerstreut hatten. 9 Man ergriff den König und
brachte ihn zum König von Babel nach Ribla in der
Landschaft Hamat; dieser hielt Gericht über ihn.
10 Der König von Babel ließ die beiden Söhne des
Zidkia vor dessen Augen hinrichten; auch alle
Fürsten von Juda ließ er in Ribla töten. 11 Den Zidkia
aber ließ er blenden und in Ketten legen; dann ließ
ihn der Babelkönig nach Babel bringen und bis zu
seinem Tode in Haft halten.

Schicksal der Stadt, des Tempels und der Bürger Jerusalems

12 Am zehnten Tage des fünften Monats – es war im
19. Jahre des Königs Nebukadnezar von Babel –
rückte Nebusaradan, der Oberste der Leibwache,
der zum persönlichen Dienst des Königs von Babel
gehörte, in Jerusalem ein. 13 Er steckte den Tempel
des Herrn, den Königspalast und alle Häuser Jerusa-
lems in Brand. Jedes große Haus zündete er an.
14 Auch alle Mauern rings um Jerusalem rissen die
gesamten kaldäischen Streitkräfte, die der Oberste
der Leibwache befehligte, nieder. 15 Den Rest der
Bevölkerung, der noch in der Stadt vorhanden war,
sowie die Überläufer, die zum König von Babel
übergetreten waren, und den Rest der Handwerker
führte Nebusaradan, der Oberste der Leibwache, in
die Gefangenschaft. 16 Aber von den geringen Leu-
ten im Land ließ Nebusaradan, der Oberste der
Leibwache, eine Anzahl als Winzer und Landwirte
zurück. 17 Die ehernen Säulen am Tempel des
Herrn, die Fahrgestelle und das eherne Meer, die
sich beim Tempel des Herrn befanden, zerschlugen
die Kaldäer und schafften alles, was davon aus Erz
war, nach Babel. 18 Auch die Schüsseln, Schaufeln,
Messer, Sprenggefäße, Schalen und alle ehernen
Geräte, mit denen man den Tempeldienst versah,
holten sie weg. 19 Auch die Becken, Kohlenpfannen,
Sprengschalen, Töpfe, Leuchter, Schalen und
Becher, die sämtlich von Gold oder Silber waren,
nahm der Oberste der Leibwache mit. 20 Die beiden
Säulen, das eine Meer, [die zwölf ehernen Rinder
unter dem Meer] die Gestelle, die der König Salomo
für den Tempel des Herrn anfertigen ließ – nicht zu
wägen war das Erz von all diesen Geräten. 21 Was
die Säulen betrifft, so war die einzelne Säule acht-
zehn Ellen hoch, und ein Faden von zwölf Ellen um-
spannte sie; ihre Dicke betrug vier Finger, innen war
sie hohl. 22 Ein ehernes Kapitell bildete den Ab-
schluß nach oben. Die Höhe des einzelnen Kapitells
betrug fünf Ellen. Flechtwerk und Granatäpfel
waren rings um das Kapitell, alles aus Erz. Ebenso
verhielt es sich bei der zweiten Säule. 23 Es waren 96
Granatäpfel, außerdem vier frei in der Luft hän-
gende; im ganzen hingen hundert Granatäpfel um
das Flechtwerk. 24 Der Oberste der Leibwache
nahm ferner den Oberpriester Seraja, den zweiten
Priester Zephanja und die drei Schwellenhüter mit.
25 Aus der Stadt nahm er einen Hofbeamten gefan-
gen, der Anführer von Streitkräften war und sieben
Männer, die den König persönlich bedienten und
sich noch in der Stadt befanden, sowie den Schrei-
ber des Heerführers, der die Bürger des Landes aus-
zuheben hatte, endlich sechzig Männer von den
Landesbürgern, die sich noch in der Stadt befanden.
26 Nebusaradan, der Oberste der Leibwache, sandte
sie zum König von Babel nach Ribla. 27 Der König
von Babel ließ sie in Ribla im Lande Hamat schlagen
und hinrichten. So ward Juda aus seinem Heimat-
land in die Verbannung geführt. 28 Dies ist die Zahl
der Leute, die Nebukadnezar gefangen fortführen
ließ: Im 17. Jahr seiner Herrschaft 3023 Judäer, 29 im
18. Jahre Nebukadnezars aus Jerusalem 832 Perso-
nen, 30 im 23. Jahre Nebukadnezars führte Nebusa-
radan, der Oberste der Leibwache, an Judäern 745
Personen weg; im ganzen waren es 4600 Personen.

Begnadigung Jojachins, des Königs von Juda

31 Im siebenunddreißigsten Jahre der Wegführung
des judäischen Königs Jojachin, am fünfundzwan-
zigsten Tage des zwölften Monats begnadigte Ewil
Merodach, der König von Babel, im Jahre seines
Regierungsantritts Jojachin, den König von Juda,
und entließ ihn aus dem Gefängnis. 32 Er redete
freundliche Worte zu ihm und wies ihm seinen Sitz
oberhalb des Sitzes der anderen Könige an, die in
Babel bei ihm waren. 33 Er durfte seine Gefängnis-
kleider umtauschen und ständig bei ihm speisen,
solange er lebte. 34 Sein Lebensunterhalt wurde ihm
bis zu seinem Tode als dauerndes Reichnis vom
König von Babel in der bestimmten Höhe täglich
geliefert, solange er lebte.

52: Dieses Kapitel ist ein Anhang, der größtenteils aus 2 Kön 24 und 25 entnommen ist. • 4ff: Jerusalem wurde also nach zweijähriger Belagerung eingenommen und zerstört.

DIE KLAGELIEDER

Der Dichter dieser fünf im Tone atl. Leichenlieder gehaltenen Gesänge sieht sich überall vor die gleiche Aufgabe gestellt: er klagt um das im Jahre 586 zerstörte Jerusalem und die tieftraurigen Folgen, die für den Gottesdienst, das Leben und die Existenz des Bundesvolkes eintreten mußten. In Erinnerung daran verwendet die katholische Kirche in der Karwoche diese Lamentationen, um ihre Gläubigen an das Geschehen der Passionszeit zu erinnern.

Jedes dieser fünf Lieder betrachtet eine besondere Seite des Unglücks, obwohl Wiederholungen unvermeidlich sind und eine besondere Gedankenordnung eigentlich nicht besteht. Der Verfasser, der wohl die Zerstörung Jerusalems, nicht aber die Befreiung aus der Babylonischen Gefangenschaft erlebt hat, will den traurigen Rest, der im Heiligen Lande verblieb, zum Bekenntnis und zur Sühne seiner Schuld auffordern und ihm Hoffnung auf bessere Zeiten machen.

Der Verfasser ist unbekannt. Man hat wohl an den Propheten Jeremias gedacht, weil alte Übersetzungen ihn in der Überschrift als Verfasser nennen. In der hebräischen Bibel deutet aber nichts darauf hin. Man kann höchstens so viel sagen, daß sich der Verfasser von jeremianischem Gedankengut beeinflußt zeigt. Jeremias selbst hätte bestimmt einen Hinweis darauf gegeben, daß seine eigenen Drohworte in Erfüllung gegangen sind.

Ach, wie sitzt so einsam die Stadt, die an Volk
einst so reich! Gleich einer Witwe ward
die Große unter den Völkern, die Fürstin
über die Länder geriet unter Frondienst. 2 Heftig
weint sie des Nachts, ihre Wangen sind tränenbedeckt. Sie findet keinen Tröster unter all ihren
Geliebten. Alle ihre Freunde wurden ihr untreu,
sind ihr zu Feinden geworden. 3 In die Verbannung
zog Juda, getrieben von Not und drückender
Knechtschaft. Unter Heiden weilt sie nun und findet keine Ruhe. Alle ihre Verfolger holten sie ein
unter harter Bedrängnis. 4 Es trauern die Wege nach
Sion, da niemand zum Fest kommt; all ihre Tore
sind verwüstet. Ihre Priester seufzen, ihre Jungfrauen sind bekümmert, sie selbst leidet bittere
Qual. 5 Ihre Bedränger triumphieren, ihre Feinde
sind glücklich. Denn der Herr sandte ihr Kummer
ob ihrer zahllosen Sünden; ihre Kinder zogen dahin
als Gefangene vor dem Bedränger. 6 Entschwunden
ist der Tochter Sion all ihre Pracht, ihre Fürsten
wurden Hirten gleich, die keine Weide finden.
Kraftlos gehen sie einher vor dem Verfolger. 7 Jerusalem gedenkt der Tage ihrer Not und Unrast, all
ihrer Kostbarkeiten, die sie einstmals besaß, wie ihr
Volk in Feindeshand fiel und niemand ihr beistand.
Die Feinde sahen sie und lachten über ihre Zerstörung. 8 Schwer sündigte Jerusalem, deshalb ward
sie zum Hohne. Alle ihre Verehrer verachten sie,
denn sie sehen ihre Blöße. Sie selbst seufzt und
wendet sich ab. 9 Ihre Unreinheit klebt ihr an der
Schleppe, nicht bedachte sie ihr Ende. Unbegreiflich tief ist sie gesunken, ohne daß einer sie tröstet.
»Sieh, Herr, mein Elend an, denn der Feind macht
sich groß!« 10 Der Bedränger streckte die Hand aus
nach allem, was ihr kostbar. Ja, sie sah Heiden in ihr
Heiligtum dringen, obwohl du befohlen hast: »Sie
sollen nicht zu dir in die Gemeinde kommen!« 11 Ihr
ganzes Volk seufzt und sucht nach Brot. Ihre
Schätze geben sie hin für Nahrung, um ihr Leben
zu retten. »Herr, sieh und schau doch an, wie verachtet ich bin!

12 O ihr alle, die ihr vorüberzieht, schaut und seht,
ob es einen Schmerz gibt gleich meinem Schmerz,
der mir widerfuhr, womit der Herr mich schlug am
Tag seines glühenden Zornes! 13 Aus der Höhe
sandte er Feuer in meine Glieder und zertrat sie. Er
stellte meinen Füßen ein Netz, warf rückwärts
mich nieder. Er machte mich zunichte, für alle Zeit
krank. 14 Schwer ist das Joch meiner Sünden, durch
seine Hand befestigt. Sie kamen mir über den Hals;
da brach meine Kraft. Der Herr übergab mich in
Feindeshand, vor der ich nicht standhalten konnte.
15 Alle siegreichen Helden in meiner Mitte hat der
Herr verworfen. Er berief eine Volksmenge gegen
mich, meine Jünglinge zu zerschmettern. Zum
Keltertreter ward der Herr an der Jungfrau, der

Tochter Juda. 16 Hierüber muß ich weinen, mein Auge strömt von Tränen; denn fern von mir ist der Tröster, mein Herz zu erquicken. Meine Söhne sind mutlos, weil der Feind so stark. 17 Sion ringt die Hände, niemand tröstet sie. Wider Jakob entbot der Herr seine Bedränger von allen Seiten. Jerusalem wurde in ihren Augen zum Abscheu. 18 Gerecht ist der Herr, ich aber trotzte seinem Befehl. Hört doch, ihr Völker alle, und schaut meinen Schmerz! Meine Jungfrauen und Jünglinge mußten fort in die Gefangenschaft. 19 Nach meinen Geliebten rief ich, doch sie betrogen mich. Meine Priester und Ältesten starben dahin in der Stadt. Sie suchten nach Nahrung für sich, um ihr Leben zu erhalten. 20 Sieh, Herr, wie ich bedrängt bin! Mein Innerstes glüht; mir dreht sich das Herz im Leib, weil ich so überaus trotzig war. Die Kinder nahm mir draußen das Schwert und drinnen die Pest! 21 Höre, wie ich stöhne! Ohne Tröster bin ich. Alle meine Feinde erfuhren mein Unglück; sie freuten sich, daß du es gewirkt hast. Bringe den Tag herbei, den du verkündet, daß es ihnen ergehe wie mir! 22 All ihre Bosheit komme vor dich, tue an ihnen, wie du mir getan ob all meiner Sünden! Wahrlich, zahllos sind meine Seufzer, und mein Herz ist krank.«

1,1–22: Wir kennen aus der Bibel manche Trauerbräuche, die beim Tode eines Menschen üblich waren. Einer der wichtigsten war das Singen von Leichenklagen durch berufsmäßige Klagefrauen (Jer 9,16). Handelte es sich um den Tod eines besonders geliebten Menschen, so ließ die dichterische Eingebung manch ergreifendes Lied mit persönlichen Erinnerungen von den Lippen strömen. So sang David ein erschütterndes Lied auf den Heldentod Sauls und Jonatans (2 Sam 1,19–27). Dieses Lied gilt als Musterbeispiel für viele. Das Leichenlied hatte mit der Religion der Hebräer nichts zu tun, war eine weltliche Angelegenheit wie das Sterben überhaupt. Die Propheten, so auch unser Dichter, haben aber gern Ton und Inhalt solcher Lieder nachgeahmt, um ihre Gerichtsdrohungen wirksamer zu gestalten. Der Tote, zu dessen »Ehre« sie solche Lieder anstimmten, wurde allerdings mehr geahnt und in der Zukunft geschaut: Es war die Gemeinschaft der Hörer, das Staatswesen, die Hauptstadt oder auch die später in der Verbannung sich neu bildende Gemeinde, welche die Propheten im Auge hatten, denn das Ende stand ihrer Auffassung nach nahe bevor (vgl. Amos 5,2. 16.18; 8,10). Auch Fremdvölkern hielten die Propheten vielfach Leichenklagen, die jedoch ironisch gemeint sind, so Is 14 oder manche Fremdvölkersprüche in Ez 28–32. Klag 1–4 sind alphabetische Lieder, weil jede neue Verseinheit mit den einander folgenden 22 Buchstaben des hebräischen Alphabetes beginnt.

Gottes Strafgericht über Sion

2 1 Ach, wie hüllt der Herr in seinem Zorn die Tochter Sion in Wolkendunkel! Er stürzte vom Himmel zur Erde Israels Pracht, gedachte nicht des Schemels seiner Füße am Tage seines Zornes. 2 Erbarmungslos vertilgte der Herr alle Fluren Jakobs, riß nieder in seinem Grimm die festen Burgen der Tochter Sion; er warf zu Boden und entehrte das Reich und seine Fürsten. 3 In glühendem Zorn zerbrach er jegliche Kraft in Israel. Er zog seine Rechte zurück vor dem Feind, brannte in Jakob wie loderndes Feuer, das alles ringsum verzehrt. 4 Er spannte seinen Bogen wie ein Feind, erhoben ist seine Rechte. Dem Gegner gleich erschlug er alles, was das Auge erfreut. Ins Zelt der Tochter Sion ergoß er seinen Grimm wie Feuer. 5 Wie ein Feind ward der Herr; er zerstörte Israel, er zerstörte alle seine Paläste, vernichtete seine Burgen. Auf die Tochter Juda häufte er Jammer über Jammer. 6 Er verwüstete seine Wohnstätte, vernichtete seinen Festort. Vergessen ließ der Herr in Sion Festtag und Sabbat, verstieß in grimmigem Zorn König und Priester. 7 Seinen Altar verschmähte der Herr, entweihte sein Heiligtum. Er gab in die Hand des Feindes die Mauern ihrer Paläste. Lärm erscholl im Hause des Herrn wie am Tag eines Festes. 8 Es entschloß sich der Herr, die Mauern der Tochter Sion zu schleifen. Die Meßschnur spannte er aus, wandte seine Hand vom Zerstören nicht ab. In Trauer versetzte er Wall und Mauer, beide verfielen. 9 Ihre Tore sanken zu Boden, ihre Riegel verdarb und zerschlug er. Ihr König und ihre Fürsten sind unter den Heiden; kein Gesetz gibt es mehr. Auch ihren Propheten wird vom Herrn kein Gesicht mehr zuteil. 10 Schweigend sitzen am Boden die Ältesten der Tochter Sion. Sie streuen sich Staub auf ihr Haupt, umgürten sich mit dem Trauergewand. Zur Erde senken ihr Haupt die Jungfrauen Jerusalems.
11 In Tränen ermatten meine Augen, mein Innerstes glüht. Zu Boden entströmte mein Lebensgefühl, da meines Volkes Tochter zerbrach, während Säugling und Kind verschmachten auf den Plätzen der Stadt.
12 Ihren Müttern rufen sie zu: »Wo ist Brot und Wein?«; sie verschmachten wie Verwundete auf den Plätzen der Stadt, ihr Leben verhauchend auf dem Schoß ihrer Mütter. 13 Worauf kann ich dich hinweisen, was dir Ähnliches finden, Tochter Jerusalem? Womit soll ich dich vergleichen, um dich zu trösten, Jungfrau, Tochter Sion? Denn tief wie das Meer ist dein Sturz; wer könnte dich heilen?
14 Deine Propheten erschauten dir Lug und Trug, enthüllten nicht deine Schuld, um dein Schicksal zu wenden. Sie schauten dir Prophetensprüche, falsch und irreführend. 15 In die Hände klatschen über dich alle, die des Weges ziehen; sie zischen und schütteln den Kopf über die Tochter Jerusalem: »Ist das die Stadt, die man Krone der Schönheit nannte, Wonne für die ganze Welt?« 16 Alle deine Feinde reißen den Mund gegen dich auf, zischen und knirschen mit den Zähnen. Sie rufen: »Wir haben zerstört! Ja, dies ist der Tag, den wir erhofft; wir haben

ihn erlebt und geschaut!« 17 Ausgeführt hat der Herr seinen Plan, seine Drohung erfüllt, die er verkündet. Schonungslos riß er nieder. Er ließ den Feind über dich triumphieren, erhöhte die Macht deiner Gegner. 18 Schreie laut zum Herrn, klage, Tochter Sion! Laß die Tränen rinnen wie einen Bach bei Tag und bei Nacht! Gönne dir keine Ruhe, nicht raste dein Auge! 19 Auf, halte Klage zur Nachtzeit, sobald die Nachtwachen beginnen! Schütte wie Wasser dein Herz aus vor dem Antlitz des Herrn! Erhebe deine Hände zu ihm für das Leben deiner Kinder! 20 Herr, sieh zu und schau her, wem du dies angetan! Durften Frauen ihre Leibesfrucht essen, die verzärtelten Kindlein? Durften im Tempel des Herrn Priester und Propheten gemordet werden? 21 Hingestreckt liegen im Staub der Gassen Knabe und Greis. Meine Jungfrauen und Jünglinge fielen dem Schwert zum Opfer; du hast sie getötet am Tag deines Zornes, hingeschlachtet ohne Erbarmen. 22 Wie zu einem Festtag riefst du meine Siedlungsstätten ringsum zusammen; da gab es keinen, der entfliehen und entrinnen konnte am Zornestag des Herrn. Die ich gepflegt und großgezogen, hat mein Feind vertilgt.

2,4: »Bogen« ist in der anschaulichen Sprache des AT ein Bild der Macht und Stärke.

Leid und Trost

3 1 Ich bin der Mann, der Leid erfuhr durch die Rute seines Zornes. 2 Mich leitete und trieb er in lichtloses Dunkel. 3 Gerade gegen mich kehrte er immer wieder Tag für Tag seine Hand. 4 Hinschwinden ließ er mir Fleisch und Haut, zerbrach meine Glieder. 5 Er belud und umgab mich mit Gift und Mühsal. 6 Im Finstern ließ er mich wohnen wie die ewig Toten. 7 Er ummauerte mich unentrinnbar, legte mich in schwere Fesseln. 8 Auch wenn ich flehte und rief, er verschloß meiner Bitte den Weg. 9 Er hat mir die Wege mit Quadern vermauert, die Pfade gekrümmt. 10 Er war mir wie ein lauernder Bär, ein Löwe im Versteck. 11 Er zerrte mich vom Weg, ließ mich regungslos liegen und zerfleischte mich. 12 Den Bogen spannte er und stellte mich hin als Ziel für den Pfeil. 13 Meine Nieren traf er mit den Pfeilen seines Köchers. 14 All meinen Leuten ward ich zum Hohn, zum Spott jeden Tag. 15 Mit Bitterkeit hat er mich gesättigt, getränkt mit Wermut. 16 Er ließ meine Zähne auf Kiesel beißen und ließ mich den Staub zermalmen. 17 Du stießest mich aus dem Wohlstand; was Glück ist, vergaß ich. 18 Ich sprach: Mein Glanz ist dahin, auch mein Hoffen auf den Herrn. 19 Der Gedanke an meine Not und Unrast ist Wermut und Gift. 20 Stets denkt daran und ist tief gebeugt meine Seele in mir.

Der einzige Trost

21 Aber dies will ich zu Herzen nehmen, das ist der Grund meiner Hoffnung: 22 Die Huld des Herrn ist nicht erschöpft, nicht ist beendet sein Mitleid. 23 An jedem Morgen erneuert es sich; groß ist deine Treue. 24 »Mein Anteil ist der Herr«, spricht meine Seele; »darum hoff' ich auf ihn!« 25 Gut ist der Herr gegen den, der seiner harrt, gegen die Seele, die ihn sucht. 26 Gut ist es, schweigend zu hoffen auf die Hilfe des Herrn. 27 Gut ist es für den Menschen, ein Joch zu tragen schon in seiner Jugend. 28 Er sitze einsam und schweige, wenn Er es ihm auferlegt! 29 Er neige seinen Mund in den Staub! Vielleicht ist noch Hoffnung! 30 Die Wange biete er dem, der ihn schlägt, lasse mit Schmach sich sättigen! 31 Denn nicht für ewig verwirft der Herr. 32 Nein, hat er betrübt, so erbarmt er sich auch nach seiner großen Huld. 33 Denn nur ungern beugt und betrübt er die Menschen. 34 Daß man mit Füßen tritt alle Gefangenen im Land, 35 daß man beugt das Recht eines Mannes vor dem Angesicht des Höchsten, 36 daß man im Gericht einen Menschen bedrückt – sollte der Herr das nicht sehen? 37 Wer könnte befehlen, daß etwas geschieht, ohne daß der Herr es geboten? 38 Kommt nicht aus dem Munde des Höchsten Schlimmes und Gutes? 39 Was klagt denn ein Mensch, der da lebt? Er werde Herr über seine Sünde!

40 Unseren Wandel laßt uns prüfend erforschen und uns bekehren zum Herrn! 41 Laßt uns nicht die Hände, sondern unser Herz erheben zu Gott im Himmel! 42 Wir haben gesündigt und waren trotzig! Du hast keine Verzeihung geübt.

43 Du hast dich in Zorn gehüllt und uns verfolgt, getötet ohne Schonung. 44 In Wolken hast du dich gehüllt, die kein Gebet durchdrang. 45 Zu Kehricht und Auswurf machtest du uns inmitten der Völker. 46 Den Mund rissen wider uns auf alle unsere Feinde. 47 Grauen und Grube ward uns zuteil, Vernichtung und Verderben. 48 Ströme von Tränen vergießt mein Auge über den Sturz der Tochter meines Volkes. 49 Ruhelos tränt mein Auge, ohne aufzuhören, 50 bis der Herr vom Himmel niederblickt und hersieht. 51 Mein Auge tut mir weh vor lauter Weinen über meine Stadt.

52 Wie einen Vogel jagten mich, die grundlos mir feind sind. 53 Sie wollten in der Fanggrube mein Leben auslöschen und warfen Steine auf mich. 54 Das Wasser ging über mein Haupt. »Verloren bin ich«, so sagte ich mir. 55 Da rief ich deinen Namen,

Herr, aus der Grube tief unten. 56 Du hörtest meinen
Ruf: »Verschließe nicht vor meinem Schreien dein
Ohr!« 57 Du nahtest, als ich nach dir rief, und
sprachst: »Fürchte dich nicht!« 58 Du führtest, Herr,
meinen Streitfall, befreitest mein Leben.

Gottvertrauen

59 Du siehst, o Herr, meine Drangsal; schaffe mir
Recht! 60 Du siehst ihre ganze Rachgier, all ihre
Pläne wider mich. 61 Du hörst ihr Schmähen, o Herr,
all ihre Pläne wider mich. 62 Das Reden und Denken
meiner Gegner ist gegen mich gerichtet den ganzen
Tag. 63 Habt acht auf ihr Sitzen und Stehen! Ich bin
ihr Spottlied. 64 Vergelten wirst du ihnen, o Herr,
nach dem Tun ihrer Hände. 65 Du bescherst ihnen
Verlust des Verstandes, deinen Fluch über sie. 66 Du
verfolgst sie im Zorn und tilgst sie aus unter deinem
Himmel, o Herr.

3,1–66: Dieses Lied weicht insofern etwas von den anderen ab, als hier ein einzelner Mensch seine persönliche Not beklagt. 3,40–47 lesen wir ein Schuldbekenntnis des Volkes, das sich aber nicht unbedingt auf die Zerstörung Jerusalems beziehen muß, wie es auch nicht feststeht, daß die Klage des einzelnen den Fall Jerusalems zum Hintergrund hat. Der Dichter verbindet sein eigenes Leid mit dem des gesamten Volkes.

Schuld und Schicksal der Bewohner Jerusalems

4 1 Ach, wie ist dunkel geworden das Gold, ent-
stellt das echte Edelmetall! Zerstreut liegen
die heiligen Steine an allen Straßenecken.
2 Sions Söhne, die Edlen, aufgewogen mit Feingold,
ach, sie sind nur wie irdene Krüge geschätzt, wie
Gebilde von Töpferhand! 3 Selbst Schakale reichen
die Brust und säugen die Jungen. Doch meines
Volkes Töchter sind grausam wie Strauße in der
Wüste. 4 Des Säuglings Zunge klebte am Gaumen
vor Durst. Kinder schrieen nach Brot, niemand
brach es ihnen. 5 Wer Leckerbissen einst aß, erlag in
den Gassen; die sich legten auf Purpur, schmiegten
sich an Kehrichthaufen. 6 Die Schuld der Tochter
meines Volkes übertraf die Sünde Sodoms, das
plötzlich zerstört ward ohne Zutun von Menschen-
hand.

7 Ihre Jünglinge waren reiner als Schnee, weißer als
Milch. Rosiger als Korallen war ihr Leib, ihre Ge-
stalt dem Saphir gleich. 8 Ihr Aussehen wurde
schwärzer als Ruß; man erkannte sie nicht in den
Gassen. Es schrumpfte die Haut über ihren Kno-
chen, sie wurden trocken wie Holz. 9 Glücklicher
die vom Schwert Getroffenen als die vom Hunger
Getroffenen, welche zusammenschmolzen, vom
Nahrungsmangel durchbohrt! 10 Weichherzige Frau-
en kochten mit eigenen Händen ihre Kinder. Diese
dienten ihnen als Mahl beim Sturz der Tochter mei-
nes Volkes. 11 Erfüllt hat der Herr seinen Grimm,
ausgegossen seinen glühenden Zorn. In Sion hat er
ein Feuer entzündet, das seine Grundfesten auffraß.
12 Nie hätten die Könige der Erde geglaubt und
sämtliche Erdkreisbewohner, daß jemals ein Geg-
ner und Feind Jerusalems Tore betrete.

13 Wegen der Sünden seiner Propheten und wegen
der Frevel seiner Priester ist solches geschehen; sie
vergossen in seiner Mitte das Blut der Gerechten.
14 Sie taumelten blind durch die Gassen, besudelt
mit Blutschuld, so daß man ihre Kleider nicht an-
rühren durfte. 15 »Ihr Unreinen, fort!«, rief man
ihnen zu. »Fort, fort, keine Berührung!« Da sie so
schwankten und wankten, sprach man unter den
Heiden: »Sie dürfen nicht länger verweilen!« 16 Der
Herr selber hat sie zerstreut, schaut sie nicht mehr
an. – Man achtete die Priester nicht, hatte kein
Erbarmen mit den Greisen. 17 Wir schauten noch
immer die Augen uns aus nach Hilfe für uns, doch
vergebens! Auf unserer Warte spähten wir nach
dem Volk, das nicht hilft. 18 Man belauerte unsere
Schritte; wir konnten uns nicht im Freien bewegen.
Nahe war unser Ende, erfüllt unsere Zeit, ja es kam
unser Ende. 19 Unsere Verfolger waren schneller als
die Adler am Himmel. Sie setzten uns nach in den
Bergen, lauerten uns in der Steppe auf. 20 Der Ge-
salbte des Herrn, unser Lebenshauch, ward gefan-
gen in ihren Gruben; wir aber hatten gedacht, in
seinem Schutz unter den Völkern leben zu können.
21 Freu dich und juble, Tochter Edom, die du wohnst
im Lande Uz! Auch an dich kommt der Becher;
dann wirst du im Rausch dich entblößen. 22 Tochter
Sion, deine Schuld ist zu Ende; fortan verbannt er
dich nicht mehr! Tochter Edom, deine Schuld sucht
er heim und enthüllt deine Sünden!

Klagegebet der Gemeinde

5 1 Bedenke, o Herr, was uns widerfuhr! Schau
her und sieh unsere Schmach! 2 Unser Erbteil
fiel Fremden zu, unsere Häuser kamen an
Ausländer. 3 Waisen sind wir geworden, vaterlos,
unsere Mütter Witwen gleich. 4 Unser Trinkwasser
erhalten wir nur gegen Geld, unser Holz nur gegen
Bezahlung. 5 Bis über den Hals verfolgt man uns;
wir sind es müde, man gönnt uns nicht Ruhe. 6 Wir
reichten Ägypten und Assur die Hand, uns zu sätti-
gen mit Brot. 7 Unsere Väter haben gefehlt, sie sind
dahin; doch ihre Sünden müssen wir tragen.
8 Knechte herrschen über uns; niemand befreit uns
aus ihrer Gewalt. 9 Wir ernten unsere Nahrung mit
Lebensgefahr, bedroht vom Schwerte der Wüste.
10 Wie ein Ofen glüht unsere Haut von den Qualen
des Hungers. 11 Man schändete Frauen in Sion, Jung-

frauen in Judas Städten. 12 Fürsten wurden von Fein-
deshand erhängt, Älteste nicht entsprechend ge-
ehrt. 13 Jünglinge müssen den Mühlstein schleppen,
und Knaben straucheln unter der Holzlast. 14 Greise
halten sich fern vom Tor, Jünglinge von ihrem Sai-
tenspiel. 15 Entschwunden ist die Freude unseres
Herzens, unser Reigen in Trauer verkehrt. 16 Die
Krone ist uns vom Haupte gefallen; weh uns, daß
wir gesündigt! 17 Darob ist unser Herz krank, darum
sind unsere Augen verdüstert: 18 um den Sionsberg,
der verwüstet ist, auf dem Schakale sich tummeln.
19 Du aber, Herr, thronst in Ewigkeit; dein Thron
steht fest von Geschlecht zu Geschlecht. 20 Warum
willst du uns für immer vergessen und verlassen auf
lange Zeit? 21 Führe uns, Herr, zu dir zurück, so
kehren wir um! Mach unsere Tage neu, ganz wie sie
ehedem waren! 22 Oder hast du uns völlig verwor-
fen, zürnst du uns so gewaltig?

5,1–22: Hier läßt der Dichter das ganze Volk über den Zusammenbruch Jerusalems klagen. Dieses Lied ist nur in dem Sinne alphabetisch, als es 22 Verse enthält. Die Versanfänge weisen aber keine Reihenfolge nach den Buchstaben des Alphabetes auf.

DAS BUCH BARUCH

Die fünf Kapitel dieses kurzen Buches bestehen aus drei sehr verschiedenen Teilen: einem Bußgebet, einem Loblied auf die göttliche Weisheit und aus lyrischen Klage- und Trostliedern. Der geschichtlichen Lage nach werden wir in die Zeit des Babylonischen Exils versetzt. Das lange, an Wiederholungen reiche Bußgebet ist stark vom Buche Jeremias abhängig und findet sich zum Teil wörtlich auch in Dan 9,4–19. Das Weisheitslied steht dem Hymnus in Job 28 und durch die Gleichsetzung der Weisheit mit dem mosaischen Gesetz Sir 24,23ff nahe. Der dritte Teil berührt sich mit den Klageliedern und dem zweiten Teil des Isaiasbuches.
Der Grundtext war zwar hebräisch, ist aber nicht erhalten. Der Umstand, daß unser Buch nicht in die hebräische Bibel aufgenommen wurde, sowie die erwähnte literarische Unselbständigkeit und Uneinheitlichkeit machen es sehr fraglich, ob Baruch, der Zeitgenosse und Begleiter des Jeremias (vgl. Jer 32; 36; 43; 45), wirklich der Verfasser war. Die historische Einleitung 1,1–14 ist eher als späte Rekonstruktion eines geschichtlichen Rahmens zu verstehen. Solche geschichtlichen Nachdichtungen waren in der jüngsten Zeit des Alten Testamentes recht beliebt, und bei Baruch scheint es sich um liturgisch verwendete Texte zu handeln.
In der christlichen Kirche ist das Buch, wie wir aus zahlreichen alten Zitaten sehen, immer zur Heiligen Schrift gerechnet worden, vielfach im Anschluß an das Jeremiasbuch.
Dasselbe gilt vom »Brief des Jeremias«, der ebenfalls nur in der christlichen Bibel steht und in der lateinischen Vulgata als 6. Kapitel zu Baruch gerechnet wird. Es ist aber ein selbständiges Werk, das in 72 Versen eine Verspottung der babylonischen Götterstatuen enthält. Ähnlich lauten späte Texte wie Jer 10,1–16; Is 44,9–20; Ps 115,4–8; Weish 13–15. Die Abfassungszeit sowohl für Baruch als auch für den »Brief« ist unbekannt und wird nach inhaltlichen und formalen Überlegungen ziemlich spät angesetzt werden müssen.

Dies ist der Wortlaut des Buches, das
Baruch, der Sohn Nerijas, des Sohnes
Machsejas, des Sohnes Zidkias, des Soh-
nes Hasadias, des Sohnes Hilkias, in Babylon ge-
schrieben hat. 2 Es war im fünften Jahre, am siebten
Tag des Monats, da die Kaldäer Jerusalem einge-
nommen und in Brand gesteckt hatten.

Verlesung in Babylon

3 Baruch las den Wortlaut dieses Buches vor in Ge-
genwart des Königs Jechonias (Jojachin) von Juda,
des Sohnes Jojakims, und in Gegenwart des ganzen
Volkes, das zum Anhören des Buches zusammen-
gekommen war. 4 Ferner in Gegenwart der Vorneh-
men und der königlichen Prinzen sowie in Gegen-
wart der Ältesten und des ganzen Volkes, vom
Kleinsten bis zum Größten, all derer, die in Babylon
am Flusse Sud angesiedelt waren. 5 Da weinten,
fasteten und beteten sie vor dem Herrn. 6 Dann
brachten sie Geld zusammen, soviel ein jeder ver-
mochte. 7 Sie sandten es nach Jerusalem an den
Priester Jojakim, den Sohn Hilkias, des Sohnes
Schallums, und an die übrigen Priester und an das
ganze Volk, das sich bei ihm in Jerusalem befand.
8 Er (Baruch) hatte auch die Gefäße des Hauses
des Herrn, die aus dem Tempel erbeutet worden
waren, am zehnten Siwan erhalten, um sie in das
Land Juda zurückzubringen, nämlich die silbernen
Gefäße, die Zidkia, der Sohn des Josia und König
von Juda, anfertigen ließ, 9 nachdem Nebukadnezar
(Nabuchodonosor), der König von Babylon, den
Jechonias und die Fürsten, die Schlosser und die
Vornehmen und das Volk des Landes von Jerusalem
weggeführt und nach Babylon gebracht hatte.

Botschaft nach Jerusalem

10 Da ließen sie sagen: Wir senden euch hiermit
Geld; so kauft denn für das Geld Brand- und Sühn-
opfer sowie Weihrauch; richtet ferner Speiseopfer
zu und bringt sie auf dem Altar des Herrn, unseres
Gottes, dar! 11 Betet auch für das Leben Nebukad-
nezars, des Königs von Babylon, und für das Leben
Baltasars, seines Sohnes, damit ihre Tage währen
wie die Tage des Himmels über der Erde, 12 und daß
der Herr uns Kraft verleihe, unsere Augen leuchten
lasse, und wir unter dem Schutz Nebukadnezars,
des Königs von Babylon, und unter dem Schutz
seines Sohnes Baltasar leben, ihnen lange Zeit die-

nen und Gnade vor ihnen finden mögen! 13 Betet
auch für uns zum Herrn, unserem Gott; denn wir
haben gesündigt wider den Herrn, unseren Gott,
und der Grimm des Herrn und sein Zorn haben sich
bis zum heutigen Tag noch nicht von uns abge-
wandt. 14 Dieses Buch aber, das wir euch zur öffent-
lichen Verkündigung im Hause des Herrn am Fest-
tag, und zwar an den Versammlungstagen, senden,
sollt ihr vorlesen!

Das Schuldbekenntnis

15 Ihr sollt sprechen: Der Herr, unser Gott, ist im
Recht! Uns aber treibt es heute die Schamröte ins
Gesicht, uns Männern von Juda und Bewohnern
Jerusalems, 16 unseren Königen und Fürsten, unse-
ren Priestern und Propheten sowie unseren Vätern.
17 Denn wir haben gesündigt wider den Herrn;
18 wir haben uns gegen ihn aufgelehnt, haben auf
die Stimme des Herrn, unseres Gottes, nicht gehört
und sind nicht nach den Geboten unseres Herrn ge-
wandelt, die er uns vorgelegt hat. 19 Seit dem Tage,
da der Herr unsere Väter aus dem Lande Ägypten
herausführte, bis zum heutigen Tage blieben wir
widerspenstig gegen den Herrn, unseren Gott, und
ließen uns dazu hinreißen, auf seine Stimme nicht
zu hören. 20 So heftete sich an uns das Unheil und
der Fluch, den der Herr durch seinen Knecht Moses
androhen ließ, als er unsere Väter aus dem Lande
Ägypten herausführte, um uns ein Land zu geben,
das von Milch und Honig fließt, wie es bis heute der
Fall ist. 21 Wir aber hörten nicht auf die Stimme des
Herrn, unseres Gottes, trotz aller Reden seiner Pro-
pheten, die er uns sandte. 22 Vielmehr wandelte ein
jeder von uns nach den Gelüsten seines bösen
Herzens; wir verehrten fremde Götter und taten,
was den Augen des Herrn, unseres Gottes, mißfiel.

1,1f: Nach 2 Kön 25,8 wurde Jerusalem am 7. Tag des 5. Monats (Juli /August) 586 durch die Babylonier erobert, der Tempel durch Feuer verwüstet und die Bevölkerung mit Ausnahme weniger deportiert. Die Verlesung soll 5 Jahre später stattgefunden haben. • 3f: Eine Versammlung des gesamten Volkes, selbst des gefangenen Königs (2 Kön 24,15; 25,27). • 7: Danach wäre die Zerstörung durchaus nicht vollständig gewesen. • 8: Ein nach Form und Inhalt zweifelhafter Nebensatz. • 11: Wie Dan 5,1f soll Baltasar (Belschazzar) ein Sohn Nebukadnezars gewesen sein. • 14: Gemeint ist das Laubhüttenfest.

Gerechte Strafe

2 1 So hat denn der Herr sein Wort erfüllt, das er
wider uns und unsere Herrscher, die Israel
regierten, wider unsere Könige und unsere
Fürsten und wider die Bewohner von Israel und
Juda, gesprochen hatte: 2 Er werde schweres Unheil
über uns verhängen, so daß unter dem ganzen Him-
mel noch nie solches geschehen ist, wie es in Jeru-
salem geschah, gemäß dem Schriftwort im Gesetz
des Moses, 3 daß ein jeder von uns das Fleisch seines
eigenen Sohnes und das Fleisch seiner eigenen
Tochter verzehren werde. 4 Er gab sie in die Gewalt
aller Reiche um uns her und machte sie zum Hohn
und Entsetzen bei allen Völkern im Umkreis, unter
die sie der Herr zerstreut hat. 5 So wurden sie Unter-
jochte statt Herrschende; denn wir haben wider
den Herrn, unseren Gott, gesündigt und nicht auf
seine Stimme gehört. 6 Der Herr, unser Gott, ist im
Recht! Uns aber und unseren Vätern treibt es heute
die Schamröte ins Antlitz; 7 denn was der Herr
wider uns gesprochen hat, all dies Unheil ist über
uns gekommen. 8 Wir aber haben den Herrn nicht
besänftigt dadurch, daß sich ein jeder von uns vom
Trachten seines bösen Herzens abgewandt hätte.
9 Doch der Herr war auf das Unheil bedacht und
brachte es über uns; denn gerecht ist der Herr in all
seinen Fügungen, die er über uns verhängt hat.
10 Wir aber hörten nicht auf seine Stimme, nach den
Geboten unseres Herrn zu wandeln, die er uns vor-
gelegt hat.

Bitte um Erbarmen

11 Und nun, o Herr, Gott Israels! Du hast dein Volk
mit starker Hand, unter Zeichen und Wundern, mit
großer Macht und erhobenem Arm aus dem Land
Ägypten geführt und dir dadurch bis zum heutigen
Tag Ruhm erworben. 12 Wir haben gesündigt,
frevelhaft und unrecht gehandelt. Herr, unser Gott,
ob all deiner gerechten Gerichte 13 möge dein Zorn
sich von uns wenden; denn von uns sind nur noch
wenige übriggeblieben unter den Völkern, wohin
du uns zerstreut hast. 14 Erhöre, Herr, unser Gebet
und unser Flehen, und rette uns um deiner selbst
willen! Laß uns Gnade finden bei denen, die uns
von der Heimat weggeführt haben! 15 So soll die
ganze Welt erkennen, daß du der Herr, unser Gott,
bist, weil ja Israel und sein Stamm deinen Namen
tragen. 16 Herr, von deiner heiligen Wohnung
schaue herab und merke auf uns! Neige, Herr, dein
Ohr und höre! 17 Öffne, Herr, deine Augen und sieh!
Denn nicht die Toten in der Unterwelt, denen der
Lebensodem aus dem Innern genommen ist, prei-
sen die Ehre und Gerechtigkeit des Herrn. 18 Viel-
mehr der lebende Mensch in seinem elenden Zu-
stand, der gebeugt und schwach einhergeht, die
matten Augen und die verschmachtende Seele
preisen deine Ehre und Gerechtigkeit, o Herr!

Unsere Schuld

19 Denn nicht im Vertrauen auf die Verdienste unse-
rer Väter und unserer Könige legen wir dir unsere
flehentlichen Bitten vor, Herr, unser Gott. 20 Du hast

ja deinen Zorn und Grimm uns auferlegt, wie du
durch deine Knechte, die Propheten, verkündet
hast: 21 So spricht der Herr: »Beugt euren Nacken
und seid dem König von Babylon untertan; dann
bleibt ihr in dem Lande wohnen, das ich euren
Vätern gegeben habe. 22 Wenn ihr jedoch auf die
Stimme des Herrn nicht hört, dem König von Baby-
lon untertan zu sein, 23 dann werde ich aus den
Städten Judas und von den Straßen Jerusalems
Jubelruf und Freudenschall, Rufen des Bräutigams
und Rufen der Braut verschwinden lassen, und das
ganze Land wird zur menschenleeren Wüste wer-
den.« 24 Doch wir haben auf deine Stimme nicht
gehört, dem König von Babylon untertan zu sein.
Da erfülltest du deine Worte, die du durch deine
Knechte, die Propheten, verkündet hast, daß näm-
lich die Gebeine unserer Könige und die Gebeine
unserer Väter aus ihrer Grabstätte herausgeworfen
werden. 25 Und wirklich liegen sie hingeworfen
(und ausgesetzt) der Hitze des Tages und der Kälte
der Nacht. Auch waren sie unter schrecklichen
Qualen durch Hunger, Schwert und Pest dahinge-
rafft worden. 26 Sogar das Haus, das deinen Namen
trägt, hast du in den Zustand versetzt, in dem es
sich heute befindet, wegen der Bosheit des Hauses
Israel und des Hauses Juda.

Verheißene Bekehrung

27 Doch hast du, o Herr, unser Gott, nach all deiner
Güte und all deiner großen Erbarmung an uns ge-
handelt, 28 so wie du schon durch deinen Knecht
Moses gesprochen hast, als du ihm den Auftrag
gabst, dein Gesetz vor den Söhnen Israels nieder-
zuschreiben mit den Worten: 29 »Wenn ihr nicht auf
meine Stimme hört, wahrlich, dann wird diese
große und zahlreiche Volksmenge zu einem kleinen
Häuflein unter den Völkern, wohin ich sie zer-
streuen werde. 30 Denn ich weiß, daß sie nicht auf
mich hören werden, da sie ein widerspenstiges
Volk sind. Aber sie werden es sich im Lande ihrer
Verbannung zu Herzen nehmen 31 und werden er-
kennen, daß ich der Herr, ihr Gott, bin. Ich werde
ihnen ein williges Herz verleihen und Ohren, die
bereit sind zu hören. 32 Dann werden sie mich im
Lande ihrer Verbannung preisen und meines
Namens eingedenk sein. 33 Sie werden sich von
ihrer Widerspenstigkeit und ihren bösen Werken
abwenden, weil sie das Schicksal ihrer Väter be-
denken, die gegen den Herrn gesündigt haben.
34 Alsdann lasse ich sie in das Land zurückkehren,
das ich ihren Vätern Abraham, Isaak und Jakob eid-
lich versprochen habe, und sie sollen es besitzen.
Ich will sie zahlreich machen, und sie sollen nicht
mehr vermindert werden. 35 Einen ewigen Bund
werde ich mit ihnen schließen: Ich will ihr Gott
sein, und sie sollen mein Volk sein, und niemals
werde ich mein Volk Israel wieder aus dem Lande
verstoßen, das ich ihnen gegeben habe.«

2,3: 3 Mos 26,29. • 11f: Dan 9,15f. Das Wort »Hand« wird im AT in vielfach symbolischem Sinn gebraucht, so vor allem als Symbol für die Macht Gottes (5Mos 4,34; 5,15), besonders in Schöpfung und Vorsehung (Ps 8,7; Job 10,8; 2 Mos 13,3.14); als Symbol für Gottes strafende Gerechtigkeit, aber auch für die Liebe Gottes zu den Gerechten. • 17: Zum schattenhaften Leben nach dem Tode vgl. zu Sir 17,27f. • 18: Not lehrt beten! • 21–23: Jer 27,11f; Jer 7,34. • 24f: Jer 8,1f; Jer 36,30; 32,36. • 29: 5 Mos 4,27.

Bitte um Befreiung

3 1 Herr, Allmächtiger, du Gott Israels, eine be-
drängte Seele und ein betrübter Geist rufen zu
dir. 2 Höre, Herr, und erbarme dich, denn wir
haben uns versündigt gegen dich! 3 Du thronst ja in
Ewigkeit –, und wir sollen auf ewig vernichtet sein?
4 Herr, Allmächtiger, du Gott Israels, erhöre doch
das Flehen der Männer aus Israel und der Söhne
jener, die gegen dich gesündigt und auf die Stimme
des Herrn, ihres Gottes, nicht gehört haben, wes-
halb das Unheil sich an uns heftete! 5 Gedenke nicht
der Missetaten unserer Väter! Gedenke vielmehr
deiner (starken) Hand und deines Namens in der
Gegenwart! 6 Du bist ja der Herr, unser Gott, und
wir wollen dich preisen, o Herr. 7 Denn deshalb
legtest du die Furcht vor dir in unser Herz, daß wir
deinen Namen anrufen. Ja, wir wollen dich preisen
im Lande unserer Verbannung, weil wir aus unse-
rem Herzen alles Unrecht unserer Väter, die gegen
dich gesündigt, entfernt haben. 8 Doch sieh, bis
heute sind wir in unserer Verbannung, wohin du
uns zerstreut hast, zum Schimpf, zur Verwün-
schung und zum Entsetzen, all den Missetaten
unserer Väter entsprechend, die vom Herrn, unserm
Gott, abgefallen sind! –

Der Weg zur Weisheit

9 Höre, Israel, die Gebote des Lebens; merket auf,
um Einsicht zu erlangen! 10 Wie kommt es, Israel,
wie (kommt es), daß du im Feindesland weilst, daß
du dahinsiechst in fremdem Land, daß du unreinen
Leichen ähnlich bist, 11 zu denen gerechnet, die ins
Grab gesunken? 12 Du hast den Quell der Weisheit
verlassen! 13 Wärest du gewandelt auf Gottes Weg,
könntest du in Frieden leben für immer. 14 Nun lerne,
wo Einsicht ist, wo Kraft, wo Klugheit, auf daß du
zugleich erkennest, wo es langes Leben und Lebens-
glück gibt, wo strahlende Augen und Frieden!

Kein Mensch fand die Stätte der Weisheit

15 Wer hat je ihre Stätte gefunden, und wer ist bis
zu ihren Schatzkammern gelangt? 16 Wo sind die

Völkergebieter und die Herren über die Tiere der
Erde, 17 die mit den Vögeln des Himmels spielten
und Silber aufhäuften und Gold, worauf die
Menschen vertrauen, so daß ihr Besitz ins End-
lose ging? 18 Wo sind die Silberschmiede, die sich
mühten und deren Werke unerreichbar waren?
19 Sie sind verschwunden, hinabgestiegen zur Un-
terwelt, und an ihre Stelle traten andere. 20 Spätere
schauten das Licht und wohnten auf Erden, doch
auch sie erkannten nicht den Weg zur Weisheit,
21 noch wußten sie zu ihr die Pfade. Auch ihre
Söhne erlangten sie nicht; dem Weg zu ihr blieben
sie fern. 22 In Kanaan hörte man nichts von ihr,
und in Teman ward sie nicht gesehen. 23 Auch
Hagars Söhne, um Wissen bemüht allerorts, die
Kaufleute von Merra und Teman, die Spruchdich-
ter und Wissensdurstigen, sie kannten den Weg
zur Weisheit nicht, noch gedachten sie ihrer Pfade.
24 O Israel, wie groß ist die Wohnstatt Gottes und
wie weit die Stätte seines Eigentums! 25 Groß und
unendlich, hoch und unermeßlich! 26 Dort wurden
die Riesen geboren, die berühmten, die in der
Urzeit lebten, hoch an Wuchs, kundig des Krieges.
27 Nicht diese hat Gott sich erwählt, noch den Weg
zur Weisheit ihnen gezeigt. 28 So gingen sie zu-
grunde, da ihnen Einsicht fehlte, gingen zugrunde
infolge ihrer Torheit. 29 Wer stieg zum Himmel
hinauf und holte sie und brachte sie aus den
Wolken herab? 30 Wer fuhr übers Meer und fand
sie auf, und wer erwarb sie für lauteres Gold?
31 Keiner ist, der den Weg zu ihr wüßte, und nie-
mand kennt den Pfad zu ihr.

Nur Gott, der Allwissende, besitzt die Weisheit

32 Nur der Allwissende kennt sie, hat sie entdeckt
kraft seiner Einsicht. Er hat ja die Erde für immer
gegründet und sie mit Tieren bevölkert. 33 Er sendet
den Blitz, und dieser fährt los; er ruft ihn, und jener
gehorcht ihm mit Zittern. 34 Froh leuchten die
Sterne auf ihren Posten; 35 er ruft sie, und sie
sprechen: »Hier sind wir!« Sie leuchten mit Freude
für den, der sie schuf. 36 Das ist unser Gott; keiner
gilt neben ihm.

Der Anteil Israels

37 Er hat jeden Weg zur Weisheit erkundet, hat sie
Jakob, seinem Knecht, verliehen und Israel, seinem
Liebling. 38 Hierauf erschien sie auf Erden und ver-
kehrte unter den Menschen.

3,9: Der 2. Teil ist ein Weisheitslied, verwandt mit Job 28. Die Einleitung 9–14 schildert die Lage der Verbannten. • 15ff: Vgl. Job 28,1–21. • 16–18: Die Pracht orientalischer Könige. • 22f: Nennt weisheitsbeflissene Völker und Städte, besonders Edomiter; Jer 49,7. • 24: Die ganze Welt ist Gottes Eigentum. • 33: Abhängig von Job 38,35. • 38: Die Weisheit wohnt in Israel: Sir 24,8–12; Spr 8,31.

Halte das Gesetz!

4 1 Sie ist das Buch der Gottesgebote, das Ge-
setz, das auf ewig besteht. Alle, die an ihr fest-
halten, finden das Leben; die sie verlassen,
verfallen dem Tod. 2 Bekehre dich, Jakob, ergreife
sie, wandle im Glanz ihres Lichtes! 3 Gib deinen
Ruhm keinem anderen preis und dein Glück kei-
nem fremden Volke! 4 Heil uns, Israel, weil uns be-
kannt ist, was Gott gefällt! –

Klage- und Trostlieder. Kurze Bestrafung

5 Hab Vertrauen, mein Volk, das den Ehrennamen
»Israel« trägt! 6 Ihr seid an die Heidenvölker ver-
kauft, doch nicht zur Vernichtung. Weil ihr Gott
erzürnt habt, wurdet ihr den Feinden preisgege-
ben. 7 Ja, euren Schöpfer habt ihr zum Zorn ge-
reizt, da ihr den Dämonen geopfert und nicht
Gott. 8 Ihr habt den (Vater) vergessen, der euch das
Leben gab, den ewigen Gott; ihr habt auch die
(Mutter) betrübt, die euch aufzog, Jerusalem.
9 Denn sie sah den Zorn Gottes über euch kommen
und sprach:

Jerusalems Klage

»Hört, ihr Nachbarn Sions! Großes Leid hat Gott
über mich verhängt. 10 Ich mußte ja meiner Söhne
und Töchter Verbannung schauen, die der Ewige
über sie brachte. 11 Mit Wonne hatte ich sie großge-
zogen, mit Weinen und Trauer mußte ich sie ziehen
lassen. 12 Niemand soll sich freuen über mich, die
Witwe, die von so vielen Verlassene! Vereinsamt
bin ich ob der Sünden meiner Kinder, weil diese von
Gottes Gesetz abgewichen sind, 13 um seine Sat-
zungen sich nicht gekümmert haben, nicht auf den
Wegen der Gebote Gottes wandelten und die Pfade
der Zucht nach seiner rechten Weisung nicht be-
schritten.

Die Wegführung

14 Kommt, ihr Nachbarn Sions, beherzigt die Ver-
bannung meiner Söhne und Töchter, die der Ewige
über sie brachte! 15 Denn er brachte über sie ein
Volk aus weiter Ferne, ein freches Volk mit fremder
Sprache, das vor den Greisen keine Achtung hatte,
kein Mitleid mit den Kindern. 16 Es führte die Lieb-
linge der Witwe weg, raubte der Vereinsamten die
Töchter.

Gott hilft

17 Ich jedoch, wie könnte ich euch helfen? 18 Nur der
das Unheil über euch gebracht, kann euch aus eurer
Feinde Hand befreien. 19 So zieht fort, ihr Kinder,
zieht fort, ich muß ja vereinsamt zurückbleiben!
20 Das Gewand des Glückes habe ich abgelegt und
zog das Bußkleid meines Elends an. Zum Ewigen
will ich rufen, solange ich lebe.

Befreiung naht
21 Habt Vertrauen, meine Kinder, ruft zu Gott! Er
wird aus der Bedrückung und aus der Feinde Hand
euch retten. 22 Denn ich hoffe auf den Ewigen, euer
Heil; und vom Heiligen wird mir Freude zuteil ob
der Erbarmung, die über euch in Bälde kommt vom
Ewigen, eurem Retter. 23 Mit Trauer und Weinen
mußte ich euch ziehen lassen; doch Gott schenkt
euch mir wieder zu ewiger Freude und Wonne.
24 Denn wie jetzt Sions Nachbarn eure Wegführung
sahen, so werden sie gar bald die Hilfe eures Gottes
schauen, die euch mit großer Herrlichkeit und mit
dem Glanz des Ewigen zuteil wird.

Der Umschwung
25 Meine Kinder, traget in Geduld den Zorn, der
über euch von Gott her kam! Es hat dich zwar der
Feind verfolgt, du aber wirst in Kürze sein Verder-
ben schauen und wirst auf seinen Nacken treten.
26 Meine zarten Kinder mußten rauhe Wege ziehen;
sie wurden fortgeschleppt wie eine Herde, von
Feinden geraubt.

Aufmunterung
27 Habt Vertrauen, meine Kinder, und ruft zu Gott!
Denn der (all dies) verhängte, wird euer gedenken.
28 Und wie euer Sinn geneigt war, von Gott abzu-
fallen, so zeigt nun zehnfachen Eifer, ihn wieder zu
suchen! 29 Denn der das Unheil über euch brachte,
wird euch ewige Freude bringen bei eurer Rettung.«

Untergang der Feinde
30 Hab Vertrauen, Jerusalem! Der den Namen dir
gab, wird dich trösten. 31 Verderben über jene, die
dir Böses taten und über deinen Sturz sich freuten!
32 Verderben über die Städte, denen die Kinder
dienstbar wurden! Verderben über jene Stadt, die
deine Söhne weggeführt! 33 Fürwahr, wie sie sich
freute über deinen Sturz und über deinen Fall
frohlockte, so wird sie trauern über ihre eigene Ver-
wüstung! 34 »Ich werde von ihr den Jubel der Volks-
menge wegnehmen, und ihr prahlender Stolz wird
in Trauer verwandelt.« 35 Denn Feuer kommt vom
Ewigen über sie für viele Tage, und von Gespen-
stern wird sie bewohnt auf lange Zeit.

Glorreiche Heimkehr
36 Wende nach Osten deinen Blick, Jerusalem, und
schau die Freude, die von Gott dir zuteil wird!
37 Siehe, es kommen deine Söhne, die du mußtest
ziehen lassen! Sie kommen, gesammelt vom Auf-
gang bis zum Untergang der Sonne durch das Wort
des Heiligen, voll Freude über Gottes Herrlichkeit.

4,1: Gesetz ist gleich Weisheit auch Sir 24,23. • 6–8: Vgl. 5 Mos 32,15–18. • 32b: Meint die Hauptstadt Babel. • 34: Hier spricht Gott selbst, vgl. 2,23. • 4,36–5,9: Zwei Strophen auf die Heimkehr mit Anklängen an Is 44–66.

5 1 Lege ab, Jerusalem, dein Gewand der Trauer
und des Elends, und zieh den Schmuck der
Gottesherrlichkeit für immer an! 2 Lege dir den
Mantel der göttlichen Huld um, setze auf dein Haupt
die Krone der Herrlichkeit des Ewigen! 3 Denn Gott
will dem ganzen Erdkreis unter dem Himmel deinen
Glanz zeigen. 4 Ja, von Gott wird für immer dein
Name genannt »Segen der Gerechtigkeit« und
»Ruhm der Frömmigkeit«. 5 Erhebe dich, Jerusalem,
steige auf die Höhe, wende deinen Blick nach Osten
und sieh deine Kinder, gesammelt vom Untergang
der Sonne bis zum Aufgang durch das Wort des Hei-
ligen, voll Freude, daß Gott ihrer gedacht hat! 6 Denn
zu Fuß zogen sie fort von dir, von Feinden wegge-
trieben; Gott aber führt sie zu dir zurück, ehrenvoll
getragen wie in einer königlichen Sänfte. 7 Ja, Gott
hat befohlen, jeder hohe Berg und die ewigen Hügel
sollen sich senken und die Täler zu ebenem Land
sich heben, damit Israel unter der Herrlichkeit
Gottes sicher einherziehen könne. 8 Auch die Wälder
und jede Art von Duftgehölz spenden auf Gottes Ge-
heiß Israel Schatten. 9 Denn Gott selbst geleitet Israel
zu dessen Wonne durch das Licht seiner Herrlichkeit
mit erbarmender Huld, die von ihm (ausgeht).

BRIEF DES JEREMIAS

Abschrift eines Briefes, den Jeremias an die vom
König der Babylonier zur Wegführung nach Baby-
lon bestimmten Gefangenen gesandt hat, um ihnen
mitzuteilen, was ihm von Gott aufgetragen war.
1 Wegen der Sünden, die ihr vor Gott begangen
habt, werdet ihr von Nebukadnezar, dem König der
Babylonier, gefangen nach Babylon weggeführt
werden. 2 Wenn ihr alsdann nach Babylon gekom-
men seid, werdet ihr dort viele Jahre und eine lange
Zeit, bis zu sieben Generationen, bleiben müssen;
danach aber werde ich euch von dort wohlbehalten
zurückführen. 3 Nun werdet ihr in Babylon Götzen
von Silber, Gold und Holz sehen, die auf den Schul-
tern getragen werden und den Heiden Furcht
einflößen. 4 Hütet euch dann, daß nicht auch ihr
den Fremden gleich werdet, und daß nicht auch
euch Furcht vor ihnen erfaßt, 5 wenn ihr die Volks-
menge vor und hinter ihnen sie anbeten seht! Denkt
vielmehr still für euch: »Dir allein, Herr, gebührt
Anbetung!« 6 Denn mein Engel ist bei euch; er wird
auf euer Leben achten.

Menschliches Machwerk
7 Ihre Zunge wurde von einem Handwerker ange-
fertigt, sie selbst sind vergoldet und versilbert, sind

daher Truggebilde und können nicht reden. 8 Wie für ein putzsüchtiges Mädchen nehmen (die Künstler) Gold 9 und fertigen Kronen für die Häupter ihrer Götzen. Manchmal aber entwenden die Priester ihren Götzen Gold und Silber und verbrauchen es für sich selber. 10 Ja, sie geben davon sogar den Dirnen im Freudenhaus. Sie schmücken diese – die silbernen, goldenen und hölzernen Götzen – nach Menschenart auch mit Gewändern. 11 Doch können sie sich vor Rost und Wurmfraß nicht schützen. Wenn sie auch mit einem Purpurgewand umhüllt sind, 12 müssen sie sich doch ihr Gesicht abwischen lassen wegen des Staubes, der im Tempel entsteht und in Menge auf ihnen liegt. 13 Sogar ein Zepter trägt (der Götze) wie ein Machthaber im Land, kann aber niemand töten, der sich gegen ihn verfehlt. 14 Er trägt ein Schwert oder ein Beil in der Rechten, vermag aber weder aus Kriegsnot noch aus Räubergefahr sich zu retten. Daraus ist zu erkennen, daß sie keine Götter sind. Fürchtet euch also nicht vor ihnen!

Dem Verfall preisgegeben

15 Ja, wie ein zerbrochenes Tongefäß unbrauchbar wird, 16 so steht es auch mit ihren Götzen. Während sie in den Tempeln aufgestellt sind, werden ihre Augen voll Staub, (der) von den Füßen der Eintretenden (aufgewirbelt wird). 17 Und wie bei einem (Verbrecher), der sich gegen den König vergangen hat, die Höfe ringsum verschlossen werden, weil er zum Tode geführt werden soll, so sichern die Priester deren Tempel mit Türen, Schlössern und Riegeln, damit sie nicht von Räubern gestohlen werden. 18 Sie zünden ihnen Lichter an, und zwar mehr als für sich selbst; jene aber vermögen keines davon zu sehen. 19 Sie gleichen einem Balken am Tempel; ihr Inneres, so erzählt man, wird zerfressen. Vom Gewürm, das aus der Erde hervorkriecht und sie samt ihrer Gewandung zernagt, merken sie nichts. 20 Ihr Gesicht wird geschwärzt vom Rauch im Tempel. 21 Auf ihren Leib und ihren Kopf fliegen Fledermäuse, Schwalben und andere Vögel. In gleicher Weise verhalten sich auch die Katzen. 22 Daraus könnt ihr ersehen, daß sie keine Götter sind. Fürchtet euch also nicht vor ihnen!

Leblos

23 Wenn man vom Gold, das ihnen zur Verzierung aufliegt, den Rost nicht entfernt, dann glänzen sie nicht. Nicht einmal, als sie gegossen wurden, fühlten sie das. 24 Um jeden Preis wurden sie gekauft, obwohl sie keinen Lebensodem besitzen. 25 Der Füße nicht mächtig, werden sie auf den Schultern getragen und offenbaren so den Menschen ihren eigenen Unwert. Aber auch ihre Diener müssen sich schämen; 26 denn (der Götze) muß von ihnen aufgestellt werden, damit er nicht zu Boden fällt, und wenn ihn jemand aufrecht hinstellt, kann er sich weder von selbst bewegen noch auch, falls er in eine schiefe Lage gerät, sich wieder gerade aufrichten. Wie Toten werden ihnen vielmehr die Gaben vorgesetzt. 27 Mit ihren Opfern aber treiben ihre Priester Mißbrauch und verkaufen sie. Desgleichen pökeln ihre Frauen davon ein; doch einem Armen oder Elenden geben sie nichts. 28 Sogar vom Blutfluß Unreine und Wöchnerinnen berühren ihre Opfer. Da ihr nun aus all dem erkennt, daß sie keine Götter sind, so fürchtet euch nicht vor ihnen!

Machtlos

29 Wie könnte man sie Götter nennen? Bereiten doch sogar Frauen den Opfertisch für die silbernen, goldenen und hölzernen Götzen! 30 Und in ihren Tempeln hocken die Priester mit zerrissenen Gewändern, mit geschorenen Köpfen und Bärten und mit entblößtem Haupte. 31 Sie heulen und schreien vor ihren Götzen, wie manche es beim Totenmahle tun. 32 Von ihrer Gewandung nehmen die Priester und kleiden damit ihre Frauen und Kinder. 33 Ob ihnen Böses von jemand widerfährt oder Gutes, sie sind nicht imstande, es zu vergelten. Einen König können sie weder einsetzen noch absetzen. 34 Ebensowenig können sie Reichtum oder Geld verleihen. Hat ihnen jemand ein Gelübde gemacht und hält es nicht ein, so bestehen sie nicht darauf. 35 Sie können keinen Menschen vom Tode erretten, noch einen Schwachen dem Starken entreißen. 36 Einem Blinden können sie nicht zum Augenlicht verhelfen und einen Notleidenden nicht retten. 37 Der Witwe erbarmen sie sich nicht, dem Verwaisten helfen sie nicht. 38 Den Steinen aus dem Gebirge gleichen sie, diese hölzernen, vergoldeten und versilberten Götzen. Wer sie verehrt, wird beschämt. 39 Wie kann man da glauben oder behaupten, daß sie Götter seien?

Wertloser Kult

40 Sogar die Kaldäer selbst rauben ihnen ihr Ansehen. Sooft sie nämlich einen Stummen, der nicht reden kann, sehen, bringen sie den Bel herbei und begehren, daß jener die Sprache erlange, als ob er etwas vernehmen könnte. 41 Und obwohl sie dies wissen, können sie sich von ihnen nicht lossagen; sie haben ja kein Verständnis. 42 Die Frauen aber sitzen, mit Schnüren umwunden, an den Wegen und räuchern Kleie. 43 Sobald nun eine aus ihnen von einem Vorübergehenden mitgenommen wurde und sich ihm hingegeben hat, verspottet sie ihre

Nachbarin, daß diese nicht gleich ihr für würdig be-
funden und ihre Schnur noch nicht zerrissen wurde.
44 Trug ist alles, was bei ihnen geschieht! Wie kann
man da glauben oder behaupten, daß sie Götter
seien?

Hilflose Dinge

45 Von Handwerkern und Goldschmieden sind sie
verfertigt; es kommt nichts anderes heraus, als was
die Künstler aus ihnen machen wollten. 46 Ihre Her-
steller erreichen selbst kein hohes Alter; 47 wie
sollte das erst bei ihren Werken der Fall sein? Ja, sie
hinterlassen ihren Nachkommen nur Trug und
Schande. 48 Denn sooft Krieg und Unheil über sie
(die Götzen) hereinbrechen, beraten sich die Prie-
ster untereinander, wo sie sich mit ihnen verstecken
können. 49 Wie sollte man da nicht merken, daß sie
keine Götter sind, wenn sie sich selbst weder aus
Krieg noch sonst einem Unheil zu retten vermö-
gen? 50 Denn da sie nur hölzerne, vergoldete und
versilberte Dinge sind, wird man von ihnen später
erkennen, daß sie nur Truggebilde darstellen. Allen
Völkern und Königen wird es offenbar werden, daß
sie keine Götter sind, sondern Werke von Men-
schenhänden, und daß ihnen keine göttliche Wirk-
kraft innewohnt. 51 Wem kann da unbekannt blei-
ben, daß sie keine Götter sind?

Völlig wertlos

52 Sie können weder einen König über ein Land ein-
setzen noch den Menschen Regen senden. 53 Auch
können sie ihnen keinen Rechtsfall schlichten noch
einen ungerecht Behandelten retten, da sie macht-
los sind 54 wie die Krähen zwischen Himmel und
Erde. Wenn schließlich den Tempel der hölzernen,
vergoldeten und versilberten Götzen Feuer ergreift,
dann fliehen zwar ihre Priester und retten sich, sie
selber aber brennen darin wie die Balken. 55 Keinem
König und keinem Feind können sie widerstehen.
56 Wie kann man da annehmen oder glauben, daß
sie Götter sind?

Nichtiger als alle Geschöpfe

Weder vor Dieben noch vor Räubern vermögen sie
sich zu retten, diese hölzernen, versilberten und
vergoldeten Götzen. 57 Wer sich ihrer bemächtigt,
hebt das Gold und Silber ringsum weg, nimmt noch
die Gewänder mit, die ihnen umgelegt waren, und
entfernt sich, ohne daß jene sich selber helfen kön-
nen. 58 Darum ist es besser, ein König zu sein, der
seine eigene Stärke zu zeigen vermag, oder ein
nützliches Hausgerät, das der Besitzer gebrauchen
kann, als solche falschen Götter; besser auch eine
Tür im Hause, die das, was drinnen ist, schützt, als
solche falschen Götter; besser endlich eine hölzerne
Säule im Königspalast als solche falschen Götter.
59 Sonne, Mond und Sterne, strahlende Wesen und
zum Nutzen bestellt, gehorchen willig. 60 Ebenso ist
auch der Blitz, wenn er aufleuchtet, herrlich anzu-
sehen; desgleichen weht der Wind in jedem Land.
61 Und wenn den Wolken von Gott befohlen wird,
über die ganze Erde dahinzuziehen, so vollführen
sie den Auftrag. 62 Auch das Feuer, von oben ausge-
sandt, um Berge und Wälder zu verzehren, erfüllt
den Befehl. Jene (Götter) aber kommen ihnen
weder an Schönheit noch an Kraft gleich. 63 Daher
kann man weder glauben noch behaupten, daß sie
Götter seien, da sie nicht imstande sind, Gericht zu
halten oder den Menschen wohlzutun. 64 Da ihr
also wißt, daß sie keine Götter sind, so fürchtet
euch nicht vor ihnen!

Ohne göttliche Macht

65 Sie können Königen weder fluchen noch sie seg-
nen. 66 Auch können sie unter den Völkern keine
Zeichen am Himmel erscheinen lassen, können
nicht strahlen wie die Sonne noch leuchten wie der
Mond. 67 Die Tiere sind besser daran als sie, da sie
sich durch Flucht an einen schützenden Ort retten
können. 68 In keiner Weise ist es uns also klar, daß
sie Götter sind; darum fürchtet euch nicht vor
ihnen!
69 Wie eine Vogelscheuche im Gurkenfeld, die
nichts bewacht, so sind ihre Götzen, die hölzernen,
vergoldeten und versilberten. 70 Ebenso gleichen sie
einem Dornstrauch im Garten, auf den sich jeder
beliebige Vogel niedersetzt. Endlich gleichen ihre
hölzernen, vergoldeten und versilberten Götzen
einem Leichnam, der ins Dunkel geworfen wird.
71 Auch am Purpur und Byssus, der auf ihnen ver-
modert, kann man erkennen, daß sie keine Götter
sind. Zuletzt werden sie selbst zerfressen und bil-
den eine Schmach im Lande. 72 Besser also ist ein ge-
rechter Mensch daran, der keine Götzenbilder hat;
denn er wird der Schmach enthoben sein.

5,5: Die zweite Strophe beginnt ähnlich wie die erste in 4,36f. • 7: Vgl. Is 40,3–5. • 8: Is 55,12f. Vers 1–72: In der Vulgata Baruch 6 genannt. • 2: Zeitangaben sind unbestimmt, Jer 25,11; Jer 29,10 nennt 70 Jahre. • 28f: Unreine und Frauen sind vom Kult des AT ausgeschlossen. • 40: »Kaldäer« ist hier nicht mehr Volksname, sondern Bezeichnung für die Beschwörungspriester. »Bel« (Herr) wurde der Stadtgott Babylons, Marduk, genannt. • 42f: Auch Herodot schildert ähnlich die Tempelprostitution.

DAS BUCH EZECHIEL

Ezechiel war nach den ersten Versen des nach ihm benannten Buches (1,1–3) der Sohn eines Priesters namens Busi. Nach einer weiteren Angabe daselbst muß er zur Zeit seiner Berufung im dreißigsten Lebensjahr gewesen sein. Diese geschah im Jahre 593 v. Chr. Es war fünf Jahre nach der Fortführung Jojachins. Ob allerdings auch Ezechiel zu den damals Verschleppten gehört hat, ist zweifelhaft, da sich die damaligen Eroberer nur auf Leute besonderen Ansehens beschränkt haben (2 Kön 24,14–16). Ezechiel spricht sich darüber nicht aus. Er kann auch auf andere Art nach Babel gekommen sein und sich hier als Landsmann der Verbanntengemeinde angeschlossen haben. Er hatte in der Siedlung Tel-Abib am Euphratkanal Kebar seine Wohnung. Über seine persönlichen Lebensverhältnisse erfahren wir recht wenig. Er war verheiratet, seine Frau starb kurz vor der Zerstörung Jerusalems (586).

Die unklaren Andeutungen des Prophetenbuches haben in neuerer Zeit dazu geführt, die Wirksamkeit Ezechiels wenigstens zu einem Teil in Jerusalem zu suchen. In der Tat ist es merkwürdig, daß ein bei den Verbannten lebender Prophet fast nur Drohworte an die Bewohner Jerusalems richtet, daß er zu ihrer Belehrung sogar sinnbildliche Handlungen vollzieht, die doch nur dann einen Zweck haben, wenn die Hörer und Zuschauer zugegen sind. Man kann sich das in 11,13 erzählte Ereignis nur bei einer persönlichen Gegenwart Ezechiels vorstellen. Sollte diese Annahme richtig sein, so hätte sich Ezechiel unmittelbar nach seiner Berufung nach Jerusalem begeben und hier ungefähr so gewirkt wie sein älterer Zeitgenosse Jeremias. Freilich hätte er sich auf »Klagen, Seufzen und Wehe« (2,10) beschränkt, ohne die mit dem Fall Jerusalems zusammenhängenden politischen Fragen zu berühren. Der Tod seiner Frau wäre dann während der Belagerung Jerusalems erfolgt, und danach hätte Ezechiel die Stadt wieder verlassen. Als diese nämlich von den Babyloniern erobert wurde, war er nicht mehr dort (33,21).

Wie dem auch sei, das Buch Ezechiel besteht aus mehreren, deutlich voneinander abgrenzbaren Teilen. 1–3 enthalten die in breiter Rede erzählte Berufungsgeschichte, 4–24 sind eine Sammlung verschiedener Sprüche, sinnbildlicher Handlungen und Gleichnisreden, die alle auf den Untergang Jerusalems abgestimmt sind. Oft veranschaulichen derbe Vergleiche (Kapitel 16 und 23) die Verletzung der religiös-sittlichen Ordnung. Man pflegt diesen Teil als das »Jerusalembuch« zu bezeichnen, mag es sich in Einzelheiten an die Verbanntengemeinde in Babel wenden oder tatsächlich in Jerusalem gesprochen sein. In jedem Falle will der Prophet verkünden, daß die Verbanntengemeinde Trägerin der Verheißung ist. Sie muß sich allerdings von dem Wahn befreien, daß Jerusalem als politische Hauptstadt unantastbar sei.

Der Prophet änderte nach dem Fall Jerusalems seine Haltung und die Art seiner Verkündigung. Einen Widerhall dieser neuen Töne vernehmen wir in den Kapiteln 33–37, die man geradezu als das »Verbanntenbuch« bezeichnen kann. Wichtig ist hier die Verheißung des wahren Hirten aus Davids Haus (34) und das Gesicht von der Wiederbelebung der Totengebeine (37).

Den Übergang von der Unheils- zur Heilsweissagung stellt die Sammlung von Drohworten gegen Fremdvölker dar (25–32). Die Kleinstaaten Ammon, Moab, Edom und Philistäa werden zunächst bedacht. Mit besonderer Ausführlichkeit wird Tyrus behandelt. Es geht hier um solche Völker, die mit einer gewissen Schadenfreude den Fall Jerusalems zur Kenntnis nahmen. Nur über den Ruinenstädten jener Völker kann die Morgenröte der Freiheit, Ruhe und Sicherheit im Lande der Verheißung erscheinen. Die Reden gegen Ägypten (29–32) gehören trotz ihrer besonderen Art auch hierher. Die Gogweissagung (38–39) ist ein farbiges Gemälde vom Untergang eines mythologischen Feindes, den manche in barbarischen Eroberervölkern jener Zeit suchen.

In den Abschlußkapiteln 40–48 erleben wir das Eintreten der Heilszeit. Diese Abschnitte scheint der Prophet nie mündlich verkündet, sondern nur schriftlich verfaßt zu haben. Die Schilderung gibt uns davon einen Begriff, wie sich der Prophet die neue Ordnung denkt: Der Neubau des Tempels wird nach Architektenart entworfen, ein neues Kultgesetz, das stark an 3 Mos 17–26 erinnert, wird aufgestellt, und schließlich werden Anordnungen getroffen über eine Neuverteilung des Heiligen Landes, das wieder im Besitz des Auserwählten Volkes erscheint.

Am fünften Tage des vierten Monats im
dreißigsten Jahr begab es sich, daß ich
mich bei der Verbanntengemeinde am
Flusse Kebar aufhielt. Da tat sich der Himmel auf,
und ich sah göttliche Schauungen. 2 Am fünften des
Monats – es war das fünfte Jahr der Verschleppung
des Königs Jojachin – 3 erging das Wort des Herrn
an Ezechiel, den Sohn des Busi, den Priester, im
Lande der Kaldäer am Kebarfluß. Es kam dort über
mich die Hand des Herrn.

Gotteserscheinung bei der Berufung

4 Ich schaute, und siehe: Ein Sturmwind kam vom
Norden her, eine gewaltige Wolke und loderndes
Feuer mit Glanz rings um sie her; aus seinem Innern
strahlte es wie blinkendes Glanzerz, aus der Mitte
des Feuers.

5 Aus ihm heraus erschien etwas, das vier lebendi-
gen Wesen glich. Ihr Aussehen aber war dieses:
sie hatten Menschengestalt. 6 Ein jedes hatte vier
Gesichter und ein jedes vier Flügel. 7 Ihre Füße
waren gradlinig und ihre Fußsohlen wie die Fuß-
sohle eines Kalbes; sie funkelten wie poliertes Erz.
8 Menschenhände hatten sie unter ihren Flügeln
an den vier Seiten; die Gesichter und die Flügel der
vier Wesen 9 – ihre Flügel berührten nämlich ein-
ander – wandten sich beim Gehen nicht um; ein
jedes ging gerade vor sich hin. 10 Ihre Gesichter
aber sahen so aus: Ein menschliches Antlitz und
dazu ein Löwenantlitz in Richtung nach rechts
bei jedem der Vier, ein Stiergesicht nach links bei
jedem der Vier und ein Adlergesicht bei jedem der
Vier: 11 [Ihre Gesichter und] ihre Flügel waren nach
oben ausgespannt. Bei jedem berührten sich je
zwei, und zwei bedeckten ihre Körper. 12 Jedes
Lebewesen ging geradeaus vor sich hin; wohin der
Geist sie zu gehen antrieb, dahin gingen sie. Sie
wandten sich nicht beim Gehen. 13 Zwischen den
Lebewesen war etwas, das aussah wie brennende
Feuerkohlen, wie Fackeln, die zwischen den Lebe-
wesen hin- und herfuhren; das Feuer hatte einen
hellen Glanz, und aus dem Feuer zuckten Blitze
hervor. 14 Und die Lebewesen eilten hin und her,
daß es aussah wie Blitze. 15 Ich schaute auf die
lebenden Wesen und sah, daß auf der Erde neben
jedem der vier Lebewesen sich ein Rad befand.
16 Die Räder hatten das Aussehen und waren ver-
fertigt wie blinkende Tarsissteine; alle vier hatten
dieselbe Gestalt und waren so gearbeitet, als wäre
ein Rad inmitten des anderen. 17 Nach den vier
Richtungen konnten sie laufen; sie bogen nicht ab,
wenn sie liefen. 18 Auch Felgen hatten sie. Ich
schaute, und siehe da, ihre Felgen waren bei allen
Vieren ringsum voller Augen. 19 Wenn die Lebe-
wesen sich bewegten, gingen auch die Räder neben
ihnen; erhoben sich die Lebewesen von der Erde,
so erhoben sich auch die Räder. 20 Wohin der Geist
sie zu gehen antrieb, gingen sie; die Räder erho-
ben sich gleichzeitig mit ihnen, weil der Geist der
Lebewesen in den Rädern war. 21 Wenn die einen
gingen, gingen auch die anderen; blieben jene ste-
hen, so standen auch diese; erhoben sie sich von
der Erde, dann erhoben sich auch die Räder gleich-
zeitig mit ihnen, weil der Geist der Lebewesen in
den Rädern war. 22 Was man über den Häuptern
der Lebewesen sehen konnte, war wie eine feste
Platte, wie das erschreckende Blitzen von Berg-
kristall, nach oben hin ausgebreitet über ihren
Häuptern. 23 Unterhalb des festen Gewölbes waren
ihre Flügel, einer neben dem anderen ausgespannt,
während bei einem jeden je zwei ihre Leiber be-
deckten. 24 Ich hörte das Rauschen ihrer Flügel, das
dem Rauschen vieler Wasser, der Donnerstimme
des Allmächtigen glich; wenn sie sich in Bewegung
setzten, gab es ein lautes Getöse wie das Getöse
eines Heerlagers. Standen sie still, so ließen sie ihre
Flügel sinken. 25 Das Geräusch verbreitete sich auch
oberhalb der festen Platte, die über ihren Häuptern
war; standen sie aber still, dann ließen sie ihre
Flügel sinken.

26 Oberhalb der festen Platte über ihrem Haupte
war etwas, was wie ein Saphirstein aussah, etwas,
was einem Throne gleichsah; auf dem thronähn-
lichen Gebilde war oben darauf eine Gestalt, die
einem Menschen glich. 27 Dann schaute ich etwas
wie blinkendes Glanzerz, das wie Feuer aussah,
von einem Lichtkreis umrandet; es reichte von der
Stelle, die seinen Hüften gleichsah, nach aufwärts.
Von der Stelle an, die seinen Hüften gleichsah, nach
abwärts sah ich etwas, was wie Feuer aussah. So
war er ringsum von Lichtglanz umgeben. 28 Gleich
dem Bogen im Gewölk an Regentagen sah der
Glanz rings um ihn aus. Dies war der Anblick von
dem, was der Herrlichkeit des Herrn glich. Als ich
das schaute, fiel ich auf mein Angesicht nieder und
hörte jemand laut reden.

1,1–28: Daß eine Prophetenberufung auch außerhalb des Heiligen Landes erfolgen kann, zeigt uns die Wende, die sich vollzogen hat. Der Gott Israels ist nicht an den Boden Kanaans gebunden. Die Schau ist in umständlichen Bildern beschrieben, wesentlich anders, als Isaias und Jeremias ihre Berufung schildern. Vieles läßt sich aus dem erklären, was Ezechiel in der religiösen Baukunst des Orients erlebt und gesehen hatte. Für uns wichtig sind die vier Gesichter in Vers 10 (Mensch, Löwe, Stier und Adler), weil hiervon die Symbole der vier Evangelisten abgeleitet wurden. Bei Ezechiel soll folgendes zum Ausdruck kommen: der Mensch, das vorzüglichste Ebenbild Gottes, mit Weisheit begabt; der Löwe, ganz Majestät und Hoheit; der Stier, unbezwingliche Kraft; der Adler, Herrscher über die unermeßliche Weite des Raumes. Nach der Deutung des hl. Hieronymus versinnbildlichen die vier Lebewesen allerdings die Eigenart der vier Evangelisten in den Anfängen der einzelnen Evangelien.

Auftrag gegen das Haus der Widerspenstigkeit

2 Er sprach zu mir: »Menschensohn, stelle dich
auf deine Füße; ich rede mit dir!« 2 Da er mit
mir redete, fuhr ein Geist in mich und stellte
mich aufrecht; ich vernahm, wie er mit mir redete.
3 Er sprach zu mir: »Menschensohn, ich sende dich
zu den abtrünnigen Söhnen Israels, die von mir
abgefallen sind. Sie und ihre Väter verfehlten sich
gegen mich bis zum heutigen Tag. 4 Zu den Söhnen
mit frechem Antlitz und verstocktem Herzen will
ich dich senden; du sollst zu ihnen reden: ›So
spricht der Gebieter und Herr!‹ 5 Mögen sie nun
hören oder nicht – denn ein Haus der Widerspen-
stigkeit sind sie –, sie sollen gleichwohl erkennen,
daß ein Prophet in ihrer Mitte weilt. 6 Du aber,
Menschensohn, fürchte dich nicht vor ihnen, und
erschrick nicht vor ihren Drohworten, wenn auch
Disteln und Dornen um dich herum sind und du bei
Skorpionen wohnen mußt! Vor ihren Reden fürchte
dich nicht, und vor ihrem Angesicht ängstige dich
nicht; denn ein Haus der Widerspenstigkeit sind sie!
7 Du sollst meine Worte zu ihnen reden, mögen sie
hören oder nicht; denn ein Haus der Widerspen-
stigkeit sind sie.

Essen der Schriftrolle

8 Du aber, Menschensohn, höre, was ich zu dir rede.
Sei nicht widerspenstig wie das Haus der Wider-
spenstigkeit! Tu deinen Mund auf, und iß, was ich
dir gebe!« 9 Ich schaute, und siehe, eine Hand war
gegen mich ausgestreckt, und in ihr lag eine Buch-
rolle. 10 Er breitete sie vor meinen Augen aus, und sie
war auf der Vorder- und Rückseite beschrieben; ver-
zeichnet standen darauf Klagen, Seufzen und Wehe.

2,1–7: Der Auftrag an den Propheten. Der Ausdruck »Menschensohn« soll den Abstand von Gott hervorheben. Er kommt bei Ezechiel über neunzigmal vor, ferner Dan 8,17. Im NT ist er eine Selbstbezeichnung Jesu und Messiastitel im Anschluß an Dan 7,13. »Geist« (Vers 2) ist eine von Gott ausgehende Kraft, die den erschrockenen Propheten aufrichtet.

2,8–3,3: Das Essen der Buchrolle versinnbildlicht Übernahme des Prophetenamtes. Viele Prophetien des Ezechiel sind ja nicht Worte, sondern Handlungen. So spricht Ezechiel im Gegensatz zu Isaias und Jeremias hier nichts.

3 1 Er sprach zu mir: »Menschensohn, was du
vor dir hast, iß; verzehre diese Buchrolle da;
dann mache dich auf und rede zum Haus
Israel!« 2 Da öffnete ich meinen Mund, und er ließ
mich jene Buchrolle essen. 3 Dabei sprach er: »Men-
schensohn, nähre deinen Leib und erfülle dein In-
neres mit dieser Buchrolle, die ich dir reiche!« Ich aß
sie, und sie ward in meinem Munde süß wie Honig.

Sendung an Israel

4 Dann gebot er mir: »Menschensohn, auf, geh zum
Hause Israel, und rede mit meinen Worten zu
ihnen! 5 Denn nicht zu einem Volke mit unver-
ständlicher Sprache und schwerer Zunge wirst du
gesandt, sondern zum Hause Israel; 6 auch nicht zu
zahlreichen Völkern mit unverständlicher Sprache
und schwerer Zunge, deren Worte du nicht ver-
stehen kannst. Würde ich dich nämlich zu ihnen
senden, so würden sie auf dich hören. 7 Aber das
Haus Israel will nicht auf dich hören, da sie ja auch
auf mich nicht hören wollen; denn das gesamte
Haus Israel hat eine harte Stirn und ein verstocktes
Herz. 8 Sieh, ich mache dein Antlitz so hart wie ihr
Antlitz und deine Stirn so hart wie ihre Stirn. 9 Wie
Diamant, härter als Kiesel, mache ich deine Stirn.
Fürchte dich nicht vor ihnen und erschrick nicht vor
ihrem Angesicht; denn ein Haus der Widerspenstig-
keit sind sie!«

Entrückung nach Tel-Abib

10 Dann fuhr er fort: »Menschensohn, alle meine
Worte, die ich zu dir rede, erfasse in deinem Sinn
und vernimm sie mit deinen Ohren! 11 Nun mach
dich auf und geh zu der Verbanntengemeinde, zu
deinen Volksgenossen! Rede und sprich zu ihnen:
›So spricht der Gebieter und Herr‹, mögen sie hören
oder nicht!« 12 Da hob mich ein Geisteswehen in die
Höhe, und ich hörte hinter mir das Getöse eines ge-
waltigen Erdbebens, als die Herrlichkeit des Herrn
von ihrer Stätte aufstieg. 13 Es war das Rauschen der
Flügel der Lebewesen, die einander berührten, und
das Rollen der Räder gleichzeitig mit ihnen und das
Getöse eines gewaltigen Erdbebens. 14 So hatte
mich ein Geisteswehen in die Höhe gehoben und
entrückt; ich ging verbittert dahin in erregter Stim-
mung, während die Hand des Herrn hart auf mir
lastete. 15 So gelangte ich nach Tel-Abib zu der Ver-
banntengemeinde, die am Fluß Kebar wohnte, wo
sie sich niedergelassen hatte. Ich saß dort sieben
Tage lang erstarrt mitten unter ihnen.

Als Wächter bei den Verbannten

16 Es geschah nach Verlauf von sieben Tagen, da er-
ging das Wort des Herrn an mich: 17 »Menschen-
sohn, zum Wächter für das Haus Israel bestellte ich
dich; hörst du aus meinem Munde ein Wort, so
verwarne sie in meinem Auftrag! 18 Sage ich zum
Frevler: ›Nun mußt du sterben‹, und du verwarnst
ihn nicht und redest nicht, um den Frevler vor
seinem frevelhaften Wandel zu warnen und ihn am
Leben zu erhalten, so wird dieser Frevler infolge

seiner Schuld sterben; sein Blut aber werde ich von deiner Hand fordern. 19 Verwarnst du aber den Frevler, ohne daß dieser sich von seinem Unrecht und seinem frevelhaften Wandel bekehrt, dann wird dieser Frevler infolge seiner Schuld sterben; du aber hast dein Leben gerettet. 20 Wendet sich ein Gerechter von seiner Gerechtigkeit ab und verübt Unrecht, so lege ich ihm einen Anstoß in den Weg, daß er ums Leben kommt. Hast du ihn nicht verwarnt, dann stirbt er infolge seiner Verfehlung. Seiner Gerechtigkeit, die er geübt, wird nicht mehr gedacht. Sein Blut aber fordere ich von deiner Hand. 21 Hast du aber einen Gerechten verwarnt, er solle nicht sündigen, und er sündigt tatsächlich nicht, so bleibt er am Leben; denn er ließ sich warnen, und du selbst hast dein Leben gerettet.«

Der Prophet stumm

22 Daselbst kam über mich die Hand des Herrn. Er sprach zu mir: »Auf, begib dich hinaus in die Talebene, dort rede ich mit dir!« 23 Da erhob ich mich und schritt zur Talebene hinaus, und siehe, dort stand die Herrlichkeit des Herrn gleich der Herrlichkeit, die ich am Kebarfluß geschaut hatte. Ich fiel auf mein Angesicht nieder. 24 Da durchströmte mich Lebensgeist und stellte mich auf meine Füße. Der Herr redete mich an und sprach zu mir: »Gehe hin, schließe dich im Innern deines Wohnhauses ein! 25 Und du, Menschensohn, sieh, man wird dir Stricke anlegen und dich damit binden, so daß du nicht mehr unter sie ausgehen kannst. 26 Deine Zunge will ich an deinem Gaumen kleben lassen, du wirst verstummen und ihnen kein Mahnredner mehr sein; denn ein Haus der Widerspenstigkeit sind sie. 27 Wenn ich aber mit dir rede, so öffne ich deinen Mund, und du sollst zu ihnen sagen: ›So spricht der Gebieter und Herr!‹ Wer hören will, der höre, und wer es nicht will, der lasse es; denn ein Haus der Widerspenstigkeit sind sie.«

Jerusalem sinnbildlich belagert

4

1 »Und du, Menschensohn, nimm dir einen Ziegelstein, lege ihn vor dich hin, und ritze darauf eine Stadt ein [nämlich Jerusalem]! 2 Dann vollziehe an ihr die Belagerung, baue wider sie ein Bollwerk, schütte wider sie einen Damm auf, errichte Heerlager gegen sie und stelle gegen sie ringsum Sturmböcke auf! 3 Nimm dir alsdann eine eiserne Pfanne und stelle sie als eiserne Mauer zwischen dich und die Stadt! Dann richte dein Antlitz auf sie; so befindet sie sich im Belagerungszustand, und du bist ihr Belagerer! Ein Zeichen sei dies für das Haus Israel!

Verbannungsjahre sinnbildlich errechnet

4 Lege du dich auf deine linke Seite, und ich lege die Schuld des Hauses Israel auf dich; nach der Anzahl der Tage, die du auf ihr liegst, sollst du ihre Schuld tragen. 5 Ich aber bestimme dir die Jahre ihrer Schuld als Anzahl von Tagen. Hundertneunzig Tage sollst du die Schuld des Hauses Israel tragen. 6 Bist du damit fertig, dann lege dich zur Fortsetzung auf die rechte Seite und trage die Schuld des Hauses Juda vierzig Tage lang; je einen Tag für je ein Jahr bestimme ich dir. 7 Dein Antlitz richte auf die Belagerung Jerusalems, dein Arm sei entblößt, und du sollst gegen es weissagen! 8 Gib acht! Stricke lege ich dir an, damit du dich nicht von einer Seite auf die andere wenden kannst, bis die Tage deiner Belagerung zu Ende sind.

Brot und Wasser in der Verbannung

9 Du aber nimm dir Weizen, Gerste, Bohnen, Linsen, Hirse und Emmer; schütte sie zusammen in ein Gefäß und backe dir Brot daraus! Nach der Anzahl der Tage, die du auf deiner Seite liegst, hundertneunzig Tage lang, sollst du davon genießen! 10 Und deine Speise, womit du dich ernährst, betrage an Gewicht täglich zwanzig Sekel, die du zu den Essenszeiten einnimmst! 11 Auch das Wasser sollst du in abgemessener Menge trinken, und zwar ein Sechstel Hin, auf die Essenszeiten verteilt! 12 Nach Art von Gerstenfladen sollst du sie essen, und auf Ballen von Menschenkot sollst du es vor ihren Augen backen!« 13 Und der Herr sprach: »So müssen die Söhne Israels unreines Brot unter den Heidenvölkern essen, unter die ich sie verstoßen werde!« 14 Da sprach ich: »O wehe, Herr und Gebieter! Siehe, noch nie habe ich mich durch unreine Speisen befleckt, von verendeten oder zerrissenen Tieren habe ich nie gegessen von meiner Jugend an bis heute; verbotenes Fleisch kam nie in meinen Mund.« 15 Da sprach er zu mir: »Wohlan, ich gestatte dir Rindermist an Stelle von Menschenkot, daß du darauf dein Brot bereitest.« 16 Ferner sprach er zu mir: »Menschensohn, siehe, ich zerbreche den Stab des Brotes in Jerusalem. Sie sollen das Brot abgewogen und in Kummer essen und das Wasser abgemessen und in Bestürzung trinken. 17 Sie sollen an Brot und Wasser Mangel leiden, alle miteinander bestürzt sein und ob ihrer Schuld dahinschwinden.

4,1–5,17: Die Kaldäer werden Jerusalem mit großer Übermacht angreifen. Das soll sinnbildlich auf einem Lehmziegel dargestellt werden. In Babylon pflegte man ja oft zeichnerisch oder schriftlich auf diesem »Schreibmaterial« etwas darzustellen. Ein paar Striche, und Stadt sowie Belagerungswerkzeuge waren sichtbar, sobald der Lehmziegel trocknete. Eine weitere sinnbildliche Handlung ist das Hungern, bei dem Ezechiel nur etwa 320 Gramm Brot verspeisen darf (4,10). Um die 190 und 40 Tage in 4,5.6 zu verstehen, müßten wir wissen, welchen Ausgangspunkt Ezechiel in seiner Berechnung angenommen hat. Die Lage auf der linken Seite bedeutet das Unheil des Nordreiches, die Lage auf der rechten Seite die Strafe für das Südreich. Blickte man von Jerusalem aus nach Osten, so lag tatsächlich Ephraim links, Juda rechts. Das zusammengemischte Gebäck in 4,9 bedeutet die levitische Unreinheit. Die menschlichen Exkremente in Vers 12 steigern den Ekel noch mehr und muten dem Priester eine neue Verunreinigung zu. Der Rindermist in Vers 15 lindert in etwa den Abscheu. Einen vielleicht noch ärgeren Hohn stellt das Abschneiden der Haare und des Bartes dar. Auch in dieser Hinsicht muß der Prophet ein Sinnbild sein.

Ein Rest vom letzten Drittel

5 1 Du aber, Menschensohn, nimm ein scharfes Schwert; als Schermesser sollst du es gebrauchen und über dein Haupt und deinen Bart gehen lassen! Dann nimm dir eine Waage und verteile die Haare! 2 Ein Drittel verbrenne inmitten der Stadt, wenn die Tage der Belagerung voll sind; das zweite Drittel nimm und zerstückle es mit dem Schwert im Umkreis der Stadt; das letzte Drittel verstreue im Wind, und hinter ihnen her will ich das Schwert zücken. 3 Doch nimm davon einige wenige und binde sie in deinen Gewandzipfel ein! 4 Nimm von ihnen noch einmal etliche und wirf sie ins Feuer, und laß sie darin verbrennen! Davon wird Feuer ausgehen über das ganze Haus Israel.«

5 Also spricht der Gebieter und Herr: »So ergeht es Jerusalem. In die Mitte der Völker setzte ich es, und rings in seinen Umkreis die Länder. 6 Aber es war widerspenstig gegen meine Gebote, schlimmer als die Völker, und gegen meine Satzungen mehr als die Länder in seinem Umkreis; denn meine Gesetze verschmähten sie, und nach meinen Satzungen wandelten sie nicht.« 7 Darum spricht der Gebieter und Herr: »Weil ihr widerspenstiger gewesen seid als die Heidenvölker rings um euch her, nach meinen Satzungen nicht gewandelt seid und meine Gebote nicht gehalten habt, sondern die Gebote der Heidenvölker rings um euch her, 8 deshalb spricht der Gebieter und Herr: Siehe, auch ich will gegen dich vorgehen und in deiner Mitte Gericht vor den Augen der Heidenvölker halten! 9 Ich werde dann um all deiner Greueltaten willen an dir ausführen, was ich noch nie getan und dergleichen ich nie wieder tun werde. 10 Väter sollen darum in deiner Mitte ihre Kinder verzehren und die Kinder ihre Väter! Ich will an dir Gerichtsurteile vollstrecken und deinen gesamten Rest in alle Windrichtungen zerstreuen.

11 Darum, so wahr ich lebe« – Spruch des Gebieters und Herrn –: »Du hast mein Heiligtum mit all deinen Scheusalen und mit deinen Greuelbildern befleckt; deshalb will auch ich dich abscheren; mein Auge soll nicht erbarmungsvoll blicken, und ich will keine Schonung üben. 12 Ein Drittel von dir wird an der Pest sterben oder durch Hunger in deiner Mitte zugrunde gehen, ein Drittel wird rings um dich her durch das Schwert fallen, und ein Drittel will ich in alle Winde zerstreuen, und hinter ihnen her zücke ich das Schwert. 13 Mein Zorn wird seinen Höhepunkt erreichen, und meinen Grimm will ich an ihnen stillen und mich rächen.

Alsdann werden sie zur Erkenntnis kommen, daß ich, der Herr, in meinem Eifer geredet habe, indem ich meinen Grimm an ihnen voll auslasse. 14 Ich mache dich zur Wüste und zum Hohn unter den Völkern ringsum vor den Augen eines jeden, der vorüberzieht. 15 Du wirst ein Gegenstand des Hohnes und Spottes sein, der Warnung und des Entsetzens für die Völker rings um dich her, wenn ich an dir das Gericht in Zorn und Grimm und scharfen Züchtigungen vollstrecke: Ich, der Herr, habe gesprochen. 16 Wenn ich die schlimmen, Verderben bringenden Pfeile des Hungers gegen euch sende, die ich zu eurem Verderben schicke, und wenn ich Hungersnot über euch verhänge, dann zerbreche ich euch den Stab des Brotes. 17 Ich entsende wider dich Hunger und wildes Getier, daß sie dich deiner Kinder berauben; Pest und Blut gehen bei dir um, und das Schwert bringe ich über dich. Ich, der Herr, habe gesprochen.«

Strafe für Götzendienst

6 1 Das Wort des Herrn erging an mich: 2 »Menschensohn, richte dein Antlitz nach den Bergen Israels, und tritt wider sie als Prophet auf! 3 Sprich: Ihr Berge Israels, hört das Wort des Gebieters und Herrn! So spricht der Gebieter und Herr zu den Bergen und Hügeln, zu den Schluchten und Tälern: Siehe, ich bringe über euch ein Schwert und vernichte eure Opferhöhen. 4 Eure Altäre sollen verwüstet, eure Räucherstätten zerbrochen werden; hinstürzen lasse ich eure Erschlagenen vor euren Götzen. 5 Ich lege die Leichen der Israeliten vor ihre Götzen hin und verstreue eure Gebeine rings um eure Altäre. 6 An allen euren Wohnsitzen sollen die Städte veröden und die Opferhöhen zerstört werden, so daß eure Altäre verödet und zerstört, eure Götzen zertrümmert und vernichtet, eure Räucheraltäre zerschlagen und eure Machwerke ausgetilgt sind. 7 Erschlagene fallen in eurer Mitte; dann werdet ihr zur Einsicht kommen, daß ich der Herr bin.

8 Doch wenn ihr bei eurer Zerstreuung in die Länder noch Schwertentronnene unter den Völkern habt, so werde ich (sie) übriglassen. 9 Diese eure Entronnenen werden sich meiner erinnern unter den Völ-

kern, wohin sie weggeführt worden sind; ich zer-
breche ihr buhlerisches Herz, das sich von mir ent-
fernte, und ihre Augen, die sich buhlend auf ihre
Götzen richteten. So werden sie vor sich selbst Ekel
empfinden ihrer bösen Taten wegen, die sie verübt
mit all ihren Greueln. 10 Dann werden sie zur Er-
kenntnis kommen, daß ich, der Herr, nicht umsonst
gedroht habe, ihnen dieses Unglück anzutun.«
11 So spricht der Gebieter und Herr: »Schlage mit
deiner Hand, stampfe mit deinem Fuß und sprich:
Wehe über all die schlimmen Greuel des Hauses
Israel! Fallen werden sie durch das Schwert, den
Hunger und die Pest! 12 Wer in der Ferne weilt, wird
durch die Pest sterben, wer in der Nähe ist, wird
durch das Schwert fallen, und wer übrig ist und be-
wahrt bleibt vor Pest und Schwert, kommt durch
den Hunger um; meinen Grimm entlade ich an
ihnen. 13 Dann werdet ihr zur Einsicht kommen,
daß ich der Herr bin, wenn ihre Erschlagenen
mitten unter ihren Götzen liegen rings um ihre
Altäre, auf jedem hohen Hügel, auf allen Berges-
gipfeln, unter jedem grünen Baum und unter jeder
dichtbelaubten Terebinthe, woselbst sie allen ihren
Götzen lieblichen Opferduft spendeten. 14 Ich
streckte meine Hand wider sie aus und mache das
Land zur grauenhaften Wüste, von der Steppe bis
nach Ribla, an allen ihren Wohnsitzen. Dann wer-
den sie zur Einsicht kommen, daß ich der Herr bin.«

Das Ende ist da

7 1 Es erging das Wort des Herrn an mich: 2 »Du,
Menschensohn, rede: So spricht der Gebieter
und Herr zum Lande Israel: Das Ende kommt,
es kommt das Ende über die vier Ränder der Erde.
3 Jetzt kommt über dich das Ende, ich sende meinen
Zorn wider dich; ich richte dich nach deinem Wan-
del und bringe über dich alle deine Greueltaten.
4 Mein Auge blickt nicht mitleidsvoll auf dich, und
ich kenne kein Erbarmen; ich bringe vielmehr
deinen Lebenswandel über dich, und deine Greuel-
taten sollen mitten in dich dringen! Alsdann werdet
ihr erkennen, daß ich der Herr bin. 5 So spricht der
Gebieter und Herr: Unheil über Unheil, siehe, es
kommt! 6 Das Ende kommt, es kommt das Ende!
Das Ende über dich, siehe, es kommt! 7 Es kommt
der Untergang über dich, o Landesbewohner. Der
Zeitpunkt kommt, der Tag ist nahe; er zögert und
säumt nicht. 8 Bald werde ich nun meinen Groll
über dich ergießen und meinen Zorn an dir voll aus-
lassen. Ich werde dich nach deinem Wandel richten
und alle deine Greueltaten über dich bringen.
9 Mein Auge blickt nicht mitleidsvoll, und ich kenne
kein Erbarmen; ich bringe vielmehr deinen Lebens-
wandel über dich, und deine Greueltaten sollen
mitten in dich dringen! Alsdann werdet ihr erken-
nen, daß ich, der Herr, es bin, der Schläge versetzt.
10 Wohlan, der Tag! Siehe, der Untergang kommt
und bricht herein; die Gewalttat blüht, der Über-
mut sproßt. 11 Die Unterdrückung schießt empor zu
einer Rute der Ruchlosigkeit; sie zögert und säumt
nicht. 12 Der Zeitpunkt kommt, der Tag trifft ein.
Der Käufer freue sich nicht, und der Verkäufer soll
nicht trauern; denn Zornesglut kommt über all
ihren Reichtum. 13 Denn der Verkäufer kehrt nicht
mehr zurück zum Verkauften, auch wenn man
noch am Leben ist; denn Zornesglut kommt über all
ihren Reichtum. Er kehrt nicht zurück, und keiner
wird ob seiner Schuld sein Leben festhalten kön-
nen. 14 Stoßt in das Horn und macht alles bereit!
Niemand jedoch zieht in den Streit; denn meine
Zornesglut kommt über all ihren Reichtum.
15 Draußen rast das Schwert, drinnen die Pest und
der Hunger. Wer sich auf dem Felde befindet, stirbt
durch das Schwert, und wer in der Stadt ist, den
vernichten Hunger und Pest. 16 Entkommen von
ihnen Fliehende, so verweilen sie auf den Bergen
wie Tauben der Täler; sie alle klagen, ein jeder ob
seiner Schuld. 17 Alle Hände erschlaffen, und alle
Knie triefen von Wasser. 18 Sie gürten sich Trauer-
kleider um, und Schrecken bedeckt sie; auf allen
Gesichtern ist Scham, und kahl sind ihre Häupter.
19 Ihr Silber werfen sie auf die Gassen, und ihr Gold
gilt ihnen als Unflat. Ihr Silber und Gold vermag sie
nicht zu retten am Zornestag des Herrn. Ihren Hun-
ger können sie damit nicht stillen und ihren Bauch
nicht füllen. Denn es ward ihnen ein Anstoß zur
Sünde. 20 Seine schmucke Zier verwendeten sie zur
Hoffart und verfertigten daraus ihre greuelhaften
Bildnisse, ihre Scheusale; deshalb verwandle ich es
ihnen in Unflat. 21 Ich gebe es den Fremden als
Beute hin und den Ruchlosen der Erde zum Raube,
damit sie es entweihen. 22 Ich wende mein Antlitz
von ihnen ab, und man wird mein Kleinod entwei-
hen; Räuber werden es betreten und entweihen.
23 Sie veranstalten ein Gemetzel; denn das Land ist
voll Blutschuld und die Stadt voll Gewalttat.
24 Ich bringe die schlimmsten der Heidenvölker
herbei, daß sie ihre Häuser in Besitz nehmen.
Ich werde der stolzen Macht ein Ende bereiten,
und ihre Heiligtümer sollen geschändet werden.
25 Angst naht heran; dann sucht man Heil, es gibt
aber keines. 26 Unglück kommt über Unglück,
Schreckenskunde über Schreckenskunde trifft ein;
dann fordert man Schauung von Propheten; aber

Weisung geht dem Priester verloren und Rat den Ältesten. 27 Es trauert der König, und der Fürst kleidet sich in Entsetzen, den Bürgern des Landes erstarren die Hände. Gemäß ihrem Wandel will ich an ihnen handeln, und nach ihrer eigenen Rechtspflege werde ich sie richten. Alsdann werden sie erkennen, daß ich der Herr bin.«

7,8–9: Der Zorn Gottes ist Züchtigung für die Sünde und bezweckt die Umkehr des Menschen.

Nach Jerusalem entrückt

8 1 Es geschah am fünften Tag des sechsten Monats im sechsten Jahre: Ich weilte in meinem Hause, und die Ältesten Judas saßen mir gegenüber; da überfiel mich die Hand des Herrn und Gebieters. 2 Ich schaute, und es erschien eine Gestalt, die wie ein Mann aussah. Von der Stelle an, die seinen Hüften gleichsah, nach abwärts war Feuer, und von der Stelle an, die seinen Hüften gleichsah, nach aufwärts war es wie ein heller Schein, wie blinkendes Glanzerz. 3 Er streckte etwas wie eine Hand aus und ergriff mich an meinem Haarschopf. Dann hob mich ein Geisthauch zwischen Erde und Himmel empor und führte mich nach Jerusalem in gottgewirkten Schauungen an den Eingang des inneren Tores, das nach Norden liegt, wo sich der Standort des Eifersuchtsbildes befindet, das die Eifersucht (des Herrn) erregt. 4 Und siehe, daselbst war die Herrlichkeit des Gottes Israels, dem Gesichte gleichend, das ich in der Talebene geschaut hatte.

Ein Götzenbild erregt die Eifersucht des Herrn

5 Er sprach zu mir: »Menschensohn, erhebe deine Augen in nördlicher Richtung!« Ich erhob meine Augen nach Norden, und siehe da, nördlich vom Tor des Altares war das Eifersuchtsbild, das am Eingang aufgestellt war. 6 Da sprach er zu mir: »Menschensohn, siehst du, was diese da treiben? Gewaltige Greueltaten sind es, die das Haus Israel hier verübt, so daß ich mich von meinem Heiligtum entfernen muß. Aber du wirst noch größere Greueltaten sehen.«

Tierbilder als Gottheit verehrt

7 Dann brachte er mich an den Eingang des Vorhofes; ich schaute und erblickte ein Loch in der Wand. 8 Er befahl mir: »Menschensohn, durchstoße die Wand!« Ich stieß durch die Wand und erblickte eine Tür. 9 Er sagte zu mir: »Gehe hinein und schaue die schlimmen Greueltaten, die man hier verübt.« 10 Ich trat hinein, schaute und erblickte allerlei Gebilde von Gewürm und Säugetieren. Scheusale und allerlei Götzen des Hauses Israel waren auf der Wand ringsum eingeritzt. 11 Siebzig Männer von den Ältesten des Hauses Israel standen vor ihnen; auch Jaasanja, der Sohn des Schaphan, befand sich mitten unter ihnen. Jeder hatte seine Räucherpfanne in seiner Hand, und der Duft der Weihrauchwolke stieg in die Höhe. 12 Er fragte mich: »Siehst du, Menschensohn, was die Ältesten des Hauses Israel im Dunkeln verüben, ein jeder in seiner Bildkammer? Sie behaupten ja, der Herr sieht uns nicht, der Herr ließ das Land im Stich.« 13 Er sprach zu mir: »Noch größere Greueltaten, die sie verüben, wirst du sehen.«

Beweinen eines sterbenden Gottes

14 Alsdann führte er mich an den Eingang des Tempeltores, das nach Norden liegt, und siehe, da saßen Frauen, die den Tammus beweinten. 15 Er fragte mich: »Siehst du es, Menschensohn? Noch größere Greueltaten als diese wirst du sehen.«

Sonnenanbeter

16 Dann führte er mich in den inneren Vorhof des Hauses des Herrn, und siehe da, am Eingang zum Tempel des Herrn zwischen der Vorhalle und dem Brandopferaltar waren etwa fünfundzwanzig Männer; ihren Rücken wandten sie gegen den Tempel des Herrn und ihre Gesichter nach Osten; diese beteten nach Osten zu die Sonne an.

Mitleidlose Strafe

17 Er fragte mich: »Siehst du es, Menschensohn? Ist es denn dem Hause Juda zu wenig, die Greueltaten zu verüben, die man hier tut, daß sie auch noch das Land mit Gewalttat erfüllen und mich immer wieder erbittern? Und siehe, mir halten sie den (abgöttischen) Rebzweig vor die Nase. 18 So handle auch ich in meinem Groll; mein Auge soll nicht erbarmungsvoll blicken, und ich kenne kein Mitleid. Wenn sie auch mit lauter Stimme in meine Ohren schreien, so höre ich nicht auf sie.«

8,1–18: Die in Vers 1 stehende Zeitangabe entspricht dem August 592. Bei allen Zeitangaben muß das Jahr 597 zugrunde gelegt werden. Ezechiel will hier die religiösen Zustände beschreiben, wie sie als Erbschaft des Königs Manasse vor dem Untergang Jerusalems herrschten. Bei dem Eifersuchtsbild in Vers 3 handelt es sich um das 2 Kön 21,7 erwähnte Standbild, während die Tierbilder auf ägyptischen Götzendienst hinweisen, in dem Krokodile, Schlangen, Eidechsen, Stiere, Katzen und Schakale eine wichtige Rolle spielten (8,7–13). Tammus in 14 ist ein Vegetationsgott, der im Monat Juni/Juli in der Zeit der versengenden Sonnenhitze stirbt und in der Folgezeit beklagt wird. Zu den Sonnenanbetern in 16 vgl. 2 Kön 23,11.

Trotz der Fürbitte Vernichtungsgericht

9 1 Als dann rief er mir in die Ohren mit lauter Stimme: »Es nahen die Drangsale über die Stadt. Ein jeder hat seine Vernichtungswaffe in der Hand.« 2 Da erschienen sechs Männer aus der

Richtung des oberen Tores, das nach Norden
schaut; ein jeder hatte seine Zerstörungswaffe in
seiner Hand. In ihrer Mitte befand sich ein Mann,
der in linnene Gewänder gekleidet war und ein
Schreibzeug an seinen Hüften trug. Sie kamen und
stellten sich neben dem ehernen Altar auf. 3 Die
Herrlichkeit des Gottes Israels hatte sich von den
Kerubim, über denen sie gethront hatte, nach der
Tempelschwelle hin erhoben. Er rief den Mann, der
in Linnen gekleidet war und das Schreibzeug an
seinen Hüften trug. 4 Der Herr sprach zu ihm:
»Ziehe mitten durch die Stadt, durch Jerusalem, und
präge ein Kennzeichen auf die Stirn der Männer, die
über all die Greueltaten, die man in ihrer Mitte ver-
übte, stöhnen und klagen.« 5 Zu den anderen aber
sprach er vor meinen Ohren: »Zieht durch die Stadt
hinter ihm her und schlagt drein! Euer Auge blicke
nicht erbarmungsvoll und kenne kein Mitleid!
6 Greise, Jünglinge, Jungfrauen, Kinder und Frauen
tötet, bis sie ausgerottet sind! Rührt aber niemand
an, der das Kennzeichen trägt; den Anfang macht
bei meinem Heiligtum!« Da begannen sie bei den
Männern, den Ältesten, die vor dem Tempel stan-
den. 7 Dann sprach er zu ihnen: »Beflecket den Tem-
pel und füllet die Vorhöfe mit Erschlagenen an!
Dann zieht hinaus und schlagt drein in der Stadt!«
8 Es begab sich aber, als sie Schläge austeilten, wäh-
rend ich zurückgeblieben war, da warf ich mich auf
mein Antlitz nieder, schrie und rief:
»O weh, Gebieter und Herr, willst du denn den ge-
samten Rest Israels vernichten, weil du deinen Groll
über Jerusalem ausschüttest?« 9 Er antwortete mir:
»Die Schuld des Hauses Israel und Juda ist unge-
heuer groß; das Land ist mit Blutströmen angefüllt,
und die Stadt ist voller Gewalttat. Behaupten sie
doch: ›Der Herr ließ das Land im Stich; der Herr
sieht es nicht!‹ 10 Darum soll mein Auge nicht er-
barmungsvoll blicken, noch will ich Mitleid
empfinden! Ihren Lebenswandel lasse ich auf ihr
Haupt kommen.« 11 Und siehe da, der Mann, der in
Linnen gekleidet war und das Schreibzeug an
seinen Hüften trug, erstattete Bericht und sprach:
»Ich habe deinen Befehl ausgeführt.«

Einäscherung Jerusalems

10 1 Ich blickte hin und schaute: Über der
festen Platte, die sich zu Häupten der
Kerubim befand, war etwas wie ein
Saphirstein, etwas, was einem Throne glich, wurde
über ihnen sichtbar. 2 Er rief dem Mann, der in
Linnen gehüllt war, zu und sprach: »Tritt in den
Raum hinein, der zwischen den Rädern liegt, unter-
halb der Kerubim, fülle deine beiden Hände mit
glühenden Kohlen aus dem Raum zwischen den
Kerubim und streue sie über die Stadt hin!« Er ging
vor meinen Augen hinein. 3 Die Kerubim aber stan-
den rechts vom Tempelhause, als der Mann hinein-
trat. Die Wolke erfüllte den inneren Vorhof. 4 Dann
erhob sich die Herrlichkeit des Herrn von den Ke-
rubim zur Tempelschwelle hin, das Haus ward von
der Wolke angefüllt, und der Vorhof erfüllte sich
mit dem Glanz der Herrlichkeit des Herrn. 5 Das
Rauschen der Kerubimflügel war bis zum äußeren
Vorhof vernehmbar. Es klang wie die Stimme des
allmächtigen Gottes, wenn er redet. 6 Als er aber
dem Mann in linnenen Gewändern gebot und
sprach: »Hole Feuer aus dem Raume zwischen den
Rädern, aus dem Raume zwischen den Kerubim«,
da trat dieser hinein und stellte sich neben dem Rad
auf. 7 Der Kerub streckte seine Hand von dem Raum
zwischen den Kerubim nach dem Feuer hin aus, das
sich zwischen den Kerubim befand, griff zu und
legte davon in die Hände des Mannes, der in Linnen
gehüllt war; er nahm es und ging hinaus.

Göttlicher Thronwagen

8 An den Kerubim war etwas wie eine Menschen-
hand unter ihren Flügeln sichtbar. 9 Ich blickte hin
und schaute vier Räder neben den Kerubim, je ein
Rad neben jedem Kerub; die Räder schauten aus
wie blinkender Tarsisstein. 10 Der Gestalt nach
hatten die Vier die gleiche Form, als ob ein Rad
inmitten des anderen wäre. 11 Wenn sie liefen, so
liefen sie nach ihren vier Richtungen hin; sie bogen
nicht ab, wenn sie liefen, sondern in der Richtung,
nach der sich das vorderste wandte, rollten sie
hinter ihm her; sie bogen nicht ab, wenn sie liefen.
12 Ihr ganzer Leib aber, ihr Rücken, ihre Hände, ihre
Flügel und die Räder waren bei den Vieren ringsum
mit Augen angefüllt. 13 Die Räder erhielten vor
meinen Ohren den Namen »Galgal« (Gewirbel).
14 Vier Antlitze hatte ein jedes Lebewesen: Sein er-
stes Antlitz war das Antlitz eines Stieres, sein zwei-
tes Antlitz das eines Menschen, das dritte das eines
Löwen und das vierte das eines Adlers. 15 Die Keru-
bim aber konnten in die Höhe steigen; es waren die
gleichen Lebewesen, die ich am Kebarflusse ge-
schaut hatte. 16 Liefen die Kerubim, so liefen auch
die Räder neben ihnen; erhoben die Kerubim ihre
Schwingen, um von der Erde in die Höhe zu stei-
gen, dann wandten sich auch die Räder nicht von
ihrer Seite. 17 Blieben sie aber stehen, dann blieben
auch jene stehen; stiegen sie in die Höhe, dann stie-
gen auch jene mit ihnen in die Höhe; denn der Geist
der Lebewesen war in ihnen.

Die Herrlichkeit des Herrn zieht weg

18 Alsdann verließ die Herrlichkeit des Herrn die
Tempelschwelle und stellte sich auf die Kerubim.
19 Die Kerubim schwangen ihre Flügel, erhoben sich
vor meinen Augen von der Erde in die Höhe und
zogen weg; auch die Räder schlossen sich ihnen an.
Sie hielten am Eingang des östlichen Tempeltores an,
und die Herrlichkeit des Gottes Israels thronte über
ihnen. 20 Das waren die Lebewesen, die ich unter-
halb des Gottes Israels am Kebarflusse geschaut
hatte; ich erkannte, daß es Kerubim waren. 21 Vier
Gesichter und vier Flügel hatte ein jeder; etwas, was
Menschenhänden glich, war unter ihren Schwingen.
22 Nach der Gestalt ihrer Antlitze waren es die glei-
chen Gesichter, die ich am Kebarflusse geschaut
hatte; sie gingen ein jeder geradeaus vor sich hin.

Gottes Strafgericht über die Vornehmen

11 1 Hierauf hob mich ein Geisthauch empor
und brachte mich an das östliche Tempel-
tor, das nach Osten schaut. Da waren am
Eingang des Tores fünfundzwanzig Männer; mitten
unter ihnen sah ich auch den Jaasanja, den Sohn
des Assur, und den Pelatja, den Sohn Benajas, die
Führer des Volkes. 2 Der Herr sprach zu mir:
»Menschensohn, das sind die Männer, die Unheil
ersinnen und schlechten Rat pflegen in dieser Stadt.
3 Sie sagen: ›Sind nicht erst unlängst die Häuser ge-
baut worden? Die Stadt ist der Topf, und wir sind
das Fleisch.‹ 4 Darum weissage wider sie, weissage,
Menschensohn!« 5 Da fiel auf mich der Geist des
Herrn. Er sprach zu mir: »Rede: So spricht der Herr:
So redet ihr, Haus Israel; die Gedanken, die in eu-
rem Geiste aufsteigen, kenne ich gar wohl. 6 Ihr
habt in dieser Stadt eure Erschlagenen aufgehäuft
und ihre Gassen mit Ermordeten angefüllt. 7 Darum
spricht der Gebieter und Herr: Eure Erschlagenen,
die ihr mitten in ihr angehäuft habt, die sind das
Fleisch, und die Stadt ist der Topf. Euch aber schaffe
ich aus ihrer Mitte fort. 8 Ihr fürchtet das Schwert,
aber das Schwert bringe ich über euch« – Spruch
des Gebieters und Herrn.
9 »Ich schaffe euch aus ihrer Mitte fort; ich überlie-
fere euch in die Gewalt von Fremden und vollziehe
Gerichtsurteile an euch. 10 Durch das Schwert sollt
ihr fallen; an Israels Grenze will ich euch richten.
Dann werdet ihr einsehen, daß ich der Herr bin.
11 Die Stadt wird nicht euer Kochtopf sein, und ihr
werdet nicht das Fleisch darin sein; an Israels
Grenze werde ich euch richten. 12 Dann werdet ihr
erkennen, daß ich der Herr bin, nach dessen Vor-
schriften ihr nicht gewandelt seid und dessen Ge-
setze ihr nicht befolgt habt; vielmehr habt ihr die
Gesetze der Völker rings um euch her befolgt.«
13 Während ich weissagte, geschah es, daß Pelatja,
der Sohn des Benaja, starb. Ich aber fiel auf mein
Antlitz nieder, schrie mit lauter Stimme und sprach:
»O weh, Gebieter und Herr, willst du dem Rest
Israels ein Ende bereiten?«

Gnade für das verbannte und zerstreute Volk

14 Das Wort des Herrn erging an mich: 15 »Men-
schensohn, über alle deine Brüder, deine Sippenan-
gehörigen und das ganze Haus Israel insgesamt
sprechen die Bewohner Jerusalems: ›Fern sind sie
vom Herrn; uns ist das Land zum Besitz gegeben.‹
16 Darum sage: So spricht der Gebieter und Herr:
Fürwahr, ich brachte sie fort unter die Völker und
zerstreute sie über die Länder; ich bin ihnen nur in
geringem Maß zum Heiligtum geworden in den
Ländern, wohin sie kamen. 17 Darum sage: So
spricht der Gebieter und Herr: Ich sammle euch aus
den Völkern und bringe euch aus den Ländern, über
die ihr zerstreut seid, zusammen; ich mache euch
das Land Israel zum Geschenk. 18 Gelangen sie dort-
hin, dann räumen sie mit all seinen Scheusalen und
all seinen Greueln auf.
19 Ich verleihe ihnen ein neues Herz und lege einen
neuen Geist in ihr Inneres; ich entferne das steinerne
Herz aus ihrem Leib und gebe ihnen ein Herz aus
Fleisch. 20 Sie sollen nach meinen Vorschriften wan-
deln, meine Gesetze beobachten und sie ausführen.
Sie werden dann mein Volk sein, und ich werde ihr
Gott sein. 21 Denen aber, die mit ganzem Herzen
hinter ihren Scheusalen und Greuelbildern herlau-
fen, vergelte ich ihren Wandel auf ihr Haupt« – Aus-
spruch des Gebieters und Herrn. 22 Dann erhoben
die Kerubim ihre Schwingen, und die Räder liefen
gleichzeitig neben ihnen. Die Herrlichkeit des
Gottes Israels befand sich oben über ihnen. 23 Die
Herrlichkeit des Herrn erhob sich mitten aus der
Stadt und machte auf dem Berge östlich von der
Stadt halt. 24 Ein Geisthauch hob mich empor und
brachte mich in der Schauung durch den Geist
Gottes nach Kaldäa zu der Verbanntengemeinde.
Dann entschwand mir die Schauung, die ich gese-
hen hatte. 25 Ich berichtete der Verbanntengemeinde
alles, was der Herr mich hatte schauen lassen.

Das Bündel auf der Schulter

12 1 Das Wort des Herrn erging an mich:
2 »Menschensohn, inmitten des Hauses
der Widerspenstigkeit wohnst du; Augen
haben sie, um zu sehen, und sie sehen doch nicht;
Ohren haben sie, um zu hören, und sie hören doch

nicht; denn ein Haus der Widerspenstigkeit sind sie.
3 Du aber, Menschensohn, packe dir Flüchtlings-
gepäck zusammen [und ziehe fort] zur Tageszeit
vor ihren Augen, und ziehe von deiner Stätte weg
vor ihren Augen zu einer anderen Stätte in die Ver-
bannung! Vielleicht bemerken sie es; denn sie sind
ein Haus der Widerspenstigkeit. 4 Bringe dein Ge-
päck wie Flüchtlingsgepäck bei Tag vor ihren
Augen hinaus! Du selbst aber ziehe abends vor
ihren Augen hinweg wie Leute, welche in die Ver-
bannung ziehen! 5 Vor ihnen stoße dir ein Loch
durch die Wand und bringe durch dasselbe deine
Habseligkeiten hinaus! 6 Vor ihren Augen lade sie
auf die Schulter und bringe sie in der Dunkelheit
fort! Verhülle dein Antlitz, daß du das Land nicht
sehen kannst; denn ich mache dich zu einem Wahr-
zeichen für das Land Israel!« 7 Ich tat so, wie mir be-
fohlen war. Mein Gepäck brachte ich wie Flücht-
lingsgepäck am Tage hinaus. Am Abend stieß ich
mir mit der Hand ein Loch durch die Wand. In der
Dunkelheit brachte ich mein Gepäck fort; auf die
Schulter lud ich es vor ihren Augen.

Ende des Königs Zidkia

8 Das Wort des Herrn erging an mich am folgenden
Morgen: 9 »Menschensohn, hat nicht das Haus
Israel, dieses Haus der Widerspenstigkeit, zu dir ge-
sagt: ›Was treibst du da?‹ 10 Sage zu ihnen: So
spricht der Herr und Gebieter: Dieser Drohspruch
gilt dem Fürsten in Jerusalem und dem ganzen Haus
Israel, das darin wohnt. 11 Sage: Ich bin für euch ein
Wahrzeichen! Wie ich getan habe, so wird es ihnen
ergehen. In die Verbannung, in die Gefangenschaft,
werden sie wandern. 12 Der Fürst mitten unter
ihnen wird auf die Schulter sein Gepäck laden; in
der Dunkelheit wird er es wegbringen; durch die
Wand wird er ein Loch stoßen, um es hinauszu-
bringen. Sein Antlitz wird er verhüllen, um nicht
selber mit eigenen Augen das Land zu sehen. 13 Ich
spanne mein Netz über ihn aus, er wird in meinem
Garn gefangen. Nach Babel bringe ich ihn ins
Kaldäerland; er aber vermag es nicht zu schauen
und wird daselbst sterben. 14 Alle seine Verbünde-
ten ringsum, seine sämtlichen Hilfstruppen, zer-
streue ich in alle Windrichtungen und zücke hinter
ihnen her das Schwert. 15 Sie sollen erfahren, daß
ich der Herr bin, wenn ich sie unter die Völker ver-
sprenge und in die Länder zerstreue. 16 Nur eine ge-
ringe Anzahl von ihnen lasse ich das Schwert, den
Hunger und die Pest überleben; sie sollen all ihre
Greueltaten erzählen unter den Völkern, zu denen
sie gelangen. Dann werden auch jene erkennen, daß
ich der Herr bin.«

Brot und Wasser als Vorzeichen für die bevorstehende Zerstörung

17 Das Wort des Herrn erging an mich: 18 »Men-
schensohn, du sollst mit Zittern dein Brot essen und
mit Beben und Kummer dein Wasser trinken. 19 Zu
den Landesbürgern aber sollst du sagen: So spricht
der Herr und Gebieter von den Bewohnern Jerusa-
lems in der israelitischen Heimat: Ihr Brot sollen sie
mit Kummer essen, und ihr Wasser sollen sie mit
Bestürzung trinken; denn ihr Land wird verwüstet
werden, seines Reichtums beraubt, um der Ruch-
losigkeit aller seiner Bewohner willen. 20 Diese be-
wohnten Städte werden veröden, und das Land
wird zur Wüste werden. Dann werdet ihr erken-
nen, daß ich der Herr bin.«

Erfüllt wird jede Schau

21 Das Wort des Herrn erging an mich: 22 »Men-
schensohn, was habt ihr da für ein Sprichwort über
die israelitische Heimat, das lautet: ›Die Tage
ziehen sich in die Länge, und zunichte wird jegliche
Schau‹? 23 Darum rede zu ihnen: So spricht der Ge-
bieter und Herr: Ich werde dieses Sprichwort zum
Schweigen bringen; man wird es in Israel nicht
mehr verwenden. Sprich vielmehr zu ihnen: Die
Tage rücken näher und der Inhalt jeglicher Schau.
24 Fürwahr, es soll fürderhin keine trügerische Schau
und keine einschmeichelnde Wahrsagung mehr in-
mitten des Hauses Israel geben! 25 Denn ich, der
Herr, rede. Das Wort, das ich rede, geschieht. Es
wird nicht mehr hinausgeschoben. Ja, in euren
Tagen, Haus der Widerspenstigkeit, rede ich ein
Wort und vollführe es« – Spruch des Herrn und Ge-
bieters.
26 Das Wort des Herrn erging an mich: 27 »Men-
schensohn, siehe, das Haus Israel sagt: ›Die Schau,
die er sieht, geht auf viele Tage, und für fern-
liegende Zeiten weissagt er.‹ 28 Darum sprich zu
ihnen: So spricht der Gebieter und Herr: Nicht
mehr länger werden alle meine Worte verschoben.
Das Wort, das ich rede, geschieht« – Spruch des
Gebieters und Herrn.

12,5f: Die sinnbildliche Handlung findet ihre Deutung in Vers 12f: die Flucht des Königs Zidkia (Jer 39,1–7) und seine Gefangennahme (Jer 52,4–11). • 22–28: Ezechiel verteidigt die echten Weissagungen gegenüber Spöttern und Zweiflern.

Männer und Frauen als falsche Propheten entlarvt

13 1 Das Wort des Herrn erging an mich –
2 »Menschensohn, weissage wider die
Propheten Israels, tritt als Prophet auf und
sprich zu denen, die da nach eigenem Gutdünken
weissagen: Hört das Wort des Herrn! 3 So spricht
der Herr und Gebieter: Wehe den Propheten, den

Toren, die ihrer eigenen Einbildung folgen, ohne
etwas geschaut zu haben! 4 Wie Füchse in den
Ruinen sind deine Propheten, o Israel! 5 Ihr seid
nicht in die Bresche getreten, noch habt ihr eine
Mauer um das Haus Israel gezogen, damit es im
Kampf am Tage des Herrn bestehen kann. 6 Sie
schauen Trug und wahrsagen Lüge, wenn sie sagen:
›Ausspruch des Herrn‹, obwohl der Herr sie nicht
gesandt hat. Sie erwarten aber, daß er das Wort in
Erfüllung gehen lasse. 7 Habt ihr nicht Truggesichte
geschaut und Lügenwahrsagung geredet, da ihr sag-
tet: ›Ausspruch des Herrn‹, obwohl ich doch nicht
gesprochen habe? 8 Darum sage: So spricht der
Gebieter und Herr: Weil ihr Trug redet und Lüge
schaut, siehe, darum schreite ich gegen euch ein« –
Ausspruch des Gebieters und Herrn.
9 »Ich strecke meine Hand wider die Propheten aus,
die Trug schauen und Lüge wahrsagen. In der Ge-
meinschaft meines Volkes sollen sie nicht mehr
bleiben und in die Liste des Hauses Israel nicht ein-
geschrieben werden, und zum Lande Israel sollen
sie nicht gelangen. Alsdann werdet ihr erkennen,
daß ich der Gebieter und Herr bin. 10 Sie leiten ja
mein Volk in die Irre, indem sie ›Heil‹ sprechen, wo
doch kein Heil vorliegt. Baut es eine Wand auf,
siehe, dann bestreichen sie diese mit Tünche.
11 Sprich zu den Tünchern: ›Fallen wird sie!‹ Über-
flutender Regen soll kommen, Hagelsteine sollen
niederprasseln, und ein Sturmwind wird losbre-
chen. 12 Und wenn die Mauer eingestürzt ist, wird
es dann nicht euch gegenüber heißen: ›Wo ist die
Tünche, mit der ihr angestrichen habt?‹ 13 Darum
spricht der Gebieter und Herr: Ich lasse einen
Sturmwind in meinem Grimm losbrechen, über-
flutender Regen soll in meinem Zorn kommen, und
Hagelsteine sollen in meinem Groll niederprasseln!
14 Ich reiße die Mauer ein, die ihr getüncht habt,
und lege sie zur Erde nieder, daß ihr Fundament
bloßgelegt wird. Bei ihrem Sturz kommt ihr darun-
ter um. So sollt ihr erkennen, daß ich der Herr bin.
15 Ich lasse meinen Grimm an der Mauer voll aus
und an denen, die sie getüncht haben. Dann wird es
euch gegenüber heißen: ›Verschwunden ist die
Mauer, verschwunden sind ihre Anstreicher!‹ 16 Das
sind die Propheten Israels, die über Jerusalem weis-
sagten und ihm Heilsgesichte erschauten, wo es
doch kein Heil gibt« – Spruch des Herrn.
17 »Und du, Menschensohn, richte dein Antlitz
wider die Töchter deines Volkes, die nach eigenem
Gutdünken weissagen, und tritt wider sie als
Prophet auf! 18 Sage: So spricht der Gebieter und
Herr: Wehe den Frauen, die Zauberbinden nähen
für jegliches Handgelenk, Kopfhüllen jeder Größe
anfertigen, um Menschenleben zu erjagen! Dürft
ihr Menschenleben erjagen unter meinem Volk und
Menschenleben für euch am Leben erhalten? 19 Ihr
entweiht mich bei meinem Volk um einige Hand-
voll Gerste und einige Bissen Brot und tötet dabei
Menschenleben, die nicht sterben sollten, und er-
haltet Menschenleben, die nicht erhalten bleiben
sollten, indem ihr mein Volk belügt, das für Lügen
anfällig ist.« 20 Darum spricht der Gebieter und
Herr: »Siehe, ich will vorgehen gegen eure Binden,
mit denen ihr Menschenleben erjagt [wie Vögel];
ich reiße sie von euren Armen herunter und lasse
die Menschenleben, die ihr erjagen wollt, frei [wie
Vögel]. 21 Ich reiße eure Kopfhüllen entzwei und
rette mein Volk aus eurer Gewalt; es bleibe nicht
länger als Jagdbeute in eurer Hand! So werdet ihr
erkennen, daß ich der Herr bin. 22 Fälschlich habt ihr
das Herz des Schuldlosen gekränkt, während ich
ihn nicht kränken wollte; doch die Hände des
Frevlers habt ihr gestärkt, so daß er sich nicht von
seinem schlimmen Wandel bekehrt, was ihn am
Leben erhalten würde. 23 Darum sollt ihr nicht mehr
Trug schauen und Lüge wahrsagen! Ich aber rette
mein Volk aus eurer Gewalt. Dann werdet ihr er-
kennen, daß ich der Herr bin.«

13,10: Aufbauen einer Wand ist Bild für die Selbstsicherheit des Volkes; die Lügenpropheten fördern sie. • 17–23: Ein Drohspruch anscheinend gegen Zauberinnen, die durch abergläubisch verwendete Schnüre und Schleier auf andere einen Zauber auszuüben versuchen. Solche Dinge sind eine Beleidigung Gottes und eine Gefahr für das einfache Volk.

Gegen das Befragen des Herrn durch die Götzendiener

14 1 Es trafen bei mir Männer von den
Ältesten Israels ein und setzten sich vor
mir nieder. 2 Da erging das Wort des
Herrn an mich: 3 »Menschensohn, diese Männer
haben wieder auf ihre Götzen ihren Sinn gerichtet
und auf den Anstoß zur Sünde ihre Augen geheftet.
Soll ich mich nun wirklich von ihnen befragen las-
sen? 4 Darum rede mit ihnen und sprich zu ihnen:
So spricht der Gebieter und Herr: Ein jeder vom
Hause Israel, der auf seine Götzen seinen Sinn rich-
tet, auf den Anstoß zur Sünde seine Augen heftet
und trotzdem zum Propheten kommt, dem will ich,
der Herr, mich persönlich zur Antwort stellen ob
der Menge seiner Götzen. 5 So will ich das Haus Is-
rael, das sich mir durch seine Götzen insgesamt
entfremdet hat, bei seiner Gesinnung anfassen.
6 Darum rede zum Hause Israel: So spricht der
Gebieter und Herr: Bekehrt euch, wendet euch
ab von euren Götzen, und von all euren Greuel-

bildern wendet euer Antlitz ab! 7 Denn jedem vom
Hause Israel und von den Schutzbürgern, die sich in
Israel aufhalten, der sich mir entfremdet, seinen
Sinn wieder auf seine Götzen richtet, seine Augen
auf den Anstoß zur Sünde heftet und sich dennoch
zum Propheten begibt, um mich in seiner Sache zu
befragen, dem will ich, der Herr, mich persönlich
zur Antwort stellen.
8 Ich richte mein Antlitz auf jenen Mann; ich mache
ihn zum Warnzeichen und Sprichwort und rotte ihn
aus der Mitte meines Volkes aus. Dann werdet ihr
erkennen, daß ich der Herr bin. 9 Läßt sich aber ein
Prophet verleiten, eine Antwort zu erteilen, so habe
ich, der Herr, jenen Propheten verleitet; ich strecke
meine Hand wider ihn aus und vertilge ihn aus der
Mitte meines Volkes Israel. 10 Sie sollen beide ihre
Schuld tragen – die Schuld des Befragers und die
Schuld des Propheten ist gleich groß. 11 So soll das
Haus Israel nicht mehr von mir abirren und sich
nicht mehr verunreinigen durch all seine Vergehen.
Alsdann werden sie mein Volk sein, und ich werde
ihr Gott sein« – Spruch des Gebieters und Herrn.

Schicksal der Gerechten in Gottes Gericht

12 Das Wort des Herrn erging an mich: 13 »Men-
schensohn, wenn sich etwa ein Land wider mich
versündigte und Treubruch beginge, streckte ich
dann meine Hand wider es aus, zerbräche ihm den
Stab des Brotes, verhängte darüber Hungersnot und
vertilgte daraus Menschen und Vieh, 14 es wären
aber diese drei Männer in seiner Mitte: Noe, Daniel
und Job, so würden nur diese ihrer Gerechtigkeit
wegen ihr Leben retten« – Spruch des Gebieters und
Herrn. 15 »Oder ich ließe wilde Tiere sich im Lande
herumtreiben, die es entvölkerten, und es würde so
zur Wüste, daß es niemand mehr der wilden Tiere
wegen durchwanderte, 16 diese drei Männer wären
aber darin, so wahr ich lebe« – Spruch des Gebieters
und Herrn –, »sie könnten weder Söhne noch Töch-
ter retten, nur sie allein würden sich retten, aber das
Land würde in eine Wüste verwandelt. 17 Oder ich
ließe ein Schwert über jenes Land kommen und
spräche: ›Ein Schwert soll im Lande umgehen‹, und
ich tilgte daraus Menschen und Vieh, 18 aber diese
drei Männer wären darin, so wahr ich lebe« –
Spruch des Gebieters und Herrn –, »sie könnten
weder Söhne noch Töchter retten, sondern nur sie
allein würden sich retten. 19 Oder ich schickte Pest
in jenes Land und würde meinen Groll darüber aus-
gießen im Blutbad, um Menschen und Vieh daraus
zu vertilgen, 20 Noe, Daniel und Job aber wären
darin, so wahr ich lebe« – Spruch des Gebieters und
Herrn –, »sie könnten weder Söhne noch Töchter
retten, sie allein würden ihrer Gerechtigkeit wegen
ihr Leben retten.
21 Denn so spricht der Gebieter und Herr: Entsende
ich nun gar meine vier schlimmen Strafgerichte,
Schwert, Hunger, wilde Tiere und Pest wider Jeru-
salem, um Menschen und Vieh daraus zu vertilgen,
22 siehe, so soll doch ein geretteter Rest darin übrig-
bleiben und Söhne und Töchter hinausführen. Seht,
diese sollen zu euch herauskommen; ihr werdet
dann ihren Wandel und ihr Handeln beobachten
und euch über das Unheil hinwegtrösten, das ich
Jerusalem zufügte, über all das, was ich darüber
verhängte. 23 Sie werden euch trösten, wenn ihr
ihren Wandel und ihr Handeln seht. Dann werdet
ihr erkennen, daß ich nicht ohne Grund all das
wirkte, was ich ihm antat« – Spruch des Gebieters
und Herrn.

14,22f: Wenn ein Rest in die Gefangenschaft »entkommt«, so nur als Zeuge für Gottes Gerechtigkeit.

Gleichnis vom wertlosen Rebholz

15 1 Des Herrn Wort erging an mich: 2 »Men-
schensohn, was hat das Holz des Wein-
stocks vor allem Rankenholz voraus, das
sich unter dem Waldgehölz findet? 3 Nimmt man
etwa davon Holz, um es zu einem Werkzeug zu
verarbeiten? Oder nimmt man davon einen Pflock,
um an ihm irgendein Gerät aufzuhängen? 4 Schau,
man gibt es dem Feuer zum Fraß; hat das Feuer
seine beiden Enden verzehrt und ist sein Mittel-
stück angesengt, taugt es dann wohl noch zur Ver-
arbeitung? 5 Siehe, schon im unversehrten Zustand
läßt es sich nicht zu einem Werkzeug verarbeiten;
erst recht nicht kann es zu einem Werkzeug verar-
beitet werden, wenn es das Feuer verzehrt hat und
es bereits angesengt ist.« 6 Darum spricht der Ge-
bieter und Herr: »Gleich dem Holze des Weinstocks
unter dem Waldgehölz, das ich dem Feuer zum
Fraße gebe, mache ich die Bewohner Jerusalems.
7 Ich richte mein Antlitz auf sie; aus dem Feuer sind
sie herausgekommen, aber das Feuer verzehrt sie.
Dann werdet ihr erkennen, daß ich der Herr bin,
wenn ich wider sie mein Antlitz wende. 8 Ich
mache das Land zur Wüste, weil sie Treubruch be-
gingen« – Spruch des Gebieters und Herrn.

15,1–8: Das edelste Gewächs Palästinas ist der Weinstock. Das aus dem Weinberg entfernte Rebholz taugt aber nichts mehr. Israel und Juda – die beiden Enden des Holzes – sind bereits verbrannt. Das Nordreich war schon 722 untergegangen, das Südreich seit 605 und 597 mindestens dem Untergang geweiht. Das Feuer des göttlichen Zornes wird auch die Mitte, d. h. die Stadt Jerusalem, verzehren. Vgl. Is 5,1–7; Jer 2,21; Os 10,1 und die Weinbergsgleichnisse des NT. Mit dem übrigen Waldgehölz sind andere Völker gemeint.

Jerusalem, ein ausgesetztes Kind

16 1 Das Wort des Herrn erging an mich:
2 Menschensohn, halte Jerusalem seine
Greuel vor! 3 Sage: So spricht der Gebieter
und Herr zu Jerusalem: »Deine Herkunft und deine
Abstammung leiten sich vom Lande Kanaan ab;
dein Vater war ein Amoriter und deine Mutter eine
Hethiterin. 4 Was deine Geburt angeht, so wurde,
als du zur Welt kamst, deine Nabelschnur nicht ab-
geschnitten, noch wusch man dich mit Wasser ab
zur Reinigung, noch rieb man dich mit Salz ein,
noch wickelte man dich in Windeln. 5 Kein Auge
blickte erbarmungsvoll auf dich, um an dir etwas
von all diesem zu tun und mit dir Mitleid zu zeigen;
du wurdest vielmehr am Tag deiner Geburt auf
freiem Felde ausgesetzt, weil man dich verab-
scheute. 6 Da zog ich an dir vorüber, sah dich in
deinem Blute zappeln und sprach zu dir, als du in
deinem Blute dalagst: ›Du sollst am Leben bleiben!
7 Wachse heran, wie eine Blume des Feldes mache
ich dich!‹ Und du wuchsest auf, wurdest groß und
kamst in die Zeit der Reife; deine Brüste wurden
fest, und dein Haar sproß; du warst aber noch nackt
und bloß. 8 Da kam ich wieder an dir vorüber und
sah dich, und siehe, die Zeit der Minne war für dich
gekommen. Ich breitete meinen Gewandzipfel
über dich und verhüllte deine Blöße. Ich leistete dir
einen Eid und ging einen Bund mit dir ein« – Spruch
des Gebieters und Herrn.
»Also wurdest du mein Eigentum. 9 Dann wusch ich
dich mit Wasser, spülte dein Blut von dir ab und
salbte dich mit Öl. 10 Ich bekleidete dich mit bunt-
gewirktem Stoff, beschuhte dich mit Tachasch-
leder, gürtete dich mit Byssus und hüllte dich in
feinstes Gewebe. 11 Dann schmückte ich dich mit
Geschmeide; Spangen legte ich dir an die Arme und
eine Kette um deinen Hals. 12 Auch tat ich einen
Ring an deine Nase, Gehänge an deine Ohren und
setzte eine prachtvolle Krone auf dein Haupt. 13 So
warst du mit Gold und Silber geschmückt; dein
Gewand bestand aus Byssus, feinstem Gewebe und
buntgewirktem Stoff. Du ernährtest dich von Mehl,
Honig und Öl. So wurdest du überaus schön und
zur Königswürde tauglich. 14 Dein Ruhm drang zu
den Völkern um deiner Schönheit willen; denn
diese war vollkommen durch meinen Schmuck,
den ich dir angelegt hatte« – Spruch des Gebieters
und Herrn.

Jerusalems Undank für erwiesene Wohltaten

15 »Aber du pochtest auf deine Schönheit und buhl-
test auf deinen Ruhm hin und überschüttetest mit
deiner Buhlkunst einen jeden, der vorüberging: du
wurdest ihm zu eigen. 16 Du nahmst von deinen
Gewändern, machtest dir bunte Höhenheiligtümer
und buhltest auf ihnen. 17 Du nahmst deine aus
meinem Gold und Silber hergestellten Schmucksa-
chen, die ich dir geschenkt hatte, machtest dir
männliche Götzenbilder daraus und buhltest mit
ihnen. 18 Du nahmst deine buntgewirkten Kleider
und bedecktest sie damit; du legtest mein Öl und
meinen Weihrauch vor ihnen auf. 19 Meine Nah-
rung, die ich dir gegeben – Mehl, Öl und Honig
hatte ich dir zu essen gegeben –, stelltest du ihnen
zum lieblichen Wohlgeruch hin; also geschah es« –
Spruch des Herrn und Gebieters. 20 »Du nahmst
deine Söhne und deine Töchter, die du mir geboren,
und opfertest sie ihnen zur Speise. War es noch
nicht genug mit deiner Buhlerei? 21 Du hast meine
Söhne geschlachtet und hingegeben, indem du sie
für jene verbranntest. 22 Jedoch bei all deinen
Greueln und deiner Buhlerei bedachtest du nicht
die Tage deiner Jugend, als du nackt und bloß warst
und in deinem Blut zappeltest.
23 Es geschah nach all deinen bösen Taten – wehe,
wehe dir« –, Spruch des Herrn und Gebieters –,
24 »daß du dir einen Liegesockel bautest und eine
Anhöhe machtest auf jedem freien Platz. 25 An jeder
Straßenecke bautest du dir eine Anhöhe, schände-
test deine Schönheit, gabst dich jedem Vorüber-
gehenden preis und triebst viel Buhlerei. 26 Du
buhltest mit den Ägyptern, deinen Nachbarn mit
großem Glied, triebst viel Buhlerei, um mich zu
beleidigen. 27 Doch siehe, ich streckte meine Hand
wider dich aus und schmälerte deinen Anteil. Ich
gab dich der Wut deiner Feindinnen preis, der
Philistertöchter, die sich deines zuchtlosen Lebens-
wandels schämten. 28 Du gingst als Buhlerin zu den
Assyrern, weil du nicht satt geworden warst; du
buhltest mit ihnen, wurdest aber wieder nicht satt.
29 Du dehntest deine viele Buhlerei auf das Krämer-
land Kaldäa aus; doch auch davon wurdest du nicht
satt. 30 Wie fieberheiß war dein Herz« – Spruch des
Herrn und Gebieters –, »da du all dieses tatest,
Werke einer unverschämten Dirne. 31 Du bautest
dir ja einen Liegesockel an jeder Straßenecke und
machtest dir eine Anhöhe auf jedem freien Platz!
Und doch warst du nicht wie eine gewöhnliche
Dirne, insofern du den Lohn verschmähtest. 32 Die
Frau, die ihrem Manne gegenüber die Ehe bricht,
nimmt Geschenke an. 33 Allen Dirnen gibt man
Lohn; du aber gabst deine Mitgiftgeschenke allen
deinen Liebhabern und bestachest sie, von über-
allher zu dir zu kommen, um mit dir zu buhlen.
34 So war es bei dir im Unterschied zu anderen

Weibern umgekehrt: Du triebst Buhlerei, während
dir nicht nachgebuhlt wurde; du gabst Buhllohn,
während dir kein Buhllohn gegeben wurde. So
machtest du es umgekehrt.«

Strafgericht über die Dirne

35 Darum, du Dirne, höre das Wort des Herrn! 36 So
spricht der Herr und Gebieter: »Weil du deine
Scham enthüllt und deine Blöße aufgedeckt hast bei
deinen Buhlereien mit deinen Liebhabern, nämlich
mit all deinen abscheulichen Götzen, und wegen
der Blutschuld an deinen Söhnen, die du ihnen hin-
gabst, 37 siehe, darum will ich all deine Liebhaber
versammeln, denen du genehm warst, und alle,
welche du liebtest, nebst allen, die du nicht woll-
test. Ich schare sie wider dich von allen Seiten zu-
sammen und enthülle vor ihnen deine Scham, daß
sie deine ganze Schande sehen. 38 Ich werde dich
richten nach den Gesetzen für Ehebrecherinnen
und Mörderinnen und bringe über dich Grimm und
Eifersucht. 39 Ich überliefere dich ihrer Gewalt; sie
sollen deinen Liegesockel niederreißen, deine An-
höhen zerstören, deine Kleider dir ausziehen, deine
Schmucksachen wegnehmen und dich nackt und
bloß liegen lassen.
40 Sie werden gegen dich eine Volksmenge aufbie-
ten, dich steinigen und mit ihren Schwertern in
Stücke hauen. 41 Dann werden sie deine Häuser an-
stecken und vor den Augen vieler Frauen das Ge-
richt an dir vollziehen. So mache ich ein Ende mit
dir als Buhlerin, und auch keinen Buhllohn wirst du
mehr geben. 42 Ich stille meinen Grimm an dir, und
meine Eifersucht kann von dir weichen; dann habe
ich Ruhe und brauche mich nicht mehr zu ärgern.
43 Weil du der Tage deiner Jugend nicht gedachtest
und mich durch alle diese Dinge erzürntest, darum
bringe auch ich deinen Wandel über dein Haupt« –
Spruch des Gebieters und Herrn. »Übtest du nicht
Unzucht zu all deinen Greueln?

Samaria und Sodom, zwei Schwestern Jerusalems

44 Siehe, jeder, der über dich ein Sprichwort ge-
braucht, wird den Spottvers sagen: ›Wie die Mutter,
so die Tochter!‹ 45 Du bist die Tochter deiner
Mutter, die ihren Mann und ihre Söhne von sich
stieß; die Schwester deiner Schwestern bist du,
die ihre Männer und ihre Söhne verstießen. Eure
Mutter war eine Hethiterin und euer Vater ein
Amoriter. 46 Deine größere Schwester ist Samaria
mit ihren Töchtern, die nördlich von dir wohnt;
deine kleinere Schwester, die südlich von dir
wohnt, ist Sodom mit ihren Töchtern. 47 Bist du
nicht auf ihren Wegen gewandelt und hast die
gleichen Greuel wie sie verübt? Ja, gar bald hast du
schlimmer gehandelt als sie in deinem ganzen
Lebenswandel. 48 So wahr ich lebe« – Spruch des
Gebieters und Herrn –, »deine Schwester Sodom,
sie und ihre Töchter, handelten nicht so, wie du
samt deinen Töchtern gehandelt hast. 49 Siehe, dies
war die Schuld deiner Schwester Sodom: Übermut,
Fülle an Brot und ruhige Sorglosigkeit hatte sie samt
ihren Töchtern; doch reichte sie den Elenden und
Armen nicht die Hand. 50 Vielmehr wurden sie
hochmütig und verübten Greueltaten vor mir; da
verstieß ich sie, wie du sehen konntest. 51 Auch
Samaria hat kaum die Hälfte deiner Sünden began-
gen. Du hast mehr Greuel verübt als jene und hast
deine Schwestern gerecht erscheinen lassen ange-
sichts all deiner Greuel, die du getan. 52 So trage
auch du deine Schmach, die du zugunsten deiner
Schwestern Zeugnis gabst; durch deine Sünden,
durch die du abscheulicher gehandelt hast als sie,
stehen sie im Vergleich mit dir gerechtfertigt da. So
schäme auch du dich und trage deine Schmach,
weil du deine Schwestern gerechtfertigt hast!

Heilspredigt an Jerusalem

53 Ich aber wende ihr Schicksal, das Schicksal
Sodoms samt ihren Töchtern und das Geschick
Samarias samt ihren Töchtern. Ich bringe auch eine
Wende für dein Geschick zusammen mit ihnen,
54 damit du deine Schmach trägst und beschämt
wirst über all deine Untaten, wenn du sie tröstest.
55 Deine Schwester Sodom und ihre Töchter kehren
in ihren ehemaligen Zustand zurück, Samaria und
ihre Töchter kehren in ihren ehemaligen Zustand
zurück; auch du und deine Töchter, ihr werdet in
euren ehemaligen Zustand zurückkehren. 56 Hatte
deine Schwester Sodom nicht üblen Ruf in deinem
Mund zur Zeit deiner Hoffart, 57 bevor deine eigene
Schlechtigkeit enthüllt wurde? Genauso ertönt nun
ringsum das Schmähen der Töchter Edoms und all
ihrer Nachbarn, der Töchter der Philister, die dich
verachten. 58 Deine Unzucht und deine Greuel
mußt du nun selber tragen« – Spruch des Herrn.
59 Denn so spricht der Gebieter und Herr: »Ich habe
an dir gehandelt gemäß deinem Handeln, die du
den Eid verachtet und den Bund gebrochen hast.
60 Ich aber gedenke meines Bundes mit dir aus den
Tagen deiner Jugend und richte für dich einen
ewigen Bund auf. 61 Du sollst dich deines Wandels
erinnern und dich schämen, wenn ich deine älteren
und jüngeren Schwestern nehme und sie dir zu
Töchtern gebe, wenn auch nicht deiner Bundes-
treue wegen. 62 Denn ich selbst errichte meinen
Bund mit dir; dann wirst du erkennen, daß ich der
Herr bin. 63 So sollst du beschämt daran denken und

deinen Mund angesichts deiner Beschämung nicht
mehr aufreißen, wenn ich dir alles verzeihe, was du
verübt hast« – Spruch des Gebieters und Herrn.

16,1–63: Der Gottesbund mit Israel gleicht einer Ehe, bei der sich der Mann die Braut wählt. Daraus ergibt es sich von selbst, daß Bündnisbruch gleich Ehebruch ist (Os 1–3; Is 1,21). Niemand unter den Propheten schildert dies so deutlich und derb wie Ezechiel. Er läßt an Jerusalem nichts bestehen, schmachvoll ist der Vorwurf seiner Herkunft von Kanaan. Vers 1–14 stellen die Volksgeschichte bis in die Zeiten Davids und Salomos dar. Die bevorzugte und begnadete Braut wurde um ihrer auserlesenen Schönheit willen von allen Völkern bewundert. Vers 15–34 schildern, wie diese Braut undankbar wird, sich durch Götzendienst versündigt, ja, in den zügellosen Ausschweifungen kein Maß kennt. Vers 35–43 wollen sagen, daß die Heidenvölker, deren Göttern Israel nachlief, dieses züchtigen werden. Eine Ehebrecherin hat als Strafe die Steinigung zu erwarten (3 Mos 20,10; 5 Mos 22,22–24; Joh 8,5). Die Zerstückelung der Leiche ist noch eine zusätzliche Schande und Strafe, weil so die Grabesruhe unmöglich ist. Die vielen Frauen in Vers 41 sind die benachbarten Völker. Ein Volk als Frau darzustellen ist auch sonst gebräuchlich. Das zeigt der folgende Abschnitt 44–63, wo Samaria und Sodom als größere und kleinere Schwester geradezu gerechtfertigt erscheinen.

Gleichnis vom Zedernsproß und Weinstock

17 1 Das Wort des Herrn erging an mich:
2 »Menschensohn, gib ein Rätsel auf und
sprich ein Gleichnis zum Hause Israel!
3 Rede: So spricht der Gebieter und Herr: Der große
Adler mit gewaltigen Flügeln, mit langen Schwingen,
mit vollem Gefieder, buntschillernd in Farben,
kam hinauf zum Libanon und nahm den Wipfel der
Zeder ein. 4 Ihren obersten Sproß riß er ab, und er
brachte ihn ins Land der Krämer, in die Stadt der
Händler verpflanzte er ihn. 5 Dann nahm er von des
Landes Samen und brachte ihn auf ein Saatfeld, an
reichlichem Wasser setzte er ihn ein als Ufergewächs.
6 Sprießen sollte er und zum wuchernden
Weinstock niedrigen Wuchses werden, dessen Ranken
sich ihm zukehren und dessen Wurzeln ihm
untertan bleiben sollten. So ward er zum Weinstock,
trieb Äste und streckte Zweige aus. 7 Aber da
war noch ein anderer Riesenadler mit großen
Flügeln und viel Gefieder. Und sieh, dieser Weinstock
drehte seine Wurzeln ihm entgegen und
streckte seine Ranken zu ihm aus. Dieser sollte ihn
besser tränken als das Beet, in das er gepflanzt war.
8 Auf fruchtbares Feld, an reichliches Wasser ward
er verpflanzt: Zweige sollte er treiben und Früchte
tragen, ein prachtvoller Weinstock sollte er werden.
9 Sage: So spricht der Gebieter und Herr: Wird er gedeihen?
Wird der Adler nicht seine Wurzeln ausreißen
und seine Frucht plündern, so daß all seine
frischen Zweige vertrocknen? Er wird verdorren;
keinen starken Arm braucht man dazu, kein zahlreiches
Volk, um ihn wegzuheben von seinen
Wurzeln. 10 Da er nun verpflanzt ist, wird er etwa
gedeihen? Wird er nicht, sobald ihn der Ostwind
trifft, gänzlich verdorren? Auf dem Beet, auf dem er
heranwuchs, wird er verdorren!«

Deutung

11 Das Wort des Herrn erging an mich: 12 »Sprich
zum Hause der Widerspenstigkeit: Erkennt ihr
nicht, was diese Dinge zu bedeuten haben? Sprich:
Seht, der König von Babel kam nach Jerusalem,
raubte seinen König und seine Vornehmen und
führte sie zu sich nach Babel; 13 dann nahm er einen
aus königlichem Geblüte, schloß mit ihm ein Bündnis
und verpflichtete ihn unter Eid. Die Edlen des
Landes schleppte er weg. 14 Die Königsmacht sollte
dadurch geschwächt bleiben, ohne sich wieder zu
erheben, und so das von ihm auferlegte Bündnis
halten, um überhaupt bestehen zu können. 15 Aber
er empörte sich wider ihn, indem er seine Boten
nach Ägypten sandte, damit man ihm Rosse und
viele Kriegsleute gäbe. Wird es ihm glücken? Wird
heil davonkommen, wer solches verübt? Kann der
Bundesbrüchige heil davonkommen?
16 So wahr ich lebe« – Ausspruch des Gebieters und
Herrn –, »am Wohnsitz des Königs, der ihn als
König eingesetzt hat, dessen Eid er mißachtet und
dessen Bündnis mit ihm er gebrochen hat, inmitten
von Babel wird er sterben! 17 Nicht mit großer
Streitmacht und zahlreichem Heerbann wird der
Pharao im Kriegsfall ihn unterstützen, wenn man
einen Damm aufschüttet und ein Bollwerk baut,
um viele Menschenleben zu vernichten. 18 Er hat
den Eid mißachtet, den Bund gebrochen, und trotz
seines Handschlages tat er all dies. Er wird nicht heil
davonkommen.
19 Darum spricht der Gebieter und Herr: So wahr
ich lebe, meinen Eid, den er mißachtet, meinen
Bund, den er gebrochen, bringe ich auf sein Haupt!
20 Ich breite über ihn mein Netz aus, er wird gefangen
in meinem Garn; nach Babel bringe ich ihn
und gehe dort mit ihm ins Gericht wegen des Treubruchs,
den er an mir verübt. 21 Die Auslese all
seiner Truppen soll fallen durchs Schwert; die
übrigen aber werden in alle Winde zerstreut. Dann
werdet ihr erkennen, daß ich, der Herr, gesprochen
habe.«

Messianischer Spruch

22 So spricht der Gebieter und Herr: »Ich selbst
nehme vom hohen Wipfel der Zeder und setze es
ein; aus seinem obersten Sproß breche ich ein
zartes Reis und pflanze es auf einen hohen und
ragenden Berg. 23 Auf Israels Bergeshöhe pflanze ich
es; Zweige wird es treiben, Früchte tragen und zur
prächtigen Zeder werden. Darunter sollen allerlei

Vögel nisten; alles Gefiederte wird im Schatten
seiner Zweige Wohnung finden. 24 Dann werden
alle Bäume des Feldes erkennen, daß ich der Herr
bin; ich erniedrige den hohen Baum, ich erhöhe
den niedrigen Baum; ich lasse den grünen Baum
vertrocknen; ich lasse den vertrockneten Baum
sprießen. Ich, der Herr, habe gesprochen und
handle.«

17,1–24: Das Gleichnis (Vers 1–10) wird Vers 11–21 gedeutet. Mit dem Adler ist Nebukadnezar gemeint, mit der Zeder das Königshaus in Jerusalem; ihr Wipfel ist Jojachin, der 597 nach Babel verschleppt wurde (Vers 4). Als Nachfolger von Babels Gnaden wurde Zidkia eingesetzt (der »Weinstock« Vers 5f). Dieser aber wurde vertragsbrüchig und verband sich mit Ägypten (Vers 7f), weshalb ihn Nebukadnezar (der »Ostwind«) gefangennahm (Vers 9f). Vgl. 2 Kön 24,10–25,7. – In Vers 22–24 verheißt Gott selbst dem davidischen Geschlecht einen zukünftigen Herrscher von weltweitem Ansehen, eine messianische Weissagung, die in Jesus ihre letzte Erfüllung fand (Matth 1,11f).

Nur persönliche Sünde wird bestraft

18 1 Das Wort des Herrn erging an mich:
2 »Wie kommt ihr dazu, daß ihr dieses
Sprichwort im Lande Israel gebraucht:
›Die Väter aßen unreife Trauben, und den Söhnen
wurden die Zähne stumpf‹? 3 So wahr ich lebe« –
Spruch des Gebieters und Herrn –, »fürderhin soll
man dieses Sprichwort bei euch in Israel nicht mehr
verwenden! 4 Fürwahr, alle Personen gehören mir;
die Person des Vaters wie die Person des Sohnes
gehört mir! Nur die Person, die sündigt, die soll
sterben.

Der Gerechte lebt

5 Ist nun jemand schuldlos, und übt er Recht und
Gerechtigkeit, 6 ißt er nicht auf den Bergen (Opferfleisch),
erhebt er sein Antlitz nicht zu den Götzenbildern
des Hauses Israel, schändet er nicht die Frau
seines Nächsten, naht er nicht einer Frau, wenn sie
unrein ist, 7 unterdrückt er niemand, gibt er dem
Schuldner sein Pfand zurück, begeht er keinerlei
Raub, spendet er dem Hungrigen sein Brot, bekleidet
er den Nackten, 8 leiht er nicht auf Zins, nimmt
er keinen Zuschlag an, hält er von Frevel seine Hand
zurück, spricht er wahrheitsgetreu Recht zwischen
den Parteien, 9 wandelt er nach meinen Satzungen
und beobachtet er meine Gebote, um sie auszuführen
– dieser ist gerecht. Er bleibt am Leben« –
Spruch des Gebieters und Herrn.

Ein sündhafter Sohn stirbt

10 »Zeugte dieser nun einen verbrecherischen Sohn,
der Blut vergießt und eines von diesen Dingen tut –
11 dies alles aber hatte sein Vater nicht getan –, er ißt
zum Beispiel auf den Bergen (Opferfleisch), schändet
die Frau seines Nächsten, 12 unterdrückt den
Armen und Elenden, begeht Räubereien, gibt das
Pfand nicht zurück, erhebt sein Antlitz zu den
Götzenbildern, vollbringt Abscheuliches, 13 leiht
auf Zins und nimmt Zuschlag an – der bleibt keinesfalls
am Leben. All diese Greuel hat er verübt; sterben,
ja sterben muß er; seine Blutschuld lastet auf
ihm.

Ein guter Sohn bleibt am Leben

14 Wenn aber jemand einen Sohn zeugte, und dieser
sieht alle Sünden, die sein Vater getan, und weil er
sie sieht, handelt er nicht ebenso, 15 er ißt nicht auf
den Bergen (Opferfleisch), erhebt nicht seine Augen
zu den Götzenbildern des Hauses Israel, schändet
nicht die Frau seines Nächsten, 16 bedrückt niemanden,
nimmt kein Pfand ab, begeht keine Räubereien,
gibt sein Brot dem Hungrigen, bekleidet den
Nackten, 17 hält seine Hand von Frevel zurück,
nimmt weder Zins noch Zuschlag, erfüllt meine
Gebote und wandelt nach meinen Satzungen – ein
solcher soll nicht um der Schuld seines Vaters willen
sterben! Er bleibt gewiß am Leben.
18 Sein Vater aber, weil er Gewalttat verübte, Raub
beging und Unrecht tat inmitten seiner Umgebung,
wohlgemerkt, dieser muß um seiner Schuld willen
sterben. 19 Da fragt ihr: ›Warum trägt denn der Sohn
nicht mit an der Schuld seines Vaters?‹ Der Sohn
hat jedoch Recht und Gerechtigkeit geübt, alle
meine Satzungen beobachtet und gehalten; darum
soll er gewiß am Leben bleiben. 20 Nur die Person,
die sündigt, soll sterben; der Sohn soll nicht an der
Schuld seines Vaters tragen, und der Vater soll nicht
an der Schuld seines Sohnes tragen. Die Gerechtigkeit
des Gerechten ruht auf diesem, und die
Schlechtigkeit des Schlechten lastet auf jenem.

Die Gegenwart entscheidet

21 Wendet sich aber der Frevler von all seinen
Sünden ab, die er begangen hat, beobachtet er
alle meine Satzungen und übt Recht und Gerechtigkeit,
dann bleibt er gewiß am Leben und wird
nicht sterben. 22 All seiner Untaten, die er begangen,
wird ihm nicht mehr gedacht; um seiner Gerechtigkeit
willen, die er geübt, bleibt er am Leben. 23 Habe
ich denn Wohlgefallen am Tode des Frevlers« –
Spruch des Gebieters und Herrn –, »und nicht vielmehr
daran, daß er sich von seinem Wandel bekehre
und am Leben bleibe? 24 Wendet sich aber ein
Gerechter von seiner Gerechtigkeit ab und verübt
Unrecht ganz entsprechend den Greueltaten, die
der Frevler verübt hat, so wird all seiner guten
Werke, die er geübt, nicht mehr gedacht werden;
wegen seines Treubruches, den er begangen, und
seiner Sünde, die er getan, derentwegen muß er
sterben.

25 Ihr wendet nun ein: ›Nicht in Ordnung ist das
Vorgehen des Herrn.‹ Höre doch, Haus Israel! Mein
Vorgehen soll nicht in Ordnung sein? Ist nicht viel-
mehr euer Vorgehen nicht in Ordnung? 26 Wendet
sich der Gerechte von seiner Gerechtigkeit ab, ver-
übt er Unrecht und stirbt deshalb, so ist es sein
begangenes Unrecht, um dessentwillen er sterben
muß. 27 Wendet sich ein Frevler von seinem Frevel
ab, den er getan, und übt er Recht und Gerechtig-
keit, so wird er sich selbst am Leben erhalten.
28 Sieht er es ein und wendet sich ab von allen Un-
taten, die er begangen, so bleibt er gewiß am Leben;
er braucht nicht zu sterben. 29 Und da wendet das
Haus Israel ein: ›Das Vorgehen des Herrn ist nicht
in Ordnung.‹ Mein Vorgehen soll nicht in Ordnung
sein, Haus Israel? Ist nicht vielmehr euer Vorgehen
nicht in Ordnung?

Bekehrt euch!

30 Darum werde ich einen jeden aus euch nach
seinem Wandel richten, Haus Israel« – Spruch des
Gebieters und Herrn. »Bekehrt euch und wendet
euch von allen euren Untaten ab, damit sie euch
nicht Anlaß zur Sünde werden! 31 Werft von euch
all eure Untaten, die ihr gegen mich begangen habt;
schafft euch ein neues Herz und einen neuen Geist!
Warum wollt ihr denn sterben, Haus Israel? 32 Denn
ich habe kein Wohlgefallen am Tode dessen, der
dem Tod verfallen ist« – Spruch des Gebieters und
Herrn. »Kehrt also um, damit ihr lebt!«

18,1–32: Das Neue bei Ezechiel ist, daß er jede Einzelperson zu Gott in ein besonderes Verhältnis stellt, wobei die Zugehörigkeit zu einem Volke oder der Stammbaum nicht zählen. Das als Belohnung versprochene Leben besteht in äußeren Glücksgütern, vor allem in einem denkbar langen Leben.

Die königliche Familie mit Löwen verglichen

19

1 »Du aber, hebe ein Klagelied an über die
Fürsten von Israel! 2 Sprich: Wie war doch
deine Mutter eine Löwin zwischen
Löwen! Sie lagerte inmitten von Junglöwen, zog
ihre Jungen groß. 3 Eines ihrer Jungen bevorzugte
sie; es wurde ein richtiger junger Löwe. Er lernte
Beute zu schlagen, fraß Menschen auf. 4 Völker bot
man gegen ihn auf, in ihrer Grube ward er gefan-
gen. Mit Haken führte man ihn ins Ägypterland.
5 Nun sah sie, daß sie sich leeren Erwartungen hin-
gab, daß ihre Hoffnung dahinschwand. Da nahm
sie ein anderes von ihren Jungen und richtete es ab
zum jungen Löwen. 6 Er streifte inmitten von
Löwen umher und wurde ein richtiger junger Löwe.
Er lernte Beute zu schlagen, fraß Menschen auf.
7 Ihre Paläste zerstörte und ihre Städte verwüstete
er; das Land und alle seine Bewohner entsetzten
sich vor seinem lauten Gebrüll. 8 Da setzte man
Völker gegen ihn ein aus den Landstrichen rings-
umher. Sie spannten ihr Netz wider ihn aus, in ihrer
Grube ward er gefangen. 9 Sie sperrten ihn in einen
Käfig [in Dorngeflecht] und schafften ihn zum
König von Babel, brachten ihn ins Gefängnis, damit
man seine Stimme nicht mehr hörte auf Israels
Bergen.

Zidkia als Trieb des Weinstocks

10 Deine Mutter war wie ein Rebstock im Weinberg,
an Wasser gepflanzt. Voller Früchte und Ranken
war er dank des reichlichen Wassers. 11 Er bekam
gar kräftige Äste, tauglich zu Herrscherstäben. Sein
Wuchs ragte hoch empor bis zu den Wolken. Er trat
in Erscheinung durch seine Höhe, durch die Menge
seiner Ranken. 12 Aber er wurde ausgerissen im
Grimm, auf die Erde geschleudert. Verdorren ließ
ihn der Ostwind, seine Frucht riß man ab; es ver-
dorrte sein kräftiger Ast; Feuer verzehrte ihn. 13 Und
nun ist er verpflanzt in die Wüste, ins dürre und
dürstende Land. 14 Feuer ging aus vom Ast, fraß
seine Ranken und seine Frucht. Nicht blieb an ihm
ein kräftiger Ast, tauglich zum Herrscherstab. – Ein
Klagelied ist dies, und er wurde zum Klagelied.«

19,1–9: Ein literarisch vollendetes Klagelied über den Untergang des Königshauses und des Volkes. Vers 2–9 wird die Königinmutter als Löwin und 10–14 als Rebstock bezeichnet. Es handelt sich um das Schicksal des Joachas: 2 Kön 23,31–34, des Jojachin: 2 Kön 24,8–17 und des Zidkia: 2 Kön 24,18–25,7.

Aus der Geschichte begründete Sündenpredigt

20

1 Es begab sich am zehnten Tage des
fünften Monats im siebten Jahre, da
erschienen Männer aus den Ältesten
Israels, um den Herrn zu befragen, und setzten sich
vor mir nieder. 2 Da erging das Wort des Herrn an
mich: 3 »Menschensohn, rede zu den Ältesten Isra-
els und sprich zu ihnen: So spricht der Herr und
Gebieter: Seid ihr gekommen, mich zu befragen?
So wahr ich lebe, ich lasse mich von euch nicht be-
fragen« – Spruch des Gebieters und Herrn. 4 »Willst
du ihnen nicht das Urteil sprechen, willst du nicht
das Urteil sprechen, Menschensohn? Verkünde
ihnen die Greuel ihrer Väter! 5 Sage ihnen: So
spricht der Gebieter und Herr: Am Tage, da ich
Israel auserkor, schwur ich den Nachkommen des
Hauses Jakob und tat mich ihnen kund im Lande
Ägypten. Ich schwur ihnen und erklärte: Ich bin der
Herr, euer Gott!
6 An jenem Tage schwur ich ihnen, daß ich sie aus
dem Ägypterland fortführen werde in ein Land, das
ich für sie bestimmt hatte, das von Milch und Honig
fließt, das eine Zierde ist unter allen Ländern. 7 Ich

befahl ihnen: Es werfe ein jeder die Scheusale weg,
an denen seine Augen hängen! Verunreinigt euch
nicht durch die Götzen Ägyptens! Ich, der Herr, bin
euer Gott! 8 Aber sie lehnten sich gegen mich auf
und wollten nicht hören. Keiner warf die Scheusale
weg, an denen seine Augen hingen, und die Götzen
Ägyptens gaben sie nicht auf. Da erwog ich,
meinen Groll über sie auszuschütten und meinen
Zorn an ihnen mitten im Lande Ägypten auszulas-
sen. 9 Doch ich handelte gnädig um meines Namens
willen, damit er nicht entweiht würde in den Augen
der Völker, in deren Mitte sie lebten und vor deren
Augen ich mich ihnen kundgetan hatte, um sie aus
dem Lande Ägypten wegzuführen. 10 So führte ich
sie aus dem Lande Ägypten und brachte sie in die
Wüste.
11 Ich gab ihnen meine Satzungen und verkündete
ihnen meine Gebote, die der Mensch befolgen
muß, um durch sie das Leben zu haben. 12 Auch
meine Sabbate gab ich ihnen, daß sie zum Zeichen
seien zwischen mir und ihnen, damit man erkenne,
daß ich der Herr bin, der sie heiligt. 13 Doch das
Haus Israel lehnte sich wider mich in der Wüste auf.
In meinen Satzungen wandelten sie nicht und
verschmähten meine Gebote, die doch der Mensch
befolgen muß, um durch sie das Leben zu haben;
meine Sabbate entweihten sie sehr. Da erwog ich,
meinen Groll über sie in der Wüste auszuschütten,
um sie völlig zu vernichten. 14 Aber ich handelte
gnädig um meines Namens willen, damit er nicht
entweiht würde in den Augen der Völker, vor deren
Augen ich sie herausgeführt hatte. 15 Doch ich
schwur ihnen in der Wüste, daß ich sie nicht in das
Land bringen würde, das ich ihnen bestimmt hatte,
das da von Milch und Honig fließt und eine Zierde
unter allen Ländern ist. 16 Denn sie verschmähten
meine Gebote, und in meinen Satzungen wandel-
ten sie nicht, und meine Sabbate entweihten sie,
weil ihr Herz ihren Götzen anhing. 17 Doch schaute
mein Auge schonend auf sie, so daß ich sie nicht
vertilgte und in der Wüste nicht völliger Vernich-
tung preisgab.
18 Zu ihren Söhnen sprach ich in der Wüste: Nach
den Satzungen eurer Väter wandelt nicht, ihre
Rechtsgewohnheiten befolgt nicht, und macht euch
nicht unrein durch ihre Götzen! 19 Ich bin der Herr,
euer Gott. In meinen Satzungen wandelt, meine
Gebote befolgt und erfüllt sie! 20 Meine Sabbate
haltet heilig; sie sollen ein Zeichen sein zwischen
mir und euch, damit man erkenne, daß ich, der
Herr, euer Gott bin. 21 Aber die Söhne lehnten sich
ebenfalls gegen mich auf. In meinen Satzungen
wandelten sie nicht, meine Gebote befolgten und
erfüllten sie nicht, die doch der Mensch erfüllen
muß, um durch sie das Leben zu haben. Meine
Sabbate entweihten sie. Da erwog ich, über sie
meinen Groll auszuschütten und meinen Zorn an
ihnen in der Wüste auszulassen. 22 Aber ich [nahm
meine Hand wieder zurück und] handelte gnädig
um meines Namens willen, damit er nicht entweiht
würde vor den Augen der Völker, vor deren Augen
ich sie herausgeführt hatte. 23 Doch ich schwur
ihnen in der Wüste, daß ich sie unter die Völker zer-
streuen und in die Länder versprengen würde.
24 Denn sie erfüllten meine Gebote nicht, ver-
schmähten meine Satzungen, entheiligten meine
Sabbate und richteten ihre Augen auf die Götzen
ihrer Väter. 25 Indes hatte auch ich ihnen ungute
Satzungen gegeben und Gebote, durch die sie das
Leben nicht haben konnten. 26 Ich machte sie unrein
durch ihre Opfergaben, da sie jede Erstgeburt dem
Feuer übergaben. Dadurch wollte ich ihnen Grauen
einflößen [; sie sollten erkennen, daß ich der Herr
bin].
27 Darum rede zum Hause Israel, Menschensohn,
und sprich zu ihnen: So spricht der Herr und Ge-
bieter: Auch noch hierdurch haben eure Väter mich
gelästert, indem sie mir die Treue brachen: 28 Ich
brachte sie in das Land, das ich ihnen eidlich
verheißen hatte; sie aber blickten überall nach
hohen Hügeln und laubgeschmückten Bäumen und
schlachteten dort ihre Schlachtopfer, brachten ihre
beleidigenden Gaben dar, legten dort ihren lieb-
lichen Opferduft auf und gossen daselbst ihre
Trankopfer aus. 29 Da fragte ich sie: Was bedeutet
die Opferhöhe, zu der ihr da kommt? So wurde ihr
Name ›Opferhöhe‹ genannt bis auf den heutigen
Tag. 30 Darum rede zum Hause Israel: So spricht der
Gebieter und Herr: Macht ihr euch nicht unrein
nach Art eurer Väter, und buhlt ihr nicht hinter
ihren Scheusalen her? 31 Ja, wenn ihr eure Gaben
darbringt, wenn ihr eure Söhne dem Feuer über-
gebt, so macht ihr euch unrein durch alle eure
Götzen bis auf den heutigen Tag. Und da sollte ich
mich von euch befragen lassen, Haus Israel? So
wahr ich lebe« – Spruch des Gebieters und Herrn –,
»ich lasse mich von euch nicht befragen!

Läuterung und Begnadigung

32 Was euch in den Sinn steigt, das darf niemals ge-
schehen, daß ihr nämlich sprecht: ›Wir wollen sein
wie die Heidenvölker, wie die Sippen der Länder,
und wollen Holz und Steine verehren.‹ 33 So wahr
ich lebe« – Spruch des Gebieters und Herrn –, »mit
starker Hand, mit ausgestrecktem Arm und mit aus-

geschüttetem Groll will ich mich über euch als König erweisen! 34 Ich führe euch heraus aus den Völkern und schare euch zusammen aus den Ländern, wohin ihr versprengt seid, mit starker Hand, mit ausgestrecktem Arm und mit ausgeschüttetem Groll. 35 Ich bringe euch in die Wüste der Völker und trete dort mit euch ins Gericht von Angesicht zu Angesicht. 36 Gleichwie ich mit euren Vätern in der Wüste des Ägypterlandes ins Gericht getreten bin, so will ich mit euch ins Gericht treten« – Spruch des Gebieters und Herrn.

37 »Ich lasse euch unter dem Stab hindurchgehen und zähle euch genau ab. 38 Ich scheide unter euch aus, die sich wider mich auflehnten und von mir abfielen. Aus dem Lande, wo sie sich als Fremdlinge aufhalten, führe ich sie hinweg, aber ins Land Israel werden sie nicht gelangen. Dann werdet ihr erkennen, daß ich der Herr bin. 39 Ihr aber, Haus Israel«, so spricht der Gebieter und Herr, »werft eure Götzen weg, und danach sollt ihr auf mich hören und meinen heiligen Namen nicht mehr durch eure Gaben und eure Götzen entweihen!

40 Vielmehr auf meinem heiligen Berg, auf Israels Bergeshöhe« – Spruch des Gebieters und Herrn –, »dort soll das ganze Haus Israel mich gemeinsam verehren im Lande; daselbst nehme ich sie gnädig an, und dort fordere ich eure Hebeopfer und eure Erstlingsabgaben samt all euren heiligen Gaben. 41 Bei lieblichem Opferduft erzeige ich mich euch gnädig, wenn ich euch aus den Völkern fortbringe und euch aus den Ländern sammle, wohin ihr versprengt wurdet; ich erweise mich an euch heilig vor den Augen der Völker. 42 Dann werdet ihr erkennen, daß ich der Herr bin, wenn ich euch in das Land Israel bringe, in das Land, das ich euren Vätern eidlich verheißen habe. 43 Dort sollt ihr eures Wandels und all eurer Taten gedenken, durch die ihr euch unrein gemacht habt; es wird euch vor euch selber ekeln ob all eurer Untaten, die ihr begangen habt. 44 Dann werdet ihr erkennen, daß ich der Herr bin, wenn ich so an euch handle um meines Namens willen, nicht entsprechend eurem bösen Wandel und euren ruchlosen Taten, Haus Israel« – Spruch des Gebieters und Herrn.

Feuer an die Bäume des Waldes

21 1 Das Wort des Herrn erging an mich: 2 »Menschensohn, richte dein Antlitz südwärts, weissage gegen Süden zu, tritt als Prophet auf wider den Wald des südlichen Gefildes! 3 Sprich zu dem Wald des Südlandes: Höre das Wort des Herrn! So spricht der Gebieter und Herr: Siehe, ich zünde ein Feuer in dir an; das soll in dir jeden frischen Baum und jeden dürren Baum fressen. Nicht verlöschen soll die lodernde Flamme, sondern die ganze Oberfläche von Süden bis Norden soll von ihr versengt werden. 4 Dann werden alle Menschen sehen, daß ich, der Herr, sie entzündet habe; nicht verlöschen soll sie!« 5 Da antwortete ich: »Ach, Gebieter und Herr, diese sagen von mir: ›Trägt er nicht lauter rätselhafte Gleichnisse vor?‹«

Schwert wider Jerusalem

6 Das Wort des Herrn erging an mich: 7 »Menschensohn, richte dein Antlitz wider Jerusalem und weissage gegen sein Heiligtum! Tritt wider das Land Israel als Prophet auf! 8 Sprich zum Lande Israel: So spricht der Gebieter und Herr: Siehe, ich schreite gegen dich ein; ich ziehe mein Schwert aus seiner Scheide und vertilge aus dir Unschuldige und Schuldige! 9 Weil ich aus dir Unschuldige und Schuldige vertilgen will, darum fährt mein Schwert aus seiner Scheide gegen alle Menschen vom Süden bis zum Norden. 10 Dann werden alle erkennen, daß ich, der Herr, mein Schwert aus seiner Scheide gezückt habe; es soll nicht mehr zurückkehren.

Mitleiden des Propheten

11 Du aber, Menschensohn, seufze mit zusammengebrochenen Hüften und stöhne in bitterem Schmerz vor ihren Augen! 12 Fragen sie dich dann: ›Worüber mußt du seufzen?‹, so sprich: Darüber, daß eine Kunde eintrifft, bei der jedes Herz zerfließt, alle Hände erschlaffen, jeder Geist verzagt und alle Knie von Wasser triefen. Siehe, sie wird eintreffen und sich erfüllen« – Spruch des Gebieters und Herrn.

Schwertlied des Herrn

13 Das Wort des Herrn erging an mich: 14 »Menschensohn, tritt als Prophet auf und sprich: So spricht der Herr; sage: Ein Schwert, ein Schwert ist geschärft und auch gefegt. 15 Um ein Schlachten zu vollziehen, ist es geschärft, um blitzen zu können, ist es gefegt. [Man soll sich nicht freuen über das Zepter, das jeden Baum fällt.] 16 Man gab es dem, der es fegte, damit er es emsig zur Hand nehme. Geschärft ist das Schwert und gefegt, um in die Hand eines Würgers gegeben zu werden. 17 Schreie und heule, Menschensohn; denn es geht gegen mein Volk los! Es geht gegen alle Fürsten Israels; dem Schwerte sind sie verfallen samt meinem Volk. Darum schlage an deine Hüfte! 18 Denn es wurde geprüft. [Und was wird sein, wenn auch das Bäume fällende Zepter nicht mehr ist?]« – Spruch des Gebieters und Herrn. 19 »Du aber, Menschensohn, tritt als Prophet auf und schlage erregt die Hände inein-

ander! Verdoppelt werde das Schwert, verdreifacht
sogar! Ein Mordschwert ist es, ein riesiges Mord-
schwert, das tief in sie eindringt. 20 Die Herzen
sollen verzagen und die Gefallenen zahlreich sein!
An all ihre Tore bringe ich das Schlachten des
Schwertes. Ja, es ist zum Blitzen gemacht, zum
Schlachten gefegt. 21 Fahre mit Schärfe drein nach
rechts und nach links, wohin immer deine Schneide
gerichtet ist! 22 Auch ich schlage erregt meine
Hände ineinander und stille meinen Grimm. Ich,
der Herr, habe gesprochen.«

Das Schwert Nebukadnezars

23 Das Wort des Herrn erging an mich: 24 »Du,
Menschensohn, mache dir zwei Wegrichtungen,
auf denen das Schwert des Babelkönigs kommen
kann! Beide sollen sie von einem einzigen Lande
ausgehen. Auch einen Wegweiser sollst du an den
Ausgangspunkt des Weges zu jeder Stadt 25 hinstel-
len, auf dem das Schwert nach Rabbat-Ammon und
nach Juda mit seiner Festung Jerusalem kommen
kann. 26 Denn der König von Babel steht an der
Wegscheide, am Ausgangspunkt beider Wegrich-
tungen. Zu Wahrsagungszwecken hat er die Pfeile
geschüttelt, die Theraphim (Hausgötzen) befragt,
die Leber beschaut. 27 In seiner Rechten ist die Aus-
kunft ›Jerusalem‹, daß er den Mund zum Kriegs-
geschrei auftun, die Stimme zum Schlachtruf er-
heben, Sturmböcke wider die Tore aufstellen, einen
Wall aufschütten und Belagerungswerke bauen
solle. 28 Ihnen selber aber erscheint es nach ihrer
Ansicht wie eine falsche Wahrsagung. Sie können
zwar heilige Eidschwüre vorweisen; doch er bringt
ihre Schuld in Erinnerung, damit sie hart angefaßt
werden.

29 Darum spricht der Gebieter und Herr: Weil man
eure Schuld in Erinnerung brachte, wobei eure Ver-
gehen offenbar wurden, so daß eure Verfehlungen
ans Licht kamen bei all euren Taten –, weil ihr also
in Erinnerung gebracht wurdet, darum sollt ihr mit
harter Hand angefaßt werden. 30 Du aber, schänd-
licher Frevler, Fürst Israels, dessen Tag gekommen
ist zur Zeit der Endschuld, 31 so spricht der Gebieter
und Herr: Weg mit dem Turban, fort mit dem
Diadem! Es bleibt nicht wie bisher! Das Niedere
wird erhöht, das Hohe erniedrigt. 32 Zu Trümmern,
zu Trümmern, zu Trümmern mache ich die Stadt.
Auch sie bleibt nicht bestehen, sobald er kommt,
dem das Gericht zusteht und dem ich es übergebe.

Wider Ammon

33 Du aber, Menschensohn, tritt als Prophet auf und
rede: So spricht der Gebieter und Herr über die
Ammoniter und über ihr Höhnen; und du sollst
sagen: Schwert, o Schwert, zum Schlachten ge-
zückt, zur Vernichtung gefegt, daß es blitze. 34 Man
schaute dir Falsches, wahrsagte dir Lügen, um dich
an den Hals der schändlichen Frevler zu legen, deren
Tag gekommen ist zur Zeit ihrer Endschuld.
35 Zurück mit ihm in seine Scheide! Am Ort, wo du
erschaffen wurdest, im Lande deiner Herkunft will
ich dich richten. 36 Ich schütte meinen Groll über
dich aus, ich schnaube gegen dich mit dem Feuer
meines Ingrimms. Ich gebe dich in die Hand viehi-
scher Menschen, die Verderben schmieden. 37 Dem
Feuer magst du zum Fraße dienen, es fließe inmitten
des Landes dein Blut! Nicht mehr wird man deiner
gedenken; denn ich, der Herr, habe gesprochen.«

Anklage gegen die Blutstadt Jerusalem

22 1 Das Wort des Herrn erging an mich:
2 »Du aber, Menschensohn, willst du die
Blutstadt richten, ja richten, so verkünde
all ihre Greueltaten! 3 Rede: So spricht der Gebieter
und Herr: O Stadt, die in ihrer Mitte Blut vergießt,
so daß ihre Stunde kommt, und die sich Götzen
verfertigt, so daß sie unrein wird! 4 Durch deine
Blutströme, die du vergossen, wurdest du schuldig,
und durch deine Götzen, die du verfertigt, wurdest
du unrein. Du zogst deine Tage in die Nähe heran
und führtest die Zeit deiner Jahre herbei. Darum
mache ich dich zum Schimpf für die Völker und
zum Hohn für alle Länder. 5 Die dir nahe und die dir
ferne sind, werden dich verhöhnen, weil dein
Name befleckt, deine Unordnung groß ist. 6 Ja, die
Fürsten Israels, jeder sich stützend auf seinen Arm,
weilen in dir, um Blut zu vergießen. 7 Vater und
Mutter schätzt man bei dir gering; gegen Fremde in
deiner Mitte übt man Erpressung; Waisen und
Witwen bedrückt man in dir. 8 Was mir heilig ist,
verachtest du, meine Sabbate entweihst du. 9 Ver-
leumder sind in dir, um Blut zu vergießen. Auf den
Bergen ißt man bei dir (Opferfleisch), in deiner
Mitte treibt man Unzucht. 10 Man schändet bei dir
die Frau des Vaters, mißbraucht bei dir die monat-
lich Unreine. 11 Der eine treibt mit seines Nächsten
Frau Abscheuliches, der andere befleckt seine
Schwiegertochter durch Unzucht, ein anderer
schwächt in dir seine Schwester, seines Vaters
Tochter. 12 Bestechungsgeschenke nimmt man bei
dir, um Blut zu vergießen, Zins und Zuschlag
nimmst du an und übervorteilst deine Volksgenos-
sen durch Erpressung, mich aber hast du verges-
sen« – Spruch des Gebieters und Herrn.

13 »Doch siehe, ich schlage empört meine Hände in-
einander über deinen ungerechten Vorteil, den du

errungen, und über die Bluttaten, die in deiner Mitte geschahen. 14 Wird dein Mut standhalten, werden deine Hände stark bleiben in den Tagen meiner Abrechnung mit dir? Ich, der Herr, habe gesprochen und handle. 15 Ich zerstreue dich unter die Völker, versprenge dich in die Länder und tilge deine Unreinheit von dir weg. 16 So lasse ich mich (lieber) durch dich vor den Augen der Völker entweihen. Dann wirst du erkennen, daß ich der Herr bin.«

Gericht über Jerusalem – Das Haus Israel ist zu Schlacken geworden

17 Das Wort des Herrn erging an mich: 18 »Menschensohn, das Haus Israel ist für mich zu Schlacken geworden; insgesamt sind sie Kupfer und Zinn, Eisen und Blei mitten im Schmelzofen; Schlacken von Silber sind sie geworden. 19 Darum sprich: So spricht der Gebieter und Herr: Ihr wurdet insgesamt zu Schlacken; deshalb, fürwahr, schare ich euch mitten in Jerusalem zusammen. 20 Wie man Silber, Kupfer, Eisen, Blei und Zinn im Schmelzofen zusammenbringt, um Feuer darunter anzufachen, damit es schmelze, so bringe ich euch in meinem Groll und Zorn zusammen, lege euch hinein und schmelze euch. 21 Ich sammle euch und entfache wider euch das Feuer meines Ingrimms, und ihr sollt darin geschmolzen werden. 22 Wie Silber im Schmelzofen schmilzt, so schmelzt ihr darin. Alsdann werdet ihr erkennen, daß ich, der Herr, meinen Grimm über euch ausgegossen habe.«

Die Sünden der einzelnen Stände

23 Das Wort des Herrn erging an mich: 24 »Menschensohn, sprich zum Lande: Du bist ein Landstrich, auf den kein Regen fiel und der nicht benetzt wurde am Tage des Platzregens. 25 Seine Fürsten in seiner Mitte waren brüllenden, raubgierigen Löwen gleich. Menschen fraßen sie, Hab und Gut nahmen sie weg, seine Witwen machten sie zahlreich in ihm. 26 Seine Priester vergewaltigten mein Gesetz und entweihten, was mir heilig ist; zwischen dem, was heilig und unheilig ist, unterschieden sie nicht, und über unrein und rein klärten sie nicht auf. Vor meinen Sabbaten verschlossen sie ihre Augen, so daß ich in ihrer Mitte entweiht wurde. 27 Seine Vornehmen in seiner Mitte glichen raublustigen Wölfen, begierig, Blut zu vergießen und Menschen zu töten, um ungerechten Gewinn einzustecken. 28 Seine Propheten aber strichen ihnen Tünche darüber, indem sie Trug schauten, ihnen Lüge wahrsagten und sprachen: »So spricht der Gebieter und Herr«, obwohl der Herr nicht geredet hat. 29 Die Bürger des Landes verübten Gewalt und begingen Raub. Den Elenden und Armen unterdrückten sie, den Fremdling vergewaltigten sie, ohne Rechtsschutz zu bieten.

30 Da suchte ich unter ihnen einen Mann, der eine Mauer aufrichtete und vor mir für das Land in die Bresche träte, so daß ich es nicht hätte verwüsten müssen; aber ich fand keinen. 31 So goß ich über sie meinen Groll aus; im Feuer meines Grimmes vertilgte ich sie; ihren Wandel vergalt ich ihnen aufs Haupt« – Spruch des Gebieters und Herrn.

Zwei unzüchtige Schwestern

23

1 Das Wort des Herrn erging an mich: 2 »Menschensohn, es waren zwei Frauen, Töchter der gleichen Mutter. 3 Diese verübten in Ägypten Unzucht, in ihrer Jugend schon trieben sie Unzucht; dort betastete man ihre Brüste, und dort drückte man ihren jungfräulichen Busen. 4 Die ältere hieß Ohola und ihre Schwester Oholiba. Sie wurden mein Eigentum und gebaren Söhne und Töchter. Was ihre Namen betrifft, so ist Ohola Samaria, und Jerusalem ist Oholiba.

Ohola gleich Samaria

5 Ohola aber wurde mir untreu und begehrte nach ihren Liebhabern, den Assyrern, den Kriegern, 6 den in Purpur Gekleideten, den Statthaltern und Befehlshabern, lauter begehrenswerten jungen Männern, Reitern hoch zu Roß. 7 Ihnen schenkte sie ihre Buhlereien; Auslese der Assyrer waren sie alle. Mit allen, nach denen sie Verlangen trug, mit deren sämtlichen Götzen, befleckte sie sich. 8 Doch ihre Buhlerei von Ägypten her gab sie nicht auf; denn in ihrer Jugendzeit hatte man ihr beigewohnt, ihren jungfräulichen Busen gedrückt und mit ihr gebuhlt. 9 Darum gab ich sie in die Hand ihrer Liebhaber, in die Hand der Assyrer, nach denen sie begehrt hatte. 10 Diese enthüllten ihre Blöße, raubten ihre Söhne und Töchter und erschlugen sie selbst mit dem Schwert. So wurde sie ein berüchtigtes Beispiel für die Frauen, und man vollzog an ihr das Gericht.

Oholiba gleich Jerusalem

11 Ihre Schwester Oholiba beobachtete dies. Sie trieb es aber dennoch mit ihren Begierden schlimmer als jene und mit ihren Buhlereien ärger als ihre buhlerische Schwester. 12 Sie begehrte nach den Assyrern, den Statthaltern und Befehlshabern, nach den Kriegern, den in Purpur Gekleideten, den Reitern hoch zu Roß, lauter begehrenswerten jungen Männern. 13 Ich sah, daß auch sie sich befleckte; denselben Weg schlugen sie beide ein. 14 Aber sie steigerte noch ihre Buhlereien; sie sah nämlich

Zeichnungen von Männern auf die Wand geritzt,
Bildnisse von Kaldäern, mit roter Farbe gemalt.
15 Die Hüften waren mit Lendentüchern umgürtet,
mit herabwallendem Kopfbund war ihr Haupt geziert. Insgesamt schauten sie aus wie Schildträger,
ganz wie die Babylonier, deren Heimat Kaldäa ist.
16 Nach ihnen entbrannte ihre Begierde, sobald ihre
Augen sie sahen, und sie sandte Boten zu ihnen
nach Kaldäa. 17 Da kamen zu ihr die Babylonier
zum Liebeslager und befleckten sie mit ihrer Buhlerei. Sobald sie von ihnen befleckt war, wurde sie
ihrer überdrüssig. 18 Als sie ihre Buhlerei aufgedeckt
und ihre Blöße enthüllt hatte, da ward ich ihrer
überdrüssig, gleichwie ich ihrer Schwester überdrüssig geworden war. 19 Doch sie vermehrte noch
ihre Buhlereien; sie dachte nämlich an die Tage
ihrer Jugend, da sie im Lande Ägypten gebuhlt
hatte. 20 Sie begehrte nach ihren Freunden, die sich
wie geile Esel und Hengste benahmen. 21 Du schautest zurück auf die Unzucht deiner Jugend, als die
Ägypter deine Brüste betasteten und deinen jungfräulichen Busen drückten.

Grausames Strafgericht über beide Schwestern

22 Darum, Oholiba, so spricht der Gebieter und
Herr: Siehe, ich hetze deine Liebhaber wider dich
auf, deren du überdrüssig geworden bist, und lasse
sie von allen Seiten gegen dich heranrücken: 23 die
Babylonier und alle Kaldäer, Pekod, Schoa und Koa,
alle Assyrer mit ihnen, begehrenswerte junge
Männer, lauter Statthalter und Befehlshaber, Schildträger und Krieger, alle hoch zu Roß. 24 Sie kommen
haufenweise über dich mit Kriegswagen und
Rädern, mit einem Massenaufgebot an Völkern.
Große und kleine Schilde und Helme werden sie
ringsum gegen dich einsetzen. Ich übergebe ihnen
das Gericht, damit sie dich nach ihren Gesetzen
richten. 25 Meinen Zorneseifer lege ich auf dich, daß
sie voller Grimm gegen dich verfahren. Nase und
Ohren sollen sie dir abschneiden, und deine Überlebenden werden durch das Schwert fallen. Sie werden deine Söhne und Töchter fortschleppen, und
was von dir noch verbleibt, wird durch das Feuer
verzehrt. 26 Man zieht dir deine Kleider aus und
nimmt dir deine Schmucksachen weg. 27 So mache
ich deiner Unzucht und deiner Buhlerei vom Lande
Ägypten her ein Ende. Du wirst nicht mehr deine
Augen zu ihnen erheben und an Ägypten dich nicht
mehr erinnern.«
28 Denn so spricht der Gebieter und Herr: »Siehe,
ich gebe dich denen in die Gewalt, die du hassest,
denen in die Gewalt, deren du überdrüssig bist.
29 Sie werden haßerfüllt an dir handeln, all deinen
Erwerb fortschleppen und dich nackt und bloß
liegenlassen, so daß deine buhlerische Blöße aufgedeckt wird. Deine Unzucht und deine Buhlerei
30 haben dir dies eingebracht, da du mit den Völkern
buhltest und dich mit ihren Götzen beflecktest.
31 Auf dem Weg deiner Schwester bist du gewandelt, so gebe ich dir ihren Becher in die Hand.« 32 So
spricht der Gebieter und Herr: »Den Becher deiner
Schwester sollst du trinken, den tiefen und weiten!
[Sie soll zum Gelächter und Hohn werden!] Er faßt
gar viel. 33 Von jämmerlicher Trunkenheit sollst du
voll sein! Ein Kelch des Entsetzens und Schauderns
ist der Becher deiner Schwester Samaria. 34 Trinke,
und schlürfe ihn aus, nage an seinen Scherben und
zerreiße deine Brüste! Denn ich bin es, der gesprochen hat« – Ausspruch des Gebieters und Herrn.
35 Darum spricht der Herr und Gebieter: »Weil du
mich vergessen und hintangesetzt hast, so trage
auch du deine Unzucht und Buhlerei!«

Molechdienst – Sabbatschändung

36 Der Herr sprach zu mir: »Menschensohn, willst
du Ohola und Oholiba verurteilen, so halte ihnen
ihre Greueltaten vor! 37 Denn sie haben die Ehe gebrochen, und Blut klebt an ihren Händen. Mit ihren
Götzen brachen sie die Ehe, und sogar ihre Söhne,
die sie mir geboren, haben sie, ihnen zum Fraße,
dem Feuer geopfert.
38 Außerdem taten sie mir dies an: Sie befleckten
mein Heiligtum an jenem Tage und entweihten
meine Sabbate. 39 Schlachteten sie ihre Söhne den
Götzen, so trafen sie noch am gleichen Tage in
meinem Heiligtum ein und entweihten es. Siehe, so
trieben sie es inmitten meines Hauses.
40 Ja, sie schickten sogar nach Männern, die aus
weiter Ferne kommen sollten; ein Bote wurde zu
ihnen gesandt. Und siehe, als sie ankamen, hattest
du dich für sie gebadet, deine Augen geschminkt
und deine Schmucksachen angelegt. 41 Du setztest
dich auf ein bereitgestelltes Ruhebett, vor dem ein
Tisch hergerichtet war. Meinen Weihrauch und
mein Öl stelltest du darauf. 42 Mit schallender
Stimme sangen sie wegen der Menge der Männer,
die von der Wüste gekommen waren. Die Zecher
legten (den beiden Frauen) Spangen an ihre Arme
und eine prächtige Krone auf ihre Häupter. 43 Ich
sprach: Haben sie nicht in dieser Weise die Ehe gebrochen? Wie eine Dirne es treibt, so buhlen sie.
44 Die Männer kamen zu jeder von ihnen, wie man
zu einer Dirne geht; so gingen sie zu Ohola und
Oholiba, den unzüchtigen Frauen. 45 Doch gerechte
Männer werden über sie das Urteil sprechen nach
dem Recht, das für Ehebrecherinnen und Mörderin-

nen gilt; denn Ehebrecherinnen sind sie, und Blut
klebt an ihren Händen.« 46 Denn so spricht der Ge-
bieter und Herr: »Man berufe wider sie eine Volks-
versammlung und gebe sie dem Schrecken und der
Plünderung preis! 47 Die Volksversammlung soll sie
steinigen und sie mit ihren Schwestern zerhauen;
ihre Söhne und ihre Töchter soll man töten und ihre
Häuser verbrennen. 48 So mache ich der Unzucht im
Lande ein Ende, damit alle Frauen sich warnen las-
sen und nicht Unzucht begehen wie ihr. 49 Man
wird eure Unzucht über euch bringen, und die Ver-
fehlungen mit euren Götzen müßt ihr tragen. Als-
dann werdet ihr einsehen, daß ich der Gebieter und
Herr bin.«

23,1–49: Samaria und Jerusalem, d. h. Nord- und Südreich, sind zwei Schwestern mit sinnbildlichen Namen. »Älter« bedeutet hier, daß Samaria räumlich größer ist. Vers 1–34 stellen die politische Geschichte beider Staaten im Verhältnis zur mesopotamischen Großmacht dar, während 35–49 mehr die religiös-sittlichen Schandtaten rügen und Strafe androhen.

Gleichnis vom rostigen Topf

24 1 Das Wort des Herrn erging an mich
am zehnten Tage des zehnten Monats
im neunten Jahr: 2 »Menschensohn,
schreibe dir das Datum eben dieses heutigen Tages
genau auf! Denn am selben Tage warf sich der
König von Babel auf Jerusalem. 3 Dem Hause der
Widerspenstigkeit erzähle eine Gleichnisrede und
sage zu ihm: So spricht der Gebieter und Herr:
Stelle einen Kochtopf auf, stelle ihn auf und gieße
auch Wasser hinein! 4 Lege die entsprechenden
Fleischstücke hinein, lauter gute Stücke, Lenden
und Schulter, mit den besten Knochenstücken fülle
ihn an! 5 Nimm vom wertvollsten Kleinvieh, auch
Holz schichte ringsum darunter! Seine Fleisch-
stücke siede, auch seine Knochenstücke laß kochen
darin!« 6 Darum spricht der Gebieter und Herr:
»Wehe der Stadt voll Blutschuld, dem Topf, an dem
Rost sitzt und dessen Rost nicht weggeht! Nimm
ein Stück ums andere heraus, ohne daß man dar-
über das Los wirft! 7 Denn ihr Blut bleibt in ihrer
Mitte. Auf den kahlen Felsen hat sie es geschüttet,
nicht auf die Erde gegossen, um es mit Staub zu be-
decken. 8 Um Grimm heraufzuführen, um Rache zu
üben, brachte ich das in ihr vergossene Blut auf den
kahlen Fels, daß es nicht zugedeckt werde.«
9 Darum spricht der Gebieter und Herr: »Wehe der
Blutstadt! So will auch ich einen großen Holzstoß
errichten! 10 Holz in Menge schaffe ich herbei,
zünde das Feuer an, mache die Fleischstücke gar,
gieße die Brühe ab, daß die Knochen verbrennen.
11 Dann stelle ich den Topf leer auf seine Kohlen,
damit er erhitze, sein Erz glühend werde und seine
Unreinheit in ihm wegschmelze, sein Rost ver-
schwinde. 12 Doch sein vieler Rost geht nicht von
ihm weg im Feuer, das seinen Rost beseitigen soll.
13 Weil du dich durch Unzucht befleckt hast und ich
dich reinigen wollte, du aber doch nicht rein wur-
dest von deiner Unreinheit, so sollst du fürderhin
nicht mehr rein werden, bis daß ich meinen In-
grimm an dir gestillt habe. 14 Ich, der Herr, habe ge-
sprochen. Es kommt, und ich greife ein! Ich gebe
nicht nach, übe keine Schonung und kenne keine
Reue. Nach deinem Wandel und nach deinen Taten
richte ich dich« – Spruch des Gebieters und Herrn.

Ezechiels Frau stirbt unbetrauert

15 Das Wort des Herrn erging an mich: 16 »Men-
schensohn, siehe, ich raffe dir die Wonne deiner
Augen durch plötzlichen Tod hinweg; du aber sollst
nicht klagen und weinen, keine Tränen dürfen dir
kommen. 17 Seufze nur still wie die Toten, veran-
stalte keine Trauerkundgebung, binde dir deinen
Kopfbund um und lege deinen Füßen die Schuhe
an; deinen Bart verhülle nicht und iß kein Trauer-
brot!« 18 Ich redete am Morgen zu den Leuten. Da
starb meine Frau am Abend; ich aber tat am folgen-
den Morgen, wie mir befohlen war. 19 Da wandten
sich die Leute an mich: »Willst du uns nicht mit-
teilen, was das für uns zu bedeuten hat, daß du so
handelst?« 20 Da antwortete ich ihnen: »Das Wort
des Herrn erging an mich: 21 Rede zum Hause Israel:
So spricht der Gebieter und Herr: Wohlan, ich ent-
weihe mein Heiligtum, euren stolzen Hort, die Lust
eurer Augen und die Sehnsucht eurer Seele. Eure
Söhne und Töchter, die ihr zurückließet, werden
durch das Schwert fallen.
22 Da werdet ihr handeln, wie ich gehandelt habe:
Euren Bart werdet ihr nicht verhüllen und kein
Trauerbrot essen. 23 Euren Kopfbund werdet ihr auf
euren Häuptern und eure Sandalen an euren Füßen
tragen. Ihr werdet weder klagen noch weinen, son-
dern ihr werdet ob eurer Schuld dahinschwinden
und euch gegenseitig anstöhnen. 24 Dann wird
Ezechiel euch zum Wahrzeichen sein; genau wie er
getan, so werdet auch ihr tun, wenn es eintrifft. Als-
dann werdet ihr einsehen, daß ich der Gebieter und
Herr bin. 25 Du aber, Menschensohn, merke: am
Tage, da ich ihnen ihre Zufluchtsstätte wegnehme,
ihre herrliche Freude, die Lust ihrer Augen und das
Verlangen ihrer Seele, dazu ihre Söhne und ihre
Töchter – 26 an jenem Tage wird ein Flüchtling zu
dir kommen, um die Kunde zu melden. 27 An jenem
Tage wird sich dein Mund beim Eintreffen des
Flüchtlings auftun; reden wirst du und brauchst

nicht mehr zu verstummen. Zum Wahrzeichen
wirst du ihnen sein. Dann werden sie erkennen,
daß ich der Herr bin.«

24,1–14: Jerusalem unter dem Bild eines die Fleischstücke bergenden Topfes schon 11,3–11. Die Stadt samt ihren Einwohnern verfällt dem Strafgericht. • 15–27: Sogar der Tod der Frau des Propheten muß als Gleichnis für die Zerstörung Jerusalems dienen.

Meine Hand wider Ammon

25 1 Das Wort des Herrn erging an mich:
2 »Menschensohn, richte dein Antlitz
wider die Ammoniter, tritt gegen sie als
Prophet auf! 3 Sprich zu den Söhnen Ammons: Hört
das Wort des Gebieters und Herrn! So spricht der
Gebieter und Herr: Weil du schadenfroh über mein
Heiligtum ›Hui‹ riefst, daß es entweiht wurde, und
über das Land Israel, daß es verwüstet wurde, und
über das Haus Juda, daß es in die Verbannung
mußte, 4 darum, fürwahr, gebe ich dich den Söhnen
des Ostens zum Besitz. Sie werden ihre Zeltlager in
dir aufschlagen und ihre Wohnstätten in dir errich-
ten. Sie werden deine Früchte verzehren und deine
Milch trinken. 5 Ich mache Rabba zur Trift für
Kamele und die Ortschaften Ammons zu einem
Lagerplatz für Kleinvieh. Dann werdet ihr einsehen,
daß ich der Herr bin. 6 Denn so spricht der Gebieter
und Herr: Weil du in die Hände geklatscht, mit dem
Fuße gestampft und voll Verachtung im Herzen
dich über das Land Israel gefreut hast, 7 siehe,
darum strecke ich meine Hand wider dich aus, gebe
dich den Völkern zur Beute, tilge dich aus den
Nationen und vernichte dich aus den Ländern.
Dann wirst du einsehen, daß ich der Herr bin.«

Das Gericht an Moab

8 So spricht der Gebieter und Herr: »Weil Moab
sagte: ›Siehe, dem Hause Juda ergeht es wie allen
Völkern‹, 9 darum, fürwahr, lege ich den Grenz-
bergzug Moabs offen und entblöße seine Städte
ohne Ausnahme, die Zierde des Landes, Bet-
Jeschimot, Baal-Meon und Kirjatajim. 10 Den Söh-
nen des Ostens gebe ich es samt den Ammonitern
zum Besitz, damit es unter den Völkern nicht mehr
erwähnt werde. 11 So vollstrecke ich an Moab das
Gericht. Dann werden sie einsehen, daß ich der
Herr bin.«

Meine Hand wider Edom

12 So spricht der Gebieter und Herr: »Weil Edom am
Hause Juda seinen Rachedurst stillte, sich schwer
verschuldete und sich an ihnen rächte, 13 darum
spricht so der Herr: Ich strecke meine Hand wider
Edom aus, vernichte daraus Menschen und Vieh
und mache es zur Wüstenei; von Teman bis Dedan
sollen sie fallen durch das Schwert. 14 Ich lege meine
Rache an Edom in die Hand meines Volkes Israel;
sie sollen an Edom nach meinem Zorn und Ingrimm
verfahren; diese sollen meine Rache kennenler-
nen« – Spruch des Gebieters und Herrn.

Gegen die Philister

15 So spricht der Gebieter und Herr: »Weil die
Philister ihren Rachedurst stillten und sich voll Ver-
achtung im Herzen bitter rächten, um in immer-
währender Feindschaft Verderben anzurichten,
16 darum spricht der Gebieter und Herr: Siehe, ich
strecke meine Hand wider die Philister aus, vertilge
die Kreter und vernichte den Überrest am Meeres-
strand. 17 Ich vollstrecke an ihnen gewaltige Rache-
taten durch grimmige Züchtigungen. Dann werden
sie einsehen, daß ich der Herr bin, wenn ich meine
Rache über sie bringe.«

25,1–32,32: In allen Prophetenschriften gibt es Drohweissagungen gegen Fremdvölker, die von den Sammlern heiliger Schriften nach einem leitenden Gesichtspunkt zusammengestellt worden sind. Hier stehen Ammon, Moab, Edom, Philistäa (Kreter), Tyrus (26,1–28,19), Sidon (28,20 bis 23) und Ägypten. Die Siebenzahl kann beabsichtigt sein.

Zahlreiche Völker gegen Tyrus

26 1 Es geschah am ersten Tag des zwölften
Monats im elften Jahre; da erging das
Wort des Herrn an mich: 2 »Menschen-
sohn, Tyrus prahlte über Jerusalem: ›Ha, es ward
zerschmettert das große Tor der Völker! Mir ist es
zuteil geworden; ich kann mich anfüllen mit der
verwüsteten Stadt.‹ 3 Darum spricht der Gebieter
und Herr: Siehe, ich komme über dich, Tyrus! Ich
führe gegen dich zahlreiche Völker heran, wie das
Meer seine Wogen heranbrausen läßt. 4 Sie sollen
einreißen die Mauern von Tyrus, seine Türme zer-
stören; ich fege seinen Schutt von ihm weg und
mache es zum kahlen Fels. 5 Ein Platz zum Trock-
nen der Netze sei es inmitten des Meeres; denn ich
bin es, der also geredet« – Spruch des Gebieters und
Herrn. »Es sei den Völkern zur Beute! 6 Seine
Tochterstädte auf dem Festland sollen durch das
Schwert umkommen! Dann werden sie erkennen,
daß ich der Herr bin.«

Nebukadnezar als Belagerer von Tyrus

7 So spricht der Gebieter und Herr: »Fürwahr, ich
bringe über Tyrus von Norden her Nebukadnezar,
den König von Babel, den König der Könige, mit
Rossen, Kriegswagen und deren Besatzung und
einem Aufgebot zahlreichen Fußvolkes. 8 Deine
Tochterstädte auf dem Festland vertilgt er mit dem
Schwerte; wider dich baut er ein Belagerungswerk,
schüttet einen Wall auf, er stellt ein Schutzdach
gegen dich hin. 9 Den Stoß seines Sturmbockes rich-

tet er gegen deine Mauern, deine Türme reißt er
nieder mit eisernen Haken. 10 So zahlreich sind
seine Rosse, daß dich ihr Staub bedeckt; von dem
Lärm der Mannschaft, der Räder und Wagen wer-
den deine Mauern erbeben, wenn er einzieht durch
deine Tore wie beim Einzug in eine eroberte Stadt.
11 Mit seiner Rosse Hufen zerstampft er alle deine
Gassen, dein Volk bringt er mit dem Schwerte um,
deine stolzen Denkmäler stürzt er zur Erde. 12 Man
plündert alsdann deinen Reichtum, macht Beute
aus deinen Waren; deine Mauern reißen sie ein,
deine wertvollen Häuser zerstören sie; deine Steine,
deine Balken und deinen Schutt wirft man ins Meer.
13 Dann beendige ich den Lärm deiner Lieder, den
Klang deiner Zithern vernimmt man nicht mehr.
14 Ich mache dich zu einem kahlen Felsen, ein Platz
zum Trocknen der Netze wirst du. Du sollst nicht
mehr aufgebaut werden; denn ich, der Herr, habe
geredet« – Spruch des Gebieters und Herrn!

Inseln und Gestade um Tyrus

15 So spricht der Gebieter und Herr zu Tyrus:
»Wohlan, von deinem dröhnenden Sturz, wenn die
Erschlagenen stöhnen, wenn das Schwert in deiner
Mitte würgt, werden die Inseln erbeben. 16 Alle
Fürsten des Meeres steigen von ihren Thronen
herab, ihre Obergewänder legen sie ab, und ihre
buntgewirkten Kleider ziehen sie aus; sie kleiden
sich in Zittern, kauern am Boden, und unaufhörlich
beben sie und entsetzen sich über dich. 17 Alsdann
stimmen sie über dich ein Klagelied an und singen
von dir: ›Ach, wie bist du dahin, von den Meeren
verschwunden, hochgepriesene Stadt, die da
machtvoll herrschte über das Meer, sie und ihre Ein-
wohnerschaft, die ihren Schrecken verbreiteten
über das ganze Festland! 18 Nunmehr zittern die
Inseln am Tage deines Sturzes, betroffen sind die
Inseln des Meeres über dein Ende.‹«

Tyrus ins Totenreich

19 Denn so spricht der Gebieter und Herr: »Wenn
ich dich zu einer verwüsteten Stadt mache, gleich
den Städten, die unbewohnt sind, wenn ich wider
dich die Flut heranbrausen lasse, daß die großen
Wasser dich überdecken, 20 so stoße ich dich hinab
zu denen, die in die Grube stiegen, zum Volke der
Urzeit. Ich lasse dich wohnen in der Unterwelt, im
ewigen Ödland bei denen, die in die Grube stiegen,
so daß du nicht mehr bewohnt wirst und deinen
Platz nicht mehr einnimmst im Land der Lebendi-
gen. 21 Schrecknissen gebe ich dich hin, du wirst
nicht mehr sein; man sucht dich und findet dich
nicht mehr in Ewigkeit« – Spruch des Gebieters und
Herrn.

Gericht über Tyrus, ein Schiff von vollendeter Schönheit

27
1 Das Wort des Herrn erging an mich:
2 »Du, Menschensohn, stimme ein
Klagelied an über Tyrus! 3 Sprich zu
Tyrus: Die du wohnst an den Zugängen des Meeres
als Handelsherrin der Völker nach zahlreichen
Inseln hin, so spricht der Gebieter und Herr: Tyrus,
du dachtest: ›Ich bin ein Schiff von vollendeter
Schönheit!‹ 4 Im Herzen der Meere schufen dich
deine Erbauer. Sie verliehen dir vollendete Schön-
heit. 5 Alle deine Planken baute man dir aus
Wacholder vom Senir; eine Zeder vom Libanon
nahm man, um einen Mastbaum zu machen. 6 Aus
den höchsten Eichen von Basan machte man deine
Ruder; dein Verdeck aus Elfenbein mit Fichtenholz
von den Inseln der Kittäer. 7 Buntgewirkter Byssus
aus Ägypten war dein Segel, um dir als Flagge zu
dienen; violetter und roter Purpur von Elisas Gesta-
den war deine Decke. 8 Als Ruderer hattest du die
Bewohner von Sidon und Arwad. Deine Klügsten,
Tyrus, waren auf dir; sie waren deine Matrosen.
9 Die Ältesten von Byblos und seine Weisen befan-
den sich in dir und besserten deine Schäden aus; alle
Meeresschiffe und ihre Seeleute verkehrten bei dir,
zu tauschen mit deinen Waren. 10 Leute von Paras,
Lud und Put dienten als Krieger in deinem Heer;
Schilde und Helme hängten sie in dir auf, zum
Glanze verhalfen sie dir. 11 Arwads Söhne und deine
Heeresmacht waren auf deinen Mauern ringsum,
hielten auf deinen Türmen Wacht. Ihre Schilde
hängten sie rings an deinen Mauern auf, verliehen
dir vollendete Schönheit. 12 Tarsis trieb Handel mit
dir wegen der Größe deines Reichtums; Silber,
Eisen, Zinn und Blei lieferte man dir als Um-
satzware. 13 Jawan, Tubal, Meschech schacherten
mit dir; Sklaven und Gefäße aus Erz gaben sie dir
zum Tausch. 14 Aus Bet-Togarma lieferte man dir
Pferde, Gespanne und Maultiere als Umsatzware.
15 Die Leute von Rhodos schacherten mit dir, viele
Inseln trieben mit dir Handel; Elfenbein und Eben-
holz führten sie an dich als Zahlung ab. 16 Edom
machte Handelsgeschäfte mit dir wegen der Menge
deiner Erzeugnisse; Edelsteine, Rotpurpur, buntge-
wirkte Stoffe, Byssus, Korallen und Rubinstein gab
man als Umsatzware. 17 Juda und das Land Israel
schacherten mit dir; Weizen, Oliven, Wachs, Honig,
Öl und Mastixharz gaben sie dir zum Tausch. 18 Da-
maskus trieb mit dir Handel wegen der Menge dei-
ner Erzeugnisse, wegen der Menge all deines Reich-
tums; Wein von Chelbon und Wolle von Zachar
gaben sie dir als Umsatzware. 19 Von Usal kam ge-

formtes Eisen. Zimt und Würzrohr für dich zum
Tausch. 20 Dedan schacherte mit dir in Stoff für
Satteldecken zum Reiten. 21 Arabien und alle Fürsten
von Kedar waren deine Kundschaft mit Lämmern,
Widdern und Böcken. Darin handelten sie mit dir.
22 Kaufleute von Saba und Rama schacherten mit dir.
Jede Art bester Spezereien, allerlei Edelgestein und
Gold gaben sie dir als Umsatzware. 23 Charan,
Kanne und Eden schacherten mit dir, Assur und
ganz Medien machten mit dir Geschäfte. 24 Sie scha-
cherten mit dir in Prachtgewändern, in Mänteln von
violettem Purpur und Buntwirkerei, in mehrfarbigen
Teppichen, in geflochtenen und gedrehten Tauen
auf deinen Handelsplätzen. 25 Die Tarsisschiffe
waren dein Reichtum, deine Tauschware. So warst
du voll und schwer beladen im Herzen der Meere.

Klagelied der Seefahrer

26 Deine Ruderer brachten dich hinaus in gewaltige
Wasser. Der Ostwind ließ dich scheitern inmitten
des Meeres. 27 Dein reicher Besitz, dein Umsatz,
deine Tauschwaren, deine Seeleute, deine Matrosen,
deine Schiffszimmerleute, deine Tauschhändler und
alle deine Krieger bei dir und die ganze Besatzung in
deiner Mitte, sie sinken in die Tiefe des Meeres am
Tage, da du fällst. 28 Bei deiner Matrosen lautem Ge-
schrei erzittert die Meeresfläche. 29 Dann steigen von
ihren Schiffen herab alle, die das Ruder führen; die
Seeleute, alle Matrosen des Meeres gehen an Land.
30 Sie rufen laut über dich und schreien voll bitteren
Wehs. Sie streuen Staub auf ihr Haupt, in Asche
wälzen sie sich. 31 Deinetwegen scheren sie sich
Glatzen und gürten Trauergewänder um. Sie weinen
um dich betrübten Sinns, in bitterer Klage. 32 Sie
stimmen über dich jammernd ein Leichenlied an und
klagen um dich: Wer ist doch wie Tyrus lautlos ver-
stummt inmitten des Meeres? 33 Als deine Waren
dem Meere entstiegen, da machtest du zahlreiche
Völker satt; durch deiner Güter und Tauschwaren
Menge hast du die Könige der Erde bereichert.
34 Nun aber bist du geborsten im Meer, in den Tiefen
der Wasser. Deine Tauschwaren und deine gesamte
Besatzung versanken in dir. 35 Alle Bewohner der
Inseln sind entsetzt über dich, ihre Könige erschau-
ern gewaltig, niedergeschlagen ist ihr Antlitz. 36 Die
Händler unter den Völkern pfeifen ängstlich über
dich. Jähem Ende bist du verfallen, dahin für immer.«

Vermessenheit des Fürsten von Tyrus

28 1 Das Wort des Herrn erging an mich:
2 »Menschensohn, rede zum Fürsten
von Tyrus: So spricht der Gebieter und
Herr: Du warst hochfahrenden Sinnes und
sprachst: ›Ein Gott bin ich, einen Gottessitz nehme
ich ein im Herzen der Meere‹, und doch bist du nur
ein Mensch und nicht Gott, wenn du dich auch
dünkst wie ein Gott. 3 Siehe, weiser als Daniel bist
du, kein Geheimnis ist dir zu dunkel. 4 Durch deine
Weisheit und Einsicht erwarbst du dir Reichtum,
häuftest Gold und Silber in deinen Schatzhäusern.
5 Durch deine große Weisheit in deinen Handels-
geschäften mehrtest du dein Vermögen, und hoch-
mütig wurde dein Herz ob deines Reichtums.
6 Darum spricht der Gebieter und Herr: Weil du
dich dünktest wie Gott, 7 siehe, deshalb bringe ich
über dich Fremde, die gewalttätigsten Völker; sie
zücken ihre Schwerter wider deine strahlende
Weisheit und entweihen deinen Glanz. 8 Zur Grube
stoßen sie dich hinab, sterben wirst du eines ge-
waltsamen Todes inmitten des Meeres. 9 Wirst du
dann auch noch sprechen: ›Gott bin ich‹, angesichts
deiner Mörder, wo du doch nur ein Mensch bist,
aber kein Gott in der Hand derer, die dich erschla-
gen? 10 Sterben mußt du den Tod Unbeschnittener
durch die Hand fremder Menschen. Denn ich habe
es gesagt« – Spruch des Gebieters und Herrn.

Klagelieder über den Fürsten von Tyrus

11 Das Wort des Herrn erging an mich: 12 »Men-
schensohn, stimme ein Klagelied an über den König
von Tyrus und sprich zu ihm: So spricht der Gebie-
ter und Herr: Du warst ein kunstvolles Siegel, voll
Weisheit und von vollendeter Schönheit. 13 In Eden,
dem Gottesgarten, befandest du dich. Allerlei Edel-
steine bedeckten dich: Rubin, Chrysolith, Jaspis,
Tarsis, Karneol, Nephrit, Saphir, Türkis und Sma-
ragd. Von Gold war die Arbeit deiner Fassung und
deiner Vertiefungen. Am Tage deiner Erschaffung
wurden sie hergestellt. 14 Einem glänzenden, schir-
menden Kerub gesellte ich dich zu, auf heiligem
Gottesberge warst du, inmitten feuriger Steine
wandeltest du. 15 In deinem Wandel warst du von
Fehlern frei vom Tag deiner Erschaffung an, bis sich
Unrecht an dir fand. 16 Durch deinen vielen Tausch-
handel fülltest du dein Inneres mit Frevel an und
sündigtest. Da verstieß ich dich vom Gottesberg,
und es stürzte dich der schirmende Kerub mitten
aus den feurigen Steinen ins Verderben. 17 Hoch-
fahrend war dein Herz ob deiner Schönheit; deine
Weisheit verdarbst du wegen deines Glanzes. Auf
die Erde stürzte ich dich hinab, vor Königen gab ich
dich preis, damit sie sich an deinem Anblick weide-
ten. 18 Durch deiner Verfehlungen große Zahl, bei
deinen frevelhaften Handelsgeschäften entweihtest
du deine Heiligtümer. Da ließ ich Feuer aus dir her-
vorgehen, das dich verzehrte. Ich machte dich zu

Asche auf der Erde vor den Augen aller, die dich sahen. 19 Alle, die dich unter den Völkern kannten, sind entsetzt über dich. Jähem Ende bist du verfallen, dahin für immer.«

Orakel gegen Sidon

20 Das Wort des Herrn erging an mich: 21 »Menschensohn, richte dein Antlitz wider Sidon, tritt als Prophet ihm gegenüber auf! 22 Sage: So spricht der Gebieter und Herr: Fürwahr, gegen dich, Sidon, gehe ich vor. Meine Ehre suche ich in deiner Mitte. Dann wird man erkennen, daß ich der Herr bin, wenn ich an ihm Gerichte vollstrecke und mich als heilig erweise an ihm. 23 Ich schicke ihm die Pest und Blutvergießen in seine Gassen. Erschlagene sollen fallen in seiner Mitte durch das Schwert, das von allen Seiten ihm droht. Dann wird man erkennen, daß ich der Herr bin.

Verheißung für Israel

24 Für das Haus Israel wird es keinen stechenden Dorn und keinen schmerzenden Stachel mehr geben von seiten aller, die ringsum wohnen und die es verachten. Dann werden sie einsehen, daß ich der Gebieter und Herr bin.« 25 So spricht der Gebieter und Herr: »Wenn ich das Haus Israel aus den Völkern sammle, unter die sie verstreut waren, dann will ich mich an ihnen als heilig erweisen vor den Augen der Heidenvölker; sie sollen auf ihrer Scholle wohnen, die ich meinem Knechte Jakob gegeben habe. 26 Sie werden darauf in Sicherheit siedeln, Häuser bauen und Weinberge pflanzen; ja, sie werden in Sicherheit wohnen, wenn ich Gerichte vollstrecke an allen, die ringsumher ihnen mit Verachtung begegneten. Dann werden sie einsehen, daß ich der Herr, ihr Gott, bin.«

Großer Drache am Nil

29 1 Am zwölften Tage des zehnten Monats im zehnten Jahr erging das Wort des Herrn an mich: 2 »Menschensohn, richte dein Antlitz wider den Pharao, den König von Ägypten, und tritt wider ihn und wider ganz Ägypten als Prophet auf! 3 Rede und sprich: So spricht der Gebieter und Herr: Fürwahr, gegen dich gehe ich vor, Pharao, du König Ägyptens, du großer Drache, der du lagerst an deinen Nilarmen. Du sprichst: ›Die Nilarme sind mein, ich bin ihr Schöpfer.‹ 4 Haken lege ich in deine Kinnbacken, die Fische deiner Nilarme lasse ich an deinen Schuppen haften und ziehe dich aus deinen Nilarmen heraus mitsamt allen Fischen deiner Nilarme, die an deinen Schuppen haften. 5 Ich werfe dich in die Wüste hinaus, dich und alle Fische deiner Nilarme. Auf freies Feld wirst du fallen; man liest dich nicht auf und begräbt dich nicht. Den wilden Tieren und den Vögeln des Himmels gebe ich dich zum Fraß. 6 Dann sehen alle Bewohner Ägyptens ein, daß ich der Herr bin.

Weil du eine Stütze aus Schilfrohr für das Haus Israel bist 7 – wollen sie dich mit der Hand fassen, so knickst du ein und reißt ihnen die ganze Hand auf, und wenn sie sich auf dich stützen wollen, dann brichst du entzwei und bringst ihren ganzen Leib zum Wanken –, 8 darum spricht der Gebieter und Herr: Wohlan, ich lasse das Schwert über dich kommen und vertilge aus dir Menschen und Vieh. 9 Zur Wüste und Trümmerstätte wird das ägyptische Land. Dann werden sie einsehen, daß ich der Herr bin. Du hast ja gesagt: ›Die Nilarme sind mein, ich bin ihr Schöpfer.‹ 10 Darum, fürwahr, gehe ich gegen dich und deine Nilarme vor und mache das Land Ägypten zur Trümmerstätte und Wüste von Migdol bis Syene und bis zur Grenze von Kusch. 11 Keines Menschen Fuß soll es durchwandern, und keines Tieres Fuß soll es durchstreifen; vierzig Jahre lang bleibt es unbewohnt. 12 Ich mache das Land Ägypten zur Wüste inmitten verwüsteter Länder, seine Städte sollen inmitten zerstörter Städte vierzig Jahre lang als Wüste daliegen; ich zerstreue die Ägypter unter die Völker und versprenge sie in die Länder.

13 Denn so spricht der Gebieter und Herr: Nach Ablauf von vierzig Jahren sammle ich die Ägypter aus den Völkern, wohin sie zerstreut waren. 14 Ich wende alsdann das Geschick der Ägypter und bringe sie in das Land Patros zurück, in das Land ihrer Herkunft; dort werden sie nur ein geringes Reich bilden. 15 Geringer soll es sein als die anderen Reiche und sich nicht mehr über die Völker erheben; ich mache sie klein, daß sie nicht mehr über die Völker herrschen können. 16 Sie werden dem Haus Israel kein Hort des Vertrauens mehr sein, sondern die Schuld in Erinnerung bringen, daß es sich ihnen angeschlossen hat. Dann werden sie einsehen, daß ich der Gebieter und Herr bin.«

Ägypten, Sold für Nebukadnezar

17 Am ersten Tag des ersten Monats im 27. Jahre erging das Wort des Herrn an mich: 18 »Menschensohn! Nebukadnezar, der König von Babel, hat sein Heer wider Tyrus schweren Dienst verrichten lassen. Jegliches Haupt ist kahl geschoren, jede Schulter zerschunden; aber Sold ist weder ihm noch seinem Heer von Tyrus zuteil geworden für die Arbeit, die er gegen die Stadt geleistet hat. 19 Darum spricht der Gebieter und Herr: Siehe, ich

liefere an Nebukadnezar, den König von Babel, das
Land Ägypten aus, damit er dessen Reichtum fort-
schleppe, an ihm Beute mache und Raub gewinne.
Das diene seinem Heere als Sold. 20 Als seinen
Lohn, um den es Dienst tat, liefere ich ihm das Land
Ägypten aus, weil sie für mich gearbeitet haben« –
Spruch des Gebieters und Herrn. 21 »An jenem Tage
werde ich die Zuversicht des Hauses Israel stärken
und dich in ihrer Mitte predigen lassen. Dann
werden sie einsehen, daß ich der Herr bin.«

29,10: Migdol ist Nord-, Syene (Assuan) Südgrenze (30,6).

Der Tag des Herrn als Gericht über Ägypten

30

1 Das Wort des Herrn erging an mich:
2 »Menschensohn, tritt als Prophet auf
und sprich: So spricht der Gebieter und
Herr: Wehklagt: ›Ach, welch ein Tag!‹ 3 Denn nahe
ist ein Tag, ja, nahe ist der Tag des Herrn; ein Tag
des Gewölkes, die Stunde für die Völker wird es
sein. 4 Ein Schwert kommt nach Ägypten, ein
Zittern wird Kusch befallen, wenn Erschlagene
in Ägypten stürzen, wenn man seinen Reichtum
fortschleppt und seine Grundfesten einreißt.
5 Kusch, Put und Lud, das gesamte Völkergemisch,
Libyen sowie die Söhne des Bundeslandes werden
fallen durch das Schwert. 6 So spricht der Herr: Es
fallen die Stützen Ägyptens, es sinkt seine stolze
Macht; von Migdol bis nach Syene fällt man im
Land durch das Schwert« – Spruch des Gebieters
und Herrn. 7 »Verwüstet wird es sein inmitten ver-
wüsteter Länder und seine Städte werden inmitten
zerstörter Städte liegen. 8 Dann werden sie erken-
nen, daß ich der Herr bin, wenn ich Feuer an Ägyp-
ten lege, und wenn all seine Helfer zusammenbre-
chen. 9 An jenem Tage werden Eilboten von mir
ausgehen, um das sorglose Kusch zu erschrecken.
Ein Zittern wird sie befallen am Unglückstage
Ägyptens; denn siehe, er naht schon.«

Der Nil vertrocknet

10 So spricht der Gebieter und Herr: »Ich beende die
ägyptische Pracht durch die Hand Nebukadnezars,
des Königs von Babel. 11 Er und sein Volk, die grau-
samsten unter den Völkern, werden herbeigeholt
zur Vernichtung des Landes. Sie zücken wider
Ägypten ihre Schwerter und füllen das Land mit
Erschlagenen an. 12 Ich trockne die Nilarme aus und
verkaufe an Ruchlose das Land; ich verwüste das
Land und was darin ist, durch fremdländische
Macht. Ich, der Herr, habe gesprochen.«

Ägyptens Städte niedergerissen

13 So spricht der Gebieter und Herr: »Die Götzen
tilge ich aus und mache den Göttern von Noph ein
Ende und den Fürsten aus dem Lande Ägypten, daß
sie nicht mehr sind; ich verbreite Furcht im Lande
der Ägypter. 14 Ich verwüste Patros, lege Feuer an
Zoan, halte Gericht über No. 15 Meinen Grimm
schütte ich aus über Sin, das ägyptische Bollwerk,
und vernichte das Gepränge von Noph. 16 Feuer lege
ich an Ägypten; zitternd erbeben wird Syene; in No
legt man Bresche und reißt seine Mauern ein. 17 Die
jungen Männer von On und Bubastis fallen durch
das Schwert, und die Städte selbst müssen in die
Verbannung ziehen. 18 In Tachpanches wird sich der
Tag verfinstern, wenn ich daselbst die Zepter Ägyp-
tens zerbreche; es geht zu Ende in ihm seine stolze
Macht. Gewölk deckt es zu, und seine Töchter
müssen in die Verbannung ziehen. 19 So halte ich
über Ägypten Gericht. Dann werden sie einsehen,
daß ich der Herr bin.«

Pharaos Arm zerschmettert

20 Es begab sich am siebten Tag des ersten Monats
im elften Jahre, da erging das Wort des Herrn an
mich: 21 »Menschensohn! Den Arm Pharaos, des
Ägypterkönigs, zerschmettere ich; fürwahr, nicht
verbunden wird er, Heilmittel werden nicht ange-
wandt, kein Verband wird angelegt zu seinem Er-
starken, damit er das Schwert nicht wieder ergrei-
fen kann. 22 Darum spricht der Gebieter und Herr:
Siehe, gegen den Pharao, den Ägypterkönig, gehe
ich vor! Seine Arme – den starken und den schon
zerschmetterten – zerbreche ich und schlage das
Schwert aus seiner Hand. 23 Ich zerstreue die Ägyp-
ter unter die Völker und versprenge sie in die
Länder. 24 Doch die Arme des Königs von Babel will
ich stärken und ihm mein Schwert in die Hand
geben; die Arme Pharaos aber zerbreche ich, so daß
er vor ihm stöhnt wie ein Schwerverwundeter. 25 Ja,
ich stärke die Arme des Königs von Babel, aber
Pharaos Arme sollen sinken. Dann wird man erken-
nen, daß ich der Herr bin, wenn ich mein Schwert
in die Hand des Königs von Babel gebe, daß er es
schwinge über das ägyptische Land. 26 Ich zerstreue
die Ägypter unter die Völker und versprenge sie in
die Länder. Dann werden sie erkennen, daß ich der
Herr bin.«

Pharao als Weltenbaum

31

1 Es begab sich am ersten Tag des dritten
Monats im elften Jahre, da erging des
Herrn Wort an mich: 2 »Menschensohn,
sprich zum Pharao, dem König von Ägypten, und
seinem Gepränge: Wem bist du in deiner Größe
gleich? 3 Eine Fichte wuchs auf dem Libanon, mit
schönem Geäst den Wald überschattend und hoch-

ragenden Wuchses; zwischen den Wolken war
ihr Wipfel. 4 Wasser machte sie groß, Grundwas-
ser trieb sie in die Höhe. Seine Ströme ließ es
fließen rings um ihren Standort. Seine Rinnsale
ließ es gehen zu allen Bäumen des Feldes. 5 Darum
überragte ihr Wuchs alle anderen Bäume des
Feldes; ihrer Zweige wurden gar viele, und ihre
Äste verlängerten sich wegen des reichlich fließen-
den Wassers. 6 In ihren Zweigen nisteten allerlei
Vögel des Himmels, unter ihren Ästen gebar allerlei
Wild des Feldes. In ihrem Schatten wohnten lauter
zahlreiche Völker. 7 So ward sie schön in ihrer
Größe mit ihrem langen Geäst; denn ihre Wurzeln
standen an reichlichem Wasser. 8 Zedern im Got-
tesgarten reichten nicht an sie heran, Zypressen
glichen ihr nicht mit ihren Zweigen, und Platanen
hatten keine solchen Äste wie sie. Im Gottesgarten
gab es keinen Baum, der ihr an Schönheit glich.
9 Schön hatte ich sie gestaltet in ihrem vielen Geäst;
es beneideten sie alle Bäume Edens, die im Gottes-
garten standen.
10 Darum spricht nun der Gebieter und Herr: Weil
sie hoch war an Wuchs und ihren Wipfel bis in die
Wolken streckte und ihr Sinn hochfahrend wurde
ob ihrer Größe, 11 darum gab ich sie in die Gewalt
eines Machthabers unter den Völkern, damit er
entsprechend ihrer Bosheit an ihr handle. [Ich ver-
drängte sie.] 12 Fremde, die grausamsten unter den
Völkern, hieben sie nieder und warfen sie auf die
Berge; in alle Täler fielen ihre Zweige; es zer-
splitterten ihre Äste in allen Flußtälern der Erde. Da
kamen aus ihrem Schatten hervor alle Völker der
Erde und warfen sie nieder. 13 Auf ihrem gefällten
Stamm ließen sich alle Vögel des Himmels nieder,
auf ihren Ästen hielt sich alles Wild des Feldes auf.
14 So sollten keine Bäume am Wasser mehr hoch-
wachsen und ihre Wipfel bis in die Wolken
strecken; nicht mehr sollten dort allerlei wasser-
saugende Bäume hochgeschossen dastehen. Denn
sie alle werden dem Tod überliefert in die Unter-
welt, mitten unter die gewöhnlichen Menschen, zu
denen, die zur Grube sanken.
15 So spricht der Gebieter und Herr: Am Tage, da
sie ins Totenreich hinabfuhr, ließ ich das Grund-
wasser über sie trauern und gebot seinen Strömen
Einhalt; die reichlich fließenden Wasser wurden ge-
hemmt, um ihretwillen hüllte ich den Libanon in
Trauer, und alle Bäume des Feldes verschmachte-
ten ihretwegen. 16 Ob ihres dröhnenden Sturzes
ließ ich Völker erbeben, da ich sie ins Totenreich
stieß zu denen, die zur Grube sanken. Da trösteten
sich in der Unterwelt alle Bäume Edens, die erle-
sensten und besten vom Libanon, alle wasser-
saugenden Bäume. 17 Auch diese waren mit ihr ins
Totenreich hinabgestiegen zu den Schwertdurch-
bohrten, ebenso die Nachkommen jener, die in
ihrem Schatten wohnten inmitten der Völker.
18 Wem warst du gleich an Kraft, an Pracht und
Größe unter den Bäumen Edens? Und doch
wurdest du hinabgestürzt mit Edens Bäumen zur
Unterwelt; mitten unter Unbeschnittenen liegst
du bei den Schwertdurchbohrten. Das ist der
Pharao und all sein Gepränge« – Spruch des Gebie-
ters und Herrn.

Pharao als Drache im Meer

32 1 Es begab sich am ersten Tag des zwölf-
ten Monats im elften Jahre, da erging das
Wort des Herrn an mich: 2 »Menschen-
sohn, stimme ein Klagelied an über den Pharao, den
König Ägyptens, und sprich zu ihm: Du Junglöwe
unter den Völkern, du bist vernichtet! Und du warst
doch wie der Drache im Weltmeer; aus deinen
Nüstern schnaubtest du, trübtest mit deinen Füßen
das Wasser und wühltest seine Fluten auf. 3 So
spricht der Gebieter und Herr: Ich spanne mein
Netz über dich aus [durch die Versammlung vieler
Völker] und ziehe dich in meinem Schleppnetz
herauf. 4 Ich werfe dich hin auf das Land, ich schleu-
dere dich auf das freie Feld. Alle Vögel des Himmels
lasse ich auf dir Platz nehmen und sättige an dir alles
Wild der Erde. 5 Ich lege dein Fleisch auf den Bergen
nieder und fülle die Täler mit deinem Aas. 6 Ich
tränke die Erde mit deinem zersetzten Blut auf den
Bergen, die Schluchten sollen angefüllt werden mit
dir. 7 Ich verhülle den Himmel bei deinem Erlöschen
und verfinstere seine Sterne. Die Sonne hülle ich in
Gewölk, und der Mond läßt sein Licht nicht mehr
leuchten. 8 Alle strahlenden Lichter am Himmel ver-
dunkle ich um deinetwillen; Finsternis bringe ich
über dein Land« – Spruch des Gebieters und Herrn.
9 »Ich versetze das Herz vieler Völker in Sorge,
wenn ich deine Gefangenen unter die Völker bringe
in Länder, die dir unbekannt sind. 10 Ich erfülle viele
Völker mit Entsetzen über dich, und ihre Könige
werden deinetwegen erschaudern, wenn ich mein
Schwert vor ihnen schwinge; sie werden immerfort
zittern, ein jeder um sein Leben am Tag deines
Sturzes. 11 Denn so spricht der Gebieter und Herr:
Das Schwert des Königs von Babel kommt über
dich. 12 Durch Schwerter von Helden bringe ich
dein Gepränge zu Fall; sie alle sind die grausamsten
unter den Völkern; sie verheeren die Pracht Ägyp-
tens, und all sein Gepränge fällt der Vernichtung an-

heim. 13 Ich vertilge all sein Getier aus den vielen
Gewässern; eines Menschen Fuß trübt sie nicht
mehr, auch keines Tieres Huf soll sie mehr trüben.
14 Dann lasse ich ihr Wasser sich klären und ihre
Ströme hingleiten wie Öl« – Spruch des Gebieters
und Herrn. 15 »Wenn ich das Land Ägypten zur
Wüste mache und das Land seiner Fülle beraubt
wird, wenn ich alle seine Bewohner schlage, dann
werden sie erkennen, daß ich der Herr bin. 16 Ein
Klagelied ist dies, und man wird es singen; die
Töchter der Völker werden es anstimmen, über
Ägypten und all sein Gepränge sollen sie es singen«
– Spruch des Gebieters und Herrn.

Pharao und seine Völker im Totenreich

17 Am fünfzehnten Tag des ersten Monats im zwölf-
ten Jahre erging das Wort des Herrn an mich:
18 »Menschensohn, wehklage über das Gepränge
Ägyptens und geleite es hinab, du und die Töchter
herrlicher Völker, zur Unterwelt, zu denen, die zur
Grube sanken: 19 Soll es dir besser ergehen als ande-
ren? Steige hinab und lege dich zu den Unbeschnit-
tenen hin! 20 Inmitten Schwertdurchbohrter fallen
sie durch das Schwert. Man bereitet ein Lager bei
ihnen all ihrem Gepränge. 21 Die machtvollsten
Helden sprechen zu ihm mitten aus dem Toten-
reiche heraus: Mitsamt seinen Helfern steigen sie
hinab und liegen bei den Unbeschnittenen, die
Schwertdurchbohrten.
22 Dort ist Assur und all sein Aufgebot, rings um ihn
sind seine Gräber, lauter Erschlagene, gefallen
durch das Schwert. 23 Seine Gräber legte man an
den äußersten Rand der Grube, und sein Aufgebot
liegt rings um sein Grab, lauter Erschlagene, ge-
fallen durch das Schwert, die einst ihren Schrecken
verbreiteten im Land der Lebendigen.
24 Dort ist Elam und all sein Gepränge rings um sein
Grab, lauter Erschlagene, gefallen durch das
Schwert, die als Unbeschnittene hinabstiegen zur
Unterwelt, sie, die einst ihren Schrecken verbreite-
ten im Land der Lebendigen; nun aber tragen sie
ihre Schmach mit denen, die zur Grube sanken.
25 Mitten unter Erschlagenen bereitete man ihm mit
all seinem Gepränge ein Lager; rings um ihn her
sind seine Gräber, lauter Unbeschnittene, Schwert-
durchbohrte; denn ihr Schrecken hatte sich einst
verbreitet im Land der Lebendigen, nun aber tragen
sie ihre Schmach mit denen, die zur Grube sanken;
mitten unter Erschlagene legte man sie.
26 Dort sind Meschech und Tubal und all ihr
Gepränge, rings um sie sind ihre Gräber, lauter Un-
beschnittene, Schwertdurchbohrte; denn sie ver-
breiteten einst ihren Schrecken im Land der Leben-
digen. 27 Sie liegen nicht bei den Helden, den Riesen
der Vorzeit, die in voller Kriegsrüstung hinabstiegen
zum Totenreich, denen man ihre Schwerter unter
ihr Haupt legte und deren Schilde auf ihren Ge-
beinen lagen; denn ein Schrecken waren die Helden
im Land der Lebendigen. 28 Auch du sollst zer-
schmettert werden mitten unter Unbeschnittenen
und bei Schwertdurchbohrten liegen!
29 Dort ist Edom, seine Könige und all seine Fürsten,
die trotz ihrer Tapferkeit zu den Schwertdurch-
bohrten gelegt sind. Sie liegen bei Unbeschnittenen
und bei denen, die zur Grube sanken.
30 Dort sind die Beherrscher des Nordens insge-
samt und alle Sidonier, die mit Schwertdurch-
bohrten hinabstiegen, die nun trotz ihrer Schrecken
verbreitenden Tapferkeit beschämt sind; sie liegen
unbeschnitten bei den Schwertdurchbohrten und
tragen ihre Schmach mit denen, die zur Grube
sanken. 31 Diese wird der Pharao erblicken und
sich über all sein Gepränge trösten. Schwertdurch-
bohrte sind der Pharao und sein ganzer Heer-
bann« – Spruch des Gebieters und Herrn. 32 »Denn
er hat seinen Schrecken verbreitet im Land der
Lebendigen; deshalb wird hingelegt inmitten Un-
beschnittener bei Schwertdurchbohrten der Pharao
und all sein Gepränge« – Spruch des Gebieters und
Herrn.

32,7f: Das Gericht über Ägypten gleicht dem Weltgericht; vgl. 30,2f; Is 13,10; Amos 5,18; Joël 2,10 u. ö.

Das Wächteramt

33

1 Das Wort des Herrn erging an mich:
2 »Menschensohn, rede zu den Söhnen
deines Volkes und sprich zu ihnen:
Angenommen, ich bringe über ein Land das
Schwert, und es erwählen sich die Landesbürger
einstimmig einen Mann und bestellen ihn zu ihrem
Wächter; 3 dieser sieht nun das Schwert über das
Land hereinbrechen, stößt in das Widderhorn und
warnt das Volk; 4 wenn dann einer den Schall des
Hornes hört, sich aber nicht warnen läßt, so daß das
Schwert kommt und ihn hinwegrafft, so kommt
sein Blut über sein eigenes Haupt. 5 Den Schall des
Widderhornes hat er vernommen, ließ sich aber
nicht warnen; sein Blut kommt also über ihn selbst.
Jener aber hat gewarnt und dadurch sein Leben ge-
rettet. 6 Sieht jedoch der Wächter das Schwert her-
einbrechen, stößt aber nicht ins Widderhorn und
warnt das Volk nicht, so daß das Schwert kommt
und einen von ihnen hinwegrafft, so wird dieser
zwar wegen seiner Schuld hinweggerafft, sein Blut
aber fordere ich aus der Hand des Wächters.

Ezechiel als Wächter

[7] Dich aber, Menschensohn, habe ich zum Wächter über das Haus Israel bestellt. Hörst du aus meinem Mund ein Wort, dann warne sie in meinem Auftrag! [8] Wenn ich vom Frevler sage: ›Frevler, du mußt sterben!‹, und du redest nicht, den Frevler vor seinem Wandel zu warnen, so wird dieser Frevler zwar wegen seiner Schuld sterben, sein Blut aber fordere ich von deiner Hand. [9] Hast du aber den Frevler vor seinem Wandel gewarnt, er solle davon abstehen, dieser aber bekehrt sich nicht von seinem Wandel, so wird er zwar wegen seiner Schuld sterben, du aber hast dein Leben gerettet.

Verantwortlichkeit und Vergeltungslehre

[10] Du aber, Menschensohn, rede zum Hause Israel: So habt ihr gesprochen: ›Unsere Vergehen und unsere Sünden belasten uns, und ihretwegen schwinden wir dahin. Wie könnten wir noch am Leben bleiben?‹ [11] Sprich zu ihnen: So wahr ich lebe« – Spruch des Gebieters und Herrn –, »ich habe kein Wohlgefallen am Tode des Frevlers, sondern daran, daß der Frevler sich von seinem Wandel bekehre und lebe. Kehrt um, kehrt um von euren bösen Wegen! Warum wollt ihr denn sterben, ihr vom Hause Israel?

[12] Du aber, Menschensohn, sprich zu den Söhnen deines Volkes: Den Gerechten wird seine Gerechtigkeit nicht erretten am Tage, da er sich verfehlt, und der Frevler wird nicht zu Fall kommen am Tage, da er sich von seiner Frevelhaftigkeit abwendet. Aber der Gerechte kann sein Leben nicht erhalten am Tage, da er sündigt. [13] Sage ich zum Gerechten: ›Du bleibst gewiß am Leben‹, er aber verläßt sich auf seine Gerechtigkeit und verübt Unrecht, so wird all seiner frommen Taten nicht mehr gedacht; wegen des Unrechts, das er verübt, muß er sterben. [14] Spreche ich aber zum Frevler: ›Du mußt gewiß sterben‹, und er bekehrt sich von seiner Sünde und übt Recht und Gerechtigkeit, [15] erstattet das Pfand zurück, ersetzt, was er geraubt, wandelt in den Satzungen des Lebens, ohne Unrecht zu verüben, dann bleibt er bestimmt am Leben; er muß nicht sterben. [16] All seiner Sünden, die er begangen, wird ihm nicht mehr gedacht; Recht und Gerechtigkeit hat er geübt; er bleibt gewiß am Leben. [17] Und da sagen die Söhne deines Volkes: ›Nicht in Ordnung ist das Vorgehen des Herrn‹, während doch ihr eigenes Vorgehen nicht in Ordnung ist. [18] Wendet sich der Gerechte von seiner Gerechtigkeit ab und verübt Unrecht, so muß er dessentwegen sterben. [19] Wendet sich der Frevler von seiner Frevelhaftigkeit ab und übt Recht und Gerechtigkeit, so bleibt er um ihretwillen am Leben. [20] Da behauptet ihr nun: ›Das Vorgehen des Herrn ist nicht in Ordnung.‹ Jeden von euch will ich richten nach seinem Wandel, Haus Israel.«

Öffnen des Mundes bei Jerusalems Fall

[21] Es begab sich am fünften Tage des zehnten Monats im zwölften Jahre nach unserer Fortführung, da kam zu mir ein Flüchtling aus Jerusalem mit der Botschaft: »Gefallen ist die Stadt!« [22] Die Hand des Herrn war über mich am Abend, bevor der Flüchtling eintraf, gekommen. Der Herr öffnete meinen Mund, als der Flüchtling am folgenden Morgen zu mir kam. Mein Mund war geöffnet, ich war nicht mehr verstummt.

Landhungrige Judäer nicht Erben der Verheißung

[23] Das Wort des Herrn erging an mich: [24] »Menschensohn, die Bewohner jener Trümmerstätten im Lande Israel sagen: ›Ein einzelner Mann war Abraham und nahm das Land in Besitz; wir aber sind unser viele, uns ist das Land zum Besitz gegeben.‹ [25] Darum sprich zu ihnen: So spricht der Gebieter und Herr: Auf den Bergen eßt ihr (Opferfleisch), erhebt eure Augen zu euren Götzen und vergießt Blut, wollt aber trotzdem das Land in Besitz nehmen? [26] Ihr stützt euch eigensinnig auf euer Schwert, Greueltaten verübt ihr, ein jeder befleckt seines Nächsten Frau, und da wollt ihr das Land in Besitz nehmen? [27] Folgendes sollst du zu ihnen reden: So spricht der Gebieter und Herr: So wahr ich lebe, die in den Trümmern wohnen, fallen durch das Schwert; die auf freiem Felde sind, gebe ich den Tieren zum Fraße, die in Bergfesten und Höhlen sind, sterben an der Pest. [28] Ich mache das Land zur öden Wüste, seine stolze Macht nimmt ein Ende, und Israels Bergland sei verwüstet, niemand mehr soll es durchwandern! [29] Dann werden sie einsehen, daß ich der Herr bin, wenn ich das Land zur öden Wüste mache wegen all ihrer Greueltaten, die sie verübten.

Leichtsinnige Zuhörer

[30] Du aber, Menschensohn, die Söhne deines Volkes pflegen Unterhaltung über dich an den Mauern und in den Hauseingängen. Sie sagen zueinander: ›Kommt doch und hört, was für ein Wort da vom Herrn ausgeht!‹ [31] Und sie pflegen zu dir zu kommen wie bei einem Volksauflauf; sie sitzen vor dir und hören deine Worte, aber sie handeln nicht danach; denn Lügen sind in ihrem Munde, und ihr Herz strebt ihrem Gewinn nach. [32] Wahrlich, für sie bist du wie ein Minnesänger mit schöner Stimme und vortrefflichem Saitenspiel; sie hören wohl

deine Worte, aber handeln nicht danach. 33 Trifft es aber ein – und fürwahr, es trifft ein –, dann werden sie erkennen, daß ein Prophet in ihrer Mitte war.«

33,1–20: Gerechte und persönliche Vergeltung. Zu 1–9 vgl. 3,16–21, zu 10–20 vgl. 18,21–32.

Hirtenspiegel

34 1 Das Wort des Herrn erging an mich: 2 »Menschensohn, tritt wider die Hirten Israels als Prophet auf, weissage und sprich zu ihnen, den Hirten: So spricht der Gebieter und Herr: Wehe den Hirten Israels, die sich selber weiden! Sollen nicht vielmehr die Hirten die Schafe weiden? 3 Die Milch genießt ihr, mit der Wolle bekleidet ihr euch, und die Masttiere schlachtet ihr; aber die Schafe weidet ihr nicht. 4 Das Schwache habt ihr nicht gestärkt, das Kranke nicht geheilt, das Verletzte nicht verbunden, das Versprengte nicht heimgeführt, das Verirrte nicht gesucht und das Kräftige in roher Weise niedergezwungen.

5 Da zerstreuten sich meine Schafe, weil ihnen der Hirte fehlte; sie dienten allen wilden Tieren zum Fraße. 6 Zerstreut irrten meine Schafe auf allen Bergen und auf jedem hohen Hügel umher; über das ganze Land hin wurden meine Schafe versprengt; niemand war da, der nach ihnen fragte, niemand, der sie suchte. 7 Darum, ihr Hirten, höret das Wort des Herrn: 8 So wahr ich lebe« – Spruch des Gebieters und Herrn –, »weil meine Schafe zur Beute wurden und allen wilden Tieren zum Fraße dienten, da der Hirte fehlte und meine sogenannten Hirten für meine Schafe nicht sorgten, da vielmehr die Hirten sich selbst weideten und nicht meine Schafe, 9 darum hört, ihr Hirten, das Wort des Herrn! 10 So spricht der Gebieter und Herr: Siehe, ich schreite ein gegen die Hirten, meine Schafe fordere ich von ihrer Hand und setze sie ab als Hirten meiner Schafe. Nicht mehr sollen weiterhin die Hirten sich selbst weiden! Ich entreiße meine Schafe ihrem Rachen, daß sie ihnen nicht mehr als Speise dienen.

Der Herr als guter Hirt

11 Denn so spricht der Gebieter und Herr: Siehe, ich selbst will für meine Schafe sorgen und mich ihrer annehmen! 12 Gleichwie ein Hirt sich seiner Herde annimmt am Tag, da manche seiner Schafe versprengt sind, so werde ich mich meiner Schafe annehmen und sie von all den Orten retten, wohin sie am Tag des Gewölks und des Wetterdunkels zerstreut wurden. 13 Ich führe sie heraus aus den Völkern und schare sie aus den Ländern zusammen. Ich bringe sie in ihre Heimat und weide sie auf den Bergen Israels, in den Talschluchten und in allen bewohnten Gegenden des Landes. 14 Auf guter Weide werde ich sie weiden, auf Israels bergigem Hochland sei ihre Aue. Dort lagern sie auf lieblicher Trift; auf fetter Weide sollen sie weiden auf Israels Bergen. 15 Ich selbst werde meine Schafe weiden, ich selbst lasse sie lagern« – Spruch des Gebieters und Herrn. 16 »Das Verirrte werde ich suchen, das Versprengte heimführen, das Verletzte verbinden, das Kranke stärken, das Fette und Kräftige behüten; ich werde sie weiden in rechter Art!

Widder, Böcke, Schafe

17 Ihr aber, meine Schafe«, so spricht der Gebieter und Herr, »wohlan, ich richte zwischen den einzelnen Schafen, zwischen den Widdern und Böcken. 18 Ist es euch noch zu wenig, die beste Weide abzugrasen? Ihr zertretet den Rest eurer Weide auch noch mit euren Füßen; das klare Wasser trinkt ihr, was aber übrigbleibt, trübt ihr mit euren Beinen. 19 So mußten meine Schafe abgrasen, was eure Füße zertraten, und was eure Beine trübten, mußten sie trinken.« 20 Deshalb spricht der Gebieter und Herr: »Siehe, ich selbst bin es, der zwischen gemästeten und abgemagerten Schafen Recht spricht! 21 Alle schwächeren Tiere habt ihr mit Flanken und Schultern verdrängt und mit euren Hörnern fortgestoßen, bis ihr sie hinausgescheucht hattet. 22 Darum will ich meinen Schafen helfen; sie sollen nicht mehr zur Beute werden. Ich richte zwischen den einzelnen Schafen.

David, Hirt und Fürst

23 Ich bestelle über sie einen einzigen Hirten, der sie weiden soll, nämlich meinen Knecht David; er soll sie weiden, er soll ihr Hirt sein. 24 Ich, der Herr, will ihr Gott sein, und mein Knecht David wird Fürst in ihrer Mitte sein; ich, der Herr, habe gesprochen.

Davids Reich, ein friedvolles Reich

25 Ich schließe mit ihnen einen Heilsbund und entferne die wilden Tiere aus dem Lande, so daß sie in der Steppe sicher wohnen und in den Wäldern schlafen können. 26 Ich spende ihnen rings um meinen Hügel Segen und lasse den Regen zur rechten Zeit herniederströmen; segenspendender Regen wird es sein. 27 Dann bringen die Feldbäume ihre Frucht hervor, und die Erde liefert ihren Ertrag. Sie werden auf ihrer Heimatscholle in Sicherheit wohnen und erkennen, daß ich der Herr bin, wenn ich die Stangen ihres Joches zerbreche und sie aus der Gewalt derer befreie, denen sie Sklavenarbeit tun müssen.

28 Nicht mehr sollen sie eine Beute für die Heidenvölker sein, und das wilde Getier des Landes soll sie

nicht mehr fressen, sondern sie sollen in Sicherheit
wohnen, ohne daß jemand sie aufschreckt. 29 Ich
lasse ihnen eine Pflanzung des Heiles sprießen, daß
sie nicht mehr vom Hunger im Lande weggerafft
werden und nicht mehr das Schmähen der Heiden-
völker ertragen müssen. 30 Dann werden sie erken-
nen, daß ich, der Herr, ihr Gott bin und daß sie, das
Haus Israel, mein Volk sind« – Spruch des Gebieters
und Herrn. 31 »Ihr seid meine Schafe, die Schafe
meiner Weide, und ich bin euer Gott« – Spruch des
Gebieters und Herrn.

34,1–31: Als die Stadt Jerusalem gefallen war, hatte Ezechiel die Aufgabe des Trösters. Denn die Verbannten sind das neue Gottesvolk, das die Zukunft tragen wird. Diese Zukunft aber bringt den Messias. Der Pflichtvergessenheit der bisherigen Hirten wird der wahre Hirt gegenübergestellt. Vers 23–31 tritt der Messias auf, den Ezechiel David nennt, weil er ein Nachkomme Davids ist. Es ist dieselbe Persönlichkeit, von der Is 11,1–5; Jer 23,5f; Ez 37,22–24 reden.

Gegen Edom

35 1 Das Wort des Herrn erging an mich:
2 »Menschensohn, richte dein Antlitz
gegen das Gebirge Seïr und weissage
darüber! 3 Sprich zu ihm: So spricht der Gebieter
und Herr: Siehe, ich gehe wider dich vor, Bergland
Seïr, ich strecke meine Hand gegen dich aus, ich
mache dich zur öden Wüste. 4 Deine Städte lege ich
in Trümmer, du selbst wirst zur Wüste. Dann wirst
du erkennen, daß ich der Herr bin. 5 Uralte Feind-
schaft hast du gehegt und die Söhne Israels zur Zeit
ihres Unheils, zur Zeit der Endschuld dem Schwert
ausgeliefert! 6 Darum, so wahr ich lebe« – Spruch
des Gebieters und Herrn –: »[Zu Blut will ich dich
machen und Blut wird dich verfolgen.] Wahrlich,
durch Blut bist du schuldig geworden, und Blut
wird dich verfolgen. 7 Ich mache das Seïrgebirge zur
öden Wüste, ich tilge von ihm aus, was da kommt
und geht. 8 Ich fülle seine Berge mit seinen Erschla-
genen an. Auf deinen Hügeln, in deinen Tälern und
all deinen Talschluchten sollen Schwertdurchbohrte
fallen. 9 In ewige Wüste will ich dich verwandeln,
und deine Städte seien nicht mehr bewohnt. Dann
werdet ihr erkennen, daß ich der Herr bin.
10 Du hast gesagt: ›Die beiden Völker und die bei-
den Länder sollen mir gehören; wir werden sie in
Besitz nehmen!‹ – obwohl sich daselbst der Herr
befand. 11 Darum, so wahr ich lebe« – Spruch des
Gebieters und Herrn –, »handle ich entsprechend
deinem Zorn und deiner Eifersucht, wie du haßer-
füllt an ihnen gehandelt hast. Ich werde mich ihnen
kundtun, wenn ich an dir das Gericht vollstrecke.
12 Dann wirst auch du erkennen, daß ich der Herr
bin. Alle deine Schmähungen habe ich gehört, die
du wider die Berge Israels ausgestoßen hast, indem
du sprachst: ›Sie sind verwüstet, uns sind sie zum
Fraß überliefert.‹ 13 Ihr habt euer Maul gegen mich
aufgerissen und eure frechen Reden wider mich ge-
führt; ich selbst habe es gehört.« 14 So spricht der
Gebieter und Herr: »Wie du dich über mein Land
freutest, weil es verödet dalag, so handle ich an dir.
15 Wie du dich über das Erbe des Hauses Israel
freutest, weil es verödet dalag, so handle ich an dir:
Zur Wüste sollst du werden, Gebirge Seïr und ganz
Edom insgesamt! Dann wirst du erkennen, daß ich
der Herr bin.«

Verheißung für die Berge Israels

36 1 »Du aber, Menschensohn, weissage
über die Berge Israels und sprich: Ihr
Berge Israels, vernehmt das Wort des
Herrn! 2 So spricht der Gebieter und Herr: Der Feind
hat über euch gerufen: ›Ha, Wüste für immer, uns
zum Besitz geworden!‹ 3 Darum weissage und
sprich: So spricht der Gebieter und Herr: Weil man
ringsum über euch sich freute und euch verachtete,
da ihr von den übrigen Völkern erobert wurdet, und
weil ihr auf die spitzige Zunge und in die üble
Nachrede der Leute geraten seid, 4 darum, ihr Berge
Israels, vernehmt das Wort des Gebieters und
Herrn! So spricht der Gebieter und Herr zu den
Bergen und Hügeln, zu den Schluchten und Tälern,
zu den verwüsteten Trümmerstätten und zu den
verlassenen Ortschaften, die den übrigen Völkern
ringsum zur Beute und zum Gespött geworden
sind. 5 Deshalb spricht der Gebieter und Herr:
Wahrlich, im Feuer meines Eifers rede ich wider
den Rest der Völker und wider ganz Edom, die
mein Land voll Schadenfreude im Herzen und Ver-
achtung in der Seele sich zum Besitz aneigneten, da
es als Beute preisgegeben war.
6 Weissage also über das Land Israel und rede zu den
Bergen und Hügeln, zu den Schluchten und Tälern:
So spricht der Gebieter und Herr: Siehe, in meinem
Eifer und in meinem Groll rede ich, weil ihr das
Schmähen der Völker zu tragen habt. 7 Deshalb
spricht der Gebieter und Herr: Ich hebe meine
Hand zum Schwur: Wahrlich, die Völker in eurem
Umkreis sollen ihre Schmach selber tragen! 8 Ihr
aber, Israels Berge, sollt eure Zweige hervorbringen
und eure Frucht tragen für mein Volk Israel; denn
bald kehren sie heim. 9 Denn siehe, euer Gott bin
ich und wende mich euch zu; angebaut und besät
sollt ihr werden!
10 Ich mehre auf euch die Menschen, das ganze
Haus Israel insgesamt; die Städte werden wieder

bewohnt und die Trümmerstätten aufgerichtet.
11 Menschen und Vieh werde ich zahlreich machen
auf euch; sie sollen sich mehren und fruchtbar sein.
Ich mache euch bewohnt wie in früheren Tagen
und lasse es euch besser ergehen als ehemals. Dann
werdet ihr erkennen, daß ich der Herr bin. 12 Men-
schen lasse ich geboren werden auf euch, nämlich
mein Volk Israel, und sie werden von euch Besitz
ergreifen; ihr werdet ihnen als Erbland dienen und
sie in Zukunft nicht mehr der Kinder berauben.«
13 So spricht der Gebieter und Herr: »Man sagt von
euch: ›Du bist eine Menschenfresserin, eine, die ihr
eigenes Volk kinderlos macht!‹ 14 Darum sollst du
künftig nicht mehr Menschen vertilgen und dein
Volk nicht mehr der Kinder berauben« – Spruch des
Gebieters und Herrn. 15 »Ich lasse dich nicht mehr
das Schmähen der Völker vernehmen, und den
Hohn der Nationen brauchst du nicht mehr zu
tragen; dein Volk wirst du nicht mehr der Kinder
berauben« – Spruch des Gebieters und Herrn.

Zukünftiges Heil

16 Das Wort des Herrn erging an mich: 17 »Men-
schensohn, als das Haus Israel noch auf seinem
Heimatboden lebte, verunreinigten sie ihn durch
ihren Lebenswandel und durch ihre Taten; wie die
monatliche weibliche Unreinheit war ihr Wandel
vor mir. 18 Da goß ich meinen Groll über sie aus
wegen des Blutes, das sie im Lande vergossen
hatten; mit ihren Götzen hatten sie es verunreinigt.
19 Ich zerstreute sie unter die Völker, und sie wur-
den in die Länder versprengt; nach ihrem Wandel
und nach ihren Taten habe ich sie gerichtet. 20 So
kamen sie zu den Heidenvölkern. Wohin sie aber
kamen, da befleckten sie meinen heiligen Namen,
weil man von ihnen sagte: ›Diese sind das Volk des
Herrn, und doch mußten sie sein Land verlassen.‹
21 Da tat es mir leid um meinen heiligen Namen,
den das Haus Israel unter den Völkern, zu denen es
gelangt war, entweiht hatte.

22 Darum rede zum Hause Israel: So spricht der Ge-
bieter und Herr: Nicht um euretwillen handle ich,
Haus Israel, sondern um meines heiligen Namens
willen, den ihr unter den Völkern, zu denen ihr ge-
langt seid, entweiht habt. 23 Nun will ich meinen
großen Namen zu Ehren bringen, der unter den
Völkern entweiht ist und den ihr mitten unter ihnen
entweiht habt. Dann werden die Völker erkennen,
daß ich der Herr bin« – Spruch des Gebieters und
Herrn –, »wenn ich mich euch gegenüber als heilig
erweise vor ihren Augen. 24 Ich hole euch aus den
Völkern, schare euch aus allen Ländern zusammen
und bringe euch in eure Heimat.
25 Dann sprenge ich über euch reines Wasser, damit
ihr gereinigt werdet; von all euren Unreinheiten
und von all euren Götzen will ich euch reinigen.
26 Ich gebe euch ein neues Herz und lege neuen
Geist in eure Brust; ich entferne das Herz aus
Stein aus eurem Leib und gebe euch ein Herz aus
Fleisch. 27 Meinen Geist lege ich in eure Brust und
bewirke, daß ihr nach meinen Satzungen wandelt,
meine Gesetze beobachtet und erfüllt. 28 Dann dürft
ihr im Land, das ich euren Vätern geschenkt, woh-
nen bleiben; ihr werdet mein Volk sein, und ich
werde euer Gott sein. 29 Ich mache euch frei von all
euren Unreinheiten; ich rufe dem Getreide zu und
mehre es reichlich; ich bringe keine Hungersnot
mehr über euch. 30 Ich vermehre die Früchte der
Bäume und den Ertrag des Feldes, damit ihr nicht
mehr die Schmach einer Hungersnot unter den
Völkern tragen müßt. 31 Dann werdet ihr euch eures
bösen Wandels und eurer schlechten Taten erin-
nern; ihr werdet vor euch selber eurer Verschuldun-
gen und eurer Greuel wegen Ekel empfinden.
32 Nicht um euretwillen handle ich« – Spruch des
Gebieters und Herrn –, »dies sei euch kund! Schämt
euch und errötet über euren Wandel, Haus Israel!«

Neuer Aufbau

33 So spricht der Gebieter und Herr: »Am Tage, da
ich euch von all euren Verschuldungen reinige, be-
völkere ich die Städte wieder, und die Ruinen
werden aufgebaut. 34 Das verwüstete Land wird
wieder bebaut, statt daß es öde daliegen muß vor
den Augen aller Vorüberziehenden. 35 Dann wird es
heißen: ›Dieses verwüstete Land ist wie der Garten
Eden geworden, die zertrümmerten, verwüsteten
und zerstörten Städte sind neu befestigt und be-
völkert.‹ 36 Alsdann erkennen die Völker, die rings
um euch übriggeblieben sind, daß ich, der Herr, das
Zerstörte wieder erbaut und das Verwüstete wieder
bepflanzt habe. Ich, der Herr, habe geredet und
handle.« 37 So spricht der Gebieter und Herr: »Auch
darin lasse ich mich vom Hause Israel erbitten und
vollbringe es ihm: Zahlreich will ich es machen an
Menschen wie eine Schafherde. 38 Wie zu heiligen
Opfern bestimmte Schafe, wie die Schafe Jerusa-
lems an seinen Festen, so werden die zertrümmer-
ten Städte voll sein von Menschenherden. Dann
werden sie erkennen, daß ich der Herr bin.«

Schau vom Wiederbeleben der Totengebeine

37 1 Die Hand des Herrn kam über mich; er
führte mich im Geist des Herrn hinaus
und ließ mich mitten in einer Talebene
nieder, die angefüllt war mit Gebeinen. 2 Er ließ

mich ringsumher an ihnen vorbeigehen, und siehe, überaus zahlreich lagen sie auf der Oberfläche des Tales; sie aber waren vollständig verdorrt. 3 Da sprach er zu mir: »Menschensohn, werden wohl diese Gebeine sich wieder beleben?« Ich aber antwortete: »Gebieter und Herr, du weißt es!« 4 Dann sagte er zu mir: »Weissage über diese Gebeine und rede sie an: Ihr verdorrten Gebeine, hört das Wort des Herrn! 5 So spricht der Gebieter und Herr zu diesen Gebeinen: Siehe, ich lasse Geist in euch kommen, und ihr werdet lebendig werden. 6 Ich lege Sehnen an euch und umkleide euch mit Fleisch; ich überziehe euch mit Haut und bringe Geist in euch, daß ihr lebendig werdet und erkennt, daß ich der Herr bin.« 7 Ich weissagte, wie mir befohlen.

Da entstand ein Rascheln, während ich weissagte, und siehe da, es gab ein Rauschen; die Gebeine rückten aneinander, Knochen zu Knochen. 8 Ich schaute, und siehe, Sehnen bildeten sich an ihnen, Fleisch wuchs empor, und Haut spannte sich oben darüber; doch Geist war in ihnen noch nicht. 9 Da sprach er zu mir: »Weissage zum Geist, weissage, Menschensohn, und rede zum Geist: So spricht der Gebieter und Herr: Von den vier Windrichtungen komme, o Geist, und blase diese Getöteten an, daß sie leben!« 10 Ich weissagte, wie er mir befohlen hatte.

Da strömte der Geist in sie hinein; sie wurden lebendig und stellten sich aufrecht, eine überaus große Heerschar. 11 Da rief er mir zu: »Menschensohn, jene Gebeine bedeuten das ganze Haus Israel. Fürwahr, sie sprechen: ›Verdorrt sind unsere Gebeine, entschwunden ist unsere Hoffnung, mit uns ist es zu Ende.‹ 12 Darum weissage und rede zu ihnen: So spricht der Gebieter und Herr: Siehe, ich öffne eure Gräber und hole euch aus euren Grabstätten heraus als mein Volk. Ich bringe euch heim ins Land Israel. 13 Dann werdet ihr erkennen, daß ich der Herr bin, wenn ich eure Gräber öffne und euch aus euren Grabstätten als mein Volk heraushole. 14 Ich lege meinen Geist in euch, daß ihr lebendig werdet, und versetze euch in euer Heimatland. Dann werdet ihr erkennen, daß ich, der Herr, gesprochen und gehandelt habe.«

Aus zwei Stäben wird ein Stab

15 Das Wort des Herrn erging an mich: 16 »Du aber, Menschensohn, nimm dir ein Stück Holz und schreibe darauf: ›Juda und die mit ihm verbündeten Söhne Israels‹; dann nimm ein anderes Holzstück und schreibe darauf: ›Joseph, Holzstab Ephraims, und das ganze mit ihm verbündete Haus Israel‹! 17 Dann lege sie aneinander, daß sie zu einem einzigen Holze werden, so daß sie ein Ganzes bilden in deiner Hand!

18 Erkundigen sich dann die Söhne deines Volkes bei dir: ›Willst du uns nicht mitteilen, was das bedeutet?‹, 19 so antworte ihnen: So spricht der Gebieter und Herr: Siehe, ich nehme das Holzstück Josephs, das Ephraim und den mit ihm verbündeten Stämmen Israels zugehört, füge es zum Holzstück Judas hinzu und lasse sie zu einem einzigen Holz zusammenwachsen, so daß sie ein Ganzes bilden in meiner Hand. 20 Die beiden Holzstücke, worauf du geschrieben, sollen in deiner Hand für sie sichtbar sein. 21 Dann sprich zu ihnen: So spricht der Gebieter und Herr: Fürwahr, ich hole die Söhne Israels aus den Völkern heraus, zu denen sie ziehen mußten, und schare sie von überallher zusammen; ich bringe sie in ihre Heimat zurück. 22 Ich mache sie zu einem einzigen Volk in meinem Lande und auf den Bergen Israels; ein einziger König soll über sie alle herrschen; sie sollen nicht mehr zwei Völker sein und sich künftig nicht mehr in zwei Königreiche spalten.

23 Dann sollen sie sich nicht mehr mit ihren Götzen und ihren Scheusalen und all ihren Vergehungen verunreinigen. Ich mache sie frei von all ihren Treulosigkeiten, durch die sie sich versündigt haben, und reinige sie; sie sollen mein Volk sein, und ich will ihr Gott sein. 24 Mein Knecht David soll als König über sie herrschen; nur einen einzigen Hirten werden sie insgesamt haben. Sie werden in meinen Vorschriften wandeln, meine Gebote beobachten und sie vollbringen.

25 Sie werden dann in dem Lande wohnen, das ich meinem Knecht Jakob gegeben, und wo ihre Väter gewohnt haben. Sie werden für dauernd darin wohnen, sie selbst, ihre Kinder und Kindeskinder. David, mein Knecht, wird ihr Fürst auf ewig sein. 26 Ich schließe mit ihnen einen Heilsbund, ein immerwährender Bund mit ihnen soll es sein. Ich erweise mich gnädig an ihnen, mache sie zahlreich und stelle mein Heiligtum in ihrer Mitte für ewig auf. 27 Meine Wohnstätte wird bei ihnen sein. Ich werde ihr Gott sein, und sie werden mein Volk sein. 28 Dann erkennen die Heidenvölker, daß ich, der Herr, es bin, der Israel heiligt, wenn mein Heiligtum für ewig in ihrer Mitte steht.«

37,1–14: Die Vision bringt uns zwar nicht in aller Deutlichkeit die Lehre von der Auferstehung der Toten, sie hat aber immerhin eine vorbildliche Bedeutung für die spätere Glaubenslehre. Vgl. auch Is 26,14, 19; Dan 12,1–3.

Wildes Barbarenvolk aus dem Norden

38 1 Das Wort des Herrn erging an mich:
2 »Menschensohn, richte dein Antlitz
wider Gog im Lande Magog, den Groß-
fürsten von Meschech und Tubal, und tritt wider
ihn als Prophet auf! 3 Sprich: So spricht der Gebie-
ter und Herr: Siehe, ich will gegen dich vorgehen,
Gog, Großfürst von Meschech und Tubal! 4 Ich
locke dich heran und lege in deine Kinnbacken
Haken; ich lasse dich und deinen ganzen Heerbann
ausrücken, Streitrosse und Wagenkämpfer, alle voll
ausgerüstet, ein gewaltiges Aufgebot mit langen
und kurzen Schilden, lauter erfahrene Schwert-
kämpfer. 5 Paras, Kusch und Put sind bei ihnen. Sie
alle tragen Schild und Helm. 6 Gomer und all seine
Heerscharen, Bet-Togarma vom äußersten Norden
und all seine Heerscharen, zahlreiche Völker ziehen
mit dir. 7 Halte dich in Bereitschaft und rüste dich,
du und dein gesamtes Aufgebot, das sich bei dir ein-
fand; du sollst Dienste für mich leisten! 8 Nach lan-
ger Zeit wirst du aufgeboten, am Ende der Jahre
wirst du über ein Land hereinbrechen, das, dem
Schwert entronnen, zurückgekehrt ist und aus
vielen Völkern gesammelt ward in das Bergland
Israel, das gar lange verwüstet lag. Nun ist es aus
den Völkern herausgeführt, und alle Leute wohnen
in Sicherheit. 9 Dann wirst du heraufziehen; wie ein
Unwetter wirst du hereinbrechen; wie ein Gewölk,
welches das Land bedeckt, wirst du sein, du, alle
deine Heerscharen und zahlreiche Völker mit dir.

Gogs Kriegsplan

10 So spricht der Gebieter und Herr: Zu jener Zeit
werden in deinem Herzen Gedanken aufsteigen,
und du wirst einen schlimmen Plan ersinnen. 11 Du
wirst sagen: ›Ich ziehe wider ein offen daliegendes
Land, überfalle friedliche Leute, die in Sicherheit
wohnen; sie alle siedeln ja ohne Mauern, haben
weder Riegel noch Tore. 12 Beute machen will ich
und Raub einbringen, meine Hand wider neubesie-
delte Ruinen kehren und gegen ein Volk, das aus
den Völkern zusammengeholt ist, das Herden und
Habe erwirbt, das auf dem Nabel der Erde wohnt.‹
13 Saba, Dedan und seine Kaufleute, Tarsis und all
seine Händler sagen zu dir: ›Kommst du, um Beute
zu raffen? Botest du deine Massen auf, um Raub
einzuholen, um Silber und Gold fortzuschleppen,
Herden und Habe zu stehlen, gewaltige Beute zu
machen?‹

Israel von Gog angegriffen

14 Darum tritt als Prophet auf, Menschensohn, und
rede zu Gog: So spricht der Gebieter und Herr:
Wahrlich, du wirst dich zur Zeit, da mein Volk
Israel in Sicherheit wohnt, in Bewegung setzen;
15 du wirst von deinem Wohnsitz aus dem äußer-
sten Norden herbeikommen, du und zahlreiche
Völker mit dir, alle auf Rossen reitend, ein gewalti-
ges Aufgebot und eine zahlreiche Streitmacht.
16 Dann wirst du gegen mein Volk Israel zu Felde
ziehen wie Gewölk, um das Land zu bedecken. Am
Ende der Tage wird es geschehen, da lasse ich dich
gegen mein Land heranziehen, damit die Völker
mich erkennen, wenn ich mich an dir, Gog, vor
ihren Augen als heilig erweise.

Gogs Untergang durch frühere Propheten geweissagt

17 So spricht der Gebieter und Herr: Du bist es, von
dem ich bereits in früheren Zeiten durch meine
Knechte, die Propheten Israels, geredet habe. Diese
haben in jenen Tagen [und Jahren] geweissagt, daß
ich dich gegen sie ziehen lasse. 18 An jenem Tage,
wenn Gog über das Land Israel kommt« – Spruch
des Gebieters und Herrn –, »da wird mein Ingrimm
in mir auflodern. 19 In meiner Erregung, im Feuer
meines Zornes, rede ich: Wahrlich, an jenem Tage
wird ein großes Beben über das Land Israel kom-
men! 20 Da erbeben vor mir die Fische des Meeres,
die Vögel des Himmels, die Tiere des Feldes, alles
Gewürm, das auf dem Boden kriecht, und alle
Menschen, die auf der Erde leben. Die Berge wer-
den bersten und die Felsblöcke zusammenstürzen;
jede Mauer wird zu Boden fallen. 21 Ich rufe wider
ihn jegliches Grauen« – Spruch des Gebieters und
Herrn –, »das Schwert eines jeden richtet sich gegen
den eigenen Bruder. 22 Dann gehe ich mit ihm durch
Pest und Blut ins Gericht. Wolkenbrüche und
Hagelsteine, Feuer und Schwefel lasse ich regnen
auf ihn, auf seine Heerscharen und seine zahl-
reichen Hilfsvölker. 23 So erweise ich mich als groß
und heilig und tue mich kund vor den Augen vieler
Völker. Dann werden sie erkennen, daß ich der
Herr bin.

38,1–39,20: Ezechiel führt uns in eine Zeit, da sich ein neuer, furchtbarer Feind aus dem Norden erhebt, ein unersättlicher Eroberer, den nur der Herr selbst bezwingen kann. Sein Auftreten geschieht erst spät nach der Rückkehr aus dem Exil, ohne daß wir ein festes geschichtliches Ereignis wüßten. Es gab kaum ein zeitgenössisches Kriegervolk, das nicht die Farben zu diesem gewaltigen Gemälde leihen mußte. Wahrscheinlich wird der Endfeind als solcher gemeint sein, ein Vorbild des Antichrist. Das NT redet von Gog und Magog in Offb 20,8.

Gog und seine Heere vernichtet

39 1 Du aber, Menschensohn, tritt wider
Gog als Prophet auf und sage: So spricht
der Gebieter und Herr: Siehe, ich gehe
gegen dich vor, Gog, Großfürst von Meschech und
Tubal! 2 Ich locke dich herbei und steuere dich; ich

führe dich vom äußersten Norden herauf und
bringe dich auf die Berge Israels. 3 Dann schlage ich
dir den Bogen aus deiner linken Hand und lasse die
Pfeile deiner rechten Hand entgleiten. 4 Auf den
Bergen Israels wirst du fallen, du und all deine Heer-
scharen und Hilfsvölker die bei dir sind. Den Raub-
vögeln jeglichen Gefieders und den Tieren des
Feldes überliefere ich dich zum Fraße. 5 Auf freiem
Gelände wirst du liegen bleiben; denn ich habe ge-
redet« – Spruch des Gebieters und Herrn. 6 »Ich
sende Feuer wider Magog und die in Sicherheit
lebenden Inselbewohner. Dann werden sie erken-
nen, daß ich der Herr bin. 7 Meinen heiligen Namen
mache ich kund inmitten meines Volkes Israel;
ich lasse meinen heiligen Namen nicht mehr ent-
weihen, damit die Völker erkennen, daß ich der
Herr bin, heilig in Israel. 8 Siehe, es kommt und trifft
ein« – Spruch des Gebieters und Herrn –; »das ist der
Tag, von dem ich sprach.

Waffen als Heizmaterial

9 Dann ziehen die Bewohner der Städte Israels hin-
aus, zünden an und verbrennen die Rüstungen, die
kleinen und großen Schilde, die Bogen und Pfeile,
Keulen und Lanzen. Sieben Jahre lang können sie
damit heizen. 10 Sie holen nicht mehr Holz vom
Feld oder fällen es in den Wäldern; denn mit den
Rüstungen unterhalten sie das Feuer. So plündern
sie ihre Plünderer und berauben ihre Berauber« –
Spruch des Gebieters und Herrn.

Gogs Bestattung

11 »An jenem Tage bestimme ich für Gog einen mit
Namen genannten Ort zur Grabstätte in Israel,
nämlich das Wanderertal östlich vom (Toten) Meer.
Es versperrt aber den Wanderern den Weg, und dort
wird man den Gog und all sein Gepränge begraben.
Daher wird es heißen ›Tal des Gog-Gepränges‹.
12 Das Haus Israel wird sie sieben Monate lang be-
graben, um das Land zu reinigen. 13 Das gesamte
Volk des Landes wird sie bestatten. Zum Ruhme
wird ihnen der Tag gereichen, an dem ich mich ver-
herrliche« – Spruch des Gebieters und Herrn.
14 »Eine ständige Mannschaft wird man abordnen,
die im Lande umherzieht und jene begräbt, die über
das Land hin noch liegengeblieben sind, um es zu
reinigen; nach Ablauf von sieben Monaten sollen
sie es durchforschen. 15 Wenn die Umherziehenden
das Land durchwandern, und es erblickt einer ein
Menschengerippe, dann soll er daneben ein Stein-
mal errichten, bis es die Totengräber im ›Tal des
Gog-Gepränges‹ beerdigt haben. 16 [Auch eine Stadt
führt den Namen Hamona (Gepränge).] So reinigen
sie das Land.

Leichenschmaus der Tiere als Opfermahl

17 Du aber, Menschensohn, so spricht der Gebieter
und Herr, sprich zu den Vögeln jeglichen Gefieders
und zu allen Tieren des Feldes: Schart euch zusam-
men und kommt herbei! Von überallher versam-
melt euch zu meinem Opfermahl, das ich für euch
schlachte, ein großes Opfermahl auf den Bergen Is-
raels! Freßt Fleisch und trinkt Blut! 18 Das Fleisch
von Helden sollt ihr fressen, und das Blut von Für-
sten der Erde sollt ihr trinken; Widder, Lämmer,
Böcke, Jungstiere und Mastvieh von Basan sind sie
alle. 19 Fett sollt ihr fressen bis zur Sättigung und
Blut trinken bis zur Berauschung von meinem Op-
fermahl, das ich für euch schlachte. 20 An meinem
Tische sollt ihr euch sättigen an Rossen und Reitern,
an Helden und Kriegsleuten aller Art« – Spruch des
Gebieters und Herrn.

Die Ehre Gottes, geoffenbart im Gericht an Israel

21 »So verbreite ich meine Ehre unter den Völkern.
Alle Völker werden mein Gericht schauen, das
ich vollstrecke, und meine Hand, die ich an sie
lege. 22 Dann werden die vom Haus Israel erken-
nen, daß ich, der Herr, ihr Gott bin, von jenem
Tage an und künftighin. 23 Auch die Völker sollen
erkennen, daß das Haus Israel um seiner Ver-
schuldung willen in die Verbannung mußte, weil
sie mir treulos wurden, und daß ich mein Antlitz
vor ihnen verbarg und sie in die Gewalt ihrer
Bedränger gab, so daß sie insgesamt durch das
Schwert fielen. 24 Ihrer Unreinheit und ihrer Ver-
gehen gemäß handelte ich an ihnen und verhüllte
vor ihnen mein Antlitz.«

Schicksalswende für Israel

25 Darum spricht der Gebieter und Herr: »Nun
will ich Jakobs Schicksal wenden, mich des ge-
samten Hauses Israel erbarmen und für meinen
heiligen Namen mich ereifern. 26 Vergessen sollen
sie ihre Schmach und all ihre Untreue, womit
sie mir die Treue brachen, wenn sie wieder in
Sicherheit auf ihrer Scholle wohnen, ohne daß
jemand sie aufschreckt! 27 Wenn ich sie aus den
Völkern und aus den Ländern ihrer Feinde sammle,
dann will ich mich an ihnen vor den Augen zahl-
reicher Völker als heilig erweisen. 28 Dann wer-
den sie erkennen, daß ich, der Herr, ihr Gott bin,
der sie zwar zu den Völkern in die Verbannung
sandte, sie aber nun auf ihrer Heimatscholle wieder
sammelt und keinen von ihnen dort zurückläßt.
29 Mein Antlitz will ich nicht mehr vor ihnen
verhüllen, da ich meinen Geist über das Haus
Israel ausgieße« – Spruch des Gebieters und
Herrn.

Entrückung nach Israel

40 1 Am zehnten Tag des ersten Monats
im fünfundzwanzigsten Jahre unserer
Verbannung, im vierzehnten Jahre nach
der Eroberung der Stadt, an eben diesem Tage kam
die Hand des Herrn über mich, und er brachte mich
dorthin. 2 In gottgewirkten Schauungen brachte er
mich in das Land Israel und ließ mich auf einem
sehr hohen Berge nieder. Auf diesem war mir
gegenüber etwas wie eine Stadtanlage. 3 Er führte
mich dorthin, und siehe, da war ein Mann, der ein
Aussehen wie von Erz hatte; er trug eine Leinen-
schnur und eine Meßrute in seiner Hand. Er hatte
am Tor Aufstellung genommen. 4 Der Mann sprach
zu mir: »Menschensohn, schau mit deinen Augen
und vernimm mit deinen Ohren! Richte deine Auf-
merksamkeit auf alles, was ich dir zeigen will; denn
damit man es dich sehen lasse, wurdest du hierher-
gebracht. Alles, was du schaust, melde dem Hause
Israel!«

Umfassungsmauer

5 Da war nun eine Mauer zu sehen, die von außen
ringsum den Tempel umgab. In der Hand des
Mannes befand sich eine Meßrute von sechs Ellen,
die Elle zu einer (gewöhnlichen) Elle und einer
Handbreite gerechnet. Er maß die Breite des Bau-
werkes: eine Rute, und die Höhe: eine Rute.

Äußeres Osttor

6 Dann trat er in das Tor, dessen Vorderseite nach
Osten schaute, stieg sieben Stufen hinauf und maß
die Schwelle des Tores ab: eine Rute in der Breite
[, und die Schwelle: eine Rute in der Breite]. 7 Dazu
die Nische: eine Rute lang und eine Rute tief, den
Pfeiler zwischen den Nischen: fünf Ellen, und die
zweite Nische: eine Rute lang und eine Rute tief,
und den Pfeiler: fünf Ellen, und die dritte Nische:
eine Rute lang und eine Rute tief, und die Schwelle
des Tores neben der Vorhalle des Tores auf der
Innenseite: eine Rute. 8 Dann maß er die Vorhalle
des Tores [auf der inneren Seite: eine Rute. 9 Er maß
die Vorhalle des Tores]: acht Ellen, und ihre Pfeiler:
zwei Ellen. Die Vorhalle des Tores aber lag einwärts
gerichtet. 10 Die Nischen des Tores lagen einander
gegenüber: drei auf der einen und drei auf der
anderen Seite; alle drei hatten das gleiche Maß.
Auch die Pfeiler auf beiden Seiten hatten das
gleiche Maß. 11 Dann maß er die Breite des Torein-
gangs ab: zehn Ellen, und die Länge des Tores: drei-
zehn Ellen. 12 Vor den Nischen befand sich eine Ein-
friedung, je eine Elle breit auf der einen wie auf der
anderen Seite; die Nische aber maß sechs Ellen auf
der einen und sechs Ellen auf der anderen Seite.
13 Dann maß er das Tor vom Flachdach der Nische
bis zum gegenüberliegenden Flachdach. Die Breite
betrug fünfundzwanzig Ellen von einem Eingang
zum anderen. 14 Dann maß er die Vorhalle ab:
zwanzig Ellen. An die Vorhalle stieß ringsum der
Vorhof. 15 Von der Vorderseite des Toreinganges bis
zur inneren Vorderseite der Vorhalle des Tores
waren es fünfzig Ellen. 16 Das Tor hatte ringsum
Gitterfenster an den Nischen und an ihren Pfeilern
nach innen zu; ebenso hatte die Vorhalle ringsum
Fenster nach innen zu, und an den Pfeilern waren
Palmverzierungen auf beiden Seiten.

Äußerer Vorhof

17 Dann führte er mich in den äußeren Vorhof, und
siehe, da waren Zellen und ein Steinpflaster auf
dem Vorhof ringsum; auf dem Steinpflaster standen
dreißig Zellen. 18 Das Pflaster befand sich seitlich
der Tore und stimmte mit der Länge der Tore über-
ein. Das war das untere Steinpflaster. 19 Dann maß
er die Breite des Vorhofes von der vorderen Seite
des unteren Tores bis zur vorderen Seite des inne-
ren Tores nach auswärts: hundert Ellen. Dann
brachte er mich nach Norden.

Äußeres Nordtor

20 Und siehe, da war ein Tor, dessen vordere Seite in
nördlicher Richtung zum äußeren Vorhofe lag. Er
maß seine Länge und seine Breite. 21 Seine Nischen,
drei auf der einen und drei auf der anderen Seite,
seine Pfeiler und seine Vorhalle maßen genauso viel
wie das ersterwähnte Tor: fünfzig Ellen in der
Länge und fünfundzwanzig Ellen in der Breite.
22 Seine Fenster, seine Vorhalle und seine Palmver-
zierungen hatten dasselbe Maß wie bei dem Tor,
dessen Vorderseite nach Osten schaute. Auf sieben
Stufen stieg man zu ihm hinauf; seine Vorhalle aber
lag nach innen zu. 23 Auch das Tor zum inneren
Vorhof gegenüber dem Nordhof sah wie das Osttor
aus. Der Mann maß von einem Tor zum anderen
hundert Ellen.

Äußeres Südtor

24 Er führte mich sodann in südliche Richtung, und
siehe, da war ein nach Süden gerichtetes Tor. Er
maß seine Nischen, seine Pfeiler und seine Vorhalle;
es waren dieselben Maße. 25 Es hatte ringsherum
Fenster, wie auch seine Vorhalle, gleich den oben
genannten Fenstern, fünfzig Ellen betrug die Länge
und fünfundzwanzig Ellen die Breite. 26 Auf sieben
Stufen stieg man zu ihm hinauf, und seine Vorhalle
lag nach innen zu, ebenso hatte es Palmverzierun-
gen, eine auf der einen und eine auf der anderen
Seite der Pfeiler. 27 Auch das Tor zum inneren
Vorhof schaute in südlicher Richtung. Er maß von

einem Tor zum anderen in südlicher Richtung hundert Ellen.

Inneres Südtor

28 Dann brachte er mich zu dem inneren Vorhof durch das südliche Tor. Er maß das Südtor; es hatte dieselben Maße. 29 Seine Nischen, seine Pfeiler und seine Vorhalle hatten die gleichen Maße. Es hatte Fenster ringsum, wie auch seine Vorhalle; fünfzig Ellen betrug die Länge und fünfundzwanzig Ellen die Breite. 30 [Die Vorhallen ringsum: fünfundzwanzig Ellen lang und fünf Ellen breit.] 31 Seine Vorhalle aber lag in der Richtung des äußeren Vorhofes. Palmverzierungen waren an seinen Pfeilern; sein Aufgang bestand aus acht Stufen.

Inneres Osttor

32 Dann brachte er mich zu dem Tor, das in östlicher Richtung lag. Er maß das Tor: es hatte dieselben Maße. 33 Auch seine Nischen, seine Pfeiler und seine Vorhalle hatten dieselben Maße. Es hatte ringsum Fenster, wie auch seine Vorhalle; die Länge war fünfzig Ellen und die Breite fünfundzwanzig Ellen. 34 Seine Vorhalle aber lag in der Richtung des äußeren Vorhofes. Palmverzierungen waren an seinen Pfeilern auf beiden Seiten; sein Aufgang bestand aus acht Stufen.

Inneres Nordtor

35 Dann brachte er mich zu dem nördlichen Tor. Er maß es, und es hatte dieselben Maße. 36 Auch seine Nischen, seine Pfeiler und seine Vorhalle hatten die gleichen Maße. Es hatte ringsum Fenster, wie auch seine Vorhalle; die Länge betrug fünfzig Ellen und die Breite fünfundzwanzig Ellen. 37 Seine Vorhalle lag in Richtung des äußeren Vorhofes. Palmverzierungen waren an seinen Pfeilern auf beiden Seiten; sein Aufgang bestand aus acht Stufen.

Opfervorrichtungen

38 Auch eine Zelle war vorhanden, deren Zugang an den Torpfeilern lag; dort spült man das Brandopfer ab. 39 In der Vorhalle des Tores waren zwei Tische auf der einen und zwei Tische auf der anderen Seite; hier sollen Brandopfer, Sündopfer und Schuldopfer geschlachtet werden. 40 An der äußeren Seitenwand, für den, der zum Toreingang hinaufstieg, nördlich gelegen, waren zwei Tische. An der anderen Außenwand der Vorhalle des Tores gab es gleichfalls zwei Tische, 41 also vier Tische auf der einen und vier Tische auf der anderen Seite neben dem Tor, zusammen acht Tische, auf denen man das Schlachtopfer herrichtet. 42 Die vier Tische für das Brandopfer waren Quadersteine, eineinhalb Ellen lang, eineinhalb Ellen breit und eine Elle hoch; darauf legt man die Geräte zum Schlachten der Brand- und Schlachtopfer. 43 Auch war ein Rand von einer Handbreite nach innen zu ringsum angebracht; über den Tischen war ein Überdach, welches das Opferfleisch vor Regen und Hitze schützen sollte.

Priesterzellen

44 Dann führte er mich in den inneren Vorhof, und siehe, da waren zwei Zellen im inneren Vorhof, eine an der Seitenwand des Nordtores, dessen Vorderseite nach Süden wies, und die andere an der Seitenwand des Südtores, dessen Vorderseite nach Norden wies. 45 Er sprach zu mir: »Diese Zelle, deren Vorderseite nach Süden gerichtet ist, dient den Priestern, denen der Tempeldienst obliegt. 46 Die andere Zelle, deren Vorderseite nach Norden gerichtet ist, dient den Priestern, denen der Altardienst zukommt. Es handelt sich um die Söhne Zadoks, die unter den Söhnen Levis sich dem Herrn nahen dürfen, um ihm Dienste zu leisten.«

Maße des inneren Vorhofes des Tempels

47 Er maß den Vorhof: hundert Ellen lang und hundert Ellen breit – ein Quadrat. Der Brandopferaltar aber stand vor dem Tempel.

Vorhalle des Tempels

48 Dann brachte er mich zur Vorhalle des Tempels und maß die Pfeiler: fünf Ellen auf der einen und fünf Ellen auf der anderen Seite; die Breite des Tores war vierzehn Ellen und die der Seitenwände des Tores drei Ellen auf der einen und drei Ellen auf der anderen Seite. 49 Die Vorhalle war zwanzig Ellen lang und zwölf Ellen breit; auf zehn Stufen stieg man zu ihr hinauf. Auch Säulen waren an den Pfeilern, je eine auf beiden Seiten.

40,1–48,35: Kapitel 9–11 schilderten den Untergang des von Salomo erbauten Tempels und der Heiligen Stadt. Das auserwählte Volk war damit verworfen. Es bereute aber, tat Buße und wandelte sich vollkommen. Ezechiel darf den Tempel der Zukunft schauen. Es ist das Jahr 573. Das angegebene Monatsdatum ist jenes, an dem die Israeliten das Lamm aussuchten, das am Paschafeste geschlachtet wurde. An demselben Monatstage überschritt man den Jordan und ergriff vom Heiligen Lande Besitz, Jos 4,19. Ezechiel empfängt von Gott Belehrungen über das Hervorbrechen einer wunderbaren Quelle (47,1–12), das biblische Vorbild des »Vidi aquam« der österlichen Zeit. Er sieht auch, wie der Herr neu vom Hl. Lande Besitz ergreift und es verteilt. Dabei ist im einzelnen die Frage ungeklärt, ob man diese Vision im wörtlichen Sinne aufzufassen hat. Tatsächlich sind ja diese Schilderungen nie so ganz Wirklichkeit geworden.

Innere Ausmaße

41

1 Dann führte er mich zur Tempelhalle und maß die Pfeiler: sechs Ellen breit auf der einen und sechs Ellen breit auf der anderen Seite. 2 Die Breite des Eingangs betrug zehn Ellen, und die der Seitenwände des Eingangs fünf Ellen auf der einen und fünf Ellen auf der anderen

Seite. Er maß ihre Länge: vierzig Ellen, und die
Breite: zwanzig Ellen. 3 Dann trat er in das Innerste
ein und maß den Pfeiler des Eingangs: zwei Ellen,
und die Breite des Eingangs: sechs Ellen, und die
Seitenwände desselben: je sieben Ellen. 4 Er maß
seine Länge: zwanzig Ellen, und seine Breite: zwan-
zig Ellen gegen die Tempelhalle zu. Er erklärte mir:
»Das ist das Allerheiligste.«

Anbauten

5 Dann maß er die Mauer des Tempels mit sechs
Ellen und die Breite des Anbaues mit vier Ellen rings
um das Tempelhaus herum. 6 Die Seitenräume aber,
Seitenraum an Seitenraum, beliefen sich auf dreißig
in drei Stockwerken, und Absätze waren in der
Mauer des Tempels für die Seitenräume ringsum,
die als Träger dienten, so daß sie nicht in die Mauer
des Tempels eingriffen. 7 Die Seitenräume wurden
nach oben hin immer weiter, entsprechend der Er-
weiterung der Mauer nach oben zu rings um den
Tempel. Darum nahm die Weite gegen den Tempel
nach oben hin zu. Von dem unteren Stockwerk
stieg man hinauf zu dem mittleren und von dem
mittleren zu dem obersten. 8 Ich sah rings um den
Tempel ein erhöhtes Pflaster. Die Fundamente der
Seitenräume machten eine volle Rute aus, sechs
Ellen, die sich verjüngten. 9 Die Dicke der Außen-
mauer der Seitenräume betrug fünf Ellen; ein freier
Platz war zwischen den Seitenräumen des Tempels
10 und zwischen den Zellen in einer Breite von
zwanzig Ellen rings um den Tempel herum. 11 Die
Türen des Anbaus führten auf den freien Platz, eine
Türe nach Norden und eine andere nach Süden zu.
Die Breite des freien Platzes war fünf Ellen ringsum.

Gebäude westlich des Hauses

12 Das Gebäude, das vor dem eingefriedeten Platz
an der Westseite lag, hatte eine Breite von siebzig
Ellen, die Mauer des Baues hatte eine Dicke von
fünf Ellen ringsum, und seine Länge betrug neunzig
Ellen.

Gesamtmaße

13 Dann maß er das Tempelhaus; es war hundert
Ellen lang. Der eingefriedete Platz und der Bau zu-
sammen mit seinen Mauern waren hundert Ellen
lang. 14 Die Breite der vorderen Seite des Tempel-
hauses und des eingefriedeten Platzes gegen Osten
betrug hundert Ellen. 15a Sodann maß er die Länge
des Geländes vor dem eingefriedeten Platz, auf
dessen Rückseite, samt den Galerien auf beiden
Seiten: hundert Ellen.

Ausstattung des Tempels

15b Die Tempelhalle, das Innerste und seine äußere
Vorhalle 16 waren getäfelt, die vergitterten Fenster
und die Galerien in ihrer Dreiheit ringsum gegen-
über der Schwelle waren gänzlich mit Holz ver-
schalt. Vom Boden bis zu den Fenstern und an den
Fenstern befanden sich Verkleidungen. 17 Über dem
Eingang bis zum Innersten des Tempels, ebenso
draußen und an allen Wänden rundum, innen und
außen waren die Maße gekennzeichnet. 18 Ferner
waren Kerubim und Palmverzierungen angebracht,
je eine Palme zwischen den Kerubim. Zwei Gesich-
ter hatte jeder Kerub, 19 ein Menschengesicht zur
Palmverzierung der einen Seite und ein Löwenge-
sicht zur Palmverzierung der anderen Seite. So war
es ringsum am ganzen Tempel angelegt. 20 Vom
Boden bis über den Eingang waren die Kerubim und
die Palmen an der Tempelwand angebracht. 21 Die
Türeinfassung der Tempelhalle war vierfach. Vor
dem Allerheiligsten war etwas, was die Gestalt
22 eines hölzernen Altares hatte von drei Ellen
Höhe, zwei Ellen Länge und zwei Ellen Breite.
Seine Ecken, sein Sockel und seine Wände waren
aus Holz. Mein Begleiter sprach zu mir: »Das ist der
Tisch, der vor dem Herrn steht.« 23 Die Tempelhalle
und auch das Allerheiligste hatten je zwei Türflügel.
24 Jeder Türflügel hatte zwei drehbare Türblätter,
zwei hatte der eine Türflügel und zwei der andere
Türflügel. 25 Auf diesen [auf den Türflügeln der
Tempelhalle] waren Kerubim und Palmverzierun-
gen angebracht, wie sie auch an den Wänden ange-
bracht waren. Ein Schutzdach aus Holz befand sich
außen vor der Vorhalle. 26 Vergitterte Fenster und
Palmen waren beiderseits an den Seitenwänden der
Vorhalle, an den Seitenräumen des Tempels und
den Schutzdächern.

Priesterzellen im inneren Vorhof

42
1 Alsdann führte er mich zum inneren
Vorhof hinaus in nördliche Richtung
und brachte mich zum Zellenbau, der
vor dem eingefriedeten Platz und vor dem Hinter-
bau nach Norden zu lag. 2 An der Vorderseite betrug
die Länge hundert Ellen an der Nordseite, und die
Breite fünfzig Ellen. 3 Gegenüber den zwanzig Ellen
im inneren Vorhof und gegenüber dem Steinpflaster
im äußeren Vorhof lagen sie, Galerie an Galerie, in
drei Stockwerken. 4 Vor den Zellen führte ein Gang
zehn Ellen breit und hundert Ellen lang in das
Innere. Ihre Türen lagen gegen Norden. 5 Die
oberen Zellen waren verkürzt; denn die Galerien
nahmen ihnen Raum weg im Vergleich mit den
unteren und mittleren Stockwerken des Gebäudes.
6 Sie waren je dreistöckig, aber sie hatten keine
Säulen entsprechend den Säulen auf dem äußeren

Vorhof. Darum verjüngten sie sich im Vergleich mit den unteren und mittleren Stockwerken vom Boden her. 7 Eine Grenzmauer lief an der Außenseite parallel zu den Zellen in Richtung nach dem äußeren Vorhof; soweit sie den Zellen entlang lief, betrug ihre Länge fünfzig Ellen. 8 Denn die Länge der Zellen, die beim äußeren Vorhof lagen, betrug fünfzig Ellen und die der Zellen vor der Tempelhalle hundert Ellen. 9 Unterhalb jener Zellen war ein Zugang aus östlicher Richtung, wenn man zu ihnen vom äußeren Vorhof her kam. 10 In der Breite der Vorhofmauer nach Süden hin gegenüber dem umfriedeten Platz und gegenüber dem Anbau waren ebenfalls Zellen. 11 Ein Gang war ihnen vorgelagert. Sie sahen aus wie die Zellen, die in nördlicher Richtung lagen, sowohl ihrer Länge als auch ihrer Breite nach, all ihren Ausgängen, ihren Anlagen und ihren Türen nach. 12 Unterhalb der Zellen, die in südlicher Richtung lagen, war ein Eingang am Anfang der Vorhofmauer vor dem umfriedeten Platz und dem Anbau, wenn man nach Osten zu eintrat. 13 Er erklärte mir: »Die Zellen im Norden und die Zellen im Süden, die gegenüber dem umfriedeten Platz liegen, das sind die heiligen Zellen, wo die Priester, die sich dem Herrn nahen dürfen, das Hochheilige verzehren sollen. Dorthin sollen sie das Hochheilige, das Speise-, Sünd- und das Schlachtopfer bringen; denn der Ort ist heilig. 14 Wenn die Priester hereinkommen, so dürfen sie nicht gleich vom Heiligtum in den äußeren Vorhof hinausgehen. Vielmehr sollen sie dort ihre Gewänder niederlegen, in denen sie den Gottesdienst verrichten; denn heilig sind sie. Sie sollen andere Kleider anziehen und sich erst dann auf den Platz begeben, der für das Volk bestimmt ist.«

Gesamtmaße des Tempelbezirks

15 Als er die Vermessung des inneren Tempelgebäudes beendet hatte, führte er mich hinaus in Richtung des Tores, dessen Vorderseite nach Osten schaute, und maß das Ganze von allen Seiten ab. 16 Er maß die östliche Seite mit der Meßrute; es ergab mit der Meßrute fünfhundert Ellen. 17 Dann wandte er sich und maß die nördliche Seite; sie betrug fünfhundert Ellen mit der Meßrute. 18 Dann wandte er sich nach der Südseite und maß fünfhundert Ellen mit der Meßrute. 19 Dann wandte er sich nach der Westseite und maß fünfhundert Ellen mit der Meßrute. 20 An den vier Seiten nahm er die Vermessung vor. Rundherum war eine Mauer fünfhundert Ellen lang und fünfhundert Ellen breit, um zwischen dem Heiligen und dem Nichtheiligen zu scheiden.

Einzug des Herrn in den Tempel

43 1 Dann führte er mich zu dem Tor, das in östlicher Richtung lag. 2 Und siehe da, die Herrlichkeit des Gottes Israels kam von Osten her. Es rauschte gleich dem Rauschen gewaltiger Wasser. Die Erde erstrahlte von seiner Herrlichkeit. 3 Die Erscheinung, die ich zu schauen bekam, glich der Erscheinung, die ich schaute, als er kam, die Stadt zu vernichten. Auch der Anblick des Gefährts glich der Erscheinung, die ich am Flusse Kebar geschaut hatte. Ich fiel auf mein Angesicht nieder. 4 Die Herrlichkeit des Herrn zog in den Tempel ein durch das Tor, dessen Vorderseite nach Osten schaute. 5 Ein Geisthauch hob mich in die Höhe und brachte mich in den inneren Vorhof, und siehe, der Tempel war angefüllt mit der Herrlichkeit des Herrn. 6 Ich vernahm, wie einer vom Tempel her zu mir redete, während der Mann neben mir stand. 7 Er sagte zu mir: »Menschensohn, siehst du die Stätte meines Thrones und die Stätte meiner Fußsohlen, an der ich für immer inmitten der Söhne Israels wohnen will? Die vom Hause Israel sollen nicht mehr meinen heiligen Namen beflecken, weder sie selbst noch ihre Könige, durch ihre Unzucht und durch die Leichen ihrer Könige bei deren Tod. 8 Sie haben nämlich ihre Schwelle an meine Schwelle und ihren Pfosten neben meinen Pfosten gesetzt, so daß zwischen mir und ihnen nur eine Wand war. So befleckten sie meinen heiligen Namen durch ihre Greuel, die sie verübten; ich aber vertilgte sie in meinem Zorn. 9 Jetzt aber sollen sie ihre Unzucht und die Leichen ihrer Könige von mir entfernen, so daß ich für immer in ihrer Mitte wohnen kann.

Tempelsatzung

10 Du aber, Menschensohn, beschreibe dem Haus Israel den Tempel – mögen sie sich ob ihrer Sünden schämen! –, seine Maße und seinen Entwurf! 11 Wenn sie sich all dessen schämen, was sie verübt haben, dann zeichne den Tempel und seine Einrichtungen, seine Ausgänge, seine Zugänge und seinen ganzen Plan! All seine Satzungen, seinen ganzen Plan und all seine Gesetze verkünde ihnen und schreibe sie in ihrer Gegenwart auf, damit sie seinen ganzen Plan und all seine Satzungen beobachten und nach ihnen handeln. 12 Dies aber ist das Tempelgesetz: Auf dem Bergesgipfel soll sein gesamter Bezirk ringsum hochheilig sein! Siehe, dies ist das Tempelgesetz!«

Brandopferaltar und seine Weihe

13 Das sind die Maße des Altares, in Ellen ausgedrückt, die Elle zu einer (gewöhnlichen) Elle und

einer Handbreite gerechnet. Sein Sockel war eine
Elle hoch und eine Elle breit, seine Randleiste
ringsum eine Spanne hoch. Folgendes war die Höhe
des Altares: 14 Vom Sockel am Boden bis zu der
unteren Einfassung waren es zwei Ellen Höhe und
eine Elle Breite, von dieser kleinen Einfassung bis
zur großen waren es vier Ellen Höhe und eine Elle
Breite. 15 Der Opferherd war vier Ellen hoch; vom
Opferherd ragten vier Hörner in die Höhe. 16 Der
Opferherd hatte eine Länge von zwölf Ellen und
eine Breite von zwölf Ellen; er war also nach seinen
vier Seiten hin quadratisch. 17 Die große Einfassung
war vierzehn Ellen lang bei einer Breite von vier-
zehn Ellen an den vier Seiten; die Randleiste
ringsum war eine halbe Elle breit. Der Sockel an ihr
maß eine Elle ringsum. Seine Stufen schauten nach
Osten.
18 Dann sprach er zu mir: »Menschensohn, so
spricht der Gebieter und Herr: Das sind die Satzun-
gen bezüglich des Altares am Tag seiner Fertig-
stellung, um auf ihm Brandopfer darzubringen und
Blut zu sprengen: 19 Gib den levitischen Priestern,
die aus dem Geschlecht Zadoks stammen und sich
mir nahen dürfen« – Spruch des Gebieters und
Herrn –, »um mir Dienste zu leisten, einen Jungstier
als Sündopfer! 20 Nimm von seinem Blute und
streiche es an die vier Altarhörner, an die vier Ecken
der Einfassung und an die Randleiste ringsherum;
so entsündige ihn und schaffe ihm Sühne! 21 Als-
dann nimm den für das Sündopfer bestimmten
Jungstier und verbrenne ihn auf dem vorgeschrie-
benen Platz beim Tempel außerhalb des Heilig-
tums! 22 Am Tage darauf sollst du einen fehlerlosen
Ziegenbock als Sündopfer darbringen; die Priester
sollen den Altar entsündigen, wie sie ihn mit dem
Jungstier entsündigt haben. 23 Hast du dann die Ent-
sündigung durchgeführt, so bringe einen fehler-
losen Jungstier und einen fehlerlosen Widder aus
der Kleinviehherde dar! 24 Diese Tiere bringe vor
das Antlitz des Herrn; die Priester sollen Salz darauf
streuen und sie als Brandopfer für den Herrn dar-
bringen! 25 Sieben Tage hintereinander sollst du
täglich einen Bock als Sündopfer zurichten; ebenso
soll man einen Jungstier und einen Widder aus der
Kleinviehherde, beide in fehlerlosem Zustand, her-
richten! 26 Sieben Tage hindurch soll man den Altar
entsühnen, ihn reinigen und einweihen! 27 Wenn sie
diese Tage beendet haben, dann sollen die Priester
am achten Tage und in der Folgezeit auf dem Altar
eure Brandopfer und eure Friedopfer zurichten; ich
aber will euch gnädig annehmen« – Spruch des Ge-
bieters und Herrn.

Äußeres Osttor, Platz des Fürsten

44 1 Dann brachte er mich zurück in Rich-
tung nach dem äußeren Tor des Heilig-
tums, das nach Osten schaute; es war
aber verschlossen. 2 Der Herr sprach zu mir:
»Dieses Tor bleibe verschlossen; es darf nicht auf-
getan werden, und niemand darf durch dasselbe
hineintreten; denn der Herr, der Gott Israels, ist hier
eingezogen; darum bleibe es verriegelt. 3 Nur der
Fürst darf darin verweilen, um vor dem Antlitz des
Herrn das Opfermahl zu verzehren; durch die Vor-
halle des Tores trete er ein, und auf demselben Weg
gehe er wieder hinaus.«

Anstellung der Landleviten zu niederen Tempeldiensten

4 Dann brachte er mich in der Richtung nach dem
Nordtor zur Vorderseite des Tempels; ich blickte
auf, und siehe die Herrlichkeit des Herrn erfüllte
den Tempel des Herrn. Da sank ich auf mein Ange-
sicht nieder. 5 Der Herr sprach zu mir: »Menschen-
sohn, beachte sorgfältig, schau mit deinen Augen
und vernimm mit deinen Ohren alles, was ich dir
über sämtliche Satzungen des Tempels des Herrn
und über all seine Bestimmungen mitzuteilen habe!
Habe acht auf alle, die in den Tempel hineingehen
dürfen, und auf alle, die aus dem Heiligtum hinaus-
geschafft werden müssen! 6 Sage dem Haus der
Widerspenstigkeit, dem Haus Israel: So spricht der
Gebieter und Herr: Mehr als genug sei es euch mit
all euren Greueltaten, Haus Israel! 7 Fremdstäm-
mige, unbeschnitten an Herz und Leib, habt ihr ein-
treten und in meinem Heiligtum sich aufhalten
lassen, um meinen Tempel zu entweihen, während
ihr meine Speise, Fett und Blut, darbrachtet. So habt
ihr meinen Bund durch all eure Greueltaten gebro-
chen. 8 Die Dienstobliegenheiten an meinem Hei-
ligtum habt ihr nicht vollzogen, sondern jene zur
Dienstleistung in meinem Heiligtum eingesetzt.
9 Darum spricht der Gebieter und Herr: Kein Fremd-
stämmiger von allen Fremdlingen, die inmitten der
Söhne Israels wohnen, unbeschnitten an Herz und
Leib, darf mein Heiligtum betreten. 10 Vielmehr sol-
len die Leviten, die sich von mir entfernten, als
Israel in die Irre ging, als sie nämlich von mir weg
ihren Götzen nachirrten, – sie sollen ihre Verschul-
dung tragen! 11 Sie sollen in meinem Heiligtum des
Dienstes walten als Wächter an den Tempeltoren
und als Bedienstete des Tempels. Sie sollen die
Brandopfer und Schlachtopfer für das Volk schlach-
ten und ihnen als Diener zur Verfügung stehen.
12 Weil sie ihnen vor ihren Götzen dienten und so
dem Hause Israel zum Anstoß der Verschuldung
wurden, darum erhob ich meine Hand wider sie« –

Spruch des Gebieters und Herrn –, »sie sollen ihre
Verschuldung tragen! 13 Sie dürfen sich mir nicht
nahen, um mir Priesterdienste zu leisten und sich all
meinen heiligen Dingen, den hochheiligen, zu
nahen, sondern sie sollen ihre Schmach tragen ob
ihrer Greueltaten, die sie verübten. 14 Ich bestimme
sie zu Wächtern des Tempeldienstes mit seinem
ganzen Betrieb und mit allem, was es darin zu tun
gibt.

Zadokitisches Priestertum

15 Die levitischen Priester aber, die Nachkommen
Zadoks, die den Dienst in meinem Heiligtum be-
sorgten, als die Söhne Israels von mir abirrten, sie
sind es, die mir nahen dürfen, um mir zu dienen. Sie
sollen vor mein Antlitz treten, um mir Fett und Blut
darzubringen« – Spruch des Gebieters und Herrn.
16 »Sie sind es, die mein Heiligtum betreten und in
die Nähe meines Tisches kommen dürfen, um mir
zu dienen; sie sollen meinen Dienst versehen.

Priesterliche Amtstracht

17 Sobald sie in die Tore des inneren Vorhofes ein-
treten, sollen sie sich mit Leinengewändern beklei-
den. Sie sollen kein wollenes Gewand tragen, wenn
sie in den Toren des inneren Vorhofes und im Tem-
pel Dienste verrichten. 18 Kopfbunde aus Leinen
sollen sie auf ihrem Haupte tragen und linnene
Beinkleider um ihre Hüften; sie sollen sich nicht in
schweißtreibende Kleider hüllen. 19 Gehen sie aber
in den äußeren Vorhof zum Volke hinaus, so sollen
sie ihre Gewänder, in denen sie ihren Dienst ver-
richteten, ausziehen, sie in den Zellen des Heilig-
tums hinlegen und sich mit anderen Gewändern be-
kleiden, weil sie sonst auf das Volk durch ihre
Gewänder Weihe übertragen würden.

Vorschriften sittlicher und kultischer Art für den Priester

20 Ihr Haupt dürfen sie nicht kahlscheren; aber sie
sollen das Haar auch nicht frei herabhängen lassen,
sondern ihr Haupthaar ordentlich stutzen. 21 Kein
Priester darf Wein trinken, wenn er den inneren
Vorhof betreten will. 22 Eine Witwe oder eine Ge-
schiedene dürfen sie nicht heiraten, sondern nur
Jungfrauen aus der Nachkommenschaft des Hauses
Israel; eine Witwe jedoch, welche die Witwe von
einem Priester ist, dürfen sie heiraten. 23 Mein Volk
sollen sie über den Unterschied zwischen Heilig
und Nichtheilig belehren und auch über den Unter-
schied zwischen Unrein und Rein aufklären. 24 Bei
Streitsachen sollen sie den richterlichen Vorsitz
führen; nach meinen Rechtssatzungen sollen sie
den Streitfall entscheiden. Meine Gesetze und Vor-
schriften sollen sie an allen Festtagen beobachten,
und meine Sabbate sollen sie heilighalten. 25 Zu
einem Verstorbenen dürfen sie nicht herantreten,
weil sie sich sonst verunreinigen würden; nur beim
Tod von Vater und Mutter, von Söhnen und Töch-
tern, von Brüdern und solchen Schwestern, die
noch keinem Manne gehörten, dürfen sie sich ver-
unreinigen. 26 Ist ein solcher wieder rein geworden,
so soll man ihm noch weitere sieben Tage hinzu-
zählen. 27 Am Tage, an dem er den inneren Vorhof
betritt, um im Heiligtum Dienst zu tun, soll er sein
Sündopfer darbringen« – Spruch des Gebieters und
Herrn.

Eigentum und Einkünfte der Priester – kein Erbbesitz

28 »Einen Erbbesitz dürfen sie nicht haben, denn ihr
Erbbesitz bin ich. Auch sollt ihr ihnen kein Eigen-
tum zuteilen in Israel, denn ihr Eigentum bin ich.
29 Das Speise-, Sünd- und Schuldopfer sollen sie es-
sen; alles, was in Israel dem Bann verfallen ist,
gehöre ihnen! 30 Das Vorzüglichste von allen Erst-
lingen jeder Art und alle Weihegaben jeder Art von
all euren Weihegaben sollen den Priestern gehören.
Und das Beste von eurem Brotteig sollt ihr dem
Priester geben, um Segen auf eure Häuser herabzu-
ziehen. 31 Nichts Verendetes oder Zerrissenes, sei es
von Vögeln oder Vieh dürfen die Priester genießen.

44,2: Die Kirchenväter deuten die geschlossene Pforte auf das Geheimnis der unbefleckten Empfängnis Mariens.

Grundbesitz der Leviten, der Stadt und des Fürsten

45

1 Wenn ihr das Land zum erblichen Be-
sitz verlost, dann erhebt eine Abgabe für
den Herrn, ein heiliges Landopfer von
25 000 Ellen Länge und 20 000 Ellen Breite! Dieses
soll in seinem ganzen Umfang heilig sein. 2 Davon
entfalle für das Heiligtum ein Quadrat von 500 zu
500 Ellen an Umfang, ferner fünfzig Ellen als unbe-
stelltes Land um es herum. 3 Von jenem abgemesse-
nen Bezirk meßt ein Gebiet heraus von 25 000 Ellen
Länge und 10 000 Ellen Breite; darauf stehe das
Heiligtum, das Hochheilige. 4 Dies ist das heilige
Landopfer. Es sei Eigentum der Priester, die am
Heiligtum Dienst verrichten und sich nahen, um
dem Herrn zu dienen. Es diene ihnen als Platz für
die Häuser und als Trift für das Vieh. 5 25 000 Ellen
Länge und 10 000 Ellen Breite sollen den Leviten
gehören, die im Tempelhaus Dienst tun; es soll ihr
Eigentum sein mit Gehöften zum Wohnen.
6 Als Eigentum der Stadt bestimmt ein Gebiet von
5 000 Ellen Breite und 25 000 Ellen Länge, so lang
also wie die heilige Abgabe; es gehöre dem gesam-
ten Hause Israel. 7 Für den Fürsten aber bestimmt

beiderseits der heiligen Abgabe und des Besitztums der Stadt entlang der heiligen Abgabe und entlang dem Eigentum der Stadt einen Landstrich auf der Westseite westlich und auf der Ostseite östlich; die Länge entspreche den einzelnen Stammesanteilen von der westlichen bis zur östlichen Grenze des Landes. 8 Dies gehöre ihm als Besitztum in Israel, damit meine Fürsten mein Volk fortan nicht mehr bedrücken, sondern das Land dem Hause Israel gemäß seinen Stämmen überlassen.«

Aufgabe des Fürsten

9 So spricht der Gebieter und Herr: »Laßt es euch genug sein, ihr Fürsten Israels! Enthaltet euch der Gewalttat und Unterdrückung, übt Recht und Gerechtigkeit! Verschont mein Volk mit euren Enteignungen« – Spruch des Gebieters und Herrn. 10 »Genaue Waage, richtiges Epha und richtiges Bat sollt ihr haben. 11 Das Epha und das Bat sollen einheitliche Größe haben; das Bat soll den zehnten Teil eines Chomer fassen und das Epha ebenfalls den zehnten Teil eines Chomer. Auf den Chomer soll man sie abstimmen. 12 Der Sekel betrage zwanzig Gera; fünf Sekel sollen fünf, zehn Sekel sollen zehn sein, fünfzig Sekel bilden bei euch die Mine. 13 Das ist die Abgabe, die ihr erheben sollt: ein Sechstel Epha vom Chomer Weizen und ein Sechstel Epha vom Chomer Gerste. 14 Das festgesetzte Maß für das Öl: ein Zehntel Bat vom Kor; zehn Bat betragen ein Kor. 15 Ferner werde ein Schaf von der Herde, eines aus je zweihundert Stück, von den Geschlechtern Israels abgegeben für die Speise-, Brand- und Friedopfer, um euch Sühne zu verschaffen« – Spruch des Gebieters und Herrn. 16 »Die gesamte Bürgerschaft entrichte diese Abgabe dem Fürsten in Israel. 17 Dem Fürsten aber sollen die Brand-, Speise- und Trankopfer an den Feiertagen, den Neumonden, den Sabbaten und bei allen Festversammlungen des Hauses Israel obliegen. Er soll das Sünd- und das Speiseopfer, das Brand- und das Friedopfer liefern, um dem Hause Israel Sühne zu verschaffen.«

Zwei Sühnetage im Jahr

18 So spricht der Gebieter und Herr: »Am ersten Tag des ersten Monats sollst du einen fehlerlosen Jungstier nehmen und das Heiligtum entsündigen! 19 Der Priester nehme vom Blute des Sündopfers und streiche es an die Pfosten des Tempels, an die vier Ecken der Altareinfassung und an die Pfosten des Tores zum inneren Vorhof. 20 Ebenso soll es gemacht werden am ersten Tag des siebten Monats für jene, die aus Irrtum oder Unwissenheit sich verfehlt haben. So sollt ihr dem Tempel Sühne verschaffen.

Frühjahrs- und Herbstfest

21 Am vierzehnten Tag des ersten Monats sollt ihr das Paschafest halten; sieben Tage lang genieße man ungesäuerte Brote. 22 Der Fürst stelle an diesem Tag für seine eigene Person und für die gesamte Bürgerschaft einen Jungstier als Sündopfer bereit. 23 An den sieben Festtagen stelle er als Brandopfer täglich, sieben Tage lang, sieben Jungstiere und sieben Widder, fehlerlose Tiere, bereit und als Sündopfer täglich einen Ziegenbock. 24 Als Speiseopfer liefere er je ein Epha auf jeden Jungstier und je ein Epha auf jeden Widder, dazu je ein Hin Öl auf jedes Epha. 25 Am 15. Tage des siebten Monats, am Hochfest, liefere er sieben Tage lang ebensoviel an Sünd-, Brand- und Speiseopfern sowie an Öl.«

45,10ff.: Gewichte und Maße siehe im Anhang!

Sabbat und Neumond

46 1 So spricht der Gebieter und Herr: »Das Tor des inneren Vorhofs, das nach Osten gerichtet ist, bleibe an den sechs Werktagen geschlossen. Am Sabbat aber werde es aufgetan, desgleichen werde es am Neumondtage geöffnet. 2 Der Fürst soll durch die Vorhalle des Tores von außen eintreten und am Pfosten des Tores stehenbleiben. Dann sollen die Priester sein Brand- und sein Friedopfer darbringen. Er selbst soll sich auf der Schwelle des Tores zur Anbetung niederwerfen und dann hinausgehen. Das Tor aber soll bis zum Abend nicht geschlossen werden. 3 Auch die Bürger des Landes sollen sich am Eingang dieses Tores an den Sabbaten und Neumonden vor dem Herrn zur Anbetung niederwerfen. 4 Das Brandopfer, das der Fürst dem Herrn darbringen läßt, bestehe am Sabbat aus sechs fehlerlosen Lämmern und einem fehlerlosen Widder. 5 Dazu kommt als Speiseopfer ein Epha auf den Widder, ferner als Speiseopfer auf die Lämmer, soviel er zur Hand hat, und endlich ein Hin Öl auf das Epha. 6 Am Neumondtage seien es ein fehlerloser Jungstier und sechs Lämmer sowie ein fehlerloser Widder. 7 Ein Epha auf den Jungstier und ein Epha auf den Widder liefere er als Speiseopfer, und auf die Lämmer, soviel er zur Hand hat, ferner ein Hin Öl auf das Epha.

Betreten und Verlassen des heiligen Bezirks

8 Will der Fürst eintreten, dann komme er durch die Vorhalle des (inneren) Tores und gehe auf dem gleichen Wege wieder hinaus. 9 Kommen die Bürger des Landes an den Festtagen vor den Herrn, dann soll der, welcher durch das (äußere) Nordtor zur Anbetung eintrat, durch das Südtor hinausgehen; wer aber durch das Südtor eintrat, gehe durch das

Nordtor hinaus Niemand kehre durch das Tor,
durch das er eintrat, wieder zurück, sondern er gehe
durch das jeweils gegenüberliegende Tor hinaus.
10 Der Fürst weile in ihrer Mitte; wenn sie eintreten,
so trete auch er ein, wenn sie hinausgehen, so gehe
auch er hinaus.

Speiseopfer an Festen und Feiertagen

11 An den Fest- und Feiertagen betrage das Speise-
opfer ein Epha auf den Jungstier und ein Epha auf
den Widder, auf die Lämmer aber, soviel er zur
Hand hat, ferner ein Hin Öl auf das Epha.

Das freiwillige Opfer der Fürsten

12 Richtet der Fürst ein freiwilliges Opfer zu, ein
Brand- oder Friedopfer als freiwillige Gabe für den
Herrn, dann öffne man ihm das Tor, das nach Osten
schaut. Er richte sein Brand- und sein Friedopfer so
zu, wie er es am Sabbat zu tun pflegt. Dann gehe er
hinaus, und man schließe das Tor, sobald er hinaus-
gegangen ist.

Tägliches Opfer

13 Täglich sollst du dem Herrn ein einjähriges,
fehlerloses Lamm als Brandopfer herrichten, und
zwar sollst du es jeden Morgen tun. 14 Als Speise-
opfer sollst du dazu Morgen für Morgen den
sechsten Teil eines Epha und den dritten Teil eines
Hin Öl herrichten, um das Mehl zu besprengen
zum Speiseopfer für den Herrn. Das ist die Vor-
schrift für das ständige Brandopfer. 15 So soll man
das Lamm, das Speiseopfer und das Öl Morgen für
Morgen als ständiges Brandopfer herrichten.«

Gegen Fürstenwillkür

16 So spricht der Gebieter und Herr: »Wenn der Fürst
einem seiner Söhne etwas von seinem Erbeigentum
schenken will, so gehöre dies seinen Söhnen; es
gehe in ihren erblichen Besitz über. 17 Will er aber
etwas von seinem erblichen Besitz einem seiner
Diener zum Geschenk machen, so gehöre es die-
sem bis zum Erlaßjahre; dann falle es wieder an den
Fürsten zurück. Nur seinen Söhnen soll ihr Besitz-
tum verbleiben. 18 Der Fürst darf auch nichts vom
Erbbesitz des Volkes wegnehmen, indem er seine
Bürger gewaltsam aus ihrem Eigentum verdrängt.
Nur von seinem Privateigentum darf er seinen
Söhnen Erbbesitz zukommen lassen, damit nie-
mand von meinem Volke aus seinem Erbbesitz
vertrieben wird.«

Opferküchen

19 Dann brachte er mich durch den Eingang, der an
der Seite des Tores war, zu den heiligen, für die
Priester bestimmten Zellen, die nach Norden zu
lagen; und siehe, da war ein Raum in ihrem hinter-
sten Winkel gegen Westen. 20 Da erklärte er mir:
»Dies ist der Raum, in dem die Priester das Schuld-
und Sündopfer kochen und das Speiseopfer backen
sollen, um es nicht in den äußeren Vorhof hinaus-
tragen zu müssen und dadurch auf das Volk die
Weihe zu übertragen.« 21 Dann führte er mich in
den äußeren Vorhof hinaus und ließ mich zu den
vier Ecken des Vorhofes gehen; und siehe, in jeder
Ecke des Vorhofes war wieder ein Hof. 22 In den vier
Ecken des Vorhofes befanden sich kleine Höfe, vier-
zig Ellen lang und dreißig Ellen breit; alle vier hatten
dasselbe Maß. 23 Rings um die vier Höfe aber lief
eine Steinschicht. Unten an den Steinschichten
waren rundherum Kochplätze angebracht. 24 Da
erklärte er mir: »Dies sind die Kochstätten, wo die
Tempeldiener die Schlachtopfer des Volkes kochen
sollen.«

Wunderstrom entquillt dem Tempel

47 1 Alsdann führte er mich zum Tempel-
eingang zurück, und siehe, Wasser quoll
unter der Tempelschwelle hervor nach
Osten zu; denn die Vorderseite des Tempels
schaute nach Osten. Das Wasser aber floß unter-
halb der südlichen Seitenwand des Tempels hinab,
südlich vom Altar. 2 Er führte mich durch das nörd-
liche Tor hinaus und ließ mich außen herumgehen
zum äußeren Tor, das nach Osten schaute. Da sah
ich das Wasser aus der südlichen Seitenwand her-
vorrieseln. 3 Der Mann schritt mit einer Meßschnur
in seiner Hand in östlicher Richtung; er maß tau-
send Ellen ab und ließ mich durch das Wasser hin-
durchwaten, das bis an die Knöchel reichte. 4 Dann
maß er nochmals tausend Ellen ab und ließ mich
durch das Wasser waten, das bis an die Knie reichte.
Abermals maß er tausend Ellen ab und ließ mich
durch das Wasser waten, das bis an die Hüften
reichte. 5 Er maß nochmals tausend Ellen ab, da
wurde es ein Strom, den ich nicht mehr durchwaten
konnte, denn das Wasser war zu hoch; es war ja ein
Wasser zum Schwimmen, ein Strom, den man
nicht mehr durchwaten konnte.

6 Da sprach er zu mir: »Hast du es gesehen, Men-
schensohn?« Dann ließ er mich am Ufer des Stro-
mes zurückgehen. 7 Während ich nun zurückwan-
derte, konnte ich am Flußufer auf beiden Seiten
eine große Anzahl von Bäumen erblicken. 8 Da er-
klärte er mir: »Dieses Wasser fließt in den östlich
gelegenen Bezirk hinaus und läuft zur Jordansenke
hinab. Ergießt es sich in das Meer, in die stinkende
Flut, so wird das Wasser gesund. 9 Dann wird jeg-
liches Lebewesen, das dort herumschwimmt,
munter leben, wohin immer der Fluß sich ergießt;

groß wird die Menge der Fische sein. Denn sobald
dieses Wasser dahin kommt, wird das Salzwasser
gesund, und alles, was der Fluß erreicht, bleibt am
Leben. 10 Ja, dann werden Fischer an ihm stehen;
von Engedi bis Eneglajim wird der Trockenplatz für
die Netze reichen. Die Fische werden nach ihren
Arten so überaus zahlreich sein wie die Fische im
Großen Meer. 11 Seine seichten Stellen und Tümpel
aber sollen nicht gesunden, denn sie sind zur Salz-
gewinnung bestimmt. 12 An den Ufern des Flusses
wachsen beiderseits allerlei fruchtbringende
Bäume, deren Laub nie welkt und deren Frucht nie
ausgeht. In jedem Monat tragen sie frische Frucht;
denn das Wasser, das sie tränkt, geht vom Heilig-
tum aus. Ihre Früchte dienen zur Nahrung und ihre
Blätter zu Heilzwecken.«

Grenzen des Landes

13 So spricht der Gebieter und Herr: »Dies ist die
Grenze, innerhalb welcher ihr euch das Land nach
den zwölf Stämmen Israels zum Erbe verteilen
sollt; Joseph erhält einen doppelten Anteil. 14 Ein
jeder soll den gleichen Erbbesitz erhalten, einer wie
der andere; ich habe ja geschworen, es euren Vätern
zu verleihen; darum soll dieses Land euch als Erbe
zufallen. 15 Dies ist die Nordgrenze des Landes;
vom Großen Meere in Richtung nach Chetlon bis
Lebo-Hamat, bis Zedad. 16 Berota, Sibrajim, das
zwischen dem Gebiete von Damaskus und dem
Gebiete von Hamat liegt, bis Chazar-Enon, das an
der Grenze von Chauran liegt. 17 Die Nordgrenze
verlaufe also vom Meer bis Chazar-Enon; das Ge-
biet von Damaskus liegt in nördlicher Richtung,
desgleichen das Gebiet von Hamat. Dies die nörd-
liche Grenze. 18 Die Ostgrenze verlaufe von Chazar-
Enon, das zwischen Chauran und Damaskus liegt;
zwischen Gilead und dem Lande Israel bildet der
Jordan die Grenze bis zum östlichen Meer, bis nach
Tamar hin. Dies die östliche Grenze. 19 Die Süd-
grenze gegen Mittag verläuft von Tamar bis Me-
Meribat (Haderwasser) bei Kades, sodann bis an
den Bach Ägyptens und zum Großen Meer. Dies
die Südgrenze gegen Mittag zu. 20 Die Westgrenze
wird durch das Große Meer gebildet bis gegenüber
Lebo-Hamat. Dies die westliche Grenze.

Besitztum der Fremdlinge

21 Dieses Land sollt ihr unter euch nach den Stäm-
men Israels verteilen. 22 Ihr sollt es verlosen als Erb-
besitz für euch und für die Fremdlinge, die unter
euch wohnen und Kinder haben. Sie sollen euch
wie Einheimische unter den Söhnen Israels gelten;
mit euch sollen sie Erbbesitz inmitten der Stämme
Israels durchs Los erhalten. 23 In dem Stamme, bei
dem der Fremdling sich aufhält, sollt ihr ihm seinen
Erbbesitz zuteilen« – Spruch des Gebieters und
Herrn.

47,1–12: Alles ist nur Symbol, nicht Wirklichkeit. Die Tempelquelle ergießt sich ins Tote Meer, dessen Salzgehalt so vermindert wird, daß Fische sich darin aufhalten können wie im Großen (= Mittelländischen) Meer. Zu den Fruchtbäumen vgl. Offb 22,1f.
47,21–23: Auch die Fremdlinge sollen an dem verheißenen Erbbesitz Anteil haben. Vgl. Is 56,3–7, wo Gott ihnen seine Gnade zusagt, »denn mein Haus soll ein Bethaus genannt werden für alle Völker«. »Es ist nämlich kein Unterschied zwischen Jude und Hellene; denn ein und derselbe ist der Herr aller, reich für alle, die ihn anrufen.« (Röm 10,12).

Der Besitz der Einzelstämme

48
1 Dies sind die Namen der Stämme: Im
äußersten Norden vom Meer an in Rich-
tung nach Chetlon bis Lebo-Hamat, bis
nach Chazar-Enon – das Gebiet von Damaskus liegt
nördlich – seitwärts von Hamat, von der Ostseite
bis zur Westseite: ein Anteil für Dan. 2 Neben dem
Gebiet von Dan, von der Ostseite bis zur Westseite:
ein Anteil für Aser. 3 Neben dem Gebiet von Aser,
von der Ostseite bis zur Westseite: ein Anteil für
Naphtali. 4 Neben dem Gebiet von Naphtali, von
der Ostseite bis zur Westseite: ein Anteil für
Manasse. 5 Neben dem Gebiet von Manasse, von
der Ostseite bis zur Westseite: ein Anteil für
Ephraim. 6 Neben dem Gebiet von Ephraim, von
der Ostseite bis zur Westseite: ein Anteil für Ruben.
7 Neben dem Gebiet von Ruben, von der Ostseite
bis zur Westseite: ein Anteil für Juda.
8 Neben dem Gebiet von Juda, von der Ostseite bis
zur Westseite liege die Abgabe, die ihr zu entrich-
ten habt: 25 000 Ellen breit und in der Länge wie
einer der Anteile von der Ostseite bis zur Westseite.
Das Heiligtum liege mitten darin. 9 Die Abgabe, die
ihr dem Herrn abzugeben habt, soll 25 000 Ellen
lang und 20 000 Ellen breit sein. 10 Die heilige Ab-
gabe soll folgenden Besitzern gehören: den Prie-
stern ein Stück, dessen Nordseite 25 000 Ellen mißt,
dessen Westseite in der Breite 10 000 Ellen, dessen
Ostseite in der Breite 10 000 Ellen und dessen Süd-
seite in der Länge 25 000 Ellen. Das Heiligtum des
Herrn soll mitten darin liegen. 11 Den geweihten
Priestern, den Söhnen Zadoks, die meinen Dienst
wahrgenommen haben, die nicht abirrten, als die
Söhne Israels in die Irre gingen, gleichwie die Levi-
ten abirrten, 12 ihnen gehöre es als Abgabe von der
Weihegabe des Landes, als etwas Hochheiliges
neben dem Gebiet der Leviten. 13 Den Leviten aber
soll ein Landstrich entsprechend dem Gebiet der
Priester zufallen: 25 000 Ellen lang und 10 000 Ellen
breit, beide insgesamt also 25 000 Ellen lang und

20 000 Ellen breit. [14] Davon dürfen sie nichts verkaufen oder vertauschen und das beste Stück des Landes nicht auf andere übertragen; denn dem Herrn ist es geweiht. [15] Die 5 000 Ellen, die gegenüber den 25 000 Ellen an der Breitseite noch übrigbleiben, sind nichtheiliges Gebiet und gehören der Stadt als Wohn- und Weideplatz.

Die Stadt liege mitten darin. [16] Dies sind ihre Maße: die Nordseite 4 500, die Südseite 4 500, die Ostseite 4 500 und die Westseite 4 500 Ellen. [17] Der Weideplatz der Stadt betrage nach Norden 250, nach Süden 250, nach Osten 250 und nach Westen 250 Ellen. [18] Was aber an der Länge noch übrig ist längs der heiligen Abgabe, nämlich 10 000 Ellen ostwärts und 10 000 Ellen westwärts [d. h. der heiligen Abgabe entlang], dessen Ertrag soll den Arbeitern der Stadt zur Nahrung dienen. [19] Was nun die Arbeiter der Stadt betrifft, so sollen Leute aus allen Stämmen Israels in ihr beschäftigt sein. [20] Insgesamt sollt ihr als Abgabe 25 000 Ellen zu 25 000 Ellen im Geviert entrichten, die heilige Abgabe nämlich und den Stadtbesitz.

[21] Der Rest verbleibe dem Fürsten zu beiden Seiten der heiligen Abgabe und des Stadtbesitzes, entlang den 25 000 Ellen ostwärts bis zur Ostgrenze und westwärts entlang den 25 000 Ellen bis zur Westgrenze; entsprechend den Stammesanteilen soll er dem Fürsten gehören. Die heilige Abgabe und das Heiligtum sollen mitten darin liegen. [22] Der Besitz der Leviten und der Stadt soll mitten zwischen dem liegen, was Eigentum des Fürsten ist; zwischen dem Gebiet von Juda und dem Gebiet von Benjamin soll das liegen, was dem Fürsten gehört.

[23] Es folgen die übrigen Stämme: von der Ostseite bis zur Westseite: ein Anteil für Benjamin. [24] Neben dem Gebiet von Benjamin, von der Ostseite bis zur Westseite: ein Anteil für Simeon. [25] Neben dem Gebiet von Simeon, von der Ostseite bis zur Westseite: ein Anteil für Issachar. [26] Neben dem Gebiet von Issachar, von der Ostseite bis zur Westseite: ein Anteil für Sebulun. [27] Neben dem Gebiet von Sebulun, von der Ostseite bis zur Westseite: ein Anteil für Gad. [28] Neben dem Gebiet von Gad, auf der Südseite gegen Mittag, laufe die Grenze von Tamar bis Me-Meribat (Haderwasser) bei Kades, weiter zum Bache Ägyptens bis zum Großen Meer. [29] Dies ist das Land, das ihr als Erbbesitz den Stämmen Israels verlosen sollt, und dies sind ihre Anteile« – Spruch des Gebieters und Herrn.

[30a] Folgendes sind die Ausgänge der Stadt: [31a] Die Tore der Stadt sind nach den Stämmen Israels benannt. [30b] Auf der Nordseite, 4 500 Ellen an Maß, [31b] drei Tore nach Norden: ein Tor Ruben, ein Tor Juda, ein Tor Levi. [32] Auf der Ostseite, 4 500 Ellen an Maß, drei Tore: ein Tor Joseph, ein Tor Benjamin, ein Tor Dan. [33] Auf der Südseite, 4 500 Ellen an Maß, drei Tore: ein Tor Simeon, ein Tor Issachar, ein Tor Sebulun. [34] Auf der Westseite, 4 500 Ellen an Maß, drei Tore: ein Tor Gad, ein Tor Aser, ein Tor Naphtali. [35] Der gesamte Umfang beträgt 18 000 Ellen; und der Name der Stadt heißt von jetzt an: »Der Herr allhier.«

48,1–35: Die hier mit großer Sorgfalt vom Propheten wiedergegebenen Pläne zur Erneuerung des Staatswesens und des Tempelkultes geben ein beredtes Zeugnis von dem unerschütterlichen Glauben des Propheten, der trotz der Verbannung und der Zerstörung Jerusalems auf Gott vertraut und im Geiste den neuen Tempel und das wiederhergestellte, neu geordnete Staatswesen sieht. Wenn auch diese Pläne Ezechiels von den Heimkehrern aus dem Exil im einzelnen nicht verwirklicht wurden, so fanden sie letztlich doch ihre Erfüllung mit dem Anbruch des messianischen Reiches, in dem das heilige Volk Gottes seinem Herrn mit einem neuen Herzen dient.

DAS BUCH DANIEL

Über Daniel erfahren wir im AT sonst nichts. Es begegnet uns zwar ein Daniel bei Ez 14,14,20; 28,3 zusammen mit Noe und Hiob, zweifelhaft aber ist, ob damit dieselbe Person gemeint ist, weil ein Zeitgenosse des Ezechiel kaum mit Männern längst vergangener Zeiten in einem Atemzug genannt werden kann. Ein Daniel gilt auch im Heidentum des zweiten vorchristlichen Jahrtausends als sprichwörtlicher Beschützer der Witwen und Waisen. Unser Prophet Daniel gehört nach den Texten des Buches zu jenen vornehmen Juden, die 605 nach Babylon kamen. Er blieb bis in die ersten Jahre des Cyrus am Hofe (1,21; 10,1), also etwa siebzig Jahre.

Die ersten Kapitel sind erzählenden Inhalts. Einzelepisoden berichten über die Erziehung des Daniel, die Deutung eines Traumes Nebukadnezars, die wunderbare Errettung aus dem glühenden Ofen, Nebukadnezars Tierwahnsinn, das geheimnisvolle Menetekel im Königspalast, Errettung aus der Löwengrube unter dem Meder Darius. Diese Berichte mögen lange Zeit als selbständige Erzählungen im Umlauf gewesen sein. Daniel wird nämlich in späteren Erzählungen öfters so eingeführt, als ob er noch gänzlich unbekannt wäre. Auch ist es schwierig, die erwähnten Herrscher in die Zeitgeschichte einzureihen. Vielleicht hat man an persische Herrscher zu denken, die hier einen Decknamen tragen, wie etwa der Nabuchodonosor des Juditbuches. Das würde recht gut zu der Annahme mancher Bibelerklärer passen, daß die erste Hälfte des Danielbuches nach 300 v. Chr. verfaßt worden ist.

Der zweite Teil des Buches enthält Gesichte, die Israels Zukunft betreffen: 1. die vier Weltreiche (Tiere), 2. den Menschensohn, 3. den Ziegenbock im Kampf gegen den Widder, 4. die 70 Jahreswochen, 5. die Begebenheiten vom Untergang des Perserreiches bis auf den aus den Makkabäerbüchern bekannten Antiochus IV. Epiphanes. Mit ihm endigen die Visionen. In den katholischen Bibeln kommen noch einige Erzählungen, die nur griechisch erhalten sind, hinzu, besonders die Rettung der unschuldigen Susanna.

Auch bei Daniel haben wir es mit einem Propheten zu tun. Freilich betätigt sich dieser mehr als Visionär über die Weltreiche und deren Ende. Solche Schauungen hatten die früheren Propheten auch; aber bei diesen erfolgte die Gottesoffenbarung plötzlich. Sie war verhältnismäßig einfach und durchsichtig. Daniel bereitet sich durch Gebet und Fasten auf den Offenbarungsempfang vor und ist in der Lage, ihn selbst herbeizuführen. Man pflegt Daniel als Apokalyptiker (Enthüller) zu bezeichnen. Im NT haben wir ein Buch dieser Art in der Offenbarung des heiligen Johannes. Der Enthüller verhüllt zugleich durch seine rätselhafte, schwerverständliche Bildersprache.

Im dritten Jahr der Regierung des Königs Jojakim
von Juda rückte der König Nebukadnezar von
Babel gegen Jerusalem vor und belagerte es.
2 Da überlieferte der Herr den König Jojakim von
Juda in seine Gewalt und ebenso einen Teil der
Geräte des Gotteshauses. Er brachte diese ins Land
Sinear, in das Haus seines Gottes, und zwar führte
er die Geräte dem Schatzhaus seines Gottes zu.
3 Nun befahl der König dem Aschpenas, dem Obersten seiner Kammerherren, er möge israelitische
Knaben aus dem königlichen Geschlecht sowie aus
dem Adel kommen lassen: 4 Jünglinge ohne jeden
Makel, von gutem Aussehen, unterrichtet in jeglicher Weisheit, kenntnisreich und gelehrig und
somit befähigt, in den königlichen Hofdienst zu
treten; diese solle er in der kaldäischen Schrift und
Sprache unterweisen. 5 Der König bestimmte für
sie tagtäglich die Kost von der königlichen Tafel
und von dem Wein, den er selber trank. Drei Jahre
lang sollte ihre Ausbildung dauern, und danach
sollten sie in königliche Dienste treten.

Daniel und seine Gefährten

6 Unter ihnen befanden sich von den Judäern Daniel, Chananja, Mischael und Asarja. 7 Der oberste
Kammerherr gab ihnen andere Namen; den Daniel
nannte er Beltschazzar, den Chananja Schadrach,
den Mischael Meschach, den Asarja Abednego.
8 Da faßte Daniel den beherzten Entschluß, sich an
der königlichen Kost und am Wein von dessen Tafel
nicht zu verunreinigen. Er bat also den obersten

Kammerherrn um die Gunst, sich nicht verunreini-
gen zu müssen. 9 Gott ließ Daniel bei dem obersten
Kammerherrn Gunst und Gnade finden. 10 Aller-
dings sagte der oberste Kammerherr zu Daniel: »Ich
fürchte nur, daß mein Herr, der König, der ja Speise
und Trank für euch festgesetzt hat, euer Aussehen
schlechter findet als das der anderen Knaben eures
Alters; dann wäre durch eure Schuld mein Kopf
beim König verwirkt.« 11 Daniel sprach nun zum
Aufseher, den der oberste Kammerherr über Daniel,
Chananja, Mischael und Asarja gesetzt hatte:
12 »Versuche es doch einmal zehn Tage lang mit
deinen Knechten! Man gebe uns nur Pflanzenkost
zu essen und Wasser zu trinken! 13 Dann magst du
unser Aussehen mit dem jener Knaben vergleichen,
die von der königlichen Speise essen. Je nach
deinem Befunde verfahre dann mit deinen Knech-
ten!« 14 Er willfahrte diesem ihrem Wunsche und
versuchte es zehn Tage lang mit ihnen. 15 Nach Ab-
lauf der zehn Tage sahen sie besser und wohl-
genährter aus als alle anderen Knaben, die sich von
der königlichen Kost nährten. 16 So ließ denn der
Aufseher die ihnen zugedachte Kost und den Wein,
den sie trinken sollten, fortschaffen und verab-
reichte ihnen nur Pflanzenkost. 17 Diesen vier
Knaben nun schenkte Gott Einsicht und Weisheit
für jegliches Schrifttum und Wissensgebiet. Daniel
hatte auch Erfahrung in der Deutung von Gesichten
und Träumen aller Art.
18 Nach Ablauf der Frist, die der König bis zu ihrer
Vorführung bestimmt hatte, führte sie der oberste
Kammerherr vor Nebukadnezar. 19 Der König be-
sprach sich mit ihnen. Keiner von ihnen allen be-
währte sich aber so wie Daniel, Chananja, Mischael
und Asarja. Sie durften daher in königliche Dienste
treten. 20 Sooft der König nun von ihnen in allen
Dingen, die Weisheit und Einsicht erforderten,
einen Rat wünschte, fand er sie sämtlichen Zei-
chendeutern und Wahrsagern in seinem ganzen
Reiche zehnmal überlegen. 21 So blieb Daniel bis
zum ersten Jahre des Königs Cyrus am Hofe.

1,1–4,34: Daniel ist in allen Erzählungen ein frommer Sohn seiner Glaubensgemeinschaft. In aller Offenheit bekennt er sich zu seinen Grundsätzen. Die Zumutung, vor fremden Göttern niederzufallen, ist für ihn untragbar. Er enthält sich aller Speisen und Getränke, die nach dem Gesetz verboten sind. Gott belohnt seinen getreuen Verehrer wunderbar. Alles in allem, ein herrliches Vorbild für alle, die in Zeiten der Drangsal für Überzeugungen einzustehen haben.

Der Traum des Königs

2 1 Im zwölften Jahre der Regierung Nebukad-
nezars hatte dieser einen Traum. Sein Geist
beunruhigte sich darüber, und er konnte nicht
mehr schlafen. 2 Da ließ der König die Wahrsager,
Beschwörer, Zauberer und Kaldäer rufen. Sie soll-
ten dem König über seinen Traum Aufschluß ge-
ben. Sie kamen und traten vor das Antlitz des
Königs. 3 Der König sprach zu ihnen: »Ich hatte
einen Traum, und mein Geist ist unruhig, weil ich
den Traum verstehen möchte.« 4 Die Kaldäer ent-
gegneten dem König – auf aramäisch –: »O König,
lebe ewig! Erzähle den Traum deinen Knechten,
und wir wollen die Deutung kundtun!« 5 Doch der
König antwortete den Kaldäern und sprach: »Mein
Entschluß steht fest: Wenn ihr mir den Traum und
seine Deutung nicht mitteilen könnt, dann sollt ihr
in Stücke gehauen und eure Häuser sollen in Schutt-
haufen verwandelt werden. 6 Tut ihr aber den
Traum und seine Deutung kund, so empfangt ihr
von mir Gaben, Geschenke und eine große
Würdenstellung. Daher erzählt mir den Traum und
seine Deutung!« 7 Sie antworteten abermals und
sprachen: »Der König erzähle seinen Knechten den
Traum, und wir werden seine Deutung offen-
baren.« 8 Der König gab zur Antwort: »Ich weiß mit
Sicherheit, daß ihr nur Zeit zu gewinnen sucht;
denn ihr wißt, daß mein Entschluß feststeht.
9 Könnt ihr mir den Traum nicht mitteilen, so trifft
euch das eindeutige Urteil: Eine verlogene und
ungünstige Antwort mir zu geben, habt ihr euch
verabredet, in der Hoffnung, daß die Zeiten sich
ändern. Also sagt mir den Traum! Daran werde ich
erkennen, daß ihr mir auch seine Deutung geben
könnt!« 10 Die Kaldäer antworteten dem König und
sprachen: »Es gibt niemand auf Erden, der das, was
der König verlangt, mitteilen könnte. Daher stellte
noch nie ein König, mag er noch so groß und mäch-
tig gewesen sein, ein derartiges Ansinnen an irgend-
einen Wahrsager, Beschwörer oder Kaldäer. 11 Zu
schwierig ist das Verlangen des Königs; es gibt
niemand sonst, der das dem König mitteilen könnte
außer den Göttern; doch deren Wohnung befindet
sich nicht unter den sterblichen Menschen.« 12 Da
ergrimmte der König und wurde sehr zornig. Er gab
den Befehl, alle Weisen Babels umzubringen. 13 Als
nun der Befehl ergangen war, die Weisen zu töten,
wollte man auch Daniel und seine Gefährten hin-
richten.

»Denn bei ihm wohnt das Licht«

14 Da wandte sich Daniel klug und verständig an
Arjoch, den Obersten der königlichen Leibwache,
der ausgerückt war, die Weisen Babels zu töten.
15 Er fragte also den königlichen Befehlshaber
Arjoch, warum denn vom König ein so strenger
Erlaß gekommen sei. Arjoch teilte dem Daniel die
Sache mit. 16 Daniel begab sich zum König und bat

ihn, man möge ihm doch eine Frist setzen, um dem
König die Deutung kundzutun. 17 Dann eilte Daniel
nach Hause und setzte seine Gefährten, Chananja,
Mischael und Asarja, von der Angelegenheit in
Kenntnis. 18 Sie sollten den Gott des Himmels um
Erbarmen anflehen dieses Geheimnisses wegen,
damit man nicht Daniel und seine Gefährten mit
den übrigen Weisen Babels umbringe. 19 Nun wurde
Daniel in einem Nachtgesicht das Geheimnis ge-
offenbart. Da pries er den Gott des Himmels.
20 Daniel betete und sprach: »Gepriesen sei Gottes
Name von Ewigkeit zu Ewigkeit! Denn Weisheit
und Stärke besitzt er. 21 Den Wechsel der Zeiten
und Fristen führt er herbei, setzt Könige ab und
setzt Könige ein. Den Weisen gibt er Weisheit, den
Verständigen Verstand. 22 Tiefe und verborgene
Dinge enthüllt er. Was im Dunkeln liegt, das weiß
er, und bei ihm wohnt das Licht. 23 Dich, Gott
meiner Väter, lobe und rühme ich; denn Weis-
heit und Stärke verliehest du mir. Um was wir dich
baten, tatest du mir jetzt kund, des Königs Verlan-
gen ließest du uns wissen.« 24 Danach begab sich
Daniel zu Arjoch, dem der König befohlen hatte,
die Weisen von Babel umzubringen. Er sprach zu
ihm: »Richte die Weisen Babels nicht hin! Führe
mich vor den König, und ich werde dem König die
Deutung offenbaren.« 25 Arjoch führte den Daniel in
aller Eile vor den König und sprach zu diesem:
»Unter den jüdischen Verbannten fand ich einen
Mann, der dem König die Deutung kundtun will.«
26 Der König antwortete und sprach zu Daniel, der
den Namen Beltschazzar führte: »Bist du wirklich
imstande, mir den Traum, den ich hatte, und seine
Deutung kundzutun?« 27 Daniel entgegnete dem
König: »Das Geheimnis, nach dem der König fragt,
können Weise und Zauberer, Wahrsager und Stern-
deuter dem König nicht mitteilen. 28 Doch ist ein
Gott im Himmel, der Geheimnisse aufdeckt und
den König Nebukadnezar wissen läßt, was am
Ende der Tage geschehen wird. Dein Traum und
was dir an Bildern auf deinem Lager durch den Kopf
ging, ist folgendes:

Traum von den vier Erdreichen und dem Gottesreich

29 Dir, o König, stiegen auf deinem Lager Gedanken
auf, was dereinst geschehen wird. Er, der Geheim-
nisse enthüllt, ließ dich wissen, was sein wird.
30 Mir aber ward dies Geheimnis nicht etwa infolge
einer Weisheit, durch die ich anderen Menschen
überlegen wäre, enthüllt. Es geschah, damit man
dem König die Deutung kundtue und du die Ge-
danken deines Herzens verstehst. 31 Du, o König,
hattest ein Gesicht und schautest eine gewaltige
Bildsäule. Jene Bildsäule war überaus groß, ihr
Glanz ganz außergewöhnlich. Sie stand vor dir. Ihr
Aussehen war furchterregend. 32 An diesem Bild
war der Kopf von lauterem Golde, seine Brust und
seine Arme aus Silber, sein Bauch und seine Hüften
aus Erz; 33 seine Schenkel waren aus Eisen, seine
Füße teils aus Eisen, teils aus Ton. 34 Du schautest
hin, bis sich ein Stein ohne Zutun von Menschen-
hand loslöste, die eisernen und tönernen Füße traf
und sie zermalmte. 35 Da zerstoben im Nu das
Eisen, der Ton, das Erz, das Silber und das Gold. Sie
wurden wie Spreu auf den sommerlichen Tennen;
der Wind trug sie fort, und keine Spur fand sich
mehr von ihnen. Der Stein aber, der die Bildsäule
getroffen hatte, ward zu einem großen Berg und
erfüllte die ganze Erde. 36 Dies war der Traum, und
seine Deutung wollen wir nun dem König vor-
tragen: 37 Du, o König der Könige, dem der Gott des
Himmels Königsherrschaft, Reichtum, Stärke und
Ruhm verliehen hat, 38 du, dem er die Menschen in
der ganzen bewohnten Welt, die Tiere des Feldes
und die Vögel des Himmels in die Hand gegeben,
und den er zum Herrscher über sie alle bestimmt
hat, du bist das Haupt von Gold! 39 Nach dir ersteht
ein anderes Reich, geringer als deines, und dann ein
anderes, drittes Königreich von Erz, das über alle
Länder herrschen wird. 40 Ein viertes Reich wird
hart wie Eisen sein; denn Eisen zerschlägt und zer-
malmt ja alles. Wie zerschmetterndes Eisen wird es
sie alle zerschlagen und zerschmettern. 41 Wenn du
die Füße und Zehen teils aus Töpferton, teils aus
Eisen sahst, so hat das folgende Bedeutung: Das
Reich wird nicht einheitlich sein, wird aber etwas
von der Härte des Eisens haben; darum sahst du
Eisen mit Tonerde gemischt. 42 Die Zehen, teils aus
Eisen, teils aus Ton, bedeuten: Ein Teil des Reiches
wird stark, ein Teil zerbrechlich sein. 43 Und wenn
du Eisen vermischt mit Tonerde schautest, so be-
deutet dies: Man wird sich durch Heiraten mitein-
ander verbinden, jedoch wird man nicht unterein-
ander zusammenhalten, so wie sich Eisen mit Ton
nicht verbinden läßt. 44 In den Tagen jener Könige
errichtet der Himmelsgott ein Reich, das in Ewig-
keit nicht zugrunde geht. Dieses Reich wird keinem
anderen Volk überlassen. Es zermalmt und beseitigt
all jene Reiche, selbst aber steht es in Ewigkeit fest!
45 Du sahst es ja selber, daß der Stein, der sich ohne
Zutun von Menschenhand vom Berge loslöste,
Eisen, Erz, Ton, Silber und Gold zermalmte. Der
große Gott hat dem König kundgetan, was dereinst
geschehen wird; der Traum ist wahr und seine Deu-
tung zuverlässig.«

Nebukadnezar preist den Gott Daniels

46 Da fiel der König Nebukadnezar auf sein Ange-
sicht nieder und huldigte dem Daniel. Er befahl,
ihm Speiseopfer und Räucherwerk zu spenden.
47 Der König nahm das Wort und sprach zu Daniel:
»Fürwahr! Euer Gott ist der Gott der Götter, der
Herr der Könige und der Offenbarer von Geheim-
nissen. Nur deshalb konntest du dieses Geheimnis
enthüllen.« 48 Dann erhob der König den Daniel zu
hohem Rang und machte ihm viele reiche Ge-
schenke. Er ernannte ihn zum Gebieter der ganzen
Provinz Babel und zum Obervorsteher aller Weisen
von Babel. 49 Daniel bat den König, und dieser
übertrug die Verwaltung der Provinz Babel dem
Schadrach, Meschach und Abednego. Daniel blieb
am Hof des Königs.

2,2: Kaldäer ist hier nicht mehr Volksname, sondern Bezeichnung für eine Klasse von Wahrsagern.

Daniels Gefährten im Feuerofen

3 1 Einst ließ König Nebukadnezar ein goldenes
Standbild anfertigen; sechzig Ellen betrug
seine Höhe und sechs Ellen seine Breite. Er er-
richtete es in der Ebene Dura in der Provinz Babel.
2 Der König Nebukadnezar schickte Boten aus, die
Satrapen, Statthalter, Präfekten, Generäle, Schatz-
meister, Richter, Polizeibeamten und alle Provin-
zialbeamten zusammenzuholen. Sie sollten zur
Einweihung jenes Standbildes erscheinen, das der
König Nebukadnezar errichtet hatte. 3 Da versam-
melten sich die Satrapen, Statthalter, Präfekten, Ge-
neräle, Schatzmeister, Richter, Polizeibeamten und
alle anderen Provinzialbeamten zur Einweihung
des Bildes, das König Nebukadnezar hatte errichten
lassen. Sie nahmen vor dem Standbild, das Nebu-
kadnezar errichtet hatte, Aufstellung. 4 Der Herold
verkündete mit mächtiger Stimme: »An euch ergeht
der Befehl, ihr Völker und Stämme aller Sprachen:
5 Sobald ihr den Klang der Hörner, Flöten, Zithern,
Harfen, Lauten, Sackpfeifen und aller Arten von
Musikinstrumenten ertönen hört, sollt ihr nieder-
fallen und das goldene Standbild anbeten, das der
König Nebukadnezar errichten ließ. 6 Wer aber
nicht niederfällt und anbetet, der wird noch zur sel-
ben Stunde in den glühenden Feuerofen geworfen.«
7 Sobald daher alle Völker den Klang der Hörner,
Flöten, Zithern, Harfen, Lauten, Sackpfeifen und
aller Arten von Musikinstrumenten vernahmen,
warfen sich sämtliche Völker und Stämme aller
Sprachen sogleich nieder und beteten das goldene
Standbild an, das der König Nebukadnezar errichtet
hatte.

Anzeige

8 Zur gleichen Zeit traten kaldäische Männer heran
und verklagten die Juden. 9 Sie ergriffen das Wort
und sprachen zum König Nebukadnezar: »Ewig
sollst du leben, o König! 10 Du, o König, hast doch
den Befehl erlassen, daß jeder, der den Klang der
Hörner, Flöten, Zithern, Harfen, Lauten, Sackpfei-
fen und aller Arten von Musikinstrumenten ver-
nimmt, niederfallen und das goldene Standbild an-
beten soll. 11 Wer aber nicht niederfällt und anbetet,
der solle in den glühenden Feuerofen geworfen
werden. 12 Da sind nun jüdische Männer, denen du
die Verwaltung der Provinz Babel anvertraut hast,
Schadrach, Meschach und Abednego. Diese Män-
ner achten nicht auf deinen Befehl, o König. Deinen
Gott verehren sie nicht, und das von dir errichtete
goldene Standbild beten sie nicht an.«

Macht und Ohnmacht

13 Da befahl Nebukadnezar in wütendem Zorn,
Schadrach, Meschach und Abednego vorzufüh-
ren. Man brachte also jene Männer vor den König.
14 Nebukadnezar hob an und fragte sie: »Ist es wahr,
Schadrach, Meschach und Abednego, daß ihr
meinen Gott nicht verehrt und das von mir errich-
tete Standbild nicht anbetet? 15 Nun wohl, wenn ihr
bereit seid, niederzufallen und das von mir ver-
fertigte Standbild anzubeten, sobald ihr den Klang
der Hörner, Flöten, Zithern, Harfen, Lauten, Sack-
pfeifen und aller Arten von Musikinstrumenten ver-
nehmt, dann ist es gut; betet ihr es aber nicht an, so
werdet ihr zur gleichen Stunde in den glühenden
Feuerofen geworfen, und welcher Gott wird euch
aus meiner Gewalt befreien können?« 16 Schadrach,
Meschach und Abednego antworteten dem König
Nebukadnezar: »Wir haben nicht nötig, dir darauf
ein Wort zu erwidern. 17 Wenn es sein soll, kann
unser Gott, den wir verehren, uns aus dem glühen-
den Feuerofen befreien, und er wird uns aus deiner
Gewalt, o König, erretten. 18 Tut er es aber nicht, so
sei dir, o König, kundgemacht, daß wir deinen Gott
nicht verehren und das von dir errichtete goldene
Standbild nicht anbeten werden.«

Inmitten der Flammen

19 Da ward Nebukadnezar von Wut erfüllt, und sein
Gesichtsausdruck entstellte sich gegen Schadrach,
Meschach und Abednego. Er befahl, den Ofen sie-
benmal stärker zu heizen, als man ihn sonst zu hei-
zen pflegte. 20 Einigen von den stärksten Männern
in seinem Heere befahl er, Schadrach, Meschach
und Abednego zu binden und in den glühenden
Feuerofen zu werfen. 21 Nun wurden diese Männer
in ihren Mänteln, Beinkleidern, Mützen und sonsti-

gen Gewändern gebunden und in den glühenden
Feuerofen geworfen. 22 Weil aber der Befehl des
Königs so streng und der Ofen ungewöhnlich stark
geheizt war, tötete die Feuerflamme jene Männer,
die Schadrach, Meschach und Abednego hinaufge-
bracht hatten. 23 Die drei Männer aber, Schadrach,
Meschach und Abednego, fielen gebunden in den
glühenden Feuerofen.

Gebet des Azarias

24 Mitten in der Feuerflamme wandelten sie einher,
lobten Gott und priesen den Herrn. 25 Azarias stellte
sich hin und betete; er öffnete seinen Mund und
sprach inmitten des Feuers:
26 »Gepriesen bist du, o Herr, Gott unserer Väter, ge-
lobt und verherrlicht ist dein Name in Ewigkeit!
27 Denn gerecht bist du in all deinem Tun gegen uns,
all deine Werke sind richtig und deine Wege gerade.
Deine Urteile sind insgesamt zuverlässig. 28 Uner-
schütterliche Gerichte hast du vollstreckt in allem,
was du über uns verhängt und über Jerusalem, die
heilige Stadt unserer Väter. Denn in Wahrheit und
Recht hast du all dies verhängt wegen unserer Sün-
den. 29 Denn wir haben gesündigt und gefrevelt
durch Abfall von dir; wir haben in allem gefehlt und
deinen Geboten nicht gehorcht. 30 Wir haben
mißachtet und nicht erfüllt, was du uns zu unserem
eigenen Wohlergehen befohlen hast. 31 Alles also,
was du verhängt über uns und was du uns angetan,
tatest du mit wahrhaftigem Recht. 32 Du gabst uns
den Händen unserer Feinde preis, gesetzloser,
haßerfüllter Verräter, sowie einem ruchlosen König,
dem schlechtesten auf der ganzen Welt. 33 Und jetzt
dürfen wir nicht mehr den Mund auftun, deinen
Dienern und Verehrern wird Schande und Schmach
zuteil.
34 Verstoße uns um deines Namens willen nicht für
immer, hebe doch deinen Bund nicht auf! 35 Wende
dein Mitleid von uns nicht ab um Abrahams, deines
Freundes Isaaks, deines Knechtes, und Israels,
deines Heiligen, willen! 36 Ihnen gabst du ja die Ver-
heißung, ihre Nachkommen wie die Sterne des
Himmels zahlreich zu machen und wie den Sand
am Ufer des Meeres. 37 Geringer als alle Völker sind
wir geworden, o Herr; gedemütigt sind wir heute
auf der ganzen Welt um unserer Sünden willen.
38 Es ist in gegenwärtiger Zeit kein Fürst vorhan-
den, kein Prophet oder Lenker, kein Brand- und
Schlachtopfer mehr, kein Speiseopfer und Räucher-
werk, kein Ort, um Erstlingsgaben zu spenden vor
dir und so Erbarmen zu finden.
39 Doch mit zerknirschtem Herzen und demütigem
Geiste laß uns Aufnahme finden, als kämen wir mit
Brandopfern von Widdern und Stieren und unzähli-
gen fetten Lämmern! 40 So komme unser Opfer
heute vor dich und möge dich versöhnen! Denn
keiner, der auf dich vertraut, wird je beschämt.
41 Von ganzem Herzen folgen wir nunmehr dir und
fürchten dich; wir suchen dein Antlitz, enttäusche
uns nicht! 42 Nein, nach deiner Milde verfahre mit
uns und nach der Fülle deines Erbarmens! 43 Rette
uns nach deiner Wunderkraft und mache deinem
Namen Ehre, o Herr! 44 Alle sollen in Schmach ge-
raten, die deinen Dienern Böses erweisen; sie sollen
beschämt all ihre Macht verlieren, und ihre Stärke
werde zermalmt! 45 Sie sollen erkennen, daß du, der
Herr, allein Gott bist, ruhmreich auf der ganzen
Erde!«

Errettung

46 Die Diener des Königs, welche jene hineingewor-
fen hatten, schürten unablässig den Ofen mit Erd-
harz, Werg, Pech und Reisig. 47 Das Flammenmeer
schlug etwa neunundvierzig Ellen hoch über den
Ofen hinaus. 48 Es griff um sich und verbrannte,
wen es im Umkreis des Ofens von den Kaldäern er-
fassen konnte.
49 Der Engel des Herrn war zugleich mit den Ge-
fährten des Azarias in den Ofen hinabgestiegen und
trieb die Feuerflammen aus dem Ofen hinaus.
50 Das Innere des Ofens machte er kühl, als ob ein
Tauwind hindurchwehte. Das Feuer erfaßte sie
nicht im geringsten und fügte ihnen keinerlei
Schmerz oder Beschwerde zu. 51 Da hoben die drei
im Ofen wie aus einem Munde an, Gott zu loben,
zu verherrlichen, zu preisen und zu erhöhen, indem
sie sprachen: 52 »Gepriesen bist du, o Herr, Gott
unserer Väter, und in Ewigkeit gelobt und hoch-
gerühmt; gepriesen ist dein heiliger, herrlicher
Name, gelobt und hochgerühmt in alle Ewigkeit.
53 Gepriesen bist du im Tempel deiner heiligen
Herrlichkeit, hochgelobt und hochverehrt in Ewig-
keit. 54 Gepriesen bist du auf deinem Königsthron,
hochgelobt und hochgerühmt in Ewigkeit. 55 Ge-
priesen bist du, der über Abgründe schaut, der über
Kerubim thront, gelobt und verherrlicht in Ewig-
keit. 56 Gepriesen bist du auf dem Himmelsge-
wölbe, gelobt und verherrlicht in Ewigkeit.

Loblied der Schöpfung

57 Preiset den Herrn, alle Werke des Herrn, lobt und
erhöht ihn in Ewigkeit! 58 Preiset den Herrn, ihr
Engel des Herrn, lobt und erhöht ihn in Ewigkeit.
59 Preiset, ihr Himmel, den Herrn, lobt und erhöht
ihn in Ewigkeit! 60 Preiset, alle Wasser über dem
Himmel, den Herrn, lobt und erhöht ihn in Ewig-
keit!

61 Preiset den Herrn, alle Naturkräfte des Herrn, lobt und erhöht ihn in Ewigkeit! 62 Preiset, Sonne und Mond, den Herrn, lobt und erhöht ihn in Ewigkeit! 63 Preiset, Gestirne des Himmels, den Herrn, lobt und erhöht ihn in Ewigkeit! 64 Preiset, aller Regen und Tau, den Herrn, lobt und erhöht ihn in Ewigkeit! 65 Preiset, alle Winde, den Herrn, lobt und erhöht ihn in Ewigkeit! 66 Preiset, Feuer und Hitze, den Herrn, lobt und erhöht ihn in Ewigkeit! 67 Preiset, Kälte und Frost, den Herrn, lobt und erhöht ihn in Ewigkeit! 68 Preiset, Tau- und Schneefälle, den Herrn, lobt und erhöht ihn in Ewigkeit! 69 Preiset, Eis und Kälte, den Herrn, lobt und erhöht ihn in Ewigkeit! 70 Preiset, Reif und Schnee, den Herrn, lobt und erhöht ihn in Ewigkeit! 71 Preiset, Nächte und Tage, den Herrn, lobt und erhöht ihn in Ewigkeit! 72 Preiset, Licht und Dunkel, den Herrn, lobt und erhöht ihn in Ewigkeit! 73 Preiset, Blitze und Wolken, den Herrn, lobt und erhöht ihn in Ewigkeit! 74 Die Erde preise den Herrn, lobe und erhöhe ihn in Ewigkeit! 75 Preiset, ihr Berge und Hügel, den Herrn, lobt und erhöht ihn in Ewigkeit! 76 Preiset, alle Gewächse auf Erden, den Herrn, lobt und erhöht ihn in Ewigkeit! 77 Preiset, ihr Quellen, den Herrn, lobt und erhöht ihn in Ewigkeit! 78 Preiset, Meere und Flüsse, den Herrn, lobt und erhöht ihn in Ewigkeit! 79 Preiset, Seetiere und alles, was im Wasser wimmelt, den Herrn, lobt und erhöht ihn in Ewigkeit! 80 Preiset, alle Vögel des Himmels, den Herrn, lobt und erhöht ihn in Ewigkeit! 81 Preiset, ihr zahmen und wilden Tiere des Landes, den Herrn, lobt und erhöht ihn in Ewigkeit! 82 Preiset, ihr Menschensöhne, den Herrn, lobt und erhöht ihn in Ewigkeit! 83 Preiset, ihr Israeliten, den Herrn, lobt und erhöht ihn in Ewigkeit! 84 Preiset, ihr Priester [des Herrn], den Herrn, lobt und erhöht ihn in Ewigkeit! 85 Preiset, ihr Diener [des Herrn], den Herrn, lobt und erhöht ihn in Ewigkeit! 86 Preiset, ihr Geister und Seelen der Gerechten, den Herrn, lobt und erhöht ihn in Ewigkeit! 87 Preiset, ihr Frommen und demütig Gesinnten, den Herrn, lobt und erhöht ihn in Ewigkeit! 88 Preiset, Ananias, Azarias, Misael, den Herrn, lobt und erhöht ihn in Ewigkeit! Denn er hat uns der Unterwelt entrissen und aus des Todes Gewalt uns befreit; er hat uns vom glühenden Ofen errettet und aus der Mitte des Feuers erlöst. 89 Danket dem Herrn, denn er ist gut, denn ewig währt seine Huld! 90 Preiset, ihr Gottesfürchtigen alle, den Gott der Götter! Lobsinget und danket; denn ewig währt seine Huld!«

91 (24) Da erschrak der König Nebukadnezar und sprang eilends auf. Er fragte seine Beamten: »Waren es nicht drei Männer, die wir gefesselt ins Feuer hineinwarfen?« Sie gaben dem König zur Antwort: »Sicher, o König!« 92 (25) Dieser erwiderte und sprach: »Da sehe ich aber vier Männer im Feuer ohne Fesseln umhergehen, ohne daß sie einen Schaden genommen haben, und der vierte sieht aus wie ein himmlisches Wesen.« 93 (26) Dann trat Nebukadnezar vor die Tür des glühenden Feuerofens und rief aus: »Schadrach, Meschach, Abednego, Diener des höchsten Gottes, geht heraus und kommt her!« Da traten Schadrach, Meschach und Abednego aus dem Feuerofen heraus. 94 (27) Es versammelten sich die Satrapen, Statthalter, Präfekten und Beamten des Königs, um jene Männer zu sehen, über deren Leib das Feuer keine Gewalt hatte. Kein Haar ihres Hauptes war versengt, und ihre Mäntel waren unversehrt, nicht einmal Brandgeruch haftete ihnen an.

95 (28) Nebukadnezar hob an und rief: »Gepriesen sei der Gott des Schadrach, Meschach und Abednego, der seinen Engel sandte und seine Diener befreite, die auf ihn vertrauten, das Gebot des Königs übertraten und ihren Leib hingaben, nur um keinem anderen Gott Verehrung und Anbetung zollen zu müssen als nur ihrem Gott. 96 (29) Von mir ergeht jetzt der Befehl: Wer von irgendeinem Volke, einem Stamm oder einer Sprache über den Gott des Schadrach, Meschach und Abednego eine Lästerung ausspricht, der soll zerstückelt und dessen Haus soll in einen Schutthaufen verwandelt werden. Denn es gibt keinen anderen Gott, der so retten könnte wie dieser.« 97 (30) Dann ließ der König den Schadrach, Meschach und Abednego in der Provinz Babel wieder erfolgreich wirken.

Königlicher Erlaß

98 (31) Der König Nebukadnezar an alle Völker, Stämme und Sprachen auf der ganzen Erde: »Heil sei euch in Fülle! 99 (32) Es erscheint mir richtig, die Zeichen und Wunder, die der höchste Gott an mir getan hat, kundzutun. 100 (33) Seine Zeichen, wie sind sie groß! Seine Wunder, wie sind sie gewaltig! Sein Reich ist ein ewiges Reich, seine Herrschaft besteht von Geschlecht zu Geschlecht.«

3,24ff: Die Verse 24–90 fehlen im aramäischen Text und sind ein späterer Einschub. Aber auch der aramäische Text selbst weist hier eine Lücke auf. – Unser Vers 91 ist nach der dortigen Zählung Vers 24. Azarias = Asarja. • 36: Vgl. 1 Mos 15,5; 22,17. • 88: Hier sind die ursprünglichen Namen der drei Jünglinge (vgl. 1,7) in ihrer griechischen Form wiedergegeben. • 98ff: Mit dem feierlichen Erlaß wird bereits die folgende Erzählung eingeleitet. Bis 4,15 und dann wieder in 4,31–34 berichtet der König in der ersten Person. Der geschichtliche Hintergrund ist nicht mehr nachprüfbar. Zu Vers 100 vgl. 4,31; 7,27; Ps 145,13.

Ein Traum

4 1 Ich, Nebukadnezar, lebte sorglos in meinem
Hause und glücklich in meinem Palaste. 2 Ich
hatte einen Traum, der mich erschreckte; Vor-
stellungen auf meinem Lager und die Bilder, die mir
durch den Kopf gingen, bestürzten mich. 3 Daher
erging von mir der Befehl, alle Weisen von Babel
vor mir erscheinen zu lassen. Sie sollten mir des
Traumes Deutung kundtun. 4 Da kamen die Wahr-
sager, Zauberer, Kaldäer und Sterndeuter herbei; ich
erzählte ihnen den Traum, doch seine Deutung
konnten sie mir nicht mitteilen. 5 Zuletzt erschien
Daniel vor mir, der nach dem Namen meines
Gottes Beltschazzar genannt wird und auf dem der
Geist heiliger Götter ruht. Auch ihm erzählte ich
den Traum: 6 »Beltschazzar, Oberster der Wahr-
sager, ich weiß, daß der Geist heiliger Götter auf dir
ruht und daß kein Geheimnis dir Mühe macht.
Höre meine Traumgesichte, die ich schaute, und
sage mir die Deutung!
7 Dies sind die Bilder, die mir auf meinem Lager
durch den Kopf gingen: Ich schaute und sah mitten
auf der Erde einen Baum von gewaltiger Höhe.
8 Der Baum wuchs und ward stark, seine Höhe er-
reichte den Himmel. Bis an das Ende der ganzen
Erde war er zu sehen. 9 Sein Laub war schön und
reich seine Frucht, Nahrung bot er für alle. Unter
ihm fanden Schatten die Tiere des Feldes, in seinen
Zweigen wohnten die Vögel des Himmels. Alles
nährte sich von ihm.
10 Ich schaute in den Gesichten, die mir auf meinem
Lager durch den Kopf gingen: Siehe da, ein heiliger
Wächter stieg vom Himmel herab. 11 Er rief mit
mächtiger Stimme und gebot: ›Fällt den Baum, seine
Zweige schlagt weg, streift sein Laub ab, zerstreut
seine Früchte! Die Tiere unter ihm sollen fliehen, die
Vögel aus seinen Zweigen! 12 Jedoch seinen Wurzel-
stock laßt im Boden zurück, und zwar in einer Fessel
von Eisen und Erz im Grün des Feldes! Vom Tau des
Himmels sei er benetzt, mit den Tieren habe er
seinen Anteil am Gras auf dem Boden! 13 Sein Herz
sei nicht mehr ein menschliches Herz; zuteil werde
ihm ein tierisches Herz! Sieben Zeiten sollen über
ihn dahingehen! 14 Auf der Wächter Entscheid be-
ruht dieser Beschluß und auf dem Befehl der Heili-
gen diese Aufforderung, damit die Lebenden erken-
nen: Der Höchste hat Gewalt über menschliches
Königtum. Wem er will, verleiht er es; den Niedrig-
sten der Menschen kann er dazu erheben.‹
15 Dies ist der Traum, den ich, König Nebukadnezar,
geschaut habe; du aber, Beltschazzar, sage mir die
Deutung! Denn keiner von allen Weisen meines
Reiches konnte die Deutung mir kundtun. Doch du
vermagst es; denn auf dir ruht der Geist heiliger
Götter.«

Deutung des Traumes:
Ein Zeichen für die Macht des Herrn

16 Da war Daniel, Beltschazzar genannt, einen
Augenblick lang vor Schreck erstarrt. Seine Gedan-
ken ängstigten ihn. Doch der König wandte sich an
ihn und sprach: »Beltschazzar, laß dich durch den
Traum und seine Deutung nicht aus der Fassung
bringen!« Beltschazzar entgegnete: »Mein Herr, der
Traum gelte deinen Feinden und seine Deutung
deinen Widersachern! 17 Der Baum aber, den du
sahst, der heranwuchs und erstarkte – seine Höhe
reichte bis zum Himmel, und sichtbar war er auf
der ganzen Erde, 18 sein Laub war schön und seine
Frucht reich, Nahrung bot er für alle, unter ihm
wohnten die Tiere des Feldes, in seinen Zweigen
hatten die Vögel des Himmels ihr Nest –, 19 dieser
Baum bist du, o König, der du heranwuchsest und
erstarktest; deine Größe nahm zu und reichte bis
zum Himmel, deine Herrschaft dehnte sich aus bis
an das Ende der Erde.
20 Dann sah der König einen heiligen Wächter vom
Himmel herabsteigen, der befahl: ›Fällt den Baum
und zerstört ihn; doch laßt seinen Wurzelstock im
Boden zurück, und zwar in einer Fessel von Eisen
und Erz im Grün des Feldes! Vom Tau des Himmels
werde er benetzt, und mit den Tieren des Feldes sei
sein Anteil, bis daß sieben Zeiten über ihn da hin-
gehen.‹
21 Dafür ist folgendes die Deutung, o König, und
dies der Entscheid des Höchsten, der meinen Herrn
und König erreicht. 22 Man wird dich aus der
menschlichen Gesellschaft vertreiben, bei den
Tieren des Feldes wird dein Aufenthalt sein, wie
Rindern wird man dir Gras zu essen geben, vom
Tau des Himmels läßt man dich benetzen, und sie-
ben Zeiten gehen über dich dahin, bis du erkennst,
daß der Höchste Gewalt hat über menschliches
Königtum und daß er es verleiht, wem er will.
23 Daß man befahl, vom Baume den Wurzelstock
stehen zu lassen, bedeutet: Dein Königtum bleibt
dir erhalten, sobald du anerkennst, daß der Himmel
die Macht hat. 24 Darum, o König, laß dir meinen
Rat gefallen: Tilge deine Sünden durch Mildtätig-
keit und deine Vergehen durch Barmherzigkeit ge-
gen Elende! Dann wird vielleicht dein Wohlergehen
von Dauer sein!«

Hochmut kommt vor dem Fall

25 All dies erfüllte sich am König Nebukadnezar.
26 Nach Verlauf von zwölf Monaten wandelte er auf

dem Königspalast in Babel hin und her. 27 Der König
hob an und sprach: »Ist dies nicht das großartige
Babel, das ich mir als königliche Residenz erbaut
habe in der Stärke meiner Macht und zum Ruhm
meiner Pracht?« 28 Noch war dem König das Wort
nicht entflohen, da ertönte eine Stimme vom
Himmel: »Dir, König Nebukadnezar, sei gesagt: Das
Königtum ist von dir gewichen. 29 Aus der menschlichen Gesellschaft wird man dich verstoßen, bei
den Tieren des Feldes wird dein Aufenthalt sein,
Gras gibt man dir zu essen wie Rindern; sieben
Zeiten gehen über dich dahin, bis du erkennst, daß
der Höchste Gewalt hat über menschliches Königtum und daß er es verleiht, wem er will.«
30 Noch in der gleichen Stunde erfüllte sich der
Spruch an Nebukadnezar: Aus der menschlichen
Gesellschaft ward er ausgestoßen, er nährte sich
von Gras gleich den Rindern, sein Körper wurde
vom Tau des Himmels benetzt, bis seine Haare
wuchsen wie Adlerfedern und seine Nägel wie
Vogelkrallen.

Ende des Tierdaseins

31 Am Ende jener Frist erhob ich, Nebukadnezar,
meine Augen zum Himmel, und mein Verstand
kam mir wieder. Ich pries den Höchsten, und den
ewig Lebenden lobte und verherrlichte ich: Ja, seine
Herrschaft ist eine ewige Herrschaft, von Geschlecht zu Geschlecht währt sein Königtum. 32 Alle
Erdbewohner gelten wie nichts. Mit dem Himmelsheere verfährt er, wie er will [und mit den Bewohnern der Erde]. Keinen gibt es, der ihm auf die Hand
schlagen und zu ihm sagen dürfte: »Was tust du
da?«
33 Zu jener Zeit kam mir mein Verstand wieder. Zur
Ehre meines Königtums gewann ich meine Pracht
und meinen Glanz zurück. Meine höchsten Beamten und Großfürsten suchten mich auf, ich wurde
wieder in meine Königswürde eingesetzt und
meine Macht ward bedeutend vermehrt. 34 Nunmehr lobe ich, Nebukadnezar, rühme hoch und verherrliche den Himmelskönig; denn all sein Tun ist
zuverlässig. Seine Wege sind recht; die in Hochmut
wandeln, vermag er zu stürzen.

4,32: Vgl. Is 40,17; Ps 144,4; Job 14,1f.

Eine geheimnisvolle Schrift

5 1 Der König Belschazzar veranstaltete ein
großes Gastmahl für seine tausend Großfürsten, und mit den Tausend trank er Wein.
2 In der Weinlaune ließ er die goldenen und silbernen Gefäße herbeiholen, die sein Vater Nebukadnezar aus dem Tempel zu Jerusalem geraubt hatte,
damit der König, seine Großfürsten, seine Frauen
und Nebenfrauen daraus trinken könnten. 3 Da
holte man die goldenen und silbernen Gefäße, die
man aus dem Tempel in Jerusalem geraubt hatte,
und der König, seine Großfürsten, seine Frauen und
Nebenfrauen tranken daraus. 4 Sie tranken Wein
und priesen die Götter aus Gold, Silber, Erz, Eisen,
Holz und Stein. 5 Zur gleichen Stunde erschienen
die Finger einer Menschenhand und schrieben auf
der Kalktünche an der Wand des königlichen
Palastes gegenüber dem Leuchter. Der König bemerkte die schreibende Hand. 6 Da veränderte sich
die Gesichtsfarbe des Königs, seine Gedanken erschreckten ihn, seine Hüftgelenke lockerten sich,
und seine Knie schlugen zitternd aneinander. 7 Der
König rief laut nach den Wahrsagern, Kaldäern und
Sterndeutern. Er hob an und sprach zu den Weisen
von Babel: »Wer immer diese Schrift lesen und mir
deuten kann, der soll in Purpur gekleidet werden,
um seinen Hals eine goldene Kette tragen und als
Rangdritter im Reiche herrschen.«
8 Da traten alle königlichen Weisen an. Sie vermochten aber nicht, die Schrift zu lesen und ihre
Deutung dem König kundzutun. 9 Da erschrak der
König Belschazzar sehr, seine Gesichtsfarbe veränderte sich an ihm, und auch seine Großfürsten gerieten in Verwirrung. 10 Infolge der Schreckensrufe
des Königs und seiner Großfürsten kam die Königin
in den Festsaal. Sie hob an und sprach: »O König,
lebe ewig! Deine Gedanken sollen dich nicht in
Schrecken setzen, und deine Gesichtsfarbe braucht
sich nicht zu verändern! 11 Es gibt in deinem Reiche
einen Mann, in dem der Geist heiliger Götter ist. In
den Tagen deines Vaters zeigten sich an ihm Erleuchtung, Einsicht und Weisheit, der Götterweisheit gleich. König Nebukadnezar, dein Vater, hat
ihn zum Obersten der Wahrsager, Zauberer,
Kaldäer und Sterndeuter bestellt. 12 Denn einen
außergewöhnlichen Geist, Kenntnis und Einsicht,
um Träume zu deuten, Rätsel zu erraten und Verwickeltes zu lösen, konnte man bei Daniel finden,
den der König ›Beltschazzar‹ nannte. Man rufe also
den Daniel herbei; er wird die Deutung kundtun!«
13 Darauf wurde Daniel vor den König geführt. Der
König hob an und sprach zu Daniel: »Du also bist
jener Daniel, der zu den Weggeführten aus Juda
gehört, die mein Vater, der König, aus Juda hierhergebracht hat. 14 Ich habe von dir gehört, daß göttlicher Geist in dir wohne, und daß Erleuchtung, Einsicht und außergewöhnliche Weisheit bei dir zu
finden seien. 15 Nun wurden die Weisen, die Wahrsager, mir vorgeführt, um diese Schrift da zu lesen

und ihre Deutung mir kundzutun. Doch waren sie
nicht imstande, die Deutung der Sache anzugeben.
16 Doch von dir habe ich gehört, daß du Deutungen
geben und Verwickeltes lösen kannst. Wenn du nun
die Schrift lesen und ihre Deutung mir kundtun
kannst, so wirst du in Purpur gekleidet, erhältst eine
goldene Kette um den Hals und wirst als Rang-
dritter im Reiche herrschen.«

Deutung und Erfüllung

17 Da antwortete Daniel und sprach vor dem König:
»Deine Gaben mögen dir verbleiben, und deine Ge-
schenke gib einem anderen! Indes will ich die
Schrift dem König vorlesen und die Deutung ihm
mitteilen. 18 O König, der höchste Gott hat König-
tum, Größe, Ehre und Pracht deinem Vater Nebu-
kadnezar verliehen. 19 Ob der Größe, die er ihm
gab, zitterten und bebten vor ihm alle Völker,
Nationen und Sprachen. Denn wen er wollte,
konnte er töten; wen er wollte, konnte er am Leben
lassen; wen er wollte, konnte er erhöhen; wen er
wollte, konnte er erniedrigen. 20 Da sich aber sein
Herz überhob und sein Geist bis zur Vermessenheit
sich verstockte, wurde er vom Thron seines Reiches
gestürzt, und seine Würde ward ihm genommen.
21 Aus der menschlichen Gesellschaft wurde er aus-
gestoßen, sein Sinn wurde dem eines Tieres ähn-
lich, bei den Wildeseln hauste er; wie den Rindern
gab man ihm Gras zur Nahrung, und vom Tau des
Himmels wurde sein Leib benetzt, bis er einsah,
daß der höchste Gott Gewalt hat über mensch-
liches Königtum, und daß er dazu bestimmen kann,
wen er will.
22 Auch du, sein Sohn Belschazzar, hast dein Herz
nicht gedemütigt, obwohl du all das wissen muß-
test. 23 Vielmehr hast du dich gegen den Herrn des
Himmels erhoben. Die Gefäße seines Tempels
mußte man dir bringen, und du trinkst daraus Wein
mit deinen Großfürsten, Frauen und Nebenfrauen.
Die Götter aus Silber und Gold, Erz und Eisen, Holz
und Stein, die weder sehen noch hören können und
keinen Verstand besitzen, hast du gepriesen. Jedoch
den Gott, in dessen Gewalt dein Lebensodem ist
und der über alle deine Wege verfügt, hast du nicht
verherrlicht.
24 Da wurde von ihm diese Hand gesandt und die
Schrift dort niedergeschrieben. 25 So lautet die
Schrift, die da geschrieben ward: ›Mene mene tekel
upharsin.‹ 26 Und das ist die Deutung des Inhalts:
Mene: gezählt hat Gott dein Königtum und es weg-
gegeben. 27 Tekel: gewogen bist du auf der Waage
und zu leicht befunden. 28 Peres: geteilt wird dein
Reich und den Medern und Persern gegeben.« 29 Da
gab Belschazzar Anweisung, und man kleidete
Daniel in Purpur und legte die goldene Kette um
seinen Hals. Man verkündete von ihm, daß er als
Rangdritter im Reiche herrschen solle. 30 In dersel-
ben Nacht wurde der kaldäische König Belschazzar
ermordet.

5,25–28: Das Rätselhafte an den Wörtern mene, tekel, peres (Ein-zahl zur Mehrzahl p[h]arsin) liegt vor allem in deren Doppelsinn. Als Hauptwörter bedeuten sie Geldsorten: Mine, Sekel und Halbmine. Daniel sieht darin Zeitwörter und kommt so zu seiner Deutung. Peres ist zudem fast gleichlautend mit »Perser«, also wohl auch eine Anspielung auf dieses Volk, das dem babylonischen Weltreich ein Ende machte.

Daniel in der Löwengrube

6 1 Der Meder Darius übernahm das Reich im
Alter von zweiundsechzig Jahren. 2 Darius
fand es richtig, über das Reich hundertzwan-
zig Satrapen zu setzen, die überall im Reiche ver-
teilt sein sollten. 3 Über sie setzte er drei höchste
Beamte, deren einer Daniel war; jene Satrapen
sollten ihnen Rechenschaft geben, damit der König
nicht zu Schaden käme. 4 Nun war dieser Daniel
den höchsten Beamten und Satrapen überlegen,
weil ein außergewöhnlicher Geist in ihm war, so
daß der König beabsichtigte, ihn über das ganze
Reich zu setzen. 5 Da suchten die höchsten Beam-
ten und Satrapen einen Anklagegrund gegen Daniel
in Sachen der Staatsgeschäfte zu finden. Sie konn-
ten aber keinerlei Anklagegrund oder Schuld aus-
findig machen, weil er zuverlässig war und irgend-
eine Nachlässigkeit oder Schuld bei ihm sich nicht
entdecken ließ. 6 So sprachen jene Männer: »Wir
werden gegen diesen Daniel keinerlei Anklage-
grund finden, es sei denn, wir finden etwas gegen
ihn, das im Gesetz seines Gottes begründet ist.«
7 Darauf eilten jene höchsten Beamten und Satrapen
zum König. Sie sprachen zu ihm: »König Darius,
lebe ewig! 8 Alle höchsten Beamten des Königrei-
ches, Statthalter, Satrapen, Beamten und Präfekten
erteilen gemeinsam den Ratschlag, der König möge
eine Verordnung erlassen und folgendem Verbot
Rechtskraft verleihen: Jeder, der innerhalb der
nächsten dreißig Tage von irgendeinem Gott oder
Menschen etwas erbittet außer von dir, o König, der
soll in die Löwengrube geworfen werden. 9 Dem-
gemäß, o König, laß das Gebot ergehen und fertige
die Urkunde aus! Sie soll nach dem unwandelbaren
Gesetz der Meder und Perser unabänderlich sein!«
10 Der König Darius ließ also die Urkunde mit dem
Verbot ausfertigen. 11 Daniel erfuhr von der Ausfer-
tigung der Urkunde und begab sich in sein Haus. In
seinem Obergemach hatte er offene Fenster in der
Richtung nach Jerusalem. Dreimal täglich warf er

sich auf seine Knie nieder zum Gebet und pries seinen Gott, ganz wie er es bisher zu tun gewohnt war. [12]Da eilten jene Männer herbei und fanden Daniel, wie er vor seinem Gott betete und flehte. [13]Sogleich begaben sie sich zum König und sprachen bezüglich des Verbotes: »O König, hast du nicht ein Verbot unterzeichnet, wonach jeder, der im Verlauf der nächsten dreißig Tage von irgendeinem Gott oder Menschen etwas erbittet außer von dir, o König, in die Löwengrube geworfen werden soll?« Der König erwiderte und sprach: »Fest besteht die Verordnung nach dem unwandelbaren Gesetz der Meder und Perser.« [14]Da antworteten sie und meldeten dem König: »Daniel, einer der Weggeführten aus Juda, schenkt weder dir, o König, Beachtung noch dem Verbot, das du ausgefertigt hast. Dreimal täglich verrichtet er sein Gebet.« [15]Als nun der König davon vernahm, geriet er in große Verlegenheit. Er war darauf bedacht, Daniel zu retten. Bis Sonnenuntergang machte er Anstrengungen, ihn freizubekommen. [16]Da eilten jene Männer wieder zum König und sprachen zu ihm: »Wisse, o König, es ist Gesetz bei den Medern und Persern, daß jedes Verbot oder Gebot, das der König erlassen hat, unwiderruflich ist!«

[17]So erteilte denn der König Befehl. Man schaffte Daniel herbei und warf ihn in die Löwengrube. Der König sagte noch zu Daniel: »Dein Gott, den du so unablässig verehrst, er möge dich erretten!« [18]Ein Stein wurde herbeigebracht und auf die Öffnung der Grube gelegt. Der König versiegelte ihn mit seinem Siegelring und den Siegelringen seiner Großfürsten, damit im Verfahren gegen Daniel keine Änderung versucht würde.

Im Vertrauen auf den Herrn dem Rachen der Löwen entronnen

[19]Dann begab sich der König in seinen Palast und verbrachte unter Fasten die Nacht. Speisen ließ er sich nicht hereinbringen, und der Schlaf floh ihn. [20]Frühmorgens, als es hell wurde, stand der König auf und begab sich eiligst zur Löwengrube. [21]Während er zur Grube herankam, rief er nach Daniel mit schmerzerfüllter Stimme. Der König hob an und sprach zu Daniel: »Daniel, Diener des lebendigen Gottes! Konnte dein Gott, dem du so unablässig dienst, dich vor den Löwen erretten?« [22]Darauf redete Daniel den König an: »O König, lebe ewig! [23]Mein Gott sandte seinen Engel und verschloß den Rachen der Löwen. Sie haben mich nicht verletzt, weil ich vor ihm als schuldlos erfunden ward. Auch dir gegenüber, o König, tat ich nichts Unrechtes.« [24]Darob war der König hocherfreut. Er befahl, Daniel aus der Grube heraufzuziehen. So wurde Daniel aus der Grube heraufgezogen, und es fand sich an ihm keine Verletzung, weil er auf seinen Gott vertraut hatte. [25]Auf Befehl des Königs holte man jene Männer, die Daniel verleumdet hatten. Man warf sie in die Löwengrube samt ihren Kindern und Frauen. Kaum hatten sie den Boden der Grube berührt, da fielen die Löwen über sie her und zermalmten alle ihre Knochen

Anerkennung des wahren Gottes

[26]Daraufhin richtete der König Darius an alle Völker, Stämme und Sprachen auf der gesamten Erde einen schriftlichen Erlaß: »Heil sei euch in Fülle! [27]Von mir ergeht folgender Befehl: Im ganzen Gebiet meines Reiches soll man vor dem Gott Daniels erzittern und sich fürchten! Denn er ist der lebendige Gott, der auf ewig besteht. Sein Reich geht nicht unter, und seine Herrschaft dauert bis ans Ende. [28]Er befreit und errettet, wirkt Zeichen und Wunder am Himmel und auf Erden. Daniel hat er befreit aus der Löwen Gewalt!« [29]Dieser Daniel lebte glücklich unter der Regierung des Darius und unter der Regierung des Persers Cyrus.

6,17ff: Daniel in der Löwengrube ist ebenso weltbekannt wie Daniel im glühenden Ofen, Kapitel 3. Sinn und Zweck der Erzählungen ist die Verherrlichung des wahren Gottes in einer heidnischen Umgebung (vgl. Vers 27f.). • 29: Einen »Meder« (6,1; 9,1; 11,1) Darius als König von Babylon anzunehmen, der noch vor dem Perser Cyrus regierte, widerspricht der Geschichte. Nach 9,1 wäre er Sohn des Xerxes gewesen. Vermutlich liegen unklare Erinnerungen an den Perserkönig Darius I. (521–486) vor (vgl. Vers 27f).

Gesicht von vier Tieren

7 [1]Im ersten Jahr des Königs Belschazzar von Babel schaute Daniel einen Traum, und Gesichte, die ihm auf seinem Lager durch den Kopf gingen, verwirrten ihn. Dann schrieb er den Traum nieder. Anfang des Berichtes: [2]Daniel hob an und sprach: Ich sah in meiner Schau während der Nacht, wie die Winde aus den vier Himmelsrichtungen das große Meer aufwühlten. [3]Vier große Tiere entstiegen dem Meer, eines vom anderen verschieden. [4]Das erste war einem Löwen gleich und hatte Adlerflügel. Ich schaute ihm so lange zu, bis ihm die Flügel ausgerissen wurden. Es ward vom Boden emporgehoben und auf zwei Füße gestellt wie ein Mensch, und ein menschliches Herz wurde ihm gegeben. [5]Plötzlich erschien ein anderes, zweites Tier, das einem Bären glich. Nach einer Seite hin war es aufgerichtet; drei Rippen hatte es in seinem Maul zwischen den Zähnen. Man rief ihm zu: »Auf, friß viel Fleisch!« [6]Sodann schaute ich, und siehe, ein anderes Tier erschien, das einem Panther glich. Es hatte vier Vogelflügel

auf seinem Rücken; außerdem hatte das Tier vier Köpfe, und Macht ward ihm gegeben. 7 Danach erblickte ich in den Nachtgesichten ein viertes Tier, furchtbar und schrecklich und außerordentlich stark. Es hatte mächtige Zähne aus Eisen und Klauen aus Erz. Es fraß und zermalmte, und den Rest zertrat es mit seinen Füßen. Es war verschieden von allen Tieren vor ihm und hatte zehn Hörner. 8 Ich betrachtete die Hörner; siehe, da wuchs ein anderes, kleines Horn zwischen ihnen hervor, und drei von den früheren Hörnern wurden vor ihm ausgerissen. Es zeigten sich Augen wie Menschenaugen an jenem Horn und ein Maul, das prahlerische Reden führte.

9 Ich schaute so lange zu, bis Throne aufgestellt wurden und ein Hochbetagter Platz nahm. Sein Gewand war weiß wie Schnee, sein Haupthaar rein wie Wolle. Feuerflammen waren sein Thron, dessen Räder flackerndes Feuer. 10 Ein Feuerstrom ergoß sich und ging von ihm aus. Tausendmal Tausende dienten ihm, zehntausendmal Zehntausende standen vor ihm. Das Gericht nahm Platz, und Bücher wurden geöffnet. 11 Ich blickte hin wegen des Lärms der prahlerischen Worte, die das Horn redete. Ich schaute zu, bis das Tier getötet, sein Leib vernichtet und dem Feuerbrand übergeben wurde. 12 Auch den übrigen Tieren nahm man ihre Herrschermacht, und ihre Lebensdauer wurde ihnen auf Zeit und Frist abgegrenzt.

»Menschensohn«

13 Ich schaute in den Nachtgesichten, und siehe, mit den Wolken des Himmels kam einer, der aussah wie ein Menschensohn. Er gelangte bis zu dem Hochbetagten und wurde vor ihn geführt. 14 Ihm verlieh man Herrschaft, Würde und Königtum; alle Völker, Stämme und Sprachen dienten ihm. Seine Herrschaft ist eine ewige, unvergängliche Herrschaft, sein Königtum wird nie zerstört.

Deutung der Tiergesichte

15 Ich, Daniel, wurde hiervon im Geiste bekümmert, und die Gesichte, die mir durch den Kopf gingen, verwirrten mich. 16 Ich näherte mich einem der Umstehenden und erbat mir von ihm über all diese Dinge zuverlässige Auskunft. Er gab mir Antwort und teilte mir die Deutung der Vorgänge mit: 17 »Jene riesenhaften Tiere, vier an der Zahl, bedeuten: Vier Könige werden erstehen auf Erden. 18 Aber die Heiligen des Höchsten werden das Reich erlangen und es behalten bis in Ewigkeit, ja bis in alle Ewigkeit!« 19 Darauf wollte ich noch Genaues wissen über das vierte Tier, das sich von allen anderen unterschied – überaus furchtbar, seine Zähne aus Eisen und seine Klauen aus Erz; es fraß und zermalmte und zertrat den Rest mit seinen Füßen; 20 weiterhin auch über die zehn Hörner auf seinem Kopf und über das andere Horn, das heranwuchs, während drei vor ihm abfallen mußten; ferner besaß jenes Horn Augen und ein Maul, das prahlerische Reden führte; an Gestalt war es größer als die übrigen. 21 Ich schaute, wie jenes Horn mit den Heiligen Krieg führte und sie überwältigte. 22 Doch plötzlich kam der Hochbetagte, und das Gericht nahm Platz zugunsten der Heiligen des Höchsten; die Zeit brach an, da die Heiligen das Königtum in Besitz nahmen.

23 Er antwortete folgendermaßen: »Das vierte Tier bedeutet: Auf Erden wird es ein viertes Reich geben, verschieden von allen anderen Reichen; die ganze Erde verschlingt es, zertritt und zermalmt sie! 24 Die zehn Hörner bedeuten: Aus jenem Reich erwachsen zehn Könige; nach ihnen ersteht noch ein anderer. Von den früheren unterscheidet er sich und wird drei Könige stürzen. 25 Er wird Reden führen wider den Höchsten und die Heiligen des Höchsten aufreiben. Er trachtet danach, Festzeiten und Gesetz zu ändern, und die Heiligen sind in seine Gewalt gegeben bis auf eine Zeit, zwei Zeiten und eine halbe Zeit. 26 Dann aber wird das Gericht Platz nehmen und ihm die Herrschaft entreißen, um sie endgültig zu zerstören und zu vernichten. 27 Königtum, Herrschaft und Übermacht über alle Reiche unter dem Himmel wird dem Volke der Heiligen des Höchsten verliehen. Sein Königtum ist ein ewiges Königtum, alle Mächte werden ihm dienen und untertan sein.« –

28 Soweit der Abschluß des Berichtes. Mich, Daniel, brachten meine Gedanken in arge Verwirrung, meine Gesichtsfarbe veränderte sich, und ich behielt die Sache fest im Sinn.

7,1–28: Die so eigenartig aussehenden Raubtiere sind vier Reiche. Gemeint sind das babylonische, medische, persische und seleukidische (griechische) Reich; die zehn Hörner sind die Könige des letzten Reiches von 312 ab; das kleine Horn ist Antiochus IV. Epiphanes (175–164), der drei Thronanwärter beseitigte und in gottesdienstliche Gebräuche gewaltsam eingriff. Diese Drangsal dauert dreieinhalb Zeiten, wobei unter der Mehrzahl »Zeiten« jeweils zwei Zeiten zu verstehen sind (12,7; Offb 12,14). 8,14; 9,27; 12,11.12 sind wieder andere Zeiten angegeben. Offb 11,2f; 12,6; 13,5 ist dieses Zahlenspiel nachgeahmt. Die verschiedene Art der Zeitangabe in der gleichen Sache ergibt sich daraus, daß der Ausgangspunkt oder der Endpunkt anders angesetzt wird. Es ist sinnlos und töricht, aus diesen Zahlen irgendwie die Zeit des Weltuntergangs zu berechnen, zumal ein ausdrückliches Wort Jesu vorliegt (Apg 1,7). Ist der Gegner vernichtet, dann übernimmt das heilige Volk Reich, Macht und Gewalt. Der Vertreter dieses Volkes ist der Menschensohn in 7,13, eine Bezeichnung, die Jesus übernommen hat. Besonders im Johannesevangelium ist die Beziehung zu Dan 7,13 deutlich.

Gesicht vom Widder und vom Ziegenbock

8 1 Im dritten Jahr der Regierung des Königs Belschazzar wurde mir, Daniel, ein Gesicht zuteil nach jenem, das mir früher erschienen war. 2 Ich schaute im Gesicht und befand mich bei meiner Vision in der Burg Susa in der Provinz Elam. Als ich das Gesicht empfing, war ich am Ulaj-Kanal. 3 Ich erhob meine Augen und schaute; da sah ich einen Widder am Kanal stehen. Er hatte zwei Hörner, und die beiden Hörner waren sehr hoch. Das eine Horn übertraf das andere an Höhe, das höhere aber wuchs zuletzt empor. 4 Ich beobachtete, wie der Widder nach Westen, Norden und Süden vorstieß. Kein Tier konnte ihm Widerstand leisten, und niemand befreite aus seiner Gewalt. Er tat nach seinem Belieben und wurde groß. 5 Ich folgte aufmerksam, und siehe, da kam ein Ziegenbock vom Westen her über die ganze Erde, ohne den Boden zu berühren. Der Ziegenbock hatte ein einziges Horn zwischen seinen Augen. 6 Er lief zu dem zweihörnigen Widder, den ich am Kanal stehen sah, und stürzte auf ihn zu mit wütender Gewalt. 7 Ich schaute, wie er den Widder erreichte; er ergrimmte gegen ihn, stieß den Widder und zerbrach ihm die beiden Hörner; der Widder war nicht stark genug, ihm standzuhalten. Jener warf ihn zu Boden und zertrat ihn. Niemand fand sich, der den Widder aus seiner Gewalt befreite. 8 Der Ziegenbock wurde über die Maßen groß. Als er aber auf der Höhe seiner Kraft war, brach das große Horn entzwei, und vier andere wuchsen an seiner Stelle nach den vier Himmelsrichtungen hervor.

Kleines Horn

9 Aus einem von ihnen ging ein anderes, kleines Horn hervor; nach Süden, nach Osten und nach dem prachtvollen Heiligen Land wurde es über die Maßen groß. 10 Seine Größe erstreckte sich bis zum Heer des Himmels. Von dem Himmelsheere und von den Sternen warf es gar manche zur Erde nieder und zertrat sie. 11 Ja, bis zum Fürsten des Himmelsheeres wagte es sich empor und entzog ihm das tägliche Opfer; die Stätte seines prachtvollen Heiligtums wurde gestürzt. 12 Und auf das tägliche Opfer wurde der Frevel gelegt. Es warf die Wahrheit zu Boden, und was es tat, gelang ihm. 13 Da hörte ich einen Heiligen (Engel) sprechen. Ihn, der da sprach, fragte nun ein anderer Heiliger: »Auf wie lange Zeit erstreckt sich das Gesicht über das tägliche Opfer, über den zugefügten Frevel des Verwüsters und über die Zertretung des prachtvollen Heiligtums?« 14 Er entgegnete ihm: »Bis auf zweitausenddreihundert Abende und Morgen; dann kommt das Heiligtum wieder zu seinem Recht.«

Was bedeuten Widder und Bock?

15 Es begab sich aber, als ich, Daniel, die Erscheinung betrachtete und mich anstrengte, sie zu verstehen, da stand vor mir jemand, der aussah wie ein Mann. 16 Außerdem hörte ich eine menschliche Stimme, die über dem Ulaj rief und sprach: »Gabriel, erkläre diesem da die Erscheinung!« 17 Nun näherte er sich meinem Standort, und während er herankam, erschrak ich und fiel auf mein Angesicht nieder. Er sprach zu mir: »Begreife, o Mensch, daß dieses Gesicht auf die Endzeit geht!« 18 Als er mich anredete, stürzte ich ohnmächtig auf mein Antlitz zu Boden. Er berührte mich und stellte mich aufrecht auf meinen Platz.

19 Er redete weiter: »Siehe, ich teile dir mit, was in der letzten Zeit des Zornes eintreten wird; denn das Gesicht geht auf die Endzeit. 20 Der zweihörnige Widder, den du gesehen hast, bedeutet die Könige von Medien und Persien. 21 Der zottige Ziegenbock ist der König von Griechenland; das große Horn zwischen seinen Augen stellt den ersten König dar. 22 Daß es entzweibrach und vier andere an seine Stelle traten, bedeutet: Vier Königreiche werden aus seinem Volk erstehen, sind aber nicht so stark wie er. 23 Am Ende ihrer Herrschaft, wenn die Frevler aufs Ganze gehen, wird sich ein König erheben mit frechem Gesicht und voll Hinterlist. 24 Gewaltig ist seine Kraft, und ungeheures Verderben stiftet er an. Mit Erfolg vollführt er es; Mächtige richtet er zugrunde, sogar das Volk der Heiligen. 25 Wegen seiner Schlauheit hat er Erfolg mit seinen Täuschungsversuchen. Hochmütig wird er in seinem Sinn und richtet unversehens viele zugrunde. Gegen den Fürsten der Fürsten erhebt er sich, aber ohne menschliches Zutun wird er zerschmettert. 26 Auch das Gesicht von den Abenden und Morgen, wie mitgeteilt, ist Wahrheit. Du aber verbirg die Schauung; denn sie gilt fernen Tagen.« 27 Ich, Daniel, war nun tagelang krank. Dann erhob ich mich und erfüllte meine Aufgabe beim König. Über die Schau jedoch war ich völlig verwirrt und konnte sie nicht verstehen.

8,1–27: Hier kämpfen zwei sinnbildliche Tiere miteinander. Der Widder mit den zwei Hörnern ist Medopersien, der Ziegenbock das von Alexander dem Großen begründete Reich. Nach dem frühen Tode des Welteroberers kamen die Diadochenreiche auf; aus ihnen erstand wiederum Antiochus IV. Epiphanes. Sein Handeln ist begrenzt. Der Engel Gabriel (8,16) begegnet uns hier zum erstenmal.

Bußgebet vor der Schau – Siebzig Jahrwochen

9 1 Im ersten Jahre des Darius, des Sohnes des Xerxes, aus medischem Geschlecht, der über das Reich der Kaldäer König geworden war, 2 im ersten Jahre seiner Regierung, stieß ich, Daniel, in den Schriften auf die Zahl der Jahre, die sich nach dem Wort des Herrn an den Propheten Jeremias über den Trümmern Jerusalems vollenden sollten, nämlich siebzig Jahre. 3 Ich richtete mein Antlitz auf Gott, den Herrn, und suchte zu beten und zu flehen unter Fasten in Sack und Asche. 4 Ich betete zum Herrn, meinem Gott, legte ein Bekenntnis ab und sprach:

»Ach Herr, du großer und furchterregender Gott, der du den Bund und die Huld denen bewahrst, die dich lieben und deine Gebote halten! 5 Wir haben gesündigt und gefehlt, Unrecht getan und uns empört; wir wichen ab von deinen Geboten und Satzungen. 6 Wir hörten auch nicht auf deine Diener, die Propheten, die in deinem Auftrag zu unseren Königen, Fürsten, unseren Vätern und zum gesamten Volk des Landes gesprochen haben. 7 Auf deiner Seite, o Herr, steht das Recht, uns aber muß Scham das Antlitz bedecken, wie es heute geschieht, und zwar den Männern von Juda, den Bewohnern Jerusalems, allen Israeliten, sie seien nah oder fern, in allen Ländern, wohin du sie verstoßen hast wegen der Treulosigkeit, die sie dir zeigten. 8 Herr, Scham muß uns das Antlitz bedecken, unseren Königen, Fürsten und Vätern, die wir wider dich gesündigt haben. 9 Beim Herrn, unserm Gott, ist Erbarmen und Vergebung, wiewohl wir uns gegen ihn aufgelehnt haben. 10 Wir hörten nicht auf die Stimme des Herrn, unseres Gottes, und wandelten nicht nach den Weisungen, die er uns durch seine Diener, die Propheten, gegeben hat. 11 Ganz Israel übertrat dein Gesetz und wandte sich ab, ohne auf deine Stimme zu hören. So ergoß sich über uns der eidlich bekräftigte Fluch, der im Gesetz des Gottesknechtes Moses geschrieben steht, weil wir wider Gott gesündigt haben. 12 Seine Drohung, die er gegen uns und unsere Herrscher, die über uns regierten, gerichtet hat, ließ er in Erfüllung gehen: Er werde nämlich schweres Unheil über uns bringen, so daß noch nie unter dem ganzen Himmel solches geschehen ist, wie es in Jerusalem geschah. 13 Wie es im Gesetz des Moses geschrieben steht, ist all dies Unheil über uns gekommen. Gleichwohl haben wir den Herrn, unsern Gott, nicht dadurch versöhnt, daß wir uns von unseren Missetaten abgewandt und auf deine Wahrheit besonnen hätten. 14 Da war der Herr auf das Unheil bedacht und brachte es über uns. Denn der Herr, unser Gott, ist gerecht in all seinen Werken, die er vollbringt; wir aber hörten nicht auf seine Stimme.

15 Doch nunmehr, Herr, unser Gott, der du dein Volk mit starker Hand aus dem Lande Ägypten hinausgeführt und dir dadurch bis auf den heutigen Tag Ruhm erworben hast: Wir haben gesündigt, haben unrecht gehandelt. 16 Herr, nach all deinen Hulderweisen möge doch dein Zorn und Grimm von deiner Stadt Jerusalem, deinem heiligen Berge, ablassen! Denn durch unsere Sünden und die Frevel unserer Väter wurden Jerusalem und dein Volk zum Hohn für unsere ganze Umgebung. 17 Nun aber höre, du unser Gott, auf das Gebet deines Dieners und auf sein Flehen und laß dein Antlitz leuchten über dein verwüstetes Heiligtum um deiner selbst willen, o Herr! 18 Neige, mein Gott, dein Ohr und höre, öffne deine Augen und blicke auf die Verwüstungen bei uns und auf die Stadt, die nach deinem Namen benannt ist! Denn nicht im Vertrauen auf unsere Verdienste legen wir unsere flehentlichen Bitten dir vor, sondern im Vertrauen auf deine große Barmherzigkeit. 19 O Herr, höre doch, vergib, o Herr, merke auf, o Herr, und handle! Zögere nicht, um deiner selbst willen, mein Gott! Denn nach deinem Namen sind benannt deine Stadt und dein Volk.«

20 Während ich noch sprach und betete, meine Sünde und die Sünde meines Volkes Israel bekannte und vor dem Herrn, meinem Gott, meine flehentliche Bitte für den heiligen Berg meines Gottes niederlegte, 21 während ich also noch mein Gebet sprach, da eilte der Mann Gabriel, den ich früher im Gesicht geschaut hatte, im Fluge zu mir heran. Es war um die Zeit des Abendopfers. 22 Er kam, sprach mit mir und sagte: »Daniel, nunmehr bin ich hergekommen, um dir die klare Einsicht zu bringen. 23 Zu Beginn deines Flehens erging ein Gotteswort, und ich bin gekommen, es dir mitzuteilen; denn ein Liebling Gottes bist du. Also achte auf das Wort und verstehe die Erscheinung!

24 Siebzig Wochen sind bestimmt über dein Volk und deine heilige Stadt, bis der Frevel beendet, die Sünde versiegelt und die Schuld gesühnt ist, bis ewige Gerechtigkeit herbeigeführt, unter Gesicht und Prophet das Siegel gesetzt und ein Allerheiligstes gesalbt wird. 25 Wissen sollst du und einsehen: Von der Zeit an, da das Wort erging von der Wiederherstellung und dem Aufbau Jerusalems, bis zu einem Gesalbten, einem Fürsten, sind es sieben Wochen; und zweiundsechzig Wochen bleibt es wiederhergestellt und aufgebaut mit Platz und Graben, doch unter dem Druck der Zeiten. 26 Nach den zweiundsechzig Wochen wird ein Gesalbter ausgerottet ohne Richterspruch. Stadt und Heiligtum wird das Volk eines heranrückenden Fürsten verheeren. Sein Ende erfolgt wie durch eine

Wasserflut, aber bis zum Ende dauern der Krieg, die beschlossenen Verwüstungen. [27] Für viele macht er den Bund eine Woche lang schwer. Eine halbe Woche unterdrückt er Schlacht- und Speiseopfer, und über den Altarrand steht der Greuel des Verwüsters, und zwar bis zum beschlossenen Ende, das über den Verwüster sich ergießt.«

9,1–27: Daniel studiert die Schrift; da findet er die Weissagung von den 70 Jahreswochen (Jer 25,11f); 29,10). • 24–27: Wird verschieden übersetzt und gedeutet. Der Verwüster ist Antiochus IV., der ein heidnisches Greuelbild über dem Altar des Tempels errichtete (1Makk 1,54). Die letzte Verwüstung erfolgte 70 n Chr. (Matth 24,15).

Offenbarungen über die Endzeit

10 [1] Im dritten Jahre des Königs Cyrus von Persien ward dem Daniel, der Beltschazzar genannt wurde, eine Wortoffenbarung zuteil. Zuverlässig ist das Wort, und es bezieht sich auf große Kriegsnot. Er begriff das Wort, da ihm das Verständnis durch eine Erscheinung erschlossen wurde. [2] In jenen Tagen hielt ich, Daniel, drei Wochen lang Trauerzeit. [3] Leckerbissen aß ich nicht, Fleisch und Wein kamen mir nicht in den Mund, ich salbte mich auch nie, bis drei volle Wochen verstrichen waren. [4] Am vierundzwanzigsten Tag des ersten Monats befand ich mich am Ufer des großen Flusses, des Tigris. [5] Ich erhob meine Augen und schaute: da sah ich einen Mann, mit einem Linnengewand bekleidet, um die Lenden einen Gürtel aus feinstem Gold; [6] sein Leib war wie Chrysolith, sein Antlitz sah aus wie der Blitz, seine Augen wie Feuerfackeln; seine Arme und Beine funkelten wie Glanzerz, und der Schall seiner Worte glich dem Lärmen einer Volksmenge. [7] Ich, Daniel, allein sah die Erscheinung. Die Leute bei mir sahen von der Erscheinung nichts; doch befiel sie ein gewaltiger Schrecken, so daß sie flohen, um sich zu verbergen. [8] So blieb ich allein zurück, als ich diese gewaltige Erscheinung schaute. Da entschwand mir jegliche Kraft, mein Aussehen ward furchtbar entstellt, und ich konnte keine Kraft mehr aufbringen. [9] Nun vernahm ich den Schall seiner Worte. Als ich vollends den Schall seiner Worte hörte, fiel ich ohnmächtig auf mein Angesicht, mein Gesicht zur Erde gewandt. [10] Aber siehe da! Eine Hand berührte mich und brachte mich mühsam auf meine Knie und Handflächen. [11] Dann sprach er zu mir: »Daniel, Liebling Gottes, gib acht auf die Worte, die ich dir zu verkünden habe! Stelle dich aufrecht auf deinen Platz; denn ich bin jetzt zu dir gesandt!« Auf diese Anrede hin stand ich zitternd auf. [12] Da sprach er zu mir: »Fürchte dich nicht, Daniel! Denn vom ersten Tage an, da du deinen Sinn darauf gerichtet hast, Verständnis zu erlangen und dich vor deinem Gott zu demütigen, wurden deine Worte vernommen, und um deiner Worte willen bin ich hergekommen. [13] Aber der Engelfürst des Perserreiches leistete mir einundzwanzig Tage lang Widerstand. Doch siehe da, Michael, einer der ersten Fürsten, kam mir zu Hilfe. So war ich dort bei den Perserkönigen nicht mehr nötig. [14] Darum kam ich, um dich in Kenntnis zu setzen über das, was in den letzten Tagen deinem Volke zustoßen wird; denn es ist wieder ein Gesicht über ferne Tage.«

[15] Während er Worte dieser Art an mich richtete, senkte ich mein Antlitz zu Boden und verstummte. [16] Doch siehe da, wie mit Menschenhand berührte er meine Lippen, daß ich meinen Mund öffnen und reden konnte. So sprach ich zu dem, der vor mir stand: »Mein Herr, bei der Erscheinung sind Krämpfe über mich gekommen, und ich konnte keine Kraft mehr aufbringen. [17] Wie könnte denn auch solch ein Knecht meines Herrn mit diesem meinem hohen Herrn sprechen?« Von da ab blieb keine Kraft mehr in mir, und es ging mir der Atem aus. [18] Und abermals berührte mich der, welcher wie ein Mensch aussah, und stärkte mich. [19] Er sprach: »Fürchte dich nicht, Liebling Gottes! Heil dir! Sei stark, ja stark!« Indem er so mit mir redete, fühlte ich mich gekräftigt und sprach: »Nun möge mein Herr reden; denn du hast mich ja gestärkt.« [20] Da fragte er: »Weißt du, warum ich zu dir kam? Nun muß ich allerdings wieder zurückkehren und mit dem Engelfürsten von Persien kämpfen; wenn ich damit fertig bin, dann kommt der Engelfürst von Griechenland an die Reihe. [21] Dennoch will ich dir mitteilen, was im Buche der Wahrheit aufgezeichnet steht, obwohl mich niemand gegen jene kräftig unterstützt außer eurem Engelfürst Michael.

10,1–12,13: Die bisherigen Gesichte beruhen auf älterem Material. Sie müssen wohl in der Zeit des Antiochus IV. Epiphanes ihre letzte Bearbeitung gefunden haben. Die von Kapitel 10 an geschilderten Gesichte geben uns ein Bild von den Kämpfen zwischen Seleukiden und Ptolemäern, die dann zuletzt in die Religionsverfolgung des Antiochus münden. Der Offenbarungsengel und der Fürst Michael müssen gemeinsam gegen den Schutzgeist und Engelfürsten der Perser kämpfen. Die drei Könige in 11,2 sind Darius I. (521–486), Xerxes (485–465) und Artaxerxes (464–424). Der Kampf geht weiter gegen Alexander, dessen Reich zerbricht. Das Ptolemäerreich in Ägypten und das Seleukidenreich in Syrien treten in kriegerische Auseinandersetzungen und unterhalten ebensooft friedliche Beziehungen. Dann kommt jener Antiochus Epiphanes, der sich auf Schleichwegen des Königtums bemächtigt hat (11,21). Zuerst werden seine Erfolge und Mißerfolge genau geschildert und dann seine Maßnahmen gegen die jüdische Religion aufs schärfste verurteilt. In der jetzt kommenden Endzeit rettet Fürst Michael sein Volk. Volle Klarheit über die dem Daniel gemachten Mitteilungen gibt es freilich erst am Ende (12,4).

11

1 Im ersten Jahre des Meders Darius
stehe ich ihm zur Stärkung und Kräftigung
bei.

Kämpfe zwischen den Ptolemäern und den Seleukiden

2 Nun will ich dir die Wahrheit mitteilen: Siehe,
noch drei Könige stehen in Persien auf, und der
vierte erwirbt größeren Reichtum als alle anderen.
Durch seinen Reichtum stark geworden, bietet er
alles auf gegen das griechische Reich. 3 Dann steht
ein Heldenkönig auf, entfaltet gewaltige Macht und
vollführt, was ihm beliebt. 4 Doch kaum ist er auf-
getreten, so zerbricht sein Reich und wird zerteilt
nach den vier Himmelsrichtungen, aber nicht unter
seine leiblichen Nachkommen. Es ist nicht mehr so
mächtig wie unter seiner Herrschaft; nein, zer-
schmettert wird sein Reich und anderen zuteil,
nicht jenen.
5 Nun wird der Südkönig stark; aber von seinen
Heerführern wird ihn einer an Stärke übertreffen
und selbst an die Macht kommen; seine Herrschaft
wird eine gewaltige Macht darstellen. 6 Nach Ver-
lauf von Jahren gehen sie miteinander ein Bündnis
ein, und die Tochter des Südkönigs kommt zum
Nordkönig, um Frieden zu machen. Doch sie wird
die Kraft des Armes nicht dauernd behalten, und
sein Arm hält nicht stand; dahingegeben wird sie
selbst, dazu ihre Gefolgschaft, ihr Kind und ihr
Schutzherr. 7 Zur gegebenen Zeit tritt einer aus
ihrem Wurzelsproß an seiner Stelle auf. Er zieht aus
gegen das Heer und gelangt in die Festung des
Nordkönigs. Er greift gegen sie ein und erweist sich
als stark. 8 Selbst ihre Götter samt ihren Guß-
bildern, zusammen mit den wertvollen Geräten,
Silber und Gold, bringt er als Beutegut nach Ägyp-
ten. Dann läßt er jahrelang vom Nordkönig ab.
9 Dieser zieht aus gegen das Reich des Südkönigs,
doch muß er wieder in sein Heimatland zurück-
kehren. 10 Aber sein Sohn rüstet auf und schart
gewaltige Mengen von Streitkräften zusammen;
damit rückt er gegen jenen vor, überschwemmt und
überflutet (das Land). Nochmals rüstet er und
kommt bis zu dessen Grenzfestung. 11 Das macht
den Südkönig erbittert; er rückt aus und kämpft mit
ihm, mit dem Nordkönig. Dieser bietet eine große
Heeresmasse auf, jedoch gerät die Masse in des
Ägypters Hand. 12 Während das Heer sich in Auf-
lösung befindet, wird sein Herz stolz; er schlägt
Unzählige nieder, gewinnt aber nicht an Stärke.
13 Nochmals bietet der Nordkönig eine Heeres-
masse auf, noch größer als die erste. Nach Verlauf
von Jahren rückt er gegen ihn mit einem gewaltigen
Heer und vielem Troß. 14 In jenen Zeiten treten nun
viele gegen den Südkönig auf, und gewalttätige
Leute deines Volkes erheben sich, so daß die Weis-
sagung sich erfüllt; aber sie kommen zu Fall. 15 So
rückt der Nordkönig vor, wirft einen Wall auf und
erobert eine stark befestigte Stadt. Die Kräfte des
Südens halten nicht stand, und seine auserlesene
Mannschaft hat keine Kraft zum Widerstand.
16 Sein nachdrängender Gegner kann tun, was ihm
beliebt, keiner tritt ihm entgegen. Er faßt Fuß im
prachtvollen (Heiligen) Land, und es fällt ganz in
seine Hand. 17 Er richtet sein Augenmerk darauf,
dessen ganzes Reich in seine Gewalt zu bekom-
men, schließt Frieden mit ihm und gibt ihm eine
Tochter zur Frau, um es zu verderben. Jedoch ist die
Sache nicht von Dauer und glückt ihm nicht.
18 Dann wendet er sich den Inseln zu und erobert
viele; doch ein Machthaber vertreibt ihm den
Hohn, und darüber hinaus vergilt er ihm seinen
Hohn. 19 Schließlich wendet er sich den Festungen
seines Landes zu; aber er strauchelt, stürzt und ist
nicht mehr zu finden.
20 An seine Stelle tritt einer, der einen Zwingherrn
durch das herrliche Königreich sendet; jedoch
schon nach kurzer Zeit wird er zerschmettert, und
zwar nicht im Kampfeszorn und nicht im Krieg.

Zeit der Gewaltherrschaft:
Antiochus IV. Epiphanes (175–163)

21 An seine Stelle tritt ein Verachtenswerter, dem
man die Königswürde nicht geben wollte; doch er
kommt unversehens und bemächtigt sich des
Königtums auf Schleichwegen. 22 Streitkräfte wer-
den flutartig vor ihm hinweggeschwemmt und zer-
schmettert, auch sogar der Bundesfürst (der Hohe-
priester). 23 Sobald man mit ihm Freundschaft
geschlossen hat, handelt er hinterlistig. Er steigt em-
por und wird stark, selbst mit nur wenigen Anhän-
gern. 24 Unversehens bricht er in die fruchtbarsten
Teile einer Landschaft ein und tut, was seine Väter
und Ahnen nicht taten. Raub, Beute und Habe ver-
schleudert er an sie; er schmiedet seine Pläne gegen
Festungen, doch nur eine Zeitlang. 25 Dann bietet er
seine Kraft und seinen Mut auf gegen den Südkönig
mit gewaltiger Heeresmacht. Doch der Südkönig
rüstet zum Kriege mit einem gewaltigen und über-
aus starken Heer. Aber er kann nicht standhalten,
denn man schmiedet gegen ihn Ränke. 26 Seine
Tischgenossen sind schuld an seinem Zusammen-
bruch, sein Heer wird hinweggeschwemmt, und es
fallen viele Erschlagene. 27 Beide Könige beabsichti-
gen Böses; am gleichen Tisch belügen sie sich, doch
es führt nicht zum Ziel; denn das Ende steht noch
aus bis zur bestimmten Frist. 28 Da kehrt er in sein

Heimatland zurück mit gewaltigem Troß. Seine Gesinnung ist gegen den heiligen Bund eingestellt; er handelt danach und zieht in sein Land zurück. 29 Zur bestimmten Zeit rückt er wieder gegen das Südland; doch das zweite Mal geht es nicht so aus wie das erste Mal. 30 Gegen ihn landet eine kittäische Flotte, so daß er entmutigt den Rückzug antritt.

Seinen Groll läßt er aus am heiligen Bund und handelt danach; dann kehrt er zurück und läßt sich unterrichten über jene, die den heiligen Bund verlassen. 31 Von ihm entsandte Streitkräfte treten an, entweihen das Heiligtum und die Burg, beseitigen das tägliche Opfer und stellen den Greuel des Verwüsters auf. 32 Die Bundesbrüchigen macht er abtrünnig durch Schmeicheleien; doch die Menge derer, die ihren Gott kennen, bleibt stark und handelt danach. 33 Die Lehrer des Volkes verhelfen vielen zur Besinnung; doch kommen sie durch Schwert und Feuer, durch Gefängnis und Plünderung eine Zeitlang zu Fall. 34 Während sie so unterliegen, wird ihnen eine kleine Hilfe zuteil, und viele schließen sich ihnen heuchlerisch an. 35 Auch unter den Einsichtigen straucheln manche; so wird unter ihnen geprüft, geläutert und gereinigt bis zur Endzeit; denn noch steht sie aus bis zur bestimmten Frist. 36 Der König handelt nach seinem Gutdünken; er überhebt sich und tut groß gegenüber jedem Gott; gegen den Gott der Götter führt er ungeheuerliche Reden. Dabei hat er Erfolg bis zum Ende des göttlichen Zornes; denn was beschlossen ist, wird ausgeführt. 37 Selbst um den Gott seiner Väter kümmert er sich nicht, er achtet nicht auf den Lieblingsgott der Frauen noch auf irgendeinen anderen Gott; denn gegen alle tut er groß. 38 Den Gott der Festungen verehrt er statt dessen; einen Gott, den seine Väter nicht kannten, ehrt er mit Gold und mit Silber, mit Edelsteinen und kostbarem Schmuck. 39 Er geht vor gegen die Bollwerke der Festungen mit Hilfe des fremden Gottes. Wer diesen anerkennt, den überhäuft er mit Ehren. Er macht sie zu Herrschern über viele und verteilt an sie Land zur Belohnung.

Das Ende des Unterdrückens

40 In der Endzeit aber stößt der Südkönig mit ihm zusammen. Der König des Nordens stürmt wider ihn an mit Streitwagen, Reitern und vielen Schiffen; er fällt ein, überschwemmt und überflutet sie. 41 Er kommt auch in das prachtvolle (Heilige) Land. Unzählige sinken dahin. Nur diese entkommen seiner Hand: Edom, Moab und der größte Teil von Ammon. 42 Nach Ländern streckt er seine Hand aus, das Ägypterland vermag nicht zu entgehen. 43 Er wird Herr über die Schätze von Gold und Silber, über alle kostbaren Güter Ägyptens. Libyer und Kuschiten sind in seinem Gefolge. 44 Gerüchte aus dem Osten und dem Norden erschrecken ihn. Da zieht er aus in mächtiger Wut, um viele zu vernichten und auszurotten. 45 Seine Palastzelte spannt er zwischen dem Meer und dem heiligen Prachtberg auf. Doch geht er seinem Ende entgegen, und niemand vermag ihm zu helfen.

11,28: Vgl. 1 Makk 1,21–24.

Auferstehung und Vergeltung

12 1 In jener Zeit tritt Michael auf, der große Fürst, der über den Söhnen deines Volkes schützend steht. Es wird eine Zeit der Drangsal sein, wie noch keine gewesen ist, seitdem es Völker gibt, bis zu jener Zeit. Dein Volk wird gerettet in jener Zeit, ein jeder, der im Buch verzeichnet ist. 2 Viele von denen, die im Land des Staubes schlafen, werden erwachen, die einen zu ewigem Leben, zur Schmach und zu ewigem Abscheu die anderen. 3 Die Gesetzeslehrer werden glänzen wie das leuchtende Himmelsgewölbe und, die vielen zur Gerechtigkeit verhalfen, wie die Sterne für immer und ewig.

Abschluß

4 Du nun, Daniel, verschließe die Offenbarungen und versiegle das Buch bis zur Endzeit! Viele werden suchend umherstreifen, und der Wissensdurst wird groß sein.«

5 Ich, Daniel, schaute hin und sah, daß noch zwei andere (Engel) dastanden, der eine diesseits des Flußufers, der andere am jenseitigen Flußufer. 6 Er sprach zu dem Mann im Leinenkleid, der sich über dem Wasser des Flusses befand: »Wie lange dauert es noch bis zum Ende dieser ungeheuerlichen Dinge?« 7 Darauf vernahm ich den Mann im Leinenkleid, der sich über dem Wasser des Flusses befand; er erhob seine rechte und linke Hand zum Himmel und tat beim Ewiglebenden einen Schwur: »Eine Zeit, zwei Zeiten und eine halbe Zeit. Ist man damit fertig, die Macht des heiligen Volkes zu zerschlagen, dann wird sich dies alles vollenden.« 8 Das hörte ich wohl, verstand es aber nicht. Da fragte ich: »Mein Herr, was ist das Letzte hiervon?« 9 Er erwiderte: »Geh, Daniel, denn die Offenbarungen sind verschlossen und versiegelt bis zur Endzeit. 10 Viele werden gereinigt, geläutert und geprüft; aber die Frevler begehen Frevel. Kein Frevler versteht es, die Einsichtigen aber verstehen es. 11 Von der Zeit an, da das tägliche Opfer beseitigt und der

Greuel des Verwüsters aufgestellt wird, sind es tau-
sendzweihundertneunzig Tage. 12 Glückselig, wer
ausharrt und tausenddreihundertfünfunddreißig
Tage erreicht! 13 Du nun, gehe dem Ende entgegen
und ruhe aus! Zu deinem Lose wirst du am Ende der
Tage auferstehen!«

Nachträge: Die keusche Susanna

13 1 In Babylon lebte ein Mann mit Namen
Jojakim. 2 Er heiratete eine Frau namens
Susanna, die Tochter Helkias; sie war sehr
schön und gottesfürchtig. 3 Auch ihre Eltern waren
fromm und hatten ihre Tochter nach dem Gesetze
des Moses erzogen. 4 Jojakim war sehr reich, er be-
saß einen Garten in der Nähe seines Hauses. Bei
ihm pflegten sich die Juden zu versammeln; denn er
war höher geachtet als alle anderen. 5 Nun waren in
jenem Jahre zwei Älteste aus dem Volke als Richter
bestellt worden, von denen das galt, was der Herr
gesprochen hat: »Die Ruchlosigkeit ging von Baby-
lon aus, von den Ältesten, den Richtern, die den
Anschein erweckten, als ob sie das Volk leiteten.«
6 Diese weilten regelmäßig im Hause Jojakims; zu
ihnen kamen alle, die Rechtsstreitigkeiten hatten.
7 Als sich nun die Leute um die Mittagszeit entfernt
hatten, kam Susanna und ging im Garten ihres
Mannes auf und ab. 8 Die beiden Ältesten beobach-
teten sie täglich, wie sie eintrat und spazierenging.
Da entbrannten sie in Begierde nach ihr. 9 Sie ver-
kehrten ihre Gedanken und senkten ihre Augen nie-
der, um nicht nach dem Himmel blicken und an die
gerechten Strafurteile denken zu müssen. 10 Beide
waren ihretwegen in Liebeskummer, aber sie
sagten einander nichts von ihrem Leid. 11 Denn sie
schämten sich, Mitteilung zu machen von ihrer
Begierde und ihrem Wunsch, mit ihr zu verkehren.
12 Täglich lauerten sie eifrig darauf, sie zu erblicken.
13 Eines Tages sagte der eine zum anderen: »Gehen
wir nach Hause, es ist ja Essenszeit!« Sie gingen
also fort und trennten sich voneinander. 14 Jedoch
machten sie Umwege und kamen an dieselbe Stelle
zurück. Sie fragten einander nach dem Grund hier-
für und mußten sich ihre Leidenschaft eingestehen.
Sie verabredeten nun miteinander eine Zeit, zu der
sie Susanna allein antreffen könnten.
15 Während sie noch immer auf einen geeigneten
Tag warteten, begab es sich einmal, daß Susanna
wie gewöhnlich mit nur zwei Mägden hineinkam
und im Garten baden wollte, weil die Hitze groß
war. 16 Niemand befand sich dort, ausgenommen
die beiden Ältesten, die sich versteckt hatten und
sie belauerten. 17 Da sprach sie zu den Mägden:
»Bringt mir Öl und Salben und schließt das Garten-
tor, damit ich baden kann!« 18 Diese taten nach
ihrem Befehle, verschlossen das Gartentor und
gingen durch die Nebentüre fort, um das Verlangte
zu holen. Sie bemerkten aber die Ältesten nicht,
weil diese sich versteckt hatten. 19 Als nun die
Mägde hinausgegangen waren, erhoben sich die
beiden Ältesten und liefen auf Susanna zu. 20 Sie
sagten: »Siehe, das Gartentor ist geschlossen, und
niemand beobachtet uns. Wir haben heftige Be-
gierde nach dir, darum sei uns zu Willen und laß
dich mit uns ein! 21 Falls nicht, so werden wir gegen
dich bezeugen, daß ein Jüngling bei dir war und daß
du aus diesem Grunde die beiden Mädchen von dir
wegschicktest.« 22 Da seufzte Susanna und sprach:
»Drangsal kommt mir von allen Seiten. Tue ich dies,
dann ist der Tod mir gewiß; tue ich es nicht, so
werde ich euren Händen nicht entrinnen. 23 Doch
lieber ist es mir, es nicht zu tun und in eure Hände
zu fallen, als vor dem Herrn zu sündigen.«
24 Da schrie Susanna mit lauter Stimme. Aber auch
die beiden Ältesten schlugen Lärm gegen sie. 25 Der
eine lief hin und öffnete das Gartentor. 26 Als die
Leute im Hause das Geschrei im Garten hörten,
stiegen sie eiligst durch die Seitentüre herein, um zu
sehen, was ihr zugestoßen sei. 27 Sobald nun die
Ältesten ausgesagt hatten, schämten sich die
Diener gar sehr, weil nie über Susanna etwas Der-
artiges geredet worden war. 28 Am anderen Mor-
gen, als das Volk zu ihrem Manne Jojakim kam, er-
schienen auch die beiden Ältesten; es erfüllte sie der
ruchlose Gedanke, gegen Susanna das Todesurteil
zu beantragen. 29 Sie sprachen vor dem Volke:
»Schickt nach Susanna, der Tochter Helkias, der
Frau Jojakims!« Man schickte also hin. 30 Da kam sie
zusammen mit ihren Eltern, ihren Kindern und all
ihren Verwandten. 31 Susanna aber war sehr
blühend und schön von Gestalt. 32 Die Schurken be-
fahlen, sie zu entschleiern – sie war nämlich ver-
schleiert –, um sich an ihrer Schönheit zu laben.
33 Ihre Angehörigen aber und alle, die sie sahen,
brachen in Tränen aus. 34 Die beiden Ältesten erho-
ben sich inmitten der Volksschar und legten ihr die
Hände auf das Haupt. 35 Sie aber weinte und blickte
zum Himmel auf, weil ihr Herz auf den Herrn ver-
traute. 36 Die Ältesten berichteten nun: »Wir gingen
allein im Garten spazieren; da kam diese mit zwei
Mägden herein, verschloß das Gartentor und ent-
ließ die Mägde. 37 Dann kam ein Jüngling zu ihr, der
sich versteckt hatte, und legte sich zu ihr hin. 38 Wir
befanden uns in der Ecke des Gartens; als wir den
Frevel bemerkten, eilten wir auf sie zu. 39 Wir

sahen, wie sie miteinander Umgang pflogen; jenes
Mannes konnten wir uns nicht bemächtigen, weil
er uns an Kraft übertraf und so das Tor öffnen und
entrinnen konnte. 40 Doch diese hier konnten wir
ergreifen, und wir fragten sie, wer denn der junge
Mann war. 41 Sie wollte es uns aber nicht verraten.
Dies können wir bezeugen.« Die versammelte
Gemeinde aber schenkte ihnen als den Ältesten und
Richtern des Volkes ihr Vertrauen. Man verurteilte
also jene zum Tode.
42 Da schrie Susanna mit lauter Stimme und betete:
»O ewiger Gott, der du die verborgenen Dinge
kennst, der du alles weißt, noch bevor es sich ereig-
net! 43 Du weißt, daß sie falsches Zeugnis gegen
mich ablegten. So muß ich denn sterben und habe
doch nichts von dem getan, wessen mich diese da in
ihrer Bosheit bezichtigen.« 44 Der Herr aber hörte auf
ihr Rufen. 45 Als sie zur Hinrichtung abgeführt
wurde, erweckte Gott den heiligen Geist eines noch
jungen Mannes, der Daniel hieß. 46 Dieser rief mit
lauter Stimme: »Unschuldig bin ich am Blute dieser
Frau!« 47 Alles Volk wandte sich ihm zu, und man
fragte: »Was ist denn das für eine Rede, die du da
führst?« 48 Er trat nun mitten unter sie hin und rief:
»Seid ihr wirklich so töricht, ihr Israeliten? Ohne Ver-
hör und ohne sichere Feststellung verurteilt ihr eine
Tochter Israels? 49 Kehrt zurück zum Gericht! Denn
falsches Zeugnis haben jene wider sie abgelegt.«
50 Da kehrte alles Volk eiligst um, und die Ältesten
sprachen zu ihm: »Setze dich hierher in unsere
Mitte und berichte uns; denn Gott hat dir die Ein-
sicht des Alters verliehen.« 51 Da sprach Daniel zu
ihnen: »Trennt diese weit voneinander, ich will sie
verhören!« 52 Als sie nun voneinander getrennt
waren, rief er den einen von ihnen und sprach zu
ihm: »Du alter Mann nach einem verkommenen
Leben! Jetzt wirst du für die Sünden bestraft, die du
ehedem begangen hast. 53 Ungerechte Urteile hast
du gefällt, die Schuldlosen verurteilt und die Schul-
digen freigesprochen, obwohl doch der Herr sagt:
›Einen Schuldlosen und Gerechten darfst du nicht
töten.‹ 54 Nun denn, wenn du wirklich dieses ge-
sehen hast, so sprich: Unter welchem Baum sahst
du beide beisammen sein?« Der aber sprach: »Unter
einem Mastixbaum.« 55 Daniel erwiderte: »Du hast
richtig gegen dein eigenes Haupt gelogen; denn
schon hat Gottes Engel von Gott Befehl erhalten,
dich mitten entzweizuhauen.« 56 Er ließ ihn fort-
führen und den anderen herbeibringen. Zu ihm
sprach er: »Du Abkömmling Kanaans und nicht
Judas! Die Schönheit hat dich betört, und die Be-
gierlichkeit hat dir das Herz verkehrt. 57 So hättet
ihr an den Töchtern Israels handeln können; aus
Furcht hätten jene sich mit euch eingelassen. Aber
eine Tochter Judas ertrug eure Schurkerei nicht.
58 Nun also sage mir: Unter welchem Baume hast
du sie beide beisammen ertappt?« Jener erwiderte:
»Unter einer Eiche.« 59 Daniel erwiderte ihm:
»Richtig hast auch du gegen dein eigenes Haupt
gelogen, denn der Engel Gottes wartet schon mit
dem Schwert in der Hand, dich mitten entzweizu-
teilen, um euch so auszurotten.« 60 Da schrieen alle
Versammelten mit lauter Stimme und priesen Gott,
der alle rettet, die auf ihn hoffen. 61 Sie erhoben sich
gegen die zwei Ältesten; denn Daniel hatte sie aus
ihrem eigenen Munde als falsche Zeugen überführt.
Man tat an ihnen so, wie sie an ihrem Nächsten
übel handelten: 62 Man ging also nach dem Gesetz
des Moses vor und ließ sie hinrichten. So wurde
schuldloses Blut an jenem Tage gerettet. 63 Helkia
und seine Gattin lobten Gott um ihrer Tochter
Susanna willen gemeinsam mit Jojakim, ihrem
Manne, und allen Verwandten, weil nichts Schand-
bares an ihr gefunden wurde. 64 Daniel aber gewann
hohes Ansehen vor dem Volke von jenem Tage ab
und weiterhin.

13,57: Israel steht hier im Gegensatz zu Juda und meint das abtrünnige Nordreich.

Daniel und die Belpriester

14 1 Der König Astyages war zu seinen
Ahnen heimgegangen, und der Perser
Cyrus hatte dessen Reich übernommen.
2 Daniel war Vertrauter des Königs und angesehener
als alle seine Freunde. 3 Die Babylonier besaßen ein
Gottesbild mit Namen Bel. Man verschwendete
täglich für Bel zwölf Scheffel Feinmehl, vierzig
Schafe und sechs Maß Wein. 4 Auch der König ver-
ehrte ihn und fand sich täglich ein, ihn anzubeten.
Doch Daniel betete seinen Gott an. 5 Da sagte der
König zu ihm: »Warum betest du Bel nicht an?«
Dieser entgegnete: »Ich erweise handgemachten
Bildern keine Verehrung, sondern nur dem lebendi-
gen Gott, der Himmel und Erde erschuf und über
alles, was lebt, die Herrschaft innehat.« 6 Der König
entgegnete ihm: »Glaubst du, Bel sei kein lebendi-
ger Gott? Siehst du denn nicht, wieviel er tagtäglich
ißt und trinkt?« 7 Da sagte Daniel lachend: »Laß
dich nicht täuschen, o König! Dieser ist ja inwendig
Lehm und außen Erz; gegessen und getrunken hat
er noch nie.« 8 Der König geriet in Zorn, rief seine
Priester herbei und sprach zu ihnen: »Wenn ihr mir
nicht sagt, wer es ist, der diese Opfergaben ver-
zehrt, dann müßt ihr sterben. Wenn ihr aber nach-

weisen könnt, daß Bel sie verzehrt, dann muß
Daniel sterben, weil er Bel verhöhnt hat.« 9 Daniel
erklärte dem König: »Es geschehe, wie du gesagt
hast!« Es waren aber siebzig Belpriester, abgesehen
von den Frauen und Kindern. 10 Der König begab
sich mit Daniel zum Beltempel. 11 Die Belpriester
erklärten: »Siehe, wir gehen schleunigst hinaus. Du,
König, lege selbst die Speisen auf, mische den Wein,
stelle ihn hin, verschließe die Pforte und versiegle
sie mit deinem Ring. Wenn du dann in der Frühe
kommst und nicht alles von Bel verzehrt findest,
dann sollen wir dem Tod verfallen sein, andernfalls
aber Daniel, der uns verleumdet.«
12 Sie waren unbesorgt, da sie unter dem Opfertisch
einen verborgenen Gang gemacht hatten; durch
diesen konnten sie jederzeit hineinschlüpfen und
alles beseitigen. 13 Als sie nun weggegangen waren,
legte der König die Speisen für Bel auf. 14 Daniel gab
aber seinen Dienern den Auftrag, Asche herbei-
zubringen und damit den ganzen Tempel durch ein
Sieb zu bestreuen, wobei nur noch der König
anwesend war. Dann gingen sie hinaus, verriegel-
ten die Pforte, brachten mit dem Ring des Königs
das Siegel an und entfernten sich. 15 Nachts aber
kamen wie gewöhnlich die Priester mit ihren
Frauen und Kindern und verzehrten und tranken
alles. 16 Frühmorgens erschien der König zusammen
mit Daniel. 17 Der König fragte: »Sind die Siegel un-
beschädigt, Daniel?« Dieser entgegnete: »Ja, mein
König!« 18 Gleich nach dem Öffnen der Pforte
blickte der König auf den Opfertisch und rief mit
lauter Stimme: »Groß bist du, Bel! Bei dir gibt es
nicht den geringsten Betrug.« 19 Daniel aber lachte
und hinderte den König, ins Innere einzutreten. Er
sprach: »Schau doch den Boden an und stelle fest,
wessen Fußspuren das sind!« 20 Der König entgeg-
nete: »Ich bemerke die Fußspuren von Männern,
Frauen und Kindern.« 21 Da geriet der König in Wut
und ließ die Priester mit ihren Frauen und Kindern
ergreifen. Sie mußten ihm die Geheimtüre zeigen,
durch die sie eingetreten waren, um die Speisen auf
dem Tisch zu verzehren. 22 Der König ließ sie nun
töten, und den Bel lieferte er dem Daniel aus. Dieser
zerstörte ihn und sein Heiligtum.

Daniel und der Drache

23 Es gab auch einen großen Drachen, den die Baby-
lonier verehrten. 24 Da sprach der König zu Daniel:
»Von diesem kannst du doch nicht sagen, daß er
kein lebendiger Gott sei; bete ihn also an!« 25 Daniel
entgegnete: »Den Herrn, meinen Gott, werde ich
anbeten, denn der ist ein lebendiger Gott. Du aber,
o König, gib mir Erlaubnis, und ich werde den
Drachen töten ohne Schwert und Keule!« 26 Der
König sagte: »Ich gebe sie dir.« 27 Da nahm Daniel
Pech, Fett und Haare, kochte diese zusammen,
formte Fladen daraus und warf sie dem Drachen ins
Maul. Der Drache fraß sie und barst auseinander.
Nun rief Daniel aus: »Seht, was ihr verehrt!« 28 Als
die Babylonier davon hörten, wurden sie heftig er-
bost, rotteten sich wider den König zusammen und
riefen: »Ein Jude ist der König geworden; den Bel
hat er zertrümmert, den Drachen getötet und die
Priester hingeschlachtet.« 29 Sie begaben sich zum
König und verlangten: »Liefere uns den Daniel aus!
Sonst töten wir dich und deine Familie!« 30 Der
König merkte, daß sie ihm heftig zusetzten, und
lieferte ihnen, der Gewalt weichend, den Daniel
aus. 31 Man warf ihn in die Löwengrube, wo er
sechs Tage weilte. 32 In der Grube waren sieben
Löwen; diesen gab man täglich zwei Leichname
und zwei Schafe. Damals aber gab man ihnen
nichts, damit sie Daniel fressen sollten.
33 Nun lebte in Juda der Prophet Habakuk. Dieser
hatte ein Essen gekocht, Brot in einen Napf ge-
brockt und ging eben auf das Feld, um es den
Schnittern zu bringen. 34 Da sprach der Engel des
Herrn zu Habakuk: »Bringe das Gericht, das du
hast, nach Babylon dem Daniel in der Löwen-
grube!« 35 Habakuk antwortete: »Herr, Babylon
habe ich nie gesehen, und die Grube ist mir unbe-
kannt.« 36 Da faßte ihn der Engel des Herrn am
Scheitel, trug ihn an den Haaren seines Hauptes und
versetzte ihn in einem Atemzug nach Babylon an
den Rand der Grube. 37 Habakuk rief: »Daniel,
Daniel, nimm das Essen, das Gott dir geschickt
hat!« 38 Daniel sprach: »So hast du dich doch meiner
erinnert, o Gott, und hast nicht verlassen, die dich
lieben!« 39 Dann erhob sich Daniel und aß. Der
Engel Gottes aber versetzte den Habakuk sogleich
an seinen früheren Ort zurück.
40 Am siebten Tag kam der König, um Daniel zu
betrauern. Er trat an die Grube und schaute hinein:
Siehe da, Daniel saß darin. 41 Jetzt schrie er mit lau-
ter Stimme und rief: »Groß bist du, o Herr, du Gott
Daniels! Es gibt außer dir keinen anderen!« 42 Er ließ
ihn herausziehen, jene aber, die sein Verderben
verschuldet hatten, in die Grube werfen. Sofort
wurden sie vor seinen Augen aufgefressen. [Damals
sprach der König: »Alle Bewohner der ganzen Erde
sollen den Gott Daniels fürchten, weil er der Retter
ist, der Zeichen und Wunder tut auf Erden, der
Daniel aus der Löwengrube befreit hat!«]

14,1–22: Der Erzähler will den Glauben an Bel widerlegen. • 42: Der letzte Satz steht nur in den lateinischen Handschriften.

DAS ZWÖLFPROPHETENBUCH

Im Zwölfprophetenbuch hat man prophetisch inspirierte Schriftstücke gesammelt, die sich auf zwölf verschiedene Verfasser verteilen. Alle diese Männer sind Sprachorgane Gottes, deren Botschaft aber inhaltlich verschieden lautet. Die einzelnen Propheten wirkten in verschiedenen Verhältnissen. Für die in unseren Bibeln übliche Reihenfolge ist der Gesichtspunkt maßgebend, daß Hosea, Joël, Amos, Obadja, Jonas, Micha in die Assyrerzeit, Nahum, Habakuk, Zephanja in die Zeit des Niederganges Assurs, Haggaj, Sacharja und Maleachi in die persische Zeit fallen. Im ganzen ist diese Einreihung richtig, nur Joël, Abdias und Jonas gehören offenbar in die spätpersische Zeit.

Der älteste dieser sogenannten »Kleinen Propheten« ist Amos. Er entfaltete um das Jahr 760 im Nordreich Jerobeams II. seine Wirksamkeit. Amos ist Künder einer besseren sozialen Gerechtigkeit. Sein soziales Ideal ist zugleich sein religiöses Anliegen. Er lehnte die veräußerlichte Gottesverehrung ab, weil diese jeden sittlichen Ernst und jedes Verantwortungsbewußtsein vermissen ließ. Auch den Erwählungsglauben bekämpfte er scharf. Außer dem in Kapitel 1–2 stehenden Drohgedicht gegen Fremdvölker sind uns Weherufe, Schilderungen von Schauungen und ein Bericht über die Landesverweisung des Propheten erhalten (7,10–17). Das Buch schließt mit einer Vorhersage des messianischen Heiles (9,11–15).

Ein etwas jüngerer Zeitgenosse des Amos ist Hosea. Er wirkte im Nordreich, der Heimat des Elias, in jenen unruhigen Zeiten, die dem Untergang des Reiches Israel vorangingen. Seine Ehe mit einem untreuen Weibe und seine Kinder versinnbildlichen den Abfall des Landes von Gott, dem Eheherrn, wie Kapitel 1–3 zeigen. Es folgen Droh- und Mahnreden gegen die sittlich anstößigen Kultorte seiner Zeit, die Unbeständigkeit in der Politik, gegen das Priester- und Königtum, gegen Propheten und andere leitende Kreise (4,1–14,1). Kapitel 14,2–9 folgt eine Trostverheißung. »Gott ist die Liebe«, das ist der Kern der Botschaft des Hosea.

Micha war ein judäischer Bauer, der aber in Jerusalem wirkte, und ein Zeitgenosse des Isaias. Auch sein Kampf galt den sozialen und religiösen Verfallserscheinungen. Er sagte sogar der Heiligen Stadt und dem Tempelberg den Untergang an (3,12), ein damals unerhört kühnes Wort. Zur Zeit der Zerstörung Ninives, der Hauptstadt des Assyrerreiches (612), lebte der Heilsprophet Nahum, dessen Wirksamkeit man etwa mit der eines Freiheitsdichters vergleichen kann. Die Reden Nahums bringen anschauliche Schilderungen von den letzten Kämpfen vor dem Untergang der Hauptstadt des verhaßten Eroberervolkes.

Auch Habakuk fällt etwa in diese Zeit. Er sieht aber im Aufstieg des Kaldäerreiches eine Gefahr und die Zuchtrute Gottes über der Menschheit. Manche seiner Sprüche sind allerdings besser zu erklären, wenn man an die Zeit König Jojakims denkt (608–597).

Das Auftreten des Zephanja fällt offenbar in die Zeit, als Josia (638–608) noch minderjährig war. Dieser König war es bekanntlich, der mit einem Schlage alles vernichtete, was an das Heidentum erinnerte. Man kann Zephanja als Vorläufer dieser religiösen Erneuerung bezeichnen, die ganz dem prophetischen Ideal entsprach.

Haggaj hielt im Jahre 520, zur Zeit des Perserkönigs Darius, als der Davidide Serubbabel Statthalter war, vier Reden über den Tempelneubau. Die Nachlässigkeit dabei hat alles Unheil und Leid der Gegenwart verursacht.

Teils gleichzeitig mit Haggaj, teils nach ihm wirkte der Prophet Sacharja ebenfalls für den Tempelneubau. Er kleidet aber seine Mahnungen in acht Visionen, die sich mit dem Neubau Jerusalems und des Tempels und den kommenden besseren Zeiten befassen. Dazwischen stehen Worte über rechte Lebensführung, Sinn des Fastens und über Heidenbekehrung (1,1–8,23). Kapitel 9–14 beschäftigen sich mit dem Strafgericht über gottfeindliche Nachbarvölker, dem Erscheinen des messianischen Friedenskönigs, der Niederlage der Heiden im Kampf um Jerusalem und deren Bekehrung. Es ist wahrscheinlich, daß diese an messianischen Stellen so reichen Abschnitte von einem apokalyptisch eingestellten Nachfolger des Propheten Sacharja stammen und nach dem Brauche jener Zeit in der gleichen Schriftrolle überliefert wurden.

Maleachi fällt in die Zeit der großen Reformen des Esra und Nehemia. Er hält Strafreden gegen die schlechten Priester (1,6–2,9), tadelt Mischehen und Ehescheidung (2,10–16) und spricht den verzagenden Frommen Trost zu (2,17–3,21).

Die Zeit um Maleachi, in der auf den Ruinen des alten Israel das Judentum wuchs, mag wohl auch jene drei Propheten auf den Plan gerufen haben, die uns über den Zeitpunkt ihres Wirkens keinerlei Andeutungen geben. Joël wurde zum Auftreten durch eine furchtbare Heuschreckenkatastrophe veranlaßt, die er für einen Vorboten des Gerichtstages hielt. Bei Joël 4,19 und Mal 1,1–4 finden sich Bemerkungen über die Edomiter. Obadja enthält nur einen einzigen, längeren Drohspruch gegen dieses Volk, dem man seine Mithilfe bei der Eroberung Jerusalems nie verziehen hat (Klag 4,21f; Ps 137,7). Alle erwähnten Schriftstellen setzen die Eroberung Jerusalems (586) voraus. Der Verfasser von Jonas wollte eine mit dunklen Geschichtserinnerungen verknüpfte Gleichniserzählung bieten und der jüdischen Engstirnigkeit folgende Wahrheiten entgegenhalten: 1. Der Mensch kann Gott nicht entfliehen, 2. Gottes Barmherzigkeit erstreckt sich auf alle Menschen.

DAS BUCH HOSEA

Das Wort des Herrn, das an Hosea, den Sohn des Beeri, erging, in den Tagen des Ussia, Jotam, Achas und Hiskia, der König von Juda, und in den Tagen des Königs Jerobeam, des Sohnes des Joas, von Israel. [2] Beginn der Rede des Herrn durch Hosea. Der Herr sprach zu Hosea: »Geh, nimm dir ein buhlerisches Weib und zeuge Buhlkinder; denn das Land hat buhlerisch den Herrn verlassen.« [3] Da ging er hin und heiratete Gomer, die Tochter Diblajims.

Diese empfing und gebar ihm einen Sohn. [4] Der Herr sprach zu ihm: »Gib ihm den Namen Jezreel; denn nur noch kurze Zeit, und ich suche die Blutschuld von Jezreel heim an Jehus Haus und hebe das Königtum des Hauses Israel auf. [5] Und an jenem Tage geschieht es: Ich zerbreche Israels Bogen in der Ebene Jezreel.« [6] Dann empfing sie abermals und gebar eine Tochter. Da sprach zu ihm der Herr: »›Unbegnadet‹ nenne sie; denn ich will fortan nicht mehr Gnade üben am Hause Israel, sondern sie ihnen entziehen. [7] Doch Gnade übe ich am Hause Juda, rette sie durch den Herrn, ihren Gott, rette sie aber nicht durch Bogen, Schwert oder Krieg, nicht durch Rosse und Wagenkämpfer!« [8] Sie entwöhnte die »Unbegnadet«, empfing und gebar einen Sohn. [9] Da sprach er: »Gib ihm den Namen ›Nichtmeinvolk‹! Denn ihr seid nicht mein Volk, und ich bin für euch der ›Ichbinnichtda‹.

1,1–3,5: Manche Bibelerklärer neigen dazu, die »Hurenehe« des Hosea nur als schriftstellerisches Sinnbild aufzufassen. Aber die anstößige Begebenheit wird sich schon wirklich zugetragen haben, um die öffentliche Aufmerksamkeit zu erregen. Diese anstößige Ehe mit all ihrem Unheil gab dem Propheten kräftige Worte an das treulose Volk ein. Das Verhältnis Gottes zum Land, zum Volk oder zum Einzelmenschen wird ja öfters im AT unter dem Bild einer Ehe dargestellt (Is 54,5–8; 62,4–5; Jer 2,2). Auch dem NT ist dieser Vergleich geläufig: Joh 3,29; 2 Kor 11,2; Eph 5,23–32; Offb 19,7–9; 21,9ff. Andere Texte sehen die falsche Gottesverehrung und den Glaubensabfall als Ehebruch und Unzucht an: Is 1,21; 23,16; Jer 2,20; 3,1–5; Ez 16 und 23. Da heidnische Götzendienste oft mit kultischer Unzucht verbunden waren, trifft hier das Bild durchaus die Wirklichkeit. Ob nun freilich die Frau des Hosea diesen für unsere Begriffe so anrüchigen Namen verdient hat, ist eine andere Frage. Denn schon ein einmaliger Fehltritt, ja vielleicht eine ihr nachgesagte Neigung konnte diese Bezeichnung rechtfertigen. – 1,4.5: erinnert an die Jehugeschichte in 2 Kön 9 und 10.

Weg zum Heil

2 [1] Die Zahl der Söhne Israels wird sein wie der Sand am Meere, der weder meßbar noch zählbar ist. Anstatt sie anzureden: ›Ihr seid nicht mein Volk‹, wird man zu ihnen sagen: ›Des lebendigen Gottes Söhne‹. [2] Dann werden sich die Söhne Judas und Israels zusammenschließen, über sich ein gemeinsames Oberhaupt setzen und sich des Landes bemächtigen; denn groß ist Jezreels Tag. [3] Sagt zu euren Brüdern: ›Mein Volk‹ und zu euren Schwestern: ›Begnadete‹!

Kinder gegen Mutter

[4] Streitet mit eurer Mutter, ja, streitet! Denn sie ist nicht meine Frau, und ich bin nicht ihr Mann. Sie beseitige ihre Unzuchtsmale von ihrem Antlitz, ihre Ehebruchszeichen von ihrer Brust! [5] Sonst ziehe ich sie nackt aus und stelle sie hin wie am Tage ihrer Geburt; ich mache sie der Wüste gleich, mache sie ähnlich dem dürren Land, lasse sie sterben vor Durst. [6] An ihren Söhnen übe ich keine Gnade, denn Dirnenkinder sind sie. [7] Ja, ihre Mutter hat gebuhlt, Schändliches trieb, die sie geboren. Sie sprach nämlich: ›Meinen Buhlen laufe ich nach; sie spenden mein Brot und mein Wasser, meine Wolle und meinen Flachs, mein Öl und meine Getränke.‹

Not bessert

[8] Darum will ich ihr den Weg mit Dornen versperren und ihr einen Zaun entgegenstellen, damit sie ihre (gewohnten) Pfade nicht mehr finde. [9] Setzt sie nun ihren Buhlen nach, ohne sie zu erreichen, und sucht sie nach ihnen, ohne sie zu finden, dann wird sie sagen: ›Ich will mich aufmachen und heimkehren zu meinem ersten Mann; denn damals ging es mir besser als jetzt.‹

[10] Doch sie weiß ja nicht, daß ich es bin, der ihr das Korn gab, den Most und das Öl, der ihr Silber in Menge schenkte und Gold – woraus man Baalgötzen verfertigte. [11] Darum nehme ich mein Korn wieder zurück zur gegebenen Zeit, zur gesetzten Frist meinen Most. Ich entziehe ihr meine Wolle und meinen Flachs, womit sie ihre Nacktheit bedecken konnte. [12] Und nun decke ich ihre Blöße auf vor den Augen ihrer Buhlen; niemand wird sie entreißen aus meiner Hand. [13] All ihrer Freude bereite ich ein Ende, ihren Festen, Neumonden, Sabbaten und all ihren Feiertagen. [14] Ihre Reben und Feigenbäume verwüste ich, von denen sie sprach: ›Sie sind der Buhllohn für mich, den mir meine Buhlen gegeben.‹ Zur Wildnis mache ich sie; die Tiere des Feldes fressen sie ab. [15] Die Tage des Baals-

dienstes prüfe ich nach an ihr, da sie ihnen
räucherte und sich schmückte mit Ring und Ge-
schmeide, da sie hinter ihren Liebhabern herlief,
mich aber vergaß« – Spruch des Herrn.

Bekehrung

16 »Siehe, darum will ich sie verlocken, will sie in die
Wüste führen und ihr zu Herzen reden. 17 Ihre
Weinberge gebe ich ihr von dort, und als Hoff-
nungspforte das Achortal. Dorthin wird sie mir wil-
lig folgen wie in der Zeit ihrer Jugend, wie damals,
als sie heraufzog vom Lande Ägypten. 18 An jenem
Tage« – Spruch des Herrn – »wirst du rufen: ›Mein
Mann‹, und nicht mehr wirst du mich nennen:
›Mein Baal‹. 19 Ich entferne die Namen der Baale aus
ihrem Mund, so daß diese nicht mehr mit ihrem
Namen erwähnt werden. 20 Ich schließe zugunsten
der Bürger an jenem Tag einen Bund mit den Tieren
des Feldes, den Vögeln des Himmels und dem
Gewürm des Bodens. Bogen, Schwert und Krieg
vertilge ich aus dem Lande und lasse sie wohnen in
Sicherheit.
21 Auf ewig nehme ich dich mir zur Ehe; ich nehme
dich mir zur Ehe mit dem Versprechen von Recht
und Gerechtigkeit, von Huld und Erbarmen. 22 Ich
nehme dich mir zur Ehe um Treue, damit du den
Herrn erkennest. 23 An jenem Tage werde ich
horchen« – Spruch des Herrn –; »ich horche auf
den Himmel, und dieser horcht auf die Erde. 24 Die
Erde horcht auf Korn, Most und Öl, und diese hor-
chen auf Jezreel. 25 Im Lande will ich sie mir
einsäen. Ich begnade die ›Unbegnadet‹, sage zum
›Nichtmeinvolk‹: ›Mein Volk bist du‹, und er sagt:
›Mein Gott‹!«

2,11–14: Opfer und Feste hören auf, da das Land keine Früchte mehr hervorbringt. • 16: Der Herr wird sie in die Wüste führen, um sie zu bekehren. • 25: Das »sie« bezieht sich auf die einst untreue, jetzt treue Frau«.

Schuld und Bekehrung

3 1 Der Herr sprach zu mir: »Abermals geh
hin und liebe ein Weib, das noch einen
anderen liebt und Ehebruch treibt, ganz so,
wie der Herr die Söhne Israels liebt, obwohl sie an
andere Götter sich wenden und Opferkuchen aus
Trauben lieben.« 2 Um fünfzehn Sekel Silber kaufte
ich sie mir und um eineinhalb Chomer Gerste. 3 Ich
sprach zu ihr: »Viele Tage hindurch sollst du mir
einsam dasitzen, nicht Unzucht treiben und keinem
Mann gehören! Auch ich verkehre nicht mit dir.«
4 Denn viele Tage werden die Söhne Israels einsam
dasitzen ohne König und ohne Fürst, ohne Opfer
und Weihestein, ohne Ephod und Teraphim.
5 Danach werden die Söhne Israels umkehren und
den Herrn, ihren Gott, suchen und David, ihren
König. Bebend kommen sie dann zum Herrn und
seinem Heil am Ende der Tage.

3,2: Sekel: bekannteste Gewichtseinheit. Man unterscheidet den königlichen und den gewöhnlichen Sekel. • 4: Ephod ist ein wichtiger Teil der priesterlichen Amtstracht (vgl. 2 Mos 28,6–14; 39,2–7), hier aber noch orakelgebender Kultgegenstand (wie Richt 8,27; 17,5); die Teraphim sind kleine Gottesbilder (vgl. 1 Mos 31,19–35). Beide Kultgegenstände, oft abergläubisch mißbraucht, werden dem Volk genommen.

Sittenverderbnis

4 1 Hört das Wort des Herrn, ihr Söhne Israels!
Denn einen Streit führt der Herr mit den
Landesbewohnern: Keine Treue, keine Liebe,
keine Gotteserkenntnis gibt es im Land. 2 Ver-
fluchen, Lügen, Morden, Stehlen und Ehebrechen
breiten sich aus; Blutschuld reiht sich an Blutschuld.
3 Deshalb verdorrt das Land, welken alle seine Be-
wohner dahin samt den Tieren des Feldes und den
Vögeln des Himmels; selbst die Fische des Meeres
werden dahingerafft.

Schuld der Priester

4 Wenn jedoch niemand anklagt und keiner es
rügt, dann ergeht an dich meine Anklage, Priester!
5 Du wirst straucheln am Tag, und straucheln
wird auch der Prophet mit dir bei Nacht. Ich lasse
deine Mutter umkommen. 6 Mein Volk kommt
um, weil ihm Erkenntnis fehlt. Weil du selbst Er-
kenntnis abgelehnt hast, lehne ich dich als meinen
Priester ab. Weil du deines Gottes Weisung ver-
gessen hast, werde auch ich deine Söhne vergessen.
7 Je mehr ihrer wurden, um so mehr sündigten
sie wider mich, vertauschten ihre Ehre gegen
Schande. 8 Von der Sünde meines Volkes nähren sie
sich, nach seiner Verfehlung begehren sie. 9 So wird
es dem Priester wie dem Volk ergehen: Ich prüfe
an ihm seinen Wandel nach und vergelte ihm
seine Taten. 10 Sie essen, werden jedoch nicht satt,
sie treiben Unzucht, aber vermehren sich nicht.
Denn sie verließen den Herrn, um Unzucht zu
treiben.

Unzüchtige Gottesverehrung

11 Wein und Most rauben vernünftiges Denken:
12 Mein Volk befragt sein Holz, sein Stab soll ihnen
Auskunft geben. Der Geist der Unzucht hat sie ver-
führt; sie entfernen sich buhlend von ihrem Gott.
13 Auf Bergesgipfeln bringen sie Opfer dar, auf den
Hügeln verbrennen sie Rauchopfer, unter Eichen,
Pappeln und Terebinthen, weil ihr Schatten so an-
genehm ist. Darum geben eure Töchter sich preis,
brechen eure Schwiegertöchter die Ehe. 14 Ich strafe
eure Töchter nicht für ihre Unzucht, eure
Schwiegertöchter nicht für ihren Ehebruch; denn

auch die Männer gehen mit Dirnen abseits und
opfern zusammen mit Weihedirnen. Das törichte
Volk kommt so zu Fall. 15 Wenn du, Israel, unzüch-
tig bist, so soll doch Juda sich nicht verfehlen! Geht
nicht nach Gilgal, nach Bet-Awen zieht nicht hin-
auf, schwört nicht beim Leben des Herrn! 16 Ja,
Israel ist widerspenstig wie eine störrische Kuh.
Sollte nun der Herr sie weiden wie Lämmer auf
weiter Flur? 17 Ephraim ist den Götzen verbündet.
18 Es ruht im Kreise von Zechern. Sie sind der Un-
zucht ergeben, sie lieben die Schande mehr als ihre
Würde. 19 Mit seinen Flügeln erfaßt sie der Sturm,
sie werden zuschanden ob ihrer Altäre.

Schwere Anklage

5 1 Ihr Priester, hört dies! Haus Israel, merk auf!
Königspalast, vernimm es! Denn euch obliegt
die Rechtspflege. Ihr wurdet jedoch zur Falle
für Mizpa, zum Netz, gespannt auf dem Tabor,
2 eine tiefe Grube in Schittim. Ich aber werde euch
alle züchtigen. 3 Ich kenne Ephraim, und Israel ist
vor mir nicht verborgen; denn jetzt hast du,
Ephraim, Unzucht getrieben, Israel ist unrein ge-
worden. 4 Ihr Treiben gestattet ihnen nicht, umzu-
kehren zu ihrem Gott. Denn in ihrer Mitte herrscht
Unzuchtsgeist, aber den Herrn kennen sie nicht.
5 Gegen Israel zeugt sein Stolz, Ephraim stürzt
durch eigene Schuld; es strauchelt auch Juda mit
ihm. 6 Mit ihren Schafen und Rindern ziehen sie
hin, um den Herrn zu suchen; aber sie finden ihn
nicht, er hat sich ihnen entzogen. 7 Sie handelten
untreu gegen den Herrn, uneheliche Kinder zeugten
sie; jetzt werden ihre Felder vom Glutwind ver-
zehrt.

Schuld und Sühne im Bruderkrieg

8 Zu Gibea stoßt ins Kriegshorn, in die Trompete zu
Rama; weckt Bet-Awen, schreckt Benjamin auf!
9 Ephraim wird zur Wüste am Tag der Bestrafung,
gegen Israels Stämme verkünde ich, was feststeht.
10 Judas Führer handeln wie Leute, die Grenzen ver-
rücken, über sie gieße ich meinen Zorn aus wie
Wasser. 11 Ephraim übt Gewalttat, beugt das Recht;
denn willig läuft es dem Nichts nach. 12 Ich aber bin
wie Eiter für Ephraim, wie Fäulnis für Judas Haus.
13 Ephraim sah seine Krankheit, Juda seine eiternde
Wunde; da ging Ephraim nach Assur und sandte
zum Großkönig. Doch dieser kann euch nicht
heilen, von der Eiterbeule euch nicht befreien.
14 Fürwahr, ich bin wie ein Löwe für Ephraim, wie
ein Junglöwe für Judas Haus! Ich, ich zerreiße und
gehe davon, schleppe weg, und retten kann nie-
mand. 15 An meine Stätte ziehe ich mich zurück, bis
daß sie ihre Schuld büßen und mein Antlitz suchen,
in ihrer Not nach mir begehren.

5,8–15: Vielleicht ist der syrisch-ephraimitische Krieg (735) gemeint.

Bußgebet und Mahnung

6 1 »Wohlan, laßt uns zurückkehren zum Herrn!
Denn er hat verletzt, und er wird uns auch
heilen; er hat geschlagen und wird uns auch
verbinden. 2 Nach zwei Tagen wird er uns neu be-
leben, am dritten Tage uns aufstehen lassen, daß
wir leben vor ihm. 3 Wir wollen erkennen, ja, wir
wollen streben nach der Erkenntnis des Herrn! So
sicher wie das Morgenlicht tritt er hervor; er
kommt zu uns so gewiß wie Winterregen, wie
Spätregen, der die Erde tränkt.« –
4 »Was soll ich dir, Ephraim, tun, was soll ich dir
antun, Juda? Eure Frömmigkeit ist wie Morgenge-
wölk, dem Tau gleich, der früh vergeht. 5 Darum
schlug ich drein durch die Propheten, schlug sie nie-
der durch die Worte meines Mundes. Wie Licht
brach so mein Recht hervor. 6 Denn Frömmigkeit ist
mir lieber als Schlachtopfer, Erkenntnis Gottes
lieber als Brandopfer!

Bittere Vorwürfe

7 Sie aber brachen in Adam den Bund, fielen dort
von mir ab. 8 Gilead ist eine Stadt von Frevlern,
deren Fußspuren blutig sind. 9 Wie ein Räuber lauert
die Rotte der Priester; sie morden am Wege nach
Sichem; ja, Schändliches tun sie. 10 Entsetzliches sah
ich im Hause Israel; Ephraim treibt dort Unzucht,
Israel ist unrein geworden. 11 [Auch dir, Juda, ist
eine Ernte bereitet, wenn ich das Schicksal meines
Volkes wende, sobald ich Israel heile.]

6,7: Welcher Bundesbruch gemeint ist, bleibt fraglich. Die Ortschaft Adam wird Jos 3,16 erwähnt.

7 1 Offenbar wird Ephraims Schuld und Sama-
rias Bosheit. Denn Unrecht verüben sie. Der
Dieb dringt ein, und draußen plündert die
Räuberschar. 2 Sie überlegen sich nicht, daß ich all
ihrer Bosheit gedenke. Ihre Taten umzingeln sie
jetzt, vor meinen Augen stehen sie da.

Schändung der Königswürde

3 Mit ihrer Bosheit machen sie einen König über-
mütig, Fürsten mit ihrer Falschheit. 4 Sie alle bre-
chen die Ehe; sie sind wie ein brennender Ofen,
wenn der Bäcker aufhört zu heizen vom Kneten des
Teiges an, bis er durchsäuert ist. 5 Den Festtag unse-
res Königs beginnen die Fürsten damit, daß sie sich
erhitzen mit Wein, dessen Gewalt die Prahlredner
mitreißt. 6 Ja, sie glühen wie ein Ofen; ihr Herz

brennt in ihnen; die ganze Nacht schlummert ihr Zorn, am Morgen entbrennt er wie loderndes Feuer. 7 Sie alle sind erhitzt wie ein Ofen, fressen ihre Richter auf. Alle ihre Könige stürzen, doch keiner von ihnen ruft mich an.

Bündnisse

8 Ephraim läßt sich zu Teig verrühren unter den Völkern, Ephraim wird ein Kuchen, den man nicht wendet. 9 Seine Kraft verzehren Fremde, er aber merkt es nicht. Auch graues Haar ist ihm schon eingesprengt, er aber merkt es nicht. 10 Gegen Israel zeugt sein Stolz. Sie bekehren sich nicht zum Herrn, ihrem Gott, und suchen ihn nicht trotz alledem. 11 Ephraim ist wie eine Taube, einfältig, ohne Verstand. Ägypten rufen sie an, sie laufen nach Assur. 12 Wie sie auch laufen, ich werfe mein Netz über sie; wie Vögel des Himmels hole ich sie herab, züchtige sie, wenn ich von ihrer Versammlung Kunde erhalte.

Undankbarkeit

13 Weh über sie, denn sie fliehen vor mir! Verderben über sie, denn sie werden mir untreu! Und ich soll sie erlösen, während sie gegen mich Lügen reden? 14 Sie schreien nicht von Herzen zu mir, wenn sie heulen auf ihren Lagern. Sie ritzen sich Wunden, um Korn und Most zu erflehen, gegen mich aber sind sie trotzig. 15 Ich bin es, der ihnen die Arme gestärkt, doch sie sinnen gegen mich Böses. 16 Sie wenden sich um – doch nicht zu mir! – wie ein entspannter Bogen. So fallen ihre Fürsten durch das Schwert wegen ihrer lästernden Reden. Man spottet über sie im Lande Ägypten.

7,4: Wenn der Bäcker vor dem Kneten zu heizen aufhört, ist der Ofen am stärksten erhitzt. • 11: Die Könige trieben eine zwiespältige Politik. Sie hielten es einmal mit Assur, dann mit Ägypten. • 13: Gott verdirbt die Gottlosen, denn sie sind unzuverlässig und undankbar. • 14: Sich Wunden ritzen ist heidnischer Trauerbrauch (3 Mos 19,28; 21,5; 5 Mos 14,1; Jer 16,6) und soll hier die Bitte um Erntesegen unterstützen.

Königtum, Politik und Götzendienst

8 1 An deinen Mund nimm die Posaune wie ein Wächter über das Haus des Herrn. Sie brachen ja meinen Bund, gegen meine Weisung frevelten sie. 2 ›Mein Gott!‹, so schreien sie zu mir ›Wir [Israel] kennen dich!‹ 3 Doch Israel stößt das Gute von sich; so mag der Feind es verfolgen! 4 Könige berufen sie gegen meinen Willen, Fürsten, die ich nicht anerkenne. Götzen machen sie aus ihrem Silber und Gold, damit es vertan ist. 5 Verstoße dein Kalb, Samaria! Mein Zorn ist entbrannt wider das Volk. Wie lange noch vermögen sie nicht, von Schuld frei zu werden? 6 Sie sind doch aus Israel! Ein Handwerker hat jenes gemacht; kein Gott ist es! Nein, in Stücke soll brechen das Kalb Samarias! 7 Denn Wind säen sie, und Sturm ernten sie. Halme ohne Ähren bringen nichts zum Verzehren! Würden sie etwas bringen, würden Fremde es verschlingen! 8 Israel ist verschlungen; unter den Völkern sind sie jetzt wie ein Gerät, das niemand mehr schätzt. 9 Ja, sie laufen nach Assur! Ein Wildesel bleibt für sich, Ephraim spendet Liebesgeschenke. 10 Wenn sie auch unter den Völkern Buhllohn empfangen, will ich sie nunmehr zusammentreiben, daß sie in Bälde sich winden unter der Last des Königs der Fürsten.

11 Ja, Ephraim hat viele Altäre errichtet; zum Sündigen dienen sie ihm. Altäre zum Sündigen! 12 Die Vielzahl meiner Gebote schrieb ich ihm auf; wie Fremdes achtet man diese. 13 Schlachtopfer lieben sie und bringen sie dar. Opferfleisch (lieben sie) und essen es; doch der Herr hat kein Gefallen an ihnen. Nun wird er ihrer Schuld gedenken und ihre Sünden strafen! Sie müssen zurück nach Ägypten! 14 Israel vergaß seinen Schöpfer und baute sich Paläste, Juda vermehrte die befestigten Städte. Doch ich sende Feuer in seine Städte, das ihre Prachtbauten frißt.«

8,1f: Der Prophet soll warnen vor dem kommenden Unheil, dem Israel nicht entgehen wird, wenn es nicht zum Herrn zurückkehrt.

Trauerbrot

9 1 Freue dich nicht, Israel, jauchze nicht wie die Völker! Du buhltest von deinem Gott weg, liebtest den Buhllohn auf allen Getreidetennen. 2 Tenne und Kelter sind ihnen nicht mehr Freund, und der Most wird sie betrügen. 3 Sie bleiben nicht im Lande des Herrn. Ephraim kehrt nach Ägypten zurück, wird Unreines essen in Assur. 4 Wein gießen sie nicht mehr aus für den Herrn, nicht mehr erfreuen ihn ihre Opfer. Wie Trauerbrot ist ihr Brot; wer immer davon ißt, wird unrein. Ja, nur für ihren Hunger dient ihr Brot; es kommt nicht in das Haus des Herrn. 5 Was wollt ihr tun für den Feiertag, für den Festtag des Herrn? 6 Denn siehe, wenn sie wegziehen aus verwüstetem Land, dann erntet Ägypten sie ein, Memphis begräbt sie. Unkraut überwuchert ihr kostbares Silber, in ihren Zelten wachsen Dornen.

Als Narr verschrieen

7 Gekommen sind die Tage der Heimsuchung, die Tage der Vergeltung gekommen! Mag Israel schreien: »Der Prophet ist ein Narr, verrückt ist der Geistesmann!« Wegen deiner großen Schuld ist groß auch die Anfeindung. 8 Der Wächter Ephraims steht im Bund mit dem Gott des Propheten. Ein

Fangnetz begegnet ihm auf all seinen Wegen, An-
feindung im Hause seines Gottes. 9 Man handelt
aufs tiefste verderblich wie in den Tagen von
Gibea. – Er gedenkt ihrer Schuld, straft ihre Sünden.

Tag von Baal-Peor

10 »Wie Trauben in der Wüste fand ich Israel, wie
Frühfeigen am jungen Feigenbaum entdeckte ich
eure Väter. Aber als sie nach Baal-Peor kamen,
weihten sie sich dem Schandgott. Da wurden sie
mir zum Abscheu gleich ihrem Buhlen. 11 Ephraim
gleicht den Vögeln; es verfliegt sein Ruhm: Keine
Geburt mehr, kein Mutterschoß und keine Emp-
fängnis! 12 Und ziehen sie ihre Söhne groß, so ma-
che ich sie dennoch kinderlos und vereinsamt. Ja,
ein Wehe auch über sie selbst, wenn ich von ihnen
weiche! 13 Ephraim hat sich, wie ich sehe, seine
Söhne zum Jagdwild gemacht. So muß nun
Ephraim seine Söhne zum Schlächter hinaus-
führen.« 14 Gib ihnen, Herr, was du geben kannst;
gib ihnen unfruchtbaren Schoß und vertrocknete
Brüste!

Tag von Gilgal

15 »Ihre ganze Bosheit zeigte sich in Gilgal; ja, dort
wurden sie mir zuwider! Ob ihrer schändlichen
Taten vertreibe ich sie aus meinem Hause. Ich liebe
sie fortan nicht mehr, Aufrührer sind ihre Fürsten
alle. 16 Geschlagen ist Ephraim, seine Wurzel ver-
dorrt, Frucht bringen sie keine hervor. Wenn sie
trotzdem gebären, lasse ich ihres Schoßes Lieblinge
sterben.« 17 Verwerfen wird sie mein Gott, denn sie
gehorchen ihm nicht; so müssen sie unter den Völ-
kern unstet werden.

9,10: 4 Mos 25,1–5; 5 Mos 4,3; Ps 106,28. • 15: Der geschichtliche Hinweis auf Gilgal meint wohl die Ereignisse um Saul, vgl. 1 Sam 11,15; 15,12.21.

Strafgericht

10 1 Israel war ein üppiger Weinstock, der
dementsprechende Früchte trug. Je zahl-
reicher seine Früchte waren, desto zahl-
reicher machte es die Altäre. Je schöner sein Land
dastand, desto schöner machte es seine Weihe-
steine. 2 Falsch ist ihr Herz, nun sind sie der Strafe
verfallen! Ihre Altäre zerschlägt der Herr, ihre Wei-
hesteine zermalmt er. 3 Ja, jetzt werden sie sagen:
»Einen König haben wir nicht, denn den Herrn
fürchteten wir nicht, und der König, was tut der für
uns?« 4 Worte machen, Meineide schwören, Bünd-
nisse schließen! Und das »Recht« sproßt wie Gift-
kraut auf den Furchen des Ackers. 5 Um Bet-Awens
Kalb sind Samarias Bewohner in Angst! Ja, es trau-
ert darüber sein Volk; seine Götzenpriester um-
jauchzen es (noch) wegen seiner Pracht; jedoch, sie
entschwindet ihm. 6 Auch das Kalb wird man nach
Assur bringen als Abgabe für den Großkönig.
Schande wird Ephraim ernten, Israel muß sich
schämen wegen seiner Beschlüsse. 7 Samaria ver-
schwindet, sein König gleicht einem geknickten
Zweig auf der Oberfläche des Wassers. 8 Vernichtet
werden die Kulthöhen des Frevels, Israels Sünde;
auf ihren Altären wachsen Dornen und Disteln.
Dann wird man zu den Bergen sprechen: »Bedeckt
uns!« und zu den Hügeln: »Fallt auf uns!«

Gibeas Sünde

9 Seit den Tagen von Gibea dauert Israels Sünde an.
Auf dem dortigen Standpunkt blieben sie stehen.
Gewiß erreicht sie der Krieg in Gibea um der
Frevler willen. 10 Ich bin gekommen, um sie zu
züchtigen. Völker scharen sich gegen sie, wenn sie
gezüchtigt werden für ihre doppelte Schuld.

Neubruch

11 Ephraim war ein geübtes Rind, Drescharbeit
liebte es. Als ich im Vorbeigehen seinen kräftigen
Nacken sah, spannte ich Ephraim ein; Juda sollte
pflügen, Jakob eggen. 12 Säet Gerechtigkeit, dann
erntet ihr gemäß der Frömmigkeit! Brecht euch
einen Neubruch der Erkenntnis, um den Herrn zu
suchen, bis er kommt und euch Gerechtigkeit lehrt.
13 Doch ihr habt Unrecht gepflügt, habt Frevel
geerntet, habt Lügenfrucht gegessen. Du hast auf
deine Streitwagen vertraut und auf die Menge dei-
ner Krieger. 14 Darum erhebt sich Kriegsgeschrei in
deinem Volk, und alle deine Festungen werden zer-
stört, wie Schalman am Tage der Schlacht Bet-Arbel
zerstörte, als eine Mutter mitsamt den Söhnen zer-
schmettert wurde. 15 Solches tue ich an euch, Haus
Israel, ob eurer großen Bosheit. Mit dem Morgenrot
verschwindet völlig der König von Israel.

10,8: Die Stelle wird zitiert von Jesus den weinenden Frauen gegenüber (Luk 23,30); vgl. auch Offb 6,16.

Gottes Vaterliebe

11 1 »Als Israel noch ein Knäblein war, ge-
wann ich es lieb, und aus Ägypten berief
ich meinen Sohn. 2 Doch je mehr ich
sie rief, desto weiter rückten sie von mir ab. Sie
opferten den Baalen und räucherten den Götzen-
bildern. 3 Und ich war es doch, der Ephraim
gehen gelehrt, der sie auf meine Arme genommen.
Aber sie merkten es nicht, daß ich sie hegte. 4 Mit
menschlichen Seilen zog ich sie an, mit Stricken der
Liebe. Ich war für sie wie (Eltern), die den Säugling
an ihre Wangen heben. Ich neigte mich ihm zu und
reichte ihm Speise. 5 Er muß zurück ins Land Ägyp-

ten, und Assur wird sein König sein, weil man die Umkehr verweigert. 6 So wirbelt das Schwert in seinen Städten und vertilgt sein leeres Gerede; es frißt wegen ihrer Pläne. 7 Aber mein Volk hält fest am Abfall von mir; man ruft zum Baal, doch dieser hilft sicher nicht auf.

Göttliches Verzeihen: Der Zorn des Herrn will Ephraim nicht verderben

8 Wie könnte ich dich preisgeben, Ephraim, wie dich ausliefern, Israel? Wie könnte ich dich preisgeben wie Adma, dich gleichstellen mit Zeboim? Mein Herz kehrt sich gegen mich, meine Reue ist mächtig entbrannt. 9 Ich will meinen glühenden Zorn nicht vollstrecken, will Ephraim nicht wieder verderben! Denn Gott bin ich und nicht ein Mensch, ein Heiliger in deiner Mitte, und nicht gerate ich in Erregung. 10 Hinter dem Herrn werden sie herziehen; er brüllt wie ein Löwe. Sobald er brüllt, eilen bebend die Söhne vom Westen herbei. 11 Sie eilen herbei von Ägypten wie Vögel, wie Tauben vom Lande Assur. Ich lasse sie wohnen auf ihrem Hausbesitz« – Spruch des Herrn.

11,1: Matth 2,15 auf Jesus umgedeutet. • 8: Adma und Zeboim lagen in der Nähe von Sodom und Gomorra am Salzmeer (1 Mos 10,19; 14,2) und wurden wie diese Städte dem Untergang preisgegeben (5 Mos 29,22).

Der Betrüger Jakob wird vom Herrn zur Rechenschaft gezogen

12 1 Mit Lüge umgibt mich Ephraim, mit Betrug das Haus Israel. Aber Juda – noch kennt es Gott, und Volk der Heiligen wird es genannt. 2 Ephraim jagt dem Winde nach und läuft die ganze Zeit hinter dem Ostwind her, häuft Lügen und Gewalt. Mit Assur geht man ein Bündnis ein, nach Ägypten liefert man Öl. 3 Mit Israel tritt der Herr ins Gericht, um Jakob zur Rechenschaft zu ziehen nach seinem Wandel; nach seinen Taten vergilt er ihm. 4 Im Mutterleib überlistete er seinen Bruder, und in seiner Manneskraft rang er mit Gott. 5 Er rang mit dem Engel und siegte. Er weinte und flehte ihn an. In Betel fand er ihn, und dort redete er mit ihm: 6 [Nämlich der Herr, der Gott der Heerscharen, dessen Name Jahwe lautet.] 7 »Du sollst zurückkehren zu deinem Gott! Bewahre Treue und Recht und hoffe stets auf deinen Gott!«

Untreue und Strafe

8 In der Hand des Händlers ist falsche Waage; er liebt das Unrecht. 9 Aber Ephraim spricht: »Ich bin doch reich geworden, habe mir Vermögen erworben! Alle meine Gewinne stellen für mich kein Vergehen dar, das Sünde wäre.« 10 »Aber ich bin der Herr, dein Gott vom Lande Ägypten an. Ich lasse dich wieder in Zelten wohnen wie zur Zeit, da wir zusammentrafen. 11 Ich habe zu den Propheten geredet, ich ließ häufig Gesichte schauen, und durch die Propheten wirke ich Vernichtung. 12 In Gilead herrschte Frevel. Wahrlich, sie sind zunichte geworden! In Gilgal opfert man Stiere. So sollen auch ihre Altäre wie Steinhaufen werden an den Furchen des Feldes.«

Geschichtliche Erinnerungen

13 Jakob floh ins Gebiet von Aram; um eine Frau wurde Israel Knecht, um eine Frau wurde er Hirt. 14 Aber durch einen Propheten führte der Herr Israel aus Ägypten herauf, und durch einen Propheten ward er behütet. 15 Bitteren Verdruß hat Ephraim erregt. Nun läßt sein Herr auf ihn seine Blutschuld fallen und vergilt ihm seinen Hohn.

12,4f: Hinweise auf 1 Mos 25,26; 32,25–33; 28,10–22. • 7: Diese Mahnung ist kein wörtliches Zitat von 1 Mos 28,15.21, ist aber für das gegenwärtige Volk ein ernster Aufruf zur Umkehr. • 13f: Die Geschichte des Stammvaters Jakob erscheint, wie Vers 4, in keinem guten Licht und dient als Vorwurf gegen seine Nachkommen. Ganz anders bewährte sich die Huld des Herrn beim Auszug aus Ägypten. Moses erhält den Ehrentitel »Prophet« (5 Mos 18,15.18; 34,10).

Ephraims Untergang

13 1 Wenn Ephraim redete, herrschte Schrekken; hoch angesehen war er in Israel. Aber er machte sich schuldig durch Baal und verfiel dem Tod. 2 Und jetzt sündigen sie weiter und fertigen sich ein Gußbild aus ihrem Silber nach Art der Götzenbilder; Handwerkerarbeit ist das Ganze. »Ihnen«, so sprechen sie, »sollt ihr opfern!« Menschen sollen Kälber küssen! 3 Darum werden sie sein wie Morgengewölk, wie Tau, der bald vergeht, wie Spreu, vom Sturm aus der Tenne gefegt, wie Rauch aus dem Fenster. 4 »Aber ich bin der Herr, dein Gott vom Lande Ägypten an; einen Gott neben mir darfst du nicht kennen; es gibt keinen Helfer außer mir! 5 Ich weidete dich in der Wüste, im Lande der Dürre. 6 Ihrer Weide entsprechend wurden sie satt; als sie satt waren, wurde übermütig ihr Herz; darum vergaßen sie mich. 7 So werde ich für sie wie ein Löwe, ich lauere wie ein Panther am Weg. 8 Ich falle sie an wie eine Bärin, die ihrer Jungen beraubt ist, und zerfleische ihnen die Brust. Dann fressen die Hunde sie dort, die wilden Tiere zerreißen sie. 9 Vernichte ich dich, Israel, wer kann dir dann helfen? 10 Wo ist dein König, daß er dich rette, und all deine Fürsten, daß sie dir Recht schaffen? Von ihnen sagtest du ja: ›Gib mir König und Fürsten!‹ 11 Ich gebe dir einen König in meinem Zorn, und ich nehme ihn weg in meinem Grimm.

Das Gericht naht

12 Aufbewahrt ist Ephraims Schuld, gut verwahrt ist
seine Sünde. 13 Kommen die Wehen für seine Ge-
burt, so ist er ein unkluges Kind; wenn die Zeit ge-
kommen ist, findet er nicht den Zugang zum Leben.
14 Aus der Gewalt der Unterwelt sollte ich sie er-
lösen, vom Tode sie loskaufen? Wo bleiben nur
deine Seuchen, o Tod, wo ist deine Pest, o Unter-
welt? Mitleid verbirgt sich vor meinen Augen! 15 Ja,
mag jener auch blühen zwischen dem Riedgras, es
kommt der Ostwind, der Odem des Herrn, der aus
der Wüste aufsteigt. Da versiegt seine Quelle und
vertrocknet sein Born. Man plündert den Schatz,
alles kostbare Gut.«

13,7f: Ein kühnes Bild: der strafende Gott, mit wilden Tieren verglichen, die das Volk Israel zerreißen. • 14: 1 Kor 15,55 nach der griechischen Übersetzung eine Verheißung.

Bekehrung wirkt Heil

14 1 Samaria muß büßen, denn es war wider-
spenstig gegen seinen Gott. Seine Bewoh-
ner fallen durch das Schwert; ihre Säug-
linge werden zerschmettert, ihre werdenden
Mütter aufgeschlitzt. 2 Kehre um, Israel, zum Herrn,
deinem Gott, denn du bist gestürzt durch deine
Schuld! 3 Bringt rechte Worte mit und bekehrt euch
zum Herrn! Sprecht zu ihm: »Du vergibst doch die
Schuld? Nimm das Stammeln entgegen; wir brin-
gen die Frucht unserer Lippen dar. 4 Assur kann uns
nicht retten; wir wollen auf Pferdegespannen nicht
fahren! Nie mehr wollen wir sagen: ›Unser Gott‹
zum Machwerk unserer Hände! Denn bei dir findet
ein Verwaister Erbarmen.«
5 »Ich will ihre Untreue heilen! Ich liebe sie aus
freier Gnade. Denn mein Zorn hat sich von ihnen
abgewandt. 6 Ich will wie Tau für Israel werden,
daß es blühe wie die Lilie und Wurzeln schlage
wie der Libanonwald. 7 Seine Schößlinge mögen
treiben, auf daß seine Pracht dem Ölbaum gleiche,
sein Duft dem des Libanon. 8 Man wird wieder in
meinem Schatten wohnen und Getreide bauen.
Wie ein Weinstock wird sein Ruhm sprießen, wie
der Wein vom Libanon. 9 Was hat denn Ephraim
noch mit den Götzen zu tun? Ich allein erhöre ihn
und blicke auf ihn. Ich gleiche einer immergrünen
Zypresse: Von mir kannst du dir Früchte sammeln!«

Schlußwort eines Lesers

10 Wer ist so weise, daß er dies versteht, wer so ver-
ständig, daß er es erkennt? Ja, die Wege des Herrn
sind gerade, Rechtschaffene wandeln darauf. Ab-
trünnige aber kommen auf ihnen zu Fall.

UND
DIES HABT
ZUM ZEICHEN,
IHR WERDET FINDEN
DAS KIND IN WINDELN
GEWICKELT UND IN EINER
KRIPPE LIEGEN.
UND ALSBALD WAR DA
BEI DEM ENGEL DIE MENGE
DER HIMMLISCHEN HEERSCHAREN
DIE LOBETEN GOTT
UND SPRACHEN:
EHRE SEI GOTT IN DER HÖHE
UND DEN MENSCHEN EIN
WOHLGEFALLEN

DAS BUCH JOËL

Das Wort des Herrn, das an Joël, den Sohn des Petuel, erging. 2 Hört dies, ihr Ältesten, horcht auf, all ihr Bewohner des Landes! Ist solches je geschehen in euren Tagen oder in den Tagen eurer Väter? 3 Erzählt davon euren Kindern, und eure Kinder sollen es ihren Kindern erzählen, und deren Kinder dem künftigen Geschlecht! 4 Was der Nager übrigließ, fraß die Heuschrecke, was die Heuschrecke übrigließ, fraß der Grashüpfer, was der Grashüpfer übrigließ, fraß die Feldschrecke. 5 Wacht auf, ihr Zecher, und weint! Heult, ihr Weinsäufer alle, über den Most, weil er eurem Munde versagt ist! 6 Denn ein Volk zog gegen mein Land herauf, mächtig und ohne Zahl. Seine Zähne sind Löwenzähne, das Gebiß einer Löwin besitzt es. 7 Meinen Weinstock hat es verwüstet, meinen Feigenbaum krachend zerknickt.

Es schält ihn gründlich ab und ließ ihn liegen, weiß geworden sind seine Zweige. 8 Klage, wie eine Jungfrau klagt im Trauergewand um ihren jugendlichen Bräutigam! 9 Weggenommen sind Speise- und Trankopfer vom Haus des Herrn. Es trauern die Priester, die Diener des Herrn. 10 Verwüstet ist das Feld, verdorrt das Ackerland; ja, das Korn ist vernichtet, versiegt der Most, vertrocknet das Öl. 11 Bestürzt sind die Bauern, es jammern die Winzer um Weizen und Gerste, weil die Ernte des Feldes dahin ist; 12 der Weinstock ist verdorrt, der Feigenbaum welk, der Granatbaum, die Palme, der Apfelbaum; alle Bäume des Feldes sind dürr. Ja,weggetrocknet ist die Freude von den Menschen.

Bußtag

13 Umgürtet euch zur Klage, ihr Priester, wehklagt, ihr Diener des Altars! Kommt, durchwacht im Bußkleid die Nacht, ihr Diener meines Gottes! Denn versagt sind dem Hause eures Gottes Speise- und Trankopfer. 14 Verordnet ein heiliges Fasten, ruft einen Feiertag aus, versammelt die Ältesten, alle Bewohner des Landes beim Hause des Herrn, eures Gottes, und fleht zum Herrn! 15 O weh über den Tag! Ja, nahe ist der Tag des Herrn; wie Gewalt vom Allgewaltigen kommt er! 16 Ist nicht vor unseren Augen die Nahrung hinweggerafft, dem Hause unseres Gottes Freude und Jubel? 17 Vertrocknet sind die Saatkörner unter ihren Schollen. Verödet sind die Scheunen, die Speicher verfallen; denn das Korn ist verdorrt. 18 Wie brüllt das Vieh! Die Rinderherden irren umher; sie haben ja keine Weide. Auch die Kleinviehherden verkommen.

Gebetsruf

19 Zu dir, Herr, rufe ich. Denn Feuer verzehrte die Auen der Steppe, die Flamme versengte alle Bäume des Feldes. 20 Selbst die Tiere des Feldes lechzen nach dir; denn die Bäche sind ausgetrocknet, und Feuer verzehrte die Auen der Steppe.

1,1–2,27: Heuschreckenschwärme dieser Art gab es oft im Heiligen Lande. Offb 9,1–12 erscheinen sie in der Art eines Kriegsheeres.

Das Heer der Heuschrecken

2 1 Stoßt ins Horn auf dem Sion, erhebt Schlachtgeschrei auf meinem heiligen Berg, daß alle Bewohner des Landes erzittern! Denn es kommt der Tag des Herrn, ja, er ist nahe: 2 Ein Tag der Düsterkeit und Finsternis, ein Tag der Wolken und des Dunkels. Wie Morgenrot, ausgebreitet über den Bergen, ist ein Volk, zahlreich und mächtig. Seinesgleichen hat es vordem noch nie gegeben und wird es nach ihm nicht mehr geben bis zu den Jahren fernster Geschlechter. 3 Vor ihm her frißt Feuer, und hinter ihm her sengt die Flamme. Wie der Garten von Eden ist vor ihm das Land, doch hinter ihm öde Wüste. Nichts kann ihm entrinnen. 4 Wie Pferde sehen sie aus, wie Rosse stürmen sie voran. 5 Wie rasselnde Streitwagen sprengen sie über die Kämme der Berge, wie das Knistern der Feuerflamme im brennenden Stroh, wie ein mächtiges Volk, gerüstet zum Kampf. 6 Völker erbeben vor ihm, alle Gesichter erröten vor Schrecken. 7 Gleich Helden stürmen sie vorwärts, wie Krieger erklettern sie Mauern. Jeder hält seinen Weg ein, und ihre Pfade wechseln sie nicht. 8 Keiner stößt seinen Nachbarn, jeder zieht seine eigene Bahn. Selbst durch dazwischengeworfene Blöcke lassen sie den Zug nicht unterbrechen. 9 Sie stürzen sich auf die Stadt, laufen auf der Mauer, erklimmen die Häuser, steigen durch die Fenster wie Diebe. 10 Vor ihnen erzittert die Erde, erbeben die Himmel. Sonne und Mond verfinstern sich, die Sterne verlieren ihren Glanz. 11 Dazu läßt der Herr seine Donnerstimme ertönen vor seiner Kriegsschar her. Denn gewaltig an Zahl ist sein Heerlager, ja, mäch-

tig ist der Vollstrecker seines Wortes. Denn groß ist
der Tag des Herrn und überaus furchtbar; wer kann
ihn bestehen?

»Zerreißt euer Herz!«

12 »Doch auch jetzt noch«, spricht der Herr, »bekehrt
euch zu mir von ganzem Herzen, mit Fasten,
Weinen und Klagen!« 13 Zerreißt dabei euer Herz
und nicht eure Kleider, bekehrt euch zum Herrn,
eurem Gott! Denn gnädig ist er und barmherzig,
langmütig und reich an Güte; er läßt sich des Unheils
gereuen. 14 Wer weiß, vielleicht gereut es ihn wieder,
so daß er zuletzt einen Segen zurückläßt: Speise und
Trank zum Opfer für den Herrn, euren Gott!

»Schone deines Volkes!«

15 Stoßt ins Horn auf dem Sion, verordnet ein heili-
ges Fasten, ruft einen Feiertag aus! 16 Versammelt
das Volk, beruft die Gemeinde, bringt die Greise
herbei, holt die Kinder und die Säuglinge her! Der
Bräutigam komme aus seiner Kammer und die
Braut aus ihrem Gemach! 17 Zwischen Vorhalle und
Altar sollen die Priester weinen, die Diener des
Herrn! Sie mögen sprechen: »Verschone, o Herr,
dein Volk, und gib nicht dein Erbe der Schmach
preis, daß Heidenvölker über sie spotten! Warum
soll es heißen unter den Völkern: ›Wo ist denn ihr
Gott?‹«

Die Antwort des Herrn

18 Nun erwachte der Eifer des Herrn für sein Land,
und er erbarmte sich seines Volkes. 19 Der Herr gab
seinem Volk Antwort und sprach: »Seht, ich sende
euch Korn, Most und Öl, damit ihr euch daran
sättigen könnt. Ich lasse euch fortan nicht mehr zur
Schmach werden unter den Völkern. 20 Den Feind
aus dem Norden nehme ich von euch weg und
vertreibe ihn in ein dürres und ödes Land, seinen
Vortrab ins Ostmeer, seine Nachhut ins Westmeer.
Dann wird sein Gestank aufsteigen und sein
Modergeruch sich verbreiten, [weil er so großgetan
hat].«

»Freut euch im Herrn!«

21 Fürchte dich nicht, Heimatland, frohlocke und
freue dich; denn Großes hat der Herr vollbracht!
22 Fürchtet euch nicht, ihr Tiere des Feldes; denn es
grünen die Auen der Steppe! Ja, die Bäume
tragen ihre Frucht, Feigenbaum und Weinstock
geben ihren vollen Ertrag. 23 Auch ihr, Kinder Sions,
frohlockt und freut euch im Herrn, eurem Gott;
denn er gibt euch den Mahner zu gerechtem Ver-
halten; er sendet euch nämlich den Regen herab,
Frühregen und Spätregen wie ehedem. 24 Da füllen
sich die Tennen mit Korn, die Keltern laufen über
von Most und Öl. 25 »Ich aber ersetze euch die
Jahre, in denen die Heuschrecke fraß, der Gras-
hüpfer, die Feldschrecke und der Nager, mein ge-
waltiges Heer, das ich gegen euch sandte. 26 Dann
werdet ihr reichlich und satt zu essen haben und
werdet den Namen des Herrn, eures Gottes, prei-
sen, der Wunderbares an euch getan. Und mein
Volk soll nie mehr beschämt werden! 27 Ihr werdet
erkennen, daß ich in Israels Mitte bin. Ich bin ja der
Herr, euer Gott, und sonst keiner! Und mein Volk
soll nie mehr beschämt werden!

2,3: Mit dem Garten Eden ist das Paradies gemeint. • 10: Ein Hinweis auf das Endgericht, bei dem der Zorn des Herrn über alle Völker ausbrechen wird.

Endzeitliche Ausgießung des Geistes

3 1 Danach wird es geschehen: Ich gieße
meinen Geist aus über alle Menschen. Dann
werden eure Söhne und Töchter prophetisch
begabt sein, eure Greise werden Wahrträume
haben, eure Jungmänner Gesichte schauen. 2 Auch
über die Knechte und Mägde werde ich in jenen
Tagen meinen Geist ausgießen. 3 Ich werde Wun-
derzeichen bieten am Himmel und auf Erden: Blut,
Feuer und Rauchsäulen.« 4 Die Sonne wird sich in
Finsternis verwandeln und der Mond in Blut, ehe
der Tag des Herrn kommt, der große und furcht-
bare. 5 Jeder aber, der den Namen des Herrn anruft,
wird gerettet werden. Denn auf dem Berg Sion und
in Jerusalem wird es Rettung geben, wie der Herr
verheißen hat, ebenso bei den Entronnenen, die der
Herr beruft.

3,1–5: Apg 2,17–21 auf das Pfingstgeschehen gedeutet. Vgl. auch Offb 6,12–17. • 3–8: Keine Wirkung ohne Ursache! So steht auch hinter dem Propheten der sich offenbarende Gott.

Völkergericht

4 1 »Denn siehe, in jenen Tagen und zu jener
Zeit, wenn ich das Schicksal Judas und
Jerusalems wende, 2 da werde ich alle Völker
sammeln und ins Tal Josaphat hinabführen. Dort
will ich mit ihnen ins Gericht gehen wegen meines
Volkes und Erbteils Israel, weil sie es unter die
Völker zerstreut und mein Land aufgeteilt haben.
3 Über mein Volk warfen sie das Los; sie gaben
einen Knaben als Dirnenlohn, verkauften ein Mäd-
chen für Wein und betranken sich.
4 Und auch ihr, Tyrus und Sidon und all ihr Philister-
gaue, was habt ihr mit mir zu tun? Wollt ihr mir
eine Tat vergelten, oder wollt ihr mir lediglich
etwas antun? Gar schnell wende ich euer Tun auf
euer eigenes Haupt zurück. 5 Ihr habt mein Silber
und Gold entwendet und meine kostbaren Schätze

in eure Tempel gebracht. 6 Die Söhne Judas und
Jerusalems habt ihr an die Griechen verkauft, um
sie weit zu entfernen von ihrer Heimat. 7 Seht, ich
lasse sie aufbrechen von dem Ort, wohin ihr sie
verkauft habt, und wende euer Tun auf euer eigenes
Haupt zurück. 8 Ich verkaufe eure Söhne und
Töchter in die Hand der Söhne Judas, und diese
werden sie in die Gefangenschaft verkaufen an ein
fernes Volk. Ja, der Herr hat gesprochen!

Endkampf

9 Verkündet folgendes unter den Völkern: ›Rüstet
zum Krieg! Ruft die Helden auf! Es sollen herbei-
kommen und anrücken alle Kriegsleute!‹ 10 Schmie-
det eure Pflugscharen zu Schwertern um, eure
Winzermesser zu Lanzen! Selbst der Schwache soll
sprechen: ›Ich bin ein Held!‹ 11 Beeilt euch und
kommt, all ihr Völker ringsum, und versammelt
euch! [Dorthin führe, o Herr, deine Helden hinab!]
12 Die Völker sollen aufbrechen und heranziehen in
das Tal Josaphat; denn dort will ich zu Gericht sit-
zen über alle Völker ringsum. 13 Legt die Sichel an,
denn die Ernte ist reif! Kommt, tretet, denn die
Kelter ist voll! Die Kufen laufen über, denn groß
ist ihre Bosheit. 14 Menschenmassen, welche Men-
schenmassen im Tal der Entscheidung! Ja, es hat sich
genaht der Tag des Herrn im Tal der Entscheidung!
15 Sonne und Mond werden finster, die Sterne ver-
lieren ihren Glanz. 16 Dazu donnert der Herr vom
Sion her, von Jerusalem aus läßt er seine Stimme
erschallen, daß Himmel und Erde erbeben. Aber der
Herr ist eine Zuflucht für sein Volk und eine feste
Burg für die Söhne Israels. 17 Dann sollt ihr er-
kennen, daß ich der Herr bin, euer Gott, der auf
Sion wohnt, meinem heiligen Berg. Jerusalem wird
ein Heiligtum sein, und Fremde werden es nicht
mehr betreten.

Segen über Juda

18 An jenem Tag wird es geschehen: Da triefen die
Berge von Most, die Hügel fließen von Milch, und
alle Bachtäler Judas strömen von Wasser. Eine
Quelle entspringt im Hause des Herrn und tränkt
das Akaziental. 19 Ägypten wird zur Wüste, Edom
zur wüsten Steppe wegen der Gewalttat an den
Söhnen Judas, da es unschuldiges Blut vergoß in
ihrem Land. 20 Juda aber bleibt für immer bewohnt
und Jerusalem von Geschlecht zu Geschlecht. 21 Ich
räche ihr Blut, das ich noch nicht gerächt! Und der
Herr wohnt in Sion.«

4,1: Schicksalswende und Ende der Not, besonders des Exils und der Anfang einer besseren Zeit. • 10: Bei Is 2,4 und Mich 4,3 lesen wir das Gegenteil. Der Prophet verdreht diesen ihm bekannten Satz bewußt ins Gegenteil.

DAS BUCH AMOS

Die Worte des Amos, der zu den Schafhirten
aus Tekoa gehörte. Er schaute sie über
Israel zur Zeit des Jerobeam, des Sohnes
des Joas, des Königs von Israel, zwei Jahre vor dem
Erdbeben. 2 Er sprach: Der Herr donnert vom Sion
her, von Jerusalem aus läßt er seine Stimme er-
schallen. Da verdorren die Auen der Hirten, der
Gipfel des Karmel vertrocknet.

Drohworte gegen Israel und seine Nachbarn

3 So spricht der Herr: »Wegen der drei, ja vier Ver-
brechen von Damaskus verzeihe ich es nicht: Weil
sie Gilead mit eisernen Schlitten gedroschen haben,
4 so sende ich Feuer in Hasaels Haus, daß es Ben-
hadads Paläste verzehre.
5 Ich zerbreche den Riegel von Damaskus, vertilge
die Bewohner von Bikat-Awen und den Zepter-
träger von Bet-Eden. Das Volk von Aram muß in die
Verbannung nach Kir«, spricht der Herr. 6 So spricht
der Herr: »Wegen der drei, ja vier Verbrechen von
Gaza verzeihe ich es nicht: Weil sie eine ganze Ge-
meinschaft von Gefangenen wegschleppten, um sie
Edom auszuliefern, 7 so sende ich Feuer an die
Mauer von Gaza, daß es seine Paläste verzehre.
8 Ich vertilge die Bewohner von Asdod und den
Zepterträger von Askalon. Ich kehre meine Hand
wider Ekron, daß der Rest der Philister zugrunde
geht«, spricht der Herr und Gebieter.
9 So spricht der Herr: »Wegen der drei, ja vier Ver-
brechen von Tyrus verzeihe ich es nicht: Weil sie
eine ganze Gemeinschaft von Gefangenen nach
Edom lieferten und des Bruderbundes nicht ge-
dachten, 10 so sende ich Feuer an die Mauer von
Tyrus, daß es seine Paläste verzehre.«
11 So spricht der Herr: »Wegen der drei, ja vier Ver-
brechen von Edom verzeihe ich es nicht: Weil es
seinen Bruder mit dem Schwert verfolgt und das
Mitleid erstickt hat; weil es seinen Zorn immerfort
nährte und seinen Groll für dauernd bewahrte, 12 so
sende ich Feuer nach Teman, daß es die Paläste von
Bozra verzehre.«
13 So spricht der Herr: »Wegen der drei, ja vier Ver-
brechen der Ammoniter verzeihe ich es nicht: Weil
sie die werdenden Mütter in Gilead aufgeschlitzt
haben, um ihr eigenes Gebiet zu vergrößern, 14 so
sende ich Feuer an die Mauer von Rabba, daß es
seine Paläste verzehre beim Schlachtruf am Tage
des Kampfes, im Sturm am Tage des Ungewitters.
15 Da muß ihr König in die Gefangenschaft ziehen,
er selbst mitsamt seinen Fürsten«, spricht der Herr.

Über Moab, Juda und Israel

2

1 So spricht der Herr: »Wegen der drei, ja vier
Verbrechen von Moab verzeihe ich es nicht:
Weil sie die Gebeine des Königs von Edom zu
Kalk verbrannten, 2 so sende ich Feuer nach Moab,
daß es die Paläste von Kerijot verzehre. Im Ge-
tümmel kommt Moab um, beim Schlachtruf, beim
Schall der Trompete. 3 Ich vertilge den Herrscher
aus seiner Mitte, und mit ihm töte ich alle seine
Fürsten«, spricht der Herr.
4 So spricht der Herr: »Wegen der drei, ja vier Ver-
brechen von Juda verzeihe ich es nicht: Weil sie das
Gesetz des Herrn verwarfen und seine Gebote nicht
hielten; weil ihre Lügengötzen sie täuschten, hinter
denen bereits ihre Väter herliefen, 5 so sende ich
Feuer nach Juda, daß es die Paläste Jerusalems ver-
zehre.«
6 So spricht der Herr: »Wegen der drei, ja vier Ver-
brechen von Israel verzeihe ich es nicht: Weil sie
den Gerechten um Geld verkaufen, den Armen für
ein Paar Schuhe. 7 Sie zertreten auf dem Staub der
Erde das Haupt der Geringen und drängen die
Elenden vom Wege ab. Sohn und Vater gehen zur
selben Dirne, um meinen heiligen Namen zu
schänden. 8 Sie strecken sich aus auf gepfändeten
Kleidern neben jedem Altar und trinken den Wein
von (schuldlos) Bestraften im Haus ihres Gottes.

Undank für Gottes Huld und Gnade
fordert Sühne

9 Ich aber habe vor euch her die Amoriter vernich-
tet, deren Größe der Höhe von Zedern glich und die
stark wie Eichen waren. Oben zerstörte ich ihre
Frucht, ihre Wurzeln unten. 10 Ich war es, der euch
herausgeführt aus dem Lande Ägypten, der euch in
der Wüste vierzig Jahre geleitet hat, um das Amori-
terland zu erobern. 11 Ich erweckte Propheten unter
euren Söhnen, Geweihte unter euren Jünglingen. Ist
dem nicht so, ihr Israeliten?« – Spruch des Herrn.
12 »Ihr aber gabt den Geweihten Wein zu trinken,
und den Propheten gebotet ihr: ›Weissagt nicht!‹
13 Siehe, ich laste auf euch, die ihr darunter liegt,
wie ein Wagen voller Garben lastet! 14 Dann vergeht

dem Flinken die Flucht, und der Starke kann seine
Kraft nicht spannen, der Held sein Leben nicht
retten. 15 Der Bogenschütze hält nicht stand, der
schnelle Läufer kann nicht entrinnen und der Streit-
wagenlenker sein Leben nicht retten. 16 Der Mutig-
ste unter den Helden flieht nackt davon an jenem
Tag« – Spruch des Herrn.

Erwählung

3 1 Hört dies Wort, das der Herr über euch
spricht, ihr Israeliten, über das ganze Ge-
schlecht, das ich aus dem Lande Ägypten her-
ausgeführt habe! 2 »Nur euch erwählte ich von allen
Geschlechtern der Erde; darum suche ich an euch
alle eure Sünden heim«

Allwirksamkeit Gottes

3 Gehen wohl zwei miteinander, es sei denn, sie
haben sich verabredet? 4 Brüllt etwa im Wald der
Löwe, wenn er keine Beute hat? Läßt der Junglöwe
in der Höhle sein Knurren hören, wenn er nichts
gefangen hat? 5 Fällt ein Vogel zur Erde, ohne daß
ihm eine Falle gelegt war? Schnellt ein Klappnetz
vom Boden empor, ohne einen Fang zu machen?
6 Oder stößt man ins Horn in einer Stadt, ohne daß
das Volk erschrickt? Oder geschieht ein Unglück in
einer Stadt, das der Herr nicht bewirkt hat? 7 Ja,
Gott, der Herr, wirkt nichts, ohne zuvor seinen Plan
seinen Dienern, den Propheten, zu offenbaren.
8 Der Löwe brüllt – wer fürchtet sich nicht? Gott,
der Herr, redet – wer wird nicht Prophet?

Samaria fällt

9 Verkündet in den Palästen von Assur und in den
Palästen des Landes Ägypten und sprecht: »Ver-
sammelt euch auf den Bergen Samarias und schaut
das bunte Treiben in ihr und die Bedrückung in
ihrer Mitte! 10 Rechtes zu tun, verstehen sie nicht« –
Spruch des Herrn –, »sie, die Gewalttat und Miß-
handlung aufhäufen in ihren Palästen.« 11 Darum
spricht der Gebieter und Herr: »Der Feind wird das
Land umzingeln und deine Macht stürzen, deine
Paläste aber werden geplündert.« 12 So spricht der
Herr: »Wie ein Hirt aus dem Rachen des Löwen nur
zwei Beine oder ein Ohrläppchen rettet, so werden
die Israeliten gerettet, die da in Samaria sitzen in
der Ecke des Ruhelagers und auf den Polsterkissen
des Bettes. 13 Hört und bezeugt es im Hause Jakob«
– Spruch des Gebieters und Herrn, des Gottes der
Heerscharen: 14 »Wahrlich, wenn ich an Israel seine
Frevel bestrafe, dann erstreckt sich meine Strafe
auch über die Altäre von Betel. Die Hörner des
Altares werden abgehauen und fallen zu Boden.
15 Ich zerschlage das Winterhaus samt dem Som-
merhaus, die Elfenbeinhäuser gehen zugrunde, und
zahlreiche Bauten verschwinden« – Spruch des
Herrn.

Gegen die üppigen Frauen

4 1 Hört dies Wort, ihr Kühe Basans auf dem
Berg Samarias! Die Niedrigen unterdrückt ihr,
die Armen zermalmt ihr, zu euren Eheherrn
sprecht ihr: »Schaff herbei, daß wir zechen!« 2 Ge-
schworen hat der Gebieter und Herr bei seiner
Heiligkeit: »Wahrlich, siehe, es kommen Tage über
euch, da trägt man euch weg auf Schilden und eure
Nachkommen in Kübeln. 3 Nackt werdet ihr weg-
ziehen, eine hinter der anderen; nach dem Hermon
zu werdet ihr verstoßen« – Spruch des Herrn.

Falsche Opferstätte

4 »Kommt nach Betel und sündigt, nach Gilgal und
häuft die Sünden! Bringt am Morgen eure Opfer
herbei, am dritten Tag eure Zehnten! 5 Verbrennt als
Dankopfer gesäuerte Brote und fordert laut zu frei-
willigen Gaben auf! Denn so liebt ihr es ja, ihr Isra-
eliten« – Spruch des Gebieters und Herrn.

Heimsuchungen

6 »Doch ich war es, der euch Hungersnot schickte in
all euren Städten und Mangel an Brot in all euren
Ortschaften. Ihr aber seid zu mir nicht zurückge-
kehrt« – Spruch des Herrn. 7 »Ich war es auch, der
euch den Regen versagte, und zwar drei Monate
vor der Ernte. Ich ließ regnen auf die eine Stadt, und
auf die andere ließ ich nicht regnen. Das eine Feld
bekam Regen, das andere Feld, auf das ich nicht
regnen ließ, verdorrte. 8 Zwei, ja, drei Städte wank-
ten zur selben Stadt, um Wasser zu trinken; doch
sie wurden nicht satt. Ihr aber seid zu mir nicht
zurückgekehrt« – Spruch des Herrn. 9 »Ich schlug
euch mit Getreiderost und Mehltau, ließ eure
Gärten und Weinberge vertrocknen, und eure Fei-
genbäume und Weinstöcke fraß die Heuschrecke
ab. Ihr aber seid zu mir nicht zurückgekehrt« –
Spruch des Herrn. 10 »Ich sandte unter euch die Pest
wie (damals) gegen Ägypten; ich tötete mit dem
Schwert eure Jünglinge samt euren prächtigen
Rossen; ich ließ den Gestank eures Lagers euch in
die Nase steigen. Ihr aber seid zu mir nicht zurück-
gekehrt« – Spruch des Herrn. 11 »Ich brachte über
euch Zerstörung wie damals, als Gott Sodom und
Gomorra zerstörte; ihr glichet einem aus dem
Brand gerissenen Holzscheit. Ihr aber seid zu mir
nicht zurückgekehrt« – Spruch des Herrn.
12 »Deshalb will ich in dieser Weise an dir handeln,
Israel! Weil ich dir dies antun will, mach dich bereit,
Israel, deinem Gott zu begegnen!« 13 Denn siehe, er

hat die Berge gebildet und den Wind erschaffen, er
tut den Menschen seine Gedanken kund, er macht
die Morgenröte und das Dunkel und schreitet über
die Höhen der Erde! »Herr, Gott der Heerscharen«
ist sein Name!

Ein Leichenlied

5 1 Hört dies Wort, das ich als Leichenlied über
euch anstimme, Haus Israel! 2 Gefallen ist,
nicht wieder steht auf die Jungfrau Israel.
Dahingestreckt liegt sie auf eigenem Boden, nie-
mand richtet sie auf. 3 Denn so spricht der Gebieter
und Herr zum Haus Israel: »Die Stadt, die ausrückt
mit tausend, behält als Rest nur hundert, die aus-
rückt mit hundert, behält als Rest nur zehn.«

Gegen die Heiligtümer

4 Ja, so spricht der Herr zum Hause Israel: »Sucht
mich, damit ihr am Leben bleibt! 5 Sucht nicht Betel
auf, zieht nicht nach Gilgal, geht nicht nach Beer-
seba! Denn Gilgal gerät in Gefangenschaft, und
Betel fällt dem Unheil anheim.« 6 Sucht den Herrn,
damit ihr am Leben bleibt! Sonst bricht er herein in
Josephs Haus wie Feuer, das um sich frißt, und
keiner ist da für Israels Haus, der zu löschen ver-
möchte. 7 Sie verkehren in Wermut das Recht und
werfen die Gerechtigkeit zu Boden.

Lobpreis

8 Er schuf das Siebengestirn und den Orion, er
wandelt zum Morgen die Dunkelheit und ver-
finstert zur Nacht den Tag, er ruft die Wasser des
Meeres und ergießt sie über die Fläche der Erde;
»Herr« ist sein Name. 9 Er läßt Verderben herein-
brechen über den Starken und bringt Zerstörung
über die Festung.

Ungerechtigkeit

10 Sie hassen den Anwalt des Rechts im Tor und ver-
abscheuen den, der die Wahrheit sagt. 11 Wohlan,
weil ihr den Geringen niedertretet und Kornabga-
ben von ihm nehmt, habt ihr zwar Häuser aus Qua-
dern gebaut, sollt aber nicht darin wohnen; lieb-
liche Weingärten habt ihr gepflanzt, sollt aber
davon den Wein nicht trinken! 12 Denn ich weiß,
wie zahlreich eure Frevel sind und wie gewaltig
eure Sünden. Man bedrückt den Gerechten, nimmt
Bestechungsgeld an und drängt die Armen im Tor
beiseite. 13 Darum schweigt der Weise in dieser
Zeit; denn es ist eine schlimme Zeit.

Haßt das Böse!

14 Sucht das Gute und nicht das Böse, damit ihr am
Leben bleibt und damit der Herr, der Gott der Heer-
scharen, so mit euch sei, wie ihr es behauptet!
15 Haßt das Böse und liebt das Gute und verschafft
dem Recht eine feste Stätte im Tor! Vielleicht wird
dann der Herr, der Gott der Heerscharen, dem Rest
von Joseph gnädig sein. Weheruf
16 Darum spricht der Herr, der Gott der Heer-
scharen, der Gebieter: »Auf allen Plätzen ist Klage,
auf allen Straßen schreit man: ›Weh! Weh!‹ Den
Landmann ruft man zur Trauer, zur Klage die
Kenner des Leichenliedes. 17 Auch in allen Weinber-
gen wird Klage sein, wenn ich durch deine Mitte
schreite«, spricht der Herr.

Der Gerichtstag

18 Wehe euch, die ihr den Tag des Herrn herbei-
sehnt! Was erwartet ihr denn vom Tag des Herrn?
Er ist Finsternis und nicht Licht! 19 Es wird sein, wie
wenn jemand vor einem Löwen flieht und dabei ein
Bär ihn trifft; oder er betritt das Haus und stützt
seine Hand an die Wand, und da beißt ihn eine
Schlange. 20 Ganz gewiß ist der Tag des Herrn Fin-
sternis und nicht Licht, Dunkelheit ohne Schim-
mer!

Äußerlicher Festkult

21 »Ich hasse, verschmähe eure Feste, eure Feiern
mag ich nicht riechen. 22 Ja, wenn ihr Brandopfer
darbringt, so gefallen mir eure Gaben nicht, und
eure Mastviehopfer will ich nicht sehen. 23 Hinweg
von mir mit der lärmenden Menge deiner Lieder,
das Spiel deiner Harfen will ich nicht hören! 24 Viel-
mehr flute wie Wasser das Recht, Gerechtigkeit wie
ein nie versiegender Bach! 25 Habt ihr mir Schlacht-
und Speiseopfer dargebracht die vierzig Jahre in der
Wüste, Haus Israel? 26 Und habt ihr den Sakkut ein-
hergetragen, euren König, und den Stern eures
Gottes Kewan, eure Götzenbilder, die ihr euch ge-
macht? 27 So bringe ich euch in die Verbannung
über Damaskus hinaus«, spricht der Herr; »Gott der
Heerscharen« lautet sein Name.

5,25: Dieser Vers widerspricht scheinbar der Gesetzgebung des Moses, der Opfer ausdrücklich als göttliche Anordnung gefordert hat. Eine opferlose Religion ist für die vorchristliche Zeit undenkbar. In der Hitze seiner Erregung wird hier der Prophet gemeint haben, daß es Opfer in der Wüstenzeit so gut wie keine gegeben hat, diese jedenfalls nicht so entscheidend waren wie in der Gegenwart, wo außerdem heidnische Bräuche den Opferkult entstellten (Vers 26); ähnlich Jer 7,22.

Wohlleben der Vornehmen

6 1 Wehe den Sorglosen auf Sion und den Selbst-
sicheren auf dem Berg Samarias, den Vertre-
tern des ersten unter den Völkern, und an die
sich das Haus Israel wendet! 2 Geht hinüber nach
Kalne und seht, wandert von dort nach Hamat-
Rabba und steigt schließlich hinab nach Gat im
Philisterland! Seid ihr etwa besser als diese Reiche,
oder ist euer Gebiet größer als ihr Gebiet? 3 Den

Unglückstag wollt ihr ablehnen, aber dauerndes
Verweilen des Unrechts führt ihr herbei. 4 (Wehe
denen,) die ruhen auf Elfenbeinlagern und sich aus-
strecken auf ihren Betten, die Lämmer von ihrer
Herde verzehren und Kälber vom Stall; 5 die grölen
zum Klang der Harfe, die wie David sich Musik-
geräte ersinnen; 6 die aus Weinschalen trinken und
mit feinstem Öl sich salben. – Über den Zusam-
menbruch Josephs grämen sie sich nicht. 7 Deshalb
müssen sie nunmehr in die Verbannung an der
Spitze der Weggeführten. Dann ist es aus mit dem
Gelage der Weichlinge!

Schlimmes Ende – Gott verabscheut den Hochmut Jakobs

8 Geschworen hat der Gebieter und Herr bei sich
selbst: »Ich verabscheue den Hochmut Jakobs und
hasse seine Paläste; deshalb gebe ich die Stadt preis
samt allem, was darin ist.« 9 Und es wird gesche-
hen: Wenn zehn Mann übrigblieben im gleichen
Haus, so sollen auch sie noch sterben! 10 Nur
wenige Flüchtende bleiben übrig, um die Gebeine
aus dem Hause zu bringen. Fragt einer den, der im
hintersten Winkel des Hauses weilt: »Ist noch
jemand bei dir?«, so antwortet dieser: »Nein!«, und
er fügt hinzu: »Still! Denn man darf den Namen des
Herrn nicht erwähnen.« 11 Denn siehe, der Herr
befiehlt und läßt das große Haus in Trümmer schla-
gen und das kleine Haus in Scherben. 12 Rennen
etwa Rosse auf Felsen, oder pflügt man mit Rindern
das Meer, daß ihr das Recht in Gift verwandelt und
in Wermut die Frucht der Gerechtigkeit? 13 Ihr freut
euch wegen Lodebar und sprecht: »Haben wir nicht
aus eigener Kraft uns Karnajim erobert?« 14 »Ja, ich
lasse gegen euch, Haus Israel, ein Volk sich erheben,
das euch bedrängt von Lebo-Hamat bis zum Bach
der Steppe« – Spruch des Herrn, des Gottes der
Heerscharen.

6,10: Der dunkle Vers schildert das Massensterben. Da Gott erzürnt ist, soll man seinen Namen nicht nennen, um seine Aufmerksamkeit nicht zu erregen. • 13: Zwei Städte im Ostjordanland, die zurückerobert wurden, sind kein Grund zur Freude, da der Zusammenbruch trotzdem kommen wird.

Visionen: 1. Heuschrecken

7 1 Folgendes ließ der Gebieter und Herr mich
schauen: Siehe da, Heuschrecken zogen los,
als eben die Spätsaat zu sprießen begann.
[Die Spätsaat erscheint nach der Königsmahd.] 2 Als
sie schon daran waren, das Grün des Landes gänz-
lich aufzufressen, da sprach ich: »Vergib doch, mein
Gebieter und Herr! Wie soll da Jakob bestehen kön-
nen? Er ist ja so klein.« 3 Da tat es dem Herrn leid.
»Es soll nicht geschehen!«, sprach der Herr.

2. Trockenheit

4 Folgendes ließ der Gebieter und Herr mich
schauen: Siehe da, der Gebieter und Herr rief eine
Feuerflamme. Sie hatte den Großen Ozean verzehrt
und begann, die Flur zu verzehren. 5 Da sprach ich:
»Laß doch ab, mein Gebieter und Herr! Wie soll da
Jakob bestehen können? Er ist ja so klein.« 6 Da tat
es dem Herrn leid. »Auch dies soll nicht gesche-
hen!« sprach der Gebieter und Herr.

3. Meßlot

7 Folgendes ließ der Herr mich schauen: Siehe da, er
stand auf einer Mauer mit einem Meßlot in der
Hand. 8 Der Herr sprach zu mir: »Was siehst du,
Amos?« Ich antwortete: »Ein Meßlot.« Darauf sagte
der Herr: »Siehe, ich lege ein Meßlot an inmitten
meines Volkes Israel! Ich will ihm in Zukunft nicht
mehr vergeben. 9 Verwüstet werden die Höhen
Isaaks, die Heiligtümer Israels werden zerstört. Ich
will auftreten gegen Jerobeams Haus mit dem
Schwert!«

Aus Betel verwiesen

10 Amazja, der Priester von Betel, sandte Jerobeam,
dem König von Israel, die Meldung: »Amos stiftet
gegen dich eine Verschwörung an inmitten des
Hauses Israel. Das Land kann seine ganzen Reden
nicht mehr aushalten. 11 Denn so hat Amos gesagt:
›Durch das Schwert wird Jerobeam sterben, und
Israel muß in die Verbannung ziehen, hinweg aus
seinem Heimatland!‹« 12 Dann sprach Amazja zu
Amos: »Seher, geh fort, flüchte dich ins Land Juda!
Iß dort dein Brot und mach dort den Propheten!
13 In Betel aber sollst du fortan nicht mehr weis-
sagen; denn es ist ein königliches Heiligtum und ein
Reichstempel!« 14 Amos gab dem Amazja zur Ant-
wort: »Ich bin kein Zunftprophet und kein Prophe-
tenschüler, sondern ein Hirt bin ich und ein Maul-
beerfeigenzüchter. 15 Doch der Herr nahm mich von
der Herde weg, und der Herr sprach zu mir: ›Geh
hin und weissage gegen mein Volk Israel!‹ 16 Nun
aber höre das Wort des Herrn! Du sagst: ›Weissage
nicht gegen Israel und geifere nicht gegen Isaaks
Haus!‹ 17 Darum spricht der Herr folgendes: ›Deine
Frau wird in der Stadt zur Dirne, deine Söhne und
Töchter fallen durch das Schwert, dein Grundbesitz
wird mit der Meßschnur aufgeteilt, du selber stirbst
in unreinem Land, und Israel muß in die Verban-
nung ziehen, hinweg von seinem Heimatland!‹«

7,7–9: Im Unterschied zu Vers 1–6 wird dem sündigen Volk keine Schonung mehr gewährt, obwohl Gott auf die Fürsprache des Propheten das Strafgericht aufgeschoben hat. So ist die Vernichtung des ganzen Landes unaufschiebbar geworden. • 10–17: Außer 1,1 der einzige Bericht aus dem Leben des Amos, der als Vieh- und Maulbeerfeigenzüchter kein Berufsprophet war und den Propheten-Titel konsequent ablehnte. • 12f: Der Priester Amazja verweist Amos als lästigen Mahner des Landes. Die Antwort des Amos ist klar und eindeutig.

4. Erntekorb

8 1 Folgendes ließ der Gebieter und Herr mich
schauen: Siehe da, ein Erntekorb! 2 Und er
sprach: »Was siehst du, Amos?« Ich erwi-
derte: »Einen Erntekorb.« Der Herr sprach zu mir:
»Gekommen ist der Ernteschluß über mein Volk
Israel. Ich will ihm in Zukunft nicht mehr vergeben.
3 Die Palastsängerinnen werden heulen an jenem
Tag« – Spruch des Gebieters und Herrn. »Groß wird
die Zahl der Leichen sein; überall wirft man sie
hin.«

Betrügerische Händler

4 Hört dies, die ihr Arme zertretet und die Elenden
im Lande zugrunde richtet! 5 Ihr denkt dabei:
»Wann ist endlich der Neumond vorüber, daß wir
Getreide verkaufen können, oder der Sabbat, daß
wir Korn feilbieten können? Wir wollen das Maß
kleiner, den Preis größer machen, mit falscher
Waage täuschen! 6 Wir wollen Bedürftige um Geld
kaufen und Arme um ein Paar Schuhe! Auch den
Abfall vom Korn wollen wir anbringen!« 7 Ge-
schworen hat der Herr beim Hochmut Jakobs:
»Keine ihrer Taten werde ich jemals vergessen!«
8 Soll darob nicht die Erde erbeben und alles trauern,
was auf ihr wohnt, so daß sie als Ganzes sich hebt
wie der Nil und sich senkt wie der Strom von Ägyp-
ten?

Der große Wandel

9 »An jenem Tage wird es geschehen« – Spruch des
Gebieters und Herrn –, »da lasse ich die Sonne am
Mittag untergehen und die Erde finster werden am
hellen Tag. 10 Ich verkehre eure Feste in Trauer und
alle eure Lieder in Klage. Ich lasse auf alle Hüften
das Trauerkleid kommen und auf alle Häupter den
Kahlschnitt. Ich versetze in Leid gleich der Trauer
um den einzigen Sohn, und sein Ende wird wie ein
Unglückstag.

Hunger nach Gottes Wort

11 Siehe, es kommen Tage« – Spruch des Gebie-
ters und Herrn –, »da sende ich Hunger ins
Land, nicht Hunger nach Brot, nicht Durst nach
Wasser, sondern nach dem Hören des Gottes-
wortes. 12 Sie werden irren von Meer zu Meer,
von Norden nach Osten; sie schweifen umher auf
der Suche nach dem Wort des Herrn, doch sie
finden es nicht.

Ende der Vielgötterei

13 An jenem Tage fallen in Ohnmacht die schönen
Jungfrauen und jungen Männer vor Durst, 14 sie, die
da schwören beim Sündengott Samarias und sagen:
›So wahr dein Gott lebt, Dan!‹ und ›So wahr dein
Geliebter lebt, Beerseba!‹ Doch sie werden stürzen
und nicht wieder aufstehen.«

Zerstörung des Heiligtums

9 1 Ich sah den Herrn über dem Altar stehen,
und er sprach: »Schlage auf den Knauf, daß
die Schwellen erbeben! Ich will ihnen allen
das Haupt abschlagen und ihren Rest mit dem
Schwerte töten! Keiner von ihnen soll durch Flucht
entkommen, keiner durch Entrinnen sich retten!
2 Brächen sie durch in die Unterwelt – auch von dort
wird meine Hand sie holen; stiegen sie bis zum
Himmel empor – ich werde sie von dort herunter-
bringen. 3 Versteckten sie sich auf dem Gipfel des
Karmel, – ich spüre sie dort auf und fasse sie. Ver-
bergen sie sich vor mir auf dem Meeresgrund, –
ich gebiete der Seeschlange dort, sie zu beißen.
4 Ziehen sie vor ihren Feinden her in die Gefangen-
schaft, gebiete ich dort noch dem Schwert, sie zu
töten. Kurz, ich richte meine Augen auf sie zum Un-
heil und nicht zum Heil.«

Gottes Allmacht

5 Der Gebieter und Herr der Heerscharen, der die
Erde berührt, daß sie wankt und daß alles trauert,
was auf ihr wohnt, wenn sie als Ganzes sich hebt
wie der Nil und sich senkt wie der Strom von Ägyp-
ten. – 6 Er, der seinen Hochsitz im Himmel baut und
sein Gewölbe auf die Erde stützt, der die Wasser
des Meeres ruft und sie ausgießt über die Fläche der
Erde, – »Herr« ist sein Name.

Erwählung der Völker

7 »Seid ihr mir nicht genauso viel wert wie die
Kuschiten, ihr Söhne Israels?« – Spruch des Herrn.
»Habe ich nicht Israel aus dem Lande Ägypten her-
ausgeführt, doch auch die Philister aus Kaphtor und
die Aramäer aus Kir?«

Gericht über Israel

8 Siehe, die Augen des Gebieters und Herrn richten
sich auf das sündige Königreich: »Ich will es aus-
rotten von der Oberfläche der Erde. Indes will ich
das Haus Jakob nicht völlig ausrotten« – Spruch des
Herrn. 9 »Ja, seht, ich befehle und lasse das Haus
Israel unter alle Völker schütteln, wie man mit
einem Sieb schüttelt, daß kein Steinchen zur Erde
fällt. 10 Durch das Schwert sollen sterben alle Sün-
der meines Volkes, die behaupten: ›Nicht trifft und
erreicht uns das Unheil!‹«

Wiederherstellung

11 »An jenem Tage richte ich die zerfallene Hütte
Davids wieder auf. Ich schließe ihre Risse, ihre

Trümmer lasse ich wiedererstehen und baue sie
auf, daß sie wird wie ehedem. [12] Den Rest von
Edom wird man erobern und alle Völker, die mir
gehören« – Spruch des Herrn, der solches wirkt.

Segen und Heil

[13] »Siehe, es kommen Tage« – Spruch des Herrn –,
»da drängt der Pflüger die Schnitter, der Kelterer den
Sämann. Triefen werden die Berge von Most, und
alle Hügel biegen sich. [14] Dann wende ich das
Schicksal meines Volkes Israel: Sie bauen ver-
wüstete Städte auf und wohnen darin; sie pflanzen
Weinberge und trinken ihren Wein; sie legen
Gärten an und essen ihre Frucht. [15] Ich pflanze sie
ein in ihrem Boden, und sie sollen nie mehr aus
ihrem Boden ausgerissen werden, den ich ihnen
gegeben habe!« So spricht der Herr, dein Gott.

DAS BUCH OBADJA

Gesicht des Obadja. So spricht der Gebieter
und Herr über Edom. Kunde vernahmen
wir vom Herrn, ein Bote ist unter die
Völker gesandt: »Auf, treten wir gegen es an zum
Kampf!« 2 »Siehe, ich mache dich klein unter den
Völkern, verachtet wirst du gar sehr! 3 Der Über-
mut deines Herzens hat dich betört; denn du
wohnst ja in felsigen Klüften, hast Höhen zum
Wohnsitz und denkst bei dir: ›Wer kann mich zur
Erde herunterholen?‹ 4 Und baust du auch hoch
wie ein Adler, ja, legst du dein Nest zwischen
Sternen an, ich hole dich herunter von dort« –
Spruch des Herrn. 5 »Wenn Diebe über dich kom-
men oder Räuber zur Nachtzeit, wie bist du dann
zugrunde gerichtet! Werden sie nicht stehlen, bis
es ihnen reicht? Wenn Winzer über dich kom-
men, werden sie eine Nachlese übriglassen? 6 Wie
wird man Esau durchsuchen, seine verborgenen
Schätze durchstöbern! 7 Bis zur Grenze treibt
man dich weg; alle deine Bundesgenossen be-
trügen dich, deine Freunde überwältigen dich,
deine Tischgenossen legen deinen Füßen Schlin-
gen, die du nicht merkst. 8 Wahrlich, an jenem
Tage« – Spruch des Herrn –, »da vernichte ich die
Weisen von Edom und die Einsicht vom Bergland
Esaus.

9 Dann erschrecken deine Helden, o Teman, daß
jedermann ausgerottet wird vom Bergland Esaus.
10 Wegen des Mordens, wegen des Unrechts an
deinem Bruder Jakob bedeckt dich Schande, und
wirst du ausgerottet für immer. 11 Damals, als du
dabeistandest, während Fremde seinen Besitz weg-
schleppten, Ausländer in seine Tore kamen und
über Jerusalem das Los warfen, da warst auch du
wie einer von ihnen. 12 Weide dich nicht am Tag
deines Bruders, am Tag seiner Not! Freue dich nicht
über Judas Söhne am Tag ihres Untergangs! Reiß
deinen Mund nicht auf am Tag der Bedrängnis!
13 Betritt nicht das Tor meines Volkes am Tag seines
Verderbens! Weide nicht auch du dich an seinem
Unglück am Tag seines Verderbens und vergreife
dich nicht an seinem Besitz am Tag seines Verder-
bens! 14 Stelle dich nicht an den Schluchtweg, um
seine Flüchtlinge niederzumachen, und liefere seine
Entronnenen nicht aus am Tag der Bedrängnis!
15 Denn nahe ist der Tag des Herrn über alle Völker.
Wie du getan, wird dir getan. Dein Tun fällt auf dein
Haupt zurück.

Auf Sion ist Rettung

16 Denn wie ihr getrunken habt auf meinem heili-
gen Berg, so werden alle Völker dauernd trinken; sie
werden trinken und schlürfen und werden sein, als
wären sie nie gewesen. 17 Aber auf dem Sionsberg
wird Rettung sein; er ist ja heilig. Und das Haus
Jakob wird seine Enteigner enteignen. 18 Das Haus
Jakob wird zum Feuer, das Haus Joseph zur
Flamme, das Haus Esau aber zum Stroh; sie zünden
es an und verzehren es, und das Haus Esau hat
keinen, der entkommt.« – Wohlan, der Herr hat ge-
sprochen.

Verteilung des Landes

19 Sie besetzen das Südland, das Bergland Esaus,
und die Niederung, das Philisterland. Sie besetzen
Ephraims Flur und die Flur Samarias, Benjamin
und Gilead. 20 Die Verbannten der Israeliten in
Chalach besetzen das Land der Kanaaniter bis nach
Zarephta, die Verbannten Jerusalems in Sepharad
besetzen die Städte des Südlands. 21 Gerettete
werden hinaufziehen zum Sionsberg, um Gericht
zu halten über das Bergland Esaus. Und dem Herrn
gehört das Königtum.

1,1–4: Über die Person des Obadja ist nichts bekannt. Wahrscheinlich war er ein Judäer. Die meisten Erklärer halten das Buch für exilisch oder nachexilisch. Seine Drohworte sind nahe verwandt mit Jer 49,14–16. Sie richten sich gegen Edom, weil es sich am Schicksal Jerusalems geweidet und das Leiden der Heiligen Stadt erschwert habe. • 6: Esau, der Stammvater = Edom. • 16: Trinken vom Zornesbecher Gottes auch Jer 25,15–29; 49,12; Is 51,17; Ps 75,9.

DAS BUCH JONAS

Es erging das Wort des Herrn an Jonas, den
Sohn Amittajs, wie folgt: 2 »Auf, geh nach Ni-
nive, der großen Stadt, und predige wider sie!
Denn ihre Bosheit ist zu mir heraufgedrungen.«
3 Doch Jonas machte sich auf, um vor dem Herrn
nach Tarsis zu fliehen. Er begab sich nach Japho und
machte dort ein Schiff ausfindig, das nach Tarsis
fuhr. Er bezahlte den Fahrpreis und bestieg es, um
nach Tarsis mitzufahren, fort aus den Augen des
Herrn. 4 Der Herr aber warf einen gewaltigen Wind
auf das Meer, so daß ein heftiger Seesturm losbrach
und das Schiff zu zerschellen drohte. 5 Die Matro-
sen gerieten in Furcht, und ein jeder schrie zu
seinem Gott. Sie warfen die Gegenstände auf dem
Schiff ins Meer, um dadurch den Ballast zu verrin-
gern. Jonas aber war in den untersten Schiffsraum
hinabgestiegen und lag in tiefem Schlaf. 6 Da trat
der Kapitän des Schiffes an ihn heran und sprach zu
ihm: »Was schläfst du? Auf, rufe deinen Gott an!
Vielleicht ist der Gott uns gnädig gesinnt, daß wir
nicht umkommen müssen.« 7 Dann sagten sie zu-
einander: »Kommt, wir wollen Lose werfen, um
festzustellen, um wessentwillen dieses Unheil über
uns gekommen ist!« Sie warfen also Lose, und das
Los fiel auf Jonas.
8 Da sprachen sie zu ihm: »Teile uns doch mit: Was
ist dein Gewerbe, und woher kommst du? Wo bist
du daheim, und zu welchem Volk gehörst du?« 9 Er
entgegnete ihnen: »Ich bin ein Hebräer. Ich verehre
den Herrn, den Himmelsgott, der das Meer und das
trockene Land gemacht hat.« 10 Da gerieten die Män-
ner in große Furcht und fragten ihn: »Was hast du da
getan?« Denn die Männer hatten erfahren, daß er
vor dem Herrn auf der Flucht war. Er hatte es ihnen
nämlich mitgeteilt. 11 Sie fragten ihn also: »Was sol-
len wir mit dir tun, daß das Meer von uns abläßt?
Denn die See wird immer stürmischer.« 12 Er erwi-
derte ihnen: »Nehmt mich und werft mich ins Meer,
so wird das Meer von euch ablassen! Denn ich
weiß, daß meinetwegen dieser Sturm über euch ge-
kommen ist.« 13 Nun strengten sich die Männer an,
um wieder ans Land zu gelangen. Sie vermochten es
jedoch nicht; denn die See stürmte immer heftiger
gegen sie an. 14 Da riefen sie den Herrn an und spra-
chen: »Ach, Herr, laß uns doch nicht untergehen,
wenn wir das Leben dieses Mannes opfern, und
rechne es uns nicht als schuldlos vergossenes Blut
an! Denn du selbst, o Herr, hast ins Werk gesetzt,
was dir gefiel.« 15 Dann nahmen sie den Jonas und
warfen ihn ins Meer, und sogleich hielt das Meer ein
mit seinem Toben. 16 Die Männer aber bekamen
große Furcht vor dem Herrn; sie brachten dem
Herrn ein Opfer dar und machten Gelöbnisse.

2,1–11: Nach Matth 12,39f sind die Jonasbegebenheiten vorbildlich für Christi Tod und Auferstehung. Das Gebet ist ein sogenannter Gelübdedankpsalm; es entspricht eher einer Lage, in der jemand für die geschehene Rettung Gott preisen will.

Rettung

2 1 Der Herr jedoch bestellte einen großen
Fisch, der Jonas verschlingen sollte. So war
denn Jonas drei Tage und drei Nächte lang im
Bauch des Fisches. 2 Da betete Jonas zum Herrn,
seinem Gott, vom Bauche des Fisches aus. 3 Er
sprach: »Ich rief in meiner Not zum Herrn, und er
erhörte mich. Aus dem Schoß der Unterwelt schrie
ich auf; du hörtest mein Rufen. 4 Du warfst mich in
die Tiefe, mitten ins Meer; die Strömung umschloß
mich; alle deine Wogen und Wellen gingen über
mich hin. 5 Schon dachte ich mir: ›Ich bin verstoßen
von deinen Augen hinweg. Wie werde ich je wieder
blicken auf deinen heiligen Tempel?‹ 6 Wasser um-
ringte mich bis zur Kehle, die Flut umgab mich,
Schilf schlang sich mir ums Haupt an den Unter-
gründen der Berge. 7 Hinab mußte ich steigen ins
Land, dessen Riegel sich hinter mir schlossen für
immer. Du aber brachtest mein Leben herauf aus
der Grube, o Herr, mein Gott! 8 Als schon mein
Atem mir fast entschwand, da gedachte ich des
Herrn. So drang mein Gebet zu dir, zu deinem hei-
ligen Tempel. 9 Die Anhänger nichtiger Götzen ver-
zichten auf dankbare Treue. 10 Ich aber will mit
lautem Danke dir opfern, will erfüllen, was ich ge-
lobte. Beim Herrn nur ist Rettung!« 11 Da gebot der
Herr dem Fisch, und dieser spie den Jonas ans Land.

Bußpredigt in Ninive

3 1 Das Wort des Herrn erging an Jonas zum
zweiten Male: 2 »Auf, geh nach Ninive, der
großen Stadt, und verkünde ihr die Botschaft,
die ich dir mitteile!« 3 Da machte sich Jonas auf und
ging nach Ninive, wie der Herr befohlen hatte.
Ninive war aber eine riesige Stadt vor Gott, drei

Tagereisen groß. 4 Jonas schickte sich an, eine Tage-
reise weit in die Stadt hineinzugehen. Dann rief er
laut: »Noch vierzig Tage, und Ninive wird unter-
gehen!«
5 Die Niniviten glaubten Gott und riefen ein Fasten
aus. Groß und klein unter ihnen legten sich Bußge-
wänder an. 6 Die Kunde drang bis zum König von
Ninive. Da erhob er sich von seinem Thron, legte
sein Obergewand ab, hüllte sich in ein Bußkleid
und setzte sich in den Staub. 7 Auf Befehl des
Königs und seiner Großen ließ man in Ninive ver-
künden: »Menschen und Vieh, Rinder und Schafe
sollen nichts genießen; sie sollen weder auf die
Weide gehen noch Wasser trinken! 8 Vielmehr soll
man sich in Bußgewänder hüllen – Menschen und
Vieh – und mit Ausdauer zu Gott rufen! Jeder be-
kehre sich von seinem bösen Wandel und von dem
Unrecht, das an seinen Händen klebt! 9 Wer weiß,
vielleicht reut es Gott wieder, und er läßt ab von
seinem glühenden Zorn, daß wir nicht umkom-
men.« 10 Als nun Gott ihr Tun sah, daß sie sich näm-
lich von ihrem bösen Wandel bekehrten, da ließ er
sich des Unheils gereuen, das er ihnen angedroht
hatte, und führte es nicht aus.

3,3f: Die »Tagereisen« sind nicht wörtlich zu nehmen, wo es sich um eine dichterische Beschreibung handelt. Sind in 4,11 nur die unmündigen Kinder gemeint, wäre Ninive etwa eine Millionenstadt gewesen. • 5–10: Anordnungen zu öffentlichen Buß- und Bettagen gaben assyrische Herrscher häufig. Zu 3,5 vgl. Matth 12,41.

Gott und sein menschlicher Prophet

4
1 Das verdroß Jonas gar sehr, und er wurde
zornig. 2 Er betete zu Gott und sprach: »Ach,
Herr, habe ich das nicht schon vermutet, als
ich noch in meiner Heimat war? Eben darum wollte
ich ursprünglich nach Tarsis entfliehen. Ich wußte
ja, daß du ein gnädiger und barmherziger Gott bist,
langmütig und reich an Huld, der sich des Unheils
gereuen läßt. 3 Nun denn, o Herr, nimm mein Leben
von mir; denn es ist besser für mich, zu sterben als
zu leben!« 4 Der Herr jedoch erwiderte: »Bist du mit
Recht so erzürnt?« 5 Jonas hatte die Stadt verlassen
und sich östlich der Stadt niedergelassen. Er hatte
sich dort eine Hütte gebaut und saß darin im
Schatten, um abzuwarten, was mit der Stadt ge-
schehen würde.
6 Nun bestellte der Herr eine Rizinusstaude. Sie
wuchs über Jonas empor, um seinem Haupt Schat-
ten zu spenden und ihn so seiner mißmutigen Stim-
mung zuentreißen. Jonas hatte denn auch an dem
Rizinus eine große Freude. 7 In der Morgenfrühe des
nächsten Tages bestellte Gott einen Wurm, der den
Rizinus beschädigte, so daß er verdorrte. 8 Als dann
die Sonne aufging, bestellte Gott einen glühenden
Ostwind, und die Sonne stach den Jonas aufs
Haupt, so daß ihm schwach wurde. Da wünschte
er sich den Tod und sprach: »Es ist für mich besser,
zu sterben als zu leben.« 9 Gott aber fragte den
Jonas: »Bist du wohl mit Recht so erzürnt wegen
der Rizinusstaude?« Er erwiderte: »Ja, mit Recht bin
ich zu Tode erzürnt!« 10 Da sprach der Herr: »Dir ist
es leid um den Rizinus, um den du dich nicht
bemüht und den du nicht hochgezogen hast. Über
Nacht ist er entstanden, und über Nacht ist er ver-
gangen. 11 Und mir soll es nicht leid sein um Ninive,
die große Stadt, in der über hundertzwanzigtau-
send Menschen leben, die zwischen rechts und
links nicht unterscheiden können, und dazu die
Menge Vieh?«

DAS BUCH MICHA

Das Wort des Herrn, das an Micha aus Moreschet erging in den Tagen der Könige Jotam, Achas und Hiskia von Juda, welches er schaute über Samaria und Jerusalem.

Gericht über die Untreue

2 Hört, ihr Völker alle, merke auf, Erde, und was sie erfüllt! Der Gebieter und Herr tritt als Kläger gegen euch auf, der Herr von seinem heiligen Tempel her. 3 Denn seht, der Herr verläßt seine Stätte, steigt herab und schreitet dahin über die Höhen der Erde! 4 Die Berge zerschmelzen unter ihm, die Täler zerlaufen wie Wachs vor dem Feuer, wie Wasser, am Abhang ausgeschüttet. 5 Vom Frevel Jakobs kommt all dies, von der Sünde des Hauses Israel! Was ist der Frevel Jakobs? Nicht etwa Samaria? Und was sind die Höhen Judas? Nicht etwa Jerusalem? 6 Ich mache Samaria zum Steinhaufen im Feld, zum Weinberggelände. Ich schütte seine Steine ins Tal, seine Fundamente lege ich bloß. 7 Seine Schnitzbilder werden alle zerschlagen, seine Buhlgeschenke sämtlich im Feuer verbrannt. Alle seine Götzen werde ich zerstören. Denn vom Dirnenlohn sind sie zusammengebracht, und zu Dirnenlohn werden sie wieder!

Prophetenklage

8 Darob muß ich klagen und jammern, barfuß gehen und nackt, muß Klage erheben gleich den Schakalen und Trauertöne wie junge Strauße. 9 Denn heillos ist seine Wunde; ja, sie reicht bis nach Juda; sie rührt bis ans Tor meines Volkes, bis hin nach Jerusalem. 10 In Gat jubelt nicht, weint, ja weint nur! In Bet-Aphra wälzt euch im Staub! 11 Das Horn bläst man euch, ihr Bewohner von Schaphir. Aus ihrer Stadt können nicht mehr heraus die Bewohner von Zaanan. Die Klage von Bet-Ezel: Man nimmt euch den Standort. 12 Wie könnten die Bewohner von Marot Heil erwarten? Denn vom Herrn steigt Unheil herab zu den Toren Jerusalems. 13 Rüstet die Wagen für die Gespanne, ihr Bewohner von Lachis! Dieses war der Anfang der Sünde für die Tochter Sion. Denn in dir fanden sich Israels Frevel. 14 Gebt deshalb den Scheidebrief an Moreschet-Gat; Bet-Achsib wird zum Trugbach für die Könige von Israel. 15 Der Eroberer wird noch über euch kommen, ihr Bewohner Marechas; nach Adullam wird die Herrlichkeit Israels kommen. 16 Schere dich kahl um deiner geliebten Kinder willen, mache deine Glatze so breit wie die eines Geiers; denn sie werden gefangen von dir weggeführt!

Ungerechter Reichtum

2 1 Wehe denen, die Arges planen und schlimme Taten auf ihren Lagern! Beim Morgenlicht führen sie es aus, weil sie die Macht dazu haben. 2 Trachten sie nach Landbesitz, so rauben sie ihn, nach Hausbesitz, so enteignen sie ihn. Sie vergewaltigen Mann und Haus, Herrn und Habe. 3 Darum spricht der Herr: »Siehe, nun plane ich Unheil gegen diese Sippschaft, aus dem ihr euren Nacken nicht herausziehen könnt, um aufrecht zu gehen: denn eine böse Zeit wird es sein.« 4 An jenem Tage stimmt man über euch ein Spottlied an und singt ein Klagelied folgenden Inhalts: »Völlig sind wir vernichtet! Der Anteil meines Volkes wird abgemessen; keiner gibt ihn zurück. Unter die, welche uns wegschleppen, werden unsere Felder verteilt. 5 Darum wird euch keiner die Meßschnur ziehen über ein Grundstück in der Gemeinde des Herrn.«

Die Gegner des Propheten

6 »Ihr sollt nicht predigen!« predigen sie. »Solches predigt man nicht! Schande wird uns nicht treffen. 7 Ist denn Jakobs Haus verflucht? Hat etwa der Herr die Geduld verloren? Oder ist das seine Handlungsweise? Sind seine Worte nicht freundlich gegen den, der rechtschaffen wandelt?« 8 Jedoch, ihr tretet als Feind auf für mein Volk. Den Friedlichen nehmt ihr den Mantel weg, über den Ahnungslosen bringt ihr das Verderben des Krieges. 9 Die Frauen meines Volkes vertreibt ihr aus ihrem behaglichen Haus, ihren Kindern raubt ihr meine Zier für immer: 10 »Auf und fort! Denn hier ist keine Ruhestätte!« Wegen einer Kleinigkeit nehmt ihr ein kränkendes Pfand. 11 Ja, wenn einer käme und Dunst und Trug vorlöge: »Ich predige euch von Wein und Bier!«, das wäre ein Prediger für dieses Volk!

Sammlung der Zerstreuten

12 »Sammeln, ja sammeln will ich ganz Jakob, vereinigen Israels Rest! Ich bringe sie zusammen wie Schafe im Pferch, wie eine Herde auf der Trift, daß es wogt von Menschen.« 13 Der Bahnbrecher zieht ihnen voraus; sie brechen sich ihre Bahn, durchschreiten das Tor und kommen aus ihm heraus. Ihr

König schreitet vor ihnen her und der Herr an ihrer Spitze.

2,6f: Eine scheinheilige Gegenrede der Ausbeuter.

Mißbrauch der Macht

3 1 Ich sprach: »Hört, ihr Häupter Jakobs und Richter des Hauses Israel! Wäre es nicht eure Pflicht, das Recht zu kennen? 2 Doch ihr haßt das Gute und liebt das Böse! Ihr reißt den Leuten die Haut vom Leibe und das Fleisch von den Knochen.« 3 Sie fressen das Fleisch meines Volkes, ziehen den Leuten die Haut ab und zerbrechen ihre Knochen. Sie zerstückeln sie wie Fleisch im Topf und wie Braten in der Pfanne. 4 Rufen sie dereinst zum Herrn, so wird er nicht auf sie hören. Er verbirgt vor ihnen sein Antlitz zu jener Zeit, da sie schlechte Taten verübten.

Falsche und wahre Propheten

5 So spricht der Herr gegen die Propheten, die mein Volk in die Irre führen, die ›Heil‹ rufen, wenn ihre Zähne zu beißen haben, jenem aber den Krieg erklären, der ihnen nichts in den Mund steckt: 6 »Deshalb soll Nacht über euch hereinbrechen, so daß ihr keine Gesichte schaut, und Finsternis, so daß ihr nicht weissagen könnt. Ja, die Sonne soll den Propheten untergehen und der Tag sich ihnen verfinstern!« 7 Da werden die Seher beschämt und die Wahrsager ganz verlegen; sie alle verhüllen sich scheu den Bart, denn Gottes Antwort bleibt aus. 8 Doch ich bin erfüllt mit Kraft, mit dem Geiste des Herrn, mit Rechtssinn und Mut, um Jakob sein Unrecht zu künden und Israel seine Schuld.

Strafe des Untergangs

9 Hört dies, ihr Häupter des Hauses Jakob und Richter des Hauses Israel, die ihr das Recht verabscheut und alles Gerade verdreht, 10 die ihr Sion mit Blutschuld baut und Jerusalem mit Freveltat! 11 Seine Häupter sprechen Recht um Bestechung, seine Priester unterweisen um Lohn, seine Propheten wahrsagen um Geld. Dabei stützen sie sich auf den Herrn und sagen: »Ist nicht der Herr in unserer Mitte? Nimmer kann Unheil über uns kommen!« 12 Deshalb wird euretwegen der Sion als Feld gepflügt, Jerusalem wird zum Trümmerhaufen, der Tempelberg zur bewaldeten Höhe.

Das Friedensreich um Jerusalem

4 1 Am Ende der Tage wird es geschehen: Da steht der Berg des Hauses des Herrn festgegründet an der Spitze der Berge, und die Hügel wird er überragen. Zu ihm strömen die Völker, 2 und viele Nationen pilgern und sprechen: »Kommt, laßt uns hinaufsteigen zum Berg des Herrn und zum Haus des Gottes Jakobs! Er soll uns seine Wege lehren, daß wir wandeln auf seinen Pfaden!«
Denn die Weisung geht von Sion aus und das Wort des Herrn von Jerusalem. 3 Zwischen vielen Völkern wird er richten, entscheiden für starke Nationen [bis in die Ferne]. Ihre Schwerter schmieden sie zu Pflugscharen um und ihre Lanzen zu Winzermessern. Nimmer wird Volk gegen Volk das Schwert erheben, und nicht mehr lernt man die Kriegskunst. 4 Jeder kann sitzen unter seinem Weinstock und Feigenbaum, ohne daß einer ihn aufschreckt. Denn der Mund des Herrn der Heerscharen hat es gesprochen. 5 Denn von allen Völkern wandelt ein jedes im Namen seines Gottes; wir aber wandeln im Namen des Herrn, unseres Gottes, für immer und ewig.

Wiederherstellung

6 »An jenem Tage« – Spruch des Herrn –, »da will ich das Hinkende sammeln und das Zerstreute zusammenbringen und alles, dem ich ein Leid getan. 7 Das Hinkende mache ich zum Rest, das Kranke zum starken Volk. Der Herr wird König über sie sein auf dem Sionsberg von nun an bis in Ewigkeit. 8 Du aber, Herdenturm, Hügel der Tochter Sion, zu dir soll kommen und wiederkehren die frühere Herrschaft, das Königtum der Tochter Jerusalem.«

Gefangenschaft und Befreiung

9 Nun aber, warum schreist du so laut? Ist denn kein König in dir? Oder ging dir dein Berater verloren, daß du dich windest wie eine gebärende Frau? 10 Winde dich nur und stöhne, Tochter Sion, wie eine gebärende Frau! Denn jetzt mußt du aus der Stadt hinaus und auf dem Felde lagern. Du kommst nach Babel; dort wirst du errettet, dort wird der Herr dich erlösen aus der Hand deiner Feinde. 11 Jetzt sammeln sich wider dich zahlreiche Völker, die sagen: »Sie werde entweiht, und unser Auge weide sich an Sion!« 12 Aber sie kennen nicht die Pläne des Herrn und merken nicht seinen Ratschluß: daß er sie sammelt wie Garben auf der Tenne. 13 Auf, und drisch, Tochter Sion! Denn ich mache dir eiserne Hörner und eherne Hufe, daß du viele Völker zermalmst und ihren Besitz dem Herrn weihst, ihren Reichtum dem Herrn der ganzen Erde. 14 Doch jetzt ritze dir Trauerwunden ein, du eingeschlossene Tochter! Einen Wall hat man gegen uns errichtet; mit dem Stock schlägt man den Richter Israels auf die Wange.

4,1–3: Fast der gleiche Wortlaut steht Is 2,2–4; wohl ein geläufiger Prophetenspruch, der eine messianische Friedenszeit verheißt.

Der Messias

5 1 Du aber, Bethlehem in Ephrata, klein unter den Gauen Judas, – aus dir soll mir einer hervorgehen, um Herrscher in Israel zu sein. Sein Ursprung reicht weit zurück, in die Tage der Urzeit. 2 Darum gibt er (Gott) sie preis bis zu der Zeit, da die Gebärende geboren hat und der Rest seiner Brüder zurückkehrt zu den Söhnen Israels. 3 Dann tritt er auf und weidet in der Kraft des Herrn, im erhabenen Namen des Herrn, seines Gottes. Man wird in Ruhe wohnen; denn nun ist er groß bis an die Enden der Erde. 4 [Und dies wird das Heil sein: Wenn Assur in unser Land eindringt und unseren Boden betritt, dann stellen wir ihm sieben Hirten entgegen, acht Fürsten aus dem Volk. 5 Sie weiden das Land Assur mit dem Schwert, das Land Nimrods mit gezückter Klinge.] Er rettet uns vor Assur, wenn es in unser Land eindringt und unser Gebiet betritt.

Der Rest Jakobs siegt

6 Dann wird der Rest Jakobs inmitten vieler Völker sein wie Tau vom Herrn, wie Regen auf Gras, der auf Leute nicht warten und auf Menschen nicht harren muß. 7 Dann wird der Rest Jakobs unter den Nationen sein, inmitten vieler Völker, wie ein Löwe unter den Tieren des Waldes, wie ein Junglöwe in den Herden der Schafe, der, wenn er eindringt, niederschlägt und zerreißt – und niemand kann retten. 8 Deine Hand erhebt sich über deine Gegner, alle deine Feinde werden vernichtet.

Läuterung des Volkes

9 »An jenem Tage wird es geschehen« – Spruch des Herrn –, »da vernichte ich die Rosse in deiner Mitte, deine Streitwagen zerstöre ich. 10 Ich vernichte die Städte deines Landes, alle deine Festungen reiße ich nieder. 11 Ich vernichte die Zaubermittel aus deiner Hand, und Wahrsager sollst du nicht mehr besitzen. 12 Ich vernichte deine Götzenbilder und Steinsäulen in deiner Mitte, daß du nicht mehr das Werk deiner Hände anbetest. 13 Deine heiligen Bäume reiße ich aus in deiner Mitte und vertilge deine Götzen. 14 Im Zorn und Grimm nehme ich Rache an den Völkern, die nicht gehorchen wollten.«

5,1–2: Matth 2,5f; Joh 7,42; Ephrata in Rut 1,2; 4,11; Bethlehem 1 Sam 17,12; 20,6. Ein wertvolles Zeugnis für die Erwartung des Messias aus dem Hause David, ähnlich Is 7,14; 9,5f; 11,1–10.

Jahwe führt Klage gegen das Volk Israel

6 1 Hört das Wort, das der Herr spricht: »Auf, führe vor den Bergen den Streit, daß die Hügel deine Stimme hören!« 2 Hört, ihr Berge, die Anklage des Herrn, ihr Grundfesten der Erde, merkt auf! Denn einen Rechtsstreit führt der Herr mit seinem Volk, und Israel zieht er zur Rechenschaft. 3 »Mein Volk, was habe ich dir getan, womit dich beleidigt? Antworte mir! 4 Ich habe dich aus dem Lande Ägypten geführt, aus dem Sklavenhaus dich erlöst. Als Führer sandte ich dir Moses, Aaron und Mirjam. 5 Mein Volk, denke daran, was Balak, der König von Moab, plante, und welche Antwort ihm Bileam gab, der Sohn des Beor! Denke an deinen Zug von Schittim bis Gilgal, damit du die Wohltaten des Herrn erkennest!«

Was der Herr von Israel fordert

6 »Womit soll ich vor den Herrn treten, mich beugen vor dem Gott der Himmelshöhe? Soll ich mit Brandopfern vor ihn treten, mit einjährigen Kälbern? 7 Hat der Herr Gefallen an tausend Widdern, an ungezählten Strömen von Öl? Soll ich meinen Erstgeborenen geben für meine Schuld, den eigenen Sohn für meine persönliche Sünde?« 8 »Es ist dir mitgeteilt, o Mensch, was gut ist, und was der Herr von dir verlangt: Nichts als Recht zu üben und Bundestreue zu lieben und bescheiden zu wandeln mit deinem Gott.«

Unehrlichkeit im täglichen Leben

9 Horch! Der Herr ruft der Stadt zu [– Heil, wer seinen Namen fürchtet!]: »Hört, Stammesvolk und Stadtgemeinde! 10 Kann ich die frevlen Schätze im Haus des Frevlers vergessen und das verdammte schwindsüchtige Maß? 11 Soll ich ungestraft lassen unrechte Waage und einen Beutel mit falschen Gewichten? 12 Sind doch die Reichen in der Stadt voll Verbrechen; ihre Bewohner verbreiten Lüge, und deren Zunge ist Betrug im Munde. 13 So beginne denn auch ich, dich zu schlagen und dich zu verwüsten wegen deiner Sünden! 14 Essen wirst du, aber nicht satt werden, und dein Unrecht bleibt in dir. Du wirst hinwegschaffen, aber nichts retten, und was du rettest, gebe ich dem Schwerte preis. 15 Säen wirst du, aber nicht ernten; Oliven wirst du keltern, aber dich nicht salben mit Öl; Most wirst du keltern, aber Wein nicht trinken. 16 Den Satzungen Omris bist du gefolgt, dem ganzen Treiben des Hauses Achab; nach ihren Ratschlägen bist du gewandelt. Deshalb mache ich dich zur Wüste und deine Bewohner zum Spott. Die Schmähung der Völker müßt ihr tragen!«

6,1–8: Die ernste Gewissensfrage an das undankbare Bundesvolk wird mit einer scheinbar gutgemeinten Gegenfrage beantwortet (Vers 6f). Ist mit alttestamentlichen Opfern, ja sogar mit Menschenopfern nach heidnischer Art das Wesen der Religion erfüllt? Gott gibt durch den Propheten in allzeit gültigen Worten seine Grundforderungen bekannt. • 6–7: Die fragende Antwort des Volkes wendet sich an den Propheten. • 16: Der Prophet weist hier auf den Mord an Naboth hin.

Untreue in Staat und Familie

7 1 Wehe mir! Denn es geht mir wie einem
Obstsammler, wie bei der Nachernte in der
Lese. Keine Traube zum Essen ist mehr da,
keine Frühfeige, nach der mich gelüstet. 2 Der
Fromme verschwand aus dem Lande, es gibt keinen
Redlichen unter den Menschen. Sie alle lauern auf
Blut, einer stellt dem anderen nach mit dem Netz.
3 Zum Bösen sind ihre Hände tüchtig; der Beamte
fordert Geschenke und auch der Richter; der Mäch-
tige entscheidet nach Willkür. 4 Verfilzt ist ihre Habe
wie ein Stechdorn, ihr Reichtum mehr als eine
Dornenhecke. Doch der Tag der Nachprüfung, ihre
Heimsuchung kommt! Jetzt tritt ihre Bestürzung
ein. 5 Glaubt nicht den Nachbarn, vertraut nicht
dem Freunde! Vor der Frau an deiner Brust ver-
wahre die Pforte deines Mundes! 6 Denn der Sohn
verachtet den Vater, die Tochter erhebt sich gegen
ihre Mutter, die Schwiegertochter gegen ihre
Schwiegermutter, Feinde sind für jeden die eigenen
Hausgenossen. 7 Ich aber will ausschauen nach dem
Herrn, will harren auf Gott, der mir hilft! Es erhört
mich mein Gott.

Begnadigung Jerusalems in der Zukunft

8 Juble nicht, meine Feindin, über mich! Wenn ich
auch fiel, ich stehe wieder auf; wenn ich in Finster-
nis sitze, ist der Herr mein Licht. 9 Das Zürnen des
Herrn muß ich ertragen, da ich wider ihn sündigte,
bis er meinen Streitfall schlichtet und mir Recht ver-
schafft. Er führt mich heraus ins Licht, ich schaue
seine Gerechtigkeit. 10 Meine Feindin soll es sehen,
und Scham bedecke sie! Sprach sie doch zu mir:
»Wo bleibt denn der Herr, dein Gott?« Meine
Augen können sich weiden an ihr, nun wird sie zer-
treten wie Gassenkot.

Die Heimkehr

11 Ein Tag bricht an, deine Mauern wieder aufzu-
bauen, jener Tag, da die Grenze sich weitet; 12 jener
Tag, da man zu dir kommt von Assur her bis Ägyp-
ten und von Ägypten her bis zum Euphratstrom,
von Meer zu Meer, von Gebirge zu Gebirge. 13 Die
Erde aber wird zur Wüste um ihrer Bewohner
willen, zur Strafe für deren Missetaten.

Bitte um Wiederherstellung

14 Weide dein Volk mit deinem Stab, die Herde, die
dein eigen ist, die einsam in der Wildnis weilt
inmitten des Fruchtlandes! Laß sie Basan und
Gilead abweiden wie in ferner Vergangenheit!
15 Wie in den Tagen deines Auszugs aus Ägypten
laß uns wieder Wunder schauen! 16 Die Völker
sollen es sehen und zuschanden werden trotz all
ihrer Macht. Sie sollen entsetzt die Hand auf den
Mund legen, taub sollen ihre Ohren werden! 17 Sie
sollen Staub lecken wie die Schlangen, wie die
Kriechtiere am Boden! Aus ihren Burgen sollen sie
zitternd kommen, dem Herrn, unserem Gott, sich
bebend nahen und sich fürchten vor dir! 18 Wer ist
ein Gott wie du, der Sünde hinwegnimmt und
Schuld dem Rest seines Erbes erläßt? Nicht hält er
für immer am Zorn fest, vielmehr gefällt es ihm,
huldvoll zu sein. 19 Er wird sich unser wieder erbar-
men, unsere Sünden zertreten und all unsere Ver-
gehen in Meerestiefen versenken. 20 Mögest du
Jakob Treue erweisen und Abraham Huld, wie du
unseren Vätern geschworen hast in den Tagen der
frühen Vorzeit!

DAS BUCH NAHUM

Botschaft gegen Ninive. Buch der Vision Nahums aus Elkosch. 2 Ein eifernder Gott, ein Rächer ist der Herr; ein Rächer ist der Herr und voller Grimm. Rache nimmt der Herr an seinen Gegnern, verharrt im Zorn wider seine Feinde. 3 Langmütig ist der Herr, doch gewaltig an Kraft; gewiß läßt der Herr nicht ungestraft! Im Sturm und Wetter zeigt sich sein Weg, Gewölk ist der Staub seiner Füße. 4 Er schilt das Meer und trocknet es aus; alle Ströme läßt er versiegen. Basan und Karmel verschmachten; die Blüte des Libanon welkt. 5 Die Berge erbeben vor ihm, und die Hügel geraten ins Wanken. Vor ihm wird die Erde zur Wüste, es trauern alle, die auf ihr wohnen. 6 Wer kann bestehen vor seinem Grimm, wer hält stand vor seinem glühenden Zorn? Sein Groll ergießt sich wie Feuer, selbst die Felsen werden von ihm entzündet. 7 Gnädig ist der Herr, eine Zuflucht am Tag der Bedrängnis. Er kennt die, welche bei ihm sich bergen. 8 Er rettet sie bei reißender Flut. Ein Ende macht er seinen Gegnern, jagt seine Feinde ins Dunkel.

Assurs Untergang

9 Was schmiedet ihr Pläne wider den Herrn? Er wird ein Ende bereiten! Nicht zweimal wird sich die Drangsal erheben. 10 Denn zu Dorngestrüpp verflochten und betrunken bei ihrem Gelage, werden sie völlig verzehrt wie trockene Stoppeln. 11 Aus dir ging hervor, der Unheil sann gegen den Herrn und Verwerfliches plante. 12 So spricht der Herr: »Wenn sie auch unversehrt und noch so zahlreich sind sie werden doch abgemäht und vergehen. Ich habe dich niedergebeugt, doch will ich dich nicht ferner beugen! 13 Und nunmehr will ich sein Joch zerbrechen, das auf dir liegt, und deine Fesseln zerreißen!« – 14 Befehl gab der Herr über dich: »Deines Namens wird nicht mehr gedacht. Aus dem Haus deiner Götter tilge ich Schnitzbild und Gußbild aus. Ich bereite dein Grab, denn du bist verflucht.«

1,11–14: Vers 11 und 14 reden Ninive (Assur) an, Vers 12 und 13 ist Trostspruch für Juda.

Sturm auf Ninive

2 1 Sieh da auf den Bergen die Füße des Frohboten, der Heil verkündet! Feiere deine Feste, Juda, erfülle deine Gelübde! Der Verruchte darf dich in Zukunft nicht mehr durchqueren; er wird völlig vernichtet. 2 Der Verwüster rückt gegen dich an. Bewache den Wall! Spähe aus auf die Straße! Gürte die Lenden! Sammle alle Kraft! 3 Ja, der Herr stellt die Pracht Jakobs wieder her wie den Weinstock Israel! Hatten doch Zerstörer sie zerstört und ihre Ranken vernichtet.

4 Blutrot ist der Schild seiner Helden, seine Krieger sind in Purpur gekleidet. Die Streitwagen gleichen Feuerfackeln am Tag seiner Rüstung, die Rosse schütteln sich aufgeregt. 5 Durch die Gassen rasen die Wagen, stürmen über die Plätze. Wie Fackeln sehen sie aus, jagen dahin wie die Blitze. 6 Er ruft seinen glänzendsten Führern; sie stürzen in ihre Laufgräben, sie eilen zur Mauer, das Schutzdach wird aufgerichtet. 7 Die Tore am Strom werden geöffnet; da wankt der Palast. 8 Gefangen holt man die Herrin heraus und führt ihre Mägde davon; sie schluchzen wie Tauben und schlagen sich an die Brust. 9 Ninive gleicht einem Wasserteich, dessen Wasser brausend entfliehen. »Halt! Bleibt stehen!« – Doch niemand kehrt um. 10 Raubt Silber, raubt Gold! Der Vorrat ist endlos! Zu schwer sind all die kostbaren Dinge.

11 Verödung, Verwüstung, Verheerung, verzagtes Herz und zitternde Knie! Beben in allen Hüften, und alle Gesichter völlig errötet! 12 Wo ist nun die Wohnstatt der Löwen und die Höhle der jungen Löwen, wohin sich der Löwe zurückzog, die Löwenbrut, ohne daß jemand sie störte? 13 Der Löwe raubte für seine Jungen und würgte für seine Löwinnen; er füllte mit Raub seine Löcher, seine Lagerstätten mit Beute. 14 »Siehe, ich schreite gegen dich ein« – Spruch des Herrn der Heerscharen –, »ich verbrenne im Rauch deine Wagen, deine Junglöwen frißt das Schwert; ich mache deinem Rauben auf Erden ein Ende, und die Stimme meiner Boten wird nicht mehr gehört.«

2,2–6: Vers 2 ist spöttische Aufforderung an Ninive, sich gut zu sichern. Vers 4–6 wird der Angreifer und Verwüster geschildert, dem die Stadt nicht standhalten kann. Vers 3 ist inhaltlich an Vers 1 anzuschließen. • 9: Die Verteidiger Ninives fliehen wie Wasser davon. • 10: Dichterische Aufforderung an die Plünderer.

Unglück und Schande

3 1 Wehe über die Blutstadt! Alles an ihr ist Trug! Mit Beute gefüllt, der Raub will nicht schwinden! 2 Horch, Peitschenknall! Horch,

Rädergerassel! Jagende Rosse und hüpfende Kriegwagen! 3 Aufspringende Reiter, flammende Schwerter und blitzende Lanzen, eine Menge Erschlagener, eine Masse von Toten! Kein Ende der Leichen, so daß man über die Leichname stolpert. 4 Das kommt vom vielen Buhlen der Dirne, der anmutigen, zauberkundigen! Sie hat Völker berückt mit ihrer Buhlerei, Nationen mit ihren Zauberkünsten. 5 »Siehe, ich schreite gegen dich ein« – Spruch des Herrn der Heerscharen –, »ich decke dir die Schleppe auf bis über dein Gesicht, ich zeige Völkern deine Blöße und Königreichen deine Schande. 6 Ich bewerfe dich mit Unrat, entehre dich und mache dich zum Schandmal. 7 Wer immer dich sieht, wird vor dir fliehen und sprechen: ›Verwüstet ist Ninive! Wer wird es bedauern? Wo könnte ich ihm Tröster suchen?‹«

Vergleich mit No-Amon (Theben)

8 Bist du besser als No-Amon, das an den Strömen lag, vom Wasser umgeben? Sein Wall war die Flut, seine Mauer das Wasser. 9 Seine Stärke war Kusch und das unermeßliche Ägypten. Put und die Libyer leisteten ihm Hilfe. 10 Doch auch dieses mußte in die Verbannung, mußte in die Gefangenschaft ziehen. Selbst seine Kinder wurden zerschmettert überall an den Straßenecken. Über alle seine Vornehmen warf man das Los, alle seine Großen schlug man in Fesseln. 11 Auch du wirst trunken und ohnmächtig sein, auch du wirst Zuflucht suchen vor dem Feind. 12 All deine Bollwerke sind wie Feigenbäume mit frühreifen Feigen; schüttelt man sie, so fallen sie dem Esser in den Mund. 13 Siehe, die Krieger in deiner Mitte sind Weiber! Deinen Feinden öffnen sich weit die Tore deines Landes; Feuer verzehrt deine Riegel. 14 Schöpfe dir Wasser für die Belagerung! Verstärke deine Bollwerke! Stampfe den Lehm und tritt den Ton, greife zur Ziegelform! 15 Dabei wird dich dennoch Feuer fressen, das Schwert dich vertilgen, dich fressen gleich den Heuschrecken. Magst du dich vermehren wie die Heuschrecken, dich vermehren wie die Grashüpfer, 16 magst du deine Kaufleute zahlreicher machen als die Sterne am Himmel –, die Heuschrecke häutet sich und fliegt davon! 17 Deine Wächter sind wie Grashüpfer und deine Beamten wie ein Schwarm von Feldheuschrecken, die bei Kälte an den Mauern hocken, bei Sonnenaufgang aber sind sie weggeschwirrt, und ihr Aufenthalt ist unbekannt.

Spöttische Klage

18 Ach, wie sind deine Hirten entschlafen, König von Assur, deine Helden entschlummert! Verstreut ist dein Volk auf den Bergen, und keiner sammelt es. 19 Es gibt keine Heilung für deine Verletzung, zu arg ist deine Verwundung. Wer Kunde über dich erhält, klatscht deinetwegen in die Hände. Denn »über wen ist deine Bosheit nicht ständig ergangen?«

3,4–7: Das Bild von der Dirne ist von Hosea und Jeremias übernommen, nur gebrauchen es diese vom eigenen Volk, das seinem Gott untreu wurde. Als Ausdruck für eine von den übrigen Völkern gehaßte Weltstadt lebt dieses Bild weiter in Offb 17,1–19,2, einem Abschnitt, der stark an das AT erinnert.

DAS BUCH HABAKUK

Die Botschaft, die der Prophet Habakuk ge-
schaut hat. 2 Wie lange, Herr, muß ich um
Hilfe rufen, doch du hörst nicht, muß ich
zu dir schreien »Gewalttat«, doch du rettest nicht!
3 Warum läßt du mich Unrecht schauen und siehst
du dem Unheil zu? Warum stehen Verheerung und
Gewalttat mir vor Augen, herrscht Streit und er-
hebt sich Zwietracht? 4 Darum erschlafft das Ge-
setz, und das Recht verliert für dauernd seine Gel-
tung. Denn der Frevler umgarnt den Gerechten;
deshalb behauptet sich verdrehtes Recht.

Göttliche Zuchtrute

5 »Blickt auf die Völker und schaut, staunt und er-
starrt! Denn ich vollführe ein Werk in euren Tagen,
das ihr nicht glaubtet, wenn es erzählt würde.
6 Ja, seht, ich lasse die Kaldäer aufstehen, das grim-
mige, ungestüme Volk, das in die fernsten Räume
der Erde zieht, um Wohnsitze einzunehmen, die
ihm nicht gehören. 7 Schrecklich ist es und furcht-
bar; es bringt sein Recht und seine Hoheit zur
Geltung. 8 Schneller als Panther sind seine Rosse,
flinker als Steppenwölfe; seine Reiter stürmen
daher, seine Reiter, die aus der Ferne kommen; sie
fliegen herbei wie ein Adler beim Sturz auf die
Beute. 9 Sie alle gehen auf Gewalttat aus, Schrecken
zieht ihnen voran, Gefangene sammeln sie wie
Sand. 10 Dies Volk verspottet Könige, und Fürsten
sind ihm zum Gelächter. Es lacht über jede Festung,
schüttet Erde auf und nimmt sie ein. 11 Dann plötz-
lich, wie ein Windstoß, zieht es von dannen und
macht sich seine Kraft zu seinem Gott.«

»Warum schaust du zu?«

12 Bist nicht du, Herr, von Anfang an mein heiliger
Gott, der niemals stirbt? Herr, du hast jenes Volk
zum Gericht bestellt; mein Fels, du hast es zum
Strafen bestimmt. 13 Zu rein sind deine Augen, um
Böses mitanzusehen, und es ist dir unmöglich, dem
Unrecht zuzuschauen. Warum denn schaust du den
Treulosen zu und schweigst, wenn der Frevler den
Gerechten verschlingt! 14 Du machtest die Men-
schen wie Fische im Meer, dem Gewimmel gleich,
dem der Herrscher fehlt. 15 Er holt sie alle mit der
Angel herauf, schleift sie weg in seinem Netz. Er
fängt sie mit seinem Garn; das bereitet ihm Freude
und Jubel. 16 Darum bringt er seinem Netz Opfer
dar und Rauchopfer seinem Garn. Durch sie ward ja
seine Ausbeute fett und üppig sein Mahl. 17 Darf er
deshalb dauernd sein Schwert zücken, um Völker
zu morden ohne Erbarmen?

1,2–4: Ein Klagelied, ähnlich manchen Psalmen. • 6–11: Die Kal-
däer sind der führende Stamm im neubabylonischen Reich; vgl. Jer
5,15–17; 6,22–24.

Untergang der Kaldäer

2 1 Auf meine Warte will ich treten, auf mei-
nen Wachtturm mich stellen; ich will spähen
und sehen, was er mir sagt und was er er-
widert auf meinen Vorwurf! 2 Der Herr gab mir
Antwort und sprach: »Schreibe die Offenbarung
nieder und grabe sie auf Tafeln ein, damit man sie
geläufig lesen kann! 3 Denn die Offenbarung setzt
noch eine Frist voraus; doch drängt sie dem Ende zu
und trügt nicht. Wenn sie sich verzögert, so harre
auf sie; ja, gewiß trifft sie ein und bleibt nicht aus!
4 Siehe, das Leben des Frevlers verläuft nicht unun-
terbrochen; der Gerechte aber bleibt durch seine
Treue am Leben. 5 Nun gar, wer hemmungslos Be-
sitztümer raubt, der übermütige Mensch, der nie
genug hat, der wie die Unterwelt den Rachen auf-
sperrt und unersättlich ist wie der Tod! Er rafft alle
Völker an sich und vereint um sich alle Nationen.«

Fünffaches Wehe dem Unterdrücker

6 Werden nicht diese alle über ihn ein Spottlied
singen, Schmähgedichte und Frageverse auf ihn,
indem sie sprechen: Weh dem, der fremdes Eigen-
tum aufhäuft – wie lange noch? – und sich mit
Pfandschulden schwer belastet! 7 Werden nicht
plötzlich deine Gläubiger aufstehen und deine Be-
dränger erwachen? Dann wirst du ihnen zum
Raube. 8 Weil du selbst viele Völker geplündert hast,
plündern dich alle übrigen Völker wegen der Blut-
schuld an den Menschen und wegen der Gewalttat
am Lande, an der Stadt und an all ihren Bewohnern.
9 Weh dem, der unrechtem Gewinn nachjagt – ein
Unglück für sein Haus! –, um in der Höhe sein
Nest zu bauen, um dem Unglück zu entrinnen!
10 Schande für dein eigenes Haus bringt dein Ent-
schluß, viele Völker auszurotten, und du verspielst
dein Leben. 11 Denn der Stein aus der Mauer schreit
auf, und vom Gebälk gibt der Sparren ihm Antwort.
12 Weh dem, der die Stadt erbaut mit Blut und die
Festung gründet auf Unrecht! 13 Stammt nicht vom

Herrn der Heerscharen dieser Spruch: Völker mühen sich ab fürs Feuer, und Nationen plagen sich für ein Nichts! 14 Ja, erfüllt wird das Land mit Erkenntnis der Herrlichkeit des Herrn, wie die Wasser das Meer bedecken. 15 Weh dem, der anderen zu trinken gibt aus der Schale seines Zornes, ja sie berauscht, um ihre Blöße zu schauen! 16 Du sättigst dich an Schmach statt an Ehre. So trinke auch du und taumle! An dich kommt der Becher in der Rechten des Herrn und Schmach über deine Ehre. 17 Denn der Frevel am Libanon lastet auf dir, und die Mißhandlung der Tiere setzt dich in Schrecken, wegen der Blutschuld an den Menschen und wegen der Gewalttat am Lande, an der Stadt und an all ihren Bewohnern. 18 Was nützt denn ein Schnitzbild, daß sein Meister es schnitzt, ein Gußbild und Lügenverkünder, daß sein Meister darauf vertraut und stumme Götzen verfertigt? 19 Weh dem, der zum Holze spricht: »Wach auf!«, zum schweigenden Stein: »Erwache!« – Der soll Belehrung geben? – Wohl ist er in Gold und Silber gefaßt, doch keinerlei Geist ist in ihm. 20 Aber der Herr thront in seinem heiligen Tempel; sei still vor ihm, alle Welt!

2,4: Vgl. Gal 3,11.

Ein Psalm vom Kommen des Herrn

3 1 Gebet des Propheten Habakuk, nach Art der Klagelieder. 2 Herr, ich habe Kunde von dir vernommen, ich habe dein Werk, o Herr, geschaut. In nahen Jahren ruf es ins Leben, in nahen Jahren mach es bekannt, im Zorn gedenk des Erbarmens!

Gottes Erscheinen

3 Von Teman her kommt Gott, der Heilige vom Berge Paran. Den Himmel bedeckt seine Pracht, die Erde erfüllt sein Ruhm. 4 Unter ihm Glanz gleich dem Licht, Strahlen ihm zur Seite; er macht sie zur Hülle seiner Kraft. 5 Vor ihm her zieht die Pest, die Seuche folgt seinen Schritten. 6 Er tritt auf und mißt die Erde ab, schaut hin und läßt die Völker erzittern. Da zerbersten die ewigen Berge, die uralten Hügel versinken, seine gewohnten Pfade seit je. 7 Unter Unheil gebeugt erblicke ich die Zelte von Kuschan, es erbeben die Zeltdecken Midians. 8 Ist gegen Fluten, Herr, dein Zorn entbrannt, gegen das Meer dein Grimm, daß dein Gespann du besteigst, dein Gefährt zum Sieg? 9 Du hast deinen Bogen enthüllt, hast deine Sehne mit Pfeilen gesättigt. Du spaltest die Erde, daß Ströme entstehen. 10 Die Berge sehen dich und erbeben, die Wolken strömen von Wasser, das Meer erhebt seine Stimme, hoch streckt es die Arme empor. 11 Sonne und Mond verbleiben in ihrer Wohnung. Beim Licht deiner Pfeile entschwinden sie, beim Glanz deiner blitzenden Lanze.

Völkergericht

12 Du beschreitest die Erde im Grimm; im Zorn zertrittst du die Völker. 13 Du ziehst deinem Volke zu Hilfe aus, zur Hilfe für deinen Gesalbten. Du zerschmetterst den First vom Hause des Frevlers, legst den Grund frei bis auf den Felsen. 14 Du durchbohrst mit deinen Pfeilen sein Haupt, seine Führer zerstieben wie Spreu. Ihr Ergötzen war es, zu zerstreuen, den Armen im Versteck zu verschlingen. 15 Du stampftest seine Rosse ins Meer, in den Schlamm der vielen Wasser.

Furcht und Vertrauen

16 Ich hörte es, und mein Leib erbebte; sobald ich es vernahm, stöhnten meine Lippen. Lähmung fuhr mir in die Glieder, und unter mir wankten meine Schritte. Ich komme erst zur Ruhe am Tag der Bedrängnis, wenn er hereinbricht über das Volk, das uns angreift. 17 Denn der Feigenbaum trägt keine Frucht, die Weinstöcke bringen keinen Ertrag, die Ernte des Ölbaums versagt, das Feld liefert nichts an Nahrung. Die Schafe sind verschwunden vom Pferch, und in den Ställen fehlen die Rinder. 18 Ich aber will frohlocken im Herrn, will jubeln über den Gott meines Heils! 19 Der Herr und Gebieter ist meine Kraft. Er macht meine Füße gleich denen der Hirsche und läßt mich auf Höhen schreiten. – [Dem Chorleiter. Mit Saitenspiel.]

3,1ff: Ein nach Art der Psalmen liturgisch verwendeter Hymnus.

DAS BUCH ZEPHANJA

Das Wort des Herrn, das an Zephanja erging,
den Sohn Kuschis, des Sohnes Gedaljas,
des Sohnes Amarjas, des Sohnes Hiskias,
in den Tagen des Königs Josia von Juda, des Sohnes
Amons.

Zeit des Gerichts

2 »Ich raffe hin, raffe alles vom Erdboden weg« –
Spruch des Herrn. 3 »Mensch und Vieh raffe ich
weg, die Vögel des Himmels und die Fische des
Meeres. Ich bringe die Frevler zu Fall, ich tilge die
Menschen vom Erdboden weg« – Spruch des Herrn.
4 »Meine Hand strecke ich aus wider Juda und
wider alle Einwohner Jerusalems. Ich tilge von
dieser Stätte den Rest des Baal und den Namen der
Götzenpriester [samt den Priestern], 5 auch jene, die
auf den Dächern das Himmelsheer anbeten, die
sich niederwerfen vor dem Herrn, aber doch bei
Milkom schwören, 6 die vom Herrn abfallen, ja, die
den Herrn nicht suchen und nicht nach ihm fragen.«
7 Still vor dem Gebieter und Herrn! Denn nahe ist
der Tag des Herrn. Ja, ein Opfermahl hat der Herr
bereitet, seine Gäste geweiht. 8 Am Schlachttag des
Herrn wird es geschehen: »Ich rechne ab mit den
Fürsten und Königssöhnen und mit allen, die sich
kleiden in ausländische Tracht. 9 An jenem Tage
rechne ich auch ab mit allen, die über die Schwelle
springen, die das Haus ihres Herrn mit Gewalt
und Betrug anfüllen. 10 An jenem Tage wird es ge-
schehen« – Spruch des Herrn –, »da ertönt lautes
Geschrei am Fischtor und Geheul aus der Neustadt,
gewaltiger Zusammenbruch von den Hügeln.
11 Heult, ihr Bewohner der Mulde! Denn vernichtet
wird alles Krämervolk, alle Geldwäger werden ver-
tilgt. 12 In jener Zeit wird es geschehen: Ich durch-
suche Jerusalem mit Lampen und rechne ab mit all
den Leuten, die dick geworden sind auf ihrer Hefe,
die bei sich denken: ›Der Herr wirkt weder Gutes
noch Schlimmes!‹ 13 Ihr Vermögen verfällt der
Plünderung, ihre Häuser fallen der Verwüstung an-
heim. Und bauen sie Häuser, so werden sie darin
nicht wohnen, pflanzen sie Weinberge, so werden
sie den Wein davon nicht trinken.«

Tag des Zornes

14 Nahe ist der Tag des Herrn, der große; er ist nahe
und eilt gar sehr. Horch! Der Tag des Herrn ist
bitter, da schreit selbst der Held. 15 Ein Tag des
Zornes ist jener Tag, ein Tag der Angst und Be-
drängnis, ein Tag des Unwetters und der Verwü-
stung, ein Tag der Düsterkeit und Finsternis, ein Tag
der Wolken und des Dunkels, 16 ein Tag des Kriegs-
horns und des Kampfgeschreis gegen die befestig-
ten Städte und hochragenden Zinnen. 17 »Da stürze
ich die Menschen in Angst, daß sie einhergehen wie
Blinde«; denn sie haben wider den Herrn gesündigt.
Ihr Blut wird ausgeschüttet wie Staub, ihre Ein-
geweide wie Kot. 18 Auch ihr Silber und Gold kann
sie nicht retten. Am Zornestag des Herrn und im
Feuer seines Eifers wird die ganze Erde verzehrt.
Denn ein Ende, ja plötzlichen Untergang bereitet er
allen Bewohnern der Erde.

1,9: »Über die Schwelle springen« ist ein abergläubischer Brauch, vgl. 1 Sam 5,5. • 14f: In der Sequenz der Totenmesse teilweise gebraucht zum »Dies irae«.

Warnung an sein Volk

2 1 Schart euch zusammen, sammelt euch,
zuchtloses Volk, 2 solange ihr noch nicht ver-
jagt seid wie zerstiebende Spreu, solange die
Zornesglut des Herrn nicht über euch kommt,
solange nicht über euch kommt der Zornestag des
Herrn! 3 Sucht den Herrn, all ihr Demütigen im
Lande, die ihr seine Gebote erfüllt! Sucht Gerech-
tigkeit, sucht Demut! Vielleicht bleibt ihr geborgen
am Zornestag des Herrn.

Strafgerichte über die Nachbarvölker

4 Ja, Gaza wird verlassen sein, Askalon wird zur
Wüste, Asdod vertreibt man am hellen Mittag,
Ekron wird ausgetilgt. 5 Weh euch, ihr Bewohner
des Landstrichs am Meer, Volk der Kreter! Das
Wort des Herrn ergeht über euch: »Ich vernichte
dich [Kanaan], Land der Philister, daß kein Bewoh-
ner mehr übrigbleibt.« 6 Du wirst zu Weideplätzen
für Hirten und zu Pferchen für Schafe. 7 Der Land-
strich am Meer wird dem Rest des Hauses Juda
gehören. Dort wird man weiden, in den Häusern
von Askalon am Abend lagern. Denn der Herr, ihr
Gott, wird sich ihrer annehmen und ihr Schicksal
wenden. 8 »Moabs Schmähung habe ich gehört und
die Lästerreden der Ammoniter, womit sie mein
Volk schmähten und sich brüsteten gegen sein Ge-
biet. 9 Darum, so wahr ich lebe« – Spruch des Herrn
der Heerscharen, des Gottes Israels –, »Moab wird
wie Sodom werden und Ammon wie Gomorra: ein

Unkrautplatz, eine Salzgrube und Wüste für immer.
Der Rest meines Volkes wird sie plündern, der
Überrest meines Volkes wird sie beerben.« 10 Dies
widerfährt ihnen für ihren Hochmut, weil sie
schmähten und sich brüsteten gegen das Volk des
Herrn der Heerscharen. 11 Furchtbar erweist sich der
Herr an ihnen. Alle Götter der Erde läßt er ver-
gehen, und alle Inseln der Völker beten ihn an,
jeweils von ihrer Stätte aus. 12 »Auch ihr Kuschiten
werdet durchbohrt von meinem Schwert!« 13 Dann
streckt er seine Hand gegen Norden aus und ver-
nichtet Assur. Ninive macht er zum Ödland, dürr
wie die Steppe. 14 Herden werden darin lagern,
allerlei Tiere der Niederung. Dohlen und Käuzchen
nächtigen auf seinen Giebeln; der Steinkauz schreit
im Fenster, die Trappe auf der Schwelle, [denn die
Zederntäfelung ist entfernt]. 15 Das ist also die fröh-
liche Stadt, die so selbstsicher dahinlebte, die bei
sich dachte: Ich und sonst niemand! Wie ist sie zur
Wüste geworden, ein Ruheplatz für das Wild! Wer
immer an ihr vorübergeht, zischt und schwenkt
seine Hand.

2,4–7: Die Philister waren die westlichen Nachbarn Judas, fast immer die geschworenen Feinde der Israeliten (Is 14,29–31; Jer 47; Ez 25,15–17; Amos 1,6–8). • 8–11: Moabiter: Is 15f; Jer 48; Ez 25,8–11; Amos 2,1–3. Ammoniter in Jer 49,1–6; Ez 25,1–7; Amos 1,13–15. Beide Völker hatten Lot als gemeinsamen Stammvater (1 Mos 19,30–38).

Jerusalem

3 1 Wehe der widerspenstigen und befleckten,
der gewalttätigen Stadt! 2 Sie hört nicht auf
den Anruf, nimmt keine Zucht an. Auf den
Herrn vertraut sie nicht, ihrem Gott naht sie sich
nicht. 3 Die Fürsten in ihrer Mitte sind brüllende
Löwen, ihre Richter Steppenwölfe, die am Morgen
Knochen zermalmen. 4 Ihre Propheten sind eitle
Schwätzer, Männer des Treubruchs. Ihre Priester
entweihen das Heilige, mißbrauchen das Gesetz.
5 Der Herr ist gerecht in ihrer Mitte, er begeht kein
Unrecht. Morgen für Morgen gibt er seinen Rechts-
entscheid wie das Licht, das nicht ausbleibt. Doch
der Frevler kennt keine Scham. 6 »Ich habe Völker
vertilgt; ihre Burgen sind verwüstet. Ich machte
ihre Straßen öde, daß niemand darauf wandert.
Ihre Städte sind zerstört, menschenleer, ohne Be-
wohner. 7 Ich dachte: Nun wird sie gewiß mich
fürchten und Zucht annehmen. Nicht wird ihr aus
den Augen entschwinden, was ich alles an Prüfun-
gen über sie brachte. – Jedoch nur um so eifriger
handeln sie verderbt in allen ihren Taten. 8 Darum
wartet nur auf den Tag« – Spruch des Herrn –, »da
ich als Kläger aufstehe! Denn mir steht das Recht
zu, Völker vorzuladen, Reiche zu versammeln,
meinen Grimm über sie zu ergießen, all meine
Zornesglut. Ja, im Feuer meines Eifers wird die
ganze Erde verzehrt.

Läuterungsgericht

9 Fürwahr, dann werde ich den Völkern ganz
andere, reine Lippen verleihen, daß sie alle den
Namen des Herrn anrufen und ihm einmütig
dienen. 10 Von jenseits der Ströme von Kusch wer-
den meine Anbeter mir Opfer bringen [die Ge-
meinde meiner Zerstreuten]. 11 An jenem Tage
mußt du dich nicht mehr schämen ob all deiner
Untaten, mit denen du gegen mich fehltest; dann
entferne ich nämlich aus deiner Mitte deine stolzen
Prahler, und du wirst in Zukunft nicht mehr
hochmütig sein auf meinem heiligen Berge. 12 Ich
lasse in deiner Mitte nur noch ein demütiges, be-
scheidenes Volk übrig, und beim Namen des Herrn
wird Zuflucht finden der Rest Israels. 13 Sie verüben
kein Unrecht, reden keine Unwahrheit, ihr Mund
birgt keine lügnerische Zunge. Ja, sie werden
weiden und sich niederlassen, ohne daß jemand sie
aufschreckt.«

»Der Herr in deiner Mitte«

14 Juble, Tochter Sion, jauchze, Israel! Freue dich
und frohlocke von ganzem Herzen, Tochter Jeru-
salem! 15 Entfernt hat der Herr deine Machtha-
ber, beseitigt deine Feinde. Der Herr in deiner Mitte
ist König von Israel! Du hast fortan kein Unheil
zu fürchten. 16 An jenem Tage wird man zu Jeru-
salem sagen: »Fürchte dich nicht, Sion, laß deine
Hände nicht sinken! 17 Der Herr, dein Gott, ist in
deiner Mitte als rettender Held. Er ist hocherfreut
über dich, erneuert dir seine Liebe. In Jubel froh-
lockt er über dich, wie man frohlockt an einem
Festtag.«

Fülle des Heils

18 »Ich nehme von dir das Unheil hinweg, so daß du
seinetwegen nicht mehr Schmach tragen mußt.
19 Siehe, ich mache deinen Bedrückern ein Ende zu
jener Zeit. Was hinkt, werde ich retten, was zer-
streut ist, sammeln. Ich mache sie zum Lob und
Ruhm in jedem Lande, in dem sie Schmach erlei-
den. 20 In jener Zeit hole ich euch, in jener Zeit
sammle ich euch. Ja, ich mache euch zum Ruhm
und Lob bei allen Völkern der Erde, wenn ich euer
Schicksal wende vor euren Augen«, spricht der
Herr.

DAS BUCH HAGGAJ

Im zweiten Jahr des Königs Darius, am ersten Tag des sechsten Monats, erging das Wort des Herrn durch den Propheten Haggaj an Serubbabel, den Sohn Schealtiels, den Statthalter von Juda, und an den Hohenpriester Josua, den Sohn Jozadaks:

Wiederaufbau des Tempels

2 »So spricht der Herr der Heerscharen: Das Volk da sagt: ›Jetzt ist die Zeit noch nicht gekommen, das Haus des Herrn wieder aufzubauen!‹« 3 Da erging das Wort des Herrn durch den Propheten Haggaj folgendermaßen: 4 »Ist es denn für euch selbst an der Zeit, in getäfelten Häusern zu wohnen, während dieses Haus noch in Trümmern liegt? 5 Nun aber spricht der Herr der Heerscharen: ›Denkt doch darüber nach, wie es euch ergeht! 6 Ihr sät viel aus, heimst aber wenig ein; ihr eßt, werdet aber nicht satt, ihr trinkt, bekommt aber nicht genug; ihr bekleidet euch, werdet aber nicht warm; und wer um Lohn arbeitet, der verdient in einen durchlöcherten Beutel.‹ 7 So spricht der Herr der Heerscharen: ›Denkt doch darüber nach, wie es euch ergeht! 8 Steigt hinauf ins Gebirge, holt Holz und baut den Tempel, daß ich mein Wohlgefallen daran habe und Ehre erlange‹, spricht der Herr. 9 ›Mit viel habt ihr gerechnet, aber es kam wenig heraus; und brachtet ihr es nach Hause, so blies ich es weg. Warum wohl?‹ – Spruch des Herrn der Heerscharen. ›Wegen meines Hauses, das in Trümmern liegt, während jeder von euch für sein eigenes Haus läuft und rennt. 10 Deshalb hält über euch der Himmel seinen Tau zurück, und die Erde hält ihren Ertrag zurück. 11 Ich rief die Dürre über das Land und über die Berge, über Korn, Most und Öl, über alles, was der Boden erzeugt, über Mensch und Vieh und über alle Arbeit der Hände.‹«

12 Da hörten Serubbabel, der Sohn Schealtiels, und der Hohepriester Josua, der Sohn Jozadaks, sowie der gesamte Rest des Volkes auf die Stimme des Herrn, ihres Gottes, und auf die Worte des Propheten Haggaj, weil ja der Herr, ihr Gott, ihn gesandt hatte; das Volk fürchtete sich vor dem Herrn. 13 Da sagte Haggaj, der Bote des Herrn, im Sendungsauftrag des Herrn zum Volke folgendes: »Ich bin mit euch« – Spruch des Herrn. 14 Der Herr regte den Eifer des Serubbabel, des Sohnes Schealtiels, des Statthalters von Juda, und den Eifer des Hohenpriesters Josua, des Sohnes Jozadaks, sowie den Eifer des ganzen Restes des Volkes an. Sie kamen und nahmen die Arbeit am Hause des Herrn der Heerscharen, ihres Gottes, in Angriff 15 am 24. Tag des sechsten Monats.

Die künftige Herrlichkeit des Tempels

2 1 Im zweiten Jahr des Königs Darius, am 21. Tag des siebten Monats, erging das Wort des Herrn durch den Propheten Haggaj folgendermaßen: 2 »Sprich zu Serubbabel, dem Sohn Schealtiels, dem Statthalter von Juda, und zum Hohenpriester Josua, dem Sohn Jozadaks, sowie zum Rest des Volkes: 3 Wer ist unter euch noch übrig, der dieses Haus in seiner früheren Herrlichkeit gesehen hat, und wie seht ihr es jetzt? Kommt es euch nicht vor wie nichts? 4 Doch nun fasse Mut, Serubbabel – Spruch des Herrn –, fasse Mut, Hoherpriester Josua, Sohn Jozadaks, fasse Mut, alles Volk des Landes, – Spruch des Herrn –, und schafft; denn ich bin mit euch – Spruch des Herrn der Heerscharen. 5 Gemäß dem Bunde, den ich mit euch bei eurem Auszug aus Ägypten schloß, bleibt mein Geist in eurer Mitte. Fürchtet euch nicht! 6 Denn so spricht der Herr der Heerscharen: Nur noch eine kleine Weile, kurze Zeit, und ich erschüttere Himmel und Erde, Meer und Festland. 7 Erschüttern will ich alle Völker; dann kommen die Kostbarkeiten aller Völker herbei; und ich erfülle dieses Haus mit Herrlichkeit – Spruch des Herrn der Heerscharen. 8 Mein ist das Silber, und mein ist das Gold – Spruch des Herrn der Heerscharen. 9 Die künftige Herrlichkeit dieses Hauses wird größer sein als die frühere, spricht der Herr der Heerscharen, und an dieser Stätte spende ich Heil – Spruch des Herrn der Heerscharen.«

Kommender Wohlstand

10 Am 24. Tag des neunten Monats im zweiten Jahr des Königs Darius erging das Wort des Herrn an den Propheten Haggaj: 11 »So spricht der Herr der Heerscharen: Bitte doch die Priester um Weisung für folgenden Fall: 12 Trägt jemand heiliges Opferfleisch im Zipfel seines Gewandes und berührt mit seinem Gewandzipfel Brot oder Gekochtes, Wein, Öl oder

sonst ein Nahrungsmittel, wird dann dieses heilig?«
Die Priester gaben zur Antwort: »Nein!« 13 Darauf
erwiderte Haggaj: »Wenn nun einer, der durch eine
Leiche unrein wurde, all dies berührt, wird es dann
unrein?« Die Priester antworteten: »Ja, es wird un-
rein!« 14 Da hob Haggaj an und sprach: »So sind
diese Leute, und so ist dieses Volk vor mir – Spruch
des Herrn –, so ist alles Werk ihrer Hände und was
sie dort darbringen: Unrein ist es! 15 Und nun, be-
denkt doch die Zeit von heute an rückwärts! Ehe
man am Tempel des Herrn Stein zu Stein fügte,
16 wie stand es da um euch? Kam man zu einem
Getreidehaufen, der zwanzig (Epha) liefern sollte,
so waren es nur zehn; kam man zur Kelter, um
fünfzig (Bat) aus der Kufe zu schöpfen, so waren es
nur zwanzig. 17 Ich schlug bei euch mit Getreide-
brand, Gilbe und Hagel alles Werk eurer Hände;
aber ihr habt euch nicht zu mir bekehrt – Spruch
des Herrn. 18 Bedenkt doch die Zeit von heute an
rückwärts! [Vom 24. Tag des neunten Monats an]
vom Tage an, da der Grund zum Tempel des Herrn
gelegt wurde! Bedenkt, 19 ob auch ferner noch die
Saat im Speicher verbleibt, und ob auch ferner noch
Weinstock und Feigenbaum, Granatapfel- und Öl-
baum nicht tragen! Von diesem Tage an spende ich
Segen.«

Verheißung für Serubbabel

20 Da erging das Wort des Herrn nochmals an
Haggaj am 24. Tag des Monats: 21 »Sprich zu Serub-
babel, dem Statthalter von Juda: Himmel und Erde
werde ich erschüttern. 22 Ich stürze Königsthrone
und vernichte die Macht der Reiche der Völker. Ich
stürze Streitwagen und Fahrer; Rosse und ihre
Lenker sinken darnieder, ein jeder durch das
Schwert seines Bruders! 23 An jenem Tag – Spruch
des Herrn der Heerscharen – nehme ich dich, mein
Knecht Serubbabel, Sohn des Schealtiel – Spruch
des Herrn –, und mache dich gleichsam zum Siegel-
ring; denn dich habe ich erwählt – Spruch des Herrn
der Heerscharen.«

2,3–9: Die gegenwärtige Not soll den Rest des Volkes nicht entmutigen, da Gottes Hilfe sicher ist. • 20–23: Serubbabel ist ein Enkel des während der Babylonischen Gefangenschaft begnadigten Königs Jojachin. Von ihm erwartete man eine neue Zukunft. Politisch aber kam weder damals noch überhaupt je ein messianisches Reich. Für das eigentliche Königreich Gottes steht Serubbabel (lateinisch Zorobabel) im Stammbaum Christi, Matth 1,12f; Luk 3,27.

DAS BUCH SACHARJA

Im achten Monat des zweiten Jahres des Darius erging das Wort des Herrn an den Propheten Sacharja, den Sohn Berechjas, des Sohnes Iddos, folgendermaßen: 2 »Schwer hat der Herr euren Vätern gezürnt. 3 Rede nun zum Volke: So spricht der Herr der Heerscharen: Kehrt um zu mir – Spruch des Herrn der Heerscharen –, so kehre ich um zu euch, spricht der Herr der Heerscharen. 4 Seid nicht wie eure Väter, denen die früheren Propheten gepredigt haben: ›So spricht der Herr der Heerscharen: Kehrt um von euren bösen Wegen und euren schlimmen Werken!‹ Doch sie gehorchten nicht und achteten nicht auf mich – Spruch des Herrn. 5 Wo sind nun eure Väter? Und leben die Propheten ewig? 6 Doch meine Worte und Gebote, die ich meinen Knechten, den Propheten, auftrug, haben diese nicht eure Väter ereilt, so daß sie, wenn sie zurückkämen, sagen müßten: ›Wie der Herr uns zu tun beschloß nach unseren Wegen und Werken, so hat er uns getan‹?«

Erstes Nachtgesicht: Die Reiter

7 Am 24. Tag des elften Monats – das ist der Monat Schebat – im zweiten Jahre des Darius erging das Wort des Herrn an den Propheten Sacharja, den Sohn Berechjas, des Sohnes Iddos. 8 Ich schaute in dieser Nacht ein Gesicht: Siehe, da ritt ein Mann auf einem rotbraunen Roß und hielt an zwischen den Myrten im tiefen Tal; hinter ihm standen rotbraune, fahle und weiße Rosse. 9 Da sprach ich: »Was bedeuten diese, mein Herr?« Der Engel, der mit mir redete, sagte zu mir: »Ich will dir zeigen, was diese bedeuten.« 10 Und der Mann, der zwischen den Myrten stand, antwortete und sprach: »Das sind die, welche der Herr gesandt hat, die Erde zu durchstreifen.« 11 Da meldeten sie dem Engel des Herrn, der zwischen den Myrten stand, und sprachen: »Wir haben die Erde durchstreift, und siehe, die ganze Erde liegt ruhig und friedlich da.« 12 Der Engel des Herrn entgegnete und sprach: »Herr der Heerscharen, wie lange noch willst du dich Jerusalems und der Städte Judas nicht erbarmen, denen du nun schon siebzig Jahre zürnst?« 13 Der Herr antwortete dem Engel, der mit mir redete, freundliche, tröstende Worte. 14 Dann sagte zu mir der Engel, der mit mir redete: »Verkünde dies: ›So spricht der Herr der Heerscharen: Ich glühe von gewaltigem Eifer für Jerusalem und Sion! 15 Aber großen Zorn hege ich gegen die selbstsicheren Völker, die, während ich nur ein wenig zürnte, dem Unheil nachhalfen. 16 Darum spricht der Herr: Ich wende mich in Erbarmen Jerusalem wieder zu. In ihm soll mein Haus aufgebaut werden – Spruch des Herrn der Heerscharen –, und die Meßschnur soll über Jerusalem wieder ausgespannt werden!‹ 17 Weiterhin verkünde dies: ›So spricht der Herr der Heerscharen: Wieder werden meine Städte überfließen von Segen. Der Herr wird Sion wieder trösten und Jerusalem wieder erwählen.‹«

1,1: Wir befinden uns im Jahr 520 v. Chr. • 5f: Väter und Propheten sind gestorben. Sie hatten sich bekehrt und taten Buße. • 7: Der Monat Schebath entspricht etwa der Zeit von Mitte Januar bis Mitte Februar.

Zweites Nachtgesicht: Hörner und Schmiede

2 1 Darauf erhob ich meine Augen und schaute ein Gesicht: Siehe, da waren vier Hörner. 2 Ich sprach zu dem Engel, der mit mir redete: »Was bedeuten diese?« Da sagte er zu mir: »Das sind die Hörner, die Juda, Israel und Jerusalem vertrieben haben.« 3 Dann ließ mich der Herr vier Schmiede sehen. 4 Ich fragte: »Wozu sind diese gekommen?« Er erwiderte: »Jene also sind die Hörner, die Juda vertrieben haben wie einen Mann, der sein Haupt nicht mehr erhebt; und diese sind gekommen, um sie in Schrecken zu versetzen, um die Hörner der Völker niederzuwerfen, die ihr Horn gegen das Land Juda erhoben, es zu vertreiben.«

Drittes Nachtgesicht: Meß-Schnur

5 Darauf erhob ich meine Augen und schaute ein Gesicht: Siehe, da war ein Mann, der eine Meßschnur in seiner Hand hielt. 6 Ich fragte: »Wohin gehst du?« Er antwortete mir: »Jerusalem will ich ausmessen und sehen, wie breit und wie lang es ist.« 7 Und siehe, der Engel, der mit mir redete, trat hervor, und ein anderer Engel kam ihm entgegen. 8 Da sprach er zu ihm: »Lauf, sage zu dem jungen Mann dort: ›Offen soll Jerusalem daliegen wegen der Menge von Menschen und Vieh in ihm. 9 Ich selbst – Spruch des Herrn – will ihm ringsum eine Feuermauer bilden und in seiner Mitte zum herrlichen Lichtglanz werden!‹«

Heimkehr

10 »Auf, auf! Flieht aus dem Nordland!« – Spruch des Herrn. »Denn nach den vier Himmelsrichtungen

hatte ich euch zerstreut« – Spruch des Herrn. 11 »Auf!
Nach Sion rettet euch, die ihr bei der Tochter Babel
wohnt!« 12 Denn so spricht der Herr der Heerscha-
ren, dessen Herrlichkeit mich gesandt hat, über die
Völker, die euch ausgeraubt haben: »Wer euch an-
tastet, tastet meinen Augapfel an. 13 Fürwahr, ich
schwinge meine Hand wider sie, und sie fallen ihren
Knechten als Beute zu.« So werdet ihr erkennen, daß
der Herr der Heerscharen mich gesandt hat.

Jerusalem, die Gottesstadt

14 »Juble und freue dich, Tochter Sion! Denn siehe,
ich komme und wohne in deiner Mitte« – Spruch
des Herrn. 15 Viele Völker werden an jenem Tage
dem Herrn anhangen und ihm als Volk gehören. Sie
werden in deiner Mitte wohnen und du wirst er-
kennen, daß der Herr der Heerscharen mich zu dir
gesandt hat. 16 Dann nimmt der Herr Juda in Erb-
besitz als seinen Anteil im Heiligen Land und er-
wählt Jerusalem weiterhin. 17 Still, alle Welt, vor
dem Herrn! Denn schon bricht er auf aus seiner
heiligen Wohnstatt.

2,1–4: Das Horn ist im Alten Testament oft Bild für Kraft. Unter den »Schmieden« sind Engelwesen zu verstehen. Sie zerschlagen die Feinde Judas; vgl. Agg 2,22. • 10–17: Zwei selbständige Trostsprüche, die mit dem Nachtgesicht nur locker zusammenhängen. Der Redende ist der Prophet in seinem Sendungsbewußtsein, Vers 12.13.15; 4,9; 6,15.

Viertes Nachtgesicht: Der Hohepriester Josua

3 1 Darauf ließ er mich den Hohenpriester Josua
schauen. Dieser stand vor dem Engel des
Herrn, während der Satan zu seiner Rechten
stand, um ihn anzuklagen. 2 Da sprach der Engel des
Herrn zum Satan: »Der Herr möge dich schelten,
Satan; der Herr, der Jerusalem auserwählt hat, möge
dich schelten! Ist dieser nicht ein dem Feuer ent-
rissenes Brandscheit?« 3 Josua aber war mit schmut-
zigen Kleidern angetan, als er vor dem Engel stand.
4 Nun hob dieser an und befahl seinen Dienern:
»Nehmt ihm die schmutzigen Kleider ab!« Zu ihm
sprach er: »Siehe, ich entferne deine Schuld von dir
und bekleide dich mit Festgewändern!« 5 Dann
sprach er: »Setzt ihm einen reinen Kopfbund aufs
Haupt!« Da setzten sie ihm einen reinen Kopfbund
aufs Haupt und bekleideten ihn mit Gewändern,
während der Engel des Herrn dabeistand. 6 Nun be-
teuerte der Engel des Herrn dem Josua feierlich:
7 »So spricht der Herr der Heerscharen: ›Wenn du
auf meinen Wegen wandelst und meinen Dienst
genau ausführst, dann sollst du auch die Verwal-
tung meines Hauses und die Aufsicht über meine
Vorhöfe innehaben, und ich gewähre dir Zutritt bei
denen, die hier stehen.
8 Höre, Hoherpriester Josua, du und deine Gefähr-
ten, die vor dir sitzen! Männer der Vorbedeutung
sind sie; denn siehe, ich lasse meinen Knecht kom-
men, den ›Sproß‹. 9 Siehe, auf den Stein, den ich vor
Josua hingelegt habe – auf dem einen Stein sind sie-
ben Augen –, auf diesen will ich selbst die Inschrift
eingraben‹ – Spruch des Herrn der Heerscharen –,
›und ich tilge die Schuld dieses Landes an einem
einzigen Tag. 10 An jenem Tage‹ – Spruch des Herrn
der Heerscharen – ›werdet ihr einander einladen
unter Weinstock und Feigenbaum.‹«

3,1: Satan als Ankläger wie Job 1,6ff. Der Hohepriester Josua (Esr 3,2; Jesua): Agg 1,1ff.

Fünftes Nachtgesicht: Leuchter und Ölbäume

4 1 Der Engel, der zu mir redete, weckte mich
abermals wie einen, der aus dem Schlaf ge-
weckt wird. 2 Er sprach zu mir: »Was siehst
du?« Ich erwiderte: »Ich sehe einen Leuchter, ganz
von Gold, und oben auf ihm ist eine Schale nebst
sieben Lampen darüber mit je sieben Schnauzen an
den Lampen, die oben darauf sind. 3 Zwei Ölbäume
stehen daneben, einer zu seiner Rechten und einer
zu seiner Linken.« 4 Da hob ich an und fragte den
Engel, der mit mir redete: »Was bedeuten diese
Dinge, mein Herr?« 5 Der Engel, der mit mir redete,
antwortete und sprach zu mir: »Weißt du nicht,
was diese Dinge bedeuten?« Ich sagte: »Nein, mein
Herr.«
6 Da erwiderte er und sprach: »Folgendes ist das
Wort des Herrn an Serubbabel: ›Nicht durch Macht
und nicht durch Gewalt, sondern durch meinen
Geist‹, spricht der Herr der Heerscharen. 7 ›Wer bist
du, großer Berg? Vor Serubbabel sollst du zur Ebene
werden! Er wird den Giebelstein ans Licht bringen
unter dem Jubel: Wie schön, wie schön ist er!‹«
8 Und es erging an mich das Wort des Herrn: 9 »Die
Hände Serubbabels haben den Grund dieses Hauses
gelegt, seine Hände werden es auch vollenden.«
Dann werdet ihr erkennen, daß der Herr der Heer-
scharen mich zu euch gesandt hat. 10 Denn wer
etwa den Tag der bescheidenen Anfänge verach-
tete, der wird noch mit Freude den Schlußstein
sehen in der Hand Serubbabels. – »Diese sieben
sind die Augen des Herrn, die auf der ganzen Erde
umherschweifen.« 11 Da fragte ich ihn: »Was be-
deuten diese zwei Ölbäume zur Rechten und zur
Linken des Leuchters?« 12 Und ich hob zum zwei-
tenmal an und fragte ihn: »Was bedeuten die zwei
Büschel der Ölbäume, die durch zwei Röhren das
Öl aus sich entleeren?« 13 Er antwortete mir: »Weißt
du nicht, was diese bedeuten?« Ich entgegnete:

»Nein, mein Herr.« 14 Da sprach er: »Das sind die beiden Gesalbten, die vor dem Herrn der ganzen Erde stehen.«

4,6: Die Verse 6–10a sind hier nicht am passenden Ort. Die Antwort beginnt erst 10b und bleibt, wie so manches in den Nachtgesichten, recht dunkel.

Sechstes Nachtgesicht: Schriftrolle

5 1 Wieder erhob ich meine Augen und schaute: Da sah ich eine fliegende Schriftrolle. 2 Und er fragte mich: »Was siehst du?« Ich erwiderte: »Ich sehe eine fliegende Schriftrolle, zwanzig Ellen lang und zehn Ellen breit.« 3 Da sprach er zu mir: »Das ist der Fluch, der hinauszieht über das ganze Land. Denn jeder Dieb wird von nun an jenem Fluch gemäß weggeräumt, und jeder Meineidige wird von nun an demgemäß weggeräumt.« 4 »Ich lasse ihn hinausziehen« – Spruch des Herrn der Heerscharen –, »damit er eindringe in das Haus des Diebes und in das Haus dessen, der bei meinem Namen falsch schwört; er soll in seinem Hause bleiben und es vernichten, sein Holz samt seinen Steinen!«

Siebtes Nachtgesicht: Die Frau im Epha-Maß

5 Der Engel, der zu mir redete, trat hervor und sprach zu mir: »Erhebe deine Augen und sieh, was da zum Vorschein kommt!« 6 Ich fragte: »Was ist das?« Er erwiderte: »Das ist das Epha-Maß, welches zum Vorschein kommt.« Dann sprach er: »Das ist ihr Sündenmaß im ganzen Land.« 7 Und siehe, der Bleideckel hob sich, und ich sah eine Frau im Epha-Maß sitzen. 8 Er sprach: »Das ist die Schlechtigkeit«, und er stieß sie ins Epha-Maß zurück und warf die Bleiplatte auf seine Öffnung. 9 Als ich meine Augen erhob und schaute, sah ich zwei Frauen herankommen, und Wind erfaßte ihre Flügel. Sie hatten nämlich Flügel wie Storchenflügel. Sie trugen das Epha-Maß zwischen Himmel und Erde dahin. 10 Da fragte ich den Engel, der mit mir redete: »Wohin bringen diese das Epha?« 11 Er entgegnete mir: »Man will ihm einen Tempel bauen im Lande Sinear, und wenn er hergerichtet ist, setzt man es dort nieder auf seinem Gestell.«

5,5–11: Die personifizierte Bosheit muß aus dem Heiligen Land verschwinden. In Sinear (= Babylonien) dagegen wird sie abgöttisch verehrt.

Achtes Nachtgesicht: Vier Wagen

6 1 Abermals erhob ich meine Augen und schaute. Da sah ich vier Wagen zwischen den zwei Bergen hervorkommen; die beiden Berge aber waren aus Erz. 2 Am ersten Wagen waren rotbraune Rosse, am zweiten Wagen schwarze Rosse. 3 Am dritten Wagen waren weiße Rosse und am vierten Wagen scheckige Rosse. 4 Ich hob an und sprach zu dem Engel, der mit mir redete: »Was bedeuten diese, mein Herr?« 5 Der Engel antwortete und sprach zu mir: »Diese Wagen fahren aus nach den vier Himmelsrichtungen, nachdem sie sich zunächst vor dem Herrn der ganzen Erde aufgestellt haben. 6 Die vorgespannten schwarzen Rosse ziehen aus in das Nordland, die weißen ziehen wieder rückwärts (nach Osten), die scheckigen ziehen in das Südland.« 7 So waren die starken Hengste hervorgekommen und trachteten loszufahren, um auf der Erde umherzustreifen. Da rief er: »Los! Durchstreift die Erde!« Und sie streiften auf der Erde umher. 8 Nun schrie er mir zu und sprach zu mir: »Siehe, die ins Nordland ziehen, werden meinen Zorn befriedigen am Lande des Nordens!«

Krönung des Hohenpriesters Josua

9 Das Wort des Herrn erging an mich: 10 »Nimm die Gaben der Verbannten von Cheldaj, Tobija und Jedaja sowie von Joschija, dem Sohne Zephanjas, die aus Babel angekommen sind! 11 Nimm Silber und Gold, mache daraus eine Krone und setze sie dem Hohenpriester Josua, dem Sohne Jozadaks, aufs Haupt! 12 Sprich zu ihm: ›So spricht der Herr der Heerscharen: Siehe da, ein Mann, ›Sproß‹ ist sein Name; unter seinen Füßen wird es sprossen, und er wird den Tempel des Herrn bauen! 13 Ja, er wird den Tempel des Herrn bauen. Hohe Würde wird er innehaben und als Herrscher auf seinem Throne sitzen. Ein Priester wird zu seiner Rechten sein, und friedliche Beratung wird zwischen den beiden bestehen. 14 Die Krone aber soll für Cheldaj, Tobija, Jedaja und den Sohn des Zephanja als schönes Andenken im Tempel des Herrn bleiben. 15 Die in der Ferne wohnen, werden kommen und am Tempel des Herrn bauen.‹« So sollt ihr erkennen, daß der Herr der Heerscharen mich gesandt hat. Es wird geschehen, wenn ihr auf die Stimme des Herrn, eures Gottes, hört.

6,6: Die Wagen kommen aus dem ehernen Himmelstor von östlicher Richtung; deshalb muß das östlich ziehende Gespann umwenden. Man vermißt das vierte Gespann mit den rotbraunen Rossen, das auch im griechischen Text fehlt. Vielleicht wurde es absichtlich weggelassen, da im Westen von Jerusalem kein weites Land, sondern das Meer liegt. Vers 8 erwähnt eigens das Nordland, nämlich das Land der Babylonischen Gefangenschaft. Der Engel spricht hier wie Vers 7 als Stellvertreter Gottes. • 13: Hiernach würden zwei Männer in friedlichem Einvernehmen an der Spitze des Volkes stehen: der Träger der Krone und ein Priester. Da aber der erste nach Vers 11 der Hohepriester Josua ist, hält der jetzige Text die spätere Lage fest, wonach der Hohepriester und seine Amtsbrüder auch die weltliche Regierung ausübten. Viele Erklärer vermuten,

daß ursprünglich in Vers 11 als Empfänger der Krone der Statthal-
ter Serubbabel, der davidische »Sproß«, da stand. Noch jünger ist
Vers 14, wo die Krone nur noch als Andenken im Tempel verwahrt
wird.

Sittenpredigt

7 1 Im vierten Jahr des Königs Darius erging das
Wort des Herrn an Sacharja, am vierten Tag
des neunten Monats, des Kislew. 2 Damals
schickten Betel-Sarezer und Regem-Melech samt
seinen Leuten eine Abordnung, um den Herrn zu
versöhnen. 3 Sie sollten an die Priester am Tempel
des Herrn der Heerscharen und an die Propheten die
Frage richten: »Soll ich im fünften Monat Trauer und
Fasten halten, wie ich es nun schon seit vielen Jah-
ren geübt habe?« 4 Da erging an mich das Wort des
Herrn der Heerscharen: 5 »Sprich zum gesamten
Volk des Landes und zu den Priestern: ›Wenn ihr im
fünften und siebten Monat nun schon siebzig Jahre
lang Fasten und Klage haltet, habt ihr da etwa für
mich gefastet? 6 Auch wenn ihr eßt und trinkt, eßt
ihr dann nicht für euch selbst und trinkt für euch
selbst? 7 Kennt ihr nicht die Worte, die der Herr
durch die früheren Propheten verkünden ließ, als
Jerusalem mit seinen umliegenden Ortschaften noch
bewohnt und unbehelligt war, und als das Südland
und die Niederung noch bewohnt wurden?‹«
8 Nun erging das Wort des Herrn an Sacharja folgen-
dermaßen: 9 »So hat der Herr der Heerscharen
gesprochen: ›Haltet wahrheitsgetreues Gericht und
übt gegenseitig Güte und Erbarmen! 10 Witwen und
Waisen, Fremdlinge und Arme bedrückt nicht!
Plant nicht Böses wider einander in eurem Herzen!
‹11 Jene aber weigerten sich, achtzuhaben; sie zeigten
einen widerspenstigen Nacken und verstopften ihre
Ohren, daß sie nicht hörten. 12 Sie machten ihr Herz
hart wie Diamant, so daß sie auf die Weisung und
die Worte nicht hörten, die der Herr der Heerscharen
durch seinen Geist über die früheren Propheten er-
lassen hatte. So kam denn ein großes Zorngericht
vom Herrn der Heerscharen. 13 Und so geschah es:
Wie er rief, und sie nicht hörten, ›so sollen sie nun
rufen, und ich höre nicht‹, sprach der Herr der Heer-
scharen. 14 ›Ich wehe sie weg unter alle Völker, die
sie nicht kennen, und das Land bleibt verwüstet
hinter ihnen, daß niemand mehr hin- und herzieht!‹
So machten sie das liebliche Land zur Wüste.«

Heilszeit

8 1 Es erging das Wort des Herrn der Heer-
scharen: 2 So spricht der Herr der Heerscha-
ren: »Ich glühe von gewaltigem Eifer für Sion,
ich glühe seinetwegen von gewaltigem Grimm!«
3 So spricht der Herr der Heerscharen: »Ich kehre
zurück nach Sion und wohne wieder inmitten Jeru-
salems. Jerusalem soll heißen ›Stadt der Treue‹ und
der Berg des Herrn der Heerscharen ›Heiliger
Berg‹!« 4 So spricht der Herr der Heerscharen: »Wie-
der sitzen Greise und Greisinnen auf den Plätzen
Jerusalems, alle mit dem Stab in der Hand wegen
des hohen Alters. 5 Die Plätze der Stadt sind wieder
voll von Knaben und Mädchen, die auf ihren Plät-
zen spielen.« 6 So spricht der Herr der Heerscharen:
»Wenn das dem Rest dieses Volkes zu wunderbar
erscheint in jenen Tagen, muß es dann auch in mei-
nen Augen zu wunderbar sein?« – Spruch des Herrn
der Heerscharen.
7 So spricht der Herr der Heerscharen: »Siehe, ich
rette mein Volk aus dem Land des Sonnenaufgangs
und aus dem Land des Sonnenuntergangs! 8 Ich
bringe sie heim, daß sie wieder in Jerusalem woh-
nen. Sie sollen mein Volk sein, und ich will ihr Gott
sein in Treue und Gerechtigkeit!« 9 So spricht der
Herr der Heerscharen: »Tapfer ans Werk, die ihr in
diesen Tagen solche Worte aus dem Munde des Pro-
pheten hört, und zwar am Tage, da der Grundstein
gelegt wird zum Hause des Herrn der Heerscharen,
für den Wiederaufbau des Tempels! 10 Denn vor die-
sen Tagen bekam weder Mensch noch Vieh den
verdienten Arbeitslohn. Wer ausging und wer
heimkehrte, hatte keine Sicherheit vor dem Feind;
ich hetzte alle Menschen gegeneinander.
11 Jetzt aber bin ich nicht mehr wie in früheren
Tagen gegen den Rest dieses Volkes« – Spruch des
Herrn der Heerscharen. 12 »Vielmehr säe ich Wohl-
stand aus: Der Weinstock gibt seine Frucht, die Erde
liefert ihren Ertrag, der Himmel spendet seinen Tau,
und ich gebe all das dem Rest dieses Volkes zum
Erbe. 13 Und es geschieht: Wie ihr unter den Völkern
ein Gegenstand des Fluches gewesen seid, Haus
Juda und Haus Israel, so rette ich euch, daß ihr zum
Segenswort werdet. Fürchtet euch nicht, seid tapfe-
ren Mutes!« 14 Denn so spricht der Herr der Heer-
scharen: »Wie ich mir vorgenommen hatte, euch
Unheil anzutun, weil eure Väter mich erzürnten«,
spricht der Herr der Heerscharen, »ohne es mich ge-
reuen zu lassen, 15 so nehme ich mir umgekehrt in
diesen Tagen vor, Jerusalem und dem Hause Juda
Gutes zu erweisen. Fürchtet euch nicht! 16 Dies sind
die Dinge, die ihr tun sollt: Redet die Wahrheit
untereinander! Wahrheitsgetreues und rechtes
Urteil fällt in euren Toren! 17 Sinnt nicht Arges
gegeneinander in eurem Herzen! Liebt nicht Mein-
eid! Denn gerade alle diese Dinge sind es, die ich
hasse« – Spruch des Herrn.

Festtagsfreude

18 Das Wort des Herrn der Heerscharen erging an mich: 19 So spricht der Herr der Heerscharen: »Das Fasten im vierten, fünften, siebten und zehnten Monat soll sich für das Haus Juda in Jubel, Freude und frohe Festzeit verwandeln. Aber liebt Wahrheit und Frieden!«

Heidenbekehrung

20 So spricht der Herr der Heerscharen: »In Zukunft kommen Völker und die Bewohner vieler Städte. 21 Die Bewohner der einen Stadt gehen zur anderen und sprechen: ›Auf, ziehen wir hin, um den Herrn zu versöhnen und den Herrn der Heerscharen zu suchen! Ja, auch ich will mitziehen!‹ 22 So kommen viele Völker und mächtige Nationen, um in Jerusalem den Herrn der Heerscharen zu suchen und den Herrn zu versöhnen.« 23 So spricht der Herr der Heerscharen: »In jenen Tagen wird es geschehen: Zehn Männer aus Völkern aller Sprachen fassen erregt einen Juden am Mantelflügel mit den Worten: ›Wir wollen mit euch gehen; denn wir haben gehört: Gott ist mit euch!‹«

8,10–13: Der Tempelbau bringt Wohlstand; vgl. aber auch Vers 16f. • 19: Vgl. 7,2–5.

Unterwerfung der Völker

9 1 Drohspruch. Das Wort des Herrn kommt über das Land Chadrach, und Damaskus wird sein Ruheort. Denn dem Herrn gehört das Auge Arams gleich allen Stämmen Israels, 2 auch Hamat, das daran grenzt, sowie Tyrus und Sidon; sie sind ja so weise! 3 Wohl baute sich Tyrus einen Wall und häufte Silber auf wie Staub und Gold wie Gassenkot. 4 Siehe, der Herr macht es arm, stößt ins Meer seinen Reichtum, es selber wird vom Feuer verzehrt. 5 Askalon wird es sehen und erschrecken, auch Gaza, und heftig erzittern, und Ekron, weil seine Aussicht zuschanden ward. Aus Gaza verschwindet der König, und Askalon wird nicht mehr bewohnt. 6 Asdod bewohnt ein Mischvolk. – »Den Stolz des Philisters rotte ich aus. 7 Ich entferne den Genuß von Blut aus seinem Mund, das Greuelfleisch aus seinen Zähnen. Auch er wird als Rest unserem Gott gehören. Wie eine Sippe in Juda wird er gelten und Ekron wie der Jebusiter. 8 Als Wache für mein Haus will ich Lager beziehen wider jeden, der hin- oder herzieht. Kein Zwingherr soll mehr über sie kommen; denn jetzt sehe ich hin mit eigenen Augen.«

Der Friedenskönig

9 Tochter Sion, juble laut! Jauchze, Tochter Jerusalem! Siehe, dein König kommt zu dir; gerecht und heilbringend ist er, demütig und reitend auf einem Esel, auf dem Füllen einer Eselin. 10 Er beseitigt die Streitwagen aus Ephraim und die Rosse aus Jerusalem. Die Kriegsbogen werden vernichtet. Er gebietet den Völkern Frieden. Seine Herrschaft erstreckt sich von Meer zu Meer, vom Euphratstrom bis an die Grenze der Erde.

Wiederherstellung

11 »Auch du selbst! Um deines Bundesblutes willen entlasse ich deine Gefangenen aus der wasserlosen Zisterne. 12 Sion, es kehren zu dir zurück die Gefangenen, die immer noch hoffen. Auch künde ich heute an: ›Ich will dir doppelt vergelten!‹ 13 Ja, ich spanne mir Juda als Bogen, fülle ihn an mit Ephraim! Ich schwinge deine Söhne, Sion, gegen die Söhne Griechenlands und gebrauche dich wie das Schwert eines Helden.« 14 Der Herr erscheint über ihnen; sein Pfeil schnellt los wie der Blitz. Der Herr und Gebieter stößt ins Horn, fährt einher in den Stürmen des Südens. 15 Der Herr der Heerscharen wird sie beschirmen. Seine Schleudersteine fressen Fleisch und trinken Blut wie Wein. Sie sind davon voll wie die Opferschale, wie die Ecken des Altars. 16 So verleiht der Herr, ihr Gott, ihnen Sieg an jenem Tag. Wie Schafe weidet er sein Volk; sie sind wie funkelnde Diademsteine über sein Land verteilt. 17 Denn was ist sein Bestes, und was ist sein Schönstes? Als Korn läßt er Jünglinge und als Wein Jungfrauen sprießen.

9,1–17: Es ist eine alte prophetische Verheißung, daß auch die angrenzenden Heidenvölker sich der Gottesherrschaft beugen müssen. In der Endzeit soll das in Erfüllung gehen. Wir denken dabei an die Verkündigung des Evangeliums an alle Völker. • 9: Matth 21,1–5. • 13: Die Erwähnung der Griechen weist auf späte Abfassungszeit hin.

Der Herr allein

10 1 Bittet den Herrn um Regen zur Zeit des Spätregens! Der Herr macht die Gewitterwolken und gibt ihnen Regenwasser, dem Menschen Pflanzenwuchs auf dem Feld. 2 Doch Götzenbilder reden nur Schlechtes, und Wahrsager schauen nur Lüge; leere Träume erzählen sie, nichtigen Trost spenden sie. Darum ziehen die Leute dahin gleich einer Herde, irren umher, weil kein Hirte da ist.

Rettung durch Gott

3 »Gegen die Hirten entbrennt mein Zorn, und gegen die Leitböcke schreite ich ein!« Denn der Herr der Heerscharen schaut nach seiner Herde, dem Hause Juda, und macht sie gleichsam zu seinem prächtigen Streitroß. 4 Aus ihr geht der Eckstein hervor, aus ihr der Zeltpflock, aus ihr der

Kriegsbogen, aus ihr jeglicher Anführer. 5 Insgesamt werden sie sein wie Helden, die im Kriege (die Feinde) zertreten wie Gassenkot. Sie führen den Kampf, denn der Herr ist mit ihnen; zuschanden werden die Reiter zu Roß. 6 »Dem Hause Juda gebe ich Heldenkraft, dem Hause Joseph bringe ich Hilfe. Ich führe sie zurück, weil mich ihrer erbarmt; sie werden sein, als hätte ich sie niemals verstoßen. Denn ich bin der Herr, ihr Gott, und will sie erhören. 7 Einem Kriegshelden wird Ephraim gleichen. Fröhlich sein wird ihr Herz wie vom Wein; ihre Söhne werden es schauen mit Freude; ihr Herz wird jubeln im Herrn. 8 Ich will sie locken und sammeln, da ich sie losgekauft habe; sie sollen so zahlreich werden wie ehedem. 9 Ich hatte sie unter die Völker zerstreut; doch in der Ferne gedenken sie meiner, ziehen ihre Kinder groß und kehren zurück. 10 Ich führe sie heim aus dem Land Ägypten und werde sie sammeln aus Assur. Nach dem Land Gilead und zum Libanon bringe ich sie; aber es reicht für sie nicht aus. 11 Sie werden durch das Meer Ägyptens ziehen und die Wogen im Meere schlagen; alle Tiefen des Nils werden zuschanden. Gestürzt wird Assurs stolze Pracht, und das Zepter weicht von Ägypten. 12 Ich mache sie stark im Herrn, und seines Namens rühmen sie sich« – Spruch des Herrn.

Verheerte Pracht

11 1 Öffne, Libanon, deine Pforten, daß Feuer deine Zedern verzehre! 2 Heule, Zypresse, weil die Zeder gefallen, weil die herrlichen Bäume verheert sind! Heult, ihr Eichen von Basan, weil gefällt ist der unzugängliche Wald! 3 Hört das Heulen der Hirten, weil ihre Zier verwüstet ist! Hört das Brüllen der Löwen, weil des Jordans Pracht verwüstet ist!

Hirtengleichnis

4 So sprach der Herr, mein Gott: »Weide die Schlachtschafe! 5 Ihre Käufer schlachten sie ab, ohne bestraft zu werden; ihre Verkäufer sagen: ›Gott sei Dank! Ich wurde ja reich!‹; ihre Hirten schonen sie nicht. 6 Ja, ich will fortan die Bewohner des Landes nicht schonen« – Spruch des Herrn. »Siehe, ich lasse jeglichen Menschen in die Hand seines Hirten und in die Hand seines Königs geraten. Diese werden das Land zerschlagen; ich aber rette nicht aus ihrer Hand.« 7 So weidete ich die Schlachtschafe für die Schafhändler. Ich nahm mir zwei Stäbe; den einen nannte ich »Huld«, den anderen nannte ich »Eintracht«. So weidete ich die Schafe. 8 Und ich beseitigte die drei Hirten in einem Monat. Dann verlor ich die Geduld mit ihnen, und auch sie wurden meiner überdrüssig. 9 Da sprach ich: »Ich mag euch nicht mehr weiden. Was sterben will, das sterbe, was verkommen will, das verkomme, und von denen, die übrigbleiben, fresse eines das Fleisch des anderen!« 10 Dann nahm ich meinen Stab »Huld« und zerbrach ihn, um meinen Bund zu lösen, den ich mit allen Völkern geschlossen hatte. 11 Er wurde an jenem Tag gelöst, und die Schafhändler, die mich beobachteten, erkannten, daß es das Wort des Herrn war. 12 Ich sprach zu ihnen: »Wenn es euch gefällt, so gebt mir meinen Lohn, wenn nicht, so laßt es bleiben!« Da wogen sie mir meinen Lohn vor, dreißig Silberlinge. 13 Der Herr aber sprach zu mir: »Wirf ihn dem Silbergießer hin, diesen herrlichen Preis, den ich ihnen wert bin!« Da nahm ich die dreißig Silberlinge und warf sie im Haus des Herrn dem Silbergießer hin. 14 Darauf zerbrach ich meinen zweiten Stab »Eintracht«, um die Verbrüderung zwischen Juda und Israel zu lösen.

Der schlechte Hirt

15 Da sprach der Herr zu mir: »Hole dir noch die Ausrüstung eines schlechten Hirten! 16 Denn siehe, ich lasse im Lande einen solchen Hirten erstehen: Das Verkommene umsorgt er nicht, das Verirrte sucht er nicht, das Gebrochene heilt er nicht, das Gesunde verpflegt er nicht. Aber das Fleisch der fetten Tiere verzehrt er und zerreißt ihre Klauen.« 17 Wehe dem nichtsnutzigen Hirten, der die Schafe im Stich läßt! Das Schwert über seinen Arm und über sein rechtes Auge! Sein Arm soll gänzlich verdorren, sein rechtes Auge völlig erlöschen!

11,4–17: Der Abschnitt spielt auf schlimme Erfahrungen an, die der Prophet mit den Führern des Volkes und mit dem Volk selbst machte. Wir können sie heute nicht mehr geschichtlich festhalten. Vers 12 hat messianische Bedeutung und wird Matth 27,3–10 auf das Ende des Judas bezogen: 30 Silberlinge sind der Judaslohn. Allerdings erinnert die ntl. Stelle auch etwas an Jer 32,7–9.

Jerusalems Rettung und Reinigung

12 1 Drohspruch. Wort des Herrn über Israel. Spruch des Herrn, der den Himmel ausspannt, den Erdgrund befestigt und den Geist des Menschen in dessen Innern bildet: 2 »Siehe, ich mache Jerusalem zum Taumelbecher für alle Völker im Umkreis. [Aber auch über Juda wird er kommen bei der Belagerung wider Jerusalem.] 3 An jenem Tage wird es geschehen: Ich mache Jerusalem zu einem schweren Hebestein für alle Völker; wer immer ihn heben will, reißt sich wund. Alle Völker der Erde versammeln sich gegen die Stadt. 4 An jenem Tage« – Spruch des Herrn –

»schlage ich alle Rosse mit Entsetzen und ihre Rei-
ter mit Wahnsinn. Doch über das Haus Juda halte
ich meine Augen offen, während ich alle Rosse der
Völker mit Blindheit schlage. 5 Dann denken die
Sippen Judas still bei sich: ›Eine starke Hilfe haben
die Einwohner Jerusalems am Herrn der Heerscha-
ren, ihrem Gott!‹ 6 An jenem Tage mache ich die
Sippen Judas gleichsam zu einem Feuerbecken im
Holzstoß und zu einer Brandfackel im Garben-
haufen, so daß sie zur Rechten und zur Linken alle
Völker ringsum verzehren. Aber Jerusalem bleibt
weiterhin an seiner Stätte wohnen.«
7 Zuerst wird der Herr den Zelten Judas zum Sieg
verhelfen, damit der Ruhm des Hauses David und
der Ruhm der Bürger Jerusalems nicht zu groß wird
gegenüber Juda. 8 An jenem Tage wird der Herr die
Einwohner Jerusalems beschirmen; dann wird der
Wankende unter ihnen wie David sein und Davids
Haus wie Gott, wie der Engel des Herrn an ihrer
Spitze. 9 »An jenem Tage will ich trachten, alle Völ-
ker, die gegen Jerusalem anrücken, zu vernichten.
10 Doch über Davids Haus und die Einwohner Jeru-
salems werde ich den Geist der Erbarmung und des
Flehens ausgießen. Sie werden auf den hinblicken,
den man durchbohrte, und Totenklage um ihn
halten, wie man klagt um den Einzigen, und bitter
um ihn trauern, wie man trauert um den Erstgebo-
renen. 11 An jenem Tage wird in Jerusalem große
Klage herrschen gleich der Klage über Hadad-Rim-
mon in der Ebene von Megiddo. 12 Klagen wird das
Land, Sippe für Sippe gesondert: die Sippe des
Hauses David gesondert und ihre Frauen gesondert,
die Sippe des Hauses Natan gesondert und ihre
Frauen gesondert, 13 die Sippe des Hauses Levi ge-
sondert und ihre Frauen gesondert, die Sippe des
Schimi gesondert und ihre Frauen gesondert, 14 alle
übrigen Sippen, Sippe für Sippe gesondert und ihre
Frauen gesondert.«

12,10f: Ein Schuldloser, der sein Leben hingab und an dessen Tod die Leidtragenden mitschuldig sind (Is 53; Joh 19,37; Offb 1,7). Der eigenartige Vergleich in Vers 11 meint wohl einen aramäischen Gewittergott, um den die Heiden Totenklage hielten. Andere halten Hadad-Rimmon für den Namen eines Ortes, an dem man den Tod des Königs Josia betrauerte.

13
1 »An jenem Tage wird es eine Quelle
geben, erschlossen für das Haus David
und die Bürger Jerusalems zur Beseitigung
von Sünde und Befleckung.«

Ende der Prophetie – Austilgung der Namen aller Götzen

2 »Geschehen wird es an jenem Tage« – Spruch des
Herrn der Heerscharen –, »da tilge ich die Namen
der Götzen aus dem Lande aus, daß ihrer nicht
mehr gedacht wird; auch die Propheten und den
Geist der Unreinheit lasse ich aus dem Lande
verschwinden. 3 Wenn dann künftig einer als
Prophet auftritt, dann werden Vater und Mutter,
seine eigenen Eltern, zu ihm sagen: ›Du darfst nicht
am Leben bleiben, weil du Lügen geredet hast im
Namen des Herrn!‹ Vater und Mutter, seine eigenen
Eltern, werden ihn durchbohren, wenn er als Pro-
phet auftritt. 4 An jenem Tage wird jeder Prophet
sich seiner Schauung schämen in seinem Pro-
phetenberuf. Keiner trägt mehr einen härenen
Mantel, weil er sich verleugnen will. 5 Er sagt: ›Ich
bin kein Prophet! Landwirt bin ich; denn Ackerbau
ist mein Geschäft von Jugend an.‹ 6 Fragt man ihn
aber: ›Was sind das für Wundmale an deinem
Leib?‹, so antwortet er: ›Die schlug man mir im
Hause meiner Freunde.‹«

Läuterungsgericht

7 »Schwert, erhebe dich wider meinen Hirten, wi-
der den Mann meiner vertrauten Gemeinschaft!« –
Spruch des Herrn der Heerscharen. »Schlage den
Hirten, daß die Schafe sich zerstreuen! Ich will
meine Hand gegen die Kleinen wenden! 8 Dann
wird es im ganzen Land geschehen« – Spruch des
Herrn –: »Zwei Drittel darin werden ausgerottet,
kommen um; nur ein Drittel bleibt darin übrig.
9 Dieses Drittel bringe ich ins Feuer und schmelze
es, wie man Silber schmilzt, prüfe es, wie man Gold
prüft. Es wird meinen Namen anrufen, und ich will
es erhören. Ich werde sagen: ›Dies ist mein Volk‹,
und dieses wird sagen: ›Der Herr ist mein Gott‹.«

13,7: Hirt und Herde sind Matth 26,31 Christus und seine Jünger am Ölberg.

Endgericht und Endsieg

14
1 Siehe, ein Tag kommt für den Herrn, da
wird die Beute an dir in deiner Mitte ver-
teilt. 2 Ich versammle alle Völker zum
Kampf wider Jerusalem. Die Stadt wird eingenom-
men, die Häuser werden geplündert, die Frauen ge-
schändet. Die Hälfte der Stadt muß fort in die Ver-
bannung; doch der Rest der Bevölkerung wird aus
der Stadt nicht weggetilgt. 3 Dann wird der Herr
ausziehen und gegen diese Völker kämpfen, wie er
kämpfte am Tage der Schlacht. 4 Seine Füße werden
an jenem Tag auf dem Ölberg stehen, der östlich
gegenüber Jerusalem liegt. Der Ölberg spaltet sich
von der Mitte aus nach Osten und Westen, so daß
ein sehr großes Tal entsteht. Die eine Hälfte des
Berges weicht nach Norden, die andere nach Süden
aus. 5 Dabei wird das Hinnomtal versperrt; denn

das Hinnomtal reicht bis an seine Flanke heran. Es
wird versperrt, wie es versperrt wurde durch das
Erdbeben zur Zeit des Königs Ussia von Juda. Dann
wird der Herr, dein Gott, einziehen und alle Heili-
gen mit ihm.
6 An jenem Tage wird es nicht mehr Kälte und
Frost geben. 7 Da wird ein einziger Tag sein – dem
Herrn ist er bekannt –, nicht mehr Tag und Nacht,
und um die Abendzeit wird es wieder hell. 8 An
jenem Tage wird es geschehen, da geht frisches
Quellwasser von Jerusalem aus; die eine Hälfte
fließt zum Ostmeer, die andere zum Westmeer;
sowohl im Sommer als auch im Winter ist es
vorhanden. 9 Dann wird der Herr über die ganze
Erde König sein. An jenem Tage wird der Herr der
einzige sein und sein Name der einzige. 10 Das
ganze Land von Geba bis Rimmon im Südland
wird sich in eine Ebene verwandeln gleich der
Jordansenke. Doch Jerusalem ragt empor und bleibt
an seiner Stätte vom Benjaminstor bis zur Stelle
des früheren Tores, bis zum Ecktor, und vom Turm
Chananel bis zu den Königskeltern. 11 Man wird
darin wohnen, und einen Bann wird es nicht
mehr geben, so daß Jerusalem in Sicherheit gebor-
gen ist.

Ende des Heidentums

12 Das wird das Strafgericht sein, das der Herr an
allen Völkern vollzieht, die gegen Jerusalem zu
Felde zogen: Es vermodert ihr Fleisch, während sie
noch auf ihren Füßen stehen; ihre Augen verfaulen
in ihren Höhlen, und ihre Zungen verwesen in
ihrem Mund. 13 An jenem Tage wird es geschehen:
Eine große, vom Herrn gesandte Verwirrung ent-
steht unter ihnen, so daß einer die Hand des ande-
ren ergreift und einer gegen den anderen die Hand
erhebt. 14 Auch Juda wird in Jerusalem kämpfen.
Der Besitz aller Völker ringsum wird eingebracht,
Gold, Silber und Kleider in großer Menge. 15 Das-
selbe Strafgericht wie dieses trifft die Rosse, Maul-
tiere, Kamele, Esel und alles Vieh, das sich in ihren
Lagern befindet. 16 Dann wird es geschehen: Der ge-
samte Rest von all den Völkern, die gegen Jerusalem
zogen, wird Jahr für Jahr hinaufpilgern, um den
König, den Herrn der Heerscharen, anzubeten und
das Laubhüttenfest zu feiern. 17 Wer aber von den
Völkerstämmen der Erde nicht hinaufzieht nach
Jerusalem, um den König, den Herrn der Heer-
scharen, anzubeten, über diese wird kein Regen
kommen. 18 Wenn aber der Volksstamm Ägyptens
nicht hinaufzieht und nicht erscheint, so wird über
ihn das Strafgericht kommen, das der Herr an den
Völkern vollzieht [, die nicht hinaufpilgern, um das
Laubhüttenfest zu feiern]. 19 Das also wird die
Strafe für Ägypten und die Strafe für alle Völker
sein, die nicht hinaufpilgern, um das Laubhütten-
fest zu feiern.

Alles ist heilig

20 An jenem Tag wird auf den Schellen der Pferde
stehen: »Heilig dem Herrn« und die Kochtöpfe im
Hause des Herrn werden wie die Opferschalen vor
dem Altar sein. 21 Jeder Topf in Jerusalem und in
Juda wird für den Herrn der Heerscharen heilig sein.
Alle Opfernden kommen und nehmen davon, um
damit zu kochen. Und es wird im Hause des Herrn
der Heerscharen keine Kaufleute mehr geben an
jenem Tag.

14,1f: Im ersten Vers redet der Prophet Jerusalem an, im zweiten spricht Gott selbst von der Stadt, während dann wieder der Prophet von Gott und der Stadt berichtet. Solcher Wechsel ist häufig, und oft bleibt unklar, ob Gott oder der Prophet spricht; so eng sind beide durch die Inspiration verbunden. • 1–19: Der »Tag des Herrn« mit dem Kampf der Völker gegen Jerusalem, mit der gewaltigen, breit geschilderten Gotteserscheinung auf dem Ölberg, mit der Errichtung der ungestörten Gottesherrschaft, weist in eine endzeitliche Zukunft mit apokalyptischen Zügen. Einzelheiten, besonders die Veränderungen in der Natur, dürfen als dichterische, farbige Ausmalung eines religiösen Geschehens angesehen werden. • 3: »Tag der Schlacht« erinnert wohl an die Midianiterschlacht Richt 7; vgl. Is 9,3; 10,26.

DAS BUCH MALEACHI

Drohwort. Wort des Herrn an Israel durch
Maleachi. 2 »Ich habe euch lieb«, spricht
der Herr. »Doch ihr fragt: ›Wodurch zeigst
du uns deine Liebe?‹ – War nicht Esau der Bruder
Jakobs« – Spruch des Herrn – »und doch liebte
ich Jakob?; 3 Esau aber haßte ich. Ich machte
seine Berge zur Wüste, sein Erbland zu Triften der
Steppe. 4 Wenn Edom sagt: ›Zwar sind wir zer-
schlagen, aber wir bauen die Trümmer wieder auf‹,
so spricht der Herr der Heerscharen: ›Sie sollen nur
bauen, ich reiße wieder ein. Man wird sie nennen:
›Gebiet der Schlechtigkeit‹ und ›Volk, dem der Herr
dauernd zürnt‹. 5 Mit eigenen Augen werdet ihr es
sehen und dann selber sagen: ›Groß erweist sich
der Herr über Israels Gebiet hinaus!‹«

Unreine Opfer

6 Der Sohn ehrt den Vater und der Knecht seinen
Herrn. Doch wenn ich Vater bin, wo bleibt meine
Ehre, wenn ich der Herr bin, wo bleibt die Furcht vor
mir?, so spricht der Herr der Heerscharen zu euch,
ihr Priester, die ihr meinen Namen verachtet. Ihr
fragt: ›Wodurch verachten wir deinen Namen?‹
7 Indem ihr auf meinem Altar befleckte Speise dar-
bringt. Weiter fragt ihr: ›Wodurch haben wir sie
befleckt?‹ Indem ihr meint, den Tisch des Herrn
dürfe man verächtlich behandeln. 8 Wenn ihr ein
blindes Tier zum Opfer darbringt, so sei das nicht
schlimm, und wenn ihr ein lahmes oder krankes Tier
darbringt, so sei das auch nicht schlimm. Biete es
doch deinem Statthalter an, ob er dir gewogen und
sehr geneigt sein wird«, spricht der Herr der Heer-
scharen. 9 Nun also, sucht Gott zu versöhnen, daß er
uns gnädig sei! Durch eure Hand ist solches gesche-
hen; ob er euretwegen Gunst erweist? [– spricht der
Herr der Heerscharen.] 10 »O daß doch einer unter
euch die Tempeltore verschlösse, damit ihr nicht
umsonst auf meinem Altar Feuer entzündet! Ich
habe kein Gefallen an euch«, spricht der Herr der
Heerscharen, »und ich mag keine Opfergabe aus
eurer Hand! 11 Denn vom Aufgang der Sonne bis zu
ihrem Untergang ist mein Name groß unter den Völ-
kern, und an jedem Orte wird meinem Namen
Rauchopfer dargebracht und reine Opfergabe; denn
groß ist mein Name unter den Völkern«, spricht der
Herr der Heerscharen. 12 »Ihr aber entweiht ihn, da
ihr meint, den Tisch des Herrn dürfe man beflecken,
und minderwertige Frucht genüge als Speise für ihn.
13 Dabei sagt ihr: ›Seht, welch eine Mühe!‹, während
ihr das Feuer für ihn anfacht« [– spricht der Herr der
Heerscharen]. »Dann schafft ihr Geraubtes sowie
das Lahme und Kranke herbei und bringt es zum
Opfer dar. Soll ich das aus eurer Hand mit Wohlge-
fallen annehmen?«, spricht der Herr. 14 »Verflucht sei
der Betrüger, der ein männliches Tier in seiner Herde
besitzt und es gelobt, jedoch dem Herrn ein schad-
haftes opfert! Denn ein großer König bin ich«,
spricht der Herr der Heerscharen, »und mein Name
ist gefürchtet unter den Völkern.

1,10–11: Diese Stelle mag in jener Zeit so verstanden worden sein, daß Jerusalem sich nicht anmaßen darf, alleiniger Sitz der Gottesverehrung zu sein und zu bleiben; ihre wirkliche Erfüllung findet sie aber erst im Meßopfer der katholischen Kirche.

Drohung gegen die Priester

2 1 So ergeht denn über euch, ihr Priester, diese
Strafverfügung: 2 Wenn ihr nicht gehorcht
und nicht von Herzen darauf bedacht seid,
meinem Namen Ehre zu erweisen«, spricht der Herr
der Heerscharen, »dann schleudere ich den Fluch
gegen euch und wandle euren Segen in Fluch. Ja, ich
habe ihn bereits in Fluch verwandelt, weil ihr nicht
darauf bedacht seid! 3 Seht, ich haue euch den Arm
ab und streue euch Unrat ins Gesicht, nämlich den
Unrat eurer Festopfer, und bringe euch zu ihm hin-
aus. 4 Dann werdet ihr erkennen, daß ich diese
Strafverfügung gegen euch erließ, damit mein Bund
mit Levi bestehen kann«, spricht der Herr der Heer-
scharen. 5 »Mein Bund mit ihm bestand in Leben
und Heil, die ich ihm zusicherte, sowie in Furcht,
daß er mich fürchtete und vor meinem Namen
zitterte. 6 Richtige Weisung war in seinem Mund,
Verkehrtheit fand sich nicht auf seinen Lippen. In
Eintracht und Geradheit wandelte er mit mir, und
viele hielt er von Verfehlung ab. 7 Denn die Lippen
des Priesters bergen Erkenntnis, und Weisung sucht
man von seinem Munde. Er ist ja der Bote des Herrn
der Heerscharen. 8 Ihr aber seid vom Weg abge-
wichen, habt viele in der Weisung wankend ge-
macht. Den Levibund habt ihr zerstört«, so spricht
der Herr der Heerscharen. 9 »Nun will auch ich euch
verächtlich und niedrig machen beim ganzen Volk,
so wie ihr meine Wege nicht einhaltet und beim
Erteilen der Weisung die Person anseht.«

Mischehe und Ehescheidung
10 Haben wir nicht alle den gleichen Vater, hat nicht
ein und derselbe Gott uns erschaffen? Warum sind
wir so treulos gegeneinander und entweihen den
Bund unserer Väter? 11 Treulos handelt Juda, und
Greuliches geschieht in Israel und Jerusalem. Denn
Juda hat das Heiligtum des Herrn, das er liebhat,
entweiht und die Tochter eines fremden Gottes zur
Ehe genommen. 12 Möge der Herr dem Manne, der
solches tut, Sproß und Schoß aus den Zelten Jakobs
tilgen und aus dem Kreise derer, die dem Herrn der
Heerscharen Opfer darbringen! 13 Als zweites tut
ihr folgendes: Mit Tränen bedeckt ihr den Altar des
Herrn, mit Weinen und Stöhnen, weil er dem Opfer
sich nicht mehr zuwendet und es nicht mehr mit
Wohlgefallen annimmt aus eurer Hand. 14 Ihr fragt
nun: »Warum das?« – Weil der Herr Zeuge war
zwischen dir und der Frau deiner Jugendzeit, an der
du so treulos gehandelt! Sie war doch deine Ge-
fährtin und deine durch den Vertrag geschützte
Gattin! 15 Hat nicht der Eine (Gott) das Fleisch er-
schaffen samt dem Geist in ihm? Und welchen
Zweck verfolgt der Eine? Nachkommenschaft
durch Gottes Segen! Nehmt euch in acht um eures
Lebens willen, und an der Frau deiner Jugendzeit
handle nicht treulos! 16 »Denn wer aus Abneigung
die Scheidung vollzieht«, spricht der Herr, der Gott
Israels, »bedeckt sein Gewand mit Unrecht«, spricht
der Herr der Heerscharen.

Der Herr kommt als Richter
17 Ihr belästigt den Herrn mit euren Reden! Nun
fragt ihr: »Womit belästigen wir ihn?« Damit, daß
ihr sagt: »Jeder Übeltäter steht in Gunst beim Herrn;
an solchen hat er Gefallen! Oder wo bleibt sonst der
Gott des Gerichtes?«

3

1 »Siehe, ich sende meinen Boten, daß er einen
Weg vor mir bereite! Dann kommt sofort zu
seinem Tempel der Herr, den ihr erwartet, und
der Bundesengel, den ihr herbeiwünscht. Siehe, er
kommt«, spricht der Herr der Heerscharen.
2 Wer aber erträgt den Tag seines Kommens, und
wer hält stand bei seinem Erscheinen? Denn er
gleicht dem Feuer des Schmelzers und der Lauge
der Waschenden. 3 Er nimmt Platz als Schmelzer
und Silberreiniger. Er reinigt die Söhne Levis und
läutert sie wie Gold und Silber, damit sie für den
Herrn geeignet werden, in rechter Weise Opfer dar-
zubringen. 4 Dann wird dem Herrn das Opfer Judas
und Jerusalems wieder angenehm sein wie in den
Tagen der Vorzeit und wie in längst vergangenen
Jahren. 5 »Ich nahe mich euch zum Gericht und trete
als dringender Zeuge auf gegen Zauberer und Ehe-
brecher, gegen Meineidige und gegen alle, die den
Lohnarbeiter, die Witwe und die Waise bedrücken,
den Fremden entrechten und mich nicht fürchten«,
spricht der Herr der Heerscharen.

Tempelgaben
6 »Wahrlich, ich, der Herr, habe mich nicht geän-
dert; aber ihr, Söhne Jakobs, seid unentschieden!
7 Seit den Tagen eurer Väter habt ihr euch von
meinen Vorschriften abgewandt und sie nicht ge-
halten. Kehrt um zu mir, dann kehre ich um zu
euch«, spricht der Herr der Heerscharen. »Ihr aber
fragt: ›Wovon denn sollen wir umkehren?‹ 8 Darf
der Mensch die Gottheit betrügen, daß ihr mich be-
trügt? – Ihr fragt: ›Womit betrügen wir dich?‹ – Mit
Zehnten und Abgabe! 9 Ihr seid beladen mit Fluch,
und mich betrügt ihr, das ganze Volk! 10 Bringt den
gesamten Zehnten ins Vorratshaus, auf daß in mei-
nem Hause Zehrung sei! Versucht es doch damit bei
mir!«, spricht der Herr der Heerscharen. »Ob ich
euch dann nicht des Himmels Schleusen öffne und
Segen über euch ergieße bis zum Überfluß! 11 Zu
eurem Nutzen werde ich der Freßheuschrecke
wehren, daß sie der Erde Frucht euch nicht vertilge
und daß der Weinstock auf dem Feld nicht leer da-
stehe«, spricht der Herr der Heerscharen. 12 »Dann
preisen euch alle Völker glücklich, weil ihr ein Land
seid, an dem man Gefallen hat«, spricht der Herr der
Heerscharen.

Gott verläßt die Seinen nicht
13 »Heftige Reden führt ihr gegen mich«, spricht der
Herr. »Ihr aber fragt: ›Was haben wir denn gegen
dich gemeinsam besprochen?‹ 14 Ihr sagt: ›Nutzlos
ist es, Gott zu dienen! Welchen Wert hatte es, daß
wir an seine Ordnung uns hielten und in Trauer
wandelten vor dem Herrn der Heerscharen? 15 Nun
wohlan, wir preisen die Übermütigen glücklich! Die
Übeltäter haben Erfolg; ja, sie stellen sogar Gott auf
die Probe und kommen heil davon!« 16 Das bespra-
chen die Gottesfürchtigen untereinander. Der Herr
merkte auf und hörte es. Und es wurde vor ihm ein
Merkbuch geschrieben für die, welche den Herrn
fürchten und seinen Namen achten. 17 »Sie sollen
mir«, spricht der Herr der Heerscharen, »ein Sonder-
gut sein am Tage, den ich herbeiführe! Ich werde sie
gütig behandeln, wie jemand seinen Sohn gütig be-
handelt, der ihm ergeben dient. 18 Dann werdet ihr
wieder einmal den Unterschied sehen zwischen
dem Gerechten und dem Frevler, zwischen dem,
der Gott dient, und dem, der ihm nicht dient.
19 Denn siehe, der Tag kommt brennend wie ein
Ofen; da werden alle Übermütigen und Frevler zu

Stoppeln. Und der kommende Tag wird sie ver-
brennen«, spricht der Herr der Heerscharen, »daß
ihnen weder Wurzel noch Zweig verbleibt. 20 Euch
aber, die ihr meinen Namen fürchtet, strahlt die
Sonne des Heiles auf; Heilung birgt sie in ihren Flü-
geln. Ihr werdet herauskommen und hüpfen wie
Kälblein aus dem Stall. 21 Die Frevler werdet ihr nie-
dertreten; ja, sie werden zu Asche unter den Sohlen
eurer Füße an jenem Tage, den ich herbeiführe«,
spricht der Herr der Heerscharen.

Moses und Elias

22 »Denkt an das Gesetz meines Knechtes Moses,
dem ich am Horeb für ganz Israel Satzungen
und Gebote erteilte! 23 Seht, ich sende euch den
Propheten Elias, ehe der Tag des Herrn kommt,
der große und furchtbare. 24 Er wird das Herz der
Väter den Söhnen und das Herz der Söhne den
Vätern wieder zuwenden, damit ich nicht kom-
men muß, um das Land mit dem Bannfluch zu
schlagen.

DAS NEUE TESTAMENT

Übersetzt und herausgegeben von

Prof. Dr. Josef Kürzinger

WAS IST UNS DAS NEUE TESTAMENT?

Kein Buch der Weltliteratur ist so zum Menschheitsbuch geworden wie die Heilige Schrift, die wir kurz die »Bibel«, d. h das Buch schlechthin, nennen. Schon in seinem Entstehen umspannt es mehr als ein Jahrtausend. Dies gilt zunächst vom »Alten Testament«, jenem einzigartigen Zeugnis religiöser Erfahrung und Offenbarung, wie es im Laufe der vorchristlichen, jüdischen Geschichte vom auserwählten Volk gesammelt und bewahrt wurde. Mit der Ankunft des Gottmenschen Jesus Christus wurde der Alte Bund durch eine neue, vollkommene Heilsordnung abgelöst; die Fülle von »Gnade und Wahrheit« (Joh 1,14) brach auf, und Jesus selbst nannte dies den »Neuen Bund«, das »Neue Testament« (Luk 22,20). Ist so dieses Wort zunächst Bezeichnung für das Gnadengeschenk der Erlösung in Christus Jesus, so erhielt es bald seine besondere Bedeutung als Name für jene Sammlung von 27 Schriften, in denen Geschichte und Sinn dieser Offenbarung von den ersten Zeugen und Jüngern niedergelegt wurden. Wir rechnen dazu die vier Evangelien, die Apostelgeschichte, die vierzehn Briefe des heiligen Paulus, die sieben sogenannten Katholischen Briefe und die Offenbarung des Johannes.

Dieses Neue Testament wurde als kostbares Gut unseres Glaubens von allen Generationen der Kirche heiliggehalten und mit Eifer und Sorgfalt gehütet. Ist es doch Gottes Wort, von menschlichen Verfassern unter besonderer Einwirkung des »Geistes der Wahrheit« geschrieben und so als »inspiriertes« Buch über jedem anderen Schrifttum stehend. Wohl steht die Autorität der von Christus unabhängig von der neutestamentlichen Schrift gegründeten Kirche als höchste Instanz über allem, was die christliche Offenbarung betrifft; wohl ruht das Glaubensgut weithin auch auf der lebendigen Tradition und dem Glaubensbewußtsein der Gesamtkirche, aber allezeit wird das Neue Testament, als die heilige Urkunde aus apostolischer Zeit, in besonderem Sinn das Zeugnis des sich in Christus offenbarenden Gottes sein und bleiben. Aus ihm haben die Kirchenväter, die großen Gottesgelehrten, die Heiligen, alle Christen, ob gelehrt oder ungelehrt, ihr Glaubenswissen geschöpft, ihren Hunger nach Wahrheit und Gerechtigkeit gestillt, ihr tiefstes Sehnen und Suchen erfüllt. So verstehen wir es, wenn die Kirche zu allen Zeiten, besonders aber wiederum in unserer drangvollen Gegenwart, in mahnenden Worten das Buch der Bücher in die Hände der Menschen legen und zu eifriger Lesung und Erwägung empfehlen möchte. »Die Heilige Schrift nicht kennen, heißt Christus nicht kennen«, sagt mit einem Wort des heiligen Hieronymus Papst Pius XII. in seinem berühmten Bibelrundschreiben vom 30. September 1943.

DIE VIER EVANGELIEN

Wie das Wort »Neues Testament« hat auch der Name »Evangelium« einen weiteren und engeren Sinn. Zuerst meinte er die »Frohbotschaft«, die mit dem Anbruch des Gottesreiches in Christus Jesus an die erlösungshungrige Menschheit erging. Jesus selbst redete vom »Evangelium« (Mark 1,15) und gab den Aposteln den Auftrag, dieses »Evangelium aller Kreatur« (Mark 16,15) zu künden. Damals dachte man dabei noch nicht an etwas Geschriebenes. Man bewahrte die heilige Kunde von den »Worten und Taten« des Herrn zunächst in mündlicher Überlieferung. Aber schon bald legten die Apostel und ihre Mitarbeiter diese Botschaft in besonderen Aufzeichnungen nieder, und frühzeitig erhielten diese Berichte den Namen »Evangelium«. Luk 1,1 spricht von »vielen« Aufzeichnungen. Es wurden jedoch nur vier von der Kirche in die offizielle Liste (Kanon) der heiligen Bücher aufgenommen: das Evangelium nach Matthäus, Markus, Lukas, Johannes. Die ersten drei hängen in ihrem Werden, nach Inhalt und Form, weitgehend zusammen (synoptische Evangelien), während das vierte in der Gedanklichkeit und Fassung ein eigenes Gepräge trägt. Aber bei aller erkennbaren Eigenart eines jeden dieser vier Berichte bilden sie doch in eindrucksvollem Zusammenklang das eine Evangelium unseres Herrn Jesus Christus.

DAS EVANGELIUM NACH MATTHÄUS

Nach ältester Überlieferung, schon Anfang des 2. Jahrhunderts nachweisbar, stammt das erste Evangelium vom Apostel Matthäus, auch Levi genannt, dem Sohn des Alphäus (Matth 9,9; 10,3; Mark 2,14; 3,18; Luk 5,27; 6,15). Bis zu seiner Berufung (Matth 9,9) war er als »Zöllner« in Kapharnaum tätig. Die erste Nachricht (Papias von Hierapolis, um 130 n. Chr.) bezeugt: »Matthäus hat in hebräischer Darstellungsweise die Logia (= die einzelnen Überlieferungsstücke) zusammengeordnet.« Man hat lange Zeit in diesem Text den Hinweis auf einen aramäischen (hebräischen) Urmatthäus gesehen. Doch ist darin nur die Kompositionsweise hervorgehoben, durch die sich unser Evangelium von dem des Markus unterscheidet. Matthäus wird von der alten Tradition als das erste Evangelium bezeichnet. Auf seine endgültige Gestalt scheinen aber auch Markus und vielleicht auch Lukas Einfluß gewonnen zu haben.

Matthäus verrät deutlich die Absicht, jüdisch denkenden Lesern nachzuweisen, daß sich in Jesus von Nazareth die messianische Erwartung des Alten Bundes erfüllt habe, weshalb die jüdischen Führer zu Unrecht ihm den Glauben verweigert hätten. Vor allem will er das »Himmelreich« (= Gottesreich) als Heilsbegriff und damit das Bild der von Christus an Stelle der Synagoge gegründeten universalen Kirche in Erscheinung treten lassen. Der Inhalt ist nicht streng nach der zeitlichen Folge des Wirkens Jesu dargeboten, sondern mehr nach sachlich-literarischen Gesichtspunkten, so daß oft zeitlich und räumlich Auseinanderliegendes in meist kunstvoll geordneten Erzählungs- oder Redestücken vorgelegt wird. Nach der Kindheitsgeschichte 1,1–2,23 und der Messiaseinführung 3,1–4,11 dient der galiläische Schauplatz als Rahmen der Darstellung 4,12–18,35, anschließend der Weg nach Jerusalem 19,1–20,34 und zuletzt Jerusalem selbst 21,1–28,20, womit der Bericht über Passion und Verherrlichung verbunden ist.

ZUR KINDHEITSGESCHICHTE JESU

Buch der Abstammung Jesu Christi, des Sohnes Davids, des Sohnes Abrahams:
2 Von Abraham stammte Isaak, von Isaak
stammte Jakob, von Jakob stammten Juda und
seine Brüder. 3 Von Juda stammten Phares und
Zara aus der Thamar, von Phares stammte Esrom,
von Esrom stammte Aram. 4 Von Aram stammte
Aminadab, von Aminadab stammte Naasson, von
Naasson stammte Salmon. 5 Von Salmon stammte
Booz aus der Rachab, von Booz stammte Jobed aus
der Ruth, von Jobed stammte Jesse, von Jesse
stammte David, der König. 6 Von König David
stammte Salomon aus der Frau des Urias. 7 Von
Salomon stammte Roboam, von Roboam stammte
Abia, von Abia stammte Asaph. 8 Von Asaph
stammte Josaphat, von Josaphat stammte Joram,
von Joram stammte Ozias. 9 Von Ozias stammte
Joatham, von Joatham stammte Achaz, von Achaz
stammte Ezechias. 10 Von Ezechias stammte
Manasse, von Manasse stammte Amos, von Amos
stammte Josias. 11 Von Josias stammten Jechonias
und seine Brüder zur Zeit der Wegführung nach
Babylon. 12 Nach der Wegführung nach Babylon
stammte von Jechonias Salathiel, von Salathiel
stammte Zorobabel. 13 Von Zorobabel stammte
Abiud, von Abiud stammte Eliakim, von Eliakim
stammte Azor. 14 Von Azor stammte Sadok, von
Sadok stammte Achim, von Achim stammte Eliud.
15 Von Eliud stammte Eleazar, von Eleazar stammte
Matthan, von Matthan stammte Achim, 16 von
Achim stammte Eliseph, der Mann Marias, aus der
geboren wurde Jesus, genannt Christus (Messias).
17 Insgesamt also sind an Geschlechtern: von Abraham bis David vierzehn Geschlechter, von David bis zur Wegführung nach Babylon vierzehn Geschlechter und von der Wegführung nach Babylon bis Christus vierzehn Geschlechter.

Vom Heiligen Geist

18 Mit der Herkunft Jesu Christi verhielt es sich aber
so: Als Maria, seine Mutter, mit Joseph verlobt war,
fand es sich, ehe sie zusammenkamen, daß sie
empfangen hatte vom Heiligen Geist. 19 Joseph, ihr
Mann, der gerecht war und sie nicht bloßstellen
wollte, gedachte, sie heimlich zu entlassen. 20 Als er

darüber nachdachte, siehe, da erschien ihm ein
Engel des Herrn im Traum und sprach: »Joseph,
Sohn Davids, fürchte dich nicht, Maria, deine Frau,
zu dir zu nehmen; denn was gezeugt ist in ihr,
stammt vom Heiligen Geist. 21 Sie wird einen Sohn
gebären, dem sollst du den Namen Jesus geben;
denn er wird sein Volk erlösen von seinen Sünden.«
22 Dies alles ist geschehen, damit erfüllt würde, was
gesagt ist vom Herrn durch den Propheten:
23 »Siehe, die Jungfrau wird empfangen und einen
Sohn gebären, und man wird ihn Emmanuel nen-
nen«, was übersetzt heißt: »Gott mit uns« (Is 7,14).
24 Joseph stand auf vom Schlaf, tat, wie ihm der En-
gel des Herrn befohlen hatte, und nahm seine Frau
zu sich. 25 Und er erkannte sie nicht, bis sie einen
Sohn gebar, und er gab ihm den Namen Jesus.

1,1–17: Der nicht lückenlose Stammbaum, der bei Luk 3,23–38 ein über eine andere Ahnenreihe geführtes Gegenstück hat, erweist die für den Messias vom Judentum erwartete Abstammung Jesu von Abraham und David. Joseph war zwar nicht blutmäßig – wie 1,18–25 deutlich macht –, aber in gesetzlich vollgültigem Sinne Vater Jesu und damit für ihn anerkannter Träger der Abstammung. • 18–25: Ist Erklärung zu 1,16. – Zum Geheimnis der Menschwerdung Jesu vgl. Luk 1,26–38. Joseph galt gesetzlich schon mit der Verlobung als Mann Marias und konnte, falls er gerichtliche Klage vermeiden wollte, nur mit dem rechtlich vorgeschriebenen Scheidebrief sie entlassen. Nach göttlicher Fügung sollte er auf außerordentliche Weise Zeuge des Geheimnisses werden. • 25: Der Satz, der nur die Zeit bis zur Geburt Jesu berücksichtigt, will nicht etwa aussagen, daß Joseph nach der Geburt Jesu Maria ehelich »erkannt« habe. Auch der hier in einigen Texten stehende Ausdruck »Erstgeborener« (vgl. Luk 2,7) deutet nicht weitere Kinder Marias an, er kennzeichnet nur die rechtliche Stellung des ersten Sohnes überhaupt. Über die sog. »Brüder Jesu« vgl. Anm. zu Matth 12,46.

Ankunft der Magier in Jerusalem

2 1 Als nun Jesus geboren war, zu Bethlehem
in Judäa, in den Tagen des Königs Herodes,
siehe, da kamen Magier aus dem Morgenland
nach Jerusalem 2 und sprachen: »Wo ist der neuge-
borene König der Juden? Wir sahen nämlich seinen
Stern im Aufgang und sind gekommen, ihm zu hul-
digen.« 3 Als der König Herodes dies hörte, erschrak
er und ganz Jerusalem mit ihm. 4 Er versammelte
alle Hohenpriester und Schriftgelehrten des Volkes
und suchte von ihnen zu erfahren, wo der Messias
geboren werde. 5 Sie sagten zu ihm: »Zu Bethlehem
in Judäa; denn so steht geschrieben durch den Pro-
pheten: 6 ›Und du, Bethlehem, Land Juda, keines-
wegs bist du der geringste unter den Fürstensitzen
Judas; denn aus dir wird hervorgehen ein Führer,
der leiten wird mein Volk Israel‹ (Mich 5,1).«
7 Da berief Herodes die Magier heimlich zu sich
und erforschte von ihnen genau die Zeit der Er-
scheinung des Sternes. 8 Dann sandte er sie nach
Bethlehem und sprach: »Geht hin und forschet
genau nach dem Kind, und habt ihr es gefunden, so
laßt es mich wissen, damit auch ich komme und
ihm huldige.«

Huldigung der Magier

9 Sie hörten den König an, zogen fort, und siehe, der
Stern, den sie im Aufgang gesehen, ging vor ihnen
her, bis er ankam und stehenblieb über dem Ort,
wo das Kind war. 10 Da sie den Stern sahen, hatten
sie eine überaus große Freude. 11 Sie gingen in das
Haus, sahen das Kind mit Maria, seiner Mutter,
fielen nieder und huldigten ihm. Sie taten auch ihre
Schätze auf und brachten ihm Geschenke dar:
Gold, Weihrauch und Myrrhe. 12 Und als sie im
Traum die Weisung erhielten, nicht zurückzu-
kehren zu Herodes, zogen sie auf einem anderen
Weg heim in ihr Land.

Flucht nach Ägypten

13 Als sie fortgegangen waren, siehe, da erschien ein
Engel des Herrn dem Joseph im Traum und sprach:
»Steh auf, nimm das Kind und seine Mutter und
flieh nach Ägypten, und bleibe dort, bis ich es dir
sage; denn Herodes hat vor, das Kind zu suchen und
es umzubringen.« 14 Da stand er auf, nahm in der
Nacht das Kind und seine Mutter und zog fort nach
Ägypten. 15 Er blieb dort bis zum Tod des Herodes,
damit erfüllt würde, was gesagt ist vom Herrn
durch den Propheten: »Aus Ägypten rief ich meinen
Sohn« (Os 11,1).

Kindermord in Bethlehem

16 Als Herodes sah, daß er von den Magiern hinter-
gangen war, wurde er sehr zornig, schickte hin und
ließ in Bethlehem und in seiner ganzen Umgebung
alle Knaben von zwei Jahren und darunter ermor-
den, entsprechend der Zeit, die er von den Magiern
genau erfragt hatte. 17 Da erfüllte sich, was gesagt
ist durch den Propheten Jeremias: 18 »Eine Stimme
ward gehört zu Rama, viel Weinen und Klagen;
Rachel beweint ihre Kinder und will sich nicht
trösten lassen, da sie nicht mehr sind« (Jer 31,15).

Rückkehr der Heiligen Familie nach Nazareth

19 Nachdem aber Herodes gestorben war, siehe, da
erschien ein Engel des Herrn im Traum dem Joseph
in Ägypten 20 und sprach: »Steh auf, nimm das Kind
und seine Mutter und zieh in das Land Israel; denn
die dem Kind nach dem Leben trachteten, sind ge-
storben.« 21 Da stand er auf, nahm das Kind und
seine Mutter und zog in das Land Israel. 22 Als er
aber hörte, daß Archelaus anstatt seines Vaters
Herodes in Judäa regiere, fürchtete er sich, dorthin
zu gehen, und zog, nachdem er im Traum Weisung
erhalten hatte, in das Gebiet von Galiläa. 23 Dort an-
gekommen, nahm er Aufenthalt in einer Stadt, die

Nazareth heißt, damit erfüllt würde, was gesagt ist
durch die Propheten: Er wird ein Nazoräer genannt
werden.

2,1: Herodes starb im Jahre 4 vor unserer, nicht exakt festgelegten Zeitrechnung. Die Geburt Jesu war somit wohl um 6/7 v. Chr. Die »Magier«, deren Zahl und Namen erst von der Überlieferung festgelegt wurden, werden im Hinblick auf Is 60,1–6 und Ps 72,10f auch »Könige« genannt. Treffender ist die Bezeichnung als »Weise«, da es sich wohl um gebildete und angesehene Wahrheitssucher aus dem Osten handelt, um Männer, die sich der im Orient weitverbreiteten Astronomie widmeten und denen Gott in Verbindung mit einer außerordentlichen Himmelserscheinung den Weg zum Erlöserkind wies. Sie sollten zugleich zum Zeugnis für die Juden dienen. Ob es sich bei dieser Himmelserscheinung um einen eigentlichen Wunderstern oder nur um eine rein natürlich zu erklärende Konstellation von Himmelskörpern handelte, läßt sich aus dem Text nicht entscheiden. • 18: Das Grab Rachels war in der Nähe von Bethlehem. • 22: Joseph wollte nach unserem Bericht wohl dauernd in Bethlehem, seiner Heimat, Luk 2,4, bleiben, läßt sich aber dann wegen des unberechenbaren Archelaus in Nazareth, der Heimat Mariens, Luk 1,26, nieder. Bei Lukas kommt diese Absicht nicht so zum Ausdruck. Dort scheint nur ein vorübergehender Aufenthalt in Bethlehem gemeint zu sein im Zusammenhang mit der Volksaufzeichnung. Auch der Aufenthalt in Ägypten ist dort nicht erwähnt (vgl. Luk 2,4ff.39). • 23: Wohl eine freie Ausdeutung des hebräischen »nezer« (Reis, Sproß) Is 11,1 als Bezeichnung des Messias; vgl. Is 4,2; Jer 23,5; 33,15; Zach 3,8; 6,12, wo der Messias ebenfalls als »Sproß« bezeichnet wird, wenn auch mit dem hebr. Wort »zemach«.

EINFÜHRUNG JESU IN SEIN MESSIASAMT

Der Wegbereiter: Johannes der Täufer,
Stimme eines Rufers in der Wüste

3 1 In jenen Tagen trat Johannes der Täufer auf
und predigte in der Wüste von Judäa, 2 indem
er sprach: »Bekehrt euch, denn genaht hat sich
das Reich des Himmels.« 3 Dieser nämlich ist es,
von dem durch den Propheten Isaias gesagt ist:
»Stimme eines Rufers in der Wüste: Bereitet den
Weg des Herrn; macht gerade seine Pfade!« (Is 40,3).
4 Er aber, Johannes, trug ein Kleid von Kamelhaaren
und »einen ledernen Gürtel um seine Lende« (2 Kön
1,8), und seine Nahrung waren Heuschrecken und
wilder Honig. 5 Da zogen Jerusalem und ganz Judäa
zu ihm hinaus und die ganze Gegend am Jordan,
6 und sie ließen sich im Jordanfluß von ihm taufen
und bekannten ihre Sünden. 7 Als er aber viele Pharisäer
und Sadduzäer zu seiner Taufe kommen sah,
sprach er zu ihnen: »Ihr Natternbrut! Wer hat euch
gelehrt, dem kommenden Zorngericht zu entfliehen?
8 Bringt darum Frucht, die der Bekehrung würdig
ist, 9 und bildet euch nicht ein, euch vorsagen zu
dürfen: Wir haben Abraham zum Vater! Denn ich
sage euch: Gott kann aus diesen Steinen dem Abraham
Kinder erwecken. 10 Schon ist die Axt an die
Wurzel der Bäume gesetzt. Jeder Baum nun, der
nicht gute Frucht bringt, wird herausgehauen und
ins Feuer geworfen. 11 Ich taufe euch mit Wasser zur
Bekehrung; der aber nach mir kommt, ist stärker als
ich; ich bin nicht würdig, ihm die Schuhe zu tragen.
Der wird euch taufen mit Heiligem Geist und mit
Feuer. 12 Die Wurfschaufel hat er in seiner Hand,
und säubern wird er seine Tenne; seinen Weizen
wird er sammeln in den Speicher, die Spreu aber
verbrennen in unauslöschlichem Feuer.«

Taufe Jesu

13 Da kam Jesus aus Galiläa an den Jordan zu Johannes,
um sich taufen zu lassen von ihm. 14 Johannes
aber hielt ihn zurück und sprach: »Ich habe nötig,
von dir getauft zu werden, und du kommst zu
mir?« 15 Jesus antwortete ihm: »Laß es jetzt geschehen;
denn so ziemt es uns, daß wir alle Gerechtigkeit
erfüllen.« Da ließ er ihn zu. 16 Als Jesus getauft
war, stieg er sogleich aus dem Wasser herauf, und
siehe, es öffnete sich ihm der Himmel, und er sah
den Geist Gottes wie eine Taube herabsteigen und
über sich kommen. 17 Und siehe, eine Stimme vom
Himmel sprach: »Dieser ist mein geliebter Sohn, an
dem ich Wohlgefallen fand.«

3,1–12: Vgl. Mark 1,2–8; Luk 3,1–18; Joh 1,19–28. • 2: »Bekehrt euch« (»denket um«) wird nach dem latein. Text meist übersetzt: »Tut Buße!« »Reich des Himmels« (»Himmelreich« = »Reich Gottes«, »Gottesreich« bei Mark, Luk) meint die mit Christus kommende Königsherrschaft Gottes, die im AT verheißen war und ihre Vollendung am Ende dieser Weltzeit finden wird. • 9: Die Juden erwarteten für sich allein, auf Grund ihrer leiblichen Abstammung von Abraham, das messianische Heil und damit die Rettung im Endgericht. Johannes lehnte diese Privilegienstimmung ab mit der Forderung nach innerer, geistiger Umstellung.

Versuchung

4 1 Dann wurde Jesus vom Geist in die Wüste
hinaufgeführt, um versucht zu werden vom
Teufel. 2 Nachdem er vierzig Tage und vierzig
Nächte gefastet hatte, hungerte ihn zuletzt. 3 Da
trat der Versucher hinzu und sagte zu ihm: »Bist du
Gottes Sohn, so sag, daß diese Steine Brote werden.«
4 Er aber antwortete: »Es steht geschrieben:
›Nicht nur von Brot lebt der Mensch, sondern von
jedem Wort, das hervorgeht aus dem Munde
Gottes‹ (5 Mos 8,3).« 5 Dann nahm ihn der Teufel
mit in die Heilige Stadt, stellte ihn auf die Zinne des
Tempels 6 und sagte zu ihm: »Bist du Gottes Sohn,
so stürze dich hinab; denn es steht geschrieben:
›Seinen Engeln wird er deinetwegen befehlen, und
sie werden dich auf Händen tragen, damit du nicht
an einen Stein deinen Fuß stoßest‹.« (Ps 91,11f).

7 Jesus aber erwiderte ihm: »Wiederum steht ge-
schrieben: ›Du sollst den Herrn, deinen Gott, nicht
versuchen‹ (5 Mos 6,16).«
8 Abermals nahm ihn der Teufel mit auf einen sehr
hohen Berg, zeigte ihm alle Reiche der Welt und
ihre Herrlichkeit 9 und sagte zu ihm: »Dies alles will
ich dir geben, wenn du niederfällst und mich anbe-
test.« 10 Da sprach Jesus zu ihm: »Weiche, Satan!
Denn es steht geschrieben: ›Den Herrn, deinen
Gott, sollst du anbeten und ihm allein dienen‹
(5Mos 6,13).« 11 Da ließ der Teufel von ihm ab, und
siehe, Engel traten hinzu und dienten ihm.

IN GALILÄA

In Kapharnaum

12 Als er aber vernahm, daß Johannes verhaftet
worden sei, zog er sich nach Galiläa zurück. 13 Er
verließ Nazareth, kam nach Kapharnaum, am See
gelegen, im Gebiet von Zabulon und Nephtalim,
und nahm dort seinen Wohnsitz. 14 So wurde er-
füllt, was gesagt ist durch den Propheten Isaias:
15 »Das Land Zabulon und das Land Nephtalim
entlang am See, jenseits des Jordans, das Galiläa der
Heiden, 16 das Volk, das im Finstern sitzt, sah ein
großes Licht, und denen, die im Land und im
Schatten des Todes sitzen: ein Licht ging auf über
ihnen« (Is 8,23f; 9,1). 17 Von dieser Zeit an begann
Jesus zu künden und zu rufen: »Bekehrt euch, denn
genaht hat sich das Reich des Himmels!«

Die ersten Jünger

18 Als er am Ufer des Sees von Galiläa entlangging,
sah er zwei Brüder, Simon, der Petrus genannt wird,
und Andreas, seinen Bruder, wie sie das Netz in den
See warfen; sie waren nämlich Fischer. 19 Und er
sprach zu ihnen: »Kommt, folgt mir nach, und ich
werde euch zu Menschenfischern machen!« 20 Sie
verließen sogleich ihre Netze und folgten ihm nach.
21 Als er von dort weiterging, sah er zwei andere
Brüder, Jakobus, den Sohn des Zebedäus, und
Johannes, seinen Bruder, wie sie im Schiff mit
Zebedäus, ihrem Vater, ihre Netze zurechtmach-
ten, und er rief sie. 22 Sie verließen sogleich das
Schiff und ihren Vater und folgten ihm nach.

Das erste Wirken

23 Jesus durchwanderte ganz Galiläa, lehrte in
ihren Synagogen, verkündete das Evangelium vom
Reiche und heilte jede Krankheit und jedes Ge-
brechen im Volke. 24 Der Ruf von ihm ging über
ganz Syrien hin, und sie brachten zu ihm alle, die
leidend waren, behaftet mit verschiedenen Krank-
heiten und Qualen: Besessene und Mondsüchtige
und Gelähmte, und er heilte sie. 25 Es folgte ihm viel
Volk aus Galiläa, aus der Dekapolis, aus Jerusalem,
aus Judäa und von jenseits des Jordans.

4,1–11: Vgl. Mark 1,12f; Luk 4,1–13. Die Versuchung Jesu geht um die Treue zu seinem wahren Messiasideal des Gehorsams und des Verzichtes gegenüber den auch von vielen Juden gehegten irdisch-politischen Heilserwartungen.

BERGPREDIGT

Seligpreisung der Berufenen

5 1 Als er die Scharen sah, stieg er auf den
Berg, und nachdem er sich gesetzt hatte,
traten seine Jünger zu ihm, 2 und er tat seinen
Mund auf, lehrte sie und sprach:
3 »Selig die Armen im Geiste, denn ihrer ist das
Himmelreich. 4 Selig die Trauernden, denn sie
werden getröstet werden. 5 Selig die Sanftmütigen,
denn sie werden das Land besitzen. 6 Selig, die hun-
gern und dürsten nach der Gerechtigkeit, denn sie
werden gesättigt werden. 7 Selig die Barmherzigen,
denn sie werden Erbarmen finden. 8 Selig, die laute-
ren Herzens sind, denn sie werden Gott schauen.
9 Selig die Friedfertigen, denn sie werden Söhne
Gottes genannt werden. 10 Selig, die Verfolgung
leiden um der Gerechtigkeit willen, denn sie wer-
den Gott schauen. 11 Selig die seid ihr, wenn sie
euch schmähen und verfolgen und lügnerisch alles
Böse gegen euch sagen um meinetwillen. 12 Freut
euch und frohlockt, denn euer Lohn ist groß im
Himmel. Ebenso nämlich haben sie die Propheten
verfolgt, die vor euch waren.

Jüngerberuf

13 Ihr seid das Salz der Erde. Wenn das Salz schal
geworden ist, womit soll man es salzen? Es taugt
zu nichts weiter, als daß es hinausgeworfen und
zertreten wird von den Menschen. 14 Ihr seid das
Licht der Welt. Es kann eine Stadt nicht verborgen
bleiben, die droben liegt auf dem Berge. 15 Auch
zündet man nicht eine Lampe an und stellt sie unter
den Scheffel, sondern auf den Leuchter, und sie
leuchtet allen, die im Hause sind. 16 So leuchte euer

Licht vor den Menschen, damit sie eure guten Werke sehen und euren Vater preisen, der im Himmel ist.

Himmelreich und Gesetz

17 Denkt nicht, ich sei gekommen, das Gesetz oder die Propheten aufzuheben. Ich bin nicht gekommen aufzuheben, sondern zu erfüllen. 18 Denn wahrlich, ich sage euch: Bis der Himmel und die Erde vergehen, wird nicht ein einziges Jota oder ein einziges Häkchen vom Gesetz vergehen, bis alles geschehen ist. 19 Wer daher eines von diesen kleinsten Geboten aufhebt und so die Menschen lehrt, der wird als Kleinster gelten im Himmelreich; wer sie aber tut und lehrt, der wird als Großer gelten im Himmelreich. 20 Denn ich sage euch: Wenn eure Gerechtigkeit nicht weitaus größer sein wird als die der Schriftgelehrten und Pharisäer, werdet ihr nicht hineinkommen in das Himmelreich.

Versöhnende Liebe

21 Ihr habt gehört, daß gesagt wurde zu den Alten: ›Du sollst nicht töten‹ (2 Mos 20,13; 5 Mos 5,17). Wer tötet, wird dem Gericht verfallen sein. 22 Ich aber sage euch: Jeder, der seinem Bruder zürnt, wird dem Gericht verfallen sein. Wer zu seinem Bruder sagt: Du Tor! wird dem Hohen Rat verfallen sein; wer sagt: Du Narr! wird der Feuerhölle verfallen sein. 23 Wenn du daher deine Gabe zum Altare bringst und dich dort erinnerst, daß dein Bruder etwas gegen dich hat, 24 so laß deine Gabe dort vor dem Altar und geh zuerst hin und versöhne dich mit deinem Bruder, und dann komm und opfere deine Gabe! 25 Verständige dich mit deinem Gegner ohne Zögern, solange du noch mit ihm auf dem Wege bist, damit dich nicht der Gegner dem Richter und der Richter dem Gerichtsdiener übergibt und du in den Kerker geworfen wirst. 26 Wahrlich, ich sage dir: Du kommst nicht heraus von dort, bis du bezahlt hast den letzten Heller.

Heiligkeit der Ehe

27 Ihr habt gehört, daß gesagt wurde [zu den Alten]: ›Du sollst nicht ehebrechen‹ (2 Mos 20,14; 5 Mos 5,18). 28 Ich aber sage euch: Ein jeder, der eine Frau anblickt mit begehrlicher Absicht, hat schon die Ehe mit ihr gebrochen in seinem Herzen. 29 Wenn dein rechtes Auge dir zum Ärgernis wird, so reiß es aus und wirf es von dir; denn es ist besser für dich, daß eines deiner Glieder verlorengehe, als daß dein ganzer Leib in die Hölle geworfen werde. 30 Wenn deine rechte Hand dir zum Ärgernis wird, so haue sie ab und wirf sie von dir; denn es ist besser für dich, daß eines deiner Glieder verlorengehe, als daß dein ganzer Leib in die Hölle fahre.

Unauflösbarkeit

31 Es wurde auch gesagt: ›Wer seine Frau entläßt, gebe ihr einen Scheidebrief‹ (5 Mos 24,1). 32 Ich aber sage euch: Ein jeder, der seine Frau entläßt – nicht kommt in Frage Begründung mit Unzucht (5 Mos 24,1)! –, macht sie zur Ehebrecherin, und wer eine Entlassene heiratet, bricht die Ehe.

Wahrhaftigkeit

33 Wiederum habt ihr gehört, daß gesagt wurde zu den Alten: ›Du sollst nicht falsch schwören‹ (3 Mos 19,12); ›du sollst dem Herrn deine Schwüre halten‹ (4 Mos 30,3; 5 Mos 23,22). 34 Ich aber sage euch: Schwört überhaupt nicht, auch nicht beim Himmel, denn er ist ›der Thron Gottes‹, 35 auch nicht bei der Erde, denn sie ist ›der Schemel seiner Füße‹ (Is 66,1), auch nicht bei Jerusalem, denn es ist ›die Stadt des großen Königs‹ (Ps 48,3). 36 Auch nicht bei deinem Haupte sollst du schwören, weil du nicht ein einziges Haar weiß machen kannst oder schwarz. 37 Es sei euer Jawort ein Ja, euer Nein ein Nein. Was darüber hinausgeht, ist vom Bösen.

Wahre Wiedervergeltung

38 Ihr habt gehört, daß gesagt wurde: ›Aug um Aug, Zahn um Zahn‹ (2 Mos 21,24; 5 Mos 19,21). 39 Ich aber sage euch: Wehrt euch nicht gegen den Bösen, sondern wer dich auf deine rechte Wange schlägt, dem halte auch die andere hin! 40 Und wer dich vor Gericht bringen und deinen Leibrock nehmen will, dem lasse auch den Mantel! 41 Und wer dich nötigt zu einer einzigen Meile, mit dem gehe zwei! 42 Wer dich bittet, dem gib, und wer von dir borgen will, den weise nicht ab!

Liebe ohne Schranken

43 Ihr habt gehört, daß gesagt wurde: ›Du sollst deinen Nächsten lieben‹ (3 Mos 19,18) und deinen Feind hassen. 44 Ich aber sage euch: Liebt eure Feinde [, tut Gutes denen, die euch hassen,] und betet für sie, die euch verfolgen [und verleumden], 45 auf daß ihr Söhne eures Vaters im Himmel werdet; denn er läßt seine Sonne aufgehen über Böse und Gute und läßt regnen über Gerechte und Ungerechte. 46 Denn wenn ihr die liebt, die euch lieben, welchen Lohn habt ihr? Tun nicht auch die Zöllner das gleiche? 47 Und wenn ihr nur eure Brüder grüßt, was tut ihr Besonderes? Tun nicht auch die Heiden das gleiche? 48 Seid also vollkommen, wie euer Vater im Himmel vollkommen ist!

5,1–7,29: Vgl. Luk 6,20–49. In der Bergpredigt bietet Matth in kurzer Zusammenordnung die Grundgedanken der ersten Predigt Jesu, vor allem in ihrem Unterschied zu der von den pharisäischen Schriftgelehrten vertretenen Gesetzesauffassung und Lebenshaltung. Sie ist eine Rechtfertigung gegenüber dem von den Schriftgelehrten erhobenen Vorwurf, Jesu Botschaft hebe das alttestamentliche Gesetz auf.

5,3: »Arme im Geiste« meint alle, die innerlich arm und erlösungsbedürftig sind; vgl. Is 61,1; Luk 4,18. Auch die übrigen »Seligkeiten« lehnen sich an alttestamentliche Weissagungen über den Segen des Gottesreiches an, dessen Kommen Jesus verkündet. • 13–16: Vgl. Mark 9,50; 4,21; Luk 14,34f; 8,16; 11,33. Wie ein verdorbenes Salz völlig wertlos geworden ist, so auch der seiner Aufgabe untreu gewordene Jünger, der rettend und erhaltend wirken sollte. Ist er treu, wirkt er wie eine hochgelegene Stadt und wie ein Licht, nämlich durch sein strahlendes, nicht zu übersehendes Beispiel. • 17–20: Jesus verwahrt sich gegen den Vorwurf des Umsturzes. Sein Gottesreich fordert nur Vertiefung und Vollendung. • 21–48: Die sechs Beispiele kennzeichnen die vorbehaltlose und lautere Nächstenliebe als die vollkommene Erfüllung des Gesetzes, vgl. 7,12. • 21–26: Die brüderliche Friedensbereitschaft ist Voraussetzung für das Gottesreich. Das wollen diese, im einzelnen nicht streng wörtlich anwendbaren Sätze sagen. • 29–30: Vgl. Matth 18,8f. • 32: Mit der nur bei Matth (vgl. 19,9) sich findenden Einschiebung will Jesus, oder wahrscheinlich der Evangelist, die jüdischen Leser darauf hinweisen, daß bei der eindeutigen Forderung nach Unauflösbarkeit der Ehe auch nicht mehr die Scheidungsgründe gelten, die von den Schriftgelehrten in der verschiedenen Ausdeutung von 5 Mos 24,1 angenommen wurden. Eine Einschränkung der Forderung Jesu im Fall von Ehebruch (= »Unzucht«) würde den Idealen der Bergpredigt widersprechen wie auch der eindeutigen Formulierung bei Mark 10,11; Luk 16,18; 1 Kor 7,10. Unsere Übersetzung versucht den Sinn der eingeschobenen, wörtlich nicht eindeutig zu fassenden Klausel zu geben. • 33–37: Mag damit auch der Eid nicht absolut verboten sein (vgl. Hebr 6,16), so bleibt er doch ein Zeichen, daß das Böse, d. h. Lüge und Mißtrauen, noch nicht überwunden ist. Jesus wendet sich vor allem gegen den Mißbrauch des Schwörens im täglichen Leben und gegen die kasuistische Klügelei der Schriftgelehrten, vgl. Matth 23,16ff; Jak 5,12. • 38–42: Stellt wie beim Eid das Ideal dar, ohne buchstäbliche Verpflichtung (vgl. Joh 18,22). Würden freilich alle Menschen danach handeln, wäre aller Rechtsstreit überwunden. • 43–48: »Nächster« war für den Juden nach 3 Mos 19,18; 5 Mos 10,19 der »Volksgenosse« und der sog. »Fremdling«. • 46: Die Zöllner waren bei den Juden nicht zuletzt wegen ihrer Zusammenarbeit mit der römischen Besatzungsmacht verhaßt.

Vom Almosengeben

6 1 Gebt acht, daß ihr eure Gerechtigkeit nicht
vor den Menschen tut, um euch sehen zu
lassen von ihnen; sonst habt ihr keinen Lohn
bei eurem Vater im Himmel. 2 Wenn du daher
Almosen gibst, so posaune nicht vor dir her, wie die
Heuchler in den Synagogen und auf den Straßen
tun, damit sie gepriesen werden von den Men-
schen. Wahrlich, ich sage euch: Sie haben ihren
Lohn empfangen. 3 Wenn aber du Almosen gibst, so
soll deine Linke nicht wissen, was deine Rechte tut,
4 damit dein Almosen im Verborgenen sei; und dein
Vater, der im Verborgenen sieht, wird dir vergelten.

Vom Beten

5 Und wenn ihr betet, so sollt ihr nicht sein wie die
Heuchler; denn sie stehen gern in den Synagogen
und an den Straßenecken und beten, damit sie ge-
sehen werden von den Menschen. Wahrlich, ich
sage euch: Sie haben ihren Lohn empfangen.
6 Wenn aber du betest, so ›geh in deine Kammer,
schließ die Türe zu‹ (Is 26,20; 2 Kön 4,33) und bete
zu deinem Vater im Verborgenen; und dein Vater,
der im Verborgenen sieht, wird dir vergelten.
7 Wenn ihr aber betet, sollt ihr nicht plappern wie
die Heiden, die sich einbilden, daß sie erhört wer-
den, wenn sie viele Worte machen. 8 Werdet daher
nicht wie sie; denn euer Vater weiß, was ihr nötig
habt, ehe ihr ihn bittet.
9 So nun sollt ihr beten: Unser Vater, du im Himmel,
geheiligt werde dein Name. 10 Es komme dein
Reich. Es geschehe dein Wille wie im Himmel auch
auf Erden. 11 Unser tägliches Brot gib uns heute.
12 Und vergib uns unsere Schulden, wie auch wir
vergeben haben unseren Schuldnern. 13 Und führe
uns nicht in Versuchung, sondern erlöse uns vom
Bösen. [Amen.]
14 Denn wenn ihr den Menschen ihre Fehler ver-
gebt, wird auch euch euer himmlischer Vater [eure
Vergehen] vergeben. 15 Wenn ihr aber den Men-
schen nicht vergebt, wird auch euer Vater eure Ver-
fehlungen nicht vergeben.

Vom Fasten

16 Wenn ihr fastet, so schaut nicht finster drein wie
die Heuchler; denn diese entstellen ihr Antlitz,
damit die Menschen sehen, daß sie fasten. Wahr-
lich, ich sage euch: Sie haben ihren Lohn empfan-
gen. 17 Wenn aber du fastest, so salbe dein Haupt
und wasche dein Gesicht, 18 damit du mit deinem
Fasten nicht auffällst vor den Menschen, sondern
vor deinem Vater, der im Verborgenen ist; und dein
Vater, der im Verborgenen sieht, wird dir vergelten.

Mammonsdienst

19 Sammelt euch nicht Schätze auf Erden, wo Motte
und Rost sie verzehren und wo Diebe einbrechen
und stehlen; 20 sondern sammelt euch Schätze im
Himmel, wo weder Motte noch Rost sie verzehren
und wo Diebe nicht einbrechen und stehlen.
21 Denn wo dein Schatz ist, da wird auch dein Herz
sein.
22 Die Leuchte deines Leibes ist dein Auge; ist nun
dein Auge klar, wird dein ganzer Leib im Lichte
sein; 23 ist aber dein Auge schlecht, wird dein
ganzer Leib im Finstern sein. Wenn darum das
Licht, das in dir ist, Finsternis ist, was mag das für
eine Finsternis sein!
24 Niemand kann zwei Herren dienen; denn ent-
weder wird er den einen hassen und den andern
lieben, oder er wird sich dem einen zuneigen und
den andern verachten. Ihr könnt nicht Gott dienen
und dem Mammon.

Sorget nicht ängstlich, sondern suchet zuerst das Reich Gottes!

25 Darum sage ich euch: Macht euch nicht Sorge für
euer Leben, was ihr essen oder trinken, noch für

euren Leib, was ihr anziehen werdet. Ist nicht das Leben mehr als die Speise und der Leib mehr als die Kleidung? 26 Seht auf die Vögel des Himmels! Sie säen nicht, sie ernten nicht, sie sammeln nicht in die Scheunen, und euer himmlischer Vater ernährt sie. Seid ihr nicht viel wertvoller als sie? 27 Wer unter euch vermag mit seinen Sorgen seinem Lebensweg eine einzige Elle hinzuzufügen?

28 Und was macht ihr euch Sorge um die Kleidung? Betrachtet die Lilien des Feldes wie sie wachsen! Sie arbeiten nicht und spinnen nicht, 29 und doch sage ich euch: Selbst Salomon in all seiner Pracht war nicht gekleidet wie eine von ihnen. 30 Wenn nun Gott das Gras des Feldes, das heute steht und morgen in den Ofen geworfen wird, so kleidet, wieviel mehr euch, ihr Kleingläubigen!

31 Macht euch nicht Sorge und sagt nicht: Was werden wir essen, was werden wir trinken, womit werden wir uns bekleiden? 32 Denn nach all dem trachten die Heiden. Es weiß ja euer Vater im Himmel, daß ihr all dessen bedürft. 33 Suchet zuerst sein Reich und seine Gerechtigkeit, und dies alles wird euch dazugegeben werden. 34 Macht euch daher nicht Sorge für den morgigen Tag; denn der morgige Tag wird für sich selber sorgen. Jedem Tag genügt seine Plage.

6,5–15: Damit ist nicht jeder öffentliche Gottesdienst abgelehnt, sondern die pharisäische Zurschaustellung religiösen Handelns. Zum Vaterunser, in dem Jesus die Grundanliegen christlichen Betens zeigen wollte, vgl. Luk 11,1–4 mit kürzerer und etwas anderer Fassung. • 19f: Statt »Rost« übersetzt man auch »Wurm« (wörtlich: Fraß). • 23: »Schlecht« ist ein doppelsichtiges Auge als Sinnbild für das doppelstrebige »Herz« (6,21), im Unterschied zum »klaren« (»gesunden«, wörtlich: »einfachen«) Auge, das einzig auf Gott gerichtet ist, nicht zugleich auf den Mammon. • 25–34: Will nur das volle Gottvertrauen wecken, nicht aber geordnete Arbeit und Vorsorge ablehnen.

Verkehrtes Richten

7 1 Richtet nicht, damit ihr nicht gerichtet werdet. 2 Denn mit dem Urteil, mit dem ihr richtet, werdet ihr gerichtet werden, und mit dem Maß, mit dem ihr messet, wird euch gemessen werden. 3 Was siehst du den Splitter im Auge deines Bruders, und den Balken in deinem Auge beachtest du nicht? 4 Oder wie kannst du deinem Bruder sagen: Laß mich den Splitter aus deinem Auge ziehen, und siehe, in deinem Auge ist der Balken? 5 Du Heuchler! Zieh erst den Balken aus deinem Auge, und dann sieh zu, wie du den Splitter aus deines Bruders Auge ziehest!

6 Gebt das Heilige nicht den Hunden und werft eure Perlen nicht vor die Schweine, damit sie nicht diese zertreten unter ihren Füßen und sich umwenden und euch zerreißen.

Betende Zuversicht

7 Bittet, und es wird euch gegeben werden; suchet, und ihr werdet finden; klopfet an, und es wird euch aufgetan werden! 8 Denn jeder, der bittet, empfängt, und wer sucht, der findet, und wer anklopft, dem wird aufgetan werden. 9 Oder wer ist unter euch, der seinem Sohn, wenn er um Brot ihn bittet, einen Stein gäbe? 10 Oder, wenn er um einen Fisch bittet, ihm eine Schlange gäbe? 11 Wenn nun ihr, die ihr böse seid, euren Kindern gute Gaben zu geben wißt, um wieviel mehr wird euer Vater im Himmel denen Gutes geben, die ihn bitten!

Goldene Regel

12 Alles nun, was ihr wollt, daß euch die Menschen tun, sollt ebenso auch ihr ihnen tun; denn das ist das Gesetz und die Propheten.

Klare Entscheidung

13 Geht hinein durch das enge Tor! Denn weit ist das Tor, und breit ist der Weg, der ins Verderben führt, und viele sind es, die hineingehen auf ihm. 14 Doch wie eng ist das Tor und wie schmal der Weg, der zum Leben führt, und wenige sind es, die ihn finden.

15 Hütet euch vor den falschen Propheten, die in Schafskleidern zu euch kommen; inwendig sind sie reißende Wölfe. 16 An ihren Früchten werdet ihr sie erkennen. Sammelt man denn Trauben von Dornen oder Feigen von Disteln? 17 So bringt jeder gute Baum gute Früchte, der schlechte Baum aber bringt schlechte Früchte. 18 Ein guter Baum kann nicht schlechte Früchte bringen, und ein schlechter Baum kann nicht gute Früchte bringen. 19 Jeder Baum, der nicht gute Früchte bringt, wird herausgehauen und ins Feuer geworfen. 20 An ihren Früchten also werdet ihr sie erkennen.

Wahre Gefolgschaft

21 Nicht jeder, der zu mir sagt: ›Herr, Herr!‹ wird eingehen in das Himmelreich, sondern wer den Willen meines Vaters tut, der im Himmel ist [, der wird eingehen in das Himmelreich]. 22 Viele werden an jenem Tag zu mir sagen: ›Herr, Herr, haben wir nicht geweissagt in deinem Namen? Haben wir nicht Dämonen ausgetrieben in deinem Namen? Haben wir nicht viele Wunder gewirkt in deinem Namen?‹ 23 Alsdann werde ich ihnen offen erklären: ›Ich habe euch niemals gekannt; weicht von mir, die ihr die Werke des Bösen tut!‹

Bewährung

24 Jeder nun, der diese meine Worte hört und sie tut, wird gleich sein einem klugen Mann, der sein Haus auf den Felsen baute. 25 Es fiel der Platzregen, es kamen Wasserbäche, es brausten die Winde und

stießen an jenes Haus, aber es fiel nicht zusammen; denn auf Felsengrund war es gebaut. 26 Jeder, der diese meine Worte hört und sie nicht tut, der wird gleich sein einem törichten Mann, der sein Haus auf den Sand baute. 27 Es fiel der Platzregen, es kamen die Wasserbäche, es brausten die Winde und stießen an jenes Haus, und es brach zusammen, und sein Zusammenbruch war gewaltig.«

28 Und es geschah, als Jesus diese Reden vollendet hatte, da waren die Scharen außer sich über seine Lehre; 29 denn er lehrte sie wie einer, der Macht hat, und nicht wie ihre Schriftgelehrten [und Pharisäer].

7,1–5: Vgl. Mark 4,24; Luk 6,37.41f. • 6: Die Warnung vor falschem Urteil schließt vernünftiges Unterscheiden, besonders beim Weitergeben der heiligen Güter des Gottesreiches, nicht aus. • 7–12: Vgl. Luk 11,9–13, weist den Weg zur Verwirklichung der Ideale der Bergpredigt: das vertrauensvolle Beten und die Weisheit der »Goldenen Regel« in 7,12, der kürzesten Zusammenfassung aller Moral. Vgl. Tob 4,15. • 13–20: Zwei Gefahren: der Trieb der Masse und die Verführung durch falsche Propheten bedrohen den äußerlich unscheinbaren Weg ins Gottesreich. • 21–29: Vgl. Luk 6,46–49; 13,26f.

Heilung eines Aussätzigen

8 1 Als er herabstieg vom Berge, zog das Volk in großer Schar hinter ihm her. 2 Und siehe, ein Aussätziger kam, fiel vor ihm nieder und sagte: »Herr, wenn du willst, kannst du mich rein machen!« 3 Da streckte er seine Hand aus, rührte ihn an und sprach: »Ich will, werde rein!« und sogleich wurde er rein von seinem Aussatz. 4 Und Jesus sagte zu ihm: »Sieh zu, daß du es niemand sagst; sondern geh hin, zeig dich dem Priester und opfere die Gabe, die Moses angeordnet hat, ihnen zum Zeugnis« (3 Mos 14,2).

Der Hauptmann von Kapharnaum

5 Als er nach Kapharnaum hineinkam, trat ein Hauptmann zu ihm und bat ihn: 6 »Herr, mein Knecht liegt gelähmt zu Hause und leidet große Qual.« 7 Er sagte zu ihm: »Ich will kommen und ihn gesund machen.« 8 Der Hauptmann erwiderte: »Herr, ich bin nicht würdig, daß du eingehst unter mein Dach, doch sprich nur ein Wort, und mein Knecht wird gesund. 9 Denn auch ich habe, bin ich auch ein der Obrigkeit unterstellter Mann, Soldaten unter mir, und sage ich zum einen: Geh!, so geht er, und zum andern: Komm!, so kommt er, und zu meinem Knecht: Tu das!, so tut er es.«

10 Da Jesus das hörte, wunderte er sich und sprach zu denen, die ihm folgten: »Wahrlich, ich sage euch, einen so großen Glauben fand ich bei keinem in Israel! 11 Ich sage euch: Viele werden von Osten und Westen kommen und sich zu Tische legen mit Abraham, Isaak und Jakob im Himmelreich, 12 die Söhne des Reiches aber werden hinausgeworfen werden in die Finsternis draußen; dort wird Heulen sein und Zähneknirschen.« 13 Und zum Hauptmann sprach Jesus: »Geh hin! Wie du geglaubt hast, soll dir geschehen!« Und der Knecht wurde geheilt zu jener Stunde.

Viele andere Wunder

14 Als Jesus in das Haus des Petrus kam, sah er, daß dessen Schwiegermutter an Fieber daniederlag. 15 Er nahm sie bei der Hand, und das Fieber verließ sie, und sie stand auf und bediente ihn.

16 Als es Abend wurde, brachten sie viele Besessene zu ihm, und er trieb durch sein Wort die Geister aus und machte alle Kranken gesund. 17 So erfüllte sich, was gesagt ist durch den Propheten Isaias: »Er nahm unsere Gebrechen und trug unsere Krankheiten fort« (Is 53,4).

Ernst der Nachfolge

18 Als Jesus viel Volk um sich sah, befahl er, hinüberzufahren ans andere Ufer. 19 Da trat ein Schriftgelehrter hinzu und sagte zu ihm: »Meister, ich will dir nachfolgen, wohin du auch gehst.« 20 Jesus entgegnete ihm: »Die Füchse haben Höhlen und die Vögel des Himmels Nester, der Menschensohn aber hat nichts, wohin er sein Haupt lege.«

21 Ein anderer von den Jüngern sagte zu ihm: »Herr, laß mich zuvor hingehen und meinen Vater begraben!« 22 Jesus erwiderte ihm: »Folge mir nach und laß die Toten ihre Toten begraben!«

Macht über den Seesturm

23 Als er das Schiff bestieg, folgten ihm seine Jünger. 24 Und siehe, es erhob sich ein großer Sturm auf dem See, so daß das Schiff bedeckt wurde von den Wogen. Er aber schlief. 25 Da traten sie hinzu, weckten ihn auf und riefen: »Herr, hilf, wir gehen zugrunde!« 26 Er aber sprach zu ihnen: »Was seid ihr furchtsam, ihr Kleingläubigen?« Dann stand er auf, gebot den Winden und dem See, und es war große Stille. 27 Die Menschen staunten und sagten: »Wer ist dieser, daß selbst die Winde und der See ihm gehorchen?«

Heilung von Besessenen

28 Als er über den See kam, in das Gebiet der Gadarener, liefen ihm, aus den Grabkammern herauskommend, zwei Besessene entgegen, die überaus gewalttätig waren, so daß niemand vorbeizugehen vermochte auf jenem Wege. 29 Sie schrien: »Was willst du von uns, Sohn Gottes? Bist du hierhergekommen, uns vor der Zeit zu quälen?« 30 Entfernt von ihnen war eine große Herde von Schweinen auf der Weide. 31 Da baten ihn die Dämonen: »Wenn du uns austreibst, so schick uns hinein in die Herde der Schweine!« 32 Er sprach zu ihnen: »Fahret

hin!« Sie aber fuhren aus und fuhren in die
Schweine, und siehe, es stürzte sich die ganze
Herde den Abhang hinunter in den See und ertrank
im Wasser. 33 Die Hirten aber flohen, eilten in die
Stadt und erzählten alles und auch das von den
Besessenen. 34 Da zog die ganze Stadt hinaus, Jesus
entgegen, und als sie ihn sahen, baten sie ihn, er
möge fortgehen aus ihrem Gebiet.

8,1–37: Dieser Wunderzyklus fügt sich als literarische Komposition zur vorausgehenden, ähnlich aufgebauten Bergpredigt. • 1–4: Vgl. Mark 1,40–45; Luk 5,12–14. • 4: Das jüdische Gesetz schrieb die Feststellung der Reinigung durch die priesterliche Behörde vor, vgl. 3 Mos 14,2–32. • 5–13: Vgl. Luk 7,1–10. Im Glauben des heidnischen Hauptmannes sieht Jesus die kommende Weltkirche, die an die Stelle der Synagoge treten wird. • 14–17: Vgl. Mark 1,29–34; Luk 4,38–41. • 18–22: Vgl. Luk 9,57–60. Der Ausdruck »Menschensohn« ist eine von Jesus oft gebrauchte Selbstbezeichnung, die wohl anspielt auf Dan 7,13. Sie kennzeichnet zugleich Jesus als den neuen Adam (= Mensch) und damit den Begründer einer neuen Menschheit, vgl. 1 Kor 15,45f. Wer in seine Gefolgschaft tritt, muß zu voller Hingabe bereit sein. • 23–27: Vgl. Mark 4,35–41; Luk 8,22–25. • 28–34: Vgl. Mark 5,1–20; Luk 8,26–39. Unter »Besessenheit« ist im Evangelium nicht eine bloß natürliche seelische Störung, sondern eine tatsächliche Erfassung des Menschen durch den Satan verstanden, ohne daß damit eine Aussage über den sittlichen Zustand des Besessenen gemacht ist. Wo das Gottesreich anbrechen soll, zeigt sich der Satan besonders am Werk. Jesus offenbart mit der Teufelsaustreibung seine höhere Macht als »Sohn Gottes«. Vgl. Matth 4,1–11, wo der Teufel mit diesem Titel Jesus ansprach, als er ihn zum Mißbrauch seiner in der Gottessohn-Würde gründenden Macht bewegen wollte. Mit »Sohn Gottes« ist in unserem Zusammenhang zunächst die messianische Erwählung Jesu umschrieben.

Heilung eines Gelähmten

9 1 Er stieg in das Schiff, fuhr über und kam in
seine Stadt. 2 Da brachten sie zu ihm einen
Gelähmten, der auf einem Tragbette lag. Als
Jesus ihren Glauben sah, sprach er zum Gelähmten:
»Sei getrost, mein Sohn, vergeben sind deine Sün-
den!« 3 Und siehe, einige von den Schriftgelehrten
sagten bei sich: »Dieser lästert!« 4 Jesus wußte um
ihre Gedanken und sprach: »Warum denkt ihr
Böses in euren Herzen? 5 Was ist denn leichter? Zu
sagen: Vergeben sind deine Sünden, oder zu sagen:
Steh auf und geh umher? 6 Ihr sollt aber wissen, daß
der Menschensohn Macht hat, Sünden zu vergeben
auf Erden« – und er sprach zum Gelähmten: »Steh
auf, nimm dein Bett und geh nach Hause!« 7 Und er
stand auf und ging nach Hause. 8 Da aber das Volk
dies sah, fürchtete es sich und pries Gott, der solche
Macht verlieh den Menschen.

Berufung des Matthäus

9 Als Jesus von da weiterging, sah er einen Mann am
Zollhaus sitzen, Matthäus mit Namen, und er
sprach zu ihm: »Folge mir nach!« Da stand er auf
und folgte ihm nach. 10 Und es begab sich, als er im
Hause zu Tische lag, siehe, da kamen viele Zöllner
und Sünder und ließen sich zu Tische nieder, zu-
sammen mit Jesus und seinen Jüngern. 11 Als die
Pharisäer es sahen, sagten sie zu seinen Jüngern:
»Warum ißt euer Meister mit den Zöllnern und
Sündern?« 12 Er aber hörte dies und sprach: »Nicht
die Gesunden bedürfen des Arztes, sondern die
Kranken. 13 Geht hin und lernt, was das heißt:
›Barmherzigkeit will ich und nicht Opfer‹ (Os 6,6);
denn ich bin nicht gekommen, Gerechte zu rufen,
sondern Sünder.«

Die Fastenfrage

14 Da kamen zu ihm die Jünger des Johannes und
sagten: »Warum fasten wir und die Pharisäer [so
viel], deine Jünger aber fasten nicht?« 15 Jesus sprach
zu ihnen: »Können denn die Freunde des Bräuti-
gams trauern, solange bei ihnen der Bräutigam ist?
Es werden aber Tage kommen, da ihnen der Bräuti-
gam genommen ist; dann werden sie fasten.

Totenerweckung; Heilung einer Frau

16 Niemand setzt einen Fleck von ungewalktem
Tuch auf ein altes Kleid; denn das Aufgesetzte reißt
vom Kleide ab, und der Riß wird ärger. 17 Auch
gießt man nicht jungen Wein in alte Schläuche;
sonst zerreißen die Schläuche, der Wein läuft aus,
und die Schläuche gehen zugrunde. Sondern jungen
Wein gießt man in neue Schläuche, und beide wer-
den sich halten.« 18 Während er das zu ihnen sagte,
siehe, da trat ein Vorsteher hinzu, fiel vor ihm nie-
der und sprach: »[Herr,] meine Tochter ist soeben
gestorben; doch komm, leg ihr deine Hand auf, und
sie wird leben.« 19 Jesus stand auf und folgte ihm
samt seinen Jüngern.
20 Und siehe, eine Frau, die seit zwölf Jahren an
Blutfluß litt, trat von rückwärts hinzu und berührte
den Saum seines Kleides; 21 denn sie sagte sich:
Wenn ich nur sein Kleid berühre, werde ich gesund.
22 Jesus wandte sich um, sah sie und sprach: »Sei
getrost, Tochter! Dein Glaube hat dir geholfen!«
Und die Frau war geheilt von jener Stunde an.
23 Als Jesus in das Haus des Vorstehers kam und die
Flötenspieler und das lärmende Volk sah, sprach er:
24 »Geht fort, denn das Mädchen ist nicht gestorben,
sondern es schläft.« Da verlachten sie ihn. 25 Nach-
dem aber die Leute hinausgeschafft waren, ging er
hinein, ergriff seine Hand, und das Mädchen stand
auf. 26 Der Ruf davon verbreitete sich über jene
ganze Gegend.

Heilung von zwei Blinden

27 Als Jesus von dort weiterging, folgten ihm zwei
Blinde und schrien: »Erbarme dich unser, Sohn
Davids!« 28 Und als er nach Hause kam, traten die
Blinden zu ihm, und Jesus sagte zu ihnen: »Glaubt

ihr, daß ich dies tun kann?« Sie antworteten ihm: »Ja, Herr!« 29 Da berührte er ihre Augen und sprach: »Nach eurem Glauben soll euch geschehen!« 30 Es öffneten sich ihre Augen, und Jesus schärfte ihnen ein: »Seht zu, daß es niemand erfahre!« 31 Sie aber gingen hin und verbreiteten seinen Ruf in jenem ganzen Lande.

Besessenenheilung

32 Als diese weggingen, siehe, da brachten sie ihm einen Stummen, der besessen war. 33 Und als der Dämon ausgetrieben war, redete der Stumme, und das Volk staunte und sprach: »Niemals hat man solches gesehen in Israel!« 34 Die Pharisäer jedoch sagten: »Durch den Fürsten der Dämonen treibt er die Dämonen aus!«

Wachsende Aufgaben

35 Jesus durchwanderte alle Städte und Dörfer, lehrte in ihren Synagogen, verkündete das Evangelium vom Reiche und heilte jede Krankheit und jedes Gebrechen. 36 Als er das Volk sah, ergriff ihn Mitleid mit ihm; denn es war geplagt und preisgegeben wie Schafe, die keinen Hirten haben. 37 Da sprach er zu seinen Jüngern: »Die Ernte ist groß, doch der Arbeiter sind wenige. 38 Bittet daher den Herrn der Ernte, daß er Arbeiter aussende zu seiner Ernte.«

9,1–8: Vgl. Mark 2,1–12; Luk 5,17–26. • 9–13: Vgl. Mark 2,13–17; Luk 5,27–32.• 14–17: Vgl. Mark 2,18–22; Luk 5,33–39. Jesus lehnt nicht das Fasten ab, sondern die erstarrte Auffassung der Juden, mit der sich der neue Geist des Evangeliums nicht verträgt. • 18–26: Vgl. Mark 5,21–43; Luk 8,40–56. Eindrucksvolle Beispiele des wirksamen Glaubens wie der Wunderkraft Jesu. • 27–34: Vgl. Matth 20,29–34 und 12,22–24; Luk 11,14f; 18,35–43.

Wahl der Apostel

10 1 Er rief seine zwölf Jünger zu sich und gab ihnen Gewalt über die unreinen Geister, um sie auszutreiben und jede Krankheit zu heilen und jedes Gebrechen. 2 Die Namen der zwölf Apostel sind diese: Als erster Simon, genannt Petrus, und Andreas, sein Bruder; Jakobus, der Sohn des Zebedäus, und Johannes, sein Bruder; 3 Philippus und Bartholomäus; Thomas und Matthäus, der Zöllner; Jakobus, der Sohn des Alphäus, und Thaddäus; 4 Simon, der Kananäer, und Judas, der Iskariote, der ihn jedoch verriet.

Ihr Auftrag

5 Diese Zwölf sandte Jesus aus und gebot ihnen: »Geht nicht den Weg zu den Heiden und betretet nicht eine Stadt der Samariter, 6 geht vielmehr zu den verlorenen Schafen des Hauses Israel! 7 Geht hin und verkündet: Genaht hat sich das Reich des Himmels! 8 Heilt Kranke, weckt Tote auf, macht Aussätzige rein, treibt Dämonen aus! Umsonst habt ihr empfangen, umsonst gebet! 9 Verschafft euch weder Gold noch Silber noch Kupfer für eure Gürtel, 10 auch keine Tasche für unterwegs, auch nicht zwei Röcke noch Schuhe noch Stab; denn der Arbeiter ist seiner Nahrung wert. 11 Kommt ihr in eine Stadt oder ein Dorf, so fragt, wer darin würdig ist, und bleibet dort, bis ihr weiterzieht! 12 Tretet ihr aber in das Haus, so sagt ihm den Gruß [: Friede diesem Hause]! 13 Und wenn das Haus würdig ist, soll euer Friede darauf kommen, ist es aber nicht würdig, so soll euer Friede zurückkehren zu euch. 14 Wenn man euch nicht aufnimmt und eure Worte nicht anhört, so geht fort von jenem Haus oder jener Stadt und schüttelt den Staub von euren Füßen! 15 Wahrlich, ich sage euch: Es wird dem Lande Sodoma und Gomorra erträglicher ergehen am Tag des Gerichtes als jener Stadt!

Ihr Trost in der Drangsal

16 Seht, ich sende euch wie Schafe mitten unter Wölfe. Seid daher klug wie die Schlangen und arglos wie die Tauben! 17 Nehmt euch in acht vor den Menschen; denn sie werden euch den Gerichten übergeben und in ihren Synagogen euch geißeln. 18 Vor Statthalter und Könige werdet ihr geführt werden um meinetwillen, ihnen und den Heiden zum Zeugnis. 19 Wenn sie euch aber überliefern, so habt nicht Sorge, wie oder was ihr reden sollt, denn es wird euch in jener Stunde gegeben werden, was ihr zu sagen habt. 20 Denn nicht ihr seid es, die reden, sondern der Geist eures Vaters ist es, der in euch redet.

21 Es wird aber der Bruder den Bruder in den Tod liefern und der Vater das Kind, und die Kinder werden sich auflehnen gegen die Eltern und sie in den Tod bringen. 22 Ihr werdet von allen gehaßt werden um meines Namens willen. Wer aber ausharrt bis ans Ende, der wird gerettet werden. 23 Wenn sie euch in dieser Stadt verfolgen, so flieht in die andere! Wahrlich, ich sage euch: Ihr werdet nicht zu Ende sein mit den Städten Israels, bis kommen wird der Menschensohn.

24 Der Jünger ist nicht über dem Meister und der Knecht nicht über seinem Herrn. 25 Es sei genug für den Jünger, daß er werde wie sein Meister und der Knecht wie sein Herr. Haben sie den Hausvater Beelzebul geheißen, um wieviel mehr seine Hausgenossen!

Furchtloses Bekennen

26 Darum fürchtet sie nicht; denn nichts ist verhüllt, was nicht enthüllt, und nichts ist geheim, was nicht bekannt werden wird. 27 Was ich euch im Finstern sage, das redet im Lichte, und was ihr in euer Ohr

hinein hört, das verkündet von den Dächern!
28 Fürchtet euch nicht vor denen, die den Leib töten,
die Seele aber nicht zu töten vermögen; fürchtet
vielmehr den, der Seele und Leib ins Verderben der
Hölle zu stürzen vermag. 29 Verkauft man nicht
zwei Sperlinge um einige Pfennige? Und doch fällt
keiner von ihnen zu Boden ohne euren Vater. 30 Von
euch aber sind sogar die Haare des Hauptes alle
gezählt. 31 Darum fürchtet euch nicht; ihr seid wert-
voller als viele Sperlinge.
32 Ein jeder nun, der sich zu mir bekennt vor den
Menschen, zu dem werde auch ich mich bekennen
vor meinem Vater im Himmel; 33 wer mich aber
verleugnet vor den Menschen, den werde auch
ich verleugnen vor meinem Vater im Himmel.
34 Denket nicht, ich sei gekommen, Frieden auf die
Erde zu bringen; ich bin nicht gekommen, Frieden
zu bringen, sondern das Schwert. 35 Denn ich bin
gekommen, einen Menschen ›zu entzweien mit
seinem Vater, die Tochter mit ihrer Mutter und die
Schwiegertochter mit ihrer Schwiegermutter, 36 und
des Menschen Feinde werden seine Hausgenossen
sein‹ (Mich 7,6).

Opferbereitschaft

37 Wer Vater oder Mutter mehr liebt als mich, ist
meiner nicht wert, und wer Sohn oder Tochter
mehr liebt als mich, ist meiner nicht wert. 38 Wer
nicht sein Kreuz nimmt und mir nachfolgt, ist
meiner nicht wert. 39 Wer sein Leben findet, wird es
verlieren, und wer sein Leben verliert um meinet-
willen, wird es finden.
40 Wer euch aufnimmt, nimmt mich auf, und wer
mich aufnimmt, nimmt den auf, der mich gesandt
hat. 41 Wer einen Propheten aufnimmt, weil er ein
Prophet ist, wird eines Propheten Lohn empfangen,
und wer einen Gerechten aufnimmt, weil er ein
Gerechter ist, wird eines Gerechten Lohn empfan-
gen. 42 Und wer einem von diesen Kleinen nur einen
Becher frischen Wassers zu trinken gibt, weil er ein
Jünger ist, wahrlich, ich sage euch: Er wird um
seinen Lohn nicht kommen.«

10,1–15: Vgl. Mark 3,13–19; 6,7–13; Luk 6,13–16; 9,1–6; 10,1–12; Apg 1,13. • 5f: Diese vorläufige Weisung steht nicht im Widerspruch zum späteren universalen Missionsauftrag (Matth 28,19f; Mark 16,15; Apg 1,8). • 16–25: Vgl. Matth 24,9–14; Mark 13,9–13; Luk 21,12–19; Joh 15,18–16,4. • 23: Die Deutung des Zusatzes: »... bis kommen wird der Menschensohn« ist schwierig, was seinen Grund wohl darin hat, daß der Evangelist seiner Darstellungsweise gemäß dieses Wort aus einem ursprünglich anderen Zusammenhang genommen und mit der vorliegenden Aussendungsrede verbunden hat. Wenn man, wie es naheliegt, dieses »Kommen des Menschensohns« auf die Wiederkunft (Parusie) Christi zum Gericht bezieht, von der in Matth 16,28 und Matth 24,9ff die Rede ist, ergeben sich Schwierigkeiten und Widersprüche. Denn nach Matth 24,14 (Mark 13,10) soll ja das Evangelium vor dem Endgericht unter »allen Völkern« – nicht nur in Israel – verkündet werden, und nach Matth 24,36 (Mark 13,32) ist Tag und Stunde der Parusie auch dem »Sohn« nicht bekannt, sondern nur dem Vater. Man sucht daher das »Kommen des Menschensohnes« nicht auf die Parusie zu beziehen, sondern auf das machtvolle Offenbarwerden des Gottesreiches, wie es vor allem mit dem Kommen des Pfingstgeistes und der Entfaltung der Herrschaft Christi sichtbar wurde. • 26–33: Vgl. Luk 12,2–9; auch Mark 8,38 = Luk 9,26. • 34–42: Vgl. Luk 12,51–53; 14,25–27; Mark 9,41. Jesus will den Frieden auf Erden, aber die Entscheidung für ihn hat Verfolgung und Haß von den Mitmenschen zu gewärtigen und schließt die Bereitschaft zur vollen Selbstaufgabe in sich, die jedoch mit höheren Werten vergolten wird.

IM ZEICHEN DES WIDERSPRUCHES

Johannes und das Himmelreich

11 1 Als Jesus die Weisung an seine zwölf
Jünger beendet hatte, zog er von dort
weiter, um in ihren Städten zu lehren und
zu predigen. 2 Da Johannes im Gefängnis vom
Wirken Christi hörte, sandte er Botschaft durch
seine Jünger und ließ ihm sagen: 3 »Bist du es, der
kommen soll, oder sollen wir auf einen anderen
warten?« 4 Jesus antwortete ihnen: »Geht hin und
berichtet dem Johannes, was ihr hört und seht:
5 Blinde sehen, Lahme gehen, Aussätzige werden
rein, Taube hören, Tote stehen auf, Armen wird das
Evangelium verkündet (Is 35,5f; 61,1); 6 und selig
ist, wer nicht Anstoß nimmt an mir.«
7 Als diese weggingen, fing Jesus an, zum Volk über
Johannes zu reden: »Was zu sehen seid ihr hinaus-
gegangen in die Wüste? Ein Schilfrohr, vom Winde
hin und her bewegt? 8 Oder was zu sehen seid ihr
hinausgegangen? Einen Menschen in weichlichen
Kleidern? Seht, die weichliche Kleider tragen, sind
in den Palästen der Könige. 9 Oder was seid ihr
hinausgegangen? Einen Propheten zu sehen? Ja,
sage ich euch, mehr noch als einen Propheten
10 Dieser ist es, von dem geschrieben steht: ›Siehe,
ich sende meinen Boten vor dir her; er soll deinen
Weg bereiten vor dir‹ (Mal 3,1).
11 Wahrlich, ich sage euch: Unter den vom Weibe
Geborenen ist kein Größerer aufgestanden als
Johannes der Täufer. Doch der Kleinste im Himmel-
reich ist größer als er. 12 Von den Tagen Johannes'
des Täufers an bis jetzt leidet das Himmel-
reich Gewalt, und Gewaltsame reißen es an sich.
13 Denn alle Propheten und das Gesetz haben bis zu
Johannes hin geweissagt, 14 und wenn ihr es an-

nehmen wollt, er ist Elias, der kommen soll. 15 Wer Ohren hat [zu hören], der höre!
16 Mit wem soll ich vergleichen dieses Geschlecht? Es ist Kindern gleich, die auf dem Markte sitzen und ihren Gespielen zurufen: 17 Wir haben euch aufgespielt, und ihr habt nicht getanzt; wir haben Klagelieder gesungen, und ihr habt nicht geweint. 18 Denn Johannes ist gekommen, aß und trank nicht, und sie sagen: Er hat einen Dämon. 19 Der Menschensohn ist gekommen, ißt und trinkt, und sie sagen: Seht, dieser Mensch ist ein Fresser und Weinsäufer, ein Freund der Zöllner und Sünder! Doch die Weisheit wurde gerechtfertigt aus ihren Werken.«

Die unbußfertigen Städte

20 Darauf fing er an, Klage zu führen über die Städte, in denen seine meisten Wunder geschehen waren, weil sie sich nicht bekehrten: 21 »Wehe dir, Chorazin! Wehe dir, Bethsaida! Denn wären zu Tyrus und Sidon die Wunder geschehen, die bei euch geschahen, sie hätten sich längst in Sack und Asche bekehrt. 22 Aber ich sage euch: Tyrus und Sidon wird es erträglicher ergehen am Tag des Gerichtes als euch. 23 Und du, Kapharnaum, wirst du in den Himmel erhoben werden? Bis in die Unterwelt wirst du hinabsteigen (Is 14,13.15). Denn wären zu Sodoma die Wunder geschehen, die in dir geschahen, es wäre stehengeblieben bis auf den heutigen Tag. 24 Aber ich sage euch: Dem Lande von Sodoma wird es erträglicher ergehen am Tag des Gerichtes als dir.«

Der Messiasruf Jesu

25 Zu jener Zeit hob Jesus an und sprach: »Ich preise dich, Vater, Herr des Himmels und der Erde daß du dies vor Weisen und Klugen verborgen, Kleinen aber geoffenbart hast! 26 Ja, Vater, so war es wohlgefällig vor dir. 27 Alles ist mir übergeben von meinem Vater. Niemand kennt den Sohn als der Vater, und auch den Vater kennt niemand als der Sohn, und wem es der Sohn offenbaren will.
28 Kommt zu mir alle, die ihr mühselig seid und beladen, und ich will euch erquicken. 29 Nehmt mein Joch auf euch und lernt von mir, denn ich bin sanftmütig und demütig von Herzen, und ›ihr werdet Erquickung finden für eure Seelen‹ (Jer 6,16); 30 denn mein Joch ist sanft, und meine Bürde ist leicht.«

11,2–19: Vgl. Luk 7,18–35. Johannes war bei aller Größe nur Vorläufer des Gottesreiches, daher steht der Jünger des Gottesreiches über ihm wie der Neue Bund über dem Alten. • 12: Vgl. Luk 16,16, meint wohl die tatkräftige Entschlossenheit der Gläubigen in der Aneignung des Gottesreiches, kaum die gewaltsame Verfolgung von seiten der Feinde. • 19: Statt »aus ihren Werken« findet sich auch der Text »aus [von] ihren Kindern«, vgl. Luk 7,35. • 20–24: Vgl. 10,13–15. Die Städte Galiläas sind Beispiele großer Gnadenerweise, jedoch erschütternder Mißachtung derselben. • 25–30: Vgl. Luk 10,21–23. Ein Zeugnis Jesu über sein Gottgeheimnis und zugleich über das Wirken der Gnade an denen, die willens sind, Jesu Joch, d. h. seine Jüngerschaft, zu übernehmen.

Um die Sabbatfrage

12 1 Zu jener Zeit ging Jesus am Sabbat durch die Saatfelder. Seine Jünger aber waren hungrig und fingen an, Ähren abzurupfen und zu essen. 2 Als die Pharisäer das sahen, sagten sie zu ihm: »Siehe, deine Jünger tun, was am Sabbat zu tun nicht erlaubt ist.« 3 Er aber erwiderte ihnen: »Habt ihr nicht gelesen, was David tat, als ihn und seine Begleiter hungerte (1 Sam 21,2–7)? 4 Wie er in das Haus Gottes ging und die Schaubrote aß, die zu essen weder ihm erlaubt war noch auch denen, die bei ihm waren, sondern nur den Priestern? 5 Oder habt ihr nicht gelesen im Gesetze, daß die Priester am Sabbat im Tempel den Sabbat brechen, ohne schuldig zu werden (4 Mos 28,9f)? 6 Ich sage euch aber: Hier ist Größeres als der Tempel. 7 Und wenn ihr wüßtet, was es heißt: ›Barmherzigkeit will ich und nicht Opfer‹ (Os 6,6), so hättet ihr die Schuldlosen nicht verurteilt. 8 Denn Herr über den Sabbat ist der Menschensohn.« 9 Von dort weitergehend, kam er in eine Synagoge. 10 Und siehe, da war ein Mann mit einer gelähmten Hand, und sie fragten ihn: »Darf man am Sabbat heilen?«, um ihn anklagen zu können. 11 Er aber sprach zu ihnen: »Wer ist unter euch, der ein einziges Schaf hat und dieses, wenn es am Sabbat in eine Grube fällt, nicht ergreift und herauszieht? 12 Um wieviel wertvoller ist ein Mensch als ein Schaf? Es ist also erlaubt, am Sabbat Gutes zu tun.« 13 Darauf sagte er zu dem Mann: »Strecke deine Hand aus!« Und er streckte sie aus, und sie wurde wiederhergestellt, gesund wie die andere. 14 Die Pharisäer aber gingen weg und hielten Rat wider ihn, um ihn zu vernichten.

Der Gottesknecht

15 Als dies Jesus erfuhr, zog er sich von dort zurück, und es folgten ihm viele nach, und er machte sie alle gesund. 16 Er gebot ihnen streng, ihn nicht öffentlich bekannt werden zu lassen. 17 So sollte sich erfüllen, was gesagt ist durch den Propheten Isaias: 18 »Seht meinen Knecht, den ich erwählt, meinen Geliebten, an dem meine Seele Wohlgefallen hat. Ich will meinen Geist auf ihn legen, und er wird den Völkern das Recht verkünden. 19 Er wird nicht zanken noch schreien, noch wird jemand seine Stimme hören auf den Gassen. 20 Das geknickte Rohr wird er nicht zerbrechen und den glimmenden Docht

nicht auslöschen, bis er zum Siege führt das Recht,
21 und auf seinen Namen werden die Völker hoffen«
(Is 42,1–4).

Abwehr pharisäischer Lästerung

22 Da brachte man zu ihm einen Besessenen, der
blind war und stumm, und er heilte ihn, so daß der
Stumme redete und sah. 23 Alles Volk staunte und
sprach: »Ist etwa dieser der Sohn Davids?« 24 Als
aber die Pharisäer es hörten, sagten sie: »Dieser
treibt die Dämonen nicht anders aus als durch Beel-
zebul, den Fürsten der Dämonen.«
25 Jesus wußte ihre Gedanken und sprach zu ihnen:
»Jedes Reich, das entzweit ist mit sich selbst, wird
verwüstet werden; und jede Stadt oder Hausge-
meinschaft, die mit sich selbst entzweit ist, wird
nicht bestehen. 26 Wenn der Satan den Satan aus-
treibt, so ist er entzweit mit sich selbst; wie soll
da sein Reich bestehen? 27 Und wenn ich durch
Beelzebul die Dämonen austreibe, durch wen trei-
ben dann eure Söhne aus? Also werden gerade sie
eure Richter sein. 28 Treibe ich aber durch den Geist
Gottes die Dämonen aus, so ist nunmehr das Reich
Gottes zu euch gekommen. 29 Oder wie kann einer
in das Haus des Starken eindringen und seine Habe
rauben, wenn er nicht vorher den Starken gefesselt
hat? Dann erst wird er sein Haus plündern. 30 Wer
nicht mit mir ist, der ist gegen mich, und wer nicht
mit mir sammelt, der zerstreut. 31 Darum sage ich
euch: Jede Sünde und Lästerung wird den Men-
schen vergeben; aber die Lästerung des Geistes
wird nicht vergeben werden. 32 Wer ein Wort wider
den Menschensohn redet, dem wird vergeben
werden; wer aber wider den Heiligen Geist redet,
dem wird nicht vergeben werden, weder in dieser
noch in der zukünftigen Welt.
33 Entweder laßt ihr den Baum gut sein, dann ist
auch seine Frucht gut, oder ihr laßt den Baum
schlecht sein, dann ist auch seine Frucht schlecht;
denn an der Frucht erkennt man den Baum. 34 Ihr
Schlangenbrut! Wie könnt ihr Gutes reden, da ihr
böse seid? Denn wovon das Herz voll ist, davon
redet der Mund. 35 Der gute Mensch bringt aus dem
guten Schatz Gutes hervor; der böse Mensch bringt
aus dem bösen Schatz Böses hervor. 36 Ich sage euch
aber: Über jedes unnütze Wort, das die Menschen
reden, haben sie Rechenschaft zu geben am Tag des
Gerichtes. 37 Denn aus deinen Worten wirst du
gerechtfertigt und aus deinen Worten wirst du ver-
urteilt werden.«

Warnung des Unglaubens

38 Da entgegneten ihm einige von den Schriftgelehr-
ten und Pharisäern und sprachen: »Meister, wir
möchten ein Zeichen von dir sehen.« 39 Er antwor-
tete ihnen: »Ein böses und ehebrecherisches Ge-
schlecht verlangt ein Zeichen, aber es wird ihm kein
Zeichen gegeben werden als das Zeichen des Pro-
pheten Jonas. 40 Denn wie ›Jonas drei Tage und drei
Nächte im Bauch des Ungetüms war‹ (Jon 2,1), so
wird auch der Menschensohn drei Tage und drei
Nächte im Herzen der Erde sein. 41 Die Männer von
Ninive werden beim Gericht mit diesem Geschlecht
auftreten und es verurteilen; denn sie bekehrten sich
auf die Predigt des Jonas hin (Jon 3,5), und seht,
mehr als Jonas ist hier! 42 Die Königin des Südens
wird beim Gericht mit diesem Geschlecht auftreten
und es verurteilen; denn sie kam von den Enden der
Erde, um die Weisheit Salomons zu hören (1 Kön
10,1ff), und seht, mehr als Salomon ist hier!
43 Wenn aber der unreine Geist ausgefahren ist von
dem Menschen, wandert er durch wasserlose Ge-
genden, sucht Ruhe und findet sie nicht. 44 Alsdann
spricht er: Ich will in mein Haus zurückkehren, von
dem ich ausgezogen bin. Und er kommt und findet
es leer, gescheuert und geschmückt. 45 Dann geht er
hin, nimmt sieben andere Geister mit sich, die ärger
sind als er selbst, und sie ziehen ein und wohnen
darin, und die letzten Dinge jenes Menschen wer-
den ärger als die ersten. Ebenso wird es sein auch
mit diesem bösen Geschlecht.«

Die wahre Familie Jesu

46 Da er noch zum Volke sprach, siehe, da standen
seine Mutter und seine Brüder draußen und suchten
mit ihm zu reden. 47 Jemand sagte zu ihm: »Siehe,
deine Mutter und deine Brüder stehen draußen und
möchten mit dir reden.« 48 Er aber entgegnete dem,
der es ihm sagte, und sprach: »Wer ist meine
Mutter, und wer sind meine Brüder?« 49 Und er
streckte seine Hand über seine Jünger und sprach:
»Seht meine Mutter und meine Brüder! 50 Denn wer
den Willen meines Vaters tut, der im Himmel ist,
der ist mein Bruder, meine Schwester und meine
Mutter.«

12,1–14: Vgl. Mark 2,23–3,6; Luk 6,1–11; dazu 5 Mos 23,26. • 27: Es gab auch jüdische Teufelsbeschwörer (Exorzisten), denen der gleiche Vorwurf des Bündnisses mit Beelezebul (nach der lateinischen Übersetzung: Beelzebub) gelten müßte. • 32: Durch verstockte Widersetzlichkeit gegen den im Gewissen wirksamen Heiligen Geist nimmt sich der Mensch jede Aussicht auf das Heil. • 33: Bezieht man diesen Vers auf Jesus – was den Vorzug verdient, da somit ein besserer Zusammenhang mit dem Vorausgehenden hergestellt wird – so will er sagen: Die Pharisäer können nicht die Dämonenaustreibung als etwas Gutes ansehen, die Kraft aber, durch die sie vollbracht wird, als dämonisch verwerfen. • 38–42: Der Vergleich mit Jonas will die Heilstatsache der Auferstehung als den größten Wahrheitsbeweis andeuten, wobei die Zählung der »Tage und Nächte« nach damaliger volkstümlicher Redeweise zu verstehen ist; denn Jesus lag bei genauer Rechnung nur zwei Nächte im Grabe. • 46–50: Vgl. Mark 3,31–35; Luk 8,19–21. »Brüder Jesu«

sind nach sonstigem biblischem Sprachgebrauch und nach Matth 13,55 (Mark 6,3) in Verbindung mit Matth 27,56 (Mark 15,40) Familienangehörige im weiteren Sinn, also Vettern oder sonstige Verwandte. Jesus stellt die Wertordnung des Gottesreiches über die von ihm deswegen nicht mißachteten Werte irdischer Ordnung. Vgl. Luk 11,28.

Die Gleichnisreden Jesu über das Himmelreich

13 1 An jenem Tag ging Jesus aus dem Haus
und setzte sich an den See. 2 Es sammelte
sich viel Volk um ihn, so daß er ein Schiff
bestieg und sich niederließ; das ganze Volk aber
stand am Ufer. 3 Er redete viel zu ihnen in Gleich-
nissen und sprach: »Seht, ein Sämann ging aus zu
säen. 4 Und als er säte, fiel einiges auf den Weg, und
es kamen die Vögel [des Himmels] und fraßen es
auf. 5 Anderes fiel auf steinigen Grund, wo es nicht
viel Erdreich hatte, und ging sogleich auf, weil es
ihm an Tiefe des Erdreiches fehlte. 6 Als die Sonne
aufging, wurde es von der Hitze getroffen, und weil
es keine Wurzel hatte, verdorrte es. 7 Anderes fiel
unter die Dornen, und die Dornen wuchsen auf und
erstickten es. 8 Anderes jedoch fiel auf gutes Erd-
reich und brachte Frucht, das eine hundertfältig, das
andere sechzigfältig, das andere dreißigfältig. 9 Wer
Ohren hat, der höre!« 10 Die Jünger traten hinzu und
sagten zu ihm: »Warum redest du in Gleichnissen
zu ihnen?« 11 Er antwortete ihnen: »Weil es euch
gegeben ist, die Geheimnisse des Himmelreiches zu
verstehen, ihnen aber ist es nicht gegeben. 12 Denn
wer hat, dem wird gegeben werden, und er wird in
Überfluß haben; wer aber nicht hat, dem wird auch
das, was er hat, genommen werden. 13 Darum rede
ich zu ihnen in Gleichnissen, weil sie sehen und
doch nicht sehen, hören und doch nicht hören noch
verstehen. 14 Es wird an ihnen die Weissagung des
Isaias erfüllt, die da sagt: ›Hinhören werdet ihr und
doch nicht verstehen; hinblicken werdet ihr und
doch nicht sehen. 15 Denn das Herz des Volkes ist
verstockt, und sie hören schwer mit den Ohren und
verschließen ihre Augen, damit sie nicht mit den
Augen sehen und mit den Ohren hören und mit
dem Herzen verstehen und sich bekehren, daß ich
sie heile‹ (Is 6,9f).
16 Selig aber sind eure Augen, weil sie sehen, und
eure Ohren, weil sie hören. 17 Denn wahrlich, ich
sage euch: Viele Propheten und Gerechte verlang-
ten zu sehen, was ihr seht, und haben es nicht ge-
sehen, und zu hören, was ihr hört, und haben es
nicht gehört.
18 So hört nun ihr das Gleichnis vom Sämann: 19 Bei
jedem, der das Wort vom Reiche hört und es nicht
versteht, kommt der Böse und raubt, was gesät
wurde in seinem Herzen. Er ist es, bei dem auf den
Weg gesät wurde. 20 Bei dem auf den steinigen
Boden gesät wurde, ist jener, der das Wort hört und
es sogleich mit Freuden aufnimmt. 21 Er hat aber
keine Wurzel in sich, sondern ist ein Mensch des
Augenblicks; wenn um des Wortes willen Drangsal
oder Verfolgung entstehen, wird es ihm sogleich
zum Falle. 22 Bei dem unter die Dornen gesät wurde,
ist jener, der das Wort hört; aber die Sorge der Welt
und der trügerische Reichtum ersticken das Wort,
und es bleibt ohne Frucht. 23 Bei dem auf gutes Erd-
reich gesät wurde, ist jener, der das Wort hört und
versteht, und dieser trägt Frucht, der eine hundert-
fältig, der andere sechzigfältig, der andere dreißig-
fältig.«
24 Ein anderes Gleichnis legte er ihnen vor und
sprach: »Das Himmelreich ist gleich einem Men-
schen, der guten Samen auf seinen Acker säte. 25 Als
aber die Leute schliefen, kam sein Feind, säte Un-
kraut mitten unter den Weizen und ging davon.
26 Als nun die Saat wuchs und Frucht ansetzte, da
erschien auch das Unkraut. 27 Da traten die Knechte
des Hausherrn herzu und sagten zu ihm: Herr, hast
du nicht guten Samen auf deinen Acker gesät?
Woher hat er denn das Unkraut? 28 Er sprach zu
ihnen: Ein feindseliger Mensch hat das getan. Die
Knechte aber sagten zu ihm: Willst du, daß wir hin-
gehen und es sammeln? 29 Er sprach: Nein; damit
ihr nicht etwa, wenn ihr das Unkraut sammelt, mit
ihm zugleich den Weizen herausreißt. 30 Laßt
beides zusammen wachsen bis zur Ernte, und zur
Zeit der Ernte will ich zu den Schnittern sagen:
Sammelt zuerst das Unkraut und bindet es in
Büschel zum Verbrennen, den Weizen aber sam-
melt in meine Scheuer.«
31 Ein anderes Gleichnis legte er ihnen vor und
sprach: »Das Himmelreich ist gleich einem Senf-
korn, das einer nahm und auf seinen Acker säte.
32 Es ist zwar das kleinste unter allen Samen-
körnern, wächst es aber empor, ist es größer als die
Kräuter und wird zu einem Baum, so daß ›die Vögel
des Himmels kommen und in seinen Zweigen
wohnen‹ (Ez 17,23; 31,6).«
33 Ein anderes Gleichnis erzählte er ihnen: »Das
Himmelreich ist gleich einem Sauerteig, den eine
Frau nahm und unter drei Maß Mehl mengte, bis
alles durchsäuert war.« 34 Dies alles redete Jesus in
Gleichnissen zum Volke, und ohne Gleichnisse
redete er nichts zu ihnen, 35 damit erfüllt würde, was
gesagt ist durch den Propheten: »Ich will meinen
Mund auftun in Gleichnissen und aussprechen, was
seit Anbeginn der Welt verborgen war« (Ps 78,2).

36 Darauf entließ er das Volk und ging nach Hause;
da traten seine Jünger zu ihm und sagten: »Erkläre
uns das Gleichnis vom Unkraut auf dem Acker!«
37 Er antwortete: »Der den guten Samen aussät, ist
der Menschensohn. 38 Der Acker ist die Welt; der
gute Same, das sind die Söhne des Reiches, und das
Unkraut, das sind die Söhne des Bösen. 39 Der Feind
aber, der es säte, ist der Teufel. Die Ernte ist die Voll-
endung der Welt, und die Schnitter sind die Engel.
40 Wie man nun das Unkraut sammelt und im Feuer
verbrennt, so wird es sein bei Vollendung der Welt.
41 Der Menschensohn wird seine Engel aussenden,
und sie werden zusammenholen aus seinem Reiche
›alle Ärgernisse und alle, die das Böse tun‹ (Soph
1,3), 42 und sie hineinwerfen in den Feuerofen; dort
wird Heulen sein und Zähneknirschen. 43 ›Dann
werden die Gerechten leuchten‹ (Dan 12,3) wie die
Sonne im Reiche ihres Vaters. Wer Ohren hat, der
höre!
44 Das Himmelreich ist gleich einem im Acker ver-
borgenen Schatz, den einer fand und verborgen
hielt. Voll Freude geht er hin, verkauft alles, was er
hat, und kauft jenen Acker.
45 Ferner ist das Himmelreich gleich einem Kauf-
mann, der gute Perlen sucht. 46 Als er eine kostbare
Perle fand, ging er hin, verkaufte alles, was er hatte,
und kaufte sie.
47 Ferner ist das Himmelreich gleich einem Netz,
das ins Meer geworfen wurde und mancherlei
einfing. 48 Als es gefüllt war, zog man es ans Ufer,
setzte sich hin und sammelte das Gute in Gefäße,
das Schlechte aber warf man weg. 49 So wird es sein
am Ende der Welt. Die Engel werden ausziehen und
die Bösen absondern von den Gerechten 50 und sie
hineinwerfen in den Feuerofen; dort wird Heulen
sein und Zähneknirschen.
51 Habt ihr das alles verstanden?« Sie erwiderten
ihm: »Ja.« 52 Und er sprach zu ihnen: »Darum ist
jeder Schriftgelehrte, der durch die Schule des
Himmelreiches ging, einem Hausvater gleich, der
aus seinem Schatz Neues und Altes hervorholt.«

Das ungläubige Nazareth

53 Es begab sich, als Jesus diese Gleichnisse beendet
hatte, zog er von da weiter, 54 und als er in seine
Vaterstadt kam, lehrte er sie in ihrer Synagoge, so
daß sie voll Verwunderung sagten: »Woher hat er
diese Weisheit und die Wunder? 55 Ist er nicht des
Zimmermanns Sohn? Heißt nicht seine Mutter
Maria? Und seine Brüder Jakobus, Joseph, Simon
und Judas? 56 Und sind nicht alle seine Schwestern
bei uns? Woher nun hat er dies alles?« Und sie
nahmen Anstoß an ihm. 57 Jesus aber sprach zu
ihnen: »Ein Prophet ist nirgends so wenig geachtet
wie in seiner Vaterstadt und in seinem Hause.«
58 Und er wirkte dort nicht viele Wunder, ihres Un-
glaubens wegen.

13,11f: Das Verstehen des Gottesreiches braucht seelische Aufgeschlossenheit und inneres Mitwirken, nur so trägt es Frucht, während den Gleichgültigen auch die angebotene Gnade verlorengeht. • 31–35: Vgl. Mark 4,30–34; Luk 13,18–21. Beide Gleichnisse zeigen die innere Kraft des äußerlich unscheinbaren Gottesreiches. • 44–46: Für das Gottesreich soll kein Opfer zu groß sein. Denn es ist der einzig unvergängliche Wert. • 53–58: Vgl. Mark 6,1–6; Luk 4,16–30; Joh 4,44. • 55f: Vgl. zu 12,46. Auch die »Schwestern« sind als nahe Verwandte aufzufassen.

Hinrichtung des Täufers

14
1 In jener Zeit hörte der Fürst Herodes die
Kunde von Jesus und sagte zu seinen
Leuten: 2 »Das ist Johannes der Täufer; er
wurde von den Toten auferweckt, und darum
wirken die Wunderkräfte in ihm.«
3 Herodes hatte nämlich den Johannes ergreifen,
fesseln und ins Gefängnis setzen lassen wegen der
Herodias, der Frau seines Bruders Philippus. 4 Denn
Johannes hatte zu ihm gesagt: »Es ist dir nicht er-
laubt, sie zu haben.« 5 Er wollte ihn töten, doch
fürchtete er das Volk, weil es ihn für einen Pro-
pheten hielt.
6 Am Geburtstag des Herodes aber tanzte die Toch-
ter der Herodias inmitten der Gäste und fand das
Wohlgefallen des Herodes. 7 Deshalb versprach er
ihr mit einem Schwur, er wolle ihr geben, was sie
auch begehren werde. 8 Sie aber, von ihrer Mutter
angestiftet, sagte: »Gib mir auf dieser Schüssel hier
das Haupt des Johannes des Täufers!« 9 Da wurde
der König bedrückt; jedoch um der Schwüre und
der Tischgenossen willen befahl er, es ihr zu geben.
10 Und er sandte hin und ließ Johannes im Kerker
enthaupten; 11 sein Haupt aber wurde auf einer
Schüssel gebracht und dem Mädchen gegeben, und
sie brachte es ihrer Mutter. 12 Da kamen seine
Jünger, nahmen seinen Leib, begruben ihn und
gingen hin und meldeten es Jesus.

Erste Brotvermehrung

13 Als Jesus das hörte, zog er sich von dort in einem
Schiff zurück an einen einsamen Ort, ganz für sich
allein. Die Volksscharen aber erfuhren es und
folgten ihm zu Fuß aus den Städten nach. 14 Als er
ausstieg, sah er das viele Volk, bekam Mitleid mit
ihnen und machte ihre Kranken gesund. 15 Bei An-
bruch des Abends traten seine Jünger zu ihm und
sagten: »Die Gegend ist abgelegen, und die Zeit ist
vorgeschritten; entlasse das Volk, daß es in die
Dörfer gehe und sich etwas zum Essen kaufe!«
16 Jesus aber sprach zu ihnen: »Sie haben nicht

nötig, wegzugehen; gebt ihr ihnen zu essen!« 17 Sie
antworteten ihm: »Wir haben nur fünf Brote hier
und zwei Fische.« 18 Da sprach er: »Bringt sie mir
her!« 19 Und er ließ das Volk auf dem Rasen sich
lagern, nahm die fünf Brote und die zwei Fische,
blickte zum Himmel auf, sprach den Segen, brach
die Brote und gab sie den Jüngern; die Jünger aber
gaben sie dem Volke. 20 Und sie aßen alle und
wurden satt, und sie hoben von dem, was an ange-
brochenen Stücken übrigblieb, zwölf Körbe voll
auf. 21 Es waren derer, die gegessen hatten, etwa
fünftausend Männer, Frauen und Kinder nicht
gerechnet.

Wandel auf dem See

22 Sogleich drängte Jesus seine Jünger, in das Schiff
zu steigen und ihm an das andere Ufer voraus-
zufahren, bis er das Volk entlassen habe. 23 Nach
Entlassung des Volkes stieg er für sich allein auf
den Berg, um zu beten; als es schon spät wurde,
war er allein noch dort. 24 Das Schiff hatte sich
schon viele Stadien vom Lande entfernt und wurde
von den Wogen sehr bedrängt; denn es herrschte
Gegenwind. 25 Um die vierte Nachtwache jedoch
kam er, auf dem See einhergehend, zu ihnen. 26 Als
die Jünger ihn auf dem See einhergehen sahen, ent-
setzten sie sich in der Meinung, es sei ein Gespenst,
und vor Furcht schrien sie. 27 Sogleich aber redete
Jesus sie an: »Seid getrost; ich bin es! Fürchtet euch
nicht!«

28 Da entgegnete ihm Petrus und sprach: »Herr,
wenn du es bist, so laß mich hinkommen zu dir
über das Wasser!« 29 Er sagte: »Komm!« Und Petrus
stieg aus dem Schiff, ging über das Wasser und
kam auf Jesus zu. 30 Als er aber den starken Wind
sah, fürchtete er sich, und da er anfing zu sinken,
rief er: »Herr, hilf mir!« 31 Sogleich streckte Jesus
seine Hand aus, ergriff ihn und sagte zu ihm: »Du
Kleingläubiger! Warum hast du gezweifelt?« 32 Und
da sie in das Schiff gestiegen waren, legte sich der
Wind. 33 Die aber im Schiffe waren, fielen vor ihm
nieder und sagten: »Wahrlich, du bist Gottes Sohn!«
34 Als sie hinübergefahren waren, gingen sie in Ge-
nesareth an Land. 35 Da die Leute jenes Ortes ihn
erkannten, schickten sie in der ganzen Gegend
umher, und man brachte alle Kranken zu ihm,
36 und sie baten ihn, nur den Saum seines Kleides
anrühren zu dürfen; und alle, die ihn anrührten,
wurden gesund.

14,1–12: Vgl. Mark 6,14–29; Luk 9,7–9 und 3,19f. Herodes Antipas, Sohn Herodes des Gr., regierte von 4 v. Chr. bis 39 n. Chr. als Fürst (wörtlich: »Vierfürst«, Tetrarch) von Galiläa und Peräa. Er lebte unrechtmäßig mit der Frau seines Bruders Philippus. • 13–36: Vgl. Mark 6,32–56; Luk 9,10–17; Joh 6,1–21.

Um die wahre Reinheit

15 1 Da kamen zu Jesus von Jerusalem her
Pharisäer und Schriftgelehrte und sag-
ten: 2 »Warum übertreten deine Jünger
die Überlieferung der Alten? Denn sie waschen
ihre Hände nicht, ehe sie Brot essen.« 3 Er aber ent-
gegnete ihnen: »Warum übertretet ihr selbst das
Gebot Gottes um eurer Überlieferung willen?
4 Denn Gott hat gesagt: ›Ehre Vater und Mutter‹
(2 Mos 20,12) und: ›Wer Vater und Mutter schmäht,
soll des Todes sterben‹ (2 Mos 21,17). 5 Ihr aber
sagt: Wer zu Vater oder Mutter spricht: Tempel-
opfer sei, was dir zukommen sollte von mir, 6 der
braucht seinen Vater und seine Mutter nicht zu
ehren. So habt ihr also Gottes Gebot aufgehoben
um eurer Überlieferung willen. 7 Ihr Heuchler! Tref-
fend hat Isaias von euch geweissagt: 8 ›Dieses Volk
ehrt mich mit den Lippen, ihr Herz aber ist fern
von mir. 9 Doch vergeblich verehren sie mich; ihre
Lehrsprüche, die sie vortragen, sind nichts als
Satzungen von Menschen‹ (Is 29,13).« 10 Und er
rief das Volk zu sich und sprach zu ihnen: »Hört
und versteht es! 11 Nicht, was in den Mund hinein-
geht, verunreinigt den Menschen, sondern was
aus dem Munde herausgeht, das verunreinigt den
Menschen.«

12 Hierauf traten seine Jünger hinzu und sprachen
zu ihm: »Weißt du, daß die Pharisäer Anstoß nah-
men, als sie das Wort hörten?« 13 Er antwortete:
»Jede Pflanzung, die nicht mein himmlischer Vater
gepflanzt hat, wird ausgerottet werden. 14 Laßt sie!
Blinde sind sie, Führer von Blinden. Wenn aber ein
Blinder einen Blinden führt, werden beide in die
Grube fallen.«

15 Da nahm Petrus das Wort und sagte zu ihm: »Er-
kläre uns dieses Gleichnis!« 16 Er aber sprach: »Seid
denn auch ihr ohne Verständnis? 17 Versteht ihr
nicht, daß alles, was in den Mund hineingeht, in
den Magen gelangt und im Abort ausgeschieden
wird? 18 Was aber aus dem Munde herausgeht, das
kommt aus dem Herzen, und das verunreinigt den
Menschen. 19 Denn aus dem Herzen kommen böse
Gedanken, Mord, Ehebruch, Unzucht, Diebstahl,
falsches Zeugnis und Lästerung. 20 Das ist es, was
den Menschen verunreinigt, das Essen aber mit
ungewaschenen Händen, das verunreinigt den
Menschen nicht.«

Die kananäische Frau

21 Jesus ging von dort weg und zog sich zurück
in die Gegend von Tyrus und Sidon. 22 Und siehe,
da kam eine kananäische Frau aus der dortigen
Gegend und rief: »Erbarme dich meiner, Herr,

Sohn Davids! Meine Tochter wird arg von einem
Dämon geplagt.« 23 Er aber antwortete ihr nicht
ein Wort. Da traten seine Jünger hinzu und baten
ihn: »Erlöse sie doch; denn sie schreit hinter
uns her!« 24 Da entgegnete er: »Ich bin nur ge-
sandt zu den verlorenen Schafen des Hauses
Israel.« 25 Sie aber kam, fiel vor ihm nieder und
sprach: »Herr, hilf mir!« 26 Er antwortete: »Es ist
nicht recht, das Brot der Kinder zu nehmen und es
den jungen Hunden vorzuwerfen.« 27 Sie aber
sprach: »Doch, Herr; denn auch die jungen Hunde
fressen von den Brosamen, die vom Tisch ihrer
Herren fallen.« 28 Da antwortete Jesus: »Frau, groß
ist dein Glaube; es geschehe dir, wie du ver-
langst.« Und ihre Tochter war gesund von jener
Stunde an.

Zweite Brotvermehrung

29 Als Jesus von da fortging, kam er an den See von
Galiläa. Er stieg auf den Berg und setzte sich dort
nieder. 30 Da kam viel Volk zu ihm, mit Lahmen,
Krüppeln, Blinden, Stummen und vielen anderen,
die sie zu seinen Füßen legten, und er machte sie
gesund. 31 Die Volksscharen staunten, als sie sahen,
wie Stumme redeten, Krüppel Heilung fanden,
Lahme gehend und Blinde sehend wurden, und sie
priesen den Gott Israels.
32 Jesus aber rief seine Jünger zu sich und sprach:
»Mich erbarmt des Volkes; denn sie harren schon
drei Tage bei mir aus und haben nichts zu essen; ich
will sie nicht ungespeist ziehen lassen, sie könnten
sonst auf dem Wege ermatten.« 33 Da entgegneten
ihm seine Jünger: »Woher nehmen wir hier in der
Wüste so viele Brote, um das viele Volk zu sätti-
gen?« 34 Jesus sprach zu ihnen: »Wie viele Brote
habt ihr?« Sie antworteten: »Sieben und einige
kleine Fische.« 35 Da befahl er dem Volk, sich auf die
Erde niederzulassen. 36 Dann nahm er die sieben
Brote und die Fische, sprach das Dankgebet, brach
sie ab und gab sie den Jüngern, und die Jünger gaben
sie dem Volke. 37 Und alle aßen und wurden satt,
und von den abgebrochenen Stücken, die übrigge-
blieben, hoben sie sieben Körbe voll auf. 38 Derer
aber, die gegessen hatten, waren viertausend Män-
ner, Frauen und Kinder nicht gerechnet. 39 Dann
entließ er das Volk, stieg in das Schiff und kam in
die Gegend von Magadan.

15,1–20: Vgl. Mark 7,1–23; Luk 6,39. Ein anschauliches Beispiel der Verdrängung der eigentlichen Gesetzesabsicht durch spätere »Satzungen« der Schriftgelehrten. Jesus zeigt dagegen die innere Gesinnung als Maßstab der Vollkommenheit. • 21–28: Vgl. Mark 7,24–30. Ein Beispiel unbeirrbaren Glaubens. • 29–31: Vgl. Mark 7,31–37. • 32–39: Vgl. Mark 8,1–10. Für das sonst nicht bezeugte »Magadan« stand ursprünglich wohl »Magdala«.

BESONDERE SCHULUNG DER JÜNGER

Abkehr von den ungläubigen Juden

16 1 Da kamen die Pharisäer und Sadduzäer
zu ihm, ihn auf die Probe zu stellen, und
baten ihn, er möge sie ein Zeichen vom
Himmel sehen lassen. 2 Er aber antwortete ihnen:
»Am Abend sagt ihr: Schönes Wetter, denn der
Himmel ist rot. 3 Und am Morgen sagt ihr: Heute
wird stürmisches Wetter, denn der Himmel ist röt-
lich und trüb. Das Aussehen des Himmels also wißt
ihr zu unterscheiden, die Zeichen der Zeit aber
nicht! 4 Ein böses und ehebrecherisches Geschlecht
verlangt ein Zeichen, doch wird ihm kein Zeichen
gegeben werden als das Zeichen des Jonas.« Und er
ließ sie stehen und ging davon.
5 Als die Jünger hinüberkamen ans andere Ufer,
hatten sie vergessen, Brote mitzunehmen. 6 Jesus
aber sprach zu ihnen: »Seht zu und hütet euch vor
dem Sauerteig der Pharisäer und Sadduzäer!« 7 Da
machten sie sich Gedanken und sagten zueinander:
»Wir haben keine Brote mitgenommen.« 8 Jesus
aber merkte es und sprach: »Ihr Kleingläubigen,
was macht ihr euch Gedanken, daß ihr keine Brote
habt? 9 Begreift ihr noch nicht und erinnert ihr euch
nicht an die fünf Brote für die Fünftausend und wie
viele Körbe ihr aufgehoben habt? 10 Auch nicht an
die sieben Brote für die Viertausend und wie viele
Körbe ihr aufgehoben habt? 11 Warum begreift ihr
nicht, daß ich nicht Brote meinte, da ich euch sagte:
Hütet euch vor dem Sauerteig der Pharisäer und
Sadduzäer?« 12 Da verstanden sie, daß er nicht
sagen wollte, sie sollten sich hüten vor dem Sauer-
teig für die Brote, sondern vor der Lehre der
Pharisäer und Sadduzäer.

Verheißung an Petrus

13 Als Jesus in die Gegend von Cäsarea Philippi kam,
fragte er seine Jünger: »Für wen halten die Leute den
Menschensohn?« 14 Sie erwiderten: »Einige für
Johannes den Täufer, andere für Elias, andere für
Jeremias oder für einen von den Propheten.« 15 Da
sprach er zu ihnen: »Ihr aber, für wen haltet ihr
mich?« 16 Simon Petrus antwortete: »Du bist der
Messias, der Sohn des lebendigen Gottes.«
17 Jesus entgegnete ihm: »Selig bist du, Simon Bar-
jona; denn nicht Fleisch und Blut haben dir das

geoffenbart, sondern mein Vater, der im Himmel
ist. 18 Und ich sage dir: Du bist Petrus, und auf die-
sen Felsen will ich meine Kirche bauen, und die
Pforten der Unterwelt werden sie nicht überwälti-
gen. 19 Dir will ich die Schlüssel des Himmelreiches
geben. Was du binden wirst auf Erden, wird ge-
bunden sein im Himmel, und was du lösen wirst
auf Erden, wird gelöst sein im Himmel.« 20 Dann
gebot er seinen Jüngern streng, sie sollten es nie-
mand sagen, daß er der Messias sei.

Erste Leidensankündigung

21 Von da an begann Jesus seinen Jüngern zu zeigen,
er müsse nach Jerusalem gehen und vieles erleiden
von den Ältesten, den Hohenpriestern und Schrift-
gelehrten, er müsse getötet, am dritten Tag aber
auferweckt werden. 22 Da nahm ihn Petrus auf die
Seite und fing an, ihm Vorhaltungen zu machen,
indem er sprach: »Gott bewahre, Herr; das soll dir
nicht widerfahren!« 23 Er aber wandte sich um und
sagte zu Petrus: »Hinweg von mir, Satan; ein Ärger-
nis bist du mir; denn du denkst nicht das, was
Gottes ist, sondern was der Menschen ist.«

24 Dann sprach Jesus zu seinen Jüngern: »Wenn
einer mir nachfolgen will, so verleugne er sich
selbst, nehme sein Kreuz auf sich und folge mir
nach. 25 Denn wer sein Leben retten will, wird es
verlieren; wer aber sein Leben um meinetwillen
verliert, wird es finden. 26 Denn was wird es einem
Menschen nützen, wenn er die ganze Welt ge-
winnt, an seinem Leben aber Schaden erleidet?
Oder was kann der Mensch als Gegenpreis bieten
für sein Leben?

27 Denn der Menschensohn wird kommen in der
Herrlichkeit seines Vaters zusammen mit seinen
Engeln und dann ›einem jeden vergelten nach
seinem Tun‹ (Ps 62,13). 28 Wahrlich, ich sage euch:
Unter denen, die hier stehen, sind einige, die den
Tod nicht kosten werden, bis sie den Menschen-
sohn kommen sehen in seinem Reiche.«

16,1–12: Vgl. Mark 8,11–21; Luk 12,54–57. Jesus wendet sich nunmehr in der Sorge um seine kommende Kirche der besonderen Unterweisung seiner Jünger, vor allem der Apostel zu. • 13–20: Vgl. Mark 8,27–30; Luk 9,18–21. Schon in der Wahl des Beinamens Petrus, aramäisch Kepha, d. h. Fels (Joh 1,42), hatte Jesus die hier verheißene oberste Stellung in der zu gründenden Kirche angedeutet. Die »Schlüssel des Himmelreiches« bedeuten die oberste Vollmacht in den Angelegenheiten des Gottesreiches. Die »Binde- und Lösegewalt« wurde auch den übrigen Aposteln übertragen, Matth 18,18. Vgl. Joh 21,15–17! • 20: Das Volk hätte die Messiaswürde zu sehr in irdisch-politischer Weise mißdeutet. Auch die Apostel mußten erst zum rechten Verständnis umerzogen werden, wie das folgende Verhalten des Petrus zeigt. • 21–28: Vgl. Mark 8,31–9,1; Luk 9,22–27. Das Kreuz gehört zur Erlösung. Auch der Jünger Jesu muß bereit sein, in der Sorge für sein Heil auf Interessen, die dem Gottesreich entgegen sind, zu verzichten. In Vers 26 wird für »Leben« auch »Seele« übersetzt (griechisch: »psyche«).

Verklärung Jesu

17 1 Nach sechs Tagen nahm Jesus den
Petrus, Jakobus und dessen Bruder Johan-
nes mit sich und führte sie abseits auf
einen hohen Berg. 2 Da wurde er vor ihnen verwan-
delt; sein Angesicht glänzte wie die Sonne, seine
Kleider aber wurden leuchtend hell wie das Licht.
3 Und siehe, es erschienen ihnen Moses und Elias,
die mit ihm redeten. 4 Petrus nahm das Wort und
sagte zu Jesus: »Herr, es ist gut, daß wir hier sind.
Willst du, so werde ich hier drei Hütten bauen, dir
eine, dem Moses eine und dem Elias eine.« 5 Als er
noch redete, überschattete sie eine lichte Wolke,
und siehe, eine Stimme sprach aus der Wolke:
»Dieser ist mein geliebter Sohn, an dem ich Wohl-
gefallen fand; auf ihn sollt ihr hören!« 6 Da die
Jünger dies hörten, fielen sie auf ihr Angesicht und
fürchteten sich sehr. 7 Jesus trat hinzu, rührte sie an
und sprach: »Steht auf und fürchtet euch nicht!«
8 Als sie aber ihre Augen erhoben, sahen sie nie-
mand als Jesus allein. 9 Da sie vom Berg herab-
stiegen, befahl ihnen Jesus: »Sagt niemand von dem
Geschauten, bis der Menschensohn von den Toten
auferstanden ist!«

10 Da fragten ihn seine Jünger: »Warum sagen denn
die Schriftgelehrten, Elias müsse zuvor kommen?«
11 Er antwortete: »Elias wird zwar kommen und
alles wiederherstellen; 12 ich sage euch aber: Elias ist
schon gekommen, doch sie haben ihn nicht er-
kannt, sondern machten mit ihm, was sie nur
wollten. Ebenso wird auch der Menschensohn von
ihnen zu leiden haben.« 13 Da merkten die Jünger,
daß er von Johannes dem Täufer zu ihnen redete.

Wunderkraft des Glaubens

14 Als sie zum Volke kamen, trat ein Mann zu ihm,
fiel vor ihm auf die Knie und sprach: 15 »Herr, er-
barme dich meines Sohnes! Denn er ist mondsüch-
tig und ist schlimm daran; er fällt oft ins Feuer und
oft ins Wasser. 16 Ich habe ihn zu deinen Jüngern ge-
bracht. Doch sie vermochten nicht, ihn zu heilen.«
17 Jesus erwiderte: »O du ungläubiges und verkehr-
tes Geschlecht! Wie lange noch soll ich bei euch
sein? Wie lange noch euch ertragen? Bringt ihn her
zu mir!« 18 Und Jesus drohte ihm, und der Dämon
fuhr aus von ihm, und der Knabe wurde gesund von
jener Stunde an.

19 Darauf traten die Jünger für sich allein zu Jesus
und sagten: »Warum vermochten wir nicht, ihn
auszutreiben?« 20 Er sprach zu ihnen: »Eures Un-
glaubens wegen. Denn wahrlich, ich sage euch:
Wenn ihr Glauben habt wie ein Senfkorn, so
werdet ihr zu diesem Berg sagen: Geh von da weg

dorthin!, und er wird weggehen, und nichts wird
euch unmöglich sein. 21 [Diese Art aber wird nicht
anders ausgetrieben als durch Gebet und Fasten.]«

Zweite Leidensankündigung

22 Während ihres Zusammenseins in Galiläa sprach
Jesus zu ihnen: »Der Menschensohn wird den Hän-
den der Menschen überliefert, 23 und sie werden ihn
töten; am dritten Tag aber wird er auferweckt
werden.« Da wurden sie sehr betrübt.

Die Tempelsteuer

24 Als sie nach Kapharnaum kamen, traten die Ein-
nehmer der Doppeldrachme zu Petrus und sagten
zu ihm: »Zahlt euer Meister die Doppeldrachme
nicht?« 25 Er sprach: »Doch!« Als er aber das Haus
betrat, kam ihm Jesus mit der Frage zuvor: »Was
meinst du, Simon? Von wem nehmen die Könige
der Erde Tribut oder Steuer? Von ihren Söhnen oder
von den Fremden?« 26 Er antwortete: »Von den
Fremden.« Da sprach Jesus zu ihm: »Also sind die
Söhne frei. 27 Doch damit wir ihnen nicht Anstoß
geben, geh hin an den See, wirf die Angel aus und
nimm den Fisch, der zuerst heraufkommt; wenn du
ihm das Maul öffnest, wirst du einen Stater finden;
den nimm und gib ihnen für mich und für dich!«

17,1–13: Vgl. Mark 9,2–13; Luk 9,28–36; 2 Petr 1,16–18. Zu dem Wort über Elias vgl. Joh 1,21. Johannes ist nicht im Sinne jüdischer Erwartung der persönlich wiedergekommene Elias, wohl aber hat er dessen Aufgabe der Wegbereitung erfüllt. • 14–21: Vgl. Mark 9,14–29; Luk 9,37–42. Vers 21 wohl von Mark 9,29 her eingeschoben. Über die Glaubenskraft siehe Matth 21,20–22; Mark 11,20–25. • 22f: Vgl. Mark 9,30–32; Luk 9,43–45. • 24: Die Tempelsteuer für den erwachsenen Juden betrug eine Doppeldrachme; der in 17,27 genannte »Stater« war also ein Vierdrachmenstück (etwa 3 Goldmark).

Vom rechten Jüngersinn

18 1 In jener Stunde traten die Jünger zu Jesus
und sagten: »Wer ist wohl der Größte im
Himmelreich?« 2 Da rief er ein Kind her-
bei, stellte es mitten unter sie und sprach: 3 »Wahr-
lich, ich sage euch: Wenn ihr euch nicht bekehrt
und nicht werdet wie die Kinder, werdet ihr nicht
in das Himmelreich eingehen. 4 Wer sich also klein
macht wie dieses Kind, der ist der Größte im
Himmelreich. 5 Und wer solch ein Kind aufnimmt
in meinem Namen, der nimmt mich auf. 6 Wer aber
einem von diesen Kleinen, die an mich glauben,
Ärgernis gibt, für den wäre es gut, daß ein Mühl-
stein um seinen Hals gehängt und er versenkt
würde in die Tiefe des Meeres.
7 Wehe der Welt um der Ärgernisse willen! Denn es
müssen zwar Ärgernisse kommen, doch wehe dem
Menschen, durch den das Ärgernis kommt. 8 Wenn
aber deine Hand oder dein Fuß dir zum Ärgernis
wird, so haue ihn ab und wirf ihn von dir; es ist
besser für dich, verstümmelt oder hinkend in das
Leben einzugehen, als mit zwei Händen oder zwei
Füßen in das ewige Feuer geworfen zu werden.
9 Und wenn dir dein Auge zum Ärgernis wird, so
reiß es aus und wirf es von dir; es ist besser für dich,
einäugig in das Leben einzugehen, als mit zwei
Augen in das höllische Feuer geworfen zu werden.
10 Seht zu, daß ihr keines von diesen Kleinen ver-
achtet; denn ich sage euch: Ihre Engel schauen im
Himmel immerfort das Angesicht meines Vaters,
der im Himmel ist. 11 [Denn der Menschensohn ist
gekommen zu retten, was verloren war.] 12 Was
dünkt euch? Wenn einer hundert Schafe hat und
eines von ihnen verirrt sich: läßt er nicht die neun-
undneunzig auf den Bergen und geht hin, das ver-
irrte zu suchen? 13 Und gelingt es ihm, es zu finden,
wahrlich, ich sage euch: Er freut sich mehr über
dieses als über die neunundneunzig, die sich nicht
verirrten. 14 Ebenso ist es nicht der Wille eures
Vaters im Himmel, daß verlorengehe eines von
diesen Kleinen.

Von brüderlicher Gemeinschaft

15 Hat aber dein Bruder [gegen dich] gesündigt, so
geh hin und weise ihn zurecht zwischen dir und
ihm allein! Hört er auf dich, so hast du deinen
Bruder gewonnen. 16 Hört er nicht, so nimm noch
einen oder zwei mit dir, damit ›auf dem Mund von
zwei oder drei Zeugen festgestellt sei jede Sache‹
(5 Mos 19,15). 17 Hört er auch auf diese nicht, dann
sag es der Gemeinde; hört er auch auf die Ge-
meinde nicht, dann sei er für dich wie der Heide
und wie der Zöllner. 18 Wahrlich, ich sage euch:
Alles, was ihr binden werdet auf Erden, wird ge-
bunden sein im Himmel, und alles, was ihr lösen
werdet auf Erden, wird gelöst sein im Himmel.
19 Ferner sage ich euch: Wenn zwei von euch über-
einstimmen auf Erden in irgendeiner Sache, um die
sie bitten: es wird ihnen zuteil werden von meinem
Vater im Himmel. 20 Denn wo zwei oder drei ver-
sammelt sind in meinem Namen, da bin ich mitten
unter ihnen.«
21 Da trat Petrus hinzu und sagte zu ihm: »Herr, wie
oft darf mein Bruder gegen mich sündigen, und ich
soll ihm vergeben? Bis siebenmal?« 22 Jesus sprach
zu ihm: »Ich sage dir: Nicht bis siebenmal, sondern
bis siebzigmal siebenmal.
23 Darum gleicht das Himmelreich einem König, der
Abrechnung halten wollte mit seinen Knechten.
24 Als er mit der Abrechnung begann, brachte man
ihm einen, der ihm zehntausend Talente schuldig
war. 25 Da er aber nichts hatte, um zu bezahlen, be-

fahl der Herr, daß er verkauft werde sowie die Frau und die Kinder und all seine Habe und die Schuld bezahlt werde. 26 Da fiel der Knecht vor ihm nieder und bat ihn: Herr, habe Geduld mit mir! Ich will dir alles bezahlen. 27 Und es erbarmte sich der Herr über jenen Knecht, ließ ihn frei und schenkte ihm die Schuld. 28 Als aber jener Knecht hinausging, traf er einen seiner Mitknechte, der ihm hundert Denare schuldig war; er packte ihn, würgte ihn und sprach: Bezahle, was du schuldig bist! 29 Da fiel ihm sein Mitknecht zu Füßen und bat ihn: Habe Geduld mit mir! Ich will dir alles bezahlen. 30 Er aber wollte nicht, sondern ging hin und ließ ihn ins Gefängnis werfen, bis er die Schuld bezahlt hätte.

31 Als nun seine Mitknechte sahen, was geschehen war, wurden sie sehr betrübt, gingen hin und erzählten ihrem Herrn alles, was sich zugetragen hatte. 32 Da rief ihn sein Herr zu sich und sprach: Du böser Knecht! Jene ganze Schuld habe ich dir nachgelassen, weil du mich gebeten hast! 33 Hättest nicht auch du deines Mitknechtes dich erbarmen sollen, wie auch ich mich deiner erbarmt habe? 34 Voll Zorn übergab ihn sein Herr den Folterknechten, bis er die ganze Schuld bezahlt hätte. 35 So wird auch mein himmlischer Vater mit euch verfahren, wenn ihr nicht, ein jeder seinem Bruder, von Herzen verzeiht.«

18,1–14: Vgl. Mark 9,33–48; Luk 9,46–48; Luk 17,1f. Vers 11 Einschub von Luk 19,10. Zu Vers 8–9 vgl. Matth 5,29f. Vers 10 bezeugt die Existenz von Schutzengeln. • 15–21: Vgl. Luk 17,3f. Die Kirche (»Gemeinde«) hat infolge der den Aposteln verliehenen Binde- und Lösegewalt auch das Recht, ungehorsame Glieder auszuschließen. Beachte, die Grundlegung der Rechtsordnung in der Kirche, der freilich in 18,21–35 auch die stets verzeihende Liebe aufgetragen ist. • 24: »Zehntausend Talente« sind nach unseren Werten etwa 50 Millionen Goldmark, hundert Denare etwa 80 Goldmark. »Knecht« bedeutet daher hier, wie auch sonst öfter, einen hochgestellten Verwaltungsbeamten.

AUF DEM WEG NACH JERUSALEM

Von Ehe und Ehelosigkeit

19 1 Als Jesus diese Reden vollendet hatte, zog er weg aus Galiläa und kam in das Gebiet von Judäa jenseits des Jordan. 2 Es folgten ihm viele Scharen, und er heilte sie dort.

3 Da traten Pharisäer zu ihm heran, um ihn auf die Probe zu stellen, und sagten: »Ist es einem Manne erlaubt, seine Frau zu entlassen aus jedem Grunde?« 4 Er antwortete [ihnen]: »Habt ihr nicht gelesen, daß der Schöpfer von Anfang an ›sie als Mann und Frau geschaffen‹ (1 Mos 1,27) und gesagt hat: 5 ›Deshalb wird ein Mann Vater und Mutter verlassen und seiner Frau anhangen, und die zwei werden ein Fleisch sein‹ (1 Mos 2,24)? 6 So sind sie also nicht mehr zwei, sondern ein Fleisch. Was nun Gott verbunden hat, soll der Mensch nicht trennen.«

7 Sie sagten zu ihm: »Warum hat dann Moses geboten, ›einen Scheidebrief zu geben und sie zu entlassen‹ (5 Mos 24,1)?« 8 Er entgegnete ihnen: »Moses hat euch eurer Herzenshärte wegen erlaubt, eure Frauen zu entlassen, doch von Anfang an ist es nicht so gewesen. 9 Ich sage euch: Wer seine Frau entläßt – nicht (geschehe es) ›auf Grund von Unzucht‹ (5 Mos 24,1)! – und eine andere heiratet, bricht die Ehe, und wer eine Entlassene heiratet, bricht die Ehe.«

10 Da sagten die Jünger zu ihm: »Wenn die Sache von Mann und Frau so steht, ist es nicht gut zu heiraten.« 11 Er antwortete ihnen: »Nicht alle fassen dieses Wort, sondern nur jene, denen es gegeben ist. 12 Denn es gibt Ehelose, die vom Mutterleib so geboren sind, und es gibt Ehelose, die von Menschen eheunfähig gemacht wurden, und es gibt Ehelose, die um des Himmelreiches willen sich der Ehe enthalten. Wer es fassen kann, der fasse es!«

Segnung der Kinder

13 Hierauf brachte man Kinder zu ihm, damit er ihnen die Hände auflege und über sie bete. Die Jünger verwiesen es ihnen. 14 Jesus aber sprach [zu ihnen]: »Laßt die Kinder zu mir kommen und wehrt es ihnen nicht; denn für solche ist das Himmelreich!« 15 Und er legte ihnen die Hände auf und zog von da weiter.

Reichtum und Himmelreich

16 Und siehe, da trat einer hinzu und sagte zu ihm: »Meister! Was muß ich Gutes tun, daß ich ewiges Leben erlange?« 17 Er sprach zu ihm: »Was fragst du mich über das Gute? Einer ist der Gute [, Gott]. Willst du aber zum Leben eingehen, so halte die Gebote!« 18 Er fragte ihn: »Welche?« Jesus antwortete: »Du sollst nicht töten; du sollst nicht ehebrechen; du sollst nicht stehlen; du sollst nicht falsches Zeugnis geben! 19 Ehre Vater und Mutter und liebe deinen Nächsten wie dich selbst!« (2 Mos 20,12; 3 Mos 19,18). 20 Der Jüngling sagte zu ihm: »Dies alles habe ich gehalten [von meiner Jugend an], was fehlt mir noch?« 21 Jesus antwortete ihm: »Willst du vollkommen sein, so geh hin, verkaufe, was du hast, und gib es den Armen, und du wirst einen Schatz im Himmel haben; dann komm und

folge mir nach!« 22 Als aber der Jüngling dieses Wort
vernahm, ging er traurig davon; denn er besaß viele
Güter.
23 Da sprach Jesus zu seinen Jüngern: »Wahrlich, ich
sage euch: Ein Reicher wird schwer eingehen ins
Himmelreich. 24 Abermals sage ich euch: Es ist
leichter, daß ein Kamel durch ein Nadelöhr geht als
ein Reicher in das Himmelreich.« 25 Als die Jünger
dies hörten, waren sie sehr betroffen und sagten:
»Wer kann dann gerettet werden?« 26 Jesus blickte
sie an und sprach: »Bei Menschen ist das unmög-
lich, bei Gott aber ist alles möglich.«
27 Darauf entgegnete ihm Petrus: »Siehe, wir haben
alles verlassen und sind dir nachgefolgt; was wird
uns nun zuteil werden?« 28 Jesus antwortete ihnen:
»Wahrlich, ich sage euch: Ihr, die ihr mir nachge-
folgt seid, werdet bei der Welterneuerung, wenn
der Menschensohn auf dem Thron seiner Herrlich-
keit sitzen wird, auch selbst auf zwölf Thronen
sitzen und die zwölf Stämme Israels richten. 29 Und
jeder, der Häuser oder Brüder oder Schwestern oder
Vater oder Mutter oder Frau oder Kinder oder Äcker
um meines Namens willen verlassen hat, wird
Hundertfältiges empfangen und ewiges Leben
erben. 30 Viele Erste aber werden Letzte sein und
Letzte Erste.«

19,1–12: Vgl. Mark 10,1–12. Jesus wendet sich gegen den rabbinischen Schulstreit über die Auslegung von 5 Mos 24,1 und läßt überhaupt keinen Grund zur Trennung der Ehe zu, auch nicht wegen »Unzucht«, wie man in verschiedener Auslegung aus 5 Mos 24,1 schließen wollte. Vgl. Matth 5,31f; Luk 16,18; 1 Kor 7,10. – Es ist bedeutsam für die Stellung Jesu zum Alten Testament, daß er über die mosaische Ordnung, die in 5 Mos 24,1 vorausgesetzt ist, zurückgreift auf den ursprünglichen Willen des Schöpfers. • 13–30: Vgl. 10,13–31; Luk 18,15–30; Luk 22,28–30. • 24: Man hat versucht, dem Bild vom »Kamel« und »Nadelöhr« die Härte zu nehmen, daß man für »Kamel« »Schiffstau« setzte, weil das griechische Wort für beide Begriffe gleich sei. Oder man ließ »Kamel« und sah in dem Wort »Nadelöhr« eine Bezeichnung für die kleine Nebenpforte neben dem Haupttor, durch die ein Kamel nicht gehen könne. Aber auch bei derartiger Deutung bleibt das Unmögliche im Vollzug des Bildes und damit der erschütternde Ernst in der Aussage Jesu über den Reichtum als Hindernis für das Gottesreich.

Gleichnis für Lohn und Gnade im Himmelreich

20 1 »Das Himmelreich ist gleich einem
Gutsherrn, der am frühen Morgen aus-
ging, um Arbeiter zu dingen für seinen
Weinberg. 2 Er vereinbarte mit den Arbeitern einen
Denar für den Tag und schickte sie in seinen Wein-
berg. 3 Um die dritte Stunde ging er wieder aus, sah
andere müßig auf dem Markte stehen und sprach
zu ihnen: 4 Geht auch ihr in meinen Weinberg, und
ich werde euch geben, was recht ist! 5 Und sie
gingen hin. Abermals ging er aus um die sechste
und neunte Stunde und machte es ebenso. 6 Als er
um die elfte Stunde ausging, fand er andere da-
stehen und sprach zu ihnen: Was steht ihr hier den
ganzen Tag müßig? Sie antworteten ihm: Es hat
uns niemand gedungen. 7 Da sprach er zu ihnen: So
geht auch ihr in meinen Weinberg!
8 Als es nun Abend wurde, sagte der Herr des Wein-
berges zu seinem Verwalter: Laß die Arbeiter kom-
men und gib ihnen den Lohn, den letzten zuerst
und dann den ersten. 9 Da kamen die von der elften
Stunde und empfingen je einen Denar. 10 Als nun die
ersten kamen, meinten sie, mehr zu empfangen,
doch auch von ihnen erhielt jeder einen Denar.
11 Als sie ihn erhielten, murrten sie gegen den Guts-
herrn und sagten: 12 Diese letzten haben nur eine
Stunde gearbeitet, und du hast sie uns gleichgehal-
ten, die wir die Last und Hitze des Tages getragen
haben. 13 Er aber erwiderte einem von ihnen:
Freund, ich tue dir nicht unrecht; hast du nicht
einen Denar mit mir vereinbart? 14 Nimm, was dein
ist, und geh; ich will aber auch diesem letzten ge-
ben wie dir. 15 Oder ist es mir nicht erlaubt, mit dem
Meinen zu tun, was ich will? Oder ist dein Auge
böse, weil ich gut bin? 16 So werden die Letzten
Erste sein und die Ersten Letzte. [Denn viele sind
gerufen, aber wenige auserwählt.]«

Dritte Leidensankündigung

17 Da Jesus sich anschickte, nach Jerusalem hinauf-
zuziehen, nahm er die Zwölf für sich allein heran
und sprach unterwegs zu ihnen: 18 »Seht, wir ziehen
hinauf nach Jerusalem, und der Menschensohn
wird den Hohenpriestern und Schriftgelehrten
überliefert werden; sie werden ihn zum Tod verur-
teilen 19 und den Heiden ausliefern, ihn zu ver-
spotten, zu geißeln und zu kreuzigen; am dritten
Tag aber wird er auferweckt werden.«

Ehrsucht und Jüngerschaft

20 Da trat die Mutter der Söhne des Zebedäus mit
ihren Söhnen zu ihm und fiel vor ihm nieder, um
eine Bitte ihm vorzutragen. 21 Er sprach zu ihr: »Was
willst du?« Sie antwortete ihm: »Sag, daß von
diesen meinen zwei Söhnen einer zu deiner Rech-
ten und einer zu deiner Linken sitze in deinem
Reiche!« 22 Jesus erwiderte: »Ihr wißt nicht, um was
ihr bittet. Könnt ihr den Kelch trinken, den ich trin-
ken werde?« Sie antworteten ihm: »Wir können es.«
23 Da sprach er zu ihnen: »Meinen Kelch werdet ihr
wohl trinken, doch das Sitzen zu meiner Rechten
oder Linken habe nicht ich zu vergeben, sondern ist
für die, denen es bereitet ist von meinem Vater.«
24 Als die Zehn es hörten, wurden sie unwillig
über die zwei Brüder. 25 Jesus aber rief sie zu sich
und sprach: »Ihr wißt, daß die Herrscher der Völker

den Herren spielen über sie und die Großen sie ihre Macht spüren lassen. 26 Nicht so soll es sein unter euch; sondern wer groß sein will unter euch, der sei euer Diener, 27 und wer der Erste sein will unter euch, der sei euer Knecht, 28 So wie der Menschensohn nicht gekommen ist, sich bedienen zu lassen, sondern zu dienen und sein Leben hinzugeben als Lösepreis für viele.«

Blindenheilung

29 Als sie von Jericho weggingen, folgte ihm viel Volk. 30 Und siehe, zwei Blinde, die am Wege saßen, hörten, daß Jesus vorübergehe, und schrien: »Herr, erbarme dich unser, Sohn Davids!« 31 Das Volk aber schalt auf sie, sie möchten doch schweigen, sie jedoch schrien noch lauter: »Herr, erbarme dich unser, Sohn Davids!« 32 Jesus blieb stehen, rief sie zu sich und sagte: »Was wollt ihr, daß ich euch tun soll?« 33 Sie antworteten ihm: »Herr, daß unsere Augen geöffnet werden!« 34 Jesus erbarmte sich ihrer, berührte ihre Augen, und sogleich sahen sie und folgten ihm nach.

20,1–16: Das Gleichnis ist als Erklärung zu 19,30 zu verstehen. Im Gottesreich gibt es eine Belohnung unseres guten Wirkens, aber die Maßstäbe der göttlichen Gnade sind verschieden von menschlicher Berechnung. Der letzte Satz ist wohl Einschub aus Matth 22,14. • 17–19: Vgl. Mark 10,32–34; Luk 18,31–34. • 20–28: Vgl. Mark 10,35–45; Luk 22,24–27. Die Mutter der Zebedäussöhne Jakobus und Johannes hieß Salome, vgl. Matth 27,56; Mark 15,40. • 29–34: Vgl. Mark 10,46–52; Luk 18,35–43

IN JERUSALEM

Feierlicher Einzug

21 1 Als sie sich Jerusalem näherten und nach Bethphage am Ölberg kamen, sandte Jesus zwei Jünger voraus und sprach zu ihnen: 2 »Geht in das Dorf dort vor euch, und sogleich werdet ihr eine Eselin angebunden finden und ein Füllen bei ihr; macht sie los und führt sie zu mir! 3 Und wenn euch jemand anspricht, so sagt: Der Herr bedarf ihrer, und er wird sie sogleich ziehen lassen.« 4 Dies aber ist geschehen, damit sich erfüllte, was gesagt ist durch den Propheten: 5 »Sagt der Tochter Sion: Siehe, dein König kommt zu dir, sanftmütig und auf einer Eselin reitend, mit einem Füllen, dem Jungen des Lasttieres« (Is 62,11; Zach 9,9).

6 Die Jünger gingen hin und taten, wie ihnen Jesus befohlen hatte. 7 Sie brachten die Eselin mit dem Füllen, legten ihre Kleider auf sie, und er setzte sich darauf. 8 Viele aus der Volksmenge breiteten ihre Mäntel auf den Weg; andere hieben Zweige von den Bäumen und streuten sie auf den Weg. 9 Die Scharen, die vorausgingen und nachfolgten, riefen: »Hosanna dem Sohne Davids! Gepriesen sei, der da kommt im Namen des Herrn! Hosanna in der Höhe!« 10 Und als er in Jerusalem einzog, kam die ganze Stadt in Bewegung und sprach: »Wer ist dieser?« 11 Die Scharen aber riefen: »Das ist Jesus, der Prophet aus Nazareth in Galiläa.«

Tempelreinigung

12 Und Jesus ging in den Tempel, trieb alle hinaus, die im Tempel verkauften und kauften, stieß die Tische der Wechsler und die Stände der Taubenverkäufer um und sprach zu ihnen: 13 »Es steht geschrieben: ›Mein Haus soll ein Bethaus heißen‹ (Is 56,7), ihr aber macht es zu einer ›Räuberhöhle‹« (Jer 7,11). 14 Und es kamen Blinde und Lahme im Tempel zu ihm, und er machte sie gesund.

15 Als aber die Hohenpriester und Schriftgelehrten die Wunder sahen, die er wirkte, und die Kinder, die im Tempel riefen: »Hosanna dem Sohne Davids«, wurden sie unwillig und sagten zu ihm: 16 »Hörst du, was diese sagen?« Jesus aber erwiderte ihnen: »Ja! Habt ihr denn niemals gelesen: ›Aus dem Munde der Unmündigen und Säuglinge hast du dir Lob bereitet‹ (Ps 8,3)?« 17 Und er ließ sie stehen, ging zur Stadt hinaus nach Bethanien und blieb dort über Nacht.

Verfluchung des Feigenbaumes; die Macht des Glaubens

18 Als er in der Frühe wieder in die Stadt zurückging, hungerte ihn. 19 Da sah er einen Feigenbaum am Wege, ging hinzu, fand aber nichts daran als nur Blätter. Da sprach er zu ihm: »Nimmermehr komme Frucht von dir in Ewigkeit!« Und auf der Stelle verdorrte der Feigenbaum. 20 Als die Jünger dies sahen, staunten sie und sprachen: »Wieso ist der Feigenbaum auf der Stelle verdorrt?« 21 Jesus gab ihnen zur Antwort: »Wahrlich, ich sage euch: Wenn ihr Glauben habt und nicht zweifelt, so werdet ihr nicht nur das tun, was mit dem Feigenbaum geschah, sondern wenn ihr zu diesem Berg sagt: Heb dich hinweg und stürze dich ins Meer,! So wird es geschehen. 22 Und alles, was ihr glaubensvoll im Gebet erfleht, werdet ihr empfangen.«

Vollmachtsfrage

23 Als er sodann in den Tempel kam, traten, wie er gerade lehrte, die Hohenpriester und Ältesten des Volkes zu ihm und sagten: »Mit welcher Vollmacht

tust du das? Wer hat dir diese Vollmacht gegeben?«
24 Jesus antwortete ihnen: »Auch ich will euch eine
Frage vorlegen; wenn ihr sie mir beantwortet, so
will ich euch sagen, mit welcher Vollmacht ich das
tue. 25 Die Taufe des Johannes, woher stammte sie?
Vom Himmel oder von Menschen?« Da überlegten
sie und sagten sich: 26 »Sagen wir: Vom Himmel, so
wird er uns sagen: Warum habt ihr ihm dann nicht
geglaubt? Sagen wir aber: Von Menschen, so haben
wir das Volk zu fürchten; denn alle halten Johannes
für einen Propheten.« 27 Und sie antworteten Jesus:
»Wir wissen es nicht.« Da sprach er zu ihnen: »So
sage auch ich euch nicht, mit welcher Vollmacht ich
das tue.«

Die ungleichen Söhne

28 »Was dünkt euch? Ein Mann hatte zwei Söhne. Er
ging zu dem ersten und sprach: Kind, geh und
arbeite heute im Weinberg! 29 Der antwortete: Ich
gehe, Herr. Aber er ging nicht. 30 Da ging er zum
andern und sprach ebenso. Der antwortete: Ich mag
nicht; doch nachher reute es ihn, und er ging.
31 Welcher von beiden hat den Willen des Vaters
getan?« Sie sagten: »Der letztere.« Da sprach Jesus
zu ihnen: »Wahrlich, ich sage euch: Die Zöllner und
Dirnen werden eher in das Reich Gottes kommen
als ihr. 32 Denn Johannes kam zu euch mit der Lehre
der Gerechtigkeit, und ihr habt ihm nicht geglaubt.
Die Zöllner und Dirnen aber glaubten ihm. Ihr habt
es gesehen und seid auch nachher nicht in euch ge-
gangen, um ihm zu glauben.«

Von den bösen Winzern

33 »Hört ein anderes Gleichnis: Es war ein Gutsherr,
der pflanzte einen Weinberg, umgab ihn mit einem
Zaun, grub darin eine Kelter, baute einen Turm, ver-
pachtete ihn an Winzer und begab sich außer
Landes. 34 Als die Zeit der Ernte herankam, schickte
er seine Knechte zu den Winzern, um seinen Ertrag
in Empfang zu nehmen. 35 Die Winzer aber ergrif-
fen seine Knechte, schlugen den einen, töteten den
andern, und den dritten steinigten sie. 36 Abermals
schickte er andere Knechte, und zwar mehr als
zuvor, und sie machten es ihnen ebenso. 37 Zuletzt
aber sandte er seinen Sohn zu ihnen, indem er
sprach: Sie werden Achtung haben vor meinem
Sohn. 38 Als aber die Winzer den Sohn erblickten,
sagten sie untereinander: Das ist der Erbe; kommt,
wir wollen ihn umbringen und sein Erbe in Besitz
nehmen! 39 Und sie ergriffen ihn, warfen ihn zum
Weinberg hinaus und töteten ihn. 40 Wenn nun der
Herr des Weinberges kommt, was wird er diesen
Winzern tun?« 41 Sie sagten zu ihm: »Er wird den
Bösen ein böses Ende bereiten und seinen Weinberg
an andere Winzer verpachten, die ihm die Früchte
abliefern werden zu gegebener Zeit.«
42 Da sprach Jesus zu ihnen: »Habt ihr niemals in
den Schriften gelesen: ›Der Stein, den die Bauleute
verwarfen, ist zum Eckstein geworden. Vom Herrn
wurde es so, und wunderbar ist es in unseren
Augen‹ (Ps 118,22)? 43 Darum sage ich euch: Das
Reich Gottes wird von euch genommen und einem
Volk gegeben werden, das seine Früchte bringt.
44 [Wer auf diesen Stein fällt, der wird zerschmet-
tert, und auf wen er fällt, den wird er zermalmen].«
45 Als die Hohenpriester und Pharisäer seine Gleich-
nisse hörten, merkten sie, daß er von ihnen redete.
46 Sie suchten ihn zu ergreifen, doch sie fürchteten
das Volk, weil es ihn für einen Propheten hielt.

21,1–11 Vgl. Mark 11,1–11; Luk 19,28–44; Joh 12,12–19. • 12–17: Vgl. Mark 11,15–19, Luk 19,45–48; Joh 2,13–17. Die Tempelreinigung fand nach Joh beim ersten Osterbesuch Jesu statt. Sie wird hier vermutlich nachgetragen, weil die ersten drei Evangelien nur einen einzigen Jerusalembesuch anführen. • 18–22: Vgl. Mark 11,12–14 und 11,20–24. Eine sinnbildliche Handlung zum Hinweis auf das für das Gottesreich unfruchtbare Israel, zugleich ein Beispiel der Wunderkraft unbedingten Glaubens. • 23–27: Vgl. Mark 11,27–33; Luk 20,1–8. • 33–46: Vgl. Mark 12,1–12; Luk 20,9–19.

Vom königlichen Gastmahl

22 1 Wieder nahm Jesus das Wort und
sprach in Gleichnissen zu ihnen: 2 »Das
Himmelreich ist einem König gleich, der
seinem Sohne Hochzeit hielt. 3 Er sandte seine
Knechte aus, die Geladenen zur Hochzeit zu rufen,
doch sie wollten nicht kommen. 4 Abermals sandte
er andere Knechte aus und sprach: Sagt den Gela-
denen: Seht, mein Mahl habe ich bereitet, meine
Ochsen und Masttiere sind geschlachtet, und alles
ist bereit; kommt zur Hochzeit! 5 Sie aber achteten
nicht darauf und gingen ihrer Wege, der eine auf
seinen Acker, der andere zu seinem Geschäft. 6 Die
übrigen aber ergriffen seine Knechte, mißhandelten
und töteten sie. 7 Da sandte der König voll Zorn
seine Truppen aus, ließ jene Mörder umbringen und
ihre Stadt in Brand stecken. 8 Dann sprach er zu
seinen Knechten: Die Hochzeit ist bereitet, doch
die Geladenen waren nicht würdig. 9 Geht daher
auf die offenen Straßen und ladet zur Hochzeit,
wen immer ihr findet! 10 Und es gingen jene
Knechte hinaus auf die Straßen und holten alle zu-
sammen, die sie fanden, Böse und Gute, und der
Hochzeitssaal war mit Gästen ganz besetzt. 11 Als
aber der König hineinging, um sich die Gäste anzu-
sehen, sah er darin einen Mann, der kein hochzeit-
liches Kleid anhatte. 12 Und er sprach zu ihm:
Freund, wie bist du da hereingekommen, ohne ein
hochzeitliches Kleid zu haben? Der aber ver-

stummte. 13 Da sprach der König zu den Dienern:
Bindet ihm Füße und Hände und werft ihn hinaus
in die Finsternis draußen; dort wird Heulen sein
und Zähneknirschen. 14 Denn viele sind gerufen,
aber wenige auserwählt.«

Die Steuerfrage

15 Darauf gingen die Pharisäer hin und hielten Rat,
wie sie ihn fangen könnten mit einem Wort. 16 Sie
schickten ihre Jünger mit den Herodianern zu ihm
und fragten: »Meister, wir wissen, daß du wahrhaft
bist, den Weg Gottes nach der Wahrheit lehrst und
dich um niemand kümmerst; denn du siehst nicht
auf die Person der Menschen. 17 Sag uns also, was
meinst du: Ist es erlaubt, dem Kaiser Steuern zu
zahlen, oder nicht?« 18 Da Jesus ihre Bosheit er-
kannte, sprach er: »Was versucht ihr mich, ihr
Heuchler? 19 Zeigt mir die Steuermünze!« Sie reich-
ten ihm einen Denar. 20 Und er fragte sie: »Wessen
ist dieses Bild und die Aufschrift?« 21 Sie antworte-
ten ihm: »Des Kaisers.« Da sprach er zu ihnen:
»Gebt also, was des Kaisers ist, dem Kaiser, und
was Gottes ist, Gott!« 22 Als sie das hörten, staunten
sie, ließen von ihm ab und gingen davon.

Die Auferstehungsfrage

23 An jenem Tag kamen zu ihm Sadduzäer, die be-
haupten, es gebe keine Auferstehung. 24 Sie fragten
ihn: »Meister, Moses hat gesagt: ›Wenn einer stirbt,
ohne ein Kind zu hinterlassen, soll sein Bruder mit
dessen Frau die Schwagerehe eingehen und seinem
Bruder Nachkommenschaft erwecken‹ (5 Mos
25,5). 25 Nun waren sieben Brüder bei uns. Der erste
heiratete und starb, und weil er keine Kinder hatte,
hinterließ er seine Frau seinem Bruder. 26 Desglei-
chen auch der zweite und der dritte und schließlich
alle sieben. 27 Zuletzt nach allen starb auch die Frau.
28 Bei der Auferstehung der Toten nun, wem von
den sieben wird sie als Frau gehören? Denn alle
haben sie gehabt.« 29 Jesus antwortete ihnen: »Ihr
seid im Irrtum, da ihr weder die Schriften kennt
noch die Kraft Gottes. 30 Denn bei der Auferstehung
wird weder geheiratet noch verheiratet, sondern sie
sind wie die Engel Gottes im Himmel. 31 Was aber
die Auferstehung der Toten betrifft, habt ihr nicht
gelesen, was euch von Gott gesagt worden ist:
32 ›Ich bin der Gott Abrahams und der Gott Isaaks
und der Gott Jakobs‹ (2 Mos 3,6)? Gott ist nicht ein
Gott von Toten, sondern von Lebendigen!« 33 Und
die Scharen, die zuhörten, waren außer sich über
seine Lehre.

Das größte Gebot

34 Als aber die Pharisäer hörten, daß er die Saddu-
zäer zum Schweigen gebracht hatte, kamen sie zu-
sammen, 35 und einer von ihnen, ein Lehrer des
Gesetzes, fragte ihn, um ihn zu versuchen: 36 »Mei-
ster, welches ist das größte Gebot im Gesetz?« 37 Er
antwortete ihm: »›Du sollst den Herrn, deinen Gott,
lieben aus deinem ganzen Herzen, deiner ganzen
Seele und deinem ganzen Denken‹ (5 Mos 6,5).
38 Dies ist das größte und erste Gebot. 39 Das zweite
ist ihm gleich: ›Du sollst deinen Nächsten lieben wie
dich selbst‹ (3 Mos 19,18). 40 An diesen zwei Gebo-
ten hängt das ganze Gesetz und die Propheten.«

Gegenfrage Jesu

41 Da nun die Pharisäer beisammen waren, fragte
sie Jesus: 42 »Was haltet ihr vom Messias? Wessen
Sohn ist er?« Sie sagten zu ihm: »Davids.« 43 Da
sprach er zu ihnen: »Wieso nennt ihn aber David
im Geiste ›Herr‹, wenn er spricht: 44 ›Der Herr
sprach zum meinem Herrn: Setze dich zu meiner
Rechten, bis ich deine Feinde unter deine Füße lege‹
(Ps 110,1)? 45 Wenn nun David ihn ›Herr‹ nennt, wie
ist er dann sein Sohn?« 46 Niemand konnte ihm ein
Wort erwidern, und niemand wagte es von diesem
Tage an, ihn noch weiter zu befragen.

22,1–14: Vgl. Luk 14,15–24. Vers 14 bezieht sich vor allem auf den ersten Teil des Gleichnisses, 22,1–10, und will sagen, daß zwar viele gerufen sind zum Eintritt ins Gottesreich, daß aber nur ein Teil davon diese Erwählung beachtet und befolgt. Vgl. Matth 7,13f. Dabei denkt Jesus vor allem an das jüdische Volk. Verse 11–13 stellen ein eigenes Gleichnis dar, das besagen will, daß nicht der äußere Anschluß an das Gottesreich genügt, sondern daß auch eine entsprechende innere Gesinnung nötig ist, vgl. Matth 3,8; 7,21–23. • 15–33: Vgl. Mark 12,13–27; Luk 20,20–40. Jesus nennt die Fragesteller »Heuchler«, weil sie ein echtes religiöses Anliegen mißbrauchten, um ihm eine Falle zu legen. • 23–33: Mit diesem konstruierten Fall wollten die Sadduzäer, zu denen vor allem die hohepriesterliche Gruppe gehörte, den von ihnen verworfenen Auferstehungsglauben lächerlich machen. Vgl. Mark 12,18–27; Luk 20,27–40;

Strafrede über die Schriftgelehrten und Pharisäer

23 1 Darauf sprach Jesus zum Volk und zu
seinen Jüngern: 2 »Auf dem Stuhl des
Moses sitzen die Schriftgelehrten und
Pharisäer. 3 Tut und haltet alles, was sie euch sagen,
nach ihren Werken aber richtet euch nicht; denn sie
reden zwar, tun es aber nicht. 4 Sie binden schwere
und unerträgliche Lasten und legen sie auf die
Schultern der Menschen; selber aber wollen sie mit
keinem ihrer Finger daran rühren. 5 Alle ihre Werke
tun sie, um sich sehen zu lassen von den Menschen;
denn sie machen ihre Gebetsriemen breit und groß
ihre Quasten. 6 Sie nehmen gern den Ehrenplatz ein
bei den Gastmählern und die ersten Sitze in den
Synagogen 7 und lassen sich grüßen auf den öffent-
lichen Plätzen und von den Leuten als Meister an-
reden. 8 Ihr aber sollt euch nicht als Meister anreden
lassen; denn einer ist euer Meister, ihr alle aber seid

REBEKKA

Brüder. 9 Auch als Vater sollt ihr niemand von euch anreden auf Erden; denn einer ist euer Vater, der im Himmel. 10 Auch nicht als Führer laßt euch anreden; denn einer ist euer Führer, Christus. 11 Der Größte unter euch soll euer Diener sein. 12 Wer sich selbst erhöht, wird erniedrigt, und wer sich selbst erniedrigt, wird erhöht werden.

13 Wehe aber euch, ihr Schriftgelehrten und Pharisäer, ihr Heuchler! Ihr verschließt das Himmelreich den Menschen; denn ihr selbst geht nicht hinein und laßt auch, die hineingehen wollen, nicht hinein. 14 [Wehe euch, ihr Schriftgelehrten und Pharisäer, ihr Heuchler! Ihr verzehrt die Häuser der Witwen, indem ihr zum Schein lange Gebete verrichtet! Darum wird ein um so strengeres Gericht über euch kommen.]

15 Wehe euch, ihr Schriftgelehrten und Pharisäer, ihr Heuchler! Ihr zieht über Meer und Land, um einen einzigen zum Glaubensgenossen zu machen, und ist er es geworden, so macht ihr aus ihm einen Sohn der Hölle, zweimal so schlimm wie ihr.

16 Wehe euch, ihr blinden Wegweiser! Ihr sagt: Wenn jemand beim Tempel schwört, das sei nichts, wer aber beim Gold des Tempels schwört, der sei gebunden. 17 Ihr Toren und Blinden! Was ist denn mehr, das Gold oder der Tempel, der das Gold heiligt? 18 Und wenn jemand beim Altare schwört, das sei nichts, wer aber bei der Gabe schwört, die darauf liegt, der sei gebunden. 19 Ihr Blinden! Was ist denn größer, die Gabe oder der Altar, der die Gabe heiligt? 20 Wer also beim Altare schwört, der schwört bei ihm und bei allem, was darauf liegt. 21 Und wer beim Tempel schwört, der schwört bei ihm und bei dem, der darin wohnt. 22 Und wer beim Himmel schwört, der schwört beim Throne Gottes und bei dem, der darauf sitzt.

23 Wehe euch, ihr Schriftgelehrten und Pharisäer, ihr Heuchler! Ihr berechnet den Zehnten von Minze, Dill und Kümmel, doch was von größerem Gewicht ist im Gesetz, das vernachlässigt ihr: das Recht und die Barmherzigkeit und die Treue. Dies soll man tun und jenes nicht unterlassen. 24 Ihr blinden Wegweiser! Ihr seiht die Mücke, verschluckt jedoch das Kamel. 25 Wehe euch, ihr Schriftgelehrten und Pharisäer, ihr Heuchler! Ihr reinigt das Äußere des Bechers und der Schüssel, innen aber sind sie angefüllt mit Raub und Unmäßigkeit. 26 Du blinder Pharisäer! Reinige zuerst das Innere des Bechers und der Schüssel, damit auch ihr Äußeres rein werde.

27 Wehe euch, ihr Schriftgelehrten und Pharisäer, ihr Heuchler! Ihr gleicht übertünchten Gräbern, die nach außen zwar schön aussehen, inwendig aber voll sind von Totengebein und Unrat. 28 So erscheint auch ihr von außen her den Menschen als Gerechte, inwendig aber seid ihr voll von Heuchelei und Gesetzwidrigkeit. 29 Wehe euch, ihr Schriftgelehrten und Pharisäer, ihr Heuchler! Ihr baut die Gräber der Propheten und ziert die Denkmäler der Gerechten und sagt: 30 Hätten wir in den Tagen unserer Väter gelebt, so wären wir nicht schuldig geworden mit ihnen am Blut der Propheten. 31 So gebt ihr euch selbst das Zeugnis, daß ihr Söhne der Prophetenmörder seid; 32 doch ihr macht es voll, das Maß eurer Väter! 33 Ihr Schlangen, ihr Natterngezücht! Wie werdet ihr dem Gericht der Hölle entrinnen?

34 Darum seht, ich sende zu euch Propheten, Weise und Schriftgelehrte; die einen von ihnen werdet ihr töten und kreuzigen, andere von ihnen werdet ihr in euren Synagogen geißeln und von Stadt zu Stadt verfolgen, 35 damit alles gerechte Blut, das auf Erden vergossen wurde, über euch komme, vom Blut des gerechten Abel an bis zum Blut des Zacharias, des Sohnes des Barachias, den ihr ermordet habt zwischen Tempel und Altar. 36 Wahrlich, ich sage euch: Dies alles wird kommen über dieses Geschlecht.

Weheruf über Jerusalem: Euer Haus wird verwüstet zurückgelassen

37 Jerusalem, Jerusalem, das du die Propheten mordest und die steinigst, die zu dir gesandt sind, wie oft wollte ich deine Kinder sammeln, wie eine Henne ihre Küchlein unter ihre Flügel sammelt, und ihr habt nicht gewollt! 38 Seht, ›euer Haus wird euch verwüstet zurückgelassen‹ (Jer 22,5). 39 Denn ich sage euch: Von nun an werdet ihr mich nicht mehr sehen, bis ihr sprechen werdet: ›Gepriesen sei, der da kommt im Namen des Herrn‹ (Ps 118,26).«

23,1–36: Vgl. Mark 12,38–40; Luk 20,45–47; 11,37–52. • 3: Jesus deutet damit eine auch für die Kirche wichtige Unterscheidung zwischen einem unwürdigen Amtsträger und seinem Amt an. • 5: »Gebetsriemen« dienten den Juden zum Befestigen einer mit bestimmten Bibeltexten beschriebenen Kapsel an Stirn und Oberarm, vgl. 5 Mos 6,8. • 14: Der Vers ist hier nach Ausweis der besten Handschriften eine Einfügung nach Mark 12,40. • 23: Wie leicht werden im religiösen Bereich die Nebensachen zu großen Wichtigkeiten, zum Schaden der eigentlichen Pflichten, vor allem der Nächstenliebe!

Weissagung vom Ende

24 1 Als Jesus den Tempel verließ und weiterging, traten seine Jünger zu ihm, um ihn hinzuweisen auf die Bauten des Tempels. 2 Er aber sprach zu ihnen: »Seht ihr dies alles? Wahrlich, ich sage euch: Kein Stein wird hier auf dem andern gelassen, ein jeder wird abgebrochen werden.«

3 Als er sich auf dem Ölberg niedersetzte, traten die
Jünger zu ihm und sagten im Alleinsein mit ihm:
»Sag uns, wann wird das sein, und was ist das
Zeichen für deine Ankunft und für das Ende der
Welt?«
4 Jesus antwortete ihnen: »Seht zu, daß euch nie-
mand verführe! 5 Denn viele werden unter meinem
Namen kommen und sagen: Ich bin der Messias!,
und sie werden viele verführen. 6 Ihr aber werdet
von Kriegen und Kriegsgerüchten hören, seht zu,
laßt euch nicht schrecken; denn es ›muß so kom-
men‹ (Dan 2,28), aber noch ist es nicht das Ende.
7 Denn aufstehen wird ›Volk wider Volk‹ (2 Chron
15,6) und ›Reich wider Reich‹ (Is 19,2), und Hun-
gersnöte werden sein von Ort zu Ort und Seuchen
und Erdbeben. 8 All das ist der Anfang der Wehen.
9 Alsdann werden sie euch der Drangsal überliefern
und euch töten, und ihr werdet verhaßt sein bei
allen Völkern ob meines Namens. 10 Da ›werden
viele zu Fall kommen‹ (Dan 11,41), einander ver-
raten und einander hassen. 11 Viele falsche Prophe-
ten werden aufstehen und werden viele verführen.
12 Weil die Gesetzlosigkeit überhandnimmt, wird
die Liebe der vielen erkalten. 13 Wer aber ausharrt
bis ans Ende, der wird gerettet werden. 14 Und es
wird dieses Evangelium vom Reiche verkündet
werden in der ganzen Welt, zum Zeugnis für alle
Völker, und dann wird kommen das Ende.

Gericht über Jerusalem

15 Wenn ihr nun den ›Greuel der Verwüstung‹, vor-
hergesagt durch den Propheten Daniel (9,27; 12,11),
stehen seht ›an heiliger Stätte‹ – wer es liest, be-
denke es wohl! –, 16 dann fliehe, wer in Judäa ist, in
die Berge, 17 wer auf dem Dache ist, steige nicht
herab, um etwas aus seinem Hause zu holen, 18 und
wer auf dem Felde ist, kehre nicht zurück, um
seinen Mantel zu holen. 19 Wehe den Schwangeren
und Stillenden in jenen Tagen! 20 Betet aber, daß
eure Flucht nicht im Winter geschehe oder am Sab-
bat. 21 Es wird nämlich dann eine große Drangsal
sein, wie dergleichen nicht gewesen ist seit Anfang
der Welt bis jetzt‹ (Dan 12,1) und nicht mehr sein
wird. 22 Und würden jene Tage nicht abgekürzt,
würde kein Mensch gerettet werden; doch um der
Auserwählten willen werden jene Tage abgekürzt
werden.

Die große Verführung

23 Wenn dann jemand zu euch sagt: Seht, hier ist der
Messias, oder: dort, so glaubt es nicht; 24 denn es
werden falsche Messiasse aufstehen und ›falsche
Propheten, und sie werden große Zeichen und
Wunder tun‹ (5 Mos 13,1f), um, wenn möglich,
auch die Auserwählten zu verführen. 25 Seht, ich
habe es euch vorhergesagt! 26 Wenn sie euch also
sagen: Seht, er ist in der Wüste, so geht nicht hin-
aus; seht, er ist in den Kammern, so glaubt es nicht!
27 Denn wie der Blitz vom Osten ausgeht und bis
zum Westen leuchtet, so wird es sein mit der
Ankunft des Menschensohns. 28 ›Wo das Aas ist, da
versammeln sich die Geier‹ (Job 39,30).

Wiederkunft Christi

29 Sogleich nach der Drangsal jener Tage wird ›die
Sonne sich verfinstern und der Mond seinen Schein
nicht mehr geben‹ (Is 13,10), ›die Sterne werden
vom Himmel fallen, und die Kräfte des Himmels
werden erschüttert werden‹ (Is 34,4). 30 Dann wird
das Zeichen des Menschensohns am Himmel er-
scheinen, und ›wehklagen werden alle Stämme der
Erde‹ (Zach 12,10ff), und sie ›werden den Men-
schensohn kommen sehen auf den Wolken des
Himmels‹ (Dan 7,13) mit großer Macht und Herr-
lichkeit. 31 Er wird seine Engel aussenden mit
lautem Posaunenschall, und sie werden ›zusam-
menführen seine Auserwählten von den vier Win-
den‹ (Zach 2,6), ›von einem Ende des Himmels bis
zum andern‹ (5 Mos 30,4).

In aufmerksamer Erwartung

32 Vom Feigenbaum aber lernt das Gleichnis: Wenn
sein Zweig schon saftig wird und die Blätter trei-
ben, erkennt ihr, daß der Sommer nahe ist. 33 Eben-
so auch sollt ihr, wenn ihr dies alles seht, erkennen,
daß er nahe ist an den Türen. 34 Wahrlich, ich sage
euch: Nicht wird vergehen dieses Geschlecht, bis
dies alles geschieht. 35 Himmel und Erde werden
vergehen, meine Worte aber werden nicht ver-
gehen.
36 Jenen Tag aber und jene Stunde weiß niemand,
auch nicht die Engel des Himmels, auch nicht der
Sohn, nur der Vater allein. 37 Wie die Tage des Noe,
so wird die Ankunft des Menschensohnes sein.
38 Denn wie sie in den Tagen vor der Sintflut aßen
und tranken, heirateten und sich heiraten ließen bis
zu dem Tag, da Noe in die Arche ging, 39 und nichts
bedachten, bis die Sintflut kam und alle hinweg-
raffte: So wird es auch sein mit der Ankunft des
Menschensohnes. 40 Dann werden zwei auf dem
Felde sein; der eine wird hinweggenommen, der
andere zurückgelassen werden. 41 Zwei werden
mahlen an der Mühle; die eine wird hinweggenom-
men, die andere zurückgelassen werden.

Seid wachsam!

42 Darum wachet, denn ihr wißt nicht, an welchem
Tag euer Herr kommt. 43 Das aber sollt ihr beden-
ken: Wenn der Hausherr wüßte, zu welcher Stunde

der Nacht der Dieb kommt, würde er wachen und
nicht einbrechen lassen in sein Haus. 44 Darum seid
auch ihr bereit; denn zu einer Stunde, da ihr es nicht
meint, kommt der Menschensohn.
45 Wer ist der getreue und kluge Knecht, den der
Herr über seine Dienerschaft gesetzt hat, daß er
ihnen Speise gebe zur rechten Zeit? 46 Selig jener
Knecht, den sein Herr bei seinem Kommen so am
Werke findet. 47 Wahrlich, ich sage euch: Über alle
seine Güter wird er ihn setzen. 48 Wenn aber jener
böse Knecht in seinem Herzen spricht: Mein Herr
läßt sich Zeit, 49 und wenn er anfängt, seine Mit-
knechte zu schlagen und mit den Zechern zu essen
und zu trinken, 50 So wird der Herr dieses Knechtes
kommen an einem Tag, da er es nicht erwartet, und
zu einer Stunde, da er es nicht weiß, 51 und wird ihn
niederhauen und seinen Platz ihm geben bei den
Heuchlern; dort wird Heulen sein und Zähne-
knirschen.«

24,1–51: Vgl. Mark 13,1–37; Luk 21,5–36; 12,35–48; 17,26–35. In dieser sog. eschatologischen Rede sind in prophetischer Perspektive und im Wechsel von nicht gleichmäßigen Strophen die Weissagungen vom Ende Jerusalems und vom Untergang der Welt zusammengelegt. Daher ist es teilweise für uns nicht möglich, mit Sicherheit die Beziehung des einzelnen Satzes festzulegen. 4–14 zeigt die immer wiederkehrenden Drangsale bis zum Weltende, 15–20 (22?) bezieht sich auf das Strafgericht über Jerusalem, 21(23)–28 wieder auf die ganze Endzeit mit ihren Verführungen der Massen, während 29–31 von der Wiederkehr des Menschensohnes redet und 32–51 die Gleichgültigen mahnt und warnt. • 20: Die Erwähnung des Sabbats, nur hier bei Matth, bezieht sich auf die Juden, die infolge ihrer ängstlichen Sabbatauffassung an der Flucht behindert sein würden. • 27f: Das Kommen des Menschensohnes kann wie ein heller Blitz nicht übersehen werden, die Menschen werden zu ihm kommen müssen, so wie die Geier von ihrer Beute angezogen werden. • 34: Diese Aussage kann sich nach Vers 14 oder 36 nicht auf das Weltende beziehen, sondern berührt den Untergang Jerusalems und die damit zusammenhängenden Drangsale.

Die törichten und die klugen Jungfrauen

25 1 »Dann wird das Himmelreich zehn
Jungfrauen gleich sein, die ihre Lampen
nahmen und sich aufmachten zur Be-
gegnung mit dem Bräutigam. 2 Fünf von ihnen
waren töricht und fünf klug. 3 Denn die törichten
nahmen zwar ihre Lampen mit sich, aber kein Öl,
4 die klugen hingegen nahmen Öl in den Gefäßen
mit sich, zusammen mit ihren Lampen. 5 Als nun
der Bräutigam auf sich warten ließ, nickten alle ein
und schliefen. 6 Um Mitternacht aber erhob sich ein
Rufen: Seht, der Bräutigam; geht hinaus, ihm ent-
gegen! 7 Da standen jene Jungfrauen allesamt auf
und machten ihre Lampen zurecht. 8 Die törichten
aber sagten zu den klugen: Gebt uns von eurem Öl,
denn unsere Lampen sind am Erlöschen. 9 Da erwi-
derten die klugen: Es dürfte doch kaum ausreichen
für uns und für euch; geht lieber zu denen, die es
verkaufen, und kauft euch welches. 10 Während sie
nun hingingen, um zu kaufen, kam der Bräutigam,
und die bereit waren, gingen mit ihm zur Hochzeit
hinein, und die Türe wurde verschlossen. 11 Später
kamen auch die anderen Jungfrauen und riefen:
Herr, Herr, mach uns auf! 12 Er aber sprach: Wahr-
lich, ich sage euch: Ich kenne euch nicht. 13 Wachet
also, denn ihr wißt weder den Tag noch die Stunde!

Rechenschaft für die Talente

14 Denn wie bei einem Manne ist es, der außer
Landes ging, seine Knechte rief und ihnen sein Ver-
mögen übergab. 15 Einem gab er fünf Talente, dem
anderen zwei, dem dritten ein einziges, einem
jeden nach seiner Fähigkeit; dann reiste er fort.
16 Der die fünf Talente empfangen hatte, machte
sich sogleich daran, handelte mit ihnen und gewann
fünf andere hinzu. 17 Ebenso gewann auch der mit
den zweien zwei andere hinzu. 18 Jener aber, der ein
einziges empfangen hatte, ging hin, grub in die Erde
und verbarg das Geld seines Herrn.
19 Nach langer Zeit kam nun der Herr dieser
Knechte und rechnete ab mit ihnen. 20 Da kam
jener, der die fünf Talente empfangen hatte, brachte
fünf andere Talente und sprach: Herr, fünf Talente
hast du mir übergeben, siehe, fünf andere habe ich
gewonnen. 21 Da sprach sein Herr zu ihm: Recht so,
du guter und getreuer Knecht! Über weniges warst
du getreu, über vieles will ich dich setzen: geh ein
in die Freude deines Herrn! 22 Es kam auch der mit
den zwei Talenten herbei und sprach: Herr, zwei
Talente hast du mir übergeben, siehe, zwei andere
habe ich gewonnen. 23 Da sprach sein Herr zu ihm:
Recht so, du guter und getreuer Knecht! Über
weniges warst du getreu, über vieles will ich dich
setzen: geh ein in die Freude deines Herrn! 24 Es trat
auch jener hinzu, der das eine Talent empfangen
hatte, und sprach: Herr, ich wußte, daß du ein har-
ter Mann bist; du erntest, wo du nicht gesät, und
sammelst, wo du nicht ausgestreut hast. 25 Ich
fürchtete mich, ging hin und verbarg dein Talent, in
der Erde. Siehe, da hast du, was dein ist! 26 Da er-
widerte ihm sein Herr: Du böser und fauler Knecht!
Du wußtest, daß ich ernte, wo ich nicht gesät, und
sammle, wo ich nicht ausgestreut habe! 27 Du hät-
test daher mein Geld anlegen sollen bei den Bank-
leuten, und ich wäre gekommen und hätte das
Meine mit Zinsen abheben können. 28 Darum
nehmt ihm das Talent und gebt es dem, der die
zehn Talente hat! 29 Denn jedem, der hat, wird ge-
geben, und er wird in Überfluß haben; wer aber
nicht hat, dem wird auch das, was er hat, genom-
men werden. 30 Den unnützen Knecht aber werft

hinaus in die Finsternis draußen; dort wird Heulen
sein und Zähneknirschen.

Das Endgericht

31 Wenn aber der Menschensohn kommen wird in
seiner Herrlichkeit und alle Engel mit ihm, dann
wird er sich auf den Thron seiner Herrlichkeit
setzen, 32 und es werden sich versammeln vor ihm
alle Völker, und er wird sie voneinander scheiden,
wie der Hirt die Schafe von den Böcken scheidet.
33 Die Schafe wird er zu seiner Rechten stellen, die
Böcke zu seiner Linken.
34 Dann wird der König denen zu seiner Rechten
sagen: Kommt, ihr Gesegneten meines Vaters!
Nehmt in Besitz das Reich, das euch bereitet ist seit
Grundlegung der Welt! 35 Denn ich war hungrig,
und ihr habt mich gespeist; ich war durstig, und
ihr habt mich getränkt; ich war fremd, und ihr habt
mich beherbergt; 36 ich war nackt, und ihr habt
mich bekleidet; ich war krank, und ihr habt mich
besucht; ich war im Gefängnis, und ihr seid zu
mir gekommen. 37 Dann werden ihm die Gerechten
entgegnen: Herr, wann haben wir dich hungrig
gesehen und dich gespeist oder durstig und dich
getränkt? 38 Wann haben wir dich als Fremd-
ling gesehen und dich beherbergt oder nackt und
dich bekleidet? 39 Wann haben wir dich krank
gesehen oder im Gefängnis und sind zu dir ge-
kommen? 40 Und der König wird ihnen antworten:
Wahrlich, ich sage euch: Was ihr getan habt einem
von diesen meinen geringsten Brüdern, habt ihr mir
getan.
41 Dann wird er auch zu denen zur Linken sprechen:
Weichet von mir, ihr Verfluchten, in das ewige
Feuer, das dem Teufel bereitet ist und seinen
Engeln. 42 Denn ich war hungrig, und ihr habt mich
nicht gespeist; ich war durstig, und ihr habt mich
nicht getränkt; 43 ich war fremd, und ihr habt mich
nicht beherbergt; ich war nackt, und ihr habt mich
nicht bekleidet; ich war krank und im Gefängnis,
und ihr habt mich nicht besucht. 44 Dann werden
ihm auch diese entgegnen: Herr, wann haben wir
dich hungrig oder durstig oder als Fremdling oder
nackt oder krank oder im Gefängnis gesehen und
haben dir nicht gedient? 45 Dann wird er ihnen ant-
worten: Wahrlich, ich sage euch, was ihr nicht
getan habt einem dieser Geringsten, habt ihr auch
mir nicht getan. 46 Und diese werden hingehen in
›ewige Pein‹, die Gerechten aber in ›ewiges Leben‹
(Dan 12,2).«

25,1–13: Wie 24,42–51 ein Aufruf zu steter Wachsamkeit in der Erwartung des kommenden Herrn – ein Motiv, das sich in wechselnden Bildern durch die Mahnreden Jesu wie auch der Apostel zieht. • 14–30: Vgl. Luk 19,11–27. Bei der Rechenschaft vor Gott entscheidet die Treue, mit der wir die uns übertragene Aufgabe erfüllt haben, nicht deren äußere Größe.

JESU LEIDEN UND VERHERRLICHUNG

Todesbeschluß des Hohen Rates

26 1 Nachdem Jesus alle diese Reden been-
det hatte, sprach er zu seinen Jüngern:
2 »Ihr wißt, nach zwei Tagen wird das
Pascha sein, und der Menschensohn wird überlie-
fert, um gekreuzigt zu werden.«
3 Da versammelten sich die Hohenpriester und die
Ältesten des Volkes im Palast des Hohenpriesters,
der Kaiphas hieß, 4 und sie beschlossen, Jesus mit
List zu ergreifen und zu töten. 5 Sie sagten: »Nur
nicht am Feste, damit nicht etwa ein Aufruhr ent-
stehe unter dem Volke.«

Salbung in Bethanien

6 Als Jesus in Bethanien war, im Hause Simons des
Aussätzigen, 7 trat zu ihm eine Frau mit einem
Gefäß von Alabaster, voll kostbarem Salböls, und
goß es, während er zu Tische lag, über sein Haupt.
8 Als die Jünger dies sahen, wurden sie unwillig und
sagten: »Wozu diese Verschwendung? 9 Das hätte
man doch teuer verkaufen und den Armen geben
können!« 10 Als Jesus das merkte, sprach er zu
ihnen: »Warum kränkt ihr diese Frau? Ein gutes
Werk tat sie an mir. 11 Allezeit habt ihr die Armen
bei euch, mich aber habt ihr nicht allezeit. 12 Da sie
nämlich dieses Salböl ausgoß über meinen Leib, tat
sie dies zu meinem Begräbnis. 13 Wahrlich, ich sage
euch: Wo immer dieses Evangelium verkündet wird
auf der ganzen Welt, da wird auch gesagt werden,
was sie getan hat, ihr zum Gedächtnis.«

Der Verräter am Werk

14 Da ging einer von den Zwölfen, der Judas Iskariot
hieß, zu den Hohenpriestern und sagte: 15 »Was
wollt ihr mir geben, und ich werde ihn euch ver-
raten?« Sie setzten für ihn dreißig Silberlinge fest.
16 Von da an suchte er eine Gelegenheit, ihn zu ver-
raten.

Das Letzte Abendmahl

17 Am ersten Tag der Ungesäuerten Brote traten die
Jünger zu Jesus und fragten: »Wo willst du, daß wir
für dich das Essen des Paschamahles bereiten?« 18 Er
sagte: »Geht in die Stadt zu dem und dem und sagt
zu ihm: Der Meister läßt sagen: Meine Zeit ist

nahe; bei dir will ich das Pascha halten mit meinen
Jüngern.« 19 Die Jünger taten, wie ihnen Jesus be-
fohlen hatte, und bereiteten das Pascha.
20 Als es Abend geworden, ließ er sich mit den
Zwölfen zu Tische nieder, 21 und während sie aßen,
sprach er: »Wahrlich, ich sage euch: Einer von euch
wird mich verraten.« 22 Da wurden sie sehr betrübt,
und einer um den anderen fing an, ihn zu fragen:
»Bin etwa ich es, Herr?« 23 Er antwortete: »Der die
Hand mit mir in die Schüssel eintaucht, der wird
mich verraten. 24 Der Menschensohn geht zwar hin,
wie geschrieben steht von ihm, doch wehe jenem
Menschen, durch den der Menschensohn verraten
wird; besser wäre es ihm, er wäre nicht geboren –
jener Mensch.« 25 Judas aber, sein Verräter, sagte:
»Bin etwa ich es, Meister?« Und er sprach zu ihm:
»Du hast es gesagt.«
26 Während sie nun aßen, nahm Jesus Brot, sprach
den Segen, brach es und gab es den Jüngern mit den
Worten: »Nehmet hin und esset, das ist mein Leib.«
27 Und er nahm einen Kelch, sagte Dank, gab ihnen
und sprach: »Trinket alle daraus, 28 denn dies ist
mein Blut des Bundes, das für viele vergossen wird
zur Vergebung der Sünden (2 Mos 24,8). 29 Ich sage
euch aber: Von nun an werde ich nicht mehr trinken
von dieser Frucht des Weinstocks bis zu jenem
Tage, an dem ich davon neu mit euch trinke im
Reiche meines Vaters.«

Gethsemani

30 Nach dem Lobgesang gingen sie hinaus zum Öl-
berg. 31 Da sprach Jesus zu ihnen: »Ihr werdet alle
Anstoß nehmen an mir in dieser Nacht; denn es
steht geschrieben: ›Ich will den Hirten schlagen,
und die Schafe der Herde werden zerstreut werden‹
(Zach 13,7). 32 Nach meiner Auferweckung aber
werde ich euch vorausgehen nach Galiläa.« 33 Petrus
entgegnete ihm: »Wenn auch alle Anstoß nehmen
an dir, ich werde niemals Anstoß nehmen.« 34 Jesus
sprach zu ihm: »Wahrlich, ich sage dir: In dieser
Nacht, ehe der Hahn kräht, wirst du mich dreimal
verleugnen.« 35 Petrus sagte zu ihm: »Und müßte ich
mit dir sterben, nie und nimmer werde ich dich
verleugnen.« Ebenso sprachen auch alle anderen
Jünger.
36 Darauf kam Jesus mit ihnen an ein Gehöft, Geth-
semani genannt, und er sprach zu den Jüngern:
»Setzt euch hier nieder, während ich dorthin gehe
und bete.« 37 Er nahm Petrus und die beiden Zebe-
däussöhne mit sich und begann zu zittern und zu
zagen, 38 und er sprach zu ihnen: »Meine Seele ist
betrübt bis in den Tod; bleibt hier und wachet mit
mir!« 39 Er ging ein wenig weiter, fiel auf sein Ange-
sicht, betete und sprach: »Mein Vater, wenn es
möglich ist, so gehe dieser Kelch an mir vorüber;
doch nicht, wie ich will, sondern wie du willst.«
40 Und er kam zu den Jüngern, fand sie schlafend
und sprach zu Petrus: »So konntet ihr nicht eine
einzige Stunde wachen mit mir? 41 Wachet und
betet, damit ihr nicht in Versuchung fallet! Der
Geist ist zwar willig, das Fleisch aber ist schwach.«
42 Wiederum, ein zweites Mal, ging er hin, betete
und sprach: »Mein Vater, wenn dieser Kelch nicht
vorübergehen kann, ohne daß ich ihn trinke, so ge-
schehe dein Wille!«
43 Und da er zurückkam, fand er sie wiederum
schlafend; denn ihre Augen waren schwer. 44 Da
ließ er sie, ging wieder hin und betete zum dritten
Mal, indem er die gleichen Worte sprach. 45 Darauf
trat er zu den Jüngern und sagte zu ihnen: »Ihr
schlaft noch und ruht! Seht, die Stunde ist gekom-
men, da der Menschensohn überliefert wird in die
Hände der Sünder. 46 Steht auf, laßt uns gehen!
Seht, mein Verräter naht!«

Gefangennahme Jesu

47 Während er noch redete, siehe, da kam Judas,
einer von den Zwölfen, und mit ihm eine große
Schar mit Schwertern und Knütteln, ausgeschickt
von den Hohenpriestern und Ältesten des Volkes.
48 Sein Verräter hatte ihnen ein Zeichen gegeben
und gesagt: »Den ich küssen werde, der ist es, den
ergreifet!« 49 Und sogleich trat er zu Jesus und
sprach: »Sei gegrüßt, Meister!« und küßte ihn.
50 Jesus aber sagte zu ihm: »Freund, bist du dazu
gekommen?« Da traten sie hinzu, legten Hand an
Jesus und nahmen ihn fest.
51 Und siehe, einer von denen, die bei Jesus waren,
streckte die Hand aus, zog sein Schwert, schlug
nach dem Knecht des Hohenpriesters und hieb ihm
das Ohr ab. 52 Da sagte Jesus zu ihm: »Stecke dein
Schwert an seinen Platz! Denn alle, die das Schwert
ergreifen, werden durch das Schwert umkommen.
53 Oder meinst du, ich könnte meinen Vater nicht
bitten, und er würde mir nicht sogleich mehr als
zwölf Legionen Engel zu Hilfe schicken? 54 Wie
aber würden dann die Schriften erfüllt, daß es so
geschehen muß?«
55 In jener Stunde sagte Jesus zu den Scharen: »Wie
gegen einen Rebellen seid ihr ausgezogen mit
Schwertern und Knütteln, um mich zu fangen.
Täglich saß ich im Tempel und lehrte, und ihr habt
mich nicht ergriffen.« 56 Dies alles aber ist ge-
schehen, damit erfüllt würden die Schriften der
Propheten. Da verließen ihn die Jünger alle und
flohen.

Jesus vor dem Hohen Rat

57 Jene aber, die Jesus festgenommen hatten, führ-
ten ihn zu Kaiphas, dem Hohenpriester, bei dem
die Schriftgelehrten und Ältesten sich versammelt
hatten. 58 Petrus folgte ihm von ferne bis zum Hof
des Hohenpriesters, ging hinein und setzte sich zu
den Dienern, um zu sehen, wie es ausgehen würde.
59 Die Hohenpriester und der ganze Hohe Rat
suchten ein falsches Zeugnis gegen Jesus, um ihn
zum Tode verurteilen zu können, 60 doch sie fanden
nichts, obwohl viele falsche Zeugen auftraten. Zu-
letzt kamen zwei und sagten: 61 »Dieser hat gesagt:
Ich kann den Tempel Gottes abbrechen und in drei
Tagen aufbauen!« 62 Da stand der Hohepriester auf
und sprach zu ihm: »Antwortest du nichts auf das,
was diese gegen dich aussagen?« 63 Jesus aber
schwieg. Und der Hohepriester sagte zu ihm: »Ich
beschwöre dich bei dem lebendigen Gott, daß du
uns sagst, ob du der Messias bist, der Sohn Gottes!«
64 Jesus sprach zu ihm: »Du hast es gesagt! Weiter
aber sage ich euch: Von nun an werdet ihr den
Menschensohn sehen ›sitzend zur Rechten‹ der
Kraft (Ps 110,1) und ›kommend auf den Wolken des
Himmels‹ (Dan 7,13).« 65 Da zerriß der Hoheprie-
ster seine Kleider und sprach: »Er hat gelästert! Was
brauchen wir noch Zeugen? Seht, nun habt ihr die
Lästerung gehört. 66 Was dünkt euch?« Sie antwor-
teten: »Er ist schuldig des Todes!« 67 Da spien sie
ihm in das Gesicht und schlugen ihn; andere gaben
ihm Backenstreiche und sagten: 68 »Weissage uns,
Messias, wer ist es, der dich geschlagen hat?«

Verleugnung durch Petrus

69 Petrus aber saß draußen im Hof. Da trat eine
Magd zu ihm und sagte: »Auch du warst bei Jesus,
dem Galiläer.« 70 Er aber leugnete vor allen und
sprach: »Ich weiß nicht, was du redest.« 71 Als er zur
Vorhalle hinausging, sah ihn eine andere Magd und
sagte zu denen, die dort waren: »Dieser war bei
Jesus, dem Nazoräer.« 72 Und er leugnete abermals
mit einem Schwur: »Ich kenne den Menschen
nicht.« 73 Kurz darauf traten die Umstehenden
hinzu und sagten zu Petrus: »Wirklich, auch du bist
einer von ihnen; denn auch deine Sprache verrät
dich.« 74 Da fing er an zu fluchen und zu schwören:
»Ich kenne diesen Menschen nicht.« Und sogleich
krähte ein Hahn. 75 Petrus aber erinnerte sich des
Wortes Jesu, das er gesagt hatte: »Ehe der Hahn
kräht, wirst du mich dreimal verleugnen.« Und er
ging hinaus und weinte bitterlich.

26,1–16: Vgl. Mark 14,1–11; Luk 22,1–6 (ohne Salbungsbericht). Die Salbung von Bethanien hängt mit dem Todesbeschluß und Verrat zusammen, insofern nach Joh 12,1–8 sich dabei die Geldgier des Judas offenbarte. • 6: Dieser Simon, wohl ein Freund oder Verwandter des Lazarus, ist nicht identisch mit dem Pharisäer Simon bei Luk 7,36–50, ebensowenig Maria von Bethanien (Joh 12,3) mit der bei Luk 7,37ff genannten Sünderin. • 17–19: Vgl. Mark 14,12–16; Luk 22,7–13. Das jüdische Osterfest trug den Namen Pascha (Pesach = Vorübergang) in Erinnerung an den Auszug aus Ägypten, vgl. 2 Mos 12,15–28; 5 Mos 16,1–8. • 20–25: Enthüllung und Entfernung des Verräters vor der Eucharistieeinsetzung, vgl. Mark 14,17–21; Joh 13,21–30. Bei Luk 22,21–23 ist sie wegen seiner besonderen Stoffordnung nach dem Einsetzungsbericht eingefügt. • 26–29: Einsetzung des eucharistischen Sakramentes in Verbindung mit dem jüdischen Paschamahl beim Essen des Brotes bzw. beim vorgeschriebenen »Kelch des Segens« zum Abschluß des Mahles. Vgl. Mark 14,22–25; Luk 22,14–20; 1 Kor 11,23–26. • 30–35: Vgl. Mark 14,26–31. Nach Luk 22,31–34; Joh 13,36–38 war die Vorhersage der Verleugnung noch im Abendmahlssaal. • 36–46: Vgl. Mark 14,32–42; Luk 22,40–46; dazu Joh 12,27–30. • 47–56: Vgl. Mark 14,43–52; Luk 22,47–53; Joh 18,1–11. • 57–68: Vgl. Mark 14,53–65; Luk 22,54f. 63–71; Joh 18,12. 15–23. Das Wort vom Abbrechen des Tempels (V. 61) ist bezeugt bei Joh 2,19. • 69–75: Vgl. Mark 14,66–72; Luk 22,56–62; Joh 18,15–27.

Übergabe an Pilatus

27 1 Als es Morgen wurde, faßten alle
Hohenpriester und Ältesten des Volkes
gegen Jesus den Beschluß, ihn dem Tod
zu überliefern. 2 Sie ließen ihn gefesselt abführen
und übergaben ihn dem Statthalter Pilatus.

Das Ende des Verräters

3 Da nun Judas, der ihn verraten hatte, sah, daß er
verurteilt war, kam Reue über ihn, und er brachte
die dreißig Silberlinge den Hohenpriestern und
Ältesten zurück 4 und sprach: »Ich habe gesündigt,
da ich unschuldiges Blut verriet.« Sie aber sagten:
»Was geht das uns an? Sieh du zu!« 5 Da warf er die
Silberlinge in den Tempel, zog sich zurück, ging hin
und erhängte sich.
6 Die Hohenpriester aber nahmen die Silberlinge
und sprachen: »Es ist nicht erlaubt, sie in den Tem-
pelschatz zu legen, denn es ist Blutgeld.« 7 Sie hiel-
ten Rat und kauften damit den Acker des Töpfers
zum Begräbnis für die Fremden. 8 Deswegen heißt
dieser Acker Blutacker bis auf den heutigen Tag.
9 So erfüllte sich, was gesagt worden ist durch den
Propheten Jeremias: »Sie nahmen die dreißig Sil-
berlinge, den Schätzwert für ihn, wie er von den
Söhnen Israels eingeschätzt worden war, 10 und
gaben sie für den Acker des Töpfers, wie mir der
Herr befohlen hat« (Jer 32,7–9; Zach 11,12f).

Jesus vor Pilatus

11 Jesus aber stand vor dem Statthalter, und der
Statthalter fragte ihn: »Bist du der König der Ju-
den?« Jesus sprach: »Du sagst es!« 12 Als er von den
Hohenpriestern und Ältesten angeklagt wurde, er-
widerte er nichts. 13 Da sagte Pilatus zu ihm: »Hörst
du nicht, was sie alles gegen dich vorbringen?« 14 Er
aber antwortete ihm auch nicht auf ein einziges

Wort, so daß der Statthalter sich sehr verwunderte. 15 Zum Festtag aber war es Brauch, daß der Statthalter dem Volk einen Gefangenen freigab, einen, den sie wollten. 16 Nun hatte man damals einen berüchtigten Gefangenen, der Barabbas hieß. 17 Als sie nun beisammen waren, sagte Pilatus zu ihnen: »Wen soll ich nach eurem Willen euch freigeben, den Barabbas oder Jesus, der Messias genannt wird?« 18 Er wußte nämlich, daß sie ihn aus Neid überantwortet hatten.

19 Während er auf dem Richterstuhl saß, schickte seine Frau zu ihm und ließ sagen: »Habe nichts zu schaffen mit diesem Gerechten; denn ich habe heute seinetwegen viel im Traum gelitten!«

20 Die Hohenpriester und Ältesten indes beredeten das Volk, den Barabbas freizubitten, Jesus aber töten zu lassen. 21 Da wandte sich der Statthalter an sie und sprach: »Wen von beiden soll ich nach eurem Willen euch freigeben?« Sie riefen: »Den Barabbas!« 22 Pilatus sagte zu ihnen: »Was soll ich dann mit Jesus machen, der Messias genannt wird?« 23 Da riefen alle: »Er soll gekreuzigt werden!« Er entgegnete: »Was hat er denn Böses getan?« Sie aber schrien noch mehr: »Er soll gekreuzigt werden!« 24 Als Pilatus sah, daß er nichts ausrichtete, sondern der Lärm größer wurde, nahm er Wasser, wusch seine Hände vor dem Volk und sprach: »Ich bin unschuldig am Blute dieses Gerechten. Seht ihr zu!« 25 Das ganze Volk aber rief als Antwort: »Sein Blut komme über uns und unsere Kinder!« 26 Darauf gab er ihnen den Barabbas frei, Jesus aber ließ er geißeln und übergab ihn zur Kreuzigung.

Als Spottkönig verhöhnt

27 Da brachten die Soldaten des Statthalters Jesus in das Prätorium und versammelten um ihn die ganze Kohorte. 28 Sie zogen ihn aus und legten ihm einen scharlachroten Mantel um, 29 flochten einen Kranz aus Dornen, setzten ihn auf sein Haupt und gaben ihm ein Rohr in seine rechte Hand; das Knie vor ihm beugend, verspotteten sie ihn und sprachen: »Heil dir, König der Juden!« 30 Sie spien ihn an, nahmen das Rohr und schlugen auf sein Haupt.

Kreuzigung

31 Nachdem sie ihn verspottet hatten, nahmen sie ihm den Mantel ab, zogen ihm seine Kleider an und führten ihn weg zur Kreuzigung. 32 Auf dem Wege hinaus trafen sie einen Mann von Cyrene, Simon mit Namen; diesen zwangen sie, sein Kreuz zu tragen. 33 Und als sie an den Ort kamen, der Golgotha, das heißt Schädelstätte, genannt wird, 34 gaben sie ihm Wein, »mit Galle vermischt, zu trinken« (Ps 69,22); er kostete davon, wollte aber nicht trinken. 35 Nachdem sie ihn gekreuzigt hatten, verteilten sie seine Kleider, indem sie das Los warfen [, damit erfüllt würde, was gesagt ist durch den Propheten: »Sie haben meine Kleider unter sich geteilt und über mein Gewand das Los geworfen« (Ps 22,19)]. 36 Und sie lagerten sich und bewachten ihn dort. 37 Über sein Haupt setzten sie zur Angabe seiner Schuld die Aufschrift: »Das ist Jesus, der König der Juden.«

38 Zusammen mit ihm wurden zwei Rebellen gekreuzigt, einer zur Rechten und der andere zur Linken. 39 Die Vorübergehenden aber lästerten ihn, schüttelten ihre Köpfe und sagten: 40 »Der du den Tempel abbrechen und in drei Tagen aufbauen willst, hilf dir selbst, wenn du der Sohn Gottes bist, und steig herab vom Kreuze!« 41 Gleicherweise verspotteten ihn auch die Hohenpriester samt den Schriftgelehrten und Ältesten und sprachen: 42 »Anderen hat er geholfen, sich selbst kann er nicht helfen. König von Israel ist er; er steige nun herab vom Kreuze, und wir wollen an ihn glauben. 43 Er hat auf Gott vertraut; der errette ihn nun, wenn er Wohlgefallen hat an ihm; er hat ja gesagt: Ich bin Gottes Sohn!« 44 Dasselbe hielten ihm auch die Rebellen vor, die mit ihm gekreuzigt waren.

Jesu Tod

45 Von der sechsten Stunde an trat Finsternis ein über das ganze Land bis zur neunten Stunde. 46 Und um die neunte Stunde rief Jesus mit lauter Stimme: »Eli, Eli, lema sabachthani?«, das heißt: »Mein Gott, mein Gott, warum hast du mich verlassen?« (Ps 22,2). 47 Einige von denen, die dabeistanden und dies hörten, sagten: »Er ruft den Elias.« 48 Und sogleich lief einer von ihnen, nahm einen Schwamm, füllte ihn mit Essig, steckte ihn an ein Rohr und gab ihm zu trinken. 49 Die übrigen aber sagten: »Laß, wir wollen sehen, ob Elias kommt, ihm zu helfen.« 50 Jesus schrie nochmals mit lauter Stimme und gab seinen Geist auf.

51 Und siehe, der Vorhang des Tempels riß von oben bis unten entzwei, die Erde bebte, und die Felsen spalteten sich; 52 die Gräber taten sich auf, und viele Leiber der Heiligen, die entschlafen waren, wurden auferweckt, 53 gingen nach seiner Auferstehung aus den Gräbern, kamen in die Heilige Stadt und erschienen vielen. 54 Als der Hauptmann und jene, die mit ihm Jesus bewachten, das Erdbeben sahen und was alles geschah, erschraken sie sehr und sprachen: »Wahrhaftig, dieser war Gottes Sohn!«

55 Es waren auch viele Frauen dort, die von weitem zusahen; sie waren Jesus von Galiläa her nachge-

folgt, um ihm zu dienen. 56 Unter ihnen war Maria
Magdalena, Maria, die Mutter des Jakobus und
Joseph, und die Mutter der Söhne des Zebedäus.

Begräbnis Jesu

57 Als es Abend wurde, kam ein reicher Mann aus
Arimathäa, mit Namen Joseph, der auch selbst ein
Jünger Jesu war, 58 ging zu Pilatus und bat um den
Leichnam Jesu. Da befahl Pilatus, daß er ausge-
liefert werde. 59 Joseph nahm den Leichnam, wik-
kelte ihn in reine Leinwand 60 und legte ihn in sein
neues Grab, das er im Felsen hatte aushauen lassen,
wälzte einen großen Stein vor den Eingang des Gra-
bes und ging weg. 61 Es waren aber auch Maria
Magdalena und die andere Maria dabei und saßen
dem Grab gegenüber.

62 Des anderen Tages nun, der auf den Rüsttag
folgte, fanden sich die Hohenpriester und Pharisäer
bei Pilatus ein und sprachen: 63 »Herr, wir haben uns
erinnert, daß jener Verführer, als er noch lebte, ge-
sagt hat: Nach drei Tagen werde ich auferweckt.
64 Ordne daher an, daß das Grab bis zum dritten
Tag gesichert werde, damit nicht etwa seine Jünger
kommen, ihn stehlen und dem Volke sagen: Er ist
von den Toten auferweckt worden. Dann wäre die
letzte Verführung schlimmer als die erste.« 65 Pilatus
sagte zu ihnen: »Ihr sollt eine Wache haben; geht
und sorgt für Sicherung, wie es euch gut dünkt!«
66 Sie aber gingen hin und sicherten das Grab, nach-
dem sie den Stein versiegelt hatten, mit einer Wache.

27,1f: Vgl. Mark 15,1; Luk 23,1; Joh 18,28. Unter der römischen Besatzung konnten die Juden nicht eigenmächtig die Todesstrafe durchführen. • 3–10: Vgl. den anderen Bericht Apg 1,15–20. • 11–26: Vgl. Mark 15,2–15; Luk 23,2–25 (Verhör vor Herodes); Joh 18,29–40.

Mit der in Vers 25 angeführten Formel übernahm das verblendete Volk die Verantwortung für das Todesurteil. • 27–30: Nach Luk 23,16; Joh 19,1–5 war die Geißelung von Pilatus als Strafe verhängt in der Absicht, Jesus dann freizulassen. • 31–44: Vgl. Mark 15,20–32; Luk 23,26–43; Joh 19,17–27. Jesus trank von dem mit »Galle«, d. h. mit betäubendem Zusatz, gemischten Wein wohl deswegen nicht, um bei vollem Bewußtsein zu bleiben. • 38: Bei den »Rebellen« (»Räuber«) handelte es sich vermutlich um politische Widerstandskämpfer, vielleicht um Gesinnungsgenossen des Barabbas. • 45–56: Mark 15,33–41; Luk 23, 44–49; Joh 19,28–37. Jesus betete wohl mit den in aramäischer Sprache überlieferten Anfangsworten von Ps 22 den ganzen Psalm, der mit der Schilderung des Leidens vor allem vom Vertrauen auf Gott redet. • 57–61: Vgl. Mark 15,42–47; Luk 23,50–56; Joh 19,38–42.

Auferstehung Jesu

28 1 Als der Sabbat vorüber war und der
Morgen des ersten Wochentages an-
brach, kamen Maria Magdalena und die
andere Maria, um nach dem Grab zu sehen. 2 Und
siehe, es entstand ein großes Erdbeben; denn ein
Engel des Herrn stieg vom Himmel herab, trat
hinzu, wälzte den Stein weg und setzte sich darauf.
3 Sein Aussehen war wie ein Blitz, und sein Gewand
war weiß wie Schnee. 4 Aus Furcht vor ihm erbeb-
ten die Wächter und waren wie tot. 5 Der Engel aber
wandte sich zu den Frauen und sprach: »Fürchtet
euch nicht! Ich weiß, ihr sucht Jesus, den Gekreu-
zigten. 6 Er ist nicht hier; denn er ist auferweckt
worden, wie er gesagt hat; kommt und seht den
Platz, wo er lag! 7 Geht eilends hin und sagt seinen
Jüngern, daß er auferweckt ist von den Toten! Seht,
er geht euch voraus nach Galiläa; dort werdet ihr
ihn sehen. Seht, ich habe es euch gesagt.«
8 Da gingen sie eilends, in Furcht und großer Freude,
vom Grabe weg und liefen, um seinen Jüngern die
Kunde zu bringen. 9 Und siehe, Jesus kam ihnen ent-
gegen und sprach: »Seid gegrüßt!« Sie traten hinzu,
umfaßten seine Füße und beteten ihn an. 10 Da
sprach Jesus zu ihnen: »Fürchtet euch nicht! Geht
hin und bringt meinen Brüdern die Botschaft, sie sol-
len nach Galiläa gehen; dort werden sie mich sehen.«
11 Während sie nun hingingen, kamen einige von
den Wachen in die Stadt und berichteten den
Hohenpriestern alles, was sich zugetragen hatte.
12 Da versammelten sie sich mit den Ältesten, hiel-
ten Rat und gaben den Soldaten viel Geld mit der
Weisung: 13 »Sagt: Seine Jünger sind in der Nacht
gekommen und haben ihn gestohlen, während wir
schliefen. 14 Sollte dies dem Statthalter zu Ohren
kommen, so wollen wir ihn beschwichtigen und für
eure Sicherheit sorgen.« 15 Die nahmen das Geld
und taten, wie man sie angeleitet hatte. So verbrei-
tete sich dieses Gerede unter den Juden bis auf den
heutigen Tag.

Der große Auftrag Jesu

16 Die elf Jünger aber gingen nach Galiläa auf den
Berg, wohin sie Jesus beschieden hatte. 17 Und da
sie ihn sahen, beteten sie ihn an; einige aber zwei-
felten. 18 Da trat Jesus vor sie und sprach zu ihnen:
»Mir ist alle Gewalt gegeben im Himmel und auf
Erden. 19 Geht darum hin und macht alle Völker zu
Jüngern, indem ihr sie tauft auf den Namen des
Vaters und des Sohnes und des Heiligen Geistes
20 und sie lehrt, alles zu halten, was ich euch aufge-
tragen habe. Seht, ich bin mit euch alle Tage bis
zum Ende der Welt.«

28,1–10: Vgl. Mark 16,1–8; Luk 24,1–11; Joh 20,1–18. Nur Matth berichtet von den außerordentlichen Vorgängen bei der Auferstehung. Die »andere Maria«, vgl. 27,56.61, ist eine nahe Verwandte der Mutter Jesu, die Mutter der »Brüder« Jesu, vgl. Anm. zu Matth 12,46. Bei Mark 15,40 bzw. 16,1 wird sie als »Mutter des Jakobus« (»des Jüngeren«) bezeichnet. • 16–20: Vgl. Mark 16,14–18. Nachdrücklich weist das für jüdische Leser geschriebene Evangelium mit diesen Worten Jesu auf die an die Stelle der Synagoge tretende Weltkirche hin, der Jesus im Heiligen Geist allezeit nahe bleiben werde. Die gleichen Gedanken in anderer Fassung bei Apg 1,8.

DAS EVANGELIUM NACH MARKUS

Das zweite Evangelium stammt nach einheitlicher, frühester Überlieferung von dem Mitarbeiter des hl. Petrus, Johannes Markus. Vgl. über ihn Apg 12,12; 1 Petr 5,13; dazu Apg 13,5.13; 15,37ff; Kol 4,10; Philem 24; 2 Tim 4,11, wo er auch als Mitarbeiter des hl. Paulus erwähnt ist. Von Anfang an wurde sein Evangelium als Wiedergabe der »Lehrvorträge« des hl. Petrus angesehen, worauf auch die zwanglose Stoffdarbietung zurückgeführt wurde, die Markus von der kunstvollen Zusammenordnung bei Matthäus unterscheidet. Im wesentlichen aber sind Inhalt und Aufbau mit Matthäus übereinstimmend. Nur treten bei Markus die Redestücke stark zurück, während das Interesse mehr an den »Taten« Jesu liegt, in denen sich die übermenschliche Macht Jesu als Gottessohn kundgab. Besonders eindrucksvoll wird seine Gewalt über die Dämonen gezeigt. Die Darstellung ist von einer schlichten, stark volkstümlichen, aber lebendigen und anschaulichen Sprechweise getragen. Die griechische Sprache, in der Markus von Anfang an geschrieben war, verrät die semitische Herkunft des Verfassers und des Überlieferungsstoffes. Im einzelnen folgt Markus mehr als Matthäus dem Verlauf der Begebenheiten. Ohne Kindheitsgeschichte beginnt Markus mit einem knapp gehaltenen Bericht über die »Einführung Jesu in das Messiasamt«, Mark 1,1–13, woran sich in loser Folge der Einzelberichte das »Wirken Jesu in Galiläa« anschießt, Mark 1,14–9,50; als Zwischenstück berichtet 10,1–52 Begebenheiten auf dem »Weg nach Jerusalem«, worauf 11,1–16,20 »Jerusalem« selbst zum Schauplatz hat, einschließend den Bericht über »Jesu Leiden und Verherrlichung«. Die letzten Verse 16,9–20 gehören zwar frühester Überlieferung an, waren aber von Anfang an kaum Bestandteil des Markusevangeliums. Für heidenchristliche, wahrscheinlich römische Leser geschrieben, ist nach nicht einheitlicher Tradition das Markusevangelium noch zu Lebzeiten des hl. Petrus oder bald nach dessen Tod entstanden, noch vor dem auf ihm weiterbauenden Lukasevangelium.

EINFÜHRUNG JESU IN DAS MESSIASAMT

Anfang des Evangeliums von Jesus Christus,
dem Sohne Gottes. 2 Wie geschrieben steht
beim Propheten Isaias: »Siehe, ich sende
meinen Boten vor dir her, der dir den Weg bereiten
wird« (Mal 3,1); 3 »Stimme eines Rufers in der
Wüste: Bereitet den Weg des Herrn, machet gerade
seine Pfade« (Is 40,3), 4 so trat Johannes als Täufer in
der Wüste auf und verkündete eine Taufe der Bekehrung zur Vergebung der Sünden. 5 Das ganze Land
Judäa zog hinaus zu ihm und die von Jerusalem alle
und ließen sich im Jordanfluß von ihm taufen und
bekannten ihre Sünden. 6 Johannes trug ein Kleid aus
Kamelhaaren und »einen ledernen Gürtel um seine
Lende« (2 Kön 1,8) und nährte sich von Heuschrecken und wildem Honig. 7 Und er verkündete:
»Es kommt einer nach mir, der stärker ist als ich; ich
bin nicht würdig, mich zu bücken und die Riemen
seiner Schuhe zu lösen. 8 Ich taufte euch mit Wasser,
er aber wird euch taufen mit Heiligem Geist.«

Taufe und Versuchung Jesu

9 Und es begab sich in jenen Tagen, daß Jesus von
Nazareth in Galiläa kam und sich im Jordan von
Johannes taufen ließ. 10 Als er gerade aus dem
Wasser heraufstieg, sah er den Himmel sich öffnen
und den Geist wie eine Taube auf sich herabkommen [und bleiben]. 11 Und eine Stimme kam vom
Himmel: »Du bist mein geliebter Sohn, an dir fand
ich Wohlgefallen« (Ps 2,7; Is 42,1).
12 Alsdann trieb ihn der Geist hinaus in die Wüste.
13 Und er war in der Wüste vierzig Tage [und vierzig
Nächte], wurde versucht vom Satan, lebte bei den
wilden Tieren, und die Engel dienten ihm.

JESU WIRKEN IN GALILÄA

Heilsbotschaft Jesu

14 Nachdem Johannes in Haft gesetzt war, begab sich Jesus nach Galiläa, verkündete das Evangelium [vom Reiche] Gottes 15 und sprach: »Erfüllt ist die Zeit, und genaht hat sich das Reich Gottes; bekehrt euch und glaubt an das Evangelium!«

Die ersten Jünger

16 Als er am Ufer des Sees von Galiläa entlangging, sah er Simon und Andreas, den Bruder Simons, wie sie die Netze auswarfen im See; sie waren nämlich Fischer. 17 Und Jesus sprach zu ihnen: »Kommt, folgt mir nach, und ich werde euch zu Menschenfischern machen!« 18 Sie verließen sogleich ihre Netze und folgten ihm nach. 19 Als er ein wenig weiterging, sah er Jakobus, den Sohn des Zebedäus, und Johannes, seinen Bruder, wie auch sie im Schiffe die Netze zurechtmachten. 20 Sogleich rief er sie, und sie ließen ihren Vater Zebedäus mit den Taglöhnern im Schiff und folgten ihm nach.

Machterweise in Kapharnaum

21 Sie gingen nach Kapharnaum hinein, und sogleich am Sabbat ging er in die Synagoge und lehrte. 22 Sie staunten über seine Lehre; denn er lehrte sie wie einer, der Macht hat, und nicht wie die Schriftgelehrten.

23 Es war aber gerade in ihrer Synagoge ein Mensch mit einem unreinen Geist, und er schrie auf und rief: 24 »Was willst du von uns, Jesus, Nazarener? Du kamst, uns zu vernichten. Ich weiß, wer du bist: der Heilige Gottes!« 25 Jesus aber fuhr ihn an und sprach: »Verstumme und fahre aus von ihm!« 26 Der unreine Geist zerrte ihn hin und her, schrie mit lauter Stimme und fuhr aus von ihm. 27 Da erschraken alle, so daß sie erregt zueinander sagten: »Was ist das? Eine neue, machtvoll sich zeigende Lehre? Selbst den unreinen Geistern gebietet er, und sie gehorchen ihm.« 28 Sein Ruf verbreitete sich alsbald überallhin im ganzen Umkreis von Galiläa.

29 Als er die Synagoge verlassen hatte, kam er bald darauf in das Haus des Simon und Andreas, zusammen mit Jakobus und Johannes. 30 Die Schwiegermutter des Simon aber lag an Fieber danieder, und sogleich sprachen sie mit ihm über sie. 31 Er trat hinzu, nahm sie bei der Hand und richtete sie auf. Da wich von ihr das Fieber, und sie bediente sie. 32 Mit Anbruch des Abends, als die Sonne untergegangen war, brachte man zu ihm alle Kranken und Besessenen, 33 und die ganze Stadt hatte sich zusammengefunden vor der Türe. 34 Er machte viele, die an mancherlei Krankheiten litten, gesund und trieb viele Dämonen aus, ließ aber die Dämonen nicht reden, weil sie ihn kannten.

Predigt und Wundertaten in ganz Galiläa: Heilung eines Aussätzigen

35 In der Frühe, da es noch ganz Nacht war, stand er auf, ging fort und begab sich an einen einsamen Ort und betete dort. 36 Simon aber und seine Gefährten gingen ihm nach, 37 und als sie ihn fanden, sagten sie zu ihm: »Alle suchen dich!« 38 Er antwortete ihnen: »Laßt uns anderswohin gehen in die umliegenden Ortschaften, damit ich auch dort predige; denn deswegen bin ich fortgegangen.« 39 Und er machte sich auf, predigte über ganz Galiläa hin in ihren Synagogen und trieb die Dämonen aus.

40 Da kam ein Aussätziger zu ihm, fiel auf die Knie und bat ihn: »Wenn du willst, kannst du mich rein machen.« 41 Voll Erbarmen streckte er seine Hand aus, rührte ihn an und sprach zu ihm: »Ich will, werde rein!« 42 Sogleich wich der Aussatz von ihm, und er wurde rein. 43 Mit drohenden Worten schickte er ihn sogleich weg 44 und sagte zu ihm: »Gib acht, daß du es niemand sagst, sondern geh hin, zeige dich dem Priester und opfere für deine Reinigung, was Moses angeordnet hat, ihnen zum Zeugnis!« (3 Mos 14,2). 45 Der aber ging hin und fing an, allerorts die Kunde zu verbreiten und weiterzuerzählen, so daß Jesus nicht mehr öffentlich in eine Stadt gehen konnte, sondern draußen an einsamen Orten sich aufhielt. Doch sie kamen zu ihm von allen Seiten.

1,1–8: Vgl. Matth 3,1–12; Luk 3,1–20. Vers 1 ist als einleitende Überschrift zu nehmen, wobei »Evangelium« noch nicht Buchname ist, sondern Zusammenfassung für das Wirken Jesu, der als »Christus« (Messias) und als »Gottes Sohn« die »Heilsbotschaft« brachte, die mit dem Auftreten des Johannes ihren Anfang nahm. Die »Taufe der Bekehrung« (auch »Bußtaufe« genannt) sollte der inneren Umkehr (Metanoia) und damit der Sündenvergebung dienen. Das Wort von der Johannestaufe gehört nach Apg 1,22; 10,37; 13,24 an den Anfang der apostolischen Verkündigung. • 9–11: Vgl. Matth 3,13–17; Luk 3,21f; Joh 1,32–34. • 12f: Vgl. Matth 4,1–11; Luk 4,1–13. Hier erscheint deutlich als Sinn des Wüstenaufenthaltes weniger das Fasten als die Erprobung im Kampfe mit dem »Fürsten der Welt« (Joh 12,31), dem Widersacher des Gottesreiches und dem Gegner des Gottmenschen. • 14f: Vgl. Matth 4,12–17; Luk 4,14f. • 16–20: Vgl. Matth 4,18–22; Luk 5,1–11. • 21–28: Vgl. Matth 7,28f; Luk 4,31–37. In der Besessenenheilung als erstem Wunder zeigt sich das besondere Interesse von Mark. • 29–39: Vgl. Matth 8,14–17; Matth 4,23–25; Luk 4,38–44. • 40–45: Vgl. Matth 8,1–4 (erstes Wunder bei Matth); Luk 5,12–16. In Vers 41 ist nach wichtigen Handschriften statt »voll Erbarmen« auch die Lesart möglich »voll Zorn«, wobei an den Zorn über die in der Krankheit anwesende Macht des Bösen zu denken wäre.

Heilung eines Gelähmten

2 1 Als er nach Tagen wieder nach Kapharnaum
kam, 2 wurde es bekannt, daß er zu Hause
sei, und es fanden sich viele zusammen, so
daß nicht einmal vor der Türe noch Platz war; und
er richtete das Wort an sie. 3 Und sie kamen und
brachten einen Gelähmten zu ihm, der von vier
Männern getragen wurde. 4 Als sie ihn wegen der
Volksmenge nicht vor ihn bringen konnten, deckten
sie dort, wo er war, das Dach ab, machten eine
Öffnung und ließen das Bett hinunter, auf dem der
Gelähmte lag. 5 Da Jesus ihren Glauben sah, sprach
er zum Gelähmten: »Mein Sohn, vergeben sind
deine Sünden.« 6 Es saßen aber einige Schriftge-
lehrte dort und dachten in ihren Herzen: 7 Was
redet der so? Er lästert! Wer kann Sünden vergeben
außer Gott allein? 8 Jesus erkannte sogleich in
seinem Geiste, daß sie solche Gedanken in sich
trugen, und sprach zu ihnen: »Was denkt ihr dies in
euren Herzen? 9 Was ist leichter? Dem Gelähmten
zu sagen: Vergeben sind deine Sünden, oder zu
sagen: Steh auf, nimm dein Bett und geh umher?
10 Ihr sollt aber wissen, daß der Menschensohn
Macht hat, Sünden zu vergeben auf Erden« – und er
sprach zum Gelähmten: 11 »Ich sage dir: Steh auf,
nimm dein Bett und geh nach Hause!« 12 Und jener
stand auf, nahm sogleich sein Bett und ging vor aller
Augen weg, so daß alle außer sich waren, Gott
priesen und sagten: »So etwas haben wir noch nie
gesehen!«

Bei Zöllnern und Sündern

13 Ein andermal ging er hinaus an den See, und alles
Volk kam zu ihm, und er lehrte sie. 14 Im Vorbei-
gehen sah er Levi, den Sohn des Alphäus, am Zoll-
haus sitzen und sprach zu ihm: »Folge mir nach!«
Da stand er auf und folgte ihm nach.
15 Und als er sich zu Tische niederließ in dessen
Haus, geschah es, daß viele Zöllner und Sünder sich
bei Tisch zusammenfanden mit Jesus und seinen
Jüngern; denn es waren ihrer viele, die ihm nach-
folgten. 16 Als die Schriftgelehrten der Pharisäer
sahen, daß er mit Sündern und Zöllnern aß, sagten
sie zu seinen Jüngern: »Was ißt und trinkt er mit den
Zöllnern und Sündern?« 17 Da Jesus dies hörte,
sprach er zu ihnen: »Nicht die Gesunden bedürfen
des Arztes, sondern die Kranken. Ich bin nicht ge-
kommen, Gerechte zu rufen, sondern Sünder.«

Die Fastenfrage

18 Die Jünger des Johannes und die Pharisäer hielten
gerade Fasten. Da kamen einige und sagten zu ihm:
»Warum fasten die Jünger des Johannes und die
Jünger der Pharisäer, deine Jünger aber fasten
nicht?« 19 Jesus sprach zu ihnen: »Können denn die
Freunde des Bräutigams fasten, während der Bräu-
tigam bei ihnen ist? Solange sie den Bräutigam bei
sich haben, können sie nicht fasten. 20 Es werden
aber Tage kommen, da ihnen der Bräutigam ge-
nommen ist; dann werden sie fasten an jenem Tage.
21 Niemand näht einen Fleck von ungewalktem
Tuch auf ein altes Kleid; sonst reißt das neu einge-
setzte Stück vom alten weg, und der Riß wird ärger.
22 Und niemand gießt jungen Wein in alte Schläu-
che; sonst zerreißt der Wein die Schläuche, und es
geht der Wein zugrunde und auch die Schläuche;
sondern junger Wein gehört in neue Schläuche.«

Um die Sabbatfrage

23 Als er einmal am Sabbat durch die Saatfelder ging,
geschah es, daß seine Jünger anfingen, im Vorbei-
gehen Ähren abzurupfen. 24 Da sagten die Pharisäer
zu ihm: »Siehe, warum tun sie am Sabbat, was
nicht erlaubt ist?« 25 Er aber erwiderte ihnen: »Habt
ihr niemals gelesen, was David tat, als er in Not war
und ihn und seine Begleiter hungerte? 26 Wie er
unter dem Hohenpriester Abiathar in das Haus
Gottes hineinging und die Schaubrote aß, die nie-
mand essen darf als die Priester, und wie er auch
seinen Begleitern gab« (1 Sam 21,2–7)? 27 Und er
sprach zu ihnen: »Der Sabbat ist um des Menschen
willen da, nicht der Mensch um des Sabbats willen.
28 Darum ist der Menschensohn Herr auch über den
Sabbat.«

2,1–12: Matth 9,1–8; Luk 5,17–26. Das Wesentliche des Berichtes ist die Macht Jesu über die Sünde, wobei ein geheimnisvoller Zusammenhang zwischen leiblicher und seelischer Erkrankung angedeutet wird. • 13–17: Vgl. Matth 9,9–13 (mit dem Namen »Matthäus«); Luk 5,27–32. Vers 17 will nicht die Gerechten von der Berufung ausschließen, sondern jene, die sich gleich den Pharisäern zu Unrecht als gerecht fühlen. • 18–22: Vgl. Matth 9,14–17; Luk 5,33–39. • 23–28: Vgl. Matth 12,1–8; Luk 6,1–5. Auch die Sabbatauffassung Jesu ist, wie seine Einstellung zum Fasten, frei von erstarrtem Buchstabendienst. Beachte das göttliche Selbstbewußtsein Jesu.

Heilung am Sabbat

3 1 Wieder einmal ging er in eine Synagoge, und
dort war ein Mann mit einer gelähmten Hand.
2 Sie aber gaben acht auf ihn, ob er am Sabbat
ihn heilen würde, damit sie ihn anklagen könnten.
3 Da sagte er zu dem Mann mit der gelähmten
Hand: »Stelle dich in die Mitte!« 4 Und zu ihnen
sprach er: »Ist es erlaubt, am Sabbat Gutes zu tun
oder Böses, ein Leben zu retten oder zu töten?« Sie
aber schwiegen. 5 Da blickte er sie ringsum zornig
an, betrübt über die Verstocktheit ihrer Herzen, und
sprach zu dem Manne: »Strecke deine Hand aus!«
Und er streckte sie aus, und seine Hand wurde wie-
derhergestellt. 6 Die Pharisäer aber gingen hinaus

und hielten sogleich mit den Herodianern Rat wider ihn, wie sie ihn vernichten könnten.

Zulauf des Volkes

7 Jesus aber zog sich mit seinen Jüngern zurück an den See, und viel Volk aus Galiläa folgte ihm nach; auch aus Judäa 8 und Jerusalem, aus Idumäa und von jenseits des Jordan sowie aus dem Gebiet von Tyrus und Sidon kamen sie in großer Menge zu ihm, da sie vernommen hatten, was alles er tat. 9 Da sagte er zu seinen Jüngern, man solle für ihn ein Boot bereitstellen wegen der Menge des Volkes, damit sie ihn nicht erdrückten. 10 Denn er heilte viele, so daß sie ihn umdrängten, damit alle, die mit Leiden behaftet waren, ihn berühren könnten. 11 Die unreinen Geister fielen, sobald sie ihn sahen, vor ihm nieder und schrien: 12 »Du bist der Sohn Gottes!« Er aber gebot ihnen mit aller Strenge, ihn nicht bekannt zu machen.

Apostelwahl

13 Er stieg auf den Berg und rief zu sich, die er wollte, und sie kamen zu ihm. 14 Und er bestellte zwölf, daß sie seine Begleiter und seine Sendboten seien, um zu predigen 15 und Vollmacht zu haben, die Dämonen auszutreiben. 16 So bestellte er die Zwölf: den Simon, dem er den Beinamen Petrus gab, 17 den Jakobus, des Zebedäus Sohn, und Johannes, des Jakobus Bruder, denen er den Beinamen gab Boanerges, das heißt Donnersöhne, 18 und den Andreas und Philippus und Bartholomäus und Matthäus und Thomas und Jakobus, den Sohn des Alphäus, und Thaddäus und Simon, den Kananäer, 19 und Judas Iskarioth, der ihn jedoch verriet.

Anschuldigungen gegen Jesus

20 Als er nach Hause kam, strömte wieder das Volk zusammen, so daß sie nicht einmal ihr Brot essen konnten. 21 Da die Seinen es hörten, machten sie sich auf, ihn zu ergreifen; denn sie sagten: »Er ist von Sinnen.«

22 Die Schriftgelehrten aber, die von Jerusalem herabgekommen waren, sagten: »Er hat den Beelzebul!« und: »Durch den Fürsten der Dämonen treibt er die Dämonen aus.« 23 Er rief sie herbei und redete zu ihnen in Gleichnissen: »Wie kann Satan den Satan austreiben? 24 Wenn ein Reich mit sich selbst entzweit ist, so kann ein solches Reich nicht Bestand haben. 25 Und wenn ein Haus mit sich selbst entzweit ist, so kann ein solches Haus nicht bestehen. 26 Wenn nun der Satan gegen sich selbst aufsteht und sich entzweit, so kann er nicht bestehen, sondern es ist aus mit ihm. 27 Niemand kann in das Haus des Starken eindringen und seine Habe plündern, wenn er nicht vorher den Starken gefesselt hat; dann erst wird er sein Haus plündern.

28 Wahrlich, ich sage euch: Alles wird den Menschenkindern vergeben werden an Sünden und Lästerungen, soviel sie auch lästern mögen; 29 wer aber lästert wider den Heiligen Geist, findet in Ewigkeit nicht Vergebung, sondern er ist ewiger Sünde verfallen.« 30 Sie sagten nämlich: »Er hat einen unreinen Geist.«

Die wahre Familie Jesu: Wer den Willen Gottes erfüllt

31 Und es kamen seine Mutter und seine Brüder, blieben draußen stehen und schickten zu ihm, um ihn rufen zu lassen. 32 Es umlagerte ihn eine Menge Volk, als man ihm sagte: »Siehe, deine Mutter und deine Brüder sind draußen und suchen dich.« 33 Er antwortete ihnen: »Wer ist meine Mutter, und wer sind meine Brüder?« 34 Und er blickte auf die rings um ihn Sitzenden und sprach: »Seht meine Mutter und meine Brüder! 35 Denn wer den Willen Gottes tut, der ist mir Bruder, Schwester und Mutter.«

3,1–6: Vgl. Matth 12,9–14; Luk 6,6–11. • 7–12: Vgl. Matth 12,15–21; Luk 6,17–19. Jesus verbarg sein Messiasgeheimnis vor der Öffentlichkeit, um Mißdeutung und Unruhe zu verhüten. • 13–19: Vgl. Matth 10,1–4; Luk 6,12–16. • 20–30: Vgl. Matth 12,22–37; Luk 11,14–32; 12,10. Der Beweggrund der »Seinen«, naher Verwandter oder Jünger, dürfte die Besorgnis gewesen sein, daß er sich ein Übermaß an Anstrengung zumute, wobei aber nicht zu übersehen ist, daß Jesus gerade unter seinen Verwandten auf Ablehnung stieß, vgl. Joh 7,5. Ob auch Maria, die Mutter Jesu, unter den »Seinen« war, um Jesus zurückzuholen, läßt sich nicht sicher sagen. Wenn man allerdings zwischen unserer Szene und der folgenden (3,31–34) einen Zusammenhang annimmt, könnte man daran denken. • 31–35: Vgl. Matth 12,46–50; Luk 8,19–21.

Gleichnis vom Sämann

4 1 Wieder einmal begann er am See zu lehren, und es sammelte sich sehr viel Volk um ihn, so daß er ein Schiff bestieg und sich auf dem See niederließ, während das ganze Volk den See entlang auf dem Lande war. 2 Er lehrte sie vieles in Gleichnissen und sprach in seiner Unterweisung zu ihnen: 3 »Hört! Seht, ein Sämann ging aus zu säen. 4 Beim Säen geschah es, da fiel einiges auf den Weg, und es kamen die Vögel [des Himmels] und fraßen es auf. 5 Anderes fiel auf steinigen Grund, wo es nicht viel Erdreich hatte, und ging sogleich auf, weil es ihm an Tiefe des Erdreiches fehlte. 6 Als aber die Sonne aufging, wurde es von der Hitze getroffen, und weil es keine Wurzel hatte, verdorrte es. 7 Anderes fiel unter die Dornen, und die Dornen wuchsen auf und erstickten es, und es brachte keine Frucht. 8 Anderes fiel auf gutes Erdreich und brachte Frucht, die heranwuchs und sich mehrte, und trug dreißigfältig und sechzigfältig und hundertfältig.« 9 Dann sprach er: »Wer Ohren hat zu hören, der höre!«

10 Als er allein war, fragten ihn, die um ihn waren,
zusammen mit den Zwölfen nach den Gleichnis-
sen. 11 Er sprach zu ihnen: »Euch ist das Geheimnis
des Gottesreiches gegeben; denen aber, die draußen
sind, wird alles in Gleichnissen zuteil, 12 auf daß sie
›hinsehen und doch nicht sehen, hinhören und
doch nicht verstehen und sich nicht bekehren und
nicht Vergebung finden‹ (Is 6,9).«
13 Und er sprach zu ihnen: »Ihr begreift dieses
Gleichnis nicht? Wie werdet ihr dann alle Gleich-
nisse verstehen? 14 Der Sämann, er sät das Wort.
15 Die auf dem Wege sind jene, bei denen das Wort
gesät wird; aber wenn sie hören, kommt sogleich
der Satan und nimmt das Wort hinweg, das in sie
gesät wurde. 16 Ähnlich ist es mit denen, die auf
steinigen Grund gesät werden: diese nehmen,
wenn sie das Wort hören, es sogleich mit Freuden
auf, 17 doch sie haben keine Wurzel in sich, sondern
sind Menschen des Augenblicks; wenn dann
Drangsal kommt oder Verfolgung um des Wortes
willen, wird es ihnen sogleich zum Falle. 18 Andere
sind die unter die Dornen Gesäten: es sind jene, die
das Wort hörten; 19 doch die Sorgen der Welt, der
trügerische Reichtum und die Begierden nach allem
anderen stellen sich ein und ersticken das Wort, und
es bleibt ohne Frucht. 20 Und das sind die auf ein
gutes Erdreich Gesäten: es sind jene, die das Wort
hören, es aufnehmen und Frucht bringen, dreißig-
fältig, sechzigfältig und hundertfältig.«

Weitere Bilder und Gleichnisse

21 Und er sprach zu ihnen: »Bringt man etwa eine
Lampe herein, damit sie unter den Scheffel oder
unter das Bett gestellt werde? Nicht vielmehr des-
wegen, damit sie auf den Leuchter gestellt werde?
22 Denn nicht ist etwas verborgen, das nicht offen-
bar würde, und nichts wurde versteckt, das nicht
aufgedeckt würde. 23 Wer Ohren hat zu hören, der
höre!« 24 Weiter sprach er zu ihnen: »Gebt acht, was
ihr hört: Mit dem Maße, mit dem ihr messet, wird
euch gemessen werden, ja, es wird euch hinzuge-
geben werden [, euch, die ihr hört].
25 Denn wer hat, dem wird gegeben; wer aber nicht
hat, dem wird auch das, was er hat, genommen
werden.«
26 Er sprach auch: »Mit dem Reiche Gottes ist es so
wie bei einem Mann, der den Samen in die Erde
streut. 27 Er schläft, er steht auf, es wird Nacht, es
wird Tag, der Same sproßt und wächst, ohne daß er
es wahrnimmt. 28 Von selbst trägt die Erde Frucht,
zuerst den Halm, dann die Ähre, dann volles Korn
in der Ähre. 29 Und wenn die Frucht es zuläßt, legt
er alsbald die Sichel an; denn die Ernte ist da.«
30 Weiter sprach er: »Womit sollen wir das Gottes-
reich vergleichen oder in welchem Gleichnis es
darstellen? 31 Es ist wie ein Senfkorn. Wenn es
ausgesät wird auf die Erde, ist es das kleinste
unter allen Samenkörnern auf Erden; 32 wenn es
aber ausgesät ist, geht es auf und wird größer als
alle Kräuter und treibt große Zweige, so daß die
Vögel des Himmels in seinem Schatten wohnen
können.« 33 In vielen solchen Gleichnissen predigte
er ihnen das Wort, so wie sie es fassen konnten.
34 Ohne Gleichnisse redete er nicht zu ihnen; waren
sie aber unter sich allein, erklärte er seinen Jüngern
alles.

Jesus offenbart seine Macht über die Kräfte der Natur

35 Und als es Abend wurde an jenem Tag, sagte er zu
ihnen: »Laßt uns hinüberfahren ans andere Ufer!«
36 Sie entließen das Volk und nahmen ihn, wie er
war, im Schiffe mit, und auch andere Schiffe be-
gleiteten ihn. 37 Da erhob sich ein großer Sturm und
warf die Wogen in das Schiff, so daß sich das Schiff
bereits füllte. 38 Er aber lag hinten im Schiff und
schlief auf dem Kissen. Sie weckten ihn auf und
sagten zu ihm: »Meister, kümmert es dich nicht,
daß wir zugrunde gehen?« 39 Und er stand auf,
schalt den Wind und sprach zum See: »Schweig! Sei
still!« Da legte sich der Wind, und es war große
Stille. 40 Dann sprach er zu ihnen: »Was seid ihr so
furchtsam? Warum habt ihr nicht Glauben?« 41 Da
erfaßte sie große Furcht, und sie sprachen zueinan-
der: »Wer ist wohl der, daß sogar der Wind und der
See ihm gehorchen?«

4,1–20: Vgl. Matth 13,1–23; Luk 8,4–15. In Vers 11f ist nicht eine von Schuld des Menschen unabhängige Verstockung ausgesprochen. Dem guten Willen erschließt sich der verhüllte Sinn der Gleichnisse, die Unempfänglichen stehen ihnen verständnislos gegenüber. • 21–25: Vgl. Luk 8,16–18 (Matth 5,15; 13,12). Das Gottesreich verlangt persönliches Wirken mit der angebotenen Gnade. • 26–29: Dieses Gleichnis bringt nur Mark; es zeigt die innere, aus Gott wirkende Kraft des Gottesreiches. • 30–34: Vgl. Matth 13,31–35; Luk 13,18f. • 35–41: Vgl. Matth 8,18. 23–27; Luk 8,22–25.

Besessenenheilung

5
1 Sie kamen hinüber über den See, in das Land
der Gerasener. 2 Und als er aus dem Schiffe
trat, lief ihm sogleich aus den Grabkammern
heraus ein Mensch entgegen mit einem unreinen
Geist. 3 Der hatte seine Behausung in den Grab-
kammern, und nicht einmal mit einer Kette ver-
mochte ihn jemand zu fesseln. 4 Denn schon oft
hatte man ihn mit Fußfesseln und Ketten gebunden,
doch die Ketten wurden von ihm zerrissen und die
Fußfesseln zerrieben, und niemand vermochte ihn
zu bändigen. 5 Immerfort, bei Nacht und Tag, schrie

er in den Grabkammern und auf den Bergen umher
und schlug sich mit Steinen.
6 Als er Jesus von weitem sah, lief er hin, warf sich
vor ihm nieder 7 und schrie mit lauter Stimme: »Was
willst du von mir, Jesus, Sohn des höchsten Gottes?
Ich beschwöre dich bei Gott, quäle mich nicht!« 8 Er
hatte nämlich zu ihm gesagt: »Fahre aus von dem
Menschen, du unreiner Geist!« 9 Und er fragte ihn:
»Wie heißt du?« Er antwortete ihm: »Legion ist
mein Name, denn unser sind viele.« 10 Und er bat
ihn dringend, er möge sie nicht aus der Gegend ver-
treiben.
11 Es war aber dort an dem Berg eine große Herde
von Schweinen auf der Weide, 12 und sie baten ihn:
»Schicke uns zu den Schweinen, daß wir in sie
hineinfahren!« 13 Er gestattete es ihnen, und die un-
reinen Geister fuhren aus und fuhren in die
Schweine; die Herde aber stürzte sich den Abhang
hinunter in den See, etwa zweitausend an der Zahl,
und sie ertranken im See.
14 Ihre Hirten aber flohen und berichteten es in der
Stadt und auf den Gehöften, und die Leute kamen,
um zu sehen, was geschehen war. 15 Sie kamen zu
Jesus und sahen den Mann, der von der »Legion«
besessen war, angekleidet und klaren Sinnes dasit-
zen, und Furcht erfaßte sie. 16 Und die es gesehen
hatten, erzählten ihnen, wie es zuging mit dem
Besessenen, und auch das von den Schweinen. 17 Da
fingen sie an, ihn zu bitten, er möge wegziehen aus
ihrem Gebiete. 18 Als er einsteigen wollte in das
Schiff, ersuchte ihn der vordem Besessene, bei ihm
bleiben zu dürfen. 19 Doch er ließ ihn nicht mit,
sondern sagte zu ihm: »Geh nach Haus zu den
Deinen und berichte ihnen, was der Herr an dir tat
und wie er sich deiner erbarmte!« 20 Da ging er hin
und fing an, in der Dekapolis zu verkünden, was
Jesus an ihm getan, und alle staunten.

Weitere Wunder: Heilung einer Frau;
Totenerweckung

21 Nachdem Jesus im Schiff hinübergefahren war,
wieder ans andere Ufer, sammelte sich viel Volk um
ihn. Er war gerade am See; 22 da kam einer von den
Synagogenvorstehern, Jairus mit Namen, fiel, als er
ihn sah, ihm zu Füßen und 23 bat ihn flehentlich:
»Mein Töchterchen ist in äußerster Gefahr; komm
doch und leg ihr die Hände auf, daß sie gerettet
werde und lebe!« 24 Er ging mit ihm, und eine große
Volksmenge folgte ihm, und man umdrängte ihn.
25 Da war eine Frau, die zwölf Jahre an Blutfluß litt
26 und von vielen Ärzten viel ausgestanden und all
das Ihre aufgewendet hatte, ohne Erfolg zu finden –
sie war vielmehr nur noch schlimmer daran. 27 Sie
hatte von Jesus gehört, trat in der Menge von rück-
wärts hinzu und berührte sein Kleid; 28 denn sie
sagte sich: Berühre ich nur sein Gewand, so werde
ich geheilt. 29 Und sofort versiegte der »Quell ihres
Blutes« (3 Mos 12,7), und sie fühlte am Körper, daß
sie geheilt war von der Plage. 30 Sofort aber merkte
Jesus an sich die von ihm ausgehende Kraft, wandte
sich in der Menge um und sprach: »Wer hat mein
Gewand berührt?« 31 Seine Jünger sagten zu ihm:
»Du siehst, wie das Volk dich umdrängt, und du
sagst: Wer hat mich berührt?« 32 Er aber blickte
umher, um nach der zu sehen, die es getan hatte.
33 Die Frau aber kam herbei, furchtsam und zitternd
und mit dem Wissen um das, was ihr geschehen
war, fiel vor ihm nieder und sagte ihm die ganze
Wahrheit. 34 Er aber sprach zu ihr: »Tochter, dein
Glaube hat dir geholfen; geh hin in Frieden und sei
geheilt von deiner Plage!«
35 Während er noch redete, kamen Leute vom Syna-
gogenvorsteher und sagten: »Deine Tochter ist ge-
storben; was bemühst du noch den Meister?«
36 Jesus aber, der dieses Wort mit anhörte, sagte
zum Synagogenvorsteher: »Sei ohne Furcht, glaube
nur!« 37 Er ließ niemand mit sich gehen, außer
Petrus, Jakobus und Johannes, den Bruder des Jako-
bus. 38 Und sie kamen zum Haus des Synagogen-
vorstehers, und er gewahrte lärmendes Treiben und
laut weinende und klagende Menschen, 39 ging hin-
ein und sagte zu ihnen: »Was lärmt ihr und weint?
Das Kind ist nicht gestorben, sondern es schläft.«
40 Da verlachten sie ihn. Er aber schaffte alle hinaus,
nahm den Vater des Kindes und die Mutter und
seine Begleiter mit sich und ging hinein, wo das
Kind lag. 41 Er ergriff die Hand des Kindes und
sprach zu ihm: »Talitha kum«, was übersetzt heißt:
»Mädchen, ich sage dir, steh auf!« 42 Und sogleich
stand das Mädchen auf und ging umher; es war
nämlich schon zwölf Jahre. Da gerieten sie außer
sich vor lauter Staunen. 43 Er aber gebot ihnen, daß
niemand davon erfahre, und sagte, man solle ihr
etwas geben zum Essen.

5,1–20: Vgl. Matth 8,28–34 (mit zwei Besessenen); Luk 8,26–39. Mark und auch Luk erwähnen für ihre heidenchristlichen Leser, daß der Geheilte als Bote Jesu unter seinen heidnischen Landsleuten zu wirken begann. • 21–43: Vgl. Matth 9,18–26 (mit bloßer Skizzierung der Bitte des Jairus und Zusammenziehung der auseinanderliegenden Szenen); Luk 8,40–56.

Das ungläubige Nazareth

6 1 Er ging von dort weiter und kam in seine
Vaterstadt, und seine Jünger begleiteten ihn.
2 Als es Sabbat war, lehrte er erstmals in der
Synagoge, und die vielen, die ihn hörten, gerieten

außer sich [über seine Lehre] und sagten: »Woher
hat er denn dies? Was ist das für eine Weisheit, die
ihm zu eigen ist? Und was sind das für Wunder, die
durch seine Hände geschehen? 3 Ist er nicht der
Zimmermann, der Sohn der Maria und der Bruder
des Jakobus und des Joses und des Judas und des
Simon? Und sind nicht auch seine Schwestern hier
bei uns?« Und sie nahmen Anstoß an ihm. 4 Jesus
aber sprach zu ihnen: »Ein Prophet ist nirgends so
wenig geachtet wie in seiner Vaterstadt, bei seinen
Verwandten und in seinem Hause.« 5 Und er konnte
dort keine Wunder wirken, nur einigen Kranken
legte er die Hände auf und heilte sie. 6 Er wunderte
sich über ihren Unglauben und zog durch die
Dörfer ringsum und lehrte.

Sendung der Apostel

7 Und er rief die Zwölf herbei, begann sie auszu-
senden zu zwei und zwei, gab ihnen Gewalt über
die unreinen Geister 8 und trug ihnen auf, nichts
mitzunehmen auf den Weg als nur einen Stab, nicht
Brot, nicht Tasche, nicht Geld im Gürtel. 9 Sandalen
jedoch sollten sie anlegen –, »nicht aber zieht zwei
Röcke an!« 10 Und er sprach zu ihnen: »Wo ihr ein
Haus betretet, da bleibt, bis ihr weiterzieht von
dort! 11 Wenn euch ein Ort nicht aufnimmt und
wenn sie auf euch nicht hören, so geht von dannen
und schüttelt den Staub von euren Füßen, ihnen
zum Zeugnis!« 12 Und sie zogen aus, riefen zur
Bekehrung auf 13 und trieben viele Dämonen aus,
salbten viele Kranke mit Öl und heilten sie.

Das Ende des Täufers

14 Auch König Herodes hörte davon – sein Name
war ja bekannt geworden –, und er sagte: »Johannes
der Täufer ist von den Toten auferweckt worden,
darum wirken die Wunderkräfte in ihm.« 15 Andere
jedoch meinten: »Er ist Elias.« Wieder andere: »Er ist
ein Prophet wie einer von den Propheten.« 16 Hero-
des aber, der davon hörte, sagte: »Johannes, den ich
enthauptet habe, der wurde auferweckt.«

Herodias fordert das Haupt des Johannes des Täufers

17 Herodes hatte nämlich den Johannes ergreifen,
fesseln und ins Gefängnis werfen lassen wegen der
Herodias, der Frau seines Bruders Philippus, da er
sie geheiratet hatte. 18 Denn Johannes hatte zu
Herodes gesagt: »Es ist dir nicht erlaubt, deines Bru-
ders Frau zu haben!« 19 Herodias aber trug es ihm
nach und wollte ihn töten, doch sie konnte es nicht;
20 denn Herodes hatte Scheu vor Johannes, weil er
wußte, daß er ein gerechter und heiliger Mann war.
Er hielt ihn in Gewahrsam, und sooft er ihn hörte,
kam er in große Verlegenheit; doch er hörte ihn
gerne. 21 Da kam ein gelegener Tag, als an seinem
Geburtstag Herodes seinen Würdenträgern und
Offizieren sowie den Vornehmen von Galiläa ein
Festmahl gab. 22 Als die Tochter jener Herodias ein-
trat und mit ihrem Tanzen den Beifall des Herodes
und der Gäste fand, sprach der König zum Mäd-
chen: »Erbitte von mir, was du willst, und ich will
es dir geben.« 23 Und er schwor ihr: »Was auch
immer du erbittest von mir, ich werde es dir geben,
bis zur Hälfte meines Reiches.« 24 Da ging sie hinaus
und sagte zu ihrer Mutter: »Was soll ich erbitten?«
Die aber sagte: »Das Haupt des Johannes des
Täufers!« 25 Sogleich ging sie eilends zum König
hinein und bat: »Ich möchte, daß du mir sofort auf
einer Schüssel das Haupt des Johannes des Täufers
gibst.« 26 Da wurde der König sehr bedrückt; jedoch
um der Schwüre und der Tischgenossen willen
wollte er sie nicht abweisen. 27 Und so schickte der
König gleich darauf einen Henker weg und befahl,
sein Haupt zu bringen. Der ging hin, enthauptete
ihn im Gefängnis 28 und brachte sein Haupt auf
einer Schüssel, gab es dem Mädchen, und das Mäd-
chen gab es seiner Mutter. 29 Als seine Jünger davon
hörten, kamen sie, holten seinen Leichnam und
setzten ihn bei in einem Grabe.

Erste Brotvermehrung

30 Die Apostel fanden sich wieder bei Jesus ein und
berichteten ihm alles, was sie getan und was sie ge-
lehrt hatten. 31 Da sprach er zu ihnen: »Kommt her,
ihr für euch allein, an einen abgelegenen Ort und
ruht ein wenig aus!« Denn derer, die kamen und
gingen, waren so viele, daß sie nicht einmal Zeit
hatten zu essen. 32 Sie fuhren in einem Schiff für
sich allein an einen abgelegenen Ort. 33 Doch man
sah sie wegfahren, und viele erfuhren davon und
strömten zu Fuß aus allen Städten dorthin zusam-
men und kamen eher an als sie. 34 Als er nun aus-
stieg, sah er das viele Volk und bekam Mitleid mit
ihnen, weil sie wie Schafe waren, die keinen Hirten
haben, und er begann, sie vieles zu lehren.
35 Als es schon spät geworden war, traten seine
Jünger zu ihm und sagten: »Die Gegend ist abge-
legen, und es ist schon spät. 36 Entlasse sie, damit sie
in die umliegenden Höfe und Dörfer gehen und sich
etwas kaufen zum Essen.« 37 Er aber antwortete
ihnen: »Gebt ihr ihnen zu essen!« Da sagten sie zu
ihm: »Sollen wir hingehen und für zweihundert
Denare Brot kaufen und ihnen zu essen geben?«
38 Er aber sprach zu ihnen: »Wie viele Brote habt
ihr? Geht hin und seht nach!« Sie stellten es fest und
sagten: »Fünf und zwei Fische.« 39 Da befahl er
ihnen, es sollten alle sich niederlassen, nach Eßge-

meinschaften verteilt auf dem grünen Rasen. 40 Und sie ließen sich nieder in Gruppen zu hundert und zu fünfzig. 41 Er aber nahm die fünf Brote und die zwei Fische, blickte zum Himmel auf, sprach den Segen, brach die Brote und reichte sie den Jüngern zum Austeilen an sie; auch die zwei Fische verteilte er unter alle. 42 Und alle aßen und wurden satt, 43 und sie hoben an abgebrochenen Stücken zwölf volle Körbe auf, auch von den Fischen. 44 Es waren derer, die von den Broten gegessen hatten, fünftausend Männer.

Wandel auf dem See

45 Sogleich drängte er seine Jünger, einzusteigen ins Schiff und ihm vorauszufahren hinüber nach Bethsaida, indes er selbst das Volk entlassen wolle. 46 Als er sie verabschiedet hatte, zog er sich auf den Berg zurück, um zu beten. 47 Schon war es spät geworden, und das Schiff war mitten auf dem See, er aber allein auf dem Lande.

48 Als er sah, wie sie sich abmühten beim Rudern – es war nämlich für sie Gegenwind –, ging er um die vierte Nachtwache auf dem See einherschreitend zu ihnen und wollte an ihnen vorübergehen. 49 Als sie ihn auf dem See einhergehen sahen, meinten sie, es sei ein Gespenst, und schrieen laut auf; 50 denn alle sahen ihn und entsetzten sich. Er aber redete sogleich mit ihnen und sprach: »Seid getrost; ich bin es! Fürchtet euch nicht!« 51 Dann stieg er zu ihnen in das Schiff, und der Wind legte sich. Sie aber gerieten ganz und gar außer sich; 52 denn sie waren trotz der Brote nicht zur Einsicht gelangt, sondern ihr Herz blieb verschlossen.

53 Sie fuhren hinüber, kamen bei Genesareth ans Land und legten an. 54 Als sie aus dem Schiffe traten, erkannte man ihn sogleich; 55 sie liefen durch die ganze Gegend dort und brachten alsbald auf Betten die Kranken herbei, sowie sie hörten, wo er sei. 56 Wo er Dörfer oder Städte oder Gehöfte betrat, legten sie die Kranken auf die offenen Plätze und baten ihn, daß sie wenigstens den Saum seines Kleides berühren dürften; und alle, die ihn berührten, wurden geheilt.

6,1–6: Vgl. Matth 13,53–58; Luk 4,16–30; Joh 4,44. Über »Brüder Jesu« vgl. Matth 12,46. Es ist ein besonderes Gesetz im Gottesreich, daß die Heilswirkung an den Glauben des Menschen anknüpft. • 7–13: Vgl. Matth 10,1–15; Luk 9,1–6; 10,3–12. In der hier genannten Krankenölung haben wir die Grundlage für das spätere christliche Sakrament der Ölung, vgl. Jak 5,14f. • 14–29: Vgl. Matth 14,1–12; Luk 3,19f; 9,7–9. Vers 20 könnte auch übersetzt werden: »Er schätzte ihn, und wenn er ihn hörte, stellte er viele Fragen an ihn und hörte ihm gerne zu.« • 30–56: Vgl. Matth 14,13–36; Luk 9,10–17; Joh 6,1–14 (wie Luk berichtet auch Joh nur eine Brotvermehrung). Indem Jesus seine Macht zeigt, will er seine Jünger von ihren innerweltlichen Messiasvorstellungen lösen.

Die wahre Reinheit

7 1 Es fanden sich bei ihm die Pharisäer und einige Schriftgelehrte ein, die von Jerusalem kamen 2 und bemerkten, daß von seinen Jüngern einige mit unreinen, das heißt mit ungewaschenen Händen das Essen nahmen. 3 Essen doch die Pharisäer wie alle Juden nur dann, wenn sie, in strenger Beachtung der Überlieferung der Alten, durch gehöriges Abspülen die Hände gewaschen haben. 4 Auch wenn sie vom Markte kommen, essen sie nicht, ohne sich gewaschen zu haben, und noch vieles andere gibt es, was sie aufgrund der Überlieferung beobachten, so das Abspülen von Bechern und Krügen und Kupfergeschirr [und Liegepolstern]. 5 Da fragten ihn die Pharisäer und Schriftgelehrten: »Warum wandeln deine Jünger nicht nach der Überlieferung der Alten, sondern nehmen das Essen mit unreinen Händen?« 6 Er antwortete ihnen: »Treffend hat Isaias von euch Heuchlern geweissagt, wie geschrieben steht: ›Dieses Volk ehrt mich mit den Lippen, ihr Herz aber ist fern von mir. 7 Vergeblich aber verehren sie mich; ihre Lehrsprüche, die sie vortragen, sind nichts als Satzungen von Menschen‹ (Is 29,13). 8 Ihr laßt das Gebot Gottes außer acht und haltet euch an die Überlieferung der Menschen. [Das Waschen der Krüge und Becher und vieles andere besorgt ihr voll Eifer.]«

9 Und er sprach zu ihnen: »Gar fein hebt ihr das Gebot Gottes auf, um eure Überlieferung zu halten. 10 Denn Moses hat gesagt: ›Ehre deinen Vater und deine Mutter‹ und: ›Wer Vater oder Mutter schmäht, soll des Todes sterben‹ (2 Mos 20,12; 21,17.) 11 Ihr aber sagt: Wenn einer zu Vater oder Mutter sagt: Korban, das heißt Tempelopfer, sei, was dir von mir zukommen soll, 12 so laßt ihr ihn nichts mehr tun für Vater oder Mutter 13 und hebt somit das Wort Gottes auf mit eurer Überlieferung, die ihr weitergegeben habt; und dergleichen tut ihr noch vieles.«

14 Und er rief wieder das Volk zu sich und sprach zu ihnen: »Hört mich alle und versteht! 15 Nicht, was von außen in den Menschen hineingeht, kann ihn verunreinigen; sondern was vom Menschen herauskommt, verunreinigt den Menschen. 16 Wer Ohren hat zu hören, der höre!« 17 Als er nun vom Volke weg nach Hause kam, fragten ihn seine Jünger nach dem Gleichnis. 18 Da sprach er zu ihnen: »Seid denn auch ihr ohne Verständnis? Versteht ihr nicht, daß alles, was von außen in den Menschen hineingeht, ihn nicht verunreinigen kann, 19 weil es nicht in sein Herz hineingeht, sondern in den Magen, und in den Abort hinaus-

geht?‹ So erklärte er alle Speisen für rein 20 und
sagte: »Was aus dem Menschen herauskommt, das
verunreinigte den Menschen. 21 Denn von innen,
aus dem Herzen der Menschen, kommen die bösen
Gedanken, Unzucht, Diebstahl, Mord, 22 Ehebruch,
Habsucht, Bosheit, Hinterlist, Ausschweifung, bö-
ser Blick, Lästerung, Hochmut und Maßlosigkeit.
23 All dieses Böse kommt von innen heraus und ver-
unreinigt den Menschen.«

Die kananäische Frau

24 Er brach auf und zog von dort in das Gebiet von
Tyrus und Sidon; er ging in ein Haus und wollte,
daß es niemand erfahre, aber er konnte nicht ver-
borgen bleiben. 25 Vielmehr kam sehr bald eine Frau,
die von ihm gehört hatte und deren Tochter einen
unreinen Geist hatte, und fiel ihm zu Füßen. 26 Die
Frau war eine Hellenin, aus Syrophönizien stam-
mend, und sie bat ihn, er möchte den Dämon aus-
treiben aus ihrer Tochter. 27 Er sprach zu ihr: »Laß
zuerst die Kinder satt werden; denn es ist nicht
recht, das Brot der Kinder zu nehmen und den jun-
gen Hunden vorzuwerfen.« 28 Sie aber antwortete
ihm: »Doch, Herr! Auch die jungen Hunde unter
dem Tisch fressen von den Brosamen der Kinder.«
29 Da sprach er zu ihr: »Um dieses Wortes willen geh
hin; der Dämon ist ausgefahren aus deiner Tochter.«
30 Als sie nach Hause kam, fand sie das Kind auf dem
Bette liegen und den Dämon ausgefahren.

Heilung eines Taubstummen

31 Er verließ das Gebiet von Tyrus wieder und kam
über Sidon an den galiläischen See, mitten in das
Gebiet der Dekapolis. 32 Da brachten sie einen
Taubstummen zu ihm und baten ihn, er möge ihm
die Hand auflegen. 33 Er nahm ihn vom Volke weg
auf die Seite, steckte seine Finger in seine Ohren,
berührte seine Zunge mit Speichel, 34 sah zum
Himmel auf, seufzte und sprach zu ihm: »Eph-
phatha«, das heißt »Öffne dich!« 35 Sogleich öffne-
ten sich seine Ohren, das Band seiner Zunge wurde
gelöst, und er redete richtig. 36 Und er gebot ihnen,
es niemand zu sagen. Doch ob er ihnen auch noch
so gebot, sie machten es um so eifriger bekannt.
37 Sie waren ganz und gar außer sich und sagten:
»Vortrefflich hat er alles gemacht: die Tauben
macht er hören und die Stummen reden.«

7,1–23: Vgl. Matth 15,1–20.

Zweite Brotvermehrung

8 1 Als in jenen Tagen wieder viel Volk bei-
sammen war und sie nichts zu essen hatten,
rief er die Jünger zu sich und sprach zu ihnen:
2 »Mich erbarmt des Volkes; denn schon drei Tage
harren sie aus bei mir und haben nichts zu essen.
3 Wenn ich sie ungespeist nach Hause entlasse,
werden sie auf dem Wege ermatten; und einige
von ihnen sind von weit hergekommen.« 4 Da er-
widerten ihm seine Jünger: »Woher soll jemand sie
mit Brot sättigen können, hier in der Wüste?« 5 Er
fragte sie: »Wie viele Brote habt ihr?« Sie sagten:
»Sieben!« 6 Da befahl er dem Volk, sich auf der
Erde zu lagern, nahm die sieben Brote, sprach das
Dankgebet, brach sie und gab sie seinen Jüngern
zum Verteilen, und sie teilten davon dem Volke
aus. 7 Sie hatten auch einige Fischlein; er sprach
den Segen darüber und ließ auch sie verteilen. 8 Sie
aßen und wurden satt; von den abgebrochenen
Stücken aber, die übrigblieben, hoben sie sieben
Körbe voll auf. 9 Es waren etwa viertausend; und
er entließ sie. 10 Gleich darauf stieg er mit seinen
Jüngern in das Schiff und kam in die Gegend von
Dalmanutha.

Abkehr von den ungläubigen Juden

11 Da kamen die Pharisäer heran und begannen
mit ihm zu streiten. Sie forderten von ihm ein
Zeichen vom Himmel, um ihn auf die Probe zu
stellen. 12 Er aber seufzte in seinem Geiste und
sprach: »Was fordert dieses Geschlecht ein Zei-
chen? Wahrlich, ich sage euch: Diesem Geschlecht
wird kein Zeichen gegeben werden.« 13 Und er ließ
sie stehen, stieg wieder ein und fuhr hinüber ans
andere Ufer.

14 Sie hatten aber vergessen, Brote mitzunehmen,
und hatten nur ein einziges Brot bei sich im Schiffe.
15 Eindringlich mahnte er sie und sprach: »Seht zu
und hütet euch vor dem Sauerteig der Pharisäer und
dem Sauerteig des Herodes!« 16 Da machten sie sich
miteinander Gedanken, daß sie keine Brote hätten.
17 Jesus merkte es und sprach zu ihnen: »Was macht
ihr euch Gedanken, daß ihr keine Brote habt? Er-
kennt und begreift ihr denn noch nicht? Was haltet
ihr verschlossen euer Herz? 18 Augen habt ihr und
seht nicht? Ohren habt ihr und hört nicht? Und
erinnert ihr euch nicht? 19 Als ich die fünf Brote
brach für die Fünftausend, wie viele Körbe voll ab-
gebrochener Stücke habt ihr da aufgehoben?« Sie
erwiderten ihm: »Zwölf«. 20 »Und als ich die sieben
Brote für die Viertausend brach, wie viele Körbe
voll abgebrochener Stücke habt ihr da aufge-
hoben?« Sie sagten: »Sieben.« 21 Da sprach er zu
ihnen: »Begreift ihr noch nicht?«

Heilung eines Blinden

22 Darauf kamen sie nach Bethsaida, und man
brachte zu ihm einen Blinden und bat ihn, er
möchte ihn berühren. 23 Er faßte den Blinden bei der

Hand, führte ihn vor das Dorf hinaus, tat Speichel auf seine Augen, legte ihm die Hände auf und fragte ihn: »Siehst du etwas?« 24 Er blickte auf und sagte: »Ich erblicke die Menschen; denn ich sehe sie wie Bäume einhergehen.« 25 Darauf legte er nochmals die Hände auf seine Augen; da drang sein Blick durch, und er war wiederhergestellt; er sah alles deutlich und klar. 26 Dann schickte er ihn nach Hause und sprach: »Doch in das Dorf gehe nicht hinein!«

Bekenntnis des Petrus

27 Jesus aber zog mit seinen Jüngern weiter in die Dörfer von Cäsarea Philippi, und auf dem Wege fragte er seine Jünger: »Für wen halten mich die Leute?« 28 Sie erwiderten ihm: »Für Johannes den Täufer; andere für Elias, andere für einen von den Propheten.« 29 Da fragte er sie: »Ihr aber, für wen haltet ihr mich?« Petrus antwortete ihm: »Du bist der Messias!« 30 Und er gebot ihnen streng, mit niemand über ihn zu sprechen.

Erste Leidensankündigung

31 Und er fing an, sie zu belehren, der Menschensohn müsse vieles leiden, von den Ältesten und Hohenpriestern und Schriftgelehrten verworfen und getötet werden, nach drei Tagen aber auferstehen. 32 Frei und offen sprach er das Wort. Da nahm ihn Petrus auf die Seite und fing an, ihm Vorhaltungen zu machen. 33 Er aber wandte sich um, sah seine Jünger an, schalt den Petrus und sprach: »Hinweg von mir, Satan, du denkst nicht das, was Gottes ist, sondern was der Menschen ist.« 34 Und er rief das Volk mit seinen Jüngern zu sich und sprach zu ihnen: »Wenn einer mir nachfolgen will, so verleugne er sich selbst, nehme sein Kreuz auf sich und folge mir nach. 35 Denn wer sein Leben retten will, wird es verlieren, wer aber sein Leben verliert um meinet und des Evangeliums willen, wird es retten. 36 Denn was nützt es einem Menschen, die ganze Welt zu gewinnen, aber Schaden zu erleiden an seinem Leben? 37 Was kann ein Mensch als Gegenpreis bieten für sein Leben?

38 Denn wer sich meiner und meiner Worte schämt vor diesem ehebrecherischen und sündhaften Geschlecht, dessen wird auch der Menschensohn sich schämen, wenn er kommt in der Herrlichkeit seines Vaters zusammen mit den heiligen Engeln.«

8,1–10: Vgl. Matth 15,32–39. Dalmanutha, wofür Matth Magadan (Magdala) hat, ist wahrscheinlich ein früher Schreibfehler. • 11–21: Vgl. Matth 16,1–12 (12,38–42); Luk 11,29–32. Jesus warnt die immer noch von irdischen Sorgen befangenen Jünger vor dem »Sauerteig«, d. h. der Ansteckung durch die dem Gottesreich entgegenstehende Denk und Lebensweise der Pharisäer und des Herodes.

9

1 Und er sagte zu ihnen: »Wahrlich, ich sage euch: Es sind einige unter denen, die hier stehen, die den Tod nicht kosten, bis sie das Gottesreich kommen sehen in Kraft.«

Jesu Verklärung

2 Nach sechs Tagen nahm Jesus den Petrus, Jakobus und Johannes mit sich und führte sie hinauf auf einen hohen Berg, ganz für sich allein. Da wurde er vor ihnen verwandelt, 3 sein Gewand wurde leuchtend weiß, wie kein Walker auf Erden es so weiß zu machen vermag. 4 Und es erschien ihnen Elias zusammen mit Moses, und sie redeten mit Jesus. 5 Da nahm Petrus das Wort und sagte zu Jesus: »Meister, es ist gut, daß wir hier sind; wir wollen drei Hütten bauen, dir eine, dem Moses eine und dem Elias eine.« 6 Er wußte nämlich nicht, was er sagen sollte; sie waren ja ganz erschreckt. 7 Da kam eine Wolke, die sie überschattete, und aus der Wolke kam eine Stimme: »Dieser ist mein geliebter Sohn; auf ihn sollt ihr hören!« 8 Als sie gleich darauf sich umblickten, sahen sie niemand mehr bei sich als Jesus allein. 9 Und da sie herabstiegen vom Berge, mahnte er sie eindringlich, sie sollten niemand erzählen, was sie gesehen hatten, bis der Menschensohn von den Toten auferstanden sei. 10 Sie griffen das Wort auf und redeten miteinander darüber, was das heiße: »Von den Toten auferstehen.«

11 Und sie fragten ihn: »Warum sagen denn die Schriftgelehrten, Elias müsse zuerst kommen?« 12 Er antwortete ihnen: »Elias kommt wohl zuerst, um alles wiederherzustellen. Wie aber steht vom Menschensohn geschrieben? Er werde viel leiden müssen und verachtet werden. 13 Nun denn, ich sage euch: Ja, Elias ist gekommen, doch sie haben mit ihm gemacht, was sie wollten, wie geschrieben steht im Hinblick auf ihn.«

Wunderkraft des Glaubens

14 Als sie zu den Jüngern kamen, sahen sie viel Volk um sie herum sowie auch Schriftgelehrte, die im Streite waren mit ihnen. 15 Sogleich geriet das ganze Volk, als es ihn sah, in große Erregung; sie liefen hinzu und begrüßten ihn. 16 Er aber fragte sie: »Was streitet ihr mit ihnen?« 17 Da erwiderte ihm einer aus dem Volke: »Meister, ich habe meinen Sohn zu dir gebracht, der ist besessen von einem stummen Geist. 18 Wenn der ihn irgendwo überfällt, zerrt er ihn hin und her, dann schäumt er, knirscht mit den Zähnen und fällt in Erstarrung. Ich sagte zu deinen Jüngern, sie möchten ihn austreiben; doch sie vermochten es nicht.«

19 Er aber wandte sich an sie und sprach: »O du ungläubiges Geschlecht! Wie lange noch soll ich

bei euch sein? Wie lange noch euch ertragen?
Bringt ihn her zu mir!« 20 Und sie brachten ihn zu
ihm. Sogleich bei seinem Anblick schüttelte ihn
der Geist; er fiel auf die Erde, wälzte sich und
schäumte. 21 Da fragte er seinen Vater: »Wie lange
ist es her, daß ihm dies widerfahren ist?« Der
sagte: »Von Kindheit an. 22 Oft schon warf er ihn
ins Feuer und ins Wasser, um ihn umzubringen.
Wenn du etwas vermagst, so habe Erbarmen mit
uns und hilf uns!« 23 Jesus sprach zu ihm: »Wenn du
etwas vermagst? Alles ist möglich dem, der glaubt.«
24 Sogleich stöhnte der Vater des Knaben laut auf
und rief: »Ich glaube; hilf meinem Unglauben!«
25 Da Jesus sah, daß das Volk zusammenlief, schalt
er den unreinen Geist und sprach zu ihm: »Du
stummer und tauber Geist, ich gebiete dir, fahre
von ihm aus und komme nicht mehr zurück zu
ihm!« 26 Unter lautem Geschrei und heftigen
Zuckungen fuhr er aus, und der Knabe war wie tot,
so daß die Leute sagten, er sei gestorben. 27 Jesus
aber faßte ihn bei der Hand und richtete ihn auf,
und er stand auf.
28 Als er nach Hause kam, fragten ihn seine Jünger,
als sie unter sich waren: »Warum vermochten wir
nicht, ihn auszutreiben?« 29 Er antwortete ihnen:
»Diese Art kann durch nichts ausgetrieben werden
als durch Gebet [und Fasten].«

Zweite Leidensankündigung

30 Sie zogen von da weiter und wanderten durch
Galiläa; doch wollte er nicht, daß es jemand er-
fahre. 31 Denn er unterwies seine Jünger und sprach
zu ihnen: »Der Menschensohn wird überliefert in
die Hände von Menschen, und sie werden ihn
töten; aber drei Tage nach seinem Tod wird er auf-
erstehen.« 32 Sie aber begriffen das Wort nicht,
scheuten sich jedoch, ihn zu fragen.

Vom rechten Jüngersinn

33 Sie kamen nach Kapharnaum, und als er zu Hause
war, fragte er sie: »Worüber habt ihr unterwegs ge-
sprochen?« 34 Sie aber schwiegen; denn sie hatten
unterwegs miteinander darüber gesprochen, wer
der Größte sei. 35 Da setzte er sich nieder, rief die
Zwölf und sprach zu ihnen: »Will einer Erster sein,
so sei er Letzter von allen und aller Diener!« 36 Und
er nahm ein Kind, stellte es mitten unter sie, schloß
es in seine Arme und sprach zu ihnen: 37 »Wer eines
von solchen Kindern aufnimmt in meinem Namen,
der nimmt mich auf, und wer mich aufnimmt, der
nimmt nicht mich auf, sondern den, der mich ge-
sandt hat.«
38 Da sagte zu ihm Johannes: »Meister, wir sahen
einen, der in deinem Namen Dämonen austrieb,
einen, der sich uns nicht anschließt, und wir ver-
wehrten es ihm, weil er sich uns nicht anschließt.«
39 Jesus sprach: »Verwehrt es ihm nicht, denn
keinen gibt es, der Machtvolles wirkt in meinem
Namen und gleich darauf Böses sagen könnte wider
mich. 40 Denn wer nicht gegen uns ist, der ist für
uns. 41 Wer euch einen Becher Wasser zu trinken
gibt, daraufhin, daß ihr zu Christus gehört, wahr-
lich, ich sage euch, er wird um seinen Lohn nicht
kommen.

Vom Ärgernis

42 Wer aber einem von diesen Kleinen, die [an mich]
glauben, Ärgernis gibt, für den wäre es besser,
wenn ein Mühlstein um seinen Hals gelegt und er
hinabgeworfen würde ins Meer. 43 Wenn deine
Hand dir zum Ärgernis wird, so haue sie ab; es ist
besser für dich, verstümmelt einzugehen ins
[ewige] Leben, als mit zwei Händen hinabzufahren
in die Hölle, in das nie erlöschende Feuer 44 [, wo ihr
Wurm nicht stirbt und das Feuer nicht erlischt].
45 Und wenn dein Fuß dir zum Ärgernis wird, so
haue ihn ab; es ist besser für dich, hinkend einzu-
gehen ins [ewige] Leben, als mit zwei Füßen hinab-
geworfen zu werden in die Hölle [, in das nie er-
löschende Feuer, 46 wo ihr Wurm nicht stirbt und
das Feuer nicht erlischt]. 47 Und wenn dein Auge dir
zum Ärgernis wird, so reiß es aus; es ist besser für
dich, einäugig einzugehen in das Reich Gottes, als
mit zwei Augen hinabgeworfen zu werden in die
Hölle, 48 wo ›ihr Wurm nicht stirbt und das Feuer
nicht erlischt‹ (Is 66,24). 49 Denn ein jeder wird mit
Feuer gesalzen werden [, und jedes Opfer wird mit
Salz gesalzen werden]. 50 Wertvoll ist das Salz;
wenn aber das Salz salzlos wird, womit werdet ihr
es würzen? Habt Salz in euch und habt Frieden
untereinander!«

9,2–13: Vgl. Matth 17,1–13; Luk 9,28–36. In Vers 12f deutet Jesus die jüdische Eliaserwartung auf Johannes den Täufer (vgl. Matth 17,13), der, wie einst Elias (1 Kön 19), verfolgt worden sei. Da auch der Messias leiden müsse, sei an eine vorhergehende »Wiederherstellung« im Sinne jüdischer Erwartung nicht zu denken. • 14–29: Vgl. Matth 17,14–21; Luk 9,37–43. • 30–32: Vgl. Matth 17,22f; Luk 9,43–45. • 33–41: Vgl. Matth 18,1–5; Luk 9,46–50. »In meinem Namen« heißt: Unter Aussprechen meines Namens und damit unter Berufung auf mich. Vers 40 bedeutet trotz des Anscheins keinen Gegensatz zu Matth 12,30. Jeder Satz bezieht sich auf eine andere Situation. • 42–48: Vgl. Matth 18,6–9; Luk 17,1f. Nur bei Vers 48 dürfte nach den Textzeugen das Wort aus Is 66,24 am Platze sein, bei Vers 44 und Vers 46 wurde es später hinzugesetzt. • 49f: Vgl. Matth 5,13; Luk 14,34f. Drei stichwortmäßig angefügte, in sich selbständige Aussprüche. Vers 49 weist unter Anspielung auf das Salz bei den Opfergaben (3 Mos 2,13) auf das Läuterungsfeuer der Leiden hin, durch das jeder Jünger Christi gehen muß, Vers 50a auf die Verantwortung des Jüngerberufes, 50b auf den Besitz der Weisheit des Evangeliums. Schon die jüdischen Lehrer verglichen das Wort Gottes mit dem unentbehrlichen Salz.

JESUS AUF DEM WEG NACH JERUSALEM

Unauflösbarkeit der Ehe

10 1 Und er brach auf von dort und zog in
das Gebiet von Judäa und jenseits des
Jordans, und wieder strömten sie in
Scharen zu ihm, und wieder lehrte er sie, wie er
gewohnt war.
2 Und es traten Pharisäer heran und fragten ihn: »Ist
es einem Mann erlaubt, seine Frau zu entlassen?«
Sie stellten ihn so auf die Probe. 3 Er aber antwortete
ihnen: »Was hat euch Moses geboten?« 4 Sie sagten:
»Moses hat erlaubt, einen Scheidebrief zu schreiben
und die Frau zu entlassen« (5 Mos 24,1). 5 Jesus er-
widerte ihnen: »Eurer Herzenshärte wegen schrieb
er für euch dieses Gebot. 6 Von Anfang der Schöp-
fung aber ›schuf Gott sie als Mann und Frau‹ (1 Mos
1,27). 7 ›Deshalb wird ein Mann seinen Vater und
seine Mutter verlassen [und seiner Frau anhangen],
8 und die zwei werden ein Fleisch sein‹ (1 Mos
2,24). Sie sind also nicht mehr zwei, sondern ein
Fleisch. 9 Was nun Gott verbunden hat, das soll ein
Mensch nicht trennen.« 10 Zu Hause befragten ihn
seine Jünger nochmals darüber, 11 und er sprach zu
ihnen: »Wer seine Frau entläßt und eine andere hei-
ratet, der bricht an ihr die Ehe. 12 Und wenn sie
ihren Mann entläßt und einen anderen heiratet,
bricht sie die Ehe.«

Segnung der Kinder

13 Und sie brachten Kinder zu ihm, daß er sie
berühre. Die Jünger aber verwiesen es ihnen. 14 Als
Jesus das sah, wurde er unwillig und sprach zu
ihnen: »Laßt die Kinder zu mir kommen und wehrt
es ihnen nicht; denn für solche ist das Reich Gottes.
15 Wahrlich, ich sage euch: Wer das Reich Gottes
nicht annimmt wie ein Kind, wird nicht hinein-
kommen.« 16 Und er schloß sie in die Arme, legte
ihnen die Hände auf und segnete sie.

Reichtum und Gottesreich

17 Als er sich auf den Weg machte, lief einer herbei,
kniete vor ihm nieder und fragte ihn: »Guter
Meister! Was muß ich tun, daß ich ewiges Leben er-
lange?« 18 Jesus antwortete ihm: »Was nennst du
mich gut? Niemand ist gut als Gott allein. 19 Du
kennst die Gebote: ›Du sollst nicht töten; du sollst
nicht ehebrechen; du sollst nicht stehlen; du sollst
nicht falsches Zeugnis geben; du sollst nicht be-
trügen; ehre deinen Vater und deine Mutter‹ (2 Mos
20,12–16).« 20 Der aber entgegnete ihm: »Meister,
dies alles habe ich gehalten von meiner Jugend an.«
21 Jesus blickte ihn an, und von Liebe zu ihm erfüllt,
sagte er zu ihm: »Eines fehlt dir noch; geh hin, ver-
kaufe alles, was du hast, und gib es den Armen, und
du wirst einen Schatz haben im Himmel; dann
komm und folge mir nach!« 22 Jener aber war be-
troffen über dieses Wort und ging betrübt davon;
denn er besaß viele Güter.
23 Jesus blickte um sich und sagte zu seinen Jüngern:
»Wie schwer werden die Begüterten in das Reich
Gottes eingehen!« 24 Die Jünger waren bestürzt
über seine Worte. Da wandte sich Jesus nochmals
an sie und sprach: »Kinder, wie schwer ist es doch,
daß solche, die auf Reichtum bauen, in das Reich
Gottes eingehen! 25 Leichter ist es, daß ein Kamel
durch ein Nadelöhr geht, als daß ein Reicher in das
Reich Gottes eingeht!« 26 Da wurden sie noch be-
stürzter und sagten zueinander: »Wer kann dann
gerettet werden?« 27 Jesus blickte sie an und sprach:
»Bei Menschen ist es unmöglich, aber nicht bei
Gott; denn ›bei Gott ist alles möglich‹ (1 Mos
18,14).«
28 Da nahm Petrus das Wort und sagte zu ihm:
»Siehe, wir haben alles verlassen und sind dir nach-
gefolgt!« 29 Jesus antwortete: »Wahrlich, ich sage
euch: Niemand hat Haus oder Brüder oder Schwe-
stern oder Mutter oder Vater oder Kinder oder
Äcker um meinetwillen oder um des Evangeliums
willen verlassen, 30 der nicht Hundertfaches dafür
erhält, jetzt in dieser Welt Häuser und Brüder und
Schwestern und Mütter und Kinder und Äcker, frei-
lich unter Verfolgungen, in der kommenden Welt
jedoch ewiges Leben. 31 Viele Erste aber werden
Letzte sein und die Letzten Erste.«

Dritte Leidensankündigung

32 Als sie nun den Weg hinaufzogen nach Jerusalem,
schritt Jesus ihnen voran; sie staunten und gingen,
von Furcht ergriffen, hinterher. Da nahm er aber-
mals die Zwölf zu sich heran und begann, ihnen zu
sagen, was ihm bevorstehe: 33 »Seht, wir ziehen
hinauf nach Jerusalem, und der Menschensohn
wird den Hohenpriestern und den Schriftgelehrten
[und Ältesten] überliefert werden, und sie werden
ihn zum Tode verurteilen und an die Heiden aus-
liefern. 34 Sie werden ihn verspotten und anspeien,
ihn geißeln und töten; nach drei Tagen aber wird er
auferstehen.«

Ehrsucht und Jüngerschaft

35 Es traten zu ihm Jakobus und Johannes, die Söhne
des Zebedäus, und sagten: »Meister, wir möchten,
daß du uns gewährst, um was wir dich bitten.«
36 Er sprach zu ihnen: »Was möchtet ihr, daß ich
es euch gewähre?« 37 Sie sagten zu ihm: »Verleih

uns. daß wir, einer zu deiner Rechten, einer zu deiner Linken, sitzen in deiner Herrlichkeit!« 38 Jesus sprach zu ihnen: »Ihr wißt nicht, um was ihr bittet. Könnt ihr den Kelch trinken, den ich trinke, oder mit der Taufe getauft werden, mit der ich getauft werde?« 39 Sie sagten zu ihm: »Wir können es.« Jesus sprach zu ihnen: »Den Kelch, den ich trinke, werdet ihr trinken, und mit der Taufe, mit der ich getauft werde, werdet ihr getauft werden; 40 doch das Sitzen zu meiner Rechten oder Linken habe nicht ich zu vergeben, sondern ist für die, denen es bereitet ist.« 41 Als die Zehn es hörten, fingen sie an, unwillig zu werden über Jakobus und Johannes. 42 Jesus aber rief sie zu sich und sprach zu ihnen: »Ihr wißt, daß jene, die als Herrscher der Völker gelten, den Herren spielen über sie, und daß ihre Großen sie ihre Macht spüren lassen. 43 Nicht so soll es sein unter euch; sondern wer ein Großer sein will unter euch, der sei euer Diener; 44 und wer unter euch der Erste sein will, der sei der Knecht aller. 45 Denn auch der Menschensohn ist nicht gekommen, sich bedienen zu lassen, sondern zu dienen und sein Leben hinzugeben als Lösepreis für viele.«

Blindenheilung

46 Sie kamen nach Jericho, und als er von Jericho weiterzog mit seinen Jüngern und zahlreichem Volk, saß der Sohn des Timäus, Bartimäus, ein blinder Bettler, am Wege. 47 Als er hörte, es sei Jesus, der Nazarener, begann er zu schreien: »Sohn Davids, Jesus, erbarme dich meiner!« 48 Viele begannen, ihn zu schelten, er solle doch schweigen; er aber schrie noch viel mehr: »Sohn Davids, erbarme dich meiner!« 49 Jesus blieb stehen und sprach: »Ruft ihn her!« Und sie riefen den Blinden und sagten zu ihm: »Sei guten Mutes; steh auf, er ruft dich.« 50 Da warf er seinen Mantel ab, sprang auf und ging zu Jesus hin. 51 Und Jesus wandte sich an ihn und sprach: »Was willst du, daß ich dir tun soll?« Der Blinde sagte zu ihm: »Rabbuni, ich möchte wieder sehen.« 52 Da sprach Jesus zu ihm: »Geh hin, dein Glaube hat dir geholfen.« Und sogleich sah er wieder und folgte ihm auf dem Wege.

10,1–12: Vgl. Matth 19,1–12 (5,31f; Luk 16,18). • 13–16: Vgl. Matth 19,13–15, Luk 18,15–17. • 17–31: Vgl. Matth 19,16–30; Luk 18,18–30. Mit Vers 18 will sich Jesus nicht im absoluten Sinne vom »Gutsein« ausschließen, er will nur den Fragesteller, der in ihm nur den Menschen anspricht, zum höchsten Gut hinführen, um dessentwillen alle irdischen Güter hintanzusetzen seien. • 32–34: Vgl. Matth 20,17–19; Luk 18,31–34. In diesem Bericht kommt das sichere Vorauswissen und die freiwillige Entschlossenheit zum Leiden eindrucksvoll zur Darstellung. • 35–45: Vgl. Matth 20,20–28 (Luk 22,24–27 innerhalb des Abendmahlsberichtes). Der Ehrgeiz der noch ganz im Irdischen stehenden Jünger ist ein schmerzlicher Kontrast zur Leidensbereitschaft Jesu. • 46–52: Vgl. Matth 20,29–34; Luk 18,35–43. »Rabbuni«, d. h. »mein hoher Herr«. Auch die Anrede »Sohn Davids« setzt eine besondere Erkenntnis des Blinden voraus. Während Matthäus (20,30) von »zwei Blinden« berichtet, nennen Markus und Lukas nur einen, wobei Markus als einziger seinen Namen »Bartimäus, Sohn des Timäus« nennt.

IN JERUSALEM

Feierlicher Einzug

11 1 Als sie sich Jerusalem näherten, bei Bethphage und Bethanien am Ölberg, sandte er zwei seiner Jünger voraus 2 und sprach zu ihnen: »Geht in das Dorf dort vor euch, und ihr werdet sogleich beim Hineinkommen ein Füllen angebunden finden, auf dem noch nie ein Mensch gesessen ist; macht es los und bringt es her! 3 Und spricht euch jemand an: Was tut ihr da? so sagt: Der Herr bedarf seiner und schickt es bald wieder hierher.« 4 Da gingen sie weg, fanden das Füllen vor einer Tür, außen gegen die Straße zu angebunden, und machten es los. 5 Einige aber von denen, die dort standen, sagten zu ihnen: »Was tut ihr da, was macht ihr das Füllen los?« 6 Sie antworteten ihnen, wie Jesus gesagt hatte, und man ließ sie gehen. 7 Sie brachten das Füllen zu Jesus, legten ihre Kleider darüber, und er setzte sich darauf. 8 Viele breiteten ihre Kleider auf den Weg, andere grünes Gezweig, das sie sich abgeschnitten von den Feldern, 9 und die Vorangehenden wie die Nachfolgenden riefen: »Hosanna! 10 Gepriesen sei, der da kommt im Namen des Herrn! Gepriesen sei das kommende Reich unseres Vaters David! Hosanna in der Höhe!« 11 Er betrat Jerusalem und den Tempel, sah sich nach allem um und begab sich, als es bereits spät geworden war, hinaus nach Bethanien, zusammen mit den Zwölfen.

Verfluchung des Feigenbaumes

12 Anderntags aber, als sie weggingen von Bethanien, hungerte ihn. 13 Er sah von weitem einen Feigenbaum, der Blätter hatte, und ging hin, ob er vielleicht etwas finden könnte an ihm. Doch als er hinkam, fand er nichts als Blätter; es war nämlich nicht die Zeit der Feigen. 14 Da redete er ihn an und sprach: »Nimmermehr esse jemand eine Frucht von dir in Ewigkeit!« Seine Jünger hörten dies.

Tempelreinigung

15 Darauf kamen sie nach Jerusalem hinein, und er ging in den Tempel und begann, die Verkäufer und Käufer im Tempel hinauszutreiben, warf die Tische

der Geldwechsler um sowie die Stände der Tauben-
verkäufer 16 und duldete nicht, daß jemand ein
Gerät hindurchtrug durch den Tempel. 17 Und er
lehrte sie und sprach: »Steht nicht geschrieben:
›Mein Haus soll ein Bethaus heißen für alle Völker‹
(Is 56,7)? Ihr aber habt es zu einer ›Räuberhöhle‹
(Jer 7,11) gemacht.«
18 Die Hohenpriester und Schriftgelehrten hörten
dies und sannen darauf, wie sie ihn vernichten
könnten; sie fürchteten ihn nämlich, denn das
ganze Volk war außer sich über seine Lehre.
19 Und sobald es Abend wurde, gingen sie hinaus
vor die Stadt.

Mahnung beim Feigenbaum

20 Als sie in der Frühe vorbeigingen, sahen sie den
Feigenbaum verdorrt von den Wurzeln auf. 21 Da
erinnerte sich Petrus und sagte zu ihm: »Meister,
siehe, der Feigenbaum, den du verflucht hast, ist
verdorrt.« 22 Jesus antwortete ihnen: »Habt Glauben
an Gott! 23 Wahrlich, ich sage euch: Wer zu diesem
Berg sagt: Heb dich hinweg und stürze dich ins
Meer, und nicht zweifelt in seinem Herzen, sondern
glaubt, daß alles geschieht, was er sagt, dem wird es
geschehen. 24 Darum sage ich euch: Bei allem, um
was ihr betet und fleht, glaubt, daß ihr empfangen
habt, und es wird euch zuteil werden. 25 Und wenn
ihr hintretet und betet, so vergebt, wenn ihr etwas
habt gegen einen, damit auch euer Vater im Himmel
euch eure Übertretungen vergebe. 26 [Wenn ihr aber
nicht vergebt, wird auch euer Vater im Himmel
euch nicht eure Sünden vergeben].«

Vollmachtsfrage

27 Wieder kamen sie nach Jerusalem, und als er im
Tempel umherging, traten zu ihm die Hohenprie-
ster, die Schriftgelehrten und Ältesten 28 und sagten:
»Mit welcher Vollmacht tust du das, oder wer gab
dir die Vollmacht, dies zu tun?« 29 Jesus erwiderte
ihnen: »Ich will euch eine einzige Frage vorlegen,
und gebt ihr mir Antwort, werde ich euch sagen,
mit welcher Vollmacht ich es tue. 30 Die Taufe des
Johannes, stammte sie vom Himmel oder von
Menschen? Antwortet mir!« 31 Sie aber überlegten
und sprachen für sich: »Sagen wir: Vom Himmel,
so wird er sagen: Warum habt ihr dann nicht
geglaubt? 32 Sollen wir sagen: Von Menschen?«
Doch da fürchteten sie das Volk, denn alle hielten
Johannes für einen wirklichen Propheten. 33 Und sie
antworteten Jesus: »Wir wissen es nicht.« Jesus aber
erwiderte ihnen: »So sage auch ich euch nicht, mit
welcher Vollmacht ich dies tue.«

11,1–11: Vgl. Matth 21,1–9; Luk 19,28–44; Joh 12,12–19. Bethphage und Bethanien liegen an der Pilgerstraße von Jericho nach Jerusalem. • 12–14: Vgl. Matth 21,18f (Luk 13,6–9). Der Feigenbaum ist in symbolisch-lehrhafter Handlung Sinnbild des unfruchtbaren Israel. • 15–19: Vgl. Matth 21,12f; Luk 19,45–48; Joh 2,13–17 (beim ersten Osterbesuch Jesu). • 20–26: Vgl. Matth 21,20–22 (mit der Verfluchung verbunden). Der Beter soll – rechtes Beten im Sinn von Matth 6,8 vorausgesetzt – in seinem Vertrauen so sicher sein, als habe er das Erbetene im Augenblick des Betens schon empfangen. Vers 26 ist wohl späterer Einschub von Matth 6,15. • 27–33: Vgl. Matth 21,23–27, Luk 20,1–8.

Von den bösen Winzern: ihnen wird der Weinberg genommen

12 1 Und er begann, in Gleichnissen zu ihnen
zu reden: »Ein Mann pflanzte einen
Weinberg, umgab ihn mit einem Zaun,
grub eine Kelter, baute einen Turm, verpachtete
ihn an Winzer und begab sich außer Landes. 2 Und
er schickte an die Winzer zu gegebener Zeit
einen Knecht, um von den Winzern etwas vom
Ertrag des Weinberges zu erhalten. 3 Die aber er-
griffen und schlugen ihn und schickten ihn weg mit
leeren Händen. 4 Abermals schickte er zu ihnen
einen anderen Knecht, aber auch den mißhandelten
und beschimpften sie. 5 Und nochmals schickte er
einen anderen hin, und den töteten sie, und noch
viele andere, von denen schlugen sie die einen, die
anderen töteten sie. 6 Einen hatte er noch, seinen
geliebten Sohn; den schickte er als letzten zu
ihnen, indem er sprach: Sie werden Achtung
haben vor meinem Sohn! 7 Jene Winzer aber sagten
zueinander: Das ist das Erbe; kommt, wir wollen
ihn töten, und unser wird sein das Erbe. 8 Und
sie ergriffen und töteten ihn und warfen ihn
hinaus vor den Weinberg. 9 Was wird nun der Herr
des Weinberges tun? Er wird kommen und die
Winzer umbringen und den Weinberg an andere
vergeben.
10 Habt ihr denn nicht dieses Schriftwort gelesen:
›Der Stein, den die Bauleute verwarfen, er ist zum
Eckstein geworden. 11 Vom Herrn wurde es so, und
wunderbar ist es in unseren Augen‹ (Ps 118,22f)?«
12 Da suchten sie ihn zu ergreifen, doch fürchteten
sie das Volk; denn sie merkten, daß er im Hinblick
auf sie dieses Gleichnis sagte. Und sie ließen von
ihm ab und gingen davon.

Die Steuerfrage

13 Und sie schickten zu ihm einige von den Pha-
risäern und Herodianern, um ihn zu fangen bei
einem Wort. 14 Diese kamen und sagten zu ihm:
»Meister, wir wissen, daß du wahrhaft bist und
dich um niemand kümmerst; denn du siehst
nicht auf die Person der Menschen, sondern lehrst
den Weg Gottes der Wahrheit gemäß. Ist es er-
laubt, dem Kaiser Steuern zu zahlen, oder nicht?

Sollen wir zahlen oder nicht zahlen?« 15 Er aber
erkannte ihre Heuchelei und sprach zu ihnen:
»Was versucht ihr mich? Bringt mir einen Denar,
daß ich ihn sehe!« 16 Sie brachten einen, und er
sprach zu ihnen: »Wessen ist dieses Bild und die
Aufschrift?« Sie antworteten ihm: »Des Kaisers.«
17 Jesus entgegnete ihnen: »Was des Kaisers ist, gebt
dem Kaiser, und was Gottes ist, Gott.« Da staunten
sie über ihn.

Die Auferstehungsfrage

18 Und es kamen zu ihm Sadduzäer, die behaupten,
es gebe keine Auferstehung, und sie fragten ihn:
19 »Meister, Moses hat uns geschrieben: ›Wenn
jemands Bruder stirbt und er hinterläßt eine Frau
aber kein Kind, so soll sein Bruder die Frau nehmen
und seinem Bruder Nachkommenschaft erwecken‹
(5 Mos 25,5). 20 Nun waren sieben Brüder. Der erste
nahm eine Frau, und als er starb, hinterließ er keine
Nachkommen. 21 Da nahm sie der zweite und starb,
ohne Nachkommen zu hinterlassen; ebenso der
dritte. 22 Alle sieben hinterließen keine Nachkom-
men. Zuletzt nach allen starb auch die Frau. 23 Bei
der Auferstehung nun, falls sie auferstehen, wem
von ihnen wird sie als Frau gehören? Denn die
sieben hatten sie zur Frau.«
24 Da sagte Jesus zu ihnen: »Seid ihr nicht deshalb
im Irrtum, weil ihr weder die Schriften kennt noch
die Kraft Gottes? 25 Denn wenn sie auferstehen von
den Toten, werden sie weder heiraten noch ver-
heiratet werden, sondern sie sind wie die Engel im
Himmel. 26 Was aber die Toten und ihre Aufer-
weckung betrifft, habt ihr nicht im Buche des
Moses gelesen, in der Geschichte vom Dornbusch,
wie Gott zu ihm sprach: ›Ich bin der Gott Abra-
hams und der Gott Isaaks und der Gott Jakobs‹
(2 Mos 3,6)? 27 Er ist nicht ein Gott von Toten,
sondern von Lebendigen. Ihr seid also sehr im Irr-
tum.«

Das größte Gebot

28 Da kam einer von den Schriftgelehrten herzu, der
ihren Wortwechsel gehört und gemerkt hatte, wie
trefflich er ihnen Antwort gab, und fragte ihn:
»Welches Gebot ist das erste von allen?« 29 Jesus
antwortete: »Das erste ist: ›Höre, Israel! Der Herr,
unser Gott, ist der einzige Herr. 30 Du sollst den
Herrn, deinen Gott, lieben aus deinem ganzen
Herzen, aus deiner ganzen Seele, aus deinem
ganzen Denken und aus deiner ganzen Kraft‹
(5 Mos 6,4f). Das ist das erste Gebot. 31 Das zweite
ist dieses: ›Du sollst deinen Nächsten lieben wie
dich selbst‹ (3 Mos 19,18). Größer als diese ist kein
anderes Gebot.«
32 Da sagte der Schriftgelehrte zu ihm: »Trefflich,
Meister; du hast nach Wahrheit gesagt: ›Ein Einzi-
ger ist er, und kein anderer ist außer ihm‹ (5 Mos
4,35). 33 Und ›ihn lieben aus ganzem Herzen, aus
ganzem Denken, [aus ganzer Seele,] aus ganzer
Kraft‹ und ›den Nächsten lieben wie sich selbst‹, das
ist mehr als alle ›Brandopfer und anderen Opfer‹
(1 Sam 15,22).« 34 Jesus sah, daß er weise antwor-
tete, und sprach zu ihm: »Nicht weit bist du weg
vom Reiche Gottes.« Und niemand mehr wagte,
ihn zu befragen.

Gegenfrage Jesu

35 Da nahm Jesus, als er im Tempel lehrte, das
Wort und sprach: »Wie können die Schriftgelehr-
ten sagen, daß der Messias der Sohn Davids sei?
36 David hat doch selbst im Heiligen Geiste ge-
sagt: ›Der Herr sprach zu meinem Herrn: Setze
dich zu meiner Rechten, bis ich deine Feinde als
Schemel unter deine Füße lege‹ (Ps 110,1). 37 David
selbst nennt ihn ›Herr‹. Wie ist er dann sein
Sohn?« – Und die große Menge des Volkes hörte
ihn gerne.

Warnung vor den Schriftgelehrten

38 Weiter sprach er in seiner Unterweisung: »Hütet
euch vor den Schriftgelehrten, die mit Vorliebe in
langwallenden Gewändern einhergehen, gegrüßt
sein wollen auf den öffentlichen Plätzen, 39 in
den Synagogen die ersten Sitze und bei Gast-
mählern die Ehrenplätze suchen, 40 die der Witwen
Häuser verzehren und zum Schein lange Gebete
verrichten; sie werden ein gar ernstes Gericht er-
fahren.«

Das Opfer der Witwe

41 Als er gerade dem Opferkasten gegenübersaß,
beobachtete er, wie das Volk Münzen in den
Opferkasten legte. Viele Reiche legten viel hinein.
42 Es kam auch eine arme Witwe und legte zwei
Heller, das ist so viel wie ein Pfennig, hinein. 43 Da
rief er seine Jünger herbei und sprach zu ihnen:
»Wahrlich, ich sage euch: Diese arme Witwe hat
mehr hineingelegt als alle, die in den Opferkasten
einlegten. 44 Denn diese alle haben von ihrem
Überfluß hineingelegt; sie aber legte von ihrer
Armut alles hinein, was sie hatte, ihren ganzen
Lebensunterhalt.«

12,1–12: Vgl. Matth 21,33–46; Luk 20,9–19. • 13–17: Vgl. Matth 22,15–22; Luk 20,20–26. • 18–27: Vgl. Matth 22,23–33; Luk 20,27–40. • 28–34: Vgl. Matth 22,34–40; Luk 10,25–28. Die Frage nach dem größten Gebot entspricht der rabbinischen Moralkasuistik, die unter den 613 aufgestellten Geboten und Verboten ein ausgeklügeltes Unterscheidungssystem geschaffen hatte. • 35–37: Vgl. Matth 22,41–46; Luk 20,41–44. • 38–40: Vgl. Matth 23,1–36; Luk 20,45–47. Nach Mark letztes Wort Jesu an die jüdische Öffentlichkeit und damit erschütternder Ausdruck seines Urteils über die jüdische Führerschaft. • 41–44: Vgl. Luk 21,2–4. Ein ernstes Kontrastbild zu den Schriftgelehrten, die den Besitz der »Witwen verzehren«, zugleich ein tröstliches Beispiel für den Wert jedes kleinsten aus rechter Gesinnung kommenden Opfers. »Heller« ist als Übersetzung für »Lepton«, die kleinste griechische Kupfermünze, »Pfennig« für »Quadrans«, die kleinste römische Münze, genommen.

Weissagung vom Ende

13 1 Als er den Tempel verließ, sagte einer
seiner Jünger zu ihm: »Meister, schau,
was für Steine und was für Bauten!«
2 Jesus sagte zu ihm: »Siehst du diese mächtigen
Bauten? Kein Stein wird auf dem andern gelassen,
ein jeder wird abgebrochen werden.« 3 Und als er
auf dem Ölberg, gegenüber dem Tempel, sich
niedergesetzt hatte, fragten ihn Petrus, Jakobus,
Johannes und Andreas im Alleinsein mit ihm: 4 »Sag
uns, wann wird das sein, und was ist das Zeichen,
wann sich dies alles vollenden soll?«
5 Jesus antwortete ihnen: »Seht zu, daß euch nie-
mand verführe! 6 Denn viele werden kommen unter
meinem Namen und sagen: Ich bin es; und sie
werden viele verführen. 7 Wenn ihr aber von Krie-
gen und Kriegsgerüchten hört, dann laßt euch nicht
schrecken, denn ›es muß so kommen‹ (Dan 2,28),
aber noch ist es nicht das Ende. 8 Denn ›aufstehen
wird Volk wider Volk‹ (2 Chron 15,6) und ›Reich
wider Reich‹ (Is 19,2), und es werden Erdbeben sein
von Ort zu Ort und Hungersnöte. Der Anfang der
Wehen ist das.
9 Ihr aber, gebt acht auf euch selbst! Sie werden
euch den Gerichten überliefern; ihr werdet in den
Synagogen gegeißelt und vor Statthalter und
Könige gestellt werden um meinetwillen, ihnen
zum Zeugnis. 10 Doch an alle Völker muß zuvor
verkündet werden das Evangelium. 11 Wenn sie
euch wegführen und überliefern, so macht euch
vorher nicht Sorge, was ihr reden sollt; sondern was
euch eingegeben wird in jener Stunde, das redet;
denn nicht ihr seid es, die da reden, sondern der
Heilige Geist. 12 Es wird aber ein Bruder den Bruder
in den Tod liefern und ein Vater das Kind, und
Kinder ›werden sich erheben gegen die Eltern‹
(Mich 7,6) und sie in den Tod bringen. 13 Ihr aber
werdet gehaßt sein von allen um meines Namens
willen; wer aber ausharrt bis ans Ende, der wird
gerettet werden.

Gericht über Jerusalem

14 Wenn ihr nun den ›Greuel der Verwüstung‹ (Dan
9,27) dort stehen seht, wo er nicht sein darf – wer
es liest, der bedenke es wohl –, dann fliehe, wer in
Judäa ist, in die Berge, 15 und wer auf dem Dache ist,
steige nicht herab und gehe nicht hinein, um etwas
zu holen aus seinem Hause; 16 und wer auf dem
Felde ist, kehre nicht zurück, um seinen Mantel
zu holen. 17 Wehe den Schwangeren und Stillenden
in jenen Tagen! 18 Betet aber, daß es nicht im
Winter geschehe. 19 Es werden nämlich jene Tage
›eine Drangsal sein, wie dergleichen seit Anfang
der Schöpfung‹, die Gott schuf, ›bis jetzt nicht ge-
wesen ist‹ (Dan 12,1) und nicht sein wird. 20 Und
hätte der Herr nicht abgekürzt die Tage, würde
kein Mensch gerettet werden; doch um der Auser-
wählten willen, die er sich erwählte, hat er die Tage
abgekürzt.

Die große Verführung

21 Wenn dann jemand zu euch sagt: Seht, hier ist der
Messias! Seht, dort!, so glaubt es nicht; 22 denn es
werden falsche Messiasse aufstehen und ›falsche
Propheten, und sie werden Zeichen und Wunder
tun‹ (5 Mos 13,1f), um, wenn möglich, auch die
Auserwählten zu verführen. 23 Ihr aber, seht euch
vor! Seht, ich habe euch alles vorhergesagt.

Wiederkunft Christi

24 In den Tagen nach jener Drangsal wird ›die Sonne
sich verfinstern und der Mond seinen Schein nicht
mehr geben‹ (Is 13,10), 25 ›die Sterne werden vom
Himmel fallen, und die Kräfte des Himmels werden
erschüttert werden‹ (Is 34,4). – 26 Und dann werden
sie den Menschensohn kommen sehen auf den
Wolken (Dan 7,13) mit großer Macht und Herrlich-
keit. 27 Und dann wird er die Engel aussenden und
seine Auserwählten ›zusammenführen von den vier
Winden‹ (Zach 2,6), ›vom Ende der Erde bis zum
Ende des Himmels‹ (5 Mos 30,3f).

In aufmerksamer Erwartung

28 Vom Feigenbaum aber lernt das Gleichnis! Wenn
sein Zweig schon saftig wird und die Blätter trei-
ben, erkennt ihr, daß der Sommer nahe ist. 29 Eben-
so auch sollt ihr, wenn ihr dies kommen seht, er-
kennen, daß er nahe ist an den Türen. 30 Wahrlich,
ich sage euch: Nicht wird vergehen dieses Ge-
schlecht, bis dies alles geschieht! 31 Himmel und
Erde werden vergehen, meine Worte aber werden
nicht vergehen. 32 Jenen Tag aber und jene Stunde
weiß niemand, auch nicht die Engel im Himmel
und auch nicht der Sohn, nur der Vater.

Mahnung zur Wachsamkeit

33 Seid auf der Hut und wachet! Denn ihr wißt
nicht, wann die Zeit da ist. 34 Es ist wie bei einem
Mann, der außer Landes ging, sein Haus verließ und
seinen Knechten Vollmacht übertrug, einem jeden
für sein Werk, und dem Torhüter befahl, wachsam
zu sein. 35 Wachet also; denn ihr wißt nicht, wann
der Herr des Hauses kommt, ob abends oder um

Mitternacht oder beim Hahnenschrei oder früh-
morgens. 36 Möge er, wenn er unversehens kommt,
euch nicht schlafend finden! 37 Was ich euch sage,
das sage ich allen: Wachet!«

13,1–37: Vgl. Matth 24,1–25,46; Luk 21,5–38. Vgl. die Anmerkung zu Matth 24,1. Vers 10 zeigt, daß Jesus nicht an ein baldiges Weltende gedacht hat, Vers 30 bezieht sich daher auf den in prophetischem Stil mit dem Wort vom Weltende verbundenen Untergang Jerusalems, wie er tatsächlich im Jahre 70 eintrat. Vers 32 will kaum ausschließen, daß Jesus als Gottmensch ein Wissen um »jenen Tag«, d. h. den Tag des Endgerichts, besaß. Die überraschende Aussage will das Geheimnis hinsichtlich der Zeit der Weltvollendung hervorheben. Das Wissen darum ist ausschließlich Gott vorbehalten (vgl. Apg 1,7).

JESU LEIDEN UND VERHERRLICHUNG

Todesbeschluß des Hohen Rates

14 1 Zwei Tage waren noch bis Pascha und
zu den Ungesäuerten Broten, und die
Hohenpriester und Schriftgelehrten
suchten nach einer Möglichkeit, ihn mit List zu er-
greifen und zu töten. 2 Sie sagten nämlich: »Nicht
am Feste, damit nicht etwa ein Aufruhr entstehe
unter dem Volke.«

Salbung Jesu in Bethanien

3 Als er in Bethanien war, im Hause Simons des
Aussätzigen, und zu Tische lag, kam eine Frau mit
einem Gefäß von Alabaster, voll echten, kostbaren
Nardenöls, zerbrach das Gefäß und goß es über
sein Haupt. 4 Einige aber sagten unwillig zuein-
ander: »Wozu diese Verschwendung des Salböls?
5 Man hätte dieses Salböl um mehr als dreihundert
Denare verkaufen und den Armen geben können.«
Und sie schalten auf sie. 6 Jesus aber sprach: »Laßt
sie! Was kränkt ihr sie? Ein gutes Werk tat sie an
mir. 7 Denn allezeit habt ihr die Armen bei euch und
könnt, sooft ihr wollt, ihnen Gutes tun; mich aber
habt ihr nicht allezeit. 8 Diese tat, was sie konnte;
sie salbte schon im voraus meinen Leib zum Be-
gräbnis. 9 Wahrlich, ich sage euch: Wo immer das
Evangelium verkündet wird auf der ganzen Welt,
da wird auch gesagt werden, was sie getan hat, ihr
zum Gedächtnis.«

Der Verräter am Werk

10 Judas Iskarioth aber, einer von den Zwölfen, ging
hin zu den Hohenpriestern, um ihn an sie zu ver-
raten. 11 Als sie es hörten, freuten sie sich und ver-
sprachen, ihm Geld zu geben; und er suchte, wie er
bei günstiger Gelegenheit ihn verrate.

Das Letzte Abendmahl

12 Am ersten Tag der Ungesäuerten Brote, da man
das Paschalamm schlachtete, sagten seine Jünger
zu ihm: »Wo willst du, daß wir hingehen und für
dich das Essen des Paschamahles bereiten?« 13 Er
schickte zwei seiner Jünger weg und sagte zu ihnen:
»Geht in die Stadt und es wird euch einer begegnen,
der einen Wasserkrug trägt; dem folgt, 14 und wo er
hineingeht, da sagt zu dem Herrn des Hauses: Der
Meister läßt sagen: Wo ist meine Herberge, darin
ich das Pascha esse mit meinen Jüngern? 15 Er wird
euch ein großes Obergemach zeigen, das, mit Pol-
stern versehen, bereitsteht. Dort bereitet es für uns!«
16 Die Jünger gingen weg, kamen in die Stadt, fan-
den, wie er ihnen gesagt hatte, und bereiteten das
Pascha.
17 Als es Abend geworden, kam er mit den Zwöl-
fen, 18 und während sie bei Tische waren und
aßen, sprach Jesus: »Wahrlich, ich sage euch: Einer
von euch wird mich verraten, einer, der mit mir
ißt.« 19 Da wurden sie betrübt, und einer um den
andern fing an, ihn zu fragen: »Etwa ich?« 20 Er
aber sagte zu ihnen: »Einer von den Zwölfen, der
mit mir in die Schüssel eintaucht. 21 Der Menschen-
sohn geht zwar hin, wie von ihm geschrieben
steht; doch wehe jenem Menschen, durch den der
Menschensohn verraten wird; besser wäre es ihm,
er wäre nicht geboren – jener Mensch.« 22 Und wäh-
rend sie aßen, nahm er Brot, sprach den Segen,
brach es und gab es ihnen mit den Worten: »Nehmt
hin, das ist mein Leib!« 23 Und er nahm einen Kelch,
sagte Dank und gab ihnen, und alle tranken aus
ihm. 24 Und er sprach zu ihnen: »Das ist mein Blut
des Bundes, das vergossen wird für viele (2 Mos
24,8). 25 Wahrlich, ich sage euch: Nicht mehr werde
ich trinken von der Frucht des Weinstockes bis zu
jenem Tag, da ich neu davon trinke im Reiche
Gottes.«

Gethsemani

26 Nach dem Lobgesang gingen sie hinaus zum Öl-
berg, 27 und Jesus sprach zu ihnen: »Ihr werdet alle
Anstoß nehmen; denn es steht geschrieben: ›Ich
will den Hirten schlagen, und die Schafe werden
zerstreut werden‹ (Zach 13,7). 28 Nach meiner Auf-
erweckung aber werde ich euch vorausgehen nach
Galiläa.« 29 Petrus sagte zu ihm: »Wenn auch alle
Anstoß nehmen, so doch nicht ich.« 30 Jesus erwi-
derte ihm: »Wahrlich, ich sage dir: Du wirst heute,
in dieser Nacht, ehe der Hahn zweimal kräht, mich
dreimal verleugnen.« 31 Er aber beteuerte noch
mehr: »Und müßte ich sterben mit dir, nie und nim-

mer werde ich dich verleugnen!« Ebenso sprachen
auch alle andern.
32 Darauf kamen sie an ein Gehöft, Gethsemani
genannt, und er sprach zu seinen Jüngern: »Setzt
euch hier nieder, während ich bete!« 33 Da nahm er
Petrus, Jakobus und Johannes mit sich und begann
zu zittern und zu zagen, 34 und er sprach zu ihnen:
»Meine Seele ist betrübt bis in den Tod. Bleibet hier
und wachet!« 35 Er ging ein wenig weiter, fiel auf die
Erde nieder und betete, es möchte, wenn es mög-
lich sei, die Stunde vorübergehen an ihm. 36 Er
sprach: »Abba, Vater, alles ist dir möglich; laß
diesen Kelch vorübergehen an mir; doch nicht, was
ich will, sondern was du willst!«
37 Und er kam, fand sie schlafend und sagte zu
Petrus: »Simon, du schläfst? Konntest du nicht eine
einzige Stunde wachen? 38 Wachet und betet, damit
ihr nicht in Versuchung fallet! Der Geist ist zwar
willig, das Fleisch aber ist schwach.«
39 Wieder ging er hin und betete und sprach die
gleichen Worte. 40 Da er zurückkam, fand er sie
wiederum schlafend, denn ihre Augen waren
schwer, und sie wußten nicht, was sie ihm antwor-
ten sollten. 41 Und er kam zum dritten Mal und
sprach zu ihnen: »Ihr schlaft noch und ruht! Es ist
genug. Die Stunde ist gekommen. Seht, der Men-
schensohn wird überliefert werden in die Hände
der Sünder. 42 Steht auf, laßt uns gehen. Seht, mein
Verräter naht.«

Gefangennahme Jesu

43 Und sogleich, während er noch redete, erschien
Judas, einer von den Zwölfen, und mit ihm eine
Schar mit Schwertern und Knütteln, ausgeschickt
von den Hohenpriestern, Schriftgelehrten und
Ältesten. 44 Sein Verräter hatte mit ihnen ein Zei-
chen vereinbart und gesagt: »Den ich küssen werde,
der ist es, den ergreift und führt ihn sicher ab!«
45 Und als er kam, trat er sogleich heran zu ihm und
sagte: »Meister!« und küßte ihn. 46 Sie aber legten
Hand an ihn und nahmen ihn fest.
47 Einer von denen, die dabeistanden, zog das
Schwert, schlug nach dem Knecht des Hohenprie-
sters und hieb ihm das Ohr ab. 48 Jesus sprach zu
ihnen: »Wie gegen einen Rebellen seid ihr ausge-
zogen mit Schwertern und Knütteln, um mich zu
fangen. 49 Täglich war ich bei euch im Tempel und
lehrte, und ihr habt mich nicht ergriffen. Doch es
mußten erfüllt werden die Schriften.« 50 Da ver-
ließen ihn alle und flohen. 51 Ein Jüngling aber war
ihm gefolgt, umhüllt mit einem Linnen auf dem
bloßen Leib, und sie ergriffen ihn; 52 er aber ließ das
Linnen fahren und lief ihnen nackt davon.

Vor dem Hohen Rat

53 Sie führten nun Jesus ab zum Hohenpriester, und
es versammelten sich alle Hohenpriester und
Ältesten und Schriftgelehrten. 54 Petrus folgte ihm
von ferne bis hinein in den Hof des Hohenpriesters,
setzte sich zu den Dienern und wärmte sich am
Feuer. 55 Die Hohenpriester und der ganze Hohe Rat
suchten ein Zeugnis gegen Jesus, um ihn zum Tode
verurteilen zu können, doch sie fanden nichts.
56 Denn viele gaben ein falsches Zeugnis gegen ihn;
doch es stimmten die Zeugnisse nicht überein.
57 Einige traten auf und brachten ein falsches Zeug-
nis gegen ihn vor, indem sie sagten: 58 »Wir hörten
ihn sagen: Ich werde diesen mit Händen gemachten
Tempel abbrechen und in drei Tagen einen andern,
nicht mit Händen gemachten, aufbauen.« 59 Aber
auch so stimmte ihr Zeugnis nicht überein.
60 Da trat der Hohepriester in die Mitte und fragte
Jesus: »Antwortest du nichts auf das, was diese
gegen dich aussagen?« 61 Er aber schwieg und ant-
wortete nichts. Nochmals fragte ihn der Hohe-
priester: »Bist du der Messias, der Sohn des Hoch-
gelobten?« 62 Jesus sprach [zu ihm]: »Ich bin es; und
ihr werdet den Menschensohn sehen, ›sitzend zur
Rechten‹ der Kraft (Ps 110,1) und ›kommend auf
den Wolken des Himmels‹ (Dan 7,13).« 63 Da zerriß
der Hohepriester seine Kleider und sprach: »Was
brauchen wir noch Zeugen? 64 Ihr habt die Läste-
rung gehört! Was dünkt euch?« Und sie alle ver-
urteilten ihn, er sei schuldig des Todes. 65 Einige
begannen, ihn anzuspeien, sein Angesicht zu ver-
hüllen, ihn zu schlagen und zu ihm zu sagen:
»Weissage!« Und die Diener nahmen ihn unter
Schlägen entgegen.

Verleugnung durch Petrus

66 Während Petrus unten im Hofe war, kam eine
von den Mägden des Hohenpriesters, 67 und da sie
den Petrus sah, der sich wärmte, schaute sie ihn an
und sagte: »Auch du warst bei dem Nazarener, bei
Jesus!« 68 Er aber leugnete und sagte: »Ich weiß
nicht und verstehe nicht, was du sagst!«, und ging
in den Vorhof hinaus. Da krähte ein Hahn. 69 Die
Magd aber, die ihn sah, fing wiederum an, zu den
Umstehenden zu sagen: »Dieser ist einer von
ihnen.« 70 Er aber leugnete abermals. Nach einer
kleinen Weile sagten die Umstehenden wieder zu
Petrus: »Du bist wirklich einer von ihnen; denn du
bist auch ein Galiläer.« 71 Er aber fing an zu fluchen
und zu schwören: »Ich kenne diesen Menschen
nicht, von dem ihr redet.« 72 Und sogleich krähte der
Hahn zum zweiten Male. Da erinnerte sich Petrus
des Wortes, das Jesus zu ihm gesagt hatte: »Ehe der

Hahn zweimal kräht, wirst du mich dreimal verleugnen.« Und er brach in Tränen aus.

14,1f: Vgl. Matth 26,1–5; Luk 22,1f; Joh 11,47–53. • 3–9: Vgl. Matth 26,6–13; Joh 12,1–8. Joh benennt Maria von Bethanien, die Schwester des Lazarus. • 10f: Vgl. Matth 26,14–16; Luk 22,3–6. • 12–16: Vgl. Matth 26,17–19; Luk 22,7–13. • 17–21: Vgl. Matth 26,20–25; Luk 22,21–23 (als Nebenbericht nach der Eucharistieeinsetzung); Joh 13,21–30. • 22–25: Vgl. Matth 26,26–29; Luk 22, 14–20; 1 Kor 11,23–26. • 26–31: Vgl. Matth 26,30–35; Luk 22,31–34; Joh 13,36–38 (nach Luk und Joh spielte sich diese Szene noch im Abendmahlssaal ab). • 43–52: Vgl. Matth 26,47–56; Luk 22,47–53; Joh 18,1–11. Der Jüngling war vermutlich der junge Markus selbst, der wohl vom Haus des Abendmahls, das möglicherweise mit dem Hause seiner Mutter (Apg 12,12) identisch ist, Jesus zum Ölberg gefolgt war. • 53–65: Vgl. Matth 26,57–68; Luk 22,54f. 63–71. Nach 5 Mos 17,6; 19,15 mußten mindestens zwei Zeugen in ihrer Aussage genau übereinstimmen. Der Hochgelobte in Vers 61 ist Gott selbst. Jüdische Scheu sucht den Namen Gottes zu umgehen. • 66–72: Vgl. Matth 26,69–75; Luk 22,56–62; Joh 18,15–27.

Jesus vor Pilatus

15 1 Sogleich am frühen Morgen faßten die Hohenpriester mit den Ältesten und Schriftgelehrten und der ganze Hohe Rat den Beschluß, ließen Jesus fesseln und abführen und übergaben ihn an Pilatus.

2 Pilatus fragte ihn: »Bist du der König der Juden?« Er antwortete ihm: »Du sagst es!« 3 Die Hohenpriester erhoben schwere Anklagen gegen ihn. 4 Da fragte ihn Pilatus wiederum: »Antwortest du nichts? Siehe, was sie alles gegen dich vorbringen!« 5 Jesus aber antwortete nichts mehr, so daß Pilatus sich sehr verwunderte.

6 Zum Festtag aber pflegte er ihnen einen Gefangenen freizugeben, einen, um den sie baten. 7 Nun befand sich ein gewisser Barabbas in Haft, zusammen mit den Aufrührern, die beim Aufstand einen Mord verübt hatten. 8 Da zog das Volk hinauf und begann die Bitte zu stellen, wie er sie ihnen zu erfüllen pflegte. 9 Pilatus wandte sich an sie und sprach: »Wollt ihr, daß ich euch den König der Juden freigebe?« 10 Denn er merkte, daß die Hohenpriester ihn aus Mißgunst überliefert hatten. 11 Die Hohenpriester aber wiegelten das Volk auf, er solle ihnen lieber den Barrabas freigeben. 12 Da wandte sich Pilatus abermals an sie: »Was soll ich dann mit dem machen, den ihr den König der Juden nennt?« 13 Sie schrien zurück: »Kreuzige ihn!« 14 Pilatus entgegnete ihnen: »Was hat er denn Böses getan?« Sie aber schrien noch mehr: »Kreuzige ihn!« 15 Da ließ Pilatus, um dem Volke Genüge zu tun, ihnen Barabbas frei, Jesus aber ließ er geißeln und übergab ihn zur Kreuzigung.

Als Spottkönig verhöhnt

16 Die Soldaten führten ihn ab in das Innere des Gebäudes, in das Prätorium hinein, riefen die ganze Kohorte zusammen, 17 legten ihm einen Purpurmantel um, flochten einen Kranz von Dornen und setzten ihm diesen auf. 18 Dann begannen sie, ihn zu begrüßen: »Heil dir, König der Juden!« 19 Sie schlugen ihn mit einem Rohr aufs Haupt und spien ihn an, beugten die Knie und huldigten ihm.

Kreuzigung

20 Nachdem sie ihn verspottet hatten, nahmen sie ihm den Purpurmantel ab, zogen ihm seine Kleider an und führten ihn hinaus, um ihn zu kreuzigen.
21 Und sie zwangen einen Vorbeigehenden, Simon von Cyrene, den Vater des Alexander und des Rufus, der vom Felde kam, sein Kreuz zu tragen.
22 Sie führten ihn an den Ort Golgotha, was übersetzt Schädelstätte bedeutet, 23 und reichten ihm Wein, der mit Myrrhe bereitet war; er aber nahm ihn nicht. 24 Sie kreuzigten ihn und verteilten seine Kleider, indem sie das Los darüber warfen, was ein jeder erhalten solle. 25 Es war die dritte Stunde, da sie ihn kreuzigten. 26 Zur Angabe seiner Schuld war hinaufgeschrieben: »Der König der Juden!« 27 Und zusammen mit ihm kreuzigten sie zwei Rebellen, einen zu seiner Rechten und einen zu seiner Linken.
28 [Da wurde das Schriftwort erfüllt: »Er wurde unter die Verbrecher gerechnet« (Is 53,12).]
29 Die Vorübergehenden aber lästerten ihn, schüttelten den Kopf und sagten: »Ha, du brichst den Tempel ab und baust ihn auf in drei Tagen, 30 hilf dir selbst und steig herab vom Kreuze!« 31 Gleicherweise verspotteten ihn auch die Hohenpriester mitsamt den Schriftgelehrten, indem sie zueinander sagten: »Anderen hat er geholfen, sich selbst kann er nicht helfen. 32 Der Messias, der König von Israel, er steige nun herab vom Kreuze, damit wir sehen und glauben.« Auch die mit ihm Gekreuzigten schmähten ihn.

Jesu Tod

33 Als die sechste Stunde kam, trat Finsternis ein über das ganze Land bis zur neunten Stunde. 34 Und um die neunte Stunde rief Jesus mit lauter Stimme: »Eloi, Eloi, lama sabachthani«, das heißt übersetzt: »Mein Gott, mein Gott, warum hast du mich verlassen?« (Ps 22,2). 35 Einige von den Umstehenden, die dies hörten, sagten: »Seht, er ruft den Elias!«
36 Einer aber lief hin, füllte einen Schwamm mit Essig, steckte ihn an ein Rohr und gab ihm zu trinken, indem er sagte: »Laßt, wir wollen sehen, ob Elias kommt, ihn herabzuholen!« 37 Jesus aber stieß einen lauten Schrei aus und verschied.
38 Da riß der Vorhang des Tempels von oben bis unten entzwei. 39 Als aber der Hauptmann, der ihm gegenüber dabeistand, ihn so verscheiden sah,

sprach er: »Wahrhaftig, dieser Mensch war Gottes
Sohn!«
40 Auch Frauen schauten von weitem zu, unter
ihnen auch Maria Magdalena und Maria, die Mut-
ter des Jakobus des Jüngeren und des Joses, und
Salome, 41 die schon, als er in Galiläa war, bei ihm
waren und ihm dienten, so wie andere, die mit ihm
hinaufgezogen waren nach Jerusalem.

Begräbnis Jesu

42 Da es schon Abend wurde – es war ja Rüsttag, das
ist Vorsabbat –, 43 kam Joseph von Arimathäa, ein
angesehener Ratsherr, der auch selbst auf das Got-
tesreich wartete, ging mutig entschlossen zu Pilatus
und bat um den Leichnam Jesu. 44 Pilatus wunderte
sich, daß er schon tot sei, ließ den Hauptmann
kommen und fragte ihn, ob er schon gestorben sei.
45 Und als er es vom Hauptmann erfahren hatte,
schenkte er Joseph den Leichnam. 46 Dieser kaufte
Leinwand, nahm ihn ab, wickelte ihn in Leinwand
und legte ihn in ein Grab, das in einen Felsen ge-
hauen war, und wälzte einen Stein vor den Eingang
des Grabes. 47 Maria Magdalena und Maria, die
Mutter des Joses, sahen zu, wo er beigesetzt wurde.

15,16–19: Vgl. Anm. zu Matth 27,27–30. • 20–32: Vgl. Matth 27,31–44, Luk 23,26–43, Joh 19,17–27 Die beiden Söhne Simons von Cyrene scheinen für die römischen Leser des Evangeliums von besonderem Interesse gewesen zu sein; vgl. Röm 16,13, wo ein Rufus erwähnt ist. Zur Angabe der Kreuzigungsstunde vgl. Joh 19,14. Mark versteht wohl unter »dritter Stunde« in volkstümlicher Bezeichnung den Vormittag, während Joh 19,14 näher auf den Mittag weist. • 33–41: Vgl. Matth 27,45–56; Luk 23,44–49; Joh 19,28–37. • 42–47: Vgl. Matth 27,57–61; Luk 23,50–56; Joh 19,38–42.

Die Botschaft der Auferstehung

16 1 Als der Sabbat vorüber war, kauften
Maria Magdalena, die Mutter des Jako-
bus, und Salome Spezereien, um hinzuge-
hen und ihn zu salben. 2 In aller Frühe am ersten Tag
der Woche kamen sie zum Grabe, da eben die
Sonne aufging. 3 Sie sagten zueinander: »Wer wird
uns den Stein wegwälzen vom Eingang des Gra-
bes?«
4 Als sie aber hinblickten, sahen sie, daß der Stein
weggewälzt war; er war nämlich sehr groß. 5 Und
sie gingen in das Grab hinein, sahen zur Rechten
einen Jüngling sitzen, umkleidet mit einem weißen
Gewand, und erschraken sehr. 6 Er aber sprach zu
ihnen: »Fürchtet euch nicht! Ihr sucht Jesus, den
Nazarener, den Gekreuzigten; er ist auferweckt
worden, er ist nicht hier; seht hier den Platz, wo sie
ihn hingelegt hatten. 7 Doch geht nun hin und sagt
seinen Jüngern und dem Petrus: Er geht euch voraus
nach Galiläa; dort werdet ihr ihn sehen, wie er es
euch gesagt hat.« 8 Sie aber gingen hinaus und
flohen vom Grabe; denn Schrecken und Entsetzen
erfaßte sie. Zu niemand sagten sie etwas, denn sie
fürchteten sich.

Erscheinung des Auferstandenen

9 Als er in der Frühe am ersten Wochentag aufer-
standen war, erschien er zuerst Maria Magdalena,
aus der er sieben Dämonen ausgetrieben hatte.
10 Diese ging hin und verkündete es seinen trauern-
den und weinenden Gefährten. 11 Doch als diese
hörten, daß er lebe und von ihr gesehen worden sei,
glaubten sie es nicht.
12 Dannach erschien er in fremder Gestalt zweien
von ihnen auf dem Weg, als sie über Land gingen.
13 Und diese gingen hin und verkündeten es den
übrigen; doch auch ihnen glaubten sie nicht.
14 Später erschien er den Elfen, als sie bei Tische
waren, und tadelte ihren Unglauben und ihre
Herzenshärte, weil sie denen, die ihn als von den
Toten Auferweckten sahen, nicht geglaubt hatten.
15 Und er sprach zu ihnen: »Geht hin in alle Welt
und verkündet das Evangelium aller Kreatur! 16 Wer
glaubt und sich taufen läßt, wird gerettet, wer aber
nicht glaubt, wird verdammt werden. 17 Als Zei-
chen aber werden denen, die glauben, diese zur
Seite sein: In meinen Namen werden sie Dämonen
austreiben, mit neuen Zungen reden, 18 Schlangen
aufheben, und wenn sie etwas Tödliches trinken,
wird es ihnen nicht schaden. Kranken werden sie
die Hände auflegen, und diese werden gesund
werden.«

Himmelfahrt

19 Nachdem der Herr Jesus zu ihnen geredet hatte,
wurde er hinaufgenommen in den Himmel und
setzte sich zur Rechten Gottes. 20 Jene aber gingen
hin, predigten überall, und der Herr wirkte mit
ihnen und bekräftigte das Wort durch die Zeichen,
die dabei geschahen.

DAS EVANGELIUM NACH LUKAS

Das dritte Evangelium wird schon von den ersten Zeugen der Überlieferung dem wahrscheinlich aus Antiochien in Syrien stammenden Heidenchristen Lukas zugeschrieben, der Kol 4,14; Philem 1,24; 2 Tim 4,11 als einer der treuesten Mitarbeiter des hl. Paulus genannt ist. Als Arzt besaß er besondere Bildung, die ihn befähigte, die Botschaft von Jesus Christus vor allem jenen Kreisen zugänglich zu machen, die von den Ideen zeitgenössischer Philosophie und Heilserwartung erfüllt waren. Er schildert daher in seinem Evangelium mit Vorzug die helfende Güte Jesu, als des Heilandes aller leiblich und seelisch Leidenden, und mit besonderem Interesse die Stellung Jesu zu den irdischen Gütern. Mehr als bei Matthäus und Markus wird in seinem Evangelium das Geheimnis des Heiligen Geistes berührt; ebenso zeichnet er besonders aufmerksam das Bild Mariens, der Mutter Jesu.

Ohne selbst Augenzeuge des Lebens Jesu gewesen zu sein, konnte er, wie sein Vorwort sagt, sich auf verlässige Quellen und Mitteilungen stützen, wobei er vor allem das Markusevangelium verwendete, mit Erweiterung durch viele Sonderberichte und Stücke, wie wir sie zum Teil auch bei Matthäus finden. Im Aufbau bewegt er sich trotz mancher Ansätze zu chronologischer Ordnung in dem Grundschema wie Matthäus und Markus. Nach der Kindheitsgeschichte 1,5 – 2,52 und der »Einführung Jesu in sein Messiasamt« 3,1 – 4,13 schildert 4,14 – 9,50 das »Wirken in Galiläa«, woran sich der sog. »lukanische Reisebericht« 9,15 – 19,27 schließt und die Schilderung der letzten Begebenheiten »in Jerusalem« 19,28 – 24,53. Die Abfassungszeit hängt zusammen mit der Apostelgeschichte, die, vom selben Verfasser stammend, nach dem Evangelium geschrieben wurde. Heute neigt man zu einer Zeit nach dem Jahre 70. Sollte aber, was nicht ganz unmöglich ist, die Apostelgeschichte für das Jahr 63 anzusetzen sein, müßte das Lukasevangelium vorher entstanden sein, wobei dann auch das von Lukas benützte Markusevangelium dementsprechend früher angesetzt werden müßte.

Nachdem viele es unternommen haben,
einen Bericht abzufassen über die Dinge,
die sich unter uns zugetragen haben, 2 ent-
sprechend der Überlieferung derer, die von Anfang
an Augenzeugen und Diener des Wortes waren,
3 habe auch ich mich entschlossen, allem von An-
fang an sorgfältig nachzugehen und es dir der Reihe
nach niederzuschreiben, erlauchter Theophilus,
4 damit du dich überzeugst von der Zuverlässigkeit
der Worte, von denen dir Kunde kam.

ZUR KINDHEITSGESCHICHTE JESU

Verheißung der Geburt des Vorläufers

5 Es war in den Tagen des Herodes, des Königs von
Judäa, da lebte ein Priester mit Namen Zacharias,
aus der Reihe des Abia; der hatte eine Frau aus den
Töchtern Aarons, und ihr Name war Elisabeth.
6 Beide waren gerecht vor Gott und wandelten un-
tadelig in allen Geboten und Satzungen des Herrn.
7 Sie waren jedoch kinderlos, da Elisabeth unfrucht-
bar war, und beide standen in vorgerücktem Alter.
8 Es begab sich nun, als er in der Ordnung seines
Dienstes vor Gott sein priesterliches Amt versah,
9 da traf ihn nach dem Brauch der Priesterschaft das
Los, zur Darbringung des Rauchopfers den Tempel
des Herrn zu betreten. 10 Die ganze Menge des
Volkes aber stand zur Stunde des Rauchopfers
draußen und betete. 11 Da erschien ihm ein Engel
des Herrn, der stand zur Rechten des Rauchopfer-
altars, 12 und Zacharias erschrak, als er ihn sah, und
Furcht überfiel ihn. 13 Der Engel aber sprach zu ihm:
»Fürchte dich nicht, Zacharias; denn dein Beten
wurde erhört und deine Frau Elisabeth wird dir
einen Sohn gebären, den sollst du Johannes nennen.
14 Du wirst voll Freude sein und Jubel, und viele
werden sich freuen über seine Geburt, 15 denn er
wird groß sein vor dem Herrn; Wein und berau-
schendes Getränk wird er nicht trinken, und mit

Heiligem Geist wird er erfüllt werden schon vom
Schoß seiner Mutter an. 16 Viele von den Söhnen
Israels wird er bekehren zum Herrn, ihrem Gott,
17 und er wird vor ihm hergehen im Geist und in der
Kraft des Elias, um hinzuwenden die Herzen der
Väter zu den Kindern und die Widerspenstigen zur
Gesinnung von Gerechten und so dem Herrn ein
wohlgeordnetes Volk zu bereiten.«
18 Da sprach Zacharias zum Engel: »Woran soll ich
das erkennen? Bin ich doch ein alter Mann, und
meine Frau ist vorgerückt in ihren Tagen.« 19 Der
Engel antwortete ihm: »Ich bin Gabriel, der vor
Gott steht, und ich wurde gesandt, um zu dir zu
sprechen und dir diese frohe Botschaft zu bringen.
20 Siehe, du wirst stumm sein und nicht reden
können bis zu dem Tage, da dies geschehen wird,
weil du meinen Worten nicht geglaubt hast, die
in Erfüllung gehen werden zu ihrer Zeit.« 21 Das
Volk aber wartete auf Zacharias, und sie wunderten
sich, daß er so lange im Tempel verweilte. 22 Als er
herauskam, konnte er zu ihnen nicht sprechen, und
sie erkannten, daß er ein Gesicht im Tempel ge-
schaut hatte. Er gab ihnen nur Zeichen und blieb
stumm.
23 Als die Tage seines Dienstes zu Ende waren,
kehrte er zurück in sein Haus. 24 Nach diesen Tagen
aber empfing Elisabeth, seine Frau, und hielt sich
fünf Monate verborgen und sprach: 25 »So hat an
mir getan der Herr in den Tagen, da er herniedersah,
um meine Schmach hinwegzunehmen unter den
Menschen.«

Verheißung der Geburt Jesu

26 Im sechsten Monat wurde der Engel Gabriel von
Gott gesandt in eine Stadt Galiläas, mit Namen
Nazareth, 27 zu einer Jungfrau, die verlobt war mit
einem Manne aus dem Hause David, namens
Joseph, und der Name der Jungfrau war Maria.
28 Und er trat bei ihr ein und sprach: »Sei gegrüßt,
Begnadete, der Herr ist mit dir [, du bist gebenedeit
unter den Frauen].« 29 Sie aber erschrak bei dem
Wort und dachte darüber nach, was dieser Gruß
bedeute. 30 Der Engel sprach zu ihr: »Fürchte dich
nicht, Maria, denn du hast Gnade gefunden bei
Gott! 31 Siehe, du wirst empfangen und einen Sohn
gebären und seinen Namen Jesus nennen. 32 Dieser
wird groß sein und Sohn des Allerhöchsten genannt
werden; Gott, der Herr, wird ihm den Thron seines
Vaters David geben, 33 und er wird herrschen über
das Haus Jakob ewiglich, und seines Reiches wird
kein Ende sein.«
34 Maria sprach zum Engel: »Wie wird dies ge-
schehen, da ich einen Mann nicht erkenne?« 35 Der
Engel antwortete ihr: »Heiliger Geist wird über
dich kommen, und Kraft des Allerhöchsten wird
dich überschatten; darum wird auch das, was gebo-
ren wird, ›heilig, Sohn Gottes‹ genannt werden.
36 Siehe, Elisabeth, deine Verwandte, auch sie emp-
fing einen Sohn in ihrem Alter, und dies ist der sech-
ste Monat für sie, die als unfruchtbar galt; 37 denn
›bei Gott ist kein Ding unmöglich‹ (1 Mos 18,14)«.
38 Maria sprach: »Siehe, ich bin die Magd des Herrn;
mir geschehe nach deinem Wort!« Und der Engel
schied von ihr.

Maria bei Elisabeth

39 Maria aber machte sich in diesen Tagen auf und
ging eilends in das Gebirge in eine Stadt Judas. 40 Sie
trat in das Haus des Zacharias und begrüßte Elisa-
beth. 41 Und es begab sich, als Elisabeth den Gruß
Marias hörte, da hüpfte das Kind in ihrem Leib, und
Elisabeth wurde erfüllt von Heiligem Geist, 42 erhob
laut ihre Stimme und rief: »Gebenedeit bist du unter
den Frauen, und gebenedeit ist die Frucht deines
Leibes! 43 Woher geschieht mir dies, daß die Mutter
meines Herrn zu mir kommt? 44 Denn siehe, als der
Klang deines Grußes an meine Ohren kam, hüpfte
frohlockend das Kind in meinem Leibe. 45 Selig, die
geglaubt hat, daß in Erfüllung gehen wird, was
ihr gesagt worden ist vom Herrn.« 46 Und Maria
sprach:
»›Hochpreist meine Seele den Herrn‹, 47 und ›mein
Geist frohlockt über Gott, meinen Heiland‹; 48 ›er
schaute gnädig herab auf die Niedrigkeit seiner
Magd‹; denn siehe, von nun an werden mich selig-
preisen alle Geschlechter. 49 ›Großes tat an mir‹ der
Mächtige, und ›heilig ist sein Name‹. 50 ›Sein Erbar-
men gilt von Geschlecht zu Geschlecht denen, die
ihn fürchten‹. 51 Er übte Macht aus ›mit seinem
Arm‹; er ›zerstreute, die hochmütig sind in ihres
Herzens Sinnen‹. 52 ›Gewalthaber stürzte er vom
Thron und erhöhte die Niedrigen‹. 53 ›Hungrige er-
füllte er mit Gütern‹, und Reiche schickte er leer
von dannen. 54 ›Er nahm sich Israels an, seines
Knechtes‹, ›zu gedenken seines Erbarmens‹, 55 wie
er zu unseren Vätern sprach, für Abraham und
›seine Nachkommen auf ewig.‹« 56 Maria blieb bei
ihr etwa drei Monate und kehrte zurück in ihr
Haus.

Die Geburt des Johannes

57 Für Elisabeth aber erfüllte sich die Zeit ihrer
Niederkunft und sie gebar einen Sohn. 58 Ihre Nach-
barn und Verwandten hörten, daß der Herr großes
Erbarmen erwiesen habe an ihr, und freuten sich
mit ihr. 59 Es war am achten Tag, da kamen sie, das
Knäblein zu beschneiden, und wollten es nach

seines Vaters Namen Zacharias nennen. 60 Seine Mutter aber entgegnete: »Nein, Johannes soll es heißen!« 61 Sie sagten zu ihr: »Niemand ist in deiner Verwandtschaft, der diesen Namen trägt!« 62 Da winkten sie seinem Vater, wie er ihn genannt haben wolle. 63 Dieser verlangte ein Täfelchen und schrieb die Worte: »Johannes ist sein Name«. Da verwunderten sich alle. 64 Im gleichen Augenblick aber tat sich sein Mund auf, und seine Zunge wurde gelöst, und er redete und lobte Gott. 65 Da kam Furcht über alle ihre Nachbarn ringsum, und im ganzen Bergland von Judäa erzählte man sich von allen diesen Dingen, 66 und alle, die davon hörten, nahmen es sich zu Herzen und sagten: »Was wird wohl aus diesem Kinde werden?« Denn die Hand des Herrn war mit ihm.

67 Zacharias aber, sein Vater, wurde erfüllt von Heiligem Geist, und prophetisch sprach er:

68 »Gepriesen sei der Herr, der Gott Israels; denn heimgesucht hat er sein Volk und ›ihm Erlösung bereitet‹. 69 Er ließ uns erstehen ein Horn des Heils im Haus seines Knechtes David, 70 wie er verkündet hat seit Urzeit durch den Mund seiner heiligen Propheten: 71 ›Errettung von unseren Feinden‹ und aus der Hand aller, ›die uns hassen‹, 72 um ›Erbarmen zu erweisen unseren Vätern‹ und zu ›gedenken seines heiligen Bundes‹, 73 des Eides, den er ›geschworen vor Abraham, unserem Vater‹, er werde uns verleihen, 74 daß wir, befreit aus der Hand unserer Feinde, furchtlos ihm dienen 75 in Heiligkeit und Gerechtigkeit vor ihm all unsere Tage. 76 Und du, Kind, wirst Prophet des Höchsten genannt werden, denn du wirst einhergehen ›vor dem Herrn, seine Wege zu bereiten‹, 77 um seinem Volke zu bringen Erkenntnis des Heils durch Vergebung ihrer Sünden, 78 aus der erbarmenden Liebe unseres Gottes, mit der uns heimsuchen wird ein aufgehend Licht aus der Höhe, 79 um ›denen zu leuchten, die in Finsternis sitzen und im Schatten des Todes‹, und unsere Füße zu lenken auf den Weg des Friedens.«

80 Der Knabe aber wuchs heran, wurde stark an Geist und lebte in der Wüste bis zu dem Tag, da er hintreten sollte vor Israel.

Die Geburt Jesu

2 1 In jenen Tagen geschah es, daß vom Kaiser Augustus ein Befehl ausging, daß der gesamte Erdkreis aufgezeichnet werde. 2 Diese erste Aufzeichnung geschah, als Quirinius Statthalter von Syrien war. 3 Alle gingen hin, sich eintragen zu lassen, ein jeder in seine Stadt.

4 Auch Joseph zog von Galiläa, aus der Stadt Nazareth, hinauf nach Judäa in die Stadt Davids, die Bethlehem heißt – weil er aus dem Hause und Geschlechte Davids war –, 5 um sich eintragen zu lassen zusammen mit Maria, seiner Verlobten, die gesegneten Leibes war. 6 Während sie dort waren, geschah es, daß sich die Tage erfüllten, da sie gebären sollte, 7 und sie gebar ihren erstgeborenen Sohn, hüllte ihn in Windeln und legte ihn in eine Krippe, weil nicht Platz für sie war in der Herberge.

Offenbarung an die Hirten

8 In derselben Gegend waren Hirten auf freiem Felde und hielten Nachtwache bei ihrer Herde. 9 Da trat ein Engel des Herrn zu ihnen, und es umstrahlte sie die Herrlichkeit des Herrn, und sie fürchteten sich sehr. 10 Der Engel aber sprach zu ihnen: »Fürchtet euch nicht! Denn seht, ich verkünde euch eine große Freude, die dem ganzen Volk zuteil werden soll: 11 Euch wurde heute in der Stadt Davids ein Retter geboren, der ist Messias und Herr. 12 Und dies soll euch zum Zeichen sein: Ihr werdet ein Kindlein finden, in Windeln eingehüllt und in einer Krippe liegend!«

13 Und auf einmal erschien mit dem Engel eine große Schar des himmlischen Heeres, die Gott priesen mit den Worten: 14 »Ehre ist Gott in der

1,1–4: Diese »vielen«, schon vor Luk gemachten Aufzeichnungen über das Wirken Jesu gingen, wie auch größtenteils die nachher entstandenen sog. apokryphen Evangelien, verloren. Lukas bezeugt, wie umsichtig er bei der Abfassung seines Evangeliums zu Werke ging. Theophilus, dem auch die Apostelgeschichte gewidmet ist, scheint ein angesehener Beamter, vielleicht an maßgebender Stelle der römischen Verwaltung gewesen zu sein, der persönlich an Christus interessiert war, möglicherweise auch seinen Einfluß für die christliche Sache geltend machen konnte. • 5: Der jüdische Tempeldienst war auf 24 Priesterklassen verteilt, deren Mitglieder nach bestimmter Ordnung gewöhnlich zweimal im Jahre je eine Woche in Jerusalem Dienst tun mußten. • 25: Kinderlosigkeit galt den Juden als Schmach. • 26–38: Vgl. Matth 1,18–25. Die vaterlose, von Gott gewirkte Menschwerdung Jesu ist Hinweis auf sein Gottgeheimnis. Die Frage Marias (1,34) veranlaßt diese Offenbarung. Das Wort ist wohl zunächst zu verstehen als Äußerung der Verlobten, der zur Stunde der Verkündigung das Erkennen eines Mannes, das heißt eheliche Vereinigung, nicht vorstellbar war. Sie bedarf daher der Auskunft über das »Wie« der angekündigten Mutterschaft. Der Text zwingt nicht zur Annahme, daß Maria von Anfang an zu steter Jungfräulichkeit entschlossen war. • 39–56: Anfänge und Motive der Marienverehrung! Das »Magnificat« Mariens Danklied, das fast ganz aus Schriftzitaten geformt ist, wurde zum besonderen Lobgebet der kirchlichen Liturgie. Es offenbart eine tiefe Geschichts- und Lebensauffassung. • 46: 1 Sam 21. • 47: Hab 3,18; Ps 35,9. • 48: 1 Sam 1,11. • 49: 5 Mos 10,21; Ps 111,9. • 50: Ps 103,13.17. • 51: Ps 118,15; 89,11. • 52: Ps 147,6; Sir 10,14. • 53: Ps 107,9. • 54: Is 41,8; Ps 98,3. • 55: 2 Sam 22,51. • 68–79: Auch das Gebet des Zacharias, in dem das Walten Gottes im allgemeinen wie an Johannes im besonderen verherrlicht wird, ging als »Benedictus« in den Gebrauch der Kirche ein. • 68: Ps 111,10. • 71: Ps 18,18; 2 Sam 22,18. • 72: Mich 7,20; 2 Mos 2,24; Ps 105,8; 106,45. • 73: Jer 11,5. • 76: Mal 3,1; Is 40,3. • 79: Is 9,1; 42,7.

Höhe und auf Erden Friede unter Menschen eines
guten Willens!«
15 Und es geschah, als die Engel von ihnen weg zum
Himmel entschwanden, sagten die Hirten zuein-
ander: »Laßt uns hinübergehen nach Bethlehem
und schauen, was da geschehen ist, von dem der
Herr uns Kunde gab!« 16 Und sie gingen eilends und
fanden Maria und Joseph und das Kind, das in der
Krippe lag. 17 Als sie es sahen, berichteten sie von
dem Wort, das ihnen über dieses Kind gesagt
worden war. 18 Und alle, die es hörten, wunderten
sich über das, was ihnen von den Hirten erzählt
wurde. 19 Maria behielt alle diese Worte und erwog
sie in ihrem Herzen. 20 Die Hirten aber kehrten
zurück und priesen und lobten Gott für all das, was
sie gehört und gesehen hatten, so wie es ihnen
gesagt worden war.

Beschneidung und Darstellung im Tempel

21 Als die acht Tage vorüber waren, ihn zu be-
schneiden, wurde ihm der Name Jesus gegeben,
wie er vom Engel war genannt worden, ehe er im
Mutterleib empfangen war.
22 Und als die Tage ihrer Reinigung sich nach dem
Gesetz des Moses erfüllten, brachten sie ihn nach
Jerusalem hinauf, um ihn dem Herrn darzustellen,
23 wie geschrieben steht im Gesetz des Herrn:
»Alles Männliche, das den Mutterschoß öffnet,
gelte als heilig dem Herrn« (2 Mos 13,2), 24 und das
Opfer darzubringen nach der Vorschrift im Gesetz
des Herrn: »Ein Paar Turteltauben oder zwei junge
Tauben« (3 Mos 12,8).
25 Und siehe, da war ein Mann zu Jerusalem, mit
Namen Symeon, und dieser Mann war gerecht und
gottesfürchtig, wartete auf den Trost Israels, und
Heiliger Geist war auf ihm. 26 Ihm war vom Hei-
ligen Geist geoffenbart worden, er werde den Tod
nicht schauen, bevor er den Messias des Herrn ge-
sehen habe. 27 Er kam auf Eingebung des Geistes
in den Tempel, und als die Eltern das Kind her-
einbrachten, um an ihm den Brauch des Gesetzes
zu erfüllen, 28 nahm er es in seine Arme, pries
Gott und sprach: 29 »Nun entläßt du, Herr, deinen
Knecht nach deinem Wort in Frieden; 30 denn meine
Augen ›schauten dein Heil‹, 31 das du bereitet hast
›vor allen Völkern‹, 32 als ein Licht zur Offenbarung
›für die Heiden‹ und zur Verherrlichung deines
Volkes Israel.« 33 Sein Vater und seine Mutter
wunderten sich über das, was über ihn gesagt
wurde. 34 Und Symeon segnete sie und sagte zu
Maria, seiner Mutter: »Siehe, dieser ist bestimmt
zum Falle und zum Aufstehen vieler in Israel und
zu einem Zeichen, dem widersprochen wird –
35 auch deine eigene Seele wird ein Schwert
durchdringen –, damit offenbar werden die Ge-
danken aus vielen Herzen.« 36 Es war auch eine
Prophetin, Anna, eine Tochter Phanuels, aus dem
Stamme Aser. Diese stand in hohen Jahren, hatte
nach ihrem Mädchenalter sieben Jahre mit ihrem
Manne gelebt 37 und blieb verwitwet bis zu ihren
vierundachtzig Jahren. Sie wich nicht vom Tempel
und diente Gott mit Fasten und Beten Tag und
Nacht. 38 Sie kam gerade in jener Stunde hinzu,
pries Gott und redete über ihn zu allen, die auf
die Erlösung Jerusalems warteten. 39 Nachdem sie
alles dem Gesetz des Herrn gemäß erfüllt hatten,
kehrten sie nach Galiläa zurück, in ihre Stadt
Nazareth. 40 Der Knabe aber wuchs heran und
erstarkte, erfüllt von Weisheit, und die Gnade
Gottes war auf ihm.

Der Zwölfjährige im Tempel

41 Seine Eltern gingen Jahr für Jahr nach Jerusalem
zum Feste des Pascha. 42 Als er zwölf Jahre alt
wurde und sie der Festsitte gemäß nach Jerusalem
hinaufzogen 43 und die Tage vollendet hatten, blieb
der Knabe Jesus, während sie heimkehrten, in
Jerusalem, ohne daß seine Eltern es merkten. 44 In
der Meinung, er sei bei der Pilgergruppe, legten sie
eine Tagereise zurück und suchten ihn unter den
Verwandten und Bekannten. 45 Da sie ihn nicht
fanden, kehrten sie nach Jerusalem zurück und
suchten ihn.
46 Nach drei Tagen geschah es, da fanden sie ihn im
Tempel, mitten unter den Lehrern sitzend, auf sie
hörend und sie befragend. 47 Alle, die ihn hörten,
staunten über seine Einsicht und seine Antworten.
48 Als sie ihn sahen, waren sie sehr betroffen, und
seine Mutter sagte zu ihm: »Kind, warum hast du
uns das getan? Siehe, dein Vater und ich haben dich
mit Schmerzen gesucht!« 49 Er antwortete ihnen:
»Warum suchtet ihr mich? Wußtet ihr nicht, daß
ich in dem sein muß, was meines Vaters ist?«
50 Doch sie begriffen nicht das Wort, das er zu ihnen
sagte.
51 Und er zog mit ihnen hinab, kam nach Nazareth
und war ihnen untertan. Seine Mutter aber be-
wahrte alle diese Dinge in ihrem Herzen. 52 Jesus
nahm zu an Weisheit und Alter und »Gnade bei
Gott und den Menschen« (1 Sam 2,26).

2,2: Diese Aufzeichnung war eine Volkszählung (Zensus), hauptsächlich für steuerliche Zwecke. Quirinius hatte als römischer Statthalter von Syrien die Durchführung auch in Palästina, wo zur Zeit der Geburt Jesu noch Herodes d. Gr. (40–4 v. Chr.) regierte. Ein anderer Zensus war 6 n. Chr. • 5: »Verlobte« (nach wichtigen Textzeugen: »Frau«) ist hier in Nachwirkung von 1,27 und wohl wegen des besonderen Geheimnisses der Empfängnis auf Maria bezogen, obgleich sie ohne Zweifel nach der Verkündigung die gesetzlich vorgesehene Lebensgemeinschaft mit Joseph aufgenommen hatte und rechtlich als seine Frau galt. Vgl. Matth 1,18–25. • 14: Die Übersetzung: »Menschen eines guten Willens«, wörtlich nach dem Griechischen, läßt es offen, ob damit, wie heute zumeist angenommen wird, »die Menschen seiner Huld« (»seines Wohlgefallens«), also die Menschen gemeint sind, die im Kommen des göttlichen Kindes die Barmherzigkeit (den »guten Willen«, vgl. Matth 11,26; Eph 1,5.9) Gottes erfahren, oder die Menschen, die in der Heilsbereitschaft (im »guten Willen«, vgl. Röm 10,1; Phil 1,15; 2,13; 2 Thess 1,11) stehen und so den »Frieden« (das »Heil«) erhalten sollen. Beide Deutungen sind sprachlich möglich. • 29–32: das Danklied des Symeon wird im kirchlichen Abendgebet (Completorium) verwendet. • 30: Is 40,5. • 31: Is 52,10. • 32: Is 42,6; 49,6. • 41–50: Mit zwölf Jahren galt der jüdische Knabe als Glied der Gemeinde und übernahm damit auch die Pflichten des Gesetzes.

EINFÜHRUNG JESU IN SEIN MESSIASAMT

Der Wegbereiter: Johannes der Täufer

3 1 Im fünfzehnten Jahr der Regierung des
Kaisers Tiberius, als Pontius Pilatus Statthalter
war von Judäa, Herodes Fürst von Galiläa, sein
Bruder Philippus Fürst der Landschaft Ituräa und
Trachonitis und Lysanias Fürst von Abilene, 2 unter
dem Hohenpriester Annas und Kaiphas, erging das
Wort Gottes an Johannes, den Sohn des Zacharias,
in der Wüste. 3 Er kam in die ganze Umgebung des
Jordan und verkündete eine Taufe der Bekehrung
zur Vergebung der Sünden, 4 wie geschrieben steht
im Buch der Reden des Propheten Isaias: »Stimme
eines Rufers in der Wüste: Bereitet den Weg des
Herrn, macht gerade seine Pfade! 5 Jedes Tal soll
ausgefüllt und jeder Berg und Hügel abgetragen
werden; was krumm ist, soll gerade, und die rauhen
Wege sollen eben werden, 6 und alles Fleisch wird
schauen das Heil Gottes« (Is 40,3–5).
7 Er sprach nun zu den Volksscharen, die hinauskamen, um sich von ihm taufen zu lassen: »Ihr
Natternbrut, wer hat euch gelehrt, dem kommenden Zorn zu entfliehen? 8 Bringt daher Früchte, die
der Bekehrung würdig sind, und fangt nicht damit
an, euch vorzusagen: Wir haben Abraham zum
Vater. Denn ich sage euch: Gott kann aus diesen
Steinen dem Abraham Kinder erwecken. 9 Schon ist
die Axt an die Wurzel der Bäume gesetzt. Jeder
Baum nun, der nicht gute Frucht bringt, wird herausgehauen und ins Feuer geworfen.«
10 Da richtete das Volk an ihn die Frage: »Was sollen
wir denn tun?« 11 Er antwortete ihnen: »Wer zwei
Röcke hat, der gebe davon dem, der keinen hat, und
wer zu essen hat, mache es ebenso.«
12 Es kamen auch Zöllner, um sich taufen zu lassen,
und sagten zu ihm: »Meister, was sollen wir tun?«
13 Er sprach zu ihnen: »Fordert nicht mehr, als euch
vorgeschrieben ist!«
14 Es fragten ihn auch Soldaten: »Was sollen denn
wir tun?« Er sprach zu ihnen: »Verübt gegen niemand Gewalt und Erpressung und seid zufrieden
mit eurem Sold!«
15 Weil aber das Volk in Spannung geriet und sich
alle in ihren Herzen über Johannes Gedanken
machten, ob er nicht selbst der Messias sei,
16 wandte sich Johannes an sie alle und sprach: »Ich
taufe euch mit Wasser; doch es kommt einer, der
stärker ist als ich, dessen Schuhriemen zu lösen ich
nicht würdig bin; er wird euch taufen mit Heiligem
Geist und mit Feuer. 17 Die Wurfschaufel hat er in
seiner Hand, um seine Tenne zu säubern und den
Weizen zu sammeln in seinen Speicher; die Spreu
aber wird er verbrennen in unauslöschlichem
Feuer.« 18 Mit noch vielen anderen Mahnungen verkündete er dem Volke die Botschaft des Heils.
19 Der Fürst Herodes aber, der von ihm zurechtgewiesen worden war wegen Herodias, der Frau
seines Bruders, und wegen aller Übeltaten, die
Herodes begangen hatte, 20 fügte zu all dem noch
dies hinzu: er sperrte Johannes ins Gefängnis.

Die Taufe Jesu

21 Und es begab sich, als das ganze Volk sich taufen
ließ und auch Jesus getauft wurde und betete, da
öffnete sich der Himmel, 22 und der Heilige Geist
kam in leiblicher Gestalt wie eine Taube auf ihn
herab, und eine Stimme kam vom Himmel: »Du
bist mein geliebter Sohn, an dir fand ich Wohlgefallen« (Ps 2,7; Is 42,1).

Der Stammbaum Jesu

23 Jesus war bei seinem ersten Auftreten ungefähr
dreißig Jahre alt und war, wie angenommen wurde,
der Sohn Josephs, des Heli, 24 des Matthat, des Levi,
des Melchi, des Jannai, des Joseph, 25 des Mattathias, des Amos, des Nahum, des Esli, des Naggai
26 des Mahath, des Mattathias, des Semein, des Josech, des Joda, 27 des Johanan, des Resa, des Zorobabel, des Salathiel, des Neri, 28 des Melchi, des Addi,
des Kosam, des Elmadam, des Er, 29 des Jesus, des
Eliezer, des Jorim, des Matthat, des Levi, 30 des
Symeon, des Juda, des Joseph, des Jonam, des Eliakim, 31 des Melea, des Menna, des Mattatha, des
Natham, des David, 32 des Jesse, des Jobed, des
Boos, des Sala, des Naasson, 33 des Aminadab, des
Admin, des Arni, des Esrom, des Phares, des Juda,
34 des Jakob, des Isaak, des Abraham, des Thara, des
Nachor, 35 des Seruch, des Ragau, des Phalek, des
Eber, des Sala, 36 des Kainam, des Arphaxad, des

Sem, des Noe, des Lamech, 37 des Mathusala, des Enoch, des Jaret, des Maleleel, des Kainam, 38 des Enos, des Seth, des Adam – Gottes.

3,1–18: Vgl. Matth 3,1–12; Mark 1,1–8. Die Zeitangabe, ein Beispiel der geschichtlichen Sorgfalt unseres Evangelisten, weist etwa auf das Jahr 28 n. Chr. hin. Tiberius regierte 14–37 als Alleinherrscher (vom Jahre 12 an als Mitregent). Pontius Pilatus war von 26–36 Statthalter von Judäa. Die genannten »Fürsten« (nach dem Griechischen »Tetrarchen«, was gewöhnlich mit »Vierfürsten« übersetzt wird) hatten einen Teil des Gebietes Herodes d. Gr. testamentarisch erhalten. Annas war amtierender Hoherpriester 6–15, aber auch nach seiner Absetzung noch von Einfluß, weshalb er neben seinem Schwiegersohn Kaiphas (18–36), dem eigentlichen Hohenpriester, mitgenannt ist. • 21f: Vgl. Matth 3,13–17, Mark 1,9–11; Joh 1,32–34. • 23–38: Vgl. Matth 1,1–17. Hinsichtlich der Verschiedenheit der Namen gegenüber dem Stammbaum bei Matth ist zu beachten, daß nach jüdischer Rechtsauffassung jemand nicht nur durch eine blutmäßige Abstammung, sondern auch durch andere verwandtschaftliche Beziehung sowie durch rechtliche Adoption als »Sohn« gelten konnte. Auch der Gebrauch mehrerer Namen für dieselbe Person ist hier zu berücksichtigen. Die Zurückführung des Stammbaumes über Abraham zurück bis zum ersten Menschen und bis zum Schöpfer der Menschheit, zu Gott selbst, soll bei Lukas Jesus als den universalen, auch dem Heidentum zugeordneten Erlöser zeigen.

Versuchung Jesu

4 1 Jesus kehrte voll Heiligen Geistes vom Jordan zurück und wurde vom Geist in der Wüste umhergeführt, vierzig Tage hindurch, 2 wobei er versucht wurde vom Teufel. Er aß nichts in jenen Tagen, und als sie vorüber waren, hungerte ihn. 3 Da sagte der Teufel zu ihm: »Bist du Gottes Sohn, so sag zu diesem Stein, daß er Brot werde.« 4 Jesus antwortete ihm: »Es steht geschrieben: ›Nicht nur von Brot lebt der Mensch‹« (5 Mos 8,3).
5 Dann führte er ihn hinauf und zeigte ihm in einem Augenblick alle Reiche des Erdkreises. 6 Und der Teufel sagte zu ihm: »Diese ganze Macht will ich dir geben und ihre Herrlichkeit; denn mir ist sie übergeben, und wem ich will, dem gebe ich sie. 7 Wenn du mich nun anbetest, soll sie ganz dein sein.« 8 Jesus erwiderte ihm: »Es steht geschrieben: ›Den Herrn, deinen Gott, sollst du anbeten und ihm allein dienen‹« (5 Mos 6,13).
9 Dann führte er ihn nach Jerusalem, stellte ihn auf die Zinne des Tempels und sagte zu ihm: »Bist du Gottes Sohn, so stürze dich von da hinab; 10 denn es steht geschrieben: ›Seinen Engeln wird er deinetwegen befehlen, dich zu bewahren‹ 11 und: ›Sie sollen dich auf Händen tragen, daß du nicht etwa an einen Stein deinen Fuß stoßest‹« (Ps 91,11f). 12 Jesus antwortete ihm: »Es ist gesagt: ›Du sollst den Herrn, deinen Gott, nicht versuchen‹!« (5 Mos 6,16). 13 Als der Teufel mit allen Versuchungen zu Ende war, ließ er von ihm ab bis zu gelegener Zeit.

JESU WIRKEN IN GALILÄA

Das ungläubige Nazareth

14 Jesus kehrte in der Kraft des Geistes nach Galiläa zurück, und die Kunde von ihm verbreitete sich im ganzen Umkreis. 15 Er lehrte in ihren Synagogen und wurde von allen gepriesen. 16 Er kam auch nach Nazareth, wo er aufgewachsen war, ging nach seiner Gewohnheit am Sabbat in die Synagoge und stand auf um vorzulesen. 17 Man reichte ihm das Buch des Propheten Isaias, und als er die Buchrolle öffnete, traf er auf die Stelle, wo geschrieben steht: 18 »Der Geist des Herrn ist auf mir, denn er hat mich gesalbt; Armen frohe Botschaft zu bringen, sandte er mich, Gefangenen Befreiung zu künden und Blinden das Augenlicht, Gequälte zu entlassen in Freiheit 19 und auszurufen ein Gnadenjahr des Herrn« (Is 61,1f; 58,6). 20 Er rollte das Buch zusammen, gab es dem Diener zurück und setzte sich. Aller Augen in der Synagoge waren voll Spannung auf ihn gerichtet.
21 Er aber begann zu ihnen zu sprechen: »Heute hat sich diese Schrift erfüllt vor euren Ohren.« 22 Und alle stimmten ihm beifällig zu und waren voll Staunen über die Worte der Gnade, die aus seinem Munde kamen, und sie sagten: »Ist der nicht des Josephs Sohn?« 23 Er aber sprach zu ihnen: »Ganz gewiß werdet ihr mir das Sprichwort entgegenhalten: Arzt, heile dich selbst! Alle Taten, von denen wir in Kapharnaum hörten, vollbringe sie auch hier in deiner Vaterstadt!«
24 Und weiter sprach er: »Wahrlich, ich sage euch: Kein Prophet ist willkommen in seiner Vaterstadt.
25 Wahrhaftig, ich sage euch: Viele Witwen gab es in den Tagen des Elias in Israel, als der Himmel verschlossen war für drei Jahre und sechs Monate, und eine große Hungersnot kam über das ganze Land; 26 doch zu keiner von ihnen wurde Elias gesandt, sondern zu einer Witwe nach Sarepta im Gebiet von Sidon (1 Kön 17,9). 27 Und viele Aussätzige gab es in Israel zur Zeit des Propheten Elisäus; doch keiner von ihnen wurde gereinigt, sondern Naaman, der Syrer« (2 Kön 5,14).
28 Da wurden alle in der Synagoge, die das hörten, von Zorn erfüllt, 29 standen auf, stießen ihn zur Stadt hinaus und führten ihn bis zum Rande des Berges, auf dem ihre Stadt erbaut war, um ihn hinabzustürzen. 30 Er aber schritt mitten durch sie hindurch und ging von dannen.

Machterweise in Kapharnaum

31 Und er zog nach Kapharnaum hinab, einer Stadt
Galiläas, und lehrte sie am Sabbat. 32 Sie gerieten
außer sich vor Staunen über seine Lehre; denn voll
Macht war sein Wort. 33 In der Synagoge war ein
Mensch mit dem Geist eines unreinen Dämons;
der schrie mit lauter Stimme: 34 »Ha, was willst du
von uns, Jesus, Nazarener? Bist du gekommen,
uns zu verderben? Ich weiß, wer du bist: Der
Heilige Gottes!« 35 Jesus fuhr ihn an und sprach:
»Verstumme und fahre aus von ihm!« Da warf
ihn der Dämon mitten vor sie hin und fuhr von ihm
aus, ohne ihm Schaden zu tun. 36 Ein Erschauern er-
faßte alle, und sie sprachen zueinander: »Was ist
das für ein Wort? Er gebietet mit Macht und Kraft
den unreinen Geistern, und sie fahren aus!« 37 Und
die Kunde von ihm drang zu allen Orten im Um-
kreis.

38 Er stand auf und begab sich von der Synagoge
weg in das Haus des Simon. Die Schwiegermutter
des Simon aber war von einem heftigen Fieber be-
fallen, und sie baten ihn ihretwegen. 39 Er beugte
sich über sie, gebot dem Fieber, und es wich von ihr.
Sie stand sogleich auf und bediente sie. 40 Als die
Sonne unterging, brachten alle, die Kranke hatten
mit Gebrechen verschiedener Art, diese zu ihm,
und er legte einem jeden von ihnen die Hände auf
und machte sie gesund. 41 Von vielen fuhren auch
Dämonen aus, die laut riefen: »Du bist der Sohn
Gottes!« Er aber fuhr sie an und ließ sie nicht reden;
denn sie wußten, daß er der Messias war.

Predigt im ganzen Land

42 Mit Tagesanbruch ging er fort und begab sich an
einen einsamen Ort. Die Scharen des Volkes such-
ten nach ihm und kamen bis zu ihm und wollten
ihn festhalten, daß er nicht fortgehe von ihnen. 43 Er
aber sprach zu ihnen: »Auch den anderen Städten
muß ich das Evangelium künden vom Reiche
Gottes; denn dazu bin ich gesandt.« 44 Und er
predigte in den Synagogen im Lande der Juden.

4,1–13: Vgl. Matth 4,1–11; Mark 1,12f. Die Versuchung Jesu bezog sich auf die Treue zur Messiasaufgabe, die Gehorsam und Verzicht forderte. Der Satan »versuchte« auch später wiederholt Jesus, vor allem mittels der jüdischen Führer, manchmal sogar durch seine Jünger. • 16–30: Vgl. Matth 13,53–58; Mark 6,1–6; Joh 4,44. • 31–44: Vgl. Matth 4,13f; 7,28f; Mark 1,21–39.

Fischwunder – Berufung der Menschenfischer

5 1 Eines Tages, als ihn das Volk umdrängte und
auf das Wort Gottes hörte, indes er am See
Genesareth stand, 2 sah er am See zwei
Schiffe liegen; die Fischer waren ausgestiegen und
wuschen die Netze. 3 Da stieg er in das eine der
Schiffe, das dem Simon gehörte, und bat ihn, vom
Lande etwas wegzufahren. Er setzte sich und lehrte
das Volk vom Schiffe aus. 4 Nachdem er seine Rede
beendet hatte, sprach er zu Simon: »Fahr hinaus zur
Tiefe des Sees und legt eure Netze aus zum Fange!«
5 Simon entgegnete ihm und sagte: »Meister, die
ganze Nacht haben wir uns abgemüht und nichts
gefangen; doch auf dein Wort hin will ich die Netze
auslegen.« 6 Sie taten so und fingen eine große
Menge Fische; ihre Netze waren am Zerreißen.
7 Da winkten sie ihren Genossen im anderen Schiff,
sie möchten kommen und ihnen helfen, und sie
kamen, und sie füllten beide Schiffe, daß sie tief
einsanken.

8 Als Simon Petrus das sah, fiel er Jesus zu Füßen
und sagte: »Geh weg von mir, Herr; denn ein
sündiger Mensch bin ich.« 9 Schrecken nämlich
hatte ihn ergriffen sowie alle bei ihm über den
Fischfang, den sie gemacht hatten, 10 ebenso auch
den Jakobus und Johannes, die Söhne des Zebe-
däus, die Simons Genossen waren. Jesus aber
sprach zu Simon: »Fürchte dich nicht; von nun an
wirst du Fischer von Menschen sein!« 11 Sie zogen
die Schiffe ans Land, verließen alles und folgten ihm
nach.

Heilung eines Aussätzigen

12 Als er in einer der Städte sich aufhielt, geschah es,
da war ein Mann, voll von Aussatz, und als er Jesus
erblickte, fiel er auf sein Angesicht und bat ihn:
»Herr, wenn du willst, kannst du mich rein
machen.« 13 Er streckte seine Hand aus, rührte ihn
an und sprach: »Ich will, werde rein!« Sogleich wich
der Aussatz von ihm. 14 Und er trug ihm auf: »Sag
es niemand, sondern geh hin, zeige dich dem
Priester und opfere für deine Reinigung, wie Moses
befohlen hat, zum Zeugnis für sie« (3 Mos
14,1–32)! 15 Die Kunde von ihm verbreitete sich
mehr und mehr, und zahlreich strömten die
Scharen des Volkes zusammen, um ihn zu hören
und sich heilen zu lassen von ihren Krankheiten.
16 Er aber hielt sich zurückgezogen an einsamen
Plätzen auf und betete.

Heilung eines Gelähmten

17 Es geschah eines Tages, als er eben lehrte, da
saßen auch Pharisäer und Gesetzeslehrer dabei, die
aus allen Orten Galiläas und Judäas und aus Jeru-
salem gekommen waren, und es überkam ihn die
Kraft des Herrn zu heilen. 18 Und siehe, es brachten
Männer auf einem Tragbett einen Mann, der
gelähmt war, und sie versuchten, ihn hineinzu-
tragen und vor ihn niederzusetzen. 19 Da sie aber
bei der Menge des Volkes keine Möglichkeit

fanden, ihn hineinzutragen, stiegen sie auf das Dach und ließen ihn samt dem Bett durch die Ziegeln hinab, mitten vor Jesus hin. 20 Als er ihren Glauben sah, sprach er: »Mann, vergeben sind dir deine Sünden!«

21 Da begannen die Schriftgelehrten und Pharisäer sich Gedanken zu machen: »Wer ist denn dieser, der so lästerlich redet? Wer kann Sünden vergeben als Gott allein?« 22 Jesus erkannte ihre Gedanken und entgegnete ihnen: »Was denkt ihr in euren Herzen? 23 Was ist leichter? Zu sagen: Vergeben sind dir deine Sünden, oder zu sagen: Steh auf und geh? 24 Ihr sollt aber wissen, daß der Menschensohn Macht hat, Sünden zu vergeben auf Erden« – und er sprach zum Gelähmten: »Ich sage dir: Steh auf, nimm dein Bett und geh nach Hause!« 25 Sogleich stand er vor ihnen auf, nahm sein Bett, auf dem er gelegen, und ging, Gott preisend, nach Hause. 26 Da gerieten alle außer sich, priesen Gott und, von Furcht erfüllt, sprachen sie: »Unfaßbares haben wir heute gesehen.«

Bei Zöllnern und Sündern

27 Hierauf ging er weiter, erblickte einen Zöllner, mit Namen Levi, am Zollhaus sitzen und sprach zu ihm: »Folge mir nach!« 28 Und jener ließ alles zurück, stand auf und folgte ihm nach. 29 Und Levi bereitete ihm ein großes Gastmahl in seinem Hause, und es war eine große Menge von Zöllnern und anderen, die mit ihm zu Tische waren. 30 Darüber murrten die Pharisäer und Schriftgelehrten und sagten zu seinen Jüngern: »Warum eßt und trinkt ihr mit den Zöllnern und Sündern?« 31 Da antwortete ihnen Jesus: »Nicht die Gesunden bedürfen des Arztes, sondern die Kranken. 32 Ich bin nicht gekommen, Gerechte zu rufen, sondern Sünder zur Umkehr.«

Die Fastenfrage

33 Sie aber sagten zu ihm: »Die Jünger des Johannes fasten viel und verrichten Gebete, ebenso auch die Jünger der Pharisäer; die deinen aber essen und trinken!« 34 Jesus sprach zu ihnen: »Könnt ihr denn die Freunde des Bräutigams fasten lassen, solange der Bräutigam bei ihnen ist? 35 Es werden aber Tage kommen, und zwar, wenn der Bräutigam von ihnen genommen wird, dann werden sie fasten in jenen Tagen.«

36 Er sagte ihnen auch ein Gleichnis: »Niemand reißt einen Fleck von einem neuen Kleide ab und setzt ihn auf ein altes Kleid; sonst zerreißt er das neue, und zum alten wird der Fleck vom neuen nicht passen. 37 Niemand gießt jungen Wein in alte Schläuche, sonst sprengt der junge Wein die Schläuche; er selbst wird verschüttet, und die Schläuche gehen zugrunde; 38 sondern jungen Wein muß man in neue Schläuche gießen. 39 Niemand, der alten Wein getrunken hat, will jungen; denn er sagt: Der alte ist besser.«

5,1–11: Vgl. Matth 4,18–22; Mark 1,16–20. Joh 1,35–51 zeigt, daß die ersten Jünger schon als Täuferjünger vorbereitet waren zur Nachfolge. • 12–16: Vgl. Matth 8,1–4; Mark 1,40–45. Der Aussatz stand aus hygienischen und religiösen Gründen (levitische Reinheit) unter amtlicher Überwachung durch die Priester. • 17–26: Vgl. Matth 9,1–8; Mark 2,1–12. Jesus offenbarte mit der Sündenvergebung seine göttliche Macht; die jüdischen Führer empfanden dies und nahmen es zum Anlaß der beginnenden Feindseligkeit. • 27–32: Vgl. Matth 9,9–13; Mark 2,13–17. Levi ist der Zweitname für Matthäus. • 33–39: Vgl. Matth 9,14–17; Mark 2,18–22. Jesus lehnt nicht das Fasten als solches ab, sondern die veraltete Auffassung der Pharisäer. Beachte den nur bei Lukas stehenden Schlußsatz, der in lebensnaher Weise sagen will, daß die Juden keinen »Geschmack« an den Forderungen Jesu fanden, weil sie vom Alten nicht loskommen wollten.

Um die Sabbatfrage

6 1 Als er am [zweitersten] Sabbat durch die Saatfelder ging, geschah es, daß seine Jünger Ähren abrupften und aßen, wobei sie diese mit den Händen zerrieben. 2 Da sprachen einige von den Pharisäern: »Warum tut ihr, was am Sabbat nicht erlaubt ist?« 3 Jesus erwiderte ihnen: »Habt ihr denn nicht gelesen, was David tat, als ihn und seine Begleiter hungerte? 4 Wie er in das Haus Gottes hineinging, die Schaubrote nahm und aß und auch seinen Begleitern gab, obwohl sie doch niemand essen darf als nur die Priester?« (1 Sam 21,2–7). 5 Und er sprach zu ihnen: »Herr ist der Menschensohn auch über den Sabbat!«

6 Es begab sich, daß er an einem anderen Sabbat in die Synagoge ging und lehrte. Es war dort ein Mann, dessen rechte Hand war gelähmt. 7 Die Schriftgelehrten und Pharisäer gaben acht auf ihn, ob er am Sabbat heilen würde, damit sie etwas fänden, ihn anzuklagen. 8 Er aber wußte ihre Gedanken und sprach zu dem Mann mit der gelähmten Hand: »Steh auf und stelle dich in die Mitte!« Und er stand auf und stellte sich hin. 9 Jesus sprach zu ihnen: »Ich frage euch: Ist es erlaubt, am Sabbat Gutes zu tun oder Böses? Ein Leben zu retten oder zugrunde gehen zu lassen?« 10 Und er blickte sie alle ringsum an und sprach dann zu ihm: »Strecke deine Hand aus!« Er tat es, und seine Hand wurde wiederhergestellt. 11 Sie aber wurden von blinder Wut erfüllt und beredeten miteinander, was sie tun könnten gegen Jesus

Apostelwahl

12 In diesen Tagen war es, daß er hinwegging auf den Berg, um zu beten, und er verbrachte die Nacht im Gebete zu Gott. 13 Als es Tag wurde, rief er seine

Jünger zu sich und wählte aus ihnen zwölf, die er
auch Apostel nannte: 14 Simon, den er auch Petrus
nannte, und seinen Bruder Andreas, Jakobus und
Johannes, Philippus und Bartholomäus, 15 Matthäus
und Thomas, Jakobus, den Sohn des Alphäus, und
Simon, mit dem Beinamen der Eiferer, 16 Judas, den
Bruder des Jakobus, und Judas Iskarioth, der zum
Verräter wurde.

DIE BERGPREDIGT

Zulauf des Volkes

17 Er stieg herab mit ihnen und blieb an einem ebe-
nen Platze stehen, zusammen mit einer großen
Schar seiner Jünger und einer großen Menge Volkes
aus ganz Judäa und Jerusalem und aus dem Küsten-
gebiet von Tyrus und Sidon, 18 die gekommen
waren, um ihn zu hören und sich heilen zu lassen
von ihren Krankheiten; auch die von unreinen
Geistern Geplagten wurden geheilt. 19 Alles Volk
suchte ihn anzurühren; denn es ging eine Kraft von
ihm aus und heilte alle.

Die Berufenen und Nichtberufenen

20 Er richtete seine Augen auf seine Jünger und
sprach: »Selig ihr Armen, denn euer ist das Reich
Gottes. 21 Selig ihr, die ihr jetzt hungert, denn ihr
werdet gesättigt werden. Selig ihr, die ihr jetzt
weint, denn ihr werdet lachen. 22 Selig seid ihr,
wenn euch die Menschen hassen und wenn sie
euch ausstoßen, euch schmähen und euren Namen
als etwas Böses verwerfen um des Menschensoh-
nes willen. 23 Freut euch an jenem Tag und jubelt,
denn seht, euer Lohn ist groß im Himmel; geradeso
taten ihre Väter den Propheten. 24 Doch wehe euch,
ihr Reichen, denn ihr habt schon euren Trost.
25 Wehe euch, die ihr jetzt gesättigt seid, denn ihr
werdet hungern. Wehe euch, die ihr jetzt lacht,
denn ihr werdet klagen und weinen. 26 Wehe euch,
wenn euch alle Menschen umschmeicheln; gera-
deso taten ihre Väter den falschen Propheten.

Von der vollkommenen Liebe

27 Euch aber, die ihr auf mich hört, sage ich: Liebt
eure Feinde; tut Gutes denen, die euch hassen!
28 Segnet, die euch fluchen; betet für sie, die euch
schmähen! 29 Dem, der dich auf die Wange schlägt,
halte auch die andere hin, und dem, der dir den
Mantel nimmt, dem verweigere auch den Rock
nicht! 30 Jedem, der dich bittet, gib, und von dem,
der das Deine nimmt, fordere es nicht zurück!
31 Und wie ihr wollt, daß euch die Menschen tun, so
sollt auch ihr ihnen tun. 32 Wenn ihr die liebt, die
euch lieben, was für ein Dank steht euch zu? Denn
auch die Sünder lieben jene, die sie lieben. 33 Wenn
ihr denen Gutes tut, die euch Gutes tun, was für ein
Dank steht euch zu? Denn auch die Sünder tun das-
selbe. 34 Wenn ihr denen leiht, von denen ihr hofft,
es wiederzubekommen, was für ein Dank steht
euch zu? Auch die Sünder leihen Sündern, um Glei-
ches wiederzuerhalten. 35 Nein, liebt eure Feinde;
tut Gutes und leiht, ohne etwas zurückzuerhoffen,
und euer Lohn wird groß sein, und ihr werdet
Söhne des Allerhöchsten sein; denn er ist gütig ge-
gen die Undankbaren und Bösen. 36 Seid barmher-
zig, wie euer Vater barmherzig ist!

Selbstloses Geben und Richten

37 Richtet nicht, und ihr werdet nicht gerichtet wer-
den; verurteilt nicht, und ihr werdet nicht verurteilt
werden; sprecht frei, und ihr werdet freigesprochen
werden. 38 Gebt, und es wird euch gegeben werden;
ein gutes, vollgedrücktes, gerütteltes und gehäuftes
Maß wird man euch geben in euren Schoß; denn
mit dem Maß, mit dem ihr meßt, wird euch wieder
gemessen werden.«
39 Auch ein Gleichnis sagte er ihnen: »Kann wohl
ein Blinder einen Blinden führen? Werden sie nicht
beide in die Grube fallen? 40 Der Jünger ist nicht
über dem Meister; wenn er voll ausgebildet ist,
wird jeder sein wie sein Meister. 41 Was siehst du
den Splitter im Auge deines Bruders, den Balken
aber in deinem eigenen Auge beachtest du nicht?
42 Wie kannst du deinem Bruder sagen: Bruder, laß
mich den Splitter in deinem Auge herausziehen,
und siehst selber den Balken in deinem Auge nicht?
Du Heuchler! Zieh zuerst den Balken aus deinem
Auge, dann magst du sehen, daß du den Splitter im
Auge deines Bruders herausziehst.

Bewährung und Lohn

43 Denn es gibt nicht einen guten Baum, der
schlechte Frucht bringt, und auch nicht einen
schlechten Baum, der gute Frucht bringt. 44 Denn
jeden Baum erkennt man an seiner Frucht. Man
sammelt doch von Disteln nicht Feigen, und von
einem Dornstrauch pflückt man keine Traube.
45 Der gute Mensch bringt aus dem guten Schatz
seines Herzens das Gute hervor, und der böse
bringt aus dem bösen das Böse hervor; denn wovon
das Herz voll ist, davon redet sein Mund.
46 Was ruft ihr mich: Herr, Herr! und tut nicht, was
ich sage? 47 Jeder, der zu mir kommt und meine

Worte hört und sie tut, wem der gleicht, will ich
euch zeigen. 48 Er gleicht einem Mann, der ein Haus
baute, in die Tiefe grub und den Grund auf den
Felsen legte. Als nun das Hochwasser kam, bran-
dete der Strom gegen jenes Haus und vermochte es
nicht zu erschüttern, denn gar trefflich war es ge-
baut. 49 Wer aber hört und nicht tut, der gleicht
einem Mann, der ein Haus auf das Erdreich baute,
ohne festen Grund. Als der Strom dagegen bran-
dete, brach es sogleich zusammen, und der Zusam-
menbruch jenes Hauses war gewaltig.«

6,1–11: Vgl. Matth 12,1–14; Mark 2,23–3,6. Die textlich unsichere Angabe »zweiterster« Sabbat meint vielleicht den zweiten Sabbat nach dem Osterfest, der auch als erster nach der Osteroktav gerechnet werden kann. Um diese Zeit sind, wenigstens in wärmeren Gegenden, die Ähren im Reifen. • 12–16: Vgl. Matth 10,1–4; Mark 3,13–19. Lukas setzt mit Bedacht die Apostelwahl und die Liste der Zwölf vor die »Bergpredigt«, während sie bei Matthäus (10,1–4) aus systematischem Interesse erst später mitgeteilt wird. • 17–49: Vgl. Matth 5,1–7,29. Die lukanische »Bergpredigt«, an einem wohl noch auf dem Berge liegenden ebenen Platz gehalten, hat nicht die kunstvolle Komposition wie bei Matth, ebenso fehlen die nur für jüdische Leser bedeutsamen Gesetzesfragen, dafür treten die sozialen Forderungen hervor. • 24–26: Das »Wehe« gilt den Reichen und Satten, die ganz im irdischen Besitz aufgehen und ihr Genüge finden und daher keine innere Bereitschaft für das Gottesreich, das Reich der Vollendung haben.

Der Hauptmann von Kapharnaum

7 1 Nachdem er alle seine Worte vor dem auf-
horchenden Volk beendet hatte, begab er sich
nach Kapharnaum hinein. 2 Eines Haupt-
manns Knecht war schlimm daran und lag im
Sterben; er war ihm sehr teuer. 3 Als er von Jesus
hörte, schickte er Älteste der Juden zu ihm mit der
Bitte, er möchte kommen und seinen Knecht ge-
sund machen. 4 Diese kamen zu Jesus und baten ihn
inständig: »Er ist es wert, daß du ihm das gewährst;
5 denn er liebt unser Volk und hat uns die Synagoge
gebaut.«
6 Jesus machte sich mit ihnen auf den Weg. Als er
aber nicht mehr weit vom Hause entfernt war,
schickte der Hauptmann Freunde und ließ ihm
sagen: »Herr, bemühe dich nicht, denn ich bin nicht
würdig, daß du eingehst unter mein Dach. 7 Des-
halb hielt ich mich auch selbst nicht für würdig, zu
dir zu kommen; doch sprich nur ein Wort, und
mein Knecht wird gesund. 8 Denn auch ich habe,
bin ich auch ein der Obrigkeit unterstellter Mann,
Soldaten unter mir, und sage ich zum einen: Geh!,
so geht er, und zum andern: Komm!, so kommt
er, und zu meinem Knecht: Tu das!, so tut er es.«
9 Als Jesus das hörte, wunderte er sich über ihn,
wandte sich um und sprach zu der Menge, die ihm
folgte: »Ich sage euch: Nicht einmal in Israel fand
ich einen so großen Glauben!« 10 Und als die Ab-
gesandten in das Haus zurückkamen, fanden sie
den Knecht gesund.

Auferweckung des Jünglings von Nain

11 In den darauffolgenden Tagen geschah es, daß er
auf eine Stadt zuwanderte, Nain mit Namen, und
seine Jünger und viel Volk gingen mit ihm. 12 Als er
sich dem Stadttor näherte, trug man gerade einen
Toten heraus, den einzigen Sohn seiner Mutter, und
diese war Witwe; viel Volk aus der Stadt ging mit
ihr. 13 Da der Herr sie sah, wurde er von Mitleid er-
griffen über sie und sprach zu ihr: »Weine nicht!«
14 Er trat hinzu und berührte die Bahre; die Träger
blieben stehen, und er sprach: »Jüngling, ich sage
dir: Steh auf!« 15 Und der Tote richtete sich auf und
fing an zu reden, und er gab ihn seiner Mutter. 16 Da
ergriff alle ein Erschauern, und sie lobten Gott und
sprachen: »Ein großer Prophet ist aufgestanden
unter uns«, und: »Gott hat heimgesucht sein Volk.«
17 Die Kunde über ihn verbreitete sich im ganzen
Land der Juden und in der ganzen Umgebung.

Johannes und das Gottesreich

18 Dem Johannes berichteten seine Jünger von all
dem, und Johannes rief zwei von seinen Jüngern zu
sich 19 und sandte sie zu Jesus mit der Frage: »Bist du
es, der kommen soll, oder sollen wir auf einen
anderen warten?« 20 Die Männer kamen zu ihm
und sagten: »Johannes der Täufer sandte uns zu dir
und läßt fragen: Bist du es, der kommen soll, oder
sollen wir auf einen anderen warten?« 21 Zu jener
Stunde heilte er viele von Krankheiten, Plagen und
bösen Geistern, und vielen Blinden schenkte er das
Augenlicht. 22 Und er gab ihnen zur Antwort: »Geht
hin und berichtet dem Johannes, was ihr gesehen
und gehört habt: ›Blinde sehen, Lahme gehen, Aus-
sätzige werden rein, Taube hören, Tote stehen
auf, und Armen wird das Evangelium verkündet‹
(Is 35,5f; 61,1), 23 und selig ist, wer nicht Anstoß
nimmt an mir.«
24 Als die Boten des Johannes weggingen, fing er an,
zum Volk über Johannes zu reden: »Was zu sehen,
seid ihr hinausgegangen in die Wüste? Ein Schilf-
rohr, das vom Winde hin und her bewegt wird?
25 Oder was zu sehen, seid ihr hinausgegangen?
Einen Menschen in weichlichen Kleidern? Seht, die
in prächtiger Kleidung und Üppigkeit leben, sind
in den Palästen der Könige. 26 Oder was zu sehen,
seid ihr hinausgegangen? Einen Propheten? Ja, ich
sage euch: Mehr noch als einen Propheten. 27 Er ist
es, von dem geschrieben steht: ›Siehe, ich sende
meinen Boten vor dir her; er soll deinen Weg be-
reiten vor dir‹ (Mal 3,1). 28 Ich sage euch: Unter den
vom Weibe Geborenen ist kein Größerer als Johan-

nes; doch der Kleinste im Gottesreich ist größer als
er.« 29 Alles Volk, das ihn hörte, auch die Zöllner,
unterwarfen sich der Gerechtigkeit Gottes und
ließen sich mit der Taufe des Johannes taufen; 30 die
Pharisäer aber und die Gesetzeslehrer verachteten
den für sie geltenden Ratschluß Gottes und ließen
sich nicht taufen von ihm. 31 »Mit wem also soll ich
vergleichen die Menschen dieses Geschlechtes?
Wem sind sie gleich? 32 Sie sind Kindern gleich, die
auf dem Markte sitzen und einander zurufen: Wir
haben euch aufgespielt, und ihr habt nicht getanzt;
wir haben Klagelieder gesungen, und ihr habt nicht
geweint. 33 Denn Johannes der Täufer ist gekom-
men, er aß nicht Brot und trank nicht Wein, und ihr
sagt: Er hat einen Dämon. 34 Der Menschensohn ist
gekommen, er ißt und trinkt, und ihr sagt: Seht, die-
ser Mensch ist ein Fresser und Weinsäufer, ein
Freund der Zöllner und Sünder. 35 Doch die Weis-
heit fand Rechtfertigung von allen ihren Kindern.«

Jesus und die Sünderin

36 Es bat ihn einer von den Pharisäern, daß er bei
ihm esse, und er trat in das Haus des Pharisäers und
begab sich zu Tisch. 37 Und siehe, da brachte eine
Frau, die in der Stadt als Sünderin lebte und er-
fahren hatte, daß er im Haus des Pharisäers zu
Tische sei, ein Alabastergefäß mit Salböl herbei,
38 trat weinend von rückwärts neben seine Füße hin
und begann mit ihren Tränen seine Füße zu be-
netzen und trocknete sie ab mit den Haaren ihres
Hauptes, küßte seine Füße und salbte sie mit dem
Salböl. 39 Als der Pharisäer, der ihn geladen hatte,
dies sah, sprach er bei sich: »Wäre dieser ein Pro-
phet, so würde er wissen, wer und was für eine Frau
ihn anrührt, da sie doch eine Sünderin ist.«

40 Jesus aber sprach zu ihm: »Simon, ich habe dir
etwas zu sagen.« Der sagte: »Meister, rede!« 41 »Ein
Gläubiger hatte zwei Schuldner. Der eine war ihm
fünfhundert Denare schuldig, der andere fünfzig.
42 Da sie nicht imstande waren zu zahlen, schenkte
er es beiden. Wer nun von diesen wird ihn mehr
lieben?« 43 Simon antwortete: »Ich vermute, der,
dem er mehr geschenkt hat.« Er sprach zu ihm: »Du
hast richtig geurteilt!«

44 Dann wandte er sich zu der Frau und sagte zu
Simon: »Siehst du diese Frau? Ich kam in dein Haus,
und du gabst mir kein Wasser für meine Füße; sie
aber benetzte meine Füße mit ihren Tränen und
trocknete sie ab mit ihren Haaren. 45 Du gabst mir
keinen Kuß; sie aber hörte seit meinem Eintreten
nicht auf, meine Füße zu küssen. 46 Du salbtest
mein Haupt nicht mit Öl; sie aber salbte mit Salböl
meine Füße. 47 Darum sage ich dir: Vergeben sind
ihre vielen Sünden, denn sie hat viel geliebt; wem
aber wenig vergeben wird, der liebt auch wenig.«
48 Und er sprach zu ihr: »Vergeben sind deine
Sünden!« 49 Da fingen die Tischgenossen an, für sich
zu sagen: »Wer ist dieser, der sogar Sünden ver-
gibt?« 50 Er aber sprach zu der Frau: »Dein Glaube
hat dir geholfen! Geh hin in Frieden!«

7,1–10: Vgl. Matth 8,5–13. • 18–35: Vgl. Matth 11,2–19. Johannes erwartete seiner Predigt gemäß vom Messias ein Strafgericht. Jesus antwortet, daß auch sein Heilandswirken dem prophetischen Bild vom Messias entspreche. Johannes ist groß, aber der im Gottesreich Stehende steht über ihm, d. h. hinsichtlich der ihm geschenkten Gnade und Offenbarung. • 36–50: Ein für das Heilandsbild bei Lukas bezeichnender Sonderbericht. Die ungenannte Sünderin wurde erst später mit Maria Magdalena und der von dieser zu unterscheidenden Maria von Bethanien identifiziert. Es handelte sich jedoch nach den Texten (vgl. Luk 8,2; 10,39 u. a.) um drei verschiedene Frauen. In Vers 47 zeigt Jesus gegenüber dem selbstgerechten, wenig erlösungsbedürftigen Pharisäer, daß aus dem demütigen Schuldbewußtsein die gläubige Liebe wächst, die Vergebung nach sich zieht. Wer dagegen wenig Vergebung zu brauchen glaubt, dem fehlt auch die heilswirkende Liebe.

In Jesu Gefolgschaft

8 1 Anschließend nahm er den Weg durch
Städte und Dörfer, predigte und verkündete
das Evangelium vom Reiche Gottes, und die
Zwölf waren bei ihm 2 sowie einige Frauen, die von
bösen Geistern und von Krankheiten geheilt wor-
den waren: Maria, genannt Magdalena, von der sie-
ben Dämonen ausgefahren waren, 3 und Johanna,
die Frau des Chuza, eines Verwalters des Herodes,
und Susanna und viele andere, die ihnen dienten
mit ihrem Vermögen.

Gleichnis vom Sämann

4 Als aber viel Volk zusammenkam und ihm aus den
Städten die Leute zuströmten, sprach er im Gleich-
nis: 5 »Ein Sämann ging aus, seinen Samen zu säen,
und als er säte, fiel einiges auf den Weg und wurde
zertreten, und die Vögel des Himmels fraßen es
auf. 6 Anderes fiel auf das Gestein, und als es auf-
ging, verdorrte es, weil es keine Feuchtigkeit hatte.
7 Anderes fiel mitten unter die Dornen, und die
Dornen wuchsen mit auf und erstickten es. 8 Ande-
res aber fiel auf gutes Erdreich, ging auf und gab
hundertfältige Frucht.« Als er dies gesagt hatte, rief
er: »Wer Ohren hat zu hören, der höre!«

9 Da fragten ihn seine Jünger, was dieses Gleichnis
bedeute. 10 Er sprach [zu ihnen]: »Euch ist es ge-
geben, die Geheimnisse des Gottesreiches zu ver-
stehen; den übrigen aber werden sie in Gleichnis-
sen mitgeteilt, so daß sie ›sehend nicht sehen und
hörend nicht verstehen‹ (Is 6,9).

11 Dies aber bedeutet das Gleichnis: Der Same ist
das Wort Gottes. 12 Die auf dem Weg sind jene, die
hören; dann kommt der Teufel und nimmt das Wort

weg aus ihrem Herzen, so daß sie nicht glauben
und gerettet werden. 13 Die auf dem Gestein sind
jene, die das Wort mit Freude annehmen, wenn sie
es hören; aber sie haben keine Wurzel; für den
Augenblick glauben sie, doch in der Stunde der Ver-
suchung fallen sie ab. 14 Was unter die Dornen fiel,
das sind jene, die hören, aber dann hingehen und
von den Sorgen, dem Reichtum und den Genüssen
des Lebens erstickt werden und nicht zur Reife
kommen. 15 Das auf dem guten Erdreich, das sind
jene, die das Wort mit einem edlen und guten
Herzen hören und bewahren und Frucht bringen in
Beharrlichkeit.

Die große Verantwortung

16 Niemand, der eine Lampe anzündet, deckt sie
mit einem Gefäß zu oder stellt sie unter das Bett;
sondern er stellt sie auf den Leuchter, damit die Ein-
tretenden das Licht sehen. 17 Denn nichts ist ver-
borgen, das nicht offenbar wird; und nichts ist
geheim, das nicht bekannt werden und an den Tag
kommen wird. 18 Gebt also acht, wie ihr hört! Denn
wer hat, dem wird gegeben; wer aber nicht hat,
dem wird auch das, was er zu haben meint, weg-
genommen werden.«

Die wahre Familie Jesu

19 Es kamen zu ihm seine Mutter und seine Brüder;
sie konnten aber nicht hinkommen zu ihm wegen
der Menge des Volkes. 20 Da wurde ihm gemeldet:
»Deine Mutter und deine Brüder stehen draußen
und wollen dich sehen.« 21 Er aber antwortete
ihnen: »Meine Mutter und meine Brüder sind jene,
die das Wort Gottes hören und tun.«

Macht über den Seesturm

22 Es begab sich eines Tages, da stieg er mit seinen
Jüngern in ein Schiff und sprach zu ihnen: »Laßt uns
hinüberfahren ans andere Ufer des Sees.« Und sie
fuhren ab. 23 Während sie dahinfuhren, schlief er
ein. Da brach ein Sturmwind auf den See herab, das
Schiff wurde überflutet, und sie gerieten in Gefahr.
24 Sie traten hinzu, weckten ihn auf und riefen:
»Meister, Meister, wir gehen zugrunde!« Er aber
stand auf, gebot dem Wind und dem tobenden Was-
ser, und sie gaben Ruhe, und es war Stille. 25 Dann
sagte er zu ihnen: »Wo ist euer Glaube?« Sie aber
sprachen voll Furcht und Verwunderung zueinan-
der: »Wer ist wohl der, daß er sogar den Winden
und dem Wasser gebietet, und sie ihm gehorchen?«

Heilung eines Besessenen

26 Sie fuhren weiter, auf das Gebiet der Gerasener
zu, das gegenüber von Galiläa liegt. 27 Als er ans
Land stieg, lief ihm ein Mann aus der Stadt ent-
gegen, der von Dämonen besessen war und seit
langem kein Kleid mehr anzog, auch in keinem
Hause blieb, sondern in den Grabkammern. 28 Als er
Jesus sah, schrie er auf, warf sich vor ihm nieder
und rief mit lauter Stimme: »Was willst du von mir,
Jesus, du Sohn des höchsten Gottes? Ich flehe dich
an, quäle mich nicht!« 29 Er befahl nämlich dem un-
reinen Geist, auszufahren aus dem Menschen; denn
schon oftmals hatte er ihn gepackt, und war er auch
in Ketten und Fußfesseln gebunden und verwahrt,
er zerriß die Fesseln und wurde vom Dämon in die
Wüste gejagt. 30 Jesus fragte ihn: »Wie heißt du?« Er
sagte: »Legion«; denn es waren viele Dämonen in
ihn gefahren. 31 Sie baten ihn, er möge ihnen nicht
befehlen, in den Abgrund zu fahren. 32 Es war aber
dort am Berg eine Herde von vielen Schweinen auf
der Weide. Da baten sie ihn, er möge ihnen er-
lauben, in diese hineinzufahren. Er gestattete es
ihnen. 33 Da fuhren die Dämonen aus von dem
Menschen und fuhren in die Schweine, und die
Herde stürzte sich den Abhang hinunter in den See
und ertrank.
34 Als die Hirten sahen, was geschah, flohen sie und
erzählten es in der Stadt und auf den Gehöften.
35 Da gingen sie hinaus, um zu sehen, was gesche-
hen war, und sie kamen zu Jesus und fanden den
Menschen, von dem die Dämonen ausgefahren
waren, bekleidet und klaren Sinnes zu Jesu Füßen
sitzend, und sie fürchteten sich. 36 Die Augen-
zeugen aber erzählten ihnen, wie der Besessene
Heilung fand. 37 Da bat ihn die ganze Bevölkerung
aus dem umliegenden Gebiet der Gerasener, er
möge fortziehen von ihnen; denn sie wurden von
großer Furcht ergriffen. Er stieg in das Schiff und
fuhr zurück. 38 Der Mann aber, von dem die Dämo-
nen ausgefahren waren, bat ihn, bei ihm bleiben zu
dürfen; doch er entließ ihn und sprach: 39 »Geh nach
Hause und berichte, was Gott Großes an dir getan
hat!« Da ging er hin und verkündete in der ganzen
Stadt, was Jesus an ihm getan hatte.

Totenerweckung; Heilung einer Frau

40 Als Jesus zurückkam, empfing ihn das Volk; denn
alle hatten auf ihn gewartet. 41 Und siehe, da kam
ein Mann, namens Jairus, der Vorsteher der Syna-
goge war, fiel Jesus zu Füßen und flehte ihn an, in
sein Haus zu kommen; 42 denn er hatte eine einzige
Tochter von etwa zwölf Jahren, und diese lag im
Sterben. Auf dem Wege dorthin umdrängte ihn die
Menge des Volkes.
43 Und eine Frau, die seit zwölf Jahren an Blutfluß
litt, all ihr Vermögen an die Ärzte gegeben und von
niemand hatte Heilung erfahren können, 44 trat von
rückwärts hinzu und berührte den Saum seines

Kleides, und auf der Stelle kam ihre Blutung zum Stillstand. 45 Jesus aber sprach: »Wer ist es, der mich berührte?« Da alle es verneinten, sagten Petrus und die bei ihm: »Meister, die Leute drängen und drücken dich [, und du sagst: Wer ist es, der mich berührte?].« 46 Jesus entgegnete: »Es berührte mich jemand; denn ich spürte eine Kraft von mir ausgehen.« 47 Als die Frau sah, daß es nicht verborgen blieb, kam sie zitternd, fiel vor ihm nieder und berichtete vor allem Volk, aus welchem Grund sie ihn angerührt habe und wie sie auf der Stelle geheilt worden sei. 48 Er aber sprach zu ihr: »Tochter, dein Glaube hat dir geholfen. Gehe hin in Frieden!«

49 Während er noch redete, kam jemand vom Synagogenvorsteher und sagte: »Deine Tochter ist gestorben, bemühe den Meister nicht weiter!« 50 Jesus aber, der es hörte, wandte sich an ihn: »Sei ohne Furcht, glaube nur, und sie wird gerettet!« 51 Als er an das Haus kam, ließ er niemand mit sich hinein, außer Petrus, Johannes und Jakobus und den Vater und die Mutter des Mädchens. 52 Alle weinten und klagten um sie. Er aber sprach: »Weint nicht, denn sie ist nicht gestorben, sondern sie schläft!« 53 Da verlachten sie ihn, weil sie doch wußten, daß sie gestorben war. 54 Er nahm sie bei der Hand und rief: »Mädchen, steh auf!« 55 Da kehrte ihr Geist zurück, und sie erhob sich auf der Stelle. Und er befahl, daß man ihr zu essen gebe. 56 Ihre Eltern waren vor Staunen außer sich; er aber gebot ihnen, niemand zu sagen, was geschehen war.

8,1–3: Die frühere Besessenheit der dankbaren Frauen bedeutet nicht Sündhaftigkeit. • 4–15: Vgl. Matth 13,1–23; Mark 4,1–20. Ein Vergleich unserer Fassung des Sämannsgleichnisses mit der bei Matth und Mark zeigt deutlich, wie Lukas bemüht ist, die Aussage gedanklich klarer und sprachlich besser zu gestalten. • 16–28: Vgl. Mark 4,21–25; dazu Matth 5,15; 10,26. Vers 16 bzw. 18 kehrt 11,33 bzw. 19,26 wieder. • 19–21: Vgl. Matth 12,46–50; Mark 3,31–35. Ohne die Pietät gegen seine Mutter zu vergessen, will Jesus zeigen, daß alle irdischen Werte erst in Einordnung unter das Gottesreich bedeutsam werden. • 22–25: Vgl. Matth 8,23–27; Mark 4,35–41. • 26–39: Vgl. Matth 8,28–34; Mark 5,1–20. Die Gerasener sind ein Beispiel von materialistisch denkenden und für höhere Anliegen unempfänglichen Menschen. • 40–56: Vgl. Matth 9,18–26; Mark 5,21–43. Beachte die kleinen, das Interesse des Arztes kennzeichnenden Unterschiede zu Matth und Mark.

Aussendung der Apostel

9 1 Er rief die Zwölf zusammen und gab ihnen Macht und Gewalt über alle Dämonen und zum Heilen von Krankheiten. 2 Und er sandte sie aus, das Reich Gottes zu verkünden und die Kranken zu heilen, 3 und sprach zu ihnen: »Nehmt nichts mit auf den Weg, weder Stab noch Tasche, weder Brot noch Geld; auch nicht zwei Röcke sollt ihr haben. 4 Und kommt ihr in ein Haus, so bleibt dort und zieht von da weiter! 5 Und wo man euch nicht aufnimmt, da geht fort von jener Stadt und schüttelt den Staub von euren Füßen, zum Zeugnis über sie.« 6 Da zogen sie aus und wanderten von Dorf zu Dorf, verkündeten das Evangelium und heilten überall.

Herodes in Unruhe

7 Der Fürst Herodes aber hörte von allem, was geschah, und geriet in Unruhe, weil von den einen behauptet wurde: 8 »Johannes wurde von den Toten auferweckt«, von anderen: »Elias ist erschienen«, und wieder von anderen: »Einer von den alten Propheten ist auferstanden.« 9 Da sagte Herodes: »Den Johannes habe ich enthauptet; wer ist wohl dieser, von dem ich solches höre?« Und er ging darauf aus, ihn zu sehen.

Brotvermehrung

10 Die Apostel kehrten zurück und erzählten ihm alles, was sie getan hatten. Da nahm er sie mit und zog sich mit ihnen allein zurück in eine Stadt namens Bethsaida. 11 Doch das Volk erfuhr davon und zog ihm nach; er nahm sie auf, redete zu ihnen vom Reiche Gottes und machte die der Heilung Bedürftigen gesund.

12 Der Tag begann sich schon zu neigen, da traten die Zwölf zu ihm und sagten: »Entlasse das Volk, damit sie in die umliegenden Dörfer und Gehöfte gehen und Einkehr und Verpflegung finden; denn hier sind wir in einer verlassenen Gegend.« – 13 Er aber entgegnete ihnen: »Gebt ihr ihnen zu essen!« Sie sagten: »Wir haben nicht mehr als fünf Brote und zwei Fische, es sei denn, daß wir hingingen und für diese ganze Menge Lebensmittel kauften.« 14 Es waren nämlich an fünftausend Männer. Da sprach er zu seinen Jüngern: »Laßt sie nach Gruppen zu etwa je fünfzig sich lagern!« 15 Sie taten so und ließen alle sich lagern. 16 Da nahm er die fünf Brote und zwei Fische, blickte zum Himmel auf, sprach den Segen über sie, brach sie und gab sie den Jüngern zum Verteilen an das Volk. 17 Und sie aßen und wurden alle satt, und von dem, was ihnen an abgebrochenen Stücken übrigblieb, hob man zwölf Körbe voll auf.

Bekenntnis des Petrus

18 Als er einmal für sich allein betete und nur die Jünger bei ihm waren, fragte er sie: »Für wen halten mich die Leute?« 19 Sie antworteten: »Für Johannes den Täufer, andere für Elias; andere aber glauben, einer von den alten Propheten sei auferstanden.« 20 Da sprach er zu ihnen: »Ihr aber, für wen haltet ihr mich?« Petrus antwortete: »Für den Messias Gottes.«

Leidensankündigung

21 Er aber gebot ihnen streng und trug ihnen auf, dies niemand zu sagen, 22 und sprach: »Der Menschensohn muß vieles leiden, von den Ältesten, Hohenpriestern und Schriftgelehrten verworfen und getötet werden, am dritten Tag aber auferweckt werden.«

Von der Nachfolge

23 Dann sprach er zu allen: »Wenn einer mir nachgehen will, der verleugne sich selbst, nehme täglich sein Kreuz auf sich und folge mir nach. 24 Denn wer sein Leben retten will, wird es verlieren; wer aber sein Leben um meinetwillen verliert, wird es retten. 25 Denn was nützt es dem Menschen, wenn er die ganze Welt gewinnt, sich selbst aber verliert oder zu Schaden bringt?

26 Denn wer sich meiner und meiner Worte schämt, dessen wird auch der Menschensohn sich schämen, wenn er kommen wird in seiner und des Vaters und der heiligen Engel Herrlichkeit. 27 Ich sage euch in Wahrheit: Es sind einige unter denen, die hier stehen, die den Tod nicht kosten, bis sie das Reich Gottes schauen werden.«

Verklärung Jesu

28 Es war nach diesen Reden, etwa acht Tage darauf, da nahm er den Petrus, Johannes und Jakobus mit sich und stieg auf den Berg, um zu beten. 29 Während er betete, wurde das Aussehen seines Antlitzes ein anderes, und sein Gewand wurde strahlend weiß. 30 Und siehe, zwei Männer redeten mit ihm, es waren Moses und Elias, 31 die in Herrlichkeit erschienen und von seinem Hingang sprachen, den er vollenden sollte in Jerusalem. 32 Petrus und seine Gefährten waren vom Schlaf übermannt; beim Erwachen aber sahen sie seine Herrlichkeit und die zwei Männer, die bei ihm standen. 33 Als diese von ihm scheiden wollten, sagte Petrus zu Jesus: »Meister, es ist gut, daß wir hier sind; wir wollen drei Hütten bauen, eine für dich, eine für Moses und eine für Elias« – er wußte nicht, was er sagte. 34 Während er so redete, kam eine Wolke und überschattete sie, und Furcht erfaßte sie, indes jene in die Wolke hineinschritten. 35 Und eine Stimme kam aus der Wolke und sprach: »Dieser ist mein Sohn, mein Erwählter; auf ihn sollt ihr hören.« 36 Als die Stimme erscholl, war nur Jesus allein zu sehen. Und sie schwiegen und sagten in jenen Tagen niemand etwas von dem, was sie gesehen hatten.

Wunderkraft des Glaubens

37 Es war am folgenden Tage, da ging ihnen, als sie vom Berge herabkamen, viel Volk entgegen. 38 Und siehe, ein Mann aus dem Volke schrie: »Meister, ich bitte dich, nimm dich meines Sohnes an; denn er ist mein einziger. 39 Siehe, es packte ihn ein Geist, und plötzlich schreit er auf, und zerrt ihn hin und her, daß er schäumt, und nur mit Mühe läßt er von ihm ab und reibt ihn noch auf. 40 Ich bat deine Jünger, sie möchten ihn austreiben; doch sie vermochten es nicht.« 41 Jesus erwiderte: »O du ungläubiges und verkehrtes Geschlecht. Wie lange noch soll ich bei euch sein und euch ertragen? Bring deinen Sohn hierher!« 42 Noch auf dem Hinweg riß und zerrte ihn der Dämon hin und her. Jesus aber gebot dem unreinen Geist, heilte den Knaben und gab ihn seinem Vater. 43 Da gerieten alle außer sich vor Staunen über die Größe Gottes.

Zweite Leidensankündigung

Während alle voll des Staunens waren über alles, was er tat, sprach er zu seinen Jüngern: 44 »Laßt eindringen in eure Ohren diese Worte: Der Menschensohn wird überliefert werden den Händen der Menschen.« 45 Sie aber begriffen dieses Wort nicht, und es blieb vor ihnen verhüllt, so daß sie es nicht verstanden; doch sie scheuten sich, ihn über dieses Wort zu befragen.

Vom rechten Jüngersinn

46 Es stieg in ihnen der Gedanke auf, wer wohl der Größte sei unter ihnen. 47 Jesus wußte um den Gedanken ihres Herzens, nahm ein Kind, stellte es neben sich 48 und sprach zu ihnen: »Wer dieses Kind aufnimmt in meinem Namen, der nimmt mich auf; und wer mich aufnimmt, der nimmt den auf, der mich gesandt hat. Denn wer der Kleinste ist unter euch allen, der ist groß.«

49 Da wandte sich Johannes an ihn und sprach: »Meister, wir sahen einen, der in deinem Namen Dämonen austrieb, und wir verwehrten es ihm, weil er sich uns nicht anschließt.« 50 Jesus sprach zu ihm: »Verwehrt es nicht; denn wer nicht gegen euch ist, der ist für euch.«

JESUS AUF DEM WEG NACH JERUSALEM

Die unfreundlichen Samariter

51 Es kam die Zeit, daß sich die Tage für seine Hinwegnahme erfüllten, und er hielt sein Antlitz Jerusalem zugewandt, um dorthin zu gehen. 52 Er schickte Boten vor sich her, und sie gingen hin und kamen in ein Dorf der Samariter, um für ihn Vorbe-

reitung zu treffen. 53 Doch sie nahmen ihn nicht auf, weil sein Antlitz auf den Weg nach Jerusalem gerichtet war. 54 Als die Jünger das sahen, sagten Jakobus und Johannes: »Herr, willst du, daß wir sagen, es solle ›Feuer vom Himmel fallen und sie verzehren‹ [, wie auch Elias tat]« (2 Kön 1,10–12)? 55 Er aber wandte sich um und verwies es ihnen streng [und sprach: »Ihr wißt nicht, wessen Geistes ihr seid. 56 Der Menschensohn ist nicht gekommen, Menschenleben zu vernichten, sondern zu retten«]. Und sie gingen in ein anderes Dorf.

Vom Ernst der Nachfolge

57 Als sie auf dem Weg dahinzogen, sagte einer zu ihm: »Ich will dir folgen, wohin du auch gehst.« 58 Jesus sprach zu ihm: »Die Füchse haben Höhlen und die Vögel des Himmels Nester; der Menschensohn aber hat nichts, wo er sein Haupt hinlege.« 59 Zu einem anderen sprach er: »Folge mir nach!« Der sagte: »Herr, laß mich zuvor hingehen und meinen Vater begraben.« 60 Er entgegnete ihm: »Laß die Toten ihre Toten begraben; du aber geh hin und verkünde das Reich Gottes!« 61 Und ein anderer sagte: »Ich will dir nachfolgen, Herr, doch laß mich zuvor Abschied nehmen von meinen Hausgenossen.« 62 Jesus sprach zu ihm: »Niemand, der seine Hand an den Pflug legt und zurückschaut auf das, was hinter ihm liegt, ist tauglich für das Reich Gottes.«

9,1–6: Vgl. Matth 9,35–10,14; Mark 6,7–13. • 7–9: Vgl. Matth 14,1f; Mark 6,14–16. • 10–17: Vgl. Matth 14,13–21; Mark 6,30–44; Joh 6,1–15. Luk berichtet nichts von einer zweiten Brotvermehrung (Matth 15,32–39; Mark 8,1–10). • 18–27: Vgl. Matth 16,13–28; Mark 8,27–9,1. Jesus zieht sich von den für seine Predigt unempfänglichen Juden zurück und widmet sich nunmehr der besonderen Schulung seiner Apostel, wobei er ihnen besonders das Geheimnis der Passion im Gottesreich nahebringen will. • 21: Die Geheimhaltung der Messiaswürde (Christus = Messias) war notwendig, um den von falschen Vorstellungen erfüllten Juden keinen Anlaß zu Mißdeutung und Unruhe zu geben. • 28–36: Vgl. Matth 17,1–9; Mark 9,2–9. • 37–45: Vgl. Matth 17,14–23; Mark 9,14–32. Mit der betont hervorgehobenen Aufforderung Jesu: »Laßt eindringen in eure Ohren diese Worte« (Vers 44) will der Evangelist darauf aufmerksam machen, daß sich Jesus durch das »Staunen« der Menschen über seine Wundertaten (Vers 43) nicht beirren ließ in der Erkenntnis des ihm vorgezeichneten Heilsweges der Passion. • 46–50: Vgl. Matth 18,1–5; Mark 9,33–41. • 51–56: Ein Beispiel der zwischen Samaritern und Juden bestehenden religiös-politischen Spannungen, besonders gegenüber Jerusalempilgern. • 57–62: Vgl. Matth 8,19–22.

Aussendung der Jünger

10 1 Darauf bestimmte der Herr noch weitere [zweiund]siebzig und sandte sie zu zweien vor sich her in jede Stadt und jeden Ort, wohin er selber zu kommen gedachte. 2 Er sprach zu ihnen: »Die Ernte ist groß, doch der Arbeiter sind wenige. Bittet daher den Herrn der Ernte, daß er Arbeiter aussende zu seiner Ernte. 3 Geht hin! Seht, ich sende euch wie Lämmer mitten unter Wölfe. 4 Ihr sollt nicht Beutel mitnehmen, nicht Tasche, nicht Schuhe; und niemand auf dem Weg sollt ihr grüßen. 5 Betretet ihr ein Haus, so sagt zuerst: Friede diesem Haus! 6 Und ist darin ein Sohn des Friedens, so wird euer Friede sich niederlassen auf ihn, wenn aber nicht, so wird er auf euch zurückkehren. 7 Bleibt in jenem Hause und eßt und trinkt von dem, was ihrer ist; denn der Arbeiter ist seines Lohnes wert. Zieht nicht von einem Haus in das andere! 8 Betretet ihr eine Stadt und nimmt man euch auf, so eßt, was euch vorgesetzt wird; 9 heilt die Kranken in ihr und sagt ihnen: Genaht hat sich euch das Reich Gottes. 10 Betretet ihr eine Stadt und nimmt man euch nicht auf, so geht hinaus auf ihre Straßen und sprecht: 11 Sogar den Staub, der uns von eurer Stadt an den Füßen hängt, schütteln wir auf euch; doch sollt ihr wissen: Genaht hat sich das Reich Gottes. 12 Ich sage euch: Sodoma wird es an jenem Tage erträglicher ergehen als jener Stadt.

Die unbußfertigen Städte

13 Wehe dir, Chorazin! Wehe dir, Bethsaida! Denn wären in Tyrus und Sidon die Wunder geschehen, die bei euch geschahen, sie hätten längst, in Sack und Asche sitzend, sich bekehrt. 14 Doch Tyrus und Sidon wird es erträglicher ergehen beim Gericht als euch. 15 Und du, Kapharnaum, wirst du wohl ›bis in den Himmel erhoben werden? Bis in die Unterwelt wirst du geschleudert werden‹ (Is 14,13–15).

16 Wer euch hört, der hört mich; und wer euch verachtet, der verachtet mich; wer aber mich verachtet, der verachtet den, der mich gesandt hat.«

Rückkehr der Jünger

17 Die [Zweiund]siebzig kehrten voll Freude zurück und sagten: »Herr, sogar die Dämonen sind uns untertan in deinem Namen.« 18 Er entgegnete ihnen: »Ich sah den Satan wie einen Blitz vom Himmel fallen. 19 Seht, ich habe euch Macht gegeben, auf ›Schlangen und Skorpione zu treten‹ (Ps 91,13) sowie über jede feindliche Gewalt, und nichts wird euch schaden. 20 Doch freut euch nicht darüber, daß die Geister euch untertan sind; sondern freut euch, daß eure Namen aufgezeichnet sind im Himmel.«

Der Messiasruf Jesu

21 In jener Stunde frohlockte Jesus im Heiligen Geist und sprach: »Ich preise dich, Vater, Herr des Himmels und der Erde, daß du dies vor Weisen und Klugen verborgen, Kleinen aber geoffenbart hast. Ja, Vater, so war es wohlgefällig vor dir. 22 Alles ist mir übergeben von meinem Vater. Niemand er-

kennt, wer der Sohn ist, als der Vater, und wer der
Vater ist, als der Sohn und wem der Sohn es offen-
baren will.«
23 Und den Jüngern allein sich zuwendend, sprach
er: »Selig die Augen, die sehen, was ihr seht!
24 Denn ich sage euch: Viele Propheten und Könige
verlangten zu sehen, was ihr seht, und haben es
nicht gesehen, und zu hören, was ihr hört, und
haben es nicht gehört.«

Das Beispiel des Samariters

25 Und siehe, ein Gesetzeslehrer trat heran, um ihn
auf die Probe zu stellen, und sagte: »Meister, was
muß ich tun, um ewiges Leben zu erlangen?« 26 Er
sprach zu ihm: »Was steht geschrieben im Gesetz?
Wie liest du?« 27 Jener antwortete: »›Du sollst den
Herrn, deinen Gott, lieben aus deinem ganzen
Herzen, aus deiner ganzen Seele, aus deiner ganzen
Kraft und aus deinem ganzen Denken‹ (5 Mos 6,5)
und: ›Deinen Nächsten wie dich selbst‹« (3 Mos
19,18). 28 Er sprach zu ihm: »Du hast richtig geant-
wortet; ›tu das, so wirst du leben!‹« (3 Mos 18,5).
29 Jener aber wollte sich rechtfertigen und sagte zu
Jesus: »Und wer ist mein Nächster?«
30 Jesus nahm das Wort und sprach: »Es ging ein
Mann von Jerusalem hinab nach Jericho und fiel
unter die Räuber. Die plünderten ihn aus, schlugen
ihn wund, ließen ihn halbtot liegen und gingen da-
von. 31 Da fügte es sich, daß ein Priester auf jenem
Weg hinabging; er sah ihn und ging vorüber.
32 Ebenso ging auch ein Levit, der an die Stelle kam
und ihn sah, vorüber. 33 Ein Samariter aber, der des
Weges zog, kam hinzu, sah ihn und erbarmte sich
seiner. 34 Er ging hin, verband seine Wunden und
goß Öl und Wein darauf. Dann hob er ihn auf sein
Reittier, brachte ihn zu einer Herberge und trug
Sorge für ihn. 35 Am andern Tag zog er zwei Denare
heraus, gab sie dem Wirt und sagte: Trag Sorge für
ihn, und was du darüber noch aufwendest, werde
ich dir auf dem Rückweg bezahlen. 36 Wer von
diesen dreien, meinst du, hat sich als Nächster er-
wiesen an dem, der unter die Räuber fiel?« 37 Der
antwortete: »Der Barmherzigkeit übte an ihm.« Da
sagte Jesus zu ihm: »Geh hin und tu desgleichen!«

Das eine Notwendige

38 Auf ihrer Wanderung kam er in ein Dorf. Eine
Frau mit Namen Martha nahm ihn auf in ihr Haus.
39 Sie hatte eine Schwester, die Maria hieß, und
diese setzte sich zu den Füßen des Herrn und
lauschte seinem Wort. 40 Martha aber, viel in An-
spruch genommen mit dem Bedienen, trat hinzu
und sagte: »Herr, kümmert es dich nicht, daß meine
Schwester mich allein ließ in der Bewirtung? Sage
ihr doch, sie möge mir helfen.« 41 Der Herr ant-
wortete ihr: »Martha, Martha, du machst dir Sorge
und Unruhe um vieles; 42 eines nur ist notwendig.
Maria hat den guten Teil erwählt; der wird nicht
genommen werden von ihr.«

10,1–20: Diese besondere Jüngeraussendung (wahrscheinlich waren es »siebzig« Jünger in Nachahmung der »siebzig Ältesten«, 4 Mos 11,24) berichtet nur Luk, jedoch mit Worten, die er teilweise schon 9,1–6 verwendete und die bei Matth 9,35–10,6; Mark 6,6–13 mit dem Bericht der Apostelaussendung bzw. mit dem Weheruf über die unbußfertigen Städte (Matth 11,21–23) verbunden sind. • 4: Das »Grüßen« meint ein längeres Verweilen (»Begrüßen«), dessen Unterlassung also nicht dem Gebot der Bruderliebe widersprach, vgl. 2 Kön 4,29. Die Jünger sollten frei sein von allen »Verpflichtungen«. • 21–24: Vgl. Matth 11,25–27; 13,16f. • 25–37: Vgl. Matth 22,34–40; Mark 12,28–31. Das Gleichnis selbst ist Sonderbericht des Lukasevangeliums und fügt sich in das für Luk kennzeichnende Heilandsbild der schrankenlosen Güte. • 38–42: Die beiden Schwestern wohnten nach Joh 11,1 in Bethanien, auch die vorhergehende Parabel vom Barmherzigen Samariter weist in die Gegend von Jerusalem. Somit ordnet Luk die Berichte nicht streng nach dem Verlauf des Weges; er trägt hier Begebenheiten, die zum Teil mit früheren Reisen verbunden waren, nach. Das »eine Notwendige« ist die Sorge um das Heil der Seele, nicht um die Bedürfnisse des Leibes. Jesus will die rechte Rangordnung zeigen.

Das Gebet des Herrn

11
1 Es begab sich, als er an einem Ort im
Gebete verweilte und es beendete, da
sagte einer seiner Jünger zu ihm: »Herr,
lehre uns beten, wie auch Johannes seine Jünger
lehrte.« 2 Er sagte zu ihnen: »Wenn ihr betet, so
sprecht: Vater, geheiligt werde dein Name; es
komme dein Reich! 3 Unser tägliches Brot gib uns
Tag für Tag! 4 Und vergib uns unsere Sünden; denn
auch wir vergeben jedem unserer Schuldner! Und
führe uns nicht in Versuchung!«

Vertrauensvolles Beten

5 Und er sprach zu ihnen: »Jemand von euch hat
einen Freund, und zu dem geht er um Mitter-
nacht und sagt zu ihm: Freund, leihe mir drei Brote,
6 denn mein Freund ist unterwegs bei mir eingetrof-
fen, und ich habe nichts, was ich ihm vorsetzen
könnte – 7 wird da jener von drinnen zur Antwort
geben: Belästige mich nicht, die Türe ist schon ver-
schlossen, und meine Kinder sind bei mir im Bett,
ich kann nicht aufstehen und dir geben!? 8 Ich sage
euch: Wenn er auch nicht aufstehen und ihm geben
wird, weil er sein Freund ist, so wird er doch seines
Drängens wegen sich erheben und ihm geben, was
er braucht.
9 Auch ich sage euch: Bittet, und es wird euch ge-
geben werden; sucht, und ihr werdet finden; klopft
an, und es wird euch aufgetan werden. 10 Denn
jeder, der bittet, empfängt; wer sucht, der findet;
und wer anklopft, dem wird aufgetan werden.
11 Wo ist unter euch ein Vater, der seinem Sohn, der

ihn um Brot bittet, einen Stein gäbe? Oder um
einen Fisch, und statt des Fisches eine Schlange ihm
gäbe? 12 der wenn er um ein Ei bittet, ihm einen
Skorpion dafür gäbe? 13 Wenn nun ihr, die ihr böse
seid, euren Kindern gute Gaben zu geben wißt,
wieviel mehr wird der Vater vom Himmel Heiligen
Geist denen geben, die ihn bitten!«

Abwehr pharisäischer Lästerung

14 Und er trieb einen Dämon aus, und dieser war
stumm. Als der Dämon ausgefahren war, geschah
es, daß der Stumme redete. Das Volk aber staunte.
15 Einige von ihnen aber sagten: »Durch Beelzebul,
den Fürsten der Dämonen, treibt er die Dämonen
aus.« 16 Andere forderten, um ihn auf die Probe zu
stellen, von ihm ein Zeichen vom Himmel.
17 Er aber wußte ihre Gedanken und sprach zu
ihnen: »Jedes Reich, das mit sich selbst entzweit
ist, wird verwüstet, und ein Haus fällt über das
andere. 18 Wenn nun auch der Satan mit sich selbst
entzweit ist, wie soll da sein Reich bestehen? Ihr
sagt ja, ich treibe durch Beelzebul die Dämonen
aus. 19 Wenn ich aber durch Beelzebul die Dämonen
austreibe, durch wen treiben eure Söhne aus?
Somit werden sie eure Richter sein. 20 Treibe ich
aber durch den Finger Gottes die Dämonen aus,
dann ist ja das Reich Gottes zu euch gekommen.
21 Wenn der Starke wohlbewaffnet seinen Hof
bewacht, so ist sein Eigentum in Sicherheit.
22 Kommt aber ein Stärkerer als er über ihn und
überwältigt ihn, so nimmt er ihm seine ganze
Rüstung, auf die er sich verlassen hatte, hinweg und
verteilt seine Beute. 23 Wer nicht mit mir ist, der ist
gegen mich; und wer nicht mit mir sammelt, der
zerstreut.

Warnung vor Rückfall

24 Wenn der unreine Geist ausgefahren ist aus dem
Menschen, wandert er durch wasserlose Gegenden,
sucht Ruhe, und da er sie nicht findet, sagt er: Ich
will zurückkehren in mein Haus, von dem ich aus-
zog. 25 Und er kommt und findet es gescheuert und
geschmückt. 26 Dann geht er hin, nimmt sieben
andere Geister mit sich, die ärger sind als er selbst,
und sie ziehen ein und hausen darin, und die letz-
ten Dinge jenes Menschen werden ärger sein als die
ersten.«

Lobpreis der Mutter

27 Während er dies redete, geschah es, da erhob
eine Frau aus dem Volk ihre Stimme und sagte zu
ihm: »Selig der Leib, der dich getragen, und die
Brüste, die dich genährt haben.« 28 Er aber sprach:
»Ja, doch selig, die das Wort Gottes hören und es
bewahren.«

Warnung vor Unglauben

29 Als das Volk zusammenströmte, begann er zu
sprechen: »Dieses Geschlecht ist ein böses Ge-
schlecht; es verlangt ein Zeichen, doch es wird ihm
kein Zeichen gegeben werden als das Zeichen des
Jonas. 30 Wie nämlich Jonas für die Niniviten ein
Zeichen war, so wird es auch der Menschensohn
sein für dieses Geschlecht.
31 Die Königin des Südens wird beim Gericht mit
den Männern dieses Geschlechtes auftreten und
sie verurteilen; denn sie kam von den Enden der
Erde, um die Weisheit Salomons zu hören (1 Kön
10,1–10), und seht, mehr als Salomon ist hier. 32 Die
Männer von Ninive werden beim Gericht mit
diesem Geschlecht auftreten und es verurteilen;
denn sie bekehrten sich auf die Predigt des Jonas hin
(Jon 3,5), und seht, mehr als Jonas ist hier.

Gleichnis vom Licht

33 Niemand zündet eine Lampe an und stellt sie
in ein Versteck oder unter den Scheffel, sondern
auf den Leuchter, damit die Eintretenden den Licht-
schein sehen. 34 Die Leuchte deines Leibes ist dein
Auge. Ist dein Auge klar, ist auch dein ganzer Leib
im Lichte; ist es aber schlecht, ist auch dein Leib im
Finstern. 35 Gib darum acht, daß nicht das Licht, das
in dir ist, Finsternis sei. 36 Ist nun dein ganzer Leib
im Lichte, ohne irgendeinen Teil im Finstern zu
haben, wird er ganz im Lichte sein, solange die
Leuchte mit ihrem Strahl dich erhellt.«

Strafrede über die Pharisäer und Schriftgelehrten

37 Während er redete, bat ihn ein Pharisäer, bei ihm
zu speisen, und er ging hinein und ließ sich nieder.
38 Der Pharisäer sah zu und wunderte sich, daß er
sich vor dem Essen nicht wusch. 39 Der Herr aber
sprach zu ihm: »Ja, ihr Pharisäer, ihr reinigt das
Äußere des Bechers und der Schüssel, doch das
Innere von euch ist angefüllt mit Raub und
Schlechtigkeit. 40 Ihr Toren! Hat nicht, der das
Äußere machte, auch das Innere gemacht? 41 Gebt
lieber, was drinnen ist, als Almosen, und seht, alles
ist rein für euch.
42 Doch wehe euch Pharisäern! Ihr rechnet den
Zehnten von Minze, Raute und jedem Kraut; aber
am Recht und an der Liebe Gottes geht ihr vorbei.
Dies sollte man tun und jenes nicht unterlassen.
43 Wehe euch Pharisäern! Ihr liebt den ersten Platz
in den Synagogen und das Begrüßtwerden auf den
öffentlichen Plätzen. 44 Wehe euch! Ihr seid wie
Gräber, die unkenntlich sind; die Leute gehen dar-
über und wissen es nicht.«
45 Einer von den Gesetzeslehrern aber hielt ihm ent-
gegen: »Meister, mit solchen Worten beleidigst du

auch uns!« 46 Er aber sprach: »Wehe auch euch Gesetzeslehrern! Ihr beladet die Menschen mit schwer zu tragenden Lasten, ihr selbst aber rührt nicht mit einem einzigen eurer Finger die Lasten an. 47 Wehe euch! Ihr baut die Denkmäler der Propheten; eure Väter aber haben sie getötet. 48 So bezeugt und bestätigt ihr die Taten eurer Väter; sie haben jene getötet, und ihr baut [ihre Grabmäler].
49 Deshalb hat auch die Weisheit Gottes gesagt: Ich werde zu ihnen Propheten und Apostel senden; sie aber werden von ihnen die einen töten und die anderen verfolgen, 50 damit das Blut aller Propheten, das vergossen wurde seit Grundlegung der Welt, gefordert werde von diesem Geschlecht, 51 vom Blute Abels an bis zum Blut des Zacharias, der umgebracht wurde zwischen Altar und Tempelhaus. Ja, ich sage euch: Es wird gefordert werden von diesem Geschlecht! 52 Wehe euch Gesetzeslehrern! Denn weggenommen habt ihr den Schlüssel der Erkenntnis; ihr selbst seid nicht hineingegangen, und die Hineingehenden habt ihr daran gehindert.«
53 Als er von dort weiterging, begannen die Schriftgelehrten und Pharisäer ihm scharf zuzusetzen und ihn über vielerlei Dinge auszuhorchen, 54 wobei sie darauf lauerten, etwas aufzufangen aus seinem Munde [, um ihn anklagen zu können].

11,1–4: Vgl. Matth 6,9–13 mit etwas längerem und zum Teil verschiedenem Text. • 9–13: Vgl. Matth 7,7–11; beachte Vers 13 mit dem wichtigsten Gebetsanliegen. • 14–23: Vgl. Matth 12,22–30 (9,32–34); Mark 3,22–30. • 24–26: Vgl. Matth 12,43–45. • 27f: Ein Beispiel von Marienverehrung in ihrer Bezogenheit auf Jesus. Jesus will das Lob seiner Mutter nicht zurückweisen, sondern auf das Entscheidende auch in ihrem Vorbild hinweisen. • 29–32: Vgl. Matth 12,38–42 (16,1–4); Mark 8,11–13. Der Vergleich dieser drei bzw. vier Stellen zeigt, daß das ursprüngliche Jesuswort zur Zeichenforderung der Juden in der urchristlichen Predigt eine unterschiedliche Ausprägung erfahren hat. Bei Matth ist das »Zeichen des Jonas« in Beziehung gesetzt zur Auferstehung Jesu aus dem Grabe, die als ein Zeichen gesehen ist. Bei Luk tritt dieser Hinweis zurück, so daß man eher an das Erscheinen des erhöhten Herrn zum Endgericht denken möchte, von dem ja auch in den sich anschließenden Sätzen die Rede ist. Danach hätte Jesus (Mark 8,11–13!) die Zeichenforderung abgelehnt und eine – wenn auch verhüllte – Gerichtsdrohung ausgesprochen. • 33–36: Vgl. Matth 5,15; 6,22f; Mark 4,21; Luk 8,16. Vers 36b wird auch übersetzt: »wie wenn das Licht dich mit seinem Strahl erhellt«. • 37–54: Vgl. Matth 23,1–36.

Aufruf zu mutigem Bekennen

12 1 Als sich unterdessen das Volk in ungezählten Scharen herandrängte, so daß sie sich auf die Füße traten, wandte er sich zuerst an seine Jünger und sprach: »Hütet euch vor dem Sauerteig der Pharisäer, vor der Heuchelei! 2 Nichts ist verhüllt, was nicht offenbar, und nichts ist verborgen, was nicht bekannt werden wird. 3 Darum wird alles, was ihr im Finstern gesprochen habt, am hellen Tag vernommen werden; und was ihr ins Ohr gesagt habt in den Kammern, das wird verkündet werden auf den Dächern.
4 Ich sage euch als meinen Freunden: Fürchtet euch nicht vor denen, die den Leib töten, aber darüber hinaus nichts weiter zu tun vermögen. 5 Ich will euch zeigen, wen ihr fürchten sollt: Fürchtet den, der über das Töten hinaus noch Macht hat, in die Hölle zu werfen. Ja, sage ich euch, den fürchtet! 6 Verkauft man nicht fünf Sperlinge um einige Pfennige? Und nicht einer von ihnen ist vergessen vor Gott. 7 Ja, selbst die Haare eures Hauptes sind alle gezählt. Fürchtet euch also nicht; wertvoller seid ihr als viele Sperlinge.
8 Ich sage euch: Jeder, der sich zu mir bekennt vor den Menschen, zu dem wird sich auch der Menschensohn bekennen vor den Engeln Gottes. 9 Wer mich aber verleugnet vor den Menschen, der wird verleugnet werden vor den Engeln Gottes. 10 Jedem, der ein Wort redet gegen den Menschensohn, wird vergeben werden; wer aber gegen den Heiligen Geist lästert, dem wird nicht vergeben werden.
11 Wenn man euch vor die Synagogen bringt und vor die Behörden und Machthaber, so seid nicht in Sorge, wie oder womit ihr euch verteidigen oder was ihr sagen sollt; 12 denn der Heilige Geist wird euch in jener Stunde lehren, was ihr sagen sollt.«

Warnung vor Habsucht

13 Einer aus dem Volke sagte zu ihm: »Meister, sag meinem Bruder, er solle mit mir das Erbe teilen.« 14 Er aber erwiderte ihm: »Mensch, wer hat mich zum Richter oder Erbteiler gesetzt über euch?« 15 Und er sagte zu ihnen: »Seht zu und hütet euch vor aller Habgier; denn mag einer auch Überfluß haben, sein Leben hängt nicht ab von seinem Besitz.«
16 Er trug ihnen ein Gleichnis vor: »Eines reichen Mannes Land hatte reichlich getragen. 17 Da überlegte er bei sich: Was soll ich tun, da ich nicht Raum genug habe, darin ich aufspeichern könnte meine Früchte? 18 Und er sagte: Das will ich tun: Ich werde meine Scheunen niederreißen und größere bauen; darin will ich aufspeichern all mein Getreide und meine Vorräte. 19 Und zu meiner Seele will ich sagen: Seele, du hast viel an Vorräten liegen auf viele Jahre; ruh dich aus, iß und trink und laß es dir wohl sein! 20 Doch da sprach Gott zu ihm: Du Tor! Noch in dieser Nacht wird man dein Leben von dir fordern; was du nun aufgespeichert hast, für wen wird es sein? 21 So geht es dem, der Schätze sammelt für sich und nicht reich ist vor Gott.«

Von unnötiger und notwendiger Sorge
22 Und er sprach zu seinen Jüngern: »Darum sage ich
euch: Macht euch nicht Sorge um euer Leben, was
ihr essen, noch um den Leib, was ihr anziehen sollt.
23 Denn das Leben ist mehr als die Speise und der
Leib mehr als die Kleidung.
24 Betrachtet die Raben; sie säen nicht, sie ernten
nicht, sie haben weder Kammer noch Speicher, und
Gott ernährt sie. Wieviel wertvoller seid ihr als die
Vögel! 25 Wer unter euch vermag mit seinen Sorgen
seinem Lebensweg eine einzige Elle hinzuzufügen?
26 Wenn ihr also nicht einmal so Geringes vermögt,
was macht ihr euch Sorge um das übrige?
27 Betrachtet die Lilien, wie sie wachsen; sie arbei-
ten nicht und spinnen nicht, und doch sage ich
euch: Selbst Salomon in all seiner Pracht war nicht
gekleidet wie eine von ihnen. 28 Wenn nun Gott das
Gras auf dem Felde, das heute steht und morgen in
den Ofen geworfen wird, so kleidet, wieviel mehr
euch, ihr Kleingläubigen! 29 So fragt auch ihr nicht
danach, was ihr essen und was ihr trinken werdet,
und beunruhigt euch nicht! 30 Denn nach all dem
trachten die Heiden der Welt; euer Vater aber weiß,
daß ihr dessen bedürft. 31 Sucht vielmehr sein
Reich, und dies wird euch dazugegeben werden.
32 Fürchte dich nicht, du kleine Herde! Denn es hat
eurem Vater gefallen, euch das Reich zu geben.
33 Verkauft, was ihr habt, und gebt Almosen! Macht
euch Beutel, die nicht veralten, einen Schatz im
Himmel, der nicht abnimmt, wo kein Dieb heran-
kommt und den keine Motte zerstört. 34 Denn wo
euer Schatz ist, da wird auch euer Herz sein.
Mahnung zur Wachsamkeit
35 Eure Lenden sollen umgürtet sein, und eure Lam-
pen sollen brennen. 36 Ihr sollt sein wie Menschen,
die auf ihren Herrn warten, wenn er von der Hoch-
zeit heimkehrt, damit sie ihm, wenn er kommt und
anklopft, sogleich öffnen. 37 Selig jene Knechte, die
der Herr bei seinem Kommen wachend antrifft.
Wahrlich, ich sage euch: Er wird sich gürten und sie
Platz nehmen lassen und umhergehen und sie be-
dienen. 38 Kommt er in der zweiten oder dritten
Nachtwache und trifft sie so an, selig sind sie. 39 Das
versteht ihr: Wenn der Hausherr wüßte, zu welcher
Stunde der Dieb kommt, so würde er nicht zulas-
sen, daß eingebrochen wird in sein Haus. 40 Auch
ihr sollt bereit sein; denn zu einer Stunde, da ihr
nicht daran denkt, wird der Menschensohn kom-
men.«
41 Da sagte Petrus zu ihm: »Herr, sagst du dieses
Gleichnis für uns oder auch für alle?« 42 Und der
Herr sprach: »Wer ist wohl der getreue und kluge
Verwalter, den der Herr über seine Dienerschaft
setzt, damit er ihnen ihren Teil an Nahrung gebe zur
rechten Zeit? 43 Selig jener Knecht, den der Herr bei
seinem Kommen so am Werke findet. 44 Wahrlich,
ich sage euch: Über all seine Habe wird er ihn set-
zen. 45 Wenn aber jener Knecht in seinem Herzen
denkt: Mein Herr läßt sich Zeit zu kommen, und
wenn er anfängt, die Knechte und Mägde zu schla-
gen, zu essen, zu trinken und sich zu berauschen,
46 so wird der Herr dieses Knechtes kommen an
einem Tage, da er es nicht erwartet, und zu einer
Stunde, da er es nicht weiß, und er wird ihn nieder-
hauen und ihm seinen Platz bei den Treulosen an-
weisen. 47 Jener Knecht aber, der um den Willen
seines Herrn wußte und nicht bereithielt oder tat,
wie dieser es wollte, wird viele Schläge empfangen.
48 Der aber nicht darum wußte und tat, was Schläge
verdient, wird wenige erhalten. Von jedem, dem
viel gegeben wurde, wird viel gefordert werden,
und wem viel anvertraut wurde, von dem wird man
um so mehr verlangen.
Bereitschaft zum Kampf
49 Feuer auf die Erde zu werfen, bin ich gekommen,
und wie sehr wünschte ich, es würde schon bren-
nen! 50 Mit einer Taufe muß ich getauft werden,
und wie bedrängt es mich, bis sie vollbracht ist!
51 Meint ihr, ich sei gekommen, Frieden auf die Erde
zu bringen? Nein, sage ich euch, sondern Entzwei-
ung. 52 Denn von nun an werden fünf in einem
Hause entzweit sein, drei gegen zwei und zwei
gegen drei; 53 es wird entzweit sein der Vater mit
dem Sohn und der Sohn mit dem Vater, die Mutter
mit der Tochter und ›die Tochter mit der Mutter‹,
die Schwiegermutter mit der Schwiegertochter und
›die Schwiegertochter mit der Schwiegermutter‹
(Mich 7,6).«
Die Zeit drängt
54 Dann sprach er auch zum Volk: »Wenn ihr eine
Wolke aufsteigen seht im Westen, sagt ihr sogleich:
Es gibt Regen, und es kommt so; 55 und spürt ihr den
Südwind wehen, sagt ihr: Es wird heiß, und es trifft
zu. 56 Ihr Heuchler! Das Aussehen der Erde und
des Himmels wißt ihr zu deuten; weshalb macht
ihr euch keine Gedanken über die jetzige Zeit?
57 Warum entscheidet ihr euch nicht auch von
selber für das Rechte?
58 Wenn du nämlich mit deinem Gegner zur Obrig-
keit gehst, so gib dir noch unterwegs Mühe, loszu-
kommen von ihm, damit er dich nicht etwa vor den
Richter ziehe und der Richter dich dem Gerichts-
diener übergebe und der Gerichtsdiener dich in das
Gefängnis werfe. 59 Ich sage dir: Du wirst nicht her-

auskommen von dort, bis du auch den letzten Heller bezahlt hast.«

12,1–3: Vgl. Matth 10,26f (16,6); Mark 8,15 (4,22); Luk 8,17. • 4–12: Vgl. Matth 10,19.28–33; 12,32. Zu Vers 12 vgl. Mark 13,11. In Vers 6 ist der Preis der fünf Sperlinge im Griechischen mit »zwei Assen«, etwa 8–10 Pfennigen, angegeben. • 22–34: Vgl. Matth 6,19–33 (in der Bergpredigt). Die Spruchgruppe ist in Beziehung zu setzen zum vorausgehenden Beispiel vom habgierigen Bauern. • 35–48: Vgl. Matth 24,43–51; Mark 13,33–37 (im Zusammenhang mit den Weissagungen vom Ende). • 49–53: Vgl. Matth 10,34–36. »Feuer« meint hier wohl den Läuterungsbrand, der die Erde mit dem Gottesreich erfassen wird und die Menschen in den Kampf zwischen Glaube und Unglaube wirft. Jesus sehnt sich nach der Vollendung seiner Sendung, empfindet aber vorahnend in seiner menschlichen Natur das Schwere des Opferganges. Auch der Jünger wird den Kampf zu spüren bekommen. • 54–59: Hier werden zwei ursprünglich selbständige Worte zu einem Lehrstück vereint, um die Notwendigkeit der Erkenntnis der Zeichen des anbrechenden Gottesreiches hervorzuheben und den Menschen zu unverzüglicher Entscheidung aufzurufen. Für das Beispiel vom Wetterhimmel hat Matth ein ähnliches bei Matth 16,2 – das Beispiel vom Prozeßgegner findet sich bei Matth 5,25f, um dort die Unaufschiebbarkeit der Versöhnung zu veranschaulichen.

Mahnung zur Umkehr

13 1 Gerade zu dieser Zeit kamen einige und berichteten ihm von den Galiläern, deren Blut Pilatus mit ihren Schlachtopfern vermischte. 2 Und er wandte sich an sie und sprach: »Meint ihr, diese Galiläer seien größere Sünder gewesen als alle anderen Galiläer, weil sie das erlitten? 3 Nein, sage ich euch; vielmehr werdet ihr alle, wenn ihr euren Sinn nicht ändert, auf gleiche Weise zugrunde gehen. 4 Oder jene achtzehn, auf die der Turm am Siloam fiel und sie erschlug, meint ihr, sie seien schuldiger gewesen als alle anderen Bewohner Jerusalems? 5 Nein, sage ich euch; vielmehr werdet ihr alle, wenn ihr euren Sinn nicht ändert, auf gleiche Weise zugrunde gehen.«

6 Er trug ihnen dieses Gleichnis vor: »Es hatte jemand einen Feigenbaum, der in seinen Weinberg gepflanzt war, und er kam und suchte an ihm nach Frucht, fand aber keine. 7 Da sagte er zum Weingärtner: Siehe, schon drei Jahre komme ich und suche Frucht an diesem Feigenbaum und finde keine; hau ihn heraus! Wozu denn soll er den Boden aussaugen? 8 Der aber antwortete ihm: Herr, laß ihn noch dieses Jahr, bis ich rings um ihn aufgehackt und Dünger dazugetan habe; 9 vielleicht bringt er Frucht, wenn aber nicht, dann magst du ihn immer noch umhauen lassen.«

Heilung am Sabbat

10 Am Sabbat lehrte er in einer der Synagogen, 11 und siehe, da war eine Frau, die schon achtzehn Jahre einen Geist des Siechtums hatte; sie war gekrümmt und völlig unfähig, sich noch aufzurichten. 12 Als Jesus sie sah, rief er sie heran und sprach zu ihr: »Frau, du bist erlöst von deiner Krankheit!« 13 Er legte ihr die Hände auf, und sogleich richtete sie sich auf und lobte Gott.

14 Der Synagogenvorsteher aber, der unwillig war, daß Jesus am Sabbat heilte, sagte zum Volk: »Sechs Tage sind es, an denen man arbeiten darf; an denen kommt und laßt euch heilen, nicht aber am Sabbat!« 15 Der Herr hielt ihm entgegen: »Ihr Heuchler! Bindet nicht jeder von euch am Sabbat seinen Ochsen oder Esel von der Krippe los und führt ihn zur Tränke? 16 Diese aber, eine Tochter Abrahams, die der Satan schon achtzehn Jahre gebunden hielt, sollte nicht gelöst werden dürfen von dieser Fessel am Tage des Sabbats?« 17 Als er dies sagte, schämten sich alle seine Widersacher; das ganze Volk aber freute sich über die herrlichen Taten, die durch ihn geschahen.

Das Gottesreich im Gleichnis

18 Weiter sagte er: »Wem ist das Reich Gottes gleich, womit soll ich es vergleichen? 19 Es ist gleich einem Senfkorn, das einer nahm und in seinen Garten säte. Es wuchs und wurde zu einem großen Baum, und die Vögel des Himmels wohnten in seinen Zweigen.« 20 Und wiederum sagte er: »Womit soll ich das Reich Gottes vergleichen? 21 Es ist gleich einem Sauerteig, den eine Frau nahm und unter drei Maß Mehl mengte, bis alles durchsäuert war.«

Berufung und Verwerfung

22 Er zog durch Städte und Dörfer und lehrte, während er den Weg nach Jerusalem nahm. 23 Da sagte einer zu ihm: »Herr, sind es wenige, die gerettet werden?« Er sprach zu ihnen: 24 »Müht euch, hineinzukommen durch die enge Pforte; denn ich sage euch: Viele werden hineinzukommen suchen und es nicht vermögen. 25 Sobald der Hausherr sich erhoben und die Türe verschlossen hat und ihr draußen steht und an die Pforte zu klopfen beginnt und ruft: Herr, mach uns auf!, wird er euch zur Antwort geben: Ich weiß von euch nicht, woher ihr seid. 26 Dann werdet ihr sagen: Wir haben vor deinen Augen gegessen und getrunken, und du hast auf unseren Straßen gelehrt. 27 Und er wird antworten: Ich sage euch: Ich weiß nicht, woher ihr seid; weicht von mir alle, die ihr die Werke des Bösen tut! 28 Da wird Heulen sein und Zähneknirschen, wenn ihr Abraham, Isaak, Jakob und alle Propheten im Reiche Gottes sehen werdet, euch selbst aber ausgestoßen. 29 Sie werden kommen von Osten und Westen, von Norden und Süden und zu Tische liegen im Reiche Gottes. 30 Seht, es gibt Letzte, die werden Erste sein, und Erste, die werden Letzte sein.«

Unbeirrbar unter dem Ratschluß Gottes

31 Zur selben Stunde traten einige Pharisäer hinzu
und sagten zu ihm: »Geh fort und entferne dich von
hier, denn Herodes will dich töten.« 32 Er aber
sprach zu ihnen: »Geht hin und sagt diesem Fuchs:
Siehe, ich treibe Dämonen aus und vollbringe Hei-
lungen heute und morgen, und erst am dritten Tag
komme ich zur Vollendung. 33 Doch heute und mor-
gen und den nächsten Tag muß ich noch wandern;
denn es geht nicht an, daß ein Prophet umkomme
außerhalb von Jerusalem.
34 Jerusalem, Jerusalem, das du die Propheten mor-
dest und die steinigst, die zu dir gesandt sind, wie
oft wollte ich deine Kinder sammeln, wie eine
Henne ihre Küchlein unter ihre Flügel sammelt, und
ihr habt nicht gewollt! 35 Seht, ›verlassen wird euer
Haus‹ (Jer 22,5). Ich sage euch: Ihr werdet mich
nicht mehr sehen, bis die Zeit kommt, da ihr
sprecht: Gepriesen sei, der da kommt im Namen
des Herrn!«

13,1–9: Mit diesen Beispielen von blutig beendeten Aufstandsversuchen nationaler Fanatiker will Jesus vom politischen Messiasgedanken weg zur inneren Auffassung vom Gottesreich aufrufen. In Vers 6–9 weist Jesus auf das bis jetzt vergebliche Mühen um Israel hin. Die »drei Jahre« beziehen sich wohl auf sein dreijähriges Wirken, wie es sich nach Joh ergibt. • 18–21: Vgl. Matth 13,31–33; Mark 4,30–32. • 22–30: Vgl. Matth 7,13f. 22–24; 25,10–12; 8,11f. • 34f: Vgl. Matth 23,37–39, wo dieser erschütternde Klageruf in die letzten Tage Jesu in Jerusalem gelegt ist.

Weitere Heilung am Sabbat

14 1 Und es war an einem Sabbat, da kam er
in das Haus eines der führenden Pha-
risäer, um zu speisen, und sie gaben ge-
nau auf ihn acht. 2 Siehe, da war ein wassersüchtiger
Mann vor ihm. 3 Jesus wandte sich zu den Geset-
zeslehrern und Pharisäern und sagte: »Ist es am Sab-
bat erlaubt zu heilen, oder nicht?« 4 Sie schwiegen.
Da faßte er ihn an, heilte ihn und ließ ihn gehen.
5 Zu ihnen aber sprach er: »Wer von euch, dessen
Sohn oder Rind in den Brunnen fällt, wird sie nicht
sofort herausziehen am Tage des Sabbats?« 6 Und
sie vermochten nichts zu erwidern darauf.

Mahnung an Gast und Gastgeber

7 Den Geladenen aber trug er ein Gleichnis vor, da
er bemerkte, wie sie die ersten Plätze sich aussuch-
ten, und sprach zu ihnen: 8 »Bist du von einem zur
Hochzeit geladen, so laß dich nicht auf den ersten
Platz nieder; denn es könnte ein Vornehmerer als du
von ihm geladen sein, 9 und der dich und ihn lud,
könnte kommen und zu dir sagen: Mach diesem
Platz!, und dann würdest du unter Beschämung den
letzten Platz einnehmen. 10 Sondern, bist du ge-
laden, so geh hin und laß dich auf den letzten Platz
nieder, damit, wenn er kommt, der dich einlud, zu
dir sagen wird: Freund, rücke höher hinauf! Dann
wird es dir zur Ehre sein vor allen deinen Tischge-
nossen. 11 Denn jeder, der sich selbst erhöht, wird
erniedrigt, und wer sich selbst erniedrigt, wird er-
höht werden.« 12 Auch zu dem, der ihn geladen
hatte, sprach er: »Wenn du ein Mittagessen oder ein
Abendmahl gibst, so lade nicht deine Freunde ein,
auch nicht deine Brüder und Verwandten und nicht
reiche Nachbarn; sonst laden auch sie dich wieder
ein, und du empfängst die Gegengabe. 13 Lade viel-
mehr, wenn du ein Gastmahl gibst, Arme und Krüp-
pel ein, Lahme und Blinde, 14 und du wirst selig sein,
weil sie keine Möglichkeit haben, dir zu vergelten;
denn vergolten wird dir bei der Auferstehung der
Gerechten.«

Das große Gastmahl

15 Als einer von den Tischgenossen dies hörte, sagte
er zu ihm: »Selig, wer speisen wird im Reiche
Gottes!« 16 Er aber sprach zu ihm: »Es veranstaltete
einer ein großes Gastmahl und lud viele dazu ein.
17 Zur Stunde des Mahles sandte er seinen Knecht,
um den Geladenen zu sagen: Kommt, es ist [alles]
bereit. 18 Da fingen alle wie aus einem Munde an,
sich zu entschuldigen. Der erste ließ ihm sagen: Ich
habe einen Acker gekauft und muß dringend hin-
gehen, ihn anzusehen; ich bitte dich, halte mich für
entschuldigt. 19 Ein anderer sprach: Ich habe fünf
Paar Ochsen gekauft und bin auf dem Wege, sie zu
prüfen; ich bitte dich, halte mich für entschuldigt.
20 Ein anderer sprach: Ich habe eine Frau genommen
und kann deshalb nicht kommen.
21 Der Knecht kam zurück und berichtete dies
seinem Herrn. Da sagte voll Zorn der Hausherr zu
seinem Knecht: Geh eilig hinaus auf die Straßen
und Gassen der Stadt und führe die Armen und
Krüppel, die Blinden und Lahmen herein! 22 Der
Knecht meldete: Herr, es ist geschehen, was du be-
fohlen hast; aber noch immer ist Platz. 23 Da sagte
der Herr zum Knecht: Geh hinaus auf die Land-
straßen und an die Zäune und nötige sie, hereinzu-
kommen, damit mein Haus voll werde. 24 Denn ich
sage euch: Keiner von den Männern, die geladen
waren, wird kosten von meinem Mahle.«

Ernst der Nachfolge Jesu

25 Es begleitete ihn auf dem Wege das Volk in
großen Scharen, und er redete sie an und sprach:
26 »Wenn jemand zu mir kommt und er sagt sich
nicht los von Vater und Mutter, Frau und Kindern,
Brüdern und Schwestern, ja selbst von seinem eige-
nen Leben, der kann nicht mein Jünger sein. 27 Und
wer nicht sein Kreuz trägt und mir nachfolgt, der

kann nicht mein Jünger sein. 28 Denn wer von euch,
der einen Turm bauen will, setzt nicht zuvor sich
hin und berechnet die Kosten, ob er genug habe, um
fertig zu bauen? 29 Sonst könnte es sein, daß er den
Grund gelegt hat und nicht imstande ist, fertig zu
bauen, und alle, die es sehen, anfangen, ihn zu ver-
spotten 30 und zu sagen: Dieser Mann hat angefan-
gen zu bauen und konnte nicht fertigmachen.
31 Oder welcher König, der auszieht, einem anderen
König zum Kampf sich zu stellen, setzt nicht zuvor
sich hin und hält Rat, ob er imstande ist, mit zehn-
tausend Mann dem zu begegnen, der mit zwanzig-
tausend anrückt gegen ihn? 32 Andernfalls schickt
er, solang der andere noch fern ist, eine Gesandt-
schaft an ihn und erbittet die Bedingungen zum
Frieden.
33 So kann also keiner von euch, der nicht von allem
sich lossagt, was er besitzt, mein Jünger sein.
34 Trefflich ist das Salz; wenn aber auch das Salz
schal geworden ist, womit soll es gewürzt werden?
35 Weder für das Erdreich noch für den Dunghaufen
taugt es; man wirft es hinaus. Wer Ohren hat zu
hören, der höre!«

14,1–24 reiht Gastmahlgespräche im Hause eines Pharisäers aneinander, wobei Jesus den Geist wahrer Sabbatauffassung, selbstlosen Verhaltens sowie im Gleichnis vom großen Gastmahl (vgl. Matth 22,1–14) die Verantwortung des Rufes zum Gottesreich kennzeichnet. • 25–35: Vgl. Matth 10,37–39; 5,13 (Bild vom Salz); Mark 9,50. Die Jüngerschaft fordert letzte Hingabe. »Sich lossagen« (wörtlich »hassen«) gegenüber irdischer Ordnung ist nötig, wenn die höheren Werte des Gottesreiches auf dem Spiele stehen. Ein unentschlossener, schwankender Jünger ist wie kraftlos gewordenes Salz, das unbrauchbar ist und dem man nicht die eigentliche Bestimmung wiedergeben kann.

Gleichnis vom verlorenen Schaf

15 1 Die Zöllner und Sünder kamen alle in
seine Nähe, um ihn zu hören. 2 Da murr-
ten die Pharisäer und Schriftgelehrten und
sagten: »Dieser nimmt Sünder auf und ißt mit
ihnen.«
3 Er sagte ihnen dieses Gleichnis: 4 »Wer von euch,
der hundert Schafe hat und eines davon verliert,
läßt nicht die neunundneunzig in der Wüste und
geht dem verlorenen nach, bis er es findet? 5 Und
hat er es gefunden, legt er es voll Freude auf seine
Schultern, 6 und kommt er nach Hause, ruft er
Freunde und Nachbarn zusammen und sagt zu
ihnen: Freut euch mit mir, denn ich fand mein
Schaf, das verloren war. 7 Ich sage euch: Ebenso
wird Freude sein im Himmel über einen einzigen
Sünder, der sich bekehrt, mehr als über neun-
undneunzig Gerechte, die der Umkehr nicht be-
dürfen.

Gleichnis von der verlorenen Drachme

8 Oder welche Frau, die zehn Drachmen besitzt und
eine davon verliert, zündet nicht ein Licht an und
kehrt das Haus aus und sucht voll Eifer, bis sie sie
findet? 9 Und hat sie diese gefunden, ruft sie Freun-
dinnen und Nachbarinnen zusammen und sagt:
Freut euch mit mir, denn ich fand die Drachme, die
ich verloren hatte. 10 Ebenso, sage ich euch, wird
Freude sein bei den Engeln Gottes über einen ein-
zigen Sünder, der sich bekehrt.«

Gleichnis vom verlorenen Sohn

11 Ferner sprach er: »Ein Mann hatte zwei Söhne.
12 Der jüngere von ihnen sagte zum Vater: Vater, gib
mir den Anteil des Vermögens, der mir zukommt!
Da teilte er unter sie das Besitztum. 13 Wenige Tage
darauf packte der jüngere Sohn alles zusammen,
zog fort in ein fernes Land und vergeudete dort sein
Vermögen durch ein ausgelassenes Leben. 14 Nach-
dem er aber alles vertan hatte, kam eine große
Hungersnot über jenes Land, und er begann Not zu
leiden. 15 Da ging er hin und verdingte sich an einen
Bürger jenes Landes, und der schickte ihn auf seine
Felder zum Hüten der Schweine. 16 Gern hätte er
seinen Magen gefüllt mit den Schoten, von denen
die Schweine fraßen, aber niemand gab sie ihm.
17 Da ging er in sich und sprach: Wie viele Taglöhner
meines Vaters haben Brot in Überfluß, und ich gehe
hier vor Hunger zugrunde. 18 Ich will mich auf-
machen und zu meinem Vater gehen und zu ihm
sagen: Vater, ich habe mich versündigt gegen den
Himmel und vor dir; 19 nicht mehr bin ich wert, dein
Sohn zu heißen; halte mich wie einen deiner Tag-
löhner. 20 Und er machte sich auf und ging zu
seinem Vater. Er war noch weit weg, da sah ihn sein
Vater und lief, von Mitleid bewegt, ihm entgegen,
fiel ihm um den Hals und küßte ihn. 21 Der Sohn
aber sagte zu ihm: Vater, ich habe mich versündigt
gegen den Himmel und vor dir; nicht mehr bin ich
wert, dein Sohn zu heißen. 22 Der Vater aber sagte
zu seinen Knechten: Holt ihm geschwind das beste
Kleid heraus und zieht es ihm an; gebt ihm einen
Ring an die Hand und Schuhe an die Füße; 23 bringt
auch das gemästete Kalb und schlachtet es! Wir
wollen essen und ein Freudenfest feiern; 24 denn
dieser mein Sohn war tot und wurde wieder leben-
dig, war verloren und wurde gefunden. Und sie
fingen an, ein Freudenfest zu feiern. 25 Sein älterer
Sohn aber war auf dem Felde. Als er nun kam und
sich dem Hause näherte, hörte er Musik und Tanz.
26 Da rief er einen von den Knechten herbei und
fragte ihn, was das bedeute. 27 Der sagte zu ihm:
Dein Bruder ist gekommen, und dein Vater schlach-

tete das gemästete Kalb, weil er ihn gesund zu-
rückerhielt. 28 Da wurde er zornig und wollte nicht
hineingehen. Sein Vater aber kam heraus und
redete ihm zu. 29 Er aber gab dem Vater zur Ant-
wort: Siehe, so viele Jahre diene ich dir, und niemals
übertrat ich dein Gebot; doch niemals gabst du mir
ein Böcklein, daß ich mit meinen Freunden ein
Freudenfest hätte feiern können. 30 Da nun dieser
dein Sohn daherkam, der dein Vermögen mit
Dirnen vertan hat, schlachtest du für ihn das ge-
mästete Kalb. 31 Er aber erwiderte ihm: Kind, du bist
immer bei mir, und all das Meine ist dein; 32 freuen
aber müssen wir uns und froh sein; denn dieser dein
Bruder war tot und wurde wieder lebendig, war
verloren und wurde gefunden.«

15,1–32: Vgl. Matth 18,12–14 (nur das Gleichnis vom verlorenen Schaf, aber in anderem Zusammenhang). Luk bringt drei Gleichnisse, in denen die suchende und verzeihende Liebe Gottes zu den Verirrten eindrucksvoll dargestellt ist. Gegenüber den selbstgerechten Pharisäern, die kein Bedürfnis zur Bekehrung spüren, will Jesus die Menschen, die sich demütig ihrer Schuld bewußt sind, zur vertrauensvollen Umkehr bewegen.

Gleichnis vom klugen Verwalter

16 1 Er sprach auch zu den Jüngern: »Es war
ein reicher Mann, der hatte einen Verwal-
ter, und dieser wurde bei ihm verklagt, er
verschleudere seine Güter. 2 Er ließ ihn kommen
und sagte zu ihm: Was höre ich über dich? Gib
Rechenschaft von deiner Verwaltung; du kannst
nicht mehr Verwalter sein. 3 Da sagte sich der Ver-
walter: Was soll ich tun, da mein Herr die Verwal-
tung wegnimmt aus meiner Hand? Graben kann
ich nicht, zu betteln schäme ich mich. 4 Ich weiß,
was ich tue, damit sie mich, wenn ich abgesetzt bin
von der Verwaltung, in ihre Häuser aufnehmen. 5 Er
ließ die Schuldner seines Herrn einzeln zu sich
kommen und sagte zum ersten: Wieviel schuldest
du meinem Herrn? 6 Der antwortete: Hundert
Krüge Öl. Und er sagte zu ihm: Nimm deinen
Schuldschein, setze dich und schreibe geschwind
fünfzig! 7 Dann sagte er zu einem andern: Und wie-
viel schuldest du? Der antwortete: Hundert Malter
Weizen. Und er sagte zu ihm: Nimm deinen
Schuldschein und schreibe achtzig!«
8 Anerkennend sprach der Herr von dem treulosen
Verwalter: »Er hat klug gehandelt; denn die Kinder
dieser Welt sind gegenüber ihresgleichen klüger als
die Kinder des Lichtes. 9 Auch ich sage euch: Macht
euch Freunde mit dem trügerischen Mammon, da-
mit sie euch, wenn es zu Ende geht, aufnehmen in
die ewigen Wohnungen.
10 Wer treu ist im Geringsten, ist auch im Großen
treu; und wer treulos ist im Geringsten, ist auch im
Großen nicht treu. 11 Seid ihr nun bei dem trügeri-
schen Mammon nicht treu gewesen, wer wird das
wahre Gut euch anvertrauen? 12 Und seid ihr beim
fremden Gut nicht treu gewesen, wer wird das eure
euch geben? 13 Kein Knecht kann zwei Herren
dienen, denn entweder wird er den einen hassen
und den andern lieben oder dem einen sich zu-
neigen und den andern verachten; ihr könnt nicht
Gott dienen und dem Mammon.«

Zurechtweisung der Pharisäer

14 Dies alles hörten die geldsüchtigen Pharisäer, und
sie spotteten über ihn. 15 Da sprach er zu ihnen: »Ihr
zeigt euch vor den Menschen als Gerechte, Gott
aber kennt eure Herzen; denn was unter Menschen
als hoch gilt, ist ein Greuel vor Gott. 16 Das Gesetz
und die Propheten reichen bis zu Johannes; seitdem
wird das Reich Gottes verkündet, und jeder will mit
Gewalt hinein. 17 Es ist leichter, daß Himmel und
Erde vergehen, als daß vom Gesetz ein einziges
Häkchen hinfällig wird. 18 Jeder, der seine Frau ent-
läßt und eine andere heiratet, bricht die Ehe; und
wer eine vom Mann Entlassene heiratet, bricht die
Ehe.

Die Geschichte vom Reichen und vom Armen

19 Es war ein reicher Mann, der kleidete sich in Pur-
pur und feinstes Linnen und erfreute sich Tag für
Tag eines prunkvollen Lebens. 20 Ein Armer namens
Lazarus lag vor seiner Türe, von Geschwüren be-
deckt, 21 und hätte gern den Hunger gestillt mit
dem, was vom Tische des Reichen fiel [,doch nie-
mand gab ihm davon]. Ja, sogar die Hunde kamen
und leckten an seinen Geschwüren. 22 Da geschah
es, daß der Arme starb und von den Engeln in den
Schoß Abrahams getragen wurde. Es starb auch der
Reiche und wurde begraben.
23 Als er in der Unterwelt in der Qual seiner Schmer-
zen seine Augen erhob, sah er Abraham von ferne
und Lazarus in seinem Schoß. 24 Da rief er: Vater
Abraham, erbarme dich meiner und sende den
Lazarus, daß er die Spitze seines Fingers ins Wasser
tauche und meine Zunge erfrische; denn ich leide
große Pein in dieser Glut. 25 Abraham sprach zu
ihm: Mein Sohn, denk daran, du hast dein Gutes
empfangen in deinem Leben wie Lazarus ebenso
das Schlechte; nun wird er hier getröstet, und du
leidest Pein. 26 Und zu alldem ist zwischen uns und
euch eine große Kluft gesetzt, damit jene, die von
hier zu euch hinüberkommen möchten, es nicht
können, und ebensowenig können die drüben her-
übergelangen zu uns.
27 Da sagte er: So bitte ich dich, Vater, du mögest ihn
in das Haus meines Vaters senden; 28 denn ich habe

fünf Brüder; er möge vor sie als Zeuge treten, damit
nicht auch sie an diesen Ort der Peinigung kom-
men. 29 Abraham entgegnete: Sie haben Moses und
die Propheten, auf die sollen sie hören. 30 Er aber
sagte: Nein, Vater Abraham; doch wenn von den
Toten einer zu ihnen kommt, werden sie sich be-
kehren. 31 Da erwiderte er ihm: Wenn sie auf Moses
und die Propheten nicht hören, dann werden sie,
auch wenn von den Toten einer aufsteht, sich nicht
überzeugen lassen.«

16,1–13: Das leicht mißverständliche Gleichnis hat den Vergleichspunkt in der wohlüberlegten Vorsorge des treulosen Verwalters, der sich rechtzeitig für sein späteres Leben sichert. Nicht der Betrug, sondern die Klugheit wird anerkannt. Davon sollten die »Kinder des Lichtes«, d. h. die Gott und seiner Offenbarung Zugewandten, lernen, indem sie den »trügerischen« (wörtlich: »ungerechten«) Mammon so verwenden, daß sie sich Gott zum Freunde machen. Zu Vers 13 vgl. Matth 6,24. • 14–18: Diese logisch nicht fest verknüpften, bei Matth in verschiedenem Zusammenhang eingeordneten Sätze wollen den falschen Hoffnungen und Vorstellungen der Pharisäer entgegentreten und auf die Gefahr ihrer Veräußerlichung, besonders ihres Mammonsdienstes, hinweisen. Auch die folgende Parabel vom Reichen und vom Armen besagt das. Vgl. zu Vers 16 Matth 11,12f, zu 17 Matth 5,18, zu 18 Matth 5,32; 19,9.

Mahnungen an die Jünger

17 1 Er sprach zu seinen Jüngern: »Undenk-
bar ist es, daß die Ärgernisse nicht kom-
men; wehe aber dem, durch den sie kom-
men! 2 Es wäre ihm besser, wenn ein Mühlstein um
seinen Hals gelegt und er ins Meer geworfen würde,
als daß er Ärgernis gibt einem von diesen Kleinen.
3 Nehmt euch in acht! Wenn dein Bruder sündigt, so
weise ihn zurecht, und tut es ihm leid, so vergib
ihm. 4 Und sündigt er siebenmal des Tages gegen
dich und kommt er siebenmal zurück und sagt: Es
tut mir leid, so vergib ihm.«
5 Die Apostel sagten zum Herrn: »Gib uns mehr
Glauben!« 6 Da sprach der Herr: »Wenn ihr Glauben
hättet wie ein Senfkorn groß, könntet ihr zu diesem
Maulbeerbaum sagen: Nimm deine Wurzel heraus
und verpflanz dich ins Meer!, und er würde euch
gehorchen.
7 Wer von euch, der einen Knecht hat zum Pflügen
oder Hüten, wird zu ihm, wenn er vom Felde her-
einkommt, sagen: Komm sogleich her und geh zu
Tisch? 8 Wird er nicht vielmehr zu ihm sagen:
Bereite mir das Essen; lege den Schurz an und
bediene mich, bis ich gegessen und getrunken habe,
und hernach magst auch du essen und trinken.
9 Bedankt er sich wohl bei dem Knecht, daß er tat,
was ihm befohlen war? 10 So sollt auch ihr, wenn
ihr alles getan habt, was euch befohlen war, sagen:
Armselige Knechte sind wir; was zu tun wir schul-
dig waren, haben wir getan.«

Der dankbare Samariter

11 Auf seiner Wanderung nach Jerusalem war es, da
zog er an der Grenze zwischen Samaria und Galiläa
dahin, 12 und als er auf ein Dorf zuging, kamen ihm
zehn aussätzige Männer entgegen, die von ferne
stehen blieben, 13 ihre Stimme erhoben und riefen:
»Jesus, Meister, erbarme dich unser!« 14 Er sah sie
und sprach: »Geht hin und zeigt euch den Prie-
stern!« Und es geschah, während sie hingingen,
wurden sie rein.
15 Einer von ihnen, der sah, daß er geheilt war,
kehrte um, lobte Gott mit lauter Stimme, 16 fiel vor
seinen Füßen auf sein Angesicht nieder und dankte
ihm. Und der war ein Samariter. 17 Jesus erwiderte:
»Sind nicht die zehn rein geworden? Wo sind denn
die neun? 18 Hat sich keiner gefunden, der zurück-
käme und Gott die Ehre gäbe als dieser Fremde?«
19 Und er sprach zu ihm: »Steh auf und geh! Dein
Glaube hat dir geholfen!«

Das Kommen des Gottesreiches

20 Als er von den Pharisäern gefragt wurde, wann
das Reich Gottes komme, antwortete er ihnen: »Es
kommt das Reich Gottes nicht so, daß es zu beob-
achten wäre; 21 man wird auch nicht sagen: Seht,
hier ist es, oder dort! Denn seht, das Reich Gottes
ist in eurer Mitte.«
22 Und zu den Jüngern sprach er: »Es werden Tage
kommen, da ihr euch sehnt, auch nur einen einzi-
gen Tag des Menschensohnes zu sehen, und ihr
werdet nicht sehen. 23 Man wird euch sagen: Siehe,
dort, oder: Siehe, da! Geht nicht weg und lauft nicht
hinterher! 24 Denn wie der Blitz aufstrahlt und von
einer Seite des Himmels bis zur anderen leuchtet,
so wird es auch mit dem Menschensohne sein an
seinem Tage. 25 Zuvor aber muß er vieles leiden und
muß verworfen werden von diesem Geschlecht.
26 Wie es aber zuging in den Tagen des Noe, so wird
es auch sein in den Tagen des Menschensohnes:
27 Sie aßen und tranken, heirateten und ließen sich
heiraten bis zu dem Tag, da Noe in die Arche ging;
da kam die Sintflut und vertilgte sie alle. 28 Und
ebenso, wie es zuging in den Tagen des Lot: sie
aßen und tranken, kauften und verkauften, pflanz-
ten und bauten, 29 an dem Tag aber, da Lot von
Sodoma wegzog, regnete es Feuer und Schwefel
vom Himmel und vertilgte sie alle – 30 geradeso
wird es sein an dem Tag, da der Menschensohn sich
offenbaren wird. 31 Wer an jenem Tag auf dem
Dache ist und seine Sachen im Hause hat, der steige
nicht hinab, um sie zu holen; und wer auf dem
Felde ist, der kehre ebenfalls nicht zurück. 32 Denkt
an die Frau des Lot! 33 Wer sein Leben zu bewahren

sucht, wird es verlieren, und wer es verliert, wird es
als Leben gewinnen. 34 Ich sage euch: In jener Nacht
werden zwei sein auf einem Lager: der eine wird
hinweggenommen, der andere zurückgelassen
werden. 35 Zwei werden zusammen mahlen: die
eine wird hinweggenommen, die andere zurück-
gelassen werden. 36 [Zwei werden sein auf dem
Felde: der eine wird hinweggenommen, der andere
zurückgelassen werden.]« 37 Da wandten sie sich an
ihn und fragten: »Wo denn, Herr?« Er antwortete
ihnen: »Wo das Aas ist, da sammeln sich auch die
Geier« (Job 39,30).

17,1–10: Lose aneinandergereihte Jüngerbelehrungen: Zu 1f vgl. Matth 18,6f; Mark 9,42, zu 3f vgl. Matth 18,15–22, zu 5f vgl. Matth 17,20; 21,21; Mark 11,22f. • 7–10 ist Sonderbericht bei Luk zur Verurteilung der Lohnsucht vor Gott. • 20–37: Vgl. Matth 24,26–28. 24,37–41 (10,39); Mark 8,35; 13,15f. Wenn auch manche Sätze auf die Vorzeichen des Jüngsten Tages und auf ihn selbst sich beziehen, so meint »Gottesreich« hier doch auch die mit Christus beginnende Heilswirklichkeit. Aber sein Kommen läßt sich nicht an äußeren Vorgängen feststellen und berechnen. Es ist »in eurer Mitte«, d. h. es ist da, ohne daß es sich nach außen anzeigt. Damit will Jesus die auf Äußerlichkeiten wartenden Juden auf das innere Wesen des Gottesreiches hinführen, ohne damit die sichtbare Ordnung der zu gründenden Kirche aufheben zu wollen.

Vertrauensvolles Beten

18 1 Er trug ihnen ein Gleichnis vor, um zu
sagen, sie sollten immerzu beten und
nicht nachlassen. 2 Er sprach: »Es war ein
Richter in einer Stadt, der weder Gott fürchtete
noch einen Menschen scheute. 3 Es war eine Witwe
in jener Stadt, die kam immer wieder zu ihm und
sagte: Verschaffe mir Recht gegen meinen Wider-
sacher! 4 Eine Zeitlang wollte er nicht. Dann aber
sagte er sich: Wenn ich auch Gott nicht fürchte und
keinen Menschen scheue, 5 so will ich doch dieser
Witwe, weil sie mich nicht in Ruhe läßt, Recht ver-
schaffen, sonst kommt sie am Ende daher und fährt
mir ins Gesicht.«
6 Und der Herr sagte: »Hört, was der ungerechte
Richter sagt! 7 Soll da Gott seinen Auserwählten,
die Tag und Nacht zu ihm rufen, nicht Recht ver-
schaffen und wird er lange zuwarten bei ihnen?
8 Ich sage euch: Er wird ihnen Recht verschaffen
ohne Verzug. Wird freilich der Menschensohn,
wenn er kommt, den Glauben finden auf Erden?«

Von zweierlei Betern

9 Er sagte auch zu einigen, die sich selber zutrauten,
gerecht zu sein, und die übrigen verachteten, dieses
Gleichnis: 10 »Zwei Menschen gingen hinauf in den
Tempel, um zu beten, der eine ein Pharisäer, der
andere ein Zöllner. 11 Der Pharisäer stellte sich hin
und betete bei sich also: Gott, ich danke dir, daß ich
nicht bin wie die übrigen Menschen, wie Räuber,
Betrüger, Ehebrecher oder auch wie dieser Zöllner.
12 Ich faste zweimal in der Woche, ich gebe den
Zehnten von allem, was ich erwerbe. 13 Der Zöllner
aber stand weit zurück und wollte nicht einmal die
Augen zum Himmel erheben, sondern schlug an
seine Brust und sprach: Gott, sei mir Sünder gnädig!
14 Ich sage euch: Dieser ging als Gerechter nach
Hause, anders als jener; denn jeder, der sich selbst
erhöht, wird erniedrigt, und wer sich selbst ernied-
rigt, wird erhöht werden.«

Segnung der Kinder

15 Man brachte auch die Kinder zu ihm, damit er sie
berühre. Die Jünger, die es sahen, wollten es ihnen
verweisen. 16 Jesus aber rief sie herbei und sprach:
»Laßt die Kinder zu mir kommen und wehrt es
ihnen nicht; denn für solche ist das Reich Gottes.
17 Wahrlich, ich sage euch: Wer das Gottesreich nicht
annimmt wie ein Kind, wird nicht hineinkommen.«

Reichtum und Gottesreich

18 Ein Hochstehender richtete die Frage an ihn:
»Guter Meister, was muß ich tun, um ewiges Leben
zu erlangen?« 19 Jesus sprach zu ihm: »Warum
nennst du mich gut? Niemand ist gut als Gott allein.
20 Du kennst die Gebote: ›Du sollst nicht ehe-
brechen; du sollst nicht töten; du sollst nicht steh-
len; du sollst nicht falsches Zeugnis geben; ehre dei-
nen Vater und deine Mutter‹ (2 Mos 20,12–16).«
21 Der sagte: »Dies alles habe ich gehalten von
meiner Jugend an.« 22 Als Jesus dies hörte, sprach er
zu ihm: »Eines noch fehlt dir; verkaufe alles, was du
hast, und gib es den Armen, und du wirst einen
Schatz im Himmel haben; dann komm und folge
mir nach!« 23 Als jener das hörte, wurde er tief
betrübt; denn er war sehr reich.
24 Jesus sah ihn [so betrübt] und sprach: »Wie
schwer gehen die Begüterten in das Reich Gottes
hinein! 25 Denn es ist leichter, daß ein Kamel durch
ein Nadelöhr geht, als daß ein Reicher eingeht in
das Reich Gottes.« 26 Da sagten die Zuhörenden:
»Wer kann dann gerettet werden?« 27 Er sprach:
»Was unmöglich ist bei den Menschen, das ist
möglich bei Gott.«
28 Da sagte Petrus: »Siehe, wir haben das Unsere
verlassen und sind dir nachgefolgt.« 29 Er sprach zu
ihnen: »Wahrlich, ich sage euch: Niemand hat Haus
oder Frau oder Brüder oder Eltern oder Kinder ver-
lassen um des Gottesreiches willen, 30 der nicht ein
Vielfaches dafür erhält in der jetzigen Welt, in der
kommenden aber ewiges Leben.«

Dritte Leidensankündigung

31 Er nahm die Zwölf zu sich heran und sprach
zu ihnen: »Seht, wir gehen hinauf nach Jerusalem,

und es wird alles in Erfüllung gehen, was durch die Propheten geschrieben ist über den Menschensohn. 32 Denn er wird den Heiden überliefert, verspottet, mißhandelt und angespien werden; 33 sie werden ihn geißeln und ihn töten, doch am dritten Tag wird er auferstehen.« 34 Sie aber verstanden nichts davon; verborgen blieb vor ihnen dieses Wort, und sie erkannten nicht, was damit gesagt war.

Blindenheilung

35 Als er in die Nähe von Jericho kam, geschah es, da saß ein Blinder am Wege und bettelte. 36 Als er das Volk vorbeiziehen hörte, fragte er, was das sei. 37 Man sagte ihm, es gehe Jesus, der Nazoräer, vorbei. 38 Da rief er: »Jesus, Sohn Davids, erbarme dich meiner!« 39 Die Vorangehenden fuhren ihn an, er solle schweigen. Er aber schrie noch lauter: »Sohn Davids, erbarme dich meiner!« 40 Jesus blieb stehen, ließ ihn herbeiführen, und als er nahe war, fragte er ihn: 41 »Was willst du, daß ich dir tun soll?« Er sagte: »Herr, daß ich sehe!« 42 Jesus sprach zu ihm: »Sei sehend! Dein Glaube hat dir geholfen.« 43 Auf der Stelle wurde er sehend, verherrlichte Gott und folgte ihm nach. Und das ganze Volk sah es und gab Gott die Ehre.

18,1–8: meint das unbeirrbare Beten der Jünger Christi um das Kommen des Gottesreiches, mit dem Blick auf die Parusie des Herrn. Vers 8 bezieht sich wohl auf die Gleichgültigkeit der Welt gegenüber diesem Kommen des Herrn, vgl. Luk 17,26–36. • 9–14: Ein für das Lukasevangelium kennzeichnender Sonderstoff. • 15–17: Vgl. Matth 19,13–15; Mark 10,13–16. • 18–30: Vgl. Matth 19,16–30; Mark 10,17–31. • 31–34: Vgl. Matth 20,17–19; Mark 10,32–34. • 35–43: Nach Matth 20,29–34; Mark 10,46–52 fand diese Heilung auch nahe bei Jericho statt, jedoch ist sie dort mit dem Weggang von Jericho verknüpft.

Einkehr bei Zachäus

19 1 Er ging nach Jericho hinein und wollte hindurchziehen. 2 Und siehe, ein Mann, Zachäus mit Namen, ein reicher Oberzöllner, 3 suchte Jesus von Angesicht zu sehen; doch bei der Volksmenge konnte er es nicht denn er war klein von Gestalt. 4 Da lief er voraus und stieg auf einen Maulbeerfeigenbaum, um ihn zu sehen; denn da sollte er vorbeikommen. 5 Als Jesus an die Stelle kam, schaute er hinauf und sprach zu ihm: »Zachäus, steige schnell herab; denn heute muß ich in deinem Hause bleiben.« 6 Eilends stieg er herab und nahm ihn voll Freude auf. 7 Da murrten alle, die es sahen, und sagten: »Bei einem sündigen Mann trat er ein, um Einkehr zu halten.« 8 Zachäus aber trat vor den Herrn und sagte zu ihm: »Siehe, Herr, die Hälfte meines Besitzes gebe ich den Armen, und habe ich jemand um etwas betrogen, will ich es vierfach erstatten.« 9 Jesus sprach zu ihm: »Heute ist diesem Haus Heil widerfahren; ist doch auch er ein Sohn Abrahams. 10 Denn der Menschensohn ist gekommen, ›zu suchen und zu retten, was verloren war‹« (Ez 34,16).

Von der einstigen Rechenschaft

11 Während sie diesen Worten lauschten, fügte er ein Gleichnis hinzu, weil er nahe vor Jerusalem war und sie meinten, das Reich Gottes sei im Begriff, alsbald in Erscheinung zu treten. 12 So sprach er denn: »Ein vornehmer Mann zog in ein fernes Land, um sich die Königswürde zu erwerben und wieder zurückzukommen. 13 Er rief zehn seiner Knechte zu sich, gab ihnen zehn Minen und sprach zu ihnen: Macht Geschäfte damit, bis ich komme! 14 Seine Mitbürger aber haßten ihn und schickten eine Gesandtschaft hinter ihm her, die erklären sollte: Wir wollen nicht, daß dieser König sei über uns.

15 Und es geschah, als er nach Erlangung der Königswürde zurückkam, ließ er jene Knechte rufen, denen er das Geld gegeben hatte, um zu erfahren, was ein jeder an Geschäften gemacht habe. 16 Es kam der erste und sprach: Herr, deine Mine hat zehn Minen eingebracht. 17 Er sagte zu ihm: Recht so, du guter Knecht; weil du in so Geringem treu warst, sollst du Macht haben über zehn Städte. 18 Es kam der zweite und sprach: Deine Mine, Herr, hat fünf Minen getragen. 19 Er sagte auch zu diesem: Und du sollst über fünf Städte gesetzt sein.

20 Der andere kam und sprach: Herr, hier ist deine Mine; ich hielt sie im Schweißtuch verwahrt; 21 denn ich fürchtete dich, weil du ein harter Mann bist. Du nimmst, was du nicht eingelegt, und erntest, was du nicht gesät hast. 22 Er sagte zu ihm: Aus deinem eigenen Munde nehme ich das Urteil für dich, du böser Knecht! Du wußtest, daß ich ein harter Mann bin, daß ich nehme, was ich nicht eingelegt, und ernte, was ich nicht gesät habe. 23 Warum gabst du mein Geld nicht auf die Bank? Ich hätte bei meiner Rückkehr es mit Zinsen abheben können.

24 Und er sagte zu den Umstehenden: Nehmt ihm die Mine und gebt sie dem, der die zehn Minen hat! 25 Sie entgegneten ihm: Herr, der hat schon zehn Minen! 26 Ich sage euch: Jedem, der hat, wird gegeben; wer aber nicht hat, dem wird auch das, was er hat, genommen werden. 27 Meine Feinde aber, die nicht haben wollten, daß ich König sei über sie, führt hierher und macht sie nieder vor meinen Augen!«

IN JERUSALEM

Feierlicher Einzug

28 Nach diesen Worten zog er weiter voran, hinauf nach Jerusalem. 29 Und es geschah, als er in die Nähe von Bethphage und Bethanien an den Berg kam, der Ölberg genannt wird, sandte er zwei Jünger voraus 30 und sprach: »Geht in das Dorf dort vor euch, und kommt ihr hinein, werdet ihr ein Füllen finden, das angebunden ist und auf dem noch nie jemand saß; macht es los und bringt es her! 31 Wenn euch jemand fragt: Warum macht ihr es los?, so sagt ihm: Der Herr bedarf seiner.« 32 Die Abgesandten gingen hin und fanden es so, wie er ihnen gesagt hatte. 33 Als sie aber das Füllen losmachten, sagten dessen Eigentümer zu ihnen: »Warum macht ihr das Füllen los?« 34 Sie erwiderten: »Der Herr bedarf seiner.« 35 Sie führten es zu Jesus und warfen dem Füllen ihre Kleider über und hoben Jesus hinauf. 36 Während er dahinzog, breiteten sie ihre Kleider auf den Weg, 37 und als er sich schon dem Abstieg vom Ölberg näherte, begann die ganze Menge der Jünger, voll Freude mit lauter Stimme Gott zu loben wegen all der Wunder, die sie gesehen hatten, 38 und sie riefen: »Gepriesen sei, der da kommt, der König im Namen des Herrn (Ps 118,26)! Im Himmel ist Friede und Ehre in der Höhe!«

39 Einige der Pharisäer riefen aus der Menge ihm zu: »Meister, verbiete es deinen Jüngern!« 40 Er antwortete ihnen: »Ich sage euch, wenn diese schweigen, ›werden die Steine rufen‹ (Hab 2,11).«

Klage über Jerusalem

41 Als er näherkam und die Stadt erblickte, weinte er über sie und sprach: 42 »Wenn doch an diesem Tag auch du es erkenntest, was zum Frieden dient! Nun aber ist es verborgen vor deinen Augen! 43 Denn es werden Tage über dich kommen, da deine Feinde einen Wall um dich aufwerfen und dich einschließen und bedrängen werden von allen Seiten. 44 Sie werden dich niedermachen und deine Kinder in dir und nicht Stein auf Stein in dir lassen, weil du die Zeit deiner Heimsuchung nicht erkannt hast.«

Tempelreinigung

45 Und er betrat den Tempel und begann, die Verkäufer hinauszutreiben, 46 indem er zu ihnen sprach: »Es steht geschrieben: ›Mein Haus ist ein Bethaus‹ (Is 56,7); ihr aber habt es zu einer ›Räuberhöhle‹ (Jer 7,11) gemacht.« 47 Täglich war er im Tempel und lehrte. Die Hohenpriester aber und die Schriftgelehrten suchten ihn zu vernichten, ebenso auch die Führer des Volkes, 48 doch sie fanden nicht, was sie tun könnten; denn das ganze Volk war voll Spannung, wenn es ihn hörte.

19,1–10: Ein herrliches Beispiel echter Heilsbegierde im Gegensatz zur religiösen Sattheit der selbstgerechten Pharisäer. • 11–27: Das Gleichnis ist verwandt mit dem bei Matth 25,14–30 von den »anvertrauten Talenten«. Eine »Mine« entsprach normal 100 Drachmen, etwa 80 Goldmark, sofern man nicht eine Sonderbezeichnung mit höherem Wert anzunehmen hat. • 28–40: Vgl. Matth 21,1–11; Mark 11,1–11; Joh 12,12–19. • 45–48: Vgl. Matth 21,12–17; Mark 11,15–19. Joh 2,13–17 verbindet die Tempelreinigung mit dem ersten Osterbesuch Jesu.

Die Vollmachtsfrage

20 1 Es war an einem dieser Tage, als er das Volk im Tempel lehrte und das Evangelium verkündete, da traten die Hohenpriester und Schriftgelehrten mit den Ältesten heran 2 und sprachen zu ihm: »Sag uns, mit welcher Vollmacht tust du das, oder wer ist es, der diese Vollmacht dir gab?« 3 Er antwortete ihnen: »Auch ich will euch eine Frage vorlegen. Sagt mir: 4 Die Taufe des Johannes, stammte sie vom Himmel oder von Menschen?«

5 Da überlegten sie und sagten sich: »Sagen wir: Vom Himmel, so wird er sagen: Warum habt ihr ihm dann nicht geglaubt? 6 Sagen wir aber: Von Menschen, so wird das ganze Volk uns steinigen; denn es ist überzeugt, daß Johannes ein Prophet ist.« 7 Und sie antworteten, sie wüßten nicht, woher. 8 Da sprach Jesus zu ihnen: »Auch ich sage euch nicht, mit welcher Vollmacht ich dies tue.«

Von den bösen Winzern

9 Darauf wandte er sich an das Volk und sagte ihm dieses Gleichnis: »Ein Mann pflanzte einen Weinberg, verpachtete ihn an Winzer und ging für längere Zeit außer Landes. 10 Zu gegebener Zeit sandte er zu den Winzern einen Knecht, daß sie vom Ertrag des Weinberges seinen Teil ihm gäben. Die Winzer aber schlugen ihn und schickten ihn fort mit leeren Händen. 11 Daraufhin sandte er einen anderen Knecht; sie aber schlugen auch diesen, beschimpften ihn und schickten auch ihn fort mit leeren Händen. 12 Darauf sandte er noch einen dritten; auch diesen schlugen sie wund und warfen ihn hinaus. 13 Da sprach der Herr des Weinberges: Was soll ich tun? Ich will meinen geliebten Sohn schicken, vielleicht werden sie vor diesem Achtung haben. 14 Als aber die Winzer ihn sahen, überlegten sie und sagten zueinander: Das ist der Erbe; wir wollen ihn töten, damit unser werde das Erbe. 15 Und sie warfen ihn zum Weinberg hinaus und töteten ihn. Was wird nun der Herr des Weinberges mit ihnen tun? 16 Er wird kommen

und diese Winzer vernichten und den Weinberg an
andere vergeben.«
Als sie das hörten, sagten sie: »Das sei ferne!«
17 Er aber blickte sie an und sprach: »Was meint
denn diese Stelle der Schrift: ›Der Stein, den die
Bauleute verwarfen, er ist zum Eckstein geworden‹
(Ps 118,22)? 18 Jeder, der auf diesen Stein fällt, wird
zerschmettert werden; und auf wen er fällt, den
wird er zermalmen.«
19 Da suchten die Schriftgelehrten und die Hohen-
priester noch zur gleichen Stunde Hand an ihn zu
legen, doch sie fürchteten das Volk. Sie hatten näm-
lich verstanden, daß er im Hinblick auf sie dieses
Gleichnis sagte.

Die Steuerfrage

20 Sie belauerten ihn und sandten Späher aus, die
sich als Gerechte ausgeben sollten, um ihn bei
einem Wort zu fangen und so der Amtsgewalt des
Statthalters übergeben zu können. 21 Sie fragten
ihn: »Meister, wir wissen, daß du recht redest und
lehrst und nicht auf die Person achtest, sondern der
Wahrheit gemäß den Weg Gottes lehrst. 22 Ist es
erlaubt, daß wir dem Kaiser Steuer zahlen, oder
nicht?« 23 Er durchschaute ihre Arglist und sprach
zu ihnen: »[Was versucht ihr mich?] 24 Zeigt mir
einen Denar! Wessen Bild und Aufschrift trägt er?«
Sie antworteten: »Des Kaisers!« 25 Da sprach er zu
ihnen: »Gebt also, was des Kaisers ist, dem Kaiser,
und, was Gottes ist, Gott!« 26 Und es gelang ihnen
nicht, ihn vor dem Volk bei einem Wort zu fangen.
Staunend über seine Antwort, schwiegen sie.

Die Auferstehungsfrage; Gott ist ein Gott von Lebenden

27 Da traten einige von den Sadduzäern, die be-
haupten, es gebe keine Auferstehung, hinzu, und
fragten ihn: 28 »Meister, Moses hat uns geschrieben:
›Wenn jemandes Bruder stirbt, der eine Frau hat
und kinderlos ist, so nehme sein Bruder die Frau
und erwecke Nachkommenschaft seinem Bruder‹
(5 Mos 25,5f). 29 Nun waren sieben Brüder; der
erste nahm eine Frau und starb kinderlos. 30 Es
nahm sie nun der zweite [, aber auch er starb kin-
derlos,] 31 und der dritte und ebenso alle sieben – sie
starben, ohne Kinder zu hinterlassen. 32 Zuletzt
starb auch die Frau. 33 Die Frau nun, wem von ihnen
wird sie bei der Auferstehung als Frau gehören?
Denn die sieben hatten sie zur Frau.«
34 Jesus sprach zu ihnen: »Die Kinder dieser Welt
heiraten und lassen sich heiraten; 35 die aber gewür-
digt werden, an der anderen Welt Anteil zu haben
und an der Auferstehung von den Toten, heiraten
nicht und lassen sich auch nicht heiraten; 36 denn sie
können auch nicht mehr sterben; sie sind den Engeln
gleich und sind als Söhne der Auferstehung Söhne
Gottes. 37 Daß aber die Toten auferstehen, hat auch
Moses angedeutet in der Geschichte vom Dorn-
busch, wo er den Herrn den ›Gott Abrahams und
den Gott Isaaks und den Gott Jakobs‹ nennt (2 Mos
3,6). 38 Gott ist aber nicht ein Gott von Toten, son-
dern von Lebendigen; denn ihm leben alle.« 39 Da
antworteten einige von den Schriftgelehrten: »Mei-
ster, du hast trefflich gesprochen!« 40 Denn sie wag-
ten nicht mehr, irgendeine Frage an ihn zu richten.

Gegenfrage Jesu

41 Er aber sprach zu ihnen: »Wie kann man sagen,
der Messias sei Davids Sohn? 42 Sagt doch David
selbst im Buch der Psalmen: ›Der Herr sprach zu
meinem Herrn: Setze dich zu meiner Rechten, 43 bis
ich deine Feinde als Schemel unter deine Füße lege‹
(Ps 110,1). 44 David nennt ihn also seinen ›Herrn‹;
wie ist er dann sein Sohn?«

Warnung vor den Schriftgelehrten

45 Während das ganze Volk zuhörte, sprach er zu
seinen Jüngern: 46 »Hütet euch vor den Schriftge-
lehrten! Sie sind darauf aus, in feierlichen Gewän-
dern einherzugehen, gegrüßt zu werden auf den
öffentlichen Plätzen, die vordersten Stühle einzu-
nehmen in den Synagogen und die Ehrensitze bei
den Gastmählern; 47 sie verzehren die Häuser der
Witwen und verrichten zum Schein lange Gebete.
Sie werden ein gar ernstes Gericht erfahren.«

20,20–26: Vgl. Matth 22,15–22; Mark 12,13–17. • 27–40: Vgl. Matth 22,23–33; Mark 12,18–27. • 41–44: Vgl. Matth 22,41–46; Mark 12,35–37. • 45–47: Vgl. Matth 23,1–36; Mark 12,37–40.

Das Opfer der Witwe

21
1 Als er zuschaute, sah er, wie die Rei-
chen die Gaben in den Opferkasten leg-
ten. 2 Er sah auch, wie eine arme Witwe
dort zwei Heller hineinlegte, 3 und sprach: »Wahr-
lich, ich sage euch: Diese arme Witwe hat mehr
hineingelegt als alle; 4 denn sie alle haben von ihrem
Überfluß hineingelegt zu den Gaben Gottes, sie
aber legte von ihrer Armut den ganzen Lebensun-
terhalt hinein, den sie hatte.«

Weissagung vom Ende

5 Als einige über den Tempel redeten, wie er im
Schmuck schöner Steine und Weihegeschenke
stehe, sprach er: 6 »Was ihr da seht: Es werden Tage
kommen, an denen nicht Stein auf Stein gelassen
wird, ein jeder wird abgebrochen werden.« 7 Sie
fragten ihn: »Meister, wann wird denn dies gesche-
hen, und was wird das Zeichen sein, wenn dieses
Geschehen bevorsteht?« 8 Er sprach: »Seht zu, daß

ihr nicht verführt werdet! Denn viele werden kom-
men unter meinem Namen und sagen: ›Ich bin es‹,
und: ›Die Zeit ist gekommen‹. Lauft ihnen nicht
nach! 9 Wenn ihr aber von Kriegen und Aufständen
hört, so laßt euch nicht schrecken; denn dies muß
zuvor eintreten, aber nicht sogleich das Ende.«
10 Dann sagte er ihnen: »›Aufstehen wird Volk
wider Volk‹ (2 Chron 15,6) und ›Reich wider Reich‹
(Is 19,2) 11 und es werden große Erdbeben sein,
Hungersnöte und Seuchen allerorts und Schreck-
nisse und große Zeichen vom Himmel. 12 Doch
noch vor diesem allen wird man Hand an euch
legen und euch verfolgen: man wird euch an die
Synagogen und Gefängnisse überliefern und vor
Könige und Statthalter führen um meines Namens
willen. 13 Doch wird dies für euch zum Zeugnis ge-
reichen. 14 Nehmt es euch daher zu Herzen und
macht euch nicht vorher schon Sorge wegen eurer
Verteidigung! 15 Ich nämlich werde euch Rede und
Weisheit geben, der alle eure Widersacher nicht
widerstehen und widersprechen können. 16 Ihr
werdet überliefert werden sogar von Eltern und
Brüdern, Verwandten und Freunden, und manche
von euch wird man töten, 17 und ihr werdet gehaßt
sein von allen um meines Namens willen; 18 doch
kein Haar von eurem Haupte wird verlorengehen.
19 In eurer Standhaftigkeit werdet ihr euer Leben
gewinnen.

Gericht über Jerusalem

20 Wenn ihr aber Jerusalem von Kriegsheeren um-
lagert seht, dann erkennt, daß seine Verwüstung
nahe ist. 21 Dann sollen, die in Judäa sind, in die
Berge fliehen, die drinnen sind in der Stadt, sollen
fortziehen, und, die draußen sind auf dem Lande,
nicht in sie hineingehen. 22 Denn das sind die ›Tage
der Rache‹ (5 Mos 32,35) zur Erfüllung all dessen,
was geschrieben steht. 23 Wehe den Schwangeren
und Stillenden in jenen Tagen! Denn es wird eine
große Not sein über dem Lande und ein großes
Strafgericht über diesem Volk. 24 Sie werden fallen
durch die Schneide des Schwertes und als Gefan-
gene weggeführt werden zu allen Völkern; Jeru-
salem aber wird von den Heidenvölkern zertreten
werden, bis erfüllt sind die Zeiten der Heiden.

Wiederkunft Christi

25 Es werden Zeichen sein an Sonne, Mond und
Sternen, und auf Erden wird Angst und Bestürzung
sein unter den Völkern wegen des Tosens des
Meeres und seiner Brandung. 26 Die Menschen
werden verschmachten vor Furcht und vor Erwar-
tung dessen, was hereinbrechen wird über den
Erdkreis; denn die Kräfte des Himmels werden er-
schüttert werden.

27 Dann werden sie den Menschensohn kommen
sehen auf einer Wolke mit großer Macht und Herr-
lichkeit. 28 Wenn aber dies zu geschehen anfängt,
dann richtet euch auf und erhebt eure Häupter;
denn es naht eure Erlösung.«

In aufmerksamer Erwartung

29 Und er sagte ihnen ein Gleichnis: »Betrachtet den
Feigenbaum und alle anderen Bäume. 30 Wenn sie
bereits ausschlagen, erkennt ihr, wenn ihr hinseht,
von selber, daß der Sommer schon nahe ist.
31 Ebenso auch sollt ihr, wenn ihr dies geschehen
seht, erkennen, daß nahe ist das Reich Gottes.
32 Wahrlich, ich sage euch: Dieses Geschlecht wird
nicht vergehen, bis alles geschieht! 33 Himmel und
Erde werden vergehen, doch meine Worte werden
nicht vergehen.

Seid wachsam!

34 Gebt acht, daß eure Herzen nicht belastet werden
durch Rausch und Trunkenheit und irdische Sorgen,
und daß euch jener Tag nicht unversehens überfalle
35 wie eine Schlinge; denn hereinbrechen wird er
über alle, die auf dem Antlitz der ganzen Erde woh-
nen. 36 Wachet also und betet zu jeder Zeit, damit ihr
imstande seid, all dem zu entrinnen, was kommen
wird, und zu bestehen vor dem Menschensohn!«
37 So lehrte er bei Tag im Tempel, nachts aber ging er
hinaus und nächtigte am Berge, der Ölberg genannt
wird. 38 Das ganze Volk kam schon frühmorgens zu
ihm in den Tempel, um ihn zu hören.

21,1–4: Vgl. Mark 12,41–44. • 5–36: Vgl. Matth 24; Mark 13. Auch hier, wie bei Matth-Mark, ist die Weissagung vom Ende (»die eschatologische Rede«) durch das Ineinander der Vorhersage über das Ende Jerusalems und das ferne, aber zeitlich unbestimmte Weltende dunkel in ihrer Einzelbedeutung, da bei den einzelnen Sätzen nicht immer mit Sicherheit ihre Beziehung zum jeweiligen Thema zu erkennen ist. Im Strafgericht über Jerusalem offenbart sich die beginnende Endzeit mit ihren Heimsuchungen.

JESU LEIDEN UND VERHERRLICHUNG

Der Verräter am Werke

22 1 Es nahte das Fest der Ungesäuerten
Brote, genannt Pascha, 2 und die Hohen-
priester und Schriftgelehrten suchten
nach einer Möglichkeit, wie sie ihn ums Leben brin-
gen könnten; sie hatten nämlich Furcht vor dem
Volke.
3 Da fuhr der Satan in Judas, genannt Iskariot, einen
von den Zwölfen, 4 und er ging hin, besprach sich
mit den Hohenpriestern und den Offizieren, auf

welche Weise er ihn an sie überliefern könnte.
5 Diese freuten sich und kamen überein, ihm Geld
zu geben. 6 Er war einverstanden und suchte eine
günstige Gelegenheit, um ihn ohne Beisein des
Volkes zu überliefern.

Das Letzte Abendmahl

7 Es kam der Tag der Ungesäuerten Brote, an dem
das Paschalamm zu schlachten war, 8 und er
schickte den Petrus und Johannes weg und sprach:
»Geht hin und bereitet uns das Pascha, damit wir es
essen.« 9 Sie aber sagten zu ihm: »Wo willst du, daß
wir es bereiten?« 10 Er sprach zu ihnen: »Seht, wenn
ihr hineinkommt in die Stadt, wird euch einer be-
gegnen, der einen Wasserkrug trägt; folgt ihm in das
Haus, in das er hineingeht, 11 und sagt zu dem Herrn
des Hauses: Der Meister läßt dir sagen: Wo ist die
Herberge, in der ich mit meinen Jüngern das Pascha
essen kann? 12 Er wird euch ein großes Obergemach
zeigen, versehen mit Polstern; dort sollt ihr es be-
reiten.« 13 Sie gingen hin, fanden es, wie er ihnen
gesagt hatte, und bereiteten das Pascha.
14 Und als die Stunde kam, ließ er sich zu Tische
nieder und die Apostel mit ihm. 15 Er sprach zu
ihnen: »Sehnlichst habe ich danach verlangt, dieses
Pascha mit euch zu essen, bevor ich leide. 16 Denn
ich sage euch: Nicht mehr werde ich davon essen,
bis es seine Erfüllung findet im Reiche Gottes.«
17 Und er nahm einen Kelch, sprach das Dankgebet
und sagte: »Nehmt hin und teilt ihn unter euch!
18 Denn ich sage euch: Nicht mehr werde ich trin-
ken von der Frucht des Weinstockes, bis das Reich
Gottes kommt.«
19 Und er nahm Brot, sprach das Dankgebet, brach
es und gab es ihnen mit den Worten: »Das ist mein
Leib, der für euch hingegeben wird. Tut dies zu
meinem Gedächtnis!« 20 Ebenso nahm er nach dem
Mahle aus dem Kelch und sprach: »Dieser Kelch ist
der neue Bund in meinem Blute, das für euch ver-
gossen wird.
21 Doch seht, die Hand dessen, der mich verrät, ist
mit mir auf dem Tische! 22 Der Menschensohn geht
zwar hin, wie es beschlossen ist; doch wehe jenem
Menschen, durch den er verraten wird.« 23 Da spra-
chen sie erregt miteinander, wer von ihnen es wohl
sei, der solches tun könnte.

Rangstreit der Jünger

24 Es war auch ein Streit unter ihnen entstanden,
wer von ihnen als der Größte gelte. 25 Er aber sprach
zu ihnen: »Die Könige der Heidenvölker spielen
den Herrn über sie, und die Gewalthaber lassen sich
›Gnädige Herren‹ nennen. 26 Ihr seid nicht so; son-
dern der Größte unter euch werde wie der Kleinste
und der Gebietende wie der Dienende. 27 Denn wer
ist größer, der zu Tische liegt oder der Dienende?
Nicht wahr, der zu Tische liegt? Ich aber bin in
eurer Mitte wie der Dienende. 28 Ihr seid es, die mit
mir ausgehalten haben in meinen Prüfungen, 29 und
so übertrage ich euch, wie es mir mein Vater über-
trug, das Reich: 30 Ihr sollt essen und trinken an
meinem Tische in meinem Reich und auf Thronen
sitzen und die zwölf Stämme von Israel richten.

Blick in die Zukunft

31 Simon, Simon, siehe, der Satan hat verlangt, euch
sieben zu dürfen wie den Weizen. 32 Ich aber habe
für dich gebetet, daß nicht nachlasse dein Glaube,
und du wiederum stärke dereinst deine Brüder.«
33 Er aber sagte zu ihm: »Herr, mit dir bin ich bereit,
auch in den Kerker, ja in den Tod zu gehen.« 34 Er
entgegnete: »Ich sage dir, Petrus: Der Hahn wird
heute nicht krähen, bis du dreimal geleugnet hast,
mich zu kennen.«
35 Und er sprach zu ihnen: »Als ich euch aussandte,
ohne Beutel, Tasche und Schuhe, habt ihr da Not
gelitten an etwas?« 36 Sie erwiderten: »An nichts.«
Da sprach er zu ihnen: »Jetzt aber soll, wer einen
Beutel hat, ihn an sich nehmen, ebenso auch die
Tasche; und wer es nicht schon hat, der verkaufe
seinen Mantel und kaufe dafür ein Schwert. 37 Denn
ich sage euch: Es muß das Schriftwort erfüllt
werden an mir, nämlich dieses: ›Und er wurde unter
die Verbrecher gerechnet‹ (Is 53,12). Denn was sich
auf mich bezieht, geht in Erfüllung.« 38 Sie sprachen:
»Herr, siehe, zwei Schwerter sind hier!« Er aber
sagte: »Es ist genug.«

Gethsemani

39 Dann ging er hinaus und begab sich seiner Ge-
wohnheit gemäß an den Ölberg; es gingen mit ihm
auch die Jünger. 40 Als er dort angelangt war, sprach
er zu ihnen: »Betet, daß ihr nicht in Versuchung
fallet!« 41 Er entfernte sich von ihnen etwa einen
Steinwurf weit, kniete nieder und betete: 42 »Vater,
wenn es dein Wille ist, so laß diesen Kelch an mir
vorübergehen; doch nicht mein Wille geschehe, son-
dern der deine!« 43 Da erschien ihm ein Engel vom
Himmel und stärkte ihn. Und als er in Angst geriet,
betete er noch eindringlicher, 44 und es wurde sein
Schweiß wie Blutstropfen, die niederrannen zur
Erde. 45 Als er aufstand vom Gebete und zu seinen
Jüngern kam, fand er sie schlafend vor Kummer,
46 und er sprach zu ihnen: »Warum schlaft ihr? Steht
auf und betet, damit ihr nicht in Versuchung fallt.«

Gefangennahme Jesu

47 Während er noch redete, siehe, da kam eine
Schar, und einer von den Zwölfen, Judas mit

Namen, ging ihnen voran. Er näherte sich Jesus, um
ihn zu küssen. 48 Jesus aber sprach zu ihm: »Judas,
mit einem Kusse verrätst du den Menschensohn?«
49 Als seine Gefährten sahen, was bevorstand, sag-
ten sie: »Herr, sollen wir mit dem Schwerte drein-
schlagen?« 50 Und einer von ihnen schlug nach dem
Knecht des Hohenpriesters und hieb ihm das rechte
Ohr ab. 51 Jesus aber entgegnete: »Laßt ab, nicht
weiter!« Und er berührte das Ohr und heilte ihn.
52 Zu den Hohenpriestern aber, den Tempeloffi-
zieren und Ältesten, die an ihn herantraten, sprach
Jesus: »Wie gegen einen Rebellen seid ihr ausgezo-
gen mit Schwertern und Knütteln. 53 Täglich war
ich bei euch im Tempel, und ihr habt die Hände
nicht ausgestreckt nach mir; aber das ist eure
Stunde und die Macht der Finsternis.«

Verleugnung des Petrus

54 Sie nahmen ihn fest und führten ihn ab und
brachten ihn in das Haus des Hohenpriesters;
Petrus aber folgte von ferne. 55 Und als sie in der
Mitte des Hofes ein Feuer anzündeten und sich zu-
sammensetzten, setzte sich Petrus unter sie. 56 Da
sah ihn eine Magd im Feuerschein sitzen, schaute
ihn genau an und sagte: »Auch dieser war bei ihm.«
57 Er aber leugnete und sprach: »Frau, ich kenne ihn
nicht!« 58 Kurz darauf sah ihn ein anderer und sagte:
»Auch du bist einer von ihnen!« Petrus aber sprach:
»Mensch, ich bin es nicht!« 59 Nach einer Stunde
etwa behauptete mit Nachdruck ein anderer: »In
Wahrheit, auch dieser war bei ihm; ist doch auch er
ein Galiläer.« 60 Petrus aber erwiderte: »Mensch, ich
weiß nicht, was du sprichst.« Und im Augenblick,
da er noch redete, krähte ein Hahn. 61 Da wandte
sich der Herr um, blickte Petrus an, und Petrus erin-
nerte sich des Wortes des Herrn, da er zu ihm gesagt
hatte: »Ehe der Hahn heute kräht, wirst du mich
dreimal verleugnen.« 62 Und er ging hinaus und
weinte bitterlich.

Mißhandlung Jesu

63 Die Männer, die Jesus bewachten, trieben ihren
Spott mit ihm; sie schlugen ihn, 64 verhüllten dabei
sein Antlitz und fragten ihn: »Weissage, wer ist
es, der dich schlug?« 65 Und noch viele andere
Schmähungen stießen sie gegen ihn aus.

Jesus vor dem Hohen Rat

66 Als es Tag wurde, versammelte sich die Ältesten-
schaft des Volkes, Hohepriester und Schriftgelehrte,
ließen ihn vor ihr Synedrium führen 67 und sagten:
»Bist du der Messias, so sage es uns!« Er sprach
zu ihnen: »Wenn ich es euch sage, werdet ihr nicht
glauben; 68 wenn ich frage, werdet ihr mir nicht
Antwort geben. 69 Von nun an aber wird der Men-
schensohn zur ›Rechten der Kraft Gottes sitzen‹«
(Ps 110,1). 70 Da riefen alle: »Du bist also der Sohn
Gottes?« Er antwortete ihnen: »Ihr sagt es; ich bin
es!« 71 Sie aber riefen: »Was brauchen wir noch ein
Zeugnis? Wir haben es selber gehört aus seinem
Munde.«

22,1–6: Vgl. Matth 26,1–16; Mark 14,1–11; Joh 11,47–53; 13,2. Luk erwähnt nicht die Salbung in Bethanien. »Offiziere« sind die Führer der jüdischen Tempelpolizei. • 7–23: Vgl. Matth 26,17–29; Mark 14,12–25; Joh 13,1–25; 1 Kor 11,23–26. Luk berichtet zuerst das Wichtigste, die Einsetzung der Eucharistie, dann erst kurz die Kennzeichnung des Verräters als Nachtrag, so daß seine Stoffanordnung trotz des äußeren Anscheins nicht die Anwesenheit des Verräters beim eucharistischen Geheimnis fordert. Deutlich unterscheidet er den Zeitpunkt der Überreichung des eucharistischen Brotes und des Kelches, der zum Abschluß des Mahles gereicht wurde als der »Kelch des Segens« nach dem Ritus des jüdischen Paschamahles. • 24–30: Der Rangstreit und die von Johannes berichtete Fußwaschung hängen zusammen und gehören in den Beginn des Mahles. • 31–38: Vgl. Matth 26,31–35; Mark 14,27–31; Joh 13,36–38. Vers 32 wird auch übersetzt: »Du aber, wenn du dich dereinst zurückgefunden (bekehrt) hast, stärke deine Brüder.« Das von den Aposteln buchstäblich verstandene Wort »Schwert« soll auf die bevorstehende Zeit des Kampfes hinweisen, ohne den Auftrag, selbst mit der Waffe zu kämpfen. »Es ist genug«, ist Abbrechen der Rede, da die Apostel sein Wort nicht verstehen konnten. Vgl. Petrus am Ölberg! • 39–46: Vgl. Matth 26,36–46; Mark 14,32–42; Joh 18,1. Nur Lukas (der Arzt!) berichtet uns vom Schweiß, den Jesus beim inneren Kampf vergoß. • 47–53: Vgl. Matth 26,47–56; Mark 14,43–52; Joh 18,2–11. • 54–62: Vgl. Matth 26,57f., 69–75; Mark 14,53f. 65–72; Joh 18,15–27. Nach Vers 61 war Jesus, der im Hof für das Verhör bereitgehalten wurde, selbst Zeuge der Verleugnung des Petrus. • 63–65: Vgl. Matth 26,67; Mark 14,65 (wo die Verspottung Jesu im Anschluß an das Todesurteil berichtet wird). • 66–71: Vgl. Matth 26,59–66; 27,1; Mark 14,53–64; 15,1; Joh 18,24. Die Bezeichnung als »Sohn Gottes« hatte im Munde der Juden wohl nur messianische Bedeutung, doch wußten sie, daß Jesus sich in Wort und Tat als gottgleich bezeugt hatte, so daß sie in der Aussage Jesu einen Hinweis auf seine »Sohnschaft« im gottgleichen Sinne und damit nach ihrer Einstellung eine Lästerung erblicken konnten.

Jesus vor Pilatus

23 1 Und es erhob sich ihre ganze Ver-
sammlung, und sie führten ihn zu Pila-
tus. 2 Sie eröffneten ihre Anklage gegen
ihn und sagten: »Wir haben gefunden, daß dieser
unser Volk aufwiegelt und es davon abhält, dem
Kaiser Steuern zu zahlen, und daß er behauptet, er
sei der Messiaskönig.« 3 Pilatus fragte ihn: »Bist du
der König der Juden?« Er antwortete: »Du sagst es!«
4 Pilatus aber sagte zu den Hohenpriestern und zu
den Scharen des Volkes: »Ich finde nichts von
Schuld an diesem Menschen.« 5 Sie aber bestanden
darauf und sagten: »Er bringt das Volk in Unruhe, da
er im ganzen Land der Juden als Lehrer auftritt, von
Galiläa angefangen bis hierher.« 6 Als Pilatus das
hörte, fragte er, ob der Mann ein Galiläer sei, 7 und
als er feststellte, daß er aus dem Machtbereich des
Herodes sei, schickte er ihn zu Herodes, der in
diesen Tagen ebenfalls in Jerusalem war.

Jesus vor Herodes
8 Herodes freute sich sehr, als er Jesus erblickte;
hatte er doch schon seit langem den Wunsch, ihn zu
sehen, weil er so vieles gehört hatte über ihn, und
er hoffte, irgendein Zeichen zu sehen, das durch ihn
geschähe. 9 Er stellte vielerlei Fragen an ihn; er aber
antwortete ihm nichts. 10 Die Hohenpriester und
Schriftgelehrten standen dabei und erhoben heftige
Klagen gegen ihn. 11 Herodes aber zeigte ihm mit-
samt seinem Gefolge seine Verachtung und ließ
ihm zum Spott ein Prunkkleid anlegen und schickte
ihn zurück zu Pilatus. 12 An diesem Tag wurden
Herodes und Pilatus Freunde; denn zuvor standen
sie feindlich zueinander.

Die Verurteilung Jesu
13 Pilatus aber rief die Hohenpriester, die Ratsherren
und das Volk zusammen 14 und sprach zu ihnen:
»Ihr brachtet mir diesen Menschen als einen Auf-
wiegler des Volkes; seht, ich habe ihn verhört vor
euch, und nichts fand ich an diesem Menschen, was
schuldbar wäre von dem, wessen ihr ihn anklagt.
15 Aber auch Herodes nicht; denn er schickte ihn
wieder zu uns. So seht, nichts Todeswürdiges
wurde begangen von ihm. 16 Ich will ihn also züch-
tigen lassen und ihn freigeben.«
17 Er hatte indes die Verpflichtung, ihnen zum Feste
einen freizugeben. 18 Da schrien sie alle zusammen:
»Hinweg mit diesem! Gib uns Barabbas frei!«
19 Dieser war wegen eines Aufruhrs in der Stadt und
wegen Mordes in den Kerker geworfen. 20 Noch-
mals redete Pilatus zu ihnen, mit der Absicht, Jesus
freizugeben. 21 Sie aber riefen dagegen: »Kreuzige,
kreuzige ihn!« 22 Er aber sprach ein drittes Mal zu
ihnen: »Was hat er denn Böses getan? Nichts Todes-
würdiges fand ich an ihm; ich werde ihn also züch-
tigen lassen und freigeben.« 23 Sie aber bestanden
mit großem Geschrei auf der Forderung, daß er ge-
kreuzigt werde, und ihr Schreien setzte sich durch:
24 Pilatus entschied, ihre Forderung zu erfüllen,
25 und er gab den wegen Aufruhrs und Mordes in
den Kerker Geworfenen, den sie verlangten, frei;
Jesus aber überließ er ihrem Willen.

Kreuzweg
26 Als sie ihn abführten, ergriffen sie einen gewissen
Simon von Cyrene, der vom Felde kam, und legten
ihm das Kreuz auf, daß er es Jesus nachtrage. 27 Es
begleitete ihn auch eine große Menge Volkes und
Frauen, die um ihn klagten und weinten. 28 Jesus
wandte sich zu ihnen und sprach: »Ihr Töchter Jeru-
salems, weint nicht über mich; doch weint über
euch selbst und über eure Kinder! 29 Denn seht, es
werden Tage kommen, an denen man sagen wird:
Selig die Unfruchtbaren und die Leiber, die nicht ge-
boren, und die Brüste, die nicht genährt haben!
30 Dann werden sie anheben und ›zu den Bergen
sagen: Fallt über uns! Und zu den Hügeln: Bedeckt
uns!‹ (Os 10,8). 31 Denn wenn man dies am grünen
Holze tut, was wird am dürren geschehen?«

Kreuzigung
32 Sie führten außer ihm noch zwei Verbrecher hin-
aus, die zusammen mit ihm hingerichtet werden
sollten. 33 Als sie an den Ort kamen, der ›Schädel‹
genannt wird, kreuzigten sie ihn dort und auch die
Verbrecher, den einen zur Rechten, den anderen zur
Linken 34 Jesus aber sprach: »Vater, vergib ihnen,
denn sie wissen nicht, was sie tun.« Als sie seine
»Kleider unter sich teilten, warfen sie das Los«
(Ps 22,19).
35 Das Volk stand da und schaute zu. Die Ratsherren
aber verhöhnten ihn und sagten: »Anderen hat er
geholfen; er helfe sich selbst, wenn er der Messias
Gottes ist, der Erwählte.« 36 Es verspotteten ihn
auch die Soldaten, indem sie hingingen, ihm »Essig«
reichten (Ps 69,22) 37 und sagten: »Bist du der König
der Juden, so hilf dir selbst!« 38 Es war auch eine Auf-
schrift über ihm [in griechischer, lateinischer und
hebräischer Schrift]: »Das ist der König der Juden!«
39 Einer von den aufgehängten Verbrechern lästerte
ihn und sagte: »Bist du nicht der Messias? Hilf dir
selbst und uns!« 40 Der andere aber wies ihn zurecht
und sagte: »Hast nicht einmal du Furcht vor Gott,
der du das gleiche Gericht erleidest? 41 Wir leiden
mit Recht, denn wir empfangen, was unsere Taten
verdienen; dieser aber hat nichts Unrechtes getan.«
42 Und er sprach: »Jesus, gedenke meiner, wenn du
kommst in deinem Reich!« 43 Er erwiderte ihm:
»Wahrlich, ich sage dir: Heute noch wirst du mit
mir im Paradiese sein!«

Jesu Tod
44 Es war schon um die sechste Stunde, da trat
Finsternis ein über das ganze Land bis zur neunten
Stunde, 45 denn die Sonne verlor ihren Schein. Der
Vorhang im Tempel riß mitten entzwei, 46 und Jesus
rief mit lauter Stimme: »Vater, in deine Hände be-
fehle ich meinen Geist‹ (Ps 31,6).« Nach diesen
Worten verschied er.
47 Als der Hauptmann sah, was geschah, pries er
Gott und sprach: »Wirklich, dieser Mensch war ein
Gerechter!« 48 Und all die Volksscharen, die sich zu
diesem Schauspiel eingefunden hatten und sahen,
was vorging, schlugen an die Brust und gingen von
dannen. 49 Seine Vertrauten alle standen von ferne,
auch die Frauen, die ihm aus Galiläa gefolgt waren
und dies mit ansahen.

Begräbnis Jesu

50 Und siehe, es war ein Mann namens Joseph, ein Ratsherr, ein guter und gerechter Mann, 51 der bei ihrem Beschluß und ihrem Vorgehen nicht mit zugestimmt hatte; er war aus Arimathäa, einer jüdischen Stadt, und wartete auf das Reich Gottes. 52 Er ging zu Pilatus und erbat sich den Leichnam Jesu. 53 Und als er ihn herabgenommen hatte, wickelte er ihn in Linnen und setzte ihn bei in einem ausgehauenen Grab, in dem noch kein anderer gelegen war. 54 Es war Rüsttag, und der Sabbat brach eben an. 55 Die Frauen aber, die mit ihm aus Galiläa gekommen waren, gaben ihm das Geleit und besahen sich das Grab und die Art und Weise, wie sein Leichnam beigesetzt wurde. 56 Nach ihrer Rückkehr bereiteten sie Spezereien und Salben; den Sabbat aber verbrachten sie in Ruhe, der Vorschrift gemäß.

23,1–25: Vgl. Matth 27,1f. 11–26; Mark 15,1–15; Joh 18,28–19,16. Luk hebt deutlicher als Matth-Mark die politischen Anklagepunkte hervor. Er allein berichtet das Zwischenverhör vor dem galiläischen Gebietsherrn Jesu, Herodes Antipas. • 26–43: Vgl. Matth 27,31–44; Mark 15,20–32; Joh 19,17–27. »In deinem Reich« (Vers 42f) meint das von den Juden erwartete glorreiche Kommen des Messias zum Gericht. Jesus verheißt dem Schächer das Heil; die Einzeldeutung des Wortes ist verschieden. • 50–56: Vgl. Matth 27,57–61; Mark 15,42–47; Joh 19,38–42. Das Begräbnis Jesu mußte wegen des schon am Freitagabend anbrechenden Sabbats in Eile durchgeführt werden, so daß die »Spezereien«, d. h. aromatische, den Leichengeruch und die Verwesung zurückhaltende Mittel, von den Frauen erst nach Ablauf des Sabbats ins Grab gebracht werden konnten.

Auferstehung Jesu

24 1 Am ersten Tag der Woche, früh am Morgen, kamen sie mit den Spezereien, die sie bereitet hatten, zum Grabe. 2 Sie fanden den Stein weggewälzt vom Grabe, 3 doch als sie hineingingen, fanden sie den Leib des Herrn Jesus nicht. 4 Sie waren darüber ganz ratlos, als auf einmal zwei Männer vor ihnen standen in strahlendem Kleid, 5 und als sie voll Schrecken ihren Blick zu Boden senkten, sprachen jene zu ihnen: »Was sucht ihr den Lebenden bei den Toten? 6 Er ist nicht hier, sondern ist auferweckt worden. Erinnert euch, wie er, noch in Galiläa, zu euch sagte: 7 ›Der Menschensohn muß in die Hände der Sünder überliefert und gekreuzigt werden, am dritten Tag aber auferstehen.‹«

8 Da erinnerten sie sich seiner Worte, 9 kehrten zurück vom Grabe und berichteten dies alles den Elfen und allen übrigen. 10 Es waren Maria Magdalena, Johanna und Maria, die Mutter des Jakobus, und mit ihnen auch die anderen, die dies den Aposteln sagten. 11 Doch denen erschienen diese Worte als leeres Gerede, und sie glaubten ihnen nicht. 12 [Petrus aber stand auf, lief zum Grabe, bückte sich hinein und erblickte einzig die Leinenbinden; und er ging weg, voll Staunen über das Geschehnis.]

Erscheinung Jesu vor zwei Jüngern

13 Und siehe, noch am gleichen Tag waren zwei von ihnen unterwegs nach einem Dorf namens Emmaus, sechzig Stadien von Jerusalem entfernt. 14 Sie redeten miteinander über alles, was sich zugetragen hatte. 15 Und es geschah, während sie redeten und sich miteinander besprachen, näherte sich Jesus und ging mit ihnen. 16 Ihre Augen aber waren gehalten, so daß sie ihn nicht erkannten. 17 Er sprach zu ihnen: »Was sind das für Gespräche, die ihr unterwegs miteinander führt?« Da blieben sie traurig stehen, 18 und der eine, namens Kleophas, erwiderte ihm: »Bist du der einzige, der in Jerusalem weilt und nicht weiß, was geschah dort in diesen Tagen?« 19 Er sprach zu ihnen: »Was denn?« Und sie sagten: »Das mit Jesus von Nazareth, der ein Prophet war, mächtig in Tat und Wort vor Gott und vor dem ganzen Volk; 20 und wie ihn unsere Hohenpriester und Ratsherren der Verurteilung zum Tode überlieferten und ihn kreuzigten. 21 Wir aber hofften, daß er es sei, der Israel erlösen würde. Aber nun ist nach all dem schon der dritte Tag, seit dies geschah. 22 Es haben uns jedoch einige Frauen von uns in Aufregung versetzt, die in aller Frühe am Grabe waren, 23 ohne seinen Leichnam zu finden, und mit der Nachricht kamen, sie hätten eine Erscheinung von Engeln gehabt, die gesagt hätten, daß er lebe. 24 Einige von den Unsrigen gingen darauf zum Grabe und fanden es so, wie schon die Frauen gesagt hatten; ihn selbst aber sahen sie nicht.«

25 Da sprach er zu ihnen: »Ihr Unverständigen und Schwerfälligen im Herzen, um all das zu glauben, was die Propheten sagten! 26 Mußte nicht der Messias dies leiden und so eingehen in seine Herrlichkeit?« 27 Und ausgehend von Moses und allen Propheten, zeigte er ihnen, was in allen Schriften sich bezieht auf ihn.

28 Und sie erreichten das Dorf, wohin sie gingen, er aber tat, als wolle er weitergehen. 29 Sie drängten ihn und sagten: »Bleib bei uns, denn es will Abend werden, und der Tag hat sich schon geneigt.« Da trat er ein, um bei ihnen zu bleiben. 30 Als er mit ihnen bei Tische war, geschah es, da nahm er das Brot, sprach den Segen, brach es und gab es ihnen. 31 Und es taten sich ihre Augen auf, und sie erkannten ihn; er aber entschwand aus ihrer Mitte.

32 Da sagten sie zueinander: »Brannte nicht unser Herz in uns, als er auf dem Wege mit uns redete und

die Schrift uns erschloß?« 33 Und sie standen auf
und kehrten zur selben Stunde nach Jerusalem
zurück, und sie fanden die Elf und ihre Gefährten
versammelt, 34 die sagten: »Der Herr ist wahrhaft
auferstanden und ist dem Simon erschienen!« 35 Da
erzählten auch sie, was sie unterwegs erlebt und
wie sie ihn erkannt hätten beim Brechen des Brotes.

Jesus vor den Aposteln: Er erschließt ihnen den Sinn der Schriften

36 Während sie noch darüber redeten, stand er selbst
in ihrer Mitte und sprach zu ihnen: »Friede sei
euch!« 37 Sie aber erschraken und fürchteten sich
und glaubten, einen Geist zu sehen. 38 Und er
sprach zu ihnen: »Warum seid ihr verwirrt, und
warum steigen Zweifel auf in euren Herzen? 39 Seht
an meinen Händen und Füßen, daß ich selbst es bin;
rührt mich an und seht, ein Geist hat doch nicht
Fleisch und Gebein, wie ihr mich es haben seht.«
40 Mit diesen Worten zeigte er ihnen seine Hände
und Füße. 41 Da sie aber vor Freude nicht glauben
wollten und staunten, sprach er zu ihnen: »Habt ihr
etwas zu essen hier?« 42 Sie gaben ihm ein Stück
gebratenen Fisch [und eine Honigwabe], 43 und er
nahm und aß vor ihren Augen. 44 Er sprach zu
ihnen: »Dies sind meine Worte, die ich zu euch
sagte, da ich noch bei euch war: Alles muß erfüllt
werden, was im Gesetz des Moses, in den Prophe-
ten und Psalmen geschrieben steht über mich.«
45 Dann erschloß er ihnen den Sinn zum Verstehen
der Schriften 46 und sprach zu ihnen: »So steht ge-
schrieben: Der Messias wird leiden und von den
Toten auferstehen am dritten Tag, 47 und in seinem
Namen wird Bekehrung und Vergebung der Sünden
verkündet an alle Völker, angefangen von Jeru-
salem. 48 Ihr seid Zeugen dafür, 49 und seht, ich
sende die Verheißung meines Vaters auf euch;
bleibt in der Stadt, bis ihr ausgerüstet seid mit Kraft
aus der Höhe.«

Himmelfahrt

50 Dann führte er sie bis vor Bethanien hinaus, er-
hob seine Hände und segnete sie. 51 Es geschah aber,
während er sie segnete, schied er von ihnen und
wurde emporgetragen zum Himmel. 52 Sie aber
fielen anbetend vor ihm nieder und kehrten mit
großer Freude nach Jerusalem zurück, 53 und be-
ständig waren sie im Tempel und [lobten und]
priesen Gott.

24,1–12: Vgl. Matth 28,1–10; Mark 16,1–8; Joh 20,1–18. Vers 12 ist vermutlich ein Einschub, der den Bericht von Joh 20,3–10 kurz zusammenfaßt. • 13–35: Vgl. Mark 16,12f. Das »Brotbrechen«, bei dem die Jünger Jesus erkannten, setzt eine besonders eindrucksvolle Weise voraus, mit der Jesus den Brotsegen zu sprechen pflegte. – Manche Textzeugen geben die Entfernung zwischen Jerusalem und Emmaus mit 160 Stadien an. Sechzig Stadien sind etwas über 11 km. • 36–43: Vgl. Joh 20,19–23. Der verklärte Leib, wie ihn Jesus mit der Auferstehung hatte, ist der diesseitigen Gesetzlichkeit entzogen und doch volle Wirklichkeit, auf die Jesus mit dem Essen hinweisen wollte.

DAS EVANGELIUM NACH JOHANNES

Das vierte Evangelium ist im Vergleich mit den drei ersten, den synoptischen, von auffallender Eigenart. Im Inhalt findet sich wenig Gemeinsames mit ihnen; ihr Bericht wird als bekannt vorausgesetzt. Es werden nicht viele Begebenheiten und Reden aus dem Wirken Jesu berichtet, diese aber in breiter Ausführlichkeit. Dabei liegt das Interesse vor allem an der Selbstoffenbarung Jesu als des vom Vater gesandten, ihm wesensgleichen Gottessohnes, der zur Rettung der Welt im wahren Sinn Mensch geworden ist. Der Ablauf des Wirkens Jesu tritt durch die Verbindung des Berichtes mit dem jüdischen Festkalender klarer in Erscheinung als bei den Synoptikern. Das Evangelium wendet sich zunächst an hellenistische Leser. Verfasser ist nach allgemeiner Überlieferung, die sich auch durch das Selbstzeugnis des Evangelisten (vgl. 21,24) ergänzen läßt, der Zebedäussohn Johannes, der als einer der ersten Jünger zu den führenden Aposteln gehörte. Nach der gut begründeten Tradition verfaßte er hochbetagt gegen Ende seines Lebens, wahrscheinlich zwischen 90–100 n. Chr., in Ephesus in Kleinasien die Aufzeichnungen zum Evangelium, das dann wohl von seinen Schülern herausgegeben wurde. Das früheste Zeugnis für Existenz und Ansehen des Evangeliums, zugleich die älteste bekannte Handschrift zum Neuen Testament, ist ein in Ägypten gefundenes Fragment aus einem um 120–130 n. Chr. geschriebenen Papyruskodex, das in Manchester aufbewahrt ist (P^{52}).

Die Wunder Jesu sind als »Zeichen« berichtet, d. h. in ihrer sinnbildlichen Bedeutung und inneren Beziehung zur Offenbarung Jesu, wobei jedoch ihre geschichtliche Wirklichkeit nicht aufgehoben wird. Die Reden Jesu unterscheiden sich stark von denen bei den Synoptikern, insofern es sich nicht um Aneinanderreihung von Einzelworten Jesu handelt, sondern um thematisch angelegte und aufgebaute Lehrstücke, die sich in der äußeren Anlage sehr ähneln. Es nimmt diesen Reden nichts an Glaubwürdigkeit, wenn man annimmt, daß Auswahl und Formulierung weitgehend vom Evangelisten besorgt wurden, der aus der lebendigen persönlichen Erinnerung und aus dem Erleben des Gottesreiches sowie aus der Kenntnis der geistigen Verfassung seiner Leser das Evangelium formte.

PROLOG

Im Anfang war der Logos – das Wort, und das
Wort war bei Gott, und Gott war das Wort.
2 Dieses war im Anfang bei Gott. 3 Alles ist
durch dieses geworden, und ohne es wurde auch
nicht eines von dem, was geworden. 4 In ihm war
das Leben, und das Leben war das Licht der Men-
schen. 5 Das Licht leuchtet in der Finsternis, und die
Finsternis hat es nicht ergriffen.
6 Ein Mann trat auf, gesandt von Gott, sein Name
war Johannes. 7 Dieser kam zum Zeugnis, daß er
zeuge von dem Lichte, damit alle zum Glauben
kämen durch ihn. 8 Nicht war er selber das Licht,
sondern zeugen sollte er vom Lichte.
9 Es war das wahre Licht, das jeden Menschen er-
leuchtet, der in die Welt kommt. 10 In der Welt war
er, und die Welt ist geworden durch ihn, doch die
Welt erkannte ihn nicht. 11 In das Seine kam er, doch
die Seinen nahmen ihn nicht auf. 12 Allen aber, die
ihn aufnahmen, gab er Vollmacht, Kinder Gottes zu
werden, denen, die glauben an seinen Namen, 13 die
nicht aus dem Blute und nicht aus dem Wollen des
Fleisches und nicht aus dem Wollen des Mannes,
sondern aus Gott geboren sind. 14 Und das Wort
wurde Fleisch und wohnte unter uns, und wir
schauten seine Herrlichkeit, eine Herrlichkeit als
des Eingeborenen vom Vater, voll Gnade und Wahr-
heit.
15 Johannes gab Zeugnis von ihm und rief: »Dieser
war es, von dem ich sagte: Der nach mir kommt, ist
mir voraus, weil er eher war als ich.« 16 Von seiner
Fülle haben wir ja alle empfangen, Gnade über
Gnade. 17 Denn das Gesetz wurde durch Moses ge-
geben, die Gnade und Wahrheit kam durch Jesus
Christus. 18 Niemand hat Gott je gesehen; der ein-
geborene Sohn, der an der Brust des Vaters ruht, er
hat Kunde gebracht.

DAS WIRKEN DES MENSCHGEWORDENEN

Das Zeugnis des Johannes
19 Dieses ist das Zeugnis des Johannes, als die Juden
von Jerusalem Priester und Leviten zu ihm sandten,
um ihn zu fragen: »Wer bist du?« 20 Und er be-
kannte und verhehlte nicht, er bekannte: »Ich bin
nicht der Messias!« 21 Und sie fragten ihn: »Was
dann? Bist du Elias?« Er sprach: »Ich bin es nicht.«
»Bist du der Prophet?« Er antwortete: »Nein!« 22 Da
sagten sie zu ihm: »Wer bist du?, damit wir denen,
die uns gesandt haben, Antwort bringen. Was sagst
du von dir selbst?« 23 Er sprach: »Ich bin die Stimme
eines Rufers in der Wüste: ›Richtet den Weg des
Herrn‹, wie der Prophet Isaias gesagt hat« (Is 40,3).
24 Und es waren Abgesandte aus dem Kreis der
Pharisäer, 25 und sie fragten ihn: »Was taufst du
denn, wenn du nicht der Messias bist noch Elias
noch der Prophet?« 26 Johannes erwiderte ihnen:
»Ich taufe mit Wasser; mitten unter euch steht der,
den ihr nicht kennt, 27 der nach mir Kommende
[, der mir voraus ist], dem die Schuhriemen zu
lösen, ich nicht würdig bin.« 28 Das ist zu Bethanien
geschehen, jenseits des Jordan, wo Johannes war
und taufte.
29 Tags darauf sah er Jesus auf sich zukommen und
sprach: »Seht das Lamm Gottes, das hinwegnimmt
die Sünde der Welt! 30 Er ist es, von dem ich sagte:
Nach mir kommt einer, der mir voraus ist, weil er
eher war als ich. 31 Ich kannte ihn nicht; doch daß er
Israel offenbar werde, dazu kam ich und taufe mit
Wasser.«
32 Und Johannes bezeugte: »Ich sah den Geist wie
eine Taube vom Himmel herniederkommen, und er
blieb auf ihm. 33 Ich kannte ihn nicht; doch der mich
gesandt hat, zu taufen mit Wasser, er sagte mir: Auf
wen du den Geist herniederkommen und auf ihm
bleiben siehst, der ist es, der tauft mit Heiligem
Geist. 34 Und ich habe gesehen und habe bezeugt:
Dieser ist der Sohn Gottes.«

Berufung der ersten Jünger
35 Tags darauf stand Johannes wieder da mit zwei
von seinen Jüngern, 36 und er blickte auf Jesus, der
vorüberging, und sagte: »Seht das Lamm Gottes!«
37 Die zwei Jünger hörten, wie er das sagte, und
folgten Jesus. 38 Jesus wandte sich um, und als er sie
nachkommen sah, sprach er zu ihnen: »Was sucht
ihr?« Sie sagten zu ihm: »Rabbi« – das heißt über-
setzt: Meister –, »wo wohnst du?« 39 Er sprach zu
ihnen: »Kommt, ihr werdet sehen!« Sie gingen mit
und sahen, wo er wohnte, und blieben jenen Tag
bei ihm. Es war um die zehnte Stunde.
40 Andreas, der Bruder des Simon Petrus, war einer
von den beiden, die es von Johannes gehört hatten
und ihm gefolgt waren. 41 Dieser traf zuerst seinen
Bruder Simon und sagte zu ihm: »Wir haben den
Messias« – das heißt übersetzt: Christus – »gefun-
den.« 42 Und er führte ihn zu Jesus. Jesus blickte ihn
an und sprach: »Du bist Simon, der Sohn des
Johannes; du sollst Kephas genannt werden« – das
heißt übersetzt: Petrus (Fels).
43 Tags darauf wollte er nach Galiläa aufbrechen
und traf den Philippus. Und Jesus sagte zu ihm:
»Folge mir!«
44 Philippus war aus Bethsaida, der Stadt des An-
dreas und Petrus. 45 Philippus traf den Nathanael
und sagte zu ihm: »Von dem Moses schrieb im Ge-
setz und die Propheten, ihn haben wir gefunden:
Jesus, den Sohn Josephs von Nazareth.« 46 Na-
thanael aber entgegnete ihm: »Kann denn aus Na-
zareth etwas Gutes kommen?« Philippus sagte zu
ihm: »Komm und sieh!« 47 Jesus sah den Nathanael
zu sich herkommen und sagte zu ihm: »Seht, wahr-
haft ein Israelit, an dem kein Falsch ist!« 48 Da
sprach Nathanael zu ihm: »Woher kennst du
mich?« Jesus antwortete ihm: »Ehe Philippus dich
rief, sah ich dich, als du unter dem Feigenbaum
warst.« 49 Nathanael erwiderte ihm: »Rabbi, du bist
der Sohn Gottes, du bist König von Israel!« 50 Jesus
antwortete ihm: »Weil ich dir sagte, daß ich
dich unter dem Feigenbaum sah, glaubst du?
Größeres als dies wirst du sehen.« 51 Und er sprach
zu ihm: »Wahrlich, wahrlich, ich sage euch: Ihr
werdet den Himmel offen sehen und die Engel
Gottes auf- und niedersteigen über dem Menschen-
sohn.«

1,1–18: Der hymnusartige Prolog enthält vorwegnehmend die Grundmotive des ganzen Evangeliums, insofern einerseits das ewige und zeitliche Heilswirken des Gottessohnes, andererseits aber auch die Unempfänglichkeit der Welt gezeigt wird. Der nur hier im Evangelium vorkommende Begriff »Logos« bliebe wohl besser unübersetzt, doch hat sich von Anfang her die Übersetzung »Wort« (lat. »Verbum«) festgelegt. Der Logosbegriff hat alttestamentliche Wurzeln, nimmt aber vor allem Rücksicht auf hellenistisch-jüdische Spekulationen über das Urprinzip der Welt und des Lebens (vgl. besonders Philo von Alexandrien). Der Evangelist will sagen, daß alles Sein und Leben zurückgeht auf den anfanglosen, gottgleichen Logos, der durch seinen Eintritt in den irdisch-menschlichen Bereich (»Fleisch«) alle heilswilligen Menschen zu »Kindern Gottes« machen will, um sie an der »Fülle von Gnade und Wahrheit« teilnehmen zu lassen. • 9: Wird auch übersetzt: »Das wahre Licht, das jeden Menschen erleuchtet, war in die Welt kommend.« • 14: Im griechischen Urtext heißt es wörtlich: »Er hat unter uns sein Zelt gehabt«, ein Hebraismus, der auf die Stiftshütte des Alten Bundes anspielt, in der die Juden Gott gegenwärtig wußten. • 21: Nach jüdischer Erwartung sollten der wiederkehrende Elias (vgl. Matth 11,14; 17,10f; Mark 9,11) und ein nach 5 Mos 18,15 ver-

heißener Prophet die messianische Zeit eröffnen. • 35–51: Zeigt, daß die ersten Jünger schon durch die Täuferpredigt zu Jesus geführt wurden. Der ungenannte der beiden ersten ist nach allem der Evangelist Johannes selbst.

Das erste Zeichen

2 1 Am dritten Tag war eine Hochzeit zu Kana in Galiläa, und die Mutter Jesu war dort. 2 Auch Jesus und seine Jünger waren zur Hochzeit geladen. 3 Da es an Wein fehlte, sagte die Mutter Jesu zu ihm: »Sie haben keinen Wein!« 4 Jesus aber sprach zu ihr: »Frau, was willst du von mir? Noch ist meine Stunde nicht gekommen.« 5 Seine Mutter sagte zu den Dienern: »Was er euch sagt, das tut!« 6 Es standen sechs steinerne Wasserkrüge dort, entsprechend der Reinigungssitte der Juden; davon faßte jeder zwei oder drei Maß. 7 Und Jesus sprach zu ihnen: »Füllt die Krüge mit Wasser!« Und sie füllten sie bis oben. 8 Und er sagte ihnen: »Schöpft nun und bringt dem Tafelmeister!« Und sie brachten ihm. 9 Als aber der Tafelmeister das zu Wein gewordene Wasser kostete, ohne zu wissen, woher er kam – die Diener, die das Wasser geschöpft hatten, wußten es –, rief der Tafelmeister den Bräutigam 10 und sagte zu ihm: »Jedermann setzt zuerst den guten Wein vor und, wenn sie trunken sind, den geringeren; du aber hast den guten Wein aufgehoben bis jetzt.«

11 Diesen Anfang der Zeichen machte Jesus zu Kana in Galiläa und offenbarte seine Herrlichkeit, und es glaubten an ihn seine Jünger. 12 Darauf zog er hinab nach Kapharnaum, er und seine Mutter und seine Brüder und Jünger; dort aber blieben sie nicht viele Tage.

Tempelreinigung

13 Es nahte sich das Pascha der Juden, und Jesus zog hinauf nach Jerusalem. 14 Und er traf im Tempel die Verkäufer von Rindern, Schafen und Tauben und die Geldwechsler, die dort saßen. 15 Da machte er eine Geißel aus Stricken und trieb alle zum Tempel hinaus mitsamt den Schafen und Rindern; das Geld der Wechsler schüttete er aus, stieß die Tische um 16 und sagte zu den Taubenverkäufern: »Schafft dies fort von hier; macht das Haus meines Vaters nicht zu einer Markthalle!« 17 Da erinnerten sich seine Jünger, daß geschrieben steht: »Der Eifer für dein Haus verzehrt mich« (Ps 69,10).

18 Die Juden aber erhoben Einspruch und sagten zu ihm: »Was für ein Zeichen weist du uns vor, daß du dies tun darfst?« 19 Jesus antwortete ihnen: »Brecht diesen Tempel ab, und in drei Tagen will ich ihn aufrichten.« 20 Da sagten die Juden: »Sechsundvierzig Jahre wurde an diesem Tempel gebaut, und du willst in drei Tagen ihn aufrichten?« 21 Er aber redete vom Tempel seines Leibes. 22 Als er daher von den Toten auferweckt war, erinnerten sich seine Jünger, daß er dies gesagt hatte, und sie glaubten der Schrift und dem Wort, mit dem Jesus davon gesprochen hatte. 23 Während er nun beim Paschafest in Jerusalem war, glaubten viele an seinen Namen, weil sie seine Zeichen sahen, die er tat. 24 Jesus hingegen vertraute sich ihnen nicht an; denn er kannte sie alle 25 und hatte nicht nötig, daß ihm jemand Zeugnis gab über den Menschen; wußte er doch selbst, was im Menschen war.

2,1–11: Ausdrücklich bezeichnet Joh gegenüber den nicht chronologisch berichteten Synoptikern dieses Wunder als »erstes Zeichen«. Es offenbart nicht nur Jesu helfende Allmacht, sondern deutet in der Menge des neuen Weines auch die anbrechende Segensfülle des Gottesreiches an. Das verschieden übersetzbare Wort Jesu (wörtlich: »Frau, was mir und dir?«) ist eine geheimnisvolle Andeutung des höheren Auftrages, dem Jesu Wirken zugeordnet war. Maria scheint darin keine Ablehnung ihres Anliegens gesehen zu haben, wenn auch nicht gesagt ist, daß sie an eine wunderbare Abhilfe dachte. Ein »Maß« (»Metretes«) war eine Menge von etwa 39 Litern. • 12: Über »Brüder« Jesu, d. h. nähere Verwandte, vgl. Matth 12,46. • 13–22: Vgl. Matth 21,12–17; Mark 11,15–19; Luk 19,45–48. Die Synoptiker berichten die Tempelreinigung im Zusammenhang mit dem feierlichen Einzug Jesu zum letzten Osterfest. Da sie nur diesen einzigen Jerusalembesuch erwähnen, scheinen sie damit manches verbunden zu haben, was zeitlich zu früheren Aufenthalten Jesu in Jerusalem gehört. Jesus bekundet mit diesem ersten Akt seines messianischen Auftretens nicht nur seinen Willen zur Heilighaltung des Gottesdienstes, sondern auch sein Sendungsbewußtsein, was mit der geheimnisvollen Andeutung seiner Auferstehung bekräftigt wird. Zu »Schrift« (2,22) vgl. Ps 15,8–11; Os 6,1.2; Jon 2,1–11; siehe auch Matth 12,39.40!

Offenbarung vor Nikodemus

3 1 Es war da ein Mann aus dem Kreis der Pharisäer, Nikodemus mit Namen, ein Ratsherr der Juden; 2 der kam zu ihm bei Nacht und sagte ihm: »Meister, wir wissen, du bist von Gott gekommen als Lehrer; denn niemand vermag diese Zeichen zu tun die du tust, wenn nicht Gott mit ihm ist.« 3 Jesus entgegnete ihm: »Wahrlich, wahrlich, ich sage dir: Wenn einer nicht geboren wird von oben, kann er das Reich Gottes nicht schauen.«

4 Nikodemus sagte zu ihm: »Wie kann ein Mensch geboren werden, der alt ist? Kann er noch einmal in den Schoß seiner Mutter eingehen und geboren werden?« 5 Jesus antwortete: »Wahrlich, wahrlich, ich sage dir: Wenn einer nicht geboren wird aus Wasser und Geist, kann er nicht eingehen in das Reich Gottes. 6 Was geboren ist aus dem Fleisch, ist Fleisch, und was geboren ist aus dem Geist, ist Geist. 7 Wundere dich nicht, daß ich dir sagte: Ihr müßt geboren werden von oben. 8 Der Wind weht, wo er will; du hörst sein Brausen, weißt aber nicht,

woher er kommt und wohin er geht. So ist es mit jedem, der geboren ist aus dem Geist.«
9 Nikodemus entgegnete ihm: »Wie kann dies geschehen?« 10 Jesus antwortete ihm: »Du bist der Lehrer Israels und verstehst das nicht? 11 Wahrlich, wahrlich, ich sage dir: Was wir wissen, reden wir, und was wir gesehen haben, bezeugen wir, doch unser Zeugnis nehmt ihr nicht an. 12 Wenn ich vom Irdischen zu euch sprach, und ihr glaubt nicht, wie werdet ihr glauben, wenn ich zu euch vom Himmlischen spreche? 13 Und doch ist niemand hinaufgestiegen in den Himmel als der aus dem Himmel Herabgestiegene, der Menschensohn [, der im Himmel ist].
14 Und wie Moses die Schlange erhöhte in der Wüste, so muß auch der Menschensohn erhöht werden, 15 damit jeder, der an ihn glaubt, [nicht verlorengehe, sondern] ewiges Leben habe. 16 Denn so sehr liebte Gott die Welt, daß er seinen eingeborenen Sohn hingab, damit jeder, der an ihn glaubt, nicht verlorengehe, sondern ewiges Leben habe. 17 Denn Gott sandte den Sohn nicht in die Welt, daß er die Welt richte, sondern daß die Welt gerettet werde durch ihn. 18 Wer an ihn glaubt, wird nicht gerichtet; wer aber nicht glaubt, ist schon gerichtet, weil er nicht geglaubt hat an den Namen des eingeborenen Sohnes Gottes. 19 Das aber ist das Gericht, daß das Licht in die Welt gekommen ist und die Menschen die Finsternis mehr liebten als das Licht; denn ihre Werke waren böse. 20 Jeder nämlich, der Schlechtes tut, haßt das Licht und kommt nicht zum Licht, damit seine Werke nicht offenkundig werden. 21 Wer aber die Wahrheit tut, kommt zum Licht, damit an seinen Werken offenkundig werde, daß sie in Gott getan sind.«

Das letzte Zeugnis des Täufers

22 Hierauf kam Jesus mit seinen Jüngern in die Landschaft von Judäa und hielt sich mit ihnen dort auf und taufte. 23 Es taufte aber auch Johannes, und zwar in Aenon bei Salim, weil viel Wasser dort war; und sie kamen und ließen sich taufen. 24 Johannes war nämlich noch nicht in das Gefängnis geworfen.
25 Da entstand ein Streit von seiten der Johannesjünger mit einem Juden über die Reinigung. 26 Und sie kamen zu Johannes und sagten zu ihm: »Meister, der bei dir war jenseits des Jordan und für den du Zeugnis gabst, siehe, der tauft, und alle gehen zu ihm.« 27 Johannes entgegnete: »Es kann sich keiner etwas nehmen, wenn es ihm nicht gegeben ist vom Himmel. 28 Ihr selbst seid mir Zeugen, daß ich sagte: Ich bin nicht der Messias, sondern ich bin gesandt vor ihm her. 29 Der die Braut hat, ist Bräutigam; der Freund des Bräutigams aber steht da, horcht auf ihn und hat überaus große Freude über die Stimme des Bräutigams. Diese Freude nun hat sich als die meine erfüllt. 30 Er muß wachsen, ich aber abnehmen.
31 Der von oben kommt, steht über allen; der von der Erde stammt, ist von der Erde und redet von der Erde aus. Der aus dem Himmel kommt, steht über allen. 32 Was er gesehen und gehört hat, davon gibt er Zeugnis, niemand aber nimmt sein Zeugnis an. 33 Wer sein Zeugnis annahm, der bestätigte, daß Gott wahrhaftig ist. 34 Den nämlich Gott sandte, der redet die Worte Gottes; denn nicht nach Maß gibt er den Geist. 35 Der Vater liebt den Sohn, und alles legte er in seine Hand. 36 Wer an den Sohn glaubt, hat ewiges Leben; wer aber nicht auf den Sohn hört, wird das Leben nicht schauen, sondern Gottes Zorn bleibt auf ihm.«

3,1–21: Die »Nikodemusrede«, als grundlegendes Gespräch mit einem führenden Pharisäer, zeigt gegenüber irrigen Begriffen jüdischer Heilserwartung das wahre Wesen des Gottesreiches: Nicht die leibliche Abrahamskindschaft vermittelt die Teilnahme am Gottesreich, sondern eine Geburt von »oben« (auch übersetzt: »Geburt von neuem« = Wiedergeburt), wobei auf das geistige Geborenwerden durch die Taufe hingewiesen wird; nicht die Schulweisheit des »Lehrers Israels«, sondern der Glaube an den vom Himmel gekommenen Menschensohn gibt das Verständnis des Gottesreiches; nicht ein äußeres Machtkönigtum, sondern der am Kreuz erhöhte Menschensohn bringt das Heil; nicht durch ein äußeres Strafgericht über die Heiden, sondern durch Glauben bzw. Nichtglauben vollzieht sich die Scheidung der Geister. • 22–26: Vgl. 4,2, wonach nicht Jesus persönlich, sondern seine Jünger tauften. Der Täufer beweist mit diesem letzten Zeugnis für Jesus seine ganze Größe an Demut und Opferkraft.

Anbruch der Messiasernte in Samaria

4 1 Als nun der Herr erfuhr, die Pharisäer hätten vernommen, daß Jesus mehr Jünger gewinne und mehr taufe als Johannes – 2 obwohl Jesus nicht selber taufte, sondern seine Jünger –, 3 verließ er Judäa und kehrte wieder zurück nach Galiläa. 4 Er mußte den Weg durch Samaria nehmen 5 und kam so zu einer Stadt in Samaria, Sychar mit Namen, nahe bei dem Grundstück, das Jakob seinem Sohne Joseph gegeben hat. 6 Dort war der Brunnen des Jakob. Jesus nun, müde geworden von der Wanderung, setzte sich so am Brunnen nieder; es war um die sechste Stunde.
7 Da kam eine Frau aus Samaria, um Wasser zu schöpfen. Jesus sagte zu ihr: »Gib mir zu trinken!« 8 Seine Jünger waren nämlich in die Stadt gegangen, um Lebensmittel zu kaufen. 9 Die samaritische Frau entgegnete ihm: »Wie magst du als Jude von mir, einer samaritischen Frau, einen Trunk verlangen?« Die Juden haben nämlich keinen Verkehr mit den Samaritern.

10 Jesus antwortete ihr: »Wenn du um die Gabe
Gottes wüßtest und wer es ist, der zu dir sagt:
Gib mir zu trinken, du würdest ihn bitten, und er
gäbe dir lebendiges Wasser.« 11 Die Frau sagte zu
ihm: »Herr, du hast ja kein Schöpfgefäß, und der
Brunnen ist tief; woher hast du denn das leben-
dige Wasser? 12 Bist du etwa größer als unser Vater
Jakob, der uns den Brunnen gab? Er selbst hat
daraus getrunken sowie seine Söhne und seine
Herden.«
13 Jesus antwortete ihr: »Jeden, der von diesem Was-
ser trinkt, wird abermals dürsten; 14 wer aber von
dem Wasser trinkt, das ich ihm geben werde, den
wird nicht mehr dürsten in Ewigkeit; sondern das
Wasser, das ich ihm gebe, wird in ihm zu einem
Quell von Wasser, das aufsprudelt zu ewigem
Leben.« 15 Da sprach die Frau zu ihm: »Herr, gib mir
dieses Wasser, daß ich nicht mehr dürste und hier-
her gehen muß, um zu schöpfen.« 16 Er sagte zu ihr:
»Geh hin, ruf deinen Mann und komm hierher!«
17 Die Frau erwiderte ihm: »Ich habe keinen Mann!«
Jesus sprach zu ihr: »Zutreffend sagtest du: Ich habe
keinen Mann. 18 Denn fünf Männer hast du gehabt,
und der, den du jetzt hast, ist nicht dein Mann; da
hast du die Wahrheit gesagt!«
19 Die Frau sagte zu ihm: »Herr, ich sehe, du bist ein
Prophet. 20 Unsere Väter haben auf diesem Berge
Anbetung gehalten, und ihr sagt, in Jerusalem sei
der Ort, wo man anbeten müsse.« 21 Jesus sprach zu
ihr: »Glaube mir, Frau, es kommt die Stunde, da ihr
weder auf diesem Berg noch in Jerusalem den Vater
anbeten werdet. 22 Ihr betet an, was ihr nicht kennt;
wir beten an, was wir kennen; denn das Heil
kommt aus den Juden. 23 Doch es kommt die
Stunde, und schon ist sie da, in der die wahren
Anbeter den Vater anbeten werden in Geist und
Wahrheit; denn auch der Vater sucht solche als
seine Anbeter. 24 Gott ist Geist, und die ihn anbeten,
müssen in Geist und Wahrheit anbeten.« 25 Die Frau
sagte zu ihm: »Ich weiß, daß der Messias kommt –
genannt Christus –, wenn er kommt, wird er uns
alles verkünden.« 26 Jesus sprach zu ihr: »Ich bin es,
der mit dir redet.«
27 Währenddessen kamen seine Jünger, und sie
wunderten sich, daß er mit einer Frau redete; doch
sagte keiner: »Was willst du?« oder: »Was redest du
mit ihr?« 28 Die Frau nun ließ ihren Wasserkrug ste-
hen, ging in die Stadt und sagte zu den Leuten:
29 »Kommt und seht einen Menschen, der mir alles
sagte, was ich getan habe. Ob der nicht der Messias
ist?« 30 Da zogen sie hinaus aus der Stadt und gin-
gen auf ihn zu.
31 Unterdessen baten ihn seine Jünger: »Meister, iß!«
32 Er aber sprach zu ihnen: »Ich habe eine Speise zu
essen, die ihr nicht kennt.« 33 Da sagten die Jünger
zueinander: »Hat ihm denn jemand zu essen ge-
bracht?« 34 Jesus sprach zu ihnen: »Meine Speise ist,
daß ich den Willen dessen tue, der mich gesandt
hat, und daß ich vollbringe sein Werk.
35 Sagt ihr nicht: Vier Monate noch, und die Ernte
kommt? Seht, ich sage euch: Erhebt eure Augen
und betrachtet die Felder; sie sind weiß zur Ernte.
36 Schon empfängt der Schnitter seinen Lohn und
führt Frucht ein fürs ewige Leben, so daß der
Sämann und der Schnitter zugleich sich freuen.
37 Denn hier bewahrheitet sich das Wort: Ein ande-
rer ist, der sät, und ein anderer, der erntet. 38 Ich
habe euch gesandt zu ernten, wofür ihr nicht gear-
beitet habt. Andere haben gearbeitet, und ihr seid in
ihre Arbeit eingetreten.«
39 Aus jener Stadt aber kamen viele von den Sama-
ritern zum Glauben an ihn durch das Wort der Frau,
die bezeugte: »Er sagte mir alles, was ich getan
habe.« 40 Als nun die Samariter zu ihm kamen,
baten sie ihn, bei ihnen zu bleiben, und er blieb
zwei Tage dort. 41 Und noch weit mehr fanden zum
Glauben auf sein Wort hin, 42 und sie sagten zur
Frau: »Nicht mehr um deiner Rede willen glauben
wir jetzt; wir haben ja selber gehört und wissen:
Dieser ist wahrhaft der Heiland der Welt.«

Das zweite Zeichen zu Kana

43 Nach den zwei Tagen zog er von dort weiter nach
Galiläa. 44 Jesus hatte ja selbst bezeugt, daß ein Pro-
phet in seiner Vaterstadt nicht angesehen ist. 45 Als
er nun nach Galiläa kam, nahmen ihn die Galiläer
auf, da sie alles gesehen hatten, was er in Jerusalem
beim Feste getan hatte, denn auch sie waren zum
Feste gegangen. 46 So kam er wieder nach Kana in
Galiläa, wo er das Wasser zu Wein gemacht hatte.
Da war ein königlicher Beamter, dessen Sohn lag
krank in Kapharnaum. 47 Als er hörte, Jesus sei aus
Judäa nach Galiläa gekommen, ging er zu ihm und
bat ihn, er möge hinabkommen und seinen Sohn
heilen; denn er lag im Sterben. 48 Jesus sprach zu
ihm: »Wenn ihr nicht Zeichen und Wunder seht,
glaubt ihr nicht.« 49 Der königliche Beamte sagte zu
ihm: »Herr, komm herab, ehe mein Kind stirbt!«
50 Jesus sprach zu ihm: »Geh hin, dein Sohn lebt!«
Der Mann glaubte dem Worte, das Jesus ihm sagte,
und ging. 51 Während er hinabging, kamen ihm
schon seine Knechte entgegen und meldeten, daß
sein Sohn lebe. 52 Er erkundigte sich bei ihnen nach
der Stunde, in der es ihm besser ging, und sie sagten
zu ihm: »Gestern um die siebente Stunde verließ

ihn das Fieber.« 53 Da erkannte der Vater, daß es zu
jener Stunde war, in der Jesus zu ihm gesagt hatte:
»Dein Sohn lebt.« Und er und sein ganzes Haus
wurden gläubig. 54 Dieses war das zweite Zeichen,
das Jesus wiederum wirkte, als er von Judäa nach
Galiläa kam.

4,1–42: Mit besonderem Interesse berichtet Joh die Heilsbereitschaft der von den Juden verachteten Samariter. In feinfühliger Menschenkenntnis führt Jesus die seelisch bereite Frau von den äußeren Dingen zu den höheren Werten des Gottesreiches und weist die Jünger auf ihre kommende Aufgabe hin. In der Frage nach der rechten Gottesverehrung anerkennt er die heilsgeschichtliche Vorrangstellung des Judentums. Aber auch diese werde mit dem Gottesreich aufgehen in der von allen nationalen Bedingungen unabhängigen Gottesverehrung aller Menschen als Anbetung des Vaters »in Geist und Wahrheit«. Damit will keineswegs Recht und Sinn äußerer Gottesverehrung bestritten werden; aber sie muß sich der Forderung nach »Geist und Wahrheit« unterordnen. • 27: Gespräche mit Frauen galten bei den Rabbinern als unschicklich. • 35: Wohl dauerte es (von der Zeit dieses Gespräches an) bis zur Getreideernte noch vier Monate, aber die heraneilenden Samariter sind das Bild einer reifwerdenden Ernte des Gottesreiches. Jesus ist der Sämann, die Apostel werden die Ernte einbringen dürfen. • 44: Vgl. Matth 13,57; Mark 6,4; Luk 4,24, wo dieses Wort auf Nazareth, die Heimatstadt Jesu, bezogen ist. Jesus ging also bei seiner Rückkehr nicht mehr dorthin, sondern in das übrige Gebiet von Galiläa. • 46: Dieser Beamte, im Dienste des manchmal auch als »König« bezeichneten Gebietsfürsten Herodes Antipas, ist kaum identisch mit dem Hauptmann von Kapharnaum, vgl. Matth 8,5–13; Luk 7,1–10. Vielmehr dürfte die an seinem Sohn geschehene Fernheilung bewirkt haben, daß später der Hauptmann die Bitte stellte, Jesus möchte helfen, ohne sein Haus betreten zu müssen.

Heilung eines Kranken

5 1 Darauf war Festtag der Juden, und Jesus ging
hinauf nach Jerusalem. 2 In Jerusalem ist beim
Schaftor ein Teich, der auf hebräisch Bethesda
heißt, mit fünf Hallen. 3 In diesen lag eine Menge
von Kranken, Blinden, Lahmen und Schwindsüchtigen, die auf die Bewegung des Wassers warteten.
4 Ein Engel [des Herrn] stieg nämlich von Zeit zu
Zeit auf den Teich hernieder und brachte das Wasser in Wallung; wer nun als erster nach der Wallung
des Wassers hineinstieg, wurde gesund, an welcher
Krankheit er auch leiden mochte. 5 Nun war dort
ein Mann, der seit achtunddreißig Jahren an seiner
Krankheit litt. 6 Als Jesus ihn daliegen sah und erfuhr, daß er schon lange Zeit so daran war, sprach
er zu ihm: »Willst du gesund werden?« 7 Der
Kranke antwortete ihm: »Herr, ich habe keinen
Menschen, der mich in den Teich brächte, wenn das
Wasser in Wallung kommt; denn während ich hingehe, steigt ein anderer vor mir hinab.« 8 Jesus
sprach zu ihm: »Steh auf, nimm dein Bett und
gehe!« 9 Und sogleich wurde der Mann gesund; er
nahm sein Bett und ging einher.
Es war aber Sabbat an jenem Tage. 10 Da sagten die
Juden zum Geheilten: »Es ist Sabbat, und es ist dir
nicht gestattet, das Bett zu tragen!« 11 Er aber antwortete ihnen: »Der mich gesund machte, sprach
zu mir: Nimm dein Bett und gehe!« 12 Sie fragten
ihn nun: »Wer ist der Mensch, der zu dir sagte:
Nimm dein Bett und gehe!?« 13 Der Geheilte aber
wußte nicht, wer es sei; Jesus war nämlich weitergegangen, da viel Volk am Platze war. 14 Hernach
traf ihn Jesus im Tempel und sprach zu ihm: »Siehe,
du bist gesund geworden; sündige nicht mehr, daß
dir nicht etwas Schlimmeres widerfahre.« 15 Der
Mann ging hin und sagte den Juden, daß es Jesus
sei, der ihn gesund gemacht habe.

Rechtfertigung und Selbstoffenbarung Jesu

16 Deshalb verfolgten die Juden Jesus, weil er dies
am Sabbat getan hatte. 17 Jesus aber entgegnete
ihnen: »Mein Vater wirkt bis jetzt, und auch ich
wirke.« 18 Daraufhin trachteten die Juden noch
mehr, ihn zu töten, weil er nicht nur den Sabbat
brach, sondern sogar Gott seinen Vater nannte und
damit sich Gott gleichsetzte. 19 Jesus aber gab ihnen
zur Antwort: »Wahrlich, wahrlich, ich sage euch:
Der Sohn vermag aus sich selber nichts zu tun, was
er nicht den Vater tun sieht; denn was dieser tut, das
tut auch der Sohn in gleicher Weise. 20 Denn der
Vater liebt den Sohn und zeigt ihm alles, was er
selber tut; ja, noch größere Werke als diese wird er
ihm zeigen, so daß ihr staunen werdet. 21 Denn wie
der Vater die Toten erweckt und lebendig macht, so
macht auch der Sohn, die er will, lebendig. 22 Der
Vater richtet auch niemand, er hat vielmehr das
ganze Gericht dem Sohn übergeben, 23 damit alle
den Sohn ehren, wie sie den Vater ehren. Wer den
Sohn nicht ehrt, der ehrt auch nicht den Vater, der
ihn gesandt hat. 24 Wahrlich, wahrlich, ich sage
euch: Wer auf mein Wort hört und dem glaubt, der
mich sandte, hat ewiges Leben und kommt nicht
ins Gericht, sondern er ist aus dem Tod hinübergeschritten ins Leben.

Dem Vater gleich

25 Wahrlich, wahrlich, ich sage euch: Es kommt die
Stunde, und jetzt ist sie da, in der die Toten die
Stimme des Sohnes Gottes hören werden, und die
sie hören, werden leben. 26 Denn wie der Vater
Leben in sich selber hat, so hat er auch dem Sohne
verliehen, Leben in sich selber zu haben, 27 und er
gab ihm Vollmacht, Gericht zu halten, weil er der
Menschensohn ist. 28 Wundert euch darüber nicht,
denn es kommt die Stunde, in der alle, die in den
Gräbern sind, seine Stimme hören werden, 29 und es
werden hervorgehen, die das Gute getan haben, zur
Auferstehung des Lebens, die das Böse getan haben,
zur Auferstehung des Gerichtes. 30 Ich vermag
nichts zu tun aus mir selbst; so wie ich höre, richte

ich, und mein Gericht ist gerecht; denn ich suche
nicht meinen Willen, sondern den Willen dessen,
der mich gesandt hat.

Des Vaters Zeugnis

31 Wenn ich Zeugnis gebe über mich selbst, ist mein
Zeugnis nicht wahr; 32 ein anderer gibt Zeugnis
über mich, und ich weiß: wahr ist das Zeugnis, das
er ablegt über mich. 33 Ihr habt zu Johannes gesandt,
und er hat der Wahrheit Zeugnis gegeben; 34 doch
ich nehme nicht von einem Menschen das Zeug-
nis, sondern sage dies, damit ihr gerettet werdet.
35 Jener war die Lampe, brennend und leuchtend,
ihr aber wolltet euch für eine Stunde ergötzen an
ihrem Lichte. 36 Ich aber habe ein größeres Zeugnis
als das des Johannes. Denn die Werke, die zu voll-
bringen mir der Vater gegeben hat, ja, diese Werke,
die ich tue, sie bezeugen von mir, daß der Vater
mich gesandt hat. 37 Und der Vater, der mich sandte,
er selbst gab Zeugnis über mich; doch habt ihr
weder seine Stimme jemals gehört noch seine Ge-
stalt gesehen; 38 auch sein Wort habt ihr nicht woh-
nen in euch, weil ihr dem, den er sandte, nicht
glaubt. 39 Ihr durchforscht die Schriften, weil ihr
meint, in ihnen ewiges Leben zu haben, und sie
sind es, die Zeugnis geben über mich; 40 doch ihr
wollt nicht kommen zu mir, daß ihr Leben hättet.
41 Ehre von Menschen nehme ich nicht an, 42 ich
habe euch ja erkannt, daß ihr die Liebe Gottes nicht
in euch habt. 43 Ich bin gekommen im Namen
meines Vaters, und ihr nehmt mich nicht an; wenn
ein anderer kommt in seinem eigenen Namen, den
werdet ihr annehmen. 44 Wie vermögt ihr zu glau-
ben, die ihr Ehre annehmt voneinander und die
Ehre von Gott allein nicht sucht?
45 Denkt nicht, daß ich euch anklagen werde beim
Vater; euer Ankläger ist Moses, auf den ihr eure
Hoffnung gesetzt habt. 46 Denn wenn ihr Moses
glaubtet, würdet ihr auch mir glauben; über mich
hat er ja geschrieben. 47 Wenn ihr aber seinen Schrif-
ten nicht glaubt, wie werdet ihr meinen Worten
glauben?«

5,1–47: Nach nicht unbegründeter Auffassung wird Kapitel 5 unter Annahme einer frühesten Vertauschung der Blätter erst nach Kapitel 6 eingereiht, wodurch der innere Anschluß der Abschnitte verständlicher würde und das in 5,1 nicht näher bezeichnete »Fest« identisch wäre mit dem in 6,4 als »nahe« angeführten Paschafest. 5,4: Dieser Vers, der die damalige Volksauffassung über die Heilkraft des Wassers wiedergibt, gilt wegen seines Fehlens in vielen Handschriften als späterer Einschub. Aber auch Vers 7 setzt die gleiche Vorstellung voraus. • 17–30: Das erste öffentliche Selbstzeugnis Jesu! Nach Vers 18 verstanden die Juden deutlich den Anspruch Jesu auf die Gleichheit mit dem Vater. Das war auch Hauptgrund aller späteren Verfolgung wie der Verurteilung zum Tode. Beachte den bei Joh wichtigen Begriff »ewiges Leben«, d. h. die durch Jesus bewirkte Teilnahme am göttlichen Leben. • 31–47: Jesus beruft sich neben dem Zeugnis des von den Juden nicht ernst genommenen Täufers vor allem auf die Beweiskraft seiner aus dem Wirken des Vaters kommenden Wunder. Aber auch die von den Juden nicht verstandene Schrift der alttestamentlichen Offenbarung spricht für ihn.

Die wunderbare Brotvermehrung

6
1 Darauf begab sich Jesus an das andere Ufer
des galiläischen Sees, des Sees von Tiberias,
2 und es folgte ihm eine große Menge Volkes,
weil sie die Zeichen sahen, die er an den Kranken
tat. 3 Und Jesus stieg den Berg hinan, und dort setzte
er sich nieder, zusammen mit seinen Jüngern. 4 Das
Pascha, das Fest der Juden, war nahe.
5 Als nun Jesus die Augen erhob und sah, daß viel
Volk zu ihm kam, sprach er zu Philippus: »Woher
werden wir Brote kaufen, damit diese zu essen
haben?« 6 Er sagte dies, um ihn auf die Probe zu
stellen; denn er wußte, was er tun wollte. 7 Philip-
pus antwortete ihm: »Brote für zweihundert
Denare reichen nicht für sie, daß jeder nur ein
wenig bekomme.« 8 Da sagte zu ihm einer von
seinen Jüngern, Andreas, der Bruder des Simon
Petrus: 9 »Es ist ein Knabe hier, der hat fünf Ger-
stenbrote und zwei Fische; allein, was ist das für so
viele?« 10 Jesus aber sprach: »Laßt die Leute sich
lagern!« Es war viel Gras an dem Orte. Es lagerten
sich nun die Männer, etwa fünftausend an Zahl.
11 Und Jesus nahm die Brote, sprach das Dankgebet
und verteilte sie an die Lagernden, ebenso auch von
den Fischen, soviel sie wollten. 12 Als sie sich gesät-
tigt hatten, sprach er zu seinen Jüngern: »Sammelt,
was übrigblieb von den abgebrochenen Stücken,
damit nichts zugrunde gehe!« 13 Sie sammelten und
füllten zwölf Körbe mit Resten von den fünf Ger-
stenbroten, die den Essenden übriggeblieben
waren. 14 Als nun die Leute das Zeichen sahen, das
er gewirkt hatte, sagten sie: »Dieser ist wahrhaft
der Prophet, der kommen soll in die Welt!« 15 Jesus
merkte, daß sie kommen und ihn ergreifen wollten,
um ihn zum König zu machen, und er zog sich
wieder auf den Berg zurück, er allein.

Jesus wandelt auf dem See

16 Da es spät geworden war, gingen seine Jünger
hinab zum See, 17 stiegen in das Schiff und wollten
über den See hinüberfahren, nach Kapharnaum. Es
war schon dunkel geworden, und noch war Jesus
nicht zu ihnen gekommen. 18 Der See aber war sehr
bewegt, denn es blies ein starker Wind. 19 Als sie
etwa fünfundzwanzig oder dreißig Stadien gefah-
ren waren, erblickten sie Jesus, wie er auf dem See
einherging und nahe ans Schiff herankam, und sie
fürchteten sich. 20 Er aber sprach zu ihnen: »Ich bin

es, fürchtet euch nicht!« 21 Da wollten sie ihn in das
Schiff nehmen, und gleich darauf war das Schiff am
Lande auf das sie zusteuerten.

Vom Brot des Lebens

22 Am anderen Tag erfuhr das Volk, das noch drüben
stand am anderen Ufer, daß kein weiteres Schiff da-
gewesen war als das eine und Jesus nicht mit seinen
Jüngern das Schiff bestiegen hatte, sondern seine
Jünger allein abgefahren waren. 23 Andere Schiffe
kamen aus Tiberias in die Nähe des Ortes, wo sie
nach dem Dankgebet des Herrn das Brot gegessen
hatten. 24 Als das Volk nun sah, daß weder Jesus
noch seine Jünger da waren, stiegen sie in die
Schiffe und fuhren nach Kapharnaum, um Jesus zu
suchen.

25 Sie fanden ihn am anderen Ufer des Sees und
sagten zu ihm: »Meister, wann bist du hierherge-
kommen?« 26 Jesus antwortete ihnen: »Wahrlich,
ich sage euch: Ihr sucht nicht nach mir, weil ihr
Zeichen gesehen, sondern weil ihr von den Broten
gegessen und euch gesättigt habt. 27 Müht euch
nicht um die vergängliche Speise, sondern um die
Speise, die anhält zu ewigem Leben, wie sie der
Menschensohn euch geben wird; denn ihn hat
Gott, der Vater, beglaubigt mit seinem Siegel.« 28 Da
sagten sie zu ihm: »Was sollen wir tun, um die
Werke Gottes zu vollbringen?« 29 Jesus antwortete
ihnen: »Das ist das Werk Gottes, daß ihr an den
glaubt, den er gesandt hat.«

30 Da sagten sie zu ihm: »Was tust du denn als
Zeichen, daß wir sehen und dir glauben? Was voll-
bringst du? 31 Unsere Väter aßen das Manna in der
Wüste, wie geschrieben steht: ›Brot vom Himmel
gab er ihnen zu essen‹ (Ps 78,24).« 32 Da sprach Jesus
zu ihnen: »Wahrlich, wahrlich, ich sage euch: Nicht
Moses gab euch das Brot vom Himmel, sondern
mein Vater gibt euch vom Himmel das wahre Brot.
33 Denn das Brot Gottes ist jenes, das vom Himmel
herabkommt und der Welt Leben gibt.« 34 Da sagten
sie zu ihm: »Herr, gib uns für immer dieses Brot!«

35 Jesus sprach zu ihnen: »Ich bin das Brot des
Lebens; wer zu mir kommt, wird nicht mehr
hungern, und wer an mich glaubt, wird nimmer-
mehr dürsten. 36 Doch ich sagte es euch: Ihr habt
mich zwar gesehen, glaubt aber nicht. 37 Alles, was
der Vater mir gibt, wird zu mir kommen, und den,
der zu mir kommt, werde ich nimmermehr von mir
wegstoßen; 38 denn ich bin vom Himmel herabge-
kommen, nicht um meinen Willen zu tun, sondern
den Willen dessen, der mich gesandt hat. 39 Das
aber ist der Wille dessen, der mich sandte, daß ich
von allem, was er mir gab, nichts verlorengehen
lasse, sondern es auferwecke am Jüngsten Tage.
40 Denn das ist der Wille meines Vaters, daß jeder,
der den Sohn sieht und an ihn glaubt, ewiges Leben
habe und daß ich ihn auferwecke am Jüngsten
Tage.«

41 Da murrten die Juden über ihn, weil er sagte: »Ich
bin das Brot, das vom Himmel herabgekommen
ist«, 42 und sie sagten: »Ist dieser nicht Jesus, der
Sohn Josephs, dessen Vater und Mutter wir ken-
nen? Wie sagt er nun: Ich bin vom Himmel herab-
gekommen?« 43 Jesus antwortete ihnen: »Murrt
nicht untereinander! 44 Niemand kann zu mir kom-
men, wenn ihn der Vater, der mich sandte, nicht
zieht; ich aber werde ihn auferwecken am Jüngsten
Tage. 45 Es steht bei den Propheten geschrieben: ›Sie
werden alle belehrt sein von Gott‹ (Is 54,13). Jeder,
der es vom Vater vernommen und gelernt hat,
kommt zu mir. 46 Nicht, daß den Vater jemand ge-
sehen hätte, nur der von Gott stammt, hat den
Vater gesehen. 47 Wahrlich, wahrlich, ich sage euch:
Wer glaubt, hat ewiges Leben.

Das eucharistische Brot

48 Ich bin das Brot des Lebens. 49 Eure Väter aßen in
der Wüste das Manna und sind gestorben. 50 Dies ist
das Brot, das vom Himmel herabkommt, daß einer
davon ißt und nicht mehr stirbt. 51 Ich bin das
lebendige Brot, das vom Himmel herabgekommen
ist. Wenn einer von diesem Brote ißt, wird er leben
in Ewigkeit, und das Brot, das ich geben werde, ist
mein Fleisch für das Leben der Welt.«

52 Da stritten die Juden untereinander und sagten:
»Wie kann dieser uns sein Fleisch zu essen geben?«
53 Jesus aber sprach zu ihnen: »Wahrlich, wahrlich,
ich sage euch: Wenn ihr das Fleisch des Menschen-
sohnes nicht eßt und sein Blut nicht trinkt, habt ihr
nicht Leben in euch. 54 Wer mein Fleisch ißt und
mein Blut trinkt, hat ewiges Leben, und ich werde
ihn auferwecken am Jüngsten Tage. 55 Denn mein
Fleisch ist eine wahre Speise, und mein Blut ist ein
wahrer Trank. 56 Wer mein Fleisch ißt und mein
Blut trinkt, bleibt in mir und ich in ihm. 57 Wie mich
gesandt hat der lebendige Vater und wie ich lebe
durch den Vater, wird auch jener, der mich ißt,
leben durch mich. 58 Das ist das Brot, das vom
Himmel herabgekommen ist, nicht von der Art, wie
die Väter es aßen und starben. Wer dieses Brot ißt,
wird leben in Ewigkeit.« 59 Dies sagte er, als er in der
Synagoge zu Kapharnaum lehrte.

Die Glaubensprobe der Jünger

60 Viele nun von seinen Jüngern, die es hörten,
sagten: »Hart ist die Rede, wer kann sie hören?«
61 Jesus wußte bei sich, daß seine Jünger darüber

murrten, und sprach zu ihnen: »Daran nehmt ihr
Anstoß? [62] Wenn ihr nun den Menschensohn dahin
aufsteigen seht, wo er vordem war? [63] Der Geist ist
es, der Leben schafft, das Fleisch nützt nichts. Die
Worte, die ich zu euch gesprochen habe, sind Geist
und sind Leben. [64] Doch es sind welche unter euch,
die nicht glauben.« Jesus wußte nämlich von Anfang an, wer die seien, die nicht glauben, und wer
es sei, der ihn verraten werde. [65] Und er sprach:
»Deswegen habe ich zu euch gesagt: Niemand kann
zu mir kommen, wenn es ihm nicht gegeben ist von
meinem Vater.«
[66] Von da an zogen sich viele seiner Jünger zurück
und gingen nicht mehr mit ihm. [67] Da sprach Jesus
zu den Zwölfen: »Wollt nicht auch ihr weggehen?«
[68] Simon Petrus antwortete ihm: »Herr, zu wem
sollen wir gehen? Du hast Worte ewigen Lebens!
[69] Wir haben geglaubt und erkannt, daß du der
Heilige Gottes bist.« [70] Jesus antwortete ihnen:
»Habe ich nicht euch als die Zwölf auserwählt?
Und doch – einer unter euch ist ein Teufel!« [71] Er
meinte Judas, den Sohn des Simon Iskariot; denn
dieser sollte ihn verraten, einer aus den Zwölfen.

6,1–21: Vgl. Matth 14,14–23; Mark 6,34–52; Luk 9,11–17. Einer der wenigen mit den Synoptikern gemeinsamen Berichte. Er bildet die Grundlage für die nur von Joh berichtete anschließende Rede vom »Brot des Lebens«. • 30–59: Diese Rede Jesu versteht unter »Brot des Lebens« zunächst die Erlösungsgabe im allgemeinen Sinn; von Vers 48 an leitet aber die Aussage deutlich über auf das eucharistische Geheimnis, dessen Empfang im besonderen Sinn die Teilnahme am göttlichen Leben vermittelt. • 60–71: An der eucharistischen Glaubensforderung scheiterten viele anfängliche Anhänger Jesu, die sich über irdisches Denken und Wünschen nicht erheben konnten. Auch für Judas liegt hier der Anfang seiner Abirrung.

Aufbruch zum Laubhüttenfest

7 [1] Hierauf nahm Jesus seinen Weg durch
Galiläa, denn er wollte nicht in Judäa umherwandern, da die Juden ihn zu töten suchten.
[2] Laubhütten aber, das Fest der Juden, war nahe.
[3] Da sagten zu ihm seine Brüder: »Zieh fort von hier
und mach dich auf nach Judäa, damit auch deine
Jünger deine Werke sehen, die du vollbringst.
[4] Denn niemand tut etwas im Verborgenen und will
dabei in der Öffentlichkeit Geltung haben. Wenn
du solche Dinge tust, so zeige dich offen vor der
Welt!« [5] Auch seine Brüder nämlich glaubten nicht
an ihn. [6] Da sprach Jesus zu ihnen: »Meine Zeit ist
noch nicht da; eure Zeit jedoch ist immer gelegen.
[7] Euch kann die Welt nicht hassen, mich aber haßt
sie, weil ich über sie das Zeugnis gebe, daß ihre
Werke schlecht sind. [8] Geht ihr hinauf zum Fest; ich
gehe noch nicht hinauf zu diesem Fest, denn meine
Zeit ist noch nicht erfüllt.«
[9] Dies sagte er zu ihnen und blieb in Galiläa.
[10] Nachdem aber seine Brüder zum Fest hinaufgezogen waren, ging auch er hinauf, nicht öffentlich,
sondern so, daß es niemand merkte. [11] Die Juden
suchten beim Feste nach ihm und sagten: »Wo ist er
denn?« [12] Und es war viel des Redens über ihn unter
dem Volke. Die einen sagten: »Er ist gut«; andere
sagten: »Nein, er verführt das Volk.« [13] Niemand
aber redete offen von ihm, aus Furcht vor den
Juden.

Jesu Selbstzeugnis während des Festes

[14] Es war schon in der Mitte der Festwoche, als Jesus
in den Tempel hinaufging und lehrte. [15] Da staunten
die Juden und sagten: »Wie kennt der die Schriften,
ohne Unterricht genommen zu haben?« [16] Jesus erwiderte ihnen und sprach: »Meine Lehre ist nicht
meine, sondern sie ist von dem, der mich gesandt
hat. [17] Wenn jemand bestrebt ist, seinen Willen zu
tun, wird er erkennen, ob die Lehre von Gott ist
oder ob ich aus mir selbst rede. [18] Wer aus sich
selbst redet, der sucht seine eigene Ehre; wer aber
die Ehre dessen sucht, der ihn gesandt hat, der ist
wahr, und kein Trug ist in ihm.
[19] Hat euch nicht Moses das Gesetz gegeben?
Keiner aber von euch hält sich an das Gesetz.
[20] Warum sucht ihr mich zu töten?« Das Volk erwiderte: »Du hast einen Dämon! Wer sucht denn
dich zu töten?« [21] Jesus antwortete ihnen: »Ein einziges Werk habe ich getan, und ihr alle seid befremdet darüber. [22] Moses hat euch die Beschneidung gegeben – nicht als von Moses stammend,
sondern von den Vätern –, und ihr beschneidet auch
am Sabbat einen Menschen. [23] Wenn nun ein
Mensch am Sabbat die Beschneidung empfängt,
ohne daß das Gesetz des Moses verletzt wird, da
zürnt ihr mir, weil ich am Sabbat einen ganzen
Menschen gesund gemacht habe? [24] Urteilt nicht
nach dem Äußeren, sondern nach Gerechtigkeit
fällt euer Urteil!«
[25] Da sagten einige aus Jerusalem: »Ist das nicht der,
den sie zu töten suchen? [26] Seht, er redet in aller
Öffentlichkeit, und man entgegnet ihm nichts.
Haben vielleicht die Ratsherren es als wahr erkannt,
daß dieser der Messias ist? [27] Doch von diesem
wissen wir, woher er ist; vom Messias aber, wenn
er kommt, weiß niemand, woher er ist.« [28] Da rief
Jesus, der im Tempel lehrte: »Ja, ihr kennt mich und
ihr wißt, woher ich bin; doch ich bin nicht von mir
selbst gekommen, sondern der Wahrhafte ist es, der
mich gesandt hat, er, den ihr nicht kennt. [29] Ich
kenne ihn, denn ich komme von ihm her, und er hat
mich gesandt.« [30] Da suchten sie ihn zu ergreifen,

doch niemand legte Hand an ihn, denn seine Stunde
war noch nicht gekommen.

Im Widerstreit der Meinungen

31 Viele aus dem Volke glaubten an ihn und sagten:
»Wird denn der Messias, wenn er kommt, mehr
Zeichen tun, als dieser tat?« 32 Die Pharisäer hörten,
daß im Volke solche Reden umgingen, und die
Hohenpriester und Pharisäer sandten Leute aus, um
ihn festzunehmen.
33 Jesus aber sprach: »Noch kurze Zeit bin ich bei
euch; dann gehe ich zu dem, der mich gesandt hat.
34 Ihr werdet mich suchen, jedoch nicht finden, und
wo ich bin, dahin könnt ihr nicht kommen.« 35 Da
sagten die Juden zueinander: »Wohin will er denn
gehen, daß wir ihn nicht finden sollen? Will er
etwa in die Diaspora der Hellenen gehen, um die
Hellenen zu lehren? 36 Was bedeutet das Wort, das
er sprach: Ihr werdet mich suchen, aber nicht
finden, und wo ich bin, dahin könnt ihr nicht kommen?«

Beim Abschluß des Festes

37 Am letzten Tag, dem großen des Festes, stand
Jesus da und rief: »Wenn jemand dürstet, komme
er zu mir und trinke! 38 Wer an mich glaubt, aus
dessen Leib werden, wie die Schrift gesagt hat,
Ströme lebendigen Wassers fließen.« 39 Das sagte er
im Hinblick auf den Geist, den die empfangen
sollten, die an ihn glaubten; denn noch war der
[Heilige] Geist nicht da, weil Jesus noch nicht verherrlicht war. 40 Von den Volksscharen, die diese
Worte hörten, sagten die einen: »Dieser ist wahrlich
der Prophet!« 41 Andere sagten: »Dieser ist der
Messias.« Wieder andere: »Soll denn aus Galiläa der
Messias kommen? 42 Hat die Schrift nicht gesagt,
daß aus dem Geschlechte Davids und aus dem
Dorfe Bethlehem, wo David war, der Messias
komme?«
43 Und es entstand ein Zwiespalt im Volke um
seinetwillen. 44 Einige von ihnen wollten ihn festnehmen; doch niemand legte Hand an ihn. 45 Als
nun die Diener zu den Hohenpriestern und Pharisäern kamen, sagten diese zu ihnen: »Warum habt
ihr ihn nicht gebracht?« 46 Die Diener antworteten:
»Noch niemals hat ein Mensch so geredet, wie
dieser Mensch redet.« 47 Da entgegneten ihnen die
Pharisäer: »Seid etwa auch ihr aus Galiläa? 48 Glaubt
denn jemand von den Ratsherren an ihn oder von
den Pharisäern? 49 Dieses Volk aber, das vom
Gesetz nichts versteht – verflucht sind sie.«
50 Da sagte Nikodemus zu ihnen – es war jener, der
schon früher einmal zu ihm kam –, einer von ihnen:
51 »Richtet denn unser Gesetz einen Menschen,
wenn es ihn nicht zuvor verhört und festgestellt
hat, was er tut?« 52 Sie erwiderten ihm: »Bist etwa
auch du aus Galiläa? Forsche nach, und du wirst
sehen, daß aus Galiläa kein Prophet aufsteht.«
53 Und sie gingen von dannen, ein jeder an seinen
Ort.

7,1–10,21: Die folgenden Berichte gruppieren sich alle um das ein halbes Jahr nach Ostern, im Herbst, begangene Laubhüttenfest, wobei die nähere zeitliche und örtliche Beziehung einzelner Abschnitte nicht zu ersehen ist.

7,1–13: Jesus wollte den politisch-nationalen Messiaserwartungen der Juden, von denen auch seine nächsten Verwandten (»Brüder«) erfüllt waren, keinen Vorschub leisten und vermied daher, ehe seine Stunde kam, einen öffentlichen Einzug in Jerusalem, der bei der fiebernden Erwartung der Pilger leicht hätte zu Unruhen führen können. • 14–53: Jesus lenkt die vom irdischen Messiastraum erfüllten Massen unter Anspielung auf die Zeremonien des »Wassertragens« auf die höheren Gaben des Gottesreiches hin, besonders auf den Heiligen Geist. • 23: Für »ohne daß das Gesetz…« könnte auch übersetzt werden: »damit das Gesetz des Moses nicht verletzt werde«. • 38: Auch übersetzbar: »wer an mich glaubt« (als Teil des vorhergehenden Satzes). »Wie die Schrift gesagt hat, werden Ströme lebendigen Wassers aus seinem (d. i. Christi) Leib fließen.« Vgl. Ez 47,1; Zach 14,8; vielleicht auch Is 43,20; 1 Kor 10,4. • 53–8,11: Fehlt in verschiedenen Textzeugen. Der Bericht ist jedoch als echte apostolische Überlieferung anzusehen, mag er auch nicht ursprünglich im jetzigen Zusammenhang gestanden sein. Jesus bekundet gegenüber einer scheinheiligen Gesetzespraxis seine gütige und zugleich aufrichtende Erlöserliebe.

Jesus und die Ehebrecherin

8 1 Jesus aber ging zum Ölberg. 2 Frühmorgens
kam er wieder in den Tempel, und das ganze
Volk kam zu ihm, und er setzte sich nieder
und lehrte sie. 3 Da führten die Schriftgelehrten und
Pharisäer eine Frau herbei, die man beim Ehebruch
ertappt hatte, stellten sie in die Mitte 4 und sagten
zu ihm: »Meister, diese Frau wurde auf frischer Tat
ertappt als Ehebrecherin. 5 Im Gesetze hat uns
Moses befohlen, solche zu steinigen; was sagst du
dazu?«
6 Das sagten sie, um ihn auf die Probe zu stellen
damit sie einen Grund hätten zur Anklage gegen
ihn. Jesus aber bückte sich nieder und schrieb mit
dem Finger auf die Erde. 7 Da sie aber nicht nachließen mit ihren Fragen, richtete er sich auf und
sprach zu ihnen: »Wer von euch ohne Sünde ist,
werfe als erster einen Stein auf sie.« 8 Und er bückte
sich abermals und schrieb auf die Erde. 9 Als sie aber
dies hörten, gingen sie davon, einer nach dem
anderen, von den Ältesten angefangen bis zu den
letzten, und es blieb Jesus allein zurück und die
Frau, die in der Mitte stand.
10 Da richtete Jesus sich auf und sprach zu ihr: »Frau,
wo sind sie? Hat dich keiner verurteilt?« 11 Sie
sagte: »Keiner, Herr!« Jesus sprach zu ihr: »Auch ich
verurteile dich nicht. Geh hin und sündige fortan
nicht mehr!«

Jesus, das Licht der Welt
12 Abermals redete Jesus zu ihnen und sprach: »Ich
bin das Licht der Welt; wer mir nachfolgt, wird
nicht im Finstern gehen, sondern das Licht des
Lebens haben.« 13 Da sagten die Pharisäer zu ihm:
»Du gibst Zeugnis über dich selbst; dein Zeugnis ist
nicht wahr.« 14 Jesus antwortete ihnen: »Auch wenn
ich über mich selbst Zeugnis gebe, ist mein Zeugnis
wahr, denn ich weiß, woher ich gekommen bin und
wohin ich gehe; ihr aber wißt nicht, woher ich
komme oder wohin ich gehe.
15 Ihr richtet nach dem Fleische, ich richte niemand.
16 Aber auch, wenn ich richte, ist mein Gericht
wahr; denn ich bin nicht für mich allein, sondern
ich und der Vater, der mich gesandt hat. 17 Auch in
eurem Gesetz steht geschrieben, daß das Zeugnis
zweier Menschen wahr ist (5 Mos 19,15). 18 Ich bin
es, der Zeugnis gibt über mich selbst, und es gibt
Zeugnis über mich der Vater, der mich gesandt hat.«
19 Da sagten sie zu ihm: »Wo ist dein Vater?« Jesus
antwortete: »Ihr kennt weder mich noch meinen
Vater; würdet ihr mich kennen, würdet ihr auch
meinen Vater kennen.«
20 Diese Worte sprach Jesus bei der Schatzkammer,
als er im Tempel lehrte. Niemand ergriff ihn, denn
noch war seine Stunde nicht gekommen

Die Sünde des Unglaubens
21 Wiederum sprach er zu ihnen: »Ich gehe hin, und
ihr werdet mich suchen, doch ihr werdet in eurer
Sünde sterben. Wohin ich gehe, dahin könnt ihr
nicht kommen.«
22 Da sagten die Juden: »Will er sich etwa töten
weil er sagt: Wohin ich gehe, dahin könnt ihr nicht
kommen?« 23 Er aber sprach zu ihnen: »Ihr seid
von dem, was unten ist, ich bin von dem, was
oben ist; ihr seid von dieser Welt, ich bin nicht
von dieser Welt. 24 Daher sagte ich euch: Ihr werdet
in euren Sünden sterben; denn wenn ihr nicht
glaubt, daß ich es bin, werdet ihr in euren Sünden
sterben.«

Von der wahren Abrahamskindschaft
25 Da sagten sie zu ihm: »Wer bist du denn?« Jesus
antwortete ihnen: »Soll ich denn wieder von vorn
an zu euch reden? 26 Vieles hätte ich über euch zu
sagen und zu richten; doch der mich gesandt hat, ist
wahr, und was ich von ihm gehört habe, das rede
ich zur Welt.« 27 Sie verstanden nicht, daß er vom
Vater zu ihnen sprach. 28 Da sagte Jesus [zu ihnen]:
»Wenn ihr den Menschensohn werdet erhöht
haben, dann werdet ihr erkennen, daß ich es bin
und nichts aus mir selber tue, sondern so rede, wie
mich der Vater gelehrt hat. 29 Der mich gesandt hat,
ist mit mir, und er hat mich nicht allein gelassen,
weil ich allezeit tue, was ihm wohlgefällig ist.«

Von der wahren Abrahamskindschaft:
Glaube an Gottes Wort
30 Bei diesen Worten glaubten viele an ihn. 31 Da
sprach Jesus zu den Juden, die sich gläubig zu ihm
bekannten: »Wenn ihr in meinem Worte bleibt, seid
ihr in Wahrheit meine Jünger; 32 ihr werdet die
Wahrheit erkennen, und die Wahrheit wird euch
frei machen.« 33 Sie antworteten ihm: »Nach-
kommen Abrahams sind wir und sind nie jemands
Sklaven gewesen. Wie sagst du: Ihr werdet frei
werden?«
34 Jesus erwiderte ihnen: »Wahrlich, wahrlich, ich
sage euch: Jeder, der die Sünde tut, ist Sklave der
Sünde. 35 Der Sklave aber bleibt nicht für immer im
Hause; der Sohn jedoch bleibt für immer. 36 Wenn
also der Sohn euch frei macht, dann werdet ihr
wirklich frei sein. 37 Ich weiß, daß ihr Nachkom-
men Abrahams seid; aber ihr sucht mich zu töten,
weil mein Wort bei euch nicht Einlaß findet. 38 Was
ich gesehen habe bei meinem Vater, das rede ich;
ihr nun tut, was ihr gehört habt bei eurem Vater.«

Ihr tut nicht die Werke Abrahams
39 Sie antworteten ihm: »Unser Vater ist Abraham.«
Jesus sprach zu ihnen: »Wäret ihr Kinder Abra-
hams, würdet ihr auch Abrahams Werke tun. 40 So
aber sucht ihr mich zu töten, einen Menschen, der
ich euch die Wahrheit sagte, die ich von Gott hörte.
Das hat Abraham nicht getan. 41 Ihr tut die Werke
eures Vaters.« Da sagten sie zu ihm: »Wir sind doch
nicht aus einem Ehebruch geboren; als einzigen
Vater haben wir Gott.« 42 Da sagte Jesus zu ihnen:
»Wäre Gott euer Vater, hättet ihr Liebe zu mir; denn
von Gott bin ich ausgegangen und komme von ihm;
nicht von mir aus bin ich gekommen, sondern er hat
mich gesandt. 43 Warum versteht ihr meine Rede
nicht? Weil ihr nicht fähig seid, mein Wort zu
hören.

Der Unglaube der Juden
44 Ihr stammt aus dem Teufel als Vater und wollt
nach den Gelüsten eures Vaters tun. Dieser war ein
Menschenmörder von Anbeginn; er steht nicht in
der Wahrheit, weil in ihm nicht Wahrheit ist. Wenn
er die Lüge sagt, so sagt er sie aus dem, was ihm
eigen ist; denn ein Lügner ist er und Vater von ihr.
45 Mir aber, der ich die Wahrheit rede, glaubt ihr
nicht. 46 Wer von euch kann mich einer Sünde
zeihen? Wenn ich Wahrheit verkünde, warum
glaubt ihr mir nicht? 47 Wer aus Gott ist, hört auf
Gottes Wort; deshalb hört ihr nicht, weil ihr nicht
aus Gott seid.«

Wer mein Wort achtet, wird den Tod nicht schauen in Ewigkeit

48 Da entgegneten ihm die Juden: »Sagen wir nicht mit Recht, daß du ein Samariter bist und einen Dämon hast?« 49 Jesus antwortete: »Ich habe keinen Dämon, sondern ich ehre meinen Vater; ihr aber mißachtet mich. 50 Doch ich suche nicht meine Ehre; es ist einer, der sie sucht und der richtet. 51 Wahrlich, wahrlich, ich sage euch: Wenn einer auf mein Wort achtet, wird er den Tod nicht schauen in Ewigkeit.«

52 Da sagten die Juden zu ihm: »Nun erkennen wir, daß du einen Dämon hast. Abraham ist gestorben und die Propheten, und du sagst: Wenn einer auf mein Wort achtet, wird er den Tod nicht kosten in Ewigkeit. 53 Bist du etwa größer als unser Vater Abraham, der gestorben ist? Auch die Propheten sind gestorben. Zu wem machst du dich selbst?« 54 Jesus antwortete: »Wenn ich mich selbst ehre, so ist meine Ehre nichts; mein Vater ist es, der mich ehrt, er, von dem ihr sagt: Er ist unser Gott. 55 Doch ihr erkanntet ihn nicht; ich aber kenne ihn; und wenn ich sagte: Ich kenne ihn nicht, so wäre ich gleich euch ein Lügner. Doch ich kenne ihn und achte auf sein Wort. 56 Abraham, euer Vater, jubelte, daß er meinen Tag sehen werde; er sah ihn und freute sich.«

57 Da sagten die Juden zu ihm: »Noch nicht fünfzig Jahre bist du und hast Abraham gesehen?« 58 Jesus sprach zu ihnen: »Wahrlich, wahrlich, ich sage euch: Ehe Abraham ward, bin ich.« 59 Da hoben sie Steine auf, um nach ihm zu werfen; Jesus aber verbarg sich und ging hinaus aus dem Tempel.

8,12–20: Das Wort vom »Licht« spielt auf die besonderen Lichtfeiern beim Laubhüttenfest an. • 25: Wird auch übersetzt: »Was rede ich überhaupt noch zu euch?« • 31–59: Höhepunkt des Kampfes zwischen Jesus und den führenden Juden! Er spricht ihnen die von ihnen so betonte Abrahamskindschaft ab; sie seien vielmehr Kinder des Teufels, des Vaters der Lüge.

Heilung des Blindgeborenen

9 1 Im Vorübergehen sah er einen Menschen, der von Geburt an blind war. 2 Seine Jünger fragten ihn: »Meister, wer hat gesündigt, dieser oder seine Eltern, daß er blind geboren wurde?« 3 Jesus antwortete: »Weder dieser hat gesündigt noch seine Eltern; sondern die Werke Gottes sollen offenbar werden an ihm. 4 Wir müssen die Werke dessen, der mich sandte, vollbringen, solange es Tag ist; es kommt die Nacht, da niemand zu wirken vermag. 5 Solange ich in der Welt bin, bin ich das Licht der Welt.« 6 Nach diesen Worten spuckte er auf die Erde, machte Teig aus dem Speichel, strich ihm den Teig über die Augen 7 und sprach zu ihm: »Geh hin und wasche dich in dem Teich Siloam« – was übersetzt heißt: Gesandter. Er ging hin, wusch sich und kam sehend zurück. 8 Die Nachbarn aber und die ihn zuvor als Bettler gesehen hatten, sagten: »Ist das nicht jener, der dasaß und bettelte?« Die einen meinten: »Der ist es!« 9 Wieder andere: »Nein, sondern er ist ihm ähnlich.« Er selber aber sagte: »Ich bin es!« 10 Da sagten sie zu ihm: »Wie sind denn deine Augen geöffnet worden?« 11 Er antwortete: »Der Mann, der Jesus genannt wird, machte einen Teig, bestrich meine Augen und sprach zu mir: Geh zum Siloam und wasche dich! Ich ging hin, wusch mich und sah.« 12 Und sie fragten ihn: »Wo ist jener?« Er sagte: »Ich weiß es nicht.«

Das Verhalten der Pharisäer

13 Da führten sie den vorher Blinden zu den Pharisäern. 14 Es war aber Sabbat an dem Tage, da Jesus den Teig machte und ihm die Augen öffnete. 15 Es fragten ihn von neuem auch die Pharisäer, wie er sehend geworden sei. Er sagte zu ihnen: »Er legte mir einen Teig auf die Augen, und ich wusch mich und sehe nun.« 16 Da sagten einige von den Pharisäern: »Dieser Mensch ist nicht von Gott, weil er den Sabbat nicht achtet.« Andere aber sagten: »Wie kann ein Sünder solche Zeichen tun?« Und es kam zu einer Spaltung unter ihnen. 17 Dann sagten sie wieder zum Blinden: »Was sagst denn du über ihn, da er doch deine Augen geöffnet hat?« Er sagte: »Er ist ein Prophet!« 18 Die Juden nun glaubten nicht von ihm, daß er blind gewesen und sehend geworden sei, bis sie die Eltern des Sehendgewordenen herbeiriefen, 19 und sie fragten diese: »Ist das euer Sohn, von dem ihr sagt, daß er als Blinder geboren wurde? Wie kann er jetzt sehen?« 20 Seine Eltern antworteten: »Wir wissen, daß dies unser Sohn ist und daß er als Blinder geboren wurde; 21 wie er aber jetzt sehen kann oder wer seine Augen geöffnet hat, wissen wir nicht. Fragt ihn selbst; er ist alt genug, er selbst soll Auskunft geben über sich.« 22 Das sagten seine Eltern, weil sie Furcht hatten vor den Juden; denn die Juden hatten bereits beschlossen, daß jeder, der ihn als Messias anerkenne, aus der Synagoge ausgestoßen werde. 23 Deswegen sagten seine Eltern: »Er ist alt genug, fragt ihn selbst.«

24 Da riefen sie nochmals den Mann, der blind gewesen war, und sagten zu ihm: »Gib Gott die Ehre! Wir wissen, daß dieser Mensch ein Sünder ist.« 25 Jener erwiderte: »Ob er ein Sünder ist, weiß ich nicht; eines weiß ich: ich war blind, und jetzt sehe ich.« 26 Sie fragten ihn abermals: »Was hat er mit dir

getan? Wie öffnete er deine Augen?« 27 Er antwortete ihnen: »Ich sagte es euch schon, doch ihr hörtet nicht darauf; was wollt ihr es nochmals hören? Wollt etwa auch ihr seine Jünger werden?« 28 Da beschimpften sie ihn und sprachen: »Sei du sein Jünger; wir aber sind des Moses Jünger. 29 Wir wissen, daß mit Moses Gott gesprochen hat; von dem aber wissen wir nicht, woher er ist.« 30 Der Mann antwortete ihnen: »Darin gerade liegt das Sonderbare, daß ihr nicht wißt, woher er ist, und er öffnete mir doch die Augen! 31 Wir wissen, daß Gott Sünder nicht erhört, sondern wer Gott fürchtet und seinen Willen tut, den erhört er. 32 Seit Ewigkeit ist es nicht gehört worden, daß jemand die Augen eines Blindgeborenen geöffnet hat. 33 Wenn dieser nicht von Gott wäre, könnte er nichts vollbringen.«
34 Sie entgegneten ihm: »Du bist in Sünden geboren ganz und gar, und du willst uns belehren?« Und sie stießen ihn aus.

Der Glaube des Geheilten

35 Jesus hörte, daß sie ihn ausgestoßen hatten, und als er ihn traf, sprach er zu ihm: »Glaubst du an den Menschensohn?« 36 Er antwortete: »Wer ist es, Herr, daß ich an ihn glaube?« 37 Jesus sprach zu ihm: »Du hast ihn doch gesehen; der mit dir redet, der ist es.« 38 Er sagte: »Ich glaube, Herr«, und er fiel vor ihm nieder. 39 Und Jesus sprach: »Zum Gericht bin ich in diese Welt gekommen, damit die nicht Sehenden sehen und die Sehenden blind werden.«
40 Dies hörten einige Pharisäer, die bei ihm waren, und sie sagten zu ihm: »Sind etwa auch wir blind?«
41 Jesus sprach zu ihnen: »Wenn ihr blind wäret, so hättet ihr keine Sünde; nun aber sagt ihr: Wir sehen! So bleibt eure Sünde.«

9,1–14: Die Heilung des Blindgeborenen hat auch symbolische Bedeutung angesichts der Blindheit der Juden, die nicht zur Erkenntnis des wahren Lichtes fanden. • 2f: Nicht jedes Leid muß als Sündenstrafe gewertet werden, wie die Juden meinten; Gott hat jeweils seine besondere Absicht.

Jesus, der Gute Hirt

10 1 »Wahrlich, wahrlich, ich sage euch: Wer nicht durch die Tür hineingeht in das Gehege der Schafe, sondern anderswo einsteigt, der ist ein Dieb und Räuber. 2 Wer aber durch die Tür hineingeht, der ist Hirt der Schafe. 3 Dem macht der Torhüter auf, und die Schafe hören auf seine Stimme, und er ruft seine Schafe mit Namen und führt sie heraus. 4 Hat er die Seinigen alle herausgetrieben, geht er vor ihnen her, und die Schafe folgen ihm, denn sie kennen seine Stimme. 5 Einem Fremden aber werden sie nicht folgen, sondern vor ihm fliehen, denn sie kennen nicht die Stimme der Fremden.« 6 In dieser Bildrede sprach Jesus zu ihnen; doch sie erfaßten nicht den Sinn dessen, was er zu ihnen sagte.
7 Wiederum sprach daher Jesus zu ihnen: »Wahrlich, wahrlich, ich sage euch: Ich bin die Tür zu den Schafen. 8 Alle, die vor mir kamen, sind Diebe und Räuber; doch die Schafe hörten nicht auf sie. 9 Ich bin die Tür. Wenn einer durch mich hineingeht, wird er Heil erfahren; er wird hineingehen und herausgehen und Weide finden. 10 Der Dieb kommt nur, um zu stehlen und zu schlachten und Unheil anzurichten. Ich bin gekommen, damit sie Leben haben und es in Fülle haben.
11 Ich bin der gute Hirt. Der gute Hirt gibt sein Leben für die Schafe. 12 Der aber Mietling ist und nicht Hirt, und dem die Schafe nicht zu eigen gehören, sieht den Wolf kommen, läßt die Schafe im Stich und flieht, und der Wolf räubert unter ihnen und versprengt sie. 13 Er ist eben ein Mietling, und es liegt ihm nichts an den Schafen.
14 Ich bin der gute Hirt, ich kenne die Meinen, und die Meinen kennen mich, 15 so wie mich der Vater kennt und ich den Vater kenne, und ich gebe mein Leben für die Schafe. 16 Noch andere Schafe habe ich, die nicht aus diesem Gehege sind; auch diese muß ich führen, und sie werden auf meine Stimme hören, und es wird eine Herde sein, ein Hirt. 17 Deshalb liebt mich der Vater, weil ich mein Leben hingebe, daß ich es wieder empfange. 18 Niemand nimmt es mir weg, sondern aus mir selbst gebe ich es hin; ich habe Macht, es hinzugeben, und Macht, es wieder zu nehmen. Diesen Auftrag habe ich empfangen von meinem Vater.«
19 Wiederum kam es zu einer Spaltung unter den Juden wegen dieser Reden. 20 Viele von ihnen sagten: »Er hat einen Dämon und ist von Sinnen; was hört ihr auf ihn?« 21 Andere sagten: »Das sind nicht Worte eines Besessenen. Kann denn ein Dämon die Augen von Blinden öffnen?«

Selbstzeugnis beim Tempelweihfest

22 Man feierte gerade das Tempelweihfest in Jerusalem – es war Winter –, 23 und Jesus ging im Tempel umher, in der Halle Salomons. 24 Da umringten ihn die Juden und sagten zu ihm: »Wie lange noch hältst du uns in Spannung? Bist du der Messias, so sag es uns frei und offen!« 25 Jesus antwortete ihnen: »Ich sagte es euch, und doch glaubt ihr nicht. Die Werke, die ich tue im Namen meines Vaters, sie geben Zeugnis über mich; 26 ihr aber glaubt nicht, da ihr nicht von meinen Schafen seid.
27 Meine Schafe hören auf meine Stimme; ich kenne sie, und sie folgen mir. 28 Ich gebe ihnen ewiges

Leben, und sie werden in Ewigkeit nicht verloren-
gehen, und niemand wird sie entreißen meiner
Hand. 29 Mein Vater, der sie mir gab, ist größer als
alle, und niemand vermag sie zu entreißen der
Hand meines Vaters. 30 Ich und der Vater sind eins.«
31 Da hoben die Juden wiederum Steine auf, um ihn
zu steinigen. 32 Jesus entgegnete ihnen: »Viele gute
Werke ließ ich euch sehen von seiten meines
Vaters; für welches dieser Werke steinigt ihr mich?«
33 Die Juden erwiderten ihm: »Nicht eines guten
Werkes wegen steinigen wir dich, sondern der
Lästerung wegen, weil nämlich du, der du ein
Mensch bist, dich selber zu Gott machst.«
34 Jesus entgegnete ihnen: »Steht nicht in eurem Ge-
setz geschrieben: ›Ich habe gesagt: Ihr seid Götter‹
(Ps 82,6)? 35 Wenn er jene Götter nannte, an die das
Wort Gottes erging, und wenn die Schrift nicht
außer Geltung kommen kann, 36 wie wollt ihr von
dem, den der Vater geheiligt und in die Welt ge-
sandt hat, sagen: Du lästerst!, weil ich sagte: Sohn
Gottes bin ich? 37 Tue ich nicht die Werke meines
Vaters, dann glaubt mir nicht; 38 tue ich sie aber, so
glaubt, wenn ihr mir nicht glaubt, den Werken,
damit ihr zur Erkenntnis kommt und einseht, daß
in mir der Vater ist und ich im Vater bin.« 39 Da
suchten sie abermals ihn zu ergreifen: doch er ent-
wich ihrer Hand.

Aufenthalt in Peräa

40 Er begab sich wieder jenseits des Jordan an den
Ort, wo Johannes zuerst getauft hatte, und hielt
sich dort auf. 41 Und viele kamen zu ihm und
sagten: »Johannes hat zwar kein Zeichen gewirkt,
42 alles aber, was Johannes über diesen sagte, ist
wahr gewesen.« Und es kamen dort viele zum
Glauben an ihn.

10,1–21: Eine scharfe Anklage gegen die Führer des jüdischen Volkes, die ihre »Herde« nur ausbeuteten. Jesus aber ist der um die Seinen sich sorgende »Gute Hirt«, zugleich als die »Türe« der einzige Weg zum Heil. • 22–39: Das Tempelweihfest wurde etwa zwei Monate nach dem Laubhüttenfest gefeiert, als Erinnerung an die Reinigung und Wiedereinweihung des Tempels und des neuen Brandopferaltars. Beachte die abermalige deutliche Aussage Jesu über seine Wesensgleichheit mit dem Vater!

Tod des Lazarus

11 1 Ein gewisser Lazarus von Bethanien,
dem Dorf Marias und ihrer Schwester
Martha, war krank. 2 Maria war jene, die
den Herrn mit Salböl salbte und seine Füße mit
ihren Haaren trocknete, deren Bruder Lazarus nun
krank war. 3 Die Schwestern schickten zu ihm und
ließen sagen: »Herr, siehe, den du liebst, er ist
krank.« 4 Als Jesus das hörte, sprach er: »Diese
Krankheit ist nicht zum Tode, sondern zur Verherr-
lichung Gottes, damit verherrlicht werde der Sohn
Gottes durch sie.« 5 Jesus aber liebte Martha und
ihre Schwester und Lazarus. 6 Als er nun hörte, er
sei krank, blieb er an dem Ort, wo er war, noch
zwei Tage. 7 Erst nachher sprach er dann zu den
Jüngern: »Laßt uns wieder nach Judäa gehen!« 8 Die
Jünger sagten zu ihm: »Meister, eben erst suchten
die Juden dich zu steinigen, und du gehst wieder
dorthin?« 9 Jesus antwortete: »Hat der Tag nicht
zwölf Stunden? Wandert einer bei Tag, stößt er
nicht an, denn er sieht das Licht dieser Welt; 10 wan-
dert aber einer bei Nacht, stößt er an, denn das Licht
ist nicht um ihn.« 11 Nach diesen Worten sprach er
zu ihnen: »Lazarus, unser Freund, schläft; doch ich
gehe hin, um ihn aus dem Schlaf zu wecken.« 12 Da
sagten die Jünger zu ihm: »Herr, wenn er schläft,
wird er gesunden.« 13 Jesus aber hatte von seinem
Tod geredet; sie jedoch meinten, er rede vom
Schlummer des Schlafes. 14 Da sagte Jesus offen zu
ihnen: »Lazarus ist gestorben, 15 und ich freue mich
euretwegen, daß ich nicht dort war, damit ihr
glaubt. Doch nun laßt uns zu ihm gehen!« 16 Da
sagte Thomas, Didymus genannt, zu den Mitjün-
gern: »Laßt uns gehen, damit wir mit ihm sterben.«

Jesus in Bethanien

17 Als Jesus ankam, fand er ihn schon vier Tage im
Grabe liegen. 18 Bethanien lag nahe bei Jerusalem,
etwa fünfzehn Stadien entfernt. 19 Viele von den
Juden waren zu Martha und Maria gekommen, um
sie wegen ihres Bruders zu trösten. 20 Als nun
Martha hörte, daß Jesus komme, eilte sie ihm ent-
gegen, Maria aber blieb im Hause. 21 Und Martha
sagte zu Jesus: »Herr, wärest du hier gewesen, so
wäre mein Bruder nicht gestorben. 22 Doch auch
jetzt weiß ich, daß alles, was du von Gott erbittest,
Gott dir geben wird.« 23 Jesus sprach zu ihr: »Dein
Bruder wird auferstehen.« 24 Martha entgegnete
ihm: »Ich weiß, er wird auferstehen bei der Aufer-
stehung am Jüngsten Tage.« 25 Jesus sprach zu ihr:
»Ich bin die Auferstehung und das Leben. Wer an
mich glaubt, wird leben, auch wenn er gestorben
ist; 26 und jeder, der lebt und an mich glaubt, wird
nicht sterben in Ewigkeit. Glaubst du das?« 27 Sie
sagte zu ihm: »Ja, Herr, ich habe Glauben; du bist
der Messias, der Sohn Gottes, der in die Welt kom-
men soll.« 28 Nach diesen Worten ging sie weg, rief
ihre Schwester Maria und sagte leise zu ihr: »Der
Meister ist da und ruft dich.« 29 Als diese es hörte
stand sie eilends auf und ging zu ihm. 30 Noch war
Jesus nicht ins Dorf hineingegangen, sondern war
noch an der Stelle, wo Martha ihm begegnet war.
31 Die Juden nun, die bei ihr im Hause waren und sie

trösteten, sahen wie Maria voll Eile aufstand und
wegging, und folgten ihr in der Meinung, sie gehe
zum Grabe, um dort zu weinen. 32 Maria kam an
den Platz, wo Jesus war, fiel bei seinem Anblick zu
seinen Füßen nieder und sagte zu ihm: »Herr,
wärest du hier gewesen, so wäre mein Bruder nicht
gestorben.«

Totenerweckung

33 Als Jesus sah, wie sie weinte und wie auch die mit
ihr kommenden Juden weinten, wurde er im Geiste
tief erschüttert, und voll innerer Erregung 34 sprach
er: »Wo habt ihr ihn hingelegt?« Sie antworteten
ihm: »Komm, Herr, und sieh!« 35 Jesus weinte. 36 Die
Juden sagten: »Seht, wie er ihn liebte!« 37 Einige aber
von ihnen meinten: »Konnte er, der die Augen des
Blinden öffnete, nicht bewirken, daß auch dieser
nicht starb?«
38 Abermals wurde Jesus in seinem Innern erschüt-
tert und ging zum Grabe. Es war eine Höhle, und
davor lag ein Stein. 39 Jesus sprach: »Hebt den Stein
weg!« Da sagte Martha, die Schwester des Verstor-
benen, zu ihm: »Herr, er riecht schon; denn er liegt
schon vier Tage.« 40 Jesus sprach zu ihr: »Sagte ich
nicht zu dir, du werdest, wenn du glaubst, die Herr-
lichkeit Gottes schauen?« 41 Da hoben sie den Stein
weg. Jesus aber richtete seine Augen nach oben und
sprach: »Vater, ich danke dir, daß du mich erhört
hast. 42 Ich wußte ja, daß du mich allezeit erhörst;
doch wegen des anwesenden Volkes habe ich es ge-
sagt, damit sie glauben, daß du mich gesandt hast.«
43 Nach diesen Worten rief er mit lauter Stimme:
»Lazarus, komm heraus!« 44 Der Verstorbene kam
heraus, die Füße und Hände mit Bändern ge-
bunden, und sein Gesicht war mit einem Schweiß-
tuch umwickelt. Jesus sagte zu ihnen: »Macht ihn
frei und laßt ihn gehen!«

Wirkung des Wunders

45 Viele von den Juden, die zu Maria gekommen
waren und sahen, was Jesus tat, glaubten an ihn;
46 einige aber von ihnen gingen zu den Pharisäern
und sagten ihnen, was Jesus getan hatte. 47 Da be-
riefen die Hohenpriester und Pharisäer den Hohen
Rat und sprachen: »Was sollen wir tun, da dieser
Mensch so viele Zeichen wirkt? 48 Lassen wir ihn so
gewähren, werden alle an ihn glauben, und die
Römer werden kommen und sowohl unser Land
als auch das Volk wegnehmen.«
49 Einer aber von ihnen, Kaiphas, der Hoherpriester
war in jenem Jahre, sagte zu ihnen: »Ihr wißt nichts
50 und bedenkt nicht, daß es besser ist für euch, es
stirbt ein einziger Mensch für das Volk, als daß das
ganze Volk zugrunde geht.« 51 Das sagte er nicht
von sich aus, sondern als Hoherpriester jenes Jahres
sprach er prophetisch, daß Jesus sterben werde für
das Volk, 52 und nicht für das Volk allein, sondern
auch, um die zerstreuten Kinder Gottes zur Einheit
zusammenzuführen.
53 Von jenem Tag an waren sie also entschlossen,
ihn zu töten. 54 Jesus ging daher nicht mehr öffent-
lich unter den Juden umher, sondern zog von dort
weg in die Gegend nahe der Wüste, in eine Stadt
namens Ephraim, und hielt sich dort mit den Jün-
gern auf. 55 Das Pascha der Juden war nahe, und
viele aus dem Lande zogen vor dem Pascha hinauf
nach Jerusalem, um sich zu heiligen. 56 Sie suchten
nach Jesus und sagten, wenn sie im Tempel bei-
sammenstanden: »Was meint ihr? Wird er denn
nicht zum Feste kommen?« 57 Die Hohenpriester
und Pharisäer aber hatten Anweisungen gegeben,
es müsse angezeigt werden, wenn jemand seinen
Aufenthalt wisse, damit man ihn festnehmen
könne.

11,1–57: Die Erweckung des Lazarus ist das eindrucksvollste Wunder Jesu, das seine Gegner zu raschem Handeln drängte. Im Gespräch mit Martha und Maria offenbart Jesus das von ihm ausgehende, den leiblichen Tod überwindende »Leben«, was durch die Totenerweckung veranschaulicht wird. • 2: Diese Salbung wird erst 12,3 berichtet. Spätere Auffassung hat Maria von Bethanien mit der Luk 7,36–50 geschilderten Sünderin und zugleich mit Maria Magdalena gleichgesetzt. Es handelt sich jedoch um drei verschiedene Frauen. • 51f: War sich auch der Hohepriester dieses tieferen Sinnes seiner Worte nicht bewußt, so sieht der Evangelist darin doch eine prophetische Aussage über die universale Heilsbedeutung des Todes Jesu.

Salbung Jesu in Bethanien

12 1 Sechs Tage nun vor dem Pascha kam
Jesus nach Bethanien, wo Lazarus war,
den Jesus von den Toten auferweckt
hatte. 2 Man bereitete ihm dort ein Mahl, und
Martha bediente; Lazarus war einer von denen, die
mit ihm zu Tische waren. 3 Maria aber nahm ein
Pfund echten, kostbaren Nardenöls, salbte die Füße
Jesu und trocknete mit ihren Haaren seine Füße; das
Haus wurde erfüllt vom Dufte des Salböls. 4 Da
sagte Judas Iskariot, einer von seinen Jüngern, der
ihn verraten sollte: 5 »Warum hat man dieses Salböl
nicht für dreihundert Denare verkauft und den
Armen gegeben?« 6 Das sagte er aber nicht, weil
ihm an den Armen lag, sondern weil er ein Dieb
war und als Kassenführer das, was eingelegt wurde,
wegnahm. 7 Da sprach Jesus: »Laß sie! Für den Tag
meines Begräbnisses sollte sie es aufbewahren.
8 Denn die Armen habt ihr allezeit bei euch; mich
aber habt ihr nicht allezeit.«
9 Es erfuhr nun die große Menge des jüdischen
Volkes, daß er dort sei, und sie kamen nicht allein

Jesu wegen, sondern auch um den Lazarus zu
sehen, den er von den Toten auferweckt hatte.
10 Die Hohenpriester aber gingen mit dem Ge-
danken um, auch den Lazarus zu töten, 11 weil viele
von den Juden seinetwegen hingingen und an Jesus
glaubten.

Einzug in Jerusalem

12 Als am folgenden Tag das zahlreich zum Fest ge-
kommene Volk vernahm, Jesus komme nach Jeru-
salem, 13 nahmen sie Palmzweige, zogen ihm ent-
gegen und riefen: »Hosanna! Gepriesen sei, der da
kommt im Namen des Herrn, und der König von
Israel!« (Ps 118,25f). 14 Jesus aber fand einen jungen
Esel und setzte sich darauf, wie geschrieben steht:
15 »Fürchte dich nicht, Tochter Sion! Siehe, dein
König kommt, sitzend auf einem Eselsfüllen« (Is
48,9; Zach 9,9). 16 Dies verstanden seine Jünger
zunächst nicht; als aber Jesus verherrlicht war,
dachten sie daran, daß dies von ihm geschrieben
war und daß sie ihm dies getan hatten.
17 Das Volk aber, das bei ihm war, als er den Lazarus
aus dem Grabe rief und von den Toten erweckte,
legte Zeugnis davon ab. 18 Deswegen waren ihm
auch die Scharen entgegengezogen, weil sie gehört
hatten, daß er dieses Zeichen getan habe. 19 Die
Pharisäer aber sagten zueinander: »Da seht ihr, daß
ihr nichts ausrichtet. Seht, die ganze Welt lief hinter
ihm her!«

Abschluß des öffentlichen Wirkens Jesu

20 Es waren unter denen, die hinaufgezogen waren,
um am Feste anzubeten, einige Hellenen. 21 Diese
traten an Philippus heran, der von Bethsaida in
Galiläa war, und baten ihn: »Herr, wir möchten
Jesus sehen!« 22 Philippus ging und sagte es dem
Andreas, und Andreas und Philippus gingen und
sagten es Jesus.
23 Jesus erwiderte ihnen: »Gekommen ist die
Stunde, daß der Menschensohn verherrlicht wird.
24 Wahrlich, wahrlich, ich sage euch: Wenn das
Weizenkorn nicht in die Erde fällt und stirbt,
25 bleibt es allein; wenn es aber stirbt, bringt es viele
Frucht. Wer sein Leben liebt, verliert es, und wer
sein Leben in dieser Welt haßt, wird es zu ewigem
Leben bewahren. 26 Wenn einer mir dient, der folge
mir, und wo ich bin, wird auch mein Diener sein.
Wenn einer mir dient, wird der Vater ihn ehren.
27 Nun ist meine Seele erschüttert! Was soll ich
sagen? Vater, rette mich aus dieser Stunde? Aber
deshalb kam ich in diese Stunde. 28 Vater, verherr-
liche deinen Namen!« Da kam eine Stimme vom
Himmel: »Ich habe verherrlicht und werde wieder
verherrlichen!« 29 Das Volk, das dastand und es
gehört hatte, sagte: »Es hat gedonnert.« Andere
sagten: »Ein Engel hat mit ihm gesprochen.«
30 Jesus aber entgegnete: »Diese Stimme kam nicht
um meinetwillen, sondern um euretwillen. 31 Nun
ist das Gericht über diese Welt; nun wird der Fürst
dieser Welt hinausgeworfen werden. 32 Ich aber
werde, wenn ich erhöht bin von der Erde, alle an
mich ziehen.« 33 Das sagte er, um anzudeuten,
welchen Todes er sterben würde. 34 Es entgegnete
ihm das Volk: »Wir haben aus dem Gesetz vernom-
men, daß der Messias ewig bleibt; wie sagst du
nun: Der Menschensohn muß erhöht werden? Wer
ist dieser Menschensohn?« 35 Jesus erwiderte ihnen:
»Noch kurze Zeit ist das Licht unter euch. Wandelt,
solange ihr das Licht habt, damit nicht die Finster-
nis euch überfalle; wer in der Finsternis wandelt,
weiß nicht, wohin er geht. 36 Solange ihr das Licht
habt, glaubt an das Licht, damit ihr Kinder des
Lichtes werdet.« Nach diesen Worten ging er weg
und verbarg sich vor ihnen.

Rückblick und Aufruf

37 Obwohl er so große Zeichen vor ihren Augen
getan hatte, glaubten sie nicht an ihn. 38 So sollte
das Wort des Propheten Isaias erfüllt werden, das
er sprach: »Herr, wer glaubte unserer Botschaft,
und der Arm des Herrn, wem wurde er offenbar?«
(Is 53,1). 39 Deshalb konnten sie nicht glauben, weil
Isaias ferner gesagt hat: 40 »Er hat ihre Augen ge-
blendet und ihr Herz verhärtet, so daß sie nicht
sehen mit den Augen und nicht verstehen mit
dem Herzen und sich bekehren und ich sie heile«
(Is 6,9f). 41 Dies sagte Isaias, weil er seine Herrlich-
keit schaute und von ihm redete. 42 Gleichwohl
glaubten auch viele von den Führenden an ihn;
doch der Pharisäer wegen bekannten sie es nicht,
um nicht aus der Synagoge ausgestoßen zu werden.
43 Denn sie liebten die Ehre bei den Menschen mehr
als die Ehre bei Gott.
44 Jesus aber rief: »Wer an mich glaubt, der glaubt
nicht an mich sondern an den, der mich gesandt
hat, 45 und wer mich sieht, sieht den, der mich ge-
sandt hat. 46 Ich bin als Licht in die Welt gekommen,
damit jeder, der an mich glaubt, nicht in der Fin-
sternis bleibe. 47 Wenn einer meine Worte hört und
nicht bewahrt, den richte ich nicht; denn ich bin
nicht gekommen, die Welt zu richten, sondern die
Welt zu retten.
48 Wer mich ablehnt und meine Worte nicht an-
nimmt, der hat seinen Richter: das Wort, das ich
verkündet habe, wird ihn richten am Jüngsten Tage.
49 Denn nicht aus mir selbst habe ich verkündet,
sondern der Vater, der mich sandte, er selbst hat mir

Auftrag gegeben, was ich sagen und was ich verkünden soll. 50 Und ich weiß, sein Auftrag ist ewiges Leben. Was ich also verkünde, verkünde ich so, wie mir der Vater gesagt hat.«

12,1–11: Vgl. Matth 26,6–13; Mark 14,3–9. • 12–19: Vgl. Matth 21,4–9; Mark 11,7–10; Luk 19,35–38. • 20–36: Joh berichtet aus den Tagen zwischen Einzug und Abendmahl nur diese letzte Rede, die Jesus in Anwesenheit heilsinteressierter Heiden (Hellenen) hielt (das Anzeichen der künftigen universalen Kirche). • 24f: Jesus kennzeichnet mit diesem bedeutungstiefen Bild den Sinn seines bevorstehenden Sterbens und zugleich den Sinn des in seiner Gesinnung gebrachten Opfers überhaupt. Nur wer irdische Werte hintansetzt (»haßt«), wird zur Herrlichkeit des wahren Lebens finden. • 27–30: Das Wort erinnert an die von den Synoptikern berichtete Gethsemanistunde. Bei aller menschlich spürbaren Ängstigung geht Jesus gehorsam und im Wissen um die dadurch kommende Verherrlichung seinem Opfertod entgegen. Vgl. Matth 26,37ff; Mark 14,33ff; Luk 22,41ff. • 31f: Durch den Sühnetod Jesu wurde die Herrschaft des seit dem Sündenfall über die Welt herrschenden Satans gebrochen, wenn auch sein Wirken noch spürbar bleibt bis zur Vollendung des Gottesreiches. An Stelle Satans wird nunmehr mit seiner Erhöhung am Kreuze, die auch seine Verherrlichung in sich schließt, Jesus das Königtum ausüben und alle Heilswilligen in seinem Reiche sammeln. • 37–50: Ein Rückblick des Evangelisten mit Zusammenfassung der Grundmotive des Wirkens Jesu. Jesus ablehnen heißt Gott ablehnen, in dessen Auftrag er gekommen ist.

JESU ABSCHIED VON DEN SEINEN

Die Fußwaschung

13 1 Vor dem Paschafest, da Jesus wußte, daß seine Stunde gekommen war, um hinüberzugehen aus dieser Welt zum Vater, zeigte er den Seinen, die er in dieser Welt liebte, die Liebe bis zur Vollendung. 2 Bei einem Abendmahl war es, als der Teufel dem Judas Iskariot, dem Sohne Simons, es bereits ins Herz geworfen hatte, ihn zu verraten –, 3 er aber wußte, daß ihm der Vater alles in die Hände gegeben habe und daß er von Gott ausgegangen sei und zu Gott zurückkehre –, 4 da stand er vom Mahle auf, legte sein Obergewand ab, nahm ein Linnen und umgürtete sich. 5 Dann goß er Wasser in das Becken und begann, die Füße der Jünger zu waschen und sie zu trocknen mit dem Linnen, mit dem er umgürtet war. 6 So kam er zu Simon Petrus; der aber sagte zu ihm: »Herr, du willst meine Füße waschen?« 7 Jesus antwortete ihm: »Was ich tue, verstehst du jetzt nicht, du wirst es aber nachher verstehen.« 8 Petrus sagte zu ihm: »Du wirst mir in Ewigkeit nicht die Füße waschen!« Jesus erwiderte ihm: »Wenn ich dich nicht wasche, hast du nicht Gemeinschaft mit mir!« 9 Da sagte Simon Petrus zu ihm: »Herr, nicht bloß meine Füße, sondern auch die Hände und das Haupt!« 10 Jesus sprach zu ihm: »Wer ein Bad genommen, braucht sich nur die Füße zu waschen, er ist ja ganz rein. Auch ihr seid rein, aber nicht alle.« 11 Er wußte nämlich um seinen Verräter; darum sagte er: »Nicht alle seid ihr rein.«

12 Nachdem er nun ihre Füße gewaschen, sein Obergewand genommen und sich wieder niedergelassen hatte, sprach er zu ihnen: »Versteht ihr, was ich euch getan habe? 13 Ihr nennt mich Meister und Herr, und mit Recht sagt ihr so; denn ich bin es. 14 Wenn nun ich eure Füße gewaschen habe, als der Herr und als der Meister, dann sollt auch ihr einander die Füße waschen. 15 Denn ein Beispiel gab ich euch, damit so, wie ich euch tat, auch ihr tut. 16 Wahrlich, wahrlich, ich sage euch: Ein Knecht ist nicht größer als sein Herr, und ein Gesandter ist nicht größer als der, der ihn gesandt hat. 17 Wenn ihr das wißt, so seid ihr selig, wenn ihr so tut. 18 Nicht von euch allen rede ich; ich weiß, welche ich auserwählt habe; doch es muß das Schriftwort in Erfüllung gehen: ›Der mein Brot ißt, hat seine Ferse gegen mich erhoben‹ (Ps 41,10). 19 Schon jetzt sage ich es euch, ehe es geschieht, damit, wenn es geschieht, ihr glaubt, daß ich es bin. 20 Wahrlich, wahrlich, ich sage euch: Wer einen, den ich sende, aufnimmt, nimmt mich auf; wer aber mich aufnimmt, nimmt den auf, der mich gesandt hat.«

Kennzeichnung und Weggang des Verräters

21 Als Jesus dies sagte, wurde er im Geiste erschüttert, und beteuernd sprach er: »Wahrlich, wahrlich, ich sage euch: Einer von euch wird mich verraten!« 22 Da blickten die Jünger einander an, ratlos sich fragend, von wem er rede. 23 Einer von seinen Jüngern, der, den Jesus liebte, lag an der Brust Jesu; 24 diesem winkte Simon Petrus und sagte zu ihm: »Sag, wer ist es, von dem er redet!« 25 Jener lehnte sich an die Brust Jesu zurück und sagte so zu ihm: »Herr, wer ist es?« 26 Jesus antwortete: »Der ist es, dem ich den Bissen eintauchen und geben werde.« Und er tauchte den Bissen ein, nahm ihn und gab ihn dem Judas, dem Sohn des Simon Iskariot. 27 Und nach dem Bissen fuhr der Satan in ihn. Jesus aber sagte zu ihm: »Was du tust, das tue bald!« 28 Das verstand aber keiner von den Tischgenossen, wozu er es ihm sagte; 29 einige nämlich meinten, weil Judas die Kasse führte, habe Jesus zu ihm gesagt: »Kaufe, was wir brauchen für das Fest«, oder er solle den Armen etwas geben. 30 Als nun jener den Bissen genommen hatte, ging er sogleich hinaus. Es war Nacht.

Vom kommenden Abschied

31 Da er hinausgegangen war, sprach Jesus: »Nun
wurde verherrlicht der Menschensohn, und Gott
wurde verherrlicht in ihm. 32 Wurde Gott verherr-
licht in ihm, dann wird Gott auch ihn verherrlichen
in sich, und bald wird er ihn verherrlichen. 33 Kin-
der, noch eine kleine Weile bin ich unter euch; ihr
werdet mich suchen, doch wie ich zu den Juden
sagte: Wohin ich gehe, dahin könnt ihr nicht kom-
men, so sage ich jetzt auch zu euch.
34 Ein neues Gebot gebe ich euch, daß ihr einander
liebt; wie ich euch geliebt habe, so sollt auch ihr
einander lieben. 35 Daran werden alle erkennen, daß
ihr meine Jünger seid, wenn ihr Liebe habt unter-
einander.«
36 Simon Petrus sagte zu ihm: »Herr, wohin gehst
du?« Jesus antwortete: »Wohin ich gehe, dahin
kannst du mir jetzt nicht folgen, doch wirst du mir
später folgen.« 37 Petrus sprach zu ihm: »Herr,
warum kann ich dir jetzt nicht folgen? Mein Leben
will ich hingeben für dich.« 38 Jesus erwiderte [ihm]:
»Dein Leben willst du hingeben für mich? Wahr-
lich, wahrlich, ich sage dir: Nicht wird krähen der
Hahn, bevor du mich dreimal verleugnet hast.«

13,1–17,26: Joh bringt im Zusammenhang mit dem Letzten Abendmahl Jesu ausführlich seine Abschiedsgespräche, in denen auf den trostreichen Sinn seines Weggehens, auf die kommenden Bedrängnisse der Apostel, aber auch auf die Hilfe des Heiligen Geistes hingewiesen wird. Die von den Synoptikern berichtete Einsetzung der eucharistischen Geheimnisse übergeht er, deutet sie jedoch an in 13,31–35.

13,1–20: Mit der Fußwaschung wollte Jesus den um die ersten Plätze sich sorgenden Aposteln (vgl. Luk 22,24–30) ein Beispiel selbstloser Liebe geben, nicht etwa ein sakramentales Zeichen. Daher sind auch die Worte an den sich weigernden Petrus zunächst im Sinn eines liebevollen Zuredens zu nehmen. • 23: Der Lieblingsjünger, d. i. Johannes selbst, ruhte nach jüdischer Sitte auf seinem Polster vor der Brustseite Jesu, so daß er beim Zurückbeugen der Brust Jesu nahe kam. • 26–30: Bei dem »Bissen« handelte es sich wohl um ein Stück der Vorkost, bei der Grünkräuter in eine Tunke getaucht wurden, also noch nicht um eine Speise vom Hauptmahl, bei dem Jesus das eucharistische Geheimnis einsetzte. • 36–38: Vgl. Matth 26,33–35; Mark 14,29–31; Luk 22,31–34.

Allzeit verbunden im Vater

14 1 »Euer Herz erschrecke nicht! Glaubt an
Gott und glaubt an mich! 2 Im Hause
meines Vaters sind viele Wohnungen.
Wäre es nicht so, hätte ich es euch gesagt; denn ich
gehe hin, euch eine Stätte zu bereiten. 3 Und bin ich
hingegangen und habe ich eine Stätte bereitet für
euch dann komme ich wieder und werde euch zu
mir nehmen, damit, wo ich bin, auch ihr seid. 4 Und
wohin ich gehe, wißt ihr den Weg.«
5 Da sagte Thomas zu ihm: »Herr, wir wissen nicht,
wohin du gehst; wie können wir den Weg wissen?«
6 Jesus sprach zu ihm: »Ich bin der Weg, die Wahr-
heit und das Leben; niemand kommt zum Vater
außer durch mich. 7 Hättet ihr mich erkannt, wür-
det ihr auch meinen Vater kennen; von jetzt an
kennt ihr ihn und habt ihn gesehen.«
8 Philippus sagte zu ihm: »Herr, zeige uns den Vater,
und es genügt uns.« 9 Jesus sprach zu ihm: »So lange
Zeit bin ich bei euch, und du hast mich nicht er-
kannt, Philippus? Wer mich sah, hat den Vater ge-
sehen. Wie kannst du sagen: Zeig uns den Vater!?
10 Glaubst du nicht, daß ich im Vater bin und daß
der Vater in mir ist? Die Worte, die ich zu euch
sage, rede ich nicht aus mir; der Vater, der in mir
wohnt, er selbst ist am Werke. 11 Glaubt mir, daß
ich im Vater bin und der Vater in mir ist! Wenn
nicht, dann glaubt eben um der Werkewillen!
12 Wahrlich, wahrlich, ich sage euch: Wer an mich
glaubt, wird auch selber die Werke tun, die ich tue,
und noch größere als diese wird er tun; denn ich
gehe zum Vater, 13 und um was immer ihr bitten
werdet [den Vater] in meinem Namen, das werde
ich tun, damit verherrlicht werde der Vater im
Sohn. 14 Wenn ihr um etwas mich bittet in meinem
Namen, werde ich es tun.

Stets gegenwärtig im Heiligen Geiste

15 Wenn ihr mich liebt, werdet ihr meine Gebote
halten, 16 und ich werde den Vater bitten, und er
wird euch einen anderen Beistand geben, damit er
immerfort bei euch bleibe, 17 den Geist der Wahr-
heit, den die Welt nicht empfangen kann, weil sie
ihn nicht sieht und nicht kennt. Ihr aber kennt ihn,
denn er bleibt bei euch und wird in euch sein. 18 Ich
werde euch nicht als Waisen zurücklassen; ich
komme zu euch.
19 Noch eine kleine Weile, und die Welt sieht mich
nicht mehr; ihr aber seht mich, denn ich lebe, und
auch ihr werdet leben. 20 An jenem Tage werdet ihr
erkennen, daß ich in meinem Vater bin und ihr in
mir und ich in euch. 21 Wer meine Gebote hat und
sie hält, der ist es, der mich liebt. Wer aber mich
liebt, wird geliebt werden von meinem Vater, und
ich werde ihn lieben und mich ihm offenbaren.«
22 Da sagte Judas, nicht der Iskariote, zu ihm: »Herr,
wie kommt es, daß du dich uns offenbaren wirst
und nicht der Welt?« 23 Jesus antwortete ihm:
»Wenn einer mich liebt, wird er mein Wort be-
wahren, und mein Vater wird ihn lieben, und wir
werden zu ihm kommen und Wohnung bei ihm
nehmen. 24 Wer mich nicht liebt, bewahrt nicht
meine Worte. Das Wort aber, das ihr hört, ist nicht
mein, sondern des Vaters, der mich gesandt hat.
25 Dies habe ich zu euch geredet, da ich noch bei
euch bin. 26 Der Beistand aber, der Heilige Geist,

den der Vater senden wird in meinem Namen, er
wird euch alles lehren und euch an alles erinnern,
was ich euch gesagt habe.
27 Frieden lasse ich euch zurück, meinen Frieden
gebe ich euch; nicht wie die Welt gibt, gebe ich
euch. Euer Herz erschrecke und verzage nicht!
28 Ihr habt gehört, daß ich euch sagte: Ich gehe
hin und komme zu euch. Wenn ihr mich liebtet,
würdet ihr euch freuen, daß ich zum Vater gehe,
denn der Vater ist größer als ich. 29 Jetzt schon habe
ich es euch gesagt, ehe es geschieht, damit ihr
glaubt, wenn es geschieht. 30 Nicht mehr viel werde
ich mit euch reden; denn es kommt der Fürst dieser
Welt, und vermag er auch nichts gegen mich, 31 so
soll die Welt doch erkennen, daß ich den Vater liebe
und tue, wie mir der Vater aufgetragen hat. Steht
auf, laßt uns fortgehen von hier!

14,1–14: Auch nach seinem Hingang wird Jesus den Aposteln verbunden bleiben und sie teilnehmen lassen an seiner Lebens- und Liebesgemeinschaft mit dem Vater, zu dem sie in »seinem Namen«, d. h. in lebendiger Verbundenheit mit ihm, beten werden. • 15–31: Der größte Abschiedstrost war die Verheißung des Heiligen Geistes, in dem Jesus den Seinen nahebleiben und ihnen beistehen wird. Statt »Beistand« (griech.: »Parakletos«) wird auch übersetzt »Tröster«, »Helfer«. Jesus meint das Eintreten des Heiligen Geistes für die Gläubigen gegenüber der feindlichen »Welt«. Wenn also Jesus seinen Scheidegruß sagt, der bei den Juden lautete: »Friede sei euch«, so meint dieser Friedensgruß Jesu die Gabe des kommenden Heiligen Geistes (Vers 27), den die Welt nicht zu geben vermag. • 31: Diese Aufforderung zum Gehen gab zur Vermutung Anlaß, daß die folgenden Redestücke außerhalb des Abendmahlssaales, vielleicht auf dem Weg durch den Tempel, gesprochen wurden.

Bleibt in mir!

15 1 Ich bin der wahre Weinstock, und mein
Vater ist der Weingärtner. 2 Jede Rebe an
mir, die nicht Frucht bringt, nimmt er
weg, und jede, die Frucht bringt, reinigt er, damit sie
mehr Frucht bringe. 3 Schon seid ihr rein, und zwar
des Wortes wegen, das ich zu euch gesagt habe.
4 Bleibt in mir, und ich bleibe in euch. Wie die Rebe
nicht aus sich selbst Frucht bringen kann, wenn sie
nicht am Weinstock bleibt, so auch ihr nicht, wenn
ihr nicht in mir bleibt.
5 Ich bin der Weinstock, ihr seid die Reben; wer in
mir bleibt und ich in ihm, der bringt viele Frucht;
denn getrennt von mir könnt ihr nichts tun. 6 Bleibt
einer nicht in mir, wird er hinausgeworfen wie die
Rebe; sie aber verdorrt, und man trägt sie zusammen
und wirft sie ins Feuer, und sie verbrennen.
7 Bleibt ihr in mir und bleiben meine Worte in euch,
dann bittet, um was ihr wollt, und es wird euch
zuteil werden. 8 Dadurch ist verherrlicht mein
Vater, daß ihr viele Frucht bringt und euch als meine
Jünger erweist.

Bleibt in meiner Liebe!

9 Wie mich der Vater liebte, so liebte ich auch euch.
Bleibt in meiner Liebe! 10 Wenn ihr meine Gebote
haltet, bleibt ihr in meiner Liebe, so wie auch ich
meines Vaters Gebote gehalten habe und in seiner
Liebe bleibe. 11 Dies habe ich zu euch gesagt, damit
meine Freude in euch sei und eure Freude vollkommen
werde. 12 Das ist mein Gebot, daß ihr einander
liebt, wie ich euch geliebt habe. 13 Eine größere
Liebe hat niemand als die, daß er sein Leben hingibt
für seine Freunde.
14 Ihr seid meine Freunde, wenn ihr tut, was ich
euch auftrage. 15 Ich nenne euch nicht mehr
Knechte; denn der Knecht weiß nicht, was sein
Herr tut; euch aber habe ich Freunde genannt, weil
ich alles, was ich von meinem Vater hörte, euch
kundgetan habe. 16 Nicht ihr habt mich erwählt,
sondern ich habe euch erwählt und euch bestellt,
daß ihr hingeht und Frucht bringt und eure Frucht
bleibe, damit euch der Vater gebe, um was immer
ihr ihn bittet in meinem Namen. 17 Das ist mein
Auftrag für euch: Liebet einander!

Vom Haß der Welt

18 Wenn die Welt euch haßt, so wisset, sie hat mich
vor euch gehaßt. 19 Wäret ihr von der Welt, würde
die Welt das Ihrige lieben; weil ihr aber nicht von
der Welt seid, sondern ich euch auserwählt habe
aus der Welt, darum haßt euch die Welt. 20 Denkt an
das Wort, das ich euch sagte: Ein Knecht ist nicht
größer als sein Herr. Haben sie mich verfolgt,
werden sie auch euch verfolgen; haben sie mein
Wort gehalten, werden sie auch das eure halten.
21 Dies alles werden sie euch tun um meines
Namens willen, weil sie den nicht kennen, der mich
gesandt hat. 22 Wäre ich nicht gekommen und hätte
ich nicht zu ihnen geredet, so hätten sie keine
Sünde; jetzt aber haben sie keine Ausrede für ihre
Sünde. 23 Wer mich haßt, der haßt auch meinen
Vater. 24 Hätte ich unter ihnen nicht die Werke
getan, wie sie kein anderer tat, hätten sie keine
Sünde; nun aber haben sie gesehen und sowohl
mich gehaßt als auch meinen Vater. 25 Doch es sollte
erfüllt werden das Wort, das in ihrem Gesetz
geschrieben steht: ›Sie haßten mich ohne Grund‹
(Ps 35,19).
26 Wenn aber der Beistand kommt, den ich euch
senden werde vom Vater, der Geist der Wahrheit,
der vom Vater ausgeht, wird er Zeugnis geben von
mir, 27 und auch ihr werdet Zeugnis geben, weil ihr
von Anfang an bei mir seid.

15,1–8: Im Wort vom Weinstock spielt Jesus wahrscheinlich an auf jüdische Symbolik, die das alte Gesetz als fruchtbringenden Weinstock bezeichnete, vgl. Sir 24,17. Möglicherweise ist das Bild auch veranlaßt durch das bei der jüdischen Osterfeier verwendete Wort über die »Frucht des Weinstockes«. • 18–16,4: Leid und Verfolgung gehören zum Weg des wahren Jüngers Jesu, der selbst diesen Weg gehen mußte, vgl. Röm 8,17.

16 1 Dies habe ich euch gesagt, damit ihr
nicht Anstoß nehmt. 2 Aus den Synago-
gen werden sie euch ausstoßen; ja, es
kommt die Stunde, da jeder, der euch tötet, einen
Opferdienst vor Gott zu verrichten glaubt. 3 Und
das werden sie euch tun, weil sie weder den Vater
erkannten noch mich. 4 Doch ich habe euch dies
gesagt, damit ihr, wenn die Stunde dafür kommt,
euch erinnert, daß ich es euch gesagt habe. Dies
habe ich euch nicht von Anfang an gesagt, weil ich
bei euch war.

Vom Wirken des Heiligen Geistes

5 Nun aber gehe ich zu dem, der mich gesandt hat,
und keiner von euch fragt mich: Wohin gehst du?
6 Sondern weil ich dies euch sagte, hat die Trauer
euer Herz erfüllt. 7 Doch ich sage euch die Wahr-
heit: Es ist gut für euch, daß ich hingehe; denn gehe
ich nicht hin, wird der Beistand nicht zu euch
kommen; wenn ich aber hingehe, werde ich ihn zu
euch senden. 8 Und wenn dieser kommt, wird er der
Welt den Nachweis führen von Sünde, von Gerech-
tigkeit und von Gericht. 9 Von Sünde, da sie nicht an
mich glaubten; 10 von Gerechtigkeit, da ich zum
Vater gehe und ihr mich nicht mehr seht; 11 von Ge-
richt, da der Fürst dieser Welt gerichtet ist. 12 Noch
vieles habe ich euch zu sagen, doch ihr könnt es
jetzt nicht tragen; 13 wenn aber jener kommt, der
Geist der Wahrheit, wird er euch hinführen zur
vollen Wahrheit; denn nicht von sich aus wird er
reden, sondern was er hört, wird er reden, und das
Kommende wird er euch künden. 14 Er wird mich
verherrlichen; denn von dem Meinen wird er neh-
men und euch künden. 15 Alles, was der Vater hat,
ist mein; deswegen sagte ich: Er wird von dem
Meinen nehmen und es euch künden.

Von Trennung und Wiedersehen

16 Eine kleine Weile, und ihr seht mich nicht mehr,
und wieder eine kleine Weile, und ihr werdet mich
sehen [, denn ich gehe zum Vater].« 17 Da sagten
einige von seinen Jüngern zueinander: »Was heißt
das, was er zu uns sagt: Eine kleine Weile, und ihr
seht mich nicht, und wieder eine kleine Weile, und
ihr werdet mich sehen? Und: Ich gehe zum Vater?«
18 Sie sagten also: »Was ist das, was nennt er eine
kleine Weile? Wir verstehen nicht, wovon er redet.«
19 Jesus merkte, daß sie ihn fragen wollten, und
sagte zu ihnen: »Darüber fragt ihr euch unterein-
ander, weil ich gesagt habe: Eine kleine Weile, und
ihr seht mich nicht, und wieder eine kleine Weile,
und ihr werdet mich sehen? 20 Wahrlich, wahrlich,
ich sage euch: Ihr werdet weinen und klagen, die
Welt aber wird sich freuen. Ihr werdet trauern,
doch eure Trauer wird zur Freude werden. 21 Wenn
die Frau gebiert, hat sie Trauer, weil ihre Stunde ge-
kommen ist; hat sie aber das Kind geboren, denkt
sie nicht mehr an die Not, vor Freude, daß ein
Mensch zur Welt geboren wurde. 22 So habt auch
ihr jetzt Trauer; doch ich werde euch wiedersehen,
und euer Herz wird sich freuen, und eure Freude
wird niemand von euch nehmen.
23 Und an jenem Tage werdet ihr mich nach nichts
mehr fragen. Wahrlich, wahrlich, ich sage euch:
Um was ihr den Vater bitten werdet, das wird er
euch geben in meinem Namen. 24 Bis jetzt habt ihr
um nichts gebeten in meinem Namen; bittet, und
ihr werdet empfangen, damit eure Freude vollkom-
men sei.

Ausblick und Abschied

25 Dies habe ich in Bildern zu euch gesprochen; es
kommt die Stunde, da ich nicht mehr in Bildern zu
euch reden werde, sondern offen vom Vater euch
Kunde gebe. 26 An jenem Tage werdet ihr in mei-
nem Namen bitten, und ich sage euch nicht, daß ich
den Vater bitten werde für euch; 27 denn der Vater
selbst liebt euch, weil ihr mich geliebt und weil ihr
geglaubt habt, daß ich von Gott ausgegangen bin.
28 Ich bin ausgegangen vom Vater und in die Welt
gekommen. Ich verlasse die Welt wieder und gehe
zum Vater.« 29 Da sagten seine Jünger: »Siehe, jetzt
sprichst du offen und redest nicht im Bild. 30 Jetzt
wissen wir, daß du alles weißt und nicht nötig hast,
daß dich jemand fragt. Darum glauben wir, daß du
von Gott ausgegangen bist.« 31 Jesus antwortete
ihnen: »Jetzt glaubt ihr? 32 Seht, es kommt die
Stunde, und sie ist schon gekommen, da ihr zer-
streut werdet, ein jeder an seinen Ort, und ihr mich
allein lassen werdet; doch ich bin nicht allein, denn
der Vater ist bei mir. 33 Dies habe ich zu euch gesagt,
damit ihr Frieden habt in mir. In der Welt habt ihr
Drangsal; doch seid getrost: Ich habe die Welt über-
wunden.«

16,5–15: Der Heilige Geist wird als Anwalt der Jünger Jesu der feindlichen Welt immer wieder beweisen, wo in der geistigen Auseinandersetzung Unrecht (»Sünde«) und Recht (»Gerechtigkeit«) liegen und wer das »Gericht« erfahren wird. • 16–24: Auch hinter diesen Sätzen steht die Verheißung des Heiligen Geistes, der die Apostel nach kurzer Verlassenheit zu freudiger Zuversicht führen wird. Im Heiligen Geist bleiben die Christen mit Christus verbunden, und so befähigt er sie zu einem neuen Beten »in seinem Namen«, vgl. Röm 8,26f.

Wenn wir rückblickend das Anliegen der Abschiedsreden Jesu nach

Johannes überdenken, so spüren wir in ihnen das Heilsgeheimnis Jesu in seiner ganzen Tiefe: Jesu Sendung vom Vater, den Sinn seines Kommens und seiner Passion, die Verheißung des Lebens im Heiligen Geist und unsere Vollendung in Gott.

Jesu hohepriesterliches Gebet

17 1 Nach diesen Worten erhob Jesus seine
Augen zum Himmel und sprach: »Vater,
gekommen ist die Stunde, verherrliche
deinen Sohn, damit der Sohn dich verherrliche,
2 wie du ihm Macht gegeben hast über alles Fleisch,
damit er allem, was du ihm gabst, ewiges Leben
gebe. 3 Das aber ist das ewige Leben, daß sie dich
erkennen, den allein wahren Gott, und den du ge-
sandt hast, Jesus Christus. 4 Ich habe dich verherr-
licht auf Erden, indem ich das Werk vollbrachte, das
zu vollbringen du mir übergeben hast. 5 Und nun
verherrliche du mich, Vater, bei dir mit der Herr-
lichkeit, die ich bei dir hatte, ehe die Welt war.
6 Ich tat deinen Namen den Menschen kund, die du
mir gabst aus der Welt. Dein waren sie, und mir
gabst du sie, und dein Wort haben sie bewahrt.
7 Nun haben sie erkannt, daß alles, was du mir ge-
geben hast, von dir ist; 8 denn die Worte, die du mir
gabst, habe ich ihnen gegeben, und sie nahmen sie
an und erkannten in Wahrheit, daß ich von dir aus-
gegangen bin, und sie glaubten, daß du mich ge-
sandt hast. 9 Ich bitte für sie; nicht für die Welt bitte
ich, sondern für sie, die du mir gabst, denn sie sind
dein. 10 Das Meine ist alles dein, und das Deine ist
mein, und verherrlicht bin ich in ihnen. 11 Ich bin
nicht mehr in der Welt, sie aber sind in der Welt,
und ich gehe zu dir. Heiliger Vater, bewahre sie in
deinem Namen, den du mir gegeben hast, auf daß
sie eins seien wie wir. 12 Solange ich bei ihnen war,
bewahrte ich sie in deinem Namen, den du mir ge-
geben hast, und ich behütete sie, und keiner von
ihnen ging verloren als der Sohn des Verderbens,
damit die Schrift erfüllt würde. 13 Jetzt aber gehe ich
zu dir und rede dies noch in der Welt, auf daß sie
meine Freude in Fülle in sich haben. 14 Ich gab ihnen
dein Wort, und die Welt hat sie gehaßt, weil sie
nicht aus der Welt sind, so wie auch ich nicht von
der Welt bin. 15 Ich bitte nicht, daß du sie aus der
Welt nehmest, sondern, daß du sie bewahrtest vor
dem Bösen. 16 Sie sind nicht aus der Welt, wie auch
ich nicht aus der Welt bin. 17 Heilige sie in der Wahr-
heit; dein Wort ist Wahrheit. 18 Wie du mich in die
Welt gesandt hast, so habe ich sie in die Welt ge-
sandt. 19 Und für sie heilige ich mich, damit auch sie
geheiligt seien in Wahrheit. 20 Nicht für sie allein
bitte ich dich, sondern auch für jene, die durch ihr
Wort an mich glauben, 21 damit sie alle eins seien
wie du, Vater, in mir und ich in dir, daß sie eins
seien in uns damit die Welt glaube, daß du mich ge-
sandt hast. 22 Ich habe die Herrlichkeit, die du mir
gabst, ihnen gegeben, damit sie eins seien, wie wir
eins sind: 23 ich in ihnen und du in mir, auf daß sie
vollkommen seien in Einheit und die Welt erkenne,
daß du mich gesandt und sie geliebt hast, wie du
mich geliebt hast.
24 Vater, was du mir gegeben hast: ich will, daß dort,
wo ich bin, auch sie bei mir seien, auf daß sie meine
Herrlichkeit schauen, die du mir gegeben hast, weil
du mich geliebt hast vor Grundlegung der Welt.
25 Gerechter Vater, die Welt hat dich nicht erkannt,
ich aber habe dich erkannt, und diese haben er-
kannt, daß du mich gesandt hast; 26 und ich habe
ihnen deinen Namen kundgetan und werde ihn
kundtun, damit die Liebe, mit der du mich geliebt
hast, in ihnen sei und ich in ihnen.«

17,1–26: In diesem ergreifenden Gebet, das im Angesicht des bevorstehenden Opferganges und mit dem Blick auf die kommende Kirche gesprochen ist, bittet Jesus um seine eigene Verherrlichung (1–5), um Gottes Hilfe für die Apostel (6–19) und für alle Gläubigen (20–26), wobei das tiefste Anliegen die Einheit der Christen betrifft. Die Kirchengeschichte zeigt, wie begründet diese Sorge war und wie sie auch unser Gebetsanliegen sein und bleiben muß.

LEIDEN UND AUFERSTEHUNG JESU

Gefangennahme Jesu

18 1 Nach diesen Worten ging Jesus mit
seinen Jüngern hinaus, über den Bach
Kedron hinüber, wo ein Garten war, in
den er und seine Jünger eintraten. 2 Es wußte aber
auch Judas, sein Verräter, den Ort, denn oft kam
Jesus dort mit seinen Jüngern zusammen. 3 Judas
nun nahm die Kohorte und Leute von den Hohen-
priestern und Pharisäern und begab sich mit
Fackeln, Laternen und Waffen dorthin. 4 Jesus, der
alles wußte, was über ihn kommen sollte, trat
heraus und fragte sie: »Wen sucht ihr?« 5 Sie ant-
worteten ihm: »Jesus, den Nazoräer.« Er sprach zu
ihnen: »Ich bin es.« Es stand auch Judas, sein Ver-
räter, bei ihnen. 6 Als er nun zu ihnen sagte: »Ich
bin es«, da wichen sie zurück und fielen zu Bo-
den. 7 Abermals fragte er sie: »Wen sucht ihr?« Sie
sagten: »Jesus, den Nazoräer.« 8 Jesus antwortete:
»Ich habe es euch gesagt, daß ich es bin; wenn ihr
also mich sucht, so laßt diese hier gehen!« 9 So sollte

sich erfüllen das Wort, das er gesagt hatte: »Von
denen, die du mir gabst, ließ ich keinen verloren-
gehen.«
10 Simon Petrus aber, der ein Schwert hatte, zog es,
schlug nach dem Knecht des Hohenpriesters und
hieb ihm das rechte Ohr ab; der Name des Knech-
tes war Malchus. 11 Da sprach Jesus zu Petrus:
»Stecke das Schwert in die Scheide! Soll ich den
Kelch, den mir der Vater gegeben hat, nicht trin-
ken?«

Verhör Jesu; Verleugnung des Petrus

12 Die Kohorte, der Befehlshaber und die Leute der
Juden ergriffen nun Jesus, fesselten ihn 13 und führ-
ten ihn zuerst zu Annas; denn er war der Schwie-
gervater des Kaiphas, der Hoherpriester war in
jenem Jahre. 14 Kaiphas war es, der den Juden den
Rat gegeben hatte, es sei besser, daß ein einziger
Mensch sterbe für das Volk.
15 Simon Petrus aber und ein anderer Jünger folgten
Jesus. Dieser Jünger war mit dem Hohenpriester be-
kannt und ging mit Jesus in den Hof des Hohen-
priesters hinein; 16 Petrus aber stand draußen am
Tore. Es ging nun der andere Jünger, der Bekannte
des Hohenpriesters, hinaus, redete mit der Tür-
hüterin und führte Petrus hinein. 17 Da sagte die
Magd, die Türhüterin, zu Petrus: »Bist nicht auch du
einer von den Jüngern dieses Menschen?« Er er-
widerte: »Ich bin es nicht.« 18 Die Knechte und
Diener hatten sich, weil es kalt war, ein Kohlen-
feuer angemacht und standen herum und wärmten
sich; auch Petrus stellte sich zu ihnen und wärmte
sich.
19 Der Hohepriester befragte nun Jesus über seine
Jünger und über seine Lehre. 20 Jesus antwortete
ihm: »Ich habe öffentlich zur Welt geredet; ich habe
zu jeder Zeit in der Synagoge und im Tempel ge-
lehrt, wo alle Juden zusammenkommen, und im
Verborgenen habe ich nichts geredet. 21 Was fragst
du mich? Frage jene, die gehört haben, was ich zu
ihnen redete; siehe, die wissen, was ich sagte.«
22 Als er dies sagte, schlug einer von den Dienern,
der dabeistand, Jesus ins Gesicht und sagte: »So ant-
wortest du dem Hohenpriester?« 23 Jesus entgeg-
nete ihm: »Habe ich unrecht geredet, so bezeuge
das Unrecht; wenn aber recht, was schlägst du
mich?« 24 Annas nun schickte ihn gefesselt zum
Hohenpriester Kaiphas.
25 Simon Petrus aber stand da und wärmte sich.
Da sagten sie zu ihm: »Bist nicht auch du einer
von seinen Jüngern?« Er leugnete und sprach: »Ich
bin es nicht.« 26 Einer von den Knechten des Hohen-
priesters, ein Verwandter dessen, dem Petrus das
Ohr abgeschlagen hatte, sagte zu ihm: »Sah ich dich
nicht im Garten bei ihm?« 27 Petrus leugnete wie-
derum, und sogleich krähte der Hahn.

Übergabe an Pilatus

28 Sie führten nun Jesus von Kaiphas in das Präto-
rium. Es war frühmorgens. Sie selber gingen nicht
in das Prätorium hinein, damit sie sich nicht verun-
reinigten, sondern das Pascha essen könnten. 29 Da
kam Pilatus zu ihnen heraus und sprach: »Welche
Anklage bringt ihr vor gegen diesen Menschen?«
30 Sie antworteten und sagten zu ihm: »Wäre dieser
nicht ein Verbrecher, hätten wir ihn dir nicht über-
liefert.« 31 Pilatus nun sagte zu ihnen: »Nehmt ihr
ihn und richtet ihn nach eurem Gesetz!« Die Juden
aber erwiderten ihm: »Uns ist es nicht erlaubt,
jemand zu töten.« 32 So sollte das Wort Jesu erfüllt
werden, das er gesagt hatte, um anzudeuten, wel-
chen Todes er sterben werde.

Erstes Verhör

33 Pilatus ging wieder in das Prätorium hinein, rief
Jesus und sagte zu ihm: »Du bist der König der
Juden?« 34 Jesus antwortete: »Sagst du das aus dir
selbst, oder haben es dir andere von mir gesagt?«
35 Pilatus erwiderte: »Bin ich denn ein Jude? Dein
Volk und die Hohenpriester haben dich mir über-
liefert; was hast du getan?« 36 Jesus antwortete:
»Mein Königtum ist nicht von dieser Welt. Wäre
mein Königtum von dieser Welt, hätten meine
Leute gekämpft, daß ich den Juden nicht ausgelie-
fert würde. Nun aber ist mein Königtum nicht von
hier.« 37 Da sagte Pilatus zu ihm: »Du bist also doch
ein König?« Jesus antwortete: »Du sagst es, ich bin
ein König. Ich bin dazu geboren und dazu in die
Welt gekommen, daß ich Zeugnis gebe für die
Wahrheit. Jeder, der aus der Wahrheit ist, hört auf
meine Stimme.« 38 Pilatus sagte zu ihm: »Was ist
Wahrheit?«
Nach diesen Worten ging er wieder hinaus zu den
Juden und sprach zu ihnen: »Ich finde keine Schuld
an ihm. 39 Es besteht aber die Sitte für euch, daß ich
euch zum Pascha einen freigebe. Wollt ihr, daß ich
euch den König der Juden freigebe?« 40 Sie aber
schrien zurück: »Nicht diesen, sondern den Barab-
bas!« Barabbas aber war ein Rebell.

18,1–11: Vgl. Matth 26,36–56; Mark 14,32–52; Luk 22,39–53. Nach Joh scheint neben der jüdischen Polizeiabteilung auch ein römisches Aufgebot, wenn auch kaum die ganze Kohorte, mitgewirkt zu haben. Die Römer mußten bei den großen jüdischen Festen stets mit Aufständen rechnen. • 12–27: Vgl. Matth 26,57–75; Mark 14,53–72; Luk 22,54–71. Joh übergeht die Einzelheiten des Prozesses vor dem Hohen Rat und bringt dazu in Ergänzung der Synoptiker nur das Vorverhör vor dem – trotz seiner Absetzung immer noch einflußreichen – früheren Hohenpriester Annas. • 28–19,15: Vgl. Matth 27,1–31; Mark 15,1–20; Luk 23,1–24. Klarer als bei den

Synoptikern zeigt sich bei Joh der Verlauf der Verhandlung vor dem Vertreter der römischen Besatzungsmacht. Die Geißelung war von Pilatus als Disziplinarstrafe gedacht, nach der Jesus freigelassen werden sollte. Mit dem Wort: »Seht den Menschen!« (»Ecce homo«) wollte Pilatus die politische Bedeutungslosigkeit und Ungefährlichkeit Jesu vor Augen führen. Die Verurteilung wie der ganze Prozeß vor Pilatus fanden wahrscheinlich in der Burg Antonia statt. Die Zeitangabe der »sechsten Stunde« ist eine genauere Bestimmung gegenüber Mark 15,25.

Geißelung und Verspottung

19 1 Darauf ließ Pilatus Jesus nehmen und
ihn geißeln. 2 Die Soldaten flochten einen
Kranz aus Dornen und setzten ihn auf
sein Haupt, legten ihm einen purpurroten Mantel
um, 3 traten vor ihn und sagten: »Heil dir, König der
Juden!« Und sie schlugen ihm ins Gesicht. 4 Pilatus
ging wieder hinaus und sprach zu ihnen: »Seht, ich
führe ihn heraus zu euch, damit ihr erkennt, daß ich
keine Schuld an ihm finde.« 5 Jesus kam nun heraus,
den Dornenkranz tragend und den purpurroten
Mantel, und Pilatus sprach zu ihnen: »Seht den
Menschen!« 6 Als aber die Hohenpriester und ihre
Leute ihn sahen, schrien sie: »Ans Kreuz, ans
Kreuz!« Pilatus sagte zu ihnen: »Nehmt ihr ihn und
kreuzigt ihn; denn ich finde keine Schuld an ihm.«
7 Die Juden entgegneten ihm: »Wir haben ein Gesetz,
und nach diesem Gesetz muß er sterben; denn
er hat sich zum Sohne Gottes gemacht.«

Zweites Verhör und Verurteilung

8 Als nun Pilatus dieses Wort vernahm, fürchtete er
sich noch mehr, 9 ging wieder in das Prätorium
hinein und sagte zu Jesus: »Woher bist du?« Jesus
gab ihm keine Antwort. 10 Da sagte Pilatus zu ihm:
»Zu mir redest du nicht? Weißt du nicht, daß ich
Macht habe, dich freizulassen, und Macht, dich zu
kreuzigen?« 11 Jesus antwortete: »Du hättest nicht
Macht über mich, wäre es dir nicht gegeben von
oben; darum hat größere Sünde, der mich dir ausgeliefert hat.«
12 Daraufhin suchte Pilatus ihn freizulassen; die
Juden aber schrien: »Wenn du diesen freiläßt, bist
du nicht Freund des Kaisers; jeder, der sich selbst
zum König macht, widersetzt sich dem Kaiser.«
13 Als Pilatus diese Worte hörte, ließ er Jesus hinausführen
und setzte sich auf den Richterstuhl an
dem Platz, der Lithostrotos genannt wird, auf
hebräisch aber Gabbatha. 14 Es war Rüsttag zum
Pascha, etwa die sechste Stunde, und er sagte zu
den Juden: »Seht euren König!« 15 Jene aber schrien:
»Hinweg! Hinweg! Kreuzige ihn!« Pilatus sagte zu
ihnen: »Euren König soll ich kreuzigen?« Die
Hohenpriester antworteten: »Wir haben keinen
König außer dem Kaiser.«

Kreuzigung

16 Da übergab er ihnen Jesus zur Kreuzigung, und
sie übernahmen ihn. 17 Er trug selber sein Kreuz und
ging hinaus zu dem Ort, den man Schädelstätte
nennt, auf hebräisch aber Golgotha. 18 Dort kreuzigten
sie ihn und mit ihm zwei andere, zur einen
und zur anderen Seite, in der Mitte aber Jesus.
19 Pilatus hatte auch eine Aufschrift schreiben und
auf das Kreuz setzen lassen; darauf stand geschrieben:
»Jesus, der Nazoräer, der König der Juden.«
20 Diese Aufschrift lasen viele von den Juden, weil
der Platz, an dem Jesus gekreuzigt wurde, nahe bei
der Stadt lag; es war geschrieben auf hebräisch,
lateinisch und griechisch. 21 Da sagten die Hohenpriester
der Juden zu Pilatus: »Schreibe nicht: Der
König der Juden, sondern daß er gesagt hat: Ich bin
der König der Juden.« 22 Pilatus erwiderte: »Was ich
geschrieben habe, das habe ich geschrieben.«
23 Nachdem nun die Soldaten Jesus gekreuzigt
hatten, nahmen sie sein Obergewand, machten vier
Teile daraus, für jeden Soldaten einen Teil, dazu den
Leibrock. Der Leibrock aber war ohne Naht von
oben an im ganzen gewebt. 24 Und sie sagten zueinander:
»Wir wollen ihn nicht zerschneiden, sondern
um ihn losen, wem er gehören soll.« So sollte
die Schrift erfüllt werden, die sagt: »Sie teilten
meine Kleider unter sich, und über mein Gewand
warfen sie das Los« (Ps 22,19). Die Soldaten nun
taten so.
25 Es standen bei dem Kreuze Jesu seine Mutter und
die Schwester seiner Mutter, Maria, die Frau des
Klopas, und Maria Magdalena. 26 Als nun Jesus
seine Mutter sah und neben ihr stehend den Jünger,
den er liebte, sprach er zur Mutter: »Frau, siehe dein
Sohn!« 27 Darauf sprach er zum Jünger: »Siehe,
deine Mutter!« Und von jener Stunde an nahm sie
der Jünger zu sich.

Jesu Tod

28 Danach sagte Jesus, da er wußte, daß nunmehr
alles vollbracht sei, damit die Schrift erfüllt würde:
»Mich dürstet!« (Ps 69,22). 29 Es stand ein Gefäß voll
Essig da, und sie steckten einen mit Essig gefüllten
Schwamm auf einen Hysopstengel und brachten
ihn an seinen Mund. 30 Als nun Jesus den Essig
genommen hatte, sprach er: »Es ist vollbracht.« Und
er neigte das Haupt und gab den Geist auf.
31 Da aber Rüsttag war und die Leiber nicht über
den Sabbat am Kreuze bleiben sollten – denn der
Tag jenes Sabbats war ein großer –, baten die Juden
Pilatus, es sollten ihre Beinknochen zerschlagen
und sie abgenommen werden. 32 Da kamen die
Soldaten und zerschlugen die Beine sowohl des

einen als auch des anderen mit ihm Gekreuzigten.
33 Als sie aber zu Jesus kamen und sahen, daß er
schon gestorben war, zerschlugen sie ihm die Beine
nicht, 34 sondern einer der Soldaten stieß mit der
Lanze in seine Seite, und sogleich kam Blut und
Wasser heraus. 35 Der dies gesehen, legte Zeugnis
dafür ab, und sein Zeugnis ist wahr, und er weiß,
daß er Wahres sagt, damit auch ihr glaubt. 36 Denn
dies geschah, damit das Schriftwort erfüllt würde:
»Kein Knochen an ihm soll zerbrochen werden«
(2 Mos 12,46). 37 Und wieder ein anderes Schrift-
wort sagt: »Sie werden auf den schauen, den sie
durchbohrt haben« (Zach 12,10).

Begräbnis Jesu

38 Darauf bat Joseph von Arimathäa, der ein Jünger
Jesu war – im geheimen jedoch, aus Furcht vor den
Juden –, den Pilatus, den Leichnam Jesu abnehmen
zu dürfen, und Pilatus erlaubte es. Er kam nun und
nahm seinen Leichnam ab. 39 Es kam auch Nikode-
mus, der erstmals bei Nacht zu ihm gegangen war,
und brachte eine Mischung von Myrrhe und Aloe,
etwa hundert Pfund. 40 Sie nahmen nun den Leich-
nam Jesu und banden ihn mit Leinenbinden samt
den Spezereien, wie es für die Juden Sitte ist beim
Begräbnis. 41 An dem Ort, wo er gekreuzigt wurde,
war ein Garten und in dem Garten ein neues Grab,
in das noch nie jemand gelegt worden war. 42 Dort-
hin legten sie Jesus wegen des Rüsttages der Juden,
weil das Grab in der Nähe war.

19,16–42: Vgl. Matth 27,32–61; Mark 15,21–47; Luk 23,26–56. Der mit besonderem Interesse geschilderte Lanzenstich soll die Tatsächlichkeit des Todes Jesu und damit die Bedeutung der Auferstehung Jesu hervorheben.

Das leere Grab

20 1 Am ersten Tag der Woche kam Maria
Magdalena frühmorgens, da es noch
dunkel war, zum Grabe und sah, daß
der Stein vom Grabe weggenommen war. 2 Da lief
sie und kam zu Simon Petrus und zu dem anderen
Jünger, den Jesus liebte, und sagte zu ihnen: »Sie
haben den Herrn aus dem Grabe genommen, und
wir wissen nicht, wohin man ihn gelegt hat.«
3 Petrus und der andere Jünger machten sich auf und
eilten zum Grabe. 4 Beide liefen zugleich, doch der
andere Jünger lief schneller als Petrus und kam als
erster zum Grabe. 5 Er beugte sich hinein und sah
die Leinenbinden liegen, doch ging er nicht hinein.
6 Da kam auch Simon Petrus hinter ihm nach und
ging in das Grab hinein. Er sah die Leinenbinden
liegen, 7 das Schweißtuch aber, das über seinem
Haupte war, lag nicht bei den Leinenbinden, son-
dern zusammengefaltet für sich an einem eigenen
Platz. 8 Nun ging auch der andere Jünger, der als
erster zum Grabe gekommen war, hinein und sah
und glaubte. 9 Denn noch hatten sie die Schrift nicht
erfaßt, daß er auferstehen müsse von den Toten.
10 Und die Jünger kehrten wieder zu den Ihren
zurück.

Jesus erscheint Maria Magdalena

11 Maria aber stand draußen vor dem Grabe und
weinte. Und während sie weinte, beugte sie sich
hinein ins Grab 12 und sah zwei Engel dasitzen, in
weißen Gewändern, einen zu Häupten und einen
zu den Füßen, wo der Leib Jesu gelegen hatte. 13 Sie
sagten zu ihr: »Frau, was weinst du?« Sie sagte zu
ihnen: »Weil sie meinen Herrn weggenommen
haben und ich nicht weiß, wo man ihn hingelegt
hat.« 14 Nach diesen Worten wandte sie sich um und
sah Jesus dastehen, aber ohne zu wissen, daß es
Jesus war. 15 Jesus sprach zu ihr: »Frau, was weinst
du? Wen suchst du?« Da sie meinte, er sei der Gärt-
ner, sagte sie zu ihm: »Herr, wenn du ihn weggetra-
gen hast, so sage mir, wo du ihn hingelegt hast, und
ich will ihn holen.« 16 Jesus sprach zu ihr: »Maria!«
Sie wandte sich um und sagte auf hebräisch zu ihm:
»Rabbuni«, das heißt: »Mein Herr!« 17 Jesus sprach
zu ihr: »Rühre mich nicht an; denn noch bin ich
nicht aufgefahren zum Vater; geh aber zu meinen
Brüdern und sage ihnen: Ich fahre auf zu meinem
Vater und zu eurem Vater, zu meinem Gott und zu
eurem Gott.« 18 Maria Magdalena ging und verkün-
dete den Jüngern: »Ich habe den Herrn gesehen«,
und dies habe er ihr gesagt.

Jesus erscheint den Jüngern

19 Als es nun Abend war an jenem ersten Wochen-
tag und die Türen dort, wo die Jünger sich aufhiel-
ten, aus Furcht vor den Juden verschlossen waren,
kam Jesus, trat in ihre Mitte und sprach zu ihnen:
»Friede sei euch!« 20 Nach diesen Worten zeigte er
ihnen die Hände und die Seite. Da freuten sich die
Jünger, als sie den Herrn sahen. 21 Nochmals sprach
Jesus zu ihnen: »Friede sei euch! Wie mich der Vater
gesandt hat, so sende ich auch euch.« 22 Nach diesen
Worten hauchte er sie an und sprach zu ihnen:
»Empfangt den Heiligen Geist! 23 Deren Sünden ihr
nachlaßt, denen sind sie nachgelassen; deren Sün-
den ihr behaltet, denen sind sie behalten.«
24 Thomas aber, einer von den Zwölfen, genannt
Didymus, war nicht bei ihnen, als Jesus kam. 25 Die
anderen Jünger sagten nun zu ihm: »Wir haben den
Herrn gesehen!« Er aber sagte zu ihnen: »Wenn ich
nicht an seinen Händen das Mal der Nägel sehe und
nicht meinen Finger an das Mal der Nägel und
meine Hand in seine Seite lege, glaube ich es nicht.«

26 Acht Tage darauf waren seine Jünger wieder
drinnen im Hause und Thomas mit ihnen. Da kam
Jesus bei verschlossenen Türen, trat in ihre Mitte
und sprach: »Friede sei euch!« 27 Dann sprach er zu
Thomas: »Reiche deinen Finger her und sieh meine
Hände und reiche deine Hand und lege sie in meine
Seite und sei nicht ungläubig, sondern gläubig!«
28 Thomas antwortete ihm: »Mein Herr und mein
Gott!« 29 Jesus sprach zu ihm: »Weil du mich ge-
sehen hast, hast du geglaubt; selig, die nicht sahen
und doch glaubten.«

Erster Schluß

30 Noch viele andere Zeichen tat Jesus vor den
Augen seiner Jünger, die nicht niedergeschrieben
sind in diesem Buche; 31 diese aber sind geschrie-
ben, damit ihr glaubt, daß Jesus ist der Christus
(Messias), der Sohn Gottes, und damit ihr im Glau-
ben Leben habt in seinem Namen.

20,1–18: Vgl. Matth 28,1–10; Mark 16,1–8; Luk 24,1–12. Die Hervorhebung der getrennt liegenden Tücher zeigt die Erinnerungstreue des Evangelisten. • 17: Wird auch übersetzt: »Halte mich nicht fest!« Jesus deutet mit dem geheimnisvollen Wort die Verklärung seiner menschlichen Natur an. • 19–23: Vgl. Mark 16,14; Luk 24,36–49. Die Sündennachlaßgewalt ist die Gabe des Auferstandenen als Weg zu innerer Auferstehung.

Erscheinung am See Tiberias

21 1 Darauf zeigte sich Jesus abermals den
Jüngern am See von Tiberias; er zeigte
sich in folgender Weise: 2 Simon Petrus
und Thomas, genannt Didymus, und Nathanael
von Kana in Galiläa und die Söhne des Zebedäus
und zwei andere von seinen Jüngern waren bei-
sammen. 3 Simon Petrus sagte zu ihnen: »Ich gehe
fischen.« Sie sagten zu ihm: »Auch wir gehen mit
dir.« Sie gingen also hinaus und stiegen in das
Schiff; doch in dieser Nacht fingen sie nichts.
4 Als es schon Morgen wurde, stand Jesus am
Ufer; die Jünger erkannten jedoch nicht, daß es
Jesus war. 5 Jesus sprach zu ihnen: »Kinder, habt ihr
nichts zu essen?« Sie antworteten ihm: »Nein.« 6 Er
sprach zu ihnen: »Werft das Netz auf der rechten
Seite des Schiffes aus, und ihr werdet finden.« Sie
warfen es aus und vermochten es nicht mehr ein-
zuziehen wegen der Menge der Fische. 7 Da sagte
jener Jünger, den Jesus liebte, zu Petrus: »Es ist der
Herr!« Als Simon Petrus hörte, daß es der Herr
sei, legte er sich das Überhemd um – er war näm-
lich ohne Kleid – und warf sich in den See. 8 Die
anderen Jünger kamen im Schiff; denn sie waren
nicht weiter als etwa dreihundert Ellen vom Lande
weg und schleppten das Netz mit den Fischen
nach.
9 Da sie nun ans Land stiegen, sahen sie ein Kohlen-
feuer angelegt und einen Fisch darauf liegen und
Brot. 10 Jesus sprach zu ihnen: »Bringt von den
Fischen, die ihr eben gefangen habt!« 11 Simon
Petrus stieg hinein und zog das Netz, das mit
hundertdreiundfünfzig großen Fischen angefüllt
war, ans Land; und obwohl es so viele waren, zer-
riß das Netz nicht. 12 Jesus sprach zu ihnen:
»Kommt und haltet Mahlzeit!« Keiner von den
Jüngern wagte ihn zu fragen: »Wer bist du?«
Wußten sie doch, daß es der Herr war. 13 Da ging
Jesus hinzu, nahm das Brot und gab es ihnen und
ebenso auch den Fisch. 14 Dies war schon das dritte
Mal, daß sich Jesus seinen Jüngern zeigte, nachdem
er von den Toten auferweckt war.
15 Als sie nun gegessen hatten, sprach Jesus zu
Simon Petrus: »Simon, Sohn des Johannes, liebst du
mich mehr als diese?« Er antwortete ihm: »Ja, Herr,
du weißt, daß ich dich liebe.« Da sagte er zu ihm:
»Weide meine Lämmer!« 16 Wiederum sprach er ein
zweites Mal zu ihm: »Simon, Sohn des Johannes,
liebst du mich?« Er sagte zu ihm: »Ja, Herr, du weißt,
daß ich dich liebe.« Er sprach zu ihm: »Weide meine
Schafe!« 17 Zum dritten Mal fragte er ihn: »Simon,
Sohn des Johannes, liebst du mich?« Da wurde
Petrus traurig, weil er zum dritten Mal zu ihm
sprach: »Liebst du mich?«, und er sagte zu ihm:
»Herr, alles weißt du; du weißt es, daß ich dich
liebe.« Jesus sprach zu ihm: »Weide meine Schafe!
18 Wahrlich, wahrlich, ich sage dir: Als du jünger
warst, gürtetest du dich selbst und gingst, wohin du
wolltest; bist du aber alt geworden, wirst du deine
Hände ausstrecken, und ein anderer wird dich
gürten und dich führen, wohin du nicht willst.«
19 Dies sagte er, um anzudeuten, durch welchen Tod
er Gott verherrlichen werde. Und als er dies gesagt
hatte, sprach er zu ihm: »Folge mir!« 20 Petrus aber
wandte sich um und sah den Jünger, den Jesus
liebte, nachkommen, den, der auch beim Mahl an
seiner Brust gelegen und gesagt hatte: »Herr, wer ist
es, der dich verraten wird?« 21 Als nun Petrus diesen
sah, sagte er zu Jesus: »Herr, was ist mit diesem?«
22 Jesus sprach zu ihm: »Wenn ich will, daß er
bleibe, bis ich komme, was geht es dich an? Du
folge mir!« 23 Da verbreitete sich unter den Brüdern
das Wort, daß jener Jünger nicht sterbe. Jesus aber
hatte zu ihm nicht gesagt, daß er nicht sterbe, son-
dern: »Wenn ich will, daß er bleibe, bis ich komme,
was geht es dich an?«

Nachwort

24 Das ist der Jünger, der davon Zeugnis gibt und der
dies geschrieben hat, und wir wissen, sein Zeugnis

ist wahr. 25 Es gibt noch vieles andere, was Jesus tat; wollte man dieses einzeln niederschreiben, so, glaube ich, würde selbst die Welt die Bücher nicht fassen, die zu schreiben wären.

21,1–25: Da schon 20,30f ein Schlußwort steht, gilt dieser Abschnitt als Nachtrag, der wohl von Johannes stammen dürfte, aber anscheinend erst von den ersten Herausgebern des Evangeliums beigefügt wurde, von denen auch die Schlußbemerkung 24f hinzugesetzt worden sein dürfte. • 18f: In diesem Wort ist prophetisch auf das Martyrium des Apostels Petrus hingewiesen, der nach der Überlieferung unter Nero im Jahre 67 (oder 64) in Rom gekreuzigt wurde. Unser Evangelium wurde nach dem Tod des Petrus geschrieben. • 22f: Dieses Wort setzt nicht notwendig den Tod des Johannes voraus.

DIE APOSTELGESCHICHTE

Die Apostelgeschichte gehört seit den ersten Zeiten der Sammlung des neutestamentlichen Schrifttums zu den »heiligen Büchern« der Kirche. In den griechischen Handschriften trägt sie zumeist den Titel »Praxeis«, was man mit »Taten« oder »Geschehnisse« übersetzen kann. Sie will nicht das Leben der einzelnen Apostel schildern, sondern das Werden der unter ihrem begnadeten Wirken entstehenden und sich entfaltenden Kirche Christi. Nicht in zusammenhängender Erzählung, sondern in aufschlußreichen Einzelbildern wird die Zeit von der Himmelfahrt Jesu bis zum Ende der ersten römischen Gefangenschaft des Apostels Paulus (63 n. Chr.) berührt. Mit besonderem Interesse wird gezeigt, wie die Kirche in der Kraft des von Jesus verheißenen (1,8) und erstmals am Pfingstfest sichtbar kommenden Heiligen Geistes (2,1ff) ihren Weg ging und alle Gefahren von außen und innen sieghaft überwand.

Der Inhalt läßt sich am besten in drei Abschnitte gliedern: in 1,1 bis 5,42 wird die Grundlegung der Jerusalemer Muttergemeinde dargestellt, in 6,1–12,25 die weitere Entfaltung in Palästina und Syrien, in 13,1–28,31 das weitreichende Missionswerk unter Führung des Apostels Paulus, womit sich die persönliche Geschichte des mehrere Jahre in Gefangenschaft gesetzten Apostels verbindet, die ihn zuletzt bis nach Rom bringt.

Als Verfasser nennt die Überlieferung von Anfang an Lukas, den von Paulus bezeugten treuen Missionsgefährten (Kol 4,14; Philem 1,24; 2 Tim 4,11). Vgl. auch die »Wir-Berichte« 16,10 – 17; 20,5 – 28,31. Dazu kommt die Zusammengehörigkeit unseres Buches mit dem Lukasevangelium (1,1), das es fortführt, um zu zeigen, wie Jesus auch nach seiner Himmelfahrt mit seiner Kirche verbunden bleibt und sein Heilswirken fortsetzt.

Bezüglich der Abfassungszeit gehen die Meinungen auseinander. Früher war man der Überzeugung, daß die Apostelgeschichte gegen Ende der zweiten Gefangenschaft des Apostels Paulus, in Erwartung der baldigen Beendigung des Untersuchungsverfahrens, entstanden sei, worauf der eigenartige Abschluß in 28,31 und das auffallende Interesse an der rechtlichen Situation des gefangenen Apostels hinzuweisen schien. Heute neigt man zur Annahme einer späteren Abfassung, da man sich veranlaßt sieht, das der Apostelgeschichte vorausgehende Evangelium für die Zeit nach dem Jahre 70, dem Jahr der Zerstörung Jerusalems, anzusetzen.

GRUNDLEGUNG DER MUTTERGEMEINDE VON JERUSALEM

Den ersten Bericht, lieber Theophilus, verfaßte ich über all das, was Jesus von
Anfang an tat und lehrte 2 bis zu dem Tag,
an dem er den von ihm erwählten Aposteln Auftrag gab im Heiligen Geist und hinaufgenommen
wurde.
3 Ihnen erwies er sich auch als lebend nach seinen
Leiden durch viele Bezeugungen, da er vierzig Tage
hindurch ihnen erschien und von den Dingen des
Gottesreiches redete. 4 Im Beisammensein mit ihnen
trug er ihnen auf: »Geht nicht weg von Jerusalem,
sondern wartet auf die Verheißung des Vaters, von
der ihr von mir gehört habt. 5 Denn Johannes taufte
mit Wasser, ihr aber werdet getauft werden mit
Heiligem Geist, nach nicht vielen Tagen.«
6 Die nun zusammengekommen waren, fragten
ihn: »Herr, richtest du in dieser Zeit das Königtum
wieder auf für Israel?« 7 Er antwortete: »Nicht eure
Sache ist es, Zeiten oder Stunden zu wissen, die der
Vater festgelegt hat in der ihm eigenen Macht;
8 doch werdet ihr Kraft empfangen, wenn der Heilige Geist auf euch herabkommt, und werdet meine
Zeugen sein in Jerusalem und in ganz Judäa und
Samaria und bis an die Grenzen der Erde.«
9 Nach diesen Worten wurde er vor ihren Augen
emporgehoben, und eine Wolke entzog ihn ihren
Blicken. 10 Und da sie zum Himmel hinaufsahen,
wie er dahinging, siehe, da standen vor ihnen zwei
Männer in weißem Gewande 11 und sprachen: »Ihr
Männer aus Galiläa, was steht ihr da und schaut
zum Himmel? Dieser Jesus, der von euch weg in
den Himmel aufgenommen wurde, wird ebenso

wiederkommen, wie ihr ihn habt hingehen sehen
zum Himmel.«
12 Hierauf kehrten sie nach Jerusalem zurück von
dem Berg, der Ölberg heißt und nahe bei Jerusalem
liegt, einen Sabbatweg davon entfernt. 13 Dort an-
gekommen, stiegen sie in das Obergemach hinauf,
wo sie sich aufhielten, nämlich Petrus und Johan-
nes, Jakobus und Andreas, Philippus und Thomas,
Bartholomäus und Matthäus, Jakobus, der Sohn des
Alphäus, und Simon der Eiferer und Judas, der
Bruder des Jakobus. 14 Diese alle verharrten ein-
mütig im Gebet, zusammen mit den Frauen und
Maria, der Mutter Jesu, und seinen Brüdern.

Wahl des Matthias

15 In diesen Tagen erhob sich Petrus im Kreise der
Brüder – es war eine Zahl von etwa hundertzwan-
zig Personen beisammen – und sprach: 16 »Brüder!
Es mußte sich erfüllen das Schriftwort, das der
Heilige Geist im voraus gesagt hat durch den Mund
Davids über Judas, der denen zum Führer wurde,
die Jesus gefangennahmen. 17 Er war uns beigezählt
und hatte Anteil erhalten an diesem unserem
Dienst. 18 Dieser erwarb sich einen Acker vom Lohn
des Verbrechens, stürzte kopfüber, barst mitten
entzwei, und alle seine Eingeweide traten heraus.
19 Und es wurde allen Bewohnern von Jerusalem
bekannt, so daß jenes Grundstück in ihrer Sprache
Hakeldama genannt wurde, das ist Blutacker.
20 Denn im Buch der Psalmen steht geschrieben:
›Seine Wohnstatt soll öde werden, und es sei keiner,
der darin wohnt‹ (Ps 69,26), und: ›Sein Amt erhalte
ein anderer!‹ (Ps 109,8).
21 So muß denn aus den Männern, die mit uns zu-
sammen waren in der ganzen Zeit, da der Herr
Jesus ein- und ausging unter uns, 22 von der Taufe
des Johannes an bis zu dem Tag, an dem er von uns
weg aufgenommen wurde, einer mit uns Zeuge
seiner Auferstehung werden, und zwar einer von
diesen hier.«
23 Sie stellten zwei vor: Joseph, genannt Barsabbas,
mit dem Beinamen Justus, und Matthias. 24 Und sie
beteten und sprachen: »Herr, du kennst die Herzen
aller; zeige an, welchen von diesen beiden du er-
wählt hast als den, 25 der die Stelle dieses Dienstes
und Apostelamtes erhalten soll, von dem Judas aus-
geschieden ist, um hinzugehen an seinen Ort.«
26 Und sie legten Lose für sie ein, und das Los fiel auf
Matthias, und er wurde hinzugerechnet zu den elf
Aposteln.

1,1–11 greift als Einleitung deutlich auf den Schluß des Lukasevangeliums zurück. • 2: Für »im (durch den) Heiligen Geist« wäre vielleicht aus sachlichen Gründen besser zu nehmen: »über (im Hinblick auf) den Heiligen Geist«. • 8: Als »Zeugen« Jesu sollten die Apostel die Sache Jesu vor den Menschen vertreten und seine Offenbarung weitergeben. Nur in der Kraft des Heiligen Geistes wurden sie dazu fähig. Die Kirche Jesu gründet nicht im menschlichen, sondern im göttlichen Geist, der sich jedoch der Menschen als seiner Werkzeuge bedient. • 12: »Sabbatweg«, etwa 1 km; nur so weit durfte der Jude am Sabbat gehen, ohne die Sabbatruhe zu verletzen. • 14: Zu »Brüdern« Jesu (d. h. nahen Verwandten) vgl. Anm. zu Matth 12,46f. • 15–26: Da die Zwölfzahl der Apostel bedeutsam war, sollte noch vor dem Kommen des Heiligen Geistes der durch Judas gestörte Kreis ergänzt werden, wobei Petrus entsprechend seiner Berufung als Haupt und Leiter der Gemeinde handelte. Es sollte nur ein Apostel gewählt werden, der auch die natürlichen Voraussetzungen für das Zeugnisgeben hatte. Daraus ersehen wir auch die Verläßlichkeit der apostolischen Verkündigung und damit auch der Evangelien. • 18f: Die Schilderung vom Ende des Verräters hebt im Unterschied zu Matth 27,3–10 besonders das abschreckende Bild des bei der Verwesung berstenden Leichnams hervor.

Das Kommen des Heiligen Geistes

2
1 Als der Tag für das Pfingstfest gekommen
war, waren sie alle beisammen am gleichen
Ort. 2 Da erhob sich plötzlich vom Himmel
her ein Brausen wie von einem daherfahrenden
gewaltigen Sturm und erfüllte das ganze Haus, in
dem sie weilten. 3 Es erschienen ihnen Zungen
wie von Feuer, die sich verteilten und einzeln her-
absenkten auf einen jeden von ihnen; 4 und alle
wurden erfüllt von Heiligem Geist und fingen an, in
anderen Zungen zu reden, so wie der Geist ihnen
zu sprechen verlieh.
5 In Jerusalem hielten sich gottesfürchtige jüdische
Männer auf, aus jedem Volk unter dem Himmel.
6 Als sich nun dieses Brausen erhob, lief die Menge
zusammen und wurde bestürzt; denn es hörte ein
jeder in seiner eigenen Sprache sie reden. 7 Sie ge-
rieten außer sich und sagten voll Staunen: »Sind sie
den nicht alle, die da reden, Galiläer? 8 Wie aber
hören wir, ein jeder von uns in der eigenen Sprache,
in der wir geboren sind: 9 Parther und Meder und
Elamiter, die Bewohner von Mesopotamien, von
Judäa und Kappadozien, von Pontus und Asia,
10 von Phrygien und Pamphylien, Ägypten und den
Gegenden Libyens nach Cyrene hin, auch die hier
weilenden Römer, 11 Juden wie Proselyten, Kreter
und Araber – wir hören sie in unseren Sprachen die
Großtaten Gottes verkünden!« 12 Alle staunten und
waren ratlos und sagten zueinander: »Was soll das
sein?« 13 Andere aber spotteten und sagten: »Sie
sind voll süßen Weines.«

Petrus deutet das Pfingstgeheimnis

14 Da trat Petrus mit den Elfen vor, erhob seine
Stimme und sprach zu ihnen: »Jüdische Männer
und alle, die ihr in Jerusalem wohnt! Dies sei euch
kundgetan; hört auf meine Worte! 15 Denn nicht be-
trunken sind diese, wie ihr meint – es ist ja erst die

dritte Stunde des Tages –, 16 sondern hier trifft ein, was gesagt wurde durch den Propheten Joel: 17 ›Es wird geschehen in den letzten Tagen, spricht Gott, ich werde ausgießen von meinem Geist über alles Fleisch, und eure Söhne und Töchter werden prophetisch reden, eure jungen Männer werden Gesichte schauen und eure Alten Traumbilder haben; 18 ja, über meine Knechte und über meine Mägde will ich ausgießen in jenen Tagen von meinem Geist, und sie werden prophetisch reden. 19 Ich werde Wunder kommen lassen am Himmel oben und Zeichen auf der Erde unten, Blut, Feuer und Rauchqualm. 20 Die Sonne wird sich in Finsternis wandeln und der Mond in Blut, ehe kommen wird der Tag des Herrn, der große und glanzvolle. 21 Und es wird geschehen: Jeder, der anruft den Namen des Herrn, wird gerettet werden‹ (Joel 3,1–5).

22 Ihr Männer von Israel! Hört diese Worte: Jesus, den Nazoräer, einen Mann, von Gott vor euch beglaubigt durch Machttaten, Wunder und Zeichen, die Gott durch ihn wirkte in eurer Mitte, wie ihr selber wißt, 23 ihn, der überliefert wurde nach festgelegtem Ratschluß und Vorherwissen Gottes, habt ihr durch die Hand von Gesetzlosen ans Kreuz geschlagen und hingerichtet. 24 Ihn hat Gott auferweckt, indem er die Wehen des Todes löste; denn unmöglich war es, daß er festgehalten wurde von ihm. 25 David spricht ja im Hinblick auf ihn: ›Ich sah den Herrn allzeit vor Augen; denn er ist mir zur Rechten, damit ich nicht wanke. 26 Darum freute sich mein Herz, und frohlockte meine Zunge, und auch mein Fleisch wird ruhen in Zuversicht; 27 denn du gibst meine Seele nicht der Unterwelt preis und läßt deinen Heiligen Verwesung nicht schauen. 28 Du tatest mir kund die Wege des Lebens, du wirst mich erfüllen mit Wonne vor deinem Angesicht‹ (Ps 16,8–11).

29 Männer, Brüder! Laßt mich freimütig reden zu euch vom Erzvater David. Er starb und wurde begraben, und sein Grab ist bei uns bis auf den heutigen Tag. 30 Weil er nun ein Prophet war und wußte, daß Gott mit einem Eide ihm zugeschworen, er werde ›aus der Frucht seiner Lende einen auf seinen Thron erheben‹ (2 Sam 7,12), 31 so sprach er voraussehend von der Auferstehung des Messias, daß ›er nicht preisgegeben wurde der Unterwelt‹ und daß sein Fleisch ›die Verwesung nicht schaute‹. 32 Diesen Jesus hat Gott auferweckt, dessen sind wir alle Zeugen. 33 Zur Rechten Gottes also erhöht, empfing er die Verheißung des Heiligen Geistes vom Vater und hat ihn ausgegossen, wie ihr sowohl seht als auch hört. 34 Denn nicht David ist zum Himmel emporgestiegen, und doch spricht er: ›Der Herr sprach zu meinem Herrn: Setze dich zu meiner Rechten, 35 bis ich deine Feinde hinlege als Schemel deiner Füße‹ (Ps 110,1). 36 Mit aller Sicherheit also erkenne das ganze Haus Israel: Gott hat diesen Jesus zum Herrn und Messias gemacht, ihn, den ihr gekreuzigt habt.«

Wirkung der Predigt

37 Als sie dies hörten, ging es ihnen durchs Herz, und sie sagten zu Petrus und den übrigen Aposteln: »Was sollen wir tun, Männer, Brüder?« 38 Petrus antwortete ihnen: »Bekehrt euch, und ein jeder von euch lasse sich taufen auf den Namen Jesu Christi zur Vergebung eurer Sünden, und ihr werdet die Gabe des Heiligen Geistes empfangen. 39 Denn euch und eure Kinder geht die Verheißung an, und alle ›in der Ferne, die herbeirufen wird der Herr‹, unser Gott (Is 57,19).« 40 Mit noch vielen anderen Worten legte er Zeugnis ab und mahnte sie: »Laßt euch retten aus diesem verkehrten Geschlecht!« 41 Die nun sein Wort annahmen, wurden getauft, und es wurden hinzugenommen an jenem Tag gegen dreitausend Seelen.

Leben der ersten Christen

42 Sie verharrten in der Lehre der Apostel, in der Gemeinschaft, im Brotbrechen und in den Gebeten. 43 Jedermann wurde von Furcht ergriffen, viele Wunder und Zeichen geschahen durch die Apostel. 44 Alle, die zum Glauben fanden, hielten zusammen und hatten alles gemeinsam, 45 sie verkauften Hab und Gut und teilten davon allen zu, je nachdem einer bedürftig war. 46 Beharrlich kamen sie Tag für Tag einmütig im Tempel zusammen, brachen zu Hause das Brot und nahmen die Speise in Freud und Lauterkeit des Herzens, 47 sie lobten Gott und standen in Ansehen beim ganzen Volk. Der Herr aber mehrte von Tag zu Tag die Zahl derer, die zum Heile fanden.

2,1–13: Äußerlich wahrnehmbar sollte die innere Begnadung durch den Heiligen Geist erfolgen. Das Reden in »anderen Zungen« war ein ekstatisches Sprechen mit der Wirkung, daß die heilswilligen Zuhörer ihre eigene Heimatsprache vernahmen, ohne daß damit ein tatsächliches Sprechen in all den 2,9–11 angeführten Fremdsprachen angenommen werden muß. Mit den verschiedenen Diasporajuden waren auch »Proselyten«, d. h. vom Heidentum zum Judentum Übergetretene, zum Pfingstfest gekommen. • 1: Der »Ort« ist wohl das in 1,13 genannte Obergemach, wo Jesus das letzte Abendmahl darbrachte. • 14–36: Petrus, wieder in seiner Stellung als Haupt der Kirche, kennzeichnet das Pfingstwunder als Erfüllung alttestamentlicher Prophetie wie als Offenbarung des von den Juden zu Unrecht getöteten, nunmehr aber lebenden und verherrlichten Jesus. Man beachte den von Petrus geführten Schriftbeweis für die Auferstehung Jesu, der aber erst nach dem von den Aposteln als »Zeugen« erlebten Ostergeschehen, in entsprechender Deutung des atl. Psalmwortes, zu verstehen ist, vgl. Apg 13,34; 1 Kor 15,3f. • 15: Die Juden pflegen vor dem Morgenopfer um

9 Uhr vormittags nichts zu genießen. • 17: Die »letzten Tage« sind bei den atl. Propheten die mit dem erwarteten Messias anbrechende Zeit. Sie wird sich mit der glorreichen Wiederkunft Jesu vollenden. • 38: »Auf den Namen Jesu Christi« getauft werden heißt sich der von Jesus Christus angeordneten Taufe im Glauben unterziehen und damit in innere Gemeinschaft mit ihm treten. • 42–46: Aus diesem Bild der ersten Gemeinde tritt vor allem die heroische Bruderliebe hervor, die aus gläubigem Idealismus, nicht aus Pflicht oder Zwang, persönlichen Besitz zugunsten der Gemeinde opferte. »Brotbrechen« bedeutet zwar allgemein jede brüderliche Tischgemeinschaft, dürfte aber hier besonders die gemeinsame Eucharistiefeier mit einschließen, durch welche die Muttergemeinde, die anfangs noch an den jüdischen Gottesdiensten teilnahm, von Anfang an ihr Eigenes bekundete. Gerade vom Letzten Abendmahl her hat das »Brotbrechen« seine eucharistische Bedeutung erhalten. Vgl. Apg 20,7; 1Kor 10,16.

Die Heilung des Lahmgeborenen

3 1 Petrus und Johannes gingen um die neunte
Stunde, zur Zeit des Gebetes, hinauf in den
Tempel. 2 Da wurde ein Mann herbeigetragen,
der gelähmt war vom Schoß seiner Mutter an; den
setzten sie täglich an die sogenannte Schöne Pforte,
daß er Almosen erbettle von den Besuchern des
Tempels. 3 Als er Petrus und Johannes sah, wie sie
gerade in den Tempel hineingehen wollten, bat er
sie um ein Almosen. 4 Petrus blickte zusammen mit
Johannes ihn an und sprach: »Sieh uns an!« 5 Er richtete den Blick auf sie und hoffte, etwas von ihnen
zu erhalten. 6 Petrus aber sprach: »Silber und Gold
habe ich nicht, doch was ich habe, das gebe ich dir.
Im Namen Jesu Christi, des Nazoräers, [steh auf
und] geh umher!« 7 Und er faßte ihn bei der rechten
Hand und richtete ihn auf; da kam plötzlich Kraft in
seine Füße und Knöchel, 8 er sprang auf und konnte
stehen und gehen, ging mit ihnen in den Tempel
hinein, lief und sprang dabei umher und lobte Gott.
9 Alles Volk sah ihn umhergehen und Gott loben,
10 und als sie ihn als den erkannten, der des Almosens wegen an der Schönen Pforte des Tempels gesessen hatte, erfaßte sie staunende Erregung über
das, was mit ihm geschehen war.

Petrus deutet das Wunder

11 Weil er sich aber zu Petrus und Johannes hielt, lief
alles Volk bei ihnen in der sogenannten Salomonshalle zusammen und war ganz außer sich. 12 Als
Petrus das sah, sprach er zum Volk: »Ihr Männer
von Israel! Was staunt ihr darüber? Oder was blickt
ihr uns an, als hätten wir mit eigener Kraft oder
Frömmigkeit bewirkt, daß er gehen kann?
13 Der Gott Abrahams und Isaaks und Jakobs, der
Gott unserer Väter, verherrlichte seinen Knecht
Jesus, ihn, den ihr ausgeliefert und verleugnet habt
vor Pilatus, als dieser entschied, ihn freizulassen.
14 Ihr jedoch habt den Heiligen und Gerechten verleugnet und habt verlangt, daß euch ein Mörder begnadigt werde. 15 Den Urheber des Lebens aber
habt ihr getötet, ihn, den Gott auferweckt hat von
den Toten, des sind wir Zeugen. 16 Auf Grund des
Glaubens an seinen Namen hat diesem hier, den ihr
seht und kennt, sein Name Kraft geschenkt, und der
durch ihn wirksame Glaube gab ihm die volle Gesundheit vor euer aller Augen.
17 Und nun, Brüder, ich weiß, ihr habt aus Unwissenheit gehandelt, ebenso auch eure Führer; 18 Gott
aber ließ so in Erfüllung gehen, was er vorausverkündet hat durch den Mund aller Propheten, daß
nämlich sein Messias leiden werde. 19 Ändert also
euren Sinn und bekehrt euch, damit getilgt werden
eure Sünden 20 und so die Zeiten der Erquickung
kommen mögen vom Angesicht des Herrn und er
den euch vorherbestimmten Christus Jesus sende.
21 Ihn muß der Himmel aufnehmen bis zu den Zeiten der Wiederherstellung aller Dinge, wovon Gott
gesprochen hat durch den Mund seiner heiligen
Propheten von alters her. 22 So hat Moses gesagt:
›Einen Propheten wie mich wird euch erstehen
lassen der Herr, unser Gott, aus euren Brüdern; auf
ihn sollt ihr hören in allem, was er zu euch sagen
wird. 23 Es wird aber sein: Ein jeder, der nicht auf
diesen Propheten hört, soll ausgerottet werden aus
dem Volke‹ (5 Mos 18,15.19f). 24 Und alle Propheten, die von Samuel an und weiterhin gesprochen
haben, kündeten diese Tage an.
25 Ihr seid die Söhne der Propheten und des Bundes,
den Gott mit euren Vätern geschlossen hat, da er zu
Abraham sprach: ›In deinem Samen werden gesegnet sein alle Geschlechter der Erde‹ (1 Mos 22,18).
26 Für euch zuerst erweckte Gott seinen Knecht und
sandte ihn, euch zu segnen, auf daß ein jeder von
euch sich abkehre von euren bösen Werken.«

3,1–10: In der Kraft Christi, der sich Petrus bewußt war, wirkte er dieses Wunder, das als Beispiel für die »vielen Wunder und Zeichen« (2,43) berichtet ist. • 15: »Urheber des Lebens« ist Jesus durch seine Auferstehung für alle, die sich zu ihm bekennen. • 20f: »Tage der Erquickung« und »allgemeine Wiederherstellung« meint die Vollendung des Gottesreiches beim Wiederkommen des in den Himmel aufgenommenen Menschensohnes.

Petrus und Johannes vor dem Hohen Rat

4 1 Während sie zum Volke redeten, traten die
Priester, der Hauptmann des Tempels und die
Sadduzäer auf sie zu, 2 voll Unwillen, daß sie
das Volk lehrten und in Jesus die Auferstehung von
den Toten verkündeten. 3 Sie legten Hand an sie und
setzten sie bis zum folgenden Tag in Gewahrsam;
denn es war schon Abend. 4 Viele aber von denen,
die das Wort vernommen hatten, wurden gläubig,
und die Zahl der Männer stieg auf etwa fünftausend.

5 Am anderen Tag war es, da versammelten sich ihre Führer, die Ältesten und Schriftgelehrten in Jerusalem, 6 sowie Annas, der Hohepriester, und Kaiphas, Johannes und Alexander und alle, die aus dem hohenpriesterlichen Geschlechte waren. 7 Man ließ sie hintreten vor sie und befragte sie: »In welcher Kraft oder in welchem Namen habt ihr dies getan?« 8 Da sprach Petrus, erfüllt von Heiligem Geiste, zu ihnen: »Führer des Volkes und ihr Ältesten! 9 Wenn wir heute zur Rechenschaft gezogen werden wegen einer Wohltat an einem kranken Menschen und über die Ursache seiner Heilung, 10 so sei euch allen und dem ganzen Volk Israel kund: Durch den Namen [unseres Herrn] Jesus Christus, des Nazoräers, den ihr gekreuzigt, den Gott von den Toten auferweckt hat, durch ihn steht dieser gesund vor euch. 11 Er ist ›der Stein, der, von euch Bauleuten verworfen, zum Eckstein geworden ist‹ (Ps 118,22). 12 Und in keinem anderen ist das Heil; denn es ist auch kein anderer Name unter dem Himmel, der gegeben wäre unter Menschen, daß wir in ihm sollten gerettet werden.«

13 Da sie den Freimut des Petrus und Johannes sahen und in Erfahrung brachten, daß sie ungelehrte und bildungslose Leute seien, wunderten sie sich. Sie erkannten sie zwar als Anhänger Jesu, 14 wußten aber im Anblick des Geheilten, der bei ihnen stand, nichts gegen sie zu sagen. 15 Sie ließen sie aus der Versammlung hinausgehen und hielten Rat miteinander, 16 indem sie sprachen: »Was sollen wir tun mit diesen Menschen? Daß ein offenbares Wunderzeichen durch sie geschah, ist allen, die in Jerusalem wohnen, bekannt, und wir können es nicht bestreiten. 17 Damit es aber nicht noch mehr unter dem Volke verbreitet werde, wollen wir ihnen unter Drohung einschärfen, nicht mehr in diesem Namen zu irgendeinem Menschen zu reden.« 18 Man rief sie herein und eröffnete ihnen, sie dürften in keiner Weise sprechen und lehren im Namen Jesu. 19 Petrus aber und Johannes antworteten ihnen: »Ob es recht ist vor Gott, euch mehr zu gehorchen als Gott, das entscheidet selbst; 20 denn wir können unmöglich schweigen von dem, was wir gesehen und gehört haben.« 21 Unter weiteren Androhungen entließ man sie, weil man des Volkes wegen keine Möglichkeit fand, sie zu bestrafen; alle nämlich priesen Gott wegen des Geschehenen. 22 Denn mehr als vierzig Jahre zählte der Mann, an dem dieses Wunder der Heilung geschehen war.

Stärkung der betenden Gemeinde

23 Nach ihrer Freilassung kehrten sie zurück zu den Ihrigen und berichteten ihnen alles, was die Hohenpriester und Ältesten zu ihnen gesagt hatten. 24 Als diese es vernahmen, erhoben sie einmütig ihre Stimme zu Gott und sprachen: »Herr, du bist es, der ›den Himmel schuf und die Erde und das Meer und alles, was in ihnen ist‹ (2 Mos 20,11); 25 du hast durch den Heiligen Geist durch den Mund deines Knechtes David [, unseres Vaters,] gesprochen: ›Warum tobten die Heiden und sannen Eitles die Völker? 26 Es standen auf die Könige der Erde, und es taten die Machthaber sich zusammen gegen den Herrn und gegen seinen Gesalbten‹ (Ps 2,1f). 27 Wahrhaftig, es haben sich zusammengetan in dieser Stadt gegen deinen heiligen Knecht Jesus, den du gesalbt hast, Herodes und Pontius Pilatus mit Heiden und Völkern Israels, 28 um auszuführen, was deine Hand und dein Ratschluß vorherbestimmt hat, daß es geschehe. 29 Und nun, Herr, siehe an ihre Drohungen und gib deinen Knechten, daß sie mit allem Freimut dein Wort verkünden, 30 in dem du deine Hand ausstreckst zu Heilung und Zeichen geschehen läßt und Wunder durch den Namen deines heiligen Knechtes Jesus.« 31 Als sie so beteten, erbebte der Ort, wo sie versammelt waren, und alle wurden erfüllt vom Heiligen Geist und verkündeten das Wort Gottes mit Freimut.

Ein Herz und eine Seele

32 Die Gesamtheit der Gläubigen war ein Herz und eine Seele, und nicht ein einziger nannte etwas von dem, was er besaß, sein eigen, sondern sie hatten alles gemeinsam. 33 Mit großer Macht gaben die Apostel Zeugnis von der Auferstehung des Herrn Jesus [Christus], und große Gnade ruhte auf ihnen allen. 34 Denn kein Notleidender war unter ihnen. Alle nämlich, die Grundstücke oder Häuser besaßen, verkauften sie und brachten den Erlös vom Verkaufen 35 und legten ihn zu den Füßen der Apostel, und es wurde einem jeden zugeteilt, je nachdem einer bedürftig war. 36 Joseph, der von den Aposteln den Beinamen Barnabas, das heißt Sohn der Tröstung, erhielt, ein Levit, der aus Cypern stammte, 37 verkaufte den Acker, den er besaß, brachte das Geld und legte es zu den Füßen der Apostel.

4,1–22: Die Sadduzäer, deren Mitglieder die verschiedenen hohenpriesterlichen Ämter innehatten, leugneten das Fortleben nach dem Tod und nahmen daher an der Predigt der Apostel über den Auferstandenen Anstoß. Amtierender Hoherpriester war Kaiphas, der Schwiegersohn des Annas, der im Jahre 15 n. Chr. abgesetzt worden war, aber noch großen Einfluß hatte. Beachte das klare Zeugnis des Petrus über die Auferstehung Jesu, durch die der von den Juden »Verworfene« zum »Eckstein« geworden ist, d. h. verherrlicht wurde. • 30: Beachte die Bedeutung der Heilwunder für die Verkündigung. • 32–37: Vgl. 2,42–46. Das Sichlossagen von persönlichem Besitz bedeutet nicht, daß alle Habe tatsächlich verkauft wurde, noch weniger, daß sie verkauft werden mußte. Das beweist im folgenden Kapitel das Wort an Ananias (5,4).

Strafgericht über Ananias und Saphira

5 1 Ein Mann mit Namen Ananias verkaufte mit Saphira, seiner Frau, ein Grundstück, 2 unterschlug aber unter Mitwissen auch seiner Frau vom Erlös und brachte nur einen Teil und legte ihn zu Füßen der Apostel. 3 Petrus aber sprach: »Ananias, warum erfüllte der Satan dein Herz, daß du den Heiligen Geist belogen und vom Erlös des Grundstückes etwas unterschlagen hast? 4 Wäre es nicht unverkauft dein eigen geblieben und auch nach dem Verkauf zu deiner Verfügung gestanden? Wie kamst du in deinem Herzen zu solcher Tat? Nicht Menschen hast du belogen, sondern Gott!« 5 Als Ananias diese Worte hörte, fiel er um und gab den Geist auf, und große Furcht kam über alle, die davon hörten. 6 Die jungen Männer standen auf, hüllten ihn ein, trugen ihn hinaus und begruben ihn. 7 Nach einer Zwischenzeit von etwa drei Stunden geschah es, da kam auch seine Frau herbei, ohne zu wissen, was geschehen war. 8 Petrus sprach zu ihr: »Sage mir, habt ihr das Grundstück um so viel verkauft?« Sie sagte: »Ja, um so viel!« 9 Petrus aber entgegnete ihr: »Warum habt ihr euch verbündet, den Geist des Herrn zu versuchen? Siehe, die Füße derer, die deinen Mann begruben, sind schon vor der Tür und werden auch dich hinaustragen.« 10 Und sie fiel auf der Stelle vor seinen Füßen um und gab den Geist auf; die jungen Männer kamen herein, fanden sie tot und trugen sie hinaus und begruben sie bei ihrem Mann. 11 Große Furcht kam über die ganze Gemeinde und über alle die davon hörten.

Ansehen der Apostel

12 Durch die Hände der Apostel geschahen viele Zeichen und Wunder unter dem Volke. Sie waren alle einmütig beisammen in der Halle Salomons; 13 von den anderen wagte niemand, sich zu ihnen zu gesellen, aber mit Hochachtung redete das Volk von ihnen. 14 Mehr und mehr wuchs die Zahl derer, die an den Herrn glaubten, Scharen von Männern und Frauen. 15 Ja, man trug sogar die Kranken auf die Gassen und legte sie auf Betten und Tragbahren, damit, wenn Petrus käme, wenigstens sein Schatten auf einen von ihnen falle. 16 Es kam aber auch das Volk der umliegenden Städte in Menge nach Jerusalem und brachte Kranke und von unreinen Geistern Geplagte, die alle Heilung fanden.

Abermals vor dem Hohen Rat

17 Da erhoben sich der Hohepriester und alle seine Anhänger – nämlich die Partei der Sadduzäer –, und von Eifersucht erfüllt, 18 legten sie Hand an die Apostel und setzten sie in das öffentliche Gefängnis. 19 Ein Engel des Herrn aber öffnete in der Nacht die Türen des Gefängnisses, führte sie hinaus und sprach: 20 »Geht hin, tretet auf und kündet im Tempel dem Volk alle Worte dieses Lebens!« 21 Als sie das hörten, gingen sie bei Tagesanbruch in den Tempel und lehrten.

Der Hohepriester aber und seine Anhänger fanden sich ein, beriefen den Hohen Rat und die gesamte Ältestenschaft der Söhne Israels und schickten zum Gefängnis, um sie vorführen zu lassen. 22 Als jedoch die Diener hinkamen und sie nicht im Gefängnis vorfanden, kehrte sie zurück und meldeten: 23 »Das Gefängnis fanden wir zwar mit aller Sorgfalt verschlossen und die Wachen vor den Türen stehen, als wir aber öffneten, fanden wir niemand darin.« 24 Als sie diese Worte hörten, gerieten der Hauptmann des Tempels und die Hohenpriester ihretwegen in große Verlegenheit und fragten sich, was das werden solle. 25 Da kam einer herbei und meldete ihnen: »Seht, die Männer, die ihr ins Gefängnis gesetzt habt, sind im Tempel und lehren das Volk.« 26 Darauf ging der Tempelhauptmann mit seinen Leuten hin und führte sie her, jedoch ohne Gewalt; denn sie fürchteten, vom Volk gesteinigt zu werden. 27 Sie brachten sie und stellten sie vor den Hohen Rat, und der Hohepriester befragte sie: 28 »Haben wir euch nicht streng geboten, nicht in diesem Namen zu lehren? Doch seht, ihr habt Jerusalem erfüllt mit eurer Lehre und wollt über uns das Blut dieses Menschen bringen!«

29 Petrus und die Apostel antworteten: »Man muß Gott mehr gehorchen als den Menschen. 30 Der Gott unserer Väter hat Jesus auferweckt, ihn, den ihr ans Holz gehängt und ums Leben gebracht habt. 31 Ihn hat Gott als Fürsten und Heiland erhöht zu seiner Rechten, daß er Israel Bekehrung bringe und Vergebung der Sünden. 32 Wir sind Zeugen für das Gesagte, und Zeuge ist der Heilige Geist, den Gott denen verlieh, die ihm gehorchen.« 33 Als sie dies hörten, ergrimmten sie und sannen darauf, sie umzubringen.

Der Rat des Gamaliel

34 Da erhob sich im Hohen Rat ein Pharisäer namens Gamaliel, ein Gesetzeslehrer, angesehen beim ganzen Volk; er beantragte, sie möchten für kurz die Männer hinausführen, 35 und sprach zu ihnen: »Ihr Männer von Israel, überlegt euch wohl, was ihr mit diesen Menschen tun wollt. 36 Denn vor diesen Tagen stand Theudas auf und behauptete, etwas Besonderes zu sein. Eine Zahl von etwa vierhundert Männern schloß sich ihm an; er wurde getötet, und alle, die zu ihm hielten, wurden zer-

streut und vernichtet. 37 Nach ihm erhob sich Judas,
der Galiläer, in den Tagen der Schätzung und
brachte Leute auf seine Seite; auch dieser kam um,
und alle, die zu ihm hielten, wurden zerstreut.
38 Und für diesmal sage ich euch: Steht ab von die-
sen Menschen und laßt sie in Ruhe; denn ist dieses
Vorhaben oder dieses Werk von Menschen, wird es
zunichte werden; 39 ist es aber von Gott, könnt ihr
sie nicht vernichten; ihr könntet sonst gar als
Widersacher Gottes gefunden werden.«
Sie ließen sich von ihm überzeugen 40 und riefen die
Apostel herein, ließen sie züchtigen, geboten ihnen,
nicht im Namen Jesu zu reden, und ließen sie frei.
41 Diese aber gingen weg vom Hohen Rat, voll
Freude, daß sie gewürdigt worden waren, um des
Namens Jesu willen Schmach zu leiden. 42 Sie hör-
ten nicht auf, täglich im Tempel und in den Häusern
zu lehren und die Frohbotschaft zu künden von
Christus Jesus.

5,1–11: Nicht das Zurückhalten eines Teils des Geldes, sondern die damit verbundene Heuchelei und Lüge wurden als Versündigung an der vom Heiligen Geist erfüllten Gemeinschaft so schwer bestraft. • 28: Der Hohepriester hatte wohl Sorge, es könnte das Wort des Volkes bei der Verurteilung Jesu: »Sein Blut komme über uns und unsere Kinder« (Matth 27,25) an den jüdischen Führern wahrgemacht werden. • 34: Gamaliel war auch Lehrer des jungen Paulus (22,3).

ENTFALTUNG DER KIRCHE ÜBER JERUSALEM HINAUS

Bestellung von Mitarbeitern

6 1 Als in jenen Tagen die Zahl der Jünger an-
wuchs, kam es zu Beschwerden der Helle-
nisten über die Hebräer, weil bei der täglichen
Versorgung ihre Witwen zurückgesetzt wurden.
2 Da riefen die Zwölf die ganze Jüngerschaft zu-
sammen und sprachen: »Es geht nicht an, daß wir
das Wort Gottes hintansetzen und den Dienst für
die Tische übernehmen. 3 Darum, Brüder, sucht
unter euch sieben Männer aus, die ein gutes Zeug-
nis haben, erfüllt sind von Geist und Weisheit; die
werden wir bestellen für diese Aufgabe. 4 Wir aber
wollen uns weiter dem Gebet und dem Dienst am
Worte widmen.«
5 Dieser Vorschlag gefiel der ganzen Versammlung,
und sie wählten Stephanus, einen Mann, erfüllt
von Glauben und Heiligem Geist, und Philippus,
Prochorus, Nikanor, Timon, Parmenas und Niko-
laus, einen Proselyten aus Antiochien. 6 Die stellten
sie den Aposteln vor, und diese beteten und legten
ihnen die Hände auf. 7 Das Wort Gottes breitete
sich weiter aus, und die Zahl der Jünger wuchs
mehr und mehr, auch eine große Anzahl von Prie-
stern beugte sich dem Glauben.

Stephanus

8 Stephanus aber, voll Gnade und Kraft, tat große
Wunder und Zeichen unter dem Volke. 9 Da er-
hoben sich einige von der sogenannten Synagoge
der Libertiner, der Cyrenäer, der Alexandriner und
von denen aus Cilicien und Asia und stritten mit
Stephanus; 10 sie vermochten aber der Weisheit und
dem Geist, mit dem er redete, nicht zu wider-
stehen. 11 Da stifteten sie Männer an, die sagen
sollten: »Wir haben gehört, wie er Lästerungen aus-
prach gegen Moses und gegen Gott.« 12 Sie hetzten
das Volk auf und auch die Ältesten und Schriftge-
lehrten, fielen über ihn her, rissen ihn mit fort und
führten ihn vor den Hohen Rat; 13 sie ließen falsche
Zeugen auftreten, die aussagten: »Dieser Mensch
hört nicht auf, Reden zu führen gegen die heilige
Stätte und gegen das Gesetz. 14 Wir hörten nämlich,
wie er sagte: Dieser Jesus, der Nazoräer, wird diese
Stätte zerstören und die Bräuche ändern, die uns
Moses überliefert hat.« 15 Alle, die im Hohen Rate
saßen, richteten den Blick auf ihn und sahen sein
Antlitz gleich dem Antlitz eines Engels.

6,1–12,25 umfaßt den Zeitraum, in dem die Kirche sich über Palästina bis Syrien hin ausbreitete, wobei auch hier wieder gezeigt ist, wie gerade Schwierigkeiten und Verfolgungen sich zum Segen auswirkten. Von nun an stehen den Aposteln amtlich bestellte Mitarbeiter zur Seite, zu denen schließlich auch der Kirchenverfolger Saulus-Paulus tritt. • 6,1–7: »Hellenisten« sind hier Judenchristen, die vorwiegend vom griechisch sprechenden Ausland (Diaspora) stammten, zum Unterschied von den einheimischen, aramäisch redenden Hebräern. Es gab auch in Palästina seit der Makkabäerzeit weite Kreise, die der hellenistischen Kultur zuneigten. Die von der Gemeinde unter Leitung der Apostel gewählten und von diesen unter Gebet und Handauflegung bestellten Mitarbeiter, denen neben karitativen Aufgaben auch Predigt und Taufspendung übertragen wurden, stellen wohl die ersten Amtsträger dar im Rang der später (11,30; 14,23; 15,2 u. ä.) neben den Aposteln genannten »Presbyter«. Sie scheinen also mehr darzustellen als die in Phil 1,1; 1 Tim 3,8–13 bezeugten »Diakone«. • 9: Die hellenistischen Diasporajuden schlossen sich in Jerusalem landsmannschaftlich zusammen, wobei unter Libertinern wahrscheinlich von Italien kommende Nachkommen der unter Pompejus (63 v. Chr.) gefangenen und wieder freigelassenen Juden zu verstehen sind.

Stephanus vor dem Hohen Rat

7 1 Da sprach der Hohepriester: »Verhält sich
das so?« 2 Er aber sagte: »Brüder und Väter,
hört! Der Gott der Herrlichkeit erschien
unserem Vater Abraham, als er sich vor seiner Über-
siedlung nach Haran in Mesopotamien aufhielt,
3 und er sprach zu ihm: ›Ziehe fort aus deinem

Land und deiner Verwandtschaft und geh in das Land, das ich dir zeigen werde‹ (1 Mos 12,1). 4 Da zog er fort aus dem Land der Chaldäer und nahm Wohnsitz in Haran; und von dort versetzte er ihn nach seines Vaters Tod in dieses Land, in dem ihr jetzt wohnt. 5 Er gab ihm keinen Erbbesitz darin, auch nicht einen Fußbreit, doch versprach er, es ihm und seiner Nachkommenschaft zum Besitz zu geben, obwohl er doch keinen Sohn hatte (1 Mos 12,7; 13,15; 17,8). 6 So sprach Gott: ›Seine Nachkommen werden als Beisassen leben in einem fremden Land; man wird sie knechten und mißhandeln, vierhundert Jahre lang. 7 Das Volk aber, dem sie dienen, werde ich richten, sprach Gott, und dann werden sie ausziehen und mir an dieser Stätte dienen‹ (1 Mos 15,13f). 8 Und er gab ihm den Bund der Beschneidung, und so zeugte er Isaak und beschnitt ihn am achten Tage (1 Mos 21,4), so Isaak den Jakob und Jakob die zwölf Stammväter.

9 Die Stammväter waren eifersüchtig auf Joseph und verkauften ihn nach Ägypten; doch Gott war mit ihm (1 Mos 37,11). 10 Er rettete ihn aus allen seinen Drangsalen, gab ihm Gnade und Weisheit vor Pharao, dem König von Ägypten, und er setzte ihn zum Herrn über Ägypten und über sein ganzes Haus. 11 Es kam eine Hungersnot über ganz Ägypten und Kanaan und große Drangsal, und unsere Väter trieben keine Nahrung auf. 12 Als Jakob hörte, daß es in Ägypten Getreide gäbe, sandte er unsere Väter ein erstes Mal dorthin. 13 Beim zweiten Mal gab sich Joseph seinen Brüdern zu erkennen, und so wurde dem Pharao Josephs Geschlecht bekannt. 14 Joseph aber sandte hin und ließ seinen Vater Jakob zu sich kommen samt der ganzen Verwandtschaft, fünfundsiebzig Seelen. 15 Und Jakob zog nach Ägypten hinab und starb, er selbst und unsere Väter. 16 Sie wurden nach Sichem übertragen und in das Grab gelegt, das Abraham um einen Betrag von Silber gekauft hatte von den Söhnen Hemors in Sichem.

17 Als aber die Zeit der Verheißung nahte, die Gott dem Abraham zugesagt hatte, war das Volk in Ägypten gewachsen und zahlreich geworden, 18 indes sich ein anderer König über Ägypten erhob, der nichts wußte von Joseph. 19 Dieser war voll argen Sinnes gegen unser Geschlecht und mißhandelte unsere Väter, daß sie ihre neugeborenen Kinder aussetzen mußten, damit sie nicht am Leben blieben. 20 Zu dieser Zeit wurde Moses geboren, und er war auserlesen vor Gott. Drei Monate wurde er genährt im Hause des Vaters, 21 und als er ausgesetzt wurde, nahm ihn des Pharao Tochter zu sich und erzog ihn als ihren Sohn. 22 Moses wurde in aller Weisheit der Ägypter unterrichtet; mächtig war er in seinem Reden und Handeln (2 Mos 2,1–10).

23 Als er das Alter von vierzig Jahren erreicht hatte, kam es ihm in den Sinn, nach seinen Brüdern zu sehen, den Söhnen Israels. 24 Und als er sah, wie einem Unrecht geschah, griff er ein und verschaffte dem Bedrückten Rache, indem er den Ägypter erschlug. 25 Er dachte, seine Brüder würden verstehen, daß Gott durch seine Hand ihnen Rettung bringen wolle; sie aber verstanden es nicht. 26 Am anderen Tag kam er zu ihnen, als sie im Streite lagen, und er wollte sie zum Frieden aussöhnen, indem er sprach: ›Männer, ihr seid doch Brüder; warum tut ihr einander unrecht?‹ 27 Da stieß ihn jener, der dem andern unrecht tat, zurück und sprach: ›Wer hat dich zum Führer und Richter gesetzt über uns? 28 Willst du mich etwa umbringen, wie du gestern den Ägypter umgebracht hast?‹ 29 Auf dieses Wort hin floh Moses und ließ sich als Beisasse im Land Madiam nieder, wo er zwei Söhne zeugte (2 Mos 2,11–22).

30 Als vierzig Jahre verflossen waren, erschien ihm in der Wüste am Berge Sinai ein Engel in der Flamme eines brennenden Dornbusches. 31 Moses sah verwundert auf die Erscheinung, als er aber hinzutrat, um nachzusehen, ließ sich die Stimme des Herrn vernehmen: 32 ›Ich bin der Gott deiner Väter, der Gott Abrahams, Isaaks und Jakobs.‹ Moses zitterte und wagte nicht nachzusehen. 33 Da sprach der Herr zu ihm: ›Löse die Schuhe von deinen Füßen; denn der Ort, auf dem du stehst, ist heiliges Land. 34 Ich sah und habe die Mißhandlung meines Volkes in Ägypten gesehen und ihr Seufzen gehört, und ich bin herabgekommen, sie zu befreien; und jetzt komm, ich will dich nach Ägypten senden‹ (2 Mos 3,1–12).

35 Diesen Moses, den sie abgewiesen hatten mit den Worten: Wer hat dich zum Führer und Richter gesetzt?, ihn sandte Gott als Führer und Retter mit Hilfe eines Engels, der im Dornbusch ihm erschienen war.

36 Er führte sie heraus unter Wundern und Zeichen, die er im Lande Ägypten tat und im Roten Meer und in der Wüste, vierzig Jahre hindurch. 37 Er ist der Moses, der zu den Söhnen Israels sprach: ›Einen Propheten wird euch Gott aus euren Brüdern erstehen lassen wie mich‹ (5 Mos 18,15). 38 Er ist es, der bei der Gemeinde in der Wüste Mittler war zwischen dem Engel, der zu ihm auf dem Berge Sinai redete, und unseren Vätern; er empfing die

Worte des Lebens, um sie euch zu geben. 39 Ihm wollten unsere Väter nicht untertan sein, sondern sie stießen ihn von sich und wandten sich in ihren Herzen nach Ägypten hin, 40 indem sie zu Aaron sprachen: ›Mache uns Götter, die vor uns hergehen sollen; denn dieser Moses, der uns aus dem Lande Ägypten geführt hat – wir wissen nicht, was ihm widerfahren ist‹ (2 Mos 33,1.23). 41 Und sie machten sich in jenen Tagen ein Kalb und brachten dem Götzenbild Opfer dar und ergötzten sich an den Werken ihrer Hände. 42 Da wandte sich Gott ab und überließ sie dem Kult des Himmelsheeres, wie geschrieben steht im Buche der Propheten: ›Habt ihr mir Schlachttiere und Opfer dargebracht die vierzig Jahre in der Wüste, Haus Israel? 43 Das Zelt des Moloch trugt ihr, den Stern des Gottes Rephan, die Bilder, die ihr gemacht, um sie anzubeten. Darum werde ich euch wegführen bis über Babylon hinaus‹ (Amos 5,25–27).

44 Das Zelt des Zeugnisses war bei unseren Vätern in der Wüste nach Anordnung dessen, der zu Moses sagte, daß er es fertigen solle nach dem Vorbild, das er geschaut hatte. 45 Dieses übernahmen unsere Väter und brachten es unter Josue mit herein bei der Besetzung des Gebietes der Heiden, die Gott vor dem Angesicht unserer Väter vertrieb, bis zu den Tagen Davids. 46 Dieser fand Gnade vor Gott und bat, dem Gott Jakobs eine Wohnstätte bauen zu dürfen. 47 Salomon aber erbaute ihm ein Haus. 48 Und doch wohnt der Allerhöchste nicht in dem, was von Händen gemacht ist, wie der Prophet sagt: 49 ›Der Himmel ist mein Thron, die Erde der Schemel meiner Füße. Welches Haus wollt ihr mir bauen, spricht der Herr, oder welches ist die Stätte meiner Ruhe? 50 Hat nicht meine Hand das alles gemacht?‹ (Is 66,1f).

51 Ihr Halsstarrigen und Unbeschnittenen an Herz und Ohren! Ihr widerstrebt allezeit dem Heiligen Geist, wie eure Väter so auch ihr! 52 Welchen der Propheten haben eure Väter nicht verfolgt? Ja, getötet haben sie jene, die geweissagt haben vom Kommen des Gerechten, dessen Verräter und Mörder ihr nun geworden seid. 53 Ihr habt das Gesetz auf Anweisung von Engeln empfangen, aber es nicht gehalten.«

Tod des Stephanus – Verfolgung der Kirche

54 Als sie dies hörten, ergrimmten sie in ihren Herzen und knirschten mit den Zähnen gegen ihn. 55 Er aber, erfüllt von Heiligem Geiste, blickte zum Himmel, sah die Herrlichkeit Gottes und Jesus zur Rechten Gottes stehen 56 und rief: »Seht, ich sehe die Himmel offen und den Menschensohn stehen zur Rechten Gottes.« 57 Da schrien sie mit lauter Stimme, hielten ihre Ohren zu und stürzten alle zugleich auf ihn; sie stießen ihn zur Stadt hinaus und steinigten ihn. 58 Die Zeugen aber legten ihre Obergewänder zu den Füßen eines jungen Mannes, der Saulus hieß.

59 Und sie steinigten den Stephanus, indes er betete: »Herr Jesus, nimm meinen Geist auf!« 60 Und in die Knie sinkend, rief er mit lauter Stimme: »Herr, rechne ihnen diese Sünde nicht an!« Nach diesen Worten entschlief er.

7,1–53: Die Verteidigungsrede des Stephanus zeigt an der jüdischen Geschichte, wie schon die Vorfahren sich gegen die Weisungen der von Gott gerufenen Führer ablehnend verhielten. So hätten auch die Zeitgenossen Jesu, auf dessen Kommen die jüdische Geschichte eindringlich hingewiesen habe, diesen nicht erkannt. Sie seien vielmehr wie jene »halsstarrig« (d. h. widerspenstig vgl. 5 Mos 9,13) und »unbeschnitten an Herz und Ohren« (vgl. Jer 6,10; 9,25), d. h. die körperliche Beschneidung ist nicht Zeichen des Glaubensgehorsams gegen Gott und darum ohne Wert (vgl. Röm 2,28f). Stephanus geht also nach dem geschichtlichen Rückblick in Vers 51 zum Angriff über. • 54–8,3: Mit der nun beginnenden Verfolgung zog sich die Urgemeinde mehr und mehr von der anfänglichen Gemeinschaft mit dem Judentum zurück.

8

1 Saulus aber hatte mit zugestimmt bei seiner Hinrichtung. An jenem Tag brach eine große Verfolgung aus gegen die Gemeinde in Jerusalem, und alle wurden versprengt über die Gebiete von Judäa und Samaria, mit Ausnahme der Apostel. 2 Den Stephanus aber bestatteten gottesfürchtige Männer und hielten eine große Totenklage um ihn. 3 Saulus aber mißhandelte die Gemeinde, drang in die Häuser ein, schleppte Männer und Frauen weg und lieferte sie ins Gefängnis. 4 Die aber versprengt wurden, zogen durchs Land und verkündeten das Wort [Gottes].

Philippus in Samaria

5 Philippus kam in die Stadt von Samaria hinab und verkündete ihnen Christus. 6 Aufmerksam folgten die Menschen den Worten des Philippus, einmütig hörten sie zu und sahen auf die Zeichen, die er wirkte. 7 Denn von vielen fuhren die unreinen Geistern, die sie hatten, unter großem Geschrei aus und viele Gichtkranke und Lahme wurden geheilt. 8 Da herrschte große Freude in jener Stadt.

9 Seit längerem hatte ein Mann namens Simon in der Stadt als Zauberer sich aufgehalten und das Volk von Samaria außer Fassung gebracht, indem er sich als einen »Großen« ausgab. 10 Vom Kleinsten bis zum Größten hingen sie alle ihm an und sagten: »Dieser ist die Kraft Gottes, die man die ›große‹ nennt.« 11 Sie hingen ihm an, weil er sie lange Zeit mit seinen Zauberkünsten in Staunen versetzte. 12 Als sie aber dem Philippus glaubten, der die Froh-

botschaft vom Reiche Gottes und vom Namen Jesu Christi verkündete, ließen Männer und Frauen sich taufen. 13 Ja, auch Simon selbst wurde gläubig, ließ sich taufen und schloß sich Philippus an, und als er die Zeichen und großen Wunder geschehen sah, war er außer sich vor Staunen.

Die Geistspendung der Apostel

14 Als die Apostel, die in Jerusalem waren, hörten, daß Samaria das Wort Gottes angenommen habe, sandten sie Petrus und Johannes zu ihnen. 15 Diese zogen hinab und beteten für sie, damit sie den Heiligen Geist empfingen; 16 denn er war noch auf keinen von ihnen herabgekommen, nur getauft waren sie auf den Namen des Herrn Jesus. 17 Da legten sie ihnen die Hände auf, und sie empfingen den Heiligen Geist.

18 Als Simon sah, daß durch die Handauflegung der Apostel der Geist verliehen wurde, bot er ihnen Geld an 19 und sagte: »Gebt auch mir diese Gewalt, damit jeder, dem ich die Hände auflege, den Heiligen Geist empfange.« 20 Petrus aber sprach zu ihm: »Dein Geld fahre mit dir ins Verderben, weil du meintest, die Gabe Gottes für Geld zu erwerben. 21 Du hast nicht Anteil und nicht Anrecht an dieser Botschaft; denn ›dein Herz ist nicht aufrichtig vor Gott‹ (Ps 78,37). 22 Bekehre dich also von dieser deiner Bosheit und bete zum Herrn, ob dir vielleicht vergeben werde das Ansinnen deines Herzens. 23 Denn ich sehe dich voll bitterer Galle und von den Banden der Ungerechtigkeit umstrickt.« 24 Da antwortete Simon: »Betet doch ihr für mich zum Herrn, daß nichts von dem, was ihr gesagt habt, über mich komme!«

25 Nachdem sie Zeugnis abgelegt und das Wort des Herrn verkündet hatten, machten sie sich auf den Rückweg nach Jerusalem und verkündeten in vielen Dörfern der Samariter die Frohbotschaft.

Die Taufe des Äthiopiers

26 Ein Engel des Herrn aber sprach zu Philippus: »Mache dich auf und geh südwärts auf die Straße, die von Jerusalem nach Gaza hinabführt; sie ist einsam.« 27 Da machte er sich auf und ging hin. Und siehe, da kam ein Mann aus Äthiopien, ein Kämmerer, ein Würdenträger der Kandake, der Königin der Äthiopier, der über ihren gesamten Schatz gestellt war. Er war nach Jerusalem gekommen, um anzubeten, 28 und war auf dem Heimweg; er saß auf seinem Wagen und las den Propheten Isaias. 29 Der Geist aber sprach zu Philippus: »Geh hin und schließ dich diesem Wagen an!« 30 Philippus lief hin, hörte ihn den Propheten Isaias lesen und sprach: »Verstehst du auch, was du liest?« 31 Er aber sagte: »Wie soll ich es können, wenn niemand mich anleitet?« Und er bat den Philippus, aufzusteigen und sich zu ihm zu setzen. 32 Die Stelle der Schrift aber, die er las, war diese: »Wie ein Schaf wurde er zur Schlachtbank geführt, und wie ein Lamm vor seinem Scherer verstummt, so tut er seinen Mund nicht auf. 33 Durch seine Erniedrigung wurde aufgehoben sein Gericht; wer will sein Geschlecht beschreiben; denn weggenommen von der Erde wird sein Leben« (Is 53,7f).

34 Da wandte sich der Kämmerer an Philippus: »Ich bitte dich, von wem sagt dies der Prophet? Von sich selbst oder von einem andern?«

35 Da tat Philippus seinen Mund auf, ging von dieser Schriftstelle aus und verkündete ihm die Frohbotschaft von Jesus. 36 Als sie weiterfuhren auf dem Wege, kamen sie an ein Wasser, und der Kämmerer sprach: »Siehe, da ist Wasser! Was steht im Wege, daß ich getauft werde?« 37 [Philippus sagte: »Wenn du von ganzem Herzen glaubst, kann es geschehen.« Er antwortete: »Ich glaube, daß Jesus der Sohn Gottes ist.«] 38 Und er ließ den Wagen halten, und sie stiegen beide ins Wasser, Philippus und der Kämmerer, und er taufte ihn. 39 Als sie aber aus dem Wasser heraufstiegen, entrückte der Geist des Herrn den Philippus, und der Kämmerer sah ihn nicht mehr; doch freudig reiste er weiter auf seinem Weg. 40 Philippus aber fand sich in Azot ein und verkündete auf der Wanderung durch das Land in allen Städten die Frohbotschaft, bis er nach Cäsarea kam.

8,5–25: Philippus fand in Samaria, wo schon Jesus selbst gewirkt hatte (vgl. Joh 4,40), heilswillige Menschen. Doch hatte er nicht die den Aposteln eigene Vollmacht zur Geistspendung. Der Versuch des Zauberers, gegen Geld geistliches Gut zu erwerben, gab allen ähnlichen Sünden den Namen »Simonie«. • 26–40: Dieser Kämmerer war wohl Proselyt, der in seiner Tempelwallfahrt und seiner Schriftlesung seine Heilswilligkeit offenbart. • 26: Statt: »sie ist einsam« wird auch übersetzt: »sie geht durch die Wüste«.

Die Bekehrung des Saulus

9 1 Saulus aber, noch entbrannt von Wut und Mordgier gegen die Jünger des Herrn, ging zum Hohenpriester 2 und erbat sich von ihm Briefe nach Damaskus an die Synagogen, damit er, falls er Anhänger dieses Weges, ob Männer oder Frauen, fände, sie als Gefangene nach Jerusalem brächte. 3 Als er auf dem Wege war und sich Damaskus näherte, geschah es, da umstrahlte ihn plötzlich ein Licht vom Himmel; 4 er stürzte zu Boden und hörte eine Stimme, die zu ihm sprach: »Saul, Saul, warum verfolgst du mich?« 5 Er sagte: »Wer bist du, Herr?« Und jener: »Ich bin Jesus, den du verfolgst. [Es ist hart für dich, gegen den Stachel auszuschlagen.« 6 Zitternd und staunend sagte er:

»Herr, was willst du, das ich tun soll?« Und der Herr sprach zu ihm: »] Steh auf und geh in die Stadt, und es wird dir gesagt werden, was du tun sollst.«
7 Die Männer aber, die ihn auf dem Weg begleiteten, standen sprachlos da; sie hörten zwar die Stimme, erblickten aber niemand. 8 Saulus erhob sich von der Erde; doch als sich seine Augen öffneten, sah er nichts. Da nahmen sie ihn bei der Hand und führten ihn nach Damaskus hinein. 9 Drei Tage lang konnte er nicht sehen und aß und trank nicht.
10 Es war nun zu Damaskus ein Jünger namens Ananias, und zu diesem sprach der Herr in einem Gesicht: »Ananias!« Er antwortete: »Hier bin ich, Herr!« 11 Der Herr sprach zu ihm: »Steh auf und geh in die Straße, die man die ›Gerade‹ nennt, und frage im Hause des Judas nach einem Mann aus Tarsus mit Namen Saulus; denn siehe, er betet.« 12 Und er sah in einem Gesicht einen Mann namens Ananias eintreten und ihm die Hände auflegen, damit er wieder sehe. 13 Ananias aber antwortete: »Herr, ich habe von vielen über diesen Mann gehört, was er an Bösem deinen Heiligen antat in Jerusalem. 14 Und auch hier hat er Vollmacht von den Hohenpriestern, alle in Fesseln zu legen, die deinen Namen anrufen.«
15 Der Herr aber sprach zu ihm: »Geh hin; denn ein auserwähltes Werkzeug ist er mir, um meinen Namen vor Völker und Könige zu tragen und vor die Söhne Israels; 16 denn ich werde ihm zeigen, was er alles um meines Namens willen leiden muß.« 17 Da ging Ananias hin, trat in das Haus, legte die Hände auf ihn und sprach: »Bruder Saul, der Herr hat mich gesandt, Jesus, der dir auf dem Wege, den du kamst, erschienen ist, damit du wieder sehend werdest und erfüllt mit Heiligem Geist.«
18 Sogleich fiel es wie Schuppen von seinen Augen, und er konnte wieder sehen, stand auf und wurde getauft. 19 Und er nahm Speise zu sich und kam wieder zu Kräften.

Sein erstes Wirken

Er verblieb einige Tag bei den Jüngern in Damaskus 20 und predigte alsbald in den Synagogen von Jesus, daß dieser der Sohn Gottes sei. 21 Es staunten alle, die es hörten, und sagten: »Ist das nicht jener, der in Jerusalem alle, die diesen Namen anrufen, ausrotten wollte und hierher gekommen ist, um sie gefesselt zu den Hohenpriestern zu führen?« 22 Saulus aber trat immer kraftvoller auf und brachte die in Damaskus lebenden Juden in Verwirrung, indem er behauptete, daß dieser der Messias sei. 23 Nach Verlauf einer Reihe von Tagen faßten die Juden den Plan, ihn zu töten; 24 Saulus aber erfuhr ihren Anschlag. Tag und Nacht bewachte man nun auch die Tore, um ihn vernichten zu können. 25 Da nahmen ihn die Jünger und brachten ihn nachts über die Mauer hinab, indem sie ihn in einem Korb hinunterließen.
26 Als er nach Jerusalem kam, suchte er sich den Jüngern anzuschließen; doch alle fürchteten ihn, da sie nicht glaubten, daß er ein Jünger sei. 27 Barnabas aber nahm sich seiner an, führte ihn zu den Aposteln und erzählte ihnen, wie er auf dem Wege den Herrn gesehen und daß dieser mit ihm geredet habe, und wie er in Damaskus freimütig aufgetreten sei im Namen Jesu. 28 Und er ging mit ihnen in Jerusalem ein und aus und lehrte freimütig im Namen des Herrn. 29 Er sprach auch zu den Hellenisten und setzte sich mit ihnen auseinander; die aber suchten ihn aus dem Wege zu räumen. 30 Als die Brüder davon erfuhren, brachten sie ihn nach Cäsarea hinab und ließen ihn von da nach Tarsus ziehen.

Wundertaten des Petrus

31 Die Kirche hatte nun Frieden in ganz Judäa, Galiläa und Samaria. Sie baute sich auf, wandelte in der Furcht des Herrn und nahm zu unter dem Beistand des Heiligen Geistes. 32 Da geschah es, daß Petrus auf seiner Wanderung durchs ganze Land auch zu den Heiligen kam, die in Lydda wohnten.
33 Dort fand er einen Mann namens Äneas, der seit acht Jahren zu Bette lag; er war gelähmt. 34 Petrus sagte zu ihm: »Äneas, Jesus Christus macht dich gesund; steh auf und richte dir selbst dein Bett!« Und sogleich stand er auf. 35 Alle Bewohner von Lydda und von Saron sahen ihn, und sie bekehrten sich zum Herrn.
36 In Joppe war eine Jüngerin mit Namen Tabitha, übersetzt lautet ihr Name Dorkas; sie war reich an guten Werken und Almosen, die sie gab. 37 Es geschah nun in jenen Tagen, daß sie krank wurde und starb. Man wusch sie und legte sie in das Obergemach. 38 Da Lydda nahe bei Joppe ist, sandten die Jünger, die gehört hatten, daß Petrus dort sei, zwei Männer zu ihm mit der Bitte: »Komm unverzüglich zu uns herüber!« 39 Petrus machte sich auf und ging mit ihnen. Als er ankam, führten sie ihn in das Obergemach hinauf, und alle Witwen traten vor ihn und zeigten ihm unter Tränen die Röcke und Gewänder, die ihnen Dorkas, als sie noch unter ihnen weilte, gefertigt hatte. 40 Da wies Petrus alle hinaus, kniete nieder, betete und wandte sich zu dem Leichnam, indem er sprach: »Tabitha, steh auf!« Sie öffnete ihre Augen, sah Petrus an und setzte sich auf. 41 Er gab ihr die

Hand und richtete sie auf; dann rief er die Heiligen und Witwen und stellte sie lebend vor. 42 Das wurde in ganz Joppe bekannt, und viele glaubten an den Herrn. 43 Es fügte sich aber, daß er eine Reihe von Tagen in Joppe blieb, bei einem gewissen Simon, einem Gerber.

9,1–30: Vgl. 22,4–21; 26,9–21 (mit einigen, wenn auch unwesentlichen Unterschieden). Vgl. auch Gal 1,15–24; zur Flucht aus Damaskus vgl. 2 Kor 11,32f. Der Hohe Rat betrachtete die christlich gewordenen Juden noch als seine Untergebenen und übte in religiösen Dingen auch außerhalb Judäas seine Befugnisse aus. Jesus fühlt sich, wie das Wort an Saulus zeigt, in seinen Anhängern, den Gliedern des mystischen Leibes, selbst verfolgt. Nur als Wunder der Gnade läßt sich die für die weitere Entwicklung der Kirche so wichtige Bekehrung des Saulus-Paulus verstehen. • 12: Es ist nicht klar, ob dieser Satz noch zur Mitteilung des Herrn gehört oder eine Bemerkung des Erzählers ist. • 27: Barnabas, dessen Edelsinn schon in 4,36f hervorgehoben wurde, erwies sich immer wieder als der Freund und treue Helfer des Saulus-Paulus. Vgl. 11,25f.30; 12,25; 13,1–15,35. • 31–42: Petrus besucht in seiner Eigenschaft als Haupt der Kirche die verschiedenen Gemeinden, deren Mitglieder als »Heilige«, d. h. durch Glaube und Taufe der sündigen Welt Entzogene, bezeichnet werden.

Die Taufe des Heiden Kornelius

10 1 Ein Mann in Cäsarea, namens Kornelius, Hauptmann von der sogenannten Italischen Kohorte, 2 fromm und gottesfürchtig mit seinem ganzen Haus, der dem Volk viel Almosen gab und ohne Unterlaß zu Gott betete, 3 sah in einem Gesicht um die neunte Stunde des Tages deutlich einen Engel Gottes zu sich hereinkommen, der zu ihm sprach: »Kornelius!« 4 Er blickte ihn an, und von Furcht ergriffen, sagte er: »Was ist, Herr?« Dieser sagte zu ihm: »Deine Gebete und Almosen sind emporgestiegen in das Gedenken bei Gott. 5 Schicke nun Männer nach Joppe und laß einen gewissen Simon, mit dem Beinamen Petrus, kommen; 6 er hält sich bei einem Gerber Simon auf, dessen Haus am Meere liegt [; der wird dir sagen, was du tun sollst].« 7 Als der Engel, der zu ihm sprach, entschwunden war, rief er zwei von seinem Gesinde und einen gottesfürchtigen Soldaten von der ihm unterstehenden Mannschaft, 8 legte ihnen alles dar und schickte sie nach Joppe.

9 Am andern Tag, als diese auf dem Weg waren und sich der Stadt näherten, stieg Petrus um die sechste Stunde auf das Dach, um zu beten. 10 Da wurde er hungrig und wollte essen; doch während man etwas herrichtete, kam über ihn eine Verzückung. 11 Er sah den Himmel offenstehen und ein Behältnis wie ein großes Linnen herabkommen, das an vier Enden niedergelassen wurde zur Erde. 12 Darin waren alle vierfüßigen und kriechenden Tiere der Erde und Vögel des Himmels; 13 und eine Stimme richtete sich an ihn: »Steh auf, Petrus, schlachte und iß!« 14 Petrus aber erwiderte: »Nie und nimmer, Herr! Denn noch nie habe ich etwas Gemeines und Unreines gegessen.« 15 Und ein zweites Mal sprach wieder die Stimme zu ihm: »Was Gott rein gemacht hat, sollst du nicht unrein nennen.« 16 Dies geschah dreimal, und sogleich wurde das Behältnis wieder hinaufgenommen in den Himmel.

17 Als nun Petrus sich nicht erklären konnte, was das Gesicht, das er sah, zu bedeuten habe, siehe da standen die von Kornelius geschickten Männer, die Simons Haus erfragt hatten, am Eingang. 18 Sie riefen und erkundigten sich, ob Simon, mit dem Beinamen Petrus, dort zu Gast sei. 19 Während Petrus über das Gesicht nachsann, sprach der Geist zu ihm: »Siehe, drei Männer suchen dich! 20 Wohlan, steh auf, geh hinab und zieh ohne jedes Bedenken mit ihnen; denn ich habe sie gesandt.« 21 Da stieg Petrus zu den Männern hinab und sprach: »Seht, ich bin es, den ihr sucht! Aus welchem Grunde seid ihr hier?« 22 Sie antworteten: »Der Hauptmann Kornelius, ein gerechter und gottesfürchtiger Mann, angesehen beim ganzen Volk der Juden, hat Weisung erhalten von einem heiligen Engel, dich in sein Haus rufen zu lassen und auf die Worte von dir zu hören.« 23 Da ließ er sie eintreten und nahm sie gastlich auf. Am folgenden Tag machte er sich auf und zog mit ihnen; auch einige von den Brüdern aus Joppe gingen mit ihm.

24 Am nächsten Tag kam er in Cäsarea an. Kornelius erwartete sie und hatte seine Verwandten eingeladen und seine nächsten Freunde. 25 Als Petrus eintreten wollte, ging ihm Kornelius entgegen und fiel ihm in Verehrung zu Füßen. 26 Petrus aber richtete ihn auf und sprach: »Steh auf! Auch ich bin nur ein Mensch.« 27 Und mit ihm redend, ging er hinein, fand die zahlreich erschienenen Menschen vor 28 und sagte zu ihnen: »Ihr wißt, daß es einem jüdischen Mann nicht erlaubt ist, mit einem Stammesfremden umzugehen oder bei ihm einzutreten; mir gab Gott die Weisung, keinen Menschen für unheilig oder unrein zu halten. 29 Darum bin ich auch ohne Widerrede gegangen, als ich gerufen wurde. So frage ich denn: Aus welchem Grund habt ihr mich gerufen?« 30 Kornelius erwiderte: »Vor vier Tagen, gerade um diese Stunde, die neunte, war ich in meinem Hause und betete, und siehe, da stand ein Mann vor mir in strahlendem Gewande 31 und sprach: ›Kornelius, dein Gebet ist erhört, und deiner Almosen wurde gedacht vor Gott. 32 Schicke nun nach Joppe und laß Simon, mit dem Beinamen Petrus, kommen; er hält sich im Haus des Gerbers Simon am Meere auf.‹ 33 So sandte ich denn so-

gleich zu dir, und du hast recht getan, daß du ge-
kommen bist. Nun sind wir alle anwesend vor Gott,
um all das zu vernehmen, was dir aufgetragen ist
vom Herrn.«
34 Da tat Petrus den Mund auf und sprach: »Nun
erkenne ich in Wahrheit, daß ›Gott nicht auf
das Äußere sieht‹ (1 Sam 16,7), 35 sondern in jedem
Volk bei ihm Aufnahme findet, wer ihn fürchtet
und Gerechtigkeit übt. 36 Er hat sein Wort zu den
Kindern Israels gesandt, indem er Frieden ver-
kündete durch Jesus Christus; dieser ist der Herr
über alle. 37 Ihr wißt, was sich zugetragen hat im
ganzen Land der Juden, angefangen von Galiläa,
nach der Taufe, die Johannes predigte: 38 wie Gott
Jesus von Nazareth salbte mit Heiligem Geist und
mit Kraft, und wie dieser durchs Land zog, Wohl-
taten spendend und alle heilend, die in der Gewalt
des Teufels waren; denn Gott war mit ihm. 39 Und
wir sind Zeugen von all dem, was er tat im Lande
der Juden und in Jerusalem, er, den sie ums Leben
brachten, da sie ihn ›am Holze hängten‹ (5 Mos
21,22). 40 Ihn hat Gott auferweckt am dritten Tag
und ihn sichtbar werden lassen, 41 nicht dem
ganzen Volk, sondern uns, den von Gott vorherbe-
stimmten Zeugen, die wir mit ihm gegessen und ge-
trunken haben nach seiner Auferstehung von den
Toten. 42 Er hat uns Auftrag gegeben, dem Volk zu
predigen und zu bezeugen, daß er der von Gott be-
stimmte Richter ist über Lebende und Tote. 43 Von
ihm bezeugen alle Propheten, daß jeder, der an ihn
glaubt, durch seinen Namen Vergebung der Sünden
erhalte.«
44 Während Petrus noch diese Worte sprach, kam
der Heilige Geist über alle, die das Wort hörten.
45 Da staunten die Gläubigen aus der Beschneidung,
die alle mit Petrus gekommen waren, daß auch über
die Heiden die Gabe des Heiligen Geistes ausge-
gossen wurde; 46 denn sie hörten, wie sie in Zungen
redeten und Gott verherrlichten. 47 Da nahm Petrus
das Wort und sprach: »Kann wohl jemand das
Wasser verweigern und diese nicht taufen lassen,
die den Heiligen Geist empfangen haben wie auch
wir?« 48 Und er gab Weisung, daß sie getauft
würden im Namen Jesu Christi. Hierauf baten sie
ihn, er möge einige Tage bei ihnen bleiben.

10,1–11,18: Die Ausführlichkeit des Berichtes will die große Bedeutung der beginnenden Heidenmission hervorheben. Gott selbst zeigt das Ende des jüdischen Zeremonialgesetzes, um so allen Menschen den Weg ins Gottesreich zu öffnen. Da der Hauptmann wohl zur römischen Familie der Kornelier gehörte, liegt in der Geschichte seiner Bekehrung auch eine besondere Rücksicht auf die römische Leserschaft der Apg. vor.

10,44–48: Schon vor der Taufe kam der Heilige Geist; dies war eine bedeutsame Weisung für die Heidenmission.

Petrus rechtfertigt sich in Jerusalem: Gott selbst sandte seinen Geist

11 1 Es hörten aber die Apostel und die Brü-
der in Judäa, daß auch die Heiden das
Wort Gottes angenommen hatten. 2 Als
nun Petrus nach Jerusalem hinaufkam, brachten
ihm die aus der Beschneidung ihre Bedenken vor
3 und sagten: »Du bist zu Unbeschnittenen gegan-
gen und hast mit ihnen gegessen!«
4 Da begann Petrus, es ihnen der Reihe nach darzu-
legen, und sprach: 5 »Ich war in der Stadt Joppe und
betete, da sah ich in einer Verzückung ein Gesicht;
ein herabkommendes Behältnis, das wie ein großes
Linnen an den vier Enden niedergelassen wurde
vom Himmel, und es kam bis zu mir. 6 Ich blickte
hinein, betrachtete es und sah die vierfüßigen Tiere
der Erde, die wilden und kriechenden Tiere und die
Vögel des Himmels. 7 Ich hörte auch eine Stimme
zu mir sprechen: ›Steh auf, Petrus, schlachte und
iß!‹ 8 Ich aber erwiderte: ›Nie und nimmer, Herr;
denn noch nie ist Gemeines oder Unreines in
meinen Mund gekommen.‹ 9 Als Antwort kam ein
zweites Mal eine Stimme vom Himmel her: ›Was
Gott rein gemacht hat, sollst du nicht unrein
nennen.‹ 10 Dies geschah dreimal, und alles wurde
wieder hinaufgezogen in den Himmel. 11 Und siehe,
gleich darauf standen vor dem Haus, in dem wir
weilten, drei Männer; sie waren von Cäsarea zu mir
geschickt. 12 Es sagte mir aber der Geist, ich solle
ohne Bedenken mit ihnen gehen; es gingen mit mir
auch diese sechs Brüder, und wir kamen in das Haus
des Mannes. 13 Er berichtete uns, wie er den Engel
gesehen habe, der in seinem Hause stand und
sprach: ›Schicke nach Joppe und laß den Simon, mit
dem Beinamen Petrus, kommen; 14 der wird Worte
zu dir sprechen, durch die das Heil kommen wird
für dich und dein ganzes Haus.‹ 15 Als ich nun anfing
zu reden, kam der Heilige Geist über sie, so wie
erstmals auch über uns. 16 Da gedachte ich des Wor-
tes des Herrn, da er sprach: ›Johannes taufte mit
Wasser, ihr aber werdet getauft werden mit Heili-
gem Geist‹ (Apg 1,5). 17 Wenn nun Gott ihnen die-
selbe Gabe mitteilte wie auch uns, weil sie an den
Herrn Jesus Christus glaubten, wieso wäre ich im-
stande gewesen, Gott eine Schranke zu setzen?«
18 Als sie dies hörten, beruhigten sie sich und prie-
sen Gott und sagten: »So hat Gott auch den Heiden
die Umkehr zum Leben verliehen!«

Die erste heidenchristliche Gemeinde

19 Jene nun, die infolge der mit Stephanus ausge-
sprochenen Bedrängnis versprengt wurden, kamen
auf ihren Wegen bis nach Phönizien und Cypern

und Antiochien, wobei sie nur den Juden das Wort verkündeten. 20 Es waren aber unter ihnen Männer aus Cypern und Cyrene, die nach ihrer Ankunft in Antiochien auch zu den Hellenen sprachen und die Frohbotschaft verkündeten von Jesus, dem Herrn. 21 Und die Hand des Herrn war mit ihnen; eine große Zahl wurde gläubig und bekehrte sich zum Herrn.

22 Die Nachricht davon kam der Gemeinde in Jerusalem zu Ohren, und sie sandten den Barnabas nach Antiochien. 23 Als er hinkam und die Gnade Gottes sah, freute er sich und ermahnte alle, entschlossenen Herzens dem Herrn die Treue zu halten; 24 denn er war ein trefflicher Mann, erfüllt von Heiligem Geist und voll Glauben, und eine beträchtliche Anzahl wurde für den Herrn gewonnen. 25 Da machte er sich auf und begab sich nach Tarsus, um Saulus aufzusuchen, und als er ihn fand, nahm er ihn mit nach Antiochien. 26 Es kam, daß sie sogar ein volles Jahr zusammen in der Gemeinde wirkten und eine ansehnliche Zahl in der Lehre unterwiesen; und in Antiochien war es, daß die Jünger erstmals den Namen »Christen« trugen.

27 In diesen Tagen kamen Propheten von Jerusalem nach Antiochien herab, 28 und einer von ihnen, namens Agabus, trat auf und sagte kraft des Geistes voraus, daß eine große Hungersnot kommen werde über den ganzen Erdkreis; diese kam unter Klaudius. 29 Da beschlossen die Jünger, es solle jeder von ihnen so, wie er in der Lage wäre, etwas senden zur Unterstützung der in Judäa wohnenden Brüder. 30 Das taten sie auch und schickten es an die Presbyter durch die Hand des Barnabas und Saulus.

11,19–30: Mit besonderem Interesse berichtet Lukas, der selbst aus Antiochien stammte, die Entstehung der ersten heidenchristlichen Gemeinde. Antiochien wurde zum Ausgangspunkt der allgemeinen Heidenmission, vgl. 13,1f; 14,26; 15,35; Gal 2,11.

Wunderbare Errettung des Petrus

12 1 Zu jener Zeit legte der König Herodes Hand an, um in böser Absicht gegen Angehörige der Gemeinde vorzugehen. 2 Er ließ Jakobus, den Bruder des Johannes, mit dem Schwerte hinrichten. 3 Als er sah, daß dies den Juden gefiel, ließ er darüber hinaus auch den Petrus ergreifen; es waren gerade die Tage der Ungesäuerten Brote. 4 Nach seiner Ergreifung ließ er ihn ins Gefängnis werfen und übertrug seine Bewachung vier Abteilungen von je vier Soldaten, in der Absicht, ihn nach dem Pascha dem Volke vorzuführen. 5 So wurde also Petrus im Gefängnis festgehalten, indes von der Gemeinde ohne Unterlaß für ihn zu Gott gebetet wurde.

6 Als nun Herodes ihn vorführen wollte, schlief Petrus in jener Nacht, an zwei Ketten gefesselt, zwischen zwei Soldaten, und Wächter bewachten vor der Türe das Gefängnis. 7 Und siehe, ein Engel des Herrn trat ein, und Licht erstrahlte im Raum; er stieß Petrus in die Seite, weckte ihn auf und sprach: »Steh eilig auf!« Da fielen ihm die Ketten von den Händen. 8 Und der Engel sprach zu ihm: »Gürte dich und ziehe deine Schuhe an!« Er tat so. Weiter sagte er zu ihm: »Leg deinen Mantel um und folge mir!« 9 Er ging hinaus und folgte ihm, wußte aber nicht, daß es Wirklichkeit war, was durch den Engel geschah, sondern glaubte, ein Gesicht zu schauen. 10 Sie gingen durch die erste und zweite Wache und kamen zu dem eisernen Tor, das in die Stadt führt; dieses öffnete sich ihnen von selbst, und sie traten hinaus und gingen eine Gasse weiter, und sogleich verschwand der Engel von seiner Seite. 11 Da kam Petrus zu sich und sprach: »Nun weiß ich wahrhaftig: der Herr sandte seinen Engel und entriß mich der Hand des Herodes und aller Erwartung des jüdischen Volkes.« 12 In dieser klaren Erkenntnis ging er zum Haus der Maria, der Mutter des Johannes mit dem Beinamen Markus, wo viele versammelt waren und beteten.

13 Als er aber an der Tür beim Eingang klopfte, kam eine Magd mit Namen Rhode herbei, um zu horchen, 14 und als sie die Stimme des Petrus erkannte, machte sie vor Freude das Eingangstor nicht auf, sondern lief hinein und meldete, Petrus stehe vor dem Eingang. 15 Sie sagten zu ihr: »Du bist von Sinnen!« Doch sie versicherte, daß es so sei. Da sagten sie: »Es ist sein Engel!« 16 Petrus aber fuhr fort zu klopfen; da machten sie auf, sahen ihn und waren vor Staunen außer sich. 17 Er gab ihnen mit der Hand ein Zeichen, zu schweigen, erzählte ihnen, wie ihn der Herr aus dem Gefängnis geführt habe, und sagte: »Meldet das dem Jakobus und den Brüdern!« Dann ging er weg und begab sich an einen anderen Ort.

Strafgericht über Herodes

18 Als es Tag wurde, entstand unter den Soldaten eine nicht geringe Bestürzung, was denn mit Petrus geschehen sei. 19 Herodes aber, der nach ihm forschen ließ ohne ihn zu finden, verhörte die Wächter, befahl, sie abzuführen, und begab sich von Judäa hinab nach Cäsarea, um dort zu bleiben. 20 Er war voll Zorn auf die Tyrier und Sidonier; doch diese erschienen gemeinsam vor ihm und baten, nach dem sie Blastus, den Kämmerer des Königs,

gewonnen hatten, um Frieden; es bezog ja ihr Land seine Lebensmittel von dem des Königs. 21 Herodes nahm, angetan mit königlichem Gewand, am festgesetzten Tag auf der Tribüne Platz und hielt vor dem Volk eine Rede an sie. 22 Das Volk rief ihm zu: »Eines Gottes, nicht eines Menschen Stimme!« 23 Augenblicklich aber schlug ihn ein Engel des Herrn, weil er nicht Gott die Ehre gab; von Würmern zerfressen, gab er seinen Geist auf.

24 Das Wort Gottes aber wurde mächtig und verbreitete sich immer mehr. 25 Barnabas und Saulus kehrten nach Erfüllung ihres Dienstes von Jerusalem zurück und nahmen dabei auch den Johannes mit sich, der den Beinamen Markus trug.

12,1–25: Herodes Agrippa I. regierte 41–44 über das Gebiet seines Großvaters Herodes d. Gr. Sein Tod ist als Strafgericht Gottes gezeigt. Die betende Macht der Kirche erwirkte die Befreiung des Petrus. Es ist nicht festzustellen, wohin sich danach Petrus begab. Man denkt an Antiochien, doch ist Rom nicht ganz auszuschließen.

PAULUS TRÄGT DAS EVANGELIUM ZU DEN HEIDEN

Feierliche Aussendung; auf Cypern

13 1 In Antiochien waren in der dortigen Gemeinde als Propheten und Lehrer: Barnabas und Symeon, genannt Niger, und Lucius von Cyrene, sowie Manahen, ein Jugendgefährte des Tetrarchen Herodes, und Saulus. 2 Während sie dem Herrn den heiligen Dienst verrichteten und fasteten, sprach der Heilige Geist [zu ihnen]: »Sondert mir Barnabas und Saulus aus für das Werk, für das ich sie berufen habe!« 3 Da fasteten und beteten sie, legten ihnen die Hände auf und ließen sie ziehen.

4 Ausgesandt also vom Heiligen Geist, kamen diese hinab nach Seleucia und fuhren von da nach Cypern, 5 landeten in Salamis und verkündeten das Wort Gottes in den Synagogen der Juden. Sie hatten auch Johannes als Gehilfen bei sich. 6 Nachdem sie die ganze Insel bis Paphos durchzogen hatten, trafen sie einen jüdischen Zauberer und Falschpropheten mit Namen Barjesus. 7 Er lebte bei Sergius Paulus, dem Statthalter, einem verständigen Mann. Dieser rief Barnabas und Saulus zu sich und hatte Verlangen, das Wort Gottes zu hören. 8 Doch da widersetzte sich ihnen der Zauberer Elymas – so lautet sein Name in Übersetzung – und suchte den Statthalter, vom Glauben abzuhalten. 9 Saulus aber, auch Paulus genannt, richtete, von Heiligem Geist erfüllt, den Blick auf ihn 10 und sprach: »Du Ausbund aller Hinterlist und aller Untat, Sohn des Teufels und Feind aller Gerechtigkeit, hörst du nicht auf, die geraden Wege des Herrn zu durchkreuzen? 11 Doch nun siehe, die Hand des Herrn kommt über dich; du wirst blind sein und die Sonne eine Zeitlang nicht sehen!« Sogleich fiel Dunkel und Finsternis auf ihn, und er ging umher und suchte jemand, der ihm die Hand reiche. 12 Als der Statthalter sah, was geschah, wurde er gläubig, tiefergriffen von der Lehre des Herrn.

In Antiochien in Pisidien

13 Paulus aber und seine Gefährten fuhren von Paphos ab und kamen nach Perge in Pamphylien. Johannes schied von ihnen und kehrte zurück nach Jerusalem. 14 Sie aber zogen von Perge weiter und kamen nach Antiochien in Pisidien und gingen am Sabbat in die Synagoge und setzten sich. 15 Nach der Verlesung des Gesetzes und der Propheten sandten die Vorsteher der Synagoge zu ihnen und ließen sagen: »Brüder, habt ihr ein Wort der Ermahnung für das Volk, so redet!« 16 Da stand Paulus auf, gab mit der Hand ein Zeichen und sprach: »Männer aus Israel und ihr, die ihr Gott fürchtet, hört! 17 Der Gott dieses Volkes Israel erwählte unsere Väter und erhöhte das Volk, da sie Fremdlinge waren im Lande Ägypten, und führte sie von dort mit erhobenem Arm heraus. 18 Vierzig Jahre hindurch umsorgte er sie in der Wüste, 19 vernichtete sieben Völker im Lande Kanaan und gab ihnen ihr Land als Erbe 20 nach etwa vierhundertundfünfzig Jahren. Danach gab er ihnen Richter bis zu Samuel, dem Propheten. 21 Von da an begehrten sie einen König, und Gott gab ihnen Saul, den Sohn des Kis, einen Mann aus dem Stamme Benjamin, auf vierzig Jahre. 22 Nachdem er ihn verworfen hatte, ließ er ihnen David als König erstehen, dem er das Zeugnis gab: ›Ich fand David, den Sohn des Jesse, einen Mann nach meinem Herzen, der in allem meinen Willen tun wird‹ (Ps 89,21; 1 Sam 13,14).

23 Aus dessen Nachkommenschaft ließ Gott der Verheißung gemäß für Israel einen Retter kommen, nämlich Jesus, 24 vor dessen Auftreten Johannes die Taufe der Bekehrung verkündete für das ganze Volk Israel. 25 Als aber Johannes seinen Lauf vollendete, sprach er: ›Wofür ihr mich haltet, das bin ich nicht; doch seht, nach mir kommt einer, dessen Schuhe von den Füßen zu lösen ich nicht würdig bin‹ (Luk 3,16).

26 Brüder, Söhne vom Geschlechte Abrahams und die Gottesfürchtigen unter euch! Zu uns ist das Wort dieses Heiles gesandt. 27 Denn die Bewohner Jerusalems und ihre Führer haben ihn nicht erkannt und erfüllten durch ihren Urteilsspruch die Worte der Propheten, die jeden Sabbat vorgelesen werden. 28 Ohne an ihm eine Todesschuld zu finden, forderten sie von Pilatus, daß er hingerichtet werde. 29 Als sie aber erfüllt hatten, was geschrieben steht über ihn, nahmen sie ihn vom Holze herab und legten ihn ins Grab. 30 Gott aber erweckte ihn [am dritten Tag] von den Toten. 31 Er ist eine Anzahl von Tagen hindurch denen erschienen, die mit ihm hinaufgezogen waren von Galiläa nach Jerusalem, und diese sind jetzt seine Zeugen vor dem Volke. 32 Auch wir verkünden euch die frohe Botschaft, 33 daß Gott die an die Väter ergangene Verheißung an uns, ihren Kindern, erfüllt hat, da er Jesus auferstehen ließ, wie geschrieben steht im zweiten Psalm: ›Mein Sohn bist du, heute habe ich dich gezeugt‹ (Ps 2,7). 34 Daß er ihn aber von den Toten erweckte, damit er nimmermehr der Verwesung anheimfalle, hat er also ausgesprochen: ›Ich will euch die heilige Offenbarung Davids als unverbrüchlich geben‹ (Is 55,3). 35 Darum sagt er auch an anderer Stelle: ›Du wirst deinen Heiligen Verwesung nicht schauen lassen‹ (Ps 16,10). 36 David ist ja, nachdem er seiner Zeit gedient hatte, durch den Ratschluß Gottes entschlafen und zu seinen Vätern gelegt worden und hat Verwesung geschaut. 37 Der aber, den Gott auferweckt hat, schaute keine Verwesung. 38 So sei denn euch kundgetan, Brüder: durch diesen wird euch Vergebung der Sünden verkündet, und in allem, aus dem ihr im Gesetz des Moses nicht konntet Gerechtigkeit finden, 39 wird in ihm ein jeder, der glaubt, gerecht werden. 40 Seht daher zu, daß nicht zutreffe auf euch, was gesagt ist bei den Propheten: 41 ›Seht, ihr Verächter, staunt und vergeht! Denn ich tue ein Werk in euren Tagen, ein Werk, das ihr nicht glauben werdet, wenn euch einer davon erzählt‹ (Hab 1,5).«

Erfolg der Predigt

42 Als sie weggingen, bat man sie, sie möchten auch am folgenden Sabbat zu ihnen von diesen Dingen reden. 43 Und als die Versammlung sich auflöste, folgten viele Juden und gottesfürchtige Proselyten dem Paulus und Barnabas, und diese sprachen zu ihnen und redeten ihnen zu, treu zur Gnade Gottes zu stehen.

44 Am folgenden Sabbat versammelte sich fast die ganze Stadt, das Wort Gottes zu hören. 45 Als aber die Juden die Volksmenge sahen, wurden sie voller Eifersucht, widersprachen dem, was Paulus sagte, und lästerten.

46 Da traten ihnen Paulus und Barnabas freimütig entgegen und sagten: »Euch mußte zuerst das Wort Gottes verkündet werden; da ihr es aber zurückweist und euch nicht würdig zeigt des ewigen Lebens, seht, so wenden wir uns nun den Heiden zu.

47 Denn so hat der Herr uns Auftrag gegeben: ›Ich habe dich bestimmt zum Lichte der Heiden, damit du zum Heile seiest bis an das Ende der Erde‹ (Is 49,6).« 48 Als die Heiden dies hörten, freuten sie sich und priesen das Wort des Herrn, und es kamen zum Glauben, so viele ihrer bestimmt waren zu ewigem Leben.

49 Das Wort des Herrn verbreitete sich in der ganzen Gegend. 50 Die Juden aber hetzten die vornehmen gottesfürchtigen Frauen auf und die Vorsteher der Stadt, erregten eine Verfolgung gegen Paulus und Barnabas und vertrieben sie aus ihrem Gebiet. 51 Diese schüttelten den Staub von ihren Füßen zum Zeugnis gegen sie und zogen nach Ikonium. 52 Die Jünger aber wurden erfüllt von Freude und Heiligem Geist.

13,1–3: Gott selbst greift wiederum ein, um das Werk der Heidenmission zu eröffnen. Die Aussendung erfolgt in der feierlichen Weise unter Handauflegung. • 4–12: Cypern ist Heimatgebiet des Barnabas, daher erstes Missionsziel. Der Wechsel des Namens Saulus zu Paulus (13,9) ist wohl dadurch begründet, daß der Apostel auf seinen Missionsreisen sich nur Paulus nannte. Er hatte diesen Namen jedoch schon vorher als Zweitnamen zu Saulus. • 13–52: Ein aufschlußreiches Beispiel der Missionsarbeit des hl. Paulus, der stets versuchte, zunächst die Juden zu gewinnen, aber wenig Verständnis fand. In seiner Predigt zeigt er Jesus als Vollendung jüdischer Heilsgeschichte, wobei auch bei ihm die Tatsache der Auferstehung als grundlegende Erlösungsoffenbarung hervorgehoben ist.

In Ikonium, Lystra und Derbe

14 1 In Ikonium aber gingen sie in gleicher Weise in die Synagoge der Juden und redeten derart, daß eine große Zahl von Juden und Hellenen gläubig wurde. 2 Doch die unbekehrbaren Juden reizten und verhetzten die Gemüter der Heiden gegen die Brüder. 3 Wohl verblieben sie eine geraume Zeit und predigten freimütig im Vertrauen auf den Herrn, der Zeugnis gab für das Wort seiner Gnade, indem er Zeichen und Wunder geschehen ließ durch ihre Hände. 4 Es entstand jedoch eine Spaltung unter dem Volk der Stadt; die einen hielten es mit den Juden, die anderen mit den Aposteln. 5 Als aber sowohl Heiden wie Juden sich zusammen mit ihren Führern aufmachten, um gewaltsam gegen sie vorzugehen und sie zu steinigen, 6 flohen sie, als sie davon erfuhren, in die Städte Lykaoniens, nach Lystra und Derbe und

deren Umgebung, 7 und verkündeten dort das Evangelium.

8 In Lystra war ein Mann, der saß da, ohne die Füße gebrauchen zu können; lahm vom Mutterleib an, war er noch nie einen Schritt gegangen. 9 Er hörte zu, wie Paulus redete, und als dieser ihn anblickte und sah, daß er Glauben hatte, um gerettet zu werden, 10 rief er mit lauter Stimme: »Stelle dich aufrecht auf deine Füße!« Da sprang er auf und ging umher. 11 Als die Scharen sahen, was Paulus getan hatte, erhoben sie ihre Stimme und riefen auf lykaonisch: »Die Götter sind in Menschengestalt herabgekommen zu uns!« 12 Sie bezeichneten Barnabas als Zeus und Paulus als Hermes, weil er der Wortführer war. 13 Der Priester des Zeus vor der Stadt brachte Stiere und Kränze vor die Tore und wollte mit den Volksscharen Opfer darbringen. 14 Als die Apostel Barnabas und Paulus dies hörten, zerrissen sie ihre Kleider, sprangen unter das Volk und riefen: 15 »Ihr Männer, was tut ihr da? Auch wir sind Menschen von gleicher Art wie ihr. Wir verkünden euch die Frohbotschaft, damit ihr euch von diesen Nichtigkeiten bekehrt zum lebendigen Gott, der den Himmel geschaffen hat und die Erde und das Meer und alles, was in ihnen ist; 16 der in den vergangenen Generationen alle Völker ihre eigenen Wege gehen ließ 17 und dennoch sich nicht unbezeugt gelassen hat, da er Wohltaten spendete vom Himmel her, den Regen schenkte und fruchtbare Zeiten und mit Nahrung und Frohsinn euer Herz erfüllte.« 18 Mit diesen Worten konnten sie zur Mühe das Volk daran hindern, ihnen zu opfern.

19 Da kamen jedoch von Antiochien und Ikonium Juden herbei, brachten das Volk auf ihre Seite, und sie steinigten den Paulus und schleiften ihn zur Stadt hinaus, in der Meinung, daß er tot sei. 20 Als aber die Jünger ihn umstanden, erhob er sich und ging in die Stadt, und am anderen Tag zog er mit Barnabas weiter nach Derbe.

Rückkehr nach Antiochien

21 Nachdem sie in dieser Stadt das Evangelium verkündet und eine ansehnliche Zahl zu Jüngern gewonnen hatten, kehrten sie zurück nach Lystra, Ikonium und Antiochien. 22 Sie bestärkten die Gemüter der Jünger und ermahnten sie, daß sie festbleiben sollten im Glauben und daß wir unter vielen Drangsalen eingehen müssen in das Reich Gottes. 23 Sie erwählten für sie in jeder Gemeinde Presbyter und empfahlen sie unter Gebet und Fasten dem Herrn, dem sie sich im Glauben zugewandt hatten. 24 Sie wanderten durch Pisidien, kamen nach Pamphylien 25 und zogen, nachdem sie das Wort in Perge verkündet hatten, hinab nach Attalia. 26 Von dort schifften sie sich nach Antiochien ein, von wo sie der Gnade Gottes empfohlen worden waren für das Werk, das sie vollbracht hatten. 27 Als sie ankamen und die Gemeinde versammelt hatten, erzählten sie, was Gott alles mit ihnen gewirkt und daß er den Heiden das Tor zum Glauben aufgetan habe. 28 Sie blieben geraume Zeit bei den Jüngern.

14,1–20: In der Gegend von Lystra wurde die heidnische Sage von der Einkehr des Zeus und Hermes bei dem Ehepaar Philemon und Baucis in einer eigenen Kultstätte in Erinnerung gehalten. • 23: Von Bedeutung ist die Mitteilung, daß die Apostel Presbyter (Älteste) einsetzten. Wenn auch von einer Handauflegung nichts gesagt ist, so dürfen wir sie doch als sicher annehmen.

Streitfrage um die Heidenmission

15 1 Es kamen aber einige von Judäa herab und suchten die Brüder zu belehren: »Wenn ihr euch nicht beschneiden laßt nach dem Brauch des Moses, könnt ihr nicht das Heil erlangen.« 2 Weil so für Paulus und Barnabas ein nicht geringer Zwist und Streit mit jenen entstand, beschloß man, daß Paulus und Barnabas und einige andere aus ihnen dieser Frage wegen zu den Aposteln und Presbytern hinaufgehen sollten nach Jerusalem. 3 Von der Gemeinde fortgeleitet, durchzogen diese Phönizien und Samaria, erzählten von der Bekehrung der Heiden und bereiteten allen Brüdern große Freude. 4 Als sie in Jerusalem eintrafen, wurden sie von der Gemeinde, den Aposteln und Presbytern empfangen und berichteten von allem, was Gott mit ihnen gewirkt hatte. 5 Es erhoben sich jedoch einige aus der Sekte der Pharisäer, die den Glauben angenommen hatten, und sagten: »Man muß sie beschneiden und sie anweisen, das Gesetz des Moses zu halten.«

Das Apostelkonzil

6 Da versammelten sich die Apostel und Presbyter, um in dieser Frage klarer zu sehen. 7 Als viel Streit enstand, erhob sich Petrus und sprach zu ihnen: »Brüder, ihr wißt, daß Gott von den ersten Tagen her die Auswahl traf unter euch, daß durch meinen Mund die Heiden das Wort des Evangeliums vernähmen und zum Glauben kämen. 8 Und Gott, der die Herzen kennt, gab Zeugnis für sie, da er ihnen den Heiligen Geist verlieh wie auch uns. 9 Er machte keinen Unterschied zwischen uns und ihnen, als er durch den Glauben ihre Herzen reinigte. 10 Nun denn, was versucht ihr Gott und legt auf den Nacken der Jünger ein Joch, das weder unsere Väter noch wir zu tragen vermochten?

11 Wir sind ja doch des Glaubens, daß wir durch die
Gnade des Herrn Jesus das Heil erlangen, geradeso
wie auch jene.«
12 Da schwieg die ganze Versammlung, und sie
hörten auf Barnabas und Paulus, die erzählten, was
Gott an Zeichen und Wundern durch sie unter den
Heiden gewirkt habe. 13 Als sie schwiegen, ergriff
Jakobus das Wort und sagte: »Brüder, hört mich an!
14 Symeon hat berichtet, wie Gott erstmals Sorge
getragen hat, aus den Heiden ein Volk zu gewinnen
für seinen Namen. 15 Damit stimmen die Worte der
Propheten überein, wie geschrieben steht: 16 ›Da-
nach will ich zurückkehren und die verfallene
Wohnstätte Davids wieder aufrichten; was nieder-
gerissen ist an ihr, will ich wieder aufbauen und sie
neu erstehen lassen, 17 daß die übrigen Menschen
den Herrn suchen und alle Völker, über die mein
Name genannt ist, spricht der Herr, der dies wirkt,
18 was erkannt ist seit Ewigkeit‹ (Amos 9,11f; Jer
12,15). 19 Darum entscheide ich mich dafür, man
solle denen, die aus den Heiden sich zu Gott be-
kehren, keine Lasten aufbürden, 20 sondern sie an-
weisen, sich zu enthalten von der Befleckung durch
Götzen, von Unzucht, von Ersticktem und von
Blut. 21 Denn Moses hat von alten Zeiten her in allen
Städten seine Verkünder, da er in den Synagogen
jeden Sabbat vorgelesen wird.«

Der Konzilsbeschluß

22 Daraufhin beschlossen die Apostel und Presbyter
samt der ganzen Gemeinde, Männer aus ihrer Mitte
zu wählen und sie mit Paulus und Barnabas nach
Antiochien zu senden, nämlich Judas, mit dem
Beinamen Barsabbas, und Silas, führende Männer
unter den Brüdern. 23 Man sandte durch sie folgen-
des Schreiben: »Die Apostel und die Presbyter ent-
bieten als Brüder den in Antiochien, in Syrien und
Cilicien aus dem Heidentum kommenden Brüdern
ihren Gruß! 24 Da wir gehört haben, daß einige von
uns hingegangen sind und euch mit Reden verwirrt
und eure Gemüter beunruhigt haben, ohne daß wir
ihnen einen Auftrag erteilt hatten, 25 haben wir bei
voller Übereinstimmung beschlossen, Männer aus-
zuwählen und zu euch zu senden, zusammen mit
unseren geliebten Barnabas und Paulus, 26 den
Männern, die ihr Leben eingesetzt haben für den
Namen unseres Herrn Jesus Christus. 27 Wir senden
also Judas und Silas, die euch das gleiche auch
mündlich ausrichten werden. 28 Denn es hat dem
Heiligen Geist und uns gefallen, euch weiter keine
Last aufzulegen, außer folgenden notwendigen
Dingen: 29 Ihr sollt euch enthalten von Götzen-
opferfleisch, von Blut, von Ersticktem und von Un-
zucht. Wenn ihr euch davor bewahrt, werdet ihr
euch recht verhalten. Lebt wohl!«
30 Diese nahmen nun Abschied und zogen hinab
nach Antiochien, versammelten die ganze Ge-
meinde und übergaben den Brief. 31 Als man ihn
gelesen hatte, freute man sich über die Tröstung.
32 Judas aber und Silas, die auch selbst Propheten
waren, ermunterten die Brüder mit vielen Worten
und stärkten sie. 33 Nachdem sie eine Zeitlang dort
zugebracht hatten, wurden sie mit Friedensgruß
von den Brüdern zu denen entlassen, die sie gesandt
hatten. 34 [Silas aber entschloß sich, dort zu bleiben,
einzig Judas ging nach Jerusalem zurück.] 35 Paulus
und Barnabas verweilten in Antiochien und lehrten
und verkündeten mit vielen anderen das Wort des
Herrn.

Aufbruch zur zweiten Missionsreise

36 Nach einigen Tagen sagte Paulus zu Barnabas:
»Laßt uns wieder ausziehen und nach den Brüdern
sehen in all den Städten, in denen wir das Wort des
Herrn verkündet haben.« 37 Barnabas wollte auch
den Johannes, mit dem Beinamen Markus, mit-
nehmen. 38 Paulus hingegen bestand darauf, ihn, der
von Pamphylien ab sich von ihnen abgewandt habe
und nicht zusammen mit ihnen ans Werk gegangen
sei, nicht mitzunehmen. 39 Es kam zu solcher Ver-
stimmung, daß sie sich voneinander trennten und
Barnabas den Markus mitnahm und nach Cypern
fuhr. 40 Paulus aber wählte Silas und begab sich, von
den Brüdern der Gnade Gottes empfohlen, auf den
Weg. 41 Er zog durch Syrien und Cilicien und stärkte
die Gemeinden.

15,1–35: Das sog. Apostelkonzil war für die Weiterentwicklung der Kirche von entscheidender Bedeutung. Erst nach Überwindung der Forderung der Judaisten, die nur auf dem Weg über das Judentum und die jüdische Beschneidung samt den verschiedenen Zeremonialvorschriften eine Teilnahme am Gottesreich anerkennen wollten, war der Weg frei für eine wahrhaft katholische, d. h. weltumspannende Kirche. Ist auch Paulus der besondere Vorkämpfer der gesetzesfreien Heidenmission, so vertrat doch auch Petrus diesen Grundsatz, und selbst die von Jakobus gewünschten Zusätze zum Aposteldekret bedeuten keine grundsätzliche Gegenauffassung; sondern sie sind aus rein praktischen Erwägungen für gemischte Bezirke der ersten Mission gedacht gewesen, um das jüdische Empfinden nicht allzusehr zu verletzen. • 36–40: Diese vorübergehende Entzweiung zwischen den beiden eng verbundenen Glaubensboten wurde nach 1 Kor 9,6; Kol 4,10; Philem 1,24; 2 Tim 4,11 später überwunden.

Durch Kleinasien

16 1 Er kam auch nach Derbe und Lystra.
Dort war ein Jünger mit Namen Timo-
theus, der Sohn einer gläubigen Jüdin,
jedoch eines hellenischen Vaters. 2 Ihm wurde von
den Brüdern zu Lystra und Ikonium ein gutes Zeug-
nis ausgestellt. 3 Paulus hatte den Wunsch, daß

dieser als Begleiter mit ihm ginge, nahm ihn und
vollzog an ihm der Juden wegen, die in jenen Orten
lebten, die Beschneidung; denn alle wussten, daß
sein Vater ein Hellene war. 4 Als sie durch die Städte
kamen, übergaben sie ihnen die von den Aposteln
und Presbytern in Jerusalem getroffenen Entschei-
dungen zur Beachtung. 5 Die Gemeinden erstarkten
im Glauben und nahmen zu an Zahl von Tag zu
Tag. 6 Sie durchzogen Phrygien und das galatische
Land, da ihnen vom Heiligen Geist verwehrt
wurde, das Wort [Gottes] in Asia zu predigen. 7 Als
sie Mysien entlang weiterzogen, versuchten sie,
nach Bithynien zu gehen, doch der Geist Jesu ge-
stattete es ihnen nicht. 8 So zogen sie an Mysien
vorbei und kamen hinab nach Troas.
9 Da erschien dem Paulus in der Nacht ein Gesicht:
Ein Mazedonier stand da und bat ihn: »Komm her-
über nach Mazedonien und hilf uns!« 10 Auf diese
Erscheinung hin suchten wir alsbald nach Mazedo-
nien zu kommen, überzeugt, daß Gott uns rief,
ihnen das Evangelium zu verkünden.

In Philippi

11 Wir fuhren von Troas ab und kamen geraden
Weges nach Samothrake, am folgenden Tag nach
Neapolis 12 und von dort nach Philippi, der ersten
Stadt des Bezirkes von Mazedonien, einer römi-
schen Kolonie. Wir hielten uns in dieser Stadt einige
Tage auf. 13 Am Sabbat gingen wir zum Tor hinaus
an den Fluß, wo wir ein Bethaus vermuteten; wir
setzten uns und redeten zu den Frauen, die zusam-
mengekommen waren. 14 Eine gottesfürchtige Frau
mit Namen Lydia, eine Purpurhändlerin aus der
Stadt Thyatira, hörte zu, und der Herr öffnete ihr
das Herz, aufmerksam den Worten des Paulus zu
lauschen. 15 Als sie und ihr Haus getauft waren, bat
sie: »Wenn ihr mich für zuverlässig haltet vor dem
Herrn, so kommt in mein Haus und bleibt.« Und sie
drängte uns.
16 Als wir zum Bethaus gingen, geschah es, daß uns
eine Magd entgegenkam, die einen Wahrsagegeist
hatte und ihrer Herrschaft durch Wahrsagen großen
Gewinn brachte. 17 Sie ging hinter Paulus und uns
her und rief: »Diese Männer sind Diener des höch-
sten Gottes, die euch einen Weg des Heils verkün-
den.« 18 Dies tat sie viele Tage lang. Paulus wurde
unwillig, wandte sich um und sprach zu dem Geist:
»Ich befehle dir im Namen Jesu Christi, von ihr aus-
zufahren.« Und in derselben Stunde fuhr er aus.

Befreiung aus dem Gefängnis

19 Da nun ihre Herrschaft sah, daß die Aussicht auf
Gewinn dahin sei, ergriffen sie Paulus und Silas und
schleppten sie auf den Markt vor die Behörde. 20 Sie
brachten sie zu den Stadtobersten und sagten:
»Diese Leute bringen Unruhe in unsere Stadt; sie
sind Juden 21 und verkünden Bräuche, die wir als
Römer nicht annehmen und nicht üben dürfen.«
22 Da nahm auch das Volk gegen sie Stellung, und
die Stadtobersten ließen ihnen die Kleider herun-
terreißen und sie auspeitschen. 23 Nachdem man sie
viel geschlagen hatte, warf man sie ins Gefängnis
und befahl dem Kerkermeister, sie sicher zu ver-
wahren.
24 Diesem Befehl entsprechend setzte er sie in den
innersten Kerker und schloß zur Sicherung ihre
Füße in den Block. 25 Um Mitternacht beteten
Paulus und Silas, sangen Gott Loblieder, und die
Gefangenen hörten ihnen zu. 26 Da entstand plötz-
lich ein starkes Beben, so daß die Grundmauern des
Kerkers erschüttert wurden; sofort öffneten sich
alle Türen, und aller Fesseln lösten sich. 27 Als der
Kerkermeister erwachte und die Türen des Kerkers
offen sah, zog er das Schwert und wollte sich töten,
da er meinte, die Gefangenen seien entflohen.
28 Paulus aber rief mit lauter Stimme: »Tu dir kein
Leid an, denn wir sind alle hier!« 29 Da bat er um
Licht, ging hinein und fiel zitternd vor Paulus und
Silas nieder; 30 er führte sie hinaus und sagte: » Ihr
Herren, was muß ich tun, daß ich gerettet werde?«
31 Sie erwiderten: »Glaube an den Herrn Jesus, und
du wirst gerettet werden, du und dein Haus.« 32 Und
sie verkündeten ihm und allen, die in seinem Hause
waren, das Wort des Herrn. 33 Noch in derselben
Nachtstunde nahm er sie zu sich, wusch ihre
Striemen und ließ sich sogleich mit all den Seinen
taufen; 34 er führte sie in sein Haus und ließ ihnen
ein Mahl bereiten und war mit seinem ganzen Haus
voll Freude, daß er zum Glauben an Gott gefunden
hatte.
35 Als es Tag wurde, sandten die Stadtobersten die
Gerichtsdiener und ließen sagen: »Laß jene Leute
frei!« 36 Der Kerkermeister meldete diese Worte
dem Paulus: »Die Stadtobersten haben herge-
schickt, daß ihr freigelassen werdet. So geht denn
hin und zieht in Frieden!« 37 Paulus aber sagte zu
ihnen: »Öffentlich und ohne Verhör haben sie uns
als römische Bürger mißhandelt und ins Gefängnis
geworfen, und jetzt will man uns heimlich weg-
schicken? Nein, sie sollen selber kommen und uns
hinausgeleiten.« 38 Die Gerichtsdiener meldeten
diese Worte den Stadtobersten. Die aber gerieten,
als sie hörten, daß es Römer seien, in Furcht, 39 und
sie kamen, redeten ihnen zu und geleiteten sie
hinaus mit der Bitte, die Stadt zu verlassen. 40 Da
gingen sie aus dem Kerker und begaben sich zu

Lydia, ermunterten die Brüder, die sie trafen, und zogen weiter.

16,3: Eine Unterlassung der Beschneidung des als Jude geltenden Timotheus hätte das Wirken des Apostels bei Juden erschwert. Sie geschah nicht aus grundsätzlicher Notwendigkeit, wie dies sonst die Judaisten vertraten, sondern aus Gründen der Klugheit. Timotheus wurde einer der geschätztesten Mitarbeiter des Apostels. • 6–10: »Asia« meint hier die römische Provinz im vorderen Kleinasien. Beachte die stete Führung des Apostels durch die Weisungen des Heiligen Geistes. Die Stunde der Berufung nach Europa ist von größter Bedeutung für die Kirche geworden. • 10–17: Ist der erste »Wir«-Bericht. Er tritt wieder auf 20,5. • 35–38: Paulus zeigt, daß auch der Christ den Anspruch auf Schutz seiner Ehre und seines Rechtes zum Ausdruck bringen darf.

In Thessalonich

17 1 Sie nahmen den Weg über Amphipolis und Apollonia und kamen nach Thessalonich, wo eine Synagoge der Juden war. 2 Nach seiner Gewohnheit fand sich Paulus bei ihnen ein und sprach an drei Sabbaten zu ihnen, wobei er von den Schriften ausging; 3 er erschloß ihren Sinn und legte dar, daß der Messias leiden und von den Toten auferstehen mußte, und sagte: »Dieser ist der Messias: Jesus, den ich euch verkünde.« 4 Einige von ihnen ließen sich überzeugen und schlossen sich Paulus und Silas an, dazu eine große Zahl von gottesfürchtigen Hellenen, auch nicht wenige von den vornehmen Frauen. 5 Da wurden die Juden eifersüchtig, holten sich einige üble Leute vom Gassenvolk heran, rotteten sich zusammen und brachten die Stadt in Unruhe; sie zogen vor das Haus des Jason und suchten sie dem Volke vorzuführen. 6 Da man sie aber nicht fand, schleppten sie den Jason und einige Brüder vor die Stadtobersten und schrien: »Diese Leute, die den ganzen Erdkreis in Aufruhr versetzt haben, sind auch hierhergekommen, 7 und Jason hat sie aufgenommen. Sie alle handeln gegen die Verordnungen des Kaisers, da sie behaupten, ein anderer sei König, nämlich Jesus.« 8 So brachten sie das Volk und die Stadtobersten, die das hörten, in Erregung. 9 Nachdem sie aber von Jason und den übrigen Bürgschaft erhalten hatten, ließ man sie frei.

In Beröa

10 Da schickten die Brüder sofort noch in der Nacht Paulus und Silas weg nach Beröa; und als sie ankamen, gingen sie in die Synagoge der Juden. 11 Diese waren von edlerer Gesinnung als jene zu Thessalonich; sie nahmen das Wort mit aller Bereitwilligkeit auf und forschten täglich in den Schriften, ob es sich so verhalte. 12 Viele von ihnen wurden denn auch gläubig, darunter nicht wenige von den vornehmen hellenischen Frauen und Männern. 13 Als aber die Juden von Thessalonich erfuhren, daß auch in Beröa von Paulus das Wort Gottes verkündet werde, kamen sie auch dorthin und brachten das Volk in Unruhe und Verwirrung. 14 Alsbald schickten die Brüder Paulus weg und ließen ihn den Weg zum Meere hin nehmen; Silas aber und Timotheus blieben dort zurück. 15 Die Paulus geleiteten, brachten ihn bis nach Athen, und sie kehrten zurück mit dem Auftrag an Silas und Timotheus, sie möchten so bald wie möglich zu ihm kommen.

Paulus in Athen

16 Während nun Paulus in Athen auf sie wartete, wurde sein Geist zuinnerst bewegt, als er sah, daß die Stadt voll von Götzenbildern war. 17 Er führte in der Synagoge mit den Juden und den Gottesfürchtigen Gespräche und täglich auf dem Markt mit denen, die gerade zugegen waren. 18 Auch einige von den epikureischen und stoischen Philosophen kamen in Wortwechsel mit ihm; die einen sagten: »Was will denn dieser Schwätzer sagen?«, die anderen aber: »Er scheint ein Verkünder fremder Götter zu sein«, – weil er die Botschaft von Jesus und der Auferstehung verkündete. 19 Sie nahmen ihn mit sich, führten ihn zum Areopag und sagten: »Können wir erfahren, was das für eine neue Lehre ist, die von dir verkündet wird? 20 Denn du bringst seltsame Dinge vor unsere Ohren; wir möchten erfahren, was das bedeuten soll.« 21 Die Athener alle und auch die dort weilenden Fremden hatten nämlich für nichts anderes so sehr Zeit, als etwas Neues zu erzählen oder zu hören.

22 Paulus stellte sich in die Mitte des Areopags und sprach: »Ihr Männer von Athen! An allem sehe ich, daß ihr große Ehrfurcht habt vor den Göttern. 23 Denn als ich umherging und eure Heiligtümer betrachtete, fand ich auch einen Altar, auf dem die Aufschrift stand: ›Einem unbekannten Gott‹. Was ihr nun verehrt, ohne es zu kennen, das verkünde ich euch! 24 Der Gott, der die Welt erschuf und alles, was darin ist, er, der Herr des Himmels und der Erde, wohnt nicht in Tempeln, die von Händen gemacht sind. 25 Auch läßt er sich nicht von Menschenhänden bedienen, als brauche er etwas, da er selbst es ist, der allem Leben und Odem gibt und alles andere. 26 Er ließ aus einem einzigen das ganze Geschlecht der Menschen entstehen, daß sie wohnen auf dem ganzen Erdenrund, und er hat die Zeiten und Grenzen bestimmt, die ihrem Wohnen gesetzt sind. 27 Sie sollten Gott suchen, ob sie ihn etwa spüren und finden möchten, ihn, der doch nicht ferne ist einem jeden von uns. 28 Denn in ihm leben wir, bewegen wir uns und sind wir, wie auch einige von euren Dichtern gesagt haben: ›Wir sind

ja sogar von seinem Geschlecht.‹ 29 Sind wir nun
von Gottes Geschlecht, dürfen wir nicht meinen,
die Gottheit sei gleich dem Gold oder Silber oder
Stein, einem Gebilde menschlicher Kunst und
Überlegung. 30 Wohl hat Gott über die Zeiten der
Unwissenheit hinweggesehen; doch jetzt ruft er die
Menschen auf, daß sie alle und allerorts sich be-
kehren; 31 denn er hat einen Tag bestimmt, an dem
er den Erdkreis nach Gerechtigkeit richten wird
durch einen Mann, den er dazu bestellt und den er
für alle beglaubigt hat, da er ihn auferweckte von
den Toten.«
32 Als sie aber von Totenauferstehung hörten, spot-
teten die einen, und die anderen sagten: »Wir wol-
len dich hierüber ein andermal hören.« 33 So ging
Paulus hinweg aus ihrer Mitte. 34 Einige Männer
aber schlossen sich ihm an und wurden gläubig,
unter ihnen auch Dionysius, ein Mitglied des Areo-
pags, und eine Frau mit Namen Damaris und noch
andere mit ihnen.

17,1–9: Der Abschnitt zeigt das stete Bemühen des Apostels auch um die Bekehrung der Juden, wobei er »von den Schriften« des Alten Testamentes ausging. An die Thessalonicher schrieb er zwei seiner erhaltenen Briefe. • 7: Dieser Vorwurf erinnert an das Beweisverfahren gegen Jesus in Jerusalem. • 16–34: In Athen begegnete Paulus dem Zentrum der hellenistischen Kultur, die, wissensstolz und diesseitsbezogen, zunächst wenig bereit ist für die Kreuzesbotschaft. Seine Areopagrede vor führenden Vertretern des öffentlichen Lebens zeigt, wie er sich an die Denkweise seiner Zuhörer anpaßte.

In Korinth

18 1 Hierauf schied Paulus von Athen und be-
gab sich nach Korinth. 2 Dort traf er einen
aus Pontus stammenden Juden namens
Aquila, der kurz zuvor aus Italien gekommen war,
und dessen Frau Priscilla. Klaudius hatte nämlich
befohlen, daß alle Juden Rom zu verlassen hätten.
Er schloß sich ihnen an, 3 und da er vom gleichen
Handwerk war, blieb er bei ihnen und arbeitete; sie
waren nämlich Zeltmacher von Beruf. 4 Jeden
Sabbat aber sprach er in der Synagoge [, flocht den
Namen des Herrn Jesus mit ein] und suchte Juden
und Hellenen zu überzeugen. 5 Nachdem Silas und
Timotheus von Mazedonien herabgekommen
waren, widmete sich Paulus ganz dem Worte und
bezeugte den Juden, daß Jesus der Messias sei. 6 Da
sie aber sich dem widersetzten und in Lästerungen
ausbrachen, schüttelte er seine Kleider aus und
sagte zu ihnen: »Euer Blut komme über euer Haupt!
Mit gutem Gewissen werde ich von nun an zu den
Heiden gehen.«
7 Und er ging von dort weg und begab sich in das
Haus eines gewissen Titius Justus, eines gottes-
fürchtigen Mannes, dessen Haus an die Synagoge
grenzte. 8 Der Synagogenvorsteher Krispus mit
seinem ganzen Hause glaubte an den Herrn; auch
viele von den Korinthern, die zuhörten, wurden
gläubig und ließen sich taufen. 9 Der Herr aber
sprach eines Nachts in einem Gesicht zu Paulus:
»Sei ohne Furcht, sondern rede und schweige nicht;
10 ich bin ja mit dir, und keiner soll nach dir greifen
und dir ein Leid antun; denn ich habe viel Volk in
dieser Stadt.« 11 So blieb er ein Jahr und sechs
Monate [dort] und lehrte unter ihnen das Wort
Gottes.

Vor dem Statthalter Gallio

12 Als Gallio Prokonsul von Achaia war, erhoben
sich die Juden geschlossen gegen Paulus, führten
ihn vor den Richterstuhl 13 und sagten: »Dieser be-
redet die Menschen zu einer gesetzwidrigen Got-
tesverehrung.« 14 Als Paulus den Mund öffnen
wollte, sprach Gallio zu den Juden: »Wäre es ein
Vergehen oder ein Verbrechen, ihr Juden, so würde
ich euch nach Fug und Recht annehmen; 15 handelt
es sich aber um Streitigkeiten über Wort und
Namen und euer Gesetz, möget ihr selber zusehen.
Darüber will ich nicht Richter sein.« 16 Und er wies
sie fort von seinem Richterstuhl. 17 Da ergriffen alle
Griechen den Synagogenvorsteher Sosthenes und
schlugen ihn vor dem Richterstuhl; doch Gallio
kümmerte sich nicht darum.

Rückkehr nach Antiochien

18 Paulus blieb noch eine Reihe von Tagen, nahm
Abschied von den Brüdern und schiffte sich nach
Syrien ein und mit ihm Priscilla und Aquila. In
Kenchreä hatte er sich das Haupt scheren lassen,
weil er ein Gelübde gemacht hatte. 19 Sie kamen
nach Ephesus; dort verließ er jene, er selber ging in
die Synagoge und sprach zu den Juden. 20 Doch als
sie ihn baten, für länger zu bleiben, willigte er nicht
ein, 21 sondern nahm Abschied und sagte: »Ich
werde wieder zu euch zurückkommen, so Gott
will!« Dann reiste er von Ephesus ab, 22 gelangte
nach Cäsarea, zog hinauf (nach Jerusalem), begrüßte
die Gemeinde und reiste hinab nach Antiochien.

Auf der dritten Missionsreise. Apollos

23 Nachdem er sich einige Zeit [dort] aufgehalten
hatte, brach er wieder auf und durchzog nachein-
ander galatisches Gebiet und Phrygien und stärkte
dabei alle Jünger.
24 Ein aus Alexandrien stammender Jude namens
Apollos war nach Ephesus gekommen, ein rede-
kundiger und in den Schriften bewanderter Mann.
25 Dieser war über den Weg des Herrn unterrichtet
und redete und lehrte glühenden Geistes und mit

Hingabe über Jesus, kannte aber nur die Taufe des
Johannes. [26] Mit allem Freimut begann er in der
Synagoge aufzutreten; als aber Priscilla und Aquila
ihn hörten, luden sie ihn zu sich ein und legten ihm
den Weg des Herrn noch näher dar. [27] Da er nach
Achaia reisen wollte, ermunterten ihn die Brüder
und schrieben den Jüngern, sie möchten ihn auf-
nehmen. Dort angekommen, leistete er den Gläu-
bigen durch sein begnadetes Wirken große Hilfe;
[28] denn schlagfertig widerlegte er die Juden in aller
Öffentlichkeit und zeigte an den Schriften, daß
Jesus der Messias sei.

18,1–22: Mit der Korinthergemeinde blieb Paulus auch später in enger Fühlung, wie die erhaltenen beiden Briefe an sie bezeugen. Aquila und Priscilla sind Judenchristen, die sich überall für die christliche Sache einsetzten, vgl. 18,18.26; Röm 16,3; 1 Kor 16,19. Paulus verdiente sich bei ihnen seinen Unterhalt als »Zeltmacher«, wie er auch sonst zumeist auf den Unterhalt durch die Gläubigen verzichtete (vgl. 20,34f; 1 Kor 4,12; 9,12; 2 Kor 11,7–9; 1 Thess 2,9; 2 Thess 3,8). Der Prokonsul Gallio war nach einer in Delphi gefundenen Inschrift um 51/52 Statthalter in Korinth. In Kenchreä, dem östlichen Hafen von Korinth, brachte Paulus die vom sog. Nasiräergelübde vorgesehene Zeit der Abstinenz zum Abschluß; dabei hatte auch das Schneiden des Haares zu unterbleiben (vgl. 21,23f). • 23–28: Apollos war nach 1 Kor 1,12; 3,4–6; 16,12 ein erfolgreicher Missionar, der anfänglich zu den noch längere Zeit bestehenden Jüngergemeinden des Täufers gehörte.

Paulus in Ephesus

19 [1] Es begab sich nun, während Apollos in
Korinth war, kam Paulus nach Durch-
wanderung des Hochlandes nach Ephe-
sus. Dort traf er einige Jünger [2] und sagte zu ihnen:
»Habt ihr den Heiligen Geist empfangen, da ihr
gläubig wurdet?« Sie erwiderten ihm: »Wir haben ja
nicht einmal gehört, daß es einen Heiligen Geist
gebe.« [3] Da sagte er: »Nach was seid ihr denn ge-
tauft worden?« Sie sagten: »Nach der Taufe des
Johannes.« [4] Da erwiderte Paulus: »Johannes taufte
mit einer Taufe der Bekehrung, wobei er dem Volke
sagte, sie sollten glauben an den, der nach ihm
komme, das ist Jesus.« [5] Als sie das hörten, ließen
sie sich taufen auf den Namen des Herrn Jesus,
[6] und als Paulus ihnen die Hände auflegte, kam der
Heilige Geist über sie, und sie redeten in Zungen
und sprachen prophetisch. [7] Es waren insgesamt an
die zwölf Männer.
[8] Er ging in die Synagoge und redete freimütig drei
Monate hindurch von dem, was sich auf das Reich
Gottes bezieht, und suchte sie zu überzeugen. [9] Als
aber einige sich hartnäckig widersetzten und unbe-
lehrbar zeigten, indem sie die Lehre des Herrn vor
dem Volke schmähten, trennte er sich von ihnen,
sammelte die Jünger für sich und sprach täglich in
der Schule eines gewissen Tyrannus. [10] Dies ge-
schah zwei Jahre lang, so daß alle Bewohner von
Asia, Juden wie Hellenen, das Wort des Herrn ver-
nahmen.

Seine wunderbaren Erfolge

[11] Gott wirkte durch die Hand des Paulus unge-
wöhnliche Wunder, [12] so daß man sogar von seinem
Leibe weg Schweißtücher oder Wäschestücke den
Kranken auflegte, worauf die Krankheiten von
ihnen wichen und die bösen Geister ausfuhren.
[13] Da versuchten auch einige der umherziehenden
jüdischen Exorzisten über solche, die von bösen
Geistern besessen waren, den Namen des Herrn
Jesus anzurufen, indem sie sagten: »Ich beschwöre
euch bei Jesus, den Paulus verkündet!« [14] Es waren
sieben Söhne eines gewissen Skeuas, eines Juden
hohenpriesterlichen Standes, die so taten. [15] Der
böse Geist aber antwortete ihnen: »Jesus kenne ich,
auch von Paulus weiß ich; ihr aber, wer seid ihr?«
[16] Und der Mann, in dem der böse Geist war, stürzte
sich auf sie, bemächtigte sich zweier und über-
wältigte sie derart, daß sie nackt und verwundet
aus jenem Hause flohen.
[17] Dies wurde allen in Ephesus wohnenden Juden
und Hellenen bekannt, und Furcht überfiel alle, und
der Name des Herrn Jesus wurde gepriesen. [18] Viele,
die gläubig wurden, kamen und bekannten offen,
was sie getan hatten. [19] Viele von denen, die Zaube-
rei getrieben hatten, trugen ihre Bücher zusammen
und verbrannten sie vor aller Augen; man berech-
nete ihren Wert und kam auf fünfzigtausend Silber-
drachmen. [20] So entfaltete sich das Wort des Herrn
mit Macht und gewann an Kraft.
[21] Nach Erfüllung all dessen nahm sich Paulus im
Geiste vor, über Mazedonien und Achaia nach
Jerusalem zu gehen, wobei er sich sagte: »Wenn
ich dort gewesen bin, muß ich auch Rom sehen«.
[22] Er sandte zwei seiner Gehilfen, Timotheus und
Erastus, nach Mazedonien; er selbst blieb noch eine
Weile in Asia.

Aufstand der Silberschmiede

[23] Um jene Zeit aber kam es wegen der Lehre [des
Herrn] zu einem nicht geringen Aufruhr. [24] Ein
Silberschmied nämlich namens Demetrius, der sil-
berne Artemistempelchen herstellte und damit den
Handwerkern eine nicht unbedeutende Einnahme
verschaffte, [25] rief diese und die mit ähnlichen
Arbeiten Beschäftigten zusammen und sprach: »Ihr
Männer, wie ihr wißt, kommt von diesem Gewerbe
unser Wohlstand. [26] Ihr seht und hört jedoch, daß
nicht nur in Ephesus, sondern nahezu in ganz Asia
dieser Paulus durch seine Überredung viel Volk ab-
wendig macht, indem er behauptet, das seien keine

Götter, die mit Händen gemacht werden. 27 Doch
nicht nur dieses unser Geschäft droht in Verruf zu
kommen, sondern auch der Tempel der großen
Göttin Artemis ist daran, für nichts geachtet zu
werden, und sie wird ihrer Herrlichkeit beraubt
werden, die doch ganz Asia und der gesamte Erd-
kreis verehrt.« 28 Als sie dies hörten, wurden sie von
Zorn erfüllt und schrien: »Groß ist die Artemis von
Ephesus!« 29 Die ganze Stadt geriet in Aufregung;
alle stürmten zusammen ins Theater und rissen die
Mazedonier Gaius und Aristarchus, die Gefährten
des Paulus, mit fort. 30 Paulus wollte unter das Volk
gehen, doch die Jünger ließen es nicht zu; 31 auch
einige von den Asiarchen, die ihm gut gesinnt
waren, schickten zu ihm und baten ihn, sich nicht
in das Theater zu begeben. 32 Die einen schrien nun
dies, die anderen das; denn die ganze Versammlung
war in Verwirrung, und die meisten wußten nicht,
warum man zusammengekommen war. 33 Aus der
Menge umdrängte man Alexander, den die Juden
vorschoben. Alexander gab mit der Hand ein
Zeichen und wollte eine Verteidigungsrede an das
Volk halten. 34 Als man aber erkannte, daß er ein
Jude sei, erhob sich ein einziger Schrei aus dem
Munde aller, die nun etwa zwei Stunden lang
schrien: »Groß ist die Artemis von Ephesus!«
35 Der Stadtschreiber beruhigte die Menge und
sagte: »Männer von Ephesus! Wo ist denn ein
Mensch, der nicht wüßte, daß die Stadt der Ephe-
ser die Tempelhüterin der großen Artemis ist und
ihres vom Himmel gefallenen Bildes? 36 Weil das
niemand bestreiten kann, ist es eure Pflicht, Ruhe
zu bewahren und nichts Unbesonnenes zu tun.
37 Denn ihr habt diese Männer hierhergebracht, die
weder Tempelräuber sind noch Verächter unserer
Göttin. 38 Haben nun Demetrius und mit ihm die
Handwerker eine Klage gegen jemand, so gibt es
Gerichtstage und sind Statthalter da; dort mögen
sie miteinander Klage führen. 39 Habt ihr aber noch
eine weitere Beschwerde, mag es in der gesetz-
lichen Volksversammlung erledigt werden. 40 Wir
laufen ja sonst Gefahr, wegen des heute Gesche-
henen des Aufruhrs bezichtigt zu werden, da kein
Grund vorliegt, womit wir diesen Auflauf rechtfer-
tigen können.« Und mit diesen Worten löste er die
Versammlung auf.

19,1–22: In Ephesus wirkte Paulus mit größtem Erfolg. Die Stadt wurde von da an Mittelpunkt der kleinasiatischen Kirche bis zum Einbruch des Islams. Aus der angegebenen Wertsumme der verbrannten Zauberbücher (rund 40000 Mark) geht deutlich die Rolle des Aberglaubens in dieser von allen möglichen Religionssystemen durchsetzten Gegend hervor. • 23–40: Ein lehrreiches Beispiel der unlauteren Verquickung von Religion und Geschäft. Der als Wallfahrtsstätte viel besuchte Tempel der Artemis von Ephesus galt in der Antike als eines der sieben Weltwunder. • 33: Der Satz wird wegen des mehrdeutigen griechischen Verbums verschieden übersetzt.

In Mazedonien und Griechenland

20 1 Als sich der Aufruhr gelegt hatte, rief
Paulus die Jünger zu sich, gab ihnen
zum Abschied Ermahnungen und
machte sich auf den Weg nach Mazedonien.
2 Nachdem er diese Gegenden durchzogen und die
Jünger mit vielen Worten ermahnt hatte, kam er
nach Griechenland; 3 dort blieb er drei Monate. Als
er sich nach Syrien einschiffen wollte, wurde gegen
ihn von den Juden ein Anschlag geplant, und er
faßte den Entschluß, den Rückweg durch Mazedo-
nien zu nehmen. 4 Seine Begleiter bis Asia waren
Sopatrus, der Sohn des Pyrrhus von Beröa, die
Thessalonicher Aristarchus und Sekundus, ferner
Gajus aus Derbe und Timotheus, und aus Asia
Tychikus und Trophimus; 5 diese reisten voraus
und warteten auf uns in Troas. 6 Wir aber segelten
nach den Tagen der Ungesäuerten Brote von
Philippi ab und kamen in fünf Tagen zu ihnen nach
Troas, wo wir sieben Tage blieben.

Von Troas bis Milet

7 Als wir am ersten Tag der Woche zum Brotbre-
chen versammelt waren, sprach Paulus zu ihnen; da
er am folgenden Tage abreisen wollte, dehnte er
seine Rede bis Mitternacht aus. 8 Es brannten viele
Lampen im Obergemach, wo wir versammelt
waren.
9 Ein junger Mann namens Eutychus saß am Fenster,
sank, als Paulus lange redete, in tiefen Schlaf und
fiel, vom Schlaf überwältigt, vom dritten Stockwerk
hinab und wurde als Toter aufgehoben. 10 Paulus
ging zu ihm hinab, warf sich über ihn, umfaßte ihn
und sagte: »Beunruhigt euch nicht; denn seine Seele
ist in ihm.« 11 Er stieg wieder hinauf, brach das Brot,
aß davon und redete noch ziemlich lange bis zum
Anbruch des Tages und reiste sodann ab. 12 Den
jungen Mann aber führten sie lebend von dannen
und wurden hierdurch nicht wenig getröstet.
13 Wir aber gingen voraus auf das Schiff und fuhren
nach Assos, wo wir Paulus aufnehmen wollten;
denn so hatte er es angeordnet, da er selbst zu Fuß
wandern wollte. 14 Als er nun in Assos zu uns kam,
nahmen wir ihn auf und gelangten nach Mitylene,
15 und von da fuhren wir weiter und erreichten am
folgenden Tag die Höhe von Chios, legten am an-
deren Tag in Samos an [, blieben in Trogylium] und
kamen tags darauf nach Milet. 16 Paulus hatte be-
schlossen, an Ephesus vorbeizufahren, um in Asia

nicht aufgehalten zu werden; denn er eilte, um
womöglich am Pfingstfest in Jerusalem zu sein.

Abschied von den Presbytern von Ephesus

[17] Von Milet aus sandte er nach Ephesus und berief
die Presbyter der Gemeinde zu sich. [18] Als sie bei
ihm eingetroffen waren, sagte er zu ihnen: »Ihr
wißt, wie ich vom ersten Tag an, da ich nach Asia
kam, die ganze Zeit bei euch war [19] als einer, der
dem Herrn diente in aller Demut, unter Tränen und
Prüfungen, wie sie mir widerfuhren durch die
Nachstellungen der Juden. [20] Nichts von dem, was
nützlich war, habe ich euch vorenthalten, sondern
sowohl öffentlich als auch in den einzelnen Häu-
sern habe ich gepredigt und gelehrt. [21] Vor Juden
und Hellenen habe ich Zeugnis abgelegt für die
Bekehrung zu Gott und den Glauben an unseren
Herrn Jesus. [22] Und nun seht, als ein Gefangener im
Geiste gehe ich nach Jerusalem, ohne zu wissen,
was mir dort begegnen wird. [23] Nur das bezeugt mir
der Heilige Geist von Stadt zu Stadt, daß Fesseln
und Drangsale meiner warten. [24] Doch [nichts von
alledem fürchte ich, und] ich halte in keiner Hin-
sicht das Leben wertvoll für mich, wenn ich nur
meinen Lauf vollende und die Aufgabe erfülle, die
ich empfangen habe vom Herrn Jesus, nämlich
Zeugnis zu geben für das Evangelium von der
Gnade Gottes. [25] Und nun seht, ich weiß, daß ihr
alle, unter denen ich als Künder des Reiches
[Gottes] gewandelt bin, mein Angesicht nicht mehr
sehen werdet. [26] Darum beteuere ich vor euch am
heutigen Tag: Ich bin schuldlos am Blute aller;
[27] denn ohne etwas vorzuenthalten, habe ich euch
den ganzen Ratschluß Gottes verkündet. [28] Tragt
nun Sorge für euch und für die gesamte Herde, in
der euch der Heilige Geist zu Bischöfen bestellt hat,
die Gemeinde Gottes zu leiten, die er sich erwor-
ben hat mit seinem eigenen Blut.

[29] Ich weiß, es werden nach meinem Weggang
reißende Wölfe bei euch eindringen und die Herde
nicht schonen, [30] und aus eurer eigenen Mitte wer-
den Männer aufstehen und Verkehrtes reden, um
die Jünger auf ihre Seite zu ziehen. [31] Seid also
wachsam und denkt daran, wie ich drei Jahre lang
Tag und Nacht nicht aufgehört habe, einen jeden
einzelnen unter Tränen zu ermahnen. [32] Und nun
empfehle ich euch Gott und dem Worte seiner
Gnade, das mächtig ist! aufzubauen und das Erbe
zu verleihen unter allen Geheiligten. [33] Weder Silber
noch Gold noch Kleider habe ich von jemand bean-
sprucht; [34] ihr wißt es selbst, für meinen Unterhalt
und für meine Gefährten dienten diese Hände. [35] In
jeder Weise habe ich euch gezeigt, daß man so
arbeitend sich um die Schwachen kümmern soll,
eingedenk der Worte des Herrn Jesus, der selber
sagte: ›Geben ist seliger als Nehmen‹.«
[36] Nach diesen Worten kniete er nieder und betete
mit ihnen allen. [37] Da brachen alle in lautes Weinen
aus, fielen Paulus um den Hals und küssten ihn,
[38] am meisten schmerzlich getroffen von dem Wort,
mit dem er sagte, sie würden sein Angesicht nicht
mehr sehen. Sie gaben ihm bis zum Schiff das Ge-
leit.

20,17–36: Die Abschiedsrede an die Presbyter von Ephesus zeigt uns die starken und lauteren Beweggründe paulinischen Wirkens. Das Wort Vers 35 zeigt, wie auch außerhalb unserer Evangelien Worte des Herrn als sogenannte »Agrapha« überliefert wurden. Beachte den noch nicht streng festgelegten Gebrauch der hier wechselnden Ausdrücke »Presbyter« und »Bischöfe« (= Aufseher, Vorsteher).

Von Milet bis Cäsarea

21 [1] Als es zur Abfahrt ging, rissen wir uns
los von ihnen und fuhren geradewegs
nach Kos und am folgenden Tag nach
Rhodos und von dort nach Patara. [2] Als wir ein
Schiff antrafen, das nach Phönizien fuhr, stiegen
wir zu und fuhren weiter. [3] Nachdem wir Cypern in
Sicht bekommen und zur Linken liegen gelassen
hatten, fuhren wir auf Syrien zu und legten in Tyrus
an; denn dort sollte das Schiff die Fracht ausladen.
[4] Wir trafen die Jünger an und blieben dort sieben
Tage. Diese sagten kraft des Geistes zu Paulus, er
möge nicht nach Jerusalem hinaufgehen. [5] Nach
Ablauf dieser Tage brachen wir zur Weiterreise auf,
wobei sie alle samt Frauen und Kindern uns bis zur
Stadt hinaus das Geleit gaben; wir knieten am
Strande nieder, beteten, [6] nahmen Abschied vonein-
ander und stiegen ins Schiff, und jene kehrten nach
Hause zurück. [7] Zum Abschluß unserer Fahrt ge-
langten wir von Tyrus nach Ptolemais, begrüßten
die Brüder und blieben einen Tag bei ihnen.
[8] Am andern Tag zogen wir weiter, kamen nach
Cäsarea und gingen in das Haus des Evangelisten
Philippus, der einer von den Sieben war, und blie-
ben bei ihm. [9] Dieser hatte vier Töchter, Jungfrauen,
die prophetisch begabt waren. [10] Als wir mehrere
Tage dort waren, kam von Judäa ein Prophet na-
mens Agabus herab, [11] suchte uns auf, nahm den
Gürtel des Paulus, band sich Füße und Hände und
sprach: »So spricht der Heilige Geist: Den Mann,
dem dieser Gürtel gehört, werden auf diese Weise
in Jerusalem die Juden binden und den Händen der
Heiden überliefern.« [12] Als wir dies hörten, baten
wir und die am Ort Wohnenden, er möge nicht
nach Jerusalem hinaufgehen. [13] Paulus aber antwor-

tete: »Was wollt ihr, da ihr weint; was macht ihr das
Herz mir schwer? Bin ich doch bereit, nicht nur
mich binden zu lassen, sondern in Jerusalem auch
zu sterben für den Namen des Herrn Jesus.« 14 Da er
sich nicht umstimmen ließ, gaben wir Ruhe und
sagten: »Des Herrn Wille geschehe!«

Ankunft in Jerusalem

15 Nach Verlauf dieser Tage machten wir uns reise-
fertig und zogen hinauf nach Jerusalem. 16 Es zogen
mit uns auch einige von den Jüngern aus Cäsarea
und brachten uns zu einem gewissen Mnason aus
Cypern, einem altbewährten Jünger, bei dem wir zu
Gast sein sollten. 17 Als wir in Jerusalem eintrafen,
nahmen uns die Brüder freundlich auf.
18 Am folgenden Tag ging Paulus mit uns zu Jako-
bus, und auch alle Presbyter fanden sich ein.
19 Nachdem er sie begrüßt hatte, erzählte er im
einzelnen von allem, was Gott unter den Heiden
gewirkt hatte durch seinen Dienst. 20 Als sie es ver-
nahmen, priesen sie Gott und sagten zu ihm: »Du
siehst, Bruder, wie viele Tausende von Gläubig-
gewordenen es unter den Juden gibt, und sie alle
sind Eiferer für das Gesetz. 21 Nun hat man ihnen
über dich erzählt, du würdest alle Juden, die unter
den Heiden leben, den Abfall von Moses lehren,
indem du sagest, sie sollen die Kinder nicht be-
schneiden und nicht nach dem Herkommen leben.
22 Was ist nun zu tun? Auf jeden Fall werden sie
hören, daß du gekommen bist. 23 Darum tue, was
wir dir sagen! Es sind vier Männer unter uns, die ein
Gelübde auf sich genommen haben. 24 Diese nimm
mit dir, reinige dich mit ihnen und trage für sie die
Kosten, damit sie sich das Haupt scheren können.
Dann werden alle innewerden, daß an dem, was
ihnen über dich berichtet wurde, nichts ist, sondern
daß du selbst in Beachtung des Gesetzes wandelst.
25 Was die gläubig gewordenen Heiden betrifft,
haben wir ja schriftlich unsere Entschließung mit-
geteilt, daß sie sich hüten sollen vor Götzenopfer,
Blut, Ersticktem und Unzucht.« 26 Da nahm Paulus
die Männer zu sich, reinigte sich am folgenden Tag
mit ihnen, ging in den Tempel und zeigte den Ab-
schluß der Reinigungstage an, damit für einen jeden
von ihnen das Opfer dargebracht würde.

Gefangennahme des Apostels

27 Als die sieben Tage ihrem Ende zugingen, er-
blickten ihn die Juden aus Asia im Tempel, wiegel-
ten das ganze Volk auf und legten Hand an ihn, in-
dem sie schrien: 28 »Männer aus Israel, kommt zu
Hilfe! Das ist der Mensch, der im Widerspruch
gegen das Volk und das Gesetz und diese Stätte
allen und überall seine Lehre verkündet, und jetzt
hat er sogar Hellenen in den Tempel geführt und
diese heilige Stätte entweiht.« 29 Sie hatten nämlich
kurz zuvor Trophimus aus Ephesus in der Stadt bei
ihm gesehen und meinten, Paulus habe ihn in den
Tempel geführt. 30 Da geriet die ganze Stadt in Be-
wegung, und es kam zu einem Zusammenströmen
des Volkes; sie ergriffen Paulus und schleppten ihn
aus dem Tempel, und sogleich wurden die Tore ge-
schlossen.

Verhaftung: Ich bin Jude aus Tarsus

31 Schon wollten sie ihn töten, da drang die Kunde
zum Oberst der Kohorte, ganz Jerusalem sei in Auf-
ruhr. 32 Der nahm sofort Soldaten und Hauptleute,
eilte hinab zu ihnen, und als sie den Oberst und die
Soldaten erblickten, ließen sie davon ab, Paulus zu
schlagen. 33 Der Oberst trat hinzu, nahm ihn fest,
ließ ihn mit zwei Ketten fesseln und erkundigte
sich, wer er sei und was er getan habe. 34 Da schrie
in der Menge ein jeder etwas anderes; weil er
wegen des Tumultes nichts Sicheres erfahren
konnte, befahl er, ihn in die Kaserne zu bringen.
35 Als man an die Treppe gelangte, kam es so weit,
daß er von den Soldaten getragen werden mußte
wegen des Zudranges des Volkes; 36 denn die Volks-
menge drängte nach und schrie: »Hinweg mit ihm!«
37 Als Paulus in die Kaserne geführt werden sollte,
sagte er zum Oberst: »Darf ich mir erlauben, ein
Wort an dich zu richten?« Der entgegnete: »Du
verstehst Griechisch? 38 Bist du denn nicht der
Ägypter, der vor einiger Zeit einen Aufstand
machte und viertausend Mann von den Sikariern in
die Wüste führte?« 39 Paulus sagte: »Ich bin ein Jude
aus Tarsus, Bürger einer nicht unbedeutenden Stadt
Ciliciens; ich bitte dich, erlaube mir, zum Volk zu
reden.« 40 Er erlaubte es, und Paulus stellte sich auf
die Stufen, gab mit der Hand dem Volk ein Zeichen
und sprach, nachdem große Stille eingetreten war,
in hebräischer Sprache zu ihnen:

21,1–5: In Patara geht Paulus an Bord eines Frachtschiffes, das mit einer Ladung direkt nach Tyrus an der phönizischen Küste segelt. Auch in Tyrus, wo Paulus sich sieben Tage in der Gemeinde aufhält, raten ihm prophetisch begabte Christen von einer Reise nach Jerusalem ab, da Schlimmes dort auf ihn warte. • 27–40: Wie eine uns erhaltene Warnungstafel zeigt, war es einem Heiden (auch einem Heidenchristen) unter Todesstrafe verboten, die inneren Bereiche des Tempels zu betreten.

Verteidigungsrede vor dem Volk

22 1 »Brüder und Väter, hört nun auf meine
Rechtfertigung vor euch!« 2 Als sie hör-
ten, daß er in hebräischer Sprache zu
ihnen redete, verhielten sie sich noch stiller. 3 Er fuhr
fort: »Ich bin ein Jude, geboren in Tarsus in Cilicien,
aufgewachsen aber in dieser Stadt, unterrichtet zu

den Füßen Gamaliels nach der Strenge des väter-
lichen Gesetzes, als ein Eiferer für Gott, wie ihr alle
es heute seid. 4 Ich verfolgte diese Lehre bis auf den
Tod, indem ich Männer und Frauen gefangennahm
und den Kerkern überlieferte. 5 Das kann mir der
Hohepriester mit der gesamten Ältestenschaft be-
zeugen. Von ihnen erhielt ich auch Briefe, mit
denen ich zu den Brüdern nach Damaskus zog, um
die dort sich Aufhaltenden gefesselt nach Jerusalem
zu bringen, damit sie gestraft würden.
6 Unterwegs aber, als ich mich Damaskus näherte,
geschah es, daß zur Mittagsstunde mich plötzlich
vom Himmel her ein helles Licht umstrahlte. 7 Ich
stürzte zu Boden und hörte eine Stimme, die zu mir
sprach: ›Saul, Saul, warum verfolgst du mich?‹ 8 Ich
antwortete: ›Wer bist du, Herr?‹ Er sprach zu mir:
›Ich bin Jesus, der Nazoräer, den du verfolgst.‹
9 Meine Gefährten sahen zwar das Licht, doch die
Stimme dessen, der mit mir sprach, hörten sie nicht.
10 Ich sagte: ›Was soll ich tun, Herr?‹ Der Herr aber
sprach zu mir: ›Steh auf und geh nach Damaskus
hinein; dort wird dir alles gesagt werden, was dir zu
tun aufgetragen ist.‹
11 Als ich vor dem Glanz jenes Lichtes nicht sehen
konnte, ging ich, von meinen Gefährten an der
Hand geführt, nach Damaskus hinein. 12 Ein ge-
wisser Ananias, ein gesetzesfrommer Mann, der bei
allen ansässigen Juden in Ansehen stand, 13 kam zu
mir, trat herzu und sprach zu mir: ›Bruder Saul,
werde wieder sehend!‹ Zur selben Stunde konnte
ich vor ihm wieder sehen. 14 Er aber sagte: ›Der Gott
unserer Väter hat dich vorherbestimmt, seinen
Willen zu erkennen, den Gerechten zu schauen und
den Ruf aus seinem Munde zu hören; 15 denn du
sollst ihm Zeuge sein vor allen Menschen für das,
was du gesehen und gehört hast. 16 Und nun, was
zögerst du? Steh auf, laß dich taufen und deine Sün-
den abwaschen, indem du seinen Namen anrufst.‹
17 Als ich wieder nach Jerusalem zurückkam und im
Tempel betete, geschah es, daß ich in Verzückung
kam 18 und ihn sah, wie er zu mir sagte: ›Eile und
verlasse schleunigst Jerusalem; denn sie werden
dein Zeugnis über mich nicht annehmen.‹ 19 Ich ent-
gegnete: ›Herr, sie wissen ja selbst, daß ich es war,
der von einer Synagoge zur anderen alle, die an dich
glauben, verhaften und mißhandeln ließ. 20 Und als
das Blut deines Zeugen Stephanus vergossen
wurde, war gerade ich es, der dabeistand und
meine Zustimmung gab und die Kleider derer be-
wachte, die ihn töteten.‹ 21 Er aber sagte zu mir:
›Zieh fort; denn zu den Heiden in der Ferne will ich
dich senden.«

In Gefahr der Geißelung

22 Bis zu diesem Wort hörten sie ihn an, aber nun er-
hoben sie ihre Stimme und schrien: »Hinweg von
der Erde mit einem solchen Menschen! Er hat kein
Recht zu leben!« 23 Während sie schrien und ihre
Kleider von sich schleuderten und Staub in die Luft
warfen, 24 ließ der Oberst ihn in die Kaserne führen
und befahl, ihn unter Geißelhieben zu verhören,
um zu erfahren, weswegen sie solch ein Geschrei
erhoben gegen ihn.
25 Als sie ihn jedoch in die Riemen spannen wollten,
sagte Paulus zum anwesenden Hauptmann: »Ist es
euch erlaubt, einen römischen Bürger, und dazu
ohne gerichtliche Untersuchung, zu geißeln?« 26 Als
der Hauptmann dies hörte, ging er zum Oberst und
meldete ihm: »Was hast du vor? Dieser Mann ist ja
ein römischer Bürger!« 27 Da kam der Oberst herzu
und sagte zu ihm: »Sag mir, bist du ein Römer?« Er
antwortete: »Ja.« 28 Da erwiderte der Oberst: »Ich
habe um viel Geld dieses Bürgerrecht erworben.«
Paulus entgegnete: »Ich aber bin sogar damit gebo-
ren!« 29 Sogleich ließen jene, die ihn foltern sollten,
von ihm ab, und der Oberst kam in Furcht, da er
feststellte, daß er ein römischer Bürger sei und er
ihn hatte fesseln lassen.

Paulus vor dem Hohen Rat

30 Da er aber mit Sicherheit erfahren wollte, weswe-
gen er von den Juden angeklagt war, ließ er ihm am
folgenden Tag die Fesseln abnehmen, befahl, daß die
Hohenpriester und der ganze Hohe Rat sich versam-
melten, führte Paulus hinab und stellte ihn vor sie.

22,1–21: Die Verteidigungsrede des Apostels will dem jüdischen Volk zeigen, daß Paulus nicht als Abtrünniger, sondern als von Gott Gerufener seinen Missionsauftrag erfüllt habe. • 25–29: Auch in Philippi berief sich Paulus auf sein Bürgerrecht (16,37)

23 1 Paulus sah festen Blickes auf den
Hohen Rat und sprach: »Brüder! In jeder
Hinsicht bin ich mit gutem Gewissen
vor Gott gewandelt bis zum heutigen Tag.« 2 Da be-
fahl der Hohepriester Ananias denen, die bei ihm
standen, ihn auf den Mund zu schlagen. 3 Paulus
sagte zu ihm: »Gott wird dich schlagen, du über-
tünchte Wand! Du sitzest da, mich nach dem Ge-
setz zu richten, und läßt mich im Widerspruch zum
Gesetze schlagen!« 4 Da riefen die Umstehenden:
»Den Hohenpriester Gottes beschimpfest du?«
5 Paulus erwiderte: »Ich wußte nicht, Brüder, daß es
der Hohepriester ist. Es steht ja geschrieben: ›Einen
Führer deines Volkes sollst du nicht böse anreden‹
(2 Mos 22,27).«
6 Weil aber Paulus wußte, daß der eine Teil Saddu-
zäer und der andere Pharisäer waren, rief er laut im

Hohen Rat: »Brüder! Ich bin ein Pharisäer, ein Sohn
von Pharisäern. Wegen der Hoffnung und der Auf-
erstehung der Toten stehe ich vor Gericht!« 7 Als er
dies sagte, kam es zum Streit zwischen den Pha-
risäern und Sadduzäern, und die Versammlung ent-
zweite sich. 8 Denn die Sadduzäer behaupten, es
gebe weder Auferstehung noch Engel oder Geist-
wesen, die Pharisäer aber nehmen beides an. 9 Es
entstand ein großes Geschrei, und einige Schriftge-
lehrte von der Pharisäergruppe standen während
des Streites auf und sagten: »Wir finden nichts
Böses an diesem Menschen! Ob nicht doch ein
Geist mit ihm gesprochen hat oder ein Engel?«
10 Bei dem großen Zerwürfnis, das entstand, fürch-
tete der Oberst, Paulus könnte von ihnen zerrissen
werden, ließ Soldaten herabkommen und ihn her-
ausholen aus ihrer Mitte und in die Kaserne brin-
gen. 11 In der folgenden Nacht trat der Herr zu ihm
und sprach: »Sei guten Mutes! Denn wie du in Jeru-
salem Zeugnis ablegtest für das, was mich angeht,
so mußt du auch nach Rom als Zeuge gehen.«

Jüdische Verschwörung gegen Paulus

12 Als es Tag wurde, rotteten sich die Juden zusam-
men, verschworen sich und erklärten, sie würden
weder essen noch trinken, bis sie Paulus getötet
hätten. 13 Es waren ihrer mehr als vierzig, die sich so
verschworen. 14 Sie gingen zu den Hohenpriestern
und Ältesten und sagten: »Wir haben uns unter der
Strafe der Verfluchung verpflichtet, nichts zu ge-
nießen, bis wir Paulus getötet haben. 15 Sprecht nun
ihr zusammen mit dem Hohen Rat beim Oberst
vor, er solle ihn herabführen lassen zu euch, weil ihr
vorhättet, seine Sache genauer zu untersuchen; wir
aber halten uns vor seinem Herankommen bereit,
ihn niederzumachen.« 16 Der Schwestersohn des
Paulus hörte von dem Anschlag, begab sich in die
Kaserne und setzte Paulus davon in Kenntnis.
17 Paulus aber ließ einen der Hauptleute zu sich
kommen und sagte: »Führe diesen jungen Mann
zum Oberst; denn er hat ihm etwas zu melden.«
18 Der nahm ihn mit sich, führte ihn zum Oberst
und sagte: »Der Gefangene Paulus ließ mich zu sich
kommen und bat, diesen jungen Mann zu dir zu
führen, da er dir etwas zu sagen habe.« 19 Da nahm
ihn der Oberst bei der Hand, ging mit ihm beiseite
und fragte ihn: »Was ist es, das du mir zu melden
hast?« 20 Er antwortete: »Die Juden haben verein-
bart, dich zu bitten, daß du morgen Paulus vor den
Hohen Rat hinabbringen läßt, weil angeblich noch
genauere Untersuchung vorgenommen werden
soll. 21 Laß dich von ihnen nicht überreden! Denn
mehr als vierzig Männer von ihnen haben einen An-
schlag auf ihn vor; sie haben sich unter dem Fluch
gegen sich selbst verschworen, weder zu essen
noch zu trinken, bis sie ihn ermordet hätten. Sie
halten sich schon bereit und erwarten deine Zu-
sage.« 22 Da entließ der Oberst den jungen Mann
mit der Weisung: »Sage niemand, daß du mir diese
Anzeige gemacht hast!«

Überführung nach Cäsarea

23 Hierauf ließ er zwei von den Hauptleuten kom-
men und sagte: »Haltet zweihundert Soldaten be-
reit für einen Marsch nach Cäsarea, auch siebzig
Reiter und zweihundert Schützen, und zwar von
der dritten Stunde der Nacht an; 24 haltet auch Reit-
tiere bereit, um Paulus daraufzusetzen und ihn
sicher zum Statthalter Felix zu bringen.«
25 Und er schrieb einen Brief folgenden Inhalts:
26 »Klaudius Lysias entbietet dem erlauchten Statt-
halter Felix seinen Gruß! 27 Dieser Mann war von
den Juden ergriffen worden und nahe daran, von
ihnen getötet zu werden; da griff ich mit der Truppe
ein und holte ihn heraus, denn ich stellte fest, daß
er ein römischer Bürger ist. 28 Weil ich den Grund
ihrer Anklage gegen ihn ermitteln wollte, führte ich
ihn vor ihren Hohen Rat. 29 Ich fand, daß er wegen
Streitfragen ihres Gesetzes angeklagt ist, aber keine
Anschuldigung vorliegt, die Tod oder Gefängnis
verdient. 30 Da mir nun angezeigt wurde, daß auf
den Mann ein Anschlag geplant sei, schicke ich ihn
unverzüglich zu dir und habe die Ankläger ange-
wiesen, die Klage gegen ihn vor dir vorzubringen.
Lebe wohl!«
31 Die Soldaten nahmen ihrem Befehl gemäß Paulus
und brachten ihn bei Nacht bis nach Antipatri; 32 am
folgenden Tag ließen sie die Reiter mit ihm weiter-
ziehen; sie selbst kehrten in die Kaserne zurück.
33 Als jene nach Cäsarea kamen, übergaben sie dem
Statthalter den Brief und brachten auch Paulus vor
ihn. 34 Er las und fragte, aus welcher Provinz er sei,
und als er vernahm, aus Cilicien, 35 sagte er: »Ich
werde dich verhören, wenn auch deine Ankläger
eingetroffen sind.« Er gab Befehl, daß er im Präto-
rium des Herodes in Gewahrsam gehalten werde.

23,12f: Dieses Entsagungsgelübde sollte zeigen, daß der Entschluß unumstößlich sei. Dennoch werden die Verschwörer nicht verhungert sein. Sie konnten ihr Gelübde ohne Schwierigkeit wieder lösen lassen.

Verhandlung vor Felix

24 1 Nach fünf Tagen kam der Hoheprie-
ster Ananias mit einigen Ältesten und
einem Anwalt, Tertullus, herab, und sie
erhoben vor dem Statthalter Anklage gegen Paulus.
2 Nachdem dieser gerufen war, eröffnete Tertullus

die Anklage mit den Worten: »Tiefen Frieden genießen wir, und Verbesserungen wurden durch deine Fürsorge diesem Volk in jeglicher Weise und allerorts zuteil; 3 das erkennen wir, erlauchter Felix, in aller Dankbarkeit an. 4 Ohne dich aber lange hinhalten zu wollen, bitte ich dich, uns kurz in deiner Güte anzuhören. 5 Wir haben nämlich diesen Menschen als eine Pest kennengelernt und als Unruhestifter unter allen Juden in der ganzen Welt; er ist ein Anführer der Sekte der Nazoräer 6 und hat sogar versucht, den Tempel zu entweihen; wir nahmen ihn fest [und wollten ihn richten nach unserem Gesetz. 7 Doch der Oberst Lysias kam dazu, entriß ihn mit Gewalt unseren Händen 8 und befahl, daß seine Ankläger zu dir kommen sollten]. Du kannst ihn selber verhören und von ihm Kenntnis erhalten über alles, wessen wir ihn anklagen.« 9 Auch die Juden legten sich mit ein und erklärten, daß es sich so verhalte.

10 Auf ein Zeichen des Statthalters, daß er reden solle, entgegnete Paulus: »Da ich weiß, wie du seit vielen Jahren Richter bist über dieses Volk, verteidige ich guten Mutes meine Sache. 11 Du kannst feststellen, daß es für mich nicht mehr als zwölf Tage sind, seit ich nach Jerusalem hinaufzog, um anzubeten. 12 Sie haben mich weder im Tempel dabei getroffen, daß ich mit jemand ein Streitgespräch geführt oder einen Volksaufruhr erregt hätte, noch in den Synagogen noch im Bereich der Stadt; 13 auch können sie keine Beweise erbringen für das, wessen sie mich jetzt anklagen.

14 Das aber bekenne ich vor dir, daß ich nach dem Weg, den sie eine Irrlehre nennen, dem Gott meiner Väter diene, wobei ich an alles glaube, was im Gesetz und bei den Propheten geschrieben steht; 15 und ich habe die Hoffnung zu Gott, wie auch diese selbst sie hegen, daß es eine Auferstehung geben wird von Gerechten wie von Ungerechten. 16 Daher bin ich auch selber bemüht, allzeit ein schuldloses Gewissen zu haben vor Gott und vor den Menschen.

17 Nach einer Reihe von Jahren bin ich gekommen, um Almosen zu bringen für mein Volk und zu opfern; 18 hierbei trafen sie mich, als ich im Tempel mich der Reinigung unterzog, keineswegs aber mit einem Volkshaufen oder unter Tumult. 19 Nur einige Juden aus Asia waren da; die müßten vor dir erscheinen und Klage erheben, wenn sie etwas gegen mich haben sollten. 20 Oder diese selbst hier mögen aussagen, welches Verbrechen sie gefunden haben, als ich vor dem Hohen Rat stand; 21 es müßte denn das eine Wort sein, das ich ausrief, als ich unter ihnen stand: Der Auferstehung der Toten wegen stehe ich heute vor eurem Gericht!«

22 Felix, der über die Lehre recht gut Bescheid wußte, entschloß sich für Vertagung ihrer Angelegenheit und sprach: »Sobald der Oberst Lysias herabkommt, will ich eure Sache entscheiden.« 23 Dem Hauptmann befahl er, ihn in Gewahrsam zu halten, und zwar in milder Haft, und niemand von den Seinen zu hindern, ihm zu Diensten zu sein. 24 Nach einigen Tagen erschien Felix mit seiner Gemahlin Drusilla, die eine Jüdin war, ließ Paulus rufen und verhörte ihn über den Glauben an Christus Jesus.

25 Als aber dieser von Gerechtigkeit und Enthaltsamkeit sprach und vom kommenden Gericht, geriet Felix in Furcht und entgegnete: »Für diesmal kannst du gehen; zu gelegener Zeit will ich dich wieder rufen.« 26 Zugleich hoffte er auch, es werde ihm von Paulus Geld gegeben; darum rief er ihn oft zu sich und unterhielt sich mit ihm. 27 Nach Ablauf von zwei Jahren erhielt Felix einen Nachfolger in Porcius Festus, und da Felix den Juden gefällig sein wollte, ließ er Paulus als Gefangenen zurück.

24,1–27: Mit besonderem Interesse läßt der Bericht erkennen, daß man weder juristisch noch moralisch Paulus ein Vergehen nachweisen konnte, obwohl er der Verschlagenheit seiner jüdischen Gegner wie der schwankenden Haltung des römischen Beamten gegenüberstand. • 27: Der Oberst verdreht den Sachverhalt, wenn er sagt, er habe festgestellt, daß Paulus römischer Bürger sei.

Paulus appelliert an den Kaiser

25 1 Als nun Festus in der Provinz eingetroffen war, begab er sich drei Tage darauf von Cäsarea hinauf nach Jerusalem; 2 die Hohenpriester aber und die führenden Juden brachten ihre Klage gegen Paulus bei ihm vor, baten gegen diesen um einen Gunsterweis und suchten ihn zu bewegen, 3 er möge ihn nach Jerusalem überführen lassen; sie planten dabei einen Anschlag, um ihn unterwegs zu beseitigen. 4 Festus aber erwiderte, Paulus bleibe in Cäsarea verwahrt, er selbst aber wolle in Kürze abreisen. 5 »Dann mögen die Bevollmächtigten unter euch«, sagte er, »mit hinabkommen, und wenn auf dem Mann ein Verbrechen liegt, sollen sie Anklage erheben gegen ihn.«

6 Er hielt sich bei ihnen nicht länger als acht oder zehn Tage auf, reiste nach Cäsarea hinab, setzte sich am anderen Tag auf den Richterstuhl und ließ Paulus vorführen. 7 Als dieser erschien, umringten ihn die Juden, die von Jerusalem herabgekommen waren, und brachten viele und schwere Anklagen vor, die sie jedoch nicht beweisen konnten. 8 Paulus verteidigte sich: »Weder gegen das Gesetz der Juden noch gegen den Tempel noch gegen den

Kaiser habe ich mich vergangen.« 9 Festus, der sich
den Juden gefällig erweisen wollte, sagte in seiner
Erwiderung zu Paulus: »Willst du nach Jerusalem
hinaufgehen und dich dort über diese Dinge von
mir richten lassen?« 10 Paulus entgegnete: »Ich stehe
vor dem Richterstuhl des Kaisers, hier muß ich ge-
richtet werden. Den Juden gegenüber habe ich kein
Unrecht begangen, wie auch du sehr wohl weißt.
11 Sollte ich nun im Unrecht sein und etwas Todes-
würdiges begangen haben, weigere ich mich nicht,
zu sterben; ist aber nichts an den Klagen, die sie
vorbringen gegen mich, so kann niemand mich
ihnen preisgeben; ich lege Berufung ein an den
Kaiser.« 12 Da besprach sich Festus mit seinem Rat
und gab den Bescheid: »Den Kaiser hast du ange-
rufen. Zum Kaiser sollst du gehen.«

Der König Agrippa

13 Nach Verlauf einiger Tage kamen König Agrippa
und Bernike nach Cäsarea, um Festus zu begrüßen.
14 Da sie mehrere Tage dort sich aufhielten, legte
Festus dem König die Sache gegen Paulus vor und
sagte: »Von Felix ist ein Mann als Gefangener hin-
terlassen worden, 15 dessentwegen bei meiner An-
wesenheit in Jerusalem die Hohenpriester und
Ältesten der Juden Klage stellten und seine Verurtei-
lung forderten. 16 Ich gab ihnen den Bescheid, es sei
bei den Römern nicht Sitte, einen Mann auszulie-
fern, bevor der Beklagte den Klägern von Angesicht
zu Angesicht gegenübergestanden sei und Gelegen-
heit erhalten habe, sich gegen die Anschuldigungen
zu verteidigen. 17 Sie kamen nun mit hierher, und ich
setzte mich ohne Verzug am folgenden Tag auf den
Richterstuhl und ließ den Mann vorführen. 18 Als die
Kläger auftraten, brachten sie über ihn keine der von
mir angenommenen schlimmen Beschuldigungen
vor, 19 sondern hatten gegen ihn gewisse Streitfra-
gen hinsichtlich ihrer Religion und eines gewissen
Jesus, der gestorben ist, von dem aber Paulus be-
hauptete, daß er lebe. 20 Da ich nun in der diesbe-
züglichen Streitfrage nicht Bescheid wußte, fragte
ich, ob er vielleicht nach Jerusalem hinaufgehen und
dort hierüber gerichtet werden wolle. 21 Paulus aber
legte Berufung ein, um bis zur Entscheidung der
Kaiserlichen Majestät in Gewahrsam gehalten zu
werden, und so gab ich Anweisung, daß er in Haft
bleibe, bis ich ihn zum Kaiser schicken würde.«
22 Agrippa sagte zu Festus: »Ich möchte auch selbst
ganz gern diesen Menschen hören.« »Morgen«, er-
widerte er, »sollst du ihn hören.«

Paulus vor Agrippa

23 Am folgenden Tage kamen Agrippa und Bernike
mit großem Gepränge und betraten mit den Militär-
obersten und den vornehmsten Männern der Stadt
den Empfangssaal, und Paulus wurde auf Geheiß
des Festus vorgeführt. 24 Festus sprach: »König
Agrippa und alle ihr mit uns anwesenden Männer!
Da seht ihr den Mann, dessentwegen mich das
ganze Volk der Juden in Jerusalem wie auch hier be-
stürmt hat mit dem Geschrei, er dürfe nicht länger
mehr leben. 25 Doch ich stellte fest, daß er nichts
Todeswürdiges begangen hat; da er jedoch selbst
die Kaiserliche Majestät angerufen hat, beschloß
ich, ihn dahin zu senden. 26 Ich weiß nun nichts Zu-
verlässiges über ihn an den Herrn zu schreiben;
daher habe ich ihn vor euch und vorzüglich vor
dich, König Agrippa, bringen lassen, damit ich nach
erfolgtem Verhör weiß, was ich zu schreiben habe.
27 Denn es scheint mir sinnlos, einen Gefangenen zu
schicken und nicht auch die gegen ihn gerichteten
Anklagepunkte anzugeben.«

25,1–12: Wurde die eingelegte Berufung an den Kaiser, d. h. an das kaiserliche Gericht in Rom angenommen, so war der betreffende Rechtsfall dem Statthaltergericht entzogen. • 13–26,32: Die Apg berichtet wohl deshalb so ausführlich die Begegnung zwischen Paulus und König Herodes Agrippa II., weil dessen Urteil für den Prozeß in Rom bedeutsam sein konnte.

26

1 Agrippa sagte zu Paulus: »Es ist dir
gestattet, in deiner Sache zu reden.« Da
streckte Paulus die Hand aus und be-
gann seine Verteidigung: 2 »Ich schätze mich glück-
lich, König Agrippa, daß ich mich heute vor dir
wegen all der von den Juden gegen mich erhobenen
Anklagen verteidigen darf; 3 du bist ja ein vorzüg-
licher Kenner aller bei den Juden sich findenden
Bräuche und Streitfragen. Ich bitte dich daher, mit
Geduld mich anzuhören.
4 Von meinem Lebenswandel, den ich seit meiner
Jugend von Anfang an unter meinem Volk, und
zwar in Jerusalem, führte, wissen alle Juden, 5 die
mich seit jeher kennen – und es bezeugen wollen –,
daß ich als Pharisäer nach der strengsten Richtung
unserer Religion gelebt habe. 6 Nun stehe ich vor
Gericht wegen der Hoffnung auf die von Gott an
unsere Väter ergangene Verheißung, 7 zu der unser
Zwölfstämmevolk zu gelangen hofft, wenn es un-
ablässig Tag und Nacht Gott dient. Dieser Hoff-
nung wegen, o König, werde ich von den Juden an-
geklagt. 8 Warum gilt es bei euch für unglaublich,
daß Gott Tote erweckt?
9 Zwar hatte ich mir eingebildet, ich müßte gegen
den Namen Jesu, des Nazoräers, viel Feindseliges
unternehmen. 10 Das tat ich denn auch in Jerusalem
und habe viele der Heiligen in Gefängnisse gewor-
fen, wozu ich von den Hohenpriestern Vollmacht

erhalten hatte, und wenn sie hingerichtet wurden,
stimmte ich zu. 11 In allen Synagogen suchte ich sie
gar oft unter Strafen zum Lästern zu zwingen, und
in meiner maßlosen Wut verfolgte ich sie bis in die
auswärtigen Städte. 12 Als ich aber dabei mit Voll-
macht und im Auftrag der Hohenpriester nach
Damaskus zog, 13 sah ich unterwegs, mitten am Tag,
o König, vom Himmel her ein Licht, heller als der
Sonne Glanz, das mich und meine Gefährten um-
strahlte. 14 Indes wir alle zu Boden fielen, hörte ich
eine Stimme in hebräischer Sprache zu mir sagen:
›Saul, Saul, warum verfolgst du mich? Es ist hart für
dich, gegen den Stachel auszuschlagen.‹ 15 Ich aber
entgegnete: ›Wer bist du, Herr?‹ Der Herr antwor-
tete: ›Ich bin Jesus, den du verfolgst. 16 Doch steh auf
und stelle dich auf deine Füße; denn dazu bin ich dir
erschienen, daß ich dich bestelle zum Diener und
zum Zeugen dessen, was du an mir geschaut hast,
und dessen, worin ich mich dir zeigen werde; 17 be-
wahren werde ich dich vor dem Volk und vor den
Heiden, zu denen ich dich sende; 18 du sollst ihnen
die Augen öffnen, damit sie sich bekehren von der
Finsternis zum Licht und von der Gewalt des Satans
zu Gott, damit sie Vergebung der Sünden erlangen
und Anteil unter den Heiligen durch den Glauben an
mich.‹ 19 Daraufhin, König Agrippa, verhielt ich
mich nicht abweisend gegenüber der himmlischen
Erscheinung, 20 sondern predigte zuerst denen in
Damaskus, dann auch in Jerusalem und im ganzen
Land der Juden und unter den Heidenvölkern, sie
sollten sich bekehren und hinwenden zu Gott und
der Bekehrung entsprechende Werke verrichten.
21 Um dieser Dinge willen ergriffen mich die Juden
im Tempel und versuchten, mich zu töten.
22 Aber durch Gottes Hilfe, die ich erfuhr, stehe ich
bis zum heutigen Tag und gebe Zeugnis vor klein
und groß; ich behaupte nichts anderes, als was die
Propheten und auch Moses als Geschehen der Zu-
kunft verkündet haben, 23 daß nämlich der Messias
dem Leiden unterworfen sei, aber als erster aus der
Auferstehung der Toten ein Licht verkünden werde
dem Volk und den Heiden.«

Wirkung der Rede

24 Als er sich so verteidigte, rief Festus mit lauter
Stimme: »Du bist von Sinnen, Paulus! Das viele
Studieren bringt dich um den Verstand!« 25 Paulus
aber sagte: »Ich bin nicht von Sinnen, erlauchter
Festus, sondern ich rede Worte der Wahrheit und
Besonnenheit. 26 Es weiß ja der König, zu dem ich
mit Freimut spreche, um diese Dinge; bin ich doch
überzeugt, daß nichts davon ihm unbekannt blieb;
es hat sich ja dies nicht in einem Winkel zugetragen.
27 Glaubst du, König Agrippa, den Propheten? Ich
weiß, du glaubst.« 28 Agrippa erwiderte Paulus: »In
kurzem überredest du mich noch, mich als Christen
zu erklären.« 29 Paulus sagte: »Ich wollte vor Gott,
daß über kurz oder lang nicht allein du, sondern
auch alle, die heute mich hören, das würden, was
ich bin, abgesehen von diesen Ketten.« 30 Da er-
hoben sich der König und der Statthalter sowie
Bernike und die mit anwesenden Gäste. 31 Beim
Hinausgehen sagten sie zueinander »Dieser Mann
tut nichts, was Tod oder Fesseln verdient.«
32 Agrippa aber sagte zu Festus: »Freilassen könnte
man diesen Menschen, hätte er nicht Berufung ein-
gelegt an den Kaiser.«

Auf dem Weg nach Rom

27 1 Nachdem unsere Abfahrt nach Italien
entschieden war, übergab man Paulus
mit anderen Gefangenen dem Haupt-
mann einer kaiserlichen Kohorte namens Julius.
2 Wir bestiegen ein Schiff aus Adramyttium, das zu
den Plätzen an der Küste von Asia fahren sollte, und
segelten ab, begleitet von dem Mazedonier Aristar-
chus aus Thessalonich. 3 Am folgenden Tag liefen
wir in Sidon ein, und Julius, der sich freundlich
gegen Paulus verhielt, erlaubte ihm, seine Freunde
aufzusuchen und sich versorgen zu lassen. 4 Von
dort fuhren wir weiter, segelten, da wir Gegenwind
hatten, um Cypern herum, 5 durchquerten das Meer
längs Cilicien und Pamphylien und kamen nach
Myra in Lycien. 6 Dort traf der Hauptmann ein
Schiff aus Alexandrien, das nach Italien fuhr, und
brachte uns an Bord von diesem. 7 Eine Reihe von
Tagen kamen wir nur langsam voran und gelangten
mit Mühe auf die Höhe von Knidos; weil uns der
Wind nicht vorankommen ließ, umsegelten wir
Kreta in der Gegend von Salmone 8 und erreichten
in mühsamer Fahrt an der Küste entlang einen Ort,
der Kaloi Limenes (»Schönhafen«) heißt, in der
Nähe der Stadt Lasäa.

Im Seesturm

9 Da geraume Zeit verflossen und die Schiffahrt
schon unsicher war – das Fasten war ja schon vor-
über –, warnte Paulus und sagte: 10 »Männer, ich
sehe, daß die Weiterfahrt mit Ungemach und viel
Schaden nicht nur für die Ladung und das Schiff,
sondern auch für unser Leben verknüpft sein wird.«
11 Der Hauptmann aber glaubte mehr dem Steuer-
mann und dem Kapitän als den Worten des Paulus.
12 Da der Hafen zum Überwintern nicht geeignet
war, entschloß sich die Mehrzahl, von dort wegzu-
fahren, um womöglich nach Phönix, einem nach

Süd- und Nordwest offenen Hafen von Kreta, zu
kommen und zu überwintern.
13 Als ein leichter Südwind wehte, glaubten sie, ihr
Vorhaben sicher ausführen zu können, lichteten die
Anker und fuhren an Kreta entlang. 14 Aber nicht
lange danach brach von der Insel ein Wirbelsturm,
der sogenannte Eurakylon, herab; 15 weil das Schiff
mit fortgerissen wurde und nicht mehr gegen den
Wind zu bringen war, gaben wir es preis und ließen
es treiben. 16 Als wir an einer kleinen Insel mit
Namen Klauda vorbeifuhren, konnten wir uns mit
Not des Beibootes bemächtigen; 17 sie zogen es
empor und trafen Vorkehrungen, indem sie das
Schiff umgürteten. Weil man fürchtete, auf die
Syrte zu geraten, zogen wir die Segel ein und ließen
uns treiben. 18 Da uns der Sturm gewaltig zusetzte,
warfen sie am folgenden Tag Ladung aus, 19 und am
dritten Tag warfen sie eigenhändig die Schiffsein-
richtung über Bord. 20 Als mehrere Tage weder die
Sonne schien noch Sterne sich zeigten und der
Sturm mit unverminderter Gewalt uns bedrängte,
schwand uns zuletzt alle Hoffnung auf Rettung.
21 Da sie lange nichts mehr gegessen hatten, trat
Paulus unter sie und sagte: »Männer, man hätte auf
mich hören und von Kreta nicht abfahren sollen,
um so dieses Ungemach und diesen Schaden zu er-
sparen. 22 Doch auch jetzt ermahne ich euch, guten
Mutes zu sein; denn keiner von euch wird ver-
lorengehen, nur das Schiff. 23 Denn in dieser Nacht
kam zu mir ein Engel des Gottes, dem ich angehöre
und dem ich diene, 24 und sprach: ›Fürchte dich
nicht, Paulus! Du mußt vor dem Kaiser erscheinen,
und siehe, Gott hat dir alle geschenkt, die mit dir
fahren.‹ 25 So seid guten Mutes, Männer! Denn ich
vertraue auf Gott, daß es so geschehen wird, wie
mir gesagt wurde. 26 Wir müssen aber auf irgend-
eine Insel verschlagen werden.«

Schiffbruch vor Malta

27 Als die vierzehnte Nacht hereingebrochen war
und wir auf der Adria hintrieben, vermuteten die
Schiffsleute um Mitternacht, daß ihnen irgendein
Festland näherkomme. 28 Sie warfen das Senkblei
aus und fanden zwanzig Klafter; nach kurzer Zwi-
schenstrecke loteten sie abermals und fanden fünf-
zehn Klafter. 29 Weil sie nun fürchteten, wir möch-
ten auf Klippen stoßen, warfen sie vom Hinter-
schiff vier Anker aus und warteten sehnsüchtig auf
den Anbruch des Tages. 30 Als aber die Schiffsleute
aus dem Schiff zu entfliehen suchten und das Bei-
boot ins Meer ließen, unter dem Vorwand, auch
vom Vorderschiff Anker auszuwerfen, 31 sagte Pau-
lus zum Hauptmann und zu den Soldaten: »Wenn
diese nicht im Schiffe bleiben, könnt ihr nicht ge-
rettet werden.« 32 Da hieben die Soldaten die Taue
des Bootes ab und ließen es davontreiben. 33 Als es
anfing, Tag zu werden, forderte Paulus alle auf,
Nahrung zu nehmen, und sprach: »Vierzehn Tage
sind es heute, daß ihr in stetem Warten ohne Nah-
rung seid und nichts zu euch genommen habt.
34 Daher fordere ich euch auf, Nahrung zu euch zu
nehmen; denn dies dient eurer Rettung; es wird ja
keinem von euch ein Haar vom Haupte verlorenge-
hen.« 35 Nachdem er dies gesagt hatte, nahm er
Brot, sprach in Gegenwart aller zu Gott das Dank-
gebet, brach es und begann zu essen. 36 Da wurden
alle zuversichtlich und nahmen ebenfalls Nahrung
zu sich. 37 Es waren unser auf dem Schiff im ganzen
zweihundertsechsundsiebzig Seelen. 38 Nachdem
sie sich satt gegessen hatten, erleichterten sie das
Schiff und warfen das Getreide ins Meer.
39 Als es Tag wurde, erkannten sie zwar das Land
nicht, doch gewahrten sie eine Bucht mit einem
flachen Strand, auf den sie nach Möglichkeit das
Schiff auflaufen lassen wollten. 40 Sie machten die
Anker los und ließen sie ins Meer fallen; zugleich
lösten sie die Bindungen der Steuerruder, setzten
das Vordersegel in die Windrichtung und hielten auf
den Strand zu. 41 Sie gerieten aber auf eine Sand-
bank und strandeten mit dem Schiff; der Bug grub
sich tief ein, das Hinterschiff aber wurde von der
Gewalt der Wogen zertrümmert. 42 Die Soldaten
machten den Vorschlag, die Gefangenen zu töten,
damit keiner durch Schwimmen entkäme. 43 Der
Hauptmann aber, der Paulus retten wollte, hielt sie
von ihrem Vorhaben zurück und befahl, die
schwimmen könnten, sollten als erste von Bord
springen und ans Land zu kommen suchen, 44 die
übrigen aber teils auf Planken, teils auf irgendeinem
Stück vom Schiff. Und so kam es, daß sich alle heil
an Land retteten.

27,1–28,31: Der Bericht über die Verbringung des gefangenen Apostels nach Rom gehört zu den interessantesten Beiträgen zur antiken Seefahrerei. Er läßt hervortreten, wie Gottes Führung über Paulus wachte, so daß er trotz aller Gefahren nach Rom kam.
27,9: Gemeint ist das Fasten am großen Versöhnungstag im Herbst, eine Zeit, in der die Schiffahrt wegen der beginnenden Winterstürme eingestellt zu werden pflegte. • 27: Die Adria umfaßt bei den antiken Schriftstellern (im weiteren Sinn) auch das jonische und sizilische Meer. • 35: Paulus beachtete die allgemein übliche jüdische Sitte des Brotsegens und Brotbrechens.

Überwinterung auf Malta

28
1 Nach unserer Rettung erfuhren wir,
daß die Insel Malta hieß. 2 Die Eingebo-
renen erwiesen uns ungewöhnliche
Freundlichkeit; sie zündeten nämlich ein Feuer an

und holten uns alle angesichts des anhaltenden Regens und der Kälte heran. [3] Als Paulus ein Bündel Reisig zusammenraffte und auf das Feuer legte, fuhr infolge der Hitze eine Natter heraus und biß sich an seiner Hand fest. [4] Als die Eingeborenen das Tier an seiner Hand hängen sahen, sagten sie zueinander: »Dieser Mensch ist ganz gewiß ein Mörder, den die Rachegöttin nicht leben läßt, obschon er dem Meer entkommen ist.« [5] Er nun schleuderte das Tier von sich ins Feuer und erlitt keinen Schaden. [6] Sie aber erwarteten, er werde anschwellen oder plötzlich tot umfallen. Als sie jedoch nach längerem Warten sahen, daß ihm nichts Außergewöhnliches widerfuhr, kamen sie auf andere Gedanken und sagten, er sei ein Gott.

[7] Im Umkreis jenes Platzes war ein Gut, das dem ersten Mann der Insel, namens Publius, gehörte. Dieser nahm uns auf und beherbergte uns voll Gastlichkeit drei Tage lang. [8] Der Vater des Publius lag gerade an Fieberanfällen und Ruhr schwer danieder. Paulus ging zu ihm hin, legte ihm unter Gebet die Hände auf und machte ihn gesund. [9] Daraufhin kamen auch die anderen Kranken auf der Insel herbei und wurden geheilt. [10] Sie erzeigten uns viele Ehren und versahen uns bei der Abfahrt mit allem, was wir nötig hatten.

Von Malta nach Rom

[11] Nach drei Monaten fuhren wir weiter, und zwar mit einem alexandrinischen Schiff, das auf der Insel überwintert hatte und das Zeichen der Dioskuren führte. [12] Wir kamen nach Syrakus und blieben drei Tage. [13] Von dort kreuzten wir hinüber und gelangten nach Rhegium, und als tags darauf der Südwind einsetzte, kamen wir in zwei Tagen nach Puteoli. [14] Dort trafen wir Brüder und wurden gebeten, sieben Tage bei ihnen zu bleiben, und so kamen wir nach Rom. [15] Da die Brüder von uns gehört hatten, waren sie uns von dort bis Forum Appii und Tres Tabernae entgegengegangen. Als Paulus sie sah, dankte er Gott und faßte Mut.

Paulus in Rom

[16] In Rom angekommen, erhielt Paulus [, nachdem der Hauptmann die Gefangenen dem Lagerobersten übergeben hatte,] die Erlaubnis, mit dem Soldaten, der ihn bewachte, eine eigene Wohnung zu nehmen. [17] Nach drei Tagen war es, da ließ er die Führer der Juden zu sich kommen, und als sie beisammen waren, sprach er zu ihnen: »Brüder! Obwohl ich nichts gegen das Volk oder die väterlichen Sitten getan habe, bin ich als Gefangener von Jerusalem aus in die Hände der Römer übergeben worden. [18] Diese verhörten mich und wollten mich freilassen, da keine todeswürdige Schuld bei mir vorlag. [19] Als aber die Juden Einspruch erhoben, war ich gezwungen, den Kaiser anzurufen, jedoch nicht so, als hätte ich gegen mein Volk eine Klage. [20] Aus diesem Grunde habe ich gebeten, euch sehen und sprechen zu dürfen; denn um der Hoffnung Israels willen trage ich diese Kette.«

[21] Sie aber sagten zu ihm: »Wir haben über dich weder Briefe aus Judäa erhalten, noch ist einer der Brüder gekommen, der etwas Böses von dir berichtet oder ausgesagt hätte. [22] Wir wünschen aber, von dir zu hören, welcher Meinung du bist; denn von dieser Sekte ist uns bekannt, daß ihr allenthalben widersprochen wird.« [23] Sie bestimmten ihm einen Tag und kamen in noch größerer Zahl zu ihm in die Herberge, wo er ihnen vom Morgen bis zum Abend das Reich Gottes darlegte und bezeugte und sie vom Gesetz des Moses und den Propheten her für Jesus zu gewinnen suchte. [24] Die einen ließen sich durch das Gesagte überzeugen, die anderen aber blieben ungläubig.

[25] Ohne sich miteinander einigen zu können, gingen sie von dannen, indes Paulus das eine Wort sagte: »Treffend hat der Heilige Geist durch den Propheten Isaias zu euren Vätern gesprochen: [26] ›Geh zu diesem Volk und sprich: Mit Ohren werdet ihr hören und nicht verstehen, und sehen werdet ihr und nicht erkennen; [27] denn das Herz dieses Volkes ist verstockt; mit den Ohren hören sie schwer, und ihre Augen halten sie geschlossen, damit sie nicht sehen mit den Augen und nicht hören mit den Ohren und nicht verstehen mit dem Herzen und sich bekehren und ich sie heile‹ (Is 6,9f). [28] So sei euch denn kund, daß nun den Heiden dieses Heil Gottes gesandt wurde, und sie werden hören.« [29] [Bei diesen Worten verließen ihn die Juden und stritten heftig untereinander.] [30] Er aber blieb zwei volle Jahre in seiner eigenen Mietwohnung, nahm alle auf, die zu ihm kamen, [31] und verkündete das Reich Gottes und belehrte sie über Jesus Christus mit allem Freimut, ohne Behinderung.

28,11: Dioskuren sind das Zwillingspaar Kastor und Pollux, die als Patrone der Schiffahrt galten. • 16–29: Mit diesem Bericht über die Aussprache mit den Vertretern der römischen Judenschaft will die Apg darlegen, daß auch diese nichts Belastendes über Paulus wußten, selbst aber wenig Aufgeschlossenheit für die christliche Botschaft zeigten. • 30f: Dieser plötzliche Abschluß des Buches mit seiner betonten Hervorhebung der freundlichen Behandlung des gefangenen Apostels durch die römische Behörde – wie diese ja auch schon im bisherigen Bericht immer wieder mit besonderer Aufmerksamkeit geschildert wurde – läßt sich schwer verstehen, wenn zur Zeit der Niederschrift dieses Berichtes Paulus schon den Martertod gestorben wäre. Daher hat sich gerade aus dieser Überlegung die Annahme zu begründen versucht, daß die Apostelgeschichte ihren Abschluß gefunden habe, ehe das Untersuchungsverfahren beendet worden sei. Das wäre dann im Jahre 63 gewesen. Dabei nimmt man auf Grund auch der in den Gefangenschaftsbriefen zum Ausdruck kommenden Zuversicht des Apostels auf baldige Freiheit an, daß der Apostel tatsächlich einen Freispruch erfuhr und so die Möglichkeit erhielt, sein in Röm 15,24.28 angekündigtes Vorhaben, nach Spanien zu fahren, auszuführen. Falls man die Pastoralbriefe (1,2 Tim; Tit) in die Zeit nach dieser römischen Gefangenschaft setzen darf, würde man auch noch an ein Wirken im Orient denken können, wenngleich diese Frage abhängt von der besonderen Beurteilung dieser Briefe. Sollte man, wie es auf jeden Fall nicht ganz abzuweisen ist, diesen zeitlichen Ansatz für die Apostelgeschichte befürworten, besteht auch die Möglichkeit zur Annahme, daß Lukas mit der Abfassung seines Schreibens – vielleicht auf dem Weg über Theophilus (Luk 1,3; Apg 1,1) – einen Beitrag liefern wollte zu einer günstigen Beeinflussung des Untersuchungsverfahrens. Da man allerdings in neuerer Zeit – wie schon in der Einleitung vermerkt – ernste Gründe zu sehen glaubt für eine Datierung des Lukasevangeliums nach dem Jahre 70, müßte man auch die Apg später ansetzen und damit eine andere Erklärung für den eigenartigen Abschluß suchen.

DIE BRIEFE DES APOSTELS PAULUS

Die folgenden Briefe sind Zeugnisse eines Mannes, der unter Gottes Führung für die Entwicklung der Kirche Christi von größter Bedeutung wurde. Saulus, meist mit seinem Zweitnamen Paulus genannt (vgl. Apg 13,9), als geborener Pharisäer und gebildeter Gesetzeslehrer mit der jüdischen Theologie vertraut, als Auslandsjude aus Tarsus in Cilicien mit der Kultur seiner Zeit bekannt, aus seinem Kampf gegen die Kirche zum Apostel berufen, bahnte dem Evangelium den Weg zur Weltkirche, vor allem durch seine großen Missionsreisen, von denen die erste ihn über Cypern nach Kleinasien führte (45–49), die zweite über Kleinasien nach Europa (Mazedonien und Griechenland, 50–53), die dritte zu den gleichen Gebieten mit einem dreijährigen Wirken und Ephesus (54–58). Durch die Feindseligkeit jüdischer Gegner geriet er in langjährige Untersuchungshaft, zuerst in Cäsarea und dann in Rom (58–63; vgl. die ausführlichen Berichte der Apg 13–28). Nach seinem Freispruch, den wir aus verschiedenen Gründen annehmen dürfen, kam er als rastloser Missionar wahrscheinlich nochmals in die östlichen Länder sowie nach Spanien, bis er unter Nero, vermutlich im Jahre 67, in Rom als Märtyrer starb. Seine Briefe, im folgenden nach ihrer Größe und Bedeutung geordnet, sind erfüllt von einem starken Sendungs- und Gnadenbewußtsein, von einer glühenden Dankbarkeit und Liebe für Christus und vom leidenschaftlichen Drang, allen Menschen die Heilsbotschaft zu verkünden. Sie geben uns auch lebendigen Einblick in die äußeren und inneren Verhältnisse und in die Missionsprobleme der ersten Kirche sowie in das Bemühen, das Heilserlebnis in Christus Jesus theologisch und kerygmatisch zu fassen und zu durchdringen. Nach ihrer zeitlichen Entstehung sind sie, wie folgt, zu ordnen: 1 Thess, 2 Thess, Gal, 1 Kor, 2 Kor, Röm, Kol, Eph, Philem, Phil, 1 Tim, Tit, 2 Tim. Der Hebräerbrief nimmt eine Sonderstellung ein. Vgl. die Einführung zu den einzelnen Briefen.

DER BRIEF AN DIE RÖMER

Nach Abschluß der dritten Missionsreise, wohl im Frühjahr 58, schrieb Paulus von Korinth aus diesen wichtigsten seiner Briefe an die Christengemeinde der Reichshauptstadt Rom, da er die Absicht hatte, auf seiner geplanten Missionsfahrt nach Spanien in Rom Aufenthalt zu nehmen (Röm 1,11f; Röm 15.19.23). In seinem Brief zeigt er in tiefgreifender Darstellung die Grundgedanken der Heilsbotschaft und deren alleinige Erlösungskraft für die heilsbedürftige Menschheit. In Berücksichtigung der aus ehemaligen Heiden und Juden bestehenden römischen Christengemeinde zeichnet er nach der Einleitung des Briefes (1,1–17) zunächst die religiöse und sittliche Not der gesamten Menschheit (1,18 – 3,20), um anschließend (3,21–4,25) das in Christus Jesus gewirkte und durch den Glauben an ihn zu erlangende Heil zu umschreiben. Von 5,1–8,39 sucht er in bewegter Weise die Lebensbedeutung dieser Erlösung zu schildern, um dadurch die große Zuversicht des Christen zu begründen. 9,1–11,36 bietet eine ergreifende Betrachtung zur Stellung der Juden im Heilswerk Gottes. Von 12,1–15,13 gibt der Apostel Weisung für das rechte Verhalten der Christen im Leben, um mit 15,14 – 16,27 dem Brief mit persönlichen Notizen den Abschluß zu geben.

Paulus, Knecht Christi Jesu, berufen zum Apo-
stel, ausgesondert für das Evangelium Gottes,
2 das er zuvor verheißen hat durch seine Pro-
pheten in Heiligen Schriften, 3 von seinem Sohn –
hervorgegangen aus Davids Geschlecht dem Flei-
sche nach, – 4 gesetzt zum Sohne Gottes in Macht
dem Geist der Heiligkeit nach, zufolge der Aufer-
stehung von den Toten – Jesus Christus, unserem
Herrn, 5 durch den wir Gnade empfingen und Apo-
stelamt zur Weckung von Glaubensgehorsam unter
allen Völkern für seinen Namen, 6 – unter denen
auch ihr seid, berufen von Jesus Christus –, 7 an alle,
die in Rom sind als von Gott geliebte, berufene
Heilige. Gnade euch und Friede von Gott, unserem
Vater, und dem Herrn Jesus Christus.

Begründung des Briefes

8 Zuallererst danke ich meinem Gott durch Jesus
Christus für euch alle, weil euer Glaube gerühmt
wird auf der ganzen Welt. 9 Ist doch Gott mein
Zeuge, er, dem ich diene in meinem Geist durch das
Evangelium von seinem Sohn, wie ich ohne Unter-
laß an euch denke 10 und allzeit bei meinen Gebeten
darum flehe, es möchte mir nach Gottes Willen
doch endlich einmal ein Weg sich auftun, zu euch
zu kommen. 11 Denn es verlangt mich, euch zu
sehen, um euch etwas mitzuteilen an geistlicher
Gabe zu eurer Stärkung, 12 das heißt, um uns mit-
sammen aufzurichten bei euch durch den beider-
seitigen Glauben, den euren und den meinen.
13 Ich möchte nicht, daß ihr nicht wüßtet, Brüder,
wie oft schon ich mir vornahm, zu euch zu kom-
men, und wie ich daran gehindert wurde bis zur
Stunde; möchte ich doch auch bei euch einige
Frucht gewinnen wie bei den übrigen Völkern.
14 Hellenen und Barbaren, Weisen und Toren bin ich
verpflichtet; 15 so drängt es in mir, auch euch in Rom
das Evangelium zu verkünden. 16 Denn nicht
schäme ich mich des Evangeliums; ist es doch eine
Kraft Gottes zum Heil für einen jeden, der glaubt –
für den Juden sowohl wie für den Hellenen. 17 Denn
Gerechtigkeit Gottes offenbart sich in ihm, vom
Glauben her, zum Glauben hin, wie geschrieben
steht: »Der Gerechte wird leben aus Glauben«
(Hab 2,4).

Das Heidentum

18 Denn es offenbart sich Gottes Zorn vom Himmel
her über alles gottlose und ungerechte Tun von
Menschen, die in Ungerechtigkeit die Wahrheit nie-
derhalten. 19 Ist doch das Erkennbare an Gott offen-
kundig vor ihnen; Gott nämlich tat es ihnen kund.
20 Denn das Unschaubare an ihm ist seit Erschaffung
der Welt an den geschaffenen Dingen mit der Ver-
nunft zu schauen: seine ewige Macht und sein Gott-
sein, so daß sie unentschuldbar sind; 21 denn ob-
wohl sie Gott erkannten, erwiesen sie ihm nicht als
Gott Verehrung und Dank, sondern verfielen in
ihren Gedanken auf eitlen Wahn, und verdunkelt
wurde ihr einsichtsloses Herz. 22 Die sich brüsten,
Weise zu ein, wurden zu Toren 23 und vertauschten
die Herrlichkeit des unvergänglichen Gottes mit der
Nachbildung eines vergänglichen Menschen, flie-
gender, vierfüßiger und kriechender Tiere. 24 Darum

gab sie Gott in den Gelüsten ihrer Herzen der Un-
lauterkeit preis, so daß geschändet wurden ihre Lei-
ber an ihnen, 25 die Gottes Wahrheit vertauschten
mit der Lüge und anbetend das Geschaffene verehr-
ten an Stelle des Schöpfers, der zu preisen ist in
Ewigkeit. Amen. 26 Darum gab sie Gott schmäh-
lichen Begierden preis; denn ihre Frauen vertausch-
ten den natürlichen Verkehr mit dem widernatür-
lichen, 27 und ebenso verließen auch die Männer
den natürlichen Verkehr mit der Frau und ent-
brannten in ihrer Gier zueinander; Männer treiben
an Männern das Schandbare und empfangen den
ihrer Verirrung gebührenden Lohn an sich selber.
28 Und wie sie es verwarfen, Gott in der Erkenntnis
zu wahren, so gab Gott sie preis einem verwerf-
lichen Sinn, so daß sie tun, was wider die Ordnung
ist, 29 erfüllt von aller Frevelhaftigkeit, Schlechtig-
keit, [Unzucht,] Habsucht, Bosheit, voll Neid, Mord,
Streit, Hinterlist, Tücke, übelredend, 30 verleumde-
risch, gottfeindlich, überheblich, großsprecherisch,
prahlsüchtig, findig im Bösen, widersetzlich gegen
die Eltern, 31 unverständig, unbeständig, herzlos und
ohne Erbarmen. 32 Sie kennen gar wohl die Satzung
Gottes, daß alle, die solches treiben, den Tod ver-
dienen, doch tun sie es nicht nur selber, sondern
spenden auch noch Beifall denen, die es treiben.

1,1–7: Der Briefeingang, nach Art antiker Briefe Absender, Adresse und Grußformel enthaltend, bildet schon die Zusammenfassung der wichtigsten Heilstaten, wobei vor allem das gottmenschliche Geheimnis Jesu Christi hervorgehoben wird. • 1: »Knecht Christi« nennt sich der Apostel, weil er sich ganz dem Dienst Christi verschrieben hat. • 16f: Es ist das Thema des Briefes mit den in den folgenden Kapiteln näher ausgeführten Grundbegriffen. »Evangelium« ist nach Paulus die Botschaft vom Heilswirken Gottes in Christus Jesus. »Glaube« meint die vertrauensvolle, vorbehaltlose Bereitschaft und Hingabe für diese Botschaft und den bekennenden Gehorsam gegenüber dem in ihr sich offenbarenden Heilswillen Gottes. Dieser »Glaube« ist nicht gebunden an die Zugehörigkeit zum Judentum, und das »Heil« steht allen Menschen offen, die »glauben«. »Gerechtigkeit Gottes« meint im Gegensatz zur pharisäischen Werkgerechtigkeit das Gnadenwirken Gottes, insofern durch die Erlösertat seines Sohnes der göttliche Anspruch Genugtuung erfährt und zugleich der sündige Mensch in den Stand des Gerechtseins vor Gott geführt wird, wenn er sich im »Glauben« zu Christus Jesus bekennt (vgl. 3,21–31). • 18–32: Beachte den Hinweis auf die Erkennbarkeit Gottes mit der Vernunft des Menschen. Wo aber dieses Wissen um Gott und die Ehrfurcht vor ihm verlorengeht, gerät der Mensch in die Verkehrung aller Ordnung indem er der Herrschaft seiner Triebe verfällt. Paulus nennt dabei vor allem die Abirrung im Gebiet des geschlechtlichen Lebens, zeichnet aber in dem »Lasterkatalog« (2,29–31) die gesamte Verkehrung der aus der wahren Gottverehrung gefallenen Menschheit. Vgl. Weish 13–16.

Auch der Jude steht unter Gericht

2 1 Daher bist du nicht zu entschuldigen, jed-
weder Mensch, wenn du richtest; denn worin
du richtest über den anderen, sprichst du über
dich selber das Urteil; du tust ja das gleiche, du, der
Richter. 2 Wir wissen aber, daß Gottes Gericht nach
Wahrheit ergeht über alle, die solches treiben.
3 Meinst du etwa, o Mensch, der du richtest über
jene, die solches treiben, und selber es tust, du
werdest entkommen dem Gerichte Gottes? 4 Oder
mißachtest du den Reichtum seiner Güte, Geduld
und Langmut und merkst nicht, daß die Güte
Gottes dich zur Umkehr lenkt?
5 Bei deiner Verstocktheit aber und deinem unbe-
kehrbaren Herzen häufst du dir Zorn an für den Tag
des Zornes und der Offenbarung des Rechtsspru-
ches Gottes, 6 der »jedem vergelten wird nach
seinen Werken« (Ps 62,13), 7 und zwar denen, die in
Beharrlichkeit des guten Wirkens nach Herrlichkeit,
Ehre und Unvergänglichkeit trachten, mit ewigem
Leben, 8 denen aber, die sich widersetzen und der
Wahrheit nicht beugen, sondern der Frevelhaftig-
keit nachgehen, mit Zorn und Grimm. 9 Trübsal
und Bedrängnis über die Seele eines jeden Men-
schen, der das Böse tut, des Juden sowohl wie des
Hellenen. 10 Herrlichkeit aber, Ehre und Friede
einem jeden, der das Gute tut, dem Juden sowohl
wie dem Hellenen. 11 Denn nicht gilt bei Gott: das
Ansehen der Person.
12 Alle nämlich, die ohne Gesetz sündigten, werden
auch ohne Gesetz verlorengehen, und alle, die im
Gesetz sündigten, werden durch das Gesetz gerich-
tet werden. 13 Denn nicht die Hörer des Gesetzes
sind gerecht vor Gott, sondern die das Gesetz er-
füllen, sie werden als gerecht anerkannt werden.
14 Wenn nämlich die Heiden, die ein Gesetz nicht
haben, von Natur aus tun, was des Gesetzes ist, so
sind sie, obgleich sie ein Gesetz nicht haben, sich
selber Gesetz; 15 sie lassen erkennen, daß des Ge-
setzes Werk eingeschrieben ist in ihre Herzen, wo-
von ihr Gewissen Zeugnis gibt und die Gedanken,
die sich gegenseitig anklagen oder verteidigen, –
16 an dem Tage, da Gott richten wird das Verbor-
gene der Menschen, gemäß meinem Evangelium,
durch Jesus Christus.

Gesetzesbruch der Juden

17 Wenn du dich Jude nennst, dich auf das Gesetz
versteifst und dich Gottes rühmst, 18 seinen Willen
kennst und, vom Gesetze belehrt, zu erforschen
weißt, worauf es ankommt, 19 wenn du dir zu-
traust, ein Führer zu sein für Blinde, ein Licht für die
im Finstern, 20 ein Erzieher von Unverständigen, ein
Lehrer von Unmündigen, einer, der die Verkörpe-
rung der Erkenntnis und Wahrheit besitzt im Ge-
setz: 21 Du belehrst den andern, dich selber belehrst
du nicht? Du predigst, man dürfe nicht stehlen, und
stiehlst? 22 Du sagst, man dürfe nicht ehebrechen,

und brichst die Ehe? Du verabscheust die Götzen
und begehst Tempelraub? 23 Du rühmst dich des
Gesetzes, entehrst aber Gott durch Übertreten des
Gesetzes? 24 Denn »der Name Gottes wird euret-
halben gelästert unter den Heiden«, wie geschrie-
ben steht (Is 52,5).

Fragwürdigkeit der Beschneidung

25 Denn die Beschneidung ist zwar von Wert, wenn
du nach dem Gesetze lebst; bist du aber ein Über-
treter des Gesetzes, so ist deine Beschneidung zum
Unbeschnittensein geworden. 26 Wenn nun der Un-
beschnittene die Forderung des Gesetzes erfüllt,
wird ihm da sein Unbeschnittensein nicht für Be-
schneidung angerechnet werden? 27 Und es wird
der von Natur Unbeschnittene, der das Gesetz er-
füllt, dich richten, der du samt Buchstabe und
Beschneidung ein Übertreter des Gesetzes bist.
28 Denn nicht der ist Jude, der es nach außen ist, und
nicht das ist Beschneidung, die nach außen am
Fleische ist, 29 sondern der ist Jude, der es im Innern
ist, und Beschneidung ist die des Herzens, dem
Geiste und nicht dem Buchstaben nach. Eines
solchen Anerkennung kommt nicht von Menschen,
sondern von Gott.

2,1–3,20: In scharfer Kritik wird hier die Selbsttäuschung des mit seinen religiösen Einrichtungen, vor allem mit Gesetz und Beschneidung sich brüstenden Judentums gezeichnet. Gott richtet nach dem inneren Wert des Menschen. Nicht das äußere Gesetz ist entscheidend für das Gericht, sondern das innere Gesetz des auch den Heiden eigenen Gewissens (2,14 bis 16). Der äußere Besitz religiöser Offenbarung bedeutet um so größere Verantwortung.

Zwischenfragen

3 1 Was hat nun der Jude voraus? Oder was
nützt die Beschneidung? 2 Viel in jeder Hin-
sicht. Fürs erste nämlich: sie wurden mit den
Worten Gottes betraut. 3 Denn was ist es? Wenn
einige von ihnen treulos wurden, wird deren Un-
treue die Treue Gottes zunichte machen? 4 Keines-
wegs! Sondern Gott soll als wahrhaft sich erweisen,
»jeder Mensch aber als trügerisch« (Ps 116,11), wie
geschrieben steht: »Daß du als gerecht befunden
werdest in deinen Worten und siegest, wenn man
mit dir rechtet« (Ps 51,6). 5 Wenn nun aber unser
Ungerechtsein die Gerechtigkeit Gottes ins Licht
treten läßt, was sollen wir sagen? Ist Gott nicht
ungerecht, wenn er Strafe verhängt? Ich rede nach
menschlicher Weise. 6 Keineswegs! Wie könnte
Gott die Welt sonst richten? 7 Wenn aber die Wahr-
heit Gottes durch meine Unzuverlässigkeit erst
recht zutage tritt zu seiner Verherrlichung, was
werde ich noch als Sünder gerichtet? 8 Und sollen
wir nicht – wie uns verleumderisch nachgesagt und
von gewissen Leuten in den Mund gelegt wird – das
Böse tun, damit das Gute komme? Über solche er-
geht ein gerechtes Gericht!

Die ganze Welt ist sündig

9 Was also? Haben wir einen Vorzug? Nicht ohne
weiteres! Denn eben haben wir Klage geführt, daß
Juden wie Hellenen allesamt unter Sünde stehen,
10 wie geschrieben steht: »Keiner ist gerecht, auch
nicht einer; 11 keiner ist verständig, keiner, der nach
Gott sucht. 12 Alle fielen sie ab, sind alle mitsammen
verkommen; keiner ist, der Gutes tut, auch nicht
einer« (Ps 14,1–3). 13 »Ein offenes Grab ist ihre
Kehle, mit ihren Zungen üben sie Trug« (Ps 5,10),
»Natterngift ist unter ihren Lippen« (Ps 140,4).
14 »Ihr Mund ist voll von Fluch und Bitterkeit«
(Ps 10,7). 15 »Schnell sind ihre Füße zum Blutver-
gießen, 16 Verderben und Unheil ist auf ihren
Wegen, 17 und den Weg des Friedens kannten sie
nicht« (Is 59,7f). 18 »Nichts von Furcht Gottes ist
ihnen vor Augen« (Ps 36,2). 19 Nun wissen wir doch,
daß alles, was das Gesetz sagt, es denen sagt, die
unter dem Gesetze sind, damit jeder Mund gestopft
und die ganze Welt schuldig werde vor Gott.
20 Denn aus Werken des Gesetzes wird »niemand
gerecht werden vor ihm« (Ps 143,2); durch das Ge-
setz kommt ja die Erkenntnis der Sünde.

DER WEG ZUM HEIL: CHRISTUS JESUS

Gerechtigkeit durch Glauben

21 Jetzt aber ist ohne Zutun des Gesetzes Gerechtig-
keit Gottes offenbar geworden, bezeugt vom Gesetz
und den Propheten, 22 Gerechtigkeit Gottes durch
den Glauben an Jesus Christus für alle [und über
alle], die [an ihn] glauben. Es ist ja kein Unterschied;
23 denn alle haben gesündigt und ermangeln der
Herrlichkeit Gottes. 24 Gerechtigkeit empfangen sie
als Geschenk durch seine Gnade, aufgrund der Erlö-
sung in Christus Jesus, 25 den Gott darbot als Sühn-
opfer, durch Glauben, in seinem Blut, zum Erweis
seiner Gerechtigkeit – da er die früher geschehenen
Sünden hatte hingehen lassen 26 in der Zeit der Ge-
duld Gottes – zum Erweis seiner Gerechtigkeit nun-
mehr in dieser Zeit, auf daß er selber gerecht sei und
gerecht mache den aus dem Glauben Jesu.
27 Wo also ist [dein] Rühmen? Es ist ausgeschlos-
sen! Aufgrund welchen Gesetzes? Durch das der

Werke? Nein, sondern durch das Gesetz des Glaubens. 28 Denn wir sind der Überzeugung, daß der Mensch durch Glauben gerecht werde, ohne Zutun von Werken des Gesetzes. 29 Oder ist Gott nur der Gott der Juden? Nicht auch der Heiden? Ja, auch der Heiden; 30 denn es gibt doch nur einen einzigen Gott, ihn, der die Beschnittenen gerecht machen wird aus Glauben und die Unbeschnittenen durch Glauben. 31 Machen wir nun das Gesetz zunichte durch den Glauben? Keineswegs! Wir bringen es vielmehr zur Geltung.

3,1–8: Diese Zwischenfragen wollen dem Einwand vorbeugen, als wäre das Versagen der Juden auch ein Versagen der Offenbarung Gottes. Man darf aber aus der Tatsache, daß Gottes Gnade durch menschliche Sünde erst recht ins Licht trete, nicht frevlerisch folgern, daß man Gott durch Sündigen Gelegenheit geben solle zum Erweis seiner Güte, wie dies in frivoler Weise die sogenannten libertinistischen Kreise meinten. • 21–31: Eine inhaltsreiche Zusammendrängung der wichtigsten Erlösungstatsachen. Ohne Unterscheidung zwischen Juden und Heiden schenkte Gott im Sühneopfer Jesu Christi den Menschen die verlorene »Herrlichkeit Gottes«, d. h. die Anteilnahme am göttlichen Leben. Nicht durch äußere Leistung im Sinne des jüdischen Gesetzes, sondern durch den »Glauben an Jesus Christus« erhält der Mensch Zutritt zu dieser »Gerechtigkeit Gottes« und damit zum Heil. Vgl. zu 1,16f.

Die Glaubensgerechtigkeit Abrahams

4 1 Was ist nun zu sagen von Abraham, unserem leiblichen Stammvater? 2 Ist nämlich Abraham durch Werke ein Gerechter geworden, so hat er Ruhm, aber nicht vor Gott. 3 Denn was sagt die Schrift? »Abraham glaubte Gott, und es wurde ihm angerechnet zur Gerechtigkeit« (1 Mos 15,6). 4 Dem aber, der Werke tut, wird der Lohn nicht angerechnet nach Gnade, sondern nach Schuldigkeit; 5 dem jedoch, der nicht Werke tut, sondern an den glaubt, der den Sünder gerecht macht, wird sein Glaube [nach dem Ratschluß der Gnade Gottes] angerechnet zur Gerechtigkeit. 6 So preist auch David den Menschen selig, dem Gott Gerechtigkeit zuerkennt ohne Werke: 7 »Selig, deren Missetaten vergeben und deren Sünden zugedeckt wurden. 8 Selig der Mann, dem nicht anrechnet der Herr die Sünde« (Ps 32,1f).

9 Diese Seligpreisung nun, gilt sie für den Beschnittenen oder auch für den Unbeschnittenen? Wir sagen ja: »Es wurde dem Abraham der Glaube angerechnet zur Gerechtigkeit.« 10 Wie nun wurde er ihm angerechnet? Da er beschnitten war oder unbeschnitten? Nicht, da er beschnitten, sondern da er unbeschnitten war! 11 Und das »Zeichen der Beschneidung« (1 Mos 17,10) empfing er als Siegel der Gerechtigkeit des Glaubens, den er schon hatte, da er noch unbeschnitten war. So sollte er der Vater sein für alle, die als Unbeschnittene glauben, damit auch ihnen zuerkannt werde die Gerechtigkeit, 12 und Vater für die Beschnittenen, und zwar für jene, die nicht nur beschnitten sind, sondern auch wandeln in den Fußstapfen des Glaubens, wie ihn unser Vater Abraham schon hatte, da er noch nicht beschnitten war.

13 Denn nicht aufgrund des Gesetzes wurde dem Abraham oder seiner Nachkommenschaft die Verheißung zuteil, daß er der Erbe der Welt sein werde, sondern aufgrund der Glaubensgerechtigkeit. 14 Wären nämlich die aus dem Gesetze Erben, wäre der Glaube wertlos und die Verheißung hinfällig geworden. 15 Das Gesetz wirkt ja Strafe; wo aber kein Gesetz, da auch keine Übertretung. 16 Daher »aus Glauben« und somit »nach Gnade«, damit die Verheißung gültig sei für alle Nachkommen, nicht nur für die vom Gesetz, sondern auch für die vom Glauben Abrahams, der unser aller Vater ist, 17 wie geschrieben ist: »Zum Vater vieler Völker habe ich dich gesetzt« (1 Mos 17,5) – vor Gott, an den er glaubte als an den, der die Toten lebendig macht und das Nichtseiende ins Dasein ruft.

Abrahams Glaubensvorbild

18 Gegen alle Hoffnung hat er voll Hoffnung geglaubt, daß er sein werde »Vater vieler Völker«, dem Worte gemäß: »So wird sein deine Nachkommenschaft« (1 Mos 15,5). 19 Und ohne schwach zu werden im Glauben, bedachte er, der nahezu Hundertjährige, seinen schon erstorbenen Leib und den erstorbenen Schoß der Sara. 20 Er zweifelte nicht ungläubig an der Verheißung Gottes, sondern wurde stark im Glauben, gab Gott die Ehre 21 und war voll überzeugt, daß er mächtig sei, auch zu verwirklichen, was er verheißen hatte. 22 Und deshalb »wurde es ihm angerechnet zur Gerechtigkeit« (1 Mos 15,6). 23 Doch nicht nur seinetwegen wurde geschrieben, daß »es ihm [zur Gerechtigkeit] angerechnet wurde«, 24 sondern auch unsertwegen, denen es angerechnet wird, wenn wir glauben an den, der Jesus [Christus], unseren Herrn, auferweckt hat von den Toten, 25 ihn, der »hingegeben wurde unserer Sünden wegen« (Is 53,4) und auferweckt unserer Gerechtwerdung wegen.

4,1–25: Weil die Juden mit ihrer Beschneidung so sehr auf ihren Stammvater Abraham sich beriefen zeigt Paulus, daß auch schon bei Abraham der Glaube das Entscheidende war und die Beschneidung erst nachträglich dazukam. Des Glaubens wegen, dessen Größe in 4,18–22 gekennzeichnet wird, ist Abraham der Vater aller Gotteskinder, nicht nur der Beschnittenen. Vgl. Matth 3,9. Der Text von 4,1 lautet nach manchen Zeugen: »Was sagen wir nun, daß Abraham gefunden habe, unser Stammvater [,] dem Fleische nach?«

IN DER ZUVERSICHT DER HEILSGNADE

Hoffnung angesichts der unfaßbaren Liebe Gottes

5 1 Gerecht geworden also aus dem Glauben,
haben wir Frieden zu Gott hin durch unseren
Herrn Jesus Christus, 2 durch den wir auch
den Zugang erhielten im Glauben zu dieser Gnade,
in der wir stehen, und froher Stimmung sind wir
im Besitz der Hoffnung auf die Herrlichkeit [der
Kinder] Gottes. 3 Doch nicht allein dies, sondern
froher Stimmung sind wir auch in den Drangsalen,
da wir wissen, daß die Drangsal Geduld wirkt, 4 die
Geduld Bewährung, die Bewährung aber Hoffnung.
5 Die Hoffnung aber läßt nicht zuschanden werden;
denn die Liebe Gottes ist ausgegossen in unseren
Herzen durch den Heiligen Geist, der uns gegeben
wurde. 6 Ist doch Christus für uns Gottlose gestor-
ben zu einer Zeit, da wir noch elend waren. 7 Denn
schwerlich wird einer für einen Gerechten sterben;
für den Guten zu sterben, dürfte vielleicht einer auf
sich nehmen, 8 Gott aber erweist seine Liebe zu uns
darin, daß Christus für uns starb, als wir noch Sün-
der waren. 9 Viel eher also werden wir nun, da wir
Gerechte wurden durch sein Blut, gerettet werden
durch ihn vor dem Zorn. 10 Denn wurden wir schon
als Feinde versöhnt mit Gott durch den Tod seines
Sohnes, werden wir um vieles mehr als Versöhnte
Rettung finden in seinem Leben. 11 Nicht nur das,
sondern frohe Stimmung bekunden wir in Gott
durch unseren Herrn Jesus Christus, durch den wir
nun die Versöhnung erlangt haben.

Adam und Christus

12 Wie daher durch einen einzigen Menschen die
Sünde in die Welt eintrat und durch die Sünde der
Tod, und so auf alle Menschen der Tod überging,
weil alle sündigten – 13 denn bis zum Gesetz war
Sünde in der Welt; Sünde aber wird nicht angerech-
net, wo kein Gesetz ist; 14 und doch herrschte der
Tod von Adam bis Moses auch über jene, die nicht
sündigten in der Art der Übertretung Adams, der
ein Gegenbild ist des Kommenden. 15 Doch nicht
wie beim Sündenfall ist es auch bei der Begnadung.
Denn wenn durch die Sünde des einen die vielen
starben, so strömte viel reicher die Gnade Gottes
und die Gabe in der Gnade des einen Menschen
Jesus Christus über auf die vielen. 16 Auch ist es mit
der Gabe nicht so, als käme sie nur durch einen ein-
zigen Sünder; denn das Gericht führte von einem
einzigen Vergehen zur Verurteilung, die Begnadung
aber von vielen Vergehen zur Gerechtwerdung.
17 Denn wenn durch die Sünde eines einzigen der
Tod zum Herrschen kam durch den einen, werden
um vieles mehr jene, die die Fülle der Gnade und
der Gabe der Gerechtigkeit empfangen, im Leben
herrschen durch den einen, Jesus Christus.
18 Somit also: Wie es durch die Fehltat des einen
Menschen für alle Menschen zur Verurteilung kam,
so auch durch die Rechttat des einen für alle Men-
schen zu Gerechtwerdung und Leben. 19 Wie näm-
lich durch den Ungehorsam des einen Menschen zu
Sündern gemacht wurden die vielen, so werden
auch durch den Gehorsam des einen zu Gerechten
gemacht werden die vielen. 20 Das Gesetz aber kam
nebenher dazu, damit die Übertretung sich mehre.
Wo aber die Sünde sich mehrte, da strömte über die
Gnade, 21 damit, wie die Sünde herrschte durch den
Tod, so auch die Gnade herrsche durch die Gerech-
tigkeit zu ewigem Leben durch Jesus Christus, un-
seren Herrn.

5,1–8,39: Diese vier Kapitel gehören eng zusammen. Der Apostel zeichnet das Bild des in Christus gerecht gewordenen und begnadeten Christen, um dadurch das Bewußtsein der Sicherheit und Geborgenheit zu wecken, zugleich aber auch Motive für ein hochgemutes sittliches Streben als »Dienst der Gerechtigkeit« zu geben. Über allem liegt der Gedanke der christlichen Hoffnung als der berechtigten und geforderten Grundhaltung des erlösten Menschen.
5,1–21: Der Apostel begründet den christlichen Optimismus, der besonders im Leid sich offenbart, mit dem Blick auf die unvergleichliche Liebe Gottes im Sühnetod Jesu. • 12–21 zeigt, wie diese Heilstat Jesu, als des neuen Adam der Menschheit, die Schuldtat des Stammvaters nicht nur sühnte, sondern eine solche Segensfülle bewirkte, daß man beides kaum vergleichen kann. »Froher Stimmung« (Vers 2f) ist sinngemäße Übersetzung statt: »wir rühmen uns«.

Mit Christus der Sünde gestorben

6 1 Was sollen wir nun sagen? Sollen wir bei
der Sünde verbleiben, daß die Gnade sich
mehre? 2 Das sei ferne! Die wir starben der
Sünde, wie sollen wir noch leben in ihr? 3 Oder
wißt ihr nicht, daß wir alle, die wir getauft wurden
auf Jesus Christus, auf seinen Tod getauft wurden?
4 Mitbegraben wurden wir also mit ihm durch die
Taufe auf seinen Tod, damit, wie Christus aufer-
weckt wurde von den Toten durch die Herrlichkeit
des Vaters, so auch wir im Neusein des Lebens
wandeln. 5 Sind wir nämlich miteinbezogen wor-
den in die Gestalt seines Todes, werden wir gewiß
es auch sein in die Gestalt der Auferstehung, 6 wo-
bei wir dies erkennen, daß der alte Mensch in uns
mitgekreuzigt wurde, damit der Leib der Sünde ab-
getan werde und wir nicht mehr Sklaven seien der
Sünde. 7 Denn wer starb, der ist gelöst von der Bin-
dung an die Sünde. 8 Wenn wir aber starben mit
Christus, so glauben wir, daß wir auch leben wer-
den mit ihm. 9 Wir wissen ja, daß Christus, aufer-

weckt von den Toten, nicht mehr stirbt; der Tod ist nicht mehr Herr über ihn. 10 Denn was er starb, das starb er der Sünde ein für allemal, was er lebt, lebt er Gott. 11 So erachtet auch ihr euch als solche, die tot sind der Sünde, doch lebend für Gott in Christus Jesus [unserem Herrn].

12 Es herrsche darum nicht die Sünde in eurem sterblichen Leib, um euch hörig zu machen seinen Gelüsten; 13 und gebt eure Glieder nicht der Sünde hin als Werkzeuge der Ungerechtigkeit, sondern gebt euch Gott hin als solche, die aus Toten Lebende wurden, und eure Glieder als Werkzeuge der Gerechtigkeit für Gott! 14 Denn die Sünde wird nicht Herrin sein über euch; ihr seid ja nicht unter Gesetz, sondern unter Gnade.

Der Gerechtigkeit verschrieben

15 Was also? Sollen wir sündigen, weil wir nicht unter Gesetz sind, sondern unter Gnade? Das sei ferne! 16 Wißt ihr nicht: Wenn ihr euch einem übergebt als Sklaven zum Gehorsam, so seid ihr Sklaven dessen, dem ihr euch hörig macht, sei es der Sünde zum Tode, sei es des Gehorsames zur Gerechtigkeit. 17 Dank aber Gott! Ihr waret Sklaven der Sünde, wurdet aber gehorsam von Herzen auf das Grundbekenntnis der Lehre hin, auf das hin ihr übereignet wurdet: 18 befreit von der Bindung an die Sünde, wurdet ihr dienstbar gemacht der Gerechtigkeit.

19 Nach Menschenweise rede ich, um der Schwäche eures Fleisches willen. Wie ihr nämlich eure Glieder dem Dienst der Unlauterkeit und Zuchtlosigkeit hingegeben habt zur Zuchtlosigkeit, so gebt nunmehr eure Glieder dem Dienst der Gerechtigkeit hin zur Heiligung! 20 Als ihr nämlich Sklaven der Sünde waret, da waret ihr frei gegenüber der Gerechtigkeit. 21 Doch welchen Gewinn hattet ihr damals von den Dingen, deren ihr jetzt euch schämt? Denn das Ende von ihnen ist der Tod. 22 Frei gemacht aber nunmehr von der Bindung an die Sünde und dienstbar gemacht für Gott, habt ihr euren Gewinn zur Heiligung, als die Vollendung aber ewiges Leben. 23 Denn der Sünde Sold ist der Tod; die Gnadengabe Gottes aber ist ewiges Leben in Christus Jesus, unserem Herrn.

6,1–23: Der im Glauben an Christus Gerechtgewordene empfängt eine neue Lebenskraft. Durch die Taufe tritt der Mensch auf sakramentale Weise in eine Verbindung mit dem Sterben und der Auferstehung des Herrn, nimmt teil an seinem geheimnisvollen Leben und ist so der bisherigen Bindung an die Übermacht der Sünde entrissen. Damit werden seine Kräfte fähig zum Guten; der Apostel folgert daraus den sittlichen Optimismus für den Christen, der aus diesem neuen Lebensbewußtsein sich in den »Dienst der Gerechtigkeit« begeben hat. Beachte in 6,17 den Hinweis auf das bei der Taufe bekundete »Grundbekenntnis der Lehre«, mit dem die Übergabe des Menschen aus der Gewalt des Satans (»Sünde«) in den Dienst Christi (»Gerechtigkeit«) sich sakralrechtlich vollzog. Frühestes Zeugnis für ein Glaubenssymbol bei Spendung der Taufe!

Befreit vom Zwang des Gesetzes

7 1 Oder wißt ihr nicht, Brüder – ich rede zu denen, die das Gesetz kennen –, daß das Gesetz Herr ist über den Menschen für die Zeit, da er lebt? 2 Denn die mit einem Mann verheiratete Frau ist an den lebenden Mann gebunden durch Gesetz; stirbt aber der Mann, ist sie dem Gesetz des Mannes enthoben. 3 Sie wird also zu Lebzeiten des Mannes als Ehebrecherin gelten, wenn sie einem andern zu eigen wird; stirbt aber der Mann, ist sie frei vom Gesetz, so daß sie nicht Ehebrecherin ist, wenn sie einem andern zu eigen wird.

4 So seid auch ihr, meine Brüder, tot geworden dem Gesetz durch den Leib Christi, um zu eigen zu werden einem andern, dem von den Toten Erweckten, damit wir Frucht bringen für Gott. 5 Als wir nämlich im Fleische lebten, wirkten die Gelüste der Sünden, geweckt durch das Gesetz, in unseren Gliedern, daß wir Frucht brachten für den Tod. 6 Jetzt aber sind wir enthoben dem Gesetz, da wir dem starben, worin wir festgehalten waren, so daß wir dienen in der neuen Weise des Geistes, und nicht in der alten des Buchstabens.

Gesetz und Sünde

7 Was sollen wir nun sagen? Ist das Gesetz Sünde? Keineswegs! Doch die Sünde hätte ich nicht kennengelernt, wenn nicht durch das Gesetz; denn von der Begierde hätte ich nichts gewußt, wenn das Gesetz nicht sagte: »Du sollst nicht begehren!« 8 Nachdem aber die Sünde einen Antrieb erhalten hatte durch das Gebot, weckte sie in mir jedwedes Begehren; denn ohne Hinzukommen des Gesetzes ist die Sünde tot. 9 Ich lebte einst fern vom Gesetz; als jedoch das Gebot kam, lebte die Sünde auf, 10 ich aber starb, und es gereichte mir gerade das Gebot, das zum Leben dienen sollte, zum Tode. 11 Denn nachdem die Sünde Antrieb erhalten hatte durch das Gebot, betrog sie mich und tötete mich durch dieses. 12 So ist also das Gesetz heilig, und das Gebot ist heilig und gerecht und gut. 13 Brachte nun das Gute mir den Tod? Mitnichten! Sondern, damit die Sünde als Sünde sichtbar werde, brachte sie mir durch das Gute den Tod, damit über alle Maßen sündhaft werde die Sünde durch das Gebot.

Die Ohnmacht des Menschen ohne Christus

14 Denn wir wissen, das Gesetz ist geistig, ich aber bin von Fleisch, verkauft unter die Sünde. 15 Denn was ich vollbringe, verstehe ich nicht; denn nicht

das [Gute], das ich will, tue ich; sondern, was ich
hasse [, das Böse], das tue ich. 16 Wenn ich aber das
tue, was ich nicht will, stimme ich dem Gesetze zu,
daß es gut ist. 17 Dann aber vollbringe nicht mehr
ich es, sondern die in mir wohnende Sünde. 18 Ich
weiß ja, daß in mir, das heißt in meinem Fleisch,
nichts Gutes wohnt; denn das Wollen liegt bei mir,
das Vollbringen des Guten aber nicht. 19 Denn nicht
das Gute, das ich will, tue ich; sondern, was ich
nicht will, das Böse, das vollbringe ich. 20 Wenn ich
aber das, was ich nicht will, tue, so vollbringe nicht
mehr ich es, sondern die in mir wohnende Sünde.
21 Ich finde als das Gesetz, daß mir, der ich das Gute
tun will, das Böse bereitliegt. 22 Denn ich freue mich
dem inneren Menschen nach am Gesetze Gottes.
23 Doch ich sehe ein Gesetz von anderer Art in
meinen Gliedern, das dem Gesetz meiner Vernunft
widerstreitet und mich gefangennimmt durch das
Gesetz der Sünde, das in meinen Gliedern ist. 24 Ich
unglücklicher Mensch! Wer wird mich befreien aus
diesem Leib des Todes? 25 Dank sei Gott: durch
Jesus Christus unseren Herrn!

Das neue Gesetz des Geistes

So diene ich also, auf mich allein gestellt, mit der Vernunft dem Gesetze Gottes, mit dem Fleische aber dem Gesetz der Sünde.

7,1–25: Eine wichtige Frage vor allem für die jüdisch-pharisäische Auffassung, nach der die äußere Erfüllung des Gesetzes die Voraussetzung ist für das Gerechtsein vor Gott. Paulus zeigt, wie das an sich gute Gesetz den Menschen nicht besser, sondern sündhafter machte, da ihm die Kraft Christi und des Heiligen Geistes fehlte. So kam es zu jenem ohnmächtigen Ringen, das in 7,14–25 im Hinblick auf den unerlösten und unbegnadeten Menschen gezeichnet ist. Die Ichform der Sätze ist stilistisch zu verstehen. Paulus meint nicht sich als Christusjünger, sonst wären die bisherigen Aussagen und vor allem die zuversichtlichen Sätze von Kapitel 8 unbegreiflich. Wichtig zum Verständnis ist die nicht immer klar genug gesehene Aussage von 7,25, die den Übergang darstellt zum Bild des Menschen »in Christus Jesus« (8,1) und damit zu dem, der »frei ist vom Gesetz der Sünde und des Todes« (8,2)

8 1 Nichts jedoch gereicht nunmehr denen zur
Verdammnis, die in Christus Jesus sind [und
nicht nach dem Fleische wandeln]. 2 Denn das
Gesetz des Geistes des Lebens machte dich in Christus Jesus frei vom Gesetz der Sünde und des Todes.
3 Was nämlich unmöglich war dem Gesetz, da es
schwach war durch das Fleisch: Gott sandte seinen
Sohn in der Gestalt des sündigen Fleisches und um
der Sünde willen und hat Gericht gehalten über die
Sünde am Fleische, 4 damit erfüllt würde die Forderung des Gesetzes in uns, die wir nicht nach dem
Fleische wandeln, sondern nach dem Geiste. 5 Denn
die nach Art des Fleisches sind, trachten nach dem,
was des Fleisches ist, die aber nach Art des Geistes
sind, nach dem, was des Geistes ist. 6 Das Trachten
des Fleisches ist Tod, das Trachten des Geistes aber
Leben und Friede. 7 Das Trachten des Fleisches ist
feindlich gegen Gott; denn es unterwirft sich nicht
dem Gesetze Gottes und kann es auch nicht. 8 Die
im Fleische sind, können Gott nicht gefallen. 9 Ihr
aber seid nicht im Fleische, sondern im Geiste,
wenn anders der Geist Gottes in euch wohnt.
Hat aber einer den Geist Christi nicht, so gehört er
nicht zu ihm. 10 Ist dagegen Christus in euch, so
ist der Leib zwar tot, der Sünde wegen, der Geist
aber ist Leben, der Gerechtigkeit wegen. 11 Wohnt
aber der Geist dessen in euch, der Jesus von den
Toten erweckte, so wird er, der Christus Jesus von
den Toten erweckte, auch eure sterblichen Leiber
lebendig machen durch seinen in euch wohnenden
Geist.

Wir sind Kinder Gottes

12 Demnach also, Brüder, sind wir nicht verpflichtet
dem Fleische, um nach dem Fleische zu leben;
13 denn wenn ihr nach dem Fleische lebt, werdet ihr
sterben; wenn ihr aber durch den Geist das Tun des
Fleisches zum Sterben bringt, werdet ihr leben.
14 Denn, die vom Geiste Gottes geleitet werden, die
sind Söhne Gottes. 15 Ihr habt ja nicht den Geist des
Knechtseins empfangen, um euch von neuem zu
fürchten, sondern den Geist des Kindseins, in dem
wir rufen: Abba, Vater! 16 Eben dieser Geist bezeugt
es unserem Geist, daß wir Kinder Gottes sind.
17 Sind wir aber Kinder, dann auch Erben, Erben
Gottes und Miterben Christi, sofern wir mit ihm
leiden, um mit ihm auch verherrlicht zu werden.

In der Zuversicht auf die Vollendung

18 Ich bin ja überzeugt, daß die Leiden dieser Zeit
nicht zu vergleichen sind mit der Herrlichkeit, die
sich offenbaren soll an uns. 19 Denn das Harren der
Schöpfung ist ein Warten auf die Offenbarung der
Söhne Gottes. 20 Der Nichtigkeit ist ja die Schöpfung unterworfen – nicht aus sich heraus, sondern
nach dem Willen dessen, der sie unterwarf, zugleich mit der Hoffnung, 21 daß auch sie, die Schöpfung, von der Knechtung an die Vergänglichkeit befreit wird zur Freiheit der Herrlichkeit der Kinder
Gottes. 22 Denn wir wissen, daß bis zur Stunde die
gesamte Schöpfung mit in Seufzen und Wehen
liegt; 23 doch nicht nur sie, sondern auch wir selbst,
die wir die Erstlingsgabe des Geistes besitzen, ja
wir selbst seufzen in uns im Warten auf die Kindschaft, auf die Erlösung unseres Leibes. 24 Denn auf
Hoffnung hin wurden wir gerettet; Hoffnung aber,
die schon geschaut wird, ist nicht Hoffnung; denn
was einer schaut, was soll er da noch hoffen?

25 Hoffen wir aber auf das, was wir nicht schauen,
so warten wir in Geduld.
26 Ebenso auch nimmt der Geist sich unserer
Schwachheit an; denn um was wir beten sollen,
wie es sich gebührt, das wissen wir nicht; doch der
Geist selbst tritt für uns ein mit unaussprechlichen
Seufzern. 27 Der die Herzen erforscht, weiß um das
Anliegen des Geistes; denn er tritt im Sinne Gottes
ein für die Heiligen. 28 Wir wissen, daß denen, die
Gott lieben, alles mitwirkt zum Guten, denen, die
nach seinem Ratschluß berufen sind. 29 Denn die er
im voraus erkannte, die bestimmte er auch im vor-
aus zur Teilhabe an der Bildgestalt seines Sohnes,
auf daß er Erstgeborener sei unter vielen Brüdern;
30 die er aber vorherbestimmte, die rief er auch, und
die er rief, die machte er auch gerecht; die er aber
gerecht machte, die verherrlichte er auch.

Geborgen in der Liebe Gottes

31 Was sollen wir angesichts dessen nun sagen?
Wenn Gott für uns ist, wer ist gegen uns? 32 Der
seines eigenen Sohnes nicht schonte, sondern für
uns alle ihn hingab, wie sollte er nicht auch mit ihm
uns alles geben? 33 Wer soll Klage führen gegen die
Auserwählten Gottes? Gott, der gerecht macht?
34 Wer soll verurteilen? Christus Jesus, der für uns
starb? Mehr noch: der auferweckt wurde und der
zur Rechten Gottes sitzt und der eintritt für uns?
35 Wer will uns trennen von der Liebe Christi? Trüb-
sal oder Bedrängnis oder Verfolgung oder Hunger
oder Blöße oder Gefahr oder Schwert, 36 wie ge-
schrieben steht: »Um deinetwillen werden wir hin-
gemordet den ganzen Tag, werden wir erachtet wie
Schafe, die zu schlachten sind« (Ps 44,23)? 37 Doch
in all dem obsiegen wir durch den, der uns liebte.
38 Denn ich bin überzeugt, weder Tod noch Leben,
weder Engel noch Mächte, weder Gegenwärtiges
noch Zukünftiges noch Kräfte, 39 weder Höhe noch
Tiefe noch sonst etwas Geschaffenes wird uns zu
trennen vermögen von der Liebe Gottes in Christus
Jesus, unserem Herrn.

8,1–39: Höhepunkte und Vollendung des Gedankenganges! Der Christ ist Träger des Heiligen Geistes. Dieser ist das innere Lebensprinzip der »Heiligen«, wie Paulus die Christen oft nennt. Durch ihn empfängt der Mensch die größte Gnade und Würde, er macht ihn zum »Kind Gottes« und gibt ihm so das Anrecht auf alle Gaben Gottes – wobei auch hier an das Mitwirken des Menschen appelliert wird. Wichtig ist der Gedanke der Hoffnung (19–25; vgl. 5,5), die über der ganzen Schöpfung liegt, trostreich der Hinweis auf die Gebetshilfe des Heiligen Geistes (26f). Wir erhalten Anteil an der Herrlichkeit (»Bildgestalt«) seines Sohnes (29). 8,33f: Die Fragesätze »Gott, der gerecht macht?« »Christus, der starb?...« werden auch als Antwortsätze übersetzt: »Gott macht gerecht!...« Doch dürfte die rhetorische Frage den Gedanken wirksamer treffen.

DER HEILSPLAN GOTTES UND DAS JÜDISCHE VOLK

Klage des Apostels über sein Volk

9 1 Ich sage die Wahrheit in Christus, ich lüge
nicht, mein Gewissen bezeugt es mir im Hei-
ligen Geist: 2 Ich habe große Trauer und un-
aufhörliches Leid in meinem Herzen. 3 Ich wollte
nämlich, ich könnte selber ein Ausgeschlossener
sein, fern von Christus, zum Besten meiner Brüder,
meiner Verwandten dem Fleische nach. 4 Sie sind
Israeliten, ihrer ist die Kindschaft, die Herrlichkeit,
die Bündnisse, die Gesetzgebung, der Gottesdienst
und die Verheißungen; 5 sie haben die Väter, und
aus ihnen stammt dem Fleische nach Christus, der
über allem steht als Gott, gepriesen in alle Ewigkeit.
Amen.

Von Gottes freier Gnadenwahl

6 Es ist aber nicht so, als wäre das Wort Gottes hin-
fällig geworden; denn nicht alle aus Israel sind als
solche schon Israel. 7 Auch sind sie nicht als Nach-
kommen Abrahams schon alle seine Kinder; son-
dern »in Isaak soll dir Nachkommenschaft genannt
werden« (1 Mos 21,12), 8 das heißt, nicht die Kinder
des Fleisches sind Kinder Gottes, sondern die Kin-
der der Verheißung werden als Nachkommen ge-
rechnet. 9 Denn ein Wort der Verheißung ist dieses:
»Um diese Zeit werde ich kommen, und Sara wird
einen Sohn haben« (1 Mos 18,10). 10 So war es nicht
nur hier, sondern auch bei Rebekka, die von einem
einzigen empfangen hatte, unserem Vater Isaak:
11 da sie nämlich noch nicht geboren waren und
weder etwas Gutes noch Böses getan hatten, wurde
ihr – damit der in freier Wahl gefaßte Ratschluß
Gottes bestehen bleibe, 12 und zwar nicht abhängig
von Werken, sondern vom Berufenden – gesagt:
13 »Der Ältere wird dem Jüngeren dienen« (1 Mos
25,23), gemäß dem Schriftwort: »Jakob habe ich
geliebt, Esau aber gehaßt« (Mal 1,2f).
14 Was sollen wir nun sagen? Ist Ungerechtigkeit bei
Gott? Keineswegs! 15 Denn zu Moses spricht er;
»Ich werde mich erbarmen, wessen ich mich er-
barme, und werde Mitleid erweisen, wem ich Mit-
leid erweise« (2 Mos 33,19). 16 So liegt es also nicht
an dem, der will, noch an dem, der läuft, sondern an
dem sich erbarmenden Gott. 17 Denn es sagt die
Schrift zu Pharao: »Gerade dazu habe ich dich er-
weckt, daß ich meine Kraft an dir zeige und mein
Name verkündet werde auf der ganzen Erde«

(2 Mos 9,16). 18 So erbarmt er sich also, wessen er will, und verstockt, wen er will. 19 Du wirst mir nun sagen: »Wozu tadelt er noch? Denn wer widersteht seinem Willen?« 20 O Mensch! Wer bist du denn, daß du rechten willst mit Gott? Wird etwa das Gebilde zu seinem Bildner sagen: »Warum hast du mich so gemacht?« 21 Oder hat der Töpfer nicht Macht über den Ton, um aus der gleichen Masse das eine Gefäß zu ehrenvollem Gebrauch, das andere zu nicht ehrenvollem zu machen? 22 Wenn nun Gott, da er seinen Zorn zeigen und sein Mächtigsein kundtun wollte, in großer Geduld Gefäße des Zornes ertrug, die bereitet waren für den Untergang, 23 und wenn er den Reichtum seiner Herrlichkeit zeigen wollte an den Gefäßen der Erbarmung, die er im voraus bereitet hat für die Herrlichkeit? 24 Zu solchen berief er auch uns, nicht nur aus Juden, sondern auch aus Heidenvölkern, 25 wie er auch bei Osee spricht: »Das Nicht-mein-Volk werde ich rufen als Mein-Volk und die Nichtgeliebte als Geliebte [und die Nichtbegnadete als Begnadete]« (Os 2,25). 26 »Und es wird geschehen: an dem Ort, wo zu ihnen gesagt wurde: Ihr seid Nicht-mein-Volk, dort werden sie genannt werden: Söhne des lebendigen Gottes« (Os 2,1). 27 Isaias aber ruft über Israel: »Wäre die Zahl der Söhne Israels wie der Sand am Meer, nur der Rest wird gerettet werden. 28 Denn sein Wort erfüllend und es rasch vollziehend, wird der Herr handeln auf Erden« (Is 10,22). 29 Und wie Isaias vorhergesagt hat: »Hätte der Herr der Heerscharen uns nicht einen Samen gelassen, wie Sodoma wären wir geworden, und Gomorra glichen wir« (Is 1,9).

Israels verkehrte Heilserwartung

30 Was sollen wir also sagen: Heiden, die nicht nach Gerechtigkeit streben, erlangten Gerechtigkeit, Gerechtigkeit aber aus Glauben. 31 Israel jedoch, das dem Gesetz der Gerechtigkeit nachstrebt, ist nicht zum Ziel des Gesetzes gelangt. 32 Weshalb? Weil nicht aus Glauben, sondern im Rechnen auf Werke. Angestoßen sind sie »am Stein des Anstoßes«, 33 wie geschrieben steht: »Siehe, ich setze auf Sion einen Stein des Anstoßes und einen Fels des Ärgernisses, und wer an ihn glaubt, wird nicht zuschanden werden« (Is 8,14; Is 28,16).

9,1–11,36: Ein schmerzliches Anliegen für den mit seinem widerspenstigen Volk mitfühlenden Apostel. Warum hat gerade das heilsgeschichtlich so bevorzugte Judentum das Heil in Christus so wenig erkannt?

9,5: Der bedeutsame Satz wird bei Annahme anderer Satzzeichen von einigen Erklärern als einfacher Lobpreis auf Gott gedeutet: »Der über allem steht, Gott, (sei) gepriesen in Ewigkeit. Amen.« • 6–29: Paulus versucht das uns Menschen unbegreifliche Geheimnis der absolut freien Gnadenwahl zu zeigen, wie es sich schon in den angeführten Beispielen alttestamentlicher Geschichte kundgibt. Man darf freilich daraus keine extremen Folgerungen bezüglich der Freiheit des Menschen ziehen. Es soll vor allem die unendliche Größe Gottes in den Vordergrund treten, dessen Geschöpf der Mensch ist. • 30–10,21: Gott hat dem Judentum nicht ohne dessen Schuld das Heil genommen. Die starre einseitige Gesetzesauffassung hat kein Verständnis für die Botschaft Christi zugelassen. Es war Eifer ohne Einsicht. Paulus deutet die Schriftworte aus 5 Mos 30,12–14 im Sinn des Glaubens, der aus unserem Herzen komme und sich im vertrauensvollen Bekenntnis zu Jesus als dem »Herrn« bekunde. Die Juden könnten nicht sagen, daß ihnen keine Möglichkeit zum Glauben gegeben worden sei.

10

1 Brüder! Der Wunsch meines Herzens und mein Flehen zu Gott geht um sie und ihr Heil. 2 Denn ich gebe ihnen das Zeugnis, daß sie Eifer haben für Gott, doch nicht in rechter Erkenntnis. 3 Denn da sie die Gerechtigkeit Gottes verkannten und ihre eigene aufzurichten suchten, unterwarfen sie sich nicht der Gerechtigkeit Gottes. 4 Endziel des Gesetzes ist ja Christus zur Gerechtigkeit für jeden, der glaubt.

5 Denn Moses schreibt von der Gesetzesgerechtigkeit: »Wer es tut, wird leben durch sie« (3 Mos 18,5). 6 Die Glaubensgerechtigkeit aber spricht so: »Sage nicht in deinem Herzen: Wer wird hinaufsteigen zum Himmel?« (5 Mos 30,12), das heißt, um Christus herabzuholen, 7 oder: »Wer hinabsteigen in den Abgrund?«, das heißt, um Christus von den Toten heraufzuholen; 8 sondern, was sagt sie? »Nahe ist dir das Wort in deinem Munde und in deinem Herzen« (5 Mos 30,14), das ist das Wort des Glaubens, das wir verkünden. 9 Wenn du mit deinem Munde bekennst: »Herr Jesus« und in deinem Herzen glaubst, daß Gott ihn von den Toten erweckte, wirst du das Heil empfangen. 10 Denn aus dem Herzen kommt der Glaube, der zur Gerechtigkeit führt, und aus dem Munde das Bekenntnis zum Heile. 11 Es sagt ja die Schrift: »Ein jeder, der an ihn glaubt, wird nicht zuschanden werden« (Is 28,16). 12 Es ist nämlich kein Unterschied zwischen Jude und Hellene; denn einer und derselbe ist der Herr aller, reich für alle, die ihn anrufen. 13 Denn »jeder, der anruft den Namen des Herrn, wird gerettet werden« (Joël 3,5).

Ablehnung der Botschaft Jesu

14 Doch wie sollen sie anrufen, an den sie nicht glaubten? Wie aber sollen sie glauben, von dem sie nicht hörten? Und wie sollen sie hören, wenn niemand verkündet? 15 Wie aber sollen sie verkünden, wenn sie nicht ausgesandt wurden, wie geschrieben steht: »Wie lieblich sind die Füße [der Frohboten des Friedens,] der Frohboten des Guten« (Is 52,7). 16 Doch nicht alle beugten sich der Frohbotschaft. Isaias sagt ja: »Herr, wer glaubte unserer

Botschaft?« (Is 53,1). 17 So kommt also der Glaube
aus der Botschaft, die Botschaft aber durch das
Wort Christi. 18 Ich frage nun: Haben sie denn nicht
gehört? Doch gewiß! »Über die ganze Erde ging hin
ihr Schall und bis an des Erdkreises Grenze ihr
Sprechen« (Ps 19,5). 19 Weiter frage ich: Hat Israel
etwa nicht verstanden? Als erster antwortet Moses:
»Ich will euch eifersüchtig machen auf ein Nicht-
Volk; mit einem Volk ohne Einsicht will ich euch
aufreizen« (5 Mos 32,21). 20 Isaias aber sagt das
kühne Wort: »Ich ließ mich finden von denen, die
nicht nach mir suchen; ich offenbarte mich denen,
die nicht nach mir fragen« (Is 65,1). 21 Zu Israel aber
sagt er: »Den ganzen Tag streckte ich meine Hände
aus nach einem störrischen und widerspenstigen
Volk« (Is 65,2).

Nicht ganz Israel ist verstoßen

11 1 Ich frage nun: Hat etwa Gott sein Volk
verworfen? Keineswegs! Denn auch ich
bin ein Israelit, aus dem Geschlechte
Abrahams, vom Stamme Benjamin. 2 »Nicht ver-
worfen hat Gott sein Volk« (Ps 94,14), das er vorher
erkannt hat. Oder wißt ihr nicht, was die Schrift
sagt bei Elias, da er Klage führt vor Gott gegen
Israel: 3 »Herr, deine Propheten haben sie getötet,
deine Altäre zerstört. Ich allein bin übriggeblieben,
und sie streben mir nach dem Leben« (1 Kön
19,10.14). 4 Was aber sagt ihm der Gottesspruch?
»Ich habe mir übrigbehalten siebentausend Mann,
die ihr Knie nicht beugten vor Baal« (1 Kön 19,18).
5 So ist auch in dieser Zeit ein Rest vorhanden nach
Auswahl der Gnade. 6 Wenn aber durch Gnade,
dann nicht aufgrund von Werken; sonst wäre
Gnade nicht mehr Gnade.
7 Was also? Was Israel anstrebt, das hat es nicht
erreicht; nur die Auswahl erreichte es, die übrigen
aber wurden verstockt, 8 wie geschrieben steht:
»Gott gab ihnen einen Geist der Betäubung;
Augen, um nicht zu sehen, und Ohren, um nicht
zu hören, bis zum heutigen Tag« (Is 29,10). 9 Und
David sagt: »Ihr Tisch werde ihnen zum Fangnetz
und zur Falle, zum Anstoß und zur Vergeltung.
10 Ihre Augen sollen finster werden, daß sie nicht
sehen, ihre Rücken sollst du krümmen für immer«
(Ps 69,23).

Der heilsgeschichtliche Sinn jüdischen Unglaubens

11 Ich frage nun: Sind sie etwa gestrauchelt, um zu
Fall zu kommen? Das sei ferne! Vielmehr kam
durch ihr Versagen das Heil zu den Heiden, um sie
eifersüchtig zu machen. 12 Bedeutet aber schon ihr
Versagen Reichtum für die Welt und ihr Fehlen
Reichtum für die Heiden, um wieviel mehr ihre
Vollzahl?
13 Euch Heiden aber sage ich: Gerade als Apostel der
Heiden will ich meinen Dienst in Ehren halten, 14 so
ich mein eigen Fleisch zur Nacheiferung anreizen
und einige von ihnen retten kann. 15 Denn bedeutet
schon ihre Verwerfung Versöhnung der Welt, was
dann ihre Aufnahme anders als Leben aus Toten?
16 Ist aber der Anbruch heilig, dann auch der Teig,
und ist die Wurzel heilig, dann auch die Zweige.
17 Wenn nun einige von den Zweigen herausgebro-
chen wurden und du vom Wildölbaum zwischen
sie eingepfropft wurdest und Anteil erhieltest an
der Wurzel und dem Saftstrom des Ölbaums, 18 so
erhebe dich nicht über die Zweige; erhebst du dich
aber, so wisse: Nicht du trägst die Wurzel, sondern
die Wurzel dich. 19 Du wirst nun sagen: Die Zweige
wurden herausgebrochen, damit ich eingepfropft
werde. 20 Richtig! Infolge ihres Unglaubens wurden
sie herausgebrochen; du aber stehst durch den
Glauben. Sei nicht hochmütigen Sinnes, sondern
fürchte! 21 Hat nämlich Gott der natürlichen Zweige
nicht geschont, so wird er auch deiner nicht scho-
nen. 22 Sieh also Gottes Güte und Strenge: Strenge
gegen jene, die gefallen sind, Gottes Güte aber
gegen dich, wenn du bei seiner Güte verharrst;
sonst wirst auch du herausgehauen werden. 23 Aber
auch jene werden, wenn sie nicht im Unglauben
verharren, eingepfropft werden; denn Gott ist
mächtig genug, sie wieder einzupfropfen. 24 Wenn
nämlich du aus dem von Natur wilden Ölbaum
weggehauen und entgegen der Natur eingepfropft
wurdest in den Edelölbaum, wieviel eher werden
jene eingepfropft werden in den eigenen Ölbaum!

Rettung Israels

25 Denn nicht möchte ich euch, Brüder, in Unkennt-
nis lassen über dieses Geheimnis, damit ihr nicht
für euch selber klug sein wollt: Verstockung kam
über einen Teil von Israel, bis die Vollzahl der Hei-
den eingetreten ist, 26 und so wird ganz Israel geret-
tet werden, wie geschrieben steht: »Aus Sion wird
kommen der Retter, er nimmt hinweg die Gottlo-
sigkeiten von Jakob; 27 und das ist von mir der Bund
für sie, wenn ich wegnehmen werde ihre Sünden«
(Is 59,20f; Ps 14,7; Jer 31,31ff). 28 Im Hinblick auf
das Evangelium sind sie zwar Feinde um euret-
willen; doch im Hinblick auf die Erwählung sind sie
geliebt um der Väter willen; 29 denn unwiderruflich
sind die Gnadengaben und die Berufung Gottes.
30 Wie nämlich ihr einst Gott nicht gehorchtet, jetzt
aber Erbarmen fandet infolge des Ungehorsams
jener, 31 so sind auch sie jetzt in Ungehorsam infolge

des Erbarmens an euch, damit auch sie nun Erbarmen finden. 32 Denn Gott hat alle zusammengeschlossen in Ungehorsam, um sich aller zu erbarmen.

Das Geheimnis göttlicher Vorsehung

33 O Tiefe des Reichtums, der Weisheit und der Erkenntnis Gottes! Wie unergründlich sind seine Ratschlüsse und wie unerforschlich seine Wege! 34 Denn »wer hat den Sinn des Herrn erkannt? Oder wer ist sein Ratgeber gewesen?« (Is 40,13). 35 Oder »wer hat ihm vorher gegeben, daß ihm vergolten werde?« (Job 11,7f; 15,8). 36 Denn aus ihm und durch ihn und zu ihm hin ist alles. Ihm ist die Ehre in Ewigkeit! Amen.

11,1–32: Ein heilsgeschichtlich bedeutsamer Ausblick. Schon jetzt sei ein Teil der Juden zum Glauben gelangt. Das Versagen der Mehrzahl habe zunächst die gute Wirkung gehabt, daß das Evangelium zu den Heiden getragen wurde. (Auch die römische Christengemeinde bestand vor allem aus Heidenchristen.) Paulus ließ bei seinem Wirken als Heidenapostel nie die Rücksicht auf sein Volk aus dem Auge. Auch Gott hat die Berufung Israels nicht vergessen. Er wird einst auch ganz Israel zur Heilsgemeinschaft führen. • 33–36: Eine der ergeifendsten Stellen des Briefes. Die Unerfaßbarkeit göttlicher Führung der Heilsgeschichte muß uns im Wissen um die Größe und Einzigkeit Gottes immer wieder zur Anbetung führen. Die Job-Stelle frei nach einer uns nicht erhaltenen Fassung.

LEBEN AUS DER HEILSGNADE

Erneuerung der Gesinnung

12 1 Ich ermahne euch nun, Brüder, um der Erbarmungen Gottes willen: Bringt eure Leiber dar als ein lebendiges, heiliges, Gott wohlgefälliges Opfer, als euren sinnvoll entsprechenden Gottesdienst. 2 Macht euch nicht die Art dieser Welt zu eigen, sondern wandelt euch um durch Erneuerung eures Denkens, um zu prüfen, was der Wille Gottes ist, was gut, wohlgefällig und vollkommen.

Einordnung in die Gemeinschaft

3 Denn kraft der mir verliehenen Gnade sage ich einem jeden unter euch: Sinnet nicht nach mehr, als zu sinnen recht ist; sinnet vielmehr darauf, besonnen zu sein nach dem Maß des Glaubens, wie Gott einem jeden zuteil werden ließ! 4 Wie wir nämlich an dem einen Leib viele Glieder haben, die Glieder aber nicht alle den gleichen Dienst verrichten, 5 so sind wir als viele ein einziger Leib in Christus, im einzelnen aber untereinander Glieder. 6 Wir besitzen Gaben, die entsprechend der uns verliehenen Gnade verschieden sind: Hat einer Prophetengabe, so nach Maßgabe des Glaubens; 7 hat einer ein Amt, der sei tätig im Amt; der Lehrende widme sich der Lehre; 8 wer Prediger ist, der predige; wer gibt, der gebe in Einfalt; wer Vorsteher ist, habe Eifer; wer Barmherzigkeit übt, tue es mit Frohsinn. 9 Die Liebe sei ungeheuchelt. Verabscheut das Böse, hanget an dem Guten! 10 Seid einander zugetan in brüderlicher Liebe, kommt einander mit Achtung zuvor; 11 im Eifer nicht lässig, im Geiste glühend, dem Herrn dienend; 12 in der Hoffnung fröhlich, in der Drangsal geduldig, im Beten beharrlich; 13 um die Bedürfnisse der Heiligen besorgt, auf Gastfreundschaft bedacht!

14 Segnet eure Verfolger, segnet und fluchet nicht! 15 Freut euch mit den Fröhlichen, weint mit den Weinenden! 16 Seid eines Sinnes untereinander; trachtet nicht nach Hohem, sondern befaßt euch mit dem Geringen! »Seid nicht klug vor euch selbst« (Spr 3,7)! 17 Vergeltet niemand Böses mit Bösem! »Seid auf Gutes bedacht [nicht nur vor Gott, sondern auch] vor allen Menschen« (Spr 3,4)! 18 Wenn möglich, haltet, soviel an euch liegt, Frieden mit allen Menschen! 19 Rächt euch nicht selbst, Geliebte, sondern gebt Raum dem Zorngericht; es steht ja geschrieben: »Mein ist die Rache; ich will vergelten, spricht der Herr« (5 Mos 32,35). 20 Sondern »wenn dein Feind hungert, gib ihm zu essen; wenn er dürstet, gib ihm zu trinken; denn tust du das, wirst du feurige Kohlen sammeln auf sein Haupt« (Spr 25,21–23). 21 Laß dich nicht überwinden vom Bösen, sondern überwinde mit dem Guten das Böse!

12,1–15,13: Paulus schließt meist in seinen Briefen den theologischen Darlegungen verschiedene Mahnungen an, so auch an die Christengemeinde Roms. Er fühlt sich nach 15,15f als Heidenapostel für alle verantwortlich.

12,3–8: Die im Anfang der Kirche stark hervortretenden charismatischen Gaben, die außerordentliche Fähigkeiten darstellen, konnten leicht das Zusammenleben der Gemeinde beeinträchtigen. Daher zeigt Paulus im Bild vom Leib in Christus das Motiv zur rechten Einordnung der einzelnen ins Ganze. Vgl. 1 Kor 12–14. • 20: Selbstlose Liebe zum Feind ist wirksamer als Rache.

Pflichten gegenüber dem Staat

13 1 Jedermann unterwerfe sich den vorgesetzten Obrigkeiten; denn es gibt keine Obrigkeit außer von Gott, und die bestehenden sind von Gott angeordnet. 2 Wer sich daher der Obrigkeit widersetzt, der widersetzt sich der Anordnung Gottes, und die sich widersetzen, werden sich selber das Gericht zuziehen. 3 Die Regierenden sind ja nicht der guten Tat Anlaß zur Furcht, sondern der bösen. Willst du aber ohne Furcht sein vor der Obrigkeit, so tue das Gute, und du wirst Anerkennung finden bei ihr. 4 Denn Gottes Dienerin ist sie für dich zum Guten. Tust du aber das Böse, so fürchte dich; denn nicht umsonst trägt sie das Schwert. Sie ist ja Gottes Dienerin, Rechtsvollstreckerin zur Bestrafung dessen, der das Böse tut. 5 Daraus folgt, daß man sich unterordnen muß, nicht nur um der Strafe, sondern auch um des Gewissens willen. 6 Aus diesem Grunde zahlt ihr ja auch Steuern; denn Beauftragte Gottes sind sie, und gerade dafür tun sie beharrlich ihren Dienst. 7 Gebt allen, was ihr schuldig seid: Steuer, wem Steuer, Zoll, wem Zoll, Furcht, wem Furcht, Ehre, wem Ehre!

Das Hauptgebot: Liebe deinen Nächsten wie dich selbst!

8 Bleibt niemand etwas schuldig, außer dem, daß ihr einander liebt; denn wer den Nächsten liebt, hat das Gesetz erfüllt. 9 Denn das Gebot: »Du sollst nicht ehebrechen, nicht töten, nicht stehlen, [nicht falsches Zeugnis geben,] nicht begehren« (2 Mos 20,13f; 5 Mos 5,17), und jedes andere Gebot ist in diesem einen Wort zusammengefaßt: »Du sollst deinen Nächsten lieben wie dich selbst« (3 Mos 19,18). 10 Die Liebe tut dem Nächsten nichts Böses. Des Gesetzes volle Erfüllung ist also die Liebe.

Ruf der Zeit: Zieht an den Herrn Jesus Christus!

11 Und dabei sollt ihr am Stand der Zeit erkennen, daß die Stunde schon da ist für euch, um vom Schlafe aufzustehen; denn näher ist jetzt unser Heil, als da wir zum Glauben kamen. 12 Die Nacht ist vorgerückt, der Tag hat sich genaht. So laßt uns denn ablegen die Werke der Finsternis und anlegen die Waffen des Lichtes! 13 Wie am Tage laßt uns ehrbar wandeln, nicht in Schmausereien und Trinkgelagen, nicht in Wollust und Ausschweifungen, nicht in Streit und Eifersucht; 14 zieht vielmehr den Herrn Jesus Christus an, und pflegt das Fleisch nicht so, daß es lüstern wird!

13,1–7: Der Christ muß seiner Pflicht gegenüber dem Staat nachkommen, und zwar aus religiösen Beweggründen. Freilich verlangt Paulus nicht Unterwürfigkeit gegenüber gottwidrigen und unsittlichen Forderungen der staatlichen Gewalt. Vgl. Apg 4,19; 5,29; 1Petr 2,13ff.

Duldung zwischen »Schwachen« und »Starken«

14 1 Den Schwachen im Glauben nehmt hin ohne Streit um Meinungsverschiedenheiten! 2 Glaubt einer, er dürfe alles essen, der Schwache aber ißt nur Pflanzenkost, 3 so soll der Essende den Nichtessenden nicht verachten, und der Nichtessende den Essenden nicht richten; denn Gott hat ihn angenommen. 4 Wer bist du denn, daß du richten willst über den fremden Knecht? Seinem Herrn steht oder fällt er; er wird aber stehen; denn der Herr ist mächtig, ihn aufrecht zu halten. 5 Unterscheidet nämlich einer die Tage voneinander, der andere aber hält jeden Tag gleich, so sei ein jeder in seiner Meinung voll überzeugt. 6 Wer auf den Tag achtet, der achtet darauf im Hinblick auf den Herrn; wer ißt, der ißt im Hinblick auf den Herrn; er spricht ja Gott das Dankgebet; und wer nicht ißt, der ißt nicht im Hinblick auf den Herrn, und er spricht Gott das Dankgebet.

7 Denn keiner von uns lebt sich selbst, und keiner stirbt sich selbst; 8 denn leben wir, so leben wir dem Herrn; sterben wir, so sterben wir dem Herrn; ob wir nun leben, ob wir nun sterben, wir sind des Herrn. 9 Denn dazu ist Christus gestorben und lebendig geworden, daß er Herr sei sowohl über Tote wie Lebende. 10 Du aber, was richtest du deinen Bruder? Oder auch du, was verachtest du deinen Bruder? Wir werden ja alle vor den Richterstuhl Gottes zu treten haben. 11 Denn es ist geschrieben: »So wahr ich lebe, spricht der Herr, vor mir wird sich beugen jedes Knie, und jede Zunge wird Gott lobpreisen« (Is 45, 23). 12 So wird also ein jeder von uns über sich selbst Rechenschaft geben vor Gott.

Meidet das Ärgernis!

13 Darum laßt uns nicht mehr einander richten. Richtet vielmehr eure Sorge darauf, daß ihr dem Bruder nicht Anstoß oder Ärgernis gebt. 14 Ich weiß und habe im Herrn Jesus die Überzeugung, daß nichts in sich selbst unrein ist; nur für den, der es für unrein hält, ist es unrein. 15 Wird nämlich dein Bruder des Essens wegen betrübt, so wandelst du nicht mehr der Liebe gemäß. Bring mit deiner Speise nicht den ins Verderben, für den Christus gestorben ist! 16 Gebt das Gut, das euer ist, nicht der Lästerung preis! 17 Denn das Reich Gottes ist nicht Essen und Trinken, sondern Gerechtigkeit und Friede und Freude in Heiligem Geist. 18 Wer darin Christus dient, ist Gott wohlgefällig und geachtet bei den Menschen.

19 So laß uns trachten nach dem, was dem Frieden dient und der Erbauung untereinander. 20 Zerstöre nicht um des Essens willen das Werk Gottes! Es ist zwar alles rein, doch schlimm ist es für den Menschen, der durch sein Essen Anstoß gibt. 21 Besser ist es, kein Fleisch zu essen und keinen Wein zu trinken noch irgend etwas, woran dein Bruder Anstoß nimmt [oder Ärgernis oder schwach wird]. 22 Hast du eine Glaubensüberzeugung, so behalte sie für

dich selbst vor Gott. Selig, wer sich nicht selbst zu
verurteilen braucht bei dem, was er für recht hält!
23 Wer aber unter Zweifel ißt, der ist verurteilt, weil
es nicht aus gläubiger Überzeugung geschieht.
Alles, was nicht aus gläubiger Überzeugung geschieht, ist Sünde.

14,1–15,13: Ein lehrreicher Abschnitt für die christliche Auffassung von der Freiheit des Gewissens. Nicht immer darf der Christ frei nach der an sich richtigen Überzeugung seines Gewissens handeln. Nämlich dann nicht, wenn er durch sein Handeln das ängstliche Gewissen der Mitchristen ernstlich verletzen könnte. So fordert Paulus die Leser auf, Rücksicht zu nehmen auf jene, die glauben, sich an gewissen Vorschriften bezüglich des Essens oder der Tage (Sabbat, Festtage) halten zu müssen. Vgl. das gleiche Problem 1 Kor 8–10.

Eintracht und gegenseitige Rücksicht

15 1 Wir Starken aber, wir sollen die Gebrechen der Schwachen ertragen und nicht
nach unserem Gefallen leben. 2 Ein jeder
von uns suche dem Nächsten zu Gefallen zu leben,
damit es zum Guten führe, zur Erbauung. 3 Denn
auch Christus lebte nicht sich selbst zu Gefallen,
sondern wie geschrieben steht: »Die Schmähungen
derer, die dich schmähen, fielen auf mich« (Ps
69,10). 4 Alles nämlich, was dereinst geschrieben
wurde, ist zu unserer Belehrung geschrieben, damit
wir durch die Geduld und durch den Trost der
Schriften die Hoffnung haben. 5 Der Gott der Geduld und des Trostes aber gebe euch, gleicher Gesinnung zu sein untereinander im Hinblick auf
Christus Jesus, 6 auf daß ihr einmütig aus einem
Munde Gott und den Vater unseres Herrn Jesus
Christus verherrlicht.
7 Darum nehme einer den andern an, wie auch
Christus euch angenommen hat zur Verherrlichung
Gottes. 8 Ich meine damit, daß Christus Diener der
Beschneidung wurde um der Wahrhaftigkeit Gottes
willen, zur Bestätigung der Verheißung an die
Väter. 9 Die Heiden aber sollen Gott preisen wegen
seines Erbarmens, wie geschrieben steht: »Darum
will ich dich preisen unter den Heidenvölkern und
deinem Namen lobsingen« (Ps 18,50). 10 Und wiederum heißt es: »Freuet euch, ihr Heiden, zusammen mit seinem Volke!« (5 Mos 32,43). 11 Und abermals: »Lobet, ihr Heidenvölker alle, den Herrn; es
sollen ihn preisen alle Nationen« (Ps 117,1). 12 Isaias
wiederum sagt: »Es wird kommen die Wurzel Jesse
und er, der aufsteht, zu herrschen über die Heiden;
auf ihn werden hoffen die Heiden« (Is 11,10). 13 Der
Gott der Hoffnung aber erfülle euch mit aller Freude
und mit allem Frieden im Glauben, auf daß ihr
überreich seid an Hoffnung in der Kraft Heiligen
Geistes.

Nachwort

14 Ich bin überzeugt von euch, meine Brüder, ja
gerade ich, daß ihr von selbst voll guter Gesinnung
seid, erfüllt von aller Erkenntnis und fähig, euch
einander zum Rechten zu leiten. 15 Doch habe ich
euch nach mancher Hinsicht etwas freimütig geschrieben, in der Meinung, es euch wieder in
Erinnerung zu bringen kraft der mir von Gott verliehenen Gnade, 16 um den Dienst Jesu Christi zu
erfüllen bei den Heiden und das heilige Werk des
Evangeliums Gottes zu verrichten, damit die Opfergabe der Heiden wohlgefällig sei, geheiligt in Heiligem Geiste.
17 Ich habe das Recht, mich zu rühmen in Christus
Jesus in dem, was auf Gott gerichtet ist. 18 Denn ich
vermesse mich nicht, von etwas zu reden, was
nicht Christus gewirkt hat durch mich, um die
Heiden zum Gehorsam zu führen in Wort und Tat,
19 in der Kraft von Zeichen und Wundern, in der
Kraft des Geistes Gottes. So habe ich von Jerusalem an im Umkreis bis nach Illyrien die Frohbotschaft von Christus zu Ende geführt. 20 Dabei
setzte ich meine Ehre darein, nicht dort zu predigen, wo Christi Namen schon genannt wurde, um
nicht auf fremden Grund zu bauen, sondern wie
geschrieben steht: 21 »Denen davon nichts erzählt
worden war, die werden es schauen, und die
nichts gehört hatten, denen wird Einsicht werden«
(Is 52,15).

Reiseplan des Apostels

22 Darum war ich auch sehr abgehalten, zu euch
zu kommen [, und bin es bis jetzt noch]. 23 Nun
aber, da ich in diesen Gegenden kein Arbeitsfeld
mehr habe und schon seit vielen Jahren Verlangen
trage zu euch zu kommen, 24 falls ich nach Spanien
reisen würde, hoffe ich, euch auf der Durchreise zu
sehen und von euch dorthin geleitet zu werden,
nachdem ich zuvor etwas mein Verlangen nach
euch gestillt habe. 25 Jetzt aber reise ich nach Jerusalem, in der Fürsorge für die Heiligen. 26 Es faßten
nämlich Mazedonien und Achaia den Entschluß,
eine Beisteuer aufzubringen für die Armen unter
den Heiligen in Jerusalem. 27 Ja, sie entschlossen
sich, und sie sind es ihnen auch schuldig; denn
wenn die Heiden an ihren geistigen Gütern Anteil
erhielten, sind sie verpflichtet, ihnen auch mit den
leiblichen beizustehen. 28 Habe ich also dies erledigt
und ihnen diesen Ertrag gewissenhaft ausgehändigt, so will ich bei euch vorbei den Weg nach
Spanien nehmen. 29 Ich weiß aber, wenn ich zu
euch komme, werde ich mit der Fülle des Segens
Christi kommen. 30 Ich ermahne euch, Brüder, bei

unserem Herrn Jesus Christus und bei der Liebe des
[Heiligen] Geistes: Steht mir bei im Kampf durch
euer Beten für mich zu Gott, 31 damit ich bewahrt
werde vor den Widersachern in Judäa und mein für
Jerusalem bestimmter Dienst rechte Aufnahme
finde bei den Heiligen. 32 Dann werde ich voll
Freude zu euch kommen und, so Gott will, mich bei
euch erquicken. 33 Der Gott des Friedens sei mit
euch allen! Amen.

15,25f: Zur Sammlung von Gaben für Jerusalem vgl. Gal 2,10; 2 Kor 8–9. • 30f: Die »Widersacher in Judäa«, wohl judaistisch gesinnte Kreise, scheinen Paulus auch in diesen finanziellen Dingen Schwierigkeiten bereitet zu haben, vgl. 2 Kor 8,20.

Empfehlung und Grüße

16 1 Ich empfehle euch unsere Schwester
Phöbe; sie steht im Dienst der Gemeinde
in Kenchreä. 2 Nehmt sie auf im Herrn,
wie es Heiligen ziemt, und steht ihr bei, wenn sie
in irgendeiner Sache euer bedarf. Sie ist ja selber
vielen beigestanden, auch mir selbst. 3 Grüßt Prisca
und Aquila, meine Mitarbeiter in Christus Jesus;
4 sie haben für mein Leben ihre Nacken dreinge-
setzt; ihnen schulde nicht nur ich Dank, sondern
auch alle Gemeinden der Heiden. 5 Grüßt auch ihre
Hausgemeinde. Grüßt meinen geliebten Epänetus;
er ist die Erstlingsgabe von Asia für Christus.
6 Grüßt Maria, die sich viele Mühe machte für euch.
7 Grüßt Andronikus und Junias, meine Verwandten
und Mitgefangenen; ihr Ansehen ist groß unter den
Aposteln, schon vor mir gehörten sie Christus an.
8 Grüßt meinen im Herrn geliebten Ampliatus.
9 Grüßt Urbanus, unseren Mitarbeiter in Christus
[Jesus], und meinen geliebten Stachys. 10 Grüßt
Apelles, den in Christus Bewährten. Grüßt die vom
Hause des Aristobul. 11 Grüßt Herodion, meinen
Verwandten; grüßt von den Hausgenossen des Nar-
cissus die Anhänger des Herrn. 12 Grüßt Tryphäna
und Tryphosa, die sich mühen im Herrn. Grüßt die
geliebte Persis, die viel gearbeitet hat im Herrn.
13 Grüßt Rufus, den im Herrn Erwählten, und auch
seine Mutter, die es auch für mich ist. 14 Grüßt
Asynkritus, Phlegon, Hermes, Patrobas, Hermas
und die Brüder bei ihnen. 15 Grüßt Philologus und
Julia, Nereus und seine Schwester und Olympas
und alle Heiligen bei ihnen. 16 Grüßt einander mit
heiligem Kuß. Es grüßen euch alle Gemeinden
Christi.

Warnung vor Irrlehrern

17 Ich mahne euch, Brüder, nehmt euch in acht vor
denen, die Zwietracht und Ärgernisse anrichten im
Widerspruch zu der Lehre, die ihr empfangen habt;
geht ihnen aus dem Wege! 18 Denn derlei Menschen
dienen nicht unserem Herrn Christus, sondern
ihrem eigenen Bauch, und mit schönen Reden und
frommen Sprüchen verführen sie die Herzen der
Arglosen. 19 Euer Gehorsam freilich ist allerorten
bekannt geworden; daher freue ich mich über euch
und habe nur den Wunsch, ihr möchtet begabt sein
für das Gute, einfältig aber gegenüber dem Bösen.
20 Der Gott des Friedens wird den Satan unter euren
Füßen rasch zertreten. Die Gnade unseres Herrn
Jesus Christus sei mit euch!

Gruß der Mitarbeiter

21 Es grüßen euch Timotheus, mein Mitarbeiter, so-
wie Lucius, Jason und Sosipatrus, meine Verwand-
ten. 22 Ich grüße euch im Herrn, ich, Tertius, der ich
diesen Brief geschrieben habe. 23 Es grüßt euch
Gajus, mein und der ganzen Gemeinde Gastgeber.
Es grüßt euch Erastus, der Stadtverwalter, und der
Bruder Quartus. 24 [Die Gnade des Herrn Jesus
Christus sei mit euch allen! Amen.]

Schlußgebet

25 Dem aber, der mächtig ist, euch zu stärken gemäß
meinem Evangelium und der Botschaft von Jesus
Christus, gemäß der Offenbarung des Geheim-
nisses, von dem seit ewigen Zeiten geschwiegen,
26 das aber jetzt geoffenbart und mit Hilfe propheti-
scher Schriften nach Auftrag des ewigen Gottes al-
len Völkern bekannt gemacht wurde zur Weckung
des Glaubensgehorsams, 27 ihm, dem einen, weisen
Gott sei Ehre durch Jesus Christus in alle Ewigkeit!
Amen.

16,1–17: Diese Grußliste zeigt eindrucksvoll das Zusammenstehen der ersten Christen, die überall sich als Brüder und Schwestern betrachten. Phöbe, eine der ersten Gemeindehelferinnen, hat wohl den Brief nach Rom überbracht. Prisca und Aquila, ein judenchristliches Ehepaar, gehörten zu den eifrigsten Mitarbeitern der Urkirche. Vgl. Apg 18,2.18.26; 1 Kor 16,19; 2 Tim 4,19. Es besteht die Meinung, dieser ganze Abschnitt sei ursprünglich Teil eines Briefes nach Ephesus gewesen und erst später mit dem Römerbrief vereinigt worden. Einige Bemerkungen würden dadurch leichter verständlich. Doch hat die reiche Grußliste gerade auch gegenüber der Paulus bis dahin unbekannten Gemeinde eine besondere Bedeutung. • 22: Tertius war der Schreiber des Briefes, den Paulus, wie seine meisten Briefe, diktiert hat.

ERSTER BRIEF AN DIE KORINTHER

Nach dem Bericht der Apostelgeschichte (18,1–17) kam Paulus auf seiner zweiten Missionsreise (50–53) über Mazedonien und Athen in die Hauptstadt der damals römischen Provinz Achaia, Korinth. In einem eineinhalbjährigen Aufenthalt legte er in der reich bevölkerten Hafenstadt den Grund zu einer rührigen Christengemeinde, die nach ihm auch durch den redegewandten alexandrinischen Judenchristen Apollos betreut wurde (vgl. Apg 18,24–28). Allerlei Mißstände und Unklarheiten in der Gemeinde veranlaßten den Apostel, während seiner dritten Reise (54–58) von seinem Missionszentrum Ephesus aus zu folgendem »ersten« Korintherbrief. Nach 5,9 sind aber diesem schon andere, nicht erhaltene briefliche Mitteilungen vorausgegangen. Im vorliegenden Brief geht der Apostel nach dem Briefeingang ausführlich auf die ihm bekannt gewordenen Mißstände ein (1,10–6,20) und äußert sich anschließend zu Fragen, die an ihn zum Teil schriftlich von den Korinthern gerichtet worden waren (7,1–15,58). Als Mißstände nennt der Apostel die Parteisucht hinsichtlich der Glaubensboten (1,10–4,21), die Duldung von unwürdigen Gemeindegliedern (5,1–13), das Prozessieren vor heidnischen Gerichten (6,1–11) und die Unzucht (6,12–20). Darauf erörtert er Ehefragen (7,1–40), das Essen von Götzenopferfleisch (8,1–11,1), das Verhalten der Frauen beim Gottesdienst und die würdige Eucharistiefeier (11,2–34), die Geistesgaben (12,1–14,40) und zuletzt die Auferstehung der Toten (15,1–58). Persönliche Notizen schließen den Brief 16,1–24. Der Brief gibt uns ein lebendiges Spiegelbild einer urchristlichen Großstadtgemeinde, deren Probleme und Anliegen in ähnlicher Weise allezeit wiederkehren. Er zeigt uns die Grundsätze und die seelsorgliche Methode des Apostels und der Urkirche, die, ungeachtet manches Zeitbedingten, den pastoralen Weg der Kirche für die weitere Entwicklung mitbestimmten. Eindrucksvoll bekundet sich die Verantwortung des von seiner Sendung erfüllten und um seine Gläubigen ringenden Apostels.

Paulus, durch Gottes Willen berufen zum Apo-
stel Jesu Christi, und der Bruder Sosthenes
2 an die Gemeinde Gottes in Korinth, an die
Geheiligten in Christus Jesus, die als Heilige beru-
fen sind mit all denen, die den Namen unseres
Herrn Jesus Christus anrufen allerorten, bei ihnen
und bei uns. 3 Gnade euch und Friede von Gott, un-
serem Vater, und vom Herrn Jesus Christus.
4 Ich danke meinem Gott allezeit euretwegen für
die Gnade Gottes, die euch gegeben wurde in Chri-
stus Jesus! 5 Ihr seid ja an allem reich geworden in
ihm, an jedem Wort und jeder Erkenntnis, 6 und das
Zeugnis von Christus ist kraftvoll geworden bei
euch, 7 so daß es euch an keiner Gnadengabe fehlt
im Warten auf das Offenbarwerden unseres Herrn
Jesus Christus, 8 der euch auch Kraft geben wird bis
ans Ende, daß ihr unsträflich seid am Tage unseres
Herrn Jesus Christus. 9 Treu ist Gott, durch den ihr
berufen wurdet zur Gemeinschaft mit seinem Sohn
Jesus Christus, unserem Herrn.

MISSSTÄNDE IN DER GEMEINDE

Parteisucht

10 Ich mahne euch, Brüder, beim Namen unseres
Herrn Jesus Christus: Seid alle einmütig im Reden
und laßt es nicht zu Spaltungen unter euch kom-
men; seid vielmehr wohlgeordnet in gleicher Ge-
sinnung und gleicher Überzeugung! 11 Es ist mir
nämlich über euch, meine Brüder, durch die Leute
der Chloe berichtet worden, es gebe Streitigkeiten
unter euch. 12 Ich meine dies, daß der eine von euch
sagt: »Ich gehöre zu Paulus«, der andere: »Ich zu
Apollos« – »Ich zu Kephas« – »Ich zu Christus«. 13 Ist
denn Christus zerteilt? Wurde denn Paulus gekreu-
zigt für euch? Oder wurdet ihr auf den Namen des
Paulus getauft? 14 Ich danke Gott, daß ich niemand
von euch taufte, außer Krispus und Gajus, 15 so daß
keiner sagen kann, ihr wäret auf meinen Namen
getauft. 16 Doch ja, auch des Stephanas Haus habe
ich getauft; sonst bin ich mir nicht bewußt, noch

einen andern getauft zu haben. 17 Denn Christus hat mich nicht gesandt zu taufen, sondern das Evangelium zu verkünden, doch nicht in Weisheit des Wortes, damit das Kreuz Christi nicht um seinen Sinn gebracht werde.

Die Botschaft vom Kreuz

18 Denn das Wort vom Kreuz ist denen, die verlorengehen, Torheit; uns aber, die wir gerettet werden, ist es Gottes Kraft. 19 Es steht ja geschrieben: »Vernichten will ich die Weisheit der Weisen und die Klugheit der Klugen verwerfen« (Is 29,14). 20 Wo ist ein Weiser, wo ein Gelehrter, wo ein Wortführer dieser Welt? Hat Gott die Weisheit dieser Welt nicht zur Torheit gemacht? 21 Denn da die Welt mit ihrer Weisheit Gott in seiner Weisheit nicht erkannte, gefiel es Gott, durch die Torheit der Heilsbotschaft die zu retten, die glauben. 22 Denn die Juden fordern Zeichen, und die Hellenen suchen Weisheit; 23 wir aber verkünden einen gekreuzigten Christus, den Juden ein Ärgernis und den Heiden eine Torheit, 24 den Berufenen aber, Juden wie Hellenen, Christus als Gottes Kraft und Gottes Weisheit. 25 Denn das Törichte an Gott ist weiser als die Menschen, und das Schwache an Gott stärker als die Menschen.
26 Seht doch auf eure Berufung, Brüder! Dem Fleische nach sind es nicht viele Weise, nicht viele Mächtige, nicht viele Hochgeborene, 27 sondern was töricht ist vor der Welt, wählte Gott aus, um die Weisen zu beschämen; und was schwach ist vor der Welt, wählte Gott aus, um das Starke zu beschämen, 28 was niedrig ist vor der Welt und verachtet, wählte Gott aus, das, was nichts ist, um das, was etwas ist, zunichte zu machen, 29 damit niemand sich rühme vor Gott. 30 Aus ihm seid ihr in Christus Jesus, der für uns Weisheit wurde von Gott her, Gerechtigkeit, Heiligung und Erlösung, 31 damit, dem Schriftwort gemäß, »wer sich rühmt, sich rühme im Herrn« (Jer 9,23f).

1,1: Man beachte, wie Paulus hier und in den übrigen Eingängen seiner Briefe seine Apostelberufung hervorhebt und so seine ihm von Gott übertragene Autorität und Verantwortung zu erkennen gibt. Wenn er dennoch die Namen von besonderen Mitarbeitern als Mitabsender dazusetzt, will er den Inhalt des Briefes als Anliegen der Gesamtkirche kennzeichnen. Sosthenes ist wohl der in Apg 18,17 genannte Synagogenvorsteher. • 2: Beachte den Hinweis auf das Verbundensein aller »Heiligen« (= Christen) auf der Welt zur einen »Gemeinde« in Christus. • 5: Das Streben nach »Erkenntnis« (»Gnosis«) spielte in heidnischen und in häretischen Kreisen eine besondere Rolle. Paulus zeigt eindringlich, wie allein im christlichen Glauben die wahre Erkenntnis gegeben ist. • 9: Christentum ist nur dann echt, wenn der Christ in lebendiger Gemeinschaft mit Christus steht und ihn als »Herrn« betrachtet. • 10–4,20: Als Ursache der das Gemeindeleben schwerstens bedrohenden Parteiungen zeigt Paulus das noch ganz am Irdischen und Sinnenfälligen haftende Denken der Korinther. Dadurch hätten sie auch eine vom Äußeren her orientierte Einschätzung der Glaubensboten. Nur wer vom Heiligen Geist erfüllt sei, werde die Botschaft Christi und vor allem das sonst unbegreifliche Heilsgeschehen des Kreuzestodes Christi als Weisheit verstehen und zur wahren Wertordnung finden. Diese Abschnitte zeigen in überzeitlicher Bedeutung den Weg von der Außenseite des kirchlichen Lebens zum Wesentlichen und Eigentlichen unserer Gläubigkeit. • 14: Über Krispus vgl. Apg 18,8, über Gajus Röm 16,23. • 23f: Die Juden nahmen am Kreuzestod Jesu Anstoß, weil sie in ihrer falschen Einstellung einen politisch-national führenden Messias erwarteten. Den antiken, auf Selbstgeltung und Lebensbejahung bedachten Heiden erschien die Selbsthingabe des Gekreuzigten als unmöglicher Heilsweg. Und doch zeigt der Apostel die »Gotteskraft« und »Gottesweisheit« dieser Erlösung. • 25: Wörtlich: »das Törichte Gottes« bzw. »das Schwache Gottes« (von der Beurteilung der Weltkinder aus).

Menschenweisheit und Geistesoffenbarung

2

1 Und da ich zu euch kam, Brüder, trat ich nicht mit überlegener Rede und Weisheit auf, als ich euch Kunde brachte vom Zeugnis Gottes. 2 Denn ich hatte mir vorgenommen, nichts anderes zu wissen unter euch als Jesus Christus, und diesen als Gekreuzigten. 3 In Schwachheit, in großer Furcht und Zaghaftigkeit trat ich vor euch, 4 und meine Rede und meine Predigt bestanden nicht in überredenden Worten der Weisheit, sondern im Erweis von Geist und Kraft, 5 damit euer Glaube sich nicht gründe auf Weisheit von Menschen, sondern auf Kraft von Gott. 6 Weisheit jedoch verkünden wir unter den Vollkommenen, freilich nicht Weisheit dieser Welt und nicht der Führenden dieser Welt, die zunichte werden, 7 sondern wir künden Gottes Weisheit im Geheimnis, die verborgene, die Gott vor aller Zeit vorherbestimmt hat zu unserer Herrlichkeit. 8 Sie erkannte keiner von den Führenden dieser Welt; denn hätten sie erkannt, hätten sie den Herrn der Herrlichkeit nicht gekreuzigt. 9 Vielmehr ist es, wie geschrieben steht: »Was kein Auge sah und was kein Ohr vernahm und was in eines Menschen Herz nicht drang, was Gott denen bereitete, die ihn lieben« (Is 64,3).
10 Uns aber offenbarte es Gott durch den Geist; denn der Geist ergründet alles, auch die Tiefen Gottes. 11 Denn wer unter Menschen weiß, was im Menschen ist, außer der Geist des Menschen, der in ihm selbst ist? So hat auch keiner erkannt, was Gottes ist, als der Geist Gottes. 12 Wir haben nicht den Geist der Welt empfangen, sondern den Geist, der aus Gott ist, damit wir erkennen, was von Gott an Gnade uns gegeben ist. 13 Dies verkünden wir auch, nicht mit Worten, wie Menschenweisheit es lehrt, sondern wie der Geist es lehrt, indem wir Geisterfüllten das, was des Geistes ist, deuten.
14 Der sinnenhafte Mensch aber faßt nicht, was des Geistes Gottes ist; denn Torheit ist es ihm, und er kann es nicht begreifen, da es im Geiste zu verste-

hen ist. 15 Der Geisterfüllte versteht alles, doch er selbst wird von niemand verstanden. 16 Denn »wer hat den Sinn des Herrn erkannt, daß er ihn unterweise?« (Is 40,13). Wir aber haben Christi Sinn.

2,1–16: Nur der Glaube des vom Heiligen Geist erleuchteten Menschen vermag zum Erfassen der wahren Werte christlicher Offenbarung zu führen. Paulus zeigt den Unterschied zwischen dem »sinnenhaften« (im Griechischen »psychischen«, d. h. dem niederen Bereich des Irdischen zugewandten) Menschen und dem »geistigen« (»pneumatischen«). Wer Christi Offenbarung verstehen will, muß den »Sinn Christi«, d. h. den Heiligen Geist, besitzen.

Parteisucht widerspricht dem Geist

3 1 Und so konnte ich, Brüder, zu euch nicht reden wie zu Geistigen, sondern wie zu Fleischlichen, wie zu Unmündigen in Christus. 2 Milch gab ich euch zu trinken, nicht feste Speise; denn ihr waret dazu noch nicht fähig. Ja, auch jetzt seid ihr nicht fähig, denn noch seid ihr fleischlich. 3 Wenn nämlich Eifersucht und Streit unter euch herrschen, seid ihr da nicht dem Fleische verhaftet, und verhaltet ihr euch nicht nach Menschenweise? 4 Denn wenn der eine sagt: »Ich gehöre zu Paulus«, der andere aber: »Ich zu Apollos«, seid ihr da nicht Menschen? 5 Was ist denn Apollos? Was ist Paulus? Dienende sind sie, durch die ihr zum Glauben kamt, und zwar so, wie es der Herr einem jeden verlieh. 6 Ich habe gepflanzt, Apollos hat begossen; Gott aber gab das Gedeihen. 7 So ist weder der Pflanzende etwas noch der Begießende, sondern Gott, der das Gedeihen gibt. 8 Der pflanzt und der begießt, sind eins; ein jeder wird seinen Lohn empfangen gemäß seiner eigenen Mühe. 9 Denn Gottes Mitarbeiter sind wir; Gottes Ackerfeld, Gottes Bauwerk seid ihr. 10 Nach der mir von Gott verliehenen Gnade legte ich wie ein weiser Baumeister den Grund; ein anderer baut darauf weiter; doch sehe ein jeder, wie er weiterbaut. 11 Denn einen andern Grund kann niemand legen als den, der gelegt ist, das ist Jesus Christus. 12 Ob einer auf diesen Grund Gold baut oder Silber, Edelsteine, Holz, Heu oder Stroh, 13 eines jeden Werk wird sichtbar werden; denn der Tag [des Herrn] wird es erweisen, er offenbart sich ja im Feuer, und wie beschaffen das Werk des einzelnen ist – das Feuer wird es erproben. 14 Hält das Werk stand, das einer baute, wird er Lohn empfangen; 15 wessen Werk aber niederbrennt, der wird Schaden erleiden, er selbst jedoch wird gerettet werden, doch so wie durch Feuer hindurch.

Weisheit ist Torheit vor Gott

16 Wißt ihr nicht, daß ihr Tempel Gottes seid und der Geist Gottes in euch wohnt? 17 Wenn aber einer den Tempel Gottes zugrunde richtet, den wird Gott zugrunde richten; denn der Tempel Gottes ist heilig, und der seid ihr.

18 Niemand täusche sich selbst! Glaubt jemand unter euch, weise zu sein in dieser Welt, der werde ein Tor, um ein Weiser zu werden. 19 Denn die Weisheit dieser Welt ist Torheit vor Gott. Es steht ja geschrieben: »Der die Weisen fängt in ihrer Schlauheit« (Job 5,13). 20 Und ferner: »Der Herr kennt die Gedanken der Weisen, daß sie eitel sind« (Ps 94,11). 21 Darum rühme sich niemand der Menschen. 22 Denn alles ist euer, sei es Paulus oder Apollos oder Kephas oder Welt oder Leben oder Tod oder Gegenwärtiges oder Zukünftiges, alles ist euer; 23 ihr aber seid Christi, Christus aber ist Gottes.

3,1–15: Die Korinther spielten die Predigtweise des Apostels und die des wohl formgewandteren Apollos (Apg 18,24ff) gegeneinander aus und spalteten sich so. Paulus weist auf das Gnadenwirken Gottes hin, das allein das Wirken der Prediger wertvoll machen kann. • 15: Ein nicht ganz klarer Hinweis auf das Gericht Gottes, das zwar das »Werk« eines nicht recht wirkenden Glaubensboten zerstören, diesem selbst aber wie einem, der sich aus seinem brennenden Haus retten kann, eine Möglichkeit zu persönlichem Heil schenken wird. Dieses Wort ist kaum als Zeugnis für das Fegfeuer anzusehen. • 16–23: Nicht eine absolute Ablehnung der »Weisheit dieser Welt«, sondern eine Hinführung zum demütigen Weg des alles irdische Wissen überragenden Glaubens.

Apostelsdienst

4 1 So halte man uns für Gehilfen Christi und Verwalter der Geheimnisse Gottes. 2 Unter Verwaltern ist man zwar sonst darauf bedacht, daß einer als treu erfunden werde. 3 Mir aber kommt es gar wenig darauf an, von euch gerichtet zu werden oder von einem Gerichtstag von Menschen; ja, nicht einmal selber richte ich mich. 4 Ich bin mir zwar durchaus nichts bewußt, doch bin ich damit nicht für gerecht erklärt; der mich richtet, ist der Herr. 5 Richtet daher über nichts vor der Zeit, ehe der Herr kommt; er wird auch das im Dunkel Verborgene ans Licht bringen und offenbar machen die Regungen der Herzen, und dann wird Anerkennung werden einem jeden von Gott. 6 Dies nun, Brüder, habe ich in Anwendung auf mich und Apollos gesagt um euretwillen, daß ihr an uns einsehen lernt, nicht hinauszugehen über das, was geschrieben ist, so daß keiner von euch sich aufblähe in der Bevorzugung des einen und in der Ablehnung des andern. 7 Wer denn gibt dir einen Vorrang? Was hast du, und hättest es nicht empfangen? Hast du also empfangen, was rühmst du dich, als hättest du nicht empfangen? 8 Schon seid ihr gesättigt, schon wurdet ihr reich, ohne uns kamt ihr zum Herrschen. Ja, wäret ihr doch zum Herrschen gekommen, damit auch wir teilhätten an eurem Herrschen! 9 Denn mir scheint, als hätte Gott uns Apo-

stel als die Allergeringsten hingestellt, wie solche, die bestimmt sind zum Tode; denn zum Schauspiel sind wir geworden der Welt, den Engeln und Menschen. 10 Wir sind töricht um Christi willen, ihr seid klug in Christus; wir sind schwach, ihr seid stark; ihr seid geehrt, wir sind verachtet. 11 Bis zur Stunde hungern und dürsten wir, sind entblößt, werden geschlagen, haben keine bleibende Stätte, 12 mühen uns ab in der Arbeit mit unseren Händen; man verflucht uns, und wir segnen; man verfolgt uns, und wir dulden; 13 man lästert uns, und wir trösten; wie ein Auswurf der Welt sind wir geworden, wie ein Abschaum von allem bis zur Stunde.

Väterliche Mahnung

14 Nicht um euch zu beschämen, schreibe ich dies, sondern um euch als meine geliebten Kinder zu ermahnen. 15 Denn hättet ihr auch zehntausend Lehrmeister in Christus, so doch nicht viele Väter; in Christus Jesus nämlich habe ich euch durch das Evangelium gezeugt. 16 Ich bitte euch daher: Werdet meine Nachahmer [, wie auch ich Christi Nachahmer bin]! 17 Eben darum sandte ich euch Timotheus, der mein geliebtes und treues Kind ist im Herrn; er wird euch ins Gedächtnis rufen meine Wege in Christus, wie ich allenthalben in jeder Gemeinde lehre. 18 Als ob ich nicht zu euch käme, so blähen sich einige auf. 19 Doch werde ich rasch zu euch kommen, wenn der Herr es will, und dann will ich nicht das Reden der Aufgeblasenen kennenlernen, sondern ihre Kraft. 20 Denn nicht im Reden zeigt sich das Reich Gottes, sondern in der Kraft. 21 Was wollt ihr? Soll ich mit dem Stock zu euch kommen oder mit Liebe und im Geist der Milde?

4,1–13: Ein weiterer Versuch, die Korinther von der äußerlichen Beurteilung der Glaubensboten zur Ehrfurcht vor der Gnade und dem Gericht Gottes, dem diese unterstellt seien, zu führen. • 6: Anspielung auf den Parteienstreit um Paulus und Apollos. Der Apostel mahnt zur Zurückhaltung im Geist der Heiligen Schrift (»was geschrieben ist«); es kann auch eine Anspielung auf eine sprichwörtliche Redensart vorliegen. Möglicherweise will Paulus nur auf das hinweisen, was er in den vorausgehenden Abschnitten den Korinthern »geschrieben hat« über das Geheimnis des Geistes gegenüber aller Menschenweisheit und über die rechte Beurteilung der Glaubensboten. • 8–13: Dem oberflächlichen Verhalten und Urteilen der Korinther gegenüber zeigt Paulus in schmerzerfüllter Ironie das tatsächliche schwere Los der Glaubensprediger, vor allem sein eigenes. Vgl. 2 Kor 11,16–33! • 14–21: Keine absolute Verurteilung menschlicher Kultur und Wissenschaft, sondern ein Aufzeigen des Entscheidenden, das Paulus vermittelte, indem er die Korinther in Christus zu Kindern Gottes machte (»zeugte«).

Über unwürdige Gemeindeglieder

5 1 Überhaupt, man hört von Unzucht unter euch, und zwar von einer Unzucht, wie sie derart nicht einmal unter den Heiden vorkommt, daß nämlich einer die Frau seines Vaters hat. 2 Und ihr seid da noch aufgeblasen und wurdet nicht eher in Trauer versetzt, damit ausgestoßen werde aus eurer Mitte, der diese Tat beging? 3 Ich nämlich – wenn auch abwesend dem Leibe nach, so doch anwesend dem Geiste nach – habe bereits, als wäre ich anwesend, das Urteil gesprochen über den, der so etwas treibt: 4 Im Namen unseres Herrn Jesus sollt ihr und mein Geist euch versammeln und mit der Kraft unseres Herrn Jesus 5 einen solchen dem Satan übergeben zum Verderben des Fleisches, damit der Geist gerettet werde am Tage des Herrn [Jesus]. 6 Nicht gut ist euer Rühmen! Wißt ihr nicht, daß ein wenig Sauerteig den ganzen Teig durchsäuert?

7 Fegt hinaus den alten Sauerteig, damit ihr ein neuer Teig seid; ihr seid ja ungesäuert; denn unser Osterlamm wurde geschlachtet, Christus. 8 So laßt uns Festtag halten nicht mit dem alten Sauerteig, nicht mit dem Sauerteig der Bosheit und Schlechtigkeit, sondern mit dem Ungesäuerten der Lauterkeit und Wahrheit. 9 Ich schrieb euch im Brief, ihr sollt nicht Gemeinschaft haben mit Unzüchtigen; 10 nicht allgemein meine ich dies von den Unzüchtigen dieser Welt oder den Habsüchtigen und Raffgierigen oder den Götzendienern; denn sonst müßtet ihr hinausgehen aus dieser Welt. 11 Nun aber schreibe ich euch, keine Gemeinschaft zu haben mit einem, der sich Bruder nennt und ein Unzüchtiger ist oder ein Habsüchtiger oder Götzendiener oder Lästerer oder Säufer oder Räuber; mit einem solchen sollt ihr auch nicht essen. 12 Denn was habe ich die Draußenstehenden zu richten? Die aber herinnen sind, sollt nicht ihr sie richten? 13 Die draußen sind, wird Gott richten. »Schafft den Bösen hinaus aus eurer Mitte« (5 Mos 17,7).

5,1–13: Mit der Forderung, den Blutschänder aus der kirchlichen Gemeinschaft auszuschließen, zeigt der Apostel, wie unwürdige Gemeindeglieder, schlimmen Bazillen gleich, den Geist der Gemeinschaft gefährden. Die geforderte Kirchenstrafe, als Ausdruck der Binde- und Lösegewalt der Kirche (vgl. Matth 18,18), hat als Beweggrund die Bekehrung und Rettung des Ausgeschlossenen. Das ist auch heute noch das Motiv der kirchlichen Exkommunikation. 5,7f: Das Leben des Christen wird mit der Osterfeier der Juden verglichen, die sich von allem Gesäuerten enthielten, wenn sie das Osterlamm schlachteten. Sauerteig hier als Bild des früheren Sündigseins der Christen.

Prozesse vor heidnischen Richtern

6 1 Wenn einer von euch einen Rechtsstreit hat mit dem andern, soll er es da über sich gewinnen, seine Sache bei den Unheiligen entscheiden zu lassen statt bei den Heiligen? 2 Oder wißt ihr nicht, daß die Heiligen die Welt richten werden? Wenn aber durch euch die Welt gerichtet wird, seid

ihr dann untauglich für Entscheidungen in ganz be-
langlosen Dingen? 3 Wißt ihr nicht, daß wir über
Engel richten werden? Und über alltägliche Dinge
etwa nicht? 4 Wenn ihr nun in alltäglichen Dingen
Rechtsfragen habt, dann nehmt ihr gerade jene zu
Richtern, die in der Gemeinde nichts gelten? 5 Zu
eurer Beschämung sage ich es. Ist denn gar kein
Weiser unter euch, der zu richten vermag von Bru-
der zu Bruder? 6 So aber steht Bruder gegen Bruder
vor Gericht, und das vor Ungläubigen. 7 Es ist schon
an sich ein Versagen für euch, daß ihr Prozesse habt
miteinander. Warum ertragt ihr nicht lieber das Un-
recht? Warum laßt ihr nicht lieber euch übervor-
teilen? 8 So aber tut ihr selber Unrecht und über-
vorteilt, und das an Brüdern!
9 Oder wißt ihr nicht, daß Ungerechte am Reiche
Gottes nicht Anteil bekommen werden? Täuscht
euch nicht! Weder Unzüchtige noch Götzendiener
noch Ehebrecher noch Lüstlinge noch Knaben-
schänder, 10 weder Diebe noch Habsüchtige, nicht
Säufer, nicht Lästerer, nicht Raffgierige werden am
Reiche Gottes Anteil bekommen. 11 Und von der
Art sind manche von euch gewesen; doch wurdet
ihr abgewaschen, wurdet zu Heiligen und Gerech-
ten im Namen unseres Herrn Jesus Christus und im
Geiste unseres Gottes.

Warnung vor Unzucht

12 Alles ist mir erlaubt! – Doch nicht alles tut gut!
Alles ist mir erlaubt! – Doch möchte ich mich nicht
unterjochen lassen von irgendeiner Sache! 13 Das
Essen ist für den Magen da und der Magen für das
Essen. Gott aber wird ihn und dieses vergehen
lassen. Der Leib ist nicht für die Unzucht, sondern
für den Herrn und der Herr für den Leib. 14 Gott er-
weckte den Herrn und wird auch uns erwecken
durch seine Macht.
15 Wißt ihr nicht, daß eure Leiber Glieder Christi
sind? Werde ich nun die Glieder Christi nehmen
und sie zu Gliedern einer Dirne machen? Das
sei ferne! 16 Oder wißt ihr nicht, daß, wer einer
Dirne anhängt, ein Leib wird mit ihr? »Denn es
werden« – so heißt es – »die zwei zu einem Fleisch«
(1 Mos 2,24). 17 Wer aber dem Herrn anhängt, ist
eines Geistes mit ihm.
18 Flieht die Unzucht! Jede Sünde, die sonst ein
Mensch begeht, ist außerhalb des Leibes; wer aber
Unzucht treibt, der sündigt gegen seinen eigenen
Leib. 19 Oder wißt ihr nicht, daß euer Leib ein
Tempel des Heiligen Geistes ist, der in euch wohnt?
Ihn habt ihr von Gott, und nicht euch selber gehört
ihr. 20 Denn ihr wurdet erkauft um einen Preis. So
verherrlicht denn Gott in eurem Leibe!

6,1–11: Wie schon die Juden Prozesse vor heidnischen Richtern mißbilligten, sollen auch die Christen, wenn sie überhaupt prozessieren, ihre Rechtsfragen vor eigenen Schiedsrichtern austragen. Denn durch die Taufe (Vers 11) sind sie der Zuständigkeit der »Welt« entzogen. Man beachte die Hervorhebung des Heilsgeschehens bei der Taufe, die den Menschen nicht nur zu einem Gesinnungswandel führt, sondern ihn seinsmäßig umwandelt und erneuert, insofern sie ihn der Sünde enthebt und in das Mysterium Christi hineinnimmt durch den Empfang des Heiligen Geistes. Vgl. Röm 6,1–23, wo aus der Heiligung durch die Taufe ein neuer Dienst des Christen gefolgert wird. • 3: Vgl. Dan 7,22; Weish 3,8; Matth 19,28. • 12–20: In Anspielung auf Redensarten von solchen, die in der christlichen Freiheit einen Freibrief für alles, was den Leib betrifft, sehen und daher mit dem Wegfall jüdischer Speiseverbote auch jede Hemmung für geschlechtliche Triebe ablegen wollten, begründet der Apostel die Sündhaftigkeit der Unzucht. Es geht nicht um eine Mißachtung und Verurteilung des Geschlechtlichen an sich (vgl. 1 Kor 7,3.14), sondern um die rechte Geordnetheit. Wer von der innigen Gemeinschaft mit Christus, wie sie durch die Taufe begründet wurde, durchdrungen ist, wird davon auch für sein leibliches Wesen ergriffen.

ANTWORT AUF BESONDERE FRAGEN

Ehe und Jungfräulichkeit

7 1 Zu dem, wovon ihr geschrieben habt: Es ist
für den Mann gut, eine Frau nicht anzu-
rühren. 2 Doch zur Vermeidung von Sünden
der Unzucht habe ein jeder seine Frau und eine jede
ihren Mann. 3 Der Frau leiste der Mann die schul-
dige Pflicht, und ebenso auch die Frau dem Manne.
4 Die Frau verfügt nicht über den eigenen Leib, son-
dern der Mann; ebenso aber verfügt auch der Mann
nicht über den eigenen Leib, sondern die Frau. 5 Ent-
zieht euch einander nicht, es sei denn aus Überein-
kommen für eine bestimmte Zeit, um euch dem
Gebete zu widmen; dann kommt wieder zusam-
men, damit euch der Satan nicht versuche ange-
sichts eurer Unbeständigkeit. 6 Dies sage ich als Zu-
geständnis, nicht als Gebot. 7 Ich wünschte, alle
Menschen wären wie ich selbst; doch ein jeder hat
seine eigene Gabe von Gott, der eine so, der andere
so. 8 Den Unverheirateten und den Verwitweten
aber sage ich: Es ist gut für sie, wenn sie so bleiben
wie auch ich. 9 Können sie aber nicht enthaltsam
sein, so sollen sie heiraten; denn besser ist es, zu
heiraten als zu brennen.
10 Den Verheirateten gebiete nicht ich, sondern der
Herr: Die Frau soll sich vom Manne nicht trennen;
11 ist sie aber getrennt, so bleibe sie ehelos oder ver-
söhne sich mit ihrem Manne. Auch der Mann soll
die Frau nicht entlassen.

Ehe mit Heiden

12 Den übrigen aber sage ich, nicht der Herr: Hat ein Bruder eine ungläubige Frau, und sie willigt ein, mit ihm zu leben, so entlasse er sie nicht. 13 Und hat eine [gläubige] Frau einen ungläubigen Mann, und er willigt ein, mit ihr zu leben, so entlasse sie den Mann nicht. 14 Denn der ungläubige Mann ist geheiligt durch die [gläubige] Frau, und die ungläubige Frau ist geheiligt durch den Bruder; sonst wären ja eure Kinder unrein, nun aber sind sie heilig. 15 Will jedoch der Ungläubige sich trennen, so mag er sich trennen; denn nicht gebunden ist der Bruder oder die Schwester in solchen Fällen; in Frieden hat Gott euch berufen. 16 Denn was weißt du, Frau, ob du den Mann retten wirst? Oder was weißt du, Mann, ob du die Frau retten wirst?

Standestreue

17 Sonst aber wandle ein jeder, wie es ihm der Herr zugeteilt, wie Gott ihn berufen hat. So ist meine Weisung in allen Gemeinden. 18 Ist einer als Beschnittener berufen, so mache er sich nicht unbeschnitten; ist einer als Unbeschnittener berufen, so lasse er sich nicht beschneiden. 19 Die Beschneidung bedeutet nichts und das Unbeschnittensein nichts, sondern die Erfüllung der Gebote Gottes. 20 Jeder bleibe in dem Beruf, in dem er berufen wurde. 21 Bist du als Sklave berufen, so mache dir keine Sorge; aber auch wenn du frei werden kannst, nutze es noch mehr. 22 Denn wer im Herrn berufen wurde als Sklave, ist ein Freigelassener des Herrn; ebenso ist, wer als Freier berufen wurde, ein Sklave Christi. 23 Um einen Preis seid ihr erkauft; werdet nicht Sklaven von Menschen! 24 Worin ein jeder berufen wurde, Brüder, darin verbleibe er vor Gott!

Von der inneren Freiheit!

25 Was aber die Jungfrauen betrifft, so habe ich keinen Auftrag vom Herrn; doch einen Rat gebe ich als einer, der durch das Erbarmen des Herrn Vertrauen verdient. 26 Ich meine also, es ist gut bei der gegenwärtigen Bedrängnis, es ist gut für einen Menschen, daß er sich so verhalte: 27 Bist du gebunden an eine Frau, so suche nicht Lösung! Bist du gelöst von einer Frau, so suche nicht nach einer Frau! 28 Wenn du aber heiratest, sündigst du nicht, und wenn die Jungfrau heiratet, sündigt sie nicht. Doch werden solche Bedrängnis haben durch das Fleisch, und davor möchte ich euch bewahren. 29 Das sage ich, Brüder: Die Zeit ist kurz. Fortan sollen auch jene, die eine Frau haben, sich so verhalten, als hätten sie keine, 30 und die weinen, als weinten sie nicht, und die sich freuen, als freuten sie sich nicht, und die kaufen, als behielten sie nichts, 31 und die mit der Welt verkehren, als verkehrten sie nicht; denn die Gestalt dieser Welt vergeht. 32 Möchte ich doch, daß ihr frei wäret von unruhiger Sorge. Der Unverheiratete sorgt sich um die Sache des Herrn, wie er gefalle dem Herrn; 33 der Verheiratete sorgt sich um die Sache der Welt, wie er gefalle der Frau, 34 und er ist geteilt. Die unverheiratete Frau und die Jungfrau sorgen sich um die Sache des Herrn, daß sie heilig seien an Leib und Geist; die Verheiratete aber sorgt sich um die Sache der Welt, wie sie gefalle dem Manne. 35 Dies aber sage ich zu eurem Besten, nicht um eine Schlinge über euch zu werfen, sondern in der Sorge um das rechte Verhalten und ungestörte Verharren beim Herrn.

Heiraten und Wiederverheiratung

36 Meint aber jemand, er handle unschicklich gegenüber seiner Jungfrau, wenn sie über die Jahre kommt und es deshalb so sein soll, so möge er tun, was er will, er sündigt nicht; sie mögen heiraten. 37 Wer aber feststeht in seinem Herzen und keinem Zwang unterliegt, sondern Freiheit hat über seinen Willen und dies in seinem Herzen beschlossen hat, seine Jungfrau zu bewahren, der wird recht tun. 38 Wer also seine Jungfrau verheiratet, tut recht; wer sie aber nicht verheiratet, tut besser. 39 Eine Frau ist gebunden, solange ihr Mann lebt; ist aber ihr Mann entschlafen, so ist sie frei, zu heiraten, wen sie will; doch geschehe es im Herrn. 40 Glücklicher aber ist sie, wenn sie so bleibt, wie es meinem Rat entspricht; und ich glaube, daß auch ich den Geist Gottes habe.

7,1–40: Ein bedeutsames Kapitel für die Auffassung von Ehe und Jungfräulichkeit, mit grundlegenden Sätzen für das noch heute geltende kirchliche Eherecht. • 2: Nicht der erste und alleinige Sinn der Ehe. Paulus hebt nur einen besonderen Gesichtspunkt hervor wenn er in der Ehe eine Hilfe zur Beruhigung geschlechtlicher Triebe sieht. • 10f: Zur Unauflösbarkeit der Ehe vgl. Matth 5,32; 19,3–11; Mark 10,4–12; Luk 16,18. • 12–17: Das vom Apostel im Bewußtsein seiner Sendung formulierte »Privileg« im Fall des Übertritts eines Partners einer heidnischen Ehe zum christlichen Glauben ist heute noch als »Privilegium Paulinum« in Geltung. • 21f: Nicht von außen, sondern von innen her sucht die Kirche die soziale Ordnung zu reformieren. Jeder Mensch, ob Sklave oder Freier, steht im Dienst des Herrn Jesus Christus. Paulus will mit dem Zusatz in Vers 21 dem Sklaven kaum empfehlen, von einer Möglichkeit des Freiwerdens keinen Gebrauch zu machen, vgl. seine diesbezügliche Stellungnahme im Philem 15f. Doch soll gerade der Freigelassene erst recht sich als Sklave Christi betrachten. • 25f: Wertmesser in jedem Stand ist die Liebe zu Christus. Von ihr erhält die Empfehlung der Jungfräulichkeit ihr besonderes Motiv. Sie soll den Menschen frei machen für Christus.

Vom Essen des Opferfleisches

8 1 Bezüglich des Götzenopferfleisches: Wir wissen, daß wir alle Erkenntnis haben; die Erkenntnis bläht auf, die Liebe jedoch erbaut. 2 Meint einer, etwas erkannt zu haben, so erkannte

er noch nicht, wie man erkennen soll. 3 Wenn aber einer Gott liebt, der ist erkannt worden von ihm. 4 Was also das Essen von Götzenopferfleisch betrifft, so wissen wir, daß kein Götze in der Welt existiert und daß es keinen Gott gibt als den Einen. 5 Denn wenn auch von »Götzen« die Rede ist, sei es im Himmel oder auf Erden, wie es ja viele »Götter« und viele »Herren« gibt, 6 so existiert für uns nur ein einziger Gott, der Vater, aus dem alles ist und für den wir sind, und ein einziger Herr, Jesus Christus, durch den alles ist und wir durch ihn. 7 Doch nicht in allen ist diese Erkenntnis, sondern manche essen in ihrer bisher gewohnten Auffassung vom Götzen das Fleisch als Götzenopfer, und ihr Gewissen, das schwach ist, wird befleckt. 8 Speise bringt uns nicht vor Gott, weder verlieren wir etwas, wenn wir nicht essen, noch gewinnen wir etwas, wenn wir essen. 9 Seht aber zu, daß diese eure Freiheit nicht zum Anstoß werde für die Schwachen.

10 Denn sieht einer dich, der du Erkenntnis hast, im Götzenhaus bei Tisch, wird nicht sein Gewissen, da er schwach ist, aufgemuntert werden zum Essen von Götzenopfern? 11 Und so geht durch deine Erkenntnis der Schwache ins Verderben, er, dein Bruder, um dessentwillen Christus starb. 12 Wenn ihr euch so an den Brüdern versündigt und ihr schwaches Gewissen verletzt, versündigt ihr euch an Christus. 13 Wenn daher eine Speise meinem Bruder Anstoß gibt, will ich in Ewigkeit kein Fleisch essen, um meinem Bruder nicht Anstoß zu geben.

8,1–10,33: Bei der Frage, ob die Christen Fleisch verwenden dürften, das von Götzenopfern stammt, betont Paulus die grundsätzliche Freiheit des Christen, die aber ihre Grenze erhält, wenn der Gebrauch dieser Freiheit für andere, vor allem für ängstliche Christen, eine Gewissensverwirrung schaffen könnte. Oberster Grundsatz ist daher die Rücksicht aus Liebe zu Christus und zum Mitchristen. Vgl. Röm 14,1–15,13.

Das Beispiel des Apostels

9 1 Bin ich nicht frei? Bin ich nicht Apostel? Habe ich nicht Jesus, unseren Herrn, gesehen? Seid nicht ihr mein Werk im Herrn? 2 Bin ich auch für andere nicht Apostel, so doch für euch; denn das Siegel meines Apostelamtes seid ihr im Herrn. 3 Dies ist meine Verteidigung vor denen, die mich zur Rede stellen. 4 Haben wir nicht das Recht auf Essen und Trinken? 5 Haben wir nicht das Recht, eine Schwester, eine Frau, mitzuführen, wie auch die übrigen Apostel und die Brüder des Herrn und wie Kephas? 6 Oder haben nur ich und Barnabas nicht das Recht, die Handarbeit beiseite zu lassen? 7 Wer leistet je Kriegsdienst auf eigene Kosten? Wer pflanzt einen Weinberg und genießt nicht von seiner Furcht? Wer weidet eine Herde und nährt sich nicht von der Milch der Herde? 8 Sage ich das nur als menschliche Meinung? Oder sagt dies nicht auch das Gesetz? 9 Es steht doch im Gesetz des Moses geschrieben: »Du sollst dem dreschenden Ochsen das Maul nicht verbinden« (5 Mos 25,4). Geht es denn Gott um die Ochsen? 10 Oder sagt er es nicht gerade unsertwegen? Ja, unsertwegen steht es geschrieben; denn in Hoffnung soll der Pflüger pflügen, und der Drescher soll arbeiten in der Hoffnung auf seinen Ertrag. 11 Wenn wir für euch das Geistige säten, ist es da etwas Großes, wenn wir Dinge für den Leib von euch ernten? 12 Wenn andere dieses Recht über euch genießen, dürfen wir es da nicht viel mehr? Doch wir machten nicht Gebrauch von diesem Recht, sondern nehmen alles auf uns, damit wir nicht zum Hindernis werden für das Evangelium Christi. 13 Wißt ihr nicht, daß die im Heiligtum Tätigen vom Heiligtum auch essen und daß die dem Altar Dienenden vom Altar ihren Anteil empfangen? 14 So hat auch der Herr verordnet, daß die Verkünder des Evangeliums vom Evangelium leben.

Verzicht aus Liebe

15 Ich aber machte von all dem keinen Gebrauch. Doch schreibe ich dies nicht deswegen, damit es mir nun zuteil werde; denn lieber wollte ich sterben, als daß jemand meinen Ruhm zunichte mache. 16 Daß ich nämlich das Evangelium verkünde, gereicht mir nicht zum Ruhm, denn als zwingende Pflicht liegt es auf mir; denn wehe mir, wenn ich das Evangelium nicht verkünde! 17 Wenn ich nämlich freiwillig dies tue, so habe ich Verdienst; tue ich es aber unfreiwillig, dann bin ich eben mit einem Amte betraut.

18 Was ist nun mein Verdienst? Dies, daß ich das Evangelium verkünde ohne Entgelt und nicht Gebrauch mache von meinem Recht am Evangelium. 19 Denn obwohl ich unabhängig bin von allen, machte ich mich doch zum Knechte aller, um recht viele zu gewinnen. 20 Den Juden wurde ich wie ein Jude, um Juden zu gewinnen. Denen unter dem Gesetz wurde ich wie einer unter dem Gesetz – obwohl ich selber nicht unter dem Gesetze stehe –, um die unter dem Gesetz zu gewinnen. 21 Den Gesetzlosen wurde ich wie ein Gesetzloser – obwohl ich nicht gesetzlos bin vor Gott, sondern unter dem Gesetz Christi stehe –, um die Gesetzlosen zu gewinnen. 22 Den Schwachen wurde ich ein Schwacher, um die Schwachen zu gewinnen. Allen bin ich alles geworden, um auf jede Weise einige zu retten.

23 Alles aber tue ich um des Evangeliums willen, damit ich teilhabe an ihm.
24 Wißt ihr nicht, daß die Läufer in der Rennbahn zwar alle laufen, jedoch nur einer den Preis erlangt? Laufet so, daß ihr ihn erhaltet. 25 Jeder, der im Wettkampf steht, enthält sich von allem. Diese tun es, um einen vergänglichen Kranz zu empfangen, wir aber um eines unvergänglichen willen. 26 Ich nun, ich laufe so, nicht wie einer, der ins Ungewisse rennt; ich führe den Faustschlag nicht wie einer, der Lufthiebe versetzt, 27 sondern ich züchtige meinen Leib und mache ihn gefügig, damit ich nicht etwa, indes ich anderen predige, selber die Probe nicht bestehe.

9,1–27: Trotz verschiedener, ihm zustehender Freiheiten und Rechte hat Paulus aus höheren Beweggründen Verzicht geübt und sogar den ihm gebührenden Unterhalt mit eigener Handarbeit erworben. Vgl. Apg 20,34; 2 Kor 12,13; 2 Thess 3,8ff. • 5: Die Apostel und »Brüder«, d. h. nahe Verwandte des Herrn, hatten demnach auf ihren Missionswegen auch Frauen bei sich. Die Stellung derselben ist aus unserem Satz nicht mit Sicherheit zu erkennen. Wenn man »Schwester« im Sinn von »Mitarbeiterin« nimmt, wäre der Sinn: »eine Frau als Mitarbeiterin«. Der häufig vertretene Sinn von »Ehefrau« ist möglich, doch durch den Kontext nicht recht überzeugend. Paulus sah auch hier aus besonderen Beweggründen von einem ihm zustehenden Recht ab.

Das abschreckende Beispiel Israels

10 1 Denn ich möchte euch nicht in Unkenntnis lassen, Brüder, daß unsere Väter alle unter der Wolke waren und alle das Meer durchschritten 2 und alle auf Moses getauft wurden in der Wolke und im Meer 3 und alle dieselbe geistige Speise aßen 4 und alle denselben geistigen Trank genossen – sie tranken nämlich aus dem geistigen Felsen, der ihnen folgte, und dieser Fels war Christus. 5 Doch an den meisten von ihnen hatte Gott kein Gefallen, denn »sie wurden dahingerafft in der Wüste« (4 Mos 14,16). 6 Dies ist uns zum Vorbild geschehen, daß wir nicht nach dem Bösen gelüsten, wie jene gelüsteten. 7 Werdet auch nicht Götzendiener wie einige von ihnen, von denen geschrieben steht: »Das Volk setzte sich, um zu essen und zu trinken, und sie standen auf, um zu tanzen« (2 Mos 32,6). 8 Laßt uns auch nicht Unzucht treiben, wie einige von ihnen Unzucht trieben, und es kamen an einem Tage dreiundzwanzigtausend ums Leben. 9 Laßt uns auch den Herrn nicht versuchen, wie ihn einige von ihnen versuchten, und durch Schlangen kamen sie um. 10 Murrt auch nicht, wie einige von ihnen murrten, und durch den Würgengel gingen sie zugrunde (4 Mos 25,1.9f; 14,2.33f). 11 Dies alles aber widerfuhr ihnen als Vorbild, und es wurde niedergeschrieben zur Warnung für uns, für die das Ende der Zeiten gekommen ist. 12 Wer also meint, er stehe, der sehe zu, daß er nicht falle. 13 Es hat euch nur menschliche Anfechtung getroffen, Gott aber ist getreu; er wird euch nicht anfechten lassen über eure Kräfte, sondern bei der Anfechtung auch den Ausgang schaffen, daß ihr bestehen könnt.

Folgerungen

14 Darum, meine Geliebten, flieht vor dem Götzendienst! 15 Zu Verständigen rede ich; beurteilt selbst, was ich sage. 16 Der Kelch des Segens, den wir segnen, ist er nicht Teilhabe am Blute Christi? Und das Brot, das wir brechen, ist es nicht Teilhabe am Leibe Christi? 17 Weil es ein Brot ist, sind wir ein Leib als die vielen; denn wir nehmen alle teil an dem einen Brot. 18 Seht auf das Israel dem Fleische nach! Haben nicht jene, die vom Opfer essen, teil am Opferaltar?
19 Was sage ich damit? Sage ich, daß ein Götzenopfer etwas sei? Oder daß ein Götze etwas sei?
20 Nein, vielmehr, daß die Heiden das, was sie opfern, den Dämonen opfern und nicht Gott. Ich will aber nicht, daß ihr Gemeinschaft habt mit den Dämonen. 21 Ihr könnt nicht den Kelch des Herrn trinken und den Kelch von Dämonen. Ihr könnt nicht Anteil haben am Tisch des Herrn und am Tisch der Dämonen. 22 Oder wollen wir den Herrn herausfordern? Sind wir etwa stärker als er? 23 Alles ist erlaubt, doch nicht alles tut gut. Alles ist erlaubt, doch nicht alles erbaut. 24 Keiner suche den eigenen Nutzen, sondern den des andern. 25 Alles, was auf dem Fleischmarkt verkauft wird, das esset, ohne um des Gewissens willen nachzufragen; 26 denn »des Herrn ist die Erde und was sie erfüllt« (Ps 24,1).
27 Wenn einer von den Ungläubigen euch einlädt und ihr hingehen wollt, so eßt alles, was euch vorgesetzt wird, ohne um des Gewissens willen nachzufragen. 28 Wenn aber einer euch sagt: »Dies ist Götzenopferfleisch!«, so eßt nicht davon, und zwar um dessentwillen, der darauf hinwies, und um des Gewissens willen. 29 Ich meine damit nicht das eigene Gewissen, sondern das des anderen. Was soll denn meine Freiheit von eines andern Gewissen sich richten lassen? 30 Wenn ich mit Danksagung genieße, was soll ich mich lästern lassen für das, wofür ich Dank sage? 31 Möget ihr nun essen oder trinken oder etwas anderes tun, tut alles zur Ehre Gottes! 32 Gebt nicht Ärgernis, weder Juden noch Hellenen noch der Gemeinde Gottes, 33 wie auch ich allen in allem zu Gefallen bin, indem ich nicht suche, was mir nützt, sondern den vielen, damit sie gerettet werden.

10,1–13: Mit diesen Hinweisen auf die jüdische Geschichte will der Apostel andeuten, daß bloße äußere Zugehörigkeit zur Kirche keine Sicherung vor Unheil besagt. Wir müssen daher mit der angebotenen Gnade wirken bis zur Vollendung und uns der Verantwortung für uns und für unsere Mitmenschen bewußt bleiben. • 16–21: Eine bedeutsame Stelle für die Auffassung der Urkirche vom Geheimnis der Eucharistie als einer Wirklichkeit der Gegenwart des Herrn und der Lebensverbindung mit ihm.

11

1 Ahmt mein Beispiel nach, wie auch ich Christi Nachahmer bin!

Verschleierung der Frauen

2 Ich lobe euch, daß ihr in allem meiner eingedenk seid und die Überlieferungen wahret, wie ich sie euch übergeben habe. 3 Ich möchte aber, daß ihr wisset, daß das Haupt eines jeden Mannes Christus ist; Haupt der Frau ist der Mann, und Haupt Christi ist Gott.

4 Jeder Mann, der bedeckten Hauptes betet oder prophetisch redet, entehrt sein Haupt. 5 Jede Frau aber, die bei unverhülltem Haupte betet oder prophetisch redet, entehrt ihr Haupt; denn sie ist ein und dasselbe wie eine Geschorene. 6 Denn wenn eine Frau sich nicht verhüllt, möge sie auch die Haare sich abschneiden lassen. Ist es aber schimpflich für eine Frau, sich die Haare abschneiden oder sich scheren zu lassen, so verhülle sie sich [ihr Haupt]. 7 Der Mann nämlich darf sein Haupt nicht verhüllen, weil er Gottes Bild und Abglanz ist; die Frau aber ist des Mannes Abglanz. 8 Denn der Mann ist nicht aus der Frau, sondern die Frau ist aus dem Mann; 9 es wurde ja der Mann auch nicht der Frau wegen geschaffen, sondern die Frau des Mannes wegen. 10 Darum soll die Frau ein Zeichen der Hoheit auf dem Haupte tragen, der Engel wegen. 11 Im übrigen gilt im Herrn weder Frau anders als Mann noch Mann anders als Frau; 12 denn wie die Frau aus dem Mann, so ist auch der Mann durch die Frau, alles aber aus Gott. 13 Urteilt bei euch selbst: Ist es schicklich, daß eine Frau unverhüllt zu Gott betet? 14 Lehrt euch nicht schon die Natur, daß es dem Mann, wenn er langes Haar trägt, nicht zur Ehre gereicht? 15 Trägt aber die Frau langes Haar, gereicht es ihr zur Ehre. Denn das Haar ist ihr als Schleier gegeben. 16 Wenn jedoch jemand glaubt, widersprechen zu müssen – wir haben eine derartige Sitte nicht, und auch nicht die Gemeinden Gottes.

Würdige Feier der Eucharistie

17 Bei folgender Anordnung weiß ich kein Lob für euch; denn eure Zusammenkünfte gereichen nicht zum Segen, sondern zum Schaden. 18 Fürs erste nämlich höre ich, daß es Spaltungen unter euch gibt, wenn ihr bei der Versammlung der Gemeinde zusammenkommt, und ich glaube es zum Teil. 19 Es muß ja Parteiungen unter euch geben, damit die Bewährten unter euch offenbar werden.

20 Wenn ihr also gemeinsam zusammenkommt, so ist das nicht mehr ein Essen des Herrenmahls. 21 Denn ein jeder nimmt beim Essen seine eigene Mahlzeit vorweg, und der eine hungert, indes der andere betrunken ist. 22 Habt ihr denn nicht Häuser zum Essen und Trinken? Oder verachtet ihr die Gemeinde Gottes und beschämt jene, die nichts haben? Was soll ich euch sagen? Soll ich euch loben? Hierin lobe ich euch nicht.

23 Denn ich habe vom Herrn empfangen, was ich euch auch überliefert habe: Der Herr Jesus nahm in der Nacht, in der er verraten wurde, Brot, 24 sagte Dank, brach es und sprach: »[Nehmt hin und eßt], das ist mein Leib [, der] für euch [hingegeben wird]. Tut dies zu meinem Gedächtnis!« 25 Ebenso nahm er nach dem Mahl auch den Kelch und sprach: »Dieser Kelch ist der neue Bund in meinem Blute; tut dies, sooft ihr davon trinkt, zu meinem Gedächtnis!« 26 Denn sooft ihr dieses Brot eßt und den Kelch trinkt, verkündet ihr den Tod des Herrn, bis er kommt.

27 Wer daher unwürdig dieses Brot ißt oder den Kelch des Herrn trinkt, der wird schuldig am Leibe und Blute des Herrn. 28 Es prüfe ein jeder sich selbst, und so esse er von dem Brot und trinke aus dem Kelch. 29 Denn wer [unwürdig] ißt und trinkt, der ißt und trinkt sich das Gericht, da er den Leib [des Herrn] nicht unterscheidet. 30 Darum sind unter euch viele Schwache und Kranke und sind so manche entschlafen. 31 Gingen wir mit uns selbst ins Gericht, würden wir nicht gerichtet werden. 32 Werden wir aber gerichtet vom Herrn, dann erfahren wir Züchtigung, damit wir nicht mit dieser Welt verdammt werden.

33 Darum, meine Brüder: Wenn ihr euch versammelt zum Essen, so wartet aufeinander! 34 Hat aber jemand Hunger, der esse zu Haus! damit ihr nicht zum Gericht zusammenkommt. Das übrige aber werde ich anordnen, sobald ich komme.

11,1–6: Eine aus zeitbedingter Sitte zu verstehende Anordnung. Man beachte Vers 11f, um zu sehen, daß Paulus nicht eine Unterbewertung der Frau ausspricht, sondern im Interesse der bedrohten gottesdienstlichen Ordnung an die Schicklichkeit appelliert. Die Einzelargumente sind aus der damaligen Zeit zu erklären. • 17–34: Mit der Eucharistiefeier waren sog. Liebesmahle (Agapen) verbunden. Paulus erinnert an die Einsetzung des eucharistischen Geheimnisses, um die Korinther aufmerksam zu machen auf den Ernst dieser Feier. Er führt auf die unwürdige Eucharistiefeier die Krankheiten und Todesfälle in der Gemeinde zurück. Vgl. zum Einsetzungstext Matth 26,26f; Mark 14,22f, Luk 22,19f.

VON DEN GEISTESGABEN

Gaben des einen Geistes

12 1 Was die Geistesgaben betrifft, so will ich euch nicht ohne Kenntnis lassen, Brüder. 2 Ihr wißt, als ihr noch Heiden waret, wurdet ihr unwiderstehlich zu den stummen Götzenbildern hingezogen. 3 Darum tue ich euch zu wissen, daß niemand, der im Geiste Gottes redet, sagen kann: »Verflucht ist Jesus«, und keiner kann sagen: »Herr Jesus«, außer im Heiligen Geist. 4 Es gibt Verschiedenheiten unter den Gnadengaben, doch ist es derselbe Geist. 5 Und es gibt Verschiedenheiten unter den Diensten, doch ist es derselbe Herr. 6 Es gibt Verschiedenheiten unter den wirkenden Kräften, doch ist es derselbe Gott, der alles in allem wirkt. 7 Dem einzelnen wird die Offenbarung des Geistes zum Nutzen aller verliehen. 8 Dem einen nämlich wird durch den Geist das Wort der Weisheit verliehen, dem andern das Wort der Erkenntnis nach demselben Geist, 9 einem andern der Glaube in demselben Geist, einem andern die Gabe zu heilen in dem einen Geist, 10 einem andern machtvoll wirkende Kräfte, einem andern Prophetengabe, einem andern Unterscheidung der Geister, einem andern Arten des Zungenredens, einem andern Auslegung der Zungenreden. 11 Dies alles aber wirkt ein und derselbe Geist, der einem jeden zuteilt, wie er will.

Glieder am Leib Christi

12 Denn wie der Leib einer ist und doch viele Glieder hat, alle Glieder des Leibes aber, obschon ihrer viele sind, doch einen Leib darstellen, so auch Christus. 13 Denn in einem Geist sind wir alle zu einem Leib getauft, ob Juden oder Hellenen, ob Knechte und Freie, und alle sind wir mit einem Geiste getränkt.

14 Denn auch der Leib ist nicht ein einziges Glied, sondern besteht aus vielen. 15 Würde der Fuß sagen: »Weil ich nicht Hand bin, gehöre ich nicht zum Leib«, gehört er dennoch zum Leib. 16 Und würde das Ohr sagen: »Weil ich nicht Auge bin, gehöre ich nicht zum Leib«, gehört es dennoch zum Leib. 17 Wäre der ganze Leib Auge, wo wäre das Gehör? Wäre er ganz Gehör, wo wäre der Geruchssinn? 18 Nun aber hat Gott ein jedes einzelne von den Gliedern so dem Leibe eingefügt, wie er es wollte. 19 Wären sie alle nur ein Glied, wo bliebe der Leib? 20 So aber sind es viele Glieder, aber nur ein Leib. 21 Das Auge kann nicht zur Hand sagen: »Ich bedarf deiner nicht«, oder wiederum das Haupt zu den Füßen: »Ich bedarf euer nicht.« 22 Im Gegenteil, gerade jene Glieder des Leibes, die schwächer zu sein scheinen, sind um so mehr notwendig; 23 und die wir als die weniger wertvollen Glieder des Leibes ansehen, die umgeben wir mit besonderer Aufmerksamkeit, und die nicht ehrbaren an uns erfahren besonders ehrbare Beachtung; 24 die ehrbaren an uns haben es nicht nötig. Gott fügte ja doch den Leib so zusammen, daß er dem größere Ehre zukommen ließ, dem es daran gebrach, 25 damit nicht Zwiespalt sei im Leibe, sondern in Eintracht füreinander Sorge tragen die Glieder.

26 Ob nun ein einziges Glied leidet, es leiden mit ihm alle Glieder; oder ob ein einziges Glied verherrlicht wird, es freuen sich mit ihm alle Glieder. 27 Ihr aber seid Christi Leib und im einzelnen Glieder, 28 und die einen bestimmte Gott in der Kirche, zuerst zu Aposteln, zweitens zu Propheten, drittens zu Lehrern, dann für Wunderkräfte, ferner für Gaben der Heilung, zu Dienstleistungen, zur Amtsführung, zu Arten der Zungenrede [, zur Auslegung der Zungenreden]. 29 Sind etwa alle Apostel? Alle Propheten? Alle Lehrer? Alle mit besonderen Kräften begabt? 30 Haben alle die Gabe für Heilungen? Reden alle in Zungen? Betätigen sich alle als Ausleger? 31 Bemüht euch um die vorzüglicheren Gaben! Und auch noch darüber hinaus will ich einen Weg euch zeigen.

12,1–14,40: Die »Geistesgaben«, durch die sich, wie bei der Geistsendung am Pfingstfest, der Heilige Geist in außerordentlichen Fähigkeiten bekundete, konnten leicht die innere und äußere Ordnung des Gemeindelebens beeinträchtigen. Daher weist Paulus nachdrücklich auf die Einheit aller Glieder am Leib Christi hin und fordert in Kapitel 13 die Liebe, die über allem als die ordnende Macht zu stehen habe und unter den drei göttlichen Tugenden die allergrößte sei. Dieses »Hohelied« der Liebe gehört zum Schönsten der Paulusbriefe. Es ist eine eindrucksvolle Umschreibung des Grundgebotes Christi.

Das Größte ist die Liebe

13 1 Wenn ich mit den Zungen der Menschen und der Engel rede, doch Liebe nicht habe, bin ich ein tönendes Metall oder eine klingende Schelle.

2 Und wenn ich Prophetengabe besitze und um alle Geheimnisse weiß und alle Erkenntnis, und wenn ich allen Glauben habe, daß ich Berge versetze, doch Liebe nicht habe, so bin ich nichts.

3 Und wenn ich all meine Habe austeile [zur Speise für die Armen], und wenn ich meinen Leib hingebe zum Verbrennen, doch Liebe nicht habe, nützt es mir nichts. 4 Die Liebe übt Nachsicht; in Güte handelt die Liebe. Sie eifert nicht; die Liebe macht sich

nicht groß, sie bläht sich nicht auf. 5 Sie benimmt
sich nicht ungehörig; sie sucht nicht das Ihre; sie
läßt sich nicht erbittern; sie rechnet das Böse nicht
an. 6 Sie hat nicht Freude am Unrecht, freut sich
jedoch an der Wahrheit. 7 Sie erträgt alles, sie glaubt
alles, sie hofft alles, sie duldet alles.
8 Die Liebe hört niemals auf. Ob Prophetengaben,
sie gehen zu Ende; ob Reden in Zungen, sie wer-
den aufhören; ob Erkenntnis, sie nimmt ein Ende.
9 Denn Stückwerk ist unser Erkennen und Stück-
werk unser prophetisches Reden. 10 Kommt aber die
Vollendung, wird das Stückwerk abgetan werden.
11 Als ich noch Kind war, redete ich wie ein Kind,
dachte ich wie ein Kind, überlegte wie ein Kind; da
ich aber Mann geworden, legte ich die Art des
Kindes ab. 12 Denn jetzt schauen wir durch einen
Spiegel im unklaren Bild, dann aber von Angesicht
zu Angesicht. Jetzt erkenne ich stückweise; dann
aber werde ich erkennen, so wie auch ich erkannt
bin.
13 Jetzt bleiben Glaube, Hoffnung, Liebe, diese drei:
das Größte von ihnen ist die Liebe.

Zungenrede und Prophetengabe

14
1 Trachtet nach der Liebe! Bemüht euch
um Geistesgaben, vorzüglich um prophe-
tisches Reden! 2 Wer nämlich in Zungen
redet, der redet nicht zu Menschen, sondern zu
Gott; denn niemand versteht ihn; im Geiste spricht
er Geheimnisvolles. 3 Wer aber prophetisch redet,
der redet für Menschen zur Erbauung, Ermahnung
und Tröstung. 4 Wer in Zungen redet, erbaut sich
selbst; wer aber prophetisch redet, erbaut die Ge-
meinde.
5 Ich wünschte zwar, ihr möchtet alle in Zungen
reden, mehr aber noch, ihr möchtet prophetisch
reden; höher steht der prophetisch Redende als der
in Zungen Redende, es sei denn, daß er die Ausle-
gung gibt, damit die Gemeinde Erbauung emp-
fange. 6 Wenn ich also, Brüder, zu euch komme und
in Zungen zu euch rede, was nütze ich euch, wenn
ich nicht zu euch spreche in Offenbarung oder in
Erkenntnis oder in prophetischer Rede oder in Be-
lehrung? 7 Wie soll man schon bei unbeseelten Ton-
werkzeugen, einer Flöte oder Zither, wenn sie den
Tönen keine Unterscheidung geben, das Geblasene
oder Gespielte erkennen? 8 Und wenn die Trom-
pete nur einen unklaren Laut hervorbringt, wer
wird sich da zum Kampfe rüsten? 9 So ist es auch
bei euch. Wenn ihr beim Zungenreden nicht ein
deutliches Wort hervorbringt, wie soll man erken-
nen, was gesagt wird? Ihr werdet in den Wind
reden. 10 Es gibt wer weiß wie viele Arten von
Sprachen in der Welt, und nichts ist ohne Sprache.
11 Wenn ich aber die Bedeutung der Sprache nicht
kenne, bin ich dem Sprechenden ein Fremdling, und
der Sprechende ist mir ein Fremdling.
12 So sollt auch ihr im Eifer für Gaben des Geistes
danach streben, an ihnen reich zu sein zur Erbau-
ung der Gemeinde. 13 Wer daher in Zungen redet,
der bete auch um die Gabe der Auslegung. 14 Denn
wenn ich in Zungen bete, so betet zwar mein Geist,
doch mein Verstand bleibt ohne Frucht. 15 Was folgt
daraus? Beten will ich mit dem Geist, beten aber
auch mit dem Verstand, lobsingen will ich mit dem
Geist, lobsingen aber auch mit dem Verstand.
16 Denn wenn du mit dem Geist ein Lobgebet
sprichst, wie soll da einer, der als völlig Unkundiger
zugegen ist, zu deinem Dankgebet das Amen
sagen? Er weiß ja nicht, was du sagst. 17 Du magst
ein gutes Dankgebet sprechen, doch der andere
wird nicht erbaut. 18 Ich danke [meinem] Gott, daß
ich mehr in Zungen rede als ihr alle; 19 doch in der
Gemeinde will ich lieber fünf Worte mit meinem
Verstande reden, um auch andere zu unterweisen,
als zehntausend Worte in Zungen. 20 Brüder, seid
nicht Kinder im Verstehen, wohl aber unerfahren in
Bosheit; im Verstehen jedoch sollt ihr vollkommen
sein. 21 Im Gesetze ist geschrieben: »Durch Anders-
sprechende und durch die Lippen von Fremden
werde ich reden zu diesem Volk; doch nicht einmal
so werden sie herhören auf mich, spricht der Herr«
(Is 28,11). 22 So sind also die Zungen zum Zeichen
nicht für die Gläubigen, sondern für die Ungläu-
bigen; die prophetische Rede aber ist nicht für die
Ungläubigen, sondern für die Gläubigen.

Praktische Anweisungen

23 Wenn nun die ganze Gemeinde am gleichen Ort
zusammenkommt, und es reden alle in Zungen,
werden da Unkundige oder Ungläubige, die eintre-
ten, nicht sagen: »Ihr seid von Sinnen«? 24 Wenn
aber alle prophetisch reden, und es tritt ein Ungläu-
biger oder ein Unkundiger ein, so wird er zurecht-
gewiesen von allen und von allen ins Gericht ge-
nommen; 25 das Verborgene seines Herzens wird
offenbar und er wird niederfallen auf sein Ange-
sicht und Gott anbeten und bekennen, daß Gott
wahrhaft in euch ist. 26 Was folgt nun daraus, Brü-
der? Wenn ihr zusammenkommt, und der einzelne
hat einen Lobgesang, eine Lehre oder eine Offenba-
rung oder eine Zungenrede oder eine Auslegung, so
geschehe alles zur Erbauung. 27 Redet jemand in
Zungen, so seien es ihrer zwei, höchstens drei, und
zwar nacheinander, und einer lege es aus. 28 Ist aber

niemand zum Auslegen da, so schweige man in der
Versammlung; man spreche zu sich selbst und zu
Gott.
29 Als Propheten sollen ihrer zwei oder drei reden,
und die übrigen mögen es prüfen. 30 Wird aber
einem andern, der dasitzt, eine Offenbarung zuteil,
so soll der erste schweigen. 31 Denn ihr könnt alle,
einer nach dem andern, prophetisch reden, damit
alle lernen und alle ermahnt werden. 32 Auch Gei-
ster von Propheten sind den Propheten untertan.
33 Denn Gott ist nicht ein Gott der Unordnung, son-
dern des Friedens. Wie bei allen Gemeinden der
Heiligen 34 sollen die Frauen in den Versammlungen
schweigen; denn es ist ihnen nicht gestattet zu
reden, sondern sie sollen sich unterordnen, wie
auch das Gesetz es sagt. 35 Wollen sie aber Auskunft
in etwas, so mögen sie zu Hause ihre Männer fra-
gen; denn es steht der Frau nicht gut an, in der Ver-
sammlung zu reden. 36 Oder ist etwa Gottes Wort
von euch ausgegangen? Oder kam es allein zu
euch? 37 Glaubt jemand, ein Prophet zu sein oder
ein Geistbegabter, der anerkenne, was ich euch
schreibe, als ein Gebot des Herrn! 38 Wer es mißach-
tet, wird mißachtet werden. 39 Darum, Brüder,
bemüht euch um prophetisches Reden, und verhin-
dert das Zungenreden nicht! 40 Alles aber geschehe
in Würde und Ordnung.

14,1–40: Das »Reden in Zungen« meint ein ekstatisches Sprechen, dessen Sinn nicht ohne besondere Erleuchtung oder Erklärung durch einen Propheten zu erkennen war. Daher ist der Apostel so sehr an der prophetischen Gabe zum Auslegen der Zungenrede interessiert. • 34–36: Entsprechend der schon in der Synagoge geübten Zurückhaltung der Frau empfiehlt Paulus diese auch für den christlichen Gottesdienst, wobei er aber vor allem an das Auftreten als Prediger und Lehrer denkt. Denn 11,5–16 setzt auch ein Mitwirken der Frau am Gottesdienst voraus.

AUFERSTEHUNG DER TOTEN

Christi Auferstehung

15
1 Näher darlegen möchte ich euch, Brü-
der, das Evangelium, das ich euch verkün-
det habe; ihr nahmt es an und steht darin
fest, 2 und in ihm ist euer Heil, wenn ihr euch an das
Wort haltet, mit dem ich es euch verkündete; sonst
wäret ihr vergebens gläubig geworden. 3 Denn ich
übergab euch zuvörderst, was ich auch empfangen
habe: Christus starb für unsere Sünden, den Schrif-
ten gemäß; 4 er wurde begraben und auferweckt am
dritten Tage, den Schriften gemäß. 5 Er erschien
dem Kephas und danach den Zwölfen. 6 Hierauf er-
schien er mehr als fünfhundert Brüdern zugleich;
von ihnen sind die meisten bis jetzt noch am Leben;
einige aber sind entschlafen. 7 Danach erschien er
dem Jakobus, dann allen Aposteln. 8 Als letztem
von allen, der Fehlgeburt vergleichbar, erschien er
auch mir. 9 Denn ich bin der geringste unter den
Aposteln, der ich nicht würdig bin, Apostel zu
heißen, da ich die Kirche Gottes verfolgte. 10 Doch
durch die Gnade Gottes bin ich, was ich bin, und
seine Gnade an mir ist nicht vergeblich gewesen,
sondern mehr als sie alle arbeitete ich – doch nicht
ich, sondern die Gnade Gottes mit mir. 11 Sei es nun
ich, seien es jene: so verkünden wir, und so seid ihr
zum Glauben gekommen.

Bedeutung der Auferstehung Christi

12 Wenn nun von Christus verkündet wird, daß er
auferweckt wurde von den Toten, wie behaupten
da einige von euch, es gebe keine Auferstehung der
Toten? 13 Wenn es keine Auferstehung der Toten
gibt, dann ist auch Christus nicht auferweckt wor-
den. 14 Ist aber Christus nicht auferweckt worden,
dann ist unsere Predigt sinnlos, sinnlos auch euer
Glaube. 15 Dann werden wir sogar als falsche Zeu-
gen Gottes erfunden; denn wir hätten gegen Gott
bezeugt, daß er Christus auferweckt habe, den er ja
gar nicht auferweckt hat, wenn angeblich Tote
nicht auferweckt werden. 16 Wenn nämlich Tote
nicht auferweckt werden, ist auch Christus nicht
auferweckt worden. 17 Ist aber Christus nicht aufer-
weckt worden, ist nichtig euer Glaube, und ihr seid
noch in euren Sünden. 18 Demnach sind auch die in
Christus Entschlafenen verloren. 19 Wenn wir in
diesem Leben nur auf Christus hoffen, sind wir be-
klagenswerter als alle Menschen.

Christus als Erstling der Auferstehung

20 Nun aber ist Christus auferweckt worden von den
Toten, als Erstling der Entschlafenen. 21 Da nämlich
durch einen Menschen der Tod kam, kam auch
durch einen Menschen die Auferstehung der Toten.
22 Denn wie in Adam alle sterben, werden in Chri-
stus auch alle lebendig gemacht werden. 23 Ein jeder
aber in seiner Ordnung: als Erstling Christus, danach
die zu Christus Gehörenden bei seiner Ankunft,
24 dann kommt das Ende, wenn er das Reich über-
gibt an Gott, den Vater, wenn er vernichtet hat jede
Herrschaft und Gewalt und Macht. 25 Er muß ja
herrschen, »bis er alle Feinde unter seine Füße gelegt
hat« (Ps 110,1). 26 Als letzter Feind wird vernichtet
werden der Tod; 27 denn »alles hat er seinen Füßen
unterworfen« (Ps 8,7). Wenn es aber heißt: »Alles ist

[ihm] unterworfen«, so ist offenbar der ausgenom-
men, der ihm alles unterwarf. 28 Wenn ihm aber alles
unterworfen sein wird, dann wird auch der Sohn
selber sich dem unterwerfen, der ihm alles unter-
warf, damit er als Gott alles sei in allem.

In der Kraft der Auferstehungsgewißheit

29 Was tun sie denn, die sich da taufen lassen für die
Toten? Wenn Tote ja gar nicht auferweckt werden,
warum lassen sie sich noch taufen für sie? 30 Was
setzen auch wir uns Gefahren aus zu jeder Stunde?
31 Tag für Tag bin ich dem Tode nah, so wahr ihr
mein Ruhm seid, Brüder, den ich habe in Christus
Jesus, unserem Herrn. 32 Kämpfte ich nur nach
menschlicher Rechnung mit wilden Tieren in
Ephesus, was nützt es mir? Wenn Tote nicht aufer-
weckt werden, so laßt uns essen und trinken, denn
morgen werden wir sterben (Is 22,13). 33 Laßt euch
nicht täuschen! Böser Umgang verdirbt gute Sitten.
34 Werdet in Wahrheit nüchtern und sündigt nicht;
denn gewisse Leute haben keine Kenntnis von
Gott; zu eurer Beschämung sage ich es.

Die Auferstehung als Vollendung

35 Doch da wird einer sagen: »Wie werden sie auf-
erweckt, die Toten? In was für einem Leib kommen
sie?« 36 Du Tor! Was du säst, wird nicht lebendig,
wenn es nicht zuvor starb; 37 und was du säst, das
säst du nicht als den Körper, der werden soll, son-
dern als bloßes Korn, etwa vom Weizen oder von
einem der übrigen Samen. 38 Gott aber gibt ihm den
Körper so, wie er will, und jeder Art von Samen
einen besonderen Körper.

39 Nicht alles Fleisch ist dasselbe Fleisch, sondern ein
anderes ist das von Menschen, ein anderes das von
Haustieren, ein anderes das von Vögeln, ein anderes
das von Fischen. 40 Und es gibt himmlische Körper
und irdische Körper; doch ein anderer ist der Glanz
der himmlischen, ein anderer der Glanz der irdi-
schen. 41 Ein anderer ist der Glanz der Sonne, ein an-
derer der Glanz des Mondes, ein anderer der Glanz
der Sterne; denn ein Stern unterscheidet sich vom
andern im Glanz. 42 So ist es auch mit der Auferste-
hung der Toten. Gesät wird in Verweslichkeit, auf-
erweckt in Unverweslichkeit. 43 Gesät wird in Un-
ansehnlichkeit, auferweckt in Herrlichkeit; gesät
wird in Schwachheit, auferweckt in Kraft. 44 Gesät
wird ein sinnenhafter Leib, auferweckt ein geistiger
Leib. Gibt es einen sinnenhaften Leib, so gibt es auch
einen geistigen Leib. 45 So steht ja auch geschrieben:
»Der erste Mensch Adam wurde zu einem lebendi-
gen Sinnenwesen« (1 Mos 2,7), der letzte Adam zum
lebendigmachenden Geist. 46 Das Geistige aber
kommt nicht zuerst, sondern das Sinnenhafte, dann
das Geistige. 47 Der erste Mensch ist aus Erde, ist ir-
disch, der zweite Mensch vom Himmel [, ist himm-
lisch]. 48 Wie beschaffen der Irdische, derart sind
auch die Irdischen, und wie beschaffen der Himmli-
sche, derart sind auch die Himmlischen. 49 Wie wir
das Bild des Irdischen trugen, werden wir auch das
Bild des Himmlischen tragen. 50 Das aber sage ich,
Brüder: Fleisch und Blut können das Reich Gottes
nicht erben; ebensowenig wird die Verweslichkeit
die Unverweslichkeit erben.

51 Seht, ein Geheimnis sage ich euch: Nicht alle
werden wir entschlafen, aber alle werden wir ver-
wandelt werden, 52 plötzlich, in einem Augenblick,
beim Schall der letzten Posaune; denn erschallen
wird die Posaune, und die Toten werden als Unver-
wesliche auferweckt, und wir werden verwandelt
werden. 53 Denn dieses Verwesliche muß anziehen
Unverweslichkeit, und dieses Sterbliche muß anzie-
hen Unsterblichkeit. 54 Wenn aber dieses Verwesli-
che Unverweslichkeit angezogen und dieses Sterbli-
che Unsterblichkeit angezogen hat, dann wird
zutreffen das Wort, das geschrieben steht: »Ver-
schlungen ist der Tod im Siege! 55 Tod, wo ist dein
Sieg? Tod, wo ist dein Stachel?« (Is 25,8; Os 13,14).
56 Der Stachel des Todes aber ist die Sünde; der
Machtbereich der Sünde ist das Gesetz. 57 Gott aber
sei Dank, der uns den Sieg verleiht durch unseren
Herrn Jesus Christus! 58 Darum, meine geliebten Brü-
der, seid standhaft und unerschütterlich; tut euch all-
zeit hervor im Eifer für das Werk des Herrn, und wis-
set, daß euer Mühen nicht vergeblich ist im Herrn!

15,1–58: Ein bedeutsamer Abschnitt, in dem die geschichtliche Tatsache der Auferstehung Christi als grundlegender Glaubenssatz erscheint, zugleich aber die Bedeutung dieser Auferstehung für alle, die in Christus an seiner Auferstehung teilnehmen werden in der Verklärung ihres eigenen, jetzt allerdings noch verweslichen Leibes. Die ganze Geschichte der Menschen ist auf diese letzte Vollendung hingeordnet. Eindrucksvoll kommt in diesem Glauben die Stellung des Gottmenschen als Mitte der Schöpfung zur Geltung. • 3–8: Der Glaube an die Auferstehung Jesu ruht auf der Schriftaussage und auf den Zeugen, denen Jesus erschien. • 29: Man braucht aus dieser Stelle kaum, wie es meist geschieht, zu schließen, daß die Korinther eine stellvertretende Taufe für ihre Verstorbenen übernahmen. Die »Toten« sind wohl eher die Leugner der Auferstehung selbst; denn wenn sie nicht auferstehen werden, bleiben sie ewig tot und was hätte dann ihre Taufe »für Tote« für einen Sinn? Taufe ist ja wesentlich auf Teilnahme am Leben des Auferstandenen hingeordnet. • 35–49: Der Auferstehungsleib wird wie der verklärte Leib Christi eine Daseinsweise besitzen, die wir nur mit Vergleich aus der Natur andeuten, aber nicht begreifen können. Er gehört der pneumatischen Ordnung an, so daß Paulus von einem »geistigen Leib« spricht, der unseren »sinnenhaften« (wörtlich nach dem Griechischen: »psychischen«) Leib ablösen wird. • 51: Das Wort erinnert an 1Thess 4,15, wo ebenfalls, wie hier, die Nähe der allgemeinen Auferstehung angedeutet ist. Die lateinische Vulgata hat unserem Text einen anderen Sinn gegeben, wenn sie sagt: »Wir alle werden zwar auferstehen, aber nicht alle werden wir verwandelt werden.« Dies dürfte der Absicht des Apostels nicht gerecht werden.

SCHLUSSBEMERKUNGEN

Sammlung für Jerusalem

16 1 Was die Sammlung für die Heiligen be-
trifft: Wie ich angeordnet habe für die Ge-
meinden von Galatien, so sollt auch ihr
tun. 2 Am ersten Tag der Woche lege ein jeder von
euch etwas für sich als Ersparnis zurück, wie es ihm
gelegen ist, damit nicht erst dann, wenn ich
komme, Sammlungen stattfinden. 3 Sobald ich aber
eintreffe, will ich die von euch als geeignet Erachte-
ten mit Briefen wegsenden, daß sie eure Gaben
nach Jerusalem überbringen. 4 Wenn es angebracht
ist, daß auch ich reise, so sollen sie mit mir reisen.

Reisepläne, letzte Ermahnungen und Grüße

5 Ich werde zu euch kommen nach meiner Reise
durch Mazedonien; denn Mazedonien werde ich
durchreisen, 6 bei euch aber möchte ich, wenn mög-
lich, bleiben oder auch überwintern, damit ihr mir
das Geleite gebt, wohin ich gehe. 7 Denn ich
möchte euch jetzt nicht nur im Vorbeigehen sehen,
hoffe ich doch, eine Zeitlang bei euch zu bleiben,
wenn der Herr es gestattet. 8 In Ephesus aber will
ich bleiben bis Pfingsten; 9 denn eine Tür tat sich
auf, groß und verheißungsvoll, doch auch der
Widersacher sind viele.
10 Wenn Timotheus kommt, so seht zu, daß er ohne
Furcht bei euch sei; denn er arbeitet am Werk des
Herrn wie auch ich. 11 Niemand denke gering von
ihm, gebt ihm vielmehr im Frieden das Geleit, daß
er zu mir komme; denn ich erwarte ihn mit den
Brüdern. 12 Was den Bruder Apollos betrifft, so bat
ich ihn dringend, zu euch zu gehen mit den Brü-
dern; doch wollte er nicht gerade jetzt reisen, er
wird aber kommen, wenn es ihm gelegen ist.
13 Seid wachsam, steht fest im Glauben; handelt
mannhaft, seid stark! 14 Alles, was ihr tut, geschehe
in Liebe! 15 Ich mahne euch, Brüder: Ihr wißt, das
Haus des Stephanas [, des Fortunatus und Achaikus]
ist die Erstlingsfrucht von Achaia; sie haben sich
eingesetzt für den Dienst an den Heiligen. 16 Seid
auch ihr dienstfertig gegen solche und gegen jeden,
der mitarbeitet und sich müht. 17 Ich freue mich
über die Anwesenheit des Stephanas, des Fortuna-
tus und Achaikus, denn sie ersetzen euer Fehlen.
18 Sie erquickten nämlich meinen Geist und den
euren. Schätzt also solche Männer!
19 Es grüßen euch die Gemeinden in Asia. Es grüßen
euch vielmals im Herrn Aquila und Prisca samt der
Gemeinde in ihrem Haus [, bei denen ich zu Gast
bin]. 20 Es grüßen euch alle Brüder. Grüßt einander
mit heiligem Kuß! 21 Mein eigenhändiger Gruß:
Paulus. 22 Wenn einer den Herrn nicht liebt, der sei
ausgeschlossen. Maranatha. 23 Die Gnade des Herrn
Jesus [Christus] sei mit euch! 24 Meine Liebe ist mit
euch allen in Christus Jesus. [Amen.]

16,1–4: Zu den Sammlungen für die bedürftigen Christen, vor allem in Palästina, vgl. Röm 15,25–33; 2 Kor 8,1–9,15; Gal 2,10. Beachte die Erwähnung des »ersten Wochentages«, der von Anfang an als »Tag des Herrn« heilig blieb, vgl. Offb 1,10. • 21: Die eigenhändige Unterschrift galt als Echtheitszeichen für die in der Regel diktierten Briefe. Vgl. Gal 6,11; Kol 4,18; 2 Thess 3,17. Wie 2 Thess 2,2 andeutet mußte mit gefälschten Briefen gerechnet werden. • 22: »Maranatha«, ein aramäischer Gebetsruf der Urkirche, der auf das Kommen des Herrn hinweist, bedeutet je nach der Worttrennung: »Unser Herr kommt«, oder: »Unser Herr, komm!«

ZWEITER BRIEF AN DIE KORINTHER

Der zweite Korintherbrief ist ein erschütterndes Zeugnis des um seine Gemeinde sich sorgenden Apostels. Noch von Ephesus aus, wo der erste Brief an die Korinther geschrieben ist (vgl. 1 Kor 15,32), hatte er seinen Mitarbeiter Titus zur Beilegung neu entstandener Schwierigkeiten nach Korinth geschickt, und zwar mit einem Brief (vgl. 2 Kor 2,3f; 7,8f), der uns nicht erhalten blieb. In Mazedonien konnte Paulus endlich den zurückkehrenden Titus treffen, von ihm beruhigende Kunde erfahren, aber auch Nachricht von neu einsetzender Wühlarbeit seiner judaistischen Gegner. Aus dieser Situation, zeitlich wohl im Jahre 57, schrieb er den vorliegenden Brief, der in bewegtem Wechsel der Gedanken und Stimmungen sich zunächst an die Korinther wendet, um das Verhältnis zwischen Apostel und Gemeinde vom Grundsätzlichen her klarzulegen (1,12 – 7,16), und nach einem ruhig gehaltenen Mittelstück über die vorzunehmende Kollekte (8,1–9,15) eine tief erregte Auseinandersetzung und Abrechnung mit den Gegnern bringt (10,1–13,10), die uns das menschliche Empfinden des Apostels ergreifend offenbart.

Paulus, durch Gottes Willen Apostel Christi
Jesu, und der Bruder Timotheus an die Ge-
meinde in Korinth mit allen Heiligen in ganz
Achaia. 2 Gnade euch und Friede von Gott, unse-
rem Vater, und dem Herrn Jesus Christus.

Dank für Gottes Hilfe

3 Gepriesen sei der Gott und Vater unseres Herrn
Jesus Christus, der Vater der Erbarmungen und der
Gott allen Trostes, 4 der uns tröstet in all unserer
Drangsal, damit auch wir fähig seien, all jene, die in
irgendwelcher Bedrängnis sind, zu trösten mit dem
Trost, durch den wir selbst getröstet wurden von
Gott. 5 Denn wie die Leiden Christi sich überreich
ergießen über uns, so strömt auch durch Christus
überreicher Trost auf uns nieder. 6 Ob wir nun
Drangsal haben, es geschieht zu eurem Trost und
zu eurem Heil; ob wir Trost erfahren, es geschieht
zu eurem Trost, der sich auswirkt im Ertragen der-
gleichen Leiden, wie auch wir sie erfahren. 7 So ist
unsere Hoffnung für euch festgegründet, da wir
wissen, daß ihr wie in den Leiden so auch Genos-
sen seid im Troste.
8 Denn wir möchten euch, Brüder, nicht ohne Wis-
sen lassen von der Drangsal, die uns in Asia wider-
fuhr; über unsere Kraft hinaus hatten wir in einem
solchen Übermaß zu tragen, daß wir keine Mög-
lichkeit mehr sahen, noch weiter zu leben. 9 Wir
hatten ja für uns selbst das Urteil des Todes ge-
sprochen und sollten so nicht auf uns selbst ver-
trauen, sondern auf Gott der die Toten erweckt.
10 Er rettete uns aus so großer Todesgefahr und wird
uns retten, er, auf den wir die Hoffnung gesetzt, daß
er auch ferner rettet, 11 da auch ihr mithelft durch
euer Beten für uns; so soll aus vieler Mund für die
uns zuteil gewordene Gnade Dank gesagt werden
für uns.

RECHTFERTIGUNG DES APOSTELS

Klärung von Mißverständnissen

12 Denn das ist ja unser frohes Bewußtsein, das
Zeugnis unseres Gewissens, daß wir in Gottes
Heiligkeit und Lauterkeit, nicht in der Weisheit des
Fleisches, sondern in Gottes Gnade gewandelt sind
in dieser Welt, vorzüglich aber bei euch. 13 Wir
schreiben euch ja nichts anderes, als was ihr lesen
und verstehen könnt, und ich hoffe, ihr werdet
vollends verstehen, 14 so wie ihr uns schon teilweise
verstanden habt, daß wir nämlich euer Ruhm sind,
wie auch ihr für uns es seid am Tage unseres Herrn
Jesus [Christus]. 15 In dieser Zuversicht wollte ich
früher zu euch kommen, damit ihr eine zweite
Gnade erhieltet, 16 und von euch wollte ich weiter-
reisen nach Mazedonien und von Mazedonien
abermals zu euch kommen und mich von euch
weitergeleiten lassen nach Judäa. 17 Habe ich nun
bei diesem Vorhaben leichtsinnig gehandelt? Oder
fasse ich meine Entschlüsse nach der Art des
Fleisches, so daß es bei mir das »Ja, ja« und zugleich

das »Nein, nein« gäbe? 18 Bei der Treue Gottes,
unser Wort zu euch ist nicht »Ja und Nein« zugleich.
19 Denn der Sohn Gottes, Jesus Christus, der bei
euch durch uns verkündet wurde, durch mich und
Silvanus und Timotheus, kam nicht als »Ja und
Nein«, sondern in ihm ist das »Ja« gekommen.
20 Denn alle Verheißungen Gottes wurden in ihm
zum »Ja«; und so erklingt auch durch ihn das
»Amen« zu Gott als Lobpreis durch uns. 21 Gott ist
es, der uns stark macht zusammen mit euch in
Christus, der uns auch salbte 22 und besiegelte und
das Angeld des Geistes uns gab in unseren Herzen.
23 Ich aber rufe Gott zum Zeugen an bei meiner
Seele, daß ich aus Schonung für euch nicht mehr
nach Korinth gekommen bin. 24 Nicht als Herren
wollen wir auftreten über euren Glauben, sondern
Mitarbeiter sind wir an eurer Freude, denn im Glauben steht ihr fest.

1,1: Der Brief sollte über Korinth hinaus auch in anderen christlichen Gemeinden vorgelesen werden. • 3–11: Man lese den Bericht Apg 19,23–20,2 über den Aufstand in Ephesus, um die Hinweise auf die überstandenen Schwierigkeiten zu verstehen.

2 1 So entschied ich mich, nicht abermals unter
Betrübnis zu euch zu kommen. 2 Denn wenn
ich euch betrübe, wer ist es, der mir Freude
macht? Doch nur der, der betrübt wurde durch
mich. 3 Eben darum schrieb ich euch, damit ich
nicht mit meinem Kommen Betrübnis erfahre von
denen, die mir Freude machen sollten; ich habe ja
die Zuversicht von euch allen, daß meine Freude
die von euch allen ist. 4 Ja, aus großer Bedrängnis
und Beklemmung des Herzens, unter vielen Tränen
schrieb ich euch, nicht daß ihr betrübt werden
solltet, sondern damit ihr die Liebe erkennen möchtet, die ich überströmend zu euch habe.

Mahnung zur Nachsicht

5 Wenn aber einer Betrübnis verursachte, so hat er
nicht mich betrübt, sondern in gewissem Maße, um
nicht zu viel zu sagen, euch alle. 6 Es genügt für
diesen die Strafe, die von der Mehrheit verhängt
wurde, 7 So daß ihr im Gegenteil Gnade üben und
aufrichten sollt, damit er in seiner Lage nicht in
allzu großer Betrübnis versinke. 8 Daher ermahne
ich euch: Laßt Liebe gegen ihn walten. 9 Denn eben
dazu hatte ich auch geschrieben, daß ich sähe, ob
ihr bewährt und in allem gehorsam seid. 10 Wem ihr
etwas verzeiht, dem verzeihe auch ich; denn was
ich verziehen habe, sofern ich etwas zu verzeihen
hatte, das geschah um euretwillen vor dem Angesicht Christi, 11 damit wir nicht vom Satan überlistet werden; denn wir kennen seine Ränke gar wohl.

Apostelgesinnung

12 Als ich zur Verkündigung des Evangeliums
Christi nach Troas kam und sich mir eine Tür auftat im Herrn, 13 hatte ich keine Ruhe im Geiste, weil
ich meinen Bruder Titus nicht antraf. So nahm ich
Abschied von ihnen und reiste weiter nach Mazedonien. 14 Gott aber sei Dank, der uns allzeit zum
Siege führt in Christus und den Duft seiner Erkenntnis ausströmen läßt durch uns an jedem Ort.
15 Denn Christi Wohlgeruch sind wir vor Gott unter
denen, die gerettet werden, und unter denen, die
zugrunde gehen; 16 den einen ein Todesgeruch zum
Tode, den anderen ein Lebensgeruch zum Leben.
Und wer ist dafür geeignet? 17 Wir treiben ja nicht,
wie so manche, mit dem Gotteswort einen Handel,
sondern aus lauterer Gesinnung, ja wie aus Gott
heraus reden wir vor Gott in Christus.

1,12–2,4: Paulus hatte bei einem wohl anzunehmenden »Zwischenbesuch« in Korinth (vgl. 13,2) sein baldiges Wiederkommen in Aussicht gestellt. Die Änderung dieses Planes legten ihm die Gegner als Zeichen seiner Unzuverlässigkeit aus; dagegen wenden sich diese Sätze.

2,5–17: Es ist nicht klar zu erkennen, auf welchen Fall von »Betrübnis« angespielt ist, kaum auf den Blutschänder von 1 Kor 5,1–13, vermutlich auf eine Beleidigung gelegentlich des zweiten Besuches (13,2).

Von der Erhabenheit des Apostelsdienstes

3 1 Fangen wir wiederum an, uns selbst zu empfehlen? Oder brauchen wir, wie gewisse
Leute, Empfehlungsbriefe an euch oder von
euch? 2 Unser Brief seid ihr, hineingeschrieben in
unsere Herzen, anerkannt und gelesen von allen
Menschen. 3 Offen daliegend, seid ihr ein Brief
Christi, besorgt von uns, geschrieben nicht mit
Tinte, sondern mit dem Geist des lebendigen
Gottes, nicht auf Tafeln von Stein, sondern auf
Tafeln menschlicher Herzen.
4 So große Zuversicht haben wir durch Christus vor
Gott, 5 nicht weil wir von uns aus fähig wären,
etwas als eigene Leistung uns anzurechnen, unsere
Fähigkeit stammt vielmehr von Gott. 6 Er hat uns
auch befähigt zu Dienern des Neuen Bundes, nicht
des Buchstabens, sondern des Geistes; denn der
Buchstabe macht tot, der Geist aber lebendig.
7 Wenn aber schon der Dienst am todbringenden
Buchstaben, eingegraben auf Steine, in einem solchen Glanze geschah, daß die Söhne Israels das
Antlitz des Moses nicht anzuschauen vermochten
wegen des Lichtglanzes auf seinem Angesicht, der
doch vergänglich war, 8 wie sollte der Dienst des
Geistes nicht noch viel glanzvoller sein? 9 War
schon der Dienst, der zur Verurteilung führte, so
glanzvoll, wieviel mehr ist der zur Gerechtigkeit

führende Dienst noch reicher an Glanz! 10 Ja, was
dort im Glanze erstrahlte, ist gar kein Glanz mehr
angesichts dieses alles überstrahlenden Glanzes.
11 Denn wenn das Vergängliche in so herrlichem
Glanze sich zeigte, wird das Bleibende noch viel
mehr im Glanze erstrahlen.
12 Von so großer Zuversicht erfüllt, treten wir mit
großem Freimut auf, 13 nicht wie Moses, der eine
Hülle über sein Angesicht legte, damit die Söhne
Israels nicht hinblickten auf das Vergehen dessen,
was abgetan wird.
14 Doch es verhärteten sich ihre Gedanken; denn bis
auf den heutigen Tag liegt dieselbe Hülle über der
Lesung des Alten Bundes, ohne daß sie weggenom-
men würde, nachdem er doch mit Christus abgetan
wird. 15 Ja, bis auf den heutigen Tag liegt, wenn
Moses gelesen wird, eine Hülle über ihrem Herzen.
16 »Wenn es sich aber hinwendet zum Herrn, wird
die Hülle weggenommen« (2 Mos 34,34). 17 Der
Herr aber ist der Geist, und wo der Geist des Herrn,
da ist Freiheit.
18 Wir alle aber werden, wenn wir mit enthülltem
Antlitz den Glanz des Herrn widerspiegeln, zum
selben Bild umgeformt von Herrlichkeit zu Herr-
lichkeit, wie sie ausstrahlt vom Geist des Herrn.

3,1–18: Im Vergleich mit Moses hebt Paulus die erhabene Stellung des im Dienste des Neuen Bundes stehenden Apostels hervor. Die Juden hätten immer noch keinen freien Blick auf Moses, ihre Herzen seien gleichsam verhüllt, sonst müßten sie aus der Lesung des »Moses« (d. h. des Alten Testamentes) zu Christus finden. Beachte in Vers 18 die eindrucksvolle Kennzeichnung des schon im Diesseits vom »Glanz des Herrn« erleuchteten Christen.

Zuversicht in Schwachheit

4 1 Betraut also mit diesem Dienst, wie er aus
Erbarmen uns zuteil wurde, sind wir nicht
mutlos, 2 sondern sagten uns los von ehrlosen
Heimlichkeiten, treten nicht arglistig auf und treiben
kein Falschspiel mit dem Gotteswort, suchen viel-
mehr durch Offenbarung der Wahrheit Zutritt zu je-
dem Gewissen der Menschen im Angesichte Gottes.
3 Sollte jedoch auch unser Evangelium verhüllt sein,
so ist es nur denen verhüllt, die verlorengehen, 4 den
Ungläubigen, deren Sinn der Gott dieser Welt ge-
blendet hat, um ihnen nicht aufstrahlen zu lassen
das Leuchten der herrlichen Botschaft von Christus,
der das Bild Gottes ist. 5 Denn nicht uns selbst ver-
künden wir, sondern Christus Jesus als den Herrn,
uns selbst aber als eure Knechte um Jesu willen.
6 Denn der Gott, der befahl, daß aus der Finsternis
Licht aufstrahle, ließ auch in unseren Herzen ein
Licht erstrahlen, daß es leuchte zur Erkenntnis der
Herrlichkeit Gottes auf dem Antlitz [Jesu] Christi.
7 Doch haben wir diesen Schatz in irdenen Ge-
fäßen, damit das Übergewicht an Kraft auf seiten
Gottes sei und nicht bei uns, 8 die wir auf alle Weise
bedrängt werden, doch nicht erdrückt, hilflos sind,
doch nicht verzweifeln, 9 verfolgt sind, doch nicht
verlassen, niedergeworfen, doch nicht verloren.
10 Allzeit tragen wir das Hinsterben Jesu an unserem
Leibe, damit auch das Leben Jesu an unserem Leibe
sichtbar werde. 11 Denn ständig werden wir in
unserem Leben dem Tod anheimgegeben um Jesu
willen, damit auch das Leben Jesu sichtbar werde
an unserem sterblichen Fleisch. 12 So ist der Tod
an uns tätig, das Leben aber an euch. 13 Da wir
aber denselben Geist des Glaubens haben, wie ge-
schrieben steht: »Ich glaubte, darum redete ich«
(Ps 116,10), so glauben auch wir, und daher reden
wir auch; 14 wir wissen ja, daß er, der [den Herrn]
Jesus erweckte, auch uns mit Jesus erwecken und
zusammen mit euch an seine Seite stellen wird.
15 Denn alles geschieht um euretwillen, damit die
mit der größeren Zahl sich mehrende Gnade auch
die Danksagung anwachsen lasse zur Verherrli-
chung Gottes.
16 Darum verlieren wir nicht den Mut; mag auch
unser äußerer Mensch aufgerieben werden, so wird
doch der innere von Tag zu Tag neu. 17 Denn unsere
gegenwärtige geringfügige Drangsal erwirkt uns in
überströmender Fülle ein unvergängliches Überge-
wicht an Herrlichkeit, 18 wenn wir nicht auf das
Sichtbare schauen, sondern auf das Unsichtbare;
denn das Sichtbare ist von kurzer Dauer, das Un-
sichtbare jedoch ewig.

4,1–18: Ein starker Optimismus des im Lichte Christi stehenden und trotz aller äußeren Widerstände ungebrochenen und freudig wirkenden Apostels liegt in diesen Sätzen.

Die Hoffnung auf die Vollendung

5 1 Denn wir wissen, wenn das Zelt unserer
irdischen Wohnung abgebrochen wird, wer-
den wir eine Wohnstätte von Gott empfan-
gen, ein nicht von Händen erbautes, ewiges Haus
im Himmel. 2 Und deswegen seufzen wir und
sehnen uns, mit unserer Wohnung vom Himmel
her überkleidet zu werden, 3 damit wir, von ihr
überkleidet, nicht als nackt gefunden werden.
4 Denn solange wir in dem Zelte weilen, seufzen
wir bekümmert, weil wir nicht entkleidet, sondern
überkleidet werden wollen, damit das Sterbliche
aufgesogen werde vom Leben. 5 Der uns aber ge-
rade dafür bereitete, ist Gott, der uns das Angeld
des Geistes gegeben hat. 6 So sind wir allezeit
frohen Mutes, auch wenn wir wissen, daß wir, so-

lange wir daheim sind im Leibe, als Fremdlinge fern
sind vom Herrn; 7 denn im Glauben wandeln wir
und nicht im Schauen. 8 Wir sind guten Mutes und
möchten am liebsten ausziehen aus dem Leib und
heimziehen zum Herrn. 9 Deshalb setzen wir auch
unser Bestes darein, ob wir daheim sind oder in der
Ferne, ihm wohlgefällig zu sein. 10 Denn alle müs-
sen wir erscheinen vor dem Richterstuhl Christi,
damit ein jeder das erhalte, wofür er in seinem
Leibe tätig war, sei es Gutes, sei es Böses.

Alles um Christi willen

11 Im Wissen also um die Furcht des Herrn gilt unser
Bemühen den Menschen; vor Gott stehen wir offen
da; ich hoffe aber, auch in eurem Gewissen offen
dazustehen. 12 Wir wollen nicht wieder uns selbst
euch empfehlen, sondern euch Anlaß geben, euch
unser zu rühmen, damit ihr denen entgegnen
könnt, die ihren Ruhm im Gesichte tragen, aber
nicht im Herzen. 13 Ob wir von Sinnen kamen, es
geschah für Gott; ob wir besonnen sind, es ist für
euch.

Erneuerung in Christus

14 Denn die Liebe Christi drängt uns, wenn wir
dies bedenken: Einer starb für alle, folglich sind sie
alle gestorben. 15 Er starb aber für alle, damit die
Lebenden nicht mehr sich selbst leben, sondern
ihm, der für sie starb und für sie auferweckt wurde.
16 Darum kennen wir von jetzt an niemand dem
Fleische nach, und wenn wir auch Christus dem
Fleische nach kannten, so doch nicht mehr jetzt.
17 Ist also einer in Christus, ist er eine neue Schöp-
fung; das Alte ist vergangen; siehe, ein Neues ist
geworden.
18 Das alles aber ist aus Gott, der uns mit sich durch
Christus versöhnt und uns den Dienst der Ver-
söhnung übertragen hat. 19 Ja, Gott war es, der in
Christus die Welt mit sich versöhnte, ihnen ihre
Vergehen nicht anrechnete und das Wort der Ver-
söhnung in uns legte. 20 An Christi Statt also walten
wir des Amtes, in der Überzeugung, daß Gott durch
uns mahnt. An Christi Statt bitten wir: Laßt euch
versöhnen mit Gott! 21 Der von keiner Sünde
wußte, den ließ er für uns Sünde werden, damit wir
Gerechtigkeit Gottes würden in ihm.

5,1–10: Der Christ weiß um sein eigentliches Ziel, daher sieht er alles Irdische unter dem Gedanken der Ewigkeit. Der uns als »Angeld« gegebene Heilige Geist ist schon ein Unterpfand des Himmels. In Vers 2f meint der Ausdruck »Überkleiden« das Anlegen des Verklärungsleibes (vgl. 1 Kor 15), wobei auch unser jetziger Leib mit »aufgesogen« wird vom »Leben«. »Entkleiden« meint das leibliche Sterben, an Stelle dessen die ersten Christen gleich unmittelbar in die Herrlichkeit Christi aufgenommen zu werden hofften. Vgl. 1Thess 4,13f und die Frage nach dem Los der Verstorbenen. • 11–21: Wer einmal das Erlösungsgeheimnis ganz aufgenommen hat, den »drängt die Liebe Christi« zum Äußersten. In Vers 16 denkt Paulus an seine frühere, rein menschliche Beurteilung Christi. Auch unser Verhältnis zu Christus krankt oft an dieser äußerlichen Stellungnahme, die nicht zum Wesentlichen vordringt und in Christus nicht die Mitte der Heilsgeschichte sieht. In Vers 21 ist »Sünde« im Sinne von Röm 8,3 zu verstehen.

Des Apostels Opferdienst: Diener Gottes und der Menschen

6 1 Als Mitarbeiter mahnen wir auch, ihr möch-
tet nicht vergeblich die Gnade Gottes emp-
fangen. 2 Es heißt ja: »Zur Gnadenzeit erhörte
ich dich, und am Tage des Heiles half ich dir«
(Is 49,8). Seht, jetzt ist die rechte Gnadenzeit, seht,
jetzt ist der Tag des Heiles! 3 In keiner Hinsicht
wollen wir irgendwie Anstoß geben, damit der
Dienst nicht geschmäht werde, 4 sondern in allem
erweisen wir uns als Gottes Diener: in viel Geduld,
in Drangsalen, in Nöten, in Ängsten, 5 in Mißhand-
lungen, in Gefängnissen, in Aufruhr, in Mühen, in
Nachtwachen, in Fasten, 6 in Lauterkeit, in Verste-
hen, in Langmut, in Güte, in Heiligem Geist, in
ungeheuchelter Liebe, 7 im Wort der Wahrheit, in
der Kraft Gottes, mit den Waffen der Gerechtigkeit
zur Rechten und zur Linken, 8 bei Ehre und
Schmach, bei böser und guter Nachrede, als Ver-
führer und doch wahrhaftig, als unbekannt und
doch wohlbekannt, 9 als sterbend, und siehe, wir
leben, als gezüchtigt und doch nicht getötet, 10 als
trauernd und doch immer freudig, als arm und doch
viele bereichernd, als Habenichtse und doch alles
besitzend.

Warnung vor heidnischer Befleckung

11 Unser Mund hat sich aufgetan vor euch, Korin-
ther, das Herz ist uns weit geworden. 12 Nicht engen
Raum nehmt ihr ein in uns, doch eng ist der Raum
in euren Herzen. 13 Vergeltet Gleiches mit Glei-
chem – wie zu Kindern rede ich –, macht auch ihr
euch weit! 14 Zieht nicht unter fremdem Joch an
der Seite von Ungläubigen; denn was hat Gerech-
tigkeit mit Gesetzwidrigkeit zu tun? Oder was
haben Licht und Finsternis miteinander gemein-
sam? 15 Wie steht Christus im Einklang mit Beliar?
Oder welchen Anteil hat der Gläubige gemeinsam
mit dem Ungläubigen? 16 Wie verträgt sich der
Tempel Gottes mit Götzen? Denn wir sind Tempel
des lebendigen Gottes. Es sprach ja Gott: »Ich will
unter ihnen wohnen und wandeln, und ich will
ihr Gott sein, und sie sollen mein Volk sein« (3
Mos 26,12). 17 »Darum geht fort aus ihrer Mitte und
sondert euch ab, spricht der Herr, und Unreines
rühret nicht an« (Is 52,11), »und ich will euch auf-
nehmen« (Ez 20,34.41); 18 »und ich will euer Vater

sein, und ihr sollt mir Söhne und Töchter sein, spricht der Herr, der Alleinherrscher« (2 Sam 7,8.14; Is 43,6).

6,11–7,1: Die heidnische Umgebung war für die leicht beeinflußbaren Korinther eine stete Gefährdung. Daher mahnt Paulus zur Wachsamkeit. »Beliar« (Belial) galt zu jener Zeit als Bezeichnung für den Teufel wie auch für den Antichrist.

7 1 Da wir nun diese Verheißungen haben, Geliebte, wollen wir uns rein bewahren von aller Befleckung des Fleisches und Geistes und zu vollkommener Heiligkeit gelangen in der Furcht Gottes.

Freude über den empfangenen Trost

2 Gebt uns Raum! Wir haben niemand unrecht getan, niemand zugrunde gerichtet, niemand hintergangen. 3 Nicht um euch anzuklagen, sage ich das; denn soeben habe ich erklärt, daß ihr in unserem Herzen seid auf Sterben und Leben mit euch. 4 Groß ist meine Zuversicht zu euch, groß mein Rühmen um euretwillen; ich bin des Trostes voll, überreich an Freude bei all unserer Drangsal.

5 Denn auch als wir nach Mazedonien kamen, hatte unser Fleisch keine Ruhe, sondern alle Drangsal kam über uns, von außen her Kämpfe, von innen her Angst und Sorge. 6 Gott aber, der die Gebeugten tröstet, tröstete uns durch die Ankunft des Titus; 7 doch nicht allein durch sein Kommen, sondern auch durch den Trost, mit dem er getröstet wurde bei euch; er berichtete uns von eurer Sehnsucht, von eurem Schmerz und von eurem Eifer für mich, so daß ich noch mehr mich freute.

8 Denn wenn ich euch auch betrübte durch den Brief, so gereut es mich nicht, und sollte es mich auch gereuen – da ich sehe, daß jener Brief, wenn auch nur vorübergehend, euch betrübte –, 9 so freue ich mich jetzt, nicht weil ihr betrübt wurdet, sondern weil eure Betrübnis zur Umkehr führte. Denn ihr wurdet im Sinne Gottes betrübt, so daß ihr in keiner Weise Schaden littet durch uns. 10 Denn die Betrübnis im Sinne Gottes bewirkt Umkehr zum Heile, die nicht gereut; die Betrübnis der Welt aber bewirkt Tod. 11 Seht doch, wieviel Streben bewirkte gerade dieses Betrübtwerden im Sinne Gottes für euch; ja, auch Entschuldigung und Bedauern und Furcht und Sehnsucht, sogar Eifer und Bestrafung; in jeder Hinsicht habt ihr bewiesen, daß ihr schuldlos seid in dieser Sache. 12 So erfolgte denn auch mein Schreiben an euch nicht dessentwegen, der Unrecht tat, noch auch dessentwegen, der Unrecht litt, sondern damit euer Eifer für uns an den Tag komme unter euch vor Gott.

13 Darum sind wir getröstet worden. Zu unserem Troste hinzu freuten wir uns besonders über des Titus Freude, weil sein Geist erquickt wurde von euch allen. 14 Denn wenn ich mich vor ihm gerühmt hatte über euch, so bin ich nun nicht beschämt worden, sondern wie wir alles in Wahrheit vor euch sagten, so erwies sich auch unser Rühmen vor Titus als Wahrheit. 15 Sein Herz gehört euch nun noch viel mehr, wenn er des Gehorsams gedenkt von euch allen, wie ihr mit Furcht und Zittern ihn aufgenommen habt. 16 Ich freue mich, daß ich mich in allem verlassen kann auf euch.

7,5: Wie besorgniserregend für Paulus die Lage in Korinth war, das zeigt die große Unruhe, mit der er die Rückkehr des mit einer Sonderbotschaft nach Korinth gesandten Titus erwartete. Schon 2,12 bezeugt er seine große Sorge, wenn er trotz erfolgversprechender Missionsarbeit von Troas nach Mazedonien eilte, um möglichst bald Titus zu begegnen. • 8: Anspielung auf einen uns nicht erhaltenen Brief, von dem auch 2,3f; 7,12 die Rede ist (»Tränenbrief« oder »Zwischenbrief« genannt).

DAS HILFSWERK FÜR JERUSALEM

Das Beispiel Mazedoniens

8 1 Brüder, wir geben euch Kenntnis von der Gottesgabe, die in den Gemeinden Mazedoniens gegeben wurde. 2 Trotz vieler trüber Erfahrung war ihre Freude übergroß, und in ihrer tiefen Armut haben sie sich in überströmender Herzlichkeit als reich gezeigt. 3 Denn sie haben nach Kräften, ja, ich bezeuge es, über ihre Kraft von selbst gespendet 4 und haben sich unter vielem Drängen von uns die Gunst erbeten zur Teilnahme am Dienst für die Heiligen. 5 Sie gaben nicht nur, wie wir es erhofften, sondern sich selber gaben sie hin, für den Herrn zunächst und dann auch für uns um Gottes willen.

6 Daher baten wir den Titus, er möchte so, wie er vorher schon angefangen hatte, bei euch dieses Werk der Liebe auch zu Ende führen. 7 Wie ihr nun in allen Dingen euch hervortut, in Glaube und Wort, in Erkenntnis und in allem Bemühen und in der Liebe, die von uns her in euch ist, so sollt ihr auch bei diesem Liebeswerk euch hervortun. 8 Nicht im Sinne eines Befehls sage ich es, sondern mit dem Eifer anderer möchte ich die Echtheit eurer Liebe erproben. 9 Ihr wißt ja um

die Gnade unseres Herrn Jesus Christus, wie er
um euretwillen arm wurde, da er reich war, damit
ihr durch seine Armut reich würdet. 10 Nur einen
Rat gebe ich euch hierzu, denn es ist zu eurem
Besten; ihr habt ja schon den Anfang gemacht seit
vorigem Jahr, nicht nur mit dem Tun, sondern auch
mit eurem Wollen. 11 Führt jetzt das Tun auch zu
Ende, damit der Bereitschaft des Willens auch der
Abschluß entspreche nach dem, was ihr habt.
12 Denn ist die Bereitschaft vorhanden, so ist sie
willkommen nach dem, was einer hat, nicht nach
dem, was er nicht hat. 13 Es geht ja nicht darum, daß
anderen Erleichterung, euch aber Bedrängnis bereitet werde, sondern im Ausgleich 14 soll in der
gegenwärtigen Lage euer Überfluß ihrem Mangel
abhelfen, damit auch ihr Überfluß eurem Mangel
abhelfe, so daß es zum Ausgleich kommt, wie geschrieben steht: 15 »Der mit dem Vielen hatte nicht
Überfluß, und der mit dem Wenigen hatte nicht
Mangel« (2 Mos 16,18).

Empfehlung des Beauftragten

16 Dank aber sei Gott, der denselben Eifer für
euch ins Herz des Titus gab. 17 Denn er nahm meine
Bitte auf und ging voll Eifer aus freiem Willen zu
euch. 18 Wir sandten mit ihm den Bruder, dessen
Lob im Dienste des Evangeliums durch alle Gemeinden geht; 19 und nicht nur das, er wurde auch
von den Gemeinden bestellt als unser Reisegefährte in diesem Liebeswerk, das von uns besorgt
wird zur Ehre des Herrn und zum Erweis unserer
Bereitwilligkeit, 20 wobei wir verhüten möchten,
daß man uns ins Gerede bringe angesichts dieser
reichen, von uns besorgten Gabe. 21 Wir kümmern uns ja um das Rechte nicht allein vor Gott,
sondern auch vor den Menschen. 22 Ferner sandten
wir mit ihnen unseren Bruder, den wir schon oft
und in vielen Dingen als eifrig erprobt haben, der
aber jetzt noch viel eifriger ist im großen Vertrauen
zu euch. 23 Ob ich nun für Titus spreche: er ist
mein Gefährte und Mitarbeiter für euch, oder für
unsere Brüder: sie sind Abgesandte der Gemeinden, Abglanz Christi. 24 Gebt deshalb den Beweis eurer Liebe und bestätigt vor den Gemeinden,
was ich zu ihnen Rühmliches gesagt habe über
euch.

8,1–9,15: Das Aufbringen von Unterstützungsgeldern für die bedürftigen Gemeinden in Palästina war ein besonderes Anliegen des Apostels, vgl. Gal 2,10; 1Kor 16,1–4; Röm 15,25ff. Er stellt wirksam auch diese materielle Angelegenheit in den heilsgeschichtlichen Zusammenhang und gibt den Lesern Motive, die über das bloß Natürliche hinaus ihren Grund im Christusgeheimnis haben.

8,18: Die Persönlichkeit dieses und des in Vers 22 erwähnten Mitarbeiters ist nicht weiter festzustellen. Paulus verwendet für diese finanziellen Obliegenheiten bewährte und zuverlässige Helfer, um jedem Verdacht unrechter Verwaltung vorzubeugen, vgl. Röm 15,30f.

Aufmunterung zu freudigem Geben

9 1 Es ist ja für mich nicht nötig, euch über das
Hilfswerk für die Heiligen zu schreiben;
2 denn ich weiß um eure Bereitschaft, von der
ich rühmend zu den Mazedoniern über euch sagte,
daß auch Achaia seit dem vorigen Jahr bereit sei;
und der Eifer von euch war vielen ein Ansporn. 3 Ich
sandte aber die Brüder, damit unser Rühmen über
euch in dieser Sache sich nicht als unbegründet erweise, sondern ihr, wie ich sagte, gerüstet seid.
4 Sonst könnten Mazedonier mit mir kommen und
euch unvorbereitet finden, und wir – um nicht zu
sagen, ihr – würdet beschämt sein in dieser Zuversicht.

Erneuter Aufruf: Der Segen der Gabe für den Geber

5 Ich habe es daher für nötig erachtet, die Brüder
aufzufordern, zu euch vorauszureisen und die von
euch bereits zugesagte Spende zu ordnen, damit sie
bereitliege als eine Gabe des Segens und nicht geizigen Sinnes. 6 Es ist so: Wer spärlich sät, wird auch
spärlich ernten, und wer mit vollen Händen sät,
wird mit vollen Händen auch ernten. 7 Jeder gebe,
wie er es sich vorgenommen hat in seinem Herzen,
nicht mit Unlust oder aus Zwang; denn »einen freudigen Geber hat Gott lieb« (Spr 11,24; 22,9). 8 Gott
aber ist mächtig, jede Gnade euch reichlich zukommen zu lassen, auf daß ihr in allem stets volles Auskommen habt und darüber hinaus Möglichkeit zu
jedem guten Werk, 9 wie geschrieben steht: »Er teilte
aus, gab den Armen, seine Gerechtigkeit währet
ewig« (Ps 112,9). 10 Der dem Sämann den Samen
gibt und Brot zum Essen, wird auch euer Saatkorn
beschaffen und mehren, und er wird heranwachsen
lassen die Früchte eurer Gerechtigkeit.
11 Reich werdend an allem, gelangt ihr zu vollkommener Lauterkeit, die hinführt zur Danksagung
durch uns vor Gott. 12 Denn der Dienst bei dieser
Opfergabe hilft nicht nur dem Mangel der Heiligen
ab, sondern bringt auch reiche Frucht durch die vielen Dankgebete zu Gott. 13 Angesichts eurer Bewährung in diesem Dienst preisen sie Gott für den
Gehorsam eures Bekenntnisses zum Evangelium
Christi und für die lautere Gemeinschaft mit ihnen
und mit allen. 14 Und bei ihrem Beten für euch sehnen sie sich nach euch wegen der überreichen
Gnade, die Gott euch erwies. 15 Dank sei Gott für
seine unaussprechliche Gabe!

ABRECHNUNG MIT DEN GEGNERN

Unberechtigte Anmaßung der Gegner

10 1 Ich selbst aber, Paulus, ermahne euch bei der Sanftmut und Milde Christi, der ich angeblich von Angesicht zu Angesicht demütig bin unter euch, abwesend aber gegen euch mutig auftrete. 2 Ich bitte euch, daß ich nicht persönlich anwesend mutig auftreten muß in der Zuversicht, mit der ich gegen gewisse Leute einzuschreiten gedenke, die uns so einschätzen, als würden wir nach Art des Fleisches wandeln. 3 Denn wir leben zwar im Fleische, doch kämpfen wir nicht nach Art des Fleisches. 4 Denn die Waffen unseres Kampfes sind nicht von fleischlicher Art, sondern mächtig vor Gott zum Niederreißen von Bollwerken. 5 Wir reißen damit alle Vernunftgebilde ein und alles Hochfahrende, das sich erhebt gegen die Erkenntnis Gottes, und fangen jeden Gedanken ein zum gehorsamen Dienst an Christus. 6 Wir sind auch bereit, jeden Ungehorsam zu strafen, sobald euer Gehorsam vollkommen ist.

7 Seht doch, was klar vor Augen liegt! Wenn einer sich zutraut, Christus anzugehören, der möge andererseits bei sich bedenken, daß so wie er, auch wir zu Christus gehören. 8 Ja, wollte ich mich weiter rühmen angesichts der Vollmacht, die der Herr uns verlieh zur Erbauung und nicht zum Niederreißen unter euch, so würde ich nicht zuschanden werden. 9 Doch möchte ich nicht den Anschein erwecken, als wollte ich euch einschüchtern durch Briefe. 10 Die Briefe, so sagt man, sind zwar wuchtig und kraftvoll, sein leibhaftiges Auftreten aber ist schwach und seine Rede erbärmlich. 11 Ein solcher merke sich dies: Wie wir durch das Wort in Briefen aus der Ferne uns zeigen, so werden wir auch sein durch die Tat, wenn wir anwesend sind.

12 Denn wir wagen es nicht, uns gewissen Leuten beizuzählen oder mit ihnen in Vergleich zu treten, die sich selber empfehlen; sie sind ja, indem sie sich nur an sich selber messen und sich mit sich selbst vergleichen, nicht recht bei Sinnen. 13 Wir aber wollen uns nicht ins Maßlose rühmen, sondern nach dem Maßstab, mit dem Gott das Maß uns zuteilte, daß er uns sogar bis zu euch gelangen ließ. 14 Denn wir übertreiben nicht, als wären wir etwa nicht bis zu euch gekommen; gelangten wir doch bis zu euch mit dem Evangelium Christi. 15 Nicht ins Maßlose also rühmen wir uns mit den Arbeiten anderer, da wir sogar die Hoffnung hegen, mit dem Wachsen eures Glaubens bei euch noch größer zu werden und über den bisherigen Rahmen hinauszukommen 16 und auch über die Grenzen hinaus das Evangelium zu verkünden und dabei nicht in fremdem Bereich uns dessen zu rühmen, was schon vorher geleistet wurde. 17 »Wer sich rühmt, der rühme sich im Herrn« (Jer 9,23). 18 Denn nicht wer sich selbst empfiehlt, ist bewährt, sondern wen der Herr empfiehlt.

10,1–18: Der Apostel kennzeichnet die Überheblichkeit seiner Gegner, die auf seinem Arbeitsfeld in Korinth sich »maßlos« wichtig machen, ohne dort etwas geleistet zu haben. • 12: Beachtung verdient auch die Lesart: »Denn wir wagen es nicht, … selber empfehlen, sondern wir messen uns an uns selbst und vergleichen uns mit uns selbst.«

Gegenrechnung des Apostels

11 1 Möchtet ihr doch ein wenig Torheit von mir ertragen! Doch ja, ihr ertragt mich. 2 Denn ich eifere um euch mit dem Eifer Gottes. Ich verlobte euch ja einem einzigen Mann, um euch als reine Jungfrau Christus zuzuführen. 3 Ich fürchte aber, es möchten, so wie die Schlange mit ihrer Arglist Eva verführte, auch eure Gedanken um die Lauterkeit und Reinheit gegen Christus gebracht werden. 4 Denn wenn einer daherkommt und einen anderen Jesus verkündet, den wir nicht verkündet haben, oder ihr einen anderen Geist empfangt, den ihr nicht empfangen habt, oder ein anderes Evangelium, das ihr nicht erhalten habt, so nehmt ihr das ruhig hin. 5 Bin ich doch überzeugt, in keiner Hinsicht jenen Überaposteln nachzustehen. 6 Mag ich auch unbeholfen sein in der Rede, so doch nicht in der Erkenntnis; wir haben es ja in jeder Weise und in allen Dingen erwiesen bei euch.

7 Oder beging ich einen Fehler, daß ich mich klein machte, damit ihr groß würdet, da ich unentgeltlich euch das Evangelium Gottes verkündete? 8 Andere Gemeinden beraubte ich, indem ich Unterstützung annahm zum Dienste für euch; 9 und da ich bei euch war und Mangel hatte, bin ich keinem lästig gefallen, denn meinem Mangel halfen die Brüder ab, die aus Mazedonien kamen; und in allem habe ich mich gehütet, euch zur Last zu fallen, und werde mich ferner hüten. 10 So gewiß die Wahrheit Christi in mir ist, dieser Ruhm soll mir nicht geschmälert werden in den Gebieten Achaias. 11 Weshalb? Weil ich euch etwa nicht liebe? Gott weiß es! 12 Was ich aber tue, werde ich ferner tun, damit ich denen den Anlaß nehme, die einen Anlaß suchen, um in dem, womit sie sich rühmen, dazustehen wie wir.

13 Leute dieser Art sind falsche Apostel, hinterlistige Arbeiter, die sich als Apostel Christi tarnen. 14 Und das ist kein Wunder! Es tarnt sich ja selbst der Satan als ein Engel des Lichtes. 15 So ist es nichts Besonderes, wenn auch seine Diener sich als Diener der Gerechtigkeit tarnen; doch ihr Ende wird ihren Werken entsprechend sein.

16 Nochmals sage ich: Es halte mich niemand für töricht! Wenn aber doch, dann ertragt mich als Toren, damit auch ich ein wenig mich rühme. 17 Was ich sage, das sage ich nicht im Sinne des Herrn, sondern so ganz in Torheit bei dieser Grundlage des Rühmens. 18 Wenn viele sich rühmen dem Fleische nach, will auch ich mich rühmen. 19 Ihr ertragt ja so gerne die Toren, die ihr selbst so weise seid. 20 Denn ihr ertragt es, wenn einer euch knechtet, euch ausbeutet, euch angreift, sich überheblich benimmt, euch ins Angesicht schlägt. 21 Unter Beschämung gestehe ich: darin sind wir schwach gewesen. Doch was da einer kühn behauptet – ich rede in Torheit –, das sage auch ich voll Kühnheit.

22 Hebräer sind sie? Ich auch! Israeliten sind sie? Ich auch! Nachkommen Abrahams sind sie? Ich auch! 23 Diener Christi sind sie? Ich rede unbesonnen: Ich bin es noch mehr, und zwar in Mühen viel mehr, in Gefängnissen viel mehr, in Mißhandlungen über die Maßen und gar oft in Todesgefahren; 24 von den Juden erhielt ich fünfmal vierzig Streiche weniger einen; 25 dreimal wurde ich gepeitscht, einmal gesteinigt, dreimal erlitt ich Schiffbruch, eine Nacht und einen Tag trieb ich auf dem Meere umher. 26 Auf Reisen war ich gar oft in Gefahren von Flüssen, in Gefahren von Räubern, in Gefahren von meinem eigenen Volk, in Gefahren von Heiden, in Gefahren in Städten, in Gefahren in der Wüste, in Gefahren auf dem Meere, in Gefahren unter falschen Brüdern, 27 in Mühsal und Beschwer, gar oft in durchwachten Nächten, in Hunger und Durst, oftmals ohne Essen, in Kälte und Blöße. 28 Von allem anderen abgesehen, war der tägliche Andrang zu mir, die Sorge um alle Gemeinden. 29 Wer ist schwach, und ich wäre es nicht? Wer kommt zu Fall, und ich empfände nicht brennenden Schmerz? 30 Wenn schon gerühmt sein muß, so will ich meiner Schwachheit mich rühmen. 31 Gott, der Vater unseres Herrn Jesus [Christus], der gepriesen ist in Ewigkeit, er weiß, daß ich nicht lüge. 32 In Damaskus ließ der Statthalter des Königs Aretas die Stadt der Damaszener bewachen in der Absicht, mich zu ergreifen, 33 und durch ein Fenster wurde ich in einem Korbe die Mauer heruntergelassen und entkam seinen Händen (Apg 9,23ff).

11,1–33: Diese Abrechnung will nicht die jüdische Herkunft des Apostels wichtig machen, sondern die Gegner zum Schweigen bringen, die mit ihrer jüdischen Vergangenheit Eindruck machen und die beeinflußbaren Korinther sich gefügig machen wollten. Paulus kann auf seine völlig uneigennützige Missionsarbeit in Korinth verweisen und vor allem auf seine vielen Opfer und Leiden im Dienste Christi. 11,24: Die jüdische Geißelung durfte die Zahl von 40 Streichen nicht überschreiten; daher gab man nur 39.

Des Apostels Begnadungen und Heimsuchungen

12 1 Wenn schon gerühmt sein muß – ist es auch zu nichts nütze –, will ich zu den Gesichten kommen und zu den Offenbarungen des Herrn. 2 Ich weiß einen Menschen in Christus, der vor vierzehn Jahren – ob im Leibe, ich weiß es nicht, ob außer dem Leibe, ich weiß es nicht, Gott weiß es – entrückt wurde bis in den dritten Himmel. 3 Und ich weiß, daß dieser Mensch – ob mit dem Leibe oder außer dem Leibe, ich weiß es nicht, Gott weiß es – 4 in das Paradies entrückt wurde und unsagbare Worte hörte, die ein Mensch nicht aussprechen darf. 5 Dessen will ich mich rühmen; doch nicht meiner selbst will ich mich rühmen, es sei denn meiner Schwächen. 6 Wollte ich nämlich mich rühmen, wäre ich kein Tor, denn ich würde die Wahrheit sagen, doch ich enthalte mich dessen, damit niemand mehr von mir halte, als er an mir sieht oder von mir hört.

7 Und daß ich bei dem Übermaß der Offenbarungen mich nicht überhebe, wurde mir ein Stachel gegeben ins Fleisch, ein Engel des Satans, daß er mich mit Fäusten schlage, damit ich mich nicht überhebe. 8 Dessentwegen bat ich dreimal den Herrn, er möge ablassen von mir, 9 und er sagte zu mir: »Es genügt dir meine Gnade; denn die Kraft kommt in der Schwachheit zur Vollendung.« So will ich denn viel lieber meiner Schwächen mich rühmen, damit die Kraft Christi sich niederlasse auf mich. 10 Darum habe ich Gefallen an Schwächen, an Schmähungen, an Nöten, an Verfolgungen, an Bedrängnissen um Christi willen; denn wenn ich schwach bin, dann bin ich stark.

Aufruf an die Gemeinde

11 Ich bin töricht geworden; ihr habt mich dazu getrieben. Ich hätte ja doch von euch empfohlen werden sollen, denn ich stand in nichts den Überaposteln nach, obgleich ich nichts bin. 12 Die Kennzeichen des Apostels wurden ja erbracht unter euch, in aller Geduld, durch Zeichen, durch Wunder und Machttaten. 13 Denn was gibt es, worin ihr zurückgesetzt wurdet gegenüber den übrigen Ge-

meinden, außer dem, daß ich euch nicht persönlich
zur Last fiel? Verzeiht mir dieses Unrecht!
14 Seht, zum drittenmal jetzt halte ich mich bereit,
zu euch zu kommen, und ich werde euch nicht zur
Last fallen; denn ich suche nicht das Eure, sondern
euch. Es sollen ja nicht die Kinder für die Eltern
sparen, sondern die Eltern für die Kinder. 15 Überaus
gern will ich Opfer bringen, ja mich selbst will ich
hinopfern für eure Seelen. Wenn ich euch so sehr
liebe, soll ich da weniger geliebt werden? 16 Es
könnte aber sein: ich fiel euch nicht zur Last; doch
bei meiner »Verschlagenheit« habe ich euch »mit
List« gefangen. 17 Habe ich etwa durch einen von
denen, die ich zu euch sandte, euch übervorteilt?
18 Ich bat den Titus und sandte mit ihm den Bruder;
hat euch Titus überlistet? Sind wir nicht in demsel-
ben Geist gewandelt? Nicht in denselben Spuren?
19 Ihr meint wohl längst, daß wir uns vor euch ver-
teidigen? Vor Gott reden wir in Christus, alles aber,
Geliebte, zu eurer Erbauung. 20 Denn ich fürchte,
ich könnte bei meinem Kommen euch nicht so
finden, wie ich es wünsche, und auch ich könnte
von euch so gefunden werden, wie ihr es nicht
wünscht; es könnten Streit und Eifersucht unter
euch sein, Gehässigkeit, Zänkereien, Verleumdun-
gen, Zwischenträgereien, Überheblichkeiten und
Unordnung. 21 Möge mich doch, wenn ich abermals
komme, mein Gott nicht demütigen vor euch, und
möchte ich nicht Betrübnis erfahren müssen über
viele, die vorher gesündigt haben und sich noch
nicht bekehrten von der Unlauterkeit, Unzucht und
Ausschweifung, die sie trieben.

12,1–10: Die Juden unterschieden mehrere Himmelssphären. Paulus erfuhr unter seinen vielen Begnadungen als höchste die Entrückung in die Sphäre der seligen Geister vor Gott, deren Erlebnis sich nicht mit irdischen Begriffen wiedergeben läßt. Doch half ihm ein von Gott geschicktes schweres, ständiges Leiden, das er als »Stachel« für das »Fleisch« bezeichnet, daß er stets an seine menschliche Schwachheit gemahnt und nicht überheblich wurde. Die Art dieses Leidens läßt sich nicht feststellen. Das Leiden gehörte zur besonderen Aufgabe seines Lebens, vgl. Apg 9,16. • 16: Anspielung auf Unterstellungen der Gegner, die behaupteten, Paulus würde auf dem Wege über seine Beauftragten für sich Geschäfte machen.

Schlußermahnung

13 1 Dies ist das dritte Mal, daß ich zu euch
komme. »Durch die Aussage zweier oder
dreier Zeugen soll feststehen jede Sache«
(5 Mos 19,15). 2 Ich sagte es schon vorher und sage
es abermals wie bei meiner zweiten Anwesenheit,
wenn ich auch jetzt abwesend bin, sowohl denen,
die früher gesündigt haben, als allen übrigen: Wenn
ich wiederum komme, werde ich keine Schonung
üben. 3 Ihr verlangt ja einen Beweis dafür, daß
Christus in mir redet, er, der euch gegenüber nicht
schwach ist, sondern der machtvoll wirkt unter
euch. 4 Wurde er auch gekreuzigt in Schwäche, so
lebt er doch in Gottes Kraft; und sind wir auch
schwach in ihm, so werden wir doch leben mit ihm
in Gottes Kraft euch gegenüber.
5 Prüft euch selber, ob ihr im Glauben seid; stellt
euch selbst auf die Probe! Oder könnt ihr nicht an
euch erkennen, daß Jesus Christus in euch ist?
Wenn nicht, habt ihr euch nicht bewährt. 6 Ich hoffe
jedoch, ihr werdet erkennen, daß wir nicht unbe-
währt sind. 7 Wir beten zu Gott, ihr möchtet nichts
Böses tun, nicht, daß wir bewährt erscheinen,
sondern damit ihr das Gute tut, wir aber wie unbe-
währt dastehen. 8 Denn wir vermögen nichts gegen
die Wahrheit, sondern für die Wahrheit. 9 Ja, wir
freuen uns, wenn wir schwach sind, ihr aber stark
seid; und darum, nämlich um eure Vollendung, be-
ten wir. 10 Darum schreibe ich dies aus der Ferne,
damit ich anwesend nicht mit Strenge verfahren
muß vermöge der Gewalt, die mir der Herr ver-
liehen hat zum Aufbauen und nicht zum Nieder-
reißen.
11 Im übrigen, Brüder, freut euch, werdet vollkom-
men, ermahnet einander, seid gleichen Sinnes, seid
friedsam, und der Gott der Liebe und des Friedens
wird mit euch sein. 12 Grüßt einander mit heiligem
Kuß! Es grüßen euch alle Heiligen. 13 Die Gnade
unseres Herrn Jesus Christus und die Liebe Gottes
und die Gemeinschaft des Heiligen Geistes sei mit
euch allen! [Amen.]

DER BRIEF AN DIE GALATER

Die von Paulus auf seiner zweiten Missionsreise gegründeten und auf der dritten Reise nochmals besuchten heidenchristlichen Gemeinden in Galatien, im Innern von Kleinasien (vgl. Apg 16,6; 18,23), gerieten bald in Gefahr, sich von judaistischen Irrlehrern zur Annahme jüdischer Bräuche, vor allem der Beschneidung, verleiten zu lassen. In der bewegten Sorge um den unverfälschten Heilsweg schrieb daher der Apostel den folgenden Brief, um darin sowohl sein bisher verkündetes, gesetzesfreies Evangelium zu rechtfertigen, als auch die Leser zum rechten Wandel im Geist der christlichen Freiheit anzuleiten. Paulus weilte zur Zeit der Abfassung des Briefes wahrscheinlich in Ephesus, wo er drei Jahre (54–57) tätig war.

Paulus, Apostel, nicht von Menschen, auch
nicht durch Vermittlung eines Menschen,
sondern durch Jesus Christus und Gott, den
Vater, der ihn auferweckte von den Toten, 2 und alle
Brüder bei mir an die Gemeinden von Galatien.
3 Gnade euch und Friede von Gott, unserem Vater,
und dem Herrn Jesus Christus, 4 der sich hingab für
unsere Sünden, damit er uns errette aus der gegen-
wärtigen bösen Welt nach dem Willen unseres
Gottes und Vaters, 5 dem die Ehre ist von Ewigkeit
zu Ewigkeit! Amen.

Grund des Schreibens

6 Ich staune, daß ihr so rasch von dem, der euch
in Christi Gnade berief, euch abwendig machen
laßt zu einem anderen Evangelium, 7 wo es doch
ein anderes gar nicht gibt, nur gewisse Leute gibt
es, die euch verwirren und darauf ausgehen, das
Evangelium Christi zu verkehren. 8 Doch wenn
selbst wir oder ein Engel vom Himmel euch ein
anderes Evangelium verkündeten, als wir euch
verkündet haben, so sei er verflucht! 9 Wie wir
schon sagten, so sage ich nun noch einmal: Wenn
jemand euch ein anderes Evangelium verkündet, als
ihr empfangen habt, so sei er verflucht! 10 Denn
rede ich jetzt Menschen zuliebe oder Gott zuliebe?
Oder suche ich Menschen zu gefallen? Wollte ich
noch Menschen gefallen, so wäre ich nicht Christi
Knecht.

RECHTFERTIGUNG SEINES EVANGELIUMS

Nicht Menschenwerk, sondern Offenbarung

11 Denn ich tue euch kund, Brüder: Das Evangelium,
das von mir verkündet wurde, ist nicht nach
menschlicher Art. 12 Denn ich empfing es weder
von einem Menschen, noch erlernte ich es durch
Unterweisung, sondern durch Offenbarung Jesu
Christi.
13 Ihr hörtet ja von meinem einstigen Wandel im
Judentum, wie ich über die Maßen die Gemeinde
Gottes verfolgte und sie zu vernichten suchte. 14 Ich
tat es im Eintreten für das Judentum vielen meiner
Altersgenossen in meinem Volke zuvor, als ein
leidenschaftlicher Verfechter meiner väterlichen
Überlieferungen. 15 Doch als es dem, der mich vom
Schoß meiner Mutter an ausgesondert und durch
seine Gnade gerufen hat, gefiel, 16 seinen Sohn in
mir zu offenbaren, damit ich die Botschaft von ihm
verkünde unter den Heiden, da wandte ich mich
zunächst nicht an Fleisch und Blut, 17 auch ging ich
nicht nach Jerusalem hinauf zu denen, die vor mir
Apostel waren, sondern ich ging weg nach Arabien
und kehrte wieder zurück nach Damaskus.
18 Hierauf, nach drei Jahren, ging ich nach Jerusalem
hinauf, um Kephas aufzusuchen, und blieb bei ihm
fünfzehn Tage. 19 Einen anderen aber von den
Aposteln sah ich nicht, außer Jakobus, den Bruder
des Herrn. 20 Was ich euch schreibe, seht, bei Gott,
ich lüge nicht! 21 Darauf ging ich in die Gebiete von
Syrien und Cilicien. 22 Den Christengemeinden von
Judäa war ich dem Angesicht nach ein Unbekann-
ter; 23 nur vom Hörensagen wußten sie: »Der uns
einst verfolgte, verkündet jetzt den Glauben, den er
zuvor vernichten wollte.« 24 Und sie priesen Gott
um meinetwillen.

1,1–5: Beachte schon im Eingang die Hervorhebung der Erlösungsgnade, die von den Galatern aufs Spiel gesetzt wurde. – Paulus verweist hier ausdrücklich auf seine Berufung durch den auferstandenen Christus selbst, von dem er seine Lehrvollmacht unmittelbar empfangen hat. Deshalb darf er sich den Aposteln gleichgestellt fühlen, auch wenn er kein Augenzeuge des Lehrens und Wirkens Jesu war. • 11–2,21: In diesem ersten Teil zeigt Paulus, wie er mit Übernahme des Apostelдienstes sich einzig an die Offenbarung Gottes gehalten, somit ohne maßgebliche Beeinflussung von seiten der Menschen die Heiden zu Christus geführt habe. Doch hätten die Apostel gegenüber Angriffen judaisierender Christen seine Missionsmethode voll gebilligt, ja sogar gegenüber Petrus habe er seinen Standpunkt erneut begründen können. • 15: Gemeint ist die Berufung in der Damaskusstunde, vgl. Apg 9,1–19. • 17: »Arabien« meint die östlich von Damaskus liegenden Gebiete. Dort hat sich Paulus wohl im Sinne seines Auftrages schon als Glaubensprediger betätigt, dabei aber auch viele Offenbarungen für seine Aufgabe erhalten. • 18: Dieser Besuch des unmittelbar von Christus berufenen Apostels bei Petrus (Kephas) ist eine nicht zu übersehende Anerkennung der Sonderstellung Petri als des von Christus berufenen Hauptes der Kirche. • 19: »Bruder des Herrn«, d. h. naher Verwandter. Vgl. Matth 13,55; 27,56; Joh 19,25. Wenn dieser Jakobus – was nicht allgemein angenommen wird – als Apostel gelten soll, wäre er identisch mit »Jakobus, dem (Sohn) des Alphäus«, vgl. Matth 10,3; Mark 3,18; Luk 6,15; Apg 1,13.

Anerkannt von den übrigen Aposteln

2 1 Später, nach vierzehn Jahren, zog ich abermals hinauf nach Jerusalem, zusammen mit
Barnabas, und nahm auch den Titus mit. 2 Ich
zog einer Offenbarung zufolge hinauf und legte
ihnen das Evangelium vor, wie ich es unter den
Heiden verkünde, im besonderen aber denen, die
Ansehen besitzen, um zu sehen, ob ich etwa ins
Leere liefe oder gelaufen sei.
3 Doch nicht einmal Titus, der als Hellene mit mir
war, wurde gezwungen, sich beschneiden zu
lassen, 4 und zwar wegen der eingeschlichenen
falschen Brüder, die sich herangemacht hatten, um
unsere Freiheit, die wir in Christus Jesus haben, zu
belauern und uns zu knechten – 5 denen wichen wir
auch nicht für eine Stunde und fügten uns nicht,
damit die Wahrheit des Evangeliums gewahrt
bliebe für euch.
6 Von denen aber, die in Ansehen stehen – was sie
ehedem waren, kümmert mich nicht; Gott sieht
nicht auf das Äußere der Person –, mir haben die
Angesehenen nichts weiter auferlegt; 7 sondern im
Gegenteil, als sie sahen, daß ich mit dem Evangelium für die Unbeschnittenen betraut bin wie
Petrus mit dem für die Beschnittenen – 8 denn der
in Petrus wirkte zum Aposteldienst unter den Beschnittenen, wirkte auch in mir für die Heiden –
9 und als sie die Gnade erkannten, die mir verliehen
wurde, gaben Jakobus, Kephas und Johannes, die
als Säulen in Ansehen stehen, mir und Barnabas die
Hand der Gemeinschaft: wir sollten zu den Heiden
gehen, sie zu den Beschnittenen. 10 Nur sollten wir
der Armen gedenken, und ich war bestrebt, gerade
dies zu tun.

Verteidigung vor Petrus

11 Als aber Kephas nach Antiochien kam, widerstand ich ihm ins Angesicht, weil er im Unrecht
war. 12 Denn bevor einige aus dem Kreis um Jakobus kamen, aß er zusammen mit den Heiden; als
aber jene kamen, zog er sich zurück und sonderte
sich ab aus Furcht vor denen aus der Beschneidung.
13 Und es verstellten sich mit ihm auch die übrigen
Juden, so daß selbst Barnabas mit hineingezogen
wurde in ihre Heuchelei. 14 Als ich aber sah, daß sie
nicht den geraden Weg nach der Wahrheit des
Evangeliums gingen, sprach ich zu Kephas in Gegenwart aller: »Wenn du, obwohl du ein Jude bist,
nach Art der Heiden und nicht der Juden lebst, wie
magst du die Heiden zwingen, nach jüdischer Art
zu leben?
15 Wir sind zwar von Natur aus Juden und nicht
sündige Heiden; 16 weil wir aber wissen, daß der
Mensch nicht gerecht wird durch die Werke des
Gesetzes, sondern durch Glauben an Jesus Christus, so nahmen auch wir den Glauben an Christus
Jesus an, damit wir Gerechtigkeit erlangten auf
Grund des Glaubens an Christus und nicht der
Werke des Gesetzes; denn auf Grund von Werken
des Gesetzes wird »niemand zu Gerechtigkeit
kommen« (Ps 143,2). 17 Wenn wir jedoch gerade im
Suchen nach Gerechtwerdung in Christus als
Sünder befunden werden, ist da nicht Christus Mithelfer zur Sünde? Mitnichten!
18 Denn wenn ich das, was ich abgebrochen habe,
wieder aufbaue, so stelle ich mich selbst als Übertreter hin. 19 Ich bin ja doch durch das Gesetz dem
Gesetze gestorben, damit ich Gott lebe; mit Christus bin ich gekreuzigt worden.
20 So lebe nun nicht mehr ich, es lebt in mir Christus. Soweit ich jetzt noch lebe im Fleische, lebe ich
im Glauben an den Sohn Gottes, der mich liebte
und sich hingab für mich. 21 Ich mißachte nicht die
Gnade Gottes; denn käme durch das Gesetz die Gerechtigkeit, so wäre Christus vergeblich gestorben.

2,1–10: Vgl. Apg 15,1–34, wo die Verhandlungen dieses »Apostelkonzils« ausführlicher dargelegt sind. Auch dort ist gesagt, daß der Standpunkt des hl. Paulus von der Leitung der Kirche anerkannt wurde. Dabei ging es ihm weniger um eine Bestätigung für ihn persönlich als um eine Klärung gegenüber den Widersachern. • 11–21: Dieser sog. »antiochenische Zwischenfall« zeigt, wie Paulus bei aller Achtung der Autorität Petri sich freimütig mit ihm aussprach in der Sorge um die rechte Entwicklung der kirchlichen Gemeinschaft zwischen Heiden und Juden. • 17f: Petrus erweckte mit seiner vorübergehenden Rückkehr zur jüdischen Sitte den Anschein, als ob sein vorhergehendes Verhalten Unrecht gewesen sei. Darin sieht Paulus die Inkonsequenz.

BEGRÜNDUNG DES GESETZESFREIEN EVANGELIUMS

Der Glaubensweg der Galater

3 1 O ihr unverständigen Galater! Wer hat euch
bezaubert [, der Wahrheit nicht zu folgen],
euch, vor deren Augen Jesus Christus hinge-
zeichnet wurde als Gekreuzigter? 2 Nur dies
möchte ich erfahren von euch: Habt ihr aus Werken
des Gesetzes den Geist empfangen oder aus der
Botschaft des Glaubens? 3 So töricht seid ihr? Ihr
habt begonnen im Geiste und wollt nun im Fleische
vollenden? 4 Habt ihr so Großes vergeblich erfah-
ren? Wenn so, wirklich vergeblich! 5 Der euch also
den Geist verleiht und Machtvolles wirkt unter
euch, tut er es auf Grund von Gesetzeswerken oder
um der Botschaft des Glaubens willen?

Abrahams Glaubensgerechtigkeit

6 Wie bei Abraham ist es: »Er glaubte Gott, und es
wurde ihm angerechnet zur Gerechtigkeit« (1 Mos
15,6). 7 Erkennet somit: Die aus dem Glauben, die
sind Kinder Abrahams! 8 Und da die Schrift vorher-
sah, daß Gott auf Grund des Glaubens die Heiden
gerecht machen werde, verkündete sie im voraus
dem Abraham: »In dir werden gesegnet sein alle
Heidenvölker« (1 Mos 12,3; 18,18). 9 So werden also
die aus dem Glauben gesegnet zusammen mit dem
gläubigen Abraham. 10 Denn alle, die aus Gesetzes-
werken sind, stehen unter Fluch; es ist ja geschrie-
ben: »Verflucht ist ein jeder, der nicht festhält an
allem, was geschrieben ist im Buch des Gesetzes,
um es zu tun« (5 Mos 27,26). 11 Daß aber durch das
Gesetz niemand ein Gerechter wird vor Gott, ist
offenkundig, da »der Gerechte aus dem Glauben
lebt« (Hab 2,4). 12 Im Gesetz jedoch geht es nicht
um Glauben, sondern »wer dies tut, wird dadurch
leben« (3 Mos 18,5).
13 Christus kaufte uns los aus dem Fluch des Geset-
zes, indem er für uns ein Verfluchter wurde; es steht
ja geschrieben: »Verflucht ist jeder, der am Holze
hängt« (5 Mos 21,23). 14 So sollte zu den Heidenvöl-
kern der Segen des Abraham kommen in Christus
Jesus, auf daß wir die Verheißung des Geistes
empfingen durch den Glauben.

Des Gesetzes untergeordnete Aufgabe

15 Brüder, ich spreche nach menschlicher Über-
legung. Schon eines Menschen rechtskräftig gewor-
denes Testament setzt niemand außer Geltung oder
versieht es mit Zusätzen. 16 Nun wurden dem Abra-
ham und »seinem Nachkommen« die Verheißun-
gen zugesagt. Es heißt nicht: »und den Nachkom-
men«, im Sinne vieler, sondern im Sinne eines
einzigen: »und deinem Nachkommen«, das ist
Christus. 17 Damit will ich sagen: Ein von Gott zu-
vor für rechtskräftig erklärtes Testament wird durch
das vierhundertdreißig Jahre später kommende
Gesetz nicht außer Kraft gesetzt, so daß die Ver-
heißung hinfällig würde. 18 Denn käme kraft des
Gesetzes das Erbe, dann nicht mehr kraft der Ver-
heißung; dem Abraham aber hat durch Verheißung
Gott Gnade erzeigt.
19 Wozu nun das Gesetz? Der Übertretungen
wegen wurde es hinzugefügt, bis »der Nach-
komme« käme, auf den sich die Verheißung be-
zieht; angeordnet wurde es durch Engel, durch die
Hand eines Mittlers. 20 Den Mittler gibt es nicht bei
einem einzigen; Gott aber ist ein einziger. 21 Steht
also das Gesetz gegen die Verheißung Gottes?
Keineswegs! Ja, wäre ein Gesetz gegeben mit der
Kraft, Leben zu schaffen, dann käme wirklich aus
dem Gesetz die Gerechtigkeit. 22 Aber die Schrift
hat alles unter Sünde zusammengeschlossen, damit
die Verheißung sich auf dem Weg des Glaubens an
Jesus Christus an denen erfülle, die glauben. 23 Be-
vor aber der Glaube kam, waren wir unter den
Gewahrsam des Gesetzes genommen, mitsammen
eingeschlossen in Erwartung der kommenden
Offenbarung des Glaubens. 24 So ist das Gesetz
unser Zuchtmeister geworden auf Christus hin,
damit wir aus Glauben Gerechtigkeit erlangten.
25 Doch da der Glaube kam, stehen wir nicht mehr
unter einem Zuchtmeister.
26 Denn ihr alle seid Söhne Gottes durch den Glau-
ben in Christus Jesus; 27 ihr alle nämlich, die ihr auf
Christus getauft wurdet, habt Christus angezogen.
28 Da gilt nicht mehr Jude und Hellene, nicht Sklave
und Freier, nicht Mann und Frau; denn alle seid ihr
eins in Christus Jesus. 29 Seid ihr aber Christi, so
seid ihr Abrahams Nachkommenschaft und der
Verheißung gemäß Erben.

3,1–5,12: Mit verschiedenen Begründungen sucht Paulus darzulegen, daß der Christ nicht auf das jüdische Gesetz als Heilsgrundlage angewiesen ist. Seine Sätze sind zu verstehen vom scharfen Gegensatz gegen die pharisäisch-jüdische Meinung, daß der Mensch in der möglichst genauen Beobachtung der Gesetzesvorschriften sein Heil erwirke. Vgl. Röm 3,21–4,25. • 1–5: Der Empfang der Taufe und des Heiligen Geistes war in der Urkirche oft von außerordentlichen Gnadengaben begleitet. Darauf weist der Apostel hier die einst heidnischen Galater hin. • 6–14: Vgl. Röm 4,1–25. An Abraham zeigt Paulus den wesentlichen Unterschied von Gesetzes und Glaubensgerechtigkeit. • 13: Wörtlich nach dem Griechischen »indem er für uns ein Fluch wurde«, im engen Anschluß an den vorausgehenden Ausdruck; vgl. 3 Mos 18,5; 5 Mos 21,23 und auch 2 Kor 5,21, wo Paulus ebenfalls von der stellvertretenden Genugtuung spricht. • 15–29: Wichtiger als die Gesetzesordnung ist die in Abraham grundgelegte Gnadenordnung. Schon in der Übergabe des Gesetzes durch Engel, wie sie die jüdische Theologie annahm, und im Mittlerdienst des Moses komme die Zweitrangigkeit des Gesetzes zum Ausdruck, das wie ein harter Zuchtmeister die Menschen unter Zwang setzte, bis Christus das Kindschaftsverhältnis zu Gott brachte. Paulus bezieht das in Vers 16 zitierte Schriftwort (vgl. 1 Mos 12,7; 22,18) auf den Messias, weil der Ausdruck »Nachkomme« (im hebräischen »Samea) in der Einzahl steht. Er folgt damit der bei den Rabbinern gebräuchlichen Beweisführung.

Freiheit in Christus Jesus

4 1 Ich sage nun: Solange der Erbe unmündig ist, unterscheidet er sich in nichts vom Sklaven, obwohl er Herr ist von allem, 2 sondern er steht unter Vormündern und Verwaltern bis zu der vom Vater vorausbestimmten Zeit. 3 So waren auch wir, als wir unmündig waren, den Elementen der Welt versklavt. 4 Als aber die Fülle der Zeit kam, sandte Gott seinen Sohn, geboren vom Weibe, geboren unter der Ordnung des Gesetzes, 5 damit er die unter dem Gesetz loskaufte und wir die Anerkennung als Söhne empfingen.

6 Weil ihr aber Söhne seid, sandte Gott den Geist seines Sohnes in unsere Herzen, der da ruft: Abba, Vater! 7 Du bist also nicht mehr Sklave, sondern Sohn; wenn aber Sohn, dann auch Erbe durch Gott.

Warnung vor Selbstknechtung

8 Doch damals, als ihr Gott nicht kanntet, dientet ihr Göttern, die dies in Wirklichkeit gar nicht sind. 9 Jetzt aber, da ihr Gott kennt, besser noch, da ihr erkannt wurdet von Gott, wie könnt ihr wieder zurückkehren zu den schwachen und armseligen Elementen, in der Absicht, ihnen wieder von neuem zu dienen? 10 Ihr beobachtet Tage und Monate und Zeiten und Jahre! 11 Ich fürchte für euch, ich habe umsonst mich bemüht um euch. 12 Werdet doch wie ich; denn auch ich wurde wie ihr, Brüder; ich flehe euch an. Nichts tatet ihr mir zuleide. 13 Ihr wißt ja, wie ich in Schwachheit des Fleisches euch erstmals das Evangelium verkündete, 14 und ihr habt die in meinem Fleische liegende Prüfung nicht verächtlich zurückgewiesen, auch habt ihr nicht ausgespuckt, sondern wie einen Engel Gottes nahmt ihr mich auf, wie Christus Jesus. 15 Wo ist nun eure Begeisterung? Ich gebe euch das Zeugnis, ihr hättet, wäre es möglich gewesen, eure Augen herausgerissen und mir gegeben. 16 Bin ich denn nun euer Feind geworden, der ich euch die Wahrheit sage? 17 Man bemüht sich um euch in nicht guter Absicht; wegdrängen wollen sie euch, damit ihr euch um sie bemüht. 18 Doch schön wäre es, allezeit eifriges Bemühen im Guten zu erfahren, und nicht nur, wenn ich bei euch zugegen bin, 19 bei euch, meinen Kindern, für die ich aufs neue Geburtswehen leide, bis Christus Gestalt wird in euch.

20 Ich wollte, ich könnte jetzt bei euch sein und mit anderer Stimme reden; denn ratlos bin ich in der Sorge um euch.

Zeugnis der Schrift für die Freiheit

21 Sagt mir, die ihr unter dem Gesetze sein wollt, vernehmt ihr nicht das Gesetz? 22 Es steht doch geschrieben, daß Abraham zwei Söhne hatte, einen von der Magd und einen von der Freien. 23 Doch der von der Magd war dem Fleische nach geboren, der von der Freien hingegen zufolge der Verheißung.

24 Das ist sinnbildlich gesagt; denn sie bedeuten die zwei Bündnisse. Das eine nämlich vom Berge Sinai, das zur Knechtschaft gebiert, das ist Hagar. 25 Denn »Hagar« bezeichnet den Berg Sinai in Arabien, was dem jetzigen Jerusalem entspricht, das ja in Knechtschaft ist mit seinen Kindern. 26 Das obere Jerusalem aber ist frei, und das ist unsere Mutter. 27 Es steht ja geschrieben: »Freue dich, du Unfruchtbare, die du nicht gebierst, frohlocke und jauchze, die du keine Geburtswehen hast; denn zahlreich sind die Kinder der Alleinstehenden, mehr als jener, die einen Mann hat« (Is 54,1). 28 Ihr aber, Brüder, seid wie Isaak Kinder der Verheißung. 29 Doch wie damals der dem Fleische nach Geborene den verfolgte, der es dem Geiste nach war, so ist es auch jetzt. 30 Doch was sagt die Schrift? »Treib fort die Magd und ihren Sohn! Denn der Sohn der Magd soll nicht Erbe sein mit dem Sohn der Freien« (1 Mos 21,10). 31 Demnach, Brüder: wir sind nicht Kinder der Magd, sondern der Freien.

4,3: »Elemente der Welt« dürfte nach dem Zusammenhang die vom Glauben her gesehene vorchristliche Ordnung bezeichnen, die im Heidentum im primitiven Götterglauben (Elementargeister?), im Judentum im Gesetzesdienst mit seinem äußeren Zwang ihren Ausdruck fand, vgl. 4,9. • 8–20: Die Galater, ehedem begeisterte Anhänger des Apostels, waren daran, die judaistischen Zeremonialgesetze wichtiger zu nehmen als den Heilsglauben an Jesus Christus. • 21–31: Ein Beispiel von allegorischer Schriftdeutung, wie sie das damalige Judentum liebte. In den beiden Müttern sieht Paulus die Sinnbilder der beiden Heilsordnungen des Gesetzes bzw. der Gnade. Das »obere Jerusalem« ist die vom Himmel kommende christliche Kirche, die das irdische Jerusalem ablöst.

Rückfall heißt Christus verlieren

5 1 Für die Freiheit hat Christus uns befreit; steht also fest, und laßt euch nicht wieder unter das Joch einer Knechtschaft bringen! 2 Seht, ich, Paulus, sage euch: Wenn ihr euch beschneiden laßt, wird Christus euch nichts nützen. 3 Ich bezeuge es noch einmal jedem Menschen, der sich beschneiden läßt: Er wird schuldig, das ganze Gesetz zu halten.

4 Weggerissen seid ihr von Christus, die ihr im Gesetze Gerechtigkeit sucht, seid aus der Gnade gefallen. 5 Denn wir erwarten im Geiste auf Grund von

Glauben die Hoffnung der Gerechtigkeit. 6 Denn in Christus Jesus gilt weder Beschneidung etwas noch Unbeschnittensein, sondern der Glaube, der durch Liebe sich wirksam erweist.
7 Ihr waret gut im Lauf; wer hielt euch ab, der Wahrheit zu folgen? 8 Diese Überredung kommt nicht von dem, der euch ruft. 9 Ein wenig Sauerteig durchsäuert den ganzen Teig. 10 Ich habe das Vertrauen zu euch im Herrn, daß ihr auf nichts anderes sinnt. Wer euch aber irre macht, der wird das Gericht zu tragen haben, wer er auch sei. 11 Ich aber, Brüder, wenn ich noch die Beschneidung predige, was werde ich dann noch verfolgt? Dann wäre ja das Ärgernis des Kreuzes aus der Welt geschafft. 12 Möchten doch jene, die euch verwirren, gleich ganz verschnitten werden!

DER WAHRE WANDEL IN FREIHEIT

Dienen in Liebe

13 Ja, ihr seid zur Freiheit gerufen, Brüder; nur laßt die Freiheit nicht zum Anreiz werden für das Fleisch, sondern dient einander in Liebe! 14 Denn das ganze Gesetz wird in einem einzigen Wort erfüllt, in dem: »Du sollst deinen Nächsten lieben wie dich selbst« (3 Mos 19,18). 15 Wenn ihr aber einander beißt und zu fressen sucht, dann gebt acht, daß ihr voneinander nicht vollends verschlungen werdet.

Der Geist überwindet das Fleisch

16 Ich sage aber: Wandelt im Geiste, und ihr werdet das Begehren des Fleisches nicht erfüllen. 17 Denn das Begehren des Fleisches ist gegen den Geist gerichtet, das des Geistes gegen das Fleisch; sie liegen im Streit gegeneinander, so daß ihr nicht das, was ihr wollt, vollbringt. 18 Werdet ihr aber vom Geiste geführt, steht ihr nicht unter dem Gesetz. 19 Offenkundig sind die Werke des Fleisches; es sind: Unzucht, Unlauterkeit, Ausschweifung, 20 Götzendienst, Zauberei, Feindschaften, Zank, Eifersucht, Gehässigkeiten, Hetzereien, Entzweiungen, Spaltungen, 21 Mißgünstigkeiten, [Totschlag,] Trinkereien, Schwelgereien und was dergleichen ist; davon sage ich im voraus, wie ich es schon früher sagte: die solches treiben, werden das Reich Gottes nicht erben. 22 Die Frucht des Geistes aber ist Liebe, Freude, Friede, Geduld, Freundlichkeit, Güte, Treue, 23 Milde, Enthaltsamkeit [, Keuschheit]; dagegen richtet sich kein Gesetz 24 Die Christus Jesus zu eigen sind, haben das Fleisch gekreuzigt samt den Leidenschaften und Begierden. 25 Wenn wir aber leben im Geiste, laßt uns im Geiste auch wandeln. 26 Laßt uns nicht eitler Ehre nachstreben, einander nicht herausfordern, einander nicht beneiden!

5,13–6,10: Sinn und Reichweite christlicher Freiheit ist festgelegt durch das Grundgebot der Liebe. Sie ist die kostbarste Frucht des Geistes. Dem Christen ist das sittliche Ringen nicht genommen, aber durch den Heiligen Geist ist er über das ohnmächtige Streben des bloßen Gesetzesdienstes hinausgehoben.

Wahre Nächstenliebe

6 1 Brüder, selbst wenn einer bei einem Fehltritt betroffen wird, sollt ihr als Geisterfüllte einen solchen im Geist der Milde zurechtweisen; denke dabei an dich selbst, damit nicht auch du versucht werdest. 2 Einer trage des andern Last, und ihr werdet so das Gesetz Christi erfüllen. 3 Denn wenn einer glaubt, etwas zu sein, da er doch nichts ist, so betrügt er sich selbst. 4 Sein eigenes Tun prüfe ein jeder, und dann mag er Ruhm für sich selber haben und nicht bei dem andern. 5 Denn ein jeder hat seine eigene Bürde zu tragen. 6 Wer sich unterweisen läßt im Worte, gebe dem, der ihn unterweist, Anteil an allen Gütern.
7 Täuscht euch nicht, Gott läßt seiner nicht spotten; denn was einer sät, das wird er auch ernten: 8 wer auf sein Fleisch sät, wird vom Fleische Verderben ernten; wer auf den Geist sät, wird vom Geiste ewiges Leben ernten. 9 Laßt uns nicht müde werden, Gutes zu tun, denn zur rechten Zeit werden wir ernten, wenn wir nicht erschlaffen. 10 Solange wir also Zeit haben, wollen wir Gutes tun an allen, vornehmlich an denen, die uns nahestehen im Glauben.

Unsere Zuversicht in Christus

11 Seht, mit was für Buchstaben ich euch schreibe mit eigener Hand! 12 Die nach außen schön dastehen möchten im Fleische, die zwingen euch zur Beschneidung nur deshalb, damit sie um des Kreuzes willen nicht verfolgt werden. 13 Denn nicht einmal sie, die Beschnittenen, halten das Gesetz; aber sie wollen, daß ihr euch beschneiden laßt, damit sie in eurem Fleische sich rühmen könnten. 14 Mir sei es ferne, mich in etwas anderem zu rühmen als im Kreuze unseres Herrn Jesus Christus, durch den mir die Welt gekreuzigt ist und ich der Welt. 15 Denn weder Beschneidung gilt etwas noch Unbeschnittensein, sondern eine neue Schöpfung. 16 Und alle, die nach diesem Grundsatz gehen, Heil über sie und Erbarmen, und über das Israel Gottes. 17 Fortan

mache mir niemand Beschwernis; denn ich trage
die Kennmale [des Herrn] Jesus an meinem Leibe.
18 Die Gnade unseres Herrn Jesus Christus sei mit
eurem Geiste, Brüder! Amen.

6,1–10: Der Christ hat als Glied am mystischen Leib Christi eine Mitverantwortung und Mitsorge für die Brüder und Schwestern in Christus. • 11–18: Wahrscheinlich schrieb Paulus den Schlußabschnitt eigenhändig, während das übrige diktiert wurde. Die besondere Form der Buchstaben soll auf die Echtheit der Unterschrift aufmerksam machen, vgl. 2 Thess 3,17. • 17: Paulus meint nicht eine Stigmatisierung sondern wohl die Spuren aller Mißhandlungen, die ihn als echten Knecht und Kämpfer für Christus gegenüber den selbstsüchtigen Gegnern ausweisen.

DER BRIEF AN DIE EPHESER

Der Epheserbrief bildet mit dem Brief an die Kolosser, an Philemon und an die Philipper die Gruppe der sog. Gefangenschaftsbriefe, die allen Anzeichen nach während der Untersuchungshaft des Apostels in Rom (61–63) geschrieben wurden (vgl. Apg 28,16–31). Da in wichtigen Textzeugen in der Adresse unseres Briefes (1,1) die Ortsangabe fehlt und der Brief nichts Persönliches enthält, wie man es doch von einem Brief an die mit Paulus eng verbundene Gemeinde in Ephesus (vgl. Apg 19,1–40; 20,17–21,1) erwarten möchte, nimmt man an, daß wir in unserem Brief ein Rundschreiben zu sehen haben, das für die kleinasiatischen Städte im Umkreis von Ephesus bestimmt war. Manche glauben, daß unser Brief der in Kol 4,16 erwähnte Brief an Laodizea sei, der später als Epheserbrief überliefert wurde. Er hat auf jeden Fall viel Gemeinsames mit dem Kolosserbrief, mit dem zusammen er durch Tychikus überbracht wurde (vgl. Eph 6,21 und Kol 4,7). Inhaltlich ist er ein herrliches Zeugnis der tiefen Auffassung des Apostels vom Erlösungsgeheimnis in Christus und vom Heilsmysterium der Kirche als des mystischen Leibes Christi.

Paulus, durch Gottes Willen Apostel Jesu
Christi, an die Heiligen [zu Ephesus] und
Gläubigen in Christus Jesus. 2 Gnade euch
und Friede von Gott, unserem Vater, und dem
Herrn Jesus Christus.

VON DER HERRLICHKEIT DER ERLÖSTEN

Lobgebet auf das Heilswirken Gottes

3 Gepriesen sei der Gott und Vater unseres Herrn
Jesus Christus, der uns in Christus gesegnet hat mit
allem geistlichen Segen im Himmel. 4 Er hat uns
auserwählt in ihm vor Grundlegung der Welt, daß
wir heilig seien und untadelig vor ihm in Liebe;
5 er hat uns vorherbestimmt zur Kindschaft vor
ihm durch Jesus Christus, nach dem huldvollen Ratschluß seines Willens, 6 zum Preis der Herrlichkeit
seiner Gnade, mit der er uns begnadet hat in dem
Geliebten. 7 In ihm haben wir die Erlösung durch
sein Blut, die Vergebung der Sünden nach dem
Reichtum seiner Gnade, 8 die er ausströmen ließ auf
uns in aller Weisheit und Einsicht. 9 Er tat uns kund
das Geheimnis seines Willens nach seinem huldvollen Ratschluß, den er im voraus gefaßt hat in
ihm, 10 um eintreten zu lassen die Fülle der Zeiten
und alles zusammenzuführen in Christus, was im
Himmel ist und was auf Erden.
11 In ihm auch wurden wir ausgelost, vorherbestimmt nach der Absicht dessen, der alles wirkt
nach dem Ratschluß seines Willens, 12 damit wir
zum Preis seiner Herrlichkeit seien, die wir schon
vorher unsere Hoffnung auf Christus gesetzt haben.
13 In ihm seid auch ihr, die ihr das Wort der Wahrheit vernommen, das Evangelium eurer Rettung; in
ihm fandet ihr auch zum Glauben und wurdet besiegelt mit dem Heiligen Geist der Verheißung,
14 der das Angeld ist für unser Erbe, zum Loskauf
seines Eigentums, zum Lobpreis seiner Herrlichkeit.

Seid euch der Erlösung bewußt!

15 So will auch ich, seit ich von eurem Glauben im
Herrn Jesus hörte und von eurer Liebe zu allen
Heiligen, 16 nicht aufhören, euretwegen Dank zu
sagen, wenn ich euer gedenke in meinen Gebeten.
17 Der Gott unseres Herrn Jesus Christus, der Vater
der Herrlichkeit, gebe euch den Geist der Weisheit
und der Offenbarung in seiner Erkenntnis. 18 Die
Augen eures Herzens seien erleuchtet, daß ihr innewerdet, was es um die Hoffnung seiner Berufung,
was es um den Reichtum seiner herrlichen Erbschaft unter den Heiligen, 19 was es um die überragende Größe seiner Macht ist, die sich an uns, die
wir glauben, tätig erweist in seiner Kraft und Stärke,
20 wie er sie wirksam werden ließ in Christus, da er
ihn von den Toten erweckte und zu seiner Rechten
im Himmel setzte, 21 hoch über alle Macht und Gewalt und Kraft und Herrschaft und jeden Namen,
der genannt wird nicht nur in dieser Welt, sondern
auch in der kommenden.

22 »Alles legte er ihm unter die Füße« (Ps 8,7), und ihn
gab er als Haupt über alles der Kirche, 23 die sein Leib
ist, die Vollgestalt dessen, der alles in allem erfüllt.

1,3–14: Dieser Hymnus auf die Erlösungsgnade zeigt an Stelle einer persönlichen Einstimmung, wie sie in den übrigen Briefen eingangs zu stehen pflegt, den Reichtum des nach dem ewigen Heilsplan des Vaters berufenen Menschen, der in Christus und im Heiligen Geist zum Höchsten bestimmt ist. »Angeld« (14) ist der Heilige Geist, insofern wir in seinem Besitz schon eine Vorausgabe und damit ein Unterpfand der kommenden Herrlichkeit haben. • 15–23: Die Kirche gehört zu Christus wie der Leib zum Haupt; in ihr vollendet sich das erlösende Wirken des Gottmenschen, dessen lebendige Glieder wir in einer geheimnisvollen Wechselbeziehung sind. Nur in der Gnadengemeinschaft mit der Kirche gibt es wahres Christentum.

Von Gottes reichem Erbarmen

2 1 Auch ihr waret tot in euren Fehlern und
Sünden, 2 in denen ihr ehedem dahinlebtet
nach Art dieser Weltzeit, nach Art des Herr-
schers im Machtbereich der Luft, des Geistes, der
noch jetzt wirksam ist in den Söhnen des Ungehor-
sams. 3 Unter ihnen lebten einmal auch wir alle in
den Begierden unseres Fleisches; wir taten, was die
Gelüste des Fleisches und der Gedanken verlangten,
und waren von Natur aus Kinder des Zornes wie die
übrigen.
4 Gott aber, reich an Erbarmen, hat in seiner großen
Liebe, mit der er uns liebte, 5 auch uns, die wir tot
waren in Sünden, zusammen mit Christus lebendig
gemacht – durch Gnade seid ihr zum Heil gekom-
men – 6 und uns mit auferweckt und mit eingesetzt
im Himmel in Christus Jesus, 7 um in den nach-
kommenden Zeiträumen den überströmenden
Reichtum seiner Gnade in Güte zu uns kundwer-
den zu lassen in Christus Jesus. 8 Ja, durch die
Gnade seid ihr zum Heil gekommen auf Grund des
Glaubens, und das nicht aus euch selbst – es ist
Gottes Geschenk –, 9 nicht auf Grund von Werken,
damit niemand sich rühme. 10 Denn sein Geschöpf
sind wir, geschaffen in Christus Jesus zu guten
Werken, wie sie Gott vorausbestimmt hat, daß wir
in ihnen wandeln.

Geeint im neuen Israel

11 Darum denkt daran, daß ihr ehedem als die Hei-
den dem Fleische nach – die ihr »Unbeschnittene«
genannt wurdet von denen, die sich wegen der mit
der Hand gemachten Beschneidung »Beschnittene«
nennen –, 12 daß ihr zu jener Zeit fern wart von
Christus, ausgeschlossen von der Bürgerschaft Isra-
els, Fremdlinge für die Bündnisse der Verheißung,
ohne Hoffnung und ohne Gott in der Welt. 13 Jetzt
aber wurdet ihr in Christus Jesus als die ehedem
»Fernen« zu »Nahen« im Blute Christi. 14 Denn er ist
unser Friede, der aus den beiden eins werden ließ
und die trennende Scheidewand, die Feindschaft,
beseitigte, da er in seinem Fleische 15 das Gesetz der
Gebote mit seinen Bestimmungen aufhob und so in
sich die zwei zu einem neuen Menschen werden
ließ; er stiftete Frieden 16 und versöhnte die beiden
in einem Leib mit Gott durch das Kreuz, da er die
Feindschaft an ihm tötete. 17 Er kam und »verkün-
dete Frieden«, euch, »den Fernen, und Frieden den
Nahen« (Is 57,19). 18 Denn durch ihn haben wir
beide Zutritt in dem einen Geist zum Vater.
19 So seid ihr denn nicht mehr Fremdlinge und Bei-
sassen, sondern Mitbürger der Heiligen und Haus-
genossen Gottes, 20 aufgebaut auf dem Fundament
der Apostel und Propheten, und der Eckstein davon
ist Christus Jesus, 21 in dem zusammengefügt der
ganze Bau emporwächst zu einem heiligen Tempel
im Herrn, 22 in dem auch ihr mit aufgebaut werdet
zu einer Wohnung Gottes im Geiste.

2,1–10: Christus führt die heilswilligen Menschen aus der Gewalt Satans, der mit bösen Geistern nach jüdischer Anschauung die Luft beherrscht, in sein Reich und befähigt sie zu »guten Werken«. Er allein ist Mittler des Heils. • 11–22: Vor Christus war zwischen Juden und Heiden eine starke Trennung. Erst durch ihn kam es zur großen Gemeinschaft aller Erlösten, mit den gleichen Rechten für alle.

Herrlichkeit des Aposteldienstes

3 1 Um dessentwillen bin ich, Paulus, der Ge-
fangene Christi Jesu für euch Heiden. 2 Ihr
habt doch gehört von dem Amt der Gnade
Gottes, das mir übertragen wurde im Hinblick auf
euch. 3 Durch Offenbarung wurde mir das Geheim-
nis kundgetan, wie ich es eben kurz umschrieb.
4 Daran könnt ihr, wenn ihr es lest, meine Einsicht
erkennen in das Geheimnis Christi, 5 das in anderen
Generationen den Menschenkindern nicht kund-
getan wurde, wie es jetzt seinen heiligen Aposteln
und Propheten enthüllt wurde durch den Geist,
6 daß nämlich die Heiden Miterben sind und Mit-
einverleibte und Mitteilhaber der Verheißung in
Christus Jesus durch das Evangelium, 7 dessen
Diener ich wurde durch die Gnadengabe Gottes,
die mir geschenkt wurde gemäß seiner wirkenden
Kraft. 8 Mir, dem geringsten unter allen Heiligen,
wurde diese Gnade verliehen, den Heiden die Bot-
schaft zu bringen vom unergründlichen Reichtum
Christi 9 und allen aufleuchten zu lassen, was es um
die Verwirklichung des Geheimnisses ist, das von
Ewigkeit her verborgen war in Gott, dem Schöpfer
des Alls, 10 um jetzt den Mächten und Gewalten im
Himmel kundwerden zu lassen durch die Kirche die
vielgestaltige Weisheit Gottes, 11 dem Heilsplan der
Ewigkeit gemäß, den er ausführte in Christus Jesus,

unserem Herrn. 12 In ihm haben wir Zuversicht und
vertrauensvollen Zutritt durch den Glauben an ihn.
13 Darum bitte ich, werdet nicht mutlos angesichts
der Drangsale, die ich erleide um euretwillen; es gereicht ja euch zum Ruhme.

Apostelgebet

14 Daher beuge ich meine Knie vor dem Vater [unseres Herrn Jesus Christus], 15 von dem jede Vaterschaft im Himmel und auf Erden ihren Namen hat;
16 er verleihe euch nach dem Reichtum seiner Herrlichkeit, an Kraft zu erstarken durch seinen Geist im
inneren Menschen, 17 daß Christus durch den Glauben Wohnung nehme in euren Herzen. Möget ihr in
Liebe verwurzelt und festgegründet sein, 18 um
fähig zu werden, in der Gemeinschaft mit allen
Heiligen zu begreifen, was die Breite und Länge, die
Höhe und Tiefe ist, 19 und die alle Erkenntnis weit
überragende Liebe Christi verstehen zu lernen, so
daß ihr erfüllt werdet bis hin zur ganzen Fülle
Gottes. 20 Dem aber, der Macht hat, gemäß der in
uns wirkenden Kraft weitaus mehr zu tun als alles,
was wir erbitten oder ersinnen, 21 ihm sei Ehre in
der Kirche und in Christus Jesus durch alle Generationen von Ewigkeit zu Ewigkeit. Amen.

3,1–13: Ein wertvolles Selbstzeugnis des Apostels, das uns zeigt, wie er durch persönliche Offenbarung das volle Verständnis für Christus erhalten hat und zum Künder dieser Botschaft geworden ist. • 14–21: Dieses Gebet enthält die wesentlichen Anliegen, die ein wahrhaft christliches Beten bestimmen sollen.

WANDEL DER ERLÖSTEN

Einigkeit in der Gliedschaft der Liebe

4 1 So ermahne ich euch denn, ich, der Gefangene im Herrn, wandelt würdig der Berufung,
mit der ihr gerufen wurdet, 2 in aller Demut
und Milde, in Geduld, einander in Liebe ertragend.
3 bedacht auf die Wahrung der Einheit des Geistes
durch das Band des Friedens: 4 Ein Leib und ein
Geist, wie ihr auch gerufen wurdet zur einen Hoffnung eurer Berufung, 5 ein Herr, ein Glaube, eine
Taufe, 6 ein Gott und Vater aller, der über allen ist
und durch alle und in allen.
7 Einem jeden aber unter uns wurde die Gnade verliehen nach dem Maß der Gabe Christi. 8 Darum
heißt es: »Aufsteigend in die Höhe, führte er die
Gefangenen mit sich und gab den Menschen seine
Gaben« (Ps 68,19). 9 Das »Aufsteigend« aber, was
bedeutet es anderes, als daß er auch herabstieg in
die Niederungen der Erde? 10 Der herabstieg, ist
derselbe, der auch hinaufstieg über alle Himmel,
damit er alles erfülle. 11 Und er ist es, der »gab«: die
einen als Apostel, die andern als Propheten, andere
als Evangelisten, andere als Hirten und Lehrer, 12 zur
Heranbildung der Heiligen für die Ausübung des
Dienstes, für den Aufbau des Leibes Christi, 13 bis
wir alle hingelangen zur Einheit des Glaubens und
der Erkenntnis des Sohnes Gottes, zur vollen
Mannesreife, zum Vollmaß der Gestalt in der Fülle
Christi. 14 Nicht mehr unmündige Kinder wollen
wir sein, geschaukelt und umhergeworfen von jedem Wind der Lehre im Trugspiel der Menschen,
das voll Hinterlist ausgeht auf Täuschung und Verführung. 15 In der Wahrheit wollen wir stehen und
in Liebe alles hinwachsen lassen auf ihn, der das
Haupt ist, Christus. 16 Von ihm aus wird der ganze
Leib zusammengefügt und zusammengehalten
durch jedes Band des Zusammenwirkens, entsprechend der dem einzelnen Teil zugemessenen Kraft,
und so wirkt er das Wachsen des Leibes zu seinem
Aufbau in Liebe.

Der neue Mensch

17 So sage ich denn und bekräftige es im Herrn:
Führet nicht mehr ein Leben, wie die Heiden dahinleben in der eitlen Nichtigkeit ihres Sinnes. 18 Verdunkelt sind sie in ihrem Denken, dem Leben Gottes
entfremdet wegen der Verständnislosigkeit in ihrem
Innern, wegen der Verstocktheit ihrer Herzen.
19 Haltlos geworden, gaben sie sich der Ausschweifung hin, um unersättlich jeder Art von Unlauterkeit
nachzugeben. 20 Ihr aber lerntet nicht derart Christus
kennen, 21 sofern ihr von ihm hörtet und unterwiesen wurdet in ihm, wie es Wahrheit ist in Jesus:
22 ablegen sollt ihr im Hinblick auf den früheren
Lebenswandel den alten Menschen, der den Weg
des Verderbens geht in seinen trügerischen Gelüsten, 23 und neu sollt ihr werden in Geist und Gesinnung, 24 um den neuen Menschen anzuziehen,
der nach Gott geschaffen ist in wahrer Gerechtigkeit
und Heiligkeit. 25 Darum legt ab die Lüge, und »jeder
rede mit seinem Nächsten die Wahrheit« (Zach
8,16); denn wir sind Glieder untereinander. 26 »Zürnt
ihr, so sündigt nicht« (Ps 4,5); die Sonne gehe nicht
unter über eurem Zorn; 27 gebt nicht Raum dem
Teufel! 28 Wer zu stehlen geneigt ist, stehle nicht
mehr, er arbeite lieber und verschaffe mit seinen
Händen sich Einkommen, damit er in der Lage sei,
dem Bedürftigen davon zukommen zu lassen.
29 Kein böses Wort komme aus eurem Mund, sondern nur ein gutes, das erbaut, wo es nottut, damit

es denen, die es hören, Segen bringe. 30 Betrübt
nicht Gottes Heiligen Geist, mit dem ihr besiegelt
wurdet zum Tag der Erlösung! 31 Jedwede Art von
Bitterkeit, Groll, Zorn, Lärm und Lästerung sei fern
von euch samt aller Bosheit! 32 Seid gütig zuein-
ander, barmherzig, und verzeiht einander, so wie
auch Gott euch verziehen hat in Christus!

4,1–16: Angesichts der damals herrschenden Spannungen unter den verschiedenen Gruppen, besonders zwischen Juden und Heidenchristen, fordert der Apostel vor allem den Geist der Gemeinschaft und des Friedens, der im organischen Zusammenwirken aller Glieder die Kirche zur Vollreife wachsen lasse.

Gottes Ebenbild

5 1 Seid also Nachahmer Gottes als seine ge-
liebten Kinder, 2 und wandelt in Liebe, wie
auch Christus euch liebte und sich hingab für
uns als »Gabe und Opfer« (Ps 40,7), Gott »zum lieb-
lichen Wohlgeruch« (1 Mos 8,21; 3 Mos 6,8).
3 Von Unzucht aber und jeder Art von Unlauterkeit
oder Gier werde nicht einmal gesprochen unter
euch, wie es Heiligen geziemt, 4 und ebensowenig
von schamlosen Dingen, Albernheiten und unge-
ziemenden Possen – sondern besser von Dank-
sagung. 5 Denn das wißt und merkt euch: Kein Un-
züchtiger oder Unreiner oder Habsüchtiger, was so
viel wie Götzendiener ist, hat Anteil am Reiche
Christi und Gottes. 6 Niemand verführe euch mit
leeren Sprüchen; denn um dieser Dinge willen
kommt der Zorn Gottes über die Kinder des Unge-
horsams. 7 Werdet also nicht ihre Genossen!

Kinder des Lichtes

8 Denn ihr wart ehedem Finsternis, nun aber seid
ihr Licht im Herrn; wandelt als Kinder des Lichtes;
9 denn die Frucht des Lichtes zeigt sich in lauter
Güte und Gerechtigkeit und Wahrheit. 10 Prüft, was
wohlgefällig ist dem Herrn, 11 und habt nichts ge-
mein mit den unfruchtbaren Werken der Finsternis,
bringt sie vielmehr ans Licht! 12 Denn was von
ihnen heimlich geschieht, davon auch nur zu reden,
ist beschämend. 13 Alles aber, was ans Licht ge-
bracht wird, wird vom Lichte erhellt; denn alles,
was erhellt wird, ist Licht. 14 Darum heißt es:
»Wach auf, der du schläfst, von den Toten steh auf,
und hell wird erstrahlen dir Christus.«
15 Seid also mit Sorgfalt bedacht, wie ihr wandelt –
nicht wie Unweise, 16 sondern wie Weise. Geht
wählerisch um mit der Zeit; denn die Tage sind
böse. 17 Seid daher nicht unverständig, sondern ver-
steht, was der Wille des Herrn ist!
18 Berauscht euch nicht mit Wein; in ihm liegt
Liederlichkeit; sondern seid erfüllt von Geist, 19 und
sprecht zueinander in Psalmen und Hymnen und
geistlichen Liedern, und dem Herrn lobsingt und
jubiliert in euren Herzen! 20 Sagt allezeit und für
alles Dank im Namen unseres Herrn Jesus Christus
vor Gott, dem Vater, 21 und seid gefügig einander in
der Furcht Christi!

Christliche Hausordnung

22 Die Frauen seien ihren Männern untertan wie
dem Herrn; 23 denn der Mann ist das Haupt der
Frau, wie auch Christus das Haupt ist der Kirche, er,
als Erretter des Leibes. 24 Wie aber die Kirche Chri-
stus untertan ist, so seien es auch die Frauen ihren
Männern in allem. 25 Männer, liebt eure Frauen, wie
auch Christus die Kirche liebte und sich hingab für
sie, 26 um sie heilig und rein zu machen durch das
Bad des Wassers kraft des Wortes 27 und so für sich
herrlich zu gestalten die Kirche, ohne Flecken oder
Falten oder etwas dergleichen, sondern daß sie
heilig sei und ohne Makel. 28 So sollen auch die
Männer ihre Frauen lieben wie ihren eigenen Leib.
Wer seine Frau liebt, liebt sich selbst. 29 Denn nie-
mand hat je sein eigenes Fleisch gehaßt, sondern er
nährt und pflegt es wie auch Christus die Kirche.
30 Denn Glieder sind wir seines Leibes [, von sei-
nem Fleisch und von seinem Gebein]. 31 »Darum
wird der Mann Vater und Mutter verlassen und
seiner Frau anhangen, und die zwei werden zu
einem Fleisch« (1 Mos 2,24). 32 Dieses Geheimnis ist
groß; ich deute es im Hinblick auf Christus und die
Kirche. 33 So liebe denn auch von euch ein jeder
seine Frau wie sich selbst; die Frau aber stehe in
Ehrfurcht zum Manne.

5,8–21: Das Licht ist Sinnbild des in der Gnade und Wahrheit stehenden Christen. • 16: Wörtlich »Kaufet aus«, d. h. nützt die angebotene Zeit sorgsam prüfend aus. • 22–33: Die Ehe erhält ihren tiefsten Sinn als Abbild der mystischen Lebensgemeinschaft zwischen Christus und der Kirche. • 31f: Der Apostel sieht in dem Wort aus 1Mos 2,24, das sich im Zusammenhang des Schöpfungsberichtes auf die leibliche Zuordnung von Mann und Frau bezieht (vgl. auch Matth 19,5), einen geheimnisvollen Hinweis auf die innige Verbindung zwischen Christus und seiner Kirche. Gerade dadurch aber wird die natürliche Gemeinschaft von Mann und Frau in der Ehe zu einer besonderen Würde erhoben.

6 1 Ihr Kinder, gehorcht euren Eltern im Herrn;
denn das ist geziemend. 2 »Ehre deinen Vater
und deine Mutter« – das ist das erste Gebot
mit einer Verheißung –, 3 »daß es dir wohl ergehe
und du lange lebest auf Erden« (2 Mos 20,12).
4 Ihr Väter, verbittert nicht eure Kinder, sondern er-
zieht sie in Zucht und Weisung des Herrn!
5 Ihr Sklaven, gehorcht den irdischen Herren mit
Furcht und Zittern, in der Einfalt eures Herzens wie
Christus, 6 nicht als Augendiener, um Menschen zu
gefallen, sondern als Sklaven Christi, die den Willen

Gottes von Herzen tun 7 und willig dienen, dem
Herrn und nicht Menschen zuliebe. 8 Ihr wißt ja,
daß jeder, der Gutes tut, dies zurückbekommen
wird vom Herrn, sei er Sklave oder Freier. 9 Und ihre
Herren, tut ebenso ihnen gegenüber; laßt das
Drohen! Ihr wißt ja, daß für sie wie für euch der
Herr im Himmel ist, und bei ihm gilt nicht das
Ansehen der Person.

Ausrüstung zum Kampf

10 Und nun denn, Brüder, erstarkt im Herrn und in
der Festigkeit seiner Kraft! 11 Zieht an die Voll-
rüstung Gottes, damit ihr bestehen könnt gegen-
über den Anschlägen des Teufels! 12 Wir haben ja
nicht zu kämpfen gegen Fleisch und Blut, sondern
gegen die Mächte, gegen die Gewalten, gegen die
Weltherrscher dieser Finsternis, gegen die Geister
des Bösen im Reich der Himmel. 13 So legt denn an
die Vollrüstung Gottes, damit ihr zu widerstehen
vermögt am bösen Tag und alles zu bezwingen und
zu bestehen.
14 Tretet also an, eure Lenden umgürtet mit Wahr-
heit, angetan mit dem Panzer der Gerechtigkeit
15 und die Füße beschuht mit der Bereitschaft für
das Evangelium des Friedens! 16 Zu allem ergreift
den Schild des Glaubens, mit dem ihr alle feurigen
Geschosse des Bösen auszulöschen vermögt.
17 Nehmt den Helm des Heiles und das Schwert des
Geistes, das ist das Wort Gottes!
18 Tut es unter lauter Beten und Flehen; betet zu
aller Zeit im Geist und seid wachsam dafür in aller
Beharrlichkeit und Fürbitte für alle Heiligen 19 und
auch für mich, daß mir das Wort gegeben werde
beim Auftun meines Mundes, um freimütig zu
künden das Geheimnis des Evangeliums, 20 für das
ich meines Amtes walte in Fesseln, damit ich mit
Freimut dafür eintrete, wie es zu künden meine
Pflicht ist.

Schluß

21 Damit nun auch ihr wißt, wie es um mich steht
und was ich mache, wird euch Tychikus, der ge-
liebte Bruder und treue Diener im Herrn, alles be-
richten; 22 dafür gerade sende ich ihn zu euch, damit
ihr erfahrt, wie es um uns steht, und er eure Herzen
aufrichte.
23 Friede sei den Brüdern und Liebe mit Glauben
von Gott dem Vater und dem Herrn Jesus Christus.
24 Die Gnade sei mit allen, die in Liebe anhangen
unserem Herrn Jesus Christus unwandelbar.

6,10–20: Der Christ vermag den Kampf nur mit Hilfe des Glaubens und der Gnade zu bestehen.

DER BRIEF AN DIE PHILIPPER

Philippi in Mazedonien, von Paulus auf seiner zweiten Missionsreise (50–53) als erste Gemeinde in Europa gegründet (vgl. Apg 16,11–40) und von ihm stets mit besonderer Herzlichkeit betreut (vgl. Apg 20,6 und die Hinweise unseres Briefes), übersandte dem in Rom in Untersuchungshaft festgehaltenen Apostel eine Liebesgabe durch Epaphroditus. In der Dankbarkeit dafür schrieb Paulus an die Philipper unseren Brief, der zu den schönsten Zeugnissen seines Wirkens gehört. Er bekundet das reiche Fühlen und Empfinden des Apostels, der bei allen persönlichen Anliegen die letzte Verantwortung und Sorge für die ihm Anvertrauten nicht vergißt. Der Brief ist wohl gegen Ende der Gefangenschaft, im Jahre 63, in Rom geschrieben.

Paulus und Timotheus, Knechte Christi Jesu,
an alle Heiligen in Christus Jesus in Philippi
mit Bischöfen und Diakonen. 2 Gnade euch
und Friede von Gott, unserem Vater, und dem
Herrn Jesus Christus.

Lob und Aufmunterung der Gemeinde

3 Ich danke meinem Gott bei jedem Gedenken an
euch 4 und bete allzeit in all meinen Gebeten für
euch alle, voll Freude 5 über eure Anteilnahme am
Evangelium [Christi] vom ersten Tag an bis jetzt.
6 Ich habe dabei die Zuversicht, daß er, der in euch
ein gutes Werk begann, es vollenden wird bis zum
Tag Christi Jesu. 7 Ja, es ist recht für mich, daß ich
so von euch allen denke; denn ich trage euch im
Herzen, euch, die ihr in meinem Gefangensein wie
in der Verteidigung und Beglaubigung des Evange-
liums allesamt in Gemeinschaft steht mit meiner
Gnade. 8 Denn Gott ist mein Zeuge, wie ich mich
nach euch allen sehne in innigster Liebe zu Christus
Jesus. 9 Und um das bete ich, daß eure Liebe immer-
zu reicher werde an Erkenntnis und allem Verstehen,
10 damit ihr zu unterscheiden vermögt, worauf es
ankommt, so daß ihr lauter und makellos seid für
den Tag Christi, 11 voll von Frucht der Gerechtigkeit
durch Jesus Christus, zur Ehre und zum Lobe Gottes.

Von der Lage des Apostels

12 Ich möchte euch wissen lassen, Brüder, daß sich
die Dinge bei mir weiter zum Besten des Evange-
liums entwickelt haben, 13 so daß es im ganzen
Prätorium und bei allen anderen bekannt wurde,
daß ich meine Fesseln in Christus trage, 14 und die
meisten der Brüder im Herrn wurden ermutigt
durch meine Fesseln und wagen, um so furchtloser
das Wort Gottes zu verkünden.
15 Einige freilich verkünden Christus aus Neid und
Streit, andere aber mit gutem Willen. 16 Die einen
tun es aus Liebe, da sie wissen, daß ich zur Vertei-
digung des Evangeliums in Haft liege; 17 andere aber
verkünden Christus aus Eigennutz, nicht aus laute-
rem Wollen, da sie der Meinung sind, mir in den
Fesseln noch Trübsal verursachen zu müssen.
18 Doch was liegt daran? Wenn nur auf alle Weise
Christus verkündet wird, sei es aus Berechnung, sei
es in Aufrichtigkeit; darüber freue ich mich und
werde auch ferner mich freuen.
19 Denn ich weiß, daß mir dies zum Heile gereichen
wird durch euer Gebet und den Beistand des Gei-
stes Jesu Christi. 20 Meine Erwartung und Hoffnung
ist es ja, daß ich in nichts werde zuschanden wer-
den, sondern mit aller Zuversicht wird wie allezeit
so auch jetzt Christus verherrlicht werden an mei-
nem Leibe, sei es durch Leben, sei es durch Sterben.
21 Denn für mich ist das Leben Christus und das
Sterben Gewinn. 22 Bedeutet aber gerade das Leben
im Fleische für mich ein fruchtreiches Wirken, dann
weiß ich nicht, was ich wählen soll.
23 Von beiden Seiten werde ich angezogen: Ich habe
Verlangen, aufzubrechen und mit Christus zu sein;
denn das ist bei weitem das Bessere. 24 Doch aus-
zuharren im Fleische, ist nötiger euretwegen. 25 Und
davon überzeugt, weiß ich, daß ich bleiben werde,
und zwar für euch alle ausharren werde zu eurem
Fortschritt und zu eurer Freude im Glauben, 26 da-
mit eure Frohstimmung in Christus Jesus um so
größer sei, wenn ich wieder zu euch komme.

Aufruf zum Streben in der Gesinnung Christi

27 Wandelt nur würdig des Evangeliums Christi, da-
mit ich, ob ich nun komme und euch sehe oder ob
ich fern bin, von euch höre, daß ihr feststeht in
einem Geiste und eines Sinnes mitkämpft für den
Glauben an das Evangelium 28 und euch durch
nichts einschüchtern laßt von den Widersachern;

für sie ist es ein Beweis des Untergangs, für euch
aber des Heiles, und zwar von Gott. 29 Denn euch
wurde die Gnade zuteil, nicht nur an Christus zu
glauben, sondern für ihn auch zu leiden; 30 ihr habt
denselben Kampf zu kämpfen, wie ihr ihn saht an
mir und jetzt von mir hört.

1,1f: Beachte die Unterscheidung von Gemeinde und ihren Amtsträgern, den »Bischöfen und Diakonen«, mag auch das Wort »Bischof« (Aufseher, Vorsteher) als Bezeichnung für »Presbyter« noch nicht allgemein im jetzigen Sinn genommen sein. Vgl. Apg 20,17.28. • 12–26: Paulus lebte nach Apg 28,16.30 in Rom in eigener Mietwohnung unter steter Bewachung eines Soldaten, den das Prätorianerlager zu stellen hatte. Man erkannte bald, daß nicht politisch-kriminelle, sondern rein religiöse Gründe zu seiner Haft geführt hatten. Beachte die starke Christusliebe, die dem Apostel die Frage nach Leben oder Sterben belanglos macht, da gerade der Tod ihn zur vollen Gemeinschaft mit Christus führt.

Aufruf: Seid einig untereinander!

2 1 Geht es nun um eine Mahnung in Christus,
um einen Zuspruch der Liebe, um Gemein-
schaft des Geistes, um Mitgefühl und Erbar-
men, 2 macht meine Freude dadurch voll, daß ihr
gleichen Sinnes seid, die gleiche Liebe habt, aus
gleichgestimmter Seele auf das Eine bedacht seid,
3 in keiner Weise aus Eigensucht oder eitlem Be-
gehr; in Demut achte vielmehr der eine den andern
höher als sich selbst, 4 und nicht auf das Seine nur
blicke ein jeder, sondern auch auf das der andern.
5 Auf das seid bedacht unter euch, was auch an
Christus Jesus (ihr seht): 6 Er war in Gottesgestalt,
doch nicht zu eigenem Gewinn erachtete er das
Gleichsein mit Gott, 7 sondern entsagte seiner
selbst, nahm Knechtsgestalt an, wurde Menschen
gleich und im Äußern erfunden wie ein Mensch;
8 er erniedrigte sich selbst und wurde gehorsam bis
in den Tod, den Tod am Kreuze. 9 Und darum er-
höhte ihn Gott so hoch und verlieh ihm den
Namen, überragend jeden Namen, 10 auf daß beim
Namen Jesu »sich beuge jedes Knie«, derer im Him-
mel, derer auf Erden und derer unter der Erde, 11 und
»jede Zunge bekenne« (Is 45,23): »Herr ist Jesus
Christus«, zur Verherrlichung Gottes, des Vaters.

Wirkt euer Heil!

12 Wirkt also, meine Geliebten, gehorsam, wie ihr
allezeit wart, nicht nur in meiner Anwesenheit,
sondern jetzt erst recht in meiner Abwesenheit,
wirkt euer Heil mit Furcht und Zittern! 13 Denn
Gott ist es, der in euch das Wollen bewirkt und über
das gute Wollen hinaus auch das Vollbringen.
14 Tut alles ohne Murren und Widerstreben, 15 daß
ihr ohne Tadel und Makel seid, Gotteskinder ohne
Schuld und Fehl inmitten »eines bösen und ver-
kehrten Geschlechtes« (5 Mos 32,5), unter denen
ihr leuchtet wie Sterne im Weltall. 16 Haltet fest am
Wort des Lebens, mir zum Ruhm am Tag Christi,
daß ich nicht ins Leere gelaufen bin und nicht ver-
geblich mich abgemüht habe. 17 Aber sollte ich auch
hingeopfert werden am Opferaltar und beim heili-
gen Dienst für euren Glauben, so bin ich doch froh
und freue mich mit euch allen. 18 So sollt auch ihr
froh sein und euch freuen mit mir.

Über Timotheus und Epaphroditus

19 Ich hoffe aber im Herrn Jesus, daß ich Timotheus
bald zu euch senden kann, damit auch ich guten
Mutes werde, wenn ich erfahre, wie es um euch
steht. 20 Denn ich habe keinen von gleicher Gesin-
nung, der sich mit so herzlicher Teilnahme um eure
Anliegen kümmert. 21 Es suchen ja alle das Ihre,
nicht die Sache Christi Jesu. 22 Seine bewährte
Treue aber kennt ihr; denn wie ein Kind dem Vater
diente er mit mir für das Evangelium. 23 Ihn also
hoffe ich [zu euch] zu senden, sobald ich sehe, wie
es mir geht. 24 Ich habe jedoch Zuversicht im Herrn,
auch selber bald zu kommen.
25 Ich hielt es aber für nötig, Epaphroditus, meinen
Bruder, Mitarbeiter und Mitkämpfer, euren Abge-
sandten und Beauftragten für meine Bedürfnisse, zu
euch zu senden; 26 denn er sehnte sich nach euch
allen und war bekümmert darüber, weil ihr gehört
habt von seiner Erkrankung. 27 Er war auch wirklich
krank und dem Tode nahe; aber Gott erbarmte sich
seiner, und nicht nur seiner, sondern auch meiner,
damit ich nicht Betrübnis über Betrübnis erfahre.
28 Um so eiliger sende ich ihn nun, damit ihr bei
seinem Wiedersehen euch freut und auch ich weni-
ger an Sorgen habe. 29 So nehmt ihn denn auf im
Herrn mit aller Freude, und haltet solche Männer in
Ehren; 30 denn im Wirken für Christus kam er dem
Tode nahe, da er sein Leben einsetzte, um das zu
ergänzen, was euch im Dienste für mich nicht
möglich war.

2,1–11 Eine der eindrucksvollsten Aussagen über die Menschwerdung des Gottessohnes, an der Paulus vor allem die unvergleichliche Selbstlosigkeit als Motiv christlicher Grundhaltung hervorhebt. • 24: Paulus hatte begründete Aussicht auf Freispruch in seinem Untersuchungsverfahren, wie dies auch die Apostelgeschichte wiederholt bestätigt.

Paulus und seine Widersacher

3 1 Im übrigen, meine Brüder, freut euch im
Herrn! Das gleiche euch immer wieder zu
schreiben, zögere ich nicht, es dient zu eurem
Schutz: 2 Hütet euch vor den Hunden, hütet euch
vor den schlechten Arbeitern, hütet euch vor der
Zerschneidung! 3 Denn wir sind die Beschneidung,
wir, die wir im Geiste Gottes den Dienst verrichten

und uns in Christus Jesus rühmen und nicht auf das
Fleisch unser Vertrauen setzen. 4 Gleichwohl
könnte auch ich auf das Fleisch Vertrauen setzen.
Wenn da ein anderer meint, auf Fleisch vertrauen zu
können, ich könnte es noch mehr: 5 Beschnitten
wurde ich am achten Tag, bin aus dem Volk Israel,
aus dem Stamme Benjamin, ein Hebräer von
Hebräern, im Hinblick auf das Gesetz ein Pharisäer,
6 dem Eifer entsprechend ein Verfolger der Kirche
[Gottes], und der Gesetzesgerechtigkeit nach war
ich ohne Tadel. 7 Doch was mir als Vorteil galt, das
habe ich um Christi willen für Unwert erachtet. 8 Ja,
ich erachtete auch wirklich alles für Unwert ange-
sichts der alles übertreffenden Erkenntnis Christi
Jesu, meines Herrn; um seinetwillen gab ich alles
auf und betrachtete es als Unrat, um Christus zu ge-
winnen 9 und in ihm mich zu finden, nicht mit mei-
ner eigenen Gerechtigkeit, die aus dem Gesetze,
sondern mit jener, die aus dem Glauben an Christus
kommt, mit der Gerechtigkeit aus Gott, auf Grund
des Glaubens. 10 Ihn möchte ich gewahr werden, in
der Kraft seiner Auferstehung wie in der Gemein-
schaft mit seinen Leiden, indem ich die Gestalt
seines Todes miterleide, 11 um so hingelangen zu
dürfen zur Auferstehung von den Toten.

Dem Ziel entgegen

12 Nichts als hätte ich es schon erlangt oder als wäre
ich schon am Ziele; doch ich jage ihm nach, um es
zu ergreifen, da ja auch ich ergriffen wurde von
Christus Jesus. 13 Brüder, noch halte ich mich nicht
dafür, als hätte ich es schon ergriffen; doch eines tue
ich: Ich vergesse, was hinter mir liegt, und strecke
mich aus nach dem, was vor mir liegt. 14 Das Ziel
vor mir, jage ich nach dem Siegespreis der himm-
lischen Berufung Gottes in Christus Jesus. 15 Die wir
also vollkommen sind, laßt uns darauf sinnen; und
solltet ihr irgendwie anders gesonnen sein, wird
auch dies Gott euch offenbaren. 16 Doch was wir
erreichten, in dem laßt uns weitergehen [und die
gleiche Richtung halten]!
17 Seid meine Nachahmer, Brüder, und schaut auf
jene, die so wandeln, wie ihr ein Vorbild habt an
uns. 18 Denn viele wandeln, wie ich von ihnen oft
zu euch sprach, von denen ich aber jetzt unter
Tränen spreche als von den Feinden des Kreuzes
Christi. 19 Ihr Ende ist Verderben, ihr Gott ist der
Bauch; ihr Ruhm liegt in ihrer Schande, auf Irdi-
sches richtet sich ihr Sinnen und Trachten. 20 Unser
Heimatrecht aber ist im Himmel, von wo wir auch
den Heiland erwarten, den Herrn Jesus Christus.
21 Er wird unseren armseligen Leib umgestalten,
daß er teilhabe an der Gestalt seines verherrlichten
Leibes vermöge der Kraft, mit der er sich auch zu
unterwerfen vermag das All.

3,1–11: Der Gedanke an seine judaistischen Widersacher, die mit ihrer Forderung nach Beschneidung (»Zerschneidung« ist ironische Bezeichnung) die paulinischen Gemeinden beunruhigten, läßt die ungewöhnlich scharfen Ausdrücke verstehen, vgl. Gal 5,12; 2Kor 11. • 12–21: Wie ein Wettläufer, der alles hinter sich vergißt und dem Ziel zujagt, soll der Christ seinem ewigen Ziel zustreben, das auch dem menschlichen Leib die Verklärung bringen wird.

Mahnung zu frohgemutem Streben

4 1 Nun denn, meine sehnsuchtsvoll geliebten
Brüder, meine Freunde und mein Kranz, steht
in dieser Weise fest im Herrn, Geliebte!
2 Evodia mahne ich und Syntyche mahne ich, eines
Sinnes zu sein im Herrn. 3 Und dich bitte ich, treuer
Gefährte, nimm dich ihrer an; sie mühten sich mit
mir im Dienste des Evangeliums, zusammen mit
Klemens und meinen übrigen Mitarbeitern, deren
Namen im Buch des Lebens stehen. 4 Freut euch all-
zeit im Herrn; nochmals sage ich, freut euch! 5 Euer
Edelsinn werde kund allen Menschen. Der Herr ist
nahe! 6 Nichts mache euch Sorge, sondern laßt in
allem durch Gebet und Flehen eure Anliegen unter
Danksagung kundwerden vor Gott! 7 Und der
Friede Gottes, der alles Begreifen übersteigt, wird
eure Herzen und eure Gedanken behüten in Chri-
stus Jesus. 8 Im übrigen, Brüder, was wahr ist, was
ehrbar, was gerecht, was rein, was liebenswert, was
ansprechend, was es an Tugend und löblichen
Dingen gibt, darauf richtet euren Sinn! 9 Und was
ihr gelernt und empfangen, gehört und gesehen
habt an mir, das tut, und der Gott des Friedens wird
mit euch sein.

Dank für die Unterstützung

10 Ich freute mich sehr im Herrn, daß ihr wieder
einmal in die Lage kamt, fürsorgend an mich
zu denken. Ihr dachtet ja daran, doch fehlte euch
die Gelegenheit hierfür. 11 Nicht, weil ich Mangel
hätte, sage ich das; denn ich habe gelernt, in jeder
Lage, in der ich bin, auszukommen. 12 Ich weiß
Not zu leiden, ich weiß aber auch Überfluß zu
haben; mit allem und jedem bin ich vertraut, ge-
sättigt zu sein und zu hungern, Überfluß zu haben
und Mangel. 13 Alles vermag ich in dem, der mich
stärkt. 14 Doch tatet ihr recht, daß ihr Anteil nahmt
an meiner Bedrängnis. 15 Ihr wißt ja selbst, liebe
Philipper, daß in der ersten Zeit des Evangeliums,
als ich von Mazedonien weiterreiste, keine Ge-
meinde mit mir Gemeinschaft hatte in bezug auf
Geben und Nehmen als ihr allein. 16 Auch in
Thessalonich sandtet ihr mir mehr als einmal für
meinen Bedarf. 17 Nicht als ob es mir um die Gabe

ginge, es geht mir vielmehr um den reichlich
fließenden Gewinn, der euch zugute kommt. 18 Ich
habe alles erhalten, und zwar mehr als genug; ich
habe in Fülle, seit ich von Epaphroditus eure Spende
erhielt als »lieblichen Wohlgeruch« (1 Mos 8,21), als
angenehmes Opfer, wohlgefällig vor Gott. 19 Mein
Gott wird alles, was ihr nötig habt, in Fülle euch geben gemäß dem Reichtum seiner Herrlichkeit in
Christus Jesus.
20 Unserem Gott und Vater sei Ehre von Ewigkeit zu
Ewigkeit! Amen.
21 Grüßt einen jeden Heiligen in Christus Jesus. 22 Es
grüßen euch die Brüder, die bei mir sind. Es grüßen
euch alle Heiligen, vorzüglich die vom Hause des
Kaisers. 23 Die Gnade des Herrn Jesus Christus sei
mit eurem Geiste! Amen.

4,2: Zwei nicht näher bekannte, um das Missionswerk verdiente Frauen von Philippi, vgl. Apg 16,13. • 3: Dieser treue Gefährte des Apostels ist kaum der in 2,25 genannte Epaphroditus, sondern wohl einer von den in 1,1 erwähnten »Bischöfen«, dem der Brief für die Gemeinde ausgehändigt wurde. Man darf bei dieser Gelegenheit auch daran denken, daß auch Lukas mit der Gemeinde von Philippi eng verbunden war, wie Apg 16,12ff und 20,6 nahelegen. • 10–20: Während Paulus sonst jede Unterstützung durch die von ihm gegründeten Gemeinden ablehnte, um seine Missionsarbeit nicht zu belasten, vgl. 1 Kor 9,12; 2 Kor 11,8f, nahm er von seiner Lieblingsgemeinde Philippi wiederholt finanzielle Hilfe entgegen. • 22: »Haus des Kaisers« meint wohl den ganzen Kreis des kaiserlichen Hofes, vermutlich Angestellte oder Prätorianer der Leibgarde, kaum Mitglieder der kaiserlichen Familie. Die Stelle ist ein Hinweis darauf, daß das Wirken des Apostels in Rom Früchte getragen hat, wie er dies ja schon eingangs des Briefes (1,12ff) andeutete.

DER BRIEF AN DIE KOLOSSER

Auch dieser Brief ist ein Gefangenschaftsbrief. Zusammen mit dem Epheser- und Philemonbrief wurde er aus der römischen Untersuchungshaft des Apostels (61–63) an die Christengemeinde in Kolossä in Phrygien geschrieben, die von Epaphras, wahrscheinlich im Auftrag des hl. Paulus, gegründet worden war. Durch diesen erhielt der Apostel Nachricht von den Umtrieben einer Sekte, die mit ihren Sondervorschriften und Kulten die Gemeinde beunruhigte und die Rechtgläubigen verwirrte. Der Brief ist daher eine besorgte Mahnung zur Treue zu Christus, dessen einzigartige Stellung im Bereich der Schöpfung und Erlösung in eindrucksvoller Weise gezeigt wird.

Paulus, durch den Willen Gottes Apostel Christi Jesu, und der Bruder Timotheus 2 an die Heiligen und Gläubigen, die Brüder in Christus zu Kolossä. Gnade euch und Friede von Gott, unserem Vater [und dem Herrn Jesus Christus].

3 Wir danken dem Gott und Vater unseres Herrn Jesus Christus allezeit in unserem Beten für euch; 4 denn wir hörten von eurem Glauben in Christus Jesus und von der Liebe, die ihr hegt zu allen Heiligen 5 um der Hoffnung willen, die für euch hinterlegt ist im Himmel. Von ihr habt ihr schon vorher gehört im Wort der Wahrheit des Evangeliums, 6 das bei euch Zugang fand und auch bei euch, wie in der ganzen Welt, Frucht trägt und heranwächst seit dem Tag, da ihr es vernommen und in Wahrheit die Gnade Gottes erkannt habt. 7 Ihr lerntet sie kennen von Epaphras, unserem geliebten Mitknecht, der getreu an unsrer Statt ein Diener Christi ist. 8 Er war es auch, der uns Kunde brachte von eurer Liebe im Geiste.

9 Und so hören auch wir seit dem Tage, da wir dies vernahmen, nicht auf, für euch zu beten und darum zu bitten, daß ihr erfüllt werdet mit der Erkenntnis seines Willens in aller geisterfüllten Weisheit und Einsicht 10 und so euer Wandel würdig sei des Herrn, ganz ihm zu Gefallen, und ihr Frucht bringt in jedem guten Werk und voranschreitet in der Erkenntnis Gottes. 11 Gestärkt mit aller Kraft – gemäß seiner machtvollen Herrlichkeit – zu aller Ausdauer und Geduld, 12 möget ihr in Freude Dank sagen dem Vater, der uns befähigt hat, Anteil zu erhalten am Erbe seiner Heiligen im Lichte.

Von der erhabenen Stellung Christi

13 Er entriß uns der Gewalt der Finsternis und versetzte uns in das Reich des Sohnes seiner Liebe, 14 in dem wir die Erlösung haben [durch sein Blut], die Vergebung der Sünden.

15 Er ist das Bild Gottes, des Unsichtbaren, Erstgeborener aller Schöpfung. 16 Denn in ihm wurde alles erschaffen, was im Himmel ist und auf Erden, das Sichtbare und das Unsichtbare, ob Throne oder Herrschaften oder Mächte oder Gewalten: alles ist durch ihn und auf ihn hin erschaffen. 17 Er ist vor allem, und alles hat in ihm seinen Bestand.

18 Er ist das Haupt des Leibes, der Kirche. Er ist der Anfang, der Erstgeborene aus den Toten, damit in allem er den Vorrang habe.

19 Denn es war Gottes Ratschluß, in ihm alle Vollkommenheit wohnen zu lassen 20 und durch ihn alles mit sich zu versöhnen, da er den Frieden wirkte durch sein Blut am Kreuze –, alles durch ihn, ob es auf Erden ist oder im Himmel.

21 Auch euch, die ihr ehedem entfremdet waret und feindlich gesinnt in euren bösen Werken, 22 hat er nunmehr versöhnt durch den Tod im Leibe seines Fleisches, um euch als Heilige, Fehlerlose und Makellose hintreten zu lassen vor sein Angesicht, 23 wenn ihr nur feststeht und unverrückbar bleibt auf dem Grund des Glaubens und nicht wankend werdet in der Hoffnung des Evangeliums, das ihr vernommen habt, das in der ganzen Schöpfung, die unter dem Himmel ist, verkündet wurde und dessen Diener ich, Paulus, geworden bin.

Paulus als Apostel Jesu Christi

24 Nun freue ich mich der Leiden für euch und will das, was an Christi Drangsalen noch aussteht, ergänzen an meinem Fleisch zum Besten seines Leibes, das ist die Kirche. 25 Deren Diener bin ich geworden kraft des Amtes, das mir von Gott verliehen wurde, um an euch die Botschaft Gottes auszurichten: 26 das Geheimnis, das seit Anfang der

Zeiten und Generationen verborgen war, jetzt aber kundgetan wurde seinen Heiligen. 27 Ihnen wollte Gott zu wissen tun, was es um den herrlichen Reichtum dieses Geheimnisses ist unter den Heidenvölkern: das ist Christus in euch, die Hoffnung auf die Herrlichkeit. 28 Ihn verkünden wir, indem wir jedermann anrufen und jedermann in aller Weisheit lehren und so jeden Menschen zur Vollkommenheit führen in Christus. 29 Ja, dafür arbeite und ringe ich unter dem Antrieb seiner Kraft, die machtvoll in mir tätig ist.

1,1–12: Beachte, wie Paulus schon in der Einleitung indirekt an die Glaubenstreue der Leser appelliert mit Hinweis auf die Erlösungsgnaden. Im Hinblick auf die Irrlehrer hebt er die von ihnen propagierten Begriffe »Erkenntnis« und »Weisheit« gerade als Kennzeichen christlicher Glaubensoffenbarung hervor. Dabei sieht man, wie Paulus in seinem Sendungsbewußtsein als Heidenapostel sich auch verantwortlich fühlt für die nicht von ihm persönlich gegründeten Gemeinden. So auch im Römerbrief. Die Gemeinde von Kolossä ist von Epaphras, dem »geliebten Mitknecht« (1,7) wohl in jenen Jahren missioniert worden, als Paulus längere Zeit in Ephesus tätig war (Apg 19,10). • 13–17: Der Gottmensch Jesus Christus ist Mitte der ganzen Schöpfung und Mittler alles Heils. Vgl. das Christusbild im Johannesprolog, Joh 1,1–18. Die Irrlehrer scheinen das Heil an eine Weihe an Engel geknüpft zu haben sowie an die Beobachtung bestimmter Riten und Enthaltungen. Paulus zeigt, wie alles Heil von Christus kommt, dem auch die Geisterwelt unterworfen ist. • 18–23: In der inneren Lebensverbindung mit Christus bildet die Kirche als Gemeinschaft der Christgläubigen den geheimnisvollen Leib Christi. Aus Christus, als dem Haupt dieses Leibes, strömt der Lebenskreis des übernatürlichen Lebens. • 24: Die Kirche, als der in Zeit und Raum fortlebende Christus, nimmt teil am Leidensweg Christi, mag Christus auch schon mit seinem Opfertod den Gerechtigkeitsanspruch Gottes voll erfüllt haben. Im Mitleiden für den Leib Christi, die Kirche, dürfen wir nach einem geheimnisvollen Lebensgesetz des Gottesreiches mitwirken am Heil aller. Das meint Paulus, wenn er vom »Ergänzen« der Drangsale Christi spricht.

Warnung vor Irrlehrern – Christus allein ist das Heil

2 1 Ihr sollt es nämlich wissen, wie sehr ich ringe um euch und um die in Laodizea sowie um alle, die mich nicht von Angesicht dem Leibe nach sahen. 2 Möchte ich doch, daß ihre Herzen bestärkt werden, daß sie festgefügt seien in Liebe und reich im Vollbesitz des Verstehens, zur Erkenntnis des Geheimnisses Gottes, nämlich Christi. 3 In ihm sind alle Schätze der Weisheit und der Erkenntnis verborgen (Is 45,3; Sir 1,25; Spr 2,3f). 4 Ich sage dies, damit euch niemand überliste mit trügerischer Rede. 5 Denn bin ich auch dem Fleische nach fern von euch, so bin ich doch dem Geiste nach bei euch und freue mich, da ich eure Ordnung sehe und eure Festigkeit im Glauben an Christus. 6 Wie ihr nun Christus Jesus angenommen habt als den Herrn, so wandelt in ihm: 7 verwurzelt und aufgebaut in ihm, sollt ihr kraftvoll werden im Glauben, wie er euch gelehrt wurde, und überströmen von Dankbarkeit.

8 Seht zu, daß euch niemand umgarne mit Weltweisheit und leerem Trug nach Art menschlicher Überlieferung, nach Art der Weltelemente, aber nicht im Sinne Christi. 9 Denn in ihm wohnt die ganze Fülle des Gottseins in leibhafter Weise, 10 und ihr seid erfüllt in ihm, der das Haupt aller Herrschaft ist und aller Gewalt.

11 In ihm wurdet ihr auch beschnitten durch eine nicht mit Händen vollzogene Beschneidung, durch das Ablegen des fleischlichen Leibes in der Beschneidung Christi, 12 da ihr begraben wurdet mit ihm in der Taufe; in ihm wurdet ihr auch mitauferweckt durch den Glauben an das machtvolle Wirken Gottes, der ihn erweckte von den Toten. 13 Auch euch, die ihr tot waret durch eure Sünden und im Unbeschnittensein eures Fleisches, machte er lebendig zusammen mit ihm, da er in Gnaden uns alle Sünden verzieh. 14 Er löschte den wider uns gerichteten Schuldschein, der mit seinen Forderungen gegen uns lautete, nahm ihn fort und heftete ihn ans Kreuz. 15 Er entwaffnete die Mächte und Gewalten, stellte sie öffentlich an den Pranger und triumphierte in ihm über sie.

16 So sei denn niemand Richter über euch in Fragen von Speise und Trank oder bezüglich der Feier von Festen, Neumonden und Sabbaten. 17 Dies sind ja nur Schatten dessen, was kommt; die wahre Gestalt aber ist Christi.

18 Keiner spreche euch den Siegespreis ab, indem er Wert legt auf Selbsterniedrigung und Engelskult, sich wichtig macht mit seinen Gesichten und eitel aufgeblasen ist von seinem fleischlichen Sinn, 19 dabei aber nicht festhält an dem Haupt, von dem aus der ganze Leib durch Sehnen und Bänder getragen und zusammengehalten wird und sich entfaltet im Wachstum Gottes. 20 Seid ihr mit Christus den Weltelementen gestorben, was laßt ihr dann, als lebtet ihr noch in der Welt, euch Weisungen geben: 21 »Faß es nicht an – koste nicht davon – berühre es nicht!«, 22 wo doch alles dem Vergehen anheimfällt durch den Gebrauch? Weisungen und Lehren von Menschen sind dies (Is 29,13), 23 mit dem Anschein von Weisheit bei Sonderkult, Selbstverachtung und schonungsloser Härte gegen den Leib – doch nicht irgendwie in Sühne, sondern zur Befriedigung des Fleisches.

2,1–23: Im Bild der Irrlehren treten teils jüdische Forderungen, wie die Beschneidung, Feier von Neumonden und Sabbaten, hervor, teils Forderungen gnostischer Richtung, vor allem »Selbsterniedrigung, Engelskult und Gesichte«. Der Apostel faßt alles zusammen als »Weltelemente«. Demgegenüber betont er die erlösende Kraft der Taufe in Christus, der durch seinen Tod die Schuld der Menschheit getilgt, gleichsam den Schuldbrief ans Kreuz geheftet und so alle anderen Versuche der Heilserlangung wertlos gemacht habe. 2,17: »Die wahre Gestalt«, d. h. wie jeder Schatten von einem Körper geworfen wird, so ist Christus derjenige, dessen Schatten in den Riten und Vorschriften des Alten Bundes sich anzeigt. Mit seinem Kommen hat der Schatten zu weichen. • 20–23: Paulus weiß gar wohl um Sinn und Wert echter Abtötung (vgl. 3,5), aber er verurteilt an den Irrlehrern die falschen Beweggründe, die nichts zu tun haben mit dem Heilsweg Christi. Vers 23 ist im Grundtext nicht eindeutig; statt »in Sühne« wird vielfach übersetzt »von Wert«.

Inhalt und Ziel sittlichen Strebens

3 1 Wurdet ihr also auferweckt mit Christus, so
sucht, was droben ist, wo Christus ist, sitzend
zur Rechten Gottes! 2 Was droben ist, habt im
Sinn, nicht das auf Erden! 3 Denn gestorben seid ihr,
und euer Leben ist mit Christus verborgen in Gott.
4 Wenn Christus erscheinen wird, er, unser Leben,
werdet auch ihr mit ihm erscheinen in Herrlichkeit.
5 So ertötet denn, was an euren Gliedern noch irdisch ist: Unzucht, Unlauterkeit, Leidenschaft, böse
Begierde und die Habsucht, die Götzendienst ist.
6 Derentwegen kommt das Strafgericht Gottes über
die Söhne des Ungehorsams; 7 deren Weg seid ehedem auch ihr gegangen, als ihr in diesen Dingen
lebtet. 8 Jetzt aber legt auch ihr dies alles ab: Zorn,
Erbitterung, Bosheit, Lästerung, unehrbares Reden
eures Mundes. 9 Belügt nicht einander, die ihr den
alten Menschen samt seinen Werken ausgezogen
habt 10 und angezogen den neuen, den man in
seiner Erneuerung wiedererkennen soll nach dem
Bilde dessen, der ihn schuf (1 Mos 1,27). 11 Da gilt
nicht mehr Hellene und Jude, nicht Beschneidung
und Unbeschnittensein, nicht Barbar, Skythe,
Knecht, Freier, sondern alles und in allem Christus.
12 So ziehet denn an als von Gott erwählte Heilige
und Geliebte herzliches Erbarmen, Güte, Demut,
Milde, Geduld! 13 Ertragt und verzeiht einander,
falls einer dem andern gegenüber zu klagen hat; wie
auch der Herr euch verzieh, so sollt auch ihr es tun.
14 Über all das ziehet die Liebe an, sie ist das zusammenschließende Band der Vollendung. 15 Der
Friede Christi herrsche in euren Herzen; für ihn seid
ihr ja gerufen in dem einen Leib. Auch dankbar sollt
ihr sein. 16 Das Wort Christi wohne in seiner Fülle
unter euch: lehret und mahnet einander in Weisheit, und singet voll Dank in euren Herzen Gott
Psalmen, Hymnen und geistliche Lieder! 17 Alles,
was ihr tut, in Wort oder Werk, das tut alles im
Namen des Herrn Jesus, und saget Dank Gott, dem
Vater, durch ihn!

Christliche Hausordnung

18 Ihr Frauen, seid untertan euren Männern, wie es
sich geziemt im Herrn! 19 Ihr Männer, liebt eure
Frauen und seid nicht bitter gegen sie! 20 Ihr Kinder,
gehorcht den Eltern in allem; denn das ist wohlgefällig im Herrn. 21 Ihr Väter, verbittert nicht eure
Kinder, damit sie nicht mutlos werden! 22 Ihr Sklaven, gehorcht in allem den irdischen Herren, nicht
in Augendienerei, um Menschen zu gefallen, sondern in Einfalt des Herzens, in der Furcht des Herrn!
23 Was ihr tut, das tut von Herzen als für den Herrn
und nicht für Menschen, 24 und wisset: ihr werdet
vom Herrn als Lohn das Erbe empfangen; dient
Christus, dem Herrn! 25 Denn wer unrecht tut, wird
zurückerhalten, was er unrecht tat, und da gilt kein
Ansehen der Person.

3,1–11: Ein Katalog von Lastern, die derjenige, der »mit Christus auferweckt« werden will, meiden muß. • 11: Paulus will damit nicht die berechtigten Unterschiede in der Ordnung des menschlichen Lebens verwischen. • 14: Wie ein Gürtel das Gewand zusammenfaßt und umschließt, so gibt die Liebe allem Tugendstreben die Vollendung, vgl. 1 Kor 13. • 18–4,1: Vgl. die »Hausordnung« Eph 5,22–6,10. In der christlichen Familie soll sich das Gottesreich vor allem bewähren. Auch hier hält der Apostel an der naturgegebenen Ordnung fest, zeigt aber den inneren Ausgleich in den Motiven des Glaubens und der Gliedschaft am mystischen Leib Christi.

4 1 Ihr Herren, gewährt den Sklaven, was recht
ist und billig, und wisset: auch ihr habt einen
Herrn im Himmel!

Letzte Mahnung und Grüße

2 Seid beharrlich im Beten und bleibet wach in ihm
durch Danksagung! 3 Betet zugleich auch für uns,
daß Gott eine Tür uns öffne für das Wort, das Geheimnis Christi zu künden – dessentwegen ich ja
gefangen bin –, 4 damit ich es kundtue, wie zu
künden ich gehalten bin. 5 Seid weise im Umgang
mit denen, die draußen sind! Nützet sorgsam die
gegebene Zeit! 6 Euer Wort sei allezeit freundlich,
mit Salz gewürzt, damit ihr wißt, wie ihr jedem zu
antworten habt.
7 Was mich betrifft, so wird euch Tychikus alles berichten, der geliebte Bruder und treue Diener und
Mitknecht im Herrn. 8 Ich habe ihn ja gerade dafür
zu euch geschickt, daß ihr erfahret, wie es um uns
steht, und er euer Herz aufrichte, 9 zusammen mit
Onesimus, dem treuen und geliebten Bruder, einem
der Euren; sie werden euch alles berichten, was hier
vorgeht.
10 Es grüßt euch Aristarchus, mein Mitgefangener,
und Markus, der Vetter des Barnabas, über den ihr
Weisungen erhalten habt; wenn er zu euch kommt,
nehmt ihn auf! 11 Es grüßt euch Jesus, mit dem
Beinamen Justus. Diese allein sind von der Beschneidung Mitarbeiter für das Reich Gottes; sie gereichten mir zum Trost. 12 Es grüßt euch Epaphras,
euer Landsmann, Knecht Christi Jesu, der allzeit in
seinen Gebeten sich absorgt um euch, daß ihr voll-

kommen dasteht und in allem erfüllt seid vom
Willen Gottes. 13 Ich bezeuge ihm, daß er sich viel
abmüht um euch und um die in Laodizea und in
Hierapolis.
14 Es grüßt euch Lukas, der geliebte Arzt, und
Demas. 15 Grüßt die Brüder in Laodizea und Nym-
phas und die Gemeinde in seinem Haus. 16 Und
wenn dieser Brief bei euch vorgelesen ist, dann
sorgt dafür, daß er auch in der Gemeinde von
Laodizea vorgelesen werde, und den aus Laodizea
sollt auch ihr lesen. 17 Sagt dem Archippus: Hab
acht auf den Dienst, den du empfangen hast im
Herrn, um ihn zu erfüllen.
18 Hier mein eigenhändiger Gruß: Paulus. Denkt an
meine Fesseln! Die Gnade sei mit euch!

4,16: Der genannte Laodizeerbrief ist wahrscheinlich verlorengegangen. Manche vermuten, daß er im sogenannten Epheserbrief erhalten ist. Vgl. Einleitung zum Epheserbrief.

ERSTER BRIEF AN DIE THESSALONICHER

Wie uns Apg 17,1–9 berichtet, kam Paulus auf der zweiten Missionsreise (50–53) erstmals auch nach Thessalonich (heute Saloniki) in Mazedonien, wurde aber nach kurzem, erfolgreichem Wirken durch die Hetze der Juden vertrieben. Von Korinth aus schrieb er bald, nachdem er Mazedonien verlassen hatte, wohl im Jahre 51, diesen, von ergreifender Apostelsorge veranlaßten Brief, um der jungen Gemeinde Aufmunterung und Trost zu sagen und sie dabei vor allem zu beruhigen in ihrer Sorge um das Los der Verstorbenen.

Paulus, Silvanus und Timotheus an die Ge-
meinde der Thessalonicher in Gott, dem
Vater, und dem Herrn Jesus Christus. Gnade
euch und Friede!
2 Wir danken Gott immerdar um euer aller willen,
wenn wir bei unseren Gebeten euer gedenken.
3 Unablässig denken wir ja vor unserem Gott und
Vater an euer Wirken im Glauben, euer Bemühen in
der Liebe und eure Ausdauer in der Hoffnung auf
unseren Herrn Jesus Christus. 4 Wir wissen, von
Gott geliebte Brüder, um eure Erwählung. 5 Denn
unsere Heilsbotschaft erging an euch nicht bloß im
Wort, sondern auch in Kraft und in Heiligem Geist
und in großer Zuversicht; ihr wißt ja, wie wir auf-
traten bei euch um euretwillen. 6 Und ihr wurdet
Nachahmer von uns und vom Herrn, da ihr das
Wort unter viel Bedrängnis aufnahmt in der Freude
Heiligen Geistes; 7 so seid ihr zum Vorbild ge-
worden für alle Gläubigen in Mazedonien und in
Achaia. 8 Denn von euch aus erklang das Wort des
Herrn nicht nur in Mazedonien und Achaia, son-
dern überallhin ist euer Glaube an Gott gedrungen,
so daß wir nicht nötig haben, etwas davon zu
sagen. 9 Von selber erzählen die Menschen, welche
Aufnahme wir bei euch fanden und wie ihr euch
Gott zugewandt habt, weg von den Götzen, um
dem lebendigen und wahren Gott zu dienen 10 und
seinen Sohn zu erwarten vom Himmel her, den er
auferweckte von den Toten, Jesus, der uns rettet vor
dem kommenden Zorngericht.

1,3: Beachte die drei göttlichen Tugenden, Glaube, Hoffnung, Liebe. Vgl. 5,8; 1Kor 13,13; Eph 1,15; Kol 1,4f; Hebr 10,22f.

Gedenken an das erste Wirken

2 1 Ihr wißt ja selber, meine Brüder, daß unser
Kommen zu euch nicht vergeblich war.
2 Denn obgleich wir zuvor, wie ihr wißt, in
Philippi Leiden und Mißhandlungen zu ertragen
hatten, faßten wir im Vertrauen auf unseren Gott
den Mut, euch das Evangelium Gottes zu ver-
künden trotz schweren Kampfes. 3 Unser Predigen
kommt ja nicht aus Trug und Unredlichkeit und
Arglist, 4 sondern wie wir von Gott als brauchbar
erachtet wurden, um betraut zu werden mit dem
Evangelium, so reden wir, nicht um Menschen zu
gefallen, sondern Gott, »dem Prüfer unserer Her-
zen« (Jer 11,20).
5 Denn wir traten weder mit schmeichelnder Rede
jemals auf, wie ihr wißt noch mit versteckter Hab-
gier; Gott ist Zeuge! 6 Auch suchten wir nicht Ehre
von Menschen, weder von euch noch von anderen;
7 als Apostel Christi hätten wir gewichtig auftreten
können, doch wir waren voll Liebe in eurer Mitte,
einer Mutter gleich, die ihre Kinder zärtlich um-
sorgt. 8 In dieser hingebenden Liebe zu euch waren
wir gewillt, euch nicht nur das Evangelium Gottes
darzubieten, sondern auch unser Leben; ja, so lieb
und teuer seid ihr uns geworden. 9 Ihr erinnert euch
ja, liebe Brüder, unserer Mühen und Plagen; Tag und
Nacht arbeiteten wir, damit wir keinem von euch
zur Last fielen, und verkündeten so das Evangelium
Gottes. 10 Ihr – und Gott – seid Zeugen dafür, wie
lauter und gerecht und untadelig wir uns gegen
euch verhielten, als ihr gläubig wurdet. 11 Ihr wißt
auch, wie wir einen jeden von euch, wie ein Vater
seine Kinder, 12 mahnten und aufmunterten und be-
schworen, würdig zu wandeln vor Gott, der euch
ruft in sein Reich und in seine Herrlichkeit.
13 Und deshalb danken wir auch Gott ohne Unter-
laß, daß ihr das Wort der von uns verkündeten
Botschaft Gottes aufnahmt, nicht als Wort von
Menschen, sondern als das, was es wahrhaft ist, als
Gotteswort, das auch wirksam ist in euch, die ihr
glaubt. 14 Ihr habt ja, liebe Brüder, die Gemeinden
Gottes nachgeahmt, die in Judäa sich zu Jesus
Christus bekennen; denn auch ihr erlittet Gleiches

von euren Landsleuten wie jene von den Juden,
15 die den Herrn Jesus und die Propheten getötet
und uns verfolgt haben, die Gott mißfallen und
allen Menschen feind sind. 16 Sie wollen uns hin-
dern, den Heiden zu predigen, daß sie gerettet wür-
den, und machen so das Maß ihrer Sünden voll zu
allen Zeiten. Aber schon hat sie das Strafgericht er-
reicht in vollem Maße.

Des Apostels Sehnsucht und Sorge

17 Wir aber, Brüder, vereinsamt und getrennt von
euch zur Stunde, dem Angesicht, nicht aber dem
Herzen nach, waren aufs eifrigste darauf bedacht,
euch von Angesicht zu sehen, in großer Sehnsucht.
18 Daher wollten wir zu euch kommen, ich, Paulus,
einmal und ein zweites Mal; doch der Satan hin-
derte uns daran. 19 Denn wer ist unsere Hoffnung,
unsere Freude oder unser Ruhmeskranz, wenn
nicht gerade ihr, vor unserem Herrn Jesus [Christus]
bei seiner Ankunft? 20 Ja, ihr seid unser Ruhm und
unsere Freude!

2,9: Paulus arbeitete als Zeltmacher, um so seinen Unterhalt selbst zu erwerben, obwohl er ein Recht gehabt hätte, von den Gläubigen Entgelt zu empfangen, vgl. Apg 18,3; 20,33f; 1Kor 9,6–18.

3 1 Als wir es daher nicht mehr aushielten, ent-
schlossen wir uns, allein in Athen zurück-
zubleiben, 2 und sandten Timotheus, unsern
Bruder und Diener Gottes im Evangelium Christi,
daß er euch stärke und aufrichte in eurem Glauben,
3 damit niemand wankend werde in diesen Be-
drängnissen. Ihr wißt ja selbst, daß wir dazu be-
stimmt sind. 4 Sagten wir doch, als wir bei euch
waren, euch voraus, daß wir Drangsal zu erleiden
hätten, und so kam es denn auch, wie ihr wißt.
5 Daher hielt ich es nicht mehr aus und schickte hin,
um von eurem Glauben zu erfahren, ob etwa der
Versucher euch versucht habe und vereitelt sei
unsere Arbeit.
6 Nun kam soeben Timotheus von euch zu uns und
brachte uns die frohe Kunde von eurem Glauben
und eurer Liebe, und daß ihr für uns stets ein gutes
Erinnern habt und danach verlangt, uns zu sehen,
so wie auch wir euch. 7 Darob wurden wir aufge-
richtet an euch, liebe Brüder, – bei all unserer Not
und Drangsal – durch euren Glauben. 8 Ja, nun leben
wir auf, wenn ihr feststeht im Herrn. 9 Denn
welchen Dank können wir Gott darbringen für
euch bei all der Freude, mit der wir euretwegen uns
freuen vor unserem Gott! 10 Tag und Nacht bitten
wir inständig, euch von Angesicht sehen zu dürfen
und in Ordnung zu bringen, was eurem Glauben
noch fehlt. 11 Er selbst, unser Gott und Vater, und
unser Herr Jesus lenke unseren Weg zu euch.
12 Euch aber lasse der Herr reich werden und über-
strömen in der Liebe zueinander und zu allen, wie
auch wir sie haben zu euch. 13 Er mache stark eure
Herzen, daß sie untadelig seien in Heiligkeit vor
unserem Gott und Vater bei der Ankunft unseres
Herrn Jesus mit allen seinen Heiligen.

3,4: Schon Jesus hat die Bereitschaft zum Leiden von seinen Jüngern gefordert und Verfolgung vorhergesagt, vgl. Matth 10,17f; Joh 15,18–24; 16,1–4.

Denkt an eure Heiligung!

4 1 Und nun, Brüder, bitten und ermahnen wir
euch im Herrn Jesus, daß ihr so, wie ihr Wei-
sung erhieltet von uns über den angemesse-
nen Wandel und das Wohlgefallen vor Gott – daß
ihr so, wie ihr den Weg schon geht, immer weiter
voranschreitet. 2 Ihr wißt ja, welche Weisungen wir
euch gaben durch den Herrn Jesus.
3 Denn das ist der Wille Gottes: eure Heiligung. Ihr
sollt euch enthalten von Unzucht; 4 ein jeder von
euch wisse seinen Leib in Heiligung und Ehrbarkeit
zu besitzen, 5 nicht in leidenschaftlicher Gier wie
die Heiden, die Gott nicht kennen. 6 Niemand
hintergehe und übervorteile im Geschäft seinen
Bruder; denn »der Herr ist Rächer« (Ps 94,2) alles
dessen, wie wir euch schon sagten und bezeugten.
7 Gott rief uns ja nicht zur Unlauterkeit, sondern zur
Heiligung. 8 Wer darum dies mißachtet, der miß-
achtet nicht einen Menschen, sondern Gott, der ja
»seinen Heiligen Geist in euch legt« (Ez 37,14).

Bruderliebe

9 Über die Bruderliebe euch zu schreiben, habt ihr
nicht nötig, seid ihr doch selber von Gott belehrt,
einander zu lieben. 10 Und ihr bestätigt es auch an
allen Brüdern in ganz Mazedonien. Doch mahnen
wir euch, Brüder, darin weiter voranzuschreiten
11 und eure Ehre dareinzusetzen, in Ruhe zu leben,
eure eigenen Aufgaben zu erfüllen, mit euren eige-
nen Händen zu arbeiten, wie wir es euch anemp-
fohlen haben, 12 auf daß ihr ehrbar wandelt vor den
Außenstehenden und auf niemand angewiesen
seid.

Vom Kommen des Herrn

13 Wir wollen euch, Brüder, nicht im ungewissen
lassen hinsichtlich der Entschlafenen, damit ihr
nicht trauert wie die übrigen, die keine Hoffnung
haben. 14 Wenn wir nämlich glauben, daß Jesus ge-
storben und auferstanden ist, dann wird ebenso
Gott auch die Entschlafenen durch Jesus heran-
führen mit ihm. 15 Denn dies sagen wir euch mit
einem Wort des Herrn: Wir, die wir leben und

zurückgelassen sind für die Ankunft des Herrn, werden keineswegs den Entschlafenen voraus sein.

Habt Hoffnung: Wir gehen dem Herrn entgegen

16 Denn er selber, der Herr, wird zugleich mit dem
Aufruf des Herolds, mit dem Kampfruf des Erzengels und dem Schall der Posaune Gottes herniedersteigen vom Himmel, und zuerst werden die
Toten in Christus auferstehen; 17 dann werden wir,
die Lebenden, die Übriggelassenen, zusammen mit ihnen auf Wolken entrückt werden in die Lüfte, zur Begegnung mit dem Herrn; und so werden wir immerfort beim Herrn sein. 18 So tröstet denn einander
mit diesen Worten!

4,4: Statt »Leib« (wörtlich »Gefäß«) könnte man auch »Frau« übersetzen. Der Apostel will die in Christus Geheiligten frei wissen von der Zügellosigkeit geschlechtlichen Lebens und der Entartung der Ehe, wie sie sich im antiken Heidentum besonders schlimm zeigte. • 13–18: Damit berührt Paulus ein besonderes Anliegen der Urkirche, die auf eine baldige Wiederkunft des Herrn wartete. Die Thessalonicher hatten Sorge, es könnten die vorher Gestorbenen das Glück dieses »Tages des Herrn« nicht verkosten. Daher gibt der Apostel diesen Bescheid.

5
1 Über die Zeiten aber und Stunden, Brüder,
brauchen wir euch nicht zu schreiben. 2 Ihr
selbst wißt ja genau: Der Tag des Herrn – wie ein Dieb in der Nacht, geradeso kommt er. 3 Wenn
sie das Wort »Friede« und »Sicherheit« sagen, wird sie plötzlich das Verderben überfallen wie die Geburtswehe die Schwangere, und sie werden nicht entkommen. 4 Ihr aber, Brüder, seid nicht in Finsternis, daß jener Tag euch wie ein Dieb überfallen
könnte; 5 denn ihr alle seid Söhne des Lichtes und
Söhne des Tages; nicht aber der Nacht gehören wir an noch der Finsternis. 6 So laßt uns denn nicht
schlafen wie die übrigen, sondern wachsam sein und nüchtern. 7 Die Schlafenden schlafen ja nachts,
und die Trunksüchtigen betrinken sich nachts. 8 Wir
aber, die wir dem Tag gehören, wollen nüchtern sein, angetan mit dem Panzer des Glaubens und der Liebe und mit dem Helm der Hoffnung auf das Heil.
9 Denn Gott hat uns nicht bestimmt für das Strafgericht, sondern zur Erlangung des Heils durch unseren Herrn Jesus Christus, 10 der für uns starb, damit
wir, ob wir wachen oder schlafen, mit ihm vereint leben.

Von rechter Gemeinschaft

11 So richtet euch gegenseitig auf und erbaut einander, wie ihr es auch schon tut. 12 Wir bitten euch
aber, Brüder, anerkennt jene, die sich unter euch mühen, die eure Vorsteher sind im Herrn und euch anleiten zum Guten; 13 schätzt sie besonders hoch
in Liebe wegen ihres Wirkens! Lebt in Frieden untereinander! 14 Wir mahnen euch, Brüder, weist die
Ungeordneten zurecht, ermuntert die Kleinmütigen, nehmt euch der Schwachen an, seid geduldig gegen alle! 15 Seht zu, daß keiner dem andern Böses
mit Bösem vergelte; sondern seid stets auf das Gute bedacht, untereinander wie gegenüber allen!
16 Freut euch allezeit! 17 Betet ohne Unterlaß! 18 Sagt
Dank bei allem! Denn das ist Gottes Wille in Christus Jesus für euch. 19 Löscht den Geist nicht aus!
20 Verachtet nicht prophetische Gaben! 21 Prüft
alles! Das Gute behaltet! 22 Haltet euch fern von
jeder Art des Bösen!
23 Er aber, der Gott des Friedens, heilige euch voll
und ganz, und euer Geist und eure Seele und euer Leib werde unversehrt und untadelig bewahrt für die Ankunft unseres Herrn Jesus Christus. 24 Treu ist
er, der euch ruft, er wird es auch wirken. 25 Brüder,
betet auch für uns! 26 Grüßt alle Brüder mit heiligem
Kuß! 27 Ich beschwöre euch beim Herrn, daß der
Brief vorgelesen werde allen Brüdern. 28 Die Gnade
unseres Herrn Jesus Christus sei mit euch! [Amen.]

5,1–10: Dieser Hinweis auf das unerwartete Kommen des Herrn und die Forderung steter Bereitschaft hierfür mochten die Leser auf den Gedanken bringen, daß dieses Kommen unmittelbar bevorstehe. Daher mußte Paulus im 2. Brief (2,1–17) falschen Auffassungen entgegentreten.

ZWEITER BRIEF AN DIE THESSALONICHER

Der zweite Thessalonicherbrief, wohl sehr bald nach dem ersten und daher auch noch von Korinth aus geschrieben, ist veranlaßt durch Mißverständnisse und Mißstände, die bei der Gemeinde bezüglich der Wiederkunft des Herrn entstanden waren. Irrig gedeutete Aussagen im ersten Brief, das Auftreten von Schwarmgeistern, beunruhigende Propaganda mit angeblichen Mitteilungen des Apostels brachten große Unsicherheit unter die Gläubigen, die sich sogar in Pflichtvergessenheit und Arbeitsscheu bekundete. In teilweise scharfer Zurechtweisung gibt daher der Brief Klärung und Mahnung.

Paulus, Silvanus und Timotheus an die Ge-
meinde der Thessalonicher in Gott, unserem
Vater, und dem Herrn Jesus Christus. 2 Gnade
euch und Friede von Gott, dem Vater, und vom
Herrn Jesus Christus.
3 Dank schulden wir Gott allezeit um euretwillen,
Brüder, und es ist geziemend, da euer Glaube so
kraftvoll wächst und bei jedem einzelnen von
euch allen die Liebe zueinander so zunimmt, 4 daß
wir selber uns rühmen über euch bei den Ge-
meinden Gottes wegen eurer Ausdauer und eures
Glaubens bei all euren Verfolgungen und Drang-
salen, die ihr zu ertragen habt. 5 Dies ist ein An-
zeichen des gerechten Gerichtes Gottes: ihr sollt
würdig werden für das Reich Gottes, für das ihr ja
leidet.
6 Es ist ja gerecht von Gott, daß er euren Bedrängern
mit Drangsal, 7 euch aber, den Bedrängten, mit Er-
quickung vergelte, zusammen mit uns, wenn der
Herr Jesus sich offenbaren wird vom Himmel her
mit den Engeln seiner Macht, 8 in Feuerflammen,
und Vergeltung übt an denen, die Gott nicht kennen
und sich nicht beugen dem Evangelium unseres
Herrn Jesus [Christus]. 9 Sie werden bestraft werden
mit ewigem Verderben, fern vom Angesicht des
Herrn und von der Herrlichkeit seiner Macht,
10 wenn er kommt, um an jenem Tag verherrlicht zu
werden in seinen Heiligen und bewundert zu wer-
den in allen, die glaubten – gläubig angenommen
wurde ja unser Zeugnis bei euch.
11 Darum auch beten wir allzeit für euch, es mache
unser Gott euch würdig der Berufung, und er führe
in seiner Kraft zur Vollendung allen Willen zum
Guten und das Werk des Glaubens, 12 damit ver-
herrlicht werde der Name unseres Herrn Jesus
[Christus] in euch und ihr in ihm – dank der Gnade
unseres Gottes und des Herrn Jesus Christus.

Das Kommen des Herrn und seine Vorzeichen

2 1 Wir bitten euch aber, Brüder, bezüglich der
Ankunft unseres Herrn Jesus Christus und
unserer Vereinigung mit ihm: 2 Laßt euch
nicht so schnell die Besinnung rauben und euch
schrecken, weder durch eine Geistesoffenbarung
noch durch ein angebliches Wort oder Schrei-
ben von uns, als stünde der Tag des Herrn nahe
bevor.
3 Niemand führe euch irre auf irgendeine Weise.
Denn zuvor muß der Abfall kommen und offenbar
werden der Mensch der Gesetzlosigkeit, der Sohn
des Verderbens, 4 der Widersacher, der »sich über
alles erhebt, was Gott heißt« (Dan 11,36) oder Got-
tesverehrung, so daß er sich in das Haus Gottes
setzt und von sich erklärt, daß er Gott sei. 5 Erinnert
ihr euch nicht, daß ich dies euch sagte, da ich noch
bei euch war?
6 Und nun? Ihr wißt, was im Wege steht, daß er
offenbar werde zu seiner Zeit. 7 Denn das Ge-
heimnis der Gesetzlosigkeit ist schon am Werk; nur
muß der im Wege Stehende noch weggeräumt
werden, 8 und dann wird sich der Gesetzlose offen-
baren, den der Herr Jesus »hinwegnehmen wird
mit dem Hauch seines Mundes« (Is 11,4) und ver-
nichten wird mit dem Aufleuchten seines Kom-
mens.
9 Sein Auftreten zeigt sich entsprechend der Kraft-
entfaltung des Satans in jeder Art von Macht, trüge-
rischen Zeichen und Wundern, 10 in jeder Art böser
Verführung für jene, die verlorengehen, weil sie der
Liebe zur Wahrheit nicht Einlaß gaben, um gerettet
zu werden. 11 Daher schickt ihnen Gott die Kraft-
entfaltung der Verführung, daß sie der Lüge glau-
ben, 12 damit alle das Gericht erfahren, die der
Wahrheit nicht glaubten, sondern Gefallen hatten
am Frevel.

Vertrauen und Beharrlichkeit

13 Wir aber schulden Gott allezeit Dank um euret-
willen, vom Herrn geliebte Brüder, daß Gott euch
von Anfang an erwählt hat zum Heil in der Heili-
gung des Geistes und im Glauben an die Wahrheit.
14 Hierzu berief er euch durch unser Evangelium,
zur Teilhabe nämlich an der Herrlichkeit unseres
Herrn Jesus Christus.
15 So steht denn fest, Brüder, und haltet euch an die
Überlieferungen, die ihr gelehrt wurdet, sei es
durch ein Wort, sei es durch einen Brief von uns.
16 Er aber, unser Herr Jesus Christus, und Gott,
unser Vater, der uns liebte und unvergänglichen
Trost uns gab und gute Hoffnung in Gnade, 17 er
richte eure Herzen auf und stärke sie in jedem guten
Werk und Wort!

2,1–13: Ehe der Tag des Herrn und damit die Vollendung des Gottesreiches kommt, müssen bestimmte Vorzeichen erscheinen, vor allem das Auftreten des Antichrist und der durch seine Verführung kommende Abfall der Menschen von Christus. Dies ist alles ein letzter Versuch des Satans, des Widersachers des Herrn. Vgl. die Weissagung Jesu vom Ende: Matth 24; Mark 13; Luk 21. Der Apostel beruft sich auf seine mündliche Unterweisung bei der er ausführlicher vom Antichrist gesprochen hatte. Der Ausdruck »was im Wege steht« und »der im Wege Stehende« läßt sich für uns nicht sicher deuten; Paulus deutet damit an, daß die Kirche Christi auf Erden in einem steten Ringen sich befindet, dessen Ende uns Menschen verborgen ist.

Mahnungen und Weisungen

3 1 Und nun, Brüder, betet für uns, daß das Wort
des Herrn seinen Lauf nehme und verherrlicht
werde, so wie auch bei euch, 2 und daß wir
bewahrt seien vor den verkehrten und bösen
Menschen; denn die Treue ist nicht jedermanns
Sache. 3 Der Herr aber ist getreu, er wird euch
stärken und bewahren vor dem Bösen. 4 Wir ver-
trauen auf euch im Herrn, daß ihr nach unseren
Weisungen euch richtet und richten werdet. 5 Der
Herr aber lenke eure Herzen zur Liebe Gottes und
zum Festhalten an Christus.
6 Wir gebieten euch aber, Brüder, im Namen unseres
Herrn Jesus Christus: Zieht euch zurück von jedem
Bruder, der ungeordnet lebt und nicht nach der
Überlieferung, die sie von uns empfangen haben.
7 Ihr wißt ja selbst, wie ihr uns nachahmen sollt;
nicht ungeordnet lebten wir unter euch. 8 Auch
aßen wir nicht ohne Entgelt von jemand das Brot,
sondern wir arbeiteten in Mühe und Plage bei Tag
und Nacht, um keinem von euch zur Last zu fallen;
9 nicht als ob wir kein Recht gehabt hätten, sondern
um euch an uns ein Beispiel zu geben, es uns gleich-
zutun. 10 Denn schon als wir bei euch waren,
schärften wir dies euch ein: Wer nicht arbeiten will,
soll auch nicht essen. 11 Wir hören nämlich, daß
einige unter euch ungeordnet leben, nicht arbeiten,
sondern unnütze Dinge treiben. 12 Solchen sagen
und gebieten wir im Herrn Jesus Christus, sie sollen
in Ruhe arbeiten und ihr eigenes Brot essen. 13 Ihr
aber, Brüder, werdet nicht müde. Gutes zu tun!
14 Sollte einer unserer brieflichen Mahnung nicht
folgen, den merkt euch und pflegt nicht Gemein-
schaft mit ihm, damit er beschämt werde. 15 Doch
betrachtet ihn nicht als Feind, sondern weist ihn
zurecht als Bruder!
16 Er aber, der Herr des Friedens, gebe euch den Frie-
den zu jeder Zeit und in jeder Weise! Der Herr sei
mit euch allen! 17 Hier mein eigenhändiger Gruß:
Paulus. Das ist mein Zeichen in jedem Brief; so
schreibe ich. 18 Die Gnade unseres Herrn Jesus Chri-
stus sei mit euch allen! [Amen.]

3,2: Für »Treue« könnte nach dem gleichen griechischen Wort auch »Glaube« übersetzt werden, in dem Sinn: »Nicht jedermanns Sache ist der Glaube.«

ERSTER BRIEF AN TIMOTHEUS

Aus einer Reihe von Gründen nimmt man an, daß Paulus nach der in der Apostelgeschichte und in den Gefangenschaftsbriefen bezeugten römischen Untersuchungshaft (61–63) frei wurde und damit auch die Möglichkeit bekommen konnte, die östlichen Missionsgebiete nochmals aufzusuchen. Diese Tatsache setzt der 1. Timotheusbrief voraus, in dem Paulus seinem treuen Mitarbeiter Anweisungen gibt für die verantwortungsbewußte Erfüllung seiner Aufgabe als Leiter der Gemeinde von Ephesus. Zusammen mit dem 2. Timotheusbrief und dem an Titus gehört unser Schreiben zu den sog. »Pastoralbriefen«. Sie gelten in der kirchlichen Überlieferung als echte Paulusbriefe, unterscheiden sich aber merklich von den übrigen Briefen des Apostels, sowohl in der Sprache als auch im Inhalt.

Paulus, Apostel Christi Jesu nach Auftrag Gottes, unseres Retters, und Christi Jesu, unserer Hoffnung, 2 an Timotheus, sein wahres Kind im Glauben. Gnade, Erbarmen und Friede von Gott, dem Vater, und von Christus Jesus, unserem Herrn.

Abwehr der Irrlehrer

3 Als ich nach Mazedonien reiste, gab ich dir Weisung, in Ephesus zu bleiben und gewissen Leuten einzuschärfen, sie sollten keine abwegige Lehre verkünden 4 und sich nicht mit Fabeln und endlosen Geschlechtsregistern abgeben, die doch nur Streitgespräche nach sich ziehen, statt dem Heilswerk Gottes im Glauben zu dienen. 5 Das Ziel der Verkündigung aber ist Liebe aus reinem Herzen, aus gutem Gewissen und aus ungeheucheltem Glauben. 6 Diesen Weg verließen gewisse Leute und verlegten sich auf eitles Geschwätz; 7 Gesetzeslehrer möchten sie sein und verstehen nicht, was sie daherreden und worüber sie so sicher sprechen. 8 Wir wissen, daß das Gesetz gut ist, wenn es einer im Sinn des Gesetzes anwendet, 9 wobei er sich dessen bewußt sei, daß das Gesetz nicht für einen Gerechten bestimmt ist, sondern für Ungesetzliche und Unbotmäßige, für Gottlose und Sünder, für Unheilige und Gemeine, für Vatermörder und Muttermörder, für Menschenmörder, 10 für Unzüchtige, Knabenschänder, Menschenräuber, Lügner und Meineidige und was sonst im Gegensatz steht zur gesunden Lehre, 11 im Sinn des Evangeliums der Herrlichkeit des seligen Gottes, mit dem ich betraut bin.

Apösteldank

12 Dank schulde ich dem, der mir Kraft verlieh, Christus Jesus, unserem Herrn, daß er mich für zuverlässig hielt und für den Dienst bestellte, 13 mich, der ich zuvor ein Lästerer war, Verfolger und Frevler, jedoch Erbarmen fand, weil ich nicht wußte, was ich tat im Unglauben. 14 Überströmend aber zeigte sich die Gnade unseres Herrn im Bunde mit Glaube und Liebe in Christus Jesus. 15 Glaubhaft ist das Wort und aller Annahme wert: Christus Jesus kam in die Welt, um Sünder zu retten; der erste unter ihnen bin ich. 16 Doch dazu fand ich Erbarmen, daß an mir zuerst Jesus Christus seine ganze Großmut zeigte zum Vorbild für jene, die an ihn glauben werden zu ewigem Leben. 17 Dem König der Ewigkeit, dem unvergänglichen, unsichtbaren, einzigen Gott sei Ehre und Ruhm in alle Ewigkeit! Amen.

18 Diese Weisung lege ich dir nahe, mein Kind Timotheus, im Hinblick auf die Weissagungen, die vordem über dich ergingen, damit du ihnen gemäß den edlen Kampf kämpfest, 19 ausgestattet mit Glauben und gutem Gewissen, das gewisse Leute von sich warfen, die im Glauben Schiffbruch litten. 20 Zu ihnen gehören Hymenäus und Alexander, die ich dem Satan übergab, damit sie, so gezüchtigt, nicht mehr lästern.

1,1f: »Gott, unser Retter« (= »Heiland«, vgl. 2,3f; Tit 1,3; 3,4f) weist auf die Erlöserliebe Gottes hin, wie sie im »Heiland« Jesus Christus sich am größten offenbarte. – Timotheus, von Paulus für Christus gewonnen, daher »sein wahres Kind« (vgl. Apg 16,1–3), diente ihm »wie ein Sohn dem Vater«, vgl. Phil 2,19–23; Apg 17,14; 19,22; 20,4; 1 Thess 3,1–6; 1 Kor 4,17; 16,10f; Röm 16,21. Er ist Mitabsender verschiedener Briefe: 2 Kor 1,1; Phil 1,1; Kol 1,1; 1Thess 1,1; 2Thess 1,1; Philem 1. • 3–20: Rabbinischpharisäischer Geist bedrohte mit seinen Spitzfindigkeiten und Gesetzestheorien die junge Kirche. Der in Christus lebende Mensch hat mehr als die unvollkommene Hilfe des Gesetzes, weil ihn als Kind Gottes die Liebe zum rechten Handeln führt, vgl. Gal 5,18. 23. – Der Ausschluß (die Exkommunikation) aus der kirchlichen Gemeinschaft (Vers 20) soll zur Umkehr führen; vgl. 1Kor 5,5; 2Tim 2,17; 4,14.

Vom rechten Gottesdienst

2 1 Vor allem möchte ich mahnen, daß Bitten,
Gebete, Fürbitten und Danksagungen ver-
richtet werden für alle Menschen, 2 für Kö-
nige und alle Obrigkeiten, damit wir ein unge-
störtes und ruhiges Leben führen können in aller
Frömmigkeit und Ehrbarkeit. 3 Das ist edel und
wohlgefällig vor Gott, unserem Retter, 4 dessen
Wille es ist, daß alle Menschen gerettet werden und
zur Erkenntnis der Wahrheit gelangen. 5 Denn nur
einen Gott gibt es und einen Mittler zwischen Gott
und den Menschen, den Menschen Christus Jesus,
6 der sich selbst hingab als Lösepreis für alle, das
Zeugnis zur rechten Zeit. 7 Dafür wurde ich als
Herold und Apostel bestellt – ich sage die Wahrheit,
ich lüge nicht –, als Lehrer der Heiden in Glaube
und Wahrheit.
8 So möchte ich denn, daß die Männer allerorten
beten und heilige Hände erheben! frei von Zorn
und Streit. 9 Ebenso sollen die Frauen in würdiger
Haltung mit Ehrgefühl und Sittsamkeit sich
schmücken, nicht mit Haargeflechten, Gold, Perlen
oder teurem Kleid, 10 sondern, wie es Frauen ziemt,
die sich zur Gottesfurcht bekennen, mit guten
Werken. 11 Die Frau soll sich ruhig verhalten und
lernen in aller Unterordnung. 12 Daß eine Frau lehre,
gestatte ich nicht, auch nicht, daß sie sich unab-
hängig erhebe über den Mann, sondern sie verhalte
sich ruhig. 13 Es wurde ja Adam zuerst geschaffen
und dann Eva. 14 Und Adam wurde nicht verführt,
doch die Frau ließ sich verführen und kam zu Fall.
15 Sie wird aber das Heil erlangen als Mutter ihrer
Kinder, wenn sie verharrt in Glaube und Liebe und
in besonnenem Streben nach Heiligkeit.

2,1–15: Die Sorge um würdigen Gottesdienst war von Anfang an ein ernstes Anliegen der Kirche. Beachte die Wichtigkeit des Fürbittgebetes, vor allem auch für die Träger der öffentlichen Gewalt! Zur Stellung der Frau beim Gottesdienst vgl. 1Kor 14,34f. Die Empfehlung der Mutterschaft Vers 15 (wörtlich: »durch Gebären der Kinder«) hebt das Wort über den Wert der Jungfräulichkeit 1Kor 7,8ff nicht auf.

Von den kirchlichen Ämtern

3 1 Glaubhaft ist das Wort: Wer nach einem
Bischofsamte strebt, begehrt eine erhabene
Aufgabe. 2 Der Bischof soll daher untadelig
sein, eines einzigen Weibes Mann, nüchtern, be-
sonnen, maßvoll, gastfreundlich, befähigt zum
Lehren, 3 nicht dem Trunke ergeben, nicht gewalt-
tätig, sondern gütig, nicht zänkisch, nicht geld-
gierig, 4 ein rechter Walter in seinem eigenen Hause,
der die Kinder in Zucht hält in aller Würde – 5 wenn
einer im eigenen Haushalt nicht zu walten weiß,
wie soll der für die Gemeinde Gottes sorgen? 6 Er
soll kein Neubekehrter sein, damit er nicht über-
heblich werde und dem Gericht des Teufels ver-
falle. 7 Er soll auch einen guten Ruf genießen bei den
Außenstehenden, damit er nicht in üble Nachrede
gerate und in die Fallstricke des Teufels.
8 Diakone sollen in gleicher Weise ehrbar sein, nicht
doppelzüngig, nicht vielem Weingenuß ergeben
und nicht auf unlauteren Gewinn bedacht; 9 das
Geheimnis des Glaubens sollen sie hüten in einem
reinen Gewissen. 10 Auch sie sollen zuvor geprüft
werden und dann ihren Dienst übernehmen, wenn
sie untadelig sind. 11 Ebenso sollen die Frauen ehr-
bar sein, nicht verleumderisch, nüchtern, verlässig
in allem. 12 Die Diakone sollen eines einzigen
Weibes Mann sein und in rechter Weise Vorge-
setzte sein den Kindern und dem eigenen Hause.
13 Die nämlich in rechter Weise den Dienst verse-
hen, erwirken sich eine ehrenvolle Stellung und rei-
che Möglichkeit des öffentlichen Wirkens im Glau-
ben an Christus Jesus.
14 Dies schreibe ich dir in der Hoffnung, bald zu dir
zu kommen. 15 Sollte ich aber säumen, sollst du
wissen, wie man sich verhalten soll im Hause
Gottes, das die Kirche des lebendigen Gottes ist,
Säule und Grundfeste der Wahrheit. 16 Und dem-
gemäß groß ist das Geheimnis frommen Betens: »Er
wurde offenbar im Fleische, als gerecht erkannt im
Geiste, geschaut von Engeln, verkündet den Hei-
den, geglaubt in der Welt, hinaufgenommen in
Herrlichkeit.«

3,1–16: »Bischofsamt« meint das kirchliche Vorsteheramt, ohne daß deutlich zwischen »Bischof« und »Presbyter« unterschieden ist; vgl. den wechselnden Gebrauch Apg 20,17 und 20,28. Nur die ein einziges Mal Verheirateten durften ein Vorsteheramt annehmen. In Vers 11 sind nach dem Zusammenhang Frauen gemeint, die im Dienst der Gemeinde standen. In Vers 16 dürfte ein urchristlicher Gebetshymnus vorliegen. • 8–13: Der Stand der »Diakone« (vgl. Phil 1,1) hatte in der ersten Kirche große Bedeutung.

Von bevorstehenden Irrlehren

4 1 Der Geist aber sagt ausdrücklich: In den spä-
teren Zeiten werden manche vom Glauben
abfallen und Irrgeistern sich zuwenden und
Lehren von Dämonen, 2 die unter Verstellung trüge-
risch reden, aber gebrandmarkt sind in ihrem eige-
nen Gewissen. 3 Sie verbieten das Heiraten und den
Genuß von Speisen, die Gott doch geschaffen hat,
damit sie unter Danksagung genossen werden von
denen, die glauben und die Wahrheit erkannt
haben. 4 Denn alles, was Gott geschaffen, ist gut,
und nichts ist verwerflich, wenn es unter Danksa-
gung genommen wird; 5 es wird ja geheiligt durch
Gottes Wort und durch Gebet.

Mahnung zu vorbildlichem Wandel

6 Wenn du dies den Brüdern darlegst, bist du ein trefflicher Diener Christi Jesu, genährt mit den Worten des Glaubens und der rechten Lehre, der du gefolgt bist. 7 Mit den unheiligen, albernen Geschichten befasse dich nicht; übe dich vielmehr in der Frömmigkeit! 8 Denn die leibliche Übung ist zu wenigem nützlich; die Frömmigkeit aber ist zu allem nützlich, sie hat die Verheißung des Lebens, des irdischen und des künftigen. 9 Glaubhaft ist das Wort und aller Annahme wert. 10 Denn dafür arbeiten und kämpfen wir, weil wir unser Hoffen auf den lebendigen Gott gesetzt haben, der aller Menschen Retter ist, vor allem der Gläubigen. 11 Dies verkünde und lehre!

12 Niemand soll dich geringachten deiner Jugend wegen. Sei vielmehr ein Vorbild für die Gläubigen im Wort, im Wandel, in der Liebe, im Glauben, in der Reinheit! 13 Bis ich komme, widme dich dem Vorlesen, der Ermahnung, der Unterweisung! 14 Vernachlässige nicht die Gnadengabe in dir, wie sie dir zuteil wurde auf Grund einer prophetischen Offenbarung unter Handauflegung der Ältestenschaft! 15 Darauf richte deine Sorge, darin gehe auf, so daß dein Voranschreiten sichtbar sei für alle! 16 Hab acht auf dich selbst und auf die Lehre, halte dich daran; denn wenn du es tust, wirst du dich selber retten und jene, die auf dich hören.

4,1–5: Ähnlich rigorose Forderungen von Irrlehrern sind auch Kol 2,21ff angedeutet. Es handelt sich um Vorläufer der sog. Gnostiker, die in der Materie, (sichtbare Welt), den Ursprung des Bösen sahen.

Von der Sorge um die verschiedenen Stände

5 1 Einem älteren Mann begegne nicht schroff, sondern ermuntere ihn wie einen Vater, jüngere Männer wie Brüder, 2 ältere Frauen wie Mütter, jüngere wie Schwestern in aller Sittsamkeit. 3 Witwen ehre, wenn sie wirklich Witwen sind. 4 Hat aber eine Witwe Kinder oder Enkel, so sollen sie erst lernen, in Ehrfurcht für das eigene Haus zu sorgen und Vergeltung zu leisten gegenüber den Ahnen; denn so ist es wohlgefällig vor Gott. 5 Die wirkliche Witwe aber, die allein steht, hat ihre Hoffnung auf Gott gesetzt, sie verharrt Tag und Nacht in Gebet und Flehen. 6 Die sich aber der Ausschweifung hingibt, ist als Lebende tot. 7 Und dies halte ihnen vor Augen, damit sie sich unsträflich verhalten. 8 Wenn aber jemand für die Seinigen und besonders für die Hausgenossen nicht sorgt, hat er den Glauben verleugnet und ist schlimmer als ein Ungläubiger. 9 Zu den Witwen soll eine gerechnet werden, die nicht unter sechzig Jahre alt ist, eines einzigen Mannes Frau war, 10 anerkannt ist durch ihr gutes Wirken, Kinder erzogen, Gastlichkeit geübt, Heiligen die Füße gewaschen, Bedrängten geholfen und jedem guten Werk sich gewidmet hat. 11 Jüngere Witwen dagegen weise zurück; denn verfallen sie, in Abkehr von Christus, der Sinnenlust, wollen sie heiraten, 12 und sie laden sträfliche Schuld auf sich, weil sie die erste Treue gebrochen haben. 13 Zugleich lernen sie nichtstuend in den Häusern herumzugehen, und nicht nur nichtstuend, sondern auch plaudersüchtig und geschwätzig, wobei sie Ungehöriges reden. 14 Ich möchte daher, daß die jüngeren heiraten, Kinder zur Welt bringen, den Haushalt versehen und dem Gegner keinen Anlaß geben zu böser Rede. 15 Denn schon sind einige abgefallen und dem Satan gefolgt. 16 Hat eine gläubige Frau Witwen bei sich, so versorge sie diese, und die Gemeinde werde nicht belastet, damit sie sich um die wirklichen Witwen annehmen kann.

17 Presbyter, die gute Vorsteher sind, halte man doppelter Ehre wert, besonders jene, die in Wort und Lehre sich mühen. 18 Denn es sagt die Schrift: »Du sollst einem dreschenden Ochsen das Maul nicht verbinden« (5 Mos 25,4) und: »Der Arbeiter ist seines Lohnes wert« (Matth 10,10; Luk 10,7). 19 Gegen einen Presbyter nimm eine Klage nur an bei »zwei oder drei Zeugen« (5 Mos 19,15; Matth 18,16). 20 Die Fehlenden weise in Gegenwart aller zurecht, damit auch die übrigen Furcht bekommen. 21 Ich beschwöre dich vor Gott und Christus Jesus und den auserwählten Engeln daß du dies so haltest, frei von Vorurteil und ohne etwas aus Zuneigung zu tun. 22 Lege niemand voreilig die Hände auf und werde nicht mitschuldig an fremden Sünden; halte dich rein! 23 Trinke nicht längerhin Wasser, sondern nimm etwas Wein wegen deines Magens und deiner häufigen Erkrankungen! 24 Von manchen Menschen sind die Sünden längst offenkundig und dem Gericht voraus, bei anderen aber folgen sie auch hinterher. 25 Ebenso sind auch die guten Werke schon offenkundig, und wo es anders ist, können sie nicht verborgengehalten werden.

5,1–16: Erste Form von religiöser Gemeinschaft christlicher Frauen, die sich nach Vers 12 durch eine Art von Gelübde dem ausschließlichen Dienst Christi weihten. Aus den Zeilen spricht große, zum Teil schmerzliche Erfahrung; daher die strengen Forderungen. • 17–25: Anfänge der kirchlichen Rechtsvorschriften über den Stand der Kleriker. »Doppelte Ehre« bezieht sich besonders auf den wirtschaftlichen Unterhalt. • 24: Der nicht recht klare Satz ist wohl Ergänzung zu Vers 22.

6 1 Die als Sklaven unter dem Joch zu leben
haben, sollen ihre Herren aller Ehre würdig
halten, damit der Name Gottes und die Lehre
nicht in Verruf kommen. 2 Die aber gläubige Herren
haben, sollen von diesen nicht deshalb geringer
denken, weil sie Brüder sind, sondern erst recht
ihnen zu Diensten sein, weil sie Gläubige sind und
Geliebte und als solche sich edlen Tuns befleißigen.
Dies lehre und schärfe ein!

Gegen Irrlehre und Gewinnsucht

3 Wenn jemand Fremdartiges lehrt und sich nicht
richtet nach den gesunden Worten unseres Herrn
Jesus Christus und nach der Lehre, die gemäß ist
unserem frommen Beten 4 der ist eitel aufgeblasen,
ohne etwas zu verstehen; er ist krank ob seiner
Grübeleien und Wortstreitigkeiten. Hieraus entspringen
Neid, Hader, Lästerungen, böser Argwohn
5 und ständiger Zwist unter Menschen, denen der
Sinn verdorben und die Wahrheit abhanden gekommen
ist und die meinen, Frömmigkeit sei eine
gewinnreiche Sache.

6 Ja, Frömmigkeit ist eine gewinnreiche Sache –
jedoch im Verein mit Anspruchslosigkeit. 7 Denn
nichts brachten wir herein in diese Welt, so daß wir
auch nichts mit fortnehmen können. 8 Haben wir
Nahrung und Kleidung, so wollen wir des zufrieden
sein. 9 Denn die reich werden möchten, geraten in
Versuchung und in Fallstricke [des Teufels] und in
viele törichte und schädliche Begierden, die die
Menschen in Untergang und Verderben stürzen.
10 Denn die Wurzel aller Übel ist die Geldgier; die
sich ihr hingaben, irrten ab vom Glauben und
verfingen sich in quälenden Sorgen ohne Zahl.

11 Du aber, Mann Gottes, fliehe davor; strebe vielmehr
nach Gerechtigkeit, Frömmigkeit, Glauben,
Liebe, Geduld, Verträglichkeit! 12 Kämpfe den guten
Kampf des Glaubens, erstreite das ewige Leben, zu
dem du gerufen bist und zu dem du dich bekannt
hast durch das herrliche Bekenntnis vor vielen
Zeugen. 13 Ich fordere dich auf vor Gott, der allem
Leben gibt, und vor Christus Jesus, der unter Pontius
Pilatus Zeugnis gab im herrlichen Bekenntnis,
14 daß du den Auftrag unversehrt und untadelig bewahrst
bis zur Erscheinung unseres Herrn Jesus
Christus, 15 die zur rechten Zeit herbeiführen wird
der selige und allein machtvolle Gebieter, der König
der Könige und der Herr der Herren, 16 er, der allein
Unsterblichkeit besitzt und in unzugänglichem
Lichte wohnt, den keiner der Menschen gesehen
hat noch zu sehen vermag. Sein ist Ehre und ewige
Macht. Amen.

17 Den Reichen in dieser Welt schärfe ein, nicht
hochmütig zu sein und ihre Hoffnung nicht auf
den trügerischen Reichtum zu setzen, sondern auf
Gott, der uns alles reichlich gewährt zum Genug.
18 Gutes sollen sie tun, reich werden an guten
Werken, mitteilsam sein, an die anderen denken
19 und so einen Schatz sich sammeln als gute
Grundlage für die Zukunft zur Erreichung des
wahren Lebens.

Schlußwort

20 Timotheus, bewahre das anvertraute Gut, halte
dich fern von unheiligen, leeren Redereien und den
Widersprüchen der fälschlich so genannten »Erkenntnis«,
21 zu der sich gewisse Leute bekennen,
die den Weg des Glaubens verloren. Die Gnade sei
mit euch! [Amen.]

6,1f: Das Bewußtsein brüderlicher Gleichheit in Christus darf die äußere soziale Ordnung im Sinne der rechten Über- und Unterordnung nicht stören.

ZWEITER BRIEF AN TIMOTHEUS

Der zweite Timotheusbrief setzt eine abermalige Gefangenschaft und das nah bevorstehende Martyrium des Apostels voraus. In seiner Verlassenheit wünscht er das Kommen seines geliebten Schülers und legt ihm angesichts der bereits auftretenden und noch zu erwartenden Irrlehren die Treue zur »gesunden Lehre« und die unerschrockene Erfüllung seines Hirtenamtes ans Herz.

1 Paulus, durch Gottes Willen Apostel Christi
Jesu gemäß der Verheißung des Lebens in
Christus Jesus, 2 an Timotheus, sein geliebtes
Kind. Gnade, Erbarmen und Friede von Gott, dem
Vater, und von Christus Jesus, unserem Herrn.

Mahnung zu furchtlosem Wirken

3 Voll des Dankes bin ich gegen Gott – dem ich von
den Voreltern her mit reinem Gewissen diene –,
wenn ich in meinen Gebeten bei Tag und Nacht un-
ablässig deiner gedenke; 4 denn in Erinnerung an
deine Tränen habe ich Verlangen, dich zu sehen,
um mit Freude erfüllt zu werden. 5 Dabei tritt in
mein Gedächtnis der ungeheuchelte Glaube, der in
dir ist; wie er schon zuvor deiner Großmutter Lois
und deiner Mutter Eunike innewohnte, so wohnt
er, des bin ich gewiß, auch in dir.
6 Aus diesem Grunde mahne ich dich: Entfache von
neuem die Gnadengabe Gottes, die in dir ist durch
die Auflegung meiner Hände. 7 Denn Gott gab uns
nicht einen Geist der Verzagtheit, sondern der Kraft
und der Liebe und der Besonnenheit. 8 Schäme dich
also nicht des Zeugnisses für unseren Herrn noch
meiner, seines Gefangenen; sondern hilf mit-
tragen am Evangelium entsprechend der Kraft
Gottes. 9 Er hat uns gerettet und uns gerufen in
heiliger Berufung, nicht auf Grund unserer Werke,
sondern nach seinem Ratschluß und seiner Gnade,
die uns gegeben wurde in Christus Jesus vor ewigen
Zeiten, 10 die aber jetzt offenkundig wurde durch
das Erscheinen unseres Heilandes Christus Jesus,
der den Tod entmachtete, das Leben aber und die
Unsterblichkeit aufleuchten ließ durch das Evan-
gelium, 11 für das ich bestellt bin als Herold und
Apostel und Lehrer [der Heiden].
12 Aus diesem Grunde erleide ich auch dies, doch ich
schäme mich nicht; denn ich weiß, wem ich ver-
traut habe, und bin überzeugt, daß er mächtig ist,
mein anvertrautes Gut zu bewahren bis zu jenem
Tag. 13 Als Vorbild gesunder Lehren halte dich an
das, was du von mir gehört hast, im Glauben und in
der Liebe in Christus Jesus! 14 Behüte das anver-
traute kostbare Gut durch den Heiligen Geist, der in
uns wohnt!
15 Du weißt es, daß in Asia sich alle zurückzo-
gen von mir, darunter auch Phygelus und Hermo-
genes. 16 Erbarmen schenke der Herr dem Hause
des Onesiphorus; denn oft war er mir zum Trost,
und meiner Ketten schämte er sich nicht, 17 son-
dern als er nach Rom kam, suchte er eifrig nach mir
und fand mich. 18 Der Herr lasse ihn Erbarmen
finden vor dem Herrn an jenem Tage! Und welche
Dienste er mir in Ephesus erwies, weißt du gar
wohl.

Im Dienste Christi

2 1 Du also, mein Kind, sei stark in der Gnade,
die in Christus Jesus ist. 2 Und was du von
mir gehört hast vor vielen Zeugen, das ver-
traue zuverlässigen Menschen an, die geeignet sein
werden, auch andere zu lehren. 3 Trage mit am
schweren Dienst als guter Soldat Christi Jesu!
4 Keiner, der Kriegsdienste tut, verwickelt sich in
Geschäfte des Alltags, damit er dem gefalle, der ihn
angeworben hat. 5 Und wenn einer im Wettkampf
steht, empfängt er keinen Kranz, wenn er nicht
nach Vorschrift gekämpft hat. 6 Nur der Landmann,
der sich müht, hat zuerst Anspruch auf die Früchte.
7 Bedenke, was ich sage; denn der Herr wird dir Ein-
sicht geben in allem. 8 Denke an Jesus Christus, der
auferweckt wurde von den Toten als Sproß Davids,
gemäß meinem Evangelium. 9 In ihm ertrage ich
alles Leid, auch die Fesseln wie ein Verbrecher;
doch das Wort Gottes ist nicht gefesselt. 10 Des-
wegen erdulde ich alles um der Auserwählten wil-
len, damit auch sie das Heil in Christus Jesus erlan-
gen mit ewiger Herrlichkeit. 11 Glaubhaft ist ja das
Wort: Sind wir mit ihm gestorben, werden wir mit
ihm auch leben. 12 Wenn wir ausharren, werden wir

mit ihm auch herrschen; wenn wir verleugnen, wird auch er uns verleugnen. 13 Wenn wir treulos sind, so bleibt er doch treu; denn er kann sich nicht selber verleugnen.

In der Abwehr der Irrlehrer

14 Dazu halte sie an und beschwöre sie vor Gott, daß sie nicht in Wortgefechte sich einlassen; das bringt keinen Nutzen, nur Unheil für die Zuhörer. 15 Trachte mit Eifer danach, dich selbst als ein Bewährter zu erweisen vor Gott, als ein Arbeiter ohne Scheu, der klar einzutreten weiß für das Wort der Wahrheit. 16 Von unheiligen, leeren Redereien halte dich fern; denn immer weiter treiben sie in die Gottlosigkeit hinein, 17 und ihr Wort frißt um sich wie ein Krebs; zu ihnen gehören Hymenäus und Philetus, 18 die von der Wahrheit abgeirrt sind, wenn sie behaupten, die Auferstehung sei schon geschehen, und dadurch den Glauben von manchen untergraben.

19 Doch der feste Gottesgrund hält stand, er trägt das Siegel: »Der Herr kennt die Seinen« (4 Mos 16,5) und: »Es lasse jeder vom Unrecht ab, der anruft den Namen des Herrn« (Is 52,11). 20 In einem großen Hause gibt es nicht nur goldene und silberne Gefäße, sondern auch hölzerne und irdene, die einen zu ehrenvollem Gebrauch, die anderen zu weniger ehrenvollem. 21 Hält sich nun jemand rein von den genannten Dingen, wird er ein Gefäß sein zur Ehre, geheiligt und brauchbar für den Herrn, bereitgestellt für jedes gute Werk.

22 Fliehe die Begierden der Jugend! Strebe dagegen nach Gerechtigkeit, Glauben, [Hoffnung,] Liebe und Frieden in Gemeinschaft mit denen, die den Herrn anrufen aus reinem Herzen. 23 Die törichten und ungezügelten Wortgefechte meide; du weißt, sie erzeugen nur Streit. 24 Ein Knecht des Herrn aber soll nicht streiten, sondern gütig sein gegen jedermann, fähig zur Unterweisung, verträglich. 25 In Milde soll er die Widersacher zurechtweisen, vielleicht, daß Gott ihnen Bekehrung schenkt zur Erkenntnis der Wahrheit, 26 und sie wieder zu sich selber finden, von der Schlinge des Teufels weg, von dem sie gefangen wurden für seine Absichten.

2,1–13: Beachte die Sorge um die verlässige Weitergabe der Heilslehre in der mündlichen Überlieferung, die von Anfang an die Wahrheit des Glaubens getragen und gesichert hat, so daß bei aller Ehrfurcht vor den Schriften des Neuen Testamentes die hier angedeutete mündliche Tradition als Quelle unserer Glaubenserkenntnis nicht übersehen werden darf. Die Sätze 11–13 scheinen einem urchristlichen Gebetstext entnommen zu sein. • 14–26: Wie 1Tim handelt es sich bei den Irrlehren um judaisierende Sekten gnostischer Richtung. Hymenäus ist schon 1Tim 1,20 genannt. Zur Bekehrung der Irrlehrer führt weniger Auseinandersetzung in Worten als ruhige Darlegung und echtes Vorleben des Glaubens.

Von der drohenden Verführung

3 1 Das aber wisse: in den letzten Tagen stehen schwere Zeiten bevor; 2 denn es werden die Menschen selbstsüchtig sein, geldgierig, großtuerisch, überheblich, schmähsüchtig, widerspenstig gegen die Eltern, undankbar, ehrfurchtslos, 3 lieblos, unverträglich, verleumderisch, unbeherrscht, zuchtlos, rücksichtslos, 4 verräterisch, verwegen, aufgeblasen, mehr auf Genuß bedacht als auf Gott. 5 Sie haben die äußere Form von Frömmigkeit; doch haben sie sich losgesagt von deren Kraft. Von Leuten dieser Art halte dich fern! 6 Denn aus ihren Reihen sind jene, die sich in die Häuser einschleichen, leichtes Frauenvolk umgarnen, das in Sünden steckt und, von mannigfachen Begierden getrieben, 7 immerfort lernt und doch niemals zur Erkenntnis der Wahrheit zu kommen vermag. 8 Wie Jannes und Jambres dem Moses widerstanden, so widerstehen auch diese der Wahrheit als Menschen mit verderbtem Sinn, ohne Bewährung im Glauben. 9 Doch werden sie nicht weiter vorankommen; denn ihre Torheit wird allen offenkundig werden, wie es auch bei jenen geschah.

Treue und Beständigkeit

10 Du aber folgtest dem Weg meiner Lehre, meiner Lebensführung, meines Strebens, meines Glaubens, meiner Ausdauer, Liebe, Geduld, 11 meiner Verfolgungen und Leiden, wie sie mir in Antiochien, Ikonium und Lystra begegneten. Was habe ich doch an Verfolgungen ertragen, und aus ihnen allen errettete mich der Herr. 12 Ja, alle, die willens sind, fromm zu leben in Christus Jesus, werden verfolgt werden. 13 Böse Menschen aber und Betrüger werden es immer ärger treiben als Verführer und als Verführte. 14 Du aber halte fest an dem, was du gelernt und als verlässig erkannt hast; du weißt ja, von wem du es lerntest, 15 und du kennst von Kindheit an die Heiligen Schriften, die dich weise zu machen vermögen für das Heil auf Grund des Glaubens in Christus Jesus. 16 Jede von Gott eingegebene Schrift ist auch dienlich zur Belehrung, zur Beweisführung, zur Zurechtweisung, zur Schulung in der Gerechtigkeit, 17 damit ausgestattet sei der Mann Gottes, wohlgerüstet zu jedem guten Werk.

3,1–9: Die »letzten Tage« sind die Zeit vor der Weltvollendung, wie sie schon mit Christus angebrochen und vor allem gekennzeichnet ist durch die immer stärker hervortretenden Angriffe der Feinde des Gottesreiches. Der Christ steht zu jeder Zeit in dieser Auseinandersetzung. »Jannes und Jambres«, nach jüdischer Überlieferung die Namen der 2 Mos 7,11–22 erwähnten ägyptischen Zauberer. • 10–17: Beachte die Empfehlung der Heiligen Schrift als Quelle und Sicherung des Glaubens. Häufiges Lesen der Bibel aus gläubiger Haltung fördert unser inneres Leben.

Unverdrossener Dienst an der Wahrheit

4 1 Ich beschwöre dich vor Gott und vor
Christus Jesus, der kommen wird als Richter
über Lebende und Tote, bei seinem Erschei-
nen und bei seinem Königtum: 2 Künde das Wort,
sei zur Stelle, ob gelegen, ob ungelegen, widerlege,
tadle, ermahne mit aller Langmut und Belehrung!
3 Denn es wird eine Zeit kommen, da sie die ge-
sunde Lehre nicht ertragen, sondern nach eigenen
Gelüsten sich Lehrer zusammensuchen, weil sie
nach Ohrenkitzel verlangen. 4 Von der Wahrheit
werden sie das Ohr abwenden und den Fabeleien
sich zuwenden.
5 Du aber sei besonnen in allem, nimm alles Unge-
mach auf dich, erfülle das Werk eines Boten des
Evangeliums, widme dich ganz deinem Dienst!
6 Denn ich werde schon hingeopfert, und die Zeit
meines Aufbruches steht bevor. 7 Den guten Kampf
habe ich gekämpft, den Lauf vollendet, den Glau-
ben bewahrt. 8 Nun liegt mir bereit der Kranz der
Gerechtigkeit, den mir überreichen wird der Herr
an jenem Tag als der gerechte Richter; nicht nur mir,
sondern auch allen, die in Liebe zugewandt sind sei-
nem Erscheinen.

Persönliche Schlußnotizen

9 Beeile dich, bald zu mir zu kommen! 10 Denn
Demas hat mich verlassen, aus Liebe zu dieser
Welt, und ist nach Thessalonich gegangen, Cres-
cens nach Galatien, Titus nach Dalmatien. 11 Lukas
ist als einziger bei mir. Nimm Markus hinzu und
bring ihn mit dir; denn ich kann seinen Dienst gut
gebrauchen. 12 Tychikus habe ich nach Ephesus ge-
sandt.
13 Den Mantel, den ich in Troas bei Karpus ließ,
nimm mit dir, wenn du kommst, auch die Bü-
cher, vor allem die Pergamente! 14 Alexander, der
Schmied, hat mir viel Böses angetan; der Herr wird
ihm vergelten nach seinen Werken. 15 Vor ihm
nimm auch du dich in acht; denn er hat unseren
Worten heftigen Widerstand geleistet.
16 Bei meiner ersten Verteidigung stand mir nie-
mand bei, sondern alle ließen mich im Stich; möge
es ihnen nicht angerechnet werden. 17 Der Herr
aber stand mir bei und stärkte mich, daß durch
mich die Verkündigung vollendet werde und alle
Heiden sie hören, und so wurde ich entrissen dem
Rachen des Löwen. 18 Retten wird mich der Herr
vor jedem bösen Unterfangen und wird mir ver-
helfen in sein himmlisches Reich. Ihm ist die Ehre
in alle Ewigkeit. Amen.
19 Grüße Prisca und Aquila und das Haus des One-
siphorus! 20 Erastus blieb in Korinth. Trophimus
ließ ich krank in Milet zurück. 21 Beeile dich, vor
dem Winter zu kommen! Es grüßen dich Eubulus,
Pudens, Linus, Klaudia und alle Brüder. 22 Der Herr
Jesus [Christus] sei mit deinem Geiste! Die Gnade
sei mit euch! [Amen.]

4,3: Vgl. 1Tim 4,1–7. • 14: Alexander ist 1Tim 1,20 erwähnt. • 16f: Paulus erinnert vermutlich an den ersten Prozeß in Rom, der demnach mit seiner Freilassung endete, so daß er noch Möglichkeiten hatte, nach Spanien und in östliche Gebiete (vgl. 1Tim; Tit) zu kommen, ehe er abermals verhaftet wurde.

DER BRIEF AN TITUS

Titus, einer der eifrigsten Mitarbeiter des hl. Paulus, entstammte dem Heidentum (Gal 2,3), begleitete den Apostel zum Apostelkonzil (Gal 2,1) und war als besonderer Vertrauensmann bei der Beilegung der Schwierigkeiten in der korinthischen Gemeinde tätig (vgl. 2 Kor 2,13; 7,5–16; 8,6–23; 12,18). Da Paulus nach der Apostelgeschichte vor seiner Gefangenschaft nicht nach Kreta kam, sondern erstmals bei seiner Überführung als Gefangener die Insel berührte (Apg 27,7–13), ohne dabei dort tätig zu sein, so bleibt bei Annahme der Echtheit des folgenden Briefes nur die Möglichkeit, daß der Apostel nach seiner Haft nochmals frei wurde und bei einer abermaligen Tätigkeit im Orient – wie dies auch 1Tim voraussetzt – auch in Kreta wirkte und dort Titus zur Ordnung des begonnenen Missionswerkes zurückließ (Tit 1,5). Somit dürfte der Brief um das Jahr 65 geschrieben sein. Inhaltlich berührt er sich weitgehend mit 1 Tim. Es geht um Anweisungen hinsichtlich der Presbyter, der Irrlehrer und der einzelnen Stände. Nach 2 Tim 4,10 wirkte Titus später auch in Dalmatien.

Paulus, Knecht Gottes, Apostel Jesu Christi
um des Glaubens der Auserwählten Gottes
willen und der Erkenntnis der Wahrheit, wie
sie der Frömmigkeit entspricht, 2 in der Hoffnung
auf das ewige Leben, das verheißen hat der untrüg-
liche Gott vor ewigen Zeiten; 3 offenbar aber
machte er sein Wort zu seiner Zeit in der Verkündi-
gung, mit der ich betraut wurde nach dem Auftrag
Gottes, unseres Erretters. 4 An Titus, sein wahres
Kind im gemeinsamen Glauben: Gnade und Friede
von Gott, dem Vater, und von Christus Jesus, unse-
rem Heiland.

Bestellung von Vorstehern

5 Ich ließ dich dazu in Kreta zurück, daß du das
Fehlende ordnest und in den einzelnen Städten
Presbyter einsetzest, wie ich es dir auftrug: 6 Ein
solcher sei unbescholten, Mann einer einzigen
Frau und Vater gläubiger Kinder, denen nicht Aus-
schweifung nachgesagt wird oder Unbotmäßigkeit.
7 Denn der Bischof soll als Hauswalter Gottes un-
tadelig sein, nicht selbstherrlich, nicht zornmütig,
nicht trunksüchtig, nicht gewalttätig, nicht auf un-
lauteren Gewinn bedacht, 8 sondern gastfreundlich,
gütig, besonnen, gerecht, ehrbar, enthaltsam. 9 Er
halte sich an das verlässige Wort, der Lehre ent-
sprechend, damit er imstande sei, in der gesunden
Lehre zu ermahnen und die Widersacher zu wider-
legen.

Abwehr der Irrlehrer

10 Es gibt ja viele Widerspenstige, Schwätzer und
Verführer, besonders die aus der Beschneidung,
11 denen man den Mund stopfen muß; denn sie
bringen ganze Häuser durcheinander, indem sie aus
schnöder Gewinnsucht ungehörige Lehren verbrei-
ten. 12 Es sagte ja einer von ihnen als ihr eigener
Prophet: »Kreter sind immerdar Lügner, schlimme
Bestien, faule Bäuche.« 13 Dieses Zeugnis ist wahr.
Darum weise sie mit aller Strenge zurecht, damit
sie gesund bleiben im Glauben 14 und nicht auf
jüdische Fabeln hören und auf Satzungen von
Menschen, die von der Wahrheit sich abkehren.
15 Den Reinen ist alles rein; den Befleckten aber und
Ungläubigen ist nichts rein, sondern sowohl ihr
Verstand ist befleckt als auch ihr Gewissen. 16 Gott
zu kennen, behaupten sie, doch in ihren Werken
verleugnen sie ihn; ein Greuel sind sie, unbekehrbar
und unfähig zu jeder guten Tat.

Pflichten der einzelnen Stände

2 1 Du aber verkünde, wie es der gesunden
Lehre entspricht: 2 Die älteren Männer sollen
nüchtern sein, ehrbar, besonnen, gesund im
Glauben, in der Liebe, in der Geduld. 3 Desgleichen
seien die älteren Frauen ehrwürdig in ihrem Be-
nehmen, nicht verleumderisch, nicht vielem Trunk
ergeben, Lehrerinnen des Guten, 4 um die jungen
Frauen verständnisvoll anzuhalten, liebevoll zu sein
gegen Mann und Kinder, 5 besonnen, ehrbar, häus-
lich, gütig, dem eigenen Mann sich unterordnend,
damit das Wort Gottes nicht gelästert werde.
6 Ebenso mahne die jüngeren Männer, besonnen zu
sein in allem, 7 und zeige dich selbst als Vorbild
edlen Tuns, lauter und würdevoll in der Belehrung;
8 dein Wort sei gesund und unanfechtbar, damit der

Gegner beschämt werde, wenn er nichts Schlechtes
über uns zu sagen weiß.
9 Die Sklaven sollen ihren Herren in allem unter-
tänig sein, gefällig, nicht widersprechen, 10 nichts
veruntreuen, sondern in allem die rechte Treue zei-
gen, damit sie in jeder Hinsicht der Lehre Gottes,
unseres Erretters, zur Zierde gereichen. 11 Erschie-
nen ist ja die Gnade Gottes als Heil für alle Men-
schen. 12 Sie leitet uns an, daß wir uns lossagen von
der Gottlosigkeit und von den weltlichen Lüsten
und besonnen, gerecht und fromm in dieser Welt
leben 13 im Warten auf die selige Hoffnung und das
Erscheinen der Herrlichkeit unseres großen Gottes
und Heilandes Jesus Christus. 14 Er gab sich für uns
hin, um uns loszukaufen von aller Ungerechtigkeit
und für sich ein reines Volk zu bereiten, das ihm zu
eigen ist und eifrig im Wirken des Guten. 15 So rede
und mahne und weise zurecht mit aller Entschie-
denheit! Niemand soll gering von dir denken.

2,2–8: Vgl. 1Tim 2,8–15; 5,1–14. • 9–10: Vgl. 1Tim 6,1–2; Eph 6,5–8; Kol 3,22–25.

Der Christ in der Gemeinschaft: Bereit zu jedem guten Werk

3 1 Ermahne sie, den obrigkeitlichen Gewalten
untertan und gehorsam zu sein und bereit zu
jedem guten Werk, 2 über niemand zu lästern,
nicht streitsüchtig zu sein, sondern nachgiebig und
alle Güte zu zeigen gegenüber allen Menschen.
3 Ehedem waren ja auch wir unverständig, unge-
horsam, im Irrtum befangen, Sklaven von mancher-
lei Begierden und Lüsten, in Bosheit und Neid
dahinlebend, abscheulich und voll Haß gegenein-
ander. 4 Als aber die Güte und Menschenfreund-
lichkeit Gottes, unseres Retters, erschien, 5 rettete
er uns nicht auf Grund von Werken der Gerechtig-
keit, die wir vollbracht hätten, sondern nach seinem
Erbarmen durch das Bad der Wiedergeburt und der
Erneuerung des Heiligen Geistes; 6 ihn goß er in
reicher Fülle über uns durch Jesus Christus, unse-
rem Retter, 7 damit wir gerecht geworden durch
seine Gnade, Erben würden gemäß der Hoffnung
auf ewiges Leben.
8 Glaubhaft ist das Wort, und ich möchte, daß du
mit allem Nachdruck dich dafür einsetzest, damit
sie, die an Gott glauben, es sich angelegen sein
lassen, sich hervorzutun durch gute Werke. Das ist
edel und von Nutzen für die Menschen.

Schlußermahnungen und Aufträge

9 Mit törichten Auseinandersetzungen aber, mit Ge-
schlechtsregistern, Streitigkeiten und Kämpfen um
das Gesetz befasse dich nicht; denn sie sind nutzlos
und ohne Wert. 10 Von einem Menschen, der falsche
Lehren vertritt, ziehe dich zurück, wenn du ein er-
stes und zweites Mal ihn zurechtgewiesen hast!
11 Du weißt ja, ein solcher ist verkehrt und sündigt,
indem er sich zu seinem eigenen Richter macht.
12 Wenn ich Artemas oder Tychikus zu dir schicken
werde, dann komm baldigst zu mir nach Nikopolis;
denn ich entschloß mich, dort den Winter zu ver-
bringen. 13 Zenas, den Gesetzeskundigen, und
Apollos versorge bestens für die Weiterreise, damit
ihnen nichts mangle. 14 Auch die Unseren sollen
lernen, voranzugehen in guten Werken bei Not und
Bedürftigkeit, damit sie nicht ohne Frucht bleiben.
15 Es grüßen dich alle, die bei mir sind. Grüße, die
uns Freund sind im Glauben! Die Gnade [Gottes]
sei mit euch allen! [Amen.]

3,1–8: Der Christ hat innerhalb der staatlichen und sozialen Gemeinschaft eine wichtige Aufgabe, wenn er aus der Kraft seines Glaubens lebt und tätig ist. • 12: Einer von diesen beiden sollte wahrscheinlich Titus ersetzen, wenn er zu weiteren Aufgaben zu Paulus nach Nikopolis (in Epirus in Griechenland) gerufen würde. Über Tychikus vgl. Apg 20,4; Eph 6,21; Kol 4, Kol 4,7; 2Tim 4, 12.

JE
RU
SALEM

DER BRIEF AN PHILEMON

Dieser kleinste der Paulusbriefe ist als Begleitschreiben zu betrachten, das der gefangene Apostel dem entlaufenen Sklaven Onesimus mitgab, als er ihn an dessen Herrn Philemon in Kolossä zurückschickte, vgl. Kol 4,9. Zusammen mit dem Brief an die Kolosser und dem an die Epheser wurde er aus der römischen Untersuchungshaft (61–63) geschrieben. Die Erwähnung der Hausgemeinde (V. 2) läßt auf die Wohlhabenheit des Philemon wie auf seine Bereitschaft für das Missionswerk des Apostels schließen. Der an ihn gerichtete Brief ist ein kostbares Beispiel antiker Briefe und zugleich ein aufschlußreiches Dokument für die christliche Stellungnahme zum sozialen Problem der Sklaverei, das die Kirche von innen her, aus der Kraft des Glaubens und der Liebe, zu lösen suchte.

Paulus, Gefangener Christi Jesu, und Bruder
Timotheus an Philemon, unseren Freund und
Mitarbeiter, 2 sowie an die Schwestern Ap-
phia und an Archippus, unseren Kampfgefährten,
und an die Gemeinde in deinem Hause. 3 Gnade
euch und Friede von Gott, unserem Vater, und dem
Herrn Jesus Christus.

Dank und Lob.

4 Ich danke meinem Gott in stetem Gedenken an
dich bei meinen Gebeten, 5 da ich von deiner Liebe
höre und deinem Glauben, wie du sie bekundest
vor dem Herrn Jesus und gegenüber allen Heiligen.
6 Möge der Gemeinschaftssinn deines Glaubens
sich wirksam erweisen im Erkennen alles Guten,
das in uns ist im Hinblick auf Christus. 7 Empfing
ich doch viel Freude und Trost ob deiner Liebe, weil
die Herzen der Heiligen erquickt wurden durch
dich, Bruder!

Fürsprache für Onesimus

8 Daher möchte ich – so sehr ich dir ganz offen in
Christus einen diesbezüglichen Auftrag erteilen
könnte – 9 mehr um der Liebe willen eine Bitte aus-
sprechen als das, was ich bin: Paulus, ein alter
Mann und jetzt dazu ein Gefangener Christi Jesu.
10 Ich bitte dich für mein Kind, dem ich das Leben
gab in meinen Fesseln, für Onesimus. 11 Er war dir
früher ein Nichtsnutz, jetzt aber ist er dir und mir
nützlich. 12 Ich schicke ihn dir zurück, [du aber
nimm ihn an,] ihn, das heißt mein Herz. 13 Ich
wollte ihn gerne bei mir behalten, daß er mir an
deiner Stelle zu Diensten wäre in meinem Gefan-
gensein für das Evangelium. 14 Doch ohne deine
Einwilligung wollte ich nichts tun, damit deine Gut-
tat nicht erzwungen geschehe, sondern aus freier
Entscheidung.
15 Denn vielleicht wurde er deswegen auf kurze
Zeit [von dir] getrennt, damit du für immer ihn
wiedererhältst, 16 nicht mehr als Sklaven, sondern
über einen Sklaven hinaus: als geliebten Bruder; ist
er es für mich gar sehr, dann um so mehr für dich,
sowohl in menschlicher Hinsicht als auch im Herrn.
17 Betrachtest du mich nun als Genossen, so nimm
ihn auf wie mich selbst. 18 Sollte er dir aber Schaden
zugefügt haben oder dir etwas schuldig sein, so
setze dies mir auf die Rechnung. 19 Ich, Paulus ich
schreibe es mit eigener Hand –, ich will es bezahlen,
ohne daß ich zu dir sage, daß du sogar dich selbst
mir schuldig bist. 20 Ja, Bruder, laß mich von dir
Nutzen haben im Herrn, erquicke mein Herz in
Christus.
21 Im Vertrauen auf deine Bereitwilligkeit habe ich
dir geschrieben; denn ich weiß, daß du mehr tun
wirst, als ich sage. 22 Zugleich halte mir auch eine
Herberge bereit; denn ich hoffe, daß ich dank
eurem Beten euch wieder geschenkt werde.
23 Es grüßt dich Epaphras, mein Mitgefangener in
Christus Jesus, 24 Markus, Aristarchus, Demas und
Lukas, meine Mitarbeiter. 25 Die Gnade unseres
Herrn Jesus Christus sei mit eurem Geiste! [Amen.]

1,1–3: Apphia ist wahrscheinlich die Frau des Philemon; Archippus, der nach Kol 4,17 ein kirchliches Amt innehatte, vermutlich der Sohn des Hauses, das als Sammelpunkt einer »Hausgemeinschaft« genannt ist. • 10f: Paulus meint die geistige Vaterschaft, mit der er Onesimus zu Christus bekehrt hat. »Nichtsnutz« und »nützlich« spielt auf den Namen »Onesimus« (= nutzbringend«) an. • 19: Paulus hat wohl den kurzen Brief eigenhändig geschrieben. • 22: Der Apostel hofft also auf Freispruch in seinem Prozeß.

DER BRIEF AN DIE HEBRÄER

Im Unterschied zu den bisherigen Briefen fehlt beim sogenannten Hebräerbrief eine bestimmte Angabe des Absenders wie der Adressaten. Er wendet sich an Leser, die in der Gefahr stehen, sich dem jüdischen Kult zuzuwenden und damit den Glauben an Christus aufzugeben. In eindrucksvoller Gedankenführung sucht daher das Schreiben den Vorrang der in Christus begründeten Heilsordnung gegenüber der mosaischen darzustellen, wobei häufige Mahnungen zur tätigen Glaubenstreue die Beweisführung durchziehen. Auffallend sind die zahlreichen Schriftzitate und die Art ihrer Zitation und Deutung sowie die sprachliche Eigenart des ganzen Briefes. Schon in der Väterzeit entstand daher die Meinung, daß der Inhalt zwar auf Paulus hinweise, daß aber die Formgebung von einem anderen, dem Apostel nahestehenden Mann der Urkirche stamme. Man denkt bei den verschiedenen Möglichkeiten besonders an Apollos von Alexandrien (vgl. Apg 18,24–28; 1 Kor 1,12; 3,4; 4,6; 16,12; Tit 3,13). Als Empfänger kommt wohl eine judenchristliche Gemeinschaft, sei es in Palästina, sei es in einem jüdischen Diasporabezirk, in Frage. Die Abfassungszeit ist schwer feststellbar. 13,19 und 13,23 werden vielfach auf die erste römische Gefangenschaft des Apostels (61–63) bezogen.

1 Nachdem oftmals und in mancher Gestalt
und Weise seit alters Gott zu den Vätern
gesprochen hatte in den Propheten,
2 sprach er am Ende dieser Tage zu uns durch seinen
Sohn, den er eingesetzt hat zum Erben des Alls,
durch den er auch die Welten schuf. 3 Er, der Abglanz seiner Herrlichkeit ist und Abbild seines
Wesens, der das Weltall trägt durch sein machtvolles Wort, hat Reinigung von den Sünden erwirkt
und sich gesetzt zur Rechten der Majestät in der
Höhe (Ps 110,1).

Höher als die Engel

4 Er ist so viel erhabener als die Engel, als sein Name,
den er geerbt hat, sie überragt. 5 Denn zu welchem
der Engel sprach er je: »Mein Sohn bist du, ich habe
dich heute gezeugt« (Ps 2,7)? Und ferner: »Ich
werde ihm Vater sein, und er wird mir Sohn sein«
(2 Sam 7,14)? 6 Wiederum spricht er, da er den Erstgeborenen einführt in die Welt: »Und anbeten sollen ihn alle Engel Gottes« (5 Mos 32,43). 7 Im Hinblick auf die Engel sagte er: »Zu seinen Engeln
macht er Winde und zu seinen Dienern die Flamme
des Feuers« (Ps 104,4). 8 Zum Sohn aber: »Dein
Thron, o Gott, steht in alle Ewigkeit« und: »Der
Stab der Gerechtigkeit ist dein Herrscherstab; 9 du
liebtest das Recht, verhaßt war dir der Frevel;
darum hat dich, o Gott, dein Gott gesalbt mit
Freudenöl vor deinen Genossen« (Ps 45,7 f), 10 sowie: »Du hast im Anfang, o Herr, die Erde gegründet, und deiner Hände Werke sind die Himmel.
11 Sie werden vergehen, du aber wirst bleiben, und
alle werden altern wie ein Kleid; 12 wie einen
Mantel wirst du sie zusammenrollen, wie ein Gewand, und sie werden sich ändern; du aber bist derselbe, und deine Jahre werden nicht abnehmen«
(Ps 102,26–28). 13 Zu welchem der Engel hat er je
gesagt: »Setze dich zu meiner Rechten, bis ich deine
Feinde hinlege als Schemel deiner Füße« (Ps 110,1)?
14 Sind sie nicht alle dienende Geister, ausgesandt
zum Dienste derer, die erben sollen das Heil?

1,1–3: Die Erhabenheit der christlichen Offenbarung gegenüber der alttestamentlichen folgt aus der einzigartigen Stellung Jesu Christi als des wesensgleichen Gottessohnes. • 4–14: Nach jüdischer Auffassung waren die Engel die Mittler der alttestamentlichen Offenbarung, vgl. Apg 7,38.53; Gal 3,19. Daher wird hier mit einer Reihe von Schriftworten der Vorrang Christi vor den Engeln aufgezeigt. Die Stellen sind nach dem griechischen Text des AT zitiert, in messianischer Deutung ihres Inhaltes. Dabei ist einer der wichtigsten Beweise der messianische Ps 110.

Mahnung zur Heilsbereitschaft

2 1 Darum müssen wir um so mehr achten
auf das, was wir hörten, damit wir nicht
unser Ziel verfehlen. 2 Denn wenn schon das
durch Engel verkündete Wort verpflichtend war
und jede Übertretung und Mißachtung gebührende
Vergeltung empfing, 3 wie werden dann wir entrinnen, wenn wir nicht achten auf ein so großes Heil,
dessen Verkündigung ihren Anfang nahm durch
den Herrn und das von jenen, die sie hörten, beglaubigt wurde für uns? 4 Gott gab Zeugnis dafür
durch Zeichen und Wunder, durch vielgestaltige

Machterweise und Zuteilungen Heiligen Geistes
nach seinem Ratschluß.

Christus, unser aller Erlöser

5 Denn nicht Engeln unterwarf er die künftige Welt,
von der wir reden. 6 Es hat ja wo einer bezeugt:
»Was ist der Mensch, daß du seiner gedenkst, oder
des Menschen Sohn, daß du seiner achtest? 7 Er-
niedrigt hast du ihn für kurz unter die Engel, mit
Herrlichkeit und Ehre ihn gekrönt [und ihn gesetzt
über die Werke deiner Hände]; 8 alles hast du unter-
worfen seinen Füßen« (Ps 8,5ff). Wenn er ihm »alles
unterwarf«, nahm er nichts aus, das ihm nicht un-
terworfen wäre. Jetzt sehen wir freilich noch nicht,
daß ihm »alles unterworfen« ist. 9 Den aber, der »für
kurz unter die Engel erniedrigt« wurde, sehen wir in
Jesus, der für das Erleiden des Todes »mit Herrlich-
keit und Ehre gekrönt« wurde – er sollte ja durch
Gottes Gnade für alle den Tod verkosten. 10 War es
doch entsprechend für ihn, dessentwegen das All
und durch den das All ist, das er, um viele Söhne zur
Herrlichkeit zu führen, den Urheber ihres Heils
durch Leiden hindurch zur Vollendung führte. 11 Es
stammen ja der Heiligende und die zu Heiligenden
alle von einem. Aus diesem Grunde schämt er sich
auch nicht, sie Brüder zu nennen, da er spricht:
12 »Verkünden will ich deinen Namen meinen Brü-
dern, inmitten der Gemeinde will ich dich preisen«
(Ps 22,23). 13 Ferner: »Ich will mein Vertrauen setzen
auf ihn«, und weiter: ›Siehe mich und die Kinder,
die Gott mir gegeben hat‹« (Is 8,17f).
14 Da nun die Kinder in Gemeinschaft stehen durch
Blut und Fleisch, nehm auch er in gleicher Weise
daran teil, um durch den Tod den zu entmachten,
der des Todes Gewalt besitzt, nämlich den Teufel,
15 und alle zu erlösen, die in der Furcht des Todes
das ganze Leben hindurch einer Versklavung ver-
fallen waren. 16 Denn er nimmt sich doch nicht der
Engel an, sondern »der Nachkommen Abrahams
nimmt er sich an« (Is 41,8). 17 Darum mußte er in
allem den Brüdern gleich werden, damit er ein mit-
fühlender und getreuer Hoherpriester werde im
Dienste vor Gott, um die Sünden des Volkes zu
sühnen. 18 Denn da er selbst versucht wurde und ge-
litten hat, vermag er auch denen, die versucht wer-
den, beizustehen.

2,5–18: Der Erlöserweg Christi bedeutete eine vorübergehende Erniedrigung im Leiden, endete aber in der Verherrlichung, in der Christus als der universale Herr erscheint. Der Gedanke richtet sich gegen jüdische Kreise, die an der Erniedrigung Jesu Anstoß nahmen. Ps 8 ist messianisch gedeutet, vgl. 1 Kor 15,27; Eph 1,22; Phil 3,21, wobei »des Menschen Sohn« auf Christus bezogen wird, der nur »für kurz«, d. h. während seines Erdenlebens, niedriger als die Engel erschien. Beachte die Kennzeichnung Jesu als »Bruder« der Erlösten. Der Gedanke, daß Jesus uns Bruder geworden ist und als Bruder uns auch in seiner Verherrlichung verbunden ist, kommt auch sehr nachdrücklich im Brief an die Römer (8,29) zum Ausdruck. Paulus nennt ihn dort den »Erstgeborenen unter vielen Brüdern«. Durch die Taufe und den Heiligen Geist sind wir ihm geeint und so auch unter uns Brüder und Schwestern.

Höher als Moses

3 1 Darum, heilige Brüder, teilhaft geworden der
himmlischen Berufung, schaut auf Jesus, den
Gesandten und Hohenpriester unseres Be-
kenntnisses: 2 Er war getreu vor dem, der ihn be-
stellt hat, wie es auch »Moses war in seinem ganzen
Hause« (4 Mos 12,7). 3 Denn er wurde größerer
Herrlichkeit für würdig erachtet als Moses; größere
Ehre als das Haus erfährt ja sein Erbauer. 4 Denn
jedes Haus wird von jemand erbaut; der Erbauer
von allem aber ist Gott. 5 »Moses war getreu in
seinem ganzen Haus als ein Diener« (4 Mos 12,7),
zur Bezeugung dessen, was geoffenbart werden
sollte. 6 Christus aber steht als Sohn über seinem
Hause. Sein Haus sind wir, wenn wir die Zuversicht
und frohgestimmte Hoffnung [bis ans Ende unwan-
delbar] festhalten.

Warnung vor Glaubensabfall

7 Darum – wie der Heilige Geist sagt –: »Heute,
wenn ihr seine Stimme hört, 8 verhärtet eure Her-
zen nicht wie bei der Erbitterung am Tage der
Versuchung in der Wüste, 9 wo mich eure Väter
versuchten und auf die Probe stellten, obwohl sie
meine Werke sahen 10 vierzig Jahre hindurch.
Darum war ich unwillig über dieses Geschlecht und
sprach: Allezeit irren sie mit ihrem Herzen, und
meine Wege erkannten sie nicht. 11 So schwor ich
denn in meinem Zorn: Sie sollen nicht eingehen in
meine Ruhe« (Ps 95,7ff). 12 Seht zu, Brüder, daß in
keinem von euch ein böses, ungläubiges Herz sich
finde, um abzufallen vom lebendigen Gott. 13 Er-
mahnt vielmehr einander an jedem Tag, solange
man das »Heute« ruft, damit keiner von euch »ver-
härtet« werde durch den Trug der Sünde. 14 Denn
wir sind ja zur Teilhabe an Christus erwählt
worden, wenn wir nur den Anfangsgrund bis ans
Ende sicher bewahren.
15 Wenn es heißt: »Heute, wenn ihr seine Stimme
hört, verhärtet eure Herzen nicht wie bei der Er-
bitterung«, 16 wer waren denn jene, die »hörten«
und ihn »erbitterten«? Waren es denn nicht alle, die
aus Ägypten auszogen unter Moses? 17 Über wen
war er »unwillig vierzig Jahre hindurch«? Waren es
nicht jene, die gesündigt hatten, deren »Leiber in
der Wüste dahinsanken« (4 Mos 14,29)? 18 Wem
anders »schwor« er, daß sie »nicht eingehen sollten
in seine Ruhe«, als denen, die ungehorsam waren?

19 So sehen wir denn, daß sie nicht eingehen konn-
ten wegen ihres Unglaubens.

3,1–6: Moses wurde von den Juden über die Engel gestellt. Jesus steht als »Gesandter« (wörtlich »Apostel«) und »Hoherpriester« der neuen Offenbarung über ihm.

Aufruf zum Glaubenseifer

4 1 Seien wir also mit Besorgnis darauf bedacht,
daß keiner von euch als säumig erscheine,
indes die Verheißung, in »seine Ruhe einzuge-
hen«, noch offensteht. 2 Denn auch an uns erging die
Heilsbotschaft wie an jene; doch ihnen nützte das
Wort der Botschaft nichts, da es sich nicht durch
den Glauben mit denen vereint, die hörten. 3 Denn
»eingehen werden wir in die Ruhe«, wenn wir ge-
glaubt haben, gemäß seinem Wort: »So schwor ich
denn in meinem Zorn: Sie sollen nicht eingehen in
meine Ruhe«, und dies, obgleich mit der Grund-
legung der Welt die Werke getan waren. 4 Es heißt ja
an einer Stelle vom siebten Tag also: »Und Gott
ruhte am siebten Tag von allen seinen Werken«
(1 Mos 2,2). 5 Und an anderer Stelle wiederum: »Sie
sollen nicht eingehen in meine Ruhe.« 6 Da es nun
dabei bleibt, daß einige in sie eingehen werden, jene
aber, an die zuerst die Heilsbotschaft erging, infolge
ihres Ungehorsams nicht eingingen, 7 so bestimmt
er nochmals einen Tag als »Heute«, indem er nach so
langer Zeit durch David spricht, wie oben gesagt
wurde: »Heute, wenn ihr seine Stimme hört, ver-
härtet eure Herzen nicht!« 8 Denn hätte Josue ihnen
»Ruhe« verschafft, würde er nachher nicht von
einem anderen Tag reden. 9 So steht also noch eine
Sabbatruhe aus für das Volk Gottes. 10 Denn wer
eingegangen ist in seine »Ruhe«, der ruht auch sel-
ber aus von seinen Werken wie Gott von den
seinen. 11 Laßt uns also mit Eifer danach streben,
»einzugehen in diese Ruhe«, damit keiner zu Fall
komme in der gleichen Weise des Ungehorsams.
12 Denn lebendig ist das Wort Gottes, wirksam und
schärfer als jedes doppelt geschliffene Schwert; es
dringt durch bis zur Trennung von Seele und Geist,
von Gelenk und Mark, und ist Richter über Gedan-
ken und Regungen des Herzens. 13 Nichts Geschaf-
fenes ist verborgen vor ihm, alles liegt nackt und
offen vor den Augen dessen, vor dem wir Rede und
Antwort schulden.

Christus, unser Hoherpriester

14 Wir haben also einen erhabenen Hohenpriester,
einen, der die Himmel durchschritt, Jesus, den Sohn
Gottes; so laßt uns denn festhalten an dem Be-
kenntnis! 15 Denn wir haben nicht einen Hohen-
priester, der nicht mitfühlen könnte mit unseren
Schwächen, sondern einen, der in jeder Hinsicht auf
gleiche Weise versucht wurde – doch fern von
Sünde. 16 Darum laßt uns mit Zuversicht hintreten
zum Thron der Gnade, um Barmherzigkeit zu er-
fahren und Gnade zu finden als Hilfe zu rechter Zeit.

4,1–13: Erst den Christen wird der Eingang in die in Ps 95 verheißene »Sabbatruhe« Gottes beschieden sein. Daher gilt auch ihnen die Warnung des Psalmes. Nur im Glauben erhalten wir das Verheißene. • 14–5,10: Jesus ist von Gott bestellter Hoherpriester, aber nicht in unerreichbarer Ferne, sondern in mitfühlender Gemeinschaft, da er als Mensch die Nöte menschlichen Daseins selbst erfuhr. Vers 7 bezieht sich auf den Seelenkampf Jesu am Ölberg. Statt »aus seiner Not« könnte nach dem Griechischen auch übersetzt werden: »Infolge seiner Gottesfurcht«.

5 1 Denn jeder aus Menschen genommene Ho-
hepriester wird für Menschen bestellt in ihren
Anliegen vor Gott, damit er Gaben und Opfer
darbringe für die Sünden 2 als einer, der mitzufühlen
vermag mit den Unwissenden und Irrenden, da er
auch selber mit Schwachheit behaftet ist. 3 Deshalb
muß er wie für das Volk so auch für sich selbst
Opfer darbringen um der Sünden willen.
4 Keiner nimmt sich selbst die Würde, sondern
gerufen wird er von Gott wie auch Aaron. 5 So hat
auch Christus nicht sich selbst verherrlicht, um
Hoherpriester zu werden, sondern der zu ihm
sprach: »Mein Sohn bist du, ich habe dich heute ge-
zeugt« (Ps 2,7). 6 So sagt er auch an einer anderen
Stelle: »Du bist Priester in Ewigkeit nach der Ord-
nung des Melchisedech« (Ps 110,4). 7 In den Tagen
seines Fleisches hat er unter lautem Stöhnen und
unter Tränen Gebete und Flehrufe vor den gebracht,
der ihn vom Tode erretten konnte, und er fand
Erhörung aus seiner Not; 8 obgleich Gottes Sohn,
lernte er an dem, was er litt, den Gehorsam, 9 und
zur Vollendung gelangt, wurde er allen, die ihm
gehorchen, Urheber ewigen Heiles, 10 von Gott an-
gesprochen als Hoherpriester »nach der Ordnung
des Melchisedech« (Ps 110,4).

Warnung vor Rückfall

11 Darüber wäre noch vieles von uns zu sagen, aber
es ist schwer zu erklären, da ihr träge geworden
seid im Hören. 12 Denn die ihr der Zeit nach Lehrer
sein solltet, habt wieder nötig, daß man euch die
Anfangsgründe der Worte Gottes lehrt, und ihr
wurdet zu solchen, die Milch brauchen und nicht
feste Speise. 13 Ist doch ein jeder, der noch Milch be-
kommt, unerfahren zu rechter Rede; er ist ja ein
Kind. 14 Erwachsenen aber steht feste Nahrung zu,
da sie durch steten Gebrauch geübte Sinne haben
zur Unterscheidung zwischen Gut und Schlecht.

5,8: Der Gehorsam gehört wesentlich zum Heilswerk Jesu, vgl. Matth 26,39; Joh 4,34; Röm 5,19; Phil 2,6.8. Daher ist er auch für alle, die zum Heile kommen wollen, notwendig. • 11–6,8: Den sinkenden Glaubensstand der Leser tadelnd, weist der Apostel auf die Grundlehren der christlichen Unterweisung hin, über die sie längst hinausgeschritten sein sollten. Die in 6,4–6 ausgesprochene Unmöglichkeit der Rückkehr von Abgefallenen darf nicht im absoluten Sinn verstanden werden; doch soll damit das äußerst Schwierige einer solchen Umkehr angedeutet werden.

6 1 Lassen wir daher die Anfangsgründe der Lehre von Christus beiseite und wenden uns der Vollendung zu, um nicht nochmals den Grund zu legen mit: Abkehr von toten Werken und Glaube an Gott, 2 Belehrung über Taufen, Handauflegung, Auferstehung der Toten und ewiges Gericht. 3 Und dies wollen wir tun, sofern Gott es zuläßt. 4 Denn unmöglich ist es, daß Menschen, die einmal erleuchtet worden sind, die himmlische Gabe gekostet, die Mitteilung Heiligen Geistes empfangen, 5 das herrliche Gotteswort und die Kräfte der kommenden Welt verspürt haben 6 und dennoch abfielen, nochmals zu einer neuen Umkehr gebracht werden. Sie kreuzigen ja für sich abermals den Sohn Gottes und geben ihn dem Gespötte preis. 7 Denn das Land, das den häufig darübergehenden Regen getrunken hat und jenen, für die es bestellt wird, ein schönes Wachstum bringt, erhält Anteil am Segen von Gott. 8 Bringt es aber Dornen und Disteln hervor, so ist es unbrauchbar und dem Fluch verfallen, an dessen Ende die Verbrennung steht.

Mahnung zu vertrauensvollem Eifer

9 Wir sind aber, was euch betrifft, Geliebte, vom Besseren überzeugt, und zwar gerade hinsichtlich dessen, was zum Heile führt – auch wenn wir so reden. 10 Denn Gott ist nicht ungerecht, daß er vergessen sollte eures Wirkens und der Liebe, die ihr zu seinem Namen bewiesen habt, da ihr den Heiligen dientet und noch dient. 11 Wir möchten aber, daß jeder von euch den gleichen Eifer zeige zur vollen Entfaltung der Hoffnung bis ans Ende.

12 Werdet daher nicht schlaff, sondern seid Nachahmer derer, die durch Glauben und Geduld Erben der Verheißungen sind. 13 Denn als Gott dem Abraham die Verheißung gab, schwor er, da er bei keinem Höheren schwören konnte, bei sich selbst 14 und sprach: »Wahrlich, ich will dich in Fülle segnen, und überreich will ich dich mehren« (1 Mos 22,16f). 15 Und so wartete er geduldig und empfing das Verheißene. 16 Menschen schwören nämlich bei dem Höheren, und der Eid dient ihnen zur Bekräftigung und macht jedem Einwand ein Ende. 17 Darum hat Gott, da er den Erben der Verheißung mit allem Nachdruck die Unwandelbarkeit seines Ratschlusses zeigen wollte, sich mit einem Eide verbürgt, 18 damit wir durch zwei unwandelbare Tatsachen, bei denen Gott unmöglich trügen konnte, eine starke Zuversicht hätten, um als Rettungssuchende nach der vor uns liegenden Hoffnung zu greifen. 19 Wir halten sie fest als zuverlässigen und festen Anker der Seele, der »hinreicht bis ins Innere des Vorhangs« (3 Mos 16,2.12). 20 Dort hinein ist als Vorläufer für uns Jesus gegangen, der Hoherpriester geworden ist »nach der Ordnung des Melchisedech in Ewigkeit« (Ps 110,4).

6,18: Die »zwei Tatsachen« sind die Verheißung Gottes und der dazutretende Eid. • 19: Anspielung auf den »Vorhang« vor dem »Allerheiligsten« des jüdischen Tempels, das hier als Sinnbild des Himmels genommen ist, in dem der erhöhte Christus für uns als Hoherpriester wirkt.

Jesu vollkommenes Priestertum

7 1 Denn dieser »Melchisedech, König von Salem, Priester des höchsten Gottes, ging Abraham entgegen, als dieser von der Niederwerfung der Könige zurückkehrte und segnete ihn« (1 Mos 14,17 bis 20). 2 Ihm gab Abraham auch »den Zehnten von allem« (1 Mos 14,20). Zunächst bedeutet sein Name »König der Gerechtigkeit«, dann aber auch »König von Salem«, das ist »König des Friedens«. 3 Ohne Vater, ohne Mutter, ohne Stammbaum, ohne Anfang der Tage und ohne Ende seines Lebens, ähnlich dem Sohne Gottes, bleibt er Priester in Ewigkeit. 4 Beachtet, wie groß der ist, dem selbst Abraham, der Stammvater, den Zehnten gab von seiner Beute. 5 Wohl haben auch jene von den Söhnen Levis, die das Priestertum übernehmen, den Auftrag, nach dem Gesetz den Zehnten zu nehmen vom Volk, das heißt also von ihren Brüdern, obgleich sie hervorgingen aus der Lende Abrahams. 6 Jener aber, der gar nicht zu ihrem Geschlecht gehört, nahm den Zehnten von Abraham und segnete den, der die Verheißung besaß. 7 Ohne allen Zweifel wird das Geringere vom Größeren gesegnet. 8 Und hier nehmen sterbliche Menschen den Zehnten, dort aber einer, von dem bezeugt wird, daß er lebt. 9 Und so kann man wohl sagen: in Abraham ist auch von Levi, der den Zehnten empfängt, der Zehnte erhoben worden 10 denn er war noch in den Lenden seines Vaters, da Melchisedech ihm begegnete.

11 Wenn nun die Vollendung durch das levitische Priestertum erreicht wäre – das Volk erhielt ja auf dieses hin die gesetzliche Ordnung –, wozu war es noch nötig, nach der »Ordnung des Melchisedech« einen anderen Priester zu bestellen und ihn nicht

nach der Ordnung des Aaron zu benennen? 12 Mit dem Wechsel des Priestertums erfolgt ja notwendig auch ein Wechsel des Gesetzes. 13 Der nämlich, von dem dies gesagt wird, gehört einem anderen Stamme an, aus dem nie einer dem Altar diente. 14 Unser Herr ist ja bekanntlich aus Juda entsprossen, einem Stamm, von dem Moses nichts in bezug auf Priester gesagt hat. 15 Und noch offenkundiger wird es, wenn nach der Weise des Melchisedech ein anderer Priester bestellt wird, 16 der es nicht geworden ist nach der Norm fleischlicher Ordnung, sondern nach der Kraft unzerstörbaren Lebens. 17 Das Zeugnis lautet doch: »Du bist Priester in Ewigkeit nach der Ordnung des Melchisedech« (Ps 110,4).
18 Aufgehoben wird die vorausgehende Ordnung wegen ihrer Schwäche und Unbrauchbarkeit – 19 das Gesetz hat ja in nichts Vollendung gebracht –, heraufgeführt wird eine bessere Hoffnung, durch die wir Gott nahekommen.
20 Und insofern es nicht ohne Eidschwur geschah – jene anderen nämlich sind ohne Eidschwur Priester geworden, 21 dieser aber mit Eidschwur durch den, der zu ihm sprach: »Der Herr hat geschworen, und es wird ihn nicht gereuen: Du bist Priester in Ewigkeit« (Ps 110,4) –, 22 wurde demgemäß Jesus Bürge auch eines besseren Bundes. 23 Und dort sind es viele, die Priester geworden sind – da sie durch ihr Sterben gehindert wurden zu bleiben –, 24 dieser aber hat, weil er »in Ewigkeit« bleibt, das Priestertum als ein nichtvergehendes. 25 Daher vermag er auch in vollem Sinn alle zu retten, die durch ihn vor Gott treten, da er immerfort lebt, um einzutreten für sie.
26 Ja, ein solcher war entsprechend für uns als Hoherpriester: heilig, schuldlos, ohne Makel, gesondert von den Sündern und hocherhoben über die Himmel, 27 einer, der nicht wie die Hohenpriester es jeden Tag nötig hat, zuerst für seine eigenen Sünden Opfer darzubringen, dann für die des Volkes. Denn dies tat er ein für allemal, da er sich darbrachte zum Opfer. 28 Das Gesetz stellt ja Menschen zu Hohenpriestern auf, die mit Schwächen behaftet sind, das Wort des Eides aber, zeitlich nach dem Gesetz, [stellt] den Sohn [auf], der vollkommen ist in Ewigkeit.

7,1–28: Der Nachweis, daß in Christus die vollkommenste Form des Priestertums erreicht wurde, soll die dem jüdischen Kult wieder zuneigenden Judenchristen auf das Widersinnige ihrer Absicht aufmerksam machen. Christus steht nicht in der unvollkommenen Ordnung des von Levi abstammenden Priestertums, sondern in ihm erfüllt sich die in Melchisedech vorgebildete hohepriesterliche Würde im Sinne des prophetischen Psalmwortes 110,4. Da von Melchisedech, der die priesterliche und königliche Würde in sich vereinte, die Heilige Schrift weder Herkunft noch Tod erwähnt, galt er als »ewig« lebend und wird so zum Vorbild des ewigen Priestertums Christi.

Jesu unvergleichbares Mittlertum

8 1 Das Entscheidende aber bei diesen Aussagen ist: Wir haben einen zum Hohenpriester, der sich zur Rechten des Thrones der Majestät im Himmel setzte 2 als Liturge im Heiligtum und im wahren Zelt, das errichtet hat der Herr, nicht ein Mensch. 3 Jeder Hohepriester nämlich ist bestellt zum Darbringen von Gaben und Opfern, weshalb auch dieser etwas haben muß, was er darbringen kann.
4 Wäre er nun auf der Erde, so wäre er gar nicht Priester; denn da sind jene, die dem Gesetze gemäß die Gaben darbringen. 5 Sie dienen einem Sinnbild und Schatten der himmlischen Dinge, so wie Moses die Weisung erhielt, als er daranging, das Zelt aufzurichten: »Siehe zu«, so heißt es, »daß du alles fertigst nach dem Urbild, das dir gezeigt wurde auf dem Berge« (2 Mos 25,40). 6 Nun aber hat er einen um so erhabeneren Priesterdienst empfangen, als er auch Mittler ist eines höherstehenden Bundes, der auf höherstehende Verheißungen hin gültig geworden ist. 7 Wäre nämlich jener erste untadelig gewesen, hätte man nicht nach der Möglichkeit für einen zweiten gesucht.
8 Denn voll Tadel spricht er zu ihnen: »Siehe, es kommen Tage, spricht der Herr, da ich mit dem Hause Israel und mit dem Hause Juda einen neuen Bund schließen werde, 9 nicht nach Art des Bundes, den ich mit ihren Vätern schloß an dem Tag, als ich ihre Hand ergriff, um sie herauszuführen aus dem Lande Ägypten. Denn sie sind nicht treu geblieben meinem Bunde, und ich kümmerte mich nicht mehr um sie, spricht der Herr. 10 Denn dies ist der Bund, den ich schließen werde mit dem Haus Israel nach jenen Tagen, spricht der Herr: Ich will meine Gesetze in ihren Sinn legen und sie einschreiben in ihre Herzen; ich will ihnen Gott sein, und sie werden mir Volk sein. 11 Keiner soll seinen Mitbürger, keiner seinen Bruder lehren und ihm sagen müssen: Erkenne den Herrn! Denn alle werden sie mich erkennen, vom Kleinsten unter ihnen bis zum Größten. 12 Ja, gnädig werde ich sein ihren Ungerechtigkeiten, und ihrer Sünden werde ich nicht mehr gedenken« (Jer 31,31–34). 13 Da er aber von einem »neuen« Bund redet, macht er den ersten zu einem alten. Was aber veraltet ist und greisenhaft, ist dem Vergehen nahe.

8,1–13: Auch diese Aussage über den priesterlichen Mittlerdienst des zur Rechten Gottes sitzenden Gottessohnes soll die Leser in der Treue zu ihm bestärken.

Der unvollkommene Opferdienst des Alten Bundes

9 1 Es hatte nun freilich auch der erste Bund
Vorschriften für den Gottesdienst und das
irdische Heiligtum. 2 Da wurde nämlich das
vordere Zelt errichtet, mit dem Leuchter darin und
dem Tisch mit den Schaubroten; man nennt es »das
Heilige«. 3 Hinter dem zweiten Vorhang ist das Zelt,
das man »das Allerheiligste« nennt. 4 Es enthält den
goldenen Rauchopferaltar und die durchweg mit
Gold verkleidete Bundeslade, darin ein goldener
Krug mit dem Manna, der grünende Stab Aarons
und die Bundestafeln 5 und darüber die Cherubim
der Herrlichkeit, die den Versöhnungsschrein überschatten. Von diesen Dingen soll jedoch jetzt nicht
im einzelnen gesprochen werden. 6 Bei der so be-
stehenden Einrichtung steht der Zutritt zum vorderen Zelt zu jeder Zeit den Priestern offen zum Vollzug gottesdienstlicher Obliegenheiten, 7 das zweite
hingegen betritt einmal im Jahr der Hohepriester,
und zwar nicht ohne Blut, das er darbringt für seine
eigenen und des Volkes Verfehlungen. 8 Dadurch
will der Heilige Geist andeuten, daß der Weg zum
Heiligtum noch nicht aufgetan ist, solange das vordere Zelt noch Bestand hat. 9 Dieses ist ein Sinnbild
für die gegenwärtige Zeit, insofern in seinem Bereich Gaben und Opfer dargebracht werden, die
nicht imstande sind, den Opfernden in seinem Gewissen zur Vollkommenheit zu führen. 10 Nur mit
Speise und Trank und allerlei Waschungen befassen
sich die auf Fleischliches gerichteten Satzungen, die
bis zum Zeitpunkt der Neuordnung festgelegt sind.

Das unvergleichliche Opfer Jesu Christi

11 Christus dagegen trat als Hoherpriester der künftigen Güter durch das größere und vollkommenere
Zelt, das nicht von Menschenhänden gemacht, das
heißt, nicht von dieser Schöpfung ist. 12 Er trat auch
nicht mit dem Blut von Böcken und Rindern, sondern mit seinem eigenen Blut ein für allemal in das
Heiligtum und erlangte eine ewig dauernde Erlösung. 13 Denn wenn das Blut von Böcken und Stieren und die Asche einer Kuh bei Besprengung die
Verunreinigten heiligt zur Erlangung fleischlicher
Reinheit (4 Mos 19,1–22), 14 wieviel mehr wird das
Blut Christi, der im ewigen Geist sich selbst als ein
makelloses Opfer Gott darbrachte, euer Gewissen
reinigen von toten Werken, zum Dienst vor dem
lebendigen Gott!

15 Und deshalb ist er eines neuen Bundes Mittler, damit durch einen Tod, der zum Loskauf diente von
den im ersten Bund geschehenen Sünden, die Berufenen die Verheißungen empfingen für das ewige
Erbe. 16 Denn wo es um ein Testament geht, muß
der Tod dessen nachgewiesen werden, der das
Testament verfügte 17 Ein Testament wird ja erst bei
Toten rechtskräftig, da es sonst nicht in Kraft tritt,
wenn der noch lebt, der es verfügte. 18 Daher wurde
auch der erste Bund nicht ohne Blut eingeweiht.
19 Als nämlich Moses jedes Gebot dem Gesetze
gemäß dem ganzen Volk vorgetragen hatte, nahm
er das Blut von Rindern und Böcken nebst Wasser,
purpurroter Wolle und Hysop und besprengte das
Buch selbst und das ganze Volk, 20 wobei er sprach:
»Dies ist das Blut des Bundes, den Gott angeordnet
hat für euch« (2 Mos 24,8). 21 Ebenso besprengte er
auch das Zelt und alle Geräte für den liturgischen
Dienst mit Blut. 22 Und mit Blut wird ja nach dem
Gesetz fast alles gereinigt, und ohne Vergießen von
Blut gibt es keine Vergebung. 23 Es ergibt sich also
als zwingender Schluß: die Sinnbilder des Himmlischen werden zwar mit diesen Dingen gereinigt,
das Himmlische selber jedoch mit höheren Opfern
als jene. 24 Denn nicht in ein von Menschenhänden
errichtetes Heiligtum, das nur Abbild des eigentlichen war, ist Christus eingegangen, sondern in
den Himmel selbst, um nunmehr vor das Angesicht
Gottes hinzutreten für uns.

25 Auch braucht er sich nicht immer wieder zu
opfern, wie der Hohepriester jedes Jahr in das Allerheiligste eintritt mit fremdem Blut. 26 Denn dann
hätte er oftmals leiden müssen seit Grundlegung
der Welt. So aber ist er nur einmal am Ende der
Zeiten zur Hinwegnahme der Sünde durch sein
Opfer erschienen. 27 Und wie es für die Menschen
bestimmt ist, einmal zu sterben, und darauf kommt
das Gericht, 28 so wurde auch Christus ein einziges
Mal hingeopfert, »um die Sünden vieler hinwegzunehmen« (Is 53,12); ein zweites Mal wird er ohne
Bezug auf die Sünde den auf ihn Wartenden erscheinen zum Heile.

9,1–28: Nach der Beschreibung der unvollkommenen jüdischen Kultordnung wird die Vollkommenheit des Priestertums Christi vor allem in seiner sündentilgenden Kraft gezeigt. Gegenüber dem stets zu wiederholenden Sühneopfer des jüdischen Hohenpriesters steht das einmalige Opfer Christi, mit dem er, ewig lebend, seinen Eintritt in das himmlische Heiligtum erhalten hat. Vers 13 weist auf den levitischen Brauch der Besprengung mit Asche von einer als Opfer verbrannten Kuh hin. In 15–20 sind die Ausdrücke »Bund« und »Testament« vom gleichen griechischen Wort »Diatheke« übersetzt.

Wirksamkeit des Opfers Christi

10 1 Denn das Gesetz trägt nur den Schatten der zukünftigen Güter, nicht das Erscheinungsbild der Dinge selbst; so kann
es mit den jährlich stets sich wiederholenden
Opfern niemals die Opfernden zur Vollkommen-

heit bringen. 2 Hätte sonst ihre Darbringung nicht aufhören müssen, da ja die Opfernden kein Sündenbewußtsein mehr hätten, wären sie mit einem Mal gereinigt? 3 Im Gegenteil, durch sie wird ihnen die Erinnerung an die Sünden wachgerufen von Jahr zu Jahr. 4 Denn unmöglich nimmt Blut von Stieren und Böcken Sünden hinweg. 5 Darum spricht er bei seinem Eintritt in die Welt: »Opfer und Gabe verlangtest du nicht, einen Leib aber hast du mir bereitet; 6 an Brand und Sühnopfern fandest du kein Gefallen. 7 Da sprach ich: Siehe, ich komme – in der Buchrolle steht es von mir geschrieben –, deinen Willen, o Gott, zu vollbringen« (Ps 40,7ff). 8 Sagte er zuvor: »Opfer und Gabe, Brand und Sühnopfer verlangtest du nicht und fandest kein Gefallen an ihnen« – an denen also, die dem Gesetze gemäß dargebracht werden, 9 so sagte er dann: »Siehe, ich komme, deinen Willen zu vollbringen.« Er hebt also das erste auf, um das zweite festzusetzen. 10 In diesem Willen sind wir geheiligt durch das Opfer des Leibes Jesu Christi ein für allemal.

11 Jeder Priester tritt täglich hin zur Verrichtung seines Dienstes und bringt immer wieder die gleichen Opfer dar, die niemals imstande sind, Sünden hinwegzunehmen. 12 Dieser aber brachte nur ein einziges Opfer für die Sünden dar und setzte sich für immer zur »Rechten« Gottes 13 und wartet fortan, »bis seine Feinde hingelegt werden zum Schemel seiner Füße« (Ps 110,1). 14 Denn durch ein einziges Opfer hat er für immer jene, die geheiligt werden sollen, zur Vollendung geführt. 15 Dies bezeugt uns aber auch der Heilige Geist; denn nach dem Worte: 16 »Das ist der Bund, den ich mit ihnen schließen werde nach jenen Tagen«, spricht der Herr: »Ich will meine Gesetze in ihre Herzen legen und sie einschreiben in ihren Sinn, 17 und ihrer Sünden und Frevel werde ich nicht mehr gedenken« (Jer 31,33f). 18 Sind aber diese vergeben, so ist weiter kein Opfer mehr nötig für die Sünde.

Mahnung zu standhaftem Glauben

19 Da wir nun, Brüder, zuversichtliche Hoffnung haben, in das Heiligtum einzugehen im Blute Jesu, 20 auf einem Weg, den er uns neu und für bleibend eröffnet hat durch den Vorhang, das ist sein Fleisch, 21 und da wir einen erhabenen Priester haben über dem Hause Gottes, 22 so laßt uns hinzutreten mit aufrichtigem Herzen, in der Erfülltheit des Glaubens, die Herzen gereinigt von einem bösen Gewissen und den Leib gewaschen mit reinem Wasser. 23 Laßt uns unwandelbar festhalten am Bekenntnis unserer Hoffnung – denn getreu ist er, der die Verheißung gegeben hat –, 24 und laßt uns achtgeben aufeinander im Wetteifer der Liebe und der guten Werke. 25 Von unseren Versammlungen wollen wir nicht wegbleiben, wie es bei einigen üblich geworden ist; vielmehr laßt uns einander aufmuntern, und das um so mehr, je näher ihr herankommen seht den Tag.

26 Denn wenn wir vorsätzlich sündigen, nachdem wir die volle Erkenntnis der Wahrheit erlangt haben, gibt es kein Opfer mehr für die Sünden. 27 Es wartet unser vielmehr ein schreckliches Gericht und »ein wütendes Feuer, das die Widersacher verzehren wird« (Is 26,11). 28 Wenn einer das Gesetz des Moses mißachtet hat, muß er ohne Erbarmen »auf Grund von zwei oder drei Zeugen sterben« (4 Mos 15,30; 35,30; 5 Mos 17,6). 29 Wieviel ärgere Strafe, meint ihr, verdient jener, der den Sohn Gottes mit Füßen tritt und das Blut des Bundes, durch das er geheiligt wurde, für gemein erachtet und den Geist der Gnade schmäht? 30 Wir kennen ihn doch, der gesagt hat: »Mein ist die Rache, ich werde vergelten« (5 Mos 32,35), und ferner: »Der Herr wird richten sein Volk« (5 Mos 32,36). 31 Schrecklich ist es, in die Hände des lebendigen Gottes zu fallen.

32 Gedenkt doch der früheren Tage, in denen ihr nach eurer Erleuchtung einen schweren Leidenskampf zu bestehen hattet. 33 Ihr wurdet bald durch Schmähungen und Bedrängnisse zum Schauspiel, bald waret ihr Gefährten derer, die das gleiche erfuhren. 34 Denn ihr habt mitgelitten mit den Gefangenen und mit Freude den Raub eurer Güter ertragen, da ihr wußtet, daß ihr ein besseres und bleibendes Gut besitzt. 35 Werft also eure Zuversicht nicht fort, sie bringt einen reichen Lohn. 36 Doch ihr braucht Geduld, um in der Erfüllung des Willens Gottes die Verheißung zu erlangen. 37 Denn nur »eine kleine Weile noch« (Is 26,20), und es wird kommen, der da kommen soll, und er wird nicht säumen. 38 »Mein Gerechter wird aus dem Glauben leben; wenn er aber zurückweicht, hat meine Seele an ihm kein Gefallen mehr« (Hab 2,3f). 39 Wir aber gehören nicht zu denen, die zurückweichen zu ihrem Verderben, sondern zu denen, die treuen Glaubens sind zur Gewinnung des Lebens.

10,1–18: Christus hat die unvollkommenen Opfer des Alten Bundes abgelöst. Daher legt ihm der Apostel die Worte des Psalmisten, 40,7–9, in den Mund, gleichsam als Morgengebet seines Lebens, dessen Grundhaltung die gehorsame Hingabe an den Vater im Himmel war, vgl. Phil 2,6–11. • 25: Mit dieser Mahnung zur regelmäßigen Teilnahme an den gottesdienstlichen Versammlungen treffen wir den Grund, mit dem die Kirche die Teilnahme an der sonntäglichen Meßfeier zur strengen Pflicht erhoben hat. Unter »den Tag« ist hingewiesen auf den Tag der erwarteten Wiederkunft des Herrn. • 26f: Wie bei 6,4–8 ist hier, in Anbetracht der übrigen

Aussagen des NT von der immer wieder verzeihenden Liebe Gottes die Sünde des bewußten Abfalls vom Glauben, die Sünde wider den Heiligen Geist, gemeint. • 32–39: Die hier erwähnten Verfolgungen beziehen sich auf die Bedrängnisse, wie sie nach der Apostelgeschichte seit der Verfolgung gegen Stephanus immer wieder gegen die als Verräter behandelten Judenchristen ausbrachen.

Vorbilder des Glaubens

11

1 Glaube ist die feste Zuversicht auf das, was wir erhoffen, die Überzeugung von dem, was wir nicht sehen. 2 In ihm haben die Alten sich ein gutes Zeugnis erworben. 3 Im Glauben erkennen wir, daß die Welten durch Gottes Wort geschaffen wurden, so daß nicht aus sinnlich Wahrnehmbarem das Sichtbare geworden ist. 4 Im Glauben brachte Abel Gott ein wertvolleres Opfer dar als Kain und erhielt durch ihn das Zeugnis, gerecht zu sein, indem Gott Zeugnis gab »bei seinen Gaben« (1 Mos 4,4). Durch diesen Glauben redet er noch als Toter. 5 Im Glauben wurde Henoch entrückt, ohne den Tod zu sehen, und »er wurde nicht mehr gefunden, weil Gott ihn entrückt hatte« (1 Mos 5,24). Denn vor seiner Entrückung wurde ihm bezeugt, daß er Gott wohlgefalle. 6 Ohne Glauben aber ist es unmöglich, [Gott] zu gefallen; denn wer vor Gott treten will, muß glauben, daß er ist und daß er denen, die ihn suchen, ein Vergelter wird.

7 Im Glauben empfing Noe Weisung über Dinge, die noch nicht zu sehen waren, und baute fromm und gewissenhaft die Arche zur Rettung seines Hauses; durch ihn wurde er zum Richter über die Welt und zum Erben der im Glauben gründenden Gerechtigkeit.

8 Im Glauben gehorchte Abraham, als er gerufen wurde, fortzuziehen an einen Ort, den er zum Erbe erhalten sollte, und er zog aus, ohne zu wissen, wohin er komme. 9 Im Glauben ließ er sich nieder im Land der Verheißung wie in einem fremden und wohnte in Zelten mit Isaak und Jakob, den Miterben der gleichen Verheißung; 10 denn er wartete auf die festgegründete Stadt, deren Baumeister und Schöpfer Gott ist. 11 Im Glauben empfing selbst die [unfruchtbare] Sara noch Kraft, trotz ihres Alters Mutter zu werden, weil sie den für treu hielt, der die Verheißung gab. 12 Und so gingen von einem einzigen – und dies von einem schon kraftlos Gewordenen – Nachkommen hervor, »so zahlreich wie die Sterne des Himmels und unzählbar wie der Sand am Ufer des Meeres« (1 Mos 22,17).

13 Im Glauben sind alle diese gestorben, ohne die Verheißungen erlangt zu haben. Nur von ferne sahen und begrüßten sie diese und bekannten, daß sie »Pilger und Fremdlinge seien auf Erden« (Ps 39,13). 14 Denn die so reden, geben zu erkennen, daß sie eine Heimat suchen. 15 Hätten sie nun jene gemeint, aus der sie ausgezogen waren, so hätten sie ja Gelegenheit gehabt, zurückzukehren. 16 Nun aber verlangen sie nach einer besseren, nämlich nach der himmlischen. Darum schämt sich Gott ihrer nicht, ihr Gott zu heißen; denn er hat ihnen eine Stadt bereitet.

17 Im Glauben hat Abraham, da er geprüft wurde, den Isaak dargebracht und wollte den einzigen Sohn hinopfern, er, der die Verheißungen empfangen hatte 18 und zu dem gesagt worden war: »In Isaak soll dir Nachkommenschaft werden« (1 Mos 21,12). 19 Er dachte, Gott habe die Macht, auch von den Toten zu erwecken, und so bekam er ihn wieder als ein Sinnbild zurück.

20 Im Glauben segnete auch Isaak mit dem Blick auf das Kommende den Jakob und Esau. 21 Im Glauben segnete der sterbende Jakob jeden der Söhne Josephs und »beugte sich über das Ende seines Stabes« (1 Mos 47,31). 22 Im Glauben gedachte Joseph bei seinem Verscheiden des Auszugs der Söhne Israels und gab Weisung wegen seiner Gebeine.

23 Im Glauben wurde Moses nach seiner Geburt drei Monate von seinen Eltern verborgen, weil sie die Schönheit des Kindes sahen, und sie fürchteten nicht den Befehl des Königs. 24 Im Glauben verschmähte es Moses, da er herangewachsen war, als ein Sohn der Tochter des Pharao zu gelten; 25 er wollte lieber mit dem Volke Gottes Unbill erfahren als vorübergehenden Vorteil der Sünde haben. 26 Für größeren Reichtum als die Schätze Ägyptens hielt er die Schmach des Gesalbten; denn er sah auf die Vergeltung.

27 Im Glauben verließ er Ägypten, ohne Furcht vor dem Zorn des Königs; denn er hielt sich an den Unsichtbaren, als sähe er ihn. 28 Im Glauben vollzog er das Pascha und die Besprengung mit Blut, damit der Würger ihre Erstgeborenen nicht anrühre. 29 Im Glauben zogen sie durch das Rote Meer wie über trockenes Land, während die Ägypter, die das gleiche versuchten, verschlungen wurden. 30 Im Glauben stürzten die Mauern von Jericho ein, nachdem man sieben Tage um sie herumgezogen war.

31 Im Glauben kam Rahab, die Buhlerin, nicht mit den Widerspenstigen um, weil sie die Kundschafter friedlich aufgenommen hatte. 32 Was soll ich noch mehr sagen? Die Zeit würde mir nicht reichen, wollte ich erzählen von Gedeon, Barak, Samson, Jephte, David, Samuel und den Propheten. 33 Sie

bezwangen durch ihren Glauben Königreiche, er-
wirkten Gerechtigkeit, erlangten Verheißungen,
verschlossen der Löwen Rachen, 34 löschten des
Feuers Kraft, entgingen der Schärfe des Schwertes,
wurden aus Schwachen zu Starken, Mächtige im
Streite, brachten die Heere der Fremden zum Wei-
chen. 35 Frauen bekamen durch Auferstehung ihre
Toten wieder zurück; andere ließen sich foltern und
lehnten die Freilassung ab, um eine herrlichere
Auferstehung zu erlangen. 36 Andere ertrugen Spott
und Schläge, Ketten und Kerker. 37 Sie wurden ge-
steinigt, gefoltert, zersägt, durchs Schwert getötet;
sie gingen umher in Schaffellen und Ziegenhäuten,
Not leidend, bedrängt und mißhandelt. 38 Sie, derer
die Welt nicht wert war, irrten umher in Wüsten
und Gebirgen, in Höhlen und Klüften der Erde.
39 Und diese alle, wenngleich anerkannt ob ihres
Glaubens, erlangten das Verheißene nicht, 40 weil
Gott unsertwegen etwas Größeres ausersehen
hatte, damit sie nicht gesondert von uns zur Voll-
endung kämen.

11,1–40: Die eindrucksvoll geschilderte Reihe alttestamentlicher Glaubensgestalten will vor allem die Größe und Kraft ihres Glaubens darin zeigen, daß sie schon glaubten, obwohl die Erfüllung der Offenbarung, wie sie in Jesus Christus kam, noch nicht gegenwärtig war. • 3: Die Vulgata hat als Text: »… so daß aus Unsichtbarem das Sichtbare wurde«, doch ist vom Griechischen her obiger Text begründeter.

Mahnung zur Standhaftigkeit im Leiden

12 1 So laßt denn auch uns, von einer so
großen Wolke von Zeugen umgeben, ab-
werfen alle hemmende Last und die Be-
strickung der Sünde und laßt mit Ausdauer uns
laufen auf der vor uns liegenden Rennbahn. 2 Dabei
wollen wir aufblicken zu Jesus, dem Begründer und
Vollender des Glaubens, der angesichts der vor ihm
liegenden Freude das Kreuz erduldete, ohne der
Schmach zu achten, und zur Rechten des Thrones
Gottes sich gesetzt hat (Ps 110,1). 3 Ja, betrachtet
ihn, der solchen Widerspruch von den Sündern
gegen sich erduldete, damit ihr nicht erschlafft in
eurer Seele und den Mut nicht sinken lasset.
4 Noch habt ihr nicht bis aufs Blut widerstanden im
Kampf wider die Sünde 5 und habt die Mahnung
vergessen, die an euch als die Söhne ergeht: »Mein
Sohn, achte nicht gering die Züchtigung des Herrn
und verzage nicht, wenn du von ihm gestraft wirst;
6 denn wen der Herr lieb hat, den züchtigt er; er
schlägt jeden Sohn, den er annimmt« (Spr 3,11f).
7 Haltet aus unter der Züchtigung! Gott verfährt mit
euch als seinen Söhnen; denn wo ist ein Sohn, den
der Vater nicht züchtigt? 8 Wäret ihr frei von Züch-
tigung, wie sie alle anderen erfahren haben, wäret
ihr nicht vollgültige und echte Söhne. 9 Ferner: an
unseren leiblichen Vätern hatten wir Erzieher,
denen wir in Ehrfurcht uns beugten; sollten wir da
nicht viel mehr dem Vater der Geister uns unter-
werfen, damit wir leben? 10 Jene züchtigten uns für
kurze Zeit nach ihrem Gutdünken; er aber tut es zu
unserem Besten, damit wir teilhaben an seiner
Heiligkeit. 11 Jede Züchtigung bedeutet für den
Augenblick nicht Freude, sondern Schmerz; später
aber bringt sie denen, die durch sie geschult worden
sind, als Entgelt eine heilbringende Frucht: die
Gerechtigkeit. 12 Darum »richtet wieder auf die
erschlafften Hände und die wankenden Knie«
(Is 35,3) 13 und macht gerade Wege euren Füßen, da-
mit, was gelähmt ist, sich nicht verrenke, sondern
geheilt werde.

Steht fest in der erhaltenen Gnade!

14 Trachtet nach Frieden mit allen und nach Heili-
gung, ohne die niemand den Herrn schauen wird!
15 Seht zu, daß keiner um die Gnade Gottes
komme, daß »kein Giftkraut aufwachse und Scha-
den stifte« (5 Mos 29,17) und dadurch die vielen
verdorben werden, 16 daß keiner zuchtlos sei oder
niedrig gesinnt wie Esau, der um ein einziges Ge-
richt »sein Erstgeburtsrecht dahingab« (1 Mos
25,33). 17 Ihr wißt ja: als er nachher den Segen er-
halten wollte, wurde er abgewiesen; denn er fand
keinen Weg zur Umstimmung, wenn er sie auch
unter Tränen herbeizuführen suchte. 18 Ihr seid ja
nicht hingetreten zu einem Berg, den man mit
Händen berühren kann, nicht zu einem lodernden
Feuer, zu dunklem Gewölk und Wettersturm,
19 zum Schall der Posaune und zu dröhnender
Stimme, bei der jene, die sie hörten, baten, es möge
nicht länger das Wort an sie ergehen (2 Mos
19,12–18; 5 Mos 9,9f). 20 Sie ertrugen nämlich nicht
die Weisung: »Wenn auch nur ein Tier den Berg
berührt, soll es gesteinigt werden« (2 Mos 19,13).
21 Ja, so furchtbar war die Erscheinung, daß Moses
sprach: »Ich bin voll Furcht und Zittern« (5 Mos
9,19). 22 Ihr seid vielmehr hingetreten zum Berge
Sion, zur Stadt des lebendigen Gottes, zum himm-
lischen Jerusalem, zu ungezählten Engeln, zum
Freudenfest, 23 zur Gemeinde der Erstgeborenen,
die im Himmel eingetragen sind, zu Gott, dem
Richter aller, zu den Geistern der vollendeten Ge-
rechten 24 und zu Jesus, dem Mittler des neuen
Bundes, und zum Blute der Besprengung, das wirk-
samer redet als das Blut Abels.
25 Seht zu, daß ihr den Redenden nicht abweist;
sind nämlich jene nicht entkommen, als sie den ab-

wiesen, der auf Erden sich kundgab, werden wir es noch weniger, wenn wir uns abwenden von ihm, der vom Himmel her zu uns spricht. 26 Seine Stimme erschütterte damals die Erde; jetzt aber lautet die Vorhersage: »Noch einmal, und ich will nicht nur die Erde, sondern auch den Himmel erschüttern« (Agg 2,6). 27 Das Wort »noch einmal« zeigt an, daß das, was erschüttert wird, verändert wird als etwas Geschaffenes, damit bestehen bleibe, was nicht zu erschüttern ist. 28 Da wir ein unerschütterliches Reich empfangen, laßt uns von Dank erfüllt sein, mit dem wir Gott dienen in wohlgefälliger Weise, voll Furcht und Scheu! »Denn auch »unser Gott ist ein verzehrendes Feuer« (5 Mos 4,24).

12,1–13: Das Vorbild Jesu soll den von Bedrängnis und Verfolgung bedrückten Lesern Aufmunterung sein und in ihren Heimsuchungen Gottes väterliche Liebe sehen lassen, die uns Menschen durch Leiden zu Läuterung, Bewährung und Verherrlichung führen will. • 18–29: Nochmals stellt der Apostel den zwischen christlicher und jüdischer Lebensordnung Schwankenden den großen Unterschied zwischen der alttestamentlichen Gesetzgebung am Berge Sinai und der neutestamentlichen Heilsordnung vor Augen, wobei er zuletzt eindringlich auf das Gericht hinweist, das für alle bevorsteht, wenn unvergleichbar gewaltiger als bei der Sinaigesetzgebung die Welt »erschüttert« und das Bleibende offenbar wird.

Schlußermahnungen

13 1 Die Bruderliebe bleibe [unter euch]! 2 Die Gastfreundschaft vergeßt nicht; denn durch diese haben einige, ohne es zu wissen, Engel beherbergt. 3 Gedenkt der Gefangenen, als wäret ihr mitgefangen, der Mißhandelten, als wäret es auch ihr selbst an eurem Leibe! 4 Ehrbar sei die Ehe in allem und das Ehebett unbefleckt; denn Unzüchtige und Ehebrecher wird Gott richten. 5 Euer Wandel sei frei von Geldgier. Seid zufrieden mit dem, was ihr habt; denn er selbst hat gesagt: »Nimmermehr werde ich dich preisgeben, nimmermehr dich verlassen« (5 Mos 31,6.8; Jos 1,5). 6 So können wir mit Vertrauen sprechen: »Der Herr ist mein Helfer; ich fürchte mich nicht. Was will mir antun ein Mensch?« (Ps 118,6).

Weisung: Bewahret die rechte Lehre

7 Gedenkt eurer Vorsteher, die euch das Wort Gottes verkündet haben; seht auf den Ausgang ihres Wandels, ahmt nach ihren Glauben! 8 Jesus Christus ist gestern und heute derselbe und in Ewigkeit. 9 Laßt euch nicht verführen durch buntschillernde und fremdartige Lehren; denn gut ist es, das Herz mit Gnade zu stärken, nicht mit Speisen, die denen nichts nützten, die sich danach richteten. 10 Wir haben einen Altar, von dem zu essen jene kein Recht haben, die dem Zelte dienen. 11 Denn von den Tieren, deren Blut durch den Hohenpriester um der Sünde willen in das Heiligtum getragen wird, werden die Leichen außerhalb des Lagers verbrannt (3 Mos 16,27). 12 Deshalb hat auch Jesus, um durch sein Blut das Volk zu heiligen, außerhalb des Tores gelitten. 13 So laßt uns denn hinausgehen zu ihm vor das Lager und die Schmach mit ihm tragen! 14 Denn wir haben hier keine bleibende Stätte, sondern nach der künftigen suchen wir. 15 Durch ihn also wollen wir »Gott allzeit ein Lobopfer darbringen« (Ps 50,14.23), das ist die »Frucht von den Lippen« (Os 14,3), derer, die seinen Namen preisen. 16 Vergeßt nicht wohlzutun und Gemeinschaft zu üben; denn an solchen Opfern hat Gott Gefallen. 17 Gehorcht euren Vorstehern und ordnet euch unter; denn sie wachen über eure Seelen, um Rechenschaft zu geben. Mögen sie dies mit Freude tun und nicht mit Seufzen; denn das wäre auch nicht von Nutzen.

Grüße und Wünsche

18 Betet für uns! Denn wir sind zwar der Zuversicht, ein gutes Gewissen zu haben, da wir in allem eines guten Wandels uns befleißigen, 19 doch bitte ich euch, dies besonders deswegen zu tun, daß ich euch recht bald zurückgegeben werde.

20 Der Gott des Friedens aber, der den erhabenen »Hirten der Schafe im Blut des ewigen Bundes« (Is 63,11; 53,3; Zach 9,11) heraufgeführt hat von den Toten, unseren Herrn Jesus [Christus], 21 befähige euch zu jedem guten Werk, damit ihr seinen Willen tut; er wirke in uns, was ihm wohlgefällig ist, durch Jesus Christus, dem Ehre sei von Ewigkeit zu Ewigkeit. Amen. 22 Ich bitte euch, Brüder, nehmt dieses Mahnwort willig hin! Denn nur kurz schreibe ich es für euch. 23 Wißt, daß unser Bruder Timotheus freigelassen ist. Mit ihm werde ich, wenn er eintrifft, euch sehen. 24 Grüßt alle eure Vorsteher und alle Heiligen! Es grüßen euch die [Brüder] aus Italien. 25 Die Gnade sei mit euch allen! Amen.

13,2: Erinnert an die Engelserscheinungen im Alten Testament bei Abraham (1 Mos 18–19), Tobias (Tob 5) u. ä. • 9–13: Weist wahrscheinlich auf die jüdischen Speisegesetze hin, die für die Leser wieder von Interesse geworden sind. Die Christen haben nur ein Speisegesetz, das der Eucharistie, das alle übrigen vom Genuß ausschließt, besonders auch die im Judentum (»Dienst des Zeltes«) Verharrenden. Christus ist »außerhalb des Tores« gestorben. Tatsächlich lag beim Sterben Jesu die Golgothastätte außerhalb der damaligen Stadtmauer.

DIE KATHOLISCHEN BRIEFE

Die folgenden sieben Briefe entstammen der Überlieferung nach dem Kreis der Altapostel: ein Brief von Jakobus, zwei von Petrus, drei von Johannes, einer von Judas. In vielen griechischen Handschriften und in gedruckten Textausgaben werden sie wegen dieses zeitlichen Vorrangs der Verfasser vor den Paulusbriefen aufgeführt, während unsere Einordnung von der lateinischen Vulgata und dem Kanon des Tridentinums genommen wird. Die heute übliche Reihenfolge der Briefe ist schon von Hieronymus bezeugt und dürfte beeinflußt sein von der Reihenfolge der »Säulenapostel« im Galaterbrief (2,9). Schon seit früher Zeit (Origenes, Kanon Muratori) faßt man die sieben Briefe unter dem Namen »Katholische Briefe« zusammen. Wahrscheinlich will damit darauf hingewiesen werden, daß sie im Unterschied zu den Paulusbriefen nicht an eine bestimmte Einzeladresse sich richten, sondern – von 2 Joh u. 3 Joh abgesehen – an einen weiten Kreis von Lesern (katholisch = allgemein).

DER JAKOBUSBRIEF

Der Verfasser des folgenden Briefes nennt sich eingangs: »Jakobus, Knecht Gottes und des Herrn Jesus Christus.« Es handelt sich nach allen Anzeichen um den in Gal 2,9; Apg 12,17; 15,13; 21,18 bezeugten Leiter der Gemeinde in Jerusalem, der als personengleich anzusehen ist mit dem »Bruder des Herrn«, der bei Gal 1,19; Matth 13,55; Mark 6,3 genannt wird. Aus guten Gründen dürfte er auch als Apostel anzusehen und als solcher mit dem Alphäussohn »Jakobus dem Jüngeren« gleichzusetzen sein (vgl. Matth 10,3; 27,56; Mark 3,18; 15,40; 16,1; Luk 6,15; Apg 1,13), da »Jakobus der Ältere«, der Sohn des Zebedäus und Bruder des Johannes, nicht in Frage kommt. Andere meinen, daß der Verfasser unseres Briefes wohl als »Bruder des Herrn« und Leiter der Gemeinde von Jerusalem anzusehen sei, aber nicht als Apostel im Sinne der Zwölf. Unser Brief ist an Judenchristen, die zerstreut in nichtchristlicher Umgebung, in der »Diaspora«, lebten, gerichtet. Er erinnert in der Zusammenordnung und Fassung seiner Gedanken stark an die Bergpredigt bei Matth 5–7 und wird von manchen als eine der frühesten Schriften des NT angesehen.

Jakobus, Gottes und des Herrn Jesus Christus
Knecht, sendet den zwölf Stämmen in der Zer-
streuung seinen Gruß.

Von Anfechtungen und Versuchungen

2 Erachtet es für lauter Freude, meine Brüder, wenn
mancherlei Anfechtungen euch überfallen. 3 Ihr
wißt ja, daß die Erprobung eures Glaubens Aus-
dauer bewirkt. 4 Die Ausdauer aber soll das Werk
vollenden, so daß ihr vollkommen seid und ohne
Fehl und in nichts einen Mangel zeigt.
5 Mangelt es aber jemand von euch an Weisheit, der
bete zu Gott, der allen ohne weiteres und ohne
Widerrede gibt, und sie wird ihm gegeben werden.
6 Er bitte aber gläubigen Vertrauens, ohne irgendwie
zu zweifeln; denn wer zweifelt, gleicht der Meeres-
welle, die vom Winde bewegt und umhergetrieben
wird. 7 Ein solcher darf ja nicht meinen, er werde
vom Herrn etwas empfangen; 8 ist er doch ein
Mann mit zwiespältiger Seele, ohne Halt und Ziel
auf all seinen Wegen.
9 Es rühme sich der niedrig gestellte Bruder seiner
Hoheit, 10 der reiche aber seiner Niedrigkeit; denn
»wie eine Blüte des Grases wird er vergehen«
(Is 40,6). 11 Geht nämlich die Sonne auf mit ihrer
versengenden Glut, so »versengt sie das Gras, und
seine Blüte fällt ab« (Is 40,7), und die Schönheit
ihres Anblickes ist dahin. So wird auch der Reiche
dahinwelken auf seinen Wegen.
12 Selig der Mann, der die Anfechtung besteht; denn
als ein Bewährter wird er den Kranz des Lebens
empfangen, den der Herr denen verhieß, die ihn
lieben. 13 Niemand, der versucht wird, sage: »Von
Gott werde ich versucht.« Denn Gott kann nicht
zum Bösen versucht werden und versucht auch
selber niemand. 14 Vielmehr wird jeder versucht,
weil er von seiner eigenen Begierde gereizt und
gelockt wird. 15 Hat aber die Begierde einmal emp-
fangen, gebiert sie die Sünde; die Sünde aber
gebiert, wenn sie vollbracht ist, den Tod. 16 Täuscht
euch nicht, meine geliebten Brüder! 17 Jede gute
Gabe und jedes vollkommene Geschenk kommt
von oben, vom Vater der Lichter, bei dem kein
Wechsel ist oder ein Schatten von Veränderung.
18 Nach seinem Willen ließ er uns werden durch
das Wort der Wahrheit, daß wir gewissermaßen
Ehrengabe seien seiner Geschöpfe.

Verpflichtung gegenüber der Berufung

19 Wißt, meine geliebten Brüder: Jeder Mensch soll
schnell bereit sein zum Hören, aber langsam zum
Reden, langsam zum Zorne. 20 Denn der Zorn eines
Menschen erwirkt nicht Gottes Gerechtigkeit.
21 Macht euch darum frei von aller Unlauterkeit
und allem Auswuchs des Bösen und nehmt in Ein-
falt entgegen das euch zugedachte Wort, das eure
Seelen zu retten vermag. 22 Seid aber Vollbringer des
Wortes und nicht nur Hörer, die sich selbst betrü-
gen. 23 Denn ist jemand nur Hörer des Wortes und
nicht Vollbringer, der gleicht einem Mann, der das
ihm angeborene Antlitz im Spiegel betrachtet;
24 er betrachtete sich nämlich, ging von dannen und
vergaß, wie er aussah. 25 Wer sich aber in das voll-
kommene Gesetz der Freiheit versenkt und darin
verharrt, nicht als vergeßlicher Hörer, sondern als

Vollbringer im Werke, der wird selig sein in seinem Tun.
26 Wenn einer meint, gottesfürchtig zu sein, seine Zunge aber nicht im Zaume hält, sondern sein eigenes Herz betrügt, dessen Frommsein ist wertlos. 27 Frömmigkeit, die lauter ist und makellos vor Gott, dem Vater, ist dies: um Waisen und Witwen sich kümmern in ihrer Bedrängnis und sich rein bewahren von Befleckung durch die Welt.

1,1: »Knecht«, im ntl. Gebrauch, wird auch zur Bezeichnung eines höheren Beauftragten und damit auch für die Stellung des Apostels verwendet. »Die zwölf Stämme« sind hier als das »neue Israel« (Gal 6,16) zu verstehen. »Zerstreuung«, griechisch »Diaspora«. • 2–18: Mit den »Anfechtungen« meint der Apostel zunächst wohl die Schwierigkeiten der Judenchristen von seiten ihrer christusfeindlichen Stammesbrüder, vgl. 2,6f, aber darüber hinaus auch alle übrigen Heimsuchungen und Kämpfe eines aufrichtig strebenden Christen.

Unparteiliche Nächstenliebe

2 1 Meine Brüder, macht bei eurem Glauben an unseren glorreichen Herrn Jesus Christus nicht Unterschiede nach Ansehen der Person. 2 Kommt nämlich in eure Versammlung ein Mann mit goldberingten Fingern und prunkvollem Gewand und tritt auch ein Armer ein in ungepflegter Kleidung, 3 und ihr beachtet den Mann mit dem prunkvollen Gewand und sagt: »Du, mache es dir an diesem Platze bequem!«, zum Armen aber sagt ihr: »Du, stell dich dorthin oder setz dich nieder unterhalb meines Schemels!« – 4 urteilt ihr da nicht zwiespältig und werdet ihr als Richter nicht von schlimmen Erwägungen geleitet?
5 Hört, meine geliebten Brüder! Hat nicht Gott die vor der Welt Armen auserwählt zu Reichen im Glauben und zu Erben des Reiches, das er denen verhieß, die ihn lieben? 6 Ihr aber habt den Armen entehrt. Sind es nicht die Reichen, die Gewalt an euch üben und euch vor die Gerichte schleppen? 7 Lästern nicht sie den erhabenen Namen, der über euch angerufen wurde? 8 Wenn ihr indes das königliche Gebot erfüllt, dem Schriftwort gemäß: »Liebe deinen Nächsten wie dich selbst!« (3 Mos 19,18), so verhaltet ihr euch recht. 9 Schaut ihr jedoch auf das Äußere der Person, so begeht ihr Sünde und werdet vom Gesetz als Übertreter gebrandmarkt. 10 Denn wer das ganze Gesetz erfüllt, aber in einem einzigen fehlt, der hat sich am Ganzen schuldig gemacht. 11 Denn der gesagt hat: »Du sollst nicht ehebrechen!« (2 Mos 20,14; 5 Mos 5,18), sagte auch: »Du sollst nicht töten!« (2 Mos 20,13; 5 Mos 5,17). Wenn du nun zwar die Ehe nicht brichst, aber tötest, bist du zum Übertreter des Gesetzes geworden. 12 Redet und handelt als solche, die durch das Gesetz der Freiheit gerichtet werden! 13 Denn ohne Erbarmen wird das Gericht über den ergehen, der nicht Barmherzigkeit übt. Barmherzigkeit aber triumphiert über das Gericht.

Werktätiger Glaube

14 Was nützt es, meine Brüder, wenn einer sagt, er habe Glauben, und er hat nicht Werke? Kann etwa der Glaube ihn retten? 15 Wenn ein Bruder oder eine Schwester ohne Kleider sind und nichts haben zum täglichen Essen, 16 und jemand von euch sagt zu ihnen: »Geht in Frieden, wärmt und sättigt euch!« und ihr gebt ihnen nicht, wessen sie für ihren Leib bedürfen, was hat das für einen Wert? 17 So ist auch der Glaube, wenn er nicht Werke hat, in sich selber tot. 18 Ja, es könnte einer sagen: »Du hast Glauben, ich habe Werke! Zeige mir deinen Glauben ohne Werke, und ich werde dir aus meinen Werken den Glauben zeigen!« 19 Du glaubst, daß es nur einen Gott gibt. Du tust recht. Aber auch die Dämonen glauben – und zittern. 20 Willst du aber einsehen, törichter Mensch, daß der Glaube ohne die Werke nichtig ist? 21 Wurde Abraham, unser Vater, nicht auf Grund von Werken als gerecht anerkannt, da er »seinen Sohn Isaak auf den Opferaltar legte« (1 Mos 22,9)? 22 Du siehst, der Glaube wirkte zusammen mit seinen Werken, und durch die Werke wurde der Glaube vollendet. 23 Und so wurde die Schrift erfüllt, wenn sie sagt: »Abraham glaubte Gott, und es wurde ihm angerechnet zur Gerechtigkeit« (1 Mos 15,6), und er wurde »Freund Gottes« genannt (Is 41,8; 2 Chron 20,7). 24 Ihr seht also, daß der Mensch durch Werke gerecht wird und nicht durch Glauben allein. 25 Wurde nicht ebenso die Buhlerin Rahab durch Werke als gerecht anerkannt, da sie die Kundschafter aufnahm und auf einem anderen Wege entließ (Jos 2,1–11)? 26 Denn wie der Leib ohne Geist tot ist, so ist auch der Glaube ohne Werke tot.

2,1–13: Die Nächstenliebe überragt als Hauptgebot Christi alle übrigen Gebote und faßt sie zusammen, daher wird sie als »königliches Gebot« bezeichnet, vgl. Röm 13,8–10. • 14–26: Diese Gedanken werden zumeist als gegensätzlich zur Glaubensauffassung des hl. Paulus angesehen. Doch will Jakobus nur jene irregeleiteten Christen treffen, die sich mit bloßer Glaubensüberzeugung begnügen wollten, ohne sie in einem tatsächlichen Leben nach Christi Geboten sichtbar werden zu lassen. Das entspricht aber auch der Absicht des hl. Paulus, so sehr er gegenüber der pharisäischen Gesetzestheorie die Heilsentscheidung im Glauben an Christus betont. Auch für Paulus gehört zum Glauben das entsprechende Wirken, vor allem durch die Liebe, vgl. 1Kor 13,13; Gal 5,6.

Beherrschung der Zunge

3 1 Meine Brüder! Tretet nicht so zahlreich als Lehrer auf, da ihr doch wißt, daß wir ein strengeres Gericht erfahren werden.
2 Denn in gar mancher Hinsicht fehlen wir alle; wer sich aber im Reden nicht verfehlt, der ist ein vollkommener Mann, der fähig ist, auch den

ganzen Leib in Zaum zu halten. 3 Wenn wir den
Pferden die Zäume ins Maul legen, damit sie uns ge-
horchen, lenken wir auch ihren ganzen Körper.
4 Seht, auch die Schiffe, die so groß sind und von
heftigen Winden getrieben werden, lassen sich
durch ein kleines Steuerruder lenken, wohin der
Druck des Steuermannes will. 5 So ist auch die
Zunge ein kleines Glied und vermißt sich großer
Dinge. Seht, wie klein das Feuer – wie groß der
Wald, den es in Brand setzt! 6 Auch die Zunge ist ein
Feuer. Als eine Welt von Unrecht stellt sich die
Zunge dar unter unseren Gliedern; sie befleckt den
ganzen Leib und bringt unser Lebensrad in Brand,
indes sie selbst von der Hölle in Brand gesetzt ist.
7 Denn jegliche Art von Tieren, auch der fliegenden,
kriechenden und schwimmenden, läßt sich zäh-
men und ist gezähmt worden durch die mensch-
liche Natur; 8 die Zunge aber vermag kein Mensch
zu zähmen, das niemals ruhende Übel voll töd-
lichen Giftes. 9 Mit ihr loben wir den Herrn und
Vater, und mit ihr verfluchen wir die Menschen, die
nach »dem Ebenbild Gottes« (1 Mos 1,27) geschaf-
fen sind. 10 Aus dem gleichen Munde geht Segen
und Fluch hervor. Es ist nicht recht, meine Brüder,
daß dem so ist. 11 Läßt denn eine Quelle aus der
gleichen Öffnung süßes und bitteres Wasser spru-
deln? 12 Kann denn, meine Brüder, ein Feigenbaum
Ölfrüchte tragen oder ein Weinstock Feigen? Und
eine Salzquelle kann nicht Süßwasser spenden.

Die wahre Weisheit

13 Wer ist weise und verständig unter euch? Der
zeige aus seinem guten Wandel seine Werke in wei-
ser Besonnenheit. 14 Wenn ihr aber bittere Eifersucht
habt und Streit in euren Herzen, dann rühmt euch
nicht und werdet nicht zu Lügnern gegen die Wahr-
heit! 15 Denn das ist nicht die Weisheit, die von oben
kommt, sondern eine irdische, sinnenhafte, dämoni-
sche. 16 Wo nämlich Mißgunst und Streitsucht herr-
schen, dort ist Unordnung und jegliches böse Tun.
17 Die Weisheit von oben aber ist zuallererst lauter,
dann friedsam, gütig, nachgiebig, [dem Guten hold,]
voll Erbarmen und guter Früchte, nicht zwiespältig,
nicht heuchlerisch. 18 Frucht der Gerechtigkeit wird
in Frieden gesät für jene, die Frieden halten.

Vollkommene Liebe

4 1 Woher kommen Streitigkeiten und Kämpfe
unter euch? Woher anders als aus euren
Begierden, die in euren Gliedern im Streite
liegen? 2 Ihr begehrt und erhaltet nicht; ihr mordet
und neidet und könnt nichts erreichen; ihr streitet
und kämpft und erhaltet nicht, weil ihr nicht betet.
3 Ihr betet und empfangt nicht, weil ihr in schlech-
ter Absicht betet, um in euren Lüsten dahinzuleben.
4 Ihr ehebrecherisch Gesinnten, wißt ihr nicht, daß
die Liebe zur Welt Feindin Gottes ist? Wer also ein
Freund der Welt sein will, macht sich zum Feinde
Gottes. 5 Oder meint ihr, daß die Schrift ohne
Grund sagt: »Auf Neid ist das Streben des Geistes
gerichtet, den er in uns wohnen ließ«? 6 Er gibt uns
aber eine größere Gnade. Darum heißt es: »Gott
widersteht den Hoffärtigen, den Demütigen aber
gibt er Gnade« (Spr 3,34). 7 Unterwerft euch also
Gott! Widersteht dem Teufel, und er wird von euch
fliehen! 8 Naht euch Gott, und er wird sich euch na-
hen! Reinigt die Hände, ihr Sünder, und heiligt die
Herzen, ihr Wankelmütigen! 9 Fühlt eure Not, klagt
und weint! Euer Lachen verwandle sich in Klage
und eure Freude in Betrübnis. 10 Demütigt euch vor
dem Herrn, und er wird euch erhöhen.
11 Redet nicht bös übereinander, Brüder! Wer bös
über seinen Bruder redet oder über seinen Bruder
richtet, der redet bös über das Gesetz und richtet
das Gesetz. Wenn du aber das Gesetz richtest, so
bist du nicht ein Vollbringer, sondern ein Richter
des Gesetzes. 12 Einer ist Gesetzgeber und Richter,
er, der die Macht hat zu retten und zu verderben.
Du aber, wer bist du, daß du den Nächsten richtest?

Falsche Sicherheit

13 Hört doch, die ihr sagt: »Heute oder morgen wer-
den wir in die und die Stadt reisen, dort ein Jahr ver-
bringen, Handel treiben und Geschäfte machen!«
14 Ihr wißt ja nicht, was morgen sein wird! Denn
was ist euer Leben? Ein Hauch seid ihr, der für kurz
zu sehen ist und dann wieder verschwindet. 15 Statt
dessen sollt ihr sagen: »Wenn der Herr es will, wer-
den wir leben, wollen wir dies oder jenes tun.«
16 Nun aber macht ihr euch groß in eurem Übermut!
Alles Großtun dieser Art ist böse. 17 Wer daher recht
zu handeln weiß und nicht so tut, dem ist es Sünde.

4,5f: Das angeführte Schriftwort ist eine freie Zusammenfassung alttestamentlicher Gedanken, vielleicht von 1 Mos 4,7 und 6,5. Der etwas unklare Sinn der verschieden übersetzbaren Stelle ist wohl der: Der Geist des Menschen neigt zum Neid, aus dem die Unordnung des Lebens entsteht. Gott aber gibt dem, der demütig vor ihm steht, die alle menschliche Schwäche überwindende Gnade. • 11f: Gemeint ist hier nicht ein direktes »Richten über das Gesetz«, sondern ein indirektes, insofern der Mensch, der sich gegen das Hauptgebot des Gesetzes, die Bruderliebe, verfehlt, das ganze Gesetz mißachtet, vgl. 1,25; 2,8.

Warnung an die Reichen

5 1 Hört nun, ihr Reichen, weint und klagt über
die Drangsale, die über euch kommen wer-
den. 2 Euer Reichtum wird verfault sein und
eure Kleider von Motten zerfressen, 3 euer Gold und

Silber verrostet, und ihr Rost wird ein Zeugnis sein gegen euch und an eurem Fleische fressen wie Feuer. Noch bis zuletzt habt ihr Schätze angehäuft. 4 Seht, der von euch vorenthaltene Lohn der Arbeiter, die eure Felder abernteten, schreit, und die Schreie der Schnitter sind zu den »Ohren des Herrn der Heerscharen« (Is 5,9) gedrungen. 5 Gepraßt habt ihr auf Erden und geschwelgt und habt in der Gier eurer Herzen euch gemästet am »Tage des Schlachtens« (Jer 12,3). 6 Ihr habt den Gerechten verurteilt und gemordet; er wehrt sich nicht gegen euch.

Beharrlichkeit

7 Seid beharrlich, Brüder, bis zur Ankunft des Herrn! Seht, der Ackermann wartet auf die köstliche Frucht der Erde, und er harrt in Geduld mit ihr, bis sie den Früh und Spätregen empfängt (Jer 5,24). 8 So seid auch ihr beharrlich und erstarkt in euren Herzen; denn die Ankunft des Herrn hat sich genaht. 9 Seid nicht mürrisch zueinander, Brüder, damit ihr nicht verurteilt werdet! Seht, der Richter steht vor der Tür! 10 Nehmt, Brüder, als Vorbild der Geduld und Beharrlichkeit die Propheten, die im Namen des Herrn geredet haben. 11 Seht, wir preisen sie selig, die ausgeharrt haben. Von der Beharrlichkeit des Job habt ihr gehört und das Ende geschaut, das der Herr wirkte; denn »der Herr ist gütig und voll Erbarmen« (Ps 103,8; 111,4).

Schwört nicht!

12 Vor allen Dingen, meine Brüder schwört nicht, weder beim Himmel noch bei der Erde noch sonst einen Eid! Euer Ja sei ein Ja, euer Nein ein Nein, damit ihr nicht dem Gericht verfallet.

Betet!

13 Trägt von euch jemand ein Leid, so bete er; ist jemand frohen Mutes, lobsinge er. 14 Ist unter euch jemand krank, so rufe er die Presbyter der Gemeinde; die sollen über ihn beten und ihn mit Öl salben im Namen des Herrn, 15 und das Gebet des Glaubens wird dem Kranken zum Heile sein, und der Herr wird ihn aufrichten, und wenn er Sünden begangen hat, wird ihm vergeben werden. 16 Bekennt also einander die Sünden und betet füreinander, damit ihr geheilt werdet. Viel vermag das hingebende Gebet des Gerechten. 17 Elias war ein Mensch, gleichgeartet wie wir; er betete inständig, daß es nicht regnen möge, und es regnete drei Jahre und sechs Monate nicht über das Land. 18 Da betete er abermals, und der Himmel spendete Regen, und die Erde brachte ihre Frucht hervor (1 Kön 17,1; 18,1).

19 Meine Brüder! Sollte unter euch jemand von der Wahrheit abgeirrt sein, und jemand führt ihn zurück, 20 der wisse: Wer einen Sünder von seinem Irrweg zurückbringt, wird seine Seele vor dem Tode retten und eine Menge Sünden zudecken.

5,1–6: Vgl. die Sätze Jesu über den Reichtum Matth 6,24; 19,23f; Mark 10,23ff; Luk 12,15–20. • 12: Vgl. Matth 5,34–37. Das Schwören ist ein Zeichen mangelnder Wahrheitsliebe und mangelnden Vertrauens unter den Menschen. • 14: In dieser Stelle sieht die kirchliche Überlieferung das biblische Zeugnis für das Sakrament der Krankenölung.

ERSTER PETRUSBRIEF

Zwei Briefe im neutestamentlichen Kanon werden dem hl. Petrus zugeschrieben. Der erste ist von »Babylon« (5,13) geschrieben. Damit ist nach einer auch sonst nachweisbaren symbolischen Bezeichnung die Welthauptstadt Rom gemeint. Der Aufenthalt des hl. Petrus in Rom ist auch durch andere Zeugnisse bewiesen. Empfänger des Briefes, der als Rundschreiben gedacht ist, sind die Christen der in 1,1 genannten kleinasiatischen Gebiete, zu denen Petrus auf Grund seiner Führerstellung in der Kirche, vgl. besonders Matth 16,17–19 Luk 22,32; Joh 21,15–17; Apg 1,15; 2,14; 10,1–11,18, mit voller Autorität spricht. Dabei soll die Möglichkeit nicht verneint sein, daß Petrus vor seinem Brief in persönlicher Beziehung mit den angeredeten Gemeinden gestanden war. Der Brief, der nach 5,12 durch den bekannten Missionsgefährten Silvanus (Silas), vgl. Apg 16,19; 17,4f; 18,5; 2 Kor 1,19; 1 und 2 Thess 1,1, seine sprachliche Fassung erhielt, dürfte um das Jahr 64 geschrieben sein. Er will die von Leiden heimgesuchten Christen mit Mut und Zuversicht aus christlicher Glaubenshaltung erfüllen.

Petrus, Apostel Jesu Christi, an die auserwählten Fremdlinge, die zerstreut leben in Pontius, Galatien, Kappadozien, Asien und Bithynien, 2 auserwählt nach dem Vorherwissen Gottes, des Vaters, durch die Heiligung des Geistes zum Gehorsam und zur Besprengung mit dem Blute Jesu Christi. Gnade euch und Friede in reicher Fülle!

Preis der Erlösung

3 Gepriesen sei der Gott und Vater unseres Herrn Jesus Christus, der nach seinem reichen Erbarmen uns neu geboren werden ließ zu lebendiger Hoffnung durch die Auferstehung Jesu Christi von den Toten, 4 zu einem unvergänglichen, unbefleckten und unverwelklichen Erbe, das im Himmel bewahrt ist für euch, 5 die ihr in der Kraft Gottes geborgen seid durch den Glauben für das Heil, das bereit ist, um offenbar zu werden am Ende der Zeit.

6 Freut euch darüber, auch wenn ihr jetzt, wenn es sein soll, für eine Weile durch mancherlei Anfechtungen bedrückt werdet. 7 Euer Glaube soll dadurch als echt sich erweisen und weit kostbarer als vergängliches, im Feuer geläutertes Gold, zum Lobpreis, zur Verherrlichung und Ehre beim Offenbarwerden Jesu Christi. 8 Ohne ihn gesehen zu haben, liebt ihr ihn; ohne ihn jetzt zu schauen, glaubt ihr an ihn; in unsagbarer und strahlender Freude werdet ihr frohlocken, 9 wenn euch die Vollendung eures Glaubens beschieden sein wird: das Heil der Seelen.

10 Nach diesem Heil suchten und forschten Propheten, die von der auf euch kommenden Gnade weissagten. 11 Sie forschten, auf welche Zeit und Umstände der in ihnen wirksame Geist Christi hindeute, da er die auf Christus kommenden Leiden und die darauffolgende Herrlichkeit im voraus bezeugte. 12 Ihnen wurde geoffenbart, daß sie nicht sich selbst, sondern euch dienen sollten in dem, was euch jetzt verkündet wurde durch die Boten des Evangeliums im Heiligen Geist, der vom Himmel gesandt wurde; davor sich schauend zu beugen, sehnen sich Engel.

Mahnungen zu würdigem Wandel in der Zeit der irdischen Pilgerschaft

13 Darum umgürtet die Lenden eurer Gesinnung, seid nüchtern und setzt eure Hoffnung ganz und gar auf die Gnade, die euch gebracht wird in der Offenbarung Jesu Christi. 14 Gestaltet als gehorsame Kinder euer Leben nicht mehr nach den Gelüsten wie in eurer früheren Unwissenheit, 15 sondern seid gemäß eurer Berufung durch den Heiligen auch selber heilig in all eurem Wandel. 16 Denn es steht geschrieben: »Heilig sollt ihr sein, weil ich heilig bin!« (3 Mos 11,44; 19,2).

17 Und wenn ihr den als Vater anruft, der ohne Ansehen der Person nach dem Tun eines jeden richtet, so wandelt in Furcht die Zeit eurer Pilgerschaft. 18 Ihr wißt ja, daß ihr nicht mit vergänglichen Dingen, mit Silber oder Gold, losgekauft wurdet aus der Nichtigkeit eurer, von den Vätern überkommenen Lebensweise, 19 sondern mit dem kostbaren Blute Christi als eines untadeligen und makellosen Lammes. 20 vor der Grundlegung der Welt war er ausersehen, aber offenbar wurde er zum Ende der Zeiten um euretwillen. 21 Durch ihn glaubt ihr an

Gott, der ihn von den Toten erweckte und ihm
Herrlichkeit verlieh, damit euer Glaube sich auch
als Hoffnung auf Gott richte. 22 Da ihr eure Seelen
im Gehorsam gegenüber der Wahrheit geheiligt
habt zu ungeheuchelter Bruderliebe, so liebt in Hin-
gabe einander aus lauterem Herzen! 23 Ihr seid ja
wiedergeboren, nicht aus vergänglichem, sondern
aus unvergänglichem Samen durch Gottes lebendi-
ges und bleibendes Wort. 24 Denn »alles Fleisch ist
wie Gras und all seine Herrlichkeit wie die Blüte des
Grases; das Gras verdorrt, und die Blüte fällt ab,
25 das Wort des Herrn aber bleibt in Ewigkeit«
(Is 40,6–8). Dieses »Wort« ist die Frohbotschaft, die
an euch erging.

1,1f: Wie zuvor die Diasporajuden als »Fremdlinge« zerstreut unter den Heiden, so lebten die ersten Christen als Minderheit in ihrer ungläubigen Umgebung. »Asien« ist die römische Provinz »Asia« im vorderen Kleinasien. • 3–12: Eindrucksvolle Begründung des Optimismus des in Christus erlösten Menschen. • 6f: Vgl. Jak 1,2–4; Röm 5,3; Hebr 12,2–13. • 11: Der »Geist Christi« war schon in den Propheten wirksam. • 13–25: Aufruf zur Lebenshaltung, die der großen Begnadung des Christen entspricht. Entscheidender Beweggrund ist der Gedanke an das Vorbild Christi.

In der Gemeinschaft mit Christus

2 1 Legt daher alles Böse ab, alle Hinterlist,
Heuchelei und Mißgunst und alles böse
Nachreden! 2 Wie neugeborene Kinder ver-
langt nach der euch zusagenden, lauteren Milch, da-
mit ihr durch sie heranwachst zum Heil, 3 da ihr
doch »verkostet habt, wie gut der Herr ist« (Ps 34,9).
4 Wenn ihr hintretet zu ihm, dem lebendigen Stein,
der von den Menschen verworfen, vor Gott aber
»auserlesen« ist und »kostbar« (Is 28,16), 5 werdet
auch ihr selber als lebendige Steine aufgebaut zu
einem geistigen Haus, zu einer heiligen Priester-
schaft, um geistige Opfer darzubringen, wohlge-
fällig vor Gott, durch Jesus Christus. 6 Darum heißt
es in der Schrift: »Siehe, ich setze auf Sion einen
auserlesenen, kostbaren Eckstein; wer an ihn
glaubt, wird nicht zuschanden werden« (Is 28,16).
7 Für euch nun, die ihr glaubt, ist er von Wert; den
Ungläubigen aber ist er »der Stein, den die Bauleute
verwarfen und der dennoch zum Eckstein wurde«
(Ps 118,22), 8 und »ein Stein des Anstoßes und ein
Fels des Ärgernisses« (Is 8,14). Die dem Wort nicht
glauben, stoßen sich daran; dazu sind sie ja hinge-
setzt.
9 Ihr aber seid »ein auserwähltes Geschlecht« (Is
43,20), »eine königliche Priesterschaft, ein geheilig-
tes Volk« (2 Mos 19,6), »ein Volk, das dazu erwor-
ben wurde, damit ihr die Ruhmestaten dessen ver-
kündet« (Is 43,21), der euch aus der Finsternis
berufen hat in sein wunderbares Licht. 10 Einst
waret ihr ein Nicht-Volk, jetzt aber seid ihr Gottes
Volk; die ihr kein Erbarmen fandet, habt jetzt Er-
barmen gefunden (Os 1,6.9; 2,3.25).

Das rechte Verhalten gegenüber der heidnischen Umwelt

11 Geliebte, ich mahne euch als »Beisassen und
Fremdlinge« (Ps 39,13), enthaltet euch der fleisch-
lichen Begierden, die gegen die Seele streiten.
12 Führt einen guten Wandel unter den Heiden, da-
mit sie, die euch als Übeltäter verleumden, an euren
guten Werken eines Besseren belehrt werden und
Gott die Ehre geben »am Tag der Heimsuchung«
(Is 10,3).
13 Ordnet euch jeder menschlichen Einrichtung
unter um des Herrn willen, sei es dem König als
dem Oberherrn, 14 sei es den Statthaltern als denen,
die von ihm abgeordnet sind zur Bestrafung der
Übeltäter und zur Anerkennung derer, die Gutes
tun. 15 Denn so ist es der Wille Gottes, daß ihr durch
gute Taten den Unverstand der törichten Menschen
zum Schweigen bringt, 16 als freie Menschen, doch
nicht als solche, die in der Freiheit einen Deck-
mantel haben zum Schlechten, sondern als Knechte
Gottes. 17 Ehrt alle, liebt die Brüder, fürchtet Gott,
ehrt den König!

An die Sklaven

18 Ihr Sklaven, seid mit aller Ehrfurcht untertan den
Herren, nicht nur den gütigen und freundlichen,
sondern auch den bösartigen. 19 Denn das ist Gnade,
wenn einer in Gewissenstreue vor Gott Wider-
wärtigkeiten erträgt und ungerecht leidet. 20 Denn
was ist es für ein Ruhm, wenn ihr wegen Verfeh-
lungen gestraft werdet und es erduldet? Wenn ihr
aber Gutes tut und geduldig leidet, so ist das Gnade
vor Gott. 21 Dazu wurdet ihr ja gerufen; denn auch
Christus litt für euch und hinterließ euch ein Vor-
bild, damit ihr seinen Fußstapfen folget. 22 »Er tat
keine Sünde, und in seinem Munde fand sich kein
Trug« (Is 53,9). 23 Da man ihn schmähte, schmähte
er nicht wieder; da er litt, drohte er nicht, sondern
überließ sich dem, der gerecht richtet. 24 »Er trug
selber unsere Sünden an seinem Leibe ans Holz
hinan« (Is 53,12), damit wir den Sünden absterben
und der Gerechtigkeit leben; durch seine Wunden
seid ihr geheilt worden (Is 53,5). 25 Denn ihr waret
wie irrende Schafe; jetzt aber seid ihr hingewendet
zum Hirten und Hüter eurer Seelen.

2,1–10: Zum Bild vom Eckstein vgl. Matth 21,42–44; Röm 9,32f. Der Nachsatz zu Vers 8 bezieht sich wohl auf »Stein des Anstoßes und Fels des Ärgernisses«, an denen sich Glaube und Unglaube scheiden sollen. Meist wird aber der Nachsatz von Vers 8 übersetzt: »dazu sind sie auch bestimmt« und auf die Ungläubigen bezogen, als ob sie zum Anstoßnehmen »bestimmt« seien. Beachte den Gedanken, daß jeder Christ eingegliedert ist in eine »königliche Priesterschaft«, die sich wohl vom amtlichen, hierarchischen Priestertum unterscheidet, aber als wichtige Ergänzung zu ihm gehört und jeden Christen zu tätiger Mitverantwortung aufruft. • 2: Für »euch zusagende« Milch wird zumeist übersetzt: »geistige Milch«. Petrus meint aber mit dem Ausdruck »logikon« wohl die dem »neugeborenen Kind« entsprechende, ihm zustehende Milch der christlichen Botschaft. • 11–17: Vgl. Röm 13,1–7; 1Tim 2,1–13, wo ebenfalls die Pflichten der Christen gegenüber der staatlichen Obrigkeit mit inneren Beweggründen gefordert werden. • 23: Die lateinische Vulgata sagt für »der gerecht richtet«: »der ungerecht richtet«, was auf das Urteil des Pilatus hinweisen würde.

Für Ehegatten

3 1 Desgleichen sollt ihr Frauen untertan sein
euren Männern, damit euch jene, die dem
Worte sich nicht unterwerfen, durch den
Wandel der Frauen ohne Worte gewonnen werden,
2 wenn sie euren lauteren, gottesfürchtigen Wandel
sehen. 3 Euer Schmuck bestehe nicht im Äußern, im
Haargeflecht, im Anlegen von Gold oder im Tragen
von Kleidern, 4 vielmehr ist es der verborgene
Herzensmensch in der Unwandelbarkeit eines bescheidenen und ruhigen Geistes, der kostbar ist vor
Gott. 5 Denn so schmückten sich einst auch die
heiligen Frauen, die auf Gott ihre Hoffnungen
setzten und ihren Ehemännern untertan waren.
6 So gehorchte Sara dem Abraham, da sie »Herr« zu
ihm sagt (1 Mos 18,12). Deren Kinder seid ihr
geworden, wenn ihr das Gute tut und euch von
keinerlei Furcht beunruhigen laßt (Spr 3,25). 7 Desgleichen sollt ihr Männer verstehend zusammenleben mit dem weiblichen Geschlecht als dem
schwächeren; erweist ihnen Ehre als den Miterben
der Gnade des Lebens, damit euer Beten nicht vereitelt werde.

Mahnungen an alle

8 Ihr alle endlich, seid einmütig, mitfühlend, brüderlich, barmherzig, bescheiden! 9 Vergeltet nicht
Böses mit Bösem, nicht Schmähung mit Schmähung; segnet vielmehr, weil ihr dazu berufen seid,
Segen zu erben. 10 Denn »wer das Leben liebt und
gute Tage sehen will, bewahre seine Zunge vor
Bösem und seine Lippen vor hinterlistiger Rede.
11 Er wende sich ab vom Bösen und tue Gutes; er
suche Frieden und strebe ihm nach. 12 Denn die
Augen des Herrn wenden sich nach Gerechten,
und seine Ohren zu ihrem Flehen, das Antlitz des
Herrn aber gegen solche, die Böses tun« (Ps 34,
13ff).

13 Wer kann euch schaden, wenn ihr nach dem
Guten trachtet? 14 Ja, auch wenn ihr leiden müßtet
um der Gerechtigkeit willen, sollt ihr selig sein!
»Fürchtet euch nicht in der Furcht vor ihnen und
laßt euch nicht in Unruhe bringen« (Is 8,12)!
15 Christus aber, den Herrn, haltet heilig in euren
Herzen, allzeit bereit zur Verantwortung gegenüber
einem jeden, der von euch Rechenschaft fordert
über die Hoffnung, die ihr in euch tragt. 16 Tut es
aber mit Sanftmut und Ehrfurcht, und bewahrt ein
gutes Gewissen, damit sie, die euren guten Wandel
in Christus schmähen, gerade in dem beschämt
werden, worin ihr verleumdet werdet. 17 Denn es
ist besser, daß ihr, wenn Gott es so will, für gute
Taten leidet als für schlechte.

Das Vorbild Christi

18 Denn auch Christus starb einmal für die Sünden,
als Gerechter für Ungerechte, um euch zu Gott zu
führen, nachdem er dem Fleische nach getötet, dem
Geiste nach aber lebendig gemacht wurde. 19 Im
Geiste ging er auch hin zu den Geistern im Gefängnis und predigte ihnen, 20 die einst nicht gehorchen
wollten, als in den Tagen Noes Gottes Langmut
zuwartete und die Arche gebaut wurde, in der
wenige, nämlich acht Seelen, gerettet wurden durch
das Wasser hindurch. 21 Dieses rettet nunmehr auch
euch im Gegenbild, der Taufe; sie ist nicht ein Wegnehmen körperlichen Schmutzes, sondern ein Anrufen Gottes um ein gutes Gewissen kraft der Auferstehung Jesu Christi, 22 der zur Rechten Gottes ist,
nachdem er [den Tod verschlungen, damit wir Erben des ewigen Lebens würden, und] aufgefahren
ist in den Himmel und Engel und Mächte und Gewalten ihm unterworfen wurden.

3,1–6: Die Frauen haben eine große Aufgabe, sie können durch ein gläubiges Leben ihren heidnischen Mann für den Glauben gewinnen. • 18–22: Jesus starb nur »einmal« den Opfertod, vgl. Hebr 7,27; 9,28. Unter »Geist« Jesu ist hier wohl die menschliche Seele gemeint, mit der er zwischen Tod und Auferstehung die »Geister im Gefängnis«, d. h. die Seelen der Verstorbenen in der sog. »Vorhölle« besuchte.

Absage an die Sünde

4 1 Da also Christus im Fleische litt, sollt auch
ihr mit derselben Gesinnung euch rüsten;
denn wer im Fleische litt, hat aufgehört mit
der Sünde, 2 damit er nicht mehr den menschlichen
Lüsten, sondern dem Willen Gottes die verbleibende Zeit seiner Erdentage lebe. 3 Denn es ist
schon genug, daß ihr die vergangene Zeit im Sinnen
und Streben der Heiden zugebracht habt und euer
Leben dahinging in Ausschweifungen, Leidenschaften, Trinkgelagen, Schmausereien, Zechgelagen
und ausgelassenen Götzenfeiern. 4 Das befremdet
sie, daß ihr euch nicht mit ihnen in den gleichen
Strom von Liederlichkeit stürzt, und so lästern sie
euch. 5 Doch sie werden sich verantworten müssen
vor dem, der bereit ist, Lebende und Tote zu rich-

ten. 6 Denn deshalb wurde auch Toten das Evange-
lium verkündet, damit sie zwar Gericht erfahren als
Menschen dem Fleische nach, aber lebendig seien
im Hinblick auf Gott dem Geiste nach.

Mahnungen; vom Sinn der Leiden

7 Das Ende aller Dinge hat sich genaht. Seid also be-
sonnen und nüchtern zum Gebet! 8 Vor allem aber
habt zueinander beharrliche Liebe; denn Liebe
überdeckt eine Menge von Sünden (Spr 10,12).
9 Seid gastlich zueinander, ohne Murren! 10 Dient
einander – jeder mit der Gnadengabe, die er
empfing – als gute Verwalter der vielgestaltigen
Gnade Gottes! 11 Wer predigt, tue es als Verwalter
der Worte Gottes; wer einen Dienst versieht, aus
der Kraft, die Gott verleiht, damit in allem Gott
verherrlicht werde durch Jesus Christus, dem die
Herrlichkeit und Macht zu eigen ist von Ewigkeit
zu Ewigkeit. Amen.

12 Geliebte, wundert euch nicht über die zu eurer
Prüfung unter euch entstandene Feuersglut, als ob
euch etwas Befremdliches widerfahre. 13 Freut euch
vielmehr der Gemeinschaft mit den Leiden Christi,
damit ihr auch beim Offenbarwerden seiner Herr-
lichkeit jubelnde Freude erlebt. 14 Seid selig, wenn
ihr im Namen Christi geschmäht werdet; denn der
Geist der Herrlichkeit, der Geist Gottes ruht auf
euch. 15 Denn keiner von euch soll leiden als Mör-
der oder Dieb oder Übeltäter oder als Ehebrecher.
16 Leidet er dagegen als Christ, so schäme er sich
nicht, sondern verherrliche Gott in diesem Namen.
17 Denn die Zeit ist da, daß das Gericht seinen
Anfang nimmt beim Hause Gottes. Beginnt es aber
bei uns, was wird dann das Ende derer sein, die auf
das Evangelium Gottes nicht hören? 18 »Wenn der
Gerechte kaum das Heil erlangt, wo wird der Gott-
lose und der Sünder zu sehen sein?« (Spr 11,31).
19 Darum sollen auch jene die nach dem Willen
Gottes leiden, ihre Seelen dem getreuen Schöpfer
anempfehlen im Tun des Guten.

4,6: Die in der Sintflut dem Leibe nach Gerichteten erhielten durch Christus die Möglichkeit der Rettung.

An die Vorsteher der Gemeinden

5 1 Die Presbyter unter euch mahne ich als Mit-
presbyter und Zeuge der Leiden Christi wie
auch als Mitgenosse der Herrlichkeit, die sich
enthüllen wird: 2 Weidet die euch anvertraute
Herde Gottes und wachet über sie, nicht aus
Zwang, sondern aus freiem Entschluß im Hinblick
auf Gott, nicht aus Gewinnsucht, sondern aus Hin-
gabe. 3 Spielt nicht die Herren über die euch Anver-
trauten, sondern seid Vorbilder für die Herde! 4 Er-
scheint dann der oberste Hirt, werdet ihr den
unverwelklichen Kranz der Herrlichkeit entgegen-
nehmen.

An alle

5 Desgleichen sollt ihr Jüngeren euch unterordnen
den Älteren; alle aber sollt ihr einander verbunden
sein in demütigem Sinn; denn »Gott widersteht
den Hoffärtigen, den Demütigen aber gibt er
Gnade« (Spr 3,34) 6 Demütigt euch also unter die
starke Hand Gottes, daß er euch erhöhe zur rechten
Zeit! 7 All eure Sorge werft auf ihn; denn er sorgt
sich um euch. 8 Seid nüchtern und wachet! Euer
Widersacher, der Teufel, geht umher wie ein
brüllender Löwe und sucht, wen er verschlinge.
9 Widersteht ihm standhaft im Glauben und wisset:
das gleiche an Leiden haben alle eure Brüder in der
Welt zu bestehen. 10 Der Gott aller Gnade, der euch
in Christus gerufen hat zu seiner ewigen Herrlich-
keit, wird nach kurzer Zeit des Leidens selber euch
aufrichten, euch stark und kraftvoll machen und
euch sicheren Halt verleihen. 11 Sein ist die [Herr-
lichkeit und] Macht von Ewigkeit zu Ewigkeit.
Amen.

12 Durch Silvanus, den euch, wie ich meine, treu
ergebenen Bruder, habe ich euch kurz geschrie-
ben, euch zu ermahnen und zu bezeugen, daß diese
die wahre Gnade ist, in der ihr steht. 13 Es grüßt
euch die miterwählte Gemeinde in Babylon und
Markus, mein Sohn. 14 Grüßt einander mit dem
Kuß der Liebe! Friede euch allen in Christus [Jesus,
Amen]!

ZWEITER PETRUSBRIEF

Der folgende Brief bezeichnet sich im Eingang als von Symeon Petrus stammend, verweist 1,16 bis 18 ausdrücklich auf das Miterleben der Verklärung Jesu, spricht 1,14 von einer persönlich empfangenen Offenbarung über den bevorstehenden Tod des Absenders und bezieht sich 3,1 auf ein früheres Schreiben, mit dem wohl 1 Petr gemeint sein dürfte. Neben diesen Anzeichen, die eindeutig für den Apostel Petrus sprechen, zeigt der Brief nicht zu übersehende kanongeschichtliche, literarische und inhaltliche Besonderheiten, so daß es nicht an ernsten Stimmen fehlt, die meinen, der Brief könnte erst später unter dem Namen des Apostels verfaßt worden sein. Andere versuchen, die Schwierigkeiten mit Hinweis auf 1 Petr 5,12 zu lösen, in der Annahme, daß unser Brief im Auftrag des Apostels durch einen unbekannten Mitarbeiter seine Form erhalten habe. Bei dieser Annahme wäre der Brief mit Rücksicht auf 1,14 in die Zeit kurz vor dem Tod des hl. Petrus zu setzen, vielleicht 66–67, wenn man nicht ein früheres Todesjahr annehmen muß. Als Leser nimmt man auf Grund von 3,1 den gleichen Personenkreis an wie 1 Petr.

Symeon Petrus, Knecht und Apostel Jesu Chri-
sti, an jene, die gleich uns den kostbaren Glau-
ben erlangt haben durch die Gerechtigkeit
unseres Gottes und Heilandes Jesus Christus.
2 Gnade und Friede werde euch in Fülle zuteil in der
Erkenntnis Gottes und Jesu, unseres Herrn.

Mahnung zur Festigung der Berufung

3 Alles, was dienlich ist zum Leben und zur Fröm-
migkeit, hat uns seine göttliche Macht geschenkt
durch die Erkenntnis dessen, der uns gerufen hat in
seiner Herrlichkeit und Kraft. 4 Dadurch wurden
uns die kostbarsten und größten Verheißungen
geschenkt, damit ihr durch sie teilhaft werdet gött-
licher Natur, die ihr entronnen seid den verderb-
lichen Lüsten in der Welt.
5 So wendet gerade deswegen allen Eifer auf und
zeigt in eurem Glauben die tapfere Entschlossen-
heit, in der Entschlossenheit die Erkenntnis, 6 in der
Erkenntnis die maßvolle Zucht, in der Zucht die
Ausdauer, in der Ausdauer die Frömmigkeit, 7 in der
Frömmigkeit die Brudergesinnung, in der Bruderge-
sinnung die Liebe. 8 Sind diese Eigenschaften euch
zu eigen und im Fortschreiten begriffen, werden sie
euch nicht träge und unfruchtbar sein lassen für die
Erkenntnis unseres Herrn Jesus Christus. 9 Wem sie
nämlich nicht zu Gebote stehen, der ist blind und
kurzsichtig, da er die Reinigung von seinen frühe-
ren Sünden vergaß. 10 Daher, Brüder, seid um so
mehr bestrebt, eure Berufung und Auserwählung
[durch gute Werke] sicherzustellen. Wenn ihr näm-
lich dies tut, werdet ihr nimmermehr scheitern.
11 Denn so wird euch in reicher Fülle der Zutritt ge-
boten werden in das ewige Reich unseres Herrn
und Heilandes Jesus Christus.
12 Daher will ich allzeit darauf bedacht sein, euch an
dies zu erinnern, auch wenn ihr darum wißt und ge-
festigt seid im Besitz der Wahrheit. 13 Halte ich es
doch für meine Pflicht, solange ich in diesem Zelte
lebe, euch mahnend wachzuhalten. 14 Ich weiß ja,
daß der Abbruch meines Zeltes nahe bevorstehend
ist, wie mir auch unser Herr Jesus Christus geoffen-
bart hat. 15 Ich bin aber darum besorgt, daß ihr auch
nach meinem Hingang stets in der Lage seid, euch
dies ins Gedächtnis zu rufen.

Verlässigkeit der Heilswahrheit

16 Denn nicht ausgeklügelten Fabeln hingen wir an,
als wir euch die Macht und Ankunft unseres Herrn
Jesus Christus verkündeten, sondern wir waren
Augenzeugen seiner erhabenen Größe. 17 Denn er
empfing von Gottes Vater Ehre und Verherrlichung,
als aus glanzvoller Erhabenheit diese Stimme auf
ihn herniederkam: »Dieser ist mein geliebter Sohn,
an dem ich Wohlgefallen fand [, auf ihn sollt ihr
hören].« 18 Und diese Stimme hörten wir vom Him-
mel herabkommen, als wir mit ihm beisammen
waren auf dem heiligen Berg. 19 Und so besitzen wir
um so gesicherter das prophetische Wort, und ihr
tut gut daran, daß ihr darauf achtet wie auf eine
Leuchte, die aufstrahlt an dunkler Stätte, bis der Tag
anbricht und der Morgenstern aufgeht in euren
Herzen. 20 Wisset vor allem dies: Ein prophetisches
Wort der Schrift ist nicht Sache eigener Deutung.
21 Denn nicht durch eines Menschen Willen wurde
eine prophetische Aussage hervorgebracht, son-

dern von Heiligem Geist getrieben, sprachen von Gott her [heilige] Menschen.

1,1: Wie Apg 15,14 bezeugt, war »Symeon« eine Nebenform für das bekanntere »Simon«. • 3–11: Eine eindrucksvolle Zeichnung der Erlösungsgnade, deren größte Gabe die in Vers 4 genannte »Teilhabe an der göttlichen Natur« ist. Zugleich ruhen darin die stärksten Beweggründe für persönliches Mitwirken des Begnadeten. • 16–21: Mit Hinweis auf die Verklärung Jesu, vgl. Matth 17,1–9, die zu den stärksten Erlebnissen des hl. Petrus gehörte, begründet er die Glaubwürdigkeit der christlichen Offenbarung. Durch sie sei auch die »prophetische« Offenbarung des Alten Testamentes klarer und verständlicher geworden. Beachte die Mahnung zu ehrfürchtiger Deutung der Heiligen Schrift, die nicht Sache persönlicher Willkür sein darf!

Warnng vor Irrlehrern

2 1 Es gab aber auch falsche Propheten unter dem Volke, wie es auch unter euch falsche Lehrer geben wird, die verderbliche Irrlehren aufbringen und den Herrn verleugnen werden, der sie erkauft hat. Sie bereiten sich selbst ein jähes Verderben. 2 Und viele werden ihren Ausschweifungen folgen, und der Weg der Wahrheit wird ihretwegen gelästert werden. 3 In Habgier werden sie euch mit betrügerischen Worten übervorteilen; doch schon längst ist für sie das Gericht nicht müßig, und ihr Verderben schläft nicht.

Gottes Gericht über die Irrlehrer

4 Denn Gott hat der Engel, die sich versündigten, nicht geschont, sondern sie den finsteren Höhlen der Unterwelt übergeben, um sie zu verwahren für das Gericht. 5 Er hat der alten Welt nicht geschont, sondern nur Noe, den Künder der Gerechtigkeit, mit sieben anderen gerettet, da er die Flut über die Welt der Gottlosen heraufführte. 6 Er hat die Städte Sodoma und Gomorra durch die Vernichtung mit Feuer gerichtet und sie als Beispiel hingestellt für künftige Gottlose, 7 indes er den gerechten Lot rettete, der durch das liederliche Treiben der Zuchtlosen zu leiden hatte. 8 Denn der Gerechte, der in ihrer Mitte wohnte, quälte sich in seiner Seele, da er Tag für Tag ihr frevlerisches Treiben sah und hörte. 9 So weiß der Herr die Frommen aus der Prüfung zu erretten, die Ungerechten aber für den Tag des Gerichtes zur Bestrafung aufzubewahren, 10 und zwar vor allem jene, die in schmutziger Gier dem Fleische sich hingeben und die Macht des Herrn mißachten. In ihrer Verwegenheit und Anmaßung scheuen sie sich nicht, Herrlichkeiten zu lästern, 11 wo doch Engel, die an Stärke und Macht überlegen sind, kein Fluchurteil gegen sie vorbringen beim Herrn.

Vom Treiben der Irrlehrer

12 Diese aber sind wie vernunftlose Tiere, von der Natur hervorgebracht zu Fang und Untergang; sie lästern, was sie nicht verstehen, und werden in ihrer Verderbtheit auch selber verderben, 13 indem sie Strafe erleiden als Entgelt für ihre Ruchlosigkeit. Ihr Vergnügen sehen sie in der Schwelgerei mitten am Tage, Schand- und Schmutzflecken sind sie, wenn sie in ihren Betrügereien schwelgen und dabei mit euch zusammen schmausen. 14 Ihre Augen sind erfüllt von ehebrecherischer Gier und unersättlicher Sünde; sie locken haltlose Seelen an sich; ihr Herz ist geübt in gierigem Verlangen, Kinder des Fluches sind sie. 15 Sie haben den geraden Weg verlassen und sind in die Irre gegangen, sie folgten dem Wege Balaams, des Sohnes des Beor, der auf den Lohn der Ruchlosigkeit aus war, 16 jedoch die Zurechtweisung für seine Untat erfuhr: ein stummes Lasttier redete mit Menschenstimme und gebot den Wahnsinn des Propheten Einhalt.

17 Sie sind wasserlose Brunnen, Nebelwolken, vom Sturmwind gejagt; auf sie wartet der Abgrund der Finsternis. 18 Sie führen hochtrabende Reden ohne Inhalt und verlocken mit fleischlichen Lüsten und Ausschweifungen jene, die kaum entronnen sind den im Irrtum lebenden Menschen. 19 Sie verheißen ihnen Freiheit, obgleich sie selber Sklaven des Verderbens sind; denn von wem einer beherrscht wird, dem ist er versklavt. 20 Wenn sie nämlich, den Befleckungen der Welt durch die Erkenntnis des Herrn und Heilandes Jesus Christus entronnen, sich wieder von diesen umgarnen und überwältigen lassen, so sind für sie die letzten Dinge ärger geworden als die ersten. 21 Denn besser wäre es für sie, sie hätten den Weg der Gerechtigkeit nicht kennengelernt, als nach dem Erkennen sich wieder abzuwenden von dem heiligen Auftrag, der ihnen anvertraut wurde. 22 Auf sie trifft in Wahrheit das Sprichwort zu: »Der Hund kehrt zu seinem Auswurf zurück« (Spr 26,11) und: »Das Schwein wälzt sich nach der Schwemme wieder im Schlamm.«

2,4–18: Vgl. die auffallende Ähnlichkeit mit Jud 1,4–16. Es scheint 2 Petr von Jud abhängig zu sein, sofern nicht beide von einer gemeinsamen Quelle beeinflußt sind. • 15f: Über Balaam vgl. 4 Mos 22–24. Er sollte gegen Belohnung im Auftrag des Moabiterkönigs Balak gegen Israel eine Verfluchung aussprechen, doch Gott fügte es, daß sein Esel ihn zur Erkenntnis führte.

Von der Wiederkunft Christi

3 1 Das ist, Geliebte, bereits der zweite Brief, den ich euch schreibe; ich möchte mit ihm durch mein Mahnen eure lautere Gesinnung wachrufen, 2 daß ihr eingedenk seid der Worte, die von heiligen Propheten vorherverkündet sind, und des von euren Aposteln übergebenen Auftrags des Herrn und Heilandes. 3 Wisset vor allem aber dies: in den letzten Tagen werden Spötter auftreten, die

voll Hohn ihren eigenen Lüsten nachgehen 4 und sagen: »Wo ist die Verheißung seiner Wiederkunft? Seitdem die Väter entschliefen, bleibt ja alles so wie seit Anfang der Schöpfung!«

5 Die dies behaupten, übersehen nämlich, daß schon einmal ein Himmel war und eine Erde, die kraft des Gotteswortes aus Wasser und durch Wasser Bestand hatte, 6 und daß inzwischen die damalige Welt, vom Wasser überschwemmt, zugrunde ging. 7 Der Himmel und die Erde aber, wie sie jetzt sind, werden durch dasselbe Wort aufgespart für das Feuer und bewahrt für den Tag des Gerichtes und des Unterganges der gottlosen Menschen. 8 Dies eine aber entgehe euch nicht, Geliebte: Ein Tag bei dem Herrn ist wie tausend Jahre, und »tausend Jahre sind wie ein Tag« (Ps 90,4). 9 Der Herr ist nicht säumig mit seiner Verheißung, wie einige es für ein Säumen halten; sondern er ist nur langmütig mit euch, da es sein Wille ist, daß niemand verlorengehe, sondern daß alle zur Umkehr gelangen. 10 Es wird aber der Tag des Herrn kommen wie ein Dieb, und an ihm werden die Himmel zusammenkrachend vergehen, die Elemente brennend sich auflösen, und auch die Erde und die Werke auf ihr werden sich darunter finden.

Mahnung zu entsprechendem Leben

11 Wenn dies alles sich so auflösen wird, wie sehr muß euch heiliger Wandel und Frömmigkeit angelegen sein, 12 indes ihr auf das Kommen des Tages Gottes wartet und ihn beschleunigt, um dessentwillen die Himmel im Feuer zergehen und die Elemente brennend zerschmelzen werden. 13 Wir erwarten aber nach seiner Verheißung »einen neuen Himmel und eine neue Erde« (Is 65,17; 66,22), worin die Gerechtigkeit wohnt.

14 Da ihr nun, Geliebte, eine solche Erwartung habt, so befleißigt euch, ohne Fehl und Makel vor ihm gefunden zu werden in Frieden. 15 Erachtet die Langmut unseres Herrn für Heil, so wie es auch unser geliebter Bruder Paulus nach der ihm verliehenen Weisheit euch schrieb, 16 wie in allen Briefen, in denen er davon spricht. In ihnen ist manches schwer zu verstehen, was ungebildete und ungefestigte Leute, wie auch bei den übrigen Schriften, zu ihrem eigenen Verderben verdrehen.

17 Ihr nun, Geliebte, die ihr im voraus dies wißt, seht euch vor, daß ihr vom Irrwahn der Frevler nicht mit fortgezogen werdet und herausfallet aus eurem sicheren Halt. 18 Wachset vielmehr in der Gnade und Erkenntnis unseres Herrn und Heilandes Jesus Christus! Ihm ist Ehre jetzt und für den Tag der Ewigkeit. Amen.

3,1–10: Der Gedanke an die Wiederkunft Christi war in den ersten Christen sehr lebendig. Schon Jesus selbst hatte vor Falschpropheten gewarnt, vgl. Matth 24,11f. Dem frivolen Spott über das angebliche Ausbleiben Christi tritt Petrus mit dem Hinweis auf das einstige Strafgericht der Sintflut entgegen. Ebenso werde sich das kommende Gericht einstellen, wobei die Zeit nicht mit menschlichen Maßstäben gerechnet werden kann. • 5f: Textbezeugung und Sinn dieses Satzes nicht klar, daher verschiedene Übersetzungen möglich. Es ist angespielt auf die in 1Mos 1 berichtete Schöpfung, wonach Gottes Wort aus der Urflut die Himmelsfeste und die Erde entstehen ließ, die von Wasser umströmt war. • 8: Schon aus dieser Psalmstelle geht hervor, daß es nicht möglich ist, den »Tag des Herrn« zu errechnen. • 10: Der Satzschluß ist im Griechischen nicht einheitlich überliefert. Manche übersetzen: »werden verbrennen (vergehen)« oder: »nicht mehr sich finden«. • 11–13: Die Menschen können mit wahrer Bekehrung das Kommen Christi »beschleunigen«, vgl. Apg 3,19; Röm 11,25. Möglicherweise bedeutet an unserer Stelle »beschleunigen« das »Herbeisehnen« des Tages Gottes. • 3,15f: Welche Paulusbriefe gemeint sind, ist unsicher (vielleicht auch solche, die uns nicht erhalten blieben). Man könnte besonders an Röm 2,4 denken, wo vom Sinn der »Geduld und Langmut« Gottes die Rede ist.

ERSTER JOHANNESBRIEF

Dem Apostel Johannes, von dem das vierte Evangelium stammt und dem auch die Geheime Offenbarung zugeteilt wird, werden drei Briefe zugeschrieben. Der erste trägt keinen Briefeingang und richtet sich an einen größeren Kreis von Lesern, wahrscheinlich in Kleinasien. Gegenüber auftretenden Irrlehrern sucht sie der Verfasser mit Gedanken, die an das vierte Evangelium erinnern, zur Glaubensfreude und zu einem entsprechenden Lebenswandel aufzumuntern. Der Brief wird wohl in die Zeit nach dem Johannesevangelium, zwischen 90 und 100 n. Chr., zu setzen sein.

Was von Anfang an war, was wir gehört,
was wir mit unseren Augen gesehen
haben, was wir schauten und was
unsere Hände betasteten vom Worte des Lebens –
und das Leben erschien, und wir haben es gesehen
und bezeugen es und verkünden euch das Leben,
das ewig, das beim Vater war und uns erschien –,
3 was wir gesehen und gehört, verkünden wir auch
euch, damit auch ihr Gemeinschaft habt mit uns.
Unsere Gemeinschaft ist Gemeinschaft mit dem
Vater und mit seinem Sohne, Jesus Christus. 4 Dies
schreiben wir euch, damit [ihr euch freut und]
unsere Freude vollkommen sei.

Seid Kinder des Lichtes!

5 Und das ist die Botschaft, die wir gehört haben von
ihm und euch verkünden: Gott ist Licht, und Finsternis
ist nicht in ihm. 6 Wenn wir sagen, daß wir
Gemeinschaft haben mit ihm, und in der Finsternis
wandeln, so lügen wir und tun nicht die Wahrheit.
7 Wenn wir aber im Lichte wandeln, wie auch er im
Lichte ist, haben wir Gemeinschaft miteinander,
und das Blut Jesu [Christi], seines Sohnes, macht
uns rein von aller Sünde.
8 Wenn wir sagen, daß wir keine Sünden haben, so
betrügen wir uns selbst, und die Wahrheit ist nicht
in uns. 9 Bekennen wir unsere Sünden, so ist er treu
und gerecht, daß er uns die Sünden erlasse und uns
rein mache von allem Unrecht. 10 Wenn wir sagen,
daß wir nicht sündigten, machen wir ihn zum Lügner,
und sein Wort ist nicht in uns.

1,1–4: Beachte die nachdrückliche Betonung der Glaubwürdigkeit der apostolischen Verkündigung mit Hervorhebung der persönlichen Zeugenschaft des Verfassers, vgl. Joh 1,14; 19,35. • 1,5–2,2: »Licht« ist Sinnbild der in Gott ruhenden und von ihm kommenden Wahrheit, wie sei in Christus offenbar wurde, vgl. Joh 3,19–21.

2 Meine Kindlein, dies schreibe ich euch, damit
ihr nicht sündigt. Und wenn einer sündigte,
so haben wir einen Fürsprecher vor dem
Vater: Jesus Christus, den Gerechten. 2 Er ist die
Sühne für unsere Sünden, nicht nur für die unseren,
sondern auch für die der ganzen Welt.

Wandel nach Christi Geboten

3 Daran erkennen wir, daß wir ihn erkannt haben,
wenn wir seine Gebote wahren. 4 Wer sagt, er habe
ihn erkannt, und seine Gebote nicht wahrt, ist ein
Lügner, und in ihm ist die Wahrheit nicht. 5 Wer
aber sein Wort wahrt, in dem ist wahrhaftig die
Liebe Gottes vollendet. Daran erkennen wir, daß
wir in ihm sind. 6 Wer sagt, er bleibe in ihm, ist
gehalten, so, wie er gewandelt ist, auch selber
zu wandeln. 7 Geliebte! Nicht ein neues Gebot
schreibe ich euch, sondern ein altes Gebot, das ihr
von Anfang an habt; dieses alte Gebot ist das Wort,
das ihr vernommen habt. 8 Andererseits schreibe
ich euch ein neues Gebot, das in Wahrheit in ihm ist
und in euch; denn die Finsternis geht dahin, und das
Licht, das wahre, es leuchtet schon. 9 Wer sagt, er
sei im Lichte, und er haßt seinen Bruder, ist noch in
der Finsternis bis jetzt. 10 Wer seinen Bruder liebt,
der bleibt im Licht, und kein Anstoßen gibt es bei
ihm. 11 Wer aber seinen Bruder haßt, bleibt in der
Finsternis und geht im Finstern dahin und weiß
nicht, wohin er geht, denn die Finsternis nahm
seinen Augen das Licht.

Warnung vor der sündigen Welt

12 Ich schreibe euch, Kindlein, denn vergeben sind
euch die Sünden um seines Namens willen. 13 Ich
schreibe euch, Väter, denn ihr habt ihn erkannt,
der von Anfang an ist. Ich schreibe euch, junge
Männer, denn ihr habt den Bösen besiegt. 14 Ich
schrieb euch, Knaben, denn ihr habt den Vater
erkannt. Ich schrieb euch, Väter, denn ihr habt ihn

erkannt, der von Anfang an ist. Ich schrieb euch,
junge Männer, denn ihr seid stark, und das Wort
Gottes bleibt in euch, und ihr habt den Bösen
besiegt. 15 Liebt nicht die Welt und nicht, was in
der Welt ist! Liebt eines die Welt, ist die Liebe des
Vaters nicht in ihm. 16 Denn alles, was in der Welt
ist, die Fleischeslust, die Augenlust und die Hoffart
des Lebens, ist nicht vom Vater, sondern von der
Welt. 17 Doch die Welt vergeht mitsamt ihrer Lust;
wer aber den Willen Gottes tut, der bleibt in Ewig-
keit.
18 Kindlein, es ist letzte Stunde, und wie ihr gehört
habt, daß der Antichrist kommt, so sind auch jetzt
viele Antichristen erstanden; daran erkennen wir,
daß es letzte Stunde ist. 19 Von uns gingen sie aus;
doch sie waren nicht von uns. Wären sie nämlich
von uns gewesen, wären sie bei uns geblieben;
doch sollte an ihnen offenbar werden, daß nicht alle
von uns sind. 20 Ihr jedoch habt Salbung vom Hei-
ligen und seid alle Wissende. 21 Ich schrieb euch
nicht, weil ihr die Wahrheit nicht wüßtet, sondern
weil ihr sie wißt und weil es keinerlei Lüge gibt, die
aus der Wahrheit ist. 22 Wer ist der Lügner, wenn
nicht derjenige, der leugnet, daß Jesus der Christus
(Messias) ist? Das ist der Antichrist: der den Vater
leugnet und den Sohn. 23 Jeder, der den Sohn leug-
net, hat auch den Vater nicht; wer den Sohn be-
kennt, hat auch den Vater. 24 Was ihr nun von
Anfang an vernommen habt, soll in euch bleiben.
Wenn in euch bleibt, was ihr von Anfang an gehört
habt, so werdet auch ihr im Sohn und im Vater
bleiben. 25 Und das ist die Verheißung, die er selber
uns gab: das ewige Leben.
26 Dies schrieb ich euch um deretwillen, die euch
verführen. 27 In euch aber bleibt die Salbung, die ihr
von ihm empfangen habt, und ihr habt nicht nötig,
daß euch jemand belehre; sondern, wie seine
Salbung euch alles lehrt, ist es wahr und nicht Lüge.
Und wie sie euch lehrte, so bleibt in ihm! 28 Und
nun, Kindlein, bleibt in ihm, damit wir, wenn er
erscheint, Zuversicht haben und nicht zuschanden
werden vor ihm bei seiner Ankunft.

Wir sind Kinder Gottes

29 Wenn ihr wißt, daß er gerecht ist, so erkennt
auch, daß jeder, der Gerechtigkeit tut, aus ihm ge-
boren ist.

2,3–11: Glaube an Christus schließt Erfüllung seiner Gebote ein, an erster Stelle das der Bruderliebe, vgl. Joh 13,34. • 12–17: Christ sein heißt gegenüber der dem Bösen verhafteten Welt Abstand nehmen. Das bedeutet nicht Verachtung der Schöpfung Gottes und der irdischen Aufgabe, sondern die Gott zugewandte, über der Welt stehende Haltung des Glaubens. • 18–28: In den schon auftretenden Irrlehrern sieht Johannes das Wirken des für die letzte Zeit erwarteten Antichrist. Auch Christus selbst warnte vor Falschpropheten und falschen Messiassen, vgl. Matth 24,33f; Mark 13,21f. »Salbung von dem Heiligen« (2,20.27) meint den durch Christus vermittelten Heiligen Geist, der in das Verständnis der Wahrheit einführt, vgl. Joh 16,13. • 29–3,10: Die Kindschaft Gottes wird den Gläubigen in der Taufe mitgeteilt wie in einer Geburt aus Gott, vgl. Joh 1,12f. Wir treten dadurch in Lebensgemeinschaft mit Christus, die erst bei seiner Wiederkunft voll in Erscheinung treten wird. Diese Kindschaft und die Todsünde sind ein unvereinbarer Gegensatz

3
1 Seht, welch große Liebe uns der Vater ge-
schenkt hat: Kinder Gottes heißen wir und
sind es. Darum erkennt die Welt uns nicht,
weil sie ihn nicht erkannt hat. 2 Geliebte, jetzt sind
wir Kinder Gottes; aber noch ist es nicht offenbar,
was wir sein werden. Wir wissen: wenn es sich
offenbaren wird, werden wir ihm ähnlich sein;
denn wir werden ihn schauen, wie er ist. 3 Und
jeder, der diese Hoffnung auf ihn setzt, heiligt sich,
gleichwie auch er heilig ist. 4 Jeder, der die Sünde
tut, verübt auch die Gesetzwidrigkeit; die Sünde ist
ja die Gesetzwidrigkeit. 5 Ihr wißt aber, daß jener
erschien, damit er die Sünden hinwegnehme, und
Sünde ist nicht in ihm. 6 Jeder, der in ihm bleibt,
sündigt nicht; jeder, der sündigt, hat ihn nicht ge-
sehen und hat ihn nicht erkannt. 7 Kindlein, nie-
mand verführe euch! Wer die Gerechtigkeit tut, ist
gerecht, wie auch jener gerecht ist. 8 Wer die Sünde
tut, ist vom Teufel; denn seit Anbeginn sündigt der
Teufel. Dazu erschien der Sohn Gottes, daß er die
Werke des Teufels vernichte. 9 Jeder, der aus Gott
geboren ist, begeht nicht Sünde; denn sein Same
bleibt in ihm, und er kann nicht sündigen, weil er
aus Gott geboren ist. 10 Daran erkennt man die
Kinder Gottes und die Kinder des Teufels. Jeder, der
nicht Gerechtigkeit tut, ist nicht aus Gott, und jeder,
der nicht liebt seinen Bruder.

Die Pflicht der Bruderliebe

11 Denn das ist die Botschaft, die ihr von Anfang an
vernommen habt: wir sollen einander lieben.
12 Nicht wie Kain aus dem Bösen war und seinen
Bruder erschlug. Und weshalb erschlug er ihn? Weil
seine Werke böse waren, die seines Bruders aber
gerecht. 13 Wundert euch nicht, Brüder, wenn die
Welt euch haßt. 14 Wir wissen, daß wir hinüber-
geschritten sind vom Tod ins Leben, weil wir die
Brüder lieben. Wer nicht liebt, bleibt im Tode.
15 Jeder, der seinen Bruder haßt, ist ein Menschen-
mörder, und ihr wißt, kein Mörder hat ewiges
Leben, das in ihm bliebe. 16 Daran erkannten wir die
Liebe [Gottes], daß jener für uns sein Leben hingab;
auch wir sollen für die Brüder das Leben hingeben.
17 Wer die Güter dieser Welt besitzt und seinen
Bruder Not leiden sieht, aber sein Herz verschließt

vor ihm, wie soll die Liebe Gottes in ihm bleiben?
18 Kindlein, wir wollen nicht lieben mit Wort und
Zunge, sondern in Tat und Wahrheit.
19 Dadurch werden wir erkennen, daß wir aus der
Wahrheit sind, und vor ihm werden wir unser Herz
mit Zutrauen erfüllen; 20 denn verurteilt uns unser
Herz: Gott ist größer als unser Herz, und er weiß
alles. 21 Geliebte, wenn das Herz uns nicht verur-
teilt, haben wir Zuversicht vor Gott, 22 und was wir
erbitten, empfangen wir von ihm, weil wir seine
Gebote wahren und tun, was ihm wohlgefällig ist.
23 Und das ist sein Gebot: glauben sollen wir an den
Namen seines Sohnes Jesus Christus und einander
lieben, dem Gebote gemäß, das er uns gab. 24 Wer
seine Gebote wahrt, bleibt in ihm wie auch er in
ihm, und daran erkennen wir, daß er in uns bleibt:
an dem Geiste, den er uns gab.

3,9: Wer »aus Gott geboren ist«, trägt etwas vom Lebensgeheimnis Gottes in sich und ist so unzugänglich für die Sünde. • 11–24: Die Gotteskindschaft schließt vor allem tatkräftige Nächstenliebe in sich Zur Gleichstellung von Haß und Mord vgl. 5,21–26. Wer sich um die Liebe bemüht, darf auch Vertrauen zur größeren Liebe Gottes haben, wenn ihn das Bewußtsein seiner Sündhaftigkeit bedrückt

Prüft die Geister! Die Menschwerdung als Kriterium

4 1 Geliebte, traut nicht jedem Geist, sondern
prüft die Geister, ob sie aus Gott sind; denn
viele falsche Propheten sind ausgezogen in
die Welt. 2 Daran erkennt ihr den Geist Gottes:
Jeder Geist, der bekennt, daß Jesus Christus im
Fleische gekommen ist, ist aus Gott, 3 und jeder
Geist, der Jesus nicht bekennt, ist nicht aus Gott.
Und das ist der Geist des Antichrist, von dem ihr
gehört habt, daß er kommt; und nun ist er schon in
der Welt.
4 Ihr seid aus Gott, Kindlein, und habt jene besiegt;
denn der in euch ist mächtiger als der in der Welt.
5 Sie sind aus der Welt; darum reden sie aus der
Welt, und die Welt hört auf sie. 6 Wir sind aus Gott;
wer Gott erkennt, hört auf uns, wer nicht aus Gott
ist, hört nicht auf uns. Daran erkennen wir den
Geist der Wahrheit und den Geist der Verführung.

Gott ist die Liebe

7 Geliebte, laßt uns einander lieben; denn die Liebe
ist aus Gott, und jeder, der liebt, ist aus Gott ge-
boren und erkennt Gott. 8 Wer nicht liebt, hat Gott
nicht erkannt; denn Gott ist Liebe. 9 Darin wurde
die Liebe Gottes an uns sichtbar, daß Gott seinen
eingeborenen Sohn in die Welt sandte, damit wir
leben durch ihn. 10 Darin besteht diese Liebe: nicht
daß wir Gott liebten, sondern daß er uns liebte und
seinen Sohn sandte zur Sühne für unsere Sünden.
11 Geliebte, wenn Gott uns so liebte, müssen auch
wir einander lieben. 12 Niemand hat Gott je ge-
sehen; wenn wir einander lieben, bleibt Gott in uns,
und seine Liebe ist vollkommen in uns. 13 Daran er-
kennen wir, daß wir in ihm bleiben und er in uns,
daß er uns von seinem Geist gegeben hat. 14 Und
wir haben geschaut und bezeugen, daß der Vater
den Sohn gesandt hat als Heiland der Welt.
15 Wer bekennt, daß Jesus der Sohn Gottes ist, in
dem bleibt Gott und er in Gott. 16 Und wir erkann-
ten und glaubten die Liebe, die Gott an uns erweist.
Gott ist Liebe, und wer in der Liebe bleibt, der
bleibt in Gott, und Gott bleibt in ihm. 17 Darin hat
die Liebe [Gottes] bei uns die Vollendung erreicht,
daß wir Zuversicht haben am Tag des Gerichtes,
daß so, wie jener ist, auch wir sind in dieser Welt.
18 Furcht ist nicht in der Liebe, sondern die voll-
kommene Liebe treibt die Furcht hinaus. Die Furcht
ist ja auf Bestrafung gerichtet; der aber in Furcht
lebt, ist nicht vollkommen in der Liebe.
19 Wir lieben, weil er uns zuvor geliebt hat.
20 Wenn einer sagt: »Ich liebe Gott«, jedoch seinen
Bruder haßt, der ist ein Lügner. Denn wer seinen
Bruder nicht liebt, den er sah, der kann Gott nicht
lieben, den er nicht sah. 21 Und dieses Gebot haben
wir von ihm: Wer Gott liebt, der liebe auch seinen
Bruder.

4,1–6: Kennzeichen der rechten Geistesoffenbarung ist die Übereinstimmung mit der unverfälschten Glaubenswahrheit. Vers 2 deutet auf die Irrlehre der sog. Doketen hin, von denen die volle Menschwerdung des Gottessohnes geleugnet wurde. • 7–21: Beachte den stets wiederkehrenden Hinweis auf die Bruderliebe. In ihr liegt das Kennzeichen und die Sicherung wahrer Gottesliebe. • 17: Gemeint ist wohl, daß wir »in der Welt« jetzt schon die Zuversicht haben, an der Herrlichkeit Christi teilnehmen zu dürfen, vgl. Röm 8,17.

Zuversichtlicher Glaube

5 1 Jeder, der glaubt, daß Jesus ist der Christus
(Messias), ist aus Gott geboren, und jeder, der
den Vater liebt, liebt auch den, der aus ihm
geboren ist. 2 Daran erkennen wir, daß wir Gottes
Kinder lieben, wenn wir Gott lieben und seine
Gebote erfüllen.
3 Denn das ist die Liebe zu Gott, daß wir seine Ge-
bote wahren; seine Gebote aber sind nicht schwer;
4 denn alles, was geboren ist aus Gott, überwindet
die Welt; und das ist der Sieg, der die Welt über-
wand: unser Glaube.
5 Wer ist es, der die Welt überwindet, wenn nicht
jener, der glaubt, daß Jesus der Sohn Gottes ist?
6 Dieser ist es, der gekommen ist durch Wasser und
Blut [und Geist], Jesus Christus, nicht im Wasser
allein, sondern im Wasser und im Blut. Und der

Geist ist es, der Zeugnis gibt; denn der Geist ist die
Wahrheit. 7 Denn drei sind es, die Zeugnis geben [im
Himmel: der Vater, das Wort und der Heilige Geist;
und diese drei sind eins. 8 Und drei sind, die Zeugnis
geben auf Erden]: der Geist und das Wasser und das
Blut, und diese drei beziehen sich auf das Eine.
9 Nehmen wir schon das Zeugnis der Menschen
an – das Zeugnis Gottes ist größer; denn dies ist das
Zeugnis Gottes, [das größer ist,] daß er Zeugnis gab
von seinem Sohne. 10 Wer an den Sohn Gottes
glaubt, der hat dieses Zeugnis in sich. Wer Gott
nicht glaubt, der hat ihn zum Lügner gemacht, weil
er nicht an das Zeugnis glaubte, mit dem Gott
Zeugnis gab von seinem Sohne. 11 Und dies ist das
Zeugnis, daß uns Gott ewiges Leben gab, und
dieses Leben ist in seinem Sohne. 12 Wer den Sohn
hat, der hat das Leben; wer den Sohn nicht hat, der
hat das Leben nicht. 13 Dies schrieb ich euch, damit
ihr wißt, daß ihr ewiges Leben habt, die ihr glaubt
an den Namen des Sohnes Gottes.

Schlußmahnungen

14 Und dies ist die Zuversicht, die wir zu ihm haben,
daß er uns erhört, wenn wir seinem Willen gemäß
um etwas bitten. 15 Und wissen wir, daß er uns er-
hört, wenn wir ihn um etwas bitten, dann wissen
wir auch, daß wir schon im Besitz des Erbetenen
sind, um das wir ihn gebeten haben. 16 Wenn einer
seinen Bruder eine Sünde begehen sieht, die nicht
zum Tode ist, so bete er, und er wird ihm das Leben
geben, freilich nur solchen, deren Sünde nicht zum
Tode ist. Es gibt eine Sünde zum Tode; nicht von
der sage ich, daß er beten soll. 17 Alles Unrecht ist
Sünde, doch gibt es Sünde, die nicht zum Tode ist.
18 Wir wissen: jeder aus Gott Geborene sündigt
nicht, sondern der aus Gott Geborene bewahrt ihn,
und der Böse rührt ihn nicht an. 19 Wir wissen, daß
wir aus Gott sind, die Welt aber liegt ganz im
Bösen. 20 Wir wissen, daß der Sohn Gottes gekom-
men ist und uns Einsicht gegeben hat, den Wahr-
haften zu erkennen; und wir sind im Wahrhaften:
in seinem Sohn Jesus Christus. Dieser ist der wahr-
hafte Gott und ewiges Leben. 21 Kindlein, hütet
euch vor den Götzen! [Amen.]

5,1–13: Der Sohn Gottes hat sich durch »Wasser«, d. h. durch seine Taufe, und durch »Blut«, d. h. durch seinen Sühnetod am Kreuze, geoffenbart und ist durch den »Heiligen Geist« verherrlicht worden, vgl. Joh 16,14. Die in Klammern gesetzten Stücke von Vers 7f (das sog. »Comma Joanneum«) sind in den besten Textzeugen nicht überliefert und eine spätere Ergänzung, die sich im lateinischen Text verbreitet hat. • 16f: Unter »Sünde zum Tode« meint hier Johannes wohl, wie Hebr 6,4 bis 6; 10,26–29, die völlige Abkehr von Christus und damit von Gott, die, menschlich gesehen, keine Hoffnung mehr läßt zur Umkehr. Beachte die Bedeutung des Betens für den von der Sünde gefährdeten Menschen! • 18: Nach anderer Textüberlieferung wäre zu übersetzen: »sondern der aus Gott Geborene bewahrt sich.«

ZWEITER JOHANNESBRIEF

Verbirgt sich der Absender dieses und des folgenden Briefes auch unter der Bezeichnung »Ältester« (wörtlich: »Presbyter«), so ergibt sich, abgesehen von der Überlieferung, aus dem Inhalt wie aus der Sprechweise, daß es sich um den gleichen Verfasser wie den von 1 Joh und dem vierten Evangelium handelt, also den Apostel Johannes. Unter »auserwählter Herrin«, 2 Joh 1, ist kaum eine Einzelpersönlichkeit zu verstehen, sondern eine damit personifizierte Gemeinde. Die beiden Briefe sind wohl in Ephesus und um die gleiche Zeit wie 1 Joh entstanden.

Der Älteste an die auserwählte Herrin und
ihre Kinder, die ich in Wahrheit liebe, –
und nicht nur ich, sondern auch alle, die
zur Erkenntnis der Wahrheit gelangt sind – 2 um der
Wahrheit willen, die in uns bleibt und bei uns sein
wird in Ewigkeit. 3 Gnade wird mit uns sein, Erbarmen und Friede von Gott, dem Vater, und von Jesus Christus, dem Sohn des Vaters, in Wahrheit und Liebe.

Aufmunterung zu brüderlicher Liebe

4 Ich freue mich sehr, unter deinen Kindern solche
gefunden zu haben, die in Wahrheit so wandeln,
wie wir es als Auftrag empfangen haben vom Vater.
5 Und so bitte ich dich, Herrin, ohne dir ein neues
Gebot zu schreiben, sondern jenes, das wir von
Anfang an haben: Laßt uns einander lieben!
6 Darin aber besteht die Liebe, daß wir nach seinen Geboten wandeln; das ist das Gebot, wie ihr es von Anfang an gehört habt; darin sollt ihr wandeln.

Warnung vor Verführern

7 Denn viele Verführer sind ausgezogen in die Welt,
die nicht bekennen, daß Jesus Christus im Fleische
gekommen ist; das ist der Verführer und der Antichrist. 8 Seht euch vor, daß ihr nicht verliert, was
ihr erarbeitet habt, sondern vollen Lohn empfanget!
9 Jeder, der davon abgeht und nicht in der Lehre
Christi bleibt, hat Gott nicht. Wer in der Lehre
bleibt, der hat den Vater und den Sohn. 10 Wenn
einer kommt und diese Lehre nicht bringt, den
nehmt nicht auf in das Haus und sagt ihm auch
nicht den Gruß; 11 wer ihm den Gruß entbietet,
macht sich teilhaft seiner bösen Werke.

Schlußgruß

12 Vieles hätte ich euch zu schreiben, doch wollte
ich es nicht mit Papier und Tinte tun; denn ich
hoffe, zu euch zu kommen und von Mund zu
Mund zu sprechen, damit unsere Freude vollkommen sei. 13 Es grüßen dich die Kinder deiner auserwählten Schwester.

4: »Kinder« sind die Mitglieder der angeredeten Gemeinde. • 4–6: Die starke Hervorhebung der Bruderliebe als Kennzeichen der echten Gottesliebe entspricht den Grundgedanken von 1 Joh, vgl. 2,3–5; 4,7.20f; 5,2. • 7: Die Irrlehrer sind dieselben wie die in 1 Joh 4,3 genannten, vgl. auch 1 Joh 2,18–22. • 10: Die Verweigerung von Begrüßung und Gastfreundschaft gegenüber einem Irrlehrer hat ihren Beweggrund in der Treue zur Wahrheit und im Schutz des eigenen Glaubenslebens. • 13: Die »auserwählte Schwester« ist die Gemeinde, in der Johannes sich gerade aufhielt, wahrscheinlich Ephesus.

DRITTER JOHANNESBRIEF

Gajus, der Empfänger dieses mit 2 Joh eng verwandten Schreibens, gehört wohl der gleichen Gemeinde an, wie sie in 2 Joh angeredet ist. An ihn wendet sich der »Älteste«, weil anscheinend der in 9f genannte Diotrephes den ersten Brief nicht gebührend beachtet hatte.

Der Älteste an den geliebten Gajus, den ich
in Wahrheit liebe. 2 Geliebter, es ist mein
Wunsch, daß es dir in allem gut gehe und
du gesund seiest, wie es auch deiner Seele gut geht.
3 Denn ich wurde sehr erfreut, als Brüder kamen
und für deine Wahrheit Zeugnis gaben, wie du in
Wahrheit wandelst. 4 Eine größere Freude habe ich
nicht als die, wenn ich höre, daß meine Kinder in
der Wahrheit wandeln.
5 Geliebter, du handelst getreu in dem, was du an
den Brüdern, und gerade an fremden, tust. 6 Sie leg-
ten Zeugnis ab von deiner Liebe vor der Gemeinde;
du wirst recht tun, wenn du ihnen das Geleite gibst,
wie es sich vor Gott gebührt. 7 Denn um seines
Namens willen zogen sie aus, ohne etwas von
den Heiden anzunehmen. 8 Wir müssen uns daher
solcher Männer annehmen, damit wir Mitarbeiter
der Wahrheit werden.

Über Diotrephes und Demetrius

9 Ich habe wohl der Gemeinde geschrieben, doch
Diotrephes, der den ersten spielen will unter ihnen,
nimmt uns nicht an. 10 Wenn ich daher komme,
werde ich sein Verhalten vor Augen führen, das er
bezeigt, da er üble Reden gegen uns führt und –
damit nicht zufrieden – weder selber die Brüder
aufnimmt noch es denen gestattet, die es tun möch-
ten, ja sie sogar aus der Gemeinde ausschließt.
11 Geliebter, ahme nicht das Böse nach, sondern das
Gute! Wer Gutes tut, ist aus Gott; wer Böses tut, hat
Gott nicht gesehen. 12 Demetrius hat von jeder-
mann und von der Wahrheit selbst ein gutes Zeug-
nis, und auch wir geben es ihm, und du weißt, daß
unser Zeugnis wahr ist.

Schlußgruß

13 Vieles hätte ich dir zu schreiben, doch ich wollte
es dir nicht mit Tinte und Feder schreiben. 14 Ich
hoffe aber, dich bald zu sehen und von Mund zu
Mund zu sprechen. Friede sei dir! Es grüßen dich
die Freunde. Grüße die Freunde namentlich!

5–8: Unter Brüdern sind in erster Linie christliche Wanderprediger zu verstehen. Auch Paulus hat ohne Entgelt gepredigt, gerade auch im Gebiet von Ephesus, vgl. Apg 20,33–35. • 10: Im Bewußtsein seiner apostolischen Verantwortung und Vollmacht droht Johannes dem unwürdigen Gemeindevorsteher das Gericht an. • 12: Über Demetrius haben wir sonst keine Nachricht. Vermutlich hatte er die Aufgabe, den Brief zu überbringen. • 14: Nur die »Freunde«, nicht die ganze Gemeinde wird gegrüßt.

DER JUDASBRIEF

Der Verfasser des folgenden Schreibens bezeichnet sich als »Knecht Jesu Christi, Bruder des Jakobus«, womit auf den Verfasser des Jakobusbriefes hingewiesen sein dürfte. Nach Matth 13,55; Mark 6,3 sind unter den »Brüdern« Jesu Jakobus und Judas bezeugt. Ist bei Jakobus die Annahme berechtigt, daß er Apostel war, dann dürfte dies auch bei Judas zutreffen. Unter dieser Voraussetzung ist er gleichzusetzen mit dem in den Apostelkatalogen genannten Thaddäus (Lebbäus), auch »Judas Jakobi«, vgl. Matth 10,3; Mark 3,18 Luk 6,16 Apg 1,13. Im Evangelium ist von ihm außer dem Namen nichts weiter berichtet, nur in den Abschiedsreden nach Johannes (14,22) wird ihm eine kurze Frage an Jesus in den Mund gelegt. Der Brief ist gerichtet an nicht näher bezeichnete Leser, denen Gefahr droht von seiten ausschweifend lebender, die christliche Freiheit mißbrauchender Irrlehrer. Die Verwendung der alttestamentlichen Überlieferung und sogar außerbiblischer jüdischer Legenden legt es nahe, an judenchristliche Empfänger des Briefes zu denken, die aber in heidnischer Umgebung (Syrien oder Kleinasien) den Gefahren des Libertinismus ausgesetzt waren. Wenn anzunehmen ist, daß 2 Petr von Jud beeinflußt ist, liegt die Abfassungszeit von Jud vor 66–67, sofern man 2 Petr noch in die Lebenszeit des Apostels Petrus setzen kann.

Judas, Knecht Jesu Christi, Bruder des Jakobus, an
die Berufenen, die in der Liebe Gottes, des Va-
ters, stehen und in Christus bewahrt sind. 2 Er-
barmen euch und Friede und Liebe in reicher Fülle.

Grund des Briefes und Warnung vor Gottlosen, die die Gnade Gottes mißbrauchen

3 Geliebte! In der Absicht, euch aus ganzer Besorgt-
heit über unser gemeinsames Heil zu schreiben,
hielt ich es für nötig, euch schriftlich zu ermahnen,
daß ihr euch einsetzet für den Glauben, der ein für
allemal den Heiligen übergeben wurde. 4 Denn es
haben sich gewisse Leute eingeschlichen, die längst
schon vorgemerkt sind für dieses Gericht, Gottlose,
die die Gnade unseres Gottes mißbrauchen zur
Ausschweifung und unseren einzigen Gebieter und
Herrn, Jesus Christus, leugnen.

Warnende Beispiele

5 Ich will euch, auch wenn ihr das alles schon wißt,
ins Gedächtnis rufen, daß der Herr zwar sein Volk
aus dem Lande Ägypten rettete, das zweitemal aber
die nicht Glaubenden zugrunde richtete. 6 Auch die
Engel, die ihre Würde nicht wahrten, sondern ihre
Stätte preisgaben, hält er für das Gericht des großen
Tages mit ewigen Fesseln in der Finsternis in Ver-
wahrung. 7 Wie Sodoma und Gomorra und die um-
liegenden Städte, die auf ähnliche Weise wie sie
Unzucht trieben und unnatürlicher Wollust nach-
gingen, stehen sie als Beispiel da und erleiden die
Strafe ewigen Feuers. 8 Geradeso beflecken auch
diese Träumer ihr Fleisch, mißachten Herrscher-
macht und schmähen Herrlichkeiten. 9 Nicht ein-
mal der Erzengel Michael wagte, als er mit dem
Teufel kämpfte und um den Leib des Moses stritt,
ein schmähendes Urteil zu äußern, sondern sprach:
»Der Herr soll dich strafen.«

Das Treiben der Irrlehrer

10 Diese aber schmähen, was sie nicht kennen; an
dem aber, was sie naturhaft, gleich den vernunft-
losen Tieren, verstehen, gehen sie zugrunde.
11 Wehe ihnen! Sie begaben sich auf den Weg des
Kain und sind dem Irrwahn des lohnsüchtigen
Balaam verfallen und ins Verderben gestürzt wie
Kore in seiner Widersetzlichkeit. 12 Sie sind die
Schandflecken bei euren Liebesmahlen, die ohne
jede Scheu mitschmausen und sich mästen; wasser-
lose Wolken sind sie, von Winden umhergetrieben,
spätherbstliche Bäume, ohne Frucht, zweimal
abgestorben und entwurzelt, 13 wilde Wogen des
Meeres, die ihre eigenen Schändlichkeiten aus-
schäumen, Irrsterne, denen für ewig die dunkelste
Finsternis vorbehalten bleibt.

14 Für sie gerade hat Henoch, der siebente Nach-
komme Adams, geweissagt: »Siehe, es kommt der
Herr mit seinen Zehntausenden [von Heiligen],
15 um Gericht zu halten über alle und alle Gottlosen
zur Rechenschaft zu ziehen wegen all Ihrer gott-
widrigen Werke, die sie verübt, und wegen all der
Lästerungen, die sie ausgesprochen haben wider
ihn als gottlose Sünder.« 16 Sie sind störrische, un-
zufriedene Leute; sie leben dahin nach ihren

Leidenschaften, und ihr Mund führt anmaßende
Reden, wobei sie den Menschen schöntun um des
Vorteils willen.

Mahnung zur Treue

17 Ihr aber, Geliebte, erinnert euch der Worte, die
von den Aposteln unseres Herrn Jesus Christus im
voraus verkündet wurden, 18 da sie euch sagten, daß
am Ende der Zeit Spötter auftreten werden, die
nach ihren gottwidrigen Lüsten leben; 19 sie sind es,
die Zwietracht stiften, Sinnenmenschen, die den
Geist nicht haben.
20 Ihr aber, Geliebte, baut euch auf in eurem hoch-
heiligen Glauben; betet in Heiligem Geiste! 21 Be-
wahrt euch in der Liebe Gottes, indes ihr wartet auf
das Erbarmen unseres Herrn Jesus Christus, dem
eurigen Leben entgegen! 22 Weist die einen, die
schwanken, zur Rechten; 23 rettet die anderen und
entreißt sie dem Feuer, nehmt euch mitfühlend an-
derer an, jedoch in Furcht, indem ihr sogar von dem
durch das Fleisch beschmutzten Kleide euch ab-
wendet.

Lobgebet

24 Ihm aber, der Macht hat, euch ohne Fall zu be-
wahren und euch makellos und voll Jubel hintreten
zu lassen vor seine Herrlichkeit [bei der Ankunft
unseres Herrn Jesus Christus], 25 ihm, dem einen
Gott, unserem Retter, ist durch Jesus Christus, un-
seren Herrn, Herrlichkeit, Hoheit, Gewalt und
Macht vor aller Zeit und jetzt und in Ewigkeit.
Amen.

3: »Heilige«, urkirchliche Bezeichnung für die der sündigen Welt entzogenen Christen (vgl. Apg 9,32; Röm 1,7 u. a.). Sie werden vor Irrlehrern gewarnt, die für sittliche Ungebundenheit eintreten und Christus leugnen. • 4–9: »Vorgemerkt« sind die Irrlehrer durch die in 5–9 angeführten Strafgerichte. Die beiden letzten Beispiele auch bei 2 Petr 2,4–6. Der Streit zwischen Michael und dem Teufel um den Leib des Moses ist nach außerbiblischer jüdischer Tradition dargestellt (vgl. 5 Mos 34,5). • 10: Hinweis auf sinnliche Ausschweifungen der Irrlehrer, durch die sie über die animalische Stufe der Tiere sich nicht erheben. • 11: Über Balaam vgl. 4 Mos 22,5–21, über Kore 4 Mos 16. • 14: Auch hier, wie Vers 9, spielt die außerbiblische Überlieferung der Juden, wahrscheinlich das nicht kanonische Buch Henoch (1,9) herein. • 22: Beachte den Rat zu wachsamer Zurückhaltung bei allem Eifer um Wiedergewinnung der in Irrtum und Sünde Stehenden.

DIE OFFENBARUNG DES JOHANNES

Das letzte Buch des Neuen Testamentes, auch »Geheime Offenbarung« genannt, ist in der Art der alttestamentlichen Propheten, vor allem des Ezechiel, Daniel, Zacharias, eine prophetische Schau auf Weg und Endziel des Gottesreiches.

Als Verfasser nennt sich ausdrücklich Johannes, vgl. 1,1.4.9; 22,8. Schon die älteste Überlieferung sieht darin mit wenigen Ausnahmen den Apostel Johannes, den Verfasser des vierten Evangeliums und der drei Johannesbriefe. Sprache und Stil sowie Inhalt zeigen freilich ihnen gegenüber manche Besonderheiten. Dies dürfte aber vor allem durch die besondere literarische Gattung der apokalyptischen Schrift begründet sein. Johannes gibt darin die Visionen wieder, die er, wohl unter Kaiser Domitian (81–96), als Verbannter auf der Insel Patmos schauen durfte, vgl. 1,9. Es war die Zeit der großen Christenverfolgung.

Angesichts der Verfolgung wollte der Verfasser mit der Niederschrift seiner Visionen ein Mahn- und Trostbuch schreiben. Da aber die geschilderten Kämpfe in wechselnder Form zu allen Zeiten der Kirche wiederkehren, macht seine Offenbarung Aussagen für jede christliche Generation. Sie will zeigen, wie über allem Dunkel der Menschheitsgeschichte der unantastbare Heilsratschluß Gottes steht, den er über alle Bedrängnisse der Christen hinweg zur Vollendung führen wird. Immer wieder ist daher in den Bildern und Visionen der Blick des Sehers auf das »Lamm« gerichtet, in dem die Erlösung und die heilsgeschichtliche Bedeutung Christi dargestellt werden. Im einzelnen bietet freilich die Apokalypse viel Rätselvolles; denn der Seher erlebt seine Visionen in den Vorstellungen und Symbolen seiner Zeit, er bedient sich oft bewußt geheimnisvoller Umschreibungen und Namen, hinter denen sich bestimmte Personen und Vorgänge verbergen, die wir nur unsicher zu erkennen vermögen. Da aber alle zeitgeschichtlichen Hinweise über sich selbst hinausweisen auf die Geschichte des Gottesreiches überhaupt, geht es nicht um genaue Feststellung bestimmter geschichtlicher Gegebenheiten. Man wird daher dieser Offenbarung nicht gerecht, wenn man meint, den augenblicklichen Stand des Gottesreiches an ihren Angaben ablesen zu können. Dies gilt vor allem hinsichtlich der Frage nach der Zeit des Untergangs der Welt.

Die Offenbarung muß vielmehr zunächst als Ganzes verstanden werden, als bildhafte, dramatische Darstellung des sich immer wiederholenden Kampfes der Feinde gegen das Reich Christi und als Zeugnis für den sinnvollen, von Gott bestimmten Lauf der Geschichte, die einst in der gewaltigen Schlußoffenbarung des wiederkommenden Herrn ihre ewige Vollendung finden soll. So gesehen, ist die Offenbarung an Johannes im wesentlichen nichts anderes als die Offenbarung, die Jesus selbst gegen Ende seines Wirkens gegeben hat, vgl. Matth 24; Mark 13; Luk 21 sowie die Abschiedsreden bei Joh 14–16.

Was den Aufbau der Offenbarung betrifft, so gliedert sie sich deutlich in zwei, wenn auch sehr ungleich lange Hauptteile. Zunächst wendet sie sich der gegenwärtigen Lage der Kirche zu in den sieben Sendschreiben an die sieben kleinasiatischen Gemeinden 2,1–3,22. Darauf schildert sie Kampf und Sieg des Gottesreiches in der Endzeit, 4,1–22,5, wobei als Endzeit die gesamte, von Christus eingeleitete Zeit bis zur Vollendung der Welt gemeint ist. Dieser zweite Teil umfaßt wiederum zwei Abschnitte, die dem Endkampf vorausgehenden Heimsuchungen (4,1–11,14) und den Entscheidungskampf zwischen Christus und Satan (11,15–22,5). Eingeleitet wird dieser zweite apokalyptische Teil mit einer Vision des himmlischen Thrones Gottes und des »Lammes«, dem die Ausführung des göttlichen Ratschlusses in Gestalt eines versiegelten Buches übergeben wird (4,1–5,14). Abgeschlossen wird er mit der Vision der neuen Welt, die nach der endgültigen Vernichtung Satans den jetzigen unvollkommenen Zustand ablösen wird. Das erste Kapitel gibt Aufschluß über das Entstehen des Buches, und der Schlußabschnitt (22,6–21) bezieht sich auf die Verlässigkeit der mitgeteilten Offenbarungen.

Offenbarung Jesu Christi, die Gott ihm gab,
um seinen Knechten anzuzeigen, was bald
geschehen soll; durch Sendung seines
Engels gab er sie einem Knechte Johannes kund,
2 der Zeugnis ablegte vom Worte Gottes und vom
Zeugnis Jesu Christi, von allem, was er sah. 3 Selig,
der vorliest und die hinhören auf die Worte der Pro-
phetie und die beachten, was darin geschrieben
steht. Denn die Zeit ist nahe.

Zueignung und Einstimmung

4 Johannes an die sieben Gemeinden in Asia. Gnade
euch und Friede von dem, der ist und der war und
der kommt, und von den sieben Geistern vor
seinem Thron 5 und von Jesus Christus, dem treuen
Zeugen, dem Erstgeborenen der Toten, dem Herr-
scher über die Könige der Erde. Er hat uns geliebt
und uns erlöst von unseren Sünden in seinem Blut;
6 er hat uns zu einem Königreich gemacht, zu
Priestern vor seinem Gott und Vater: Ihm ist die
Herrlichkeit und Macht in alle Ewigkeit! Amen.
7 Siehe, er kommt mit den Wolken, und schauen
wird ihn jedes Auge, auch jene, die ihn durch-
bohrten, und wehklagen werden über ihn alle Ge-
schlechter der Erde. Ja, Amen. 8 Ich bin das Alpha
und das Omega, [der Anfang und das Ende,] spricht
der Herr und Gott, der ist und der war und der
kommt, der Allherrscher.

Beauftragung des Sehers

9 Ich, Johannes, euer Bruder und Gefährte in der
Drangsal, im Königtum und im Ausharren in [Chri-
stus] Jesus, war auf der Insel, die Patmos genannt
wird, um des Wortes Gottes willen und des Zeug-
nisses für Jesus. 10 Ich kam in eine Entrückung des
Geistes am Tage des Herrn und hörte hinter mir
eine Stimme, gewaltig wie von einer Posaune, 11 die
sprach: »Was du erblickst, das schreibe in ein Buch
und sende es den sieben Gemeinden [in Asia], nach
Ephesus, nach Smyrna, nach Pergamon, nach
Thyatira, nach Sardes, nach Philadelphia und nach
Laodizea!« 12 Ich wandte mich um, nach der
Stimme zu sehen, die mit mir sprach, und da ich
mich umwandte, sah ich sieben goldene Leuchter
13 und inmitten der [sieben goldenen] Leuchter
einen, der einem Menschensohn glich; er trug ein
Gewand, das bis zu den Füßen ging, und an der
Brust war er umgürtet mit einem goldenen Gürtel.
14 Sein Haupt und seine Haare waren leuchtend hell
wie schneeweiße Wolle, seine Augen wie eine
Feuerflamme, 15 und seine Füße glichen glänzen-
dem Erz, als wären sie im Feuerofen zum Glühen
gebracht, und seine Stimme war wie das Rauschen
vieler Wasser. 16 In seiner Rechten hielt er sieben
Sterne, und aus seinem Munde ging ein Schwert
hervor, zweischneidig scharf, und sein Antlitz
strahlte wie die Sonne in ihrer Kraft.
17 Als ich ihn sah, fiel ich wie tot zu seinen Füßen
hin, und er legte seine Rechte auf mich und sprach:
»Fürchte dich nicht. Ich bin es, der Erste und der
Letzte 18 und der Lebendige; ich war tot, doch siehe,
ich bin lebend in alle Ewigkeit, und ich habe die
Schlüssel des Todes und der Unterwelt. 19 Schreibe
nun auf, was du sahst, sowohl was ist, als auch, was
geschehen wird hernach. 20 Das Geheimnis der sie-
ben Sterne, die du sahst auf meiner Rechten, und
die sieben goldenen Leuchter: Die sieben Sterne
sind die Engel der sieben Gemeinden, und die sie-
ben Leuchter sind die sieben Gemeinden.«

1,1–3: Das Buch enthält also eine »Offenbarung Jesu Christi«. Johannes ist nur der Empfänger und Zeuge der Offenbarung, bei deren Vermittlung und Deutung ein Engel mitwirkte. • 4–8: Diese Widmung erinnert an die Eingänge der neutestamentlichen Briefe. Die »sieben Geister vor dem Thron« scheinen nach 3,1; 4,5 Engel zu sein. Die Bezeichnung wird auch häufig auf den Heiligen Geist und seine siebenfache Gnadenfülle bezogen. »Alpha« und »Omega« sind Anfangs bzw. Endbuchstaben des griechischen Alphabets daher Sinnbild der alles umfassenden Stellung Christi. • 9–20: Patmos liegt der kleinasiatischen Westküste vorgelagert, zu den sog. Sporaden gehörig. Vgl. zur Gestalt des Menschensohnes Dan 7,13 die johanneische Vision ist jedoch viel plastischer. »Tag des Herrn« meint den ersten Tag der Woche, unseren Sonntag, der von Anfang an in der Erinnerung an die Auferstehung Christi heiliggehalten wurde. Die »sieben Gemeinden«, die alle im Gebiet anschließend an Ephesus liegen, versinnbildlichen die Gesamtkirche. Die Beschreibung des »Menschensohnes« erinnert an Dan 7,13. Die »Engel« der Gemeinden werden als himmlische Schutzgeister der Gemeinden oder als die verantwortlichen Leiter (Bischöfe) anzusehen sein.

DIE SIEBEN SENDSCHREIBEN

An Ephesus

2 1 »Dem Engel der Gemeinde in Sardes.
schreibe: So spricht, der die sieben Sterne hält
in seiner Rechten, der einhergeht inmitten
der sieben goldenen Leuchter: 2 Ich weiß um deine
Werke, um deine Mühe und dein Ausharren, und
daß du Böse nicht ertragen kannst; du prüftest jene,
die sich Apostel nennen und es nicht sind, und
fandest sie als Lügner. 3 Auch hast du Geduld und
hast um meines Namens willen getragen und bist
nicht müde geworden. 4 Doch ich habe gegen dich,
daß du deine erste Liebe verlassen hast. 5 Bedenke
also, aus welcher Höhe du gefallen bist! Kehre um
und tu die ersten Werke! Sonst komme ich dir und

werde deinen Leuchter wegrücken von seinem Platz, wenn du nicht umkehrst. 6 Doch hast du dies: Du hassest das Treiben der Nikolaiten, das auch ich hasse. 7 Wer ein Ohr hat, der höre, was der Geist den Gemeinden sagt: Dem Sieger werde ich zu essen geben vom Baum des Lebens, der im Paradiese Gottes steht.«

An Smyrna

8 »Dem Engel der Gemeinde in Smyrna schreibe: So spricht der Erste und der Letzte, der tot war und lebendig wurde: 9 Ich weiß um deine Drangsal und deine Armut – doch du bist reich – und um das Lästern von seiten derer, die sich Juden nennen und es nicht sind, sondern Synagoge des Satans. 10 Fürchte dich nicht vor dem, was du zu leiden haben wirst. Siehe, der Teufel wird welche von euch ins Gefängnis werfen, damit ihr erprobt werdet; ihr werdet eine Drangsal haben von zehn Tagen. Sei getreu bis in den Tod, und ich werde dir den Kranz des Lebens geben. 11 Wer ein Ohr hat, der höre, was der Geist den Gemeinden sagt: Der Sieger wird nicht Leid erfahren vom zweiten Tod.«

An Pergamon

12 »Dem Engel der Gemeinde in Pergamon schreibe: So spricht der mit dem zweischneidig scharfen Schwert: 13 Ich weiß, wo du wohnst: dort, wo der Thron des Satans ist. Doch du hältst fest an meinem Namen und hast den Glauben an mich nicht verleugnet, auch nicht in den Tagen, da Antipas, mein treuer Zeuge, getötet wurde bei euch, wo der Satan wohnt. 14 Doch habe ich einiges gegen dich: du hast dort Anhänger der Lehre Balaams, der den Balak lehrte, eine Falle zu stellen vor den Söhnen Israels, Götzenopfer zu essen und Unzucht zu treiben. 15 So hast auch du solche, die in gleicher Weise der Lehre der Nikolaiten anhangen. 16 Bekehre dich also, sonst komme ich unverzüglich zu dir und werde gegen sie kämpfen mit dem Schwert meines Mundes. 17 Wer ein Ohr hat, der höre, was der Geist den Gemeinden sagt: Dem Sieger werde ich geben vom verborgenen Manna und werde einen weißen Stein ihm geben und auf den Stein geschrieben einen neuen Namen, den niemand weiß als der ihn empfängt.«

An Thyatira

18 »Dem Engel der Gemeinde in Thyatira schreibe: So spricht der Sohn Gottes, der Augen hat wie eine Feuerflamme und dessen Füße glänzendem Erze gleichen: 19 Ich weiß um deine Werke und deine Liebe, deinen Glauben, deinen Dienst, dein Ausharren und deine letzten Werke, die größer sind als die ersten. 20 Doch ich habe gegen dich, daß du das Weib Jezabel gewähren läßt, die sich als Prophetin ausgibt; sie lehrt und verführt meine Diener, Unzucht zu treiben und Götzenopfer zu essen. 21 Ich habe ihr eine Frist gegeben zur Umkehr, doch sie will sich nicht bekehren von ihrer Unzucht. 22 Siehe, ich werfe sie auf das Siechbett und, die mit ihr buhlen, in große Drangsal, wenn sie sich nicht abkehren von ihrem Treiben. 23 Ihre Kinder werde ich des Todes sterben lassen, und alle Gemeinden sollen erkennen, daß ich es bin, der Nieren und Herzen erforscht, und jedem von euch werde ich vergelten nach euren Werken. 24 Euch aber, den übrigen in Thyatira, die solche Lehre nicht teilen und ›die Tiefen Satans‹, wie sie es nennen, nicht kennenlernten, euch sage ich: auf euch lege ich nicht weitere Last. 25 Doch was ihr habt, an dem haltet fest, bis ich komme! 26 Dem Sieger aber und dem, der ausharrt bis ans Ende in meinen Werken, ihm werde ich Macht geben über die Heidenvölker. 27 und er wird über sie herrschen mit eisernem Stab, wie man irdenes Geschirr zerschlägt, 28 wie auch ich Macht erhalten habe von meinem Vater, und ich werde ihm den Morgenstern geben. 29 Wer ein Ohr hat, der höre, was der Geist den Gemeinden sagt.«

2,1–3,22: Die sieben Sendschreiben sind ausdrücklich als Worte Christi bezeichnet. Seine Vollmacht und richterliche Eigenschaft werden jeweils einleitend durch besondere Sinnbilder gekennzeichnet. In den Aussagen über die einzelne Gemeinde finden sich interessante Anspielungen auf die wirtschaftliche und kulturelle Besonderheit der Stadt. • 1–7: »Nikolaiten« waren eine uns außerhalb der Apokalypse nicht weiter bezeugte Sekte, die in ihrer Lebenshaltung dem sittlichen Ernst der christlichen Lehre widersprach. • 8–11: Smyrna war ein bekannter Handelsplatz mit einer starken Judenschaft, die sich feindselig gegen die Christen verhielt. • 12–17: Pergamon pflegte vor allem den Kult des Zeus und Äskulap. Die neueren Ausgrabungen haben das bestätigt. Zu »Balaam« vgl. 4 Mos 22–24. Der Blutzeuge Antipas wird sonst nirgends genannt. Wir haben hier schon ein Beispiel, wie das griechische Wort für »Zeuge« (martys) seine besondere Bedeutung als Blutzeuge (Märtyrer) für Christus erhält. • 18–29: Thyatira war vor allem durch seinen Handel mit Purpurfabrikaten berühmt, vgl. Apg 16,14. Die an unserer Stelle genannte Sektenführerin ist wohl nur symbolisch mit dem Namen Jezabel (Isebel) bezeichnet, um ihr Treiben zu charakterisieren, vgl. 1 Kön 16,31ff; 1 Kön 18,4.13. Mit »Tiefen des Satans« ist ironisch auf den Mystizismus der Sekte hingewiesen. Der »Morgenstern«, als Gabe für den Sieger, will wohl den Sieg des Lichtes über das Dunkel des Unglaubens versinnbildlichen.

An Sardes

3 1 »Dem Engel der Gemeinde in Ephesus schreibe: So spricht, der die sieben Geister Gottes hat und die sieben Sterne: Ich weiß um deine Werke: du hast den Namen, daß du lebst, und bist tot. 2 Werde wach und stärke das übrige, das daran war zu sterben; denn ich fand deine Werke nicht vollwertig vor meinem Gott. 3 Bedenke also, wie du es empfangen und gehört hast, und bewahre

es und kehre um! Wenn du daher nicht wachsam
bist, werde ich kommen wie ein Dieb, und du wirst
nicht wissen, zu welcher Stunde ich über dich
kommen werde. 4 Doch hast du einige Namen in
Sardes, die ihre Kleider nicht befleckten; sie werden
einhergehen mit mir in weißen Gewändern, denn
sie sind es wert. 5 Der Sieger wird so bekleidet wer-
den mit weißen Gewändern, und seinen Namen
werde ich nie und nimmer austilgen aus dem Buch
des Lebens, und bekennen will ich seinen Namen
vor meinem Vater und vor seinen Engeln. 6 Wer ein
Ohr hat, der höre, was der Geist den Gemeinden
sagt.«

An Philadelphia

7 »Dem Engel der Gemeinde in Philadelphia
schreibe: So spricht der Heilige, der Wahrhafte, der
den Schlüssel Davids hat, der öffnet, und niemand
schließt, der schließt, und niemand öffnet: 8 Ich
weiß um deine Werke. Siehe, ich gab dir eine
Tür, die offen steht, die niemand zu schließen ver-
mag; denn hast du auch nur geringe Kraft, du be-
wahrtest mein Wort und verleugnetest nicht
meinen Namen. 9 Siehe, ich bringe sie herbei aus
der Synagoge des Satans, die sich Juden nennen,
es aber nicht sind, sondern Lügner sind sie. Siehe,
ich werde sie dazu bringen, daß sie kommen und
dir huldigend zu Füßen fallen und erkennen, daß
ich dich liebgewonnen habe. 10 Weil du das Wort
vom Harren auf mich bewahrt hast, will auch ich
dich bewahren vor der Stunde der Prüfung, die
kommen wird über den ganzen Erdkreis, um die
Bewohner der Erde zu prüfen. 11 Ich komme bald.
Halte fest, was du hast, daß niemand deinen Kranz
dir nehme! 12 Den Sieger werde ich zu einer Säule
machen im Tempel meines Gottes, und sie wird
nimmermehr herausgenommen werden. Und ich
werde auf sie den Namen meines Gottes schreiben
und den Namen der Stadt meines Gottes, des neuen
Jerusalem, das herabsteigt aus dem Himmel von
meinem Gott, und meinen neuen Namen. 13 Wer
ein Ohr hat, der höre, was der Geist den Gemein-
den sagt.«

An Laodizea

14 »Dem Engel der Gemeinde in Laodizea schreibe:
So spricht der Amen, der verlässige und wahrhafte
Zeuge, der Anfang der Schöpfung Gottes: 15 Ich
weiß um deine Werke: du bist weder kalt noch
warm. Wärst du doch kalt oder warm! 16 So aber,
weil du lau bist und weder warm noch kalt, bin ich
daran, dich auszuspeien aus meinem Munde. 17 Du
behauptest ja: Ich bin reich und zu Reichtum ge-
kommen und brauche nichts, und weißt nicht, daß
gerade du der Elende und Erbärmliche bist, der
Notleidende und Blinde und Nackte. 18 Ich rate dir:
Kaufe von mir im Feuer geläutertes Gold, damit du
reich werdest, und weiße Gewänder, damit du
dich bekleidest und nicht sichtbar sei deine be-
schämende Nacktheit, und Salbe zum Bestreichen
deiner Augen, damit du sehend werdest. 19 Die ich
liebe, weise ich zurecht und züchtige sie. Werde
also eifrig und bekehre dich! 20 Siehe, ich stehe vor
der Tür und klopfe an; wenn einer meine Stimme
hört und die Tür aufmacht, bei dem will ich ein-
treten und das Mahl mit ihm halten und er mit mir.
21 Dem Sieger werde ich gewähren, daß er sich mit
mir auf meinen Thron setze, wie auch ich siegte
und mich mit meinem Vater auf den Thron setzte.
22 Wer ein Ohr hat, der höre, was der Geist den Ge-
meinden sagt.«

3,1–6: Die »weißen Gewänder« sind in Anspielung auf die in Sardes blühende Wollverarbeitung erwähnt. • 7–13: Die »Schlüssel Davids« bedeuten die Eigentums- und Verfügungsgewalt über das himmlische Jerusalem, das Sinnbild des Gottesreiches. Die »Säule im Tempel Gottes« ist Sinnbild für die Ehrung der Getreuen im Gottesreich. Im Heidentum wurden vielfach den scheidenden Oberpriestern Ehrenstandbilder errichtet. • 14–22: Mit dem »Amen« ist Christus gemeint, die Erfüllung aller göttlichen Verheißungen. Anspielung auf das lauwarme Wasser, das in Laodizea, von den heißen Quellen von Hierapolis herkommend, vorüberfloß, ebenso auf den wirtschaftlichen Wohlstand der Stadt, der zur Gefahr für den ernsten Glaubensgeist der Gemeinde wurde. Das »Gold« weist auf die berühmten Banken der Stadt hin, das Salböl auf die medizinischen Schulen und Arzneifabriken.

KAMPF UND ENDSIEG DES GOTTESREICHES

Der Thron der göttlichen Majestät

4 1 Danach schaute ich, und siehe, eine Tür
war aufgetan im Himmel, und die erste
Stimme, die ich mit mir hatte reden hören
gleich einer Posaune, sprach: »Steige da herauf, und
ich werde dir zeigen, was zu geschehen hat her-
nach.« 2 Sogleich wurde ich im Geiste entrückt, und
siehe, ein Thron stand im Himmel, und auf dem
Thron saß einer, 3 und der darauf saß, war wie
Jaspis und Sardisstein anzusehen, und ein farben-
reicher Strahlenbogen war rings um den Thron,
anzusehen wie Smaragd. 4 Und im Umkreis des
Thrones waren vierundzwanzig Throne, und auf
den Thronen saßen vierundzwanzig Älteste, ange-
tan mit weißen Kleidern, und auf ihren Häuptern
goldene Kränze. 5 Vom Thron gehen Blitze aus und

Stimmen und Donner, und sieben Feuerfackeln
brennen vor dem Thron, das sind die sieben Geister
Gottes.
6 Vor dem Thron ist es wie ein gläsernes Meer,
gleich einem Kristall, und in der Mitte vor dem
Thron und rings um den Thron sind vier Wesen,
voller Augen vorne und hinten. 7 Das erste Wesen
ist gleich einem Löwen, das zweite Wesen gleich
einem Stier, das dritte Wesen hat ein Gesicht wie
das eines Menschen, und das vierte Wesen ist gleich
einem fliegenden Adler. 8 Und von den vier Wesen
hat jedes sechs Flügel, und ringsum und inwendig
sind sie voller Augen. Ohne Aufhören rufen sie Tag
und Nacht: »Heilig, heilig, heilig ist der Herr, Gott,
der Allherrscher, der war und der ist und der
kommt.« 9 Und wenn die Wesen dem, der auf dem
Throne sitzt und in alle Ewigkeit lebt, Lobpreis dar-
bringen, Ehre und Dank, 10 fallen die vierundzwan-
zig Ältesten vor dem Thronenden nieder, beten den
in alle Ewigkeit Lebenden an, legen ihre Kränze vor
dem Throne nieder und sprechen: 11 »Würdig bist
du, unser Herr und Gott, den Lobpreis zu empfan-
gen und die Ehre und Macht; denn du schufst alle
Dinge, und durch deinen Willen waren sie und
wurden geschaffen.«

4,1–11: Die Schilderung des göttlichen Thrones will zeigen, wie Gott in absoluter Souveränität als der oberste und einzige Herr der Welt die Geschichte der Menschen lenkt. Ähnliche Vision bei Ez 1–2 und Is 6,1–13. Absichtlich ist Gott als der Unbeschreibbare nicht beschrieben. Die »vierundzwanzig Ältesten« scheinen die Vertretung der alttestamentlichen (zwölf Stämme Israels) und der neutestamentlichen Gottesgemeinde (zwölf Apostel, neues Israel) darzustellen; vgl. 21,12–14, wonach die Namen der zwölf Stämme Israels und der zwölf Apostel in der Mauer um die himmlische Stadt stehen. Man denkt auch an die 24 Priesterklassen, die unter der Leitung von »Ältesten« den Tempeldienst versahen. Die »vier Wesen« (wörtlich »Lebewesen«), wie sie ähnlich auch nach Ez 1 am Throne Gottes sich finden, dürften am besten als Sinnbilder der irdischen Schöpfung, die ja zur Verherrlichung Gottes geschaffen ist, zu deuten sein.

Das versiegelte Buch und das Lamm

5 1 Und ich sah auf der Rechten dessen, der auf
dem Throne saß, eine Buchrolle, innen und
auf der Rückseite beschrieben und versiegelt
mit sieben Siegeln. 2 Und ich sah einen mächtigen
Engel, der mit lauter Stimme rief: »Wer ist würdig,
die Buchrolle zu öffnen und ihre Siegel zu lösen?«
3 Und niemand, weder im Himmel noch auf Erden
noch unter der Erde war imstande, die Buchrolle zu
öffnen und Einblick in sie zu nehmen. 4 Ich weinte
sehr, weil niemand für würdig befunden wurde, die
Buchrolle zu öffnen und Einblick in sie zu nehmen.
5 Da sprach einer der Ältesten zu mir: »Weine nicht!
Siehe, es siegte der Löwe aus dem Stamme Juda, der
Wurzelsproß Davids, um das Buch und seine sieben
Siegel zu öffnen.« 6 Und ich sah inmitten des
Thrones und der vier Wesen und inmitten der
Ältesten ein Lamm stehen, wie geschlachtet. Es hat
sieben Hörner und sieben Augen, das sind die
sieben Geister Gottes, ausgesandt auf die ganze
Erde. 7 Es trat hinzu und nahm die Buchrolle aus der
Rechten dessen, der auf dem Throne saß.
8 Und als es das Buch entgegennahm, fielen die vier
Wesen und die vierundzwanzig Ältesten nieder vor
dem Lamme; jeder trug eine Harfe und goldene
Schalen voll Rauchwerk – das sind die Gebete der
Heiligen –, 9 und sie sangen ein neues Lied: »Würdig
bist du, [Herr,] das Buch entgegenzunehmen und
seine Siegel zu lösen! Denn du wurdest geschlach-
tet und hast [uns] erkauft mit deinem Blute für Gott,
aus jedem Stamm und jeder Sprache, aus jedem
Volk und jeder Nation, 10 und hast sie für unseren
Gott zu einem Königtum und zu Priestern gemacht,
und sie werden herrschen auf Erden.«
11 Und ich sah, und hörte die Stimme vieler Engel
im Umkreis des Thrones und der Wesen und der
Ältesten, und ihre Zahl war zehntausend mal zehn-
tausend und tausend mal tausend, 12 und sie riefen
mit lauter Stimme: »Würdig ist das Lamm, das ge-
schlachtet wurde, die Macht zu empfangen und
Reichtum und Weisheit und Stärke und Ehre, Ver-
herrlichung und Lobpreis.«
13 Und jedes Geschöpf im Himmel und auf der Erde
und unter der Erde und auf dem Meere, samt allem
darin und darauf, hörte ich sprechen: »Dem, der auf
dem Throne sitzt, und dem Lamme sei der Lobpreis
und die Ehre und die Verherrlichung und die Macht
in alle Ewigkeit.« 14 Die vier Wesen sprachen:
»Amen.« Und die Ältesten fielen nieder [auf ihr
Angesicht] und beteten [ihn] an [, der lebt in alle
Ewigkeit].

5,1–14: Die Buchrolle, doppelseitig beschrieben und nach Art antiker Testamente siebenfach versiegelt, ist Sinnbild des unerforschlichen Ratschlusses Gottes, dessen Ausführung Christus übergeben wurde. Er wird im Sinnbild des »geschlachteten Lammes« dargestellt, um seinen Opfertod anzudeuten.

Bei Öffnung der ersten vier Siegel

6 1 Und ich sah, wie das Lamm das erste der
sieben Siegel öffnete, und hörte eines der vier
Wesen wie mit Donnerstimme rufen: »Komm
[und sieh]!« 2 Und ich sah, und siehe, ein weißes
Roß, und der auf ihm saß, hielt einen Bogen, und es
wurde ihm ein Kranz gereicht, und er zog aus als
Sieger und um zu siegen. 3 Als es das zweite Siegel
öffnete, hörte ich das zweite Wesen rufen: »Komm
[und sieh]!« 4 Und es kam ein anderes Roß daher,
feuerrot, und dem, der auf ihm saß, wurde gegeben,

den Frieden hinwegzunehmen von der Erde, und
daß sie einander hinschlachten, und es wurde ihm
ein großes Schwert gereicht. 5 Als es das dritte Sie-
gel öffnete, hörte ich das dritte Wesen rufen:
»Komm [und sieh]!« Und ich sah, und siehe, ein
schwarzes Roß, und der auf ihm saß, hatte eine
Waage in seiner Hand. 6 Ich hörte inmitten der vier
Wesen eine Stimme rufen: »Ein Maß Weizen um
einen Denar und drei Maß Gerste um einen Denar!
Dem Öl aber und dem Wein füge keinen Schaden
zu!« 7 Als es das vierte Siegel öffnete, hörte ich die
Stimme des vierten Wesens rufen: »Komm [und
sieh]!« 8 Und ich sah, und siehe, ein fahles Roß, und
der auf ihm saß, des Name ist »der Tod«, und die
Unterwelt war sein Gefolge. Es wurde ihnen Macht
gegeben über den vierten Teil der Erde, zu töten
durch Schwert, Hunger und Pest und durch die
wilden Tiere der Erde.

Öffnung des fünften Siegels: Ruf der Martyrer

9 Und als es das fünfte Siegel öffnete, sah ich unter
dem Altar die Seelen derer, die hingemordet waren
um des Wortes Gottes und um des Zeugnisses
willen, an dem sie festhielten. 10 Sie riefen mit lauter
Stimme: »Wie lange noch, Herr, du Heiliger, du
Wahrhafter, richtest du nicht und rächst nicht unser
Blut an den Bewohnern der Erde?« 11 Da wurde
einem jeden von ihnen ein weißes Kleid gegeben,
und es wurde ihnen gesagt, sie sollten sich gedulden
noch kurze Zeit, bis vollzählig geworden seien ihre
Mitknechte und Brüder, die noch den Tod zu er-
leiden hätten wie sie.

Öffnung des sechsten Siegels: Naturkatastrophen

12 Und ich sah, wie es das sechste Siegel öffnete. Es
entstand ein gewaltiges Beben, die Sonne wurde
schwarz wie ein härener Sack, und der ganze Mond
wurde wie Blut. 13 Die Sterne des Himmels fielen
auf die Erde, wie der Feigenbaum seine unreifen
Früchte abwirft, wenn er vom Sturmwind geschüt-
telt wird. 14 Der Himmel wurde weggezogen wie
ein Buch, das sich zusammenrollt, und alle Berge
und Inseln wurden von ihrer Stelle gerückt. 15 Die
Könige der Erde, die Großen, die Heerführer, die
Reichen und die Mächtigen, jeder Sklave und jeder
Freie verbargen sich in den Höhlen und Klüften der
Berge, 16 und sie riefen den Bergen und Felsen zu:
»Fallet über uns und verbergt uns vor dem Ange-
sicht dessen, der auf dem Throne sitzt, und vor dem
Zorn des Lammes! 17 Denn gekommen ist der große
Tag ihres Zornes. Wer kann da bestehen?«

6,1–8: Die mit den ersten sechs Siegeln kommenden Ereignisse stellen Heimsuchungen Gottes dar, mit denen die Menschen auf das drohende Gericht aufmerksam gemacht werden sollen. Sie entsprechen den Weissagungen Jesu in Matth 24; Mark 13; Luk 21. Die vier Reiter erinnern an die Vision des Propheten Zacharias, 1,7–10; 6,1–8. Die Bedeutung des ersten Reiters ist nicht sicher. Auch er ist aber als Heimsuchung aufzufassen, wahrscheinlich als Sinnbild des Machtkampfes unter den Völkern, während der zweite den Kampf aller gegen alle in der Selbstzerfleischung der Menschen darstellt. Der dritte kennzeichnet mit den Angaben des Preises die Not der Teuerung. • 9–11: Im Gerechtigkeitsruf der Märtyrerseelen ist zugleich auch das unruhige Warten der Christen angesprochen, die angesichts der immer mehr um sich greifenden Verfolgung an der Gerechtigkeit Gottes zweifeln möchten. Die Mahnung zu vertrauensvoller Beharrlichkeit berührt ein Grundmotiv des christlichen Daseins. • 12–17: Die Naturkatastrophen sind Zeichen der kommenden Endzeit.

Zwischenszene: Besiegelung der Auserwählten

7 1 Danach sah ich vier Engel, die standen an
den vier Ecken der Erde und hielten die vier
Winde der Erde fest, damit kein Wind wehe
über das Land noch über das Meer noch über
irgendeinen Baum. 2 Und ich sah einen anderen
Engel, der stieg herauf vom Aufgang der Sonne; er
hatte ein Siegel des lebendigen Gottes und rief mit
lauter Stimme den vier Engeln zu, denen Macht
gegeben ist, Schaden zu bringen dem Land und dem
Meer: 3 »Bringt nicht Schaden dem Land noch dem
Meer noch den Bäumen, bis wir die Knechte unse-
res Gottes mit dem Siegel bezeichnet haben auf
ihren Stirnen!«
4 Und ich vernahm die Zahl der Bezeichneten: ein-
hundertvierundvierzigtausend Bezeichnete aus al-
len Stämmen der Kinder Israels. 5 Aus dem Stamme
Juda zwölftausend Bezeichnete, aus dem Stamme
Ruben zwölftausend, aus dem Stamme Gad zwölf-
tausend, 6 aus dem Stamme Aser zwölftausend, aus
dem Stamme Nephtali zwölftausend, aus dem
Stamme Manasse zwölftausend, 7 aus dem Stamme
Symeon zwölftausend, aus dem Stamme Levi
zwölftausend, aus dem Stamme Issachar zwölftau-
send, 8 aus dem Stamme Zabulon zwölftausend,
aus dem Stamme Joseph zwölftausend, aus dem
Stamme Benjamin zwölftausend Bezeichnete.
9 Darauf sah ich hin, und siehe, es war eine große
Schar, die niemand zu zählen vermochte, aus jeder
Nation und aus allen Stämmen, Völkern und
Sprachen; sie standen vor dem Thron und vor dem
Lamm, angetan mit weißen Gewändern und mit
Palmen in ihren Händen. 10 Sie riefen mit lauter
Stimme: »Das Heil unserem Gott, der auf dem
Throne sitzt, und dem Lamme!« 11 Und alle Engel
standen im Umkreis des Thrones und der Ältesten
und der vier Wesen; sie fielen vor dem Thron auf ihr
Angesicht nieder, beteten Gott an 12 und riefen:
»Amen. Lob und Herrlichkeit, Weisheit und Dank,
Ehre, Macht und Stärke unserem Gott in alle Ewig-
keit. Amen.« 13 Da wandte sich einer von den

Ältesten an mich und fragte: »Wer sind denn diese
in ihren weißen Gewändern? Woher sind sie ge-
kommen?« 14 Ich entgegnete ihm: »Mein Herr, du
weißt es.« Und er sagte zu mir: »Es sind jene, die aus
der großen Drangsal kommen; sie wuschen ihre
Kleider und reinigten sie im Blute des Lammes.
15 Darum sind sie vor dem Throne Gottes und die-
nen ihm Tag und Nacht in seinem Tempel, und der
auf dem Throne sitzt, wird über ihnen wohnen.
16 Sie werden nicht mehr hungern und dürsten, und
nimmer wird die Sonne auf sie fallen noch irgend-
eine Glut. 17 Denn das Lamm in der Mitte vor dem
Throne wird sie weiden und zu den Wasserquellen
des Lebens führen, und Gott wird jede Träne weg-
wischen von ihren Augen.«

7,1–17: Vgl. Ez 9,2–7. Die Besiegelung ist ein symbolischer Hinweis auf die besondere Fürsorge, die Gott seinen Getreuen in den Bedrängnissen der Endzeit zukommen läßt. Die Zahlen sind symbolisch zu nehmen. • 9: Beziehen sich die zwölfmal zwölftausend Besiegelten von 7,4–8 auf die Auserwählten des israelitischen Gottesvolkes, so werden in der unzählbaren Schar die Heiligen der gesamten Menschheit im neutestamentlichen Gottesvolk dargestellt.

Nach der Öffnung des siebenten Siegels

8 1 Und als es das siebente Siegel öffnete, wurde
es still im Himmel, wohl eine halbe Stunde
lang. 2 Und ich sah die sieben Engel, die vor
Gott stehen, und es wurden ihnen sieben Posaunen
gegeben. 3 Ein anderer Engel kam und trat vor den
Altar, eine goldene Rauchschale tragend, und viel
Räucherwerk wurde ihm gegeben, daß er es dar-
bringe unter dem Gebet aller Heiligen auf dem
goldenen Altar vor dem Throne [Gottes]. 4 Und der
Rauch des Räucherwerkes stieg unter den Gebeten
der Heiligen aus der Hand des Engels empor zu
Gott. 5 Und der Engel nahm das Rauchfaß und füllte
es mit Feuer vom Altar und warf es auf die Erde,
und Donner folgten, Getöse, Blitze und Beben.

Beim Schall der ersten vier Posaunen: neue Heimsuchungen

6 Die sieben Engel mit den sieben Posaunen mach-
ten sich bereit zu blasen. 7 Es blies der erste [Engel]:
da kam Hagel und Feuer, mit Blut vermischt, und
wurde auf die Erde geworfen, und es verbrannte der
dritte Teil der Erde, und es verbrannte der dritte Teil
der Bäume, und es verbrannte alles grüne Gras.
8 Und es blies der zweite Engel: da wurde etwas wie
ein großer feuerglühender Berg in das Meer gewor-
fen, und der dritte Teil des Meeres wurde zu Blut,
9 und es starb der dritte Teil der Geschöpfe, die im
Meere lebten, und der dritte Teil der Schiffe ging
zugrunde. 10 Und es blies der dritte Engel: da fiel ein
großer Stern vom Himmel, der wie eine Fackel
brannte, und fiel auf den dritten Teil der Flüsse und
auf die Wasserquellen. 11 Und der Name des Sternes
heißt »der Wermut«; und der dritte Teil der Wasser
wurde zu Wermut, und viele Menschen starben
von den Wassern, weil sie bitter geworden waren.
12 Und es blies der vierte Engel: da wurde der dritte
Teil der Sonne getroffen und der dritte Teil des
Mondes und der dritte Teil der Sterne, so daß sie zu
einem Drittel verfinstert wurden und der Tag für ein
Drittel sein Licht verlor und die Nacht desgleichen.
13 Und ich sah, und ich hörte einen Adler, der hoch
am Himmel flog, mit lauter Stimme rufen: «Wehe,
wehe, wehe den Bewohnern der Erde wegen der
weiteren Posaunenstimmen der drei Engel, die
noch blasen werden!«

8,1–6: Wie sich die siebente Siegelvision entfaltet in sieben Posaunenvisionen, so wird 11,15 die siebente Posaunenvision die sieben Schalenvisionen bringen. Damit ist angedeutet, wie die Heimsuchungen Gottes die Menschen immer eindringlicher vor dem Endgericht warnen. Die »Posaune« erscheint in der Sprache der Heiligen Schrift wiederholt als Begleitzeichen einer besonderen Offenbarung oder des Gerichtsvollzuges Gottes, vgl. Is 27,13; Joël 2,1; Matth 24,31; 1 Kor 15,32; 1 Thess 4,16. • 3–5: Statt »unter den Gebeten der Heiligen« kann auch übersetzt werden »für die Gebete der Heiligen«, womit angedeutet wäre, daß die Gebete der Christen erst durch Engel geläutert zu Gott kommen. • 7–13: Die neuen Heimsuchungen erinnern an die ägyptischen Plagen vor dem Auszug der Israeliten. »Wermut« (»Absinthium«) ist Sinnbild des Bitteren der Plagen.

Bei der fünften Posaune: Das dämonische Heer

9 1 Es blies der fünfte Engel: da sah ich einen
Stern, der vom Himmel auf die Erde gefallen
war, und ihm wurde der Schlüssel zum
Schacht des Abgrundes gegeben. 2 Er öffnete den
Schacht des Abgrundes, und es stieg Rauch aus dem
Schacht empor wie der Rauch eines mächtigen
Ofens, und die Sonne und die Luft wurden
verfinstert vom Rauch des Schachtes. 3 Aus dem
Rauch [des Schachtes] kamen Heuschrecken über
die Erde, und es wurde ihnen Kraft verliehen, eine
Kraft, wie die Skorpione der Erde sie besitzen.
4 Und es wurde ihnen befohlen, sie sollten weder
das Gras der Erde schädigen noch irgend etwas
Grünes noch irgendeinen Baum, sondern nur die
Menschen, die nicht das Siegel Gottes auf den
Stirnen tragen. 5 Auch wurde ihnen aufgetragen,
sie nicht zu töten, sondern sie zu quälen fünf
Monate lang. Ihre Peinigung gleicht der Peinigung
eines Skorpions, wenn er einen Menschen sticht.
6 In jenen Tagen werden die Menschen den Tod
suchen, ohne ihn zu finden, und werden zu sterben
verlangen, doch der Tod flieht vor ihnen. 7 Das Aus-
sehen der Heuschrecken glich Rossen, die für den
Kampf gerüstet sind; auf ihren Köpfen trugen sie

eine Art golden schimmernder Kränze, und ihre
Gesichter glichen Menschengesichtern; 8 sie hatten
Haare wie Frauenhaare, und ihre Zähne waren
wie Löwenzähne. 9 Sie hatten Brustkörbe wie
eiserne Panzer, und das Rauschen ihrer Flügel war
wie das Rasseln vieler Pferdegespanne, die in den
Kampf stürmen. 10 Sie haben Schwänze wie Skor-
pione und Stacheln, und in ihren Schwänzen liegt
die Kraft, die Menschen zu schädigen fünf Monate
lang.
11 Sie haben über sich als König den Engel des Ab-
grundes, dessen Name ist auf hebräisch »Abaddon«
und auf griechisch »Apollyon« [,das heißt »Verder-
ben«].12 Das erste »Wehe« ist vorüber, doch siehe,
noch kommen zwei »Wehe« nach dem.

Bei der sechsten Posaune: Dämonische Reiterscharen

13 Und es blies der sechste Engel: da hörte ich eine
Stimme von den vier Hörnern des vor Gott stehen-
den goldenen Altares her, 14 und sie sprach zum
sechsten Engel, der die Posaune hielt: »Laß die vier
Engel los, die gebunden sind am großen Euphrat-
strom!« 15 Man ließ die vier Engel los, die bereit-
standen auf Stunde und Tag und Monat und Jahr,
den dritten Teil der Menschen zu töten. 16 Die Zahl
der Streitmassen des Reiterheeres war zwanzig-
tausend mal zehntausend; ich vernahm ihre Zahl.
17 Und so sah ich in dem Gesicht die Rosse und die
Reiter auf ihnen: Sie hatten Panzer, feurigrot, rauch-
blau und schwefelfarbig; die Köpfe der Rosse
waren wie Löwenköpfe, und aus ihren Mäulern
kommt Feuer und Rauch und Schwefel. 18 Von die-
sen drei Plagen wurde der dritte Teil der Menschen
getötet, vom Feuer und Rauch und Schwefel, die
aus ihren Mäulern kamen. 19 Denn die Kraft der
Rosse sitzt in ihrem Maul und in ihren Schwänzen;
denn ihre Schwänze sind Schlangen gleich und
haben Köpfe, und damit richten sie Schaden an.
20 Die übrigen Menschen aber, die nicht getötet
wurden durch diese Plagen, bekehrten sich nicht
von den Werken ihrer Hände, um abzulassen von
der Anbetung der Dämonen und der goldenen,
silbernen, ehernen, steinernen und hölzernen
Götzen, die weder zu sehen vermögen noch zu
hören noch zu gehen; 21 und sie bekehrten sich auch
nicht von ihren Mordtaten, von ihren Zaubereien,
von ihrer Unzucht und ihren Diebereien.

9,1–12: Vgl. Joël 1–2. Das dämonische Aussehen der Heuschrecken soll das Schreckenerregende der neuen Heimsuchung besonders wirksam kennzeichnen. • 13–21: Anspielung auf die dem Römerreich stets gefährlichen Ostvölker, besonders die nie ganz besiegten Parther. Das Reiterheer ist Sinnbild des Strafgerichtes, das Gott über die immer noch unbelehrbare Menschheit vor allem wegen des gottwidrigen Götzendienstes verhängt.

Zwischenszene: Übergabe der Offenbarungsschrift

10 1 Und ich sah einen anderen mächtigen
Engel vom Himmel herabsteigen; er war
in eine Wolke gehüllt, über seinem Haupt
hatte er den Regenbogen, und sein Antlitz war wie
die Sonne und seine Beine wie Feuersäulen. 2 In
seiner Hand hatte er ein geöffnetes Büchlein; er
setzte seinen rechten Fuß auf das Meer, den linken
aber auf das Land 3 und rief mit lauter Stimme, so
wie ein Löwe brüllt, und als er rief, erhoben die
sieben Donner ihre Stimme. 4 Und als die sieben
Donner sprachen, wollte ich schreiben. Da hörte
ich eine Stimme aus dem Himmel [zu mir] sagen:
»Versiegle, was die sieben Donner gesprochen
haben, und schreibe es nicht auf!« 5 Der Engel aber,
den ich stehen sah auf dem Meer und auf dem
Land, hob seine rechte Hand zum Himmel 6 und
schwor bei dem, der in alle Ewigkeit lebt, der den
Himmel geschaffen und was darin ist, und die Erde
und was auf ihr ist, und das Meer und was in ihm
ist: »Nun wird keine Zeit mehr sein, 7 sondern in
den Tagen, da der siebente Engel seine Stimme er-
hebt und zu posaunen sich anschickt, wird das
Geheimnis Gottes erfüllt werden, wie er es verkün-
det hat seinen Knechten, den Propheten.«
8 Da hörte ich die Stimme, die aus dem Himmel
kam, abermals zu mir reden, und sie sprach: »Geh
und nimm das geöffnete Büchlein in der Hand des
Engels, der auf dem Meer und auf dem Lande
steht!« 9 Und ich ging zu dem Engel hin und sagte
zu ihm, er möge das Büchlein mir geben. Er sprach
zu mir: »Nimm und iß es auf! In deinem Leib wird
es bitter sein, in deinem Mund aber süß wie
Honig.« 10 Und ich nahm das Büchlein aus der Hand
des Engels und aß es auf. Es war in meinem Munde
süß wie Honig; als ich es aber gegessen hatte,
wurde es bitter in meinem Leibe. 11 Da sagte man
zu mir: »Du mußt von neuem weissagen über
viele Völker und Nationen und Sprachen und
Könige.«

10,1–11: Mit dem Essen des Büchleins, also einer kleinen Schriftrolle, soll die völlige Aufnahme des Geoffenbarten versinnbildlicht werden. Die ehrende Berufung, die zunächst erfreut, offenbart ihre Bitterkeit, d. h. ihr Schweres, erst bei der Ausführung des Auftrages. Vgl. Ez 3,1f.

Messung des Tempels: Die beiden Zeugen

11 1 Und man gab mir ein Rohr in der Art
eines Meßstabes und sagte: »Steh auf und
miß den Tempel Gottes und den Altar und
die Beter darin! 2 Den Vorhof aber außerhalb des
Tempels laß beiseite und miß ihn nicht; denn er ist
den Heiden gegeben. Sie werden die Heilige Stadt

zertreten zweiundvierzig Monate lang. 3 Und ich
werde Weisung geben meinen zwei Zeugen, und
sie werden weissagen zwölfhundertsechzig Tage
lang, mit Säcken bekleidet.« 4 Sie sind die zwei Öl-
bäume und die zwei Leuchter, die vor dem Herrn
der Erde stehen. 5 Will jemand ihnen Böses zufügen,
so kommt Feuer aus ihrem Mund und verzehrt ihre
Feinde; ja, wenn einer ihnen Böses antun wollte, er
müßte auf diese Weise sterben. 6 Sie haben die
Macht, den Himmel zu verschließen, daß es nicht
regne in den Tagen ihrer Weissagung, und sie haben
Macht über die Wasser, um sie in Blut zu verwan-
deln, und die Erde zu schlagen mit jeder Plage, so-
oft sie wollen. 7 Wenn sie ihr Zeugnis zu Ende ge-
führt haben, wird das Tier, das aus dem Abgrund
heraufsteigt, Krieg mit ihnen führen. sie überwin-
den und sie töten. 8 Ihr Leichnam wird liegenblei-
ben auf der Straße der großen Stadt, die geistig
Sodoma und Ägypten genannt wird, in der auch
ihr Herr gekreuzigt wurde. 9 Menschen aus den
Völkern und Stämmen, Sprachen und Nationen
werden dreieinhalb Tage ihren Leichnam liegen
sehen, und es wird nicht gestattet, daß ihre Leichen
in ein Grab gelegt werden. 10 Die Bewohner der
Erde freuen sich darüber und frohlocken und wer-
den sich gegenseitig beschenken, weil diese zwei
Propheten die Bewohner der Erde bedrängt hatten.
11 Doch nach dreieinhalb Tagen fuhr Lebensgeist
von Gott her in sie, und sie stellten sich auf ihre
Füße, und große Furcht fiel über alle, die sie sahen.
12 Und sie vernahmen eine laute Stimme, die ihnen
vom Himmel her zurief: »Steigt hier herauf!« Und
sie stiegen zum Himmel empor in der Wolke, und
ihre Feinde sahen ihnen zu.
13 In jener Stunde kam es zu einem starken Erdbe-
ben, und der zehnte Teil der Stadt stürzte ein, und
bei dem Erdbeben kamen siebentausend Menschen
um. Die übrigen aber gerieten in Furcht und gaben
dem Gott des Himmels die Ehre. 14 Das zweite
»Wehe« ist vorüber. Siehe, das dritte »Wehe«
kommt schnell.

Bei der siebenten Posaune: Ankündigung des Entscheidungskampfes

15 Es blies der siebente Engel: da erschollen laute
Stimmen im Himmel, die riefen: »Aufgerichtet
wurde das Weltreich unseres Herrn und seines Ge-
salbten, er wird herrschen in alle Ewigkeit.
[Amen.]« 16 Die vierundzwanzig Ältesten, die vor
Gott auf ihren Thronen sitzen, fielen auf ihr Ange-
sicht nieder, beteten Gott an und sprachen: 17 »Wir
danken dir, Herr, Gott, Allherrscher, der ist und der
war [und der kommt], daß du deine große Macht
ergriffen und angetreten hast deine Herrschaft.
18 Die Heidenvölker waren ergrimmt, da kam dein
strafender Zorn und die Stunde zum Gericht für die
Toten und zur Belohnung für deine Knechte, die
Propheten und die Heiligen, und für alle, die deinen
Namen fürchten, die Kleinen und Großen, und zur
Vernichtung derer, die die Erde verderben.« 19 Da
wurde der Tempel Gottes im Himmel aufgetan,
und die Lade seines Bundes war zu sehen in seinem
Tempel, und es folgten Blitze und dröhnender
Schall, Beben und starker Hagel.

11,1–14: Die Messung des Tempels als des Sinnbildes der Gottesgemeinde soll ähnlich wie die Besiegelung 7,1–17 eine Schutzmaßnahme für die Auserwählten bedeuten durch Schaffung eines Asyls der Sicherheit gegenüber den kommenden Bedrängnissen. In den »zwei Zeugen« scheinen Moses (oder Henoch) und Elias gemeint zu sein, die aber wiederum als Sinnbilder der Beauftragten Gottes anzusehen sind. Trotz aller Widerstände und Überheblichkeit der Feinde Gottes wird sich ihre Wirkkraft immer wieder als lebendig erweisen. Vers 8 will sagen, daß sich Jerusalem durch die in ihm geschehenen Frevel, besonders die Kreuzigung Jesu, Sodoma und Ägypten gleichgemacht hat. • 15–19: In der Zuversicht des Gottesreiches singt der Himmel schon im voraus das Jubellied über den Sieg Gottes und des Lammes. Die himmlische Bundeslade erscheint als Sinnbild der kommenden Vollendung.

Angriff des Drachen gegen das Gottesvolk

12 1 Ein großes Zeichen erschien am Him-
mel: eine Frau, mit der Sonne umkleidet,
der Mond unter ihren Füßen und auf
ihrem Haupt ein Kranz von zwölf Sternen. 2 Sie war
gesegneten Leibes und schrie in Wehen und
Schmerzen des Gebärens. 3 Und ein anderes Zei-
chen erschien am Himmel: Siehe, ein Drache, feu-
rig und gewaltig groß, mit sieben Köpfen und zehn
Hörnern und sieben Diademen auf seinen Köpfen.
4 Sein Schwanz fegte den dritten Teil der Sterne des
Himmels hinweg und warf sie auf die Erde. Der
Drache stellte sich vor die Frau, die daran war zu
gebären, damit er ihr Kind verschlinge, wenn sie
gebären würde. 5 Und sie gebar ein Kind, einen
Knaben, der alle Völker lenken wird mit ehernem
Zepter. Doch es wurde ihr Kind entrückt zu Gott
und zu seinem Thron. 6 Die Frau aber floh in die
Wüste, wo sie einen Platz erhielt, der von Gott da
bereitet war, damit man ihr dort Unterhalt gebe
zwölfhundertsechzig Tage lang.

Niederlage des Drachen im Himmel

7 Da erhob sich ein Kampf im Himmel: Michael und
seine Engel kämpften mit dem Drachen, und auch
der Drache und seine Engel kämpften. 8 Doch sie
richteten nichts aus, und es blieb kein Platz mehr
für sie im Himmel. 9 Gestürzt wurde der große
Drache, die alte Schlange, die den Namen Teufel
und Satan trägt, der den ganzen Erdkreis verführt;

er wurde hinabgestürzt auf die Erde, und seine
Engel wurden mit ihm gestürzt.
10 Und ich hörte eine laute Stimme im Himmel
rufen: »Jetzt ist gekommen das Heil und die Kraft
und das Königtum unseres Gottes und die Macht
seines Gesalbten; denn gestürzt ist der Ankläger un-
serer Brüder, der sie verklagte vor unserem Gott Tag
und Nacht. 11 Sie besiegten ihn kraft des Blutes des
Lammes und kraft des Wortes ihres Zeugnisses,
und sie hingen nicht an ihrem Leben – bis in den
Tod. 12 Darum jubelt, ihr Himmel, und alle, die
darin wohnen! Wehe aber der Erde und dem Meer;
denn hinabgestiegen ist zu euch der Teufel voll
grimmigen Zornes; er weiß, daß er eine kurze Frist
hat.«

Kampf des Drachen auf der Erde

13 Als der Drache sah, daß er auf die Erde gestürzt
war, verfolgte er die Frau, die den Knaben geboren
hatte. 14 Der Frau aber wurden die zwei Flügel des
großen Adlers gegeben, so daß sie in die Wüste
fliegen konnte, an ihren Ort, wo sie Unterhalt be-
kommt eine Zeit und zwei Zeiten und eine halbe
Zeit, weit weg von der Schlange. 15 Und die
Schlange schleuderte aus ihrem Rachen hinter der
Frau Wasser her, gleich einem Strom, um sie vom
Strom wegschwemmen zu lassen; 16 doch die Erde
kam der Frau zu Hilfe: die Erde öffnete ihren Mund
und verschlang den Strom, den der Drache aus
seinem Rachen geschleudert hatte. 17 Da wurde der
Drache zornig über die Frau und machte sich auf,
Krieg zu führen mit den übrigen ihrer Kinder, mit
denen, die Gottes Gebote erfüllen und festhalten
am Zeugnis Jesu [Christi]. 18 Und er stellte sich auf
am Strande des Meeres.

12,1–18: Der Widersacher des Gottesreiches und der Verführer der Menschen ist der Satan, hier als »Drache« auftretend. Er sucht das Wirken des Messias von Anfang an zu hindern und zu stören. In der »Frau« ist wahrscheinlich die Gottesgemeinde symbolisiert. Die »übrigen Kinder«, Vers 17, bedeuten die Christgläubigen auf Erden, die nach dem Sturz des Satans aus dem Himmel seinen unaufhörlichen Angriffen ausgesetzt sind. In der Geschichte der Erklärung wurde die von der Sonne umkleidete »Frau« häufig auf Maria, die Mutter des Erlöserkindes, gedeutet. Doch passen nicht alle Züge auf Maria unmittelbar, wie z. B. Vers 12,17. Schon Augustinus hat daher die Deutung auf das Gottesvolk vertreten.

Das Tier im Dienste des Drachen

13 1 Und ich sah aus dem Meer ein Tier auf-
steigen, das hatte zehn Hörner und sieben
Köpfe und auf seinen Hörnern zehn Dia-
deme und auf seinen Köpfen Namen voll Lästerung.
2 Das Tier, das ich sah, glich einem Panther; seine
Füße waren wie die eines Bären und sein Maul wie
das Maul eines Löwen. Der Drache verlieh ihm
seine Macht, seinen Thron und große Gewalt.
3 Einen seiner Köpfe sah ich wie zu Tode getroffen,
doch die tödliche Wunde wurde geheilt, und die
ganze Erde wandte sich staunend dem Tiere zu.
4 Sie beteten den Drachen an, weil er dem Tier die
Gewalt verliehen hatte, und auch das Tier beteten
sie an und sprachen: »Wer ist dem Tiere gleich, und
wer vermag mit ihm zu kämpfen?« 5 Und es wurde
ihm ein Maul gegeben, das große und lästernde
Reden führte, und es wurde ihm Vollmacht gege-
ben, es zweiundvierzig Monate lang zu treiben.
6 Und es öffnete sein Maul zu Lästerungen gegen
Gott, zu lästern seinen Namen und seine Wohnstatt
und die Bewohner des Himmels. 7 Und es wurde
ihm gegeben, Krieg zu führen mit den Heiligen und
sie zu besiegen, und es wurde ihm Macht gegeben
über jeden Stamm und jedes Volk, jede Zunge und
jede Nation, 8 und anbeten werden es alle Bewoh-
ner der Erde, deren Name nicht eingeschrieben ist
im Lebensbuch des geschlachteten Lammes seit
Grundlegung der Welt. 9 Wer ein Ohr hat, der höre.
10 Wer in die Gefangenschaft soll, der gehe in die
Gefangenschaft; wer durch das Schwert sterben
soll, der muß mit dem Schwert getötet werden.
Hier zeigt sich die Standhaftigkeit und der Glaube
der Heiligen.

Das zweite Tier

11 Und ich sah ein anderes Tier, das stieg aus dem
Land empor; es hatte zwei Hörner wie ein Lamm
und redete wie ein Drache. 12 Es vollzieht alle Ge-
walt des ersten Tieres vor dessen Augen und be-
wirkt, daß die Erde und ihre Bewohner das erste
Tier anbeten, dessen tödliche Wunde geheilt
wurde. 13 Und es vollbringt große Zeichen, daß es
sogar Feuer vom Himmel herabfallen läßt auf die
Erde vor den Augen der Menschen.
14 Es verführt die Bewohner der Erde durch die
Zeichen, die vor dem Tier zu vollbringen ihm ge-
geben wurde, und es fordert die Erdenbewohner
auf, ein Bild zu fertigen für das Tier, das die
Schwertwunde trägt und lebendig wurde. 15 Und es
wurde ihm gegeben, dem Bild des Tieres Lebens-
geist zu verleihen, so daß das Bild des Tieres sogar
redete und bewirkte, daß alle, die das Bild des
Tieres nicht anbeteten, getötet wurden. 16 Und es
brachte alle dazu, die Kleinen und die Großen, die
Reichen und die Armen, die Freien und die Sklaven,
sich ein Malzeichen zu machen auf ihrer rechten
Hand oder auf ihrer Stirn. 17 Niemand soll kaufen
oder verkaufen können, der nicht das Malzeichen
trägt, den Namen des Tieres oder die Zahl seines
Namens. 18 Hier ist die Einsicht: wer Verstand hat,
der berechne die Zahl des Tieres; denn es ist eines

Menschen Zahl, und seine Zahl ist sechshundert-
sechzig und sechs.

13,1–8: Die Vision erinnert an Dan 7,2–9. Im »Tier aus dem Meere« ist wahrscheinlich die irdische, antichristliche politische Macht versinnbildlicht, die sich in den Dienst des Satans stellt und das Gottesreich verfolgt. Zur Zeichnung dieses Symbols sind deutlich Züge vom damaligen, der Kirche feindlichen Römerreich genommen. So werden die sieben Häupter auf die römischen Cäsaren – das mit der Todeswunde auf Nero – bezogen. • 10: Der Satz stellt nach anderer Textüberlieferung eine Drohung dar, wenn es heißt: »Wer in die Gefangenschaft führt, der wird selbst in die Gefangenschaft gehen. Wer mit dem Schwerte tötet, muß durch das Schwert fallen.« Es liegt hier vermutlich eine Angleichung an Matth 26,52 vor. Nach dem obigen Text soll es eine Mahnung sein zu unbeirrbarem Ausharren in aller Verfolgung, zum zuversichtlichen Ertragen des Martyriums um Christi willen. • 11–18: Das zweite Tier, im Dienst des ersten stehend, versinnbildlicht die geistigen Mächte, die sich im Kampf gegen das Gottesreich mit der politischen Macht verbinden und die Menschen förmlich zur Anbetung irdischer Machthaber verführen. Anlaß für diese Aussage ist wahrscheinlich der damalige Kaiserkult mit seiner Vergöttlichung des irdischen Herrschers. Die Deutung der Zahl 666 ist trotz aller Versuche bis jetzt nicht überzeugend gelungen, sie war schon im zweiten Jahrhundert, nach dem Zeugnis des hl. Irenäus, nicht mehr bekannt. Vielleicht soll weniger auf einem bestimmten Namen als auf die dämonische Gottwidrigkeit und zugleich die damit gegebene Unvollkommenheit hingewiesen werden, insofern die Grundziffer hinter der heiligen Zahl 7 oder der doppelt so großen Zahl 12 zurücksteht.

Die Front des Lammes

14 1 Ich schaute, und siehe, das Lamm stand
auf dem Berg Sion und mit ihm hundert-
vierundvierzigtausend, die seinen Namen
tragen und den Namen seines Vaters, geschrieben
auf ihren Stirnen. 2 Und ich hörte eine Stimme aus
dem Himmel wie das Rauschen vieler Wasser und
wie das Rollen eines starken Donners, und die
Stimme, die ich hörte, war wie von Harfenspielern,
die ihre Harfen schlugen. 3 Und sie sangen die
Weise eines neuen Liedes vor dem Thron und vor
den vier Wesen und den Ältesten, und niemand
konnte das Lied erlernen als die hundertvierund-
vierzigtausend, die losgekauft sind von der Erde.
4 Es sind jene, die sich mit Frauen nicht befleckt
haben; denn jungfräulich sind sie. Sie folgen dem
Lamm, wohin es geht. Sie wurden losgekauft aus
den Menschen als Erstlinge für Gott und das Lamm.
5 In ihrem Mund wurde keine Lüge gefunden;
makellos sind sie [vor dem Throne Gottes].

Gerichtsankündigung

6 Und ich sah einen anderen Engel hoch oben am
Himmel fliegen; der hatte den Bewohnern der
Erde eine ewige Heilsbotschaft zu künden, jedem
Volk und Stamm, jeder Zunge und Nation. 7 Er rief
mit lauter Stimme: »Fürchtet Gott und gebt ihm
Ehre; denn die Stunde seines Gerichtes ist ge-
kommen. Betet ihn an, der den Himmel geschaffen
hat und die Erde, das Meer und die Quellen der
Wasser!«
8 Ein anderer, ein zweiter Engel folgte und rief: »Sie
ist gefallen, sie ist gefallen, die Stadt Babylon, die
große, die vom Glutwein ihrer Unzucht trinken
ließ alle Völker.« 9 Ein anderer, ein dritter Engel
folgte ihnen und rief mit lauter Stimme: »Wenn
einer das Tier anbetet und sein Bild und das Mal-
zeichen annimmt auf seiner Stirn oder Hand,
10 wird auch er trinken vom Glutwein Gottes, der
ungemischt eingegossen ist in den Becher seines
Zornes, und er wird gepeinigt werden in Feuer und
Schwefel vor den heiligen Engeln und vor dem
Lamm. 11 Und der Rauch von ihrer Qual wird auf-
steigen in alle Ewigkeit, und sie werden nicht Ruhe
haben Tag und Nacht, die das Tier anbeten und sein
Bild und so einer das Malzeichen annimmt seines
Namens.«
12 Hier zeigt sich die Standhaftigkeit der Heiligen,
die Gottes Gebote wahren und den Glauben an
Jesus. 13 Und ich hörte eine Stimme vom Himmel,
die [zu mir] sprach: »Schreibe: Selig die Toten, die
im Herrn sterben von nun an! Wahrlich, spricht der
Geist, sie werden ausruhen von ihren Mühen; denn
ihre Werke folgen ihnen nach.«

Das kommende Gericht als Gotteserntе

14 Ich schaute, und siehe, eine weiße Wolke, und
auf der Wolke saß einer gleich einem Menschen-
sohn, der hatte auf seinem Haupt einen goldenen
Kranz und in seiner Hand eine scharfe Sichel. 15 Ein
anderer Engel trat aus dem Tempel hervor und rief
mit lauter Stimme dem zu, der auf der Wolke saß:
»Leg deine Sichel an und ernte! Denn gekommen ist
die Stunde des Erntens; ausgereift ist die Ernte der
Erde.« 16 Und der auf der Wolke saß, legte seine
Sichel an die Erde, und die Erde wurde abgeerntet.
17 Und ein anderer Engel trat aus dem Tempel im
Himmel; auch er hatte eine scharfe Sichel. 18 Ein
weiterer Engel kam vom Altare her; er hatte Macht
über das Feuer, und er rief mit lauter Stimme dem
zu, der die scharfe Sichel hatte: »Leg deine scharfe
Sichel an und ernte die Trauben vom Weinstock der
Erde; denn seine Beeren sind reif!« 19 Und der Engel
legte seine [scharfe] Sichel an die Erde und sam-
melte die Ernte vom Weinstock der Erde und schüt-
tete sie ein in die große Kelter des Zornes Gottes.
20 Und die Kelter wurde getreten außerhalb der
Stadt, und es floß Blut aus der Kelter bis hinan zu
den Zügeln der Pferde, sechzehnhundert Stadien
weit.

14,1–13: Den gottwidrigen Mächten tritt die Front der um das Lamm sich scharenden Auserwählten gegenüber, darunter an erster Stelle die von der Unreinheit nicht befleckten, sich ungeteilt Gott weihenden Seelen. »Im Herrn sterben« heißt in der Gnadenverbindung mit Christus sterben. • 14–20: Die Ernte ist Sinnbild des bevorstehenden Gerichtes, die Kelter Sinnbild des strengen, unbestechlichen Gerichtsvollzugs. Die Zahl 1600 (4 x 400) scheint als Maß der Welt auf die Allgemeinheit des Gerichtes hinzuweisen. Die Darstellung des Gerichtes im Bild einer Getreideernte oder Weinlese findet sich auch sonst in der Hl. Schrift. Vgl. 17,5; 27,12; 63,3ff; Jer 25,30; Klag 1,15. Für unsere Stelle ist wohl das prophetische Bild bei Joël 4,12f von unmittelbarem Einfluß gewesen. Vgl. auch Matth 3,12; 13,30.39; Mark 4,29!

Feierliche Eröffnung des Gerichtsvollzuges

15 1 Und ich sah ein anderes Zeichen am
Himmel, groß und wunderbar: sieben
Engel mit den sieben letzten Plagen; denn
mit diesen vollendet sich der Zorn Gottes. 2 Ich sah
etwas wie ein gläsernes Meer, gemischt mit Feuer,
und die Sieger im Kampfe gegen das Tier und sein
Bild und gegen die Zahl seines Namens standen auf
dem gläsernen Meer und trugen Harfen Gottes. 3 Sie
sangen das Lied des Moses, des Knechtes Gottes,
und das Lied des Lammes mit den Worten: »Groß
und wunderbar sind deine Werke, Herr, Gott, Allherrscher; gerecht und wahrhaft sind deine Wege,
König der Völker. 4 Wer sollte nicht Furcht haben, o
Herr, und deinen Namen nicht verherrlichen! Du
allein bist ja heilig. Alle Völker werden kommen
und anbeten vor dir; denn deine gerechten Taten
wurden offenbar.«
5 Und darauf sah ich, und es öffnete sich der Tempel des Offenbarungszeltes im Himmel, 6 und es
schritten aus dem Tempel die sieben Engel mit den
sieben Plagen hervor, angetan mit reinem, strahlendem Linnen und die Brust umgürtet mit goldenen
Gürteln. 7 Eines der vier Wesen reichte den sieben
Engeln sieben goldene Schalen, angefüllt mit dem
Zorn Gottes, der lebt in alle Ewigkeit. 8 Und der
Tempel wurde erfüllt vom Rauch der Herrlichkeit
Gottes und seiner Macht, und niemand konnte den
Tempel betreten, bis vollendet waren die sieben
Plagen der sieben Engel.

Die sieben letzten Plagen

16 1 Und ich vernahm eine laute Stimme aus
dem Tempel, die den sieben Engeln zurief: »Geht hin und gießt aus die sieben
Schalen des Zornes Gottes auf die Erde!« 2 Da ging
der erste und goß seine Schale auf das Land, und es
entstand ein böses und übles Geschwür an den
Menschen, die das Zeichen des Tieres trugen und
die sein Bild anbeteten. 3 Der zweite goß seine
Schale über das Meer, und es wurde wie das Blut
von einem Toten, und es starben alle Lebewesen im
Meere. 4 Der dritte goß seine Schale auf die Flüsse
und Wasserquellen, und es bildete sich Blut. 5 Und
ich hörte den Engel der Wasser sagen: »Gerecht bist
du, der du bist und warst, du Heiliger, daß du so gerichtet hast.
6 Denn Blut von Heiligen und Propheten haben sie
vergossen, und Blut gabst du ihnen zu trinken; sie
haben es verdient.« 7 Und ich hörte den Altar
sprechen: »Ja, Herr, Gott, Allherrscher – wahr und
gerecht sind deine Gerichte.« 8 Der vierte goß seine
Schale auf die Sonne, und es wurde ihr gegeben, auf
die Menschen zu brennen mit Feuersglut. 9 Da erlitten die Menschen brennende Hitze, und sie
lästerten den Namen Gottes, der Macht hat über
diese Plagen; doch sie bekehrten sich nicht, ihm die
Ehre zu geben.
10 Der fünfte goß seine Schale auf den Thron des
Tieres, und sein Reich wurde verfinstert, und vor
Schmerz zerbissen sie sich ihre Zungen 11 und
lästerten den Gott des Himmels wegen ihrer
Schmerzen und ihrer Geschwüre; doch sie bekehrten sich nicht von ihren Werken. 12 Der sechste
goß seine Schale auf den großen Euphratstrom;
da vertrocknete sein Wasser, auf daß bereitet
werde der Weg für die Könige vom Aufgang der
Sonne.
13 Und ich sah aus dem Maul des Drachen und aus
dem Maul des Tieres und aus dem Maul des
falschen Propheten drei unreine Geister herauskommen gleich Fröschen. 14 Es sind dies dämonische Geister, die Zeichen vollbringen; sie ziehen
aus zu den Königen des ganzen Erdkreises, um sie
zu sammeln für den Kampf am großen Tag Gottes,
des Allherrschers.
15 Siehe, ich komme wie ein Dieb. Selig, der wachsam ist und achtet auf seine Kleider, damit er nicht
nackt umhergeht und man seine Blöße sieht. –
16 Und sie versammelten sie an dem Ort, der auf
hebräisch »Harmagedon« heißt.
17 Der siebente goß seine Schale in die Luft; da
kam eine laute Stimme aus dem Tempel vom
Throne her und rief: »Es ist geschehen!« 18 Und
es folgten Blitze, dröhnende Donner und ein
großes Beben, wie ein solches noch nie war, seit
Menschen die Erde betraten. So gewaltig, so erschreckend groß war das Beben. 19 Da zerfiel die
große Stadt in drei Teile, die Städte der Heiden
stürzten zusammen, und Babylon, der großen
Stadt, wurde gedacht vor Gott, um ihr den Becher
mit dem Glutwein seines Zornes zu reichen.
20 Auch alle Inseln verschwanden, und von den
Bergen wurde nichts mehr gefunden. 21 Ein gewaltiger Hagel, zentnerschwer, geht nieder vom
Himmel auf die Menschen, und die Menschen

lästerten Gott wegen der Plage des Hagels; denn
gewaltig groß ist seine Plage.

16,1–21: Mit der Ausgießung der sieben Schalen wird der Endkampf gegen die antichristlichen Mächte eingeleitet. Die Stimme aus dem Tempel deutet an, daß Gott selbst den Auftrag dazu gibt. In Vers 15 unterbricht der Seher seine Schilderung mit einer Mahnung an die Leser zu steter Bereitschaft. »Harmagedon« heißt soviel wie »Berg von Megiddo« und erinnert an die Vernichtung der Feinde Israels, vgl. Richt 4–5; 2 Kön 9,27; 23,29.

Babylon vor seinem Fall

17 1 Und es kam einer von den sieben Engeln
mit den sieben Schalen und sprach zu
mir: »Komm, ich will dir das Gericht über
die große Buhlerin zeigen, die an vielen Wassern
sitzt! 2 Mit ihr buhlten die Könige der Erde, und
vom Wein ihrer Buhlerei wurden trunken die Be-
wohner der Erde.«
3 Und er entrückte mich im Geist in eine Wüste; da
sah ich ein Weib, das saß auf einem scharlachroten
Tier voll Lästernamen, mit sieben Köpfen und zehn
Hörnern. 4 Das Weib war in Purpur und Scharlach
gekleidet und geschmückt mit Gold, Edelgestein
und Perlen. Es hielt einen goldenen Becher in seiner
Hand, voll vom Greuel und Unrat seiner Buhlerei.
5 Auf seiner Stirne stand als Geheimnis ein Name
geschrieben: »Babylon, die Große, die Mutter der
Buhlerinnen und der Greuel der Erde«. 6 Ich sah das
Weib trunken vom Blut der Heiligen und vom Blut
der Zeugen Jesu. Großes Staunen und Wundern
überkam mich, als ich es sah.
7 Da sprach der Engel zu mir: »Warum wunderst du
dich? Ich will dir das Geheimnis des Weibes sagen,
und auch des Tieres, das es trägt, das sieben Köpfe
hat und zehn Hörner: 8 Das Tier, das du sahst, es
war und ist nicht. Es wird heraufsteigen aus dem
Abgrund und ins Verderben fahren. Staunen wer-
den die Bewohner der Erde, deren Namen nicht ein-
geschrieben sind im Buch des Lebens seit Grundle-
gung der Welt, wenn sie nach dem Tiere blicken,
das war und nicht ist und wieder dasein wird. 9 Hier
zeigt sich der Verstand, der Einsicht besitzt: die sie-
ben Köpfe sind sieben Berge, auf denen das Weib
sitzt; auch sind es sieben Könige. 10 Fünf sind ge-
fallen, einer ist da, und der andere ist noch nicht ge-
kommen. Und wenn er kommt, soll er nur kurze
Zeit bleiben. 11 Das Tier, das war und nicht ist, ist
selber der achte; er kommt aus den sieben und geht
ins Verderben. 12 Die zehn Hörner, die du sahst:
zehn Könige sind es, die noch nicht zur Herrschaft
gelangten, doch empfangen sie Macht wie Könige
für eine einzige Stunde zusammen mit dem Tiere.
13 Sie sind gleichen Sinnes und geben dem Tier ihre
Macht und Gewalt. 14 Sie werden Krieg führen
gegen das Lamm, doch das Lamm wird sie besie-
gen; denn ›Herr der Herren‹ ist es, ›König der
Könige‹, und sein Gefolge sind Gerufene, Auser-
wählte und Getreue.«
15 Und er sagte zu mir: »Die Wasser, die du sahst, an
denen die Buhlerin sitzt, sind Leute und Menschen-
scharen, Nationen und Sprachen. 16 Und die zehn
Hörner, die du sahst, und das Tier, sie werden die
Buhlerin hassen, sie einsam und nackt werden
lassen und ihr Fleisch fressen und sie im Feuer ver-
brennen. 17 Denn Gott gab es ihnen ins Herz, nach
seinem Plan zu handeln und in Ausführung dieses
einen Planes ihre Herrschaft dem Tier zu geben, bis
Gottes Worte ihre Erfüllung finden. 18 Das Weib,
das du sahst, ist die große Stadt, die Herrschaft hat
über die Könige der Erde.«

17,1–18: Unter Babylon ist zunächst in einem auch sonst bezeugten Decknamen auf die Stadt Rom hingewiesen, aber nur, um damit überhaupt die gottwidrige Macht zu kennzeichnen. Der Ausdruck »Buhlerei« dient zur Charakterisierung des gottlosen Lebens und Treibens der antichristlichen Welt, wobei vor allem auch der Götzendienst gemeint ist.

Ankündigung des Falls von Babylon

18 1 Darauf sah ich einen anderen Engel
vom Himmel herniedersteigen, der besaß
große Gewalt, und die Erde wurde hell
vom Leuchten seines Glanzes. 2 Er rief mit mächti-
ger Stimme: »Sie ist gefallen, sie ist gefallen, Baby-
lon, die Große; sie wurde zur Behausung für Dä-
monen, zum Schlupfwinkel für jeglichen unreinen
Geist und zum Schlupfwinkel für alles unreine und
abscheuliche Gefieder. 3 Denn vom Glutwein ihrer
Buhlerei tranken alle Völker, die Könige der Erde
buhlten mit ihr, und die Kaufleute der Erde sind
reich geworden an ihrer maßlosen Üppigkeit.«
4 Und ich hörte eine andere Stimme vom Himmel
her, die sprach: »Zieht fort von ihr, mein Volk, da-
mit ihr euch nicht teilhaft macht an ihren Sünden
und nicht betroffen werdet von ihren Plagen.
5 Denn ihre Sünden reichten hinan bis zum Him-
mel, und Gott gedachte ihrer Freveltaten. 6 Vergeltet
ihr, wie auch sie vergalt, und zahlt ihr das Doppelte
heim entsprechend ihren Werken! In den Becher,
den sie mischte, schenkt ihr doppelt so viel ein! 7 In
dem Maße, in dem sie es herrlich sich machte und
in Lüsten schwelgte, gebt ihr Qual und Trübsal!
Denn sie spricht in ihrem Herzen: Als Königin sitze
ich auf dem Thron; ich bin nicht Witwe und werde
Trübsal nicht schauen. 8 Darum werden an einem
einzigen Tag ihre Plagen kommen: Tod und Trübsal
und Hunger, und im Feuer wird sie verbrannt

werden; denn stark ist Gott, der Herr, der sie gerichtet hat.«

Die Klage der Freunde Babylons

[9] Da werden sie weinen und klagen über sie, die Könige der Erde, die mit ihr gebuhlt und in Lüsten geschwelgt, wenn sie den Rauch ihres Brandes sehen. [10] Von ferne werden sie dastehen aus Furcht vor ihrer Qual und rufen: »Wehe, wehe, du große Stadt Babylon, du mächtige Stadt – in einer einzigen Stunde kam dein Gericht.« [11] Und die Kaufleute der Erde werden weinen und wehklagen über sie; denn ihre Ware kauft niemand mehr, [12] die Ware an Gold und Silber, Edelsteinen und Perlen, Byssus und Purpur, Seide und Scharlach, all das Thujaholz, all das Gerät aus Elfenbein, aus Erz und Eisen und Marmor [13] sowie Zimt und Balsam, Räucherwerk, Salböl und Weihrauch, Wein und Öl, Feinmehl und Weizen, Rinder und Schafe, Pferde und Wagen, Leibeigene und Menschenleben. [14] Auch die Früchte, nach denen dein Herz begehrte, sind dir entschwunden; und alles, was köstlich und leuchtend war, ging dir verloren, und nimmermehr wird man es finden. [15] Ja, die Kaufleute, die Handel trieben damit und an ihr sich bereicherten, werden von ferne dastehen aus Furcht vor ihrer Qual und werden weinen und wehklagen [16] und sprechen: »Wehe, wehe, du große Stadt, die sich in Byssus, Purpur und Scharlach kleidete und mit Gold und Edelgestein und Perlen sich schmückte – [17] in einer einzigen Stunde war der große Reichtum dahin.« Alle Steuermänner und Lotsen, alle Matrosen und alle, die tätig sind auf dem Meere, blieben fernab stehen [18] und riefen, als sie den Rauch von ihrem Brande sahen: »Wo ist eine Stadt, die gleichkäme dieser so großen Stadt?« [19] Und sie streuten Staub auf ihr Haupt und riefen weinend und klagend: »Wehe, wehe, du große Stadt, an deren Wohlstand alle, die Schiffe auf dem Meere haben, reich wurden – in einer einzigen Stunde ist sie öde geworden.«

[20] Frohlockt über sie o Himmel, ihr Heiligen, ihr Apostel und Propheten; denn vollzogen hat Gott euren Urteilsspruch an ihr.

Sinnbild der bevorstehenden Vernichtung

[21] Da hob ein mächtiger Engel einen Stein auf, so groß wie ein Mühlstein, warf ihn ins Meer und sprach: »Mit solcher Wucht wird Babylon, die große Stadt, gestürzt und nicht mehr gefunden werden. [22] Kein Klang von Harfenspielern und Sängern, Flötenspielern und Posaunenbläsern wird mehr in dir vernommen, kein Künstler irgendwelcher Art soll mehr in dir gefunden, kein Mühlengeräusch mehr in dir gehört werden. [23] Kein Licht der Lampe wird mehr in dir scheinen, kein Ruf von Bräutigam und Braut in dir mehr zu hören sein. Denn deine Kaufleute waren die Großen der Erde, und durch deinen Zaubertrank wurden betört alle Völker, [24] und in ihm befand sich das Blut von Propheten und Heiligen und von allen Erschlagenen auf Erden.«

18,1–24: In der erschütternden Klage über die Vernichtung Babylons kommt nochmals eindrucksvoll der dem irdischen Genuß und dem sinnlichen Wohlleben zugewandte Sinn der Anhänger und Diener Satans zur Darstellung. • 2: Weist zurück auf 14,8. Vgl. Is 13,21f; 34,14; Jer 9,10. • 4: Vgl. Jer 51,6.54. • 5: Vgl. Jer 51,9. • 6: Vgl. Jer 50,15; 16,18.

Himmlisches Danklied über den Sieg des Lammes

19 [1] Darauf hörte ich, wie ein machtvoller Chor einer großen Menge im Himmel rief: »Alleluja! Das Heil und die Herrlichkeit und die Macht ist unseres Gottes! [2] Denn wahrhaft und gerecht sind seine Gerichte. Er hielt Gericht über die große Buhlerin, die Verderben brachte über die Erde mit ihrer Unzucht, und er nahm Rache für das Blut seiner Knechte von ihrer Hand!« [3] Und abermals riefen sie: »Alleluja! Ihr Rauch steigt auf in alle Ewigkeit.« [4] Da fielen die vierundzwanzig Ältesten und die vier Wesen nieder und beteten Gott an, der auf dem Throne sitzt, und sprachen: »Amen! Alleluja!« [5] Eine Stimme kam vom Throne her und sprach: »Lobsingt unserem Gott, all seine Knechte, [und alle,] die ihn fürchten, die kleinen und die großen!« [6] Und ich hörte ein Rufen wie von einer großen Menge und ein Rufen wie von vielen Wassern und ein Rufen wie von gewaltigen Donnern: »Alleluja! Denn die Herrschaft ergriff der Herr, unser Gott, der Allherrscher. [7] Laßt uns freudig sein und frohlocken und ihm die Ehre geben; denn die Hochzeit des Lammes ist gekommen, und seine Braut hält sich bereit.« [8] Ihr wurde als Kleid ein strahlend reines Byssus-Linnen gegeben; denn der Byssus bedeutet die gerechten Werke der Heiligen. [9] Und er sagte zu mir: »Schreibe: Selig, die zum Hochzeitsmahl des Lammes gerufen sind!« Weiter sagte er zu mir: »Dies sind die wahrhaftigen Worte Gottes.« [10] Da fiel ich ihm zu Füßen, ihn anzubeten, er aber sprach zu mir: »Nicht doch! Ein Mitknecht bin ich von dir und deinen Brüdern, die das Zeugnis Jesu haben. Gott bete an! Denn das Zeugnis Jesu ist der Geist der Weissagung.«

Aufbruch des Christkönigs zum Endkampf

[11] Und ich sah den Himmel offenstehen, und siehe, ein weißes Pferd, und der auf ihm sitzt, heißt »Treu und Wahr«, und in Gerechtigkeit richtet und kämpft er. [12] Seine Augen sind wie eine Feuer-

flamme, und auf seinem Haupt sind viele Diademe.
Er trägt einen Namen geschrieben, den niemand
kennt als er selber. 13 Er ist umkleidet mit einem Ge-
wand, das mit Blut getränkt ist, und sein Name
heißt: »Der Logos – das Wort – Gottes.«
14 Die Heerscharen im Himmel zogen hinter ihm
her auf weißen Pferden, gekleidet in hell leuch-
tendes und reines Byssus-Linnen. 15 Aus seinem
Mund geht ein scharfes [zweischneidiges] Schwert,
um damit die Völker zu schlagen. Er wird sie leiten
mit eisernem Stab, und er tritt die Kelter des
glühenden Zornweins Gottes, des Allherrschers.
16 Auf seinem Gewand und an der Hüfte trägt er als
Namen geschrieben: »König der Könige und Herr
der Herren!«
17 Und ich sah einen Engel in der Sonne stehen, der
rief mit lauter Stimme allen Vögeln zu, die oben am
Himmel flogen: »Kommt und findet euch ein zum
großen Mahle Gottes! 18 Ihr sollt Fleisch verzehren
von Königen und Fleisch von Heerführern, Fleisch
von Mächtigen und Fleisch von Pferden und von
denen, die auf ihnen sitzen, Fleisch von allen, von
Freien und Sklaven, Kleinen und Großen!«

Der Sieg des Christkönigs

19 Und ich sah das Tier und die Könige der Erde und
ihre Heere versammelt, um Krieg zu führen gegen
den, der auf dem Pferde saß, und gegen sein Heer.
20 Da wurde das Tier ergriffen und mit ihm der
falsche Prophet, der die Zeichen tat vor ihm, mit
denen er jene verführte, die das Malzeichen des
Tieres nahmen und sein Bild anbeteten. Lebend
wurden sie beide in den Feuersee geworfen, der von
Schwefel brennt. 21 Die übrigen aber wurden ge-
tötet vom Schwert, das aus dem Munde dessen
kommt, der auf dem Pferde saß, und alle Vögel
fraßen sich satt an ihrem Fleische.

19,1–10: Die Vollendung des Gottesreiches wird mit einer Hochzeit verglichen, in der das Lamm, d. h. Christus, sich mit seiner Braut, der Gottesgemeinde, für immer vereinigt. • 11–21: Christus erscheint als Richter zu Pferd wie ein Sieger nach gewonnener Schlacht, an dessen Mantel noch das Blut des Kampfes zu sehen ist. Sein Name »Logos (Wort) Gottes« erinnert an den Logos im Prolog des Johannesevangeliums.

Das tausendjährige Reich

20 1 Und ich sah einen Engel niedersteigen
aus dem Himmel, der hatte den Schlüs-
sel zum Abgrund und eine große Kette
in seiner Hand. 2 Er ergriff den Drachen, die alte
Schlange, das ist der Teufel und Satan, und fesselte
ihn auf tausend Jahre. 3 Er warf ihn in den Abgrund,
schloß zu und brachte ein Siegel darüber an, damit
er nicht mehr die Völker verführe, bis vollendet sind
die tausend Jahre. Danach muß er losgelassen wer-
den auf eine kurze Zeit.
4 Und ich sah Throne, und sie setzten sich darauf,
und das Gericht wurde ihnen übergeben, und ich
sah die Seelen derer, die hingerichtet worden waren
wegen des Zeugnisses für Jesus und wegen des
Wortes Gottes, die weder das Tier und sein Bild an-
gebetet noch dessen Malzeichen auf ihre Stirn und
ihre Hand genommen hatten. Sie wurden lebendig
und traten die Herrschaft an mit Christus für
tausend Jahre. 5 Die übrigen Toten wurden nicht
lebendig bis zur Vollendung der tausend Jahre. Dies
ist die erste Auferstehung. 6 Selig und heilig, wer
teilhat an der ersten Auferstehung! Über sie hat der
zweite Tod keine Gewalt, sondern Priester Gottes
und Christi werden sie sein und mit ihm herrschen
tausend Jahre.

Letzter Verführungsversuch Satans

7 Wenn die tausend Jahre vollendet sind, wird der
Satan losgelassen werden aus seinem Kerker, 8 und
er wird ausziehen, um die Völker an den vier Enden
der Erde zu verführen, den Gog und den Magog, um
sie zusammenzuholen zum Kampf. Ihre Zahl ist
wie der Sand am Meere.

Gericht über Satan: Seine endgültige Verdammung

9 Und sie zogen herauf über die breite Fläche der
Erde und umzingelten das Lager der Heiligen und
die geliebte Stadt. Da fiel Feuer herab von Gott aus
dem Himmel und verzehrte sie. 10 Der Teufel aber,
der sie verführt hatte, wurde in den Feuer- und
Schwefelsee geworfen, in dem auch das Tier und
der falsche Prophet sich befinden, und sie werden
gepeinigt werden Tag und Nacht in alle Ewigkeit.

Das Endgericht

11 Und ich sah einen mächtigen, leuchtenden Thron
und den, der darauf sitzt. Vor seinem Angesicht floh
die Erde und der Himmel, und für sie fand sich kein
Platz mehr. 12 Ich sah die Toten, groß und klein, vor
dem Throne stehen, und Bücher wurden geöffnet.
Ein eigenes Buch wurde geöffnet, das ist das Buch
des Lebens, und die Toten wurden aus dem, was ge-
schrieben war in den Büchern, gerichtet nach ihren
Werken. 13 Das Meer gab die Toten heraus, die in
ihm waren, und der Tod und die Unterwelt gaben
die Toten, die in ihnen waren, zurück, und sie wur-
den gerichtet, ein jeder nach seinen Werken. 14 Der
Tod und die Unterwelt wurden in den Feuersee ge-
worfen; das ist der zweite Tod, der Feuersee. 15 Und
wenn sich einer nicht eingeschrieben fand im Buch
des Lebens, wurde er in den Feuersee geworfen.

20,1–10: Das »Tausendjährige Reich« ist wiederum symbolisch zu verstehen für eine der endgültigen Vernichtung Satans vorausgehende Herrschaft Christi mit seinen Auserwählten, über deren Dauer und Form wir schwer etwas Sicheres aussagen können. Die Zahl 1000 ist wie alle Zahlen in der Offenbarung nicht im mathematischen Sinn zu nehmen, sondern in ihrem, für uns allerdings geheimnisvollen Symbolwert. In der alten Kirche hat man die Weissagung vom »Tausendjährigen Reich« weithin wörtlich verstanden (Chiliasmus). »Gog und Magog«, vgl. Ez 38,2 ist wohl eine Zusammenfassung aller Gottesfeinde. • 11–15: Beim allgemeinen Gericht werden auch der »Tod« und die »Unterwelt« (»Hades«) gerichtet und verdammt.

Der neue Himmel und die neue Erde

21 1 Und ich sah einen neuen Himmel und
eine neue Erde; denn der erste Himmel
und die erste Erde sind vergangen, auch
das Meer ist nicht mehr. 2 Ich [, Johannes,] sah die
Heilige Stadt, das neue Jerusalem, herniedersteigen
aus dem Himmel von Gott her, gekleidet wie eine
Braut, die geschmückt ist für ihren Mann. 3 Und ich
hörte eine laute Stimme vom Throne her rufen:
»Seht, das Zelt Gottes unter den Menschen! Er wird
wohnen bei ihnen, und sie werden sein Volk sein,
und er selbst wird als Gott bei ihnen sein. 4 Er wird
jede Träne wegwischen von ihren Augen; der Tod
wird nicht mehr sein, und nicht Trauer und Klage
und Mühsal; denn das Frühere ist vergangen.«
5 Der auf dem Thron Sitzende sprach: »Siehe, alles
mache ich neu!« Und er sagte [zu mir]: »Schreibe!
Denn diese Worte sind zuverlässig und wahr!«
6 Und er sprach zu mir: »Es ist geschehen. Ich bin
das Alpha und das Omega, der Anfang und das
Ende. Umsonst werde ich dem Dürstenden geben
von der Quelle lebendigen Wassers. 7 Der Sieger
wird dies als Erbe erhalten, und ich werde ihm Gott
sein, und er wird mir Sohn sein. 8 Den Feiglingen
aber und den Treulosen, den Unheiligen und
Mördern, den Unzüchtigen und Zauberern, den
Götzendienern und allen Lügnern wird ihr Anteil
sein im See, der von Feuer und Schwefel brennt; das
ist der zweite Tod.«

Das neue Jerusalem

9 Und es kam einer der sieben Engel, die die sieben
Schalen trugen mit den letzten sieben Plagen, und
sprach zu mir: »Komm, ich will dir die Braut zeigen,
die Frau des Lammes!«
10 Und er entrückte mich im Geist auf einen großen
Berg und zeigte mir die Heilige Stadt Jerusalem, die
von Gott aus dem Himmel herniederstieg 11 in der
Herrlichkeit Gottes. Ihr Lichtglanz gleicht einem
kostbaren Stein, wie kristallheller Jaspis.
12 Sie hat eine mächtige, hohe Mauer mit zwölf
Toren, und auf den Toren zwölf Engel und Namen
daraufgeschrieben; dies sind die Namen der zwölf
Stämme der Söhne Israels. 13 Von Osten her sind es
drei Tore, von Norden drei Tore, von Süden drei
Tore und vom Westen drei Tore. 14 Die Mauer der
Stadt hat zwölf Grundsteine, und auf ihnen die
zwölf Namen der zwölf Apostel des Lammes.
15 Und der mit mir sprach, hatte einen goldenen
Meßstab, um die Stadt, ihre Tore und die Mauer zu
messen. 16 Die Stadt ist im Viereck gebaut, ihre
Länge so groß wie ihre Breite. Er maß bei der Stadt
mit dem Stab zwölftausend Stadien; ihre Länge,
Breite und Höhe sind gleich. 17 Und er maß ihre
Mauer mit einhundertvierundvierzig Ellen – eines
Menschen, das heißt eines Engels Maß.
18 Der Bau ihrer Mauer war aus Jaspis, und die Stadt
war lauteres Gold, rein wie Kristall. 19 Die Grund-
steine der Mauer der Stadt sind geschmückt mit
aller Art Edelgestein: der erste Grundstein ein
Jaspis, der zweite ein Saphir, der dritte ein Chalze-
don, der vierte ein Smaragd, 20 der fünfte ein Sar-
donyx, der sechste ein Sardion, der siebente ein
Chrysolith, der achte ein Beryll, der neunte ein
Topas, der zehnte ein Chrysopras, der elfte ein
Hyazinth, der zwölfte ein Amethyst. 21 Die zwölf
Tore sind zwölf Perlen, jedes einzelne Tor aus einer
einzigen Perle. Der Platz der Stadt ist lauteres Gold,
klar und hell wie Kristall.
22 Einen Tempel sah ich nicht in ihr; denn ihr Tem-
pel ist der Herr, Gott, der Allherrscher, und das
Lamm. 23 Die Stadt bedarf weder der Sonne noch
des Mondes, daß sie scheinen in ihr; denn die Herr-
lichkeit Gottes erleuchtete sie, und ihre Leuchte ist
das Lamm. 24 Die Völker werden in ihrem Lichte
einhergehen, und die Könige der Erde werden ihre
Herrlichkeit [und ihre Kostbarkeit] zu ihr bringen.
25 Ihre Tore werden nicht geschlossen werden bei
Tag; Nacht wird ja dort nicht mehr sein. 26 Man
wird die Herrlichkeit und Kostbarkeit der Völker zu
ihr bringen. 27 Nichts Gemeines wird eingehen in
sie und niemand, der Greuel begeht und Lüge, son-
dern nur jene, die eingeschrieben sind im Lebens-
buch des Lammes.

21,1–8: Das Weltende bedeutet keine totale Vernichtung der Schöpfung, sondern eine Verwandlung und Verklärung zu einer vollkommeneren Welt. • 9–27: Das Glück und die Seligkeit des neuen Lebens werden mit der Beschreibung der aus kostbarem Stoff und in vollkommenen Maßverhältnissen erbauten himmlischen Stadt sinnbildlich dargestellt. Die Schilderung des neuen Jerusalem – als Gegenbild zu Babylon (17,1ff) – hat ihre Vorlage im Gesicht des Propheten Ezechiel vom kommenden Gottesreich (Ez 40–48).

22 1 Und er zeigte mir einen Strom mit dem
Wasser des Lebens, schimmernd wie
Kristall, der vom Throne Gottes und des
Lammes hervorkam. 2 In der Mitte ihres Platzes und

des Stromes zu seinen beiden Seiten steht ein Baum
des Lebens, der zwölfmal Früchte trägt, jeden
Monat gibt er seine Frucht, die Blätter des Baumes
aber dienen zur Heilung der Völker.
3 Nichts Fluchbeladenes wird es mehr geben. Der
Thron Gottes und des Lammes wird in ihr sein, und
seine Knechte werden ihm dienen. 4 Sie werden
sein Angesicht schauen, und sein Name ist auf ihren
Stirnen. 5 Nacht wird nicht mehr sein, und man
braucht nicht das Licht einer Lampe oder das Licht
der Sonne; denn Gott, der Herr, wird leuchten über
ihnen, und sie werden herrschen in alle Ewigkeit.

SCHLUSSWORT

Verlässigkeit der Offenbarung: Gott selbst enthüllt, was sein wird

6 Und er sprach zu mir: »Diese Worte sind verlässig
und wahr. Der Herr, der Gott der prophetischen
Geister, entsandte seinen Engel, um seinen Knech-
ten anzuzeigen, was bald geschehen soll. 7 Siehe,
ich komme bald. Selig, wer die prophetischen
Worte dieses Buches bewahrt!« 8 Ich, Johannes, bin
es, der dies hörte und schaute. Als ich es gehört und
geschaut hatte, fiel ich zu Füßen des Engels, der mir
dies zeigte, nieder, um ihn anzubeten. 9 Er aber
sprach zu mir: »Nicht doch! Ein Mitknecht bin ich
von dir und deinen Brüdern, den Propheten, und
von denen, die festhalten an den Worten dieses
Buches. Gott bete an!«

Nähe der Ankunft Christi

10 Und er sagte zu mir: »Versiegle nicht die prophe-
tischen Worte dieses Buches! Denn die Zeit ist
nahe. 11 Der Frevler frevle weiterhin; der Unreine
sei weiterhin unrein; der Gerechte übe weiterhin
Gerechtigkeit, der Heilige heilige sich weiterhin.
12 Siehe, ich komme bald, und mit mir mein Lohn,
um einem jeden zu vergelten nach seinem Werke.
13 Ich bin das Alpha und das Omega, der Erste und
der Letzte, der Anfang und das Ende.
14 Selig, die ihre Kleider [im Blut des Lammes]
waschen! Sie sollen Anrecht erhalten auf den Baum
des Lebens und durch die Tore eingehen in die
Stadt. 15 Draußen aber sind die Hunde und die
Zauberer, die Unzüchtigen und die Mörder, die
Götzendiener und ein jeder, der die Lüge liebt und
sie begeht. 16 Ich, Jesus, sandte meinen Engel, um
euch dies vor den Gemeinden zu bezeugen. Ich bin
der Wurzelsproß und der Stamm Davids, der hell-
strahlende Morgenstern. 17 Der Geist und die Braut
sprechen: Komm! Wer es hört, der spreche:
Komm!, und wen dürstet, der komme, und wer
will, der empfange umsonst Wasser des Lebens!«

Sicherung des Inhalts des Buches

18 Ich bezeuge jedem, der die prophetischen Worte
dieses Buches hört: Wenn einer ihnen etwas hin-
zufügt, über den wird Gott all die Plagen bringen,
von denen geschrieben ist in diesem Buche. 19 Und
wenn einer etwas wegnimmt von den Worten
dieses prophetischen Buches, dem wird Gott
seinen Anteil wegnehmen am Baum des Lebens
und an der Heiligen Stadt, wovon geschrieben ist
in diesem Buche. 20 Der dies bezeugt, spricht: Ja,
ich komme bald! Amen! Komm, Herr Jesus! 21 Die
Gnade des Herrn Jesus Christus sei mit allen Hei-
ligen! Amen!

22,1–5: Vgl. 2,7. Es ist nicht klar zu ersehen, ob der »Baum des Lebens« (wörtlich: »Holz des Lebens«) in der Einzahl, im Sinne von 1 Mos 2,9; 3,22 gemeint ist. Ebenso ist die Angabe des Standortes nicht sicher zu erkennen. Doch ist das Bild wohl so gedacht, daß auf dem großen Platz (nicht »Straße«, wie gewöhnlich übersetzt wird) der »Lebensbaum« (oder auch: der »lebendige Baum«) steht, während der »Strom mit dem Wasser des Lebens« den Platz auf zwei Seiten umfließt.

ANHANG

ALTTESTAMENTLICHES REGISTER

NEUTESTAMENTLICHES PERSONENREGISTER

NEUTESTAMENTLICHES ORTSREGISTER

NEUTESTAMENTLICHES SACHREGISTER

ALTTESTAMENTLICHE ZEITTAFEL

ca. 1900–1700	Abrahams Auswanderung (Zeit strittig)
ca. 1450–1250	Auszug aus Ägypten und Landnahme (Zeit strittig)
ca. 1000	Israelstämme werden monarchisch regiertes Staatswesen (Saul, David, Salomo)
932	Teilung der Reiche Israel und Juda
932–917	Rehabeam von Juda (Roboam)
932–911	Jerobeam von Israel
916–914	Abia von Juda; 914–874 Asa von Juda
911–910	Nadab von Israel; 910–887 Bascha von Israel (Baasa)
887–886	Ela von Israel; 886 Simri von Israel (Zambri); 886–875 Omri von Israel
887–849	Josaphat von Juda
875–854	Achab von Juda; 854–853 Achasja von Israel (Ochozias)
854	Salmanassar III. von Assur siegt bei Karkar über Damaskus und Israel
849–842	Joram von Juda; 842 Achasja von Juda (Ochozias)
853–842	Joram von Israel; 842–815 Jehu von Israel
842–836	Atalja von Juda
836–797	Joas von Juda
815–799	Joachas von Israel
797–779	Amazja von Juda (Amasias)
799–784	Joas von Israel
779–738	Asarja (Ussia) von Juda (Azarias, Ozias), in seinem Todesjahr Berufung des Isaias
784–744	Jerobeam II. von Israel, zu seiner Zeit Amos und Hosea (Osee); 743 Sacharja und Sallum von Israel
738–736	Jotam von Juda
743–738	Menachem von Israel; 737–736 Pekachja von Israel (Phakeja; 736–733 Pekach von Israel (Phakee)
735–734	Syrisch-ephraimitischer Krieg
736–721	Achas von Juda, zu seiner Zeit Wirksamkeit der Propheten Isaias und Micha (Michäas)
733–725/22	Hosea von Israel (Osee)
745–727	Tiglatpilesar (Pul) III. (Theglathphalasar, Phul) von Assur
738	Tribut von Israel und Damaskus
727–722	Salmanassar V. von Assur
722–705	Sargon von Assur
722	Ende des Reiches Israel. Assyrische Gefangenschaft
721–693	Hiskia von Juda (Ezechias)
721	Merodach Baladan, der Widersacher Assurs, bemächtigt sich Babels
711	Eroberung von Asdod, um jene Zeit in Ägypten äthiopische Dynastie
705–681	Sanherib von Assur (Sennacherib)
701	Sanheribs Jerusalemzug
693–639	Manasse von Juda
639–638	Amon von Juda
639–609	Josia, zu seiner Zeit Jeremias, Zephanja (Sophonias) und Habakuk
681–669	Asarhaddon von Assur, der Aegypten unterwirft
669–626	Assurbanipal von Assur, Niedergang Assurs
625–604	Nabopolassar von Babel macht zusammen mit den Medern Assur ein Ende, dessen Hauptstadt Ninive 612 zerstört wird
622	Gottesdienstliche Reform des Josia
609	Zusammenstoß zwischen Pharao Necho (610–594) und Josia bei Megiddo (Mageddo)
608	Joachas, durch Necho nach Aegypten geführt
608–597	Jojakim, der von Necho eingesetzt wurde und dann abfiel
605	Sieg des Nebukadnezar (Nabuchodonosor) (605–561) über Necho bei Karkemisch

597	Jojachin. Fortführung nach Babel, wo Jojachin 561 begnadigt wurde
597–586	Zidkia von Juda (Sedecias)
587/86	Belagerung und Zerstörung Jerusalems. Babylonisches Exil
593–571	Wirksamkeit des Ezechiel
561–560	Evilmerodach von Babel
555–539	Nabonid, letzter König von Babel
539	Eroberung Babels durch den Perserkönig Cyrus (558–529), dessen Nachfolger Darius (521–486); Xerxes (Achaschwerosch) (485–465); Artaxerxes I. (Artachschasta) (464–424)
538	Cyrus gestattet die Heimkehr nach der Eroberung Babels
520–516	Neubau des Tempels unter Serubbabel (Zorobabel) und Josua (Josue). Wirksamkeit der Propheten Haggaj (Aggäus) und Sacharja (Zacharias)
458	Auftreten Esras, zu dieser Zeit Maleachi (Malachias)
445	Nehemia als Statthalter in Juda. Mauerbau in Jerusalem
444	Verpflichtung des Volkes auf das Gesetz durch Esra (Esdras)
334/31	Ende des Perserreiches
332	Alexander der Große (336–323) in Jerusalem
323–301	Kämpfe der Diadochen um Palästina
301–198	Palästina unter den ägyptischen Ptolemäern, Übersetzung der hl. Bücher ins Griechische. Ausbreitung des Judentums in der damaligen Welt
180–170	Jesus Sirach
312 - 64	Herrschergeschlecht der Seleuziden in Syrien
198 - 63	Palästina unter syrischer Oberherrschaft
175–164	Antiochus IV. der Erlauchte von Syrien (Makk, Dan)
168	Verbot der jüdischen Religionsausübung
167	Beginn der makkabäischen Aufstände unter Judas (165–161); Jonatan (161–142) wird 153 Hoherpriester, 150 militärischer und ziviler Befehlshaber von Juda
142–135	Simon, Hoherpriester und Begründer der makkabäischen oder hasmonäischen Dynastie. Von 142 an Beginn der nach ihm benannten Ära
135–104	Johannes I. Hyrkan (1 Makk 16,19–24) judaisiert Idumäa und unterwirft die Samariter. Anhänger der Adelspartei der Sadduzäer
104–103	Aristobul I. Als Hoherpriester und König unterwirft er die Ituräer und zwingt sie zum Judentum.
103–76	Alexander Jannaios. Nach kriegerischen Erfolgen umfaßt sein Herrschaftsgebiet die alten Staaten Juda und Israel, das Philisterland und die Küstenstraße nach Ägypten. Völlige Entartung des Königtums, das von den Pharisäern gehaßt wird
76 - 67	Salome Alexandra, seine Witwe, wird Königin, ihr ältester Sohn Hyrkan II. Hoherpriester. Einfluß der pharisäischen Kreise, Unzufriedenheit bei der sadduzäischen Priesterschaft
67 - 63	Thronstreitigkeiten zwischen Hyrkan II. und seinem Bruder Aristobul II., der sich nach dem Tod seiner Mutter zum Hohenpriester und König macht
63	Ende des makkabäischen Königtums, Eroberung Jerusalems, Aristobul als Gefangener des Pompejus nach Rom, Hyrkan Hoherpriester in Jerusalem von der Römer Gnaden
40	Herodes, der Sohn des Antipater aus Idumäa, zum König ernannt
37– 4	Herrschaft Herodes des Großen. Ausrottung des Herrschergeschlechtes der Hasmonäer und glanzvolle Bautätigkeit

NEUTESTAMENTLICHE ZEITTAFEL

Um 7/6 v. Chr.	Geburt Jesu Christi. Unsere Zeitrechnung geht von der Annahme aus, daß Jesus im Jahre 754 nach Gründung Roms geboren sei. Da er aber nach Matth 2 noch unter Herodes d. Gr. († 750 n. Gründung Roms = 4 vor unserer Zeitrechnung) geboren ist, muß das Geburtsjahr 6–7 Jahre vor unserer christlichen Aera liegen
4 v. Chr. bis 6 n. Chr.	Archelaus, Sohn des Herodes d. Gr., regiert über Judäa
4 v. Chr. bis 39 n. Chr.	Herodes Antipas, Sohn des Herodes d. Gr., regiert über Galiläa und Peräa 6 n. Chr. Judäa von römischen Prokuratoren übernommen
6 –15	Annas Hoherpriester (auch nach seiner Absetzung noch von großem Einfluß)
14– 37	Kaiser Tiberius, Nachfolger des Augustus (schon vom Jahre 12 an Mitregent des Augustus)
18 – 36	Kaiphas, Schwiegersohn des Annas, Hoherpriester
26 – 36	Pontius Pilatus Prokurator von Judäa
um 26/28	Auftreten des Johannes des Täufers (Luk 3,1 f). Beginn des öffentlichen, sehr wahrscheinlich über zwei Jahre dauernden Wirkens Jesu
30	Todesjahr Jesu. Wenn der Freitag, an dem Jesus starb, der 14. Nisan (Rüsttag für Ostern) war, läßt sich der 7. April 30 mit ziemlicher Wahrscheinlichkeit errechnen. Doch kommen auch die Jahre 29, 31, 33, 34 in Frage
32/33 oder 35/36	Saulus-Paulus zum Apostel berufen (die Errechnung richtet sich nach Gal 2,1 und 1,18)
3 Jahre später	Paulus besucht Petrus in Jerusalem; anschließend längerer Aufenthalt im Gebiet von Tarsus
37 – 44	Herodes Agrippa I., Enkel des Herodes d. Gr.; er regierte zuletzt von 41 – 44 als König über ganz Palästina; im Jahre 42 Hinrichtung des Jakobus des Älteren, Befreiung Petri aus dem Kerker
41 – 54	Kaiser Klaudius; Judenedikt (Apg 18,2)
um 44	Paulus mit Barnabas in Antiochien; erste heidenchristliche Gemeinde
zwischen 45 – 49	Erste Missionsreise: Cypern – Kleinasien
um 49	Apostelkonzil in Jerusalem
zwischen 50 – 53/54	Zweite Missionsreise: Kleinasien – Griechenland
zwischen 54 – 58	Dritte Missionsreise: Kleinasien (Ephesus) – Griechenland
54 – 68	Kaiser Nero
58 – 63	Paulus in Haft: zwei Jahre in Cäsarea, Überbringung nach Rom, zwei Jahre in Rom
59/60	König Agrippa II., Sohn von Agrippa I. (reg. 48 bis 93), als Gutachter in der Untersuchung gegen Paulus
zwischen 63–66	Paulus sehr wahrscheinlich in Spanien und nochmals im Orient tätig
67	Das vermutliche Todesjahr der Apostel Petrus und Paulus in der Verfolgung unter Nero (nach anderen schon das Jahr 64)
70	Zerstörung Jerusalems unter Titus
zwischen 90 – 100	Tod des Apostels Johannes

MASSE, GEWICHTE, MÜNZEN

Vorbemerkung: Die in der Bibel angeführten Bezeichnungen für Maße, Gewichte und Münzen lassen sich wegen der nicht durchwegs einheitlich genommenen Bezeichnungen und wegen der nach Land und Zeit schwankenden Berechnungen nur annähernd in unser heutiges wirtschaftliches System umrechnen.

Maße

1. Längenmaße. Elle = Vorderarm vom Ellbogen bis zur äußersten Spitze des Mittelfingers eines Erwachsenen. Nach dem ägyptischen System betrug die große oder »königliche« Elle 52,5 cm, die kleine 45,8 cm, nach dem babylonischen System 51,8 cm bzw. 49,5 cm. Elle = 2 Spannen, Spanne = 3 Handbreiten, Handbreite = 4 Fingerbreiten.

Folgender Überblick zeigt das durchschnittliche Verhältnis der biblischen Maße zueinander, wobei auch hier mit einer großen Elle und einer gewöhnlichen zu rechnen ist:

Elle	1				=	52,5 bzw. 45,8 cm
Spanne	2	1			=	26,9 bzw. 22,9 cm
Handbreite	6	3	1		=	8,7 bzw. 7,6 cm
Fingerbreite	24	12	4	1	=	2,2 bzw. 1,9 cm

Eine Rute beträgt 6 große Ellen = ca. 3,15 m.

2. Wegemaße. Im Volksbrauch rechnete man, wie z. T. noch bei uns, mit »Tagereisen«, »Gehstunden«, »Bogenschuß«, »Steinwurf« (Luk 22,41). Das von den Griechen übernommene Maß des »Stadion« betrug 185 m und darüber. Die römische Meile wurde in der Regel mit 8 Stadien gerechnet, etwa 1,48 km. Der bei den Juden übliche, nicht überall einheitlich verwendete »Sabbatweg« (etwa 1,5 km) umfaßt den Weg, den ein Jude von seinem Wohnort weggehen durfte, ohne die Sabbatruhe zu verletzen.

3. Flächenmaß. Joch = Ackerfläche, die ein Ochsengespann an einem Arbeitstag bewältigt = ca. 2700 qm. »Tagwerk« oder »Morgen« meint die Ackerfläche, die man an einem Tag bearbeiten kann. Zur Vermessung war die »Schnur« oder ein bis 6 Ellen langes Meßrohr in Verwendung.

4. Trockenmaße. 1 Chomer (Eselslast) = 2 Letech (halbes Maß) = 10 Epha = 30 Sea (im NT Maß, im AT oft auch so wiedergegeben) = 100 Gomer oder Issaron (Zehntel) = 180 Kab = ca. 394 l.

5. Flüssigkeitsmaße. 1 Kor (auch als Trockenmaß angewandt) = 10 Bat = 60 Hin = 720 Log = ca. 394 l
Folgender Überblick zeigt das Verhältnis dieser Maße untereinander:

Trockenmaße:		Flüssigkeitsmaße :	
Chomer	1	Kor	= ca. 393,8 l
Letech	2	–	= ca. 196,9 l
Epha	10	Bat	= ca. 39,3 l
Sea	30	–	= ca. 13,1 l
–	60	Hin	= ca. 6,5 l
Gomer	100	–	= ca. 3,9 l
Kab	180	–	= ca. 2,2 l
–	720	Log	= ca. 0,5 l

Im NT treffen wir bei Luk 13,21 »drei Sat« (= Sea, übersetzt mit »Maß«), bei Luk 16,6 »hundert Bat« Oel (übersetzt mit »Krüge«), bei Luk 16,7 »hundert Kor« Weizen (übersetzt mit »Malter«), bei Joh 2,6 »zwei bis drei Metreten« (entspricht 2–3 Bat, übersetzt mit »Maße). Bei Offb 6,6 ist »Maß« übersetzt für »Choinix« = Tageskost für einen Sklaven, etwa 1 l.

Gewichte

Talent (runde Gold- oder Silberscheibe) = 60 Minen = 3600 Sekel = 7200 Beka = 72 000 Gera = 58,944 kg. Dies ist das »gemeine« Gewicht der Babylonier. Daneben kennt das AT noch das »königliche« Gewicht der Babylonier, das »heilige« Gewicht Israels und ein System, bei dem das Talent die Hälfte, ca. 30 kg, beträgt. Für den alltäglichen palästinischen Gebrauch hatte ein Sekel wohl das Gewicht von 8 – 10 g.

Münzen

Die ältere Zeit kennt keine geprägten Münzen, man zahlte nach Gold- oder Silbergewicht. Im Hebräischen bedeutet das Wort »Silber« Geld schlechthin; man pflegte jeweils beim Abschließen eines Handels die Metallstücke abzuwiegen, die Gewichtssteine dazu trug man im Beutel, jedoch gab es sicher auch schon abgewogene Stücke, die gleich in Zahlung gegeben werden konnten. Sekel (Silberstück) war die gegebene Einheit, mit der man es im täglichen Leben zu tun hatte (1 Mos 23,16). Das Wertverhältnis zwischen Gold und Silber hat gewechselt, in der nachexilischen Zeit wird es mit 13½: 1 angegeben. Talent = 60 Minen = 3600 Sekel (auch 3000, wobei der Sekel als Münzeinheit sich von dem Sekel als Gewichtseinheit unterschied) = 49,11 kg. Nach der Babylonischen Gefangenschaft gab es auch geprägte Münzen. Zu ihnen gehörten die persische Golddareike und Golddrachme. Der Makkabäer Simon (1 Makk 13,1–16,24) erhielt sogar das Recht, Münzen aus Silber und Kupfer zu prägen. In der ntl. Zeit liefen im Lande griechische und römische Münzen um, z. B. die Drachme (etwa 0,80 Goldmark) Didrachme, Tetradrachme, Stater (der als Bezeichnung für ein Zweidrachmenstück wie auch für ein Vierdrachmenstück zu treffen ist). Der »Silberling« (argyrion, vgl. Matth 26,15) war wohl ein Vierdrachmenstück. Die kleinste griechische Kupfermünze hieß »Lepton« (vgl. Mark 12,42; 12,59; Luk 12,2 mit »Heller« übersetzt). Der attischen Drachme entspricht der römische Silberdenar. Römische Kupfermünzen sind »As«, »Quadrans« (Mark 12,42 mit »Pfennig« übersetzt).

ZEITRECHNUNG

Es war vor der Babylonischen Gefangenschaft Brauch, die Monate nur mit Zahlen zu kennzeichnen, vier Monatsnamen unbekannter Herkunft (kanaanäisch oder phönizisch) sind in der Bibel außerdem überliefert. Die späteren biblischen Monatsnamen sind assyrisch-babylonisch.

Alte Zählung	Unbekannter Herkunft	Babylonisch
1.	Abib (Ährenmonat)	Nisan
2.	Ziw (Blütenmonat)	Ijjar
3.	–	Siwan
4.	–	Tammus
5.	–	Ab
6.	–	Elul
7.	Ettanim (Dauerbäche?)	Tischri
8.	Bul (Früchte oder Herbstregen?)	Marcheschwan
9.	–	Kislew
10.	–	Tebet
11.	–	Schebat
12.	–	Adar

Der Nisan umfaßt die Zeit von etwa Mitte März bis Mitte April, die übrigen Monate folgen dementsprechend. Jeder Monat zählte 29 oder 30 Tage, wobei der Monatsbeginn durch Beobachtung und kultische Feier des eingetretenen Neumondes festgestellt wurde. Das Jahr war ein sogenanntes Mondjahr mit nur 354 Tagen. Der Ausgleich zum Sonnenjahr wurde erreicht durch Einfügung von Schaltmonaten alle 2–3 Jahre,

meist durch Anfügung eines nochmaligen Adar (Weadar). In der Gemeinde von Qumran und verwandten religiösen Gruppen wurde der Kalender nach dem in Ägypten nachweisbaren Sonnenjahr gerechnet mit 12 Monaten zu je 30 Tagen nebst 4 Schalttagen, wobei in jedem Jahr sich Kalendertag und Wochentag deckten, Pascha also stets auf den Tag von Dienstagabend bis Mittwochabend begangen wurde. Die sieben Wochentage zählte man mit Ziffern, wobei der siebente Tag den Namen »Sabbat« trug, der Tag vorher die Bezeichnung »Vorsabbat« (vgl. Mark 15,42).
Die Tage zählte man von einem Sonnenuntergang bis zum anderen und teilte die Zeit von Sonnenaufgang bis Sonnenuntergang in 12 Stunden, deren Länge nach der Jahreszeit schwankte, vgl. Joh 11,9. »Dritte Stunde« ist also der Vormittag, »sechste« der Mittag, »neunte« der Nachmittag (etwa um 15 Uhr). Die Nacht wurde in der atl. Zeit in drei, in der ntl. in vier Nachtwachen eingeteilt, vgl. Mark 13,35.

ABKÜRZUNGEN DER BIBLISCHEN BÜCHER

I. Altes Testament

AT = Altes Testament
atl. = alttestamentlich
1 Mos = 1 Moses
2 Mos = 2 Moses
3 Mos = 3 Moses
4 Mos = 4 Moses
5 Mos = 5 Moses
Jos = Josua
Richt = Richter
Rut = Rut
1 Sam = 1 Samuel
2 Sam = 2 Samuel
1 Kön = 1 Könige
2 Kön = 2 Könige
1 Chron = 1 Chronik
2 Chron = 2 Chronik
Esr = Esra
Neh = Nehemia
Tob = Tobit
Judit = Judit
Est = Ester
1 Makk = 1 Makkabäer
2 Makk = 2 Makkabäer
Ps = Psalm(en)
Job = Job
Spr = Sprüche
Pred = Prediger
Hohel = Hoheslied
Weish = Weisheit
Sir = Sirach
Is = Isaias
Jer = Jeremias
Klag = Klagelieder
Bar = Baruch
Ez = Ezechiel
Dan = Daniel
Os = Hosea
Joël = Joël
Amos = Amos
Abd = Obadja
Jon = Jonas
Mich = Micha
Nah = Nahum
Hab = Habakuk
Soph = Zephanja
Agg = Haggaj
Zach = Sacharja
Mal = Maleachi

II. Neues Testament

NT = Neues Testament
ntl. = neutestamentlich
Ev. = Evangelium
Matth = Matthäus
Mark = Markus
Luk = Lukas
Joh = Johannes
Kol = an die Kolosser
1 Thess = 1. Thessalonicherbrief
2 Thess = 2. Thessalonicherbrief
1 Tim = 1. Timotheusbrief
2 Tim = 2. Timotheusbrief
Tit = an Titus
Philem = an Philemon

Apg	=	Apostelgeschichte	Hebr	=	an die Hebräer
Röm	=	Brief des Apostels Paulus an die Römer	Jak	=	Jakobusbrief
			1 Petr	=	1. Petrusbrief
1 Kor	=	1. Korintherbrief	2 Petr	=	2. Petrusbrief
2 Kor	=	2. Korintherbrief	1 (2, 3) Joh	=	1. (2., 3.) Johannesbrief
Gal	=	an die Galater	Jud	=	Judasbrief
Eph	=	an die Epheser	Offb	=	Offenbarung des Apostels Johannes (Apokalypse)
Phil	=	an die Philipper			

Vulg. = Vulgata (= allgemein verbreiteter), offizieller lat. Bibeltext der kath. Kirche nach Hieronymus. Die in Klammern [ ] stehenden Texte sind unsicher überliefert, meist in der Vulgata sich findend.

* Die Psalmen werden in dieser Ausgabe gezählt nach dem Vorgehen des hebräischen Grundtextes. Gegenüber der Vulgata und der Septuaginta (der griechischen Übersetzung des AT = Gr.) ergibt sich zufolge von Zusammenlegung bzw. Trennung einzelner Psalmen folgendes Verhältnis:

Ps 1 – 9 gleiche Zählung
Ps 1 – 113 hebr. Zählung gegenüber Vulgata um 1 voraus
Ps 114 – 115 hebr. Zählung gleich Ps 113 der Vulgata
Ps 116 hebr. Zählung gleich Ps 114 und 115 der Vulgata
Ps 117 – 146 hebr. Zählung gegenüber Vulgata um 1 voraus
Ps 147 hebr. Zählung gleich Ps 146 und 147 der Vulgata
Ps 148 – 150 gleiche Zählung.

KARTENTEIL

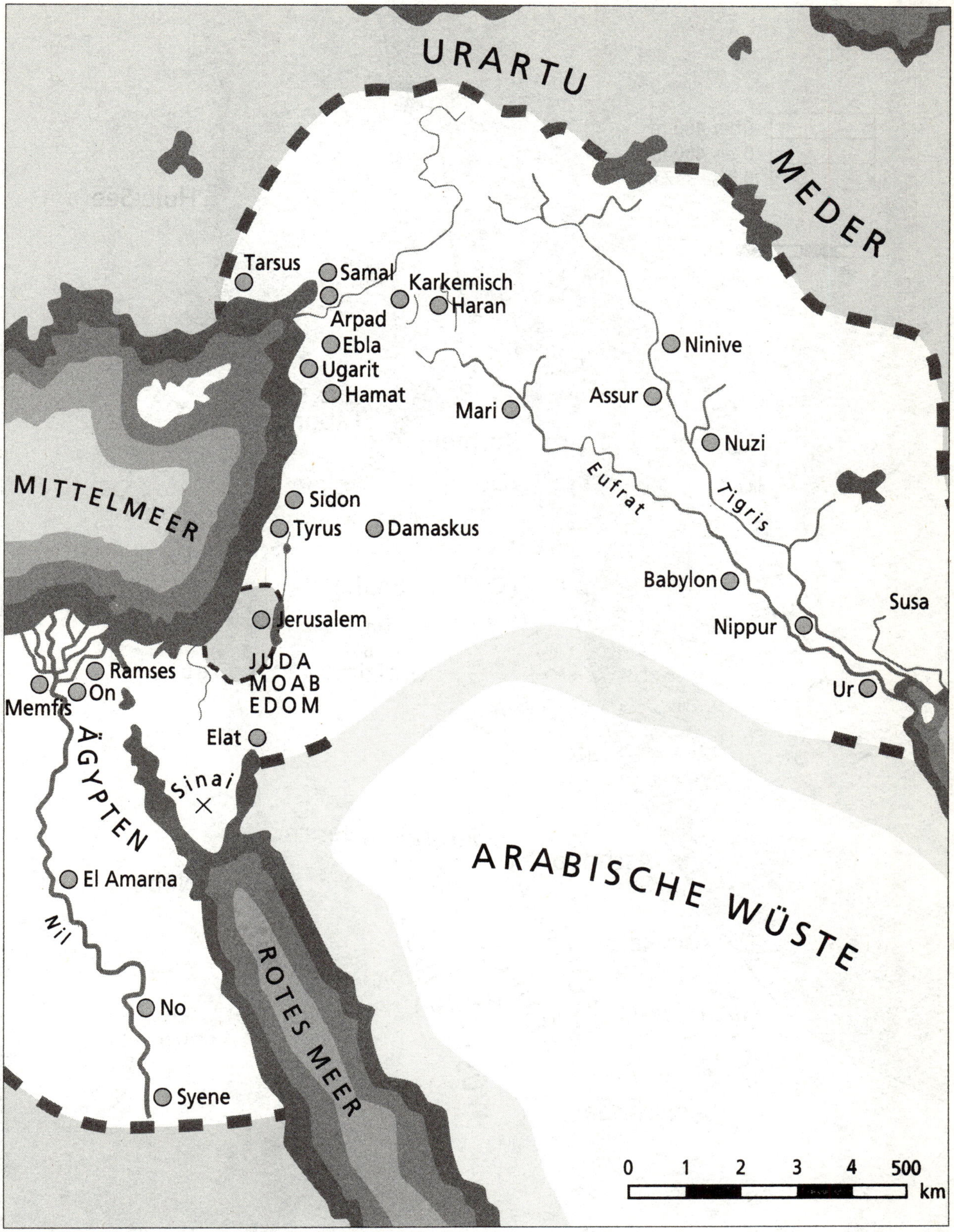

Karte 1: Der Nahe Osten

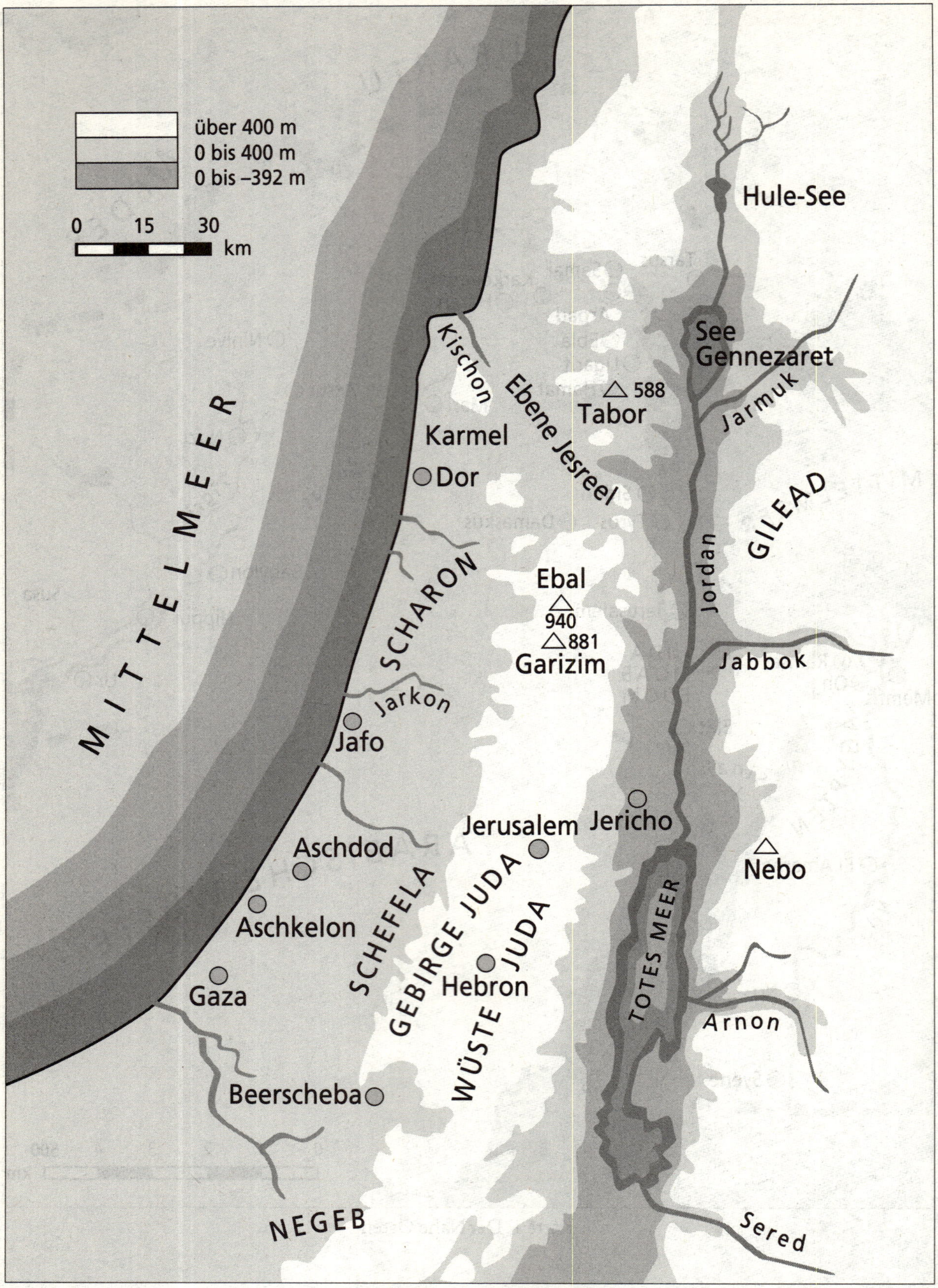

Karte 2: Physikalische Karte Palästinas

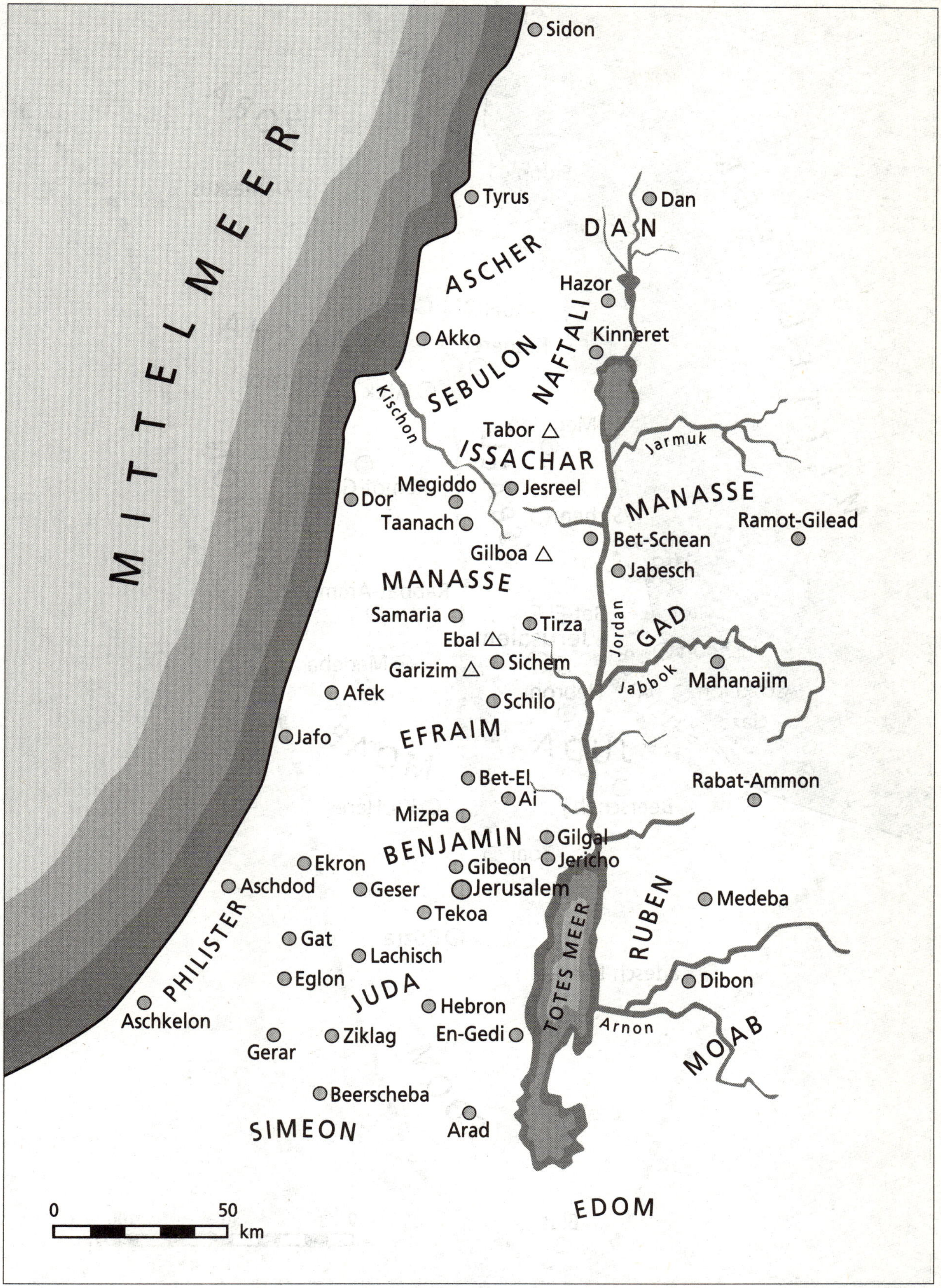

Karte 3: Siedlungsgebiete der israelitischen Stämme

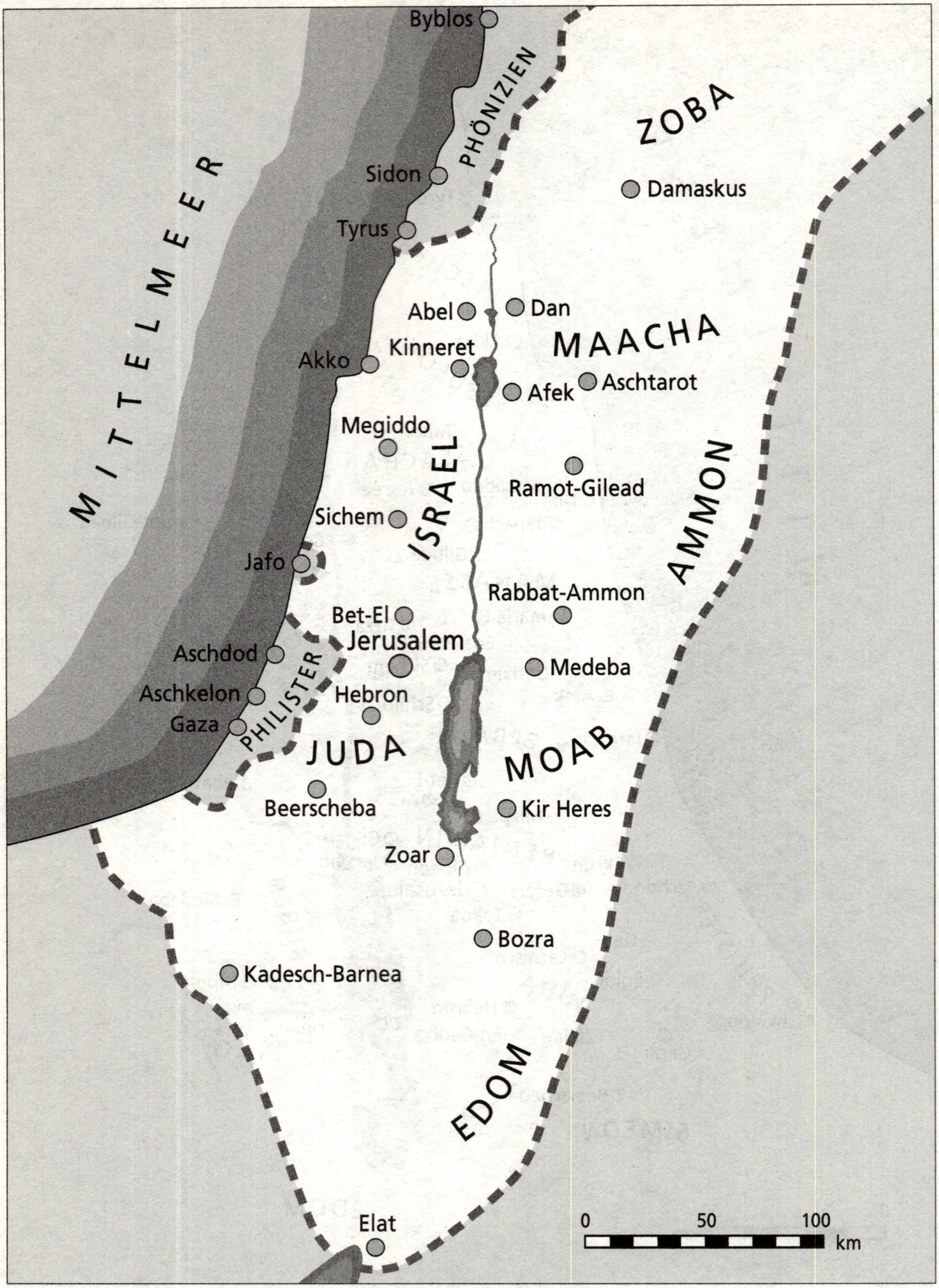

Karte 4: Das Reich Davids

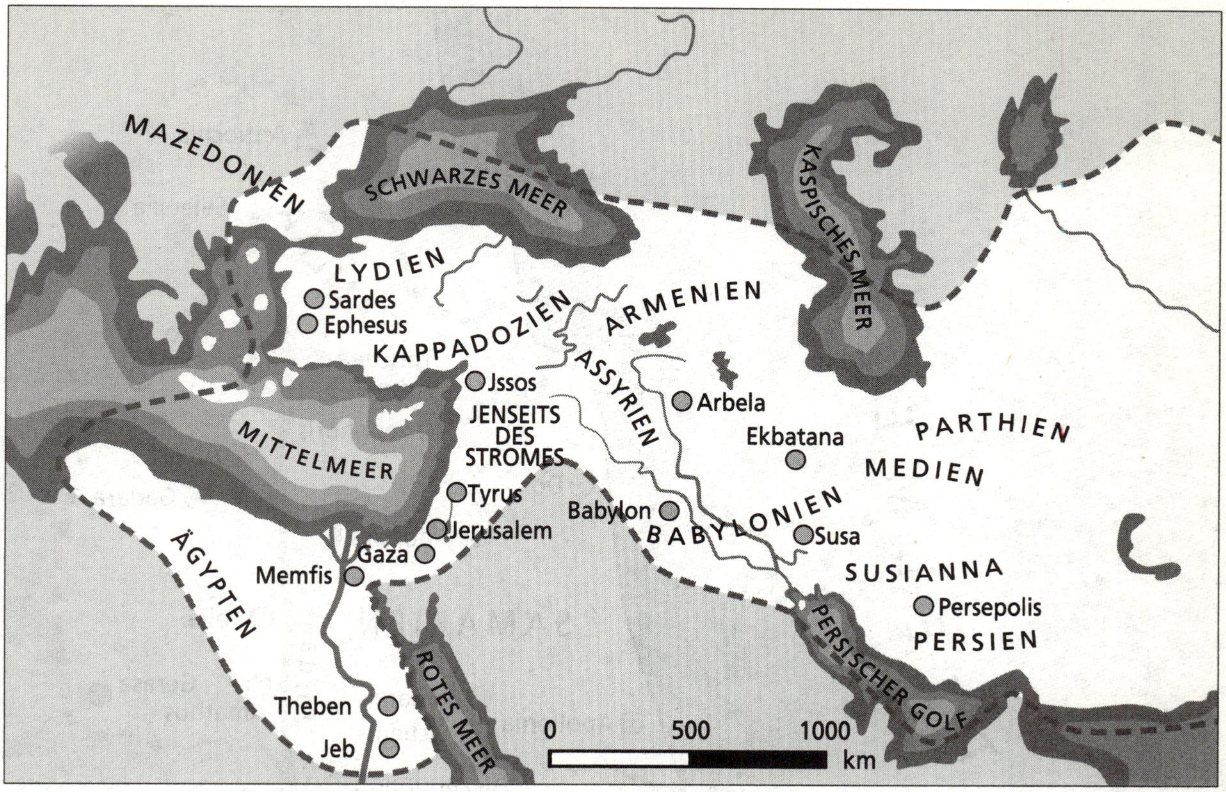

Karte 5: Das persische Reich

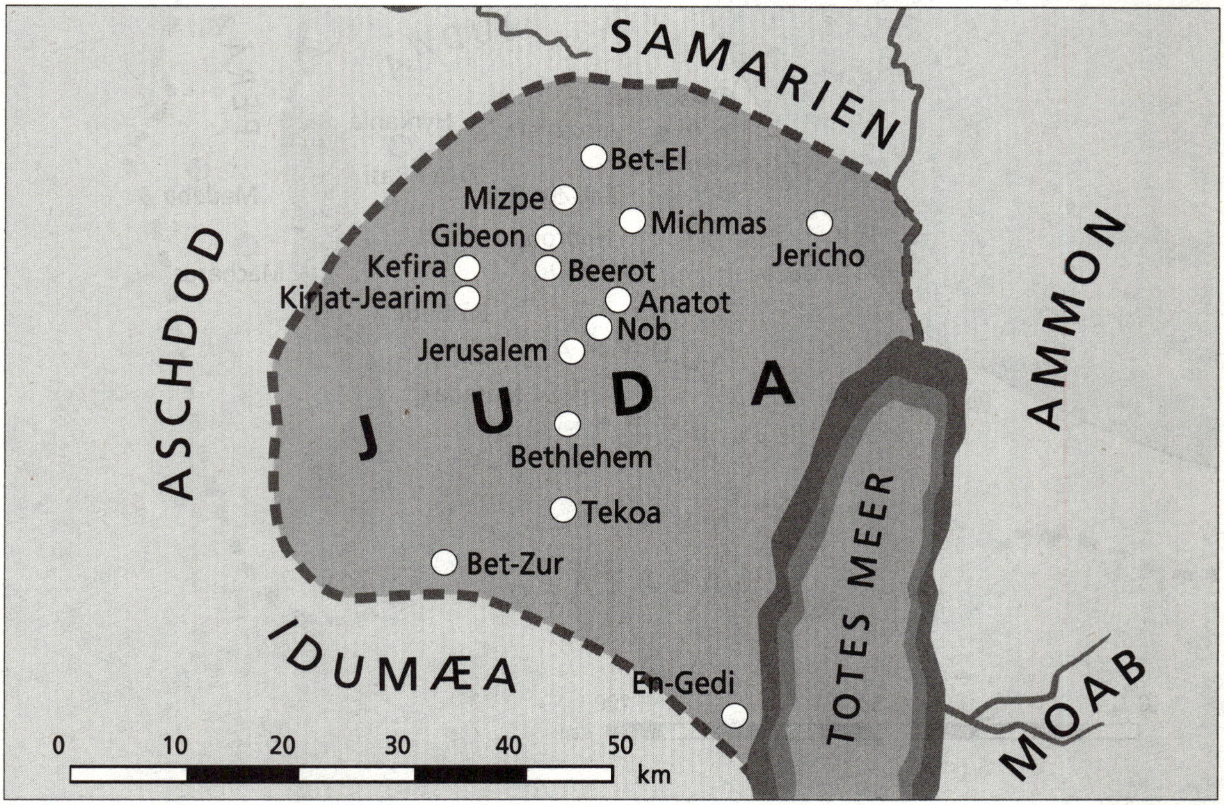

Karte 6: Juda in persischer Zeit

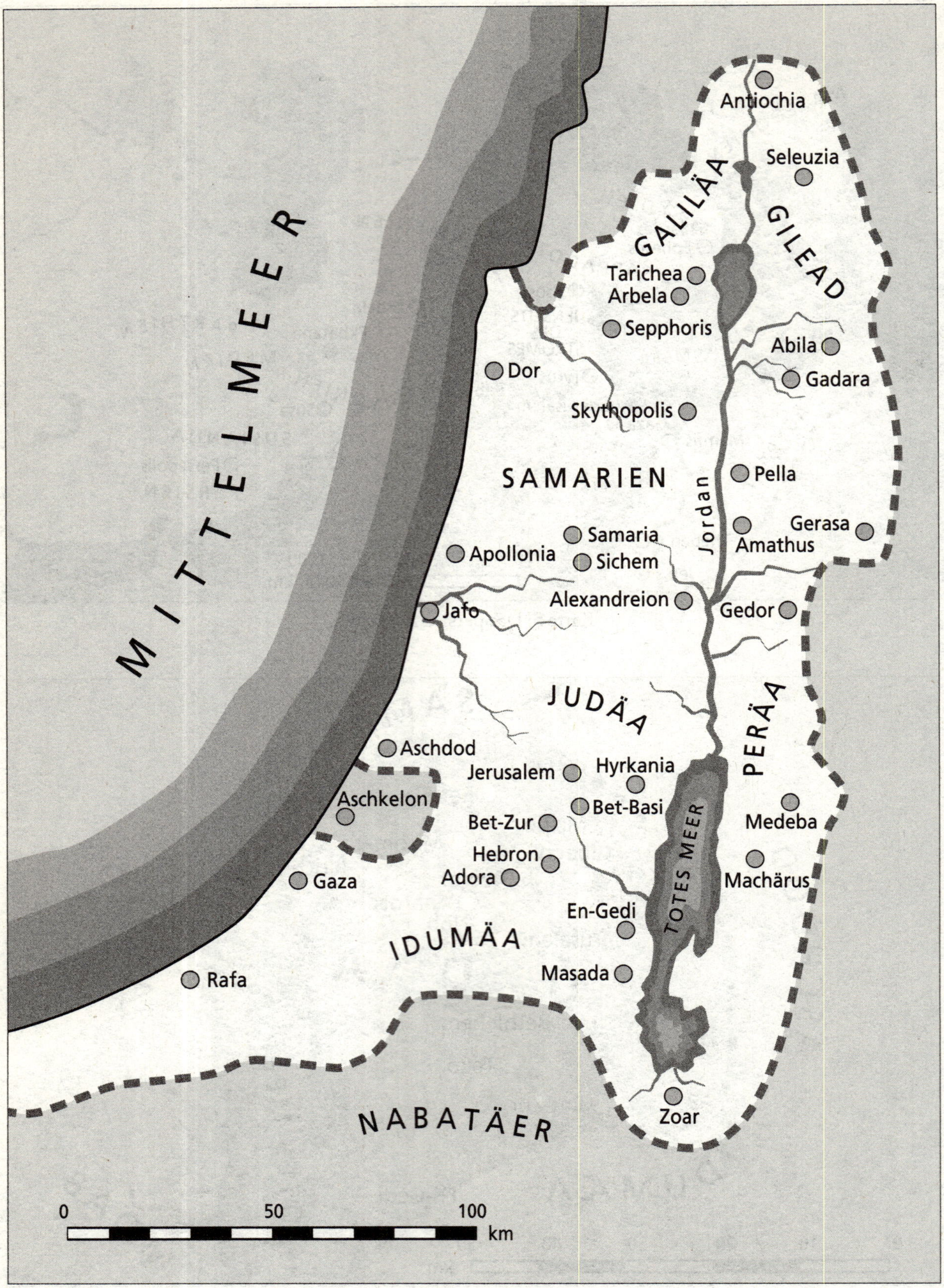

Karte 7: Der jüdische Staat in der Makkabäer Zeit

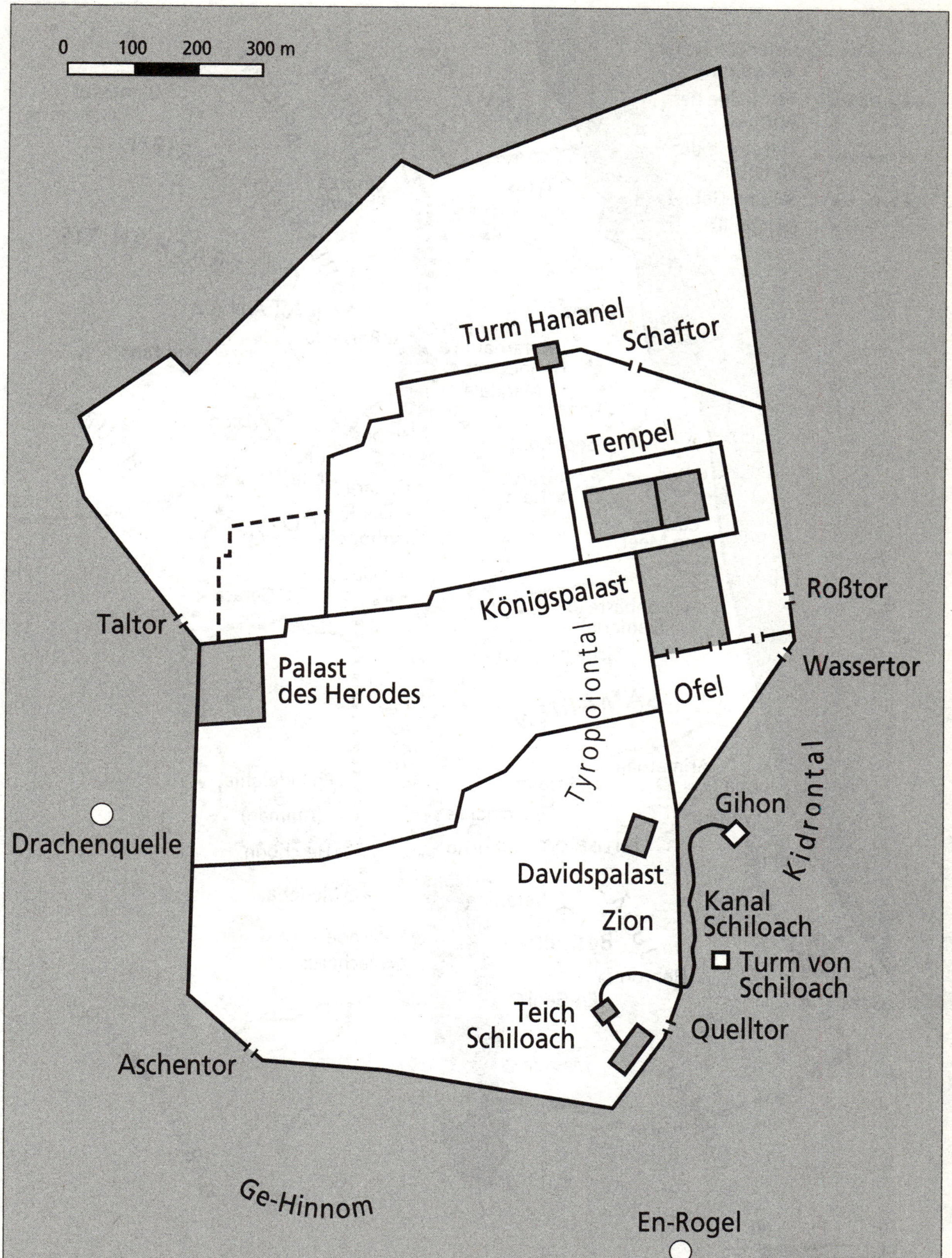

Karte 8: Jerusalem im Alten Testament

Karte 9: Palästina zu Beginn des 1. Jahrhunderts n. Chr.

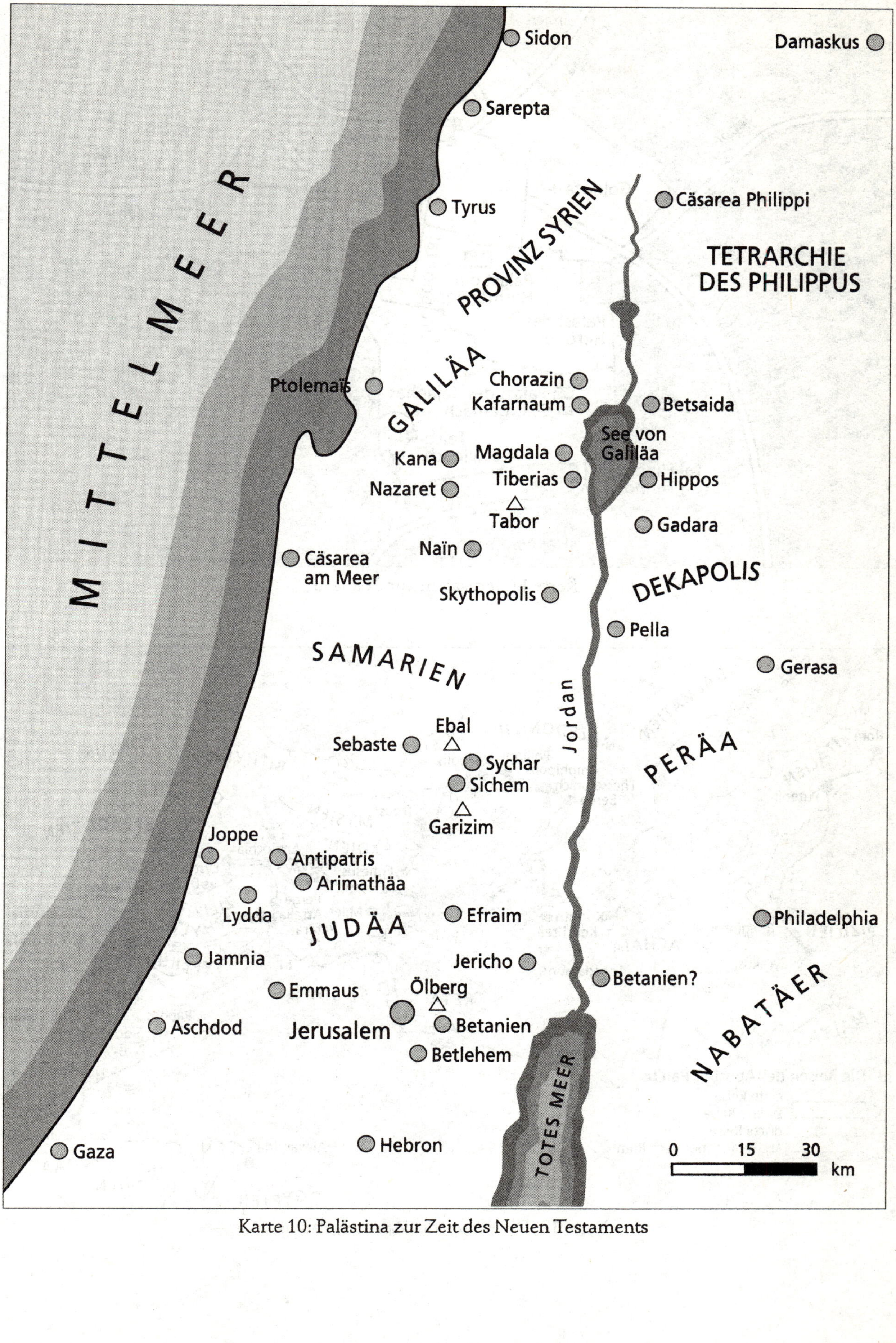

Karte 10: Palästina zur Zeit des Neuen Testaments

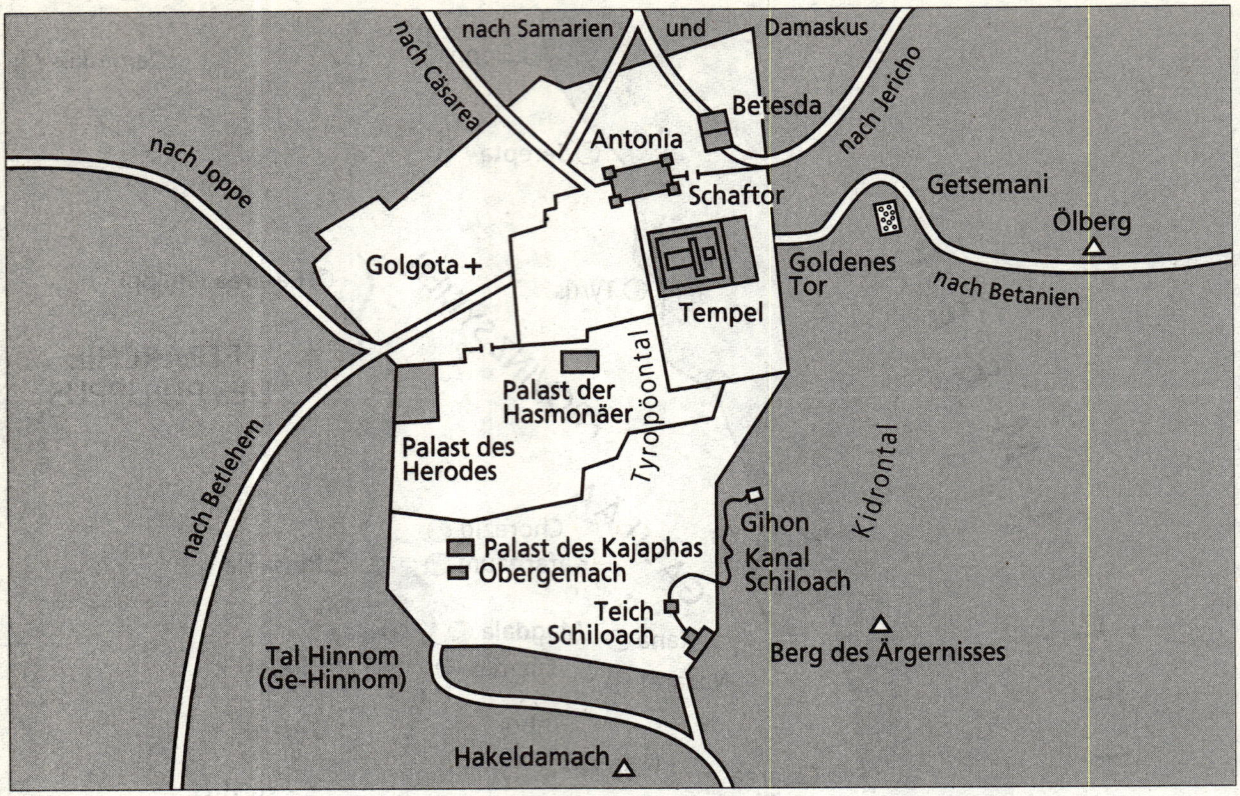

Karte 11: Jerusalem zur Zeit Jesu

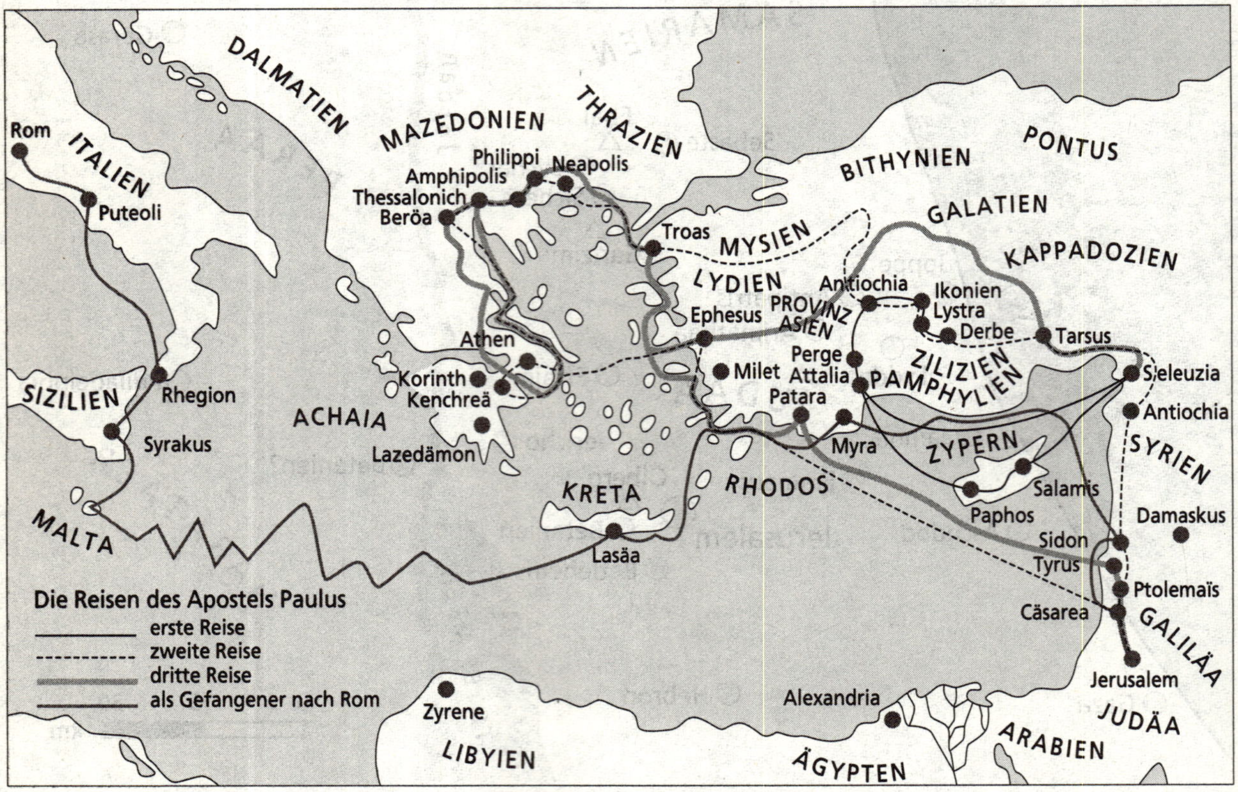

Karte 12: Die Reisen des Apostels Paulus

BILDVERZEICHNIS

FAMILIENCHRONIK

LOBET
DEN HERRN
VOM HIMMEL HER,
LOBET IHN IN DEN
HÖHEN:
LOBT IHN ALL SEINE
ENGEL,
LOBT IHN ALL
SEINE SCHAREN,
LOBT IHN, SONNE
UND MOND,